U0863115

中華古籍保護計劃

ZHONG HUA GU JI BAO HU JI HUA CHENG GUO

·成果·

山東省濟寧市圖書館曲阜師範大學圖書館等八家收藏單位古籍普查登記目録

全國古籍普查登記目録

國家圖書館出版社
National Library of China Publishing House

圖書在版編目(CIP)數據

山東省濟寧市圖書館曲阜師範大學圖書館等八家收藏單位古籍普查登記目録/《山東省濟寧市圖書館曲阜師範大學圖書館等八家收藏單位古籍普查登記目録》編委會編. —北京:國家圖書館出版社,2022.9

(全國古籍普查登記目録)

ISBN 978-7-5013-7556-1

Ⅰ.①山… Ⅱ.①山… Ⅲ.①圖書館—古籍—圖書館目録—中國 Ⅳ.①Z838

中國版本圖書館 CIP 數據核字(2022)第 131560 號

書　　名 山東省濟寧市圖書館曲阜師範大學圖書館等八家收藏單位古籍普查登記目録
著　　者《山東省濟寧市圖書館曲阜師範大學圖書館等八家收藏單位古籍普查登記目録》編委會　編
責任編輯 王　雷

出版發行 國家圖書館出版社(北京市西城區文津街 7 號　100034)
(原書目文獻出版社 北京圖書館出版社)
010-66114536　63802249　nlcpress@nlc.cn(郵購)
網　　址 http://www.nlcpress.com
排　　版 京荷(北京)科技有限公司
印　　裝 河北三河弘翰印務有限公司
版次印次 2022 年 9 月第 1 版　2022 年 9 月第 1 次印刷

開　　本 787×1092　1/16
印　　張 33.25
字　　數 668 千字
書　　號 ISBN 978-7-5013-7556-1
定　　價 320.00 圓

版權所有　侵權必究

本書如有印裝質量問題,請與讀者服務部(010-66126156)聯繫調換。

《全國古籍普查登記目録》

工作委員會

主　任：周和平

副主任：張永新　詹福瑞　劉小琴　李致忠　張志清

委　員（按姓氏筆畫排序）：

于立仁　王水喬　王　沛　王紅蕾　王筱雯

方自今　尹壽松　包菊香　任　競　全　勤

李西寧　李　彤　李忠昊　李春來　李　培

李曉秋　吴建中　宋志英　努　木　林世田

易向軍　周建文　洪　琰　倪曉建　徐欣禄

徐　蜀　高文華　郭向東　陳荔京　陳紅彦

張　勇　湯旭岩　楊　揚　賈貴榮　趙　嫄

鄭智明　劉洪輝　歷　力　鮑盛華　韓　彬

魏存慶　鍾海珍　謝冬榮　謝　林　應長興

《全國古籍普查登記目録》

序　言

全國古籍普查登記工作是“中華古籍保護計劃”的首要任務，是全面開展古籍搶救、保護和利用工作的基礎，也是有史以來第一次由政府組織、參加收藏單位最多的全國性古籍普查登記工作。

2007年國務院辦公廳發布《關於進一步加强古籍保護工作的意見》(國辦發[2007]6號)，明確了古籍保護工作的首要任務是對全國公共圖書館、博物館和教育、宗教、民族、文物等系統的古籍收藏和保護狀况進行全面普查，建立中華古籍聯合目録和古籍數字資源庫。2011年12月，文化部下發《文化部辦公廳關於加快推進全國古籍普查登記工作的通知》(文辦發[2011]518號)，進一步落實了全國古籍普查登記工作。根據文化部2011年518號文件精神，國家古籍保護中心擬訂了《全國古籍普查登記工作方案》，進一步規範了古籍普查登記工作的範圍、内容、原則、步驟、辦法、成果和經費。目前進行的全國古籍普查登記工作的中心任務是通過每部古籍的身份證——“古籍普查登記編號”和相關信息，建立古籍總臺賬，全面瞭解全國古籍存藏情况，開展全國古籍保護的基礎性工作，加强各級政府對古籍的管理、保護和利用。

《全國古籍普查登記工作方案》規定了全國古籍普查登記工作的三個主要步驟：一、開展古籍普查登記工作；二、在古籍普查登記基礎上，編纂出版館藏古籍普查登記目録，形成《全國古籍普查登記目録》；三、在古籍普查登記工作基本完成的前提下，由省級古籍保護中心負責編纂出版本省古籍分類聯合目録《中華古籍總目》分省卷，由國家古籍保護中心負責編纂出版《中華古籍總目》統編卷。

在黨和政府領導下，在各地區、各有關部門和全社會共同努力下，古籍普查登記工作得以扎實推進。古籍普查已在除臺、港、澳之外的全國各省級行政區域開展，普查内容除漢文古籍外，還包括各少數民族文字古籍，特别是於2010年分别啓動了新疆古籍保護和西藏古籍保護專項，因地制宜，開展古籍普查登記工作；國家古籍保護中心研製的“全國古籍普查登記平臺”已覆蓋到全國各省級古籍保護中心，并進一步研發了“中華古籍索引庫”，爲及時展現古籍普查成果提供有力支持；截至目前，已有11375部古籍進入《國家珍貴古籍名録》，浙江、江蘇、山東、河北等省公布了省級《珍

貴古籍名録》,古籍分級保護機制初步形成。

《全國古籍普查登記目録》是古籍普查工作的階段性成果,旨在摸清家底,揭示館藏,反映古籍的基本信息。原則上每申報單位獨立成册,館藏量少不能獨立成册者,則在本省範圍内幾個館目合并成册。無論獨立成册還是合并成册,均編製獨立的書名筆畫索引附於書後。著録的必填基本項目有:古籍普查登記編號、索書號、題名卷數、著者(含著作方式)、版本、册數及存缺卷數。其他擴展項目有:分類、批校題跋、版式、裝幀形式、叢書子目、書影、破損狀況等。有條件的收藏單位多著録的一些擴展項目,也反映在《全國古籍普查登記目録》上。目録編排按古籍普查登記編號排序,内在順序給予各古籍收藏單位較大自由度,可按分類排列古籍普查登記編號,也可按排架號、按同書名等排列古籍普查登記編號,以反映各館特色。

此次全國古籍普查登記工作,克服了古籍數量多、普查人員少、普查難度大等各種困難,也得到了全國古籍保護工作者的極大支持。在古籍普查登記過程中,國家古籍保護中心、各省古籍保護中心爲此舉辦了多期古籍普查、古籍鑒定、古籍普查目録審校等培訓班,全國共 1600 餘家單位參加了培訓,爲古籍普查登記工作培養了大量人才。同時在古籍普查登記工作中,也鍛煉了普查員的實踐能力,爲將來古籍保護事業發展奠定了良好的基礎。

《全國古籍普查登記目録》的出版,將摸清我國古籍家底,爲古籍保護和利用工作提供依據,也將是古籍保護長期工作的一個里程碑。

國家古籍保護中心
2013 年 10 月

《全國古籍普查登記目録》

編纂凡例

一、收録範圍爲我國境内各收藏機構或個人所藏，産生於1912年以前，具有文物價值、學術價值和藝術價值的文獻典籍，包括漢文古籍和少數民族文字古籍以及甲骨、簡帛、敦煌遺書、碑帖拓本、古地圖等文獻。其中，部分文獻的收録年限適當延伸。

二、以各收藏機構爲分册依據，篇幅較小者，適當合并出版。

三、一部古籍一條款目，複本亦單獨著録。

四、著録基本要求爲客觀登記、規範描述。

五、著録款目包括古籍普查登記編號、索書號、題名卷數、著者、版本、册數、存缺卷等。古籍普查登記編號的組成方式是：省級行政區劃代碼—單位代碼—古籍普查登記順序號。

六、以古籍普查登記編號順序排序。

《山東省古籍普查登記目録》

工作委員會

主　任： 王　磊

副主任： 付俊海　杜澤遜　劉顯世　馮慶東　李勇慧

委　員（按姓氏筆畫排序）：

于　芹　王　珂　王恒柱　王彭蘭　王曉兵　石國祥
史春秋　杜保國　杜雲虹　李闕勇　辛鏡之　范　軍
周　晶　胡培培　姜艷平　紀文杰　馬清源　畢曉樂
徐月霞　唐　研　唐桂艷　陸　健　陳清義　黄銀萍
盛　宴　崔志飛　張逸潔　張蕊芳　張曉輝　程鵬飛
喬　敏　楊立民　裴文玲　魯　鳳　劉　峰　劉春華
劉樹偉　劉麗華　賴大邃　穆允軍　謝明明

《山東省濟寧市圖書館曲阜師範大學圖書館等八家收藏單位古籍普查登記目録》

前　言

齊魯自古繁華,濟寧人文薈萃。濟寧——孔孟之鄉、運河之都,文化積澱非常深厚,古籍藏量十分豐富。

2007年國務院辦公廳下發《關於進一步加强古籍保護工作的意見》,自實施"中華古籍保護計劃"以來,濟寧市古籍保護中心(挂靠濟寧市圖書館)在國家古籍保護中心、山東省古籍保護中心和文化行政部門的大力支持下,迅速協調組織開展了濟寧地區的古籍普查保護工作。目前,全市古籍家底基本摸清,一大批珍貴古籍被重新認識和發現,古籍的修復、整理和研究利用進展順利,古籍保護人才隊伍建設初顯成效,規範合理的古籍保護工作體系逐步成型。全市28種古籍入選國家級珍貴古籍名録,401種古籍入選省級珍貴古籍名録;3家古籍收藏單位入選山東省重點古籍保護單位,其中2家入選全國重點古籍保護單位。

本次濟寧市圖書館、曲阜師範大學圖書館、濟寧學院圖書館、濟寧市兖州區圖書館、濟寧市兖州區檔案館、濟寧市兖州區第一中學、金鄉縣圖書館、梁山縣圖書館等八家收藏單位古籍普查登記目録聯合結集出版,是我市古籍普查保護的又一階段性成果,將和2017年6月出版的《孔子博物館古籍普查登記目録》共同構成濟寧地區古籍普查登記目録的姊妹篇,從而形成濟寧地區古籍普查登記的完備目録,爲全市的古籍保護和利用工作提供依據。本書彙集濟寧地區八家古籍收藏單位普查目録共5816條65899册,其中濟寧市圖書館247條、曲阜師範大學圖書館4017條、濟寧學院圖書館108條、濟寧市兖州區圖書館1096條、濟寧市兖州區檔案館62條、濟寧市兖州區第一中學41條、金鄉縣圖書館141條、梁山縣圖書館104條。本書著録普查編號、索書號、題名卷數、著者、版本、册數、版式、存卷等多項數據。書後還編製有書名筆畫索引,以便讀者使用。

本書得以出版,乃集衆人之力,既離不開國家古籍保護中心(國家圖書館)、山東省古籍保護中心(山東省圖書館)的業務指導和幫助,也離不開各級行政部門和收藏機構的傾力支持和配合,更離不開古籍編目工作人員的辛勤勞動和付出。我們唯願《山東省濟寧市圖書館曲阜師範大學圖書館等八家收藏單位古籍普查登記目録》的出版,既能爲學界與廣大讀者帶來實用的研究數據,也能鮮活地體現文化濟寧的文脉傳承以及歷代文人學者爲延續濟寧文脉所付出的不懈努力。我們更希望通過此書的整理出版,進一步喚醒全社會的古籍保護意識,爲中華優秀傳統文化的傳承發展作出更多的貢獻。

編者

2022 年 1 月

目　録

濟寧市圖書館古籍普查登記目録

全國古籍普查登記目録

國家圖書館出版社
National Library of China Publishing House

《濟寧市圖書館古籍普查登記目録》

編纂委員會

主　任： 張　弢

副主任： 張　康

委　員： 王景琿　紀文杰　楊衛東

主　編： 紀文杰

副主編： 楊衛東　黄銀萍

編　委（按姓氏筆畫排序）：

王增鑫　孔　玲　郭　瑞　展海峰　劉　沙

劉　霞　劉紅旗

370000－1507－0000001　1
蒙養函書三編　(清)蒙養學堂輯　清光緒十六年(1890)刻本　十二冊　九行二十一字黑口左右雙邊線魚尾　存三十七卷(部目一卷、儒先訓要十八種十四卷、續輯四卷,孔孟志略三卷、小兒書輯八種八卷,女兒書輯七卷)

370000－1507－0000002　2
讀左補義五十卷　(清)姜炳璋輯　清乾隆三十四年(1769)刻本　十三冊　十一行二十字白口左右雙邊單黑魚尾　存十三卷(五至十一、二十五至二十七、三十八至四十)

370000－1507－0000003　3
書經體注六卷　(清)范翔定　清乾隆四十七年(1782)刻本　三冊　九行七字小字雙行不等白口四周單邊單黑魚尾　存三卷(一至三)

370000－1507－0000004　4
潄芳軒合纂四書體注七卷　(清)范翔parsing訂　清末刻本　五冊　上欄不分行三十字四周單邊下欄九行十七字白口左右雙邊無魚尾

370000－1507－0000005　5
御纂詩義折中二十卷　清光緒十六年(1890)刻本　二冊　七行二十字白口左右雙邊單黑魚尾　存八卷(一至四、十一至十四)

370000－1507－0000006　6
保真齋遺言初編二卷續編四卷補遺一卷　(清)王遠焌編輯　清光緒三十三年(1907)鉛印本　六冊　十行二十四字白口四周雙邊單黑魚尾

370000－1507－0000007　7
周禮政要三卷　(清)孫詒讓著撰　清光緒二十九年(1903)石印本　二冊　十行三十二字黑口四周雙邊單黑魚尾

370000－1507－0000008　8
周禮精崋□□卷　(清)陳龍標編輯　清光緒刻本　二冊　八行十九字白口上下雙邊單黑魚尾　存三卷(四至六)

370000－1507－0000009　9
欽定禮記義疏八十二卷　清乾隆十三年(1748)刻本　三十七冊　八行十八至二十一字不等小字雙行二十一字白口四周雙邊單黑魚尾　存三十二卷(七至九、十五、二十一、二十三、二十六、二十九至三十、三十六至四十四、五十至五十五、五十八、六十二、六十四至六十六、七十三、七十五、七十七)

370000－1507－0000010　10
四書朱子本義匯參　(清)王步清輯　清乾隆敦複堂刻本　十九冊　十行二十四字四周單邊單黑魚尾

370000－1507－0000011　11
新鐫增補周易俻旨一見能解　(明)黃淳耀原本　(清)嚴而寬增補　清光緒刻本　三冊　上欄二十行五字下欄十行二十四字小字雙行同白口左右雙邊無魚尾

370000－1507－0000012　12
直省釋奠禮樂記六卷　(清)應寶時編　清光緒十七年(1891)刻本　四冊　九行二十六字白口四周雙邊無魚尾

370000－1507－0000013　13
禮記十卷　(元)陳澔輯　清光緒三年(1877)重刻本　十冊　九行十七字白口左右雙邊無魚尾

370000－1507－0000014　14
孟子正義三十卷增補二十九卷　(清)焦循撰　清乾隆、嘉慶刻本　七冊　十三行四十三字白口四周雙邊單黑魚尾

370000－1507－0000015　15
孟子集注本義匯參五卷　(清)王步清輯　清乾隆敦複堂刻本　四冊　十行二十四字小字雙行同白口四周單邊單魚尾

370000－1507－0000016　16
禮記十卷　(元)陳澔集　清同治十三年(1874)刻本　十冊　九行十七字小字雙行同白口四周雙邊無魚尾

370000－1507－0000017　17
詩集傳八卷　(宋)朱熹集傳　清光緒十七年(1891)刻本　十冊　九行十七字白口四周單

邊無魚尾

370000－1507－0000018　18
欽定春秋左傳讀本三十八卷　(宋)胡安國撰　清末刻本　五冊　九行十七字小字雙行同白口左右雙邊單黑魚尾

370000－1507－0000019　19
四書會解　(清)綦澧輯　清刻本　四冊　九行二十四字小字雙行同白口左右雙邊無魚尾

370000－1507－0000020　20
說文解字通釋四十卷說文解字繫傳校勘記三卷　(南唐)徐鍇傳釋　清道光十九年(1839)影宋刻本　三冊　七行二十二字白口左右雙邊單黑魚尾　存九卷(說文解字通釋一至四、七至八,說文解字繫傳校勘記三卷)

370000－1507－0000021　21
說文解字注三十二卷　(清)段玉裁撰　清同治六年(1867)刻本　十六冊　十行二十字白口四周單邊單黑魚尾

370000－1507－0000022　22
增廣四書五經典林十二卷　(清)洪葆榮撰　清光緒十五年(1889)石印本　七冊　二十二行五十字白口四周單邊單黑魚尾

370000－1507－0000023　24
欽定本朝四書文　(清)方苞輯　清末刻本　一冊　九行二十五字白口四周雙邊單黑魚尾　存一卷(大學一卷)

370000－1507－0000024　25
說文通訓定聲不分卷　(清)朱駿聲紀録　(清)朱鏡蓉參訂　清末石印本　二冊　十七行二十七字白口四周雙邊單黑魚尾

370000－1507－0000025　29
皇清經解編目十六卷　(清)陶治元輯　清光緒十七年(1891)石印本　二冊　二十四行七十字小字雙行同白口四周單邊單黑魚尾

370000－1507－0000026　30
地理質學啟蒙七卷地志啟蒙四卷　(清)□□輯　清光緒二十四年(1898)石印本　二冊　十八行三十六字白口四周雙邊雙黑魚尾

370000－1507－0000027　31
康熙字典四十二卷　(清)張玉書撰　清刻本　二十五冊　八行二十三字白口四周雙邊單黑魚尾

370000－1507－0000028　32
康熙字典四十卷　(清)張玉書等撰　清刻本　三十四冊　八行十二字小字雙行二十四字白口四周雙邊單黑魚尾

370000－1507－0000029　33
康熙字典四十卷　(清)張玉書撰　清刻本　三十七冊　八行十二字小字雙行二十四字白口四周雙邊單黑魚尾　存三十七卷

370000－1507－0000030　34
康熙字典四十二卷　(清)張玉書等撰　清末石印本　四冊　行數不等四十字小字雙行八十字白口四周雙邊單黑魚尾　存二十五卷

370000－1507－0000031　35
易經能解□□卷　(清)嚴而寬撰(補)　清末刻本　三冊　上欄十六行二十二字下欄十一行二十三字白口左右雙邊無魚尾

370000－1507－0000032　36
皇清經解一千四百八十卷　(清)阮元輯　清道光九年(1829)刊刷咸豐十一年(1861)補本　二冊　十一行二十四字小字雙行同白口左右雙邊單黑魚尾　存二卷(一千四百十、一千四百十二)

370000－1507－0000033　37
女兒書輯八種　(清)張承燮述　清末刻本　一冊　七行十七字小字雙行同黑口左右雙邊無魚尾　存一卷(張氏母訓一卷)

370000－1507－0000034　41
周禮精華□□卷　(清)陳龍標輯　清末刻本　二冊　上欄八行八字小字雙行同下欄八行二十字小字雙行同白口上下雙邊單黑魚尾　存二卷(三、五)

370000－1507－0000035　42

爾雅注疏十卷 （晉）郭璞注 （宋）邢昺疏 清嘉慶刻本 三册 九行二十一字白口左右雙邊綫魚尾 存九卷（一至二、五至十一）

370000－1507－0000036 43

詩韻集成 （清）余照輯 清同治三年（1864）刻本 一册 上欄十八行十一字小字雙行不等下欄九行十三字小字雙行二十五字白口四周單邊 存二卷（一至二）

370000－1507－0000037 44

四書會解八卷 （宋）朱熹注 清末刻本 四册 九行二十四字白口左右雙邊 存五卷（孟子會解五、梁惠王上一、梁惠王下二、公孫丑上三、公孫丑下四）

370000－1507－0000038 45

禮記三十卷 （元）陳澔集說 清末刻本 一册 九行十八字小字雙行同白口左右雙邊 存一卷（五）

370000－1507－0000039 46

春秋左傳五十卷 （晉）杜預集解 （唐）陸德明音義 （宋）林堯叟注 清刻本 八册 十一行二十一字小字雙行同白口四周單邊單黑魚尾 存二十三卷（十三至十七、二十四至三十一、三十四至三十七、三十九至四十四）

370000－1507－0000040 47

漱芳軒合纂禮記體注四卷 （清）范翔輯 清光緒刻本 二册 上欄九行二十三字小字雙行同下欄十行十九字小字雙行同白口左右雙邊單黑魚尾 存二卷（一、三）

370000－1507－0000041 48

十三經註疏 （明）□□輯 明崇禎十二年（1639）毛氏刻本 七十册 九行二十字小字雙行同白口左右雙邊線魚尾（白魚尾） 存一百九十五卷（禮記註疏一至六十三、爾雅註疏一至十一、孝經註疏九卷、公羊註疏一至二十八、周禮註疏二十三至四十二、孟子註疏一至十四、論語註疏一至二十、穀梁註疏一至三十）

370000－1507－0000042 49

陳文恭公五種遺規十二卷 （清）陳宏謀編 清光緒二十八年（1902）石印本 六册 十八行四十字小字雙行同黑口四周雙邊單黑魚尾

370000－1507－0000043 50

十三經注疏附考證三百四十七卷 （清）□□輯 清乾隆四年（1739）校刊同治十年（1871）重刊本 三十四册 十行二十一字小字雙行同白口左右雙邊單黑魚尾 存一百卷（春秋左傳三至六附考證、十六至二十四附考證、三十至三十二附考證，論語註疏六至十附考證，春秋公羊傳注疏二十五至二十八附考證，孝經注疏一至九附考證，爾雅注疏一至八附考證，孟子註疏三至十附考證、十三至十四附考證，尚書註疏二至四附考證、七至十二附考證、十五至十六附考證，毛詩註疏二十三附考證，周禮註疏一至三附考證、十九至二十七附考證、三十一至三十三附考證、四十至四十二附考證；儀禮註疏十四至十五附考證，禮記註疏四至七附考證、十一至十三附考證、十四至十六附考證、三十九至四十一附考證、六十一至六十三附考證）

370000－1507－0000044 51

欽定禮記義疏 清乾隆十三年（1748）刻本 五册 八行二十一字小字雙行同白口四周雙邊單黑魚尾 存八卷（十七至十八、三十二至三十三、七十九至八十二）

370000－1507－0000045 52

宋本十三經疏附校勘記 （清）楊泗孫署檢 清光緒十三年（1887）石印本 三十册 二十行三十四字小字雙行四十六字白口四周單邊單黑魚尾

370000－1507－0000046 53

曲江書屋新訂批註左傳快讀 （清）李駿品 清同治七年（1868）刻本 十六册 十行十六字小字雙行三十二字白口四周單邊單黑魚尾 存十八卷（一至十八）

370000－1507－0000047 66

二十四史論贊七十八卷 （清）陳闌編輯 清光緒二十八年（1902）石印本 十二册 十八行四十字小字雙行同黑口四周雙邊單黑魚尾

370000－1507－0000048　67
欽定明鑑二十四卷　(清)陳用光等纂　清嘉慶二十三年(1818)精刻本　六册　八行二十字小字雙行同白口四周雙邊單黑魚尾　存十二卷(十一至二十二)

370000－1507－0000049　68
歷代名臣言行録二十四卷　(清)朱恒編輯　清光緒二十九年(1903)石印本　八册　二十二行五十三字小字雙行同白口四周單邊單黑魚尾

370000－1507－0000050　69
明儒學案六十二卷　(清)黄宗羲撰　清光緒十四年(1888)刻本　三十二册　九行二十字小字雙行同黑口左右雙邊單黑魚尾

370000－1507－0000051　70
欽定大清會典一百卷　(清)吳樹梅等纂　清光緒十九年(1893)鉛印本　八册　十三行四十字小字雙行同白口四周單邊雙黑魚尾

370000－1507－0000052　71
欽定大清會典一百卷　(清)吳樹梅等纂　清光緒三十四年(1908)影印本　十册　二十行二十字小字雙行同白口四周雙邊單黑魚尾

370000－1507－0000053　73
行水金鑒一百七十五卷　(清)傅澤洪録　清雍正三年(1725)刻本　二十七册　十一行二十字小字雙行同黑口左右雙邊單黑魚尾　存一百三十卷(一至四十、八十六至一百七十五)

370000－1507－0000054　74
山東運河備覽十二卷圖一卷　(清)王化堂等重修　清同治十年(1871)刻本　六册　十一行二十四字小字雙行同白口左右雙邊單黑魚尾

370000－1507－0000055　75
[康熙]山東全河備考四卷　(清)葉方恒纂　清康熙十九年(1680)刻本　四册　十行二十字白口四周雙邊單黑魚尾

370000－1507－0000056　76
[同治]齊河縣誌十卷首一卷　(清)宋燾等重修　清同治刻本　四册　九行二十字小字雙行同白口四周雙邊單黑魚尾

370000－1507－0000057　77
[光緒]德平縣誌十二卷　(清)凌錫琪等重修　清光緒十九年(1893)刻本　六册　十行二十四字小字雙行同白口四周雙邊單黑魚尾

370000－1507－0000058　78
[光緒]平陰縣誌八卷首一卷　(清)何海晏等重修　清光緒刻本　八册　十行二十五字小字雙行同白口四周雙邊單黑魚尾

370000－1507－0000059　80
[同治]黄縣誌十四卷　(清)尹繼美撰　清同治十一年(1872)刻本　四册　十行二十四字小字雙行同白口四周雙邊單黑魚尾

370000－1507－0000060　81
[光緒]博平縣續志十卷　(清)王用霖等續修　清光緒二十六年(1900)刻本　二册　九行二十一字小字雙行不等白口四周雙邊單黑魚尾

370000－1507－0000061　82
[光緒]高密縣誌十卷首一卷末一卷　(清)傅賚予等重修　清光緒二十二年(1896)刻本　八册　九行二十一字小字雙行同白口左右雙邊單黑魚尾

370000－1507－0000062　84
西湖志四十八卷　(清)傅王露撰　清雍正十三年(1735)刻本　二十册　九行二十字小字雙行同白口四周雙邊單黑魚尾

370000－1507－0000063　86
二十四史　(清)□□輯　清光緒鉛印本　三百六十四册　十三行四十字小字雙行同白口四周單邊雙黑魚尾　存二千九百四十一卷(史記十一至五十二、六十九至一百三十,前漢書一百卷,後漢書一百二十卷,宋書一百卷,南齊書五十九卷,梁書五十六卷,陳書三十六卷,魏書七至五十、六十至一百十四,北齊書五十卷,周書五十卷,隋書八十五卷,南史八十卷,北史一百卷,舊唐書二百卷,唐書二百二十五卷,舊五代史一至一百十二、一百二十七至一百五十，五代史七十四卷，遼史十三至一百十六，金史一至一百三、一百十三至一百三十五，元史二百十卷，明史三百三十二卷，宋史一至四百八十五，四百八十七至四百九十六）

370000－1507－0000064　87

昭代名人論策讀本十三卷　（清）袁氏輯　清光緒二十八年(1902)石印本　九冊　十二行二十八字小字雙行同白口四周雙邊單黑魚尾

370000－1507－0000065　88

綱鑑總論二卷　（清）□□輯　清光緒二十八年(1902)石印本　二冊　十五行三十四小字雙行同白口四周雙邊單黑魚尾

370000－1507－0000066　89

關聖帝君聖跡圖志全集四卷　（清）錢謙益撰　清康熙八年(1669)刻本　二冊　十行二十一字小字雙行同白口四周雙邊單黑魚尾　存三卷(二至四)

370000－1507－0000067　90

歷代綱鑑總論二卷　（清）□□輯　清光緒刻本　二冊　十一行二十一字小字雙行同黑口左右雙邊單黑魚尾

370000－1507－0000068　91

新輯各國政治藝學全書不分卷　（清）□□輯　清光緒二十八年(1902)石印本　三十二冊　十九行四十一字黑口四周雙邊單黑魚尾

370000－1507－0000069　92

大清律例集解四十卷附二卷　（清）沈之奇注　（清）姚潤等纂輯　清光緒二十二年(1896)刻本　二十二冊　半葉行字不等白口四周單邊單黑魚尾　存三十八卷(一、四至三十二、三十五至四十，附二卷)

370000－1507－0000070　93

歷代史事政治論三百八卷　（清）金詠榴等編　清光緒三十年(1904)石印本　二十四冊　十九行四十四字白口四周雙邊單黑魚尾

370000－1507－0000071　94

中外政俗異同考二卷　題(清)桂坫撰　清光緒十九年(1893)石印本　二冊　十三行二十二字白口四周雙邊單黑魚尾

370000－1507－0000072　95

大清現行刑律叢纂不分卷　（清）□□輯　清末石印本　三冊　十一行三十字小字雙行同白口四周雙邊單黑魚尾

370000－1507－0000073　96

畿輔水利議不分卷滇軺紀程不分卷　（清）林則徐撰　清光緒二年(1876)刻本　二冊　九行二十四字小字雙行同白口左右雙邊單黑魚尾

370000－1507－0000074　97

聖武記十四卷　（清）魏源撰　清光緒二十九年(1903)鉛印本　六冊　十九行三十五字白口四周單邊單黑魚尾

370000－1507－0000075　99

泰西新史攬要二十四卷　蔡爾康述稿　清光緒鉛印本　七冊　十一行二十七字小字雙行同白口四周雙邊單花魚尾　存二十一卷(一至六、十至二十四)

370000－1507－0000076　101

袁王綱鑑合編三十九卷　（明）袁黄輯　（明）王世貞編　清光緒三十年(1904)鉛印本　十二冊　十九行四十四字小字雙行同白口四周單邊單黑魚尾　存三十三卷(一至四、十一至三十九)

370000－1507－0000077　103

格致書院課藝不分卷　（清）□□輯　清光緒二十四年(1898)鉛印本　十四冊　十四行四十二字小字雙行同白口四周單邊雙黑魚尾

370000－1507－0000078　104

通鑑紀事本末四十二卷　（宋）袁樞編　宋寶祐五年(1257)刻本　四十冊　十一行十八十九字白口左右雙邊單黑魚尾　存四十卷(一至十、十二至十四、十六至四十二)

370000－1507－0000079　105

資治通鑑二百九十四卷目錄三十卷續資治通鑑二百二十卷　（宋）司馬光輯　（元）胡三省音注　（清）畢沅輯　清光緒二十六年(1900)

鉛印本　四十九册　十六行四十四字小字雙行同白口四周單邊雙黑魚尾　存四百九十卷(資治通鑑七至二百七十二、二百八至二百九十四,目録三十卷;續資治通鑑五十二至一百五十、一百九十一至一百九十八)

370000－1507－0000080　106
資治通鑑二百九十四卷　(宋)司馬光撰　明萬曆十四年(1586)刻本　六十九册　十行二十字小字雙行同白口左右雙邊單黑魚尾　存二百六十一卷(十七至三十、三十三至四十、四十五至五十九、六十四至九十三、九十七至一百四十五、一百五十至二百九十四)

370000－1507－0000081　108
綱鑑易知録九十二卷　(清)吴乘權等輯　清光緒三十一年(1905)鉛印本　十一册　十四行四十二字小字雙行同白口四周雙邊單黑魚尾　存七十三卷(二十至九十二)

370000－1507－0000082　109
綱鑑易知録九十二卷附明鑑十五卷　(清)吴乘權等輯　清光緒三十一年(1905)鉛印本　十一册　十六行四十三字小字雙行同白口四周雙邊單黑魚尾　存七十一卷(一至七十一)

370000－1507－0000083　110
尺木堂綱鑑易知録九十二卷附明鑑十五卷　(清)吴乘權等輯　清光緒三十年(1904)鉛印本　四十八册　十四行四十二字小字雙行同白口四周單邊雙黑魚尾

370000－1507－0000084　111
尺木堂綱鑑易知録九十二卷附明鑑十五卷　(清)吴乘權等輯　清光緒三十年(1904)鉛印本　十五册　十四行四十二字小字雙行同白口四周單邊雙黑魚尾

370000－1507－0000085　112
尺木堂綱鑑易知録九十二卷附明鑑十五卷　(清)吴乘權等輯　清光緒三十一年(1905)鉛印本　十六册　十六行四十三字小字雙行同白口四周雙邊單黑魚尾

370000－1507－0000086　113
綱鑑易知録九十二卷附明鑑十五卷　(清)吴乘權等輯　清光緒三十一年(1905)鉛印本　十六册　十四行四十二字小字雙行同白口四周雙邊單黑魚尾

370000－1507－0000087　114
綱鑑易知録九十二卷附明鑑十五卷　(清)吴乘權等輯　清光緒三十一年(1905)鉛印本　十五册　十六行四十三字小字雙行同白口四周雙邊單黑魚尾　存九十九卷(綱鑑易知録九十二卷、明鑑一至七)

370000－1507－0000088　115
尺木堂綱鑑易知録九十二卷附明鑑十五卷　(清)吴乘權等輯　清光緒鉛印本　五册　十四行四十二字小字雙行同白口四周單邊雙黑魚尾　存三十四卷(尺木堂綱鑑易知録十九至三十二、五十四至五十九、八十一至八十六,明鑑八至十五)

370000－1507－0000089　116
禹貢　(清)吴學廉等抄　清抄本　一册　六行十九字　存皖北治水弭災條議一册

370000－1507－0000090　117
二十四史　(清)□□撰　清光緒石印本　九百九十二册　十行二十一字小字雙行同黑白口左右雙邊單黑魚尾　存四千五百二卷(史記黑口一至八十一、白口三十四至三十九、五十八至七十四、八十八至九十五,後漢書黑口一百四至一百二十、白口三十三至五十七、六十一至六十五,三國誌黑口六十五卷,晉書黑口一百三十卷、白口十至十二、十九至二十一、六十至八十九、九十一至九十四,宋書黑口十一至一百、白口十四至十五、二十二、二十七至九十二、九十六至一百,南齊書黑口五十九卷、白口一至八、二十至五十九,梁書黑口五十六卷、白口一至四、十二至三十七、四十七至五十一,陳書黑口三十六卷、白口三十六卷,魏書黑口一百十四卷、白口三十至五十五、一百六,北齊書黑口五十卷、白口五十卷,周書黑口五十卷、白口一至三十四、三十九至五十,隋書黑口三至三十五、四十一至四十五、五十一至八十五、白口七至十、二十二至五十，南史黑口八十卷、白口一至十八、二十三至七十六，北史黑口一百卷，白口二十五至二十八、四十二至七十、八十五至九十一，舊唐書黑口二百卷、白口一至三十四、四十二至四十五、五十一至七十八、一百十八至一百五十九、一百七十一至一百八十二、一百九十一至二百，唐書黑口二百二十五卷，白口三至二十四、四十六至四十九、七十二至八十三、一百九至一百十四、一百六十五至一百七十一、一百七十九至一百八十五、一百九十二至一百九十七、二百至二百七、二百十六下至二百十九，舊五代史黑口一百五十卷、白口四十九至八十、八十八至一百九、一百十五至一百二十、一百三十至一百五十，五代史黑口七十四卷、白口二十七至三十五，宋史黑口四百九十六卷、白口三十至八十四、一百七十三至一百八十一、一百九十二至三百十二、三百六十至三百六十五、四百三十九至四百六十五，遼史黑口一百十六卷、白口六十三至七十，金史黑口一百三十五卷、白口二十九至三十五、七十六至八十八、九十五至九十九、一百五至一百三十五，元史黑口二百十卷、白口一至六十四、九十一至九十八、一百二至二百十，明史黑口三百三十二卷、白口十至十五、三十三至三十七、四十至六十二、七十四至七十六、八十至一百三、一百二十六至一百四十九、一百五十五至一百六十六、一百九十九至二百九、二百十五至二百四十、二百四十四至二百五十二、二百八十三至三百、三百四至三百二十六、三百三十至三百三十二）

370000－1507－0000091　118

九朝紀事本末　（清）陳如升　（清）朱記榮輯　清光緒二十九年（1903）石印本　三十四册　二十二行四十八字小字雙行同白口四周單邊單黑魚尾

370000－1507－0000092　119

明通鑑九十卷附六卷　（清）夏燮撰　清光緒二十九年（1903）石印本　十六册　二十二行四十五字小字雙行同白口四周雙邊單黑魚尾

370000－1507－0000093　120

二十四史　（清）□□撰　清同治、光緒刻本　四百二十册　十二行二十五字小字雙行四十字白口左右雙邊間四周雙邊單黑魚尾　存二千五百五十一卷（史記一至二十四、四十至一百三十，漢書一百卷，後漢書一百二十卷，三國志一至二十四，晉書一百三十卷、附三卷，宋書一百卷，南齊書五十九卷，梁書一至五十，陳書三十六卷，魏書一百十四卷，北齊書五十卷，周書五十卷，隋書八十五卷，南史一至三十三、四十五至一百，舊唐書二百卷，唐書一至一百九十二，舊五代史一百五十卷，五代史七十四卷，宋史一至四十五、一百二十七至一百三十三、一百四十至一百六十一、一百六十八至二百三十五、二百六十六至三百四十六、四百二十一至四百九十六，遼史一百十六卷，金史一至八十、八十七至一百三十五，元史二百十卷，明史一至四十五、一百二十四至一百二十八、一百四十一至一百四十五、一百六十至一百七十）

370000－1507－0000094　121

二十四史　（清）□□撰　清光緒影印本　四十一册　十行二十一字小字雙行同白口左右雙邊單黑魚尾　存二百九十卷（史記二至十四、十七至十八、二十二至三十三、四十四至九十二、一百十一至二百二十四，前漢書二十、二十一上、二十二、二十八至三十四、三十八上、五十一至六十一、六十九至七十二，後漢書四十五至一百一、一百四至一百二十）

370000－1507－0000095　122

御批續資治通鑑綱目二十七卷　（清）聖祖玄燁撰　清末石印本　四册　十八行三十六字小字雙行同白口四周單邊單白魚尾　存十九卷（五至十八、二十三至二十七）

370000－1507－0000096　123

宋論十五卷　（清）王夫之譔　清光緒二十四年（1898）石印本　二册　二十一行四十八字白口四周雙邊單黑魚尾

370000－1507－0000097　124

宋書一百卷　（南朝梁）沈約撰　清光緒二十九年（1903）石印本　二册　十行二十一字小

字雙行同黑口左右雙邊單黑魚尾　存十卷(一至十)

370000－1507－0000098　125
正三通目録六卷　(清)席裕福編　清光緒二十九年(1903)石印本　二冊　十六行四十一字小字雙行同白口四周單邊雙黑魚尾

370000－1507－0000099　126
皇朝三通目録十卷　(清)雷君彦編　清光緒二十九年(1903)石印本　三冊　十六行四十一字小字雙行同白口四周單邊雙黑魚尾

370000－1507－0000100　127
三通目録續録皇朝三通　(清)□□撰　清光緒二十九年(1903)石印本　七冊　十六行四十一字小字雙行同白口四周單邊雙黑魚尾

370000－1507－0000101　128
九通序　(清)□□輯　清光緒二十八年(1902)鉛印本　三冊　十三行三十一字小字雙行同白口四周雙邊單黑魚尾

370000－1507－0000102　132
西洋史要發端　(日本)小川銀次郎撰　樊炳清等譯　清末鉛印本　一冊　十二行二十八字小字雙行同黑口四周雙邊

370000－1507－0000103　133
新定各國通商條約十六卷附一卷　(清)葉瀚撰　清光緒二十八年(1902)石印本　八冊　十四行三十六字小字雙行同白口四周雙邊單黑魚尾

370000－1507－0000104　134
讀通鑑論三十卷末一卷　(清)王夫之撰　清光緒二十四年(1898)石印本　六冊　二十一行四十八字小字雙行同白口四周雙單黑魚尾

370000－1507－0000105　136
[乾隆]濟寧直隸州志三十四卷　(清)王道亨等重修　清乾隆五十年(1785)刻本　二十冊　十行十八字小字雙行同白口左右雙邊單黑魚尾

370000－1507－0000106　139
[乾隆]曲阜縣誌一百卷　(清)潘相等纂　清乾隆三十九年(1774)刻本　十二冊　十一行二十三字小字雙行同白口左右雙邊單黑魚尾

370000－1507－0000107　141
東洋史要二卷　(日本)桑原騭藏撰　樊炳清譯　清光緒二十五年(1899)石印本　四冊　十五行三十二字小字雙行同黑口四周雙邊線魚尾

370000－1507－0000108　143
瀛環志略十卷續集四卷末一卷補遺一卷　(清)□□撰　清光緒二十四年(1898)鉛印本　八冊　十八行四十四字小字雙行五十八字白口四周單邊雙黑魚尾

370000－1507－0000109　145
御批歷代通鑑輯覽一百二十卷　(清)楊述曾等撰　清光緒二十八年(1902)石印本　二十四冊　二十行四十八字小字雙行同白口四周雙邊單黑魚尾

370000－1507－0000110　146
御批歷代通鑑輯覽一百二十卷　(清)楊述曾等撰　清石印本　二十冊　十八行三十六字小字雙行同白口四周雙邊雙黑魚尾

370000－1507－0000111　147
海國圖志一百卷海國圖志續集二十五卷　(清)魏源撰　(美國)林樂知等譯　清光緒二十一年(1895)石印本　十六冊　二十三行四十二字白口四周雙邊單黑魚尾

370000－1507－0000112　148
皇朝尚友録八卷　(清)李佩芳　(清)孫鼎編　清光緒二十八年(1902)石印本　四冊　十三行三十一字小字雙行同黑口四周單邊單黑魚尾

370000－1507－0000113　149
通鑑紀事本末四十三卷　(宋)袁樞編　明萬曆二年(1574)刻本　三十五冊　十二行二十八字小字雙行同白口左右雙邊單白魚尾　存三十五卷(一至七、十五至四十二)

370000－1507－0000114　150

明季北略二十四卷明季南略十八卷　(清)計六奇輯　清光緒十三年(1887)石印本　十冊　十三行四十字白口四周單邊雙黑魚尾

370000－1507－0000115　151
歷代名臣言行録二十四卷　(清)朱桓編輯　清光緒二十四年(1898)石印本　十五冊　二十二行五十二字小字雙行不等白口四周雙邊單黑魚尾

370000－1507－0000116　153
史記菁華録一百三十卷　(漢)司馬遷撰　清光緒刻本　一冊　九行二十字小字雙行同黑口左右雙邊單黑魚尾　存一卷(三)

370000－1507－0000117　155
三國志六十五卷　(清)陳壽撰　清順治刻本　七冊　十二行二十五字小字雙行三十七字白口左右雙邊單黑魚尾　存五十七卷(一至十六、二十五至六十五)

370000－1507－0000118　156
丙午年交涉要覽四卷光緒乙巳年交涉要覽　(清)北洋洋務局纂輯　清末鉛印本　十一冊　十三行三十一字小字雙行同黑口四周單邊單黑魚尾

370000－1507－0000119　159
隋書八十五卷　(唐)魏徵等撰　清同治十年(1871)刻本　十冊　十二行二十五字小字雙行三十八字白口四周單邊單黑魚尾　存七十三卷(一至三十一、三十六至七十七)

370000－1507－0000120　160
清史攬要六卷　(日本)增田貢撰　清末鉛印本　三冊　十五行三十字白口四周雙邊單黑魚尾

370000－1507－0000121　161
皇朝政典挈要八卷　(日本)增田貢原著　清光緒二十八年(1902)石印本　四冊　十六行三十五字白口四周雙邊單黑魚尾

370000－1507－0000122　163
御批歷代通鑑輯覽一百十六卷　清乾隆三十三年(1768)鉛印本　六冊　十五行二十八字小字雙行四十一字白口四周單邊　存十八卷(六十至六十五、七十三至八十四)

370000－1507－0000123　164
御撰明紀綱目二十卷　清乾隆十一年(1746)石印本　二冊　十九行四十三字小字雙行五十五字白口四周單邊單黑魚尾

370000－1507－0000124　166
東華録□□卷續録□□卷　王先謙編　清末石印本　六十二冊　十七行三十八字小字雙行同白口四周單邊單黑魚尾　存一百八十八卷(東華録一至一百三、續録一至八十五)

370000－1507－0000125　167
春秋臣傳三十卷　(宋)王當撰　清康熙刻本　三冊　十一行二十字白口左右雙邊單黑魚尾　存九卷(三至八、二十四至二十六)

370000－1507－0000126　169
快雪堂法書　(清)汪克塤搨　清光緒三十三年(1907)拓本　五冊　行字不等

370000－1507－0000127　170
西洋史要圖　(清)金粟齋譯　清光緒末印本　一冊

370000－1507－0000128　171
資治通鑑綱目五十九卷　(宋)朱熹撰　明崇禎二年(1629)刻本　四冊　七行十七字小字雙行同白口四周單邊單黑魚尾　存五卷(四十四、五十二至五十五)

370000－1507－0000129　172
王船山經史論八種　(清)王夫之撰　清末石印本　二冊　十七行三十八字白口四周雙邊單黑魚尾

370000－1507－0000130　174
御刻三希堂石渠寶笈法帖　(晉)王羲之等書　清乾隆十二年(1747)　八冊　行字不等白口　存八冊(二、四、十、十二、二十、二十二、二十九至三十)

370000－1507－0000131　175
金石圖　(清)褚峻摹圖　(清)牛運震平説

清乾隆八年(1743)摹刻本　六冊　十行二十字白口四周單邊

370000－1507－0000132　176
支那疆域沿革略說　(日本)重野安繹　(日本)河田羆著　清同治末刻本　一冊　十一行二十四字小字雙行同黑口左右雙邊單黑魚尾

370000－1507－0000133　177
戶部奏定交代半年彙奏案內　清光緒十三年(1887)刻本　二冊　八行十八字白口四周雙邊單黑魚尾

370000－1507－0000134　178
涑水記聞十六卷補遺一卷　(宋)司馬光撰　清光緒三年(1877)刻本　四冊　十二行二十四字小字雙行同黑口四周雙邊雙黑魚尾

370000－1507－0000135　181
繹山志　(清)侯文齡　(清)廖九甫編　清同治三年(1864)複印本　四冊　九行二十一字小字雙行同四周單邊

370000－1507－0000136　183
佩文韻府四百四十三卷韻府拾遺一百十二卷　清光緒三十二年(1906)石印本　六十五冊　二十四行五十字小字雙行同白口四周雙邊單黑魚尾　存二百十二卷(佩文韻府一至一百六、韻府拾遺一至一百六)

370000－1507－0000137　188
重鐫神峯通考命理正宗六卷　(明)張楠撰　清末刻本　二冊　十一行二十一字白口左右雙邊單黑魚尾　存二卷(一至二)

370000－1507－0000138　191
秘訣元機(鐵板神數)十二卷　(清)□□撰　清末刻本　十二冊　十行字數不等白口四周單邊單黑魚尾

370000－1507－0000139　194
東醫寶鑒雜病篇□□卷外形篇□□卷　(朝鮮)許浚撰　清末刻本　二冊　八行二十字小字雙行同白口左右雙邊單黑魚尾　存二卷(雜病篇二、外形篇二)

370000－1507－0000140　196
陳修園醫書五十種　(清)陳念祖撰　清末鉛印本　三冊　十六行三十三小字雙行同白口四周雙邊單黑魚尾

370000－1507－0000141　200
佩文韻府四百四十三卷韻府拾遺一百十二卷　清光緒石印本　三冊　二十四行五十字小字雙行同白口四周雙邊單黑魚尾　存十七卷(佩文韻府二十至二十一、二十四至二十五，韻府拾遺六十至七十二)

370000－1507－0000142　202
御纂醫宗金鑒九十卷　清乾隆十四年(1749)刻本　二冊　九行十七字白口四周雙邊單黑魚尾　存二卷(二十七至二十八)

370000－1507－0000143　203
秘書二十一種　(清)汪士漢輯　清同治刻本　九冊　十行二十字小字雙行同白口左右雙邊單黑魚尾

370000－1507－0000144　205
芥子園畫傳五卷　(清)王安節摹　清乾隆刻本　二冊　八行字數不等小字雙行不等白口四周單邊單黑魚尾　存二卷(二至三)

370000－1507－0000145　207
金匱要略心典二卷　(漢)張仲景撰　(清)尤怡纂注　清光緒七年(1881)刻本　二冊　十行二十一字小字雙行同白口左右雙邊單黑魚尾

370000－1507－0000146　208
校正尚友録全集二十二卷　(明)廖用賢編　清光緒二十八年(1902)石印本　十五冊　十四行字數不等小字雙行不等白口四周單邊單黑魚尾　存二十一卷(一至十四、十六至二十二)

370000－1507－0000147　209
幾何原本十五卷　(西洋)歐幾裡得撰　(明西洋)利瑪竇口譯　(明)徐光啟筆録　清光緒二十二年(1896)石印本　二冊　十八行三十七字小字雙行同白口四周雙邊單黑魚尾

存八卷(一至八)

370000－1507－0000148　210
校正尚友録二十二卷續集二十二卷　(明)廖用賢編　清光緒十八年(1892)石印本　十册　十四行字數不等小字雙行不等白口四周雙邊單黑魚尾　存三十三卷(校正尚友録一至二十二、九至十六,續集二十至二十二)

370000－1507－0000149　211
辨證録十四卷　(清)陳士鐸撰　清乾隆十三年(1748)刻本　一册　九行二十一字小字雙行二十字白口左右雙邊單黑魚尾　存一卷(一)

370000－1507－0000150　212
補注瘟疫論四卷　(清)洪天錫撰　清道光刻本　一册　十行二十一字小字雙行同白口四周單邊單黑魚尾　存一卷(三)

370000－1507－0000151　213
圖注脈訣辨眞十卷考證一卷附二卷　(晉)王叔和撰　清刻本　二册　九行二十字小字雙行同白口四周單邊單黑魚尾　存五卷(三至四、考證一卷、附二卷)

370000－1507－0000152　214
補注洗冤録集證□□卷附作史要言一卷　(清)童濂輯　清道光二十三年(1843)三色套印本　二册　十行十八字小字雙行同白口左右雙邊單黑魚尾　存二卷(一、作史要言一卷)

370000－1507－0000153　215
莊子雜篇四卷　(晉)郭象撰　清末朱墨套印本　一册　九行十九字白口四周雙邊

370000－1507－0000154　216
子史精華一百六十卷　(清)張廷玉等纂修　清光緒十三年(1887)石印本　二册　十六行四十八字小字雙行同白口四周雙邊單黑魚尾　存三十二卷(一至十六、九十七至一百十二)

370000－1507－0000155　217
針灸大成十卷　(明)楊繼洲撰　清光緒刻本　三册　十二行二十八字小字雙行不等白口四周雙邊單黑魚尾　存三卷(四、九至十)

370000－1507－0000156　218
秘書二十八種　(清)汪士漢輯　清同治刻本　五册　十行二十字小字雙行同白口四周單邊單黑魚尾

370000－1507－0000157　219
身理啟蒙十章　(清)□□撰　清光緒二十四年(1898)石印本　一册　十八行三十六字白口四周雙邊雙黑魚尾

370000－1507－0000158　224
淵鑒類函四百五十卷　(清)張英等撰　清康熙四十九年(1710)石印本　三十二册　二十一行四十二字小字雙行同白口四周單邊單白魚尾　存二百五十八卷(八至七十二、八十五至一百一、一百十一至一百八十二、一百九十二至一百九十八、二百八至二百十六、二百四十七至二百五十八、三百二十一至三百三十一、三百四十一至四百五)

370000－1507－0000159　225
代數備旨不分卷　(清)鄒立文等撰　清光緒二十二年(1896)鉛印本　二册　十四行三十四字小字雙行同白口四周雙邊單花魚尾

370000－1507－0000160　227
萬國分類時務大成□□卷　(清)錢豊輯　清光緒二十三年(1897)石印本　二十三册　十八行四十四字小字雙行同黑口四周雙邊單黑魚尾　存三十二卷(五至三十、三十二、三十六至四十)

370000－1507－0000161　228
景嶽全書六十四卷　(明)張介賓撰　清刻本　四册　十三行二十三字白口左右雙邊單黑魚尾　存五卷(四十四至四十八)

370000－1507－0000162　229
教務紀略四卷　(清)李剛己著　清光緒三十年(1904)鉛印本　五册　十行二十五字小字雙行同黑口四周單邊單黑魚尾

370000－1507－0000163　230

淵鑒類函　(清)張英等纂　清光緒二十一年(1895)石印本　十冊　三十行二十一字小字雙行同白口四周單邊單黑魚尾

370000－1507－0000164　232
宋元學案一百卷　(清)黄百家纂輯　清光緒五年(1879)刻本　四十冊　十一行二十四字小字雙行同黑口左右雙邊雙黑魚尾

370000－1507－0000165　233
歷代神仙通鑑二十二卷　(清)徐道　(清)程毓奇撰　清刻本　二十四冊　十行二十二字小字雙行同白口左右雙邊單黑魚尾

370000－1507－0000166　234
朱子語類一百四十卷　(宋)朱熹撰　清同治十一年(1872)刻本　四十冊　十二行二十四字小字雙行同黑口左右雙邊雙黑魚尾

370000－1507－0000167　235
四種遺規十二卷　(清)陳宏謀輯　清同治七年(1868)刻本　三冊　十行二十二字小字雙行同白口四周雙邊單黑魚尾　存七卷(訓俗遺規四卷、教女遺規三卷)

370000－1507－0000168　236
子史精華一百六十卷　清康熙六十年(1721)刻本　四十七冊　十六行二十四字小字雙行同白口四周雙邊單黑魚尾　存一百五十七卷(四至一百六十)

370000－1507－0000169　237
酉陽雜俎二十卷　(唐)段成式撰　清末刻本　二冊　十二行二十四字小字雙行同黑口四周雙邊雙黑魚尾　存十卷(十一至二十)

370000－1507－0000170　238
近思録十四卷校勘一卷　(清)江永集注　清光緒二十七年(1901)石印本　四冊　十四行二十九字小字雙行同白口四周單邊單黑魚尾

370000－1507－0000171　239
古文筆法百篇八卷　(清)李扶九編　清光緒三十年(1904)石印本　四冊　上欄三十五行五字小字雙行同下欄十六行三十五字小字雙行同白口四周單邊單黑魚尾

370000－1507－0000172　241
九章算術細草圖說九卷　(三國魏)劉徽注　清末刻本　八冊　十行二十字小字雙行同白口四周雙邊單黑魚尾

370000－1507－0000173　242
梅氏叢書輯要六十二卷卷首一卷　(清)梅文鼎撰　清光緒十四年(1888)石印本　六冊　二十二行二十四字小字雙行同白口四周雙邊單黑魚尾

370000－1507－0000174　244
光緒會計表四卷　(清)劉岳雲纂修　清光緒二十七年(1901)石印本　四冊　十行字數不等小字雙行不等黑口四周雙邊雙黑魚尾

370000－1507－0000175　245
芥子園畫傳　(清)王安節摹　清光緒三十二年(1906)石印本　十二冊　十四行三十字小字雙行同白口四周單邊單黑魚尾

370000－1507－0000176　246
女科要旨四卷醫學實在易八卷　(清)陳念祖撰　清刻本　四冊　十行二十二字小字雙行同白口四周雙邊單黑魚尾　存七卷(女科要旨一至二,醫學實在易二、五至八)

370000－1507－0000177　247
名人楹聯眞跡大全　(清)□□撰　清末影印本　一冊　行字不等黑口四周單邊線魚尾

370000－1507－0000178　251
御選唐宋詩醇四十七卷目録二卷　(清)高宗弘曆輯　清光緒七年(1881)重刻本　十九冊　九行十九字小字雙行同白口左右雙邊單黑魚尾　存四十七卷(一至十、十三至四十七,目録二卷)

370000－1507－0000179　252
文選六十卷　(南朝梁)蕭統撰　清光緒刻本　七冊　十二行二十五字小字雙行三十七字白口左右雙邊單黑魚尾　存三十五卷(一至二十、二十六至三十五、四十一至四十五)

370000－1507－0000180　253
御選唐宋文醇五十八卷　(清)高宗弘曆輯

清光緒三年(1877)刻本　二十冊　九行二十二字白口左右雙邊單黑魚尾

370000－1507－0000181　254

古文辭類纂七十五卷續古文辭類纂三十四卷　(清)姚鼐撰　王先謙纂　清光緒三十三年(1907)鉛印本　十一冊　十六行三十三字小字雙行同白口四周雙邊單黑魚尾　存一百一卷(古文辭類纂一至六十七、續古文辭類纂三十四卷)

370000－1507－0000182　255

不自慊齋漫存六卷　(清)徐賡陛撰　清光緒八年(1882)刻本　六冊　十行二十一字小字雙行同黑口左右雙邊單黑魚尾

370000－1507－0000183　256

蘇子美文集六卷詩集四卷　(宋)蘇舜欽撰　清同治六年(1867)刻本　四冊　十行二十一字白口四周單邊雙黑魚尾

370000－1507－0000184　257

韓詩外傳十卷　(漢)韓嬰撰　清光緒三年(1877)刻本　二冊　十二行二十四字大黑口四周雙邊雙黑魚尾

370000－1507－0000185　258

浙江鄉試同門朱卷不分卷　(清)□□輯　清光緒十七年(1891)刻本　十七冊　九行二十五字小字雙行同白口四周雙邊單黑魚尾

370000－1507－0000186　259

三蘇文選六卷　(清)朱若旦編　清光緒二十四年(1898)刻本　六冊　九行二十六字白口左右單邊單黑魚尾

370000－1507－0000187　260

浙江鄉試同年齒録不分卷　(清)□□輯　清光緒十七年(1891)刻本　四冊　上欄十四行十四字小字雙行同下欄十四行十六字小字雙行同白口四周雙邊單黑魚尾

370000－1507－0000188　261

古文釋義新編八卷　(清)余誠注　清宣統二年(1910)刻本　八冊　上欄十行六字下欄十行二十三字小字雙行同黑口四周雙邊單黑魚尾

370000－1507－0000189　262

浙江鄉試第拾伍房朱卷同門姓氏不分卷　(清)□□撰　清光緒二年(1876)刻本　十四冊　九行二十五字小字雙行不等白口四周雙邊單黑魚尾

370000－1507－0000190　264

虚白山房詩集四卷　(清)朱鳳毛撰　清光緒二十五年(1899)刻本　一冊　十三行二十五字小字雙行同黑口左右雙邊單黑魚尾

370000－1507－0000191　266

增評補圖石頭記□□卷　(清)曹霑撰　清末鉛印本　一冊　十四行三十一字白口四周雙邊單黑魚尾　存八卷(一百五至一百十二)

370000－1507－0000192　268

浙江鄉試硃卷　(清)□□輯　清光緒二年(1876)刻本　二冊　九行二十五字小字雙行同白口四周雙邊單黑魚尾

370000－1507－0000193　269

第六才子書八卷附一卷　(清)陳維崧訂　清末刻本　五冊　十行二十二字小字雙行同白口四周單邊單黑魚尾　存六卷(四至八、附一卷)

370000－1507－0000194　270

繪圖筆生花三十二回十六卷　(清)心如女史撰　清同治十一年(1872)石印本　七冊　二十五行五十三字白口四周單邊單黑魚尾　存七卷(一至四、九、十一、十三)

370000－1507－0000195　271

皇朝經世文三編八十卷皇朝經世文四編□□卷　(清)陳忠倚輯　清光緒二十四年(1898)石印本　十二冊　二十行四十八字小字雙行同白口四周雙邊單黑魚尾　存五十八卷(皇朝經世文三編一至十、三十六至七十,皇朝經世文四編十至二十二)

370000－1507－0000196　272

皇朝經世文新編二十一卷　(清)麥仲華輯　清光緒二十四年(1898)刻本　二十三冊　十

五行三十字小字雙行同黑口四周單邊線魚尾　存二十卷(一至二十)

370000－1507－0000197　274
李太白文集三十六卷首一卷　(清)王琦輯注　清道光刻本　十四册　十行二十字小字雙行同白口左右雙邊單黑魚尾　存三十一卷(一至十二、十六至三十、三十四至三十六,首一卷)

370000－1507－0000198　275
古文淵鑒六十四卷　(清)徐乾學等編注　清康熙二十四年(1685)五色套印本　十七册　九行二十字小字雙行同黑口四周單邊雙黑魚尾　存二十二卷(十四至二十、二十三至二十五、三十一、四十九、五十三至六十、六十三至六十四)

370000－1507－0000199　276
古文析義六卷　(清)林雲銘評注　清末刻本　一册　九行二十四字小字雙行同白口四周單邊單黑魚尾

370000－1507－0000200　277
蘇文二十九卷　(宋)郎曄撰　清末三色套印本　一册　九行十九字小字雙行同白口四周單邊　存一卷(三)

370000－1507－0000201　278
詩賦楷模　(清)張端卿等撰　清光緒十二年(1886)刻本　二册　七行十七字小字雙行同白口四周雙邊單黑(紅)魚尾

370000－1507－0000202　279
小倉山房詩集三十二卷補遺二卷　(清)袁枚撰　清末刻本　二册　九行二十一字白口左右雙邊　存七卷(十至十三、十九至二十一)

370000－1507－0000203　280
李文忠公全書　(清)吳汝綸編録　清光緒三十一年(1905)刻本　七十七册　十二行二十五字小字雙行同白口左右雙邊單黑魚尾　存一百二十六卷(朋僚函稿二十卷、电稿十九卷、奏稿七十八卷、譯署函稿四卷、海军函稿四卷、遷移多教堂函稿一卷)

370000－1507－0000204　281
李太白文集三十六卷　(清)王琦輯注　清乾隆二十四年(1759)刻本　十九册　十行二十字小字雙行同白口左右雙邊單黑魚尾　存三十五卷(二至三十六)

370000－1507－0000205　282
廣文選六十卷　(明)劉節輯　明嘉靖十六年(1537)刻本　四册　十一行二十一字白口四周單邊單黑魚尾　存十六卷(一至七、十二至十五、二十八至三十二)

370000－1507－0000206　283
東坡先生編年詩五十卷　(清)查慎行撰　清乾隆二十五年(1760)刻本　十二册　十行二十一字小字雙行三十字白口左右雙邊單黑魚尾　存二十二卷(一至十五、二十一、二十六至二十七、四十三至四十六)

370000－1507－0000207　284
簾花影樓試律詩　(清)朱鳳毛撰　清光緒十五年(1889)刻本　一册　十三行二十五字大黑口四周單邊單黑魚尾

370000－1507－0000208　286
四家賦鈔　(清)景其浚輯　清同治九年(1870)刻本　四册　十行二十三字白口四周雙邊單黑魚尾

370000－1507－0000209　287
李義山詩文集詳注文八卷詩四卷　(清)馮浩注　清同治七年(1868)刻本　八册　十一行二十五字小字雙行三十三字白口左右雙邊單黑魚尾

370000－1507－0000210　288
青雲集分韻試貼詳注四卷　(清)楊逢春輯　清光緒刻本　四册　九行二十字小字雙行同白口左右雙邊雙黑魚尾

370000－1507－0000211　289
漁洋山人精華錄箋注十二卷補注一卷　(清)王士禎撰　清康熙刻本　五册　十一行二十字小字雙行三十字白口左右雙邊單黑魚尾　存六卷(八至十二、補注一卷)

370000－1507－0000212　290

韞山堂詩集十六卷文集八卷　(清)管世銘撰　清光緒二十年(1894)刻本　四冊　十一行二十三字小字雙行同黑口左右雙邊單黑魚尾　存二十卷(韞山堂詩集十六卷、文集一至四)

370000－1507－0000213　292

小倉山房詩集二十六卷　(清)袁枚撰　清乾隆刻本　一冊　十一行二十一字白口左右雙邊單黑魚尾　存五卷(十八至二十二)

370000－1507－0000214　293

庚子山集十六卷庚子山集目錄一冊　(清)倪璠編　清康熙二十六年(1687)刻本　六冊　十行二十字小字雙行同白口左右雙邊單黑魚尾　存十三卷并一冊(三至十五、庚子山集目錄一冊)

370000－1507－0000215　294

古詩源十四卷　(清)沈德潛選　清光緒刻本　一冊　十行十九字小字雙三十字白口四周雙邊單黑魚尾　存四卷(四至七)

370000－1507－0000216　295

曾文正公家書十卷　(清)曾國藩撰　清末鉛印本　三冊　十五行三十八字白口四周雙邊單黑魚尾

370000－1507－0000217　296

重編留青新集二十四卷　(清)馮善長輯　清光緒十六年(1890)鉛印本　八冊　十四行四十字小字雙行同白口四周雙邊單黑魚尾　存十三卷(一至四、六至九、十五、十七至二十)

370000－1507－0000218　298

重訂文選集評□□卷　(清)于光華編次　清光緒刻本　四冊　上欄行字不等下欄十行二十四字小字雙行三十六字白口左右雙邊單黑魚尾　存四卷(四至七)

370000－1507－0000219　299

寶興堂重訂古文釋義新編八卷　(清)余誠評注　清宣統二年(1910)刻本　八冊　上欄二十行六字下欄十行二十三字小字雙行同白口四周雙邊單黑魚尾

370000－1507－0000220　300

樊南文集補編十二卷附年譜訂誤一卷　(清)錢振倫箋　(清)錢振常注　(清)袁長清校字　清同治五年(1866)刻本　四冊　十一行二十五字小字雙行三十三字白口左右雙邊單黑魚尾

370000－1507－0000221　301

湯子遺書十卷卷首一卷　(清)湯斌撰　清同治刻本　十五冊　十行十九字小字雙行同大黑口左右雙邊單黑魚尾

370000－1507－0000222　302

策略六卷　(清)汪紱撰　清光緒二十三年(1897)刻本　四冊　十行二十二字小字雙行同白口四周雙邊單黑魚尾

370000－1507－0000223　303

坡門酬唱二十三卷　(宋)蘇軾撰　清宣統二年(1910)刻本　八冊　九行十六字小字雙行同白口左右雙邊單黑魚尾

370000－1507－0000224　305

唐詩別裁集□□卷　(清)沈德潛　(清)陳培脈選　清康熙刻本　六冊　十行十九字小字雙行二十六字黑口左右雙邊單黑魚尾　存十卷(一至十)

370000－1507－0000225　306

王文成公全書三十八卷　(明)王守仁撰　清宣統元年(1909)鉛印本　十二冊　十四行四十二字小字雙行同白口四周雙邊單黑魚尾

370000－1507－0000226　308

有正味齋詩集七十一卷　(清)吳錫麒撰　清嘉慶十三年(1808)刻本　十冊　十二行二十四字小字雙行不等黑口四周單邊雙黑魚尾

370000－1507－0000227　309

西遊眞詮　(清)陳士斌撰　清刻本　三冊　十一行二十四字白口四周單邊單黑魚尾

370000－1507－0000228　310

皇朝經世文編一百二十卷　(清)賀長齡輯

清光緒十三年(1887)石印本　八册　二十三行四十八字白口四周雙邊單黑魚尾

370000－1507－0000229　311
增注類證活人書二十二卷　(明)吳勉學撰　清末刻本　六册　十行二十字小字雙行同黑口左右雙邊單黑魚尾

370000－1507－0000230　312
則古昔齋算學二十四卷　(清)李善蘭學　清光緒二十二年(1896)石印本　一册　十八行三十七字小字雙行同白口四周雙邊單黑魚尾　存五卷(一至五)

370000－1507－0000231　313
古文辭類纂七十五卷續古文辭類纂三十四卷　(清)姚鼐撰　王先謙纂　清光緒十六年(1890)鉛印本　九册　十八行四十三字小字雙行四十四字黑口四周雙邊雙黑魚尾　存二十一卷(古文辭類纂一至十五、續古文辭類纂一至六)

370000－1507－0000232　321
仿宋相臺五經附考證　(清)高宗弘曆輯　清乾隆四十八年(1783)刻本　二十五册　八行十七字小字雙行同白口左右雙邊雙黑魚尾　存五十三卷(仿宋書經一至十三、周易一至十考證,仿宋春秋一、三、五至六、十四至十六、十八至十九、二十一、二十四至二十七、三十,仿宋禮記一至四、九至十、十三至十四、十七至二十,春秋年表一卷,春秋名號歸一圖上下附考證)

370000－1507－0000233　322
甯都三魏全集八十三卷　(清)林時益輯　清康熙刻本　二十五册　九行二十字白口左右雙邊單白魚尾　存四十三卷(魏季子文集一至八、十至十六,魏兴士文集一至六,魏敬士文集一至三,魏叔子文集二至八、十一至二十二)

370000－1507－0000234　323
富強齋叢書全集　(清)富強齋主人編　清光緒二十七年(1901)石印本　六十三册　二十行二十二字小字雙行同黑口四周雙邊單黑魚尾

370000－1507－0000235　325
九通　(清)□□輯　清光緒二十七年(1901)石印本　二百九十七册　十六行二十三字小字雙行四十三字白口四周單邊雙黑魚尾

370000－1507－0000236　326
四史　(清)□□輯　清同治十一年(1872)刻本　九十一册　十行二十一字小字雙行同白口左右雙邊單黑魚尾　存三百六十七卷(史記一至二十一、三十九至一百十六、一百二十八至一百三十附考證,前漢書三至六十六、七十一至一百附考證,後漢書一至二十七、四十二至一百二十附考證,三國志六十五卷附考證)

370000－1507－0000237　327
皇清經解一百九十卷　(清)阮元輯　清光緒十七年(1891)石印本　十八册　三十三行二十四字小字雙行同白口四周單邊單黑魚尾　存一百四十卷(一至四十九、九十一至一百三十一、一百四十一至一百九十)

370000－1507－0000238　328
二十二子三百三十四卷　(清)浙江書局輯　清光緒二年(1876)刻本　六十五册　九行二十一字小字雙行同白口左右雙邊單黑魚尾　存二百五十八卷(重子春秋繁露十七卷、附録一卷,竹書紀年統䇳十二卷、前編一卷、雜述一卷,晏子春秋七卷、附音義二卷、校勘記二卷,孔子集語十七卷,荀子二十卷、附校勘遺一卷,文中子中説十卷,孫子十穴註十三卷、附叙録一卷、遺説一卷,韓非子二十卷、附識誤三卷,補註黄帝内經素問二十四卷、遺篇一卷,墨子十六卷,尸子二卷,存疑一卷,吕氏春秋二十六卷,淮南子二十一卷,山海經十八卷,列子八卷,文子纘義十二卷)

370000－1507－0000239　329
正誼堂全書四百七十一卷　(清)張伯行輯　清同治五年(1866)刻本　一百二十八册　十行二十二字小字雙行同白口左右雙邊單黑魚尾　存四十七種二百七十二卷(周濂溪先生

全集一至十一,二程文集一至五,張横渠先生文集一至八,朱子文集一至六、八至十四、十七,楊龟山先生集六卷,尹和靖先生集一卷,罗豫章先生文集二至三,李延平先生文集一至二,張南軒先生文集七卷,黄勉斋先生文集一至二、四至七,陳克斋先生集五卷,許鲁斋先生集六卷,胡敬斋先生集二至三,唐陆宣公文集四卷、首一卷,韓魏公集二至十二、十九至二十,罗正庵先生存蒿二卷,陳剩夫先生集四卷,湯潛庵先生集二,陆家書先生文集二卷,道統録二卷、附録一卷,二程語录一至十一、十五至十八,朱子語類輯略一、五至八,濂洛闕闽八至十二,近思録一,困學録集粹一至二、五至八,小學集解一至二、五,濂洛風雅九卷,學規類編一至三、七至十八,养正類編七至十三,居済一得一至四,正誼堂文集一至九,正誼堂續集八卷,羅整齊先生困知記四卷,道南源委六卷,居業録八卷,讀書録八卷,伊済渊源録十四卷,二程粹言三卷,學蔀通辨十二卷,朱子學的二卷,程氏家塾讀書分年日程三卷,上蔡語录三卷,楊椒山集二卷,方正學集七卷,谢疊山集二卷,文文山集二卷,諸葛武候文集四卷)

370000－1507－0000240　330
子書二十二種　(清)浙江書局輯　清光緒二十三年(1897)鉛印本　十五册　十三行四十字小字雙行同白口四周單邊雙黑魚尾　存一百二十三卷(莊子十卷,管子二十四卷,荀子十卷,列子八卷,韓非子二十卷、附識誤三卷,淮南子二十一卷,文中子説十卷,揚子法計十三卷、音義一卷,鶡寇子三卷)

370000－1507－0000241　331
續資治通鑑二百二十卷　(清)畢沅撰　清光緒二十六年(1900)鉛印本　十九册　十六行四十三字小字雙行五十九字白口四周單邊雙黑魚尾　存一百五十二卷(一至五十二、一百六至一百九十、一百九十九至二百六、二百十四至二百二十)

370000－1507－0000242　332
春秋左傳注疏六十卷公羊傳二十八卷　(唐)孔潁達撰　清光緒十三年(1887)石印本　八册　二十行三十四字小字雙行四十六字白口四周單邊單黑魚尾

370000－1507－0000243　333
增批輯注東萊博議四卷　(清)劉紫山輯注　清光緒三十一年(1905)刻本　四册　十三行二十八字小字雙行同白口四周雙邊單黑魚尾

370000－1507－0000244　335
御批歷代通鑑輯覽一百二十卷　(清)楊述曾等撰　清光緒三十二年(1906)鉛印本　十六册　十五行二十八字小字雙行四十二字白口四周單邊　存四十九卷(一至十一、十六至四十一、四十八至五十九)

370000－1507－0000245　336
尺木堂綱鑑易知録九十二卷　(清)吳乘權輯　清光緒三十年(1904)鉛印本　七册　十四行四十二字小字雙行同白口四周單邊雙黑魚尾　存三十卷(一至四、六十七至九十二)

370000－1507－0000246　337
尺木堂明鑑易知録十五卷　(清)吳乘權輯　清光緒三十年(1904)鉛印本　四册　十四行四十二字小字雙行同白口四周單邊雙黑魚尾

370000－1507－0000247　338
皇朝經世文編一百二十卷三編八十卷四編五十二卷新編二十一卷　(清)賀長齡輯　清末刻本　二十一册　二十三行四十八字小字雙行同白口四周雙邊單黑魚尾　存一百十六卷(皇朝經世文編三十至四十九、六十九至八十八,三編十一至三十五、七十一至八十,四編一至九、二十三至五十二,新編二十下、二十一)

曲阜師範大學圖書館古籍普查登記目録

全國古籍普查登記目録

國家圖書館出版社
National Library of China Publishing House

《曲阜師範大學圖書館古籍普查登記目録》

編纂委員會

主　任： 王東波

副主任： 陳　濤　唐蒙蒙

委　員： 喬　敏　梁宏偉　居迎春

主　編： 王東波

副主編： 喬　敏　梁宏偉　劉淑强

370000－1544－0000001　010/3
二如亭群芳譜二十八卷首一卷　(明)王象晉纂輯　(明)陳繼儒等校　明末刻本　二十二冊　八行十八字小字雙行同白口左右雙邊單黑魚尾　缺四卷(蔬譜一、果譜一、茶譜一、卉譜一)

370000－1544－0000002　010/3－2
二如亭群芳譜二十八卷首一卷　(明)王象晉纂輯　(明)陳繼儒等校　明末刻本　二十冊　八行十八字小字雙行同白口左右雙邊單黑魚尾

370000－1544－0000003　010/3－3
佩文齋廣群芳譜一百卷目錄二卷　(清)汪灝等編　清康熙四十七年(1708)内府刻本　四十八冊　十一行二十一字小字雙行同白口左右雙邊雙對黑魚尾

370000－1544－0000004　010/7
十駕齋養新錄二十卷餘錄三卷　(清)錢大昕撰　**錢辛楣先生年譜一卷**　(清)錢大昕編　(清)錢慶曾校注　**竹汀居士年譜續編一卷**　(清)錢慶曾編　清光緒二年(1876)浙江書局刻本　八冊　十行二十一字小字雙行同白口左右雙邊單黑魚尾

370000－1544－0000005　010/14
印譜集錦　(清)陳少林篆刻　清光緒三十四年(1908)鈐印本　一冊

370000－1544－0000006　010/17
海錄　(清)楊炳南撰　清道光二十四年(1844)潄六軒刻海外番夷錄本　一冊　十行二十一字黑口四周雙邊雙對黑魚尾

370000－1544－0000007　010/17－2
海島逸誌摘略　(清)王大海著　清道光二十四年(1844)潄六軒刻海外番夷錄本　一冊　十行二十一字黑口四周雙邊雙對黑魚尾

370000－1544－0000008　010/19
彭刊五柳先生傳　(清)彭氏篆刻　清光緒鈐印本　一冊　四周竹節欄

370000－1544－0000009　010/20
求是於古齋印存　(清)祝堯齡編　清鈐印本　六冊　黑口四周雙邊

370000－1544－0000010　010/24
叢珠館印譜　(明)曹一鯤篆刻　明鈐印本　一冊　白口四周單邊　存二卷(三至四)

370000－1544－0000011　011/2
杭州藝文志十卷　(清)吳慶坻編　清光緒三十四年(1908)長沙刻本　五冊　十二行二十三字小字雙行同白口左右雙邊單黑魚尾

370000－1544－0000012　011/2－2
杭州藝文志十卷　(清)吳慶坻編　清光緒三十四年(1908)長沙刻本　六冊　十二行二十三字小字雙行同白口左右雙邊單黑魚尾

370000－1544－0000013　011/8
彙刻書目　(清)顧修編　(清)朱學勤增訂　清光緒十五年(1889)上海福瀛書局刻本　二十冊　十一行二十五字小字雙行同黑口左右雙邊單黑魚尾

370000－1544－0000014　011/14
補三國藝文志四卷　(清)侯康撰　清光緒十三年(1887)廣雅書局刻本　二冊　十一行二十四字小字雙行同黑口四周單邊單黑魚尾

370000－1544－0000015　011/16
四庫書目略二十卷附錄一卷　(清)費莫文良編　清同治九年(1870)刻本　十二冊　九行二十一字小字雙行同白口左右雙邊單黑魚尾

370000－1544－0000016　011/25
直齋書錄解題二十二卷　(宋)陳振孫撰　清乾隆武英殿聚珍本　十冊　九行二十一字小字雙行同白口四周雙邊單黑魚尾

370000－1544－0000017　011/25－2
直齋書錄解題二十二卷　(宋)陳振孫撰　清乾隆江蘇刻本　十冊　九行二十一字小字雙行同白口四周雙邊單黑魚尾

370000－1544－0000018　011/25－3
直齋書錄解題二十二卷　(宋)陳振孫撰　清光緒九年(1883)江蘇書局刻本　六冊　十一

行二十四字白口四周雙邊單黑魚尾

370000－1544－0000019　011/28
昭德先生郡齋讀書志十卷　（宋）晁公武撰　**附志二卷後志二卷附考異**　（宋）趙希弁撰　清刻本　十二册　十行二十字黑口左右雙邊單黑魚尾

370000－1544－0000020　011/28－2
昭德先生郡齋讀書志二十卷　（宋）晁公武撰　**附志二卷**　（宋）趙希弁撰　清光緒十年（1884）長沙王氏刻本　十册　八行二十四字小字雙行同白口四周雙邊單黑魚尾

370000－1544－0000021　011/28－3
昭德先生郡齋讀書志二十卷　（宋）晁公武撰　**附志二卷**　（宋）趙希弁撰　清光緒十年（1884）長沙王氏刻本　十册　八行二十四字小字雙行同白口四周雙邊單黑魚尾

370000－1544－0000022　011/31
古今書刻二卷　（明）周弘祖集　清光緒三十二年（1906）長沙葉氏刻觀古堂書目叢刻本　二册　十行二十三字白口四周雙邊單黑魚尾

370000－1544－0000023　011/32
秘書省續編到四庫闕書目二卷　葉德輝考證　清光緒二十九年（1903）長沙葉氏刻觀古堂書目叢刻本　三册　十一行二十二字小字雙行同黑口左右雙邊雙對黑魚尾

370000－1544－0000024　011/35
季滄葦藏書目　（清）季振宜編　清嘉慶十年（1805）士禮居刻本　一册　十一行二十字小字雙行同白口左右雙邊單黑魚尾

370000－1544－0000025　011/47
平臺紀略一卷　（清）藍鼎元撰　清刻本　一册　九行二十字黑口左右雙邊

370000－1544－0000026　011/53
徵刻唐宋秘本書目一卷　（清）黄虞稷　（清）周在浚編　**考證二卷**　葉德輝撰　清光緒三十四年（1908）長沙葉氏郎園刻本　一册　十一行二十二字小字雙行同黑口左右雙邊雙對黑魚尾

370000－1544－0000027　011－2/1
補晉書經籍志四卷　（清）吳士鑑纂　清光緒二十一年（1895）錢塘吳氏刻本　二册　十行二十四字小字雙行同白口四周單邊

370000－1544－0000028　011－7/2
明南雍經籍考二卷　（明）梅鷟撰　清光緒二十八年（1902）長沙葉氏刻觀古堂書目叢刻本　一册　十一行二十二字小字雙行同黑口左右雙邊雙對黑魚尾

370000－1544－0000029　011－7/3
萬卷堂書目四卷　（明）朱睦㮮輯　**絳雲樓書目補遺**　（清）錢謙益撰　**靜惕堂書目**　（清）曹溶撰　清光緒長沙葉氏刻觀古堂書目叢刻本　二册　十一行二十二字小字雙行同黑口左右雙邊雙對黑魚尾

370000－1544－0000030　011－8/3
竹崦庵傳鈔書目一卷　（清）趙魏撰　**結一廬書目四卷**　（清）朱學勤撰　清光緒長沙葉氏刻觀古堂書目叢刻本　一册　十一行二十二字小字雙行同黑口左右雙邊雙對黑魚尾

370000－1544－0000031　011－8/5
別本結一廬書目　（清）朱學勤撰　清光緒長沙葉氏刻觀古堂書目叢刻本　一册　十一行二十二字小字雙行同黑口左右雙邊雙對黑魚尾

370000－1544－0000032　011－8/6
欽定四庫全書簡明目錄二十卷　（清）紀昀總纂　清刻本　十二册　九行二十一字小字雙行同白口左右雙邊

370000－1544－0000033　011－8/6－3
欽定四庫全書簡明目錄二十卷　（清）紀昀總纂　清刻本　十二册　九行二十一字小字雙行同白口左右雙邊

370000－1544－0000034　011－8/9
鐵琴銅劍樓藏書目錄二十四卷　（清）瞿鏞撰　清光緒二十四年（1898）常熟瞿氏家塾刻本　十二册　十行二十二字小字雙行同黑口左右雙邊單黑魚尾

370000－1544－0000035　011－8/19
欽定天禄琳琅書目十卷　(清)于敏中等編　清抄本　十册　九行十九字小字雙行同

370000－1544－0000036　012/1
藏書紀事詩六卷　葉昌熾撰　清光緒二十三年(1897)長沙學使署刻本　六册　十一行二十三字小字雙行同黑口左右雙邊單黑魚尾

370000－1544－0000037　012/1－2
藏書紀事詩六卷　葉昌熾撰　清光緒二十三年(1897)長沙學使署刻本　六册　十一行二十三字小字雙行同黑口左右雙邊單黑魚尾

370000－1544－0000038　012/2
士禮居藏書題跋記六卷　(清)黄丕烈撰　清光緒八年(1882)吳縣潘氏刻本　四册　十一行二十三字小字雙行同黑口左右雙邊單黑魚尾

370000－1544－0000039　012/7
書目答問四卷輶軒語一卷尊經書院記一卷　(清)張之洞撰　清光緒五年(1879)貴陽刻本　三册　十三行二十四字小字雙行同白口左右雙邊單黑魚尾

370000－1544－0000040　012/15
讀書紀數略五十四卷　(清)宮夢仁編纂　清康熙刻本　十六册　十一行二十一字小字雙行同黑口四周雙邊單黑魚尾

370000－1544－0000041　012/21
無邪堂答問五卷　(清)朱一新撰　清光緒二十一年(1895)廣雅書局刻本　五册　十一行二十四字小字單行同黑口四周單邊單黑魚尾

370000－1544－0000042　012/22
竹雲題跋四卷　(清)王澍撰　漢泉公手抄本　二册　十行十七字白口四周雙邊　藍格

370000－1544－0000043　013/5
魏書校勘記一卷　王先謙撰　清光緒九年(1883)長沙王氏刻本　一册　八行二十四字白口四周雙邊單黑魚尾

370000－1544－0000044　013/13
札迻十二卷　(清)孫詒讓撰　清光緒二十年(1894)刻本　四册　十二行二十三字小字雙行同黑口左右雙邊雙對黑魚尾

370000－1544－0000045　020/1
子史精華一百六十卷　(清)聖祖玄燁編　清雍正五年(1727)武英殿刻本　四十八册　八行二十四字小字雙行同白口四周雙邊單黑魚尾

370000－1544－0000046　020/1－2
子史精華一百六十卷　(清)聖祖玄燁編　清光緒十三年(1887)上海積山書局石印本　八册　十六行四十八字小字雙行同白口四周雙邊單黑魚尾

370000－1544－0000047　020/1－3
子史輯要詩賦題解四卷　(清)胡本淵編輯　清刻本　二册　八行字數不等白口左右雙邊單黑魚尾

370000－1544－0000048　020/2
類書纂要三十三卷　(清)周魯輯　清康熙三年(1664)無錫天和堂刻本　十九册　九行二十二字小字雙行同白口四周單邊單白魚尾

370000－1544－0000049　020/2－2
類書纂要三十三卷　(清)周魯輯　清康熙三年(1664)姑蘇三槐堂刻本　二十册　九行二十二字小字雙行同白口四周單邊單白魚尾

370000－1544－0000050　020/3
增補事類統編九十三卷首一卷　(清)黄葆真增輯　(清)何立中校　清咸豐十年(1860)丹陽黄氏刻本　四十八册　九行二十一字小字雙行同白口四周雙邊單黑魚尾

370000－1544－0000051　020/4
淵鑑類函四百五十卷目録四卷　(清)張英等纂　清康熙四十九年(1710)刻本　一百四十册　十行二十一字小字雙行同黑口四周雙邊雙順黑魚尾

370000－1544－0000052　020/4－2
淵鑑類函四百五十卷目録四卷　(清)張英等纂　清光緒十三年(1887)上海同文書局石印

本　四十八册　二十一行四十二字小字雙行同白口四周單邊單綫魚尾

370000－1544－0000053　020/4－3
淵鑑類函四百五十卷目錄四卷　（清）張英等纂　清光緒十三年（1887）上海同文書局石印本　四十八册　二十一行四十二字小字雙行同白口四周單邊單綫魚尾

370000－1544－0000054　020/4－4
淵鑑類函四百五十卷　（清）張英等纂　清光緒二十一年（1895）上海點石齋石印本　十册　三欄各二十一字小字雙行同白口四周單邊單黑魚尾

370000－1544－0000055　020/4－5
淵鑑類函四百五十卷　（清）張英等纂　清光緒九年（1883）上海點石齋石印本　十册　三欄各二十一字小字雙行同白口四周單邊單黑魚尾

370000－1544－0000056　020/5
蘭雪堂古事苑定本十二卷　（明）鄧志謨編輯　清康熙二十五年（1686）蘭雪堂刻本　四册　九行二十一字白口左右雙邊單黑魚尾

370000－1544－0000057　020/5－2
蘭雪堂古事苑定本十二卷　（明）鄧志謨編輯　清康熙二十五年（1686）蘭雪堂刻本　八册　九行二十一字白口左右雙邊單黑魚尾

370000－1544－0000058　020/6
遣愁集十二卷　（清）張貴勝纂輯　清刻本　六册　十行二十四字白口左右雙邊單黑魚尾

370000－1544－0000059　020/7
麗句集六卷　（明）許之吉選　明天啓刻本　六册　九行十九字小字雙行同白口四周單邊

370000－1544－0000060　020/8
天中記六十卷　（明）陳耀文纂　清光緒四年（1878）聽雨山房刻本　六十册　十一行二十一字小字雙行同黑口四周雙邊單黑魚尾

370000－1544－0000061　020/9
唐類函二百卷目錄二卷　（明）俞安期輯　明萬曆三十一年（1603）自刻本　四十册　十行二十字小字雙行同白口四周單邊單黑魚尾

370000－1544－0000062　020/10
分類字錦六十四卷　（清）張廷玉等纂　清康熙六十一年（1722）内府刻本　四十册　八行二十四字白口四周雙邊單黑魚尾

370000－1544－0000063　020/11
國朝十二科同館詩賦解題五卷首一卷國朝三十五科詩賦解題七卷首一卷　（清）魏茂林輯　清道光龍巖魏氏有不為齋刻本　八册　十二行二十二字小字雙行同白口四周單邊單黑魚尾

370000－1544－0000064　020/12
潛確居類書一百二十卷　（明）陳仁錫輯　明崇禎刻本　五十九册　十行二十字小字雙行同白口四周單邊單黑魚尾　缺總目一册

370000－1544－0000065　020/12－2
潛確居類書一百二十卷　（明）陳仁錫輯　明崇禎刻本　四十册　十行二十字小字雙行同白口四周單邊單黑魚尾

370000－1544－0000066　020/13
尚友錄二十二卷補遺一卷　（明）廖用賢編纂（清）張伯琮補輯　清康熙刻本　十二册　七行二十字小字雙行同白口四周單邊

370000－1544－0000067　020/13－4
尚友錄二十二卷補遺一卷　（明）廖用賢編纂（清）張伯琮補輯　清康熙刻本　二十二册　七行二十字小字雙行同白口四周單邊

370000－1544－0000068　020/14
北堂書鈔一百六十卷首一卷　（唐）虞世南撰（清）孔廣陶校注　清光緒十四年（1888）南海孔氏三十有三萬卷堂刻本　二十册　十二行二十二字小字雙行同黑口四周單邊

370000－1544－0000069　020/14－2
北堂書鈔一百六十卷首一卷　（唐）虞世南撰（清）孔廣陶校注　清光緒十四年（1888）南海孔氏三十有三萬卷堂刻本　二十册　十二行二十二字小字雙行同黑口四周單邊

370000－1544－0000070　020/15
典林新采四卷　(清)殷振雲輯　清同治十二年(1873)刻本　二册　九行二十二字小字雙行同白口左右雙邊單黑魚尾

370000－1544－0000071　020/16
初學記三十卷　(唐)徐堅等撰　(明)陳大科校　明萬曆二十五年至二十六年(1597－1598)陳大科刻清岱雲樓重修本　十二册　九行二十字小字雙行同白口左右雙邊單黑魚尾

370000－1544－0000072　020/18
增補註釋故事白眉十卷　(清)許以忠輯　清光緒二年(1876)經濟堂刻本　六册　上欄十一行六字下欄十一行二十字小字雙行同白口四周單邊

370000－1544－0000073　020/19
重訂廣事類賦四十卷　(清)華希閔撰　(清)鄒升恒參　(清)華希閎重訂　清道光二十三年(1843)刻本　八册　九行二十一字小字雙行同白口四周雙邊單黑魚尾

370000－1544－0000074　020/20
廣廣事類賦三十二卷　(清)吳世旃撰註　清刻本　四册　九行二十一字小字雙行同白口四周雙邊單黑魚尾

370000－1544－0000075　020/21
三讓堂訂正幼學妥註新增珠璣三卷首一卷　(明)程登吉撰　清三讓堂刻本　二册　上欄十行十二字小字雙行同下欄十行二十四字小字雙行同白口四周單邊單黑魚尾

370000－1544－0000076　020/22
四書古人典林十二卷　(清)江永編　清乾隆三十九年(1774)光霽堂刻本　四册　八行二十字小字雙行同白口左右雙邊單黑魚尾

370000－1544－0000077　020/22－2
四書古人典林十二卷　(清)江永編　清崇德書院刻本　四册　八行二十四字小字雙行同白口四周單邊單黑魚尾

370000－1544－0000078　020/23
五經類編二十八卷　(清)周世樟編　清嘉慶三年(1798)刻本　十二册　八行二十字小字雙行同白口左右雙邊單黑魚尾

370000－1544－0000079　020/23－2
五經類編二十八卷　(清)周世樟編　清芥子園刻本　十册　八行二十字小字雙行同白口左右雙邊單黑魚尾

370000－1544－0000080　020/23－3
五經類編二十八卷　(清)周世樟編　清乾隆四十六年(1781)友益齋刻本　十二册　八行二十字小字雙行同白口左右雙邊單黑魚尾

370000－1544－0000081　020/24
育正堂重訂幼學須知句解四卷首一卷　(清)程登吉撰　(清)錢元龍校梓　清乾隆刻本　二册　下欄九行十七字小字雙行同白口左右雙邊單黑魚尾

370000－1544－0000082　020/24－2
育正堂重訂幼學須知句解四卷首一卷　(清)程登吉撰　(清)錢元龍校梓　清光緒二年(1876)刻本　二册　下欄九行十七字小字雙行同白口左右雙邊單黑魚尾

370000－1544－0000083　020/25
兩漢韻珠十卷　(清)吳章澧輯　清光緒十八年(1892)刻本　十册　九行二十一字小字雙行同黑口左右雙邊單黑魚尾

370000－1544－0000084　020/26
四書典林三十卷　(清)江永輯　清崇德書院刻本　十册　八行二十四字小字雙行同白口四周單邊單黑魚尾

370000－1544－0000085　020/27
增訂二三場群書備考四卷　(明)袁黄輯　(明)袁儼註　明刻本　二册　九行二十一字小字雙行同白口四周單邊單白魚尾

370000－1544－0000086　020/27－2
增訂二三場群書備考四卷　(明)袁黄輯　(明)袁儼註　明崇禎十五年(1642)大觀堂刻本　八册　九行二十一字小字雙行同白口四周單邊單黑魚尾

370000－1544－0000087　020/28
七修類藁五十一卷續藁七卷　(明)郎瑛撰　清刻本　七册　九行二十字小字雙行同黑口左右雙邊　缺三十卷(七修類藁一至二十七、續藁五至七)

370000－1544－0000088　020/29
玉海二百四卷　(宋)王應麟撰　清光緒九年(1883)浙江書局刻本　一百二十二册　十行二十字小字雙行同白口左右雙邊單黑魚尾

370000－1544－0000089　020/30
御定駢字類編二百四十卷　(清)沈宗敬等纂　清光緒十三年(1887)上海同文書局石印本　四十八册　二十行四十二字小字雙行同白口四周雙邊雙順魚尾

370000－1544－0000090　020/30－2
御定駢字類編二百四十卷　(清)沈宗敬等纂　清雍正六年(1728)刻本　一百二十册　十行二十一字小字雙行同黑口四周雙邊雙順黑魚尾

370000－1544－0000091　020/31
太平御覽一千卷目録十五卷　(宋)李昉等輯　清光緒十八年(1892)南海李氏刻本　一百二十册　十三行二十二字小字雙行同白口左右雙邊單黑魚尾

370000－1544－0000092　020/31－2
太平御覽一千卷目録十五卷　(宋)李昉等輯　清光緒十八年(1892)南海李氏刻本　八十册　十三行二十二字小字雙行同白口左右雙邊單黑魚尾

370000－1544－0000093　020/32
藝文類聚一百卷　(唐)歐陽詢輯　明嘉靖六年至七年(1527－1528)胡纘宗刻本　三十册　十四行二十八字白口左右雙邊單黑魚尾

370000－1544－0000094　020/33
廣博物志五十卷　(明)董斯張纂　(明)楊鶴等訂　清光緒五年(1879)學海堂據明萬曆四十三年(1615)高暉堂本影刻本　二十册　九行十八字小字雙行同白口四周單邊單黑魚尾

370000－1544－0000095　020/34－2
古今圖書集成一萬卷　(清)蔣廷錫　(清)陳夢雷等編　清光緒十年(1884)上海圖書集成印書局鉛印本　一百六十八册　十二行三十八字小字雙行同白口四周單邊單黑魚尾

370000－1544－0000096　020/35
焦氏類林八卷　(明)焦竑輯　(明)王元貞校　明萬曆十五年(1587)王元貞刻本　六册　十行二十字小字單行同白口左右雙邊單黑魚尾　存五卷(一至五)

370000－1544－0000097　025/1
增補事類統編九十三卷首一卷　(清)黄葆真增輯　(清)何立中校　清道光二十九年(1849)敦好堂刻本　四十八册　九行二十一字小字雙行同白口四周雙邊單黑魚尾

370000－1544－0000098　025/2
册府元龜一千卷　(宋)王欽若等纂　明刻本　三十二册　十行二十字小字雙行同白口四周單邊　存一百四十卷(三百五十至三百八十三、四百十七至四百五十三、五百五十二至五百八十七、七百九十五至八百二十七)

370000－1544－0000099　028/1
角山樓增補類腋六十七卷　(清)姚培謙撰　(清)趙克宜增輯　清咸豐角山樓刻本　十三册　九行二十四字小字雙行同白口左右雙邊單黑魚尾　存三十九卷(天部一至八、地部一至二十四、人部一至七)

370000－1544－0000100　028/1－2
類腋五十五卷　(清)姚培謙集　清乾隆清妙軒刻本　十二册　六行字數不等白口左右雙邊單黑魚尾　存二十八卷(天部一至八、地部一至十六、人部一至四)

370000－1544－0000101　028/3
錦字箋四卷　(清)黄澐輯　清道光十年(1830)刻本　四册　八行二十字小字雙行同白口左右雙邊

370000－1544－0000102　028/4
西事類編十六卷　(清)沈純輯　清光緒十三

年(1887)申報館鉛印本　三冊　十一行二十七字白口四周雙邊雙對花魚尾　缺六卷(十一至十六)

370000－1544－0000103　028/5
讀書紀數略五十四卷　(清)宫夢仁編纂　(清)宋澤元校刊　清光緒六年(1880)山陰宋澤元懺花盦刻本　十二冊　十行二十一字小字雙行同白口左右雙邊單黑魚尾

370000－1544－0000104　028/6
憑山閣增輯留青新集三十卷　(清)陳枚選　(清)陳德裕增輯　清康熙四十七年(1708)積秀堂刻本　二十冊　十一行二十四字小字雙行同白口四周單邊單黑魚尾

370000－1544－0000105　028/11
古今類傳四卷　(清)董穀士　(清)董炳文輯　清康熙三十一年(1692)未學齋刻本　四冊　十一行二十八字小字雙行同白口左右雙邊單黑魚尾

370000－1544－0000106　030/1
雙梅景闇叢書　葉德輝輯　清光緒長沙葉氏郎園刻本　五冊　十一行二十二字小字雙行同黑口左右雙邊雙對黑魚尾

370000－1544－0000107　030/6
函海　(清)李調元輯　清乾隆綿州李氏萬卷樓刻嘉慶十四年(1809)李鼎元重校道光五年(1825)李朝夔補刻本　一百六十冊　十行二十字小字雙行四十字白口四周雙邊單黑魚尾

370000－1544－0000108　030/6－2
函海　(清)李調元輯　清乾隆綿州李氏萬卷樓刻嘉慶十四年(1809)李鼎元重校本　一百六十冊　十行二十字小字雙行四十字白口四周雙邊單黑魚尾

370000－1544－0000109　030/18
藕香零拾三十九種　繆荃孫輯　清宣統二年(1910)江陰繆氏刻本　三十二冊　十四行二十一字小字雙行同黑口左右雙邊單黑魚尾

370000－1544－0000110　030/20
榆園叢刻　(清)許增輯　清光緒仁和許氏刻本　十二冊　十二行二十三字小字雙行同白口左右雙邊單黑魚尾

370000－1544－0000111　030/20－2
榆園叢刻　(清)許增輯　清光緒仁和許氏刻本　十六冊　十二行二十三字小字雙行同白口左右雙邊單黑魚尾

370000－1544－0000112　030/20－3
榆園叢刻　(清)許增輯　清光緒仁和許氏刻本　十六冊　十二行二十三字小字雙行同白口左右雙邊單黑魚尾

370000－1544－0000113　030/20－4
榆園叢刻　(清)許增輯　清光緒仁和許氏刻本　十六冊　十二行二十三字小字雙行同白口左右雙邊單黑魚尾

370000－1544－0000114　826/3－4
聖門樂誌一卷　(清)孔尚任纂　(清)孔繼汾錄　清光緒十三年(1887)刻本　一冊　十行二十三字小字雙行同白口四周單邊單黑魚尾

370000－1544－0000115　030/22
秘書廿一種　(清)汪士漢輯　清乾隆五十三年(1788)菁華書屋刻本　二十冊　十行二十字小字雙行同白口左右雙邊單黑魚尾

370000－1544－0000116　030/22－2
秘書廿一種　(清)汪士漢輯　清乾隆七年(1742)文盛堂刻本　二十冊　十行二十字小字雙行同白口四周單邊單黑魚尾

370000－1544－0000117　030/24
史學叢書　(清)□□輯　清光緒二十五年(1899)上海文瀾書局石印本　三十二冊　二十二行二十四字小字雙行同黑口四周單邊

370000－1544－0000118　030/24－2
史學叢書　(清)□□輯　清光緒二十八年(1902)上海煥文書局石印本　三十二冊　二十四行四十八字小字雙行同白口四周單邊單黑魚尾

370000－1544－0000119　030/24－3
史學叢書　(清)□□輯　清光緒十九年

(1893)武林有三長齋石印本　二十四册　二十二行二十四字小字雙行同黑口四周單邊

370000－1544－0000120　030/27

誦芬詠烈後編　(清)徐琪輯　清光緒刻本　十册　十行二十字小字雙行同黑口左右雙邊單黑魚尾

370000－1544－0000121　030/28

藝海珠塵　(清)吳省蘭輯　清嘉慶聽彝堂刻本　五十册　十行二十一字小字雙行同白口左右雙邊單黑魚尾

370000－1544－0000122　030/29

學海君道部二百四十卷　(明)茅絢編　明萬曆刻本　六册　十一行二十六字小字雙行同白口四周單邊單黑魚尾　存三十五卷(一至五、十四至十九、四十八至五十五、六十至六十三、六十九至七十四、一百十二至一百十七)

370000－1544－0000123　030/30

白芙堂算學叢書　(清)丁取忠輯　清光緒二十二年(1896)上海肇記書局石印本　八册　二十行二十二字小字雙行同白口四周雙邊單黑魚尾

370000－1544－0000124　030/30－2

白芙堂算學叢書　(清)丁取忠輯　清同治十三年(1874)長沙古荷花池精舍刻本　三十二册　十行二十二字小字雙行同白口左右雙邊單黑魚尾

370000－1544－0000125　030/31

二酉堂叢書　(清)張澍輯　清道光元年(1821)武威張氏二酉堂刻本　六册　十行二十四字小字雙行同白口左右雙邊單黑魚尾

370000－1544－0000126　030/37

經訓堂叢書二十種　(清)畢沅輯　清光緒十三年(1887)大同書局石印本　十六册　十四行三十三字小字雙行同白口四周雙邊單黑魚尾

370000－1544－0000127　030/38

拜經樓叢書七種　(清)吳騫輯　清光緒十一年(1885)鄂渚會稽章氏刻本　六册　十行二十二字小字雙行同黑口左右雙邊雙對黑魚尾

370000－1544－0000128　030/40

古逸叢書二十六種　(清)黎庶昌輯　清光緒十年(1884)遵義黎氏日本東京使署刻本　四十九册　行款不一

370000－1544－0000129　030/40－2

古逸叢書二十六種　(清)黎庶昌輯　清光緒十年(1884)遵義黎氏日本東京使署刻本　四十九册　行款不一

370000－1544－0000130　030/40－3

古逸叢書二十六種　(清)黎庶昌輯　清光緒十年(1884)遵義黎氏日本東京使署刻本　五十册　行款不一

370000－1544－0000131　030/45

滂喜齋叢書五十種　(清)潘祖蔭輯　清同治、光緒間吳縣潘氏刻本　二十八册　十一行二十三字小字雙行同黑口左右雙邊

370000－1544－0000132　030/45－2

滂喜齋叢書五十種　(清)潘祖蔭輯　清同治、光緒間吳縣潘氏刻本　三十二册　十一行二十三字小字雙行同黑口左右雙邊

370000－1544－0000133　030/47

嶺南遺書五十四種　(清)伍元薇輯　清道光南海伍氏刻本　一百册　十一行二十二字黑口四周單邊雙對黑魚尾

370000－1544－0000134　030/53

守山閣叢書四集一百二十種　(清)錢熙祚輯　清道光二十四年(1844)金山錢氏刻本　一百六十册　十一行二十三字小字雙行同黑口左右雙邊

370000－1544－0000135　030/54

武英殿聚珍版全書　(清)高宗弘曆敕編　清同治十三年(1874)江西書局刻本　一百二十八册　九行二十一字小字雙行同白口四周雙邊單黑魚尾　缺一種四卷(鄭志三卷、拾遺一卷)

370000－1544－0000136　030/55
龍威秘書　(清)馬俊良輯　清嘉慶元年(1796)世德堂刻本　八十册　九行二十字小字雙行同黑口左右雙邊

370000－1544－0000137　030/56
正覺樓叢刻　(清)李瀚章輯　清光緒湖北崇文書局刻本　十八册　九行十八字小字雙行同白口左右雙邊單黑魚尾　存十三種三十八卷(風角書八卷,二林居集二卷,紀事約言二卷,舊唐書疑義四卷,後漢郡國令長考一卷,律吕新義四卷、附錄一卷,律吕臆說一卷,三國志辨疑三卷,三國職官表三卷,樂府傳聲二卷,周官指掌五卷,荀勖笛律圖注一卷,官色攷一卷)

370000－1544－0000138　030/59
雅雨堂叢書　(清)盧見曾輯　清乾隆二十一年(1756)盧氏雅雨堂刻本　四十八册　十行二十一字小字雙行同白口四周單邊單黑魚尾

370000－1544－0000139　030/61
懷豳雜俎叢書十二種　徐乃昌輯　清光緒、宣統南陵徐乃昌刻本　十册　十行二十字小字雙行同黑口左右雙邊單黑魚尾

370000－1544－0000140　030/62
笠澤叢書七卷補遺一卷續補遺一卷附考一卷　(唐)陸龜蒙撰　(清)許槤校　清嘉慶二十五年(1820)海昌許氏刻本　二册　十一行二十一字小字雙行同黑口左右雙邊單黑魚尾

370000－1544－0000141　030/63
竹柏山房十五種　(清)林春溥撰　清嘉慶至咸豐福州林氏竹柏山房刻本　四十册　行款不一

370000－1544－0000142　030/63－2
竹柏山房十五種　(清)林春溥撰　清刻本　十册　開闢傳疑十二行二十二字黑口四周雙邊雙對黑魚尾　存五種二十四卷(開闢傳疑二卷;古史紀年十四卷;古史攷年異同表二卷、後說一卷;武王克殷日紀一卷;孔門師弟年表一卷、後說一卷,孟子時事年表一卷、後說一卷)

370000－1544－0000143　031/1
十種古逸書　(清)茆泮林輯　清道光二十二年(1842)高郵茆氏梅瑞軒刻本　四册　十行二十一字小字雙行同白口左右雙邊單黑魚尾

370000－1544－0000144　031/2
漢魏叢書八十六種　(清)王謨輯　清乾隆五十六年(1791)刻本　九十六册　九行二十字小字雙行同白口左右雙邊單黑魚尾

370000－1544－0000145　034/1
唐人五十家小集五十種　(清)江標輯　清光緒二十一年(1895)元和江氏靈鶼閣影宋刻本　二十四册　十行十八字小字雙行同白口左右雙邊單黑魚尾

370000－1544－0000146　037/2
明季稗史彙編十六種　(清)留雲居士輯　清都城琉璃廠刻本　二十册　九行十九字白口四周雙邊單黑魚尾　缺一種(揚州十日記)

370000－1544－0000147　037/2－2
明季稗史彙編十六種　(清)留雲居士輯　清刻本　十二册　九行十九字白口左右雙邊單黑魚尾

370000－1544－0000148　037/6
痛史十五種　(清)樂天居士編　清宣統三年(1911)上海商務印書館鉛印本　二十四册　十二行三十二字白口四周雙邊單黑魚尾

370000－1544－0000149　037/6－2
痛史二十種　(清)樂天居士編　清宣統三年至民國三年(1911－1914)上海商務印書館鉛印本　三十一册　十二行三十二字白口四周雙邊單黑魚尾

370000－1544－0000150　037/7
歸雲別集十種　(明)陳士元撰　清道光十三年(1833)應城吳毓梅刻本　二十册　九行二十字小字雙行同白口四周雙邊單黑魚尾

370000－1544－0000151　037/11
[午花堂鈔本]　(□)□□編　舊抄本　三册　七行十八字白口四周單邊單藍魚尾

370000－1544－0000152　038/1

鐵華館叢書六種　(清)蔣鳳藻輯　清光緒十年(1884)刻本　十二冊　十二行二十二字小字雙行同黑口左右雙邊雙順黑魚尾

370000－1544－0000153　038/3

海山仙館叢書五十六種　(清)潘仕誠輯　清道光二十九年(1849)海山仙館刻本　一百六十冊　九行二十一字小字雙行同黑口左右雙邊

370000－1544－0000154　038/3－2

海山仙館叢書五十六種　(清)潘仕誠輯　清道光二十九年(1849)海山仙館刻本　一百二十冊　九行二十一字小字雙行同黑口左右雙邊

370000－1544－0000155　038/4

湘學報類編西政叢鈔　(清)養春堂主人編　清光緒二十八年(1902)石印本　九冊　二十二行四十八字黑口四周雙邊單黑魚尾　缺一冊(一)

370000－1544－0000156　038/6－2

亭林先生遺書彙輯二十三種六十三卷附錄三種四卷　(清)顧炎武撰　(清)朱記榮輯　清光緒十四年(1888)朱氏校經山房刻本　二十四冊　行款不一

370000－1544－0000157　038/6－3

亭林全集十種二十七卷　(清)顧炎武撰　清刻本　二十四冊　十一行二十字小字雙行同白口左右雙邊單黑魚尾

370000－1544－0000158　038/6－4

顧亭林先生遺書十種二十七卷　(清)顧炎武撰　清蓬瀛閣刻本　八冊　十一行二十字小字雙行同白口左右雙邊單黑魚尾

370000－1544－0000159　038/7

梅氏叢書輯要二十三種附錄二種　(清)梅文鼎撰　(清)梅瑴成輯　清同治十三年(1874)宣城梅氏頤園刻本　二十冊　十一行二十二字小字雙行同白口四周雙邊單黑魚尾

370000－1544－0000160　038/7－2

梅氏叢書輯要二十三種附錄二種　(清)梅文鼎撰　(清)梅瑴成輯　清光緒十四年(1888)龍文書局石印本　六冊　二十二行四十八字小字雙行同白口四周雙邊單黑魚尾

370000－1544－0000161　038/9

龍莊遺書四種　(清)汪輝祖撰　清光緒江蘇書局刻本　六冊　十行二十一字小字雙行同黑口左右雙邊單黑魚尾

370000－1544－0000162　038/9－2

龍莊遺書四種　(清)汪輝祖撰　清光緒江蘇書局刻本　六冊　十行二十一字小字雙行同黑口左右雙邊單黑魚尾

370000－1544－0000163　038/10

積學齋叢書二十種　徐乃昌輯　清光緒十九年(1893)南陵徐乃昌刻本　十六冊　十一行二十一字小字雙行同黑口左右雙邊雙對黑魚尾

370000－1544－0000164　038/12

鄭氏佚書二十三種　(漢)鄭玄撰注　(清)袁鈞輯　清光緒十四年(1888)浙江書局刻本　十冊　十行二十一字小字雙行同黑口左右雙邊單黑魚尾

370000－1544－0000165　038/13

心矩齋叢書六種　(清)蔣鳳藻輯　清光緒九年(1883)長洲蔣氏心矩齋刻本　十六冊　十一行二十一字小字雙行同黑口左右雙邊雙對黑魚尾

370000－1544－0000166　038/16

篆學瑣著三十種　(清)顧湘輯　清道光海虞顧氏刻本　八冊　九行二十一字小字雙行同黑口四周雙邊

370000－1544－0000167　038/17

戴氏遺書六十一卷　(清)戴震撰　清乾隆曲阜孔氏微波榭刻本　三十六冊　十行二十一字小字雙行同白口左右雙邊單黑魚尾

370000－1544－0000168　038/17－2

戴氏遺書六十一卷　(清)戴震撰　清乾隆曲阜孔氏微波榭刻本　二十四冊　十行二十一

字小字雙行同白口左右雙邊單黑魚尾

370000－1544－0000169　038/18

咫進齋叢書三十七種　(清)姚覲元輯　清光緒九年(1883)歸安姚氏刻本　二十四冊　十三行二十二字小字雙行同黑口左右雙邊雙對黑魚尾

370000－1544－0000170　038/19

經韻樓叢書八種　(清)段玉裁撰　清嘉慶二十一年(1816)段氏七葉衍祥堂刻本　十六冊　十一行二十二字小字雙行同白口左右雙邊單黑魚尾

370000－1544－0000171　038/20

天壤閣叢書　(清)王懿榮輯　清光緒五年(1879)福山王氏刻本　十九冊　行款不一

370000－1544－0000172　038/22

靈鶼閣叢書第三集　(清)江標輯　清光緒元和江氏湖南使院刻本　八冊　十一行二十三字小字雙行同黑口左右雙邊單黑魚尾

370000－1544－0000173　038/22－2

靈鶼閣叢書　(清)江標輯　清光緒元和江氏湖南使院刻本　四十八冊　十一行二十三字小字雙行同黑口左右雙邊單黑魚尾

370000－1544－0000174　038/23

半厂叢書十六種　(清)譚獻輯　清光緒刻本　二十冊　行款不一

370000－1544－0000175　038/25

春在堂全書　(清)俞樾撰　清光緒刻本　一百冊　十行二十一字小字雙行同黑口左右雙邊

370000－1544－0000176　038/25－2

春在堂全書　(清)俞樾撰　清光緒刻本　一百六十冊　十行二十一字小字雙行同黑口左右雙邊

370000－1544－0000177　038/25－3

春在堂全書　(清)俞樾撰　清光緒刻本　八十冊　十行二十一字小字雙行同黑口左右雙邊

370000－1544－0000178　038/26

湖北叢書　(清)趙尚輔輯　清光緒十七年(1891)三餘草堂刻本　一百冊　十行十八字小字雙行不等黑口四周單邊雙對黑魚尾

370000－1544－0000179　038/26－2

湖北叢書　(清)趙尚輔輯　清光緒十七年(1891)三餘草堂刻本　八十八冊　十行十八字小字雙行不等黑口四周單邊雙對黑魚尾

370000－1544－0000180　038/26－3

湖北叢書　(清)趙尚輔輯　清光緒十七年(1891)三餘草堂刻本　十九冊　十行十八字小字雙行不等黑口四周單邊雙對黑魚尾　存三種(繹志、孔子家語疏證、讀書說)

370000－1544－0000181　038/27

船山遺書七十種　(清)王夫之撰　清同治四年(1865)湘鄉曾氏金陵節署刻本　一百冊　十行二十二字小字雙行同黑口左右雙邊雙對黑魚尾

370000－1544－0000182　038/27－2

船山遺書七十種　(清)王夫之撰　清同治四年(1865)湘鄉曾氏金陵節署刻本　一百一冊　十行二十二字小字雙行同黑口左右雙邊雙對黑魚尾

370000－1544－0000183　038/29－2

士禮居黃氏叢書二十種　(清)黃丕烈輯　清光緒十三年(1887)上海蜚英館石印本　三十二冊　行款不一

370000－1544－0000184　038/30

焦氏叢書　(清)焦循撰　清嘉慶至道光江都焦氏雕菰樓刻本　四十八冊　十行二十一字小字雙行同黑口左右雙邊

370000－1544－0000185　038/31

粵雅堂叢書二十集　(清)伍崇曜輯　清南海伍氏刻本　二百四十冊　九行二十一字小字雙行同黑口左右雙邊

370000－1544－0000186　038/31－2

粵雅堂叢書續集五十種　(清)伍崇曜輯　清南海伍氏刻本　九十四冊　九行二十一字小

字雙行同黑口左右雙邊

370000－1544－0000187　038/31－3
粵雅堂叢書三編三十集　(清)伍崇曜輯　清南海伍氏刻本　三百八冊　九行二十一字小字雙行同黑口左右雙邊

370000－1544－0000188　038/31－4
粵雅堂叢書三編三十集　(清)伍崇曜輯　清南海伍氏刻本　三百九十七冊　九行二十一字小字雙行同黑口左右雙邊

370000－1544－0000189　038/34
畿輔叢書　(清)王灝輯　清光緒五年(1879)定州王氏謙德堂刻本　四百冊　十行二十二字小字雙行同黑口四周單邊

370000－1544－0000190　038/34－2
畿輔叢書　(清)王灝輯　清光緒五年(1879)定州王氏謙德堂刻後印本　六百四十冊　十行二十二字小字雙行同黑口四周單邊

370000－1544－0000191　038/34－3
萬善花室文藁七卷　(清)方履籛撰　清光緒五年(1879)定州王氏謙德堂刻畿輔叢書本　四冊　十行二十二字小字雙行同黑口四周單邊

370000－1544－0000192　038/37
仰視千七百二十九鶴齋叢書四集　(清)趙之謙輯　清光緒會稽趙氏刻本　二十四冊　九行二十字小字雙行同黑口左右雙邊單黑魚尾

370000－1544－0000193　038/38
知不足齋叢書三十集　(清)鮑廷博輯　清乾隆至道光長塘鮑氏刻本　二百四十冊　九行二十一字小字雙行同黑口左右雙邊

370000－1544－0000194　038/38－4
知不足齋叢書三十集　(清)鮑廷博輯　清同治十一年(1872)刻本　二百四十冊　九行二十一字小字雙行同黑口左右雙邊

370000－1544－0000195　038/40
甌北全集七種一百七十五卷　(清)趙翼撰　清光緒三年(1877)滇南唐氏刻本　四十八冊　十一行二十一字小字雙行同白口左右雙邊單黑魚尾

370000－1544－0000196　038/42
潛研堂全書二十四種　(清)錢大昕撰　清光緒十年(1884)長沙龍氏家塾刻本　六十四冊　十行二十二字小字雙行同黑口左右雙邊雙對黑魚尾

370000－1544－0000197　038/46
王制箋一卷　(清)皮錫瑞撰　清光緒三十四年(1908)湖南思賢書局刻師伏堂叢書本　一冊　十二行二十五字小字雙行同白口左右雙邊單黑魚尾

370000－1544－0000198　038/46－2
六藝論疏證一卷　(清)皮錫瑞撰　清光緒二十五年(1899)湖南思賢書局刻師伏堂叢書本　一冊　十一行二十四字小字雙行同黑口左右雙邊單黑魚尾

370000－1544－0000199　038/46－3
古文尚書冤詞平議二卷　(清)皮錫瑞撰　清光緒二十二年(1896)湖南思賢書局刻師伏堂叢書本　二冊　十一行二十四字黑口左右雙邊單黑魚尾

370000－1544－0000200　038/46－4
師伏堂駢文六卷　(清)皮錫瑞撰　清光緒二十一年(1895)湖南思賢書局刻師伏堂叢書本　二冊　十行二十二字白口左右雙邊單黑魚尾　存二卷(一至二)

370000－1544－0000201　038/52
昭代叢書乙集四十卷　(清)張潮輯　清康熙刻本　十冊　九行二十字小字雙行同白口四周單邊

370000－1544－0000202　038/53
正誼堂全書六十三種　(清)張伯行輯　清同治五年(1866)福州正誼書局刻本　一百九十八冊　十行二十二字小字雙行同白口左右雙邊單黑魚尾

370000－1544－0000203　038/58
永嘉叢書十種一百五十四卷　(清)孫衣言輯

清光緒二年(1876)瑞安孫氏刻本　五十二冊　十三行二十二字小字雙行同黑口左右雙邊單黑魚尾

370000－1544－0000204　038/60
校經山房叢書二十六種　(清)朱記榮輯　清光緒三十年(1904)孫谿朱氏槐廬家塾刻本　三十二冊　十一行二十一字小字雙行同黑口四周單邊雙對黑魚尾

370000－1544－0000205　038/61
功順堂叢書十八種　(清)潘祖蔭輯　清光緒吳縣潘氏刻本　三十二冊　九行二十二字小字雙行同黑口左右雙邊單黑魚尾

370000－1544－0000206　038/61－2
功順堂叢書十八種　(清)潘祖蔭輯　清光緒吳縣潘氏刻本　二十四冊　九行二十二字小字雙行同黑口左右雙邊單黑魚尾

370000－1544－0000207　038/63
漢學堂叢書二百十五種附高密遺書十一種　(清)黃奭輯　清刻本　八十冊　九行十七字小字雙行同黑口四周單邊

370000－1544－0000208　038/64
玉函山房輯佚書　(清)馬國翰輯　清光緒十八年(1892)湖南思賢書局刻本　一百十九冊　九行二十字小字雙行同黑口四周雙邊　缺一冊(四十二)

370000－1544－0000209　038/66
黃梨洲遺書十種　(清)黃宗羲撰　清光緒三十一年(1905)杭州群學社石印本　十四冊　十五行三十三字小字雙行同白口左右雙邊單黑魚尾

370000－1544－0000210　038/67
拙尊園叢稿六卷　(清)黎庶昌撰　清光緒十九年(1893)上海醉六堂石印本　二冊　十行二十五字小字雙行同黑口左右雙邊單黑魚尾

370000－1544－0000211　038/69
春雨樓叢書七種　(清)朱士端撰　清同治寶應朱氏刻本　六冊　行款不一

370000－1544－0000212　038/70
洪刻五種　(清)張伯行輯　清道光二十七年(1847)歙縣洪氏至德堂刻本　十二冊　行款不一

370000－1544－0000213　038/71
王漁洋遺書　(清)王士禛撰　清刻本　十五冊　行款不一　存十五種二十九卷(華泉集四卷、北歸志一卷、抱山集選一卷、古缽集選一卷、雍益集一卷、廸功集一卷、蘇們集選一卷、蕭亭詩選六卷、長白山錄一卷附補遺、浯溪考二卷、南海集二卷、國朝謚法考一卷、考功集選四卷、龍首集一卷、阮亭選徐詩二卷)

370000－1544－0000214　038/78
景紫堂全書十七種八十一卷　(清)夏炘撰　清同治元年(1862)王光甲據咸豐、同治刻版匯印本　二十冊　九行二十四字小字雙行同白口四周雙邊單黑魚尾

370000－1544－0000215　038/79
天壤閣叢書　(清)王懿榮輯　清同治、光緒福山王氏刻本　二十冊　行款不一

370000－1544－0000216　039/13
晨風閣叢書　沈宗畸輯　清宣統元年(1909)番禺沈氏刻本　十六冊　十一行二十一字小字雙行同黑口四周單邊

370000－1544－0000217　110/1
躔離引蒙三卷　(清)賈步緯撰　清光緒石印本　三冊　十行二十二字小字雙行同白口四周單邊單黑魚尾

370000－1544－0000218　110/2
三統術詳說四卷　(清)陳澧撰　清光緒廣雅書局刻本　一冊　十一行二十八字小字雙行同黑口四周雙邊單黑魚尾

370000－1544－0000219　110/3
西學輯存六種　(清)王韜輯撰　清光緒十五年(1889)淞隱廬鉛印本　二冊　十三行二十四字白口四周雙邊單綫魚尾

370000－1544－0000220　110/4
五緯捷算　(清)黃炳垕撰　(清)胡士培校梓

清光緒四年(1878)留書種閣刻本　一册　九行二十三字小字雙行同黑口四周雙邊雙對黑魚尾

370000－1544－0000221　120/1
高厚蒙求　(清)徐朝俊撰　清同治五年(1866)刻本　六册　十行二十一字白口四周單邊單黑魚尾

370000－1544－0000222　120/1－2
高厚蒙求　(清)徐朝俊撰　清嘉慶十二年至二十年(1807－1815)雲間徐氏刻本　四册　十行二十一字白口四周單邊單黑魚尾

370000－1544－0000223　120/2
欽定授時通考七十八卷　(清)高宗弘曆敕撰　清同治江西書局刻本　二十册　十一行二十一字白口四周雙邊單黑魚尾

370000－1544－0000224　120/3
六經天文編二卷　(宋)王應麟撰　元後至元六年(1340)慶元路儒學刻元明補修玉海附刻本　二册　十行二十字白口左右雙邊雙黑花魚尾

370000－1544－0000225　120/4
談天十八卷首一卷附表一卷　(英國)侯失勒撰　(英國)偉烈亞力口譯　(清)李善蘭删述　(清)徐建寅續述　清光緒七年(1881)江南機器製造總局刻本　四册　十行二十二字小字雙行同黑口左右雙邊雙對黑魚尾

370000－1544－0000226　121/1
月令粹編二十四卷首一卷　(清)秦嘉謨撰　清嘉慶十七年(1812)琳琅仙館刻本　八册　九行二十一字小字雙行同黑口四周雙邊單黑魚尾

370000－1544－0000227　130/1
則古昔齋算學十三種二十四卷附三種三十七卷　(清)李善蘭撰　清同治刻本　二十册　十行二十二字小字雙行同黑口左右雙邊雙對黑魚尾

370000－1544－0000228　130/2
算學集要略解四卷　(清)黃錫純編　清光緒三十年(1904)書業德刻本　四册　十一行二十七字小字雙行同白口四周雙邊單黑魚尾

370000－1544－0000229　131/1
四元玉鑑細草三卷首一卷附一卷增一卷　(元)朱世傑編　(清)羅世琳增補　清道光十八年(1838)刻本　十册　八行二十四字小字雙行同黑口四周雙邊雙對黑魚尾

370000－1544－0000230　131/2
詳解九章算法一卷纂類一卷　(宋)楊輝撰　**札記一卷**　(清)宋景昌撰　清道光二十二年(1842)上海郁氏刻宜稼堂叢書本　二册　十一行二十二字小字雙行同黑口左右雙邊雙對黑魚尾

370000－1544－0000231　131/2－2
數書九章十八卷　(宋)秦九韶撰　**數書九章札記四卷**　(清)宋景昌撰　清道光二十二年(1842)上海郁氏刻宜稼堂叢書本　七册　十一行二十二字小字雙行同黑口左右雙邊雙對黑魚尾

370000－1544－0000232　131/3
楊輝算法六卷　(宋)楊輝撰　**札記一卷**　(清)宋景昌撰　清道光二十二年(1842)上海郁氏刻宜稼堂叢書本　二册　十一行二十二字小字雙行同黑口左右雙邊雙對黑魚尾

370000－1544－0000233　131/4
御製數理精藴上編五卷下編四十卷表八卷　(清)聖祖玄燁敕撰　清光緒十四年(1888)上海慎記書局石印本　二十四册　兩欄各十八行二十字白口四周雙邊單黑魚尾

370000－1544－0000234　131/5
弧三角舉要圖解十編　(清)盛鍾聖初稿　(清)盛鍾彬選輯　清光緒十九年(1893)石印知正軒叢書本　八册　行款不一

370000－1544－0000235　131/6
周髀算經二卷　(漢)趙君卿注　(北周)甄鸞述　(唐)李淳風等注　(明)毛晉校　明抄本　二册　九行二十二字

370000－1544－0000236　132/1

數學啟蒙二卷 （英國）偉烈亞力撰 **量法須知一卷** （英國）傅蘭雅撰 清末石印本 二冊 行字不等白口四周雙邊單黑魚尾

370000－1544－0000237 132/2

同文算指前編二卷通編八卷 （意大利）利瑪竇授 （清）李之藻演 清道光二十七年(1847)番禺潘氏刻海山仙館叢書本 五冊 九行二十一字小字雙行同黑口左右雙邊

370000－1544－0000238 132/3

幾何原本 （意大利）利瑪竇口譯 （清）徐光啓筆受 清道光二十七年(1847)番禺潘氏刻海山仙館叢書本 四冊 九行二十一字小字雙行同黑口左右雙邊

370000－1544－0000239 132/4

圜容較義一卷 （意大利）利瑪竇授 （清）李之藻演 **測量法義一卷** （意大利）利瑪竇口譯 （清）徐光啓筆受 **測量異同一卷勾股義一卷** （清）徐光啓撰 清道光二十七年(1847)番禺潘氏刻海山仙館叢書本 一冊 九行二十一字小字雙行同黑口左右雙邊

370000－1544－0000240 133/1

萬象一原九卷首一卷 （清）夏鸞翔演 清光緒二十年(1894)錢塘汪氏刻振綺堂叢書本 一冊 十行二十一字小字雙行同黑口四周單邊雙對黑魚尾

370000－1544－0000241 133/2

中西算學集要三種 （清）周毓英撰 清光緒二十二年(1896)鴻文書局石印本 二冊 十七行四十字小字雙行同白口四周雙邊單黑魚尾

370000－1544－0000242 133/3

四元玉鑑細草三卷首一卷 （元）朱世傑編 （清）羅世琳增補 清光緒二十二年(1896)上海鴻寶齋書局石印本 六冊 兩欄各十六行二十四字小字雙行同黑口四周雙邊單黑魚尾

370000－1544－0000243 141/1

大衍筮法直解一卷仙源礪士參語一卷夏小正箋疏四卷 （清）馬徵麟撰 清光緒十五年(1889)金陵清涼山半日讀書齋刻本 一冊 十行二十五字小字雙行同黑口四周雙邊單黑魚尾

370000－1544－0000244 141/2

諏吉述正二十五卷首一卷 （清）張祖同輯 清光緒二十三年(1897)湖南思賢書局刻本 十一冊 十一行二十三字小字雙行同黑口左右雙邊單黑魚尾

370000－1544－0000245 142/1

二申野錄八卷 （清）孫之騄撰 清同治六年(1867)吟香館刻本 四冊 八行二十字小字雙行同黑口四周單邊

370000－1544－0000246 144/1

太清神鑒六卷 （後周）王樸撰 清光緒十年(1884)刻本 二冊 九行二十一字小字雙行同黑口左右雙邊

370000－1544－0000247 144/2

奇門遁甲啟悟 （清）朱榮璪撰 清光緒二十一年(1895)皖江別墅刻本 一冊 十行二十二字白口四周雙邊單黑魚尾

370000－1544－0000248 145/1

太古演禽一卷 （清）武林嘯道人訂 清光緒二年(1876)葛氏嘯園刻本 一冊 九行二十字黑口四周雙邊單黑魚尾

370000－1544－0000249 145/2

靈棋經二卷 （漢）東方朔輯 （晉）顔幼明 （宋）何承天註 （元）陳師凱 （明）劉基解 清同治刻本 二冊 十一行二十三字小字雙行同黑口左右雙邊

370000－1544－0000250 145/3

大六壬精蘊秘本三卷 （□）□□撰 舊抄本 三冊 十二行字數不等

370000－1544－0000251 145/4

新刻增訂邵康節先生梅花觀梅拆字數全集五卷 （宋）邵雍撰 清刻本 一冊 九行二十一字白口四周單邊單黑魚尾 存一卷(二)

370000－1544－0000252 146/1

地理元宗圖說二卷　(清)秦蕙田撰　清咸豐元年(1851)刻本　二册　九行二十字小字雙行同黑口左右雙邊雙對黑魚尾

370000－1544－0000253　146/3

龍經四卷　(唐)楊益撰　(清)甘福校　清光緒九年(1883)刻本　一册　九行十八字白口左右雙邊單黑魚尾

370000－1544－0000254　149/1

陽宅愛眾篇四卷　(清)張覺正撰　清刻本　一册　九行二十字白口四周雙邊單黑魚尾

370000－1544－0000255　211/1

格致鏡原一百卷　(清)陳元龍撰　清康熙五十六年(1717)刻雍正十三年(1735)印本　二十四册　十一行二十一字黑口左右雙邊雙對黑魚尾

370000－1544－0000256　211/2

格致古微六卷　(清)王仁俊撰　清光緒二十二年(1896)吳縣王氏籀鄦誃刻本　四册　十一行二十四字小字雙行同白口左右雙邊

370000－1544－0000257　211/3

格物入門七卷　(美國)丁韙良撰　清同治七年(1868)京都同文館刻本　六册　十行二十一字白口四周雙邊單黑魚尾　缺一卷(六)

370000－1544－0000258　211/4

器象顯真四卷圖一卷　(英國)白力蓋輯　(英國)傅蘭雅口譯　(清)徐建寅删述　清光緒二十三年(1897)璣衡堂石印本　二册　兩欄各二十行二十二字小字雙行同白口四周雙邊單黑魚尾

370000－1544－0000259　212/1

鏡鏡詅癡五卷　(清)鄭復光著　(清)楊尚文繪圖　清道光二十七年(1847)靈石楊氏刻連筠簃叢書本　二册　十行二十三字小字雙行同白口四周單邊單黑魚尾

370000－1544－0000260　213/1

化學分原八卷　(英國)蒲陸山撰　(英國)傅蘭雅口譯　(清)徐建寅筆述　清光緒上海江南機器製造總局刻本　二册　十行二十二字小字雙行同黑口左右雙邊雙對黑魚尾

370000－1544－0000261　214/1

博物典彙二十卷　(明)黄道周輯　明崇禎八年(1635)刻本　六册　九行十九字小字雙行同白口左右雙邊　存七卷(一至七)

370000－1544－0000262　221/1

汽機新制八卷　(英國)白爾格撰　(英國)傅蘭雅口譯　(清)徐建寅筆述　清光緒上海江南機器製造總局刻本　二册　十行二十二字小字雙行同黑口左右雙邊雙對黑魚尾

370000－1544－0000263　240/1

浙西水利備考　(清)王鳳生撰　清道光四年(1824)江聲帆影閣刻本　四册　九行二十三字小字雙行同白口四周單邊單黑魚尾

370000－1544－0000264　240/1－2

浙西水利備考　(清)王鳳生撰　清道光四年(1824)江聲帆影閣刻本　一册　九行二十三字小字雙行同白口四周單邊單黑魚尾　存一册(一)

370000－1544－0000265　240/2

河工器具圖說四卷　(清)麟慶纂輯　清道光十六年(1836)南河節署刻本　二册　十行二十五字白口四周單邊

370000－1544－0000266　250/1

重訂增補陶朱公致富全書四卷　(清)石巖逸叟增定　清杭城聚文堂刻本　四册　下欄十二行二十五字小字雙行同白口四周單邊單黑魚尾

370000－1544－0000267　250/2

齊民要術　(北魏)賈思勰撰　清光緒二十二年(1896)中江榷署刻本　四册　九行二十三字白口四周雙邊單黑魚尾

370000－1544－0000268　250/3

農政全書六十卷　(明)徐光啟撰　清同治十三年(1874)山東書局刻本　二十册　九行二十字白口四周雙邊單黑魚尾

370000－1544－0000269　253/1

蠶桑事宜　(清)鄒祖堂訂　清刻本　一册　十行二十四字小字雙行同白口左右雙邊單黑魚尾

370000－1544－0000270　253/2

蠶桑類錄三卷　(清)楊雨時輯　清光緒木活字印本　一册　十一行二十七字黑口四周單邊單黑魚尾

370000－1544－0000271　253/3

蠶桑摘要一卷圖説一卷　(清)羊復禮撰　清刻本　一册　八行二十一字小字雙行同白口左右雙邊單黑魚尾

370000－1544－0000272　253/4

農桑輯要七卷　(元)司農司撰　**蠶事要略一卷**　(清)張行孚撰　清光緒二十一年(1895)桐廬袁氏漸西村舍刻本　二册　九行二十一字小字雙行同白口四周雙邊單黑魚尾

370000－1544－0000273　253/5

蠶桑輯要七卷　(清)沈秉成輯　清光緒九年(1883)金陵書局刻本　一册　十一行二十一字小字雙行同黑口左右雙邊雙對黑魚尾

370000－1544－0000274　253/6

農桑衣食撮要二卷　(元)魯明善撰　清同治刻本　一册　十一行二十三字小字雙行同黑口左右雙邊

370000－1544－0000275　253/7

豳風廣義三卷　(清)楊屾輯　清乾隆五年(1740)刻本　四册　九行二十字小字雙行同白口四周雙邊單黑魚尾

370000－1544－0000276　257/1

籌濟編三十二卷首一卷　(清)楊景仁輯　清光緒九年(1883)武昌書局刻本　八册　九行二十五字小字雙行同白口左右雙邊單黑魚尾

370000－1544－0000277　259/1

欽定萬年書二卷御纂歷代三元甲子編年一卷　(清)鍾之模等編　清寶興堂刻本　三册　兩欄白口單黑魚尾

370000－1544－0000278　260/1

景岳全書六十四卷　(明)張介賓撰　清康熙五十年(1711)刻本　二十四册　十行二十六字白口左右雙邊單黑魚尾

370000－1544－0000279　260/4

衛濟餘編(通天曉)十八卷　(清)王纕堂編　清道光二十二年(1842)寶善堂刻本　六册　九行二十二字小字雙行同黑口左右雙邊雙對黑魚尾

370000－1544－0000280　261/1

頤身集　(清)葉志詵輯　清咸豐二年(1852)廣東撫署刻本　一册　十一行二十字黑口左右雙邊雙對黑魚尾

370000－1544－0000281　261/3

傷寒論　(漢)張仲景撰　清光緒二年(1876)刻本　四册　十行二十字白口四周雙邊間左右雙邊單黑魚尾

370000－1544－0000282　261/4

醫門法律六卷尚論篇四卷首一卷後篇四卷喻意草一卷　(清)喻昌撰　清光緒三十三年(1907)上海簡青齋書局石印本　八册　十九行四十字小字雙行同白口四周雙邊單黑魚尾

370000－1544－0000283　261/5

溫病條辨六卷首一卷　(清)吳瑭撰　清光緒三十一年(1905)羣玉山房刻本　四册　八行十九字小字雙行同白口左右雙邊單黑魚尾

370000－1544－0000284　261/6

類證治裁八卷首一卷　(清)林珮琴撰　清光緒十年(1884)研經堂刻本　十册　十行二十五字小字雙行同白口左右雙邊單黑魚尾

370000－1544－0000285　261/8

慎疾芻言一卷　(清)徐大椿撰　清刻本　一册　九行二十一字小字雙行同白口四周雙邊單黑魚尾

370000－1544－0000286　261/10

傅氏眼科審視瑶函六卷首一卷　(明)傅仁宇撰　(明)傅維藩編集　清康熙醉耕堂刻本　六册　九行二十字小字雙行同白口四周雙邊單黑魚尾　缺一卷(一)

370000－1544－0000287　261/11
銀海精微二卷　(唐)孫思邈輯　(清)周亮節較正　清光啟堂刻本　二册　九行二十三字小字雙行同白口四周單邊單黑魚尾

370000－1544－0000288　261/12
吴醫彙講十一卷　(清)唐大烈撰　清刻本　四册　九行二十字小字雙行同黑口四周雙邊單黑魚尾　缺三卷(卷九後二篇至十一)

370000－1544－0000289　262/2
理虚元鑑二卷　(明)王綺石撰　清光緒二年(1876)仁和葛氏刻嘯園叢書本　二册　九行二十字小字雙行同黑口四周雙邊單黑魚尾

370000－1544－0000290　263/2
醫方集解三卷　(清)汪昂輯　清刻本　五册　八行二十一字小字雙行同白口四周單邊

370000－1544－0000291　263/3
臨證指南醫案十卷　(清)葉桂撰　清乾隆三十三年(1768)刻本　十册　下欄十行二十二字小字雙行同白口左右雙邊單黑魚尾

370000－1544－0000292　263/4
旅舍備要方一卷　(宋)董汲撰　**傷寒微旨論二卷**　(宋)韓祇和撰　清刻本　一册　十一行二十三字小字雙行同黑口左右雙邊

370000－1544－0000293　263/5
全生指迷方四卷　(宋)王貺撰　清刻本　一册　十一行二十三字小字雙行同黑口左右雙邊

370000－1544－0000294　264/1
本草從新十八卷　(清)吴儀洛輯　清光緒六年(1880)掃葉山房刻本　六册　十行二十四字小字雙行同白口左右雙邊單黑魚尾

370000－1544－0000295　264/1－2
吴氏醫學述第三種本草從新十八卷　(清)吴儀洛輯　清經綸堂刻本　四册　九行十九字小字雙行同白口四周單邊單黑魚尾

370000－1544－0000296　265/1
外科正宗十八卷　(明)陳實功撰　(清)徐大椿評　(清)蔣光焴校　清咸豐刻本　十册　九行二十一字小字雙行同黑口左右雙邊單黑魚尾

370000－1544－0000297　266/2
達生編二卷　(清)亟齋居士撰　清刻本　一册　十行二十二字白口四周單邊單黑魚尾

370000－1544－0000298　266/3
增廣大生要旨五卷　(清)唐千頃纂　(清)葉灝增訂　清刻本　一册　十行二十二字小字雙行同白口左右雙邊單黑魚尾　存二卷(四至五)

370000－1544－0000299　272/1
弦雪居重訂遵生八牋八種十九卷目錄一卷　(明)高濂編　清刻本　八册　九行十八字小字雙行同白口左右雙邊單黑魚尾　存十三卷(一至二、四至八、十三、十五至十九)

370000－1544－0000300　310/1
韻字略　(清)毛謨撰　清光緒元年(1875)湖北崇文書局刻本　一册　八行十六字小字雙行三十二字四周雙邊單黑魚尾

370000－1544－0000301　310/4
小學考五十卷　(清)謝啟昆撰　清咸豐二年(1852)樹經堂刻本　十六册　十一行二十一字白口左右雙邊單黑魚尾

370000－1544－0000302　310/4－2
小學考五十卷　(清)謝啟昆撰　清咸豐二年(1852)樹經堂刻本　十六册　十一行二十一字白口左右雙邊單黑魚尾

370000－1544－0000303　310/4－3
小學考五十卷　(清)謝啟昆撰　清光緒十四年(1888)浙江書局刻本　二十册　十一行二十一字小字雙行同白口左右雙邊單黑魚尾

370000－1544－0000304　310/5
增訂金壺字考十九卷二集二十一卷補錄一卷補註一卷　(宋)釋適之原編　(清)田朝恒增訂　清乾隆二十七年(1762)貽安堂刻本　六册　八行十六字小字雙行三十二字白口左右雙邊單黑魚尾

370000－1544－0000305　310/5－2
增訂金壺字考十九卷　（宋）釋適之原編（清）田朝恒增訂　清乾隆二十七年(1762)貽安堂刻本　四册　八行十六字小字雙行三十二字白口左右雙邊單黑魚尾

370000－1544－0000306　310/6
類篇四十五卷　（宋）司馬光纂　清康熙四十五年(1706)刻本　十四册　八行十六字小字雙行二十字白口左右雙邊

370000－1544－0000307　310/6－2
類篇四十五卷　（宋）司馬光纂　清光緒二年(1876)四川姚覲元川東官舍刻本　十四册　八行十六字小字雙行二十字白口左右雙邊

370000－1544－0000308　310/8
許學叢書三集十四種　（清）張炳翔輯　清光緒長洲張氏儀鄦廬刻本　十八册　九行二十字黑口四周雙邊

370000－1544－0000309　310/9
隸辨八卷　（清）顧藹吉撰　清康熙項氏玉淵堂刻本　八册　十二行二十字黑口四周單邊單黑魚尾

370000－1544－0000310　310/9－2
隸辨八卷　（清）顧藹吉撰　清同治十一年(1873)漁古山房刻本　八册　十二行二十字白口四周單邊單黑魚尾

370000－1544－0000311　310/9－3
隸辨八卷　（清）顧藹吉撰　清乾隆八年(1743)黄晟刻本　八册　十二行二十字白口四周單邊單黑魚尾

370000－1544－0000312　310/9－6
隸辨八卷　（清）顧藹吉撰　清光緒十三年(1887)上海蜚英館石印本　八册　六行十字小字雙行二十字白口四周單邊單黑魚尾

370000－1544－0000313　310/10
小學鉤沉十九卷　（清）任大椿輯　（清）王念孫校正　清光緒十年(1884)龍氏刻本　二册　十行二十二字小字雙行同黑口左右雙邊雙對黑魚尾

370000－1544－0000314　310/11
字林考逸八卷附錄一卷　（清）任大椿輯　清光緒十六年(1890)江蘇書局刻本　四册　十行二十二字小字雙行同白口左右雙邊單黑魚尾

370000－1544－0000315　310/12
字學舉隅一卷　（清）龍光甸輯　清道光二十八年(1848)刻本　一册　八行字數不等白口左右雙邊單黑魚尾

370000－1544－0000316　310/12－2
增廣字學舉隅四卷　（清）鐵珊輯　清同治十三年(1874)蘭州郡署刻本　四册　行字不等白口四周雙邊單黑魚尾

370000－1544－0000317　310/12－3
字學舉隅一卷　（清）龍光甸輯　清咸豐二年(1852)刻本　一册　八行字數不等白口左右雙邊單黑魚尾

370000－1544－0000318　310/12－4
字學舉隅一卷　（清）龍啟瑞編撰　清咸豐元年(1851)文華堂刻本　一册　八行字數不等白口左右雙邊單黑魚尾

370000－1544－0000319　310/13
臨文便覽　（清）龍啟瑞輯　清光緒二年(1876)京都松竹齋刻本　二册　八行二十字白口左右雙邊單黑魚尾

370000－1544－0000320　310/13－2
增訂臨文便覽　（清）怡雲仙館主人重訂　清光緒八年(1882)刻本　四册　六行二十字小字雙行同白口四周單邊單黑魚尾

370000－1544－0000321　310/14
佩觿三卷　（宋）郭忠恕撰　清康熙吳郡張士俊澤存堂刻本　一册　八行十七字小字雙行二十六字白口左右雙邊單黑魚尾

370000－1544－0000322　310/15
課蒙易曉一卷　（清）張官德撰　清同治九年(1870)養原堂刻本　一册　白口四周雙邊單黑魚尾

370000－1544－0000323　310/19
隸韻十卷　(宋)劉球纂　清嘉慶刻本　六冊　五行字數不等白口四周單邊單黑魚尾　缺四卷(一至二、八至九)

370000－1544－0000324　310/20
小學纂註六卷忠經一卷　(漢)鄭玄註　**孝經一卷**　(明)陳選註　**朱子年譜一卷**　(清)高愈　(宋)朱熹編　(清)高愈註　清光緒善成堂刻本　四冊　十行二十二字小字雙行同白口四周單邊單黑魚尾

370000－1544－0000325　310/20－2
小學纂註六卷忠經一卷　(漢)鄭玄註　**孝經一卷**　(明)陳選註　**朱子年譜一卷**　(清)高愈　(宋)朱熹編　(清)高愈註　清光緒善成堂刻本　四冊　十行二十二字小字雙行同白口四周單邊單黑魚尾

370000－1544－0000326　310/22
佩觿三卷　(宋)郭忠恕撰　清刻本　一冊　九行二十字小字雙行同白口左右雙邊單白魚尾

370000－1544－0000327　310/23
小學答問一卷　章炳麟撰　清宣統元年(1909)刻本　一冊　十行十六字白口左右雙邊單黑魚尾

370000－1544－0000328　310/23－2
小學答問一卷　章炳麟撰　清宣統元年(1909)刻本　一冊　十行十六字白口左右雙邊單黑魚尾

370000－1544－0000329　320/1
復古編二卷　(宋)張有撰　**安陸集一卷**　(宋)張先撰　**曾樂軒稿一卷**　(宋)張維撰　**復古編校正一卷附錄一卷**　(清)萬鳴陽撰　清光緒八年(1882)江蘇淮南書局刻本　三冊　九行十六字小字雙行同黑口四周單邊復古編五行字數不等

370000－1544－0000330　320/1－2
續復古編四卷　(元)曹本撰　清光緒十二年(1886)歸安姚氏咫進齋刻本　四冊　五行字數不等小字雙行二十字黑口左右雙邊

370000－1544－0000331　320/1－3
復古編二卷　(宋)張有撰　**復古編校正一卷附錄一卷**　(清)萬鳴陽撰　**安陸集一卷**　(宋)張先撰　**曾樂軒稿一卷**　(宋)張維撰　清乾隆四十六年(1781)京師葛鳴陽刻本　三冊　九行十六字小字雙行同白口四周單邊復古編五行字數不等

370000－1544－0000332　320/5
英字指南六卷　(清)楊勳輯譯　清光緒五年(1879)求志草堂刻本　六冊　八行十八字小字雙行二十三字白口四周雙邊單黑魚尾

370000－1544－0000333　320/9
汗簡箋正七卷目錄一卷　(後周)郭忠恕撰　(清)鄭珍箋正　清光緒十五年(1889)廣雅書局刻本　四冊　七行二十八字小字雙行同黑口四周單邊單黑魚尾

370000－1544－0000334　320/9－2
汗簡箋正七卷目錄一卷　(後周)郭忠恕撰　(清)鄭珍箋正　清光緒十五年(1889)廣雅書局刻本　四冊　七行二十八字小字雙行同黑口四周單邊單黑魚尾

370000－1544－0000335　320/13
經字辨體八卷首一卷　(清)邱家煒撰　清光緒七年(1881)京都二酉齋刻本　四冊　八行二十字小字雙行同白口四周雙邊單黑魚尾

370000－1544－0000336　320/14
經字辨體八卷首一卷　(清)邱家煒撰　清光緒七年(1881)京都二酉齋刻本　四冊　八行二十字小字雙行同白口四周雙邊單黑魚尾

370000－1544－0000337　320/15
班馬字類五卷　(宋)婁機撰　清乾隆刻本　二冊　六行十字小字雙行十九字黑口四周單邊單黑魚尾

370000－1544－0000338　320/15－2
班馬字類二卷　(宋)婁機撰　清刻本　四冊　九行十七字小字雙行同白口左右雙邊單黑魚尾

370000－1544－0000339　320/15－3

班馬字類二卷　（宋）婁機撰　清光緒九年(1883)常熟鮑氏後知不足齋刻本　二册　九行十七字小字雙行同黑口左右雙邊單黑魚尾

370000－1544－0000340　320/16

經韻集字析解二卷全韻字數一卷附編一卷　（清）彭良敞集注　清光緒三年(1877)來鹿堂刻本　四册　十行二十字白口四周雙邊單黑魚尾

370000－1544－0000341　320/20

偏旁存考不分卷　（清）曹兆麟録　清康熙抄本　二册

370000－1544－0000342　320/21

字說一卷　（清）吳大澄撰　清光緒十九年(1893)思賢講舍刻本　一册　十行十九字白口四周單邊單黑魚尾

370000－1544－0000343　320/24

急就章考異一卷　（漢）史游撰　（清）孫星衍校　清光緒十三年(1887)抄本　一册　八行字數不等

370000－1544－0000344　320/25

名原二卷　（清）孫詒讓記　清光緒三十一年(1905)刻本　一册　十五行二十五字小字雙行同黑口左右雙邊

370000－1544－0000345　320/29

音同義異辨一卷　（清）畢沅撰　清光緒八年(1882)刻本　一册　十行二十一字小字雙行同黑口左右雙邊單黑魚尾

370000－1544－0000346　320/30

六書舊義一卷　廖平撰　清光緒十三年(1887)刻本　一册　十行二十字黑口左右雙邊單黑魚尾

370000－1544－0000347　320/31

急就章一卷附攷證　（漢）史游撰　（清）鈕樹玉校定　清光緒十二年(1886)刻本　一册　九行二十四字小字雙行同黑口左右雙邊單黑魚尾

370000－1544－0000348　321/1－2

說文偏旁攷二卷　（清）吳照輯　清乾隆五十一年(1786)聽雨齋刻本　四册　十二行二十四字白口左右雙邊單黑魚尾

370000－1544－0000349　321/3

說文解字校録十五卷　（漢）許慎撰　（清）鈕樹玉校　清光緒十一年(1885)江蘇書局刻本　十四册　七行二十二字小字雙行同黑口左右雙邊單黑魚尾

370000－1544－0000350　321/4

說文句讀三十卷附補正　（清）王筠撰　清同治四年(1865)刻民國後印本　十六册　十行字數不等小字雙行二十四字白口四周雙邊單黑魚尾

370000－1544－0000351　321/4－2

說文句讀三十卷附補正　（清）王筠撰　清同治四年(1865)刻本　十六册　十行字數不等小字雙行二十四字白口四周雙邊單黑魚尾

370000－1544－0000352　321/5

說文釋例二十卷　（清）王筠撰　清同治四年(1865)刻民國後印本　十册　九行二十二字小字雙行同白口四周雙邊單黑魚尾

370000－1544－0000353　321/5－2

說文釋例二十卷附補正　（清）王筠撰　清同治四年(1865)刻本　十三册　九行二十二字小字雙行同白口四周雙邊單黑魚尾

370000－1544－0000354　321/6

說文繫傳校録三十卷　（清）王筠撰　清咸豐七年(1857)刻本　二册　十行字數不等小字雙行二十四字白口四周雙邊單黑魚尾

370000－1544－0000355　321/6－2

說文繫傳校録三十卷　（清）王筠撰　清咸豐七年(1857)刻本　三册　十行字數不等小字雙行二十四字白口四周雙邊單黑魚尾

370000－1544－0000356　321/12

說文佚字考四卷　（清）張鳴珂撰　清光緒十三年(1887)豫章刻本　六册　十一行二十二字黑口左右雙邊雙對黑魚尾

370000－1544－0000357　321/13
說文解字十五卷　(漢)許慎撰　(宋)徐鉉等校定　清刻本　五册　七行字數不等小字雙行二十二字白口四周雙邊間左右雙邊單黑魚尾　存十二卷(一至十二)

370000－1544－0000358　321/14
說文引經證例二十四卷　(清)承培元撰　清光緒二十一年(1895)廣雅書局刻本　六册　十一行二十四字小字雙行同黑口四周單邊單黑魚尾

370000－1544－0000359　321/14－2
說文引經證例二十四卷　(清)承培元撰　清光緒二十一年(1895)廣雅書局刻本　六册　十一行二十四字小字雙行同黑口四周單邊單黑魚尾

370000－1544－0000360　321/16－2
說文通檢十四卷首一卷末一卷　(清)黎永椿編　清光緒二年(1876)湖北崇文書局刻本　二册　十行二十二字小字雙行同白口左右雙邊單黑魚尾

370000－1544－0000361　321/23
說文聲訂二十八卷　(清)苗夔撰　清道光二十一年(1841)壽陽祁氏漢碑亭刻本　一册　七行十一字小字雙行二十二字黑口四周雙邊單黑魚尾

370000－1544－0000362　321/24
說文聲讀表七卷　(清)苗夔纂　清道光二十二年(1842)福山王氏刻天壤閣叢書本　二册　九行二十字小字雙行同黑口四周單邊單黑魚尾

370000－1544－0000363　321/25
說文審音十六卷　(清)張行孚撰　清光緒二十四年(1898)芳郭里通隱堂刻本　四册　十行二十二字黑口左右雙邊單黑魚尾

370000－1544－0000364　321/27
說文解字韻譜十卷　(南唐)徐鍇撰　(清)馮桂芬校　清同治三年(1864)吳縣馮桂芬刻本　二册　七行字數不等白口左右雙邊

370000－1544－0000365　321/27－2
說文解字韻譜十卷　(南唐)徐鍇撰　(清)馮桂芬校　清同治三年(1864)吳縣馮桂芬刻本　二册　七行字數不等白口左右雙邊

370000－1544－0000366　321/27－3
說文解字韻譜十卷　(南唐)徐鍇撰　(清)馮桂芬校　清同治三年(1864)吳縣馮桂芬刻本　二册　七行字數不等白口左右雙邊

370000－1544－0000367　321/27－4
說文解字韻譜十卷　(南唐)徐鍇撰　(清)馮桂芬校　清同治三年(1864)吳縣馮桂芬刻本　二册　七行字數不等白口左右雙邊

370000－1544－0000368　321/28－2
說文解字注三十二卷附汲古閣說文訂一卷　(清)段玉裁注　清同治十一年(1872)湖北崇文書局刻本　十六册　九行二十二字小字雙行同白口四周雙邊單黑魚尾　缺二卷(三十一至三十二)

370000－1544－0000369　321/28－4
段氏說文注訂八卷　(清)鈕樹玉撰　清道光四年(1824)吳縣青霞齋吳學圃局刻本　二册　九行二十一字白口左右雙邊單黑魚尾

370000－1544－0000370　321/28－5
說文解字注三十二卷　(清)段玉裁注　清光緒三年(1877)成都尊經書院刻本　二十四册　九行二十二字小字雙行同白口左右雙邊單黑魚尾

370000－1544－0000371　321/28－6
說文解字注三十二卷附汲古閣說文訂一卷　(清)段玉裁注　清同治十一年(1872)湖北崇文書局刻本　二十四册　九行二十二字小字雙行同白口四周雙邊單黑魚尾　缺五卷(二十九至三十二、汲古閣說文訂一卷)

370000－1544－0000372　321/29
說文通訓定聲十八卷檢韻一卷說雅一卷古今韻準一卷行述一卷朱氏群書六種　(清)朱駿聲撰　清臨嘯閣刻本　三十册　八行二十字白口四周單邊單黑魚尾

370000－1544－0000373　321/30
說文解字斠詮十四卷　(清)錢坫撰　清光緒九年(1883)淮南書局刻本　六冊　七行八字小字雙行二十四字白口左右雙邊單黑魚尾

370000－1544－0000374　321/30－2
說文解字斠詮十四卷　(清)錢坫撰　清光緒九年(1883)淮南書局刻本　六冊　七行八字小字雙行二十四字白口左右雙邊單黑魚尾

370000－1544－0000375　321/32－2
說文解字徐氏繫傳四十卷附校勘記三卷　(五代)徐鍇傳釋　清道光十九年(1839)祁寯藻刻本　十九冊　七行十一字小字雙行二十二字黑口左右雙邊單黑魚尾　缺二卷(十九至二十)

370000－1544－0000376　321/32－3
說文解字徐氏繫傳四十卷　(五代)徐鍇傳釋　清光緒九年(1883)江蘇書局刻本　八冊　七行十一字小字雙行二十二字黑口左右雙邊單黑魚尾

370000－1544－0000377　321/32－4
說文繫傳四十卷　(五代)徐鍇傳釋　(五代)朱翺反切　清乾隆四十七年(1782)新安汪氏刻本　八冊　七行七字小字雙行二十一字黑口左右雙邊單黑魚尾

370000－1544－0000378　321/34
說文引經考證七卷附說文引經互異說一卷　(清)陳瑑撰　清光緒十年(1884)三益廬刻本　四冊　九行二十一字黑口左右雙邊

370000－1544－0000379　321/34－2
說文引經考證七卷附說文引經互異說一卷　(清)陳瑑撰　(清)徐鄌參校　清同治十三年(1874)湖北崇文書局刻本　二冊　十行二十三字白口四周雙邊單黑魚尾

370000－1544－0000380　321/36
說文解字義證五十卷　(清)桂馥撰　清同治九年(1870)湖北崇文書局刻本　三十二冊　十行二十三字小字雙行同白口四周雙邊單黑魚尾

370000－1544－0000381　321/37
許氏說文解字雙聲疊韻譜一卷　(清)鄧廷楨撰　清光緒七年(1881)常熟鮑氏後知不足齋刻本　一冊　九行二十字小字雙行同黑口左右雙邊單黑魚尾

370000－1544－0000382　321/37－2
許氏說文解字雙聲疊韻譜一卷　(清)鄧廷楨撰　清光緒九年(1883)同文書局石印本　一冊　九行二十字小字雙行同白口左右雙邊單黑魚尾

370000－1544－0000383　321/40
說文校議十五卷　(清)姚文田　(清)嚴可均撰　清同治十三年(1874)歸安姚氏刻本　五冊　十行二十四字白口左右雙邊單黑魚尾

370000－1544－0000384　321/40－2
說文校議十五卷　(清)姚文田　(清)嚴可均撰　清同治十三年(1874)歸安姚氏刻本　六冊　十行二十四字白口左右雙邊單黑魚尾

370000－1544－0000385　321/42
說文解字十五卷　(漢)許慎撰　(宋)徐鉉等校定　清初虞山毛氏汲古閣刻本　四冊　七行字數不等小字雙行二十二字白口左右雙邊單黑魚尾

370000－1544－0000386　321/42－2
說文解字十五卷　(漢)許慎撰　(宋)徐鉉等校定　清初虞山毛氏汲古閣刻本　一冊　七行字數不等小字雙行二十二字白口左右雙邊單黑魚尾　存三卷(十三至十五)

370000－1544－0000387　321/43
說文解字徐氏繫傳四十卷附校勘記三卷　(五代)徐鍇傳釋　清光緒二年(1876)平江吳氏刻本　八冊　七行十一字小字雙行二十二字黑口左右雙邊單黑魚尾

370000－1544－0000388　321/43－2
說文解字徐氏繫傳四十卷附校勘記三卷　(五代)徐鍇傳釋　清光緒二年(1876)平江吳氏刻本　八冊　七行十一字小字雙行二十二字黑口左右雙邊單黑魚尾

370000－1544－0000389　321/45
干祿字書一卷　(唐)顔元孫撰　清嘉慶江甯王氏書局刻本　一册　七行十六字小字雙行同白口四周單邊

370000－1544－0000390　321/46
苗氏說文四種　(清)苗夔撰　清道光咸豐祁氏漢磚亭刻本　九册　行字不等四周雙邊單黑魚尾

370000－1544－0000391　321/46－2
苗氏說文四種　(清)苗夔撰　清道光咸豐祁氏漢磚亭刻本　四册　行字不等四周雙邊單黑魚尾

370000－1544－0000392　321/47
說文韻譜校五卷　(清)王筠撰　(清)劉嘉禾斠栞　清光緒十六年(1890)濰縣劉氏刻本　四册　七行十字小字雙行二十字白口四周雙邊單黑魚尾

370000－1544－0000393　321/48
說文分韻易知錄五卷說文重文標目五卷　(清)許巽行撰　清光緒五年(1879)刻本　十册　七行小字雙行二十二字白口左右雙邊單黑魚尾

370000－1544－0000394　321/50
說文辨字正俗八卷　(清)李富孫撰　清同治九年(1870)校經廎刻本　四册　十行二十一字小字雙行同黑口左右雙邊單黑魚尾

370000－1544－0000395　321/51
說文引經攷證七卷說文引經互異說一卷　(清)陳瑑撰　(清)徐鄦參校　清同治十三年(1874)湖北崇文書局刻本　二册　十行二十三字白口四周雙邊單黑魚尾

370000－1544－0000396　321/52
許氏說文解字雙聲疊韻譜一卷　(清)鄧廷楨撰　清刻本　一册　九行二十字白口左右雙邊單黑魚尾

370000－1544－0000397　321/55
說文逸字二卷附錄一卷　(清)鄭珍　(清)鄭知同撰　清光緒福山王氏刻天壤閣叢書本　一册　十二行二十一字黑口左右雙邊單黑魚尾

370000－1544－0000398　322/5
六書通十卷　(清)閔齊伋撰　(清)畢弘述篆訂　(清)閔章　(清)程昌煒校　清乾隆刻本　十册　八行十二字小字雙行二十四字白口四周雙邊間左右雙邊

370000－1544－0000399　322/5－2
六書通十卷　(清)閔齊伋撰　(清)畢弘述篆訂　(清)閔章　(清)程昌煒校　清乾隆刻本　八册　八行十二字小字雙行二十四字白口四周雙邊

370000－1544－0000400　322/6
石鼓文定本　(清)沈梧撰　清光緒十六年(1890)古華山館刻本　五册　十行二十字小字雙行同白口左右雙邊單黑魚尾歧陽石鼓文黑口四周雙邊

370000－1544－0000401　322/11
漢隸字源五卷碑目一卷附字一卷　(宋)婁機撰　明末清初虞山毛氏汲古閣刻本　六册　五行字數不等白口左右雙邊

370000－1544－0000402　322/13
古籀餘論三卷　(清)孫詒讓撰　(清)張揚校訂　清光緒二十九年(1903)籀經樓刻本　二册　十行二十一字小字雙行同黑口左右雙邊單花魚尾

370000－1544－0000403　322/14
六書分類十二卷首一卷　(清)傅世垚撰　清乾隆五十四年(1789)聽松閣刻本　十三册　八行十二字小字雙行同白口四周單邊單黑魚尾

370000－1544－0000404　322/14－2
六書分類十二卷首一卷　(清)傅世垚撰　清乾隆五十四年(1789)聽松閣刻本　十三册　八行十二字小字雙行同白口四周單邊單黑魚尾

370000－1544－0000405　322/14－3
六書分類十二卷首一卷　(清)傅世垚撰　清

乾隆五十四年(1789)聽松閣刻本　十三冊　八行十二字小字雙行同白口四周單邊單黑魚尾

370000－1544－0000406　322/15
六書原始十五卷　(清)賀崧齡輯　(清)覺羅炳成篆　清同治三年(1864)刻本　八冊　六行十字小字雙行二十字白口四周雙邊單黑魚尾

370000－1544－0000407　322/16
字林古今正俗異同通攷四卷六書辨異二卷補遺一卷　(清)湯容焻輯　清嘉慶刻本　三冊　七行十字小字雙行二十字白口左右雙邊單黑魚尾

370000－1544－0000408　322/17
藤花小舫字學藏本　(清)王維珍編　清光緒六年(1880)刻本　二冊　八行小字雙行三十字白口左右雙邊單黑魚尾

370000－1544－0000409　322/18
六書故三十三卷通釋一卷　(宋)戴侗著　(清)李鼎元校刊　清乾隆四十九年(1784)李鼎元師竹齋刻本　十六冊　下欄七行十七字白口四周單邊

370000－1544－0000410　322/19
篆學瑣著三十種　(清)顧湘輯　清道光海虞顧氏刻本　八冊　九行二十一字小字雙行同黑口四周雙邊

370000－1544－0000411　322/19－2
篆學瑣著三十種　(清)顧湘輯　清道光海虞顧氏刻本　六冊　九行二十一字小字雙行同黑口四周雙邊

370000－1544－0000412　322/20
古籀拾遺三卷附宋政和禮器文字考　(清)孫詒讓撰　清光緒十六年(1890)瑞安孫氏刻本　三冊　十一行二十二字小字雙行同黑口左右雙邊

370000－1544－0000413　322/23
文字蒙求四卷　(清)王筠撰　清光緒五年(1879)會稽章氏刻本　一冊　六行二十二字白口四周單邊單黑魚尾

370000－1544－0000414　322/23－2
文字蒙求廣義四卷　(清)王筠撰　(清)蒯光典注　清光緒二十七年(1901)江楚書局刻本　五冊　十行二十二字黑口左右雙邊單黑魚尾

370000－1544－0000415　322/25
六書正譌五卷　(元)周伯琦編注　(明)胡正言訂篆　明崇禎七年(1634)胡正言十竹齋刻本　四冊　五行六字小字雙行十八字白口四周單邊單白魚尾

370000－1544－0000416　322/28
千文六書統要二卷篆法偏旁正譌歌一卷千字文二卷　(明)胡正言輯篆　清初十竹齋刻本　五冊　六行字數不等白口四周單邊單黑魚尾

370000－1544－0000417　322/29
六經正誤六卷　(宋)毛居正撰　清康熙十九年(1680)通志堂刻本　二冊　十行二十字白口左右雙邊單黑魚尾

370000－1544－0000418　323/2
爾雅三卷　(晉)郭璞注　清抄本　二冊　十行十六字

370000－1544－0000419　323/2－2
爾雅三卷　(晉)郭璞注　(唐)陸德明音　(清)孔繼汾　(清)張樞校　清乾隆二十九年(1764)刻本　一冊　十行二十字小字雙行二十九字黑口左右雙邊單黑魚尾

370000－1544－0000420　323/2－3
爾雅三卷　(晉)郭璞注　(唐)陸德明音　(清)孔繼汾　(清)張樞校　清乾隆二十九年(1764)刻本　二冊　十行二十字小字雙行二十九字黑口左右雙邊單黑魚尾　缺一卷(中)

370000－1544－0000421　323/4－3
廣雅疏證十卷附博雅音十卷　(清)王念孫撰　清光緒五年(1879)淮南書局重刻本　八冊　十行二十一字小字雙行同白口左右雙邊單黑魚尾

370000－1544－0000422　323/6
爾雅義疏二十卷　（清）郝懿行撰　清同治五年(1866)刻本　八册　九行二十一字小字雙行同黑口左右雙邊單黑魚尾

370000－1544－0000423　323/7
倉頡篇校證三卷補遺一卷　（清）梁章鉅撰　清光緒五年(1879)刻本　二册　六行二十字小字雙行同四周雙邊雙對黑魚尾

370000－1544－0000424　323/7－2
倉頡篇三卷　（清）孫星衍撰　**倉頡篇續本一卷**　（清）任大椿撰　**倉頡篇補本二卷**　（清）陶方琦撰　清光緒十六年(1890)江蘇書局刻本　二册　十行二十二字白口左右雙邊單黑魚尾

370000－1544－0000425　323/9
越諺三卷　（清）范寅輯　（清）黄以周審定　（清）王詒壽閲定　清光緒八年(1882)谷應山房刻本　三册　十行二十五字小字雙行同白口四周雙邊單黑魚尾

370000－1544－0000426　323/9－3
越諺三卷　（清）范寅輯　（清）黄以周審定　（清）王詒壽閲定　清光緒八年(1882)谷應山房刻本　三册　十行二十五字小字雙行同白口四周雙邊單黑魚尾

370000－1544－0000427　323/9－4
越諺三卷附越諺賸語二卷　（清）范寅輯　（清）黄以周審定　（清）王詒壽閲定　清光緒八年(1882)谷應山房刻本　三册　十行二十五字小字雙行同白口四周雙邊單黑魚尾

370000－1544－0000428　323/9－5
越諺三卷　（清）范寅輯　（清）黄以周審定　（清）王詒壽閲定　清光緒八年(1882)谷應山房刻本　三册　十行二十五字小字雙行同白口四周雙邊單黑魚尾

370000－1544－0000429　323/10－4
輶軒使者絶代語釋別國方言十三卷　（漢）揚雄撰　（晉）郭璞注　清末福山王懿榮天壤閣刻本　二册　八行十七字小字雙行同白口四周雙邊雙順黑魚尾

370000－1544－0000430　323/12
爾雅註疏十一卷　（晉）郭璞註　（宋）邢昺疏　清嘉慶七年(1802)英德堂刻本　四册　九行二十一字小字雙行同白口左右雙邊

370000－1544－0000431　323/12－2
爾雅註疏十一卷　（晉）郭璞註　（宋）邢昺疏　清刻本　六册　九行二十一字小字雙行同白口左右雙邊

370000－1544－0000432　323/12－3
爾雅註疏十一卷　（晉）郭璞註　（宋）邢昺疏　清光緒十七年(1891)善成堂刻本　六册　九行二十一字小字雙行同白口左右雙邊單黑魚尾

370000－1544－0000433　323/12－4
爾雅註疏十一卷　（晉）郭璞註　（宋）邢昺疏　清光緒十三年(1887)刻本　三册　九行二十一字小字雙行同白口左右雙邊單黑魚尾

370000－1544－0000434　323/13
拾雅二十卷　（清）夏味堂撰　清嘉慶二十四年(1819)刻本　八册　十行二十一字小字雙行同白口左右雙邊單黑魚尾

370000－1544－0000435　323/13－2
拾雅二十卷　（清）夏味堂撰　清嘉慶二十四年(1819)刻本　八册　十行二十一字小字雙行同白口左右雙邊單黑魚尾

370000－1544－0000436　323/14
大廣益會玉篇三十卷　（南朝梁）顧野王撰　清康熙四十三年(1704)吳郡張士俊澤存堂刻本　五册　十行二十字小字雙行不等白口左右雙邊單黑魚尾

370000－1544－0000437　323/14－2
玉篇四卷　（南朝梁）顧野王撰　清光緒遵義黎氏日本東京使署刻古逸叢書本　二册　行字不等白口四周單邊

370000－1544－0000438　323/15
通雅五十三卷首三卷　（明）方以智撰　清光

緒六年(1880)桐城方氏刻本　十二册　十二行二十五字小字雙行同黑口左右雙邊單黑魚尾

370000－1544－0000439　323/16
五雅全書三十七卷　(明)郎奎金輯　清刻本　十二册　行款不一

370000－1544－0000440　323/17
疊雅十三卷附雙名錄一卷　(清)史夢蘭撰　清同治四年(1865)止園刻本　四册　十行二十三字小字雙行同黑口四周雙邊單黑魚尾

370000－1544－0000441　323/18
字鑑五卷　(元)李文仲撰　清康熙吳郡張士俊澤存堂刻本　二册　八行十九字小字雙行同白口四周單邊單黑魚尾

370000－1544－0000442　323/19
爾雅翼三十二卷　(宋)羅願撰　(元)洪焱祖音釋　清光緒十年(1884)洪氏晦木齋刻本　六册　十行十八字小字雙行同白口左右雙邊單黑魚尾

370000－1544－0000443　323/20
埤雅二十卷　(宋)陸佃撰　清康熙顧棫校刻本　四册　十行二十一字白口四周雙邊雙順黑魚尾

370000－1544－0000444　323/20－2
埤雅二十卷　(宋)陸佃撰　清康熙顧棫校刻本　四册　十行二十一字白口四周雙邊雙順黑魚尾

370000－1544－0000445　323/21
證俗文十九卷　(清)郝懿行撰　清光緒十一年(1885)東路廳署刻本　六册　九行二十一字小字雙行同黑口左右雙邊單黑魚尾

370000－1544－0000446　323/22
萬言肄雅不分卷　(清)屈曾發撰　清乾隆三十七年(1772)刻本　四册　十行十六字小字雙行三十三字白口四周雙邊單黑魚尾

370000－1544－0000447　323/23
新方言十一卷嶺外三州語一卷　章炳麟撰　清光緒三十四年(1908)鉛印本　一册　十二行三十一字小字雙行四十字白口四周雙邊單黑魚尾

370000－1544－0000448　323/24
續方言新校補二卷　(清)杭世駿纂輯　(清)張慎儀校補　清光緒三十一年(1905)刻本　二册　十一行二十五字小字雙行同白口左右雙邊單黑魚尾

370000－1544－0000449　323/25
駢雅訓纂十六卷序目一卷附補遺　(清)魏茂林撰　清光緒七年(1881)成都淪雅齋刻本　六册　十二行二十五字小字雙行同白口四周雙邊

370000－1544－0000450　323/25－3
駢雅訓纂十六卷序目一卷附補遺　(清)魏茂林撰　清光緒七年(1881)成都淪雅齋刻本　八册　十二行二十五字小字雙行同白口四周雙邊

370000－1544－0000451　323/25－4
駢雅訓纂十六卷序目一卷附補遺　(清)魏茂林撰　清光緒七年(1881)成都淪雅齋刻本　八册　十二行二十五字小字單行同白口四周雙邊

370000－1544－0000452　323/26
輶軒使者絕代語釋別國方言箋疏十三卷　(清)錢繹撰　清光緒十六年(1890)廣雅書局刻本　四册　十一行二十四字小字雙行同黑口四周單邊單黑魚尾

370000－1544－0000453　323/26－2
輶軒使者絕代語釋別國方言箋疏十三卷　(清)錢繹撰　清光緒十六年(1890)廣雅書局刻本　四册　十一行二十四字小字雙行同黑口四周單邊單黑魚尾

370000－1544－0000454　323/27
爾雅正義二十卷　(清)邵晉涵撰　清金陵文炳齋劉德文刻本　十册　九行二十一字小字雙行同白口四周雙邊單黑魚尾

370000－1544－0000455　323/27－2

爾雅正義二十卷 （清）邵晉涵撰　清金陵文炳齋劉德文刻本　八冊　九行二十一字小字雙行同白口四周雙邊單黑魚尾

370000－1544－0000456　323/27－3
爾雅正義二十卷 （清）邵晉涵撰　**爾雅釋文三卷** （唐）陸德明撰　清乾隆五十三年(1788)餘姚邵氏家塾刻本　八冊　九行二十一字小字雙行同白口四周雙邊單黑魚尾

370000－1544－0000457　323/30
翰苑分書十三經集字一卷 （清）李鴻藻等撰　清光緒六年(1880)刻本　一冊　下欄寬窄行相間各五行寬行十四字窄行字數不等白口左右雙邊單黑魚尾

370000－1544－0000458　323/31
爾雅正郭三卷 （清）潘衍桐撰　清光緒十七年(1891)刻本　一冊　十行二十字白口四周雙邊單黑魚尾

370000－1544－0000459　323/32
五雅七十三卷 （明）畢傚欽輯　明萬曆十六年(1588)瑞桃堂刻本　十一冊　十一行二十二字小字雙行同白口左右雙邊單黑魚尾

370000－1544－0000460　323/33
經籍籑詁并補遺一百六卷首一卷 （清）阮元撰　清光緒六年(1880)淮南書局刻本　四十冊　八行二十字小字雙行同白口左右雙邊單黑魚尾

370000－1544－0000461　323/33－2
經籍籑詁并補遺一百六卷首一卷 （清）阮元撰　清嘉慶十七年(1812)揚州阮氏嫏嬛僊館刻本　六十四冊　八行二十字小字雙行同白口左右雙邊單黑魚尾

370000－1544－0000462　323/34
廣釋名二卷 （清）張金吾撰　清光緒七年(1881)萩林山房刻本　一冊　九行二十一字小字雙行同黑口左右雙邊

370000－1544－0000463　323/35
匡謬正俗八卷 （唐）顔师古撰　清乾隆二十一年(1756)刻本　一冊　十行二十一字小字雙行同白口四周單邊單黑魚尾

370000－1544－0000464　324/1
康熙字典十二集 （清）凌紹雯編　清光緒十六年(1890)上海鴻文書局石印本　六冊　十八行二十七字小字雙行五十四字白口四周雙邊單黑魚尾

370000－1544－0000465　324/1－2
康熙字典十二集 （清）凌紹雯編　清刻本　三十七冊　八行十二字小字雙行二十四字白口四周雙邊單黑魚尾

370000－1544－0000466　324/1－3
康熙字典十二集 （清）凌紹雯編　清光緒十六年(1890)鴻寶齋石印本　六冊　二十行二十九字小字雙行五十八字白口四周雙邊單黑魚尾

370000－1544－0000467　324/1－4
康熙字典十二集 （清）凌紹雯編　清光緒二十四年(1898)文盛堂書莊石印本　六冊　二十三行三十三字小字雙行六十六字白口四周雙邊單黑魚尾

370000－1544－0000468　324/1－5
康熙字典十二集 （清）凌紹雯編　清上海鴻寶書局石印本　六冊　二十行二十九字小字雙行五十八字白口四周雙邊單黑魚尾

370000－1544－0000469　324/1－6
康熙字典十二集 （清）凌紹雯編　清光緒十八年(1892)上海點石齋石印本　六冊　二十行二十九字小字雙行五十八字白口四周雙邊單黑魚尾

370000－1544－0000470　324/1－7
康熙字典十二集 （清）凌紹雯編　清光緒十年(1884)上海同文書局石印本　十二冊　十六行二十四字小字雙行四十八字白口四周雙邊單黑魚尾

370000－1544－0000471　324/1－8
康熙字典十二集 （清）凌紹雯編　清上海鴻寶書局石印本　六冊　二十行二十九字小字雙行五十八字白口四周雙邊單黑魚尾

370000－1544－0000472　324/1－9

康熙字典十二集　(清)凌紹雯編　清光緒十三年(1887)上海同文書局石印本　六册　十六行二十四字小字雙行四十八字白口四周雙邊單黑魚尾

370000－1544－0000473　324/3

正字通十二卷　(明)張自烈撰　(清)廖文英輯　清抄本　十二册　八行十六字小字雙行三十二字白口

370000－1544－0000474　324/3－2

正字通十二卷　(明)張自烈撰　(清)廖文英輯　清刻本　二十三册　八行十二字小字雙行二十四字白口四周雙邊單黑魚尾

370000－1544－0000475　324/4

字典攷證十二集　(清)王引之撰　清刻高郵王氏四種本　八册　十行二十一字白口左右雙邊

370000－1544－0000476　324/4－2

字典攷證十二集　(清)王引之撰　清光緒二年(1876)湖北崇文書局刻本　六册　十行二十一字白口四周雙邊

370000－1544－0000477　324/5－2

草字彙十二卷　(清)石梁編　清刻本　十二册　行字不等白口四周雙邊

370000－1544－0000478　324/7

字彙十二卷首一卷末一卷韻法横圖一卷韻法直圖一卷　(明)梅膺祚音釋　清刻本　十四册　九行十二字小字雙行二十四字白口四周單邊單黑魚尾

370000－1544－0000479　324/13

康熙字典十二集　(清)凌紹雯編　清道光七年(1827)刻本　二十八册　八行十二字小字雙行二十四字白口四周雙邊單黑魚尾

370000－1544－0000480　324/13－2

康熙字典十二集　(清)凌紹雯編　清康熙五十五年(1716)武英殿刻本　四十册　八行十六字小字雙行同白口四周雙邊單黑魚尾

370000－1544－0000481　324/13－4

康熙字典十二集　(清)凌紹雯編　清光緒二十年(1894)鴻寶齋石印本　六册　二十行二十九字小字雙行五十八字白口四周雙邊單黑魚尾

370000－1544－0000482　324/13－5

康熙字典十二集　(清)凌紹雯編　清宣統元年(1909)上海久敬齋石印本　六册　二十二行三十一字小字雙行六十二字白口四周雙邊單黑魚尾

370000－1544－0000483　324/14

字彙十二卷首一卷末一卷　(明)梅膺祚音釋　清康熙二十七年(1688)靈隱寺刻本　十四册　八行十二字小字雙行二十四字白口左右雙邊

370000－1544－0000484　324/14－2

字彙十二卷首一卷末一卷韻法直圖一卷韻法横圖一卷　(明)梅膺祚音釋　清寶綸堂刻本　十四册　八行十二字小字雙行二十四字左右雙邊

370000－1544－0000485　324/17

正字略定本一卷　(清)王筠撰　清道光刻本　一册　六行小字雙行二十三字白口四周單邊單黑魚尾

370000－1544－0000486　330/2

六書系韻二十四卷首一卷檢字二卷　(清)李貞輯　清光緒十六年(1890)刻本　二十六册　八行二十二字小字雙行同白口四周雙邊單黑魚尾

370000－1544－0000487　330/2－2

六書系韻二十四卷首一卷檢字二卷　(清)李貞輯　清光緒十六年(1890)刻本　二十六册　八行二十二字小字雙行同白口四周雙邊單黑魚尾

370000－1544－0000488　330/3

廣金石韻府五卷　(清)林尚葵輯　(清)張鳳藻增訂　清咸豐七年(1857)巴郡理董軒張鳳藻刻本　六册　六行字數不等黑口左右雙邊

單黑魚尾

370000－1544－0000489　330/4
增廣詩韻全璧五卷附初學檢韻一卷　(清)奕詢編　清光緒十七年(1891)上海錦章圖書局石印本　六冊　五欄行字不等白口四周雙邊單黑魚尾

370000－1544－0000490　330/4－2
增廣詩韻全璧五卷附初學檢韻一卷　(清)奕詢編　清光緒十七年(1891)上海錦章圖書局石印本　六冊　五欄行字不等白口四周雙邊單黑魚尾

370000－1544－0000491　330/7
韻詁五卷附補遺一卷　(清)方濬頤輯　清光緒四年(1878)淮南書局刻本　六冊　八行十五字小字雙行三十字白口左右雙邊單黑魚尾

370000－1544－0000492　330/7－2
韻詁五卷附補遺一卷　(清)方濬頤輯　清光緒四年(1878)淮南書局刻本　五冊　八行十五字小字雙行三十字白口左右雙邊單黑魚尾

370000－1544－0000493　330/7－3
韻詁五卷附補遺一卷　(清)方濬頤輯　清光緒四年(1878)淮南書局刻本　六冊　八行十五字小字雙行三十字白口左右雙邊單黑魚尾

370000－1544－0000494　330/9
佩文廣韻彙編五卷　(清)李元祺輯　清同治十一年(1872)金陵書局重刻本　二冊　十行十五字小字雙行三十字白口四周雙邊單黑魚尾

370000－1544－0000495　330/10
韻學辨中備五卷　(清)張亨釪撰　清咸豐十年(1860)廣東刻三色套印本　二冊　九行十九字小字雙行三十八字黑口四周雙邊單黑魚尾

370000－1544－0000496　330/11－2
欽定同文韻統六卷　(清)胤祿等撰　清宣統二年(1910)理藩部刻本　五冊　白口四周雙邊單黑魚尾

370000－1544－0000497　330/11－3
欽定同文韻統六卷　(清)胤祿等撰　清宣統二年(1910)理藩部刻本　五冊　白口四周雙邊單黑魚尾

370000－1544－0000498　330/14
古今韻略五卷例言一卷　(清)邵長蘅纂　(清)宋至㧕　清康熙三十五年(1696)刻本　四冊　九行十四字小字雙行二十八字黑口四周單邊單黑魚尾

370000－1544－0000499　330/14－2
古今韻略五卷例言一卷　(清)邵長蘅纂　(清)宋至㧕　清康熙三十五年(1696)刻本　五冊　九行十四字小字雙行二十八字黑口四周單邊單黑魚尾

370000－1544－0000500　330/16
康熙甲子史館新刊古今通韻十二卷首一卷　(清)毛奇齡撰　清康熙二十四年(1685)學者堂刻本　六冊　十行二十字小字雙行同白口四周單邊

370000－1544－0000501　330/19
佩文韻府一百六卷韻府拾遺一百六卷　(清)張玉書等纂　清嶺南潘氏海山僊館刻本　一百七十三冊　十二行二十五字小字雙行同白口四周雙邊單黑魚尾　缺二卷(佩文韻府九十八至九十九)

370000－1544－0000502　330/19－2
佩文韻府一百六卷韻府拾遺一百六卷　(清)張玉書等纂　清康熙刻本　一百十五冊　十二行二十五字小字雙行同白口四周雙邊單黑魚尾

370000－1544－0000503　330/19－3
佩文韻府一百六卷韻府拾遺一百六卷　(清)張玉書等纂　清光緒十二年(1886)上海同文書局石印本　六十冊　二十四行五十字小字雙行同白口四周雙邊單黑魚尾

370000－1544－0000504　330/26
韻字探驪五卷　(清)徐錫齡輯　(清)褚逢椿　(清)朱夢桃校字　清道光十六年(1836)刻

本　十冊　八行二十字小字雙行同白口四周單邊單黑魚尾

370000－1544－0000505　330/27

分韻指南二卷　(清)史佩瑲撰　(清)李洽參訂　清道光二十九年(1849)刻本　二冊　八行十六字小字雙行三十二字白口四周雙邊單黑魚尾

370000－1544－0000506　330/28

聲調三譜四卷　(清)王祖源輯　清光緒八年(1882)福山王氏刻天壤閣叢書本　一冊　十行二十二字小字雙行同黑口四周單邊單黑魚尾

370000－1544－0000507　330/28－2

聲調前譜一卷後譜一卷續譜一卷　(清)趙執信撰　清抄本　一冊　九行二十字小字雙行同

370000－1544－0000508　330/28－3

聲調後譜一卷續譜一卷　(清)趙執信撰　清抄本　一冊　九行二十四字小字雙行同

370000－1544－0000509　330/29

字類標韻六卷　(清)華綱輯　(清)王乃棠重校　清光緒元年(1875)刻本　二冊　八行字數不等白口四周雙邊單黑魚尾

370000－1544－0000510　330/30

經韻集字析解二卷　(清)熊守謙參訂　(清)彭良敞集註　清道光十年(1830)刻本　二冊　十行二十字小字十六行三十二字白口四周雙邊單黑魚尾

370000－1544－0000511　330/31

古今韻略五卷例言一卷　(清)邵長蘅纂　(清)宋至校　清刻本　二冊　九行十四字小字雙行二十八字黑口四周單邊單黑魚尾

370000－1544－0000512　330/32

切韻述言六卷　(清)魯崑棠輯　清光緒十一年(1885)遠安書屋刻本　三冊　九行二十一字小字雙行同白口左右雙邊單黑魚尾

370000－1544－0000513　330/34

附釋文互註禮部韻略五卷　(宋)丁度撰　清光緒二年(1876)川東官舍刻本　三冊　九行十二字小字雙行二十四字黑口左右雙邊雙對黑魚尾

370000－1544－0000514　330/36

四聲集要便蒙三卷　(□)□□撰　清刻本　一冊　十行二十五字小字雙行同白口四周單邊單黑魚尾

370000－1544－0000515　330/37

切音便覽不分卷　(清)李許夔撰　清道光十一年(1831)留香齋刻本　一冊　八行二十字小字雙行同白口四周雙邊單黑魚尾

370000－1544－0000516　330/38

四聲纂句一卷　(清)王鑒撰　(清)王如曾(清)王如喬集註　清乾隆十五年(1750)思貽堂刻本　一冊　上欄十二行八字下欄六行九字白口四周單邊單黑魚尾

370000－1544－0000517　331/1

音韻闡微十八卷　(清)李光地撰　清光緒七年(1881)淮南書局刻本　五冊　八行二十四字白口四周雙邊單黑魚尾

370000－1544－0000518　331/1－2

音韻闡微十八卷　(清)李光地撰　清光緒七年(1881)淮南書局刻本　五冊　八行二十四字白口四周雙邊單黑魚尾

370000－1544－0000519　331/1－3

音韻闡微十八卷　(清)李光地撰　清光緒七年(1881)淮南書局刻本　五冊　八行二十四字白口四周雙邊單黑魚尾

370000－1544－0000520　331/1－4

音韻闡微十八卷　(清)李光地撰　清光緒七年(1881)淮南書局刻本　五冊　八行二十四字白口四周雙邊單黑魚尾

370000－1544－0000521　331/1－5

音韻闡微十八卷　(清)李光地撰　清光緒七年(1881)淮南書局刻本　六冊　八行二十四字白口四周雙邊單黑魚尾

370000－1544－0000522　331/3

群經音辨七卷　(宋)賈昌朝撰　清康熙五十三年(1714)吳郡張士俊澤存堂刻本　二册　十行二十字小字雙行同白口左右雙邊單黑魚尾

370000－1544－0000523　331/3－2

群經音辨七卷　(宋)賈昌朝撰　清康熙五十三年(1714)吳郡張士俊澤存堂刻本　一册　十行二十字小字雙行同白口左右雙邊單黑魚尾

370000－1544－0000524　331/5

五方元音二卷　(清)凌虛樊原本　(清)年希堯增補　清光緒刻本　四册　十行二十一字小字雙行同白口左右雙邊單黑魚尾

370000－1544－0000525　331/5－2

五方元音二卷　(清)凌虛樊原本　(清)年希堯增補　清咸豐八年(1858)刻本　二册　九行二十字小字雙行同白口左右雙邊單黑魚尾

370000－1544－0000526　331/5－3

五方元音二卷　(清)凌虛樊原本　(清)年希堯增補　清光緒四年(1878)刻本　四册　十行二十一字小字雙行同白口左右雙邊單黑魚尾

370000－1544－0000527　331/8

顧氏音學五書三十八卷　(清)顧炎武著　(清)徐乾學參閲　(清)張弨較訂　清光緒十一年(1885)觀稼樓刻本　十二册　八行十二字小字雙行二十四字白口左右雙邊單黑魚尾

370000－1544－0000528　331/8－2

顧氏音學五書三十八卷　(清)顧炎武著　(清)徐乾學參閲　(清)張弨較訂　清康熙刻本　十二册　八行十二字小字雙行二十四字白口左右雙邊單黑魚尾

370000－1544－0000529　331/8－3

顧氏音學五書三十八卷　(清)顧炎武著　(清)徐乾學參閲　(清)張弨較訂　清康熙刻本　十二册　八行十二字小字雙行二十四字白口左右雙邊單黑魚尾

370000－1544－0000530　331/8－4

顧氏音學五書三十八卷　(清)顧炎武著　(清)徐乾學參閲　(清)張弨較訂　清康熙刻本　十二册　八行十二字小字雙行二十四字白口左右雙邊單黑魚尾

370000－1544－0000531　331/10

切音捷訣一卷附幼學切音便讀一卷　(清)酈珩撰　清光緒六年(1880)諸暨摭古堂刻本　一册　十行十九字白口四周雙邊單黑魚尾

370000－1544－0000532　331/13

音韻逢源四卷　(清)裕恩撰　清道光二十年(1840)北京聚珍堂書坊刻本　四册　六行白口四周雙邊單黑魚尾

370000－1544－0000533　331/15

爾雅直音二卷　(清)孫偘輯　清乾隆六十年(1795)刻嘉慶四年(1799)增訂本　一册　十行十五字白口左右雙邊

370000－1544－0000534　331/16

漢魏音四卷　(清)洪亮吉撰　清光緒三年(1877)授經堂刻本　一册　十二行二十四字小字雙行同黑口左右雙邊雙對黑魚尾

370000－1544－0000535　331/17

李氏音鑑六卷　(清)李汝珍撰　清同治七年(1868)木樨山房刻本　四册　九行二十字小字雙行同白口左右雙邊單黑魚尾

370000－1544－0000536　332/1

音韻貫珠不分卷　(清)賈椿齡輯　清光緒十六年(1890)刻本　八册　九行十三字小字雙行二十六字白口四周單邊單黑魚尾

370000－1544－0000537　332/3

古今韻會舉要三十卷　(元)熊忠撰　清光緒九年(1883)淮南書局刻本　十册　八行十一字小字雙行二十二字黑口左右雙邊雙對黑魚尾

370000－1544－0000538　332/3－2

古今韻會舉要三十卷　(元)熊忠撰　清光緒九年(1883)淮南書局刻本　十册　八行十一字小字雙行二十二字黑口左右雙邊雙對黑

魚尾

370000－1544－0000539　332/3－3

古今韻會舉要三十卷　(元)熊忠撰　清光緒九年(1883)淮南書局刻本　十冊　八行十一字小字雙行二十二字黑口左右雙邊雙對黑魚尾

370000－1544－0000540　332/5

韻徵十六卷　(清)安吉撰　清道光十八年(1838)刻本　六冊　七行八字小字雙行二十四字白口左右雙邊單黑魚尾

370000－1544－0000541　332/7

古韻發明不分卷附切字肆考一卷　(清)張畊撰　清道光六年(1826)芸心堂刻本　四冊　十行二十四字小字雙行同白口四周雙邊單黑魚尾

370000－1544－0000542　332/7－2

古韻發明不分卷附切字肆考一卷　(清)張畊撰　清道光六年(1826)芸心堂刻本　四冊　十行二十四字小字雙行同白口四周雙邊單黑魚尾

370000－1544－0000543　332/8

古音諧八卷首一卷　(清)姚文田撰　清道光二十五年(1845)蘇州振新書社刻本　六冊　十行二十四字小字雙行同白口左右雙邊單黑魚尾

370000－1544－0000544　332/9

漢學諧聲二十四卷說文補考一卷說文又考一卷　(清)戚學標撰　清嘉慶九年(1804)刻本　八冊　八行小字雙行二十五字白口四周雙邊單黑魚尾

370000－1544－0000545　332/10

集韻十卷　(宋)丁度等撰　清光緒二年(1876)川東館舍重刻本　五冊　八行十六字小字雙行二十字黑口左右雙邊

370000－1544－0000546　332/10－3

集韻十卷　(宋)丁度等撰　清光緒二年(1876)川東館舍重刻本　十冊　八行十六字小字雙行二十字黑口左右雙邊

370000－1544－0000547　332/11

大宋重修廣韻五卷　(宋)陳彭年撰　清康熙四十三年(1704)吳郡張士俊澤存堂刻本　五冊　十行二十字小字雙行二十八字白口左右雙邊單黑魚尾

370000－1544－0000548　332/11－2

大宋重修廣韻五卷附宋本廣韻校札五卷　(宋)陳彭年等撰　清光緒遵義黎氏日本東京使署刻古逸叢書本　二冊　十行十六字小字雙行三十二字白口左右雙邊單黑魚尾

370000－1544　0000549　332/11－3

廣韻五卷　(宋)陳彭年等撰　清光緒遵義黎氏日本東京使署刻古逸叢書本　一冊　十二行十七字小字雙行三十四字黑口四周雙邊雙順黑魚尾

370000－1544－0000550　332/11－4

廣韻五卷　(宋)陳彭年等撰　清光緒遵義黎氏日本東京使署刻古逸叢書本　一冊　十行十六字小字雙行三十二字白口左右雙邊單黑魚尾

370000－1544－0000551　332/14

毛詩古音攷四卷屈宋古音義三卷讀詩拙言一卷　(明)陳第撰　(明)焦竑訂正　(清)陳斗初重刊　清道光二十八年(1848)陳斗初刻本　六冊　十行二十一字小字雙行同白口左右雙邊單黑魚尾

370000－1544－0000552　332/14－2

毛詩古音攷五卷屈宋古音義三卷　(明)陳第撰　(明)焦竑訂正　(清)徐時作重訂　清光緒六年(1880)武昌張氏刻本　六冊　十行二十一字小字雙行同白口四周雙邊單黑魚尾

370000－1544－0000553　332/16

四音釋義十二卷　(清)鄭長庚撰　(清)鄭謙　(清)鄭蒙校對　清嘉慶二十五年(1820)刻本　十二冊　六行十二字小字雙行二十四字白口四周雙邊單黑魚尾

370000－1544－0000554　332/17

字類標韻六卷　(清)華綱輯　(清)王乃棠重

校　清光緒元年(1875)肄江王氏刻本　二册　八行十五字小字雙行三十字白口四周雙邊單黑魚尾

370000 - 1544 - 0000555　332/18
四聲易知錄四卷　(清)姚文田輯　清光緒八年(1882)廣州刻本　二册　十行二十四字小字雙行同白口左右雙邊單黑魚尾

370000 - 1544 - 0000556　332/18 - 2
四聲易知錄四卷文字偏旁舉略一卷　(清)姚文田輯　(清)梁烔等校　清道光十年(1830)粵東羊城芸香堂書坊刻本　二册　九行二十二字小字雙行同白口左右雙邊單黑魚尾

370000 - 1544 - 0000557　332/19
經書字音辨要九卷　(清)楊名颺編輯　(清)崇綸重刊　清道光二十七年(1847)令德堂刻本　二册　八行十一字小字雙行二十二字白口四周雙邊單黑魚尾

370000 - 1544 - 0000558　332/20
六書音均表五卷　(清)段玉裁記　清同治十一年(1872)湖北崇文書局重刻本　二册　十行二十字小字雙行二十九字白口四周雙邊單黑魚尾

370000 - 1544 - 0000559　332/22
六書十二聲傳十二卷　(清)呂調陽撰　清光緒十四年(1888)觀象廬叢書本　八册　六行十一字小字雙行二十二字黑口四周雙邊雙對黑魚尾

370000 - 1544 - 0000560　332/23
切韻指掌圖二卷　(宋)司馬光撰　清宣統二年(1910)豐城熊氏舊補史堂刻本　一册　六行十六字小字雙行同白口四周雙邊雙順黑魚尾

370000 - 1544 - 0000561　332/23 - 2
切韻指掌圖二卷　(宋)司馬光撰　清光緒九年(1883)上海同文書局石印本　一册　六行十六字小字雙行同白口四周雙邊雙順黑魚尾

370000 - 1544 - 0000562　332/26
重斠唐韻考五卷　(清)紀容舒撰　(清)錢熙祚元斠　(清)錢恂重斠　清光緒定州王氏刻畿輔叢書本　二册　十行二十二字小字雙行同黑口四周雙邊

370000 - 1544 - 0000563　332/27
聲譜二卷　(清)時庸勱撰　清光緒十八年(1892)河南星使行臺刻聽古廬聲學十書本　二册　下欄寬窄行相間寬行八行二十字小字雙行同窄行八行四十字白口四周雙邊單黑魚尾

370000 - 1544 - 0000564　332/28
聲説二卷　(清)時庸勱撰　清光緒十八年(1892)河南星使行臺刻聽古廬聲學十書本　二册　十行二十四字小字雙行同白口四周雙邊雙順黑魚尾

370000 - 1544 - 0000565　332/30
古韻通説二十卷　(清)龍啟瑞撰　清光緒九年(1883)四川尊經書局刻本　四册　十一行二十二字小字雙行同黑口四周單邊雙對黑魚尾

370000 - 1544 - 0000566　332/32
韻補五卷韻補正一卷附錄一卷　(宋)吳棫撰　(清)顧炎武補正　清道光二十八年(1848)靈石楊氏刻連筠簃叢書本　一册　十行二十三字小字雙行同白口四周單邊單黑魚尾

370000 - 1544 - 0000567　332/33
九經補韻一卷　(宋)楊伯嵒撰　(清)錢侗攷證　清光緒十年(1884)常熟鮑氏刻本　一册　十行二十字小字雙行同白口左右雙邊單黑魚尾

370000 - 1544 - 0000568　332/35
古韻論三卷　(清)胡秉虔撰　清光緒二年(1876)世澤樓刻本　一册　十二行二十四字小字雙行同黑口左右雙邊

370000 - 1544 - 0000569　333/1
韻歧五卷　(清)江昱撰　清光緒七年(1881)刻本　二册　九行十一字小字雙行二十二字黑口左右雙邊單黑魚尾

370000 - 1544 - 0000570　333/3

韻府萃音十二卷 (清)龍柏撰 清嘉慶十五年(1810)廣東心簡齋刻朱墨套印本 十二册 八行十九字小字雙行同白口四周雙邊單黑魚尾

370000－1544－0000571 333/4
韻辨附文五卷 (清)沈兆霖撰 清同治十二年(1873)刻本 五册 七行十五字小字雙行三十字白口四周雙邊單黑魚尾

370000－1544－0000572 333/5
初學檢韻袖珍十二集 (清)姚文登輯 (清)錢辛楣鑒定 (清)姚炳章校 清光緒掃葉山房刻本 四册 八行十六字小字雙行同白口四周雙邊單黑魚尾

370000－1544－0000573 333/6
洪武正韻十六卷 (明)樂韶鳳等撰 明嘉靖二十七年(1548)衡藩刻厚德堂藍印本 五册 八行十二字小字雙行二十四字黑口四周雙邊

370000－1544－0000574 334/1
詩韻合璧五卷虚字韻藪一卷補遺一卷 (清)湯文潞輯 清繡谷謝文盛堂刻本 五册 三欄二十二行上欄十字中欄八字下欄二十四字白口四周雙邊單黑魚尾

370000－1544－0000575 334/1－2
詩韻合璧五卷虚字韻藪一卷補遺一卷 (清)湯文潞輯 清光緒十一年(1885)文英堂書坊刻本 五册 三欄二十二行上欄十字中欄八字下欄二十四字白口四周雙邊單黑魚尾

370000－1544－0000576 334/1－3
詩韻合璧五卷虚字韻藪一卷補遺一卷 (清)湯文潞輯 清光緒十一年(1885)善成堂書坊刻本 五册 三欄二十二行上欄十字中欄八字下欄二十四字白口四周雙邊單黑魚尾

370000－1544－0000577 334/1－4
詩韻合璧五卷 (清)湯文潞輯 清光緒四年(1878)上海淞隱閣銅板印本 三册 三欄二十二行上欄十字中欄八字下欄二十四字白口四周雙邊單黑魚尾 存三卷(二至四)

370000－1544－0000578 334/2
詩韻瑤林八卷 (清)程伊園撰 清乾隆五十二年(1787)刻本 四册 八行十二字小字雙行二十四字白口左右雙邊單黑魚尾

370000－1544－0000579 334/3
漁古軒詩韻五卷 (清)余照撰 (清)朱德蕃增訂 清咸豐十年(1860)刻本 五册 下欄二十行三十六字白口左右雙邊單黑魚尾

370000－1544－0000580 334/4
佩文詩韻釋要五卷 (清)朱重輯 清同治三年(1864)刻本 一册 九行十八字小字雙行三十六字白口左右雙邊單黑魚尾

370000－1544－0000581 334/4－3
佩文詩韻釋要五卷 (清)朱重輯 清同治三年(1864)刻本 一册 九行十八字小字雙行三十六字白口左右雙邊單黑魚尾

370000－1544－0000582 334/4－4
佩文詩韻釋要五卷 (清)朱重輯 清同治三年(1864)刻本 一册 九行十八字小字雙行三十六字白口左右雙邊單黑魚尾

370000－1544－0000583 334/4－5
佩文詩韻釋要五卷 (清)朱重輯 清同治三年(1864)刻本 一册 九行十八字小字雙行三十六字白口左右雙邊單黑魚尾

370000－1544－0000584 334/7－2
詩韻集成十卷 (清)余照輯 清刻本 二册 上欄小字十八行十一字下欄九行十二字小字雙行二十四字白口四周雙邊雙對黑魚尾 存四卷(一至四)

370000－1544－0000585 334/8
心嚮往齋用陶韻詩二卷 (清)孔繼鑅撰 清道光二十九年(1849)吴熙載寫刻本 一册 十行二十一字白口左右雙邊單黑魚尾

370000－1544－0000586 335/1
新增説文韻府群玉二十卷 (元)陰時夫編輯 (元)陰中夫編註 (明)王元貞校正 明萬曆十八年(1590)聚錦堂刻本 二十册 十一行二十二字小字雙行同白口左右雙邊單黑

魚尾

370000－1544－0000587　335/1－2
新增説文韻府群玉二十卷　(元)陰時夫編輯　(元)陰中夫編註　(明)王元貞校正　清刻本　二十册　十一行二十二字小字雙行同白口四周單邊單黑魚尾

370000－1544－0000588　400/2
萬國史記二十卷　(日本)岡本監輔撰　(清)程世爵譯　清光緒二十七年(1901)上海書局石印本　六册　十九行四十字白口四周雙邊單黑魚尾

370000－1544－0000589　400/3
俄史輯譯四卷　(清)徐景羅譯　清光緒二十三年(1897)湖南新學書局刻本　七册　九行二十一字白口左右雙邊單黑魚尾

370000－1544－0000590　400/4
米利堅志四卷　(日本)岡千仞　(日本)河野通之撰　清光緒二十二年(1896)新學書局刻本　二册　九行二十一字白口左右雙邊單黑魚尾

370000－1544－0000591　400/6
大日本維新史二卷　(日本)重野安繹撰　清光緒二十五年(1899)上海商務印書館鉛印本　二册　九行二十一字小字雙行同白口四周雙邊單黑魚尾

370000－1544－0000592　400/7
歐羅巴通史四部　(日本)箕作元八　(日本)峰岸米造纂　清光緒二十六年(1900)東亞譯書會鉛印本　四册　十行二十五字小字雙行同白口四周雙邊單黑魚尾

370000－1544－0000593　400/7－2
歐羅巴通史四部　(日本)箕作元八　(日本)峰岸米造纂　清光緒二十六年(1900)東亞譯書會鉛印本　四册　十行二十五字小字雙行同白口四周雙邊單黑魚尾

370000－1544－0000594　400/7－3
歐羅巴通史四部　(日本)箕作元八　(日本)峰岸米造纂　清光緒二十六年(1900)東亞譯書會鉛印本　四册　十行二十五字小字雙行同白口四周雙邊單黑魚尾

370000－1544－0000595　400/8
節本泰西新史攬要八卷　(英國)李提摩太譯　(清)周慶雲節録　清光緒二十七年(1901)夢坡室刻本　二册　十二行二十四字黑口左右雙邊

370000－1544－0000596　400/8－2
節本泰西新史攬要八卷　(英國)李提摩太譯　(清)周慶雲節録　清光緒二十七年(1901)夢坡室刻本　二册　十二行二十四字黑口左右雙邊

370000－1544－0000597　400/9
歐洲東方交涉記十二卷　(英國)麥高爾輯　(美國)林樂知　(清)瞿昂來譯　清光緒六年(1880)江南機器製造總局刻本　二册　十行二十二字小字雙行同黑口左右雙邊雙對黑魚尾

370000－1544－0000598　400/10
西洋史要四卷　(日本)小川銀次郎撰　(清)薩端等譯　清光緒二十七年(1901)金粟齋鉛印本　二册　十二行二十八字小字雙行同白口四周雙邊

370000－1544－0000599　400/11
支那通史四卷續編二卷　(日本)那珂通世編　清光緒二十八年(1902)山東書局鉛印本　五册　十二行三十四字白口四周雙邊　缺附録

370000－1544－0000600　400/12
萬國歷史彙編一百卷　(清)江子雲等輯　清光緒二十九年(1903)上海官書局石印本　十六册　十八行四十字白口四周雙邊單黑魚尾

370000－1544－0000601　400/16
俄土兵記四卷　(清)余澍疇撰　清刻本　四册　九行二十一字白口四周雙邊單黑魚尾

370000－1544－0000602　400/18
歷代統系録六卷　(清)黄本驥編　清道光刻三長物齋叢書本　二十　冊　十行二十一字

小字雙行同白口四周雙邊單黑魚尾

370000－1544－0000603　400/20
高等小學中國史教科書七卷　時中書局編纂　清光緒上海時中書局鉛印本　十册　十二行二十七字白口四周雙邊單黑魚尾　缺卷一上世史、卷二中世史三至五

370000－1544－0000604　400/22
德國最近進步史三卷　(美國)林樂知譯　(清)吳禕述　清光緒三十年(1904)上海商務印書館鉛印本　一册　十二行二十九字白口四周雙邊單黑魚尾

370000－1544－0000605　410/1
重訂法國志略二十四卷　(清)王韜撰　清光緒十六年(1890)淞隱廬鉛印本　十册　十三行二十四字白口四周雙邊單綫魚尾

370000－1544－0000606　410/3
俄國歷皇紀略二卷附錄一卷　(美國)林樂知輯　清光緒二十九年(1903)上海廣學會鉛印本　一册　十二行二十七字小字雙行同白口四周雙邊單黑魚尾

370000－1544－0000607　410/4
國朝事略八卷　(清)江楚編譯官書局編輯　清光緒三十二年(1906)金陵江楚編譯官書局石印本　一册　十四行二十九字黑口四周雙邊單黑魚尾　存三卷(一至三)

370000－1544－0000608　411/2
廿一史約編八卷首一卷　(清)鄭元慶撰　清光緒六年(1880)得月樓刻本　八册　九行二十一字小字雙行同白口左右雙邊單黑魚尾

370000－1544－0000609　411/3
十七史一千五百七十四卷　(明)毛晉編　明崇禎元年至十七年(1628－1644)虞山毛氏汲古閣刻清順治補輯印本　二百四十八册　十二行二十五字白口左右雙邊單黑魚尾　缺五百一卷(史記一百三十卷、漢書一百卷、後漢書一百二十卷、北齊書五十卷、三國志六十五卷、陳書三十六卷)

370000－1544－0000610　411/4
二十四史　(清)高宗弘曆敕編　清光緒四年(1878)金陵書局刻本　五百四十册　十二行二十五字白口左右雙邊單黑魚尾

370000－1544－0000611　411/7
史書雜抄　(清)□□抄　清抄本　六册　十行二十三字

370000－1544－0000612　411/8
剪桐載筆一卷　(明)王象晉撰　明末虞山毛氏汲古閣刻本　一册　八行十九字白口左右雙邊

370000－1544－0000613　411/10
正氣集十卷　(清)王式纂輯　清宣統三年(1911)不讀非道書齋鉛印本　四册　九行二十五字白口四周雙邊單黑魚尾

370000－1544－0000614　412－1/1－2
前漢書一百二十卷　(漢)班固撰　(唐)顔師古注　清同治八年(1869)金陵書局刻本　十三册　十二行二十五字小字雙行三十七字白口左右雙邊單黑魚尾　缺三十八卷(八十三至一百二十)

370000－1544－0000615　412－1/1　4
前漢書一百卷　(漢)班固撰　(明)鍾人傑校　明萬曆刻本　二十册　九行二十字小字雙行同白口四周單邊單白魚尾

370000－1544－0000616　412－1/3
續後漢書四十二卷義例一卷音義四卷　(宋)蕭常撰　清同治八年(1869)刻本　六册　十一行二十二字小字雙行同白口四周雙邊單黑魚尾

370000－1544－0000617　412－1/3－3
後漢書一百卷　(南朝宋)范曄撰　(唐)李賢注　清同治八年(1869)金陵書局刻本　十三册　十二行二十五字小字雙行三十七字白口左右雙邊單黑魚尾　缺十五卷(八十六至一百)

370000－1544－0000618　412－1/4
七家後漢書二十一卷　(清)汪文臺輯　清光緒八年(1882)刻本　六册　十行二十二字小

字雙行同黑口四周雙邊

370000－1544－0000619　412－1/4－2
七家後漢書二十一卷　（清）汪文臺輯　清光緒八年（1882）刻本　六冊　十行二十二字小字雙行同黑口四周雙邊

370000－1544－0000620　412－1/5
吴越春秋六卷　（漢）趙曄撰　（清）汪士漢考校　清乾隆居仁堂刻秘書廿一種本　一冊　十行二十字小字雙行同白口四周單邊單黑魚尾

370000－1544－0000621　412－1/6
史記一百三十卷首一卷　（漢）司馬遷撰　（明）徐孚遠　（明）陳子龍測議　明崇禎十三年（1640）聚錦堂刻本　三十二冊　九行二十字小字雙行同白口左右雙邊單黑魚尾間有綫魚尾

370000－1544－0000622　412－1/6－2
史記評林一百三十卷　（明）凌稚隆輯　清雍正十年（1732）光遠堂刻本　三十二冊　九行二十字小字雙行同白口左右雙邊

370000－1544－0000623　412－1/6－3
史記評林一百三十卷　（明）凌稚隆輯　（明）李光縉增補　明熊氏種德堂刻本　二十四冊　下欄十行十九字小字雙行同白口左右雙邊間四周單邊單黑魚尾

370000－1544－0000624　412－1/6－5
史記一百三十卷　（漢）司馬遷撰　清光緒二十年（1894）上海點石齋石印本　六冊　二十二行五十一字白口四周單邊單黑魚尾

370000－1544－0000625　412－1/6－7
史記評林一百三十卷　（明）凌稚隆輯　明萬曆二年至四年（1574－1576）刻本　三十二冊　下欄十行十九字小字雙行同白口左右雙邊單黑魚尾

370000－1544－0000626　412－1/6－8
史記一百三十卷首一卷　（漢）司馬遷撰　（明）徐孚遠　（明）陳子龍測議　明養正堂刻本　四十冊　九行二十字小字雙行同白口左右雙邊單白魚尾

370000－1544－0000627　412－1/7
史記菁華録六卷　（清）姚苎田撰　清光緒二十八年（1902）書業德刻本　六冊　上欄十八行五字下欄九行二十字小字雙行同白口左右雙邊單黑魚尾

370000－1544－0000628　412－1/8
漢書評林一百卷　（明）凌稚隆輯　（明）陳仁錫批註　明萬曆九年（1581）自刻本　二十八冊　下欄十行二十字小字雙行同白口左右雙邊單黑魚尾

370000－1544－0000629　412－2/1
南齊書五十九卷　（南朝梁）蕭子顯撰　（明）趙用賢　（明）張一桂校　明萬曆十六年至十七年（1588－1589）南京國子監刻本　八冊　九行十八字黑口四周雙邊雙順黑魚尾

370000－1544－0000630　412－2/2
西魏書二十四卷附錄一卷　（清）謝啟昆撰　清光緒粤東廣雅書局刻本　六冊　十一行二十四字小字雙行同黑口四周雙邊單黑魚尾

370000－1544－0000631　412－2/2－2
西魏書二十四卷附錄一卷　（清）謝啟昆撰　清光緒九年（1883）樹經堂刻本　六冊　十一行二十三字小字雙行同白口左右雙邊單黑魚尾

370000－1544－0000632　412－2/2－3
西魏書二十四卷　（清）謝啟昆撰　清乾隆六十年（1795）樹經堂刻本　八冊　十一行二十三字小字雙行同白口左右雙邊單黑魚尾

370000－1544－0000633　412－2/5
十六國春秋一百卷　（三國魏）崔鴻撰　清乾隆四十六年（1781）仁和汪氏刻本　二十四冊　九行十八字小字雙行同白口左右雙邊單黑魚尾

370000－1544－0000634　412－2/5－2
十六國春秋一百卷　（三國魏）崔鴻撰　（清）汪日桂重訂　清光緒十二年（1886）湖北官書處刻本　十二冊　十一行二十三字白口四周

雙邊

370000－1544－0000635　412－2/6
梁書五十六卷　(唐)姚思廉撰　(明)余有丁　(明)周子義校　明萬曆三年(1575)南京國子監刻清遞修本　八冊　十行二十一字小字雙行同黑口四周雙邊雙順黑魚尾

370000－1544－0000636　412－2/7
晉略六十六卷　(清)周濟撰　清刻本　十冊　十二行二十五字小字雙行三十六字白口左右雙邊單黑魚尾

370000－1544－0000637　412－2/8
宋書一百卷　(南朝梁)沈約撰　(明)陸可教　(明)馮夢禎等校閲　明萬曆二十二年(1594)南京國子監刻清遞修本　十四冊　九行十八字小字雙行同黑口四周雙邊三魚尾

370000－1544－0000638　412－2/10
周書五十卷　(唐)令狐德棻等撰　清同治十三年(1874)金陵書局刻本　四冊　十二行二十五字白口左右雙邊單黑魚尾

370000－1544－0000639　412－4/2
十國春秋一百十四卷拾遺一卷備考一卷　(清)吴任臣撰　清乾隆五十八年(1793)周氏此宜閣刻本　二十四冊　十行二十一字小字雙行同白口左右雙邊單黑魚尾

370000－1544－0000640　412－4/2－2
十國春秋一百十四卷拾遺一卷備考一卷　(清)吴任臣撰　清乾隆五十八年(1793)周氏此宜閣刻本　二十四冊　十行二十一字小字雙行同白口左右雙邊單黑魚尾

370000－1544－0000641　412－4/3
舊唐書二百卷　(五代)劉昫撰　(清)岑建功校刊　**校勘記六十六卷**　(清)羅士琳等校訂　**逸文十三卷**　(清)岑建功輯　清同治十一年(1872)定遠方氏刻本　六十冊　十二行二十五字小字雙行同白口左右雙邊單黑魚尾

370000－1544－0000642　412－4/4
南唐書十八卷家世舊聞一卷齋居紀事一卷　(宋)陸游撰　**南唐書音釋一卷**　(元)戚光音釋　清楚濱李氏森寶齋刻陸放翁全集本　三冊　八行十八字白口左右雙邊

370000－1544－0000643　412－4/5
南漢書十八卷南漢書考異十八卷南漢文字畧四卷南漢叢錄二卷　(清)梁廷枏撰　清光緒二十一年(1895)梁用弧刻本　八冊　八行十八字小字雙行同白口四周雙邊單黑魚尾

370000－1544－0000644　412－4/6
五代史記七十四卷　(宋)歐陽修撰　(宋)徐無黨注　明萬曆南京國子監刻本　八冊　十行二十一字小字雙行同白口四周雙邊雙順黑魚尾

370000－1544－0000645　412－4/8
五代史記七十四卷　(宋)歐陽修撰　(宋)徐無黨注　(清)彭元瑞補注　清道光八年(1828)刻民國十三年(1924)重印本　四十冊　十行二十一字小字雙行同白口左右雙邊單黑魚尾

370000－1544－0000646　412－4/8－2
五代史記七十四卷　(宋)歐陽修撰　(宋)徐無黨注　(清)彭元瑞補注　清道光八年(1828)刻本　四十冊　十行二十一字小字雙行同白口左右雙邊單黑魚尾

370000－1544－0000647　412－4/10
南唐書合刻　(清)蔣國祥　(清)蔣國祚校　清同治十三年(1874)盱南蔣氏三餘書屋刻本　六冊　十行十九字黑口四周單邊雙對花魚尾　存三十七卷(馬令南唐書三十卷、陸遊南唐書一至七)

370000－1544－0000648　412－5/1
大金國志四十卷　(宋)宇文懋昭撰　清嘉慶二年(1797)席氏掃葉山房刻本　四冊　十二行二十五字小字雙行三十七字白口左右雙邊單黑魚尾

370000－1544－0000649　412－5/2
南宋書六十八卷　(明)錢士升撰　清嘉慶二年(1797)掃葉山房刻本　十冊　十二行二十五字小字雙行同白口左右雙邊單黑魚尾

370000－1544－0000650　412－5/2－2

南宋書六十八卷　(明)錢士升撰　清嘉慶二年(1797)掃葉山房刻本　十二册　十二行二十五字小字雙行同白口左右雙邊單黑魚尾

370000－1544－0000651　412－5/3

契丹國志二十七卷　(宋)葉隆禮撰　**大金國志四十卷**　(宋)宇文懋昭撰　清嘉慶二年(1797)席氏掃葉山房刻本　六册　十二行二十四字白口左右雙邊單黑魚尾

370000－1544－0000652　412－6/3

元書一百二卷首一卷　(清)曾廉撰　清宣統三年(1911)刻本　二十册　十二行二十五字小字雙行三十八字白口左右雙邊單黑魚尾

370000－1544－0000653　412－6/3－2

元書一百二卷首一卷　(清)曾廉撰　清宣統三年(1911)刻本　二十册　十二行二十五字小字雙行三十八字白口左右雙邊單黑魚尾

370000－1544－0000654　412－6/4

元史類編四十二卷　(清)邵遠平撰　清乾隆六十年(1795)席氏掃葉山房刻本　十二册　十二行二十五字小字雙行三十七字白口左右雙邊單黑魚尾

370000－1544－0000655　412－7/1

海東逸史十八卷　(清)翁洲老民撰　(清)楊泰亨校刊　清光緒十年(1884)慈溪楊氏刻本　二册　十二行二十五字小字雙行同黑口左右雙邊單黑魚尾

370000－1544－0000656　412－7/1－2

海東逸史十八卷　(清)翁洲老民撰　(清)徐幹校刊　清光緒邵武徐氏刻本　一册　九行二十二字小字雙行同白口左右雙邊單黑魚尾

370000－1544－0000657　412－7/1－3

海東逸史十八卷　(清)翁洲老民撰　(清)徐幹校刊　清光緒邵武徐氏刻本　一册　九行二十二字小字雙行同白口左右雙邊單黑魚尾

370000－1544－0000658　412－7/1－4

海東逸史十八卷　(清)翁洲老民撰　(清)徐幹校刊　清光緒邵武徐氏刻本　一册　九行二十二字小字雙行同白口左右雙邊單黑魚尾

370000－1544－0000659　412－7/2

潛庵先生擬明史稿二十卷　(清)湯斌撰　(清)田蘭芳評　清康熙二十七年(1688)刻本　八册　十行十九字小字雙行同白口四周單邊單黑下魚尾

370000－1544－0000660　412－7/2－2

潛庵先生擬明史稿二十卷　(清)湯斌撰　(清)田蘭芳評　清康熙二十七年(1688)刻本　十二册　十行十九字小字雙行同白口四周單邊單黑下魚尾　存十七卷(一至十七)

370000－1544－0000661　412－7/2－3

明史稿三百十卷　(清)王鴻緒編　清敬慎堂刻本　八十册　十一行二十三字小字雙行同白口左右雙邊單黑魚尾

370000－1544－0000662　412－7/3

南天痕二十六卷附錄一卷　(清)凌雪撰　清宣統二年(1910)復古社鉛印本　六册　十二行三十字細黑口四周雙邊單黑魚尾

370000－1544－0000663　413/3

疑年錄四卷　(清)錢大昕編　(清)吳修校　**續疑年錄四卷**　(清)吳修編　清嘉慶二十三年(1818)刻本　二册　十一行二十二字小字雙行同黑口左右雙邊雙對黑魚尾

370000－1544－0000664　413/3－2

疑年錄四卷　(清)錢大昕編　(清)吳修校　**續疑年錄四卷**　(清)吳修編　清嘉慶二十三年(1818)刻本　二册　十一行二十二字小字雙行同黑口左右雙邊雙對黑魚尾

370000－1544－0000665　413/3－3

三續疑年錄十卷　(清)陸心源編　清光緒五年(1879)刻本　一册　十行二十字小字雙行同黑口四周雙邊單黑魚尾　存五卷(一至五)

370000－1544－0000666　413/3－4

三續疑年錄十卷　(清)陸心源編　清光緒五年(1879)刻本　四册　十行二十字小字雙行同黑口四周雙邊單黑魚尾

370000－1544－0000667　413/4
浙江忠義錄十卷表八卷又一卷續表不分卷　(清)浙江採訪忠義總局輯　清同治至光緒浙江採訪忠義總局刻本　十六册　十行二十二字白口左右雙邊單黑魚尾　缺二卷(表七至八)

370000－1544－0000668　413/10
班馬異同三十五卷　(宋)倪思編　(宋)劉辰翁評　明刻本　十六册　九行二十字小字單行同白口四周單邊單白魚尾

370000－1544－0000669　413/10－2
班馬異同三十五卷　(宋)倪思編　(宋)劉辰翁評　明刻本　三册　九行二十字小字單行同白口四周單邊單白魚尾

370000－1544－0000670　413/11－3
漢書補注一百卷首一卷　(漢)班固撰　(唐)顔師古注　王先謙補注　清光緒二十六年(1900)長沙王氏刻本　三十二册　十二行二十五字小字雙行同白口左右雙邊單黑魚尾

370000－1544－0000671　413/13
四裔編年表四卷　(美國)林樂知　(清)嚴良勳譯　(清)李鳳苞彙編　清光緒二十三年(1897)石印本　四册　行字不等白口四周雙邊

370000－1544－0000672　413/13－2
四裔編年表四卷　(美國)林樂知　(清)嚴良勳譯　(清)李鳳苞彙編　清江南製造總局刻本　四册　行字不等白口左右雙邊

370000－1544－0000673　413/15
皇朝謚法攷五卷　(清)鮑康輯　清同治三年(1864)刻本　一册　十行二十四字小字雙行同白口左右雙邊單黑魚尾

370000－1544－0000674　413/17
元史譯文證補三十卷　(清)洪鈞撰　清光緒二十三年(1897)刻本　四册　十二行二十五字小字雙行三十七字白口左右雙邊單黑魚尾

370000－1544－0000675　413/17－2
元史譯文證補三十卷　(清)洪鈞撰　清光緒二十三年(1897)刻本　四册　十二行二十五字小字雙行三十七字白口左右雙邊單黑魚尾

370000－1544－0000676　413/22
帝鑑圖説　(明)張居正撰　清光緒六年(1880)點石齋石印本　四册　十行二十一字白口四周單邊單花魚尾

370000－1544－0000677　413/25
于文定公讀史漫録二十卷　(明)于慎行撰　(清)黄恩彤參訂　清道光二十六年(1846)存素齋刻本　八册　十行二十一字小字雙行同黑口左右雙邊單黑魚尾

370000－1544－0000678　413/25－2
于文定公讀史漫録二十卷　(明)于慎行撰　(清)黄恩彤參訂　清道光二十六年(1846)存素齋刻本　十册　十行二十一字小字雙行同黑口左右雙邊單黑魚尾

370000－1544－0000679　413/25－3
于文定公讀史漫録二十卷　(明)于慎行撰　(清)黄恩彤參訂　清道光二十六年(1846)存素齋刻本　八册　十行二十一字小字雙行同黑口左右雙邊單黑魚尾

370000－1544－0000680　413/26
後漢書補表八卷　(清)錢大昭撰　清光緒十七年(1891)廣雅書局刻本　三册　黑口四周單邊單黑魚尾

370000－1544－0000681　413/29
三國書法十卷　(清)黄恩彤撰　清光緒三十一年(1905)家塾刻本　一册　十一行二十一字小字雙行同白口左右雙邊

370000－1544－0000682　413/32－2
廿二史劄記三十六卷首一卷補遺一卷　(清)趙翼撰　清光緒二十年(1894)廣雅書局刻本　十二册　十一行二十四字黑口四周單邊單黑魚尾

370000－1544－0000683　413/32－3
廿二史札記三十六卷補遺一卷　(清)趙翼撰　清光緒壽考堂刻本　十三册　十一行二十一字白口左右雙邊單黑魚尾

370000－1544－0000684　413/32－4
廿二史劄記三十六卷首一卷補遺一卷　（清）趙翼撰　清光緒二十年（1894）廣雅書局刻本　十冊　十一行二十四字黑口四周單邊單黑魚尾

370000－1544－0000685　413/33
金史詳校十卷首一卷末一卷　（清）施國祁學　清光緒六年（1880）會稽章氏刻本　十冊　十行二十二字黑口左右雙邊雙順黑魚尾

370000－1544－0000686　413/33－2
金史詳校十卷首一卷末一卷　（清）施國祁學　清光緒六年（1880）會稽章氏刻本　十冊　十行二十二字黑口左右雙邊雙順黑魚尾

370000－1544－0000687　413/33－3
金史詳校十卷首一卷末一卷　（清）施國祁學　清光緒六年（1880）會稽章氏刻本　十冊　十行二十二字黑口左右雙邊雙順黑魚尾

370000－1544－0000688　413/37
春秋大事表五十卷　（清）顧楝高輯　清同治十二年（1873）山東尚志堂刻本　二十冊　十一行二十五字白口四周雙邊

370000－1544－0000689　413/37－2
春秋大事表五十卷　（清）顧楝高輯　清同治十二年（1873）山東尚志堂刻本　二十冊　十一行二十五字白口四周雙邊

370000－1544－0000690　413/37－3
春秋大事表五十卷　（清）顧楝高輯　清同治十二年（1873）山東尚志堂刻本　二十冊　十一行二十五字白口四周雙邊

370000－1544－0000691　413/39
甲子紀元集成九卷　（清）吳晉德撰　清道光十四年（1834）妙韞閣刻本　八冊　十二行二十字小字雙行四十字黑口四周單邊

370000－1544－0000692　413/40
漢書辨疑二十二卷　（清）錢大昭撰　清光緒十三年（1887）廣雅書局刻本　五冊　十一行二十四字黑口四周單邊單黑魚尾

370000－1544－0000693　413/40－2
漢書辨疑二十二卷　（清）錢大昭撰　清光緒十三年（1887）廣雅書局刻本　五冊　十一行二十四字黑口四周單邊單黑魚尾

370000－1544－0000694　413/41
後漢書辨疑十一卷　（清）錢大昭撰　清光緒十四年（1888）廣雅書局刻本　二冊　十一行二十四字黑口四周單邊單黑魚尾

370000－1544－0000695　413/42
續漢書辨疑九卷　（清）錢大昭撰　清光緒十四年（1888）廣雅書局刻本　一冊　十一行二十四字黑口四周單邊單黑魚尾

370000－1544－0000696　413/42－2
續漢書辨疑九卷　（清）錢大昭撰　清光緒十四年（1888）廣雅書局刻本　一冊　十一行二十四字黑口四周單邊單黑魚尾

370000－1544－0000697　413/43
三國紀年表一卷五代紀年表一卷　（清）周嘉猷撰　清光緒六年（1880）刻本　一冊　行字不等白口左右雙邊

370000－1544－0000698　413/43－2
三國紀年表一卷五代紀年表一卷　（清）周嘉猷撰　清光緒六年（1880）刻本　一冊　行字不等白口左右雙邊

370000－1544－0000699　413/44
南北史補志十四卷　（清）汪士鐸撰　清光緒四年（1878）淮南書局刻本　六冊　十二行二十五字小字雙行同白口左右雙邊單黑魚尾

370000－1544－0000700　413/44－2
南北史補志十四卷　（清）汪士鐸撰　清光緒四年（1878）淮南書局刻本　八冊　十二行二十五字小字雙行同白口左右雙邊單黑魚尾

370000－1544－0000701　413/45
讀史四集四卷　（明）楊以任輯　（清）郭儀霄校閱　清道光三十年（1850）豐城萬氏防未然齋刻本　四冊　九行二十字白口四周雙邊單黑魚尾

370000－1544－0000702　413/47

欽定遼金元三史語解四十六卷　(清)高宗弘曆敕撰　清光緒四年(1878)江蘇書局刻本　十冊　十二行二十五字小字雙行同白口左右雙邊單黑魚尾

370000－1544－0000703　413/47－2

欽定遼金元三史語解四十六卷　(清)高宗弘曆敕撰　清光緒四年(1878)江蘇書局刻本　十冊　十二行二十五字小字雙行同白口左右雙邊單黑魚尾

370000－1544－0000704　413/48

歷代世系紀年編一卷　(清)沈炳震撰　**歷代建元重號一卷**　(清)姚文田輯　清同治十年(1871)安徽藩署敬義齋刻本　一冊　十行二十四字白口四周雙邊單黑魚尾

370000－1544－0000705　413/49

兩漢刊誤補遺十卷附錄一卷　(宋)吳仁傑撰　清光緒刻本　四冊　十一行二十一字白口左右雙邊單黑魚尾

370000－1544－0000706　413/50

元史藝文志四卷　(清)錢大昕補　清末江蘇書局刻本　一冊　十二行二十五字白口左右雙邊單黑魚尾

370000－1544－0000707　413/50－2

元史藝文志四卷　(清)錢大昕補　清末江蘇書局刻本　一冊　十二行二十五字白口左右雙邊單黑魚尾

370000－1544－0000708　413/51

元史氏族表三卷　(清)錢大昕撰　清末江蘇書局刻本　二冊　十二行二十五字白口左右雙邊單黑魚尾

370000－1544－0000709　413/51－2

元史氏族表三卷　(清)錢大昕撰　清刻本　二冊　十一行二十字白口左右雙邊單黑魚尾

370000－1544－0000710　413/51－3

元史氏族表三卷　(清)錢大昕撰　清光緒二十年(1894)廣雅書局刻本　二冊　十一行二十四字黑口四周單邊單黑魚尾

370000－1544－0000711　413/51－4

元史氏族表三卷　(清)錢大昕撰　清末江蘇書局刻本　二冊　十二行二十五字白口左右雙邊單黑魚尾

370000－1544－0000712　413/52

南北史識小錄二十八卷　(清)沈名蓀　(清)朱昆田原輯　(清)張應昌補正　清同治十年(1871)武林吳氏清來堂刻本　六冊　十一行二十字白口左右雙邊單黑魚尾

370000－1544－0000713　413/53

紀元編三卷末一卷　(清)李兆洛撰　清同治十年(1871)合肥李氏刻本　一冊　十行二十四字小字雙行同白口左右雙邊單黑魚尾

370000－1544－0000714　413/53－2

紀元編三卷末一卷　(清)李兆洛撰　清同治十年(1871)合肥李氏刻本　三冊　十行二十四字小字雙行同白口左右雙邊單黑魚尾

370000－1544－0000715　413/54

十七史商榷一百卷　(清)王鳴盛撰　清光緒十九年(1893)廣雅書局刻本　十四冊　十一行二十四字小字雙行同黑口四周單邊黑魚尾

370000－1544－0000716　413/54－2

十七史商榷一百卷　(清)王鳴盛撰　清乾隆五十二年(1787)洞涇草堂刻本　二十冊　十行二十字小字雙行同白口四周雙邊

370000－1544－0000717　413/54－3

十七史商榷一百卷　(清)王鳴盛撰　清光緒六年(1880)太原王氏刻本　二十冊　十行二十字白口四周雙邊

370000－1544－0000718　413/55

三國志考證八卷　(清)潘眉撰　清光緒十五年(1889)廣雅書局刻本　二冊　十一行二十四字黑口四周單邊單黑魚尾

370000－1544－0000719　413/56

後漢書補表八卷　(清)錢大昭撰　清光緒十七年(1891)廣雅書局刻本　二冊　行字不等黑口四周單邊單黑魚尾

370000－1544－0000720　413/57
李秀成供一卷　(清)李秀成供　清末刻本　一册　十一行二十二字白口左右雙邊單黑魚尾

370000－1544－0000721　413/61
歷代陵寢備攷五十卷歷代宗廟附考八卷　(清)朱孔陽輯　清光緒上海申報館鉛印本　十四册　十二行二十四字小字雙行同白口四周雙邊單黑魚尾

370000－1544－0000722　413/64
新舊唐書互證二十卷　(清)趙紹祖撰　清光緒十七年(1891)廣雅書局刻本　四册　十一行二十四字黑口四周單邊單黑魚尾

370000－1544－0000723　413/66
遼史拾遺二十四卷　(清)厲鶚撰　**遼史拾遺補五卷**　(清)楊復吉撰　清光緒元年(1875)江蘇書局刻本　十册　十行二十一字白口左右雙邊單黑魚尾

370000－1544－0000724　413/66－2
遼史拾遺二十四卷　(清)厲鶚撰　**遼史拾遺補五卷**　(清)楊復吉撰　清光緒元年(1875)江蘇書局刻本　十册　十行二十一字白口左右雙邊單黑魚尾

370000－1544－0000725　413/67
三國志旁證三十卷　(清)梁章鉅撰　清光緒十五年(1889)廣雅書局刻本　六册　十一行二十四字黑口四周單邊單黑魚尾

370000－1544－0000726　413/68
漢書注校補五十六卷　(清)周壽昌撰　清光緒十七年(1891)廣雅書局刻本　十册　十一行二十四字黑口四周單邊單黑魚尾

370000－1544－0000727　413/68－2
漢書注校補五十六卷　(清)周壽昌撰　清光緒十七年(1891)廣雅書局刻本　十册　十一行二十四字黑口四周單邊單黑魚尾

370000－1544－0000728　413/69
歷代紀元彙考八卷續編一卷　(清)萬斯同編　(清)孫鏘校補　清光緒二十三年(1897)澮洲李氏刻本　一册　十五行字數不等白口四周雙邊單黑魚尾

370000－1544－0000729　413/70
後漢書辨疑十一卷　(清)錢大昭撰　清光緒十四年(1888)廣雅書局刻本　二册　十一行二十四字黑口四周單邊單黑魚尾

370000－1544－0000730　413/74
八史經籍志　(日本)佚名輯　清光緒九年(1883)鎮海張壽榮刻本　六册　十行二十一字小字雙行同白口左右雙邊單黑魚尾

370000－1544－0000731　413/75
史記索隱三十卷　(唐)司馬貞撰　清光緒十九年(1893)廣雅書局刻本　四册　十二行二十五字黑口四周單邊單黑魚尾

370000－1544－0000732　413/76
歷代帝王年表　(清)齊召南編　清道光四年(1824)小琅嬛僊舘刻本　四册　八行二十四字小字雙行三十六字黑口左右雙邊雙對黑魚尾

370000－1544－0000733　413/77
道齊正軌二十卷　(清)鄒鳴鶴纂述　(清)蘇源生編次　清光緒七年(1881)刻本　八册　八行二十二字小字雙行同白口四周雙邊單黑魚尾

370000－1544－0000734　413/78
七國考十四卷　(明)董説撰　清刻本　十册　十一行二十三字黑口左右雙邊

370000－1544－0000735　413/79
[同治]東華續録一百卷　王先謙編　(清)張式恭校　清光緒二十四年(1898)文瀾書局石印本　二十四册　二十二行四十八字白口四周雙邊單黑魚尾

370000－1544－0000736　413/79－2
[同治]東華續録一百卷　王先謙編　(清)張式恭校　清刻本　六十四册　十二行二十五字白口左右雙邊單黑魚尾

370000－1544－0000737　413/79－3

[同治]東華續録一百卷 王先謙編 （清）張式恭校 清光緒二十五年（1899）公記書莊石印本 二十四冊 二十四行五十字白口四周雙邊單黑魚尾

370000－1544－0000738 413/79－4
九朝東華録四百二十五卷 王先謙編 （清）周潤蕃 （清）周瀹蕃校 清光緒十三年（1887）上海圖書集成印書局鉛印本 六十四冊 十三行四十字小字雙行同白口四周單邊雙對黑魚尾

370000－1544－0000739 413/79－5
九朝東華録 王先謙編 清光緒十三年（1887）廣百宋齋鉛印本（補配四冊） 七十七冊 十四行四十字白口四周雙邊單黑魚尾

370000－1544－0000740 413/79－6
十朝東華録五百二十五卷 王先謙編 清光緒二十五年（1899）石印本 六十四冊 二十四行五十字白口四周雙邊單黑魚尾

370000－1544－0000741 413/79－7
[光緒朝]東華續録二百二十卷 （清）朱壽朋編 （清）潘鴻鼎校 清宣統元年（1909）上海集成圖書公司鉛印本 六十四冊 十三行四十字白口四周單邊雙對黑魚尾

370000－1544－0000742 413/79－8
[咸豐朝]東華續録六十九卷 （清）潘頤福編 （清）盧秉政校 清光緒十八年（1892）上海圖書集成印書局鉛印本 十六冊 十三行四十字白口四周單邊雙對黑魚尾

370000－1544－0000743 413/79－9
[咸豐朝]東華續録六十九卷 （清）潘頤福編 （清）盧秉政校 清光緒十八年（1892）上海圖書集成印書局鉛印本 十六冊 十三行四十字白口四周單邊雙對黑魚尾

370000－1544－0000744 413/82
三史拾遺五卷 （清）錢大昕撰 （清）陳名慎等校 清光緒十七年（1891）廣雅書局刻本 一冊 十一行二十四字小字雙行同黑口四周單邊單黑魚尾

370000－1544－0000745 413/84
野獲編三十卷首一卷補遺四卷 （清）沈德符撰 （清）錢枋輯 清道光七年（1827）扶荔山房刻本 十冊 十行二十一字白口四周雙邊單黑魚尾

370000－1544－0000746 413/88
國朝謚法考一卷 （清）王士禛編輯 清康熙刻本 一冊 十行二十一字黑口左右雙邊單黑魚尾

370000－1544－0000747 413/97
補五代史藝文志一卷 （清）顧櫰三撰 （清）傅春官輯 清光緒二十三年（1897）江寧傅氏晦齋刻金陵叢刻本 一冊 十一行二十一字小字雙行同白口左右雙邊單黑魚尾

370000－1544－0000748 413/101
慈溪黄氏日抄分類九十七卷古今紀要十九卷 （宋）黄震編輯 清乾隆三十二年（1767）新安汪佩鍔刻本 三十二冊 日抄分類十四行二十六字古今紀要十二行二十二字小字雙行同黑口四周雙邊雙順黑魚尾

370000－1544－0000749 413/101－2
慈溪黄氏日抄分類九十七卷 （宋）黄震編輯 清乾隆三十二年（1767）新安汪佩鍔刻本 三十二冊 十四行二十六字黑口四周雙邊雙順黑魚尾

370000－1544－0000750 413/102
雲谷雜紀四卷首一卷末一卷 （宋）張淏撰 清刻本 四冊 九行二十一字白口四周雙邊單黑魚尾

370000－1544－0000751 413/102－2
雲谷雜紀四卷首一卷末一卷 （宋）張淏撰 清刻本 二冊 九行二十一字白口四周雙邊單黑魚尾

370000－1544－0000752 413/102－3
雲谷雜紀四卷首一卷末一卷 （宋）張淏撰 清刻本 一冊 九行二十一字白口四周雙邊單黑魚尾

370000－1544－0000753 413/104

春秋繁露十七卷　(漢)董仲舒撰　清刻本　四冊　十行二十一字小字雙行同黑口左右雙邊

370000－1544－0000754　413/117
漢書西域傳補注二卷　(清)徐松撰　清光緒二十年(1894)廣雅書局刻本　一冊　十一行二十四字小字雙行同黑口四周單邊單黑魚尾

370000－1544－0000755　413/121
尚書古文疏證八卷　(清)閻若璩撰　**朱子古文書疑一卷**　(清)閻詠撰　清乾隆十年(1745)眷西堂刻本　十二冊　十一行二十字白口左右雙邊單黑魚尾

370000－1544－0000756　413/122
諸史考異十八卷　(清)洪頤煊撰　清光緒十五年(1889)廣雅書局刻本　三冊　十一行二十四字黑口四周單邊單黑魚尾

370000－1544－0000757　413/126
江南會館義園徵久録十卷首一卷末一卷　(清)周長森編　清同治十三年(1874)江南會館刻本　一冊　十行二十五字小字雙行同白口四周雙邊單黑魚尾

370000－1544－0000758　413/127
元寇紀略二卷年表一卷黑韃事略一卷　(日本)大橋順撰　清光緒二十九年(1903)江蘇通州翰墨林編譯書局鉛印本　一冊　十二行三十二字小字雙行同黑口四周雙邊單黑魚尾

370000－1544－0000759　754/5－2
春秋題鏡二卷續一卷　(清)汪鯉翔輯著　清嘉慶二十年(1815)靜德堂刻本　一冊　七行二十字小字雙行同白口左右雙邊單黑魚尾

370000－1544－0000760　413－1/1
史記志疑三十六卷附錄三卷　(清)梁玉繩撰　清光緒十三年(1887)廣雅書局刻本　十四冊　十一行二十四字粗黑口四周單邊單黑魚尾

370000－1544－0000761　413－1/1－2
史記志疑三十六卷附錄三卷　(清)梁玉繩撰　清光緒十三年(1887)廣雅書局刻本　十四冊　十一行二十四字粗黑口四周單邊單黑魚尾

370000－1544－0000762　413－1/1－3
史記志疑三十六卷附錄三卷　(清)梁玉繩撰　清光緒十三年(1887)廣雅書局刻本　二十一冊　十一行二十四字粗黑口四周單邊單黑魚尾

370000－1544－0000763　419.4－1/6
兩漢金石記二十二卷　(清)翁方綱撰　清乾隆五十四年(1789)刻本　六冊　十行二十字小字雙行同白口左右雙邊單黑魚尾

370000－1544－0000764　420/1
周季編略九卷　(清)黃式三撰　清同治十二年(1873)刻本　四冊　九行二十二字小字雙行同白口左右雙邊單黑魚尾

370000－1544－0000765　420/2
萬國通鑑四卷地圖一卷　(美國)謝衛樓撰　(清)趙如光譯　清光緒八年(1882)刻本　六冊　十行二十五字小字雙行同白口四周雙邊單黑魚尾

370000－1544－0000766　420/2－2
萬國通鑑四卷地圖一卷　(美國)謝衛樓撰　(清)趙如光譯　清光緒八年(1882)刻本　六冊　十行二十五字小字雙行同白口四周雙邊單黑魚尾

370000－1544－0000767　420/6
中興別記六十一卷　(清)李濱撰　清末鉛印本　九冊　十一行二十五字細黑口四周單邊三黑魚尾　存四十六卷(十一至三十、三十六至六十一)

370000－1544－0000768　420/7
中外通商始末記二十卷　(清)王之春撰　清光緒二十一年(1895)寶善書局石印本　六冊　十八行三十六字小字雙行同黑口四周單邊單黑魚尾

370000－1544－0000769　420/7－2
中外通商始末記二十卷　(清)王之春撰　清光緒二十一年(1895)寶善書局石印本　六冊

十八行三十六字小字雙行同黑口四周單邊單黑魚尾

370000－1544－0000770　420/15
東洋史要四卷年表一卷　（日本）小川銀次郎著　（清）屠長春譯　清光緒二十七年（1901）普通學書室鉛印本　一冊　十二行二十七字白口四周雙邊單黑魚尾

370000－1544－0000771　420/15－2
東洋史要二卷　（日本）桑原騭藏著　樊炳清譯　清光緒二十五年（1899）石印本　二冊　十五行三十二字黑口四周雙邊　缺二冊（上卷第一冊、下卷第二冊）

370000－1544－0000772　420/17
皇清開國方略三十二卷首一卷　（清）阿桂等撰　清抄本　十六冊　十行二十四字黑口左右雙邊單黑魚尾

370000－1544－0000773　421/1
鑑評別錄六十卷三國書法十卷兩漢史斷六卷　（清）黄恩彤撰　清光緒三十一年（1905）家塾刻本　二十四冊　十一行二十一字小字雙行同白口四周單邊間左右雙邊單黑魚尾

370000－1544－0000774　421/2
資治通鑑釋文二十卷　（宋）史炤撰　清光緒刻本　四冊　十二行二十字小字雙行三十字黑口四周雙邊

370000－1544－0000775　421/2－3
續資治通鑑二百二十卷　（清）畢沅輯　清嘉慶德裕堂刻本　六十四冊　十行二十一字小字雙行同白口四周雙邊單黑魚尾

370000－1544－0000776　421/2－6
資治通鑑補正二百九十四卷首一卷　（宋）司馬光輯　（元）胡三省音注　（明）嚴衍補正　清光緒二十八年（1902）上海益智書局石印本　四十八冊　十八行四十四字小字雙行同白口四周雙邊單黑魚尾

370000－1544－0000777　421/4－2
御批歷代通鑑輯覽一百二十卷　（清）傅恒等撰　清光緒二十年（1894）上海書局石印本　二十四冊　二十行三十六字小字雙行同白口四周雙邊雙對黑魚尾

370000－1544－0000778　421/4－3
御批歷代通鑑輯覽一百二十卷　（清）傅恒等撰　清光緒二十八年（1902）山西書業德石印本　二十四冊　二十行四十八字小字雙行同白口四周雙邊單黑魚尾

370000－1544－0000779　421/5
欽定明鑑二十四卷　（清）托津等輯　清嘉慶二十三年（1818）刻本　六冊　八行二十字白口四周雙邊單黑魚尾

370000－1544－0000780　421/6
明通鑑一百卷首一卷　（清）夏燮輯　清光緒二十六年（1900）上海掃葉山房石印本　十六冊　二十行四十二字小字雙行同黑口四周雙邊單黑魚尾

370000－1544－0000781　421/6－2
明通鑑一百卷首一卷　（清）夏燮輯　清光緒二十六年（1900）上海掃葉山房石印本　十六冊　二十行四十二字小字雙行同黑口四周雙邊單黑魚尾

370000－1544－0000782　421/7
增評加批歷史綱鑑補三十九卷首一卷　（明）王世貞　（明）袁黄撰　清光緒三十一年（1905）上海點石齋石印本　十二冊　二十三行五十八字小字雙行同白口四周雙邊單黑魚尾

370000－1544－0000783　421/8
綱鑑擇語十卷　（清）司徒修輯　清同治六年（1867）刻本　八冊　九行二十二字白口左右雙邊單黑魚尾

370000－1544－0000784　421/9
稽古錄二十卷　（宋）司馬光撰　清同治十一年（1872）湖北崇文書局刻本　四冊　九行十九字小字雙行同白口四周雙邊單黑魚尾

370000－1544－0000785　421/10
資治通鑑外紀十卷目錄五卷　（宋）劉恕撰　（清）胡克家補注　清同治十年（1871）江蘇書

局刻本　十二冊　十行二十二字小字雙行同黑口左右雙邊雙順黑魚尾

370000－1544－0000786　421/10－2
資治通鑑外紀十卷目錄五卷　(宋)劉恕撰　(清)胡克家補注　清同治十年(1871)江蘇書局刻本　十冊　十行二十二字小字雙行同黑口左右雙邊雙順黑魚尾

370000－1544－0000787　421/11
東萊先生音註唐鑑二十四卷　(宋)范祖禹撰　(宋)呂祖謙註　清刻本　二冊　九行十八字小字雙行同黑口雙順黑魚尾左右雙邊

370000－1544－0000788　421/12
袁王綱鑑合編三十九卷　(明)袁黃輯　(明)王世貞編　**御撰明紀綱目二十卷**　(清)張廷玉等編　清光緒三十一年(1905)上海商務印書館鉛印本　十六冊　十九行四十三字小字雙行五十七字白口四周單邊單黑魚尾

370000－1544－0000789　421/12－2
袁王綱鑑合編三十九卷　(明)袁黃輯　(明)王世貞編　**御撰明紀綱目二十卷**　(清)張廷玉等編　清光緒三十年(1904)上海商務印書館鉛印本　十三冊　十九行四十三字小字雙行五十七字白口四周單邊單黑魚尾　缺七卷(二至四、二十七至三十)

370000－1544－0000790　421/13
支那四千年開化史九章　(清)支那少年編譯　清光緒二十八年(1902)支那翻譯會社鉛印本　一冊　十三行三十五字小字雙行同

370000－1544－0000791　421/14
續資治通鑑長編五百二十卷　(宋)李燾撰　清光緒九年(1883)浙江書局刻本　一百三十六冊　十二行二十一字小字雙行同白口左右雙邊單黑魚尾

370000－1544－0000792　421/15
鼎鍥葉太史彙纂玉堂鑑綱七十二卷　(明)葉向高彙纂　明萬曆三十年(1602)書林熊體忠刻本　十六冊　下欄十二行二十五字小字雙行同白口四周單邊單黑魚尾

370000－1544－0000793　421/16
岣嶁鑑撮四卷　(清)曠敏本撰　**讀史論略**　(清)杜詔撰　清嘉慶二十三年(1818)刻本　四冊　九行二十五字小字雙行同黑口左右雙邊單黑魚尾

370000－1544－0000794　421/17
綱鑑會纂三十九卷首一卷　(明)王世貞撰　清光緒二十八年(1902)煥文書局石印本　十二冊　二十六行五十四字小字雙行同白口四周雙邊單黑魚尾

370000－1544－0000795　421/18
御批通鑑輯覽一百二十卷　(清)傅恒等撰　清光緒二十九年(1903)上海通元書局石印本　一冊　十八行四十一字小字雙行同白口四周雙邊單黑魚尾　存五卷(一至五)

370000－1544－0000796　422/1－2
孔子編年五卷　(宋)胡仔撰　清同治九年(1870)京都墨文齋刻本　二冊　九行二十字小字雙行同黑口左右雙邊雙對黑魚尾

370000－1544－0000797　422/2
小腆紀年附攷二十卷　(清)徐鼒撰　清刻本　二十冊　十一行二十三字小字雙行同白口四周雙邊單黑魚尾

370000－1544－0000798　422/3
前後漢紀二種六十卷　(漢)荀悦　(晉)袁宏撰　**兩漢紀字句異同考一卷**　(清)蔣國祚撰　清康熙三十五年(1696)蔣國祚刻本　十冊　十一行二十一字黑口左右雙邊單黑魚尾

370000－1544－0000799　423/3
古香齋新刻袖珍資治通鑑綱目三編二十卷　(清)張廷玉等編　清刻本　六冊　十一行二十二字小字雙行同白口四周雙邊單黑魚尾

370000－1544－0000800　423/3－2
御撰資治通鑑綱目三編二十卷　(清)張廷玉等編　清光緒二十八年(1902)上海古香閣石印本　一冊　十六行四十四字小字雙行同白口四周雙邊單黑魚尾

370000－1544－0000801　423/4

歷朝綱鑑會纂三十九卷首一卷 （明）王世貞編 **綱鑑會通明紀十五卷** （清）陳志襄輯 清書業德刻本 四十八冊 下欄十行二十七字小字雙行同白口四周單邊單黑魚尾

370000－1544－0000802 423/5
綱鑑正史約三十六卷 （明）顧錫疇撰 （清）陳弘謀校 清光緒九年（1883）湖南官書局刻本 二十四冊 十一行二十字小字雙行同白口左右雙邊單黑魚尾

370000－1544－0000803 423/6
資治通鑑綱目五十九卷首一卷 （宋）朱熹撰 清康熙九年（1670）張朝珍刻二十八年（1689）朱廷梅補刻本 七十七冊 七行十八字小字雙行同白口四周雙邊單黑魚尾

370000－1544－0000804 423/6－2
資治通鑑綱目五十九卷首一卷 （宋）朱熹撰 **資治通鑑綱目前編二十五卷** （明）南軒撰 （明）陳仁錫評閱 明崇禎三年（1630）陳仁錫刻本 七十冊 七行十八字小字雙行同白口四周單邊單黑魚尾

370000－1544－0000805 423/6 3
資治通鑑綱目五十九卷 （宋）朱熹撰 （明）陳仁錫評 清嘉慶八年（1803）敬書堂刻本 一百六十冊 七行十八字小字雙行同白口四周單邊單黑魚尾

370000－1544－0000806 423/7
續資治通鑑綱目二十七卷 （明）商輅等撰 明成化十二年（1476）內府刻本 十一冊 八行十八字小字雙行二十一字黑口四周雙邊雙對花魚尾 存二十一卷（二至二十、二十六至二十七）

370000－1544－0000807 430/1
金史紀事本末五十二卷首一卷末一卷 （清）李有棠編 清光緒二十九年（1903）李栘鄂樓刻本 十二冊 十行二十字小字雙行同黑口左右雙邊單黑魚尾

370000－1544－0000808 430/1－2
金史紀事本末五十二卷首一卷 （清）李有棠編 清光緒二十八年（1902）上海著易堂書局鉛印本 四冊 十五行四十字小字雙行同白口四周雙邊單黑魚尾

370000－1544－0000809 430/2
遼史紀事本末四十卷首一卷末一卷 （清）李有棠編 清光緒二十九年（1903）李栘鄂樓刻本 八冊 十行二十字小字雙行同黑口左右雙邊單黑魚尾

370000－1544－0000810 430/3
元史紀事本末二十七卷 （明）陳邦瞻輯 清同治十三年（1874）江西書局刻本 四冊 十行二十字黑口左右雙邊單黑魚尾

370000－1544－0000811 430/3－2
元史紀事本末二十七卷 （明）陳邦瞻輯 清光緒十四年（1888）上海書業公所崇德堂鉛印本 四冊 十五行四十字白口四周雙邊單黑魚尾

370000－1544－0000812 430/3－3
元史紀事本末二十七卷 （明）陳邦瞻輯 清同治十三年（1874）江西書局刻本 四冊 十行二十字黑口左右雙邊單黑魚尾

370000－1544－0000813 430/4
左傳紀事本末五十三卷 （清）高士奇撰 清光緒十四年（1888）上海書業公所崇德堂鉛印本 五冊 十五行四十字小字雙行同白口四周雙邊單黑魚尾

370000－1544－0000814 430/4
國朝事略三卷 （清）金陵江楚編譯官書局編輯 清光緒三十二年（1906）江楚編譯局石印本 一冊 十四行二十九字黑口四周雙邊單黑魚尾

370000－1544－0000815 430/4－2
左傳紀事本末五十三卷 （清）高士奇撰 清同治十二年（1873）江西書局刻本 十二冊 十行二十字小字雙行同黑口左右雙邊單黑魚尾

370000－1544－0000816 430/4－3
左傳紀事本末五十三卷 （清）高士奇撰 清

同治十二年(1873)江西書局刻本　十二册　十行二十字小字雙行同黑口左右雙邊單黑魚尾

370000－1544－0000817　430/5

宋史紀事本末一百九卷　(明)馮琦撰　(明)陳邦瞻增訂　清光緒十四年(1888)上海書業公所崇德堂鉛印本　八册　十五行四十字白口四周雙邊單黑魚尾

370000－1544－0000818　430/5－2

宋史紀事本末一百九卷　(明)馮琦撰　(明)陳邦瞻增訂　清同治十三年(1874)江西書局刻本　二十册　十行二十字黑口左右雙邊單黑魚尾

370000－1544－0000819　430/5－3

宋史紀事本末一百九卷　(明)馮琦撰　(明)陳邦瞻增訂　清同治十三年(1874)江西書局刻本　二十册　十行二十字黑口左右雙邊單黑魚尾　缺十二卷(七十五至八十六)

370000－1544－0000820　430/6

通鑑紀事本末二百三十九卷　(宋)袁樞編　清同治十二年(1873)江西書局刻本　八十册　十行二十字小字雙行同黑口左右雙邊單黑魚尾

370000－1544－0000821　430/6－2

通鑑紀事本末二百三十九卷　(宋)袁樞編　清光緒十四年(1888)上海書業公所崇德堂鉛印本　二十二册　十五行四十字白口四周雙邊單黑魚尾

370000－1544－0000822　430/6－3

通鑑紀事本末二百三十九卷　(宋)袁樞編　清同治十二年(1873)江西書局刻本　八十册　十行二十字小字雙行同黑口左右雙邊單黑魚尾

370000－1544－0000823　430/6－4

通鑑紀事本末二百三十九卷　(宋)袁樞編　清光緒十四年(1888)上海書業公所崇德堂鉛印本　二十四册　十五行四十字白口四周雙邊單黑魚尾

370000－1544－0000824　430/7

明史紀事本末八十卷　(清)谷應泰編輯　清同治十三年(1874)江西書局刻本　二十册　十行二十字黑口左右雙邊單黑魚尾

370000－1544－0000825　430/7－2

明史紀事本末八十卷　(清)谷應泰編輯　清光緒十四年(1888)上海書業公所崇德堂鉛印本　八册　十五行四十字白口四周雙邊單黑魚尾

370000－1544－0000826　430/7－3

明史紀事本末八十卷　(清)谷應泰編輯　清同治十三年(1874)江西書局刻本　二十册　十行二十字黑口左右雙邊單黑魚尾

370000－1544－0000827　430/8

平浙紀略十六卷　(清)秦緗業　(清)陳鍾英撰　清同治十二年(1873)浙江書局刻本　四册　十行二十三字白口四周雙邊單黑魚尾

370000－1544－0000828　430/9

聖武記十四卷　(清)魏源撰　清光緒石印本　六册　十四行三十字小字雙行同白口四周單邊

370000－1544－0000829　430/9－3

聖武記十四卷　(清)魏源撰　清刻本　十册　十行二十一字小字雙行同黑口四周雙邊單黑魚尾

370000－1544－0000830　430/9－4

聖武記十四卷　(清)魏源撰　清光緒二十八年(1902)山東書局石印本　八册　十行二十一字小字雙行同白口四周雙邊單黑魚尾

370000－1544－0000831　430/10

光緒戊戌平定渦匪記事本末一卷　(清)袁大化撰　清光緒木活字印本　一册　十行二十一字白口四周單邊單黑魚尾

370000－1544－0000832　430/11

拳匪紀事六卷　(日本)佐原篤介　(清)漚隱輯　清光緒二十七年(1901)鉛印本　四册　十四行三十一字白口四周雙邊單黑魚尾　缺二卷(一至二)

370000－1544－0000833　430/13
中東戰紀本末八卷　(美國)林樂知譯　蔡爾康輯　清光緒二十二年(1896)圖書集成局鉛印本　八册　十三行四十字小字雙行同白口四周單邊雙對黑魚尾

370000－1544－0000834　430/13－2
中東戰紀本末八卷　(美國)林樂知譯　蔡爾康輯　清光緒二十二年(1896)圖書集成局鉛印本　八册　十三行四十字小字雙行同白口四周單邊雙對黑魚尾

370000－1544－0000835　430/13－3
中東戰紀本末八卷　(美國)林樂知譯　蔡爾康輯　清光緒二十二年(1896)圖書集成局鉛印本　八册　十三行四十字小字雙行同白口四周單邊雙對黑魚尾

370000－1544－0000836　430/13－4
中東戰紀本末八卷　(美國)林樂知譯　蔡爾康輯　清光緒二十二年(1896)圖書集成局鉛印本　八册　十三行四十字小字雙行同白口四周單邊雙對黑魚尾

370000－1544－0000837　430/13－5
中東戰紀本末八卷續編四卷　(美國)林樂知譯　蔡爾康輯　清光緒二十三年(1897)圖書集成局鉛印本　十二册　十三行四十字小字雙行同白口四周單邊雙對黑魚尾

370000－1544－0000838　430/14
西巡回鑾始末記六卷　(日本)吉田良太郎譯　(清)八咏楼主人録　清光緒二十八年(1902)石印本　六册　十五行二十八字白口四周雙邊單黑魚尾

370000－1544－0000839　430/15
三藩紀事本末四卷　(清)楊陸榮撰　清康熙五十六年(1717)刻本　二册　九行二十字白口左右雙邊單黑魚尾

370000－1544－0000840　430/15－2
三藩紀事本末二十二卷　(清)楊陸榮撰　清光緒十四年(1888)上洋書業公所鉛印本　一册　十五行四十字白口四周雙邊單黑魚尾

370000－1544－0000841　430/17
山東軍興紀略二十二卷　(清)張曜撰　清刻本　十册　十行二十一字小字雙行同白口四周雙邊單黑魚尾

370000－1544－0000842　430/21
西夏紀事本末三十六卷　(清)張鑒撰　清光緒十年(1884)江蘇書局刻本　四册　十二行二十五字小字雙行同白口左右雙邊單黑魚尾

370000－1544－0000843　430/21－2
西夏紀事本末三十六卷首二卷　(清)張鑒撰　清光緒十四年(1888)上洋書業公所崇德堂鉛印本　二册　十五行四十字小字雙行同白口四周雙邊單黑魚尾

370000－1544－0000844　430/23
三朝北盟會編三百五十卷首一卷校勘記二卷補遺一卷　(宋)徐夢莘編輯　清光緒四年(1878)鉛印本　四十册　十行二十二字黑口四周雙邊單黑魚尾

370000－1544－0000845　430/23－2
三朝北盟會編三百五十卷　(宋)徐夢莘編輯　清光緒三十四年(1908)刻本　四十册　十行二十一字小字雙行同白口左右雙邊單黑魚尾

370000－1544－0000846　430/24
繹史一百六十卷世系圖一卷年表一卷　(清)馬驌撰　清同治七年(1868)刻本　三十二册　十一行二十四字小字雙行三十六字白口左右雙邊

370000－1544－0000847　430/24－2
繹史一百六十卷世系圖一卷年表一卷　(清)馬驌撰　清同治七年(1868)刻本　四十册　十一行二十四字小字雙行三十六字白口左右雙邊

370000－1544－0000848　430/24－3
繹史一百六十卷世系圖一卷年表一卷　(清)馬驌撰　清康熙刻本　四十四册　十一行二十四字小字雙行三十六字白口左右雙邊

370000－1544－0000849　430/26

續通鑑紀事本末一百十卷 （清）李銘漢撰 清光緒二十九年至三十二年(1903－1906)武威李氏刻本 三十二册 十二行二十五字小字雙行同白口左右雙邊單黑魚尾

370000－1544－0000850 430/28

東方兵事紀略六卷 （清）姚錫光撰 清光緒二十三年(1897)刻本 五册 九行二十二字小字雙行同黑口左右雙邊單黑魚尾

370000－1544－0000851 430/29

戊戌政變記九卷 （清）梁啓超撰 清末鉛印本 三册 十一行三十字白口四周雙邊單黑魚尾

370000－1544－0000852 430/31

中倭戰守始末記四卷 （清）□□編 清光緒二十一年(1895)石印本 三册 十九行四十字白口四周單邊單黑魚尾

370000－1544－0000853 430/32

三河創業記五卷 （清）范壽金編輯 清光緒三十三年(1907)石印本 二册 十四行三十字白口四周雙邊單黑魚尾

370000－1544－0000854 430/33

山左教案書牘 （清）祝鋆編 清光緒鉛印本 一册 九行二十四字白口四周單邊

370000－1544－0000855 430/34

山左教案二編 （清）祝鋆編 （清）馮元鼎校正 清光緒鉛印本 一册 九行二十四字白口四周單邊

370000－1544－0000856 430/37

吳中平寇記八卷 （清）錢勖撰 清光緒元年(1875)申報館鉛印本 一册 十一行二十四字白口四周雙邊單黑魚尾

370000－1544－0000857 430/40

普天忠憤全集十四卷 （清）孔廣德編 清光緒二十一年(1895)石印本 四册 十四行三十四字白口四周雙邊單黑魚尾

370000－1544－0000858 430/40－2

普天忠憤全集十四卷 （清）孔廣德編 清光緒二十一年(1895)石印本 十二册 十四行三十四字白口四周雙邊單黑魚尾

370000－1544－0000859 430/41

遼史紀事本末四十卷 （清）李苪生撰 清光緒二十五年(1899)上海書局石印本 四册 十八行四十四字小字雙行同白口四周單邊單黑魚尾

370000－1544－0000860 430/42

金史紀事本末五十二卷首一卷 （清）李有棠輯 清光緒二十五年(1899)上海書局石印本 四册 十八行四十四字小字雙行同白口四周單邊單黑魚尾

370000－1544－0000861 430/43

痛史二十一種 （清）樂天居士編 清宣統三年至民國三年(1911－1914)上海商務印書館鉛印本 四十一册 十二行三十二字白口四周雙邊單黑魚尾

370000－1544－0000862 430/45

痛史二十一種 （清）樂天居士編 清宣統三年至民國三年(1911－1914)上海商務印書館鉛印本 七册 十二行三十二字白口四周雙邊單黑魚尾 存六種(福王登極實錄、哭廟紀略、丁酉北闈大獄紀略、第淮城紀事、崇禎長編、浙東紀略)

370000－1544－0000863 430/47

所知録六卷 （清）錢澄之撰 清宣統三年(1911)上海新學會社鉛印本 二册 十二行三十字白口四周雙邊單黑魚尾

370000－1544－0000864 430/47－2

所知録六卷 （清）錢澄之撰 清宣統三年(1911)上海新學會社鉛印本 二册 十二行三十字白口四周雙邊單黑魚尾

370000－1544－0000865 430/48

平叛記二卷 （清）毛霦撰 清康熙五十五年(1716)刻本 二册 九行二十字小字雙行同白口左右雙邊單黑魚尾

370000－1544－0000866 430/49

記事珠十卷 （清）張以謙撰 （清）王剛重訂

清刻本　十册　十行二十四字小字雙行同白口左右雙邊單黑魚尾

370000－1544－0000867　430/49－2
記事珠十卷　(清)張以謙撰　(清)王剛重訂　清刻本　十册　十行二十四字小字雙行同白口左右雙邊單黑魚尾

370000－1544－0000868　430/53
荊州記三卷　(南朝宋)盛弘之撰　(清)曹元忠輯　清光緒十九年(1893)刻本　一册　十行二十一字小字雙行三十字白口左右雙邊單黑魚尾

370000－1544－0000869　430/55
許竹篔先生出使函稿十四卷　(清)許景澄撰　清光緒鉛印本　四册　十二行三十三字小字雙行同細黑口四周雙邊單黑魚尾

370000－1544－0000870　430/57
大唐創業起居注　(唐)溫大雅撰　清抄本　三册　九行二十一字

370000－1544－0000871　440/1
歷代名臣言行錄二十四卷　(清)朱桓輯　清光緒二十九年(1903)書業德石印本　十册　二十行五十字小字雙行同細黑口四周雙邊單黑魚尾

370000－1544－0000872　440/1－2
歷代名臣言行錄二十四卷　(清)朱桓輯　清光緒二十九年(1903)上海醉六堂石印本　十册　二十行五十字小字雙行同細黑口四周雙邊單黑魚尾

370000－1544－0000873　440/1－3
歷代名臣言行錄二十四卷　(清)朱桓輯　清光緒二十九年(1903)錦章圖書局石印本　八册　二十五行五十四字小字雙行同白口四周雙邊單黑魚尾

370000－1544－0000874　440/1－4
歷代名臣言行錄二十四卷　(清)朱桓輯　清光緒二十七年(1901)文盛堂石印本　八册　二十行四十六字小字雙行同白口左右雙邊單黑魚尾

370000－1544－0000875　440/1－5
歷代名臣言行錄二十四卷　(清)朱桓輯　清光緒三十年(1904)上海同文升記書局印本　十二册　十行四十四字小字雙行同白口四周單邊單黑魚尾

370000－1544－0000876　440/1－6
歷代名臣言行錄二十四卷　(清)朱桓輯　清光緒十一年(1885)刻本　三十三册　十行二十一字白口左右雙邊單黑魚尾

370000－1544－0000877　440/2
重纂三遷志十卷首一卷　(清)孟廣均修　(清)陳錦重纂　清光緒十三年(1887)山東書局刻本　六册　十行二十四字小字雙行同黑口四周雙邊雙對黑魚尾

370000－1544－0000878　440/3
張中丞事實集錄二卷附後一卷　(清)王德茂編　清光緒二十四年(1898)刻本　二册　九行二十字白口左右雙邊單黑魚尾

370000－1544－0000879　440/6
皖學編十三卷首三卷　(清)徐定文纂輯　(清)徐履謙校刊　清宣統元年(1909)萬卷樓刻本　六册　十行二十二字白口四周雙邊單黑魚尾

370000－1544－0000880　440/7
史傳三編五十六卷　(清)朱軾　(清)蔡世遠編輯　清光緒二十一年(1895)江蘇書局刻本　二十四册　九行二十二字白口左右雙邊雙對黑魚尾

370000－1544－0000881　440/7－2
史傳三編五十六卷　(清)朱軾　(清)蔡世遠編輯　清刻本　二十四册　九行二十二字白口左右雙邊雙對黑魚尾

370000－1544－0000882　440/7－3
史傳三編五十六卷　(清)朱軾　(清)蔡世遠編輯　清刻本　二十四册　九行二十二字白口左右雙邊雙對黑魚尾

370000－1544－0000883　440/8
文廟賢儒功德錄三卷　(清)張倓纂　清雍正

刻本　三冊　十行二十四字白口四周雙邊單黑魚尾

370000－1544－0000884　440/10
國朝歷科題名碑録初集　(清)李周望輯　清刻本　十三冊　十行二十二字小字雙行同黑口左右雙邊雙順黑魚尾

370000－1544－0000885　440/11
文獻徵存録十卷　(清)錢林輯　(清)王蓧編　清咸豐八年(1858)有嘉樹軒刻本　十冊　十一行二十一字小字雙行同白口左右雙邊單黑魚尾

370000－1544－0000886　440/15
繡像古今賢女傳九卷　(清)魏息園編輯　清光緒三十四年(1908)上海集成圖書公司點石齋刻本　八冊　行字不等四周單邊

370000－1544－0000887　440/16
碧血録五卷　(清)莊仲方輯　清光緒八年(1882)上海同文書局石印本　五冊　十一行二十三字白口左右雙邊單黑魚尾

370000－1544－0000888　440/17
新纂氏族箋釋八卷　(清)熊峻運著　清文秀堂刻本　四冊　十行二十七字小字雙行同白口四周單邊單黑魚尾

370000－1544－0000889　440/17－3
新纂氏族箋釋八卷　(清)熊峻運著　清崇讓堂刻本　八冊　十行二十七字小字雙行同白口四周單邊單黑魚尾

370000－1544－0000890　440/18
史姓韻編二十四卷　(清)汪輝祖輯　清光緒二十九年(1903)上海文瀾書局石印本　四冊　十四行字數不等四周單邊單黑魚尾

370000－1544－0000891　440/18－2
二十四史姓氏韻編六十四卷　(清)汪輝祖輯　清光緒上海中西書局石印本　二冊　三欄各十六行字數不等白口四周雙邊單黑魚尾

370000－1544－0000892　440/18－3
史姓韻編六十四卷　(清)汪輝祖輯　清同治九年(1870)金陵書局木活字印本　二十四冊　八行字數不等黑口四周單邊單黑魚尾

370000－1544－0000893　440/18－4
史姓韻編六十四卷　(清)汪輝祖輯　清同治九年(1870)金陵書局木活字印本　二十四冊　八行字數不等黑口四周單邊單黑魚尾

370000－1544－0000894　440/19
太平圖話姓氏綜四卷　(清)任若海撰　(清)任蓮叔箋補　清道光二十一年(1841)刻本　二冊　白口左右雙邊

370000－1544－0000895　440/21
錦里新編十六卷地學正宗一卷　(清)張邦伸編　清刻本　六冊　錦里新編十行二十三字白口左右雙邊單黑魚尾地學正宗七行二十二字行間有小字白口左右雙邊雙對黑魚尾

370000－1544－0000896　440/22
宋名臣言行錄前集十卷後集十四卷續集八卷別集二十六卷外集十七卷　(宋)朱熹纂　(明)李幼武續纂　明正德張鼇山刻本　十二冊　十二行二十三字小字單行同白口四周單邊單黑魚尾

370000－1544－0000897　440/22－2
宋名臣言行錄前集十卷後集十四卷續集八卷別集二十六卷外集十七卷　(宋)朱熹纂　(明)李幼武續纂　清道光歙績學堂洪氏刻同治七年(1868)臨川桂氏重修本　十二冊　十二行二十三字小字雙行同黑口左右雙邊單黑魚尾

370000－1544－0000898　440/22－3
宋名臣言行錄前集十卷後集十四卷續集八卷別集二十六卷外集十七卷　(宋)朱熹纂　(明)李幼武續纂　清道光歙績學堂洪氏刻同治七年(1868)臨川桂氏重修本　十二冊　十二行二十三字小字雙行同黑口左右雙邊單黑魚尾

370000－1544－0000899　440/23
三史同名錄四十卷　(清)汪輝祖撰　(清)汪繼培補　清光緒廣雅書局刻本　六冊　十一

行二十四字小字雙行同四周單邊黑口單黑魚尾

370000－1544－0000900　440/25
闕里述聞十四卷　(清)鄭曉如撰　清同治七年(1868)廣州華文堂刻本　八冊　十一行二十二字白口四周雙邊單黑魚尾

370000－1544－0000901　440/25－2
闕里述聞十四卷　(清)鄭曉如撰　清同治七年(1868)廣州華文堂刻本　二冊　十一行二十二字白口四周雙邊單黑魚尾　存四卷(九至十、十二至十四)

370000－1544－0000902　440/26
陋巷志八卷　(明)陳鎬撰　(明)顔胤祚輯　(明)呂兆祥重修　明刻清初增修本　四冊　九行二十字小字雙行同白口四周單邊單黑魚尾

370000－1544－0000903　440/27
文廟紀略六卷　(清)張伯璜輯　清宣統二年(1910)瓊城府學刻本　六冊　十行二十八字小字雙行同白口四周單邊單黑魚尾

370000－1544－0000904　440/28
聖賢像贊三卷　(明)呂維祺編　(清)孔憲蘭重修　清光緒四年(1878)刻本　四冊　十行十九字白口左右雙邊單單魚尾

370000－1544－0000905　440/29
文廟彙考十卷　(清)蔣乙經　(清)龔繩正輯　清道光七年(1827)刻本　四冊　十行二十四字小字雙行同白口左右雙邊

370000－1544－0000906　440/30
大成通志十八卷首二卷　(清)楊慶撰　清康熙八年(1669)刻本　十八冊　九行二十四字白口四周雙邊　缺二卷(二上、首上)

370000－1544－0000907　440/32
周氏家譜(鎬魯宗源)四卷　(清)周肇恭等修　清光緒三十二年(1906)刻本　四冊　十行十九字小字雙行同白口四周雙邊單黑魚尾

370000－1544－0000908　440/33－2
孔子世家譜林前戸　(清)孔傳鐙監修　清宣統元年(1909)曲邑東關集文齋刻本　一冊　八行二十一字小字雙行同白口單黑魚尾

370000－1544－0000909　440/33－3
孔子世家譜二十二卷首一卷末一卷　(清)孔昭煥等修　清乾隆十年(1745)刻本　十冊　八行二十一字小字雙行同白口四周雙邊單黑魚尾

370000－1544－0000910　440/33－4
孔子世家譜二十二卷首一卷末一卷　(清)孔昭煥等修　清乾隆十年(1745)刻本　八冊　八行二十一字小字雙行同白口四周雙邊單黑魚尾

370000－1544－0000911　440/34
[常德]孔氏世代宗譜不分卷　(清)孔興鯨等纂修　清乾隆寫本　一冊　六行十一字小字行字不等白口四周單邊

370000－1544－0000912　440/35
新纂氏族箋釋八卷　(清)熊峻運著　清刻本　二冊　十行二十七字小字雙行同白口四周單邊單黑魚尾　存四卷(五至八)

370000－1544－0000913　440/38
李恕谷先生年譜五卷　(清)馮辰編　清道光刻本　三冊　十行二十二字黑口四周單邊

370000－1544－0000914　440/39
古今萬姓統譜一百四十卷氏族博考十四卷歷代帝王姓系統譜六卷　(明)凌迪知輯　(明)凌述知等校　明萬曆凌迪知刻本　四十二冊　九行二十字小字雙行同白口四周單邊單黑魚尾　缺二十八卷(古今萬姓統譜六十至六十二、六十八至七十一、八十三至八十六、九十至九十六,氏族博考六至十四,歷代帝王姓系統譜一)

370000－1544－0000915　440/40
[滎陽]鄭氏宗譜不分卷　(宋)鄭樵述譜　(明)鄭晦增修　明崇禎鄭應鳴抄本　二冊　十二行十八字白口

370000－1544－0000916　440/41

顏氏家乘一卷 (清)□□編 清刻本 一冊 十一行二十一字小字雙行同白口左右雙邊單黑魚尾

370000－1544－0000917 440/41－2
顏氏家乘一卷 (清)□□編 清刻本 一冊 十行十九字黑口左右雙邊單黑魚尾

370000－1544－0000918 440/44
學宫譜六卷 (清)孫錫疇輯 (清)孫篤之增補 清同治刻本 一冊 十行二十一字小字雙行同白口四周單邊單黑魚尾 存二卷(一至二)

370000－1544－0000919 440/46
孔氏炊經堂支譜 (清)孔昭焜纂 清刻本 一冊 白口四周雙邊單黑魚尾

370000－1544－0000920 440/49
宗聖志二十卷 (清)曾國荃修 (清)王定安編 清光緒十六年(1890)金陵刻本 八冊 九行二十字小字雙行同白口左右雙邊單黑魚尾

370000－1544－0000921 440/52
清獻公年譜一卷 (清)楊開基訂 清嘉慶抄本 一冊 九行二十字不分邊欄

370000－1544－0000922 440/55
崇祀錄(黃宗昌)一卷 (清)□□輯 清康熙刻本 一冊 八行二十字白口四周單邊單黑魚尾

370000－1544－0000923 440/57
歷代年號記略一卷 (清)□□撰 清同治十年(1871)亦園刻本 一冊 九行二十一字小字雙行同白口四周雙邊單黑魚尾

370000－1544－0000924 440/58
孫淵如先生[孫星衍]年譜二卷 (清)張紹南撰 清刻本 一冊 十四行二十一字黑口四周單邊單黑魚尾

370000－1544－0000925 440/60
延平李先生師弟子答問二卷 (宋)朱熹輯 **楊羅李朱四先生年譜** (清)毛念恃編 清光緒五年(1879)延平府署刻本 二冊 延平李先生師弟字答問九行十七字黑口四周雙邊單黑魚尾楊羅李朱四先生年譜九行二十字白口單黑魚尾

370000－1544－0000926 440/61
韓柳年譜八卷 (宋)呂大防撰 清光緒元年(1875)刻本 一冊 十行十八字白口左右雙邊單黑魚尾

370000－1544－0000927 440/62
錢警石年譜一卷 (清)錢應溥撰 清同治三年(1864)刻本 一冊 十行二十二字黑口四周雙邊單黑魚尾

370000－1544－0000928 440/67
姓解三卷 (宋)邵思撰 清光緒十年(1884)遵義黎氏日本東京使署刻古逸叢書本 一冊 十行十七字小字雙行二十五二十六字不等白口四周雙邊

370000－1544－0000929 440/82
歷代名人年譜十卷附錄一卷 (清)吳榮光撰 清光緒二年(1876)寶經書坊刻本 十冊 行字不等白口四周雙邊單黑魚尾

370000－1544－0000930 440－1/1
忠武志八卷 (清)張鵬翮輯 (清)劉廷璣 (清)方允猷校 **臥龍崗志二卷** (清)羅景輯 (清)羅鍸校 清康熙刻本 十冊 忠武志九行十八字黑口左右雙邊雙對黑魚尾臥龍崗志八行二十字白口左右雙邊單黑魚尾

370000－1544－0000931 440－1/7
新刊古列女傳八卷 (漢)劉向編撰 (晉)顧愷之圖畫 清道光五年(1825)阮氏影宋刻本 二冊 行字不等黑口左右雙邊雙順黑魚尾

370000－1544－0000932 440－1/7－2
列女傳八卷 (漢)劉向編撰 (清)梁端校注 清道光錢唐汪氏振綺堂刻本 二冊 十一行十八字小字雙行不等白口左右雙邊單黑魚尾

370000－1544－0000933 440－2/1
高士傳三卷 (晉)皇甫謐撰 (清)王錫齡校

清光緒刻本　三冊　八行十八字白口四周單邊

370000－1544－0000934　440－2/1－2
於越先賢像傳贊二卷　（清）王齡撰　（清）任熊繪　清光緒刻本　五冊　八行十八字白口四周單邊

370000－1544－0000935　440－4/1
元和姓纂十卷　（唐）林寶撰　（清）孫星衍（清）洪瑩校　清光緒六年（1880）金陵書局刻本　四冊　十二行二十四字小字雙行同黑口左右雙邊雙對黑魚尾

370000－1544－0000936　440－5/2
鄂國金佗粹編二十八卷續編三十卷　（宋）岳珂編　清光緒九年（1883）浙江書局刻本　十二冊　九行二十一字白口左右雙邊單黑魚尾

370000－1544－0000937　440－5/2－3
鄂國金佗粹編二十八卷續編三十卷　（宋）岳珂編　清光緒九年（1883）浙江書局刻本　十二冊　九行二十一字白口左右雙邊單黑魚尾

370000－1544－0000938　440－5/3
蘇米志林三卷　（明）毛晉輯　明天啓五年（1625）毛氏綠君亭刻本　六冊　八行十八字白口四周單邊

370000－1544－0000939　440－7/4
聖朝名世不分卷　（明）劉孟雷撰　明刻本　三冊　九行十八字小字雙行同白口四周雙邊單綫魚尾

370000－1544－0000940　440－7/6
史外八卷　（清）汪有典著　清光緒三年（1877）刻本　八冊　九行二十二字白口左右雙邊單黑魚尾

370000－1544－0000941　440－7/8
黃氏家乘四卷　（清）黃氏後裔輯抄　清嘉慶元年至五年（1796－1800）抄本　二冊　十行二十四字白口

370000－1544－0000942　440－7/10
忠節紀略八卷續編一卷　（清）柯自遂輯　清同治十年（1871）黃氏宗祠刻本　二冊　十行二十二字黑口四周雙邊單黑魚尾

370000－1544－0000943　440－8/1
商邱宋氏續乘十二卷　（清）宋齊唐等承修　清嘉慶刻本　四冊　十行十九字白口四周單邊單黑魚尾

370000－1544－0000944　440－8/4
國朝詩人徵略六十卷　（清）張維屏輯　清道光十年（1830）刻本　十冊　十行二十二字小字雙行同黑口左右雙邊單黑魚尾

370000－1544－0000945　440－8/7
國朝先正事略六十卷　（清）李元度纂　清光緒二十四年（1898）上海書局石印本　八冊　二十行四十字白口四周雙邊單黑魚尾

370000－1544－0000946　440－8/7－3
國朝先正事略六十卷　（清）李元度纂　清光緒十三年（1887）廣百宋齋鉛印本　十冊　十四行四十二字白口四周雙邊單黑魚尾

370000－1544－0000947　440－8/7－2
國朝先正事略續編四卷　朱孔彰撰　清石印本　一冊　二十三行五十字白口四周雙邊單黑魚尾　存二卷（三至四）

370000－1544－0000948　440－8/9
咸豐以來功臣別傳三十卷　朱孔彰撰　清光緒二十四年（1898）漸學盧石印本　六冊　十三行三十字黑口四周單邊單黑魚尾

370000－1544－0000949　440－8/10
湖北省江蘇文職同官錄　（清）□□撰　清光緒三年（1877）刻本　四冊　兩欄九行上欄八字小字雙行同下欄十六字小字雙行同白口四周雙邊

370000－1544－0000950　440－8/11
增像劉忠誠事略　（清）□□撰　清光緒二十九年（1903）石印本　一冊　十五行三十四字白口四周雙邊單黑魚尾

370000－1544－0000951　440－8/14
中興將帥別傳三十卷　朱孔彰撰　清光緒二

十三年(1897)刻本　十二册　九行二十字黑口四周雙邊單黑魚尾

370000－1544－0000952　440－8/15
貳臣傳十二卷　(清)國史館編　清善成堂刻本　六册　十一行二十四字白口四周雙邊單黑魚尾　缺二卷(十一至十二)

370000－1544－0000953　440－8/19
湖北省江蘇武職同官錄　(清)□□編　清光緒五年(1879)刻本　一册　上欄九行八字小字雙行同下欄九行十六字小字雙行同白口左右雙邊

370000－1544－0000954　440－8/20
洪北江先生[亮吉]年譜　(清)呂培等編　清光緒三年(1877)授經堂刻本　一册　十一行二十二字小字雙行同黑口左右雙邊雙對黑魚尾

370000－1544－0000955　440－8/22
碑傳集一百六十卷　(清)錢儀吉輯　**續碑傳集六十八卷**　繆荃孫輯　清光緒十九年(1893)江蘇書局刻本　八十四册　十六行二十七字小字雙行同黑口四周單邊雙黑魚尾

370000－1544－0000956　440－8/23
如山于公年譜二卷　(清)宋犖撰　清道光十八年(1838)于卿保刻本　二册　八行二十字白口四周雙邊單黑魚尾

370000－1544－0000957　440－8/26
逆臣傳不分卷　(清)□□編　清抄本　四册　七行十七字白口四周雙邊單紅魚尾

370000－1544－0000958　440－8/29－4
[會稽]蔡氏世譜　(□)□□編　舊抄本　一册

370000－1544－0000959　440－8/34
顔氏家誡四卷　(清)顔光敏撰　(清)顧炎武勘正　(清)阮元校訂　清康熙謄稿本　一册　十行二十字

370000－1544－0000960　440－8/42
新纂氏族箋釋八卷　(清)熊峻運著　清刻本　一册　十行二十七字小字雙行同白口四周單邊單黑魚尾　存三卷(一至三)

370000－1544－0000961　440－8/43
增廣尚友録統編二十二卷　(清)應祖錫編　清光緒二十八年(1902)鴻寶齋石印本　十二册　行字不等白口四周雙邊單黑魚尾

370000－1544－0000962　440－8/45
元遺先生年譜三卷　(清)翁方綱編　清刻粵雅堂叢書本　一册　九行二十一字黑口左右雙邊

370000－1544－0000963　440－8/46
東野志　(明)呂化舜輯　明刻清增修本　一册　九行二十一字白口四周雙邊單黑魚尾　存一卷(一)

370000－1544－0000964　440－8/57
國朝耆獻類徵初編四百八十四卷首二百四卷目錄二十卷通檢十卷賢媛類徵十二卷　(清)李桓輯　清光緒十年至十六年(1884－1890)湘陰李氏刻本　三百册　十行二十五字黑口四周雙邊單黑魚尾

370000－1544－0000965　440－9/4
宗室王公世職章京爵秩襲次全表十卷　(清)牟其汶編纂　清光緒石印本　十册　十五行三十字白口四周單邊

370000－1544－0000966　450/1
東觀漢記二十四卷　(漢)劉珍等撰　清乾隆六十年(1795)席氏掃葉山房刻本　二册　十二行二十五字白口左右雙邊單黑魚尾

370000－1544－0000967　450/2
歷代史表五十九卷　(清)萬斯同撰　清光緒十九年(1893)上海古香閣石印本　八册　黑口四周單邊單黑魚尾

370000－1544－0000968　450/2－2
歷代史表五十九卷　(清)萬斯同撰　清光緒十五年(1889)廣雅書局刻本　六册　黑口四周單邊單黑魚尾

370000－1544－0000969　450/2－3

歷代史表五十九卷 （清）萬斯同撰　清光緒刻本　八冊　白口四周單邊單黑魚尾

370000－1544－0000970　450/4
鄉黨圖考十卷 （清）江永撰　清咸豐十一年(1861)刻本　六冊　九行二十五字小字雙行同白口左右雙邊單黑魚尾

370000－1544－0000971　450/5
寰宇分合志八卷附錄一卷增輯一卷 （明）徐樞編輯　（明）楊超冶校刊　清刻本　八冊　十行二十字黑口四周雙邊單黑魚尾

370000－1544－0000972　450/6
欽定蒙古源流八卷 （清）薩囊徹辰撰　清刻本　四冊　八行十八字白口四周雙邊單黑魚尾

370000－1544－0000973　450/7
古今紀要二十卷 （宋）黄震撰　清刻本　八冊　十二行二十二字黑口左右雙邊雙對黑魚尾

370000－1544－0000974　450/8－3
荊駝逸史五十三種 （清）陳湖逸士編　清刻本　四十八冊　八行十七字白口四周雙邊單黑魚尾

370000－1544－0000975　450/11
重訂路史全本四十七卷 （宋）羅泌撰　（明）吳弘基等訂　清嘉慶六年(1801)刻本　十六冊　八行二十字小字雙行同白口左右雙邊

370000－1544－0000976　450/12
尚史七十卷目錄一卷 （清）李鍇撰　清嘉慶十九年(1814)刻本　十六冊　十行二十四字小字雙行同白口左右雙邊

370000－1544－0000977　450/12－2
尚史七十卷 （清）李鍇撰　清乾隆三十八年(1773)悅道樓刻本　二十八冊　十行二十四字小字雙行同白口左右雙邊

370000－1544－0000978　450/25
御題平定新疆戰圖 （清）高宗弘曆敕編　（法國）巴德尼繪　清光緒十六年(1890)輪船招商局影印本　三十四葉

370000－1544－0000979　450－1/1
東觀漢記二十四卷 （漢）劉珍等撰　清乾隆六十年(1795)掃葉山房刻本　二冊　十二行二十五字白口左右雙邊單黑魚尾

370000－1544－0000980　450－1/3
竹書紀年統箋十二卷前編一卷雜述一卷（南朝梁）沈約注　（清）徐文靖統箋　清光緒三年(1877)浙江書局刻本　四冊　九行二十一字小字雙行同白口左右雙邊單黑魚尾

370000－1544－0000981　450－1/3－2
竹書紀年集證五十卷 （清）陳逢衡撰　清嘉慶十八年(1813)刻本　十二冊　九行二十二字小字雙行同白口四周雙邊單黑魚尾

370000－1544－0000982　450－1/3－3
竹書紀年統箋十二卷前編一卷雜述一卷（南朝梁）沈約注　（清）徐文靖統箋　清光緒三年(1877)浙江書局刻本　四冊　九行二十一字小字雙行同白口左右雙邊單黑魚尾

370000－1544－0000983　450－1/5
國語二十一卷 （三國吳）韋昭解　**校刊明道本韋氏解國語札記** （清）黄丕烈撰　**國語明道本攷異四卷** （清）汪遠孫撰　清刻本　三冊　十行二十一字小字二十五至二十七字白口四周單邊間左右雙邊單黑魚尾　缺六卷(國語一至六)

370000－1544－0000984　450－1/6
(剡川姚氏本)戰國策三十三卷 （漢）高誘注　**札記三卷** （清）黄丕烈撰　清光緒二十七年(1901)煥文書局石印本　五冊　十六行三十字小字雙行同白口四周單邊單黑魚尾

370000－1544－0000985　450－1/6－2
(剡川姚氏本)戰國策三十三卷 （漢）高誘注　清光緒三年(1877)永康退補齋刻本　四冊　十一行二十字小字雙行同白口左右雙邊單黑魚尾　缺七卷(七至十三)

370000－1544－0000986　450－1/7
穆天子傳註疏六卷首一卷末一卷 （晉）郭璞

註　(清)檀萃疏　清石渠閣刻本　四冊　九行二十字小字雙行同白口四周雙邊單黑魚尾

370000－1544－0000987　450－1/8
楚史檮杌一卷　(清)任兆麟選輯　清乾隆居仁堂刻秘書廿一種本　一冊　十行二十字白口四周單邊單黑魚尾

370000－1544－0000988　450－1/9
三墳一卷　(明)吳琯校　**風俗通義四卷**　(漢)應劭撰　(清)汪士漢校　**列仙傳二卷**　(漢)劉向撰　(清)汪士漢校　**集異記一卷**　(唐)薛用弱撰　**續齊諧記一卷**　(南朝梁)吳均撰　清乾隆居仁堂刻秘書廿一種本　一冊　十行二十字小字雙行同白口四周單邊單黑魚尾

370000－1544－0000989　450－1/10
汲冢周書十卷　(晉)孔晁注　清乾隆居仁堂刻秘書廿一種本　一冊　十行二十字小字雙行同白口四周單邊單黑魚尾

370000－1544－0000990　450－1/10－2
汲冢周書十卷　(晉)孔晁註　(明)趙泗儒點閱　明刻本　二冊　八行二十字小字雙行同白口四周單邊單黑魚尾

370000－1544－0000991　450－1/11
逸周書十卷　(晉)孔晁注　(清)盧文弨校　清乾隆五十一年(1786)盧氏抱經堂刻本　二冊　十行二十字小字雙行同白口左右雙邊單黑魚尾

370000－1544－0000992　450－1/11－2
逸周書十卷　(晉)孔晁注　(清)盧文弨校　清乾隆五十一年(1786)盧氏抱經堂刻本　四冊　十行二十字小字雙行同白口左右雙邊單黑魚尾

370000－1544－0000993　450－1/12
晉楚史二卷　(明)周應選　(明)金階升評註　明刻本　二冊　八行十八字小字雙行同白口四周單邊

370000－1544－0000994　450－4/2
吳越備史四卷　(宋)范坰　(宋)林禹撰　清刻本　一冊　八行二十字白口左右雙邊單黑魚尾

370000－1544－0000995　450－4/4
唐代軼事　(清)□□抄　清抄本　一冊

370000－1544－0000996　450－5/1
涑水紀聞十六卷補遺一卷　(宋)司馬光撰　清光緒元年(1875)湖北崇文書局刻本　四冊　十二行二十四字小字雙行同黑口四周雙邊雙對黑魚尾

370000－1544－0000997　450－5/1－2
涑水紀聞十六卷　(宋)司馬光撰　(清)陸錫熊　(清)紀昀纂修　清光緒九年(1883)解梁書院刻本　四冊　九行二十二字小字雙行同黑口左右雙邊單黑魚尾

370000－1544－0000998　450－5/1－3
涑水紀聞十六卷　(宋)司馬光撰　(清)陸錫熊　(清)紀昀纂修　清光緒九年(1883)解梁書院刻本　四冊　九行二十二字小字雙行同黑口左右雙邊單黑魚尾

370000－1544－0000999　450－5/2
東都事略一百三十卷　(宋)王稱撰　清嘉慶三年(1798)掃葉山房刻本　十冊　十二行二十五字白口左右雙邊單黑魚尾

370000－1544－0001000　450－5/2－2
東都事略一百三十卷　(宋)王稱撰　清刻本　十二冊　十二行二十四字細黑口左右雙邊雙對黑魚尾

370000－1544－0001001　450－5/2－3
東都事略一百三十卷　(宋)王稱撰　清嘉慶三年(1798)掃葉山房刻本　七冊　十二行二十五字白口左右雙邊單黑魚尾

370000－1544－0001002　450－5/2－4
東都事略一百三十卷　(宋)王稱撰　清嘉慶三年(1798)掃葉山房刻本　十二冊　十二行二十五字白口左右雙邊單黑魚尾

370000－1544－0001003　450－5/3
新刊宣和遺事四卷　(清)□□撰　清吳郡修

綆山房刻本　四册　九行十八字白口左右雙邊單黑魚尾

370000－1544－0001004　450－6/1
元朝秘史十五卷　(清)李文田注　清光緒二十九年(1903)石印書局石印本　六册　十行二十一字白口左右雙邊單黑魚尾

370000－1544－0001005　450－6/2
元朝秘史十五卷　(清)李文田注　清光緒二十九年(1903)上海文瑞樓石印本　四册　十三行二十八字白口四周雙邊單黑魚尾

370000－1544－0001006　450－6/3
皇元聖武親征錄一卷　(清)何秋濤編校　清光緒二十年(1894)刻本　一册　十行二十二字白口左右雙邊單黑魚尾

370000－1544－0001007　450－6/4
蒙古史二卷　(日本)河野元三述　(清)歐陽瑞驊譯　清宣統三年(1911)江南圖書館鉛印本　二册　十一行三十字小字雙行同黑口四周雙邊

370000－1544－0001008　450－6/5
皇元聖武親征錄一卷　(清)何秋濤編校　清光緒二十年(1894)刻本　一册　十行二十二字白口左右雙邊單黑魚尾

370000－1544－0001009　450－7/2
明季南略十八卷　(清)計六奇編　清都城琉璃廠半松居士鉛印本　十二册　九行二十字白口左右雙邊單黑魚尾

370000－1544－0001010　450－7/2－2
明季南略十八卷　(清)計六奇編　清光緒十三年(1887)上海圖書集成印書局鉛印本　四册　十三行四十字白口四周單邊雙對黑魚尾

370000－1544－0001011　450－7/4
蜀碧四卷　(清)彭遵泗編述　清嘉慶二十年(1815)刻本　二册　九行二十三字小字雙行同白口左右雙邊單黑魚尾

370000－1544－0001012　450－7/6
明季三朝野史四卷　(清)顧炎武輯　清光緒三十四年(1908)刻本　一册　十行二十字小字雙行同白口四周單邊

370000－1544－0001013　450－7/7
綏寇紀略十二卷補遺三卷　(清)吴偉業輯　(清)張海鵬校　清嘉慶九年(1804)照曠閣刻本　八册　九行二十一字小字雙行同黑口左右雙邊

370000－1544－0001014　450－7/7－2
綏寇紀略十二卷補遺三卷　(清)吴偉業輯　(清)張海鵬校　清嘉慶九年(1804)照曠閣刻本　六册　九行二十一字小字雙行同黑口左右雙邊

370000－1544－0001015　450－7/8
炎徼紀聞四卷　(明)田汝成撰　清刻本　一册　十一行二十一字黑口左右雙邊單黑魚尾

370000－1544－0001016　450－7/9
續編綏寇紀略五卷　(清)葉夢珠纂輯　清末申報館鉛印本　二册　十一行二十七字白口四周雙邊單綫魚尾

370000－1544－0001017　450－7/9－2
續編綏寇紀略五卷　(清)葉夢珠纂輯　清末申報館鉛印本　二册　十一行二十七字白口四周雙邊單綫魚尾

370000－1544－0001018　450－7/10
甲申傳信録十卷　(明)錢䎘撰　清光緒上海國學保存會鉛印國粹叢書本　一册　十二行二十九字小字雙行同白口四周雙邊單黑魚尾

370000－1544－0001019　450－7/11
明季北略二十四卷　(清)計六奇編　清刻本　十册　九行二十字白口左右雙邊單黑魚尾

370000－1544－0001020　450－7/11－2
明季北略二十四卷　(清)計六奇編　清光緒十三年(1887)上海圖書集成印書局鉛印本　六册　十三行四十字白口四周單邊雙對黑魚尾

370000－1544－0001021　450－7/12
湘軍水陸戰紀十六卷　(清)鮑叔衡輯　清光

緒鉛印本　二冊　十四行四十字白口四周雙邊單黑魚尾

370000－1544－0001022　450－7/13

勝朝殉揚録二卷　(清)劉寶楠輯　清同治十年(1871)淮南書局刻本　二冊　十行二十五字小字雙行同黑口左右雙邊單黑魚尾

370000－1544－0001023　450－7/14

明宫史八卷　(明)劉若愚輯　清宣統二年(1910)國學扶輪社鉛印本　二冊　十一行三十字黑口四周雙邊單黑魚尾

370000－1544－0001024　450－7/15

酌中志餘二卷　(明)劉若愚輯　清光緒七年(1881)湖北崇文書局刻李瀚章正覺樓叢書本　二冊　九行十八字小字雙行同白口左右雙邊單黑魚尾

370000－1544－0001025　450－7/16

東南紀事十二卷　(清)邵廷采撰　清邵武徐氏刻本　二冊　九行二十三字白口左右雙邊單黑魚尾

370000－1544－0001026　450－7/17

西南紀事十二卷　(清)邵廷采撰　清邵武徐氏刻本　二冊　九行二十三字白口左右雙邊單黑魚尾

370000－1544－0001027　450－7/20

臨安旬制紀三卷全浙詩話刊誤一卷　(清)張道撰　清刻本　一冊　九行十八字白口左右雙邊單黑魚尾

370000－1544－0001028　450－7/22

眉公見聞録四卷　(明)陳繼儒撰　(明)沈德先　(明)沈孚先同校　明刻本　二冊　八行十八字白口四周單邊

370000－1544－0001029　450－7/24

野獲編補遺四卷　(明)沈德符撰　清道光刻本　一冊　十行二十一字白口四周雙邊單黑魚尾　存一卷(一)

370000－1544－0001030　450－8/2

平定粵寇紀略十八卷附記四卷　(清)杜文瀾編纂　清光緒元年(1875)詒穀堂刻本　十冊　九行二十一字白口左右雙邊單黑魚尾

370000－1544－0001031　450－8/2－2

平定粵寇紀略十八卷附記四卷　(清)杜文瀾編纂　清同治十年(1871)京都聚珍齋刻本　十冊　九行二十二字白口四周單邊單黑魚尾

370000－1544－0001032　450－8/2－3

平定粵寇紀略十八卷附記四卷　(清)杜文瀾編纂　清光緒元年(1875)校經堂刻本　八冊　九行二十一字白口左右雙邊單黑魚尾

370000－1544－0001033　450－8/2－4

平定粵寇紀略十八卷附記四卷　(清)杜文瀾編纂　清光緒元年(1875)詒穀堂刻本　八冊　九行二十一字白口左右雙邊單黑魚尾

370000－1544－0001034　450－8/4

古今戰事圖說平定粵匪之部六卷　(清)陳曾壽纂　清光緒二十六年(1900)商務印書館鉛印本　七冊　十四行三十三字白口四周雙邊單黑魚尾

370000－1544－0001035　450－8/6

熙朝紀政六卷　(清)王慶雲述　清光緒二十七年(1901)上海天章書局石印本　六冊　十六行三十三字小字雙行同白口四周雙邊單黑魚尾

370000－1544－0001036　450－8/6－2

熙朝紀政四卷　(清)王慶雲述　清光緒二十八年(1902)山東書局鉛印本　四冊　十二行三十四字白口四周雙邊

370000－1544－0001037　450－8/7

庚辛泣杭錄十六卷　(清)丁申編輯　清光緒二十一年(1895)錢塘西氏刻本　八冊　十行二十字小字雙行同白口四周雙邊單黑魚尾

370000－1544－0001038　450－8/9

越女表微録五卷　(清)汪輝祖撰　清光緒十八年(1892)刻本　一冊　十行二十一字白口左右雙邊單黑魚尾

370000－1544－0001039　450－8/12

平定粵匪紀略十八卷附記四卷　(清)杜文瀾編纂　清同治八年(1869)群玉齋刻本　八冊　九行二十二字白口四周單邊單黑魚尾

370000－1544－0001040　450－8/12－2
平定粵匪紀略十八卷附記四卷　(清)杜文瀾編纂　清同治九年(1870)刻本　三冊　十行二十二字白口四周雙邊單黑魚尾

370000－1544－0001041　450－8/13
春明夢餘錄七十卷　(清)孫承澤撰　清光緒九年(1883)廣州惜分陰館刻本　二十四冊　九行二十二字白口四周雙邊單黑魚尾

370000－1544－0001042　450－8/17－2
山東軍興紀略二十二卷　(清)張曜編　清光緒五年(1879)上海申報館鉛印本　十冊　十一行二十七字小字雙行三十四字白口四周雙邊單綫魚尾

370000－1544－0001043　450－8/18
石渠餘記六卷　(清)王慶雲撰　清光緒刻本　六冊　十一行二十三字黑口左右雙邊單黑魚尾

370000－1544－0001044　450－8/18－2
石渠餘記六卷　(清)王慶雲撰　清光緒刻北京中國書店後印本　六冊　十一行二十三字黑口左右雙邊單黑魚尾

370000－1544－0001045　450－8/23
西國近事彙編二十八卷　(清)鍾天緯編輯　清光緒十年(1884)上海機器製造局鉛印本　四冊　十行二十四字小字雙行四十八字白口四周雙邊單黑魚尾　存四卷(一至四)

370000－1544－0001046　460/3
人壽金鑑二十二卷　(清)程得齡輯　清光緒元年(1875)湖北崇文書局刻本　六冊　十二行二十四字黑口左右雙邊單黑魚尾

370000－1544－0001047　460/4
巾經纂二十卷　(清)宋宗元撰　清光緒十六年(1890)刻本　五冊　九行二十字白口左右雙邊單黑魚尾

370000－1544－0001048　460/6
秣陵集六卷金陵歷代紀年事表一卷歷代互見圖考一卷　(清)陳文述輯　清道光三年(1823)刻本　四冊　十一行二十二字小字雙行同黑口左右雙邊單黑魚尾

370000－1544－0001049　460/7
讀史鏡古編三十二卷　(清)潘世恩輯　清同治十三年(1874)飛霞閣刻本　六冊　九行二十一字白口四周雙邊單黑魚尾

370000－1544－0001050　460/7－2
讀史鏡古編三十二卷　(清)潘世恩輯　清同治十三年(1874)飛霞閣刻本　六冊　九行二十一字白口四周雙邊單黑魚尾

370000－1544－0001051　460/7－3
讀史鏡古編三十二卷　(清)潘世恩輯　清同治十三年(1874)飛霞閣刻本　六冊　九行二十一字白口四周雙邊單黑魚尾

370000－1544－0001052　460/7－4
讀史鏡古編三十二卷　(清)潘世恩輯　清同治十三年(1874)飛霞閣刻本　六冊　九行二十一字白口四周雙邊單黑魚尾

370000－1544－0001053　460/9
聖諭像解二十卷　(清)梁延年編　清光緒二十八年(1902)江蘇撫署石印本　十冊　十行二十一字白口四周單邊

370000－1544－0001054　460－5/1
宋豔十二卷　(清)徐士鑾輯　清光緒十七年(1891)蝶園刻本　三冊　九行二十一字黑口四周雙邊單黑魚尾

370000－1544－0001055　460－5/2
麟臺故事五卷首一卷末一卷　(宋)程俱撰　清刻本　一冊　九行二十一字小字雙行同白口四周雙邊單黑魚尾

370000－1544－0001056　460－6/2
遊宦紀聞十卷　(宋)張世南撰　清刻本　四冊　九行二十字小字雙行同白口四周單邊單黑魚尾

370000－1544－0001057　460－8/1
歸田瑣記八卷　(清)梁章鉅撰　清道光二十五年(1845)刻本　四册　十行二十二字小字雙行同黑口左右雙邊單黑魚尾

370000－1544－0001058　460－8/1－2
歸田瑣記八卷　(清)梁章鉅撰　清道光二十五年(1845)刻本　四册　十行二十二字小字雙行同黑口左右雙邊單黑魚尾

370000－1544－0001059　460－8/6
掌固零拾四卷　(清)王嵩儒輯　清刻本　四册　十二行三十字白口四周單邊單黑魚尾

370000－1544－0001060　470/1
歷代史論一編四卷　(明)張溥撰　清光緒五年(1879)刻本　四册　九行十八字白口四周雙邊單黑魚尾

370000－1544－0001061　470/2
漢史斷六卷　(清)黄恩彤撰　清刻本　一册　十一行二十一字白口四周單邊單黑魚尾

370000－1544－0001062　470/4
歷代史論二十二卷　(明)張溥等撰　清光緒二十四年(1898)刻本　六册　十三行四十二字白口四周單邊雙對黑魚尾

370000－1544－0001063　470/4－2
歷代史論二十二卷　(明)張溥等撰　清光緒刻本　八册　十行二十一字細黑口左右雙邊單黑魚尾

370000－1544－0001064　470/4－3
歷代史論二十二卷　(明)張溥等撰　清光緒刻本　八册　十一行二十一字黑口左右雙邊雙對黑魚尾

370000－1544－0001065　470/5
空山堂史記評註十二卷　(清)牛運震撰　清乾隆五十八年(1793)刻本　六册　九行二十字白口四周雙邊單黑魚尾

370000－1544－0001066　470/8
分類史事政治論海十六集　(清)王樹編輯　清光緒三十年(1904)海陵鑒古齋石印本　三十二册　十五行三十九字白口四周雙邊單黑魚尾

370000－1544－0001067　470/10
史略五種十二卷　(清)李祖陶撰　清光緒二十七年(1901)上海古香閣石印本　四册　十八行五十字白口四周雙邊單黑魚尾

370000－1544－0001068　470/11－2
讀史論略二卷　(清)杜詔纂輯　清刻本　一册　九行二十字小字雙行同白口四周雙邊單黑魚尾

370000－1544－0001069　470/12－11
史通通釋二十卷　(清)浦起龍釋　清光緒二十五年(1899)刻本　八册　九行二十二字小字雙行同白口左右雙邊

370000－1544－0001070　470/12－12
史通通釋二十卷　(清)浦起龍釋　清刻本　三册　十二行二十八字小字雙行同白口左右雙邊單黑魚尾

370000－1544－0001071　470/12－13
史通通釋二十卷　(清)浦起龍釋　清光緒二十五年(1899)刻本　八册　九行二十二字小字雙行同白口左右雙邊

370000－1544－0001072　470/12－14
史通通釋二十卷　(清)浦起龍釋　清光緒二十年(1894)刻本　八册　九行二十二字小字雙行同白口左右雙邊

370000－1544－0001073　470/12－15
史通通釋二十卷　(清)浦起龍釋　清刻本　二册　九行二十二字小字雙行同白口左右雙邊　存四卷(六至七、十三至十四)

370000－1544－0001074　470/13
史通削繁四卷　(唐)劉知幾撰　(清)紀昀削繁　清道光十三年(1833)刻本　四册　十行二十一字小字雙行同白口左右雙邊單黑魚尾

370000－1544－0001075　470/13－2
史通削繁四卷　(唐)劉知幾撰　(清)紀昀删繁　(清)浦起龍注删　清光緒刻本　四册

十行二十一字小字雙行同白口左右雙邊單黑魚尾

370000－1544－0001076　470/13－3
史通削繁四卷　(唐)劉知幾撰　(清)紀昀削繁　清道光十三年(1833)刻本　四冊　十行二十一字白口左右雙邊單黑魚尾

370000－1544－0001077　470/14
讀史管見三十卷目錄二卷　(宋)胡寅撰　清康熙五十三年(1714)古拜居刻本　十六冊　九行二十字白口左右雙邊單黑魚尾

370000－1544－0001078　470/15
讀史大略六十卷首一卷　(清)沙張白著　清咸豐七年(1857)刻本　十冊　十二行二十二字白口四周雙邊單黑魚尾

370000－1544－0001079　470/16
于文定公讀史漫錄二十卷　(明)于慎行撰　清道光二十六年(1846)存素齋刻本　八冊　十行二十一字小字雙行同黑口左右雙邊單黑魚尾

370000－1544－0001080　470/17
漢史億二卷　(清)孫廷銓纂　清康熙刻本　二冊　九行十八字白口四周雙邊

370000－1544－0001081　470/20
藏書六十八卷　(明)李贄撰　(明)陳仁錫評　明刻本　十二冊　十行二十二字白口四周單邊單黑魚尾間白魚尾

370000－1544－0001082　470－8/1
史事論四編　(清)雷瑨編輯　清光緒二十九年(1903)硯耕山莊石印本　十六冊　十四行三十二字白口四周雙邊單黑魚尾

370000－1544－0001083　470－8/3
史記補註一卷　(清)方苞撰　清刻本　一冊　九行十九字白口左右雙邊單黑魚尾

370000－1544－0001084　480/1
南北史捃華八卷　(清)周嘉猷輯　清刻本　四冊　九行二十字白口左右雙邊單黑魚尾

370000－1544－0001085　480/2
宋稗類鈔八卷　(清)潘永因編　(清)潘永園訂　清康熙刻本　八冊　十行二十四字白口四周單邊單黑魚尾

370000－1544－0001086　480/4
史略八十七卷　(清)朱堃輯　清同治五年(1866)刻本　二十冊　十行二十五字小字雙行同白口左右雙邊單黑魚尾

370000－1544－0001087　480/6
元史節要十四卷　(明)張九韶編輯　明正德九年(1514)張克文刻本　八冊　十行二十字白口四周雙邊

370000－1544－0001088　480/8
讀史紀略四卷　(清)蕭濬輯　清道光二十年(1840)靈石楊氏澹靜齋刻本　三冊　九行二十字小字雙行同白口四周雙邊單黑魚尾

370000－1544－0001089　480/9
史學提要十三卷　(清)朱紹禧撰　(清)張祖東校訂　清光緒五年(1879)雲谷堂刻本　十冊　十行二十一字白口左右雙邊單黑魚尾

370000－1544－0001090　480/10
廿一史約編首　卷後編一卷　(清)鄭元慶撰　清刻本　八冊　九行二十一字小字雙行同白口四周單邊

370000－1544－0001091　480/11
二十一史緯三百三十卷首一卷　(清)陳允錫刪修　清康熙三十年至三十三年(1691－1694)湖海樓刻本　一百二十八冊　十行二十三字白口四周單邊單黑魚尾

370000－1544－0001092　480/12
史記菁華錄六卷　(清)姚祖恩輯　清道光二十三年(1843)刻本　八冊　九行二十字小字雙行同黑口左右雙邊單黑魚尾

370000－1544－0001093　480/13
歐陽文忠公五代史抄二十卷　(明)茅坤批評　明刻本(卷一至二爲補配)　十冊　卷一至二九行十九字小字雙行同白口左右雙邊單綫魚尾卷三至二十九行二十字白口四周單邊單白魚尾

370000－1544－0001094　490/3
文房肆考圖說八卷　(清)唐秉鈞纂　清乾隆四十三年(1778)刻本　四冊　九行二十字黑口左右雙邊單黑魚尾

370000－1544－0001095　490/7
歷朝史印十卷　(清)黃學圯篆　(清)吳元思釋　清刻本　六冊　行字不等四周雙邊

370000－1544－0001096　490/30
山東考古錄一卷　(清)顧炎武撰　清刻本　一冊　十行二十五字小字雙行同白口左右雙邊雙對黑魚尾

370000－1544－0001097　490/32
封泥攷略十卷　(清)吳式芬　(清)陳介祺輯　清光緒三十年(1904)海豐吳氏石印本　十冊　九行二十四字小字雙行同白口四周單邊雙順黑魚尾

370000－1544－0001098　490/35
陳眉公訂正古奇器錄一卷附江東藏書目錄小序　(明)陸深撰　明刻本　一冊　八行十八字小字雙行同白口四周單邊

370000－1544－0001099　490/36
篆刻鍼度四卷　(清)陳克恕撰　清嘉慶七年(1802)張洽抄本　二冊　九行二十字白口四周單邊

370000－1544－0001100　491/2
荊南萃古編　(清)周懋琦　(清)劉瀚輯　清光緒二十年(1894)鴻寶署齋刻本　二冊　行字不等白口四周單邊單黑魚尾

370000－1544－0001101　491/10
平津讀碑記八卷續記一卷　(清)洪頤煊撰　清光緒十二年(1886)朱氏刻本　四冊　十行二十一字黑口左右雙邊雙對黑魚尾

370000－1544－0001102　491－8/1
濟南金石志四卷　(清)馮雲鵷撰　清道光二十年(1840)刻本　四冊　十一行二十四字白口四周雙邊單黑魚尾

370000－1544－0001103　491.1/1
寶刻叢編二十卷　(宋)陳思纂次　清光緒十四年(1888)陸心源萬卷樓刻本　十冊　十行二十字小字雙行同黑口四周雙邊

370000－1544－0001104　491.1/4
金石二跋四卷　(清)武億著錄　(清)武穆淳編　(清)武耒校　清道光二十三年(1843)偃師武氏授堂刻本　一冊　十一行二十四字小字雙行同白口左右雙邊單黑魚尾

370000－1544－0001105　491.1/4－2
金石三跋十卷小石山房文集一卷　(清)武億著錄　(清)武穆淳編　清乾隆刻本　五冊　十行二十一字小字雙行同白口左右雙邊單黑魚尾

370000－1544－0001106　491.1/5
金石萃編一百六十卷續編二十一卷　(清)王昶纂　清光緒十九年(1893)上海醉六堂石印本　二十四冊　二十行字數不等黑口四周單邊單黑魚尾

370000－1544－0001107　491.1/5－2
金石萃編一百六十卷續編二十一卷　(清)王昶纂　清光緒十九年(1893)上海寶善書局石印本　二十四冊　二十行字數不等黑口四周單邊單黑魚尾

370000－1544－0001108　491.1/5－3
金石萃編一百六十卷續編二十一卷　(清)王昶纂　清光緒十九年(1893)上海醉六堂石印本　二十四冊　二十行字數不等黑口四周單邊單黑魚尾

370000－1544－0001109　491.1/5－4
金石萃編一百六十卷　(清)王昶纂　清嘉慶十年(1805)經訓堂刻本　四十九冊　十行二十一字小字雙行同黑口左右雙邊單黑魚尾
存九十八卷(一至十六、二十一至三十二、三十六至四十、八十三至九十九、一百二至一百八、一百十四至一百三十五、一百四十至一百五十六、一百五十九至一百六十)

370000－1544－0001110　491.1/6
金石錄三十卷　(宋)趙明誠撰　(清)朱記榮

校刊　清光緒十三年(1887)刻本　四冊　十一行二十一字小字雙行同黑口左右雙邊單黑魚尾

370000－1544－0001111　491.1/6－4
金石錄三十卷　(宋)趙明誠撰　(清)謝世箕較梓　清順治十年(1653)刻本　六冊　九行二十一字小字雙行同白口四周單邊單黑魚尾

370000－1544－0001112　491.1/9
集古錄十卷　(宋)歐陽修撰　清四留堂刻本　四冊　九行二十一字小字雙行同白口四周單邊單黑魚尾

370000－1544－0001113　491.1/13
至聖林廟碑目六卷　(清)孔昭薰等編　清道光十八年(1838)刻本　一冊　十行二十四字白口左右雙邊單黑魚尾

370000－1544－0001114　491.1/13－2
至聖林廟碑目六卷　(清)孔昭薰等編　清道光十八年(1838)刻本　一冊　十行二十四字白口左右雙邊單黑魚尾

370000－1544－0001115　491.1/14
寰宇訪碑録十卷　(清)孫星衍　(清)邢澍撰　清光緒九年(1883)江蘇書局刻本　四冊　十一行二十字小字雙行同白口左右雙邊單黑魚尾

370000－1544－0001116　491.1/17
六一題跋十一卷　(宋)歐陽修撰　(明)毛晉訂　明末虞山毛氏汲古閣刻本　六冊　八行十九字小字雙行同白口左右雙邊

370000－1544－0001117　491.1/18
東巡金石録八卷　(清)崔應階輯　清乾隆刻本　二冊　九行十七字小字雙行同白口四周雙邊單黑魚尾

370000－1544－0001118　491.1/18－2
東巡金石録八卷　(清)崔應階輯　清乾隆刻本　二冊　九行十七字小字雙行同白口四周雙邊單黑魚尾

370000－1544－0001119　491.1/20
青銅自考十二卷　(清)俞益謨撰　清刻本　四冊　九行二十字小字雙行同白口四周雙邊單白魚尾　存四卷(三、八至九、十一)

370000－1544－0001120　491.2/1
積古齋鐘鼎彝器款識十卷　(清)阮元編錄　清石印本　五冊　十二行二十四字白口四周單邊單黑魚尾

370000－1544－0001121　491.2/1－2
積古齋鐘鼎彝器款識十卷　(清)阮元編錄　清刻本　四冊　十行二十四字白口四周單邊單黑魚尾

370000－1544－0001122　491.2/1－3
積古齋鐘鼎彝器款識十卷　(清)阮元編錄　清光緒五年(1879)刻本　六冊　十行二十四字白口四周單邊單黑魚尾

370000－1544－0001123　491.2/1－4
積古齋鐘鼎彝器款識十卷　(清)阮元編錄　清光緒八年(1882)抱芳閣刻本　四冊　十二行二十四字白口四周單邊單黑魚尾

370000－1544－0001124　491.2/1－5
積古齋鐘鼎彝器款識十卷　(清)阮元編錄　清光緒九年(1883)常熟鮑氏後知不足齋刻本　四冊　十二行二十四字白口四周單邊單黑魚尾

370000－1544－0001125　491.2/1－6
積古齋鐘鼎彝器款識十卷　(清)阮元編錄　清刻本　四冊　十二行二十四字白口四周單邊單黑魚尾

370000－1544－0001126　491.2/1－7
積古齋鐘鼎彝器款識十卷　(清)阮元編錄　清刻本　四冊　十二行二十四字白口四周單邊單黑魚尾

370000－1544－0001127　491.2/4
從古堂款識學十六卷　(清)徐同柏釋文　(清)徐士燕録　清光緒三十二年(1906)石印本　四冊　白口四周單邊

370000－1544－0001128　491.2/6

金索六卷 (清)馮雲鵬 (清)馮雲鵷輯 清光緒石印本 一冊 白口四周單邊單黑魚尾 存一卷(二)

370000－1544－0001129 491.3/1
學山堂印譜五卷首一卷 (明)張灝輯 明崇禎刻鈐印本 六冊 白口四周單邊單白魚尾

370000－1544－0001130 491.3/2
澄懷堂印譜四卷首一卷 (清)王玉如篆刻 (清)葉錦輯 清乾隆十一年(1746)刻鈐印本 九冊 白口左右雙邊單白魚尾

370000－1544－0001131 491.3/3
漢印偶存 (清)姚觀元輯 清歸安姚氏刻咫進齋叢書本 一冊 黑口左右雙邊雙對黑魚尾

370000－1544－0001132 491.3/4
飛鴻堂印譜五集四十卷 (清)汪啟淑輯 清末影印本 二十冊 行字不等白口四周雙邊單黑魚尾

370000－1544－0001133 491.3/12
金石圖說二卷 (清)牛運震集說 (清)褚峻摹圖 (清)劉世珩編補 清光緒二十二年(1896)貴池劉氏聚學軒刻本 四冊 白口左右雙邊雙對黑魚尾

370000－1544－0001134 491.3/16
古蝸篆居印述四卷 (清)程芝華摹 清道光四年(1824)鈐印本 四冊 白口四周單邊

370000－1544－0001135 491.4/1
高麗好太王碑六卷 楊守敬摹字 清宣統元年(1909)刻本 六冊

370000－1544－0001136 491.4/2
偃師金石遺文記二卷 (清)武億纂 清乾隆五十三年(1788)小石山房刻本 四冊 十行二十一字小字雙行同黑口左右雙邊單黑魚尾

370000－1544－0001137 491.4/3
關中金石記八卷 (清)畢沅撰 清乾隆經訓堂刻本 二冊 十二行二十四字小字雙行同黑口四周單邊雙對黑魚尾

370000－1544－0001138 491.4/4
金石苑(三巴孴古志)六卷 (清)劉喜海輯 清影印本 六冊 十行二十四字小字雙行同白口四周單邊

370000－1544－0001139 491.4/5
觀妙齋藏金石文考略十六卷目錄一卷 (清)李光暎撰 清雍正七年(1729)刻本 六冊 九行十九至二十字白口四周單邊單黑魚尾

370000－1544－0001140 491.4/6
兩浙金石志十八卷補遺一卷 (清)阮元編 清光緒十六年(1890)浙江書局刻本 十二冊 十一行二十二字白口左右雙邊單黑魚尾

370000－1544－0001141 491.4/7
山右石刻叢編四十卷 (清)胡聘之撰 清光緒二十七年(1901)刻本 二十四冊 十二行二十二字小字雙行同黑口左右雙邊雙對黑魚尾

370000－1544－0001142 491.4/9
金石圖 (清)褚峻摹 (清)牛運震說 清乾隆十年(1745)摹拓本 四冊 十行二十字白口四周單邊間左右雙邊單黑魚尾

370000－1544－0001143 491.4/9－2
金石圖 (清)褚峻摹 (清)牛運震說 清乾隆十年(1745)摹拓本 四冊 十行二十字白口四周單邊間左右雙邊單黑魚尾

370000－1544－0001144 491.4/10
潛研堂金石文跋尾六卷續十九卷 (清)錢大昕撰 清刻本 四冊 十二行二十四字黑口左右雙邊單黑魚尾

370000－1544－0001145 491.4/13
授堂金石文字續跋十四卷 (清)武億撰 (清)武穆淳編 (清)武耒校 清道光二十三年(1843)偃師武氏授堂刻本 八冊 十一行二十三字黑口左右雙邊單黑魚尾

370000－1544－0001146 491.4/17
隸釋二十七卷隸續二十一卷 (宋)洪适撰 清乾隆汪日秀樓松書屋刻本 十冊 九行二十字小字雙行同白口四周單邊單黑魚尾

370000－1544－0001147　491.4/24
粵西金石略十五卷　(清)謝啟昆撰　清嘉慶六年(1801)銅鼓亭刻本　四册　十一行二十三字小字雙行同黑口左右雙邊單黑魚尾

370000－1544－0001148　491.4/24－2
粵西金石略十五卷　(清)謝啟昆撰　清嘉慶六年(1801)銅鼓亭刻本　四册　十一行二十三字小字雙行同黑口左右雙邊單黑魚尾

370000－1544－0001149　491.4/28
金石聚十六卷　(清)張德容撰　清同治十一年(1872)二銘草堂刻本　十六册　行字不等白口四周雙邊單黑魚尾

370000－1544－0001150　491.4/30
增訂金壺字攷附古體假借字　(清)郝在田輯　清光緒元年(1875)京都琉璃廠東善成堂刻本　一册　八行字數不等白口左右雙邊單黑魚尾

370000－1544－0001151　491.4－1/6
兩漢金石記二十二卷　(清)翁方綱撰　清乾隆五十四年(1789)刻本　六册　十行二十字小字雙行同白口左右雙邊單黑魚尾

370000－1544－0001152　491.4－8/4
隸韻攷證二卷　(清)翁方綱撰　清刻本　二册　八行二十字白口四周單邊單黑魚尾

370000－1544－0001153　491.5/1
陶齋吉金錄八卷　(清)端方輯　清光緒三十四年(1908)金陵石印本　八册　白口四周單邊

370000－1544－0001154　491.5/2
益都金石記四卷　(清)段松苓著錄　清光緒九年(1883)益都丁氏刻本　四册　十行二十四字小字雙行同白口左右雙邊單黑魚尾

370000－1544－0001155　491.5/3
山左金石志二十四卷　(清)畢沅　(清)阮元撰　清嘉慶二年(1797)阮氏刻本　二十册　十二行二十四字小字雙行同黑口四周單邊雙對黑魚尾

370000－1544－0001156　491.5/4
重定金石契　(清)張燕昌編　清光緒二十二年(1896)劉氏聚學軒刻本　四册　十行十六字小字雙行同白口四周單邊單黑魚尾

370000－1544－0001157　491.5/6
金石索十二卷　(清)馮雲鵬　(清)馮雲鵷輯　清光緒三十三年(1907)上海文新局石印本　二十四册　白口四周單邊單黑魚尾

370000－1544－0001158　491.5/7
西清古鑑四十卷錢錄十六卷　(清)梁詩正等編纂　清光緒三十四年(1908)集成圖書公司石印本　二十四册　十行十八字白口四周雙邊雙對黑魚尾

370000－1544－0001159　491.5/7－2
西清續鑑甲編二十卷附錄一卷　(清)梁詩正等編纂　清宣統三年(1911)涵芬樓影印本　四十二册　十行十八字白口四周雙邊雙對黑魚尾

370000－1544－0001160　491.5/7－3
西清古鑑四十卷錢錄十六卷　(清)梁詩正等編纂　清光緒三十四年(1908)集成圖書公司石印本　二十四册　十行十八字白口四周雙邊雙對黑魚尾

370000－1544－0001161　491.5/10
至大重修宣和博古圖錄三十卷　(宋)王黼等撰　明刻本　二十册　八行十七字白口左右雙邊雙對黑魚尾間單黑魚尾　存二十卷(一至二十)

370000－1544－0001162　491.6/4
瘞鶴銘考一卷　(清)汪士鋐編　清刻剪貼本　一册　十一行十八字小字雙行不等白口左右雙邊

370000－1544－0001163　491.6/4－2
瘞鶴銘考一卷　(清)汪士鋐編　**瘞鶴銘見存字**　(清)翁方綱輯　清咸豐二年(1852)漢陽葉氏刻本　一册　十一行十八字小字雙行三十字白口左右雙邊

370000－1544－0001164　491.7/1

金石三例十五卷　(清)盧見曾輯　(清)王芑孫評　清光緒四年(1878)南海馮氏讀有用書齋刻朱墨套印本　四册　十行二十二字小字雙行三十二字白口左右雙邊單黑魚尾

370000－1544－0001165　491.7/2
蒼崖先生金石例十卷　(元)潘昂霄撰　(元)楊本編輯　清光緒三十四年(1908)刻徐氏隨盦叢書本　一册　九行十八字白口左右雙邊單黑魚尾　存七卷(一至七)

370000－1544－0001166　491.7－8/1
漢石例六卷　(清)劉寶楠錄　清同治八年(1869)刻本　二册　十二行二十八字小字雙行同白口四周單邊單黑魚尾

370000－1544－0001167　492/12
殷商貞卜文字考一卷　羅振玉撰　清宣統二年(1910)玉蘭齋石印本　一册　十三行二十三字小字雙行同黑口四周單邊

370000－1544－0001168　493/2
鐵雲藏陶　(清)劉鶚輯　清光緒三十年(1904)抱殘守闕齋石印本　四册　白口四周單邊單黑魚尾

370000－1544－0001169　493/3
千甓亭古塼圖釋二卷　(清)陸心源輯　清光緒十七年(1891)吳興陸氏石印本　四册　行字不等

370000－1544－0001170　493/4
匋雅三卷　(清)寂園叟撰　清宣統鉛印寂園叢書本　二册　十行二十五字小字雙行不等白口四周雙邊單黑魚尾　存二卷(上、中)

370000－1544－0001171　495/3
泉布統志九卷首一卷附一卷　(清)孟麟撰　清道光刻本　十六册　白口四周雙邊單黑魚尾

370000－1544－0001172　495/4
欽定錢錄十六卷　(清)紀昀　(清)陸錫熊纂　(清)孫士毅校　清刻本　四册　行字不等黑口四周單邊

370000－1544－0001173　495/5
吉金所見錄十六卷首一卷末一卷　(清)初尚齡纂輯　清道光七年(1827)刻本　四册　行數不等二十五字小字雙行同白口四周雙邊單黑魚尾

370000－1544－0001174　495/6
古泉匯六十四卷續十四卷補遺二卷　(清)李佐賢輯　清同治三年(1864)利津李氏石泉書屋刻本　二十册　行數不等二十四字白口四周雙邊單黑魚尾

370000－1544－0001175　495/6－2
古泉匯六十四卷　(清)李佐賢輯　清同治三年(1864)利津李氏石泉書屋刻本　四册　行數不等二十四字白口四周雙邊單黑魚尾　存十四卷(貞集一至十四)

370000－1544－0001176　495/8
大錢圖錄一卷　(清)鮑康撰　清刻本　一册　黑口左右雙邊單黑魚尾

370000－1544－0001177　496/1
國學叢刊十四卷　羅振玉編　清宣統三年(1911)石印本　二册　十二行二十四字黑口四周單邊

370000－1544－0001178　496/1－2
國學叢刊十四卷　羅振玉編　清宣統三年(1911)石印本　二册　十二行二十四字黑口四周單邊

370000－1544－0001179　496/1－3
國學叢刊十四卷　羅振玉編　清宣統三年(1911)石印本　二册　十二行二十四字黑口四周單邊

370000－1544－0001180　496/3
東野志二卷　(明)吕化舜輯　(明)東野武舊訂　(清)孔衍治增輯　(清)東野沛然續訂　(清)東野興輝參訂　明刻清增修本　四册　十行十九字小字雙行同白口四周單邊單黑魚尾

370000－1544－0001181　496/12
兩罍軒彝器圖釋十二卷　(清)吳雲撰　清同

治十二年(1873)刻本　六冊　十行二十二字小字雙行同白口左右雙邊

370000－1544－0001182　496/13
泊如齋重修宣和博古圖錄三十卷　(宋)王黼等撰　明萬曆十六年(1588)泊如齋刻本　八冊　八行十七字白口四周單邊單白魚尾　存十五卷(一至十五)

370000－1544－0001183　496/15
亦政堂重修考古圖十卷　(宋)呂大臨撰　清乾隆亦政堂刻本　二冊　八行十七字小字雙行二十四字白口四周單邊單白魚尾　存四卷(一至四)

370000－1544－0001184　497/2
封泥攷略十卷　(清)吳式芬　(清)陳介祺輯　清光緒三十年(1904)海豐吳氏石印本　十冊　九行二十四字小字雙行同白口四周單邊雙順黑魚尾

370000－1544－0001185　500/3
宦滇紀事四卷　(清)胡秀山撰　清光緒十六年(1890)刻本　四冊　十行二十五字白口四周雙邊單黑魚尾

370000－1544－0001186　500/4
康濟譜二十五卷　(明)潘游龍輯　(明)金俊明等評　清道光七年(1827)刻本　十六冊　九行二十字白口左右雙邊單黑魚尾

370000－1544－0001187　500/5
未信編六卷　(清)潘杓燦撰　清康熙二十三年(1684)刻本　六冊　九行二十二字白口左右雙邊單白魚尾

370000－1544－0001188　511/1
省軒考古類編十二卷　(清)柴紹炳纂　(清)姚培謙評　清雍正四年(1726)刻本　四冊　十行二十一字小字雙行同黑口左右雙邊雙對黑魚尾

370000－1544－0001189　511/1－2
省軒考古類編十二卷　(清)柴紹炳纂　(清)姚培謙評　清乾隆二十三年(1758)刻本　六冊　十行二十一字小字雙行同黑口左右雙邊雙對黑魚尾

370000－1544－0001190　511/2
襄陽四略二十五卷　(清)吳慶燾撰　清刻本　九冊　十一行二十一字白口左右雙邊雙對黑魚尾

370000－1544－0001191　511/4
通志樂略　(宋)鄭樵撰　清刻本　一冊　十行二十字小字雙行同白口四周單邊　存一卷(一)

370000－1544－0001192　511.1/1
通典二百卷　(唐)杜佑撰　清光緒二十七年(1901)貫吾齋石印本　八冊　三欄白口四周單邊單黑魚尾

370000－1544－0001193　511.1/1－2
通典二百卷附欽定通典考證　(唐)杜佑撰　清光緒二十八年(1902)上海鴻寶書局石印本　十二冊　二十二行四十八字小字雙行同白口四周單邊單黑魚尾

370000－1544－0001194　511.1/1－3
通典二百卷附欽定通典考證　(唐)杜佑撰　清光緒二十八年(1902)上海鴻寶書局石印本　十二冊　二十二行四十八字小字雙行同白口四周單邊單黑魚尾

370000－1544－0001195　511.1/1－4
通典二百卷附欽定通典考證　(唐)杜佑撰　清光緒二十八年(1902)上海鴻寶書局石印本　十二冊　二十二行四十八字小字雙行同白口四周單邊單黑魚尾

370000－1544－0001196　511.1/2
欽定續通典一百五十卷　(清)嵇璜纂　清光緒二十八年(1902)貫吾齋石印本　六冊　三欄各二十七行二十一字小字雙行同白口左右雙邊單黑魚尾

370000－1544－0001197　511.1/2－2
欽定續通典一百五十卷　(清)嵇璜纂　清光緒二十八年(1902)上海鴻寶書局石印本　八冊　二十二行四十八字小字雙行同白口四周單邊單黑魚尾

370000－1544－0001198　511.1/2－3
欽定續通典一百五十卷　(清)嵇璜纂　清光緒二十八年(1902)上海鴻寶書局石印本　八册　二十二行四十八字小字雙行同白口四周單邊單黑魚尾

370000－1544－0001199　511.1/2－4
欽定續通典一百五十卷　(清)嵇璜纂　清光緒二十八年(1902)上海鴻寶書局石印本　八册　二十二行四十八字小字雙行同白口四周單邊單黑魚尾

370000－1544－0001200　511.1/3
皇朝通典一百卷　(清)嵇璜纂　清光緒二十八年(1902)貫吾齋石印本　六册　三欄各九行二十一字白口左右雙邊單黑魚尾

370000－1544－0001201　511.1/3－2
皇朝通典一百卷　(清)嵇璜纂　清光緒二十八年(1902)上海鴻寶書局石印本　八册　二十二行四十八字白口四周單邊單黑魚尾

370000－1544－0001202　511.1/3－3
皇朝通典一百卷　(清)嵇璜纂　清光緒二十八年(1902)上海鴻寶書局石印本　八册　二十二行四十八字白口四周單邊單黑魚尾

370000－1544－0001203　511.1/3－4
皇朝通典一百卷　(清)嵇璜纂　清光緒二十八年(1902)上海鴻寶書局石印本　一册　二十二行四十八字白口四周單邊單黑魚尾　存十五卷(八十六至一百)

370000－1544－0001204　511.1/5
盛京典制備考八卷首一卷　(清)崇厚撰　清光緒二十五年(1899)刻本　六册　十行二十三字白口四周雙邊單黑魚尾

370000－1544－0001205　511.2/2
通志二百卷欽定通志考證二卷　(宋)鄭樵撰　清光緒二十八年(1902)上海鴻寶書局石印本　四十册　二十二行四十八字小字雙行同白口四周單邊單黑魚尾

370000－1544－0001206　511.2/2－2
通志二百卷　(宋)鄭樵撰　清光緒二十八年(1902)上海鴻寶書局石印本　三十八册　二十二行四十八字小字雙行同白口四周單邊單黑魚尾　缺七卷(六至十二)

370000－1544－0001207　511.2/2－3
通志二百卷　(宋)鄭樵撰　清光緒二十八年(1902)上海鴻寶書局石印本　四十册　二十二行四十八字白口四周單邊單黑魚尾

370000－1544－0001208　511.2/3
皇朝通志一百二十六卷　(清)嵇璜纂　清光緒二十八年(1902)上海鴻寶書局石印本　八册　二十二行四十八字白口四周單邊單黑魚尾

370000－1544－0001209　511.2/3－2
皇朝通志一百二十六卷　(清)嵇璜纂　清光緒二十八年(1902)上海鴻寶書局石印本　八册　二十二行四十八字白口四周單邊單黑魚尾

370000－1544－0001210　511.2/4
欽定續通志六百四十卷　(清)嵇璜纂　清光緒二十八年(1902)上海鴻寶書局石印本　四十册　二十二行四十八字白口四周單邊單黑魚尾

370000－1544－0001211　511.2/4－2
欽定續通志六百四十卷　(清)嵇璜纂　清光緒二十八年(1902)上海鴻寶書局石印本　四十册　二十二行四十八字白口四周單邊單黑魚尾

370000－1544－0001212　511.2/4－3
欽定續通志六百四十卷　(清)嵇璜纂　清光緒二十八年(1902)上海鴻寶書局石印本　四十册　二十二行四十八字白口四周單邊單黑魚尾

370000－1544－0001213　511.3/1
文獻通考正續彙纂十二卷　(清)周簡庵撰　(清)楊守仁校　清道光二年(1822)研緣齋刻本　六册　十行二十一字黑口四周雙邊單黑魚尾

370000－1544－0001214　511.3/2

時務通考三十一卷　(清)杞盧主人編纂　清光緒二十三年(1897)點石齋石印本　四十冊　二十行四十五字黑口四周雙邊單黑魚尾

370000－1544－0001215　511.3/2－2
時務通考三十一卷　(清)杞盧主人編纂　清光緒二十三年(1897)點石齋石印本　二十四冊　二十行四十五字黑口四周雙邊單黑魚尾

370000－1544－0001216　511.3/2－3
時務通考續編三十一卷　(清)杞盧主人編纂　清光緒二十七年(1901)點石齋石印本　十六冊　二十　行四十五字黑口四周雙邊單黑魚尾

370000－1544－0001217　511.3/3
三通考輯要七十六卷　(清)湯壽潛輯　清光緒二十五年(1899)圖書集成局鉛印本　三十冊　十四行四十二字白口四周單邊雙對黑魚尾

370000－1544－0001218　511.3/4
文獻通考三百四十八卷　(元)馬端臨撰　清光緒二十八年(1902)上海鴻賓書局石印本　三十二冊　二十二行四十八字小字雙行同白口四周單邊單黑魚尾

370000－1544－0001219　511.3/4－2
文獻通考三百四十八卷　(元)馬端臨撰　清光緒二十八年(1902)上海鴻賓書局石印本　三十二冊　二十二行四十八字小字雙行同白口四周單邊單黑魚尾

370000－1544－0001220　511.3/4－3
文獻通考三百四十八卷　(元)馬端臨撰　清光緒二十八年(1902)上海鴻賓書局石印本　二十八冊　二十二行四十八字小字雙行同白口四周單邊單黑魚尾　缺十七卷(一百六至一百二十二)

370000－1544－0001221　511.3/5
欽定續文獻通考二百五十卷　(清)嵇璜纂　清石印本　二十四冊　二十二行四十八字白口四周單邊單黑魚尾

370000－1544－0001222　511.3/5－2
欽定續文獻通考二百五十卷　(清)嵇璜纂　清石印本　二十四冊　三欄各二十七行二十一字白口左右雙邊單黑魚尾

370000－1544－0001223　511.3/5－3
欽定續文獻通考二百五十卷　(清)嵇璜纂　清石印本　二十四冊　二十二行四十八字白口四周單邊單黑魚尾

370000－1544－0001224　511.3/5－4
欽定續文獻通考二百五十卷　(清)嵇璜纂　清石印本　十四冊　二十二行四十八字白口四周單邊單黑魚尾

370000－1544－0001225　511.3/6
皇朝文獻通考三百卷　(清)嵇璜纂　清光緒二十八年(1902)上海鴻賓書局石印本　三十二冊　二十二行四十八字小字雙行同白口四周單邊單黑魚尾

370000－1544－0001226　511.3/6－2
皇朝文獻通考三百卷　(清)嵇璜纂　清光緒二十八年(1902)上海鴻賓書局石印本　三十二冊　二十二行四十八字小字雙行同白口四周單邊單黑魚尾

370000－1544－0001227　511.3/6－4
皇朝文獻通考三百卷　(清)嵇璜纂　清光緒二十八年(1902)上海鴻賓書局石印本　十七冊　二十二行四十八字小字雙行同白口四周單邊單黑魚尾　存一百六十三卷(一至二十八、三十七至九十四、一百六十九至二百八、二百六十四至三百)

370000－1544－0001228　511.3/6－5
皇朝續文獻通考三百二十卷　(清)劉錦藻纂　清光緒三十一年(1905)吳興劉氏堅匏盦鉛印本　八十八冊　十行二十二字小字雙行同白口四周雙邊單黑魚尾

370000－1544－0001229　511.3/7
洋務經濟通考十六卷　(清)邵友濂纂　清光緒二十四年(1898)石印本　十二冊　二十行四十四字小字雙行同白口四周雙邊單黑魚尾

370000－1544－0001230　511.3/8

文獻通考三百四十八卷　(元)馬端臨撰　明嘉靖三年(1524)司禮監刻本　二册　十行二十字小字雙行同黑口四周雙邊雙對黑魚尾　存七卷(二百八十至二百八十六)

370000－1544－0001231　511.3/9
三通考輯要七十六卷　(清)湯壽潛編　清光緒二十五年(1899)圖書集成局鉛印本　三十册　十四行四十二字小字雙行同白口四周單邊雙對黑魚尾

370000－1544－0001232　511.3/9－2
三通考輯要七十六卷　(清)湯壽潛編　清光緒二十五年(1899)圖書集成局鉛印本　三十册　十四行四十二字小字雙行同白口四周單邊雙對黑魚尾

370000－1544－0001233　511.3/10
文獻通考自序一卷紀要二卷　(清)張承燮録　清光緒東聽雨堂刻本　三册　行款不一

370000－1544－0001234　511.4/1
省軒考古類編十二卷　(清)柴紹炳纂　(清)姚培謙評　清乾隆二十三年(1758)文盛堂刻本　四册　十行二十一字小字雙行同黑口左右雙邊雙對黑魚尾

370000－1544－0001235　512/1
闕里文獻考一百卷首一卷末一卷　(清)孔繼汾撰　清乾隆二十七年(1762)刻本　八册　十三行二十六字小字雙行三十九字黑口左右雙邊雙順黑魚尾

370000－1544－0001236　512/1－2
闕里文獻考一百卷首一卷末一卷　(清)孔繼汾撰　清乾隆二十七年(1762)刻本　八册　十三行二十六字小字雙行三十九字黑口左右雙邊雙順黑魚尾

370000－1544－0001237　512/1－3
闕里文獻考一百卷首一卷末一卷　(清)孔繼汾撰　清乾隆二十七年(1762)刻本　八册　十三行二十六字小字雙行三十九字黑口左右雙邊雙順黑魚尾

370000－1544－0001238　512/1－4
闕里文獻考一百卷首一卷末一卷　(清)孔繼汾撰　清乾隆二十七年(1762)刻本　八册　十三行二十六字小字雙行三十九字黑口左右雙邊雙順黑魚尾

370000－1544－0001239　512/1－5
闕里文獻考一百卷首一卷末一卷　(清)孔繼汾撰　清乾隆二十七年(1762)刻本　八册　十三行二十六字小字雙行三十九字黑口左右雙邊雙順黑魚尾

370000－1544－0001240　512/1－6
闕里文獻考一百卷首一卷末一卷　(清)孔繼汾撰　清乾隆二十七年(1762)刻本　八册　十三行二十六字小字雙行三十九字黑口左右雙邊雙順黑魚尾

370000－1544－0001241　512/1－7
闕里文獻考一百卷首一卷末一卷　(清)孔繼汾撰　清刻本　八册　十三行二十六字小字雙行三十九字黑口左右雙邊雙順黑魚尾

370000－1544－0001242　512/1－8
闕里文獻考一百卷首一卷末一卷　(清)孔繼汾撰　清刻本　八册　十三行二十六字小字雙行三十九字黑口左右雙邊雙順黑魚尾

370000－1544－0001243　512/2
井田圖考二卷　(清)朱克已撰　清光緒十六年(1890)山東書局刻本　二册　十一行二十二字小字雙行同白口左右雙邊單黑魚尾

370000－1544－0001244　512/3
王司空集一卷　(後周)王褒撰　(明)張溥閲　清刻本　一册　九行十八字小字雙行同白口左右雙邊單綫魚尾

370000－1544－0001245　512－8/3
西巡盛典二十四卷首一卷　(清)董誥等纂修　清嘉慶十七年(1812)武英殿木活字印本　二十册　八行二十字白口四周雙邊單黑魚尾

370000－1544－0001246　512.1/1
欽定大清會典一百卷　(清)崑岡等修　清光緒刻本　二十四册　十行二十字小字雙行同白口四周雙邊單黑魚尾

370000－1544－0001247　512.1/1－2
欽定大清會典一百卷　(清)崑岡等修　清光緒十九年(1893)上海圖書集成印書局鉛印本　八冊　十三行四十字小字雙行同白口四周單邊雙對黑魚尾

370000－1544－0001248　512.1/2
幸魯盛典四十卷　(清)孔毓圻等纂修　清康熙二十八年(1689)紅萼軒刻本　十二冊　十行二十一字白口四周雙邊單黑魚尾

370000－1544－0001249　512.1/2－2
幸魯盛典四十卷　(清)孔毓圻等纂修　清康熙二十八年(1689)紅萼軒刻本　十二冊　十行二十一字白口四周雙邊單黑魚尾

370000－1544－0001250　512.1/3
欽定大清會典事例一千二百二十卷　(清)崑岡等修　清光緒三十四年(1908)商務印書館石印本　一百六十冊　兩欄各二十行二十字細黑口四周雙邊單黑魚尾

370000－1544－0001251　512.2/1
五代會要三十卷　(宋)王溥撰　清乾隆武英殿木活字印本　六冊　九行二十一字小字雙行同白口四周雙邊單黑魚尾

370000－1544－0001252　512.2/1－2
五代會要三十卷　(宋)王溥撰　清刻本　六冊　九行二十一字小字雙行同白口四周雙邊單黑魚尾

370000－1544－0001253　512.2/2
東漢會要四十卷　(宋)徐天麟撰　清光緒十年(1884)江蘇書局刻本　八冊　九行二十一字小字雙行同白口四周雙邊單黑魚尾

370000－1544－0001254　512.2/3
西漢會要七十卷　(宋)徐天麟撰　清光緒十年(1884)江蘇書局刻本　十冊　九行二十一字小字雙行同白口四周雙邊單黑魚尾

370000－1544－0001255　512.3/1
文廟祀典考五十卷首一卷　(清)龐鍾璐編輯　清光緒五年(1879)刻本　八冊　十二行二十四字白口四周雙邊單黑魚尾

370000－1544－0001256　512.3/1－2
文廟祀典考五十卷首一卷　(清)龐鍾璐編輯　清光緒五年(1879)刻本　八冊　十二行二十四字白口四周雙邊單黑魚尾

370000－1544－0001257　512.3/1－3
文廟祀典考五十卷首一卷　(清)龐鍾璐編輯　清光緒五年(1879)刻本　八冊　十二行二十四字白口四周雙邊單黑魚尾

370000－1544－0001258　512.3/1－4
文廟祀典考五十卷首一卷　(清)龐鍾璐編輯　清光緒五年(1879)刻本　八冊　十二行二十四字白口四周雙邊單黑魚尾

370000－1544－0001259　512.3/2
孔氏家儀十四卷家儀答問四卷續篇三卷外卷一卷　(清)孔繼汾撰　清乾隆刻本　二冊　十二行二十五字小字雙行三十七字黑口左右雙邊雙順黑魚尾

370000－1544－0001260　512.3/2－2
孔氏家儀十四卷家儀答問四卷　(清)孔繼汾撰　清乾隆刻本　四冊　十二行二十五字小字雙行三十七字黑口左右雙邊雙順黑魚尾

370000－1544－0001261　512.3/3
明堂大道錄八卷禘說二卷　(清)惠棟撰　清乾隆經訓堂刻本　二冊　十行二十二字小字雙行同白口左右雙邊單黑魚尾

370000－1544－0001262　512.3/4
文廟禮樂考不分卷　(清)金之植　(清)宋鉽編輯　清康熙刻本　四冊　九行二十字小字雙行同白口四周雙邊單黑魚尾

370000－1544－0001263　512.3/5
文廟丁祭譜十卷首一卷附錄三卷　(清)藍鍾瑞撰　清同治刻本　十二冊　九行二十二字小字雙行同白口四周雙邊單黑魚尾

370000－1544－0001264　512.3/5－2
文廟丁祭譜　江蘇書局編　清同治七年(1868)江蘇書局刻本　一冊　九行二十二字白口四周雙邊單黑魚尾

370000－1544－0001265　512.3/9
聖門禮誌一卷　(清)孔令貽彙輯　(清)孔慶輔　(清)孔祥霖續纂　清光緒十三年(1887)闕里孔氏刻本　一册　十行二十二字白口四周單邊單黑魚尾

370000－1544－0001266　512.3/12
孔氏敦本堂祠墓儀注五卷　(清)孔廣林撰　清道光二十七年(1847)刻本　一册　九行二十一字白口左右雙邊單黑魚尾

370000－1544－0001267　512.3/12－2
孔氏敦本堂祠墓儀注五卷　(清)孔廣林撰　清道光二十七年(1847)刻本　一册　九行二十一字白口左右雙邊單黑魚尾

370000－1544－0001268　512.3/12－3
孔氏敦本堂祠墓儀注五卷　(清)孔廣林撰　清道光二十七年(1847)刻本　一册　九行二十一字白口左右雙邊單黑魚尾

370000－1544－0001269　512.3/12－4
孔氏敦本堂祠墓儀注五卷　(清)孔廣林撰　清道光二十七年(1847)刻本　一册　九行二十一字白口左右雙邊單黑魚尾

370000－1544－0001270　512.3/12－5
孔氏敦本堂祠墓儀注五卷　(清)孔廣林撰　清道光二十七年(1847)刻本　一册　九行二十一字白口左右雙邊單黑魚尾

370000－1544－0001271　512.3/13
吾學錄初編二十四卷　(清)吴榮光撰　清同治九年(1870)江蘇書局刻本　六册　九行二十一字小字雙行同黑口左右雙邊單黑魚尾

370000－1544－0001272　512.3/14
文廟通考六卷首一卷　(清)牛樹梅輯　清同治十一年(1872)浙江書局刻本　二册　十行二十一字白口左右雙邊單黑魚尾

370000－1544－0001273　512.3/15
澤宫序次舉要二卷附錄一卷　(清)洪恩波編纂　清光緒二十三年(1897)金陵官書局刻本　二册　九行二十一字小字雙行同黑口左右雙邊單黑魚尾

370000－1544－0001274　512.3/16
大婚禮節開單奏　(清)□□編　清光緒刻本　一册　九行二十二字白口四周單邊單黑魚尾

370000－1544－0001275　512.3－8/14
大清通禮五十四卷　(清)穆克登額續纂　清道光刻本　十二册　九行二十字小字雙行同白口四周雙邊單黑魚尾

370000－1544－0001276　512.4/2
安瀾紀要二卷　(清)徐端撰　(清)孫長熙校字　清道光九年(1829)刻本　二册　九行二十字白口左右雙邊單黑魚尾

370000－1544－0001277　512.4/3
康熙政要二十四卷　(清)章梫纂輯　清刻本　十二册　十行二十五字黑口四周雙邊單黑魚尾

370000－1544－0001278　512.4/4
宋朝事實二十卷　(宋)李攸撰　清刻本　十册　九行二十一字小字雙行同白口四周雙邊單黑魚尾

370000－1544－0001279　512.4/5
建炎以來朝野襍記甲集二十卷乙集二十卷　(宋)李心傳撰　清刻本　十二册　十行二十字小字雙行同白口四周雙邊

370000－1544－0001280　512.4/6
東三省政略十二卷　徐世昌編纂　清宣統三年(1911)鉛印本　四十册　十三行三十五字黑口四周單邊單黑魚尾

370000－1544－0001281　512.4/7
南巡盛典一百二十卷　(清)高晉等纂輯　清乾隆三十六年(1771)武英殿刻本　四十八册　九行十九字小字雙行同白口四周雙邊單黑魚尾

370000－1544－0001282　512.4/8
御製資政要覽三卷後序一卷　(清)世祖福臨撰　清順治十二年(1655)内府刻蝴蝶裝本　四册　六行十二字小字雙行同黑口四周雙邊雙對黑魚尾

370000－1544－0001283　512.4/8－2
御製資政要覽三卷　(清)世祖福臨撰　清順治十二年(1655)内府刻本　三册　六行十二字小字雙行同黑口四周雙邊雙對黑魚尾

370000－1544－0001284　512.6/3
活民書三卷增補一卷　(宋)董煟撰　(元)張光大增補　(明)朱熊補遺　明萬曆四十五年(1617)姚思仁刻本　三册　九行二十字小字雙行同白口四周雙邊單黑魚尾

370000－1544－0001285　512.4－7/1
實政録七卷　(明)呂坤撰　清道光七年(1827)刻本　六册　九行二十二字細黑口四周雙邊單黑魚尾

370000－1544－0001286　512.4－7/1－2
實政録七卷　(明)呂坤撰　清道光七年(1827)刻本　六册　九行二十二字細黑口四周雙邊單黑魚尾

370000－1544－0001287　512.5/1
優復恩例一卷　(清)孔繼善等輯　清光緒三十二年(1906)刻本　一册　九行二十字小字雙行同白口四周雙邊單黑魚尾

370000－1544－0001288　512.5/1－2
優復恩例一卷　(清)孔繼善等輯　清同治六年(1867)刻本　一册　九行二十字小字雙行同白口四周雙邊單黑魚尾

370000－1544－0001289　512.5/3
欽定禮部則例二百二卷　(清)特登額等輯　清道光二十四年(1844)刻本　二十四册　九行二十字白口四周雙邊單黑魚尾

370000－1544－0001290　512.5/3－1
欽定户部則例一百卷　(清)載齡等纂　清同治十三年(1874)刻本　五十八册　九行二十字白口四周雙邊單黑魚尾

370000－1544－0001291　512.6/1
欽定康濟録四卷　(清)陸曾禹編　(清)倪國璉輯纂　清同治八年(1869)崇文書局刻本　四册　十行二十二字白口四周雙邊單黑魚尾

370000－1544－0001292　512.6/2
得一録十六卷　(清)余治編纂　清同治八年(1869)得見齋刻本　八册　十二行二十五字白口四周單邊單黑魚尾

370000－1544－0001293　513/1
皇朝詞林典故六十四卷　(清)朱珪等編　清嘉慶十年(1805)刻本　三十二册　七行十七字白口四周雙邊單黑魚尾

370000－1544－0001294　513/2
大清中樞備覽(清光緒二十三年)　(清)榮録堂編　清光緒二十三年(1897)京都榮録堂刻本　二册　十四行三十二字小字雙行同白口四周雙邊雙對黑魚尾

370000－1544－0001295　513/3
爵秩全函(清光緒二十三年)　(清)榮録堂編　清光緒二十三年(1897)京都榮録堂刻本　四册　十四行三十二字小字雙行同白口四周雙邊雙對黑魚尾

370000－1544－0001296　513/3－1
袖珍爵秩全函(清光緒二十四年)　(清)榮録堂編　清光緒二十四年(1898)京都榮録堂刻本　六册　十四行三十二字小字雙行同白口四周雙邊雙對黑魚尾

370000－1544－0001297　513/3－2
爵秩全覽(清宣統三年)　(清)□□編　清宣統三年(1911)刻本　四册　十六行三十五字小字雙行同白口四周雙邊雙對黑魚尾

370000－1544－0001298　513/5
歷代職官表七十二卷首一卷　(清)紀昀等纂　清光緒二十二年(1896)廣雅書局刻本　三十二册　十一行二十四字小字雙行同黑口四周單邊單黑魚尾

370000－1544－0001299　513/5－2
歷代職官表七十二卷首一卷　(清)紀昀等纂　清光緒二十二年(1896)廣雅書局刻本　二十四册　十一行二十四字小字雙行同黑口四周單邊單黑魚尾

370000－1544－0001300　513/5－3

歷代職官表七十二卷首一卷 (清)紀昀等纂 清光緒二十二年(1896)廣雅書局刻本 二十四册 十一行二十四字小字雙行同黑口四周單邊單黑魚尾

370000－1544－0001301 513/6
三國職官表三卷 (清)洪飴孫撰 清光緒十七年(1891)廣雅書局刻本 三册 三欄各十一行二十四字小字雙行同黑口四周單邊單黑魚尾

370000－1544－0001302 513/10
福惠全書三十二卷 (清)黄六鴻著 清康熙種書堂刻本 十二册 九行二十二字小字雙行同白口四周單邊單黑魚尾

370000－1544－0001303 514/1
硃批諭旨不分卷 (清)世宗胤禛撰 清乾隆三年(1738)武英殿刻朱墨套印本 一百六册 十行二十一字小字雙行同白口四周雙邊單黑魚尾 缺六册(第十二函一至六)

370000－1544－0001304 514/2
諭摺彙存(光緒二十五年二月) (清)□□編 清光緒鉛印本 六册 十一行二十二字白口四周雙邊單黑魚尾

370000－1544－0001305 514.1/1
内閣撰擬文字二卷二編二卷三編一卷 (清)鮑康輯 清同治刻本 五册 十行二十四字白口左右雙邊單黑魚尾

370000－1544－0001306 515/1
李肅毅伯奏議十三卷 (清)李鴻章著 (清)章洪鈞 (清)吳汝綸編輯 清石印本 十三册 十行二十一字白口四周雙邊雙對黑魚尾

370000－1544－0001307 515/3
皇清名臣奏議彙編初集六十八卷首一卷 題(清)琴川居士輯 清光緒二十八年(1902)麗澤學會石印本 八册 十八行四十二字白口四周單邊單黑魚尾

370000－1544－0001308 515/3－2
皇清名臣奏議彙編初集六十八卷首一卷 題(清)琴川居士輯 清光緒二十八年(1902)麗澤學會石印本 八册 十八行四十二字白口四周單邊單黑魚尾

370000－1544－0001309 515/5
孫文節公遺稿四卷 (清)孫銘恩撰 清刻本 二册 八行二十一字白口四周雙邊單黑魚尾

370000－1544－0001310 515/7
靳文襄公奏議八卷 (清)靳輔撰 清刻本 七册 九行二十二字白口左右雙邊單黑魚尾 缺一卷(二)

370000－1544－0001311 515/12
出使奏疏二卷 (清)薛福成撰 清刻本 一册 十行二十一字白口左右雙邊單黑魚尾 存一卷(下)

370000－1544－0001312 515/13
克復金陵城生擒僞忠王親筆口供一卷上諭奏稿一卷 (清)李秀成供 (清)曾國荃奏 (清)曾國藩審定 清刻本 四册 十一行二十二字白口四周單邊單黑魚尾

370000－1544－0001313 515/15
義和拳教門源流考一卷 勞乃宣撰 清光緒刻本 一册 十行二十二字黑口左右雙邊單黑魚尾

370000－1544－0001314 515.1/1
同治中興京外奏議約編 (清)陳弢輯 清光緒元年(1875)篋劍囊琴之室刻本 八册 十行二十二字白口左右雙邊單黑魚尾

370000－1544－0001315 515.1/2
明臣奏議十二卷首一卷 (清)孫桐生編輯 清光緒十七年(1891)四影閣刻本 六册 十二行二十五字黑口四周雙邊單黑魚尾

370000－1544－0001316 515.1/2－2
明臣奏議十二卷首一卷 (清)孫桐生編輯 清光緒十七年(1891)四影閣刻本 六册 十二行二十五字黑口四周雙邊單黑魚尾

370000－1544－0001317 515.1/4
變法奏議叢鈔 (清)劉坤一編 清光緒二十

七年(1901)上海書局石印本　一冊　十二行二十六字白口四周雙邊單黑魚尾

370000－1544－0001318　515.1/6
奏議不分卷　(□)□□編　舊抄本　六冊　七行十七字

370000－1544－0001319　515.2/5
林文忠公奏議六卷　(清)林則徐撰　清思補樓刻本　六冊　九行二十一字黑口左右雙邊

370000－1544－0001320　515.2/6
沈文肅公政書七卷　(清)沈葆楨書　清光緒七年(1881)精一閣鉛印本　八冊　十一行二十四字白口四周雙邊單黑魚尾

370000－1544－0001321　515.2/7
沈文肅公政書七卷　(清)沈葆楨書　清光緒六年(1880)吳門節署刻本　十二冊　十行二十四字白口四周雙邊單黑魚尾

370000－1544－0001322　515.2/8
李文忠公奏議二十卷　(清)李鴻章撰　(清)章洪鈞　(清)吳汝綸輯　清石印本　二十冊　十行二十一字白口四周雙邊雙對黑魚尾

370000－1544－0001323　515.2/9
戊戌奏稿一卷　康有為撰　麥仲華編　清宣統三年(1911)鉛印本　一冊　十一行二十三字白口四周單邊

370000－1544－0001324　700/3－4
顨軒孔氏所著書七種六十卷　(清)孔廣森撰　清嘉慶二十二年(1817)刻本　十冊　十行二十字小字雙行同黑口左右雙邊雙順黑魚尾

370000－1544－0001325　515.2/10
趙恭毅公剩藁八卷　(清)趙申喬撰　(清)趙侗敩編　清乾隆刻本　三冊　十二行二十四字小字雙行同黑口四周雙邊雙對黑魚尾

370000－1544－0001326　515.2/11
毛尚書奏稿十六卷首一卷　(清)毛鴻賓撰　清宣統二年(1910)刻本　十六冊　十行二十一字小字雙行同白口四周雙邊單黑魚尾

370000－1544－0001327　515.2/12
林文忠公政書三十七卷　(清)林則徐撰　清光緒十一年(1885)刻本　十六冊　九行二十字黑口四周雙邊單黑魚尾

370000－1544－0001328　515.2/12－2
林文忠公政書三十七卷　(清)林則徐撰　清光緒二年(1876)鉛印本　八冊　十一行三十字白口四周雙邊單黑魚尾

370000－1544－0001329　515.2/13
左文襄公奏稿六十四卷謝摺二卷　(清)左宗棠撰　清光緒刻本　六十六冊　十行二十五字小字雙行同黑口左右雙邊單黑魚尾

370000－1544－0001330　515.2/13－2
左文襄公奏疏初編三十八卷續編七十六卷　(清)左宗棠撰　清光緒十六年(1890)上海圖書集成局鉛印本　十二冊　十四行四十字白口四周單邊雙對黑魚尾　缺四十四卷(續編三十三至七十六)

370000－1544－0001331　515.2/23
唐陸宣公翰苑集二十四卷　(唐)陸贄撰　(清)張佩芳注釋　清乾隆希音堂刻民國印本　八冊　九行二十一字小字雙行同白口左右雙邊

370000－1544－0001332　515.2/24
唐陸宣公奏議二十二卷　(唐)陸贄撰　(唐)權德輿輯　明萬曆刻本　四冊　十行二十字白口四周單邊單白魚尾間單黑魚尾

370000－1544－0001333　515.2/25
蘇文忠公奏議三卷　(宋)蘇軾撰　(清)曾燠輯　清嘉慶十八年(1813)盱江曾氏刻本　二冊　九行二十二字白口四周單邊單黑魚尾

370000－1544－0001334　516/1
庸書內外篇四卷　(清)陳熾撰　清光緒刻本　四冊　十行二十三字白口左右雙邊單黑魚尾

370000－1544－0001335　516/2
群學肄言　(英國)斯賓塞爾論　嚴復譯　清光緒二十九年(1903)上海文明編譯書局鉛印本　四冊　十一行二十七字白口四周雙邊單

黑魚尾

370000－1544－0001336　516/4
俄國政俗通考三卷　(美國)林樂知　(清)任保羅譯　**續編**　(美國)林樂知著　(清)范褘述　清光緒三十二年(1906)上海美華書館鉛印本　二册　十二行二十七字白口四周雙邊單綫魚尾

370000－1544－0001337　516/5
五大洲政治通考四十八卷　題(清)急先務齋主人輯　清光緒二十七年(1901)石印本　十二册　十八行四十字小字雙行同黑口四周雙邊單黑魚尾

370000－1544－0001338　516/6
時事新論圖説十二卷　(英國)李提摩太撰　清刻本　三册　時事圖説白口四周單邊單黑魚尾時事新論十四行三十三字白口四周單邊單黑魚尾

370000－1544－0001339　516/6－2
時事新論圖説十二卷　(英國)李提摩太撰　清刻本　二册　時事圖説白口四周單邊單黑魚尾時事新論十四行四十字白口四周單邊雙對黑魚尾　存六卷(一至六)

370000－1544－0001340　516/8
新譯列國歲計政要三編　(清)白作霖譯　清光緒二十七年(1901)海上譯社鉛印本　十一册　十二行三十四字小字雙行同白口四周雙邊

370000－1544－0001341　516/9
新政真詮六編　(清)何啟　胡禮垣撰　清光緒二十七年(1901)吳雲記廣譯書局鉛印本　三册　十三行二十八字白口四周雙邊雙對黑魚尾　存三編(初編、四編、六編)

370000－1544－0001342　516/13
兩漢策要十二卷　(宋)陶叔獻輯　清乾隆五十六年(1791)如皋張竹軒氏刻本　十四册　六行字數不等黑口四周雙邊雙對黑魚尾

370000－1544－0001343　516/14
中外時務經濟統宗十八卷　(清)張之洞鑒定　清光緒二十七年(1901)上海漢讀樓鉛印本　十六册　十五行三十六字黑口四周單邊雙對黑魚尾

370000－1544－0001344　516/15
泰西新政彙編十八卷　(清)汪度編輯　清光緒二十四年(1898)上海博文書局石印本　十册　十五行三十五字小字雙行同白口四周單邊單黑魚尾

370000－1544－0001345　516/17
譯林　(清)林長民等主編　清光緒二十七年(1901)上海商務印書館鉛印本　八册　十二行三十五字小字雙行同白口四周雙邊單黑魚尾　存八期(三至十)

370000－1544－0001346　516/18
侯官嚴氏叢刻五種　嚴復譯著　清光緒二十七年(1901)南昌讀有用書之齋刻本　四册　十二行二十字細黑口左右雙邊

370000－1544－0001347　516/19
湘學報類編西政叢鈔　(清)養春堂主人編　清光緒二十八年(1902)石印本　十册　二十二行四十八字黑口四周雙邊單黑魚尾

370000－1544－0001348　516/20
新政真詮六編　(清)何啟　胡禮垣撰　清光緒二十七年(1901)吳雲記廣譯書局鉛印本　五册　十三行二十八字白口四周雙邊雙對黑魚尾　存四編(初編、二編、三編、六編)

370000－1544－0001349　516/21
湖北學報第一集　(清)湖北學報館編輯　清光緒二十九年(1903)刻本　二十四册　十二行二十五字小字雙行同黑口左右雙邊單黑魚尾

370000－1544－0001350　516/23
天演論二卷　(英國)赫胥黎著　嚴復譯　清光緒二十四年(1898)侯官嗜奇精舍石印本　一册　十五行三十二字黑口四周單邊

370000－1544－0001351　516/24
中國魂二卷　梁啟超編輯　清光緒二十九年(1903)上海廣智書局鉛印本　二册　十二行

三十一字小字雙行四十字白口四周雙邊單黑魚尾

370000－1544－0001352　516/25

外交報　(清)上海外交報社編　清光緒三十年(1904)上海商務印書館鉛印本　二十冊　十二行三十二字黑口四周雙邊　存二十號(甲辰年第一至二十號)

370000－1544－0001353　516/28

時務報　(清)時務報館編　清光緒二十二年(1896)鉛印本　四十二冊　十五行三十二字黑口四周單邊　存五十一冊(一至二十八、三十四至四十五、四十八、五十一、五十三至五十六、六十一至六十二、六十五至六十六、六十八)

370000－1544－0001354　516/28－2

時務報　(清)時務報館編　清光緒二十二年(1896)上海時務報館石印本　六冊　十五行三十二字黑口四周單邊

370000－1544－0001355　516/28－3

時務報　(清)時務報館編　清光緒二十二年(1896)上海時務報館石印本　十六冊　十五行三十二字黑口四周單邊　存十六冊(一、三、七至九、十二至十六、二十至二十五)

370000－1544－0001356　516/29

自強學齋治平十議　(清)自強學齋主人輯　清光緒上海文瑞樓石印本　十二冊　十五行三十六字白口四周單邊雙對黑魚尾

370000－1544－0001357　516/30

合肥李勤恪公政書十卷首一卷　(清)李瀚章撰　(清)李經畬等編輯　清光緒石印本　十冊　十行二十一字白口四周雙邊雙對黑魚尾

370000－1544－0001358　516/32

天演論二卷　(英國)赫胥黎著　嚴復譯　清光緒二十七年(1901)富文書局石印本　一冊　十行二十一字白口四周雙邊單黑魚尾

370000－1544－0001359　516/34

萬國公報　(清)萬國公報館編　清光緒上海美華書館鉛印本　二十九冊　十四行四十字白口四周雙邊單黑魚尾　存二十九期(二十二年五至十二,二十三年一至二、四至十二,二十四年十至十一,二十五年一、三、五至八、十二,二十七年十)

370000－1544－0001360　516/37

強學報第一號　(清)上海強學會編　清光緒二十一年(1895)上海強學會書局鉛印本　一冊　十六行四十三字小字雙行同白口四周雙邊單黑魚尾

370000－1544－0001361　516/38

時事昌言四卷　(清)湯震撰　清光緒二十四年(1898)上海書局石印本　四冊　十二行二十八字白口四周雙邊單黑魚尾

370000－1544－0001362　516/39

策對名文約選　(清)□□編　清刻本　一冊　十行二十一字黑口左右雙邊單黑魚尾

370000－1544－0001363　516/41

西政叢書　(清)求自強齋主人輯　清光緒二十三年(1897)慎記書莊石印本　三十二冊　十八行四十字白口四周雙邊單黑魚尾

370000－1544－0001364　516/45

湘報類纂六集　(清)覺睡齋主人編　清光緒二十八年(1902)上海中華編譯印書館鉛印本　八冊　十五行三十字黑口四周雙邊雙對黑魚尾

370000－1544－0001365　516/46

珩璜新論一卷　(宋)孔平仲撰　清刻本　一冊　十三行二十五字小字雙行同細黑口四周單邊雙對黑魚尾

370000－1544－0001366　516/48

十九世紀末世界之政治五編　(美國)靈綏著　羅普譯　清光緒二十八年(1902)廣智書局鉛印本　一冊　十三行三十六字白口四周雙邊單黑魚尾

370000－1544－0001367　520/2

故唐律疏議三十卷　(唐)長孫無忌等撰　(元)王元亮釋文　**律音義一卷**　(宋)孫奭等撰　**宋提刑洗冤集錄五卷**　(宋)宋慈編　清

光緒十七年(1891)刻本　八冊　行款不一

370000－1544－0001368　520/2－2

故唐律疏議三十卷　(唐)長孫無忌等撰　(元)王元亮釋文　**律音義一卷**　(宋)孫奭等撰　**宋提刑洗冤集錄五卷**　(宋)宋慈編　清光緒十七年(1891)刻本　八冊　行款不一

370000－1544－0001369　520/3

印證新編八卷　(清)張志和撰　清乾隆十四年(1749)刻本　八冊　上欄十八行小字六字下欄十行大字十九字白口左右雙邊單黑魚尾

370000－1544－0001370　523/4

大清律例刑案彙纂集成四十卷督捕則例附纂二卷　(清)姚雨薌纂輯　(清)胡仰山增修　清道光二十九年(1849)刻本　二十四冊　九行二十二字小字雙行同白口四周單邊單黑魚尾

370000－1544－0001371　520/4

柏垣瑣志一卷　(清)李佳撰　清光緒二十九年(1903)刻本　一冊　十一行二十字黑口左右雙邊

370000－1544－0001372　523/1

寄簃文存八卷　沈家本撰　清光緒三十三年(1907)修訂法律館鉛印本　二冊　十二行二十九字小字雙行同黑口四周雙邊單黑魚尾

370000－1544－0001373　523/2

續輯明刑圖說　(清)胡鴻澤輯　清光緒八年(1882)涇川胡氏刻本　一冊　白口四周雙邊單黑魚尾

370000－1544－0001374　524/1

駁案新編三十二卷續編七卷　(清)全士潮等撰　清刻本　三十冊　九行二十字小字雙行同白口四周單邊單黑魚尾

370000－1544－0001375　526/1

交涉成案集要一卷附賠修撫卹各欵一卷　(清)□□輯　清木活字印本　一冊　十一行二十二字白口四周雙邊單黑魚尾

370000－1544－0001376　526/2

金軺籌筆四卷　(清)曾紀澤錄　清光緒十三年(1887)刻本　四冊　十行二十二字小字雙行同黑口四周單邊雙對黑魚尾

370000－1544－0001377　526/3

中俄改訂條約一卷　(清)□□錄　清末刻本　一冊　九行二十三字小字雙行不等白口四周雙邊單黑魚尾

370000－1544－0001378　530/5

直隸工藝志初編四卷　(清)周爾潤編　清光緒三十三年(1907)鉛印本　八冊　十三行三十二字黑口四周單邊單黑魚尾

370000－1544－0001379　533/2

宣統三年預算不敷酌擬增入減出各款案附抄奏一件　(清)□□錄　清石印本　一冊　十二行三十二字

370000－1544－0001380　533/3

兗州府汶上縣賦役全書一卷　(□)□□編　清刻本　一冊　十行二十一字間有十九行十九字白口四周雙邊單黑魚尾

370000－1544－0001381　533/4

(萊州府掖縣)賦役全書　(清)□□輯　清刻本　一冊　十行二十一字白口四周雙邊單黑魚尾

370000－1544－0001382　534/1

淮北票鹽志略十五卷　(清)童濂編　清同治七年(1868)刻本　六冊　十行二十字白口四周雙邊單黑魚尾

370000－1544－0001383　534/2

淮北票鹽續略十二卷　(清)許寶書編　清同治九年(1870)刻本　三冊　十行二十字白口四周雙邊單黑魚尾　存八卷(一至八)

370000－1544－0001384　534/3

山東鹽法志二十二卷首一卷附編十卷　(清)宋湘等編纂　**續增備考六卷**　(清)王定柱　(清)恩錫編纂　清刻本　三十四冊　九行二十四字白口四周雙邊單黑魚尾續增備考九行二十二字白口四周雙邊單黑魚尾

370000－1544－0001385　534/3－2
山東鹽法續增備攷六卷　（清）王定柱　（清）恩錫編纂　清同治三年（1864）刻本　十册　九行二十二字白口四周雙邊單黑魚尾

370000－1544－0001386　534/5
淮鹺備要十卷　（清）李澄輯　清道光三年（1823）刻本　四册　八行二十一字白口左右雙邊

370000－1544－0001387　541/1
欽定戶部漕運全書九十六卷首一卷　（清）載齡等修　（清）福趾等纂　清光緒刻本　四十八册　九行二十字小字雙行同白口四周雙邊單黑魚尾

370000－1544－0001388　541/2
浙江海運全案重編六卷　（清）馬新貽編　清刻本　四册　十一行二十六字白口左右雙邊單黑魚尾

370000－1544－0001389　550/1
兒童教育鑑二卷　徐傅霖口譯　陸基筆述　清光緒三十一年（1905）上海文明書局鉛印本　二册　十行二十七字白口四周雙邊單黑魚尾

370000－1544－0001390　550/2
文學興國策二卷　（美國）林樂知譯　清光緒二十二年（1896）廣學會刻本　一册　十三行四十字白口四周單邊雙對黑魚尾

370000－1544－0001391　551/1
欽定學政全書八十卷　（清）素爾訥等纂修　清乾隆三十九年（1774）武英殿刻本　十二册　九行二十字小字雙行同白口四周雙邊單黑魚尾

370000－1544－0001392　551/2
清秘述聞十六卷　（清）法式善編　清嘉慶四年（1799）刻本　四册　十二行二十四字黑口四周單邊雙對黑魚尾

370000－1544－0001393　551/3
國朝貢舉攷略四卷　（清）黄崇蘭輯　清光緒刻本　三册　行字不等白口左右雙邊單黑魚尾

370000－1544－0001394　551/4
國朝湖州府科第表　（清）載璐輯　（清）沈鋐補輯　清同治十一年（1872）刻光緒十一年（1885）增刻本　二册　行字不等白口四周雙邊單黑魚尾

370000－1544－0001395　551/7
續增科場條例不分卷　（清）廣厚等輯　清刻本　一册　九行二十字白口四周雙邊單黑魚尾

370000－1544－0001396　551/8
明貢舉攷略二卷　（清）黄崇蘭輯　清刻本　一册　白口左右雙邊單黑魚尾

370000－1544－0001397　551/9
登科録［光緒辛丑壬寅正併科］　（清）□□輯　清光緒二十九年（1903）刻本　一册　行字不等白口四周雙邊單黑魚尾

370000－1544－0001398　551/10
會試朱卷　（清）孫葆田輯　清刻本　一册　九行二十五字白口四周雙邊單黑魚尾

370000－1544－0001399　552/1
三朝墨準新編　（清）聯步軒主人輯　清光緒元年（1875）聯步軒刻本　八册　十三行三十二字白口四周雙邊單黑魚尾

370000－1544－0001400　552/2
大題文府二集　（清）石倉書局主人編輯　清光緒十四年（1888）石倉書局石印本　十册　三欄各三十二行二十五字白口四周單邊單黑魚尾

370000－1544－0001401　552/3
國朝律賦新機初集一卷續集一卷二集一卷　（清）孫理評輯　清嘉慶十一年（1806）刻本　二册　九行二十五字小字雙行同白口左右雙邊

370000－1544－0001402　552/4
虞山七家試律鈔　（清）錢録泰輯　清同治十二年（1873）常熟錢氏刻本　二册　九行二十

五字小字雙行同白口四周雙邊單黑魚尾

370000－1544－0001403　552/4－2
虞山七家試律鈔　(清)錢録泰輯　清同治十二年(1873)常熟錢氏刻本　一册　九行二十五字小字雙行同白口四周雙邊單黑魚尾　存上册

370000－1544－0001404　552/5
增選加註能與集　(清)李秬香改本　清道光二十八年(1848)刻本　一册　九行二十五字行間有小字字數不等白口左右雙邊

370000－1544－0001405　552/5－2
增選加註能與集　(清)李秬香改本　清光緒五年(1879)刻本　一册　九行二十五字行間有小字字數不等白口四周單邊單黑魚尾

370000－1544－0001406　552/6
我瀍集二卷　(清)紀昀撰　清嘉慶元年(1796)河間紀氏閱微草堂刻本　一册　九行二十字小字雙行同白口四周雙邊單黑魚尾

370000－1544－0001407　552/7
錢辰田四種　(清)錢福昌編選　清道光二十一年(1841)刻本　二册　九行二十五字行間有小字字數不等白口四周單邊單黑魚尾　存二種(名文約選、小試文約選)

370000－1544－0001408　552/9
曲園課孫草　(清)俞樾撰　清光緒八年(1882)金陵刻本　一册　九行二十五字白口四周雙邊單黑魚尾

370000－1544－0001409　552/10
直省鄉墨正宗　(清)王思沂評選　清刻本　四册　九行二十五字白口左右雙邊單黑魚尾

370000－1544－0001410　552/11
强聒書社策論新選　(清)唐維卿批評　清光緒二十八年(1902)廣智書局鉛印本　二册　十二行三十一字小字雙行同白口四周雙邊單黑魚尾

370000－1544－0001411　552/12
考卷雋快新編　(清)翁心存鑒定　清道光二十八年(1848)刻本　三册　九行二十五字小字單行二十四字白口左右雙邊單黑魚尾

370000－1544－0001412　552/13
四十科條對試策　(清)梁鳴謙　(清)何履亨選輯　清刻本　八册　九行二十五字白口四周雙邊單黑魚尾

370000－1544－0001413　552/14
墨選清腴　(清)徐樹銘撰　清同治元年(1862)刻本　八册　九行二十五字白口左右雙邊間四周雙邊單黑魚尾

370000－1544－0001414　552/15
繩正堂墨繩新編附續編　(清)傅鼎乾評選　清同治十年(1871)刻本　二册　九行二十五字小字單行二十四字白口左右雙邊單黑魚尾

370000－1544－0001415　552/16
注釋八銘塾鈔初集二集　(清)吳懋政編次　清刻本　六册　九行二十五字行間有小字白口四周單邊

370000－1544－0001416　552/17
制義叢話二十四卷　(清)梁章鉅撰　清刻本　八册　十二行二十五字小字雙行同黑口左右雙邊雙對黑魚尾

370000－1544－0001417　552/17－2
制義叢話二十四卷題名一卷　(清)梁章鉅撰　清刻本　八册　十二行二十五字小字雙行同黑口左右雙邊雙對黑魚尾

370000－1544－0001418　552/18
目耕齋讀本三集　(清)徐楷評注　(清)沈叔眉選刊　清同文堂刻本　六册　九行二十五字小字單行二十四字白口四周雙邊

370000－1544－0001419　552/19
管緘若時文全集　(清)管世銘著　清小西山房刻本　二册　九行二十三字白口四周單邊單黑魚尾　存二集(初集、二集)

370000－1544－0001420　552/20
近科墨選讀本　(清)黄開元輯　清咸豐八年(1858)刻本　四册　九行二十五字小字單行

二十四字白口四周單邊單黑魚尾

370000－1544－0001421　552/21

思樂書屋截搭課存二卷　(清)李應詔撰　清成德堂刻本　二册　九行二十四字小字單行不等白口四周單邊單黑魚尾

370000－1544－0001422　552/22

律賦標準四卷　(清)葉祺昌評選　清同治十二年(1873)刻本　四册　八行二十二字小字雙行同白口四周單邊單黑魚尾

370000－1544－0001423　552/23

文津迎機合選　(清)龔文藻編　(清)陸鳳藻註校　清刻本　二册　九行二十五字小字單行二十四字白口左右單邊間四周單邊

370000－1544－0001424　552/24

存古齋課徒草一卷　(清)王賓撰　(清)王寯編次　清咸豐元年(1851)刻本　一册　九行二十五字小字單行二十四字白口四周單邊單黑魚尾

370000－1544－0001425　552/25

策學備纂三十二卷　(清)吳疑等纂輯　清光緒二十年(1894)袖海山房石印本　三十二册　四十二行七十五字白口四周單邊單黑魚尾

370000－1544－0001426　552/26

穀詒堂試帖四卷　(清)路閏生鑒定　(清)沈雲驪著　清光緒十二年(1886)刻本　四册　八行二十五字小字雙行同白口四周雙邊單黑魚尾

370000－1544－0001427　552/27

課士題解一卷　(清)張官德撰　清同治九年(1870)養原堂刻本　一册　十行二十二字白口左右雙邊單黑魚尾

370000－1544－0001428　560/1

權制八卷　(清)陳澹然撰　清光緒二十六年(1900)長沙徐崇立刻本　六册　十二行二十五字黑口四周雙邊雙對黑魚尾

370000－1544－0001429　560/4

普法戰紀十四卷　(清)王韜輯撰　(清)張宗良口譯　清同治十二年(1873)中華印務總局鉛印本　八册　十行二十一字黑口四周雙邊雙對黑魚尾

370000－1544－0001430　560/5

繪圖越法戰書　(清)王子芹輯　清光緒十年(1884)上海王氏刻本　一册　八行二十字黑口左右雙邊單黑魚尾

370000－1544－0001431　560/10

太平天國捻軍戰守形勢全圖　(清)盧彤著　清宣統二年(1910)武昌亞新地學社彩印本　一册　存九圖(二十六至四十四)

370000－1544－0001432　561/1

練兵實紀九卷練兵實紀雜集六卷　(明)戚繼光撰　清刻本　六册　九行二十一字黑口左右雙邊

370000－1544－0001433　561/4

紀效新書十八卷　(明)戚繼光撰　清刻本　一册　十行二十字小字雙行同白口四周單邊單黑魚尾　存三卷(十一至十三)

370000－1544－0001434　562/1

兩江勸辦徵兵章程　(清)朱恩紱　(清)徐紹楨纂　清鉛印本　一册　九行十九字白口左右雙邊單黑魚尾

370000－1544－0001435　600/1－2

百子全書　(清)崇文書局輯　清光緒元年(1875)湖北崇文書局刻本　一百十册　十二行二十四字黑口四周雙邊雙對魚尾

370000－1544－0001436　600/2

諸子粹白四卷　(清)何文明輯　清光緒七年(1881)閩南節署刻本　二册　九行二十一字小字雙行同白口左右雙邊單黑魚尾

370000－1544－0001437　600/3

希臘三大哲學家學說　(清)陳鵬輯譯　清光緒二十九年(1903)上海廣智書局鉛印本　一册　十二行三十一字白口四周雙邊單黑魚尾

370000－1544－0001438　600/4

子書　(清)上海圖書集成局輯　清光緒二十

三年(1897)上海圖書集成局鉛印本　三十三冊　十三行四十字小字雙行同白口四周單邊雙對黑魚尾

370000－1544－0001439　600/5
二十二子　(清)浙江書局輯　清光緒刻本　六十六冊　九行二十一字小字雙行同白口左右雙邊單黑魚尾　存十九種

370000－1544－0001440　600/6
新纂門目五臣音注揚子法言十卷　(漢)揚雄撰　(唐)李軌　(唐)柳宗元註　(宋)宋咸等添註　明覆宋刻本　八冊　八行十七字小字雙行同白口四周雙邊單白魚尾

370000－1544－0001441　600/6－2
揚子法言十三卷音義一卷　(漢)揚雄撰　(晉)李軌注　清嘉慶二十四年(1819)秦氏石硯齋刻本　二冊　十行十八字小字雙行同白口左右雙邊單黑魚尾

370000－1544－0001442　600/7
太玄經集注十卷　(宋)司馬光撰　清嘉慶三年(1798)陶氏五柳居刻本　四冊　八行十八字小字雙行二十四字白口左右雙邊單黑魚尾

370000－1544－0001443　600/12
東西哲衡二卷　(清)李春生輯　清光緒三十四年至宣統三年(1908－1911)福州美華書局鉛印本　一冊　十二行三十字白口四周雙邊單黑魚尾

370000－1544－0001444　610/1
太玄(桐城先生點勘太玄讀本)十卷　(清)吳汝綸點勘　清宣統二年(1910)衍星社鉛印本　一冊　十二行二十八字小字雙行同白口四周雙邊單黑魚尾

370000－1544－0001445　610/2－4
荀子(桐城先生點勘荀子讀本)二十卷　(清)吳汝綸點勘　清宣統二年(1910)衍星社鉛印本　二冊　十二行二十八字小字雙行同白口四周雙邊單黑魚尾

370000－1544－0001446　610/2－6
荀子二十卷　(明)吳勉學校　明萬曆吳勉學刻本　四冊　九行十八字白口左右雙邊單黑魚尾

370000－1544－0001447　610/3
中說十卷　(隋)王通撰　(宋)阮逸注　明嘉靖十二年(1533)吳郡顧氏世德堂刻本　四冊　八行十七字小字雙行同白口四周雙邊單白魚尾

370000－1544－0001448　610/3－2
中說十卷　(隋)王通撰　(明)吳勉學校　明萬曆吳勉學刻本　二冊　九行十八字白口左右雙邊單黑魚尾

370000－1544－0001449　610/3－3
中說十卷　(隋)王通撰　(宋)阮逸注　清光緒十六年(1890)貴陽陳氏影宋刻本　二冊　十四行二十六字小字雙行同白口四周單邊單黑魚尾

370000－1544－0001450　610/4－3
孔氏家語十卷　(三國魏)王肅注　清初吳郡寶翰樓刻本　四冊　九行十七字小字雙行同白口左右雙邊

370000－1544－0001451　610/5
聖門十六子書　(清)馮雲鵷輯　清道光十二年(1832)昌平書院刻本　六冊　八行二十二字白口四周雙邊單黑魚尾

370000－1544－0001452　610/6
孔子集語二卷　(宋)薛據纂輯　(清)孔廣棨校刊　清乾隆二年(1737)刻本　一冊　九行十八字小字雙行同白口左右雙邊單黑魚尾

370000－1544－0001453　610/6－2
孔子集語二卷　(宋)薛據纂輯　(清)孔廣棨校刊　清乾隆二年(1737)刻本　一冊　九行十八字小字雙行同白口左右雙邊單黑魚尾

370000－1544－0001454　610/6－3
孔子集語二卷　(宋)薛據纂輯　(清)孔廣棨校刊　清乾隆二年(1737)刻本　一冊　九行十八字小字雙行同白口左右雙邊單黑魚尾

370000－1544－0001455　610/6－4

孔子集語二卷 (宋)薛據纂輯 (清)孔廣棨校刊 清乾隆二年(1737)刻本 一册 九行十八字小字雙行同白口左右雙邊單黑魚尾

370000－1544－0001456 610/6－5
孔子集語二卷 (宋)薛據纂輯 (清)孔廣棨校刊 清乾隆二年(1737)刻本 一册 九行十八字小字雙行同白口左右雙邊單黑魚尾

370000－1544－0001457 610/6－6
孔子集語十七卷 (清)孫星衍撰 清光緒二十三年(1897)文瑞樓鉛印本 一册 十三行四十字小字雙行同白口四周單邊雙對黑魚尾 存九卷(一至九)

370000－1544－0001458 610/9－2
中説十卷 (隋)王通撰 (宋)阮逸注 明刻本 二册 十二行二十六字小字雙行同黑口四周雙邊雙順黑魚尾

370000－1544－0001459 610/10
子思子七卷 (漢)鄭玄注 (清)黄以周輯解 清光緒江陰南菁書院刻本 二册 十行二十一字小字雙行同黑口四周雙邊單黑魚尾

370000－1544－0001460 610/11
孔子家語十卷 (三國魏)王肅注 清道光十四年(1834)致盛堂刻本 四冊 九行十七字小字雙行同白口左右雙邊單黑魚尾

370000－1544－0001461 610/11－2
孔子家語十卷 (三國魏)王肅注 清同治十二年(1873)善成堂刻本 四册 十一行二十四字小字雙行同白口左右雙邊單黑魚尾

370000－1544－0001462 610/12
論衡三十卷 (漢)王充撰 清光緒元年(1875)湖北崇文書局刻本 五册 十二行二十四字小字雙行同黑口四周雙邊雙對黑魚尾

370000－1544－0001463 610/13
傳習録三卷 (明)王守仁撰 明刻本 三册 九行十九字白口四周雙邊單黑魚尾

370000－1544－0001464 610/15
天中許子政學合一集 (清)許三禮撰 清康熙刻本 一册 十行二十字白口左右雙邊單黑魚尾 存戊午同人問答、告天樓告法、河洛源流

370000－1544－0001465 610/16
聖域述聞二十八卷 (清)黄本驥原編 (清)黄宅中重訂 清刻本 一册 九行二十四字小字雙行同黑口左右雙邊單黑魚尾 存三卷(四至六)

370000－1544－0001466 610/17
禹貢釋地一卷 (清)劉鍾麟撰 清光緒八年(1882)刻本 一册 六行二十字小字雙行同白口左右雙邊

370000－1544－0001467 610/18
五子會要 (清)張官德集注 清同治九年(1870)養原堂刻本 一册 十行二十二字小字雙行同白口左右雙邊單黑魚尾

370000－1544－0001468 611/1
浮邱子十二卷 (清)湯鵬撰 清宣統二年(1910)掃葉山房石印本 六册 十四行三十字白口四周雙邊單黑魚尾

370000－1544－0001469 611/1－2
浮邱子十二卷 (清)湯鵬撰 清宣統二年(1910)掃葉山房石印本 六册 十四行三十字白口四周雙邊單黑魚尾

370000－1544－0001470 611/2
豈有此理四卷 (清)□□撰 清刻本 四册 八行二十字白口四周單邊單黑魚尾

370000－1544－0001471 611/2－2
豈有此理四卷 (清)□□撰 清道光四年(1824)刻本 四册 八行二十字白口四周單邊單黑魚尾

370000－1544－0001472 611/2－3
更豈有此理四卷 (清)□□撰 清道光四年(1824)刻本 四册 八行二十字白口四周單邊單黑魚尾

370000－1544－0001473 611/4
校邠廬抗議二卷 (清)馮桂芬撰 清光緒二

十四年(1898)刻本　二冊　十一行二十三字小字雙行同黑口左右雙邊單黑魚尾

370000－1544－0001474　611/4－2
校邠廬抗議二卷　(清)馮桂芬撰　清光緒二十四年(1898)益文堂刻本　二冊　十一行二十三字小字雙行同黑口四周雙邊單黑魚尾

370000－1544－0001475　611/5
十科策略箋釋十卷　(明)劉定之撰　(清)劉作樑註釋　(清)唐煌校　(清)劉廷琨重訂　清雍正四年(1726)刻本　六冊　九行二十字小字雙行同白口四周單邊單黑魚尾間魚尾

370000－1544－0001476　611/6
安危注四卷　(明)吳甡撰　清刻本　六冊　九行二十字白口四周雙邊單黑魚尾

370000－1544－0001477　611/7
居官必要八卷　(明)呂坤撰　(清)陳于豫校　清刻本　六冊　九行十九字白口左右雙邊單黑魚尾

370000－1544－0001478　611/9
簾舫先生四種　(清)劉衡撰　清咸豐三年(1853)月雲海樓刻本　二冊　十行二十一字白口左右雙邊單黑魚尾　存二種(庸吏庸言、庸吏餘談)

370000－1544－0001479　611/10
鹽鐵論十二卷　(漢)桓寬撰　(明)萬廷莘校　清乾隆刻漢魏叢書本　四冊　九行二十字小字雙行同白口左右雙邊單白魚尾

370000－1544－0001480　611/13
曾忠襄公奏議三十二卷　(清)曾國荃撰　(清)蕭榮爵編輯　清光緒二十九年(1903)刻本　二十冊　十行二十四字黑口左右雙邊單黑魚尾　缺十二卷(一至十二)

370000－1544－0001481　611/15
皇朝畜艾文編八十卷　(清)于寶軒輯　清光緒二十九年(1903)上海官書局鉛印本　四十二冊　十四行三十二字白口四周雙邊單黑魚尾

370000－1544－0001482　611/16
陶文毅公全集六十四卷首一卷末一卷　(清)陶澍撰　清道光二十年(1840)淮北士民刻本　二十四冊　十行二十一字小字雙行同白口四周雙邊單黑魚尾

370000－1544－0001483　611/17
湯子遺書十卷　(清)湯斌撰　清同治九年(1870)湯氏祠堂刻本　三十二冊　十行十九字黑口左右雙邊單黑魚尾

370000－1544－0001484　611/18
默齋公牘二卷附錄一卷　(清)俞德淵撰　(清)路德評選　清刻本　一冊　九行二十二字白口四周雙邊

370000－1544－0001485　611/19
蓬窗隨錄十四卷蓬窗續錄二卷蓬窗坿錄二卷　(清)沈兆澐輯　清咸豐刻本　十四冊　十一行二十一字白口四周雙邊單黑魚尾

370000－1544－0001486　611/20
新書十卷　(漢)賈誼撰　清乾隆盧氏抱經堂刻本　二冊　十行二十字小字雙行同白口左右雙邊單黑魚尾

370000－1544－0001487　611/21
明夷待訪錄　(清)黃宗羲撰　(清)黃承乙校梓　清光緒五年(1879)京師晉華書局刻本　一冊　十行二十字白口左右雙邊單黑魚尾

370000－1544－0001488　611/23
籌洋芻議一卷　(清)薛福成撰　清光緒刻本　一冊　十行二十一字白口左右雙邊單黑魚尾

370000－1544－0001489　611/24
五種遺規　(清)陳弘謀輯　清刻本　十冊　十一行二十四字小字雙行同白口左右雙邊單黑魚尾　存三種十八卷(學仕遺規四卷、補編四卷,從政遺規四卷,訓俗遺規四卷、補編二卷)

370000－1544－0001490　611/26
沈端恪公遺書二卷　(清)沈近思撰　**沈端恪公年譜二卷**　(清)沈曰富撰　清同治十二年

(1873)浙江書局刻本　二册　十行二十二字小字雙行同白口左右雙邊單黑魚尾

370000－1544－0001491　611/27
先正讀書訣一卷　(清)周永年輯　清光緒刻本　一册　十一行二十四字小字雙行同白口左右雙邊單黑魚尾

370000－1544－0001492　611/29
宋元舊本書經眼錄三卷附錄二卷　(清)莫友芝撰　清同治刻本　一册　十行二十一字小字雙行同白口左右雙邊雙對黑魚尾

370000－1544－0001493　612/1
松陽講義十二卷　(清)陸隴其撰　清刻本　四册　十一行二十字黑口左右雙邊雙對黑魚尾

370000－1544－0001494　612/1－2
松陽講義十二卷　(清)陸隴其撰　清貴文堂刻本　六册　十一行二十字黑口左右雙邊雙對黑魚尾

370000－1544－0001495　612/2
湯文正公遺書　(清)湯斌撰　(清)閻興邦評　(清)田蘭芳較　清刻本　八冊　九行二十字白口四周單邊單黑魚尾　存九種十七卷(潛菴先生遺稿五卷、疏稿一卷、洛學編五卷、困學錄一卷、嵩談錄一卷、志學會約一卷、乾坤丙卦解一卷、家書一卷、年譜一卷)

370000－1544－0001496　612/2－2
潛菴先生遺稿五卷　(清)湯斌撰　(清)閻興邦評　(清)田蘭芳較　清刻本　四册　九行二十字白口四周單邊單黑魚尾

370000－1544－0001497　612/2－3
湯文正公遺書　(清)湯斌撰　(清)閻興邦評　(清)田蘭芳較　清刻本　十二册　九行二十字白口四周單邊單黑魚尾　存六種十六卷(潛菴先生遺稿五卷、疏稿一卷、洛學編五卷、家書一卷、從祀文廟錄一卷、潛菴先生擬明史稿十八至二十)

370000－1544－0001498　612/3
學統五十六卷　(清)熊賜履撰　清康熙二十四年(1685)刻本　十六册　九行二十字白口左右雙邊單黑魚尾

370000－1544－0001499　612/3－2
學統五十六卷　(清)熊賜履撰　清光緒二十三年(1897)刻本　十册　十二行三十二字白口四周雙邊單黑魚尾

370000－1544－0001500　612/4
二曲集四十六卷　(清)李顒撰　清光緒三年(1877)信逯堂刻本　十六册　九行二十字白口四周雙邊單黑魚尾

370000－1544－0001501　612/5
御纂性理精義十二卷　(清)李光地纂修　清刻本　六册　八行二十字小字雙行二十一字白口四周雙邊單黑魚尾

370000－1544－0001502　612/7
國朝儒林正論四卷　(清)汪正編校　清道光刻本　四册　十二行二十五字黑口單黑魚尾

370000－1544－0001503　612/8
漢學商兑三卷　(清)方東樹撰　清光緒十五年(1889)刻本　三册　十行二十三字小字雙行同白口左右雙邊單黑魚尾

370000－1544－0001504　612/9
近思錄集解十四卷　(宋)朱熹編　(宋)葉采集解　(清)李振裕　(清)高裔重編　(清)朱廷梅重校　(清)朱烈訂梓　清康熙崇正堂刻本　三册　九行十八字小字雙行同白口四周雙邊

370000－1544－0001505　612/9－2
近思錄十四卷附校勘記一卷考訂朱子世家一卷　(宋)朱熹編　(清)江永集註　清光緒二十五年(1899)浙江官書局刻本　四册　七行十八字小字雙行同白口四周雙邊單黑魚尾

370000－1544－0001506　612/9－3
近思錄十四卷附校勘記一卷考訂朱子世家一卷　(清)江永集註　清光緒二十七年(1901)書業德刻本　四册　九行十九字小字雙行同白口左右雙邊單黑魚尾

370000－1544－0001507　612/10
思辨錄輯要三十五卷　(明)陸世儀撰　清光緒三年(1877)江蘇書局刻本　六冊　十二行二十三字白口四周雙行單黑魚尾

370000－1544－0001508　612/11
大學衍義補一百六十卷首一卷　(明)丘濬撰　(明)陳仁錫評閱　明崇禎刻本　四十八冊　十行二十字小字雙行同白口四周單邊單綫魚尾

370000－1544－0001509　612/11－2
大學衍義輯要六卷　(宋)真德秀撰　(清)陳弘謀纂輯　清道光二十二年(1842)寶恕堂刻本　四冊　十行二十一字小字雙行同白口左右雙邊單黑魚尾

370000－1544－0001510　612/11－3
大學衍義補輯要十二卷首一卷　(明)邱濬撰　(清)陳弘謀纂輯　清道光二十二年(1842)寶恕堂刻本　十二冊　十行二十一字小字雙行同白口左右雙邊單黑魚尾

370000－1544－0001511　612/11－4
大學衍義四十三卷　(宋)真德秀撰　清同治十一年(1872)浙江書局刻本　十冊　十行二十字小字雙行同白口左右雙邊單黑魚尾

370000－1544－0001512　612/11－4－2
大學衍義四十三卷　(宋)真德秀撰　清同治十三年(1874)金陵書局刻本　八冊　十行二十字小字雙行同白口左右雙邊單黑魚尾

370000－1544－0001513　612/13
儒門法語輯要一卷　(清)彭定求撰　清光緒七年(1881)刻本　一冊　十行二十一字小字雙行同白口四周雙邊單黑魚尾

370000－1544－0001514　612/13－2
儒門法語輯要一卷　(清)彭定求撰　清光緒七年(1881)刻本　一冊　十行二十一字小字雙行同白口四周雙邊單黑魚尾

370000－1544－0001515　612/14
最樂編六卷　(明)高道淳輯　清同治二年(1863)刻本　一冊　十行二十一字黑口左右雙邊單黑魚尾

370000－1544－0001516　612/14－2
最樂編六卷　(明)高道淳輯　清同治二年(1863)刻本　一冊　十行二十一字黑口左右雙邊單黑魚尾

370000－1544－0001517　612/14－3
最樂編六卷　(明)高道淳輯　清同治二年(1863)刻本　一冊　十行二十一字黑口左右雙邊單黑魚尾

370000－1544－0001518　612/14－4
最樂編六卷　(明)高道淳輯　清同治二年(1863)刻本　一冊　十行二十一字黑口左右雙邊單黑魚尾

370000－1544－0001519　612/15
性理體註正蒙訓解八卷　(清)張道升　(清)仇廷桂纂輯　清咸豐二年(1852)聚奎堂刻本　四冊　上欄二十一行二十三字下欄九行十七字小字雙行同白口四周單邊單黑魚尾

370000－1544－0001520　612/17
呂語集粹(呻吟語)四卷首一卷　(明)呂坤撰　(清)陳弘謀評　清光緒刻本　四冊　九行二十字白口左右雙邊單黑魚尾

370000－1544－0001521　612/17－2
呂語集粹(呻吟語)四卷首一卷　(明)呂坤撰　(清)陳弘謀評　清光緒刻本　六冊　九行二十字白口左右雙邊單黑魚尾

370000－1544－0001522　612/18
性理大全書七十卷　(明)胡廣等纂　明萬曆吴勉學師古齋刻本　二十四冊　十行二十字小字雙行同白口左右雙邊雙順黑魚尾

370000－1544－0001523　612/18－2
新刊性理大全七十卷首一卷　(明)胡廣等纂　明刻本　四十冊　十一行二十六字小字雙行同白口四周雙邊雙順黑魚尾

370000－1544－0001524　612/19
[張官德著述六種]　(清)張官德撰　清同治刻本　十二冊　行款不一

370000－1544－0001525　612/20

北海經學七録八卷　(清)孔廣林輯　清乾隆三十九年(1774)刻光緒十二年(1886)補刻本　一冊　十行二十字小字雙行三十四字黑口左右雙邊單黑魚尾

370000－1544－0001526　612/21

顔氏學記十卷　(清)戴望撰　清光緒二十年(1894)刻本　四冊　十二行二十四字小字雙行同黑口左右雙邊

370000－1544－0001527　612/23

周子全書二十一卷首一卷　(宋)周敦頤撰　(清)董榕輯　清乾隆二十一年(1756)刻本　十冊　十行十九字小字雙行同黑口四周單邊單黑魚尾

370000－1544－0001528　612/24

性理會通七十卷　(明)汪明際點閲　(明)鍾人傑訂正　明刻本　十冊　十行二十字小字雙行同白口四周單邊單白魚尾

370000－1544－0001529　612/25

淵鑒齋御纂朱子全書六十六卷　(宋)朱熹撰　(清)熊賜履　(清)李光地等纂修　清康熙五十三年(1714)武英殿刻本　二十五冊　九行二十字小字雙行同白口四周單邊單黑魚尾

370000－1544－0001530　612/25－2

淵鑒齋御纂朱子全書六十六卷　(宋)朱熹撰　(清)熊賜履　(清)李光地等纂修　清康熙五十三年(1714)武英殿刻本　二十五冊　九行二十字小字雙行同白口四周單邊單黑魚尾

370000－1544－0001531　612/27

司馬文正公傳家集八十卷目録二卷　(宋)司馬光撰　**年譜一卷附録一卷**　(清)陳弘謀撰　清乾隆六年(1741)刻本　二十三冊　十一行二十一字小字雙行同黑口左右雙邊單黑魚尾　缺一卷(目録上)

370000－1544－0001532　612/28

張子全書十五卷　(宋)張載撰　清刻本　八冊　十行二十字小字雙行同白口四周單邊單黑魚尾

370000－1544－0001533　612/28－2

張子全書十五卷　(宋)張載撰　清刻本　二冊　十行二十字小字雙行同白口四周單邊單黑魚尾　存八卷(一至八)

370000－1544－0001534　612/29

穀詒彙六卷　(明)陶希臯輯　明刻本　三冊　八行十八字小字雙行同白口四周單邊

370000－1544－0001535　612/30

上蔡語録三卷附證一卷　(宋)謝良佐撰　清刻本　三冊　九行二十字小字雙行同白口四周單邊單黑魚尾

370000－1544－0001536　612/31

薛文清公讀書録十一卷續録十二卷　(明)薛瑄撰　清刻本　四冊　十二行二十二字黑口左右雙邊雙對花魚尾

370000－1544－0001537　612/32

朱子語類五十二卷　(宋)朱熹撰　清刻本　二十四冊　十二行二十四字小字雙行同黑口四周雙邊雙對花魚尾

370000－1544－0001538　612/33

困知記二卷續二卷三續一卷四續一卷續補一卷外編一卷附録一卷　(明)羅欽順撰　清乾隆二十一年(1756)刻嘉慶四年(1799)補刻本　四冊　十行二十字黑口左右雙邊單黑魚尾

370000－1544－0001539　612/38

二程全書七種　(宋)程顥　(宋)程頤撰　清光緒十八年(1892)傳經堂刻本　八冊　十二行二十二字黑口左右雙邊雙對花魚尾

370000－1544－0001540　612/40

養正遺規二卷附編一卷　(清)陳弘謀輯　清彙文堂刻五種遺規本　一冊　十行二十字小字雙行同白口四周雙邊單黑魚尾

370000－1544－0001541　612/41

教女遺規三卷　(清)陳弘謀輯　清彙文堂刻五種遺規本　一冊　十行二十字小字雙行同白口四周雙邊單黑魚尾

370000－1544－0001542　612/42

困勉齋私記四卷　(清)閻循觀撰　清乾隆三十八年(1773)樹滋堂刻本　一冊　十行二十二字白口左右雙邊單黑魚尾

370000－1544－0001543　612/44
理學宗傳二十六卷　(清)孫奇逢輯　(清)魏一鼇　(清)孫立雅編　清光緒六年(1880)浙江書局刻本　十二冊　九行二十字小字雙行同白口左右雙邊單黑魚尾

370000－1544－0001544　613/1－2
國朝漢學師承記八卷經師經義目錄一卷宋學淵源記二卷附記一卷　(清)江藩纂　清刻本　四冊　九行二十一字黑口左右雙邊

370000－1544－0001545　613/1－5
國朝漢學師承記八卷經師經義目錄一卷宋學淵源記二卷附記一卷　(清)江藩纂　清光緒十一年(1885)校經山房刻本　六冊　九行二十一字黑口左右雙邊

370000－1544－0001546　613/2
義門讀書記五十八卷　(清)何焯撰　(清)蔣維鈞編　清乾隆十六年(1751)刻本　十六冊　十四行二十二字黑口左右雙邊單黑魚尾

370000－1544－0001547　613/2－2
義門讀書記五十八卷　(清)何焯撰　(清)蔣維鈞編　清乾隆十六年(1751)刻光緒十六年(1890)笤溪吳氏重修本　十二冊　十四行二十二字黑口左右雙邊單黑魚尾

370000－1544－0001548　613/3
讀書雜誌八十二卷餘編二卷　(清)王念孫撰　清同治九年(1870)金陵書局刻本　二十四冊　十行二十一字小字雙行同白口四周雙邊單黑魚尾

370000－1544－0001549　613/3－2
讀書雜誌八十二卷餘編二卷　(清)王念孫撰　清同治九年(1870)金陵書局刻本　二十四冊　十行二十一字小字雙行同白口四周雙邊單黑魚尾

370000－1544－0001550　613/3－3
讀書雜誌八十二卷餘編二卷　(清)王念孫撰　清刻本　二十四冊　十行二十一字小字雙行同白口四周雙邊單黑魚尾

370000－1544－0001551　613/8
心齋十種　(清)任兆麟輯　(清)王西莊等鑒定　清乾隆刻本　四冊　九行十七字小字雙行同白口左右雙邊單黑魚尾

370000－1544－0001552　613/9
晚學集八卷　(清)桂馥撰　清道光二十一年(1841)刻本　二冊　十行二十一字小字雙行同黑口左右雙邊單黑魚尾

370000－1544－0001553　613/9－2
晚學集八卷　(清)桂馥撰　清道光二十一年(1841)刻本　二冊　十行二十一字小字雙行同黑口左右雙邊單黑魚尾

370000－1544－0001554　613/10
癸巳類稿十五卷　(清)俞正燮撰　清道光十三年(1833)求日益齋刻本　五冊　十二行二十四字小字雙行同白口四周雙邊單黑魚尾

370000－1544－0001555　613/11
癸巳存稿十五卷　(清)俞正燮撰　清光緒十年(1884)刻本　六冊　十二行二十四字小字雙行同白口四周雙邊單黑魚尾

370000－1544－0001556　613/12
蘿藦亭札記八卷　(清)喬松年輯　清同治十二年(1873)刻本　四冊　十行二十三字小字雙行同白口四周單邊單黑魚尾

370000－1544－0001557　613/13
陔餘叢考四十三卷　(清)趙翼撰　清乾隆五十五年(1790)湛貽堂刻本　十二冊　十一行二十一字小字雙行三十一字白口左右雙邊單黑魚尾

370000－1544－0001558　613/13
陔餘叢考四十三卷　(清)趙翼撰　清乾隆五十五年(1790)湛貽堂刻本　十二冊　十一行二十一字小字雙行三十一字白口左右雙邊單黑魚尾

370000－1544－0001559　613/14

客座贅語十卷　(明)顧起元輯　(清)傅春官校刊　清光緒三十年(1904)江寧傅氏晦齋金陵叢刻本　三冊　十一行二十一字白口左右雙邊單黑魚尾

370000－1544－0001560　613/16
札樸十卷　(清)桂馥撰　清光緒九年(1883)長洲蔣氏心矩齋刻本　五冊　十一行二十一字黑口左右雙邊雙對黑魚尾

370000－1544－0001561　613/16－2
札樸十卷　(清)桂馥撰　清嘉慶十八年(1813)小李山房刻本　十冊　十行二十一字小字雙行同黑口左右雙邊

370000－1544－0001562　613/16－3
札樸十卷　(清)桂馥撰　清嘉慶十八年(1813)小李山房刻本　五冊　十行二十一字小字雙行同黑口左右雙邊

370000－1544－0001563　613/17
潛邱劄記六卷　(清)閻若璩撰　**左汾近稾一卷**　(清)閻詠撰　清乾隆九年(1744)閻氏眷西堂刻本　十二冊　十一行二十字小字雙行同白口左右雙邊單黑魚尾

370000－1544－0001564　613/18
讀書敏求記四卷　(清)錢曾撰　清道光五年(1825)刻本　四冊　十行二十二字白口四周雙邊單黑魚尾

370000－1544－0001565　613/18－2
讀書敏求記四卷　(清)錢曾撰　清道光五年(1825)刻本　四冊　十行二十二字白口四周雙邊單黑魚尾

370000－1544－0001566　613/19
群書拾補初編　(清)盧文弨校補　清光緒十三年(1887)上海蜚英館石印本　八冊　十行二十一字小字雙行同白口左右雙邊單黑魚尾

370000－1544－0001567　613/19－2
群書拾補初編　(清)盧文弨校補　清光緒十三年(1887)上海蜚英館石印本　八冊　十行二十一字小字雙行同白口左右雙邊單黑魚尾

370000－1544－0001568　613/21
卮林十卷補遺一卷　(明)周嬰撰　清嘉慶二十年(1815)蕭山陳氏湖海樓刻本　十冊　十行二十二字小字雙行同黑口左右雙邊

370000－1544－0001569　613/23
十三經札記二十二卷　(清)朱亦棟撰　清光緒四年(1878)武林竹簡齋刻本　六冊　八行二十一字白口四周雙邊單黑魚尾

370000－1544－0001570　613/26
西溪叢語二卷　(宋)姚寬撰　明刻本　二冊　九行二十字小字雙行同白口四周單邊單黑魚尾

370000－1544－0001571　613/27
群書疑辨十二卷　(清)萬斯同纂　清嘉慶二十一年(1816)刻本　六冊　十行二十字白口四周單邊單黑魚尾

370000－1544－0001572　613/28
古學記問錄十五卷　(清)吳蔚文撰　清同治四年(1865)文瑞堂刻本　六冊　十一行二十四字小字雙行同白口左右雙邊單黑魚尾

370000－1544－0001573　613/31
牛空山先生全集　(清)牛運震撰　清嘉慶二十三年(1818)滋陽牛氏空山堂刻本　二十五冊　九行二十二字白口四周雙邊單黑魚尾　存五種(周易解、詩志、史記評注、讀史糾謬、孟子論文)

370000－1544－0001574　613/32
精鈔學古十種　(□)□□輯　清抄本　六冊　九行二十五字小字雙行同

370000－1544－0001575　613/35
水田居全集　(清)賀貽孫撰　清勅書樓刻本　十七冊　九行二十六字白口左右單邊單黑魚尾　存五種二十卷(文集五卷、詩箋一卷、騷箋一卷、詩經觸義六卷、易經觸義七卷)

370000－1544－0001576　613/36
增補四書精繡圖像人物備考十二卷圖一卷　(明)陳仁錫增定　清雍正四年(1726)古吳維新堂刻本　六冊　上欄二十四行五字下欄十

二行三十字小字雙行同白口四周單邊單黑魚尾

370000－1544－0001577　613/36－2

增訂四書圖像人物備考十二卷圖一卷　（明）陳仁錫增定　清康熙五十六年（1717）古吳三多齋刻本　六冊　上欄小字二十四行五字下欄十二行二十七字小字雙行同白口四周單邊單黑魚尾

370000－1544－0001578　613/37

庸言四卷　（清）余元遴著　清咸豐元年（1851）露蕭草堂刻本　二冊　十行二十二字小字雙行同黑口四周雙邊雙對黑魚尾

370000－1544－0001579　613/38

筆叢（少室山房筆叢）四十八卷　（明）胡應麟撰　（明）江湛然輯　（明）趙鳳城校　明刻本　十二冊　九行十八字小字雙行同白口四周單邊單白魚尾

370000－1544－0001580　613/40

白虎通德論二卷　（漢）班固撰　明翻刻元大德本　二冊　十行十六字白口左右雙邊單黑魚尾

370000－1544－0001581　613/41

湛園札記四卷　（清）姜宸英撰　（清）葉元堺重校　清光緒七年（1881）見山樓刻本　二冊　九行二十二字黑口左右雙邊單黑魚尾

370000－1544－0001582　613/42

顔學辯八卷　（清）程仲威撰　清光緒十年（1884）安徽官紙印刷局鉛印本　四冊　十二行三十二字細黑口四周雙邊單黑魚尾

370000－1544－0001583　613/43

東湖叢記六卷　（清）蔣光煦撰　清光緒九年（1883）雲自在龕刻本　三冊　十一行二十三字黑口左右雙邊單黑魚尾

370000－1544－0001584　620/1

洗冤錄詳義四卷首一卷　（清）許槤編校　清光緒三年（1877）湖北藩署刻本　四冊　上欄十八行十四字下欄九行十四字小字雙行同白口左右雙邊單黑魚尾

370000－1544－0001585　620/1－2

洗冤錄摭遺二卷摭遺補一卷　（清）葛元煦撰　清光緒三年（1877）湖北藩署刻本　二冊　九行二十五字小字雙行同白口左右雙邊單黑魚尾

370000－1544－0001586　620/1－3

洗冤錄詳義四卷首一卷摭遺二卷　（清）許槤編校　清光緒五年（1879）刻本　一冊　上欄十八行十四字下欄九行十四字小字雙行同白口左右雙邊單黑魚尾

370000－1544－0001587　620/2

補註洗冤錄集證五卷　（宋）宋慈撰　（清）王又槐增輯　（清）李觀瀾補輯　（清）阮其新補註　（清）張錫蕃重訂　清同治四年（1865）粵東省署刻四色套印本　六冊　十行十八字小字雙行同白口左右雙邊單黑魚尾

370000－1544－0001588　620/3

桐城先生點勘韓非子讀本二十卷　（清）吳汝綸點勘　清宣統二年（1910）衍星社鉛印本　二冊　十二行二十八字小字雙行同白口四周雙邊單黑魚尾

370000－1544－0001589　620/3－2

韓非子二十卷　（周）韓非撰　清嘉慶九年（1804）姑蘇聚文堂刻本　四冊　十一行二十一字小字雙行同黑口四周單邊

370000－1544－0001590　620/4－2

管子二十四卷　（周）管仲撰　（唐）房玄齡注　清光緒五年（1879）刻本　四冊　十二行二十四字小字雙行三十字白口四周雙邊單黑魚尾

370000－1544－0001591　620/6

韓非子識誤三卷　（清）顧廣圻撰　清光緒元年（1875）浙江書局刻本　一冊　九行二十一字小字雙行同白口左右雙邊單黑魚尾

370000－1544－0001592　620/7

管子評註　（唐）房玄齡註釋　（唐）劉績增註　（明）朱養純　（明）沈鼎新參評　（明）朱長春通演　（明）朱養和輯訂　清嘉慶九年

(1804)姑蘇聚文堂刻本　十六冊　九行二十字白口四周單邊單黑魚尾

370000－1544－0001593　620/8
新書十卷　(漢)賈誼撰　清乾隆餘姚盧氏抱經堂刻本　二冊　十行二十字小字雙行同白口左右雙邊單黑魚尾

370000－1544－0001594　620/9
合刻管韓二子四十四卷　(明)葛鼎　(明)丁此聘訂閱　明崇禎十一年(1638)刻本　八冊　九行二十四字白口四周單邊

370000－1544－0001595　620/11
管子地員篇注四卷　(清)王紹蘭撰　(清)胡熽棻校刊　清光緒十七年(1891)蕭山胡氏寄虹山館刻本　四冊　十行二十字小字雙行同白口四周雙邊雙對黑魚尾

370000－1544－0001596　620/12
韓非子二十卷　(周)韓非撰　清光緒元年(1875)浙江書局刻本　五冊　九行二十一字小字雙行同白口左右雙邊單黑魚尾

370000－1544－0001597　630/4
漢書人表攷九卷補一卷　(清)梁玉繩撰　**附錄一卷**　(清)梁學昌輯　**人表攷校補**　(清)蔡雲撰　清光緒十三年(1887)廣雅書局刻本　六冊　十一行二十四字黑口四周單邊單黑魚尾

370000－1544－0001598　650/1
禽經　(周)師曠撰　(晉)張華註　(明)呂茂良訂　明天啓呂氏刻本　一冊　九行二十字白口四周單邊

370000－1544－0001599　660/1
湘軍志十六卷　(清)王闓運撰　清光緒五年(1879)刻本　四冊　十行十九字白口四周雙邊單黑魚尾

370000－1544－0001600　660/1－2
湘軍志十六卷　(清)王闓運撰　清宣統元年(1909)刻本　四冊　十行二十一字白口左右雙邊雙對黑魚尾

370000－1544－0001601　660/1－3
湘軍志十六卷　(清)王闓運撰　清光緒十二年(1886)墨香書屋刻本　四冊　十行二十一字白口四周雙邊單黑魚尾

370000－1544－0001602　660/2
古今將略四卷　(明)馮時寧輯　明西陵在茲堂刻本　十二冊　八行十八字小字雙行同白口左右雙邊

370000－1544－0001603　660/4
孫子十家註十三卷遺說一卷　(清)孫星衍　(清)吳人驥校　**孫子敘錄一卷**　(清)畢以珣撰　清光緒十年(1884)刻本　六冊　十二行二十四字小字雙行同黑口左右雙邊雙對黑魚尾

370000－1544－0001604　660/5
百將圖傳二卷　(清)丁日昌撰　清同治八年(1869)江蘇書局刻本　二冊　十一行二十一字白口左右雙邊單黑魚尾

370000－1544－0001605　660/5－2
百將圖傳二卷　(清)丁日昌撰　清同治八年(1869)江蘇書局刻本　二冊　十一行二十一字白口左右雙邊單黑魚尾

370000－1544－0001606　660/6
新鐫旁批詳註總斷廣名將譜(廣百將傳)二十卷　(明)黃道周註斷　明崇禎刻本　八冊　九行二十字小字雙行同白口四周單邊單黑魚尾

370000－1544－0001607　660/8
戰略考三十一卷　(明)茅元儀撰　(清)潘鐸評　清咸豐十年(1860)刻本　六冊　九行二十字小字雙行同白口四周雙邊單黑魚尾

370000－1544－0001608　660/9
湘軍記二十卷　(清)王定安撰　清光緒十五年(1889)江南書局刻本　八冊　九行二十二字白口四周雙邊單黑魚尾

370000－1544－0001609　660/10
戊笈談兵十卷　(清)汪紱撰　清光緒二十年(1894)刻本　十一冊　十行二十二字小字雙

行同白口四周雙邊單黑魚尾

370000－1544－0001610　660/11

讀史兵略四十六卷　(清)胡林翼纂　清咸豐十一年(1861)武昌節署刻本　十六册　十二行二十四字小字雙行同白口四周雙邊單黑魚尾

370000－1544－0001611　660/11－2

讀史兵略四十六卷　(清)胡林翼纂　清咸豐十一年(1861)武昌節署刻本　十六册　十二行二十四字小字雙行同白口四周雙邊單黑魚尾

370000－1544－0001612　660/12

左氏兵法測要二十卷首二卷　(明)宋徵璧撰　明末劍閒齋刻本　八册　八行二十字小字雙行同白口四周單邊單綫魚尾

370000－1544－0001613　670/1

新序十卷　(漢)劉向撰　(明)程榮校　明萬曆新安程榮刻漢魏叢書本　四册　九行二十字白口左右雙邊單白魚尾

370000－1544－0001614　680/1

白虎通德論四卷　(漢)班固撰　(明)王道焜閲　明刻本　四册　九行二十字白口左右雙邊單黑魚尾

370000－1544－0001615　680/1－2

白虎通德論四卷　(漢)班固撰　(明)郎壁金訂定　明郎氏堂策檻刻本　二册　九行二十字白口四周單邊

370000－1544－0001616　680/2

歷代同姓名錄二十三卷首一卷　(清)劉長華輯　清光緒五年(1879)藜照軒刻本　四册　十一行二十五字白口四周雙邊單黑魚尾

370000－1544－0001617　680/3

池北偶談二十六卷　(清)王士禛撰　清康熙刻本　八册　十一行二十三字小字雙行同黑口四周單邊單黑魚尾

370000－1544－0001618　680/3－2

池北偶談二十六卷　(清)王士禛撰　清康熙刻本　八册　十一行二十三字小字雙行同黑口四周單邊單黑魚尾

370000－1544－0001619　680/4

新鐫五福萬壽丹書　(明)龔居中纂著　(明)鄭之僑增補　明刻本　五册　九行二十字白口四周單邊

370000－1544－0001620　680/5

日知錄集釋三十二卷刊誤二卷續刊誤二卷　(清)顧炎武撰　(清)黃汝成集釋　清同治八年(1869)廣州述古堂刻本　十六册　十一行二十二字小字雙行同黑口左右雙邊雙對黑魚尾

370000－1544－0001621　680/5－2

日知錄集釋三十二卷刊誤二卷續刊誤二卷　(清)顧炎武撰　(清)黃汝成集釋　清道光十四年(1834)刻本　八册　十一行二十二字小字雙行同黑口左右雙邊雙對黑魚尾

370000－1544－0001622　680/5－3

日知錄集釋三十二卷刊誤二卷續刊誤二卷　(清)顧炎武撰　(清)黃汝成集釋　清同治八年(1869)廣州述古堂刻本　十六册　十一行二十二字小字雙行同黑口左右雙邊雙對黑魚尾

370000－1544－0001623　680/5－4

日知錄三十二卷　(清)顧炎武撰　清刻本　十册　十一行二十二字小字雙行同白口左右雙邊單黑魚尾

370000－1544－0001624　680/5－5

日知錄集釋三十二卷刊誤二卷續刊誤二卷　(清)顧炎武撰　(清)黃汝成集釋　清同治八年(1869)廣州述古堂刻本　十六册　十一行二十二字小字雙行同黑口左右雙邊雙對黑魚尾

370000－1544－0001625　680/6

居易錄三十四卷　(清)王士禛撰　清康熙四十年(1701)刻本　八册　十行二十字小字雙行同黑口左右雙邊單黑魚尾

370000－1544－0001626　680/6－2

居易錄三十四卷　(清)王士禛撰　清康熙四十年(1701)刻本　八冊　十行二十字小字雙行同黑口左右雙邊單黑魚尾

370000－1544－0001627　680/9
顏氏家訓二卷　(北齊)顏之推撰　明刻後印本　二冊　十行十九字白口四周單邊雙順黑魚尾

370000－1544－0001628　680/9－2
顏氏家訓二卷　(北齊)顏之推撰　明刻後印本　二冊　十行十九字白口四周單邊雙順黑魚尾

370000－1544－0001629　680/11－2
淮南鴻烈解二十一卷　(漢)劉安撰　(清)黄錫禧校　清刻本　九冊　九行二十字小字雙行同白口四周邊單白魚尾

370000－1544－0001630　680/11－3
淮南鴻烈解二十一卷　(漢)劉安撰　(漢)高誘註　(明)張象賢訂　明萬曆刻本　十二冊　九行十九字小字雙行同白口四周雙邊

370000－1544－0001631　680/14
意林五卷　(唐)馬總撰　清刻本　二冊　九行二十一字白口四周雙邊單黑魚尾

370000－1544－0001632　680/16
避暑錄話二卷　(宋)葉夢得撰　(明)毛晉訂　明崇禎虞山毛氏汲古閣刻本　四冊　八行十九字白口左右雙邊

370000－1544－0001633　680/17
在園雜誌四卷　(清)劉廷璣撰　清康熙五十四年(1715)自刻本　八冊　九行十九字小字雙行同黑口左右雙邊雙順黑魚尾

370000－1544－0001634　680/18
皇華紀聞四卷　(清)王士禛撰　清康熙刻本　四冊　十行十九字黑口左右雙邊單黑魚尾

370000－1544－0001635　680/20
淮南鴻烈解輯略二卷　(明)張榜輯　明刻本　一冊　下欄九行二十字小字雙行同白口四周單邊單黑魚尾

370000－1544－0001636　680/23
麗濵薈録十四卷　(清)蔣超伯撰　清同治五年(1866)江都蔣氏刻本　七冊　十行二十一字白口四周雙邊單黑魚尾

370000－1544－0001637　680/24
日知錄之餘四卷　(清)顧炎武撰　清宣統二年(1910)刻本　二冊　十一行二十二字白口左右雙邊單黑魚尾

370000－1544－0001638　680/28
陰騭文註証四卷　(清)孫明經註　清同治元年(1862)刻本　四冊　十四行二十四字小字雙行同白口四周雙邊單黑魚尾

370000－1544－0001639　680/29
風俗通義十卷　(漢)應劭著　(明)郎壁金閲　明郎氏堂策檻刻本　二冊　九行二十字白口四周單邊

370000－1544－0001640　691/1－2
莊子十卷　(晉)郭象注　(唐)陸德明音義　清光緒二年(1876)浙江書局刻本　四冊　九行二十一字小字雙行同白口左右雙邊單黑魚尾

370000－1544－0001641　691/2
莊子内篇注七卷　(明)釋德清撰　明天啓元年(1621)管覺僊刻本　三冊　九行十八字小字雙行同白口左右雙邊單綫魚尾

370000－1544－0001642　691/4－2
桐城先生點勘老子讀本一卷　(清)吴汝纶點勘　清宣統元年(1909)鉛印本　一冊　十二行二十八字小字雙行同白口四周雙邊單黑魚尾

370000－1544－0001643　691/7
神仙通鑑摘錄十四卷　(清)春帆輯　清宣統元年(1909)萬全堂刻本　十冊　八行二十一字小字雙行同白口四周雙邊單黑魚尾

370000－1544－0001644　691/8
譚子化書六卷　(南唐)譚峭撰　清光緒刻本　一冊　九行十八字白口左右雙邊單黑魚尾

370000－1544－0001645　691/9
莊子獨見　(清)胡文英評釋　清乾隆刻本　二册　十行十九字小字雙行同白口左右雙邊單黑魚尾

370000－1544－0001646　691/12－1
莊子集解八卷　王先謙撰　清宣統元年(1909)思賢書局刻本　二册　十一行二十四字小字雙行同黑口左右雙邊單黑魚尾

370000－1544－0001647　691/12－2
莊子集釋十卷　(清)郭慶藩輯　清光緒湖南思賢講舍刻本　十册　十一行二十四字小字雙行同黑口左右雙邊單黑魚尾

370000－1544－0001648　691/14
老子元翼二卷考異一卷附錄一卷　(明)焦竑輯　清乾隆五年(1740)三多齋刻本　四册　九行二十一字小字雙行同白口四周雙邊單黑魚尾

370000－1544－0001649　691/20
御註道德經二卷　(清)世祖福臨輯　清順治十三年(1656)内府刻本　二册　八行十六字小字雙行同黑口四周雙邊雙對黑魚尾

370000－1544－0001650　692/9
一切經音義二十五卷　(唐)釋元應撰　(清)莊炘等同校　**補訂新譯大方廣佛華嚴經音義二卷**　(唐)釋慧苑述　清同治八年(1869)刻本　六册　十二行二十四字小字雙行同黑口四周單邊雙對黑魚尾

370000－1544－0001651　692/9－2
一切經音義二十五卷　(唐)釋元應撰　(清)莊炘等同校　**補訂新譯大方廣佛華嚴經音義二卷**　(唐)釋慧苑述　清同治八年(1869)刻本　四册　十二行二十四字小字雙行同黑口四周單邊雙對黑魚尾

370000－1544－0001652　692/12
釋氏十三經　(清)吳坤修編　清同治七年(1868)吳氏皖城撫署刻本　十二册　十二行二十四字黑口四周雙邊單黑魚尾

370000－1544－0001653　692/16
五燈會元二十卷　(宋)釋普濟纂　清光緒三十四年(1908)刻本　十六册　十行二十字小字雙行同黑口左右雙邊雙對黑魚尾

370000－1544－0001654　692/28
成唯識論十卷　(唐)釋玄奘譯　清光緒二十二年(1896)金陵刻經處刻本　二册　十行二十字小字雙行同黑口左右雙邊

370000－1544－0001655　692/34
大明三藏法數五十卷　(明)釋一如等集注　明萬曆二十二年(1594)刻本　十册　十行二十字小字雙行同白口四周雙邊

370000－1544－0001656　692/42
[石門寺藏]大方廣佛華嚴經八十卷　(唐)釋實叉難陀譯　(清)□□抄　清泥銀抄本　一册　五行十五字上下雙邊　存一卷(二十三)

370000－1544－0001657　693/2
真功發微二卷　(清)劉智著述　清刻本　一册　九行二十字小字雙行同白口左右雙邊單黑魚尾　存一卷(下)

370000－1544－0001658　694/1
燕京開教畧三卷　(法國)樊國樑撰　清光緒三十一年(1905)北平救世堂鉛印本　三册　八行二十字白口四周花邊

370000－1544－0001659　694/2
破邪詳辯四卷　(清)黄育楩撰　清光緒九年(1883)荊州將軍署刻本　二册　九行二十二字白口四周雙邊單黑魚尾

370000－1544－0001660　694/3
教務紀略四卷　(清)李剛己撰　清光緒鉛印本　一册　十行二十五字黑口四周單邊單黑魚尾　存一卷(四)

370000－1544－0001661　700/1
左傳事緯十二卷附錄八卷　(清)馬驌編論　(清)馬光　(清)馬驅閱　清刻本　十二册　九行二十二字白口左右雙邊單黑魚尾

370000－1544－0001662　700/3
顨軒孔氏所著書七種六十卷　(清)孔廣森撰

清嘉慶二十二年(1817)刻本　十冊　十行二十字小字雙行同黑口左右雙邊雙順黑魚尾

370000－1544－0001663　700/3－2
槼軒孔氏所著書七種六十卷　(清)孔廣森撰　清嘉慶二十二年(1817)刻本　十冊　十行二十字小字雙行同黑口左右雙邊雙順黑魚尾

370000－1544－0001664　700/3－3
槼軒孔氏所著書七種六十卷　(清)孔廣森撰　清嘉慶二十二年(1817)刻本　十冊　十行二十字小字雙行同黑口左右雙邊雙順黑魚尾

370000－1544－0001665　700/5
經典釋文三十卷附考證　(唐)陸德明撰　清同治十年(1871)粵秀山文瀾閣刻本　十六冊　十一行二十二字小字雙行同黑口四周單邊雙對黑魚尾

370000－1544－0001666　700/6－2
經學通論五卷　(清)皮錫瑞撰　清光緒三十三年(1907)思賢書局刻本　五冊　十二行二十五字白口左右雙邊單黑魚尾

370000－1544－0001667　700/7
古經解鉤沉三十卷　(清)余蕭客撰　清乾隆六十年(1795)刻道光二十年(1840)補刻本　八冊　十一行二十字小字雙行同黑口四周雙邊

370000－1544－0001668　700/8
讀書雜釋十四卷　(清)徐鼒撰　清咸豐十一年(1861)福寧郡齋刻本　四冊　十一行二十三字白口四周雙邊黑單黑魚尾

370000－1544－0001669　700/9
鄭志疏證八卷附鄭記攷證一卷　(清)皮錫瑞撰　清光緒二十五年(1899)湖南思賢書局刻師伏堂叢書本　三冊　十一行二十四字小字雙行同黑口左右雙邊單黑魚尾

370000－1544－0001670　700/9－2
聖證論補評二卷　(清)皮錫瑞撰　清光緒二十五年(1899)湖南思賢書局刻師伏堂叢書本　一冊　十一行二十四字小字雙行同黑口左右雙邊單黑魚尾

370000－1544－0001671　700/10
五經翼二十六卷　(明)蔡文範輯　明萬曆刻本　五冊　十行二十字小字雙行同白口左右雙邊單黑魚尾　存四種(乾坤鑿度、汲冢周書、楚辭、大戴禮)

370000－1544－0001672　700/11
易堂問目四卷　(清)吳鼎輯　清乾隆三十七年(1772)刻本　四冊　十行二十一字白口左右雙邊單黑魚尾

370000－1544－0001673　700/15
十三經集字摹本　(清)彭玉雯纂　清道光二十九年(1849)江右彭氏刻本　八冊　黑口四周雙邊單黑魚尾

370000－1544－0001674　700/17
釀齋訓蒙雜編六種　(清)鮑東里撰　清光緒十年(1884)和州鮑氏刻本　一冊　十行二十字黑口四周雙邊單黑魚尾

370000－1544－0001675　700/18
重校十三經不貳字　(清)李鴻藻撰　清光緒元年(1875)寫刻本　一冊　下欄十行寬窄行相間寬行十四字白口左右雙邊單黑魚尾

370000－1544－0001676　700/19
三字經訓詁　(宋)王應麟撰　(清)王晉升注　(清)徐士業校刊　清文林堂刻本　一冊　行字不等白口左右雙邊單黑魚尾

370000－1544－0001677　700/20
重校十三經不貳字　(清)李鴻藻撰　清刻本　一冊　十行十四字小字單行同白口左右雙邊單黑魚尾

370000－1544－0001678　700/23
龍頭三字經　(清)□□撰　清光緒三十一年(1905)文富堂刻本　一冊　三欄四周雙邊單黑魚尾

370000－1544－0001679　700/27
五經旁訓十九卷　(元)李恕撰　(明)張鶴鳴校刊　明萬曆刻本　六冊　行字不等白口左右雙邊單黑魚尾　缺四卷(書經一至二、禮記五至六)

370000－1544－0001680　700/29
真西山心經一卷　(宋)真德秀撰　清光緒二十二年(1896)武英殿影宋刻本　一册　十行十八字白口左右雙邊單黑魚尾

370000－1544－0001681　700/29－2
真西山政經一卷　(宋)真德秀撰　清光緒二十二年(1896)武英殿影宋刻本　一册　十行十八字白口左右雙邊單黑魚尾

370000－1544－0001682　710/1
經義述聞三十二卷　(清)王引之撰　清道光七年(1827)刻高郵王氏四種本　二十四册　十行二十一字小字雙行同白口四周雙邊單黑魚尾

370000－1544－0001683　710/2
經傳攷證八卷　(清)朱彬撰　清道光十六年(1836)宜祿堂刻本　二册　九行十九字白口左右雙邊單黑魚尾

370000－1544－0001684　710/2－2
經傳攷證八卷　(清)朱彬撰　清道光十六年(1836)宜祿堂刻本　四册　九行十九字白口左右雙邊單黑魚尾

370000－1544－0001685　710/2－3
經傳攷證八卷　(清)朱彬撰　清道光十六年(1836)宜祿堂刻本　二册　九行十九字白口左右雙邊單黑魚尾

370000－1544－0001686　710/3
相臺書塾刊正九經三傳沿革例一卷　(宋)岳珂撰　清嘉慶刻本　一册　八行十八字小字十四行字數不等白口左右雙邊單黑魚尾

370000－1544－0001687　710/3－2
相臺書塾刊正九經三傳沿革例一卷　(宋)岳珂撰　清光緒三年(1877)湖北崇文書局刻本　一册　十二行二十四字黑口四周雙邊雙對黑魚尾

370000－1544－0001688　710/4
石經考一卷　(清)萬斯同撰　(清)蔣光弼校刊　(清)錢朝錦参校　清乾隆常熟蔣氏省吾堂刻本　一册　十行二十一字小字雙行同黑口左右雙邊單黑魚尾

370000－1544－0001689　710/4－2
石經考一卷　(清)萬斯同撰　(清)蔣光弼校刊　(清)錢朝錦参校　清乾隆常熟蔣氏省吾堂刻本　一册　十行二十一字小字雙行同黑口左右雙邊單黑魚尾

370000－1544－0001690　710/4－3
九經誤字一卷石經考一卷　(清)顧炎武撰　清刻本　一册　十一行二十字小字雙行三十字白口左右雙邊單黑魚尾

370000－1544－0001691　710/4－4
歷代石經略二卷　(清)桂馥撰　清光緒九年(1883)陳州郡齋刻本　一册　十一行二十四字小字雙行同白口左右雙邊雙順黑魚尾

370000－1544－0001692　710/5
六經圖二十四卷　(清)鄭之僑輯　清乾隆九年(1744)述堂刻本　十二册　九行二十二字白口四周雙邊單黑魚尾

370000－1544－0001693　710/6
十三經集字摹本　(清)彭玉雯纂　清道光二十九年(1849)江右彭氏刻本　八册　黑口四周雙邊單黑魚尾

370000－1544－0001694　710/7
經傳釋詞十卷　(清)王引之撰　清刻高郵王氏四種本　四册　十行二十一字小字雙行同白口四周雙邊單黑魚尾

370000－1544－0001695　710/8
五經贊一卷　(清)陸榮秬撰　清同治四年(1865)半畝園刻本　一册　十二行二十四字小字雙行同黑口四周雙邊單黑魚尾

370000－1544－0001696　710/9
呂氏家塾讀詩記三十二卷　(宋)呂祖謙撰　清刻本　十册　十行二十字小字雙行同白口四周雙邊單黑魚尾

370000－1544－0001697　710/10
經典釋文三十卷附考證　(唐)陸德明撰　(清)盧文弨輯　清乾隆五十六年(1791)餘姚

盧氏抱經堂刻本　十二冊　十一行二十二字黑口四周單邊雙對黑魚尾

370000－1544－0001698　710/11
五經同異五卷　(清)顧炎武撰　(清)蔣光弼校刊　(清)錢朝錦參校　清乾隆常熟蔣氏省吾堂刻本　三冊　十行二十一字小字雙行同黑口左右雙邊單黑魚尾

370000－1544－0001699　710/12
九經古義十六卷　(清)惠棟撰　(清)蔣光弼校刊　(清)錢朝錦參校　清乾隆常熟蔣氏省吾堂刻本　四冊　十行二十一字小字雙行同黑口左右雙邊單黑魚尾

370000－1544－0001700　710/12－2
九經古義十六卷　(清)惠棟撰　(清)朱記榮校刊　清光緒十一年(1885)吳縣朱氏槐廬家塾刻本　二冊　十一行二十二字小字雙行同黑口左右雙邊雙對黑魚尾

370000－1544－0001701　710/13
古經天象考十二卷圖說一卷　(清)雷學淇撰　清光緒貴池劉氏刻聚學軒叢書本　七冊　十一行二十一字小字雙行同黑口左右雙邊雙對黑魚尾

370000－1544－0001702　710/14－3
十三經讀本　(清)丁寶楨等校　清同治十一年(1872)山東書局刻光緒十七年(1891)重校補刊民國十四年(1925)重印本　七十冊　九行十七字小字雙行同白口四周單邊

370000－1544－0001703　710/14－4
十三經古注二百九十卷　(明)金蟠　(明)葛鼒訂　明崇禎十二年(1639)永懷堂刻光緒十七年(1891)重校補刊民國十四年(1925)重印本　三十二冊　九行二十五字小字雙行同白口左右雙邊單黑魚尾

370000－1544－0001704　710/15
五經體注大全　(清)□□輯　清道光二十年(1840)刻本　三冊　下欄九行十八字白口四周單邊單黑魚尾　存七卷(易經體註會解一、書經體註大全一至六)

370000－1544－0001705　710/16
古經解彙函十六種小學彙函十四種　(清)鍾謙鈞等輯　清同治十二年(1873)粵東書局刻本　四十六冊　十行二十一字小字雙行同白口左右雙邊單黑魚尾

370000－1544－0001706　710/16－2
古經解彙函十六種小學彙函十四種　(清)鍾謙鈞等輯　清同治十二年(1873)粵東書局刻本　六十四冊　十行二十一字小字雙行同白口左右雙邊單黑魚尾

370000－1544－0001707　710/16－3
古經解彙函十六種小學彙函十四種　(清)鍾謙鈞等輯　清同治十二年(1873)粵東書局刻本　六十六冊　十行二十一字小字雙行同白口左右雙邊單黑魚尾

370000－1544－0001708　710/16－4
古經解彙函十六種小學彙函十四種　(清)鍾謙鈞等輯　清同治十二年(1873)粵東書局刻本　一冊　十行二十一字小字雙行同白口左右雙邊單黑魚尾　存三種(干祿字書、五經文字、九經字樣)

370000－1544－0001709　710/17
御纂七經二百九十四卷　(清)聖祖玄燁敕撰　清光緒十四年(1888)江南書局刻本　一百四十二冊　十一行二十四字小字雙行同白口左右雙邊單黑魚尾

370000－1544－0001710　710/18
皇清經解一百八十種一千四百卷　(清)阮元編　**縮本編目十六卷**　(清)凌忠照編　清光緒十三年(1887)上海書局石印本　六十八冊　十八行五十九字小字雙行同白口四周雙邊單黑魚尾

370000－1544－0001711　710/18－2
皇清經解一百九十卷　(清)阮元編　清光緒十七年(1891)鴻寶齋石印本　二十四冊　三欄各三十三行二十四字白口四周單邊單黑魚尾

370000－1544－0001712　710/18－3

皇清經解一千四百卷　(清)阮元編　清道光九年(1829)廣東學海堂刻咸豐十年(1860)補刻本　三百六十冊　十一行二十四字小字雙行同白口左右雙邊單黑魚尾

370000－1544－0001713　710/18－4
皇清經解一百九十卷　(清)阮元編　清光緒十七年(1891)鴻寶齋石印本　一冊　三欄各三十三行二十四字白口四周單邊單黑魚尾　存五卷(五十至五十四)

370000－1544－0001714　710/19
重刊宋本十三經注疏　(清)阮元審定　(清)盧宣荀校　清嘉慶二十年(1815)江西南昌府學刻本　一百四十四冊　十行十八字小字雙行二十四字黑口左右雙邊雙順黑魚尾

370000－1544－0001715　710/19－2
宋本十三經注疏附校勘記　(清)阮元校勘　清光緒十三年(1887)脈望仙館石印本　三十二冊　二十行四十六字白口四周單邊單黑魚尾

370000－1544－0001716　710/19－3
十三經注疏附考證　(清)鄂爾泰等校　清同治十年(1871)廣東書局刻本　一百六十冊　十行二十一字小字雙行同白口左右雙邊單黑魚尾

370000－1544－0001717　710/19－4
十三經注疏附校勘記　(清)阮元校勘　清光緒二十九年(1903)點石齋印書局石印本　三十二冊　二十行四十六字白口四周雙邊單黑魚尾

370000－1544－0001718　710/19－5
十三經注疏附校勘記　(清)阮元校勘　清光緒二十四年(1898)上海點石齋石印本　三十二冊　二十行四十六字小字雙行同白口四周雙邊單黑魚尾

370000－1544－0001719　710/19－6
宋本十三經注疏附校勘記　(清)阮元校勘　清光緒三十年(1904)點石齋印書局石印本　一冊　二十行四十六字小字雙行同白口四周雙邊單黑魚尾　存六卷(論語注疏四卷、孝經二卷)

370000－1544－0001720　710/20
御纂七經綱領不分卷　(清)潘任錄　清江楚書局刻本　二冊　十行二十二字黑口左右雙邊雙對黑魚尾

370000－1544－0001721　710/21
經讀攷異八卷補一卷句讀叙述二卷補一卷附翟晴江四書考異内句讀一卷　(清)武億撰　清道光二十三年(1843)偃師武氏授堂刻本　二冊　十行二十一字白口左右雙邊單黑魚尾

370000－1544－0001722　710/22
五經備旨五種　(清)鄒梧岡撰　清光緒二十年(1894)聚盛堂刻本　二十四冊　三欄下欄十一行二十字小字雙行同白口四周單邊單黑魚尾

370000－1544－0001723　710/22－2
五經備旨五種　(清)鄒梧岡撰　清光緒十五年(1889)上海積山書局石印本　十二冊　三欄下欄十七行三十字小字雙行同白口四周雙邊單黑魚尾

370000－1544－0001724　710/23
群經義證八卷　(清)武億撰　清道光二十三年(1843)偃師武氏授堂刻本　一冊　十一行二十三字黑口左右雙邊單黑魚尾

370000－1544－0001725　710/24
皇清經解續編二百九卷　王先謙撰　清光緒十五年(1889)上海蜚英館石印本　三十一冊　三欄各三十三行二十四字小字雙行同白口四周單邊單黑魚尾　缺四卷(一百四十五至一百四十八)

370000－1544－0001726　710/25
岳氏相臺五經附考證　(宋)岳珂輯　清刻本　十五冊　八行十七字小字雙行同白口四周雙邊雙對黑魚尾

370000－1544－0001727　710/28
群經識小八卷　(清)李惇撰　清道光六年(1826)高郵李氏安愚堂刻本　二冊　十行二

十一字白口左右雙邊單黑魚尾

370000－1544－0001728　710/29

十三經字辨　(清)張集馨撰　清道光手稿本　九册　八行十二字小字雙行二十四字白口四周雙邊單黑魚尾

370000－1544－0001729　710/37

五經文府　(清)鴻寶齋輯　清光緒二十年(1894)上海鴻寶齋石印本　二十册　三欄各三十二行二十四字白口四周雙邊單黑魚尾

370000－1544－0001730　720/1

河上易註八卷圖說二卷　(清)黎世序撰　清道光元年(1821)謙豫齋刻本　六册　九行二十二字小字雙行同白口四周雙邊單黑魚尾

370000－1544－0001731　720/2

易經補義十二卷　(清)葉西撰　清耕餘堂刻本　五册　十行二十一字白口四周雙邊單黑魚尾

370000－1544－0001732　720/3

易經體注大全合參四卷　(清)李兆賢輯著　清宏道堂刻本　二册　下欄十一行二十三字小字雙行同白口左右雙邊間單邊

370000－1544－0001733　720/4

周易本義十三卷　(清)劉世譜輯　清同治四年(1865)金陵書局刻本　二册　九行十七字小字雙行同白口左右雙邊單黑魚尾

370000－1544－0001734　720/4－2

周易兼義九卷音義一卷注疏校勘記九卷釋文校勘記一卷　(三國魏)王弼注　(唐)孔穎達正義　(唐)陸德明音義　清同治十二年(1873)江西書局刻本　八册　十行十八字小字雙行二十四字黑口左右雙邊雙順黑魚尾

370000－1544－0001735　720/5

重訂蔡虚齋先生易經蒙引十二卷　(明)蔡清撰　(明)宋兆禴重訂　明末刻本　十二册　九行二十六字白口四周單邊

370000－1544－0001736　720/7

易經旁訓三卷　(□)□□撰　清咸豐刻本　一册　寬窄行相間寬行七行二十字小字雙行同窄行七行四十四字白口左右雙邊單黑魚尾

370000－1544－0001737　720/9

易經揆十四卷易學啓蒙補二卷　(清)梁錫璵撰　清乾隆刻本　四册　十行二十一字白口四周雙邊單黑魚尾　存四卷(一至四)

370000－1544－0001738　720/10

周易本義辨證五卷　(清)惠棟撰　(清)蔣光弼　(清)蕭抡校　清常熟蔣氏省吾堂刻本　二册　十行二十一字小字雙行同黑口左右雙邊單黑魚尾

370000－1544－0001739　720/11

周易程傳八卷　(宋)程頤撰　清同治五年(1866)金陵書局刻本　三册　九行十七字小字雙行同白口左右雙邊單黑魚尾

370000－1544－0001740　720/12

周易四卷　(宋)朱熹本義　清大文堂刻本　二册　九行十七字小字雙行同白口左右雙邊單黑魚尾

370000－1544－0001741　515/2

劉壯肅公奏議十卷首一卷　(清)劉銘傳撰　清末鉛印本　六册　十一行三十字白口四周雙邊單黑魚尾

370000－1544－0001742　720/15

易漢學八卷　(清)惠棟輯　**說文解字舊音一卷**　(清)畢沅輯　清乾隆四十八年(1783)靈巖山館刻經訓堂叢書本　二册　十一行二十二字小字雙行同黑口四周單邊雙對黑魚尾

370000－1544－0001743　720/16

漢魏二十一家易注三十三卷　(清)孫堂輯　清嘉慶四年(1799)平湖孫氏映雪草堂刻本　五册　十行十九字小字雙行同黑口左右雙邊單黑魚尾

370000－1544－0001744　720/18

周易傳義音訓八卷易學啓蒙一卷　(宋)程頤傳　(宋)朱熹本義　(宋)呂祖謙音訓　清咸豐六年(1856)刻本　八册　九行十八字小字雙行同白口左右雙邊單黑魚尾

370000－1544－0001745　720/19
壽山堂易說一卷圖解一卷擊辭一卷　(唐)呂巖撰　清刻本　六册　九行二十五字白口四周雙邊單黑魚尾

370000－1544－0001746　720/21
御纂周易折中二十二卷首一卷　(清)李光地等撰　清同治江西書局刻本　一册　卷首十一行二十二字白口四周雙邊單黑魚尾　存一卷(首一卷)

370000－1544－0001747　720/21－2
御纂周易折中二十二卷首一卷　(清)李光地等撰　清康熙五十四年(1715)刻本　十六册　八行十八字小字雙行二十二字白口四周雙邊單黑魚尾

370000－1544－0001748　720/24
關氏易傳一卷　(北魏)關朗撰　(唐)趙蕤注　明刻本　一册　九行二十字小字單行同白口四周單邊單白魚尾

370000－1544－0001749　730/1－2
尚書大傳三卷序錄一卷辨僞一卷　(漢)伏勝撰　(漢)鄭玄注　(清)陳壽祺輯校　清同治十二年(1873)廣州粤東書局刻古經解彙函本　二册　十行二十一字小字雙行同白口左右雙邊單黑魚尾

370000－1544－0001750　730/1－3
尚書大傳七卷　(漢)伏勝撰　(漢)鄭玄注　王闓運補注　清光緒二十一年(1895)元和江氏湖南書院刻靈鶼閣叢書本　二册　十一行二十三字小字雙行同黑口左右雙邊單黑魚尾

370000－1544－0001751　730/2
尚書六卷　(漢)孔安國撰　清稽古樓刻本　四册　八行十七字白口四周雙邊單黑魚尾

370000－1544－0001752　730/3
書經集傳(尚書蔡傳)六卷首一卷末一卷　(宋)蔡沈集傳　清同治五年(1866)金陵書局刻本　四册　九行十七字小字雙行同白口左右雙邊單黑魚尾

370000－1544－0001753　730/3－2
書經集傳六卷　(宋)蔡沈集傳　清刻本　一册　九行十七字小字雙行同白口四周單邊

370000－1544－0001754　730/3－3
書經集傳(尚書蔡傳)六卷首一卷末一卷　(宋)蔡沈集傳　清光緒七年(1881)金陵書局刻本　四册　九行十七字小字雙行同白口左右雙邊單黑魚尾

370000－1544－0001755　730/3－4
書經集傳六卷　(宋)蔡沈集傳　清書業德刻本　三册　下欄九行十七字小字雙行同白口左右雙邊單黑魚尾　缺一卷(一)

370000－1544－0001756　730/3－5
書經集傳六卷　(宋)蔡沈集傳　清善成堂刻本　一册　九行十七字小字雙行同白口左右雙邊　存一卷(四)

370000－1544－0001757　730/4
書經體註大全合參六卷　(清)范翔鑒定　(清)錢希祥纂輯　清善成堂刻本　六册　上欄行數不等二十七字下欄九行十七字小字雙行同白口左右雙邊單黑魚尾

370000－1544－0001758　730/4－2
書經體註大全合參六卷　(清)范翔鑒定　(清)錢希祥纂輯　清同治十三年(1874)刻本　四册　上欄行數不等二十五字下欄九行十七字小字雙行同白口左右雙邊單黑魚尾

370000－1544－0001759　730/4－3
書經體注大全合參六卷　(清)范翔鑒定　(清)錢希祥纂輯　清光緒六年(1880)敬文堂刻本　四册　上欄小字二十一行二十五字下欄九行十七字小字雙行同白口左右雙邊單黑魚尾

370000－1544－0001760　730/5
尚書伸孔篇一卷　(清)焦廷琥撰　清光緒十四年(1888)廣雅書局刻本　一册　十一行二十四字小字雙行同黑口四周單邊單黑魚尾

370000－1544－0001761　730/5－2
禹貢班義述三卷漢麋水尚龍谿考一卷　(清)成蓉鏡撰　清光緒十四年(1888)廣雅書局刻

本　二册　十一行二十四字小字雙行同黑口四周單邊單黑魚尾

370000－1544－0001762　730/6
欽定書經傳說彙纂二十一卷首二卷書序一卷　（清）王頊齡等撰　（清）張廷玉等校　清雍正八年（1730）刻本　十六册　十六行二十二字白口四周雙邊單黑魚尾

370000－1544－0001763　730/7
尚書要義二十卷　（宋）魏了翁撰　清光緒十年（1884）江蘇書局刻本　六册　九行十八字黑口四周雙邊雙對黑魚尾

370000－1544－0001764　730/9
欽定書經圖說五十卷　（清）孫家鼐纂輯　清光緒三十一年（1905）石印本　十六册　十行二十四字白口四周雙邊單黑魚尾

370000－1544－0001765　730/10
尚書注疏十九卷附考證　（漢）孔安國傳　（唐）陸德明音義　（唐）孔穎達疏　（清）齊召南考證　清同治十年（1871）廣東書局刻十三經注疏本　八册　十行二十一字小字雙行同白口左右雙邊單黑魚尾

370000－1544－0001766　730/11
書經旁訓合璧六卷首一卷末一卷　（清）李繩撰　清光緒六年（1880）刻本　三册　行數不等二十字黑口四周單邊單黑魚尾

370000－1544－0001767　730/12
書古微十二卷首一卷　（清）魏源撰　清光緒四年（1878）淮南書局刻本　三册　十行二十一字小字雙行同白口左右雙邊單黑魚尾

370000－1544－0001768　730/14
尚書讀記一卷春秋一得一卷　（清）閻循觀撰　清乾隆三十八年（1773）樹滋堂刻本　一册　十行二十二字白口左右雙邊單黑魚尾

370000－1544－0001769　730/18
尚書孔傳參正三十六卷　王先謙撰　清光緒三十年（1904）長沙王氏虛受堂刻本　六册　十二行二十五字小字雙行同白口左右雙邊單黑魚尾

370000－1544－0001770　740/1
詩序廣義二十四卷　（清）姜炳璋輯　（清）周柭　（清）姜人寬等校　清嘉慶二十年（1815）刻本　六册　十一行二十二字白口左右雙邊單黑魚尾

370000－1544－0001771　740/1－2
詩序廣義二十四卷　（清）姜炳璋輯　（清）周柭　（清）姜人寬等校　清嘉慶二十年（1815）刻本　四册　十一行二十二字白口左右雙邊單黑魚尾

370000－1544－0001772　740/2
御纂詩義折中二十卷　（清）傅恒等撰　（清）常安校　清掃葉山房刻本　十二册　十一行二十四字白口左右雙邊單黑魚尾

370000－1544－0001773　740/4
附釋音毛詩注疏七十卷校勘記七十卷　（漢）毛亨撰　（漢）鄭玄箋　（唐）孔穎達疏　（清）阮元校　清同治十二年（1873）江西書局刻本　二十四册　十行十七字小字雙行二十三字黑口左右雙邊雙順黑魚尾

370000－1544－0001774　740/4－2
毛詩注疏二十卷　（漢）鄭玄箋　（唐）孔穎達疏　明末虞山毛氏汲古閣刻本　十二册　九行二十一字小字雙行同白口左右雙邊

370000－1544－0001775　740/6
詩疑筆記七卷　（清）夏味堂撰　清嘉慶十九年（1814）梅花書屋刻本　二册　十行二十一字白口四周單邊單黑魚尾

370000－1544－0001776　740/7
宋本劉氏詩說十二卷　（宋）劉克撰　清道光八年（1828）藝芸書舍重刻本　六册　九行二十二字白口左右雙邊雙順黑魚尾

370000－1544－0001777　740/8
玉函山房輯佚書　（清）馬國翰輯　清光緒九年（1883）長沙嫏嬛館刻本　六册　九行二十字白口四周雙邊單黑魚尾　存六卷（十二至十七）

370000－1544－0001778　740/9

韓詩外傳十卷　(漢)韓嬰撰　**毛詩草木鳥獸蟲魚疏**　(三國吳)陸璣撰　(清)丁晏校正　清同治十二年(1873)廣州粵東書局刻古經解彙函本　二冊　十行二十一字小字雙行同白口左右雙邊單黑魚尾

370000－1544－0001779　740/9－2
韓詩外傳十卷補逸一卷校注拾遺一卷　(漢)韓嬰撰　(清)周廷寀校注　清光緒元年(1875)望三益齋刻本　二冊　十行二十一字小字雙行同白口左右雙邊單黑魚尾

370000－1544－0001780　740/9－3
韓詩外傳十卷補逸一卷校注拾遺一卷　(漢)韓嬰撰　(清)周廷寀校注　清光緒元年(1875)望三益齋刻本　四冊　十行二十一字小字雙行同白口左右雙邊單黑魚尾

370000－1544－0001781　740/10－2
詩經集傳八卷辨說一卷　(宋)朱熹集傳　清同治五年(1866)金陵書局刻本　五冊　九行十七字小字雙行同白口左右雙邊單黑魚尾

370000－1544－0001782　740/10－3
詩經讀本　(宋)朱熹集注　清光緒十五年(1889)常郡千秋坊宛委山莊刻本　四冊　行字不等白口四周單邊單黑魚尾　存四卷(一至四)

370000－1544－0001783　740/10－6
奎壁詩經八卷　(宋)朱熹集傳　清光緒成文堂刻本　四冊　九行十七字小字雙行同白口左右雙邊

370000－1544－0001784　740/10－7
詩經八卷　(宋)朱熹集注　明刻本　四冊　下欄九行十七字小字雙行同白口左右雙邊單白魚尾

370000－1544－0001785　740/11
學詩堂經解二十卷　(清)李宗堂輯　清宣統三年(1911)鉛印本　八冊　十一行三十二字白口四周雙邊單黑魚尾

370000－1544－0001786　740/15
詩毛氏傳疏三十卷　(清)陳奐撰　清光緒校經山房刻本　十冊　十行二十一字小字雙行同黑口左右雙邊雙順黑魚尾

370000－1544－0001787　740/15－2
詩毛氏傳疏三十卷　(清)陳奐撰　清道光二十七年(1847)吳門南園掃葉山莊陳氏刻本　十二冊　十行二十一字小字雙行同黑口左右雙邊雙順黑魚尾

370000－1544－0001788　740/18
毛詩訂詁八卷附錄二卷　(清)顧楝高撰　清光緒二十二年(1896)江蘇書局刻本　四冊　十六行二十七字黑口左右雙邊雙對黑魚尾

370000－1544－0001789　740/19
毛詩均譜八卷　(清)郭汝特撰　清光緒玉屏山房刻本　六冊　七行十二字小字雙行二十四字黑口四周雙邊單黑魚尾

370000－1544－0001790　740/20
詩經體注圖考八卷　(清)高朝瓔撰　清道光二十年(1840)刻本　二冊　上欄行數不等二十六字下欄九行十六字小字雙行同白口四周單邊

370000－1544－0001791　740/21
毛詩傳義類十九篇　(清)陳奐輯　清咸豐九年(1859)王載雲刻本　一冊　十行二十一字小字雙行同黑口左右雙邊雙順黑魚尾

370000－1544－0001792　740/22
毛詩音四卷毛詩說一卷　(清)陳奐撰　清道光咸豐刻本　一冊　十行二十一字小字雙行同黑口左右雙邊雙順黑魚尾

370000－1544－0001793　740/23
欽定詩經傳説彙纂二十一卷首二卷詩序二卷　(清)王鴻緒等纂　清雍正五年(1727)內府刻本　十六冊　八行經文大字十七字集傳中字二十二字集說小字雙行二十二字白口四周雙邊單黑魚尾

370000－1544－0001794　740/23－2
欽定詩經傳説彙纂二十一卷首二卷詩序二卷　(清)王鴻緒等纂　清刻本　二十四冊　八行經文大字十七字集傳中字二十二字集說小

字雙行二十二字白口四周雙邊單黑魚尾

370000－1544－0001795　740/23－3
欽定詩經傳說彙纂二十一卷首二卷詩序二卷　(清)王鴻緒等纂　清刻本　二十四冊　八行經文大字十七字集傳中字二十二字集說小字雙行二十二字白口四周雙邊單黑魚尾

370000－1544－0001796　740/23－4
欽定詩經傳說彙纂二十一卷首二卷詩序二卷　(清)王鴻緒等纂　清刻本　三十二冊　八行二十二字小字雙行同白口四周雙邊單黑魚尾

370000－1544－0001797　740/24
詩經備旨詳解八卷　(清)鄒聖脈輯　清光緒二十四年(1898)寶興堂刻本　六冊　三欄中欄二十二行十字下欄十一行二十字小字雙行同白口四周雙邊單黑魚尾

370000－1544　0001798　740/25
詩經音韻譜五卷附章句觸解一卷　(清)甄士林撰　清道光五年(1825)種松書屋刻本　五冊　八行二十字小字雙行同白口四周雙邊單黑魚尾

370000－1544－0001799　740/26
毛詩原解三十六卷　(明)郝敬撰　清光緒十七年(1891)三餘草堂刻本　六冊　十行十八字小字雙行二十四字黑口四周單邊雙對黑魚尾

370000－1544－0001800　740/27
毛詩要義二十卷　(唐)孔穎達撰　清光緒十二年(1886)江蘇書局刻本　十二冊　九行十八字黑口四周雙邊雙對黑魚尾

370000－1544－0001801　740/28
詩小學三十卷補一卷　(清)吳樹聲撰　清同治七年(1868)壽光官廨刻本　十二冊　十行二十字小字雙行同白口左右雙邊單黑魚尾

370000－1544－0001802　740/31
毛詩稽古編三十卷　(清)陳啟源撰　(清)龐佑清校　清嘉慶十八年(1813)刻本　八冊　十行二十五字白口左右雙邊單黑魚尾

370000－1544－0001803　740/32
詩問七卷附詩經拾遺一卷　(清)郝懿行撰　清光緒八年(1882)東路廳署刻本　七冊　九行二十一字小字雙行同黑口左右雙邊單黑魚尾

370000－1544－0001804　740/34
詩經偶箋十三卷　(清)萬時華撰　明崇禎六年(1633)李泰刻本　八冊　九行二十字白口四周單邊單黑魚尾

370000－1544－0001805　740/38
毛詩名物略四卷　(清)朱桓編纂　清嘉慶蔚齋刻本　四冊　九行十九字白口四周雙邊單黑魚尾

370000－1544－0001806　740/41
詩經喈鳳詳解八卷圖說一卷　(清)陳抒孝輯著　(清)汪基增訂　清嘉慶十六年(1811)三多齋刻本　六冊　上欄小字十八行三字中欄十八行十六字下欄九行二十五字小字雙行同白口左右雙邊單黑魚尾

370000－1544－0001807　740/41－2
詩經喈鳳詳解八卷圖說一卷　(清)陳杼孝輯著　(清)汪基增訂　清刻本　四冊　上欄小字十八行三字中欄十八行十六字下欄九行二十五字小字雙行同白口左右雙邊單黑魚尾

370000－1544－0001808　740/42
詩經融註大全體要八卷　(清)高朝瓔編　清乾隆五十四年(1789)刻本　四冊　上欄小字二十行二十六字下欄九行十七字小字雙行同白口四周單邊

370000－1544－0001809　740/42－2
初刻黃維章先生詩經嫏嬛體註八卷　(宋)朱熹集傳　(清)范翔重訂　(清)沈三曾參訂　清怡翰齋刻本　四冊　上欄小字二十二行二十七字下欄九行十七字小字雙行同白口四周單邊單黑魚尾

370000－1544－0001810　740/42－3
初刻黃維章先生詩經嫏嬛體註八卷　(宋)朱熹集傳　(清)范翔重訂　(清)沈三曾參訂

清光緒十六年(1890)成文堂刻本　四册　上欄小字二十二行二十七字下欄九行十七字小字雙行同白口四周雙邊單黑魚尾

370000－1544－0001811　750/1
新定三禮圖二十卷　(宋)聶崇義注　清康熙十五年(1676)通志堂刻本　二册　十六行二十六字白口左右雙邊雙順黑魚尾

370000－1544－0001812　750/2
天子肆獻祼饋食禮纂三卷　(清)任啓運撰　清光緒十四年(1888)刻本　二册　十二行二十二字小字雙行同黑口左右雙邊雙對黑魚尾

370000－1544－0001813　750/3
弟子職箋釋附史目表　(清)洪亮吉撰　清光緒三年(1877)刻本　一册　十一行二十一字小字單行同黑口左右雙邊雙對黑魚尾

370000－1544－0001814　750/4
五禮通考二百六十二卷首四卷目錄二卷　(清)秦蕙田撰　清乾隆十八年(1753)味經窩刻本　九十册　十三行二十一字小字雙行三十一字白口左右雙邊單黑魚尾

370000－1544－0001815　750/5
文公家禮儀節八卷　(明)丘濬輯　(明)楊廷筠訂　明萬曆三十七年(1609)錢時刻本　六册　八行十六字小字雙行同黑口四周雙邊

370000－1544－0001816　754/6
禮記注疏六十三卷附考證　(漢)鄭玄注　(唐)陸德明音義　(唐)孔穎達疏　(清)齊召南考證　清同治十年(1871)廣東書局刻十三經注疏本　二十三册　十行二十一字小字雙行同白口左右雙邊單黑魚尾

370000－1544－0001817　750/6
禮經釋例十三卷首一卷　(清)凌廷堪撰　清嘉慶十四年(1809)揚州阮氏文選樓刻本　六册　十行二十一字小字雙行同白口四周雙邊單黑魚尾

370000－1544－0001818　751/1
白虎通四卷　(漢)班固等撰　**白虎通義攷一卷**　(清)莊述祖撰　**白虎通闕文一卷**　(清)莊述祖輯　(清)盧文弨訂　**白虎通校勘補遺一卷**　(清)盧文弨撰　清乾隆四十九年(1784)抱經堂刻本　二册　十行十九字小字雙行同白口左右雙邊單黑魚尾

370000－1544－0001819　751/1－2
白虎通疏證十二卷　(清)陳立撰　清光緒元年(1875)淮南書局刻本　四册　十二行二十四字小字雙行同白口左右雙邊單黑魚尾

370000－1544－0001820　751/2
讀禮通考一百二十卷　(清)徐乾學撰　清刻本　三十册　十三行二十一字小字雙行三十一字白口左右雙邊單黑魚尾　缺八卷(一至三、一百十六至一百二十)

370000－1544－0001821　751/3
三禮義證十三卷　(清)武億撰　清道光二十三年(1843)偃師武氏授堂刻本　二册　十一行二十三字小字雙行同白口左右雙邊單黑魚尾

370000－1544－0001822　752/1
周官精義十二卷　(清)連叔度輯　清嘉慶三年(1798)集錦堂刻本　六册　九行二十三字小字雙行同白口左右雙邊單黑魚尾

370000－1544－0001823　752/1－2
周官精義十二卷　(清)連叔度輯　清刻本　六册　九行二十三字白口左右雙邊單黑魚尾

370000－1544－0001824　752/1－3
周官精義十二卷　(清)連叔度輯　清嘉慶二十二年(1817)刻本　十册　十九行二十三字白口左右雙邊單黑魚尾

370000－1544－0001825　752/2
周禮節釋十二卷　(清)鮑梁纂輯　清會賢堂刻本　四册　九行二十二字小字雙行同白口左右雙邊單黑魚尾

370000－1544－0001826　752/2－2
周禮節釋十二卷　(清)鮑梁纂輯　清愛日堂刻本　四册　九行二十二字小字雙行同白口左右雙邊

370000－1544－0001827　752/4

附釋音周禮注疏四十二卷附校勘記　（漢）鄭玄注　（唐）賈公彦疏　（唐）陸德明釋文　（清）阮元校　清嘉慶二十年（1815）江西南昌府學刻本　七册　十行二十三字黑口左右雙邊雙順黑魚尾　存十四卷（一至十四）

370000－1544－0001828　752/4－2

周禮注疏十八卷　（明）張采訂　清雍正元年（1723）玉蘭堂刻本　八册　八行十八字小字雙行同白口左右雙邊間四周單邊單黑魚尾

370000－1544－0001829　752/6

周禮讀本　（漢）鄭玄注　（唐）陸德明音義　清嘉慶十一年（1806）刻本　九册　八行二十字黑口四周單邊單黑魚尾

370000－1544－0001830　752/7

周官新義十六卷附考工記解二卷　（宋）王安石撰　清刻本　四册　十行二十字小字雙行同白口四周雙邊單黑魚尾

370000－1544－0001831　752/9

漢制攷四卷踐阼篇集解一卷　（宋）王應麟撰　清光緒九年（1883）浙江書局刻玉海附刻本　一册　十行二十字白口左右雙邊單黑魚尾

370000－1544－0001832　753/1

儀禮要義五十卷　（宋）魏了翁撰　清光緒十年（1884）江蘇書局刻本　十二册　九行十八字黑口四周雙邊雙順黑魚尾

370000－1544－0001833　753/2

儀禮漢讀考十七卷　（清）段玉裁撰　（清）陳光煦續　清宣統元年（1909）石印本　四册　十行二十二字白口四周雙邊單黑魚尾

370000－1544－0001834　753/5

儀禮注疏十七卷附考證　（漢）鄭玄注　（唐）陸德明音義　（唐）贾公彦疏　清同治十年（1871）廣東書局刻十三經注疏本　六册　十行二十一字小字雙行同白口左右雙邊單黑魚尾　存七卷（一至七）

370000－1544－0001835　753/4

儀禮圖六卷　（清）張惠言撰　清同治九年（1870）楚北崇文書局重刻本　三册　十六行二十六字小字雙行同白口四周雙邊單黑魚尾

370000－1544－0001836　753/6

朱子家禮八卷首一卷　（宋）朱熹撰　（清）丘濬輯　（明）楊廷筠補　**四禮初稿四卷**　（明）宋纁撰　**四禮約言四卷**　（明）吕維祺撰　清乾隆三十八年（1773）博雅堂刻本　八册　八行十八字小字雙行同白口四周單邊單黑魚尾

370000－1544－0001837　753/7

儀禮正義四十卷　（清）胡培翬撰　清同治七年（1868）蘇州湯晉苑局刻本　十六册　十行二十二字小字雙行同白口左右雙邊單黑魚尾

370000－1544－0001838　753/10

儀禮十七卷　（漢）鄭玄注　明嘉靖刻本　四册　八行十七字小字雙行同白口四周雙邊單白魚尾

370000－1544－0001839　754/1－2

禮記十卷　（元）陳澔集說　清刻本　九册　九行十七字小字雙行同白口四周雙邊　存九卷（二至十）

370000－1544－0001840　754/2

禮記陳氏集説十卷　（元）陳澔撰　清同治五年（1866）金陵書局刻本　十册　九行十七字小字雙行同白口左右雙邊單黑魚尾

370000－1544－0001841　754/3

禮記天算釋一卷　（清）孔廣牧撰　清光緒七年（1881）刻本　一册　九行十八字小字雙行同白口左右雙邊單黑魚尾

370000－1544－0001842　512.6/3－2

救荒活民書三卷拾遺一卷　（宋）董煟撰　**捕蝗考一卷**　（清）陳芳生撰　清同治刻本　二册　十一行二十三字小字雙行同黑口左右雙邊

370000－1544－0001843　754/5

禮記題鏡四卷　（清）汪鯉翔輯著　清嘉慶二十年（1815）静德堂刻本　一册　七行二十字小字雙行同白口左右雙邊單黑魚尾

370000－1544－0001844　754/7
禮記集解六十一卷附尚書顧命解一卷　(清)孫希旦集解　清咸豐十年至同治七年(1860－1868)孫氏盤谷草堂刻本　十六册　十三行二十二字黑口左右雙邊單黑魚尾

370000－1544－0001845　754/8
禮記十卷　(元)陳澔集說　清成文信刻本　十册　九行十八字小字雙行同白口左右雙邊

370000－1544－0001846　754/8－2
禮記十卷　(元)陳澔集說　清刻本　十册　九行十八字小字雙行同白口左右雙邊

370000－1544－0001847　754/9
禮記訓纂四十九卷　(清)朱彬輯　清宣統元年(1909)學部圖書局石印本　十册　九行二十二字小字雙行同白口左右雙邊單黑魚尾

370000－1544－0001848　754/10
夏小正戴氏傳四卷　(漢)戴德撰　(宋)傅崧卿注　**校録一卷**　(清)黄丕烈撰　清光緒十三年(1887)寶章閣影刻本　一册　八行十七字小字雙行同白口四周雙邊雙對黑魚尾

370000－1544－0001849　754/11
大戴禮記補注十三卷序録一卷　(清)孔廣森撰　清嘉慶二十二年(1817)曲阜孔氏儀鄭堂刻本　二册　十行二十字小字雙行同黑口左右雙邊雙順黑魚尾

370000－1544－0001850　754/12
禮記十卷　(元)陳澔集說　清同治七年(1868)楚北崇文書局刻本　一册　九行十七字小字雙行同白口四周雙邊　存一卷(一)

370000－1544－0001851　754/14
禮記或問八卷　(清)汪紱撰　清光緒二十二年(1896)刻本　四册　十行二十二字白口四周雙邊單黑魚尾

370000－1544－0001852　754/15
禮記體註大全合參四卷　(清)范翔原本　(清)周熾纂訂　清刻本　四册　上欄行數不等二十四字下欄八行十七字小字雙行同白口四周單邊單黑魚尾

370000－1544－0001853　754/16
全本禮記體註大全合參十卷　(元)陳澔集說　(清)徐旦參訂　(清)徐瑄補輯　清致和堂刻本　十册　上欄二十行二十四字下欄九行十八字小字雙行同白口左右雙邊

370000－1544－0001854　754/16－2
全本禮記體註大全合參十卷　(元)陳澔集說　(清)范翔原定　(清)徐旦輯　(清)徐瑄補輯　清刻本　十册　上欄小字二十行二十四字下欄九行十八字小字雙行同白口左右雙邊間四周單邊

370000－1544－0001855　770/1
春秋胡傳三十卷綱領一卷列國圖說一卷諸國興廢說一卷提要一卷　(宋)胡安國傳　明崇禎六年(1633)閔齋伋刻本　四册　九行十八字小字雙行同白口左右雙邊

370000－1544－0001856　770/2
欽定春秋左傳讀本三十卷　(清)英和等撰　清道光二年(1822)武英殿刻本　九册　九行十七字小字雙行同白口四周雙邊單黑魚尾

370000－1544－0001857　770/3
春秋鈔十卷首一卷　(清)朱軾輯　清乾隆元年(1736)刻本　二册　八行二十字白口四周雙邊單黑魚尾

370000－1544－0001858　770/6
郝氏春秋二種十四卷　(清)郝懿行撰　清道光七年(1827)刻本　四册　十二行二十四字小字雙行同白口四周雙邊單黑魚尾

370000－1544－0001859　771/1
欽定春秋傳說彙纂三十八卷首二卷　(清)王掞等撰　清康熙六十年(1721)内府刻本　二十四册　八行十六至十九字小字雙行二十二字白口四周雙邊單黑魚尾

370000－1544－0001860　771/2
春秋五傳十七卷首一卷　(明)張岐然輯　清乾隆五十九年(1794)同文堂刻本　十七册　上欄九行十三字小字雙行同下欄九行二十字小字雙行同白口左右雙邊單黑魚尾

370000－1544－0001861　771/3

春秋傳十二卷　(清)牛運震撰　清嘉慶空山堂刻本　四册　九行二十二字白口四周雙邊單黑魚尾

370000－1544－0001862　771/4

春秋三傳合纂十二卷　(清)孔傳鐸編纂　清刻本　六册　九行二十一字小字雙行同白口左右雙邊單黑魚尾

370000－1544－0001863　771/6

春秋識小録九卷　(清)程廷祚撰　清光緒二十四年(1898)江寧傅氏晦齋刻金陵叢刻本　三册　十一行二十一字白口左右雙邊單黑魚尾

370000－1544－0001864　772/1－3

春秋左傳五十卷　(晉)杜預撰　(宋)林堯叟注釋　(唐)陸德明音義　(明)鍾惺等評點　清書業德刻本　十六册　下欄九行十九字小字雙行同白口四周單邊單黑魚尾

370000－1544－0001865　772/1－4

春秋左傳五十卷　(晉)杜預撰　(宋)林堯叟注釋　(唐)陸德明音義　清刻本　六册　下欄十一行二十一字小字雙行同白口左右雙邊　存二十七卷(二十至四十六)

370000－1544－0001866　772/1－5

春秋左傳五十卷　(晉)杜預撰　(宋)林堯叟注釋　(唐)陸德明音義　(明)鍾惺等評點　清學源堂刻本　十二册　下欄十行二十字小字雙行同白口左右雙邊單黑魚尾

370000－1544－0001867　772/4

附釋音春秋左傳注疏六十卷附校勘記　(唐)孔穎達撰　(唐)陸德明釋文　清同治十二年(1873)江西書局刻本　三十二册　十行十七字小字雙行二十三字黑口左右雙邊雙順黑魚尾

370000－1544－0001868　772/4－2

附釋音春秋左傳注疏六十卷附校勘記　(唐)孔穎達撰　(唐)陸德明釋文　清光緒十三年(1887)脈望仙館石印本　六册　二十行三十四字小字雙行同白口四周單邊單黑魚尾

370000－1544－0001869　772/6

春秋左傳詁二十卷　(清)洪亮吉撰　清光緒四年(1878)授經堂刻本　十册　十一行二十二字小字雙行同黑口左右雙邊

370000－1544－0001870　772/8

左繡三十卷　(清)馮李驊　(清)陸浩評輯　清嘉慶十六年(1811)刻本　六册　下欄十行二十字小字雙行同白口四周單邊單黑魚尾　存十四卷(一至五、二十二至三十)

370000－1544－0001871　772/8－2

左繡三十卷　(清)馮李驊　(清)陸浩評輯　清康熙華川書屋刻本　十五册　下欄八行二十字小字雙行同白口左右雙邊單黑魚尾　缺二卷(二十八至二十九)

370000－1544－0001872　772/8－3

左繡三十卷　(清)馮李驊　(清)陸浩評輯　清嘉慶十三年(1808)經鋤堂重刻華川書屋本　三册　下欄十行二十字小字雙行同白口四周單邊單黑魚尾　存四卷(一至四)

370000－1544－0001873　772/8－4

左繡三十卷　(清)馮李驊　(清)陸浩評輯　清書業德刻本　八册　上欄小字十六行十五字下欄八行二十字小字雙行同白口左右雙邊單黑魚尾　存十五卷(一至十五)

370000－1544－0001874　772/10

評點春秋綱目左傳句解彙雋四卷　(清)韓菼重訂　清務本堂刻本　四册　九行十四字小字雙行同白口四周單邊單黑魚尾

370000－1544－0001875　773/2

春秋公羊傳十二卷考一卷　(明)閔齊伋裁注　明末韋敬山刻本　四册　九行十九字小字雙行同白口四周單邊

370000－1544－0001876　773/2－2

春秋穀梁傳十二卷考一卷　(明)閔齊伋裁注　明末韋敬山刻本　四册　九行十九字小字雙行同白口四周單邊

370000－1544－0001877　773/3
公羊春秋通義十一卷敘一卷　（清）孔廣森撰　清嘉慶二十二年（1817）曲阜孔氏儀鄭堂刻本　三冊　十行二十字小字雙行同黑口左右雙邊雙順黑魚尾

370000－1544－0001878　774/1
穀梁傳十二卷　（明）吳勉學校　明萬曆吳勉學刻本　四冊　九行十八字白口左右雙邊單黑魚尾

370000－1544－0001879　780/1
四書考異二編七十二篇　（清）翟灝撰　清乾隆無不宜齋刻本　十冊　十一行二十一字白口左右雙邊單黑魚尾

370000－1544－0001880　780/1－2
四書恒解十一卷　（清）劉沅輯　清咸豐五年（1855）豫誠堂刻本　十冊　九行二十二字小字雙行同白口左右雙邊單黑魚尾

370000－1544－0001881　780/1－4
監本四書十九卷字辨一卷句辨一卷　（宋）朱熹集註　清武進陳氏亦園刻本　六冊　下欄九行十七字小字雙行同白口左右雙邊單黑魚尾

370000－1544－0001882　780/1－5
四書會解二十七卷　（清）綦澧輯　清光緒九年（1883）刻本　七冊　九行二十四字小字雙行同白口左右雙邊　缺十三卷（中庸會解一至二、論語會解五、孟子會解一至十）

370000－1544－0001883　780/1－6
四書求是十六卷　（清）王菊潭輯　清嘉慶十八年（1813）古香書屋刻本　八冊　九行二十四字白口四周單邊單黑魚尾

370000－1544－0001884　780/1－7
四書朱子本義匯參四十三卷首四卷　（清）王步青輯　（清）王士﨔編　（清）王維甸（清）王乃眗校　清刻本　三十二冊　九行二十三字小字雙行同白口四周單邊單黑魚尾

370000－1544－0001885　780/1－8
四書釋文　（清）何焯訂　（清）王賡言增補　清道光二年（1822）諸城王氏刻本　六冊　九行十七字小字雙行同白口左右雙邊

370000－1544－0001886　780/1－8－2
四書釋文　（清）何焯訂　（清）王賡言增補　清光緒十四年（1888）天津文美齋刻本　八冊　九行十七字小字雙行同白口四周單邊

370000－1544－0001887　780/1－9
四書集說四十一卷　（清）陶起庠輯　清刻本　八冊　九行二十三字小字雙行同四周單邊單黑魚尾　存十七卷（大學一至三、中庸一至四、論語一至十）

370000－1544－0001888　780/1－10
增補四書人物聚考十二卷　（清）汪份增定　清乾隆四十年（1775）帶月樓刻本　五冊　下欄十一行三十字小字雙行同白口四周單邊單黑魚尾　存五卷（四至五、七至九）

370000－1544－0001889　780/1－11
四書貫解旁訓十七卷　（清）朱西田輯　清道光二十六年（1846）刻本　六冊　上欄小字二十三行三十一字下欄九行十七字小字雙行同白口四周單邊單黑魚尾

370000－1544－0001890　780/1－12
四書朱子本義匯糸四十三卷首四卷　（清）王步青輯　（清）王士﨔編　（清）王維甸（清）王乃眗校　清刻本　三十冊　九行二十三字小字雙行同白口四周單邊單黑魚尾

370000－1544－0001891　780/1－13
四書會解二十七卷　（清）綦澧輯　清光緒九年（1883）刻本　二十四冊　九行二十四字小字雙行同白口左右雙邊

370000－1544－0001892　780/1－14
四書辨疑十五卷　（元）陳天祥撰　清同治十二年（1873）粵東書局刻通志堂經解本　八冊　十一行二十字白口左右雙邊單黑魚尾

370000－1544－0001893　780/1－14－2
四書辨疑十五卷　（元）陳天祥撰　清同治十二年（1873）粵東書局刻通志堂經解本　四冊　十一行二十字白口左右雙邊單黑魚尾

370000－1544－0001894　780/1－15

四書味根錄三十七卷　（清）金澂撰　清咸豐十年（1860）綠芸書舍刻本　十六冊　十九行三十六字小字雙行同白口左右雙邊單黑魚尾

370000－1544－0001895　780/1－15－2

四書味根錄三十七卷　（清）金澂撰　清光緒十一年（1885）掃葉山房刻本　十六冊　九行三十六字小字雙行同白口四周單邊單黑魚尾

370000－1544－0001896　780/1－16

四書人物類典串珠四十卷　（清）臧志仁輯　清同治十二年（1873）曉星里刻本　十二冊　十行二十五字小字雙行同白口四周雙邊單黑魚尾

370000－1544－0001897　780/1－16－2

四書人物類典串珠四十卷　（清）臧志仁編輯　（清）臧銘　（清）臧錕校　清嘉慶九年（1804）刻本　七冊　十行二十五字小字雙行同白口四周單邊單黑魚尾　存二十三卷（一、十九至四十）

370000－1544－0001898　780/1－17

酌雅齋四書遵注合講十九卷　（清）翁復編　清乾隆五十三年（1788）刻本　六冊　上欄小字二十六行三十二字下欄九行十七字小字雙行同白口四周雙邊

370000－1544－0001899　780/1－17－2

酌雅齋四書遵注合講十九卷　（清）翁復編　清刻本　六冊　上欄小字二十六行三十二字下欄九行十七字小字雙行同白口左右雙邊間四周雙邊或左右下雙邊

370000－1544－0001900　780/1－17－3

銅板四書遵註合講十九卷　（清）翁復編　（清）詹文煥參訂　清光緒十三年（1887）刻本　六冊　上欄小字二十六行三十二字下欄九行十七字小字雙行同白口四周雙邊

370000－1544－0001901　780/1－18

四書讀注提耳十九卷　（清）耿埰撰　清乾隆元年（1736）刻同治九年（1870）補刻本　十冊　九行二十五字小字雙行同白口四周雙邊單黑魚尾

370000－1544－0001902　780/1－19

四書或問語類大全合訂四十一卷　（清）張榕端編　清康熙三十七年（1698）光裕堂刻本　十二冊　下欄十二行二十二字小字單行同白口左右雙邊單黑魚尾

370000－1544－0001903　780/1－20

呂晚邨先生四書講義四十二卷　（清）呂留良撰　（清）陳鏦編次　清康熙刻本　六冊　十一行二十一字黑口左右雙邊雙對花魚尾

370000－1544－0001904　780/1－21

四書題鏡　（清）汪鯉翔纂述　清文錦堂刻本　五冊　八行三十字白口四周單邊單黑魚尾

370000－1544－0001905　780/1－21－2

四書題鏡　（清）汪鯉翔纂述　清英德堂刻本　十二冊　十七行三十字白口四周單邊單黑魚尾

370000－1544－0001906　780/1－22

四書解義七卷　（清）李光地撰　清康熙五十九年（1720）刻本　二冊　十一行二十字白口四周單邊雙對花魚尾

370000－1544－0001907　780/1－23

大文堂四書體註合講十九卷圖考一卷　（清）翁復編　清刻本　三冊　上欄小字二十六行三十二字下欄九行十七字小字雙行同四周雙邊　存八卷（大學一、中庸一、論語六至十、孟子三）

370000－1544－0001908　780/1－23－2

四書體註十九卷　（清）范翔參訂　清刻本　六冊　上欄小字二十三行三十一字下欄九行十七字小字雙行同白口四周單邊

370000－1544－0001909　780/1－24

四書朱子本義匯粂四十三卷首四卷　（清）王步青輯　（清）王士鼈編　（清）王維甸　（清）王乃昀校　清刻本　三十冊　十行二十五字小字雙行同白口四周單邊單黑魚尾

370000－1544－0001910　780/1－25

四書朱子本義匯參四十三卷首四卷 (清)王步青輯 (清)王士鼇編 (清)王維甸 (清)王乃畇校 清刻本 四册 九行二十三字小字雙行同白口四周單邊單黑魚尾 存八卷(論語十三至二十)

370000－1544－0001911 780/1－26
四書朱子本義匯參四十三卷首四卷 (清)王步青輯 (清)王士鼇編 (清)王維甸 (清)王乃畇校 清刻本 八册 十行二十五字小字雙行同白口四周單邊單黑魚尾 存九卷(孟子一至八、首一卷)

370000－1544－0001912 780/1－27
四書會解二十七卷 (清)綦澧輯 清刻本 十册 九行二十四字小字雙行同白口四周雙邊 存十卷(孟子會解一至十)

370000－1544－0001913 780/2
新訂四書補註備旨十卷 (明)鄧林撰 (清)鄧煜編次 (清)祁文友重校 (清)杜定基增訂 清刻本 六册 三欄下欄十一行三十二字小字雙行同白口四周單邊單黑魚尾

370000－1544－0001914 780/2－2
新訂四書補註備旨十卷 (明)鄧林撰 (清)鄧煜編次 (清)祁文友重校 (清)杜定基增訂 清宣統元年(1909)有益堂刻本 八册 三欄下欄十一行三十二字小字雙行同白口四周雙邊單黑魚尾

370000－1544－0001915 780/2－3
新訂四書補註備旨十卷 (明)鄧林撰 (清)鄧煜編次 (清)祁文友重校 (清)杜定基增訂 清光緒十年(1884)文英堂刻本 八册 三欄下欄十一行三十二字小字雙行同白口四周雙邊單黑魚尾

370000－1544－0001916 780/2－4
新訂四書補註備旨十卷 (明)鄧林撰 (清)鄧煜編次 (清)祈文友重校 (清)杜定基增訂 清光緒二十四年(1898)刻本 七册 三欄下欄十一行三十二字小字雙行同白口四周單邊單黑魚尾 缺一卷(上孟一)

370000－1544－0001917 780/2－5
新訂四書補註備旨十卷 (明)鄧林撰 (清)鄧煜編次 (清)祁文友重校 (清)杜定基增訂 清刻本 六册 三欄下欄十行三十二字小字雙行同白口四周單邊單黑魚尾

370000－1544－0001918 780/2－6
新訂四書補註備旨十卷 (明)鄧林撰 (清)鄧煜編次 (清)祈文友重校 (清)杜定基增訂 清刻本 一册 十一行三十二字小字雙行同白口四周雙邊單黑魚尾 存二卷(上論一至二)

370000－1544－0001919 780/2－7
新增四書備旨靈捷解 (清)張素存著 (清)鄒蒼崖增補 清刻本 一册 四欄白口四周單邊單黑魚尾 存一卷(上孟八)

370000－1544－0001920 780/2－8
新訂四書補註備旨十卷 (清)鄧林撰 (清)鄧煜編次 (清)祁文友重校 (清)杜定基增訂 清同治六年(1867)刻本 七册 上欄二十二行小字五字中欄二十二行十字下欄十一行三十二字小字雙行同白口四周單邊單黑魚尾 缺一卷(下語四)

370000－1544－0001921 780/3
增訂四書析疑二十三卷 (清)張權時輯 清乾隆四十九年(1784)文盛堂刻本 二十册 十五行三十一字小字雙行同白口左右雙邊單黑魚尾 缺一卷(上孟一)

370000－1544－0001922 780/5
論語後案二十卷 (清)黄式三撰 清光緒九年(1883)浙江書局刻儆居叢書本 十册 九行二十二字小字雙行同白口左右雙邊單黑魚尾

370000－1544－0001923 780/5－2
論語後案二十卷 (清)黄式三撰 清光緒九年(1883)浙江書局刻儆居叢書本 十册 九行二十二字小字雙行同白口左右雙邊單黑魚尾

370000－1544－0001924 780/5－3

論語後案二十卷 (清)黃式三撰 清光緒九年(1883)浙江書局刻本 十冊 九行二十二字小字雙行同白口左右雙邊單黑魚尾 存四卷(十七至二十)

370000－1544－0001925 780/6

四書典制類聯音註三十三卷 (清)閻其淵輯 清嘉慶刻本 十二冊 九行二十五字小字雙行同白口左右雙邊單黑魚尾

370000－1544－0001926 780/6－2

四書典制類聯音注三十三卷 (清)閻其淵輯 清光緒二年(1876)寶興堂刻本 五冊 十行二十五字小字雙行同白口四周雙邊單黑魚尾 存十四卷(一至六、十一至十八)

370000－1544－0001927 780/7

四書講義切近錄三十六卷 (清)楊大受輯 清抄本 十冊 十一行二十七字白口

370000－1544－0001928 780/8

四書備考二十八卷考異一卷 (明)陳仁錫撰 明崇禎刻本 十六冊 九行十九字小字雙行同白口單綫魚尾

370000－1544－0001929 780/8－2

四書備考二十八卷考異一卷 (明)陳仁錫撰 明崇禎刻本 十八冊 九行十九字小字雙行同白口單綫魚尾

370000－1544－0001930 780/11

四書古註群義彙解九種 (清)□□輯 清光緒三十年(1904)上海同文升記書局鉛印本 十四冊 十四行四十字小字雙行五十四字白口四周雙邊單黑魚尾

370000－1544－0001931 780/11－2

四書古註群義彙解十種 (清)□□輯 清光緒三十年(1904)上海同文升記書局鉛印本 十八冊 十四行四十字小字雙行五十四字白口四周雙邊單黑魚尾

370000－1544－0001932 780/12

論語隨筆二十卷 (清)牛運震撰 清嘉慶空山堂刻本 四冊 九行二十二字白口四周雙邊單黑魚尾

370000－1544－0001933 780/13

四書松陽講義十二卷 (清)陸隴其撰 清貴文堂刻本 六冊 十一行二十字黑口左右雙邊雙對黑魚尾

370000－1544－0001934 780/14

孟子七卷 (宋)朱熹集注 清三益齋刻本 七冊 下欄九行十七字小字雙行同白口左右雙邊單黑魚尾

370000－1544－0001935 780/14－2

孟子七卷 (宋)朱熹集注 清刻本 三冊 九行十七字小字雙行同白口左右雙邊單黑魚尾

370000－1544－0001936 780/14－8

南軒先生孟子説七卷 (宋)張栻撰 (清)納蘭性德校訂 清康熙通志堂刻本 六冊 十一行二十字小字雙行不等白口左右雙邊單黑魚尾

370000－1544－0001937 512－8/2

宦海指南五種 (清)許乃普輯 清咸豐九年(1859)刻本 五冊 八行二十一字白口四周雙邊單黑魚尾

370000－1544－0001938 780/15

中庸一卷 (宋)朱熹章句 清刻本 一冊 九行十七字小字雙行同白口左右雙邊單黑魚尾

370000－1544－0001939 780/16

論語集註十卷 (宋)朱熹集註 清大文堂刻本 五冊 下欄九行十七字小字雙行同白口左右雙邊單黑魚尾

370000－1544－0001940 780/16－2

戴氏注論語二十卷 (清)戴望注 清同治十年(1871)刻本 二冊 十二行二十四字小字雙行同黑口左右雙邊

370000－1544－0001941 780/16－3

論語集註十卷 (宋)朱熹集註 清刻本 二冊 九行十七字小字雙行同白口左右雙邊單黑魚尾

370000－1544－0001942　780/16－4

論語集注十卷　(宋)朱熹集注　清刻本　五冊　九行十七字小字雙行同白口左右雙邊單黑魚尾

370000－1544－0001943　780/18

鄉黨備考二卷　(清)成僎輯著　(清)成儁等校　清王氏信芳閣木活字印本　一冊　八行二十字小字雙行同白口四周單邊單黑魚尾

370000－1544－0001944　780/19

論語經正錄二十卷　(清)王肇晉撰　(清)王用誥述　清光緒二十年(1894)刻本　十冊　十二行二十一字小字雙行同黑口左右雙邊雙順黑魚尾

370000－1544－0001945　780/19－2

論語經正錄二十卷年譜一卷　(清)王肇晉撰　(清)王用誥述　清光緒二十年(1894)刻本　十一冊　十二行二十一字小字雙行同黑口左右雙邊雙順黑魚尾

370000－1544－0001946　780/19－3

論語經正錄二十卷　(清)王肇晉撰　(清)王用誥述　清光緒二十年(1894)刻本　九冊　十二行二十一字小字雙行同黑口左右雙邊雙順黑魚尾　缺二卷(十五至十六)

370000－1544－0001947　780/24

小題文府　(清)鴻寶齋輯　清光緒十七年(1891)上海鴻寶齋石印本　二十八冊　三欄各三十一行二十四字白口四周單邊單黑魚尾

370000－1544－0001948　780/25

四書集注闡微直解二十七卷　(明)張居正撰　清光緒八旗經正書院刻本　十二冊　下欄九行十九字小字雙行同白口四周單邊單黑魚尾

370000－1544－0001949　780/26

四書反身錄八卷　(清)李顒著　清刻本　四冊　九行二十字白口左右雙邊單黑魚尾

370000－1544－0001950　780/26－2

四書反身錄八卷　(清)李顒著　清道光十一年(1831)浙江書局刻本　四冊　九行二十字白口四周雙邊單黑魚尾

370000－1544－0001951　780/26－3

四書反身錄八卷　(清)李顒著　清道光十一年(1831)浙江書局刻本　四冊　九行二十字白口四周雙邊單黑魚尾

370000－1544－0001952　780/27

四書左國彙纂四卷　(清)高其名　(清)鄭師成纂　清乾隆三十九年(1774)百尺樓刻本　六冊　九行二十字小字雙行同白口左右雙邊單黑魚尾

370000－1544－0001953　780/27－2

四書左國彙纂四卷　(清)高其名　(清)鄭師成纂　清本立堂刻本　六冊　九行二十二字小字雙行同白口四周雙邊單黑魚尾

370000－1544－0001954　780/28

四書緯四卷儀禮瑣辨一卷小西山房外集一卷　(清)常增撰　清道光刻本　六冊　四書緯十行二十一字黑口左右雙邊雙對黑魚尾儀禮瑣辨十二行二十三字白口左右雙邊單黑魚尾小西山房外集十一行二十四字黑口四周單邊雙對黑魚尾

370000－1544－0001955　780/30

四書便蒙十九卷　(宋)朱熹集註　(清)俞長城等註　清光緒二十五年(1899)刻本　六冊　下欄九行十七字小字雙行同白口左右雙邊單黑魚尾

370000－1544－0001956　780/30－2

四書便蒙十九卷　(宋)朱熹集註　(清)俞長城等註　清道光四年(1824)刻本　六冊　九行十七字小字雙行同白口左右雙邊單黑魚尾

370000－1544－0001957　780/30－3

四書便蒙添註十九卷　(清)王珠樵添註　清光緒十三年(1887)會稽王氏刻本　六冊　三欄下欄九行十七字白口左右雙邊單黑魚尾

370000－1544－0001958　780/31

蓬山塾課不分卷　(清)劉清源撰　清道光二十二年(1842)刻本　八冊　九行二十五字白口四周雙邊單黑魚尾　存二論小題上論、下

論，二孟小題上孟三十篇，學庸小題大學、中庸四十三篇

370000－1544－0001959　780/31－2
星橋制藝小題二編　（清）劉清源撰　清刻本　一冊　九行二十五字白口四周雙邊單黑魚尾　存中庸優優大哉至肫肫其仁節、二孟省刑罰至請野九一而助節

370000－1544－0001960　780/32
論語古注集箋十卷論語考一卷　（清）潘維城撰　清光緒七年(1881)江蘇書局刻本　六冊　九行二丨一字小字雙行同黑口左右雙邊單黑魚尾

370000－1544－0001961　780/33
論語題備中庸題備不分卷　（□）□□編　清刻本　二冊　十四行二十七字白口四周單邊單黑魚尾　存二冊（論語題備申冊、中庸題備辰冊）

370000－1544－0001962　780/34
廣增四書典腋二十卷　（清）松軒主人撰　清刻本　三冊　十六行二十八字白口四周單邊　存三卷（四至六）

370000－1544－0001963　780/35
四書集註　（宋）朱熹註　清東昌福成堂刻本　一冊　下欄九行十七字小字雙行同白口左右雙邊單黑魚尾　存二卷（大學集註一卷、中庸集註一卷）

370000－1544－0001964　790/4
孝經詳說六卷　（清）冉觀祖撰　清光緒七年(1881)刻本　四冊　十行二十二字白口四周雙邊單黑魚尾

370000－1544－0001965　810/5
昭昧詹言續錄二卷　（清）方東樹撰　清光緒十七年(1891)刻本　一冊　十行二十三字黑口左右雙邊單黑魚尾

370000－1544－0001966　810/8
續廣事類賦三十三卷　（清）王鳳喈撰注（清）王仕偉校錄　清咸豐十年(1860)刻本　十二冊　九行二十三字小字雙行同白口四周雙邊單黑魚尾

370000－1544－0001967　810/8－2
事類賦補遺十四卷　（清）張均編撰　清英德堂刻本　四冊　八行十八字小字雙行同白口左右雙邊單黑魚尾

370000－1544－0001968　810/8－3
重訂事類賦三十卷　（宋）吳淑撰注　（明）華麟祥校　清刻本　三冊　九行二十一字小字雙行同黑口四周雙邊單黑魚尾　存二十五卷（六至三十）

370000－1544－0001969　811/1
新刊唐荊川先生稗編一百二十卷目錄三卷（明）唐順之輯　明萬曆九年(1581)茅氏文霞閣刻本　六十冊　十行二十字小字雙行同白口四周雙邊單黑間白魚尾　存一百十九卷（三至一百二十、目錄上）

370000　1544　0001970　811/2
集録真西山文章正宗三十卷　（宋）真德秀輯　明嘉靖二十三年(1544)孔天胤刻本　十九冊　九行十八字小字雙行同白口左右雙邊單黑魚尾　缺二卷（二至三）

370000－1544－0001971　811/4
楚風補四十八卷前編一卷末編一卷　（清）廖元度輯　清乾隆十四年(1749)際恒堂刻本　十二冊　十一行二十字小字雙行同白口四周雙邊單黑魚尾

370000－1544－0001972　811－4/1
文粹一百卷　（宋）姚鉉輯　**補遺二十六卷**（清）郭麐輯　清光緒十六年(1890)刻本　二十冊　十四行二十五字小字雙行同黑口左右雙邊單黑魚尾

370000－1544－0001973　811－7/1
續中州名賢文表六十八卷　（清）邵松年編　清光緒三十年(1904)石印本　二十二冊　十行二十二字黑口四周單邊單黑魚尾

370000－1544－0001974　811－7/2
三賢文集十六卷　（明）劉靜修等著　（清）張斐然輯　清刻民國補修本　十二冊　十行二

十字白口四周雙邊單黑魚尾

370000－1544－0001975　811－8/1
誌別錄不分卷　(清)沈秉成　(清)謝光綺輯　清光緒十五年(1889)刻本　二冊　九行二十字小字雙行同白口四周雙邊單黑魚尾

370000－1544－0001976　811.1/1
古文詞略二十四卷　(清)梅曾亮編　清同治六年(1867)合肥李氏刻本　四冊　十行二十五字小字雙行不等白口四周雙邊單黑魚尾

370000－1544－0001977　811.1/1－2
古文詞略二十四卷　(清)梅曾亮編　清同治六年(1867)合肥李氏刻本　五冊　十行二十五字小字雙行不等白口四周雙邊單黑魚尾

370000－1544－0001978　811.1/4
六臣注文選六十卷　(南朝梁)蕭統輯　(唐)李善等注　明嘉靖潘惟時、潘惟德刻吳勉學重修本　三十冊　九行十八字小字雙行同白口左右雙邊單白魚尾

370000－1544－0001979　811.1/4－2
文選六十卷目錄一卷　(南朝梁)蕭統輯　(唐)李善注　清同治八年(1869)湖北崇文書局刻本　五十四冊　十行二十一字小字雙行同白口四周雙邊單黑魚尾

370000－1544－0001980　811.1/4－2:2
文選六十卷　(南朝梁)蕭統輯　(唐)李善注　(清)葉樹藩參訂　清刻朱墨套印本　十二冊　十二行二十五字小字雙行三十七字白口左右雙邊單黑魚尾

370000－1544－0001981　811.1/4－2:3
文選六十卷　(南朝梁)蕭統輯　(唐)李善注　(清)葉樹藩參訂　清刻本　十二冊　十二行二十五字小字雙行三十七字白口左右雙邊單黑魚尾

370000－1544－0001982　811.1/4－2:4
文選六十卷　(南朝梁)蕭統輯　(唐)李善注　清同治八年(1869)金陵書局刻本　十冊　十二行二十五字小字雙行三十七字白口左右雙邊單黑魚尾

370000－1544－0001983　811.1/4－3
文選六十卷　(南朝梁)蕭統輯　(唐)李善注　**文選考異十卷**　(清)胡克家撰　清同治八年(1869)湖北崇文書局刻本　二十四冊　十行二十一字小字雙行同白口四周雙邊單黑魚尾

370000－1544－0001984　811.1/4－4
文選考異十卷　(清)胡克家撰　清同治八年(1869)湖北崇文書局刻本　十冊　十行二十二字小字雙行同白口四周雙邊單黑魚尾

370000－1544－0001985　811.1/4－5
重訂文選集評十五卷首一卷末一卷　(清)于光華編　清乾隆五十四年(1789)有懷堂刻本　八冊　下欄九行二十字小字雙行三十字白口左右雙邊單黑魚尾

370000－1544－0001986　811.1/4－6
文選旁證四十六卷　(清)梁章鉅撰　清道光刻本　十二冊　十二行二十四字黑口左右雙邊單黑魚尾

370000－1544－0001987　811.1/4－6:2
文選旁證四十六卷　(清)梁章鉅撰　清道光刻本　六冊　十二行二十四字黑口左右雙邊單黑魚尾　存二十二卷(一至二十二)

370000－1544－0001988　811.1/4－7
文選考異十卷　(清)胡克家撰　清光緒十一年(1885)雙桂堂刻本　二冊　十二行二十五字小字雙行三十七字白口四周雙邊單黑魚尾

370000－1544－0001989　811.1/4－7:2
文選六十卷　(南朝梁)蕭統輯　(唐)李善注　清光緒十一年(1885)雙桂堂刻朱墨套印本　十四冊　十二行二十五字小字雙行三十七字白口左右雙邊單黑魚尾

370000－1544－0001990　811.1/4－9
重訂文選集評十五卷首一卷末一卷　(清)于光華編　清刻本　十六冊　下欄九行二十字小字雙行不等白口左右雙邊單黑魚尾

370000－1544－0001991　811.1/4－10
文選六十卷　(南朝梁)蕭統輯　(唐)李善注

（清）葉樹蕃訂　（清）何焯評點　清乾隆三十七年(1772)海録軒刻朱墨套印本　十二册　十二行二十五字小字雙行三十七字白口左右雙邊單黑魚尾

370000－1544－0001992　811.1/4－11
六臣注文選六十卷　（南朝梁）蕭統輯　（唐）李善等注　明嘉靖潘惟時、潘惟德刻吴勉學重修本　二十八册　九行十八字小字雙行同白口左右雙邊單白魚尾　缺五卷(一、十一至十二、四十一至四十二)

370000－1544－0001993　811.1/4－12
文選六十卷　（南朝梁）蕭統輯　（唐）李善注　明成化二十三年(1487)唐藩朱芝址刻本　三册　十行二十二字小字雙行同黑口四周雙邊雙順黑魚尾　存五卷(一、四至七)

370000－1544－0001994　811.1/6
學海堂二集二十卷　（清）吴蘭修輯　清道光十八年(1838)刻本　十册　十行二十字小字雙行同黑口左右雙邊單黑魚尾

370000－1544－0001995　811.1/7
金文雅十六卷　（清）莊仲方編　清光緒十七年(1891)江蘇書局刻本　四册　十四行二十五字白口左右雙邊單黑魚尾

370000－1544－0001996　811.1/7－2
金文雅十六卷　（清）莊仲方編　清光緒十七年(1891)江蘇書局刻本　四册　十四行二十五字白口左右雙邊單黑魚尾

370000－1544－0001997　811.1/9
項城袁氏家集六種　（清）丁振鐸輯　清宣統三年(1911)清芬閣鉛印本　五十六册　十行二十四字黑口四周雙邊單黑魚尾

370000－1544－0001998　811.1/9－2
項城袁氏家集六種　（清）丁振鐸輯　清宣統三年(1911)清芬閣鉛印本　五十六册　十行二十四字黑口四周雙邊單黑魚尾

370000－1544－0001999　811.1/11
升菴全蜀秇文志六十四卷首一卷　（明）楊慎輯　清嘉慶二十二年(1817)刻本　十二册　九行二十四字小字雙行同白口四周雙邊單黑魚尾

370000－1544－0002000　811.1/12－4
漢魏六朝百三家集　（明）張溥編　清光緒五年(1879)信述堂刻本　九十九册　九行十八字小字雙行同白口左右雙邊單白魚尾

370000－1544－0002001　811.1/12－5
漢魏六朝百三家集　（明）張溥編　清光緒五年(1879)信述堂刻本　一百册　九行十八字小字雙行同白口左右雙邊單白魚尾

370000－1544－0002002　811.1/15
新刻京臺公餘勝覽國色天香十卷　（明）吴敬所編　清刻本　十册　上欄十六行十四字小字雙行同下欄十三行十六字白口四周單邊單黑魚尾

370000－1544－0002003　811.1/16
經餘必讀續編八卷　（清）錢樹棠　（清）雷琳　（清）錢樹立輯　清嘉慶十三年(1808)刻本　四册　十行二十字小字雙行同白口單黑魚尾

370000－1544－0002004　811.1/17
海虞文徵三十卷目錄二卷　（清）邵松年編　清光緒三十一年(1905)鴻文書局石印本　十六册　十行二十四字黑口四周單邊單黑魚尾

370000－1544－0002005　811.1/17－2
海虞文徵三十卷目錄二卷　（清）邵松年編　清光緒三十一年(1905)鴻文書局石印本　十六册　十行二十四字黑口四周單邊單黑魚尾

370000－1544－0002006　811.1/18
斯文精萃不分卷　（清）尹繼善選定　清刻本　八册　九行二十五字白口四周單邊

370000－1544－0002007　811.1/20
梅村家藏稿五十八卷補一卷年譜四卷　（清）吴偉業撰　清宣統三年(1911)武進董氏誦芬室刻本　八册　十五行二十八字黑口四周雙邊單黑魚尾

370000－1544－0002008　811.1/21

新編古今事文類聚續集二十八卷 （宋）祝穆輯 明刻本 十六冊 十四行二十八字黑口四周單邊雙順黑魚尾

370000－1544－0002009 811.1－4/1

唐人三家集二十六卷 （清）秦恩復編 清宣統三年（1911）藏古圖書館影宋本 八冊 十一行二十字白口左右雙邊單黑魚尾

370000－1544－0002010 811.1－4/2

唐文粹一百卷 （宋）姚鉉纂 清光緒九年（1883）江蘇書局刻本 十六冊 十四行二十五字小字雙行同白口左右雙邊單黑魚尾

370000－1544－0002011 811.1－4/4

唐人五十家小集五十種 （清）江標輯 清光緒二十一年（1895）元和江氏靈鶼閣影宋刻本 三十二冊 十行十八字小字雙行同白口左右雙邊單黑魚尾

370000－1544－0002012 811.1－6/2

楚國文憲公雪樓程先生文集三十卷年譜一卷附錄一卷 （元）程鉅夫撰 清宣統二年至民國十四年（1910－1925）陽湖陶氏涉園影刻本 十冊 十三行二十二字黑口四周雙邊雙順黑魚尾

370000－1544－0002013 811.1－7/2

重編瓊臺會稿詩文集二十四卷首一卷 （明）邱濬撰 清光緒五年（1879）雁峯書院刻本 十二冊 九行二十字白口四周雙邊單黑魚尾

370000－1544－0002014 811.1－7/4

徐州二遺民集十卷 （清）萬壽祺 （清）閻爾梅著 （清）馮煦 （清）桂中行輯 清光緒十九年（1893）臨川桂中行刻本 五冊 十行二十二字小字雙行同黑口四周雙邊單黑魚尾

370000－1544－0002015 811.1－7/4－2

徐州二遺民集十卷 （清）萬壽祺 （清）閻爾梅著 （清）馮煦 （清）桂中行輯 清光緒十九年（1893）臨川桂中行刻本 五冊 十行二十二字小字雙行同黑口四周雙邊單黑魚尾

370000－1544－0002016 811.1－7/6

明宮雜詠二十卷 （清）饒智元撰 清光緒十九年（1893）長沙黃氏刻湘淥館叢書本 六冊 九行二十字黑口左右雙邊單黑魚尾

370000－1544－0002017 811.1－7/8

陶菴全集二十二卷首一卷末一卷 （明）黃淳耀撰 （清）陶應鯤輯 清乾隆二十六年（1761）刻本 六冊 十行二十二字白口左右雙邊單黑魚尾

370000－1544－0002018 811.1－8/1

增刪堅瓠集八卷 （清）汪夔輯 清乾隆二十一年（1756）刻本 八冊 九行二十二字黑口左右雙邊單黑魚尾

370000－1544－0002019 811.1－8/2

延綠閣集十二卷 （清）華希閔撰 清光緒二十二年（1896）刻本 六冊 十行二十字白口左右雙邊單黑魚尾

370000－1544－0002020 811.1－8/3

春柳草堂集四卷 （清）陳澤泰撰 清乾隆五十八年（1793）刻本 二冊 九行二十一字小字雙行同白口左右雙邊單黑魚尾

370000－1544－0002021 811.1－8/4

顧太僕致忠錄一卷 （清）顧崑揚撰 （清）顧景璐輯 清光緒三十年（1904）刻本 一冊 九行二十一字白口四周單邊單黑魚尾

370000－1544－0002022 811.1－8/6

同人集十二卷 （清）冒襄輯 清道光五年（1825）刻本 十二冊 十一行二十三字白口左右雙邊魚尾

370000－1544－0002023 811.1－8/7

吴興長橋沈氏家集二十九卷 沈家本輯 清宣統元年（1909）刻本 十二冊 十行二十二字小字雙行同白口四周雙邊單黑魚尾

370000－1544－0002024 811.1－8/9

蜀秀集九卷 （清）譚宗浚輯 （清）惜分陰齋訂 清光緒五年（1879）刻本 十冊 十行二十字黑口左右雙邊單黑魚尾

370000－1544－0002025 811.1－8/10

天南同人集四卷 （清）姚文棟輯 清刻本

一册　九行二十字白口四周雙邊單黑魚尾
缺一卷(卷四續刻)

370000－1544－0002026　811.1－8/14
鑑止水齋集二十卷　(清)許宗彦撰　**古春軒詩抄二卷**　(清)梁德繩撰　清道光刻本　六册　鑑止水齋集十行二十字小字雙行同黑口左右雙邊古春軒詩鈔十行二十一字小字雙行同白口左右雙邊單黑魚尾

370000－1544－0002027　811.1－8/14－2
鑑止水齋集二十卷　(清)許宗彦撰　清刻本　七册　十行二十字小字雙行同黑口左右雙邊

370000－1544－0002028　811.1－8/15
安雅堂文集二卷重刻文集二卷詩一卷二鄉亭詞三卷未刻稿八卷入蜀集二卷　(清)宋琬撰　清康熙至乾隆刻本　六册　行款不一安雅堂文集十行二十字小字雙行同白口左右雙邊單花魚尾

370000－1544－0002029　811.1－8/18
漢鐃歌釋文箋正一卷　王先謙撰　清同治十一年(1872)刻本　一册　八行二十四字小字雙行同白口四周雙邊單黑魚尾

370000－1544－0002030　811.1－8/20
青草堂集前集十二卷　(清)趙國華著　清同治十一年(1872)刻本　四册　九行二十一字白口四周雙邊單黑魚尾

370000－1544－0002031　811.1－8/24
懷豳雜俎十二種十七卷　徐乃昌輯　清宣統三年(1911)刻本　二册　十行二十字小字雙行同黑口左右雙邊單黑魚尾

370000－1544－0002032　811.1－8/25
湖海詩傳四十六卷　(清)王昶編　清同治四年(1865)刻本　十二册　十二行二十三字小字雙行同黑口左右雙邊單黑魚尾

370000－1544－0002033　811.1－8/26
御定歷代題畫詩類一百二十卷　(清)陳邦彦輯　清嘉慶二十二年(1817)裕文堂刻本　三十二册　十一行二十三字小字雙行不等黑口左右雙邊單黑魚尾

370000－1544－0002034　811.1－8/27
列聖御製詩文集二百三十二卷　(清)奕訢等編　清光緒五年(1879)鉛印本　五百四十一册　六行十六字小字雙行同白口四周雙邊單黑魚尾

370000－1544－0002035　811.2/3
阮亭選古詩三十二卷　(清)王士禛選　(清)宋犖校　清康熙刻本　八册　十行二十一字小字雙行同黑口左右雙邊單黑魚尾

370000－1544－0002036　811.2/4
詠物詩選八卷　(清)俞琰輯　清刻本　四册　十行二十一字黑口左右雙邊單黑魚尾

370000－1544－0002037　811.2/4－2
詠物詩選八卷　(清)俞琰輯　清雍正刻本　八册　十行二十一字黑口左右雙邊單黑魚尾

370000－1544－0002038　811.2/5
詩體明辯二十六卷　(明)徐師曾纂　(明)沈芬　(明)沈騏箋　明崇禎十三年(1640)刻本　七册　九行二十五字小字雙行同白口四周單邊

370000－1544－0002039　811.2/6
詩歸二種五十一卷　(明)鍾惺　(明)譚元春選定　明刻本　十册　十行十九字小字雙行同白口左右雙邊單黑魚尾

370000－1544－0002040　811.2/8
廟塋詩集二卷　(清)孔胤淳輯　清康熙六年(1667)刻本　二册　八行二十字白口四周單邊單黑魚尾

370000－1544－0002041　811.2/10
古唐詩合解十二卷古詩四卷　(清)王堯衢注　清聚元堂刻本　六册　十行二十一字小字雙行同白口四周單邊單黑魚尾

370000－1544－0002042　811.2/10－2
古唐詩合解十二卷　(清)王堯衢注　清刻本　五册　十行二十一字小字雙行同白口四周

雙邊單黑魚尾

370000－1544－0002043　811.2/10－2∶2
古唐詩合解十二卷古詩四卷　(清)王堯衢注　清聚錦堂刻本　五冊　下欄十一行二十四字小字雙行同白口四周單邊單黑魚尾

370000－1544－0002044　811.2/10－3
古唐詩合解十二卷古詩四卷　(清)王堯衢注　清光緒七年(1881)刻本　六冊　十行二十一字小字雙行同白口四周雙邊單黑魚尾

370000－1544－0002045　811.2/10－4
古唐詩合解十二卷古詩四卷　(清)王堯衢注　清玉軸樓刻本　四冊　十行二十一字小字雙行同白口四周單邊單黑魚尾

370000－1544－0002046　811.2/10－5
古唐詩合解十二卷古詩四卷　(清)王堯衢注　清善成堂刻本　五冊　下欄十一行二十四字小字雙行同白口左右雙邊單黑魚尾

370000－1544－0002047　811.2/11
蛻翁所見詩録前編感逝集十卷　(清)葉廷琯輯選　清光緒六年(1880)刻本　十冊　十行二十四字小字雙行同白口左右雙邊單黑魚尾

370000－1544－0002048　811.2/12
瀛奎律髓四十九卷　(元)方回選　(清)吳之振重閲　清康熙五十一年(1712)刻本　十冊　十行十九字小字雙行二十八字細黑口左右雙邊雙對黑魚尾

370000－1544－0002049　811.2/13
近光集二十八卷　(清)汪士鋐輯　(清)徐修仁注　清康熙五十八年(1719)刻本　八冊　九行十九字小字雙行同黑口左右雙邊單黑魚尾

370000－1544－0002050　811.2/13－2
近光集二十八卷　(清)汪士鋐輯　(清)徐修仁參注　清康熙五十八年(1719)刻本　十冊　九行十九字小字雙行同黑口左右雙邊單黑魚尾

370000－1544－0002051　811.2/16
湖北詩徵傳略四十卷　(清)丁宿章輯　(清)丁彝校　清光緒七年(1881)孝感丁氏涇北草堂刻本　十六冊　十行二十四字小字雙行同黑口四周雙邊單黑魚尾

370000－1544－0002052　811.2/17
江蘇詩徵一百八十三卷　(清)王豫輯　清道光元年(1821)焦山海西庵詩徵閣刻本　四十冊　十一行二十三字小字雙行同白口四周單邊單黑魚尾

370000－1544－0002053　811.2/17－2
江蘇詩徵一百八十三卷　(清)王豫輯　清道光元年(1821)焦山海西庵詩徵閣刻本　四十冊　十一行二十三字小字雙行同白口四周單邊單黑魚尾

370000－1544－0002054　811.2/18
八代詩選二十卷　王闓運輯　清光緒十六年(1890)江蘇書局刻本　八冊　十行二十二字黑口左右雙邊單黑魚尾

370000－1544－0002055　811.2/18－2
八代詩選二十卷　王闓運輯　清光緒十六年(1890)江蘇書局刻本　八冊　十行二十二字黑口左右雙邊單黑魚尾

370000－1544－0002056　811.2/18－3
八代詩選二十卷　王闓運輯　清光緒十六年(1890)江蘇書局刻本　八冊　十行二十二字黑口左右雙邊單黑魚尾

370000－1544－0002057　811.2/19
宋元明詩三百首　(清)朱梓編　(清)冷昌言編輯　清光緒元年(1875)虞山黄氏藝文堂刻本　二冊　十行二十一字黑口左右雙邊單黑魚尾

370000－1544－0002058　811.2/20
八家詩選八卷　(清)吳之振選　清康熙十一年(1672)吳氏鑑古堂刻本　二冊　十二行二十二字小字雙行同白口左右雙邊雙對黑魚尾

370000－1544－0002059　811.2/22
列朝詩集八十一卷　(清)錢謙益輯　清初刻本　三十冊　十五行二十八字小字雙行同白

口四周雙邊雙順黑魚尾

370000－1544－0002060　811.2/23
曲阜詩鈔八卷　(清)孔憲彝纂輯　(清)孔憲庚參校　清道光二十三年(1843)刻本　二册　十行二十一字小字雙行同黑口左右雙邊單黑魚尾

370000－1544－0002061　811.2/23－2
闕里孔氏詩鈔十四卷　(清)孔憲彝纂輯　(清)盛大士選訂　清道光二十三年(1843)刻本　四册　十行二十一字小字雙行同黑口左右雙邊單黑魚尾

370000－1544－0002062　811.2/24
樂府詩集一百卷目録二卷　(宋)郭茂倩輯　清同治十三年(1874)刻本　十六册　十一行二十一字小字雙行同黑口四周雙邊單黑魚尾

370000－1544－0002063　811.2/25
玉臺新詠十卷　(南朝陳)徐陵輯　(清)朱存孝輯録　清康熙五十六年(1717)刻本　四册　十一行二十一字白口左右雙邊雙對黑魚尾

370000－1544－0002064　811.2/27
楚詩紀二十二卷　(清)廖元度輯　清乾隆十四年(1749)刻本　六册　十一行二十字小字雙行同白口四周雙邊單黑魚尾

370000－1544－0002065　811.2/28
御選唐宋詩醇四十七卷目録二卷　(清)高宗弘曆選　清光緒十八年(1892)益元書局刻本　二十三册　九行十九字白口左右雙邊單黑魚尾

370000－1544－0002066　811.2/29
味菜室吴諺詩一卷　(清)王頌清編　清宣統三年(1911)鉛印本　一册　十二行三十字白口四周雙邊單黑魚尾

370000－1544－0002067　811.2/32
宋詩紀事一百卷　(清)厲鶚　(清)馬曰琯緝　清乾隆十一年(1746)刻本　十六册　十一行二十二字小字雙行三十二字黑口左右雙邊單黑魚尾

370000－1544－0002068　811.2/33
選詩七卷詩人世次爵里一卷　(南朝梁)蕭統選　(明)郭正域批點　(明)凌濛初輯評　明萬曆凌濛初刻朱墨套印本　七册　八行十八字小字雙行同白口四周單邊

370000－1544－0002069　811.2/34
唐人萬首絶句選七卷　(宋)洪邁元本　(清)王士禛選　清刻本　一册　十行十九字黑口左右雙邊單黑魚尾　存三卷(一至三)

370000－1544－0002070　811.2/35
分類補註李太白詩二十五卷　(唐)李白撰　(宋)楊齊賢集註　(元)蕭士贇補註　明萬曆三十年(1602)許自昌刻李杜全集本　十二册　九行二十字小字雙行同白口左右雙邊單黑魚尾

370000－1544－0002071　811.2/36
古詩箋三十二卷　(清)王士禛輯　(清)聞人倓箋　清乾隆三十一年(1766)芷蘭堂刻本　十二册　十行二十一字小字雙行同白口左右雙邊單黑魚尾

370000－1544－0002072　811.2/36－2
古詩箋三十二卷　(清)王士禛輯　(清)聞人倓箋　清乾隆三十一年(1766)芷蘭堂刻本　十二册　十行二十一字小字雙行同白口左右雙邊單黑魚尾

370000－1544－0002073　811.2/37
國朝山左詩抄六十卷　(清)盧見曾輯　清乾隆二十三年(1758)盧氏雅雨堂刻本　二十册　十行二十一字小字雙行同白口四周單邊

370000－1544－0002074　811.2/37－2
國朝山左詩抄六十卷　(清)盧見曾輯　清乾隆二十三年(1758)盧氏雅雨堂刻本　十册　十行二十一字小字雙行同白口四周單邊　存三十一卷(三十至六十)

370000－1544－0002075　811.2/38
藝苑名言八卷首一卷　(清)蔣瀾輯　清乾隆五十六年(1791)懷谷軒刻本　八册　八行十六字小字雙行同白口左右雙邊

370000－1544－0002076　811.2/39
宋詩鈔初集一百六卷　(清)吴之振等選　清康熙十年(1671)吴氏鑒古堂刻本　十八册　十二行二十二字小字雙行同黑口左右雙邊雙對花魚尾

370000－1544－0002077　811.2/43
國朝正雅集九十九卷首一卷　(清)符葆森輯　清刻本　二十三册　九行二十一字小字雙行同黑口四周雙邊雙對黑魚尾

370000－1544－0002078　811.2/44
感舊集十六卷　(清)王士禛輯　(清)盧見曾補傳　清乾隆十七年(1752)盧見曾刻本　八册　十一行二十一字小字雙行三十二字白口左右雙邊單黑魚尾

370000－1544－0002079　811.2/47
佩文齋詠物詩選四百八十六卷　(清)汪霦等編輯　(清)張玉書等彙閲　清康熙四十六年(1707)内府刻本　四十八册　十一行二十一字黑口左右雙邊雙對黑魚尾

370000－1544－0002080　811.2/48
詩詞雜俎十二種二十五卷　(明)毛晉輯　明末虞山毛氏汲古閣刻本　八册　行款不一　缺一卷(第九種元宫詞一卷)

370000－1544－0002081　811.2/49
皇明詩選十三卷　(明)李雯　(明)陳子龍輯　明崇禎刻清蔣復貞重印本　十二册　九行十八字小字雙行同白口四周單邊單黑魚尾

370000－1544－0002082　811.2－4/1
中晚唐詩叩彈集十二卷續集三卷　(清)杜詔　(清)杜庭珠集　清康熙四十三年(1704)刻敦厚堂印本　八册　十一行二十字小字雙行不等白口四周單邊單黑魚尾

370000－1544－0002083　811.2－4/3
孟東野集十卷附一卷　(唐)孟郊撰　**追昔遊集三卷**　(唐)李紳撰　清宣統二年(1910)石印本　四册　十二行二十六字小字雙行同白口四周雙邊單黑魚尾

370000－1544－0002084　811.2－4/5－2
唐詩鼓吹十卷　(金)元好問輯　(元)郝天挺注　(明)廖文炳解　(清)陸貽典等校　清乾隆十一年(1746)刻本　六册　十一行二十一字小字雙行同黑口左右雙邊單黑魚尾

370000－1544－0002085　811.2－4/5－3
東嵒艸堂評訂唐詩鼓吹十卷　(金)元好問輯　(元)郝天挺注　(明)廖文炳解　(清)朱三錫評　清康熙刻本　六册　十一行二十一字小字雙行同白口四周雙邊單黑魚尾

370000－1544－0002086　811.2－4/6
重訂唐詩别裁集二十卷　(清)沈德潛編　清乾隆教忠堂刻本　八册　十行十九字小字雙行同白口左右雙邊單黑魚尾

370000－1544－0002087　811.2－4/6－2
唐詩别裁集引典備註二十卷　(清)沈德潛編　(清)俞汝昌註　清道光十八年(1838)刻本　十二册　十行十九字小字雙行同白口左右雙邊間四周雙邊魚尾

370000－1544－0002088　811.2－4/6－3
唐詩别裁集十卷　(清)沈德潛　(清)陳培脈輯　清康熙碧梧書屋刻本　八册　十行十九字小字雙行不等黑口左右雙邊單黑魚尾

370000－1544－0002089　811.2－4/7
才調集十卷　(後蜀)韋縠輯　清刻本　四册　八行十九字小字雙行同白口四周雙邊單黑魚尾

370000－1544－0002090　811.2－4/8
貫華堂選批唐才子詩甲集七言律八卷　(清)金人瑞輯　清初刻本　六册　九行二十一字小字雙行同白口左右雙邊

370000－1544－0002091　811.2－4/10
唐詩三百首註疏六卷　(清)孫洙編　**續選一卷**　(清)于慶元編　清道光十四年(1834)刻本　四册　八行二十字小字雙行同四周雙邊單黑魚尾

370000－1544－0002092　811.2－4/10－2
唐詩三百首註釋六卷　(清)孫洙編　**續選一卷**　(清)于慶元編　清光緒十年(1884)刻本

八册　九行二十字小字雙行同白口左右雙邊單黑魚尾

370000－1544－0002093　811.2－4/10－3
唐詩三百首補注八卷　(清)陳婉俊輯　清光緒十一年(1885)刻本　四册　九行二十字小字雙行同黑口左右雙邊雙對黑魚尾

370000－1544－0002094　811.2－4/10－4
註釋唐詩三百首一卷　(清)孫洙編　清刻本　一册　九行二十一字小字雙行同白口四周單邊單黑魚尾

370000－1544－0002095　811.2－4/11
刪訂唐詩解二十四卷　(清)唐汝詢選釋　(清)吴昌祺評定　清康熙刻本　八册　下欄九行二十一字小字雙行同白口左右雙邊魚尾

370000－1544－0002096　811.2－4/12
網師園唐詩箋十八卷　(清)宋宗元輯　清乾隆刻本　六册　十行二十一字小字雙行不等白口左右雙邊魚尾

370000－1544－0002097　811.2－4/14
唐人萬首絶句選七卷　(宋)洪邁元本　(清)王士禛選　清刻本　二册　十行十九字黑口左右雙邊雙順黑魚尾

370000－1544－0002098　811.2－4/16
唐賢三昧集三卷　(清)王士禛編　清刻本　二册　十行十九字黑口左右雙邊單黑魚尾

370000－1544－0002099　811.2－4/17
全唐詩九百卷目録十二卷　(清)曹寅等輯　清康熙四十四年至四十六年(1705－1707)揚州詩局刻本　一百二十册　十一行二十一字小字雙行不等黑口左右雙邊雙對黑魚尾

370000－1544－0002100　811.2－4/17－2
全唐詩九百卷目録十二卷　(清)曹寅等輯　清康熙刻本　十册　十一行二十一字小字雙行不等黑口左右雙邊雙對黑魚尾　存十册(第九函十册)

370000－1544－0002101　811.2－4/19
唐詩品彙九十卷拾遺十卷詩人爵里詳節一卷　(明)高棅編輯　(明)汪宗尼校訂　明萬曆刻本　二十册　十行二十字小字雙行同白口左右雙邊單黑魚尾

370000－1544－0002102　811.2－4/20
中晚唐詩紀六十二卷　(清)龔賢編　清康熙半畝園刻本　十四册　九行十九字白口左右雙邊單綫魚尾

370000－1544－0002103　811.2－4/22
重訂唐詩別裁集二十卷　(清)沈德潛編　清刻本　十二册　八行十六字小字雙行同白口四周單邊單黑魚尾

370000－1544－0002104　811.2－4/23
全唐詩鈔八十卷　(清)吴成儀編　清乾隆刻本　二十册　十一行二十一字白口左右雙邊雙對黑魚尾

370000－1544－0002105　811.2－4/25
古唐詩合解十二卷古詩四卷　(清)王堯衢注　清光緒十一年(1885)成文信刻本　六册　十行二十一字小字雙行同白口左右雙邊單黑魚尾

370000－1544－0002106　811.2－4/26
唐類選雋　(清)□□編　清刻本　十六册　十一行二十一字白口四周單邊雙對黑魚尾

370000－1544－0002107　811.2－4/28
御選唐詩三十二卷目録三卷補遺七卷　(清)陳廷敬編　清康熙五十二年(1713)内府刻朱墨套印本　十五册　七行十七字小字雙行不等白口四周雙邊單黑魚尾

370000－1544－0002108　811.2－5/3
豫章三洪集十卷香譜二卷　(宋)洪朋等撰　(清)洪汝奎輯　清光緒二年(1876)刻本　二册　十行二十一字白口左右雙邊單黑魚尾

370000－1544－0002109　811.2－5/6
宋百家詩存二十卷　(清)曹庭棟編　清乾隆六年(1741)曹氏二六書堂刻本　二十册　十一行二十一字小字雙行同白口左右雙邊單黑魚尾

370000－1544－0002110　811.2－6/2
元詩選初集　(清)顧嗣立編　清康熙長洲顧氏秀野草堂刻本　四十二册　十三行二十三字小字雙行不等白口左右雙邊雙順黑魚尾

370000－1544－0002111　811.2－6/2－2
元詩選二集　(清)顧嗣立編　清康熙長洲顧氏秀野草堂刻本　八册　十三行二十三字小字雙行不等白口左右雙邊雙順黑魚尾

370000－1544－0002112　811.2－6/2－3
元詩選癸集　(清)顧嗣立輯　(清)席世臣續輯　清光緒十四年(1888)席氏掃葉山房刻本　十六册　十三行二十三字小字雙行不等白口左右雙邊單黑魚尾

370000－1544－0002113　811.2－6/4
元詩百一鈔八卷補遺一卷　(清)姚培謙等輯　清刻本　四册　七行十五字白口左右雙邊單黑魚尾

370000－1544－0002114　811.2－7/1
明三十家詩選初集八卷二集八卷　(清)汪端輯　清同治十二年(1873)刻本　八册　十一行二十二字小字雙行同黑口左右雙邊單黑魚尾

370000－1544－0002115　811.2－7/2
明詩別裁集十二卷　(清)沈德潛　(清)周準輯　清乾隆刻本　四册　十行十九字小字雙行不等白口左右雙邊單黑魚尾

370000－1544－0002116　811.2－7/3
明詩紀事八種一百八十七卷　(清)陳田輯　清光緒二十五年至宣統三年(1899－1911)貴陽陳氏聽詩齋刻本　三十八册　十一行二十三字小字雙行同白口左右雙邊單黑魚尾

370000－1544－0002117　811.2－7/4
明詩綜一百卷　(清)朱彝尊輯　(清)汪森緝評　清康熙朱氏六峰閣刻雍正印本　四十册　十一行二十一字小字雙行三十一字白口左右雙邊單黑魚尾

370000－1544－0002118　811.2－7/5
黃氏詩鈔三卷　(明)黃作孚等撰　清乾隆刻本　二册　十行二十字小字雙行同白口左右雙邊單黑魚尾

370000－1544－0002119　811.2－7/7
山左明詩鈔三十五卷　(清)宋弼選　清乾隆三十六年(1771)刻本　八册　十一行二十一字小字雙行同黑口左右雙邊單黑魚尾

370000－1544－0002120　811.2－7/8
唐詩紀一百七十卷目錄三十四卷　(明)方一元彙編　明刻本　一册　九行十九字小字雙行同白口四周雙邊單黑魚尾　存四卷(五十七至六十)

370000－1544－0002121　811.2－8/1
新增七家試帖輯註彙鈔　(清)張熙宇輯評　(清)王植桂輯註　清光緒十一年(1885)刻本　四册　兩欄下欄九行二十二字小字雙行同黑口四周雙邊雙對黑魚尾　存五卷(澹香齋試帖輯註一卷、桐雲閣試帖輯註二卷、西沤試帖輯註二卷)

370000－1544－0002122　811.2－8/1－2
七家試帖輯註彙鈔　(清)張熙宇輯評　(清)王植桂輯註　清刻本　四册　兩欄下欄九行二十二字小字雙行同黑口四周雙邊雙對黑魚尾　存五卷(桐雲閣試帖輯註二卷、西沤試帖輯註二卷、尚絅堂試帖輯註一卷)

370000－1544－0002123　811.2－8/4
禁林集八卷　(清)杭世駿輯　清乾隆二十三年(1758)刻本　六册　十行二十字白口四周單邊單黑魚尾

370000－1544－0002124　811.2－8/5
續檇李詩繫四十卷　(清)胡昌基輯　清宣統三年(1911)刻本　二十册　十一行二十一字小字雙行同黑口左右雙邊雙順黑魚尾

370000－1544－0002125　811.2－8/6
南宋雜事詩七卷　(清)沈嘉轍等撰　清同治十一年(1872)淮南書局刻本　四册　十一行二十一字小字雙行二十八字白口左右雙邊單黑魚尾

370000－1544－0002126　811.2－8/6－2

南宋襍事詩七卷　(清)沈嘉轍等撰　清初刻本　四册　十一行二十一字小字雙行二十八字白口左右雙邊單黑魚尾

370000－1544－0002127　811.2－8/7
國朝全蜀詩鈔六十四卷　(清)孫桐生選輯　清光緒五年(1879)刻本　二十册　九行二十一字小字雙行同白口左右雙邊單黑魚尾

370000－1544－0002128　811.2－8/9
國朝詩別裁集三十六卷　(清)沈德潛纂評　清光緒九年(1883)上海點石齋石印本　十二册　十行十九字小字雙行不等白口左右雙邊單黑魚尾

370000－1544－0002129　811.2－8/9－2
欽定國朝詩別裁集三十二卷　(清)沈德潛纂評　清刻本　十六册　八行十六字小字雙行同白口四周單邊單黑魚尾

370000－1544－0002130　811.2－8/10
盛世元音四卷　(清)桯夢元輯　清乾隆刻本　四册　八行十九字小字雙行同白口左右雙邊單黑魚尾

370000－1544－0002131　811.2－8/14
庚辰集五卷唐人試律說一卷　(清)紀昀編　清嘉慶八年(1803)刻本　六册　十行二十四字小字雙行同白口左右雙邊單黑魚尾

370000－1544－0002132　811.2－8/16
感舊集十六卷　(清)王士禛輯　(清)盧見曾補傳　清乾隆十七年(1752)盧見曾刻本　八册　十一行二十一字小字雙行三十二字白口左右雙邊單黑魚尾

370000－1544－0002133　811.2－8/16－2
感舊集十六卷　(清)王士禛輯　(清)盧見曾補傳　清乾隆十七年(1752)盧見曾刻本　六册　十一行二十一字小字雙行三十二字白口左右雙邊單黑魚尾

370000－1544－0002134　811.2－8/17
廣陵詩事十卷　(清)阮元記　清嘉慶六年(1801)刻本　一册　十行二十字小字雙行同白口四周雙邊單黑魚尾

370000－1544－0002135　811.2－8/17－2
廣陵詩事十卷　(清)阮元記　清光緒十六年(1890)刻本　二册　十行二十字小字雙行同白口四周雙邊單黑魚尾

370000－1544－0002136　811.2－8/19
千叟宴詩四卷　(清)聖祖玄燁等撰　清康熙六十一年(1722)內府刻本　三册　六行十六字小字雙行同白口左右雙邊單黑魚尾

370000－1544－0002137　811.2－8/20
清尊集十六卷　(清)汪遠孫編　清道光十九年(1839)錢塘汪氏振綺堂刻本　五册　十一行二十四字小字雙行不等黑口左右雙邊單黑魚尾

370000－1544－0002138　811.2－8/23
庚辰集五卷唐人試律說一卷　(清)紀昀編　清刻本　六册　九行二十字白口四周單邊單黑魚尾

370000－1544－0002139　811.2－8/23－2
庚辰集五卷唐人試律說一卷　(清)紀昀編　清乾隆學源堂刻本　六册　十行二十四字小字雙行同白口左右雙邊單黑魚尾

370000－1544－0002140　811.2－8/77
國朝山左詩鈔六十卷　(清)盧見曾輯　清乾隆二十三年(1758)盧氏雅雨堂刻本　二十册　十行二十一字小字雙行同白口四周單邊單黑魚尾

370000－1544－0002141　811.3/1
文章正宗鈔四卷　(宋)真德秀撰　(明)胡汝嘉輯　明萬曆三年(1575)刻本　四册　十行二十一字小字雙行同白口左右雙邊單白魚尾

370000－1544－0002142　811.3/2－2
文選集釋二十四卷　(清)朱珔撰　(清)朱葆元　(清)朱應坊校　清光緒元年(1875)涇川朱氏梅村家塾刻本　十二册　十行二十一字小字雙行同白口四周雙邊單黑魚尾

370000－1544－0002143　811.3/3
漢魏六朝名家集一百七十卷　丁福保輯　清宣統三年(1911)上海文明書局鉛印本　三十

冊　十四行三十一字小字雙行同黑口四周雙邊單黑魚尾

370000－1544－0002144　811.3/3－2
漢魏六朝名家集一百七十卷　丁福保輯　清宣統三年(1911)上海文明書局鉛印本　三十冊　十四行三十一字小字雙行同黑口四周雙邊單黑魚尾

370000－1544－0002145　811.3/4
文體明辯四十八卷　(明)徐師曾纂　(明)沈芬　(明)沈騏箋　明崇禎十三年(1640)刻本　十三冊　九行二十五字小字雙行同白口四周單邊

370000－1544－0002146　811.3/5
四六叢話三十三卷選詩叢話一卷　(清)孫梅輯　清光緒七年(1881)刻本　十二冊　十行二十一字小字雙行同黑口左右雙邊雙對黑魚尾

370000－1544－0002147　811.3/6
選賦六卷名人世次爵里一卷　(南朝梁)蕭統輯　(明)郭正域評撰　明凌氏鳳笙閣刻朱墨套印本　十冊　八行十八字白口四周單邊

370000－1544－0002148　811.3/6－2
選賦六卷名人世次爵里一卷　(南朝梁)蕭統輯　(明)郭正域評撰　明凌氏鳳笙閣刻朱墨套印本　六冊　八行十八字白口四周單邊

370000－1544－0002149　811.3/7
五種遺規摘抄十二卷　(清)陳弘謀輯　清石印本　七冊　二十一行四十四字小字雙行不等白口四周雙邊單黑魚尾　缺二卷(在官法戒錄摘抄一至二)

370000－1544－0002150　811.3/8
六朝唐賦讀本　(清)馬傳庚選注　清同治十三年(1874)京都馬氏玉燕書巢刻本　二冊　八行二十字小字雙行同白口左右雙邊單黑魚尾

370000－1544－0002151　811.3/9
御定歷代賦彙一百四十卷外集二十卷逸句二卷目錄三卷　(清)陳元龍輯　清康熙四十五年(1706)內府刻本　五十冊　十一行二十一字黑口左右雙邊單黑魚尾

370000－1544－0002152　811.3/10
賦學正鵠集釋十一卷　(清)李元慶輯　清同治十年(1871)善成堂刻本　四冊　九行二十一字白口四周雙邊單黑魚尾

370000－1544－0002153　811.3/11
古文眉詮七十九卷首一卷　(清)浦起龍論次　(清)程鍾　(清)方懋福彙參　清乾隆刻本　三十二冊　上欄十八行八字下欄九行二十二字小字雙行不等白口左右雙邊或四周單邊

370000－1544－0002154　811.3/11－2
古文眉詮七十九卷首一卷　(清)浦起龍論次　(清)程鍾　(清)方懋福彙參　清乾隆刻本　一冊　上欄十八行八字下欄九行二十二字小字雙行不等白口四周單邊　存三卷(十四至十六)

370000－1544－0002155　811.3/12
陳太僕批選八家文抄九卷　(清)陳兆崙輯　清光緒二十六年(1900)天津文美齋石印本　六冊　行款不一

370000－1544－0002156　811.3/13
甬東正氣集四卷　(清)董琅輯　清刻本　一冊　十行二十一字小字雙行同白口左右雙邊單黑魚尾

370000－1544－0002157　811.3/14
古文喈鳳新編八卷　(清)汪基輯　清刻本　四冊　下欄十行二十二字小字雙行同白口四周單邊單黑魚尾

370000－1544－0002158　811.3/14－2
古文喈鳳新編八卷　(清)汪基輯　清光緒善成堂刻本　八冊　下欄十行二十二字小字雙行同白口四周雙邊單黑魚尾

370000－1544－0002159　811.3/15
文苑英華選六十卷　(清)宮夢仁選　清康熙四十一年(1702)刻本　二十冊　九行二十四字小字雙行同白口左右雙邊雙對黑魚尾

370000－1544－0002160　811.3/17
重訂古文雅正十四卷　(清)蔡世遠評選　清同治三年(1864)刻本　八册　九行二十五字小字雙行同白口左右雙邊單黑魚尾

370000－1544－0002161　811.3/18
古文觀止十二卷　(清)吳留村鑒定　(清)吳乘權　(清)吳大職手錄　清光緒九年(1883)刻本　六册　十行二十四字小字雙行同白口四周單邊單黑魚尾

370000－1544－0002162　811.3/18－3
大文堂古文十二卷　(清)吳留村鑒定　(清)吳乘權　(清)吳大職手錄　清刻本　六册　十行二十四字小字雙行同白口四周單邊單黑魚尾

370000－1544－0002163　811.3/18－4
古文觀止十二卷　(清)吳留村鑒定　(清)吳乘權　(清)吳大職手錄　清刻本　六册　十一行二十四字小字雙行同白口左右雙邊單黑魚尾　缺二卷(十一至十二)

370000－1544－0002164　811.3/20
唐宋八家文讀本三十卷　(清)沈德潛評點　清嘉慶十八年(1813)刻本　十二册　十行二十字白口左右雙邊單黑魚尾

370000－1544－0002165　811.3/21
唐宋八大家文鈔一百四十四卷　(明)茅坤評選　清皖省聚文堂刻本　六十四册　九行二十字白口四周單邊單黑魚尾

370000－1544－0002166　811.3/22
忠雅堂評選四六法海八卷　(明)王志堅編　(清)蔣士銓評選　清同治八年(1869)藏園刻朱墨套印本　七册　九行二十字白口四周雙邊單黑魚尾

370000－1544－0002167　811.3/23
唐宋八大家類選八卷　(清)高嵣批點　(清)儲欣評　(清)吳振乾等校　清善成堂刻本　八册　下欄十行二十五字小字雙行同白口四周雙邊單黑魚尾

370000－1544－0002168　811.3/23－2
唐宋八大家類選八卷　(清)高嵣批點　(清)儲欣評　(清)吳振乾等校　清善成堂刻本　十二册　下欄十行二十五字小字雙行同白口四周雙邊單黑魚尾

370000－1544－0002169　811.3/23－3
唐宋八大家類選八卷　(清)高嵣批點　(清)儲欣評　(清)吳振乾等校　清善成堂刻本　八册　下欄十行二十五字小字雙行同白口四周雙邊單黑魚尾

370000－1544－0002170　811.3/26
古文約選不分卷　(清)胤禮輯　清雍正十一年(1733)果親王府刻本　十二册　九行十九字白口四周雙邊單黑魚尾

370000－1544－0002171　811.3/27
寧都三魏全集三種八十三卷　(清)魏際瑞等撰　(清)林時益輯　清刻本　四十八册　九行二十字小字雙行同白口左右雙邊單黑魚尾

370000－1544－0002172　811.3/28
八代文萃二百二十卷目錄十八卷　(清)簡榮　(清)陳崇哲輯　清光緒十一年(1885)富順攷雋堂刻本　一百册　十行二十一字小字單行同白口四周雙邊單黑魚尾

370000－1544－0002173　811.3/29
涵芬樓古今文鈔一百卷　吳曾祺編　清宣統三年(1911)鉛印本　一百册　十二行三十一字小字單行不等黑口四周雙邊單黑魚尾

370000－1544－0002174　811.3/30
御選唐宋文醇五十八卷　(清)高宗弘曆選　(清)胤祿等編　清光緒三年(1877)刻本　二十册　九行二十二字白口左右雙邊單黑魚尾

370000－1544－0002175　811.3/30－2
御選唐宋文醇五十八卷　(清)高宗弘曆選　(清)胤祿等編　清乾隆三年(1738)刻本　一册　九行二十二字白口左右雙邊單黑魚尾　存二卷(五十七至五十八)

370000－1544－0002176　811.3/31
初學啟悟集二卷　(清)汪承忠評選　(清)黄梅峰詮解　清嘉慶二十一年(1816)刻本　一

册　九行二十五字白口四周單邊單黑魚尾

370000－1544－0002177　811.3/33
四續古文奇賞五十三卷　(明)陳仁錫評選　明天啓五年(1625)刻本　二十册　十行二十字白口四周單邊單黑魚尾

370000－1544－0002178　811.3/34
古文淵鑒六十四卷　(清)徐乾學等輯注　清康熙内府刻四色套印本　三十六册　九行二十字小字雙行同黑口四周單邊雙順黑魚尾

370000－1544－0002179　811.3/35
兩漢文選不分卷　(明)衛勳輯　明萬曆三十七年(1609)衛拱宸刻本　六册　九行二十字小字雙行同白口左右雙邊單黑魚尾

370000－1544－0002180　811.3/36
陳太僕評選唐宋八家文讀本八種　(清)陳兆崙輯　清光緒二十八年(1902)山東書局石印本　五册　八行二十五字　存五種(韓文、柳文、王文、曾文、歐陽文)

370000－1544－0002181　811.3/36－1
陳太僕評選唐宋八家文讀本八種　(清)陳兆崙輯　清光緒二十八年(1902)山東書局石印本　一册　八行二十五字　存一種(柳文)

370000－1544－0002182　811.3/37
重訂古文釋義新編八卷　(清)余誠評注　(清)余芝參閲　清光緒二十年(1894)刻本　八册　上欄二十行六字下欄十行二十二字小字雙行同四周單邊單黑魚尾

370000－1544－0002183　811.3/38
山左古文鈔八卷　(清)李景嶧　(清)劉鴻翱輯　清道光九年(1829)刻本　八册　十行二十二字小字雙行同白口左右雙邊單黑魚尾

370000－1544－0002184　811.3/38－2
山左古文鈔八卷　(清)李景嶧　(清)劉鴻翱輯　清道光九年(1829)刻本　八册　十行二十二字小字雙行同白口左右雙邊單黑魚尾

370000－1544－0002185　811.3/38－3
山左古文鈔八卷　(清)李景嶧　(清)劉鴻翱輯　清道光九年(1829)刻本　八册　十行二十二字小字雙行同白口左右雙邊單黑魚尾

370000－1544－0002186　811.3/39
張河間集二卷　(漢)張衡撰　(明)張溥輯校　明刻本　一册　九行十八字小字雙行同白口左右雙邊單綫魚尾

370000－1544－0002187　811.3－1/1
東漢文二十卷　(明)張采輯　清刻本　十册　九行十九字小字雙行同白口左右雙邊單黑魚尾

370000－1544－0002188　811.3－2/1
六朝文絜四卷　(清)許槤評選　清光緒三年(1877)刻朱墨套印本　一册　十行二十二字白口四周雙邊單黑魚尾

370000－1544－0002189　811.3－2/2
文選六十卷　(南朝梁)蕭統輯　(唐)李善注　(清)何焯評點　(清)葉樹藩訂　清乾隆三十七年(1772)刻朱墨套印本　十二册　十二行二十五字小字雙行三十七字白口左右雙邊單黑魚尾

370000－1544－0002190　811.3－4/1
初唐四傑文集二十一卷　(唐)王勃等撰　(清)項家達輯　清光緒五年(1879)淮南書局刻本　四册　十二行二十二字小字雙行同白口左右雙邊單黑魚尾

370000－1544－0002191　811.3－4/1－2
初唐四傑文集二十一卷　(唐)王勃等撰　(清)項家達輯　清光緒五年(1879)淮南書局刻本　三册　十二行二十二字小字雙行同白口左右雙邊單黑魚尾

370000－1544－0002192　811.3－4/3
三唐人文集三種三十四卷　(明)毛晉輯　清刻本　十册　九行十九字白口左右雙邊

370000－1544－0002193　811.3－4/5
欽定全唐文一千卷目録三卷　(清)董誥等輯　清嘉慶十九年(1814)内府刻本　二百四十册　九行二十二字白口左右雙邊單黑魚尾

370000－1544－0002194　811.3－5/1
宋四六選二十四卷　(清)曹振鏞編　清宣統二年(1910)鉛印本　四冊　十行二十五字小字單行同白口四周單邊

370000－1544－0002195　811.3－5/6
文致不分卷　(明)劉士鏻輯　(明)閔無頗(明)閔昭明集評　明天啓元年(1621)閔元衢刻朱墨套印本　一冊　八行十八字白口四周單邊　存文致記、文致傳、文致碑、文致書

370000－1544－0002196　811.3－6/1
元文類七十卷目錄三卷　(元)蘇天爵編　清光緒十五年(1889)江蘇書局刻本　十冊　十四行二十五字白口左右雙邊單黑魚尾

370000－1544－0002197　811.3－6/1－2
元文類七十卷目錄三卷　(元)蘇天爵編　明萬曆修德堂刻本　二十冊　九行二十字小字雙行同白口四周單邊單黑魚尾

370000－1544－0002198　811.3－7/1
明文在一百卷　(清)薛熙撰　清光緒十五年(1889)江蘇書局刻本　十冊　十四行二十五字白口左右雙邊單黑魚尾

370000－1544－0002199　811.3－7/2
明文小題貫不分卷舉業淵源一卷　(清)樓渢評選　清大文堂刻本　四冊　九行二十六字白口四周單邊

370000－1544－0002200　811.3－8/1
御製文初集三十卷目錄二卷　(清)高宗弘曆撰　(清)于敏中等編　清乾隆二十八年(1763)内府刻本　八冊　九行十七字小字雙行同白口四周雙邊單黑魚尾　缺十六卷(十三至十四、十七至三十)

370000－1544－0002201　811.3－8/1－2
御製文初集三十卷目錄二卷　(清)高宗弘曆撰　(清)于敏中等編　清乾隆二十八年(1763)内府刻本　八冊　九行十七字小字雙行同白口四周雙邊單黑魚尾

370000－1544－0002202　811.3－8/3
皇朝經世文編一百二十卷　(清)賀長齡輯　清光緒二十八年(1902)上海詞源閣書局石印本　二十冊　二十四行五十字白口四周雙邊單黑魚尾

370000－1544－0002203　811.3－8/3:2
皇朝經世文編一百二十卷姓名總目二卷　(清)賀長齡輯　清同治十二年(1873)石印本　二十四冊　十六行四十二字白口四周雙邊單黑魚尾

370000－1544－0002204　811.3－8/3:3
皇朝經世文編一百二十卷姓名總目二卷　(清)賀長齡輯　清光緒十六年(1890)廣百宋齋石印本　二十四冊　十六行四十二字白口四周雙邊單黑魚尾

370000－1544－0002205　811.3－8/3:4
皇朝經世文編一百二十卷姓名總目二卷　(清)賀長齡輯　清光緒十六年(1890)石印本　二十四冊　十六行四十二字白口四周雙邊單黑魚尾

370000－1544－0002206　811.3－8/3:5
皇朝經世文編一百二十卷　(清)賀長齡輯　清光緒二十二年(1896)席氏掃葉山房石印本　二十四冊　十七行四十四字白口四周單邊單黑魚尾

370000－1544－0002207　811.3－8/3:6
皇朝經世文編一百二十卷　(清)賀長齡編　清光緒二十四年(1898)上海宏文閣鉛印本　五冊　十六行四十二字白口四周雙邊單黑魚尾　存二十三卷(一至三、十至十九、四十至四十五、四十九至五十二)

370000－1544－0002208　811.3－8/3－2
皇朝經世文續編一百二十卷　(清)葛士濬輯　清光緒二十二年(1896)寶善書局石印本　十六冊　二十二行四十八字白口四周雙邊單黑魚尾

370000－1544－0002209　811.3－8/3－2－2
皇朝經世文續編一百二十卷　(清)葛士濬輯　清光緒十四年(1888)圖書集成局石印本　三十二冊　十三行四十字白口四周單邊單黑

魚尾

370000－1544－0002210　811.3－8/3－2－3
皇朝經世文續編一百二十卷　(清)葛士濬輯　清光緒十七年(1891)廣百宋齋石印本　二十四冊　十七行四十二字白口四周雙邊單黑魚尾

370000－1544－0002211　811.3－8/3－2－4
皇朝經世文續編一百二十卷　(清)葛士濬輯　清光緒十七年(1891)廣百宋齋石印本　二十四冊　十七行四十二字白口四周雙邊單黑魚尾

370000－1544－0002212　811.3－8/3－3
皇朝經世文新編二十一卷　麥仲華輯　清光緒二十七年(1901)上海書局石印本　十六冊　二十行四十八字白口四周雙邊單黑魚尾

370000－1544－0002213　811.3－8/3－3－2
皇朝經世文新編二十一卷　麥仲華輯　清光緒二十八年(1902)瑤林書館石印本　十九冊　二十行四十字黑口四周單邊單黑魚尾　缺一卷(二十一)

370000－1544－0002214　811.3－8/3－3－4
皇朝經世文新編三十二卷　麥仲華輯　清光緒二十七年(1901)上海書局石印本　十六冊　二十行四十五字白口四周雙邊單黑魚尾

370000－1544－0002215　811.3－8/3－3－5
皇朝經世文新編三十二卷　麥仲華輯　清光緒二十七年(1901)上海書局石印本　十六冊　二十行四十五字白口四周雙邊單黑魚尾

370000－1544－0002216　811.3－8/3－4
皇朝經世文三編八十卷　(清)陳忠倚輯　清光緒二十七年(1901)上海書局石印本　十六冊　二十二行四十八字白口四周雙邊單黑魚尾

370000－1544－0002217　811.3－8/3－4－2
皇朝經世文三編八十卷　(清)陳忠倚輯　清光緒二十八年(1902)上海書局石印本　十六冊　二十二字四十九字白口四周雙邊單黑魚尾

370000－1544－0002218　811.3－8/3－5
皇朝經世文統編一百二十卷　(清)邵之棠輯　清光緒二十七年(1901)上海慎記書局石印本　四十冊　十八行四十二字白口四周雙邊單黑魚尾

370000－1544－0002219　811.3－8/4
春霆集註釋　(清)李鳴謙選　(清)潘炳綱注釋　清刻本　二冊　九行二十五字白口四周單邊

370000－1544－0002220　811.3－8/5
詳注初學文範不分卷　(清)吳肖元評選　清刻本　二冊　上欄十八行三字下欄九行二十五字白口四周單邊單黑魚尾

370000－1544－0002221　811.3－8/7
時文小題約鈔二卷　(清)朱兆琦等編　(清)顧調元訂　清咸豐五年(1855)刻本　二冊　九行二十五字白口四周單邊間四周雙邊

370000－1544－0002222　811.3－8/8
瀏陽二傑文二卷　(清)譚嗣同　(清)唐才常撰　清末鉛印本　二冊　十二行三十五字白口四周雙邊單黑魚尾

370000－1544－0002223　811.3－8/9
國朝駢體正宗續編八卷　(清)張鳴珂輯　(清)鄒凌瀚校　清刻本　四冊　十一行二十二字黑口左右雙邊雙對黑魚尾

370000－1544－0002224　811.3－8/10
國朝文徵四十卷　(清)吳翌鳳輯　(清)沈楙悳校　清咸豐元年(1851)世美堂刻本　四十冊　十二行二十五字白口左右雙邊單黑魚尾

370000－1544－0002225　811.3－8/11
國朝文匯二百卷　(清)沈粹芬　(清)黃人等輯　清宣統元年(1909)上海國學扶輪社石印本　一百二冊　十五行三十二字黑口四周雙邊單黑魚尾

370000－1544－0002226　811.3－8/12
駢體文鈔三十一卷　(清)李兆洛編　清光緒八年(1882)合河康氏刻本　十冊　十三行二十二字小字雙行同黑口左右雙邊雙對黑魚尾

370000－1544－0002227　811.3－8/13
寶興堂重訂古文釋義新編八卷　(清)余誠評註　(清)余芝參閱　清光緒二十八年(1902)刻本　八冊　上欄二十行六字下欄十行二十三字小字雙行同白口四周雙邊單黑魚尾

370000－1544－0002228　811.3－8/13－2
善成堂重訂古文釋義新編八卷　(清)余誠評註　(清)余芝參閱　清刻本　八冊　上欄二十行六字下欄十行二十二字小字雙行同白口四周單邊單黑魚尾

370000－1544－0002229　811.3－8/13－3
大文堂重訂古文釋義新編八卷　(清)余誠評註　(清)余芝參閱　清光緒十年(1884)刻本　八冊　上欄二十行六字下欄十行二十二字小字雙行同白口四周單邊單黑魚尾

370000－1544－0002230　811.3－8/13－4
寶興堂重訂古文釋義新編八卷　(清)余誠評註　(清)余芝參閱　清光緒十五年(1889)敬文堂刻本　八冊　上欄二十行六字下欄十行二十二字小字雙行同白口四周單邊單黑魚尾

370000－1544－0002231　811.3－8/14
御選唐宋文醇五十八卷　(清)高宗弘曆選　清乾隆刻本　十九冊　九行二十二字小字雙行同白口左右雙邊單黑魚尾

370000－1544－0002232　811.3－8/14－2
御選唐宋文醇五十八卷　(清)高宗弘曆選　清乾隆多色套印本　十八冊　九行二十二字小字雙行同白口四周單邊單黑魚尾　缺一卷(一)

370000－1544－0002233　811.3－8/15
七十家賦鈔六卷　(清)張惠言輯　清光緒四年(1878)宏達堂刻本　六冊　十三行二十二字小字雙行同黑口左右雙邊雙對黑魚尾

370000－1544－0002234　811.3－8/17
八家四六文注八卷首一卷補注增訂校勘一卷　(清)許貞幹輯注　清光緒十八年(1892)上海圖書集成印書局鉛印本　八冊　十三行四十字小字雙行同白口四周單邊雙對黑魚尾

370000－1544－0002235　811.3－8/18－2
古文辭類纂七十四卷　(清)姚鼐撰　清光緒十八年(1892)席氏掃葉山房刻本　八冊　十三行二十二字黑口左右雙邊雙對黑魚尾

370000－1544－0002236　811.3－8/18－3
續古文辭類纂三十四卷　王先謙輯　清光緒十八年(1892)席氏掃葉山房刻本　八冊　十三行二十二字黑口左右雙邊雙對黑魚尾

370000－1544－0002237　811.3－8/19
國朝文録八十二卷　(清)姚椿輯　清光緒二十六年(1900)席氏掃葉山房石印本　十六冊　十九行三十七字小字雙行同白口四周雙邊單黑魚尾

370000－1544－0002238　811.3－8/20
蒿菴閒話二卷談龍錄一卷　(清)張爾岐撰　清乾隆四十年(1775)刻本　一冊　十一行二十二字小字雙行同黑口左右雙邊單黑魚尾

370000－1544－0002239　811.3－8/21
縵雅堂駢體文八卷　(清)王詒壽撰　清光緒刻本　四冊　十一行二十二字小字雙行同黑口左右雙邊雙對黑魚尾

370000－1544－0002240　811.3－8/22
湖海文傳七十五卷　(清)王昶編　清道光十七年(1837)經訓堂刻同治五年(1866)重印本　二十冊　十二行二十三字小字雙行同黑口左右雙邊雙對黑魚尾

370000－1544－0002241　811.4/3
清綺軒詞選十三卷　(清)夏秉衡選　清光緒二十一年(1895)刻本　四冊　九行二十字小字雙行同白口四周雙邊單黑魚尾

370000－1544－0002242　811.4/3－2
清綺軒詞選十三卷　(清)夏秉衡選　清聚英堂刻本　六冊　六行十二字小字雙行同黑口左右雙邊單黑魚尾

370000－1544－0002243　811.4/5
宋元名家詞不分卷　(清)江標輯　清光緒二十一年(1895)湖南思賢書局刻本　四冊　十一行二十字小字雙行同小黑口左右雙邊

370000－1544－0002244　811.4/6
詞綜三十六卷　（清）朱彝尊　（清）汪森增輯　（清）柯崇樸編次　清康熙十七年（1678）汪氏裘抒樓刻乾隆九年（1744）補刻本　二十册　十行二十一字小字雙行同黑口左右雙邊單黑魚尾

370000－1544－0002245　811.4/6－3
詞綜三十八卷　（清）朱彝尊輯　**明詞綜十二卷國朝詞綜四十八卷**　（清）王昶輯　清嘉慶刻本　二十四册　十行二十一字小字雙行同黑口左右雙邊單黑魚尾

370000－1544－0002246　811.4/7
小檀欒室彙刻閨秀詞八集　徐乃昌輯　清光緒南陵徐乃昌刻本　十六册　十一行二十一字小字雙行同黑口左右雙邊雙對黑魚尾

370000－1544－0002247　811.4/10
紅萼軒詞牌一卷　（清）孔傳鐸輯　清刻本　一册　五行十二字白口四周雙邊間花邊

370000－1544－0002248　811.4/11
古今名家詞刻八種二十八卷姜白石詩一卷詩說一卷歌曲四卷　（清）許增輯　清光緒娱園刻本　六册　十二行二十三字小字雙行同白口左右雙邊單黑魚尾　存五種二十八卷（山中白雲詞八卷，詞源二卷，新蘅詞四至六、外集一卷，納蘭詞五卷、補遺一卷，白石道人歌曲四卷、别集一卷、詩詞評論一卷、補遺一卷、逸事一卷）

370000－1544－0002249　811.4/13
古香岑草堂詩餘四集十七卷　（明）顧從敬類選　（明）沈際飛評正　明末刻本　八册　九行十九字小字雙行同白口四周單邊單白魚尾間黑魚尾

370000－1544－0002250　811.4/14
湖州詞徵二十四卷　朱祖謀輯　清宣統三年（1911）刻本　四册　十二行二十二字小字雙行同黑口左右雙邊單黑魚尾

370000－1544－0002251　811.4/15
閨秀詞鈔十六卷補遺一卷續補遺四卷　徐乃昌編　清宣統元年（1909）小檀欒室刻本　十册　十一行二十一字小字雙行同小黑口左右雙邊雙對黑魚尾

370000－1544－0002252　811.4/18
享帚精舍詞學叢書六種二十三卷　（清）秦恩復編　清嘉慶享帚精舍刻本　七册　十行二十字白口左右雙邊單黑魚尾　存十五卷（精選名儒草堂詩餘上、中、下，詞源上、下，樂府雅詞上、中、下，樂府雅詞拾遺上、下，詞林韻釋一至五）

370000－1544－0002253　811.4/20－2
詞辨二卷介存齋論詞雜著一卷　（清）周濟編　清刻本　一册　十一行二十三字小字雙行同白口左右雙邊單黑魚尾

370000－1544－0002254　811.4/25
二家宫詞二卷三家宫詞三卷　（明）毛晉編　清刻本　一册　十一行二十一字小字雙行同黑口左右雙邊單黑魚尾

370000－1544－0002255　811.4/26
闕里孔氏詞鈔五卷　（清）陶樑鑒定　（清）沈宗約參校　（清）孔昭熏編錄　（清）孔昭蒸續編　清道光十九年（1839）玉虹樓刻本　一册　九行二十一字小字雙行同黑口左右雙邊雙對黑魚尾

370000－1544－0002256　811.4/26－2
闕里孔氏詞鈔五卷　（清）陶樑鑒定　（清）沈宗約參校　（清）孔昭熏編錄　（清）孔昭蒸續編　清道光十九年（1839）玉虹樓刻本　一册　九行二十一字小字雙行同黑口左右雙邊雙對黑魚尾

370000－1544－0002257　811.4/26－3
闕里孔氏詞鈔五卷　（清）陶樑鑒定　（清）沈宗約參校　（清）孔昭熏編錄　（清）孔昭蒸續編　清道光十九年（1839）玉虹樓刻本　一册　九行二十一字小字雙行同黑口左右雙邊雙對黑魚尾

370000－1544－0002258　811.4/26－4
闕里孔氏詞鈔五卷　（清）陶樑鑒定　（清）沈

宗約參校　(清)孔昭熏編錄　(清)孔昭蒸續編　清道光十九年(1839)玉虹樓刻本　一册　九行二十一字小字雙行同黑口左右雙邊雙對黑魚尾

370000－1544－0002259　811.4/27
長安宫詞一卷　(清)胡延撰　清光緒二十八年(1902)刻本　一册　八行二十字小字雙行同白口左右雙邊單黑魚尾

370000－1544－0002260　811.4－4/2
花間集十卷　(五代)趙崇祚輯　明末虞山毛氏汲古閣刻本　二册　九行二十字小字雙行同白口左右雙邊雙對黑魚尾

370000－1544－0002261　811.4－5/2
絕妙好詞箋七卷　(宋)周密輯　(清)查為仁　(清)厲鶚箋　**絕妙好詞續鈔一卷**　(宋)周密輯　(清)余集鈔撮　**絕妙好詞續鈔補錄一卷**　(宋)周密輯　(清)徐楙補錄　清乾隆刻本　五册　九行二十一字小字雙行同白口四周單邊單黑魚尾

370000－1544－0002262　811.4－6/1
元曲選一百種一百卷　(明)臧懋循編　明萬曆四十四年(1616)刻本　八册　九行二十字小字雙行同白口左右雙邊單黑魚尾　存十八種十八卷

370000－1544－0002263　811.4－8/2
國朝詞綜續編二十四卷　(清)黄燮清編　清同治十二年(1873)刻本　八册　十一行二十一字小字雙行同白口左右雙邊單黑魚尾

370000－1544－0002264　811.4－8/2－2
國朝詞綜續編二十四卷　(清)黄燮清編　清同治十二年(1873)刻本　八册　十一行二十一字小字雙行同白口左右雙邊單黑魚尾

370000－1544－0002265　811.4－8/3
薇省詞鈔十卷附錄一卷　(清)況周儀撰　清光緒二十四年(1898)刻本　四册　十行二十一字小字雙行同黑口四周單邊雙對黑魚尾

370000－1544－0002266　811.4－8/5
國朝常州詞錄三十一卷　繆荃孫輯　清光緒二十二年(1896)刻本　十二册　十一行二十三字小字雙行同黑口左右雙邊單黑魚尾

370000－1544－0002267　811.4－8/6
七家詞七卷　(清)汪世泰輯　清刻本　四册　十二行二十三字小字雙行同黑口左右雙邊單黑魚尾

370000－1544－0002268　811.4－8/8
篋中詞六卷　(清)譚獻纂錄　清光緒八年(1882)刻本　二册　十行二十四字小字雙行同小黑口左右雙邊

370000－1544－0002269　811.5/3－2
度曲須知二卷　(明)沈寵綏撰　清抄本　二册　九行二十一字白口四周單邊

370000－1544－0002270　811.5/12－2
繪圖綴白裘十二集四十八卷　題(清)玩花主人輯　(清)錢德蒼增輯　清光緒二十一年(1895)文海書局石印本　十二册　十八行四十六字小字單行同白口四周雙邊單黑魚尾

370000－1544－0002271　811.5/18
六十種曲一百二十卷　(明)毛晉輯　明末虞山毛氏汲古閣刻本　六十册　九行十九字小字單行同黑口左右雙邊

370000－1544－0002272　811.5/24
納書楹曲譜全集二十二卷　(清)葉堂訂譜　(清)王文治參訂　清道光二十八年(1848)刻本　二十二册　譜六行曲六行十八字白口四周單邊單黑魚尾

370000－1544－0002273　811.5－8/1
古板民間唱本六十種　(清)□□輯　清末民初潮州義安路李萬利書坊刻本　一百六十八册　八行二十八字白口

370000－1544－0002274　811.5－8/5
芙蓉碣傳奇二卷　(清)張雲驤填詞　(清)王以慜評點　清光緒九年(1883)刻本　二册　九行十八字小字單行同黑口左右雙邊

370000－1544－0002275　811.6/1
楚辭燈四卷楚懷襄二王在位事蹟考一卷

（清）林雲銘撰　（清）林沅校　**屈原列傳一卷**　（漢）司馬遷撰　清康熙文茂堂刻本　四冊　八行二十字小字雙行同白口左右雙邊單黑魚尾

370000－1544－0002276　811.6/5
七十二家評註楚辭十九卷讀楚辭語一卷附錄一卷　（明）陸時雍疏　明末天章閣刻本　四冊　九行二十字小字雙行同白口四周單邊

370000－1544－0002277　811.6/5－2
楚辭集註八卷　（宋）朱熹集註　明刻本　四冊　九行二十五字白口四周單邊

370000－1544－0002278　811.6/6
屈子章句七卷　（清）劉夢鵬訂　清藜青堂刻本　四冊　八行二十字小字雙行同白口左右雙邊單黑魚尾

370000－1544－0002279　811.6/9
楚辭評註十卷　（清）王萌評注　（清）朱軾校訂　清乾隆四十四年（1779）三和堂刻本　四冊　九行二十二字小字雙行同黑口四周單邊單黑魚尾

370000－1544－0002280　812/2
己山先生文集十卷別集四卷　（清）王步青撰　清乾隆刻本　四冊　九行二十字白口左右雙邊單黑魚尾　存十卷（己山先生文集十卷）

370000－1544－0002281　812－2/1
陶淵明文集十卷　（晉）陶淵明撰　清同治二年（1863）何氏篤慶堂影宋刻本　二冊　九行十五字小字雙行同白口左右雙邊單黑魚尾

370000－1544－0002282　812－2/1－2
陶淵明文集十卷　（晉）陶淵明撰　清嘉慶十二年（1807）京江魯氏影宋刻本　二冊　九行十五字小字雙行同白口左右雙邊單黑魚尾

370000－1544－0002283　812－4/1
顧華陽集三卷補遺一卷　（唐）顧況撰　清同治元年（1862）顧氏雙峯堂刻民國二十年（1931）印本　二冊　八行二十字小字雙行同白口四周雙邊單黑魚尾

370000－1544－0002284　812－5/3
安陽集五十卷　（宋）韓琦撰　清康熙五十六年（1717）刻本　八冊　十行二十一字黑口左右雙邊雙對黑魚尾

370000－1544－0002285　812－5/3－2
安陽集五十卷忠獻韓魏王家傳十卷別錄三卷遺事一卷附錄一卷　（宋）韓琦撰　（清）黃邦寧重編　清乾隆三十七年（1772）黃邦寧刻本　十冊　十行二十一字小字雙行不等黑口左右雙邊雙對黑魚尾

370000－1544－0002286　812－5/3－3
安陽集五十卷忠獻韓魏王家傳十卷別錄三卷遺事一卷附錄一卷　（宋）韓琦撰　（清）黃邦寧重編　清乾隆三十七年（1772）黃邦寧刻本　十冊　十行二十一字小字雙行不等黑口左右雙邊雙對黑魚尾

370000－1544－0002287　812－5/5
東坡集選五十卷集餘一卷年譜一卷外紀二卷外紀逸編一卷　（宋）蘇軾撰　（明）陳夢槐選　（明）陳繼儒定　明刻本　十冊　九行十九字小字單行同白口四周單邊單白魚尾

370000－1544－0002288　812－5/7
司馬溫公文集八十二卷目錄一卷　（宋）司馬光撰　（明）吳時亮刻　明崇禎元年（1628）吳時亮刻本　十二冊　九行二十字小字雙行同白口四周雙邊單黑魚尾　存四十五卷（三十八至八十二）

370000－1544－0002289　812－5/9
柯山集五十卷　（宋）張耒撰　**拾遺十二卷**　（清）陸心源輯　**續拾遺一卷**　（清）□□輯　清廣東重刻武英殿聚珍版書本　十冊　九行二十一字小字雙行同白口四周雙邊單黑魚尾

370000－1544－0002290　812－6/1
郝文忠公陵川文集三十九卷附錄一卷　（元）郝經撰　（清）王鏐編　清嘉慶三年（1798）刻本　十冊　十行二十二字小字雙行同白口左右雙邊單黑魚尾

370000－1544－0002291　812－6/2

重刊黄文獻公文集八卷　(元)黄溍撰　(明)宋濂輯　(明)張維樞選　明萬曆刻清康熙三十年(1691)王廷曾重修本　十四册　十行二十一字小字雙行同白口四周單邊

370000－1544－0002292　812－7/2
鹿忠節公集二十一卷　(明)鹿善繼撰　清精刻本　六册　九行二十字白口四周雙邊單黑魚尾

370000－1544－0002293　812－7/4
滄溟先生集三十卷附録一卷附録補遺一卷　(明)李攀龍撰　(明)楊日賓校　明萬曆二十六年(1598)刻本　四册　十行二十二字白口四周單邊單黑魚尾

370000－1544－0002294　812－7/5
窮居集五卷　(明)張淶撰　(明)童漢臣校　明嘉靖二十七年(1548)童漢臣刻本　二册　九行十八字白口四周單邊單白魚尾

370000－1544－0002295　812－8/1
龔定盦集十六卷　(清)龔自珍撰　清同治至光緒刻本　六册　十二行二十四字小字雙行同白口左右雙邊單黑魚尾

370000－1544－0002296　812－8/2
忠雅堂詩集二十七卷補遺二卷銅鉉詞二卷　(清)蔣士銓撰　清嘉慶三年(1798)揚州刻本　四册　十二行二十四字黑口左右雙邊雙對黑魚尾

370000－1544－0002297　812－8/2－2
忠雅堂詩集二十七卷補遺二卷銅鉉詞二卷　(清)蔣士銓撰　清乾隆刻本　八册　十行二十一字小字雙行同白口四周雙邊單黑魚尾

370000－1544－0002298　812－8/3
天啟宫詞百首一卷　(清)周絜撰　清咸豐二年(1852)刻本　一册　十行二十字黑口左右雙邊單黑魚尾

370000－1544－0002299　812－8/4
海門初集十卷首一卷　(清)鮑皋撰　(清)尹嘉銓評選　清刻本　一册　十行二十字小字雙行同白口左右雙邊　缺一卷(十)

370000－1544－0002300　812－8/5
小倉山房文集十七卷詩集三十一卷附録一卷　(清)袁枚撰　清刻本　十册　八行二十字小字雙行同白口四周雙邊

370000－1544－0002301　812－8/6
敬恕堂文集紀年十卷　(清)耿介撰　清道光二十九年(1849)刻本　八册　九行二十字小字雙行同白口左右雙邊單黑魚尾

370000－1544－0002302　812－8/7
陳迦陵全集(湖海樓全集)五十四卷補遺一卷　(清)陳維崧撰　清康熙患立堂刻本　十六册　十二行二十二字小字雙行同黑口左右雙邊雙對黑魚尾

370000－1544－0002303　812－8/8
午亭文編五十卷　(清)陳廷敬纂　(清)林佶輯録　清康熙刻本　十六册　十一行二十一字黑口四周單邊單黑魚尾

370000－1544－0002304　812－8/9
聊齋先生文集二卷　(清)蒲松齡撰　清宣統元年(1909)鉛印本　一册　十三行三十字黑口四周雙邊單黑魚尾

370000－1544－0002305　812－8/10
藝風堂文集八卷續集八卷　繆荃孫撰　清光緒二十六年(1900)刻本　八册　十一行二十三字小字雙行同黑口左右雙邊單黑魚尾

370000－1544－0002306　812－8/14
玉茗堂全集四十四卷　(明)湯顯祖撰　清康熙三十三年(1694)竹林堂刻本　十六册　七行十八字白口四周單邊

370000－1544－0002307　812－8/16
四雖軒詩稿一卷　(明)王衮著　**柏邨詩集(愚谷集)一卷**　(明)王灤著　(清)李文藻録　清抄本　一册　八行二十一字白口

370000－1544－0002308　812－8/17
陶文毅公全集六十四卷首一卷末一卷　(清)陶澍撰　清道光二十年(1840)刻本　二十四册　十行二十一字小字雙行同白口四周雙邊單黑魚尾

370000－1544－0002309　812－8/18
卷施閣集四十八卷　（清）洪亮吉撰　清乾隆六十年(1795)刻本　二十二册　十一行二十二字小字雙行同黑口四周單邊雙對黑魚尾

370000－1544－0002310　812－8/19
慎獨齋存稿一卷　（清）孔昭任輯　清刻本　一册　九行十九字白口四周雙邊單黑魚尾

370000－1544－0002311　812－8/19－2
慎獨齋存稿一卷　（清）孔昭任輯　清刻本　一册　九行十九字白口四周雙邊單黑魚尾

370000－1544－0002312　812－8/19－3
慎獨齋存稿一卷　（清）孔昭任輯　清刻本　一册　九行十九字白口四周雙邊單黑魚尾

370000－1544－0002313　812－8/19－4
慎獨齋存稿一卷　（清）孔昭任輯　清刻本　一册　九行十九字白口四周雙邊單黑魚尾

370000－1544－0002314　812.1/2
堯峰文鈔四十卷　（清）汪琬撰　（清）林佶編　清乾隆十九年(1754)刻本　四册　十三行二十五字小字雙行同黑口左右雙邊單黑魚尾

370000－1544－0002315　812.1/3
彭羨門全集四十三卷　（清）彭孫遹撰　清宣統三年(1911)石印本　十二册　十四行三十二字白口四周雙邊單黑魚尾

370000－1544－0002316　812.1/4
湘浦詩鈔二卷湘浦賦鈔一卷試帖二卷　（清）李延芳撰　清道光六年(1826)刻本　三册　九行十九字小字雙行同白口四周雙邊單黑魚尾試帖八行二十字小字雙行同白口左右雙邊單黑魚尾

370000－1544－0002317　812.1/5
新雕徂徠石先生文集二十卷補遺一卷末一卷　（宋）石介撰　清光緒九年(1883)刻本　四册　十行二十一字小字雙行同白口四周雙邊

370000－1544－0002318　812.1－1/1
武侯全書二十卷首一卷　（三國蜀）諸葛亮撰　（清）趙承恩編輯　清光緒十年(1884)刻本　十册　八行十七字小字雙行同黑口四周雙邊單黑魚尾

370000－1544－0002319　812.1－1/1－2
漢丞相諸葛忠武侯集二十一卷　（三國蜀）諸葛亮撰　（明）諸葛羲基輯　清刻本　六册　十行二十四字白口四周雙邊單黑魚尾

370000－1544－0002320　812.1－2/2
徐孝穆全集六卷　（南朝陳）徐陵撰　（清）吴兆宜輯注　清康熙刻本　六册　十行二十字小字雙行同白口左右雙邊單黑魚尾

370000－1544－0002321　812.1－2/4
靖節先生集十卷首一卷　（晉）陶淵明撰　（清）陶澍集注　**諸本評陶彙集一卷**　（清）陶澍撰　**靖節先生年譜攷異二卷**　（清）陶澍撰　清光緒九年(1883)刻本　二册　十行十九字小字雙行同白口四周雙邊單黑魚尾

370000－1544－0002322　812.1－2/5
庾子山集十六卷　（北周）庾信撰　（清）倪璠注　清道光十九年(1839)刻本　十二册　十行二十字小字雙行同白口左右雙邊單黑魚尾

370000－1544－0002323　812.1－2/5－2
庾子山集十六卷　（北周）庾信撰　（清）倪璠注　清道光十九年(1839)刻本　十二册　十行二十字小字雙行同白口左右雙邊單黑魚尾

370000－1544－0002324　812.1－2/5－3
庾子山集十六卷　（北周）庾信撰　（清）倪璠注　清道光十九年(1839)刻本　十四册　十行二十字小字雙行同白口左右雙邊單黑魚尾

370000－1544－0002325　812.1－2/6
傅鶉觚集五卷補遺一卷校勘記一卷　（晉）傅玄撰　（清）方濬師輯　清光緒二年(1876)刻本　三册　九行二十一字小字雙行同白口四周雙邊單黑魚尾

370000－1544－0002326　812.1－2/9－2
陶淵明集八卷首一卷末一卷　（晉）陶淵明撰　清光緒五年(1879)刻朱墨套印本　二册　九行二十一字小字雙行同白口四周雙邊單黑魚尾

370000－1544－0002327　812.1－2/9－3
陶淵明集十卷　(晉)陶淵明撰　清光緒二年(1876)刻本　二册　七行十五字小字雙行同白口四周單邊單黑魚尾

370000－1544－0002328　812.1－2/9－5
陶靖節集十卷總論一卷　(晉)陶淵明撰　(宋)湯漢等箋注　明萬曆十五年(1587)休陽程氏刻本　一册　九行十八字小字雙行同白口左右雙邊單白魚尾間有黑魚尾

370000－1544－0002329　812.1－2/10
江文通文集十卷　(南朝梁)江淹撰　(明)汪士賢校　明汪士賢刻本　二册　九行二十字白口左右雙邊單白魚尾

370000－1544－0002330　812.1－4/1－2
陳子昂先生全集　(唐)陳子昂撰　清道光十七年(1837)刻本　四册　九行二十二字小字雙行同白口左右雙邊單黑魚尾

370000－1544－0002331　812.1－4/2
王子安集注二十卷首一卷末一卷　(唐)王勃撰　(清)蔣清翊注　清光緒九年(1883)刻本　八册　十一行二十五字小字雙行不等白口左右雙邊單黑魚尾

370000－1544－0002332　812.1－4/6
韋蘇州集十卷　(唐)韋應物撰　清宣統三年(1911)石印本　六册　十一行二十一字小字雙行同黑口四周單邊單黑魚尾

370000－1544－0002333　812.1－4/6－2
韋蘇州集十卷　(唐)韋應物撰　清康熙項氏玉淵堂仿宋刻本　四册　十一行二十一字小字雙行同黑口四周單邊單黑魚尾

370000－1544－0002334　812.1－4/7
唐陸宣公集二十二卷增輯一卷附錄一卷　(唐)陸贄撰　清光緒二年(1876)刻本　六册　十行二十字小字雙行同白口四周單邊單黑魚尾

370000－1544－0002335　812.1－4/7－3
唐陸宣公集二十二卷　(唐)陸贄撰　清同治五年(1866)楊氏問竹軒家塾刻本　六册　九行二十字小字雙行同白口四周雙邊單黑魚尾

370000－1544－0002336　812.1－4/8－2
白氏長慶集七十一卷目錄二卷附錄一卷　(唐)白居易撰　(明)馬元調校　明萬曆三十四年(1606)馬元調魚樂軒刻本　十四册　十行二十一字小字雙行同白口左右雙邊單黑魚尾　存四十六卷(一至四十四、目錄二卷)

370000－1544－0002337　812.1－4/11
昌黎先生集四十卷外集十卷遺文一卷　(唐)韓愈撰　**韓集點勘四卷**　(清)陳景雲撰　清同治八年(1869)江蘇書局刻本　十一册　九行十七字小字雙行同黑口四周雙邊雙對黑魚尾

370000－1544－0002338　812.1－4/12
元次山集十二卷　(唐)元結撰　(清)黄又重訂　清刻本　二册　九行十九字小字雙行同黑口四周單邊單黑魚尾

370000－1544－0002339　812.1－5/2
淮海集十七卷後集二卷淮海詞一卷　(宋)秦觀著　**補遺一卷續補遺一卷淮海文集考證一卷**　(清)王敬之　(清)金長福纂　清道光十七年(1837)刻本　六册　十行二十一字小字雙行同白口左右雙邊單黑魚尾

370000－1544－0002340　812.1－5/3－2
重刊文信國公全集(文山先生全集)十七卷首一卷　(宋)文天祥撰　(清)文柱編　清道光二十五年(1845)刻本　十四册　十行二十二字白口左右雙邊單黑魚尾

370000－1544－0002341　812.1－5/4－2
宋黄文節公文集正集三十二卷首四卷外集二十四卷首一卷别集十九卷首一卷　(宋)黄庭堅撰　**黄青社先生伐檀集二卷**　(宋)黄庶撰　清同治七年(1868)刻本　三十二册　九行二十字小字雙行同白口左右雙邊單黑魚尾

370000－1544－0002342　812.1－5/4－3
山谷内集詩註二十卷外集詩註十七卷别集詩註二卷　(宋)黄庭堅撰　清光緒二十六年(1900)義寧陳氏刻本　二十册　九行十六字

小字雙行同黑口左右雙邊雙順黑魚尾

370000－1544－0002343　812.1－5/4－4
山谷内集詩註二十卷外集詩註十七卷别集詩註二卷　(宋)黄庭堅撰　清光緒二十六年(1900)義寧陳氏刻本　二十册　九行十六字小字雙行同黑口左右雙邊雙順黑魚尾

370000－1544－0002344　812.1－5/5
後山先生集二十四卷首一卷　(宋)陳師道撰　清光緒十一年(1885)刻本　六册　十行二十一字小字雙行同黑口左右雙邊雙對黑魚尾

370000－1544－0002345　812.1－5/6
宛陵先生文集六十卷　(宋)梅堯臣撰　清宣統二年(1910)石印本　十册　十一行二十一字小字雙行不等白口左右雙邊單黑魚尾

370000－1544－0002346　812.1－5/8
黄青社先生伐檀集二卷　(宋)黄庶撰　清同治七年(1868)刻本　二册　九行二十字小字雙行同白口左右雙邊單黑魚尾

370000－1544－0002347　812.1－5/9
昆陵集十六卷補遺一卷附録一卷　(宋)張守撰　清光緒二十一年(1895)武進盛氏刻朱印本　四册　十四行二十五字小字雙行同紅口左右雙邊單紅魚尾

370000－1544－0002348　812.1－5/10
道鄉公文集四十卷補遺一卷附録一卷　(宋)鄒浩撰　清光緒六年(1880)蘇州寶華山房刻本　十二册　十行二十二字小字雙行同黑口四周雙邊單黑魚尾

370000－1544－0002349　812.1－5/10－2
道鄉公文集四十卷補遺一卷附録一卷　(宋)鄒浩撰　清光緒六年(1880)蘇州寶華山房刻本　十二册　十行二十二字小字雙行同黑口四周雙邊單黑魚尾

370000－1544－0002350　812.1－5/11
岳忠武王文集八卷首一卷末一卷　(宋)岳飛撰　(清)黄邦寧纂修　清道光二十七年(1847)刻本　六册　十行二十一字小字雙行同白口左右雙邊單黑魚尾

370000－1544－0002351　812.1－5/12
蘇東坡全集一百十卷　(宋)蘇軾撰　清光緒三十四年至宣統元年(1908－1909)石印本　四十八册　十行二十字小字雙行同黑口四周雙邊雙對黑魚尾

370000－1544－0002352　812.1－5/12－2
蘇東坡全集一百十卷　(宋)蘇軾撰　清光緒三十四年至宣統元年(1908－1909)石印本　四十八册　十行二十字小字雙行同黑口四周雙邊雙對黑魚尾

370000－1544－0002353　812.1－5/13
司馬文正公傳家集八十卷目録二卷　(宋)司馬光撰　**年譜一卷附録一卷**　(清)陳弘謀撰　清乾隆六年(1741)刻本　十二册　十一行二十一字小字雙行同黑口左右雙邊單黑魚尾

370000－1544－0002354　812.1－5/14
指南後録三卷　(宋)文天祥撰　清刻本　一册　九行十八字白口左右雙邊單黑魚尾

370000－1544－0002355　812.1－5/16
訂補坡仙集鈔三十八卷　(宋)蘇軾撰　(明)李贄評輯　(明)陳繼儒訂補　明萬曆刻本　十二册　十行二十字白口四周單邊單黑魚尾

370000－1544－0002356　812.1－5/16－2
坡仙集十六卷　(宋)蘇軾撰　(明)李贄評輯　明萬曆二十八年(1600)陳大來繼志齋刻本　六册　九行二十字白口四周單邊單黑魚尾

370000－1544－0002357　812.1－5/17
元豐類稿五十卷　(宋)曾鞏撰　清乾隆二十八年(1763)刻本　八册　十行二十字小字雙行同白口左右雙邊單黑魚尾

370000－1544－0002358　812.1－5/18
歐陽文忠公文集三十卷首一卷末一卷　(宋)歐陽修撰　(清)彭期編訂　清康熙刻本　二十四册　十行二十四字小字雙行同白口左右雙邊單黑魚尾

370000－1544－0002359　812.1－5/32
徐騎省集三十卷補遺一卷　(宋)徐鉉撰　**校勘記一卷**　(清)李英元纂　清光緒十六年

(1890)刻本　八册　十行二十一字小字雙行同白口四周雙邊單黑魚尾

370000－1544－0002360　812.1－5/33
後山先生集二十四卷首一卷　(宋)陳師道撰　清光緒十一年(1885)刻本　四册　十行二十一字小字雙行同黑口左右雙邊雙對黑魚尾

370000－1544－0002361　812.1－5/34
橫塘集二十卷　(宋)許景衡撰　清光緒二年(1876)刻本　五册　十三行二十二字小字雙行同黑口左右雙邊單黑魚尾

370000－1544－0002362　812.1－5/36
西山先生真文忠公全集　(宋)真德秀撰　(明)楊鶚重修　(明)丁辛重校　清同治刻本　八十册　行款不一

370000－1544－0002363　812.1－5/37
淨德集三十八卷　(宋)吕陶撰　清福建刻武英殿聚珍版叢書本　八册　九行二十一字小字雙行同白口四周雙邊單黑魚尾

370000－1544－0002364　812.1－6/1
梅道人遺墨一卷　(元)吳鎮撰　(清)葛元煦校訂　清光緒二年(1876)刻本　一册　九行二十字小字雙行同黑口四周雙邊單黑魚尾

370000－1544－0002365　812.1－6/2
趙文敏公松雪齋全集十卷續集一卷外集一卷　(元)趙孟頫撰　清光緒八年(1882)刻本　六册　十行十九字小字雙行不等白口左右雙邊單黑魚尾

370000－1544－0002366　812.1－6/4
清容居士集五十卷　(元)袁桷撰　**劄記一卷**　(清)郁松年著　清道光二十年(1840)刻本　十二册　十一行二十二字小字雙行同黑口左右雙邊雙對黑魚尾

370000－1544－0002367　812.1－7/1
吕新吾先生去僞齋文集十卷　(明)吕坤撰　清道光六年(1826)刻本　十册　十行二十字白口四周雙邊單黑魚尾

370000－1544－0002368　812.1－7/2
空同集六十三卷　(明)李夢陽撰　明嘉靖十一年(1532)曹嘉刻三十一年(1552)朱睦㮮增修本　十五册　十一行二十字白口左右雙邊

370000－1544－0002369　812.1－7/3
瓶花齋集十卷　(明)袁宏道撰　清宣統三年(1911)影印本　四册　九行十八字小字雙行同白口四周單邊單白魚尾

370000－1544－0002370　812.1－7/4
夏峰集十六卷首一卷　(清)孫奇逢撰　清道光二十五年(1845)大梁書院刻本　四册　九行二十一字白口四周雙邊單黑魚尾　缺十三卷(四至十六)

370000－1544－0002371　812.1－7/5
滄溟先生集三十卷附録一卷　(明)李攀龍撰　清道光二十七年(1847)刻本　八册　十行二十字小字雙行同白口左右雙邊單黑魚尾

370000－1544－0002372　812.1－7/5－2
滄溟先生集三十卷附録一卷　(明)李攀龍撰　清道光二十七年(1847)刻本　八册　十行二十字小字雙行同白口左右雙邊單黑魚尾

370000－1544－0002373　812.1－7/6
楊椒山先生全集四卷自著年譜一卷　(明)楊繼盛撰　清刻本　四册　十行二十字小字雙行同黑口四周單邊雙對黑魚尾

370000－1544－0002374　812.1－7/7
熊襄愍公集十卷首一卷末一卷　(明)熊廷弼撰　清同治三年(1864)刻本　十册　九行二十四字白口四周單邊單黑魚尾

370000－1544－0002375　812.1－7/8
賜誠堂文集十六卷　(明)管紹甯撰　(清)管繩萊編校　(清)管貽葵校刊　清光緒三年(1877)刻本　四册　十一行二十二字小字雙行同黑口左右雙邊單黑魚尾

370000－1544－0002376　812.1－7/9
楊忠愍公集四卷　(明)楊繼盛撰　清道光二十三年(1843)刻本　四册　十行二十字小字雙行同白口四周雙邊單黑魚尾

370000－1544－0002377　812.1－7/9－2
楊忠愍公集五卷首一卷末一卷　(明)楊繼盛撰　**進呈楊忠愍蚺蛇膽表忠記二卷**　(清)丁耀亢撰　清同治十一年(1872)刻本　五冊　十行二十二字小字雙行同白口四周雙邊單黑魚尾

370000－1544－0002378　812.1－7/11
瞿忠宣公集十卷　(明)瞿式耜撰　清道光十五年(1835)刻本　四冊　十二行二十二字黑口左右雙邊單黑魚尾

370000－1544－0002379　812.1－7/12
懷星堂全集(祝枝山全集)三十卷　(明)祝允明撰　清宣統二年(1910)鉛印本　八冊　十四行三十四字小字雙行同黑口四周雙邊單黑魚尾

370000－1544－0002380　812.1－7/14
青藤書屋文集(徐文長集)三十卷　(明)徐渭撰　(明)袁宏道編　清宣統三年(1911)石印本　八冊　十四行二十八字小字雙行同白口四周雙邊單黑魚尾

370000－1544－0002381　812.1－7/16
六如居士全集七卷補遺一卷外集六卷六墨亭新賦一卷制義一卷畫譜三卷花鳴吟四卷補一卷　(明)唐寅撰　(清)唐仲冕輯　(清)魏標校　清嘉慶六年(1801)刻本　八冊　十行二十一字白口左右雙邊單黑魚尾

370000－1544－0002382　812.1－7/17
白沙子全集十卷首一卷末一卷古詩教解二卷　(明)陳獻章撰　清乾隆三十六年(1771)碧玉樓寫刻本　十六冊　九行十八字白口四周單邊單黑魚尾

370000－1544－0002383　812.1－7/17－2
白沙子全集六卷首一卷　(明)陳獻章撰　清康熙四十九年(1710)刻本　六冊　十一行二十一字黑口左右雙邊單黑魚尾

370000－1544－0002384　812.1－7/18
王文成公全書三十八卷　(明)王守仁撰　清刻本　二十四冊　九行二十一字白口左右雙邊單黑魚尾

370000－1544－0002385　812.1－7/18－2
王文成公全書三十八卷　(明)王守仁撰　清刻民國八年(1919)補刻本　二十冊　九行二十一字白口左右雙邊單黑魚尾

370000－1544－0002386　812.1－7/19
葛太史公集五卷　(明)葛曦撰　清嘉慶八年(1803)刻本　二冊　九行二十一字白口四周雙邊單黑魚尾

370000－1544－0002387　812.1－7/21
懷麓堂全集一百卷首一卷　(明)李東陽撰　清嘉慶八年(1803)刻本　二十二冊　十行二十字小字雙行同白口左右雙邊單黑魚尾

370000－1544－0002388　812.1－7/22
太史升菴全集八十一卷目錄二卷外集一百卷遺集二十六卷　(明)楊慎撰　清刻本　四十八冊　太史升菴全集九行十九字白口四周雙邊單黑魚尾外集十行二十字小字雙行同白口左右雙邊單黑魚尾遺集十行二十字小字雙行同四周雙邊

370000－1544－0002389　812.1－7/24
新刻張太岳先生文集四十七卷首一卷　(明)張居正撰　清初刻本　二十冊　十行二十字小字雙行同白口四周單邊單黑魚尾

370000－1544－0002390　812.1－7/25
徐文長文集三十卷　(明)徐渭撰　(明)袁宏道評點　明刻本　十二冊　九行二十字小字雙行同白口四周單邊單白魚尾

370000－1544－0002391　812.1－7/26
重刊宋文憲公集三十卷首一卷潛溪燕書一卷新刊宋文獻公詩集二卷浦江詩錄一卷　(明)宋濂著　(清)楊汝轂輯　清康熙四十九年(1710)刻本　十六冊　十一行二十四字小字雙行同白口左右雙邊單黑魚尾

370000－1544－0002392　812.1－7/28
唐荆川先生文集十八卷　(明)唐順之著　(清)唐執玉勘校　(清)唐少游編　清康熙五十一年(1712)刻本　八冊　十行二十一字黑

口左右雙邊單黑魚尾

370000－1544－0002393　812.1－7/29
宋學士全集三十二卷附錄二卷補遺八卷　(明)宋濂撰　(清)胡鳳丹梓　清同治十三年(1874)刻本　四十冊　九行二十字白口四周雙邊單黑魚尾

370000－1544－0002394　812.1－7/30
高季迪先生大全集十八卷　(明)高啟撰　清康熙許氏竹素園刻本　六冊　十行二十字白口左右雙邊單黑魚尾

370000－1544－0002395　812.1－7/31
何大復集三十八卷附錄一卷　(明)何景明撰　清乾隆十五年(1750)刻本　八冊　九行二十字白口四周雙邊單黑魚尾

370000－1544－0002396　812.1－7/33
洨濱蔡先生文集十卷首一卷附一卷洨濱蔡先生語錄二十卷　(明)蔡靉撰　(清)夏子鎏校刊　清光緒四年(1878)刻本　三冊　十一行二十四字白口左右雙邊單黑魚尾

370000－1544－0002397　812.1－7/34
高子遺書十二卷附錄一卷年譜一卷　(明)高攀龍撰　(明)陳龍正編　清光緒二年(1876)刻民國十一年(1922)補刻本　八冊　九行十九字白口四周雙邊單黑魚尾

370000－1544－0002398　812.1－7/34－2
高子遺書十二卷附錄一卷年譜一卷　(明)高攀龍撰　(明)陳龍正編　清光緒二年(1876)刻本　十三冊　九行十九字小字雙行同白口四周雙邊單黑魚尾

370000－1544－0002399　812.1－7/36－2
薛文清公全書　(明)薛瑄撰　清刻本　十冊　行款不一　存八種(讀書錄十一卷、讀書續錄十二卷、理學粹言、策問、從政名言、行實錄五卷、年譜、手稿)

370000－1544－0002400　812.1－8/1
白雨齋詞話八卷詞存一卷詩鈔一卷　(清)陳廷焯著　清光緒二十年(1894)刻本　四冊　十行十九字小字雙行同白口四周雙邊單黑魚尾

370000－1544－0002401　812.1－8/2
虹橋老屋遺稿文四卷詩五卷　(清)秦緗業撰　清光緒十五年(1889)刻本　三冊　十行二十二字小字雙行同黑口左右雙邊單黑魚尾

370000－1544－0002402　812.1－8/4
庸庵文編四卷　(清)薛福成撰　清末刻本　四冊　十行二十一字白口左右雙邊單黑魚尾

370000－1544－0002403　812.1－8/5
笠翁一家言全集十六卷　(清)李漁撰　清雍正八年(1730)世德堂刻本　八冊　下欄九行二十字白口四周單邊單黑魚尾

370000－1544－0002404　812.1－8/5－2
笠翁一家言全集十六卷　(清)李漁撰　清刻本　八冊　下欄九行二十字白口左右雙邊單黑魚尾　存八卷(文集三至四,詩集五至七,別集九,偶集一、三)

370000－1544－0002405　812.1－8/5－3
笠翁偶集六卷　(清)李漁撰　清刻本　六冊　下欄九行二十字白口四周單邊單黑魚尾

370000－1544－0002406　812.1－8/6
繡墨軒詩詞一卷　(清)俞慶曾撰　清光緒二十三年(1897)刻本　一冊　十行二十一字小字雙行同白口四周單邊單黑魚尾

370000－1544－0002407　812.1－8/7
西河合集(毛西河先生全集)　(清)毛奇齡撰　(清)毛文輝校　清康熙蕭山書留草堂刻本　八十冊　十行二十字小字雙行同白口四周雙邊

370000－1544－0002408　812.1－8/9
梨洲遺著匯刊二十四種首一卷　(清)黃宗羲撰　清宣統二年(1910)鉛印本　二十冊　十四行三十一字小字雙行三十二字白口四周單邊

370000－1544－0002409　812.1－8/12
宦學集初編四卷二編五卷　(清)孫國楨撰　清光緒二十四年(1898)刻本　六冊　九行二

十二字黑口上下雙邊間左右單邊單黑魚尾

370000－1544－0002410　812.1－8/14
曇雲閣集八卷　(清)曹楙堅撰　清道光二十三年(1843)刻本　四冊　十行二十一字小字雙行同白口左右雙邊單黑魚尾

370000－1544－0002411　812.1－8/15
樂道堂文鈔五卷續鈔一卷　(清)奕訢撰　清光緒刻本　十六冊　九行十八字白口四周雙邊單黑魚尾

370000－1544－0002412　812.1－8/16
蕉聲館集三十三卷首一卷　(清)朱為弼撰　清咸豐二年(1852)刻本　十二冊　十行二十字小字雙行同黑口左右雙邊單黑魚尾

370000－1544－0002413　812.1－8/17
慎其餘齋文集二十卷詩集六卷首一卷　(清)王贈芳撰　清咸豐四年(1854)留香書屋刻本　八冊　十行二十三字白口四周雙邊單黑魚尾

370000－1544－0002414　812.1－8/19
吳徵士遺文一卷遺詩一卷　(清)吳廷香撰　清同治二年(1863)刻本　一冊　十行二十二字小字雙行同白口左右雙邊單黑魚尾

370000－1544－0002415　812.1－8/20
高陶堂遺集八卷　(清)高心夔著　清光緒八年(1882)平湖朱氏經注經齋刻本　四冊　十行二十五字小字雙行同黑口左右雙邊單黑魚尾

370000－1544－0002416　812.1－8/20－2
高陶堂遺集八卷　(清)高心夔著　清光緒八年(1882)平湖朱氏經注經齋刻本　四冊　十行二十五字小字雙行同黑口左右雙邊單黑魚尾

370000－1544－0002417　812.1－8/21
秋樹讀書樓遺集十六卷　(清)史善長撰　清道光十五年(1835)刻本　四冊　十行二十一字小字雙行同白口左右雙邊單黑魚尾

370000－1544－0002418　812.1－8/22
曾文正公詩文集四卷　(清)曾國藩撰　清宣統三年(1911)石印本　四冊　十四行三十字白口四周雙邊單黑魚尾

370000－1544－0002419　812.1－8/23
隨園全集　(清)袁枚撰　清光緒十六年(1890)上海圖書集成印書局石印本(文集卷一至二十爲民國十九年國學書局石印本補配)　五十二冊　十三行四十字白口四周單邊雙對黑魚尾

370000－1544－0002420　812.1－8/25
劉禮部集十二卷　(清)劉逢祿撰　清光緒十八年(1892)刻本　六冊　十一行二十一字小字雙行同黑口四周雙邊單黑魚尾

370000－1544－0002421　812.1－8/26
補籬遺稿八卷　(清)姚福均撰　清光緒三十一年(1905)活字本　二冊　十行二十一字小字雙行同白口四周單邊單黑魚尾

370000－1544－0002422　812.1－8/27
敦艮堂集古稿五卷　(清)蔣師爚撰　清嘉慶刻本　一冊　九行十八字小字雙行同白口四周雙邊單黑魚尾

370000－1544－0002423　812.1－8/27－2
敦艮堂集古稿五卷　(清)蔣師爚撰　清嘉慶刻本　一冊　九行十八字小字雙行同白口四周雙邊單黑魚尾

370000－1544－0002424　812.1－8/27－3
榆西仙館初稿二卷　(清)蔣詩撰　清嘉慶刻本　二冊　十一行二十字白口左右雙邊單黑魚尾

370000－1544－0002425　812.1－8/28
知止堂集十三卷續集六卷外集六卷飛鴻集詩四卷飛鴻餘集一卷秋聲辭一卷飛鴻集文一卷　(清)黃恩彤撰　清光緒六年(1880)刻本　六冊　十一行二十一字小字雙行同白口左右雙邊

370000－1544－0002426　812.1－8/28－2
知止堂集十三卷續集六卷外集六卷飛鴻集詩四卷飛鴻餘集一卷秋聲辭一卷飛鴻集文一卷

（清）黄恩彤撰　清光緒六年（1880）刻本　六册　十一行二十一字小字雙行同白口左右雙邊

370000－1544－0002427　812.1－8/29
劉孟塗集四十四卷　（清）劉開撰　清道光六年（1826）刻光緒十五年（1889）補刻本　九册　十二行二十四字黑口四周單邊雙對黑魚尾

370000－1544－0002428　812.1－8/30
小謨觴館詩文集注　（清）彭兆蓀撰　（清）孫元培輯　清光緒二十年（1894）泉唐汪氏刻本　八册　十行二十一字小字雙行同黑口左右雙邊

370000－1544－0002429　812.1－8/30－2
小謨觴館全集　（清）彭兆蓀撰　清光緒二十九年（1903）掃葉山房刻本　十册　十二行二十三字小字雙行同白口左右雙邊單黑魚尾

370000－1544－0002430　812.1－8/32
恩餘堂經進初稿十二卷續稿二十二卷三稿十一卷策問存課二卷知聖道齋讀書跋尾二卷　（清）彭元瑞撰　清乾隆刻本　十七册　八行十九字小字雙行同白口四周雙邊單黑魚尾

370000－1544－0002431　812.1－8/33
藍戶部集二十六卷　（清）藍千秋撰　清乾隆十二年（1747）刻本　六册　九行二十字白口左右雙邊單黑魚尾

370000－1544－0002432　812.1－8/35
空山堂文集十二卷詩集六卷　（清）牛運震撰　（清）牛鈞校　清嘉慶八年（1803）家刻本　八册　九行二十二字白口四周雙邊單黑魚尾

370000－1544－0002433　812.1－8/36
三松堂集二十四卷續集六卷　（清）潘奕雋撰　清同治九年（1870）刻本　八册　十行二十一字小字雙行同白口四周雙邊單黑魚尾

370000－1544－0002434　812.1－8/39
西征集四卷　（清）黄家鼎撰　清光緒八年（1882）刻本　四册　九行十九字小字雙行同白口四周雙邊單黑魚尾

370000－1544－0002435　812.1－8/39－2
西征集四卷　（清）黄家鼎撰　清光緒六年（1880）刻本　一册　九行十九字白口四周雙邊單黑魚尾　存二卷（西征日記一卷、歸程紀略一卷）

370000－1544－0002436　812.1－8/40
板橋集　（清）鄭燮著　清乾隆青暉書屋刻本　二册　行款不一

370000－1544－0002437　812.1－8/40－3
板橋詩鈔三卷　（清）鄭燮著　清乾隆刻本　一册　十行十九字白口左右雙邊單黑魚尾

370000－1544－0002438　812.1－8/40－4
板橋集　（清）鄭燮著　清乾隆刻本　二册　白口左右雙邊

370000－1544－0002439　812.1－8/40－5
板橋集　（清）鄭燮著　清乾隆刻本　四册　行款不一

370000－1544－0002440　812.1－8/41
魏稼孫先生集不分卷　（清）魏錫曾撰　清光緒九年（1883）刻本　七册　十行二十一字小字雙行同白口左右雙邊單黑魚尾

370000－1544－0002441　812.1－8/42
適安廬詩鈔二卷詞鈔一卷　（清）王汝鼎著　清光緒二十三年（1897）刻本　二册　九行十九字小字雙行同黑口左右雙邊單黑魚尾

370000－1544－0002442　812.1－8/46
西堂全集　（清）尤侗撰　清刻本　十五册　十行二十一字小字雙行同白口四周單邊單黑魚尾　缺三卷（湘中草四至六）

370000－1544－0002443　812.1－8/46－2
西堂全集　（清）尤侗撰　清康熙刻本　二十三册　十行二十一字小字雙行同白口四周單邊單黑魚尾　缺五卷（百末詞一至四、性理吟一）

370000－1544－0002444　812.1－8/46－3
西堂全集　（清）尤侗撰　清刻本　二十四册　十行二十二字小字雙行同白口四周單邊單

黑魚尾

370000－1544－0002445　812.1－8/46－4
西堂全集　（清）尤侗撰　清刻本　十九冊　十行二十二字小字雙行同白口四周單邊單黑魚尾　缺八卷（西堂雜組一集五至八、西堂雜組二集五至八）

370000－1544－0002446　812.1－8/47
秋水集十六卷　（清）馮如京著　（清）馮雲驤等輯　清乾隆五年（1740）刻本　六冊　九行二十字小字雙行同白口四周雙邊單黑魚尾

370000－1544－0002447　812.1－8/48
澹靜齋詩文鈔十四卷　（清）龔景瀚撰　（清）龔式穀校刊　（清）龔易圖重編刊　清同治八年（1869）刻本　八冊　十行二十一字黑口四周雙邊單黑魚尾

370000－1544－0002448　812.1－8/49
思適齋集十八卷　（清）顧廣圻撰　清道光二十九年（1849）刻同治八年（1869）重印本　四冊　十行二十字小字雙行同黑口左右雙邊雙對黑魚尾

370000－1544－0002449　812.1－8/51
世宗憲皇帝御製文集三十卷目録四卷　（清）世宗胤禛撰　清乾隆五年（1740）内府刻本　十四冊　六行十六字白口四周雙邊單黑魚尾　存三十卷（三至三十、目録三至四）

370000－1544－0002450　812.1－8/52
寶綸堂集十卷補遺一卷　（清）陳洪綬著　清光緒十四年（1888）刻本　八冊　十行二十字白口四周單邊單黑魚尾

370000－1544－0002451　812.1－8/53
仙心閣集十二卷　（清）彭慰高撰　清光緒三年（1877）刻本　四冊　十行二十一字小字雙行同白口四周雙邊單黑魚尾

370000－1544－0002452　812.1－8/56
蠶尾集十卷續集二卷後集二卷　（清）王士禛撰　清康熙刻本　四冊　十行十九字小字雙行二十八字黑口左右雙邊單黑魚尾

370000－1544－0002453　812.1－8/56－2
蠶尾集十卷續集二卷後集二卷　（清）王士禛撰　清康熙刻本　六冊　十行十九字小字雙行二十八字黑口左右雙邊單黑魚尾

370000－1544－0002454　812.1－8/57
濂亭文集八卷　（清）張裕釗著　清光緒八年（1882）蘇州查氏木漸齋刻本　二冊　十行二十一字黑口左右雙邊單黑魚尾

370000－1544－0002455　812.1－8/57－2
濂亭遺集詩二卷文五卷　（清）張裕釗著　清宣統二年（1910）鄂城刻本　二冊　十行二十一字白口左右雙邊雙對黑魚尾

370000－1544－0002456　812.1－8/59
西圃集十卷續集四卷題畫詩一卷文集四卷　（清）潘遵祁撰　清光緒二十三年（1897）刻本　六冊　十行二十一字小字雙行同白口四周雙邊單黑魚尾

370000－1544－0002457　812.1－8/60
湘綺樓全集三十卷　王闓運撰　清光緒三十三年（1907）刻本　十二冊　十行二十一字黑口左右雙邊雙對黑魚尾

370000－1544－0002458　812.1－8/61
也是集一卷安蹇詩存一卷　（清）英華撰　清光緒三十三年（1907）刻本　一冊　十一行三十字白口四周雙邊單黑魚尾

370000－1544－0002459　812.1－8/62－1
歸震川集十卷　（明）歸有光撰　（明）張汝瑚選　清康熙二十一年（1682）郢雪書林刻本　四冊　十行二十字小字雙行同白口四周單邊單黑魚尾

370000－1544－0002460　812.1－8/63
尊聞居士集八卷附録一卷　（清）羅有高著　（清）彭紹升録　清乾隆刻本　四冊　十一行二十三字黑口左右雙邊單黑魚尾

370000－1544－0002461　812.1－8/65
洪亮吉集　（清）洪亮吉撰　清光緒三年（1877）刻本　三十六冊　十一行二十二字黑口左右雙邊雙對黑魚尾

370000－1544－0002462　812.1－8/66
牧齋有學集五十一卷　(清)錢謙益撰　清康熙二十四年(1685)刻本　十六冊　十行二十字小字雙行同白口左右雙邊單黑魚尾

370000－1544－0002463　812.1－8/67
唐中丞遺集二十七卷首一卷　(清)唐訓方著　清光緒十七年(1891)刻本　十冊　十行二十五字白口四周單邊單黑魚尾　缺十六卷(里語徵實一至四、常甯詩文存一至十二)

370000－1544－0002464　812.1－8/68
寒松堂全集十二卷　(清)魏象樞撰　清康熙刻本　二十四冊　十行二十字黑口左右雙邊單黑魚尾

370000－1544－0002465　812.1－8/70
初學集一百十卷　(清)錢謙益撰　清宣統二年(1910)鉛印本　二十四冊　十二行三十字小字雙行同白口四周單邊

370000－1544－0002466　812.1－8/70－2
牧齋全集一百六十三卷　(清)錢謙益撰　清宣統二年(1910)鉛印本　四十冊　十二行三十字小字雙行同白口四周單邊

370000－1544－0002467　812.1－8/71
桐城吳先生全書五種　(清)吳汝綸撰　清光緒三十年(1904)刻本　二十冊　九行二十一字小字雙行同黑口左右雙邊　存十八卷(易說二卷、尚書故三卷、夏小正私箋一卷、文集四卷、詩集一卷、尺牘五卷、補遺一卷、諭兒書一卷)

370000－1544－0002468　812.1－8/72
邃懷堂全集五種　(清)袁翼撰　清光緒十三年(1887)刻本　二十冊　九行二十字小字雙行同白口左右雙邊單黑魚尾

370000－1544－0002469　812.1－8/73
嘉樹山房集二十卷外集二卷續集二卷　(清)張士元著　清嘉慶二十四年(1819)刻光緒刷印本　六冊　十行二十一字小字雙行同白口左右雙邊單黑魚尾

370000－1544－0002470　812.1－8/74
施愚山詩集五十卷文集二十八卷外集四卷別集四卷施氏家風述略六卷　(清)施閏章著　清宣統二年(1910)國學扶輪社石印本　二十冊　十四行三十一字小字雙行同黑口四周雙邊單黑魚尾

370000－1544－0002471　812.1－8/75
安吳四種三十六卷首一卷　(清)包世臣撰　清光緒十四年(1888)刻本　二十冊　十行二十二字小字雙行同白口左右雙邊單黑魚尾

370000－1544－0002472　812.1－8/76
閒情偶寄十六卷　(清)李漁撰　清康熙刻後印本　十六冊　九行二十字白口四周單邊

370000－1544－0002473　812.1－8/78
鐵橋漫稿八卷　(清)嚴可均撰　清光緒十一年(1885)長洲蔣氏刻本　四冊　十一行二十一字小字雙行同白口左右雙邊雙對黑魚尾

370000－1544－0002474　812.1－8/79
也儂遺稿四卷詩艸十卷　(清)王慶善撰　清光緒木活字印本　八冊　九行二十五字黑口四周雙邊雙對黑魚尾

370000－1544－0002475　812.1－8/80
洪北江全集二百二十二卷　(清)洪亮吉撰　清光緒三年(1877)授經堂刻本　六十四冊　十一行二十二字小字雙行同黑口四周單邊雙對黑魚尾

370000－1544－0002476　812.1－8/81
養壽廬遺集十卷行述一卷　(清)吳恩熙撰　清光緒二十六年(1900)刻本　二冊　十行二十五字小字雙行同白口左右雙邊單黑魚尾

370000－1544－0002477　812.1－8/82
吳學士文集四卷詩集五卷　(清)吳山尊撰　清光緒八年(1882)刻本　六冊　十一行二十四字小字雙行同白口左右雙邊單黑魚尾

370000－1544－0002478　812.1－8/83
曾文正公全集一百五十六卷首一卷　(清)曾國藩撰　(清)黎庶昌編　清光緒二年(1876)刻本　一百六十冊　十行二十四字小字雙行同黑口左右雙邊單黑魚尾

370000－1544－0002479　812.1－8/83－3
曾文正公全集一百五十六卷首一卷　(清)曾國藩撰　(清)黎庶昌編　清光緒二年(1876)刻本　一百二十八册　十行二十四字小字雙行同黑口左右雙邊單黑魚尾

370000－1544－0002480　812.1－8/84
桂馨堂集五種　(清)張廷濟著　清道光刻本　十册　十行十九字小字雙行同白口左右雙邊單黑魚尾

370000－1544－0002481　812.1－8/85
西陂類稿五十卷　(清)宋犖撰　(清)周龍藻等編次　清康熙五十年(1711)刻本　十六册　十行十九字小字雙行同白口四周單邊單黑魚尾

370000－1544－0002482　812.1－8/86
鹿洲全集八種　(清)藍鼎元撰　清光緒六年(1880)藍佐補刻本　二十四册　九行二十字白口左右雙邊單黑魚尾

370000－1544－0002483　812.1－8/87
西堂全集十七種　(清)尤侗撰　清刻本　十四册　十行二十一字黑口四周單邊單黑魚尾

370000－1544－0002484　812.1－8/88
來鶴堂全集六種　(清)于宗瑛撰　清嘉慶二年(1797)刻本　八册　八行十八字小字雙行同白口左右雙邊單黑魚尾

370000－1544－0002485　812.1－8/90
天根文鈔四卷文法一卷續一卷詩鈔二卷　(清)何家琪撰　清光緒三十二年(1906)刻本　六册　十一行二十一字白口左右雙邊單黑魚尾

370000－1544－0002486　812.1－8/93
空山堂文集十二卷　(清)牛運震撰　清刻本　七册　九行二十二字白口四周雙邊單黑魚尾

370000－1544－0002487　812.1－8/94
甌香館集十二卷補遺二卷附錄一卷　(清)惲格著　(清)蔣光煦輯　清席氏掃葉山房石印本　六册　十四行三十字小字雙行同白口四周雙邊單黑魚尾

370000－1544－0002488　812.1－8/95
湖海集十三卷　(清)孔尚任撰　清康熙二十七年(1688)孔氏介安堂刻本　六册　九行十九字小字雙行同白口左右雙邊單黑魚尾

370000－1544－0002489　812.1－8/96
汪工部瑞蓮堂集十五卷　(明)汪慶百撰　清刻本　四册　九行二十字小字雙行字數不等白口左右雙邊單黑魚尾

370000－1544－0002490　812.1－8/98
蓼村集四卷　(清)王苹撰　清刻本　一册　十行二十一字白口左右雙邊單黑魚尾

370000－1544－0002491　812.1－8/98－2
蓼村集四卷　(清)王苹撰　清刻本　一册　十行二十一字白口左右雙邊單黑魚尾

370000－1544－0002492　812.1－8/99
辛卯年詩鈔　(清)汪開禧撰　清光緒手抄本　一册　九行二十五字白口

370000－1544－0002493　812.1－8/100
樂善堂全集四十卷　(清)高宗弘曆撰　(清)蔣溥等重編　清乾隆元年(1736)內府刻本　四十七册　七行十八字白口四周雙邊單黑魚尾

370000－1544－0002494　812.1－8/101
杞田集十四卷遺稿一卷　(清)張貞撰　(清)王士禛定　清康熙四十九年(1710)春岑閣刻本　四册　十行十九字黑口左右雙邊單黑魚尾

370000－1544－0002495　812.1－8/103
飴山文集十二卷附錄一卷禮俗權衡一卷　(清)趙執信撰　清乾隆三十九年(1774)刻本　五册　十行二十一字白口左右雙邊單黑魚尾

370000－1544－0002496　812.1－8/107
甘泉鄉人稿二十四卷　(清)錢泰吉撰　**年譜一卷**　(清)錢應溥撰　**邠農偶吟稿一卷**　(清)錢炳森撰　清同治刻本　六册　十行二

十一字小字雙行同黑口左右雙邊單黑魚尾

370000－1544－0002497　812.1－8/108
覺生詩文鈔二十三卷　(清)鮑桂星撰　清刻本　八册　十行二十一字小字雙行同白口左右雙邊單黑魚尾

370000－1544－0002498　812.1－8/109
玉井山館詩十五卷詩餘一卷文略五卷文續二卷　(清)許宗衡撰　清同治九年(1870)刻本　八册　十一行二十四字小字雙行同白口左右雙邊單黑魚尾

370000－1544－0002499　812.1－8/112
錢南園先生遺集五卷　(清)錢澧撰　清光緒二十一年(1895)刻本　二册　十行二十一字小字雙行同白口左右雙邊單黑魚尾

370000－1544－0002500　812.1－8/114
湛園未定稿六卷　(清)姜宸英撰　清康熙刻本　四册　十行二十字黑口四周單邊單黑魚尾

370000－1544－0002501　812.1－8/118
陳忠裕公全集三十卷首一卷末一卷　(明)陳子龍撰　(清)王昶輯　清嘉慶八年(1803)簳山草堂刻本　十二册　十行二十一字小字雙行不等白口左右雙邊單黑魚尾

370000－1544－0002502　812.1－8/119
寒松閣集詩八卷詞四卷駢體文一卷　(清)張鳴珂撰　清光緒十九年(1893)刻本　四册　十一行二十二字小字雙行同黑口左右雙邊雙對黑魚尾

370000－1544－0002503　812.1－8/120
霜紅龕集四十卷年譜一卷附録三卷　(清)傅山撰　(清)丁寶銓編　清宣統三年(1911)山陽丁氏刻本　十二册　十行二十一字小字雙行同黑口左右雙邊雙對黑魚尾

370000－1544－0002504　812.1－8/120－2
霜紅龕集四十卷年譜一卷附録三卷　(清)傅山撰　(清)丁寶銓編　清宣統三年(1911)山陽丁氏刻本　十二册　十行二十一字小字雙行同黑口左右雙邊雙對黑魚尾

370000－1544－0002505　812.1－8/122
蘇龕集詩録八卷詞録一卷駢文録五卷　(清)楊葆光撰　清光緒刻本　四册　十行二十一字小字雙行同黑口左右雙邊雙對黑魚尾　缺一卷(駢文録一)

370000－1544－0002506　812.1－8/124
尊水園集十二卷補遺一卷　(清)盧世漼撰　清順治刻本　八册　九行十九字小字雙行同白口四周單邊單白魚尾

370000－1544－0002507　812.1－8/125
曾惠敏公全集奏議六卷文集五卷詩集四卷日記二卷　(清)曾紀澤撰　清光緒二十年(1894)石印本　四册　十四行四十字小字雙行同白口四周單邊雙對黑魚尾

370000－1544－0002508　812.1－8/127
桐城姚瑩全集　(清)姚瑩撰　清道光二十九年(1849)刻本　二十册　十二行二十二字白口左右雙邊單黑魚尾

370000－1544－0002509　812.1－8/128
貴池二妙集五十一卷　(清)吳應箕著　(清)劉世珩輯　清光緒二十六年(1900)刻本　十二册　十三行二十三字小字雙行同黑口左右雙邊單黑魚尾

370000－1544－0002510　812.1－8/129
詒晋齋集八卷後集一卷隨筆一卷　(清)永瑆著　清刻本　六册　十二行二十二字小字雙行同黑口四周雙邊單黑魚尾

370000－1544－0002511　812.1－8/130
吳侍讀全集六種　(清)吳慈鶴撰　清嘉慶刻本　八册　十一行二十二字小字雙行同白口四周雙邊單黑魚尾

370000－1544－0002512　812.1－8/131
國朝杭郡詩輯三十二卷　(清)吳顥輯　(清)吳振棫重編　清同治十三年(1874)丁氏刻本　十二册　十二行二十三字小字雙行同白口左右雙邊單黑魚尾

370000－1544－0002513　812.1－8/132
銅鼓書堂遺稿三十二卷　(清)查禮撰　清乾

隆刻本　四冊　十二行二十二字小字雙行同白口左右雙邊單黑魚尾

370000－1544－0002514　812.1－8/133
劉孟塗集四十四卷　(清)劉開撰　清道光六年(1826)檗山草堂刻本　八冊　十二行二十四字小字雙行同黑口四周單邊雙對黑魚尾

370000－1544－0002515　812.1－8/134
雅雨堂詩文遺集六卷雅雨山人出塞集一卷　(清)盧見曾撰　(清)金在恒編次　清道光二十年(1840)刻本　四冊　九行十九字小字雙行同白口左右雙邊單黑魚尾

370000－1544－0002516　812.1－8/139
曹集銓評十卷逸文一卷　(三國魏)曹植撰　(清)丁晏纂輯　清同治十一年(1872)金陵書局刻本　二冊　九行二十二字小字雙行同白口左右雙邊單黑魚尾

370000－1544－0002517　812.1－8/140
臺灣雜記一卷　(清)黄逢昶輯　清光緒刻本　一冊　十行二十字小字雙行同藍口左右雙邊單藍魚尾

370000－1544－0002518　812.1－8/141
鉢山存稿十卷　(清)汪枚撰　清刻本　三冊　十行二十一字小字雙行同白口左右雙邊單黑魚尾

370000－1544－0002519　812.1－8/142
孫文定公全集　(清)孫廷銓纂　清康熙師儉堂刻本　三冊　八行二十字小字雙行同白口四周單邊　存三種三卷(沚亭刪定文集下、沚亭自刪詩一卷、琴譜指法省文一卷)

370000－1544－0002520　812.1－8/143
泰雲堂集文集二卷駢體文集二卷詩集十八卷詞集三卷　(清)孫爾準撰　清刻本　六冊　十二行二十四字小字雙行同黑口左右雙邊單黑魚尾

370000－1544－0002521　812.1－8/152
函雅堂集十六卷　(清)王詠霓撰　清光緒刻本　四冊　十行二十四字小字雙行同黑口四周單邊單黑魚尾

370000－1544－0002522　812.1－8/153
芙蓉山館詩鈔八卷補鈔一卷詞二卷文鈔一卷　(清)楊芳燦撰　清嘉慶刻本　四冊　十二行二十五字小字雙行同白口左右雙邊單黑魚尾

370000－1544－0002523　812.1－8/163
西澗草堂全集　(清)閻循觀撰　清乾隆三十八年(1773)樹滋堂刻本　四冊　十行二十二字白口左右雙邊單黑魚尾

370000－1544－0002524　812.1－8/164
切問齋文鈔三十卷　(清)陸燿輯　清光緒十九年(1893)合肥李氏刻本　十冊　十二行二十五字白口左右雙邊單黑魚尾

370000－1544－0002525　812.2－4/1
杜工部草堂詩箋四十卷補遺十卷外集一卷　(唐)杜甫撰　(宋)魯訔編　(宋)蔡夢弼會箋　(宋)黄鶴集注　清光緒十年(1884)遵義黎氏日本東京使署刻古逸叢書本　十二冊　十二行二十字小字雙行二十六字黑口左右雙邊三魚尾

370000－1544－0002526　812.2－4/2
李義山詩集三卷　(唐)李商隱撰　(清)朱鶴齡箋注　清抄本　四冊　八行二十一字小字雙行同白口

370000－1544－0002527　812.2－4/2－2
玉谿生詩詳注三卷首一卷　(唐)李商隱撰　(清)馮浩箋註　清乾隆四十五年(1780)德聚堂刻同治七年(1868)馮寶圻補刻本　四冊　十一行二十五字小字雙行三十三字白口左右雙邊單黑魚尾

370000－1544－0002528　812.2－4/2－3
李義山詩集　(唐)李商隱撰　(清)朱鶴齡箋注　清懷德堂刻本　四冊　十行二十一字小字雙行同白口左右雙邊單黑魚尾

370000－1544－0002529　812.2－4/3
李太白文集三十二卷　(唐)李白撰　(清)王琦輯註　清乾隆寶笏樓刻本　二十八冊　十行二十字小字雙行同白口左右雙邊單黑魚尾

370000－1544－0002530　812.2－4/3－2
李太白文集三十六卷　(唐)李白撰　(清)王琦輯註　清乾隆寶笏樓刻二十五年(1760)增刻本　十六册　十行二十字小字雙行同白口左右雙邊單黑魚尾

370000－1544－0002531　812.2－4/3－3
李太白文集三十六卷　(唐)李白撰　(清)王琦輯註　清乾隆聚錦堂刻本　十六册　十行二十字小字雙行同白口左右雙邊單黑魚尾

370000－1544－0002532　812.2－4/3－4
李太白文集三十六卷　(唐)李白撰　(清)王琦輯註　清乾隆聚錦堂刻本　十六册　十行二十字小字雙行同白口左右雙邊單黑魚尾

370000－1544－0002533　812.2－4/3－5
李太白文集三十六卷　(唐)李白撰　(清)王琦輯註　清乾隆聚錦堂刻本　十册　十行二十字小字雙行同白口左右雙邊單黑魚尾

370000－1544－0002534　812.2－4/4
李長吉歌詩四卷首一卷外集一卷　(唐)李賀撰　(清)王琦匯解　清光緒四年(1878)刻宏達堂叢書本　四册　十行二十字小字雙行同黑口左右雙邊單黑魚尾

370000－1544－0002535　812.2－4/4－2
李長吉歌詩四卷首一卷外集一卷　(唐)李賀撰　(清)王琦匯解　清乾隆寶笏樓刻本　四册　十行二十字小字雙行同黑口左右雙邊單黑魚尾

370000－1544－0002536　812.2－4/4－3
李長吉歌詩四卷首一卷外集一卷　(唐)李賀撰　(清)王琦匯解　清乾隆寶笏樓刻本　四册　十行二十字小字雙行同黑口左右雙邊單黑魚尾

370000－1544－0002537　812.2－4/5
杜詩論文五十六卷　(清)吴見思注　(清)潘眉評　清康熙十一年(1672)岱淵堂刻本　十二册　九行二十二字小字單行同白口左右雙邊

370000－1544－0002538　812.2－4/5－2
杜詩論文五十六卷　(清)吴見思注　(清)潘眉評　清康熙十一年(1672)寶翰樓刻本　七册　九行二十二字小字單行同白口左右雙邊　缺七卷(四十一至四十七)

370000－1544－0002539　812.2－4/6－2
白香山詩集長慶集二十卷後集十七卷别集一卷補遺一卷　(唐)白居易撰　(清)汪立名編訂　清康熙四十一年(1702)一隅草堂刻本　十册　十二行二十一字小字雙行三十二字白口左右雙邊單黑魚尾

370000－1544－0002540　812.2－4/6－4
白香山詩集長慶集二十卷後集十七卷别集一卷補遺一卷　(唐)白居易撰　(清)汪立名編訂　清康熙四十一年(1702)一隅草堂刻本　十二册　十二行二十一字小字雙行三十二字白口左右雙邊單黑魚尾

370000－1544－0002541　812.2－4/7
讀杜心解六卷首二卷　(唐)杜甫撰　(清)浦起龍講解　清雍正寧我齋刻本　十二册　十行二十二字小字雙行不等白口左右雙邊單魚尾

370000－1544－0002542　812.2－4/10
温飛卿詩集九卷　(唐)温庭筠撰　(明)曾益注　(清)顧予咸補注　清康熙三十六年(1697)秀野草堂刻本　四册　十一行二十字小字雙行不等白口左右雙邊單黑魚尾

370000－1544－0002543　812.2－4/10－3
温飛卿詩集九卷　(唐)温庭筠撰　(明)曾益注　(清)顧予咸補注　清光緒八年(1882)萬軸山房刻本　二册　十一行二十一字小字雙行三十字白口左右雙邊單黑魚尾

370000－1544－0002544　812.2－4/10－4
温飛卿詩集九卷　(唐)温庭筠撰　(明)曾益注　(清)顧予咸補注　清光緒八年(1882)萬軸山房刻本　二册　十一行二十一字小字雙行三十字白口左右雙邊單黑魚尾

370000－1544－0002545　812.2－4/11
樊川詩集四卷補遺一卷外集一卷别集一卷

(唐)杜牧撰　(清)馮集梧注　清光緒十六年(1890)湘南書局重刻本　四冊　十行二十一字小字雙行同白口左右雙邊單黑魚尾

370000－1544－0002546　812.2－4/12
杜詩鏡銓二十卷讀書堂杜工部文集註解二卷附錄一卷　(唐)杜甫撰　(清)楊倫編輯　清同治十一年(1872)望三益齋刻本　十二冊　九行二十字小字雙行三十字白口左右雙邊單黑魚尾

370000－1544－0002547　812.2－4/13
杜工部集二十卷年譜一卷諸家詩話一卷附錄一卷杜詩略例一卷唱酬題詠一卷　(唐)杜甫撰　(清)錢謙益箋注　清康熙刻本　八冊　十一行二十字小字雙行三十字黑口四周雙邊雙對黑魚尾

370000－1544－0002548　812.2－4/13－2
杜工部集二十卷首一卷　(唐)杜甫撰　(明)王世貞等評注　清光緒二年(1876)粵東翰墨園刻六色套印本　十冊　八行二十字小字雙行同黑口左右雙邊雙對黑魚尾

370000－1544－0002549　812.2－4/13－3
杜工部集二十卷首一卷諸家詩話一卷唱酬題詠附錄一卷　(唐)杜甫撰　清光緒十三年(1887)玉勾草堂刻本　十冊　八行十七字小字雙行同細黑口左右雙邊

370000－1544－0002550　812.2－4/13－4
杜工部集二十卷首一卷　(唐)杜甫撰　(明)王世貞等評注　清光緒二年(1876)粵東翰墨園刻六色套印本　十冊　八行二十字小字雙行同黑口左右雙邊雙對黑魚尾

370000－1544－0002551　812.2－4/13－5
杜工部集二十卷首一卷　(唐)杜甫撰　(明)王世貞等評注　清道光十四年(1834)芸葉盦刻六色套印本　八冊　八行二十字小字雙行同黑口左右雙邊雙對黑魚尾

370000－1544－0002552　812.2－4/13－6
集千家註杜工部詩集二十卷文集二卷　(唐)杜甫撰　(宋)黄鶴補註　**集千家註杜工部詩集附錄一卷**　(唐)元稹撰　明刻本　二十四冊　八行十七字小字雙行同白口左右雙邊雙對白魚尾

370000－1544－0002553　812.2－4/13－7
杜工部集二十卷杜詩略例一卷唱酬題詠一卷諸家詩話一卷附錄一卷　(唐)杜甫撰　(清)錢謙益箋注　清康熙六年(1667)季氏靜思堂刻本　八冊　十一行二十字小字雙行三十字黑口四周雙邊雙對黑魚尾

370000－1544－0002554　812.2－4/13－8
杜工部集二十卷唱酬題詠一卷諸家詩話一卷杜詩略例一卷附錄一卷　(唐)杜甫撰　(清)錢謙益箋注　清康熙六年(1667)季氏靜思堂刻本　十冊　十一行二十字小字雙行三十字黑口四周雙邊雙對黑魚尾

370000－1544－0002555　812.2－4/13－9
杜工部集二十卷諸家詩話一卷唱酬題詠一卷杜詩略例一卷附錄一卷年譜一卷　(唐)杜甫撰　(清)錢謙益箋注　清康熙六年(1667)季氏靜思堂刻本　六冊　十一行二十字小字雙行三十字黑口四周雙邊雙對黑魚尾

370000－1544－0002556　812.2－4/14
杜詩詳注二十五卷首一卷附錄二卷　(唐)杜甫撰　(清)仇兆鰲輯註　清刻本　二十四冊　十行二十二字小字雙行同黑口左右雙邊單黑魚尾

370000－1544－0002557　812.2－4/14－2
杜詩詳注二十五卷首一卷附錄二卷　(唐)杜甫撰　(清)仇兆鰲輯註　清刻本　二十七冊　十行二十二字小字雙行同黑口左右雙邊單黑魚尾　缺二卷(二十四、附錄上)

370000－1544－0002558　812.2－4/14－3
杜詩詳注二十五卷首一卷附錄二卷　(唐)杜甫撰　(清)仇兆鰲輯註　清刻本　二十八冊　十行二十二字小字雙行同黑口左右雙邊單黑魚尾

370000－1544－0002559　812.2－4/16
昌黎先生詩集注十一卷　(唐)韓愈撰　(清)

顧嗣立刪補　清康熙三十八年(1699)顧氏秀野草堂刻本　六册　十一行二十字小字雙行三十字白口左右雙邊單黑魚尾

370000－1544－0002560　812.2－4/17
杜詩偶評四卷　(唐)杜甫撰　(清)沈德潛評　清乾隆十二年(1747)賦閒草堂刻本　四册　十行十九字小字雙行二十九字白口左右雙邊單黑魚尾

370000－1544－0002561　812.2－4/18
辟疆園杜詩註解七言律五卷五言律十二卷　(唐)杜甫撰　(清)顧宸註　清康熙刻本　十册　九行二十一字白口左右雙邊單黑魚尾　存十卷(七言律一、五言律二至十)

370000－1544－0002562　812.2－4/20
分類補註李太白詩二十五卷　(唐)李白撰　(宋)楊齊賢集註　(元)蕭士贇補註　明萬曆三十年(1602)許自昌刻李杜全集本　五册　九行二十字小字雙行同白口左右雙邊單黑魚尾

370000－1544－0002563　812.2－4/20－2
李翰林集二十五卷　(唐)李白撰　(宋)楊齊賢集註　(元)蕭士贇補註　(明)毛晉重訂　明崇禎三年(1630)虞山毛氏汲古閣重修本　八册　九行二十字小字雙行同白口左右雙邊單白魚尾

370000－1544－0002564　812.2－4/20－3
李太白文集三十卷　(唐)李白撰　清康熙五十六年(1717)繆曰芑雙泉草堂刻本　八册　十一行二十字白口左右雙邊單黑魚尾

370000－1544－0002565　812.2－4/20－4
李太白文集三十卷　(唐)李白撰　清康熙五十六年(1717)繆曰芑雙泉草堂刻本　四册　十一行二十字小字雙行不等白口左右雙邊單黑魚尾

370000－1544－0002566　812.2－4/21
昌黎先生詩集注十一卷　(唐)韓愈撰　(清)顧嗣立刪補　清康熙三十八年(1699)顧氏秀野草堂刻本　六册　十一行二十字小字雙行三十字白口左右雙邊單黑魚尾

370000－1544－0002567　812.2－4/22
元氏長慶集六十卷補遺六卷附錄一卷　(唐)元稹撰　(明)馬元調輯　明萬曆三十二年(1604)馬元調魚樂軒刻本　一册　十行二十一字白口左右雙邊單黑魚尾　存一卷(附錄一卷)

370000－1544－0002568　812.2－4/23
杜工部集二十卷諸家詩话一卷唱酬題詠附録一卷　(唐)杜甫撰　(清)錢謙益箋注　清康熙六年(1667)季氏静思堂刻本　八册　十一行二十字黑口四周雙邊雙對黑魚尾

370000－1544－0002569　812.2－5/1
元遺山詩集箋注十四卷首一卷附錄一卷補載一卷　(金)元好問撰　(元)張德輝類次　(清)施國祁箋注　清道光二年(1822)刻本　六册　十二行二十三字小字雙行三十四字黑口左右雙邊

370000－1544－0002570　812.2－5/1－2
元遺山詩集箋注十四卷附錄一卷補載一卷　(金)元好問撰　(元)張德輝類次　(清)施國祁箋注　清宣統三年(1911)石印本　八册　十二行二十六字小字雙行四十字白口四周雙邊單黑魚尾

370000－1544－0002571　812.2－5/2
劍南詩鈔六卷　(宋)陸游撰　(清)楊大鶴選　清康熙二十四年(1685)楊大鶴刻本　四册　十行十八字白口左右雙邊單黑魚尾

370000－1544－0002572　812.2－5/5∶1
蘇文忠公詩合注五十卷首一卷　(宋)蘇軾撰　(清)馮應榴輯訂　清乾隆六十年(1795)馮氏踵息齋刻本　十六册　十一行二十六字小字雙行三十四字白口左右雙邊單黑魚尾

370000－1544－0002573　812.2－5/5∶2
蘇文忠公詩合注五十卷首一卷　(宋)蘇軾撰　(清)馮應榴輯訂　清馮氏踵息齋刻本　三十二册　十一行二十六字小字雙行三十四字白口左右雙邊單黑魚尾

370000－1544－0002574　812.2－5/5:3
蘇文忠公詩合注五十卷首一卷　(宋)蘇軾撰　(清)馮應榴輯訂　清乾隆六十年(1795)馮氏踵息齋刻同治九年(1870)補刻本　二十冊　十一行二十六字小字雙行三十四字白口左右雙邊單黑魚尾

370000－1544－0002575　812.2－5/5－2:1
蘇文忠公詩集五十卷目錄二卷　(宋)蘇軾撰　(清)紀昀評點　清同治八年(1869)韞玉山房刻朱墨套印本　十二冊　十行二十一字小字雙行同白口左右雙邊單黑魚尾

370000－1544－0002576　812.2－5/5－2:2
蘇文忠公詩集五十卷目錄二卷　(宋)蘇軾撰　(清)紀昀評點　清同治八年(1869)韞玉山房刻朱墨套印本　十二冊　十行二十一字小字雙行同白口左右雙邊單黑魚尾

370000－1544－0002577　812.2－5/5－3:1
蘇文忠公詩編註集成四十六卷總案四十五卷諸家雜綴酌存一卷蘇海識餘四卷箋詩圖一卷　(宋)蘇軾撰　(清)王文誥輯註　清光緒十四年(1888)浙江書局刻本　二十四冊　十一行三十字小字雙行同白口左右雙邊單黑魚尾

370000－1544－0002578　812.2－5/5－3:2
蘇文忠公詩編註集成四十六卷總案四十五卷諸家雜綴酌存一卷蘇海識餘四卷箋詩圖一卷　(宋)蘇軾撰　(清)王文誥輯註　清光緒十四年(1888)浙江書局刻本　二十四冊　十一行三十字小字雙行同白口左右雙邊單黑魚尾

370000－1544－0002579　812.2－5/6
宋邵康節先生伊川擊壤集十卷　(宋)邵雍撰　(明)吳瀚摘註　清刻本　六冊　九行十八字小字雙行同白口四周單邊單黑魚尾

370000－1544－0002580　812.2－5/8
劍南詩稿八十五卷放翁逸稿二卷　(宋)陸游撰　清楚濵李氏森寶齋刻陸放翁全集本　三十四冊　八行十八字小字雙行同白口左右雙邊

370000－1544－0002581　812.2－5/8－2
劍南詩稿八十五卷　(宋)陸游撰　(明)毛晉校刊　明末虞山毛氏汲古閣刻本　五十四冊　八行十八字小字雙行同白口左右雙邊

370000－1544－0002582　812.2－5/9
林和靖詩集四卷附錄一卷拾遺一卷　(宋)林逋撰　清同治十二年(1873)刻本　二冊　八行十七字小字雙行同黑口四周雙邊

370000－1544－0002583　812.2－5/9－2
林和靖詩集四卷附錄一卷拾遺一卷　(宋)林逋撰　清同治十二年(1873)刻本　四冊　八行十七字小字雙行同黑口四周雙邊

370000－1544－0002584　812.2－5/10
王荊文公詩五十卷補遺一卷　(宋)王安石撰　清乾隆六年(1741)刻本　八冊　十一行二十一字小字雙行三十一字黑口左右雙邊單黑魚尾

370000－1544－0002585　812.2－5/11
宋黃文節公詩全集　(宋)黃庭堅撰　(清)陳守誠編次　(清)陳守詒仝校　清刻本　四冊　十行二十字小字雙行同白口四周雙邊單黑魚尾

370000－1544－0002586　812.2－5/16
中州集十卷中州樂府一卷　(金)元好問輯　明末虞山毛氏汲古閣刻本　十冊　八行十九字小字雙行同白口左右雙邊

370000－1544－0002587　812.2－5/18
坡門酬唱二十三卷　(宋)邵浩輯　清宣統三年(1911)貴池劉世珩刻玉海堂景宋叢書本　八冊　九行十六字小字雙行同白口左右雙邊單黑魚尾

370000－1544－0002588　812.2－5/20
白石道人詩集二卷　(宋)姜夔撰　清乾隆知不足齋仿宋刻本　一冊　十一行十九字小字雙行同白口左右雙邊單黑魚尾

370000－1544－0002589　812.2－6/1
吳淵穎先生集十二卷　(元)吳萊撰　(清)王邦采　(清)王繩曾箋　清康熙六十年(1721)刻本　四冊　九行十八字小字雙行同黑口四

周單邊單黑魚尾

370000－1544－0002590　812.2－6/2
雁門集六卷附一卷補遺一卷　(元)薩都剌撰　清宣統二年(1910)仿康熙十九年(1680)刻本重刻本　四冊　十行二十二字小字雙行同黑口四周雙邊單黑魚尾

370000－1544－0002591　812.2－6/3
吳淵穎先生集十二卷　(元)吳萊撰　(清)王邦采　(清)王繩曾箋　清康熙六十年(1721)刻本　四冊　九行十八字小字雙行同黑口四周單邊單黑魚尾

370000－1544－0002592　812.2－7/1
李空同詩集三十三卷附錄一卷　(明)李夢陽撰　清宣統二年(1910)石印本　十冊　十四行二十八字小字雙行同白口四周雙邊單黑魚尾

370000－1544－0002593　812.2－7/2
青邱高季迪先生詩集十八卷首一卷遺詩一卷鳧藻集五卷　(明)高啟撰　(清)金檀輯注　(清)汪安　(清)汪夢齡重訂　清雍正六年(1728)墨華池館刻本　十冊　十一行二十二字小字雙行不等白口左右雙邊單黑魚尾

370000－1544－0002594　812.2　7/2　2
青邱高季迪先生詩集十八卷首一卷鳧藻集五卷遺詩一卷扣舷集一卷附錄一卷　(明)高啟撰　(清)金檀輯注　(清)金成鼎　(清)金宏熹仝校　清刻本　十二冊　十一行二十二字小字雙行不等白口左右雙邊單黑魚尾

370000－1544－0002595　812.2－7/5
陶菴詩集八卷補遺一卷　(明)黃淳耀撰　清初刻本　四冊　十行二十二字小字雙行同白口左右雙邊單黑魚尾

370000－1544－0002596　812.2－7/7
重校集聖教序字詩四卷續四卷　(清)馬慧裕撰　清嘉慶刻本　三冊　八行十六字小字雙行同白口左右雙邊單黑魚尾　缺二卷(重校集聖教序字詩一至二)

370000－1544－0002597　812.2－7/8
王百穀集九卷　(明)王穉登撰　明刻本　二冊　十行二十字白口四周單邊單白魚尾間黑魚尾

370000－1544－0002598　812.2－8/1
漁洋山人精華錄十卷　(清)王士禛撰　(清)林佶編　清康熙三十九年(1700)林佶寫刻本　四冊　十一行二十一字黑口左右雙邊單黑魚尾

370000－1544－0002599　812.2－8/3
兩當軒集二十二卷附錄四卷考異二卷　(清)黃景仁撰　清宣統二年(1910)石印本　六冊　十四行三十字小字雙行同白口四周雙邊單黑魚尾

370000－1544－0002600　812.2－8/5
句餘土音三卷　(清)全祖望撰　清嘉慶十九年(1814)刻本　二冊　十行二十一字小字雙行同白口左右雙邊單黑魚尾

370000－1544－0002601　812.2－8/6
樗亭詩稿不分卷　(清)薩哈岱撰　清乾隆七年(1742)刻本　五冊　十行十九字小字雙行同白口左右雙邊單黑魚尾

370000－1544－0002602　812.2－8/7
養雲山館試帖四卷　(清)許球撰　(清)王棨紱注釋　清同治七年(1868)刻本　二冊　十行二十五字小字雙行同白口左右雙邊單黑魚尾

370000－1544－0002603　812.2－8/8
隨山館詩簡編四卷　(清)汪瑔撰　**微尚齋詩二卷**　(清)汪兆鏞撰　清光緒至宣統刻本　三冊　十一行二十一字小字雙行同黑口左右雙邊

370000－1544－0002604　812.2－8/9
仿潛齋詩鈔十五卷　(清)李嘉樂撰　清光緒刻本　四冊　十行二十一字小字雙行同白口四周雙邊單黑魚尾

370000－1544－0002605　812.2－8/11
敬業堂詩集五十卷續集六卷　(清)查慎行撰　(清)查學　(清)查開校刊　清康熙刻本

十六册　十一行二十一字小字雙行同白口左右雙邊單黑魚尾

370000－1544－0002606　812.2－8/13
漁洋山人精華錄十卷　（清）王士禛撰　（清）林佶編　清康熙三十九年（1700）林佶寫刻本　三册　十一行二十一字黑口左右雙邊單黑魚尾　存八卷（三至十）

370000－1544－0002607　812.2－8/13－2
漁洋山人精華錄箋注十二卷補注一卷　（清）王士禛撰　（清）金榮箋注　（清）徐淮纂輯　清乾隆鳳翽堂刻本　九册　十一行二十字小字雙行三十字白口左右雙邊單黑魚尾　缺一卷（二）

370000－1544－0002608　812.2－8/14
傅徵君霜紅龕詩鈔不分卷　（清）傅山撰　清宣統三年（1911）鉛印本　一册　十一行二十九字小字雙行同黑口四周雙邊單黑魚尾

370000－1544－0002609　812.2－8/16
秋江集注六卷　（清）黄任撰　（清）王元麟注　清道光二十三年（1843）刻本　六册　十行二十四字小字雙行同白口四周雙邊單黑魚尾

370000－1544－0002610　812.2－8/17
亥白詩草八卷　（清）張問安撰　清咸豐八年（1858）刻本　四册　十行二十字小字雙行同白口左右雙邊單黑魚尾

370000－1544－0002611　812.2－8/18
養默山房詩稿三十一卷　（清）謝元淮撰　清道光刻本　六册　十行二十一字小字雙行同白口左右雙邊單黑魚尾

370000－1544－0002612　812.2－8/20
吴詩集覽二十卷談藪一卷　（清）吳偉業撰　（清）靳榮藩輯　清乾隆四十年（1775）凌雲亭刻本　二十册　九行二十一字小字雙行同黑口四周雙邊間左右雙邊單黑魚尾

370000－1544－0002613　812.2－8/20－2
吴詩集覽二十卷　（清）吳偉業撰　（清）靳榮藩輯　清刻本　十六册　九行二十一字小字雙行同黑口四周雙邊單黑魚尾

370000－1544－0002614　812.2－8/20－3
吴詩集覽二十卷談藪一卷　（清）吳偉業撰　（清）靳榮藩輯　清乾隆四十年（1775）刻本　十六册　九行二十一字小字雙行同黑口四周雙邊單黑魚尾　缺四卷（八、十二、十四至十五）

370000－1544－0002615　812.2－8/20－4
吴詩集覽二十卷　（清）吳偉業撰　（清）靳榮藩輯　清乾隆四十年（1775）刻道光七年（1827）重印本　二十册　九行二十一字小字雙行同黑口四周雙邊單黑魚尾

370000－1544－0002616　812.2－8/22
竹瑞堂詩鈔十八卷　（清）黄德華撰　清刻本　四册　十行二十一字小字雙行同白口四周雙邊單黑魚尾

370000－1544－0002617　812.2－8/26
金源紀事詩八卷　（清）湯運泰撰　（清）湯顯業　（清）湯顯幹注　清同治十二年（1873）淮南書局刻本　四册　十行二十一字小字雙行同黑口左右雙邊單黑魚尾

370000－1544－0002618　812.2－8/26－2
金源紀事詩八卷　（清）湯運泰撰　（清）湯顯業　（清）湯顯幹注　清同治十二年（1873）淮南書局刻本　四册　十行二十一字小字雙行同黑口左右雙邊單黑魚尾

370000－1544－0002619　812.2－8/26－3
金源紀事詩八卷　（清）湯運泰撰　（清）湯顯業　（清）湯顯幹注　清嘉慶十八年（1813）綠籖山房刻本　四册　十行二十一字小字雙行同黑口左右雙邊單黑魚尾

370000－1544－0002620　812.2－8/27
船山詩草二十卷　（清）張問陶撰　清嘉慶二十年（1815）刻本　八册　十行二十字小字雙行同白口左右雙邊單黑魚尾

370000－1544－0002621　812.2－8/28
梅村詩集箋注十八卷　（清）吳偉業撰　（清）吳翌鳳箋注　清嘉慶十九年（1814）嚴榮滄浪吟榭刻本　十二册　十行二十一字小字雙行

同白口左右雙邊單黑魚尾

370000－1544－0002622　812.2－8/29
兩當軒集二十二卷考異二卷附錄四卷　(清)黄景仁撰　清光緒二年(1876)武進黄氏家塾刻本　六册　十一行二十二字小字雙行同黑口四周單邊雙對黑魚尾

370000－1544－0002623　812.2－8/31
掃紅亭吟稿十四卷　(清)馮雲鵬撰　清道光九年(1829)掃紅亭刻本　十册　八行十九字小字雙行同白口四周雙邊單花魚尾

370000－1544－0002624　812.2－8/32
三耻齋初稿十一卷　(清)吳坤修撰　清同治四年(1865)鳩江戎幄刻本　三册　十二行二十四字小字雙行同黑口四周雙邊單黑魚尾

370000－1544－0002625　812.2－8/33
九葉芸香館吟草一卷　(清)孫式榮撰　清同治二年(1863)刻本　一册　八行二十字小字雙行同黑口四周雙邊單黑魚尾

370000－1544－0002626　812.2－8/34
二思齋詩鈔六卷　(清)何文明撰　清光緒七年(1881)閩南節署刻本　二册　九行二十一字小字雙行同黑口四周雙邊單黑魚尾

370000－1544－0002627　812.2－8/35
邵亭詩鈔六卷　(清)莫友芝撰　清咸豐二年(1852)刻同治五年(1866)修補本　二册　十行二十一字小字雙行同黑口左右雙邊雙對黑魚尾

370000－1544－0002628　812.2－8/36
甌北集五十卷續增詩集三卷　(清)趙翼撰　清刻本　十三册　十一行二十一字小字雙行字數不等白口四周單邊間左右雙邊單黑魚尾

370000－1544－0002629　812.2－8/36－2
甌北集五十卷續增詩集三卷　(清)趙翼撰　清嘉慶十七年(1812)趙氏湛貽堂刻本　十二册　十一行二十一字小字雙行字數不等白口四周單邊單黑魚尾

370000－1544－0002630　812.2－8/37
微尚齋詩集初集四卷續集一卷　(清)馮志沂撰　清同治三年(1864)刻本　一册　十行二十一字小字雙行同黑口左右雙邊單黑魚尾

370000－1544－0002631　812.2－8/37－2
微尚齋詩集初集四卷續集一卷　(清)馮志沂撰　清同治三年(1864)刻本　一册　十行二十一字小字雙行同黑口左右雙邊單黑魚尾

370000－1544－0002632　812.2－8/38
百尺梧桐閣集十六卷　(清)汪懋麟撰　清康熙十七年(1678)刻本　四册　十一行二十字小字雙行同黑口四周雙邊雙對黑魚尾

370000－1544－0002633　812.2－8/39
意茗山館詩稿十六卷　(清)陸嵩撰　清光緒十八年(1892)刻本　四册　十一行二十二字小字雙行同白口四周雙邊單黑魚尾

370000－1544－0002634　812.2－8/40
桐華舸詩鈔二卷　(清)鮑瑞駿撰　清同治五年(1866)刻本　一册　九行二十一字小字雙行同白口左右雙邊單黑魚尾

370000－1544－0002635　812.2－8/42
巢經巢詩鈔九卷後集四卷　(清)鄭珍撰　清光緒二十三年(1897)刻本　四册　十行二十一字小字雙行同白口四周雙邊雙對黑魚尾

370000－1544－0002636　812.2－8/44
西征集一卷　(清)孟傳鑄撰　清宣統二年(1910)綠野堂鉛印本　一册　十行二十二字小字雙行同白口四周雙邊單黑魚尾

370000－1544－0002637　812.2－8/46
湘中草六卷　(明)湯傳楹撰　清康熙刻本　二册　十行二十一字小字雙行同黑口四周單邊

370000－1544－0002638　812.2－8/47
話雨樓詩草三卷　(清)言忠貞撰　清光緒十年(1884)刻本　一册　十一行二十二字小字雙行同黑口左右雙邊雙對黑魚尾

370000－1544－0002639　812.2－8/48
孟晉齋詩存一卷　(清)言尚熾撰　清光緒刻

本　一册　十行十九字小字雙行同黑口左右雙邊雙對黑魚尾

370000－1544－0002640　812.2－8/50
啟禎宫詞(啟禎宫詞合刻)二卷　(清)瞿紹基編　清嘉慶十六年(1811)鐵琴銅劍樓刻本　四册　十行二十一字黑口左右雙邊單黑魚尾

370000－1544－0002641　812.2－8/51
戇叟詩鈔四卷補遺一卷　(清)紀映鍾撰　清光緒三十一年(1905)刻本　一册　十一行二十一字小字雙行同白口左右雙邊單黑魚尾

370000－1544－0002642　812.2－8/52
國朝金陵叢書十三種　(清)傅春官輯　清光緒二十七年(1901)江寧傅春官晦齋刻本　一册　十一行二十一字小字雙行同白口左右雙邊單黑魚尾　存四種(金闕攀松集、玉井搴蓮集、王制里畝算法解、王制井田算法解)

370000－1544－0002643　812.2－8/53
擬明史樂府　(清)尤侗撰　(清)尤珍注　清康熙刻本　一册　十行二十一字小字雙行同白口四周單邊單黑魚尾

370000－1544－0002644　812.2－8/54
郘亭遺詩八卷　(清)莫友芝撰　清光緒刻本　二册　十行二十一字小字雙行同黑口左右雙邊雙對黑魚尾

370000－1544－0002645　812.2－8/54－2
郘亭遺詩八卷　(清)莫友芝撰　清光緒刻本　一册　十行二十一字小字雙行同黑口左右雙邊雙對黑魚尾　存四卷(一至四)

370000－1544－0002646　812.2－8/55
梵隱堂詩存十卷　(清)釋祖觀撰　清同治五年(1866)通濟盦刻本　二册　九行二十一字小字雙行同白口四周雙邊單黑魚尾

370000－1544－0002647　812.2－8/56
漁洋山人續集十六卷　(清)王士禛撰　清康熙刻本　四册　十行十八字小字雙行二十七字黑口左右雙邊單黑魚尾

370000－1544－0002648　812.2－8/57
四憶堂詩集六卷　(清)侯方域撰　清初刻本　四册　九行十八字小字雙行同白口左右雙邊

370000－1544－0002649　812.2－8/58
商丘宋氏五種五卷　(清)宋犖等撰　清康熙刻本　二册　十行十九字小字雙行同白口四周單邊雙順黑魚尾

370000－1544－0002650　812.2－8/60
通隱堂詩存四卷　(清)張京度撰　清同治六年(1867)五百梅花草堂刻本　一册　九行二十一字小字雙行同白口四周雙邊單黑魚尾

370000－1544－0002651　812.2－8/61
綿津山人詩集二十九卷　(清)宋犖撰　(清)周龍藻等編次　清康熙刻本　四册　十行十九字小字雙行同白口四周單邊雙順黑魚尾

370000－1544－0002652　812.2－8/64
揖山樓遺詩一卷　(清)宗晉撰　清同治十二年(1873)皖城刻本　一册　九行二十二字小字雙行同白口四周雙邊單黑魚尾

370000－1544－0002653　812.2－8/66
樂圃集七卷補遺一卷　(清)顔光敏撰　清康熙刻十子詩略本　一册　十行十九字黑口四周單邊雙順黑魚尾

370000－1544－0002654　812.2－8/66－2
樂圃集七卷補遺一卷　(清)顔光敏撰　清康熙刻十子詩略本　一册　十行十九字黑口四周單邊雙順黑魚尾

370000－1544－0002655　812.2－8/67
考功集選四卷　(清)王士祿撰　(清)王士禛批點　清刻本　二册　十行二十字小字雙行同黑口左右雙邊單黑魚尾

370000－1544－0002656　812.2－8/68
清風堂詩二卷　(清)傅亶初撰　(清)彭啟豐選　清光緒二十七年(1901)刻本　一册　十行二十一字小字雙行同白口四周單邊單黑魚尾

370000－1544－0002657　812.2－8/69

于南詩錄二卷　(清)孔繼鑅撰　清咸豐六年(1856)刻本　二冊　九行二十一字小字雙行同白口四周雙邊單黑魚尾

370000－1544－0002658　812.2－8/72
漱石山房詩集(擊筑集)一卷　(清)孔廣珪著　清光緒十四年(1888)刻本　一冊　七行十九字白口四周雙邊單黑魚尾

370000－1544－0002659　812.2－8/74
就正詩草二卷　(清)鄭憲銓撰　清道光十九年(1839)刻本　一冊　九行二十一字小字雙行同白口左右雙邊單黑魚尾

370000－1544－0002660　812.2－8/78
鐵山園詩集八卷　(清)孔慶鎔撰　清道光十九年(1839)刻本　二冊　十二行二十三字小字雙行同白口左右雙邊單黑魚尾

370000－1544－0002661　812.2－8/78－2
鐵山園詩集八卷　(清)孔慶鎔撰　清道光十九年(1839)刻本　二冊　十二行二十三字小字雙行同白口左右雙邊單黑魚尾

370000－1544－0002662　812.2－8/79
潭柘集一卷　(清)李恒良著　清刻本　一冊　九行二十一字白口四周雙邊單黑魚尾

370000－1544－0002663　812.2－8/81
空山堂詩集六卷　(清)牛運震撰　清嘉慶刻本　一冊　九行二十二字白口四周雙邊單黑魚尾

370000－1544－0002664　812.2－8/82
水明樓詩六卷　(清)顏光猷撰　清刻本　二冊　十行十九字白口四周單邊單黑魚尾

370000－1544－0002665　812.2－8/82－2
水明樓詩不分卷　(清)顏光猷撰　清康熙三十七年(1698)稿本　三冊　八行十八字白口

370000－1544－0002666　812.2－8/82－3
水明樓詩六卷　(清)顏光猷撰　清刻本　一冊　十行十九字白口四周單邊單黑魚尾

370000－1544－0002667　812.2－8/83
顧亭林先生詩箋注十七卷校補一卷　(清)顧炎武撰　(清)徐嘉注　清光緒二十三年至二十七年(1897－1901)山陽徐氏味靜齋刻本　二冊　十一行二十五字小字雙行三十三字白口左右雙邊單黑魚尾

370000－1544－0002668　812.2－8/84
申椒集二卷　(清)孔傳鐸撰　清康熙刻本　一冊　九行十九字白口左右雙邊單黑魚尾　存一卷(上)

370000－1544－0002669　812.2－8/86
純齋遺草一卷　(清)孔繼濩撰　(清)葉吳賓訂　清康熙刻本　一冊　九行十九字小字雙行同白口左右雙邊單黑魚尾

370000－1544－0002670　812.2－8/87
韻香閣詩草一卷　(清)孔祥淑撰　清光緒十二年(1886)刻本　一冊　八行二十一字白口四周雙邊單黑魚尾

370000－1544－0002671　812.2－8/87－2
韻香閣詩草一卷　(清)孔祥淑撰　清光緒十三年(1887)石印本　一冊　八行二十一字白口四周花邊

370000－1544－0002672　812.2－8/88
十子詩略　(清)王士禛選　清康熙刻本　一冊　卷三十行十九字白口四周單邊單黑魚尾　存一卷(三)

370000－1544－0002673　812.2－8/90
松壺集二十卷　(清)程雲撰　清康熙刻本　四冊　十行十九字黑口左右雙邊雙順黑魚尾

370000－1544－0002674　812.2－8/91
雲根清壑山房詩一卷　(清)朱緗撰　(清)王士禛評　清雍正刻本　一冊　十行十八字小字雙行同黑口左右雙邊單黑魚尾

370000－1544－0002675　812.2－8/92
香蘇山館詩集三十六卷　(清)吳嵩梁撰　清光緒刻本　十冊　十行二十一字白口四周雙邊單黑魚尾

370000－1544－0002676　812.2－8/94
傒月軒詩集十六卷　(清)奕詢撰　清同治十

一年(1872)刻本　四冊　九行二十字小字雙行同黑口四周雙邊單黑魚尾

370000－1544－0002677　812.2－8/95
養素堂文集三十五卷首一卷　(清)張澍撰　清道光張氏棗華書屋刻本　十六冊　十行二十二字小字雙行同白口四周雙邊單黑魚尾

370000－1544－0002678　812.2－8/96
懷清堂集二十卷首一卷　(清)湯右曾撰　清乾隆十一年(1746)湯學基等刻本　四冊　十行二十一字小字雙行同白口左右雙邊單黑魚尾

370000－1544－0002679　812.2－8/97
飴山詩集二十卷　(清)趙執信撰　清乾隆十七年(1752)刻本　四冊　十行二十一字小字雙行同白口四周單邊單黑魚尾

370000－1544－0002680　812.2－8/98
定山堂詩集四十三卷詩餘四卷　(清)龔鼎孶撰　(清)龔士稹等校　清光緒九年(1883)聽彝書屋刻本　十六冊　九行十九字小字雙行同白口四周單邊單黑魚尾

370000－1544－0002681　812.2－8/99
知止齋詩集十六卷　(清)翁心存輯　清光緒三年(1877)刻本　四冊　十行二十一字小字雙行同黑口左右雙邊單黑魚尾

370000－1544－0002682　812.2－8/100
道古堂詩集二十六卷　(清)杭世駿撰　清乾隆刻本　五冊　十行二十一字小字雙行同白口左右雙邊單黑魚尾

370000－1544－0002683　812.2－8/101
練江詩鈔八卷　(清)程之鵕撰　清乾隆二十年(1755)刻本　六冊　十行十九字小字雙行同白口左右雙邊單黑魚尾

370000－1544－0002684　812.2－8/102
劉文清公應制詩集三卷　(清)劉墉撰　清道光六年(1826)劉氏味經書屋刻本　一冊　十一行二十字小字雙行同白口左右雙邊單黑魚尾

370000－1544－0002685　812.2－8/104
香樹齋詩集十八卷續集三十六卷　(清)錢陳群撰　清乾隆刻嘉慶補刻本　十五冊　十行十九字小字雙行同白口左右雙邊單黑魚尾

370000－1544－0002686　812.2－8/105
黃葉邨莊詩集八卷續集一卷後集一卷　(清)吳之振撰　清康熙刻本　四冊　十行十九字小字雙行同黑口左右雙邊單黑魚尾

370000－1544－0002687　812.2－8/107
蓮洋集十二卷補遺一卷附錄一卷　(清)吳雯撰　(清)王士禛評定　清乾隆刻本　六冊　九行十九字小字雙行同白口左右雙邊單黑魚尾

370000－1544－0002688　812.2－8/107－2
蓮洋集十二卷補遺一卷附錄一卷　(清)吳雯撰　(清)王士禛評定　清乾隆刻本　六冊　九行十九字小字雙行同白口左右雙邊單黑魚尾

370000－1544－0002689　812.2－8/108
佳山堂詩集十卷二集九卷　(清)馮溥撰　清康熙古吳朱士儒刻本　六冊　九行十九字小字雙行同黑口左右雙邊雙順黑魚尾

370000－1544－0002690　812.2－8/111
蒼峴山人集五卷微雲集一卷　(清)秦松齡撰　清挺秀堂刻本　二冊　九行十九字小字雙行同黑口左右雙邊單黑魚尾

370000－1544－0002691　812.2－8/115
果園詩鈔十卷　(清)郭恩孚撰　清光緒三十三年(1907)京都松華齋刻本　二冊　十二行二十三字小字雙行同白口左右雙邊單黑魚尾

370000－1544－0002692　812.2－8/117
定山堂詩集四十三卷詩餘四卷　(清)龔鼎孶撰　(清)龔士稹等校　清光緒九年(1883)聽彝書屋刻本　十六冊　九行十九字小字雙行同白口四周單邊單黑魚尾

370000－1544－0002693　812.2－8/118
賞雨茅屋詩集十卷　(清)曾燠撰　清嘉慶十五年(1810)刻本　十冊　九行十九字小字雙

行同白口四周雙邊單黑魚尾

370000－1544－0002694　812.2－8/119
桐華吟館詩稿十二卷詞稿二卷文鈔一卷　(清)楊揆撰　清嘉慶十二年(1807)刻本　四冊　十行二十一字小字雙行同白口左右雙邊單黑魚尾

370000－1544－0002695　812.2－8/120
附鮚軒詩八卷　(清)洪亮吉撰　(清)洪用懃校刊　清光緒三年(1877)刻本　二冊　十一行二十一字小字雙行同黑口左右雙邊

370000－1544－0002696　812.2－8/124
尚絅堂詩集五十二卷箏船詞二卷駢體文二卷　(清)劉嗣綰撰　清同治八年(1869)刻本　十冊　十一行二十二字小字雙行同黑口左右雙邊單黑魚尾

370000－1544－0002697　812.2－8/124－2
尚絅堂詩集五十二卷箏船詞二卷駢體文二卷　(清)劉嗣綰撰　清同治八年(1869)刻本　十冊　十一行二十二字小字雙行同黑口左右雙邊單黑魚尾

370000－1544－0002698　812.2－8/125
白鵠山房詩選四卷掛笠吟一卷　(清)徐熊飛撰　(清)徐金鏡校　清嘉慶刻本　四冊　十行二十字小字雙行同白口左右雙邊

370000－1544－0002699　812.2－8/126
隨園詩草八卷　(清)邊連寶撰　清乾隆四十年(1775)刻本　四冊　九行十九字小字雙行同白口左右雙邊單黑魚尾

370000－1544－0002700　812.2－8/127
一詠軒詩草二卷　(清)吳進撰　清乾隆五十年(1785)刻本　四冊　九行十九字小字雙行同黑口左右雙邊單黑魚尾

370000－1544－0002701　812.2－8/128
李氏倡隨集四卷　(清)李嶽生　(清)趙純碧著　清光緒三十一年(1905)邵陽魏氏上海文寶書局石印本　四冊　九行二十一字小字雙行同小黑口四周單邊

370000－1544－0002702　812.2－8/129
餐霞集四卷聊復集三卷畹香村會稿八卷　(清)郭綏之撰　(清)柯蘅選　清同治刻本　四冊　九行二十一字小字雙行同黑口四周雙邊單黑魚尾

370000－1544－0002703　812.2－8/130
飴山詩集二十卷　(清)趙執信撰　清乾隆十七年(1752)刻本　四冊　十行二十一字小字雙行同白口四周單邊單黑魚尾

370000－1544－0002704　812.2－8/131
巢經巢詩鈔九卷後集四卷　(清)鄭珍撰　清咸豐刻本　四冊　十行二十一字小字雙行同白口左右雙邊單黑魚尾

370000－1544－0002705　812.2－8/134
栖雲閣詩十六卷拾遺三卷　(清)高珩撰　(清)趙執信選定　清乾隆刻本(抄補卷一至三)　五冊　九行十九字小字雙行同白口四周單邊單黑魚尾

370000－1544－0002706　812.2－8/134－2
留畊堂遺詩四卷　(清)高瑋撰　清乾隆刻本　一冊　九行十九字小字雙行同白口四周單邊單黑魚尾

370000－1544－0002707　812.2－8/135
東岡詩賸十四卷首一卷末一卷　(清)周有聲撰　清嘉慶二十年(1815)刻本　四冊　十行十九字小字雙行同白口四周雙邊單黑魚尾

370000－1544－0002708　812.2－8/136
楊孟載手録眉庵集不分卷　(元)楊基撰　清光緒三十四年(1908)有正書局石印本　二冊　行款不一

370000－1544－0002709　812.2－8/140
草木疏校正二卷　(清)趙佑撰　清乾隆四十四年(1779)刻本　一冊　九行二十字小字雙行同白口四周雙邊單黑魚尾

370000－1544－0002710　812.2－8/142
夢月巖詩集二十卷詩餘一卷　(清)吕履恒撰　清雍正寫刻本　六冊　十行十九字小字雙行同白口左右雙邊單黑魚尾

370000－1544－0002711　812.2－8/143
叢碧山房詩集戸部稿十卷　(清)龎塏著　清康熙刻本　二册　十行十九字小字雙行同黑口四周單邊單黑魚尾

370000－1544－0002712　812.2－8/144
杜詩會稡二十四卷　(唐)杜甫撰　(清)張遠箋　清康熙文蔚堂刻本　十二册　九行二十字小字雙行同白口四周單邊

370000－1544－0002713　812.2－8/146
漁洋詩話三卷　(清)王士禛撰　清乾隆二十三年(1758)刻本　一册　九行十九字小字雙行同黑口四周單邊單黑魚尾

370000－1544－0002714　812.2－8/147
郭外樓詩刻一卷　(清)王宜人撰　清同治元年(1862)刻本　一册　七行十九字小字雙行同白口四周雙邊單黑魚尾

370000－1544－0002715　812.2－8/148
香葉草堂詩存一卷　(清)羅聘撰　清道光十四年(1834)刻本　一册　九行十六字小字雙行同白口四周單邊單黑魚尾

370000－1544－0002716　812.2－8/149
三硯齋詩賸一卷　(清)趙彦修撰　清光緒八年(1882)刻本　一册　十二行二十三字小字雙行同黑口左右雙邊單黑魚尾

370000－1544－0002717　812.2－8/150
未谷詩集四卷　(清)桂馥撰　(清)孫顯訦錄　清乾隆六十年(1795)刻本　二册　十行二十一字小字雙行同黑口左右雙邊單黑魚尾

370000－1544－0002718　812.2－8/151
劫火紀焚一卷　(清)何桂笙撰　清光緒十一年(1885)上海萃珍齋木活字印本　一册　十行二十二字小字雙行同白口左右雙邊單黑魚尾

370000－1544－0002719　812.2－8/155
大篋吟草六卷　(清)陳昌沂撰　清光緒六年(1880)刻本　二册　十一行二十一字小字雙行同黑口四周雙邊單黑魚尾

370000－1544－0002720　812.2－8/157
蘇門山人詩鈔三卷　(清)張符升撰　清乾隆五十六年(1791)刻本　一册　九行十九字小字雙行同黑口左右雙邊單黑魚尾

370000－1544－0002721　812.2－8/159
述本堂詩集十八卷　(清)方登嶧等撰　清乾隆刻本　一册　十行十九字小字雙行同白口左右雙邊單黑魚尾　存四卷(葆素齋集三卷、如是齋集一卷)

370000－1544－0002722　812.2－8/160
孟塗先生遺詩二卷　(清)劉開撰　清光緒十五年(1889)刻本　一册　十二行二十四字小字雙行同黑口左右雙邊雙對黑魚尾

370000－1544－0002723　812.2－8/161
篁韻盦詩鈔六卷　(清)顧森書撰　清光緒三十二年(1906)刻本　一册　十一行二十一字小字雙行同小黑口左右雙邊單黑魚尾　存三卷(一至三)

370000－1544－0002724　812.2－8/162
春華集一卷　(清)孔慶鎔撰　清道光元年(1821)刻本　一册　九行十九字小字雙行同白口四周雙邊單黑魚尾

370000－1544－0002725　812.2－8/165
錦繡府試帖三百四十一篇　(清)王錫祿編　清道光七年(1827)抄本　一册　十一行二十字

370000－1544－0002726　812.2－8/166
西澗草堂詩集四卷　(清)閻循觀撰　清乾隆三十八年(1773)刻本　一册　十行二十二字小字雙行同白口左右雙邊單黑魚尾

370000－1544－0002727　812.2－8/168
半塘定稿二卷　(清)王鵬運撰　清光緒三十一年(1905)刻本　一册　十行十七字小字雙行同綫黑口左右雙邊單黑魚尾

370000－1544－0002728　812.2－8/169
白華山人詩集十六卷詩說二卷　(清)厲志著　(清)厲學潮校　清光緒九年(1883)刻本　四册　十行二十一字小字雙行同白口左右雙

邊單黑魚尾

370000－1544－0002729　812.2－8/170
聲玉山齋詩集十卷　（清）鄒熊撰　（清）鄒彥賓校　清嘉慶十五年（1810）刻本　四册　九行十九字小字雙行同白口左右雙邊單黑魚尾

370000－1544－0002730　812.2－8/171
太鶴山人集十三卷　（清）端木國瑚撰　清道光二十年（1840）刻本　六册　九行二十二字小字雙行同白口左右雙邊單黑魚尾

370000－1544－0002731　812.2－8/172
船山詩草二十卷補遺六卷　（清）張問陶撰　清同治十三年（1874）刻本　十册　十行二十字小字雙行同白口左右雙邊單黑魚尾

370000－1544－0002732　812.2－8/173
小萬卷齋詩稿三十二卷續稿十三卷　（清）朱琦撰　清光緒十一年（1885）刻本　十一册　十行二十一字小字雙行同白口四周雙邊單黑魚尾

370000－1544－0002733　812.2－8/176
容齋千首詩不分卷　（清）李天馥撰　（清）李孚青等校　清光緒十二年（1886）刻本　六册　九行十九字小字雙行同白口四周雙邊單黑魚尾

370000－1544－0002734　812.3/10
新刻蘇長公全集十卷　（宋）蘇軾撰　（明）錢士鰲編　明刻本　九册　九行二十二字白口四周單邊　各卷有殘缺

370000－1544－0002735　812.3/13
花萼交輝閣集八卷　曹福元撰　清光緒三十四年至民國七年（1908－1918）刻本　四册　九行二十字小字雙行同白口四周雙邊單黑魚尾

370000－1544－0002736　812.3/20
師鄭堂駢體文存二卷　（清）孫同康撰　清光緒二十一年（1895）刻本　一册　十二行二十五字小字雙行同黑口左右雙邊單黑魚尾

370000－1544－0002737　812.3－4/4
樊南文集詳註八卷　（唐）李商隱撰　（清）馮浩編　清乾隆四十五年（1780）德聚堂刻本　四册　十一行二十五字小字雙行三十三字白口左右雙邊單黑魚尾

370000－1544－0002738　812.3－4/4－2
樊南文集補編十二卷首一卷附錄一卷　（唐）李商隱撰　（清）馮浩編訂　（清）錢振倫箋　（清）錢振常注　**玉溪生年譜訂誤一卷**　（清）錢振倫撰　清同治五年（1866）望三益齋刻本　四册　十一行二十五字小字雙行三十三字白口左右雙邊單黑魚尾

370000－1544－0002739　812.3－4/5
李元賓文集六卷　（唐）李觀撰　（唐）陸希聲編　清嘉慶二十三年（1818）石研齋秦氏刻本　一册　十一行二十字白口左右雙邊單黑魚尾

370000－1544－0002740　812.3－4/6
韓筆酌蠡三十卷　（唐）韓愈撰　（清）盧軒編　清雍正刻本　六册　九行二十四字白口四周單邊單黑魚尾

370000－1544－0002741　812.3－5/1
宋范文正忠宣二公全集　（宋）范仲淹　（宋）范純仁撰　清宣統二年（1910）蘇州范氏歲寒堂刻本　十六册　十一行二十一字小字雙行同白口左右雙邊單黑魚尾

370000－1544－0002742　812.3－5/2
渭南文集五十卷　（宋）陸游撰　清楚潁李氏森寶齋刻陸放翁全集本　十一册　八行十八字小字雙行同白口左右雙邊

370000－1544－0002743　812.3－5/2－2
渭南文集五十卷　（宋）陸游撰　明末虞山毛氏汲古閣刻本　二十六册　八行十八字小字雙行同白口左右雙邊

370000－1544－0002744　812.3－5/3
范文正公忠宣公全集七十三卷　（宋）范仲淹　（宋）范純仁撰　清康熙四十六年（1707）范時崇歲寒堂刻本　十六册　十一行二十一字小字雙行同白口左右雙邊單黑魚尾

370000－1544－0002745　812.3－5/4
宋廬陵誠齋楊先生錦繡策不分卷　(宋)楊萬里撰　(清)王金增校　清雍正七年(1729)東山惠迪堂刻本　二册　十一行二十四字小字雙行同白口左右雙邊單黑魚尾

370000－1544－0002746　812.3－5/5
宋大家蘇文定公文抄二十卷　(宋)蘇轍撰　(明)茅坤批評　明刻本　四册　九行十九字白口左右雙邊綫魚尾

370000－1544－0002747　812.3－5/12
韓文考異四十卷外集十卷傳一卷遺文一卷　(唐)韓愈撰　(宋)朱熹校　(明)朱吾弼重編　明萬曆三十三年(1605)朱崇沐刻本　十册　九行十八字小字雙行同白口四周雙邊單白魚尾

370000－1544－0002748　812.3－5/13
鶴山文鈔三十二卷周禮折衷四卷師友雅言一卷　(宋)魏了翁撰　清同治十三年(1874)望三益齋刻本　十二册　十三行二十四字小字單行同白口左右雙邊單黑魚尾

370000－1544－0002749　812.3－5/14
水心先生文集二十九卷補遺一卷　(宋)葉適撰　清光緒八年(1882)瑞安孫氏刻本　八册　十三行二十二字黑口左右雙邊單黑魚尾

370000－1544－0002750　812.3－5/15
盤洲文集八十卷首一卷末一卷校記一卷　(宋)洪适撰　清道光二十八年(1848)刻本　十二册　十行二十字白口左右雙邊單黑魚尾

370000－1544－0002751　812.3－5/17
滹南遺老集四十五卷詩集一卷續編詩集一卷　(金)王若虛撰　(清)王灝輯　清光緒定州王氏刻畿輔叢書初編本　六册　十行二十二字黑口四周單邊

370000－1544－0002752　812.3－5/18
宋范文正忠宣二公全集七十四卷　(宋)范仲淹　(宋)范純仁撰　清宣統二年(1910)蘇州范氏歲寒堂刻本　十六册　十一行二十一字小字雙行同白口左右雙邊單黑魚尾

370000－1544－0002753　812.3－5/19
廬陵宋丞相信國公文忠烈先生全集十六卷　(宋)文天祥撰　(清)文攀丹等編輯　清道光十年(1830)刻本　十二册　十行二十字白口四周雙邊單黑魚尾

370000－1544－0002754　812.3－5/22
斜川集六卷　(宋)蘇過撰　清道光六年(1826)刻本　三册　九行二十五字小字雙行同黑口左右雙邊雙對黑魚尾

370000－1544－0002755　812.3－5/24
岳忠武王文集八卷首一卷末一卷　(宋)岳飛撰　清刻本　一册　九行二十字白口左右雙邊單黑魚尾　存四卷(一至四)

370000－1544－0002756　812.3－5/26
新雕徂徠石先生文集二十卷補遺一卷末一卷　(宋)石介撰　清光緒九年(1883)刻本　四册　十行二十一字小字雙行同白口四周雙邊

370000－1544－0002757　812.3－5/27
武溪集二十卷首一卷　(宋)余靖撰　清康熙三十六年(1697)芸香堂刻本　五册　九行二十字小字雙行同白口左右雙邊單黑魚尾

370000－1544－0002758　812.3－6/1
余忠宣公文集六卷　(元)余闕撰　(明)郭奎輯　清同治六年(1867)刻本　二册　十二行二十四字白口四周雙邊單黑魚尾

370000－1544－0002759　812.3－7/2
金忠節公文集八卷　(明)金聲撰　清道光七年(1827)刻本　四册　九行二十二字白口左右雙邊單黑魚尾

370000－1544－0002760　812.3－7/3
史忠正公集四卷首一卷末一卷　(明)史可法撰　(清)史山清輯　(清)史開純　(清)史友慶校　清道光二十九年(1849)尊經閣刻本　二册　九行二十四字小字雙行同白口四周雙邊單黑魚尾

370000－1544－0002761　812.3－7/4
顧端文公遺書十六種　(明)顧憲成撰　清光緒三年(1877)涇里宗祠刻本　十八册　十行

二十字黑口左右雙邊單黑魚尾

370000－1544－0002762　812.3－7/6

太師誠意伯劉文成公集二十卷　(明)劉基撰　清康熙四十六年(1707)劉孤峙刻雍正八年(1730)補刻乾隆十一年(1746)劉氏印本　十二册　十行二十三字白口左右雙邊單黑魚尾

370000－1544－0002763　812.3－7/7

陶菴集二十二卷首一卷末一卷　(明)黃淳耀撰　清光緒刻本　四册　九行二十一字黑口左右雙邊單黑魚尾　存十一卷(一至十一)

370000－1544－0002764　812.3－7/8

文清公薛先生文集二十四卷　(明)薛瑄撰　清雍正十二年(1734)刻本　十二册　十行二十字白口四周雙邊單黑魚尾

370000－1544－0002765　812.3－7/9

遜志齋集二十四卷外紀一卷附錄一卷拾補一卷　(明)方孝孺撰　(明)張紹謙纂　清道光二十六年(1846)刻本　十六册　十行二十二字白口左右雙邊單黑魚尾

370000－1544－0002766　812.3－7/11

蘿石山房集四卷左侍郎奏疏一卷　(明)左懋第撰　(清)李清編　清同治十三年(1874)刻本　六册　九行二十字黑口左右雙邊單黑魚尾

370000－1544－0002767　812.3－7/12

變雅堂遺集二十卷　(清)杜濬撰　清光緒二十年(1894)刻本　二册　十行二十一字黑口左右雙邊單黑魚尾

370000－1544－0002768　812.3－8/3

陳檢討四六二十卷　(清)陳維崧撰　(清)程師恭注　清乾隆三十五年(1770)漁古山房刻本　六册　九行二十一字小字雙行同白口左右雙邊單黑魚尾

370000－1544－0002769　812.3－8/3－2

陳檢討集二十卷　(清)陳維崧撰　(清)程師恭注　清康熙刻本　四册　十行二十二字小字雙行同黑口左右雙邊單黑魚尾

370000－1544－0002770　812.3－8/3－3

陳檢討集二十卷　(清)陳維崧撰　(清)程師恭注　清康熙刻本　六册　十行二十二字小字雙行同黑口左右雙邊單黑魚尾

370000－1544－0002771　812.3－8/4

經德堂集六種　(清)龍啟瑞撰　清光緒刻本　五册　十一行二十八字黑口左右雙邊單黑魚尾

370000－1544－0002772　812.3－8/6

紀文達公文集十六卷首一卷　(清)紀昀撰　(清)紀樹馨編　清宣統二年(1910)上海保粹樓石印本　八册　十五行三十二字小字雙行同黑口四周雙邊單黑魚尾

370000－1544－0002773　812.3－8/6－1

紀文達公遺集三十二卷　(清)紀昀撰　(清)紀樹馨編　清嘉慶十七年(1812)刻本　十二册　十行二十一字小字雙行同白口四周雙邊單黑魚尾

370000－1544－0002774　812.3－8/6－2

紀文達公遺集三十二卷　(清)紀昀撰　(清)紀樹馨編　清刻本　五册　十行二十一字小字雙行同白口四周雙邊單黑魚尾　存八卷(文集一至八)

370000－1544－0002775　812.3－8/9

顯志堂稿十二卷　(清)馮桂芬撰　清光緒二年(1876)吳縣馮氏校邠廬刻本　八册　十一行二十三字黑口左右雙邊單黑魚尾

370000－1544－0002776　812.3－8/10

壯悔堂文集十卷遺稿一卷四憶堂詩集六卷遺稿一卷　(清)侯方域撰　清宣統二年(1910)上海掃葉山房石印本　六册　十二行三十一字白口四周雙邊單黑魚尾

370000－1544－0002777　812.3－8/10－2

壯悔堂文集十卷遺稿一卷四憶堂詩集六卷　(清)侯方域撰　清順治刻本　六册　九行十八字小字雙行同白口左右雙邊

370000－1544－0002778　812.3－8/12

胡文忠公遺集八十六卷首一卷　(清)胡林翼

撰 （清）曾國荃纂輯 清光緒二十七年（1901）上海圖書集成印書局石印本 八冊 十四行四十二字小字單行同四周單邊雙對黑魚尾

370000－1544－0002779 812.3－8/12－2
胡文忠公遺集十卷首一卷 （清）胡林翼撰 （清）閻敬銘等編輯 清刻本 四冊 九行二十字黑口四周雙邊單黑魚尾

370000－1544－0002780 812.3－8/12－3
胡文忠公遺集八十六卷首一卷 （清）胡林翼撰 （清）鄭敦謹 （清）曾國荃編輯 清同治六年（1867）黃鶴樓刻本 三十六冊 十行二十字黑口左右雙邊單黑魚尾

370000－1544－0002781 812.3－8/12－4
胡文忠公遺集十卷首一卷 （清）胡林翼撰 （清）閻敬銘等編輯 清同治七年（1868）醉六堂刻本 八冊 九行二十字黑口四周雙邊單黑魚尾

370000－1544－0002782 812.3－8/13
龍壁山房文集五卷 （清）王拯撰 清光緒九年（1883）善化向氏刻本 四冊 十二行二十二字黑口四周雙邊單黑魚尾

370000－1544－0002783 812.3－8/14
思補齋文集四卷 （清）劉星煒撰 清光緒二十年（1894）刻本 四冊 十行十九字小字雙行同白口左右雙邊單黑魚尾

370000－1544－0002784 812.3－8/15
養一齋文集二十卷詩集四卷 （清）李兆洛撰 清光緒四年（1878）刻本 十二冊 十二行二十二字小字雙行同黑口左右雙邊單黑魚尾

370000－1544－0002785 812.3－8/15－2
養一齋文集二十卷 （清）李兆洛撰 清光緒四年（1878）刻本 八冊 十二行二十二字小字雙行同黑口左右雙邊單黑魚尾

370000－1544－0002786 812.3－8/16
二思齋文存六卷 （清）何文明撰 清光緒七年（1881）閩南節署刻本 二冊 九行二十一字白口左右雙邊單黑魚尾

370000－1544－0002787 812.3－8/17
古歡堂集二十二卷詩集十五卷長河志籍考十卷蒙齋年譜一卷黔書二卷 （清）田雯撰 清康熙刻本 九冊 十一行二十一字黑口左右雙邊單黑魚尾

370000－1544－0002788 812.3－8/17－2
古歡堂集二十二卷年譜一卷 （清）田雯撰 清康熙刻本 六冊 十一行二十一字黑口左右雙邊單黑魚尾

370000－1544－0002789 812.3－8/18
茗柯文編四編五卷 （清）張惠言撰 清光緒七年（1881）刻本 二冊 十行二十一字白口四周雙邊單黑魚尾

370000－1544－0002790 812.3－8/18－2
茗柯文編四編五卷 （清）張惠言撰 清光緒七年（1881）刻本 二冊 十行二十一字白口四周雙邊單黑魚尾

370000－1544－0002791 812.3－8/20
二林居集二十四卷 （清）彭紹升撰 清光緒七年（1881）刻本 六冊 十一行二十三字黑口左右雙邊單黑魚尾

370000－1544－0002792 812.3－8/22
適可齋記言四卷記行六卷 （清）馬建忠撰 清光緒二十二年（1896）刻本 四冊 十一行二十二字小字雙行同黑口四周雙邊單黑魚尾

370000－1544－0002793 812.3－8/23
角山樓賦鈔二卷 （清）趙克宜撰 清道光二十三年（1843）刻本 四冊 九行二十四字小字雙行同白口四周雙邊單黑魚尾

370000－1544－0002794 812.3－8/24
綠猗軒文鈔二卷駢體文鈔一卷 （清）舒燾撰 清刻本 二冊 十一行二十二字白口四周雙邊單黑魚尾

370000－1544－0002795 812.3－8/25
蒿菴集三卷拾遺一卷附錄一卷 （清）張爾岐撰 清光緒十五年（1889）山東書局刻本 二冊 十行二十一字白口四周雙邊雙對黑魚尾

370000－1544－0002796　812.3－8/28
小東山草堂駢體文鈔五卷　(清)張泰青撰　清道光刻本　五册　九行二十字白口四周雙邊單黑魚尾

370000－1544－0002797　812.3－8/30
湘綺樓文集八卷　王闓運撰　清光緒三十四年(1908)湘靈文社鉛印本　四册　十二行三十二字白口四周雙邊單黑魚尾

370000－1544－0002798　812.3－8/31
小不其山房集駢文二卷文二卷　(清)徐有珂撰　清光緒蘇城毛上珍局刻本　二册　十一行二十三字黑口左右雙邊單黑魚尾

370000－1544－0002799　812.3－8/32
存誠齋文集十四卷　(清)何曰愈撰　(清)何璟等校　清同治五年(1866)皖江藩署刻本　四册　十行二十二字白口四周雙邊單黑魚尾

370000－1544－0002800　812.3－8/34
復初齋文集三十五卷　(清)翁方綱撰　清道光十六年(1836)刻光緒三年(1877)補刻本　八册　十一行二十一字白口左右雙邊單黑魚尾

370000－1544－0002801　812.3－8/35
石笥山房文集六卷補遺一卷詩集十一卷詩餘一卷補遺二卷續補遺二卷　(清)胡天游撰　清咸豐二年(1852)刻本　十册　十行二十字白口四周雙邊單黑魚尾

370000－1544－0002802　812.3－8/35－2
石笥山房文集六卷補遺一卷詩集十一卷詩餘一卷補遺二卷續補遺二卷　(清)胡天游撰　清咸豐二年(1852)刻本　十册　十行二十字白口四周雙邊單黑魚尾

370000－1544－0002803　812.3－8/36
蒿菴集三卷附錄一卷　(清)張爾岐撰　清乾隆三十八年(1773)刻本　二册　十行二十一字白口左右雙邊單黑魚尾

370000－1544－0002804　812.3－8/37
曾忠襄公文集二卷批牘五卷　(清)曾國荃撰　**曾忠襄公榮哀錄二卷年譜四卷**　(清)王定安編　(清)蕭榮爵增訂　清光緒二十九年(1903)刻本　十册　十行二十四字黑口左右雙邊單黑魚尾

370000－1544－0002805　812.3－8/38
因寄軒文初集十卷二集六卷補遺一卷　(清)管同撰　**小異遺文一卷**　(清)管嗣復撰　清光緒五年(1879)刻本　四册　十二行二十四字黑口左右雙邊雙對黑魚尾

370000－1544－0002806　812.3－8/39
鈍翁文錄十六卷　(清)汪琬撰　(清)金吳瀾選　清光緒十三年(1887)鋤月種梅室刻本　六册　九行二十一字黑口左右雙邊雙對黑魚尾

370000－1544－0002807　812.3－8/39－2
鈍翁文錄十六卷　(清)汪琬撰　(清)金吳瀾選　清光緒十三年(1887)鋤月種梅室刻本　六册　九行二十一字黑口左右雙邊雙對黑魚尾

370000－1544－0002808　812.3－8/40
田硯齋文集二卷　(清)褚榮槐撰　(清)褚元升編輯　清光緒刻本　一册　九行二十一字黑口四周雙邊單黑魚尾

370000－1544－0002809　812.3－8/41
庸盦全集二十一卷　(清)薛福成撰　清光緒二十三年(1897)石印本　十二册　十四行二十五字黑口四周單邊單黑魚尾

370000－1544－0002810　812.3－8/41－2
庸盦全集十種四十七卷　(清)薛福成撰　清光緒刻本　二十七册　十行二十一字白口左右雙邊單黑魚尾　存二十六卷(外編四卷、出使公牘十卷、續編二卷、出使日記續刻六卷、出使奏疏上、文編二至四)

370000－1544－0002811　812.3－8/42
潄青閣賦鈔一卷　(清)錢祿泰撰　清光緒九年(1883)刻本　一册　九行二十三字小字雙行同白口四周雙邊單黑魚尾

370000－1544－0002812　812.3－8/43
味閒堂賦鈔前集一卷續集一卷　(清)陶然著

清刻本　一冊　八行二十四字白口四周雙邊單黑魚尾

370000－1544－0002813　812.3－8/44
甘泉鄉人稿二十四卷　(清)錢泰吉撰　**年譜一卷**　(清)錢應溥撰　**邠農偶吟稿一卷**　(清)錢炳森撰　清同治刻本　六冊　十行二十一字小字雙行同黑口左右雙邊單黑魚尾

370000－1544－0002814　812.3－8/45
華陽散稿二卷　(清)史震林撰　清光緒九年(1883)鉛印本　二冊　十二行二十三字白口四周雙邊雙對黑魚尾

370000－1544－0002815　812.3－8/45－2
華陽散稿二卷　(清)史震林撰　清光緒九年(1883)鉛印本　二冊　十二行二十三字白口四周雙邊雙對黑魚尾

370000－1544－0002816　812.3－8/46
忠雅堂文集十二卷年譜一卷　(清)蔣士銓撰　清嘉慶二十一年(1816)刻本　七冊　十一行二十一字白口左右雙邊單黑魚尾

370000－1544－0002817　812.3－8/46－2
忠雅堂文集十二卷　(清)蔣士銓撰　清道光二十三年(1843)刻本　六冊　十行二十一字白口四周雙邊單黑魚尾

370000－1544－0002818　812.3－8/47
庸盦海外文編四卷　(清)薛福成撰　清光緒二十一年(1895)刻本　四冊　十行二十一字白口左右雙邊單黑魚尾

370000－1544－0002819　812.3－8/47－2
庸盦海外文編四卷　(清)薛福成撰　清光緒二十一年(1895)刻本　四冊　十行二十一字白口左右雙邊單黑魚尾

370000－1544－0002820　812.3－8/48
卷施閣文乙集八卷續編一卷　(清)洪亮吉撰　清刻本　三冊　十一行二十二字黑口左右雙邊雙對黑魚尾

370000－1544－0002821　812.3－8/50
淡園文集一卷外編一卷附錄一卷　(清)馬徵麐撰　清光緒馬氏思古書堂刻本　一冊　十二行二十五字小黑口左右雙邊單黑魚尾

370000－1544－0002822　812.3－8/52
藝舟雙楫論文四卷論書二卷附錄三卷　(清)包世臣撰　(清)鄒凌瀚校　清刻本　四冊　十二行二十四字白口左右雙邊單黑魚尾

370000－1544－0002823　812.3－8/53
三魚堂全集三十二卷　(清)陸隴其撰　清宣統三年(1911)掃葉山房石印本　八冊　十五行三十二字小字雙行同白口四周雙邊單黑魚尾

370000－1544－0002824　812.3－8/54
轡文書屋集畧四卷　(清)潘相撰　清刻本　一冊　十一行二十三字白口左右雙邊單黑魚尾

370000－1544－0002825　812.3－8/56
東征集六集　(清)藍鼎元撰　(清)王者輔評　清刻本　二冊　九行二十字白口左右雙邊單黑魚尾

370000－1544－0002826　812.3－8/57
天岳山館文鈔四十卷　(清)李元度撰　清光緒六年(1880)刻本　十四冊　十行二十五字黑口左右雙邊單黑魚尾

370000－1544－0002827　812.3－8/58
顏學山近稿一卷　(清)顏光斆撰　清康熙二十七年(1688)自刻本　一冊　十行二十六字白口左右雙邊

370000－1544－0002828　812.3－8/59
顏太史真稿一卷　(清)顏光猷撰　清康熙水明樓刻本　一冊　十行二十六字小字單行不等白口四周雙邊

370000－1544－0002829　812.3－8/60
顏太史後稿一卷　(清)顏光猷撰　清康熙水明樓刻本　一冊　十行二十六字小字單行不等白口四周雙邊

370000－1544－0002830　812.3－8/61
未信堂近稿不分卷　(清)顏光敏撰　清康熙

自刻本　二冊　十行二十四字小字單行二十三字白口左右雙邊單黑魚尾

370000－1544－0002831　812.3－8/63
漁洋山人文略十四卷　(清)王士禛撰　清康熙刻本　五冊　十行十九字黑口左右雙邊單黑魚尾

370000－1544－0002832　812.3－8/64
柏梘山房文集十六卷續集一卷　(清)梅曾亮撰　清咸豐五年(1855)刻本　四冊　十行二十一字小字雙行同白口四周雙邊單黑魚尾

370000－1544－0002833　812.3－8/66
崔舍人玉堂類稿二十卷西垣類稿二卷附錄一卷　(宋)崔敦詩撰　清光緒八年(1882)長洲黃氏活字印本　四冊　十行二十字小字雙行同黑口四周單邊單黑魚尾

370000－1544－0002834　812.3－8/69
方望溪全集(抗希堂十六種)　(清)方苞撰　清康熙至嘉慶桐城方氏抗希堂刻本　四十四冊　九行二十四字小字雙行同白口四周雙邊單黑魚尾　缺三種(離騷正義、刪定管荀子、望溪文集)

370000－1544－0002835　812.3－8/69
方望溪先生全集三十二卷　(清)方苞撰　(清)戴鈞衡補遺　清咸豐刻本　十四冊　十一行二十一字小字雙行同白口四周雙邊單黑魚尾

370000－1544－0002836　812.3－8/70
金峨山館叢書(望三益齋叢書)十一種　(清)郭傳璞編　清光緒二十年(1894)郭氏金峨山館刻本　八冊　十行二十一字小字雙行同黑口左右雙邊雙對黑魚尾　存八種二十二卷(寶綸堂詩鈔八卷、明鑑前紀二卷、說文答問疏證六卷、說文經字攷一卷、說文統釋序一卷、音同義異辨一卷、西漢節義傳論二卷、竹林答問一卷)

370000－1544－0002837　812.3－8/72
孫淵如先生全集三十五卷　(清)孫星衍撰　清光緒十一年至二十年(1885－1894)刻本　十冊　十行二十字小字雙行同黑口左右雙邊雙對黑魚尾

370000－1544－0002838　812.3－8/73
袁文箋正十六卷補注一卷　(清)袁枚撰　(清)石韞玉箋　清光緒八年(1882)汗青簃刻本　八冊　十行二十二字小字雙行同小黑口四周雙邊單黑魚尾

370000－1544－0002839　812.3－8/73－2
袁文箋正十六卷附錄小傳一卷　(清)袁枚撰　(清)石韞玉箋　清嘉慶十七年(1812)鶴壽山堂刻本　八冊　十行二十字小字雙行二十字白口左右雙邊單黑魚尾

370000－1544－0002840　812.3－8/75
人鏡類纂四十六卷　(清)程之楨輯　清同治十二年(1873)刻本　十六冊　十五行二十二字白口左右雙邊單黑魚尾

370000－1544－0002841　812.3－8/76
黃漳浦集五十卷首一卷目錄二卷年譜二卷　(明)黃道周撰　(清)陳壽祺編　清末刻本　十六冊　十七行四十一字小字雙行同白口四周雙邊單黑魚尾

370000－1544－0002842　812.3－8/77
海峰文集八卷　(清)劉大櫆撰　(清)方國校錄　清刻本　十冊　九行十九字白口左右雙邊單黑魚尾

370000－1544－0002843　812.3－8/78
栖雲閣文集十五卷　(清)高珩撰　(清)陸燿選定　清乾隆刻本　九冊　九行十九字白口四周單邊單黑魚尾

370000－1544－0002844　812.3－8/83
雲中集不分卷　(清)劉淳撰　清光緒七年(1881)岳口李綽裕堂刻本　三冊　十行二十二字黑口左右雙邊雙對黑魚尾

370000－1544－0002845　812.3－8/84
悔過齋文集七卷剳記一卷續集七卷補遺一卷　(清)顧廣譽撰　清刻本　四冊　十一行二十四字黑口左右雙邊雙對黑魚尾

370000－1544－0002846　812.3－8/85
篤素堂文集三卷　(清)張英撰　**澄懷園語四卷**　(清)張廷玉撰　清刻本　二册　九行二十字白口左右雙邊單黑魚尾

370000－1544－0002847　812.3－8/86
北夢瑣言二十卷　(宋)孫光憲纂　清乾隆二十一年(1756)雅雨堂刻本　二册　十行二十一字白口單四周單邊黑魚尾

370000－1544－0002848　812.3－8/90
道古堂文集四十八卷　(清)杭世駿撰　清乾隆刻本　十册　十行二十一字小字雙行同白口左右雙邊單黑魚尾

370000－1544－0002849　812.3－8/91
柈湖文集十二卷　(清)吳敏樹撰　清光緒十九年(1893)思賢講舍刻本　四册　十三行二十二字白口左右雙邊單黑魚尾

370000－1544－0002850　812.3－8/92
汪梅村先生集十二卷外集一卷　(清)汪士鐸撰　清光緒七年(1881)刻本　四册　十二行二十四字小字雙行同黑口左右雙邊

370000－1544－0002851　812.3－8/93
大雲山房文稿初集四卷二集四卷　(清)惲敬著　清光緒十四年(1888)刻本　八册　十行二十二字黑口四周雙邊雙對黑魚尾

370000－1544－0002852　812.3－8/94
秣陵集六卷圖考一卷　(清)陳文述輯　清光緒十年(1884)淮南書局刻本　三册　十一行二十二字小字雙行同黑口左右雙邊單黑魚尾

370000－1544－0002853　812.3－8/95
汲庵文存六卷　(清)楊象濟撰　清光緒七年(1881)杭州刻本　四册　十行二十二字白口左右雙邊單黑魚尾

370000－1544－0002854　812.3－8/96
獨善堂文集八卷　(清)王大經撰　(清)周右編　清嘉慶二十二年(1817)春暉堂刻本　四册　十行二十一字白口左右雙邊單黑魚尾

370000－1544－0002855　812.3－8/97
百柱堂全集五十三卷　(清)王柏心撰　**彤雲閣遺稿一卷**　(清)王家仕撰　清光緒二十四年(1898)成山唐氏刻本　十六册　十二行二十一字小字雙行同白口四周單邊單黑魚尾

370000－1544－0002856　812.3－8/98
示樸齋駢體文六卷　(清)錢振倫撰　清同治六年(1867)袁浦崇實書院刻本　二册　十行二十二字小字雙行同黑口左右雙邊單黑魚尾

370000－1544－0002857　812.3－8/99
九水山房文存二卷　(清)畢亨撰　清咸豐二年(1852)刻本　二册　九行二十一字黑口四周雙邊單黑魚尾

370000－1544－0002858　812.3－8/101
半巖廬遺集二卷　(清)邵懿辰撰　清光緒三十四年(1908)刻本　二册　九行二十一字白口左右雙邊單黑魚尾

370000－1544－0002859　812.3－8/102
倭文端公遺書八卷首二卷末一卷　(清)倭仁撰　清光緒元年(1875)六安求我齋刻本　六册　十行二十一字小字雙行同白口四周雙邊單黑魚尾

370000－1544－0002860　812.3－8/105
蒿菴集三卷拾遺一卷附錄一卷閒話二卷　(清)張爾岐撰　清光緒十五年(1889)山東書局刻本　三册　十行二十一字白口四周雙邊雙對黑魚尾

370000－1544－0002861　812.3－8/105－2
蒿菴閒話二卷　(清)張爾岐撰　清光緒十五年(1889)山東書局刻本　一册　十行二十一字白口四周雙邊雙對黑魚尾

370000－1544－0002862　812.3－8/107
震川先生集三十卷別集十卷附錄一卷　(明)歸有光撰　清康熙刻本　十册　十行二十字白口左右雙邊

370000－1544－0002863　812.3－8/108
芝龕記六卷　(清)董榕填詞　清乾隆刻本　六册　十行十九字小字雙行同黑口四周單邊單黑魚尾

370000－1544－0002864　812.3－8/109
楓南山館遺集七卷末一卷　(清)莊受祺撰　清光緒元年(1875)刻本　二册　十行二十一字小字雙行同白口左右雙邊單黑魚尾

370000－1544－0002865　812.3－8/113
徐孝穆集六卷　(南朝陳)徐陵撰　(清)吴兆宜箋注　清光緒二年(1876)廣東翰墨園刻本　三册　十行二十字小字雙行同黑口左右雙邊單黑魚尾

370000－1544－0002866　812.3－8/114
夢厂雜著十卷　(清)俞蛟撰　清同治九年(1870)刻本　四册　八行十八字白口左右雙邊單黑魚尾

370000－1544－0002867　812.3－8/115
心白日齋集六卷　(清)尹耕雲撰　清光緒十年(1884)刻本　四册　十行二十二字白口左右雙邊單黑魚尾

370000－1544－0002868　812.3－8/117
因寄軒文初集十卷二集六卷補遺一卷　(清)管同撰　**小異遺文一卷**　(清)管嗣復撰　清光緒五年(1879)刻本　四册　十二行二十四字黑口左右雙邊雙對黑魚尾

370000－1544－0002869　812.3－8/120
述學内篇三卷外篇一卷補遺一卷别錄一卷　(清)汪中撰　清同治八年(1869)揚州書局刻本　二册　十三行三十字小字雙行字數不等白口左右雙邊單黑魚尾

370000－1544－0002870　812.3－8/121
讀説文雜識一卷　(清)許棫撰　清光緒七年(1881)刻本　一册　九行二十二字白口四周雙邊單黑魚尾

370000－1544－0002871　812.3－8/122
昨非集四卷曲一卷　(清)劉熙載撰　清末刻本　一册　十一行二十一字白口左右單邊單黑魚尾

370000－1544－0002872　812.3－8/123
恪靖侯盾鼻餘瀋一卷　(清)左宗棠撰　清光緒七年(1881)刻本　一册　十行二十字白口四周雙邊單黑魚尾

370000－1544－0002873　812.3－8/126
校經廎文稾十八卷　(清)李富孫撰　清道光刻本　二册　十行二十三字黑口左右雙邊單黑魚尾　缺六卷(十三至十八)

370000－1544－0002874　812.3－8/127
使黔艸三卷　(清)何紹基撰　清刻本　一册　十行二十一字白口左右雙邊單黑魚尾

370000－1544－0002875　812.3－8/128
晚學集八卷　(清)桂馥撰　清刻本　二册　十行二十一字小字雙行同黑口左右雙邊單黑魚尾

370000－1544－0002876　812.3－8/129
二竹齋文集二卷　(清)張井撰　清刻本　一册　九行二十一字白口四周雙邊單黑魚尾　缺一卷(上)

370000－1544－0002877　812.3－8/130
鮚埼亭集三十八卷首一卷外編五十卷　(清)全祖望撰　清同治刻本　二十四册　十行二十一字白口左右雙邊單黑魚尾

370000－1544－0002878　812.3－9/2
飲冰室壬寅文集十八卷　(清)梁啟超撰　清光緒二十九年(1903)上海維新學社石印本　十六册　十三行三十三字白口四周雙邊單黑魚尾

370000－1544－0002879　812.4/1
斷腸詞一卷　(宋)朱淑真著　**蕭臺公餘詞一卷**　(清)姚述堯著　清光緒刻本　一册　十二行二十三字小字雙行同白口左右雙邊單黑魚尾

370000－1544－0002880　812.4－5/3
雙白詞八卷　(宋)姜夔　(宋)張炎撰　清光緒七年(1881)刻本　一册　十行二十字白口左右雙邊單黑魚尾　存五卷(白石道人詞集三卷、别集一卷,山中白雲詞上)

370000－1544－0002881　812.4－5/9
草窗詞二卷補二卷　(宋)周密撰　清光緒刻

本　一册　十行二十一字黑口左右雙邊單黑魚尾

370000－1544－0002882　812.4－5/10
蘋洲漁笛譜二卷詞三首　（宋）周密撰　清刻知不足齋叢書本　一册　九行十七字黑口左右雙邊

370000－1544－0002883　812.4－8/1
藏園九種曲　（清）蔣士銓撰　清乾隆漁古堂刻本　四册　九行二十二字小字雙行同白口四周單邊單黑魚尾　存七種九卷（空谷香二卷、桂林霜二卷、第二碑一卷、冬青樹一卷、四鉉秋一卷、雪中人一卷、一片石一卷）

370000－1544－0002884　812.4－8/5
詞律二十卷　（清）萬樹撰　（清）吳留村鑒定　清康熙二十六年（1687）萬樹堆絮園刻本　八册　七行二十一字小字雙行同白口左右雙邊單黑魚尾

370000－1544－0002885　812.4－8/5－2
詞律二十卷　（清）萬樹撰　（清）吳留村鑒定　清康熙二十六年（1687）萬樹堆絮園刻本　十二册　七行二十一字小字雙行同白口左右雙邊單黑魚尾

370000－1544－0002886　812.4－8/6
帝女花二卷題辭一卷詩餘二卷　（清）查仲諧正譜　（清）黄燮清填詞　（清）孫福海校　清同治四年（1865）刻本　一册　九行二十二字小字單行同白口左右雙邊單黑魚尾

370000－1544－0002887　812.4－8/9
詞律拾遺八卷　（清）徐本立撰　清同治十二年（1873）刻本　六册　七行二十一字小字雙行同白口左右雙邊單黑魚尾

370000－1544－0002888　812.4－8/10
百末詞五卷詞餘一卷　（清）尤侗撰　清刻本　一册　十行二十一字小字雙行同白口四周單邊單黑魚尾　存四卷（一至四）

370000－1544－0002889　812.4－8/11
延露詞三卷　（清）彭孫遹撰　（清）劉士銘等校　清乾隆刻本　二册　十行二十六字小字雙行同白口四周雙邊單黑魚尾

370000－1544－0002890　812.4－8/12
遊吳草一卷　（清）袁起撰　**新安消夏唱酬草一卷**　（清）邵亨豫撰　**小蓬萊吟館酬唱草一卷**　（清）朱蘭撰　**和小蓬萊吟館酬唱草一卷**　（清）袁起撰　**牌舞燈詞一卷**　題（清）味餘老人填　清同治刻本　一册　十一行二十一字小字雙行同白口四周雙邊單黑魚尾

370000－1544－0002891　812.4－8/12－2
遊吳草一卷　（清）袁起撰　**新安消夏唱酬草一卷**　（清）邵亨豫撰　**小蓬萊吟館酬唱草一卷**　（清）朱蘭撰　**和小蓬萊吟館酬唱草一卷**　（清）袁起撰　**牌舞燈詞一卷**　題（清）味餘老人填　清同治刻本　一册　十一行二十一字小字雙行同白口四周雙邊單黑魚尾

370000－1544－0002892　812.4－8/13
西湖秋柳詞一卷　（清）楊鳳苞撰　（清）楊知新注　清光緒十年（1884）湖州楊氏春及軒刻本　一册　九行二十字黑口四周雙邊

370000－1544－0002893　812.4－8/14
靈芬館詞四種七卷　（清）郭麐撰　（清）許增刊　清光緒五年（1879）娱園刻本　二册　十二行二十三字白口左右雙邊單黑魚尾

370000－1544－0002894　812.4－8/14－2
靈芬館詞四種七卷　（清）郭麐撰　（清）許增刊　清光緒五年（1879）娱園刻本　二册　十二行二十三字白口左右雙邊單黑魚尾

370000－1544－0002895　812.4－8/14－3
納蘭詞五卷補遺一卷　（清）納蘭性德撰　清光緒六年（1880）娱園刻本　二册　十二行二十三字白口左右雙邊單黑魚尾

370000－1544－0002896　812.4－8/15
寒松閣詞二卷　（清）張鳴珂撰　清光緒十年（1884）江西書局刻本　一册　十一行二十二字黑口左右雙邊雙對黑魚尾

370000－1544－0002897　812.4－8/16
劍膽琴心室詞一卷　（清）程泳涵撰　**瀟湘秋雨舸詞一卷**　題（清）香草心青生撰　清光緒

十三年(1887)刻本　一册　十行二十二字黑口左右雙邊

370000－1544－0002898　812.4－8/17
曝書亭詞拾遺三卷　(清)朱彝尊撰　(清)翁之潤輯　**曝書亭詞志異一卷**　(清)翁之潤纂錄　清光緒二十二年(1896)常熟翁氏刻本　一册　十二行二十三字白口左右雙邊單黑魚尾

370000－1544－0002899　812.4－8/21
彊邨詞四卷　(清)朱祖謀撰　清光緒三十一年(1905)刻本　一册　十行十七字小字單行同黑口左右雙邊單黑魚尾

370000－1544－0002900　812.4－8/22
鏡虹吟室詞集二卷　(清)孔昭虔撰　清刻本　一册　九行二十一字白口左右雙邊單黑魚尾

370000－1544－0002901　812.4－8/25
忠雅堂集三十卷　(清)蔣士銓撰　清嘉慶刻本　十二册　九行二十一字黑口四周單邊雙對黑魚尾

370000－1544－0002902　812.4－8/26
湖海樓全集五十一卷　(清)陳維崧撰　(清)任光奇重校　清光緒十七年(1891)弇山鐸署刻本　十六册　十行二十一字白口左右雙邊單黑魚尾

370000－1544－0002903　812.4－9/8
瘦鶴軒詞一卷續一卷　(清)趙彥俞撰　清刻本　一册　十二行二十三字小字雙行同黑口左右雙邊單黑魚尾

370000－1544－0002904　812.5/1－2
長生殿二卷　(清)洪昇撰　清末民初貴池劉氏暖紅室刻本　二册　九行二十字小字雙行同白口四周單邊單黑魚尾

370000－1544－0002905　812.5/3
新編十錯認春燈謎記二卷　(明)阮大鋮撰　清末民初貴池劉氏暖紅室刻本　二册　九行二十字小字雙行同白口四周單邊單黑魚尾

370000－1544－0002906　812.5/4
拜月亭記音釋　(元)施惠撰　(明)羅懋登釋　清末民初貴池劉氏暖紅室刻本　二册　九行二十字小字雙行同白口四周單邊單黑魚尾

370000－1544－0002907　812.5/5
金印合縱記二卷　(明)蘇復之撰　清末民初貴池劉氏暖紅室刻本　二册　九行二十字小字單行同白口四周單邊單黑魚尾

370000－1544－0002908　812.5－6/2－2
成裕堂繪像第七才子書(琵琶記)六卷　(元)高明撰　清雍正十三年(1735)成裕堂刻本　六册　八行十六字白口四周雙邊單黑魚尾

370000－1544－0002909　812.5－6/2－3
鏡香園毛聲山評七才子書十二卷首一卷　(元)高明撰　(清)毛宗崗評　清金陵聚錦堂刻本　八册　九行二十二字小字雙行同白口四周單邊單黑魚尾

370000－1544－0002910　812.5－6/3
第六才子書八卷　(清)金人瑞評　清刻本　二册　十一行二十四字小字雙行同白口四周單邊單黑魚尾續編上欄二十六行七字下欄十三行二十四字

370000－1544－0002911　812.5－6/3－3
增補第六才子書釋解八卷　(元)王實甫著　(清)金人瑞評　(清)吳吳山三婦評注　清文盛堂刻本　六册　十行二十六字小字雙行同白口四周單邊單黑魚尾

370000－1544－0002912　812.5－6/3－4
雲林別墅繪像妥註第六才子書六卷首一卷　(元)王實甫著　(明)李卓吾評　清乾隆五十年(1785)刻本　六册　上欄十八行六字下欄十一行十八字白口四周單邊單黑魚尾

370000－1544－0002913　812.5－6/3－5
增補箋注第六才子書釋解西廂記八卷　(元)王實甫著　(清)金人瑞評　(清)吳吳山三婦評注　清致和堂刻本　六册　十行二十六字白口左右雙邊單黑魚尾

370000－1544－0002914　812.5－6/3－5:2

增補箋注第六才子書釋解西廂記八卷 （元）王實甫著 （清）金人瑞評 （清）吳吳山三婦評注 清致和堂刻本 六册 十行二十六字白口左右雙邊單黑魚尾

370000－1544－0002915 812.5－6/3－6
增像第六才子書（西廂記）六卷 （元）王實甫著 （清）金人瑞評 清石印本 一册 十八行四十字小字雙行同白口四周雙邊單黑魚尾 存三卷（一至三）

370000－1544－0002916 812.5－7/2
桃花扇傳奇二卷四十齣 （清）孔尚任撰 清康熙刻本 四册 十行十九字小字單行同白口四周單邊單黑魚尾

370000－1544－0002917 812.5－7/2－2
桃花扇傳奇二卷四十齣 （清）孔尚任撰 清康熙刻本 四册 十行十九字小字單行同白口四周單邊單黑魚尾

370000－1544－0002918 812.5－7/2－3
桃花扇傳奇二卷四十齣 （清）孔尚任撰 清末民初貴池劉氏暖紅室刻本 四册 十行十九字小字單行同白口四周單邊單黑魚尾

370000－1544－0002919 812.5－7/4
燕子箋二卷四十二齣 （明）阮大鋮撰 清末民初貴池劉氏暖紅室刻本 二册 九行二十字小字單行同白口四周單邊單黑魚尾

370000－1544－0002920 812.5－7/5
吳吳山三婦合評牡丹亭還魂記二卷 （明）湯顯祖撰 （清）陳同等評點 清刻本 四册 上欄二十四行七字下欄十行二十字小字單行同黑口四周單邊單黑魚尾

370000－1544－0002921 812.5－7/5－2
納書楹牡丹亭全譜二卷 （清）葉堂訂譜 （清）王文治參訂 清乾隆五十七年（1792）葉氏納書楹刻本 二册 六行十八字白口四周雙邊單黑魚尾

370000－1544－0002922 812.5－7/5－3
牡丹亭還魂記八卷 （明）湯顯祖撰 清刻本 六册 八行十六字白口單黑魚尾

370000－1544－0002923 812.5－7/5－5
牡丹亭還魂記八卷 （明）湯顯祖撰 清刻本 六册 八行十六字白口單黑魚尾

370000－1544－0002924 812.5－7/5－6
牡丹亭還魂記二卷 （明）湯顯祖撰 清光緒十二年（1886）同文書局石印本 四册 十行二十二字小字雙行同白口四周單邊單綫魚尾

370000－1544－0002925 812.5－7/5－7
牡丹亭還魂記八卷 （明）湯顯祖撰 清刻本 四册 八行十六字黑口左右雙邊單黑魚尾

370000－1544－0002926 812.5－8/1
藏園九種曲 （清）蔣士銓輯 清乾隆漁古堂刻本 十二册 九行二十二字白口四周單邊間四周雙邊間左右雙邊單黑魚尾

370000－1544－0002927 812.5－8/1－2
藏園九種曲 （清）蔣士銓輯 清乾隆三十九年（1774）經綸堂刻本 十二册 下欄九行二十二字白口四周單邊單黑魚尾

370000－1544－0002928 812.5－8/2
紅雪樓九種曲（藏園九種曲）十三卷 （清）蔣士銓輯 清乾隆刻本 十一册 九行二十二字小字雙行同白口四周雙邊單黑魚尾

370000－1544－0002929 812.5－8/2－2
紅雪樓九種曲（藏園九種曲）十三卷 （清）蔣士銓輯 清刻本 十二册 九行二十二字小字雙行同白口四周單邊單黑魚尾

370000－1544－0002930 812.5－8/5－2
笠翁傳奇十二種曲二十四卷 （清）李漁編次 清大知堂刻本 四十八册 九行十八字小字單行同白口左右雙邊單黑魚尾

370000－1544－0002931 812.5－8/5－3
李笠翁十種曲 （清）李漁編次 清刻本 十册 十一行二十三字小字單行同白口左右雙邊單黑魚尾

370000－1544－0002932 812.5－8/5－4
李笠翁十種曲 （清）李漁編次 清刻本 二十册 十一行二十三字小字單行同白口左右

雙邊單黑魚尾

370000－1544－0002933　812.5－8/5－5
李笠翁十種曲　（清）李漁編次　清刻本　十冊　十行二十四字小字單行同白口左右雙邊單黑魚尾　存五種十卷（憐香伴二卷、慎鸞交二卷、比目魚二卷、意中緣二卷、巧團圓二卷）

370000－1544－0002934　812.5－8/6
補天石傳奇八種八卷　（清）周樂清撰　清道光十七年（1837）刻本　四冊　六行十六字小字雙行同白口四周雙邊單黑魚尾

370000－1544－0002935　812.5－8/8
臨春閣一卷四齣通天臺一卷二齣　（清）吳偉業撰　清刻本　一冊　九行十九字小字雙行同白口左右雙邊單黑魚尾

370000－1544－0002936　812.5－8/10
紫荊花傳奇二卷三十二齣　（清）李文瀚填詞　（清）清安泰止譜　（清）賀仲瑊評校　清道光二十二年（1842）刻本　二冊　九行十八字小字單行同黑口四周雙邊單黑魚尾

370000－1544－0002937　812.5－8/11
凰求鳳傳奇二卷　（清）李漁撰　（清）冷西梅客評　清刻本　二冊　十行二十四字白口左右雙邊單黑魚尾

370000－1544－0002938　812.5－8/11－2
凰求鳳傳奇二卷　（清）李漁撰　清刻本　二冊　十一行二十三字白口左右雙邊單黑魚尾

370000－1544－0002939　812.5－8/12
蜃中樓傳奇二卷　（清）李漁撰　題（清）壘菴居士批評　清刻本　二冊　十行二十四字小字單行間雙行同白口左右雙邊單黑魚尾

370000－1544－0002940　812.5－8/13
梨花雪（白霓裳）十二折首一折尾一折　（清）徐鄂撰　清光緒十二年（1886）石印本　二冊　九行二十二字白口四周花邊單黑魚尾　存九折（一至八、首一折）

370000－1544－0002941　812.5－8/14
瘞雲巖傳奇二卷　（清）許善長撰　清光緒三年（1877）碧聲吟館刻本　一冊　九行二十二字白口左右雙邊單黑魚尾

370000－1544－0002942　812.5－8/15
返魂香傳奇四卷　（清）宣鼎撰　清光緒三年（1877）申報館鉛印本　四冊　十一行二十四字白口四周雙邊單花魚尾

370000－1544－0002943　812.5－8/16
梅花夢二卷　（清）張道填詞　清光緒二十年（1894）刻本　二冊　九行二十二字小字單行同白口左右雙邊單黑魚尾

370000－1544－0002944　812.5－8/17
風雲會傳奇二卷三十齣　（清）許善長填詞　題（清）梅谿逸叟訂譜　清光緒三年（1877）碧聲吟館刻本　二冊　九行二十二字白口左右雙邊單黑魚尾

370000－1544－0002945　812.5－8/18
胭脂舄傳奇二卷　（清）周賡盛正譜　（清）李文瀚填詞　（清）張籛評點　清道光二十二年（1842）刻本　二冊　九行十八字小字單行同黑口四周雙邊單黑魚尾

370000－1544－0002946　812.5－8/20
虎口餘生傳奇四卷　題（清）遺民外史撰　清同德堂刻本　四冊　九行十六字白口四周單邊單黑魚尾

370000－1544－0002947　812.5－8/21
納書楹曲譜正集四卷續集四卷外集二卷四夢全譜八卷補遺四卷　（清）葉堂訂譜　（清）王文治參訂　清乾隆五十七年（1792）刻本　二十一冊　譜六行曲六行十八字白口四周雙邊單黑魚尾

370000－1544－0002948　812.5－8/21－1
納書楹曲譜全集二十二卷　（清）葉堂訂譜　（清）王文治參訂　清道光二十八年（1848）刻本　二十冊　譜六行曲六行十八字白口四周單邊單黑魚尾

370000－1544－0002949　812.5－8/22
西堂樂府六種　（清）尤侗撰　清康熙刻本　三冊　下欄十行二十一字白口四周單邊

370000－1544－0002950　812.5－8/25

小忽雷傳奇二卷　(清)顧彩　(清)孔尚任撰　清抄本　二冊　十三行字數不等

370000－1544－0002951　812.5－8/28

東洋神戶日本竹枝詞一卷　題(清)四明浮槎客著　清光緒十一年(1885)鉛印本　一冊　八行十九字白口四周雙邊單黑魚尾

370000－1544－0002952　813/1

竹坡老人詩話三卷　(宋)周紫芝撰　明弘治刻本　一冊　十二行二十字白口左右雙邊

370000－1544－0002953　813/3

文心雕龍十卷　(南朝梁)劉勰撰　(清)黄叔琳注　(清)紀昀評　清道光十三年(1833)兩廣節署刻朱墨套印本　四冊　十行二十一字小字雙行同白口左右雙邊單黑魚尾

370000－1544－0002954　813/3－2

楊升菴先生批點文心雕龍十卷　(南朝梁)劉勰撰　(明)楊慎批點　(明)梅慶生音註　明刻本　六冊　九行十八字小字雙行同白口左右雙邊單黑魚尾

370000－1544－0002955　813/4

海天琴思錄八卷續錄八卷　(清)林昌彝輯　清同治刻本　八冊　九行二十一字小字雙行同白口四周雙邊單黑魚尾

370000－1544－0002956　813/6

苕谿漁隱叢話前集六十卷後集四十卷　(宋)胡仔撰　清乾隆楊氏耘經樓覆宋刻本　二十冊　十三行二十一字黑口左右雙邊雙對黑魚尾

370000－1544－0002957　813/6－2

苕谿漁隱叢話前集六十卷　(宋)胡仔撰　清道光番禺潘氏刻海山仙館叢書本　三冊　九行二十一字黑口左右雙邊　存三十七卷(一至二十五、三十八至四十九)

370000－1544－0002958　813/8

隨園三十種　(清)袁枚撰　清乾隆至嘉慶刻本　二十六冊　十一行二十一字白口左右雙邊單黑魚尾　存七種七十五卷(隨園隨筆二十八卷、隨園詩話十六卷、隨園詩話補遺八卷、小倉山房外集八卷、小倉山房尺牘八卷、牘外餘言一卷、八十壽言六卷)

370000－1544－0002959　813/8－4

隨園詩話十六卷補遺十卷　(清)袁枚撰　清宣統三年(1911)掃葉山房石印本　六冊　十六行三十六字白口四周雙邊單黑魚尾

370000－1544－0002960　813/15

敦園詩談八卷續編二卷　(清)許丙椿撰　清同治五年(1866)皖之薇垣刻本　二冊　十行二十一字黑口四周雙邊單黑魚尾

370000－1544－0002961　813/19

而庵說唐詩二十二卷　(清)徐增撰　清乾隆二十三年(1758)文茂堂刻本　十冊　九行十九字白口左右雙邊單黑魚尾

370000－1544－0002962　813/23

藝槩六卷　(清)劉熙載撰　清同治刻本　四冊　十一行二十一字白口左右雙邊單黑魚尾

370000－1544－0002963　813/26

石洲詩話八卷　(清)翁方綱撰　清嘉慶二十年(1815)兩粤節署刻本　二冊　十行二十一字小字雙行同白口左右雙邊單黑魚尾

370000－1544－0002964　813/28

靜志居詩話二十四卷　(清)朱彝尊撰　題(清)扶荔山房編輯　清刻本　十六冊　九行二十一字白口四周雙邊單黑魚尾

370000－1544－0002965　813/29

帶經堂詩話三十卷首一卷　(清)王士禛撰　(清)張宗柟編　清同治十二年(1873)廣州藏脩堂重刻本　八冊　十二行二十三字小字雙行同黑口左右雙邊單黑魚尾

370000－1544－0002966　813/33

載詠樓重鐫硃批孟子二卷　(宋)蘇洵評點　(清)沈李龍較閱　清嘉慶元年(1796)慎詒堂刻朱墨套印本　四冊　九行二十字小字雙行同白口四周單邊單黑魚尾

370000－1544－0002967　813/36

重訂全唐詩話八卷　(宋)尤袤輯　(清)孫濤訂　清宣統三年(1911)上海朝記書莊石印本　四册　十六行三十二字小字雙行同黑口四周雙邊單黑魚尾

370000－1544－0002968　813/37
司空詩品註釋一卷　(唐)司空圖撰　清光緒二十一年(1895)京口善化書局刻本　一册　十行二十字小字雙行四十字白口左右雙邊單黑魚尾

370000－1544－0002969　813/38
文章規範七卷　(宋)謝枋得輯　明正德三畏堂映旭齋刻本　四册　九行二十五字小字雙行同白口四周單邊

370000－1544－0002970　813/39
麓堂詩話一卷　(明)李東陽撰　明刻本　一册　八行十九字白口左右雙邊

370000－1544－0002971　813/41
歷代詩話二十八種五十七卷考索一卷　(清)何文煥輯　清乾隆三十五年(1770)刻本　十六册　九行十八字小字雙行同黑口左右雙邊單黑魚尾

370000－1544－0002972　813/42
蓮堂詩話二卷　(元)祝誠撰　**校訛一卷**　(清)胡珽撰　清刻本　二册　九行二十一字黑口四周單邊單黑魚尾

370000－1544－0002973　813/45
西圃文説三卷　(清)田同之撰　清刻本　一册　十行十九字白口左右雙邊單黑魚尾

370000－1544－0002974　813/46
讀杜小箋三卷二箋二卷　(清)錢謙益箋　清宣統三年(1911)國學扶輪社石印本　一册　十四行三十一字黑口四周雙邊單黑魚尾

370000－1544－0002975　813－5/1
苕溪漁隱叢話前集六十卷後集四十卷　(宋)胡仔撰　清乾隆楊氏耘經樓覆宋刻本　十册　十三行二十一字黑口左右雙邊雙對黑魚尾

370000－1544－0002976　813－8/6
談龍錄一卷　(清)趙執信撰　清乾隆十七年(1752)李文藻抄本　一册　九行

370000－1544－0002977　813－8/8
聲調譜前譜一卷後譜一卷續譜一卷談龍錄一卷　(清)趙執信撰　清乾隆刻本　一册　十行二十一字小字雙行同白口四周單邊單黑魚尾

370000－1544－0002978　814/1－3
評論出像水滸傳二十卷七十回　(明)施耐庵撰　清刻本　二十册　十一行二十四字小字雙行同白口四周單邊單黑魚尾

370000－1544－0002979　814/2
第一奇書野叟曝言二十卷一百五十四回　(清)夏敬渠撰　清光緒鉛印本　九册　二十二行三十五字白口四周雙邊間四周單邊雙對黑魚尾　缺二卷(五至六)

370000－1544－0002980　814/2－2
興替金鑑(野叟曝言)二十卷一百五十四回　(清)夏敬渠撰　清石印本　二十册　二十四行五十三字四周單邊單黑魚尾

370000－1544－0002981　814/5
新刻黄掌綸先生評訂神仙鑒三集二十二卷　(清)徐衜述　(清)黄掌綸評定　清刻本　三十二册　十行二十二字白口左右雙邊單黑魚尾

370000－1544－0002982　814/6
巴黎茶花女遺事　(法國)小仲馬撰　林紓譯　清光緒二十七年(1901)石印本　一册　八行二十八字白口四周雙邊單黑魚尾

370000－1544－0002983　814/8
新鐫古本批評繡像三世報隔簾花影四十八回　(清)□□撰　清刻本　十册　十一行二十四字白口左右雙邊單黑魚尾

370000－1544－0002984　814－5/1
繡像宋史奇書十二卷六十六回　(清)□□撰　清石印本　六册　十六行三十五字白口四周雙邊單黑魚尾

370000－1544－0002985　814－7/1
繡像封神演義一百回　（明）許仲琳撰　（明）鍾惺評　清光緒十七年（1891）上海廣百宋齋鉛印本　十冊　十七行三十二字白口四周雙邊單黑魚尾

370000－1544－0002986　814－8/2
詞科掌錄十七卷餘話七卷　（清）杭世駿輯　清刻本　八冊　十一行二十一字小字雙行同黑口左右雙邊單黑魚尾

370000－1544－0002987　814－8/3
快心編傳奇三集六卷十二回　題（清）天花才子編輯　題（清）四橋居士評點　清刻本　四冊　十行二十二字小字雙行同白口四周單邊單黑魚尾

370000－1544－0002988　814－8/4
精訂綱鑑廿四史通俗衍義六卷四十四回（清）呂撫輯　清光緒二十一年（1895）珍藝書局鉛印本　六冊　十八行四十二字白口四周雙邊單黑魚尾

370000－1544－0002989　814－8/5
繪圖騙術奇談四卷　（清）雷君曜編　清石印本　四冊　十四行三十一字白口四周花邊單黑魚尾

370000－1544－0002990　814.1/1
新鐫批評出像通俗奇俠禪真逸史乾集八卷題（清）清心道人編　（清）心心仙侶評　清刻本　十二冊　十行二十四字小字雙行同白口四周單邊單黑魚尾

370000－1544－0002991　814.1/2
安邦誌二十卷　（清）□□撰　清刻本　二十冊　十行二十二字白口四周單邊間左右雙邊單黑魚尾

370000－1544－0002992　814.1/3
西遊真詮一百回　（明）吳承恩撰　（清）陳士斌詮解　清康熙三十五年（1696）刻本　二十冊　十一行二十四字白口四周單邊單黑魚尾

370000－1544－0002993　814.1/6
清異錄二卷　（宋）陶穀撰　清光緒元年（1875）刻本　二冊　十一行二十一字小字雙行同黑口左右雙邊雙對黑魚尾

370000－1544－0002994　814.1/7－3
虞初新志二十卷續志十二卷　（清）張潮輯清咸豐元年（1851）小瑯環山館刻本　十四冊十行十九字白口四周單邊單黑魚尾

370000－1544－0002995　814.1/9
説鈴前集三十七種後集十六種　（清）吳震方輯　清嘉慶五年（1800）刻本　三十二冊　九行二十一字黑口左右雙邊雙對黑魚尾

370000－1544－0002996　814.1/9－2
説鈴前集三十七種後集十六種　（清）吳震方輯　清同治七年（1868）刻本　三十二冊　九行二十一字黑口左右雙邊雙對黑魚尾

370000－1544－0002997　814.1/9－3
説鈴　（清）吳震方輯　清康熙刻本　二冊十一行二十五字細黑口左右雙邊雙對黑魚尾存五種（觚賸、滇黔紀遊、冥報錄、筠廊二筆、粵西偶記）

370000－1544－0002998　814.1/9－4
説鈴前集三十四種　（清）吳震方輯　清康熙刻本　六冊　十一行二十五字細黑口左右雙邊雙對黑魚尾

370000－1544－0002999　814.1/9－5
説鈴　（清）吳震方輯　清康熙刻本　一冊十一行二十五字細黑口左右雙邊雙對黑魚尾存三種三卷（粵述一卷、粵西偶記一卷、滇黔紀遊一卷）

370000－1544－0003000　814.1/14
列女傳八卷　（漢）劉向撰　（清）梁端校注清道光刻本　四冊　十一行十八字小字雙行三十字白口左右雙邊單黑魚尾

370000－1544－0003001　814.1/15
劍俠傳四卷　（唐）段成式　（清）汪士漢校
竹書紀年二卷　（南朝梁）沈約附注　清乾隆居仁堂刻秘書廿一種本　一冊　十行二十字白口四周單邊單黑魚尾

370000－1544－0003002　814.1/16

博物志十卷　(晉)張華撰　**桂海虞衡志一卷**　(宋)范成大撰　**博異記一卷**　(唐)鄭還古撰　清乾隆居仁堂刻秘書廿一種本　一冊　十行二十字白口四周單邊單黑魚尾

370000－1544－0003003　814.1/17

續博物志十卷　(宋)李石撰　**高士傳三卷**　(晉)皇甫謐撰　清乾隆居仁堂刻秘書廿一種本　一冊　十行二十字白口四周單邊單黑魚尾

370000－1544－0003004　814.1/18

黑奴籲天錄四卷　(美國)斯土活撰　林紓　魏易譯　清光緒二十七年(1901)武林魏氏刻本　四冊　十行三十字黑口四周雙邊單黑魚尾

370000－1544－0003005　814.1/21

列女傳補注八卷　(清)王照圓撰　清光緒八年(1882)刻本　五冊　十行二十一字小字雙行同白口四周雙邊單黑魚尾

370000－1544－0003006　814.1－2/1

新鐫重訂出像西晉志傳通俗演義題評四卷新鐫重訂出像註釋通俗演義東晉志傳八卷　題(清)陳氏尺蠖齋評釋　清道光九年(1829)刻本　八冊　十二行二十四字白口左右雙邊單黑魚尾

370000－1544－0003007　814.1－2/2

世說新語三卷　(南朝宋)劉義慶撰　清刻惜陰軒叢書本　六冊　十行二十字小字雙行同黑口四周單邊單黑魚尾

370000－1544－0003008　814.1－2/2－2

世說新語八卷　(南朝宋)劉義慶撰　(南朝梁)劉峻注　(宋)劉辰翁批釋　(明)王世懋批點　明萬曆九年(1581)喬懋敬刻本　二冊　九行二十字小字雙行同黑口左右雙邊單黑魚尾

370000－1544－0003009　814.1－2/3

搜神記二十卷　(晉)干寶撰　**搜神後記十卷**　(晉)陶潛撰　清光緒元年(1875)湖北崇文書局刻本　三冊　十二行二十四字黑口四周雙邊雙對黑魚尾

370000－1544－0003010　814.1－4/1

唐代叢書十二集　(清)王文誥輯　清光緒二十二年(1896)石印本　十二冊　二十行四十二字黑口四周單邊單黑魚尾

370000－1544－0003011　814.1－4/1－3

唐代叢書六集一百六十四種　(清)王文誥輯　清嘉慶十一年(1806)刻本　二十四冊　九行二十一字白口左右雙邊單黑魚尾

370000－1544－0003012　814.1－4/2

大唐新語十三卷　(唐)劉肅撰　明刻清印本　四冊　九行二十字白口四周單邊單黑魚尾

370000－1544－0003013　814.1－5/1

平妖傳八卷四十回　(明)羅貫中撰　清嘉慶十七年(1812)刻本　八冊　十二行二十四字黑口四周單邊雙對黑魚尾

370000－1544－0003014　814.1－5/2

癸辛雜識別集二卷　(宋)周密輯　(明)毛晉訂　明末刻本　二冊　九行十九字白口左右雙邊

370000－1544－0003015　814.1－7/1－1

第一才子書(三國演義)六十卷一百二十回　(明)羅貫中撰　(清)毛宗崗評　清光緒七年(1881)群玉山房刻朱墨套印本　十九冊　十行二十五字小字雙行同黑口四周雙邊單黑魚尾　缺三卷(五十四至五十六)

370000－1544－0003016　814.1－7/1－3

四大奇書第一種三國志一百二十回　(明)羅貫中撰　(清)毛宗崗評　清刻本　十九冊　十一行二十四字小字雙行同白口四周單邊單黑魚尾　缺六回(一百十五至一百二十)

370000－1544－0003017　814.1－7/2

東周列國全志二十三卷一百八回　(清)蔡昇評點　清光緒十九年(1893)澹雅書局刻本　二十冊　十二行二十六字小字雙行同白口四周單邊單黑魚尾

370000－1544－0003018　814.1－7/2－2
東周列國全志二十三卷一百八回　(清)蔡界評點　清金閶書業堂刻本　八册　十二行二十六字小字雙行同白口四周單邊單黑魚尾　缺十六卷(二至四、六至八、十至十六、十八至二十)

370000－1544－0003019　814.1－7/2－3
東周列國全志二十三卷一百八回　(清)蔡界評點　清刻本　二十四册　十二行二十六字小字雙行同白口四周單邊單黑魚尾

370000－1544－0003020　814.1－7/2－4
東周列國全志二十三卷一百八回　(清)蔡界評點　清刻本　二十四册　十二行二十六字小字雙行同白口四周單邊單黑魚尾

370000－1544－0003021　814.1－7/4
玉芝堂談薈三十六卷首一卷　(明)徐應秋撰　清光緒元年(1875)補刻本　三十二册　九行十九字小字雙行同白口四周單邊單黑魚尾

370000－1544－0003022　814.1－7/5
新刻按鑑編纂開闢演繹通俗志傳六卷　(明)周游撰　(明)鍾惺評　清道光十年(1830)刻本　六册　九行十八字小字雙行同白口左右雙邊單黑魚尾

370000－1544－0003023　814.1－7/7－2
第一才子書(三國演義)十九卷首一卷一百二十回　(明)羅貫中撰　(清)毛宗崗評　清道光四年(1824)裕文堂刻本　二十册　十二行二十六字小字雙行同白口四周單邊單黑魚尾

370000－1544－0003024　814.1－7/8
皋鶴堂批評第一奇書金瓶梅一百回　(清)張竹坡評　清康熙三十四年(1695)刻本　二十四册　十一行二十二字小字雙行同白口四周單邊

370000－1544－0003025　814.1－8/1－2
聊齋補遺八卷　(清)曾衍東著　清光緒十七年(1891)上海中華圖書館石印本　四册　十四行三十二字小字雙行同白口四周雙邊單黑魚尾

370000－1544－0003026　814.1－8/1－3
詳注聊齋志異圖詠十六卷　(清)蒲松齡撰　(清)呂湛恩注　清光緒十二年(1886)上海同文書局石印本　八册　十四行三十六字小字雙行同白口四周雙邊

370000－1544－0003027　814.1－8/1－7
聊齋志異十六卷　(清)蒲松齡撰　(清)王士禛評　清乾隆杭州油局橋陳氏刻本　十四册　九行二十一字黑口左右雙邊　缺一卷(二)

370000－1544－0003028　814.1－8/1－8
聊齋志異新評　(清)蒲松齡撰　(清)王士禛評　(清)但明倫新評　清光緒九年(1883)上海掃葉山房刻朱墨套印本　十六册　十行三十三字小字雙行同黑口四周雙邊雙對黑魚尾

370000－1544－0003029　814.1－8/2
兒女英雄傳四十回首一回　(清)文康撰　清光緒有益堂刻本　十六册　十二行二十七字白口四周雙邊單黑魚尾

370000－1544－0003030　814.1－8/2－2
兒女英雄傳評話四十回　(清)文康撰　(清)董恂評　清光緒十四年(1888)上海蜚英館石印本　六册　十六行三十六字小字雙行同白口四周雙邊單黑魚尾

370000－1544－0003031　814.1－8/3
紅樓夢一百二十回　(清)曹雪芹撰　清嘉慶二十三年(1818)東觀閣刻本　三十二册　十一行二十二字白口左右雙邊單黑魚尾

370000－1544－0003032　814.1－8/3－2
後紅樓夢三十二回　(清)□□撰　清刻本　七册　九行二十字白口左右雙邊單黑魚尾　缺十一回(一至十一)

370000－1544－0003033　814.1－8/3－3
續紅樓夢三十卷　(清)秦子忱撰　清嘉慶四年(1799)抱甕軒刻本　十二册　九行二十字黑口四周雙邊單黑魚尾

370000－1544－0003034　814.1－8/4
重訂西青散記八卷　(清)史震林撰　清同治十三年(1874)鉛印本　二册　十五行二十八

字白口四周雙邊花魚尾

370000－1544－0003035　814.1－8/4－2
西青散記四卷　(清)史震林撰　清乾隆刻本　四册　九行二十字小字雙行同白口四周單邊單黑魚尾

370000－1544－0003036　814.1－8/5
諧鐸十二卷　(清)沈起鳳著　清光緒二十一年(1895)海上書局石印本　四册　十一行三十二字白口四周雙邊單黑魚尾

370000－1544－0003037　814.1－8/6
好逑傳四卷十八回　題(清)名教中人編次　清同治二年(1863)刻本　四册　十行二十字小字雙行同白口四周雙邊單黑魚尾

370000－1544－0003038　814.1－8/7
結水滸全傳(蕩寇志)一百四十回七十卷首一卷末一卷　(清)俞萬春著　清同治八年(1869)書業堂刻本　二十四册　八行二十二字小字雙行同白口左右雙邊單黑魚尾

370000－1544－0003039　814.1－8/7－2
結水滸全傳(蕩寇志)一百四十回七十卷首一卷末一卷　(清)俞萬春著　清同治十年(1871)刻本　二十册　十二行二十五字小字雙行同白口左右雙邊單黑魚尾

370000－1544－0003040　814.1－8/9
新刻繡像换空箱全傳二十一卷　(清)曹春江唱本　清光緒十三年(1887)刻本　六册　十行二十字白口四周單邊

370000－1544－0003041　814.1－8/10
里乘(蘭苕館外史)十卷　(清)許奉恩撰　清光緒五年(1879)刻本　十册　九行二十一字白口四周雙邊單黑魚尾

370000－1544－0003042　814.1－8/11
繡像雙珠鳳全傳十二卷八十回　題(清)一葉主人撰　清同治二年(1863)刻本　十二册　十一行二十一字白口四周單邊單黑魚尾

370000－1544－0003043　814.1－8/12
秋燈叢話十八卷　(清)王椷撰　清咸豐元年(1851)刻本　五册　九行十七字黑口四周單邊單黑魚尾

370000－1544－0003044　814.1－8/13
繪圖後聊齋志異十二卷　(清)王韜撰　清光緒二十九年(1903)石印本　六册　十六行四十字黑口四周單邊單黑魚尾

370000－1544－0003045　814.1－8/14
墨餘録四卷　(清)毛祥麟著　清上海進步書局石印本　三册　十四行三十五字黑口四周雙邊單黑魚尾

370000－1544－0003046　814.1－8/15
歷代名媛圖説二卷　(漢)劉向撰　(明)汪道昆輯　(明)仇英圖畫　清光緒五年(1879)上海點石齋石印本　二册　兩欄每欄各二十六行二十六字白口四周單邊

370000－1544－0003047　814.1－8/16
紅樓復夢一百回　(清)陳少海編輯　(清)陳詩雯校訂　清末刻本　十册　十八行三十五字白口四周單邊雙對魚尾

370000－1544－0003048　814.1－8/17
鏡花緣二十卷一百回　(清)李汝珍撰　清咸豐四年(1854)百花香島刻本　二十一册　十行二十字白口左右雙邊單黑魚尾

370000－1544－0003049　814.1－8/17－2
鏡花緣一百回　(清)李汝珍撰　清光緒十七年(1891)文英堂刻本　十二册　十三行二十七字白口四周雙邊單黑魚尾

370000－1544－0003050　814.1－8/18
繪芳録八十回　題(清)西泠野樵著　清光緒上海申報館鉛印本　十六册　十五行二十七字白口四周雙邊單黑魚尾

370000－1544－0003051　814.1－8/19
音釋坐花誌果八卷　(清)汪道鼎撰　題(清)鷲峰樵者音釋　清光緒四年(1878)刻本　四册　八行二十字小字雙行同黑口左右雙邊單黑魚尾

370000－1544－0003052　814.1－8/20

小豆棚十六卷　(清)曾衍東撰　清光緒上海申報館鉛印本　六冊　十二行二十四字白口四周雙邊單黑魚尾

370000－1544－0003053　814.1－8/22
新刻三寶太監西洋記通俗演義二十卷一百回　(明)羅懋登編次　清光緒七年(1881)上海申報館鉛印本　十冊　二十二行三十五字白口四周單邊雙對黑魚尾

370000－1544－0003054　814.1－8/24－2
蜨階外史四卷　(清)高繼珩編　清宣統三年(1911)上海廣益書局石印本　二冊　十四行三十字黑口四周雙邊單黑魚尾

370000－1544－0003055　814.1－8/25－2
燕山外史註釋八卷　(清)陳球撰　(清)傅聲穀輯注　清光緒十二年(1886)刻本　四冊　十行二十二字小字雙行同白口四周單邊單黑魚尾

370000－1544－0003056　814.1－8/25－3
燕山外史二卷　(清)陳球撰　清嘉慶醇雅堂刻本　二冊　八行二十字小字雙行同白口左右雙邊單黑魚尾

370000－1544－0003057　814.1－8/28
青樓夢六十四回　(清)俞達著　(清)鄒弢評　清光緒上海申報館鉛印本　十冊　十一行二十七字小字雙行不等白口四周雙邊單花魚尾

370000－1544－0003058　814.1－8/28－2
青樓夢六十四回　(清)俞達著　(清)鄒弢評　清光緒上海申報館鉛印本　十冊　十一行二十七字小字雙行不等白口四周雙邊單花魚尾

370000－1544－0003059　814.1－8/29
繪圖平金川四卷三十二回　(清)張小山撰　清光緒二十五年(1899)石印本　四冊　十三行三十二字黑口四周雙邊單黑魚尾

370000－1544－0003060　814.1－8/30
西遊原旨二十四卷首一卷一百回　(清)劉一明解　清嘉慶刻本　二十四冊　十行二十四字白口左右雙邊單黑魚尾

370000－1544－0003061　814.1－8/31
忠孝勇烈奇女傳(木蘭傳)四卷三十二回　(清)馬祖撰　清宣統刻本　四冊　八行二十一字白口四周雙邊單黑魚尾

370000－1544－0003062　814.1－8/32
蕩平髮逆圖記二十二卷首一卷　(清)杜文瀾撰　(清)白雲山人繪圖　清光緒十四年(1888)上海漱六山莊石印本　四冊　十六行三十六字單黑魚尾白口四周雙邊

370000－1544－0003063　814.1－8/32－2
剿逆圖考二卷　(清)吳嘉猷繪　清光緒十八年(1892)上海書局石印本　二冊　十三行二十八字白口四周雙邊

370000－1544－0003064　814.1－8/35
紅樓夢補四十八回　(清)歸鋤子撰　清道光十三年(1833)刻本　十六冊　八行十八字黑口左右雙邊單黑魚尾

370000－1544－0003065　814.1－8/36
繪圖增像第五才子書水滸全傳七十回　(元)施耐庵撰　(清)金人瑞評　清鉛印本　十冊　十七行三十二字白口四周雙邊單黑魚尾

370000－1544－0003066　814.1－8/38
狐狸緣六卷二十二回　題(清)醉月山人著　清光緒十四年(1888)敦厚堂刻本　六冊　九行十八字白口四周單邊單黑魚尾

370000－1544－0003067　814.2/2
拍案驚奇三十六卷　(明)凌濛初撰　清刻本　八冊　十二行二十五字白口四周單邊單黑魚尾

370000－1544－0003068　814.3/3
稗海七十種　(明)商濬輯　清康熙刻本　八十冊　九行二十字白口四周單邊單黑魚尾

370000－1544－0003069　814.3/6
寄園寄所寄十二卷　(清)趙吉士輯　清刻本　十六冊　十一行二十一字白口左右雙邊單黑魚尾

370000－1544－0003070　814.3/7
清波雜誌三卷　(宋)周輝撰　(明)商濬校　明刻本　三冊　九行二十字白口四周單邊單黑魚尾

370000－1544－0003071　814.3/10－2
竹窗隨筆一卷二筆一卷三筆一卷　(明)釋袾宏撰　清光緒刻本　三冊　十行二十字黑口左右雙邊

370000－1544－0003072　814.3/41－2
猗覺寮雜記二卷　(宋)朱翌撰　清刻本　一冊　九行二十一字白口四周雙邊單黑魚尾

370000－1544－0003073　814.3/50
阮盦筆記五種七卷　(清)況周儀撰　清光緒三十三年(1907)刻本　二冊　十一行二十二字黑口四周單邊雙對魚尾

370000－1544－0003074　814.3/51
菰蘆筆記一卷　(清)楊象濟撰　清同治六年(1867)刻本　一冊　十二行二十三字黑口左右雙邊單黑魚尾

370000－1544－0003075　814.3/53
茅亭客話十卷　(宋)黃休復撰　清江陰繆氏刻本　一冊　十二行二十字白口四周單邊

370000－1544－0003076　814.3－2/1
拾遺記十卷　(晉)王嘉撰　(南朝梁)蕭綺錄　(清)汪士漢輯　清乾隆居仁堂刻秘書廿一種本　一冊　十行二十字白口四周單邊單黑魚尾

370000－1544－0003077　814.3－5/3－2
夷堅志四集八十卷　(宋)洪邁撰　清光緒五年(1879)刻本　十二冊　九行十八字黑口四周雙邊

370000－1544－0003078　814.3－7/3
輟畊録三十卷　(元)陶宗儀撰　明萬曆玉蘭草堂刻本　十二冊　十行二十一字小字雙行同白口左右雙邊

370000－1544－0003079　814.3－8/1
右台仙館筆記十二卷　(清)俞樾撰　清刻本　六冊　十行二十一字白口左右雙邊單黑魚尾

370000－1544－0003080　814.3－8/1－2
右台仙館筆記十二卷　(清)俞樾撰　清刻本　四冊　十行二十一字白口左右雙邊單黑魚尾

370000－1544－0003081　814.3－8/4
沮江隨筆二卷　(清)朱錫綬撰　清光緒十六年(1890)刻本　一冊　八行二十字黑口左右雙邊雙對黑魚尾

370000－1544－0003082　814.3－8/4－2
沮江隨筆二卷　(清)朱錫綬撰　清光緒十六年(1890)刻本　一冊　八行二十字黑口左右雙邊雙對黑魚尾

370000－1544－0003083　814.3－8/5
兩般秋雨盦隨筆八卷　(清)梁紹壬撰　清道光十七年(1837)刻本　八冊　九行二十一字黑口左右雙邊

370000－1544－0003084　814.3－8/5－3
兩般秋雨盦隨筆八卷　(清)梁紹壬撰　清宣統二年(1910)上海掃葉山房石印本　四冊　十六行三十八字白口四周雙邊單黑魚尾

370000－1544－0003085　814.3－8/7－2
桐陰清話八卷　(清)倪鴻撰　清同治十三年(1874)刻本　四冊　九行二十一字小字雙行同黑口四周單邊

370000－1544－0003086　814.3－8/8
懺摩錄一卷潘瀾筆記二卷　(清)彭兆蓀撰　(清)孫元培輯　清光緒二十四年(1898)東倉書庫刻小謨觴館全集本　一冊　十行二十一字小字雙行同左右雙邊單黑魚尾

370000－1544－0003087　814.3－8/9
詒謀隨筆二卷　(清)但明倫撰　清光緒四年(1878)刻本　二冊　九行二十一字白口左右雙邊單黑魚尾

370000－1544－0003088　814.3－8/9－2
詒謀隨筆二卷　(清)但明倫撰　清光緒四年

(1878)刻本　二冊　九行二十一字白口左右雙邊單黑魚尾

370000－1544－0003089　814.3－8/11
藤陰雜記十二卷　(清)戴璐著　清光緒三年(1877)刻本　二冊　十行二十二字小字雙行同白口左右雙邊單黑魚尾

370000－1544－0003090　814.3－8/12
定香亭筆談四卷　(清)阮元記　(清)吳文溥錄　清嘉慶五年(1800)揚州阮氏琅嬛僊館刻本　八冊　十行二十字小字雙行同白口四周雙邊單黑魚尾

370000－1544－0003091　814.3－8/13
揚州畫舫錄十八卷　(清)李斗著　清同治十一年(1872)據乾隆六十年(1795)刻版重修本　五冊　十行二十四字白口左右雙邊單黑魚尾　缺三卷(十三至十五)

370000－1544－0003092　814.3－8/13－2
揚州畫舫錄十八卷　(清)李斗著　清同治十一年(1872)據乾隆六十年(1795)刻版重修本　六冊　十行二十四字白口左右雙邊單黑魚尾

370000－1544－0003093　814.3－8/14
盾鼻隨聞錄八卷　(清)汪堃撰　清光緒元年(1875)不懼無悶齋刻本　二冊　九行二十一字白口左右雙邊單黑魚尾

370000－1544－0003094　814.3－8/15
客窗閒話八卷　(清)吳熾昌著　清光緒元年(1875)刻本　四冊　八行二十字白口左右雙邊單黑魚尾

370000－1544－0003095　814.3－8/17－2
閱微草堂筆記二十四卷　(清)紀昀撰　清道光十三年(1833)刻本　十冊　十行二十一字小字雙行同黑口四周雙邊雙對黑魚尾

370000－1544－0003096　814.3－8/18
池上草堂筆記二卷續錄二卷三錄二卷四錄二卷　(清)梁恭辰著　清同治十二年(1873)刻本　八冊　九行二十二字白口左右雙邊單黑魚尾

370000－1544－0003097　814.3－8/19
定香亭筆談四卷　(清)阮元記　(清)吳文溥錄　清光緒二十五年(1899)浙江書局刻本　四冊　十行二十字小字雙行同白口左右雙邊單黑魚尾

370000－1544－0003098　814.3－8/21
香祖筆記十二卷　(清)王士禛撰　清康熙四十四年(1705)刻本　四冊　十行十九字小字雙行二十五字白口左右雙邊單黑魚尾

370000－1544－0003099　814.3－8/21－2
香祖筆記十二卷　(清)王士禛撰　清康熙四十四年(1705)刻本　四冊　十行十九字小字雙行二十五字白口左右雙邊單黑魚尾

370000－1544－0003100　814.3－8/22
敏求軒述記十二卷　(清)陳世箴輯　清道光二十八年(1848)刻本　十二冊　九行二十一字黑口四周雙邊單黑魚尾

370000－1544－0003101　814.3－8/23
小知錄十二卷　(清)陸鳳藻輯　清同治十二年(1873)淮南書局刻本　四冊　十行二十五字小字雙行同白口左右雙邊單黑魚尾

370000－1544－0003102　814.3－8/25
險異錄圖說合覽不分卷　(清)豫師撰　(清)錢寶書繪　清光緒石印本　二冊　七行十六字白口四周雙邊單黑魚尾

370000－1544－0003103　814.3－8/27
郎潛紀聞十四卷　(清)陳康祺著　清光緒六年(1880)琴川刻本　四冊　十行二十一字小字雙行同白口左右雙邊單黑魚尾

370000－1544－0003104　814.3－8/28
養龢軒隨筆一卷　(清)陳作霖著　**金陵賦一卷**　(清)程先甲著　清光緒二十四年(1898)江寧傅氏晦齋刻金陵叢刻本　一冊　十一行二十一字小字雙行同白口左右雙邊單黑魚尾

370000－1544－0003105　814.3－8/31
北東園筆錄六卷　(清)梁恭辰撰　清同治五年(1866)刻本　八冊　九行二十二字小字雙行同白口左右雙邊單黑魚尾

370000－1544－0003106　814.4/1
清異編珠二卷　(清)福申輯　清嘉慶刻本　二冊　十行二十四字小字雙行同白口四周雙邊單黑魚尾

370000－1544－0003107　814.4/2
黃孀餘話八卷　(清)陳錫路撰　清光緒二年(1876)仁和葛氏刻嘯園叢書本　四冊　九行二十字黑口四周雙邊單黑魚尾

370000－1544－0003108　814.4/4
表異録二十卷　(明)王志堅輯　清光緒二年(1876)陳氏庸閒齋刻本　二冊　十一行二十一字小字雙行同黑口左右雙邊雙對黑魚尾

370000－1544－0003109　814.4/6
嘯亭雜録十卷續録三卷　(清)昭槤撰　清光緒上海鴻章書局石印本　六冊　十五行三十一字細黑口四周雙邊單黑魚尾

370000－1544－0003110　814.4/6－2
嘯亭雜録十卷續録三卷　(清)昭槤撰　清宣統元年(1909)中國圖書公司鉛印本　四冊　十行二十五字小字雙行同白口四周單邊

370000－1544－0003111　814.4/7
五色線二卷　(宋)□□撰　(明)毛晉訂　明末虞山毛氏汲古閣刻本　冊　八行十九字小字雙行同白口左右雙邊

370000－1544－0003112　814.4/10
淞濱瑣話十二卷　(清)王韜撰　清光緒十九年(1893)淞隱盧鉛印本　三冊　十三行二十三字白口四周雙邊單黑魚尾　缺三卷(七至九)

370000－1544－0003113　814.4－1/1
西京雜記二卷　(漢)劉歆撰　清刻本　一冊　九行十八字小字雙行同白口左右雙邊單黑魚尾

370000－1544－0003114　814.4－2/1
山海經箋疏十八卷圖五卷圖讚一卷訂譌一卷敘録一卷　(晉)郭璞傳　(清)郝懿行箋疏　清光緒二十三年(1897)梧岡精舍石印本　六冊　十行二十四字小字雙行同白口左右雙邊

370000－1544－0003115　814.4－4/1
録異記八卷　(五代)杜光庭撰　(明)胡震亨　(明)毛晉訂　明崇禎刻本　二冊　九行十八字白口左右雙邊單白魚尾

370000－1544－0003116　814.4－4/3
兩京新記一卷　(唐)韋述撰　**李嶠雜詠二卷**　(唐)李嶠撰　(唐)張庭芳編　清刻本　一冊　九行十八字小字雙行同白口左右雙邊單黑魚尾

370000－1544－0003117　814.4－8/1
眼庵雜識四卷　(清)朱克敬著　清光緒四年(1878)刻本　二冊　八行二十字小字雙行同黑口左右雙邊

370000－1544－0003118　814.4－8/2
筠廊偶筆二卷筠廊二筆二卷　(清)宋犖撰　清康熙刻本　四冊　十行十九字小字雙行同白口四周單邊雙順黑魚尾

370000－1544－0003119　814.4－8/3
浪跡叢談十一卷　(清)梁章鉅撰　清道光二十五年(1845)刻本　四冊　九行二十二字小字雙行同白口四周雙邊單黑魚尾

370000－1544－0003120　814.4－8/3－2
浪跡叢談十一卷　(清)梁章鉅撰　清道光二十七年(1847)刻本　二冊　十行二十二字小字雙行同黑口左右雙邊單黑魚尾

370000－1544－0003121　814.4－8/4
蕉軒隨録十二卷續録二卷　(清)方濬師撰　清同治十一年(1872)退一步齋刻本　十四冊　九行二十一字小字雙行同白口四周雙邊單黑魚尾

370000－1544－0003122　814.4－8/5
郎潛三筆十二卷　(清)陳康祺著　清光緒十一年(1885)吳下刻本　二冊　十行二十一字小字雙行同白口左右雙邊單黑魚尾

370000－1544－0003123　814.4－8/6
夢園叢説内篇八卷外篇八卷　(清)方濬頤撰　清刻本　八冊　十行二十一字黑口四周雙邊單黑魚尾

370000－1544－0003124　814.4－8/6－2
夢園叢説内篇八卷　(清)方濬頤撰　清刻本　四冊　十行二十一字黑口四周雙邊單黑魚尾

370000－1544－0003125　814.4－8/8
漁磯漫鈔十卷　(清)雷琳等輯　清同治十年(1871)刻本　六冊　九行二十字黑口左右雙邊

370000－1544－0003126　814.4－8/9
想當然耳八卷　(清)鄒鍾著　清同治十年(1871)聚興堂刻本　四冊　九行二十字白口四周單邊單黑魚尾

370000－1544－0003127　814.4－8/10
韻鶴軒雜著二卷筆談二卷(皆大歡喜四卷)　(清)□□撰　清光緒三年(1877)上海機器書局鉛印本　四冊　九行二十五字白口四周雙邊單黑魚尾

370000－1544－0003128　814.4－8/12
燕下鄉脞錄(郎潛二筆)十六卷　(清)陳康祺著　清光緒七年(1881)暨陽刻本　四冊　十行二十一字小字雙行同白口左右雙邊單黑魚尾

370000－1544－0003129　814.4－8/13
記聞類編十四卷　蔡爾康輯　清光緒三年(1877)上海印書局鉛印本　六冊　十二行三十字白口四周雙邊單黑魚尾

370000－1544－0003130　814.4－8/14
人海記二卷　(清)查慎行編輯　清咸豐元年(1851)刻本　二冊　九行十八字小字雙行同白口左右雙邊單黑魚尾

370000－1544－0003131　814.4－8/16
明齋小識十二卷　(清)諸聯輯　清道光刻本　六冊　十行二十一字小字雙行同白口左右雙邊單黑魚尾

370000－1544－0003132　814.4－8/17
冷廬雜識八卷　(清)陸以湉著　清咸豐刻本　八冊　九行二十一字小字雙行同黑口左右雙邊

370000－1544－0003133　814.4－8/19
學史四十八卷　(清)王希廉輯　清光緒二年(1876)申報館鉛印本　八冊　十一行二十四字小字單行不等白口四周雙邊單花魚尾

370000－1544－0003134　814.4－8/21
板橋雜記三卷　(清)余懷撰　**宋史藝文志補一卷**　(清)倪璨撰　清光緒晦齋刻金陵叢刻本　一冊　十一行二十一字小字雙行同白口左右雙邊單黑魚尾

370000－1544－0003135　814.4－8/22
燕蘭小譜五卷　(清)吳長元撰　**海漚小譜**　(清)趙執信撰　清宣統三年(1911)長沙葉氏刻雙楳景闇叢書本　一冊　十一行二十二字黑口左右雙邊雙對黑魚尾

370000－1544－0003136　814.4－8/25
竹葉亭雜記八卷　(清)姚元之撰　清光緒十九年(1893)刻本　二冊　十二行二十四字小字雙行同黑口四周雙邊單黑魚尾

370000－1544－0003137　814.4－8/26
堅瓠集四卷二集四卷三集四卷四集四卷五集四卷六集四卷七集四卷八集四卷九集四卷十集四卷續集四卷秘集六卷補集六卷廣集六卷餘集四卷　(清)褚人獲撰　清刻本　三十三冊　八行十六字白口四周單邊單黑魚尾

370000－1544－0003138　814.4－8/27
香案牘一卷　(明)陳繼儒撰　清初刻本　一冊　八行十八字白口四周單邊

370000－1544－0003139　814.4－8/28
分甘餘話四卷　(清)王士禛撰　清康熙刻本　一冊　十行十九字小字雙行不等黑口左右雙邊單黑魚尾

370000－1544－0003140　814.4－8/29
蜀都雜鈔一卷　(明)陸深撰　清木活字印本　一冊　八行十八字黑口四周單邊

370000－1544－0003141　814.5/1
繡像錦上花全傳四十八回　題(清)修目閣主人輯　清同治十三年(1874)學餘堂刻本　六冊　十一行二十四字白口四周單邊單黑魚尾

370000－1544－0003142　814.5/2
來生福彈詞三十六回　題(清)橘中逸叟編　清刻本　二十四冊　八行二十字黑口左右雙邊

370000－1544－0003143　814.5/4
鴛鴦劍六十四卷　(清)□□撰　清抄本　十六冊　三欄各九行七字

370000－1544－0003144　814.5－8/1
繡像萬花樓全傳六卷三十六回　(清)□□撰　清光緒二年(1876)玉蘭軒刻本　六冊　十行二十字白口左右雙邊單黑魚尾

370000－1544－0003145　814.5－8/2
江南鐵淚圖新編一卷附編一卷　(清)余治編　清元妙觀刻本　四冊　十行二十三字小字雙行同白口四周單邊單黑魚尾

370000－1544－0003146　814.5－8/4
繡像四香緣二十二卷三十二回　(清)朱鏡江撰　清同治五年(1866)刻本　八冊　十行二十二字白口四周單邊單黑魚尾

370000－1544－0003147　814.5－8/5
繡像夢影緣四十八回　(清)鄭貞華撰　清末石印本　十六冊　十三行二十五字白口左右雙邊單黑魚尾

370000－1544－0003148　814.5－8/6
繡像百花臺四卷　題(清)鴛水主人編　清光緒元年(1875)刻本　四冊　十行二十字白口四周單邊

370000－1544－0003149　814.5－8/6－2
繡像百花臺四卷　題(清)鴛水主人編　清光緒元年(1875)刻本　四冊　十行二十字白口四周單邊

370000－1544－0003150　814.5－8/7
新增全圖珍珠塔後傳麒麟豹四卷　(清)陸士珍編　題(清)廢閒主人重編　清光緒二十一年(1895)觀瀾閣書局石印本　四冊　十九行四十四字小字單行同白口四周雙邊單黑魚尾

370000－1544－0003151　814.5－8/8
新刻玉釧緣全傳三十二卷　題(清)西湖居士撰　清大文堂刻本　三十二冊　十行二十二字白口四周單邊單黑魚尾

370000－1544－0003152　814.5－8/11
新編玉鴛鴦初集四卷二集四卷三集四卷四集四卷五集四卷　(清)□□撰　清上達堂刻本　十七冊　十一行三十一字白口四周單邊單黑魚尾　缺三卷(五集二至四)

370000－1544－0003153　814.5－8/12
天雨花三十回　(清)陶貞懷撰　清同治八年(1869)文富堂刻本　二十冊　十行二十八字黑口左右雙邊單黑魚尾

370000－1544－0003154　814.5－8/13
新編東調兩度梅十六卷　(清)□□撰　清刻本　一冊　十二行二十四字白口四周單邊單黑魚尾

370000－1544－0003155　815/2
書啟不分卷　(清)□□撰　清手抄本　八冊　九行二十五字

370000－1544－0003156　815/3
黑龍江巡撫程德全手札　(清)程德全撰　清稿本　三十冊　十行字數不等白口四周雙邊雙順綫魚尾

370000－1544－0003157　815－5/2
蘇長公尺牘選二卷　(宋)蘇軾撰　**黃山谷尺牘選四卷**　(宋)黃庭堅撰　(明)鍾惺(明)譚元春選　明刻本　六冊　九行十八字白口四周單邊

370000－1544－0003158　815－5/3
東坡先生翰墨尺牘八卷　(宋)蘇軾撰　**山谷題跋四卷**　(宋)黃庭堅撰　(清)周心如輯　清道光浦江周氏刻紛欣閣叢書本　六冊　十行二十二字白口左右雙邊雙對黑魚尾

370000－1544－0003159　815－7/1
有明名賢遺翰二卷　(清)謝若農輯　(清)張廷濟考定　清光緒十三年(1887)刻本　四冊　行款不一

370000－1544－0003160　815－8/2
李忠武公書牘二卷附錄一卷　（清）李續賓撰　清光緒十七年(1891)甌江巡署刻本　二册　八行二十字黑口左右雙邊單黑魚尾

370000－1544－0003161　815－8/3
李文忠公朋僚函稿二十四卷　（清）李鴻章撰　（清）吳汝綸編　清光緒二十八年(1902)保定蓮池書社鉛印本　十二册　十二行二十八字小字雙行同黑口四周雙邊

370000－1544－0003162　815－8/3－2
李文忠公外部函稿二十八卷遷移蠶池口教堂函稿二卷　（清）李鴻章撰　（清）吳汝綸編　清光緒二十八年(1902)保定蓮池書社鉛印本　十五册　十二行二十八字小字雙行同黑口四周雙邊

370000－1544－0003163　815－8/4
國朝名人書札二卷　（清）吳曾祺輯　清宣統元年(1909)商務印書館鉛印本　四册　十四行三十四字黑口四周雙邊單黑魚尾

370000－1544－0003164　815－8/4－2
國朝名人書札二卷　（清）吳曾祺輯　清宣統元年(1909)商務印書館鉛印本　四册　十四行三十四字黑口四周雙邊單黑魚尾

370000－1544－0003165　815－8/5
曾忠襄公書札二十二卷　（清）曾國荃撰　清光緒二十九年(1903)刻本　二十二册　十行二十四字黑口左右雙邊單黑魚尾

370000－1544－0003166　815－8/7
名賢手札不分卷　（清）郭慶藩輯　清光緒十年(1884)郭氏岵瞻堂刻本　四册　行款不一

370000－1544－0003167　815－8/8
昭代名人尺牘續集二十四卷　（清）陶湘選集　清宣統三年(1911)石印本　十四册　行款不一

370000－1544－0003168　815－8/8－2
昭代名人尺牘二十四卷　（清）吳修輯　清光緒三十四年(1908)上海西泠印社石印本　二十六册　行款不一

370000－1544－0003169　815－8/13
國朝名人小簡二卷　（清）吳曾祺輯　清宣統元年(1909)商務印書館鉛印本　二册　十四行三十四字黑口四周雙邊單黑魚尾

370000－1544－0003170　815－8/16
惜褢先生尺牘八卷　（清）姚鼐撰　清咸豐五年(1855)楊氏海源閣刻本　一册　九行十八字白口左右雙邊單黑魚尾

370000－1544－0003171　816/1
出使英法義比四國日記六卷　（清）薛福成撰　清光緒刻本　四册　十五行三十三字小字雙行同白口四周雙邊雙對黑魚尾

370000－1544－0003172　816/1－2
出使英法義比四國日記六卷　（清）薛福成撰　清光緒刻本　四册　十五行三十三字小字雙行同白口四周雙邊雙對黑魚尾

370000－1544－0003173　816/3
各國日記彙編不分卷　（清）斌椿等撰　（清）萬選樓主人輯　清光緒二十二年(1896)上海書局石印本　二册　十四行三十六字小字雙行同白口四周單邊單黑魚尾

370000－1544－0003174　816/6
訟過齋日記六卷　（清）毛輝鳳撰　清光緒九年(1883)眉州豐城毛氏刻本　四册　十行二十一字黑口左右雙邊單黑魚尾

370000－1544－0003175　816/11
陸清獻公日記十卷首一卷　（清）陸隴其撰　清道光二十一年(1841)刻本　四册　十行二十一字小字雙行同白口左右雙邊單黑魚尾

370000－1544－0003176　816/12
道西齋日記二卷　（清）王詠霓撰　清光緒十八年(1892)上洋鴻寶齋石印本　一册　十行三十字黑口四周單邊單黑魚尾

370000－1544－0003177　816/15
蜀輶日記四卷　（清）陶澍撰　清道光刻本　二册　十行二十一字小字雙行同白口四周雙邊單黑魚尾

370000－1544－0003178　816/17
曾文正公手書日記(道光二十一年正月元日至同治十一年二月三日)　(清)曾國藩撰　清宣統元年(1909)上海中國圖書公司石印本　八十冊　行款不一

370000－1544－0003179　816/17－2
曾文正公手書日記(道光二十一年正月元日至同治十一年二月三日)　(清)曾國藩撰　清宣統元年(1909)上海中國圖書公司石印本　四十冊　行款不一　缺十三年(道光二十六年至咸豐八年)

370000－1544－0003180　816/21
甲午日記睫巢日記乙未日記　(清)□□撰　清稿本　六冊　十行字數不等白口四周單邊

370000－1544－0003181　816/23
遣戍伊犁日記一卷天山客話一卷外家紀聞一卷　(清)洪亮吉撰　清光緒三年(1877)刻本　一冊　十一行二十二字小字雙行同黑口四周單邊

370000－1544－0003182　816/30
使俄草八卷　(清)王之春撰　清光緒二十二年(1896)石印本　三冊　十二行三十字白口四周雙邊單黑魚尾　存五卷(二至四、六至七)

370000－1544－0003183　820/1
甌缽羅室書畫過目攷四卷首一卷附一卷　(清)李玉棻編輯　清光緒二十三年(1897)刻本　四冊　十一行二十五字白口四周雙邊單黑魚尾

370000－1544－0003184　820/2
雙忽雷本事一卷　(清)劉世珩輯　清宣統三年(1911)天津貴池劉氏雙忽雷閣石印本　一冊　十二行二十四字小字雙行同黑口左右雙邊三黑魚尾

370000－1544－0003185　820/2－2
雙忽雷本事一卷　(清)劉世珩輯　清宣統三年(1911)天津貴池劉氏雙忽雷閣石印本　一冊　十二行二十四字小字雙行同黑口左右雙邊三黑魚尾

370000－1544－0003186　820/8
百美新詠圖傳四卷　(清)顔希源撰　清嘉慶十年(1805)集腋軒刻本　四冊　八行十八字小字雙行同白口四周單邊單黑魚尾

370000－1544－0003187　820/13
師二雲居畫贅四卷　(清)顧森書撰　清光緒三十二年(1906)石印本　一冊　十一行二十字黑口四周單邊單黑魚尾

370000－1544－0003188　821/3
庚子銷夏記八卷　(清)孫承澤撰　清乾隆二十六年(1761)刻本　六冊　十行二十字小字雙行不等黑口左右雙邊雙對黑魚尾

370000－1544－0003189　821/3－2
庚子銷夏記八卷　(清)孫承澤撰　清宣統三年(1911)掃葉山房石印本　四冊　十行二十字小字雙行不等黑口左右雙邊雙對黑魚尾

370000－1544－0003190　821/3－3
庚子銷夏記八卷　(清)孫承澤撰　清宣統三年(1911)掃葉山房石印本　四冊　十行二十字小字雙行不等黑口左右雙邊雙對黑魚尾

370000－1544－0003191　821/4
佩文齋書畫譜一百卷　(清)王原祁　(清)孫岳頒等撰　清康熙四十七年(1708)刻本　六十四冊　十一行二十一字小字雙行不等白口單黑魚尾

370000－1544－0003192　821/7
方氏墨譜六卷　(明)方于魯撰　明萬曆方氏美蔭堂刻本　八冊　行字不等白口四周單邊單白魚尾

370000－1544－0003193　821/13
四銅鼓齋論畫集刻十二種　(清)張祥河輯　清宣統元年(1909)刻本　四冊　九行十八字小字雙行同黑口左右雙邊

370000－1544－0003194　821/14
冶梅石譜　(清)王寅繪　清光緒六年(1880)合肥李氏刻本　二冊　白口四周單邊

370000－1544－0003195　821－8/3
吴越所見書畫録六卷　（清）陸時化撰　清宣統二年（1910）鉛印本　六册　十行三十二字小字雙行同黑口四周單邊單黑魚尾

370000－1544－0003196　822/1
墨池編六卷　（宋）朱長文輯　明萬曆八年（1580）虞德燁刻本　十二册　十行二十二字白口四周雙邊單黑魚尾

370000－1544－0003197　822/3
詞林墨妙三卷　（清）馮文蔚等書　清光緒十八年（1892）石印本　三册　六行十八字白口四周單邊單黑魚尾

370000－1544－0003198　822/8
楷法溯源十四卷目録一卷　（清）潘存孺輯　楊守敬編　清光緒四年（1878）刻本　十五册　白口四周雙邊

370000－1544－0003199　822/11
張問陶墨蹟　（清）張問陶書　清乾隆張問陶手寫本　一册　行款不一

370000－1544－0003200　822/13
端溪硯志三卷首一卷　（清）吳繩年撰　清道光八年（1828）刻本　二册　九行十九字小字雙行同白口左右雙邊單黑魚尾

370000－1544－0003201　822/13－2
書法正傳十卷　（清）馮武編　清刻本　四册　十行二十字小字雙行同白口左右雙邊單黑魚尾

370000－1544－0003202　822/15
淳化秘閣法帖考正十卷附二卷淳化閣帖釋文二卷　（清）王澍撰　（清）陳焯較畫　（清）沈宗騫臨　清乾隆三十三年（1768）冰壺閣刻本　八册　行字不等白口左右雙邊

370000－1544－0003203　822/41
增廣金石韻府不分卷玉篇字略一卷　（清）朱時望編　（清）張鳳藻增訂　（清）林尚葵輯　清咸豐七年（1857）刻本　六册　六行字數不等黑口左右雙邊單黑魚尾

370000－1544－0003204　822/43
程氏墨苑十四卷　（明）程大約撰　明萬曆滋蘭堂刻本　一册　行字不等白口四周單邊　存一卷（四下）

370000－1544－0003205　822/49
歷代帝王法帖釋文十卷　（清）徐朝弼集釋　清嘉慶刻本　一册　九行二十四字小字雙行同白口四周雙邊單黑魚尾

370000－1544－0003206　822/49－2
欽定重刻淳化閣帖釋文十卷　（清）于敏中等編　清刻本　一册　十行二十一字白口左右雙邊單黑魚尾

370000－1544－0003207　822－7/3
絳帖平一卷　（宋）姜夔撰　（明）趙均跋　明崇禎抄本　一册　八行二十二字

370000－1544－0003208　822－8/2
曹氏墨林二卷　（清）曹聖臣輯　清乾隆刻本　四册　行字不等四周單邊

370000－1544－0003209　823/1
小山畫譜二卷　（清）鄒一桂撰　清光緒二年（1876）仁和葛氏刻嘯園叢書本　一册　九行二十字小字雙行同黑口四周雙邊單黑魚尾　存一卷（下）

370000－1544－0003210　823/2
芥子園畫傳二集八卷　（清）王槩等摹輯　清乾隆四十七年（1782）彩色套印本　四册　白口四周單邊

370000－1544－0003211　823/2－2
芥子園畫傳二集八卷　（清）王槩等摹輯　清康熙彩色套印本　六册　行字不等白口四周單邊

370000－1544－0003212　823/2－3
芥子園畫傳初集五卷　（清）王槩等摹輯　清康熙十八年（1679）刻本　四册　行字不等白口四周單邊單黑魚尾

370000－1544－0003213　823/2－4
芥子園畫傳三集　（清）王槩等摹輯　清康熙

彩色套印本　二册　行款不一　存二册(青在堂草蟲花卉譜下册、青在堂翎毛花果譜下册)

370000－1544－0003214　823/9
點石齋畫報大全　(清)尊聞閣主人輯　清宣統二年(1910)上海集成圖書公司石印本　二十二册　白口四周單邊

370000－1544－0003215　823/9－2
點石齋畫報十集　(清)尊聞閣主人輯　清光緒石印本　十册　行款不一

370000－1544－0003216　823/20
十竹齋書畫譜　(明)胡正言輯　明崇禎胡氏十竹齋刻彩色套印本　四册　行款不一

370000－1544－0003217　823/60
古今名人畫稿初集　(清)劉海屏等輯　清光緒二十二年(1896)上海慎記書莊石印本　一册　行款不一

370000－1544－0003218　823/60－2
古今名人畫稿二集　(清)劉海屏等輯　清光緒十七年(1891)上海鴻寶齋石印本　一册　行款不一

370000－1544－0003219　823/60－3
古今名人畫稿三集　(清)劉海屏等輯　清光緒二十一年(1895)積善書局石印本　一册　行款不一

370000－1544－0003220　823/110
芥子園畫傳二集四種首一卷　(清)王槩等摹輯　清乾隆四十七年(1782)金閶書業堂多色套印本　五册　行字不等四周雙邊　缺一種(竹譜)

370000－1544－0003221　823/111
桐陰論畫三編六卷首一卷附錄一卷　(清)秦祖永撰　清同治三年至光緒八年(1864－1882)刻朱墨套印本　四册　八行十八字小字雙行同黑口左右雙邊

370000－1544－0003222　823/131
性安廬畫稿四卷　(清)姚鍾葆繪　清光緒二十九年(1903)上海讀畫齋石印本　四册　黑口四周單邊單黑魚尾

370000－1544－0003223　823－8/3
冶梅蘭竹譜　(清)王寅繪　清光緒八年(1882)合肥李氏刻本　二册　行字不等四周單邊

370000－1544－0003224　823－8/16
冶梅梅譜　(清)王寅繪　清影印本　一册　行字不等四周單邊

370000－1544－0003225　823－8/17
練川名人畫像四卷附二卷續編三卷　(清)程祖慶輯　清光緒四年(1878)刻民國十九年(1930)印本　二册　十三行二十六字小字雙行同白口四周單邊

370000－1544－0003226　824/5
孔子聖蹟圖附八十五賢像　(清)徐徵編　清同治刻本　一册　白口四周單邊單黑魚尾

370000－1544－0003227　824/12
聖蹟圖　(清)□□繪　清刻本　一册　白口四周單邊單黑魚尾

370000－1544－0003228　824/12－2
聖廟祀典圖考五卷首一卷聖蹟圖一卷孟子聖蹟圖一卷　(清)顧沅輯　清道光六年(1826)刻本　六册　九行十九字小字雙行同白口左右雙邊單魚尾

370000－1544－0003229　824/13
復聖圖贊　(清)□□繪　明刻後印本　一册　白口四周單邊

370000－1544－0003230　824/15
天樂圖一卷　(清)石成金撰　清刻本　一册　白口四周單邊單白魚尾

370000－1544－0003231　825/1
淳化閣法帖釋文(歷代帝王法帖釋文)十卷　(清)徐朝弼集釋　清嘉慶刻本　一册　九行二十四字小字雙行同白口四周雙邊單黑魚尾

370000－1544－0003232　825/5
擬山園法帖十卷　(清)王鐸書　(清)王無咎

輯　(清)張翺鐫　清初拓本　十冊

370000－1544－0003233　825/6
初拓顏君廟碑　(唐)顏真卿撰書　明初拓本　四冊

370000－1544－0003234　825/8
御製周公廟碑并書　(清)聖祖玄燁書　剪裱臨本　一冊　三行四字

370000－1544－0003235　825/10
大唐三藏聖教序　(晉)王羲之書　(唐)釋懷仁集字　明烏金拓本　一冊

370000－1544－0003236　825/11
淳化閣帖十卷　(宋)王著編選　(清)薛所蘊補刻　清刻本　十冊

370000－1544－0003237　825/12
上尊號碑(公卿將軍上尊號奏)　(□)□□書　清拓本　一冊

370000－1544－0003238　825/22
孔氏百一帖一百一卷　(清)孔繼涑　(清)孔廣廉輯書　清拓本　一百一冊

370000－1544－0003239　825/44
寇君碑(嵩高靈廟碑)　(北魏)寇謙之撰書　清光緒三十三年(1907)拓本　一冊

370000－1544－0003240　825/50
原石初拓塼塔銘六幀　(唐)上官靈芝撰　(唐)敬客書　清宣統元年(1909)珂羅版印本　一冊

370000－1544－0003241　825/54
陵苕館續刻五種　(清)高學治輯　清道光二十三年(1843)刻本　六冊　白口四周單邊

370000－1544－0003242　825/62
金石圖　(清)褚峻摹　(清)牛運震說　清乾隆八年至十年(1743－1745)刻拓本(剪貼)　二冊　十行二十字白口四周單邊間左右雙邊單黑魚尾

370000－1544－0003243　825/73
硯史一卷　(宋)米芾撰　清拓摹本　一冊

370000－1544－0003244　825/77
爨龍顏碑　(南朝宋)爨道慶撰　清拓本　一冊

370000－1544－0003245　825/88
樸園藏帖八卷　(清)錢泳輯　清拓本　一冊　存一卷(一)

370000－1544－0003246　825/89
漢廬江太守范式碑　(□)□□書　清拓本　一冊　二行四字

370000－1544－0003247　826/3
聖門樂誌一卷　(清)孔尚任纂　(清)孔繼汾錄　清光緒十三年(1887)刻本　一冊　十行二十二字小字雙行同白口四周單邊單黑魚尾

370000－1544－0003248　826/3－2
聖門樂誌一卷　(清)孔尚任纂　(清)孔繼汾錄　清光緒十三年(1887)刻本　一冊　十行二十二字小字雙行同白口四周單邊單黑魚尾

370000－1544－0003249　826/3－3
聖門樂誌一卷　(清)孔尚任纂　(清)孔繼汾錄　清光緒十三年(1887)刻本　一冊　十行二十三字小字雙行同白口四周單邊單黑魚尾

370000－1544－0003250　826/4
樂書要錄十卷　(唐)武則天敕撰　清光緒刻本　一冊　九行十八字白口左右雙邊單黑魚尾　存三卷(五至七)

370000－1544－0003251　826/5
德音堂琴譜十卷　(清)汪天榮輯　(清)吳之振鑒定　清康熙三十年(1691)刻本　四冊　八行十九字白口左右雙邊單黑魚尾

370000－1544－0003252　827/4
重訂擬瑟譜一卷　(明)邵嗣堯撰　(清)段仔文　(清)張懋賞輯　清光緒刻本　一冊　八行十五字白口左右雙邊單黑魚尾

370000－1544－0003253　827/5
松風閣琴譜二卷　(清)莊臻鳳撰　(清)程雄選　清刻本　四冊　六行十二字小字雙行同黑口四周單邊雙對魚尾

370000－1544－0003254　827/6

與古齋琴譜四卷　(清)祝鳳喈輯　清咸豐五年(1855)刻本　五册　九行二十二字黑口左右雙邊單黑魚尾

370000－1544－0003255　827/8

自遠堂琴譜十二卷首一卷　(清)吴灴匯輯　(清)李廷敬等鑒定　清嘉慶六年(1801)刻本　十二册　八行十九字白口左右雙邊單黑魚尾

370000－1544－0003256　828/1

兼山堂弈譜　(清)徐星友著　清康熙刻本　三册　白口四周單邊

370000－1544－0003257　828/2

圍棋譜　(明)過伯齡撰　(明)陸求可評　明刻本　一册　兩欄白口四周單邊

370000－1544－0003258　828/3

仙機集妙　(□)□□撰　清刻本　一册　兩欄白口四周單邊

370000－1544－0003259　828/4

奕理指歸圖三卷　(清)錢長澤繪圖　(清)孫紹庭校訂　清刻本　一册　兩欄白口四周雙邊單黑魚尾　存一卷(下)

370000－1544－0003260　829/1

益智圖二卷　(清)童葉庚撰　清光緒四年(1878)刻本　二册　黑口四周雙邊

370000－1544－0003261　829/5

西廂酒令一卷　題(清)東山居士撰　清嘉慶刻本　一册　白口四周單邊

370000－1544－0003262　900/1

中外地輿圖説集成一百三十卷首一卷　(清)同康廬主人編輯　(清)胡振元校訂　清光緒二十年(1894)上海積山書局石印本　三十二册　二十五行五十四字白口四周單邊單黑魚尾

370000－1544－0003263　900/1－2

中外地輿圖説集成一百三十卷首一卷　(清)同康廬主人編輯　(清)胡振元校訂　清光緒二十年(1894)上海積山書局石印本　二十四册　二十五行五十四字白口四周單邊單黑魚尾

370000－1544－0003264　900/2

地理問答二卷　(清)王蓮溪撰　清光緒山東官印書局鉛印本　二册　兩欄各十九行二十一字白口四周單邊

370000－1544－0003265　900/3

小方壺齋輿地叢鈔補編五十八種再補編一百八十種　(清)王錫祺編纂　清光緒上海著易堂鉛印本　二十册　十八行四十字小字雙行同白口四周雙邊單黑魚尾

370000－1544－0003266　900/4

小方壺齋輿地叢鈔一千二百種　(清)王錫祺編纂　清光緒十七年(1891)上海著易堂鉛印本　六十四册　十八行四十字小字雙行同白口四周雙邊單黑魚尾

370000－1544－0003267　900/4－2

小方壺齋輿地叢鈔一千二百種　(清)王錫祺編纂　清光緒十七年(1891)上海著易堂鉛印本　六十四册　十八行四十字小字雙行同白口四周雙邊單黑魚尾

370000　1544　0003268　900/5

皇輿表十六卷　(清)喇沙里等纂修　(清)揆敘等增修　清康熙内府刻本　四十八册　九行十八字小字雙行同白口四周單邊單黑魚尾

370000－1544－0003269　900/6

蓬萊軒地理學叢書　(清)丁謙撰　清光緒石印本　四册　二十四行四十二字小字雙行同白口四周雙邊單黑魚尾

370000－1544－0003270　910/1

蜀典十二卷　(清)張澍編輯　清光緒二年(1876)尊經書院刻本　四册　十行二十四字白口左右雙邊單黑魚尾

370000－1544－0003271　910/2

輿地廣記三十八卷校勘札記二卷　(宋)歐陽忞撰　清光緒六年(1880)刻本　四册　十三行二十四字小字雙行同白口四周單邊單黑

魚尾

370000－1544－0003272　910/3

七國地理考七卷　(清)顧觀光著　清光緒五年(1879)刻本　三冊　十一行二十二字小字雙行同白口左右雙邊單黑魚尾

370000－1544－0003273　910/5

元豐九域志十卷　(宋)王存等撰　清刻本　八冊　九行二十一字白口四周雙邊單黑魚尾

370000－1544－0003274　910/5－2

元豐九域志十卷　(宋)王存等撰　(清)馮集梧校　清光緒八年(1882)金陵書局刻本　四冊　十一行二十一字小字雙行同白口左右雙邊單黑魚尾

370000－1544－0003275　910/5－3

元豐九域志十卷　(宋)王存等撰　(清)馮集梧校　清光緒八年(1882)金陵書局刻本　四冊　十一行二十一字小字雙行同白口左右雙邊單黑魚尾

370000－1544－0003276　910/6

元和郡縣圖志四十卷補志九卷　(唐)李吉甫撰　(清)嚴觀輯補　清光緒六年(1880)金陵書局刻本　十冊　元和郡縣圖志十二行二十四字小字雙行同黑口左右雙邊雙對黑魚尾補志九行二十一字小字雙行同黑口四周雙邊單黑魚尾

370000－1544－0003277　910/7

三國疆域志補注十九卷　(清)洪亮吉撰　(清)謝鍾英補注　清光緒刻本　八冊　十一行二十四字小字雙行同黑口四周單邊單黑魚尾

370000－1544－0003278　910/8

讀史方輿紀要一百三十卷　(清)顧祖禹撰　清光緒二十七年(1901)上海圖書集成局鉛印本　十六冊　十四行四十二字小字雙行同白口四周單邊雙對黑魚尾

370000－1544－0003279　910/8－2

讀史方輿紀要一百三十卷　(清)顧祖禹撰　清光緒二十七年(1901)上海圖書集成局鉛印本　三十二冊　十四行四十二字小字雙行同白口四周單邊雙對黑魚尾

370000－1544－0003280　910/8－3

讀史方輿紀要一百三十卷　(清)顧祖禹撰　清光緒二十七年(1901)上海圖書集成局鉛印本　三十二冊　十四行四十二字小字雙行同白口四周單邊雙對黑魚尾

370000－1544－0003281　910/9

天下郡國利病書一百二十卷　(清)顧炎武撰　清光緒二十七年(1901)上海圖書集成局鉛印本　二十八冊　十四行四十二字小字雙行同白口四周單邊雙對黑魚尾

370000－1544－0003282　910/9－2

天下郡國利病書一百二十卷　(清)顧炎武撰　清光緒二十七年(1901)上海圖書集成局鉛印本　二十八冊　十四行四十二字小字雙行同白口四周單邊雙對黑魚尾

370000－1544－0003283　910/11

日下舊聞四十二卷　(清)朱彝尊輯　(清)朱昆田補遺　清康熙二十七年(1688)六峯閣刻本　二十冊　十二行二十一字白口四周單邊單黑魚尾

370000－1544－0003284　910/12

廣陵通典十卷　(清)汪中撰　清同治八年(1869)揚州書局刻本　二冊　十行二十字黑口左右雙邊單黑魚尾

370000－1544－0003285　910/12－2

廣陵通典十卷　(清)汪中撰　清同治八年(1869)揚州書局刻本　二冊　十行二十字黑口左右雙邊單黑魚尾

370000－1544－0003286　910/12－3

廣陵通典十卷　(清)汪中撰　清同治八年(1869)揚州書局刻本　二冊　十行二十字黑口左右雙邊單黑魚尾

370000－1544－0003287　910/12－4

廣陵通典十卷　(清)汪中撰　清道光三年(1823)揚州書局刻本　三冊　十行二十字黑口左右雙邊單黑魚尾

370000－1544－0003288　910/13
歷代地理沿革表四十七卷　(清)陳芳績撰　清光緒二十一年(1895)廣雅書局刻本　二十四册　黑口四周單邊單黑魚尾

370000－1544－0003289　910/14
經訓堂叢書二十種　(清)畢沅輯　清乾隆刻本　六册　十一行二十二字小字雙行同黑口四周單邊雙對黑魚尾

370000－1544－0003290　910/15
李氏五種合刊二十七卷　(清)李兆洛輯　清同治九年(1870)合肥李氏刻本　八册　八行二十二字小字雙行同白口四周雙邊單黑魚尾

370000－1544－0003291　910/15－2
李氏五種合刊二十七卷　(清)李兆洛輯　清光緒十八年(1892)金陵書局刻本　十六册　八行二十二字小字雙行同白口左右雙邊單黑魚尾

370000－1544－0003292　910/15－3
李氏五種合刊二十七卷　(清)李兆洛輯　清同治九年(1870)合肥李氏刻本　十册　八行二十二字小字雙行同白口四周雙邊單黑魚尾

370000－1544－0003293　910/16
宸垣識略十六卷　(清)吳長元輯　清乾隆五十三年(1788)池北草堂刻本　八册　九行二十一字白口左右雙邊單黑魚尾

370000－1544－0003294　910/16－2
宸垣識略十六卷　(清)吳長元輯　清光緒二年(1876)刻本　七册　九行二十一字白口左右雙邊單黑魚尾　缺二卷(十一至十二)

370000－1544－0003295　910/17
山海經箋疏十八卷圖贊一卷訂訛一卷敘錄一卷　(晉)郭璞傳　(清)郝懿行箋疏　清光緒刻本　四册　十行二十四字白口四周單邊

370000－1544－0003296　910/17－2
山海經十八卷圖五卷　(晉)郭璞傳　(清)畢沅校　清光緒十六年(1890)盟寒山房刻本　六册　九行二十一字小字雙行同白口左右雙邊間四周單邊單黑魚尾

370000－1544－0003297　910/17－3
山海經十八卷　(晉)郭璞傳　(明)吳中珩校　清乾隆居仁堂刻秘書廿一種本　一册　十行二十一字白口四周單邊單黑魚尾

370000－1544－0003298　910/17－4
山海經十八卷　(晉)郭璞傳　(明)吳中珩校　明萬曆吳中珩刻本　二册　十行二十字小字雙行同白口左右雙邊單黑魚尾

370000－1544－0003299　910/17－5
山海經十八卷　(晉)郭璞傳　明刻本　三册　九行二十字小字雙行同白口四周單邊單白魚尾

370000－1544－0003300　910/17－6
山海經十八卷　(晉)郭璞傳　(清)畢沅校　清光緒二十三年(1897)文瑞樓鉛印本　一册　十三行四十字小字雙行同白口四周單邊雙對黑魚尾

370000－1544－0003301　910/19
禹貢易知編十二卷　(清)李慎儒輯　清光緒二十五年(1899)丹徒李氏刻本　四册　九行二十一字小字雙行同白口四周雙邊單黑魚尾

370000－1544－0003302　910/19－2
禹貢易知編十二卷　(清)李慎儒輯　清光緒二十五年(1899)丹徒李氏刻本　四册　九行二十一字小字雙行同白口四周雙邊單黑魚尾

370000－1544－0003303　910/20
東晉疆域志四卷　(清)洪亮吉撰　清光緒十七年(1891)廣雅書局刻本　四册　十一行二十四字小字雙行同黑口四周單邊單黑魚尾

370000－1544－0003304　910/20－2
東晉疆域志四卷　(清)洪亮吉撰　清光緒四年(1878)授經堂刻本　二册　十二行二十四字小字雙行同黑口左右雙邊單黑魚尾

370000－1544－0003305　910/21
補梁疆域志四卷　(清)洪齮孫撰　清光緒十七年(1891)廣雅書局刻本　二册　十一行二十四字小字雙行同黑口四周單邊單黑魚尾

370000－1544－0003306　910/22
括地志八卷　（唐）李泰撰　（清）孫星衍輯　清刻本　二册　九行十八字小字雙行同白口左右雙邊單黑魚尾

370000－1544－0003307　910/23
禹貢錐指二十卷略例一卷圖一卷　（清）胡渭撰　清康熙漱六軒刻本　十册　十一行二十字小字雙行同白口左右雙邊單黑魚尾

370000－1544－0003308　910/24
太平寰宇記二百卷目録二卷　（宋）樂史撰　清光緒八年（1882）金陵書局刻本　三十六册　十行二十字小字雙行同白口左右雙邊單黑魚尾

370000－1544－0003309　910/25
金陵歷代建置表一卷　（清）傅春官纂　清光緒二十三年（1897）江寧傅氏晦齋刻金陵叢刻本　一册　白口左右雙邊單黑魚尾

370000－1544－0003310　910/26
揚子江流域現勢論一卷　（日本）林繁著　（清）汪國屏譯　清光緒二十八年（1902）上海廣智書局鉛印本　一册　十二行三十一字白口四周雙邊單黑魚尾

370000－1544－0003311　910/26－2
揚子江流域現勢論一卷　（日本）林繁著　（清）汪國屏譯　清光緒二十八年（1902）上海廣智書局鉛印本　一册　十二行三十一字白口四周雙邊單黑魚尾

370000－1544－0003312　910/28
吴郡圖經續記二卷校勘記一卷　（宋）朱長文撰　清同治十二年（1873）江蘇書局刻本　一册　十二行二十三字黑口左右雙邊單黑魚尾

370000－1544－0003313　910/29
吴地記一卷　（唐）陸廣微撰　清同治十二年（1873）江蘇書局刻本　一册　十二行二十三字黑口四周雙邊單黑魚尾

370000－1544－0003314　910/31
荊州記一卷　（南朝宋）盛宏之撰　（清）曹元忠輯　清光緒二十七年（1901）荊州田氏移山堂刻本　一册　十行二十一字小字雙行同黑口左右雙邊單黑魚尾

370000－1544－0003315　920/1
乾隆府廳州縣圖志五十卷　（清）洪亮吉撰　清光緒五年（1879）授經堂刻本　二十册　十二行二十四字黑口四周雙邊雙對黑魚尾

370000－1544－0003316　920/1－2
乾隆府廳州縣圖志五十卷　（清）洪亮吉撰　清光緒二十三年（1897）新化三味書室據授經堂原本校勘本　二十册　十一行二十四字黑口左右雙邊單黑魚尾

370000－1544－0003317　920/1－3
乾隆府廳州縣圖志五十卷　（清）洪亮吉撰　清乾隆五十三年至嘉慶八年（1788－1803）刻本　十六册　十二行二十四字黑口四周雙邊雙對黑魚尾

370000－1544－0003318　920/1－4
乾隆府廳州縣圖志五十卷　（清）洪亮吉撰　清乾隆五十三年至嘉慶八年（1788－1803）刻本　十四册　十二行二十四字黑口四周雙邊雙對黑魚尾

370000－1544－0003319　920/2
大清一統志表附紀元表　（清）徐午録　清光緒刻本　十四册　黑口四周單邊雙順黑魚尾

370000－1544－0003320　920/2－2
大清一統志五百卷　（清）和珅纂修　清光緒二十八年（1902）上海寶善齋石印本　六十册　二十行四十二字小字雙行同白口左右雙邊單黑魚尾

370000－1544－0003321　921/5
廣輿記二十四卷　（明）陸應陽纂　（清）蔡方炳增輯　清康熙大文堂刻本　十二册　十行十九字小字雙行同白口左右雙邊單黑魚尾

370000－1544－0003322　921/5－2
廣輿記二十四卷　（明）陸應陽纂　清刻本　六册　十行十九字小字雙行同白口左右雙邊單黑魚尾

370000－1544－0003323　921/5－3
廣輿記二十四卷　（明）陸應陽纂　（清）蔡方炳增輯　清康熙四十六年（1707）寶翰樓刻本　八册　十行十九字小字雙行同白口四周單邊單黑魚尾

370000－1544－0003324　921/8
陝西志輯要六卷　（清）王志沂輯　清道光七年（1827）刻本　九册　十行二十字白口左右雙邊單黑魚尾

370000－1544－0003325　921/9
黑龍江述略六卷　（清）徐宗亮撰　清光緒十七年（1891）石埭徐氏觀自得齋刻本　二册　十行二十一字黑口左右雙邊單黑魚尾

370000－1544－0003326　921/10
吉林紀事詩四卷首一卷末一卷　（清）沈兆禔著並注　清宣統三年（1911）金陵湯明林聚珍書局鉛印本　二册　十行二十四字小字雙行三十五字白口四周雙邊單黑魚尾

370000－1544－0003327　921/10－2
吉林紀事詩四卷首一卷末一卷　（清）沈兆禔著並注　清宣統三年（1911）金陵湯明林聚珍書局鉛印本　二册　十行二十四字小字雙行三十五字白口四周雙邊單黑魚尾

370000－1544－0003328　921/12
山東考古録一卷　（清）顧炎武著　**續山東考古録三十二卷**　（清）葉圭綬著　清光緒八年（1882）山東書局刻本　七册　山東考古録十行二十四字白口左右雙邊單黑魚尾續山東考古録十行二十四字小字雙行同白口左右雙邊單黑魚尾

370000－1544－0003329　921/13
江西考古錄十卷　（清）王謨著　清光緒十七年（1891）刻本　四册　九行二十字黑口左右雙邊雙對黑魚尾

370000－1544－0003330　921/13－2
江西考古錄十卷　（清）王謨著　清光緒十七年（1891）刻本　四册　九行二十字黑口左右雙邊雙對黑魚尾

370000－1544－0003331　921/14
［嘉慶］黑龍江外紀　（清）西清纂　清光緒漸西村舍刻本　二册　十行二十一字小字雙行同白口左右雙邊單黑魚尾

370000－1544－0003332　921/15
［道光］吉林外紀十卷　（清）薩英額纂　清光緒二十一年（1895）漸西村舍刻本　四册　十行二十一字小字雙行同白口左右雙邊單黑魚尾

370000－1544－0003333　921/15－2
［道光］吉林外紀十卷　（清）薩英額纂　**甯古塔記略一卷**　（清）吳桭臣撰　清光緒二十一年（1895）漸西村舍刻本　二册　吉林外紀十行二十一字小字雙行同白口左右雙邊單黑魚尾甯古塔記略十行二十二字白口左右雙邊單黑魚尾

370000－1544－0003334　921/15－3
［道光］吉林外紀十卷　（清）薩英額纂　清光緒二十六年（1900）廣雅書局刻本　二册　十一行二十四字小字雙行同黑口四周單邊

370000－1544－0003335　921/16－2
［雍正］山東通志三十六卷首一卷　（清）岳濬　（清）法敏修　（清）杜詔等纂　清乾隆元年（1736）刻本　十九册　十行二十四字小字雙行同白口四周雙邊單黑魚尾　存十九卷（一、四至九、十二至二十一、三十五，首一卷）

370000－1544－0003336　921/17
［光緒］續雲南通志稿一百九十四卷首六卷　（清）王文韶　（清）魏光燾修　（清）唐炯等纂　清光緒二十六年（1900）四川岳池縣刻本　一百一册　十三行二十五字黑口四周單邊

370000－1544－0003337　921/18
［乾隆］浙江通省志圖說一卷　（清）沈德潛修　清乾隆刻本　一册　十行十九字白口左右雙邊單黑魚尾

370000－1544－0003338　921/19
［光緒］安徽通志三百五十卷補遺十卷　（清）沈葆楨修　（清）何紹基纂　清光緒四年

(1878)刻本　一百二十册　十二行二十六字白口四周雙邊單黑魚尾

370000－1544－0003339　921/21
[乾隆]**山西志輯要十卷**　(清)雅德修　(清)汪本直纂　清刻本　十册　九行二十一字小字雙行同白口四周雙邊單黑魚尾

370000－1544－0003340　921/22
[雍正]**河南通志八十卷**　(清)田文鏡修　(清)孫灝纂　清同治八年(1869)補刻本　三十八册　十一行二十二字白口四周雙邊單黑魚尾　缺四卷(十二至十五)

370000－1544－0003341　921/22－2
[乾隆]**續河南通志八十卷首四卷**　(清)阿思哈輯　(清)嵩貴纂修　清刻本　十六册　十一行二十二字白口四周雙邊單黑魚尾　缺十九卷(十六至三十四)

370000－1544－0003342　921/23
[雍正]**山西通志二百三十卷**　(清)覺羅石麟修　(清)儲大文纂　清雍正十二年(1734)刻本　九十九册　十二行二十三字小字雙行同白口四周雙邊單黑魚尾　缺二卷(四十八至四十九)

370000－1544－0003343　922/1－2
[乾隆]**濟寧直隸州志三十四卷圖一卷首一卷**　(清)胡德琳　(清)藍應桂修　(清)周永年　(清)盛百二纂　清乾隆五十年(1785)刻本　二十册　十行二十一字小字雙行同白口左右雙邊單黑魚尾

370000－1544－0003344　922/2
[乾隆]**德州志十二卷首一卷**　(清)王道亨修　(清)張慶源纂　清乾隆五十三年(1788)刻本　七册　九行二十字小字雙行同白口四周單邊單黑魚尾　缺一卷(首一卷)

370000－1544－0003345　922/2－2
[乾隆]**德州志十二卷首一卷**　(清)王道亨修　(清)張慶源纂　清乾隆五十三年(1788)刻本　八册　九行二十字小字雙行同白口四周單邊單黑魚尾

370000－1544－0003346　922/3
[光緒]**江甯府七縣地形考略一卷**　(清)黃起鳳等校　清光緒江楚書局刻本　一册　十行二十二字小字雙行同黑口左右雙邊雙對黑魚尾

370000－1544－0003347　922/4
[光緒]**重修甯羌州志五卷**　(清)馬毓華修　清光緒十四年(1888)刻本　五册　九行二十一字白口四周雙邊單黑魚尾

370000－1544－0003348　922/5
[咸淳]**臨安志一百卷**　(宋)潛説友纂修　清道光十年(1830)錢塘汪氏振綺堂刻本　二十册　十行二十字黑口左右雙邊單黑魚尾　缺十三卷(五十一至五十三、六十一至六十四、七十九至八十一、九十、九十六至九十七)

370000－1544－0003349　922/7
[萬曆]**閩都記三十三卷**　(明)王應山纂輯　清道光十一年(1831)刻本　六册　十行二十四字小字雙行同黑口左右雙邊單黑魚尾

370000－1544－0003350　922/8
[乾隆]**潮州府志四十二卷首一卷**　(清)周碩勳輯　清光緒十九年(1893)潮州保安總局刻本　二十五册　十行二十字白口四周雙邊單黑魚尾

370000－1544－0003351　922/10
[康熙]**衢州府志四十卷首一卷**　(清)楊廷望重修　(清)劉國光刊校　清光緒八年(1882)刻本　十二册　九行二十二字黑口四周雙邊單黑魚尾

370000－1544－0003352　922/11
[道光]**重修平度州志二十七卷**　(清)保忠修　(清)李圖　(清)王大鑰纂　清道光二十八年(1848)刻本　八册　十行二十四字白口左右雙邊單黑魚尾

370000－1544－0003353　922/12
[乾隆]**襄陽府志四十卷圖一卷**　(清)陳鍔纂修　清乾隆二十五年(1760)刻本　十六册　九行二十二字小字雙行同白口四周雙邊單黑

魚尾

370000－1544－0003354　922/12－2
[光緒]襄陽府志二十六卷　(清)王萬芳總纂　清光緒十一年至十二年(1885－1886)刻本　十五冊　十一行二十四字小字雙行同白口四周單邊單黑魚尾

370000－1544－0003355　922/13
[道光]永州府志十八卷首一卷　(清)呂恩湛修　(清)宗績辰纂　(清)李宗傳裁定　清道光八年(1828)刻本　三十一冊　十三行二十四字小字雙行同白口四周雙邊單黑魚尾　缺一卷(十一中)

370000－1544－0003356　922/14
[光緒]通州直隸州志十六卷首一卷末一卷　(清)莫祥芝修　(清)季念詒總纂　清光緒元年(1875)刻本　十六冊　十一行二十五字小字雙行同黑口左右雙邊雙對黑魚尾

370000－1544－0003357　922/16
[雍正]寧波府誌三十卷首一卷　(清)曹秉仁纂修　清乾隆刻本　二十冊　九行二十二字小字雙行同白口四周雙邊單黑魚尾

370000－1544－0003358　922/17
[咸豐]邳州志二十卷首一卷　(清)董用威修　(清)魯一同撰次　清咸豐元年(1851)刻本　四冊　十行二十一字小字雙行同白口四周雙邊單黑魚尾

370000－1544－0003359　922/17－2
[咸豐]邳州志二十卷首一卷　(清)董用威修　(清)魯一同撰次　清咸豐元年(1851)刻光緒十八年(1892)印本　四冊　十行二十一字小字雙行同白口四周雙邊單黑魚尾

370000－1544－0003360　922/17－3
[咸豐]邳州志二十卷首一卷　(清)董用威修　(清)魯一同撰次　清咸豐元年(1851)刻光緒印本　六冊　十行二十一字小字雙行同白口四周雙邊單黑魚尾

370000－1544－0003361　922/18
[康熙]沂州志八卷　(清)邵士纂修　清康熙十三年(1674)刻本　八冊　十行二十字小字雙行同白口四周雙邊單黑魚尾

370000－1544－0003362　922/18－2
[康熙]沂州志八卷　(清)邵士纂修　清康熙十三年(1674)刻本　八冊　十行二十字小字雙行同白口四周雙邊單黑魚尾

370000－1544－0003363　922/19
[道光]東平州志三十卷首編二卷　(清)周雲鳳修　(清)唐鑑等纂　清道光五年(1825)刻本　十六冊　十行二十一字小字雙行同白口左右雙邊單黑魚尾

370000－1544－0003364　922/21
[同治]重修寧海州志二十六卷　(清)舒孔安總修　(清)王厚階纂　清同治三年(1864)刻本　六冊　十行二十五字小字雙行同白口左右雙邊單黑魚尾

370000－1544－0003365　922/21－2
[同治]重修寧海州志二十六卷　(清)舒孔安總修　(清)王厚階纂　清同治三年(1864)刻本　六冊　十行二十五字小字雙行同白口左右雙邊單黑魚尾

370000－1544－0003366　922/21－3
[同治]重修寧海州志二十六卷　(清)舒孔安總修　(清)王厚階纂　清同治三年(1864)刻本　六冊　十行二十五字小字雙行同白口左右雙邊單黑魚尾

370000－1544－0003367　922/22
[光緒]深州風土記二十二卷　(清)吳汝綸撰　清光緒二十六年(1900)文瑞書院刻本　六冊　十行二十二字小字雙行三十五字黑口四周雙邊雙對黑魚尾

370000－1544－0003368　922/23
[光緒]綏德直隸州志八卷首一卷　(清)孔繁樸修　(清)高維嶽纂　清光緒三十一年(1905)刻朱印本　六冊　九行二十二字小字雙行同白口左右雙邊單紅魚尾

370000－1544－0003369　922/23－2
[光緒]綏德直隸州志八卷首一卷　(清)孔繁

樸修　(清)高維嶽纂　清光緒三十一年(1905)刻朱印本　五册　九行二十二字小字雙行同白口左右雙邊單紅魚尾　缺二卷(一、首一卷)

370000－1544－0003370　922/23－3

[光緒]**綏德直隸州志八卷首一卷**　(清)孔繁樸修　(清)高維嶽纂　清光緒三十一年(1905)刻朱印本　一册　九行二十二字小字雙行同白口左右雙邊單紅魚尾　存一卷(八)

370000－1544－0003371　922/24

[道光]**重修膠州志四十卷**　(清)張同聲總修　(清)李圖纂　清道光二十五年(1845)刻本　八册　十行二十五字小字雙行同白口左右雙邊單黑魚尾

370000－1544－0003372　922/24－3

[道光]**重修膠州志四十卷**　(清)張同聲總修　(清)李圖纂　清道光二十五年(1845)刻本　八册　十行二十五字小字雙行同白口左右雙邊單黑魚尾

370000－1544－0003373　922/25－2

[乾隆]**萊州府志十六卷首一卷**　(清)嚴有禧纂修　清乾隆五年(1740)刻本　九册　十行二十四字小字雙行同白口四周雙邊單黑魚尾

370000－1544－0003374　922/26

[同治]**蘇州府志一百五十卷首三卷**　(清)李銘皖修　(清)馮桂芬纂　清光緒九年(1883)江蘇書局刻本　八十册　十行二十四字小字雙行同白口左右雙邊單黑魚尾

370000－1544－0003375　922/27

[道光]**續增高郵州志不分卷**　(清)張用熙修　(清)左輝春等纂　清道光二十三年(1843)刻本　六册　十行二十字小字雙行同白口左右雙邊

370000－1544－0003376　922/28

[同治]**廣信府志十二卷首一卷**　(清)蔣繼洙總修　清同治十二年(1873)郡城羅崇文堂刻本　三十册　九行二十字小字雙行同白口四周雙邊單黑魚尾

370000－1544－0003377　922/29

[嘉慶]**海州直隸州志三十二卷首一卷**　(清)唐仲冕總修　(清)汪梅鼎纂　清刻本　十册　十一行二十三字小字雙行同白口左右雙邊單黑魚尾　存二十八卷(一至二十八)

370000－1544－0003378　922/30

[咸豐]**武定府志三十八卷首一卷**　(清)李熙齡纂修　清咸豐九年(1859)刻本　二十四册　十行二十一字白口左右雙邊單黑魚尾

370000－1544－0003379　922/31

[道光]**保寧府志六十二卷**　(清)黎學錦修　(清)史觀纂　清道光刻本　十六册　九行二十一字白口四周雙邊單黑魚尾

370000－1544－0003380　922/34

[嘉慶]**松江府志八十四卷首二卷**　(清)宋如林修　(清)孫星衍　(清)莫晉纂　清嘉慶二十二年(1817)刻本　四十册　十行二十二字小字雙行同左右雙邊單黑魚尾

370000－1544－0003381　922/34－2

[光緒]**松江府續志四十卷首一卷**　(清)博潤修　(清)姚光發纂　清光緒十年(1884)刻本　二十四册　十行二十二字小字雙行同左右雙邊單黑魚尾

370000－1544－0003382　922/35

[光緒]**順天府志一百三十卷附錄一卷**　(清)周家楣修　(清)張之洞　繆荃孫纂　清光緒十年至十二年(1884－1886)刻本　六十四册　十二行二十五字黑口四周單邊雙對黑魚尾

370000－1544－0003383　922/36

[嘉慶]**重修揚州府志七十二卷首一卷**　(清)張世浣修　(清)姚文田纂　清嘉慶十五年(1810)刻本　三十二册　十行二十三字白口四周單邊單黑魚尾

370000－1544－0003384　922/38

[同治]**蘇州府志一百五十卷首三卷**　(清)李銘皖修　(清)馮桂芬纂　清光緒九年(1883)江蘇書局刻本　八十册　十行二十四字小字雙行同白口左右雙邊單黑魚尾

370000－1544－0003385　922/39
[道光]泰州志三十六卷　(清)王有慶修　(清)陳道坦纂　清光緒三十四年(1908)刻本　十册　十行二十一字小字雙行同白口左右雙邊單黑魚尾

370000－1544－0003386　922/39－2
[道光]泰州志三十六卷　(清)王有慶修　(清)陳道坦纂　清光緒三十四年(1908)刻本　十册　十行二十一字小字雙行同白口左右雙邊單黑魚尾

370000－1544－0003387　922/41
[咸豐]青州府志六十四卷　(清)毛永柏修　(清)李圖　(清)劉耀椿纂　清咸豐九年(1859)刻本　十六册　十行二十二字小字雙行同黑口四周單邊

370000－1544－0003388　922/41－2
[康熙]青州府志二十二卷　(清)陶錦修　(清)王昌學等纂　清康熙六十年(1721)刻本　八册　十行二十二字小字雙行同白口四周雙邊單黑魚尾

370000－1544－0003389　922/61
[乾隆]兗州府志三十二卷首二卷　(清)羅普爾泰修　清刻本　十一册　十行二十一字小字雙行同白口四周雙邊單黑魚尾　存十九卷(七至十八、二十二至二十七,首下)

370000－1544－0003390　922/61－2
[康熙]兗州府志續編二十卷　(明)于慎行撰　(清)金一鳳等續修　清康熙五十八年(1719)刻本　三册　十行二十字小字雙行同白口左右雙邊單黑魚尾　存十一卷(二至八、十八至二十一)

370000－1544－0003391　922/62
[乾隆]泰安府志三十卷首二卷前一卷　(清)顔希深編　清乾隆二十五年(1760)刻本　十册　十行二十一字小字雙行同白口四周單邊單黑魚尾　存十四卷(十六至十八、二十至三十)

370000－1544－0003392　922/63
[乾隆]濟寧直隸州志三十四卷首一卷　(清)胡德琳　(清)藍應桂修　(清)周永年　(清)盛百二纂　清乾隆五十年(1785)刻本　十册　十行二十一字小字雙行同白口左右雙邊單黑魚尾　存十九卷(二、五至十八、二十一至二十二、三十三至三十四)

370000－1544－0003393　922/88
[道光]濟南府志七十二卷首一卷　(清)王贈芳　(清)王鎮修　(清)成瓘等纂　清道光二十一年(1841)刻本　四十册　十一行二十五字小字雙行同白口四周雙邊單黑魚尾

370000－1544－0003394　922/91
[光緒]代州志十二卷首一卷　(清)俞廉三修　(清)楊篤纂　清光緒八年(1882)刻本　六册　十行二十三字小字雙行同白口四周雙邊單黑魚尾

370000－1544－0003395　494/1
古玉圖攷　(清)吴大澂撰　清光緒十五年(1889)上海同文書局石印本　四册　白口四周單邊

370000－1544－0003396　922/113
[同治]桂陽直隸州志十五篇二十七卷　(清)汪敩灝修　王闓運纂　清同治七年(1868)刻本　十二册　十行二十一字小字雙行同白口四周雙邊單黑魚尾

370000－1544－0003397　922/114
景定嚴州續志十卷　(宋)鄭瑤等撰　清光緒漸西村舍刻本　二册　八行二十一字小字雙行同白口左右雙邊單黑魚尾

370000－1544－0003398　922/115
[乾隆]歷陽典録三十四卷　(清)陳廷桂纂輯　**歷陽典録補編六卷**　(清)游智開補輯　清同治六年(1867)刻本　十二册　十行二十字小字雙行同黑口四周雙邊單黑魚尾

370000－1544－0003399　922/116
[道光]薊州志十卷　(清)沈鋭纂修　清道光十一年(1831)刻本　八册　九行二十四字白口四周雙邊單黑魚尾

370000－1544－0003400　922/117

[同治]瑞州府志二十四卷首一卷　(清)黄廷金修　(清)蕭浚蘭　(清)熊松之纂　清同治刻本　十四册　十行二十三字小字雙行同黑口四周雙邊單黑魚尾

370000－1544－0003401　922/118

[道光]寶慶府志一百四十三卷首二卷末三卷　(清)張鎮南　(清)黄宅中纂　清道光刻本　四十册　十二行二十五字小字雙行同白口四周雙邊單黑魚尾

370000－1544－0003402　922/137

[淳熙]新安志十卷　(宋)羅願修　清光緒十四年(1888)刻本　五册　九行十九字小字雙行二十九字白口左右雙邊單黑魚尾

370000－1544－0003403　922/140

[光緒]荊州萬域隄志十卷首一卷末一卷　(清)倪文蔚修　清光緒二年(1876)刻本　六册　九行二十四字白口四周單邊單黑魚尾

370000－1544－0003404　922/141

[嘉慶]黄平州志十二卷首一卷　(清)李臺修　(清)王孚鏞纂　清嘉慶刻本　一册　十行二十字白口四周雙邊單黑魚尾　存一卷(九)

370000－1544－0003405　923/1

[乾隆]孝義縣志二十卷　(清)鄧必安纂修　清乾隆三十五年(1770)刻本　八册　十行二十字小字雙行同白口左右雙邊單黑魚尾

370000－1544－0003406　923/2

[康熙]新修齊東縣志八卷　(清)余為霖修　清康熙二十四年(1685)刻本　六册　八行二十字小字雙行同白口四周雙邊單黑魚尾

370000－1544－0003407　923/3

[萬曆]安邱縣志二十八卷　(明)熊元修　(明)馬文煒撰　清抄本　四册　九行十八字小字雙行同四周雙邊

370000－1544－0003408　923/6

[乾隆]肅寧縣志十卷　(清)尹侃修　(清)談有典纂　清乾隆二十一年(1756)刻本　五册　九行二十一字小字雙行同白口左右雙邊單黑魚尾

370000－1544－0003409　923/7

[乾隆]河間縣志六卷　(清)吳山鳳修　(清)黄文蓮纂　清乾隆二十五年(1760)刻本　六册　十行二十字小字雙行同白口左右雙邊單黑魚尾

370000－1544－0003410　923/12

[光緒]閩縣鄉土志八卷　(清)朱景星修　(清)鄭祖庚纂修　清光緒三十二年(1906)鉛印本　四册　九行二十二字小字雙行同四周雙邊單黑魚尾

370000－1544－0003411　923/13

[道光]廈門志十六卷　(清)周凱纂修　清道光十九年(1839)刻本　十二册　十行二十二字白口四周雙邊單黑魚尾

370000－1544－0003412　923/14

[嘉慶]湘潭縣志四十卷　(清)張雲璈總纂　(清)周系英纂　清嘉慶二十三年(1818)刻本　十八册　九行二十二字白口左右雙邊單黑魚尾

370000－1544－0003413　923/16

[乾隆]天津縣志二十四卷　(清)朱奎揚修　(清)吳廷華纂　清乾隆四年(1739)刻本　八册　十行二十一字小字雙行同白口四周雙邊單黑魚尾

370000－1544－0003414　923/17

[乾隆]汾陽縣誌十四卷　(清)李文起修　(清)戴震纂　清乾隆三十七年(1772)刻本　六册　十行二十一字小字雙行同白口左右雙邊單黑魚尾

370000－1544－0003415　923/18

[同治]衡陽縣志十二卷　(清)羅慶薌修　(清)彭玉麟　(清)殷家俊纂　清同治十三年(1874)刻本　七册　十行二十一字小字雙行同白口四周雙邊單黑魚尾

370000－1544－0003416　923/19

[光緒]嘉定縣志三十二卷　(清)程其玨總修　(清)楊震福纂　清光緒七年(1881)尊經閣

刻本　十六冊　十一行二十二字小字雙行同白口左右雙邊單黑魚尾

370000－1544－0003417　923/20
［光緒］青浦縣志三十卷首二卷末一卷　（清）汪祖綬　（清）陳其元修　（清）熊其英　（清）邱式金纂修　清光緒五年（1879）尊經閣刻本　十二冊　十二行二十三字小字雙行同白口四周雙邊單黑魚尾

370000－1544－0003418　923/23
羊城古鈔八卷首一卷　（清）仇池石輯　清嘉慶十一年（1806）大賚堂刻本　四冊　十行十九字白口四周雙邊單黑魚尾

370000－1544－0003419　923/25
［道光］東阿縣志二十四卷　（清）李賢書修　（清）吳怡纂　清道光九年（1829）刻本　十二冊　十行二十一字白口四周單邊單黑魚尾

370000－1544－0003420　923/25－2
［道光］東阿縣志二十四卷　（清）李賢書修　（清）吳怡纂　清道光九年（1829）刻本　十二冊　十行二十一字白口四周單邊單黑魚尾

370000－1544－0003421　923/26
［光緒］江陰縣志三十卷首一卷　（清）盧思誠修　（清）季念詒總纂　清光緒四年（1878）刻本　二十冊　十行二十二字白口左右雙邊單黑魚尾

370000－1544－0003422　923/29
［光緒］肥城縣志十卷首一卷　（清）凌紱曾　（清）邵承昭修　（清）陳士煥　（清）張宗翰纂　清光緒十七年（1891）刻本　三冊　十行二十二字小字雙行同白口四周雙邊單黑魚尾　存四卷（一、七至八，首一卷）

370000－1544－0003423　923/29－2
［光緒］肥城縣志十卷首一卷　（清）凌紱曾　（清）邵承昭修　（清）陳士煥　（清）張宗翰纂　清光緒十七年（1891）刻本　六冊　十行二十二字小字雙行同白口四周雙邊單黑魚尾

370000－1544－0003424　923/30
［光緒］德平縣續志十二卷首一卷　（清）凌錫祺修　（清）李敬熙纂　清光緒十九年（1893）刻本　六冊　十行二十四字小字雙行同白口四周雙邊單黑魚尾

370000－1544－0003425　923/31
［康熙］甯化縣志七卷　（清）祝文郁修　（清）李世熊纂　清同治八年（1869）刻本　四冊　九行二十二字小字雙行同白口四周雙邊單黑魚尾　存三卷（一至三）

370000－1544－0003426　923/31－2
［康熙］甯化縣志七卷　（清）祝文郁修　（清）李世熊纂　清同治八年（1869）刻本　八冊　九行二十二字小字雙行同白口四周雙邊單黑魚尾

370000－1544－0003427　923/32
新泰縣鄉土志一卷　（清）湯宗幹纂修　清光緒三十四年（1908）山東國文報館石印本　一冊　十二行二十八字白口四周單邊單黑魚尾

370000－1544－0003428　923/32－2
［乾隆］新泰縣誌二十卷首一卷　（清）江乾達修　（清）牛士瞻纂　清乾隆五十年（1785）刻本　六冊　十行二十字小字雙行同黑口四周單邊單黑魚尾

370000－1544－0003429　923/34
［光緒］滋陽縣誌十四卷　（清）莫熾修　（清）黃恩彤纂　（清）李兆霖續修　（清）黃師誾續纂　清光緒十四年（1888）刻本　十冊　九行二十字小字雙行同白口左右雙邊單黑魚尾

370000－1544－0003430　923/34－2
［光緒］滋陽縣誌十四卷　（清）莫熾修　（清）黃恩彤纂　（清）李兆霖續修　（清）黃師誾續纂　清光緒十四年（1888）刻本　八冊　九行二十字小字雙行同白口左右雙邊單黑魚尾　存十一卷（一至十一）

370000－1544－0003431　923/35
［光緒］高密縣誌十卷首一卷末一卷　（清）羅邦彥　（清）傅賫予修　（清）李勷運纂　清光緒二十二年（1896）刻本　八冊　九行二十一

字小字雙行同白口左右雙邊單黑魚尾

370000－1544－0003432　923/36
[光緒]泗水縣誌十五卷首一卷　(清)趙英祚主修　清光緒十八年(1892)刻本　八冊　十行二十一字小字雙行同白口左右雙邊單黑魚尾

370000－1544－0003433　923/37
[乾隆]齊河縣誌十卷　(清)上官有儀修　清乾隆二年(1737)刻本　五冊　九行二十字小字雙行同白口四周雙邊單黑魚尾

370000－1544－0003434　923/38
[光緒]上虞縣誌四十八卷首一卷末一卷　(清)唐煦春修　清光緒十六年至十七年(1890－1891)刻本　二十一冊　九行二十二字小字雙行同白口左右雙邊單黑魚尾

370000－1544－0003435　923/39
[光緒]上虞縣誌校續五十卷首一卷末一卷　(清)儲家藻修　(清)徐致靖纂　清光緒二十四年至二十五年(1898－1899)刻本　二十冊　九行二十二字小字雙行同白口左右雙邊單黑魚尾

370000－1544－0003436　923/41－2
[乾隆]泰安縣誌十四卷首一卷末一卷　(清)程志隆修　(清)李成鵬纂　清乾隆二十五年(1760)刻本　十冊　九行二十一字白口四周單邊單黑魚尾

370000－1544－0003437　923/43
[乾隆]夏津縣誌十卷首一卷　(清)方學成修　(清)梁大鯤纂　清乾隆六年(1741)刻本　六冊　十行二十二字小字雙行同白口左右雙邊單黑魚尾

370000－1544－0003438　923/44
[光緒]南皮縣志十五卷首一卷末一卷　(清)汪寶澍纂修　清光緒十四年(1888)刻本　八冊　十行二十一字小字雙行同白口四周雙邊單黑魚尾

370000－1544－0003439　923/46
[同治]即墨縣志十二卷　(清)林溥總輯　清同治十二年(1873)刻本　八冊　十行二十五字白口左右雙邊單黑魚尾

370000－1544－0003440　923/46－2
[乾隆]即墨縣志十二卷首一卷　(清)尤淑孝修　(清)李元正纂　清乾隆二十九年(1764)即墨縣署刻本　六冊　十行二十三字白口左右雙邊單黑魚尾

370000－1544－0003441　923/48－2
[光緒]掖縣全志十八卷首一卷　(清)魏起鵬修　(清)王續藩纂　(清)趙紘序校補　清光緒十九年(1893)刻本　十六冊　九行二十一字白口左右雙邊單黑魚尾

370000－1544－0003442　923/48－3
[光緒]三續掖縣志四卷首一卷　(清)魏起鵬輯　(清)王續藩纂　清光緒十九年(1893)刻本　四冊　九行二十一字小字雙行同白口左右雙邊單黑魚尾

370000－1544－0003443　923/48－4
[乾隆]掖縣志八卷首一卷　(清)張思勉修　(清)于始瞻纂　清乾隆刻本　八冊　九行二十一字小字雙行同白口左右雙邊單黑魚尾

370000－1544－0003444　923/50
[光緒]壽張縣志十卷首一卷　(清)劉文奎纂輯　(清)王守謙編　清光緒二十六年(1900)壽良書院刻本　六冊　十行二十三字白口四周雙邊單黑魚尾

370000－1544－0003445　923/51
[光緒]利津縣志十卷文徵五卷　(清)盛贊熙纂修　清光緒九年(1883)刻本　五冊　十二行二十五字小字雙行同白口左右雙邊單黑魚尾

370000－1544－0003446　923/52
[道光]泰安縣志十二卷首一卷末一卷　(清)徐宗幹修　(清)蔣大慶編纂　清同治六年(1867)刻本　十四冊　九行二十一字白口左右雙邊單黑魚尾

370000－1544－0003447　923/56－5
[康熙]新修萊蕪縣志十卷　(清)鍾國義纂修

清康熙十二年(1673)刻本　五册　九行二十二字小字雙行同白口四周單邊單黑魚尾

370000－1544－0003448　923/57
[正德]武功縣誌三卷首一卷　(明)康海纂　(清)孫景烈評註　清光緒十三年(1887)刻本　一册　十二行二十五字小字雙行同白口四周雙邊單魚尾

370000－1544－0003449　923/57－2
[正德]武功縣誌三卷首一卷　(明)康海纂　(清)孫景烈評註　清乾隆二十六年(1761)刻本　一册　十二行二十五字小字雙行同白口四周雙邊單魚尾

370000－1544－0003450　923/60
[光緒]寶山縣志十四卷首一卷　(清)梁蒲貴修　(清)朱延射　(清)潘履祥纂　清光緒八年(1882)刻本　八册　十一行二十三字小字雙行同白口左右雙邊單黑魚尾

370000－1544－0003451　923/60－2
[光緒]寶山縣志十四卷首一卷　(清)梁蒲貴修　(清)朱延射　(清)潘履祥纂　清光緒八年(1882)刻本　八册　十一行二十三字小字雙行同白口左右雙邊單黑魚尾

370000－1544－0003452　923/62
[同治]分疆錄十二卷首一卷　(清)林鶚纂輯　(清)林用霖續編　(清)董憲會參校　清光緒四年(1878)刻本　六册　十行二十一字小字雙行同白口左右雙邊單黑魚尾

370000－1544－0003453　923/63－2
[康熙]曲阜縣誌六卷　(明)孔弘毅原本　(清)孔胤淳續修　明崇禎八年(1635)刻清康熙十二年(1673)補刻後印本　六册　九行十八字小字雙行同白口四周雙邊單黑魚尾

370000－1544－0003454　923/63－3
[乾隆]曲阜縣誌一百卷　(清)潘相等纂修　清乾隆三十九年(1774)刻本　十二册　十一行二十三字小字雙行同白口左右雙邊單黑魚尾

370000－1544－0003455　923/64
[道光]長清縣志十六卷首一卷末一卷　(清)舒化民修　(清)徐德成主纂　清道光十五年(1835)刻本　八册　十行二十三字小字雙行同白口左右雙邊單黑魚尾

370000－1544－0003456　923/64－2
[道光]長清縣志十六卷首一卷末一卷　(清)舒化民修　(清)徐德成主纂　清道光十五年(1835)刻本　六册　十行二十三字小字雙行同白口左右雙邊單黑魚尾

370000－1544－0003457　923/65
[光緒]羅田縣志八卷首一卷　(清)管貽葵修　(清)陳錦纂　清光緒二年(1876)義川書局刻本　十六册　九行二十二字小字雙行同黑口左右雙邊單黑魚尾

370000－1544－0003458　923/66
[紹熙]雲間志三卷續入一卷　(宋)楊潛撰　清光緒二十年(1894)刻本　二册　十行二十一字小字雙行同黑口左右雙邊單黑魚尾

370000－1544－0003459　923/67
[乾隆]諸城縣志四十六卷　(清)宫懋讓修　(清)李文藻等纂　**[道光]諸城縣續志二十二卷**　(清)劉光斗修　(清)朱學海纂　清道光十四年(1834)刻本　十二册　十行二十一字小字雙行同黑口四周單邊雙對黑魚尾

370000－1544－0003460　923/67－2
[乾隆]諸城縣志四十六卷　(清)宫懋讓修　(清)李文藻等纂　清乾隆二十九年(1764)刻本　八册　十行二十一字小字雙行同黑口四周單邊雙對黑魚尾

370000－1544－0003461　923/67－3
[乾隆]諸城縣志四十六卷　(清)宫懋讓修　(清)李文藻等纂　清乾隆二十九年(1764)刻本　八册　十行二十一字小字雙行同黑口四周單邊雙對黑魚尾

370000－1544－0003462　923/69
[光緒]吴江縣續志四十卷首一卷　(清)金福曾修　(清)熊其英纂　清光緒五年(1879)刻本　八册　十二行二十三字小字雙行同白口

四周雙邊單黑魚尾

370000－1544－0003463　923/73－2
[乾隆]歷城縣志五十卷首一卷　(清)胡德琳修　(清)李文藻纂　清乾隆三十八年(1773)刻本　十六册　十行二十一字小字雙行同白口左右雙邊單黑魚尾

370000－1544－0003464　923/73－3
[乾隆]歷城縣志五十卷首一卷　(清)胡德琳修　(清)李文藻纂　清乾隆三十八年(1773)刻本　十六册　十行二十一字小字雙行同白口左右雙邊單黑魚尾

370000－1544－0003465　923/74
[雍正]慈谿縣志十六卷　(清)馮鴻模纂修　(清)楊正筍訂正　清乾隆三年(1738)補刻本　八册　十行二十二字白口左右雙邊單黑魚尾

370000－1544－0003466　923/75
[道光]章邱縣志十六卷首一卷末一卷　(清)吳璋修　(清)曹楙堅纂　清道光十五年(1835)刻本　八册　十行二十字白口四周單邊單黑魚尾

370000－1544－0003467　923/77
[道光]城武縣志十四卷首一卷　(清)袁章華修　(清)劉士瀛纂　清道光十年(1830)刻本　八册　九行二十字小字雙行同白口左右雙邊單黑魚尾

370000－1544－0003468　923/79
[萬曆]汶上縣誌八卷　(明)栗可仕修　(明)王命新纂　清康熙刻本　二册　十行二十字小字雙行同白口四周單邊單黑魚尾

370000－1544－0003469　923/79－2
[康熙]續修汶上縣志六卷　(清)聞元炅續編　清康熙刻本　二册　九行二十字白口四周單邊單黑魚尾　存三卷(四至六)

370000－1544－0003470　923/81
[光緒]鄒縣鄉土志一卷　(清)胡煒纂修　清光緒三十三年(1907)山東圖文報館石印本　一册　十二行二十八字白口四周雙邊單黑魚尾

370000－1544－0003471　923/81－3
[康熙]鄒縣志三卷　(清)婁一均修　(清)周翼纂　清康熙五十五年(1716)刻本　四册　十行二十字小字雙行同白口四周雙邊單黑魚尾

370000－1544－0003472　923/81－3:2
[光緒]鄒縣續志十二卷　(清)吳若灝修　(清)錢檯纂　清光緒十八年(1892)刻本　四册　十行二十字小字雙行同白口四周雙邊單黑魚尾

370000－1544－0003473　923/81－4
[康熙]鄒縣志三卷　(清)婁一均修　(清)周翼纂　清康熙五十五年(1716)刻本　四册　十行二十字小字雙行同白口四周雙邊單黑魚尾

370000－1544－0003474　923/81－5
[光緒]鄒縣鄉土志一卷　(清)胡煒纂修　清光緒三十三年(1907)山東圖文報館石印本　一册　十二行二十八字白口四周雙邊單黑魚尾

370000－1544－0003475　923/82
[光緒]黄岡縣志二十四卷首一卷　(清)戴昌言修　(清)劉恭冕纂　清光緒八年(1882)刻本　十二册　十二行二十五字小字雙行同白口四周雙邊單黑魚尾　存十三卷(一至十二、首一卷)

370000－1544－0003476　923/83
[同治]襄陽縣志七卷首一卷　(清)楊宗時修　(清)崔淦纂　(清)吳燿斗續修　(清)李士彬續纂　清同治十三年(1874)刻本　八册　十行二十四字小字雙行同白口四周雙邊單黑魚尾

370000－1544－0003477　923/85
[光緒]縉雲縣志十六卷首一卷末一卷　(清)何乃容等修　(清)潘樹棠纂　清光緒二年至七年(1876－1881)刻本　十二册　十行二十二字小字雙行同白口四周雙邊單黑魚尾

370000－1544－0003478　923/86
[光緒]甯陽縣志二十四卷　(清)高陞榮修　(清)黄恩彤纂　清光緒五年(1879)刻民國二十年(1931)補刻本　十二册　九行二十一字小字雙行同白口左右雙邊單黑魚尾

370000－1544－0003479　923/86－2
[光緒]甯陽縣鄉土志一卷　(清)曹倜修　(清)李椿齡　(清)張雲渠纂　清光緒三十三年(1907)石印本　一册　十二行二十八字白口四周雙邊單黑魚尾

370000－1544－0003480　923/87
[道光]滕縣志十四卷首一卷　(清)王政修　(清)王庸立　(清)黄來麟纂　清道光刻本　八册　十行二十二字小字雙行同白口四周雙邊單黑魚尾

370000－1544－0003481　923/87－2
[道光]滕縣志十四卷首一卷　(清)王政修　(清)王庸立　(清)黄來麟纂　清道光刻本　八册　十行二十三字小字雙行同白口四周雙邊單黑魚尾

370000－1544－0003482　923/88
[光緒]無錫金匱縣志四十卷首一卷　(清)裴大中修　(清)秦湘業纂　清光緒七年(1881)刻本　十八册　十行二十二字小字雙行同白口左右雙邊單黑魚尾

370000－1544－0003483　923/89
[康熙]鄆城縣志八卷　(清)張盛銘鑒定　(清)趙肅　(清)王維藩纂修　清康熙刻本　四册　九行二十字小字雙行同白口四周單邊單黑魚尾

370000－1544－0003484　923/90
[康熙]益都縣志十四卷首一卷　(清)陳食花修　(清)鍾諤纂　清康熙十一年(1672)刻本　六册　九行二十一字白口四周單邊單黑魚尾

370000－1544－0003485　923/90－2
[光緒]益都縣圖志五十四卷首一卷　(清)張承燮修　(清)法偉堂纂　清光緒三十三年(1907)刻本　十六册　十一行二十三字小字雙行同黑口四周單邊單黑魚尾

370000－1544－0003486　923/90－3
[康熙]益都縣志十四卷首一卷　(清)陳食花修　(清)鍾諤纂　清康熙十一年(1672)刻本　四册　九行二十一字白口四周單邊單黑魚尾　存八卷(七至十四)

370000－1544－0003487　923/91
[道光]商河縣志八卷首一卷　(清)龔廷煌等纂修　清道光十六年(1836)刻本　八册　九行二十一字小字雙行同白口四周雙邊單黑魚尾

370000－1544－0003488　923/92
[康熙]萊陽縣志十卷　(清)萬邦維　(清)衛元爵纂修　清康熙十七年(1678)刻本　四册　九行二十字小字雙行同白口四周單邊單黑魚尾

370000－1544－0003489　923/93
[光緒]惠民縣志三十卷首一卷末一卷　(清)沈世銓修　(清)李勖纂　清光緒十二年(1886)刻本　六册　十行二十一字小字雙行同白口四周雙邊單黑魚尾

370000－1544－0003490　923/94
[乾隆]陽信縣志八卷　(清)王允深修　(清)沈佐清　(清)王式軾纂　清乾隆二十四年(1759)刻本　五册　十行二十字小字雙行同白口左右雙邊單黑魚尾

370000－1544－0003491　923/95
[乾隆]昌邑縣志八卷　(清)周來邰纂修　清乾隆七年(1742)刻本　四册　九行二十字小字雙行同白口四周雙邊單黑魚尾

370000－1544－0003492　923/96
[康熙]海豐縣誌十二卷首一卷　(清)胡公著修　(清)張克家纂　清康熙九年(1670)刻本　四册　九行二十字白口四周單邊單黑魚尾

370000－1544－0003493　923/97
[乾隆]樂陵縣志八卷　(清)王謙益修　(清)鄭成中纂　清乾隆二十七年(1762)刻本

八冊　九行十九字白口左右雙邊單黑魚尾

370000－1544－0003494　923/98
[乾隆]平原縣志十卷首一卷　(清)黃懷祖纂修　清乾隆十四年(1749)刻本　四冊　十行二十四字小字雙行同白口四周雙邊單黑魚尾

370000－1544－0003495　923/99
[萬曆]恩縣志六卷　(明)孫居相修　(明)雷金聲纂　明萬曆二十六年(1598)刻本　三冊　十行二十二字小字雙行同白口四周雙邊單黑魚尾

370000－1544－0003496　923/99－2
[雍正]恩縣續志五卷　(清)陳學海續修　(清)韓天篤纂　清雍正元年(1723)刻本　一冊　十行二十二字小字雙行同白口四周雙邊單黑魚尾

370000－1544－0003497　923/103
[同治]長興縣志三十二卷首一卷　(清)趙定邦修　(清)周學濬　(清)丁寶書纂　**長興志拾遺二卷**　(清)朱鎮撰　清同治十三年至光緒元年(1874－1875)刻本　十六冊　十行二十一字小字雙行同白口左右雙邊單黑魚尾

370000－1544－0003498　923/105
[光緒]餘姚縣志二十七卷首一卷末一卷　(清)周炳麟修　(清)邵友濂　(清)孫德祖纂　清光緒二十五年(1899)刻本　十六冊　十一行二十二字小字雙行同白口四周雙邊單黑魚尾

370000－1544－0003499　923/107
[光緒]永嘉縣志三十八卷首一卷　(清)張寶琳主修　(清)王棻　(清)孫詒讓纂　清光緒八年(1882)刻民國二十四年(1935)補刻本　三十冊　十行二十二字小字雙行同白口四周雙邊單黑魚尾

370000－1544－0003500　923/108
[光緒]常昭合志稿四十八卷首一卷末一卷　(清)鄭鍾祥　(清)張瀛修　(清)龐鴻文纂修　清光緒三十年(1904)木活字印本　十六冊　十行二十四字小字雙行同白口四周單邊單黑魚尾

370000－1544－0003501　923/108－2
[光緒]常昭合志稿四十八卷首一卷末一卷　(清)鄭鍾祥　(清)張瀛修　(清)龐鴻文纂修　清光緒三十年(1904)木活字印本　二十冊　十行二十四字小字雙行同白口四周單邊單黑魚尾

370000－1544－0003502　923/111
[嘉慶]重刊宜興縣舊志十卷首一卷末一卷　(清)李先榮原本　(清)阮升基等增修　(清)甯楷增纂　清光緒刻本　九冊　十行二十二字小字雙行同白口左右雙邊單黑魚尾　缺二卷(二至三)

370000－1544－0003503　923/111－2
[道光]重刊續纂宜荊縣志十卷首一卷　(清)顧名修　(清)吳德旋纂　清光緒刻本　四冊　十行二十二字小字雙行同白口左右雙邊單黑魚尾

370000－1544－0003504　923/111－3
[嘉慶]重刊宜興縣志四卷首一卷　(清)阮升基修　(清)寧楷纂　清光緒刻本　二冊　十行二十二字小字雙行同白口左右雙邊單黑魚尾

370000－1544－0003505　923/111－4
[嘉慶]重刊荊溪縣志四卷首一卷　(清)唐仲冕修　(清)寧楷纂　清光緒刻本　二冊　十行二十二字小字雙行同白口左右雙邊單黑魚尾

370000－1544－0003506　923/111－5
[道光]續纂宜興荊溪縣志十卷首一卷　(清)顧名修　(清)吳德旋纂　清光緒刻本　一冊　十行二十二字小字雙行同白口左右雙邊單黑魚尾　缺三卷(八至十)

370000－1544－0003507　923/111－6
[光緒]宜興荊溪縣新志十卷首一卷末一卷　(清)施惠修　(清)吳景牆纂　清光緒刻本　八冊　十行二十二字小字雙行同白口左右雙邊單黑魚尾

370000－1544－0003508　923/111－7
[嘉慶]重刊宜興縣舊志十卷首一卷末一卷　(清)李先榮原本　(清)阮升基等增修　(清)甯楷增纂　清光緒刻本　十六册　十行二十二字小字雙行同白口左右雙邊單黑魚尾

370000－1544－0003509　923/112
[光緒]湘潭縣志十二卷　(清)陳嘉榆等修　王闓運等纂　清光緒十五年(1889)刻本　十册　十行二十一字小字雙行同白口四周雙邊單黑魚尾

370000－1544－0003510　923/112－2
[光緒]湘潭縣志十二卷　(清)陳嘉榆等修　王闓運等纂　清光緒十五年(1889)刻本　十册　十行二十一字小字雙行同白口四周雙邊單黑魚尾

370000－1544－0003511　923/113
[道光]重修平度州志二十七卷　(清)保忠修　(清)李圖　(清)王大鑰纂　清道光二十八年(1848)刻本　八册　十行二十四字白口左右雙邊單黑魚尾

370000－1544－0003512　923/115
[道光]昆明縣誌丨卷　(清)戴絅孫輯　清光緒刻本　六册　十行二十一字白口四周雙邊單黑魚尾

370000－1544－0003513　923/115－2
[道光]昆明縣誌十卷　(清)戴絅孫輯　清光緒刻本　六册　十行二十一字白口四周雙邊單黑魚尾

370000－1544－0003514　923/118
[乾隆]皐蘭縣志二十卷　(清)吳鼎新修　(清)黄建中纂　清乾隆四十三年(1778)刻本　四册　九行二十三字小字雙行同白口四周雙邊單黑魚尾

370000－1544－0003515　923/120
[同治]黄縣誌十四卷首一卷　(清)尹繼美纂修　清同治十年(1871)刻本　四册　十行二十四字小字雙行同白口四周雙邊單黑魚尾

370000－1544－0003516　923/120－2
[乾隆]黄縣志十二卷　(清)袁中立修　(清)毛贊纂　清乾隆二十一年(1756)刻本　四册　九行二十一字小字雙行同白口左右雙邊單黑魚尾

370000－1544－0003517　923/121
[同治]上海縣志三十二卷首一卷補遺一卷敘録一卷　(清)應寶時等修　(清)俞樾　(清)方宗誠纂　清同治刻本　十六册　十二行二十三字小字雙行同白口四周雙邊單黑魚尾

370000－1544－0003518　923/122
[道光]重修蓬萊縣志十四卷　(清)王文燾修　(清)張本　(清)葛元昶纂　清道光十九年(1839)刻本　八册　九行二十二字小字雙行同白口四周雙邊單黑魚尾

370000－1544－0003519　923/122－2
[光緒]蓬萊縣續志十四卷　(清)鄭錫鴻　(清)江瑞采修　(清)王爾植纂　清光緒八年(1882)刻本　四册　九行二十二字小字雙行同白口四周雙邊單黑魚尾

370000－1544－0003520　923/129
[光緒]鳳陽縣續志十六卷首一卷　(清)于萬培修　(清)謝永泰續修　(清)王汝琛纂　清光緒刻朱印本　二册　十行十九字小字雙行同白口四周雙邊單紅魚尾　存五卷(藝文二卷、紀事一卷、拾遺一卷、人物一卷)

370000－1544－0003521　923/129－2
[光緒]鳳陽縣續志十六卷首一卷　(清)于萬培修　(清)謝永泰續修　(清)王汝琛纂　清光緒刻朱印本　二册　十行十九字小字雙行同白口四周雙邊單紅魚尾　存五卷(藝文二卷、紀事一卷、拾遺一卷、人物一卷)

370000－1544－0003522　923/137
[同治]鄞縣志七十五卷　(清)戴枚修　(清)張恕　(清)董沛纂　清光緒三年(1877)刻本　三十二册　十二行二十五字小字雙行同白口左右雙邊單黑魚尾

370000－1544－0003523　923/144

[光緒]贛榆縣志十八卷　(清)王豫熙修　(清)張謇纂　清光緒十四年(1888)刻本　四冊　十行二十五字白口四周單邊單黑魚尾

370000－1544－0003524　923/145
[光緒]曹縣志十八卷首一卷　(清)陳嗣良修　(清)孟廣來　(清)賈迺延纂　清刻本　八冊　十行二十二字小字雙行同白口四周雙邊單黑魚尾　缺八卷(一至八)

370000－1544－0003525　923/146－3
[光緒]鹽城縣志十七卷首一卷　(清)劉崇照修　(清)龍繼棟　(清)陳玉樹纂　清光緒二十一年(1895)刻本　八冊　十行二十一字小字雙行同黑口左右雙邊

370000－1544－0003526　923/147
[道光]欒城縣志十卷首一卷末一卷　(清)桂超萬　(清)李鈖修　(清)高繼珩主纂　清道光二十六年(1846)刻本　四冊　十行二十二字小字雙行同白口四周雙邊單黑魚尾

370000－1544－0003527　923/155
[正德]武功縣志三卷首一卷　(明)康海纂　(清)孫景烈評註　清光緒十三年(1887)補刻本　一冊　十二行二十五字白口四周雙邊單黑魚尾

370000－1544－0003528　923/159
[道光]文登縣志十卷　(清)蔡培　(清)歐文修　(清)林汝謨纂　清道光十九年(1839)刻本　四冊　十三行二十五字白口左右雙邊單黑魚尾

370000－1544－0003529　923/161
[光緒]章邱縣鄉土志二卷　(清)楊學淵修　(清)高鍾璐　(清)李洪鈺纂　清光緒三十三年(1907)石印本　二冊　九行二十五字白口四周雙邊單黑魚尾

370000－1544－0003530　923/165
[道光]長清縣志十六卷首一卷末一卷　(清)舒化民修　(清)徐德成主纂　清道光十五年(1835)刻本　八冊　十行二十三字小字雙行同白口左右雙邊單黑魚尾

370000－1544－0003531　923/172
[嘉慶]昌樂縣志三十二卷首一卷　(清)賀基昌原修　(清)魏禮焯重修　(清)閻學夏等纂　清嘉慶十四年(1809)刻本　六冊　十行二十五字小字雙行同白口四周雙邊單黑魚尾

370000－1544－0003532　923/175
[道光]重修榮成縣志十卷　(清)李天騭修　(清)岳賡廷纂　清道光二十年(1840)刻本　四冊　九行二十二字白口左右雙邊單黑魚尾

370000－1544－0003533　923/176
[嘉慶]續修長山縣志十六卷首一卷　(清)倪企望修　(清)鍾廷瑛纂　(清)徐果行纂　清嘉慶六年(1801)刻本　十冊　十行二十二字小字雙行同白口左右雙邊單黑魚尾

370000－1544－0003534　923/178
[乾隆]嘉祥縣志四卷首一卷　(清)倭什布纂修　清光緒二十八年(1902)抄本　三冊　十行二十一字小字雙行同白口　缺一卷(二)

370000－1544－0003535　923/181
[光緒]濰縣鄉土志一卷　(清)宋朝楨編　清光緒三十三年(1907)石印本　一冊　十二行二十八字白口四周雙邊單黑魚尾

370000－1544－0003536　923/182
[光緒]禹城縣鄉土志一卷　(清)王汝漢修　(清)張青蓮纂　清光緒三十四年(1908)石印本　一冊　十一行三十二字白口四周雙邊單黑魚尾

370000－1544－0003537　923/184
[光緒]嶧縣志二十五卷首一卷　(清)王振錄修　(清)王寶田增輯　清光緒三十年(1904)刻本　十一冊　十行二十字小字雙行同白口四周雙邊單黑魚尾

370000－1544－0003538　923/186
[乾隆]濟陽縣誌十四卷　(清)胡德琳修　清乾隆三十年(1765)刻本　八冊　九行二十一字小字雙行同白口左右雙邊單黑魚尾

370000－1544－0003539　923/187
[乾隆]海陽縣誌八卷　(清)包桂纂修　清乾

隆七年(1742)刻本　四册　九行二十一字小字雙行同白口左右雙邊單黑魚尾

370000－1544－0003540　923/190
[光緒]平陰縣誌八卷首一卷　(清)李敬修修　(清)翟化鵬纂　清光緒二十一年(1895)雲門書院刻本　八册　十行二十五字白口四周雙邊單黑魚尾

370000－1544－0003541　923/192
[光緒]費縣志十六卷首一卷　(清)李敬修修　(清)范鴻林纂　清光緒二十二年(1896)刻本　十册　十行二十一字小字雙行同白口四周雙邊單黑魚尾

370000－1544－0003542　923/198
[道光]博平縣志六卷　(清)楊祖憲修　(清)烏竹芳纂　清道光十一年(1831)刻十五年(1835)續修本　六册　九行二十一字白口四周雙邊單黑魚尾

370000－1544－0003543　923/200
[光緒]丹陽縣誌三十六卷首一卷補遺二十卷　(清)凌焯　(清)陳炳泰修　(清)徐錫麟　(清)姜璘纂　清光緒十一年(1885)刻本　十八册　十行二十一字小字雙行同白口左右雙邊單黑魚尾

370000－1544－0003544　923/201
[光緒]六合縣志八卷圖説一卷附錄一卷　(清)謝延庚　(清)呂憲秋修　(清)賀延壽　(清)唐毓和纂　清光緒九年(1883)刻本　十册　十二行二十五字小字雙行同白口四周單邊單黑魚尾

370000－1544－0003545　923/203
[光緒]甯陽縣志二十四卷　(清)高陞榮修　(清)黄恩彤纂　清光緒刻本　三册　九行二十一字小字雙行同白口四周單邊單黑魚尾　存六卷(八、十一至十二、十四、十七至十八)

370000－1544－0003546　923/205
[光緒]崇明縣志十八卷　(清)林達泉修　(清)李聯秀　(清)葉裕仁纂　清光緒七年(1881)刻本　一册　十二行二十三字小字雙行同白口四周雙邊單黑魚尾　存二卷(一至二)

370000－1544－0003547　923.1/6
[乾隆]江夏縣誌十五卷首一卷　(清)陳元京纂修　清乾隆五十八年(1793)刻本　八册　九行二十二字小字雙行同白口四周雙邊單黑魚尾　缺三卷(七至九)

370000－1544－0003548　923.1/15
[光緒]丹徒縣志六十卷首四卷丹徒縣志全圖一卷　(清)何紹章　(清)馮壽鏡修　(清)呂耀斗纂　清光緒五年(1879)刻本　三十二册　十一行二十一字小字雙行同白口左右雙邊單黑魚尾

370000－1544－0003549　923.1/17
[光緒]崇明縣志十八卷　(清)林達泉修　(清)李聯秀　(清)葉裕仁纂　清光緒七年(1881)刻本　十二册　十二行二十三字小字雙行同白口四周雙邊單黑魚尾

370000－1544－0003550　923.1/25
[道光]太平縣志十六卷首一卷　(清)李炳彥纂修　清道光刻本　八册　九行二十五字白口四周雙邊單黑魚尾

370000－1544－0003551　923.1/27
[光緒]彭縣志十三卷首一卷末一卷補遺一卷　(清)張龍甲修　清光緒四年(1878)刻本　十册　九行二十四字小字雙行同白口四周雙邊單黑魚尾

370000－1544－0003552　923.1/30
[光緒]豐潤縣志十二卷　(清)牛昶煦　(清)郝增祜纂輯　清光緒十八年(1892)刻本　六册　十行二十字小字雙行同白口四周雙邊單黑魚尾

370000－1544－0003553　923.1/31
[光緒]平湖縣志二十五卷首一卷末一卷殉難錄一卷　(清)彭潤章修　(清)葉廉鍔等纂　清光緒十二年(1886)刻本　十二册　十一行二十五字小字雙行同白口四周雙邊單黑魚尾

370000－1544－0003554　923.1/31－2

[光緒]平湖縣志二十五卷首一卷末一卷殉難錄一卷　(清)彭潤章修　(清)葉廉鍔等纂　清光緒十二年(1886)刻本　十三冊　十一行二十六字小字雙行同白口四周雙邊單黑魚尾

370000－1544－0003555　923.1/33
[光緒]蘭谿縣志八卷首一卷補遺一卷　(清)秦簧　(清)邵秉經修　(清)唐壬森纂　清光緒十五年(1889)刻本　十冊　十行二十二字小字雙行同黑口四周雙邊單黑魚尾

370000－1544－0003556　923.1/37
[咸豐]朝邑縣志三卷志例一卷　(清)李元春撰輯　清光緒七年(1881)刻本　二冊　九行二十二字白口四周單邊單黑魚尾

370000－1544－0003557　923.1/39
[光緒]諸暨縣志六十一卷首一卷　(清)陳遹聲修　(清)蔣鴻藻纂　清宣統二年(1910)刻本　十八冊　十二行二十五字小字雙行同白口四周單邊單黑魚尾

370000－1544－0003558　923.1/44
[嘉慶]介休縣誌十四卷　(清)徐品山　(清)陸元鏸纂修　(清)熊兆占纂　清嘉慶二十四年(1819)刻本　八冊　十行二十一字白口四周雙邊單黑魚尾

370000－1544－0003559　923.1/46
[宣統]建德縣志二十卷　(清)張贊巽　(清)張翊六修　(清)周學銘纂　清宣統二年(1910)湖北官制印局鉛印本　十冊　九行二十三字白口四周雙邊單黑魚尾

370000－1544－0003560　923.1/48
[光緒]泰興縣志二十六卷首一卷末一卷　(清)楊激雲修　(清)顧曾煊纂　清光緒十二年(1886)刻本　十冊　十行二十二字黑口左右雙邊單黑魚尾

370000－1544－0003561　923.1/51
[光緒]三原縣新志八卷　(清)焦雲龍修　(清)賀瑞麟編纂　清光緒六年(1880)刻本　四冊　十二行二十四字小字雙行同黑口四周單邊雙對黑魚尾

370000－1544－0003562　923.1/53
[光緒]樂亭縣志十五卷首一卷末一卷　(清)游智開修　(清)史夢蘭編纂　清光緒三年(1877)刻本　六冊　十行二十二字小字雙行同白口四周雙邊單黑魚尾

370000－1544－0003563　923.1/57
[乾隆]廣靈縣志十卷首一卷末一卷　(清)郭磊纂　**[光緒]廣靈縣補志十卷首一卷**　(清)楊亦銘補　清光緒七年(1881)刻本　六冊　十行二十二字小字雙行同白口四周雙邊單黑魚尾

370000－1544－0003564　923.1/66－1
[光緒]黃巖縣志四十卷　(清)陳寶善修　(清)陳鍾英續修　(清)王棻纂　(清)王詠霓續纂　清光緒三年(1877)刻本　十六冊　十一行二十二字小字雙行同白口左右雙邊單黑魚尾

370000－1544－0003565　923.1/67－1
[光緒]樂清縣志十六卷首一卷　(清)李登雲修　(清)陳坤等纂　清光緒二十七年(1901)刻民國元年(1912)補刻本　十五冊　十行二十二字小字雙行同白口左右雙邊單黑魚尾

370000－1544－0003566　923.1/94
[同治]上江兩縣志二十八卷敘錄一卷　(清)莫祥芝　(清)甘紹盤修　(清)汪士鐸纂　清同治十三年(1874)刻光緒二年(1876)重印本　十二冊　十行二十五字小字雙行同黑口四周雙邊雙對黑魚尾

370000－1544－0003567　923.1/94－2
[同治]上江兩縣志二十八卷敘錄一卷　(清)莫祥芝　(清)甘紹盤修　(清)汪士鐸纂　清同治十三年(1874)刻光緒二年(1876)重印本　十二冊　十行二十五字小字雙行同黑口四周雙邊雙對黑魚尾

370000－1544－0003568　923.1/95
[光緒]昆新兩縣續修合志五十三卷首一卷末一卷　(清)金吳瀾修　(清)汪堃纂　清光緒六年(1880)刻本　二十四冊　十一行二十二字小字雙行同白口左右雙邊單黑魚尾

370000－1544－0003569　923.1/96

［嘉慶］江都縣續志十二卷首一卷　（清）王逢源　（清）李保泰纂　清光緒七年（1881）刻本　四册　十二行二十一字小字雙行同白口左右雙邊單黑魚尾

370000－1544－0003570　923.1/97

［同治］江山縣誌十二卷首一卷末一卷　（清）王彬修　（清）陳鶴翔等纂　清同治十二年（1873）刻本　八册　十行二十二字白口四周單邊單黑魚尾

370000－1544－0003571　923.1/98

［乾隆］震澤縣志三十八卷首一卷　（清）陳和志修　（清）倪師孟纂　清光緒十九年（1893）刻本　八册　十一行二十一字小字雙行同白口四周單邊單黑魚尾

370000－1544－0003572　923.1/99

［光緒］永康縣志十六卷首一卷　（清）李汝爲　（清）郭文翹修　（清）潘樹棠等纂　清光緒十八年（1892）刻本　十二册　十行二十二字黑口四周雙邊單黑魚尾

370000－1544－0003573　923.1/99－2

［光緒］永康縣志十六卷首一卷　（清）李汝爲　（清）郭文翹修　（清）潘樹棠等纂　清光緒十八年（1892）刻本　十二册　十行二十二字黑口四周雙邊單黑魚尾

370000－1544－0003574　923.1/101

［光緒］華亭縣志二十四卷末一卷　（清）楊開第　（清）姚光發纂修　清光緒四年至五年（1878－1879）刻本　十册　十一行二十二字小字雙行同白口左右雙邊單黑魚尾

370000－1544－0003575　923.1/102

光緒武進陽湖縣志三十卷首一卷　（清）王其淦　（清）吳康壽修　（清）湯成烈纂　清光緒刻本　二十册　十行二十五字小字雙行同白口四周單邊單黑魚尾

370000－1544－0003576　923.1/103

［同治］景寧縣志十四卷首一卷末一卷　（清）周杰修　（清）嚴用光等纂　清同治十一年（1872）刻本　八册　十行二十一字白口四周雙邊單黑魚尾　缺二卷（一、六）

370000－1544－0003577　923.1/105

［光緒］增修甘泉縣志二十四卷首一卷圖一卷　（清）徐成敟修　（清）陳浩恩纂　清光緒七年（1881）木活字印本　二十四册　十行二十一字小字雙行同白口左右雙邊單黑魚尾

370000－1544－0003578　923.1/106

［光緒］桐鄉縣志二十四卷首四卷　（清）嚴辰纂　**楊園淵源錄四卷**　（清）沈曰富輯　清光緒刻本　二十四册　十行二十三字白口四周單邊單黑魚尾

370000－1544－0003579　923.1/108

［乾隆］富順縣志五卷　（清）段玉裁修　（清）李芝纂　清光緒八年（1882）刻本　五册　九行二十二字小字雙行同白口左右雙邊單黑魚尾

370000－1544－0003580　923.1/110

［同治］南豐縣志四十六卷首一卷　（清）柏春修　（清）魯琪光纂　清同治十年（1871）刻本　二十八册　十一行二十一字小字雙行同白口左右雙邊單黑魚尾

370000－1544－0003581　923.1/112

［嘉慶］東臺縣志四十卷　（清）周右修　（清）蔡復午等纂　清嘉慶二十一年（1816）刻本　十册　十行二十一字小字雙行同白口左右雙邊單黑魚尾

370000－1544－0003582　923.1/114

［同治］清江縣志十卷首一卷　（清）潘懿　（清）胡湛修　（清）朱孫詒纂　清同治九年（1870）刻本　十册　十行二十三字小字雙行同白口左右雙邊單黑魚尾

370000－1544－0003583　923.1/115

［同治］如皋縣續志十六卷　（清）周際霖修　（清）周頊纂　清同治十二年（1873）刻本　十二册　十一行二十二字小字雙行同白口左右雙邊單黑魚尾

370000－1544－0003584　923.1/116

[同治]臨江府志三十二卷首一卷　(清)德馨　(清)鮑孝光修　(清)朱孫詒纂　清同治十年(1871)刻本　六册　十行二十一字小字雙行同白口四周雙邊單黑魚尾

370000－1544－0003585　923.1/118
[嘉慶]荊溪縣志四卷　(清)唐仲冕　(清)段琦纂修　清嘉慶刻本　四册　十行二十二字小字雙行同白口左右雙邊單黑魚尾

370000－1544－0003586　923.1/122
[光緒]婁縣續志二十卷　(清)汪坤厚　(清)程其珏修　(清)張雲望纂　清光緒刻本　六册　十一行二十一字小字雙行同黑口左右雙邊單黑魚尾

370000－1544－0003587　923.1/123
[光緒]南滙縣志二十二卷首一卷末一卷　(清)金福曾修　(清)張文虎纂　清光緒五年(1879)刻本　十二册　十一行二十二字小字雙行同白口左右雙邊單黑魚尾

370000－1544－0003588　923.1/124
[光緒]睢甯縣志稿十八卷　(清)侯紹瀛修　(清)丁顯纂　清光緒十二年(1886)刻本　六册　十行二十四字小字雙行同白口四周雙邊雙對黑魚尾

370000－1544－0003589　923.1/126
[道光]重刊續纂宜荊縣志十卷首一卷　(清)顧名修　(清)吳德旋纂　清道光刻本　六册　十行二十二字小字雙行同白口左右雙邊單黑魚尾

370000－1544－0003590　923.1/127
[光緒]宜興荊谿縣新志十卷首一卷末一卷　(清)施惠修　(清)吳景牆纂　清光緒刻本　六册　十行二十二字小字雙行同白口左右雙邊單黑魚尾

370000－1544－0003591　923.1/134
[同治]湘鄉縣志二十三卷首一卷末一卷　(清)齊德五纂修　清同治八年至十三年(1869－1874)刻本　二十四册　十二行二十八字小字雙行同白口四周雙邊單黑魚尾

370000－1544－0003592　923.1/136
[嘉慶]宜興縣志四卷首一卷　(清)阮升基纂修　清嘉慶刻本　四册　十行二十二字小字雙行同白口左右雙邊單黑魚尾

370000－1544－0003593　923.1/138
[康熙]靈壽縣志十卷　(清)陸隴其纂修　清康熙二十四年(1685)刻本　四册　十行二十三字小字雙行同白口四周雙邊單黑魚尾

370000－1544－0003594　930/1
皇朝藩部要略十八卷世系表四卷　(清)祁韻士纂　清道光二十六年(1846)筠淥山房刻本　八册　十行二十一字白口左右雙邊單黑魚尾

370000－1544－0003595　930/1－2
皇朝藩部要略十八卷世系表四卷　(清)祁韻士纂　清光緒十年(1884)浙江書局刻本　八册　十行二十一字白口左右雙邊單黑魚尾

370000－1544－0003596　930/10
東藩紀要十二卷　(清)薛培榕編輯　(清)吳承裕校訂　清光緒八年(1882)上海申報館鉛印本　四册　十一行二十四字白口四周雙邊雙對黑魚尾

370000－1544－0003597　930/16
[康熙]中山傳信錄六卷　(清)徐葆光纂　清康熙六十年(1721)刻本　四册　九行二十一字小字雙行同黑口左右雙邊雙對黑魚尾

370000－1544－0003598　930/18
[光緒]西藏圖考八卷首一卷　(清)黄沛翹輯　清光緒十二年(1886)刻本　四册　十行二十二字小字雙行同黑口左右雙邊單黑魚尾

370000－1544－0003599　930/18－2
[光緒]西藏圖考八卷首一卷　(清)黄沛翹輯　清光緒二十三年(1897)刻本　四册　十行二十二字小字雙行同黑口左右雙邊單黑魚尾

370000－1544－0003600　930/19
秦邊紀略六卷　(清)梁份撰　清同治十一年(1872)新建吳坤修安徽藩署敬義齋刻本　一册　十二行二十四字小字雙行同黑口四周雙

邊單黑魚尾

370000－1544－0003601　930/21
欽定滿洲源流考二十卷　(清)阿桂等撰　清乾隆四十二年(1777)刻本　八冊　九行二十字小字雙行同白口四周雙邊單黑魚尾

370000－1544－0003602　930/23
朔方備乘六十八卷首十二卷　(清)河秋濤撰　清寶善書局石印本　八冊　十行三十九字小字雙行同白口四周單邊單黑魚尾

370000－1544－0003603　930/23－2
朔方備乘六十八卷首十二卷　(清)河秋濤撰　清光緒七年(1881)刻本　二十四冊　九行二十一字小字雙行同白口四周單邊單黑魚尾

370000－1544－0003604　930/24
[嘉慶]西域釋地一卷　(清)祁韻士輯　清道光刻本　一冊　十行二十一字小字雙行同白口四周雙邊單黑魚尾

370000－1544－0003605　930/25
[康熙]黔書二卷　(清)田雯編　清嘉慶十三年(1808)刻本　二冊　十一行二十四字黑口左右雙邊單黑魚尾

370000－1544－0003606　930/25－2
[康熙]黔書二卷　(清)田雯編　清嘉慶十三年(1808)刻本　二冊　十一行二十四字黑口左右雙邊單黑魚尾

370000－1544－0003607　930/25－3
[康熙]黔書二卷　(清)田雯編　清嘉慶十三年(1808)刻本　二冊　十一行二十四字黑口左右雙邊單黑魚尾

370000－1544－0003608　930/26
西陲要略四卷　(清)祁韻士輯　清光緒四年(1878)鉛印本　二冊　九行二十一字小字雙行同白口四周雙邊花魚尾

370000－1544－0003609　930/27
[同治]漢西域圖考七卷首一卷　(清)李光廷撰　清同治九年(1870)刻本　四冊　九行二十一字小字雙行同白口四周雙邊單黑魚尾

370000－1544－0003610　930/28
西北邊界圖地名譯漢考證二卷光緒勘定西北邊界俄文譯漢圖例言一卷　(清)許景澄纂輯　清光緒二十二年(1896)刻本　三冊　十行二十二字白口左右雙邊單黑魚尾

370000－1544－0003611　930/29
[光緒]三省入藏程站記　(清)范壽金編輯　清光緒三十三年(1907)石印本　一冊　十四行三十二字小字雙行同白口四周雙邊單黑魚尾

370000－1544－0003612　930/30
[光緒]邊疆簡覽三卷　(清)李慎儒著　清光緒二十八年(1902)退思軒石印本　一冊　十六行三十六字小字雙行同白口四周雙邊單黑魚尾

370000－1544－0003613　930/30－2
[光緒]邊疆簡覽三卷　(清)李慎儒著　清光緒二十八年(1902)退思軒石印本　一冊　十六行三十六字小字雙行同白口四周雙邊單黑魚尾

370000－1544－0003614　930/31
[嘉慶]黔記四卷　(清)李宗昉編　(清)陳榘校　清光緒刻本　一冊　十一行二十四字黑口左右雙邊單黑魚尾

370000－1544－0003615　930/52
琉球入學見聞錄四卷　(清)潘相撰　清乾隆三十三年(1768)刻本　四冊　九行二十一字小字雙行同白口四周雙邊單黑魚尾

370000－1544－0003616　930/54
皇朝藩部要略十八卷表四卷　(清)祁韻士纂　清光緒十年(1884)浙江書局刻本　八冊　十行二十一字小字雙行同白口左右雙邊單黑魚尾

370000－1544－0003617　930/55
十六國疆域誌十六卷補三國疆域誌二卷　(清)洪亮吉撰　清光緒四年(1878)刻本　七冊　十二行二十四字小字雙行同黑口左右雙邊雙對黑魚尾

370000－1544－0003618　930/60
海島逸志四卷圖考一卷　(清)王大海著　清抄本　一册　九行字數不等白口四周雙邊單黑魚尾

370000－1544－0003619　940/2
得一齋雜著四種　(清)黄楙村撰　清光緒十二年(1886)夢花軒刻本　四册　十行二十二字小字雙行同黑口左右雙邊雙對黑魚尾

370000－1544－0003620　940/2－2
得一齋雜著四種　(清)黄楙村撰　清光緒十二年(1886)夢花軒刻本　一册　十行二十二字小字雙行同黑口左右雙邊雙對黑魚尾　存二種六卷(西輶日記四卷、印度劄記二卷)

370000－1544－0003621　940/3
津門雜記三卷　(清)張燾輯　清光緒十年(1884)刻本　三册　九行二十字小字雙行同白口左右雙邊單黑魚尾

370000－1544－0003622　940/4
曹江孝女廟志八卷首一卷末一卷　(清)金廷棟編輯　清光緒八年(1882)刻本　二册　九行十九字白口四周單邊單黑魚尾

370000－1544－0003623　940/5
東林書院志二十二卷　(清)高廷珍增輯　清光緒七年(1881)刻本　八册　十二行二十五字小字雙行同白口左右雙邊單黑魚尾

370000－1544－0003624　940/5－2
東林書院志二十二卷　(清)高廷珍增輯　清光緒七年(1881)刻本　八册　十二行二十五字小字雙行同白口左右雙邊單黑魚尾

370000－1544－0003625　940/6
滬遊雜記四卷　(清)葛元煦撰　清光緒二年(1876)刻本　四册　八行十七字小字雙行同黑口四周雙邊單黑魚尾

370000－1544－0003626　940/10
蜀道驛程記二卷　(清)王士禛撰　清康熙刻本　一册　十行十九字小字雙行不等黑口左右雙邊單黑魚尾

370000－1544－0003627　940/11
夏書禹貢諸家考證一卷　(□)□□輯　清抄本　一册　九行二十五字

370000－1544－0003628　940/12
鄉園憶舊録六卷　(清)王培荀輯　清道光二十五年(1845)刻本　六册　十行二十一字小字雙行同白口左右雙邊單黑魚尾

370000－1544－0003629　940/15
瀛寰志略十卷　(清)徐繼畬著　清光緒二十四年(1898)宏道書室刻本　六册　十一行二十四字黑口左右雙邊單黑魚尾

370000－1544－0003630　940/47
山東州縣歌略并圖一卷　(清)潘清蔭撰　清光緒三十年(1904)山東新設官書局刻本　一册　六行十四字白口四周雙邊單黑魚尾

370000－1544－0003631　941/1
山東全河備考四卷　(清)葉方恒纂　清康熙十九年(1680)刻本　八册　十行二十字白口四周雙邊單黑魚尾

370000－1544－0003632　941/3
最近揚子江之大勢六章　(日本)國府犀東著　(清)趙必振譯　清光緒二十八年(1902)上海廣智書局鉛印本　一册　十二行三十一字小字雙行同白口四周雙邊單黑魚尾

370000－1544－0003633　941/4－2
水經注不分卷　(北魏)酈道元撰　(清)戴震校　清乾隆刻本　十四册　十行二十一字白口左右雙邊

370000－1544－0003634　941/4－3
水經注釋四十卷首一卷附録二卷注箋刊誤十二卷　(清)趙一清撰　清光緒六年(1880)蛟川花雨樓張氏刻本　二十册　十行二十二字小字雙行同白口左右雙邊單黑魚尾

370000－1544－0003635　941/4－4
水經注圖一卷附録一卷　(清)汪士鐸撰　清咸豐十一年(1861)益陽胡氏刻本　一册　十二行二十四字小字雙行同黑口四周雙邊單黑魚尾

370000－1544－0003636　941/4－5

水經注釋四十卷首一卷附錄二卷注箋刊誤十二卷　(清)趙一清撰　清光緒六年(1880)蛟川花雨樓張氏刻本　二十四册　十行二十二字小字雙行同白口左右雙邊單黑魚尾

370000－1544－0003637　941/5

山東運河備覽十二卷運河圖一卷五水濟運圖一卷泉河總圖一卷禹王臺圖一卷　(清)陸燿纂　清乾隆四十一年(1776)切問齋刻本　六册　十一行二十五字小字雙行同白口左右雙邊單黑魚尾

370000－1544－0003638　941/6

[光緒]江蘇海塘新志八卷首一卷　(清)李慶雲總纂　清光緒十六年(1890)刻本　四册　十行二十二字小字雙行同白口左右雙邊單黑魚尾

370000－1544－0003639　941/8

重修淮城文渠志一卷　(清)陸元鼎撰　清光緒三十年(1904)善後局刻本　一册　十行二十二字小字雙行同白口左右雙邊單黑魚尾

370000－1544－0003640　941/9

水道提綱二十八卷　(清)齊召南編錄　清乾隆四十一年(1776)刻本　六册　十行二十二字小字雙行同白口四周雙邊單黑魚尾

370000－1544－0003641　941/10

禹貢水道便覽一卷　(清)張先振輯　清同治八年(1869)刻本　一册　八行二十一字白口四周雙邊單黑魚尾

370000－1544－0003642　941/11

治河方略十卷首一卷　(清)靳輔撰　清嘉慶四年(1799)刻本　十一册　八行二十字白口四周雙邊單黑魚尾

370000－1544－0003643　941/12

水道提綱二十八卷　(清)齊召南編錄　清光緒二十四年(1898)新化三味書室刻本　六册　十一行二十四字小字雙行同黑口左右雙邊單黑魚尾

370000－1544－0003644　941/13

西域水道記五卷　(清)徐松撰　清道光刻本　五册　十一行二十八字小字雙行同黑口左右雙邊單黑魚尾

370000－1544－0003645　941/14

敕修兩浙海塘通志二十卷首一卷　(清)方觀承等修　清乾隆刻本　八册　九行二十一字小字雙行同白口四周雙邊單黑魚尾

370000－1544－0003646　941/15

蜀水攷四卷　(清)陳登龍述　(清)朱錫穀補注　(清)陳一津分疏　清光緒八年(1882)四川玉文堂刻本　四册　十二行二十六字白口左右雙邊單黑魚尾

370000－1544－0003647　942/1

泰山道里記一卷　(清)聶鈫撰　清光緒雨山堂刻本　一册　十一行二十一字細黑口左右雙邊單黑魚尾

370000－1544－0003648　942/1－2

泰山道里記一卷　(清)聶鈫撰　清光緒雨山堂刻本　一册　十一行二十一字細黑口左右雙邊單黑魚尾

370000－1544－0003649　942/4

南通州五山全志二十卷　(清)董權文參閲　(清)劉名芳纂修　清乾隆刻本　五册　九行十九字白口四周雙邊單黑魚尾

370000－1544－0003650　942/5

廣雁蕩山誌二十八卷首一卷末一卷　(清)曾唯輯　清乾隆五十五年(1790)刻同治八年(1869)補刻本　八册　九行二十一字小字雙行同白口四周雙邊單黑魚尾

370000－1544－0003651　942/6

九疑山志四卷　(清)吳繩祖編　(清)樊在廷輯　清嘉慶元年(1796)刻本　二册　十行二十字白口四周雙邊單黑魚尾

370000－1544－0003652　942/9

華嶽志八卷首一卷　(清)李榕纂輯　清道光十一年(1831)刻光緒九年(1883)補刻本　四册　十行二十四字小字雙行同白口左右雙邊單黑魚尾

370000－1544－0003653　942/12

[同治]大別山志十卷首一卷　（清）胡鳳丹纂　清同治十三年（1874）退補齋刻本　四册　九行二十一字小字雙行同白口四周雙邊單黑魚尾

370000－1544－0003654　942/14

泰山志二十卷　（清）金棨纂輯　清嘉慶十三年（1808）刻本　十册　十一行二十二字小字雙行同黑口左右雙邊單黑魚尾

370000－1544－0003655　942/17

[同治]焦山志二十六卷首一卷　（清）吳雲輯　清同治刻本　八册　九行二十一字白口左右雙邊單黑魚尾

370000－1544－0003656　942/18

[光緒]焦山續志八卷　（清）陳任暘輯　清光緒刻本　二册　九行二十一字白口左右雙邊單黑魚尾

370000－1544－0003657　942/20

[光緒]萬山綱目二十一卷　（清）李誠纂　清光緒二十六年（1900）刻本　八册　十行二十五字小字雙行同白口左右雙邊單黑魚尾

370000－1544－0003658　942/21

說嵩三十二卷　（清）景日昣撰　清康熙六十年（1721）刻本　十册　十一行二十五字白口四周雙邊單黑魚尾

370000－1544－0003659　942/23

繹山志七卷　（清）侯文齡編次　清抄本　四册　九行二十一字小字雙行同白口四周單邊

370000－1544－0003660　942/27

明州阿育王山志十卷　（明）郭子章撰　明刻本　四册　十行十九字小字雙行同白口四周單邊

370000－1544－0003661　943/1

闕里志二十四卷　（明）陳鎬撰　（清）孔胤植重纂　明崇禎刻清雍正增修本　十册　十行十九字小字雙行同白口四周單邊單黑魚尾

370000－1544－0003662　943/1－2

闕里志十五卷　（明）陳鎬撰　（明）孔弘幹續修　明刻本　一册　十行二十一字小字雙行同白口四周單邊雙對黑魚尾　存四卷（三至六）

370000－1544－0003663　943/1－3

闕里志二十四卷　（明）陳鎬撰　（清）孔胤植重纂　明崇禎刻清雍正增修本　十册　十行十九字小字雙行同白口四周單邊單黑魚尾

370000－1544－0003664　943/1－4

闕里志二十四卷　（明）陳鎬撰　（清）孔胤植重纂　明崇禎刻清雍正增修本　五册　十行十九字小字雙行同白口四周單邊單黑魚尾　存九卷（一至三、十八至二十三）

370000－1544－0003665　943/2

六朝事跡編類十四卷　（宋）張敦頤撰　（清）李濱重校　清光緒十三年（1887）寶章閣刻本　四册　十二行十九字小字雙行同黑口左右雙邊三魚尾

370000－1544－0003666　943/3

滄浪小志二卷　（清）宋犖撰　清光緒十年（1884）江蘇書局刻本　一册　十行二十一字白口四周雙邊雙對黑魚尾

370000－1544－0003667　943/4

靈巖記畧二卷　（清）釋弘儲述意　（清）釋殊致輯　清石印本　一册　十行二十字

370000－1544－0003668　943/7

西湖志四十八卷　（清）李衛修　（清）傅王露等纂　清雍正刻本　二十四册　九行二十一字黑口四周雙邊單黑魚尾

370000－1544－0003669　943/7－2

西湖志四十八卷　（清）李衛修　（清）傅王露等纂　清雍正刻本　二十四册　九行二十一字黑口四周雙邊單黑魚尾

370000－1544－0003670　943/8

太湖備考十六卷首一卷　（清）金友理纂述　**太湖備考續編四卷**　（清）鄭言紹纂　清刻本　十二册　十行二十一字小字雙行同白口左右雙邊單黑魚尾

370000－1544－0003671　943/10
廣福廟志一卷　（清）田純　（清）唐恒九等纂　清光緒三年（1877）刻本　一冊　十行二十字小字雙行同白口四周雙邊單黑魚尾

370000－1544－0003672　943/11
西湖佳話古今遺跡十六卷　題（清）墨浪子搜輯　清光緒十八年（1892）上海雲記書局鉛印本　四冊　十四行三十四字白口四周雙邊單黑魚尾

370000－1544－0003673　943/12
忠武侯祠墓誌七卷首一卷末一卷　題（清）虛白道人彙輯　清同治五年（1866）刻本　四冊　九行二十字小字雙行同白口四周雙邊單黑魚尾

370000－1544－0003674　943/14
甯古塔紀略一卷　（清）吳振臣著　清刻本　一冊　十行二十二字白口左右雙邊單黑魚尾

370000－1544－0003675　943/16
平山堂圖志十卷　（清）趙之壁撰　清光緒九年（1883）刻本　四冊　十行二十一字小字雙行同白口左右雙邊單黑魚尾

370000－1544－0003676　943/19
石門山集　（清）孔尚任撰　清刻本　一冊　九行二十二字黑口四周雙邊單黑魚尾

370000－1544－0003677　943/21
五峰山志二卷　（清）邵承照纂　（清）李桐輯　清光緒刻本　一冊　九行二十字小字雙行同白口四周雙邊單黑魚尾

370000－1544－0003678　943/22
名山勝槩記四十六卷　（明）楊士奇等著　明刻本　二十八冊　九行二十字白口左右雙邊單白魚尾　存四十五卷（一至四十五）

370000－1544－0003679　943/30
鄧尉聖恩寺志十八卷　（明）周永年編輯　明刻本　四冊　九行二十一字白口左右雙邊單黑魚尾

370000－1544－0003680　944/2
金陵通傳四十五卷補遺四卷　（清）陳作霖纂述　清光緒三十年（1904）瑞華館刻本　十冊　十三行三十字小字雙行同白口左右雙邊單黑魚尾

370000－1544－0003681　944/3
西湖拾遺四十八卷　（清）陳樹基撰　清嘉慶十六年（1811）刻本　七冊　九行二十字白口左右雙邊單黑魚尾　存二十五卷（一至二十五）

370000－1544－0003682　944/4
［光緒］瀛壖雜志六卷　（清）王韜撰　清光緒元年（1875）刻本　二冊　十二行二十三字小字雙行同黑口左右雙邊單黑魚尾

370000－1544－0003683　944/5
度隴記四卷　（清）董醇著　清道光二十九年（1849）刻本　四冊　九行二十四字小字雙行同白口四周雙邊單黑魚尾

370000－1544－0003684　944/6
康輶紀行十六卷　（清）姚瑩撰　清同治六年（1867）刻本　六冊　十二行二十二字小字雙行同白口左右雙邊單黑魚尾

370000－1544－0003685　944/8
西行紀程二卷　（清）孟傳鑄撰　清宣統二年（1910）綠野堂鉛印本　一冊　十行二十二字小字雙行同白口四周雙邊單黑魚尾

370000－1544－0003686　944/11
乙巳考察印錫茶土日記一卷　（清）鄭世璜纂輯　清光緒三十一年（1905）木活字印本　一冊　十行二十六字黑口四周雙邊單黑魚尾

370000－1544－0003687　944/12
湯陰精忠廟志十卷　（明）張應登纂修　清乾隆刻本　四冊　十二行二十八字白口左右雙邊單黑魚尾

370000－1544－0003688　944/15
江城舊事十六卷　（清）朱欒纂　清刻本　五冊　十行二十字小字雙行同白口左右雙邊單白魚尾

370000－1544－0003689　944/16
深州風土記二十二卷　(清)吳汝綸撰　清光緒二十六年(1900)文瑞書院刻本　六册　十行二十二字小字雙行三十三字黑口四周雙邊雙對黑魚尾

370000－1544－0003690　944/17
赤雅三卷　(明)鄺露纂　清刻本　二册　十行二十三字小字雙行同白口四周雙邊單黑魚尾

370000－1544－0003691　944/18
遯齋偶筆二卷　(清)徐崑撰　清光緒六年(1880)刻本　一册　十行二十一字白口四周雙邊單黑魚尾

370000－1544－0003692　944－8/1
泰西事物通攷新策大成初二編　(日本)森本藤吉田譯　(清)王萬懷編　清光緒二十七年(1901)上海點石介記石印本　十二册　十五行三十三字黑口四周雙邊單黑魚尾

370000－1544－0003693　945/3
三省邊防備覽十四卷　(清)嚴如熤輯　清道光二年(1822)刻本　五册　十行二十三字小字雙行同白口四周雙邊單黑魚尾

370000－1544－0003694　945/4
九邊圖論一卷　(明)許論著　**海防圖論一卷**　(明)胡宗憲撰　(清)莊肇麟校刊　清刻本　一册　十一行二十三字黑口左右雙邊

370000－1544－0003695　945/6
西域聞見録八卷首一卷　(清)七十一撰　清乾隆刻本　四册　八行十六字黑口左右雙邊

370000－1544－0003696　945/7
偵探記二卷　(清)張德馨撰　(清)姚文棟編　清刻本　一册　九行二十字小字雙行同白口四周雙邊單黑魚尾

370000－1544－0003697　945/9
集思廣益編二卷　(清)陳還　(清)王家賓撰　清光緒刻本　一册　九行二十字白口四周雙邊單黑魚尾

370000－1544－0003698　945/10
浙江鎮海口海防布置戰守情形圖說　(清)□□撰　清光緒鉛印本　一册　十二行三十二字白口四周雙邊單黑魚尾

370000－1544－0003699　945/14
籌海圖編十三卷　(明)鄭若曾撰　(明)胡宗憲輯議　(明)胡維極重校　明天啓四年(1624)胡維極刻本　十六册　十二行二十二字小字雙行同白口四周單邊單白魚尾

370000－1544－0003700　945/15
湖南苗防屯政攷十五卷首一卷　(清)但湘良纂　清光緒九年(1883)刻本　十五册　十行二十五字小字雙行同白口左右雙邊單黑魚尾

370000－1544－0003701　946/1－2
河海崑崙錄六卷　(清)裴景福著　清宣統元年(1909)鉛印本　六册　十一行二十六字小字雙行同白口四周雙邊單黑魚尾

370000－1544－0003702　946/3
鴻雪因緣圖記三集　(清)麟慶撰　清道光二十七年(1847)揚州刻本　十二册　十行二十一字小字雙行同白口四周雙邊單黑魚尾

370000－1544－0003703　946/3－2
鴻雪因緣圖記三集　(清)麟慶撰　清道光二十七年(1847)揚州刻本　六册　十行二十一字小字雙行同白口四周雙邊單黑魚尾

370000－1544－0003704　946/3－3
鴻雪因緣圖記三集　(清)麟慶撰　清道光二十七年(1847)揚州刻本　六册　十行二十一字小字雙行同白口四周雙邊單黑魚尾

370000－1544－0003705　946/5
遊歷芻言一卷西徼水道一卷　(清)黃楙材撰　清光緒刻得一齋雜著本　一册　十行二十二字小字雙行同黑口左右雙邊雙對黑魚尾

370000－1544－0003706　946/6
使滇紀程一卷　(清)晏端書撰　清光緒十三年(1887)刻本　一册　九行二十一字小字雙行同黑口四周單邊

370000－1544－0003707　946/9
泛槎圖六集　（清）張寶繪著　清光緒六年（1880）上海點石齋石印本　四冊　行字不等

370000－1544－0003708　946/9－2
泛槎圖六集　（清）張寶繪著　清嘉慶二十四年（1819）羊城尚古齋刻本　四冊　行字不等　存四集（泛槎圖一集、續二集、艤槎圖一集）

370000－1544－0003709　946/11
南遊記一卷　（清）孫嘉淦撰　清道光刻本　一冊　八行二十字白口四周雙邊單黑魚尾

370000－1544－0003710　946/12
南巡盛典一百二十卷　（清）高晉等纂輯　清乾隆三十六年（1771）武英殿刻本　四十八冊　九行十九字小字雙行同白口四周雙邊單黑魚尾

370000－1544－0003711　947/2
聶中丞通查覆稿一卷龍邱戢匪紀畧一卷　（清）楊葆光撰　清手抄本　一冊　聶中丞通查覆稿十行三十五字龍邱戢匪紀畧十行二十一字黑口左右雙邊雙對黑魚尾

370000－1544－0003712　950/3
五洲圖考　（清）龔柴撰　（清）許彬等編譯　清光緒二十八年（1902）上海徐家匯印書館鉛印本　四冊　十行四十字白口四周雙邊單黑魚尾

370000－1544－0003713　950/5
日本國志四十卷首一卷　（清）黃遵憲編　清光緒十六年（1890）羊城富文齋刻本　十四冊　十二行二十四字小字雙行同黑口四周雙邊

370000－1544－0003714　950/5－2
日本國志四十卷首一卷　（清）黃遵憲編　清光緒十六年（1890）羊城富文齋刻本　六冊　十二行二十四字小字雙行同黑口四周雙邊

370000－1544－0003715　950/6
海國圖志一百卷首一卷　（清）魏源撰　清光緒十三年（1887）巴蜀善成堂刻本　三十六冊　九行二十一字小字雙行同白口四周雙邊單黑魚尾

370000－1544－0003716　950/6－2
海國圖志一百卷首一卷　（清）魏源撰　**海國圖志續集**　（英國）麥高爾等輯著　（美國）林樂知　（清）瞿昂來等譯　清光緒石印本　十冊　海國圖志二十三行四十二字白口四周雙邊單黑魚尾海國圖志續集二十行四十四字小字雙行同白口四周雙邊單黑魚尾

370000－1544－0003717　950/6－3
海國圖志一百卷首一卷　（清）魏源撰　**海國圖志續集**　（英國）麥高爾等輯著　（美國）林樂知　（清）瞿昂來等譯　清光緒二十一年（1895）石印本　十六冊　海國圖志二丨三行四十二字白口四周雙邊單黑魚尾海國圖志續集二十行四十四字小字雙行同白口四周雙邊單黑魚尾

370000－1544－0003718　950/7
地理全志一卷　（英國）慕維廉纂　清光緒九年（1883）上海美華書館鉛印本　一冊　十行二十三字小字十五行三十六字白口四周雙邊單黑魚尾

370000－1544－0003719　950/8
海道圖說十五卷長江圖說一卷　（英國）金約翰輯　（英國）傅蘭雅口譯　（清）王德均筆述　清光緒刻本　十冊　十行二十二字小字雙行同黑口左右雙邊雙對黑魚尾

370000－1544－0003720　950/8－2
海道圖說十五卷長江圖說一卷　（英國）金約翰輯　（英國）傅蘭雅口譯　（清）王德均筆述　清光緒二十二年（1896）上海書局石印本　八冊　十七行四十字小字雙行同黑口四周雙邊單黑魚尾

370000－1544－0003721　950/9
瀛環志略十卷續集四卷續末一卷續遺一卷　（清）徐繼畬撰　清光緒二十四年（1898）老掃葉山房石印本　八冊　十八行四十四字小字雙行字數不等白口四周單邊雙對黑魚尾

370000－1544－0003722　950/10
國朝柔遠記　（清）王之春撰　清光緒十一年（1885）粵東海墨樓石印本　二冊　九行二十

字白口四周雙邊單黑魚尾

370000－1544－0003723　950/11

東倭攷一卷東倭年表一卷　(清)金安清編　清抄本　一冊　九行二十五字

370000－1544－0003724　950/12

四述奇十六卷　(清)張德彝著　清光緒九年(1883)同文館鉛印本　八冊　九行二十三字白口四周雙邊單黑魚尾

370000－1544－0003725　950/13

俄羅斯國紀要一卷　(清)林則徐輯　清刻本　一冊　十行二十二字小字雙行同白口四周單邊單黑魚尾

370000－1544－0003726　950/14

東南海島圖經十卷　(清)世增譯　(清)張美翊述　(清)薛福成鑒定　清光緒二十六年(1900)上海石印本　三冊　十四行三十字小字雙行同白口四周雙邊單黑魚尾　存六卷(一至六)

370000－1544－0003727　950/17

越南輯略二卷　(清)徐延旭編次　清光緒三年(1877)梧州郡署刻本　二冊　十二行二十四字黑口四周雙邊雙對黑魚尾

370000－1544－0003728　950/18

俄國西伯利東偏紀要一卷　(清)曹廷傑撰　清錢塘汪氏刻振綺堂叢書本　一冊　十行二十一字小字雙行同黑口四周單邊雙對黑魚尾

370000－1544－0003729　950/19

海島逸誌六卷　(清)王大海著　清嘉慶十一年(1806)王廷珊刻本　一冊　九行二十一字小字雙行同白口四周雙邊單黑魚尾

370000－1544－0003730　960/1

中國江海險要圖誌五卷　(英國)海軍海圖官局原本　(清)陳壽彭編繪　清光緒經世文社石印本　五冊　十四行三十五字白口四周雙邊單黑魚尾

370000－1544－0003731　960/2

長江圖說十二卷首一卷　(清)馬徵麟撰　清同治十年(1871)湖北崇文書局刻本　五冊　白口四周單邊

370000－1544－0003732　961/1

歷代地理沿革圖一卷　(清)六嚴撰　(清)馬徵麟增輯　清同治十年(1871)刻本　一冊　十二行二十四字白口左右雙邊單黑魚尾

370000－1544－0003733　961/2

歷代輿地沿革險要圖一卷　楊守敬　(清)饒敦秩撰　清光緒五年(1879)東湖饒氏刻本　一冊　白口四周單邊

370000－1544－0003734　962/1

皇朝中外壹統輿圖中一卷南十卷北二十卷首一卷　(清)胡林翼撰　(清)嚴樹森補訂　清同治二年(1863)湖北撫署刻本　三十二冊　黑口四周雙邊單黑魚尾

370000－1544－0003735　962/2

皇朝一統輿地全圖一卷　(清)欸乃軒主人編　**五大洲圖說一卷**　(清)□□撰　**各國路程日記**　(清)李圭撰　**括地略一卷**　(清)□□撰　**萬國公法一卷**　(清)朱克敬撰　清光緒二十年(1894)上海鴻寶齋石印本　二冊　三十六行五十五字小字雙行同白口四周單邊

370000－1544－0003736　963/1

皇朝輿地略一卷　(清)六承如輯　**皇朝輿地韻編**　(清)李兆洛撰　**皇朝內府輿地圖縮摹本**　(清)六嚴繪　清同治四年(1865)四知堂刻本　一冊　十三行二十四字小字雙行同白口四周單邊單黑魚尾

370000－1544－0003737　963/2

皇朝一統輿地全圖一卷　(清)欸乃軒主人編　清光緒二十年(1894)上海鴻寶齋石印本　一冊　二十五行三十五字小字雙行同白口四周單邊單黑魚尾

370000－1544－0003738　963/3

皇朝輿地略一卷　(清)六承如輯　**皇朝輿地韻編**　(清)李兆洛撰　**皇朝內府輿地圖縮摹本**　(清)六嚴繪　清光緒六年(1880)紅杏山房刻本　二冊　十三行二十四字小字雙行同

白口四周單邊單黑魚尾

370000－1544－0003739　963/5
皇朝藩屬輿地叢書　(清)浦氏輯　清光緒二十九年(1903)上海書局石印本　四十八冊　十行二十二字小字雙行同黑口左右雙邊單黑魚尾

370000－1544－0003740　964/1
江蘇全省輿圖　(清)諸可寶撰　清光緒二十一年(1895)江蘇書局刻本　三冊　十行二十四字小字雙行同黑口四周單邊單黑魚尾

370000－1544－0003741　964/2
浙江全省輿圖并水陸道里記不分卷　(清)宗源瀚輯　清光緒石印本　二十冊　十四行三十三字小字雙行同白口左右雙邊單黑魚尾

370000－1544－0003742　964/3
皇朝一統直省府廳州縣全圖不分卷　(清)□□繪　清刻本　四冊

370000－1544－0003743　964/4
江西全省輿圖十四卷首一卷　(清)曾國藩(清)劉坤一纂修　清同治七年(1868)刻本　十五冊　十二行二十四字小字雙行同白口四周雙邊單黑魚尾

370000－1544－0003744　964/5
江南安徽全圖一卷　(清)劉籌纂　清光緒二十二年(1896)點石齋石印本　一冊　行字不等白口四周雙邊

370000－1544－0003745　964/6
山東省黃河圖　(□)□□繪　清末印本　一冊

370000－1544－0003746　42
欽定佩文韻府一百六卷韻府拾遺一百六卷　(清)蔡升元輯　清光緒十二年(1886)上海同文書局石印本　六十冊　二十四行字數不等白口四周雙邊單黑魚尾

370000－1544－0003747　380
攷正玉堂字彙四卷　(明)梅膺祚撰　(清)知足子考訂　清光緒十二年(1886)鉛印本　四冊　十一行十七字小字雙行三十四字白口四周雙邊單黑魚尾

370000－1544－0003748　622
秘書廿一種　(清)汪士漢輯　清乾隆七年(1742)文盛堂刻本　二十冊　十行二十字小字雙行同白口四周單邊單黑魚尾

370000－1544－0003749　629
蔡中郎集十卷外集四卷傳表一卷　(漢)蔡邕撰　清光緒十六年(1890)番禺陶氏愛廬刻本　六冊　九行十八字小字雙行同白口左右雙邊單黑魚尾

370000－1544－0003750　2010
潛研堂文集五十卷　(清)錢大昕撰　清光緒十年(1884)長沙龍氏刻本　十二冊　十行二十二字小字雙行同黑口左右雙邊雙對黑魚尾

370000－1544－0003751　2013
樂道堂全集十六卷　(清)奕訢撰　清同治、光緒間刻本　十六冊　九行十八字白口四周雙邊單黑魚尾

370000－1544－0003752　2014
漚羅盦詩稿八卷　(清)法良撰　清道光二十七年(1847)都門刻本　四冊　十行二十一字白口左右雙邊單黑魚尾

370000－1544－0003753　2015
趙清獻公集十卷　(宋)趙抃撰　明末刻本　六冊　九行二十字白口四周單邊單白魚尾

370000－1544－0003754　2018
石守道先生集二卷　(宋)石介撰　清康熙四十九年(1710)正誼堂刻本　二冊　十行二十二字白口左右雙邊單黑魚尾

370000－1544－0003755　2019
江忠烈公遺集二卷首一卷附錄一卷　(清)江忠源撰　清同治十二年(1873)刻本　三冊　十行二十一字小字雙行同白口左右雙邊單黑魚尾

370000－1544－0003756　2020
新刊權載之文集五十卷補刻一卷　(唐)權德

興撰　清嘉慶十一年(1806)大興朱珪刻本　八册　十行二十一字小字雙行同白口左右雙邊單黑魚尾

370000－1544－0003757　2022
同岑詩鈔十四卷　(清)曾燠輯　清道光九年(1829)刻本　六册　十一行二十三字小字雙行同白口左右雙邊單黑魚尾

370000－1544－0003758　2023
大雲山房文稿初集四卷　(清)惲敬撰　清嘉慶二十年(1815)刻本　十册　十行二十二字黑口四周雙邊雙對黑魚尾

370000－1544－0003759　2029
皕宋樓藏書續志四卷　(清)陸心源編　清光緒八年(1882)十萬卷樓刻本　一册　十行二十字小字雙行同白口四周單邊單黑魚尾

370000－1544－0003760　2034
老學庵筆記二卷　(宋)陸游撰　清宣統三年(1911)掃葉山房石印本　二册　十四行三十二字小字雙行同白口四周雙邊單黑魚尾

370000－1544－0003761　2036
從野堂存稿八卷　(明)繆昌期撰　**年譜一卷**　(清)繆之鎔撰　**補遺一卷附錄一卷**　(清)武進盛氏輯　清光緒二十一年(1895)刻本　一册　十四行二十五字小字雙行同黑口左右雙邊單黑魚尾

370000－1544－0003762　2037
墨花香館詩存八卷　(清)慶康撰　清光緒二十一年(1895)刻本　一册　九行二十一字小字雙行同黑口四周雙邊雙對黑魚尾　存四卷(一至四)

370000－1544－0003763　2038
搜神後記十卷　(晉)陶潛撰　清光緒元年(1875)湖北崇文書局刻本　一册　十二行二十四字黑口四周雙邊雙對黑魚尾

370000－1544－0003764　2041
孟子事實錄二卷　(清)崔述撰　清道光二年(1822)遺經樓刻本　一册　八行二十三字白口四周雙邊單黑魚尾

370000－1544－0003765　2044
蕭閑老人明秀集注三卷　(金)蔡松年撰　清光緒王氏四印齋刻本　一册　十行二十字小字雙行同黑口左右雙邊單黑魚尾

370000－1544－0003766　2053
切韻執掌圖二卷　(宋)司馬光撰　清光緒九年(1883)上海同文書局石印本　一册　六行十八字小字雙行同白口四周雙邊雙順黑魚尾

370000－1544－0003767　2054
臨池心解一卷　(清)朱和羹撰　清光緒刻本　一册　九行二十字黑口四周雙邊單黑魚尾

370000－1544－0003768　2059
冬心先生題畫記一卷王笈甫先生畫鍾進士像題記　(清)金農撰　清潘氏桐西書屋刻本　一册　十行二十一字黑口左右雙邊單黑魚尾

370000－1544－0003769　2060
冬心先生雜著一卷隨筆一卷　(清)金農撰　清光緒四年(1878)錢唐丁氏當歸草堂刻西泠五布衣遺著本　一册　十一行二十二字白口四周雙邊單黑魚尾

370000－1544－0003770　2067
翠螺閣詩詞稿一卷　(清)凌祉媛撰　清咸豐四年(1854)延慶堂丁氏刻本　一册　九行十八字小字雙行不等白口左右雙邊

370000－1544－0003771　2068
詩地理考六卷　(宋)王應麟撰　(清)盛元校　清光緒浙江書局刻玉海本　一册　十行二十字小字雙行同白口左右雙邊單黑魚尾

370000－1544－0003772　2070
竹葉亭雜記八卷　(清)姚元之撰　清光緒十九年(1893)刻本　二册　十二行二十四字小字雙行同黑口四周雙邊單黑魚尾

370000－1544－0003773　2073
沈氏四聲考二卷　(清)紀昀撰　清刻畿輔叢書本　一册　十行二十二字小字雙行同黑口四周單邊

370000－1544－0003774　2082

比竹餘音四卷　(清)鄭文焯撰　清光緒二十八年(1902)吳興沈氏刻本　一冊　十行十七字小字雙行同白口四周單邊單黑魚尾

370000－1544－0003775　2085
秋蟲吟一卷　(清)童鈺撰　(清)王定勳註　清乾隆刻本　一冊　九行十九字小字雙行同四周單邊

370000－1544－0003776　2091
太素齋詞鈔二卷　(清)勒方錡撰　清光緒十年(1884)刻本　一冊　九行二十一字白口左右雙邊單黑魚尾

370000－1544－0003777　2092
石遺室詩集三卷補遺一卷　(清)陳衍撰　清光緒三十一年(1905)刻本　一冊　十一行二十二字小字雙行同黑口左右雙邊單黑魚尾

370000－1544－0003778　2103
養龢齋筆記一卷名宦錄一卷　(清)霍樹清著　(清)孫勤校刊　清光緒刻本　一冊　九行二十字黑口左右雙邊雙對黑魚尾

370000－1544－0003779　2105
日本雜事詩二卷　(清)黄遵憲撰　清光緒二十四年(1898)長沙富文堂刻本　二冊　十一行二十一字小字雙行同黑口左右雙邊

370000－1544－0003780　2107
鈍齋東遊日記一卷　(清)賀綸夔編　清宣統元年(1909)商務印書館鉛印本　一冊　十行二十五字白口四周雙邊

370000－1544－0003781　2114
盾鼻餘瀋一卷　(清)左宗棠撰　清光緒刻本　一冊　十行二十字白口四周雙邊單黑魚尾

370000－1544－0003782　2123
皇朝武功紀盛四卷　(清)趙翼撰　清刻本　一冊　十一行二十一字白口左右雙邊單黑魚尾

370000－1544－0003783　2124
可青軒詩集一卷古跡一卷　(清)長秀撰　清咸豐十一年(1861)刻本　一冊　九行十九字白口四周雙邊單黑魚尾

370000－1544－0003784　2125
夢痕錄餘一卷　(清)汪輝祖撰　清刻本　一冊　十行二十一字小字雙行同左右雙邊單黑魚尾

370000－1544－0003785　2126
欽定磨勘條例四卷附續增磨勘則例一卷　(清)禮部編　清刻本　一冊　九行二十字小字雙行同白口四周雙邊單黑魚尾

370000－1544－0003786　2133
昨非集四卷曲一卷　(清)劉熙載撰　清木刻本　一冊　十一行二十一字白口左右雙邊單黑魚尾

370000－1544－0003787　2137
秋夢盦詞鈔二卷續一卷　(清)葉衍蘭撰　清光緒十六年(1890)刻本　一冊　九行二十一字黑口四周雙邊雙對黑魚尾

370000－1544－0003788　2139
今水經一卷　(清)黄宗羲撰　清光緒二十二年(1896)新化三味堂刻本　一冊　十一行二十四字小字雙行同黑口左右雙邊單黑魚尾

370000－1544－0003789　2140
弦切對數表一卷　(清)賈步緯譯述　清木鉛印本　一冊　黑口左右雙邊雙對黑魚尾

370000－1544－0003790　2144
慕皋廬雜稿一卷　(清)易順鼎撰　清光緒慕皋廬雜刻本　一冊　十行二十二字小字雙行同白口左右雙邊單黑魚尾

370000－1544－0003791　2151
鈔業略論十章　(清)大學堂譯書局譯　清光緒戶部刻本　一冊　九行二十一字白口四周雙邊單黑魚尾

370000－1544－0003792　2152
鳴秋合籟一卷　(清)錢維喬輯　清乾隆五十年(1785)刻本　一冊　九行十九字小字雙行同黑口四周雙邊單黑魚尾

370000－1544－0003793　2160

漸西邨人初集十三卷附録一卷　(清)袁昶撰　清光緒避舍蓋公堂刻本　三册　十行二十二字小字雙行同黑口左右雙邊單黑魚尾

370000－1544－0003794　2161
微尚齋詩二卷雨屋深燈詞一卷　汪兆鏞撰　清宣統三年(1911)刻本　一册　十一行二十一字小字雙行同黑口左右雙邊

370000－1544－0003795　2165
小萬卷齋詩稿三十二卷續稿十二卷經進稿四卷　(清)朱琦撰　清光緒十一年(1885)刻本　十二册　十行二十一字小字雙行同白口四周雙邊單黑魚尾

370000－1544－0003796　2166
思綺堂文集十卷　(清)章藻功撰　清康熙六十一年(1722)刻本　十册　十行二十二字小字雙行同白口四周單邊單黑魚尾

370000－1544－0003797　2167
古春軒詩鈔二卷　(清)梁德繩撰　清咸豐二年(1852)刻本　一册　十行二十一字小字雙行同白口左右雙邊單黑魚尾

370000－1544－0003798　2168
孫文恭公遺書七種十九卷附録一卷　(明)孫應鼇撰　清光緒六年(1880)獨山莫氏刻本　六册　十行二十一字白口四周雙邊雙對黑魚尾

370000－1544－0003799　2170
挹青閣詩集六卷　(清)茅潤之撰　清道光九年(1829)刻本　二册　九行二十一字白口左右雙邊單黑魚尾

370000－1544－0003800　2171
續東軒遺集四卷　(清)高均儒撰　清光緒七年(1881)刻本　二册　九行二十一字黑口左右雙邊單黑魚尾

370000－1544－0003801　2172
寓意録四卷　(清)繆曰藻撰　(清)徐渭仁輯　清道光二十年(1840)上海徐氏刻本　二册　九行二十二字小字雙行同白口左右雙邊單黑魚尾

370000－1544－0003802　2174
樊南文集補編十二卷首一卷附録一卷　(唐)李商隱撰　(清)錢振倫箋　(清)錢振常注　清同治五年(1866)望三益齋刻本　四册　十一行二十五字小字雙行三十三字白口左右雙邊單黑魚尾

370000－1544－0003803　2178
樂善録十卷首一卷　(清)丁丙編　清光緒錢塘丁氏刻本　八册　十行二十字白口四周雙邊單黑魚尾

370000－1544－0003804　2180
養一齋文集二十卷詩集四卷　(清)李兆洛撰　清光緒四年(1878)刻本　十二册　十二行二十二字小字雙行同黑口左右雙邊單黑魚尾

370000－1544－0003805　2181
五知齋琴譜八卷　(清)周魯封輯　清乾隆十一年(1746)懷德堂刻本　四册　白口左右雙邊單黑魚尾

370000－1544－0003806　2182
抄報分類　(□)□□輯　舊抄本　五册　十二行二十八字小字雙行同

370000－1544－0003807　2183
王文成公全書三十八卷　(明)王守仁撰　清刻本　二十四册　九行二十一字白口左右雙邊單黑魚尾

370000－1544－0003808　2184
寒松堂全集十二卷　(清)魏象樞撰　清刻本　十二册　十行二十字小字雙行不等黑口左右雙邊單黑魚尾

370000－1544－0003809　2186
濂學編三卷首一卷　(清)黄嗣東輯　清光緒二十二年(1896)刻本　三册　九行二十字黑口四周雙邊單黑魚尾

370000－1544－0003810　2187
閑道録二十卷　(清)沈壽民纂輯　清雍正刻本　五册　十行二十字白口左右雙邊單黑魚尾

370000－1544－0003811　2188
無邪堂答問五卷　(清)朱一新撰　清光緒二十一年(1895)廣雅書局刻本　五册　十一行二十四字小字單行同黑口四周單邊單黑魚尾

370000－1544－0003812　2190
自遠堂琴譜十二卷首一卷　(清)吳灴匯輯　(清)李廷敬等鑒定　清嘉慶刻本　十二册　八行十九字白口四周單邊單黑魚尾

370000－1544－0003813　2191
復初齋詩集六十二卷　(清)翁方綱撰　清刻本　十二册　十一行二十一字白口左右單邊單黑魚尾

370000－1544－0003814　2193
汪龍莊遺書三種　(清)汪輝祖撰　清刻本　四册　十行二十一字白口左右雙邊單黑魚尾　存三種九卷(病榻夢痕錄二卷、夢痕錄餘一卷、雙節堂庸訓六卷)

370000－1544－0003815　2195
柈湖文集十二卷　(清)吳敏樹撰　清光緒十九年(1893)思賢講舍刻本　四册　十三行二十二字白口左右雙邊單黑魚尾

370000－1544－0003816　2196
南潛楛語八卷　(清)蔣超伯撰　清同治十年(1871)兩廧山房刻民國二十二年(1933)印本　四册　十二行二十三字小字雙行同白口四周單邊雙對黑魚尾

370000－1544－0003817　2199
蕉影齋詩集四卷補遺一卷　(清)謝照撰　清刻本　六册　十行二十二字小字雙行同黑口左右雙邊雙對黑魚尾

370000－1544－0003818　2200
陸清獻公日記十卷首一卷　(清)陸隴其撰　清道光二十一年(1841)刻本　四册　十行二十一字小字雙行同白口左右雙邊單黑魚尾

370000－1544－0003819　2201
毘陵集十六卷補遺一卷附錄一卷　(宋)張守撰　清光緒二十一年(1895)武進盛氏刻朱印本　四册　十四行二十五字小字雙行同紅口左右雙邊單紅魚尾

370000－1544－0003820　2202
眉綠樓詞八種　(清)顧文彬撰　清光緒十年(1884)吳下刻本　四册　九行二十一字小字雙行同白口左右雙邊單黑魚尾

370000－1544－0003821　2204
石笥山房文集六卷補遺一卷詩集十一卷詩餘一卷補遺二卷續補遺二卷　(清)胡天游撰　清咸豐二年(1852)刻本　八册　十行二十字白口四周雙邊單黑魚尾

370000－1544－0003822　2205
樊南文集補編十二卷首一卷附錄一卷　(唐)李商隱撰　(清)錢振倫箋　(清)錢振常注　清同治五年(1866)望三益齋刻本　四册　十一行二十五字小字雙行三十三字白口左右雙邊單黑魚尾

370000－1544－0003823　2207
孟塗文集十卷駢體文二卷　(清)劉開撰　清刻本　十册　十二行二十四字黑口四周單邊單黑魚尾

370000－1544－0003824　2208
文靖公遺集十二卷補遺一卷　(清)寶鋆撰　(清)寶景澧輯　清光緒三十四年(1908)刻本　六册　十行二十一字小字雙行同白口四周雙邊單黑魚尾

370000－1544－0003825　2209
熊襄愍公集十卷首一卷末一卷　(明)熊廷弼撰　清同治三年(1864)刻本　十册　九行二十四字白口四周單邊單黑魚尾

370000－1544－0003826　2210
夢堂詩稿十五卷　(清)英廉撰　清乾隆四十八年(1783)刻本　四册　十行二十二字小字雙行同白口四周雙邊單黑魚尾

370000－1544－0003827　2217
崇雅堂集八卷　(清)王賢望撰　清乾隆刻本　四册　九行二十二字小字雙行同黑口左右雙邊單黑魚尾

370000－1544－0003828　2228

栝蒼金石志十二卷續四卷　(清)李遇孫輯　(清)鄒伯森校補　清同治十三年(1874)浙江處州府署刻本　六冊　十行二十一字小字雙行同白口左右雙邊單黑魚尾

370000－1544－0003829　2232

山左訪碑錄十三卷　(清)法偉堂輯　清宣統元年(1909)山東提學署石印本　一冊　十一行三十二字小字雙行不等白口四周雙邊單黑魚尾　存六卷(一至六)

370000－1544－0003830　2244

紫石泉山房文集十二卷詩鈔二卷　(清)吳定撰　清光緒十三年(1887)黟縣李氏刻本　四冊　九行二十一字白口左右雙邊單黑魚尾

370000－1544－0003831　2245

松陵文集初編四卷　陳去病纂輯　清宣統三年(1911)鉛印百尺樓叢書本　一冊　十一行二十七字小字雙行同白口四周雙邊單黑魚尾

370000－1544－0003832　2252

謫麐堂遺集文二卷詩二卷補遺一卷　(清)戴望撰　清宣統三年(1911)鉛印本　一冊　十行二十八字小字雙行同黑口四周單邊

370000－1544－0003833　2253

思補齋文集四卷　(清)劉星煒撰　清光緒二十年(1894)刻本　四冊　十行十九字小字雙行同白口左右雙邊單黑魚尾

370000－1544－0003834　2254

測海集六卷　(清)彭紹升撰　清光緒二年(1876)成都刻本　二冊　十一行二十三字小字雙行同白口四周雙邊單黑魚尾

370000－1544－0003835　2256

餐芍華館詩集八卷蕉心詞一卷　(清)周騰虎撰　清光緒十九年(1893)木活字印本　二冊　十行二十一字小字雙行同黑口四周雙邊單黑魚尾

370000－1544－0003836　2257

巢經巢詩鈔九卷後集四卷　(清)鄭珍撰　清咸豐刻本　四冊　十行二十一字小字雙行同白口左右雙邊單黑魚尾

370000－1544－0003837　2264

安般簃集詩續十卷附錄一卷　(清)袁昶撰　清光緒刻本　三冊　十行二十二字小字雙行同黑口左右雙邊單黑魚尾

370000－1544－0003838　2265

關學原編四卷首一卷　(明)馮從吾著　**關學續編三卷**　(清)王爾緝著　清光緒十七年(1891)灃西草堂刻本　四冊　九行二十字白口四周雙邊單黑魚尾

370000－1544－0003839　2272

揅經室集四十卷續集十一卷再續六卷外集五卷　(清)阮元撰　清道光三年(1823)文選樓刻本　三十冊　十行二十字小字雙行同白口四周雙邊單黑魚尾

370000－1544－0003840　2275

潛研堂文集五十卷　(清)錢大昕撰　清光緒十年(1884)長沙龍氏刻本　十三冊　十行二十二字小字雙行同黑口左右雙邊雙對黑魚尾

370000－1544－0003841　2278

述學内篇三卷外篇一卷補遺一卷別錄一卷　(清)汪中撰　清同治八年(1869)揚州書局刻本　二冊　十三行三十字小字雙行不等白口左右雙邊單黑魚尾

370000－1544－0003842　2281

熙朝新語十六卷　(清)余金輯　清道光二年(1822)刻本　六冊　九行二十字白口四周單邊單黑魚尾

370000－1544－0003843　2284

甕牖餘談八卷　(清)王韜撰　清光緒元年(1875)上海文明書局鉛印本　二冊　十四行三十二字小字雙行同黑口四周雙邊單黑魚尾

370000－1544－0003844　2361

山谷内集詩註二十卷外集詩註十七卷別集詩註二卷　(宋)黃庭堅撰　清光緒二十六年(1900)義寧陳氏刻本　二十冊　九行十六字小字雙行同黑口左右雙邊雙順黑魚尾

370000－1544－0003845　2364

綴白裘新集十二集　(清)錢德蒼編　清嘉慶九年(1804)武林三雅堂刻本　二十四册　九行二十字白口左右雙邊單黑魚尾

370000－1544－0003846　2465

中外時務經濟文編六種二十一卷　(清)薛福成撰　清光緒二十八年(1902)上海積山書局石印本　八册　第一三集十四行二十五字二四集十四行三十字黑口四周單邊單黑魚尾　缺一種六卷(出使英法義比四國日記一至六)

370000－1544－0003847　2466

中西紀事二十四卷附錄一卷　(清)夏燮撰　清光緒十三年(1887)鉛印本　八册　十一行二十六字小字雙行三十二字白口四周單邊雙對黑魚尾

370000－1544－0003848　2467

增訂盛世危言新編十四卷首一卷　(清)鄭觀應纂　清光緒二十四年(1898)上海著易堂石印本　四册　二十行四十二字小字雙行同白口四周雙邊單黑魚尾

370000－1544－0003849　2468

聖武記十四卷　(清)魏源撰　清光緒二十八年(1902)上海書局石印本　四册　二十行四十字白口四周雙邊單黑魚尾

370000－1544－0003850　2469

湘綺樓全集三十卷　王闓運撰　清宣統二年(1910)石印本　十二册　十四行三十一字小字雙行同黑口四周雙邊單黑魚尾

370000－1544－0003851　2743

海峰文集八卷首一卷詩集五卷　(清)劉大櫆撰　清同治十三年(1874)刻本　八册　十二行二十四字白口四周單邊雙對黑魚尾

370000－1544－0003852　2744

皇朝五經彙解二百七十卷　(清)抉經心室主人輯　清光緒十四年(1888)鴻文書局石印本　三十二册　四十行六十六字白口四周單邊單黑魚尾

370000－1544－0003853　2745

甕牖閒評八卷　(宋)袁文撰　清刻本　二册　九行二十一字小字雙行同白口左右雙邊單黑魚尾

370000－1544－0003854　2746

英軺日記十二卷　(清)載振撰　清光緒二十九年(1903)上海文明編譯書局鉛印本　四册　九行二十九字白口四周雙邊單黑魚尾

370000－1544－0003855　2747

江邨銷夏錄三卷　(清)高士奇輯　清宣統二年(1910)順德鄧氏鉛印本　三册　十一行二十八字小字雙行同中字三十字黑口四周單邊

370000－1544－0003856　2748

蠻書十卷　(唐)樊綽撰　清光緒二十年(1894)刻本　一册　九行二十一字小字雙行同白口四周雙邊單黑魚尾

370000－1544－0003857　2751

皇極經世全書八卷首一卷　(宋)邵雍撰　(清)王植輯　清刻本　八册　九行二十一字白口四周單邊

370000－1544－0003858　2752

周禮注疏四十二卷　(漢)鄭玄注　(唐)賈公彥疏　(明)張采訂　明崇禎刻本　七册　八行十八字小字雙行同白口左右雙邊間四周單邊單黑魚尾　存十七卷(二至十八)

370000－1544－0003859　2753

丹鉛總錄二十七卷　(明)楊慎撰　(清)楊昶校訂　清教忠堂刻本　十册　十行二十字小字雙行同黑口左右雙邊

370000－1544－0003860　2790

四益館經學叢書　(清)廖平撰　清光緒十二年(1886)刻本　一册　十行二十字小字雙行同黑口左右雙邊單黑魚尾　存二種四卷(何氏公羊解詁三十論三卷、春秋左傳古義凡例一卷)

370000－1544－0003861　2861

苔岑集初刊七種十八卷續一種四卷　(清)蔣棨渭輯　清味清堂刻本　八册　九行二十一字白口四周雙邊單黑魚尾

370000－1544－0003862　4749
紀文達公遺集三十二卷　(清)紀昀撰　(清)紀樹馨編　清刻本　十二册　十行二十一字小字雙行同白口四周雙邊單黑魚尾

370000－1544－0003863　4777
弘正四傑詩集七十七卷　(清)張祖同輯　清光緒二十一年(1895)長沙張氏湘雨樓刻本　十六册　十一行二十一字黑口左右雙邊雙對黑魚尾

370000－1544－0003864　4779
宋名臣言行錄前集十卷後集十四卷續集八卷別集二十六卷外集十七卷　(宋)朱熹纂　清同治七年(1868)臨川桂氏刻本　十二册　十二行二十三字黑口左右雙邊單黑魚尾

370000－1544－0003865　4780
乾坤正氣集選鈔九十七卷　(清)吴煥采輯　清光緒十三年(1887)刻本　三十二册　十行二十二字白口四周雙邊單黑魚尾

370000－1544－0003866　4781
宋代五十六家詩集不分卷　(清)坐春書塾選輯　清宣統二年(1910)北京龍文閣石印本　六册　九行二十二字小字雙行同白口四周雙邊單黑魚尾

370000－1544－0003867　4782
唐宋八大家選二十四卷　(明)鍾惺評選　(清)程量越訂　清刻本　十册　九行十八字小字雙行同白口左右雙邊單黑魚尾

370000－1544－0003868　4786
古經解彙函十六種小學彙函十四種　(清)鍾謙鈞等輯　清同治十二年(1873)粤東書局刻本　六十六册　十行二十一字小字雙行同白口左右雙邊單黑魚尾

370000－1544－0003869　4789
李笠翁十種曲　(清)李漁編次　清刻本　十二册　十一行二十二字白口四周單邊單黑魚尾

370000－1544－0003870　4797
通志堂經解一百四十種　(清)納蘭性德輯　清同治十二年(1873)粤東書局刻本　五百十册　十一行二十二字小字雙行同白口左右雙邊單黑魚尾

370000－1544－0003871　A1956
胡天游文集五卷補遺一卷　(清)胡天游撰　清宣統元年(1909)上海國學扶輪社鉛印本　四册　十三行三十字黑口四周雙邊單黑魚尾

370000－1544－0003872　A1957
語石十卷　葉昌熾撰　清宣統元年(1909)蘇州文學山房刻本　四册　十一行二十三字小字雙行同黑口左右雙邊單黑魚尾

370000－1544－0003873　A1958
甌北詩鈔二十卷　(清)趙翼撰　清乾隆湛貽堂刻本　十二册　十行二十一字白口左右雙邊單黑魚尾

370000－1544－0003874　A1959
紀文達公遺集三十二卷　(清)紀昀撰　(清)紀樹馨編　清刻本　十六册　十行二十一字小字雙行同白口四周雙邊單黑魚尾

370000－1544－0003875　A1973
繪像結水滸全傳八卷七十回末一卷　(清)俞萬春撰　清末民初上海錦章圖書局石印本　八册　二十八行五十八字小字雙行同白口四周雙邊單黑魚尾

370000－1544－0003876　A1979
高子遺書十二卷附錄一卷　(明)高攀龍撰　清光緒二年(1876)刻民國十一年(1922)補刻本　八册　九行十九字白口四周雙邊單黑魚尾

370000－1544－0003877　A1984
甌北詩鈔二十卷　(清)趙翼撰　清刻本　十二册　十行二十一字小字雙行三十三字白口左右雙邊單黑魚尾

370000－1544－0003878　A1986
英軺日記十二卷　(清)載振撰　清光緒二十九年(1903)上海文明編譯書局鉛印本　四册　九行二十九字白口四周雙邊單黑魚尾

370000－1544－0003879　A1988
三字經注解備要二卷　（宋）王應麟著　清光緒十年（1884）刻本　二册　八行十九字小字雙行同白口四周雙邊單黑魚尾

370000－1544－0003880　A1989
女兒書輯八种　（清）張承燮輯　清光緒二十六年（1900）膠州聽雨堂刻本　一册　六行十二字黑口左右雙邊　存四種（朱氏女三字經、明呂近溪先生女小兒語、女訓約言、女不費錢功德）

370000－1544－0003881　A1993
楹聯叢話十二卷楹聯續話四卷　（清）梁章鉅輯　清道光二十二年（1842）刻本　六册　九行二十二字白口四周雙邊單黑魚尾

370000－1544－0003882　A1994
詩星閣對聯抄本　（清）孟繼塤著　清光緒二十五年（1899）鐔于室刻本　一册　十行二十五字白口四周雙邊單黑魚尾

370000－1544－0003883　A1995
八銘塾鈔初集二集　（清）吳懋政編次　（清）李文山註釋　（清）樊慶寅校訂　清光緒刻本　十册　九行二十七字白口四周單邊單黑魚尾

370000－1544－0003884　A2005
欽定四書文四十一卷　（清）方苞選輯　清刻本　十三册　九行二十六字白口四周雙邊　存十三卷（啟禎七卷、隆萬三卷、正嘉三卷）

370000－1544－0003885　A2006
小題真珠船　（清）海墨樓主人輯　清光緒十一年（1885）海墨樓石印本　十二册　兩欄各三十九行四十字白口四周雙邊雙對黑魚尾

370000－1544－0003886　LS001
監本易經四卷　（宋）朱熹本義　清刻本　二册　下欄十一行二十三字小字單行同白口左右雙邊

370000－1544－0003887　LS002
監本易經四卷　（宋）朱熹本義　清光緒三十三年（1907）刻本　二册　下欄十一行二十三字小字單行同白口左右雙邊

370000－1544－0003888　LS003
焦氏易林四卷　（漢）焦贛撰　清光緒元年（1875）湖北崇文書局刻本　四册　十二行二十四字小字雙行同黑口四周雙邊雙對黑魚尾

370000－1544－0003889　LS004
周易說略四卷　（清）張爾岐撰　（清）張孝寬　（清）張孝通等校　清光緒二年（1876）敬文堂刻本　四册　九行二十二字小字雙行同白口四周單邊單黑魚尾

370000－1544－0003890　LS005
來瞿唐先生易註十五卷首一卷末一卷　（明）來知德撰　（清）符永培重刊　清刻本　十一册　九行二十二字白口四周雙邊單黑魚尾

370000－1544－0003891　LS006
新鐫增補周易備旨一見能解六卷　（明）黄淳耀撰　（清）嚴而寬增補　清刻本　八册　上欄小字二十二行五字下欄十一行三十二字小字雙行同白口四周單邊單黑魚尾

370000－1544－0003892　LS007
學易記九卷　（元）李簡著　清康熙通志堂刻本　四册　十一行二十字白口左右雙邊單黑魚尾

370000－1544－0003893　LS008
龍光詩經八卷　（宋）朱熹集傳　清書業德刻本　四册　上欄小字十八行二字下欄九行十七字小字雙行同白口左右雙邊單黑魚尾

370000－1544－0003894　LS009
奎壁禮記十卷　（元）陳澔集說　清光緒四年（1878）刻本　十册　下欄九行十八字小字雙行同白口左右雙邊

370000－1544－0003895　LS010
全本禮記體註大全合參十卷　（元）陳澔集說　（清）范翔原定　（清）徐旦輯　（清）徐瑄補輯　清刻本　十册　上欄小字二十行二十四字下欄九行十八字小字雙行同白口左右雙邊間四周單邊

370000－1544－0003896　LS011
周禮精華六卷　(清)陳龍標輯　清光緒十八年(1892)東昌書業德刻本　六冊　上欄十四行八字下欄七行二十字小字雙行同白口四周雙邊單黑魚尾

370000－1544－0003897　LS012
儀禮鄭註句讀十七卷　(清)張爾岐撰　清乾隆八年(1743)刻本　五冊　九行二十四字小字雙行同白口左右雙邊單黑魚尾　存十四卷(一至十四)

370000－1544－0003898　LS013
學庸便覽二卷　題(清)綠雪山房主人著　清同治十二年(1873)書業德刻本　二冊　九行二十四字白口四周單邊單黑魚尾

370000－1544－0003899　LS014
大學章句一卷　(宋)朱熹章句　清道光刻本　一冊　下欄九行十七字小字雙行同白口左右雙邊單黑魚尾

370000－1544－0003900　LS015
大學聖經貫珠解一卷附讀大學經傳及中庸雜記　(清)雷以誠撰　清刻本　一冊　七行十二字小字單行二十四字白口四周雙邊單黑魚尾

370000－1544－0003901　LS016
大學辨業四卷　(清)李塨撰　清光緒五年(1879)定州謙德堂王氏刻畿輔叢書本　一冊　十行二十二字黑口四周單邊

370000－1544－0003902　LS017
大學古本旁註一卷月令氣候一卷圖說一卷尚書古文考一卷詩音辨一卷　(清)李調元校　清刻函海本　一冊　十行二十字白口四周雙邊單黑魚尾

370000－1544－0003903　LS018
大學臆古一卷古今文附證一卷　(清)王定柱撰　清嘉慶二十四年(1819)滇南文錦齋刻本　一冊　九行二十五字小字雙行同白口四周雙邊單黑魚尾

370000－1544－0003904　LS019
中庸章句一卷　(宋)朱熹章句　清光緒十六年(1890)刻本　二冊　下欄九行十七字白口左右雙邊單黑魚尾

370000－1544－0003905　LS020
中庸篇義一卷左忠毅公[光斗]年譜定本二卷　(清)馬其昶撰　清光緒三十年(1904)刻集虛草堂叢書本　一冊　十行二十一字黑口左右雙邊單黑魚尾

370000－1544－0003906　LS021
中庸順講一卷　(明)芮城撰　清光緒七年(1881)刻本　一冊　十行二十二字白口四周雙邊單黑魚尾

370000－1544－0003907　LS022
中庸衍義十七卷　(明)夏良勝撰　清同治十年(1871)刻本　十二冊　十行二十字白口四周單邊單黑魚尾

370000－1544－0003908　LS023
中庸衍義十七卷　(明)夏良勝撰　清同治十年(1871)刻本　八冊　十行二十字白口四周單邊單黑魚尾

370000－1544－0003909　LS024
中庸注一卷　康有為撰　清光緒二十七年(1901)中國圖書公司鉛印本　一冊　十行二十八字黑口四周單邊

370000－1544－0003910　LS025
中庸直指一卷　(明)史德清撰　清光緒十年(1884)金陵刻經處刻本　一冊　十行二十字黑口左右雙邊

370000－1544－0003911　LS026
論語十卷　(宋)朱熹集注　清刻本　二冊　九行十七字小字雙行同白口左右雙邊單黑魚尾

370000－1544－0003912　LS027
論語筆解二卷　(唐)韓愈　(唐)李翺註　清刻本　一冊　十行二十一字小字雙行同白口左右雙邊單黑魚尾

370000－1544－0003913　LS028

論語古訓十卷　（清）陳鱣撰　（清）張大昌初校　（清）徐惟琨覆校　（清）濮子潼彙校　清光緒九年（1883）浙江書局刻本　二册　十行二十一字小字雙行同白口左右雙邊單黑魚尾

370000－1544－0003914　LS029
論語古訓十卷　（清）陳鱣撰　（清）張大昌初校　（清）徐惟琨覆校　（清）濮子潼彙校　清光緒九年（1883）浙江書局刻本　二册　十行二十一字小字雙行同白口左右雙邊單黑魚尾

370000－1544－0003915　LS030
論語話解八卷　（清）陳濬撰　清宣統元年（1909）上海鑄記書局石印本　一册　十三行二十四字小字雙行三十六字白口四周雙邊單黑魚尾　存三卷（三至五）

370000－1544－0003916　LS031
論語話解十卷　（清）陳濬撰　清宣統元年（1909）上海鑄記書局石印本　三册　十三行二十四字小字雙行三十八字白口四周雙邊單黑魚尾

370000－1544－0003917　LS032
論語集編十卷　（宋）真德秀撰　（清）翁錫書增訂批點　清同治七年（1868）刻本　一册　上欄小字二十五行十字中欄九行二十四字小字雙行同下欄小字三字白口左右雙邊單黑魚尾

370000－1544－0003918　LS033
論語類考二十卷　（明）陳士元撰　（清）陳春校　清嘉慶蕭山陳氏刻湖海樓叢書本　四册　十行二十字黑口左右雙邊

370000－1544－0003919　LS034
論語詩箋　（清）尤侗撰　（清）武其田箋　**四書五言排律詩**　（清）吳镇撰　清嘉慶十一年（1806）鹿草山房刻本　一册　九行十九字小字雙行同黑口左右雙邊雙對黑魚尾

370000－1544－0003920　LS035
論語拾遺一卷孟子解一卷　（宋）蘇轍撰　清光緒十六年（1890）湘鄉謝氏翚經榭刻本　一册　十行二十三字黑口左右雙邊雙對黑魚尾

370000－1544－0003921　LS036
朱子論語集注訓詁攷二卷　（清）潘衍桐輯　清光緒十七年（1891）浙江書局刻本　一册　十行二十字黑口四周雙邊單黑魚尾

370000－1544－0003922　LS037
增補二論典故最豁集四卷　（清）孫振基等訂　清光緒三十四年（1908）上海章福記石印本　四册　上欄小字二十二行五字下欄十二行二十七字小字雙行同白口四周雙邊單黑魚尾

370000－1544－0003923　LS038
論語纂疏十卷　（宋）趙順孫撰　清刻本　二册　十行二十一字小字雙行三十一字白口左右雙邊單黑魚尾　存四卷（論語一至四）

370000－1544－0003924　LS039
南軒先生論語解十卷　（宋）張栻撰　清同治十二年（1873）廣東粵東書局刻通志堂經解本　二册　十一行二十字白口左右雙邊單黑魚尾

370000－1544－0003925　LS040
南軒先生孟子說七卷　（宋）張栻撰　清同治十二年（1873）廣東粵東書局刻通志堂經解本　三册　十一行二十字白口左右雙邊單黑魚尾

370000－1544－0003926　LS041
孟子讀法十五卷　（清）王又樸撰　清刻本　六册　八行二十二字白口左右雙邊單黑魚尾

370000－1544－0003927　LS042
孟子集註七卷　（宋）朱熹集註　清寶恕堂刻本　七册　九行十八字白口左右雙邊單黑魚尾

370000－1544－0003928　LS043
讀孟質疑二卷　（清）施彥士撰　清光緒十三年（1887）吳縣朱氏家塾刻槐廬叢書本　一册　十一行二十一字小字雙行同黑口左右雙邊單黑魚尾

370000－1544－0003929　LS044
繪孟七卷　（明）戴君恩撰　（明）閔齊伋訂　明天啓六年（1626）刻朱墨套印本　四册　九

行十九字白口四周單邊

370000－1544－0003930　LS045
孟子時事略一卷　(清)任兆麟撰　清光緒十三年(1887)吳縣朱氏家塾刻槐廬叢書本　一冊　十一行二十一字小字雙行同黑口左右雙邊單黑魚尾

370000－1544－0003931　LS046
貿墅說書十九卷　(清)陳震撰　清同治三年(1864)刻本　四冊　九行二十四字白口四周雙邊單黑魚尾

370000－1544－0003932　LS047
奎壁四書十九卷　(宋)朱熹撰　清光緒十二年(1886)書業德刻本　七冊　下欄九行十七字小字雙行同白口左右雙邊

370000－1544－0003933　LS048
日講四書解義二十六卷　(清)喇沙里　(清)陳廷敬等撰　清末鉛印本　十冊　十二行三十字白口四周雙邊單黑魚尾

370000－1544－0003934　LS049
四書稗疏一卷四書考異一卷　(清)王夫之撰　清同治四年(1865)湘鄉曾氏刻船山遺書本　一冊　十行二十二字黑口左右雙邊雙對黑魚尾

370000－1544－0003935　LS050
四書闡註十九卷　(清)浦泰纂輯　清刻本　六冊　上欄小字二十四行三十二字四周單邊下欄九行十七字小字雙行同白口左右雙邊

370000－1544－0003936　LS051
四書大全二十三卷字畫辨訛一卷　(清)許泰交輯　清乾隆七年(1742)三槐堂刻本　二十四冊　十一行三十字小字雙行同白口四周單邊單黑魚尾

370000－1544－0003937　LS052
四書古註群義彙解十種　(清)□□輯　清光緒鉛印本　一冊　十四行四十字小字雙行五十四字白口四周雙邊單黑魚尾　存五種(大學古本說、中庸章段、中庸餘論、論語札記、孟子札記)

370000－1544－0003938　LS053
四書會解十卷　(清)綦澧輯　清同治六年(1867)刻本　七冊　十一行十四字小字雙行同白口四周單邊單黑魚尾

370000－1544－0003939　LS054
四書集注箋疑八卷　(清)徐天璋箋　(清)徐浚仁疏　清光緒二十二年(1896)刻本　二冊　八行二十一字小字雙行同白口四周單邊單黑魚尾

370000－1544－0003940　LS055
四書集註十九卷　(宋)朱熹集註　清光緒刻本　二十六冊　九行十七字小字雙行同白口四周單邊單黑魚尾

370000－1544－0003941　LS056
四書集註十九卷　(宋)朱熹集註　清光緒八年(1882)金陵書局刻本　六冊　九行十七字小字雙行同白口左右雙邊單黑魚尾

370000－1544－0003942　LS057
四書集註十九卷　(宋)朱熹集註　清刻本　六冊　下欄九行十七字小字雙行同白口左右雙邊單黑魚尾　存十二卷(論語六至十、孟子一至七)

370000－1544－0003943　LS058
四書講義困勉錄三十七卷　(清)陸隴其纂輯　(清)陸公鏐編次　(清)席宋恂等校　清刻本　十冊　十二行二十二字黑口左右雙邊雙對黑魚尾　缺十四卷(孟子一至十四)

370000－1544－0003944　LS059
四書講義養正編二十六卷　(清)史廷輝輯　(清)史篆丹　(清)史揆丹等校　清光緒十七年(1891)書業德刻本　十二冊　七行二十五字小字雙行同白口四周雙邊單黑魚尾

370000－1544－0003945　LS060
四書教子尊經求通錄六卷　(清)楊一崑撰　(清)楊恒占編次　(清)楊雲書　(清)楊雲棟校梓　清刻本　六冊　八行二十字白口四周雙邊單黑魚尾

370000－1544－0003946　LS061

四書近指二十卷 （清）孫奇逢撰 （清）魏裔介鑒定 清康熙中州學署刻本 四册 九行二十字白口四周單邊單黑魚尾

370000－1544－0003947 LS062
四書經史摘證七卷 （清）宋繼穜輯著 （清）宋廷英校註 清道光二十四年（1844）刻本 四册 十一行二十四字小字雙行同白口四周雙邊單黑魚尾

370000－1544－0003948 LS063
四書琳琅冰鑑五十四卷 （清）高其閎注釋 （清）譚光弼 （清）傅京樹等校 清乾隆三十九年（1774）正誼堂刻本 十二册 九行二十五字白口四周雙邊單黑魚尾

370000－1544－0003949 LS064
四書論文十二卷 （清）洪天錫撰 （清）洪道源 （清）洪道揆等校梓 清嘉慶二十四年（1819）聚錦堂刻本 六册 十行二十二字白口四周單邊單黑魚尾

370000－1544－0003950 LS065
四書拾義五卷 （清）胡紹勛撰 （清）劉世珩校刊 清光緒貴池劉氏刻聚學軒叢書本 二册 十一行二十一字黑口左右雙邊雙對黑魚尾

370000－1544－0003951 LS066
四書釋地補一卷續補一卷又續補一卷三續補一卷 （清）閻若璩撰 （清）樊廷牧校補 清嘉慶二十一年（1816）梅陽海涵堂刻本 五册 九行二十一字小字雙行同黑口左右雙邊

370000－1544－0003952 LS067
四書釋義十九卷 （清）李沛霖參訂 清乾隆五十一年（1786）刻本 六册 上欄小字二十三行三十字四周單邊下欄九行十七字小字雙行同白口左右雙邊

370000－1544－0003953 LS068
四書說苑十一卷首一卷補遺一卷續遺一卷 （清）孫應科輯 清道光刻本 六册 十一行二十二字小字雙行同白口左右雙邊單黑魚尾

370000－1544－0003954 LS069
四書說苑十一卷首一卷補遺一卷續遺一卷 （清）孫應科輯 清道光刻本 四册 十一行二十二字小字雙行同白口左右雙邊單黑魚尾

370000－1544－0003955 LS070
四書說約三十三卷 （明）鹿善繼撰 （明）鹿化麟 （明）宋從龍訂 清道光二十八年（1848）刻本 四册 八行二十字白口左右雙邊單黑魚尾

370000－1544－0003956 LS071
四書通二十六卷 （元）胡炳文通 清康熙通志堂刻本 十册 十行二十一字小字雙行三十二字白口左右雙邊單黑魚尾

370000－1544－0003957 LS072
四書通證六卷 （元）張存中撰 清通志堂刻本 二册 十行二十一字白口左右雙邊單黑魚尾

370000－1544－0003958 LS073
四書圖考集要五卷 （清）張雲會撰 清乾隆三十七年（1772）刻本 五册 十行二十六字小字雙行同白口四周單邊單黑魚尾

370000－1544－0003959 LS074
四書圖考十三卷 （清）杜炳撰 清道光刻本 六册 十行二十二字白口左右雙邊單黑魚尾 存七卷（典籍圖考一卷、器用圖考一卷、音樂圖考一卷、井田圖考一卷、武備圖考一卷、衣服圖考一卷、宫室圖考一卷）

370000－1544－0003960 LS075
四書緯四卷 （清）常增撰 清光緒十二年（1886）刻本 四册 十行二十字白口左右雙邊單黑魚尾

370000－1544－0003961 LS076
四書小參一卷問答一卷 （明）朱斯行著 清光緒三年（1877）姑蘇刻經處刻本 一册 十行二十字黑口左右雙邊

370000－1544－0003962 LS077
四書訓解參證十二卷補遺四卷續補編四卷 （清）張定鋆撰 清咸豐二年至同治三年（1852－1864）刻本 四册 十行二十二字小

字雙行同黑口左右雙邊單黑魚尾

370000－1544－0003963　LS078

四書翼注論文三十八卷　(清)張甄陶撰　清嘉慶十五年(1810)浙湖竹下書堂刻本　六冊　十一行二十二字小字雙行同白口左右雙邊單黑魚尾　存十八卷(一至十八)

370000－1544－0003964　LS079

四書引左彙解十卷　(清)蕭榕年纂輯　(清)謝宜發　(清)王鍾泰校訂　清刻本　四冊　下欄八行二十字小字雙行同白口四周雙邊單黑魚尾

370000－1544－0003965　LS080

四書樂器編五卷四書拾遺五卷　(清)張江輯　清光緒十三年(1887)上海大文書局鉛印本　一冊　十三行三十字小字雙行同白口四周雙邊單黑魚尾

370000－1544－0003966　LS081

四書擇言十一卷　(清)丁大椿撰　清刻本　五冊　十行二十三字白口左右雙邊單黑魚尾　缺一卷(孟子下)

370000－1544－0003967　LS082

四書劄記七卷　(清)王巡泰撰　(清)陳熲塏校　(清)汪鳳楏刊訂　清光緒九年(1883)刻本　八冊　九行二十一字白口四周雙邊單黑魚尾

370000－1544－0003968　LS083

四書章句集註二十六卷　(宋)朱熹集註　清光緒十三年(1887)文英堂刻本　一冊　上欄小字二十行五字下欄九行十七字小字雙行同白口左右雙邊間左右上雙邊　存二卷(大學、中庸)

370000－1544－0003969　LS084

四書摭餘說六卷　(清)曹之升輯　(清)張鵬翂梓　清道光十二年(1832)刻本　六冊　十行二十四字小字雙行同白口四周單邊單黑魚尾

370000－1544－0003970　LS085

四書摭餘說六卷　(清)曹之升輯　清刻本　六冊　十行二十四字小字雙行同白口四周雙邊單黑魚尾

370000－1544－0003971　LS086

朱子四書語類五十二卷　(宋)朱熹撰　(清)周在延重校　清金陵大業堂刻本　十二冊　十二行二十五字小字雙行同白口左右雙邊單黑魚尾

370000－1544－0003972　LS087

讀四書叢說八卷　(元)許謙撰　(清)俞焜校訂　清刻本　七冊　十行二十字白口四周雙邊單黑魚尾

370000－1544－0003973　LS088

集虛齋四書口義十卷　(清)方棨如撰　(清)于光華編　(清)姚一桂等校　清乾隆五十三年(1788)刻本　十冊　十二行二十五字白口左右雙邊單黑魚尾

370000－1544－0003974　LS089

繪圖四書速成新體讀本二十一卷　(清)王有宗撰　(清)施崇恩校訂　清光緒三十四年(1908)上海彪蒙書室石印本　二十八冊　十行二十字白口左右雙邊單黑魚尾

370000－1544－0003975　LS090

綠杉野屋四書試帖一卷　(清)陳恭釗撰　清道光二十九年(1849)金陵陳氏問源樓刻本　一冊　七行十八字白口左右雙邊

370000－1544－0003976　LS091

駁呂留良四書講義八卷　(清)朱軾等撰　清雍正九年(1731)刻本　八冊　九行二十一字小字雙行同白口四周雙邊單黑魚尾

370000－1544－0003977　LS092

宋十一家四書五經義　(宋)蘇洵等著　清光緒二十八年(1902)上海書局石印本　二冊　十二行二十七字白口左右雙邊單黑魚尾

370000－1544－0003978　LS093

宋十一家四書五經義　(宋)蘇洵等著　清光緒二十八年(1902)上海書局石印本　二冊　十二行二十七字白口左右雙邊單黑魚尾

370000－1544－0003979　LS094

宋十一家四書五經義　(宋)蘇洵等著　清光緒二十八年(1902)上海書局石印本　二冊　十二行二十七字白口左右雙邊單黑魚尾

370000－1544－0003980　LS095

孝經學七卷　曹元弼撰　清宣統元年(1909)刻本　一冊　十行二十字白口左右雙邊單黑魚尾

370000－1544－0003981　LS096

孝經學七卷　曹元弼撰　清宣統元年(1909)刻本　一冊　十行二十字白口左右雙邊單黑魚尾

370000－1544－0003982　LS097

說文逸字二卷附錄一卷　(清)鄭珍記　清咸豐八年(1858)湖南經濟書堂刻本　二冊　十二行二十一字黑口左右雙邊單黑魚尾

370000－1544－0003983　LS098

重輯增註龍文鞭影全集五卷　(明)蕭良有註　(明)楊臣諍增訂　(清)劉有廉重輯并註　清光緒十三年(1887)刻本　五冊　上欄四行四字小字雙行九字下欄小字二十行二十八字白口四周雙邊單黑魚尾

370000－1544－0003984　LS099

剔弊廣增分韻五方元音二卷首一卷　(清)樊騰鳳撰　(清)趙培梓新編　清光緒二十四年(1898)刻本　二冊　十一行二十五字小字雙行同白口左右雙邊

370000－1544－0003985　LS100

御批歷代通鑑輯覽一百二十卷　(清)傅恒等編纂　清石印本　十五冊　十四行四十二字小字雙行同白口四周單邊雙對黑魚尾　存六十卷(六十一至一百二十)

370000－1544－0003986　LS101

讀通鑑論十卷　(清)王夫之撰　清光緒二十八年(1902)石印本　五冊　二十行四十二字白口四周雙邊單黑魚尾

370000－1544－0003987　LS102

二十四史人物類考四十六卷　(清)汪元善勘訂　清光緒二十九年(1903)上海緯文閣石印本　八冊　二十行四十六字白口四周單邊單黑魚尾

370000－1544－0003988　LS103

二十四史劄記三十六卷補遺一卷　(清)趙翼撰　清光緒二十六年(1900)上海書局石印本　八冊　十九行四十六字黑口四周雙邊單黑魚尾

370000－1544－0003989　LS104

綱鑑正史約三十六卷　(清)顧錫疇編　(清)陳弘謀增訂　清光緒二十八年(1902)上海古香閣石印本　五冊　十六行四十四字小字雙行同白口四周雙邊單黑魚尾

370000－1544－0003990　LS105

左傳紀事本末五十三卷　(清)高士奇撰　清同治十二年(1873)江西書局刻本　十二冊　十行二十字黑口左右雙邊單黑魚尾

370000－1544－0003991　LS106

左傳易讀六卷　(清)司徒修輯　(清)沈士荃　(清)祝宣奎檢校　清同治五年(1866)聚盛堂刻本　六冊　上欄小字六字下欄大字八行二十五字小字雙行同單行五十字黑口四周雙邊雙對黑魚尾

370000－1544－0003992　LS107

東萊先生左氏博議二十五卷附虛字註釋　(宋)呂祖謙撰　(清)瞿世瑛校刊　清光緒二十四年(1898)刻本　六冊　十行二十二字小字雙行同黑口四周單邊雙對黑魚尾

370000－1544－0003993　LS108

弟子職集解一卷　(清)莊述祖撰　清光緒三十年(1904)孫谿朱氏槐廬家塾刻校經山房叢書本　一冊　十一行二十一字小字雙行同黑口四周單邊雙對黑魚尾

370000－1544－0003994　LS109

聖經學規纂二卷論學二卷　(清)李塨撰　清光緒五年(1879)定州謙德堂王氏刻畿輔叢書本　一冊　十行二十二字黑口四周單邊

370000－1544－0003995　LS110

明儒學案六十二卷　（清）黄宗羲撰　清光緒八年(1882)二老閣刻本　二十册　十一行二十字黑口四周單邊雙對黑魚尾

370000－1544－0003996　LS111
聖武記十四卷　（清）魏源撰　清光緒四年(1878)上海申報館鉛印本　十册　十一行二十七字小字雙行三十五字黑口四周雙邊

370000－1544－0003997　LS112
大六壬大全十三卷　（清）郭載騋撰　清咸豐七年(1857)同文堂刻本　一册　十一行二十四字白口四周單邊單黑魚尾　存三卷(一至三)

370000－1544－0003998　LS113
宋四子抄釋二十一卷　（明）吕柟撰　清刻惜陰軒叢書本　六册　十行二十二字黑口四周單邊單黑魚尾

370000－1544－0003999　LS114
敬齋古今黈八卷　（元）李冶撰　清刻本　二册　九行二十一字白口四周雙邊單黑魚尾

370000－1544－0004000　LS115
家語證僞十一卷　（清）范家相撰　清光緒十五年(1889)會稽徐氏鑄學齋刻本　三册　十一行二十一字黑口左右雙邊雙對黑魚尾

370000－1544－0004001　LS116
孔叢子二卷　（漢）孔鮒著　清刻本　一册　九行二十字白口左右雙邊單綫魚尾

370000－1544－0004002　LS117
惜陰軒叢書續編五種　（清）李錫齡輯　清刻本　十册　十行二十二字黑口左右雙邊單黑魚尾

370000－1544－0004003　LS118
困學紀聞注二十卷首一卷　（宋）王應麟撰　（清）翁元圻輯　清光緒二十五年(1899)上海煥文局石印本　五册　十四行三十四字小字雙行五十一字白口四周雙邊單黑魚尾　缺四卷(十七至二十)

370000－1544－0004004　LS119
子問二卷又問一卷　（清）劉沅撰　清同治二年(1863)平遥李氏刻本　三册　十一行二十一字黑口左右雙邊單黑魚尾

370000－1544－0004005　LS120
三蘇策論十二卷　（宋）蘇洵　（宋）蘇軾　（宋）蘇轍撰　（清）馬毓文等編校　清光緒二十八年(1902)上海書局石印本　六册　十七行四十字白口四周雙邊單黑魚尾

370000－1544－0004006　413/17－3
元史譯文證補三十卷　（清）洪鈞撰　清石印本　四册　十二行二十五字小字雙行三十七字白口左右雙邊單黑魚尾

370000－1544－0004007　413/107
中外紀年通表六卷　（清）齊召南編　清光緒二十三年(1897)上海著易堂石印本　八册　行字不等白口左右雙邊

370000－1544－0004008　413/108
滿清宫廷穢史二卷　（清）有嬀血胤著　清末石印本　一册　十六行三十六字小字雙行同白口四周雙邊單黑魚尾

370000－1544－0004009　413/111
讀史糾謬十五卷　（清）牛運震撰　清嘉慶二十三年(1818)滋陽牛氏空山堂刻本　一册　九行二十二字白口四周雙邊單黑魚尾　存一卷(一)

370000－1544－0004010　413/119
後漢書補注二十四卷　（清）惠棟撰　清嘉慶九年(1804)德裕堂刻本　八册　十一行二十三字小字雙行三十五字白口左右雙邊單黑魚尾

370000－1544－0004011　450/8－4
荊駝逸史五十三種　（清）陳湖逸士編　清刻本　三十二册　八行十七字白口四周雙邊單黑魚尾

370000－1544－0004012　450－8/1
中西事務紀要二十四卷　（清）夏燮撰　清光緒二十三年(1897)上海書局石印本　六册　十七行三十五字小字雙行同白口四周單邊單

黑魚尾

370000－1544－0004013　480/3
廿二史言行略四十二卷　(清)過元昄輯　清嘉慶十五年(1810)拜經齋刻本　十二冊　十行二十四字小字雙行同白口左右雙邊單黑魚尾

370000－1544－0004014　480/3－2
廿二史言行略四十二卷　(清)過元昄輯　清嘉慶十五年(1810)拜經齋刻本　二十四冊　十行二十四字小字雙行同白口左右雙邊單黑魚尾

370000－1544－0004015　480/5
鑑撮四卷　(清)曠敏本撰　清刻本　四冊　九行二十字小字雙行同白口四周雙邊單黑魚尾

370000－1544－0004016　480/7
歷代邊事彙鈔十二卷　(清)朱克敬輯　清光緒二十八年(1902)上海捷記書局石印本　四冊　十七行三十六字白口四周雙邊單黑魚尾

370000－1544－0004017　491.4/17－2
隸釋二十七卷隸續二十一卷附刊誤一卷　(宋)洪适撰　清同治十一年(1872)皖南洪氏晦木齋刻本　八冊　九行二十字小字雙行同白口四周單邊單黑魚尾

濟寧學院圖書館古籍普查登記目録

全國古籍普查登記目録

國家圖書館出版社
National Library of China Publishing House

#《濟寧學院圖書館古籍普查登記目録》

編纂委員會

主　任： 王旭英

副主任： 劉　欣

委　員： 宋玉星　葛豔麗　宋　敏

主　編： 劉　欣

副主編： 宋玉星　葛豔麗　宋　敏

370000－1554－0000001　00001

古唐詩合解新讀本十六卷　(清)王翼雲注　清宣統元年(1909)新校石印本　三冊　十六行三十字小字雙行六十字白口四周雙邊

370000－1554－0000002　00002

繡像東西漢通俗演義十八卷　(明)甄偉(明)謝詔撰　(明)鍾惺評　清光緒十八年(1892)春月上海廣百宋齋校印本　六冊　十七行三十二字白口四周雙邊

370000－1554－0000003　00003

粵東劫匪紀略五卷　(清)陳坤編次　(清)鄭洪淮輯錄　(清)王雲書參訂　清同治十年(1871)粵東省城西湖街藝苑樓刻本　三冊　十三行二十字白口　無邊無格

370000－1554－0000004　00004

御批歷代通鑑輯覽一百二十卷　(清)高宗弘曆批　清光緒三十年(1904)上海美華書館謹仿殿本校印本　二十四冊　兩欄各十六行三十二字小字雙行三十七字白口四周雙邊單黑魚尾

370000－1554－0000005　00005

粟香隨筆四十卷　(清)金淮著　清光緒十三年(1887)埽葉山房石印本　十六冊　十四行三十二字白口四周雙邊單黑魚尾

370000－1554－0000006　00006

湘軍記二十卷　(清)王定安著　清光緒十六年(1890)石印本　四冊　十三行三十二字白口四周雙邊單黑魚尾

370000－1554－0000007　00007

池上草堂筆記八卷　(清)梁恭辰著　清同治十二年(1873)豫章聽鸝館主人重刊本　八冊　九行二十二字白口左右雙邊單黑魚尾

370000－1554－0000008　00008

廿四史通俗衍義二十六卷　(清)呂撫輯　清光緒十六年(1890)仲夏廣百宋齋校印本　六冊　十二行三十三字白口四周雙邊單黑魚尾

370000－1554－0000009　00009

西巡迴鑾始末記六卷　(日本)吉田良太郎口譯匯錄　(清)八詠樓主人筆述刊正　清光緒二十八年(1902)石印本　二冊　十五行二十八字白口四周雙邊單黑魚尾

370000－1554－0000010　000010

明季南北略四十二卷　(清)計六奇編輯　清光緒十三年(1887)上海圖書集成局刻本　十冊　十三行十四字白口四周單邊雙黑魚尾無格

370000－1554－0000011　000011

元詩選六卷補遺一卷　(清)顧奎光編選　清翻乾隆十六年(1751)刻本　十冊　三欄十行十九字白口左右雙邊單黑魚尾

370000－1554－0000012　000012

齊民要術十卷　(北魏)賈思勰撰　明萬曆刻本　二冊　九行十八字小字雙行同白口左右雙邊單白魚尾

370000－1554－0000013　000013

詩經體注八卷　(清)高朝瓔注　清乾隆刻本　四冊　上下分欄行字不等白口四周單邊

370000－1554－0000014　000014

讀書雜誌八十二卷　(清)王念孫撰　清光緒二十年(1894)張祖翼署檢上海醉六堂刻本　八冊　二十行四十二字白口四周雙邊單黑魚尾

370000－1554－0000015　000015

黃詩全集五十八卷　(宋)黃庭堅撰　(宋)任淵　(宋)史季溫注　清乾隆五十三年(1788)翁氏樹經堂刻本　二十三冊　十二行二十三字白口左右雙邊單黑魚尾

370000－1554－0000016　000016

佩文韻府一百六卷　(清)張玉書等編撰　清光緒二十四年(1898)上海點書齋石印本　二十四冊　三欄行字不等白口四周雙邊單黑魚尾

370000－1554－0000017　000017

讀史方輿紀要一百三十卷　(清)顧祖禹著　清嘉慶十六年(1811)敷文閣刻本　六十四冊　行字不等白口四周雙邊單黑魚尾

370000－1554－0000018　000018

蘇文忠公詩集五十卷　(宋)蘇軾著　清同治八年(1869)韞玉山房刊朱墨套印本　十二册　十行二十二字白口左右雙邊單黑魚尾

370000－1554－0000019　000019

稽古錄二十卷　(宋)司馬光撰　清光緒五年(1879)江蘇書局刊版本　四册　十行十九字小字雙行二十字白口四周雙邊雙黑魚尾

370000－1554－0000020　000020

國朝詩别裁集三十六卷　(清)沈德潛纂評　清乾隆二十四年(1759)刻本　十二册　十行十九字小字雙行二十五字白口左右雙邊單黑魚尾

370000－1554－0000021　000021

選注六朝唐賦不分卷　(清)馬傳庚選注　清光緒二十二年(1896)翻刻本　二册　八行二十字小字雙行十九字白口四周單邊單黑魚尾

370000－1554－0000022　000022

國朝文錄八十二卷　(清)姚春木輯　清光緒二十六年(1900)掃葉山房石印本　八册　十九行三十七字白口四周雙邊單黑魚尾

370000－1554－0000023　000023

繹史一百六十卷　(清)馬驌撰　清光緒十五年(1889)全匱浦氏重修本　四十册　十一行二十四字白口左右雙邊

370000－1554－0000024　000024

監本書經集傳六卷　(宋)蔡沈撰　清光緒十四年(1888)天津文美齋重刊本　四册　九行十七字小字雙行同白口四周雙邊

370000－1554－0000025　000025

欽定史記一百三十卷　(漢)司馬遷撰　清光緒二十四年(1898)上海祥記書莊石印本　八册　二十三行五十字小字雙行同白口四周單邊單黑魚尾

370000－1554－0000026　000026

欽定前漢書一百卷　(漢)班固撰　(唐)顔師古注　清光緒二十四年(1898)上海祥記書莊石印本　八册　二十三行五十字小字雙行同白口四周單邊單黑魚尾

370000－1554－0000027　000027

欽定後漢書一百二十卷　(南朝宋)范曄撰　(唐)李賢注　清光緒二十四年(1898)上海祥記書莊石印本　八册　二十三行五十字小字雙行同四周單邊白口單黑魚尾

370000－1554－0000028　000028

欽定三國志六十五卷　(晉)陳壽撰　(南朝宋)裴松之注　光緒二十四年(1898)上海祥記書莊石印本　四册　二十三行五十字小字雙行同白口四周單邊單黑魚尾

370000－1554－0000029　000029

詩經備旨喈鳳詳解八卷　(清)陳百先輯解　(清)汪敬堂增訂　清光緒十年(1884)有益堂刻本　五册　三欄行字不等白口四周單邊單黑魚尾

370000－1554－0000030　000030

欽定三希堂法帖　(清)梁詩正等編　清乾隆十二年(1747)蜚英書館刻本　三十二册　行字不等白口左右雙邊單黑魚尾　存三十二册(一至三十二)

370000－1554－0000031　000031

隨園三十種三十七卷　(清)袁枚　(清)納蘭性德撰　(清)袁通選　清乾隆五十五年至嘉慶二年(1790－1797)隨園藏版家刻本　十六册　十行二十一字黑口左右雙邊　存三種三十七卷(新齊諧二十四卷、續十卷,隨園食單一卷,飲水詞鈔二卷)

370000－1554－0000032　000032

全唐詩話六卷　(宋)王褒著　清宣統三年(1911)三樂堂印上海朝記書莊石印本　六册　十一行二十五字白口四周單邊單黑魚尾

370000－1554－0000033　000033

甌北詩抄十八卷　(清)趙翼撰　清乾隆五十六年(1791)刻本　四册　十行二十一字白口左右雙邊單黑魚尾

370000－1554－0000034　000034

齊東野語二十卷　(宋)周密撰　明崇禎毛氏

汲古閣刻本　六冊　八行十九字白口左右雙邊

370000－1554－0000035　000035
白香山詩集四十卷　（唐）白居易著　**年譜一卷**　（清）汪立名編　**年譜舊本一卷**　（宋）陳振孫撰　清康熙四十一年至四十二年（1702－1703）汪立名一隅草堂刻本　十二冊　十二行二十一字小字雙行三十二字白口左右雙邊單黑魚尾

370000－1554－0000036　000036
天下郡國利病書一百二十卷　（清）顧炎武著　清道光十一年（1831）敷文閣刻本　五十六冊　十二行二十一字小字雙行同白口左右雙邊單黑魚尾

370000－1554－0000037　000037
胡文忠公遺集八十六卷　（清）胡林翼著　（清）鄭敦謹　（清）曾國荃編輯　清同治六年（1867）刻本　三十冊　十行二十字黑口四周雙邊單黑魚尾

370000－1554－0000038　000038
剡川姚氏本戰國策三十三卷　（漢）劉向撰　（漢）高誘注　清同治八年（1869）湖北崇文書局重雕本仿宋刻本　五冊　十一行二十一字小字雙行同白口左右雙邊單黑魚尾

370000－1554－0000039　000039
天聖明道本國語二十一卷附劄記一卷　（春秋）左丘明撰　（三國吳）韋昭解　清同治八年（1869）湖北崇文書局仿宋刻本　五冊　十一行二十一字小字雙行三十三字白口左右雙邊單黑魚尾

370000－1554－0000040　000040
李文忠公函稿五十八卷　（清）李鴻章撰　（清）吳汝綸編　清光緒二十八年（1902）蓮池書社刻本　二十九冊　十二行二十八字白口四周雙邊

370000－1554－0000041　000041
滄溟先生全集三十卷附錄一卷　（明）李攀龍著　清道光二十七年（1847）景福堂藏板刻本　八冊　十行二十字白口左右雙邊單黑魚尾

370000－1554－0000042　000042
西清古鑒四十卷附錢錄十六卷　（清）梁詩正等編　清光緒十四年（1888）上海鴻文書局石印本　二十四冊　十行十八字白口四周雙邊單黑魚尾

370000－1554－0000043　000043
西清續鑒二十卷　（清）王傑等撰　清宣統二年（1910）涵芬樓依甯壽宮寫本影印本　四十二冊　十行十八字白口四周雙邊單黑魚尾

370000－1554－0000044　000044
林文忠公政書三十七卷　（清）林則徐著　清咸豐元年（1851）林則徐後人宅藏板家刻本　十四冊　九行二十字黑口四周雙邊單黑魚尾

370000－1554－0000045　000045
普法戰紀十四卷　（清）張宗良口譯　（清）王韜輯撰　清同治十二年（1873）中華印務總局活字板排印本　八冊　十行二十一字小字雙行三十二字黑口四周雙邊雙花魚尾

370000－1554－0000046　000046
漁洋山人精華錄箋注十二卷　（清）王士禛著　（清）金榮箋注　（清）徐淮纂輯　清康熙五十一年（1712）鳳翽堂刻本　七冊　十一行二十字小字雙行三十字白口四周單邊單黑魚尾

370000－1554－0000047　000047
棗林雜俎　（清）談遷著　清宣統三年（1911）上海國學扶輪社鉛字排印本　六冊　十一行二十九字白口四周雙邊單黑魚尾

370000－1554－0000048　000048
東都事略一百三十卷　（宋）王偁撰　清嘉慶三年（1798）掃葉山房刻本　十二冊　十二行二十五字白口左右雙邊單黑魚尾

370000－1554－0000049　000049
許氏說文九卷　（漢）許慎撰　清同治十年（1871）新鐫汲古閣藏板刻本　八冊　七行小字雙行二十二字白口左右雙邊單花魚尾

370000－1554－0000050　000050

闕里文獻考一百卷　(清)孔繼汾述　清乾隆二十七年(1762)刻本　八册　十三行二十六字黑口左右雙邊雙黑魚尾

370000－1554－0000051　000051

杜少陵全集詳注三十一卷　(唐)杜甫著　(清)仇兆鼇注　清康熙三十二年(1693)大文堂藏版刻本　二十八册　十行二十二字小字雙行同黑口左右雙邊單黑魚尾

370000－1554－0000052　000052

九朝紀事本末六百五十八卷　(清)高士奇等編輯　(清)閔萃祥點勘　清光緒二十八年(1902)上海玉麟書局石印本　五十三册　二十行四十字白口四周雙邊單黑魚尾

370000－1554－0000053　000053

重訂四書析疑二十三卷　(清)張權時編輯　清乾隆三十二年(1767)文盛堂刻五十九年(1794)尚德堂印本　二十册　十五行三十一字白口左右雙邊單黑魚尾

370000－1554－0000054　000054

貳臣傳十二卷　(清)國使館編　清國史館繕本善成堂藏板刻本　六册　十一行二十四字白口四周雙邊單黑魚尾

370000－1554－0000055　000055

吳梅邨詩集箋注十八卷　(清)吳偉業撰　(清)吳翌鳳箋注　清嘉慶十九年(1814)滄浪吟榭刻本　八册　十行二十一字小字雙行同白口左右單邊單黑魚尾

370000－1554－0000056　000056

子史精華一百六十卷　(清)允祿等編　清雍正五年(1727)武英殿刻本　四十四册　八行二十四字小字雙行同白口四周雙邊單黑魚尾

370000－1554－0000057　000057

畫史匯傳七十二卷　(清)彭蘊燦輯　清道光刻本　二十四册　八行二十字黑口四周雙邊黑魚尾

370000－1554－0000058　000058

戴氏遺書六十一卷　(清)戴震著　清乾隆四十四年(1779)孔氏微波榭刻本　十六册　十行二十一字小字雙行二十字白口四周雙邊單黑魚尾

370000－1554－0000059　000059

李注文選六十卷　(唐)李善注　(清)何焯點評　(清)葉樹藩參訂　清乾隆三十七年(1772)海錄軒刻本　二十四册　十二行二十五字小字雙行三十七字白口左右雙邊單黑魚尾

370000－1554－0000060　000060

重訂東萊博議四卷　(宋)呂祖謙撰　清光緒八年(1882)善成堂重刊本　四册　九行二十一字小字雙行同白口單黑魚尾

370000－1554－0000061　000061

墨子閒詁十五卷　(清)孫詒讓輯　清光緒二十一年(1895)埽葉山房石印本　八册　十四行三十四字小字雙行同白口四周雙邊單黑魚尾

370000－1554－0000062　000062

國朝山左詩鈔六十卷　(清)盧見曾輯　清乾隆二十三年(1758)德州盧氏雅雨堂刻本　十册　十行二十一字小字雙行同白口四周單邊單黑魚尾

370000－1554－0000063　000063

說文句讀三十卷　(清)王筠撰　清同治四年(1865)禮部進呈本　十六册　十行小字雙行二十四字白口四周雙邊單黑魚尾　無格

370000－1554－0000064　000064

說文釋例二十卷　(清)王筠撰　清同治四年(1865)禮部進呈本　十册　十行小字雙行二十四字白口四周雙邊單黑魚尾　無格

370000－1554－0000065　000065

說文繫傳校錄三十卷　(清)王筠撰　清道光十五年(1835)家刻本　二册　十行小字雙行二十四字白口四周雙邊單黑魚尾

370000－1554－0000066　000066

水經注四十卷　(北魏)酈道元撰　清乾隆三十九年(1774)武英殿刻本　十六册　九行二十一字小字雙行同白口四周雙邊

370000－1554－0000067　000067
隸篇十五卷　(清)翟雲升撰　清道光二十四年(1844)刻本　十冊　十四行二十五字白口左右雙邊單黑魚尾

370000－1554－0000068　000068
欽定續文獻通考二百五十卷　(清)嵇璜等撰　清光緒二十六年(1900)北洋書局石印本　三十二冊　十七行三十三字白口四周雙邊單黑魚尾

370000－1554－0000069　000069
重訂世說新語補(世說補)二十卷　(南朝宋)劉義慶撰　(南朝梁)劉孝標注　(明)何良俊補　(明)王世貞刪定　(清)黃汝琳補訂　清乾隆二十七年(1762)茂清書屋刻本　八冊　九行十八字小字雙行同白口左右雙邊單黑魚尾

370000－1554－0000070　000070
國朝山左詩匯鈔後集三十九卷　(清)余正酉輯　清道光二十九年(1849)海棠書屋刻本　十六冊　十行二十一字白口四周雙邊單黑魚尾

370000－1554－0000071　000071
周禮十二卷　(漢)鄭玄注　(唐)陸德明音義　清同治七年(1868)湖北崇文書局刻本　六冊　九行十七字白口四周雙邊單黑魚尾

370000－1554－0000072　000072
詩經八卷　(宋)朱熹集傳　清同治七年(1868)湖北崇文書局刻本　四冊　九行十七字小字雙行同白口四周雙邊

370000－1554－0000073　000073
周易變通解六卷首一卷末一卷　(清)萬裕澐注　清同治十二年(1873)集錦堂刻本　六冊　九行二十七字小字雙行二十六字白口四周單邊單黑魚尾

370000－1554－0000074　000074
重訂古文釋義新編　(清)余誠評注　清光緒二十五年(1899)寶興堂刻本　五冊　行字不等

370000－1554－0000075　000075
春秋左傳杜林善本五十卷　(晉)杜預　(宋)林堯叟註釋　(唐)陸德明音義　(明)鍾惺等評點　清光緒三十四年(1908)善成堂刻本　十二冊　十行二十二字白口左右雙邊單黑魚尾

370000－1554－0000076　000076
六書通不分卷　(明)閔齊伋撰　(清)畢弘述訂　清康熙五十九年(1720)基聞堂刻本　十冊　八行二至十字小字雙行五至二十二字白口四周雙邊

370000－1554－0000077　000077
明史擥要八卷　(清)姚培謙　(清)張景星錄　清乾隆六十年(1795)刻本　二冊　七行十六字小字雙行十五字白口左右雙邊單黑魚尾

370000－1554－0000078　000078
兩漢金石記二十卷　(清)翁方綱撰　清乾隆五十四年(1789)刻本　六冊　十行二十字小字雙行十九字白口四周單邊單黑魚尾

370000－1554－0000079　000079
戰國紀年　(清)林春溥撰　清光緒十八年(1892)刻本　六冊　十二行二十一字黑口四周單邊雙黑魚尾

370000－1554－0000080　000080
增圖長生殿傳　(清)洪昇填詞　(清)舒鳧論文　清光緒十三年(1887)上海蜚英館石印本　二冊　十四行三十四字小字雙行三至二十七字白口四周單邊

370000－1554－0000081　000081
金史一百三十五卷　(元)脫脫等修　清光緒十八年(1892)武林竹簡齋石印本　八冊　二十行四十二字小字雙行同白口左右雙邊單黑魚尾

370000－1554－0000082　000082
舊五代史一百五十卷　(元)脫脫等修　清光緒十八年(1892)武林竹簡齋石印本　九冊　二十行四十二字小字雙行同白口左右雙邊單黑魚尾

370000－1554－0000083　000083

五代史七十四卷　(元)脱脱等修　清光緒十八年(1892)武林竹簡齋石印本　四册　二十行四十二字小字雙行同白口左右雙邊單黑魚尾

370000－1554－0000084　000084

元史二百十卷　(明)宋濂等編　清光緒十八年(1892)武林竹簡齋石印本　十四册　二十行四十二字白口左右雙邊單黑魚尾

370000－1554－0000085　000085

宋書一百卷　(南朝梁)沈約撰　清光緒十八年(1892)武林竹簡齋石印本　六册　二十行四十二字白口左右雙邊單黑魚尾

370000－1554－0000086　000086

隋書八十五卷　(唐)魏徵撰　清光緒十八年(1892)武林竹簡齋石印本　六册　二十行四十二字白口左右雙邊單黑魚尾

370000－1554－0000087　000087

唐書二百十五卷　(宋)歐陽修等撰　清光緒十八年(1892)武林竹簡齋石印本　十六册　二十行四十二字白口左右雙邊單黑魚尾

370000－1554－0000088　000088

岳忠武王全集八卷　(宋)岳飛撰　(清)黄邦寧纂　清道光二十七年(1847)揚州刻本　四册　十行二十一字白口左右雙邊單黑魚尾

370000－1554－0000089　000089

歷朝詩約選九十三卷　(清)劉大櫆選　清光緒二十一年(1895)文徵閣刻本　二十二册　十行二十二字白口左右雙邊單黑魚尾

370000－1554－0000090　000090

陶淵明集　(晉)陶淵明著　(南朝梁)蕭統編　清宣統元年(1909)著易堂石印本　四册　九行十五字白口左右雙邊單黑魚尾

370000－1554－0000091　000091

唐詩合解箋注十二卷　(清)王翼雲注　清道光十七年(1837)三益堂刻本　六册　十行二十一字小字雙行同白口四周單邊單黑魚尾

370000－1554－0000092　000092

宋史四百九十六卷　(元)脱脱等修　清光緒十八年(1892)武林竹簡齋石印本　三十二册　二十行四十二字白口左右雙邊單黑魚尾

370000－1554－0000093　000093

三國志六十五卷　(三國魏)陳壽撰　(南朝宋)裴松之注　清光緒十八年(1892)刻本　十册　十二行二十五字白口四周單邊單黑魚尾

370000－1554－0000094　000094

北史一百卷　(唐)李延壽撰　清光緒十八年(1892)武林竹簡齋石印本　八册　二十行四十二字白口左右雙邊單黑魚尾

370000－1554－0000095　000095

南齊書五十九卷　(南朝梁)蕭子顯撰　清光緒十八年(1892)武林竹簡齋石印本　二册　二十行四十二字白口左右雙邊單黑魚尾

370000－1554－0000096　000096

曲阜縣誌一百卷　(清)潘相纂修　清乾隆三十九年(1774)聖化堂刻本　十二册　十一行二十三字小字雙行白口四周單邊單黑魚尾

370000－1554－0000097　000097

陳書三十六卷　(唐)姚思廉撰　清光緒十八年(1892)武林竹簡齋石印本　一册　二十行四十二字白口左右雙邊單黑魚尾

370000－1554－0000098　000098

北齊書五十卷　(唐)李百藥撰　清光緒十八年(1892)武林竹簡齋石印本　二册　二十行四十二字白口左右雙邊單黑魚尾

370000－1554－0000099　000099

梁書五十六卷　(唐)姚思廉撰　清光緒十八年(1892)武林竹簡齋石印本　二册　二十行四十二字白口左右雙邊單黑魚尾

370000－1554－0000100　000100

晉書一百三十卷　(唐)太宗李世民御撰　清光緒十八年(1892)武林竹簡齋石印本　八册　二十行四十二字白口左右雙邊單黑魚尾

370000－1554－0000101　000101

前漢書一百卷　(唐)顔師古撰　清光緒十八年(1892)武林竹簡齋石印本　八册　二十行四十二字小字雙行同白口左右雙邊單黑魚尾

370000－1554－0000102　000102

魏書一百十四卷　(北齊)魏收撰　清光緒十八年(1892)武林竹簡齋石印本　八册　二十行四十二字白口左右雙邊單黑魚尾

370000－1554－0000103　000103

明史三百三十二卷　(清)張廷玉等修　清光緒十八年(1892)武林竹簡齋石印本　二十四册　二十行四十二字白口左右雙邊單黑魚尾

370000－1554－0000104　000104

後漢書一百二十卷　(南朝宋)范曄撰　(唐)李賢注　清光緒十八年(1892)武林竹簡齋石印本　八册　二十行四十二字小字雙行同白口左右雙邊單黑魚尾

370000－1554－0000105　000105

綱鑑易知録九十二卷　(清)吴乘權等輯　清光緒二十七年(1901)上海文瑞樓鉛印本　十四册　十四行四十二字小字雙行同白口四周雙邊單黑魚尾

370000－1554－0000106　000106

三國志六十五卷　(西晉)陳壽撰　清光緒十八年(1892)武林竹簡齋石印本　四册　二十行四十二字小字雙行同白口左右雙邊單黑魚尾

370000－1554－0000107　000107

舊唐書二百卷　(五代)劉昫等撰　清光緒十八年(1892)武林竹簡齋石印本　十六册　二十行四十二字白口左右雙邊單黑魚尾

370000－1554－0000108　000108

朱子綱目全書　(宋)朱熹撰　(明)史應選　(明)陳仁錫評閲　明崇禎三年(1630)刻本　一百四十四册　八行十五字小字雙行十七字白口四周單邊單黑魚尾

濟寧市兖州區圖書館古籍普查登記目録

全國古籍普查登記目録

國家圖書館出版社
National Library of China Publishing House

《濟寧市兗州區圖書館古籍普查登記目録》

編纂委員會

主　任： 周　鵬

副主任： 劉　輝

委　員： 汪亞軍　徐　璐

主　編： 汪亞軍

副主編： 孔一鳴　田民順　顔國建

370000－1512－0000001　1
宋史四百九十六卷　(元)脱脱等撰　明刻明清遞修本　九十八冊　十行二十字小字雙行十字白口四周雙邊雙花魚尾　存四百八十六卷(一至二百四、二百十至三百七、三百十三至四百九十六)

370000－1512－0000002　2
繹史一百六十卷　(清)馬驌撰　清康熙刻本　四十九冊　十一行二十四字小字雙行三十六字白口左右雙邊無魚尾　缺一卷(八十七上)

370000－1512－0000003　3
广輿記二十四卷　(明)陸應陽纂　(清)蔡方炳增輯　清康熙二十五年(1686)寶翰樓刻本　十二冊　十行十九字小字雙行同白口四周單邊單黑魚尾

370000－1512－0000004　4
類經圖翼十一卷　(明)張介賓撰　明末刻本　九冊　九行十九字小字雙行同白口四周單邊白魚尾

370000　1512－0000005　5
證治準繩八卷　(明)王肯堂撰　明萬曆三十年至三十六年(1602－1608)刻證治準繩六種本　十八冊　九行十八字小字雙行同白口左右雙邊單黑魚尾

370000－1512－0000006　6
文獻通考三百四十八卷　(元)馬端臨撰　明嘉靖三年(1524)映秀齋刻本　一百十二冊　十行二十字小字雙行同白口四周單邊單黑魚尾　存三百二十一卷(一至二十五、二十七至七十三、一百至三百四十八)

370000－1512－0000007　7
評論出像水滸傳二十卷七十回　(元)施耐庵撰　清善成堂刻本　九冊　十一行二十四字小字雙行同白口四周單邊單黑魚尾　存九卷(一至九)

370000－1512－0000008　8
劉河間醫學六書二十六卷　(明)劉守真輯　明步月楼刻本　十二冊　十行十九字白口左右雙邊單黑魚尾

370000－1512－0000009　9
農政全書六十卷　(明)徐光啓撰　明崇禎十二年(1639)平露堂刻本　二十冊　九行二十字小字雙行同白口四周單邊單黑魚尾

370000－1512－0000010　10
容齋隨筆十六卷續筆十六卷三筆十六卷四筆十六卷五筆十卷　(宋)洪邁撰　明崇禎三年(1630)馬元調刻本　八冊　九行十八字細黑口左右雙邊無魚尾　存三十二卷(容齋隨筆十六卷、續筆十六卷)

370000－1512－0000011　11
十三經注疏三百三十三卷　(□)□□輯　明崇禎元年至十二年(1628－1639)毛氏汲古閣刻本　九十三冊　九行二十一字小字雙行同白口左右雙邊無魚尾　存九種二百三十六卷(尚書註疏二十卷,毛诗註疏二十卷,周禮註疏四十二卷,儀禮註疏十七卷,禮記註疏一至二十七,春秋左傳註疏一至二、七至六十,春秋穀梁註疏二十卷,論語註疏解經二十卷,孟子註疏解經十四卷)

370000　1512－0000012　12
欽定詩經傳說彙纂二十一卷首二卷詩序二卷　(清)王鴻緒撰　清雍正五年(1727)刻本　二十一冊　八行二十二字小字雙行同白口四周雙邊單黑魚尾　無直格

370000－1512－0000013　12
欽定詩經傳說彙纂二十一卷首二卷詩序二卷　(清)王鴻緒撰　清雍正五年(1727)刻本　二十一冊　八行二十二字小字雙行同白口四周雙邊單黑魚尾　無直格

370000－1512－0000014　13
欽定詩經傳說彙纂二十一卷首二卷詩序二卷　(清)王鴻緒撰　清雍正五年(1727)刻本　十冊　八行二十二字小字雙行同白口四周雙邊單黑魚尾　無直格　存十五卷(三、十至十七、十九至二十一,首二卷,诗序上)

370000－1512－0000015　14

通志堂經解一百四十種一千八百六十卷　(清)納蘭性德輯　清康熙通志堂刻本　一百九十四冊　十一行二十字小字雙行三十字白口左右雙邊單黑魚尾　存六十種七百八十五卷(易小傳六卷,復齋易說六卷,古周易一卷,童溪王先生易傳三十卷,易裨傳一卷、外編一卷,易圖說三卷,易學啓蒙通釋二卷、圖一卷,周易玩辭十六卷,三易備遺十卷,丙子學易編一卷,易學啓蒙小傳一卷、古經傳一卷,水村易鏡一卷,大易緝說十卷,周易輯聞六卷、易雅一卷、筮宗一卷,周易傳義八至十四,學易記九卷、首一卷,讀易私言一卷,易纂言十二卷、首一卷,周易本義集成十二卷、首一卷,大易象數鉤深圖三卷,合訂刪補大易集義粹言二十七至八十,三山拙齋林先生尚書全解十六至四十,書纂言四卷,詩傳遺說六卷,逸齋詩補傳三十卷、篇目一卷,詩集傳名物鈔八卷,詩經疑問七卷、附編一卷,詩解頤四卷,春秋尊王發微十二卷、附錄一卷,春秋皇綱編五卷,春秋劉氏傳十五卷,春秋權衡十七卷,木訥先生春秋經筌十六卷,石林先生春秋傳二十卷,止齋先生春秋紱傳十二卷,春秋集解三十卷,春秋通說十三卷,春秋集註十一卷、綱領一卷,春秋或問二十卷,春秋五論一卷,則堂先生春秋集傳詳說三十卷、綱領一卷,春秋類對賦一卷,春秋諸國統記六卷,春秋師說三卷、春秋左氏傳補注十卷,春秋諸傳會通二十四卷、首一卷,禮記集說一至五、三十六至七十三、九十至一百八、一百二十三至一百六十,禮經會元四卷,太平經國之書十一卷、首一卷,夏小正戴氏傳四卷,儀禮集說十七卷,儀禮逸經傳一卷,經禮補逸九卷、附錄一卷,禮記陳氏集說補正三十八卷,孟子集疏八至十四,四書纂疏二十六卷,四書通旨六卷,經典釋文二十三至三十,公是先生七經小傳三卷,六經奧論六卷、首一卷,六經正誤六卷)

370000－1512－0000016　15

御纂詩義折中二十卷　(清)傅恒等撰　清刻本　五冊　八行二十字白口四周雙邊單黑魚尾　無直格　存九卷(十二至二十)

370000－1512－0000017　16

詩經體註圖考大全八卷　(清)高朝瓔定　(清)沈世楷輯　清敦化堂刻本　四冊　上欄二十行二十六字下欄十八行十七字白口四周單邊無魚尾

370000－1512－0000018　17

新增詩經補註附考備旨八卷　(清)鄒聖脉纂輯　清乾隆二十八年(1763)善成堂刻本　三冊　十一行十七字小字雙行三十四字白口四周單邊單黑魚尾　無直格

370000－1512－0000019　18

欽定書經傳說彙纂二十一卷首二卷書序一卷　(清)王頊齡等撰　清雍正八年(1730)內府刻本　八冊　八行二十二字小字雙行同白口四周雙邊單黑魚尾　無直格　存十一卷(一至九、首二卷)

370000－1512－0000020　19

欽定書經傳說彙纂二十一卷首二卷書序一卷　(清)王頊齡等撰　清雍正八年(1730)內府刻本　二十冊　八行二十二字小字雙行同白口四周雙邊單黑魚尾　無直格

370000－1512－0000021　20

欽定書經傳說彙纂二十一卷首二卷書序一卷　(清)王頊齡等撰　清雍正八年(1730)內府刻本　八冊　八行二十二字小字雙行同白口四周雙邊單黑魚尾　無直格　存十六卷(一至七、十四至二十一,書序一卷)

370000－1512－0000022　21

易翼述信十二卷　(清)王又樸撰　清乾隆王氏詩禮堂刻本　十二冊　八行二十二字白口左右雙邊單黑魚尾

370000－1512－0000023　22

周官精義十二卷　(清)連斗山編　清乾隆五十九年(1794)崇義書院刻本　六冊　九行二十三字小字雙行同白口左右雙邊單黑魚尾　存十一卷(一至十一)

370000－1512－0000024　23

漱芳軒合纂禮記體註四卷　(清)范翔輯　清

康熙五十二年(1713)實興堂刻本　二册　上欄十八行二十三字下欄十行十九字小字雙行同白口左右雙邊單黑魚尾

370000－1512－0000025　24
禮記十卷　(元)陳澔集說　清三多齋刻本　九册　九行十九字小字雙行同白口左右雙邊無魚尾

370000－1512－0000026　25
欽定春秋傳説彙纂三十八卷首二卷　(清)王掞等撰　清刻本　十册　八行十八字小字雙行二十二字白口四周雙邊單黑魚尾　存二十一卷(十八至三十八)

370000－1512－0000027　26
欽定春秋傳説彙纂三十八卷首二卷　(清)王掞等撰　清康熙六十年(1721)刻本　二十册　八行十八字小字雙行二十二字白口四周雙邊單黑魚尾　存三十六卷(一至三十六)

370000－1512－0000028　28
春秋胡傳三十卷　(宋)胡安國傳　(宋)林堯叟音註　清乾隆五十六年(1791)刻本　八册　九行十八字小字雙行同白口左右雙邊單黑魚尾

370000－1512－0000029　29
春秋穀梁注疏二十卷附考證　(晋)范甯集解　(唐)陸德明音義　(唐)楊士勛疏　清乾隆四年(1739)刻本　六册　十行二十一字白口左右雙邊單黑魚尾

370000－1512－0000030　30
樂經五卷　(清)李光地撰　清雍正五年(1727)李清植刻本　二册　九行二十字白口左右雙邊單黑魚尾

370000－1512－0000031　31
四書釋地一卷續一卷又續一卷三續一卷孟子生卒年月考一卷　(清)閻若璩撰　清乾隆五十二年(1787)刻本　六册　十一行二十字白口左右雙邊單黑魚尾

370000－1512－0000032　32
四書題鏡三十四卷　(清)汪鯉翔纂述　清乾隆三十六年(1771)文盛堂刻本　十册　十六行三十字白口四周單邊單黑魚尾　缺三卷(下論十三至十五)

370000－1512－0000033　33
[雅雨堂藏書]二十六卷　(清)盧見曾輯　清乾隆二十一年(1756)雅雨堂刻本　六册　十行二十一字白口四周單邊單黑魚尾

370000－1512－0000034　34
經史辯體不分卷　(清)徐與喬撰　清刻本　二册　九行二十六字小字雙行同白口四周單邊無魚尾　存經部禮記部分

370000－1512－0000035　35
御纂朱子全書六十六卷　(清)李光地等撰　清康熙五十二年(1713)武英殿刻本　十一册　九行二十字小字雙行同大黑口四周單邊雙順黑魚尾　存二十五卷(一、五至十六、三十三至四十四)

370000－1512－0000036　36
韻法直圖一卷　(明)梅膺祚撰　明湯伯倫刻本　一册　八行十七字白口四周單邊單黑魚尾

370000－1512－0000037　37
朱子禮纂五卷　(清)李光地編　清康熙刻本　一册　九行二十字小字雙行同白口左右雙邊單黑魚尾　存四卷(一至四)

370000－1512－0000038　38
四書朱子本義匯參四十三卷首四卷　(清)王步青輯　清乾隆十年(1745)敦復堂刻本　三十九册　九行二十三字小字雙行同白口四周單邊單黑魚尾　存四十三卷(四書朱子本義匯參四十三卷)

370000－1512－0000039　39
史記一百三十卷　(漢)司馬遷撰　明湯伯倫刻本　二册　十行二十字白口左右雙邊單黑魚尾　存四卷(十五、四十一至四十三)

370000－1512－0000040　40
漢書一百二十卷　(漢)班固撰　(唐)顔師古注　清刻本　二册　十二行二十五字小字雙

行三十七字白口左右雙邊單黑魚尾　存二十八卷(四十一至五十六、六十一至六十四、六十六至七十三)

370000－1512－0000041　41
二十一史二千五百六十七卷　(□)□□輯　明刻明清遞修本　一百四十九册　行字不等　存七種七百五十六卷(漢書六至十二、十八至一百,宋書二十二至七十二,魏書一百十四卷,隋書八十五卷,遼史一至一百十六,金史至一百三十五卷、目錄二卷,元史四十八至二百十)

370000－1512－0000042　42
明朝紀事本末八十卷　(清)谷應泰編　清順治十五年(1658)刻本　八册　九行二十字白口左右雙邊單黑魚尾　存四十九卷(一至三十、六十二至八十)

370000－1512－0000043　43
前漢書一百卷附考證　(漢)班固撰　(唐)顏師古註　清乾隆四年(1739)武英殿刻本　三十二册　十行二十一字小字雙行同白口左右雙邊單黑魚尾

370000－1512－0000044　44
路史四十七卷　(宋)羅泌撰　明萬曆三十九年(1611)喬可傳刻本　十册　十行二十字小字雙行同白口四周單邊單黑魚尾　存二十六卷(前紀一至九、後記一至十三、國名紀甲至丁)

370000－1512－0000045　45
幸魯盛典四十卷　(清)孔毓圻等纂修　清康熙二十八年(1689)曲阜孔毓圻刻本　十二册　十行二十一字白口四周雙邊單黑魚尾

370000－1512－0000046　46
御批歷代通鑑輯覽一百十六卷附四卷　(清)傅恒等撰　清乾隆刻本　三十册　十一行二十二字小字雙行同白口四周雙邊單黑魚尾　存五十九卷(四十二至四十三、五十六至五十七、六十四至七十三、七十六至一百十六,附四卷)

370000－1512－0000047　47
十朝東華錄三十二卷　(清)蔣良騏撰　清手抄本　十五册　七行二十字　存十五卷(二至十六)

370000－1512－0000048　48
決疑辨難四卷　(□)□□撰　清乾隆手抄本　二册　九行十八字　存二卷(三至四)

370000－1512－0000049　49
删訂通鑑感應錄二卷　(清)秦鏡纂集　清康熙五十四年(1715)刻本　一册　九行二十字大黑口左右雙邊雙對花魚尾　存一卷(下)

370000－1512－0000050　50
實政錄八卷　(明)呂坤撰　明萬曆二十六年(1598)趙文炳刻本　四册　九行二十字白口四周雙邊單黑魚尾　存七卷(明職一、民務三、鄉甲約一至三、風憲約一、獄政一)

370000－1512－0000051　51
闕里志二十四卷　(明)陳鎬撰　清康熙刻本　八册　十行十九字小字雙行同白口四周單邊單黑魚尾　存二十卷(四至十七、十九至二十四)

370000－1512－0000052　52
名山勝槩紀四十六卷圖一卷　(明)何鏜撰　(清)張縉彥等補輯　清初刻本　五十一册　九行二十字小字雙行同白口左右雙邊白魚尾　存四十二卷(一至四十二)

370000－1512－0000053　53
[乾隆]鄧州志二十四卷首一卷末一卷　(清)蔣光祖修　(清)姚之琅纂　清乾隆二十年(1755)刻本　七册　十行二十二字小字雙行同白口四周雙邊單黑魚尾

370000－1512－0000054　54
[□□]莒州志十二卷　(□)□□撰　清刻本　三册　九行二十二字白口四周雙邊單黑魚尾　存八卷(五至十二)

370000－1512－0000055　55
[乾隆]泰安府志三十卷前一卷首二卷　(清)顏希深修　(清)成城等纂　清乾隆二十五年

(1760)刻本　十冊　十行二十一字白口四周單邊單黑魚尾　存十九卷(一至十七、首二卷)

370000－1512－0000056　56
[乾隆]亳州志十六卷　(清)華度修　(清)蔡必達纂　清乾隆五年(1740)刻本　八冊　九行二十字小字雙行同白口四周雙邊單黑魚尾

370000－1512－0000057　57
[雍正]屯留縣志四卷　(清)甄爾節修　清雍正八年(1730)刻本　四冊　九行二十一字小字雙行同白口四周雙邊單黑魚尾

370000－1512－0000058　58
[康熙]滕縣志十卷　(清)黄浚秀修　(清)王特選纂　清康熙五十六年(1717)刻本　六冊　十行二十一字白口四周雙邊單黑魚尾

370000－1512－0000059　59
[□□]鉅野縣志□□卷首一卷　(清)黄維翰纂修　清刻本　一冊　十行二十一字白口左右雙邊單黑魚尾　存一卷(首一卷)

370000－1512－0000060　60
[康熙]泗水縣志十二卷　(清)劉桓修　(清)杜燦然纂　清康熙六十一年(1722)刻本　一冊　十行二十字小字雙行同白口四周雙邊單黑魚尾　存六卷(一至六)

370000－1512－0000061　61
[滋邑]蘇氏族譜六卷首一卷末一卷　(清)蘇天節等修　清乾隆五十二年(1787)刻本　六冊　八行十八字小字雙行不等白口四周雙邊單黑魚尾

370000－1512－0000062　62
玉海二百卷辭學指南四卷附十三種　(宋)王應麟撰　元至元六年(1340)慶元璐儒學刻明清遞修本　八十二冊　十行二十字小字雙行同白口四周雙邊雙對黑魚尾　缺二十四卷(十八至十九、六十三至六十四、七十六至七十八、一百六至一百十、一百十三至一百十七、一百二十一至一百二十七)

370000－1512－0000063　63
述記四卷　(清)任兆麟輯　清乾隆五十三年(1788)刻本　六冊　九行十七字白口左右雙邊單黑魚尾

370000－1512－0000064　64
讀書小記三十一卷　(清)范爾梅撰　清雍正七年(1729)敬恕堂刻本　五冊　十行二十四字白口左右雙邊單黑魚尾

370000－1512－0000065　65
五子近思録發明十四卷　(明)施璜纂註　清康熙三十年(1691)歸仁堂刻本　一冊　九行二十字小字雙行同大黑口左右雙邊單黑魚尾　存五卷(一至五)

370000－1512－0000066　66
神相水鏡集全編四卷　(清)右髻道人纂要　清康熙十九年(1680)掃葉山房刻本　六冊　十行二十二字小字雙行同白口四周單邊單黑魚尾

370000－1512－0000067　67
地理孝思集十五卷　(宋)陳希夷撰　(清)舒虞廷補註　清刻本　七冊　九行二十四字小字雙行同白口四周單邊單黑魚尾　缺一卷(法古羅經詳解正義下)

370000－1512－0000068　68
士材三書八卷　(明)李中梓撰　(清)尤乘增訂　清康熙六年(1667)善成堂刻本　六冊　十二行二十三字小字雙行二十四字白口四周雙邊單黑魚尾

370000－1512－0000069　69
五知齋琴譜八卷　(清)徐祺撰　清乾隆十一年(1746)刻本　三冊　八行十八字小字雙行二十一字白口左右雙邊單黑魚尾　存四卷(一至二、五、八)

370000－1512－0000070　70
欽定執中成憲八卷　(清)世宗胤禛撰　清乾隆元年(1736)武英殿刻本　四冊　九行二十字白口四周雙邊單黑魚尾

370000－1512－0000071　71

廣理學備考不分卷　(清)范鄗鼎彙編　清康熙五經堂刻本　八册　九行二十五字小字雙行同白口四周雙邊無魚尾

370000－1512－0000072　72
大學衍義輯要六卷　(宋)真德秀撰　(清)陳弘謀纂　清乾隆元年(1736)刻本　二册　十行二十二字小字雙行同白口四周單邊單黑魚尾

370000－1512－0000073　72
大學衍義補輯要十二卷首一卷　(清)陳弘謀纂　清刻本　二册　十行二十二字小字雙行同白口四周單邊單黑魚尾　存四卷(一至四)

370000－1512－0000074　73
農書二十二卷　(元)王禎撰　清乾隆三十九年(1774)武英殿聚珍版木活字印本　六册　九行二十一字小字雙行同白口四周單邊單黑魚尾　存二十一卷(一至十九、二十一至二十二)

370000－1512－0000075　74
本草綱目五十二卷首一卷附圖二卷　(明)李時珍撰　**萬方鍼線八卷**　(清)蔡烈先輯　清乾隆四十九年(1784)書業堂刻本　四十六册　九行二十字小字雙行同白口四周單邊單黑魚尾　存五十八卷(本草綱目一至四十四、四十七至五十二,萬方鍼線八卷)

370000－1512－0000076　75
東垣十書十種　(金)李杲等撰　清刻本　八册　十行二十字小字雙行同白口左右雙邊單黑魚尾　存九卷(楊液本草一至三、此事難知一至二、外科精易一至二、局部發揮一、論萃英一)

370000－1512－0000077　76
鍼灸大成十卷　(明)楊繼洲撰　(清)章廷珪重修　清乾隆二年(1737)章廷珪刻本　九册　十行二十二字小字雙行同白口四周雙邊單黑魚尾　存九卷(一、三至十)

370000－1512－0000078　77
十科策略十卷　(明)劉文安撰　清乾隆二十一年(1756)刻本　六册　十行二十字白口四周單邊單黑魚尾

370000－1512－0000079　78
辯證録十四卷　(清)陳士鐸撰　清刻本　二册　九行二十二字白口左右雙邊單黑魚尾　存十卷(一至十)

370000－1512－0000080　79
景岳全書六十四卷　(明)張介賓撰　清康熙三十九年(1700)刻本　三十二册　九行二十二字小字雙行同白口左右雙邊單黑魚尾　存六十三卷(一至五十、五十二至六十四)

370000－1512－0000081　80
女科證治準繩五卷　(明)王肯堂輯　明萬曆三十年至三十六年(1602－1608)刻證治準繩六種本　五册　十行二十字小字雙行同白口四周雙邊單黑魚尾

370000－1512－0000082　81
證治準繩六種四十四卷　(明)王肯堂輯　清康熙五十年(1711)刻本　十册　十行二十字小字雙行同白口四周單邊單黑魚尾　存四種十一卷(外科準繩二至四,類方準繩五至六、八,女科準繩二至三、五,傷寒二至三)

370000－1512－0000083　82
韻府約編二十四卷　(清)鄧愷輯　清乾隆二十七年(1762)刻本　六册　八行二十二字小字雙行同白口左右雙邊單黑魚尾　存六卷(一至六)

370000－1512－0000084　83
説鈴六十種　(清)吳震方輯　清康熙二十七年(1688)刻本　十册　十一行二十五字小字雙行同白口左右雙邊雙對黑魚尾　存二十五種三十卷(池北偶談三卷、言鯖一至二、湖壖雜記一卷、緑遲談往一卷、談往一卷、板橋雜記一卷、簪雲樓雜説一卷、天香樓偶得一卷、嵩谿織志一卷、泰山紀勝一卷、匡廬紀遊一卷、登華記一卷、登雁蕩山記一卷、東還紀程一卷、滇行紀程一卷、粵述一卷、粵西偶記一卷、滇黔記遊一卷、京東考古録一卷、山東考古論一卷、嶺南雜記二卷、曠園雜志二卷、歐

江逸志一卷、蚓菴瑣語一卷、見聞錄一卷）

370000－1512－0000085　84

古本戲曲叢書九種二十卷　（明）徐霖纂　明末刻本　六册　九行十九字小字雙行同細黑口左右雙邊單黑魚尾　缺三卷（鳴鳳記一卷、尋親記二卷）

370000－1512－0000086　85

唐宋八大家分體讀本第二集　（清）汪份輯　清康熙五十八年（1719）刻本　六册　八行二十四字小字雙行同細黑口左右雙邊單黑魚尾　存三卷（一至三）

370000－1512－0000087　86

唐宋十大家全集錄五十二卷　（清）儲欣輯　清康熙刻本　二十八册　九行二十五字大黑口左右雙邊雙對花魚尾　存四十卷（昌黎全集錄一至八、臨川全集錄一至四、可之全集錄一至二、宋老泉先生集一至五、宋蘇東坡先生全集錄一至九、習先生全集錄一至二、宋蘇樂城先生全集一至六、宋增南豐先生全集一至四）

370000－1512－0000088　87

伊川擊壤集二十卷　（宋）邵雍撰　明末刻本　六册　十行二十字小字雙行同大黑口四周雙邊魚尾

370000－1512－0000089　88

河東先生全集錄六卷　（唐）柳宗元撰　（清）儲欣選　清康熙刻本　四册　九行二十五字小字雙行同大黑口四周單邊雙對花魚尾

370000－1512－0000090　89

六一居士全集錄五卷外集錄二卷　（宋）歐陽修撰　（清）儲欣選　清康熙刻本　五册　九行二十五字大黑口左右雙邊雙對花魚尾

370000－1512－0000091　90

昭明文選六十卷　（南朝梁）蕭統輯　清乾隆三十七年（1772）刻朱墨套印本　十二册　十二行二十四字白口左右雙邊單黑魚尾

370000－1512－0000092　91

文心雕龍十卷　（南朝梁）劉勰撰　**詩品三卷**　（南朝梁）鍾嶸撰　**書品一卷**　（南朝梁）庾肩吾撰　清嘉靖余誨刻本　二册　九行二十字白口四周單邊白魚尾

370000－1512－0000093　92

經義齋集十八卷　（清）熊賜履撰　清康熙二十九年（1690）刻本　六册　九行二十字白口左右雙邊單黑魚尾

370000－1512－0000094　93

四六法海十二卷　（明）王志堅輯　明天啓七年（1627）刻清乾隆二十三年（1758）重修本　四册　九行二十字白口四周單邊白魚尾　存四卷（五至八）

370000－1512－0000095　94

梁昭明文選六臣全註六十卷　（南朝梁）蕭統輯　（唐）李善等註　明末毛氏汲古閣刻清素位堂重修本　十六册　十二行二十六字小字雙行三十七字白口左右雙邊單黑魚尾

370000－1512－0000096　96

安雅堂全集八種二十卷　（清）宋琬撰　清順治至乾隆刻本　十六册　九行二十字白口四周單邊單黑魚尾

370000－1512－0000097　97

思綺堂文集十卷　（清）章藻功撰註　清康熙六十一年（1722）刻本　十册　十行二十二字小字雙行同白口四周單邊單黑魚尾

370000－1512－0000098　98

注解正蒙二卷　（宋）張載撰　（清）李光地註解　清乾隆刻本　一册　八行二十二字白口四周單邊雙順黑魚尾

370000－1512－0000099　98

榕樹講授三卷　（清）李光地撰　清乾隆刻本　一册　十行二十字小字雙行同白口四周單邊無魚尾　無直格　存一卷（上編一）

370000－1512－0000100　98

榕村遺稿二卷　（清）李光地撰　清乾隆刻本　一册　九行二十五字小字雙行同白口四周單邊無魚尾

370000－1512－0000101　98

梅花屋詩草一卷　（明）左懋第撰　清乾隆十八年（1753）刻本　一册　九行十九字小字雙行同白口四周雙邊單黑魚尾

370000－1512－0000102　99

陳檢討四六二十卷　（清）陳維崧撰　（清）程師恭注　清乾隆三十五年（1770）刻本　六册　九行二十字小字雙行同白口左右雙邊單黑魚尾

370000－1512－0000103　100

同館試律彙鈔二十四卷　（清）韋謙恒　（清）吴省欽輯　清乾隆五十一年（1786）刻本　十二册　十二行二十二字白口四周雙邊單黑魚尾　存十六卷（一至十六）

370000－1512－0000104　101

同館試律續鈔五卷　（清）史致光　（清）法式善輯　**同館試律補鈔二卷**　（清）江德量　（清）法式善輯　清乾隆五十四年（1789）刻本　三册　十二行二十二字白口四周雙邊單黑魚尾　存四卷（同館試律續鈔一至三、同館試律補鈔一）

370000－1512－0000105　102

斯文精萃不分卷　（清）尹繼善輯　清乾隆二十九年（1764）刻本　二册　八行二十一字小字雙行同白口左右雙邊單黑魚尾

370000－1512－0000106　103

餅庵居士詩文鈔八卷附孟氏八録　（清）孟超然撰　清嘉慶二十年（1815）刻本　六册　九行二十字白口左右雙邊單黑魚尾　存七卷（文鈔一至三、詩鈔二至四、孟氏八録一卷）

370000－1512－0000107　104

文清公薛先生文集二十四卷　（明）薛瑄撰　明萬曆四十二年（1614）薛士弘刻本　九册　十行二十字小字雙行同白口四周雙邊單黑魚尾　存二十卷（一至十四、十九至二十四）

370000－1512－0000108　105

徐詩二卷　（清）徐夜撰　（清）王士禛批點　清康熙刻本　一册　十行二十字小字雙行同大黑口左右雙邊單黑魚尾.　存一卷（下）

370000－1512－0000109　105

抱山集選一卷　（清）王士禧撰　（清）王士禛批點　清康熙刻本　一册　十行二十字小字雙行同白口左右雙邊單黑魚尾

370000－1512－0000110　106

左忠貞公剩藁四卷　（清）左彤九輯　清乾隆五十八年（1793）左彤九刻本　三册　九行十九字白口四周雙邊單黑魚尾　存三卷（二至四）

370000－1512－0000111　107

考功集選四卷　（清）王士禄撰　（清）王士禛批點　清康熙刻本　一册　十行二十字細黑口左右雙邊單黑魚尾　存二卷（一至二）

370000－1512－0000112　107

剪桐載筆不分卷　（明）王象晉撰　清刻本　一册　十九字八行白口左右雙邊無魚尾

370000－1512－0000113　107

經訓堂叢書二十三種一百五十五卷　（清）畢沅編　清乾隆鎮洋畢氏刻本　五册　十二行二十四字粗黑口左右雙邊雙對黑魚尾　無直格　存六種二十九卷（晏子春秋七卷、音義二卷，晉太康三年地志一卷，晉書地理志新補正五卷，易漢學八卷，說文解字舊音一卷，經典文字辨證書五卷）

370000－1512－0000114　107

銅鼓書堂遺稿三十二卷　（清）查禮撰　清乾隆五十七年（1792）查淳家刻本　一册　十二行二十二字白口左右雙邊單黑魚尾　存八卷（二十五至三十二）

370000－1512－0000115　108

欽定書經傳説彙纂二十一卷　（清）庫勒納等纂　清同治十年（1871）刻本　九册　八行二十二字小字雙行同白口四周雙邊單黑魚尾　存十八卷（四至二十一）

370000－1512－0000116　108

欽定書經傳説彙纂二十一卷　（清）庫勒納等纂　清同治十年（1871）刻本　九册　八行二

十二字小字雙行同白口四周雙邊單黑魚尾　存十八卷(四至二十一)

370000－1512－0000117　109
欽定詩經傳說彙纂二十一卷　(清)王鴻緒等撰　清同治十年(1871)湖州重溫書局刻本　九冊　十一行二十二字白口四周雙邊單黑魚尾　存十八卷(四至二十一)

370000－1512－0000118　110
欽定禮記義疏八十二卷首一卷　(清)□□等纂　清同治十年(1871)湖州重溫書局刻本　三十六冊　八行二十二字小字雙行同白口四周雙邊單黑魚尾　存六十五卷(十八至八十二)

370000－1512－0000119　111
欽定儀禮義疏四十八卷首二卷　(清)□□等纂　清同治十年(1871)湖州重溫書局刻本　三十二冊　八行二十二字白口四周雙邊單黑魚尾

370000－1512－0000120　112
欽定周官義疏四十八卷首一卷　(清)□□等纂　清同治十年(1871)湖州重溫書局刻本　二十八冊　八行二十二字白口四周雙邊單黑魚尾

370000－1512－0000121　113
欽定傳說春秋會纂三十八卷首二卷　(清)□□等纂　清同治十年(1871)湖州重溫書局刻本　十冊　十一行二十二字小字雙行同白口四周雙邊單黑魚尾　存十九卷(一至十七、首二卷)

370000－1512－0000122　114
禮記十卷　(元)陳澔集說　清光緒十二年(1886)湖北官書處刻本　十冊　九行十七字白口四周雙邊無魚尾

370000－1512－0000123　115
周禮十二卷　(漢)鄭玄註　(唐)陸德明音義　清光緒十二年(1886)湖北官書處刻本　六冊　九行十七字白口四周雙邊單黑魚尾

370000－1512－0000124　116
春秋左傳三十卷首一卷　(晉)杜預注　(宋)林堯叟附注　(唐)陸德明音釋　(清)馮李驊集解　清光緒十二年(1886)湖北官書處刻本　十二冊　九行十七字小字雙行同白口四周雙邊單黑魚尾

370000－1512－0000125　117
禮記音訓不分卷　(清)楊國禎撰　清道光十年(1830)刻本　三冊　七行二十二字白口四周單邊單黑魚尾　存三冊(二至四)

370000－1512－0000126　117
禮記音訓不分卷　(清)楊國禎撰　清道光十年(1830)刻本　三冊　七行二十二字白口四周單邊單黑魚尾　存三冊(二至四)

370000－1512－0000127　117
禮記音訓不分卷　(清)楊國禎撰　清道光十年(1830)刻本　一冊　七行二十二字白口四周單邊單黑魚尾　存第三冊

370000－1512－0000128　117
禮記音訓不分卷　(清)楊國禎撰　清道光十年(1830)刻本　一冊　七行二十二字白口四周單邊單黑魚尾　存第四冊

370000－1512－0000129　118
春秋左傳音訓不分卷　(清)楊國禎撰　清刻本　二冊　七行二十二字白口四周單邊單黑魚尾

370000－1512－0000130　119
經義述聞三十二卷　(清)王引之撰　清道光七年(1827)京師壽藤書屋刻本　十六冊　十行二十一字白口左右雙邊單黑魚尾

370000－1512－0000131　120
附釋音尚書注疏二十卷附校勘記　(唐)孔穎達等撰　清光緒十八年(1892)湖南寶慶務本書局刻本　十冊　十行十七字小字雙行二十三字大黑口四周單邊雙黑魚尾

370000－1512－0000132　121
附釋音禮記注疏六十三卷附校勘記　(唐)孔穎達等撰　(唐)陸德明釋文　清光緒十八年(1892)湖南寶慶務本書局刻本　三十七冊

十行十七字小字雙行二十三字大黑口四周單邊雙黑魚尾

370000－1512－0000133　122
附釋音周禮注疏四十二卷附校勘記　(唐)賈公彥等撰　(唐)陸德明釋文　清光緒十八年(1892)湖南寶慶務本書局刻本　十八冊　行字不等大黑口四周單邊雙黑魚尾

370000－1512－0000134　123
儀禮注疏五十卷附校勘記　(唐)賈公彥等撰　清光緒十八年(1892)湖南寶慶務本書局刻本　十六冊　八行十六字小字雙行二十三字大黑口左右雙邊雙順魚尾

370000－1512－0000135　124
附釋音春秋左傳注疏六十卷　(唐)孔穎達等撰　(唐)陸德明釋文　清光緒十八年(1892)湖南寶慶務本書局刻本　三十二冊　八行十五字小字雙行二十三字大黑口左右雙邊雙順魚尾

370000－1512－0000136　125
監本附音春秋公羊注疏二十八卷附校勘記　(漢)何休解詁　清光緒十八年(1892)湖南寶慶務本書局刻本　十二冊　十行十七字小字雙行二十三字大黑口左右雙邊雙黑魚尾

370000－1512－0000137　126
論語注疏解經二十卷附校勘記　(三國魏)何晏集解　(宋)邢昺疏　清光緒十八年(1892)湖南寶慶務本書局刻本　六冊　十行十八字小字雙行二十三字大黑口左右雙邊雙黑魚尾

370000－1512－0000138　127
監本附音春秋穀梁注疏二十卷附校勘記　(晉)范甯集解　(唐)楊士勛疏　清光緒十八年(1892)湖南寶慶務本書局刻本　六冊　十行十七字小字雙行同大黑口左右雙邊雙順魚尾

370000－1512－0000139　128
經籍籑詁一百六卷首一卷　(清)阮元撰　清刻本　三十八冊　八行二十字小字雙行同白口左右雙邊單黑魚尾　存九十一卷(十六至一百六)

370000－1512－0000140　129
春秋三傳十六卷首一卷　(□)□□撰　清嘉慶十年(1805)刻本　十八冊　九行二十三字小字雙行十七字白口四周單邊無魚尾

370000－1512－0000141　130
陸氏三傳釋文音義十六卷　(唐)陸德明音義　清嘉慶十年(1805)刻本　六冊　九行十七字小字雙行同白口四周單邊無魚尾

370000－1512－0000142　131
春秋經傳集解三十卷　(晉)杜預撰　(唐)陸德明音義　**春秋名號歸一圖二卷**　(五代)馮繼先撰　清道光十九年(1839)汪氏刻本　十一冊　九行十九字小字雙行二十七字白口左右單邊單黑魚尾

370000－1512－0000143　132
說文解字通釋四十卷　(南唐)徐楷撰　清光緒元年(1875)川東刻本　十二冊　七行十四字白口左右雙邊單黑魚尾

370000－1512－0000144　133
春秋綱目左傳句解六卷　(清)韓菼重訂　清聚錦旭刻本　六冊　十一行二十五字白口左右雙邊單黑魚尾

370000－1512－0000145　133
春秋綱目左傳句解六卷　(清)韓菼重訂　清光緒寶興堂刻本　十七冊　十一行二十五字白口左右雙邊單黑魚尾

370000－1512－0000146　133
春秋綱目左傳句解六卷　(清)韓菼重訂　清光緒三十一年(1905)益友堂刻本　六冊　十一行二十五字白口左右雙邊單黑魚尾

370000－1512－0000147　133
春秋綱目左傳句解六卷　(清)韓菼重訂　清光緒善成堂刻本　六冊　十一行二十六字白口左右雙邊單黑魚尾

370000－1512－0000148　134
春秋左傳五十卷春秋提要一卷　(晉)杜預註

（宋）林堯叟補註　（唐）陸德明音義　（明）鍾惺等評點　清光緒三十年（1904）北京寶興堂刻本　八册　十行二十字小字雙行同白口左右雙邊單黑魚尾　存二十四卷（一至二十四）

370000－1512－0000149　135
評點春秋左傳綱目句解彙雋六卷　（清）韓菼重訂　清刻本　六册　十行二十四字小字雙行同白口四周雙邊單黑魚尾

370000－1512－0000150　136
春秋精義四卷首一卷　（清）黄淦纂　清嘉慶九年（1804）刻本　二册　九行二十字白口四周雙邊單黑魚尾

370000－1512－0000151　137
春秋左傳詁二十卷　（清）洪亮吉撰　清光緒四年（1878）授經堂刻本　九册　十一行二十二字小字雙行二十一字大黑口左右雙邊無魚尾

370000－1512－0000152　138
欽定春秋左傳讀本三十卷　（清）英和等撰　清道光三年（1823）江蘇書局刻本　十册　九行十七字小字雙行十六字白口左右雙邊單黑魚尾

370000－1512－0000153　139
春秋左傳杜林真本五十卷　（晉）杜預撰　（宋）林堯叟註釋　（唐）陸德明音義　清書業德刻本　八册　九行十九字小字雙行同白口四周單邊單黑魚尾　存二十五卷（一至二十五）

370000－1512－0000154　140
春秋左傳杜注補輯三十卷首一卷　（清）姚培謙撰　清光緒十五年（1889）江南書局刻本　十册　十一行二十二字小字雙行同大黑口左右雙邊單黑魚尾

370000－1512－0000155　141
左繡三十卷首一卷　（清）馮李驊　（清）陸浩輯　**春秋經傳集解**　（晉）杜預撰　（宋）林堯叟註釋　（唐）陸德明音義　（清）馮李驊增訂　清光緒三十一年（1905）善成堂刻本　一册　上欄行字不等下欄八行二十字小字雙行同白口四周單邊單黑魚尾　存二卷（一、首一卷）

370000－1512－0000156　143
春秋五傳十七卷首一卷年表一卷　（明）張岐然輯　（清）張璞編次　清刻本　十七册　九行三十三字白口四周單邊單黑魚尾

370000－1512－0000157　144
春秋三十卷　（宋）胡安國撰　清光緒刻本　六册　九行十八字白口左右雙邊無魚尾

370000－1512－0000158　145
左繡三十卷首一卷　（清）馮李驊　（清）陸浩輯　清光緒三十一年（1905）金閶步月樓刻本　八册　十行二十三字白口左右雙邊單黑魚尾

370000－1512－0000159　146
左繡春秋三十卷首一卷　（清）馮李驊　（清）陸浩輯　清光緒三十年（1904）刻本　十六册　十行二十三字白口左右雙邊單黑魚尾

370000－1512－0000160　148
霞光春秋三十卷　（宋）胡安國撰　清聖文堂刻本　七册　九行十八字大黑口左右雙邊無魚尾　存二十八卷（三至三十）

370000－1512－0000161　149
春秋傳十二卷　（清）牛運震撰　清嘉慶六年（1801）刻本　四册　九行二十一字白口四周單邊單黑魚尾

370000－1512－0000162　149
春秋傳十二卷　（清）牛運震撰　清嘉慶六年（1801）刻本　四册　九行二十一字白口四周單邊單黑魚尾

370000－1512－0000163　149
春秋傳十二卷　（清）牛運震撰　清嘉慶六年（1801）刻本　四册　九行二十一字白口四周單邊單黑魚尾

370000－1512－0000164　149

春秋傳十二卷　(清)牛運震撰　清嘉慶六年(1801)刻本　四册　九行二十一字白口四周單邊單黑魚尾

370000－1512－0000165　151
康熙字典四十二卷　(清)張玉書等纂　清道光七年(1827)刻本　四十册　八行十六字白口四周雙邊單黑魚尾

370000－1512－0000166　153
康熙字典四十二卷　(清)張玉書等撰　清光緒二十年(1894)上海點石齋石印本　五册　二十一行四十一字小字雙行六十二字白口四周雙邊單黑魚尾　缺二卷(巳至午)

370000－1512－0000167　155
康熙字典四十二卷　(清)張玉書等撰　清光緒十二年(1886)上海商務印書館石印本　六册　十六行三十一字小字雙行六十二字四周雙邊單黑魚尾

370000－1512－0000168　161
監本詩經八卷　(宋)朱熹集傳　清光緒十一年(1885)刻本　四册　九行十七字小字雙行十六字白口四周單邊單黑魚尾

370000－1512－0000169　162
詩經備旨補註詳解八卷　(清)鄒梧岡纂輯　清光緒二十四年(1898)寶興堂刻本　四册　三欄下欄十一行二十字小字雙行同白口四周雙邊單黑魚尾

370000－1512－0000170　162
詩經備旨補註詳解八卷　(清)鄒梧岡纂輯　清光緒二十四年(1898)寶興堂刻本　四册　三欄下欄十一行二十字小字雙行同白口四周雙邊單黑魚尾

370000－1512－0000171　162
新增詩經補註附考備旨詳解八卷　(清)鄒梧岡纂輯　清善成堂刻本　四册　八行十八字小字雙行三十五字白口四周單邊單黑魚尾

370000－1512－0000172　162
新增詩經補註附考備旨詳解八卷　(清)鄒梧岡纂輯　清善成堂刻本　四册　八行十八字小字雙行三十五字白口四周單邊單黑魚尾

370000－1512－0000173　163
詩志八卷　(清)牛運震撰　清嘉慶五年(1800)空山堂刻本　五册　九行二十二字白口四周雙邊無魚尾

370000－1512－0000174　163
詩志八卷　(清)牛運震撰　清嘉慶五年(1800)空山堂刻本　五册　九行二十二字白口四周雙邊無魚尾

370000－1512－0000175　163
詩志八卷　(清)牛運震撰　清嘉慶五年(1800)空山堂刻本　五册　九行二十二字白口四周雙邊無魚尾

370000－1512－0000176　163
詩志八卷　(清)牛運震撰　清嘉慶五年(1800)空山堂刻本　五册　九行二十二字白口四周雙邊無魚尾

370000－1512－0000177　163
詩志八卷　(清)牛運震撰　清嘉慶五年(1800)空山堂刻本　五册　九行二十二字白口四周雙邊無魚尾

370000－1512－0000178　163
詩志八卷　(清)牛運震撰　清嘉慶五年(1800)空山堂刻本　五册　九行二十二字白口四周雙邊無魚尾

370000－1512－0000179　164
詩經體註圖考大全不分卷　(清)高朝瓔定　(清)沈世楷輯　清同治四年(1865)刻本　四册　上欄十八行二十六字下欄九行十七字白口左右雙邊單黑魚尾

370000－1512－0000180　165
御纂詩義折中二十卷　(清)傅恒等纂　清刻本　四册　九行二十字小字雙行同白口左右雙邊單黑魚尾　存十二卷(五至十、十五至二十)

370000－1512－0000181　166
詩經鄉嬛體註大全八卷　(明)黄文煥撰

(清)范翔重訂　清光緒十六年(1890)刻本　四册　上欄十八行二十七字下欄九行十六字小字雙行十七字白口四周雙邊單黑魚尾

370000－1512－0000182　167
詩經備旨嗜鳳詳解八卷　(清)陳抒孝輯　(清)汪基增訂　清光緒十七年(1891)刻本　六册　上欄十八行三字中欄十八行十六字下欄九行二十三字小字雙行二十五字白口四周單邊單黑魚尾

370000－1512－0000183　167
詩經備旨嗜鳳詳解八卷　(清)陳抒孝輯　(清)汪基增訂　清刻本　四册　上欄十八行三字中欄十八行十六字下欄九行二十三字小字雙行二十五字白口四周單邊單黑魚尾　存五卷(二、五至八)

370000－1512－0000184　168
詩經八卷　(宋)朱熹集傳　清末商務印書館鉛印本　四册　十行二十六字小字雙行三十七字白口四周雙邊單黑魚尾

370000－1512－0000185　169
奎壁詩經八卷　(晉)毛京註　(宋)朱熹集傳　清光緒刻本　四册　九行十七字小字雙行同白口左右雙邊無魚尾

370000－1512－0000186　169
奎壁詩經八卷　(晉)毛京註　(宋)朱熹集傳　清光緒益友堂刻本　四册　九行十七字小字雙行同白口左右雙邊無魚尾

370000－1512－0000187　170
新增詩經補注附考備旨二卷　(清)鄒聖脈纂輯　清光緒善成堂刻本　一册　上欄二十二行四字中欄二十二行十字下欄十行二十字小字雙行同白口四周單邊單黑魚尾

370000－1512－0000188　170
詩經八卷　(宋)朱熹集傳　清刻本　一册　行字不等　存二卷(三至四)

370000－1512－0000189　170
詩經八卷　(宋)朱熹集傳　清刻本　一册　行字不等　存二卷(三至四)

370000－1512－0000190　170
詩經八卷　(宋)朱熹集傳　清刻本　一册　行字不等　存一卷(三)

370000－1512－0000191　171
爾雅義疏二十卷　(清)郝懿行撰　清光緒七年(1881)刻本　八册　九行二十一字小字雙行同大黑口四周單邊單黑魚尾

370000－1512－0000192　172
書經六卷　(宋)蔡沈集傳　清光緒十五年(1889)書業堂刻本　四册　九行十七字小字雙行同白口四周雙邊單黑魚尾

370000－1512－0000193　172
書經六卷　(宋)蔡沈集傳　清光緒十五年(1889)書業堂刻本　三册　十八行十六字　缺一卷(四)

370000－1512－0000194　173
書經六卷　(宋)蔡沈集傳　清光緒十四年(1888)四寶堂刻本　四册　九行十七字小字雙行三十四字白口左右雙邊無魚尾

370000－1512－0000195　175
新刻書經備旨善本輯要六卷　(清)馬大猷輯　清光緒刻本　四册　上欄十八行九字下欄九行二十四字小字雙行同白口四周單邊單黑魚尾

370000－1512－0000196　175
尚書離句六卷　(清)錢在培集解　清光緒刻本　一册　十行二十四字小字雙行同白口四周單邊單黑魚尾　存三卷(一至三)

370000－1512－0000197　176
書經一卷　(宋)蔡沈集傳　清光緒刻本　一册　九行十七字小字雙行同白口左右雙邊單黑魚尾

370000－1512－0000198　176
奎壁書經六卷　(宋)蔡沈集傳　清光緒三十年(1904)刻本　三册　九行十七字小字雙行同白口左右雙邊無魚尾

370000－1512－0000199　177

奎壁書經六卷　(宋)蔡沈集傳　清光緒二十年(1894)雙和堂刻本　四冊　九行十七字小字雙行同白口左右雙邊無魚尾

370000－1512－0000200　178
奎壁書經六卷　(宋)蔡沈集傳　清光緒二十一年(1895)成文信刻本　四冊　九行十七字小字雙行同白口左右雙邊無魚尾

370000－1512－0000201　178
奎壁書經六卷　(宋)蔡沈集傳　清光緒刻本　四冊　九行十七字小字雙行同白口左右雙邊無魚尾

370000－1512－0000202　179
新刻書經備旨善本輯要六卷　(清)馬大猷輯　清刻本　六冊　上欄十八行九字下欄九行二十四字小字雙行同白口四周單邊單黑魚尾

370000－1512－0000203　180
書經體註大全合叅六卷首一卷　(清)錢希祥輯　(清)范翔鑒定　**書經六卷**　(宋)蔡沈集傳　清光緒二十年(1894)善成堂刻本　四冊　上欄二十一行二十五字下欄九行十七字小字雙行同白口四周單邊單黑魚尾

370000－1512－0000204　181
書經精華十卷首一卷　(宋)蔡沈集傳　清刻本　六冊　上欄二十二行五字下欄十一行十五字白口左右雙邊單黑魚尾

370000－1512－0000205　182
易經體註大全會解四卷　(清)來爾繩纂輯　清光緒刻本　四冊　上欄二十六行二十六字下欄十一行二十三字白口左右雙邊單黑魚尾

370000－1512－0000206　182
易經體註大全會解四卷　(清)來爾繩纂輯　清光緒刻本　四冊　上欄二十六行二十六字下欄十一行二十三字白口左右雙邊單黑魚尾

370000－1512－0000207　183
周易解六卷　(清)牛運震撰　清嘉慶二十三年(1818)空山堂刻本　三冊　九行二十二字白口四周單邊單黑魚尾

370000－1512－0000208　183
周易解六卷　(清)牛運震撰　清嘉慶二十三年(1818)空山堂刻本　三冊　九行二十二字白口四周單邊單黑魚尾

370000－1512－0000209　183
周易解六卷　(清)牛運震撰　清嘉慶二十三年(1818)空山堂刻本　三冊　九行二十二字白口四周單邊單黑魚尾

370000－1512－0000210　183
周易解六卷　(清)牛運震撰　清嘉慶二十三年(1818)空山堂刻本　三冊　九行二十二字白口四周單邊單黑魚尾

370000－1512－0000211　183
周易解六卷　(清)牛運震撰　清嘉慶二十三年(1818)空山堂刻本　三冊　九行二十二字白口四周單邊單黑魚尾

370000－1512－0000212　183
周易解六卷　(清)牛運震撰　清嘉慶二十三年(1818)空山堂刻本　三冊　九行二十二字白口四周單邊單黑魚尾

370000－1512－0000213　183
周易解六卷　(清)牛運震撰　清嘉慶二十三年(1818)空山堂刻本　一冊　九行二十二字白口四周單邊單黑魚尾　存三卷(四至六)

370000－1512－0000214　184
周易本義□□卷　(宋)朱熹集註　清刻本　一冊　十四行三十字小字雙行同左右雙邊單黑魚尾　存二卷(一至二)

370000－1512－0000215　186
易經備旨一見能解七卷　(清)鄒聖脈撰　清光緒六年(1880)刻本　六冊　上欄二十二行十六字下欄十一行二十字小字雙行同白口四周單邊單黑魚尾

370000－1512－0000216　187
河上易註八卷圖二卷　(清)黎世序撰　清道光元年(1821)謙豫齋刻本　六冊　十行二十一字白口四周雙邊單黑魚尾

370000－1512－0000217　189
校正增刪卜易四卷　(清)李文輝增刪　清光緒三十三年(1907)石印本　四冊　十八行四十字白口四周雙邊單黑魚尾

370000－1512－0000218　190
周易精義四卷首一卷　(清)黄淦纂　清光緒五年(1879)刻本　二冊　九行二十字白口四周雙邊單黑魚尾

370000－1512－0000219　190
周易一得一卷　(清)高晙撰　清光緒二十六年(1900)刻本　一冊　十行二十二字白口四周雙邊單黑魚尾

370000－1512－0000220　192
周易四卷　(宋)朱熹本義　清刻本　二冊　十一行二十三字白口四周單邊無魚尾

370000－1512－0000221　192
周易四卷　(宋)朱熹本義　清光緒三十三年(1907)刻本　二冊　十一行二十三字白口四周單邊無魚尾

370000－1512－0000222　193
周官精義十二卷　(清)連斗山編　清嘉慶十年(1805)刻本　八冊　九行二十三字白口左右雙邊單黑魚尾

370000－1512－0000223　194
禮記音訓不分卷　(清)楊國禎撰　清道光十年(1830)刻本　四冊　七行二十二字小字七行四十六字白口四周單邊單黑魚尾

370000－1512－0000224　195
禮記十卷　(元)陳澔集說　清光緒四年(1878)張馭富刻本　十冊　九行十八字小字雙行同白口左右雙邊無魚尾

370000－1512－0000225　195
禮記十卷　(元)陳澔集說　清光緒四年(1878)張馭富刻本　十冊　九行十八字小字雙行同白口左右雙邊無魚尾

370000－1512－0000226　195
禮記十卷　(元)陳澔集說　清善成堂刻本　十冊　九行十八字小字雙行同白口左右雙邊無魚尾

370000－1512－0000227　195
禮記十卷　(元)陳澔集說　清光緒十七年(1891)善成堂刻本　九冊　九行十八字小字雙行同白口左右雙邊無魚尾　缺一卷(四)

370000－1512－0000228　196
禮記十卷　(元)陳澔集說　清光緒四年(1878)西昌鴻文齋刻本　十冊　九行十七字白口四周單邊無魚尾

370000－1512－0000229　196
禮記十卷　(元)陳澔集說　清光緒四年(1878)西昌鴻文齋刻本　八冊　九行十七字白口四周單邊無魚尾　存八卷(二至七、九至十)

370000－1512－0000230　197
周禮精華六卷　(清)陳龍標輯　清光緒十一年(1885)成文堂刻本　六冊　七行二十字白口左右雙邊單黑魚尾

370000－1512－0000231　198
周禮精華六卷　(清)陳龍標輯　清光緒十八年(1892)書業德刻本　六冊　七行二十字白口左右雙邊單黑魚尾

370000－1512－0000232　198
周禮精華六卷　(清)陳龍標輯　清光緒十八年(1892)書業德刻本　六冊　七行二十字白口左右雙邊單黑魚尾

370000－1512－0000233　199
禮記體註合參大全四卷　(清)范翔纂輯　(清)徐文初參定　清善成堂刻本　四冊　行字不等

370000－1512－0000234　199
禮記體註合參大全四卷　(清)范翔纂輯　(清)徐文初參定　清善成堂刻本　四冊　行字不等

370000－1512－0000235　200
周禮註疏精義六卷　(清)黄叔林註疏　(清)

姚培謙重訂　清刻本　四冊　九行十九字白口左右雙邊單黑魚尾

370000－1512－0000236　200
儀禮精義四卷　（清）黄淦纂　清嘉慶十二年(1807)刻本　一冊　九行二十字白口左右雙邊單黑魚尾　存一卷(一)

370000－1512－0000237　200
周禮精義六卷　（清）黄金緯纂　清刻本　一冊　九行二十字白口四周雙邊單黑魚尾　存四卷(三至六)

370000－1512－0000238　200
附釋音禮記註疏四十卷　（漢）鄭玄註　（唐）孔穎達疏　清末刻本　一冊　十行十七字大黑口左右雙邊雙魚尾　存二卷(三十九至四十)

370000－1512－0000239　200
潄芳軒合纂禮記體註四卷　（清）范翔參訂　清刻本　一冊　上欄十八行二十三字下欄十行十九字小字雙行同白口四周單邊單黑魚尾　存一卷(三)

370000－1512－0000240　201
禮記易讀二卷　（清）志遠堂主人輯　清光緒十八年(1892)刻本　二冊　十四行二十字白口四周雙邊單黑魚尾

370000－1512－0000241　201
潄芳軒合纂禮記體註四卷　（清）范翔輯　清聚盛堂刻本　四冊　上欄十八行二十三字下欄十行十九字小字雙行同白口四周單邊單黑魚尾

370000－1512－0000242　202
潄芳軒合纂禮記體註四卷　（清）范翔輯　清寶興堂刻本　四冊　上欄十八行二十三字下欄十行十九字小字雙行同白口四周單邊單黑魚尾

370000－1512－0000243　202
禮記體註大全四卷　（清）范翔輯　清刻本　四冊　十行十九字小字雙行同白口左右雙邊單黑魚尾

370000－1512－0000244　203
四書釋地補不分卷　（清）閻若璩撰　（清）樊廷枚校補　清嘉慶二十一年(1816)梅陽海涵堂刻本　七冊　九行二十一字細黑口左右雙邊無魚尾　存七冊(補一冊、續補二冊、又續補三冊、三續補一冊)

370000－1512－0000245　204
新訂四書補註備旨十卷　（清）鄧林撰　清光緒五年(1879)刻本(下論卷三配書業德刻本，上孟卷一至二配善成堂刻本)　七冊　上欄二十二行五字中欄二十二行十字下欄十一行三十二字小字雙行同白口四周單邊單黑魚尾　存八卷(大學一、中庸一、下論三至四、上孟一至二、下孟三至四)

370000－1512－0000246　204
奎壁四書二十卷　（宋）朱熹集註　清光緒刻本　三冊　九行十七字小字雙行同白口左右雙邊無魚尾　存九卷(大學一、中庸一、論語六至十、孟子六至七)

370000－1512－0000247　204
論語十卷　（宋）朱熹集註　清嗜古山房刻本　一冊　九行十六字小字雙行同白口四周單邊單黑魚尾

370000－1512－0000248　205
四書便蒙十九卷　（宋）朱熹集說　清光緒十六年(1890)善成堂刻本　六冊　九行十七字小字雙行同白口四周單邊單黑魚尾

370000－1512－0000249　206
孟子七卷　（宋）朱熹集傳　清刻本　三冊　九行十七字白口四周單邊無魚尾

370000－1512－0000250　206
論語十卷　（宋）朱熹集傳　清刻本　二冊　九行十七字白口四周單邊無魚尾

370000－1512－0000251　207
四書集注正蒙六卷　（宋）朱熹集注　清光緒十四年(1888)八旗官學刻本　六冊　九行十六字白口四周單邊無魚尾

370000－1512－0000252　207

二論詳解四卷 (清)劉忠輯 清刻本 二冊 行字不等白口四周單邊單黑魚尾 存二卷(上論下、下論上)

370000－1512－0000253 207
五鏡山房四書説統□□卷 (明)張振淵輯 清光緒十四年(1888)刻本 一冊 十行二十四字白口四周單邊無魚尾 存一卷(下論前卷)

370000－1512－0000254 208
論語話解十卷 (清)陳濬撰 清光緒二十九年(1903)廣仁堂刻本 二冊 十行二十三字白口四周雙邊單黑魚尾

370000－1512－0000255 208
論語話解十卷 (清)陳濬撰 清光緒二十九年(1903)廣仁堂刻本 一冊 十行二十三字白口四周雙邊單黑魚尾 存五卷(六至十)

370000－1512－0000256 208
論語話解十卷 (清)陳濬撰 清光緒二十九年(1903)廣仁堂刻本 一冊 十行二十三字白口四周雙邊單黑魚尾 存五卷(六至十)

370000－1512－0000257 209
四書本義匯參四十三卷 (清)王步青輯 清敦複堂刻本 十八冊 九行二十三字白口四周單邊單黑魚尾 存二十四卷(大學一至三、中庸一至六、論語三至十七)

370000－1512－0000258 210
新訂四書補註備旨十卷 (明)鄧林撰 (清)祁文友校刊 (清)杜定基增訂 清刻本 六冊 上欄二十行四字中欄二十行十字下欄十一行三十二字小字雙行同白口四周單邊單黑魚尾

370000－1512－0000259 210
新訂四書補註備旨十卷 (明)鄧林撰 (清)祁文友校刊 (清)杜定基增訂 清光緒善成堂刻本 六冊 上欄二十二行六字中欄二十二行十字下欄十一行三十二字小字雙行同白口四周雙邊單黑魚尾

370000－1512－0000260 210
新訂四書補註備旨十卷 (明)鄧林撰 (清)祁文友校刊 (清)杜定基增訂 清光緒二十一年(1895)文英堂刻本 六冊 上欄二十二行六字中欄二十二行十字下欄十一行三十二字小字雙行同白口四周雙邊單黑魚尾

370000－1512－0000261 211
論語隨筆二十卷 (清)牛運震撰 清嘉慶六年(1801)刻本 四冊 九行二十一字白口四周雙邊單黑魚尾

370000－1512－0000262 211
論語隨筆二十卷 (清)牛運震撰 清嘉慶六年(1801)刻本 四冊 九行二十一字白口四周雙邊單黑魚尾

370000－1512－0000263 211
論語隨筆二十卷 (清)牛運震撰 清嘉慶六年(1801)刻本 四冊 九行二十一字白口四周雙邊單黑魚尾

370000－1512－0000264 211
論語隨筆二十卷 (清)牛運震撰 清嘉慶六年(1801)刻本 四冊 九行二十一字白口四周雙邊單黑魚尾

370000－1512－0000265 212
四書題鏡三十六卷 (清)江鯉翔撰 清嘉慶五年(1800)崇義書院刻本 十二冊 十六行三十字白口四周單邊單黑魚尾

370000－1512－0000266 213
孟子論文七卷 (清)牛運震撰 清刻本 三冊 九行二十二字小字雙行同白口四周雙邊單黑魚尾

370000－1512－0000267 213
孟子論文七卷 (清)牛運震撰 清刻本 三冊 九行二十二字小字雙行同白口四周雙邊單黑魚尾

370000－1512－0000268 213
孟子論文七卷 (清)牛運震撰 清刻本 三冊 九行二十二字小字雙行同白口四周雙邊單黑魚尾

370000－1512－0000269　213
孟子論文七卷　(清)牛運震撰　清刻本　三冊　九行二十二字小字雙行同白口四周雙邊單黑魚尾

370000－1512－0000270　213
孟子論文七卷　(清)牛運震撰　清刻本　三冊　九行二十二字小字雙行同白口四周雙邊單黑魚尾

370000－1512－0000271　213
孟子論文七卷　(清)牛運震撰　清刻本　三冊　九行二十二字小字雙行同白口四周雙邊單黑魚尾

370000－1512－0000272　214
新刊四書補註備旨六卷　(明)鄧林撰　清光緒刻本　八冊　上欄十一行六字中欄二十行十字下欄二十二行十六字小字雙行三十二字白口四周雙邊單黑魚尾

370000－1512－0000273　214
新刊四書補註備旨六卷　(明)鄧林撰　清光緒五年(1879)刻本　八冊　上欄十一行六字中欄二十行十字下欄二十二行十六字小字雙行三十二字白口四周雙邊單黑魚尾

370000－1512－0000274　214
新刊四書補註備旨六卷　(明)鄧林撰　清刻本　一冊　上欄十一行六字中欄二十行十字下欄二十二行十六字小字雙行三十二字白口四周雙邊單黑魚尾　存三卷(一至三)

370000－1512－0000275　214
新刊四書補註備旨六卷　(明)鄧林撰　清光緒刻本　八冊　上欄十一行六字中欄二十行十字下欄二十二行十六字小字雙行三十二字白口四周雙邊單黑魚尾

370000－1512－0000276　215
四書典故人物串珠四十卷　(清)臧志仁編輯　清嘉慶四年(1799)刻本　十二冊　十行二十五字白口四周單邊單黑魚尾

370000－1512－0000277　216
四書會解二十四卷　(清)綦澧輯　清光緒二十二年(1896)書業德刻本　二十四冊　九行二十四字小字雙行同白口四周雙邊

370000－1512－0000278　217
大學一卷　(宋)朱熹撰　清刻本　一冊　九行十七字小字雙行同白口四周單邊單黑魚尾

370000－1512－0000279　217
大學一卷　(宋)朱熹撰　清刻本　一冊　九行十七字小字雙行同白口四周單邊單黑魚尾

370000－1512－0000280　217
大學一卷　(宋)朱熹撰　清刻本　一冊　九行十七字小字雙行同白口四周單邊單黑魚尾

370000－1512－0000281　218
中庸一卷　(宋)朱熹撰　清刻本　一冊　九行十七字小字雙行同白口四周單邊單黑魚尾

370000－1512－0000282　218
中庸一卷　(宋)朱熹撰　清刻本　一冊　九行十七字小字雙行同白口四周單邊單黑魚尾

370000－1512－0000283　218
中庸一卷　(宋)朱熹撰　清刻本　一冊　九行十七字小字雙行同白口四周單邊單黑魚尾

370000－1512－0000284　218
中庸一卷　(宋)朱熹撰　清刻本　一冊　九行十七字小字雙行同白口四周單邊單黑魚尾

370000－1512－0000285　218
中庸一卷　(宋)朱熹撰　清刻本　一冊　九行十七字小字雙行同白口四周單邊單黑魚尾

370000－1512－0000286　218
中庸一卷　(宋)朱熹撰　清刻本　一冊　九行十七字小字雙行同白口四周單邊單黑魚尾

370000－1512－0000287　218
中庸一卷　(宋)朱熹撰　清刻本　一冊　九行十七字小字雙行同白口四周單邊單黑魚尾

370000－1512－0000288　218
中庸一卷　(宋)朱熹撰　清刻本　一冊　九行十七字小字雙行同白口四周單邊單黑魚尾

370000－1512－0000289　218

中庸一卷　(宋)朱熹撰　清刻本　一冊　九行十七字小字雙行同白口四周單邊單黑魚尾

370000－1512－0000290　218

中庸一卷　(宋)朱熹撰　清刻本　一冊　九行十七字小字雙行同白口四周單邊單黑魚尾

370000－1512－0000291　218

中庸一卷　(宋)朱熹撰　清刻本　一冊　九行十七字小字雙行同白口四周單邊單黑魚尾

370000－1512－0000292　218

中庸一卷　(宋)朱熹撰　清刻本　一冊　九行十七字小字雙行同白口四周單邊單黑魚尾

370000－1512－0000293　218

中庸一卷　(宋)朱熹撰　清刻本　一冊　九行十七字小字雙行同白口四周單邊單黑魚尾

370000－1512－0000294　218

中庸一卷　(宋)朱熹撰　清刻本　一冊　九行十七字小字雙行同白口四周單邊單黑魚尾

370000－1512－0000295　218

中庸一卷　(宋)朱熹撰　清刻本　一冊　九行十七字小字雙行同白口四周單邊單黑魚尾

370000－1512－0000296　218

中庸一卷　(宋)朱熹撰　清刻本　一冊　九行十七字小字雙行同白口四周單邊單黑魚尾

370000－1512－0000297　218

中庸一卷　(宋)朱熹撰　清刻本　一冊　九行十七字小字雙行同白口四周單邊單黑魚尾

370000－1512－0000298　218

中庸一卷　(宋)朱熹撰　清刻本　一冊　九行十七字小字雙行同白口四周單邊單黑魚尾

370000－1512－0000299　218

中庸一卷　(宋)朱熹撰　清刻本　一冊　九行十七字小字雙行同白口四周單邊單黑魚尾

370000－1512－0000300　218

中庸一卷　(宋)朱熹撰　清刻本　一冊　九行十七字小字雙行同白口四周單邊單黑魚尾

370000－1512－0000301　218

中庸一卷　(宋)朱熹撰　清刻本　一冊　九行十七字小字雙行同白口四周單邊單黑魚尾

370000－1512－0000302　218

中庸一卷　(宋)朱熹撰　清刻本　一冊　九行十七字小字雙行同白口四周單邊單黑魚尾

370000－1512－0000303　218

中庸一卷　(宋)朱熹撰　清刻本　一冊　九行十七字小字雙行同白口四周單邊單黑魚尾

370000－1512－0000304　218

中庸一卷　(宋)朱熹撰　清刻本　一冊　九行十七字小字雙行同白口四周單邊單黑魚尾

370000－1512－0000305　218

中庸一卷　(宋)朱熹撰　清刻本　一冊　九行十七字小字雙行同白口四周單邊單黑魚尾

370000－1512－0000306　218

中庸一卷　(宋)朱熹撰　清刻本　一冊　九行十七字小字雙行同白口四周單邊單黑魚尾

370000－1512－0000307　218

中庸一卷　(宋)朱熹撰　清刻本　一冊　九行十七字小字雙行同白口四周單邊單黑魚尾

370000－1512－0000308　218

中庸一卷　(宋)朱熹撰　清刻本　一冊　九行十七字小字雙行同白口四周單邊單黑魚尾

370000－1512－0000309　218

中庸一卷　(宋)朱熹撰　清刻本　一冊　九行十七字小字雙行同白口四周單邊單黑魚尾

370000－1512－0000310　218

中庸一卷　(宋)朱熹撰　清刻本　一冊　九行十七字小字雙行同白口四周單邊單黑魚尾

370000－1512－0000311　218

中庸一卷　(宋)朱熹撰　清刻本　一冊　九行十七字小字雙行同白口四周單邊單黑魚尾

370000－1512－0000312　218

中庸一卷　(宋)朱熹撰　清刻本　一冊　九行十七字小字雙行同白口四周單邊單黑魚尾

370000－1512－0000313　218

中庸一卷　(宋)朱熹撰　清刻本　一册　九行十七字小字雙行同白口四周單邊單黑魚尾

370000－1512－0000314　218

中庸一卷　(宋)朱熹撰　清刻本　一册　九行十七字小字雙行同白口四周單邊單黑魚尾

370000－1512－0000315　218

中庸一卷　(宋)朱熹撰　清刻本　一册　九行十七字小字雙行同白口四周單邊單黑魚尾

370000－1512－0000316　218

中庸一卷　(宋)朱熹撰　清刻本　一册　九行十七字小字雙行同白口四周單邊單黑魚尾

370000－1512－0000317　218

中庸一卷　(宋)朱熹撰　清刻本　一册　九行十七字小字雙行同白口四周單邊單黑魚尾

370000－1512－0000318　218

中庸一卷　(宋)朱熹撰　清刻本　一册　九行十七字小字雙行同白口四周單邊單黑魚尾

370000－1512－0000319　218

中庸一卷　(宋)朱熹撰　清刻本　一册　九行十七字小字雙行同白口四周單邊單黑魚尾

370000－1512－0000320　218

中庸一卷　(宋)朱熹撰　清刻本　一册　九行十七字小字雙行同白口四周單邊單黑魚尾

370000－1512－0000321　218

中庸一卷　(宋)朱熹撰　清刻本　一册　九行十七字小字雙行同白口四周單邊單黑魚尾

370000－1512－0000322　218

中庸一卷　(宋)朱熹撰　清刻本　一册　九行十七字小字雙行同白口四周單邊單黑魚尾

370000－1512－0000323　218

中庸一卷　(宋)朱熹撰　清刻本　一册　九行十七字小字雙行同白口四周單邊單黑魚尾

370000－1512－0000324　218

中庸一卷　(宋)朱熹撰　清刻本　一册　九行十七字小字雙行同白口四周單邊單黑魚尾

370000－1512－0000325　218

中庸一卷　(宋)朱熹撰　清刻本　一册　九行十七字小字雙行同白口四周單邊單黑魚尾

370000－1512－0000326　218

中庸一卷　(宋)朱熹撰　清刻本　一册　九行十七字小字雙行同白口四周單邊單黑魚尾

370000－1512－0000327　218

中庸一卷　(宋)朱熹撰　清刻本　一册　九行十七字小字雙行同白口四周單邊單黑魚尾

370000－1512－0000328　219

四書遵註合講十九卷　(清)翁復編　清刻本　六册　上欄二十六行三十二字下欄九行十七字小字雙行同白口四周單邊單黑魚尾

370000－1512－0000329　220

四書味根錄□□卷　(清)金澂輯　清光緒十一年(1885)京都琉璃廠刻本　六册　九行三十六字小字雙行同白口四周雙邊單黑魚尾　存十五卷(大學一卷、中庸二卷、論語九至二十)

370000－1512－0000330　221

四書人物類典串珠四十卷　(清)臧志仁編輯　清光緒刻本　七册　十一行二十五字白口左右雙邊單黑魚尾

370000－1512－0000331　221

論語最豁集四卷　(清)劉珍輯　清光緒十八年(1892)刻本　一册　上欄九行五字下欄九行二十九字小字雙行同白口四周雙邊單黑魚尾

370000－1512－0000332　222

四書味根錄三十七卷　(清)金澂輯　清光緒十二年(1886)上海積山書局石印本　六册　十四行二十七字小字雙行五十四字白口四周雙邊單黑魚尾

370000－1512－0000333　223

四書義史證六卷　(清)譚義纂輯　清光緒三十年(1904)石印本　八册　十六行三十六字白口四周單邊單黑魚尾

370000－1512－0000334　224

四書題鏡味根錄三十七卷 (清)金澂輯 清光緒二十三年(1897)上海慎記書莊石印本 七冊 上欄四十行二十字下欄二十行二十三字小字雙行四十六字白口四周單邊單黑魚尾 缺四卷(孟子八至十一)

370000－1512－0000335 225
十三經註疏并校勘記□□卷 (清)阮元撰 清光緒二十三年(1897)上海點石齋石印本 三十一冊 二十行四十六字小字雙行同白口四周雙邊單黑魚尾 缺三卷(禮記註疏一至三)

370000－1512－0000336 226
十三經集字摹本四卷 (清)彭玉雯纂 清道光三十年(1850)刻本 六冊 行字不等黑口四周雙邊單黑魚尾

370000－1512－0000337 227
十三經集字摹本八卷 (清)彭玉雯纂 清道光二十九年(1849)刻本 八冊 行字不等黑口四周雙邊單黑魚尾

370000－1512－0000338 227
十三經歌訣標射譜□□卷 (清)楊裕藻述 清刻本 一冊 行字不等白口四周單邊無魚尾

370000－1512－0000339 228
欽定七經綱領□□卷 (清)□□輯 清宣統元年(1909)學部圖書局鉛印本 一冊 十一行二十九字白口左右雙邊無魚尾 無直格 存一卷(欽定易經綱領一)

370000－1512－0000340 228
欽定七經綱領□□卷 (清)□□輯 清宣統元年(1909)學部圖書局鉛印本 一冊 十一行二十九字白口左右雙邊無魚尾 無直格 存一卷(欽定易經綱領一)

370000－1512－0000341 228
欽定七經綱領□□卷 (清)□□輯 清宣統元年(1909)學部圖書局鉛印本 一冊 十一行二十九字白口左右雙邊無魚尾 無直格 存一卷(欽定易經綱領一)

370000－1512－0000342 228
欽定七經綱領□□卷 (清)□□輯 清宣統元年(1909)學部圖書局鉛印本 一冊 十一行二十九字白口左右雙邊無魚尾 無直格 存一卷(欽定易經綱領一)

370000－1512－0000343 228
欽定七經綱領□□卷 (清)□□輯 清宣統元年(1909)學部圖書局鉛印本 一冊 十一行二十九字白口左右雙邊無魚尾 無直格 存一卷(欽定易經綱領一)

370000－1512－0000344 228
欽定七經綱領□□卷 (清)□□輯 清宣統元年(1909)學部圖書局鉛印本 一冊 十一行二十九字白口左右雙邊無魚尾 無直格 存一卷(欽定易經綱領一)

370000－1512－0000345 228
欽定七經綱領□□卷 (清)□□輯 清宣統元年(1909)學部圖書局鉛印本 一冊 十一行二十九字白口左右雙邊無魚尾 無直格 存一卷(欽定易經綱領一)

370000－1512－0000346 228
欽定七經綱領□□卷 (清)□□輯 清宣統元年(1909)學部圖書局鉛印本 一冊 十一行二十九字白口左右雙邊無魚尾 無直格 存一卷(欽定易經綱領一)

370000－1512－0000347 228
欽定七經綱領□□卷 (清)□□輯 清宣統元年(1909)學部圖書局鉛印本 一冊 十一行二十九字白口左右雙邊無魚尾 無直格 存一卷(欽定周官綱領一)

370000－1512－0000348 228
欽定七經綱領□□卷 (清)□□輯 清宣統元年(1909)學部圖書局鉛印本 一冊 十一行二十九字白口左右雙邊無魚尾 無直格 存一卷(欽定周官綱領一)

370000－1512－0000349 228
欽定七經綱領□□卷 (清)□□輯 清宣統元年(1909)學部圖書局鉛印本 一冊 十一

行二十九字白口左右雙邊無魚尾　無直格　存一卷(欽定周官綱領一)

370000－1512－0000350　228

欽定七經綱領□□卷　(清)□□輯　清宣統元年(1909)學部圖書局鉛印本　一册　十一行二十九字白口左右雙邊無魚尾　無直格　存一卷(欽定周官綱領一)

370000－1512－0000351　228

欽定七經綱領□□卷　(清)□□輯　清宣統元年(1909)學部圖書局鉛印本　一册　十一行二十九字白口左右雙邊無魚尾　無直格　存一卷(欽定周官綱領一)

370000－1512－0000352　228

欽定七經綱領□□卷　(清)□□輯　清宣統元年(1909)學部圖書局鉛印本　一册　十一行二十九字白口左右雙邊無魚尾　無直格　存一卷(欽定周官綱領一)

370000－1512－0000353　228

欽定七經綱領□□卷　(清)□□輯　清宣統元年(1909)學部圖書局鉛印本　一册　十一行二十九字白口左右雙邊無魚尾　無直格　存一卷(欽定周官綱領一)

370000－1512－0000354　228

欽定七經綱領□□卷　(清)□□輯　清宣統元年(1909)學部圖書局鉛印本　一册　十一行二十九字白口左右雙邊無魚尾　無直格　存一卷(欽定周官綱領一)

370000－1512－0000355　228

欽定七經綱領□□卷　(清)□□輯　清宣統元年(1909)學部圖書局鉛印本　一册　十一行二十九字白口左右雙邊無魚尾　無直格　存一卷(欽定周官綱領一)

370000－1512－0000356　229

皇清經解縮本編目十六卷　(清)陶治元編輯　清光緒十七年(1891)鴻寶斎石印本　二册　二十四行七十字白口四周單邊單黑魚尾

370000－1512－0000357　229

皇清經解一百九十卷　(清)陶治元編輯　清光緒十七年(1891)鴻寶斎石印本　二十四册　三欄各三十三行二十四字白口四周單邊單黑魚尾

370000－1512－0000358　230

策學總纂大成□□卷　(清)蔡壽祺輯　清光緒五年(1879)刻本　七册　十三行二十五字白口四周單邊單黑魚尾　存十六卷(三至十四、十八至二十一)

370000－1512－0000359　231

五經題解集要不分卷　(清)秦宮璧纂　清乾隆五十四年(1789)刻本　五册　十行二十字白口左右雙邊單黑魚尾

370000－1512－0000360　233

五經類編二十八卷　(清)周世樟纂　清嘉慶刻本　六册　八行二十字白口左右雙邊單黑魚尾　存十二卷(二至三、六至八、十一至十二、十四至十五、二十六至二十八)

370000－1512－0000361　234

五經精義十五卷　(清)黄淦緯纂　清嘉慶九年(1804)刻本　八册　九行二十字白口四周雙邊單黑魚尾

370000－1512－0000362　235

五經擬題集解三十八卷續集三十七卷　(清)姜嶷　(清)朱怡亭輯　清道光十三年(1833)刻本　十册　十行二十五字白口左右單邊黑魚尾

370000－1512－0000363　237

雪樵經解三十卷　(清)冯世瀛輯　清光緒十二年(1886)上海點石齋石印本　六册　二十三行四十五字白口四周雙邊單黑魚尾　缺二卷(二十九至三十)

370000－1512－0000364　238

五經類典囊括六十四卷　(清)周祜輯　清光緒十四年(1888)上海積山書局石印本　六册　十五行三十四字白口四周單邊單黑魚尾

370000－1512－0000365　239

五經備旨四十五卷　(清)鄒聖脉纂輯　清光緒二十三年(1897)慎記書莊石印本　十二册

上欄三十三行六字中欄三十三行十七字下欄三十三行三十字白口四周單邊單黑魚尾

370000－1512－0000366　240

龍文鞭影二卷二集二卷附訓蒙四字經二卷　(明)蕭良有撰　(清)楊臣錚增訂　**龍文鞭影二集**　(清)李暉吉　(清)徐瓚輯　清光緒元年(1875)刻本　四册　上欄七行四字下欄十六行二十五字白口四周單邊單黑魚尾

370000－1512－0000367　240

龍文鞭影二集二卷附訓蒙四字經二集二卷　(清)李暉吉　(清)徐瓚輯　清光緒十一年(1885)刻本　二册　上欄七行四字下欄十六行二十五字白口四周單邊單黑魚尾

370000－1512－0000368　241

育正堂重訂幼學須知句解四卷　(明)程登吉撰　(清)錢元龍校梓　清道光十四年(1834)書業德刻本　四册　九行十七字小字雙行同白口左右雙邊單黑魚尾

370000－1512－0000369　241

□□堂重訂幼學須知句解四卷　(明)程登吉撰　(清)錢元龍校梓　清錢恕齋刻本　四册　九行十七字小字雙行同白口四周單邊單黑魚尾

370000－1512－0000370　241

善成堂重訂幼學須知句解四卷　(明)程登吉撰　(清)錢元龍校梓　清錢恕齋刻本　四册　九行十七字小字雙行同白口左右雙邊單黑魚尾

370000－1512－0000371　242

寄傲山房塾課新增幼學故事瓊林四卷首一卷　(明)程允升撰　(清)鄒聖脈增補　清光緒二十六年(1900)書業德刻本　四册　上欄十一行七字小字雙行同下欄十行二十六字小字雙行同白口四周雙邊單黑魚尾

370000－1512－0000372　242

寄傲山房塾課新增幼學故事瓊林四卷首一卷　(明)程允升撰　(清)鄒聖脈增補　清刻本　一册　上欄十一行七字小字雙行同下欄十行二十六字小字雙行同白口四周單邊單黑魚尾　存二卷(一至二)

370000－1512－0000373　243

澄衷蒙學堂字課圖說四卷　(清)劉樹屏編　清末石印本　七册　行字不等

370000－1512－0000374　244

經義考三百卷　(清)朱彝尊撰　清光緒二十三年(1897)浙江書局刻本　五十册　十二行二十三字白口左右雙邊單黑魚尾

370000－1512－0000375　245

六書系韻二十四卷首一卷　(清)李貞編輯　清光緒十六年(1890)刻本　六册　八行二十一字白口四周雙邊單黑魚尾　存六卷(一至五、七)

370000－1512－0000376　245

小學纂註六卷　(宋)朱熹輯　清同治十一年(1872)浙江書局刻本　一册　十行二十二字白口四周雙邊單黑魚尾　存四卷(一至四)

370000－1512－0000377　246

鄉黨類纂三卷　(清)譚孝達輯　清咸豐刻本　四册　八行二十二字白口四周雙邊單黑魚尾

370000－1512－0000378　247

輶軒使者絕代語釋別國方言箋疏十三卷　(清)錢繹撰集　清光緒十六年(1890)紅蝠山房刻本　六册　十行十九字小字雙行二十四字白口四周單邊單黑魚尾

370000－1512－0000379　247

輶軒使者絕代語釋別國方言十三卷續二卷續補一卷　(漢)揚雄撰　(晉)郭璞註　清光緒十七年(1891)刻本　四册　十一行二十四字小字雙行同大黑口左右雙邊單黑魚尾

370000－1512－0000380　248

增補剔弊五方元音三卷首一卷　(清)樊騰鳳撰　清嘉慶十五年(1810)刻本　四册　十行二十四字白口四周單邊單黑魚尾

370000－1512－0000381　248

增補剔弊五方元音三卷首一卷 (清)樊騰鳳撰 清嘉慶十五年(1810)刻本 四册 十行二十四字白口四周單邊單黑魚尾

370000-1512-0000382 248
五方元音大全二卷 (清)樊騰鳳撰 (清)年希堯增補 清光緒八年(1882)書業德刻本 二册 九行十九字白口左右雙邊單黑魚尾

370000-1512-0000383 249
新纂五方元音全書二卷 (清)樊騰鳳撰 (清)年希堯增補 清光緒刻本 二册 十行二十字白口左右雙邊單黑魚尾

370000-1512-0000384 249
新纂五方元音全書二卷 (清)樊騰鳳撰 (清)年希堯增補 清光緒刻本 二册 十行二十字白口左右雙邊單黑魚尾

370000-1512-0000385 250
文字蒙求四卷 (清)王筠撰 清光緒十三年(1887)刻本 二册 六行字數不等白口四周單邊單黑魚尾

370000-1512-0000386 251
說文解字注十五卷六書音均表二卷 (清)段玉裁撰 **說文部目分韻** (清)陳煥編 **說文通檢十四卷首一卷末一卷** (清)黎永椿編 **說文解字注匡謬八卷** (清)徐承慶撰 清宣統二年(1910)上海江左書林石印本 八册 二十六行四十六字白口四周雙邊單黑魚尾

370000-1512-0000387 252
清文補彙八卷 (清)宜興撰 清嘉慶七年(1802)刻本 十一册 八行字數不等白口四周雙邊單黑魚尾 存七卷(一至三、五至八)

370000-1512-0000388 252
清文彙書十二卷 (清)李延基撰 清刻本 八册 八行字數不等白口四周雙邊單黑魚尾

370000-1512-0000389 253
瑟譜六卷 (清)熊朋來撰 清道光二十七年(1847)刻本 一册 十行二十字小字雙行同白口四周雙邊單黑魚尾

370000-1512-0000390 254
字彙十二卷首一卷末一卷 (明)梅膺祚音釋 清光緒十年(1884)刻本 十四册 行字不等白口四周單邊單黑魚尾

370000-1512-0000391 254
字彙十二卷首一卷末一卷 (明)梅膺祚音釋 清同治七年(1868)刻本 十四册 行字不等白口四周單邊單黑魚尾

370000-1512-0000392 259
欽定四庫全書簡明目錄二十卷 (清)紀昀總編纂 清刻本 十二册 九行二十一字白口左右雙邊無魚尾

370000-1512-0000393 259
欽定四庫全書簡明目錄二十卷 (清)紀昀總編纂 清光緒十四年(1888)暢懷書屋刻本 四册 十七行三十四字白口四周單邊單黑魚尾

370000-1512-0000394 260
增補字彙□□卷 (明)梅膺祚撰 (清)吴任臣增補 清光緒十五年(1889)書業德刻本 十四册 十行十六字白口四周雙邊單黑魚尾

370000-1512-0000395 261
皇朝通典一百卷 (清)嵇璜纂 清光緒八年(1882)浙江書局刻本 四十册 九行二十二字小字雙行同白口左右雙邊單黑魚尾

370000-1512-0000396 262
通典二百卷 (唐)杜佑撰 清光緒二十二年(1896)浙江書局刻本 五十册 九行大小字各二十一字白口左右雙邊單黑魚尾

370000-1512-0000397 263
欽定續通典一百五十卷 (清)嵇璜纂 清光緒十二年(1886)浙江書局刻本 四十册 九行二十一字小字雙行同白口左右雙邊單黑魚尾

370000-1512-0000398 264
十朝東華錄五百二十五卷 王先謙編 清光緒十四年(1888)刻本 二百册 十二行二十五字白口左右雙邊單黑魚尾

370000－1512－0000399　265
[同治朝]東華續録一百卷　王先謙編　清刻本　五十一冊　十二行二十五字白口左右雙邊單黑魚尾　存七十八卷(一、三至三十七、五十九至一百)

370000－1512－0000400　266
[清光緒二十八年冬]大清搢紳全書四卷新增搢紳全書二卷大清中樞備覽二卷　(清)榮寶齋編輯　清光緒二十八年(1902)榮寶齋刻本　八冊　十四行三十二字白口四周雙邊雙對黑魚尾

370000－1512－0000401　267
[清宣統元年冬]大清搢紳全書四卷大清中樞備覽二卷　(清)榮録堂編輯　清宣統元年(1909)榮録堂刻本　六冊　十四行三十二字白口四周雙邊雙對黑魚尾

370000－1512－0000402　267
[清光緒三十年春]大清搢紳全書四卷　(清)榮録堂編輯　清光緒三十年(1904)榮録堂刻本　四冊　十四行三十二字白口四周雙邊雙對黑魚尾

370000－1512－0000403　268
[清光緒三十三年秋]大清搢紳全書四卷　(清)榮録堂編輯　清光緒三十三年(1907)榮録堂刻本　四冊　十四行三十二字白口四周雙邊雙對黑魚尾

370000－1512－0000404　268
[清光緒三十三年秋]大清搢紳全書四卷　(清)榮録堂編輯　清光緒三十三年(1907)榮録堂刻本　四冊　十四行三十二字白口四周雙邊雙對黑魚尾

370000－1512－0000405　269
十朝東華録六百二十五卷　王先謙編　清光緒二十五年(1899)石印本　一百二十一冊　二十四行五十字白口四周雙邊單黑魚尾　缺十四卷(康熙十五至二十四、同治七十二至七十五)

370000－1512－0000406　270
皇朝文獻通考三百卷　(清)嵇璜纂　清光緒八年(1882)浙江書局刻本　一百三十一冊　九行二十一字白口左右雙邊單黑魚尾　缺一百十八卷(一百三十二至二百四十五、二百四十八至二百五十一)

370000－1512－0000407　271
皇朝政典契要八卷　(日本)增田貢撰　(清)毛淦補編　清光緒二十八年(1902)上海書局鉛印本　三冊　十六行三十六字白口四周雙邊單黑魚尾　無直格　存七卷(一至七)

370000－1512－0000408　272
新修大清律例彙編□□卷　(清)□□撰　清光緒三十四年(1908)上海煥文書局石印本　八冊　十六行三十五字白口四周雙邊單黑魚尾

370000－1512－0000409　273
大清律例增修統纂集成四十卷附二卷　(清)陶東皋　(清)陶曉篔增修　清光緒二十五年(1899)上海文淵山房鉛印本　十八冊　行字不等白口四周雙邊雙對黑魚尾　存三十二卷(一至二十二、三十一至四十)

370000－1512－0000410　274
大清律例匯纂大成四十卷附録五種　(清)刑部製訂　清光緒二十九年(1903)石印本　十八冊　行字不等白口四周雙邊單黑魚尾　存三十二卷(一至三十二)

370000－1512－0000411　275
皇朝掌故彙編内編六十卷首一卷外編四十卷首一卷　(清)宋文蔚撰　清求實書社鉛印本　五十九冊　十一行三十字白口四周雙邊單黑魚尾　缺一卷(皇朝掌故彙編内編首一卷)

370000－1512－0000412　276
欽定大清會典事例一千二百二十卷　(清)崑岡等修　(清)吳樹梅等纂　清光緒三十四年(1908)商務印書館石印本　一百五十冊　上欄二十行二十二字下欄二十行二十一字白口四周雙邊單黑魚尾

370000－1512－0000413　277

欽定大清會典一百卷首一卷 (清)張廷玉等纂修 清光緒三十四年(1908)商務印書館石印本 十册 兩欄各二十行二十字白口四周雙邊單黑魚尾

370000－1512－0000414 277
欽定大清會典一百卷首一卷 (清)張廷玉等纂修 清光緒十九年(1893)上海圖書集成印書局鉛印本 八册 十三行四十字白口四周單邊雙對黑魚尾

370000－1512－0000415 278
欽定續纂中樞政考四卷 (清)長齡等纂修 清道光十二年(1832)刻本 四册 九行二十字小字雙行同白口四周雙邊單黑魚尾

370000－1512－0000416 279
欽定中樞政考四十卷 (清)明亮等纂修 清道光五年(1825)刻本 二十四册 九行二十字小字雙行同白口四周雙邊單黑魚尾 存三十卷(一至三十)

370000－1512－0000417 280
欽定中樞政考四十卷 (清)明亮等纂修 清道光五年(1825)刻本 四十册 九行二十字小字雙行同白口四周雙邊單黑魚尾

370000－1512－0000418 281
[十朝聖訓]□□卷 (清)□□撰 清光緒五年(1879)刻本 二百三十九册 十三行二十五字白口左右雙邊單黑魚尾 存四百三十五卷(太祖四卷、太宗六卷、世祖六卷、聖祖六十卷、高宗三十卷、仁宗十卷、宣宗一百三十卷、文宗八十三卷、穆宗一百六卷)

370000－1512－0000419 282
皇朝通志一百二十六卷 (清)嵇璜等纂 清光緒八年(1882)浙江書局刻本 四十八册 九行二十一字小字雙行同白口左右雙邊單黑魚尾 缺二卷(七十五至七十六)

370000－1512－0000420 283
皇朝通典一百卷 (清)嵇璜纂 清光緒八年(1882)浙江書局刻本 二十五册 九行二十一字白口左右雙邊單黑魚尾 缺十三卷(七十二至八十二、八十四至八十五)

370000－1512－0000421 284
大清律例增修統纂集成四十卷 (清)陶東皋 (清)陶曉篔增修 清光緒十二年(1886)刻本 二十四册 九行二十一字白口四周單邊單黑魚尾

370000－1512－0000422 285
大清律例彙集便覽四十卷附三卷 (清)三泰等撰 (清)□□輯 清光緒三年(1877)刻本 三十三册 九行二十字小字雙行同白口四周雙邊單黑魚尾

370000－1512－0000423 285
大清律例彙集便覽四十卷附三卷 (清)三泰等撰 (清)□□輯 清光緒三年(1877)刻本 十五册 九行二十字小字雙行同白口四周雙邊單黑魚尾 存十五卷(四至七、十八至二十五,附三卷)

370000－1512－0000424 286
國朝先正事略六十卷 (清)李元度纂 清同治五年(1866)刻本 二十四册 十行二十字白口左右雙邊單黑魚尾

370000－1512－0000425 287
大清現行刑律三十六卷首一卷附禁煙條例一卷秋審條款一卷 沈家本等編 清宣統二年(1910)刻本 十一册 十行二十字小字雙行同黑口四周雙邊單黑魚尾 缺一卷(首一卷)

370000－1512－0000426 288
熙朝紀政八卷 (清)王慶雲述 清光緒二十八年(1902)石印本 四册 十六行三十三字小字雙行同白口四周雙邊單黑魚尾

370000－1512－0000427 288
熙朝紀政八卷 (清)王慶雲述 清光緒二十八年(1902)石印本 三册 十六行三十三字小字雙行同白口四周雙邊單黑魚尾 存六卷(三至八)

370000－1512－0000428 288
熙朝紀政八卷 (清)王慶雲述 清光緒二十八年(1902)石印本 三册 十六行三十三字

小字雙行同白口四周雙邊單黑魚尾　存六卷（三至八）

370000－1512－0000429　288
熙朝紀政八卷　（清）王慶雲述　清光緒二十八年（1902）石印本　一冊　十六行三十三字小字雙行同白口四周雙邊單黑魚尾　存二卷（五至六）

370000－1512－0000430　288
熙朝紀政八卷　（清）王慶雲述　清光緒二十八年（1902）石印本　一冊　十六行三十三字小字雙行同白口四周雙邊單黑魚尾　存二卷（五至六）

370000－1512－0000431　289
文獻通考詳節二十四卷　（元）馬端臨撰（清）嚴虞惇節錄　清光緒二十七年（1901）煥文書局石印本　六冊　十八行四十字白口四周雙邊單黑魚尾

370000－1512－0000432　290
國朝先正事略六十卷　（清）李元度纂　（清）許時庚校　清鉛印本　八冊　十四行四十二字白口四周雙邊單黑魚尾　存五十七卷（四至六十）

370000－1512－0000433　290
中興名臣事略八卷　朱孔彰撰　清鉛印本　二冊　十七行三十四字白口四周單邊單黑魚尾　存四卷（五至八）

370000－1512－0000434　291
硃批諭旨不分卷　（清）鄂爾泰　（清）張廷玉編　清光緒十三年（1887）上海點石齋刻朱墨套印本　五十五冊　十五行三十三字白口四周雙邊單黑魚尾

370000－1512－0000435　292
御批資治通鑑綱目五十九卷首一卷　（宋）朱熹撰　清刻本　三十七冊　十一行二十二字小字雙行同大黑口四周雙邊雙順黑魚尾　缺十七卷（一至七、十六至二十三、五十八至五十九）

370000－1512－0000436　293
御批續資治通鑑綱目二十七卷　（明）商輅撰　清刻本　十九冊　十一行二十二字小字雙行同大黑口四周雙邊雙順黑魚尾

370000－1512－0000437　294
大文堂綱鑑易知錄九十二卷首一卷　（清）吳乘權等輯　清刻本　三十九冊　九行二十字小字雙行同白口四周單邊單黑魚尾　缺八卷（一至二、七十七至七十八、八十四至八十六，首一卷）

370000－1512－0000438　295
綱鑑總論二卷　（□）□□撰　清光緒二十八年（1902）刻本　四冊　十一行二十一字小字雙行同黑口左右雙邊單黑魚尾

370000－1512－0000439　295
綱鑑總論二卷　（□）□□撰　清光緒二十八年（1902）刻本　四冊　十一行二十一字小字雙行同黑口左右雙邊單黑魚尾

370000－1512－0000440　295
綱鑑總論二卷　（□）□□撰　清光緒二十八年（1902）刻本　三冊　十一行二十一字小字雙行同黑口左右雙邊單黑魚尾　缺一卷（上）

370000－1512－0000441　296
御撰資治通鑑綱目三編二十卷　（清）張廷玉等纂　清乾隆十一年（1746）刻本　六冊　十一行二十二字小字雙行同白口四周單邊黑魚尾

370000－1512－0000442　297
尺木堂綱鑑易知錄九十二卷附明紀二十卷　（清）吳乘權等輯　清康熙五十年（1711）尺木堂刻本　二十二冊　九行二十字小字雙行同白口四周單邊單黑魚尾　缺六十四卷（四十九至九十二、明紀二十卷）

370000－1512－0000443　298
資治通鑑綱目五十九卷　（□）□□撰　清光緒二年（1876）刻本　三十冊　九行二十字大黑口四周雙邊雙黑魚尾

370000－1512－0000444　299
鼎鍥趙田了凡袁先生編纂古本歷史大方綱鑑

補□□卷　(明)袁黄編纂　清刻本　四十册　十二行二十八字小字雙行同白口四周單邊單黑魚尾

370000－1512－0000445　299

御撰資治通鑑明紀綱目二十卷　(清)張玉書編　清乾隆十一年(1746)刻本　九册　十一行二十二字小字雙行同白口四周單邊單黑魚尾

370000－1512－0000446　300

歷朝綱鑑會纂三十九卷　(明)王世貞編　清書業德刻本　三十二册　十行十九字小字雙行同白口四周單邊單黑魚尾　缺十卷(四、十二至十三、十八至二十三、三十八)

370000－1512－0000447　301

御撰資治通鑑明紀綱目三編二十卷　(清)張玉書編　清乾隆十一年(1746)刻本　五册　十一行二十二字小字雙行同白口四周單邊雙順黑魚尾　缺五卷(十二至十六)

370000－1512－0000448　302

御批歷代通鑑輯覽一百二十卷　(清)傅恒等撰　清光緒二十年(1894)湖南澹雅書局刻本　三十七册　十一行二十二字小字雙行同白口四周單邊單黑魚尾　缺四十六卷(十一至三十、三十五至三十六、四十三至四十四、九十九至一百二十)

370000－1512－0000449　303

御批歷代通鑑輯覽一百二十卷　(清)傅恒等撰　清同治十三年(1874)刻朱墨印本　六十一册　十一行二十二字小字雙行同白口四周雙邊雙順黑魚尾　缺六卷(一至四、六十二至六十三)

370000－1512－0000450　304

御批歷代通鑑輯覽一百二十卷　(清)傅恒等撰　清鉛印本　二十九册　十五行二十八字小字雙行四十三字白口四周單邊無魚尾　存七十八卷(四至十八、二十二至二十九、三十九至七十八、八十五至八十七、九十四至一百五)

370000－1512－0000451　305

兩朝御批歷代通鑑輯覽一百二十卷　(清)傅恒等纂　清光緒三十年(1904)上海錦章書局石印本　九册　十九行四十字小字雙行同白口四周雙邊單黑魚尾　缺七十九卷(六至四十五、五十二至九十)

370000－1512－0000452　306

御批歷代通鑑輯覽一百二十卷　(清)傅恒等纂　清光緒三十年(1904)上海宏文閣石印本　二十四册　十八行四十字小字雙行六十字白口四周雙邊單黑魚尾

370000－1512－0000453　307

重訂王鳳洲先生綱鑑會纂四十六卷　(明)王世貞纂　清刻本　三十六册　十一行二十字小字雙行同白口四周單邊單黑魚尾

370000－1512－0000454　308

御批歷代通鑑輯覽一百二十卷　(清)傅恒等纂　清光緒三十一年(1905)上海商務印書館鉛印本　十八册　十五行二十八字小字雙行四十三字白口四周單邊無魚尾　缺三十卷(六十一至九十)

370000－1512－0000455　308

御批歷代通鑑輯覽一百二十卷　(清)傅恒等纂　清鉛印本　一册　十五行二十八字小字雙行四十三字白口四周單邊無魚尾

370000－1512－0000456　308

御批歷代通鑑輯覽一百二十卷　(清)傅恒等纂　清鉛印本　一册　十五行二十八字小字雙行四十三字白口四周單邊無魚尾

370000－1512－0000457　309

袁王綱鑑合編三十九卷附明紀綱目二十卷　(明)袁黄輯　(明)王世貞編　清光緒三十年(1904)上海商務印書館鉛印本　十六册　十九行四十三字小字雙行不等白口四周單邊單黑魚尾

370000－1512－0000458　310

重訂王鳳洲先生會纂綱鑑二十三卷　(明)王世貞纂　清刻本　十一册　十一行二十字小

字雙行同白口四周單邊單黑魚尾

370000－1512－0000459　311
御撰資治通鑑綱目三編二十卷末一卷　（清）張廷玉等纂　清光緒二十六年（1900）刻本　六冊　十一行二十二字小字雙行同白口四周單邊黑魚尾

370000－1512－0000460　312
御批歷代通鑑輯覽一百二十卷　（清）傅恒等撰　清鑄記書局石印本　二十冊　十八行四十二字小字雙行同白口四周雙邊單黑魚尾　缺四十八卷（一至三十四、五十五至五十八、六十五至七十一、九十二至九十四）

370000－1512－0000461　313
兩朝御批歷代通鑑輯覽一百二十卷　（清）傅恒等纂　清光緒三十年（1904）上海經藝書局石印本　三十二冊　十八行四十字白口四周雙邊單黑魚尾

370000－1512－0000462　314
綱鑑易知録□□卷　（清）吳承權撰　清光緒三十一年（1905）鉛印本　十六冊　行字不等白口四周雙邊單黑魚尾

370000－1512－0000463　315
御批歷代通鑑輯覽一百二十卷　（清）傅恒等纂　清光緒二十九年（1903）上海同文書局石印本　二十四冊　二十行四十九字小字雙行同白口四周雙邊單黑魚尾

370000－1512－0000464　315
御批歷代通鑑輯覽一百二十卷　（清）傅恒等纂　清光緒二十九年（1903）上海同文書局石印本　二十四冊　二十行四十九字小字雙行同白口四周雙邊單黑魚尾

370000－1512－0000465　316
資治通鑑注二百九十四卷附釋文辨誤十二卷　（宋）司馬光纂　清光緒二十四年（1898）上海積山書局石印本　三十冊　二十行四十字小字雙行同白口四周雙邊單黑魚尾

370000－1512－0000466　317
御批歷代通鑑輯覽一百二十卷　（清）傅恒等撰　清光緒二十九年（1903）上海通元書局石印本　二十四冊　十八行四十字小字雙行同白口四周雙邊單黑魚尾

370000－1512－0000467　318
續資治通鑑二百二十卷　（清）毕沅撰　**明紀六十卷**　（清）陳鶴撰　（清）陳克家參訂　**外紀十卷**　（宋）劉恕編　清光緒十六年（1890）上海積山書局石印本　二十四冊　行字不等白口四周雙邊單黑魚尾

370000－1512－0000468　319
御批歷代通鑑輯覽一百二十卷　（清）傅恒等纂　清石印本　二十三冊　二十行四十八字小字雙行同白口四周雙邊單黑魚尾　缺五卷（一至五）

370000－1512－0000469　320
通鑑題解十卷　（清）汪桓撰　清光緒三十年（1904）上海國文書局石印本　六冊　行數不等十七字小字雙行三十二字白口四周雙邊單黑魚尾

370000－1512－0000470　321
通鑑論□□卷　（宋）司馬光撰　（清）伍耀光輯録　清刻本　三冊　十三行三十字上黑口四周雙邊單黑魚尾　存二卷（二至三）

370000－1512－0000471　321
東漢紀提綱年表不分卷　（□）□□撰　清抄本　一冊　行字不等

370000－1512－0000472　322
鼎鍥趙田了凡袁先生編纂古本歷史大方綱鑑補九卷　（明）袁黄編纂　清刻本　七冊　行字不等白口四周雙邊單黑魚尾　缺二卷（一、八）

370000－1512－0000473　323
資治通鑑二百九十四卷附釋文辨誤十二卷　（清）張玉書編　清光緒十六年（1890）上海積山書局石印本　十冊　二十行四十字白口四周雙邊單黑魚尾　存八十七卷（四十一至五十、一百七十一至一百八十、一百九十一至二百、二百二十至二百七十六）

370000－1512－0000474　324
御撰資治通鑑綱目三編五卷　(清)張廷玉等纂　清光緒二十五年(1899)上海鴻寶齋石印本　二册　二十四行五十六字白口四周雙邊單黑魚尾

370000－1512－0000475　324
御撰資治通鑑綱目三編五卷　(清)張廷玉等纂　清光緒二十五年(1899)上海鴻寶齋石印本　二册　二十四行五十六字白口四周雙邊單黑魚尾

370000－1512－0000476　324
御撰資治通鑑綱目三編五卷　(清)張廷玉等纂　清光緒二十五年(1899)上海鴻寶齋石印本　二册　二十四行五十六字白口四周雙邊單黑魚尾

370000－1512－0000477　324
御撰資治通鑑綱目三編五卷　(清)張廷玉等纂　清光緒二十五年(1899)上海鴻寶齋石印本　二册　二十四行五十六字白口四周雙邊單黑魚尾

370000－1512－0000478　324
御撰資治通鑑綱目三編五卷　(清)張廷玉等纂　清光緒二十五年(1899)上海鴻寶齋石印本　二册　二十四行五十六字白口四周雙邊單黑魚尾

370000－1512－0000479　325
綱鑑總論二卷　(清)周道卿編　清光緒二十九年(1903)刻本　二册　十一行二十一字小字雙行同黑口四周單邊單黑魚尾

370000－1512－0000480　326
尺木堂綱鑑易知録二十卷　(清)吴乘權等輯　清光緒二十五年(1899)上海鴻寶齋石印本　八册　二十四行五十六字小字雙行同白口四周雙邊單黑魚尾

370000－1512－0000481　327
續資治通鑑二百二十卷　(清)毕沅撰　清鉛印本　十三册　二十行四十二字小字雙行同白口四周雙邊單黑魚尾　缺九十卷(一至二十、六十一至七十、八十一至九十、一百十一至一百三十、一百七十一至二百)

370000－1512－0000482　328
尺木堂綱鑑易知録九十二卷　(清)吴乘權等輯　清刻本　二册　九行二十字小字雙行同白口四周單邊單黑魚尾　存四卷(八十九至九十二)

370000－1512－0000483　328
御撰資治通鑑綱目三編二十卷　(清)張廷玉等編　清乾隆十一年(1746)刻本　四册　十一行二十二字小字雙行同大黑口左右雙邊雙順黑魚尾　存十三卷(一至十三)

370000－1512－0000484　329
重訂御批王鳳洲先生會纂綱鑑四十六卷　(明)王世貞纂　清光緒二十五年(1899)刻本　十六册　十五行二十八字小字雙行同白口四周雙邊雙對黑魚尾　存三十三卷(一至十七、二十四至三十五、四十至四十三)

370000－1512－0000485　329
重訂御批王鳳洲先生會纂綱鑑四十六卷　(明)王世貞纂　清刻本　四册　十五行二十八字小字雙行同白口四周雙邊雙對黑魚尾　存九卷(十二至二十)

370000－1512－0000486　330
列國政要一百三十二卷首一卷附譯名對照表一卷　(清)戴鴻慈　(清)端方同輯　清光緒三十四年(1908)上海商務印書館石印本　三十二册　十行二十八字白口四周雙邊單黑魚尾

370000－1512－0000487　330
列國政要一百三十二卷首一卷附譯名對照表一卷　(清)戴鴻慈　(清)端方同輯　清光緒三十四年(1908)上海商務印書館石印本　三十二册　十行二十八字白口四周雙邊單黑魚尾

370000－1512－0000488　331
新編吏治懸鏡不分卷　(清)徐文弼編　清五陰山房刻本　七册　十行二十字白口四周單

邊單黑魚尾　缺一冊(四)

370000－1512－0000489　332
欽定六部處分則例五十二卷　(清)清平等纂修　清末上海圖書集成印書局鉛印本　八冊　十三行四十字白口四周單邊單黑魚尾

370000－1512－0000490　334
公瀘會通十卷　(德國)步倫撰　清光緒二十四年(1898)鉛印本　五冊　十二行二十三字小字雙行同細黑口四周雙邊單黑魚尾

370000－1512－0000491　338
公法遍覽四卷首一卷續一卷　(美國)丁韙良撰　清光緒三年(1877)鉛印本　六冊　十二行二十六字細黑口四周雙邊單黑魚尾

370000－1512－0000492　340
金石錄三十卷　(宋)趙明誠撰　清空山堂刻本　六冊　九行二十一字白口四周單邊單黑魚尾

370000－1512－0000493　340
金石錄三十卷　(宋)趙明誠撰　清空山堂刻本　六冊　九行二十一字白口四周單邊單黑魚尾

370000－1512－0000494　340
金石錄三十卷　(宋)趙明誠撰　清空山堂刻本　六冊　九行二十一字白口四周單邊單黑魚尾

370000－1512－0000495　340
金石錄三十卷　(宋)趙明誠撰　清空山堂刻本　六冊　九行二十一字白口四周單邊單黑魚尾

370000－1512－0000496　340
金石錄三十卷　(宋)趙明誠撰　清空山堂刻本　六冊　九行二十一字白口四周單邊單黑魚尾

370000－1512－0000497　340
金石錄三十卷　(宋)趙明誠撰　清空山堂刻本　六冊　九行二十一字白口四周單邊單黑魚尾

370000－1512－0000498　340
金石錄三十卷　(宋)趙明誠撰　清空山堂刻本　六冊　九行二十一字白口四周單邊單黑魚尾

370000－1512－0000499　341
空山堂史記評注十二卷　(清)牛運震評注　清刻本　八冊　九行二十字白口四周雙邊單黑魚尾

370000－1512－0000500　341
空山堂史記評注十二卷　(清)牛運震評注　清刻本　八冊　九行二十字白口四周雙邊單黑魚尾

370000－1512－0000501　341
空山堂史記評注十二卷　(清)牛運震評注　清刻本　八冊　九行二十字白口四周雙邊單黑魚尾

370000－1512－0000502　341
空山堂史記評注十二卷　(清)牛運震評注　清刻本　八冊　九行二十字白口四周雙邊單黑魚尾

370000－1512－0000503　341
空山堂史記評注十二卷　(清)牛運震評注　清刻本　八冊　九行二十字白口四周雙邊單黑魚尾

370000－1512－0000504　341
空山堂史記評注十二卷　(清)牛運震評注　清刻本　八冊　九行二十字白口四周雙邊單黑魚尾

370000－1512－0000505　342
讀史糾謬十五卷　(清)牛運震評注　清嘉慶二十三年(1818)空山堂刻本　六冊　九行二十二字白口四周雙邊單黑魚尾

370000－1512－0000506　342
讀史糾謬十五卷　(清)牛運震評注　清嘉慶二十三年(1818)空山堂刻本　六冊　九行二十二字白口四周雙邊單黑魚尾

370000－1512－0000507　342

讀史糾謬十五卷 (清)牛運震評注　清嘉慶二十三年(1818)空山堂刻本　六册　九行二十二字白口四周雙邊單黑魚尾

370000－1512－0000508　342
讀史糾謬十五卷 (清)牛運震評注　清嘉慶二十三年(1818)空山堂刻本　六册　九行二十二字白口四周雙邊單黑魚尾

370000－1512－0000509　342
讀史糾謬十五卷 (清)牛運震評注　清嘉慶二十三年(1818)空山堂刻本　六册　九行二十二字白口四周雙邊單黑魚尾

370000－1512－0000510　342
讀史糾謬十五卷 (清)牛運震評注　清嘉慶二十三年(1818)空山堂刻本　六册　九行二十二字白口四周雙邊單黑魚尾

370000－1512－0000511　342
讀史糾謬十五卷 (清)牛運震評注　清嘉慶二十三年(1818)空山堂刻本　一册　九行二十二字白口四周雙邊單黑魚尾　存一卷(四)

370000－1512－0000512　342
讀史糾謬十五卷 (清)牛運震評注　清嘉慶二十三年(1818)空山堂刻本　一册　九行二十二字白口四周雙邊單黑魚尾　存一卷(五)

370000－1512－0000513　343
集古録十卷 (宋)歐陽修纂　清刻本　四册　九行二十一字白口四周單邊單黑魚尾

370000－1512－0000514　343
集古録十卷 (宋)歐陽修纂　清刻本　四册　九行二十一字白口四周單邊單黑魚尾

370000－1512－0000515　343
集古録十卷 (宋)歐陽修纂　清刻本　四册　九行二十一字白口四周單邊單黑魚尾

370000－1512－0000516　343
集古録十卷 (宋)歐陽修纂　清刻本　四册　九行二十一字白口四周單邊單黑魚尾

370000－1512－0000517　343
集古録十卷 (宋)歐陽修纂　清刻本　四册　九行二十一字白口四周單邊單黑魚尾

370000－1512－0000518　343
集古録十卷 (宋)歐陽修纂　清刻本　四册　九行二十一字白口四周單邊單黑魚尾

370000－1512－0000519　343
集古録十卷 (宋)歐陽修纂　清刻本　四册　九行二十一字白口四周單邊單黑魚尾

370000－1512－0000520　344
[山東兗州]馬氏族譜 (清)馬有篘修　清光緒三十四年(1908)抄本　四册　行字不等白口四周雙邊單黑魚尾

370000－1512－0000521　344
[山東兗州]馬氏族譜 (清)馬有篘修　清光緒三十四年(1908)抄本　四册　行字不等白口四周雙邊單黑魚尾

370000－1512－0000522　346
[山東兗州]謝氏支譜 (清)謝芳秋修　清同治十三年(1874)抄本　三册　行字不等白口四周雙邊單黑魚尾

370000－1512－0000523　348
國語二十一卷 (三國吴)韋昭注　清詩禮堂刻本　八册　九行二十字小字雙行同白口左右雙邊單黑魚尾

370000－1512－0000524　348
國語二十一卷附校刊明道本韋氏解國語禮記 (三國吴)韋昭解　清嘉慶五年(1800)上海會文堂書局影宋刻本　六册　九行二十字小字雙行同白口左右雙邊單黑魚尾

370000－1512－0000525　349
戰國策三十三卷 (宋)鮑彪校注　(元)吴師道重校　清刻本　八册　十行二十一字小字雙行同白口四周單邊單黑魚尾　存十卷(一至十)

370000－1512－0000526　350
聖武記十四卷 (清)魏源撰　清道光二十六年(1846)刻本　十二册　十行二十一字小字雙行同白口四周雙邊單黑魚尾

370000－1512－0000527　351
李氏五種合刊　（清）李兆洛輯　清光緒十四年（1888）掃葉山房刻本　十二册　八行二十二字小字雙行同白口四周雙邊單黑魚尾　存二十七卷（歷代地理志韻編今釋附校刊記一至二十，皇朝輿地韻編附校刊記一至二，歷代地理沿革圖一，歷代紀元編一至三、末一）

370000－1512－0000528　352
戰國策十卷末一卷　（宋）鮑彪原注　（元）吴師道補正　（清）孔傳鐸校刊　清詩禮堂刻本　十册　九行二十字小字雙行同白口左右雙邊單黑魚尾

370000－1512－0000529　353
戰國策三十三卷　（漢）高誘註　**札記三卷**　（清）黄丕烈撰　清同治八年（1869）湖北崇文書局影宋刻本　五册　十一行二十字小字雙行同白口左右雙邊單黑魚尾

370000－1512－0000530　354
國語二十一卷禮記一卷攷異四卷　（春秋）左丘明撰　（三國吴）韋昭注　（清）黄丕烈劄記　（清）汪遠孫考異　清同治八年（1869）湖北崇文書局影宋刻本　五册　十一行二十字小字雙行不等白口左右雙邊單黑魚尾

370000－1512－0000531　355
教務紀略四卷首一卷　（清）李剛己編撰　（清）魏家驊等修訂　清光緒三十年（1904）山東印書局鉛印本　五册　十行二十五字小字雙行同細黑口四周雙邊單黑魚尾

370000－1512－0000532　356
在官法戒録摘鈔四卷　（清）陳弘謀編輯　清同治七年（1868）崇文書局刻本　二册　十行二十二字白口四周雙邊單黑魚尾

370000－1512－0000533　356
在官法戒録摘鈔四卷　（清）陳弘謀編輯　清同治七年（1868）崇文書局刻本　二册　十行二十二字白口四周雙邊單黑魚尾

370000－1512－0000534　357
五洲圖考不分卷　（清）許彬編譯　清鉛印本　一册　十行四十字白口四周雙邊單黑魚尾

370000－1512－0000535　357
五洲圖考不分卷　（清）許彬編譯　清鉛印本　一册　十行四十字白口四周雙邊單黑魚尾

370000－1512－0000536　357
五洲圖考不分卷　（清）許彬編譯　清鉛印本　一册　十行四十字白口四周雙邊單黑魚尾

370000－1512－0000537　357
五洲圖考不分卷　（清）許彬編譯　清鉛印本　一册　十行四十字白口四周雙邊單黑魚尾

370000－1512－0000538　357
五洲圖考不分卷　（清）許彬編譯　清鉛印本　一册　十行四十字白口四周雙邊單黑魚尾

370000－1512－0000539　357
五洲圖考不分卷　（清）許彬編譯　清鉛印本　一册　十行四十字白口四周雙邊單黑魚尾

370000－1512－0000540　358
讀史方輿紀要州域形勢編二卷　（清）顧祖禹撰　清末刻本　一册　八行二十二字小字雙行同大黑口四周雙邊單黑魚尾

370000－1512－0000541　358
讀史方輿紀要州域形勢編二卷　（清）顧祖禹撰　清末刻本　一册　八行二十二字小字雙行同大黑口四周雙邊單黑魚尾

370000－1512－0000542　358
讀史方輿紀要州域形勢編二卷　（清）顧祖禹撰　清末刻本　一册　八行二十二字小字雙行同大黑口四周雙邊單黑魚尾

370000－1512－0000543　358
讀史方輿紀要州域形勢編二卷　（清）顧祖禹撰　清末刻本　一册　八行二十二字小字雙行同大黑口四周雙邊單黑魚尾

370000－1512－0000544　358
讀史方輿紀要州域形勢編二卷　（清）顧祖禹撰　清末刻本　一册　八行二十二字小字雙行同大黑口四周雙邊單黑魚尾

370000－1512－0000545　358

讀史方輿紀要州域形勢編二卷　(清)顧祖禹撰　清末刻本　一册　八行二十二字小字雙行同大黑口四周雙邊單黑魚尾

370000－1512－0000546　358
讀史方輿紀要州域形勢編二卷　(清)顧祖禹撰　清末刻本　一册　八行二十二字小字雙行同大黑口四周雙邊單黑魚尾

370000－1512－0000547　358
讀史方輿紀要州域形勢編二卷　(清)顧祖禹撰　清末刻本　一册　八行二十二字小字雙行同大黑口四周雙邊單黑魚尾

370000－1512－0000548　359
坤輿撮要問答五卷　(清)孫文禎譯　清光緒二十八年(1902)上海土山灣印書館鉛印本一册　十行四十字白口四周雙邊單黑魚尾

370000－1512－0000549　359
坤輿撮要問答五卷　(清)孫文禎譯　清光緒二十八年(1902)上海土山灣印書館鉛印本一册　十行四十字白口四周雙邊單黑魚尾

370000－1512－0000550　359
坤輿撮要問答五卷　(清)孫文禎譯　清光緒二十八年(1902)上海土山灣印書館鉛印本一册　十行四十字白口四周雙邊單黑魚尾

370000－1512－0000551　359
坤輿撮要問答五卷　(清)孫文禎譯　清光緒二十八年(1902)上海土山灣印書館鉛印本一册　十行四十字白口四周雙邊單黑魚尾

370000－1512－0000552　359
坤輿撮要問答五卷　(清)孫文禎譯　清光緒二十八年(1902)上海土山灣印書館鉛印本一册　十行四十字白口四周雙邊單黑魚尾

370000－1512－0000553　359
坤輿撮要問答五卷　(清)孫文禎譯　清光緒二十八年(1902)上海土山灣印書館鉛印本一册　十行四十字白口四周雙邊單黑魚尾

370000－1512－0000554　359
坤輿撮要問答五卷　(清)孫文禎譯　清光緒二十八年(1902)上海土山灣印書館鉛印本一册　十行四十字白口四周雙邊單黑魚尾

370000－1512－0000555　359
坤輿撮要問答五卷　(清)孫文禎譯　清光緒二十八年(1902)上海土山灣印書館鉛印本一册　十行四十字白口四周雙邊單黑魚尾

370000－1512－0000556　359
坤輿撮要問答五卷　(清)孫文禎譯　清光緒二十八年(1902)上海土山灣印書館鉛印本一册　十行四十字白口四周雙邊單黑魚尾

370000－1512－0000557　359
坤輿撮要問答五卷　(清)孫文禎譯　清光緒二十八年(1902)上海土山灣印書館鉛印本一册　十行四十字白口四周雙邊單黑魚尾

370000－1512－0000558　359
坤輿撮要問答五卷　(清)孫文禎譯　清光緒二十八年(1902)上海土山灣印書館鉛印本一册　十行四十字白口四周雙邊單黑魚尾

370000－1512－0000559　359
坤輿撮要問答五卷　(清)孫文禎譯　清光緒二十八年(1902)上海土山灣印書館鉛印本一册　十行四十字白口四周雙邊單黑魚尾

370000－1512－0000560　359
坤輿撮要問答五卷　(清)孫文禎譯　清光緒二十八年(1902)上海土山灣印書館鉛印本一册　十行四十字白口四周雙邊單黑魚尾

370000－1512－0000561　359
坤輿撮要問答五卷　(清)孫文禎譯　清光緒二十八年(1902)上海土山灣印書館鉛印本一册　十行四十字白口四周雙邊單黑魚尾

370000－1512－0000562　359
坤輿撮要問答五卷　(清)孫文禎譯　清光緒二十八年(1902)上海土山灣印書館鉛印本一册　十行四十字白口四周雙邊單黑魚尾

370000－1512－0000563　359
坤輿撮要問答五卷　(清)孫文禎譯　清光緒二十八年(1902)上海土山灣印書館鉛印本

一册　十行四十字白口四周雙邊單黑魚尾

370000－1512－0000564　360
約章分類輯要三十二卷　蔡乃煌輯　清光緒二十六年(1900)湖南商務局刻本　二十六册　行字不等黑口四周單邊單黑魚尾　缺四卷(二至三、七至八)

370000－1512－0000565　362
國朝先正事略六十卷　蔡乃煌輯　清光緒姣川方氏刻本　二十四册　十行二十四字大黑口四周單邊單黑魚尾

370000－1512－0000566　364
聖武記十四卷　(清)魏源撰　清道光二十二年(1842)刻本　七册　十行二十一字白口四周雙邊單黑魚尾　缺一卷(一)

370000－1512－0000567　364
聖武記十四卷　(清)魏源撰　清道光二十二年(1842)刻本　四册　十行二十一字白口四周雙邊單黑魚尾　存八卷(六至十三)

370000－1512－0000568　365
都门彙纂十卷　(清)楊靜亭編　(清)李靜山增補　清同治十一年(1872)刻本　八册　十行二十三字白口四周雙邊單黑魚尾　缺二卷

370000－1512－0000569　365
透膽寒四卷　(清)補湘子撰　清咸豐八年(1858)刻本　二册　七行二十字白口四周單邊單黑魚尾

370000－1512－0000570　366
宸垣識略十六卷　(清)吴長元輯　清光緒二年(1876)刻本　八册　九行二十一字白口四周單邊單黑魚尾

370000－1512－0000571　366
讀史論略一卷　(清)杜昭撰　清光緒二十四年(1898)書業德刻本　一册　九行二十一字白口四周單邊單黑魚尾

370000－1512－0000572　367
校邠盧抗議□□卷　(清)馮桂芬撰　清咸豐十一年(1861)刻本　二册　十二行二十三字小字雙行同白口四周雙邊單黑魚尾

370000－1512－0000573　368
福惠全書三十二卷　(清)黄六鴻撰　清光緒十九年(1893)刻本　十二册　九行二十二字白口四周單邊單黑魚尾

370000－1512－0000574　368
坤輿撮要問答五卷　(清)孫文禎譯　清光緒二十八年(1902)上海土山灣印書館鉛印本　一册　十行五十字白口四周雙邊單黑魚尾

370000－1512－0000575　368
荒政輯要九卷首一卷　(清)汪志伊撰　清嘉慶十一年(1806)刻本　一册　十行二十一字白口四周雙邊單黑魚尾　存四卷(一至四)

370000－1512－0000576　369
教務紀略四卷首一卷　(清)李剛己編撰　(清)魏家驊等修訂　清光緒三十年(1904)山東印書局鉛印本　五册　十行二十五字白口四周單邊單黑魚尾

370000－1512－0000577　369
函牘舉隅十卷　(清)黄伯録撰　清光緒三十年(1904)上海慈母堂鉛印本　一册　九行二十四字白口四周雙邊單黑魚尾　存一卷(一)

370000－1512－0000578　370
成案所見集三十五卷　(清)王又槐　(清)謝奎編　清嘉慶十年(1805)三餘堂刻本　十六册　九行二十二字白口四周單邊單黑魚尾　缺十卷(十八至二十七)

370000－1512－0000579　373
荊駝逸史五十一種附平臺紀略一種　(清)陳湖逸士編　**平臺紀略**　(清)藍鼎元撰　清刻本　二十八册　八行十七字白口四周雙邊單黑魚尾

370000－1512－0000580　374
史記評林一百三十卷　(明)凌稚隆輯校　清刻本　三册　行字不等白口四周雙邊雙對黑魚尾　存九卷(十八至二十、三十四至三十九)

370000－1512－0000581　374
漢書評林一百卷首一卷　(明)凌稚隆輯校　清光緒十七年(1891)刻本　四冊　十行二十一字白口四周雙邊雙對黑魚尾　存十卷(二十一、四十九至五十六,首一卷)

370000－1512－0000582　374
史外後書二十一卷　(□)□□撰　清筆諫堂刻本　一冊　十行二十四字白口四周雙邊單黑魚尾　存五卷(四至八)

370000－1512－0000583　375
二十一史約編八卷首一卷　(清)鄭元慶述　清刻本　七冊　九行二十一字小字雙行同白口四周單邊無魚尾　缺一卷(竹部)

370000－1512－0000584　375
闕里文獻考一百卷首一卷末一卷　(清)孔繼汾撰　清刻本　一冊　十三行二十六字黑口左右雙邊雙順黑魚尾

370000－1512－0000585　376
南宋書六十八卷　(明)錢士升增削　清嘉慶二年(1797)刻本　十六冊　十二行二十五字白口四周單邊單黑魚尾

370000－1512－0000586　377
廿一史約編九卷　(清)鄭元慶撰　清書業德刻本　十四冊　九行二十一字小字雙行同白口四周單邊無魚尾

370000－1512－0000587　379
歷代史論二十二卷　(明)張溥撰　清光緒五年(1879)刻本　八冊　十一行二十一字大黑口四周單邊雙黑魚

370000－1512－0000588　381
史記菁華録六卷　(清)苧田氏撰　清光緒二十八年(1902)書業德刻本　六冊　九行二十字白口左右雙邊單黑魚尾

370000－1512－0000589　388
前漢書一百二十卷　(漢)班固撰　清光緒二十九年(1903)五洲同文局石印本　三十冊　十行二十一字白口四周單邊單黑魚尾

370000－1512－0000590　389
後漢書一百二十卷　(南朝宋)范曄撰　清光緒二十九年(1903)五洲同文局石印本　二十八冊　十行二十一字白口左右雙邊單黑魚尾

370000－1512－0000591　389
後漢書一百三十卷　(南朝宋)范曄撰　(南朝梁)劉昭續補　(唐)李賢註　清光緒十四年(1888)上海圖書集成印書局鉛印本　十六冊　十三行四十字小字雙行同白口四周雙邊雙對黑魚尾

370000－1512－0000592　389
欽定史記八卷　(漢)司馬遷撰　清光緒二十八年(1902)史學會社石印本　八冊　二十二行四十五字白口四周單邊單黑魚尾

370000－1512－0000593　390
二十四史一千二百十卷　(漢)司馬遷等撰　清光緒刻本　二十二冊　史記十三行四十字小字雙行同白口四周單邊雙順黑魚尾其他二十二行四十五字小字雙行同白口四周單邊單黑魚尾　缺四百四十五卷(史記三十三至一百三十,舊唐書七十九至一百九十九,宋史一百七十三至三百十七、四百六十六至四百八十,明史一至二十四、一百至一百二十七、二百八十七至三百)

370000－1512－0000594　391
大清一統志五百卷　(清)和坤等纂修　清光緒二十七年(1901)上海寶善齋石印本　五十五冊　二十行四十二字小字雙行同白口左右雙邊單黑魚尾　缺三十九卷(一至九、三十五至四十二、一百三十二至一百三十八、一百五十六至一百六十四、三百五十四至三百五十九)

370000－1512－0000595　392
九通序九卷　(□)□□撰　清光緒二十八年(1902)上海掃葉山房石印本　三冊　十五行字數不等細黑口四周雙邊單黑魚尾

370000－1512－0000596　394
聖蹟圖一卷　(清)孔憲蘭繪　清同治十三年(1874)刻本　一冊　行字不等白口四周單邊

單黑魚尾

370000－1512－0000597　394
聖蹟圖一卷　(清)孔憲蘭繪　清同治十三年(1874)刻本　一册　行字不等白口四周單邊單黑魚尾

370000－1512－0000598　394
聖蹟圖一卷　(清)孔憲蘭繪　清同治十三年(1874)刻本　一册　行字不等白口四周單邊單黑魚尾

370000－1512－0000599　394
聖蹟圖一卷　(清)孔憲蘭繪　清同治十三年(1874)刻本　一册　行字不等白口四周單邊單黑魚尾

370000－1512－0000600　394
孔子聖蹟圖不分卷　(□)□□撰　清刻本　四册　行字不等白口四周單邊單黑魚尾

370000－1512－0000601　396
隸篇十五卷續十五卷再續十五卷　(清)翟雲升撰　清道光刻本　十册　十四行二十五字白口左右雙邊單黑魚尾

370000－1512－0000602　396
國朝書徵錄三卷　(清)張庚撰　清光緒十三年(1887)掃業山房刻本　一册　十行二十一字白口左右雙邊單黑魚尾

370000－1512－0000603　397
積古齋鐘鼎彝器款識十卷　(清)阮元編錄　清嘉慶九年(1804)刻本　四册　十行二十四字白口四周單邊單黑魚尾

370000－1512－0000604　399
山左訪碑錄二卷　(清)法偉堂輯　清宣統元年(1909)濟南國文報館石印本　二册　十一行字數不等白口四周雙邊單黑魚尾

370000－1512－0000605　399
山左訪碑錄二卷　(清)法偉堂輯　清宣統元年(1909)濟南國文報館石印本　二册　十一行字數不等白口四周雙邊單黑魚尾

370000－1512－0000606　400
漢學諧聲二十四卷　(清)戚學標撰　清嘉慶八年(1803)刻本　七册　八行十六字小字雙行二十六字白口四周雙邊單黑魚尾

370000－1512－0000607　401
語石十卷　葉昌熾撰　清宣統元年(1909)刻本　四册　十一行二十三字大黑口四周單邊單黑魚尾

370000－1512－0000608　401
臨文徧覽二卷　(清)楊紹和撰　清光緒元年(1875)刻本　二册　八行二十一字白口左右雙邊單黑魚尾

370000－1512－0000609　403
隸辨八卷　(清)顧藹吉撰　清刻本　一册　十二行二十字白口四周單邊單黑魚尾　存一卷(五)

370000－1512－0000610　406
朝議大夫李公遺事一卷　(□)□□撰　清道光八年(1828)刻本　一册　九行二十二字白口四周雙邊單黑魚尾

370000－1512－0000611　406
曾文正公奏議十卷補編四卷　(清)曾國藩撰　清光緒二十二年(1896)上海圖書集成印書局石印本　四册　九行二十二字白口四周雙邊單黑魚尾

370000－1512－0000612　408
曾文正公[國藩]年譜十二卷　(清)黎庶昌編撰　清光緒二年(1876)傳忠書局刻本　五册　十二行二十三字大黑口四周單邊單黑魚尾

370000－1512－0000613　408
孟子要略五卷　(宋)朱熙撰　清同治十三年(1874)傳忠書局刻本　一册　十行二十四字小字雙行同大黑口左右雙邊單黑魚尾

370000－1512－0000614　410
駁案新編三十二卷　(清)金士潮等輯　清嘉慶刻本　十八册　九行二十字白口四周單邊單黑魚尾　缺九卷(一至三、五至八、二十八至二十九)

370000－1512－0000615　410
洗冤錄摭遺二卷　（清）葛元煦輯　清光緒刻本　一册　九行二十五字白口四周單邊單黑魚尾

370000－1512－0000616　410
洗冤錄詳義四卷　（清）許槤撰　清刻本　二册　上欄十八行十四字下欄九行十四字白口四周單邊單黑魚尾　缺一卷（一）

370000－1512－0000617　411
重刊補註洗冤錄集證□□卷續增洗冤錄辯證□□卷附刊洗冤錄解　（清）王又槐增輯　（清）阮其新補注　清光緒八年（1882）四色套印本　六册　十行十八字小字雙行同白口四周單邊單黑魚尾

370000－1512－0000618　411
律例館校正洗冤錄四卷　（清）律例館輯　清刻本　四册　九行二十字小字雙行同白口四周雙邊單黑魚尾

370000－1512－0000619　411
律例館校正洗冤錄四卷　（清）律例館輯　清刻本　四册　九行二十字小字雙行同白口左右雙邊單黑魚尾

370000－1512－0000620　412
［光緒］寧陽續志二十四卷　（清）陳文顯　（清）李夢雷修　清光緒十三年（1887）刻本　十二册　九行二十一字白口四周單邊單黑魚尾

370000－1512－0000621　412
［咸豐］寧陽續志二十四卷　（清）陳文顯　（清）李夢雷修　清咸豐元年（1851）刻本　一册　九行二十一字白口四周單邊單黑魚尾　存二卷（二十三至二十四）

370000－1512－0000622　412
［光緒］寧陽續志二十四卷　（清）陳文顯　（清）李夢雷修　清光緒十三年（1887）刻本　八册　九行二十一字白口四周單邊單黑魚尾　缺七卷（一、五至八、十三至十四）

370000－1512－0000623　412
［光緒］寧陽續志二十四卷　（清）陳文顯　（清）李夢雷修　清光緒十三年（1887）刻本　六册　九行二十一字白口四周單邊單黑魚尾　存十三卷（二至四、九至十、十五至二十、二十三至二十四）

370000－1512－0000624　412
寧陽賦役書全書不分卷　（清）寧陽縣衙修　清光緒三十二年（1906）刻本　二册　十行二十一字白口四周雙邊單黑魚尾

370000－1512－0000625　414
［乾隆］曲阜縣志　（清）潘相纂修　清乾隆三十九年（1774）刻本　十二册　十一行二十三字白口四周單邊單黑魚尾

370000－1512－0000626　414
［乾隆］曲阜縣志　（清）潘相纂修　清乾隆三十九年（1774）刻本　四册　十一行二十三字白口四周單邊單黑魚尾　存二十三卷（三至八、二十三至二十五、三十六至四十三、七十九至八十四）

370000－1512－0000627　414
山東兖州府曲阜縣現行簡明賦役全書□□卷　（清）曲阜府衙修　清光緒三十二年（1906）刻本　四册　十行二十一字白口四周雙邊單黑魚尾

370000－1512－0000628　415
［光緒］壽張縣志十卷首一卷　（清）劉文煃纂輯　（清）王守謙編次　清光緒二十六年（1900）刻本　六册　十行二十三字白口四周雙邊單黑魚尾

370000－1512－0000629　415
［道光］東平州志三十卷圖一卷首二卷　（清）周雲鳳修　清道光五年（1825）刻本　八册　十行二十一字白口左右雙邊單黑魚尾

370000－1512－0000630　416
山東兖州府滕縣簡明賦役全書一卷　（清）□□撰　清光緒三十二年（1906）刻本　一册　十行二十一字白口四周雙邊單黑魚尾

370000－1512－0000631　416

山東兖州府滕縣簡明賦役全書一卷　(清)□□撰　清光緒三十二年(1906)刻本　一册　十行二十一字白口四周雙邊單黑魚尾

370000－1512－0000632　416
山東兖州府滕縣簡明賦役全書一卷　(清)□□撰　清光緒三十二年(1906)刻本　一册　十行二十一字白口四周雙邊單黑魚尾

370000－1512－0000633　416
[光緒]滕縣鄉土志一卷　(清)高熙喆纂修　清光緒三十三年(1907)刻本　一册　十二行二十八字白口四周雙邊單黑魚尾

370000－1512－0000634　416
[道光]滕縣志十四卷首一卷　(清)王政等纂　清道光二十六年(1846)刻本　八册　十行二十二字小字雙行同白口四周雙邊單黑魚尾

370000－1512－0000635　417
[咸豐]濟甯直隸州續志四卷　(清)盧朝安纂修　清咸豐九年(1859)刻本　四册　十行二十一字白口左右雙邊單黑魚尾

370000－1512－0000636　418
[乾隆]嶧縣誌十卷首一卷　(清)忠璉纂修　清乾隆二十六年(1761)刻本　六册　十行二十二字小字雙行同白口四周單邊單黑魚尾

370000－1512－0000637　418
[光緒]嶧縣志二十五卷首一卷　(清)王振録　(清)周鳳鳴修　(清)王寶田等纂　清光緒三十年(1904)刻本　十一册　十行二十字小字雙行同白口四周雙邊單黑魚尾　缺五卷(八至十二)

370000－1512－0000638　418
[光緒]嶧縣志二十五卷首一卷　(清)王振録　(清)周鳳鳴修　(清)王寶田等纂　清光緒三十年(1904)刻本　一册　十行二十字小字雙行同白口四周雙邊單黑魚尾　存四卷(一至四)

370000－1512－0000639　418
山東兖州府嶧縣簡明賦役全書一卷　(清)□□撰　清光緒三十二年(1906)刻本　一册　十行二十一字白口四周雙邊單黑魚尾

370000－1512－0000640　419
[道光]城武縣志十四卷首一卷　(清)袁章華修　(清)劉士瀛纂　清道光十年(1830)刻本　八册　九行二十字白口左右雙邊單黑魚尾

370000－1512－0000641　420
[光緒]日照縣志十二卷首一卷　(清)陳懋修　(清)張庭詩　(清)李堉纂　清光緒十二年(1886)刻本　三册　十行二十五字小字雙行同白口四周雙邊單黑魚尾　缺二卷(八至九)

370000－1512－0000642　421
[光緒]泗水縣誌十五卷首一卷　(清)趙英祚修　(清)黄承曖纂　清光緒十八年(1892)刻本　四册　十行二十一字小字雙行同白口左右雙邊單黑魚尾　存九卷(三至十、十五)

370000－1512－0000643　421
[□□]萊州府志□□卷　(清)□□修　清刻本　一册　十行二十四字小字雙行同白口四周雙邊單黑魚尾　存三卷(二至四)

370000－1512－0000644　421
[□□]續修汶上縣志六卷　(清)聞元炅續編　清刻本　二册　十行二十字小字雙行同白口四周單邊單黑魚尾　存三卷(四至六)

370000－1512－0000645　421
山東兖州府汶上縣簡明賦役全書一卷　(清)鄒縣編　清光緒二十二年(1896)刻本　一册　十行二十一字白口四周雙邊單黑魚尾

370000－1512－0000646　422
[光緒]鄒縣續志十二卷首一卷　(清)吴若灝續纂　清光緒十八年(1892)刻本　四册　九行二十一字白口四周雙邊單黑魚尾

370000－1512－0000647　422
[光緒]鄒縣鄉土志一卷　(清)胡煒纂修　清光緒三十三年(1907)山東國文報館石印本　一册　十二行二十八字小字雙行同白口四周雙邊單黑魚尾

370000－1512－0000648　422

山東兗州府鄒縣簡明賦役全書一卷 （清）兗州府鄒縣編 清光緒三十二年（1906）刻本 一冊 十行二十一字白口四周雙邊單黑魚尾

370000－1512－0000649 422

山東兗州府鄒縣簡明賦役全書一卷 （清）兗州府鄒縣編 清光緒三十二年（1906）刻本 一冊 十行二十一字白口四周雙邊單黑魚尾

370000－1512－0000650 422

[康熙]鄒縣志三卷 （清）婁一均纂修 清康熙五十五年（1716）刻本 一冊 十行二十字小字雙行同白口四周雙邊單黑魚尾 存一卷（三）

370000－1512－0000651 423

[光緒]滋陽縣志十四卷 （清）李兆霖 （清）周衍恩修 （清）黄師誾 （清）蔣繼洙纂 清光緒十四年（1888）刻本 十冊 九行二十字小字雙行同白口左右雙邊單黑魚尾

370000－1512－0000652 423

[光緒]滋陽縣志十四卷 （清）李兆霖 （清）周衍恩修 （清）黄師誾 （清）蔣繼洙纂 清光緒十四年（1888）刻本 九冊 九行二十字小字雙行同白口左右雙邊單黑魚尾 缺三卷（十二至十四）

370000－1512－0000653 423

[光緒]滋陽縣志十四卷 （清）李兆霖 （清）周衍恩修 （清）黄師誾 （清）蔣繼洙纂 清光緒十四年（1888）刻本 七冊 九行二十字小字雙行同白口左右雙邊單黑魚尾 存九卷（二至三、五至十一）

370000－1512－0000654 423

[光緒]滋陽縣志十四卷 （清）李兆霖 （清）周衍恩修 （清）黄師誾 （清）蔣繼洙纂 清光緒十四年（1888）刻本 六冊 九行二十字小字雙行同白口左右雙邊單黑魚尾 存七卷（二、五至八、十至十一）

370000－1512－0000655 423

[光緒]滋陽縣志十四卷 （清）李兆霖 （清）周衍恩修 （清）黄師誾 （清）蔣繼洙纂 清光緒十四年（1888）刻本 五冊 九行二十字小字雙行同白口左右雙邊單黑魚尾 存六卷（五至八、十至十一）

370000－1512－0000656 425

王船山通鑑論八種 （明）王夫之撰 清光緒二十七年（1901）簡青書局石印本 六冊 二十三行四十八字白口四周雙邊單黑魚尾 存十八卷（讀通鑑論一至二、四至五，春秋家說一至三，周易外傳一至七，讀宋論一至二，續春秋左氏傳一至二）

370000－1512－0000657 427

大清教育新法令□□卷續編□□卷 （清）商務印書館編纂 清宣統三年（1911）鉛印本 七冊 十六行三十三字細黑口四周雙邊單黑魚尾 缺一卷（三）

370000－1512－0000658 428

泰西新史攬要二十四卷 （英國）馬懇西撰 （英國）李提摩太譯 蔡爾康述 清光緒二十年（1894）鉛印本 六冊 十一行二十七字白口四周雙邊單黑魚尾 缺三卷（七至九）

370000－1512－0000659 429

資治新書□□卷 （清）李漁輯 清光緒二十二年（1896）上海圖書集成印書局鉛印本 十二冊 十二行四十字白口四周單邊雙黑魚尾

370000－1512－0000660 430

海國圖志一百卷 （清）魏源撰 清光緒二十四年（1898）文賢閣石印本 八冊 二十行四十四字白口四周雙邊單黑魚尾 缺二十六卷（四至六、七十八至一百）

370000－1512－0000661 430

時事新論圖說一卷 （英國）李提摩太撰 清光緒二十年（1894）鉛印本 一冊 行字不等白口四周單邊單黑魚尾

370000－1512－0000662 430

時事新論十二卷 （英國）李提摩太撰 清光緒二十四年（1898）鉛印本 一冊 十三行四十字白口四周單邊單黑魚尾

370000－1512－0000663 430

時務新策快睹□□卷 (清)□□編 清光緒二十四年(1898)上海書局石印本 二册 二十行三十六字白口四周雙邊口單黑魚尾

370000－1512－0000664 431

二十四史約編不分卷 (清)鄭元慶撰 清光緒二十九年(1903)支那書局石印本 七册 十一行二十四字白口四周雙邊單黑魚尾 缺一册(絲部)

370000－1512－0000665 431

宦鄉要則七卷 (清)張鑒瀛輯 清光緒二十八年(1902)山左書林石印本 二册 十六行三十五字白口四周雙邊單黑魚尾

370000－1512－0000666 433

廣治平略三十六卷附續廣治平略一册八卷 (清)蔡方炳撰 清光緒十六年(1890)上海百宋齋鉛印本 四册 二十四行四十二字白口四周雙邊單黑魚尾 缺六卷(二十六至三十一)

370000－1512－0000667 434

古今史論統編十六卷 (清)徐永隆編輯 清光緒二十八年(1902)政學書社石印本 十二册 十八行四十字大黑口四周雙邊單黑魚尾

370000－1512－0000668 434

古今史論統編十六卷 (清)徐永隆編輯 清光緒二十八年(1902)政學書社石印本 五册 十八行四十字大黑口四周雙邊單黑魚尾 存七卷(一至五、七、十)

370000－1512－0000669 434

司馬溫公通鑑論□□卷附稽古録論□□卷 (宋)司馬光撰 (清)伍耀光輯録 清光緒二十七年(1901)上海文淵山房石印本 一册 十三行三十字大黑口四周雙邊單黑魚尾 存一卷(司馬溫公通鑑論一)

370000－1512－0000670 436

欽定學堂章程不分卷 (清)張之洞編 清光緒三十二年(1906)上海會文學社鉛印本 六册 十六行三十四字白口四周雙邊單黑魚尾

370000－1512－0000671 436

欽定學堂章程不分卷 (清)張之洞編 清光緒三十二年(1906)上海會文學社鉛印本 一册 十六行三十四字白口四周雙邊單黑魚尾 存一册(五)

370000－1512－0000672 437

泰西事物叢考八卷 (清)上海徐彙報教士譯 清光緒二十九年(1903)鴻寶齋石印本 八册 十二行三十二字白口四周雙邊單黑魚尾

370000－1512－0000673 437

泰西事物叢考八卷 (清)上海徐彙報教士譯 清光緒二十九年(1903)鴻寶齋石印本 一册 十二行三十二字白口四周雙邊單黑魚尾 存一卷(七)

370000－1512－0000674 438

各國交涉公法論十六卷 (英國)羅柏村撰 (英國)傅蘭雅 (清)汪振聲同譯 清光緒鉛印本 八册 兩欄各二十行二十二字白口四周雙邊單黑魚尾

370000－1512－0000675 439

地理全志一卷 (清)慕維廉輯 清光緒二十八年(1902)上海美華書館鉛印本 一册 十行二十三字白口四周雙邊單黑魚尾

370000－1512－0000676 440

羅馬史二卷 (清)鶴濱漁史編 清光緒鉛印本 一册 十五行三十二字大黑口四周單邊單黑魚尾 存一卷(上)

370000－1512－0000677 440

地理問答二卷 (清)滄桑主人編 清光緒二十七年(1901)山東官印書局鉛印本 一册 兩欄各十九行二十一字白口四周單邊無魚尾 存一卷(上)

370000－1512－0000678 440

蒙學課本地球歌韻四卷 (清)張之洞編 清光緒二十九年(1903)上海書局石印本 一册 行字不等白口四周單邊單黑魚尾 缺二卷(三至四)

370000－1512－0000679 441

東洋史要二卷 (日本)桑原隲藏撰 清光緒

鉛印本　二冊　十五行三十二字大黑口四周單邊無魚尾

370000－1512－0000680　441
清史攬要六卷　(日本)增田貢撰　清光緒二十九年(1903)刻本　二冊　十三行二十五字白口四周單邊單黑魚尾　存二卷(一至二)

370000－1512－0000681　442
增補泰西名人傳六卷　(清)上海徐匯報館原本　(清)徐心鏡增訂　清光緒石印本　二冊　十二行三十二字白口四周雙邊單黑魚尾　存二卷(三、五)

370000－1512－0000682　442
增補泰西名人傳六卷　(清)上海徐匯報館原本　(清)徐心鏡增訂　清光緒石印本　一冊　十二行三十二字白口四周雙邊單黑魚尾　存一卷(三)

370000－1512－0000683　442
增補泰西名人傳六卷　(清)上海徐匯報館原本　(清)徐心鏡增訂　清光緒石印本　一冊　十二行三十二字白口四周雙邊單黑魚尾　存一卷(三)

370000－1512－0000684　445
[陸軍營制餉章]二卷　(清)奕劻撰　清光緒三十年(1904)石印本　一冊　十二行二十六字白口四周單邊無魚尾

370000－1512－0000685　445
山東法政學堂自修科講義不分卷　(清)□□編　清宣統二年(1910)石印本　一冊　十四行三十七字白口四周單邊單黑魚尾　存一期(七)

370000－1512－0000686　445
山東法政學堂自修科講義不分卷　(清)□□編　清宣統二年(1910)石印本　一冊　十四行三十七字白口四周單邊單黑魚尾　存一期(九)

370000－1512－0000687　445
山東法政學堂自修科講義不分卷　(清)□□編　清宣統二年(1910)石印本　一冊　十四行三十七字白口四周單邊單黑魚尾　存一期(十)

370000－1512－0000688　445
山東法政學堂自修科講義不分卷　(清)□□編　清宣統二年(1910)石印本　一冊　十四行三十七字白口四周單邊單黑魚尾　存一期(十二)

370000－1512－0000689　445
山東法政學堂自修科講義不分卷　(清)□□編　清宣統二年(1910)石印本　一冊　十四行三十七字白口四周單邊單黑魚尾　存一期(十四)

370000－1512－0000690　445
山東法政學堂自修科講義不分卷　(清)□□編　清宣統二年(1910)石印本　一冊　十四行三十七字白口四周單邊單黑魚尾　存一期(十八)

370000－1512－0000691　445
山東法政學堂自修科講義不分卷　(清)□□編　清宣統三年(1911)石印本　一冊　十四行三十七字白口四周單邊單黑魚尾　存一期(二十六)

370000－1512－0000692　446
閣鈔彙編□□卷　(清)華北書局編　清光緒華北書局鉛印本　一百九十一冊　十三行二十八字白口四周雙邊單黑魚尾

370000－1512－0000693　447
[王景禧履歷會卷]□□卷　(清)王景禧撰　清刻本　一冊　行字不等白口四周雙邊單黑魚尾　存二卷(履歷一、會試硃一)

370000－1512－0000694　447
山東官報　(清)□□編　清光緒三十二年(1906)鉛印本　一冊　十二行三十二字白口四周雙邊無魚尾　存一期(三十一)

370000－1512－0000695　447
戰國策三十三卷　(漢)高誘註　清石印本　一冊　十六行三十字白口四周單邊單黑魚尾　存七卷(二十七至三十三)

370000－1512－0000696　557

正誼堂叢書四十七種　(清)張伯行編　清同治五年(1866)福州正誼書院刻本　一百五十一册　十行二十二字白口四周單邊單黑魚尾

存四十三種三百四卷(薛敬軒集一至十,羅整五扈集存稿二,湯潛庵先生集二,張楠軒集一至七,李延平集四,石徂徠集二,濂洛閣閫書一至十九,濂洛風雅一至九,伊洛淵源録一至十四,居濟一得三至四,司馬溫公集一至十四,韓魏公集一至二十,朱子文集一至十八,陸宣公集一至四,胡敬齊集一至三,陳克齋集一至五,許魯齋集一至六,黄勉齋集一至八,二程文集一至十,張陽和集一至三,陸家書集一至二,陳剩夫集一至四,正誼堂正文集十至十二,正誼堂續集一至八,諸葛武侯文集一至四,尹和靖集一,近思錄一至十二,廣近思錄一至十四,道統録二卷、附錄一,讀書録一至八,學規類編一至二十七,養正類編一至十三,居業録一全八,上蔡語錄三,困學録集萃一至八,熊勿軒集一至六,楊椒山集一至二,文文山集二,謝疊山集二,學部通辨一至十二,程氏家塾讀書分年日程一至三,小學集解一至六,二程萃言二)

370000－1512－0000697　558

瀛談剩語一卷　(清)石遜撰　清光緒三十四年(1908)石印本　一册　八行十八字白口四周雙邊單黑魚尾

370000－1512－0000698　558

瀛談剩語一卷　(清)石遜撰　清光緒三十四年(1908)石印本　一册　八行十八字白口四周雙邊單黑魚尾

370000－1512－0000699　558

瀛談剩語一卷　(清)石遜撰　清光緒三十四年(1908)石印本　一册　八行十八字白口四周雙邊單黑魚尾

370000－1512－0000700　558

瀛談剩語一卷　(清)石遜撰　清光緒三十四年(1908)石印本　一册　八行十八字白口四周雙邊單黑魚尾

370000－1512－0000701　558

瀛談剩語一卷　(清)石遜撰　清光緒三十四年(1908)石印本　一册　八行十八字白口四周雙邊單黑魚尾

370000－1512－0000702　558

瀛談剩語一卷　(清)石遜撰　清光緒三十四年(1908)石印本　一册　八行十八字白口四周雙邊單黑魚尾

370000－1512－0000703　558

瀛談剩語一卷　(清)石遜撰　清光緒三十四年(1908)石印本　一册　八行十八字白口四周雙邊單黑魚尾

370000－1512－0000704　558

瀛談剩語一卷　(清)石遜撰　清光緒三十四年(1908)石印本　一册　八行十八字白口四周雙邊單黑魚尾

370000－1512－0000705　558

瀛談剩語一卷　(清)石遜撰　清光緒三十四年(1908)石印本　一册　八行十八字白口四周雙邊單黑魚尾

370000－1512－0000706　558

瀛談剩語一卷　(清)石遜撰　清光緒三十四年(1908)石印本　一册　八行十八字白口四周雙邊單黑魚尾

370000－1512－0000707　558

瀛談剩語一卷　(清)石遜撰　清光緒三十四年(1908)石印本　一册　八行十八字白口四周雙邊單黑魚尾

370000－1512－0000708　558

瀛談剩語一卷　(清)石遜撰　清光緒三十四年(1908)石印本　一册　八行十八字白口四周雙邊單黑魚尾

370000－1512－0000709　558

瀛談剩語一卷　(清)石遜撰　清光緒三十四年(1908)石印本　一册　八行十八字白口四周雙邊單黑魚尾

370000－1512－0000710　558

瀛談剩語一卷　(清)石遜撰　清光緒三十四年(1908)石印本　一册　八行十八字白口四周雙邊單黑魚尾

370000－1512－0000711　558
瀛談剩語一卷　(清)石遜撰　清光緒三十四年(1908)石印本　一册　八行十八字白口四周雙邊單黑魚尾

370000－1512－0000712　558
瀛談剩語一卷　(清)石遜撰　清光緒三十四年(1908)石印本　一册　八行十八字白口四周雙邊單黑魚尾

370000－1512－0000713　558
瀛談剩語一卷　(清)石遜撰　清光緒三十四年(1908)石印本　一册　八行十八字白口四周雙邊單黑魚尾

370000－1512－0000714　559
佩文韻府一百六卷拾遺一百六卷　(清)張玉書等纂　清光緒十八年(1892)上海同文書局石印本　十册　二十四行五十字小字雙行同白口四周雙邊單黑魚尾　存十四卷(佩文韻府七至十、十七至二十六)

370000－1512－0000715　559
佩文韻府一百六卷拾遺一百六卷　(清)張玉書等纂　清光緒十八年(1892)上海同文書局石印本　五十四册　二十四行五十字小字雙行同白口四周雙邊單黑魚尾　存九十六卷(佩文韻府一至八十九、一百至一百六)

370000－1512－0000716　560
讀書雜志八十二卷餘編二卷　(清)王念孫撰　清同治九年(1870)金陵書局刻本　十八册　十行二十一字白口四周雙邊單黑魚尾　缺二十三卷(漢書雜志八至十六、管子雜志一至十二、晏子春秋雜志一至二)

370000－1512－0000717　561
湖北武學二十四種　(清)湖北武備學堂編　清光緒二十六年(1900)湖北官書處刻本　二十八册　十行二十四字白口左右雙邊單黑魚尾　缺三種三卷(行軍帳棚説一卷、行軍造橋圖説一卷、武弁職司一卷)

370000－1512－0000718　562
日知録集釋三十二卷刊誤二卷續刊誤二卷　(清)顧炎武撰　(清)黄汝成集釋　清同治十一年(1872)湖北崇文書局刻本　十六册　十一行二十二字黑口四周雙邊雙對黑魚尾

370000－1512－0000719　563
困學紀聞注二十卷　(清)翁元圻撰　清石印本　一册　十四行三十四字小字雙行五十二字白口四周單邊單黑魚尾　存三卷(五至七)

370000－1512－0000720　563
困學紀聞二十卷　(宋)王應麟撰　清同治九年(1870)揚州書局刻本　四册　十行二十字白口四周單邊單黑魚尾

370000－1512－0000721　564
格物啓蒙六卷　(英國)格物師司都霍纂　(美國)林樂知　(清)鄭昌棪譯　清刻本　三册　十行二十二字白口四周單邊雙黑魚尾　存三卷(二至四)

370000－1512－0000722　565
重學二十卷附曲綫説三卷則古昔齋算學十三種二十四卷　(英國)艾約瑟譯　(清)李善蘭筆述　清同治五年(1866)刻本　十册　十行二十二字白口四周單邊雙黑魚尾　缺四種六卷(橢圓拾遺一至三、火器真訣一、尖錐變法解一、級數回求一)

370000－1512－0000723　566
形學備旨二卷　(美國)狄考文選譯　清光緒二十六年(1900)石印本　一册　行字不等白口四周雙邊單黑魚尾

370000－1512－0000724　566
形學備旨二卷　(美國)狄考文選譯　清光緒二十六年(1900)石印本　一册　行字不等白口四周雙邊單黑魚尾

370000－1512－0000725　566
形學備旨二卷　(美國)狄考文選譯　清光緒二十六年(1900)石印本　一册　行字不等白口四周雙邊單黑魚尾

370000－1512－0000726　566

形學備旨二卷　(美國)狄考文選譯　清光緒二十六年(1900)石印本　一册　行字不等白口周雙邊單黑魚尾

370000－1512－0000727　566

形學備旨二卷　(美國)狄考文選譯　清光緒二十六年(1900)石印本　一册　行字不等白口四周雙邊單黑魚尾

370000－1512－0000728　566

形學備旨二卷　(美國)狄考文選譯　清光緒二十六年(1900)石印本　一册　行字不等白口四周雙邊單黑魚尾

370000－1512－0000729　566

形學備旨二卷　(美國)狄考文選譯　清光緒二十六年(1900)石印本　一册　行字不等白口四周雙邊單黑魚尾

370000－1512－0000730　566

形學備旨二卷　(美國)狄考文選譯　清光緒二十六年(1900)石印本　一册　行字不等白口四周雙邊單黑魚尾

370000－1512－0000731　567

動物學要□□卷　(比利時)赫爾瞻　(清)朱飛輯　清光緒二十九年(1903)土山灣印書堂鉛印本　十二册　九行二十三字白口四周雙邊單黑魚尾

370000－1512－0000732　568

九數存古九卷　(清)顧觀光撰　清光緒刻本　三册　十一行二十五字大黑口四周單邊單黑魚尾　存五卷(五至九)

370000－1512－0000733　569

鏡花緣一百回二十卷　(清)李汝珍撰　清光緒刻本　十册　十行二十字白口左右雙邊單黑魚尾　存十卷(一至十)

370000－1512－0000734　571

長生殿四卷　(清)洪昇填詞　清刻本　四册　十行二十字白口四周單邊單黑魚尾

370000－1512－0000735　572

三國志演義五十一卷　(明)羅貫中撰　(清)毛宗崗評　清末刻本　十九册　十二行二十八字白口四周單邊單黑魚尾

370000－1512－0000736　572

第一才子書繡像三國志演義□□卷　(明)羅貫中撰　(清)毛宗崗評　清末鉛印本　一册　十七行三十五字白口四周單邊單黑魚尾　存六卷(三至八)

370000－1512－0000737　572

四大奇書第一種□□卷　(明)羅貫中撰　(清)毛宗崗評　清末刻本　一册　十二行二十六字白口四周單邊單黑魚尾　存一卷(三)

370000－1512－0000738　573－581

子書百家一百一種　(清)崇文書局輯　清光緒元年(1875)湖北崇文書局刻本　七十册　十二行二十四字大黑口四周雙邊雙黑魚尾　缺一種二卷(老子道德經一至二)

370000－1512－0000739　582

莊子集釋十卷　(清)郭慶藩　(清)孟純輯　清刻本　七册　十一行二十四字小字雙行同大黑口左右雙邊單黑魚尾

370000－1512－0000740　583

中説十卷　(清)阮逸註　清嘉慶九年(1804)刻本　二册　十一行二十一字小字雙行同細黑口四周單邊無魚尾

370000－1512－0000741　584

山海經十八卷圖讃一卷山海經訂譌一卷　(晉)郭璞傳　(清)郝懿行箋疏　清嘉慶十四年(1809)阮氏瑯嬛僊館刻本　四册　十行二十四字白口左右雙邊無魚尾

370000－1512－0000742　585

文史通義八卷校讎通义三卷　(清)章學誠撰　清道光十九年(1839)刻本　五册　十二行二十五字小字雙行同白口四周單邊雙對黑魚尾

370000－1512－0000743　586

碧血録□□卷　(清)莊仲方撰　清光緒八年(1882)上海同文書局石印本　五册　十一行

二十三字白口左右雙邊單黑魚尾

370000－1512－0000744　587

淮南子二十一卷　（漢）劉安撰　（清）高誘註　清光緒二年（1876）浙江書局刻本　二册　九行二十一字白口左右雙邊單黑魚尾　存六卷（一至三、十一至十三）

370000－1512－0000745　588

管子二十四卷　（唐）房玄齡注　（明）劉績補　清光緒三年（1877）浙江書局刻本　三册　九行二十一字小字同白口左右雙邊單黑魚尾　存十三卷（一至三、十二至二十一）

370000－1512－0000746　588

管子二十四卷　（唐）房玄齡注　（明）劉績補　清光緒二十九年（1903）六藝書局石印本　三册　九行二十一字小字雙行同白口左右雙邊單黑魚尾

370000－1512－0000747　590

呂子節錄四卷補二卷　（明）呂坤撰　（清）陳弘謀評輯　清嘉慶二十年（1815）刻本　四册　十行二十一字白口左右雙邊單黑魚尾

370000－1512－0000748　591

雷預章先生語錄不分卷　（清）杜喬林編輯　（清）羅大任參編　清物華堂刻本　一册　八行十八字白口四周單邊單黑魚尾

370000－1512－0000749　591

葉潤山先生取士議略不分卷　（清）葉廷秀撰　（清）雷應貞編輯　清刻本　一册　十行二十一字白口四周單邊單黑魚尾

370000－1512－0000750　591

雷隺野先生理學孝行錄不分卷　（清）王仁照編輯　清道光十六年（1836）九思居刻本　一册　十二行二十四字白口四周單邊單黑魚尾

370000－1512－0000751　592

暗室燈註解二卷　（清）胡仙清註解　清同治二年（1863）刻本　二册　十二行二十六字白口左右雙邊單黑魚尾

370000－1512－0000752　593

南華經直解四卷　（清）徐廷槐鈔閱　清光緒二十年（1894）刻本　六册　九行二十字白口左右雙邊單黑魚尾

370000－1512－0000753　597

隨園詩話十六卷補遺四卷　（清）袁枚撰　清宣統元年（1909）上海鑄記書局石印本　四册　二十行四十四字白口四周單邊無魚尾　無直格

370000－1512－0000754　599

得一録八卷　（清）徐治輯　清光緒十二年（1886）寶善堂刻本　八册　十行二十五字白口四周雙邊單黑魚尾

370000－1512－0000755　600

玉海二百卷附十三種　（宋）王應麟撰　明刻明清遞修本　八册　十行二十字白口四周雙邊雙黑魚尾　存十六卷（一至二、一百七十六至一百八十一、一百八十四至一百九十一）

370000－1512－0000756　601

近思録集注十四卷　（清）江永集注　清光緒刻本　二册　九行二十一字小字雙行同白口四周雙邊單黑魚尾　存十一卷（四至十四）

370000－1512－0000757　601

隨園隨筆二十八卷　（清）袁枚撰　清光緒刻本　一册　十一行二十一字白口四周單邊單黑魚尾口　存六卷（十九至二十四）

370000－1512－0000758　601

金華徵獻略二十卷　（清）王崇炳撰　清刻本　一册　十行二十字白口左右雙邊單黑魚尾　存三卷（四至六）

370000－1512－0000759　602

策論舉隅十卷　（清）謝甘盤選　清光緒二十四年（1898）刻本　五册　九行二十二字細黑口四周雙邊單黑魚尾　缺二卷（四至五）

370000－1512－0000760　602

康熙幾暇格物編二卷　（清）盛昱編錄　清光緒石印本　一册　九行二十字大黑口四周單邊雙黑魚尾

370000－1512－0000761　604
南圃筆談一卷　(清)高貞明撰　清光緒二十九年(1903)刻本　一册　十行二十二字白口四周雙邊單黑魚尾

370000－1512－0000762　604
論性一卷　(明)楊東明撰　清刻本　一册　九行二十字白口四周單邊單黑魚尾

370000－1512－0000763　604
性理辨疑一卷　(明)楊東明撰　清刻本　一册　九行二十字白口四周單邊單黑魚尾

370000－1512－0000764　604
首善會語録一卷　(明)楊東明纂述　清刻本　一册　九行二十字白口四周單邊單黑魚尾

370000－1512－0000765　604
山居功課十卷　(明)楊東明撰　(明)楊東光校　清刻本　四册　九行二十字白口四周單邊單黑魚尾

370000－1512－0000766　604
三山論學紀一卷　(意大利)艾儒略撰　清道光二十七年(1847)刻本　一册　九行二十字白口四周雙邊單黑魚尾

370000－1512－0000767　606
富强齋叢書八十一種　(清)項名達彙編　清光緒二十五年(1899)校倉山房石印本　六十二册　行字不等粗黑口四周雙邊單黑魚尾　缺一種二卷(各國交涉公法二集五至六)

370000－1512－0000768　607
重刊人子須知資孝地理心學統宗八卷　(明)徐善繼　(明)徐善述合撰　清刻本　八册　十行二十一字白口左右雙邊單黑魚尾

370000－1512－0000769　608
疇人傳四十六卷續六卷三編七卷附記一卷　(清)阮元撰　清光緒十年(1884)石印本　九册　二十行四十二字白口四周單邊單黑魚尾

370000－1512－0000770　608
躔離引蒙表説三卷　(清)賈步緯撰　清光緒十八年(1892)刻本　三册　行款不一

370000－1512－0000771　609
增訂願體集四卷首一卷附經驗良方一卷　(清)李仲麟輯　(清)于錕增校　清光緒二年(1876)刻本　四册　八行十八字白口四周雙邊單黑魚尾

370000－1512－0000772　610
中西武備兵書二十一種　(清)俞樾輯　清光緒二十六年(1900)石印本　八册　十七行三十六字白口四周雙邊單黑魚尾　存十二種二十六卷(浮橋工程學五卷、營壘徒新一卷、行軍電報要略二卷、行軍偵探要略一卷、行軍造橋圖説一卷、修路説略一卷、行軍測繪學三卷、行軍測繪學表一卷、行軍帳篷説一卷、軍械圖書説二卷、戰法輯要六卷、溝壘圖説三至四)

370000－1512－0000773　611
人譜一卷人譜類記二卷　(明)劉宗周撰　清光緒三十二年(1906)石印本　二册　十四行二十六字白口四周雙邊單黑魚尾　缺一卷(人譜類記上)

370000－1512－0000774　611
生理衛生學二卷　(日本)齋田功太郎撰　(清)直隸學校司編譯處譯　清鉛印本　一册　十行二十四字白口四周雙邊單黑魚尾　存一卷(上)

370000－1512－0000775　611
生理衛生學二卷　(日本)齋田功太郎撰　(清)直隸學校司編譯處譯　清鉛印本　一册　十行二十四字白口四周雙邊單黑魚尾　存一卷(上)

370000－1512－0000776　611
生理衛生學二卷　(日本)齋田功太郎撰　(清)直隸學校司編譯處譯　清鉛印本　一册　十行二十四字白口四周雙邊單黑魚尾　存一卷(上)

370000－1512－0000777　611
生理衛生學二卷　(日本)齋田功太郎撰　(清)直隸學校司編譯處譯　清鉛印本　一册　十行二十四字白口四周雙邊單黑魚尾　存

一卷(上)

370000－1512－0000778　611

生理衛生學二卷　(日本)齋田功太郎撰　(清)直隸學校司編譯處譯　清鉛印本　一册　十行二十四字白口四周雙邊單黑魚尾　存一卷(上)

370000－1512－0000779　612

佩文韻府一百六卷　(清)張玉書撰　清光緒十九年(1893)上海點石齋石印本　十二册　三欄行字不等白口四周雙邊單黑魚尾　存上平,下平,上聲,去聲送、宋、絳、寘

370000－1512－0000780　613

漁古軒詩韻八卷　(清)余照撰　(清)朱德藩增訂　清道光二十一年(1841)刻本　八册　九行三十字白口四周單邊單黑魚尾

370000－1512－0000781　614

詩韻集成十卷　(清)余照輯　清文富堂刻本　四册　上欄十八行十一字下欄九行十三字小字雙行同白口四周單邊無魚尾

370000－1512－0000782　614

增訂詩韻集成□□卷　(清)余照輯　清光緒元年(1875)潤德堂刻本　三册　上欄十八行十一字下欄九行十三字小字雙行同白口四周單邊無魚尾　缺二卷(三至四)

370000－1512－0000783　614

佩文韻府提綱二卷　(清)蝸廬主人彙輯　清嘉慶十三年(1808)刻本　二册　八行二十一字白口左右雙邊單黑魚尾

370000－1512－0000784　615

盛世危言五卷　(清)鄭觀應撰　清光緒二十一年(1895)上海古香閣鉛印本　五册　十二行三十一字白口四周單邊單黑魚尾

370000－1512－0000785　616

古香齋鑒賞袖珍初學記三十卷　(唐)徐堅等撰　清刻本　二十册　九行十八字小字雙行同白口四周雙邊單黑魚尾

370000－1512－0000786　617

日知録集釋三十二卷刊誤二卷續刊誤二卷　(清)顧炎武撰　清光緒二十一年(1895)上海點石齋石印本　六册　二十行四十一字小字雙行同白口四周單邊單黑魚尾

370000－1512－0000787　618

增廣詩韻全璧五卷　(清)湯祥瑟輯　清光緒十九年(1893)上海點石齋石印本　六册　行字不等白口左右雙邊單黑魚尾

370000－1512－0000788　619

增廣詩韻集成十卷　(清)余照輯　清光緒十九年(1893)成文堂石印本　四册　行字不等白口四周雙邊單黑魚尾

370000－1512－0000789　620

勸戒近録十八卷　(清)梁恭辰撰　清道光五年(1825)刻本　六册　九行二十二字白口四周單邊單黑魚尾

370000－1512－0000790　621

剪燈餘話三卷　(明)李昌期撰　清乾隆二十四年(1759)刻本　三册　九行十七字細黑口四周單邊單黑魚尾

370000－1512－0000791　621

剪燈新話二卷　(明)瞿宗吉撰　清刻本　二册　九行十七字細黑口四周單邊白魚尾

370000－1512－0000792　621

剪燈因話二卷　(明)遙青閣纂録　清刻本　一册　九行十七字細黑口四周單邊白魚尾

370000－1512－0000793　624

韻府約編二十四卷　(清)鄧愷清輯　清刻本　六册　八行二十二字小字雙行同白口左右雙邊無魚尾　缺六卷(一至六)

370000－1512－0000794　625

地理大成平陽全書十五卷　(清)泰九升撰　清石印本　四册　十九行四十二字白口四周單邊單黑魚尾

370000－1512－0000795　625

地理大成地理六經註六卷　(清)泰九升撰　清石印本　二册　十九行四十二字白口四周

單邊單黑魚尾

370000－1512－0000796　625
地理大成羅經指南撥霧集三卷　(清)泰九升撰　清石印本　一冊　十九行四十二字白口四周單邊單黑魚尾

370000－1512－0000797　625
地理大成理氣四訣四卷　(清)泰九升撰　清石印本　一冊　十九行四十二字白口四周單邊單黑魚尾

370000－1512－0000798　631
太上感應篇圖說八卷首一卷　(清)許纘曾輯　清光緒七年(1881)刻本　六冊　十行二十字白口四周單邊單黑魚尾

370000－1512－0000799　631
陰騭文圖說□□卷　(清)黄正元纂輯　清刻本　一冊　九行二十三字白口四周雙邊單黑魚尾　存一卷(貞)

370000－1512－0000800　632
陳文恭公五種遺規　(清)陳宏謀編　清埽葉山房石印本　四冊　十五行四十二字小字雙行同白口四周單邊雙對黑魚尾　存六卷(教女遺規摘鈔一、在官法戒録摘鈔三至四、訓俗遺規摘鈔三至四、從政遺規摘鈔二)

370000－1512－0000801　634
觀音大士救劫仙方不分卷　(清)□□撰　清石印本　一冊　六行十五字大黑口左右雙邊單黑魚尾

370000－1512－0000802　634
觀音大士救劫仙方不分卷　(清)□□撰　清石印本　一冊　六行十五字大黑口左右雙邊單黑魚尾

370000－1512－0000803　634
地理辨正五卷　(明)蔣平階補傳　(清)姜垚參定　(清)無心道人增補　清刻本　一冊　九行二十一字白口四周雙邊單黑魚尾　存二卷(四至五)

370000－1512－0000804　634
辨正合編□□卷　(清)陳士鐸撰　清刻本　一冊　九行二十一字白口四周雙邊單黑魚尾　存一卷(四)

370000－1512－0000805　634
地理辨正五卷　(明)蔣平階補傳　(清)姜垚辨正　清刻本　二冊　八行二十字白口四周單邊單黑魚尾　存四卷(一至四)

370000－1512－0000806　636
四種遺規□□卷　(清)陳弘謀編輯　清同治二年(1863)刻本　五冊　十行二十字白口四周雙邊單黑魚尾　存十卷(教女遺規一至三、在官法戒録三至四、訓俗遺規一至四、從政遺規上)

370000－1512－0000807　636
讀書做人譜一卷附勸戒殺契素文一卷　(清)龍炳垣輯　清同治十一年(1872)刻本　一冊　十行二十字細黑口左右雙邊無魚尾

370000－1512－0000808　637
文章選不分卷　(清)□□撰　清抄本　十冊　行款不一

370000－1512－0000809　637
聞評彙集不分卷　(清)□□撰　清抄本　一冊　行款不一

370000－1512－0000810　640
聖諭像解二十卷　(清)梁延年撰　清光緒二十九年(1903)石印本　十冊　十行二十一字白口四周單邊無魚尾

370000－1512－0000811　640
聖諭像解二十卷　(清)梁延年撰　清光緒二十九年(1903)石印本　十冊　十行二十一字白口四周單邊無魚尾

370000－1512－0000812　640
聖諭像解二十卷　(清)梁延年撰　清光緒二十九年(1903)石印本　十冊　十行二十一字白口四周單邊無魚尾

370000－1512－0000813　640
大學衍義四十三卷　(宋)真法秀撰　清光緒

二十八年(1902)上海書局石印本　六册　二十行三十四字大黑口四周雙邊單黑魚尾

370000－1512－0000814　641
微積溯源八卷　(英國)華里司輯　(英國)傅蘭雅口譯　(清)華衡芳筆述　清光緒二十二年(1896)上海著易堂石印本　四册　十八行二十二字白口四周單邊單黑魚尾

370000－1512－0000815　641
筆算數學講義不分卷　(清)陶贊編輯　清光緒三十二年(1906)石印本　一册　二十二行二十二字大黑口四周單邊單黑魚尾

370000－1512－0000816　643
大學衍義補輯十二卷　(清)陳宏謀纂　清刻本　四册　十行二十二字白口四周單邊單黑魚尾　缺四卷(一至四)

370000－1512－0000817　644
形性學要六卷　(比利時)赫師慎譯　(清)李杕編　清光緒二十五年(1899)鉛印本　四册　八行二十三字白口四周雙邊單黑魚尾

370000－1512－0000818　644
形性學要六卷　(比利時)赫師慎譯　(清)李杕編　清光緒二十五年(1899)鉛印本　十册　八行二十三字白口四周雙邊單黑魚尾　存一卷(下)

370000－1512－0000819　644
匋雅二卷　(清)寂園叟撰　清上海朝記書莊石印本　四册　十二行二十五字白口四周單邊單黑魚尾

370000－1512－0000820　644
重訂廣事類賦四十卷　(清)華希閔撰　清乾隆二十九年(1764)刻本　七册　九行二十一字白口四周雙邊單黑魚尾　缺八卷(二十三至三十)

370000－1512－0000821　645
增删算法統宗十一卷　(明)程大位編　(清)柳梅殺增删　清光緒二十二年(1896)上海機衡堂石印本　二册　二十行二十二字白口四周單邊單黑魚尾　缺六卷(一至六)

370000－1512－0000822　645
增補算法正宗大全四卷　(清)程大年校訂　清嘉慶五年(1800)聚錦堂刻本　一册　上欄九行七字下欄九行十五字白口四周單邊單黑魚尾

370000－1512－0000823　646
詳注經史百家雜抄二十六卷　(清)曾國藩纂　(清)李鴻章校印　清上海會文堂書局石印本　八册　十五行三十四字細黑口四周雙邊單黑魚尾　存十一卷(一至十一)

370000－1512－0000824　647
梅氏叢書輯要六十二卷　(清)梅文鼎輯　清光緒十三年(1887)上海鴻文書局石印本　六册　二十二行二十三字白口四周雙邊單黑魚尾

370000－1512－0000825　647
梅氏叢書輯要六十二卷　(清)梅文鼎輯　清光緒十三年(1887)上海鴻文書局石印本　六册　二十二行二十三字白口四周雙邊單黑魚尾

370000－1512－0000826　648
續廣事類賦三十卷　(清)王鳳喈撰註　清嘉慶二十四年(1819)刻本　十六册　十行二十字小字雙行同白口左右雙邊單黑魚尾

370000－1512－0000827　650
長沙方歌括六卷　(清)陳脩園撰　清刻本　三册　八行十八字白口四周單邊單黑魚尾　缺一卷(二)

370000－1512－0000828　650
傅氏眼科審視瑤函不分卷　(明)傅仁宇纂輯　清光緒刻本　六册　十行二十二字白口四周單邊單黑魚尾

370000－1512－0000829　651
素問靈樞類纂約注三卷　(清)汪昂纂輯　清崇德堂刻本　三册　八行二十二字白口四周單邊單黑魚尾

370000－1512－0000830　651
醫方集解二十九卷　(清)汪昂撰　清刻本

三冊　上欄九行十七字下欄十行二十一字白口四周單邊無魚尾　存三卷(一至三)

370000－1512－0000831　651
醫方集解二十九卷　(清)汪昂撰　清刻本　五冊　上欄九行十七字下欄十行二十一字白口四周單邊無魚尾　存八卷(上一、上二、上三、中二、中四、下一、下三、下四)

370000－1512－0000832　652
針灸大成十二卷　(明)楊繼洲撰　清光緒刻本　三冊　十二行二十八字白口四周雙邊單黑魚尾　存六卷(一至六)

370000－1512－0000833　652
針灸大成十二卷　(明)楊繼洲撰　清刻本　三冊　二十三行五十字白口四周單邊單黑魚尾　存五卷(八至十二)

370000－1512－0000834　652
繪圖針灸大成十卷　(明)楊繼洲撰　清光緒三十四年(1908)上海章福記石印本　六冊　二十行十八字白口四周雙邊單黑魚尾

370000－1512－0000835　652
針灸人成十二卷　(明)楊繼洲撰　清嘉慶二年(1797)德璘軒刻本　六冊　十行二十二字白口四周雙邊單黑魚尾　存六卷(　至四、八至九)

370000－1512－0000836　653
圖像水黃牛經合并大全二卷　(明)喻本元(明)喻本亨撰　清光緒十八年(1892)刻本　一冊　十二行二十四字小字雙行同白口四周單邊單黑魚尾

370000－1512－0000837　653
新刊纂圖元亨療馬集六卷　(明)喻本元(明)喻本亨撰　清同治五年(1866)興文堂刻本　四冊　十二行二十四字小字雙行同白口四周單邊單黑魚尾　缺一卷(四)

370000－1512－0000838　654
增廣本草綱目五十二卷圖三卷本草綱目拾遺十卷本草萬方針綫八卷奇經八脈考二卷　(明)李時珍撰　清宣統元年(1909)鴻寶齋石印本　二十四冊　十二行字數不等小字雙行同白口四周雙邊單黑魚尾

370000－1512－0000839　654
本草問答二卷　(清)唐宗海撰　清光緒二十年(1894)石印本　一冊　十三行三十二字白口四周雙邊單黑魚尾

370000－1512－0000840　654
本草綱目五十二卷　(明)李時珍撰　清刻本　二冊　九行二十字小字雙行同白口四周單邊單黑魚尾　存四卷(本草綱目主治四中、四下,草部十八下、十九)

370000－1512－0000841　655
中西匯通醫經精義二卷　(清)唐宗海撰　清光緒三十四年(1908)石印本　二冊　十三行三十六字白口四周雙邊單黑魚尾

370000－1512－0000842　655
本草綱目不分卷　(清)徐大椿撰　清石印本　一冊　二十行四十四字白口四周雙邊單黑魚尾　存四種(本草經百種錄、食物秘書、平辨脈法歌括、本經便讀)

370000－1512－0000843　655
本草綱目不分卷　(清)徐大椿撰　清石印本　二冊　十六行四十字白口四周單邊無魚尾　存四種(難病源、洄溪脈學、六經病解、脉訣啓悟註释)

370000－1512－0000844　656
陳脩園醫書四十八種　(清)陳念祖撰　清光緒三十四年(1908)上海章福記石印本　二十一冊　二十行四十五字白口四周雙邊單黑魚尾

370000－1512－0000845　656
陳脩園醫書四十八種　(清)陳念祖撰　清光緒三十四年(1908)上海章福記石印本　一冊　二十行四十五字白口四周雙邊單黑魚尾　存一種(長沙方歌括)

370000－1512－0000846　657
陳脩園醫書四十八種　(清)陳念祖撰　清光緒三十四年(1908)上海章福記石印本　九冊

二十行四十四字白口四周雙邊單黑魚尾　存十三種(金匱要略淺註、瘧疾論、達生編、靈樞素問集註五至十二、醫學實在易五至八、女科要旨、傷寒論淺註四至六、金匱方歌括、春溫三字訣、痢症三字訣、濕熱條辨、濕熱贅言、瘧疾論)

370000－1512－0000847　657

陳修園醫書三十種　(清)陳念祖撰　清文經書局印本　一冊　十八行四十字白口四周雙邊單黑魚尾　存一種(神農本草經讀)

370000－1512－0000848　657

靈樞集註節要十二卷　(清)陳念祖集註　清石印本　二冊　十八行四十字白口四周雙邊單黑魚尾　存八卷(五至十二)

370000－1512－0000849　657

金匱要略淺註十卷　(清)陳念祖集註　清光緒二十九年(1903)上海錦章書局石印本　一冊　十八行四十字白口四周雙邊單黑魚尾　存五卷(一至五)

370000－1512－0000850　657

女科要旨四卷　(清)陳念祖撰　清光緒二十九年(1903)上海錦章書局石印本　一冊　二十一行四十五字白口四周雙邊單黑魚尾

370000－1512－0000851　658

辯證奇聞十卷　(清)錢松撰　清道光三年(1823)刻本　十冊　十行二十二字白口四周單邊單黑魚尾

370000－1512－0000852　659

本經逢原四卷　(清)張璐撰　清末刻本　五冊　十一行二十字白口四周單邊單黑魚尾

370000－1512－0000853　659

金匱要略淺注補正九卷　(漢)張仲景撰　(清)陳念祖淺註　(清)唐宗海補正　清光緒三十四年(1908)上海千頃堂書局石印本　三冊　十三行三十六字小字雙行同白口四周雙邊單黑魚尾

370000－1512－0000854　660

嵩崖尊生書十五卷　(清)景日昣撰　清三讓堂刻本　七冊　十行二十四字白口四周單邊單黑魚尾　缺二卷(十四至十五)

370000－1512－0000855　660

沈氏尊生書五種　(清)沈金鰲撰　清末石印本　十七冊　二十行四十字白口四周雙邊單黑魚尾　存五十九卷(雜病源流犀燭四至十五、十九至二十一、二十五至三十,傷寒論一至十六,婦科一至六,幼科釋謎一至六,要藥分劑一至十)

370000－1512－0000856　661

廣理學備考不分卷　(清)范鄗鼎彙編　清刻本　四十冊　九行二十五字白口四周雙邊無魚尾

370000－1512－0000857　662

玉堂字彙四卷　(明)梅膺祚撰　清光緒十八年(1892)有益堂刻本　二冊　十行十二字小字雙行二十四字白口四周雙邊單黑魚尾　存二卷(元、亨)

370000－1512－0000858　662

尚友録二十二卷尚有續録二十二卷　(明)廖用賢編纂　清光緒十四年(1888)上海點石齋石印本　八冊　三十二行四十八字白口四周單邊單黑魚尾

370000－1512－0000859　662

尚有録二十二卷　(明)廖用賢編纂　清光緒十六年(1890)掃葉山房鉛印本　三冊　十二行字數不等小字雙行四十四字白口四周雙邊單黑魚尾　存十一卷(一至十一)

370000－1512－0000860　663

種梅心法二卷　(清)源子心撰　清光緒二年(1876)鉛印本　一冊　十五行三十三字白口四周雙邊單黑魚尾

370000－1512－0000861　664

蠶桑萃編十五卷　(清)衛杰編輯　清光緒二十六年(1900)浙江書局刻本　八冊　十行二十字白口四周雙邊單黑魚尾

370000－1512－0000862　667

地理辯證疏六卷　(清)張心言撰　清道光九

年(1829)刻本　四冊　九行二十一字白口四周雙邊單黑魚尾

370000－1512－0000863　668
新鐫曆法總覽合節鰲頭通書大全十卷　(清)熊宗立撰　清同治三年(1864)刻本　十冊　上欄十八行十字下欄十六行二十六字白口四周單邊單黑魚尾

370000－1512－0000864　669
本草求真十二卷　(清)黄宫繡纂　清刻本　三冊　九行十九字白口四周單邊單黑魚尾　存三卷(八至九、十一)

370000－1512－0000865　669
衛濟餘編十六卷　(清)王纕堂編　清嘉慶二十一年(1816)刻本　四冊　九行二十二字細黑口左右雙邊雙黑魚尾　缺一卷(十四)

370000－1512－0000866　670
本草類方十卷　(清)年希堯撰　清刻本　八冊　九行二十字白口左右雙邊單黑魚尾　缺二卷(一至二)

370000－1512－0000867　670
驗方新編十六卷　(清)鮑相璈編輯　清光緒七年(1881)刻本　三冊　十行二十二字白口四周雙邊單黑魚尾　存五卷(九至十、十二至十四)

370000－1512－0000868　670
驗方新編十六卷　(清)鮑相璈編輯　清末刻本　一冊　十行二十二字白口左右雙邊單黑魚尾　存二卷(二至三)

370000－1512－0000869　672
南雅堂醫書外集　(□)□□撰　清刻本　一冊　二十行四十四字白口四周雙邊單黑魚尾　存五種(名醫别録、醫壘元戎、醫法心傳、古今醫論、刺疔捷法)

370000－1512－0000870　673
靈素提要淺註十二卷　(清)陳念祖集註　清光緒元年(1875)善成堂刻本　六冊　八行十八字小字雙行同白口四周雙邊單黑魚尾

370000－1512－0000871　674
胎產心法三卷　(清)閻純璽撰　清道光二十四年(1844)刻本　三冊　九行二十二字白口四周雙邊單黑魚尾

370000－1512－0000872　674
新刊醫林狀元壽世保元十卷　(明)龔廷賢編　清承德堂刻本　八冊　十六行三十字小字雙行同白口四周單邊單黑魚尾　存八卷(二至九)

370000－1512－0000873　674
增補醫林狀元壽世保元十卷　(明)龔廷賢編　清上海章福記書局石印本　一冊　二十三行四十八字白口四周單邊單黑魚尾　存五卷(六至十)

370000－1512－0000874　675
濟陰綱目八卷　(清)武之望撰　(清)汪淇箋釋　清雍正六年(1728)宏道堂刻本　八冊　上欄行數不等五字下欄十一行二十五字四周單邊單黑魚尾

370000－1512－0000875　675
傷寒辯證集解一卷　(漢)張仲景撰　清刻本　一冊　九行二十四字白口四周單邊單黑魚尾

370000－1512－0000876　675
傷寒緒論二卷　(清)張璐撰　清刻本　一冊　九行二十字白口四周單邊單黑魚尾　存一卷(下)

370000－1512－0000877　675
濟世全書□□卷　(明)汪啓賢撰　清康熙刻本　一冊　八行二十二字白口四周雙邊單黑魚尾

370000－1512－0000878　675
傷寒論後條辯□□卷　(□)□□撰　清刻本　一冊　十行二十字白口四周單邊單黑魚尾　存二卷(六至七)

370000－1512－0000879　676
增補醫宗必讀□□卷首一卷　(明)李中梓撰　清刻本　三冊　十一行二十五字小字雙行

同白口四周單邊單黑魚尾　存三卷（一、三，首一卷）

370000－1512－0000880　676
醫宗必讀十卷　（明）李中梓撰　清刻本　二冊　十行二十四字小字雙行同白口四周單邊單黑魚尾　存一卷（四）

370000－1512－0000881　676
壽世編不分卷　（清）尤乘撰　清末鉛印本　一冊　十一行二十五字白口四周單邊單黑魚尾

370000－1512－0000882　676
傷寒論淺注補正七卷首一卷　（漢）張仲景撰　（清）陳念祖淺注　清刻本　三冊　十三行三十六字白口四周雙邊單黑魚尾　存五卷（一至四、首一卷）

370000－1512－0000883　676
傷寒論淺注補正二卷　（漢）張仲景撰　（清）陳念祖淺注　清光緒二十年（1894）石印本　一冊　十三行二十五字白口四周雙邊單黑魚尾

370000－1512－0000884　677
傷寒緒論二卷　（清）張璐撰　清刻本　三冊　十四行二十四字白口四周單邊單黑魚尾

370000－1512－0000885　677
傷寒舌鑒一卷　（清）張登纂輯　清刻本　二冊　十一行二十字白口四周單邊單黑魚尾

370000－1512－0000886　677
張仲景傷寒論原文淺注二十卷　（清）陳念祖撰　清道光七年（1827）刻本　六冊　八行十八字白口四周單邊單黑魚尾

370000－1512－0000887　677
瘍醫大全四十卷　（清）顧世澄纂輯　清上海通時書局石印本　九冊　十行二十字白口四周單邊單黑魚尾　存十九卷（一至十九）

370000－1512－0000888　678
血證論八卷　（清）唐宗海撰　清光緒三十四年（1908）千頃堂書局鉛印本　二冊　十三行三十二字白口四周雙邊單黑魚尾

370000－1512－0000889　679
一草亭眼科全書四卷　（清）年希堯撰　清末千頃堂鉛印本　四冊　十六行三十二字白口四周雙邊單黑魚尾

370000－1512－0000890　680
女科全集□□卷　（□）□□撰　清道光四年（1824）書業德刻本　二冊　八行十九字白口四周單邊單黑魚尾

370000－1512－0000891　680
傷寒瓚論二卷　（清）張璐撰　清刻本　二冊　十一行二十字白口四周單邊單黑魚尾

370000－1512－0000892　681
鼎鍥幼幼集成六卷　（清）陳復正輯訂　清光緒二十八年（1902）上海醉六堂石印本　四冊　十八行四十一字小字雙行同白口四周雙邊單黑魚尾　無直格　存四卷（一至二、五至六）

370000－1512－0000893　681
青囊集解□□卷　（□）淡翁閎撰　清刻本　一冊　九行十九字小字雙行同白口四周單邊單黑魚尾　存一卷（十）

370000－1512－0000894　681
醫學五則五種　（清）廖雲溪輯　清光緒三十年（1904）刻本　二冊　十行二十二字小字雙行同白口左右雙邊單黑魚尾　存二種（醫門初步、增補脉訣）

370000－1512－0000895　682
達生編二卷附錄一卷　（清）亟斎居士撰　清道光十五年（1835）刻本　一冊　十行二十四字白口四周雙邊單黑魚尾

370000－1512－0000896　682
達生編二卷附錄一卷　（清）亟斎居士撰　清刻本　一冊　九行二十字白口四周雙邊單黑魚尾　存一卷（達生編上）

370000－1512－0000897　682
痘疹活幼心法不分卷　（明）聶尚恒撰　明崇

禎六年(1633)四美堂刻本　一册　十行十九字白口左右雙邊無魚尾

370000－1512－0000898　682

愼疾芻言不分卷　(清)徐靈胎撰　清乾隆三十二年(1767)刻本　一册　九行二十二字白口四周雙邊單黑魚尾

370000－1512－0000899　682

婦人科三卷　(明)萬全撰　清康熙五十三年(1714)刻本　一册　九行二十一字白口左右雙邊單黑魚尾

370000－1512－0000900　682

醫學摘粹□□卷　(清)黄元御撰　清刻本　一册　九行二十二字白口四周雙邊單黑魚尾　存二卷(天人解一、六氣解一)

370000－1512－0000901　683

圖註脉訣辨真四卷　(晉)王叔和譔　(明)張世賢註　清刻本　一册　九行二十字小字雙行同白口四周單邊單黑魚尾　存二卷(三至四)

370000－1512－0000902　683

保產輯要□□卷　(清)曾禮賢輯　清刻本　一册　十行二十四字白口單黑魚尾四周雙邊

370000－1512－0000903　684

景岳全書六十四卷　(明)張介賓撰　清刻本　二册　十行二十字白口四周單邊單黑魚尾　存四卷(十六至十八、四十八)

370000－1512－0000904　684

景岳全書六十四卷　(明)張介賓撰　清刻本　四册　十三行二十四字白口四周單邊單黑魚尾　存八卷(四十一至四十八)

370000－1512－0000905　684

集驗簡易良方　(清)懷庭德輯　清刻本　二册　七行十四字白口四周雙邊單黑魚尾　存二卷(三至四)

370000－1512－0000906　684

慶雲堂藥目□□卷　(□)□□撰　清鉛印本　一册　行款不一

370000－1512－0000907　684

救偏瑣言十卷　(□)□□撰　清刻本　一册　九行二十字白口四周單邊無魚尾　存二卷(九至十)

370000－1512－0000908　684

藥性賦□□卷　(元)熊宗立撰　清刻本　一册　十行二十字白口四周單邊單黑魚尾　存一卷(二)

370000－1512－0000909　684

藥性歌訣雷公炮製大全□□卷首一卷　(□)□□撰　清六也樓刻本　二册　十一行二十字小字雙行同白口四周雙邊單黑魚尾　存二卷(六、首一卷)

370000－1512－0000910　684

同仁堂藥目□□卷　(□)□□撰　清同治八年(1869)刻本　一册　十行二十四字白口四周雙邊單黑魚尾

370000－1512－0000911　685

中醫論方□□卷　(□)□□撰　清抄本　八册　行款不一

370000－1512－0000912　685

傷寒論方□□卷　(□)□□撰　清抄本　三册　行款不一

370000－1512－0000913　686

御纂醫宗金鑒外科□□卷　(□)□□撰　清宣統元年(1909)上海章福記石印本　四册　二十行五十字白口四周雙邊單黑魚尾

370000－1512－0000914　686

御纂醫宗金鑒外科□□卷　(□)□□撰　清宣統元年(1909)上海章福記石印本　三册　二十行五十一字白口四周雙邊單黑魚尾　缺五卷(六至十)

370000－1512－0000915　686

御纂醫宗金鑒外科□□卷　(□)□□撰　清宣統元年(1909)簡青齋書局石印本　四册　二十行五十二字白口四周雙邊單黑魚尾

370000－1512－0000916　686

御纂醫宗金鑒外科□□卷 （□）□□撰 清刻本 五册 二十行五十三字白口四周雙邊單黑魚尾

370000－1512－0000917 686
御纂醫宗金鑒外科□□卷 （□）□□撰 清刻本 二册 十行二十四字黑口四周單邊單黑魚尾 存五卷(十七至十八、二十五至二十七)

370000－1512－0000918 686
御纂醫宗金鑒外科□□卷 （□）□□撰 清刻本 一册 九行二十字白口四周雙邊單黑魚尾 存六卷(二十四至二十九)

370000－1512－0000919 687
經驗廣集四卷 （清）李文炳纂 清光緒二十九年(1903)刻本 一册 九行二十二字白口四周單邊單黑魚尾 存二卷(一至二)

370000－1512－0000920 687
經驗廣集四卷 （清）李文炳纂 清刻本 一册 九行二十三字白口四周單邊單黑魚尾 存一卷(三)

370000－1512－0000921 687
經驗廣集四卷 （清）李文炳纂 清刻本 一册 九行二十三字白口四周單邊單黑魚尾 存一卷(三)

370000－1512－0000922 687
瘟疫條辨摘要一卷 （清）張觀成抄 清抄本 一册 行字不等

370000－1512－0000923 687
引痘新法一卷 （清）邱熺撰 清咸豐七年(1857)刻本 一册 七行十九字白口四周單邊單黑魚尾

370000－1512－0000924 689
新輯時務匯通□□卷 （□）□□撰 清石印本 一册 二十行四十四字白口四周雙邊單黑魚尾 存四卷(三至六)

370000－1512－0000925 690
皇朝經世文編一百二十卷首一卷 （清）賀長齡輯 清同治八年(1869)刻本 八十一册 十一行二十四字白口四周單邊單黑魚尾 缺二十八卷(一至十三、七十九至九十二,首一卷)

370000－1512－0000926 691
皇朝經世文新編二十一卷 麥仲華輯 清光緒二十四年(1898)上海譯書局石印本 十八册 十五行三十字大黑口四周單邊無魚尾 缺七卷(六至十二)

370000－1512－0000927 692
皇朝經世文續編一百二十卷 （清）盛康輯 清光緒八年(1882)刻本 三十册 十一行二十四字白口四周單邊單黑魚尾

370000－1512－0000928 693
皇朝經世文續編一百二十卷 （清）葛士濬輯 清末鉛印本 八册 十三行白口四十字四周單邊單黑魚尾 存二十九卷(六十五至九十三)

370000－1512－0000929 694
皇朝經世文四編五十二卷 （清）何良棟輯 清光緒二十八年(1902)鴻寶齋石印本 十二册 二十二行四十六字白口四周雙邊單黑魚尾

370000－1512－0000930 695
經史百家雜抄二十六卷首一卷 （清）左宗棠撰 清光緒二年(1876)傳忠書局刻本 二册 十行二十四字細黑口左右雙邊單黑魚尾 存二卷(一至二)

370000－1512－0000931 696
增註八銘塾鈔全集不分卷 （清）吳蘭陔編次 清光緒十四年(1888)學庫山房刻本 五册 九行二十七字白口左右雙邊單黑魚尾

370000－1512－0000932 696
增註八銘塾鈔二集不分卷 （清）吳蘭陔編次 清光緒十四年(1888)學庫山房刻本 五册 九行二十七字白口左右雙邊單黑魚尾

370000－1512－0000933 697
同館試律續鈔二集□□卷 （清）戴蘭芬

(清)王家相輯　清刻本　二册　十二行二十二字黑口四周雙邊雙對黑魚尾　存二卷(十一至十二)

370000－1512－0000934　697
同館賦鈔二集□□卷　(清)吳其濬　(清)王家相輯　清刻本　十八册　十二行二十四字大黑口四周雙邊雙黑魚尾

370000－1512－0000935　698
空山堂文集十二卷　(清)牛運震撰　清嘉慶八年(1803)空山堂刻本　七册　九行二十二字白口四周雙邊單黑魚尾

370000－1512－0000936　698
空山堂文集十二卷　(清)牛運震撰　清嘉慶八年(1803)空山堂刻本　七册　九行二十二字白口四周雙邊單黑魚尾

370000－1512－0000937　698
空山堂文集十二卷　(清)牛運震撰　清嘉慶八年(1803)空山堂刻本　七册　九行二十二字白口四周雙邊單黑魚尾

370000－1512－0000938　698
空山堂文集十二卷　(清)牛運震撰　清嘉慶八年(1803)空山堂刻本　七册　九行二十二字白口四周雙邊單黑魚尾

370000－1512－0000939　698
空山堂文集十二卷　(清)牛運震撰　清嘉慶八年(1803)空山堂刻本　六册　九行二十二字白口四周雙邊單黑魚尾　缺一卷(一)

370000－1512－0000940　699
名家制義四十八卷　(清)俞長城輯　清乾隆三年(1738)刻本　四十八册　九行二十六字白口四周單邊無魚尾

370000－1512－0000941　700
求闕齋讀書録十卷日記類抄二卷　(清)曾國藩撰　清光緒二年(1876)傳忠書局刻本　六册　十行二十四字細黑口左右雙邊單黑魚尾

370000－1512－0000942　701
曾文正公書札三十三卷　(清)曾國藩撰　清光緒二年(1876)傳忠書局刻本　十二册　十行二十四字大黑口左右雙邊單黑魚尾　存二十二卷(一至二十二)

370000－1512－0000943　702
曾文正公家書四種　(清)曾國藩撰　清光緒十三年(1887)鴻文書局鉛印本　八册　十五行三十七字白口四周雙邊單黑魚尾

370000－1512－0000944　702
曾文正公家書四種　(清)曾國藩撰　清末著易堂書局石印本　八册　十五行三十二字白口四周單邊單黑魚尾

370000－1512－0000945　703
曾文正公家書四種　(清)曾國藩撰　清宣統元年(1909)章福記書局鉛印本　八册　二十三行四十六字白口四周雙邊單黑魚尾

370000－1512－0000946　704
曾文正公全集十四種　(清)曾國藩撰　清光緒十四年(1888)鴻文書局石印本　八册　十七行四十一字白口四周雙邊單黑魚尾　存二十九卷(一至二十八、首一卷)

370000－1512－0000947　706
小題別體三卷　(清)李撲一輯　清光緒三年(1877)書業德刻本　一册　九行二十五字白口四周雙邊單黑魚尾

370000－1512－0000948　706
小題時藝標新全集不分卷　(清)吳筱珊選　清光緒二十二年(1896)萃英堂刻本　一册　九行二十五字白口四周雙邊單黑魚尾

370000－1512－0000949　706
小題易讀不分卷　(清)史子衡撰　清咸豐十年(1860)書業德刻本　一册　八行二十四字白口四周單邊單黑魚尾

370000－1512－0000950　706
搭題易讀不分卷　(清)史子衡撰　清咸豐十年(1860)書業德刻本　一册　八行二十四字白口四周單邊單黑魚尾

370000－1512－0000951　706

小題標新二集不分卷 (清)吳筱珊選 清光緒七年(1881)刻本 二冊 九行二十五字白口四周單邊單黑魚尾

370000－1512－0000952 707
蓬山四書小題不分卷 (清)劉清源撰 清光緒六年(1880)刻本 十六冊 九行二十五字白口四周單邊單黑魚尾

370000－1512－0000953 708
東萊博議四卷 (宋)吕祖謙撰 (清)張文炳點定 清光緒三十年(1904)刻本 四冊 九行二十五字白口四周單邊單黑魚尾

370000－1512－0000954 708
足本東來博議四卷 (宋)吕祖謙撰 (清)張文炳點定 清光緒三十一年(1905)上海書局石印本 一冊 十四行三十八字白口四周雙邊單黑魚尾

370000－1512－0000955 708
足本東來博議四卷 (宋)吕祖謙撰 (清)張文炳點定 清光緒二十四年(1898)上海書局石印本 一冊 十五行三十七字白口四周雙邊單黑魚尾

370000－1512－0000956 710
欽定四書文選不分卷 (清)方苞等選評 清乾隆元年(1736)刻本 十冊 九行二十六字白口四周雙邊無魚尾 存十冊(欽定化治四書文一冊、欽定正嘉四書文三冊、欽定隆萬四書文二冊、欽定啟禎四書文四冊缺孟子)

370000－1512－0000957 711
近四科同館試帖鳴盛集四卷 (清)陳枚 (清)高遠詢編輯 (清)高術方注釋 清道光二十九年(1849)刻本 四冊 八行二十字小字雙行同白口四周雙邊單黑魚尾

370000－1512－0000958 711
宋四六選二十四卷 (清)曹振鏞編 清刻本 六冊 九行十九字白口四周雙邊單黑魚尾 存十二卷(十三至二十四)

370000－1512－0000959 712
三蘇策論文選□□卷附新增策論萃林二卷 (宋)蘇洵等撰 (清)朱若旦編 清光緒二十七年(1901)有益堂刻本 六冊 九行二十六字白口左右雙邊單黑魚尾 存八卷(存宋蘇文公策論選一、宋蘇文忠公策論選二至三、宋蘇文定公策論選四至六、新增策論萃林一至二)

370000－1512－0000960 712
三蘇文粹十二卷 (清)王景禧編次 清光緒二十四年(1898)天津文美齋石印本 二冊 十三行二十六字黑口四周雙邊雙對黑魚尾 存七卷(一至三、九至十二)

370000－1512－0000961 713
註釋八銘塾鈔二集不分卷 (清)吳蘭陔編 清同治元年(1862)刻本 五冊 九行二十五字白口四周單邊單黑魚尾

370000－1512－0000962 713
新增八銘塾鈔初集不分卷 (清)吳蘭陔編 (清)李文山註 (清)樊慶寅校 清光緒善成堂刻本 五冊 九行二十七字小字雙行同白口四周單邊單黑魚尾

370000－1512－0000963 713
增註八銘塾鈔二集不分卷附闈試総論不分卷 (清)吳蘭陔編 (清)李文山註 (清)樊慶寅校 清光緒刻本 五冊 九行二十七字小字雙行同白口四周單邊單黑魚尾

370000－1512－0000964 714
清朝駢體正宗評本十二卷 (清)曾燠原選 (清)姚燮評 (清)張壽榮參 清上海文瑞樓石印本 四冊 十四行三十一字黑口四周雙邊單黑魚尾

370000－1512－0000965 715
李笠翁一家言十六卷 (清)李漁撰 清上海會文堂書局石印本 十二冊 十六行三十六字黑口左右雙邊單黑魚尾

370000－1512－0000966 716
東塾讀書記十五卷 (清)陈澧撰 清光緒二十九年(1903)山東書局鉛印本 四冊 十一行二十九字白口四周雙邊無魚尾

370000－1512－0000967　716
東塾讀書記十五卷　（清）陈澧撰　清光緒二十九年(1903)山東書局鉛印本　四冊　十一行二十九字白口四周雙邊無魚尾

370000－1512－0000968　716
東塾讀書記十五卷　（清）陈澧撰　清光緒二十九年(1903)山東書局鉛印本　四冊　十一行二十九字白口四周雙邊無魚尾

370000－1512－0000969　716
東塾讀書記十五卷　（清）陈澧撰　清光緒二十九年(1903)山東書局鉛印本　四冊　十一行二十九字白口四周雙邊無魚尾

370000－1512－0000970　716
東塾讀書記十五卷　（清）陈澧撰　清光緒二十九年(1903)山東書局鉛印本　四冊　十一行二十九字白口四周雙邊無魚尾

370000－1512－0000971　718
文選六十卷　（南朝梁）蕭統輯　（唐）李善注　**文選考異十卷**　（清）胡克家撰　清末上海著易堂石印本　十六冊　十六行三十四字細黑口四周雙邊單黑魚尾

370000－1512－0000972　718
文選六十卷　（南朝梁）蕭統輯　（唐）李善注　**文選考異十卷**　（清）胡克家撰　清末上海會文堂書局石印本　十五冊　十三行二十七字白口左右雙邊單黑魚尾　缺四卷(四十七至五十)

370000－1512－0000973　719
重訂文選集評十五卷首一卷末一卷　（清）于光華編　清刻本　八冊　九行二十字小字雙行不等白口左右雙邊單黑魚尾　存八卷(一至七、首一卷)

370000－1512－0000974　720
有正味齋駢體文箋注二十四卷　（清）吳錫麒撰　（清）王廣業箋　（清）葉聯芬注　清咸豐十年(1860)石印本　八冊　十五行三十六字白口四周雙邊單黑魚尾

370000－1512－0000975　720
有正味齋駢文箋注合纂二十四卷　（清）吳錫麒撰　（清）王廣業箋　（清）葉聯芬注　清光緒十五年(1889)上海蜚英館石印本　四冊　十五行三十六字白口四周雙邊單黑魚尾

370000－1512－0000976　720
有正味齋駢文箋注合纂二十四卷　（清）吳錫麒撰　（清）王廣業箋　（清）葉聯芬注　清刻本　一冊　九行十九字白口左右雙邊單黑魚尾　存一卷(三)

370000－1512－0000977　721
程墨所見集□□卷　（清）王步清輯　清文盛堂刻本　十九冊　九行二十五字白口四周單邊單黑魚尾

370000－1512－0000978　722
策論觀海一百十四卷　（□）□□撰　清光緒二十八年(1902)石印本　四十八冊　二十三行五十字白口四周雙邊單黑魚尾

370000－1512－0000979　723
重編留青新集二十四卷　（清）馮善長編　清光緒三十三年(1907)鉛印本　九冊　十四行四十字白口四周雙邊單黑魚尾　存十八卷(一至十二、十四至十五、十七至二十)

370000－1512－0000980　724
憑山閣增輯留青新集三十卷　（清）陳枚選　（清）陳德裕增輯　清道光十五年(1835)英德堂刻本　二十四冊　十一行二十四字白口四周雙邊間四周單邊單黑魚尾

370000－1512－0000981　724
憑山閣彙輯留青新集三十卷　（清）陳枚選　清刻本　一冊　十一行二十四字白口四周雙邊間四周單邊單黑魚尾　存一卷(二十五)

370000－1512－0000982　725
欽定全唐文一千卷　（清）董誥等編　清嘉慶十九年(1814)武英殿刻本　一百六十冊　九行二十二字白口四周雙邊單黑魚尾　存一百五十卷(六十一至七十、一百七十一至一百八十、二百三十一至二百四十、二百五十一至二百六十、四百十一至四百二十、四百三十一至四百五十、四百七十一至四百八十、五百一至五百二十、五百五十一至五百六十、五百七十一至五百八十、七百六十一至七百七十、八百九十一至九百、九百二十一至九百三十)

370000－1512－0000983　726

御選唐宋詩文醇四十七卷　(□)□□撰　清光緒三年(1877)浙江書局刻本　十四册　九行二十二字白口四周單邊單黑魚尾　缺九卷(文醇二十二至二十六、詩存三十六至三十九)

370000－1512－0000984　727

全唐詩九百卷　(清)彭定求等編　清康熙四十六年(1707)刻本　一百十册　十一行二十一字小字雙行三十一字大黑口左右雙邊雙對黑魚尾　缺十册(第一函一至八、第二函五、第三函一)

370000－1512－0000985　728

九家詩課合存註釋□□卷　(清)吳錫麒撰　(清)劉淑壎註　清文光堂刻本　四册　九行二十四字小字雙行同白口四周單邊單黑魚尾　存九卷(一至九)

370000－1512－0000986　728

九家詩課合存註釋□□卷　(清)吳錫麒撰　(清)劉淑壎註　清文光堂刻本　五册　九行二十四字小字雙行同白口四周單邊單黑魚尾　存八卷(一至四、六至九)

370000－1512－0000987　729

批點七家詩合註七卷　(清)張熙宇輯評　清光緒十二年(1886)刻本　八册　九行二十五字小字雙行同白口四周單邊單黑魚尾

370000－1512－0000988　731

白香山詩長慶集二十卷後集二十卷　(清)汪立名編訂　清會文堂石印本　五册　十五行二十八字細黑口四周單邊無魚尾　存十五卷(白香山詩長慶集一至二,後集一至二、六至十二、十七至二十)

370000－1512－0000989　732

新鐫五言千家詩會義直解四卷　(清)王相選註　(清)任福祐重輯　清刻本　二册　上欄十行十字小字雙行同下欄十行二十字小字雙行同白口四周單邊單黑魚尾

370000－1512－0000990　732

新鐫五言千家詩會義直解四卷　(清)王相選註　(清)任福祐重輯　清刻本　二册　上欄十行十字小字雙行同下欄十行二十字小字雙行同白口四周單邊單黑魚尾

370000－1512－0000991　732

重訂唐詩別裁集二十卷　(清)沈德潛選　清上海文瑞樓石印本　五册　十四行三十字小字雙行不等細黑口四周雙邊單黑魚尾　存十三卷(一至五、八至十二、十六至十八)

370000－1512－0000992　733

陶淵明集箋註十卷首一卷末一卷　(晉)陶淵明撰　清上海文瑞樓石印本　四册　十二行二十二字小字雙行三十一字白口四周雙邊單黑魚尾

370000－1512－0000993　734

分韻試帖青雲集合註四卷　(清)楊逢春輯　(清)沈品金等註　清光緒三年(1877)刻本　四册　九行二十二字小字雙行同白口四周雙邊單黑魚尾

370000－1512－0000994　734

分韻試帖青雲集合註四卷　(清)楊逢春輯　(清)沈品金等註　清光緒十四年(1888)刻本　四册　九行二十二字小字雙行二十六字白口四周雙邊單黑魚尾

370000－1512－0000995　735

朱飲山三韵易知十卷　(清)朱燮撰　(清)楊廷茲纂　清刻本　二册　九行二十一字小字雙行同白口左右雙邊單黑魚尾

370000－1512－0000996　735

朱飲山千金譜三十九卷　(清)朱燮撰　(清)楊廷茲編輯　清刻本　四册　九行二十一字白口左右雙邊單黑魚尾　存七卷(二十一至二十五、二十八至二十九)

370000－1512－0000997　736

古唐詩合解十二卷附古詩四卷　(清)王堯衢註　清光緒六年(1880)刻本　六冊　十一行二十一字小字雙行同白口左右雙邊單黑魚尾

370000－1512－0000998　736
古唐詩合解十二卷附古詩四卷　(清)王堯衢註　清刻本　六冊　十一行二十一字小字雙行同白口上下雙邊單黑魚尾

370000－1512－0000999　736
古唐詩合解十二卷附古詩四卷　(清)王堯衢註　清光緒十一年(1885)刻本　四冊　十一行二十一字小字雙行同白口左右雙邊單黑魚尾

370000－1512－0001000　737
古唐詩合解十二卷附古詩四卷　(清)王堯衢註　清刻本　二冊　十一行二十一字小字雙行同白口四周雙邊單黑魚尾　存六卷(四至六、十至十二)

370000－1512－0001001　737
古唐詩合解十二卷附古詩四卷　(清)王堯衢註　清刻本　一冊　十一行二十一字小字雙行同白口四周雙邊單黑魚尾　缺三卷(唐詩七至九)

370000－1512－0001002　737
古唐詩合解十二卷附古詩四卷　(清)王堯衢註　清刻本　一冊　十一行二十一字小字雙行同白口四周雙邊單黑魚尾

370000－1512－0001003　737
古唐詩合解十二卷附古詩四卷　(清)王堯衢註　清光緒十七年(1891)刻本　一冊　十行二十一字小字雙行同白口四周雙邊單黑魚尾　存三卷(古唐詩合解一至三)

370000－1512－0001004　738
七家試帖輯註彙鈔九卷　(清)張熙宇輯評　(清)王植桂輯註　清光緒十二年(1886)刻本　八冊　九行二十二字小字雙行同黑口四周雙邊雙對黑魚尾

370000－1512－0001005　739
十八家詩鈔二十八卷　(清)曾國藩纂　清同治十三年(1874)傳忠書局刻本　六冊　十行二十四字小字雙行同黑口左右雙邊單黑魚尾　存十六卷(一至十六)

370000－1512－0001006　739
詩古微二卷　(清)魏源撰　清刻本　二冊　十行二十二字白口左右雙邊單黑魚尾

370000－1512－0001007　740
蘇文忠詩合註五十卷首一卷　(宋)蘇軾撰　(清)馮應榴輯　清刻本　一冊　十一行二十六字白口左右雙邊單黑魚尾　存三卷(六至八)

370000－1512－0001008　740
藕濱詩集一卷　(清)許斌芷撰　清末鉛印本　一冊　十行二十一字白口四周雙邊單黑魚尾

370000－1512－0001009　740
人境廬詩草箋注十一卷末一卷後跋二卷　(清)黃遵憲撰　(清)孫仲聯箋注　清末鉛印本　二冊　十三行三十六字小字雙行同細黑口四周雙邊單黑魚尾　存十一卷(三至十一、後跋二卷)

370000－1512－0001010　740
依萱草堂詩稿二卷　(清)劉德華撰　清刻本　一冊　九行二十二字白口左右雙邊單黑魚尾　存一卷(下)

370000－1512－0001011　741
注解唐詩別裁集二十卷　(清)沈德潛選　(清)俞汝昌增注　清道光十七年(1837)刻本　十五冊　十行十九字白口四周雙邊無魚尾

370000－1512－0001012　741
注解唐詩別裁集二十卷　(清)沈德潛選　(清)俞汝昌增注　清道光十七年(1837)刻本　五冊　十行十九字白口左右雙邊無魚尾　存八卷(十一至十二、十五至二十)

370000－1512－0001013　742
蔡中郎集十卷外紀一卷外集四卷列傳一卷　(漢)蔡邕撰　清咸豐二年(1852)楊氏海源閣刻本　六冊　九行十八字白口左右雙邊單黑

魚尾

370000－1512－0001014　743
永明心賦註四卷　（唐）釋延壽述　清光緒二十二年（1896）刻本　二冊　十行二十字白口四周雙邊單黑魚尾

370000－1512－0001015　744
古文辭類纂七十三卷　（清）姚鼎纂集　清鴻章書局石印本　八冊　十五行二十九字小字雙行同白口四周黑邊單黑魚尾　存三十七卷（一至三十七）

370000－1512－0001016　746
楚辭十七卷　（戰國）屈原撰　清光緒二十一年（1895）石印本　二冊　十二行二十二字小字雙行同白口左右雙邊雙對魚尾

370000－1512－0001017　748
絕妙好詞箋七卷附絕妙好詞續抄二卷　（宋）周密輯　（清）余集抄撮　清光緒十五年（1889）掃葉山房石印本　四冊　十二行二十七字白口四周雙邊單黑魚尾

370000－1512－0001018　749
二曲全集二十六卷四書反身録十七卷　（清）李顒撰　清光緒十七年（1891）刻本　十冊　八行二十二字白口四周雙邊單黑魚尾

370000－1512－0001019　750
楊忠愍公全集四卷　（明）楊繼盛撰　（清）毛大可鑒定　（清）章鈺重訂　清光緒三十三年（1907）敬一齋刻本　三冊　九行二十字白口四周雙邊單黑魚尾　存三卷（二至四）

370000－1512－0001020　751
批點寄獄雲齋試帖詳註四卷　（清）聶銑敏撰　（清）朱兆鳳評　清光緒二年（1876）刻本　三冊　九行十八字白口四周雙邊單黑魚尾　缺一卷（三）

370000－1512－0001021　755
重訂文選集評十五卷首一卷末一卷　（南朝梁）蕭統選　（清）于光華編　清刻本　五冊　九行二十字白口四周單邊黑魚尾　存九卷（二至五、八、十至十三）

370000－1512－0001022　756
古文釋义八卷　（清）余成評注　清刻本　一冊　十行二十一字白口四周單邊單黑魚尾　存一卷（五）

370000－1512－0001023　757
古文辭類纂四十八卷　（清）姚鼎纂　清刻本　六冊　十三行二十二字細黑口四周單邊單黑魚尾　存六卷（七至十二）

370000－1512－0001024　758
續古文辭類纂三十四卷　王先謙撰　清光緒二十七年（1901）刻本　十冊　十三行二十二字白口左右雙邊單黑魚尾

370000－1512－0001025　759
同館賦抄二集□□卷　（清）潘曾瑩撰　清刻本　十三冊　十二行二十四字大黑口四周雙邊單黑魚尾　存七卷（三至四、十九至二十三）

370000－1512－0001026　759
同館賦抄二集□□卷　（清）潘曾瑩撰　清刻本　六冊　十二行二十四字大黑口四周雙邊單黑魚尾　存二卷（十九至二十）

370000－1512－0001027　760
空山堂詩集六卷　（清）牛運震撰　清空山堂刻本　二冊　九行二十二字白口四周雙邊單黑魚尾

370000－1512－0001028　760
空山堂詩集六卷　（清）牛運震撰　清空山堂刻本　二冊　九行二十二字白口四周雙邊單黑魚尾

370000－1512－0001029　761
詩志八卷　（清）牛運震撰　清嘉慶二十三年（1818）空山堂刻本　五冊　九行二十二字白口四周雙邊單黑魚尾

370000－1512－0001030　762
古文釋義新編八卷　（清）余誠評註　清刻本　五冊　上欄二十行五字下欄十行二十二字小字雙行同白口四周單邊單黑魚尾　存五卷（一至三、七至八）

370000－1512－0001031　763

寶興堂重訂古文釋義新編八卷　(清)余誠評註　清宣統二年(1910)刻本　八冊　上欄二十行六字下欄十行二十三字小字雙行同白口四周雙邊單黑魚尾

370000－1512－0001032　763

寶興堂重訂古文釋義新編八卷　(清)余誠評註　清宣統二年(1910)刻本　八冊　上欄二十行六字下欄十行二十三字小字雙行同白口四周雙邊單黑魚尾

370000－1512－0001033　763

寶興堂重訂古文釋義新編八卷　(清)余誠評註　清宣統二年(1910)刻本　八冊　上欄二十行六字下欄十行二十三字小字雙行同白口四周雙邊單黑魚尾

370000－1512－0001034　763

寶興堂重訂古文釋義新編八卷　(清)余誠評註　清刻本　一冊　上欄二十行六字下欄十行二十三字小字雙行同白口四周雙邊單黑魚尾　存一卷(四)

370000－1512－0001035　763

桂芳齋重訂古文釋義新編八卷　(清)余誠評註　清桂芳齋刻本　八冊　上欄二十行六字下欄十行二十二字小字雙行同白口四周單邊單黑魚尾

370000－1512－0001036　763

寶興堂重訂古文釋義八卷　(清)余誠評註　清光緒二十五年(1899)刻本　一冊　九行二十三字白口四周雙邊單黑魚尾　存二卷(一至二)

370000－1512－0001037　763

寶興堂重訂古文釋義八卷　(清)余誠評註　清光緒二十五年(1899)刻本　四冊　九行二十三字白口四周雙邊單黑魚尾

370000－1512－0001038　763

善成堂重訂古文釋義新編八卷　(清)余誠評註　清光緒二十三年(1897)刻本　三冊　十行二十三字白口四周雙邊單黑魚尾　存六卷(一至六)

370000－1512－0001039　763

善成堂重訂古文釋義新編八卷　(清)余誠評註　清光緒二十三年(1897)刻本　三冊　十行二十三字白口四周雙邊單黑魚尾　存六卷(一至六)

370000－1512－0001040　764

善成堂重訂古文釋義新編八卷　(清)余誠評註　清光緒十年(1884)善成堂刻本　六冊　上欄二十行六字下欄十行二十二字小字雙行同白口四周單邊單黑魚尾

370000－1512－0001041　765

直省闈藝大全八卷　(□)□□撰　清光緒二十九年(1903)上海久敬齋石印本　八冊　十七行四十字白口四周雙邊單黑魚尾

370000－1512－0001042　767

重訂古文釋義新編八卷　(清)余誠評註　清刻本　三冊　上欄二十行六字下欄十行二十二字小字雙行同白口四周單邊單黑魚尾　存五卷(四至八)

370000－1512－0001043　769

善成堂重訂古文釋義新編八卷　(清)余誠評註　清光緒二十三年(1897)刻本　三冊　十行二十三字白口四周雙邊單黑魚尾　存六卷(一至六)

370000－1512－0001044　769

善成堂重訂古文釋義新編八卷　(清)余誠評註　清光緒二十三年(1897)刻本　一冊　十行二十三字白口四周雙邊單黑魚尾　存二卷(三至四)

370000－1512－0001045　769

善成堂重訂古文釋義新編八卷　(清)余誠評註　清刻本　三冊　上欄二十行六字下欄十行二十三字小字雙行同白口四周雙邊單黑魚尾　存六卷(三至八)

370000－1512－0001046　769

寶興堂重訂古文釋義新編八卷　(清)余誠評註　清宣統二年(1910)刻本　八冊　上欄二

十行六字下欄十行二十三字小字雙行同白口四周雙邊單黑魚尾

370000－1512－0001047　769

書業德重訂古文釋義新編八卷　(清)余誠評註　清光緒十八年(1892)刻本　八册　上欄二十行六字下欄十行二十二字小字雙行同白口四周雙邊單黑魚尾

370000－1512－0001048　769

重訂古文釋義新編八卷　(清)余誠評註　清光緒十五年(1889)有益堂刻本　一册　上欄二十行六字下欄十行二十二字小字雙行同白口四周單邊單黑魚尾　存二卷(一至二)

370000－1512－0001049　769

寶興堂重訂古文釋義新編八卷　(清)余誠評註　清宣統二年(1910)刻本　二册　上欄二十行六字下欄十行二十三字小字雙行同白口四周雙邊單黑魚尾　存四卷(一至二、五至六)

370000－1512－0001050　769

有益堂重訂古文釋義新編八卷　(清)余誠評註　清刻本　一册　上欄二十行六字下欄十行二十三字小字雙行同白口四周單邊單黑魚尾　存二卷(七至八)

370000－1512－0001051　771

王文成公全書三十八卷　(明)王守仁撰　清刻本　二十四册　九行二十一字白口左右雙邊單黑魚尾

370000－1512－0001052　775

韞山堂時文全集不分卷　(清)管世銘編　清道光三年(1823)貴文堂刻本　四册　九行二十五字白口四周雙邊單黑魚尾

370000－1512－0001053　775

韞山堂時文全集不分卷　(清)管世銘編　清刻本　一册　九行二十五字白口四周雙邊單黑魚尾　存一册(二集下)

370000－1512－0001054　775

制藝簡摩集□□卷　(□)□□撰　清刻本　三册　九行二十五字白口四周雙邊單黑魚尾

370000－1512－0001055　775

墨譜□□卷　(清)司徒德進註　清刻本　二册　九行二十五字白口四周雙邊單黑魚尾

370000－1512－0001056　776

胡文忠公遺集十卷首一卷　(清)胡林翼撰　清同治五年(1866)刻本　七册　九行二十字大黑口四周雙邊單黑魚尾　缺一卷(六)

370000－1512－0001057　777

廣東闈墨□□卷　(□)□□撰　清光緒二十九年(1903)聚奎堂刻本　一册　九行二十三字白口四周雙邊單黑魚尾

370000－1512－0001058　777

小題別體一卷　(清)李揆一撰　清光緒二十一年(1895)學庫山房刻本　一册　九行二十五字大黑口四周單邊單黑魚尾

370000－1512－0001059　777

巧搭分品一卷　(清)史鑑撰　清末刻本　一册　九行二十七字大黑口四周單邊雙黑魚尾

370000－1512－0001060　777

巧搭穿楊一卷　(清)張心蕊撰　清光緒二十一年(1895)學庫山房刻本　一册　九行二十五字大黑口四周單邊雙黑魚尾

370000－1512－0001061　777

徵君集一卷　(清)朱士煥撰　清末石印本　一册　十四行三十五字白口四周雙邊單黑魚尾

370000－1512－0001062　777

愚軒文抄□□卷　(清)孫國楨撰　清光緒刻本　三册　九行二十二字大黑口四周雙邊單黑魚尾　存四卷(一至四)

370000－1512－0001063　778

明文明初集不分卷　(清)胡友信撰　清咸豐二年(1852)刻本　六册　九行二十五字白口四周單邊單黑魚尾　存二集六册(一集四册、二集二册)

370000－1512－0001064　779

小題五萬選不分卷　(□)□□撰　清光緒二

十一年(1895)上海積山書房石印本　七十五冊　三欄各三十三行二十五字白口四周單邊單黑魚尾

370000－1512－0001065　780

銅板小塔珠華六卷　(□)□□撰　清光緒十五年(1889)申江袖海山房銅活字印本　五冊　二十行四十字白口四周雙邊單黑魚尾

370000－1512－0001066　781

五經文府二十卷　(清)鴻寶齋輯　清光緒十九年(1893)石印本　二十冊　三欄各三十三行四十四字白口四周雙邊單黑魚尾

370000－1512－0001067　782

夢華廬賦海三十卷　(□)□□撰　清光緒十二年(1886)石印本　八冊　二十八行五十一字白口四周單邊單黑魚尾

370000－1512－0001068　782

精選性理典制文鯖不分卷　(清)許景澄編　清光緒十四年(1888)石印本　二冊　二十九行二十八字白口四周單邊單黑魚尾

370000－1512－0001069　782

嘯亭續録三卷　(清)昭槤撰　清木石印本　一冊　十四行三十字細黑口四周雙邊雙黑魚尾

370000－1512－0001070　782

歷代名人小簡二卷　吳曾琪編　清宣統元年(1909)上海商務印書館鉛印本　二冊　十四行三十四字白口四周雙邊單黑魚尾

370000－1512－0001071　791

雲林別墅新輯酧世錦囊書啟合編初集八卷　(清)鄒景揚輯　清刻本　八冊　兩欄上欄十行八字下欄十行十八字白口四周單邊單黑魚尾

370000－1512－0001072　791

雲林別墅新輯酧世錦囊書啟合編初集八卷　(清)鄒景揚輯　清刻本　八冊　兩欄上欄十行八字下欄十行十八字白口四周單邊單黑魚尾

370000－1512－0001073　792

臙脂牡丹六卷　(□)□□撰　清同治七年(1868)刻本　六冊　十行二十一字白口四周單邊單黑魚尾

370000－1512－0001074　792

臙脂牡丹六卷　(□)□□撰　清同治七年(1868)刻本　六冊　十行二十一字白口四周單邊單黑魚尾

370000－1512－0001075　795

增廣試帖詩海□□卷　(清)經訓堂主人選輯　清光緒二十二年(1896)上海慎記書莊石印本　八冊　兩欄各九行二十九字白口四周單邊單黑魚尾　存二十二卷(一至二十二)

370000－1512－0001076　796

新增詩句題解彙編二十二卷　(清)陳劍芝等編　(清)朱春舫增輯　清同治五年(1866)海陵書屋刻本　十六冊　九行二十字小字雙行同白口左右雙邊無魚尾　存十六卷(一、三至十二、十七至二十一)

370000－1512－0001077　797

澹香齋試帖輯註□□卷　(清)王廷紹撰　(清)張熙宇輯評　(清)王植桂輯註　清同治九年(1870)刻本　一冊　九行二十二字大黑口四周雙邊單黑魚尾

370000－1512－0001078　797

註釋水竹居賦不分卷　(清)盛觀潮撰　清道光二十三年(1843)刻本　一冊　九行二十五字小字雙行同白口四周單邊單黑魚尾

370000－1512－0001079　797

評選古詩源十四卷　(清)沈德潛選輯　清光緒二十年(1894)刻本　二冊　十三行四十字小字雙行同白口四周單邊雙對黑魚尾　存二卷(一、三)

370000－1512－0001080　797

寄嶽雲齋試體詩選詳註□□卷　(清)聶銑敏撰　(清)張學蘇箋　清光緒五年(1879)刻本　一冊　九行二十字小字雙行同白口四周單邊單黑魚尾　存一卷(一)

370000－1512－0001081　797

詳批註釋寄嶽雲齋試帖□□卷　(清)聶銑敏撰　(清)張學蘇箋　清光緒十四年(1888)刻本　三册　上欄十八行四字下欄九行二十二字小字雙行三十三字白口四周雙邊單黑魚尾　存三卷(一、三至四)

370000－1512－0001082　798

增批分類尺牘正續集十六卷　(清)王韜編　清光緒三十年(1904)上海廣益石印本　十六册　二十行二十六字白口四周單邊單黑魚尾

370000－1512－0001083　798

增批分類尺牘正集八卷續集八卷　(清)王韜編　清光緒三十四年(1908)上海章福記石印本　十五册　二十行二十六字白口四周雙邊單黑魚尾

370000－1512－0001084　800

仕商應酬須知便覽二十卷　(清)賀潤瀚等纂輯　清光緒三十年(1904)石印本　八册　十六行四十字白口四周雙邊單黑魚尾

370000－1512－0001085　802

音註小倉山房尺牘八卷　(清)袁枚撰　(清)胡光斗輯　清光緒十一年(1885)上海著易堂鉛印本　三册　十一行三十三字白口左右雙邊雙黑魚尾　缺二卷(七至八)

370000－1512－0001086　802

六梅書屋尺牘四卷　(清)凌叔辰撰　清光緒五年(1879)京都二酉齋刻本　四册　八行十八字白口四周單邊單黑魚尾

370000－1512－0001087　805

外交報　(清)外交報編輯所編　清宣統二年(1910)上海商務印書局鉛印本　一册　十二行三十二字細黑口四周雙邊無魚尾

370000－1512－0001088　805

山東教育官報　(清)山東教育出版處編　清宣統三年(1911)山東學務公印處鉛印本　三册　十四行三十六字白口四周雙邊單黑魚尾

370000－1512－0001089　805

交通官報　(清)郵政圖書通譯局編　清宣統二年(1910)北京集成圖書公司鉛印本　二册　十二行三十三字白口四周雙邊單黑魚尾

370000－1512－0001090　805

山東官報　(清)山東官報印書局編　清宣統元年(1909)鉛印本　二册　十一行三十二字白口四周雙邊單黑魚尾

370000－1512－0001091　806

學部官報　(清)學部編　清光緒三十二年(1906)鉛印本　四十二册　十三行三十字細黑口四周雙邊單黑魚尾

370000－1512－0001092　808

匯學讀本四卷　(清)徐匯公塾選集　清光緒十四年(1888)土山灣慈母堂鉛印本　十四册　十一行三十五字白口四周雙邊單黑魚尾

370000－1512－0001093　812

欽定四庫全書總目二百卷　(清)紀昀等纂　清刻本　一百二十一册　九行二十一字白口左右雙邊無魚尾

370000－1512－0001094

空山堂金石圖四卷　(清)牛運震撰編　清乾隆十年(1745)摹刻本　四册　十行十六字或十九行二十六字或十六行十五字　無格

370000－1512－0001095

雙壽圖四卷　(清)顏光敏編　清稿本　四册　十三行二十字或十一行字數不等或十三行二十字　無格

370000－1512－0001096

御筆小行楷書墨刻　(□)□□撰　清乾隆烏金拓本　九册　五行字數不等小字雙行不等或六行不等或八行字數不等四周花邊　無格　存八卷(一至四、六至九)

濟寧市兗州區檔案館古籍普查登記目録

全國古籍普查登記目録

國家圖書館出版社
National Library of China Publishing House

《濟寧市兗州區檔案館古籍普查登記目録》

編纂委員會

主　任： 徐玉生

副主任： 楊陳麗

委　員： 侯彤彤

主　編： 楊陳麗

副主編： 侯彤彤

370000－7597－0000001　34

聖門樂誌不分卷　(清)孔尚任輯　(清)陳慶彬　(清)金德昌校　清光緒十三年(1887)刻本　一册　十行二十二字白口四周單邊單黑魚尾

370000－7597－0000002　35

聖門禮誌不分卷　(清)孔令貽輯　(清)陳慶彬　(清)金德昌校　清光緒十三年(1887)刻本　一册　十行二十二字白口四周單邊單黑魚尾

370000－7597－0000003　38

酌雅齋四書遵註合講□□卷　(清)翁復編次　(清)詹文煥參定　清乾隆五十三年(1788)刻本　六册　上欄二十六行三十一字下欄九行十七字小字雙行同白口四周雙邊無魚尾

370000－7597－0000004　39

奎壁書經六卷　(宋)蔡沈集傳　清光緒刻本　四册　九行十七字小字雙行同白口左右雙邊無魚尾

370000－7597－0000005　41

如西所刻諸名家評點春秋綱目左傳句解彙雋六卷　(清)韓菼重訂　清光緒十年(1884)刻本　六册　十行二十五字小字雙行同白口左右雙邊單黑魚尾

370000－7597－0000006　42

奎壁禮記十卷　(元)陳澔集說　清光緒十二年(1886)寶興堂刻本　十册　九行十八字小字雙行同白口左右雙邊無魚尾

370000－7597－0000007　43

詩經備旨喈鳳詳解八卷　(清)陳抒孝撰　清光緒十三年(1887)刻本　六册　上欄十八行三字中欄十八行十六字下欄九行二十三字小字雙行二十五字白口四周單邊單黑魚尾

370000－7597－0000008　44

四書大全□□卷　(明)胡廣等輯　明崇禎刻本　十册　上欄十二行十三字下欄九行十八字小字雙行同白口四周雙邊無魚尾　存三十七卷(大學一、中庸上下、論語一至二十、孟子一至十四)

370000－7597－0000009　45－46

國語國策合注二十一卷　(三國吴)韋昭　(宋)鮑彪注　清乾隆二十七年(1762)刻本　四册　十行二十一字小字雙行同白口四周單邊單黑魚尾

370000－7597－0000010　47－48

類林新咏三十六卷　(清)姚之駰撰　清刻本　十六册　十行二十字白口左右雙邊單黑魚尾

370000－7597－0000011　50

周官精義十二卷　(清)連斗山編　清嘉慶十八年(1813)經餘堂刻本　六册　九行二十三字白口左右雙邊單黑魚尾

370000－7597－0000012　51

近思錄十四卷校勘記一卷附考訂朱子世家一卷　(清)江永集註　清同治八年(1869)江蘇書局刻本　三册　九行十九字小字雙行同白口左右雙邊單黑魚尾

370000－7597－0000013　52－53

左繡三十卷首一卷　(清)馮李驊　(清)陸浩評輯　**春秋經傳集解三十卷**　(晉)杜預撰　(宋)林堯叟附註　(唐)陸德明音釋　(清)馮李驊增訂　清金閶步月樓刻本　十六册　上欄十六行十六字下欄八行二十字白口四周單邊單黑魚尾

370000－7597－0000014　54

太史張天如詳節春秋綱目左傳句解六卷　(清)韓菼重訂　清光緒刻本　六册　十一行二十五字小字雙行同白口左右雙邊無魚尾

370000－7597－0000015　55

評點春秋綱目左傳句解彙雋六卷　(清)韓菼重訂　清光緒二十一年(1895)刻本　六册　十行二十字小字雙行同白口左右雙邊單黑魚尾

370000－7597－0000016　56

周列士傳一卷　(清)顧壽楨撰　清同治五年(1866)見素抱樸齋刻本　二册　十一行二十

三字白口四周雙邊單黑魚尾

370000－7597－0000017　57－58
欽定四庫全書簡明目錄二十卷　(清)紀昀等編　清刻本　十冊　九行二十一字白口左右雙邊無魚尾　存十八卷(三至二十)

370000－7597－0000018　61
衛濟餘編十八卷　(清)黄松溪輯　清道光二十三年(1843)刻本　六冊　九行二十二字細黑口左右雙邊雙對黑魚尾

370000－7597－0000019　68
欽定大清會典一百卷　(清)崑岡等修　清光緒二十七年(1901)上海文林石印本　六冊　十八行四十字細黑口四周雙邊單黑魚尾

370000－7597－0000020　70－72、74－77
重訂王鳳洲先生會纂綱鑑□□卷　(明)王世貞纂　清刻本　四十一冊　十一行二十字小字雙行同白口四周單邊單黑魚尾　存六十七卷(三皇至後周一至十四、十七至四十六,宋元一至二十三)

370000－7597－0000021　73
御撰資治通鑑綱目三編二十卷　(□)□□撰　清光緒二十八年(1902)刻本　七冊　十一行二十三字小字雙行同白口四周單邊單黑魚尾

370000－7597－0000022　78
四書典故人物串珠四十卷　(清)臧志仁編輯　清嘉慶四年(1799)刻本　十二冊　十三行三十字白口四周單邊單黑魚尾　無直格

370000－7597－0000023　80－83
家寶全集四集　(清)石成金撰集　清刻本　三十冊　九行二十字小字雙行同白口左右雙邊單黑魚尾　存三十一卷(初集一至八、二集一至八、三集一至八、四集一至七)

370000－7597－0000024　84
三江立誠編詩鈔九卷　(□)□□撰　清道光元年(1821)文英堂刻本　八冊　十行二十字白口四周單邊單黑魚尾

370000－7597－0000025　85
五經揭要□□卷　(清)許寶善編　清刻本　十二冊　上欄十八行六字中欄十八行十一字下欄九行二十字白口四周單邊無魚尾

370000－7597－0000026　88
增補四書精繡圖像人物備考十二卷　(明)薛應旂輯　(明)陳仁錫增定　清乾隆五十八年(1793)文盛堂刻本　八冊　十三行三十字小字雙行同白口四周單邊單黑魚尾

370000－7597－0000027　89
聖武記十四卷　(清)魏源撰　清刻本　十一冊　十行二十一字白口四周雙邊單黑魚尾　存十三卷(二至十四)

370000－7597－0000028　90
欽定春秋左傳讀本三十卷　(清)英和等撰　清刻本　十六冊　九行十七字小字雙行同白口四周單邊無魚尾

370000－7597－0000029　91
周禮六卷　(漢)鄭康成注　(唐)陸德明音義　清嘉慶十一年(1806)刻本　六冊　九行十七字白口四周單邊無魚尾

370000－7597－0000030　92
空山堂史記評注十二卷　(清)牛運震撰　清刻本　八冊　九行二十字白口四周雙邊單黑魚尾　無直格

370000－7597－0000031　92
周易解六卷　(清)牛運震撰　清空山堂刻本　三冊　九行二十二字白口四周雙邊單黑魚尾

370000－7597－0000032　92
詩志八卷　(清)牛運震撰　清嘉慶五年(1800)空山堂刻本　五冊　九行二十二字白口四周雙邊單黑魚尾

370000－7597－0000033　92
集古錄十卷　(宋)歐陽修撰　清刻本　四冊　九行二十一字白口四周單邊單黑魚尾

370000－7597－0000034　92

論語隨筆二十卷 (清)牛運震撰　清嘉慶六年(1801)空山堂刻本　三册　九行二十二字白口四周雙邊單黑魚尾　存十三卷(一至三、七至十一、十五至十九)

370000－7597－0000035　92
空山堂詩集六卷 (清)牛運震撰　清空山堂刻本　一册　九行二十二字白口四周雙邊單黑魚尾

370000－7597－0000036　92
金石録三十卷 (宋)趙明誠撰　清順治七年(1650)謝世箕刻本　六册　九行二十一字白口四周單邊單黑魚尾

370000－7597－0000037　92
孟子論文七卷 (清)牛運震撰　清空山堂刻本　二册　九行二十二字小字雙行同白口四周雙邊單黑魚尾

370000－7597－0000038　92
讀史糾謬十一卷 (清)牛運震撰　清空山堂刻本　六册　九行二十二字白口四周雙邊單黑魚尾

370000－7597－0000039　93
歷朝綱鑑會纂三十九卷附年表一卷 (明)王世貞編　清刻本　二十二册　十行二十七字白口四周單邊單黑魚尾

370000－7597－0000040　94
五洲圖考不分卷 (清)龔柴撰　清光緒二十四年(1898)鉛印本　一册　十行二十三字白口四周雙邊單黑魚尾

370000－7597－0000041　95－1、95－2
大清律例集解附例□□卷 (□)□□撰　清刻本　十九册　九行二十字白口四周雙邊單黑魚尾　存二十二卷(一至六、十一至二十三、二十六至二十八)

370000－7597－0000042　96
瑜伽燄口施食起止規範不分卷 (□)□□撰　清道光二十一年(1841)刻本　一册　六行十七字白口四周單邊單黑魚尾

370000－7597－0000043　96
瑜伽燄口施食起止規範不分卷 (□)□□撰　清道光二十一年(1841)刻本　一册　六行十七字白口四周單邊單黑魚尾

370000－7597－0000044　96
瑜伽燄口施食起止規範不分卷 (□)□□撰　清道光二十一年(1841)刻本　一册　六行十七字白口四周單邊單黑魚尾

370000－7597－0000045　96
瑜伽燄口施食起止規範不分卷 (□)□□撰　清道光二十一年(1841)刻本　一册　六行十七字白口四周單邊單黑魚尾

370000－7597－0000046　98
政刑大觀批答□□卷 (清)劉邦翰選輯　清末刻本　一册　八行二十四字白口四周雙邊無魚尾

370000－7597－0000047　99－100
歷代史論四卷 (清)張溥撰　清光緒二十七年(1901)上海書局石印本　二册　十九行四十二字白口四周雙邊單黑魚尾

370000－7597－0000048　116
[同治八年]大清搢紳全書□□卷 (□)□□撰　清同治八年(1869)刻本　四册　行字不等白口四周雙邊雙對黑魚尾

370000－7597－0000049　117
論語最豁集四卷 (清)劉珍輯　清末福成堂刻本　二册　上欄十八行五字下欄行字不等白口四周單邊單黑魚尾

370000－7597－0000050　118
二十四史論新編二十三卷 (清)朱鈖輯　清光緒二十八年(1902)石印本　七册　十八行四十字大黑口四周雙邊單黑魚尾　缺一卷(八)

370000－7597－0000051　119
青雲集分韻試帖詳注四卷 (清)楊逢春 (清)蕭應櫆輯　清咸豐二年(1852)刻本　四册　九行二十字白口四周單邊單黑魚尾

370000－7597－0000052　120

三蘇策論十二卷　(宋)蘇洵等撰　清光緒二十七年(1901)石印本　一册　二十一行四十八字白口四周雙邊單黑魚尾　無直格

370000－7597－0000053　120

泰西新史攬要二十三卷附記一卷　(英國)馬懇西撰　(英國)李提摩太譯　蔡爾康述　清光緒二十七年(1901)美華書館鉛印本　八册　十一行二十六字白口四周雙邊單黑魚尾

370000－7597－0000054　121

重訂文選集評□□卷　(清)于光華編次　清刻本　五册　上欄十八行五字下欄九行二十字白口四周單邊單黑魚尾　存五卷(二、六至九)

370000－7597－0000055　124

曾文正公全集□□種　(清)曾國藩撰　清光緒十四年(1888)鴻文書局鉛印本　十一册　十八行四十一字白口四周雙邊單黑魚尾

370000－7597－0000056　126

曾文正公家書十卷家訓二卷大事記四卷榮哀録一卷　(清)曾國藩撰　清光緒三十三年(1907)上海商務印書館鉛印本　七册　十五行三十八字白口四周雙邊單黑魚尾　存十六卷(曾文正公家書十卷、家訓二卷、大事記四卷)

370000－7597－0000057　127

國朝先正事略六十卷首一卷　(清)李元度纂　清光緒十二年(1886)鉛印本　十册　十四行四十二字白口四周雙邊單黑魚尾

370000－7597－0000058　129

孟東野詩集九卷附追昔游集三卷　(唐)孟郊撰　清宣統二年(1910)上海著易堂石印本　四册　十二行二十六字白口四周雙邊單黑魚尾

370000－7597－0000059　134

大清律例□□卷　(□)□□撰　清刻本　五册　九行二十字小字雙行同白口左右雙邊單黑魚尾　存二十三卷(二十五至三十四、三十七至四十九)

370000－7597－0000060　134

三流道里表□□卷　(□)□□撰　清刻本　一册　九行二十字白口左右雙邊單黑魚尾　存一卷(上)

370000－7597－0000061　142

[康熙]滋陽縣志四卷　(清)李濚修　(清)仲弘道纂　清康熙十一年(1672)刻本　五册　十行二十字白口四周雙邊單黑魚尾

370000－7597－0000062　143

[乾隆]兖州府志三十二卷首二卷圖考一卷　(清)陳顧𤅷修　清乾隆三十五年(1770)刻本　十册　十行二十一字白口四周雙邊單黑魚尾　缺六卷(三至六、十一至十二)

濟寧市兗州區第一中學古籍普查登記目録

全國古籍普查登記目録

國家圖書館出版社
National Library of China Publishing House

《濟寧市兗州區第一中學古籍普查登記目録》

編纂委員會

主　任：曹傳魯

副主任：黄友忠　韓芳玲

主　編：張紅霞

副主編：狄振艷

370000－4548－0000001　1

蘇東坡全集一百十卷續集十二卷　（宋）蘇軾撰　清光緒三十四年至宣統元年（1908－1909）石印本　一百册　十行二十字小黑口四周雙邊雙對黑魚尾　缺十一卷（續集二至十二）

370000－4548－0000002　2

御纂五經□□卷　（□）□□編　清光緒二十年（1894）鴻寶齋石印本　十六册　行字不等白口四周雙邊間四周單邊單黑魚尾　存一百七十七卷（御纂周易折中一至十八，御纂書經傳說一至二十一，御纂詩經傳說一至二十一、詩序上下，御纂春秋傳說一至三十八，御纂禮記義疏一至七十七）

370000－4548－0000003　7

附釋音春秋左傳註疏□□卷　（晉）杜預注（唐）陸德明音義　（唐）孔穎達疏　清石印本　一册　二十行四十六字白口四周雙邊單黑魚尾　存一卷（十一）

370000－4548－0000004　10

十三經策案二十二卷首一卷　（清）王謨彙輯（清）喻祥麟編次　清嘉慶十二年（1808）刻本　十册　九行二十字大黑口左右雙邊雙對黑魚尾　缺三卷（十五至十七）

370000－4548－0000005　11－16

東華錄□□卷續錄□□卷　王先謙編　清光緒十三年（1887）上海廣百宋齋鉛印本　七十八册　十四行四十字白口四周雙邊單黑魚尾　存四百二十四卷（天命朝一至四、天聰朝一至十一、崇德朝一至八、順治朝一至三十六、康熙朝一至一百十、雍正朝一至二十六、乾隆朝一至一百二十、道光朝一至六十、嘉慶朝一至四十九）

370000－4548－0000006　13

［天聰朝］東華錄十卷　王先謙編　清鉛印本　二册　十四行四十字白口四周雙邊單黑魚尾

370000－4548－0000007　18－27、8

宋本十三經註疏附校勘記十三種□□卷　（清）阮元撰　清光緒二十九年（1903）點石齋石印本　二十二册　二十行四十六字小字雙行同小黑口四周雙邊單黑魚尾　存二十五種一百十五卷（周易註疏一至四、周易釋文校勘記一、春秋左傳註疏九至十、周禮註疏一至六、周禮註疏校勘記一至六、儀禮註疏一至八、儀禮註疏校勘記一至八、禮記註疏一至二、禮記註疏校勘記一至二、春秋穀梁傳註疏一至十六、公羊註疏一至四、公羊註疏校勘記一至四、尚書註疏一至四、尚書註疏校勘記一至四、毛詩註疏一至八、毛詩註疏校勘記一至八、孟子註疏一至四、孟子註疏校勘記一至四、論語註疏一至四、論語註疏校勘記一至四、孝經註疏一至二、孝經註疏校勘記一至二、爾雅註疏一至二、爾雅註疏校勘記一至二、十三經註疏校勘識語一至四）

370000－4548－0000008　30

康熙字典十二集□□卷補遺一卷備考一卷　（清）張玉書等纂　清鴻寶齋書局石印本　一册　行字不等白口四周雙邊單黑魚尾　無直格　存五卷（亥集上、中、下，補遺一卷，備考一卷）

370000－4548－0000009　31

康熙字典十二集□□卷　（清）張玉書等纂　清鉛印本　十二册　行字不等白口四周雙邊雙對黑魚尾

370000－4548－0000010　32－35

康熙字典十二集三十六卷總目一卷檢字一卷辨似一卷等韻一卷備考一卷補遺一卷　（清）張玉書等纂　清康熙五十五年（1716）刻本　三十八册　八行十二字小字雙行二十四字白口四周雙邊單黑魚尾　缺二集二卷（巳集中、申集上）

370000－4548－0000011　36

精刊章譚合鈔六卷　（清）章太炎　（清）譚嗣同撰　清宣統二年（1910）國學扶輪社鉛印本　五册　十一行三十一字白口四周雙邊單黑魚尾

370000－4548－0000012　37

兩朝御批通鑑輯覽一百二十卷 (□)□□撰 清石印本 十二冊 十八行四十二字白口四周雙邊單黑魚尾 存九十六卷(七至一百二)

370000－4548－0000013 38

御批歷代通鑑輯覽□□卷 (□)□□撰 清光緒三十年(1904)上海圖書集成局鉛印本 七冊 十四行四十二字小字雙行同白口四周單邊雙對黑魚尾 存三十五卷(一至五、十三至二十七、三十八至四十八、五十七至六十)

370000－4548－0000014 39

足本王鳳洲綱鑑合纂□□卷御撰資治通鑑綱目三編六卷 (明)王世貞纂 清光緒三十一年(1905)石印本 八冊 二十二行五十字小字雙行同白口四周雙邊單黑魚尾 存四十五卷(足本王鳳洲綱鑑合纂一至三十九、御撰資治通鑑綱目三編六卷)

370000－4548－0000015 40

仿宋本胡刻文選六十卷 (南朝梁)蕭統輯 **文選考異十卷** (清)胡克家撰 清末上海著易堂石印本 十六冊 十六行三十四字小黑口四周雙邊單黑魚尾

370000－4548－0000016 47

說文解字十五卷 (漢)許慎撰 **說文通檢十四卷首一卷末一卷** (清)黎永椿編 清同治十二年(1873)刻本 十冊 十行二十二字小字雙行同白口四周單邊單黑魚尾

370000－4548－0000017 48

于文定公讀史漫錄二十卷 (明)于慎行撰 (清)黃恩彤參訂 清道光二十六年(1846)刻本 八冊 十行二十一字黑口左右雙邊單黑魚尾

370000－4548－0000018 50

欽定春秋傳說彙纂三十八卷首二卷 (清)王掞等撰 清同治九年(1870)楊昌濬刻本 一冊 十一行二十四字白口四周單邊單黑魚尾 存二卷(首二卷)

370000－4548－0000019 51

呻吟語節鈔六卷 (明)呂坤撰 清嘉慶二十四年(1819)刻本 一冊 十一行二十三字白口四周雙邊雙對黑魚尾

370000－4548－0000020 52

唐詩合選詳解十二卷 (清)劉文蔚註釋 清光緒二十一年(1895)澹雅書局刻本 六冊 十行二十二字白口四周單邊單黑魚尾

370000－4548－0000021 54

昭代名人尺牘續集二十四卷 陶湘輯 清宣統三年(1911)天寶石印局石印本 十一冊 七行二十二字 無版框 存一卷(一)

370000－4548－0000022 56

史記評林一百三十卷 (明)凌以棟輯 明末刻本 九冊 九行二十字小字雙行同白口左右雙邊無魚尾

370000－4548－0000023 57

漱芳軒合纂禮記體註四卷 (清)范翔參訂 清康熙五十二年(1713)書業德刻本 一冊 上欄十八行二十五字下欄十行十九字小字雙行同白口四周單邊單黑魚尾

370000－4548－0000024 66－67

資治通鑑綱目正編五十九卷 (宋)朱熹撰 (明)陳仁錫評閱 **續編二十七卷** (明)商輅撰 清康熙四十年(1701)王公行刻本 一百十冊 七行十八字小字雙行同白口四周單邊單黑魚尾

370000－4548－0000025 81

全唐詩九百卷目錄十二卷 (清)曹寅輯 (清)彭定求編 清康熙四十六年(1707)揚州詩局刻本 一百冊 十一行二十一字白口左右雙邊雙對黑魚尾

370000－4548－0000026 93

應試唐詩類釋十九卷 (清)臧岳編 清刻本 二冊 八行二十字白口四周單邊單黑魚尾 缺三卷(一至三)

370000－4548－0000027 94

增補千家詩四卷 (清)善成堂重訂 **笠翁對韻二卷** (清)李漁撰 **唐司空圖詩品詳注一**

卷　(唐)司空圖撰　清刻本　一册　上欄十行十字小字雙行同下欄十行二十字小字雙行同白口左右單邊單黑魚尾　無直格　存四卷(增補千家詩三至四、笠翁對韻下、唐司空圖詩品詳注一卷)

370000－4548－0000028　95

古文集解□□卷　(□)□□撰　清刻本　五册　九行二十二字白口四周單邊單黑魚尾　存五卷(一、三至四、六、八)

370000－4548－0000029　96

唐詩三百首不分卷　(清)蘅塘退士編　清文成堂刻本　一册　十行二十一字小字雙行同白口左右雙邊單黑魚尾

370000－4548－0000030　97

詩韻含英題解十卷　(清)甘蘭友輯　**詩韻異同辨□□卷**　(清)彭元瑞撰　(清)任以治　(清)蔡應襄輯　清刻本　二册　八行十二字小字二十四字白口四周雙邊無魚尾　存五卷(詩韻含英題解一至二、五至七)

370000－4548－0000031　98

詩經備旨喈鳳詳解八卷　(清)陳抒孝撰　清同治八年(1869)三益堂刻本　四册　行字不等白口左右雙邊單黑魚尾　缺二卷(四至五)

370000－4548－0000032　99

重訂詩經衍義合參集註八卷　(明)江晉雲輯　(清)黄坤五手定　(清)汪桓等訂　清乾隆三十五年(1770)刻本　四册　行字不等白口四周單邊單黑魚尾

370000－4548－0000033　100

古唐詩合解□□卷　(清)王堯衢注　清同治十一年(1872)刻本　四册　十行二十一字白口四周單邊單黑魚尾　缺二卷(八至九)

370000－4548－0000034　102

晏子春秋七卷音義二卷校勘記二卷　(春秋)晏嬰撰　(清)孫星衍校並音義　清末石印本　二册　十四行三十三字白口四周雙邊單黑魚尾

370000－4548－0000035　104

論策萃新不分卷　(□)□□撰　清刻本　三册　九行二十五字白口四周單邊單黑魚尾

370000－4548－0000036　105

分韻試帖青雲集合註四卷　(清)楊逢春輯　清光緒十九年(1893)刻本　三册　行字不等白口四周雙邊單黑魚尾　存三卷(一至三)

370000－4548－0000037　106

古文釋義新編八卷　(清)余誠評註　清嘉慶十三年(1808)文會堂刻本　四册　行字不等白口四周單邊單黑魚尾　存四卷(一、三、五至六)

370000－4548－0000038　107

善成堂重訂古文釋義新編八卷　(清)余誠評註　清刻本　一册　行字不等白口四周單邊單黑魚尾　存一卷(八)

370000－4548－0000039　108

新訂四書補註備旨□□卷　(明)鄧林撰　(清)杜定基增訂　清刻本　二册　上欄二十二行五字中欄二十二行十字下欄十一行三十二字小字雙行同白口四周單邊單黑魚尾　存二卷(下論三至四)

370000－4548－0000040　109－111

御批通鑑綱目前編十八卷正編五十九卷續編二十七卷　(宋)司馬光撰　清光緒十三年(1887)上海同文書局石印本　十四册　十七行三十七字小字雙行同白口四周單邊白魚尾

370000－4548－0000041　112

萬國通鑑四卷　(美國)謝衛樓撰　(清)趙如光譯　清光緒八年(1882)刻本　四册　十行二十五字白口四周雙邊單黑魚尾

濟寧市金鄉縣圖書館古籍普查登記目録

全國古籍普查登記目録

國家圖書館出版社
National Library of China Publishing House

《濟寧市金鄉縣圖書館古籍普查登記目録》

編纂委員會

主　任：王劍濤

副主任：尋立波

委　員：盧華偉　馬亭亭　李　濤

主　編：盧華偉

副主編：馬亭亭　李　濤　李金秋

編　委（按姓氏筆畫排序）：

李玉芝　宋宗印　周保玲　張　雷　張素兰

楊洪霞　魏新亮

370000－4517－0000001　000001
宋史四百九十六卷　(元)脱脱著　明刻萬曆、崇禎至清乾隆遞修本　一百二十冊　十行二十字白口四周雙邊雙黑魚尾

370000－4517－0000002　000002
元史二百十卷　(明)宋濂著　明刻洪武、天啓至清乾隆遞修本　四十六冊　十行十九字白口四周雙邊雙黑魚尾　缺十四卷(六十一至六十六、一百六十四至一百七十一)

370000－4517－0000003　000003
宋書一百卷　(南朝梁)沈約著　明刻萬曆至清康熙、乾隆遞修本　二十八冊　九行十六字小黑口四周雙邊雙黑魚尾

370000－4517－0000004　000004
唐書二百二十五卷　(宋)欧陽脩撰　明刻萬曆至清康熙、乾隆遞修本　四十九冊　十行二十二字小黑口四周雙邊雙黑魚尾

370000－4517－0000005　000005
金史一百三十五卷　(元)脱脱著　(明)張邦奇　(明)江汝璧校刊　明刻清順治至康熙、乾隆遞修本　二十四冊　十行二十二字小黑口左右雙邊雙黑魚尾

370000－4517－0000006　000006
前漢書一百卷　(漢)班固撰　明刻萬曆、崇禎至清乾隆遞修本　二十八冊　十行二十一字小字雙行同白口四周雙邊單黑魚尾間雙黑魚尾

370000－4517－0000007　000007
後漢書一百卷　(南朝宋)范曄撰　明刻天啓、萬曆至清乾隆遞修本　二十四冊　十行二十一字小字雙行同白口四周雙邊單黑魚尾間雙黑魚尾

370000－4517－0000008　000008
五代史七十四卷　(宋)欧陽脩撰　明刻萬曆至清乾隆遞修本　十冊　十行二十一字小字雙行同小黑口四周雙邊雙黑魚尾

370000－4517－0000009　000009
晉書一百三十卷　(唐)太宗李世民御撰　明刻萬曆至清康熙、乾隆遞修本　二十九冊　十行二十字白口左右雙邊雙黑魚尾　缺第十九至二十一卷、第四函

370000－4517－0000010　000010
南史八十卷　(唐)李延壽撰　明刻萬曆至清乾隆遞修本　二十四冊　九行十八字小黑口四周雙邊雙黑魚尾

370000－4517－0000011　000011
北史一百卷　(唐)李延壽撰　明刻萬曆至清康熙、乾隆遞修本　三十六冊　九行十八字小黑口四周雙邊單黑魚尾間雙黑魚尾

370000－4517－0000012　000012
北魏書一百十四卷　(北齊)魏收撰　明刻萬曆至清順治、乾隆遞修本　二十八冊　十行二十一字小黑口左右雙邊單黑魚尾

370000－4517－0000013　000013
南齊書五十九卷　(南朝梁)蕭子顯撰　明刻萬曆、崇禎至清乾隆遞修本　十二冊　九行十八字小黑口四周雙邊雙黑魚尾

370000－4517－0000014　000014
北齊書五十卷　(隋)李百藥撰　明刻萬曆至清順治、乾隆遞修本　八冊　九行十八字小黑口四周雙邊雙黑魚尾

370000－4517－0000015　000015
梁書五十六卷　(唐)姚思廉撰　明刻萬曆至清順治、乾隆遞修本　八冊　十行二十一字小黑口四周雙邊雙黑魚尾

370000－4517－0000016　000016
隋書八十五卷　(唐)魏徵撰　明刻萬曆至清順治、乾隆遞修本　十二冊　九行十八字小黑口四周雙邊雙黑魚尾

370000－4517－0000017　000017
遼史一百十六卷　(元)脱脱脩　明刻嘉靖、崇禎至清乾隆遞修本　十冊　十行二十二字白口四周雙邊雙黑魚尾　存四十六卷(一至四十六)

370000－4517－0000018　000018

後周書五十卷　（唐）令狐德棻等撰　明刻萬曆至清順治、乾隆遞修本　十二册　九行十八字小黑口四周雙邊雙黑魚尾

370000－4517－0000019　000019
史記一百三十卷　（漢）司馬遷著　清乾隆五十五年（1790）刻本　十二册　十行二十字小字雙行二十七字白口間小黑口左右雙邊單黑魚尾

370000－4517－0000020　000020
欽定春秋傳説彙纂三十八卷　（清）王掞撰　清康熙六十年（1721）刻本　二十四册　十一行二十一字白口左右雙邊單黑魚尾　無格

370000－4517－0000021　000021
欽定春秋傳説彙纂三十八卷首二卷　（清）王掞撰　清康熙六十年（1721）刻本　十六册　十一行二十一字白口左右雙邊單黑魚尾　無格　存三十二卷（四至十六、十八、二十一至三十三、三十六至三十八，首二卷）

370000－4517－0000022　000022
景岳全書六十四卷　（明）張介賓手輯　清乾隆三十三年（1768）刻本　十三册　十三行二十四字白口左右雙邊單黑魚尾　存三十五卷（一至十八、二十六至二十九、三十四至三十九、四十三至四十九）

370000－4517－0000023　000024
春秋穀梁傳註疏二十卷　（晋）范甯集解（唐）楊士勛疏　明崇禎八年（1635）汲古閣刻本　五册　九行二十字小字雙行十九字白口左右雙邊　存十六卷（一至六、十一至二十）

370000－4517－0000024　000025
春秋左傳杜註三十卷　（清）姚培謙撰　清乾隆十一年（1746）吳郡小鬱林陸氏刻本　八册　九行十九字白口四周單邊單黑魚尾　存二十卷（九至十一、十四至三十）

370000－4517－0000025　000026
唐詩直解七卷　（明）李于鱗原撰　清乾隆四十九年（1784）刻本　四册　兩欄各八行十六字白口四周雙邊單黑魚尾　存四卷（一至三、四殘）

370000－4517－0000026　000027
東華録三十二卷　（清）蔣良騏謹識　清乾隆三十年（1765）十月重開刻本　八册　九行二十二字白口四周單邊單黑魚尾

370000－4517－0000027　000028
鄉黨圖攷试卷四卷　（清）江慎脩編　清乾隆五十二年（1787）致和堂刻本　四册　九行二十五字白口四周單邊單黑魚尾

370000－4517－0000028　000029
書經備旨圖攷大全□□卷　（清）黄九石先生著　清文玉堂刻本　五册　兩欄行字不等白口左右雙邊單黑魚尾　存六卷（一至六）

370000－4517－0000029　000030
古唐詩合解箋註十二卷　（清）王翼雲註　清同治四年（1865）刻本　二册　十行二十一字小字雙行同白口左右雙邊單黑魚尾　存八卷（一至八）

370000－4517－0000030　000031
古唐詩合解十六卷　（清）王翼雲註　清三益堂刻本　一册　十行二十一字小字雙行同白口左右雙邊單黑魚尾　存三卷（十至十一、十二殘）

370000－4517－0000031　000034
禮記體註大全四卷　（清）范紫登輯　清姑蘇會文堂刻本　三册　兩欄行字不等白口左右雙邊單黑魚尾　存三卷（一至二、四）

370000－4517－0000032　000035
周禮精華六卷　（清）陳虚舟編輯　清光緒六年（1880）刻本　六册　兩欄行字不等白口左右雙邊單黑魚尾

370000－4517－0000033　000037
新註韻對千家詩四卷　（清）王晉升撰註（清）任南陵重輯　清福成堂刻本　一册　兩欄行字不等白口左右雙邊單黑魚尾

370000－4517－0000034　000038
御批鳳洲綱鑑會纂二十三卷（宋元卷）　（明）

王世貞纂 （明）陳仁錫訂 （明）吕一經較 清聚和堂刻本 七册 兩欄行字不等白口左右雙邊單黑魚尾 存十三卷(一至十三)

370000－4517－0000035 000039
御纂通鑑綱目三編二十卷 （清）張廷玉撰 清光緒二十六年(1900)善成堂刻本 六册 十一行二十三字白口四周單邊單黑魚尾

370000－4517－0000036 000040
御纂通鑑綱目三編二十卷 （清）張廷玉撰 清光緒二十八年(1902)聚和堂刻本 六册 十一行二十三字白口四周單邊單黑魚尾

370000－4517－0000037 000042
資治通鑑綱目五十九卷 （宋）朱熹撰 （明）陳仁錫評閲 清嘉慶八年(1803)刻本 八册 七行十八字小字雙行同白口四周單邊單黑魚尾 存四卷(一至四)

370000－4517－0000038 000043
御批歷代通鑑輯覽一百二十卷 （清）傅恒等撰 清刻本 四册 兩欄行字不等白口四周雙邊單黑魚尾 上欄無格 存八卷(四十四至四十五、五十八至五十九、七十二至七十三、一百十四至一百十五)

370000－4517－0000039 000045
尺木堂綱鑑易知録九十二卷 （清）吳楚材等輯 清光緒三十四年(1908)刻本 一册 十四行四十二字小字雙行同四周單邊單黑魚尾 存七卷(七十五至八十一)

370000－4517－0000040 000046
綱鑑易知録九十二卷 （清）吳楚材等輯 清刻本 十五册 九行二十字小字雙行同白口四周單邊單黑魚尾 存三十二卷(十四至二十六、五十四至六十六、七十四至七十九)

370000－4517－0000041 000047
重訂王鳳洲先生綱鑑會纂四十六卷 （明）王鳳洲(王世貞)撰 清善成堂刻本 十五册 十一行二十字白口四周單邊單黑魚尾 存二十三卷(一至四、七至十六、十八至二十三、二十六、四十至四十一)

370000－4517－0000042 000048
御批通鑑輯覽一百二十卷 （清）傅恒等撰 清同治十一年(1872)石印本 十一册 二十四行四十九字小字雙行同白口四周雙邊單黑魚尾 存六十二卷(七至十四、二十八至三十三、四十一至五十三、五十八至六十二、六十九至七十三、八十五至九十五、一百七至一百二十)

370000－4517－0000043 000049
王鳳洲綱鑑會纂三十九卷 （明）王鳳洲(王世贞)撰 清光緒二十八年(1902)書業德石印本 十册 二十二行五十字小字雙行同白口四周雙邊單黑魚尾 存三十一卷(一至二十、二十四至二十九、三十三至三十七)

370000－4517－0000044 000050
春秋左傳備旨十二卷 （宋）蘇軾輯 清光緒十三年(1887)義德堂刻本 五册 十一行二十九字小字雙行四周單邊單黑魚尾 存十一卷(一至九、十一至十二)

370000－4517－0000045 000051
禮記備旨十一卷 （清）梧岡氏纂輯 清光緒十三年(1887)義德堂刻本 六册 三欄行字不等白口左右雙邊單黑魚尾

370000－4517－0000046 000053
書經體註六卷 （清）范紫登鑒定 （清）錢再文纂輯 清刻本 一册 兩欄行字不等白口左右雙邊單黑魚尾 存二卷(五至六)

370000－4517－0000047 000054
書經備旨輯要六卷 （清）馬良奇輯 （清）汪右衡監定 清光緒三十年(1904)寶興堂刻本 五册 上欄十八行九字下欄九行二十四字小字雙行同白口左右雙邊單黑魚尾

370000－4517－0000048 000055
小爾雅十三卷 （漢）孔鮒纂集 （漢）宋咸注釋 （明）朱師賓重訂 （明）郎壁金糾謁 **逸雅八卷** （漢）劉熙成國撰 明刻本 一册 九行二十字白口左右雙邊 存二十卷(小爾雅十三卷、逸雅一至七)

370000－4517－0000049　000056

爾雅三卷　(晉)郭璞注　(唐)陸德明音釋　清刻本　一册　九行十七字小字雙行同白口四周雙邊單黑魚尾　存一卷(卷下十三至十九)

370000－4517－0000050　000057

周易四卷　(宋)朱熹本義　清刻本　二册　兩欄上欄二十二行二字下欄十一行二十三字小字雙行同白口左右雙邊

370000－4517－0000051　000058

春秋綱目左傳句解六卷　(清)韓慕廬校訂　清聚盛堂刻本　六册　十一行二十四字小字雙行同白口四周雙邊單黑魚尾

370000－4517－0000052　000059

批點左傳句解六卷　(清)韓慕廬校訂　清光緒十三年(1887)文英堂刻本　十册　十行二十五字小字雙行同白口左右雙邊單黑魚尾

370000－4517－0000053　000060

批點春秋左傳綱目句解六卷　(清)韓慕廬校訂　清令德堂刻本　六册　九行二十四字小字雙行同白口四周單邊單黑魚尾

370000－4517－0000054　000061

春秋綱目左傳句解六卷　(清)韓慕廬校訂　清光緒寶興堂刻本　六册　十一行二十五字小字雙行同白口左右雙邊單黑魚尾

370000－4517－0000055　000062

春秋綱目左傳句解六卷　(清)韩菼重訂　清光緒寶興堂刻本　六册　十一行二十五字小字雙行同白口左右雙邊單黑魚尾

370000－4517－0000056　000063

春秋經傳集解三十卷　(晉)杜預原本　(唐)陸德明音釋　清康熙五十九年(1720)刻本　五册　兩欄上欄十六行十五字下欄八行二十字小字雙行同白口左右雙邊單黑魚尾　存九卷(一至七、十至十一)

370000－4517－0000057　000066

資治通鑑二百九十四卷　(宋)司馬光撰　清刻本　三册　十行二十字小字雙行同白口四周單邊單黑魚尾　存六卷(一百十五至一百十八、一百二十三至一百二十四)

370000－4517－0000058　000074

史記一百三十卷　(漢)司馬遷撰　清光緒四年(1878)金陵書局刻本　十六册　十二行二十五字小字雙行同白口左右雙邊單黑魚尾

370000－4517－0000059　000075

御纂周易折中二十二卷　(清)李光地等撰　清刻本　五册　八行二十一字小字雙行同白口四周雙邊單黑魚尾　存九卷(五至十三)

370000－4517－0000060　000076

御批歷代通鑑輯覽　(清)惲毓鼎署籤　清石印本　三册　十四行四十一字小字雙行同白口四周單邊單黑魚尾　存十卷(三十一至三十四、九十一至九十三、一百九至一百十一)

370000－4517－0000061　000077

龍光詩經八卷　(宋)朱熹撰　明洪武八年(1375)寶興堂刻本　三册　九行十七字小字雙行同白口四周雙邊單黑魚尾　存七卷(一至四、六至八)

370000－4517－0000062　000078

資治通鑑綱目五十九卷　(明)陳仁錫評閱　清刻本　四册　七行十八字小字雙行同白口四周雙邊單黑魚尾　存四卷(一下、二上、三下、四)

370000－4517－0000063　000079

綱鑑易知録九十二卷明鑑十五卷　(清)吳楚材輯　清光緒二十九年(1903)上海商務印書館藏版仿聚珍版活字排印本　六册　十四行四十二字小字雙行同白口四周雙邊單黑魚尾　存三十九卷(一至五、十三至十九、二十七至四十、八十二至八十七,明鑑一至七)

370000－4517－0000064　000080

袁了凡王鳳洲綱鑑合編三十九卷明鑑二十卷　(明)袁了凡輯　(明)王鳳洲編　清乾隆十一年(1746)刻本　十一册　十九行四十字小字雙行同白口四周單邊單黑魚尾　存四十七卷(二至十三、十七至二十、二十七至二十八、

三十一至三十九,明鑑二十卷)

370000－4517－0000065　000081

御批增袁王吳批分類通鑑輯覽合璧一百二十卷　(清)傅恆等編　清光緒二十九年(1903)積山喬記書局石印本　二十四冊　五欄上四欄三十二行三字　無格下欄二十二行三十八字小字雙行同白口四周雙邊單黑魚尾

370000－4517－0000066　000082

十七史詳節二百七十三卷　(宋)吕祖謙輯　清光緒二十八年(1902)石印本　一冊　十八行四十字白口四周雙邊單黑魚尾　無格　存三卷(十二至十四)

370000－4517－0000067　000083

歷代帝王年表不分卷　(清)齊召南編　(清)阮福續編　清道光四年(1824)中華書局刻本　一冊　行字不等小黑口四周單邊單黑魚尾　存一冊(二)

370000－4517－0000068　000084

增評加批歷史綱鑑補　(宋)司馬光綱鑑　(宋)朱熹綱目　清末石印本　二冊　二十二行五十八字小字雙行同白口四周雙邊單黑魚尾　存六卷(二十四至二十六、三十四至三十六)

370000－4517－0000069　000085

史事論甲編十卷乙編六卷丙編四卷丁編四卷戊編十卷　(清)雷君曜輯　清光緒二十九年(1903)硯耕山莊石印本　十冊　十四行三十二字白口四周雙邊單黑魚尾　存十五卷(甲編一至四、六至七,乙編六卷,丙編一、三,丁編四)

370000－4517－0000070　000087

御批歷代通鑑輯覽一百二十卷　(清)傅恒等纂　清乾隆三十二年(1767)刻本　三十三冊　十五行二十八字小字雙行同白口四周單邊　缺十六卷(三十三至三十五、七十九至八十、八十六至九十、九十六、一百十六至一百二十)

370000－4517－0000071　000090

本草醫方合編　(清)汪昂輯　清宏道堂刻本　五冊　兩欄上欄九行十七字下欄十行二十一字白口四周雙邊單黑魚尾　存六卷(一至六)

370000－4517－0000072　000091

痘疹正宗不分卷　(清)宋麟祥　(清)鍾嶽甫著　清手抄本　一冊　十二行二十九字無格

370000－4517－0000073　000092

種痘新書四卷　(清)方明一述傳　清道光二十三年(1843)信元堂刻本　一冊　九行二十二字白口四周單邊　無格

370000－4517－0000074　000093

痘疹不求人不分卷　(明)朱棟隆著　清刻本　一冊　十行二十二字白口四周雙邊單黑魚尾　無格

370000－4517－0000075　000094

唐詩合解箋注十二卷　(清)王士禛原本　(清)王堯衢註　清寶興堂刻本　五冊　十行二十一字小字雙行同白口左右雙邊單黑魚尾

370000－4517－0000076　000095

古唐詩合解四卷　(清)王翼雲註　清刻本　一冊　十行二十一字小字雙行同白口四周雙邊單黑魚尾

370000－4517－0000077　000096

元亨療馬集六卷　(明)喻本元著　清上海章福記石印本　五冊　二十二行四十八字白口四周雙邊單黑魚尾　無格

370000－4517－0000078　000097

芥子園畫傳二十二卷　(清)王概著　清末石印本　一冊　存一卷(三)

370000－4517－0000079　000098

韻府羣玉　(元)陰时夫　(元)陰中夫輯　清末刻本　一冊　十一行二十二字白口四周單邊單黑魚尾　存一卷(四)

370000－4517－0000080　000100

黄氏醫書八種十卷　(清)黄元御撰　清光緒

三十年(1904)石印本　一册　十八行四十一字白口四周單邊雙黑魚尾　存五卷(一至五)

370000－4517－0000081　000104

陳修園七十二種□□卷　(清)陳修園輯　清光緒三十四年(1908)上海章福記石印本　五册　二十行四十五字白口四周雙邊單黑魚尾　存十三種(醫學實在易四卷、十藥神書、急救奇痧方、經驗百病内外、霍亂論、靈素集註節要五至十二、傷寒醫決串解、傷寒直方歌括、喉痧正的、春溫三字訣、福幼編、太乙神緘、养生鏡)

370000－4517－0000082　000108

詩經體注圖攷大全八卷　(清)高介石纂輯　清光緒九年(1883)重刊聚錦堂藏板刻本　三册　兩欄上欄二十行二十六字　無格下欄九行十七字白口左右雙邊單黑魚尾　存五卷(一至五)

370000－4517－0000083　000109

歷朝綱鑑會纂三十九卷　(明)王鳳洲編輯　清光霽堂藏板刻本　十五册　十行二十七字小字雙行同白口四周單邊單黑魚尾　存十八卷(一至六、十三至十八、三十四至三十九)

370000－4517－0000084　000111

詩經體注八卷　(清)高介石纂輯　清光緒二十七年(1901)善成堂刻本　三册　兩欄上欄行數不等二十六字下欄九行十七字白口左右雙邊　缺二卷(三至四)

370000－4517－0000085　000112

漢書一百卷　(唐)顔師古注　清光緒十三年(1887)金陵書局刻本　二十册　十二行二十五字小字雙行三十七字白口左右雙邊單黑魚尾　缺十六卷(十三至十四、三十七至五十)

370000－4517－0000086　000113

珍珠囊指掌補遺藥性賦四卷　(金)李杲編輯　(清)王晉三重訂　清光緒十三年(1887)善成堂刻本　一册　十一行二十四字白口四周單邊單黑魚尾　存二卷(三至四)

370000－4517－0000087　000115

急救應驗良方不分卷　(清)徐幹敬選　清光緒十九年(1893)癸巳刻本　一册　十行二十二字白口四周單邊單黑魚尾

370000－4517－0000088　000117

歷代綱鑑總論二卷　(清)陳受頤撰　清光緒二十九年(1903)義盛堂刻本　二册　十一行二十一字大黑口四周單邊單黑魚尾

370000－4517－0000089　000118

御批歷代綱鑑總論二卷　(清)陳受頤撰　清光緒五年(1879)东昌聚盛堂藏板刻本　二册　十一行二十一字小字雙行同大黑口左右雙邊單黑魚尾

370000－4517－0000090　000126

語珍切要録二卷　(清)徐立陞撰　清嘉慶二年(1797)清和月刻本　一册　十行二十字白口左右雙邊單黑魚尾　存一卷(下)

370000－4517－0000091　000128

海國圖志正集一百卷　(清)魏源撰　清光緒二十一年(1895)上海書局石印本　八册　二十行四十四字白口四周雙邊單黑魚尾　存五十四卷(一至五十四)

370000－4517－0000092　000134

笠翁一家言全集十六卷　(清)李漁著　清康熙九年(1670)芥子園刻本　一册　兩欄行字不等白口四周雙邊單黑魚尾　存一卷(一)

370000－4517－0000093　000137

墨子十六卷　(清)畢沅撰　清乾隆四十八年(1783)上海會文堂書局石印本　四册　十五行三十二字大黑口四周雙邊單黑魚尾

370000－4517－0000094　000138

資治通鑑綱目　(明)陳仁錫評閱　清崇禎三年(1630)刻本　七十八册　七行十八字小字雙行同白口四周單邊單黑魚尾　缺子集甲、戊、庚,丑集己、庚、辛,寅集甲、丙、丁、戊、庚、辛,卯集乙、己、壬、癸,辰集辛、癸,巳集甲、乙、丁、庚、癸,午集丙,未集乙、丙、丁、戊,申集甲、乙、庚、壬,酉集甲、丁、戊、己、庚、壬、癸,戌集己、癸,亥集丙、己、庚、辛、壬、癸

370000－4517－0000095　000139
御批歷代通鑑輯覽一百二十卷　(清)傅恒等纂　清光緒三十年(1904)上海商務印書館石印本　二十四册　十五行二十八字白口四周單邊

370000－4517－0000096　000141
詩經備旨八卷　(清)鄒梧岡纂輯　清光緒二十二年(1896)書業德刻本　四册　三欄行字不等白口四周雙邊單黑魚尾

370000－4517－0000097　000146
增補鍼灸大成十二卷　(明)楊繼洲撰　清順治十四年(1657)上海鑄記書局石印本　一册　二十二行四十八字白口四周單邊單黑魚尾　存五卷(一至五)

370000－4517－0000098　000149
御批綱鑑總論二卷　(清)張廷玉撰　清光緒三十年(1904)德茂堂刻本　一册　九行二十一字白口四周單邊單黑魚尾

370000－4517－0000099　000150
後漢書一百三十卷　(南朝宋)范曄撰　**續漢書三十卷**　(晉)司馬彪撰　清光緒十二年(1886)金陵書局刻本　十一册　十二行二十五字小字雙行同白口左右雙邊單黑魚尾　存六十九卷(後漢書二至三十、五十五至九十，續漢書二十一至二十四)

370000－4517－0000100　000155
綱鑑易知録一百七卷　(清)吳楚材等輯　清大文堂刻本　三十四册　九行二十字小字雙行同白口四周單邊單黑魚尾　缺十七卷(十九至二十、二十五至二十八、四十二至五十二)

370000－4517－0000101　000159
禮記體註大全合𠫵四卷　(清)徐文初原本　(清)范紫登輯　清寶興堂刻本　四册　兩欄行字不等白口四周雙邊單黑魚尾

370000－4517－0000102　000160
四書補註附攷備旨　(清)林退菴著　清光緒二十二年(1896)志興堂刻本　六册　三欄行字不等白口四周單邊單黑魚尾　存上論全册，首本下論，末本下論，学庸全册，孟子三、四册

370000－4517－0000103　000161
詩經備旨喈鳳詳解六卷　(清)陳百先輯解　(清)汪敬堂增訂　清光緒十七年(1891)寶興堂刻本　六册　兩欄行字不等白口四周單邊間四周雙邊單黑魚尾

370000－4517－0000104　000162
詩經體註大全體要八卷　(清)高朝瓔定　清光緒二十八年(1902)刻本　三册　兩欄行字不等白口左右雙邊單黑魚尾　存六卷(三至八)

370000－4517－0000105　000163
禮記體註四卷　(清)范紫登𠫵定　清同治十年(1871)刻本　四册　兩欄行字不等白口左右雙邊單黑魚尾

370000－4517－0000106　000165
御批歷代通鑑輯覽一百二十卷　(清)傅恒等纂　清同治十三年(1874)湖南書局刻本　三十五册　十一行二十二字小字雙行同白口四周雙邊雙黑魚尾　存一百十六卷(一至一百十六)

370000－4517－0000107　000168
筆花醫鏡四卷　(清)江涵暾著　清善成堂刻本　一册　十行二十字白口四周單邊單黑魚尾　存二卷(三至四)

370000－4517－0000108　000169
御纂醫宗金鑑九十卷　(清)吳謙　劉裕鐸修　清升記堂刻本　一册　九行二十四字白口四周單邊單黑魚尾　存二卷(九至十)

370000－4517－0000109　000173
御定淵鑑類函四百五十卷　(清)張英等輯　清光緒十三年(1887)同文書局石印本　四十八册　二十一行四十二字白口四周單邊單白魚尾　缺十卷(二百二十七至二百三十六)

370000－4517－0000110　000175
增補事類賦統編九十三卷　(清)吳世旃著

(清)黄葆真增輯　清道光五年(1825)敦好堂刻本　二十八册　九行二十一字白口四周單邊單黑魚尾　存五十四卷(一至三、七至八、十八、二十二至二十四、二十七至四十四、四十九至五十、五十八至六十六、六十九至八十、八十三至八十六)

370000－4517－0000111　000176
六書通不分卷　(清)閔寓五先生稾本　清光緒四年(1878)繡谷留耕堂刻本　五册　八行字數不等白口四周雙邊

370000－4517－0000112　000177
四書述要□□卷　(宋)朱熹集註　清松盛堂刻本　五册　兩欄行字不等白口左右雙邊　存三種(論語十卷、学庸一册、孟子一至五)

370000－4517－0000113　000182
重校古文釋義八卷　(清)余自明評選　清光緒十三年(1887)寶興堂刻本　四册　兩欄行字不等四周單邊單黑魚尾

370000－4517－0000114　000183
校補龍文鞭影八卷　(明)蕭漢沖纂輯　(清)楊古度增訂　(清)李暉吉輯　(清)黄元熙校纂　清光緒二十年(1894)上洋熙記書莊刻本　四册　八行字數不等四周單邊單黑魚尾

370000－4517－0000115　000184
重輯增註龍文鞭影全集　(明)蕭漢沖纂輯　(清)楊古度增訂　清光緒十三年(1887)寶興堂刻本　三册　兩欄行字不等白口左右雙邊單黑魚尾

370000－4517－0000116　000186
增訂古文釋義八卷　(清)余自明評選　清同治七年(1868)聚錦堂刻本　二册　十行二十四字白口四周單邊單黑魚尾

370000－4517－0000117　000189
幼學故事瓊林十四卷　(明)程允升原本　(清)鄒梧岡纂輯　清光緒善成堂刻本　二册　兩欄行字不等白口四周雙邊單黑魚尾

370000－4517－0000118　000190
字學舉隅　(清)黄虎癡先生輯　清光緒十年(1884)琉璃廠書坊刻本　一册　行字不等白口四周單邊單黑魚尾無格

370000－4517－0000119　000192
四書朱子大全精言四十卷　(清)周大璋編輯　清康熙四十七年(1708)寶旭齋刻本　二十九册　行字不等白口左右雙邊單黑魚尾無格

370000－4517－0000120　000193
練兵實紀九卷練兵實紀雜集六卷　(明)戚繼光著　清道光二十三年(1843)刻本　五册　十行二十一字白口四周雙邊單黑魚尾　存十三卷(練兵實紀一至九、卷二残,練兵實紀雜集一至四)

370000－4517－0000121　000194
七家試帖輯註彙鈔　(清)王植桂輯註　清同治十年(1871)京師琉璃廠刻本　六册　行字不等大黑口四周雙邊單黑魚尾　無格　存桐雲閣試貼輯註、澹香齋試貼輯註、修竹齋試貼輯註、簡學齋試貼輯註、尚絅堂試貼輯註

370000－4517－0000122　000199
小題正鵠二集　(清)李元度輯　清道光二十六年(1846)李氏家塾刻本　一册　九行二十四字白口四周單邊單黑魚尾　無格

370000－4517－0000123　000201
四書會解二十七卷　(清)綦灃輯　清嘉慶五年(1800)還醇堂刻本　二十四册　九行二十四字小字雙行同白口四周雙邊　無格

370000－4517－0000124　000202
四書合講　(宋)朱熹集著　清尚文堂刻本　二册　兩欄行字不等白口四周雙邊　存四卷(孟子四至七)

370000－4517－0000125　000205
國朝六家詩鈔　(清)劉復燕選　清汗青簃刻本　三册　十行二十一字小字雙行同大黑口四周單邊單黑魚尾　存竹垞、初白上、秋谷

370000－4517－0000126　000206
史鑑節要便讀　(清)鮑東里編輯　清光緒二十八年(1902)萬育堂刻本　二册　九行字數

不等白口四周雙邊單黑魚尾　存六卷(一至六)

370000－4517－0000127　000208
齊魯講學初集　(清)尹銘綬編　清光緒二十九年(1903)聚和堂刻本　一册　十二行三十四字白口四周單邊單黑魚尾　存一卷(一)

370000－4517－0000128　000209
重訂事類賦三十卷　(宋)吴淑撰　清同治七年(1868)經綸堂刻本　六册　九行二十一字小字雙行同大黑口四周雙邊單黑魚尾

370000－4517－0000129　000215
國朝增註明文約編不分卷　(清)陳詩編次　清光緒二十年(1894)文英堂刻本　三册　九行二十五字白口左右雙邊單黑魚尾

370000－4517－0000130　000217
樫花會館試帖箋注二卷　(清)路德著　清咸豐十一年(1861)三元堂刻本　一册　九行十八字白口左右雙邊單黑魚尾　存一卷(上)

370000－4517－0000131　000218
四六類腋不分卷　(清)東郵先生手著　清道光九年(1829)百一堂刻本　一册　十四行二十二字白口四周單邊單黑魚尾　無格

370000－4517－0000132　000219
試帖青雲集註釋四卷　(清)楊逢春輯　清同治六年(1867)春月經餘厚刻本　四册　九行二十字白口左右雙邊單黑魚尾　無格

370000－4517－0000133　000223
勸學篇　(清)張之洞著　清光緒二十四年(1898)山東書局石印本　一册　十行二十三字白口左右雙邊單黑魚尾　存内外篇

370000－4517－0000134　000225
批點左傳句解六卷　(清)韓慕廬評　清光緒六年(1880)崇德堂刻本　六册　十一行二十四字小字雙行同白口四周雙邊單黑魚尾

370000－4517－0000135　000227
正學先生遜志齋集七卷　(明)方孝孺著　清同治三年(1864)刻本　七册　十二行二十四字白口四周雙邊單黑魚尾

370000－4517－0000136　000228
春秋綱目左傳句解六卷　(清)韓慕廬定　清光緒年寶興堂刻本　六册　十一行二十五字小字雙行同白口四周單邊單黑魚尾

370000－4517－0000137　000231
律賦標新詳註四卷　(清)季尚鑒定　清同治三年(1864)崇德堂刻本　一册　九行二十四字小字雙行同白口左右雙邊單黑魚尾　無格　存二卷(一至二)

370000－4517－0000138　000233
龍光四書□□卷　(宋)朱熹章句　清東昌萬興成刻本　一册　九行十七字小字雙行同白口左右雙邊單黑魚尾　存大學中庸合订本一册

370000－4517－0000139　000237
註釋丁香花館試帖分品四卷　(清)葛兆慶先生輯　清光緒元年(1875)敬文堂刻本　一册　十八行二十字白口四周單邊單黑魚尾　無格　存二卷(一至二)

370000－4517－0000140　000241
古唐詩合解四卷　(清)王堯衢註　清光緒十年(1884)刻本　二册　十一行二十一字小字雙行同白口左右雙邊單黑魚尾

370000－4517－0000141　000242
古唐詩合解箋註十二卷　(清)王堯衢註　清光緒十一年(1885)重校刻本　二册　十一行二十一字小字雙行同白口左右雙邊單黑魚尾　存六卷(一至六)

濟寧市梁山縣圖書館古籍普查登記目録

全國古籍普查登記目録

國家圖書館出版社
National Library of China Publishing House

《濟寧市梁山縣圖書館古籍普查登記目録》

編纂委員會

主　任： 馬正棟

副主任： 李興文

委　員： 孔　軍　崔　磊

主　編： 孔　軍

副主編： 崔　磊

編　委（按姓氏筆畫排序）：

任仲峰　陳　麗　劉　靖

370000－1532－0000001　1
漁洋詩話三卷　（清）王阮亭著　清雍正刻本　二冊　十行十九字黑口左右雙邊雙黑魚尾

370000－1532－0000002　2
幼學故事瓊林四卷　（清）程允升註　清光緒刻本　四冊　上欄十一行七字小字雙行同下欄十行二十六字白口四周單邊單黑魚尾

370000－1532－0000003　3
周易註疏九卷附校勘記　（三國魏）王弼註　清嘉慶二十年（1815）江西南昌府學開雕文選樓藏本　八冊　十行二十字小字雙行二十四字黑口左右雙邊雙黑魚尾

370000－1532－0000004　4
重刊宋本爾雅注疏十一卷附校勘記　（晉）郭璞注　（宋）刑昺疏　（清）阮元撰　（清）盧宣旬摘錄　（清）王銘校　清嘉慶二十年（1815）江西南昌府學開雕刻本　十一冊　十行二十三字小字雙行同黑口四周單邊雙黑魚尾　存八卷（二、四至五、七至十一）

370000－1532－0000005　5
重刊宋本左傳注疏十九卷附校勘記　（晉）杜預注　（唐）孔穎達疏　清嘉慶二十年（1815）江西南昌府學開雕刻本　八冊　十行二十三字小字雙行同黑口四周單邊雙黑魚尾　存十九卷（重刊宋本左傳注疏十九卷）

370000－1532－0000006　6
重刊宋本論語注疏二十卷附校勘記　（三國魏）何晏　（宋）刑昺疏　清嘉慶二十年（1815）江西南昌府學開雕刻本　六冊　十行二十三字小字雙行同黑口四周單邊雙黑魚尾

370000－1532－0000007　7
重刊宋本儀禮註疏五十卷附校勘記　（漢）鄭元註　（唐）賈公彥疏　清嘉慶二十年（1815）江西南昌府學開雕刻本　十六冊　十行二十三字小字雙行同黑口左右雙邊雙黑魚尾

370000－1532－0000008　8
重刊宋本尚書註疏二十卷附校勘記　（唐）孔穎達撰　清嘉慶二十年（1815）江西南昌府學開雕刻本　八冊　十行二十三字小字雙行同黑口左右雙邊雙黑魚尾

370000－1532－0000009　9
周禮註疏四十二卷　（漢）鄭玄註　（唐）賈公彥疏　清嘉慶二十年（1815）江西南昌府學開雕刻本　八冊　十行二十三字小字雙行同黑口左右雙邊雙黑魚尾　存二十二卷（二十一至四十二）

370000－1532－0000010　10
附釋音禮記注疏　（漢）鄭玄注　（唐）孔穎達疏　清嘉慶二十年（1815）江西南昌府學開雕刻本　七冊　十行十七字小字雙行二十三字黑口四周單邊雙黑魚尾　存二十二卷（四十二至六十三）

370000－1532－0000011　11
左繡三十卷　（清）馮李驊評輯　清書業德刻本　八冊　上欄行字不等小字雙行十五字下欄八行二十字小字雙行同四周單邊單黑魚尾

370000－1532－0000012　12
監本春秋三十卷　（宋）胡安國著　清乾隆五十八年（1793）重鐫文盛堂藏板本　八冊　上欄九行二字小字雙行同下欄九行十八字白口四周單邊無魚尾

370000－1532－0000013　13
古文釋義八卷　（清）余自明評撰　清光緒二十九年（1903）書業德重訂刻本　八冊　上欄十行六字小字雙行同下欄十行二十二字白口四周雙邊單黑魚尾

370000－1532－0000014　14
重校古文釋義八卷　（清）余自明評撰　清光緒二十三年（1897）善成堂藏板刻本　八冊　上欄十行六字小字雙行同下欄十行二十二字白口四周雙邊單黑魚尾

370000－1532－0000015　15
四書便蒙七卷　（宋）朱熹集註　（清）俞長城註　清光緒二十五年（1899）書業德藏板刻本　六冊　上欄二十五行十一字小字雙行同下欄九行十七字小字雙行同白口四周單邊單黑

魚尾

370000－1532－0000016　16
禮記節本約編十卷　(清)江永纂輯　清宣統二年(1910)善成堂藏板刻本　六册　上欄十行十字小字雙行同下欄十行十八字小字雙行同白口四周雙邊單黑魚尾

370000－1532－0000017　17
應試詩法淺説詳解六卷　(清)葉葆評註　清道光元年(1821)晉祁書業成梓行刻本　二册　十行二十二字白口四周單邊單黑魚尾

370000－1532－0000018　18
春秋體註深詮四卷　(清)徐枚臣纂輯　清乾隆五十四年(1789)三多齋藏板刻本　四册　上欄二十一行二十四字下欄十一行十七字小字雙行同白口左右雙邊單黑魚尾

370000－1532－0000019　19
孟子註疏附校勘記十四卷　(漢)趙岐註　(宋)孫奭撰　清同治十二年(1873)江西書局重修本　七册　十行二十三字小字雙行同黑口左右雙邊雙黑魚尾

370000－1532－0000020　20
四書補註考備旨九卷　(宋)鄧林註　(清)祁文友重校　(清)杜定基增訂　清乾隆四十四年(1779)善成堂刻本　六册　上欄二十二行五字中欄二十二行十字下欄十一行三十二字小字雙行同白口四周單邊單黑魚尾

370000－1532－0000021　21
四書備旨十卷　(宋)鄧林註　(清)祁文友重校　(清)杜定基增訂　清道光二十四年(1844)經餘堂藏板刻本　七册　上欄二十二行五字中欄二十二行十字下欄十一行三十二字小字雙行同白口四周單邊單黑魚尾

370000－1532－0000022　22
四書備旨十卷　(宋)鄧林註　(清)祁文友重校　(清)杜定基增訂　清光緒二十七年(1901)東昌書業德藏板刻本　七册　上欄二十二行五字中欄二十二行十字下欄十一行三十二字小字雙行同白口四周雙邊單黑魚尾

370000－1532－0000023　23
書經備旨輯要六卷　(清)汪石衡鑒定　(清)馬大猷手輯　清光緒二十二年(1896)書業德梓刻本　五册　上欄十八行九字下欄十八行二十四字小字雙行同白口四周雙邊單黑魚尾

370000－1532－0000024　24
女四書四卷　(明)王相箋註　清光緒聚奎堂刻本　二册　十行二十字小字雙行同白口四周單邊單黑魚尾

370000－1532－0000025　25
春秋家説三卷　(清)王扶之撰　清同治四年(1865)湘鄉曾民刊於金陵節署刻本　四册　十行二十二字黑口左右雙邊雙黑魚尾

370000－1532－0000026　26
毛詩鄭箋二十卷　(漢)毛萇撰　(漢)鄭玄箋　清乾隆四十八年(1783)惇德堂刻本　三册　八行十七字小字雙行同白口四周雙邊雙黑魚尾　存十卷(一至三、七至十、十五至十七)

370000－1532－0000027　27
小學纂注六卷　(宋)朱熹撰　(清)高愈纂注　清光緒善成堂刻本　四册　十行二十二字小字雙行同白口四周單邊單黑魚尾

370000－1532－0000028　28
奎壁四書十九卷　(宋)朱熹撰　清光緒十二年(1886)書業德記梓行刻本　七册　上欄九行二字下欄九行十七字小字雙行同白口左右雙邊

370000－1532－0000029　29
四書疏註撮言大全三十七卷　(宋)朱熹撰　(清)胡蓉芝輯　清乾隆二十八年(1763)寶翰樓梓行刻本　六册　九行三十六字小字雙行同白口四周單邊單黑魚尾　存七卷(孟子一至七)

370000－1532－0000030　30
詩經備旨補註詳解八卷　(清)鄒梧岡輯　清光緒二十四年(1898)寶興堂梓行刻本　六册　上欄二十二行四字中欄二十二行十字下欄十一行二十字小字雙行同白口四周雙邊單黑

魚尾

370000－1532－0000031　31
易經補註埘攷備旨六卷　(明)黃淳耀原本　(明)嚴而寬增補　(清)鄒梧岡輯　清光緒二十七年(1901)善成堂藏板刻本　六册　上欄二十二行四字中欄二十二行五字下欄十一行三十二字小字雙行同白口四周雙邊單黑魚尾

370000－1532－0000032　32
霞光詩經八卷　(宋)朱熹集註　清光緒三十二年(1906)敬文堂梓行刻本　六册　九行十七字白口四周單邊單黑魚尾

370000－1532－0000033　33
爾雅注疏十一卷　(晉)郭璞注　(宋)刑昺疏　清嘉慶十六年(1811)書業堂藏板刻本　六册　九行二十字小字雙行同白口左右雙邊無魚尾

370000－1532－0000034　34
奎壁禮記十卷　(清)陳浩撰　清光緒二十三年(1897)書業德記藏板刻本　十册　上欄行字不等下欄九行十八字小字雙行同白口左右雙邊無魚尾　有眉欄

370000－1532－0000035　35
新纂五方元音全書二卷　(清)樊騰鳳撰　(清)年希堯增補　清道光二十年(1840)敬文堂藏板刻本　二册　十行二十一字小字雙行同白口左右雙邊單黑魚尾

370000－1532－0000036　36
詩觸附漁洋詩話説詩晬語九卷　(南朝梁)鍾嶸原本　(清)王士禛　(清)沈德潛撰　(清)朱琰輯　清嘉慶三年(1798)本衙藏板刻本　八册　九行二十二字黑口左右雙邊單黑魚尾

370000－1532－0000037　37
春秋稗疏二卷　(清)王扶之撰　清同治四年(1865)湘鄉曾民刊於金陵節署刻本　一册　十行二十二字黑口左右雙邊雙黑魚尾

370000－1532－0000038　38
五經合纂大成四十四卷　(清)李節齋署　清光緒二十六年(1900)上海煥文石印本　十七册　十五行五十二字小字雙行同白口四周雙邊單黑魚尾　存三十一卷(春秋一至三、易經一至四、禮記一至十、詩經一至八、書經一至六)

370000－1532－0000039　39
四書古註十一種　(三國魏)何晏撰　(南朝梁)皇侃義疏　清光緒二十六年(1900)上海煥文書局刻本　二十册　十四行四十五字小字雙行同白口四周雙邊單黑魚尾

370000－1532－0000040　40
四書味根錄十四卷　(清)金澄撰　清光緒十三年(1887)善成堂藏板刻本　七册　上欄九行五字小字雙行同下欄九行三十六字小字雙行同白口四周單邊單黑魚尾　存十二卷(孟子三至十四)

370000－1532－0000041　41
批點左傳句解　(明)孫鑛　(明)鍾惺原評　(清)韓菼重訂　清同治十年(1871)三盛堂梓行刻本　三册　上欄十行二字下欄十行二十五字白口四周單邊單黑魚尾　存五卷(一至二、四至六)

370000－1532－0000042　42
增补剔弊五方元音二卷　(清)樊騰鳳撰　(清)趙培梓新編　清光緒二十四年(1898)文勝堂梓刻本　四册　上欄十行二字下欄十行二十五字黑口左右雙邊無魚尾

370000－1532－0000043　43
韻府拾遺一百六卷　(清)汪灝[等]纂修　清光緒十二年(1886)上海同文書局石印本　八册　二十四行五十字小字雙行同白口四周雙邊單黑魚尾

370000－1532－0000044　44
重校廿四史約編　(清)鄭元慶述　清東昌書業德藏板刻本　十二册　九行二十一字白口四周單邊無魚尾

370000－1532－0000045　45
增补廿四史約編　(清)鄭元慶述　清光緒二

十八年(1902)善成堂藏板刻本　九册　九行二十一字白口左右雙邊單黑魚尾

370000－1532－0000046　46
史記菁華六卷　(清)苧田氏編　清光緒十八年(1892)善成堂刻本　六册　上欄行數不等六字下欄九行二十字小字雙行同黑口左右雙邊單黑魚尾

370000－1532－0000047　47
欽定史記一百三十卷　(漢)司馬遷撰　清光緒十四年(1888)上海圖書集成印書局校印本　七册　十三行四十字小字雙行同白口四周單邊雙黑魚尾　存三十二卷(一至三十二)

370000－1532－0000048　48
西巡回鑾始末記六卷　(清)佚名撰　清光緒二十八年(1902)書業德精撰刻本　六册　十五行二十八字白口四周雙邊單黑魚尾

370000－1532－0000049　49
二十四史論贊七十八卷　(清)陳闡撰　清光緒二十八年(1902)文淵山房石印本　十二册　十八行四十字小字雙行同黑口四周雙邊單黑魚尾

370000－1532－0000050　50
各部院條例册　□□撰　清刻本　十册　九行二十字白口四周雙邊單黑魚尾　存十二卷(咸豐元、四至六、八至十一年,同治元至四年)

370000－1532－0000051　51
金石萃編一百六十卷　(清)王昶撰　清嘉慶十年(1805)刻本　六册　上欄二十行二十一字小字雙行同下欄二十行二十一字小字雙行同黑口四周單邊單黑魚尾　存四十九卷(一百十二至一百六十)

370000－1532－0000052　52
金石續編二十一卷　(清)陸耀遹撰　(清)陸增詳校　清光緒十九年(1893)上海寶善石印本　六册　上欄二十二行二十一字小字雙行同下欄二十二行二十一字小字雙行同黑口四周單邊單黑魚尾

370000－1532－0000053　53
廿二史劄記三十六卷補遺一卷　(清)趙翼著　清光緒二十八年(1902)文淵山房石印本　五册　十七行四十字小字雙行同黑口四周單邊單黑魚尾　存三十卷(一至十二、十九至三十六)

370000－1532－0000054　54
兩朝御批通鑑輯覽一百二十卷　(清)傅恒等撰　清光緒三十年(1904)上海久敬書局石印本　二十一册　上欄十九行五字小字雙行同下欄十九行四十字小字雙行同白口四周雙邊單黑魚尾　存九十卷(一至七十、九十五至一百十四)

370000－1532－0000055　55
繡像東周列國誌二十三卷　(清)蔡奡評點　清光緒十三年(1887)書業德梓刻本　三十二册　十三行二十六字小字雙行同白口四周雙邊單黑魚尾

370000－1532－0000056　56
繡像第一才子書五十卷　(清)毛宗岡評　清光緒東昌書業德刻本　三十二册　十二行二十八字白口四周單邊單黑魚尾

370000－1532－0000057　57
繪圖東周列國誌二十七卷　(清)蔡奡評點　清光緒二十八年(1902)上海煥文書局藏板刻本　二十册　十四行四十二字小字雙行同白口四周單邊雙黑魚尾　存二十三卷(一至十、十三至二十五)

370000－1532－0000058　58
瓊林霏屑八卷　(清)望海樓主人編輯　清光緒三十二年(1906)上海鴻文書局刻本　四册　十八行四十字白口四周雙邊單黑魚尾

370000－1532－0000059　59
文公家禮八卷　(明)丘濬輯　清光緒十三年(1887)上海江左書林藏板刻本　六册　九行二十一字小字雙行同白口左右雙邊單黑魚尾

370000－1532－0000060　60
性理體注八卷　(宋)朱熹注　(清)許賢聲增

輯　清致和堂刻本　五冊　上欄二十行二十四字下欄九行十六字小字雙行同白口左右雙邊單黑魚尾

370000－1532－0000061　61
歷代名人書禮二卷　(清)吳曾祺編　清宣統元年(1909)商務印書館發行三版鉛印本　二冊　十四行三十四字白口四周雙邊單黑魚尾

370000－1532－0000062　62
國朝名人書禮二卷　(清)吳曾祺編　清宣統元年(1909)商務印書館發行鉛印本　四冊　十四行三十四字白口四周雙邊單黑魚尾

370000－1532－0000063　63
增補錦字箋註四卷　(清)黄維觀輯　清嘉慶元年(1796)同文堂藏版刻本　四冊　十行二十八字小字雙行同四周單邊單黑魚尾

370000－1532－0000064　64
諸葛丞相集四卷附本傳一卷　(三國蜀)諸葛亮撰　(清)朱璘纂輯　清康熙三十七年(1698)萬卷堂藏板刻本　七冊　九行十九字小字雙行同白口四周雙邊單黑魚尾

370000－1532－0000065　65
幼學須知句解四卷　(清)錢元龍撰　清乾隆二十二年(1757)書業德記藏板刻本　二冊　上欄十八行三字下欄九行十七字白口左右雙邊單黑魚尾　存三卷(一至三)

370000－1532－0000066　66
增補本草備要五卷　(清)汪昂撰　清光緒三十三年(1907)書業德記刻本　五冊　上欄十行三字小字雙行同下欄十行二十七字小字雙行同白口四周雙邊單黑魚尾

370000－1532－0000067　67
重訂眼科大全六卷卷首一卷　(明)傅仁宇纂輯　(清)林長生較補　清中期書業德刻本　二冊　十二行二十六字小字雙行同白口四周單邊單黑魚尾

370000－1532－0000068　68
妇人良方二十四卷　(宋)陳自明撰　清刻本　五冊　十二行二十四字小字雙行同白口左右雙邊單黑魚尾　存十五卷(一至十五)

370000－1532－0000069　69
靈素合纂三卷　(清)汪昂輯　清光緒六年(1880)江左書林藏板刻本　三冊　上欄八行三字小字雙行同下欄八行二十二字小字雙行同白口四周單邊無魚尾

370000－1532－0000070　70
許氏說文十四卷　(漢)許慎撰　(宋)徐鉉校定　清同治十年(1871)汲古閣刻本　六冊　七行十五字小字雙行二十二字白口左右雙邊單黑魚尾

370000－1532－0000071　71
張氏醫通十六卷　(清)張璐撰　清三元堂刻本　九冊　十一行二十字白口四周單邊單黑魚尾　存七卷(四至九、十五上)

370000－1532－0000072　72
眼科百問二卷　(清)王子固纂輯　清光緒三十一年(1905)有益堂刻本　一冊　十行二十四字白口四周雙邊單黑魚尾

370000－1532－0000073　73
增補萬病回春八卷　(明)龔廷賢編　清有益堂板刻本　五冊　十四行二十八字小字雙行同白口四周雙邊單黑魚尾　存六卷(一至四、七至八)

370000－1532－0000074　74
增補幼幼集成六卷　(清)陳復正輯　清光緒二十九年(1903)上海醉六堂印本　五冊　十八行四十一字白口四周雙邊單黑魚尾　存五卷(一至五)

370000－1532－0000075　75
難經脈訣合編二種八卷附二種二卷　(明)王叔和注　(明)張世賢纂集　清江左書林督造刻本　六冊　十行二十一字小字雙行同白口四周單邊單黑魚尾　存十卷(圖註難經四卷、圖註脈決四卷、瀕湖脈學一卷、奇經脈考一卷)

370000－1532－0000076　76
張氏醫通十六卷　(清)張璐撰　清善成堂發

兑刻本　七册　十一行二十字小字雙行同白口四周單邊單黑魚尾　存七卷(四至九、十五)

370000－1532－0000077　77
筆花醫鏡四卷　(清)江涵暾撰　清光緒三十一年(1905)泰和堂藏板刻本　四册　十行二十字小字雙行同白口四周單邊單黑魚尾

370000－1532－0000078　78
驗方新編十卷　(清)鮑相璈編輯　清光緒十一年(1885)海山仙館編刻本　四册　十二行二十二字小字雙行同白口四周雙邊單黑魚尾　存四卷(六至八、十)

370000－1532－0000079　79
暗室燈四卷　(清)王崇實著　清咸豐九年(1859)女陞齋存板刻本　四册　七行二十一字小字雙行同白口四周雙邊單黑魚尾

370000－1532－0000080　80
景岳全書六十四卷　(清)張介賓著　清光緒二十二年(1896)上海圖書集成印書局印本　十三册　十三行四十字小字雙行同白口四周單邊雙黑魚尾　存五十二卷(一至十九、三十至四十六、四十九至六十四)

370000－1532－0000081　81
孔子家語十卷　(三國魏)王肅註　(清)王子雍增註　清光緒二十四年(1898)東昌書業德藏板刻本　二册　十一行二十四字小字雙行同白口左右雙邊單黑魚尾

370000－1532－0000082　82
詳校東萊博議四卷　(宋)呂祖謙撰　(清)馮泰松重刊　清光緒二十三年(1897)書業德梓刻本　四册　九行二十一字小字雙行同白口四周單邊單黑魚尾

370000－1532－0000083　83
韻府群玉原本二十卷　(元)陰時夫輯　(元)陰中夫注　清刻本　十四册　十一行二十二字小字雙行同白口四周單邊單黑魚尾　存十五卷(六至二十)

370000－1532－0000084　84
紀效新書十八卷卷首一卷　(明)戚繼光撰　清道光二十年(1840)山東布經歷署刻本　六册　九行二十一字小字雙行同黑口四周雙邊無魚尾

370000－1532－0000085　85
奇門遁甲大全三十卷　(明)劉伯溫校訂　清省思堂原本　八册　九行二十字小字雙行同白口四周單邊雙黑魚尾

370000－1532－0000086　86
傳家寶二集八卷　(清)石成金撰　清刻本　八册　九行二十字小字雙行同白口四周單邊單黑魚尾

370000－1532－0000087　87
莊子因六卷　(清)林雲銘評述　清嘉慶二年(1797)敦化堂藏板刻本　八册　九行二十二字白口四周單邊無魚尾

370000－1532－0000088　88
古文釋義八卷　(清)余自明評撰　清光緒十年(1884)善成堂重校刻本　四册　上欄二十行六字下欄十行二十二字小字雙行同白口四周雙邊單黑魚尾

370000－1532－0000089　89
繡像吴三桂演義四卷　(清)佚名著　清末石印本　四册　二十二行四十四字白口四周單邊單黑魚尾

370000－1532－0000090　90
繡像繪圖兩晉演義十二卷　(清)陳氏尺蠖齋評釋　清末石印本　六册　三十二行六十八字白口四周單邊單黑魚尾

370000－1532－0000091　91
增評補像全圖金玉緣一百二十回卷首一卷　(清)曹雪芹撰　(清)高鶚續　清光緒十五年(1889)同文書局石印本　十六册　十八行三十九字小字雙行同白口四周雙邊無魚尾

370000－1532－0000092　92
定國安邦志集四十卷　佚名撰　清刻本　三十册　十行二十二字白口四周單邊單黑魚尾　存三十卷(定國志六至二十、安邦志六至二

十）

370000－1532－0000093　93
玉釧緣三十二卷　（清）西湖居士撰　清刻本　四十六册　十行二十二字白口四周單邊單黑魚尾　存二十三卷（九至二十三、二十五至三十二）

370000－1532－0000094　94
文料大成四十卷附補編二卷　（清）冷香子編　清光緒十年（1884）刻本　十册　十二行二十四字白口四周雙邊單黑魚尾

370000－1532－0000095　95
賦海大觀三十二卷　（清）鴻寶齋主人編　清光緒十四年（1888）上海鴻寶齋書局石印縮影本　十三册　二十五行六十字白口四周雙邊單黑魚尾　存十八卷（五至十一、二十二至三十二）

370000－1532－0000096　96
天雨花三十卷　（清）陶貞懷撰　清刻本　二十六册　十行二十八字黑口四周單邊單黑魚尾　存二十六卷（一至八、十二至二十九）

370000－1532－0000097　97
御批歷代通鑑輯覽一百二十卷　（清）高宗弘曆敕撰　（清）傅恒等撰　清光緒二十九年（1903）博通學會校印本　二十四册　上欄二十行五字小字雙行同下欄二十行四十八字小字雙行同白口四周雙邊單黑魚尾

370000－1532－0000098　98
唐詩合解十二卷附古詩四卷　（清）王堯衢編註　清善成堂板刻本　六册　十一行二十一字小字雙行同白口四周雙邊單黑魚尾

370000－1532－0000099　99
重校唐詩合解十二卷　（清）王堯衢編註　清光緒七年（1881）書業德記藏板刻本　四册　十一行二十一字小字雙行同白口四周雙邊單黑魚尾　存十卷（一至十）

370000－1532－0000100　100
重校唐詩合解十二卷　（清）王堯衢編註　清光緒七年（1881）書業德記藏板刻本　五册　十一行二十一字小字雙行同白口四周雙邊單黑魚尾

370000－1532－0000101　101
昭明文选三十九卷　（清）顧施禎纂輯　清嘉慶二十四年（1819）六經堂藏板刻本　二十册　八行二十二字小字雙行同白口四周雙邊

370000－1532－0000102　102
隨園詩話補遺十六卷　（清）袁枚撰　清道光四年（1824）本衙藏板刻本　六册　十一行二十一字白口四周雙邊單黑魚尾　存十三卷（一至十、十四至十六）

370000－1532－0000103　103
廣廣試帖詩海五卷附韻目二卷　（清）畢沅輯　清光緒十七年（1891）鴻寶齋石印本　八册　兩欄各三十六行二十九字白口四周單邊單黑魚尾

370000－1532－0000104　104
御纂醫宗金鑒九十卷首一卷　（清）吳謙等纂輯　清光緒書業德刻本　六十五册　九行十九字小字雙行同白口左右雙邊單黑魚尾

《濟寧市圖書館古籍普查登記目録》
書名筆畫字頭索引

二畫

三畫

四畫

五畫

六畫

七畫

八畫

九畫

十畫

十一畫

十二畫

十三畫

十四畫

十五畫

十六畫

十七畫

十八畫

十九畫

二十一畫

二十二畫

《濟寧市圖書館古籍普查登記目録》
書名筆畫索引

二畫

三畫

四畫

五畫

六畫

七畫

八畫

九畫

十畫

十一畫

十二畫

十三畫

十四畫

十五畫

十六畫

十七畫

十八畫

十九畫

二十一畫

二十二畫

《曲阜師範大學圖書館古籍普查登記目録》
書名筆畫字頭索引

一畫

二畫

三畫

四畫

五畫

六畫

七畫

八畫

九畫

十畫

十一畫

十二畫

十三畫

十四畫

十五畫

十六畫

十七畫

十八畫

十九畫

二十畫

二十一畫

二十二畫

二十三畫

二十四畫

二十五畫

三十畫

《曲阜師範大學圖書館古籍普查登記目録》
書名筆畫索引

一畫

二畫

三畫

四畫

五畫

六畫

七畫

八畫

九畫

十畫

十一畫

十二畫

十三畫

十四畫

十五畫

十六畫

十七畫

十八畫

十九畫

二十畫

二十一畫

二十二畫

二十三畫

二十四畫

二十五畫

三十畫

#《濟寧學院圖書館古籍普查登記目録》
書名筆畫字頭索引

二畫

三畫

四畫

五畫

六畫

七畫

八畫

九畫

十畫

十一畫

十二畫

十三畫

十四畫

十五畫

十六畫

十七畫

十八畫

十九畫

二十二畫

《濟寧學院圖書館古籍普查登記目録》
書名筆畫索引

二畫

三畫

四畫

五畫

六畫

七畫

八畫

九畫

十畫

十一畫

十二畫

十三畫

十四畫

十五畫

十六畫

十七畫

十八畫

十九畫

二十二畫

《濟寧市兗州區圖書館古籍普查登記目録》
書名筆畫字頭索引

一畫

二畫

三畫

四畫

五畫

六畫

七畫

八畫

九畫

十畫

十一畫

十二畫

十三畫

十四畫

十五畫

十六畫

十七畫

十八畫

十九畫

二十畫

二十一畫

二十二畫

二十三畫

二十四畫

其他

《濟寧市兗州區圖書館古籍普查登記目録》
書名筆畫索引

一畫

二畫

三畫

四畫

五畫

六畫

七畫

八畫

九畫

十畫

十一畫

十二畫

十三畫

十四畫

十五畫

十六畫

十七畫

十八畫

十九畫

二十畫

二十一畫

二十二畫

二十三畫

二十四畫

其他

《濟寧市兗州區檔案館古籍普查登記目録》
書名筆畫字頭索引

二畫

三畫

四畫

五畫

六畫

七畫

八畫

九畫

十畫

十一畫

十二畫

十三畫

十五畫

十六畫

十九畫

二十二畫

《濟寧市兗州區檔案館古籍普查登記目録》
書名筆畫索引

二畫

三畫

四畫

五畫

六畫

七畫

八畫

九畫

十畫

十一畫

十二畫

十三畫

十五畫

十六畫

十九畫

二十二畫

《濟寧市兗州區第一中學古籍普查登記目録》
書名筆畫字頭索引

二畫

三畫

四畫

五畫

六畫

七畫

八畫

九畫

十畫

十一畫

十二畫

十三畫

十四畫

十五畫

十七畫

十九畫

《濟寧市兖州區第一中學古籍普查登記目録》
書名筆畫索引

二畫

三畫

四畫

五畫

六畫

七畫

八畫

九畫

十畫

十一畫

十二畫

十三畫

十四畫

十五畫

十七畫

十九畫

《濟寧市金鄉縣圖書館古籍普查登記目録》
書名筆畫字頭索引

二畫

三畫

四畫

五畫

六畫

七畫

八畫

九畫

十畫

十一畫

十二畫

十三畫

十四畫

十五畫

十六畫

十七畫

十九畫

二十一畫

《濟寧市金鄉縣圖書館古籍普查登記目録》
書名筆畫索引

二畫

三畫

四畫

五畫

六畫

七畫

八畫

九畫

十畫

十一畫

十二畫

十三畫

十四畫

十五畫

十六畫

十七畫

十九畫

二十一畫

《濟寧市梁山縣圖書館古籍普查登記目録》
書名筆畫字頭索引

十二畫

十三畫

十四畫

十五畫

十六畫

十七畫

十八畫

十九畫

二十三畫

二十四畫

《濟寧市梁山縣圖書館古籍普查登記目録》
書名筆畫索引

二畫

三畫

四畫

五畫

六畫

七畫

八畫

九畫

十畫

十一畫

十二畫

十三畫

十四畫

十五畫

十六畫

十七畫

十八畫

十九畫

二十三畫

二十四畫

中華古籍保護計劃

ZHONG HUA GU JI BAO HU JI HUA CHENG GUO

·成果·

甘肅省天水市圖書館等十家收藏單位古籍普查登記目録

全國古籍普查登記目録

國家圖書館出版社
National Library of China Publishing House

圖書在版編目(CIP)數據

甘肅省天水市圖書館等十家收藏單位古籍普查登記目録/《甘肅省天水市圖書館等十家收藏單位古籍普查登記目録》編委會編. —北京:國家圖書館出版社,2022.11
(全國古籍普查登記目録)
ISBN 978-7-5013-7572-1

Ⅰ.①甘… Ⅱ.①甘… Ⅲ.①公共圖書館—古籍—圖書館目録—天水 Ⅳ.①Z838

中國版本圖書館 CIP 數據核字(2022)第155155號

書　　名　甘肅省天水市圖書館等十家收藏單位古籍普查登記目録
著　　者　《甘肅省天水市圖書館等十家收藏單位古籍普查登記目録》編委會　編
責任編輯　許海燕

出版發行　國家圖書館出版社(北京市西城區文津街7號　100034)
(原書目文獻出版社 北京圖書館出版社)
010-66114536　63802249　nlcpress@nlc.cn(郵購)
網　　址　http://www.nlcpress.com
排　　版　京荷(北京)科技有限公司
印　　裝　河北三河弘翰印務有限公司
版次印次　2022年11月第1版　2022年11月第1次印刷

開　　本　787×1092　1/16
印　　張　32
字　　數　600千字
書　　號　ISBN 978-7-5013-7572-1
定　　價　280.00圓

版權所有　侵權必究
本書如有印裝質量問題,請與讀者服務部(010-66126156)聯繫調换。

《全國古籍普查登記目録》

工作委員會

主　任： 周和平

副主任： 張永新　詹福瑞　劉小琴　李致忠　張志清

委　員（按姓氏筆畫排序）：

于立仁	王水喬	王　沛	王紅蕾	王筱雯
方自今	尹壽松	包菊香	任　競	全　勤
李西寧	李　彤	李忠昊	李春來	李　培
李曉秋	吴建中	宋志英	努　木	林世田
易向軍	周建文	洪　琰	倪曉建	徐欣禄
徐　蜀	高文華	郭向東	陳荔京	陳紅彦
張　勇	湯旭岩	楊　揚	賈貴榮	趙　嫄
鄭智明	劉洪輝	歷　力	鮑盛華	韓　彬
魏存慶	鍾海珍	謝冬榮	謝　林	應長興

《全國古籍普查登記目録》

序　言

全國古籍普查登記工作是"中華古籍保護計劃"的首要任務，是全面開展古籍搶救、保護和利用工作的基礎，也是有史以來第一次由政府組織、參加收藏單位最多的全國性古籍普查登記工作。

2007年國務院辦公廳發布《關於進一步加强古籍保護工作的意見》（國辦發［2007］6號），明確了古籍保護工作的首要任務是對全國公共圖書館、博物館和教育、宗教、民族、文物等系統的古籍收藏和保護狀況進行全面普查，建立中華古籍聯合目録和古籍數字資源庫。2011年12月，文化部下發《文化部辦公廳關於加快推進全國古籍普查登記工作的通知》（文辦發［2011］518號），進一步落實了全國古籍普查登記工作。根據文化部2011年518號文件精神，國家古籍保護中心擬訂了《全國古籍普查登記工作方案》，進一步規範了古籍普查登記工作的範圍、内容、原則、步驟、辦法、成果和經費。目前進行的全國古籍普查登記工作的中心任務是通過每部古籍的身份證——"古籍普查登記編號"和相關信息，建立古籍總臺賬，全面瞭解全國古籍存藏情况，開展全國古籍保護的基礎性工作，加强各級政府對古籍的管理、保護和利用。

《全國古籍普查登記工作方案》規定了全國古籍普查登記工作的三個主要步驟：一、開展古籍普查登記工作；二、在古籍普查登記基礎上，編纂出版館藏古籍普查登記目録，形成《全國古籍普查登記目録》；三、在古籍普查登記工作基本完成的前提下，由省級古籍保護中心負責編纂出版本省古籍分類聯合目録《中華古籍總目》分省卷，由國家古籍保護中心負責編纂出版《中華古籍總目》統編卷。

在黨和政府領導下，在各地區、各有關部門和全社會共同努力下，古籍普查登記工作得以扎實推進。古籍普查已在除臺、港、澳之外的全國各省級行政區域開展，普查内容除漢文古籍外，還包括各少數民族文字古籍，特别是於2010年分别啓動了新疆古籍保護和西藏古籍保護專項，因地制宜，開展古籍普查登記工作；國家古籍保護中心研製的"全國古籍普查登記平臺"已覆蓋到全國各省級古籍保護中心，并進一步研發了"中華古籍索引庫"，爲及時展現古籍普查成果提供有力支持；截至目前，已有11375部古籍進入《國家珍貴古籍名録》，浙江、江蘇、山東、河北等省公布了省級《珍貴古籍名録》,古籍分級保護機制初步形成。

《全國古籍普查登記目録》是古籍普查工作的階段性成果,旨在摸清家底,揭示館藏,反映古籍的基本信息。原則上每申報單位獨立成册,館藏量少不能獨立成册者,則在本省範圍内幾個館目合并成册。無論獨立成册還是合并成册,均編製獨立的書名筆畫索引附於書後。著録的必填基本項目有:古籍普查登記編號、索書號、題名卷數、著者(含著作方式)、版本、册數及存缺卷數。其他擴展項目有:分類、批校題跋、版式、裝幀形式、叢書子目、書影、破損狀况等。有條件的收藏單位多著録的一些擴展項目,也反映在《全國古籍普查登記目録》上。目録編排按古籍普查登記編號排序,内在順序給予各古籍收藏單位較大自由度,可按分類排列古籍普查登記編號,也可按排架號、按同書名等排列古籍普查登記編號,以反映各館特色。

此次全國古籍普查登記工作,克服了古籍數量多、普查人員少、普查難度大等各種困難,也得到了全國古籍保護工作者的極大支持。在古籍普查登記過程中,國家古籍保護中心、各省古籍保護中心爲此舉辦了多期古籍普查、古籍鑒定、古籍普查目録審校等培訓班,全國共1600餘家單位參加了培訓,爲古籍普查登記工作培養了大量人才。同時在古籍普查登記工作中,也鍛煉了普查員的實踐能力,爲將來古籍保護事業發展奠定了良好的基礎。

《全國古籍普查登記目録》的出版,將摸清我國古籍家底,爲古籍保護和利用工作提供依據,也將是古籍保護長期工作的一個里程碑。

國家古籍保護中心
2013年10月

《全國古籍普查登記目録》

編纂凡例

一、收録範圍爲我國境内各收藏機構或個人所藏，産生於 1912 年以前，具有文物價值、學術價值和藝術價值的文獻典籍，包括漢文古籍和少數民族文字古籍以及甲骨、簡帛、敦煌遺書、碑帖拓本、古地圖等文獻。其中，部分文獻的收録年限適當延伸。

二、以各收藏機構爲分册依據，篇幅較小者，適當合并出版。

三、一部古籍一條款目，複本亦單獨著録。

四、著録基本要求爲客觀登記、規範描述。

五、著録款目包括古籍普查登記編號、索書號、題名卷數、著者、版本、册數、存缺卷等。古籍普查登記編號的組成方式是：省級行政區劃代碼—單位代碼—古籍普查登記順序號。

六、以古籍普查登記編號順序排序。

《甘肅省天水市圖書館等十家收藏單位古籍普查登記目録》

編委會

主　任：肖學智　李素平　許新龍　李芬林　陳　軍　宋　焱

主　編：李　輝　易雪梅

副主編：曹有林　邵正春　陳潤莉

編　委（按姓氏筆畫排序）：

丁永貴　卯雪萍　李　輝　李東暉　李惠娟　邵正春

易雪梅　金　勇　殷世鵬　陳潤莉　曹有林　蔡立平

劉　芳　劉小萍　談　瑛

《甘肅省天水市圖書館等十家收藏單位古籍普查登記目録》

前　言

甘肅地處西北，是古絲綢之路的主要途經之地，擁有豐富的文化資源，古籍藏量在全國更是占有重要份額。甘肅各類圖書館及其他收藏單位藏有漢文古籍約110多萬册（含民國綫裝書），其中公共圖書館收藏古籍50餘萬册，高校圖書館收藏古籍20餘萬册，文物系統收藏古籍30餘萬册，中學圖書館收藏古籍近10萬册。甘肅作爲多民族的省份，少數民族文字古籍藏量也很豐富，據不完全統計，約有30萬册，還有出土漢簡6萬多枚。保護好、研究好、利用好這些古籍，是功在當代、利在千秋的大事，同時對於傳承中華文化、增進民族情感、弘揚民族精神等都具有重要意義。

根據《國務院辦公廳關於進一步加强古籍保護工作的意見》（國辦發[2007]6號）的精神，2007年7月，甘肅省政府辦公廳下發了《關於進一步加强古籍保護工作的意見》（甘政辦發[2008]20號），要求各收藏單位進一步加强古籍搶救與保護工作，及時組織籌備、組建工作機構，認真開展普查和保護工作。甘肅省古籍保護中心認真履行職責，組織全省古籍收藏單位的近百名古籍從業人員投入到古籍普查整理工程之中，諸位普查人員終日埋頭於故紙飛塵之中，朝乾夕惕、孜孜不倦地逐部逐册登記著録，力求全面反映本館藏書真貌。至今，全省的古籍普查工作取得了顯著成績，已在全國古籍普查平臺提交普查數據59150條，645183萬册，基本上完成了甘肅省公共圖書館與高校圖書館的古籍普查工作，并已出版了《甘肅省四家高校圖書館古籍普查登記目録》和《甘肅省圖書館古籍普查登記目録》（全三册）。

《古籍普查登記目録》是古籍普查工作的階段性成果，反映的是各個館藏單位古籍的基本信息。天水市圖書館收藏的邵力子先生所捐的“力學廬藏書”爲其館藏古籍基礎，有罕見的抄本、善本及珍貴的孤本，尤以大量的陝、甘、寧等省的地方文獻形成其特色館藏；甘肅中醫藥大學圖書館雖以中醫類藏書爲重，館藏的敦煌卷子（唐、宋）具有極高的歷史研究價值；甘州區圖書館前身爲清乾隆二十四年（1759）建立的甘泉書院，明代成化年間所刻音韵學著作國内罕見；定西市隴西縣圖書館所藏明代中期嘉靖刻本《雍音》四卷、《願學編》二卷，明末崇禎刻《胡氏榮哀録》二卷、《性理標題綜要》二十二卷、《周禮註疏删翼》三十卷等都是館藏中的精品；天水市麥積區圖書館藏《洮陽詩集》十卷《洮陽集句》二卷等文獻，爲當地文化學術研究提供了史料；天水市武山縣圖書館館藏古籍文獻151部，善本達47部，其中有元大德九年（1305）建康路儒學刻明國子監遞修本《唐書》二百二十五卷《附釋音》二十五卷，還存有明嘉靖、萬曆間等珍貴刻本；白銀市靖遠縣圖書館、蘭州市榆中縣圖書館、平凉市静寧縣圖書館、定西市渭源縣圖書館藏主要是明清時期的版本，并且以清代古籍文獻爲館藏主體。

《甘肅省天水市圖書館等十家收藏單位古籍普查登記目録》，根據這十家古籍收藏單位在“全國古籍普查平臺”上著録的數據提取六項，并將平臺數據逐條對照書影審校，與館藏單位多次溝通核查，力求信息準確無誤。本書共收録了6474條古籍普查數據，凡宣統三年（1911）以前的寫本、刻本、活字印本、抄本、稿本皆在收録之列。本書由易雪梅擔任總審校，李輝、陳潤莉、李東暉完成《天水市圖書館古籍普查登記目録》的審校工作；邵正春、殷世鵬完成《甘肅中醫藥大學圖書館古籍普查登記目録》的審校工作；曹有林、劉小萍完成《定西市隴西縣圖書館古籍普查登記目録》的審校工作；曹有林、李惠娟完成《張掖市甘州區圖書館古籍普查登記目録》的審校工作；李輝、丁永貴完成《白銀市靖遠縣圖書館古籍普查登記目録》的審校工作；陳潤莉、談瑛完成《蘭州市榆中縣圖書館古籍普查登記目録》的審校工作；曹有林、邵正春、李輝完成《天水市武山縣圖書館古籍普查登記目録》的審校工作；陳潤莉、金勇完成《天水市麥積區圖書館古籍普查登記目録》的審校工作；李輝完成《定西市渭源縣圖書館古籍普查登記目録》及《平凉市静寧縣圖書館古籍普查登記目録》的審校工作；岳慶艷參與了初期信息審核工作。本書的出版，是甘肅省部分公共圖書館、高校圖書館古籍普查成果的展現，也是全國古籍普查的重要組成部分，對弘揚傳統文化，尤其是古籍之保護研究很有意義，爲讀者瞭解與利用各館藏古籍文獻提供了重要檢索工具。

本書得以出版，乃集衆人之力，除了編委會的諸位成員，甘肅省圖書館原館長郭向東爲古籍普查的順利開展作了大量的組織協調工作，衆位古籍普查員也付出了辛勤的汗水，甘肅省圖書館現代技術應用部同仁爲普查提供了優良的技術支撑，凡此種種，不能一一列舉，在此一并表示衷心的感謝！本書的出版得到了國家古籍保護中心的關心、指導和支援，誠致謝意！由於編者學識有限、任務重、時間緊，書中錯訛之處在所難免，祈請方家不吝指正。

本書編委會

2021年10月

目　　録

甘肅省天水市圖書館古籍普查登記目録

全國古籍普查登記目録

國家圖書館出版社
National Library of China Publishing House

《甘肅省天水市圖書館古籍普查登記目録》

編委會

主　編：靳永紅

副主編：周　濤　李東暉

編　委：馬亞萍　馮　哲　魏其曼　張建彪　姚佳迪

盧麗琴　張　輝　張　萍　劉　丹

620000－1103－0000001　B221/112
周易兼義九卷　(三國魏)王弼註　(唐)孔穎達正義　明崇禎元年至十二年(1628－1639)汲古閣刻十三經注疏本　四册

620000－1103－0000002　B221/121(S)
周易纂註二卷　(清)王纘謨輯　清道光十八年(1838)刻本　四册

620000－1103－0000003　B221/121:03
玩易意見二卷　(明)王恕撰　明正德刻本　一册

620000－1103－0000004　B221/136
周易辨畫四十卷　(清)連斗山撰　清乾隆四十年(1775)刻本　十册

620000－1103－0000005　B221/158
易學節解五卷　(清)丁澤安撰　清光緒刻自得齋易學四種本　三册

620000－1103－0000006　B221/168
周易備旨四卷　(清)黄九石撰　清刻本　四册

620000－1103－0000007　B221/171
新鐫增補周易備旨一見能解六卷　(清)黄淳耀撰　(清)嚴而寬增補　清嘉慶元年(1796)致和堂刻本　六册

620000－1103－0000008　B221/225:02
易占經緯四卷　(明)韓邦奇輯　清刻本　四册

620000－1103－0000009　B221/225:01(S)
易占經緯四卷　(明)韓邦奇輯　清刻本　四册

620000－1103－0000010　B221/290:02
御纂周易折中二十二卷首一卷　(清)李光地纂　清刻本　十册

620000－1103－0000011　B221/290:03
御纂周易折中二十二卷首一卷　(清)李光地纂　清刻本　十二册

620000－1103－0000012　B221/290:04
御纂周易折中二十二卷首一卷　(清)李光地纂　清刻本　五册　存二十一卷(二至二十二)

620000－1103－0000013　B221/290:05
御纂周易折中二十二卷首一卷　(清)李光地纂　清刻本　十二册

620000－1103－0000014　B221/290:1
御纂周易折中二十二卷首一卷　(清)李光地纂　清光緒十四年(1888)江南書局刻十九年(1893)湖南寶慶漱芳閣重校本　十二册

620000－1103－0000015　B221/294
周易便蒙襯解四卷　(清)李磐輯　(清)張友仁校訂　清嘉慶十六年(1811)金谷園刻本　三册

620000－1103－0000016　B221/294:01
易經體註大全合參四卷　(清)李兆賢輯　清文成堂刻本　三册

620000－1103－0000017　B221/294:02
易經體註大全合參四卷　(清)李兆賢輯　清刻本　二册

620000－1103－0000018　B221/303
易說六卷　(宋)司馬光撰　清解梁書院刻本　二册

620000－1103－0000019　B221/344
易經體注大全會解四卷　(清)來知德輯　清敦化堂刻本　二册

620000－1103－0000020　B221/344
易經大全會解二卷　(清)來爾繩纂　清道光二十年(1840)刻本　二册

620000－1103－0000021　B221/344:01
新刻來瞿唐先生易注十五卷首一卷末一卷　(明)來知德撰　清大文堂刻本　十二册

620000－1103－0000022　B221/344:02
來瞿唐先生易注十五卷首一卷末一卷　(明)來知德撰　清寧遠堂刻本(奎光堂藏版)　十二册

620000－1103－0000023　B221/344:03
來瞿唐先生易注十五卷首一卷末一卷　(明)

來知德撰　清嘉慶十四年(1809)寧陵符永培刻本　七册

620000－1103－0000024　B221/344:04
來瞿唐先生易注十五卷首一卷末一卷　(明)來知德撰　清嘉慶十四年(1809)寧陵符永培刻本　五册　存九卷(七至十五)

620000－1103－0000025　B221/348
周易讀本六卷　(清)夏與賢輯　清光緒三年(1877)陝西乾陽官舍刻本　五册

620000－1103－0000026　B221/370:01
周易音義十卷　(唐)陸德明撰　清嘉慶二十年(1815)江西南昌府學重刊宋本十三經注疏本　四册

620000－1103－0000027　B221/370:02
周易兼義九卷　(三國魏)王弼注　(晉)韓康伯注　(唐)孔穎達正義　清道光六年(1826)重校刊嘉慶二十年(1815)江西南昌府學重刊宋本十三經注疏本　四册

620000－1103－0000028　B221/378
周易廓二十四卷　(清)陳世鎔撰　清咸豐元年(1851)獨秀山莊刻本　六册

620000－1103－0000029　B221/496
周易經義審七卷首一卷　(清)盧浙輯注　清嘉慶武寧盧氏三芝山房刻本　八册

620000－1103－0000030　B221/631(S)
夢雪草堂讀易録五卷　(清)郭楷輯　(清)楊芳校刊　清嘉慶二十四年(1819)夢雪堂刻本　五册

620000－1103－0000031　B221/677
周易或問六卷　(清)文天駿撰　清光緒十一年(1885)刻本　二册　存二卷(四至五)

620000－1103－0000032　B221/741
周易孔義集説二十卷　(清)沈起元撰　清乾隆易學堂刻本　十册

620000－1103－0000033　B221/781
推易始末四卷　(清)毛奇齡撰　清刻西河合集本　一册

620000－1103－0000034　B221/781
易小帖五卷　(清)毛奇齡撰　清刻西河合集本　一册

620000－1103－0000035　B221/814
周會魁校正易經大全二十卷首一卷　(明)胡廣撰　(明)周士顯校正　清康熙五十六年(1717)豫章東邑書林王氏刻本(郁郁堂藏版)　十二册

620000－1103－0000036　B221/828:01
周易四卷　(宋)朱熹撰　清宣統元年(1909)上海校經山房石印本　二册

620000－1103－0000037　B221/828:02(S)
周易四卷　(宋)朱熹撰　清同治十年(1871)刻本　二册

620000－1103－0000038　B221/828:03
周易四卷　(宋)朱熹撰　清乾隆五十四年(1789)文星堂刻本　二册

620000－1103－0000039　B221/828:04(S)
周易四卷　(宋)朱熹撰　清刻本　二册

620000－1103－0000040　B221/828:05
周易四卷　(宋)朱熹撰　清光緒十一年(1885)文蔚堂刻本　二册

620000－1103－0000041　B221/894
易韻十二卷　(清)劉紹攽撰　清稿本　二册

620000－1103－0000042　B221/906
御纂周易述義十卷　(清)傅恒等纂　清乾隆刻本　四册

620000－1103－0000043　B221/915
周易洗心十卷　(清)任啓運撰　清乾隆四十七年(1782)襲芳軒刻本　五册

620000－1103－0000044　B221/917
焦氏易林四卷　(漢)焦贛撰　清光緒元年(1875)湖北崇文書局刻本　四册

620000－1103－0000045　B221/994(S)
周易姚氏學十六卷首一卷　(清)姚配中撰　清光緒三年(1877)湖北崇文書局刻本　六册

620000－1103－0000046　B22/119(S)
周易圖説述四卷　(清)王弘撰　清刻本　四册

620000－1103－0000047　B222.1/111
增訂註釋塾課分編不分卷　(清)王步青評　清金陵致和堂刻本　二十五册

620000－1103－0000048　B222.1/113:01
四書心解不分卷　(清)王吉相撰　清道光二十四年(1844)刻本　四册

620000－1103－0000049　B222.1/113:02(s)
四書心解不分卷　(清)王吉相撰　清道光二十四年(1844)刻本　四册

620000－1103－0000050　B222.1/116
小題四集參變二卷　(清)王步青輯　清翻刻敦復堂刻本　一册

620000－1103－0000051　B222.1/116
論語集註本義匯參二十卷　(清)王步青輯　清翻刻敦復堂本　十三册　存十六卷(一至十、十二至十三、十五至十七、十九)

620000－1103－0000052　B222.1/116:01
四書朱子本義匯參四十三卷首一卷　(清)王步青輯　清崇文堂翻刻敦復堂刻本　三十册

620000－1103－0000053　B222.1/116:02
四書朱子本義匯參四十三卷首一卷　(清)王步青輯　清承德堂翻刻敦復堂刻本　二十六册　存三十九卷(大學三卷,中庸六卷,論語二十卷,孟子一至三、八至十四)

620000－1103－0000054　B222.1/116:03
四書朱子本義匯參四十三卷首一卷　(清)王步青輯　清文會堂翻刻敦復堂刻本　三十册

620000－1103－0000055　B222.1/116:04
四書朱子本義匯參四十三卷首一卷　(清)王步青輯　清學源堂翻刻敦復堂刻本　二十五册

620000－1103－0000056　B222.1/116:05
四書朱子本義匯參四十三卷首一卷　(清)王步青輯　清光緒十三年(1887)上海廣百宋齋石印本　十册

620000－1103－0000057　B222.1/118(S)
論語經正録二十卷附年譜一卷　(清)王肇晉撰　(清)王用誥述　清光緒二十年(1894)刻本　十一册

620000－1103－0000058　B222.1/120
學庸便童録不分卷　(清)王化興纂　清道光八年(1828)刻本　一册

620000－1103－0000059　B222.1/120(S)
大學直解二卷　(清)王建常撰　清同治十二年(1873)刻本　二册

620000－1103－0000060　B222.1/121
雩川先生四書日記四卷　(清)王巡泰撰　清張鵬翂校刊本　四册

620000－1103－0000061　B222.1/121:01(S)
四書劄記一卷　(清)王巡泰撰　清光緒九年(1883)刻本　八册

620000－1103－0000062　B222.1/121:02
四書劄記一卷　(清)王巡泰撰　清光緒九年(1883)刻本　九册

620000－1103－0000063　B222.1/129
論語注疏解經二十卷　(三國魏)何晏集解　(宋)邢昺疏　清嘉慶二十年(1815)江西府學刻本　六册

620000－1103－0000064　B222.1/144
國學講義二卷　(清)王蘭生撰　清乾隆八年(1743)劉氏傳經堂刻清麓叢書本　一册

620000－1103－0000065　B222.1/145(S)
四書摭餘説七卷　(清)曹之昇輯　清嘉慶三年(1798)蕭山曹氏家塾刻本　十册

620000－1103－0000066　B222.1/171
四書典制新穎三十五卷　(清)黄濟川輯　清同治十二年(1873)京都琉璃廠刻本　四册

620000－1103－0000067　B222.1/203
四書集成十四卷　(清)趙璨英輯　清刻本　十二册

620000－1103－0000068　B222.1/204
學庸拾遺不分卷　(清)趙和璧撰　清乾隆三十九年(1774)刻本　一冊

620000－1103－0000069　B222.1/204(S)
四書纂疏二十六卷　(清)趙順孫纂疏　清同治四年(1865)石印本　八冊

620000－1103－0000070　B222.1/211:01
欽定本朝四書文四十一卷　(清)方苞編　清光緒二年(1876)湖北崇文書局刻本　八冊

620000－1103－0000071　B222.1/211:02
欽定正嘉四書文四十一卷　(清)方苞編　清光緒二年(1876)湖北崇文書局刻本　六冊

620000－1103－0000072　B222.1/226
四書敍要不分卷　(清)楊玉緒撰　清光緒十年(1884)刻本　六冊

620000－1103－0000073　B222.1/243
近科墨醕二編　(清)李伯坦選評　清咸豐九年至同治二年(1859－1863)求是齋刻本　三冊

620000－1103－0000074　B222.1/270
四書不二字音釋不分卷　(清)楊昕撰　清道光刻本　四冊

620000－1103－0000075　B222.1/282
廣增四書典腋二十卷　(清)松軒主人撰　清同治四年(1865)京都琉璃廠刻本　六冊

620000－1103－0000076　B222.1/287
四書辨訛不分卷　(清)李登瀛撰　清乾隆五十二年(1787)刻本　一冊

620000－1103－0000077　B222.1/295(S)
中庸俗話八卷　(清)查體仁述　清敦厚堂刻本　二冊

620000－1103－0000078　B222.1/307
四書合參析疑十卷　(清)張權時輯　清康熙四十九年(1710)古吳聚秀堂光裕堂刻本　八冊

620000－1103－0000079　B222.1/313
四書注疏大全合纂三十七卷　(明)張溥纂　明崇禎刻本　十七冊

620000－1103－0000080　B222.1/316
欽定化治四書文不分卷　(清)方苞等評選　清刻本　九冊

620000－1103－0000081　B222.1/316
大學衍義續七十卷　(清)強汝詢編輯　清光緒十二年(1886)刻本　二十一冊　缺七卷(一至五、六十一至六十二)

620000－1103－0000082　B222.1/372
增訂講義四書襯十七卷　(清)駱培撰　清乾隆十一年(1746)同文書圃刻本　四冊

620000－1103－0000083　B222.1/383
四書考輯要二十卷　(清)陳宏謀輯　清乾隆三十六年(1771)吳門穆大展局刻本　十冊

620000－1103－0000084　B222.1/383
國朝名文約編不分卷　(清)陳詩輯　清道光二十五年(1845)乾元堂刻本　六冊

620000－1103－0000085　B222.1/428:02
日講四書解義二十六卷　(清)庫勒納等編　清康熙十六年(1677)刻本　十二冊

620000－1103－0000086　B222.1/428:01
日講四書解義二十六卷　(清)庫勒納等編　清光緒十八年(1892)蘭州刻本　十二冊

620000－1103－0000087　B222.1/428:03
日講四書解義二十六卷　(清)庫勒納等編　清康熙十六年(1677)刻本　十一冊　存二十四卷(一至五、八至二十六)

620000－1103－0000088　B222.1/435
八銘塾鈔初集不分卷　(清)吳懋政輯　清令德堂刻本　五冊

620000－1103－0000089　B222.1/437:01
四書經註集證十九卷　(清)吳昌宗輯　清嘉慶三年(1798)江都汪廷機刻本　十六冊

620000－1103－0000090　B222.1/437:02
四書經註集證十九卷　(清)吳昌宗輯　清嘉慶三年(1798)江都汪廷機刻本　十二冊

620000－1103－0000091　B222.1/452:01
呂晚邨先生四書講義四十三卷　(清)呂留良撰　(清)陳鏦編　清刻本　十二册

620000－1103－0000092　B222.1/452:02
呂晚邨先生四書講義四十三卷　(清)呂留良撰　(清)陳鏦編　清刻本　六册

620000－1103－0000093　B222.1/455
中庸直指一卷　(明)釋德清撰　清刻本　一册

620000－1103－0000094　B222.1/459(S)
四書釋地一卷　(清)閻若璩撰　清刻本　四册

620000－1103－0000095　B222.1/478
大學通八卷　(清)田種玉纂輯　清嘉慶十七年(1812)刻本　二册

620000－1103－0000096　B222.1/480
縮本增選多寶船不分卷　清光緒八年(1882)上海點石齋石印本　八册

620000－1103－0000097　B222.1/485
欽定啟禎四書文不分卷　(清)方苞等選評　清刻本　八册

620000－1103－0000098　B222.1/485
四書味根録十四卷　(清)金澂撰　清刻本　五册

620000－1103－0000099　B222.1/537
學源堂合纂四書體注不分卷　(清)范翔參訂　清學源堂銅板印本　六册

620000－1103－0000100　B222.1/537
恒言堂四書旁訓體註不分卷　(清)范翔參訂　清刻本　五册　存五册(大學、中庸合一册,論語一册,孟子三册)

620000－1103－0000101　B222.1/537
學源堂銅板四書體注不分卷　(清)范翔參訂　清刻本　三册

620000－1103－0000102　B222.1/627
欽定化治四書文不分卷　(清)方苞等評選　清光緒二年(1876)湖北崇文書局刻本　九册

620000－1103－0000103　B222.1/642
四書左國彙纂四卷　(清)高其名　(清)鄭師成纂　清乾隆三十五年(1770)本立堂刻本　八册

620000－1103－0000104　B222.1/649
詳註典制文琳三集不分卷　(清)高第輯　(清)張春波註釋　清刻本　八册

620000－1103－0000105　B222.1/659
四書不貳字音釋不分卷　(清)龍萬育輯　清道光二年(1822)刻本　四册

620000－1103－0000106　B222.1/668
中庸註一卷　康有為撰　清光緒中國圖書公司鉛印演孔叢書本　一册

620000－1103－0000107　B222.1/677
四書旁音二卷　(□)□□撰　清刻本　四册

620000－1103－0000108　B222.1/715:01
四書題鏡不分卷　(清)汪鯉翔撰　清刻本　七册

620000－1103－0000109　B222.1/715:02
四書題鏡不分卷　(清)汪鯉翔撰　清刻本　四册

620000－1103－0000110　B222.1/715:03
四書題鏡不分卷　(清)汪鯉翔撰　清刻本　五册

620000－1103－0000111　B222.1/719
鄉黨圖考十卷　(清)江永撰　清乾隆五十八年(1793))金閶書業堂刻本　六册

620000－1103－0000112　B222.1/736
湯海秋文稿不分卷　(清)湯鵬撰　清桐石山房刻本　四册

620000－1103－0000113　B222.1/742
小題清華集二集　(清)沈林溥撰　清光緒二十年(1894)石印本　四册

620000－1103－0000114　B222.1/764
皇朝四書匯解七十五卷　(清)淩陛卿撰　清光緒二十九年(1903)上海鴻文書局石印本　十二册

620000－1103－0000115　B222.1/787(S)
四書逸箋六卷　(清)程大中撰　清刻本　一册

620000－1103－0000116　B222.1/790
小題文府不分卷　(清)□□撰　(清)上海久敬齋校選　清光緒二十一年(1895)點石齋石印本　二十六册

620000－1103－0000117　B222.1/816
天蓋樓四書語録四十六卷　(清)呂留良撰　(清)周在延編　清康熙刻本　二十册

620000－1103－0000118　B222.1/822(S)
制義靈樞不分卷　(清)周銘恩評選　清道光二十九年(1849)刻本　四册

620000－1103－0000119　B222.1/828
四書集註十九卷　(宋)朱熹撰　清光緒三十二年(1906)上海商務印書館鉛印本　六册

620000－1103－0000120　B222.1/828:01
四書正體十八卷　(宋)朱熹註　清刻本　六册

620000－1103－0000121　B222.1/828:01
大學章句二卷　(宋)朱熹撰　清光緒二十八年(1902)刻本　二册

620000－1103－0000122　B222.1/828:01
大學或問二卷　(宋)朱熹撰　清光緒二十八年(1902)刻本　一册

620000－1103－0000123　B222.1/828:02
四書正本十六卷　(宋)朱熹註　清同治六年(1867)刻本　六册

620000－1103－0000124　B222.1/828:02
大學章句二卷　(宋)朱熹撰　清光緒二十八年(1902)刻本　二册

620000－1103－0000125　B222.1/828:02
大學或問二卷　(宋)朱熹撰　清光緒二十八年(1902)刻本　一册

620000－1103－0000126　B222.1/828:03
大學章句二卷　(宋)朱熹撰　清光緒二十八年(1902)刻本　二册

620000－1103－0000127　B222.1/828:03
大學或問二卷　(宋)朱熹撰　清光緒二十八年(1902)刻本　一册

620000－1103－0000128　B222.1/828:04
大學章句二卷　(宋)朱熹撰　清光緒二十八年(1902)刻本　二册

620000－1103－0000129　B222.1/828:04
大學或問二卷　(宋)朱熹撰　清光緒二十八年(1902)刻本　一册

620000－1103－0000130　B222.1/828:02
駁呂留良四書講義八卷　(清)朱軾等撰　清雍正九年(1731)刻本　八册

620000－1103－0000131　B222.1/828:03
駁呂留良四書講義八卷　(清)朱軾等撰　清雍正九年(1731)刻本　八册

620000－1103－0000132　B222.1/828:01
駁呂留良四書講義八卷　(清)朱軾等撰　清雍正九年(1731)刻本　八册

620000－1103－0000133　B222.1/828:04
駁呂留良四書講義八卷　(清)朱軾等撰　清雍正九年(1731)刻本　八册

620000－1103－0000134　B222.1/828:07
駁呂留良四書講義八卷　(清)朱軾等撰　清雍正九年(1731)刻本　十五册

620000－1103－0000135　B222.1/828:06
駁呂留良四書講義八卷　(清)朱軾等撰　清雍正九年(1731)刻本　八册

620000－1103－0000136　B222.1/828:05
駁呂留良四書講義八卷　(清)朱軾等撰　清雍正九年(1731)刻本　八册

620000－1103－0000137　B222.1/828:05
大學或問二卷　(宋)朱熹撰　清光緒二十八年(1902)刻本　一册

620000－1103－0000138　B222.1/828:05
大學章句二卷　(宋)朱熹撰　清光緒二十八年(1902)刻本　一册

620000－1103－0000139　B222.1/828:06
大學或問二卷　(宋)朱熹撰　清光緒二十八年(1902)刻本　一冊

620000－1103－0000140　B222.1/828:07
大學或問二卷　(宋)朱熹撰　清光緒二十八年(1902)刻本　一冊

620000－1103－0000141　B222.1/828:08
大學或問二卷　(宋)朱熹撰　清光緒二十八年(1902)刻本　一冊

620000－1103－0000142　B222.1/845(S)
管緘若時文三集　(清)管世銘撰　清韞山堂刻本　四冊

620000－1103－0000143　B222.1/879
四書字詁七十八卷　(清)段諤廷撰　(清)黄本驥輯　清道光二十九年(1849)黔陽楊氏長沙刻本　十四冊

620000－1103－0000144　B222.1/882:01
大學衍義補一百六十卷首一卷　(明)丘濬撰　(明)陳仁錫評　明崇禎陳仁錫刻本　十六冊　存七十八卷(一至七十八)

620000－1103－0000145　B222.1/882:02
大學衍義補一百六十卷首一卷　(明)丘濬撰　(明)陳仁錫評　明刻本　十五冊　存一百十八卷(一至一百十八)

620000－1103－0000146　B222.1/891
論語補註三卷　(清)劉開撰　清同治七年(1868)桐城劉氏刻本　一冊

620000－1103－0000147　B222.1/894(S)
劉氏家塾四書解不分卷　(清)劉錫之撰　(清)袁文煥校訂　清光緒二年(1876)劉氏家塾刻本　八冊

620000－1103－0000148　B222.1/900
四書古註十種羣義彙解不分卷　(清)□□輯　清光緒石印本　十七冊

620000－1103－0000149　B222.1/906
四書講義獨解不分卷　(清)傅嵩祝撰　清抄本　一冊

620000－1103－0000150　B222.1/952
朱子四書或問小註三十六卷　(清)徐方廣增註　清康熙四十七年(1708)刻本　九冊　缺三卷(論語一至三)

620000－1103－0000151　B222.1/987:01
四書味根録十四卷　(清)金澂撰　清道光二十二年(1842)刻本　五冊

620000－1103－0000152　B222.1/987:02
四書味根録十四卷　(清)金澂撰　清石印本　一冊　存十一卷(論語十一卷)

620000－1103－0000153　B222.2/314
小學集解六卷　(清)張伯行輯註　清光緒十三年(1887)陝西布政司刻本　三冊

620000－1103－0000154　B222.2/363
關中書院論語講義四卷　(清)孫景烈撰　清刻本　二冊

620000－1103－0000155　B222.2/370
孔子集語十七卷　(清)孫星衍撰　清光緒三年(1877)刻本　四冊

620000－1103－0000156　B222.2/370:01
孔子家語十卷　(三國魏)王肅纂註　清乾隆四十七年(1782)博古堂刻本　四冊

620000－1103－0000157　B222.2/370:02
孔子家語十卷　(三國魏)王肅纂註　清刻本　四冊

620000－1103－0000158　B222.2/567(S)
集語二卷　(宋)薛據纂　清光緒元年(1875)湖北崇文書局刻本　一冊

620000－1103－0000159　B222.3/761:01
曾子二卷　(春秋)曾參撰　(清)雷柱點註　清光緒三十一年(1905)三原張氏刻本　一冊

620000－1103－0000160　B222.3/761:02
曾子二卷　(春秋)曾參撰　(清)雷柱點註　清光緒三十一年(1905)三原張氏刻本　一冊

620000－1103－0000161　B222.3/761:03
曾子二卷　(春秋)曾參撰　(清)雷柱點註　清光緒三十一年(1905)三原張氏刻本　一冊

620000－1103－0000162　B222.3/761：04
曾子二卷　(春秋)曾參撰　(清)雷柱點註　清光緒三十一年(1905)三原張氏刻本　一册

620000－1103－0000163　B222.3/761：05
曾子二卷　(春秋)曾參撰　(清)雷柱點註　清光緒三十一年(1905)三原張氏刻本　一册

620000－1103－0000164　B222.3/761：06
曾子二卷　(春秋)曾參撰　(清)雷柱點註　清光緒三十一年(1905)三原張氏刻本　一册

620000－1103－0000165　B222.5/236
繪圖孟子便蒙課本不分卷　(清)南洋官書局纂　清光緒南洋官書局石印本　七册

620000－1103－0000166　B222.5/357
孟子集註本義匯參十四卷　(清)王步青輯　清翻刻敦復堂本　四册　存四卷(四至七)

620000－1103－0000167　B222.5/357
孟子不分卷　(戰國)孟軻撰　清刻本　二册

620000－1103－0000168　B222.5/357
孟子注疏解經十四卷校勘記十四卷　(漢)趙岐注　(宋)孫奭疏並音義　清道光六年(1826)江西南昌府學刻本　六册

620000－1103－0000169　B222.5/554：01
載詠樓重鐫硃批孟子二卷　(宋)蘇洵批點　清刻朱墨套印本　二册

620000－1103－0000170　B222.5/554：03
載詠樓重鐫硃批孟子二卷　(宋)蘇洵批點　清嘉慶元年(1796)慎詒堂刻朱墨套印本　二册

620000－1103－0000171　B222.6/274
荀子二十卷　(戰國)荀況撰　(唐)楊倞注　(清)謝墉箋　清嘉慶九年(1804)姑蘇聚文堂刻本　十二册

620000－1103－0000172　B222.9/965
晏子春秋八卷　(春秋)晏嬰撰　清光緒元年(1875)湖北崇文書局刻本　二册

620000－1103－0000173　B222/378：01
小學集註六卷　(明)陳選集註　清同治十年(1871)刻本　二册

620000－1103－0000174　B222/378：02
小學集註六卷　(明)陳選集註　清同治十年(1871)刻本　二册

620000－1103－0000175　B222/378：03
小學集註六卷　(明)陳選集註　(清)高愈纂註　(清)王炳瀛參訂　清道光十四年(1834)錦江書院刻本　二册

620000－1103－0000176　B222/378：04
小學集註六卷　(明)陳選集註　清光緒三十三年(1907)刻本　四册

620000－1103－0000177　B222/378：05
小學集註六卷　(明)陳選集註　清光緒元年(1875)義盛堂刻本　三册

620000－1103－0000178　B222/378：07
小學集註六卷　(明)陳選集註　清光緒三十二年(1906)鴻寶齋石印本　三册

620000－1103－0000179　B222/566：01(S)
小學淺解六卷　(清)薛於瑛撰　清宣統二年(1910)西安存心堂刻本　四册

620000－1103－0000180　B222/566：02(S)
小學淺解六卷　(清)薛於瑛撰　清宣統二年(1910)西安存心堂刻本　四册

620000－1103－0000181　B222/566：03
小學淺解六卷　(清)薛於瑛撰　清宣統二年(1910)西安存心堂刻本　四册

620000－1103－0000182　B222/566：04
小學淺解六卷　(清)薛於瑛撰　清宣統二年(1910)西安存心堂刻本　四册

620000－1103－0000183　B222/566：05
小學淺解六卷　(清)薛於瑛撰　清宣統二年(1910)西安存心堂刻本　四册

620000－1103－0000184　B222/650：01
小學六卷　(清)高愈纂註　清永順堂刻本　三册

620000－1103－0000185　B222/650：02

小學六卷　(清)高愈纂註　清咸豐七年(1857)刻本　三冊

620000－1103－0000186　B222/650:03
小學六卷　(清)高愈纂註　清協濟堂刻本　四冊

620000－1103－0000187　B222/741
增訂小學體注六卷　(明)陳選原評　(清)沈士衡輯著　清刻本　四冊　存四卷(一至四)

620000－1103－0000188　B223.5/419(S)
南華瀝摘粹一卷　(清)馬魯編　清同治九年(1870)敦倫堂刻本　一冊

620000－1103－0000189　B223/221
老子道德經二卷　(春秋)李耳撰　(晉)王弼注　清光緒二十三年(1897)石印本　三冊

620000－1103－0000190　B223/256
莊子因六卷　(清)林雲銘評述　清刻本　三冊

620000－1103－0000191　B223/256
莊子因六卷　(清)林雲銘評述　清嘉慶二年(1797)敦化堂刻本　三冊

620000－1103－0000192　B223/286
老子道德經二卷音義一卷　(春秋)李耳撰　(晉)王弼注　清光緒元年(1875)浙江書局刻本　一冊

620000－1103－0000193　B223/286(S)
老子章義二卷　(春秋)李耳撰　(清)姚鼐註　清同治九年(1870)桐城吳氏刻本　一冊

620000－1103－0000194　B223/347
列子八卷　(戰國)列御寇撰　(晉)張湛註　清光緒二年(1876)浙江書局刻本　二冊

620000－1103－0000195　B223/434
莊子三卷　(清)吳世尚註評　清康熙五十四年(1715)光裕堂刻本　三冊

620000－1103－0000196　B223/451
老子道德經二卷　(春秋)李耳撰　清刻本　二冊

620000－1103－0000197　B223/453(S)
道德經解不分卷　(唐)呂純陽註釋　清嘉慶十年(1805)廣都劉沅刻本　一冊

620000－1103－0000198　B223/497(S)
列子八卷　(戰國)列御寇撰　(唐)盧重元解　清嘉慶八年至九年(1803－1804)江都秦氏石研齋刻本　二冊

620000－1103－0000199　B223/525(S)
莊子獨見三十三卷　(清)胡文英評釋　清乾隆刻本　五冊

620000－1103－0000200　B223/636
莊子集釋十卷　(清)郭慶藩輯　清光緒二十年(1894)思賢講舍刻本　八冊

620000－1103－0000201　B223/638
南華真經十卷　(晉)郭象註　(唐)陸德明音義　清翻刻聚文堂本　五冊

620000－1103－0000202　B223/638:01
南華真經十卷　(晉)郭象註　(唐)陸德明音義　清嘉慶九年(1804)姑蘇聚文堂刻本　五冊

620000－1103－0000203　B223/688:01
南華真經解三卷　(清)宣穎撰　清元亨堂刻本　三冊

620000－1103－0000204　B223/688:02
南華真經解六卷　(清)宣穎撰　清海清樓刻本　四冊

620000－1103－0000205　B223/718
道德經評注二卷　(春秋)李耳撰　(漢)河上公章句　(明)歸有光批閱　(明)文震孟訂正　清嘉慶九年(1804)姑蘇聚文堂刻本　二冊

620000－1103－0000206　B223/942
莊子内篇注四卷　(明)釋德清註　清刻本　二冊

620000－1103－0000207　B224/471
墨子十六卷篇目考一卷　(清)畢沅撰　清光緒二十年(1894)上海圖書集成局鉛印本　二冊

620000－1103－0000208　B226/225：01
韓非子二十卷　（戰國）韓非撰　清嘉慶九年(1804)姑蘇王氏聚文堂刻本　九册

620000－1103－0000209　B226/225：02
韓非子二十卷　（戰國）韓非撰　清光緒元年(1875)浙江書局刻本　五册

620000－1103－0000210　B226/661
商君書五卷　（秦）商鞅撰　（清）嚴萬里校　清光緒二年(1876)浙江書局刻本　一册

620000－1103－0000211　B226/958：01
管子二十四卷　（春秋）管仲撰　（唐）房玄齡註　（明）劉績補註　明刻本　三册

620000－1103－0000212　B226/958：02
管子二十四卷　（春秋）管仲撰　（唐）房玄齡註　明萬曆十年(1582)趙用賢刻管韓合刻本　十册　存二十卷(五至二十四)

620000－1103－0000213　B226/958：03
管子二十四卷　（春秋）管仲撰　（唐）房玄齡註　（明）劉績補註　清刻本　三册　存十三卷(四至十六)

620000－1103－0000214　B226/958：04
管子二十四卷　（春秋）管仲撰　（唐）房玄齡註　（明）劉績補註　清光緒二十三年(1897)上海圖書集成局鉛印本　四册

620000－1103－0000215　B226/958：05
管子二十四卷　（春秋）管仲撰　（唐）房玄齡註　（明）劉績補註　清嘉慶九年(1804)姑蘇聚文堂刻本　十六册

620000－1103－0000216　B226/965
韓非子識誤三卷　（清）顧廣圻撰　清嘉慶二十一年(1816)刻本　一册

620000－1103－0000217　B229.9/395
鶡冠子三卷　（戰國）鶡冠子撰　清嘉慶九年(1804)姑蘇聚文堂刻本　三册

620000－1103－0000218　B229/319
尸子二卷存疑一卷　（清）汪繼培輯　清光緒三年(1877)浙江書局刻本　一册

620000－1103－0000219　B229/467
晏子春秋七卷音義二卷校勘記二卷　（春秋）晏嬰撰　（清）孫星衍校並音義　（清）黄以周校勘記　清光緒元年(1875)浙江書局刻本　四册

620000－1103－0000220　B234/240
鹽鐵論二卷　（漢）桓寬撰　清光緒元年(1875)湖北崇文書局刻本　一册

620000－1103－0000221　B234/269
新纂門目五臣音註揚子法言十卷　（漢）揚雄撰　（唐）柳宗元註　（宋）司馬光添註　清嘉慶九年(1804)姑蘇聚文堂刻本　四册

620000－1103－0000222　B234/553(s)
申鑒五卷　（漢）荀悅撰　（□）吳道傳校　明正德十四年(1519)刻本　一册

620000－1103－0000223　B234/892：01
淮南子二十一卷敘目一卷　（漢）劉安撰　（漢）高誘註　清光緒二年(1876)浙江書局刻本　六册

620000－1103－0000224　B234/892：02
淮南子二十一卷敘目一卷　（漢）劉安撰　（漢）高誘註　清嘉慶九年(1804)姑蘇王氏聚文堂刻本　十二册

620000－1103－0000225　B241/114
中說十卷　（隋）王通撰　（宋）阮逸註　清嘉慶九年(1804)姑蘇王氏聚文堂刻本　二册

620000－1103－0000226　B241/114
文中子中說十卷　（隋）王通撰　（宋）阮逸註　清光緒二年(1876)浙江書局刻本　二册

620000－1103－0000227　B244.3/329(S)
皇極經世六十卷外編二卷圖一卷　（宋）邵雍撰　清咸豐元年(1851)洛陽安樂窩刻本　十六册

620000－1103－0000228　B244.4/285
張子東銘全注一卷　（清）李元春撰　清朝邑蒙天庥刻本　一册

620000－1103－0000229　B244.4/307：01

張子全書十五卷 (宋)張載撰 (宋)朱熹註 清同治九年(1870)刻本 八冊

620000－1103－0000230 B244.4/307:13
張子全書十五卷 (宋)張載撰 清同治九年(1870)刻本 八冊

620000－1103－0000231 B244.6/788:09
河南程氏遺書二十五卷附録一卷 (宋)程顥 (宋)程頤撰 清光緒三十四年(1908)瀋雅局重刻本 十六冊

620000－1103－0000232 B244.7/235
西山先生真文忠公讀書記四十卷 (宋)真德秀撰 清乾隆八年(1743)刻本 十冊 存二十卷(一至二十)

620000－1103－0000233 B244.7/235:10
大學衍義四十三卷 (宋)真德秀撰 明崇禎陳仁錫刻本 十冊

620000－1103－0000234 B244.7/828:01
淵鑒齋御纂朱子全書六十六卷 (宋)朱熹撰 (清)李光地等輯 清仿刻武英殿本 三十二冊

620000－1103－0000235 B244.7/828:01
朱子語類一百四十卷 (宋)朱熹撰 清同治十一年(1872)應元書院刻本 四十八冊

620000－1103－0000236 B244.7/828:01(S)
朱子議政録不分卷 (清)邢廷莢纂 清光緒二十五年(1899)刻本 一冊

620000－1103－0000237 B244.7/828:02
朱子議政録不分卷 (清)邢廷莢纂 清光緒二十五年(1899)刻本 一冊

620000－1103－0000238 B244.7/828:05
淵鑒齋御纂朱子全書六十六卷 (宋)朱熹撰 (清)李光地等輯 清翻刻武英殿本 三十一冊

620000－1103－0000239 B244.7/828:06
淵鑒齋御纂朱子全書六十六卷 (宋)朱熹撰 (清)李光地等輯 清翻刻武英殿本 二十五冊

620000－1103－0000240 B244.7/828:02
淵鑒齋御纂朱子全書六十六卷 (宋)朱熹撰 (清)李光地等輯 清翻刻武英殿本 三十二冊

620000－1103－0000241 B244.7/828:03
淵鑒齋御纂朱子全書六十六卷 (宋)朱熹撰 (清)李光地等輯 清翻刻武英殿本 三十二冊

620000－1103－0000242 B244.7/828:09
淵鑒齋御纂朱子全書六十六卷 (宋)朱熹撰 (清)李光地等輯 清刻本 三十三冊 存五十六卷(一至十七、二十至三十五、三十九至四十八、五十三至六十五)

620000－1103－0000243 B244.7/828:07
淵鑒齋御纂朱子全書六十六卷 (宋)朱熹撰 (清)李光地等輯 清刻本 二十二冊 存五十二卷(二至九、十七至二十、二十六至三十三、三十五至六十六)

620000－1103－0000244 B244.7/828:04
淵鑒齋御纂朱子全書六十六卷 (宋)朱熹撰 (清)李光地等輯 清翻刻武英殿本 三十一冊 存六十五卷(一至六十五)

620000－1103－0000245 B244.7/828:04
近思録十四卷 (宋)朱熹撰 (宋)呂祖謙輯 清光緒三年(1877)刻本 二冊

620000－1103－0000246 B244.7/828:05
近思録集解十四卷 (宋)葉采撰 清刻本 五冊

620000－1103－0000247 B244.7/828:06
朱子原訂近思録十四卷 (宋)朱熹輯 (宋)呂祖謙輯 (清)江永集注 (清)王鼎校次 清光緒十五年(1889)刻本 四冊

620000－1103－0000248 B244.7/828:08
御纂朱子全書六十六卷 (宋)朱熹撰 (清)李光地等輯 清刻本 三十冊

620000－1103－0000249 B244.7/828:10
朱子原訂近思録十四卷 (宋)朱熹輯 (宋)

呂祖謙輯　(清)江永集注　(清)王鼎校次　清光緒十五年(1889)刻本　四冊

620000－1103－0000250　B244.7/828:11
朱子原訂近思録十四卷　(宋)朱熹輯　(宋)呂祖謙輯　(清)江永集注　(清)王鼎校次　清光緒十五年(1889)刻本　四冊

620000－1103－0000251　B244.7/828:12
朱子原訂近思録十四卷　(宋)朱熹輯　(宋)呂祖謙輯　(清)江永集注　(清)王鼎校次　清光緒十五年(1889)刻本　二冊　存十一卷(四至十四)

620000－1103－0000252　B244.7/828:19
近思録十四卷　(宋)朱熹撰　(宋)呂祖謙輯　(清)江永集注　清刻本　四冊

620000－1103－0000253　B244.7/828:20
近思録集解十四卷　(宋)葉采撰　清刻本　二冊　存十二卷(一至二、五至十四)

620000－1103－0000254　B244.7/973:01
朱子約編八卷　(清)鄭士範輯　清光緒十九年(1893)鳳翔周鼎刻本　二冊

620000－1103－0000255　B244.7/973:02
朱子約編八卷　(清)鄭士範輯　清光緒十九年(1893)鳳翔周鼎刻本　二冊

620000－1103－0000256　B244.7/973:03
朱子約編八卷　(清)鄭士範輯　清光緒十九年(1893)鳳翔周鼎刻本　二冊

620000－1103－0000257　B244/220
性理大全書七十卷　(明)胡廣等撰　清刻本　八冊　存十五卷(五十五至六十九)

620000－1103－0000258　B244/285(S)
正學文要不分卷　(清)李元春評選　清道光十九年(1839)守樸堂刻本　一冊

620000－1103－0000259　B244/290:07
御纂性理精義十二卷　(清)李光地輯　清香芸書屋刻本　六冊

620000－1103－0000260　B244/290:08
御纂性理精義十二卷　(清)李光地輯　清香芸書屋刻本　六冊

620000－1103－0000261　B244/290:11
御纂性理精義十二卷　(清)李光地輯　清翻刻康熙五十六年(1717)武英殿刻本　五冊

620000－1103－0000262　B244/290:12
御纂性理精義十二卷　(清)李光地輯　清翻刻康熙五十六年(1717)武英殿刻本　五冊

620000－1103－0000263　B244/290:13
御纂性理精義十二卷　(清)李光地輯　清翻刻康熙五十六年(1717)武英殿刻本　五冊

620000－1103－0000264　B244/290:14
御纂性理精義十二卷　(清)李光地輯　清翻刻康熙五十六年(1717)武英殿刻本　五冊　存十卷(一至十)

620000－1103－0000265　B244/290:15
御纂性理精義十二卷　(清)李光地輯　清刻本　六冊

620000－1103－0000266　B244/290:16
御纂性理精義十二卷　(清)李光地輯　清翻刻康熙五十六年(1717)武英殿刻本　五冊

620000－1103－0000267　B244/290:17
御纂性理精義十二卷　(清)李光地輯　清翻刻康熙五十六年(1717)武英殿刻本　五冊

620000－1103－0000268　B244/313
性理體註訓解標題八卷　(清)張道升輯　清乾隆三十四年(1769)刻本　三冊

620000－1103－0000269　B244/607(S)
性理體註標題講義不分卷　(清)許鏘增訂　清致和堂刻本　一冊

620000－1103－0000270　B244/628
五子近思録發明十四卷　(宋)朱熹　(宋)呂祖謙撰　(清)施璜纂註　清英秀堂刻本　八冊

620000－1103－0000271　B244/946
尹涇論學一卷　(清)徐於玉輯　清光緒刻本　一冊

620000－1103－0000272　B248.92/445:01
呂子呻吟語節鈔六卷　（明）呂叔簡撰　（明）陳榕門節鈔　清同治十年（1871）刻本　二冊

620000－1103－0000273　B248.92/445:02
呂子呻吟語節鈔六卷　（明）呂叔簡撰　（明）陳榕門節鈔　清同治十年（1871）刻本　二冊

620000－1103－0000274　B248.92/445:03
呂子呻吟語節鈔六卷　（明）呂叔簡撰　（明）陳榕門節鈔　清同治十年（1871）刻本　二冊

620000－1103－0000275　B248.92/445:04
呂子呻吟語節鈔六卷　（明）呂叔簡撰　（明）陳榕門節鈔　清同治十年（1871）刻本　二冊

620000－1103－0000276　B248.92/445:05
呂子呻吟語節鈔六卷　（明）呂叔簡撰　（明）陳榕門節鈔　清同治十年（1871）刻本　二冊

620000－1103－0000277　B248.99/155
性理會通四十二卷　（明）張行成述　（明）鍾人傑輯　明聚錦堂刻本　八冊　缺一卷（三十八）

620000－1103－0000278　B248.99/214
居業録粹語二卷　（明）胡居仁撰　（清）王鼎校正　清道光十六年（1836）刻本　二冊

620000－1103－0000279　B248.99/315
致曲言節録　（明）張舜典撰　（清）李顒校　（清）孫荃校　清抄本　一冊

620000－1103－0000280　B248.99/445
涇野子内篇二十七卷　（明）呂柟撰　清光緒七年（1881）景槐書院刻本　六冊

620000－1103－0000281　B248.99/445(S)
涇野子内篇二十七卷　（明）呂柟撰　清咸豐四年（1854）刻本　六冊

620000－1103－0000282　B248.99/568:01
思菴野録三卷附行實一卷　（明）薛敬之撰　清咸豐元年（1851）武鴻模刻本　四冊

620000－1103－0000283　B248.99/568:02
思菴野録三卷附行實一卷　（明）薛敬之撰　清咸豐元年（1851）武鴻模刻本　四冊

620000－1103－0000284　B248.99/568:03
思菴野録三卷附行實一卷　（明）薛敬之撰　清咸豐元年（1851）武鴻模刻本　四冊

620000－1103－0000285　B248.99/568:04
思菴野録三卷附行實一卷　（明）薛敬之撰　清咸豐元年（1851）武鴻模刻本　四冊

620000－1103－0000286　B248.99/607
明文才調集不分卷　（清）許振禕輯　（清）鄧輔綸參訂　（清）劉毓麟校字　清光緒十七年（1891）大梁東河行署刻本　四冊

620000－1103－0000287　B248.99/770
馮少墟關中四先生要語録四卷　（明）馮從吾輯　（清）李元春學　清道光十年（1830）朝邑蒙氏刻本　一冊

620000－1103－0000288　B248.99/885(S)
學案小識十四卷首一卷末一卷　（清）唐鑒撰　清光緒十年（1884）重刻四砭齋刻本　十二冊

620000－1103－0000289　B248.99/892:02
人譜一卷　（明）劉宗周撰　清刻本　一冊

620000－1103－0000290　B248.99/892:03
人譜一卷　（明）劉宗周撰　清刻本　一冊

620000－1103－0000291　B248.99/892:04
人譜一卷　（明）劉宗周撰　清刻本　一冊

620000－1103－0000292　B248.99/892:05
人譜一卷　（明）劉宗周撰　清刻本　一冊

620000－1103－0000293　B248.99/892:06
人譜一卷　（明）劉宗周撰　清刻本　一冊

620000－1103－0000294　B248.99/892:07
人譜一卷　（明）劉宗周撰　清刻本　一冊

620000－1103－0000295　B248.99/892:08
人譜一卷　（明）劉宗周撰　清刻本　一冊

620000－1103－0000296　B248.99/952:09
恥言一卷　（明）徐禎稷撰　（清）孔廣棨編　清光緒三十二年（1906）南扶山房刻本　一冊

620000－1103－0000297　B248/225

性理三解七卷　(明)韓邦奇撰　清乾隆十六年(1751)成邦彦刻本　三冊

620000－1103－0000298　B249.3/171:01
明夷待訪録一卷　(清)黄宗羲撰　清末石印本　一冊

620000－1103－0000299　B249.3/171:02
明夷待訪録一卷　(清)黄宗羲撰　清末石印本　一冊

620000－1103－0000300　B249.3/171:03
明夷待訪録一卷　(清)黄宗羲撰　清光緒二十一年(1895)陝西味經售書處刻本　一冊

620000－1103－0000301　B249.9/119
告君録一卷　(清)王守恭撰　清光緒十四年(1888)刻本　一冊

620000－1103－0000302　B249.9/119:01
正學隅見述一卷　(清)王宏撰　清光緒二十七年(1901)敬義堂刻本　一冊

620000－1103－0000303　B249.9/119:02
正學隅見述一卷　(清)王宏撰　清光緒二十七年(1901)敬義堂刻本　一冊

620000－1103－0000304　B249.9/120
力餘説書答友草二編　(清)王禹堂撰　清道光二十八年(1848)刻本　四冊

620000－1103－0000305　B249.9/121(S)
夢悟一卷　(清)王維戊撰　清道光十五年(1835)刻本　一冊

620000－1103－0000306　B249.9/123(S)
德輿子五卷德輿集一卷　(清)安璿珠注　(清)德輿集一卷　(清)凌堃撰　清道光凌氏刻傳經堂叢書本　二冊

620000－1103－0000307　B249.9/169(S)
理氣源流三卷　(清)黄光曜撰　清光緒十八年(1892)刻本　一冊

620000－1103－0000308　B249.9/213
溫溪尋源集三卷退閑録一卷　(清)古復齋　(清)楊國傑撰　(清)許玶刪輯　清刻本　一冊

620000－1103－0000309　B249.9/258
四書五經義策論初編　(清)杭州崇實學社同人輯　清光緒二十八年(1902)重慶廣益書局鉛印本　四冊

620000－1103－0000310　B249.9/270:02
知本提綱十卷　(清)楊屾撰　(清)鄭世鐸注解　清乾隆十二年(1747)崇本齋刻本　十七冊

620000－1103－0000311　B249.9/285
桐閣關中三先生語要四卷　(清)李元春校録　清道光朝邑蒙天庥刻本　二冊

620000－1103－0000312　B249.9/289
二曲擇要悔過自新説一卷　(清)李顒撰　清光緒十八年(1892)馬忠信堂刻本　一冊

620000－1103－0000313　B249.9/289:01
四書反身録十八卷　(清)李顒撰　清刻本　二冊

620000－1103－0000314　B249.9/289:03
四書反身録十八卷　(清)李顒撰　清光緒十七年(1891)廣安崇善堂刻本　四冊

620000－1103－0000315　B249.9/295(S)
大學俗話五卷　(清)查體仁述　清光緒十八年(1892)劉敦厚堂刻本　一冊

620000－1103－0000316　B249.9/313
宜雨宜晴山館文存二卷　(清)張煒撰　清光緒十九年(1893)刻本　二冊

620000－1103－0000317　B249.9/314:01
小學集解六卷　(清)張伯行輯註　清光緒十三年(1887)陝西布政司刻本　四冊

620000－1103－0000318　B249.9/314:02
小學集解六卷　(清)張伯行輯註　清光緒十三年(1887)陝西布政司刻本　四冊

620000－1103－0000319　B249.9/314:03
小學集解六卷　(清)張伯行輯註　清光緒十三年(1887)陝西布政司刻本　四冊

620000－1103－0000320　B249.9/315
聖功編一卷　(清)張紹元撰　清宣統三年

(1911)刻本　一册

620000－1103－0000321　B249.9/363(S)
孫檢討四書文不分卷　(清)孫景烈撰　清刻本　一册

620000－1103－0000322　B249.9/363:01
關中書院課解五卷　(清)孫景烈撰　清乾隆二十六年(1761)滋樹堂刻本　四册

620000－1103－0000323　B249.9/434
八銘塾鈔初集八卷　(清)吳懋政撰　清朱墨套印本　八册

620000－1103－0000324　B249.9/441
拙修集十卷　(清)吳廷楝撰　清同治十年(1871)六安求我齋刻本　三册　存六卷(五至十)

620000－1103－0000325　B249.9/607
國朝文才調集不分卷　(清)許振禕集評　清光緒十七年(1891)大梁東河行署刻本　八册

620000－1103－0000326　B249.9/627:02
漢學商兑三卷　(清)方東樹撰　清光緒二十六年(1900)浙江書局刻本　四册

620000－1103－0000327　B249.9/669
三字心法不分卷　(□)□□撰　清光緒三十年(1904)鉛印本　一册

620000－1103－0000328　B249.9/711:01
述學内篇三卷補遺一卷外篇一卷别録一卷　(清)汪中撰　清同治八年(1869)揚州書局刻本　二册

620000－1103－0000329　B249.9/711:01
述學内篇三卷補遺一卷外篇一卷别録一卷　(清)汪中撰　清同治八年(1869)揚州書局刻本　一册

620000－1103－0000330　B249.9/711:02
述學内篇三卷補遺一卷外篇一卷别録一卷　(清)汪中撰　清同治八年(1869)揚州書局刻本　一册

620000－1103－0000331　B249.9/716
讀近思録一卷　(清)汪紱撰　清光緒十年(1884)紫陽書院刻本　一册

620000－1103－0000332　B249.9/747
願學編二卷　(清)沈汝桂撰　清光緒十九年(1893)關中書院刻本　二册　存一卷(一)

620000－1103－0000333　B249.9/759
養真集二卷　題(清)養真子撰　(清)王士端注　清嘉慶刻道藏輯要本　一册

620000－1103－0000334　B249.9/889
砭身集六卷　(清)劉鳴珂撰　清光緒二十八年(1902)柏經正堂刻本　二册

620000－1103－0000335　B249.9/892(S)
劉海峰集不分卷　(清)劉海峰撰　清光緒元年(1875)刻本　四册

620000－1103－0000336　B249.9/892:01(S)
槐軒約言不分卷　(清)劉沅撰　清光緒三十一年(1905)刻槐軒全書本　一册

620000－1103－0000337　B249.9/892:02
大學古本質言一卷　(清)劉沅撰　清咸豐二年(1852)豫誠堂刻軒槐全書本　一册

620000－1103－0000338　B249.9/892:02(S)
槐軒約言不分卷　(清)劉沅撰　清光緒三十一年(1905)刻槐軒全書木　一册

620000－1103－0000339　B249.9/892:03(S)
槐軒約言不分卷　(清)劉沅撰　清光緒三十一年(1905)刻槐軒全書本　一册

620000－1103－0000340　B25/805
書古微十二卷　(清)魏源撰　清光緒四年(1878)淮南書局刻本　四册

620000－1103－0000341　B285/289:01
二曲擇要悔過自新説一卷　(清)李顒撰　清光緒十八年(1892)馬忠信堂刻本　一册

620000－1103－0000342　B285/289:02
二曲擇要悔過自新説一卷　(清)李顒撰　清光緒十八年(1892)馬忠信堂刻本　一册

620000－1103－0000343　B285/289:03
二曲擇要悔過自新説一卷　(清)李顒撰　清

光緒十八年(1892)馬忠信堂刻本　一册

620000－1103－0000344　B285/289:04
二曲擇要悔過自新説一卷　(清)李顒撰　清光緒十八年(1892)馬忠信堂刻本　一册

620000－1103－0000345　B285/289:05
二曲擇要悔過自新説一卷　(清)李顒撰　清光緒十八年(1892)馬忠信堂刻本　一册

620000－1103－0000346　B285/289:06
二曲擇要悔過自新説一卷　(清)李顒撰　清光緒十八年(1892)馬忠信堂刻本　一册

620000－1103－0000347　B285/289:07
二曲擇要悔過自新説一卷　(清)李顒撰　清光緒十八年(1892)馬忠信堂刻本　一册

620000－1103－0000348　B285/289:08
二曲擇要悔過自新説一卷　(清)李顒撰　清光緒十八年(1892)馬忠信堂刻本　一册

620000－1103－0000349　B285/289:09
二曲擇要悔過自新説一卷　(清)李顒撰　清光緒十八年(1892)馬忠信堂刻本　一册

620000－1103－0000350　B285/289:10
二曲擇要悔過自新説一卷　(清)李顒撰　清光緒十八年(1892)馬忠信堂刻本　一册

620000－1103－0000351　B285/289:11
二曲擇要悔過自新説一卷　(清)李顒撰　清光緒十八年(1892)馬忠信堂刻本　一册

620000－1103－0000352　B285/289:12
二曲擇要悔過自新説一卷　(清)李顒撰　清光緒十八年(1892)馬忠信堂刻本　一册

620000－1103－0000353　B285/289:13
二曲擇要悔過自新説一卷　(清)李顒撰　清光緒十八年(1892)馬忠信堂刻本　一册

620000－1103－0000354　B285/289:14
二曲擇要悔過自新説一卷　(清)李顒撰　清光緒十八年(1892)馬忠信堂刻本　一册

620000－1103－0000355　B285/289:15
二曲擇要悔過自新説一卷　(清)李顒撰　清光緒十八年(1892)馬忠信堂刻本　一册

620000－1103－0000356　B285/289:16
二曲擇要悔過自新説一卷　(清)李顒撰　清光緒十八年(1892)馬忠信堂刻本　一册

620000－1103－0000357　B285/289:17
二曲擇要悔過自新説一卷　(清)李顒著　清光緒十八年(1892)馬忠信堂刻本　一册

620000－1103－0000358　B5/797:01
名學部甲八篇　(英國)穆勒約翰撰　嚴復譯　清光緒三十一年(1905)金粟齋譯書社鉛印本　二册

620000－1103－0000359　B5/797:02
名學部甲八篇　(英國)穆勒約翰撰　嚴復譯　清光緒三十一年(1905)金粟齋刻本　八册

620000－1103－0000360　B561/208(s)
赫胥黎天演論　(英國)赫胥黎著　嚴復譯　清光緒二十一年(1895)味經刊書處刻本　二册

620000－1103－0000361　B81/126
中等教育倫理學二編　(日本)元良勇次郎撰　麥鼎華譯　清光緒二十八年(1902)上海廣智書局鉛印本　一册

620000－1103－0000362　B81/163:01
論理學綱要不分卷　(日本)十時綱撰　田吳炤譯　清光緒三十二年(1906)上海商務印書館鉛印本　一册

620000－1103－0000363　B81/163:02
論理學綱要不分卷　(日本)十時綱撰　田吳炤譯　清光緒三十二年(1906)上海商務印書館鉛印本　一册

620000－1103－0000364　B81/330
雄辯法不分卷　(日本)加藤咄堂述　呂策譯　清宣統二年(1910)鉛印本　一册

620000－1103－0000365　B82/115:05
聖諭廣訓不分卷　(清)世宗胤禛撰　清光緒十四年(1888)陝西富平縣焦雲龍刻本　二册

620000－1103－0000366　B82/115:06

聖諭廣訓不分卷 (清)世宗胤禛撰 清光緒十四年(1888)陝西富平縣焦雲龍刻本 二册

620000－1103－0000367 B82/115:07

聖諭廣訓不分卷 (清)世宗胤禛撰 清光緒十四年(1888)陝西富平縣焦雲龍刻本 二册

620000－1103－0000368 B82/115:08

聖諭廣訓不分卷 (清)世宗胤禛撰 清光緒十四年(1888)陝西富平縣焦雲龍刻本 二册

620000－1103－0000369 B82/312

京師大學堂倫理學講義不分卷 (清)張鶴齡撰 清光緒鉛印本 一册

620000－1103－0000370 B82/526:01(S)

人範六卷 (清)蔣元輯 清光緒十六年(1890)守拙軒刻本 二册

620000－1103－0000371 B82/526:02

人範六卷 (清)蔣元輯 清光緒十六年(1890)守拙軒刻本 二册

620000－1103－0000372 B82/526:03

人範六卷 (清)蔣元輯 清光緒十六年(1890)守拙軒刻本 二册

620000－1103－0000373 B82/526:04

人範六卷 (清)蔣元輯 清光緒十六年(1890)守拙軒刻本 二册

620000－1103－0000374 B82/978

忠經一卷 (漢)馬融撰 (漢)鄭玄集註 清末石印本 一册

620000－1103－0000375 B822/104(m)

國民道德談不分卷 (日本)福澤諭吉編 (清)朱宗萊譯 清宣統元年(1909)中國圖書公司鉛印本 一册

620000－1103－0000376 B823.1/104

御註孝經一卷 (清)世祖福臨撰 清咸豐八年(1858)西安義興堂書坊刻本 一册

620000－1103－0000377 B823.1/118

感興篇不分卷 (清)王心敬撰 清刻本 一册

620000－1103－0000378 B823.1/121

豐川家訓節要 (清)王徵撰 清光緒三十四年(1908)三原永遠局刻本 一册

620000－1103－0000379 B823.1/220:01

二百卌孝圖四卷 (清)胡文炳輯 清光緒五年(1879)蘭石齋刻本 四册

620000－1103－0000380 B823.1/220:02

二百卌孝圖四卷 (清)胡文炳輯 清光緒五年(1879)蘭石齋刻本 四册

620000－1103－0000381 B823.1/286

孝經一卷 (南唐)元宗李璟注 清光緒解梁書院刻本 一册

620000－1103－0000382 B823.1/306

張陽園訓子語一卷 (清)張履祥撰 清光緒解梁書院刻本 一册

620000－1103－0000383 B823.1/308(S)

張敬堂太史遺書不分卷 (清)張錫嶸撰 清同治九年(1870)望三益堂刻本 四册

620000－1103－0000384 B823.1/314

重刻添補傳家寶俚言新本家寶全集三十二卷首一卷 (清)石成金撰 清聚元堂刻本 八册 存十七卷(初集八卷、二集八卷,首一卷)

620000－1103－0000385 B823.1/314:01

課子隨筆十卷 (清)張師載輯 清乾隆十年(1745)改過齋刻本 五册

620000－1103－0000386 B823.1/314:02

課子隨筆二卷 (清)張師載輯 清光緒十四年(1888)解梁書院刻本 一册 存一卷(下)

620000－1103－0000387 B823.1/350:01

重刻添補傳家寶俚言新本家寶全集三十二卷首一卷 (清)石成金撰 清元茂堂刻本 二十九册 缺三卷(初集五、八,四集八)

620000－1103－0000388 B823.1/350:02

家寶全集三十二卷首一卷 (清)石成金撰 清刻本 二十六册 缺六卷(初集一至二、六,二集七,三集二,四集一)

620000－1103－0000389 B823.1/525

弟子識集解不分卷　(清)莊述祖輯　清同治三年(1864)綏定郡齋刻本　一册

620000－1103－0000390　B823.1/761
曾文正公家訓二卷　(清)曾國藩撰　清刻本　一册

620000－1103－0000391　B823.1/785
迪幼録三卷　(明)程基輯撰　清光緒二十八年(1902)翰元齋刻本　一册

620000－1103－0000392　B823.1/900:01(S)
檀幾叢書録要不分卷　(清)何思鈞輯　清同治十一年(1872)刻本　一册

620000－1103－0000393　B823.1/900:02(S)
檀幾叢書録要不分卷　(清)何思鈞輯　清同治十一年(1872)刻本　一册

620000－1103－0000394　B823/892
辨志堂家訓節鈔不分卷　(清)劉澔撰　清光緒二十年(1894)刻本　一册

620000－1103－0000395　B8231/972
新鐫校正女孝經不分卷　(唐)鄭氏撰　清光緒二十八年(1902)協濟堂刻本　一册

620000－1103－0000396　B825/145
夜行燭二卷　(明)曹端纂　清光緒十三年(1887)樂彼園刻本　一册

620000－1103－0000397　B825/274
知本提綱十卷　(清)楊屾撰　(清)鄭世鐸注解　清乾隆十二年(1747)崇本齋刻本　一册　存一卷(一)

620000－1103－0000398　B825/286
續心影集四卷　(清)李士麟輯　清光緒二年(1876)蘭州郡署刻本　四册

620000－1103－0000399　B825/286:01
弟子規一卷　(清)李子潛撰　清刻本　一册

620000－1103－0000400　B825/286:02
弟子規一卷　(清)李子潛撰　清光緒十年(1884)琅川衍慶堂刻本　一册

620000－1103－0000401　B825/291
訓女文不分卷　(明)李文定公撰　(清)李毓秀注　清光緒十四年(1888)傳經堂刻本　一册

620000－1103－0000402　B825/299(S)
藥言　(清)拙修老人纂　清咸豐十年(1860)刻本　一册

620000－1103－0000403　B825/306
居家必備十卷　(明)佚名輯　明杭州讀書坊刻本　三册　存三卷(居家禮儀一至三)

620000－1103－0000404　B825/307
郃渭偶存不分卷　(清)張世英撰　清刻本　一册

620000－1103－0000405　B825/308:01
聽訓齋語二卷　(清)張英撰　清光緒九年(1883)寶硯齋刻本　一册

620000－1103－0000406　B825/321
習是編二卷　(清)屈成霖輯　清咸豐六年(1856)番禺許氏衍祥堂刻本　四册

620000－1103－0000407　B825/331
婦女一說曉不分卷　(清)賀瑞麟撰　清光緒十六年(1890)柏經正堂刻本　一册

620000－1103－0000408　B825/331
女小學不分卷　(清)賀瑞麟輯　清光緒五年(1879)守禮書堂刻本　一册

620000－1103－0000409　B825/331:01
管式弟子職不分卷　(清)朱子文注　清光緒八年(1882)刻本　一册

620000－1103－0000410　B825/331:02
管式弟子職不分卷　(清)朱子文注　清光緒八年(1882)刻本　一册

620000－1103－0000411　B825/331:03
管式弟子職不分卷　(清)朱子文注　清光緒八年(1882)刻本　一册

620000－1103－0000412　B825/331:04
管式弟子職不分卷　(清)朱子文注　清光緒八年(1882)刻本　一册

620000－1103－0000413　B825/331:05
管式弟子職不分卷　(清)朱子文注　清光緒八年(1882)刻本　一册

620000－1103－0000414　B825/331:06
管式弟子職不分卷　(清)朱子文注　清光緒八年(1882)刻本　一册

620000－1103－0000415　B825/377:01
五種遺規　(清)陳弘謀編輯　清刻本　二册　存三種九卷(從政遺規二卷、訓俗遺規四卷、教女遺規三卷)

620000－1103－0000416　B825/383(S)
新訂同善録六卷　(清)陳調元輯　清道光二十二年(1842)刻本　六册

620000－1103－0000417　B825/384:02
五種遺規　(清)陳弘謀編輯　清刻本　七册　缺一種(養正遺規)

620000－1103－0000418　B825/384:03
五種遺規　(清)陳弘謀編輯　清光緒十九年(1893)刻本　四册　存三種十卷(在官法戒録四卷、從政遺規二卷、訓俗遺規四卷)

620000－1103－0000419　B825/384:04
五種遺規　(清)陳弘謀編輯　清刻本　四册　存三種十卷(教女遺規三卷、從政遺規三卷、在官法戒録四卷)

620000－1103－0000420　B825/384:05
五種遺規　(清)陳弘謀編輯　清刻本　八册

620000－1103－0000421　B825/384:06
五種遺規　(清)陳弘謀編輯　清刻本　八册

620000－1103－0000422　B825/455
鏡古編一卷　(清)史調輯　清乾隆二十六年(1761)九容齋刻本　一册

620000－1103－0000423　B825/504(S)
六事箴言不分卷　(清)葉玉屏輯　清光緒二十二年(1896)四川巴州官舍刻本　一册

620000－1103－0000424　B825/520
蒲編堂評改先入言　(□)慕甲榮撰　清光緒十年(1884)秦州刻本　一册

620000－1103－0000425　B825/576
藥石鍼砭一卷　(□)□□撰　清宣統三年(1911)輔化文社刻本　一册

620000－1103－0000426　B825/617
教諭語四卷　(清)謝金鑾撰　清光緒二十一年(1895)守約齋刻本　一册

620000－1103－0000427　B825/667
人生必讀書十二卷　(清)唐彪輯　清光裕堂刻本　六册

620000－1103－0000428　B825/687:01
箴銘輯要類編前録一卷後録三卷　(清)寇守信輯　清光緒七年(1881)岐山武文炳校刻本　四册

620000－1103－0000429　B825/687:02
箴銘輯要類編前録一卷後録三卷　(清)寇守信輯　清光緒七年(1881)岐山武文炳校刻本　三册　存三卷(後録三卷)

620000－1103－0000430　B825/731
古格言十二卷　(清)梁章鉅輯　清道光四年(1824)刻本　二册

620000－1103－0000431　B825/733
聖諭像解二十卷　(清)梁延年輯　清光緒二十九年(1903)北洋官報局石印本　十册

620000－1103－0000432　B825/746
增訂修身第一書　(清)沈文煥輯　清道光十二年(1832)刻本　一册

620000－1103－0000433　B825/825
二語合編　(清)牛樹梅輯　清同治六年(1867)刻本　一册

620000－1103－0000434　B825/892:01
正蒙書損文　(清)劉源森撰　清光緒三十年(1904)刻本　一册

620000－1103－0000435　B825/892:02
正蒙書損文　(清)劉源森撰　清光緒三十年(1904)刻本　一册

620000－1103－0000436　B825/892:03
正蒙書損文　(清)劉源森撰　清光緒三十年

(1904)刻本　一册

620000－1103－0000437　B825/892:04
正蒙書損文　(清)劉源森撰　清光緒三十年(1904)刻本　一册

620000－1103－0000438　B825/967
通俗教育談　(清)江永輯　清光緒三十三年(1907)鉛印本　一册

620000－1103－0000439　B825/983
公門修行録　(清)牛樹梅撰　清同治元年(1862)文雅齋刻字鋪刻本　一册

620000－1103－0000440　B84/685
京師大學堂心理學講義一卷　(日本)服部宇之吉撰　**京師大學堂掌故學講義一卷**　(清)楊道霖撰　清末鉛印本　一册

620000－1103－0000441　B84/752
心靈學不分卷　(清)顔永京譯　清光緒十五年(1889)刻本　一册

620000－1103－0000442　B84/752
心理學概論二卷　(丹麥)海甫定撰　(英國)龍特氏英譯　王國維漢譯　清光緒三十四年(1908)鉛印本　二册

620000－1103－0000443　B84/808
初等心理學不分卷　(日本)廣島秀太郎撰　田吳炤譯　清光緒二十八年(1902)刻本　一册

620000－1103－0000444　B84/870
心理學講義不分卷　(日本)服部宇之吉撰　清光緒三十二年(1906)鉛印本　一册

620000－1103－0000445　B84854
佛説阿彌陀經要解不分卷　(後秦)釋鳩摩羅什譯　(明)釋智旭解　清刻本　一册

620000－1103－0000446　B9/172(S)
集説詮眞不分卷　(清)黃伯祿輯　清光緒十一年(1885)刻本　二册

620000－1103－0000447　B94/100
大明三藏聖教目録四卷　(□)□□輯　明萬曆二十九年(1601)刻嘉興藏本　一册

620000－1103－0000448　B94/100
佛母般若波羅蜜多圓集要義釋論四卷　三寶尊菩薩造　**大乘寶要義論四卷**　(宋)釋法護譯　清順治十八年(1661)刻嘉興藏本　一册

620000－1103－0000449　B94/100
大毗盧遮那成佛神變加持經七卷　(唐)釋一行譯　明刻嘉興藏本　一册

620000－1103－0000450　B94/100
大明三藏法數□□卷　(明)釋一如集注　明萬曆二十二年(1594)刻嘉興藏本　五册　存二十五卷(二十六至五十)

620000－1103－0000451　B94/100
蘇婆呼童子經二卷　(唐)釋一行譯　明萬曆三十六年(1608)刻嘉興藏本　一册

620000－1103－0000452　B94/100
大方廣佛華嚴經海印道場十重行願常徧禮懺儀□□卷　(唐)釋慧覺録　明刻嘉興藏本　十二册　存三十一卷(六至十二、十六至三十四、三十八至四十二)

620000－1103－0000453　B94/100
大成寶要義論四卷　(宋)釋法護譯　清順治十八年(1661)浙江嘉興府楞嚴寺般若堂刻本　一册

620000－1103－0000454　B94/104
虎堂福禪師語録四卷　(□)釋普德記録　清康熙三十四年(1695)刻嘉興藏本　一册　存二卷(三至四)

620000－1103－0000455　B94/109
往生集三卷　(明)釋袾宏輯　明萬曆十二年(1584)刻嘉興藏本　一册

620000－1103－0000456　B94/109
禪關策進一卷　(明)釋袾宏撰　清光緒二十四年(1898)金陵刻經處刻本　一册

620000－1103－0000457　B94/109
雲棲法滙不分卷　(明)釋袾宏撰　清光緒二十三年(1897)金陵刻經處刻本　三十四册

620000－1103－0000458　B94/109:01

沙彌律義要略不分卷　（明）釋袾宏輯　清刻本　一冊

620000－1103－0000459　B94/109：02
沙彌律義要略不分卷　（明）釋袾宏輯　清刻本　一冊

620000－1103－0000460　B94/123
瑜伽師地論一百卷　（唐）釋玄奘譯　明萬曆二十七年（1599）刻嘉興藏本　一冊

620000－1103－0000461　B94/126
賢愚因緣經十三卷　（元）釋慧覺釋　明萬曆三十五年（1607）刻嘉興藏本　三冊

620000－1103－0000462　B94/126
金剛經纂注正解緣起五卷首一卷明教起因由首一卷　（□）鄭天香撰　清乾隆五十七年（1792）刻本　三冊

620000－1103－0000463　B94/126
鐔津文集十九卷首一卷　（宋）釋契嵩撰　明萬曆三十五年（1607）刻嘉興藏本　四冊

620000－1103－0000464　B94/126
林泉老人評唱丹霞淳禪師頌古虛堂習聽録三卷　（元）釋慧泉輯　明刻嘉興藏本　一冊　存一卷（二）

620000－1103－0000465　B94/128
壽昌無明和尚語録二卷　（明）釋元來撰　明崇禎十年（1637）刻嘉興藏本　一冊

620000－1103－0000466　B94/128
唐玄奘法師八識規矩母頌不分卷　（清）釋性起論釋　清光緒三年（1877）刻本　一冊

620000－1103－0000467　B94/128
無量壽經宗要一卷　（新羅）釋元曉撰　清如皋刻經處刻本　一冊

620000－1103－0000468　B94/128
游心安樂道一卷　（新羅）釋元曉撰　清末金陵刻經處刻本　一冊

620000－1103－0000469　B94/130
攝大乘論釋四十八卷　（南朝陳）釋真諦譯　明崇禎十七年（1644）刻嘉興藏本　六冊　存二十八卷（十三至二十二、二十五至三十七、四十四至四十八）

620000－1103－0000470　B94/130
佛性論四卷　（南朝陳）釋真諦譯　明崇禎十七年（1644）刻嘉興藏本　一冊

620000－1103－0000471　B94/130
十地經論十二卷　（北魏）釋菩提留支譯　明崇禎十七年（1644）刻嘉興藏本　三冊

620000－1103－0000472　B94/130
大乘唯識論一卷　（南朝陳）釋真諦譯　明崇禎十七年（1644）刻嘉興藏本　一冊

620000－1103－0000473　B94/130
如實論一卷　（南朝陳）釋真諦譯　明崇禎十六年（1643）刻嘉興藏本　一冊

620000－1103－0000474　B94/130
成唯識論俗詮十卷　（唐）釋玄奘譯　明萬曆四十一年（1613）刻嘉興藏本　五冊

620000－1103－0000475　B94/130
遺教經論一卷　（南朝陳）釋真諦譯　**發菩提心論二卷**　（後秦）釋鳩摩羅什譯　明萬曆三十五年（1607）刻嘉興藏本　一冊

620000－1103－0000476　B94/130
妙法蓮花經玄義□□卷　（唐）釋湛然撰　明萬曆八年（1580）刻嘉興藏本　二冊　存二卷（一、四）

620000－1103－0000477　B94/130
大乘百法明門論不分卷　（唐）釋玄奘譯　清刻本　一冊

620000－1103－0000478　B94/130
萬松老人評唱天童覺和尚拈古請益録二卷　（元）釋從隆録　明刻嘉興藏本　二冊

620000－1103－0000479　B94/130
大方廣菩薩文殊師利根本儀軌經十卷　（宋）釋天息災譯　清刻嘉興藏本　一冊

620000－1103－0000480　B94/130
相宗八要解八卷　（唐）釋玄奘譯　（明）釋明昱集解　清光緒二十八年（1902）金陵刻經處

刻本　三冊

620000－1103－0000481　B94/138
大慈恩寺三藏法師傳五卷　(唐)釋慧立本撰　明崇禎八年(1635)刻嘉興藏本　一冊

620000－1103－0000482　B94/153
西方要訣科注二卷　(唐)懷感撰　清刻本　一冊

620000－1103－0000483　B94/153
闢道規箴不分卷　題(清)西林居士撰　清道光六年(1826)刻本　一冊

620000－1103－0000484　B94/154
菩提行經四卷　(宋)釋天息災譯　**百喻經二卷**　(南朝齊)釋求那毗地譯　明崇禎八年至十一年(1635－1638)刻嘉興藏本　一冊

620000－1103－0000485　B94/154
佛說蘿摩伽經四卷　(晉)釋聖堅譯　明萬曆三十八年(1610)刻嘉興藏本　一冊

620000－1103－0000486　B94/154
菩薩本生鬘論八卷　(宋)釋紹德譯　南明弘光元年(1645)刻嘉興藏本　一冊

620000－1103－0000487　B94/155
佛說長阿含經十四卷首一卷　(後秦)釋佛陀耶舍　(後秦)釋竺佛念譯　明萬曆三十四年(1606)刻嘉興藏本　三冊

620000－1103－0000488　B94/175
究竟一乘寶性論五卷　(北魏)釋勒那摩提譯　明崇禎十六年(1643)刻嘉興藏本　一冊　存三卷(三至五)

620000－1103－0000489　B94/177
辯中邊論三卷　(唐)釋玄奘譯　明萬曆三十七年(1609)刻嘉興藏本　一冊

620000－1103－0000490　B94/177
阿毗達摩俱舍論本頌二卷　(唐)釋玄奘譯　**三法度論三卷**　(晉)釋三賢撰　**三彌底部論三卷**　(□)□□譯　明崇禎十四年(1641)刻嘉興藏本　一冊

620000－1103－0000491　B94/177
衆事分阿毗曇論十二卷　(南朝宋)釋求那跋陀羅　(南朝宋)釋菩提耶舍譯　明崇禎十二年(1639)刻嘉興藏本　二冊

620000－1103－0000492　B94/177
阿毗達磨界身足論二卷　(唐)釋玄奘譯　明崇禎十一年(1638)刻嘉興藏本　一冊

620000－1103－0000493　B94/177
付法藏因緣經六卷　(北魏)釋吉迦夜　(北魏)釋曇懼譯　明崇禎十六年(1643)刻嘉興藏本　一冊

620000－1103－0000494　B94/177
阿毗達磨俱舍論三十卷　(唐)釋玄奘譯　清宣統三年(1911)鉛印本　六冊

620000－1103－0000495　B94/177
唯識二十論四卷　(唐)釋玄奘譯　清宣統二年(1910)江西刻經處刻本　二冊

620000－1103－0000496　B94/182
雜寶藏經八卷　(北魏)釋吉迦夜　(北魏)釋曇懼譯　明崇禎四年(1631)刻嘉興藏本　二冊

620000－1103－0000497　B94/182
佛說大乘智印經五卷　(□)釋智吉祥譯　明崇禎二年(1629)刻嘉興藏本　一冊

620000－1103－0000498　B94/182
唯心訣不分卷　(清)釋永明撰　清同治九年(1870)如皋刻經處刻本　一冊

620000－1103－0000499　B94/183
無量壽經起信論二卷　(清)彭際清撰　清同治十一年(1872)如皋刻經處刻本　一冊

620000－1103－0000500　B94/195
萬法歸心録三卷　(清)釋祖源撰　清光緒三十四年(1908)金陵刻經處刻本　一冊

620000－1103－0000501　B94/206
起世因本經十卷　(隋)釋達摩笈多譯　清初刻嘉興藏本　一冊　存五卷(六至十)

620000－1103－0000502　B94/206
佛說大方等大集菩薩念佛三昧經十卷　(隋)

釋達摩笈多譯　清初刻嘉興藏本　一冊

620000－1103－0000503　B94/210
教乘法數十二卷　(明)釋圓瀞撰　清刻本　一冊　存三卷(七至九)

620000－1103－0000504　B94/211
大明度無極經六卷　(三國吳)釋支謙譯　明萬曆三十八年(1610)刻嘉興藏本　一冊

620000－1103－0000505　B94/211
佛說阿彌陀經二卷　(三國吳)釋支謙譯　明萬曆三十七年(1609)刻嘉興藏本　一冊

620000－1103－0000506　B94/211
佛說慧印三昧經一卷　(三國吳)釋支謙譯　**佛說無極寶三昧經二卷**　(晉)釋竺法護譯　**寶如來三昧經二卷**　(晉)釋祇多蜜譯　明萬曆三十二年(1604)刻嘉興藏本　一冊

620000－1103－0000507　B94/211
撰集百緣經十卷　(三國吳)釋支謙譯　明崇禎四年(1631)刻嘉興藏本　二冊

620000－1103－0000508　B94/211
成具光明定意經一卷　(後漢)釋支曜譯　**除恐災患經一卷**　(晉)釋聖堅譯　明崇禎二年(1629)刻嘉興藏本　一冊

620000－1103－0000509　B94/211
佛說齋經科註不分卷　(三國吳)釋支謙譯　(明)釋智旭注　清刻本　一冊

620000－1103－0000510　B94/213
古庭祖師語録四卷　(明)釋一貫輯　明崇禎六年(1633)刻嘉興藏本　二冊

620000－1103－0000511　B94/235
十八空論一卷　(南朝陳)釋眞諦譯　**王法正理論一卷**　(唐)釋玄奘譯　明崇禎十七年(1644)刻嘉興藏本　一冊

620000－1103－0000512　B94/235
決定藏論三卷　(南朝陳)釋眞諦譯　明崇禎十六年(1643)刻嘉興藏本　一冊

620000－1103－0000513　B94/235
無上依經二卷　(南朝陳)釋眞諦譯　明萬曆三十五年(1607)刻嘉興藏本　一冊

620000－1103－0000514　B94/235
立世阿毗曇論十卷　(南朝陳)釋眞諦譯　明崇禎十三年(1640)刻嘉興藏本　二冊

620000－1103－0000515　B94/235
佛阿毗曇經二卷　(南朝陳)釋眞諦譯　**根本說一切有部戒經一卷**　(唐)釋義淨譯　**佛說佛醫經一卷**　(三國吳)釋竺律炎譯　(三國吳)釋支越譯　**惟日雜難經一卷**　(三國吳)釋支謙譯　明崇禎三年(1630)刻嘉興藏本　一冊

620000－1103－0000516　B94/236
大乘止觀法門四卷　(南朝陳)釋思大禪師撰　明萬曆十年(1582)刻嘉興藏本　一冊

620000－1103－0000517　B94/236
諸法無諍三昧法門二卷　(南朝陳)釋思大禪師撰　明萬曆十九年(1591)刻嘉興藏本　一冊

620000－1103－0000518　B94/238
大法鼓經二卷　(南朝宋)釋求那跋陀羅譯　**佛說大白傘蓋總持陀羅尼經一卷**　(元)釋真智譯　明崇禎十六年(1643)刻嘉興藏本　一冊

620000－1103－0000519　B94/238
楞伽阿跋多羅寶經注解八卷　(南朝宋)釋求那跋陀羅譯　明崇禎五年(1632)刻嘉興藏本　二冊

620000－1103－0000520　B94/238
過去現在因果經四卷　(南朝宋)釋求那跋陀羅譯　明崇禎五年(1632)刻嘉興藏本　一冊

620000－1103－0000521　B94/238
佛說輪轉五道罪福報應經一卷　(南朝宋)釋求那跋陀羅譯　**佛說五無返復經一卷**　(南朝宋)釋沮渠京聲譯　**佛說佛大僧大經一卷**　(南朝宋)釋沮渠京聲譯　**佛說賢者五福德經一卷**　(晉)釋白法祖譯　**天請問經一卷**　(唐)釋玄奘譯　**佛說護淨經一卷**　(□)□□譯　**佛說木槵經一卷**　(□)□□譯　**佛說無**

上處經一卷　(□)□□譯　**盧至長者因緣經一卷**　(□)□□譯　**佛說耶祇經一卷**　(南朝宋)釋沮渠京聲譯　**佛說末羅王經一卷**　(南朝宋)釋沮渠京聲譯　**佛說摩達國王經一卷**　(南朝宋)釋沮渠京聲譯　**佛說旃陀越國王經一卷**　(南朝宋)釋沮渠京聲譯　**佛說五王經一卷**　(□)□□譯　**佛說出家功德經一卷**　(□)□□譯　**佛說栴檀樹經一卷**　(□)□□譯　**佛說頞多和多耆經一卷**　(□)□□譯　明崇禎十五年(1642)刻嘉興藏本　一册

620000－1103－0000522　B94/238
菩薩行方便境界神通變化經三卷　(南朝宋)釋求那跋陀羅譯　明萬曆三十六年(1608)刻嘉興藏本　一册

620000－1103－0000523　B94/238
四分比丘尼羯磨法一卷　(南朝宋)釋求那跋摩譯　明崇禎四年(1631)刻嘉興藏本　一册

620000－1103－0000524　B94/238
雜阿含經五十卷　(南朝宋)釋求那跋陀羅譯　明萬曆三十七年(1609)刻嘉興藏本　六册　存三十卷(六至三十五)

620000－1103－0000525　B94/238
佛說十二品生死經一卷　**佛說一髻尊陀羅尼經一卷**　(南朝宋)釋求那跋陀羅譯　**佛說一髻尊陀羅尼經一卷**　(唐)釋不空譯　清順治十四年(1657)刻嘉興藏本　一册

620000－1103－0000526　B94/238
楞伽阿跋多羅寶經會譯四卷　(南朝宋)釋求那跋陀羅譯　清光緒三十四年(1908)金陵刻經處刻本　四册

620000－1103－0000527　B94/287
略釋新華嚴經修行次第決疑論四卷　(唐)李通玄撰　明萬曆十八年(1590)刻嘉興藏本　一册

620000－1103－0000528　B94/287
略釋新華嚴經修行次第決疑論四卷　(唐)李通玄撰　清同治九年(1870)如皋刻經處刻本　二册

620000－1103－0000529　B94/294
重刊北京五大部直音會韻二卷　(明)釋久隱撰　明萬曆楞嚴般若堂刻本　一册　存一卷(一)

620000－1103－0000530　B94/296
准提淨業三卷　(唐)釋地婆訶羅譯　明崇禎二年(1629)刻嘉興藏本　一册

620000－1103－0000531　B94/296
大乘密嚴經三卷　(唐)釋訶羅譯　明當湖馮洪業刻嘉興藏本　一册

620000－1103－0000532　B94/299
大丈夫論二卷　(北涼)釋道泰譯　**中邊分別論二卷**　(南朝陳)釋真諦譯　明崇禎十七年(1644)刻嘉興藏本　一册

620000－1103－0000533　B94/299
百論二卷　(北涼)釋道泰譯　明萬曆三十九年(1611)刻嘉興藏本　一册

620000－1103－0000534　B94/300
成唯識論十卷　(唐)釋玄奘譯　清初刻嘉興藏本　一册

620000－1103－0000535　B94/302
佛說觀無量壽佛經一卷　(南朝宋)釋畺良耶舍譯　明萬曆十九年(1591)刻嘉興藏本　一册

620000－1103－0000536　B94/314
經中經又經徵義三卷首一卷　(清)張師誠輯　清光緒二十五年(1899)蘇城詠霓社刻本　一册

620000－1103－0000537　B94/316
十誦律六十一卷　(晉)釋弗若多羅譯　(後秦)釋鳩摩羅什譯　明崇禎六年(1633)刻嘉興藏本　二册　存十卷(一至五、三十一至三十五)

620000－1103－0000538　B94/316
四分戒本如釋十二卷　(明)釋弘贊譯　清初刻嘉興藏本　三册　存九卷(四至十二)

620000－1103－0000539　B94/316

弘戒法儀二卷　（明）釋法藏撰　清順治十五年（1658）金陵季蘭庭刻本　一冊　存一卷（下）

620000－1103－0000540　B94/317
費隱禪師語録十四卷　（明）釋行濟等輯　清初刻嘉興藏本　一冊　存三卷（十二至十四）

620000－1103－0000541　B94/325
佛説施燈功德經一卷　（隋）釋那連提黎耶舍譯　明萬曆二十六年（1598）刻嘉興藏本　一冊

620000－1103－0000542　B94/325
大乘大方等日藏經十卷　（隋）釋那連提耶舍譯　清初刻嘉興藏本　二冊

620000－1103－0000543　B94/325
力莊嚴三昧經三卷百佛名經一卷　（隋）釋那連提耶舍譯　明萬曆三十九年（1611）刻嘉興藏本　一冊

620000－1103－0000544　B94/325
聖妙吉祥真實名經一卷　（元）釋釋智譯　明崇禎元年（1628）刻嘉興藏本　一冊

620000－1103－0000545　B94/325
佛説德護長者經二卷　（隋）釋那連提黎耶舍譯　明萬曆二十一年（1593）刻嘉興藏本　一冊

620000－1103－0000546　B94/325
那先比丘經三卷　（明）□□譯　明崇禎六年（1633）刻嘉興藏本　一冊

620000－1103－0000547　B94/325
大方等大集月藏經五卷　（隋）釋那連提耶舍譯　清順治三年（1646）刻嘉興藏本　一冊

620000－1103－0000548　B94/325
大集須彌藏經二卷　（隋）釋那連提耶舍譯　**虚空孕菩薩經二卷**　（隋）釋闍那崛多譯　**虚空藏菩薩經一卷**　（後秦）釋佛陀耶舍譯　清初刻嘉興藏本　一冊

620000－1103－0000549　B94/325：01
大雲輪請雨經二卷　（隋）釋那連提耶舍譯　清嘉慶十八年（1813）刻嘉興藏本　二冊

620000－1103－0000550　B94/330
迦丁比丘説當來變經不分卷　（明）□□譯　明萬曆二十七年（1599）刻嘉興藏本　四冊

620000－1103－0000551　B94/330
阿毗曇毗婆沙論八十二卷　（北凉）釋浮陀跋摩　（北凉）釋道泰譯　明天啓五年至崇禎五年（1625－1632）刻嘉興藏本　十冊　存六十卷（六至六十五）

620000－1103－0000552　B94/331
佛母大孔雀明王經三卷　（唐）釋不空譯　明嘉靖三年（1524）漢中府雲峰寺刻本　三冊

620000－1103－0000553　B94/333
淨土十要十卷　（明）釋智旭選　清光緒二十年（1894）廣陵藏經禪院刻本　四冊

620000－1103－0000554　B94/333
雲峰聖可玉禪師百頌録不分卷　（清）釋雲峰敘　清康熙三十四年（1695）刻嘉興藏本　一冊

620000－1103－0000555　B94/333
雲棲大師遺稿三卷　（清）釋雲棲撰　清光緒二十五年（1899）金陵刻經處刻本　三冊

620000－1103－0000556　B94/333
朝暮課誦　□□輯　清刻本　一冊

620000－1103－0000557　B94/346
妙法蓮華經□□卷　（宋）釋戒環解　明隆慶元年（1567）刻嘉興藏本　二冊　存三卷（一至三）

620000－1103－0000558　B94/346
妙灋蓮花經解七卷　（宋）釋戒環解　明萬曆二十年（1592）刻嘉興藏本　四冊

620000－1103－0000559　B94/346
禪門鍛鍊説不分卷　（清）釋晦山戒顯撰　清同治十一年（1872）如皋刻經處刻本　一冊

620000－1103－0000560　B94/346
大方廣佛華嚴經要解不分卷　（宋）釋戒環集　清同治十一年（1872）金陵刻經處刻本

一册

620000－1103－0000561　B94/350
金剛經石註　(清)石成金撰　清咸豐二年(1852)刻本　一册

620000－1103－0000562　B94/351
普徧光明焰鬘清淨熾盛如意寶印心無能勝大明王大隨求陀羅尼經二卷　(唐)釋不空譯　清順治十八年(1661)刻嘉興藏本　一册

620000－1103－0000563　B94/351
佛說出生無邊門陀羅尼經一卷　(唐)釋不空譯　明萬曆三年(1575)刻嘉興藏本　一册

620000－1103－0000564　B94/351
菩提場所說一字頂輪王經五卷　(唐)釋不空譯　明崇禎十七年(1644)刻嘉興藏本　一册

620000－1103－0000565　B94/351
仁王護國般若波羅蜜多經二卷　(唐)釋不空譯　明崇禎七年(1634)刻嘉興藏本　一册

620000－1103－0000566　B94/351
一字奇特佛頂經三卷　(唐)釋不空譯　明崇禎十六年(1643)刻嘉興藏本　一册

620000－1103－0000567　B94/351
讀誦佛母大孔雀明王經前啟請法三卷　(唐)釋不空譯　明萬曆二十五年(1597)刻嘉興藏本　一册

620000－1103－0000568　B94/351
大樂金剛不空眞實三昧耶經般若波羅蜜多理趣釋二卷　(唐)釋不空譯　清初刻嘉興藏本　一册

620000－1103－0000569　B94/351
金剛頂經觀自在王如來脩行法一卷　(唐)釋不空譯　清初刻嘉興藏本　一册

620000－1103－0000570　B94/351
底哩三昧不動尊威怒王使者念誦法一卷　(唐)釋不空譯　明崇禎十七年(1644)刻嘉興藏本　一册

620000－1103－0000571　B94/351
大乘瑜伽金剛性海曼殊室利千臂千鉢大教王經十卷　(唐)釋不空譯　明萬曆三十八年(1610)刻嘉興藏本　一册

620000－1103－0000572　B94/351
大樂金剛薩埵修行成就儀軌一卷　(唐)釋不空譯　清順治八年(1651)刻虞山華嚴閣嘉興藏本　一册

620000－1103－0000573　B94/351
五字陀羅尼頌不分卷　(唐)釋不空譯　明崇禎十六年(1643)刻嘉興藏本　一册

620000－1103－0000574　B94/351
金剛頂瑜伽金剛薩埵五秘密修行念誦儀軌不分卷　(唐)釋不空譯　明萬曆三十四年(1606)刻嘉興藏本　一册

620000－1103－0000575　B94/351
阿唎羅陀羅尼呵嚕力經不分卷　(唐)釋不空譯　清刻本　一册

620000－1103－0000576　B94/354
大乘大悲分陀利經四卷　(□)□□譯　明天啓五年(1625)刻嘉興藏本　一册

620000－1103－0000577　B94/354
阿毗達磨法蘊足論十卷　(唐)釋玄奘譯　明崇禎十三年(1640)刻嘉興藏本　二册

620000－1103－0000578　B94/354
緇門警訓十卷　(□)□□撰　明崇禎七年(1634)刻嘉興藏本　二册

620000－1103－0000579　B94/354
大佛頂如來密因修證了義諸菩薩萬行首楞嚴經十卷　(唐)釋般剌密帝譯　清同治八年(1869)金陵刻經處刻本　一册

620000－1103－0000580　B94/356
金剛經纂要刊定記七卷　(宋)釋子璿録　明崇禎十年(1637)刻嘉興藏本　二册

620000－1103－0000581　B94/356
首楞嚴義疏注經二十卷　(宋)釋子璿集　明萬曆二十九年(1601)刻嘉興藏本　四册

620000－1103－0000582　B94/356
起信論疏筆削記二十卷　(宋)釋子璿録　明

萬曆十九年(1591)刻嘉興藏本　四冊

620000－1103－0000583　B94/356

大乘止觀法門宗圓記四卷　(宋)釋了然撰　清石印本　四冊

620000－1103－0000584　B94/356

終南蟠龍子肅禪師語録一卷　(清)釋性明輯　清刻嘉興藏本　一冊

620000－1103－0000585　B94/371

破山明禪師語録十二卷　(明)釋通醉輯　明崇禎十六年(1643)刻嘉興藏本　一冊　存七卷(六至十二)

620000－1103－0000586　B94/371

大佛頂如來密因修證了義諸菩薩萬行首楞嚴經合轍十卷　(明)釋通潤撰　清刻本　十冊

620000－1103－0000587　B94/371

法華指掌疏七卷　(清)釋通理述　清宣統元年(1909)江北刻經處刻本　十二冊

620000－1103－0000588　B94/372

純陽演正警化孚佑帝君降壇批註金剛經不分卷　(清)鄧懷琨述　清光緒十四年(1888)琉璃廠北龍雲齋刻字鋪刻本　一冊

620000－1103－0000589　B94/376

佛説陀羅尼集經十三卷　(唐)釋阿地瞿多譯　清順治十三年(1656)刻嘉興藏本　三冊

620000－1103－0000590　B94/384

大藏一覽十卷　(明)陳實編　(明)姚舜漁輯　清初刻嘉興藏本　三冊　存六卷(三至八)

620000－1103－0000591　B94/397

陀羅尼雜集十卷　(□)□□撰　清順治十二年(1655)刻嘉興藏本　二冊

620000－1103－0000592　B94/415

大乘起信論一卷　(南朝陳)釋真諦譯　明萬曆十八年(1590)刻嘉興藏本　一冊

620000－1103－0000593　B94/415

佛所行讚經五卷　(北凉)釋曇無譯　明崇禎十二年(1639)刻嘉興藏本　一冊

620000－1103－0000594　B94/415

大莊嚴經論十五卷　(後秦)釋鳩摩羅什譯　清順治十四年(1657)刻嘉興藏本　三冊

620000－1103－0000595　B94/415

大乘起信論疏二卷　(南朝陳)釋真諦譯　清光緒三年(1877)長沙刻經處刻本　二冊

620000－1103－0000596　B94/415

大乘起信論直解二卷　(□)□□撰　清光緒十六年(1890)金陵刻經處刻本　一冊

620000－1103－0000597　B94/415

大乘起信論疏記會本六卷　(南朝陳)釋真諦譯　清光緒二十五年(1899)金陵刻經處刻本　二冊

620000－1103－0000598　B94/415

大乘起信論一卷　(南朝陳)釋真諦譯　清光緒二十四年(1898)金陵刻經處刻本　一冊

620000－1103－0000599　B94/415

大宗地玄文本論略註四卷　(南朝陳)釋真諦譯　清光緒三十二年(1906)金陵刻經處刻本　一冊

620000－1103－0000600　B94/415

大乘起信論科註不分卷　(南朝陳)釋真諦譯　清光緒三十年(1904)金陵刻經處刻本　一冊

620000－1103－0000601　B94/415

大乘起信論纂註二卷　(南朝陳)釋真諦譯　清光緒十一年(1885)金陵刻經處刻本　一冊

620000－1103－0000602　B94/415

釋摩訶衍論十卷　(後秦)釋筏提摩多譯　清金陵刻經處刻本　十冊

620000－1103－0000603　B94/425

大乘法界無差别論不分卷　(唐)釋提雲般若譯　**金剛頂瑜伽中發阿耨多羅三藐三菩提心論不分卷**　(唐)釋不空譯　**彰所知論二卷**　(元)釋沙羅巴譯　明崇禎四年(1631)刻嘉興藏本　一冊

620000－1103－0000604　B94/425

大乘法界無差别論不分卷　提婆菩薩破楞伽經中外道小乘四宗論不分卷提婆菩薩釋楞伽經中外道小乘涅槃論不分卷　（唐）釋提雲般若譯　**四諦論四卷**　（南朝陳）釋真諦譯　清順治十八年（1661）刻嘉興藏本　一册

620000－1103－0000605　B94/426
佛果圜悟禪師碧岩集十卷　（清）吴自弘校　（清）釋性湛閲　清順治十年（1653）浙江楞嚴寺刻嘉興藏本　四册

620000－1103－0000606　B94/426
南岳思大禪師立誓願文一卷　（南朝陳）慧思撰　清順治十八年（1661）刻嘉興藏本　一册

620000－1103－0000607　B94/426
佛果圜悟禪師碧嚴録十卷　（宋）圜悟禪師撰　清刻本　四册　存六卷（三至八）

620000－1103－0000608　94/854
金剛般若波羅密經會譯不分卷　（後秦）釋鳩摩羅什譯　（北魏）釋留支譯　（南朝陳）釋真諦譯　明萬曆四十二年（1614）刻本　一册

620000－1103－0000609　B94/426
金剛經不分卷　（唐）吕洞賓注　清道光二十二年（1842）刻本　一册

620000－1103－0000610　B94/431
松隱唯菴然和尚語録三卷　（元）釋慧省輯　明崇禎二年（1629）刻嘉興藏本　一册

620000－1103－0000611　B94/443
大方廣佛華嚴經八十卷　（晋）釋佛陀跋陀羅譯　明萬曆三十六年（1608）刻嘉興藏本　十一册　缺二十五卷（四十一至四十五、五十一至六十五、七十一至七十五）

620000－1103－0000612　B94/443
達摩多羅禪經二卷　（晋）釋佛陀跋陀羅譯　明崇禎五年（1632）刻嘉興藏本　一册

620000－1103－0000613　B94/443
觀佛三味海經十卷　（晋）釋佛陀跋陀羅譯　清光緒十七年（1891）金陵刻經處刻本　十册

620000－1103－0000614　B94/456
觀世音菩薩得大勢菩薩受記經不分卷　（南朝宋）釋曇無竭譯　明天啓七年（1627）刻嘉興藏本　一册

620000－1103－0000615　B94/457
無所有菩薩經四卷　（隋）釋闍那崛多譯　清初刻嘉興藏本　一册

620000－1103－0000616　B94/457
佛説大方等大雲請雨經一卷　（隋）釋闍那崛多譯　清順治十八年（1661）刻嘉興藏本　一册

620000－1103－0000617　B94/457
大方等大集賢護經五卷　（隋）釋闍那崛多譯　（隋）釋笈多譯　清順治十七年（1660）刻嘉興藏本　一册

620000－1103－0000618　B94/457
商主天子問經一卷　（隋）釋闍那崛多譯　明萬曆三十二年（1604）刻嘉興藏本　一册

620000－1103－0000619　B94/457
觀察諸法行經四卷　（隋）釋闍那崛多譯　明天啓五年（1625）刻嘉興藏本　一册

620000－1103－0000620　B94/457
四童子三昧經三卷　（隋）釋闍那崛多譯　明萬曆四十六年（1618）刻嘉興藏本　一册

620000－1103－0000621　B94/457
大法炬陀羅尼經五卷　（隋）釋闍那崛多譯　明天啓五年（1625）刻嘉興藏本　一册

620000－1103－0000622　B94/457
佛華嚴入如來德智不思議境界經五卷　（隋）釋闍那崛多譯　明萬曆十九年（1591）刻嘉興藏本　一册

620000－1103－0000623　B94/457
起世經十卷　（隋）釋闍那崛多譯　明崇禎十五年（1642）刻嘉興藏本　二册

620000－1103－0000624　B94/457
佛本行集經四十卷　（隋）釋闍那崛多譯　明崇禎十三年（1640）刻嘉興藏本　三册　存二十五卷（六至十五、二十一至三十五）

620000－1103－0000625　B94/457
妙法蓮華經八卷　（隋）釋闍那崛多譯　（隋）釋達磨笈多譯　明萬曆三十六年（1608）刻嘉興藏本　二册

620000－1103－0000626　B94/457
佛説善恭敬經不分卷　（隋）釋闍那崛多譯　明萬曆三十八年（1610）刻嘉興藏本　一册

620000－1103－0000627　B94/457
大集譬喻王經二卷　（隋）釋闍那崛多譯　清刻嘉興藏本　一册

620000－1103－0000628　B94/462
佛説一向出生菩薩經一卷　（隋）釋闍那崛多譯　**善法方便陀羅尼呪經一卷**　（□）□□譯　**金剛秘密善門陀羅尼經一卷**　（□）□□譯　**護命法門神呪經一卷**　（唐）釋菩提流志譯　**金剛場陀羅尼經一卷**　（隋）釋闍那崛多譯　**文殊師利佛土嚴淨經二卷**　（晉）釋竺法護譯　明萬曆四十一年（1613）刻嘉興藏本　一册

620000－1103－0000629　B94/463
武周刊定衆經目録十五卷　（唐）釋明佺譯　清康熙二年（1663）浙江楞嚴寺刻嘉興藏本　一册　存六卷（十至十五）

620000－1103－0000630　B94/463
中本起經二卷　（後漢）釋曇果　（後漢）釋康孟詳譯　明萬曆二十六年（1598）刻嘉興藏本　一册

620000－1103－0000631　B94/463
舍利弗阿毗曇論三十卷　（後秦）釋曇摩崛多　（後秦）釋曇摩耶舍譯　明崇禎十一年（1638）刻嘉興藏本　六册

620000－1103－0000632　B94/463：01
高王觀世音經應驗不分卷　（□）□□撰　清同治元年（1862）甘肅秦州天寶齋吳家刻字鋪刻本　一册

620000－1103－0000633　B94/463：02
高王觀世音經應驗不分卷　（□）□□撰　清同治元年（1862）甘肅秦州天寶齋吳家刻字鋪刻本　一册

620000－1103－0000634　B94/464
毘尼日用儀範不分卷　（明）釋袾宏輯　清刻本　一册

620000－1103－0000635　B94/465
金光明經四卷　（北涼）釋曇無讖譯　明刻嘉興藏本　一册

620000－1103－0000636　B94/465
菩薩地持經八卷　（北涼）釋曇無讖譯　明崇禎十六年（1643）刻嘉興藏本　一册　存四卷（五至八）

620000－1103－0000637　B94/465
菩薩地持經八卷　（北涼）釋曇無讖譯　明崇禎十六年（1643）刻嘉興藏本　一册　存四卷（一至四）

620000－1103－0000638　B94/465
摩訶般若波羅蜜鈔經五卷　（後秦）釋曇摩蜱　（後秦）釋竺佛念等譯　明萬曆三十八年（1610）刻嘉興藏本　一册

620000－1103－0000639　B94/465
金光明經四卷　（北涼）釋曇無讖譯　明刻嘉興藏本　三册

620000－1103－0000640　B94/465
優婆塞戒經受戒品不分卷　（北涼）釋曇無讖譯　明崇禎五年（1632）刻嘉興藏本　一册

620000－1103－0000641　B94/465
悲華經十卷　（北涼）釋曇無讖譯　明萬曆四十二年（1614）刻嘉興藏本　一册　存五卷（六至十）

620000－1103－0000642　B94/465
大般涅槃經四十卷　（北涼）釋曇無讖譯　明萬曆三十二年（1604）刻嘉興藏本　三册　存十五卷（十一至十五、二十一至三十）

620000－1103－0000643　B94/465
大吉義神呪經二卷　（三國魏）釋曇曜譯　明萬曆四十年（1612）刻嘉興藏本　一册

620000－1103－0000644　B94/465

大方等大集經□□卷 （北涼）釋曇無讖譯 明刻嘉興藏本 一冊 存三卷（十三至十五）

620000－1103－0000645 B94/465
增壹阿含經四十卷 （後秦）釋曇摩難提譯 明萬曆十三年至三十六年（1585－1608）刻嘉興藏本 五冊 存二十五卷（六至二十五、三十六至四十）

620000－1103－0000646 B94/465
大般涅槃經四十卷 （北涼）釋曇無讖譯 清光緒五年（1879）刻本 十一冊

620000－1103－0000647 B94/465
悲華經十卷 （北涼）釋曇無讖譯 清光緒四年（1878）金陵刻經處刻本 三冊

620000－1103－0000648 B94/465
虛空藏菩薩神咒經一卷 （南朝宋）釋曇摩蜜多譯 清刻嘉興藏本 一冊

620000－1103－0000649 B94/465
無量義經不分卷 （南朝齊）釋曇摩伽陀耶舍譯 清光緒七年（1881）金陵刻經處刻本 一冊

620000－1103－0000650 B94/465
大般涅槃經四十卷 （北涼）釋曇無讖譯 清光緒五年（1879）刻本 十一冊

620000－1103－0000651 B94/465
大般涅槃經四十卷 （北涼）釋曇無讖譯 清刻本 八冊 存八卷（十、十六、二十二至二十四、二十六、三十至三十一）

620000－1103－0000652 B94/477
阿毘曇甘露味論二卷 （三國魏）□□譯 明崇禎十二年（1639）刻嘉興藏本 一冊

620000－1103－0000653 B94/480
佛説盂蘭盆經二卷 （晉）釋竺法護譯 明萬曆十四年（1586）刻嘉興藏本 二冊

620000－1103－0000654 B94/481
圓悟佛果禪師語録二十卷 （宋）釋紹隆編 明萬曆十九年（1591）刻嘉興藏本 一冊 存五卷（一至五）

620000－1103－0000655 B94/482
心經開度一卷 （明）釋羅峯撰 清刻嘉興藏本 一冊

620000－1103－0000656 B94/482
阿毘達磨達毘婆沙論一百七十五卷 （唐）釋玄奘譯 明萬曆四十四年（1616）刻嘉興藏本 二十一冊 存八十八卷（一至三十五、四十一至五十五、七十一至八十八、一百六至一百十五、一百三十六至一百四十、一百四十六至一百五十）

620000－1103－0000657 B94/482
紹興重雕大藏音三卷 （宋）釋處觀集 清順治十八年（1661）刻嘉興藏本 一冊

620000－1103－0000658 B94/482
坐禪三昧法門經二卷 （後秦）釋鳩摩羅什譯 明崇禎五年（1632）刻嘉興藏本 一冊

620000－1103－0000659 B94/507：01
慈悲道場懺法十卷 （南朝梁）武帝蕭衍製 清康熙二年（1663）浙江楞嚴寺刻嘉興藏本 二冊

620000－1103－0000660 B94/507：02
慈悲道場懺法十卷 （南朝梁）武帝蕭衍製 清康熙二年（1663）浙江楞嚴寺刻嘉興藏本 二冊

620000－1103－0000661 B94/507：03
慈悲道場懺法十卷 （南朝梁）武帝蕭衍製 清康熙二年（1663）浙江楞嚴寺刻嘉興藏本 二冊

620000－1103－0000662 B94/507：04
慈悲道場懺法十卷 （南朝梁）武帝蕭衍製 清康熙二年（1663）浙江楞嚴寺刻嘉興藏本 一冊 存五卷（一至五）

620000－1103－0000663 B94/515
慈悲道場懺法十卷 （南朝梁）武帝蕭衍製 明萬曆三十二年（1604）刻嘉興藏本 十冊

620000－1103－0000664 B94/515
慈悲道場懺法十卷 （南朝梁）武帝蕭衍製

明刻嘉興藏本　十册

620000－1103－0000665　B94/516
慈悲水懺法三卷　(明)釋若訥修治　清初刻嘉興藏本　一册　存一卷(上)

620000－1103－0000666　B94/522
萬如禪師語録十卷　(清)釋行猷等編　清順治十六年(1659)刻嘉興藏本　一册

620000－1103－0000667　B94/527
天台四教儀集注五卷　(元)釋蒙潤集　清順治八年(1651)浙江楞嚴寺刻嘉興藏本　一册

620000－1103－0000668　B94/527
大薩遮尼乾子受記經十卷　(三國魏)釋菩提留支譯　明崇禎元年(1628)刻嘉興藏本　一册　存五卷(六至十)

620000－1103－0000669　B94/527
法集經六卷　(三國魏)釋菩提留支譯　明萬曆二十六年(1598)刻嘉興藏本　一册

620000－1103－0000670　B94/527
占察善惡業報經疏二卷　(隋)釋菩提登譯　明刻嘉興藏本　二册

620000－1103－0000671　B94/529
周易禪解十卷　(明)釋智旭撰　明刻嘉興藏本　三册

620000－1103－0000672　B94/529
靈峰蕅益大師宗論十卷　(清)釋成時輯　清光緒二十年(1894)廣陵藏經禪院刻本　五册　存五卷(六至十)

620000－1103－0000673　B94/540
出家授近圓羯磨儀範一卷　(唐)釋益淨撰　清康熙五年(1666)刻嘉興藏本　一册

620000－1103－0000674　B94/555
天目和尚廣録三十卷　(元)釋明本撰　明刻嘉興藏本　六册

620000－1103－0000675　B94/555
折疑論五卷　(元)釋師子比丘注　明萬曆三十七年(1609)刻嘉興藏本　一册

620000－1103－0000676　B94/555
五千五百佛名神呪除障滅罪經八卷　(隋)釋崛多　(隋)釋笈多等譯　明萬曆三十八年(1610)刻嘉興藏本　一册　存四卷(五至八)

620000－1103－0000677　B94/555
古尊宿語録四十八卷　(宋)釋挺守賾撰　明萬曆四十四年(1616)刻嘉興藏本　二册　存九卷(二十六至三十、四十一至四十四)

620000－1103－0000678　B94/555
諸佛世尊如來菩薩尊者神僧名經四十卷　(□)□□撰　明崇禎十三年(1640)刻嘉興藏本　五册　存二十六卷(一至五、十一至十五、二十至三十五)

620000－1103－0000679　B94/582
山翁忞禪師語録二十二卷　(清)釋顯權輯　清康熙四十五年(1706)刻嘉興藏本　二册

620000－1103－0000680　B94/604
天台四教儀一卷　(朝鮮)釋諦觀録　明萬曆九年(1581)刻嘉興藏本　一册

620000－1103－0000681　B94/628
佛母出生三法藏般若波羅蜜多經二十五卷　(宋)釋施護譯　明天啓四年(1624)刻嘉興藏本　二册　存十九卷(七至二十五)

620000－1103－0000682　B94/628
佛說一切如來真實攝大乘現證三昧大教王經三十卷　(宋)釋施護譯　明崇禎十一年(1638)刻嘉興藏本　二册　存十五卷(十六至三十)

620000－1103－0000683　B94/628
廣釋菩提心論四卷　(宋)釋施護譯　明崇禎四年(1631)刻嘉興藏本　一册

620000－1103－0000684　B94/628
大金剛妙高山樓閣陀羅尼一卷　(宋)釋施護譯　明崇禎十五年(1642)刻嘉興藏本　一册

620000－1103－0000685　B94/628
佛頂放無垢光明入普門觀察一切如來心陀羅尼經二卷　(宋)釋施護譯　明崇禎十六年

(1643)刻嘉興藏本　一册

620000－1103－0000686　B94/628

佛說寶帶陀羅尼經一卷佛說金身陀羅尼經一卷佛說入無分別法門經一卷佛說淨意優婆塞所問經一卷　(宋)釋施護譯　明崇禎三年(1630)刻嘉興藏本　一册

620000－1103－0000687　B94/628

佛說大集會正法經五卷　(宋)釋施護譯　**毗沙門天王經一卷**　(唐)釋不空譯　明崇禎十六年(1643)刻嘉興藏本　一册

620000－1103－0000688　B94/628

佛說金剛場莊嚴般若波羅蜜多教中一分一卷　(宋)釋施護譯　明崇禎十六年(1643)刻嘉興藏本　一册

620000－1103－0000689　B94/628

佛說大自在天子因地經一卷佛說寶生陀羅尼經一卷佛說十號經一卷佛為娑伽羅龍王所說大乘法經一卷　(宋)釋施護譯　明崇禎三年(1630)刻嘉興藏本　一册

620000－1103－0000690　B94/628

佛說守護大千國土經三卷　(宋)釋施護譯　明崇禎五年(1632)刻嘉興藏本　一册

620000－1103－0000691　B94/628

佛說一切如來金剛三業最上秘密大教王經七卷　(宋)釋施護譯　明崇禎十七年(1644)刻嘉興藏本　一册

620000－1103－0000692　B94/628

一切秘密最上名義大教王儀軌二卷　(宋)釋施護譯　明崇禎十六年(1643)刻嘉興藏本　一册

620000－1103－0000693　B94/628

佛說無二平等最上瑜伽大教王經六卷　(宋)釋施護譯　明崇禎十五年(1642)刻嘉興藏本　一册　存四卷(三至六)

620000－1103－0000694　B94/653

肇論三卷　(晉)釋僧肇作　明萬曆十三年(1585)刻嘉興藏本　一册

620000－1103－0000695　B94/657

大般涅槃經疏三十六卷　(隋)釋章安頂撰　(唐)釋湛然治　明崇禎十四年(1641)刻嘉興藏本　七册　存三十三卷(一至三十三)

620000－1103－0000696　B94/659

勸發諸王要偈一卷　(南朝宋)釋求那跋摩譯　明刻嘉興藏本　一册

620000－1103－0000697　B94/659

大智度論一百卷　(後秦)釋鳩摩羅什譯　明萬曆二十年(1592)刻嘉興藏本　十一册　存五十五卷(一至十、二十六至三十、三十六至五十、五十六至六十、七十一至八十五、九十六至一百)

620000－1103－0000698　B94/659

中論六卷　(後秦)釋鳩摩羅什譯　明萬曆十八年(1590)刻嘉興藏本　一册

620000－1103－0000699　B94/659

順中論二卷　(北魏)釋般若流支譯　明崇禎十七年(1644)刻嘉興藏本　一册

620000－1103－0000700　B94/664

大藏聖教法寶標目十卷　(宋)王古撰　(元)釋管主八續集　清順治十七年(1660)刻嘉興藏本　一册　存五卷(一至五)

620000－1103－0000701　B94/664

大乘百法明門論不分卷　(明)釋廣益纂　清咸豐八年(1858)刻本　一册

620000－1103－0000702　B94/666

摩訶般若波羅密多心經一卷　(□)□□撰　清道光二十年(1840)琉璃廠翰藻齋刻字鋪刻本　一册

620000－1103－0000703　B94/668

佛說無量壽經義疏六卷　(三國魏)康僧鎧譯　清光緒二十年(1894)金陵刻經處刻本　十二册

620000－1103－0000704　B94/669

至元法寶勘同總録十卷　(元)釋慶吉祥集　清順治十八年(1661)刻嘉興藏本　二册

620000－1103－0000705　B94/671

廬山蓮宗寶鑒念佛正行十卷　(□)□□撰　明崇禎十七年(1644)刻嘉興藏本　一册　存五卷(六至十)

620000－1103－0000706　B94/676

一切經音義二十六卷　(唐)釋玄應撰　清順治十七年(1660)刻嘉興藏本　六册

620000－1103－0000707　B94/676

佛説未曾有經一卷　(□)□□撰　**不空羂索神咒心經一卷**　(唐)釋玄奘譯　明萬曆四十年(1612)刻嘉興藏本　一册

620000－1103－0000708　B94/676

分别緣起初勝法門經二卷　(唐)釋玄奘譯　**道神足無極變化經四卷**　(晉)釋安法欽譯　清順治十七年(1660)刻嘉興藏本　一册

620000－1103－0000709　B94/676

説無垢稱經六卷　(唐)釋玄奘譯　明萬曆三十九年(1611)刻嘉興藏本　一册

620000－1103－0000710　B94/676

解深密經五卷　(唐)釋玄奘譯　明萬曆三十二年(1604)刻嘉興藏本　一册

620000－1103－0000711　B94/676

瑜伽師地論一百卷　(唐)釋玄奘譯　明萬曆二十七年(1599)刻嘉興藏本　七册　存三十五卷(十一至二十五、五十一至六十五、七十六至八十)

620000－1103－0000712　B94/676

大般若波羅蜜多經六百卷　(唐)釋玄奘譯　明天啓四年(1624)刻嘉興藏本　五十七册　存三百二十卷(十六至二十、三十一至三十五、四十一至七十五、九十一至一百五、一百十三至一百三十五、一百四十一至一百五十、一百五十六至一百六十、一百六十六至一百八十、一百八十六至一百九十、二百六至二百十、二百二十一至二百三十、二百三十六至二百五十五、二百六十一至三百十、三百二十一至三百二十五、三百三十一至三百三十五、三百四十一至三百四十五、三百五十六至三百六十、三百六十六至三百七十五、三百八十一至三百八十五、三百九十四至四百五、四百十六至四百二十、四百九十一至四百九十五、五百一至五百五、五百十六至五百二十、五百二十六至五百七十、五百九十一至五百九十五)

620000－1103－0000713　B94/676

八識規矩補註證義不分卷　(唐)釋玄奘造　(明)普泰補注　(明)明昱證義　清光緒二十八年(1902)金陵刻經處刻本　一册

620000－1103－0000714　B94/676

菩薩藏經二十卷　(唐)釋玄奘譯　清金陵刻經處刻本　六册

620000－1103－0000715　B94/676

佛説菩薩念佛三昧經六卷　(宋)釋玄暢譯　清同治十一年(1872)常熟刻經處刻本　二册

620000－1103－0000716　B94/676

大乘百法明門論一卷　(唐)釋玄奘譯　明嘉靖十年(1531)刻嘉興藏本　一册

620000－1103－0000717　B94/676

大佛頂首楞嚴經正脈疏十卷　(明)釋真鑑述　明刻嘉興藏本　六册　存六卷(五至十)

620000－1103－0000718　B94/678

集沙門不應拜俗等事六卷　(唐)釋彦悰纂録　清康熙元年(1662)浙江楞嚴寺刻嘉興藏本　一册

620000－1103－0000719　B94/680

大佛頂經序指味疏不分卷　(三國吳)釋唯則撰　清光緒二十八年(1902)鉛印本　一册

620000－1103－0000720　B94/681

禪密要法經三卷　(後秦)釋鳩摩羅什譯　明崇禎十五年(1642)刻嘉興藏本　一册

620000－1103－0000721　B94/682

四分僧羯磨五卷　(唐)釋懷素集　明崇禎十六年(1643)刻嘉興藏本　一册

620000－1103－0000722　B94/683

煢絕老人天奇直注投子青和尚頌古二卷　(明)釋性福編集　**煢絕老人天奇直注丹霞淳**

和尚頌古二卷 (明)釋眞玉編集 明刻嘉興藏本 一册

620000－1103－0000723 B94/683

大佛頂如來密因修證了義諸菩薩萬行首楞嚴經十卷 (元)釋惟則會解 (明)釋圓通疏 清順治七年(1650)刻嘉興藏本 十册

620000－1103－0000724 B94/684

大方廣圓覺經大疏三卷 (唐)釋宗密述 明萬曆三十五年(1607)刻嘉興藏本 二册 存二卷(一、三)

620000－1103－0000725 B94/684

禪源諸詮集都序二卷 (唐)釋宗密述 明萬曆三十五年(1607)刻嘉興藏本 一册

620000－1103－0000726 B94/684

大方廣圓覺經大疏三卷 (唐)釋宗密述 明萬曆三十五年(1607)刻嘉興藏本 三册

620000－1103－0000727 B94/684

注華嚴法界觀門一卷 (唐)釋宗密注 明刻嘉興藏本 一册

620000－1103－0000728 B94/684

圓覺經略疏之鈔二十五卷 (唐)釋宗密略出 清初刻嘉興藏本 五册

620000－1103－0000729 B94/684

大方廣圓覺修多羅了義經略疏註二卷 (唐)釋宗密述 清初刻嘉興藏本 一册

620000－1103－0000730 B94/684

正眼法藏二卷 (明)釋宗杲集 明萬曆四十四年(1616)刻嘉興藏本 二册

620000－1103－0000731 B94/684

宗門統要續集二十二卷 (宋)釋宗永集 (元)釋清茂續集 明萬曆三十五年(1607)刻嘉興藏本 三册 存十三卷(一至四、九至十二、十八至二十二)

620000－1103－0000732 B94/684

勸發菩提心文不分卷 (清)釋實賢撰 清光緒金陵刻經處刻本 一册

620000－1103－0000733 B94/686

不空羂索心咒王經二卷 (唐)釋寶思惟譯 清順治十二年(1655)刻嘉興藏本 一册

620000－1103－0000734 B94/686

金光明經八卷 (隋)釋寶貴對 (隋)釋志德合入 明萬曆三十九年(1611)刻嘉興藏本 一册

620000－1103－0000735 B94/686

無盡意菩薩經四卷 (南朝宋)釋智嚴譯 (南朝宋)釋寶雲譯 清順治十四年(1657)刻嘉興藏本 一册

620000－1103－0000736 B94/686

大方廣佛華嚴經八十一卷 (唐)釋實叉難陀譯 明嘉靖三年(1524)刻嘉興藏本 五十六册 存五十六卷(六至十、十六至三十、四十一至五十、五十六至八十一)

620000－1103－0000737 B94/686

大方廣佛華嚴經綱要八十卷 (唐)釋實叉難陀譯 (唐)釋澄觀疏義 (明)釋德清提挈 明崇禎四年(1631)刻嘉興藏本 十四册 存五十卷(十九至二十一、三十至四十一、四十五至四十八、五十至八十)

620000－1103－0000738 B94/686

大方廣佛華嚴經八十卷 (唐)釋實叉難陀譯 明萬曆三十八年(1610)刻嘉興藏本 十二册 存六十卷(一至六十)

620000－1103－0000739 B94/686

大方廣佛新華嚴經合論一百二十卷 (唐)釋實叉難陀譯 (唐)李通玄造論 (唐)釋厘經志寧合論 明萬曆十九年(1591)刻嘉興藏本 十四册 存七十一卷(一至五、十六至二十、三十六至九十、一百十至一百十五)

620000－1103－0000740 B94/686

大方廣佛華嚴經八十一卷 (唐)釋實叉難陀譯 清末抄本 八十一册

620000－1103－0000741 B94/686:01

地藏菩薩本願經二卷 (唐)釋實叉難陀譯 明萬曆二十六年(1598)刻嘉興藏本 一册

620000－1103－0000742　B94/686∶02
地藏菩薩本願經二卷　(唐)釋實叉難陀譯　明萬曆二十六年(1598)刻嘉興藏本　一册

620000－1103－0000743　B94/686∶03
地藏菩薩本願經二卷　(唐)釋實叉難陀譯　明萬曆二十六年(1598)刻嘉興藏本　一册

620000－1103－0000744　B94/686∶04
地藏菩薩本願經二卷　(唐)釋實叉難陀譯　明萬曆二十六年(1598)刻嘉興藏本　一册

620000－1103－0000745　B94/697
宋文憲公護法録十卷　(明)宋濂撰　(明)釋袾宏輯　(明)錢謙益訂　明天啓三年(1623)刻嘉興藏本　四册

620000－1103－0000746　B94/700
佛吉祥德讚三卷　(宋)釋施護譯　**十誦羯磨比丘要用一卷**　(南朝宋)釋僧璩撰　明崇禎十六年(1643)刻嘉興藏本　一册

620000－1103－0000747　B94/704
大乘阿毗達磨雜集論十六卷　(唐)釋玄奘譯　清康熙元年(1662)浙江楞嚴寺刻嘉興藏本　一册　存六卷(十一至十六)

620000－1103－0000748　B94/704
大乘中觀釋論四卷　(宋)釋惟淨譯　明萬曆十九年(1591)刻嘉興藏本　一册

620000－1103－0000749　B94/704
佛説法律三昧經一卷　(三國吳)釋支謙譯　**佛説十善業道經一卷**　(唐)釋實叉難陀譯　明崇禎十年(1637)刻嘉興藏本　一册

620000－1103－0000750　B94/704
大乘中觀釋論十卷　(宋)釋光梵大師　清光緒三十四年(1908)金陵刻經處刻本　二册

620000－1103－0000751　B94/705
成唯識論述記六十卷　(唐)釋窺基撰　清光緒二十七年(1901)金陵刻經處刻本　二十册

620000－1103－0000752　B94/722
玅法蓮花經意語一卷　(明)釋湛然澄説　(明)釋明海重訂　明刻嘉興藏本　一册

620000－1103－0000753　B94/722
止觀大意一卷　(唐)釋湛然述　**修懺要旨一卷**　(宋)釋知禮述　明萬曆三十四年(1606)刻嘉興藏本　一册

620000－1103－0000754　B94/722
會稽雲門湛然澄禪師語録八卷　(明)釋明凡録　(明)丁元公編　(明)祁駿佳編　明刻嘉興藏本　一册　存五卷(一至五)

620000－1103－0000755　B94/722
止觀輔行傳弘決四十卷　(唐)釋湛然述　明崇禎十二年(1639)刻嘉興藏本　十册

620000－1103－0000756　B94/722
十不二門指要鈔詳解二卷　(唐)釋湛然譯　清刻本　四册

620000－1103－0000757　B94/723
大乘集菩薩學論二十五卷　(宋)釋法護譯　明崇禎十六年(1643)刻嘉興藏本　二册

620000－1103－0000758　B94/723
佛説大乘菩薩藏正法經四十一卷　(南朝宋)釋法護譯　明萬曆四十七年(1619)刻嘉興藏本　二册　存二十卷(一至十、三十一至四十)

620000－1103－0000759　B94/723
佛説尊上經一卷佛説意經一卷佛説應法經一卷　(晉)釋竺法護譯　**佛説鸚鵡經一卷**　(南朝宋)釋求那跋陀羅譯　**佛説□調經一卷**　(□)□□撰　明崇禎十五年(1642)刻嘉興藏本　一册

620000－1103－0000760　B94/723
持心梵天所問經四卷　(晉)釋竺法護譯　明刻嘉興藏本　一册

620000－1103－0000761　B94/723
海意菩薩所問淨印法門經十八卷　(南朝宋)釋惟淨　(南朝宋)釋法護譯　明刻嘉興藏本　一册　存五卷(一至五)

620000－1103－0000762　B94/723
出曜經二十卷　(晉)釋竺佛念譯　明刻嘉興

藏本　五冊

620000－1103－0000763　B94/723
雜阿毗曇心論十一卷　(南朝宋)釋僧伽跋摩譯　明崇禎十一年(1638)刻嘉興藏本　三冊

620000－1103－0000764　B94/723
法句譬喻經四卷　(晉)釋法炬譯　(晉)釋法立譯　明崇禎十年(1637)刻嘉興藏本　一冊

620000－1103－0000765　B94/723
法句經二卷　(三國吳)釋維祇難譯　明崇禎十六年(1643)刻嘉興藏本　一冊

620000－1103－0000766　B94/723
佛說優塡王經一卷　(晉)釋法炬譯　明萬曆三十七年(1609)刻嘉興藏本　一冊

620000－1103－0000767　B94/723
佛說前世三轉經一卷　(晉)釋法炬譯　明萬曆三十六年(1608)刻嘉興藏本　一冊

620000－1103－0000768　B94/723
佛說伏婬經一卷　(晉)釋法炬譯　明萬曆四十六年(1618)刻嘉興藏本　一冊

620000－1103－0000769　B94/723
阿毗曇心論四卷　(晉)釋僧伽提婆　(晉)釋慧遠譯　明崇禎十二年(1639)刻嘉興藏本　一冊

620000－1103－0000770　B94/723
嗟韈曩法天子受三歸依獲免惡道經一卷　(宋)釋法天譯　明崇禎十五年(1642)刻嘉興藏本　一冊

620000－1103－0000771　B94/723
六道伽陀經一卷　(宋)釋法天譯　明崇禎十五年(1642)刻嘉興藏本　一冊

620000－1103－0000772　B94/723
妙法聖念處經八卷　(宋)釋法天譯　明崇禎十六年(1643)刻嘉興藏本　一冊

620000－1103－0000773　B94/723
佛母寶德藏般若波羅蜜經三卷　(宋)釋法賢譯　明崇禎十五年(1642)刻嘉興藏本　一冊

620000－1103－0000774　B94/723
金剛薩埵說頻那夜迦天成就儀軌經五卷　(宋)釋法賢譯　**佛說大悲空智金剛大教王儀軌經五卷**　(宋)釋法護譯　明崇禎十七年(1644)刻嘉興藏本　一冊　存八卷(金剛薩埵說頻那夜迦天成就儀軌經三至五、佛說大悲空智金剛大教王儀軌經五卷)

620000－1103－0000775　B94/723
佛說大乘觀想曼拏羅淨諸惡趣經二卷　(宋)釋法賢譯　**大雲輪請雨經二卷**　(隋)釋那連提耶舍譯　清順治十八年(1661)刻嘉興藏本　一冊

620000－1103－0000776　B94/723
大正句王經二卷　(宋)釋法賢譯　明崇禎十五年(1642)刻嘉興藏本　一冊

620000－1103－0000777　B94/723
佛說瑜伽大教王經五卷　(宋)釋法賢譯　明崇禎十六年(1643)刻嘉興藏本　一冊

620000－1103－0000778　B94/723
禪宗頌古聯珠通集四十卷　(宋)釋法應集　(元)釋普會續集　明萬曆二十四年(1596)刻嘉興藏本　二冊　存十卷(一至五、十一至十五)

620000－1103－0000779　B94/723
大乘起信論疏四卷　(唐)釋法藏述　明萬曆十八年(1590)刻嘉興藏本　一冊

620000－1103－0000780　B94/723
華嚴一乘教義分齊章四卷　(唐)釋法藏述　清康熙三年(1664)刻嘉興藏本　一冊

620000－1103－0000781　B94/723
天寧法舟濟禪師剩語一卷　(明)釋如淵大芹輯　明天啓五年(1625)刻嘉興藏本　一冊

620000－1103－0000782　B94/723
大方等陀羅尼經四卷　(北涼)釋法眾譯　清順治十二年(1655)刻嘉興藏本　一冊

620000－1103－0000783　B94/723
佛說持明藏瑜伽大教尊那菩薩大明成就儀軌

經四卷　（宋）釋法賢譯　明崇禎十六年(1643)刻嘉興藏本　一册

620000－1103－0000784　B94/723
佛説決定義經一卷　（宋）釋法賢譯　明崇禎十五年(1642)刻嘉興藏本　一册

620000－1103－0000785　B94/723
弘戒法儀二卷　（明）釋法藏撰　清順治十五年(1658)金陵季蘭庭刻本　二册

620000－1103－0000786　B94/723
修華嚴奥旨妄盡還源觀一卷　（唐）釋法藏述　明萬曆三十四年(1606)刻嘉興藏本　一册

620000－1103－0000787　B94/723
華嚴經名法品内立三寶章二卷　（三國魏）釋法藏述　清康熙二年(1663)刻嘉興藏本　一册

620000－1103－0000788　B94/723
大方廣佛華嚴經著述集要二十三卷　（唐）釋法藏述　清光緒二十二年(1896)刻嘉興藏本　十二册

620000－1103－0000789　B94/723
六祖法寶壇經一卷　（□）釋法海集　清刻嘉興藏本　一册

620000－1103－0000790　B94/723
大乘起信論義記七卷　（唐）釋法藏撰　清光緒二十三年(1897)刻嘉興藏本　二册

620000－1103－0000791　B94/723
大乘法界無差别論疏二卷　（唐）釋法藏撰　清光緒二十一年(1895)刻嘉興藏本　一册

620000－1103－0000792　B94/723
法集要頌經四卷　（宋）釋天息災譯　明刻嘉興藏本　一册

620000－1103－0000793　B94/723
出生一切如來法眼徧照大力明王經二卷　（宋）釋法護譯　明崇禎十六年(1643)刻嘉興藏本　一册

620000－1103－0000794　B94/723
佛國記不分卷　（宋）釋法顯譯　（明）胡震亨　（明）毛晉訂　清刻嘉興藏本　一册

620000－1103－0000795　B94/725
删定止觀三卷附録一卷　（唐）梁肅述　清宣統三年(1911)鉛印本　一册

620000－1103－0000796　B94/735
般若燈論十五卷　（唐）釋波羅頗迦羅蜜多羅譯　明崇禎十六年(1643)刻嘉興藏本　三册

620000－1103－0000797　B94/735
寶星陀羅尼經八卷　（唐）釋波羅頗密多羅譯　清順治十五年(1658)刻嘉興藏本　一册　存五卷(四至八)

620000－1103－0000798　B94/735
大方廣佛華嚴經疏六十卷　（唐）釋澄觀撰　明崇禎四年(1631)刻嘉興藏本　三册　存十五卷(十一至二十、二十六至三十)

620000－1103－0000799　B94/735
大方廣佛華嚴經隨疏演義鈔八十卷　（唐）釋澄觀撰　明崇禎三年(1630)刻嘉興藏本　三册　存十一卷(五、三十一至四十)

620000－1103－0000800　B94/735
大方廣佛華嚴經普賢行願品别行疏鈔六卷　（唐）釋澄觀撰　明崇禎十五年(1642)刻嘉興藏本　四册

620000－1103－0000801　B94/735
大方廣佛華嚴經疏序演義鈔八十卷　（唐）釋澄觀撰　明天啓四年(1624)刻嘉興藏本　三十九册　存三十六卷(一至七、十至十一、十三至十四、十六至十九、二十二至二十三、三十至三十七、四十二至四十三、五十七至五十八、六十一至六十四、六十七至六十九)

620000－1103－0000802　B94/735
大方廣佛華嚴經疏序演義鈔八十卷　（唐）釋澄觀撰　明萬曆四十四年(1616)刻嘉興藏本　四册　存十九卷(一至五、十六至二十九)

620000－1103－0000803　B94/737
佛説彌勒菩薩上生兜率陀天經一卷　（南朝宋）釋沮渠京聲譯　明萬曆二十五年(1597)

刻嘉興藏本　一冊

620000－1103－0000804　B94/737

佛説諫王經一卷　(南朝宋)沮渠京聲譯　明萬曆三十二年(1604)刻嘉興藏本　一冊

620000－1103－0000805　B94/737

治禪病秘要經二卷　(南朝宋)沮渠京聲譯　明崇禎三年(1630)刻嘉興藏本　一冊

620000－1103－0000806　B94/739

妙法蓮華經玄義節要二卷　(隋)釋智顗說　(隋)釋灌頂記　(明)釋智旭節　清初刻嘉興藏本　一冊

620000－1103－0000807　B94/739

國清百録四卷　(隋)釋灌頂纂　明萬曆十八年(1590)刻嘉興藏本　一冊

620000－1103－0000808　B94/739

大般涅槃經玄義二卷　(隋)釋灌頂撰　明萬曆十年(1582)刻嘉興藏本　一冊

620000－1103－0000809　B94/739

續原教論二卷　(明)沈士榮撰　明萬曆十九年(1591)刻嘉興藏本　一冊

620000－1103－0000810　B94/739

沙彌十戒法並威儀一卷　(□)□□撰　明萬曆三十七年(1609)刻嘉興藏本　一冊

620000－1103－0000811　B94/747

報恩論二卷　(清)沈善登撰　清鉛印本　一冊

620000－1103－0000812　B94/751

佛説寶雨經十卷　(唐)釋達摩流支譯　明刻嘉興藏本　一冊　存五卷(六至十)

620000－1103－0000813　B94/751

大寶積經一百二十卷　(唐)釋菩提流志譯　明萬曆二十四年(1596)刻嘉興藏本　十三冊　存六十五卷(六至十五、二十一至四十、六十一至六十五、八十一至一百、一百十一至一百二十)

620000－1103－0000814　B94/751

文殊師利所説不思議佛境界經二卷　(唐)釋菩提流志譯　明萬曆三十六年(1608)刻嘉興藏本　一冊

620000－1103－0000815　B94/751

一字佛頂輪王經六卷　(唐)釋菩提流志譯　明崇禎十六年(1643)刻嘉興藏本　一冊

620000－1103－0000816　B94/751

無量壽如來會二卷　(唐)釋菩提流志譯　清光緒二十二年(1896)金陵刻經處刻本　一冊

620000－1103－0000817　B94/751

大寶積經一百二十卷　(唐)釋菩提流志譯　清同治刻本　二十三冊　存一百十六卷(一至九十一、九十六至一百二十)

620000－1103－0000818　B94/752

隱元禪師語録十六卷　(明)釋海寧輯　清刻嘉興藏本　三冊　存十二卷(一至八、十三至十六)

620000－1103－0000819　B94/752

海南一勺合編内函十卷首二卷外函三十二卷　(清)徐謙(鶴洞子)編　清道光十五年(1835)四香草堂刻本　三冊

620000－1103－0000820　B94/752

南華真經解七卷　(□)釋海清撰　清刻本　二冊

620000－1103－0000821　B94/755

禪林寶訓四卷　(三國吳)釋淨善集　明萬曆十八年(1590)刻嘉興藏本　一冊

620000－1103－0000822　B94/758

集諸法寶最上義論二卷　(宋)釋法護譯　明崇禎十七年(1644)刻嘉興藏本　一冊

620000－1103－0000823　B94/758

師子林天如和尚淨土或問一卷　(元)釋惟則撰　(元)釋善遇編　清刻本　一冊

620000－1103－0000824　B94/758

佛説仁王護國般若波羅蜜經疏神寶記四卷　(宋)釋柏庭善月述　明崇禎十五年(1642)刻嘉興藏本　一冊

620000－1103－0000825　B94/758

根本說一切有部毗奈耶破僧事二十卷　(唐)釋義淨譯　明崇禎九年(1636)刻嘉興藏本　三冊　存十五卷(一至五、十一至二十)

620000－1103－0000826　B94/758

根本說一切有部苾芻尼毗奈耶二十卷　(唐)釋義淨譯　明崇禎十年(1637)刻嘉興藏本　三冊　存十五卷(一至十、十六至二十)

620000－1103－0000827　B94/758

根本說一切有部目得迦十卷　(唐)釋義淨譯　明崇禎十七年(1644)刻嘉興藏本　一冊　存五卷(六至十)

620000－1103－0000828　B94/758

說罪要行法一卷受用三水要行法一卷護命放生軌儀法一卷　(唐)釋義淨撰　清順治八年(1651)浙江楞嚴寺刻嘉興藏本　一冊

620000－1103－0000829　B94/758

根本說一切有部百一羯磨十卷　(唐)釋義淨譯　明崇禎十七年(1644)刻嘉興藏本　二冊

620000－1103－0000830　B94/758

南海寄歸内法傳四卷　(唐)釋義淨撰　明萬曆三十九年(1611)刻嘉興藏本　一冊

620000－1103－0000831　B94/758

根本說一切有部毗奈耶雜事四十卷　(唐)釋義淨譯　明崇禎六年(1633)刻嘉興藏本　四冊　存二十卷(十一至二十五、三十六至四十)

620000－1103－0000832　B94/758

根本說一切有部毗奈耶□□卷　(唐)釋義淨譯　明崇禎六年(1633)刻嘉興藏本　七冊　存三十五卷(一至十五、三十一至五十)

620000－1103－0000833　B94/758

根本說一切有部苾芻尼戒經二卷　(唐)釋義淨譯　明崇禎九年(1636)刻嘉興藏本　一冊

620000－1103－0000834　B94/758

佛說大孔雀呪王經三卷　(唐)釋義淨譯　明萬曆二十五年(1597)刻嘉興藏本　一冊

620000－1103－0000835　B94/760

華嚴懸談會玄記四十卷　(元)釋普瑞集　明崇禎三年(1630)刻嘉興藏本　五冊　存二十五卷(一至五、十一至十五、二十一至二十五、三十一至四十)

620000－1103－0000836　B94/760

八識規矩補註二卷　(明)釋普泰補註　明萬曆十八年(1590)刻嘉興藏本　一冊

620000－1103－0000837　B94/761

顯密圓通成佛心要集二卷　(□)釋道㲄集　明崇禎七年(1634)刻嘉興藏本　一冊

620000－1103－0000838　B94/761

衆經撰雜譬喻經二卷　(□)釋道略集　(後秦)釋鳩摩羅什譯　明刻嘉興藏本　一冊

620000－1103－0000839　B94/761

諸經要集二十卷　(唐)釋道世撰　清順治十八年(1661)刻嘉興藏本　二冊　存七卷(四至十)

620000－1103－0000840　B94/761

法苑珠林一百二十卷　(唐)釋道世撰　明萬曆十九年(1591)刻嘉興藏本　九冊　存四十五卷(一至五、十一至十五、二十一至三十、三十六至四十五、八十一至八十五、一百六至一百十五)

620000－1103－0000841　B94/761

諸經要集二十卷　(唐)釋道世撰　清順治十七年(1660)刻嘉興藏本　一冊　存四卷(一至四)

620000－1103－0000842　B94/761

集神州塔寺三寶感通録□□卷　(唐)釋道宣撰　明刻嘉興藏本　一冊　存三卷(一至三)

620000－1103－0000843　B94/761

大唐内典録十卷　(唐)釋道宣撰　清順治十八年(1661)刻嘉興藏本　四冊

620000－1103－0000844　B94/761

集古今佛道論衡實録四卷　(唐)釋道宣撰　明刻嘉興藏本　一冊

620000－1103－0000845　B94/761

廣弘明集四十卷　(唐)釋道宣集　明萬曆三十九年(1611)刻嘉興藏本　八冊

620000－1103－0000846　B94/761
顯密圓通成佛心要集二卷　(□)釋道𪰦集　清同治十一年(1872)金陵刻經處刻本　一冊

620000－1103－0000847　B94/761
大慧普覺禪師宗門武庫一卷雪堂行和尚拾遺録一卷　(宋)釋宗杲撰　(宋)釋道謙編　清石印本　一冊

620000－1103－0000848　B94/761
安樂集二卷　(唐)釋道綽撰　清光緒二十三年(1897)金陵刻經處刻本　一冊

620000－1103－0000849　B94/776
佛法金湯編十六卷　(明)釋心泰輯　明萬曆二十八年(1600)刻嘉興藏本　四冊

620000－1103－0000850　B94/776
揞黑豆集八卷首一卷　(清)平聖臺(火蓮居士)輯　(清)心圓(破戒居士)注　清末刻本　四冊

620000－1103－0000851　B94/810
勝天王般若波羅蜜經七卷　(南朝陳)釋月婆首那譯　明萬曆三十三年(1605)刻嘉興藏本　一冊　存三卷(五至七)

620000－1103－0000852　B94/810
大乘頂王經一卷　(南朝陳)釋月婆首那譯　明天啓七年(1627)刻嘉興藏本　一冊

620000－1103－0000853　B94/812
根本薩婆多部律攝十四卷　(唐)釋義淨譯　明崇禎十七年(1644)刻嘉興藏本　二冊　存九卷(六至十四)

620000－1103－0000854　B94/813
曹溪一滴九卷　(明)釋周理輯　(明)陶珙閱　明崇禎九年(1636)刻嘉興藏本　二冊

620000－1103－0000855　B94/813
曹溪一滴九卷　(明)釋周理輯　(明)陶珙閱　明崇禎九年(1636)刻嘉興藏本　二冊

620000－1103－0000856　B94/824
顯揚聖教論二十卷　(唐)釋玄奘譯　明刻嘉興藏本　四冊

620000－1103－0000857　B94/824
放光般若波羅蜜經三十卷　(西晉)釋無羅叉　(西晉)釋竺叔蘭譯　明萬曆三十八年(1610)刻嘉興藏本　二冊　存十卷(一至五、二十六至三十)

620000－1103－0000858　B94/824
法華大意三卷　(明)釋無相説　(明)釋法聚較正　(明)葉祺胤重較　明刻嘉興藏本　一冊

620000－1103－0000859　B94/824
大乘莊嚴經論十三卷　(唐)釋波羅頗迦羅蜜多羅譯　明刻嘉興藏本　三冊

620000－1103－0000860　B94/824
大乘阿毗達磨集論□□卷　(唐)釋玄奘譯　明崇禎十七年(1644)刻嘉興藏本　一冊　存七卷(一至七)

620000－1103－0000861　B94/824
金剛傳燈真解一卷　題然燈古佛撰　清光緒二十五年(1899)蘭州虹橋南樓全真道門刻本　一冊

620000－1103－0000862　B94/824
六門教授習定論一卷　(唐)釋義淨譯　清刻本　一冊

620000－1103－0000863　B94/828
神僧傳九卷　(□)□□撰　明崇禎七年(1634)刻嘉興藏本　一冊　存五卷(一至五)

620000－1103－0000864　B94/831
居士分燈録二卷　(明)朱時恩輯　(明)王元瑞閱　明崇禎五年(1632)刻嘉興藏本　二冊

620000－1103－0000865　B94/837
人天眼目六卷　(宋)釋智昭集　明刻嘉興藏本　一冊

620000－1103－0000866　B94/837
觀音玄義記四卷　(隋)釋智顗説　明崇禎四年(1631)刻嘉興藏本　二冊

620000－1103－0000867　B94/837
金剛般若經疏不分卷　(隋)釋智顗說　明天啓七年(1627)刻嘉興藏本　一册

620000－1103－0000868　B94/837
妙法蓮華經玄義十卷　(隋)釋智顗說　清初刻嘉興藏本　二册　存六卷(五至十)

620000－1103－0000869　B94/837
摩訶止觀二十卷　(隋)釋智顗說　明崇禎十七年(1644)刻嘉興藏本　五册

620000－1103－0000870　B94/837
釋禪波羅蜜次第法門十卷　(隋)釋智顗說　明萬曆十八年(1590)刻嘉興藏本　二册

620000－1103－0000871　B94/837
法界次第初門三卷　(隋)釋智顗說　明萬曆十九年(1591)刻嘉興藏本　二册

620000－1103－0000872　B94/837
觀音玄義二卷　(隋)釋智顗說　(隋)釋灌頂記　清康熙二年(1663)浙江楞嚴寺刻嘉興藏本　一册

620000－1103－0000873　B94/837
四念處四卷　(隋)釋智顗說　明萬曆十九年(1591)刻嘉興藏本　一册

620000－1103－0000874　B94/837
仁王護國般若經疏五卷　(隋)釋智顗說　明崇禎十五年(1642)刻嘉興藏本　一册

620000－1103－0000875　B94/837
大乘起信論裂綱疏六卷　(明)釋智旭述　清乾隆六十年(1795)善果寺嘉興藏本　二册

620000－1103－0000876　B94/837
妙法蓮華經綸貫不分卷　(明)釋智旭述　清初刻嘉興藏本　一册

620000－1103－0000877　B94/837
藕益三頌不分卷　(明)釋智旭述　清初嘉興藏刻本　一册

620000－1103－0000878　B94/837
絕餘編四卷　(明)釋智旭撰　清初嘉興藏刻本　一册

620000－1103－0000879　B94/837
相宗八要直解不分卷　(明)釋智旭撰　明刻嘉興藏本　二册

620000－1103－0000880　B94/837
占察善惡業報經玄義一卷　(清)釋智旭撰　清同治七年(1868)刻本　一册

620000－1103－0000881　B94/837
大乘修行菩薩行門諸經要集三卷　(唐)釋智嚴譯　明萬曆三十五年(1607)刻嘉興藏本　一册

620000－1103－0000882　B94/837
廣博嚴淨不退轉法輪經四卷　(南朝宋)釋智嚴　(南朝宋)釋寶雲譯　明萬曆三十八年(1610)刻嘉興藏本　一册

620000－1103－0000883　B94/837
淨信堂初集八卷　(明)釋智旭撰　明刻嘉興藏本　四册

620000－1103－0000884　B94/837
永明智覺禪師唯心訣一卷　(宋)釋延壽撰
禪宗決疑集一卷　(元)釋智徹述　明萬曆三十六年(1608)刻嘉興藏本　一册

620000－1103－0000885　B94/837
註心賦四卷　(宋)釋延壽述　明崇禎七年(1634)刻嘉興藏本　一册

620000－1103－0000886　B94/837
觀音義疏記四卷　(宋)釋知禮述　明崇禎四年(1631)刻嘉興藏本　二册

620000－1103－0000887　B94/837
觀無量壽佛經疏妙宗鈔六卷　(宋)釋知禮述　清康熙元年(1662)浙江楞嚴寺刻嘉興藏本　二册

620000－1103－0000888　B94/837
大佛頂如來密因修證了義諸菩薩萬行首楞嚴經玄義二卷　(明)釋智旭述　(明)釋道昉參訂　明崇禎十七年(1644)刻嘉興藏本　一册

620000－1103－0000889　B94/837
集諸經禮懺悔文四卷　(唐)釋智昇撰　清順

治九年(1652)浙江楞嚴寺刻嘉興藏本　一冊

620000－1103－0000890　B94/837

相宗八要直解不分卷　(明)釋智旭撰　清同治九年(1870)金陵刻經處刻本　二冊

620000－1103－0000891　B94/837

大乘起信論裂綱疏六卷　(明)釋智旭述　清刻本　一冊

620000－1103－0000892　B94/837

大成止觀法門釋要六卷　(明)釋智旭述　清光緒二十二年(1896)金陵刻經處刻本　二冊

620000－1103－0000893　B94/837

禪林寶訓筆説三卷　(清)釋智祥述　清光緒十九年(1893)揚州刻經禪院刻本　三冊

620000－1103－0000894　B94/837

妙法蓮華經台宗會義十卷　(明)釋智旭述　清初刻嘉興藏本　四冊

620000－1103－0000895　B94/837

楞伽阿跋多羅寶經玄義五卷　(明)釋智旭撰　清刻本　五冊

620000－1103－0000896　B94/837

成唯識論觀心法要十卷　(明)釋智旭撰　清光緒二十六年(1900)揚州藏經院刻本　十冊

620000－1103－0000897　B94/837

禪林寶訓筆説三卷　(清)釋智祥注　清嘉慶四年(1799)刻嘉興藏本　三冊

620000－1103－0000898　B94/837

慈悲道場懺法十卷　(南朝梁)武帝蕭衍集　清刻本經折裝　七冊

620000－1103－0000899　B94/837

佛説四十二章經解一卷　(明)釋智旭撰　清順治五年(1648)浙江楞嚴寺刻嘉興藏本　一冊

620000－1103－0000900　B94/837:01

休習止觀坐禪法要二卷　(隋)釋智顗述　清光緒十八年(1892)金陵刻經處刻本　一冊

620000－1103－0000901　B94/837:02

休習止觀坐禪法要二卷　(隋)釋智顗述　清光緒十八年(1892)金陵刻經處刻本　一冊

620000－1103－0000902　B94/839

牧雲和尚語録二十卷　(明)釋行瑋譯　明刻嘉興藏本　一冊　存五卷(十六至二十)

620000－1103－0000903　B94/843

五百弟子自説本起經不分卷　(晉)釋竺法護譯　明天啓七年(1627)刻嘉興藏本　一冊

620000－1103－0000904　B94/843

戒因緣經十卷　(後秦)釋竺佛念譯　明崇禎五年(1632)刻嘉興藏本　二冊

620000－1103－0000905　B94/843

菩薩處胎經五卷　(後秦)釋竺佛念譯　明刻嘉興藏本　一冊

620000－1103－0000906　B94/843

佛説五苦章句經不分卷　(晉)釋竺曇無蘭譯　明萬曆三十六年(1608)刻嘉興藏本　一冊

620000－1103－0000907　B94/843

佛説海龍王經四卷　(晉)釋竺法護譯　明崇禎十五年(1642)刻嘉興藏本　一冊

620000－1103－0000908　B94/843

普超三昧經四卷　(晉)釋竺法護譯　明刻嘉興藏本　一冊

620000－1103－0000909　B94/843

無言童子經二卷　(晉)釋竺法護譯　**自在王菩薩經二卷**　(後秦)釋鳩摩羅什譯　明刻嘉興藏本　一冊

620000－1103－0000910　B94/843

大哀經八卷　(晉)釋竺法護譯　清康熙五年(1666)刻嘉興藏本　二冊

620000－1103－0000911　B94/843

正法華經十卷　(晉)釋竺法護譯　明萬曆三十八年(1610)刻嘉興藏本　二冊

620000－1103－0000912　B94/843

菩薩瓔珞經十五卷　(後秦)釋竺佛念譯　明刻嘉興藏本　二冊　存十卷(六至十五)

620000－1103－0000913　B94/843

三昧弘道廣顯定意經四卷　（西晉）釋竺法護譯　**佛說明度五十校計經二卷**　（後漢）釋安世高譯　明刻嘉興藏本　一册

620000－1103－0000914　B94/843

光讃般若波羅蜜經十卷　（西晉）釋竺法護譯　明萬曆三十八年（1610）刻嘉興藏本　一册　存五卷（一至五）

620000－1103－0000915　B94/843

阿差末菩薩經七卷　（晉）釋竺法護譯　明刻嘉興藏本　一册

620000－1103－0000916　B94/843

賢劫經十卷　（晉）釋竺法護譯　明崇禎十一年（1638）刻嘉興藏本　一册　存五卷（六至十）

620000－1103－0000917　B94/843

修行道地經八卷　（晉）釋竺法護譯　明崇禎四年（1631）刻嘉興藏本　一册　存四卷（五至八）

620000－1103－0000918　B94/843

佛說寶網經一卷阿難陀目佉尼訶離陀鄰尼經一卷　（晉）釋竺法護譯　**阿難陀目佉尼訶離陀鄰尼經不分卷**　（南朝宋）釋求那跋陀羅譯　清順治十三年（1656）刻嘉興藏本　一册

620000－1103－0000919　B94/843

佛昇忉利天為母說法經三卷　（晉）釋竺法護譯　明萬曆三十六年（1608）刻嘉興藏本　一册

620000－1103－0000920　B94/843

佛說文殊師利顯寶藏經二卷　（晉）釋竺法護譯　明萬曆三十八年（1610）刻嘉興藏本　一册

620000－1103－0000921　B94/843

阿惟越致遮經四卷　（晉）釋竺法護譯　明萬曆三十九年（1611）刻嘉興藏本　一册

620000－1103－0000922　B94/854

妙法蓮華經知音七卷　（後秦）釋鳩摩羅什譯　明天啓四年（1624）刻嘉興藏本　七册

620000－1103－0000923　B94/854

金剛般若波羅密經筆記不分卷　（後秦）釋鳩摩羅什譯　（明）釋如觀註　明崇禎十年（1637）刻嘉興藏本　一册

620000－1103－0000924　B94/854

摩訶般若波羅密經三十卷　（後秦）釋鳩摩羅什譯　明萬曆三十三年（1605）刻嘉興藏本　五册　存二十五卷（一至二十、二十六至三十）

620000－1103－0000925　B94/854

佛說華手經十卷　（後秦）釋鳩摩羅什譯　明刻嘉興藏本　二册

620000－1103－0000926　B94/854

諸法無行經二卷　（後秦）釋鳩摩羅什譯　明崇禎十年（1637）刻嘉興藏本　一册

620000－1103－0000927　B94/854

集一切福德三昧經三卷　（後秦）釋鳩摩羅什譯　明萬曆三十七年（1609）刻嘉興藏本　一册

620000－1103－0000928　B94/854

仁王護國般若波羅蜜經二卷　（後秦）釋鳩摩羅什譯　明萬曆三十一年（1603）刻嘉興藏本　一册

620000－1103－0000929　B94/854

維摩詰所說經三卷　（後秦）釋鳩摩羅什譯　明刻嘉興藏本　一册

620000－1103－0000930　B94/854

妙法蓮華經文句記三十卷　（後秦）釋鳩摩羅什譯　（隋）釋智者說　（唐）釋灌頂記　（唐）釋湛然述　清刻嘉興藏本　四册　存八卷（三至四、十五至十六、十九至二十、二十七至二十八）

620000－1103－0000931　B94/854

金剛般若波羅蜜經破空論不分卷　（後秦）釋鳩摩羅什譯　（明）釋智旭造論　清初刻嘉興藏本　一册

620000－1103－0000932　B94/854
佛說阿彌陀經要解不分卷　（後秦）釋鳩摩羅什譯　（明）釋智旭解　明刻嘉興藏本　一册

620000－1103－0000933　B94/854
妙法蓮華經七卷　（後秦）釋鳩摩羅什譯　明刻嘉興藏本　四册　存四卷（二至三、五至六）

620000－1103－0000934　B94/854
大樹緊那羅王所問經四卷　（後秦）釋鳩摩羅什譯　明刻嘉興藏本　一册

620000－1103－0000935　B94/854
佛藏經四卷　（後秦）釋鳩摩羅什譯　明萬曆三十四年（1606）刻嘉興藏本　一册

620000－1103－0000936　B94/854
大金色孔雀王呪經一卷　（後秦）釋鳩摩羅什譯　清順治十二年（1655）刻嘉興藏本　一册

620000－1103－0000937　B94/854
清淨毗尼方廣經一卷　（後秦）釋鳩摩羅什譯　**羯磨二卷**　（三國魏）釋曇諦集釋　清初刻嘉興藏本　一册

620000－1103－0000938　B94/854
十誦律比丘戒本一卷　（後秦）釋鳩摩羅什譯　**大沙門百一羯磨法一卷**　（□）□□撰　明崇禎十七年（1644）刻嘉興藏本　一册

620000－1103－0000939　B94/854
四阿含暮抄解二卷　（後秦）釋鳩摩羅佛提譯　**佛說奈女耆婆經一卷**　（後漢）釋安世高譯　明崇禎五年（1632）刻嘉興藏本　一册

620000－1103－0000940　B94/854
御録經海一滴六卷　（清）世宗胤禛録　清雍正十三年（1735）刻本　六册

620000－1103－0000941　B94/854
佛說阿彌陀經四卷　（後秦）釋鳩摩羅什譯　清光緒十八年（1892）金陵刻經處刻本　五册　存一卷（一）

620000－1103－0000942　B94/854
金剛般若波羅蜜經破空論不分卷　（後秦）釋鳩摩羅什譯　（明）釋智旭造論　清同治十年（1871）如皋刻經處刻本　一册

620000－1103－0000943　B94/854
金剛般若波羅密經句解易知二卷　（後秦）釋鳩摩羅什譯　（南朝梁）蕭統分章　（清）王澤泩註解　清刻本　二册

620000－1103－0000944　B94/854
妙法蓮華經通義七卷　（後秦）釋鳩摩羅什譯　清刻本　一册　存一卷（七）

620000－1103－0000945　B94/854
金剛般若波羅密經解說四卷　（後秦）釋鳩摩羅什譯　清嘉慶十五年（1810）刻嘉興藏本　四册

620000－1103－0000946　B94/854
金剛決疑一卷　（後秦）釋鳩摩羅什譯　（明）釋德清撰　清陳寶晉刻本　一册

620000－1103－0000947　B94/854
維摩詰所說經註八卷　（後秦）釋鳩摩羅什譯　清光緒十三年（1887）金陵刻經處刻本　二册

620000－1103－0000948　B94/854
金剛般若波羅密經一卷　（後秦）釋鳩摩羅什譯　清光緒十二年（1886）西安卧龍禪寺刻本　三册

620000－1103－0000949　B94/854
佛說梵網經菩薩心地品合註七卷雜集一卷　（後秦）釋鳩摩羅什譯　（明）釋智旭註　清同治十三年（1874）金陵刻經處刻本　五册

620000－1103－0000950　B94/854
御製揀摩辨異録八卷　（清）世宗胤禛撰　清雍正十一年（1733）刻嘉興藏本　四册

620000－1103－0000951　B94/854
妙法蓮華經七卷　（後秦）釋鳩摩羅什譯　清刻本經折裝　六册　存六卷（一、三至七）

620000－1103－0000952　B94/854
妙法蓮華經七卷　（後秦）釋鳩摩羅什譯　明刻嘉興藏本　一册

620000－1103－0000953　B94/854
妙法蓮華經七卷　(後秦)釋鳩摩羅什譯　明刻嘉興藏本　七冊

620000－1103－0000954　B94/854:1
妙法蓮華經七卷　(後秦)釋鳩摩羅什譯　明萬曆二十八年(1600)刻嘉興藏本　二冊

620000－1103－0000955　B94/854:2
妙法蓮華經七卷　(後秦)釋鳩摩羅什譯　明萬曆二十八年(1600)刻嘉興藏本　二冊

620000－1103－0000956　B94/854:3
妙法蓮華經七卷　(後秦)釋鳩摩羅什譯　明萬曆二十八年(1600)刻嘉興藏本　二冊

620000－1103－0000957　B94/854:4
妙法蓮華經七卷　(後秦)釋鳩摩羅什譯　明萬曆二十八年(1600)刻嘉興藏本　一冊　存三卷(五至七)

620000－1103－0000958　B94/864
筠州黄蘗山斷際禪師傳心法要二卷　(唐)裴休集　清光緒十年(1884)金陵刻經處刻本　一冊

620000－1103－0000959　B94/867
般若心經略疏連珠記二卷　(宋)釋師會述　清順治十八年(1661)刻嘉興藏本　一冊

620000－1103－0000960　B94/869
佛般泥洹經二卷　(晉)釋白法祖譯　明崇禎十六年(1643)刻嘉興藏本　一冊

620000－1103－0000961　B94/871
灌頂梵天神策經二卷　題(晉)釋帛尸梨蜜多羅譯　清刻本　一冊

620000－1103－0000962　B94/877
阿毗達磨藏顯宗論四十卷　(唐)釋玄奘譯　明崇禎五年(1632)刻嘉興藏本　八冊

620000－1103－0000963　B94/877
十誦律毗尼序三卷　(晉)釋毘摩羅叉譯　清初刻嘉興藏本　一冊

620000－1103－0000964　B94/877
阿毗達磨順正理論七十卷　(唐)釋玄奘譯　明崇禎五年至六年(1632－1633)刻嘉興藏本　十四冊　存六十五卷(一至五、十一至七十)

620000－1103－0000965　B94/879
金剛經鳩異三卷　(唐)段成式撰　明刻嘉興藏本　一冊

620000－1103－0000966　B94/880
觀音心經真解不分卷　(清)覺真子註解　清道光二十年(1840)刻本　一冊

620000－1103－0000967　B94/884
彌勒菩薩所問經論五卷　(北魏)釋菩提留支譯　明刻嘉興藏本　一冊

620000－1103－0000968　B94/884
大寶積經論四卷　(北魏)釋菩提留支譯　明崇禎十七年(1644)刻嘉興藏本　一冊

620000－1103－0000969　B94/884
深密解脱經五卷　(北魏)釋菩提留支譯　明萬曆二十九年(1601)刻嘉興藏本　一冊

620000－1103－0000970　B94/884
勝思惟梵天所問經六卷　(北魏)釋菩提留支譯　清初般若堂刻嘉興藏本　一冊

620000－1103－0000971　B94/906
大佛頂首楞嚴經玄義四卷　(明)釋傳燈述　明萬曆刻嘉興藏本　二冊

620000－1103－0000972　B94/909
四分律藏□□卷　(後秦)釋佛陀耶舍譯　(後秦)釋竺佛念譯　明崇禎八年至十年(1635－1637)刻嘉興藏本　五冊　存二十五卷(一至十、十六至二十、四十一至四十五、五十六至六十)

620000－1103－0000973　B94/909
大方廣圓覺修多羅了義經句釋正白二卷　(唐)釋佛陀多羅譯　(明)釋弘麗羅峯著　(明)釋弘攢在慘較　明刻嘉興藏本　三冊

620000－1103－0000974　B94/909
大方廣圓覺修多羅了義經二卷　(唐)釋佛陀多羅譯　明萬曆二十六年(1598)刻嘉興藏本

一册

620000－1103－0000975　B94/909

大方廣圓覺修多羅了義經要解二卷　（唐）釋佛陀多羅譯　（明）釋寂正要解　明萬曆四十五年（1617）刻嘉興藏本　一册

620000－1103－0000976　B94/909

五分戒本不分卷　（南朝宋）釋佛陀什等譯　明崇禎十六年（1643）刻嘉興藏本　一册

620000－1103－0000977　B94/909

彌沙塞部五分律二十卷　（南朝宋）釋佛陀什譯　（南朝宋）釋竺道生譯　明崇禎八年（1635）刻嘉興藏本　四册

620000－1103－0000978　B94/909

摩訶僧祇律四十卷　（晉）釋佛陀跋陀羅譯　（晉）釋法顯譯　明崇禎七年（1634）刻嘉興藏本　八册　存三十五卷（六至四十）

620000－1103－0000979　B94/909

佛説受十善戒經不分卷　（後漢）□□譯　明崇禎二年至五年（1629－1632）刻嘉興藏本　一册

620000－1103－0000980　B94/909

佛祖綱目四十一卷首一卷　（明）朱時恩輯　明崇禎六年（1633）刻嘉興藏本　二册　存三卷（三十七至三十九）

620000－1103－0000981　B94/909

解脱道論十二卷　（南朝梁）釋僧迦婆羅譯　明崇禎十三年（1640）刻嘉興藏本　二册

620000－1103－0000982　B94/909

佛説梵志阿颰經不分卷　（三國吴）釋支謙譯　明崇禎十五年（1642）刻嘉興藏本　一册

620000－1103－0000983　B94/909

僧迦斯那所撰菩薩本緣經四卷　（三國吴）釋支謙譯　清初刻嘉興藏本　一册

620000－1103－0000984　B94/909

佛門五大部字典不分卷　（□）□□撰　清刻本　一册

620000－1103－0000985　B94/909

華積陀羅尼神呪經一卷　（三國吴）釋支謙譯　清順治十二年（1655）刻嘉興藏本　一册

620000－1103－0000986　B94/910

僧迦羅刹所集佛行經五卷　（前秦）釋僧迦跋澄譯　明崇禎十二年（1639）刻嘉興藏本　一册

620000－1103－0000987　B94/910

尊婆須蜜菩薩所集論十五卷　（前秦）釋僧迦跋澄譯　明崇禎十二年（1639）刻嘉興藏本　三册

620000－1103－0000988　B94/910

佛説孔雀王呪經二卷　（南朝梁）釋僧迦婆羅譯　明崇禎五年（1632）刻嘉興藏本　一册

620000－1103－0000989　B94/910

薩婆多部毘尼摩得勒伽十卷　（南朝宋）釋僧伽跋摩譯　明崇禎十七年（1644）刻嘉興藏本　二册

620000－1103－0000990　B94/921

道地經不分卷　（漢）釋安世高譯　明崇禎三年（1630）刻嘉興藏本　一册

620000－1103－0000991　B94/921

弘明集十卷　（南朝梁）釋僧祐撰　明萬曆四十五年（1617）刻嘉興藏本　三册

620000－1103－0000992　B94/921

出三藏記集十七卷　（南朝梁）釋僧祐撰　明崇禎十六年（1643）刻嘉興藏本　四册

620000－1103－0000993　B94/921

宗鏡録一百卷　（宋）釋延壽集　明萬曆三十一年（1603）刻嘉興藏本　二十册

620000－1103－0000994　B94/921

中阿含經五十卷　（晉）釋僧伽提婆譯　明崇禎十四年至十七年（1641－1644）刻嘉興藏本　四册　存二十卷（一至五、十六至二十、二十六至三十、四十六至五十）

620000－1103－0000995　B94/921

善見毘婆沙律□□卷　（南朝齊）釋僧伽跋陀羅譯　明崇禎十二年（1639）刻嘉興藏本　二

冊　存九卷(六至十四)

620000－1103－0000996　B94/921
十二門論序不分卷　(後秦)釋鳩摩羅什譯　清光緒二十一年(1895)金陵刻經處刻本　一冊

620000－1103－0000997　B94/933
大佛頂首楞嚴經疏解蒙鈔十卷首一卷末一卷　(清)錢謙益撰　清順治刻本　十四冊

620000－1103－0000998　B94/935
宗範二卷　(清)錢伊庵編輯　清光緒十二年(1886)金陵刻經處刻本　三冊

620000－1103－0000999　B94/935
唯識隨疏翼二卷　(清)錢伊菴筆　清道光十九年(1839)刻本　二冊

620000－1103－0001000　B94/937
金剛經本旨引義二十卷　(清)鎮庭子輯　清光緒元年(1875)北京天華館鉛印本　五冊

620000－1103－0001001　B94/941
佛說高王觀世音經不分卷　不著撰者　清光緒十五年(1889)刻本　一冊

620000－1103－0001002　B94/941
地藏菩薩本願經三卷　(唐)釋實叉難陀譯　清康熙二十七年(1698)抄本　一冊　存一卷(中)

620000－1103－0001003　B94/942
林間録二卷　(宋)釋德(惠)洪撰　明萬曆十二年(1584)顧雲程刻本　一冊

620000－1103－0001004　B94/942
石門文字禪三十卷　(宋)釋德洪著　(宋)覺慈編録　明萬曆二十五年(1597)刻嘉興藏本　三冊　存十五卷(一至五、十六至二十、二十六至三十)

620000－1103－0001005　B94/942
紫柏老人集十五卷　(明)釋德清閱　明天啓元年(1621)刻嘉興藏本　六冊　存十三卷(一至十三)

620000－1103－0001006　B94/942
列祖提綱録四十二卷　(清)釋行悅集　清康熙五年(1666)雄州徵笑堂刻嘉興藏本　五冊　存二十二卷(一至十一、三十二至四十二)

620000－1103－0001007　B94/942
敕修百丈清規八卷　(元)釋德煇編　(元)釋大訢校正　清刻本　二冊

620000－1103－0001008　B94/942
性相通說不分卷　(明)釋德清述　清同治十二年(1873)金陵刻經處刻本　一冊

620000－1103－0001009　B94/942
大佛頂如來密因修證了義諸菩薩萬行首楞嚴經通議十卷　(明)釋德清述　清光緒二十年(1894)金陵刻經處刻本　七冊

620000－1103－0001010　B94/942
寒松操禪師語録二十卷　(清)德昊編　清刻嘉興藏本　二冊　存十一卷(六至十一、十六至二十)

620000－1103－0001011　B94/947
金剛般若波羅蜜經二卷　(後秦)釋鳩摩羅什譯　(清)徐槐廷注　清咸豐八年(1858)刻本　一冊

620000－1103－0001012　B94/950
道高僧摘要四卷　(清)徐昌治輯　清順治十一年(1654)刻嘉興藏本　二冊

620000－1103－0001013　B94/950
首楞嚴經義海三十卷　(唐)釋般剌蜜諦譯　(烏長國)釋彌伽釋迦譯語　明崇禎五年(1632)刻嘉興藏本　三冊

620000－1103－0001014　B94/953
摩訶般若波羅蜜多心經龍樹山珍二卷　(清)徐澤醇集註　清道光二十七年(1847)存惺齋刻本　一冊

620000－1103－0001015　B94/953
金剛般若波羅蜜經二卷　(清)徐澤醇演說　清光緒六年(1880)刻本　一冊

620000－1103－0001016　B94/957
大佛頂如來密因修證了義諸菩薩萬行首楞嚴

經要解二十卷　(唐)釋般刺蜜諦譯　明萬曆二十二年(1594)刻嘉興藏本　四冊

620000－1103－0001017　B94/957
大方廣佛華嚴經四十卷　(唐)釋般若譯　明萬曆十八年(1590)刻嘉興藏本　七冊　存三十五卷(一至二十、二十六至四十)

620000－1103－0001018　B94/957
大佛頂如來密因修証了義諸菩薩萬行首楞嚴經五卷　(唐)釋般剌蜜諦譯　明萬曆十二年(1584)刻嘉興藏本　一冊

620000－1103－0001019　B94/957
大佛頂如來密因修証了義諸菩薩萬行首楞嚴經會解二十卷　(唐)釋般剌蜜諦譯　明崇禎六年(1633)刻嘉興藏本　四冊

620000－1103－0001020　B94/957
大乘理趣六波羅蜜多經十卷　(唐)釋般若譯　明萬曆十九年(1591)刻嘉興藏本　一冊　存五卷(一至五)

620000－1103－0001021　B94/957
守護國界主陁羅尼經十卷　(唐)釋般若等譯　明崇禎十三年(1640)刻嘉興藏本　一冊

620000－1103－0001022　B94/957
大乘本生心地觀經八卷　(唐)釋般若等譯　明萬曆二十六年(1598)刻嘉興藏本　一冊

620000－1103－0001023　B94/957
大佛頂如來密因修証了義諸菩薩萬行首楞嚴經十卷　(唐)釋般剌蜜諦譯　明刻嘉興藏本　四冊　存八卷(一至二、五至十)

620000－1103－0001024　B94/957
妙法蓮華經論優波提舍二卷　(北魏)釋勒那摩提　(北魏)釋僧朗等譯　明崇禎十七年(1644)刻嘉興藏本　一冊　存一卷(二)

620000－1103－0001025　B94/957
正法念處經□□卷　(唐)釋般若流支譯　明萬曆四十一年(1613)刻嘉興藏本　九冊　存四十六卷(十一至二十五、三十至四十、四十六至五十、五十六至七十)

620000－1103－0001026　B94/957
首楞嚴經義海三十卷　(唐)釋般剌蜜諦譯　(烏長國)釋彌伽釋迦譯語　明崇禎五年(1632)刻嘉興藏本　三冊

620000－1103－0001027　B94/957
大佛頂如來密因修證了義諸菩薩萬行首楞嚴經十卷　(唐)釋般剌密帝譯　清同治八年(1869)金陵刻經處刻本　二冊

620000－1103－0001028　B94/957
大方廣佛華嚴經入不可思議解脱境界普賢行願品四十卷　(唐)釋般若譯　清同治十三年(1874)雞園刻經處刻本　十冊

620000－1103－0001029　B94/957
大佛頂如來密因修證了義諸菩薩萬行首楞嚴經纂註十卷　(唐)釋般剌密諦譯　(唐)釋彌伽釋伽譯語　(明)釋眞界纂　清光緒三十四年(1908)金陵刻經處刻本　四冊

620000－1103－0001030　B94/957:01
大佛頂如來密因修證了義諸菩薩萬行首楞嚴經十卷　(唐)釋般剌蜜諦譯　明萬曆三十一年(1603)刻嘉興藏本　二冊

620000－1103－0001031　B94/957:02
大佛頂如來密因修證了義諸菩薩萬行首楞嚴經十卷　(唐)釋般剌蜜諦譯　明萬曆三十一年(1603)刻嘉興藏本　二冊

620000－1103－0001032　B94/957:03
大佛頂如來密因修證了義諸菩薩萬行首楞十卷　(唐)釋般剌蜜諦譯　明萬曆三十一年(1603)刻嘉興藏本　二冊

620000－1103－0001033　B94/982
金光明懺法補助儀不分卷　(宋)釋遵式集　(明)釋智旭重治　明崇禎十年(1637)刻嘉興藏本　一冊

620000－1103－0001034　B94/982
金光明懺法補助儀一卷　(宋)釋遵式集　(明)釋弘儲訂　**二懺同卷一卷**　(宋)釋知禮集　**觀世音菩薩秘密藏神呪經一卷**　(唐)釋實叉難陀譯　**觀世音菩薩如意摩尼陀羅尼經**

一卷　(唐)釋寶思惟譯　**觀自在菩薩如意心陀羅尼呪經一卷**　(唐)釋義淨譯　明萬曆四十四年(1616)刻嘉興藏本　一冊

620000 - 1103 - 0001035　B94/982
注肇論疏六卷　(宋)釋遵式譯　明萬曆十九年(1591)刻嘉興藏本　二冊

620000 - 1103 - 0001036　B94/983
分别功德論三卷　(□)□□譯　明崇禎十二年(1639)刻嘉興藏本　一冊

620000 - 1103 - 0001037　B94/987
金剛峯樓閣一切瑜伽瑜祇經二卷　(唐)釋金剛智譯　**佛説妙吉祥最勝根本大教經三卷**　(宋)釋法賢譯　明崇禎十六年(1643)刻嘉興藏本　一冊

620000 - 1103 - 0001038　B94/987
敘古啓明讀禪宗正脈法二十卷　(□)□□撰　明萬曆四十三年(1615)刻嘉興藏本　四冊

620000 - 1103 - 0001039　B94/992
上乘藏經節要宗鏡録一百卷　(宋)釋延壽譯　明刻嘉興藏本　十冊

620000 - 1103 - 0001040　B949.3/333
昭覺丈雪醉禪師語録十卷　(清)通醉説　(清)徹綱等編　清嘉興藏刻本　一冊　存五卷(六至十)

620000 - 1103 - 0001041　B949.9/113
釋迦如來成道記一卷　(唐)王勃撰　明萬曆六年(1578)刻嘉興藏本　一冊

620000 - 1103 - 0001042　B949.9/123
入就瑞白禪師語録十八卷　(明)釋寂藴編　明崇禎十六年(1643)刻嘉興藏本　二冊　存十二卷(一至十二)

620000 - 1103 - 0001043　B949.9/126
高僧傳十三卷　(南朝梁)釋慧皎撰　明萬曆三十九年(1611)刻嘉興藏本　三冊

620000 - 1103 - 0001044　B949.9/130
天眞毒峯善禪師要語一卷　(明)釋悟深編集　明崇禎元年(1628)刻嘉興藏本　一冊

620000 - 1103 - 0001045　B949.9/138
禪林僧寶傳三十卷　(宋)釋惠洪撰　明刻嘉興藏本　一冊

620000 - 1103 - 0001046　B949.9/153
指月録三十二卷　(明)瞿汝稷撰　明刻嘉興藏本　八冊　存十七卷(三至十二、十五至二十一)

620000 - 1103 - 0001047　B949.9/157
續指月録二十卷　(清)聶先編集　(清)江湘參訂　清光緒十二年(1886)金陵刻經處刻本　六冊

620000 - 1103 - 0001048　B949.9/160
大溈五峯學禪師語録一卷　(清)釋智海重刻　清順治九年(1652)刻嘉興藏本　一冊

620000 - 1103 - 0001049　B949.9/206
達變權禪師語録五卷　(清)顯權説　(清)海澄録　清嘉興藏刻本　一冊

620000 - 1103 - 0001050　B949.9/258
林野奇禪師語録八卷附一卷　(清)釋行謐等編　清順治十五年(1658)刻嘉興藏本　一冊　存四卷(一至四)

620000 - 1103 - 0001051　B949.9/264
佛日普照慧辯楚石禪師語録十卷　(□)釋景瓛等編　明萬曆十八年(1590)刻嘉興藏本　一冊　存五卷(六至十)

620000 - 1103 - 0001052　B949.9/299
盤山拙菴樸大師電光録一卷　(清)釋智朴撰　(清)釋德珍輯　清康熙三十八年(1699)刻嘉興藏本　一冊

620000 - 1103 - 0001053　B949.9/321
眉雪和尚住西寧崇興禪院語録不分卷　(清)釋性善録　清刻本　一冊

620000 - 1103 - 0001054　B949.9/333
徹悟禪師語録二卷　(清)釋了亮等集　清同治十年(1871)如皋刻經處刻本　一冊

620000 - 1103 - 0001055　B949.9/333
徑山雪大師住東塔語録四卷　(清)釋弘歇

（清）釋弘珠等編　清順治九年（1652）刻嘉興藏本　二冊

620000－1103－0001056　B949.9/350
石雨禪師法檀二十卷　（明）釋淨柱編　明刻嘉興藏本　三冊　存十五卷（六至二十）

620000－1103－0001057　B949.9/354
薦福寺大峩禪師語録六卷　（清）釋海晁記録　清康熙四十二年（1703）刻嘉興藏本　二冊　存二卷（一至二）

620000－1103－0001058　B949.9/354
大休珠禪師語録十二卷　（清）淨珠說　（清）廣熙等録　清順治十五年（1658）刻嘉興藏本　一冊　存六卷（七至十二）

620000－1103－0001059　B949.9/354
丈雪醉禪師語録五卷　（清）釋徹綱録　清順治十四年（1657）刻嘉興藏本　一冊

620000－1103－0001060　B949.9/356
南堂了菴禪師語録十五卷　（□）釋慧朗等編　（明）釋明聞閱　明崇禎八年（1635）刻嘉興藏本　一冊　存五卷（十一至十五）

620000－1103－0001061　B949.9/371
五燈纂要不分卷　（清）釋通霧輯　清道光十一年（1831）六一堂刻本　一冊

620000－1103－0001062　B949.9/374
憨山老人夢遊集四十卷　（明）福善録　（明）通炯編輯　清康熙二十六年（1687）刻嘉興藏本　十二冊　存二十八卷（二至十六、二十至二十一、三十至四十）

620000－1103－0001063　B949.9/376
阿育王傳五卷　（晉）釋安法欽譯　南明弘光元年（1645）刻本　一冊

620000－1103－0001064　B949.9/392
五燈會元二十卷　（宋）釋普濟撰　明萬曆四十年（1612）刻嘉興藏本　六冊　存十卷（一至二、五至六、十三至十六、十九至二十）

620000－1103－0001065　B949.9/645
高峰大師語録一卷　（元）釋原妙撰　明萬曆二十七年（1599）刻嘉興藏本　一冊

620000－1103－0001066　B949.9/700：01
艸堂耨雲實禪師語録二卷　（清）釋寂訥輯　清康熙刻嘉興藏本　一冊

620000－1103－0001067　B949.9/700：02
艸堂耨雲實禪師語録二卷　（清）釋寂訥輯　清康熙刻嘉興藏本　一冊

620000－1103－0001068　B949.9/700：03
艸堂耨雲實禪師語録二卷　（清）釋寂訥輯　清康熙刻嘉興藏本　一冊

620000－1103－0001069　B949.9/719
蓮社高賢傳　（晉）□□撰　清乾隆刻本　一冊

620000－1103－0001070　B949.9/723
法顯傳一卷　（晉）釋法顯記　**比丘尼傳四卷**　（晉）釋寶唱撰　清順治十八年（1661）浙江嘉興府楞嚴寺刻本　一冊

620000－1103－0001071　B949.9/758
大唐西域求法高僧傳二卷　（唐）釋義淨撰　明萬曆三十九年（1611）刻嘉興藏本　一冊

620000－1103－0001072　B949.9/760
大慧普覺禪師住徑山能仁禪院語録三十卷　（宋）釋蘊聞上進　明刻嘉興藏本　四冊　存二十卷（一至五、十一至二十五）

620000－1103－0001073　B949.9/761
續高僧傳四十卷　（唐）釋道宣撰　明萬曆三十八年（1610）刻嘉興藏本　八冊

620000－1103－0001074　B949.9/761
大慧普覺禪師宗門武庫一卷雪堂行和尚拾遺録一卷　（宋）釋宗杲撰　（宋）釋道謙編　明嘉興包樫芳刻嘉興藏本　一冊

620000－1103－0001075　B949.9/761
景德傳燈録三十卷　（宋）釋道原纂　明萬曆三十三年（1605）刻嘉興藏本　八冊

620000－1103－0001076　B949.9/824
無趣老人語録一卷　（明）釋性沖編　明萬曆四十三年（1615）寶夢堂刻本　一冊

620000－1103－0001077　B949.9/837
寂音尊者智證傳十卷　(宋)釋覺慈編　明萬曆十三年(1585)刻本　一册

620000－1103－0001078　B949.9/839
宋高僧傳三十卷　(宋)釋贊寧等撰　明萬曆三十九年(1611)刻嘉興藏本　三册　存二十卷(一至二十)

620000－1103－0001079　B949.9/843
笑隱訢禪師語録四卷　(元)釋廷俊等編　清順治十三年(1656)刻嘉興藏本　一册

620000－1103－0001080　B949.9/857
龍池幻有禪師語録二十卷　(明)釋圓悟(明)釋圓修等編　明崇禎十一年(1638)刻嘉興藏本　二册　存八卷(五至十二)

620000－1103－0001081　B949.9/857
粲約文禪師住終南天池寺語録不分卷　(清)釋善經記録　清康熙刻嘉興藏本　一册

620000－1103－0001082　B949.9/862
憨休乾禪師語録十二卷　(清)釋繼堯等編　清康熙二十五年(1686)刻嘉興藏本　一册　存六卷(一至六)

620000－1103－0001083　B949.9/880
覺浪盛禪師嘉禾語録一卷　(明)釋大樞(明)釋大英同録　清刻嘉興藏本　一册

620000－1103－0001084　B949.9/906
續傳燈録二十五卷　(□)□□撰　明崇禎八年(1635)嘉興府楞嚴寺刻本　三册　存十五卷(一至五、十一至十五、二十一至二十五)

620000－1103－0001085　B949.9/955
新刻評訂神仙鑑二十二卷　(清)徐衢述　清刻本　八册　存七卷(十二至十八)

620000－1103－0001086　B949.9/989
含珠光禪師語録不分卷　(清)釋覺動録　清康熙七年(1668)刻嘉興藏本　一册

620000－1103－0001087　B949.9/993
大明高僧傳八卷　(明)釋如惺撰　明萬曆四十五年(1617)嘉興楞嚴寺刻本　一册

620000－1103－0001088　B95
呂祖師編年詩集年譜七卷　(清)火西月述　清刻本　一册　存二卷(一至二)

620000－1103－0001089　B95/100
三聖經靈驗圖注不分卷　(□)□□撰　清光緒三十二年(1906)石印本　一册

620000－1103－0001090　B95/112
道法紀綱不分卷　(清)王天一著　清宣統二年(1910)待鶴山房鉛印本　一册

620000－1103－0001091　B95/122
玉露金盤二卷　(□)□□撰　清刻本　一册

620000－1103－0001092　B95/122:01
玉歷鈔傳警世不分卷　(□)□□撰　清道光十八年(1838)刻本　一册

620000－1103－0001093　B95/122:02
玉歷鈔傳警世不分卷　(□)□□撰　清道光二十二年(1842)刻本　一册

620000－1103－0001094　B95/126
太上感應篇註合鈔二卷　(清)惠棟箋　清同治五年(1866)刻本　一册

620000－1103－0001095　B95/128
道言内外　(明)彭好古輯　明刻本　一册

620000－1103－0001096　B95/183
重刊道藏輯要總目一卷　(清)賀龍驤輯　清光緒三十二年(1906)成都二仙庵刻本　一册

620000－1103－0001097　B95/183
重刊道藏輯要　(清)彭定求輯　清刻本　五十七册

620000－1103－0001098　B95/235
高上玉皇本行集經三卷啟請一卷宥罪賜福寶懺一卷　(□)□□撰　清光緒二十七年(1901)蘭州全真道刻本　五册

620000－1103－0001099　B95/236
南華經解不分卷　(清)宣穎撰　清刻本　一册

620000－1103－0001100　B95/281

金仙証論不分卷　(清)柳華陽撰並註　清道光二十八年(1848)兩儀堂刻本　一冊

620000－1103－0001101　B95/291
太上老君說常清靜經　(□)□□撰　清光緒二十六年(1900)李永泉刻本　一冊

620000－1103－0001102　B95/296
增補救劫回生八卷　(□)□□撰　清光緒二十一年(1895)刻本　四冊　存四卷(三、五至六、八)

620000－1103－0001103　B95/309
悟真直指四卷　(宋)張真人撰　清嘉慶四年(1799)刻本　二冊

620000－1103－0001104　B95/314
悟真篇三注三卷　(宋)張伯端撰　(宋)薛道光注　(元)陸墅　(元)陳致虛註　清刻本　一冊　存一卷(中)

620000－1103－0001105　B95/314
悟真篇三注三卷外集一卷　(宋)張伯端撰　(宋)薛道光注　(元)陸墅　(元)陳致虛註　清嘉慶十四年(1809)聚錦堂刻本　四冊

620000－1103－0001106　B95/315
慈航醒世録四卷後集一卷　(清)張人傑輯　清道光六年(1826)秦州甘泉寺耕心堂刻本　五冊

620000－1103－0001107　B95/315
太上感應篇圖說八卷　(清)黄正元著　張錡宗重輯　清刻本　五冊　存五卷(一、三至五、七)

620000－1103－0001108　B95/328
召福集不分卷　(□)□□撰　清道光十一年(1831)刻本　一冊

620000－1103－0001109　B95/338：03
感應篇直講不分卷　(□)□□撰　清光緒二十五年(1899)興盛堂刻本　一冊

620000－1103－0001110　B95/354：01
太上感應篇增訂圖說十二卷　(清)朱日豐輯　(清)鐵珊增訂　清同治十三年(1874)蘭州官署刻本　十二冊

620000－1103－0001111　B95/354：02
太上感應篇增訂圖說十二卷　(清)朱日豐輯　(清)鐵珊增訂　清同治十三年(1874)蘭州官署刻本　五冊　存五卷(七至八、十至十二)

620000－1103－0001112　B95/354：03
太上感應篇圖說八卷首一卷　(清)黄正元著　(清)黄正綱參閲　(清)雷仁育評點　(清)王龍池纂訂　清光緒三年(1877)刻本　八冊

620000－1103－0001113　B95/450
九皇新經註解三卷　(唐)呂巖注　清光緒二十四年(1898)蘭州刻本　三冊

620000－1103－0001114　B95/450
呂祖全書三十三卷　(清)劉體恕輯　清同治七年(1868)刻本　二十冊

620000－1103－0001115　B95/501
南極仙翁唱道真言二卷　(清)華老人傳　(清)清鶴臞子輯　清咸豐七年(1857)來鶴堂刻本　一冊

620000－1103－0001116　B95/522
證道指迷玄妙訣圖四卷　(清)萬葆輯著　清宣統元年(1909)刻本　三冊

620000－1103－0001117　B95/582
增補暗室燈四卷　(清)山如居士撰　清道光二十年(1840)刻本　四冊

620000－1103－0001118　B95/677
醒迷金丹四卷　(□)□□撰　清咸豐元年(1851)刻本　四冊

620000－1103－0001119　B95/683
性命圭旨四卷　(□)□□撰　清刻本　四冊

620000－1103－0001120　B95/683
性命雙修萬神圭旨四卷　(周)尹喜撰　清刻本　一冊　存一卷(亨集)

620000－1103－0001121　B95/713
道統大成四集　(清)汪啟濩輯　清光緒二十

六年(1900)刻本　十册

620000－1103－0001122　B95/735
黄庭内景經詳註二卷　(□)□□撰　清刻本　二册

620000－1103－0001123　B95/739
渡迷船□□卷　(□)□□撰　清宣統二年(1910)刻本　一册　存一卷(三)

620000－1103－0001124　B95/751
道德真經二卷　(唐)純陽道人注　清刻本　十六册

620000－1103－0001125　B95/763
吕祖師編年詩集年譜七卷　(清)火西月述　清刻本　五册

620000－1103－0001126　B95/763
吕祖年譜海山奇遇七卷　(清)火西月編　清刻本　一册

620000－1103－0001127　B95/806
古本周易參同契集註二卷　(漢)魏伯陽撰　(清)知幾子註　清抄本　一册　存一卷(上卷之上)

620000－1103－0001128　B95/806
參同契分節解三卷　(漢)魏伯陽撰　(明)姚汝循校　清刻本　一册

620000－1103－0001129　B95/827
叅同契闡幽七卷　(清)朱元育口授　**悟真篇闡幽三卷**　(宋)張伯端撰　清康熙六十年(1721)貴文堂刻本　八册

620000－1103－0001130　B95/827
太上感應篇説定八卷首一卷　(清)朱璣纂　清道光二十九年(1849)靖遠南山慈雲寺刻本　九册

620000－1103－0001131　B95/869
修道真言不分卷　(宋)白玉蟾輯　清鉛印本　一册

620000－1103－0001132　B95/869
道言内外　(明)彭好古輯　明刻本　一册

620000－1103－0001133　B95/885
黄庭經解不分卷　(清)劉一明解　清刻本　一册

620000－1103－0001134　B95/891
張三豐祖師無根樹詞註解不分卷　(清)劉一明註　清刻本　一册

620000－1103－0001135　B95/906
新鐫道書度人梯徑八卷　(清)傅金銓釋　清刻本　二册

620000－1103－0001136　B95/906
道書一貫真機易簡録十卷　(清)傅金銓彙輯　清刻本　三册

620000－1103－0001137　B95/906
道書杯溪録三卷　(清)傅金銓撰　清刻本　一册

620000－1103－0001138　B95/906
新鐫道書樵陽經一卷附集一卷　(清)傅金銓撰　清刻本　一册

620000－1103－0001139　B95/906
道海津梁一卷性天正鵠一卷　(清)傅金銓撰　清道光二年(1822)刻本　一册

620000－1103－0001140　B95/908
仙佛合宗語録不分卷　(明)伍守陽撰　清刻本　二册

620000－1103－0001141　B95/908
仙佛合宗語録丹道九篇　(清)汪東亭輯　清宣統二年(1910)上海千頃堂書局石印本　四册

620000－1103－0001142　B95/908
仙佛合宗語録不分卷　(明)伍守陽撰　清刻本道光二十八年(1848)刻本　一册

620000－1103－0001143　B95/908(S)
天仙正理直論增註二卷　(明)伍守陽撰並註　清刻本　二册

620000－1103－0001144　B95/909
破迷宗旨不分卷　(清)儒童老人撰　清光緒十一年(1885)抄本　一册

620000－1103－0001145　B95/918
道言内外五種秘録　（清）陶素耜撰　清嘉慶五年（1800）瀛經堂刻本　六册

620000－1103－0001146　B95/919
性命微言一卷　題伯陽子撰　（清）劉沅註　清光緒五年（1879）刻本　一册

620000－1103－0001147　B95/938
靈寶畢法三卷　（漢）鍾離權撰　（唐）吕喦傳　清純陽宫刻本　一册

620000－1103－0001148　B95/942
老子道德經二篇　（春秋）李耳撰　（明）釋德清釋　清光緒十二年（1886）金陵刻經處刻本　一册　存一篇（上）

620000－1103－0001149　B95/949
參同契直指箋註三卷　（漢）徐景休撰　（清）劉一明解　清刻本　一册　存一卷（上）

620000－1103－0001150　B95/955：01
新刻黄掌綸先生評訂神仙鑑首集二十二卷　（清）徐道述　清刻本　十九册

620000－1103－0001151　B95/955：02
新刻黄掌綸先生評訂神仙鑑首集二十二卷　（清）徐道述　清刻本　二十二册

620000－1103－0001152　B95/984
道書全集五種十七卷　（明）閻鶴洲輯　清初刻本　六册

620000－1103－0001153　B95/988
善宗鑑八卷　（清）余祖芳輯　清道光二十年（1840）刻本　八册

620000－1103－0001154　B96/109
禮法捷徑不分卷　（清）馬德新撰　清光緒三年（1877）刻本　一册

620000－1103－0001155　B96/235
正教真詮二卷　（明）王岱與撰　清順治十四年（1657）清真堂刻本　四册

620000－1103－0001156　B96/987
清真釋疑補輯二卷　（清）金天柱著　清光緒十一年（1885）成都清真寺刻本　一册　存一卷（上）

620000－1103－0001157　B97/158
天道溯源官話三卷　（美國）丁韙良撰　清光緒二十二年（1896）漢鎮英漢書館鉛印本　一册

620000－1103－0001158　B97/443
路加福音　（□）□□譯　清光緒二十六年（1900）新約聖書鉛印本　一册

620000－1103－0001159　B97/688：01
新約全書　（美國）富善譯　清光緒三十三年（1907）上海聖書會鉛印本　一册

620000－1103－0001160　B97/688：02
新約全書　（美國）富善譯　清光緒三十四年（1908）上海聖學公會鉛印本　一册

620000－1103－0001161　B97/744
古史參箴四卷　（清）沈則寬撰　清光緒十一年（1885）上海慈母堂鉛印本　四册

620000－1103－0001162　B97/909
使徒行傳　（□）□□譯　清同治十年（1871）上海華美書館鉛印新約全書本　五册

620000－1103－0001163　B992/109
大明天元玉曆祥異圖説七卷　（明）余文龍撰　明刻本　二册

620000－1103－0001164　B992/119（m）
新訂王氏羅經透解四卷　（清）王道亨輯　清道光三年（1823）文林堂刻本　四册

620000－1103－0001165　B992/125
宅譜修方五卷　（清）青江子纂　清刻本　三册

620000－1103－0001166　B992/204
陽宅三要四卷　（清）趙廷棟撰　清刻本　一册

620000－1103－0001167　B992/204
地理五訣八卷　（清）趙廷棟撰　清刻本　三册

620000－1103－0001168　B992/204

陽宅三要四卷　(清)趙廷楝撰　清全義堂刻本　二册

620000－1103－0001169　B992/204
陽宅三要四卷　(清)趙廷楝撰　清乾隆五十一年(1786)刻本　四册

620000－1103－0001170　B992/204:01
陽宅三要四卷　(清)趙廷楝撰　清刻本　二册

620000－1103－0001171　B992/204:02
陽宅三要四卷　(清)趙廷楝撰　清刻本　一册

620000－1103－0001172　B992/224
入地眼全書十卷　(宋)釋静道著　清善成堂刻本　三册

620000－1103－0001173　B992/273
六壬神課金口訣三卷　(明)適適子撰　(清)周儆弦重訂　清金陵三多齋刻本　一册　存一卷(上)

620000－1103－0001174　B992/285
新訂崇正闢謬通書十四卷　(清)李奉來輯　清光緒二年(1876)刻本　四册

620000－1103－0001175　B992/288
讀易觀象惺惺録三十六卷　(清)李南暉撰　清抄本　九册　存十八卷(八至二十四、二十八)

620000－1103－0001176　B992/303:01
集注太玄十卷　(宋)司馬光注　清光緒元年(1875)湖北崇文書局刻子書百家本　二册

620000－1103－0001177　B992/303:02
集注太玄十卷　(宋)司馬光注　清光緒元年(1875)湖北崇文書局刻子書百家本　二册

620000－1103－0001178　B992/307
新鐫神峯張先生通考闢謬命理正宗大全六卷　(明)張楠撰　清刻本　一册　存二卷(五至六)

620000－1103－0001179　B992/307
新鐫神峯張先生通考闢謬命理正宗大全六卷　(明)張楠撰　清治國堂刻本　一册　存二卷(一至二)

620000－1103－0001180　B992/312
地理辨正疏五卷首一卷　(清)張心言撰　清道光九年(1829)培杏書屋刻本　三册

620000－1103－0001181　B992/313
地理辨正疏五卷　(清)張心言撰　清刻本　一册　存二卷(二至三)

620000－1103－0001182　B992/314
地理四彈子不分卷　(清)張鳳藻輯　清聚錦堂刻本　二册

620000－1103－0001183　B992/329
萬物數十七卷　(宋)邵雍撰　清抄本　二册

620000－1103－0001184　B992/329
神機妙算鐵板數不分卷　(宋)邵雍撰　清宏道堂刻本　一册

620000－1103－0001185　B992/354
太玄十卷　(漢)揚雄撰　(清)吴汝綸點勘　清宣統二年(1910)衍星社鉛印本　一册

620000－1103－0001186　B992/354(S)
太乙本要不分卷　(□)□□撰　清抄本　二册

620000－1103－0001187　B992/386
新鋟希夷陳先生紫薇門數全書四卷　(宋)陳摶撰　清刻本　三册

620000－1103－0001188　B992/472
增刪卜易六卷　題(清)野鶴老人撰　清抄本　四册

620000－1103－0001189　B992/480
數學精要不分卷　(□)□□撰　清抄本　一册

620000－1103－0001190　B992/537
乾坤法竅三卷　(清)范宜賓輯　清乾隆三十一年(1766)善成堂刻本　三册

620000－1103－0001191　B992/604
寶鏡圖不分卷　(三國蜀)諸葛亮撰　清道光

二十一年(1841)刻本　一册

620000－1103－0001192　B992/630(S)
葬經挽瀾編不分卷　(晉)郭璞撰　(清)張廷揚注　清抄本　一册

620000－1103－0001193　B992/639
大六壬大全十三卷　(清)郭載騋校訂　清咸豐七年(1857)同文堂刻本　四册

620000－1103－0001194　B992/639:01
大六壬大全十三卷　(清)郭載騋校訂　清懷慶楊衙刻本　十二册

620000－1103－0001195　B992/639:02
大六壬大全十三卷　(清)郭載騋校訂　清懷慶楊衙刻本　十册

620000－1103－0001196　B992/657
六壬經緯四卷　(清)毛志道撰　清抄本　四册

620000－1103－0001197　B992/661
神課金口訣三卷　(明)適適子撰　明萬曆二十四年(1596)刻本　十册

620000－1103－0001198　B992/661:01
神課金口訣四卷　(明)適適子撰　清致盛堂刻本　四册

620000－1103－0001199　B992/661:02
神課金口訣四卷　(明)適適子撰　清致盛堂刻本　四册

620000－1103－0001200　B992/682
欽定協紀辨方書三十六卷　(清)允祿等纂　清刻本　六册　存七卷(七至八、十至十二、十四至十五)

620000－1103－0001201　B992/704
宅譜邇言二卷　(清)青江子纂訂　清刻本　一册

620000－1103－0001202　B992/785
大六壬指南五卷　(清)程起鷟刪定　(清)陳良謨增注　(清)莊廣之較正　清嘉慶元年(1796)世業堂刻本　二册

620000－1103－0001203　B992/801
皇極經世聲音　(宋)邵雍撰　清節抄本　一册

620000－1103－0001204　B992/807
新鐫曆法便覽象吉備要通書大全二十九卷　(清)魏鑑彙述　清康熙六十年(1721)宏道堂刻本　八册

620000－1103－0001205　B992/822
金光斗臨經不分卷　(明)周繼撰　清道光十三年(1833)刻本　一册

620000－1103－0001206　B992/882(S)
太乙淘金歌不分卷　(宋)丘濬注　清抄本　一册

620000－1103－0001207　B992/913
仙佛真傳章句直解　(清)煉一子　(清)明鏡子編　清同治四年(1865)刻本　二册

620000－1103－0001208　B992/926
鐵板神數十二卷　(□)□□撰　清刻本　五册　缺二卷(十一至十二)

620000－1103－0001209　B992/950
軒轅碑記醫學祝由十三科二卷　(明)徐景輝輯　清光緒三十四年(1908)全義堂刻本　一册

620000－1103－0001210　B992/953
重刊人子須知資孝地理心學統宗八卷　(明)徐善繼　(明)徐善述撰　明萬曆十一年(1583)刻本　十册　存七卷(一至三、五至八)

620000－1103－0001211　B992/988
窮通寶鑑欄江網二卷　(明)余春臺輯　清刻本　一册

620000－1103－0001212　B992/990
新刻星平合訂命學須知二卷　(□)□□撰　清文林堂刻本　一册

620000－1103－0001213　B992/990
諏言便覽二卷　(清)俞榮寬撰　清刻本　二册

620000－1103－0001214　B992/994(S)
太乙雷公式三卷　(明)姚廣孝識　清抄本　一冊

620000－1103－0001215　BB992/886
六壬粹言六卷首一卷　(清)劉赤江輯　清道光六年(1826)知止齋刻本　五冊

620000－1103－0001216　C5/747
晨風閣叢書　(清)沈宗畸輯　清光緒三十四年至宣統元年(1908－1909)國學萃編社鉛印本　四十二冊

620000－1103－0001217　C539/392
切問齋文鈔三十卷　(清)陸耀輯　清乾隆四十年(1775)刻本　十六冊

620000－1103－0001218　C539/657
文史通義八卷附録三卷　(清)章學誠撰　清光緒十九年(1893)湖南勸學書社刻本　十冊

620000－1103－0001219　D0/124
續富國策四卷　題(清)瑤林館主撰　清光緒二十四年(1898)慎記書莊石印本　一冊　存一卷(一)

620000－1103－0001220　D0/293
時務分類興國策八卷　(清)李鳳儀輯　清光緒二十三年(1897)上海書局石印本　十六冊

620000－1103－0001221　D0/312
勸學篇二卷　(清)張之洞撰　清光緒二十四年(1898)京都擷華書局鉛印本　一冊

620000－1103－0001222　D0/661
地方自治精義不分卷　(清)商務印書館編譯處編譯　清宣統三年(1911)商務印書館鉛印本　一冊

620000－1103－0001223　D0/852
各國富強新策四卷　(□)□□輯　清光緒二十四年(1898)上海書局石印本　四冊

620000－1103－0001224　D0/915
政法類典政治之部　(英國)維克師撰　清光緒三十二年(1906)作新社鉛印本　二冊　存二部(乙部、丁部)

620000－1103－0001225　D0/974
盛世危言十四卷　(清)鄭觀應撰　清光緒二十四年(1898)石印本　八冊

620000－1103－0001226　D4/195
青年德育鑒四十二章　(美國)越富勒著　(清)屠坤華譯　(清)桂鑑溪校　清宣統三年(1911)上海華美書局鉛印本　一冊

620000－1103－0001227　D5/292
中外政治類編十五卷　(清)李鴻章評述　清光緒二十七年(1901)上海漢讀樓石印本　十冊　存十二卷(一至八、十二至十五)

620000－1103－0001228　D5/847
五大洲政治通考四十八卷　(清)急先務齋主人校刊　清光緒二十七年(1901)石印本　十二冊

620000－1103－0001229　D539/657:02
文史通義八卷附校讎通義三卷　(清)章學誠撰　清光緒二十八年(1902)湖南勸學書舍刻本　八冊

620000－1103－0001230　D62/947(s)
保甲書四卷　(清)徐棟輯　清道光二十八年(1848)興國李煒刻本　三冊

620000－1103－0001231　D63/270
籌濟編三十二卷　(清)楊景仁輯　清道光刻本　五冊　存二十七卷(六至三十二)

620000－1103－0001232　D63/360
未信編二卷續編二卷　(清)孫桐生撰　清同治四年(1865)刻本　二冊　存二卷(未信編二、續編一)

620000－1103－0001233　D63/609
鄉守輯要合鈔十卷　(清)許乃釗編　清抄本　九冊

620000－1103－0001234　D63/700
救荒百策一卷　題(清)寄湘漁父輯　清光緒十年(1884)甘肅秦州署刻本　一冊

620000－1103－0001235　D63/708
荒政輯要九卷首一卷　(清)汪志伊纂　清道

光二十一年(1841)錢塘許氏刻敏果齋七種本　二册

620000－1103－0001236　D63/957
居官寡過録四卷　(清)胡衍虞撰　清乾隆四十年(1775)吳忠誥刻本　四册

620000－1103－0001237　D668/736:01
危言四卷　(清)湯震撰　清光緒二十一年(1895)石印本　四册

620000－1103－0001238　D668/736:02
危言四卷　(清)湯震撰　清光緒十六年(1890)刻本　二册

620000－1103－0001239　D67/307
韻示集不分卷　(清)張世英撰　清刻本　一册

620000－1103－0001240　D69/736:04
文獻通考輯要二十四卷　(清)湯壽潛輯　清光緒二十五年(1899)上海圖書集成局鉛印本　十册

620000－1103－0001241　D69/113:01
典昉十一卷　(清)王權撰　清宣統二年(1910)尊經堂刻本　八册

620000－1103－0001242　D69/113:02
典昉十一卷　(清)王權撰　清宣統二年(1910)尊經堂刻本　八册

620000－1103－0001243　D69/113:03
典昉十一卷　(清)王權撰　清宣統二年(1910)尊經堂刻本　八册

620000－1103－0001244　D69/113:04
典昉十一卷　(清)王權撰　清宣統二年(1910)尊經堂刻本　八册

620000－1103－0001245　D69/113:05
典昉十一卷　(清)王權撰　清宣統二年(1910)尊經堂刻本　八册

620000－1103－0001246　D69/113:06
典昉十一卷　(清)王權撰　清宣統二年(1910)尊經堂刻本　八册

620000－1103－0001247　D69/172:01
皇朝三通識要類編六十五卷　(清)吳斌校　清光緒二十八年(1902)上海寶善齋石印本　十二册

620000－1103－0001248　D69/172:01
皇朝三通識要類編六十五卷　(清)吳斌校　清光緒二十八年(1902)上海寶善齋石印本　十二册

620000－1103－0001249　D69/250
通典二百卷　(唐)杜佑撰　明刻本　六十册

620000－1103－0001250　D69/250(s)
三通序不分卷　(清)蔣德鈞輯　清光緒十四年(1888)湘鄉蔣氏龍安郡署刻求實齋叢書本　二册

620000－1103－0001251　D69/250:01
通典二百卷　(唐)杜佑纂　清光緒二十八年(1902)上海鴻寶書局石印本　十二册

620000－1103－0001252　D69/250:02
通典二百卷　(唐)杜佑纂　清咸豐九年(1859)崇仁謝氏刻本　十二册

620000－1103－0001253　D69/292
建炎以來朝野雜記甲集二十卷乙集二十卷　(宋)李心傳撰　清光緒二十一年(1895)刻本　九册

620000－1103－0001254　D69/417:01
文獻通考詳節二十四卷　(清)嚴虞惇録　清光緒二十七年(1901)鴻寶齋書局石印本　二十册

620000－1103－0001255　D69/417:01
文獻通考三百八十四卷　(元)馬端臨撰　清刻本　十册　存二十九卷(一百二十四至一百五十二)

620000－1103－0001256　D69/417:02
文獻通考詳節二十四卷　(清)嚴虞惇録　清光緒二十五年(1899)上海著易堂書局鉛印本　四册

620000－1103－0001257　D69/417:02

文獻通考三百四十八卷　(元)馬端臨撰　清咸豐九年(1859)崇仁謝氏刻本　一百二十冊

620000－1103－0001258　D69/417:03
文獻通考詳節二十四卷　(清)嚴虞惇録　清光緒元年(1875)清來堂刻本　八冊

620000－1103－0001259　D69/417:03
文獻通考三百四十八卷　(元)馬端臨撰　清光緒二十七年(1901)上海圖書集成局鉛印九通全書本　十九冊　存二百六十卷(五十八至三百十七)

620000－1103－0001260　D69/417:04
文獻通考三百四十八卷　(元)馬端臨撰　清刻本　四十冊　存一百十一卷(一至二十五、七十四至九十七、一百五十三至一百八十、二百二十七至二百六十)

620000－1103－0001261　D69/417:04
文獻通考詳節二十四卷　(清)嚴虞惇録　清光緒二十五年(1899)上海著易堂書局鉛印本　四冊

620000－1103－0001262　D69/417:05
文獻通考詳節二十四卷　(清)周鵬録　清光緒二十四年(1898)浙紹墨潤堂書莊石印本　六冊

620000－1103－0001263　D69/417:05(s)
文獻通考三百四十八卷　(元)馬端臨撰　清映旭齋刻本　一百二十冊

620000－1103－0001264　D69/417:5
文獻通考三百四十八卷　(元)馬端臨撰　清映旭齋刻本　一百二十冊

620000－1103－0001265　D69/562
廣治平略三十六卷　(清)蔡方炳撰　清刻本　八冊

620000－1103－0001266　D69/653:01
皇朝通典一百卷　(清)嵇璜等撰　清光緒貫吾齋石印九通全書本　六冊

620000－1103－0001267　D69/653:01
皇朝通志一百二十六卷　(清)嵇璜等撰　清光緒二十八年(1902)上海鴻寶書局石印九通本　八冊

620000－1103－0001268　D69/653:01
皇朝文獻通考三百卷　(清)嵇璜等撰　清光緒二十八年(1902)上海鴻寶書局石印本　三十一冊　缺十二卷(五十三至六十四)

620000－1103－0001269　D69/653:02
皇朝通典一百卷　(清)嵇璜等撰　清光緒八年(1882)浙江書局刻九通本　四十冊

620000－1103－0001270　D69/653:02
皇朝通志一百二十六卷　(清)嵇璜等撰　清光緒八年(1882)浙江書局刻九通本　四十冊

620000－1103－0001271　D69/653:02
皇朝文獻通考三百卷　(清)嵇璜等撰　清光緒八年(1882)浙江書局刻九通本　一百六十冊

620000－1103－0001272　D69/653:03
皇朝通典一百卷　(清)嵇璜等撰　清光緒二十八年(1902)上海鴻寶書局石印九通本　八冊

620000－1103－0001273　D69/653:03
皇朝文獻通考三百卷　(清)嵇璜等撰　清光緒二十八年(1902)貫吾齋石印九通全書本　二十冊

620000－1103－0001274　D69/668
三通序不分卷　(清)康綸鈞輯　清刻本　一冊

620000－1103－0001275　D69/677
文獻通考紀要二卷　(□)□□撰　清刻本　四冊

620000－1103－0001276　D69/736:01
文獻通考輯要二十四卷　(清)湯壽潛輯　清光緒二十五年(1899)上海圖書集成局鉛印本　十冊

620000－1103－0001277　D69/736:01
皇朝文獻通考輯要二十六卷　(清)湯壽潛輯　清光緒二十五年(1899)上海圖書集成局鉛

印本　十册

620000－1103－0001278　D69/736:01
欽定續文獻通考輯要二十六卷　(清)湯壽潛輯　清光緒二十五年(1899)上海圖書集成局鉛印本　十册

620000－1103－0001279　D69/736:02
文獻通考輯要二十四卷　(清)湯壽潛輯　清光緒二十五年(1899)上海圖書集成局鉛印本　十册

620000－1103－0001280　D69/736:02
皇朝文獻通考輯要二十六卷　(清)湯壽潛輯　清光緒二十五年(1899)上海圖書集成局鉛印本　十册

620000－1103－0001281　D69/736:02
欽定續文獻通考輯要二十六卷　(清)湯壽潛輯　清光緒二十五年(1899)上海圖書集成局鉛印本　十册

620000－1103－0001282　D69/736:03
文獻通考輯要二十四卷　(清)湯壽潛輯　清光緒二十五年(1899)上海圖書集成局鉛印本　十册

620000－1103－0001283　D69/736:03
皇朝文獻通考輯要二十六卷　(清)湯壽潛輯　清光緒二十五年(1899)上海圖書集成局鉛印本　十册

620000－1103－0001284　D69/736:03
欽定續文獻通考輯要二十六卷　(清)湯壽潛輯　清光緒二十五年(1899)上海圖書集成局鉛印本　十册

620000－1103－0001285　D69/736:04
皇朝文獻通考輯要二十六卷　(清)湯壽潛輯　清光緒二十五年(1899)上海圖書集成局鉛印本　十册

620000－1103－0001286　D69/736:04
欽定續文獻通考輯要二十六卷　(清)湯壽潛輯　清光緒二十五年(1899)上海圖書集成局鉛印本　十册

620000－1103－0001287　D69/736:05
文獻通考輯要二十四卷　(清)湯壽潛輯　清光緒二十五年(1899)上海圖書集成局鉛印本　十册

620000－1103－0001288　D69/736:05
皇朝文獻通考輯要二十六卷　(清)湯壽潛輯　清光緒二十五年(1899)上海圖書集成局鉛印本　十册

620000－1103－0001289　D69/736:05
欽定續文獻通考輯要二十六卷　(清)湯壽潛輯　清光緒二十五年(1899)上海圖書集成局鉛印本　十册

620000－1103－0001290　D69/736:06
文獻通考輯要二十四卷　(清)湯壽潛輯　清光緒二十五年(1899)上海圖書集成局鉛印本　十册

620000－1103－0001291　D69/736:06
皇朝文獻通考輯要二十六卷　(清)湯壽潛輯　清光緒二十五年(1899)上海圖書集成局鉛印本　十册

620000－1103－0001292　D69/736:06
欽定續文獻通考輯要二十六卷　(清)湯壽潛輯　清光緒二十五年(1899)上海圖書集成局鉛印本　十册

620000－1103－0001293　D69/736:07
文獻通考輯要二十四卷　(清)湯壽潛輯　清光緒二十五年(1899)上海圖書集成局鉛印本　十册

620000－1103－0001294　D69/736:07
欽定續文獻通考輯要二十六卷　(清)湯壽潛輯　清光緒二十五年(1899)上海圖書集成局鉛印本　十册

620000－1103－0001295　D69/736:08
文獻通考輯要二十四卷　(清)湯壽潛輯　清光緒二十五年(1899)上海圖書集成局鉛印本　十册

620000－1103－0001296　D69/736:08

欽定續文獻通考輯要二十六卷 (清)湯壽潛輯 清光緒二十五年(1899)上海圖書集成局鉛印本 十册

620000－1103－0001297 D69/772
政治論二卷 (清)馮濟忠審訂 清光緒二十八年(1902)重慶廣益書局鉛印本 二册

620000－1103－0001298 D69/782:01
欽定續通典一百五十卷 (清)嵇璜等撰 清末石印本 六册 存一百十三卷(十九至三十四、五十四至一百五十)

620000－1103－0001299 D69/782:02
欽定續通典一百五十卷 (清)嵇璜等撰 清光緒十二年(1886)浙江書局刻九通本 四十册

620000－1103－0001300 D69/835:01
治平畧增訂全書三十三卷 (明)朱健 (明)朱徽撰 清道光二十九年(1849)安康張氏來鹿堂刻本 二十册

620000－1103－0001301 D69/835:02
治平畧增訂全書三十三卷 (明)朱健 (明)朱徽撰 清道光二十九年(1849)安康張氏來鹿堂刻本 八册 缺二十卷(一至十四、十九至二十二、二十五至二十六)

620000－1103－0001302 D69/859:01
欽定續通志六百四十卷 (清)嵇璜等撰 清石印本 三十册 存四百五十八卷(一至十七、三十四至二百五十七、二百七十四至二百九十五、三百二十六至四百二十三、五百二十二至六百十八)

620000－1103－0001303 D69/859:01
欽定續文獻通考二百五十卷 (清)嵇璜等撰 清光緒二十五年(1899)上海著易堂書局鉛印本 二十三册 缺十七卷(一百三十八至一百五十三、二百五十)

620000－1103－0001304 D69/859:02
欽定續通志六百四十卷 (清)嵇璜等撰 清光緒十二年(1886)浙江書局刻九通本 二百册

620000－1103－0001305 D69/859:02
欽定續文獻通考二百五十卷 (清)嵇璜等撰 清光緒十三年(1887)浙江書局刻九通本 一百二十册

620000－1103－0001306 D69/973:01
通志二百卷 (宋)鄭樵撰 清光緒二十八年(1902)上海鴻寶書局石印九通本 三十册 存八十九卷(一至五十二、六十二至七十、八十五至一百八、一百二十四至一百二十七)

620000－1103－0001307 D69/973:02
通志二百卷 (宋)鄭樵撰 清咸豐九年(1859)崇仁謝氏刻本 一百六十册

620000－1103－0001308 D691.2/902
中國宜改革新政論議一卷 (清)何啟 (清)胡禮垣撰 清光緒二十一年(1895)寶文書局石印本 二册

620000－1103－0001309 D691.4/113
欽定科場條例五十四卷 (清)李翿等纂修 清乾隆刻本 十六册

620000－1103－0001310 D691.4/133
欽定吏部處分則例五十二卷 (清)□□撰 清刻本 二十册

620000－1103－0001311 D691.4/178
甘肅[光緒]丙子科鄉試同闈録一卷 (清)□□撰 清刻本 一册

620000－1103－0001312 D691.4/183
大清最新百官録四卷 (清)彭汝疇輯 清光緒三十三年(1907)京都琉璃廠槐蔭山房刻本 四册

620000－1103－0001313 D691.4/192
圖民録四卷 (清)袁守定撰 清光緒五年(1879)江蘇書局刻本 二册

620000－1103－0001314 D691.4/267
光緒八年甘肅鄉試一卷 (清)楊頤撰 清刻本 一册

620000－1103－0001315 D691.4/292
資治新書二集二十卷 (清)李漁輯 沈心友

訂　清輔仁堂刻本　八册　存十三卷(一至六、八至十二、十四至十五)

620000－1103－0001316　D691.4/293
光緒二十八年補行庚子辛丑恩正併科浙江闈墨一卷　(清)□□撰　清光緒二十八年(1902)石印本　一册

620000－1103－0001317　D691.4/308:01
[光緒壬午科]甘肅鄉試硃卷一卷　(清)□□輯　清刻本　一册

620000－1103－0001318　D691.4/308:02
[光緒壬午科]甘肅鄉試硃卷一卷　(清)□□輯　清刻本　一册

620000－1103－0001319　D691.4/308:03
[光緒壬午科]甘肅鄉試硃卷一卷　(清)□□輯　清刻本　一册

620000－1103－0001320　D691.4/308:04
[光緒壬午科]甘肅鄉試硃卷一卷　(清)□□輯　清刻本　一册

620000－1103－0001321　D691.4/308:05
[光緒壬午科]甘肅鄉試硃卷一卷　(清)□□輯　清刻本　一册

620000－1103－0001322　D691.4/308:06
[光緒壬午科]甘肅鄉試硃卷一卷　(清)□□輯　清刻本　一册

620000－1103－0001323　D691.4/308:07
[光緒壬午科]甘肅鄉試硃卷一卷　(清)□□輯　清刻本　一册

620000－1103－0001324　D691.4/308:08
[光緒壬午科]甘肅鄉試硃卷一卷　(清)□□輯　清刻本　一册

620000－1103－0001325　D691.4/308:09
[光緒壬午科]甘肅鄉試硃卷一卷　(清)□□輯　清刻本　一册

620000－1103－0001326　D691.4/308:10
[光緒壬午科]甘肅鄉試硃卷一卷　(清)□□輯　清刻本　一册

620000－1103－0001327　D691.4/308:11
[光緒壬午科]甘肅鄉試硃卷一卷　(清)□□輯　清刻本　一册

620000－1103－0001328　D691.4/308:12
[光緒壬午科]甘肅鄉試硃卷一卷　(清)□□輯　清刻本　一册

620000－1103－0001329　D691.4/308:13
[光緒壬午科]甘肅鄉試硃卷一卷　(清)□□輯　清刻本　一册

620000－1103－0001330　D691.4/308:14
[光緒壬午科]甘肅鄉試硃卷一卷　(清)□□輯　清刻本　一册

620000－1103－0001331　D691.4/308:15
[光緒壬午科]甘肅鄉試硃卷一卷　(清)□□輯　清刻本　一册

620000－1103－0001332　D691.4/308:16
[光緒壬午科]甘肅鄉試硃卷一卷　(清)□□輯　清刻本　一册

620000－1103－0001333　D691.4/308:17
[光緒壬午科]甘肅鄉試硃卷一卷　(清)□□輯　清刻本　一册

620000－1103－0001334　D691.4/308:18
[光緒壬午科]甘肅鄉試硃卷一卷　(清)□□輯　清刻本　一册

620000－1103－0001335　D691.4/308:19
[光緒壬午科]甘肅鄉試硃卷一卷　(清)□□輯　清刻本　一册

620000－1103－0001336　D691.4/308:20
[光緒壬午科]甘肅鄉試硃卷一卷　(清)□□輯　清刻本　一册

620000－1103－0001337　D691.4/308:21
[光緒壬午科]甘肅鄉試硃卷一卷　(清)□□輯　清刻本　一册

620000－1103－0001338　D691.4/308:22
[光緒壬午科]甘肅鄉試硃卷一卷　(清)□□輯　清刻本　一册

620000－1103－0001339　D691.4/308:23
[光緒壬午科]甘肅鄉試硃卷一卷　（清）□□輯　清刻本　一冊

620000－1103－0001340　D691.4/308:24
[光緒壬午科]甘肅鄉試硃卷一卷　（清）□□輯　清刻本　一冊

620000－1103－0001341　D691.4/308:25
[光緒壬午科]甘肅鄉試硃卷一卷　（清）□□輯　清刻本　一冊

620000－1103－0001342　D691.4/308:26
[光緒壬午科]甘肅鄉試硃卷一卷　（清）□□輯　清刻本　一冊

620000－1103－0001343　D691.4/308:27
[光緒壬午科]甘肅鄉試硃卷一卷　（清）□□輯　清刻本　一冊

620000－1103－0001344　D691.4/308:28
[光緒壬午科]甘肅鄉試硃卷一卷　（清）□□輯　清刻本　一冊

620000－1103－0001345　D691.4/308:29
[光緒壬午科]甘肅鄉試硃卷一卷　（清）□□輯　清刻本　一冊

620000－1103－0001346　D691.4/308:30
[光緒壬午科]甘肅鄉試硃卷一卷　（清）□□輯　清刻本　一冊

620000－1103－0001347　D691.4/308:31
[光緒壬午科]甘肅鄉試硃卷一卷　（清）□□輯　清刻本　一冊

620000－1103－0001348　D691.4/308:32
[光緒壬午科]甘肅鄉試硃卷一卷　（清）□□輯　清刻本　一冊

620000－1103－0001349　D691.4/308:33
[光緒壬午科]甘肅鄉試硃卷一卷　（清）□□輯　清刻本　一冊

620000－1103－0001350　D691.4/308:34
[光緒壬午科]甘肅鄉試硃卷一卷　（清）□□輯　清刻本　一冊

620000－1103－0001351　D691.4/308:35
[光緒壬午科]甘肅鄉試硃卷一卷　（清）□□輯　清刻本　一冊

620000－1103－0001352　D691.4/308:36
[光緒壬午科]甘肅鄉試硃卷一卷　（清）□□輯　清刻本　一冊

620000－1103－0001353　D691.4/308:37
[光緒壬午科]甘肅鄉試硃卷一卷　（清）□□輯　清刻本　一冊

620000－1103－0001354　D691.4/308:38
[光緒壬午科]甘肅鄉試硃卷一卷　（清）□□輯　清刻本　一冊

620000－1103－0001355　D691.4/308:39
[光緒壬午科]甘肅鄉試硃卷一卷　（清）□□輯　清刻本　一冊

620000－1103－0001356　D691.4/308:40
[光緒壬午科]甘肅鄉試硃卷一卷　（清）□□輯　清刻本　一冊

620000－1103－0001357　D691.4/308:41
[光緒壬午科]甘肅鄉試硃卷一卷　（清）□□輯　清刻本　一冊

620000－1103－0001358　D691.4/308:42
[光緒壬午科]甘肅鄉試硃卷一卷　（清）□□輯　清刻本　一冊

620000－1103－0001359　D691.4/308:43
[光緒壬午科]甘肅鄉試硃卷一卷　（清）□□輯　清刻本　一冊

620000－1103－0001360　D691.4/308:44
[光緒壬午科]甘肅鄉試硃卷一卷　（清）□□輯　清刻本　一冊

620000－1103－0001361　D691.4/308:45
[光緒壬午科]甘肅鄉試硃卷一卷　（清）□□輯　清刻本　一冊

620000－1103－0001362　D691.4/308:46
[光緒壬午科]甘肅鄉試硃卷一卷　（清）□□輯　清刻本　一冊

620000－1103－0001363　D691.4/308:47
[光緒壬午科]甘肅鄉試硃卷一卷　(清)□□輯　清刻本　一册

620000－1103－0001364　D691.4/308:48
[光緒壬午科]甘肅鄉試硃卷一卷　(清)□□輯　清刻本　一册

620000－1103－0001365　D691.4/308:49
[光緒壬午科]甘肅鄉試硃卷一卷　(清)□□輯　清刻本　一册

620000－1103－0001366　D691.4/308:50
[光緒壬午科]甘肅鄉試硃卷一卷　(清)□□輯　清刻本　一册

620000－1103－0001367　D691.4/308:51
[光緒壬午科]甘肅鄉試硃卷一卷　(清)□□輯　清刻本　一册

620000－1103－0001368　D691.4/308:52
[光緒壬午科]甘肅鄉試硃卷一卷　(清)□□輯　清刻本　一册

620000－1103－0001369　D691.4/308:53
[光緒壬午科]甘肅鄉試硃卷一卷　(清)□□輯　清刻本　一册

620000－1103－0001370　D691.4/308:54
[光緒壬午科]甘肅鄉試硃卷一卷　(清)□□輯　清刻本　一册

620000－1103－0001371　D691.4/308:55
[光緒壬午科]甘肅鄉試硃卷一卷　(清)□□輯　清刻本　一册

620000－1103－0001372　D691.4/308:56
[光緒壬午科]甘肅鄉試硃卷一卷　(清)□□輯　清刻本　一册

620000－1103－0001373　D691.4/308:57
[光緒壬午科]甘肅鄉試硃卷一卷　(清)□□輯　清刻本　一册

620000－1103－0001374　D691.4/313:01
為政忠告四卷　(清)張養浩撰　清道光十一年(1831)碧鮮齋刻本　三册

620000－1103－0001375　D691.4/313:02
為政忠告四卷　(清)張養浩撰　清碧鮮齋刻本　二册

620000－1103－0001376　D691.4/313:03
為政忠告四卷　(清)張養浩撰　清碧鮮齋刻本　一册　存二卷(風憲忠告一卷、廟堂忠告一卷)

620000－1103－0001377　D691.4/314:01
皇清陝西歷科進士録不分卷　(清)張廷樞輯　清刻本　一册

620000－1103－0001378　D691.4/314:02
皇清陝西歷科進士録不分卷　(清)張廷樞輯　清刻本　一册

620000－1103－0001379　D691.4/352:01(s)
學治要言一卷　(清)左宗棠輯　清光緒十五年(1889)刻本　一册

620000－1103－0001380　D691.4/352:02
學治要言一卷　(清)左宗棠輯　清同治十一年(1872)安定營次刻本　一册

620000－1103－0001381　D691.4/354:01
大清搢紳全書四卷大清中樞備覽二卷　(□)□□輯　清光緒三十三年(1907)榮祿堂刻本　六册

620000－1103－0001382　D691.4/354:02
大清搢紳全書四卷大清中樞備覽二卷　(□)□□輯　清光緒三十年(1904)榮祿堂刻本　五册　缺一卷(大清中樞備覽二)

620000－1103－0001383　D691.4/354:03
大清搢紳全書四卷　(□)□□撰　清光緒二十年(1894)刻本　四册

620000－1103－0001384　D691.4/354:04
大清搢紳全書四卷大清中樞備覽二卷　(□)□□輯　清光緒三十一年(1905)榮祿堂刻本　五册　缺一卷(大清中樞備覽二)

620000－1103－0001385　D691.4/354:05
大清搢紳全書四卷　(□)□□撰　清宣統二年(1910)榮祿堂刻本　四册

620000－1103－0001386　D691.4/354:06
大清縉紳全書四卷新增縉紳全書二卷　(□)□□輯　清光緒二十四年(1898)榮寶齋刻本　六冊

620000－1103－0001387　D691.4/354:07
大清搢紳全書四卷　(□)□□撰　清光緒十五年(1889)青雲齋刻本　四冊

620000－1103－0001388　D691.4/354:08
大清搢紳全書四卷　(□)□□撰　清光緒二十九年(1903)榮寶齋刻本　四冊

620000－1103－0001389　D691.4/354:09
大清搢紳全書四卷　(□)□□撰　清光緒三十一年(1905)榮寶齋刻本　四冊

620000－1103－0001390　D691.4/354:10
大清搢紳全書四卷　(□)□□撰　清光緒九年(1883)榮祿堂刻本　四冊

620000－1103－0001391　D691.4/354:11
大清搢紳全書四卷大清中樞備覽二卷　(□)□□輯　清光緒十九年(1893)松竹齋刻本　六冊

620000－1103－0001392　D691.4/354:12
大清搢紳全書四卷　(□)□□撰　清光緒十六年(1890)文蔚堂刻本　四冊

620000－1103－0001393　D691.4/372
甘肅鄉試闈墨一卷　(清)□□輯　清光緒衡鑒堂刻本　一冊

620000－1103－0001394　D691.4/425:01
三場程式一卷　(清)蔣益澧輯　清光緒元年(1875)刻本　一冊

620000－1103－0001395　D691.4/425:02
三場程式一卷　(清)蔣益澧輯　清光緒元年(1875)刻本　一冊

620000－1103－0001396　D691.4/425:03
三場程式一卷　(清)蔣益澧輯　清光緒二十八年(1902)刻本　一冊

620000－1103－0001397　D691.4/426
光緒辛丑壬寅恩正併科會試闈墨一卷　(清)□□輯　清刻本　一冊

620000－1103－0001398　D691.4/429
陝甘試牘一卷　(清)□□輯　清刻本　一冊

620000－1103－0001399　D691.4/442
欽定學政全書八十六卷首一卷　(清)童璜等纂修　清刻本　二十冊

620000－1103－0001400　D691.4/445
實政録七卷　(明)吕坤撰　清同治十一年(1872)浙江書局刻本　六冊

620000－1103－0001401　D691.4/445
實政録節鈔十卷　(明)吕坤撰　(清)林則徐節鈔　清刻本　四冊

620000－1103－0001402　D691.4/460
關中同官録不分卷　(清)胡延輯　清刻本　一冊

620000－1103－0001403　D691.4/460
會試硃卷不分卷　(清)□□輯　清末刻本　一冊

620000－1103－0001404　D691.4/463
[宣統己酉科]簡易明經通譜不分卷　(□)□□輯　清宣統二年(1910)京師琉璃廠刻本　五冊

620000－1103－0001405　D691.4/466
光緒庚辰科會試録不分卷　(清)□□輯　清刻本　二冊

620000－1103－0001406　D691.4/478
欽頒州縣事宜一卷　(清)田文鏡撰　清刻本　一冊

620000－1103－0001407　D691.4/485
[光緒癸卯恩科]四川鄉試闈墨一卷　(□)□□輯　清光緒重慶精宏書局鉛印本　一冊

620000－1103－0001408　D691.4/600
試帖不分卷　(□)□□撰　清抄本　一冊

620000－1103－0001409　D691.4/649
[光緒壬寅補行庚子壬寅恩正併科]直省鄉墨□□卷　題(清)急悃齋主人輯　清光緒二十

八年(1902)重慶精宏書局鉛印本　一冊　存一卷(上)

620000－1103－0001410　D691.4/682
東三省試牘二卷首一卷　(清)恒泰等撰　(清)王家璧攷選　清光緒五年(1879)盛京試院郃雅刻本　一冊

620000－1103－0001411　D691.4/688
宣統二年庚戌科拔貢授職官職録四卷　(□)□□撰　清宣統二年(1910)京都宏文齋等刻本　四冊

620000－1103－0001412　D691.4/712:01
學治臆説二卷　(清)汪輝祖纂　清同治七年(1868)湖北崇文書局刻本　一冊

620000－1103－0001413　D691.4/712:02
學治臆説二卷續説一卷説贅一卷　(清)汪輝祖撰　清光緒二十二年(1896)甘肅藩署刻本　二冊

620000－1103－0001414　D691.4/714(s)
學治臆説參證六卷　(清)顧麟趾撰　清道光二十年(1840)刻本　六冊

620000－1103－0001415　D691.4/748
國朝歷科館選録二卷　(清)沈廷芳輯　(清)陸費墀　(清)陸世煒重訂　清末刻本　二冊

620000－1103－0001416　D691.4/753(s)
洵康集覽十卷　(□)□□撰　清抄本　七冊　存七卷(一至五、八、十)

620000－1103－0001417　D691.4/761
[光緒辛丑壬寅恩正併科]會試闈墨不分卷　(清)□□輯　清末刻本　一冊

620000－1103－0001418　D691.4/783
欽定吏部則例六十八卷　(清)和珅等修　清乾隆武英殿木活字印本　二十四冊

620000－1103－0001419　D691.4/785
探杏譜一卷　題(清)松竹主人輯　清光緒三年(1877)敬業堂刻本　一冊

620000－1103－0001420　D691.4/821
精選墨卷一卷　(□)□□輯　清末抄本　一冊

620000－1103－0001421　D691.4/821
直省鄉墨鳴鳳一卷　(□)□□輯　清刻本　一冊

620000－1103－0001422　D691.4/834
甘肅鄉試闈墨一卷　(清)□□輯　清光緒衡鑒堂刻本　一冊

620000－1103－0001423　D691.4/839
[光緒八年壬午科]鄉試同年録不分卷　(□)□□輯　清光緒八年(1882)刻本　一冊

620000－1103－0001424　D691.4/906
廿四科墨選空羣録一卷　(清)傅鍾麟選　清刻本　一冊

620000－1103－0001425　D691.4/922
錦官堂試帖二卷　(清)延清撰　清光緒十一年(1885)刻本　一冊　存一卷(上)

620000－1103－0001426　D691.4/941:01
爵秩全覽不分卷　(□)□□撰　清光緒二十九年(1903)刻本　六冊

620000－1103－0001427　D691.4/947:01
牧令書二十三卷　(清)徐棟輯　清道光二十八年(1848)刻本　十八冊

620000－1103－0001428　D691.4/947:02
牧令書二十三卷　(清)徐棟輯　清道光二十八年(1848)刻本　二十冊

620000－1103－0001429　D691.4/966
學治要言一卷　(清)左宗棠輯　清同治十一年(1872)安定營次刻本　一冊

620000－1103－0001430　D691.4/991
[光緒六年庚辰科]會試同年齒録不分卷　(□)□□撰　清末刻本　四冊

620000－1103－0001431　D691.4/994
甘肅鄉試闈墨一卷　(清)□□輯　清光緒衡鑒堂刻本　一冊

620000－1103－0001432　D691.5/113
典昉十一卷　(清)王權撰　清宣統二年

(1910)尊經堂刻本　九冊　存十卷(一至七、九至十一)

620000－1103－0001433　D691.5/296
皇朝政典挈要八卷　(日本)增田貢撰　(清)毛淦補編　(清)汪厚昌　(清)顧梓田訂正　清光緒二十八年(1902)上海書局石印本　四冊

620000－1103－0001434　D691.5/582
欽定大清會典一百卷　(清)崑岡等修　清光緒二十五年(1899)京師官書局石印本　二十冊　存六十二卷(一至六十二)

620000－1103－0001435　D691.5/857:01
欽定大清會典一百卷　(清)允祹等纂修　清刻江南省通行本　二十四冊

620000－1103－0001436　D691.5/857:02
欽定大清會典一百卷　(清)允祹等纂修　清光緒二十七年(1901)上海文林石印本　六冊

620000－1103－0001437　D691.5/857:03
欽定大清會典一百卷　(清)允祹等纂修　清光緒二十七年(1901)上海文林石印本　六冊

620000－1103－0001438　D691.5/857:04
欽定大清會典一百卷　(清)允祹等纂修　清刻江南省通行本　二十四冊

620000－1103－0001439　D691.5/857:05
欽定大清會典一百卷　(清)允祹等纂修　清刻江南省通行本　二十四冊

620000－1103－0001440　D691.5/857:06
欽定大清會典一百卷　(清)張廷玉等纂修　清光緒十九年(1893)上海圖書集成印書局鉛印本　二十四冊

620000－1103－0001441　D691.5/857:07
欽定大清會典一百卷　(清)張廷玉等纂修　清光緒十九年(1893)上海圖書集成印書局鉛印本　二十四冊

620000－1103－0001442　D691/292
資治新書初集十四卷資治新書二集二十卷　(清)李漁輯　清光緒二十年(1894)上海圖書集成印書局鉛印本　十二冊

620000－1103－0001443　D691/292
資治新書二集二十卷　(清)李漁輯　沈心友訂　清刻本　三冊　存五卷(四至六、十三至十四)

620000－1103－0001444　D691/307
韻示集不分卷　(清)張世英撰　清刻本　一冊

620000－1103－0001445　D691/482
皇朝經世文四編五十二卷　(清)何良棟輯　清光緒二十八年(1902)鴻寶書局石印本　十二冊

620000－1103－0001446　D691/578:01
崇祀明宦邑賢侯茹紫庭先生治岐條教一卷　(清)茹儀鳳撰　清光緒三十三年(1907)刻本　一冊

620000－1103－0001447　D691/578:02
崇祀明宦邑賢侯茹紫庭先生治岐條教一卷　(清)茹儀鳳撰　清光緒三十三年(1907)刻本　一冊

620000－1103－0001448　D691/974:01
盛世危言五卷續編五卷　(清)鄭觀應撰　清光緒十八年(1892)宏道堂刻本　五冊

620000－1103－0001449　D691/974:02
盛世危言五卷　(清)鄭觀應撰　清光緒二十四年(1898)圖書集成局鉛印本　六冊

620000－1103－0001450　D81/317:01
各國交涉公法論十六卷　(英國)費利摩羅巴德撰　(英國)傅蘭雅口譯　(清)俞世爵筆述　(清)汪振聲校正　(清)錢國祥覆校　清光緒二十二年(1896)慎記書莊石印本　八冊

620000－1103－0001451　D81/317:02
各國交涉公法論十六卷　(英國)費利摩羅巴德撰　(英國)傅蘭雅口譯　(清)俞世爵筆述　(清)汪振聲校正　(清)錢國祥覆校　清光緒二十二年(1896)慎記書莊石印本　八冊

620000－1103－0001452　D81/482
萬國公法四卷　(美國)惠頓撰　清光緒二十

四年(1898)天津維新書局石印本　六册

620000－1103－0001453　D81/522
萬國公法會通十卷　(美國)丁韙良撰　清光緒二十二年(1896)上海飛鴻閣石印本　四册

620000－1103－0001454　D82/329
各國約章纂要六卷首一卷附録一卷　(清)邵作舟輯　清光緒二十四年(1898)上海石印書局石印本　六册

620000－1103－0001455　D82/572
中外時務經濟文編六種二十一卷　(清)薛福成撰　清光緒二十八年(1902)上海積山書局石印本　十一册

620000－1103－0001456　D82/581
光緒丙午年交涉要覽三篇　(清)北洋洋務局纂輯　清光緒北洋官報局鉛印本　一册　存一篇(一)

620000－1103－0001457　D82/581
光緒乙巳年交涉要覽二篇　(清)北洋洋務局纂輯　清光緒北洋官報局鉛印本　五册

620000－1103－0001458　D82/852
各國約章纂要六卷首一卷附録一卷　(清)勞乃宣輯　清末北洋洋務局鉛印本　二册　存四卷(二至五)

620000－1103－0001459　D82/862
約章成案滙覽乙篇四十二卷　(清)北洋洋務局纂輯　清末石印本　四册　存六卷(四至五、三十四至三十七)

620000－1103－0001460　D90/312
法政叢編十九種　(清)湖北法政編輯社輯　清光緒三十一年(1905)鉛印本　九册　存九種(國學法、裁判所構成法、戰時國際公法、國際私法、殖民政策、商法、民法、平時國際公法、監獄學)

620000－1103－0001461　D90/814
增輯憲法精理全書三卷　(清)周逵編譯　清末刻本　二册　存二卷(上、中)

620000－1103－0001462　D91/115
補注洗冤録集證四卷增一卷附刊一卷　(清)王又槐集證　(清)阮其新補注　(清)張錫藩句讀　清刻三色套印本　四册

620000－1103－0001463　D91/287
重刊補註洗冤録集證六卷　(清)王又槐增輯　(清)李觀瀾補輯　(清)阮其新補注　(清)張錫蕃重訂　清石印本　一册　存一卷(二)

620000－1103－0001464　D91/301
各國憲法源泉三種合編不分卷　(德國)挨里捏克撰　(日本)美濃部達吉原譯　(清)林萬里　(清)陳承澤重譯　(清)潘承鍔校訂　清光緒三十四年(1908)上海中國圖書公司石印本　一册

620000－1103－0001465　D91/522:01
入幕須知五種坿贅言十則　(清)張廷驤輯　清光緒刻本　四册　存三卷(幕學舉要一卷、學治億說一卷、幕學要略一卷)

620000－1103－0001466　D91/522:02
入幕須知五種坿贅言十則　(清)張廷驤輯　清光緒刻本　四册　存三卷(幕學舉要一卷、學治億說一卷、幕學要略一卷)

620000－1103－0001467　D91/522:03
入幕須知五種坿贅言十則　(清)張廷驤輯　清光緒刻本　四册　存三卷(幕學舉要一卷、學治億說一卷、幕學要略一卷)

620000－1103－0001468　D91/627:01
寶鑑編不分卷　(清)方汝謙撰　清光緒二十六年(1900)陝西藩署重刻本　一册

620000－1103－0001469　D91/627:02
寶鑑編不分卷　(清)方汝謙撰　清光緒二十六年(1900)陝西藩署重刻本　一册

620000－1103－0001470　D91/697
洗冤録詳義四卷首一卷　(清)許梿編校　清咸豐六年(1856)重刻本　四册

620000－1103－0001471　D91/697
洗冤録審是六卷　(宋)宋慈撰　(清)何無忌

校注　清咸豐三年(1853)李氏芥子園刻朱墨套印本　六册

620000－1103－0001472　D92/129
大清律例彙輯便覽四十卷附督捕則例二卷五軍道里表一卷三流道里表一卷　(清)□□□纂　清光緒三年(1877)京都部内刻本　三十三册

620000－1103－0001473　D92/129
新增刑案匯覽十六卷　(清)潘文舫編　清刻本　五册　存十一卷(二至十二)

620000－1103－0001474　D92/182
大清現行刑律講義八卷　吉同鈞輯　清宣統二年(1910)石印本　八册

620000－1103－0001475　D92/205:01(s)
提牢備考四卷　(清)趙舒翹撰　清光緒刻本　二册

620000－1103－0001476　D92/205:02(s)
提牢備考四卷　(清)趙舒翹撰　清光緒刻本　二册

620000－1103－0001477　D92/283:02
樊山批判十四卷　樊增祥撰　清刻本　三册　存六卷(二至三、八至十一)

620000－1103－0001478　D92/283:04
樊山批判十四卷　樊增祥撰　清光緒二十三年(1897)刻本　二册　存四卷(一至二、七至八)

620000－1103－0001479　D92/314
漢律考一卷　(清)張鵬一輯　清刻本　一册

620000－1103－0001480　D92/329
讀法圖存四卷　(清)邵繩清輯　清光緒七年(1881)刻本　四册

620000－1103－0001481　D92/352
大清律例通纂四十卷　(清)胡肇楷　(清)周孟隣等增輯　清刻本　八册　存十五卷(十八至二十、二十五至三十二、三十七至四十)

620000－1103－0001482　D92/354
大清律例四十卷　清刻本　六册　存十六卷(四至十九)

620000－1103－0001483　D92/354
大清現行刑律案語□□卷　(清)沈家本　(清)俞簾山纂　清石印本　一册　存一卷(名例上)

620000－1103－0001484　D92/399
大清律例增修統纂集成四十卷附督捕則例二卷　(清)陶駿　(清)陶念霖增修　清光緒五年(1879)刻本　二十三册　缺二卷(二至三)

620000－1103－0001485　D92/401(s)
故唐律疏議三十卷　(唐)長孫無忌等撰　清嘉慶十二年(1807)蘭陵孫氏刻岱南閣叢書本刻本　九册

620000－1103－0001486　D92/410:01
故唐律疏議三十卷　(唐)長孫無忌等撰　清光緒十六年(1890)刻本　十二册

620000－1103－0001487　D92/410:02
故唐律疏議三十卷　(唐)長孫無忌等撰　清光緒十六年(1890)刻本　十二册

620000－1103－0001488　D92/410:03
故唐律疏議三十卷　(唐)長孫無忌等撰　清光緒十六年(1890)刻本　十二册

620000－1103－0001489　D92/500(s)
斷録一卷　(清)卓煦臣撰　清光緒九年(1883)抄本　一册

620000－1103－0001490　D92/500(s)
鳳定齋集十卷　(清)卓煦臣撰　清抄本　二册　存二卷(六、十)

620000－1103－0001491　D92/522
律例圖說辨僞十卷　(清)萬維翰纂　清乾隆三十六年(1771)芸暉堂刻本　八册

620000－1103－0001492　D92/564
律例便覽八卷　(清)蔡逢年輯　清光緒二十二年(1896)上海書局石印本　六册　存四卷(一至二、五至六)

620000－1103－0001493　D92/575(s)
讀例存疑五十四卷　(清)薛允昇撰　清光緒

三十一年(1905)刻本　四十冊

620000－1103－0001494　D92/717
清徭章程四十條一卷　(清)□□撰　清刻本　一冊

620000－1103－0001495　D92/746
大清律例通纂四十卷　(清)胡肇楷　(清)周孟隣等增輯　清嘉慶十年(1805)刻本　二冊　存二卷(一、五)

620000－1103－0001496　D92/797
明刑管見録一卷　(清)穆翰撰　清光緒十三年(1887)陝西臬署刻本　一冊

620000－1103－0001497　D92/850
刑案匯覽六十卷首一卷末一卷　(清)祝慶祺輯　清道光十四年(1834)棠樾慎思堂刻本　八十冊

620000－1103－0001498　D92/947
三流道里表不分卷　(清)徐本等輯　清刻本　四冊

620000－1103－0001499　D92/947
督捕則例二卷　(清)周琬纂　清刻本　二冊

620000－1103－0001500　D92/965:01(s)
山右讞獄記不分卷　(清)顧麟趾撰　清刻本　一冊

620000－1103－0001501　D92/994
大清律例刑案彙纂集成四十卷　(清)姚雨薌輯　(清)胡仰山增輯　清同治九年(1870)刻本　十七冊　存二十八卷(一至八、十三至二十四、三十三至四十)

620000－1103－0001502　D94/854
妙法蓮華經七卷　(後秦)釋鳩摩羅什譯　明刻本　七冊

620000－1103－0001503　D956.1/863
新譯英國憲政輯要　(英國)維克師原著　(英國)莫安仁譯　(清)徐惟岱述　(清)管鶴校勘　清宣統元年(1909)上海廣學會鉛印本　一冊

620000－1103－0001504　E2/119:01
湘軍記二十卷　(清)王安定撰　清光緒十五年(1889)江南書局刻本　十二冊

620000－1103－0001505　E2/138
洴澼百金方十四卷　題(清)惠麓酒民(袁宮桂)輯　(清)岳呈福校　清道光十二年(1832)文星堂刻本　十冊

620000－1103－0001506　E2/186
新建陸軍兵書録存八卷　(清)袁世凱撰　清光緒二十四年(1898)石印本　六冊

620000－1103－0001507　E2/222
汴城籌防備覽四卷　(清)胡廷楨編次　(清)傅壽彤纂輯　(清)朱鵬文繪圖　清咸豐十年(1860)大梁刻本　二冊

620000－1103－0001508　E2/337
軍事入門　(清)博貴�　(清)原尚志筆述　(清)馮明校訂　清光緒三十三年(1907)伊犁武備速成學堂石印本　一冊

620000－1103－0001509　E2/337
講義課本一卷　(清)博貴閲　(清)原尚志　(清)楊鑑堂　(清)馮明編定　清光緒三十三年(1907)伊犁武備速成學堂石印本　一冊

620000－1103－0001510　E2/383
歷代籌邊略八十四卷目録類編三卷　(清)陳麟圖撰　清光緒二十三年(1897)四川廣安州學署刻本　四十冊

620000－1103－0001511　E2/581
軍語一卷　(清)北洋陸軍督練處稿　清光緒三十二年(1906)北洋陸軍編譯局鉛印本　一冊

620000－1103－0001512　E2/609
武備輯要續編十卷　(清)許乃釗輯　清道光二十九年(1849)刻敏果齋叢書本　二冊

620000－1103－0001513　E2/609(s)
敏果齋七種　(清)許乃釗輯　清道光二十九年(1849)錢塘許氏刻本　十一冊　存五種四十三卷(武備輯要六卷,武備輯要續編十卷,荒政輯要九卷、首一卷,安瀾紀要二卷,練兵

實紀九卷、雜集六卷）

620000－1103－0001514　E2/670
武備新書十種　（清）廖壽豐輯　清光緒二十三年（1897）石印本　五冊

620000－1103－0001515　E29/119：01
曾文正公水陸行軍練兵誌四卷　（清）王安定纂　清光緒二十六年（1900）涇陽柏經正堂刻本　一冊　存二卷（一至二）

620000－1103－0001516　E29/119：02
曾文正公水陸行軍練兵誌四卷　（清）王安定纂　清光緒二十六年（1900）涇陽柏經正堂刻本　一冊

620000－1103－0001517　E29/246
新定楚軍營制一卷　（□）□□撰　清末刻本　一冊

620000－1103－0001518　E29/331
軍事初階四卷　（清）賀忠良撰　清光緒三十四年（1908）北洋陸軍編譯局石印本　四冊

620000－1103－0001519　E29/341：01
練兵實紀九卷雜集六卷　（明）戚繼光撰　清京都琉璃廠刻本　六冊

620000－1103－0001520　E29/341：01
紀效新書十八卷首一卷　（明）戚繼光撰　清刻本　五冊　存十二卷（一、八至十八）

620000－1103－0001521　E29/341：02
練兵實紀九卷雜集六卷　（明）戚繼光撰　清刻本　三冊　缺二卷（雜集五至六）

620000－1103－0001522　E29/341：02
紀效新書十八卷首一卷　（明）戚繼光撰　清京都琉璃廠刻本　六冊

620000－1103－0001523　E29/341：03
紀效新書十八卷首一卷　（明）戚繼光撰　清刻本　六冊　缺一卷（十八）

620000－1103－0001524　E29/341：04
紀效新書十八卷首一卷　（明）戚繼光撰　清道光二十一年（1841）虎林西泉氏刻本　六冊

620000－1103－0001525　E29/341：05
紀效新書十八卷首一卷　（明）戚繼光撰　清張氏照曠閣刻本　六冊

620000－1103－0001526　E29/439
兵鏡二十卷吴子十三篇綱目一卷　（明）吳惟順　（明）吳若禮輯　明刻本　十冊

620000－1103－0001527　E29/445：01
救命書一卷　（明）吕坤撰　（清）張鵬飛重校　清道光張鵬飛校刊本　一冊

620000－1103－0001528　E29/445：02
救命書一卷　（明）吕坤撰　（清）張鵬飛重校　清道光張鵬飛校刊本　一冊

620000－1103－0001529　E29/445：03
救命書一卷　（明）吕坤撰　（清）張鵬飛重校　清道光張鵬飛校刊本　一冊

620000－1103－0001530　E29/445：04
救命書一卷　（明）吕坤撰　（清）張鵬飛重校　清道光張鵬飛校刊本　一冊

620000－1103－0001531　E29/445：05
救命書一卷　（明）吕坤撰　（清）張鵬飛重校　清道光張鵬飛校刊本　一冊

620000－1103－0001532　E29/445：06
救命書一卷　（明）吕坤撰　（清）張鵬飛重校　清道光張鵬飛校刊本　一冊

620000－1103－0001533　E29/445：07
救命書一卷　（明）吕坤撰　（清）張鵬飛重校　清道光張鵬飛校刊本　一冊

620000－1103－0001534　E29/445：08
救命書一卷　（明）吕坤撰　（清）張鵬飛重校　清道光張鵬飛校刊本　一冊

620000－1103－0001535　E29/445：09
救命書一卷　（明）吕坤撰　（清）張鵬飛重校　清道光張鵬飛校刊本　一冊

620000－1103－0001536　E29/445：10
救命書一卷　（明）吕坤撰　（清）張鵬飛重校　清道光張鵬飛校刊本　一冊

620000－1103－0001537　E29/445:11
救命書一卷　(明)呂坤撰　(清)張鵬飛重校　清道光張鵬飛校刊本　一冊

620000－1103－0001538　E29/445:12
救命書一卷　(明)呂坤撰　(清)張鵬飛重校　清道光張鵬飛校刊本　一冊

620000－1103－0001539　E29/445:13
救命書一卷　(明)呂坤撰　(清)張鵬飛重校　清道光張鵬飛校刊本　一冊

620000－1103－0001540　E29/445:14
救命書一卷　(明)呂坤撰　(清)張鵬飛重校　清道光張鵬飛校刊本　一冊

620000－1103－0001541　E29/445:15
救命書一卷　(明)呂坤撰　(清)張鵬飛重校　清道光張鵬飛校刊本　一冊

620000－1103－0001542　E29/445:16
救命書一卷　(明)呂坤撰　(清)張鵬飛重校　清道光張鵬飛校刊本　一冊

620000－1103－0001543　E29/445:17
救命書一卷　(明)呂坤撰　(清)張鵬飛重校　清道光張鵬飛校刊本　一冊

620000－1103－0001544　E29/581
憲兵教程纂要不分卷　(清)北洋陸軍編譯局輯　清光緒三十四年(1908)北洋陸軍編譯局鉛印本　五冊

620000－1103－0001545　E29/609
武備輯要十卷首一卷鄉團章規一卷　(清)許乃釗輯　清光緒二十二年(1896)道生堂刻本　四冊

620000－1103－0001546　E29/926
侍郎鐵良奏抽閱江蘇等省營伍炮臺武備學堂情形摺一卷　(清)鐵良撰　清抄本　一冊

620000－1103－0001547　E8/363:01(s)
孫子十家注十三卷　(宋)吉天保輯　(清)孫星衍　(清)吳人驥校　清咸豐五年(1855)淡香齋翻刻木活字印本　四冊

620000－1103－0001548　E8/604
陰符集證一卷　(明)諸葛光榮輯　**七注陰符經一卷**　(西周)姜尚注　(漢)張良解　(漢)諸葛亮釋　清刻本　一冊

620000－1103－0001549　E8/828(s)
武經七書講義全彙合条□□卷　(清)朱墉輯　(清)王安卓条補　清刻本　七冊　存五卷(一、三、六、八至九)

620000－1103－0001550　E89/191
洴澼百金方十四卷　題(清)惠麓酒民(袁宫桂)輯　(清)岳呈福校　清刻本　八冊　缺四卷(一、四、七至八)

620000－1103－0001551　E89/307
武闈三子全書析疑大全不分卷　(清)張權時輯　清刻本　二冊

620000－1103－0001552　E89/331:01
應用戰法不分卷　(清)賀忠良撰　清光緒三十年(1904)石印本　二冊

620000－1103－0001553　E89/331:02
應用戰法二卷　(清)賀忠良撰　清光緒三十年(1904)北洋陸軍學堂印書局鉛印本　二冊

620000－1103－0001554　E89/331:03
應用戰法二卷　(清)賀忠良撰　清光緒三十年(1904)石印本　一冊　存一卷(一)

620000－1103－0001555　E89/348
武經匯解大全三卷　(清)夏振翼等輯　清刻本　三冊

620000－1103－0001556　E89/348
寧致堂增訂五經體註不分卷　(明)夏振翼纂訂　清刻本　一冊

620000－1103－0001557　E89/363:02
孫子十家註十三卷　(宋)吉天保輯　(清)孫星衍　(清)吳人驥校　**孫子敘録一卷**　(清)畢以珣撰　清咸豐五年(1855)淡香齋翻刻木活字印本　四冊

620000－1103－0001558　E89/613
虎鈐經二十卷　(宋)許洞撰　清刻本　四冊

620000－1103－0001559　E89/886

臨陣心法一卷　(清)劉連捷撰　清光緒十六年(1890)刻本　一冊

620000－1103－0001560　E9/103
開地道轟藥法二卷　(英國)英國武備工程學堂輯　(英國)傅蘭雅口譯　(清)汪振聲筆述　清江南製造總局刻本　一冊

620000－1103－0001561　E9/455
水雷秘要五卷末一卷　(英國)史理孟纂　(清)舒高第口譯　(清)張昌棪筆述　清光緒六年(1880)刻本　六冊

620000－1103－0001562　E9/604
火龍經三卷　(三國蜀)諸葛亮撰　清刻本　三冊

620000－1103－0001563　E9/746
自強軍西法類編十八卷　(清)沈敦和輯　(清)洪恩波參訂　清光緒二十四年(1898)上海順成書局石印本　十九冊　存十七卷(一至十七)

620000－1103－0001564　F0/345
經濟原論　(美國)麥喀梵撰　(美國)麥喀梵著　(清)朱寶綬譯　(清)潘承鍔　(清)夏曰璈校訂　清光緒三十四年(1908)上海中國圖書公司石印本　一冊

620000－1103－0001565　F12/437
商賈便覽□□卷　(清)吳中孚纂輯　清刻本　二冊　存四卷(三至六)

620000－1103－0001566　F129/485
四川布政録二卷　(清)□□撰　清抄本　四冊

620000－1103－0001567　F3/165(s)
營田輯要内篇三卷外篇一卷首一卷　(清)黄輔辰述　清同治三年(1864)成都刻本　一冊

620000－1103－0001568　F3/307(s)
朝邑縣清丈地糧定數條規總冊一卷　(清)霍勤勳輯　清光緒鉛印本　一冊

620000－1103－0001569　F3/336
朝邑縣清丈地糧定數條規總冊一卷　(清)霍勤勳輯　清光緒鉛印本　一冊

620000－1103－0001570　F5/891
各國鐵路圖攷四卷　(清)劉啟彤譯述　清光緒二十四年(1898)上海書局石印本　八冊

620000－1103－0001571　G4/310(s)
萍鄉課士新藝續編四卷　(清)顧家相纂　清光緒二十七年(1901)會稽顧氏萍鄉縣署刻本　六冊

620000－1103－0001572　G4/429
羣學肄言　(英國)斯賓塞爾造論　嚴復翻譯　清光緒二十九年(1903)上海文明書局鉛印本　四冊

620000－1103－0001573　G40/262
文學興國策二卷　(美國)林樂知譯　清光緒二十二年(1896)圖書集成局鉛印本　一冊

620000－1103－0001574　G40/454
普通教育學要義二卷　(日本)中島半次郎撰　田吳炤譯　清光緒二十九年(1903)刻移山堂叢書本　二冊

620000－1103－0001575　G40/987
教育學史二卷　(日本)金子馬治撰　(清)陳宗孟譯　清光緒二十九年(1903)上海廣智書局石印教育叢書本　一冊　存一卷(上)

620000－1103－0001576　G42/504：01
初學宜讀諸書要略一卷　(清)葉瀚撰　清光緒二十四年(1898)味經刊書處刻本　一冊

620000－1103－0001577　G42/504：02
初學宜讀諸書要略一卷　(清)葉瀚撰　清光緒二十四年(1898)味經刊書處刻本　一冊

620000－1103－0001578　G44/649
教育心理學　(日本)高島平三郎撰　田吳炤譯　清光緒二十九年(1903)上海商務印書館石印哲學叢書本　一冊

620000－1103－0001579　G47/329
學校管理法問答　(清)邵羲輯　清光緒三十年(1904)上海商務印書館石印普通學問答叢書本　一冊

620000－1103－0001580　G52/309:01
奏定學堂章程不分卷　(清)張百熙等訂　清光緒三十年(1904)陝西藩署刻本　六冊

620000－1103－0001581　G52/309:02
奏定學堂章程不分卷　(清)張百熙等訂　清光緒三十年(1904)陝西藩署刻本　六冊

620000－1103－0001582　G52/309:03
奏定學堂章程不分卷　(清)張百熙等訂　清光緒三十年(1904)陝西藩署刻本　六冊

620000－1103－0001583　G52/309:04
奏定學堂章程不分卷　(清)張百熙等訂　清光緒三十年(1904)陝西藩署刻本　六冊

620000－1103－0001584　G52/309:05
奏定學堂章程不分卷　(清)張百熙等訂　清光緒三十年(1904)陝西藩署刻本　六冊

620000－1103－0001585　G52/309:06
奏定學堂章程不分卷　(清)張百熙等訂　清光緒三十年(1904)陝西藩署刻本　六冊

620000－1103－0001586　G52/309:07
奏定學堂章程不分卷　(清)張百熙等訂　清末鉛印本　四冊

620000－1103－0001587　G52/460:01
訓士一卷　(清)王植輯　清光緒十三年(1887)關中書院刻本　一冊

620000－1103－0001588　G52/460:02
訓士一卷　(清)王植輯　清光緒十三年(1887)關中書院刻本　一冊

620000－1103－0001589　G52/860
實驗二部教授法七編　(清)繆文功撰　(清)陶駟原譯　(清)顧倬　(清)華文祺校訂　清光緒三十四年(1908)上海中國圖書公司鉛印本　一冊

620000－1103－0001590　G52/880
欽定學政全書八卷續增學政全書四卷　(清)□□撰　清刻本　十一冊　存十一卷(欽定學政全書二至八、續增學政全書四卷)

620000－1103－0001591　G531.3/519
日本教育新調查　(英國)莫安仁譯　(清)管鶴述　清光緒三十三年(1907)上海廣學會鉛印本　一冊

620000－1103－0001592　G571.2/519
最近美國學務大全　(英國)莫安仁譯　(清)管鶴述　清宣統二年(1910)上海廣學會鉛印本　一冊

620000－1103－0001593　G62/116(s)
叢書輯要七卷　(清)王晫　(清)張潮輯　清道光十年(1830)芝瑞堂刻本　一冊

620000－1103－0001594　G62/118
三字經註解備要二卷　(宋)王應麟撰　(清)賀興思註解　清文樂齋刻本　二冊

620000－1103－0001595　G62/151
教子要略不分卷　(□)□□撰　清刻本　一冊

620000－1103－0001596　G62/151
今文小題童試適中不分卷　(清)賈種麟選　清刻本　一冊

620000－1103－0001597　G62/165
初等小學地文教科書　(清)黃世基編纂　胡宗楙校訂　清光緒三十二年(1906)南洋官書局石印本　一冊

620000－1103－0001598　G62/165
最新地理教科書　(清)商務印書館編譯所輯　清光緒三十二年(1906)上海商務印書館鉛印本　四冊

620000－1103－0001599　G62/165
學部第一次編纂初等小學圖畫教科書不分卷　(清)學部編譯　清光緒三十四年(1908)學部圖書局鉛印本　一冊

620000－1103－0001600　G62/236
初等小學生理教科書　(清)黃世基編纂　胡宗楙校訂　清光緒三十二年(1906)南洋官書局石印本　一冊

620000－1103－0001601　G62/236
繪圖孟子便蒙課本二卷　(清)南洋官書局纂

清南洋官書局石印本　一册

620000－1103－0001602　G62/442
蒙學叢書　(清)汪鐘霖輯　清光緒二十九年(1903)上海蒙學報館石印本　二十二册

620000－1103－0001603　G62/443
蒲編堂訓蒙草一卷　(清)路德撰　清末全義堂刻本　一册

620000－1103－0001604　G62/453:01
小兒語一卷　(明)吕坤撰　清光緒十四年(1888)武功縣署刻本　一册

620000－1103－0001605　G62/453:02
小兒語一卷　(明)吕坤撰　清光緒十四年(1888)武功縣署刻本　一册

620000－1103－0001606　G62/486
筆算數學全草詳解三卷　(清)上海彪蒙書室輯　清光緒三十一年(1905)上海彪蒙書室石印本　九册

620000－1103－0001607　G62/650
小學六卷　(清)高愈纂註　清竹橋齋刻本　五册　存五卷(二至六)

620000－1103－0001608　G62/658
簡易地理課本　(清)童振藻輯　清光緒三十二年(1906)上海商務印書館鉛印本　一册

620000－1103－0001609　G62/668
家塾蒙求三卷　(清)康基淵輯　清嘉慶七年(1802)刻本　一册

620000－1103－0001610　G62/669
幼學操身一卷　(英國)慶丕撰　(清)翟汝舟編　清光緒三十年(1904)西安馬存心堂刻本　一册

620000－1103－0001611　G62/677
蒙學外國歷史教科書　(清)文明書局編譯　清末味經官書局鉛印本　一册

620000－1103－0001612　G62/754
養蒙鍼度四卷　(清)潘子聲手定　清狀元閣刻本　二册

620000－1103－0001613　G62/790:10
程氏家塾讀書分年日程三卷綱領一卷　(元)程端禮輯　清光緒元年(1875)褒城縣署刻本　一册

620000－1103－0001614　G62/792
寄傲山房塾課新增幼學故事瓊林四卷首一卷　(清)程登吉原本　(清)鄒聖脈增補　清咸豐十年(1860)大德堂刻本　二册

620000－1103－0001615　G62/838
便蒙鑑畧一卷　(清)竹山居士輯　清光緒二十一年(1895)全義堂刻本　一册

620000－1103－0001616　G62/861
小學劣等生救濟法　(日本)織田勝萬　(日本)白土千秋撰　(清)楊傳福譯　(清)顧倬　(清)夏曰琖校訂　清光緒三十三年(1907)中國圖書公司鉛印本　一册

620000－1103－0001617　G62/892
教子歌一卷　(清)劉源森輯　清光緒二十二年(1896)劉有斐堂刻本　一册

620000－1103－0001618　G62/925
六藝綱目＿卷附録字源一卷　(元)舒天民撰　(元)舒恭注　(明)趙益中附注　清光緒二十二年(1896)刻本　一册

620000－1103－0001619　G62/928
蒙學地文教科書　(清)文明書局編纂　清光緒三十一年(1905)上海文明書局鉛印本　一册

620000－1103－0001620　G62/947
童子升階一卷　(清)徐梅江鑒定　清刻本　一册

620000－1103－0001621　G63/236
最新中等生理學教科書　(清)南洋官書局譯訂　清光緒三十二年(1906)南洋官書局石印本　二册

620000－1103－0001622　G63/279
學彊恕齋筆算十卷　(清)梅啟照輯　(清)梅文堉繪圖　清光緒二十二年(1896)學彊恕齋

石印本　四冊

620000－1103－0001623　G63/320

中國地理學教科書三卷　(清)屠寄纂　清光緒三十二年(1906)上海商務印書館鉛印本　一冊

620000－1103－0001624　G63/383

小代數學二十九編　(英國)查理斯密撰　(清)陳文譯　清宣統元年(1909)上海科學會編譯部鉛印本　一冊

620000－1103－0001625　G63/383

平面幾何學四編　(日本)菊池大麓撰　(清)仇毅譯　清宣統二年(1910)上海群益書社鉛印本　一冊

620000－1103－0001626　G63/737

中等代數學教科書上卷　(日本)澤田吾一撰　(清)周藩譯輯　(清)黄世基校正　清光緒三十二年(1906)南洋官書局鉛印本　一冊

620000－1103－0001627　G63/786

新式數學教科書　(清)程蔭男譯　清宣統三年(1911)昌明公司鉛印本　一冊

620000－1103－0001628　G63/831

演題中學代數教科書　(清)朱卓霖輯　清光緒三十三年(1907)朱卓霖鉛印本　一冊

620000－1103－0001629　G63/900

幾何學教科書　(清)何崇禮纂　清光緒三十三年(1907)鉛印本　一冊

620000－1103－0001630　G63/918

中等教育幾何學教科書立體之部　(日本)上野清撰　(清)仇毅譯述　清宣統元年(1909)上海羣益書社鉛印本　一冊

620000－1103－0001631　G63/923

新體中國地理　(清)臧勵龢纂　清宣統元年(1909)上海商務印書館鉛印本　一冊

620000－1103－0001632　G63/955

代數備旨全草　(清)狄君譯　清光緒三十一年(1905)上海玉麟書局石印本　六冊

620000－1103－0001633　G64/331

學規七種不分卷　(清)賀瑞麟纂輯　清光緒十六年(1890)勉學堂刻本　一冊

620000－1103－0001634　G64/331

學規七種不分卷　(清)賀瑞麟纂輯　清光緒十六年(1890)勉學堂刻本　一冊

620000－1103－0001635　G64/331

學古書院雜文一卷　(清)賀瑞麟撰　清光緒十六年(1890)岐陽武氏刻本　一冊

620000－1103－0001636　G64/363

關中書院課解五卷　(清)孫景烈撰　清乾隆三十年(1765)滋樹堂刻本　四冊

620000－1103－0001637　G64/455

陝甘味經書院志一卷　(清)劉光蕡撰　清光緒二十年(1894)陝西味經售書處刻本　一冊

620000－1103－0001638　G64/890

學記臆解一卷　(清)劉光蕡撰　清末甘肅高等學堂刻本　一冊

620000－1103－0001639　G79/113

勸學邇言一卷　(清)劉爾炘撰　清光緒三十一年(1905)太和縣刻本　一冊

620000－1103－0001640　G79/312

勸學篇二卷　(清)張之洞撰　清光緒二十四年(1898)菁華報館木活字印本　一冊

620000－1103－0001641　G79/312:01

輶軒語一卷　(清)張之洞撰　(清)閻敬銘輯　清光緒十四年(1888)山西解州書院刻有諸己齋格言叢書本　一冊

620000－1103－0001642　G79/312:02

輶軒語一卷　(清)張之洞撰　清光緒二十一年(1895)陝西學署刻本　一冊

620000－1103－0001643　G79/312:03

輶軒語一卷　(清)張之洞撰　清光緒六年(1880)文琳堂刻本　一冊

620000－1103－0001644　G79/819

先正讀書訣一卷　(清)周永年輯　清同治五年(1866)刻本　一冊

620000－1103－0001645　G79/842
讀書鐙一卷　(清)鄒福保纂　清宣統三年(1911)甘肅存古學堂刻本　一册

620000－1103－0001646　G8/292(s)
受子譜二卷　(清)李汝珍輯　清嘉慶二十二年(1817)刻本　二册

620000－1103－0001647　G8/372(s)
弈潛齋集譜二編　(清)鄧元鏸輯　清光緒十六年(1890)弈潛齋刻本　三册

620000－1103－0001648　G8/393
仙機武庫不分卷　(明)陸玄宇輯　明崇禎二年(1629)西陵碧雲書屋刻本　八册

620000－1103－0001649　G8/427
四子譜不分卷　(明)過百齡撰　清致和堂刻本　二册

620000－1103－0001650　G8/437
弈妙不分卷　(清)吳峻輯　清乾隆二十九年(1764)崇雅堂刻本　一册

620000－1103－0001651　G8/531(s)
桃花泉奕譜二卷　(清)范世勳撰　清同治十二年(1873)刻本　二册

620000－1103－0001652　G8/652(s)
官子一卷　(清)卞立言撰　清味書堂刻本　一册

620000－1103－0001653　G8/851
象棋譜一卷　(□)□□撰　清光緒二十六年(1900)勤慎堂刻本　一册

620000－1103－0001654　H1/495
小學彙函　(清)鍾謙鈞編　清光緒十五年(1889)湘南書局刻本　三十二册

620000－1103－0001655　H1/622
小學考五十卷　(清)謝啓昆輯　清咸豐二年(1852)刻本　十六册

620000－1103－0001656　H1/622:01
小學考五十卷　(清)謝啓昆輯　清咸豐二年(1852)刻本　十六册

620000－1103－0001657　H11/134
韻學發原不分卷　(清)車永和補　清同治三年(1864)明誠堂刻本　一册

620000－1103－0001658　H11/134
韻對典考不分卷　(清)車萬育撰　(清)趙竹牕釋　清刻本　一册

620000－1103－0001659　H11/212(s)
李氏音鑑六卷　(清)李汝珍撰　清嘉慶十五年(1810)寶善堂刻本　四册

620000－1103－0001660　H11/220
韻字同異辨二卷　(清)胡文炳輯　清光緒二年(1876)蘭石齋刻本　二册

620000－1103－0001661　H11/285(s)
佩文廣韻匯編五卷　(清)李元祺輯　清道光十年(1830)刻本　二册

620000－1103－0001662　H11/306
韻學發原不分卷　(清)車永和補　清同治三年(1864)明誠堂刻本　一册

620000－1103－0001663　H11/329
古今韻略五卷　(清)邵長蘅撰　清康熙三十五年(1696)刻本　五册

620000－1103－0001664　H11/400
新增說文韻府羣玉二十卷　(元)陰時夫輯　(元)陰中夫註　(明)王元貞校正　清聚錦堂刻本　六册　存十二卷(一至二、十一至二十)

620000－1103－0001665　H11/440:01(s)
佩文詩韻釋要五卷　(清)周兆基輯　清光緒三年(1877)粵東使署刻本　二册

620000－1103－0001666　H11/440:02
佩文詩韻釋要五卷　(清)周兆基輯　(清)陸潤庠重校　清宣統三年(1911)商務印書館鉛印本　二册

620000－1103－0001667　H11/440:03
佩文詩韻釋要五卷　(清)周兆基輯　(清)陸潤庠重校　清宣統三年(1911)商務印書館鉛印本　二册

620000－1103－0001668　H11/482:01
小學韻語一卷　(清)羅澤南撰　清光緒三十年(1904)鳳翔周正誼堂刻本　一册

620000－1103－0001669　H11/482:02
小學韻語一卷　(清)羅澤南撰　清光緒三十年(1904)鳳翔周正誼堂刻本　一册

620000－1103－0001670　H11/482:03
小學韻語一卷　(清)羅澤南撰　清光緒三十年(1904)鳳翔周正誼堂刻本　一册

620000－1103－0001671　H11/482:04
小學韻語一卷　(清)羅澤南撰　清光緒三十年(1904)鳳翔周正誼堂刻本　一册

620000－1103－0001672　H11/482:05
小學韻語一卷　(清)羅澤南撰　清光緒三十年(1904)鳳翔周正誼堂刻本　一册

620000－1103－0001673　H11/482:06
小學韻語一卷　(清)羅澤南撰　清光緒三十年(1904)鳳翔周正誼堂刻本　一册

620000－1103－0001674　H11/482:07
小學韻語一卷　(清)羅澤南撰　清光緒三十年(1904)鳳翔周正誼堂刻本　一册

620000－1103－0001675　H11/482:08
小學韻語一卷　(清)羅澤南撰　清光緒三十年(1904)鳳翔周正誼堂刻本　一册

620000－1103－0001676　H11/482:09
小學韻語一卷　(清)羅澤南撰　清光緒三十年(1904)鳳翔周正誼堂刻本　一册

620000－1103－0001677　H11/482:10
小學韻語一卷　(清)羅澤南撰　清光緒三十年(1904)鳳翔周正誼堂刻本　一册

620000－1103－0001678　H11/482:11
小學韻語一卷　(清)羅澤南撰　清光緒三十年(1904)鳳翔周正誼堂刻本　一册

620000－1103－0001679　H11/719:10
四聲切韻表不分卷　(清)江永愼修編　清宣統二年(1910)刻本　一册

620000－1103－0001680　H11/731
詩韻釋略五卷　(明)梁應圻訂　清康熙十七年(1678)閶門李希禹刻本　四册

620000－1103－0001681　H11/749:01(s)
韻辨附文不分卷　(清)沈兆霖撰　清道光二十三年(1843)宏道書院刻本　五册

620000－1103－0001682　H11/749:02
韻辨附文不分卷　(清)沈兆霖撰　清光緒四年(1878)甘肅蘭山書院刻本　五册

620000－1103－0001683　H11/781(S)
康熙甲子史館新刊古今通韻十二卷　(清)毛奇齡撰　清康熙二十四年(1685)刻本　八册

620000－1103－0001684　H11/781(s)
韻學要指十一卷　(清)毛奇齡撰　清刻西河合集本　二册

620000－1103－0001685　H11/925:01
六藝綱目二卷附録字源一卷　(元)舒天民述　(元)舒恭注　(明)趙益中附注　清光緒二十二年(1896)刻本　一册

620000－1103－0001686　H11/925:02(s)
六藝綱目二卷附録二卷　(元)舒天民述　(元)舒恭注　(明)趙益中附注　清光緒七年(1881)藝林山房刻文選樓叢書本　二册

620000－1103－0001687　H11/966
音學五書三十八卷　(清)顧炎武撰　清光緒十六年(1890)長沙思賢講舍刻本　十六册

620000－1103－0001688　H11/984
廣韻五卷　(宋)陳彭年　(宋)丘雍編修　清影宋刻本　五册

620000－1103－0001689　H11/988:01
詩韻集成十卷　(清)余照輯　清道光十五年(1835)文成堂刻本　四册

620000－1103－0001690　H11/988:02
詩韻集成十卷　(清)余照輯　清咸豐九年(1859)致盛堂刻本　四册

620000－1103－0001691　H11/988:03
詩韻集成十卷　(清)余照輯　清海清樓刻本

二册

620000－1103－0001692　H11/988:04
詩韻集成十卷　(清)余照輯　清海清樓刻本　二册

620000－1103－0001693　H11/988:05
詩韻集成十卷　(清)余照輯　清同治十年(1871)刻本　二册

620000－1103－0001694　H11/988:06
詩韻集成十卷　(清)余照輯　清刻本　二册

620000－1103－0001695　H11/994
詩詞韻集九卷　(清)姚詩雅輯　清同治四年(1865)刻本　二册

620000－1103－0001696　H114.9/894:08
學韻紀要二卷　(清)劉紹攽學　清乾隆五年(1740)刻本　一册

620000－1103－0001697　H12/119
入聲便記不分卷　(清)土家督撰　清道光二十七年(1847)文筠堂刻本　一册

620000－1103－0001698　H12/120
文字蒙求二卷　(清)王筠撰　清宣統二年(1910)上海文瑞樓石印本　二册

620000－1103－0001699　H12/138
小學類編　(清)李祖望輯　清咸豐二年(1852)江都李氏半畝園刻本　二册

620000－1103－0001700　H12/168
校增字學舉隅不分卷　(清)龍啟瑞　(清)黄本驥撰　清同治十三年(1874)西安藩署刻本　二册

620000－1103－0001701　H12/168:01
字學舉隅不分卷　(清)龍啟瑞　(清)黄本驥撰　清光緒二年(1876)松竹齋刻本　一册

620000－1103－0001702　H12/168:02
字學舉隅不分卷　(清)龍啟瑞　(清)黄本驥撰　清光緒二年(1876)松竹齋刻本　一册

620000－1103－0001703　H12/168:03
字學舉隅不分卷　(清)龍啟瑞　(清)黄本驥撰　清同治十年(1871)琉璃廠刻本　一册

620000－1103－0001704　H12/168:04
字學舉隅不分卷　(清)龍啟瑞　(清)黄本驥撰　清刻本　一册

620000－1103－0001705　H12/168:05
字學舉隅不分卷　(清)龍啟瑞　(清)黄本驥撰　清光緒秀文齋刻本　一册

620000－1103－0001706　H12/291
字學七種二卷　(清)李祕園輯　清光緒十二年(1886)京師松竹齋刻本　二册

620000－1103－0001707　H12/314
字學呼名能書　(清)張仲儒撰　清同治十三年(1874)刻本　一册

620000－1103－0001708　H12/471
六書通十卷　(明)閔齊伋輯　清康熙五十九年(1720)基聞堂刻本　六册

620000－1103－0001709　H12/471
六書通十卷　(明)閔齊伋輯　清光緒二十一年(1895)上海鴻寶齋石印本　一册　存二卷(一至二)

620000－1103－0001710　H12/480
漢隸字源五卷碑目一卷附字一卷　(宋)婁機輯　明汲古閣刻本　六册

620000－1103－0001711　H12/613
攀古小廬文不分卷　(清)許瀚撰　(清)楊鐸輯　清光緒元年(1875)商城楊氏函青閣刻本　二册

620000－1103－0001712　H12/659
臨文便覽不分卷　(清)龍啓瑞撰　清光緒二年(1876)京都松竹齋刻本　二册

620000－1103－0001713　H12/659
字學舉隅不分卷　(清)龍啟瑞　(清)黄本驥撰　清同治十三年(1874)含英閣本　一册

620000－1103－0001714　H12/821
六書正譌五卷　(元)周伯琦編注　(明)胡正言訂篆　清刻本　四册

620000－1103－0001715　H12/828
墨池編二十卷　(宋)朱長文纂　清刻本　八冊

620000－1103－0001716　H125/419
玉函山房輯佚書七百六十一卷　(清)馬國翰輯　清光緒九年(1883)長沙瑯環館刻本　一百冊

620000－1103－0001717　H13/121
廣雅疏證十卷博雅音十卷　(清)王念孫撰　清光緒五年(1879)淮南書局刻本　八冊

620000－1103－0001718　H13/209
金壺精粹四卷　(清)郝在田輯　清光緒二年(1876)京都松竹齋刻本　二冊

620000－1103－0001719　H13/209(s)
爾雅郭注義疏二十卷　(晉)郭璞注　(清)郝懿行撰　清光緒十三年(1887)湖北官書處刻本　八冊

620000－1103－0001720　H13/286
爾雅蒙求二卷　(清)李拔式撰　清同治八年(1869)有竹書屋刻本　二冊

620000－1103－0001721　H13/286
爾雅蒙求二卷　(清)李拔式撰　清同治八年(1869)有竹書屋刻本　一冊　存一卷(一)

620000－1103－0001722　H13/307:01
博雅十卷　(三國魏)張揖纂輯　(隋)曹憲音釋　清刻本　二冊

620000－1103－0001723　H13/307:02
廣雅十卷　(三國魏)張揖纂撰　(隋)曹憲音釋　清刻本　一冊

620000－1103－0001724　H13/329
爾雅正義二十卷　(清)邵晉涵撰　**釋文三卷**　(唐)陸德明撰　清乾隆五十三年(1788)餘姚邵氏面水層軒刻本　八冊

620000－1103－0001725　H13/343(s)
爾雅蒙求二卷　(清)李拔式撰　清光緒五年(1879)深柳書屋刻本　四冊

620000－1103－0001726　H13/367:01(s)
爾雅直音二卷　(清)孫偘輯　清嘉慶五年(1800)致和堂刻本　二冊

620000－1103－0001727　H13/367:02(s)
爾雅直音二卷　(清)孫偘輯　清道光二十五年(1845)聚秀堂刻本　二冊

620000－1103－0001728　H13/370
小爾雅不分卷　(漢)孔鮒撰　清刻本　一冊

620000－1103－0001729　H13/400
新增說文韻府羣玉二十卷　(元)陰時夫輯　(元)陰中夫註　(明)王元貞校正　清刻本　九冊　存九卷(一至二、七、九、十三至十六、二十)

620000－1103－0001730　H13/433(s)
別雅五卷　(清)吳玉搢輯　清萩林山房刻本　五冊

620000－1103－0001731　H13/504(s)
爾雅古注解五卷　(清)葉惠心撰　清光緒二年(1876)半畝園藏板　二冊

620000－1103－0001732　H13/630:01(s)
爾雅註疏十一卷　(晉)郭璞注　(宋)邢昺疏　清乾隆十年(1745)三樂齋刻本　六冊

620000－1103－0001733　H13/630:02
爾雅疏十卷附校勘記十卷　(晉)郭璞注　(宋)邢昺疏　清嘉慶二十年(1815)江西南昌府學刻本　四冊

620000－1103－0001734　H13/630:03
爾雅註疏十一卷　(晉)郭璞注　(宋)邢昺疏　清敬書堂刻本　六冊

620000－1103－0001735　H13/630:04
爾雅註疏十一卷　(晉)郭璞注　(宋)邢昺疏　清咸豐四年(1854)刻本　四冊

620000－1103－0001736　H13/630:05
爾雅疏十卷　(晉)郭璞注　(宋)邢昺疏　清刻本　四冊

620000－1103－0001737　H13/630:06
爾雅郭注義疏二十卷　(晉)郭璞注　(清)郝懿行撰　清光緒十三年(1887)湖北官書處刻

本　八冊

620000－1103－0001738　H13/630∶07
爾雅疏十卷附校勘記十卷　（晉）郭璞注　（宋）邢昺疏　清光緒二十年（1894）陝甘味經刊書處刻本　四冊　存十卷（一至二、七、九至十，校勘記一至二、七、九至十）

620000－1103－0001739　H13/630∶08
爾雅疏十卷附校勘記十卷　（晉）郭璞注　（宋）邢昺疏　清光緒二十年（1894）陝甘味經刊書處刻本　八冊

620000－1103－0001740　H13/893
釋名四卷　（漢）劉熙撰　明萬曆二十年（1592）刻廣漢魏叢書本　二冊

620000－1103－0001741　H13/973
四音釋義不分卷　（清）鄭長庚輯　清道光四年（1824）刻本　四冊

620000－1103－0001742　H13/983
分類字錦六十四卷　（清）張廷玉等纂　清刻本　二冊　存二卷（十一、二十九）

620000－1103－0001743　H14/628
繪圖速通虛字發續編不分卷　（清）施崇恩輯　清光緒三十一年（1905）上海彪蒙書室石印本　十冊

620000－1103－0001744　H14/628
策學淵萃四十六卷目録二卷　（□）□□撰　清光緒四年（1878）藤花小舫刻本　十二冊　存二十六卷（一至二十一、二十三至二十七）

620000－1103－0001745　H15/617
雲林別墅新輯酬世錦囊家禮集成二集七卷　（清）謝梅林　（清）鄒可庭定　（清）鄒景陽輯　清石印本　四冊

620000－1103－0001746　H16/120∶02
説文解字句讀三十卷　（清）王筠撰集　清同治四年（1865）刻本　十四冊

620000－1103－0001747　H16/120∶03
説文解字句讀三十卷　（清）王筠撰集　清同治四年（1865）刻本　十四冊

620000－1103－0001748　H16/252∶01（s）
説文解字義證五十卷　（清）桂馥撰　清同治九年（1870）湖北崇文書局刻本　三十二冊

620000－1103－0001749　H16/252∶02（s）
説文解字義證五十卷　（清）桂馥撰　清同治九年（1870）湖北崇文書局刻本　三十二冊

620000－1103－0001750　H16/252∶03
説文解字義證五十卷　（清）桂馥撰　清同治九年（1870）湖北崇文書局刻本　三十二冊

620000－1103－0001751　H16/252∶04
説文解字義證五十卷　（清）桂馥撰　清同治九年（1870）湖北崇文書局刻本　三十一冊　缺二卷（一至二）

620000－1103－0001752　H16/252∶05
説文解字義證五十卷　（清）桂馥撰　清同治九年（1870）湖北崇文書局刻本　三十二冊

620000－1103－0001753　H16/279∶01
字彙十二集首一卷末一卷附韻法直圖一卷韻法横圖一卷　（明）梅膺祚撰　清天德堂刻本　十三冊

620000－1103－0001754　H16/279∶02
字彙十二集首一卷末一卷附韻法直圖一卷韻法横圖一卷　（明）梅膺祚撰　清刻本　十三冊

620000－1103－0001755　H16/279∶03
字彙十二集首一卷末一卷附韻法直圖一卷韻法横圖一卷　（明）梅膺祚撰　清康熙三十七年（1698）文盛堂刻本　十四冊　缺三卷（末一卷、韻法直圖一卷、韻法横圖一卷）

620000－1103－0001756　H16/279∶04
字彙十二集首一卷末一卷附韻法直圖一卷韻法横圖一卷　（明）梅膺祚撰　清刻本　十二冊　缺四卷（首一卷、末一卷，韻法直圖一卷、韻法横圖一卷）

620000－1103－0001757　H16/279∶05
字彙十二集首一卷末一卷附韻法直圖一卷韻法横圖一卷　（明）梅膺祚撰　清乾隆三多齋

刻本　十三册　缺三卷(末一卷、韻法直圖一卷、韻法横圖一卷)

620000－1103－0001758　H16/279:06
字彙十二集首一卷末一卷附韻法直圖一卷韻法横圖一卷　(明)梅膺祚撰　清康熙四年(1665)文盛堂刻本　十三册　缺三卷(末一卷、韻法直圖一卷、韻法横圖一卷)

620000－1103－0001759　H16/279:07
字彙十二集首一卷末一卷附韻法直圖一卷韻法横圖一卷　(明)梅膺祚撰　清刻本　十三册　缺三卷(末一卷、韻法直圖一卷、韻法横圖一卷)

620000－1103－0001760　H16/279:08
字彙十二集首一卷末一卷附韻法直圖一卷韻法横圖一卷　(明)梅膺祚撰　清刻本　十二册　缺四卷(首一卷、末一卷,韻法直圖一卷、韻法横圖一卷)

620000－1103－0001761　H16/279:09
字彙十二集首一卷末一卷附韻法直圖一卷韻法横圖一卷　(明)梅膺祚撰　清嘉慶四年(1799)刻本　十四册

620000－1103－0001762　H16/279:10
字彙十二集首一卷末一卷附韻法直圖一卷韻法横圖一卷　(明)梅膺祚音釋　清刻本　十四册

620000－1103－0001763　H16/279:11
字彙十二集首一卷末一卷附韻法直圖一卷韻法横圖一卷　(明)梅膺祚撰　清嘉慶四年(1799)刻本　十四册

620000－1103－0001764　H16/306:01
康熙字典十二集　(清)張玉書纂　清光緒十四年(1888)上海圖書集成印書局鉛印本　十二册

620000－1103－0001765　H16/306:03
康熙字典十二集　(清)張玉書纂　清善成堂刻本　四十册

620000－1103－0001766　H16/306:04
康熙字典十二卷字母切韻要法一卷備考一卷補遺二卷　(清)張玉書纂　清刻本　四十册

620000－1103－0001767　H16/306:05
康熙字典十二集　(清)張玉書纂　清光緒二十年(1894)上海點石齋石印本　六册

620000－1103－0001768　H16/306:07
康熙字典十二卷字母切韻要法一卷備考一卷　(清)張玉書纂　清道光七年(1827)刻本　十一册　缺四卷(三、五至六、十一)

620000－1103－0001769　H16/313
許學叢書三集十四種　(清)張炳翔輯　清光緒長州張氏儀鄦廬刻本　二十四册

620000－1103－0001770　H16/314
分類字錦六十四卷　(清)張廷玉等纂　清刻本　八册

620000－1103－0001771　H16/315
說文發疑六卷　(清)張行孚述　清光緒九年(1883)邗上寓廬刻本　二册

620000－1103－0001772　H16/372:01
許氏說文解字雙聲疊韻譜不分卷　(清)鄧廷楨譔　清光緒常熟鮑氏刻後知不足齋叢書本　二册

620000－1103－0001773　H16/372:02
許氏說文解字雙聲疊韻譜不分卷　(清)鄧廷楨譔　清光緒常熟鮑氏刻後知不足齋叢書本　一册

620000－1103－0001774　H16/372:03
許氏說文解字雙聲疊韻譜不分卷　(清)鄧廷楨譔　清光緒常熟鮑氏刻後知不足齋叢書本　一册

620000－1103－0001775　H16/372:04
許氏說文解字雙聲疊韻譜不分卷　(清)鄧廷楨譔　清光緒常熟鮑氏刻後知不足齋叢書本　一册

620000－1103－0001776　H16/377(s)
說文引經考證八卷　(清)陳瑑學　(清)徐郙參校　清同治十三年(1874)湖北崇文書局刻

本　二册

620000－1103－0001777　H16/429
說文校議十五卷　(清)姚文田　(清)嚴可均撰　(清)孫星衍商訂　清咸豐二年(1852)李氏半畝園刻小學類編本　四册

620000－1103－0001778　H16/546(s)
說文測議訂經三卷　(清)董詔樸輯　清道光二年(1822)刻本　四册

620000－1103－0001779　H16/574
說文問答疏證六卷　(清)薛傳均輯　清光緒八年(1882)槃風樓刻本　二册

620000－1103－0001780　H16/612
說文提要不分卷　(清)陳建侯撰　清同治十二年(1873)湖北崇文書局刻本　一册

620000－1103－0001781　H16/612:01
說文解字十五卷　(漢)許慎撰　(宋)徐鉉校訂　清同治十年(1871)刻本　八册

620000－1103－0001782　H16/612:02
說文解字十五卷　(漢)許慎撰　(宋)徐鉉校訂　清刻本　七册　缺一卷(一)

620000－1103－0001783　H16/612:03
說文解字十五卷　(漢)許慎撰　(宋)徐鉉校訂　清刻本　一册　存二卷(十四至十五)

620000－1103－0001784　H16/657(s)
韻字略十二卷　(清)毛謨編　清光緒元年(1875)湖北崇文書局刻本　二册

620000－1103－0001785　H16/795(s)
說文通檢十四卷首一卷末一卷　(清)黎永椿輯　清光緒二年(1876)湖北崇文書局刻本　二册

620000－1103－0001786　H16/795:01
說文通檢十四卷首一卷末一卷　(清)黎永椿輯　清光緒二年(1876)文昌書局刻本　二册

620000－1103－0001787　H16/879
說文解字注三十二卷　(清)段玉裁注　清同治十一年(1872)湖北崇文書局刻本　十册

620000－1103－0001788　H16/879(s)
說文解字注三十二卷　(明)段玉裁注　清同治六年(1867)蘇州保息局刻本　十六册

620000－1103－0001789　H16/906
六書分類十二卷首一卷　(清)傅世垚彖論　清嘉慶元年(1796)刻本　十四册

620000－1103－0001790　H16/926(s)
段氏說文注訂八卷　(清)鈕樹玉撰　清同治十三年(1874)湖北崇文書局刻本　二册

620000－1103－0001791　H16/926(s)
說文新附考六卷續考一卷　(清)鈕樹玉撰　清同治十三年(1874)湖北崇文書局刻本　二册

620000－1103－0001792　H16/947:01(s)
說文解字韻譜十卷　(宋)徐楚金撰　清同治三年(1864)吳縣馮桂芬刻本　二册

620000－1103－0001793　H16/947:02(s)
說文解字韻譜十卷　(宋)徐楚金撰　清刻本　一册　存五卷(一至五)

620000－1103－0001794　H16/955
說文解字通釋四十卷　(南唐)徐鍇傳釋　清光緒九年(1883)江蘇書局刻本　八册

620000－1103－0001795　H16/965
說文辨疑一卷　(清)顧廣圻撰　清光緒三年(1877)湖北崇文書局刻本　一册

620000－1103－0001796　H16/988
四聲便覽四卷　(清)余貞孝輯　清咸豐元年(1851)奎文堂刻本　一册

620000－1103－0001797　H164/314
御定駢字類編二百四十卷　(清)張廷玉輯　清光緒十三年(1887)上海同文書局石印本　四十六册　存二百三十五卷(一至六、十二至二百四十)

620000－1103－0001798　H19/527
繪圖增注千字文不分卷　(□)□□撰　清末石印本　一册

620000－1103－0001799　H194.1

環地福分類字課圖說八卷　(清)□□撰　清末石印本　五冊　存五卷(三至五、七至八)

620000－1103－0001800　H194/512
龍文鞭影二卷　(明)蕭良有纂輯　清宣統二年(1910)廣益書局石印本　一冊　存一卷(一)

620000－1103－0001801　H194/512
龍文鞭影二集二卷　(清)李暉吉輯　(清)徐瓚輯　清光緒刻本　一冊

620000－1103－0001802　H194/793:01
寄傲上房塾課新增幼學故事瓊林四卷　(清)程允升輯　清刻本　一冊

620000－1103－0001803　H31/466
初學英字簡明表不分卷　(清)景裕　(清)趙長榮纂修　清光緒二十四年(1898)刻本　一冊

620000－1103－0001804　H31/661
商務書館華英字典不分卷　(清)□□撰　清光緒三十一年(1905)鉛印本　一冊

620000－1103－0001805　H33/526
德字初桄二卷　(清)江永輯　清光緒十三年(1887)鉛印本　二冊

620000－1103－0001806　I04/307
輶軒語一卷　(清)張之洞撰　清光緒二十一年(1895)陝西學署刻本　一冊

620000－1103－0001807　I206/677
文心雕龍十卷　(南朝梁)劉勰撰　清抄本　一冊

620000－1103－0001808　I206/842
文鑰二卷　(清)鄒福保輯　清宣統三年(1911)甘肅存古學堂刻本　二冊

620000－1103－0001809　I207.2/442
有正味齋試帖詳注四卷　(清)吳錫麟撰　清刻本　一冊　存二卷(一至二)

620000－1103－0001810　I207.21/118
聲調三譜十二卷　(清)王祖源輯　清光緒十八年(1892)關中書院刻本　四冊

620000－1103－0001811　I207.21/226
詩韻指掌二卷　(清)韓士龍輯　清光緒二年(1876)刻本　一冊

620000－1103－0001812　I207.21/304:01
司空詩品註釋一卷　(唐)司空圖撰　清咸豐八年(1858)元林堂刻本　一冊

620000－1103－0001813　I207.21/304:02
司空詩品註釋一卷　(唐)司空圖撰　清咸豐七年(1857)元林堂刻本　一冊

620000－1103－0001814　I207.21/304:03
司空詩品註釋一卷　(唐)司空圖撰　清同治九年(1870)竇文書局刻本　一冊

620000－1103－0001815　I207.21/304:04
司空詩品註釋一卷　(唐)司空圖撰　清咸豐七年(1857)琉璃廠刻本　一冊

620000－1103－0001816　I207.21/546
聲調四譜圖說十二卷首一卷末一卷　(清)董文渙編　清刻本　四冊　存十卷(二至三、六至十二,末一卷)

620000－1103－0001817　I207.21/828
瀛海探驪集八卷　(清)朱埏之輯　清末三多齋刻本　二冊　存四卷(一至四)

620000－1103－0001818　I207.21/891
詩韻含英十八卷　(清)劉文蔚輯　清刻本　一冊　存八卷(一至八)

620000－1103－0001819　I207.21/916
佩文詩韻廣註五卷　(□)□□撰　清經緯堂刻本　一冊

620000－1103－0001820　I207.22/186:01
隨園詩話十六卷補遺十卷　(清)袁枚撰　清末刻本　五冊　存十六卷(隨園詩話一至十、補遺五至十)

620000－1103－0001821　I207.22/186:02
隨園詩話十六卷補遺十卷　(清)袁枚撰　清道光十三年(1833)文光堂刻本　八冊

620000－1103－0001822　I207.22/186:03
隨園詩話十六卷補遺十卷　(清)袁枚撰　清

末刻本　九册　存十八卷(隨園詩話一至十四、補遺一至四)

620000－1103－0001823　I207.22/215
子史輯要詩賦題解四卷續編四卷　(清)胡本淵輯　清末刻本　一册　存二卷(子史輯要詩賦題解一至二)

620000－1103－0001824　I207.22/226
詩韻指掌二卷　(清)韓士龍輯　清光緒二年(1876)刻本　一册

620000－1103－0001825　I207.22/286
分類詩腋八卷　(清)李楨輯　清經綸堂刻本　四册

620000－1103－0001826　I207.22/355
全唐詩話八卷　(宋)尤袤輯　清乾隆三十九年(1774)清芬堂刻本　四册

620000－1103－0001827　I207.22/434
樂府古題要解二卷　(唐)吳兢撰　明崇禎中虞山毛氏汲古閣刻津逮秘書本　一册

620000－1103－0001828　I207.22/529
藝苑名言八卷　(清)蔣瀾輯　清刻本　一册　存二卷(三至四)

620000－1103－0001829　I207.22/736
詩韻合璧五卷　(清)湯文潞輯　清光緒十四年(1888)上海鴻文書局石印本　一册

620000－1103－0001830　I207.22/736:02
詩韻合璧五卷　(清)湯文潞輯　清光緒四年(1878)上海淞隱閣鉛印本　一册

620000－1103－0001831　I207.22/754(s)
養一齋詩話十卷　(清)潘德輿撰　清刻本　三册

620000－1103－0001832　I207.22/754:01
養一齋詩話十卷　(清)潘德輿撰　清刻本　一册　存三卷(一至三)

620000－1103－0001833　I207.22/754:02
養一齋詩話十卷　(清)潘德輿撰　清刻本　二册

620000－1103－0001834　I207.22/891
詩韻含英十八卷　(清)劉文蔚輯　清刻本　一册　存二卷(三至四)

620000－1103－0001835　I207.22/891
詩學含英十四卷　(明)劉文蔚輯　清菁華堂刻本　四册

620000－1103－0001836　I207.22/891
詩學含英十四卷　(清)劉文蔚輯　清刻本　二册　存十三卷(二至十四)

620000－1103－0001837　I207.22/894
詩料備覽十四卷　(清)劉文蔚(豹君)原本　(清)張晴峰校訂　清道光刻本　二册

620000－1103－0001838　I207.22/894
詩料備覽十四卷　(清)劉文蔚(豹君)原本　(清)張晴峰校訂　清大有堂刻本　一册

620000－1103－0001839　I207.22/947
而菴説唐詩二十二卷首一卷　(清)徐增撰　清康熙五年(1666)九誥堂刻本　八册

620000－1103－0001840　I207.22/952
彙纂詩法度鍼十卷　(清)徐文弼輯　清乾隆四十二年(1777)刻本　五册　存八卷(一至八)

620000－1103－0001841　I207.22/986
全唐詩話八卷　(宋)尤袤輯　明毛氏汲古閣刻本　一册　存二卷(五至六)

620000－1103－0001842　I207.23/522:01
詞律二十卷　(清)萬樹論次　清康熙二十六年(1687)萬氏堆絮園刻本　十册

620000－1103－0001843　I207.23/522:02
詞律二十卷　(清)萬樹論次　清康熙二十六年(1687)保滋堂刻本　十册

620000－1103－0001844　I207.23/714(s)
詞名集解六卷續編二卷宋樂類編二卷南北詞名宫調匯録二卷院本名目一卷雜劇待考一卷琴曲萃覽一卷　(清)汪汲撰　清乾隆、嘉慶間古愚山房刻古愚老人消夏録叢書本　四册

620000－1103－0001845　I207.23/714(s)

事物原會四十卷　（清）汪汲撰　清乾隆、嘉慶間古愚山房刻古愚老人消夏録叢書本　八冊

620000－1103－0001846　I207.6/731:01
楹聯叢話十二卷續話四卷　（清）梁章鉅輯　清道光二十二年至二十五年（1842－1845）長沙府署刻本　六冊

620000－1103－0001847　I211/113
古文發蒙集六卷　（清）王相合纂　（清）殷承爵衆訂　清刻本　二冊　存二卷（五至六）

620000－1103－0001848　I211/213
古文選粹□□卷　（□）□□撰　清樹德堂手抄本　一冊　存十卷（一至十）

620000－1103－0001849　I211/235
集録真西山文章正宗三十卷　（宋）真德秀撰　明嘉靖二十三年（1544）孔天胤刻本　二十冊

620000－1103－0001850　I211/279(s)
古文詞略二十四卷　（清）梅曾亮輯　清同治六年（1867）合肥李氏刻本　五冊

620000－1103－0001851　I211/285
關中兩朝文鈔二十二卷關中兩朝賦鈔二卷關中兩朝詩鈔十二卷關中兩朝文鈔補六卷關中兩朝詩鈔補四卷關中兩朝詩鈔又補一卷　（清）李元春彙選　清道光十六年（1836）守樸堂刻本　四十一冊

620000－1103－0001852　I211/291
叩鉢齋纂行廚集十七卷應酬詩集四卷　（清）李之浵輯　（清）汪建封輯　清刻本　七冊　存十二卷（一至三、六至八、十一、十七，應酬詩集四卷）

620000－1103－0001853　I211/313
漢魏六朝百三名家集一百十八卷　（明）張溥輯　明刻本　六十六冊

620000－1103－0001854　I211/316:01
御選唐宋文醇五十八卷　（清）高宗弘曆選　清光緒三年（1877）浙江書局刻本　三十冊

620000－1103－0001855　I211/316:02
御選唐宋文醇五十八卷　（清）高宗弘曆選輯　清光緒三年（1877）浙江書局刻本　二十冊

620000－1103－0001856　I211/316:03
御選唐宋文醇五十八卷　（清）高宗弘曆選　清光緒三年（1877）刻本　十八冊　存二十四卷（二十三至三十、四十三至五十八）

620000－1103－0001857　I211/324
斯文精萃不分卷　（清）尹繼善撰　清刻本　十七冊

620000－1103－0001858　I211/363
續古文苑二十卷　（清）孫星衍撰　清光緒十一年（1885）朱氏槐廬家塾刻本　一冊

620000－1103－0001859　I211/378
憑山閣增輯留青新集三十卷　（清）陳枚選　（清）陳德裕增輯　清康熙四十七年（1708）文光堂刻本　二十二冊　存二十七卷（一至四、六、八至二十七、二十九至三十）

620000－1103－0001860　I211/378
憑山閣增輯留言新集三十卷　（清）陳枚選　清刻本　六冊　存七卷（十至十五、十九）

620000－1103－0001861　I211/378:01
憑山閣增輯留青新集三十卷　（清）陳枚選　（清）陳德裕增輯　清刻本　十三冊　存九卷（十五、二十三至三十）

620000－1103－0001862　I211/380
求志集四卷　（清）陳鼐輯　清光緒十二年（1886）刻本　二冊

620000－1103－0001863　I211/385
文選補遺四十卷　（宋）陳仁子輯誦　清乾隆二年（1737）陳文煜餘慶堂刻本　十六冊

620000－1103－0001864　I211/427
紹聞堂增訂詳注四刻古文覺斯新本八卷　（清）過珙評選　清康熙三十一年（1692）刻本　八冊

620000－1103－0001865　I211/440:01
涵芬樓古今文鈔一百卷　（清）吳曾祺纂録

清宣統二年(1910)鉛印本　七十八册　存七十八卷(一至三、五至十、十二至六十三、八十四至一百)

620000－1103－0001866　I211/440:02
涵芬樓古今文鈔一百卷　(清)吳曾祺纂録　清宣統二年(1910)鉛印本　七册　存七卷(十五至十六、十八至二十二)

620000－1103－0001867　I211/511:13
文選六十卷　(南朝梁)蕭統撰　(唐)李善注　**考異十卷**　(清)胡克家撰　清光緒十一年(1885)上海同文書局石印本　八册　存四十八卷(一至四十八)

620000－1103－0001868　I211/515:01
文選六十卷　(南朝梁)蕭統輯　(唐)李善註　(清)何焯評　清乾隆三十七年(1772)海録軒朱墨套印本　十二册

620000－1103－0001869　I211/515:02
文選六十卷　(南朝梁)蕭統輯　(唐)李善注　(清)何焯評　清翻刻海録軒本　五册　存五十卷(一至三十八、四十九至六十)

620000－1103－0001870　I211/515:03
新刊文選後集十四卷　(南朝梁)蕭統撰　(唐)李善注　清刻本　十二册

620000－1103－0001871　I211/515:04
文選六十卷　(南朝梁)蕭統撰　(唐)李善注　清乾隆懷德堂刻本　十六册

620000－1103－0001872　I211/515:05
文選六十卷　(南朝梁)蕭統撰　(唐)李善注　清乾隆二十五年(1760)嵩山書屋刻本　二十四册

620000－1103－0001873　I211/515:06
文選六十卷　(南朝梁)蕭統輯　(唐)李善註　(清)何焯評　清乾隆三十七年(1772)海録軒刻朱墨套印本　十六册　存五十八卷(一至十二、十五至六十)

620000－1103－0001874　I211/515:07
文選六十卷　(南朝梁)蕭統輯　(唐)李善註　(清)何焯評　清乾隆三十七年(1772)海録軒刻朱墨套印本　十二册

620000－1103－0001875　I211/515:08
文選六十卷　(南朝梁)蕭統撰　(唐)李善注　清乾隆五十九年(1794)玉軸樓刻本　六册　存三十卷(一至三十)

620000－1103－0001876　I211/515:09
新刊文選考註前集十五卷　(南朝梁)蕭統撰　(唐)李善注　清初刻本　十册　存十一卷(一至十一)

620000　1103－0001877　I211/515:11(s)
文選六十卷　(南朝梁)蕭統輯　(唐)李善注　(清)何焯評　清翻刻海録軒本　十二册

620000－1103－0001878　I211/515:12
重訂文選集評十五卷首一卷末一卷　(清)于光華編次　清乾隆四十五年(1780)刻本　十六册

620000－1103－0001879　I211/515:14
文選六十卷　(南朝梁)蕭統撰　(唐)李善注　**考異十卷**　(清)胡克家撰　清同治八年(1869)湖北崇文書局刻本　二十四册

620000－1103－0001880　I211/515:15
文選六十卷　(南朝梁)蕭統撰　(唐)李善注　**考異十卷**　(清)胡克家撰　清同治八年(1869)湖北崇文書局刻本　二十四册

620000－1103－0001881　I211/515:16
文選六十卷　(南朝梁)蕭統撰　(唐)李善注　清乾隆懷德堂刻本　十一册　存五十六卷(一至十七、二十二至六十)

620000－1103－0001882　I211/515:19
文選六十卷　(南朝梁)蕭統撰　(唐)李善注　明汲古閣刻本　五册　存三十卷(一至三十)

620000－1103－0001883　I211/515:20
文選六十卷　(南朝梁)蕭統輯　(唐)李善注　(清)何焯評　清翻刻海録軒本　十二册

620000－1103－0001884　I211/604

新刻諸葛宗岳史四公文集 （清）劉質慧校栞 清同治十二年(1873)刻本 十四册

620000－1103－0001885 I211/607
六朝文絜箋注十二卷 （清）許槤評選 （清）黎經誥箋注 清石印本 四册

620000－1103－0001886 I211/676:01
古文淵鑒六十四卷 （清）徐乾學注 清刻本 三十六册

620000－1103－0001887 I211/676:03
古文淵鑒六十四卷 （清）徐乾學注 清刻本 三十二册

620000－1103－0001888 I211/700
文苑英華選六十卷 （清）宫夢仁輯 清康熙刻本 十五册 存三十九卷(一至十五、三十三至五十六)

620000－1103－0001889 I211/700(s)
文苑英華選六十卷 （清）宫夢仁輯 清思敬堂刻本 三十二册

620000－1103－0001890 I211/708:01
古文喈鳳新編八卷 （清）汪基鈔輯 清嘉慶十五年(1810)大盛堂刻本 一册 存四卷(一至四)

620000－1103－0001891 I211/708:02
古文喈鳳新編八卷 （清）汪基鈔輯 清乾隆四十年(1775)大盛堂刻本 四册

620000－1103－0001892 I211/708:03
古文喈鳳新編八卷 （清）汪基鈔輯 清光緒刻本 七册 存七卷(二至八)

620000－1103－0001893 I211/731
文選旁證四十六卷 （清）梁章鉅撰 清刻本 十册

620000－1103－0001894 I211/742:01
增廣留青新集二十四卷 （清）馮善長撰 清上海源記書局石印本 十二册

620000－1103－0001895 I211/742:02
增廣留青新集二十四卷 （清）馮善長撰 清光緒十六年(1890)鉛印本 十一册

620000－1103－0001896 I211/742:03
憑山閣增輯留青新集三十卷 （清）陳枚選 （清）陳德裕增輯 清刻本 五册 存七卷(四至五、八至十一、十五)

620000－1103－0001897 I211/749:01
唐宋八家文讀本三十卷 （清）沈德潛輯 清乾隆十五年(1750)小欝林刻本 十六册

620000－1103－0001898 I211/749:02
唐宋八家文讀本三十卷 （清）沈德潛輯 清翻刻小欝林刻本 十册

620000－1103－0001899 I211/760
精選古文不分卷 （□）□□撰 清抄本 一册

620000－1103－0001900 I211/914
公羊傳選二卷 （清）儲欣評 清乾隆五十年(1785)二南堂刻本 五册

620000－1103－0001901 I211/917
詳批策論正宗不分卷 （清）集成書屋主人輯 清光緒二十四年(1898)刻本 六册

620000－1103－0001902 I211/987
評註才子古文大家十七卷 （清）金聖嘆輯 （清）王之績評注 清雍正五年(1727)光裕堂刻本 十册

620000－1103－0001903 I211/987(s)
唱經堂才子書彙稿十種 （清）金人瑞撰 清乾隆九年(1744)傳萬堂刻本 八册

620000－1103－0001904 I211/988:01
古文釋義新編八卷 （清）余誠評註 清嘉慶十一年(1806)刻本 八册

620000－1103－0001905 I211/988:02
大文堂重訂古文釋義新編八卷 （清）余誠評註 清嘉慶五年(1800)宏道堂刻本 八册

620000－1103－0001906 I211/994:01
古文辭類纂七十四卷 （清）姚鼐纂集 清刻本 十二册

620000－1103－0001907 I211/994:02
古文辭類纂七十四卷 （清）姚鼐纂集 清光

緒三十三年(1907)上海商務印書館鉛印本　八冊

620000－1103－0001908　I211/994:05
古文辭類纂七十五卷　(清)姚鼐纂集　清同治八年(1869)刻本　九冊　存三十四卷(一至二、十四至四十五)

620000－1103－0001909　I211/994:06
古文辭類纂七十四卷　(清)姚鼐纂集　清光緒三十年(1904)上海商務印書館鉛印本　八冊

620000－1103－0001910　I211/994:07
古文辭類纂十五卷　(清)姚鼐纂集　**續古文辭類纂十卷**　王先謙纂集　清光緒二十年(1894)上海圖書集成印書局鉛印本　八冊

620000－1103－0001911　I211/994:09
古文辭類纂七十四卷　(清)姚鼐纂集　清光緒十八年(1892)湖南文章書局刻本　十二冊

620000－1103－0001912　I213.411/315
西漢文二十卷　(明)張采輯　明崇禎刻本　十冊

620000－1103－0001913　I213.51/607
六朝文絜四卷　(清)許槤評選　(清)黎經誥箋注　清光緒三年(1877)朱墨套印本　一冊

620000－1103－0001914　I213.622/604:07(s)
諸葛忠武侯全集二十卷首三卷　(三國蜀)諸葛亮撰　清光緒十四年(1888)岐山縣署刻本　十二冊

620000－1103－0001915　I213.622/604:11
忠武侯諸葛孔明先生全集五種　(三國蜀)諸葛亮撰　(清)張澍輯　清同治元年(1862)聚珍齋木活字印本　十二冊

620000－1103－0001916　I213.72/399(s)
陶淵明文集十卷　(晉)陶潛撰　清同治二年(1863)何氏篤慶堂影宋刻本　二冊

620000－1103－0001917　I213.722/399
陶淵明全集四卷　(晉)陶潛撰　清刻本　二冊

620000－1103－0001918　I213.901/607:01(s)
六朝文絜箋注十二卷　(清)許槤評選　清光緒十五年(1889)枕溢書屋刻本　四冊

620000－1103－0001919　I213.922/673
庾子山集十六卷　(北周)庾信撰　(清)倪璠註釋　清道光十九年(1839)同文堂刻本　十六冊

620000－1103－0001920　I214.201/636(s)
唐文粹補遺二十六卷　(清)郭麐纂　清光緒十一年(1885)江蘇書局刻本　四冊

620000－1103－0001921　I214.201/994(s)
唐文粹一百卷　(宋)姚鉉纂　清光緒九年(1883)刻本　十六冊

620000－1103－0001922　I214.201/994:02(s)
唐文粹一百卷　(宋)姚鉉纂　(明)徐仁中閱　明崇禎三年(1630)武林刻本　二十四冊

620000－1103－0001923　I214.211/113
初唐四傑集三十七卷　(清)項家達編　清同治十二年(1873)叢雅居刻本　十冊

620000－1103－0001924　I214.212/113
王子安集十六卷　(唐)王勃撰　清光緒五年(1879)華陽醉經堂刻本　四冊

620000－1103－0001925　I214.212/312
張燕公集二十五卷　(唐)張說撰　清乾隆三十九年(1774)武英殿木活字印本　四冊

620000－1103－0001926　I214.222/121:01(s)
王右丞集二十八卷首一卷末一卷　(唐)王維撰　(清)趙殿成註　清乾隆刻本　八冊

620000－1103－0001927　I214.222/121:02(s)
王右丞集二十八卷首一卷末一卷　(唐)王維撰　(清)趙殿成註　清乾隆二年(1737)刻本　十冊

620000－1103－0001928　I214.222/243
杜工部集二十卷　(唐)杜甫撰　(清)錢謙益箋註　清康熙六年(1667)刻本　四冊

620000－1103－0001929　I214.222/293(s)
李太白文集三十六卷　(唐)李白撰　(清)王

琦輯註　清乾隆二十五年(1760)寶笏樓刻本　十六册

620000－1103－0001930　I214.232/234:01
昌黎先生全集四十卷　(唐)韓愈撰　清宣統二年(1910)埽葉山房石印本　五册　存十九卷(一、五至七、十一至十四、二十五至二十九、三十五至四十)

620000－1103－0001931　I214.232/234:02
新刊五百家註音辯昌黎先生文集四十卷　(唐)韓愈撰　清乾隆四十九年(1784)刻本　十二册

620000－1103－0001932　I214.232/234:03
唐韓昌黎集四十卷外集十卷遺文一卷附録一卷　(唐)韓愈撰　(明)蔣之翹輯註　明崇禎六年(1633)學山堂刻本　八册

620000－1103－0001933　I214.232/234:04
昌黎先生集四十卷外集十卷遺文一卷集傳一卷　(唐)韓愈撰　明萬曆東吳徐氏東雅堂刻本　十二册

620000－1103－0001934　I214.232/234:12
朱文公校昌黎先生文集四十卷外集十卷集傳一卷遺文一卷　(唐)韓愈撰　(宋)朱熹考異　(宋)王伯大音釋　明萬曆三十三年(1605)金陵光裕堂刻本　十二册

620000－1103－0001935　I214.232/281
河東先生集四十五卷傳一卷外集二卷附録二卷　(唐)柳宗元撰　(宋)廖瑩中校正　明郭雲鵬濟美堂刻本　四十册

620000－1103－0001936　I214.232/281
唐柳河東集四十五卷外集五卷　(唐)柳宗元撰　(明)蔣之翹輯註　明崇禎六年(1633)刻本　十册

620000－1103－0001937　I214.242/291(s)
李義山文集十卷　(唐)李商隱撰　(清)徐樹穀箋　清康熙四十七年(1708)徐氏花谿草堂刻本　四册

620000－1103－0001938　I214.242/291(s)
樊南文集箋注八卷　(唐)李商隱撰　(清)馮浩編訂　清嘉慶元年(1796)意聚堂刻本　六册

620000－1103－0001939　I214.242/293(s)
三唐人文集　(明)毛晉輯　清道光二十八年(1848)海虞藴玉山房刻本　六册

620000－1103－0001940　I214.242/360
可之先生全集録二卷　(唐)孫樵撰　清遺清堂刻本　一册

620000－1103－0001941　I214.242/360(s)
可之先生全集録二卷　(唐)孫樵撰　清居易堂刻本　一册

620000－1103－0001942　I214.401/450
宋文鑑一百五十卷　(宋)吕祖謙銓次　清光緒十二年(1886)江蘇書局刻本　二十四册

620000－1103－0001943　I214.411/554
嘉樂齋三蘇文範十八卷　(明)楊愼選　明刻本　四册　存五卷(二至四、十、十四)

620000－1103－0001944　I214.412/119
新刻臨川王介甫先生詩集一百卷　(宋)王安石撰　(明)李光祚校　明萬曆四十年(1612)王鳳翔光啟堂刻本　十四册

620000－1103－0001945　I214.412/170:01
宋黄文節公文集三十二卷外集二十四卷别集十九卷首四卷　(宋)黄庭堅撰　清刻本　二册　存十四卷(宋黄文節公文集一至十三、首一)

620000－1103－0001946　I214.412/170:02
宋黄文節公文集外集二十四卷首一卷别集十九卷首一卷　(宋)黄庭堅撰　清乾隆三十年(1765)緝香堂刻本佚名批校　六册　存二十四卷(外集一至二十、首一卷,别集一至二、首一卷)

620000－1103－0001947　I214.412/270
楊龜山先生集四十二卷首一卷　(宋)楊時撰　清康熙四十七年(1708)刻本　十册

620000－1103－0001948　I214.412/294

宋李忠定公奏議選十五卷文集選二十九卷首四卷目録二卷　(宋)李綱撰　(明)左光先選　(明)李春熙輯　清刻本　十六冊

620000－1103－0001949　I214.412/424
六一居士全集録五卷外集録二卷　(宋)歐陽修撰　(清)儲欣匯輯　清康熙四十四年(1705)刻本　三冊

620000－1103－0001950　I214.412/424(s)
歐陽文忠公全集一百五十三卷目録一卷附録五卷　(宋)歐陽修撰　清嘉慶二十四年(1819)友善書屋刻本　二十四冊

620000－1103－0001951　I214.412/538:01
范文正公集四十八卷别集四卷　(宋)范仲淹撰　清道光十年(1830)吳郡義莊刻本　二十冊

620000－1103－0001952　I214.412/554
東坡文選二十卷　(宋)蘇軾撰　(明)鍾惺輯　明刻本　四冊

620000－1103－0001953　I214.412/554
宋大家蘇文忠公文鈔二十八卷　(宋)蘇軾撰　(明)茅坤評　清刻本　三冊　存十二卷(七至十八)

620000－1103－0001954　I214.412/554
嘉祐集二十卷　(宋)蘇洵撰　清道光十二年(1832)眉州三蘇祠刻三蘇全集本　四冊

620000－1103－0001955　I214.412/554
斜川集六卷　(宋)蘇過撰　清道光七年(1827)眉州三蘇祠刻三蘇全集本　三冊

620000－1103－0001956　I214.412/554
老泉先生全集録三卷　(宋)蘇洵撰　清遺清堂刻本　一冊

620000－1103－0001957　I214.412/554(s)
欒城集四十八卷後集二十四卷三集十卷應昭集十二卷　(宋)蘇轍撰　清道光十二年(1832)眉州三蘇祠刻三蘇全集本　二十七冊

620000－1103－0001958　I214.412/554(s)
東坡全集八十四卷目録二卷　(宋)蘇軾撰　(宋)王宗稷編　清道光十二年(1832)眉州三蘇祠刻三蘇全集本　四十六冊

620000－1103－0001959　I214.412/684:03
忠簡公文集七卷考異一卷　(宋)宗澤撰　(清)胡鳳丹校梓　清同治八年(1869)退補齋刻本　二冊

620000－1103－0001960　I214.412/761(s)
南豐先生元豐類槁五十三卷目録二卷　(宋)曾鞏撰　(清)顧崧齡校　清康熙五十六年(1717)長洲顧崧齡刻本　二十四冊

620000－1103－0001961　I214.42/312
乖崖集存六卷　(宋)張詠撰　清光緒十五年(1889)李氏代耕堂刻本　一冊

620000－1103－0001962　I214.422/113
宋王忠文公文集二十四卷目録一卷　(宋)王十朋撰　清雍正六年(1728)鴈就堂刻本　十六冊

620000－1103－0001963　I214.422/307(s)
張宣公全集三種六十一卷　(宋)張栻撰　清咸豐四年(1854)南軒祠刻光緒十七年(1891)印本　十二冊

620000－1103－0001964　I214.422/324:10
和靖尹先生文集八卷附集二卷　(宋)尹焞撰　(清)劉昇之重刻　清光緒八年(1882)刻本　二冊

620000－1103－0001965　I214.422/383:01
龍川文集三十卷補遺一卷　(宋)陳亮撰　**辨譌考異二卷附録一卷**　(清)胡鳳丹撰　清光緒元年(1875)湖北崇文書局刻本　十冊

620000－1103－0001966　I214.422/383:02(s)
龍川文集三十卷補遺一卷　(宋)陳亮撰　**辨譌考異二卷附録一卷**　(清)胡鳳丹撰　清光緒元年(1875)湖北崇文書局刻本　十冊

620000－1103－0001967　I214.422/395
象山先生文集三十六卷　(宋)陸九淵撰　**少湖徐先生學則辯一卷**　(清)徐階撰　清宣統二年(1910)江左書林鉛印本　八冊

620000－1103－0001968　I214.422/677
宋丞相文山先生全集二十卷　(宋)文天祥撰　清康熙十二年(1673)吉水曾弘刻本　四冊　存七卷(一至七)

620000－1103－0001969　I214.422/828:13
晦庵先生朱文公文集一百卷續集十一卷別集十卷目録二卷　(宋)朱熹撰　清同治十二年(1873)六安塗氏求我齋刻本　五十五冊　缺三十五卷(一至十三、二十五至二十六、五十九至六十、七十至八十一,續集七至十一,目録下)

620000－1103－0001970　I214.422/883:10
岳忠武王文集八卷首一卷末一卷　(宋)岳飛撰　(清)黄邦寧纂修　清刻本　三冊　缺一卷(首一卷)

620000－1103－0001971　I214.422/883:11
岳忠武王文集八卷首一卷末一卷　(宋)岳飛撰　(清)黄邦寧纂修　清乾隆三十五年(1770)刻本嘉慶二十一年(1816)補刻本　四冊

620000－1103－0001972　I214.642/128
遺山先生詩集二十卷　(金)元好問撰　明虞山毛氏汲古閣刻本　四冊

620000－1103－0001973　I214.72/377
所安遺集一卷補遺一卷　(元)陳泰撰　清光緒六年(1880)武林節署刻本　一冊

620000－1103－0001974　I214.72/488
道園學古録五十卷　(元)虞集撰　清刻本　八冊

620000－1103－0001975　I214.72/488
虞道園先生文選集八卷首一卷　(元)虞集撰　(清)李祖陶評點　(清)李襄平校刊　清道光二十五年(1845)刻本　四冊

620000－1103－0001976　I214.81/113(s)
王氏餘慶集十一卷　(明)王恕集　(明)王承裕續集　清嘉慶十五年(1810)刻本　四冊

620000－1103－0001977　I214.81/892
頻陽集四卷　(明)劉兑選　明萬曆十二年(1584)刻本　三冊　存三卷(二至四)

620000－1103－0001978　I214.82/112
王山史先生集二十五卷　(明)王弘撰　清光緒二十二年(1896)敬義堂刻本　十八冊

620000－1103－0001979　I214.82/113
弇州山人文抄十二卷　(明)王世貞撰　明萬曆八年(1580)刻本　六冊

620000－1103－0001980　I214.82/113
天恩存問録前集一卷續集一卷又續集一卷附録一卷　(明)王承裕輯　清道光十八年(1838)補刻本　二冊

620000－1103－0001981　I214.82/119
陽明先生集要三種十六卷(年譜一卷陽明先生理學集四卷陽明先生文章集四卷陽明先生經濟集七卷)　(明)王守仁撰　(清)施四明評輯　清光緒三十三年(1907)明明學社鉛印本　四冊

620000－1103－0001982　I214.82/119:01
王陽明先生全集十六卷　(明)王守仁撰　清道光六年(1826)麗順刻本　二十冊

620000－1103－0001983　I214.82/119:02
王陽明先生全集十六卷　(明)王守仁撰　清道光六年(1826)麗順刻本　十六冊

620000－1103－0001984　I214.82/119:04
王文成公全書三十八卷目録一卷　(明)王守仁撰　清刻本　十四冊　缺十七卷(一、十四至十五、十九至三十一、三十七)

620000－1103－0001985　I214.82/119:07
王文成公全集十六卷　(明)王守仁撰　清道光六年(1826)刻本　四冊　存二卷(一至二)

620000－1103－0001986　I214.82/120
重刊渼陂王太史先生全集　(明)王九思撰　明嘉靖十二年(1533)刻二十四年(1545)續刻崇禎十三年(1640)重修本　十冊　存十九卷(渼陂集十六卷、續集三卷)

620000－1103－0001987　I214.82/192(s)

梨雲館類定袁中郎先生全集二十四卷 (明)袁宏道撰 清道光九年(1829)培原書屋刻本 十六册

620000－1103－0001988 I214.82/197
寄園寄所寄十二卷 (清)趙起士輯 清刻本 八册

620000－1103－0001989 I214.82/223
鳥鼠山人小集十六卷後集二卷 (明)胡纘宗撰 明嘉靖刻清順治十三年(1656)修補印本 七册

620000－1103－0001990 I214.82/227
苑洛集二十二卷 (明)韓邦奇撰 清道光八年(1828)朝邑縣謝氏刻本 十册

620000－1103－0001991 I214.82/227:02(s)
苑洛集二十二卷 (明)韓邦奇撰 清道光八年(1828)朝邑縣謝氏刻本 十册

620000－1103－0001992 I214.82/275:01(s)
忠介公集十三卷首一卷末一卷附録五卷 (明)楊爵撰 清光緒十九年(1893)履誠堂刻本 六册

620000－1103－0001993 I214.82/275:02
忠介公集十三卷首一卷末一卷附録五卷 (明)楊爵撰 清光緒十九年(1893)履誠堂刻本 一册 存三卷(末一卷、附録四至五)

620000－1103－0001994 I214.82/275:10(s)
楊忠湣公集四卷 (明)楊繼盛撰 清光緒九年(1883)甘肅藩署刻本 三册

620000－1103－0001995 I214.82/275:11
楊忠湣公全集四卷 (明)楊繼盛撰 (清)魏光燾校刊 (清)周漢校刊 清光緒九年(1883)甘肅藩署刻本 四册

620000－1103－0001996 I214.82/289(s)
空同先生集六十三卷 (清)李夢陽撰 明嘉靖九年(1530)刻本 十册

620000－1103－0001997 I214.82/294
大泌山房集一百三十四卷目録二卷 (明)李維楨撰 明萬曆三十九年(1611)刻本 四十八册

620000－1103－0001998 I214.82/306
張三豐先生全集八卷 (明)張君寶撰 (清)李西月集 (清)朱道生刊 清閬中朱氏刻本 一册 存一卷(二)

620000－1103－0001999 I214.82/306(s)
新刻張太岳先生詩集四十七卷目録一卷 (明)張居正撰 清刻本 十六册

620000－1103－0002000 I214.82/344(s)
自愉堂文集六卷詩集四卷 (明)來儼然撰 清道光二十一年(1841)宏道書院刻本 三册

620000－1103－0002001 I214.82/344(s)
叢筌齋文集六卷 (明)來臨著 清道光二十二年(1842)宏道書院刻本 六册

620000－1103－0002002 I214.82/352(s)
蘿石山房集四卷梅花屋詩草一卷左侍郎奏疏一卷左忠貞外紀一卷 (明)左懋第撰 清刻本 四册 缺二卷(蘿石山房集一至二)

620000－1103－0002003 I214.82/378
陳忠裕全集三十卷首一卷末一卷 (明)陳子龍撰 **陳子龍自撰年譜三卷** (清)王昶輯 清嘉慶八年(1803)簳山草堂刻本 十一册 存二十二卷(一至二十八、首一卷,年譜三卷)

620000－1103－0002004 I214.82/399
陶元暉中丞遺集二卷首一卷 (明)陶朗先撰 清光緒二十四年(1898)蘭州書局鉛印本 一册

620000－1103－0002005 I214.82/411:01
谿田文集十一卷首一卷補遺一卷續補遺一卷搜遺一卷 (明)馬理撰 (清)李錫齡校刊 清道光二十年(1840)宏道書院刻本 四册

620000－1103－0002006 I214.82/411:02(s)
谿田文集十一卷補遺一卷 (明)馬理撰 明萬曆十七年(1589)刻清乾隆十七年(1752)補刻本 四册

620000－1103－0002007 I214.82/419:01(s)
馬文莊公文集選十五卷附録一卷 (明)馬自

強撰　清道光二十六年(1846)刻本　五册

620000－1103－0002008　I214.82/419:02
馬文莊公文集選十五卷附録一卷　(明)馬自強撰　清同治九年(1870)敦倫堂刻本　四册

620000－1103－0002009　I214.82/435
香蘇山館全集三十九卷　(清)吴嵩梁撰　清道光二十三年(1843)吴氏石溪舫刻本　八册

620000－1103－0002010　I214.82/445
呂新吾先生去僞齋文集十卷　(明)呂坤撰　清刻本　十册

620000－1103－0002011　I214.82/445(s)
涇野先生文集三十八卷續刻呂涇野先生文集八卷　(明)呂柟撰　清道光十二年(1832)關中書院刻本　十四册

620000－1103－0002012　I214.82/455:09
史忠正公文集四卷首一卷末一卷　(明)史可法撰　清咸豐六年(1856)刻本　二册

620000－1103－0002013　I214.82/482
羅整菴先生存稿二卷困知記四卷　(明)羅欽順撰　清正誼書院刻正誼堂全書本　二册

620000－1103－0002014　I214.82/482
羅圭峰先生文集三十卷　(明)羅玘撰　明崇禎七年(1634)刻本　十二册

620000－1103－0002015　I214.82/566:01
文清公薛先生文集二十四卷目録一卷　(明)薛瑄撰　(明)張鼎編校　清雍正十二年(1734)重刻本　十二册

620000－1103－0002016　I214.82/566:02(s)
文清公薛先生文集二十四卷目録一卷　(明)薛瑄撰　(明)張鼎編校　清雍正十二年(1734)重刻本　十二册

620000－1103－0002017　I214.82/566:03
文清公薛先生文集二十四卷目録一卷　(明)薛瑄撰　(明)張鼎編校　清雍正十二年(1734)重刻本　十三册

620000－1103－0002018　I214.82/667:02
六如居士全集七卷補遺一卷外集六卷制義一卷畫譜三卷花隖聯吟三卷　(明)唐寅撰　(清)唐仲冕輯　清嘉慶六年(1801)長沙唐仲冕刻本　六册

620000－1103－0002019　I214.82/668:01
康對山先生文集十卷附録一卷　(明)康海撰　(清)孫景烈選　清乾隆二十六年(1761)武功縣刻本　六册

620000－1103－0002020　I214.82/668:02
康對山先生文集十卷附録一卷　(明)康海撰　(清)孫景烈選　清乾隆二十六年(1761)武功縣刻本　六册

620000－1103－0002021　I214.82/668:03
康對山先生文集十卷附録一卷　(明)康海撰　(清)孫景烈選　清乾隆二十六年(1761)武功縣刻本　四册

620000－1103－0002022　I214.82/668:04
康對山先生集四十五卷目録一卷　(明)康海撰　清康熙五十一年(1712)馬逸姿刻本　二十四册

620000－1103－0002023　I214.82/668:05
康對山先生文集十卷附録一卷　(明)康海撰　(清)孫景烈選　清乾隆二十六年(1761)武功縣刻本　六册

620000－1103－0002024　I214.82/668:06
康對山先生文集十卷附録一卷　(明)康海撰　(清)孫景烈選　清乾隆二十六年(1761)武功縣刻本　六册

620000－1103－0002025　I214.82/668:07
康對山先生文集十卷附録一卷　(明)康海撰　(清)孫景烈選　清乾隆二十六年(1761)武功縣刻本　六册

620000－1103－0002026　I214.82/774:01
馮少墟集二十二卷續集四卷　(明)馮從吾撰　明萬曆四十一年至天啓元年(1613－1621)刻本　十八册

620000－1103－0002027　I214.82/774:02
馮少墟集二十二卷續集五卷　(明)馮從吾撰　明萬曆四十一年至天啓元年(1613－1621)

刻清康熙十二年(1673)補刻本　十八册

620000－1103－0002028　I214.82/868:01
震川先生集三十卷別集十卷附録一卷　(明)歸有光撰　清光緒六年(1880)常熟歸氏刻本　十六册

620000－1103－0002029　I214.82/868:03
歸先生文集三十二卷附録一卷　(明)歸有光撰　明萬曆三年(1575)雨金堂刻本　十册

620000－1103－0002030　I214.82/882
丘文莊公集十卷　(明)丘濬撰　清康熙四十七年(1708)刻丘海二公集合編本　八册

620000－1103－0002031　I214.82/885
劉文烈公全集十二卷　(明)劉理順撰　清順治十七年(1660)刻康熙四十六年(1707)覺于軒重修本　六册

620000－1103－0002032　I214.82/886
太師誠意伯劉文成公集二十卷目録一卷　(明)劉基撰　明隆慶六年(1572)謝廷傑、陳烈刻本　十册

620000－1103－0002033　I214.82/917
焦山山人焦次虞歲寒集十卷　(明)焦之夏撰　清抄本　四册

620000－1103－0002034　I214.82/917(s)
逆旅集二十卷　(明)焦源溥撰　清道光十九年(1839)宏道書院刻本　三册

620000－1103－0002035　I214.82/933
牧齋初學集一百十卷　(清)錢謙益撰　明崇禎十六年(1643)燕譽堂刻本　十六册

620000－1103－0002036　I214.82/987
金忠節公文集八卷　(明)金鉉撰　清刻本　一册　存二卷(七至八)

620000－1103－0002037　I214.9/955(s)
玉山閣古文選四卷詩選八卷　(清)徐鑅慶選　清刻本　四册

620000－1103－0002038　I214.91/378
憑山閣增輯留青新集三十卷　(清)陳枚選　(清)陳德裕增輯　清刻本　一册　存一卷(五)

620000－1103－0002039　I214.91/394:01
切問齋文鈔三十卷　(清)陸耀輯　清同治八年(1869)金陵錢氏刻本　十二册

620000－1103－0002040　I214.91/426
汪羅彭薛四家合鈔四種　國學扶輪社編　清宣統二年(1910)鉛印本　四册

620000－1103－0002041　I214.91/804
寧都三魏全集三種附三種集首一卷　(清)林時泰輯　清道光二十五年(1845)寧都謝庭綬紱園書塾刻本　十四册　存三種二十五卷(魏昭士文集三至十,魏季子文集一至七、十一至十二、十四至十六,魏叔子文集一至二、五至六、九)

620000－1103－0002042　I214.91/884:01
增廣留青新集二十四卷　(□)□□撰　清光緒二十五年(1899)石印本　十二册

620000－1103－0002043　I214.91/910
重編留青新集二十四卷　(清)馮善長編　清光緒十四年(1888)上海宏文閣鉛印本　十一册

620000－1103－0002044　I214.91/950:01
國朝二十四家文鈔二十四卷　(清)徐斐然輯　清道光十年(1830)文光堂刻本　八册

620000－1103－0002045　I214.91/950:03
國朝二十四家文鈔二十四卷　(清)徐斐然輯　清道光十年(1830)文光堂刻本　八册

620000－1103－0002046　I214.91/950:04
國朝二十四家文鈔二十四卷　(清)徐斐然輯　清道光十年(1830)文光堂刻本　八册

620000－1103－0002047　I214.92/112:01
砥齋集十二卷　(清)王弘撰　清光緒二十年(1894)敬義堂刻本　六册

620000－1103－0002048　I214.92/112:02
砥齋集十二卷　(清)王弘撰　清光緒二十年(1894)敬義堂刻本　一册　存一卷(一上)

620000－1103－0002049　I214.92/112:02

重刊船山遺書五十六種附校勘記二卷 (清)王夫之撰 清同治四年(1865)金陵節署刻本 一百三冊

620000－1103－0002050 I214.92/112:02(s)
砥齋集十二卷 (清)王弘撰 清光緒二十年(1894)敬義堂刻本 六冊

620000－1103－0002051 I214.92/112:03
重刊船山遺書五十六種附校勘記二卷 (清)王夫之撰 清同治四年(1865)金陵節署刻本 八冊 存六種三十九卷(俟解一卷,噩夢一卷,黄書一卷,識小録一卷,莊子解三十三卷,思問録内篇一卷、外篇一卷)

620000－1103－0002052 I214.92/113
白田草堂存稿八卷 (清)王懋竑撰 清刻本 二冊

620000－1103－0002053 I214.92/113:01(s)
葆淳閣集二十四卷易說二卷 (清)王杰撰 **王文瑞公年譜一卷** (清)阮元編 清刻本 八冊 存十九卷(葆淳閣集五至六、九至二十四,王文瑞公年譜一卷)

620000－1103－0002054 I214.92/113:02(s)
葆淳閣集二十四卷易說二卷 (清)王杰撰 **王文瑞公年譜一卷** (清)阮元編 清刻本 十二冊

620000－1103－0002055 I214.92/119
豐川全集正編二十五卷續編二十五卷 (清)王心敬撰 清刻本 八冊

620000－1103－0002056 I214.92/171
梨洲遺著彙刊二十九種五十九卷 (清)黄宗羲撰 清宣統二年(1910)上海時中書局鉛印本 二十冊

620000－1103－0002057 I214.92/171
黄梨洲先生南雷文約四卷 (清)黄宗羲撰 清宣統二年(1910)上海國學扶輪社石印本 四冊

620000－1103－0002058 I214.92/183
二林居集二十四卷 (清)彭紹升撰 清光緒七年(1881)刻長洲彭氏家集本 六冊

620000－1103－0002059 I214.92/214(s)
石笥山房文集六卷補遺一卷 (清)胡天遊撰 清抄本 六冊

620000－1103－0002060 I214.92/266:01
審巖集二十三卷 (清)楊於果撰 清道光二十五年(1845)刻本 十冊

620000－1103－0002061 I214.92/266:02
審巖集二十三卷 (清)楊於果撰 清道光二十五年(1845)刻本 三冊 存三卷(文集一至二、詩集一)

620000－1103－0002062 I214.92/268(s)
芙蓉山館文鈔一卷 (清)楊芳燦撰 清嘉慶十年(1805)刻本 四冊

620000－1103－0002063 I214.92/268:02(s)
太白山人槲葉集五卷 (清)李柏撰 清宣統三年(1911)刻本 六冊

620000－1103－0002064 I214.92/285:01
來紫堂合集三卷 (清)李天秀撰 清咸豐二年(1852)止足園刻本 二冊

620000－1103－0002065 I214.92/285:01
桐閣先生文鈔十二卷首一卷 (清)李元春撰 (清)賀瑞麟編輯 清光緒十年(1884)朝邑同義文會刻本 十二冊

620000－1103－0002066 I214.92/285:02
來紫堂合集三卷 (清)李天秀撰 清咸豐二年(1852)止足園刻本 二冊

620000－1103－0002067 I214.92/285:02
桐閣先生文鈔十二卷首一卷 (清)李元春撰 (清)賀瑞麟輯 清光緒十年(1884)朝邑同義文會刻本 十二冊

620000－1103－0002068 I214.92/285:03
桐閣先生文鈔十二卷首一卷 (清)李元春著 (清)賀瑞麟輯 清光緒十年(1884)朝邑同義文會刻本 十二冊

620000－1103－0002069 I214.92/286:03
太白山人槲葉集五卷 (清)李柏撰 清宣統

三年(1911)刻本　六册

620000－1103－0002070　I214.92/289:01
受祺堂文集四卷續集四卷　(清)李因篤撰　清道光七年至十年(1827－1830)關中書院刻本　八册

620000－1103－0002071　I214.92/289:02
二曲全集二十六卷　(清)李顒撰　清光緒十七年(1891)廣安崇善堂刻本　六册

620000－1103－0002072　I214.92/289:02
受祺堂文集四卷續集四卷　(清)李因篤撰　清道光七年至十年(1827－1830)關中書院刻本　八册

620000－1103－0002073　I214.92/289:03
二曲集二十六卷　(清)李顒撰　清刻本　八册

620000－1103－0002074　I214.92/306
二竹齋詩鈔六卷文集二卷　(清)張井撰　清道光十五年(1835)賜禮堂刻本　四册

620000－1103－0002075　I214.92/307
茗柯文初編一卷二編二卷三編一卷四編一卷　(清)張惠言撰　清光緒七年(1881)刻本　一册　存三卷(初編一卷、二編二卷)

620000－1103－0002076　I214.92/313
對雪亭文集十卷論語講義偶録一卷詩鈔二卷　(清)張洲撰　清嘉慶刻本　六册

620000－1103－0002077　I214.92/314
都是春齋文集八卷　(清)張佑撰　清吾學園刻本　四册

620000－1103－0002078　I214.92/314(s)
先德録一卷　(清)楊翰撰　清刻息柯居士全集本　一册

620000－1103－0002079　I214.92/316
御製文初集三十卷目録二卷　(清)高宗弘曆撰　清刻本　十六册

620000－1103－0002080　I214.92/362(s)
夏峯先生集十四卷補遺二卷　(清)孫奇逢撰　清道光二十五年(1845)大梁書院刻本　十六册

620000－1103－0002081　I214.92/363
孫檢討四書文不分卷　(清)孫景烈撰　清乾隆三十四年(1769)滋樹堂刻本　三册

620000－1103－0002082　I214.92/378(s)
卓廬初草四卷　(清)陳墉撰　清道光刻本　四册

620000－1103－0002083　I214.92/386(s)
陳檢討集二十卷　(清)陳維崧撰　清道光二年(1822)金閶步月樓刻本　四册

620000－1103－0002084　I214.92/388:10
三魚堂文集十二卷外集六卷附録一卷　(清)陸隴其撰　清康熙四十年(1701)琴川書屋刻本　五册

620000－1103－0002085　I214.92/394
切問齋集十六卷　(清)陸燿撰　清乾隆五十七年(1792)暉吉堂刻本　八册

620000－1103－0002086　I214.92/399
陶文毅公全集六十四卷首一卷末一卷　(清)陶澍撰　清道光刻本　三十册　缺十九卷(十五至三十三)

620000－1103－0002087　I214.92/443:01
説鈴前集三十七種後集十六種　(清)吳震方輯　清嘉慶五年(1800)明新堂刻本　十二册　存後集十六種

620000－1103－0002088　I214.92/443:02
説鈴前集三十七種後集十六種　(清)吳震方輯　清嘉慶五年(1800)明新堂刻本　十六册

620000－1103－0002089　I214.92/443:03
説鈴二集五十二種　(清)吳震方輯　清康熙四十四年(1705)刻本　十二册

620000－1103－0002090　I214.92/455
史復齋文集四卷　(清)史調撰　清光緒二十一年(1895)世德堂刻本　二册

620000－1103－0002091　I214.92/478
賜書樓嶢山集四卷詩集一卷補刻一卷　(清)田從典撰　清雍正九年(1731)賜書樓刻本

二册

620000－1103－0002092　I214.92/478
嶢山集不分卷　(清)田從典撰　清康熙六十一年(1722)賜書堂刻本　二册

620000－1103－0002093　I214.92/482
尊聞居士集八卷　(清)羅有高撰　清乾隆四十七年(1782)刻本　四册

620000－1103－0002094　I214.92/482
蘇溪全集六集　(清)羅繞典撰　清道光二十六年(1846)刻本　十册

620000－1103－0002095　I214.92/517
鹿洲初集二十卷　(清)藍鼎元撰　清雍正十年(1732)刻鹿洲全集本　二十册

620000－1103－0002096　I214.92/546
正誼堂文集二十二卷詩十卷　(清)董詔撰　清刻本　六册

620000－1103－0002097　I214.92/627:01
望溪先生文集十八卷集外文十卷補遺二卷方望溪先生年譜二卷附録一卷　(清)方苞撰　**方望溪先生年譜二卷附録一卷**　(清)蘇惇元撰　清咸豐元年(1851)刻本　十六册

620000－1103－0002098　I214.92/627:02
望溪先生文集十八卷集外文十卷補遺二卷方望溪先生年譜二卷附録一卷　(清)方苞撰　**方望溪先生年譜二卷附録一卷**　(清)蘇惇元撰　清咸豐元年(1851)刻本　十二册

620000－1103－0002099　I214.92/660
澹靜齋文鈔六卷外篇二卷　(清)龔景瀚輯　清道光六年(1826)恩賜堂刻本　八册

620000－1103－0002100　I214.92/667
飲月軒詩文存稾合鈔八卷　(清)唐廷詔撰　清道光二十一年(1841)刻本　五册

620000－1103－0002101　I214.92/677(s)
雜録不分卷　(清)□□輯　清抄本　一册

620000－1103－0002102　I214.92/691
中巖文介先生文集六卷　(清)宋振麟撰　清乾隆十六年(1751)刻本　六册

620000－1103－0002103　I214.92/691
確山先生駢體文四卷時藝一卷　(清)宋世犖撰　清道光二十年(1840)宏道書院刻本　四册

620000－1103－0002104　I214.92/707
堯峯文鈔五十卷　(清)汪琬撰　(清)林佶編　清康熙三十二年(1693)刻本　四册

620000－1103－0002105　I214.92/720(s)
卷施閣文甲集十卷乙集八卷詩十卷　(清)洪亮吉撰　清乾隆六十年(1795)貴陽節署刻本　二十册

620000－1103－0002106　I214.92/736:01
潛菴先生全集五卷　(清)湯斌輯　清同治十二年(1873)紅杏山房刻本　十二册

620000－1103－0002107　I214.92/799(s)
魏敬士文集八卷　(清)魏世儼撰　(清)林時益輯　清道光二十五年(1845)寧都謝庭綬紱園書塾刻本　四册

620000－1103－0002108　I214.92/804:02(s)
寧都三魏全集　(清)林時益輯　清道光二十五年(1845)寧都謝庭綬紱園書塾刻本　四十二册

620000－1103－0002109　I214.92/804:1(s)
寧都三魏全集　(清)林時益輯　清道光二十五年(1845)寧都謝庭綬紱園書塾刻本　五十册

620000－1103－0002110　I214.92/806
寒松堂全集十二卷　(清)魏象樞撰　清康熙四十七年(1708)刻本　十册　存十卷(一至十)

620000－1103－0002111　I214.92/806
梅窗墨影六卷　(清)魏鳳闕撰　清末石印本　二册　存四卷(三至六)

620000－1103－0002112　I214.92/859:01(s)
紀文達公遺集文十六卷詩十六卷　(清)紀昀撰　(清)紀樹馨編校　清刻本　十八册

620000－1103－0002113　I214.92/859:02

紀文達公遺集文十六卷詩十六卷　(清)紀昀撰　(清)紀樹馨編校　清嘉慶十七年(1812)紀樹馥刻本　十六冊　存十六卷(文十六卷)

620000－1103－0002114　I214.92/883
賜葛堂文集六卷遺稿一卷　(清)岳震川撰　清光緒五年(1879)勉紹堂刻本　五冊

620000－1103－0002115　I214.92/888
海峰文集八卷詩十一卷　(清)劉大櫆撰　清同治十三年(1874)刻本　八冊

620000－1103－0002116　I214.92/889(s)
養晦堂文集十卷　(清)劉蓉撰　清光緒三年(1877)思賢講舍刻養晦堂集本　七冊

620000－1103－0002117　I214.92/894
九畹近作不分卷　(清)劉紹攽撰　清抄稿本　六冊

620000－1103－0002118　I214.92/894:01
九畹古文十卷目録一卷　(清)劉紹攽撰　清乾隆八年(1743)樹蕙居刻本　六冊　存六卷(一至六)

620000－1103－0002119　I214.92/894:01
九畹續集二卷　(清)劉紹攽撰　清傳經堂刻本　二冊

620000－1103－0002120　I214.92/894:02
九畹續集二卷　(清)劉紹攽撰　清傳經堂刻本　二冊

620000－1103－0002121　I214.92/894:11
九畹古文十卷目録一卷　(清)劉紹攽撰　清乾隆八年(1743)劉傳經堂刻本　十冊

620000－1103－0002122　I214.92/894:12
九畹古文十卷目録一卷　(清)劉紹攽撰　清乾隆八年(1743)劉傳經堂刻本　十冊

620000－1103－0002123　I214.92/979
板橋集六編　(清)鄭燮撰　清西山堂刻本　四冊

620000－1103－0002124　I214.92/986(s)
鮚埼亭集三十八卷首一卷　(清)全祖望撰　清嘉慶九年(1804)刻本　十六冊

620000－1103－0002125　I214.92/994(s)
莊子章義五卷附録一卷　(清)姚鼐撰　清光緒五年(1879)桐城徐氏刻惜抱軒遺書本　六冊

620000－1103－0002126　I215.2/411
日損益齋時藝全稿不分卷　(清)馬疏撰　清咸豐七年(1857)刻本　一冊

620000－1103－0002127　I215.21/119
仁在堂時藝綜一卷　(清)王宗沂等撰　清道光十七年(1837)文�堂書局刻本　一冊

620000－1103－0002128　I215.21/202
陝西校士録不分卷　(清)趙惟熙輯　清光緒二十三年(1897)三原學署刻本　四冊

620000－1103－0002129　I215.21/243
墨醕三編不分卷　(清)杜聯選　清同治四年(1865)求是齋刻本　一冊

620000－1103－0002130　I215.21/293
辛卯鄉墨一卷　(清)李鳳來等撰　清末刻本　一冊

620000－1103－0002131　I215.21/314
天水書院秦州月課官卷不分卷　(清)潘具瀚等撰　清末抄本　一百三十七冊

620000－1103－0002132　I215.21/354
小題正鵠初集一卷二集一卷三集一卷　(清)李元度輯　清光緒二十七年(1901)秦州翠柏齋刻本　一冊　存一卷(三集一卷)

620000－1103－0002133　I215.21/455
小題芝蘭一卷　(清)史鑑輯　清道光三十年(1850)忠興堂刻本　一冊

620000－1103－0002134　I215.21/754
江漢炳靈集二卷　(清)張之洞輯　清光緒二十一年(1895)上海書局石印本　一冊

620000－1103－0002135　I215.21/928:01
[光緒六年]會試第十三房同門姓氏一卷硃卷一卷　(清)□□撰　清末刻本　一冊

620000－1103－0002136　I215.21/928:02
[光緒六年]會試第十三房同門姓氏一卷硃卷

一卷　(清)□□撰　清末刻本　一册

620000－1103－0002137　I215.21/959
孟晉齋文集五卷周列士傳一卷　(清)顧壽楨撰　**小石帚生詞一卷小石帚生和薑詞一卷**　(清)趙福雲撰　**陝西南山谷口攷一卷寓意於物齋文編一卷**　(清)毛鳳枝撰　清同治五年(1866)見素抱樸齋刻本　八册

620000－1103－0002138　I215.21/990
[光緒十七年]直省鄉墨新編不分卷　(清)俞培元選　清光緒十七年(1891)刻本　一册

620000－1103－0002139　I215.22/112
湘綺樓全集三十卷　王闓運撰　清宣統二年(1910)上海國學扶輪社石印本　十二册

620000－1103－0002140　I215.22/112
湘綺樓全集三十卷　王闓運撰　清光緒三十三年(1907)寶慶漢文書局刻本　十六册

620000－1103－0002141　I215.22/113
陶廬文集二卷　王樹枏撰　清光緒二十八年(1902)刻陶廬叢書本　一册

620000－1103－0002142　I215.22/119(s)
紫丁香齋詩課偶存不分卷　(清)王治稿　清道光二十三年(1843)刻本　二册

620000－1103－0002143　I215.22/119:01
笠雲槐里遺文一卷　(清)王心如撰　清宣統三年(1911)尊經堂刻本　一册

620000－1103－0002144　I215.22/119:02
笠雲槐里遺文一卷　(清)王心如撰　清宣統三年(1911)尊經堂刻本　一册

620000－1103－0002145　I215.22/119:03
笠雲槐里遺文一卷　(清)王心如撰　清宣統三年(1911)尊經堂刻本　一册

620000－1103－0002146　I215.22/119:04
笠雲槐里遺文一卷　(清)王心如撰　清宣統三年(1911)尊經堂刻本　一册

620000－1103－0002147　I215.22/119:05
笠雲槐里遺文一卷　(清)王心如撰　清宣統三年(1911)尊經堂刻本　一册

620000－1103－0002148　I215.22/119:06
笠雲槐里遺文一卷　(清)王心如撰　清宣統三年(1911)尊經堂刻本　一册

620000－1103－0002149　I215.22/119:07
笠雲槐里遺文一卷　(清)王心如撰　清宣統三年(1911)尊經堂刻本　一册

620000－1103－0002150　I215.22/119:08
笠雲槐里遺文一卷　(清)王心如撰　清宣統三年(1911)尊經堂刻本　一册

620000－1103－0002151　I215.22/119:09
笠雲槐里遺文一卷　(清)王心如撰　清宣統三年(1911)尊經堂刻本　一册

620000－1103－0002152　I215.22/119:10
笠雲槐里遺文一卷　(清)王心如撰　清宣統三年(1911)尊經堂刻本　一册

620000－1103－0002153　I215.22/119:11
笠雲槐里遺文一卷　(清)王心如撰　清宣統三年(1911)尊經堂刻本　一册

620000－1103－0002154　I215.22/120
慕陶山房遺稿不分卷　(清)王作樞撰　清光緒十六年(1890)刻本　四册

620000－1103－0002155　I215.22/120
兩竿竹室全集六卷　(清)王篤撰　清咸豐七年(1857)刻本　五册

620000－1103－0002156　I215.22/121
祛屙齋文集六卷續集一卷　(清)王會昌撰　清光緒元年(1875)刻本　四册

620000－1103－0002157　I215.22/183
彭剛直公奏稿八卷詩集八卷　(清)彭玉麟撰　清光緒十七年(1891)吳下刻本　八册

620000－1103－0002158　I215.22/183
觀河集四卷　(清)彭紹升撰　清光緒四年(1878)傳經堂刻本　一册

620000－1103－0002159　I215.22/212(s)
謫麐堂遺集文二卷詩二卷　(清)戴望撰　清光緒元年(1875)刻本　二册

620000－1103－0002160　I215.22/215:01
胡文忠公遺集八十六卷目録一卷　(清)胡林翼撰　(清)鄭敦謹　(清)曾國荃輯　清同治六年(1867)刻本　三十二册

620000－1103－0002161　I215.22/215:02
胡文忠公遺集八十六卷目録一卷　(清)胡林翼撰　(清)鄭敦謹　(清)曾國荃輯　清同治六年(1867)刻本　三十二册

620000－1103－0002162　I215.22/215:03
胡文忠公遺集八十六卷首一卷目録一卷　(清)胡林翼撰　(清)鄭敦謹輯　(清)曾國荃輯　(清)胡鳳丹重編　清光緒十四年(1888)上海著易堂鉛印本　八册

620000－1103－0002163　I215.22/215:04
胡文忠公遺集八十六卷目録一卷　(清)胡林翼撰　(清)鄭敦謹　(清)曾國荃輯　(清)胡鳳丹重編　清末刻本　十六册　存三十七卷(十三至十五、五十一至六十八、七十一至八十六)

620000－1103－0002164　I215.22/215:05
胡文忠公遺集八十六卷首一卷目録一卷　(清)胡林翼撰　(清)鄭敦謹輯　(清)曾國荃輯　(清)胡鳳丹重編　清光緒十四年(1888)上海著易堂鉛印本　八册

620000－1103－0002165　I215.22/267(s)
損齋遺書三十卷　(清)楊樹椿撰　清光緒二十一年(1895)刻本　六册

620000－1103－0002166　I215.22/267:01
介石文集二卷詩集一卷　(清)楊燾撰　清末秦州天寶齋刻本　一册

620000－1103－0002167　I215.22/267:02
介石文集二卷詩集一卷　(清)楊燾撰　清末秦州天寶齋刻本　一册

620000－1103－0002168　I215.22/279
梅伯言全集二十二卷　(清)梅曾亮撰　清末石印本　八册

620000－1103－0002169　I215.22/283(s)
樊山集二十八卷續集二十二卷公牘三卷樊山批判十四卷二家詠古詩一卷二家試帖一卷二家詞鈔五卷　樊增祥撰　清光緒二十年至二十八年(1894－1902)刻本　十七册　存五十六卷(樊山集八至十二、十七至二十八,續集一至十三、二十至二十二,公牘三卷,樊山批判一至六、八至十四,二家詠古詩一卷,二家試帖一卷,二家詞鈔五卷)

620000－1103－0002170　I215.22/286
代耕堂全集六種附三種　(清)李嘉績撰　清光緒刻本　六册　存二種二十二卷(江上草堂擣稾一至四、代耕堂中稾一至十八)

620000－1103－0002171　I215.22/286(s)
代耕堂全集六種附三種　(清)李嘉績撰　清光緒刻本　十二册

620000－1103－0002172　I215.22/292(s)
養一齋文集二十卷　(清)李兆洛撰　清光緒四年(1878)刻本　八册

620000－1103－0002173　I215.22/313:01(s)
養素堂文集三十五卷　(清)張澍撰　清道光十七年(1837)武威張氏棗花書屋刻本　十六册

620000－1103－0002174　I215.22/313:02
養素堂文集三十五卷　(清)張澍撰　清道光十七年(1837)武威張氏棗花書屋刻本　十六册

620000－1103－0002175　I215.22/352
盾鼻餘瀋一卷　(清)左宗棠撰　清末刻本　一册

620000－1103－0002176　I215.22/352:01
慎傘詩鈔二卷文鈔二卷　(清)左宗植撰　清光緒元年(1875)刻本　四册

620000－1103－0002177　I215.22/352:01
左文襄公全集十二種一百二十三卷首一卷　(清)左宗棠撰　清光緒十八年(1892)刻本　三十四册

620000－1103－0002178　I215.22/352:02
慎盦詩鈔二卷文鈔二卷　（清）左宗植撰　清光緒元年（1875）刻本　四册

620000－1103－0002179　I215.22/352:02
左文襄公全集十二種一百二十三卷首一卷　（清）左宗棠撰　清光緒十八年（1892）刻本　二十八册

620000－1103－0002180　I215.22/352:03
慎盦詩鈔二卷文鈔二卷　（清）左宗植撰　清光緒元年（1875）刻本　四册

620000－1103－0002181　I215.22/352:03
左文襄公全集十二種一百二十三卷首一卷　（清）左宗棠撰　清光緒十八年（1892）刻本　二十七册

620000－1103－0002182　I215.22/352:04
左文襄公全集十二種一百二十三卷首一卷　（清）左宗棠撰　清光緒十八年（1892）刻本　三十四册　存九種四十卷（左文襄公批劄七卷、左文襄公諮劄一卷、左文襄公文集五卷、左文襄公詩集一卷、左文襄公聯語一卷、藝學説帖一卷、左文襄公年譜十卷、張大司馬奏稿四卷、駱文忠公奏稿十卷）

620000－1103－0002183　I215.22/412
日損益齋古文八卷　（清）馬疏著　清末刻本　三册　存六卷（三至八）

620000－1103－0002184　I215.22/434:01
擕雪堂文集四卷　（清）吳可讀撰　清光緒二十六年（1900）浙江書局刻本　四册

620000－1103－0002185　I215.22/434:02
擕雪堂文集四卷　（清）吳可讀撰　清光緒十九年（1893）刻本　四册

620000－1103－0002186　I215.22/440
桐城吳先生全書十七種　（清）吳汝綸撰　清光緒三十年（1904）刻本　二十二册　存七種十九卷（易説二卷，尚書故三卷，文集四卷，詩集一卷，尺牘五卷、尺牘補遺一卷、諭兒書一卷，清史本傳一卷，吳先生行狀一卷）

620000－1103－0002187　I215.22/443:01
樫華館文集六卷詩集四卷駢體文一卷雜録一卷　（清）路德撰　清光緒七年（1881）解梁刻本　六册　存六卷（文集六卷）

620000－1103－0002188　I215.22/443:02(s)
樫華館文集六卷詩集四卷駢體文一卷雜録一卷　（清）路德撰　清光緒七年（1881）解梁刻本　十册

620000－1103－0002189　I215.22/522:01(s)
豫齋集二卷　（清）萬方煦撰　清光緒七年（1881）刻本　二册

620000－1103－0002190　I215.22/522:02(s)
豫齋集二卷　（清）萬方煦撰　清光緒七年（1881）刻本　二册

620000－1103－0002191　I215.22/526
通齋文集二卷南行紀程一卷　（清）蔣超伯撰　清同治三年（1864）高郡刻本　一册

620000－1103－0002192　I215.22/526
曉瀛遺稿二卷　（清）蔣繼伯撰　清末刻本　一册

620000－1103－0002193　I215.22/572
庸庵文編四卷外編四卷續編二卷　（清）薛福成撰　清刻本　八册

620000－1103－0002194　I215.22/613:01(s)
玉井山館文略五卷玉井山館詩十五卷玉井山館詩餘一卷　（清）許宗衡撰　清同治四年（1865）刻本　四册

620000－1103－0002195　I215.22/613:02
玉井山館詩十五卷詩餘一卷文續二卷文略五卷　（清）許宗衡撰　清同治九年（1870）刻本　五册

620000－1103－0002196　I215.22/647(s)
陶堂志微録五卷遺文一卷恤誦一卷三漢碑執一卷　（清）高心夔輯　清光緒八年（1882）平湖朱氏經注經齋刻本　四册　存七卷（陶堂志微録五卷、遺文一卷、三漢碑執一卷）

620000－1103－0002197　I215.22/657

章氏遺書二種　(清)章學誠撰　清道光十二年至十三年(1832－1833)刻本　五冊

620000－1103－0002198　I215.22/660
定盦續集四卷　(清)龔自珍撰　清末鉛印本　一冊

620000－1103－0002199　I215.22/704
嗣徽集不分卷　(清)安維峻撰　清光緒三十年(1904)石印本　一冊

620000－1103－0002200　I215.22/720
龍崗山人集三十四卷　(清)洪良品撰　清光緒四年至十八年(1878－1892)刻本　十冊

620000－1103－0002201　I215.22/729(s)
學圃文存四卷詩存七卷對聯偶存一卷　(清)梁景先撰　清光緒十九年(1893)梁氏誦芬堂刻本　五冊

620000－1103－0002202　I215.22/731(s)
浪跡叢談十一卷　(清)梁章鉅撰　清道光二十七年(1847)亦東園刻本　四冊

620000－1103－0002203　I215.22/754
潘尊賢集不分卷　(清)潘尊賢撰　清稿本　一冊

620000－1103－0002204　I215.22/761
曾文正公雜著二卷　(清)曾國藩撰　(清)李瀚章編次　清光緒二十九年(1903)鴻寶書局石印本　一冊

620000－1103－0002205　I215.22/761
鳴原堂論文二卷　(清)曾國藩撰　清光緒二十九年(1903)鴻寶書局石印本　一冊

620000－1103－0002206　I215.22/761:01
曾文正公文集四卷詩集四卷　(清)曾國藩撰　清同治十三年(1874)傳忠書局刻本　五冊

620000－1103－0002207　I215.22/761:01(s)
曾文正公全集一百六十一卷首一卷　(清)曾國藩撰　清同治、光緒間傳忠書局刻本　七十五冊　缺三十卷(經史百家雜鈔一至二十六、鳴原堂論文一至二、雜著一至二)

620000－1103－0002208　I215.22/761:02
曾文正公全集　(清)曾國藩撰　清光緒二十九年(1903)鴻寶齋書局石印本　四十八冊　存一百八十一卷(奏稿三十卷、批牘六卷、十八家詩鈔二十八卷、雜著二卷、經史百家雜鈔二十六卷、日記二卷、經史百家簡編二卷、讀書録十卷、論文二卷、年譜十二卷、孟要五卷、詩集三卷、家書十卷、文集三卷、家訓二卷、書札三十三卷、大事記四卷,首一卷)

620000－1103－0002209　I215.22/795
古舊文存四卷　王樹枏輯　清光緒至民國新城王氏刻陶廬叢書本　一冊　存一卷(二)

620000－1103－0002210　I215.22/805
古微堂集十卷　(清)魏源撰　清宣統元年(1909)上海國學扶輪社鉛印本　六冊

620000－1103－0002211　I215.22/813
周武壯公遺書九卷外集三卷別集一卷附録一卷首一卷　(清)周盛傳撰　清光緒三十一年(1905)刻本　三冊　存五卷(外集三卷、別集一卷、附録一卷)

620000－1103－0002212　I215.22/815
忠武堂遺稿不分卷　(清)周務學撰　清末稿本　七冊

620000－1103－0002213　I215.22/825(s)
省齋全集十二卷類纂一卷　(清)牛樹梅撰　清同治十三年(1874)刻本　八冊

620000－1103－0002214　I215.22/827
怡志堂文初編六卷　(清)朱琦撰　清同治四年(1865)京師刻本　二冊

620000－1103－0002215　I215.22/840(s)
安吴四種三十六卷　(清)包世臣撰　清同治十一年(1872)注經堂刻本　十六冊

620000－1103－0002216　I215.22/842(s)
斆蓺齋遺書六種十七卷　(清)鄒漢勛撰　清光緒五年(1879)刻本　六冊

620000－1103－0002217　I215.22/851(s)
通甫類藁四卷　(清)魯一同撰　清咸豐九年(1859)刻本　三冊

620000－1103－0002218　I215.22/915
倭文端公遺書八卷首二卷末一卷　(清)倭仁撰　清光緒刻本　一册　存三卷(七至八、末一卷)

620000－1103－0002219　I215.22/959(s)
孟晉齋文集五卷　(清)顧壽楨撰　清同治五年(1866)見素抱樸齋刻本　二册

620000－1103－0002220　I215.22/966
方宦售世文五卷　(清)顧曾烜撰　清光緒二十三年(1897)九峻官廨刻本　四册

620000－1103－0002221　I215.22/973
舊雨集三卷　(清)鄭士範撰　清光緒二十一年(1895)周正誼堂刻本　二册

620000－1103－0002222　I215.22/973:01
緑猗寮集二卷　(清)鄭士範撰　清宣統二年(1910)周正誼堂刻本　二册

620000－1103－0002223　I215.22/973:02
緑猗寮集二卷　(清)鄭士範撰　清宣統二年(1910)周正誼堂刻本　二册

620000－1103－0002224　I215.742/288(s)
協律鉤元四卷外集一卷　(唐)李賀撰　(清)陳本禮註　清嘉慶十三年(1808)裛露軒刻本　二册

620000－1103－0002225　I215/731
飲冰室壬寅文集十八卷　梁啟超撰　清光緒三十一年(1905)上海維新學社石印本　十六册

620000－1103－0002226　I216.2/731:01
飲冰室文集類編二卷　梁啟超撰　清光緒三十一年(1905)鉛印本　一册

620000－1103－0002227　I216.2/731:02
飲冰室文集類編二卷　梁啟超撰　清光緒三十一年(1905)鉛印本　二册

620000－1103－0002228　I216.2/731:03
飲冰室文集類編二卷　梁啟超撰　清光緒三十一年(1905)鉛印本　二册

620000－1103－0002229　I218.41/331:01(s)
原獻文録四卷原故文録一卷詩録三卷　(清)賀瑞麟輯　清光緒五年(1879)刻本　八册

620000－1103－0002230　I218.41/331:02(s)
原獻文録四卷　(清)賀瑞麟輯　清光緒五年(1879)學古書院刻本　四册

620000－1103－0002231　I218.41/822
蒲城文獻徵録二卷　(清)周愛諏編　清刻本　二册

620000－1103－0002232　I218.41/915(s)
關中文獻略不分卷　(清)任溫編次　清道光五年(1825)魁臨書屋刻本　一册

620000－1103－0002233　I218.471/331(s)
原故文録一卷詩録一卷　(清)賀瑞麟輯　清光緒五年(1879)刻本　一册

620000－1103－0002234　I22/202
琢古堂間居偶録賞心集十二卷　(清)趙恬養輯　清大盛堂刻本　六册

620000－1103－0002235　I222.2/118
詩攷一卷　(宋)王應麟撰　明崇禎毛氏汲古閣刻津逮秘書本　一册

620000－1103－0002236　I222.2/119:01
欽定詩經傳説彙纂二十一卷首二卷詩序二卷　(清)王鴻緒等輯　清刻本　二十四册

620000－1103－0002237　I222.2/119:02
欽定詩經傳説彙纂二十一卷首二卷詩序二卷　(清)王鴻緒等輯　清刻本　二十四册

620000－1103－0002238　I222.2/119:03
欽定詩經傳説彙纂二十一卷首二卷詩序二卷　(清)王鴻緒等輯　清刻本　二十四册

620000－1103－0002239　I222.2/119:04
欽定詩經傳説彙纂二十一卷首二卷詩序二卷　(清)王鴻緒等輯　清刻本　二十四册

620000－1103－0002240　I222.2/119:05
欽定詩經傳説彙纂二十一卷首二卷詩序二卷　(清)王鴻緒等輯　清刻本　二十册　存十八卷(一至四、七至十九、二十一)

620000－1103－0002241　I222.2/229:01(s)
韓詩外傳十卷補遺一卷　(漢)韓嬰撰　(清)趙懷玉補　清乾隆五十五年(1790)亦有生齋刻本　一册　存五卷(六至十)

620000－1103－0002242　I222.2/229:02(s)
韓詩外傳十卷　(漢)韓嬰撰　清光緒三年(1877)湖北崇文書局刻本　二册

620000－1103－0002243　I222.2/229:04
韓詩外傳十卷　(漢)韓嬰撰　清刻古經解匯函本　二册

620000－1103－0002244　I222.2/567
詩經精華十卷　(清)薛嘉穎撰　清道光五年(1825)刻本　六册

620000－1103－0002245　I222.2/601
增補詩經體註衍義合叅不分卷　(□)□□撰　清同德堂刻本　一册

620000－1103－0002246　I222.2/601(s)
詩經精義旁訓五卷　(□)□□撰　清光緒九年(1883)古香閣刻本　四册

620000－1103－0002247　I222.2/622
風雅倫音二卷　(清)謝文洊輯　清刻本　二册

620000－1103－0002248　I222.2/627:01(s)
詩經原始十八卷首二卷　(清)方玉潤撰　清同治十年(1871)刻本　十册

620000－1103－0002249　I222.2/627:02(s)
詩經原始十八卷首二卷　(清)方玉潤撰　清同治十年(1871)刻本　十册

620000－1103－0002250　I222.2/642:01
詩經體註大全六卷　(清)范翔纂　(清)高朝瓔定　清刻本　四册

620000－1103－0002251　I222.2/642:02
詩經體註大全合叅八卷　(清)范翔纂　(清)高朝瓔定　(清)沈世楷輯　清嘉慶二十年(1815)崇順堂刻本　四册

620000－1103－0002252　I222.2/642:03
詩經體註大全合叅八卷　(清)范翔纂　(清)高朝瓔撰定　(清)沈世楷輯　清關中五車樓刻本　四册

620000－1103－0002253　I222.2/642:04
詩經體註大全合叅八卷　(清)范翔纂　(清)高朝瓔定　清刻本　四册　存六卷(一至六)

620000－1103－0002254　I222.2/642:1
詩經融註大全體要八卷　(清)高朝瓔定　(清)沈世楷輯　清道光二十年(1840)刻五經體注大全本　二册

620000－1103－0002255　I222.2/644
詩經體註大全合叅八卷　(清)高朝瓔定　清致勝堂刻本　四册

620000－1103－0002256　I222.2/668
詩經心訣不分卷　(明)康海撰　清同治五年(1866)康玉樹抄本　一册

620000－1103－0002257　I222.2/828
詩經二卷　(宋)朱熹集傳　清末永順堂刻本　一册

620000－1103－0002258　I222.2/828:10(s)
詩經八卷　(宋)朱熹集傳　清同治十年(1871)刻本　四册

620000－1103－0002259　I222.2/828:11(s)
詩經八卷　(宋)朱熹集傳　清刻本　四册

620000－1103－0002260　I222.2/828:12
詩經八卷　(宋)朱熹集傳　清西安協濟堂刻本　四册

620000－1103－0002261　I222.2/828:13
詩經八卷　(宋)朱熹集傳　清同治十年(1871)刻本　四册

620000－1103－0002262　I222.2/828:15
詩經四卷　(宋)朱熹集傳　清光緒十五年(1889)文生堂刻本　四册

620000－1103－0002263　I222.2/828:17
詩經八卷　(宋)朱熹集傳　清光緒三十三年(1907)秦州全義堂刻本　四册

620000－1103－0002264　I222.2/828:19

詩經八卷　(宋)朱熹集傳　清同治十年(1871)刻本　四册

620000－1103－0002265　I222.2/828:20
詩經八卷　(宋)朱熹集傳　清同治十年(1871)刻本　四册

620000－1103－0002266　I222.2/828:21
詩經八卷　(宋)朱熹集傳　清同治十年(1871)刻本　四册

620000－1103－0002267　I222.2/906:01
御纂詩義折中二十卷　(清)傅恒　(清)來保　(清)孫嘉淦等編校　清乾隆二十年(1755)文光堂刻本　六册

620000－1103－0002268　I222.2/906:02
御纂詩義折中二十卷　(清)傅恒　(清)來保　(清)孫嘉淦等編校　清刻本　七册

620000－1103－0002269　I222.2/906:03
御纂詩義折中二十卷　(清)傅恒　(清)來保　(清)孫嘉淦等編校　清刻本　九册

620000－1103－0002270　I222.2/906:04
御纂詩義折中二十卷　(清)傅恒　(清)來保　(清)孫嘉淦等編校　清刻本　八册

620000－1103－0002271　I222.2/906:05
御纂詩義折中二十卷　(清)傅恒　(清)來保　(清)孫嘉淦等編校　清刻本　八册

620000－1103－0002272　I222.2/906:06
御纂詩義折中二十卷　(清)傅恒　(清)來保　(清)孫嘉淦等編校　清光緒三十三年(1907)上海書局石印本　一册　存三卷(一至三)

620000－1103－0002273　I222.2/978
附釋音毛詩註疏二十卷　(漢)毛亨傳　(漢)鄭玄箋　(唐)孔穎達疏　清刻本　十册　存八卷(十三至二十)

620000－1103－0002274　I222.2/994(s)
詩經通論十八卷首一卷　(清)姚際恒撰　清道光十七年(1837)鐵琴山館刻本　十册

620000－1103－0002275　I222.3/114
楚辭評註十卷　(清)王萌評註　清慎脩堂刻本　二册

620000－1103－0002276　I222.3/173
屈原賦二十五篇　(清)黄紹箕輯　清光緒十六年(1890)退想齋石印本　一册

620000－1103－0002277　I222.3/256
楚辭燈四卷　(清)林雲銘論述　清刻本　二册

620000－1103－0002278　I222.3/321
楚辭八卷　(戰國)屈原撰　清刻本　四册

620000－1103－0002279　I222.3/386
鐫眉公陳先生評註屈子離騷經雋二卷　(清)陳繼儒評註　清師儉堂刻本　一册

620000－1103－0002280　I222.3/441
離騷草木疏四卷　(宋)吴仁傑撰　清光緒三年(1877)湖北崇文書局刻本　一册

620000－1103－0002281　I222.3/660
離騷箋二卷　(清)龔景瀚撰　清光緒三年(1877)湖北崇文書局刻本　一册

620000－1103－0002282　I222.3/828
楚辭後語六卷　(宋)朱熹刊定　清傳經堂刻本　一册

620000－1103－0002283　I222.3/828:12
楚辭辨證二卷　(宋)朱熹撰　清光緒三年(1877)湖北崇文書局刻本　一册

620000－1103－0002284　I222.3/828:13
楚辭辨證二卷　(宋)朱熹撰　清傳經堂刻本　一册

620000－1103－0002285　I222.3/893
楚辭十七卷　(漢)劉向輯　清刻本　二册

620000－1103－0002286　I222.4/120
續廣事類賦三十卷　(清)王鳳喈注　清刻本　六册

620000－1103－0002287　I222.4/171
閩海律賦同音二集四卷　(清)黄漢章輯　清嘉慶十五年(1810)文遠齋刻本　四册

620000－1103－0002288　I222.4/285(s)
古律賦要四卷　(清)李元春評選　清道光三十年(1850)刻本　四册

620000－1103－0002289　I222.4/307
七十家賦鈔六卷　(清)張惠言輯　清道光元年(1821)合河康氏刻本　四册

620000－1103－0002290　I222.4/307:01
味蘭軒百篇賦鈔四卷　(清)張世燾輯　(清)彭克惠輯　清乾隆三十八年(1773)刻本　四册

620000－1103－0002291　I222.4/307:02
味蘭軒百篇賦鈔四卷　(清)張世燾輯　(清)彭克惠輯　清乾隆三十八年(1773)刻本　四册

620000－1103－0002292　I222.4/377
御定歷代賦彙一百四十卷外集二十卷　(清)陳元龍輯　清刻本　七册　存二十卷(一百一至一百二、一百二十一至一百二十七,外集七至九、十三至二十)

620000－1103－0002293　I222.4/419
六朝唐賦讀本不分卷　(清)馬傳庚選註　清光緒刻本　一册

620000－1103－0002294　I222.4/419(s)
六朝唐賦讀本不分卷　(清)馬傳庚選註　清光緒二年(1876)京都松竹齋刻本　二册

620000－1103－0002295　I222.4/440
重訂事類賦三十卷　(宋)吴淑撰註　清大文堂刻本　六册

620000－1103－0002296　I222.4/442
律賦清華四卷　(清)吴錫麒輯　清嘉慶二十二年(1817)一經堂刻本　四册

620000－1103－0002297　I222.4/442
有正味齋律賦四卷　(清)吴錫麒撰　清道光十五年(1835)寶仁堂刻本　四册

620000－1103－0002298　I222.4/624
國朝淩雲賦選二集箋註十二卷　(清)謝秀巖輯　清乾隆四十七年(1782)夢草堂刻本　十二册

620000－1103－0002299　I222.4/717
賦海大觀三十二卷　(□)□□撰　清光緒二十年(1894)鴻寶齋石印本　二十八册

620000－1103－0002300　I222.4/860
述懷賦不分卷　(清)繆寶鈞撰　清刻本　一册

620000－1103－0002301　I222.4/860:01
述懷賦不分卷　(清)繆寶鈞撰　清刻本　一册

620000－1103－0002302　I222.4/860:02
述懷賦不分卷　(清)繆寶鈞撰　清刻本　一册

620000－1103－0002303　I222.4/924:01
關中書院課士賦不分卷　(清)路德輯　(清)谷逢鈞等撰　清道光二十一年(1841)刻本　一册

620000－1103－0002304　I222.4/924:02
關中書院課士賦不分卷　(清)路德輯　(清)谷逢鈞等撰　清刻本　二册

620000－1103－0002305　I222.5/113:01
四六法海十二卷　(明)王志堅論次　清刻本　十二册

620000－1103－0002306　I222.5/113:02
四六法海十二卷　(明)王志堅論次　清刻本　十二册

620000－1103－0002307　I222.5/113:03
四六法海十二卷　(明)王志堅論次　清刻本　六册　存六卷(一至六)

620000－1103－0002308　I222.5/140:01
宋四六選二十四卷　(清)彭元瑞輯　(清)曹振鏞編　清刻本　十二册

620000－1103－0002309　I222.5/140:02
宋四六選二十四卷　(清)彭元瑞輯　(清)曹振鏞編　清刻本　十二册

620000－1103－0002310　I222.5/292

越縵堂駢體文四卷散體文一卷 (清)李慈銘撰 (清)曾之撰編次 清光緒二十三年(1897)虚霩居叢書刻本 四冊

620000-1103-0002311 I222.5/395
善卷堂四六十卷 (清)陸繁弨撰 (清)吴自高註 清乾隆、嘉慶間刻本 四冊

620000-1103-0002312 I222.5/412(s)
四六雕蟲十卷 (明)馬樸撰 清同治十一年(1872)敦倫堂刻關西馬氏家集本 六冊

620000-1103-0002313 I222.5/439:01
駢體文鈔三十一卷 (清)李兆洛編 清同治六年(1867)婁江徐氏刻本 十二冊

620000-1103-0002314 I222.5/439:02
駢體文鈔三十一卷 (清)李兆洛編 清光緒八年(1882)刻本 八冊

620000-1103-0002315 I222.5/442:02(s)
有正味齋駢體文二十四卷續集八卷 (清)吴錫麒撰 清刻本 十冊

620000-1103-0002316 I222.5/442:04
有正味齋駢體文二十四卷 (清)吴錫麒撰 清光緒十五年(1889)上海蜚英館石印本 四冊

620000-1103-0002317 I222.5/442:05
有正味齋駢體文二十四卷 (清)吴錫麒撰 清光緒十五年(1889)上海蜚英館石印本 四冊

620000-1103-0002318 I222.5/442:06
有正味齋駢體文二十四卷 (清)吴錫麒撰 清光緒十五年(1889)上海蜚英館石印本 四冊

620000-1103-0002319 I222.5/526
忠雅堂評選四六法海八卷 (清)蔣士銓評選 清光緒十年(1884)深柳讀書堂朱墨套印本 八冊

620000-1103-0002320 I222.5/761
國朝駢體正宗評本十二卷 (清)曾燠選 (清)姚燮評 (清)張壽榮參 清光緒十一年(1885)朱墨套印本 六冊

620000-1103-0002321 I222.5/761(s)
國朝駢體正宗十二卷 (清)曾燠輯 清嘉慶十一年(1806)賞雨茆屋刻本 十二冊

620000-1103-0002322 I222.5/994
皇朝駢文類苑十四卷首一卷 (清)姚燮選 清刻本 十八冊

620000-1103-0002323 I222.6/120
碧山樂府四卷碧山詩餘一卷 (明)王九思撰 明崇禎十三年(1640)刻本 三冊

620000-1103-0002324 I222.6/223
擬漢樂府八卷附録一卷 (明)胡纘宗撰 (明)谷繼宗輯解 明刻清補修本 二冊

620000-1103-0002325 I222.6/223
可泉擬涯翁擬古樂府二卷 (清)張光孝評 (清)胡纘宗注 明刻清初補修本 一冊

620000-1103-0002326 I222.6/279
古樂苑五十二卷衍録四卷前卷一卷目録二卷 (明)梅鼎祚輯 明萬曆十九年(1591)吕胤昌刻本 十四冊

620000-1103-0002327 I222.6/632:01(s)
樂府詩集一百卷目録二卷 (宋)郭茂倩輯 清同治十三年(1874)崇文書局刻本 十六冊

620000-1103-0002328 I222.6/632:02
樂府詩集一百卷目録二卷 (宋)郭茂倩編次 明毛氏汲古閣刻本 二十四冊

620000-1103-0002329 I222.6/755
二太史樂府聯璧四卷 (明)康海撰 明刻本 四冊

620000-1103-0002330 I222.7/112(s)
八代詩選二十卷 王闓運撰 清光緒七年(1881)四川尊經書局刻本 八冊

620000-1103-0002331 I222.7/113
漁洋山人古詩選三十二卷 (清)王士禛撰 清同治五年(1866)金陵書局刻本 八冊

620000-1103-0002332 I222.7/223

雍音四卷唐雅八卷　(明)胡纘宗輯　明嘉靖二十八年(1549)清渭草堂刻本　八册

620000 - 1103 - 0002333　I222.7/285(s)
歷朝詩選要六卷　(清)李元春評選　清道光三十年(1850)刻本　六册

620000 - 1103 - 0002334　I222.7/383
采菽堂古詩三十八卷補遺四卷　(清)陳祚明評選　清乾隆十三年(1748)刻本　二十四册

620000 - 1103 - 0002335　I222.7/749:01
古詩源十四卷　(清)沈德潛選　清道光十三年(1833)寶仁堂刻本　四册

620000 - 1103 - 0002336　I222.7/749:02
古詩源四卷　(清)沈德潛選　清光緒十八年(1892)湘南文章書局刻本　四册

620000 - 1103 - 0002337　I222.7/749:03
古詩源七卷　(清)沈德潛選　清光緒十七年(1891)四豐堂刻本　四册

620000 - 1103 - 0002338　I222.7/771
詩紀一百五十六卷　(明)馮惟訥輯　明嘉靖三十七年(1558)刻本　三十二册

620000 - 1103 - 0002339　I222.73/113
五言詩十七卷　(清)王士禛選　清刻本　二册

620000 - 1103 - 0002340　I222.73/113
漁洋山人古詩選三十二卷　(清)王士禛選　清同治五年(1866)金陵書局刻本　八册

620000 - 1103 - 0002341　I222.73/736:01
槐軒名家詩解二卷　(清)湯海若輯　清咸豐七年(1857)刻本　一册

620000 - 1103 - 0002342　I222.73/736:02
槐軒名家詩解二卷　(清)湯海若輯　清咸豐七年(1857)刻本　一册

620000 - 1103 - 0002343　I222.734/289
漢詩十卷　(清)李因篤音評　清萬卷樓刻本　四册

620000 - 1103 - 0002344　I222.738/554:02(s)
讀織錦回文法一卷　(晉)蘇蕙撰　(明)釋起宗撰　(明)康萬民增讀　清刻本　一册

620000 - 1103 - 0002345　I222.738/554:03(s)
讀織錦回文法一卷　(晉)蘇蕙撰　(明)釋起宗撰　(明)康萬民增讀　清刻本　一册

620000 - 1103 - 0002346　I222.74/113:01
古唐詩合解四卷　(清)王堯衢註　清刻本　一册

620000 - 1103 - 0002347　I222.74/113:02
古唐詩合解四卷　(清)王堯衢註　清刻本　一册

620000 - 1103 - 0002348　I222.74/243
詩選不分卷　(□)□□選　清抄本　一册

620000 - 1103 - 0002349　I222.74/316:01
御選唐宋詩醇四十七卷目録二卷　(清)高宗弘曆選　清光緒七年(1881)浙江書局刻本　二十册

620000 - 1103 - 0002350　I222.74/316:02
御選唐宋詩醇四十七卷目録二卷　(清)高宗弘曆選　清光緒三年(1877)公益會刻本　十二册

620000 - 1103 - 0002351　I222.74/316:03
御選唐宋詩醇四十七卷目録二卷　(清)高宗弘曆選　清刻本　二十册

620000 - 1103 - 0002352　I222.74/316:04
御選唐宋詩醇四十七卷目録二卷　(清)高宗弘曆選　清刻本　三册　存七卷(八至九、二十二至二十六)

620000 - 1103 - 0002353　I222.74/331(s)
原獻詩録三卷　(清)賀瑞麟輯　清光緒五年(1879)刻本　三册

620000 - 1103 - 0002354　I222.74/468
詠物詩選註釋八卷　(清)易開緇註　(清)孫洊鳴註　清刻本　二册　存四卷(一至二、七至八)

620000 - 1103 - 0002355　I222.74/601
詩集不分卷　(□)□□撰　清抄本　一册

620000－1103－0002356　I222.74/853
槐軒千家詩註解二卷　(清)夏世欽訂　清道光二十三年(1843)崇順堂刻本　二册

620000－1103－0002357　I222.74/853
槐軒千家詩注解二卷　(清)夏世欽訂　清同治九年(1870)榮茂堂刻本　一册

620000－1103－0002358　I222.74/994
惜抱軒今體詩選十八卷　(清)姚鼐選　清同治五年(1866)金陵書局刻本　二册

620000－1103－0002359　I222.742/113
十種唐詩選　(清)王士禛編　清康熙南芝堂刻本　七册

620000－1103－0002360　I222.742/113:01(S)
古唐詩合解十二卷　(清)王堯衢註　清文發堂刻本　六册

620000－1103－0002361　I222.742/113:02
古唐詩十二卷古詩四卷　(清)王堯衢註　清道光二十年(1840)崇順堂刻本　二册

620000－1103－0002362　I222.742/113:03
古唐詩合解十二卷附古詩合解四卷　(清)王堯衢註　清嘉慶致盛堂刻本　四册

620000－1103－0002363　I222.742/113:03
唐人萬首絕句選七卷　(清)王士禛選　清宣統元年(1909)掃葉山房石印本　二册

620000－1103－0002364　I222.742/113:04
儒興堂唐詩合解十二卷　(清)王堯衢註　清光緒二年(1876)興盛堂刻本　二册

620000－1103－0002365　I222.742/113:05
古唐詩合解十二卷附古詩合解四卷　(清)王堯衢註　清奎光堂刻本　六册

620000－1103－0002366　I222.742/113:05
古唐詩合解十二卷附古詩合解四卷　(清)王堯衢註　清光緒十八年(1892)學庫山房刻本　八册

620000－1103－0002367　I222.742/113:06
古唐詩合解十二卷　(清)王堯衢註　清宏德堂刻本　四册

620000－1103－0002368　I222.742/113:07
古唐詩合解十二卷　(清)王堯衢註　清關中五車樓刻本　四册

620000－1103－0002369　I222.742/121
唐四家詩八卷　(清)汪立名輯　清康熙三十四年(1695)汪氏刻本　六册

620000－1103－0002370　I222.742/121
唐四家詩集二十卷抱經堂群書拾補附録一卷　(清)胡鳳丹輯　清光緒十三年(1887)湖北官書處刻本　四册　缺四卷(柳柳州集四卷)

620000－1103－0002371　I222.742/234
昌黎先生詩集註十一卷目録一卷　(唐)韓愈撰　(清)顧嗣立刪補　清道光二十五年(1845)膺德堂刻朱墨印本　十二册

620000－1103－0002372　I222.742/243
集千家註杜工部詩集二十卷文集二卷　(唐)杜甫撰　明刻本　四册

620000－1103－0002373　I222.742/243
杜詩偶評四卷　(清)沈德潛纂　清乾隆十二年(1747)賦閒草堂刻本　二册

620000－1103－0002374　I222.742/243
讀書堂杜工部詩集注解二十卷　(清)張溍評註　清道光二十一年(1841)刻本　十二册

620000－1103－0002375　I222.742/243
辟疆園杜詩注解五卷　(清)顧宸注　清康熙二年(1663)吳門書林刻本　二册

620000－1103－0002376　I222.742/243:01
讀杜心解六卷首二卷　(清)浦起龍撰　清雍正二年(1724)静寄東軒刻本　十二册

620000－1103－0002377　I222.742/243:02
讀杜心解六卷首二卷　(清)浦起龍撰　清雍正二年(1724)静寄東軒刻本　六册

620000－1103－0002378　I222.742/243:02
應試唐詩類釋十九卷　(清)臧岳輯　清乾隆元年(1736)古吳三樂齋刻本　五册　存十五卷(一至六、十一至十九)

620000－1103－0002379　I222.742/243:02

杜詩鏡詮二十卷 （唐）杜甫撰 （清）楊倫輯 清乾隆五十七年（1792）九柏山房刻本 十册

620000－1103－0002380 I222.742/250
杜樊川詩集六卷 （唐）杜牧撰 清雍正三年（1725）好古堂刻本 二册

620000－1103－0002381 I222.742/288
李長吉歌詩四卷 （唐）李賀撰 （宋）吳正子箋註 （宋）劉辰翁評點 明刻本 二册

620000－1103－0002382 I222.742/291（s）
玉溪生詩意七卷 （唐）李商隱撰 （清）屈悔翁箋註 清道光十年（1830）劉傳經堂刻本 四册

620000－1103－0002383 I222.742/291：02（S）
重訂李義山詩集箋注三卷 （唐）李商隱撰 （清）朱鶴齡注 清乾隆九年（1744）東柯草堂刻本 三册

620000－1103－0002384 I222.742/291：03
玉谿生詩箋註三卷 （唐）李商隱撰 （清）馮浩輯 清乾隆四十五年（1780）德聚堂刻本 六册

620000－1103－0002385 I222.742/293
分類補注李太白詩二十五卷年譜一卷 （唐）李白撰 （明）許自昌校 （宋）楊齊賢集注 （元）蕭士贇補注 **年譜** （宋）薛仲邕撰 明刻本 四册

620000－1103－0002386 I222.742/321（s）
唐詩成法十二卷 （清）屈復撰 清乾隆二十九年（1764）刻本 四册

620000－1103－0002387 I222.742/321（s）
全唐詩鈔八十卷 （清）吳成儀編 清乾隆二十四年（1759）萬卷堂刻本 三十二册

620000－1103－0002388 I222.742/448
呂祖編年詩集十卷 （清）火西月重編 清道光二十六年（1846）空青洞天刻本 三册

620000－1103－0002389 I222.742/450
呂祖編年詩集十卷 （清）火西月重編 清刻本 一册 存一卷（一）

620000－1103－0002390 I222.742/576
唐詩三百首六卷 （清）孫洙輯 清乾隆二十八年（1763）秦州車全義堂刻本 一册

620000－1103－0002391 I222.742/667：01
唐詩三百首六卷 （清）孫洙輯 清刻本 四册

620000－1103－0002392 I222.742/667：02
唐詩三百首註疏六卷 （清）孫洙輯 （清）章燮注 清刻本 五册 存五卷（二至六）

620000－1103－0002393 I222.742/720：01（s）
唐人萬首絕句選七卷 （宋）洪邁選 （清）王士禛選 清同治九年（1870）刻本 二册

620000－1103－0002394 I222.742/738（s）
溫飛卿詩集九卷 （唐）溫庭筠撰 清康熙三十六年（1697）秀埜草堂刻本 二册

620000－1103－0002395 I222.742/749：03（s）
重訂唐詩別裁集二十卷 （清）沈德潛選 清務本堂刻本 八册

620000－1103－0002396 I222.742/814
蘭山課業風騷補編不分卷 （清）周樽輯 清乾隆五十七年（1792）刻本 二册

620000－1103－0002397 I222.742/814
蘭山課業風騷補編不分卷 （清）周樽輯 清乾隆五十七年（1792）刻本 一册

620000－1103－0002398 I222.742/855
唐詩應試五言排律楷模不分卷 （清）逯英選 清乾隆二十三年（1758）步雲堂刻本 一册

620000－1103－0002399 I222.742/947
而菴說唐詩二十二卷首一卷 （清）徐增述 清康熙五年（1666）九誥堂刻本 九册 存二十卷（一至八、十一至二十二）

620000－1103－0002400 I222.742/986
全唐詩九百卷 （清）彭定求等編校 清刻本 一百九册

620000－1103－0002401 I222.742/987

貫華堂選批唐才子詩甲集七言律八卷　（清）金人瑞輯　清刻本　十二冊

620000－1103－0002402　I222.742/994
惜抱軒今體詩選十八卷　（清）姚鼐選　清同治七年（1868）湘鄉曾氏刻本　四冊

620000－1103－0002403　I222.742：02
唐詩別裁集引典備註二十卷目録一卷　（清）沈德潛選　清道光十八年（1838）富春堂刻本　十六冊

620000－1103－0002404　I222.744/314
悟真篇三卷首一卷末一卷　（宋）張伯端撰　（清）知機子集補　清抄本　五冊

620000－1103－0002405　I222.744/329：13
宋邵康節先生伊川擊壤集十卷首一卷　（宋）邵雍撰　（明）吳瀚摘註　（明）吳泰增註　清刻本　六冊

620000－1103－0002406　I222.744/329：14
宋邵康節先生伊川擊壤集十卷首一卷　（宋）邵雍撰　（明）吳瀚摘註　（明）吳泰增註　清刻本　六冊

620000－1103－0002407　I222.744/394：02（s）
劍南詩鈔不分卷　（宋）陸遊撰　（清）楊大鶴選　清康熙二十四年（1685）刻本　八冊

620000－1103－0002408　I222.744/445（s）
東萊詩集二十卷　（宋）呂本中撰　清咸豐九年（1859）刻本　四冊

620000－1103－0002409　I222.744/554
蘇東坡詩集註三十二卷　（宋）蘇軾撰　清康熙三十七年（1698）文蔚堂刻本　六冊　存十五卷（十八至三十二）

620000－1103－0002410　I222.744/554
施註蘇詩四十二卷首一卷目録一卷補遺二卷　（宋）蘇軾撰　（宋）施元之註　清康熙三十九年（1700）刻本　十六冊

620000－1103－0002411　I222.744/554
宋四名家詩鈔不分卷　（清）周之鱗　（清）柴升輯　清刻本　四冊

620000－1103－0002412　I222.744/554（s）
蘇文忠詩合註五十卷首一卷　（宋）蘇軾撰　（清）馮應榴輯　清同治九年（1870）踵息齋刻本　二十四冊

620000－1103－0002413　I222.746/128
遺山先生詩集二十卷　（金）元好問撰　明崇禎毛氏汲古閣刻本　四冊

620000－1103－0002414　I222.748/225
韓五泉詩四卷韓安人遺詩一卷附録二卷　（明）韓邦靖撰　清刻本　二冊

620000－1103－0002415　I222.748/287
空同詩集三十一卷　（明）李夢陽撰　清光緒十五年（1889）渭南嚴氏刻本　十一冊

620000－1103－0002416　I222.748/309（s）
黃花集七卷　（明）張原撰　清道光十八年（1838）宏道書院刻惜陰軒刻本　四冊

620000－1103－0002417　I222.748/344（s）
叢筆齋詩集十四卷　（清）來臨撰　清道光二十二年（1842）宏道書院刻惜陰軒刻本　四冊

620000－1103－0002418　I222.748/412（s）
閬風館詩集二十二卷　（明）馬仆撰　明刻本　六冊

620000－1103－0002419　I222.748/445：01（s）
涇野先生別集十二卷　（明）呂柟撰　清道光二十年（1840）宏道書院刻惜陰軒刻本　六冊

620000－1103－0002420　I222.748/445：02（s）
涇野先生別集十二卷　（明）呂柟撰　清道光二十年（1840）宏道書院刻惜陰軒刻本　六冊

620000－1103－0002421　I222.748/667（s）
黔詩紀略三十三卷　（清）唐樹義審例　（清）黎兆勳採詩　（清）莫友芝傳證　清同治十二年（1873）遵義唐氏夢研齋刻本　八冊

620000－1103－0002422　I222.748/749：01（s）
明詩別裁集十二卷　（清）沈德潛　（清）周準輯　清刻本　六冊

620000－1103－0002423　I222.748/749：02（s）
明詩別裁集十二卷　（清）沈德潛　（清）周準

輯　清務本堂刻本　六冊

620000－1103－0002424　I222.748/749：03(s)
明詩別裁集十二卷　(清)沈德潛　(清)周準輯　清乾隆刻本　四冊

620000－1103－0002425　I222.749
瓀琈山房詩稿二卷　(清)王志湉撰　清嘉慶二十三年(1818)並門刻本　一冊

620000－1103－0002426　I222.749(s)
曝書亭集二十三卷　(清)朱彝尊撰　(清)孫銀槎輯註　清嘉慶五年(1800)三有堂刻本　十冊

620000－1103－0002427　I222.749/112(s)
新編詩集五卷　(清)王辰撰　清刻本　五冊

620000－1103－0002428　I222.749/112：01(s)
西園瓣香集三卷　(清)王元常撰　清嘉慶十四年(1809)刻本　三冊

620000－1103－0002429　I222.749/112：02(s)
西園瓣香集三卷　(清)王元常撰　清嘉慶十四年(1809)刻本　三冊

620000－1103－0002430　I222.749/113
帶經堂集九十二卷　(清)王士禛撰　(清)程哲校編　清乾隆十二年(1747)刻本　十二冊　存五十卷(一至三十八、五十三至六十四)

620000－1103－0002431　I222.749/113
漁洋山人精華録箋註十二卷　(清)王士禛撰　(清)金榮箋註　清刻本　五冊　存七卷(六至十二)

620000－1103－0002432　I222.749/113
瓀琈山房詩稿二卷　(清)王志湉撰　清嘉慶二十三年(1818)並門刻本　一冊

620000－1103－0002433　I222.749/113
涇吟不分卷　(清)王際有撰　清刻本　一冊

620000－1103－0002434　I222.749/113(s)
漁洋山人詩集續集十六卷　(清)王士禛撰　清康熙二十三年(1684)刻本　四冊

620000－1103－0002435　I222.749/113(s)
滄粹軒詩草二卷　(清)王志瀜撰　清嘉慶二十五年(1820)絳州守居刻本　二冊

620000－1103－0002436　I222.749/118
吴越遊草不分卷　(清)王文治撰　清宣統三年(1911)古香藏書樓石印本　一冊

620000－1103－0002437　I222.749/121(s)
古香詩草二卷　(清)王錧撰　清嘉慶二十四年(1819)古香書屋刻本　二冊

620000－1103－0002438　I222.749/168
兩當軒集二十二卷　(清)黄景仁撰　清光緒二年(1876)刻本　五冊

620000－1103－0002439　I222.749/168(s)
兩當軒詩鈔十四卷　(清)黄景仁撰　(清)趙希璜輯　清嘉慶四年(1799)書帶草堂刻本　三冊

620000－1103－0002440　I222.749/192(s)
述苦齋詩存二集　(清)袁清漣撰　清刻本　三冊

620000－1103－0002441　I222.749/205(s)
妙香齋詩集四卷　(清)趙德懋撰　(清)趙嘉肇重輯　清光緒十　年(1885)三原縣署刻本　二冊

620000－1103－0002442　I222.749/223
靜庵詩集二卷　(清)胡釴撰　清嘉慶七年(1802)刻本　一冊

620000－1103－0002443　I222.749/272
邈雲草一卷續草一卷　(清)楊鸞撰　清乾隆二十一年(1756)刻本　一冊

620000－1103－0002444　I222.749/283(s)
蓮圃書屋詩草不分卷　(清)樊彬撰　清抄本　一冊

620000－1103－0002445　I222.749/285(s)
西河詩録八卷西河製藝録二卷　(清)李元春輯　清道光十年(1830)西河書院刻本　六冊

620000－1103－0002446　I222.749/291
童山詩選五卷　(清)李調元撰　清道光刻古棠書屋叢書本　一冊　存三卷(三至五)

620000－1103－0002447　I222.749/291
聞妙香室詩十二卷　（清）李宗昉撰　清道光十五年（1835）山陽李氏刻本　四册

620000－1103－0002448　I222.749/307
戒菴詩草六卷　（清）張晉撰　清乾隆五十四年（1789）刻本　二册

620000－1103－0002449　I222.749/307
澹園詩草二卷　（清）張士範撰　清乾隆五十七年（1792）退思堂刻本　二册

620000－1103－0002450　I222.749/307（s）
思伯子堂詩集三十二卷　（清）張際亮撰　清同治八年（1869）刻本　十册

620000－1103－0002451　I222.749/312
船山詩草二十卷　（清）張問陶撰　清嘉慶二十年（1815）刻本　五册

620000－1103－0002452　I222.749/316
御製詩二集九十卷目録十卷　（清）高宗弘曆撰　清刻本　十册　存七十三卷（十四至三十、四十五至九十，目録十卷）

620000－1103－0002453　I222.749/321（s）
弱水集二十二卷　（清）屈復撰　清乾隆七年（1742）刻本　八册

620000－1103－0002454　I222.749/360
冶城絜養集二卷　（清）孫星衍撰　清光緒十年（1884）孫谿槐廬家塾刻孫淵如先生全集本　一册

620000－1103－0002455　I222.749/360（s）
國朝全蜀詩鈔六十五卷　（清）孫桐生選輯　清光緒五年（1879）長沙刻本　十五册

620000－1103－0002456　I222.749/380
直清齋試貼不分卷　（清）陳晉恩撰　清道光十七年（1837）刻本　一册

620000－1103－0002457　I222.749/384：01
席門集十六卷　（清）陳海霖撰　清道光十年（1830）刻本　四册

620000－1103－0002458　I222.749/384：02
席門集十六卷　（清）陳海霖撰　清道光十年（1830）刻本　四册

620000－1103－0002459　I222.749/419（s）
白樓詩草六卷　（清）馬秝土撰　清道光二十六年（1846）見一堂刻本　二册

620000－1103－0002460　I222.749/422
至樂堂詩鈔不分卷　（清）駱復旦撰　清康熙刻本　一册

620000－1103－0002461　I222.749/434（s）
陋軒詩十二卷陋軒詩續二卷　（清）吳嘉紀撰　清道光二十年（1840）泰州夏氏刻本　五册

620000－1103－0002462　I222.749/435
蓮洋集十二卷補遺一卷　（清）吳雯輯　清乾隆十七年（1752）夢鶴草堂刻本　七册

620000－1103－0002463　I222.749/441
梅村詩集箋註十八卷目録一卷　（清）吳翌鳳撰　清光緒十年（1884）湖北官書處刻本　十二册

620000－1103－0002464　I222.749/441（S）
吳詩集覽二十卷目録一卷　（清）吳偉業撰　（清）潘介人輯　清乾隆四十六年（1781）淩雲亭刻本　十六册

620000－1103－0002465　I222.749/442
松花菴詩草二卷　（清）吳鎮撰　清乾隆五十七年（1792）刻本　九册

620000－1103－0002466　I222.749/442
蘭山詩草一卷　（清）吳鎮撰　清乾隆五十五年（1790）刻本　一册

620000－1103－0002467　I222.749/442：01
蘭山課業松厓詩録二卷　（清）吳鎮撰　清乾隆五十七年（1792）刻本　二册

620000－1103－0002468　I222.749/442：02
蘭山課業松厓詩録二卷　（清）吳鎮撰　清乾隆五十七年（1792）刻本　二册

620000－1103－0002469　I222.749/443（s）
樫華館試帖彙鈔輯注十卷　（清）路德撰　清道光十四年（1834）刻本　十册

620000－1103－0002470　I222.749/502
蘭湄幻墨二卷　（清）曹華彬撰　清光緒二十年（1894）武林竹簡齋石印本　五册

620000－1103－0002471　I222.749/522（S）
六堂詩存四卷續集一卷　（清）萬經撰　清乾隆三十四年（1769）刻本　一册　存一卷（一）

620000－1103－0002472　I222.749/527
萃錦唫十八卷　（清）奕訢撰　清光緒十一年（1885）刻本　一册　存一卷（十二）

620000－1103－0002473　I222.749/556（s）
國朝閨閣詩鈔一百卷　（清）蔡殿齊編　清道光二十四年（1844）嫏嬛别館刻本　十册

620000－1103－0002474　I222.749/605
棗林詩集不分卷　（清）談遷撰　清宣統三年（1911）上海國學扶輪社鉛印本　一册

620000－1103－0002475　I222.749/645:01
雲日再瞻篇不分卷　（清）高曦亭撰　清二酉堂刻朱印本　一册

620000－1103－0002476　I222.749/645:02
雲日再瞻篇不分卷　（清）高曦亭撰　清二酉堂刻朱印本　一册

620000－1103－0002477　I222.749/645:03
雲日再瞻篇不分卷　（清）高曦亭撰　清二酉堂刻朱印本　一册

620000－1103－0002478　I222.749/645:04
雲日再瞻篇不分卷　（清）高曦亭撰　清二酉堂刻朱印本　一册

620000－1103－0002479　I222.749/645:05
雲日再瞻篇不分卷　（清）高曦亭撰　清二酉堂刻朱印本　一册

620000－1103－0002480　I222.749/645:06
雲日再瞻篇不分卷　（清）高曦亭撰　清二酉堂刻朱印本　一册

620000－1103－0002481　I222.749/645:07
雲日再瞻篇不分卷　（清）高曦亭撰　清二酉堂刻朱印本　一册

620000－1103－0002482　I222.749/645:08
雲日再瞻篇不分卷　（清）高曦亭撰　清二酉堂刻朱印本　一册

620000－1103－0002483　I222.749/645:09
雲日再瞻篇不分卷　（清）高曦亭撰　清二酉堂刻朱印本　一册

620000－1103－0002484　I222.749/645:10
雲日再瞻篇不分卷　（清）高曦亭撰　清二酉堂刻朱印本　一册

620000－1103－0002485　I222.749/645:11
雲日再瞻篇不分卷　（清）高曦亭撰　清二酉堂刻朱印本　一册

620000－1103－0002486　I222.749/645:12
雲日再瞻篇不分卷　（清）高曦亭撰　清二酉堂刻朱印本　一册

620000－1103－0002487　I222.749/645:13
雲日再瞻篇不分卷　（清）高曦亭撰　清二酉堂刻朱印本　一册

620000－1103－0002488　I222.749/645:14
雲日再瞻篇不分卷　（清）高曦亭撰　清二酉堂刻朱印本　一册

620000－1103－0002489　I222.749/645:15
雲日再瞻篇不分卷　（清）高曦亭撰　清二酉堂刻朱印本　一册

620000－1103－0002490　I222.749/645:16
雲日再瞻篇不分卷　（清）高曦亭撰　清二酉堂刻朱印本　一册

620000－1103－0002491　I222.749/645:17
雲日再瞻篇不分卷　（清）高曦亭撰　清二酉堂刻朱印本　一册

620000－1103－0002492　I222.749/645:18
雲日再瞻篇不分卷　（清）高曦亭撰　清二酉堂刻朱印本　一册

620000－1103－0002493　I222.749/645:19
雲日再瞻篇不分卷　（清）高曦亭撰　清二酉堂刻朱印本　一册

620000－1103－0002494　I222.749/645：20
雲日再瞻篇不分卷　（清）高曦亭撰　清二酉堂刻朱印本　一册

620000－1103－0002495　I222.749/668
三千里詩一卷　（清）康乃心撰　清康熙十六年（1677）刻本　一册

620000－1103－0002496　I222.749/738
嶼浮閣賦學一卷詩集十三卷　（清）溫日知撰　清咸豐七年（1857）宏道書院刻本　二册

620000－1103－0002497　I222.749/749：01
欽定國朝詩別裁集三十二卷　（清）沈德潛纂評　清刻本　十五册　存三十卷（一至三十）

620000－1103－0002498　I222.749/749：02（s）
欽定國朝詩別裁集三十二卷　（清）沈德潛纂評　清刻本　十六册

620000－1103－0002499　I222.749/749：03
欽定國朝詩別裁集三十二卷　（清）沈德潛纂評　清刻本　八册　存十七卷（一至十七）

620000－1103－0002500　I222.749/833
繞竹山房詩稿十卷詩餘一卷　（清）朱文治撰　清嘉慶二十三年（1818）刻本　一册

620000－1103－0002501　I222.749/838
試律大觀三十二卷　（清）竹屏居士輯　清道光十九年（1839）臨静軒刻本　八册

620000－1103－0002502　I222.749/859
庚辰集五卷　（清）紀昀輯　清刻本　六册

620000－1103－0002503　I222.749/893
次園二集二卷　（清）劉騰蛟撰　清道光三年（1823）次園刻本　三册

620000－1103－0002504　I222.749/893
次園詩草六卷　（清）劉騰蛟撰　清嘉慶二十三年（1818）次園刻本　三册

620000－1103－0002505　I222.749/893（s）
戒菴詩草不分卷　（清）劉壬撰　清稿本　四册

620000－1103－0002506　I222.749/894
於邁草不分卷　（清）劉紹攽撰　清乾隆九年（1744）刻本　一册

620000－1103－0002507　I222.749/907
四憶堂詩集六卷　（清）候方域撰　清宣統元年（1909）中國圖書公司鉛印本　一册

620000－1103－0002508　I222.749/935
刻楮集四卷旅逸小稾二卷　（清）錢儀吉撰　清道光十二年（1832）刻本　一册

620000－1103－0002509　I222.749/947
息存室吟稿初集二卷　（清）徐杭氏撰　清光緒三十四年（1908）刻本　二册

620000－1103－0002510　I222.749/953
壺園詩鈔選十卷　（清）徐寶善撰　清道光十一年（1831）刻本　二册

620000－1103－0002511　I222.752
得樹齋詩不分卷　（清）張謙撰　清刻本　一册

620000－1103－0002512　I222.752
無不自得齋詩鈔不分卷　（清）王式言撰　清刻本　一册

620000－1103－0002513　I222.752/112
夜雪集不分卷　王闓運撰　清光緒九年（1883）成都石室刻本　一册

620000－1103－0002514　I222.752/112（s）
湘綺樓詩十卷　王闓運撰　清光緒三十三年（1907）長沙刻本　二册　存七卷（一至四、八至十）

620000－1103－0002515　I222.752/113
小劍南草不分卷　（清）武澄撰　清刻本　一册

620000－1103－0002516　I222.752/113
合溪詩草不分卷　（清）王埒時撰　清道光二十年（1840）鐵琴山館刻本　一册

620000－1103－0002517　I222.752/119
太華山人詩存五卷　（清）王益謙撰　清同治元年（1862）刻本　二册

620000－1103－0002518　I222.752/119(s)
木蘭書齋詩鈔不分卷　(清)王治撰　清咸豐八年(1858)刻本　二册

620000－1103－0002519　I222.752/120:01(s)
澹香齋詩草二卷　(清)王廷紹輯　清光緒十五年(1889)武昌魯氏西安刻本　三册

620000－1103－0002520　I222.752/120:02(s)
澹香齋詩草二卷　(清)王廷紹輯　清光緒十五年(1889)武昌魯氏西安刻本　三册

620000－1103－0002521　I222.752/140:01
存不存詩鈔四卷　(清)曹傑撰　清道光二十八年(1848)可友亭刻本　二册

620000－1103－0002522　I222.752/140:02
存不存詩鈔四卷　(清)曹傑撰　清道光二十八年(1848)可友亭刻本　二册

620000－1103－0002523　I222.752/170
思貽堂詩集十二卷詩續八卷三集四卷後永州集八卷　(清)黄文琛撰　清咸豐元年(1851)刻本　九册

620000－1103－0002524　I222.752/215
軍餘紀詠一卷　(清)胡超撰　清道光二十二年(1842)刻本　一册

620000－1103－0002525　I222.752/268
試帖大觀連珠六卷目録一卷　(清)楊菘圃輯　清咸豐元年(1851)青蓮書屋刻本　十一册

620000－1103－0002526　I222.752/273
四序景物排律四卷　(清)楊治選評　清光緒六年(1880)經緯堂刻本　一册

620000－1103－0002527　I222.752/273(s)
亦步齋詩鈔二卷河套圖考不分卷晚紅堂試帖二卷　(清)楊江撰　清咸豐七年(1857)關中書院監院官署刻本　三册

620000－1103－0002528　I222.752/274
詳註分類試帖青雲集四卷　(清)楊逢春輯　(清)蕭應槐輯　清宏道堂刻本　四册

620000－1103－0002529　I222.752/286
漫唫草堂遺稿不分卷　(清)李槐齡撰　清光緒五年(1879)刻本　一册

620000－1103－0002530　I222.752/291(s)
雙桐書屋詩賸七卷　(清)李應莘撰　清光緒十四年(1888)思過齋刻本　一册

620000－1103－0002531　I222.752/292
越縵堂集十卷　(清)李慈銘撰　清光緒十六年(1890)刻本　六册

620000－1103－0002532　I222.752/306
七家詩註釋七卷　(清)張熙宇評　(清)張昶注　清光緒十八年(1892)全義堂銅板印本　四册

620000－1103－0002533　I222.752/307
批選七家詩註不分卷　(清)張熙宇評　(清)張昶注　清光緒六年(1880)文林堂刻本　一册

620000－1103－0002534　I222.752/308(s)
張文毅公詩鈔一卷　(清)張芾撰　清光緒二十六年(1900)刻本　一册

620000－1103－0002535　I222.752/314
鐵瓶詩鈔八卷　(清)張岳齡撰　清同治六年(1867)刻本　一册　存二卷(一至二)

620000－1103－0002536　I222.752/334
雨香書屋詩鈔二卷續鈔四卷　(清)雷以諴撰　清同治五年(1866)江漢書院刻本　六册

620000－1103－0002537　I222.752/358(s)
大小雅堂詩集不分卷詩餘不分卷　(清)承齡撰　清光緒十八年(1892)刻本　二册

620000－1103－0002538　I222.752/361
香閨雜詠五十首　(清)陳春娥輯　清光緒十九年(1893)刻本　一册

620000－1103－0002539　I222.752/361
香閨雜詠五十首　(清)陳春娥輯　清光緒十九年(1893)刻本　一册

620000－1103－0002540　I222.752/362
道咸同光四朝詩史一斑録不分卷　(清)孫雄輯　清光緒三十四年(1908)鋼板刻寫油印本　四册

620000－1103－0002541　I222.752/365(s)
遜學齋詩鈔十卷　(清)孫衣言輯　清同治三年(1864)刻本　二册

620000－1103－0002542　I222.752/367(s)
二非室詩餘别集一卷　(清)陳壽祺撰　清同治十一年(1872)刻滂喜齋叢書本　一册

620000－1103－0002543　I222.752/367(s)
亢藝堂集三卷　(清)孫廷璋撰　清同治十一年(1872)刻滂喜齋叢書本　一册

620000－1103－0002544　I222.752/367(s)
纂喜堂詩稿一卷　(清)陳壽祺撰　清同治十一年(1872)刻滂喜齋叢書本　一册

620000－1103－0002545　I222.752/367(s)
青芙館詞抄一卷　(清)陳壽祺撰　清同治十一年(1872)刻滂喜齋叢書本　一册

620000－1103－0002546　I222.752/367(s)
西凫草一卷　(清)王星諴撰　清同治十一年(1872)刻滂喜齋叢書本　一册

620000－1103－0002547　I222.752/370
省香齋詩集六卷　(清)孔慶鉚撰　清光緒十七年(1891)青門寓廬刻本　二册

620000－1103－0002548　I222.752/372
三子詩選　(清)蔡壽祺輯　清咸豐七年(1857)刻本　一册

620000－1103－0002549　I222.752/377
碧山舍詩集三十卷　(清)陳子簡撰　清咸豐刻本　八册

620000－1103－0002550　I222.752/381
綠蕉館詩鈔四卷　(清)陳景高撰　清同治十三年(1874)刻本　二册

620000－1103－0002551　I222.752/381
掄才書院課士試帖不分卷　(□)□□撰　清光緒二十四年(1898)都門刻本　一册

620000－1103－0002552　I222.752/385
繼雅堂詩集三十四卷　(清)陳僅撰　清道光二十七年(1847)刻本　六册

620000－1103－0002553　I222.752/386
湖海詩存不分卷　(清)陳徽言撰　清咸豐二年(1852)刻本　一册

620000－1103－0002554　I222.752/412
日損益齋古今體詩十八卷　(清)馬疏撰　清咸豐八年(1858)刻本　四册

620000－1103－0002555　I222.752/414
花萼唱和集不分卷　(清)馬文園撰　(清)馬南園撰　清咸豐八年(1858)刻本　一册

620000－1103－0002556　I222.752/419
泮林唱和集不分卷　(清)馬先登編　清光緒十一年(1885)敦倫堂刻本　一册

620000－1103－0002557　I222.752/429
夢影盦遺集四卷詩補一卷　(清)嚴以盛撰　清宣統元年(1909)鉛印本　一册

620000－1103－0002558　I222.752/434
吴摯甫詩集不分卷　(清)吴汝綸撰　清宣統元年(1909)上海國學扶輪社石印本　一册

620000－1103－0002559　I222.752/434:01(s)
花宜館詩鈔十六卷無腔村笛二卷　(清)吴振棫撰　清咸豐十一年(1861)刻本　六册

620000－1103－0002560　I222.752/434:02(s)
花宜館詩鈔不分卷　(清)吴振棫撰　清道光二十七年(1847)刻本　四册

620000－1103－0002561　I222.752/442
沅州雜詠一卷　(清)吴鎮撰　清刻本　一册

620000－1103－0002562　I222.752/443
錢秋試詩二十八首一卷　(清)路德撰　清光緒八年(1882)江西撫署刻本　一册

620000－1103－0002563　I222.752/452(s)
見素抱樸之齋詩存六卷　(清)吕儁孫撰　清同治十一年(1872)刻本　二册

620000－1103－0002564　I222.752/459
關中書院課士詩一卷　(清)路德輯　清光緒八年(1882)善成堂刻本　二册

620000－1103－0002565　I222.752/460

關中試律輯要四卷　(□)□□撰　清同治九年(1870)稽古堂刻本　四册

620000－1103－0002566　I222.752/481:01
聊園詩存六卷　(清)王曾祺撰　清光緒十五年(1889)青門刻本　一册

620000－1103－0002567　I222.752/481:02
聊園詩存三卷　(清)王曾祺撰　清光緒十六年(1890)韓城刻本　一册

620000－1103－0002568　I222.752/519
郘亭詩鈔六卷遺詩八卷　(清)莫友芝撰　清咸豐二年(1852)遵義湘川講舍刻同治五年(1866)江寧三山客舍修補本　二册

620000－1103－0002569　I222.752/519(s)
郘亭詩鈔六卷遺詩八卷　(清)莫友芝撰　清咸豐二年(1852)遵義湘川講舍刻同治五年(1866)江寧三山客舍修補本　二册

620000－1103－0002570　I222.752/522(s)
補蹉跎齋詩存一卷　(清)萬同倫撰　清光緒十一年(1885)長安刻本　一册

620000－1103－0002571　I222.752/526
圃珖巖館詩鈔四卷　(清)蔣超伯撰　清兩甗山房刻本　一册

620000－1103－0002572　I222.752/526(s)
通齋集五卷外集一卷垂金蔭緣軒詩鈔二卷　(清)蔣超伯撰　清同治三年(1864)高涼郡齋刻本　三册

620000－1103－0002573　I222.752/537
范伯子詩集十九卷　(清)范當世撰　清末鉛印本　四册

620000－1103－0002574　I222.752/543:01
秦川焚餘草六卷　(清)董平章撰　清光緒二十七年(1901)容齋刻本　六册

620000－1103－0002575　I222.752/543:02
秦川焚餘草六卷　(清)董平章撰　清光緒二十七年(1901)容齋刻本　六册

620000－1103－0002576　I222.752/543:03
秦川焚餘草六卷　(清)董平章撰　清光緒二十七年(1901)容齋刻本　六册

620000－1103－0002577　I222.752/543:04
秦川焚餘草六卷　(清)董平章撰　清光緒二十七年(1901)容齋刻本　六册

620000－1103－0002578　I222.752/546(s)
峴嶕山房詩集初編八卷　(清)董文渙撰　清同治七年(1868)刻本　四册

620000－1103－0002579　I222.752/587
月沽詩草四卷　(清)崔暘撰　清咸豐四年(1854)刻本　二册

620000－1103－0002580　I222.752/618
詩緣正編十卷前編四卷　(清)王曾祺撰　清光緒十六年(1890)韓城刻本　四册

620000－1103－0002581　I222.752/627
鴻濛室詩鈔二十卷　(清)方玉潤撰　清同治十三年(1874)隴州刻本　八册

620000－1103－0002582　I222.752/687
潛溪吟草不分卷　(清)寇守信撰　清光緒二十八年(1902)刻本　一册

620000－1103－0002583　I222.752/700:01(s)
思無邪齋詩文存六卷　(清)宮爾鐸撰　清光緒十四年(1888)刻本　二册

620000－1103－0002584　I222.752/700:02(s)
思無邪齋詩文存六卷　(清)宮爾鐸撰　清光緒十五年(1889)刻本　二册

620000－1103－0002585　I222.752/700:03(s)
思無邪齋詩文存六卷　(清)宮爾鐸撰　清光緒十五年(1889)刻本　二册

620000－1103－0002586　I222.752/700:04(s)
思無邪齋詩文存六卷　(清)宮爾鐸撰　清光緒十四年(1888)刻本　二册

620000－1103－0002587　I222.752/748(s)
詠樓盍戠集十一卷　(清)沈秉成集　清同治十年(1871)歸安沈氏刻本　四册

620000－1103－0002588　I222.752/768
綠萼梅齋遺稿二卷題詞一卷　(清)馮朝彬撰

清咸豐五年(1855)刻本　二册

620000－1103－0002589　I222.752/798
守約堂詩草四卷　(清)魏瑾撰　清道光二十三年(1843)守約堂刻本　四册

620000－1103－0002590　I222.752/800
知止堂詩鈔二卷　(清)魏觀象撰　清末鉛印本　一册

620000－1103－0002591　I222.752/800
知止堂詩鈔二卷　(清)魏觀象撰　清末鉛印本　一册

620000－1103－0002592　I222.752/813:01
汾湖草堂詩草二卷　(清)周開錫撰　清末刻本　二册

620000－1103－0002593　I222.752/813:02
汾湖草堂詩草二卷　(清)周開錫撰　清末刻本　二册

620000－1103－0002594　I222.752/813:03
汾湖草堂詩草二卷　(清)周開錫撰　清末刻本　二册

620000－1103－0002595　I222.752/827
怡志堂文初編六卷　(清)朱琦撰　清同治四年(1865)京師刻本　二册

620000－1103－0002596　I222.752/885:01(s)
雲水前集一卷後集一卷　(清)劉元機撰　清光緒十一年(1885)刻本　二册

620000－1103－0002597　I222.752/885:02(s)
雲水前集一卷後集一卷　(清)劉元機撰　清光緒十一年(1885)刻本　二册

620000－1103－0002598　I222.752/888(s)
篤舊集十八卷　(清)劉存仁輯　清咸豐九年(1859)蘭州刻本　八册

620000－1103－0002599　I222.752/891
小學弦歌節鈔三卷　(清)劉永亨輯　清光緒三十一年(1905)都門文德齋刻本　一册

620000－1103－0002600　I222.752/915
瑤清仙館草不分卷　(清)任崧珠撰　清同治三年(1864)刻本　一册

620000－1103－0002601　I222.752/917(s)
亦耕草堂詩鈔四卷二集二卷外集二卷　(清)焦繼華撰　清光緒二十八年(1902)栩陰書屋刻本　八册

620000－1103－0002602　I222.752/947(s)
敦艮吉齋詩存二卷　(清)徐子苓撰　清同治五年(1866)刻本　二册

620000－1103－0002603　I222.752/955:01
桐香館試帖十卷　(清)徐鐄撰　清光緒十三年(1887)貽安堂徐氏家塾刻本　二册

620000－1103－0002604　I222.752/955:02
桐香館試帖十卷　(清)徐鐄撰　清光緒十三年(1887)貽安堂徐氏家塾刻本　二册

620000－1103－0002605　I222.752/966:01(s)
鶴巢詩存一卷　(清)顧涫慶撰　清光緒十二年(1886)刻本　一册

620000－1103－0002606　I222.752/966:02(s)
鶴巢詩存一卷　(清)顧涫慶撰　清光緒十二年(1886)刻本　一册

620000－1103－0002607　I222.752/967
忠烈詩草前集二卷後集一卷　(清)鄭昌運撰　清光緒七年(1881)刻本　二册

620000－1103－0002608　I222.752/967:01(s)
玉笥山房要集四卷　(清)顧廷綸撰　清光緒十二年(1886)刻本　一册

620000－1103－0002609　I222.752/967:02(s)
玉笥山房要集四卷　(清)顧廷綸撰　清光緒十二年(1886)刻本　一册

620000－1103－0002610　I222.752/994
疊刪吟草初集二卷　(清)姚憲之稿　清咸豐六年(1856)刻本　二册

620000－1103－0002611　I222.76/637
郭瀛僊詩集不分卷　(清)郭潔撰　清花柳軒刻本　一册

620000－1103－0002612　I222.8/292

耐歌詞四卷首一卷笠翁詞韻四卷 （清）李漁撰　清康熙刻本　二冊　存三卷（耐歌詞一至二、首一卷）

620000－1103－0002613　I222.8/307
詞選二卷 （清）張惠言録　**附録一卷** （清）鄭善長輯　**續詞選二卷** （清）董毅輯　清同治六年（1867）刻本　二冊

620000－1103－0002614　I222.84/399（s）
詞綜補遺二十卷 （清）陶樑輯　清道光十四年（1834）紅豆樹館刻本　八冊

620000－1103－0002615　I222.84/835
詞綜三十六卷 （清）朱彝尊撰　（清）汪森增輯　清乾隆九年（1744）汪氏碧梧書屋重刻本　八冊

620000－1103－0002616　I222.844/313（s）
山中白雲詞八卷 （宋）張炎撰　清康熙六十一年（1722）珍藝堂刻本　二冊

620000－1103－0002617　I222.849/118：01（s）
詞綜三十八卷明詞綜十二卷國朝詞綜四十八卷二集八卷 （清）朱彝尊輯　（清）王昶輯　清嘉慶七年（1802）三泖漁莊刻本　二十八冊

620000－1103－0002618　I222.849/118：02（s）
詞綜三十八卷明詞綜十二卷國朝詞綜四十八卷二集八卷 （清）朱彝尊輯　（清）王昶輯　清嘉慶七年（1802）青浦王氏家刻本　二十七冊　存九十四卷（詞綜三十八卷，國朝詞綜四十八卷、二集八卷）

620000－1103－0002619　I222.852/607（s）
天風佩韻軒草二卷 （清）許嘉儀撰　清光緒十六年（1890）刻本　一冊

620000－1103－0002620　I222/306
宛鄰書屋古詩録十二卷 （清）張琦輯　清同治八年（1869）刻本　四冊

620000－1103－0002621　I222/324
斯文精萃不分卷 （清）尹繼善輯　清同治七年（1868）刻本　十二冊

620000－1103－0002622　I222/442
有正味齋試帖二集六卷 （清）吳錫麒撰　清道光十二年（1832）三讓堂刻本　六冊

620000－1103－0002623　I222/468
詠物詩選註釋八卷 （清）易開繒　（清）孫洊鳴注　清乾隆五十八年（1793）稽古草廬刻本　四冊

620000－1103－0002624　I222/625：01（s）
轉蕙軒駢文藁一卷詩集八卷 （清）謝質卿撰　清光緒元年（1875）刻本　四冊

620000－1103－0002625　I222/625：02（s）
轉蕙軒駢文藁一卷詩集八卷 （清）謝質卿撰　清光緒元年（1875）刻本　四冊

620000－1103－0002626　I222/814
蘭山課業風騷補編不分卷 （清）周樽輯　清乾隆五十七年（1792）刻本　四冊

620000－1103－0002627　I222/814：01
蘭山課業風騷補編不分卷 （清）周樽輯　清乾隆五十七年（1792）刻本　四冊

620000－1103－0002628　I222/814：03
皋蘭課業詩賦約編一卷 （清）葉氏輯　清乾隆四十二年（1777）刻本　六冊

620000－1103－0002629　I237/120
全福記二卷 （清）王筠撰　清乾隆四十四年（1779）槐慶堂刻本　二冊

620000－1103－0002630　I237/313
夢中緣二卷 （清）張堅撰　清乾隆玉燕堂四種曲刻本　四冊

620000－1103－0002631　I237/367
東郭記二卷 （明）孫鍾齡撰　明刻本　二冊

620000－1103－0002632　I237/859
綴白裘□□卷 （清）錢德蒼選編　清乾隆四十六年（1781）四教堂刻本　二十八冊

620000－1103－0002633　I238.1/923
元曲選一百種 （明）臧懋循編　明刻本　三十一冊

620000－1103－0002634　I239.454

南曲次韻六卷　(明)李開先　(明)王九思撰　明嘉靖刻本　一冊

620000－1103－0002635　I24/765
宋元紀事本末一百三十六卷　(明)馮琦撰　(明)陳邦瞻纂　明刻本　十八冊

620000－1103－0002636　I242.1/110
搜神記八卷　(晉)干寶撰　神異經一卷　(漢)東方朔撰　明刻廣漢魏叢書本　一冊

620000－1103－0002637　I242.1/118:01(s)
唐代叢書初集二十七種　(清)王文誥輯　清嘉慶十一年(1806)刻本　十冊

620000－1103－0002638　I242.1/118:02(s)
唐代叢書六集一百六十四種一百六十八卷　(清)王文誥輯　清嘉慶十一年(1806)刻本　十八冊

620000－1103－0002639　I242.1/119
惜字果報歌不分卷　(清)王家彥撰　清光緒二十一年(1895)秦州隍廟道正司處刻本　一冊

620000－1103－0002640　I242.1/220
二百卌孝圖四卷　(清)胡文炳輯　清光緒五年(1879)蘭石齋刻本　六冊　存三卷(一至二、四)

620000－1103－0002641　I242.1/280
因樹屋書影十卷　(清)周亮工撰　清雍正三年(1725)懷德堂刻本　八冊

620000－1103－0002642　I242.1/280
四大奇書第一種二十三卷一百二十回卷首一卷　(明)羅貫中撰　(清)毛宗崗評　清刻本　二十四冊

620000－1103－0002643　I242.1/303:01
涑水紀聞十六卷　(宋)司馬光撰　清光緒九年(1883)解梁書院刻本　四冊

620000－1103－0002644　I242.1/350
石音夫功過格不分卷　(□)□□撰　清同治三年(1864)三巷子信右堂刻本　一冊

620000－1103－0002645　I242.1/355
清賢紀六卷　(明)尤鏜輯　清宣統三年(1911)上海國學扶輪社鉛印張氏適園叢書本　二冊

620000－1103－0002646　I242.1/378(s)
庸閒齋筆記八卷　(清)陳其元撰　清同治十三年(1874)吳下刻本　四冊

620000－1103－0002647　I242.1/399
輟耕録三十卷　(明)陶宗儀撰　明刻本　一冊　存六卷(二十至二十五)

620000－1103－0002648　I242.1/424
於役志一卷　(宋)歐陽修撰　清順治周南李際期宛委山堂刻本　一冊

620000－1103－0002649　I242.1/424
幙府燕閒録一卷　(宋)畢仲詢撰　清順治周南李際期宛委山堂刻本　一冊

620000－1103－0002650　I242.1/424
東軒筆録一卷　(宋)魏泰撰　清順治周南李際期宛委山堂刻本　一冊

620000－1103－0002651　I242.1/424
暌車志一卷　(宋)郭彖撰　清順治周南李際期宛委山堂刻本　一冊

620000－1103－0002652　I242.1/424
玉澗襍書一卷　(宋)葉夢得撰　清順治周南李際期宛委山堂刻本　一冊

620000－1103－0002653　I242.1/484
西湖佳話古今遺跡十六卷　(清)墨浪子搜輯　清刻本　三冊　存十一卷(六至十六)

620000－1103－0002654　I242.1/502(s)
海天餘話四卷　(清)芙蓉洪老漁編　清花韻軒刻本　四冊

620000－1103－0002655　I242.1/516
魏晉小說一百十八種　(明)□□輯　明刻說郛本　十三冊　存一百十六種

620000－1103－0002656　I242.1/528
聊齋志異新評十六卷　(清)蒲松齡撰　(清)王士禛評　清刻朱墨印本　十二冊　存十二卷(三至九、十二至十六)

620000－1103－0002657　I242.1/682(s)
恩聞録十二卷　(清)慵訥居士撰　清嘉慶二十二年(1817)刻本　六册

620000－1103－0002658　I242.1/690
桯史十五卷　(宋)岳珂撰　清汲古閣刻本　二册　存十一卷(五至十五)

620000－1103－0002659　I242.1/723
法戒録　(□)夢覺子彙輯　清刻本　一册

620000－1103－0002660　I242.1/843
今古奇觀四十卷　(明)抱甕老人撰　清刻本　一册　存五卷(一至五)

620000－1103－0002661　I242.1/879
酉陽雜俎二十卷續集十卷　(唐)段成式撰　明汲古閣刻本　六册

620000－1103－0002662　I242.1/879
酉陽雜俎二十卷續集十卷　(唐)段成式撰　清道光二十九年(1849)小嫏嬛山館刻本　六册

620000－1103－0002663　I242.1/879
酉陽雜俎續集十卷　(唐)段成式撰　清光緒三年(1877)崇文書局刻本　二册

620000－1103－0002664　I242.1/892:05
世說新語六卷　(南朝宋)劉義慶撰　清光緒三年(1877)崇文書局刻本　四册

620000－1103－0002665　I242.1/987
增像第六才子書五卷首一卷　(元)王實甫撰　(清)金人瑞評　清末石印本　六册

620000－1103－0002666　I242.1/987
第六才子書西廂記八卷詩二卷文一卷　(清)金人瑞評　清同治八年(1869)味蘭軒刻朱墨印本　四册

620000－1103－0002667　I242.1/987
雲林別墅繪像妥註第六才子書六卷首一卷　(元)王實甫撰　(清)金人瑞評　(清)鄒聖脈選輯　清刻本　一册　存二卷(一、首一卷)

620000－1103－0002668　I242.1/990
茶香室叢鈔二十三卷　(清)俞樾撰　清光緒九年(1883)刻本　八册

620000－1103－0002669　I242.4/122
玉茗堂繡像昭君和番雙奇緣傳八卷　(清)玉茗堂評點　清嘉慶二十四年(1819)芥子園刻本　一册　存二卷(一至二)

620000－1103－0002670　I242.4/130
新鐫韓祖成仙寶傳二十四回　(□)□□撰　清光緒十年(1884)西安馬存心堂刻本　一册　存十二回(一至十二)

620000－1103－0002671　I242.4/141
紅樓夢一百二十回　(清)曹霑　(清)高鶚撰　清刻本　十一册　存一百五回(一至七十五、九十一至一百二十)

620000－1103－0002672　I242.4/141
紅樓夢一百二十回　(清)曹霑　(清)高鶚撰　清三讓堂刻本　二册　存二十一回(六十三至七十八、一百十六至一百二十)

620000－1103－0002673　I242.4/141
增評補像全圖金玉緣一百二十回首一卷　(清)曹霑　(清)高鶚撰　清光緒十五年(1889)上海江東書局石印本　一册　存一卷(首一卷)

620000－1103－0002674　I242.4/153
新刻劍嘯閣批評西漢演義傳八卷　(明)鍾惺批評　清刻本　一册　存二卷(三至四)

620000－1103－0002675　I242.4/210
都市新談八卷　(清)陳森撰　清光緒三十一年(1905)上海書局石印本　八册

620000－1103－0002676　I242.4/231
新鐫韓祖成仙寶傳二十四回　(□)□□撰　清道光元年(1821)刻本　一册

620000－1103－0002677　I242.4/378
西遊真詮一百回　(清)陳士斌撰　清刻本　三册　存五十回(三十四至四十八、六十五至八十一、八十三至一百)

620000－1103－0002678　I242.4/433

繪圖增像西遊記一百回 (明)吳承恩撰 (清)陳士斌詮解 清光緒十七年(1891)上海廣百宋齋鉛印本 五冊 存四十九回(一至五、五十至九十三)

620000－1103－0002679 I242.4/462
新刊昭君和番雙鳳奇緣全傳二十卷八十回 (清)雪樵主人撰 清刻本 一冊 存二卷(七至八)

620000－1103－0002680 I242.4/482:01
四大奇書第一種六十卷一百二十回 (明)羅貫中撰 (清)毛宗崗評 清刻本 八冊 存三十三卷(四至八、十九至二十二、二十八至五十一)

620000－1103－0002681 I242.4/482:02
四大奇書第一種二十三卷一百二十回卷首一卷 (明)羅貫中撰 (清)毛宗崗評 清刻本 七冊 存十二卷(四至十一、十六至十九)

620000－1103－0002682 I242.4/556
東周列國全志二十三卷一百八回 (清)蔡奡評點 清大成堂刻本 七冊 存十四卷(一、四至十六)

620000－1103－0002683 I242.4/560
東周列國全志二十三卷一百八回 (清)蔡奡評點 清善成堂刻本 四冊 存二十卷(一至七、十一至二十三)

620000－1103－0002684 I242.4/560:01
東周列國全志二十三卷一百八回 (清)蔡奡評點 清刻本 十冊 存四十八回(一至四十三、四十八至五十二)

620000－1103－0002685 I242.4/560:02
東周列國全志二十三卷一百八回 (清)蔡奡評點 清刻本 一冊 存四卷(二十至二十三)

620000－1103－0002686 I242.4/628
評論出像水滸傳四卷十一回 (元)施耐庵撰 (清)金人瑞評 清嘉慶二十三年至道光九年(1818－1829)同志堂刻本 一冊 存三卷(一至三)

620000－1103－0002687 I242.4/858
後紅樓夢三十回附詩二卷 (清)逍遙子撰 清刻本 六冊 存十六回(十五至三十)

620000－1103－0002688 I242.4/882
西遊原旨一百回 (元)丘處機撰 (清)劉一明解 清嘉慶二十四年(1819)湖南常德府護國庵刻本 二十三冊 存九十六回(五至一百)

620000－1103－0002689 I242.4/953
繡像京本雲合奇蹤玉茗英烈全傳十卷 (明)徐渭編 清刻本 一冊 存三卷(六至八)

620000－1103－0002690 I26/113
史論正鵠初集四卷二集四卷三集八卷 (清)王樹敏評點 清光緒二十七年(1901)上海久敬齋石印本 十六冊

620000－1103－0002691 I26/213
古文便讀不分卷 (□)□□撰 清抄本 二冊

620000－1103－0002692 I26/256
古文析義初編八卷二編八卷 (清)林雲銘評註 清令德堂刻本 十二冊 存十二卷(初編二至四、六,二編八卷)

620000－1103－0002693 I26/256
古文析義六卷二編八卷 (清)林雲銘評註 清宏道堂刻本 十四冊

620000－1103－0002694 I26/256:01(s)
古文析義六卷 (清)林雲銘評註 清文光堂刻本 六冊

620000－1103－0002695 I26/256:02
增訂古文析義合編十六卷 (清)林雲銘評註 清咸豐八年(1858)經元堂刻本 八冊

620000－1103－0002696 I26/256:03
古文析義六卷二編八卷 (清)林雲銘評註 清刻本 八冊

620000－1103－0002697 I26/285(s)
兩朝文要二卷 (清)李元春評選 清刻本 二冊

620000－1103－0002698　I26/286
古文筆法百篇八卷　(清)李扶九編　清光緒二十九年(1903)石印本　一冊

620000－1103－0002699　I26/315
古文賞心集新編八卷　(清)張錚評註　清雍正七年(1729)古吴煥文堂刻本　八冊

620000－1103－0002700　I26/380(s)
枕善堂尺牘一隅二十卷　(清)陳大溶輯　清道光十六年(1836)台州府署刻本　八冊

620000－1103－0002701　I26/440
歷代名人書劄二卷續編二卷　(清)吳曾祺輯　清宣統元年(1909)上海商務印書館鉛印本　四冊

620000－1103－0002702　I26/619(s)
古文賞音九卷　(清)謝有煇纂　清嘉慶三年(1798)杏齋刻本　九冊

620000－1103－0002703　I26/782
雜文匯鈔　(清)□□輯　清抄本　一冊

620000－1103－0002704　I26/816
賴古堂名賢尺牘新鈔十二卷結隣集十五卷　(清)周在梁等輯　清宣統三年(1911)上海國學扶輪社石印本　四冊

620000－1103－0002705　I26/983
續分類尺牘備覽八卷　(清)王虎榜輯　清宣統元年(1909)上海書局石印本　八冊

620000－1103－0002706　I26/987
天下才子必讀書十五卷　(清)金人瑞評點　清敦化堂刻本　八冊

620000－1103－0002707　I26/988(s)
古文釋義新編八卷　(清)余誠評注　清嘉慶十一年(1806)刻本　八冊

620000－1103－0002708　I263.4/285(s)
兩漢文選二卷魏晉至隋文選一卷　(清)李元春評　清刻本　二冊

620000－1103－0002709　I263/386
輸海十二卷　(明)陳繼儒鑒定　(明)沈佳允輯　清光緒二年(1876)申報館鉛印本　四冊

620000－1103－0002710　I263/557:01
古文雅正十四卷　(清)蔡世遠選評　清道光六年(1826)新街口實翰樓書坊刻本　六冊

620000－1103－0002711　I263/557:02
古文雅正十四卷　(清)蔡世遠選評　清光緒二十一年(1895)周正誼堂刻本　八冊

620000－1103－0002712　I263/557:03
古文雅正十四卷　(清)蔡世遠選評　清光緒二十一年(1895)周正誼堂刻本　八冊

620000－1103－0002713　I263/557:04
古文雅正十四卷　(清)蔡世遠選評　清光緒二十一年(1895)周正誼堂刻本　八冊

620000－1103－0002714　I263/557:05
古文雅正十四卷　(清)蔡世遠選評　清光緒二十一年(1895)周正誼堂刻本　八冊

620000－1103－0002715　I263/557:06
古文雅正十四卷　(清)蔡世遠選評　清光緒二十一年(1895)周正誼堂刻本　八冊

620000－1103－0002716　I263/557:07
古文雅正十四卷　(清)蔡世遠選評　清同治七年(1868)湘鄉曾氏刻本　二冊　存四卷(十一至十四)

620000－1103－0002717　I263/557:08
古文雅正十四卷　(清)蔡世遠選評　清同治七年(1868)湘鄉曾氏刻本　十冊

620000－1103－0002718　I263/557:09
古文雅正十四卷附録二卷　(清)蔡世遠選評　清嘉慶九年(1804)刻本　六冊

620000－1103－0002719　I263/718:01(s)
古文眉詮七十九卷首一卷　(清)浦起龍編次　清乾隆九年(1744)靜寄東軒刻本　十六冊

620000－1103－0002720　I263/718:02(s)
古文眉詮七十九卷首一卷　(清)浦起龍編次　清乾隆九年(1744)靜寄東軒刻本　二十四冊

620000－1103－0002721　I263/851
且怡草堂評選小題能典集合選讀本不分卷

（清）魯習孔評 （清）黎旭增評 清刻本 一冊

620000－1103－0002722 I264.4/994
西溪叢語二卷 （宋）姚寬撰 明刻本 一冊

620000－1103－0002723 I264.41/168
黃山谷尺牘十卷 （宋）黃庭堅撰 清宣統元年（1909）掃葉山房石印本 四冊

620000－1103－0002724 I264.41/554
蘇東坡尺牘八卷 （宋）蘇軾撰 清宣統元年（1909）掃葉山房石印本 四冊

620000－1103－0002725 I264.41/554
加批三蘇策論十二卷 （宋）蘇軾撰 清光緒二十九年（1903）澄衷學堂印書處石印本 四冊

620000－1103－0002726 I264.7/994
姚牧菴先生文選五卷首一卷 （元）姚燧撰 （清）李祖陶評點 清道光二十五年（1845）刻本 二冊

620000－1103－0002727 I264.8/378
明文奇賞四十卷 （明）陳仁錫評選 明天啓三年（1623）刻本 二十冊

620000－1103－0002728 I264.8/386:01
讀書鏡八卷 （明）陳繼儒撰 清光緒四年（1878）味經書院刻本 二冊

620000－1103－0002729 I264.8/386:02
讀書鏡八卷 （明）陳繼儒撰 清光緒四年（1878）味經書院刻本 二冊

620000－1103－0002730 I264.8/856
熊襄湣書牘不分卷 （明）熊廷弼撰 清光緒三十四年（1908）廣智書局鉛印本 一冊

620000－1103－0002731 I264.9/112
西歸日劄不分卷 （清）王弘撰撰 清末刻本 一冊

620000－1103－0002732 I264.9/112
北行日劄不分卷 （清）王弘撰撰 清刻本 一冊

620000－1103－0002733 I264.9/112(s)
山志六卷外集六卷 （清）王弘撰撰 清光緒二十六年（1900）敬義堂刻本 六冊

620000－1103－0002734 I264.9/120:02
續古文辭類纂三十四卷 王先謙纂集 清光緒八年（1882）長沙王氏刻本 八冊

620000－1103－0002735 I264.9/120:03
續古文辭類纂三十四卷 王先謙纂集 清光緒十年（1884）行素草堂刻本 六冊

620000－1103－0002736 I264.9/186
小倉山房尺牘六卷 （清）袁枚撰 清刻本 一冊

620000－1103－0002737 I264.9/186(s)
袁文箋正十六卷補註一卷 （清）袁枚撰 清同治四年（1865）松壽山房刻本 八冊

620000－1103－0002738 I264.9/270(s)
國朝古文正的七卷 （清）楊彝珍纂 清光緒五年（1879）獨山莫氏木活字印本 六冊

620000－1103－0002739 I264.9/307
增訂繡虎軒尺牘全集十三卷 （清）張西源編輯 清乾隆二十八年（1763）山立堂刻本 八冊

620000－1103－0002740 I264.9/380(s)
枕善堂尺牘一隅二十卷 （清）陳大溶撰 清道光十六年（1836）富春堂刻本 十冊

620000－1103－0002741 I264.9/394
切問齋文鈔三十卷 （清）陸燿輯 清乾隆四十年（1775）刻本 九冊 存二十八卷（一至二十四、二十七至三十）

620000－1103－0002742 I264.9/426
國朝名人書劄三卷 （清）文明書局編 清宣統三年（1911）上海文明書局鉛印本 三冊

620000－1103－0002743 I264.9/434
天崇百篇不分卷 （清）吳懋政評選 清崇順堂刻本 一冊

620000－1103－0002744 I264.9/526(s)
南滘楛語八卷 （清）蔣超伯輯 清同治十年

(1871)兩廣山房刻本　二冊

620000－1103－0002745　I264.9/610:01(s)
秋水軒尺牘四卷　(清)許思湄撰　清道光十五年(1835)富春堂刻本　四冊

620000－1103－0002746　I264.9/661
國朝名人小簡二卷　(清)吳增祺輯　清宣統元年(1909)上海商務印書館鉛印本　一冊　存一卷(一)

620000－1103－0002747　I264.9/781(s)
訟過齋日記六卷　(清)毛輝鳳撰　清光緒元年(1875)求仁堂刻本　二冊

620000－1103－0002748　I264.9/785(s)
勉行堂文集六卷　(清)程晉芳撰　清嘉慶二十五年(1820)刻本　三冊

620000－1103－0002749　I264.9/907:01
壯悔堂文集十卷　(清)侯方域撰　清宣統元年(1909)上海掃葉山房石印本　四冊

620000－1103－0002750　I264.9/907:02
壯悔堂文集十一卷　(清)侯方域撰　清宣統元年(1909)中國圖書公司鉛印本　三冊

620000－1103－0002751　I264.9/907:03
壯悔堂文集十卷四憶堂詩集六卷　(清)侯方域撰　清刻本　八冊

620000－1103－0002752　I264.9/933:01
牧齋尺牘三卷外編一卷　(清)錢謙益撰　清宣統二年(1910)上海時中書局鉛印本　四冊

620000－1103－0002753　I264.9/940:01
飲香尺牘二卷致復集二卷續刊二卷　(清)飲香居士輯　清道光七年(1827)京都石渠閣刻本　四冊

620000－1103－0002754　I264.9/942:02
分類詳註飲香尺牘四卷　(清)飲香居士輯　清刻本　三冊　存三卷(二至四)

620000－1103－0002755　I264.9/973
舊雨集三卷　(清)鄭士範撰　清光緒二十一年(1895)周正誼堂刻本　六冊

620000－1103－0002756　I264.9/990(s)
默齋公牘二卷　(清)俞德淵撰　清刻本　二冊

620000－1103－0002757　I264.9/994
惜抱軒尺牘不分卷　(清)姚鼐撰　清同治十二年(1873)並州刻本　一冊

620000－1103－0002758　I264/285
西河古文録八卷　(清)李元春輯　清道光十年(1830)西河書院刻本　四冊

620000－1103－0002759　I264/285
兩朝文要二卷　(清)李元春評選　清刻本　一冊

620000－1103－0002760　I264/285(s)
唐宋八家文選八卷宋元諸家文選二卷　(清)李元春評　清刻本　六冊

620000－1103－0002761　I264/285:01(s)
關中兩朝文鈔二丨二卷　(清)李元春彙選　清道光十二年(1832)守樸堂刻本　四冊　存四卷(一至四)

620000－1103－0002762　I264/285:02(s)
關中兩朝文鈔二十二卷　(清)李元春彙選　清道光十二年(1832)守樸堂刻本　八冊　存七卷(一至四、六至八)

620000－1103－0002763　I264/312
古文觀止詳註六卷　(清)王相選註　(清)張之洞評　清兩湖書院刻本　六冊

620000－1103－0002764　I264/516
唐宋八大家文鈔一百六十四卷　(明)茅坤評選　清康熙四十五年(1706)雲林大盛堂刻本　四十冊　存一百四十八卷(一至一百四十八)

620000－1103－0002765　I264/642
唐宋八家鈔八卷　(清)高嵣集評　清道光十五年(1835)雙河堂藏板　八冊

620000－1103－0002766　I264/645
唐宋八家鈔八卷　(清)高嵣集評　清道光十五年(1835)善成堂刻本　八冊

620000－1103－0002767　I264/667

精選唐宋八大家文讀本不分卷　(清)呂留良輯　清康熙四十三年(1704)刻呂氏家塾讀本　二册

620000－1103－0002768　I265.2/106

體微齋日記録七卷遺編不分卷祝爽亭觀察事略不分卷　(清)祝塏撰　清光緒十八年(1892)刻本　六册

620000－1103－0002769　I265.2/112

弢園尺牘十二卷　(清)王韜撰　清光緒六年(1880)鉛印本　三册

620000－1103－0002770　I265.2/113

陶廬箋牘四卷　王樹枏撰　清光緒刻本　二册

620000－1103－0002771　I265.2/113

漢南紀遊一卷　(清)王志沂撰　清刻本　一册

620000－1103－0002772　I265.2/113

樵說十卷　(清)王增祺撰　清光緒十八年(1892)石泉刻本　四册

620000－1103－0002773　I265.2/146

繡虎軒尺牘初集八卷二集八卷三集八卷　(清)曹煜撰　清康熙傳萬堂刻本　四册　存八卷(三集八卷)

620000－1103－0002774　I265.2/147

曹李尺牘合選二卷　(清)曹溶　(清)李良年撰　(清)茅復選　清刻本(文茂堂藏板)　二册

620000－1103－0002775　I265.2/173:01(s)

蘇黄尺牘四卷　(清)黄始輯　清同治十年(1871)聚盛堂刻本　六册

620000－1103－0002776　I265.2/183

懺摩録一卷潘瀾筆記二卷　(清)彭兆蓀撰　清光緒二十四年(1898)東倉書庫刻本　一册

620000－1103－0002777　I265.2/219

音註小倉山房尺牘八卷　(清)袁枚撰　清光緒二十七年(1901)申昌書局石印本　二册

620000－1103－0002778　I265.2/232

臙脂牡丹六卷　(□)□□撰　清同治十三年(1874)三臺山房刻本　六册

620000－1103－0002779　I265.2/285

桐窻囈說不分卷　(清)李元春撰　清道光十年(1830)刻本　二册

620000－1103－0002780　I265.2/285

桐窻殘筆二卷　(清)李元春撰　清刻本　二册

620000－1103－0002781　I265.2/290

鴻雪一痕十卷　(清)李光昭撰　清咸豐六年(1856)輔仁堂刻本　十册

620000－1103－0002782　I265.2/312

東洋看操察學日記不分卷　(清)張望齡撰　清光緒二十九年(1903)秦中官書局石印本　一册

620000－1103－0002783　I265.2/314:01

張横渠先生文集十二卷　(宋)張載撰　(清)張伯行輯　清同治五年(1866)正誼書局刻正誼堂叢書本　一册　存六卷(七至十二)

620000－1103－0002784　I265.2/329(s)

五色瓜廬尺牘叢殘四卷　(清)邵慶辰撰　清光緒八年(1882)刻本　四册

620000－1103－0002785　I265.2/336

養龢齋筆記不分卷　(清)霍樹清撰　清光緒刻本　一册

620000－1103－0002786　I265.2/339

分類尺牘備覽十卷續集四卷　(清)王虎榜輯　清光緒三十二年(1906)上海文盛堂石印本　八册

620000－1103－0002787　I265.2/347

墨選空群不分卷　(清)百勤撰　清刻本　一册

620000－1103－0002788　I265.2/366

霏屑軒尺牘類選□□卷　(清)孫焜輯　清刻本　五册　存十卷(二、七至九、十一至十六)

620000－1103－0002789　I265.2/384

東塾讀書記二十五卷　(清)陳澧撰　清光緒琉璃廠□□堂書坊刻本　五册　存十八卷(一至十一、十五至二十一)

620000－1103－0002790　I265.2/384
東塾讀書記十五卷　(清)陳澧撰　清光緒刻本　六册

620000－1103－0002791　I265.2/429:01
留芿盦尺牘叢殘四卷　(清)嚴籀輯　清咸豐六年(1856)刻本　三册　存三卷(一至三)

620000－1103－0002792　I265.2/429:02
留芿盦尺牘叢殘四卷　(清)嚴籀撰　清同治三年(1864)刻本　五册

620000－1103－0002793　I265.2/610
新輯尺牘合璧四卷　(清)許思湄撰　清光緒二十五年(1899)上海慎記石印本　二册

620000－1103－0002794　I265.2/634
三星使書牘三卷　(清)廣智書局編　清光緒三十四年(1908)廣智書局鉛印本　二册

620000－1103－0002795　I265.2/647
精一辨不分卷　(清)高賡恩輯　清光緒二十六年(1900)刻本　一册

620000－1103－0002796　I265.2/649
賴古堂名賢尺牘新鈔丨二卷結隣集十五卷　(清)高皐等選　(清)周在梁等鈔　清宣統三年(1911)上海國學扶輪社石印本　十一册

620000－1103－0002797　I265.2/682(s)
大雲山房文稿初集四卷二集四卷　(清)惲敬撰　清光緒十四年(1888)刻本　八册

620000－1103－0002798　I265.2/713
夢痕録餘一卷　(清)汪輝祖撰　清刻本　一册

620000－1103－0002799　I265.2/754(s)
養一齋劄記九卷　(清)潘德輿撰　清同治十一年(1872)刻本　三册

620000－1103－0002800　I265.2/761
曾文正公家書十卷　(清)曾國藩撰　清光緒二十九年(1903)錦章書局石印本　一册　存三卷(一至三)

620000－1103－0002801　I265.2/761(s)
曾文正公文鈔四卷　(清)曾國藩撰　清同治十二年(1873)上洋醉六堂刻本　四册

620000－1103－0002802　I265.2/761:01
曾文正公書劄三十三卷　(清)曾國藩撰　清光緒十三年(1887)上海申報館鉛印本　二十册

620000－1103－0002803　I265.2/761:02
曾文正公家書十卷家訓二卷大事記三卷榮哀録一卷　(清)曾國藩撰　清宣統元年(1909)章福記書局石印本　六册

620000－1103－0002804　I265.2/762
讀書雜識十二卷　(清)勞格撰　(清)丁寶書述　清光緒六年(1880)苕溪丁氏月河精舍叢鈔本　三册

620000－1103－0002805　I265.2/775
紅藕山莊尺牘十二卷首一卷　(清)冶垠散人撰　清道光七年(1827)刻本　二册　存六卷(四至九)

620000－1103－0002806　I265.2/781
訟過齋日記六卷　(清)毛輝鳳撰　清同治十一年(1873)求仁堂刻本　二册

620000－1103－0002807　I265.2/812
胭脂牡丹尺牘六卷　(清)韓鄂輯録　清光緒元年(1875)刻本　六册

620000－1103－0002808　I265.2/816
重刻賴古堂尺牘新鈔三選結隣集十六卷　(清)周在梁等鈔　清道光六年(1826)賴古堂刻本　六册

620000－1103－0002809　I265.2/860
詳註嚶求集二卷　(清)繆艮撰　清光緒十六年(1890)上海積山書局石印本　二册

620000－1103－0002810　I265.2/948
適軒尺牘八卷　(清)徐菊生撰　清光緒五年(1879)藝文山房刻本　二册

620000－1103－0002811　I265.2/948:01

適軒尺牘八卷　(清)徐菊生撰　清光緒五年(1879)藝文山房刻本　四册

620000－1103－0002812　I265.2/990
春在堂尺牘六卷　(清)俞樾撰　清光緒三十四年(1908)上海文瑞樓石印本　四册

620000－1103－0002813　I269/313
類聯集錦八卷　(清)張宗濤輯　清刻本　一册

620000－1103－0002814　I313/724
增註東洋詩史三卷　(清)濯足扶桑客撰　清光緒二十九年(1903)江陰中西實學書館木活字印本　三册

620000－1103－0002815　I561/295
裴迺傑奇案不分卷　(英國)查克氏撰　清宣統三年(1911)鉛印本　一册

620000－1103－0002816　J2/292
芥子園畫傳初集六卷二集九卷三集六卷　(清)王槩等輯　清光緒三十二年(1906)上海新馬路文新局石印本　十册

620000－1103－0002817　J2/368
詩畫舫不分卷　(清)點石齋輯　清光緒五年(1879)上海點石齋石印本　三册

620000－1103－0002818　J2/603
芥子園畫傳初集六卷　(清)王概摹　清末石印本　一册　存一卷(二)

620000－1103－0002819　J2/736
畫鑒不分卷　(宋)湯垕輯　(明)毛晉訂　明崇禎毛氏汲古閣刻本　一册

620000－1103－0002820　J2/781
節抄津逮秘書不分卷　(明)毛晉輯　清抄本　一册

620000－1103－0002821　J2/915
高士傳不分卷　(晉)皇甫謐撰　清光緒十二年(1886)上海同文書局石印本　一册

620000－1103－0002822　J2/987
畫吾自畫不分卷　(清)金農撰　清刻本　一册

620000－1103－0002823　J29/121(s)
遵黄録一卷　(清)王幻海撰　清道光十六年(1836)豐登書院刻本　一册

620000－1103－0002824　J29/196(s)
兩漢策要十二卷　(宋)陶叔獻輯　清光緒十三年(1887)上海同文書局石印本　八册　存十一卷(一至二、四至十二)

620000－1103－0002825　J29/286
大篆七月詩不分卷　(清)李朝棟書　清同治九年(1870)刻本　一册

620000－1103－0002826　J29/306
張殿撰教育手牒不分卷　張謇撰　清宣統元年(1909)中國圖書公司影印本　一册

620000－1103－0002827　J29/307
清河書畫舫十二卷　(明)張丑撰　清乾隆二十八年(1763)刻本　十二册

620000－1103－0002828　J29/381
陳冠生殿撰楷法不分卷　(清)陳冕撰　清光緒十五年(1889)影印本　一册

620000－1103－0002829　J29/605
説文篆書本不分卷　(□)□□撰　清抄本　一册

620000－1103－0002830　J29/752
霞山教子圖題跋五十五篇　(清)淡如水集　清乾隆三十二年至四十一年(1767－1776)稿本　一册

620000－1103－0002831　J29/754
遵訓閣淳化帖釋文四卷　(清)潘養翼撰　清嘉慶十一年(1806)稿本　一册

620000－1103－0002832　J29/761
湘鄉師相言兵事手函不分卷　(清)曾國藩撰　清光緒二十六年(1900)石印本　一册

620000－1103－0002833　J29/765
書法正傳十卷　(清)馮武編　清道光八年(1828)藝海堂刻本　二册　存六卷(一至六)

620000－1103－0002834　J29/984
松禪書劄不分卷　(清)翁同龢著　清光緒三

十四年(1908)影印本　一冊

620000－1103－0002835　J292.1/286(s)
論書偶存一卷　(清)李朝棟撰　清光緒十六年(1890)岐山武氏刻本　一冊

620000－1103－0002836　J6/113
律呂圖說二卷　(清)王建常編次　清乾隆三十九年(1774)朝阪集義堂刻本　二冊

620000－1103－0002837　J6/119
治心齋琴學練要五卷　(清)王善編輯　清乾隆刻本　五冊

620000－1103－0002838　J6/225
重刻恭簡公志樂二十卷　(明)韓邦奇撰　清嘉慶十一年(1806)關中式古堂刻本　十二冊

620000－1103－0002839　J6/312(s)
琴學入門二卷　(清)張鶴輯　清同治六年(1867)刻本　三冊

620000－1103－0002840　J6/667(s)
天問閣琴譜二十一卷　(清)唐彝銘集　清光緒二年(1876)成都葉氏刻本　二十四冊

620000－1103－0002841　J63/554(s)
琴譜新聲六卷　(清)曹尚絅等輯　清抄本　二冊

620000－1103－0002842　J63/554(s)
與古叄琴譜四卷　(清)祝鳳喈輯　清抄本　四冊

620000－1103－0002843　J648.31/429
松絃館琴譜二十八曲　(明)嚴澂撰　明萬曆刻本　二冊

620000－1103－0002844　K833.13/182
吉田松陰不分卷　(日本)德富豬一郎撰　(清)王鈍譯　清光緒二十九年(1903)鉛印新史學叢書本　一冊

620000－1103－0002845　K1/289
萬國通史前編十卷　(英國)李思倫輯譯　蔡爾康紀述　清光緒二十六年(1900)上海商務印書館鉛印本　六冊　存六卷(一、三、五至八)

620000－1103－0002846　K1/454:01
萬國史記二十卷　(日本)岡本監輔撰　清光緒二十三年(1897)上海六先書局石印本　六冊　存十五卷(一至十五)

620000－1103－0002847　K1/454:02
萬國史記二十卷　(日本)岡本監輔撰　清光緒二十三年(1897)上海六先書局鉛印本　八冊

620000－1103－0002848　K1/598
西洋史要不分卷　(日本)小川銀次郎撰　清光緒二十九年(1903)金粟齋鉛印本　一冊

620000－1103－0002849　K10/625
萬國通鑑四卷圖一卷　(美國)謝偉樓撰　(清)趙如光譯　清光緒八年(1882)刻本　六冊

620000－1103－0002850　K2/602
讀史論略不分卷　(清)杜詔撰　清刻本　一冊

620000－1103－0002851　K20/121
京師大學堂中國通史講義不分卷　王舟瑤撰(講述)　清末鉛印本　一冊

620000－1103－0002852　K204.1/100
二十四史論海三十二卷　(清)知新子輯　清光緒石印本　十冊　存十一卷(四、六、十一、十三、十五、十七至十八、二十二至二十三、三十一至三十二)

620000－1103－0002853　K204.1/116:01(s)
十七史商榷一百卷　(清)王鳴盛述　清光緒六年(1880)太原王氏刻本　二十四冊

620000－1103－0002854　K204.1/315
廿四史論精粹十八卷　(清)張兆蓉輯　清光緒二十八年(1902)石印本　六冊

620000－1103－0002855　K204.1/316:01
二十四史提綱二十卷　(清)蔡麟輯　清光緒二十九年(1903)普學書莊石印本　八冊

620000－1103－0002856　K204.1/316:02
二十四史提綱二十卷　(清)蔡麟輯　清光緒

二十九年(1903)普學書莊石印本　八册

620000－1103－0002857　K204.1/972:01
廿一史約編八卷首一卷　(清)鄭元慶撰　清刻本　七册　缺一卷(五)

620000－1103－0002858　K204.1/972:02
廿一史約編八卷首一卷　(清)鄭元慶撰　清刻本　五册

620000－1103－0002859　K204.1/972:03
校補廿一史約編八卷首一卷　(清)鄭元慶撰　清光緒十三年(1887)上海積山書局石印本　七册

620000－1103－0002860　K204.2/303:01
史記一百三十卷　(漢)司馬遷撰　(南朝宋)裴駰集解　(唐)司馬貞索隱　(唐)張守節正義　清光緒四年(1878)金陵書局石印本　十六册

620000－1103－0002861　K204.2/303:02
史記一百三十卷　(漢)司馬遷撰　(南朝宋)裴駰集解　(唐)司馬貞索隱　(唐)張守節正義　清同治九年(1870)金陵書局刻本　二十册

620000－1103－0002862　K204.2/303:04
史記一百三十卷　(漢)司馬遷撰　(南朝宋)裴駰集解　(唐)司馬貞索隱　(唐)張守節正義　清光緒十年(1884)上海同文書局石印本　三十册

620000－1103－0002863　K204.2/303:05(s)
史記一百三十卷　(漢)司馬遷撰　(南朝宋)裴駰集解　(唐)司馬貞索隱　(唐)張守節正義　清同治十一年(1872)成都書局刻本　二十六册

620000－1103－0002864　K204.2/303:07
史記一百三十卷　(漢)司馬遷撰　(南朝宋)裴駰集解　(唐)司馬貞索隱　(唐)張守節正義　清刻本　十八册　存七十三卷(一至四、十四至四十六、六十六至七十一、九十七至一百二十六)

620000－1103－0002865　K204.2/303:08
史記一百三十卷　(漢)司馬遷撰　(南朝宋)裴駰集解　(唐)司馬貞索隱　(唐)張守節正義　明崇禎十四年(1641)汲古閣刻清順治十一年(1654)補刻本　十二册

620000－1103－0002866　K204.2/303:09
史記一百三十卷　(漢)司馬遷撰　(南朝宋)裴駰集解　(唐)司馬貞索隱　(唐)張守節正義　清光緒二十五年(1899)慎記書局石印本　四册

620000－1103－0002867　K204.2/303:10(s)
史記一百三十卷　(漢)司馬遷撰　(南朝宋)裴駰集解　(唐)司馬貞索隱　(唐)張守節正義　(明)陳子龍　(明)徐孚遠測議　清聚錦堂刻本　四十册

620000－1103－0002868　K204.2/303:11
史記一百三十卷　(漢)司馬遷撰　(南朝宋)裴駰集解　(唐)司馬貞索隱　(唐)張守節正義　清光緒十年(1884)上海同文書局石印本　二十六册

620000－1103－0002869　K204.2/303:14
史記一百三十卷　(漢)司馬遷撰　(南朝宋)裴駰集解　(唐)司馬貞索隱　(唐)張守節正義　(明)陳子龍　(明)徐孚遠測議　清刻本　三十二册

620000－1103－0002870　K204.2/437:01
史記論文一百三十卷　(清)吳見思評點　清康熙二十六年(1687)尺木堂刻本　二十四册

620000－1103－0002871　K204.2/516
茅鹿門先生批評史記抄九十八卷　(明)茅坤撰　明天啓元年(1621)刻本　十四册

620000－1103－0002872　K204.2/627(s)
史記注補正一卷　(清)方苞撰　清刻本　一册

620000－1103－0002873　K204.2/645
史記鈔四卷　(清)高嵣集評　清刻本　四册

620000－1103－0002874　K204.2/864

史記一百三十卷 (漢)司馬遷撰 (南朝宋)裴駰集解 清光緒四年(1878)金陵書局石印本 十六册

620000－1103－0002875 K204.2/914
史記選六卷 (清)儲欣評 清乾隆五十年(1785)二南堂刻本 四册

620000－1103－0002876 K204.3/112:01
讀通鑑論十六卷宋論十五卷 (清)王夫之撰 清光緒三十一年(1905)上海商務印書館鉛印本 十册

620000－1103－0002877 K204.3/112:02
讀通鑑論十卷末一卷宋論五卷 (清)王夫之撰 清光緒二十四年(1898)上海公興書局石印本 十册

620000－1103－0002878 K204.3/112:04
讀通鑑論十卷末一卷宋論五卷 (清)王夫之撰 清光緒二十六年(1900)上海祥記書莊石印船山遺書本 二册 存五卷(一至五)

620000－1103－0002879 K204.3/113
王鳳洲先生綱鑑正史全編二十四卷 (明)王世貞 (明)陳仁錫評 (明)張睿卿輯 (明)陳臣忠纂 明崇禎刻本 十册 存二十一卷(三至七、九至二十四)

620000－1103－0002880 K204.3/113:01
綱鑑會纂三十九卷 (明)王世貞編 清刻本 十六册 存十八卷(十八至十九、二十一、二十五至三十九)

620000－1103－0002881 K204.3/113:02
王鳳洲先生綱鑑正史全編二十四卷 (明)王世貞 (明)陳仁錫評 (明)張睿卿輯 (明)陳臣忠纂 明崇禎刻本 一册 存一卷(二十一)

620000－1103－0002882 K204.3/186
御批增補了凡綱鑑四十卷首一卷 (明)袁黄編纂 清光緒二十七年(1901)上海經藝齋石印本 十二册

620000－1103－0002883 K204.3/186
新刊趙田了凡袁先生編纂古本歷史大方綱鑑補三十九卷 (明)袁黄撰 清善成堂刻本 二十一册 存二十七卷(一至二、五至六、九至十五、十八至十九、二十一至二十五、二十九至三十三、三十五至三十七、三十九)

620000－1103－0002884 K204.3/186
增補綱鑑輯要四十卷首一卷 (明)袁黄編纂 清光緒十三年(1887)善成堂刻本 十八册

620000－1103－0002885 K204.3/186:01
袁王綱鑑會纂三十九卷首一卷 (明)袁黄 (明)王世貞撰 清光緒三十年(1904)上海圖書集成印書館鉛印本 十九册

620000－1103－0002886 K204.3/293
增定課兒鑑畧妥注善本五卷 (明)李延機撰 清同文堂刻本 一册

620000－1103－0002887 K204.3/303
資治通鑑目録三十卷 (宋)司馬光撰 清同治八年(1869)江蘇書局刻本 十册

620000－1103－0002888 K204.3/303:01
司馬溫公稽古録二十卷 (宋)司馬光撰 清同治十年(1871)湖北崇文書局刻本 四册

620000－1103－0002889 K204.3/303:02
司馬溫公稽古録二十卷 (宋)司馬光撰 清同治十年(1871)湖北崇文書局刻本 四册

620000－1103－0002890 K204.3/303:02(s)
資治通鑑二百九十四卷 (宋)司馬光撰 (元)胡三省音注 **通鑑釋文辨誤十二卷** (元)胡三省撰 清嘉慶二十一年(1816)鄱陽胡氏刻本 一百二十册

620000－1103－0002891 K204.3/303:03
稽古録二十卷 (宋)司馬光撰 清光緒九年(1883)解梁書院刻本 四册

620000－1103－0002892 K204.3/303:03(s)
資治通鑑二百九十四卷 (宋)司馬光撰 清同治十年(1871)湖北崇文書局刻本 一百四册

620000－1103－0002893 K204.3/303:05

資治通鑑二百九十四卷 (宋)司馬光撰 (元)胡三省音注 **通鑑釋文辨誤十二卷** (元)胡三省撰 清同治十年(1871)湖北崇文書局刻本 一百四冊

620000－1103－0002894 K204.3/314:01
御撰資治通鑑綱目三編二十卷 (清)張廷玉等編 清刻本 六冊

620000－1103－0002895 K204.3/314:02
御撰資治通鑑綱目三編二十卷 (清)張廷玉等編 清刻本 六冊

620000－1103－0002896 K204.3/314:03
御撰資治通鑑綱目三編二十卷 (清)張廷玉等編 清光緒十五年(1889)善成堂刻本 二冊

620000－1103－0002897 K204.3/471:02(s)
續資治通鑑二百二十卷 (清)畢沅撰 清同治六年(1867)刻本 六十冊

620000－1103－0002898 K204.3/471:03
續資治通鑑二百二十卷 (清)畢沅撰 清同治八年(1869)刻本 六十冊

620000－1103－0002899 K204.3/528(s)
通鑑至聖備考全集二卷 (清)蒲申錫輯 清嘉慶二十二年(1817)留餘山房刻本 二冊

620000－1103－0002900 K204.3/747(s)
歷代世系紀年編一卷 (清)沈炳震撰 清道光二年(1822)刻寓意於物齋叢書本 一冊

620000－1103－0002901 K204.3/828:02
資治通鑑綱目五十九卷 (宋)朱熹撰 (明)陳仁錫評 **前編二十五卷** (明)南軒撰 (明)陳仁錫評 **續資治通鑑綱目二十七卷** (明)商輅撰 (明)陳仁錫評 清康熙四十年(1701)刻王公行本 一百十九冊 存一百九卷(資治通鑑綱目一至三十、三十二至五十八,前編二十五卷,續二十七卷)

620000－1103－0002902 K204.3/828:06
資治通鑑綱目五十九卷 (宋)朱熹撰 (明)陳仁錫評閲 清嘉慶九年(1804)姑蘇聚文堂刻本 六十五冊

620000－1103－0002903 K204.3/828:07
資治通鑑綱目五十九卷 (宋)朱熹撰 (明)陳仁錫評 **續資治通鑑綱目二十七卷** (明)商輅撰 (明)陳仁錫評 清春明堂刻本 七十四冊 存六十八卷(綱目八至九、十三、十五至二十三、二十五、二十七至三十一、三十三至五十三、五十六、五十八至五十九,續綱目一至二十二、二十四至二十七)

620000－1103－0002904 K204.3/828:09
資治通鑑綱目正編五十九卷 (宋)朱熹撰 (明)陳仁錫評 **前編二十五卷** (明)商輅撰 (明)陳仁錫評 明崇禎三年(1630)刻本 一百四十四冊

620000－1103－0002905 K204.3/828:10
資治通鑑綱目正編五十九卷 (宋)朱熹撰 (明)陳仁錫評 **前編二十五卷** (明)南軒撰 (明)陳仁錫評 **續資治通鑑綱目二十七卷** (明)商輅撰 (明)陳仁錫評 清同治三年(1864)漁古山房刻本 四十三冊 存五十二卷(正編一至三、十七至十九、二十一至二十九、四十四至五十,前編二十五卷,續一、四、六至七、十三)

620000－1103－0002906 K204.3/828:19
御批資治通鑑綱目五十九卷 (宋)朱熹撰 (明)陳仁錫評 **前編二十五卷** (明)南軒撰 (明)陳仁錫評 **續資治通鑑綱目二十七卷** (明)商輅撰 (明)陳仁錫評 清光緒三年(1877)刻本 一百十冊 存一百四卷(御批資治通鑑綱目五十九卷、前編一至十八、續二十七卷)

620000－1103－0002907 K204.3/828:20
御批資治通鑑綱目五十九卷 (宋)朱熹撰 (明)陳仁錫評 **前編二十五卷** (明)南軒撰 (明)陳仁錫評 **續資治通鑑綱目二十七卷** (明)商輅撰 (明)陳仁錫評 清刻本 十六冊 存二十八卷(御批資治通鑑綱目二十五至二十六、三十至三十四、三十九、四十二至四十四、四十九、五十六至五十九,前編一

至二、九至十六，續五、十）

620000－1103－0002908　K204.3/850

重刊史鑑節要便讀六卷　（清）鮑東里輯　清同治十二年（1873）羊城運署刻本　一册　存三卷（一至三）

620000－1103－0002909　K204.3/861

綱鑑擇語十卷　（清）司徒修選輯　清刻本　三册　存七卷（四至十）

620000－1103－0002910　K204.3/861

綱鑑擇語十卷　（清）司徒修選輯　清善成堂刻本　七册　存九卷（二至十）

620000－1103－0002911　K204.3/894(s)

資治通鑑外紀十卷目録五卷　（宋）劉恕編集　（清）胡克家注補　清同治十年（1871）江蘇書局刻本　十册

620000－1103－0002912　K204.3/906:01(s)

御批歷代通鑑輯覽一百二十卷　（清）傅恒等撰　清同治十三年（1874）湖南書局刻本　八十册

620000－1103－0002913　K204.3/906:02

御批歷代通鑑輯覽一百二十卷　（清）傅恒等撰　清乾隆三十三年（1768）刻朱墨印本　五十八册

620000－1103－0002914　K204.3/906:03

御批歷代通鑑輯覽一百二十卷　（清）傅恒等撰　清光緒三十一年（1905）上海商務印書館鉛印本　二十四册

620000－1103－0002915　K204.3/906:04

御批歷代通鑑輯覽一百二十卷　（清）傅恒等撰　清光緒三十年（1904）上海商務印書館鉛印本　二十四册

620000－1103－0002916　K204.3/906:05

御批歷代通鑑輯覽一百二十卷　（清）傅恒等撰　清光緒三十一年（1905）上海商務印書館鉛印本　二十四册

620000－1103－0002917　K204.3/906:06

御批歷代通鑑輯覽一百二十卷　（清）傅恒等撰　清光緒三十年（1904）育文書局石印本　二十二册

620000－1103－0002918　K204.3/906:07

御批歷代通鑑輯覽一百二十卷　（清）傅恒等撰　清上海商務印書館鉛印本　十四册　存七十卷（十六至二十、二十六至三十、三十六至四十五、五十一至六十、六十六至一百、一百十一至一百十五）

620000－1103－0002919　K204.3/906:08

御批歷代通鑑輯覽一百二十卷　（清）傅恒等撰　清光緒三十一年（1905）上海商務印書館鉛印本　十二册　存六十卷（十一至十五、二十一至二十五、三十六至四十、六十六至八十、八十六至一百十五）

620000－1103－0002920　K204.3/906:09

御批歷代通鑑輯覽一百二十卷　（清）傅恒等撰　清湖北崇文書局刻本　六十三册　存一百十八卷（三至一百二十）

620000－1103－0002921　K204.3/906:10

御批歷代通鑑輯覽一百二十卷　（清）傅恒等撰　清刻本　四十七册　存一百十九卷（一至二十二、二十五至一百二十）

620000－1103－0002922　K204.3/906:12

御批歷代通鑑輯覽一百二十卷　（清）傅恒等撰　清光緒二十九年（1903）上洋田章書局石印本　二十册

620000－1103－0002923　K204.3/906:13

御批歷代通鑑輯覽一百二十卷　（清）傅恒等撰　清光緒二十八年（1902）萬寶書局石印本　二十三册　存一百十三卷（一至六、十四至一百二十）

620000－1103－0002924　K204.3/906:14

御批歷代通鑑輯覽一百二十卷　（清）傅恒等撰　清光緒二十四年（1898）上洋圖書集成局鉛印本　二十四册　存一百十八卷（一至一百十八）

620000－1103－0002925　K204.3/906:17

御批歷代通鑑輯覽一百二十卷　（清）傅恒等

撰　清刻本　五十九册　存八十八卷(三十三至一百二十)

620000－1103－0002926　K204.3/994
通鑑綱目輯要三十七卷　(清)姚培謙　(清)張景星録　清光緒二十八年(1902)石印本　八册

620000－1103－0002927　K204.4/186:01
通鑑紀事本末二百三十九卷　(宋)袁樞編次　(明)張溥論正　清康熙二十四年(1685)刻本　四十八册

620000－1103－0002928　K204.4/186:02
通鑑紀事本末二百三十九卷　(宋)袁樞編次　(明)張溥論正　清石印本　十五册

620000－1103－0002929　K204.4/294
續通鑑紀事本末一百十卷　(清)李銘漢撰　清光緒三十二年(1906)武威李氏刻本　二十五册

620000－1103－0002930　K204.4/642
歷朝紀事本末九種　(清)陳如升　(清)朱記榮輯　清光緒十四年(1888)上海書業公所鉛印本　四十册　存六種四百五十七卷(左傳五十三卷、通鑑二百三十九卷、西夏三十六卷、元史二十七卷、明史八十卷、附三藩二十二卷)

620000－1103－0002931　K204.4/828
歷朝紀事本末九種　(清)陳如升　(清)朱記榮輯　清光緒二十八年(1902)上海捷記書局石印本　四十册　存五百四十六卷(左傳五十三卷、通鑑二百十九卷、宋史一百九卷、西夏三十六卷、元史二十七卷、明史八十卷、附三藩二十二卷)

620000－1103－0002932　K204.5/121:01
王先生十七史蒙求十六卷　(宋)王令撰　清康熙五十二年(1713)刻本　二册

620000－1103－0002933　K204.5/121:02
王先生十七史蒙求十六卷　(宋)王令撰　清道光二十八年(1848)三讓堂刻本　三册

620000－1103－0002934　K204.5/220(s)
讀史碎金註八十卷　(清)胡文炳編　清光緒元年(1875)蘭石齋刻本　七十六册

620000－1103－0002935　K204.5/220:02(s)
讀史碎金六卷　(清)胡文炳編　清光緒元年(1875)蘭石齋刻本　四册

620000－1103－0002936　K204.5/285(s)
鑑要四卷　(清)李玉瓚輯　清道光二十四年(1844)刻本　四册

620000－1103－0002937　K204.5/292
李氏蒙求補注六卷　(晉)李瀚撰　(清)金三俊輯　清刻本　三册

620000－1103－0002938　K204.5/304
綱鑑擇語十卷　(清)司徒修選輯　清咸豐三年(1853)學德堂刻本　八册

620000－1103－0002939　K204.5/450:01
十七史詳節二百七十四卷　(宋)吕祖謙撰　清光緒二十八年(1902)崇新書局石印本　十六册　存六十七卷(西漢詳節三十卷、東漢詳節一至六、南史詳節八卷、北史詳節八卷、唐書詳節九至二十、五代史詳節三卷)

620000－1103－0002940　K204.5/450:02
十七史詳節二百七十四卷　(宋)吕祖謙撰　清光緒二十八年(1902)上海書局石印本　二十七册　存一百三十四卷(史記詳節二十卷、西漢詳節三十卷、三國志詳節二十卷、晉書詳節三十卷、南史詳節八卷、北史詳節八卷、隋書詳節六卷、唐書詳節九至十七、五代史詳節三卷)

620000－1103－0002941　K204.5/482(s)
史略提綱註釋六卷　(清)羅繡文輯　清咸豐四年(1854)崇邑洗心莊刻本　六册

620000－1103－0002942　K204.5/667
歷代史纂左編一百四十二卷　(明)唐順之　(明)吳用先編輯　明萬曆四十年(1612)刻本　四十二册　存九十七卷(一至十五、二十八至四十二、七十二至一百十五、一百十八至一百三十五、一百三十八至一百四十二)

620000－1103－0002943　K204.5/819:01
綱鑑易知録九十二卷　(清)吳乘權　(清)周之炯　(清)周之燦輯　清刻本　三十三册　存八十卷(一至二、六至四十一、四十五至六十五、六十九至七十二、七十六至九十二)

620000－1103－0002944　K204.5/819:02
尺木堂綱鑑易知録九十二卷明鑑易知録十五卷　(清)吳乘權　(清)周之炯　(清)周之燦輯　清光緒十七年(1891)廣百宋齋鉛印本　十六册

620000－1103－0002945　K204.5/819:03
富文堂綱鑑易知録九十二卷　(清)吳乘權　(清)周之炯　(清)周之燦輯　清刻本　五册　存十三卷(十三至二十五)

620000－1103－0002946　K204.5/819:04
綱鑑易知録九十二卷　(清)吳乘權　(清)周之炯　(清)周之燦輯　清刻本　三十册　存六十六卷(十四至三十九、五十二至九十二)

620000－1103－0002947　K204.5/828
史畧八十七卷　(清)朱堃輯　清石印本　四册　存六十一卷(十六至六十五、七十七至八十七)

620000－1103－0002948　K204.5/833(ε)
史畧八十七卷　(清)朱堃輯　清同治六年(1867)麓山房刻本　二十册

620000－1103－0002949　K204.5/850
史鑑節要二卷　(清)鮑東里撰　(清)吳瑞齡校　清石印本　四册

620000－1103－0002950　K204.5/994:01
史記菁華録六卷　(清)姚苧田輯　清道光四年(1824)扶荔山房刻本　四册　存四卷(二至三、五至六)

620000－1103－0002951　K204.5/994:02
史記菁華録六卷　(清)姚苧田輯　清道光二十三年(1843)懷荊堂刻本　四册　存四卷(一至四)

620000－1103－0002952　K204/266
史漢箋論十卷　(清)楊於果撰　清道光二十五年(1845)非能園刻審嚴集本　三册

620000－1103－0002953　K204/521
詩史十二卷　(清)葛震撰　清抄本　一册　存六卷(一至六)

620000－1103－0002954　K204/550
支那全史七卷　(日本)藤田久道編　清光緒二十七年(1901)東京博文館刻本　二册

620000－1103－0002955　K204/579
國語二十一卷　(三國吳)韋昭解　**戰國策三十三卷**　(宋)鮑彪注　(元)吳師道校　清嘉慶二十年(1815)鱣飛刻本　十二册　缺二十三卷(戰國策十一至三十三)

620000－1103－0002956　K204/642
十年讀書之廬重刊韻史二卷　(清)許遯翁撰　(清)繼芳校　清光緒元年(1875)十年讀書之廬刻本　一册

620000－1103－0002957　K204/769
中國歷史證今四卷　(清)馮明輯　(清)原尚志校　清石印本　一册

620000－1103－0002958　K206.5/267:01
歷代名臣奏議三百四十九卷目録二卷　(明)黄淮　(明)楊士奇等輯　(明)張溥删正　清印本　八十册　缺十八卷(一至十八)

620000－1103－0002959　K206.5/267:02
歷代名臣奏議三百四十九卷目録二卷　(明)黄淮　(明)楊士奇等輯　(明)張溥删正　清文德堂刻本　八十四册

620000－1103－0002960　K206.6/113
拾遺記十卷　(晉)王嘉撰　(南朝梁)蕭綺録　清刻本　二册

620000－1103－0002961　K206.6/754
讀史鏡古編三十二卷正學編一卷　(清)潘世恩輯　清道光三年(1823)鳳池園刻本　九册

620000－1103－0002962　K206.6/793(s)
人壽金鑑二十二卷　(清)程得齡輯　清光緒元年(1875)湖北崇文書局刻本　六册

620000－1103－0002963　K207/117:01
歷代史事論海三十二卷　(清)□□輯　清光緒二十八年(1902)石印本　十六册

620000－1103－0002964　K207/117:02
歷代史事論海三十二卷　(清)□□輯　清光緒二十八年(1902)石印本　七册　存七卷(一至二、四至八)

620000－1103－0002965　K207/263:01
評選船山史論二卷　林紓撰　清宣統三年(1911)上海商務印書館鉛印本　二册

620000－1103－0002966　K207/263:02
評選船山史論二卷　林紓撰　清宣統三年(1911)上海商務印書館鉛印本　二册

620000－1103－0002967　K207/313
歷代史論二十二卷　(明)張溥撰　清光緒二年(1876)浙江書局刻朱墨套印本　二册　存五卷(四至五、九至十一)

620000－1103－0002968　K207/313:01
歷代史論十二卷宋史論三卷元史論一卷　(明)張溥撰　**明史論四卷**　(清)谷應泰撰　**左傳史論二卷**　(清)高士奇撰　清光緒二十四年(1898)上海書局石印本　六册　缺一卷(歷代史論一)

620000－1103－0002969　K207/313:01(s)
歷代史論十二卷宋史論三卷元史論一卷　(明)張溥撰　清光緒九年(1883)都城蒼松山房刻朱墨印本　十册

620000－1103－0002970　K207/313:02
歷代史論十二卷宋史論三卷元史論一卷　(明)張溥撰　**明史論四卷**　(清)谷應泰撰　**左傳史論二卷**　(清)高士奇撰　清光緒二十四年(1898)上海書局石印本　三册

620000－1103－0002971　K207/313:03
歷代史論一編四卷　(明)張溥撰　清光緒二十四年(1898)上海文華書局石印本　一册

620000－1103－0002972　K207/313:04
歷代史論一編四卷　(明)張溥撰　清光緒二十七年(1901)上海書局石印本　一册

620000－1103－0002973　K207/313:05
歷代史論一編四卷　(明)張溥撰　清光緒二十七年(1901)上海書局石印本　二册

620000－1103－0002974　K207/313:06
歷代史論一編四卷　(明)張溥撰　清光緒二十七年(1901)上海書局石印本　一册

620000－1103－0002975　K207/313:07
歷代史論二十二卷　(明)張溥撰　清光緒二年(1876)浙江書局刻朱墨套印本　五册　存十一卷(一至六、九至十三)

620000－1103－0002976　K207/313:08
歷代史論十二卷宋史論三卷元史論一卷　(明)張溥撰　**明史論四卷**　(清)谷應泰撰　**左傳史論二卷**　(清)高士奇撰　清光緒二十四年(1898)上海書局石印本　四册　存十五卷(歷代史論三至十二、宋史論三卷、左傳史論二卷)

620000－1103－0002977　K207/711(s)
述學内篇六卷　(清)汪中撰　清同治八年(1869)刻本　二册

620000－1103－0002978　K207/952
史論十六卷　(清)徐永隆編　清光緒二十八年(1902)政學書社石印本　六册　存九卷(一至六、十至十二)

620000－1103－0002979　K209/171
諸史蒙求歌略不分卷　(清)黄焱秋編　清光緒二十四年(1898)上海千頃堂石印本　一册

620000－1103－0002980　K209/293
積經堂增訂課兒鑑畧妥註善本四卷　(明)李廷機撰　清餘聚賢刻本　四册

620000－1103－0002981　K209/482
史略提綱註釋六卷　(清)羅繡文編　清咸豐四年(1854)刻本　六册

620000－1103－0002982　K209/850(s)
史鑑節要便讀六卷　(清)鮑東里編　清同治十二年(1873)崇文書局刻本　二册

620000－1103－0002983　K21/482
重訂路史四十七卷　(宋)羅泌撰　清嘉慶六年(1801)西山堂刻本　二十册

620000－1103－0002984　K22/411
繹史一百六十卷　(清)馬驌撰　清刻本　三十二册

620000－1103－0002985　K22/563
書經六卷　(清)闞棪生輯　清光緒十四年(1888)同文書局石印五經味根録叢書本　二册

620000－1103－0002986　K221.04/103
尚書因文六卷首一卷末一卷　(清)武士選學　清光緒十八年(1892)關中書院刻本　四册

620000－1103－0002987　K221.04/112
劉戒亭自序年譜一卷　(清)劉戒亭撰　清乾隆五十六年(1791)手抄本　一册

620000－1103－0002988　K221.04/112
書經要義六卷　(清)王建常撰　清雍正八年(1730)崇陽公署刻本　三册

620000－1103－0002989　K221.04/112:01
欽定書經傳說彙纂二十一卷首二卷書序一卷　(清)王頊齡等撰　清刻本　二十四册

620000－1103－0002990　K221.04/112:02
欽定書經傳說彙纂二十一卷首二卷書序一卷　(清)王頊齡等撰　清刻本　二十三册　存二十二卷(欽定書經傳說彙纂二十一卷、首下)

620000－1103－0002991　K221.04/112:03
欽定書經傳說彙纂二十一卷首二卷書序一卷　(清)王頊齡等撰　清刻本　二十三册

620000－1103－0002992　K221.04/112:04
欽定書經傳說彙纂二十一卷首二卷書序一卷　(清)王頊齡等撰　清刻本　二十四册

620000－1103－0002993　K221.04/112:05
欽定書經傳說彙纂二十一卷首二卷書序一卷　(清)王頊齡等撰　清刻本　十六册

620000－1103－0002994　K221.04/112:06
欽定書經傳說彙纂二十一卷首二卷書序一卷　(清)王頊齡等撰　清刻本　二十四册

620000－1103－0002995　K221.04/112:07
欽定書經傳說彙纂二十一卷首二卷書序一卷　(清)王頊齡等撰　清刻本　十二册

620000－1103－0002996　K221.04/112:07
欽定書經傳說匯纂二十一卷首一卷　(清)王頊齡纂　清光緒十九年(1893)江南書局刻本　十二册

620000－1103－0002997　K221.04/112:08
欽定書經傳說彙纂二十一卷首二卷書序一卷　(清)王頊齡等撰　清刻本　十六册

620000－1103－0002998　K221.04/225:01(s)
洪範圖解一卷　(明)韓邦奇撰　清刻本　一册

620000－1103－0002999　K221.04/225:02(s)
洪範圖解一卷　(明)韓邦奇撰　清刻本　一册

620000－1103－0003000　K221.04/306(s)
書經直解十三卷　(明)張居正撰　明大業堂刻本　八册

620000－1103－0003001　K221.04/308
書經衷論四卷　(清)張英撰　清刻本　一册

620000－1103－0003002　K221.04/361
深柳堂彙集書經大全正解十二卷圖一卷深柳堂禹貢增刪集註正解讀本一卷　(清)吳荃彙輯　清康熙二十九年(1690)深柳堂刻本　十一册　存十二卷(深柳堂彙集書經大全正解十二卷)

620000－1103－0003003　K221.04/370:01
附釋音尚書注疏二十卷　(漢)孔安國撰　(唐)陸德明音義　(唐)孔穎達疏　**校勘記二十卷**　(清)阮元撰　(清)盧宣旬摘録　清嘉慶二十年(1815)江西南昌府學刻重刊宋本十三經注疏附校勘記本　八册

620000－1103－0003004　K221.04/370:02
附釋音尚書注疏二十卷　(漢)孔安國撰

(唐)陸德明音義　(唐)孔穎達疏　**校勘記二十卷**　(清)阮元撰　(清)盧宣旬摘録　清嘉慶二十年(1815)江西南昌府學刻重刊宋本十三經注疏附校勘記本　八册

620000－1103－0003005　K221.04/473
書經講義會編十二卷　(明)申時行授　清光緒十八年(1892)關中書院刻本　十二册

620000－1103－0003006　K221.04/563
書經集註六卷　(宋)蔡沈集註　(清)范翔編訂　清康熙五十七年(1718)文盛堂刻本　四册

620000－1103－0003007　K221.04/563
書經六卷　(宋)蔡沈集傳　清文藝堂刻本　三册　存三卷(一至三)

620000－1103－0003008　K221.04/563:02(s)
書經六卷　(宋)蔡沈集傳　清同治十年(1871)刻本　四册

620000－1103－0003009　K221.04/563:13(s)
書經六卷　(宋)蔡沈集傳　清萬順本堂刻本　四册

620000－1103－0003010　K221.04/563:15(s)
書經六卷　(宋)蔡沈集傳　清刻本　二册

620000－1103－0003011　K221.04/563:16
書經六卷　(宋)蔡沈集傳　清同治十年(1871)刻本　四册

620000－1103－0003012　K221.04/563:16(s)
書經六卷　(宋)蔡沈集傳　清刻本　三册

620000－1103－0003013　K221.04/563:17
書經體注大全合參六卷　(清)范翔鑒定　(清)錢希祥系　(清)張聖度訂　清道光二十年(1840)刻本　二册

620000－1103－0003014　K221.04/563:18
書經四卷　(宋)蔡沈集傳　(明)秦鏷訂正　清嘉樂堂刻本佚名批校　一册

620000－1103－0003015　K221.04/563:19
書經體注大全合參六卷　(清)范翔鑒定　(清)錢希祥系　(清)張聖度訂　清六也樓刻本　二册

620000－1103－0003016　K221.04/842
寄傲山房塾課纂輯書經備旨蔡註捷録七卷　(清)鄒聖脈纂　清刻本　四册

620000－1103－0003017　K221.04/893:01(s)
書考辯二卷　(清)劉紹攽撰　清乾隆十六年(1751)劉傳經堂刻本　一册

620000－1103－0003018　K221.04/893:02
書考辯二卷　(清)劉紹攽撰　清乾隆十六年(1751)劉傳經堂刻本　一册

620000－1103－0003019　K221.04/930
尚書離句六卷　(清)錢在培輯解　清光緒二年(1876)西安省城益興堂刻本　一册

620000－1103－0003020　K221.04/930:01
尚書離句六卷　(清)錢在培輯解　清恒言堂刻本　一册

620000－1103－0003021　K221.04/930:02
尚書離句六卷　(清)錢在培輯解　清文成堂刻本　一册

620000－1103－0003022　K221.04/930:03
尚書離句六卷　(清)錢在培輯解　清光緒二年(1876)文明堂刻本　二册

620000－1103－0003023　K221.04/978
尚書大傳四卷考異一卷補遺一卷續補遺一卷　(漢)伏勝撰　(漢)鄭玄注　(清)盧文弨學　清光緒三年(1877)湖北崇文書局刻本　一册

620000－1103－0003024　K224.06/113
周禮注疏删翼三十卷　(明)葉培恕定　(明)王志長輯　明崇禎十二年(1639)刻本　十五册

620000－1103－0003025　K224.06/136:01(s)
周官精義十二卷　(清)連斗山撰　清道光二十四年(1844)英德堂刻本　六册

620000－1103－0003026　K224.06/136:02
周官精義十二卷　(清)連斗山撰　清道光五年(1825)刻本　六册

620000－1103－0003027　K224.06/136:03
周官精義十二卷　(清)連斗山撰　清嘉慶七年(1802)本衙刻本　六册

620000－1103－0003028　K224.06/151
附釋音周禮注疏六卷儀禮疏八卷　(唐)賈公彦等撰　(唐)陸德明釋文　清光緒二十四年(1898)點石齋石印本　四册

620000－1103－0003029　K224.06/168:01
周禮節訓六卷　(清)黄叔琳撰　(清)姚培謙重訂　(清)王永祺參閲　清乾隆四十二年(1777)刻本　一册

620000－1103－0003030　K224.06/168:02
周禮六卷　(清)黄叔琳撰　(清)姚培謙重訂　(清)王永祺參閲　清雍正九年(1731)刻本　一册

620000－1103－0003031　K224.06/171
周禮精義六卷首一卷儀禮精義一卷首一卷禮記精義六卷首一卷春秋精義四卷首一卷　(清)黄淦撰　清嘉慶二十二年(1817)刻本　七册

620000－1103－0003032　K224.06/365:01(s)
周禮政要二卷　(清)孫詒讓撰　清光緒二十八年(1902)里安普通學堂刻本　二册

620000－1103－0003033　K224.06/365:02
周禮政要四卷　(清)孫詒讓撰　清光緒三十年(1904)上海書局石印本　一册

620000－1103－0003034　K224.06/365:03
評點周禮政要二卷　(清)孫詒讓撰　清光緒三十年(1904)同文社石印本　二册

620000－1103－0003035　K224.06/365:04
周禮政要四卷　(清)孫詒讓撰　清光緒二十八年(1902)里安普通學堂刻本　二册

620000－1103－0003036　K224.06/365:05
周禮政要四卷　(清)孫詒讓撰　清光緒二十八年(1902)里安普通學堂刻本　二册

620000－1103－0003037　K224.06/365:06
周禮政要四卷　(清)孫詒讓撰　清光緒二十八年(1902)里安普通學堂刻本　二册

620000－1103－0003038　K224.06/383:01(s)
周禮精華六卷　(清)陳龍標輯　清嘉慶二十三年(1818)經國堂刻本　六册

620000－1103－0003039　K224.06/383:02
周禮精華六卷　(清)陳龍標輯　清道光十二年(1832)姑蘇步月樓刻本　六册

620000－1103－0003040　K224.06/627
周官集注十二卷　(清)方苞撰　清康熙五十九年(1720)刻本　五册

620000－1103－0003041　K224.06/814
周禮讀本六卷　(清)周樽輯　清乾隆五十八年(1793)留餘堂刻本　四册

620000－1103－0003042　K224.06/857:01
欽定周官義疏四十八卷首一卷　(清)鄂爾泰等撰　清乾隆十三年(1748)刻本　四十九册

620000－1103－0003043　K224.06/857:02
欽定周官義疏四十八卷首一卷　(清)鄂爾泰等撰　清乾隆十三年(1748)刻本　四十七册　存四十七卷(一至四十五、四十七至四十八)

620000－1103－0003044　K224.06/857:03
欽定周官義疏四十八卷首一卷　(清)鄂爾泰等撰　清乾隆十三年(1748)刻本　二十四册

620000－1103－0003045　K224.06/857:04
欽定周官義疏四十八卷首一卷　(清)鄂爾泰等撰　清乾隆十三年(1748)刻本　二十四册

620000－1103－0003046　K224.06/857:05
欽定周官義疏四十八卷首一卷　(清)鄂爾泰等撰　清光緒二十一年(1895)湖南寶慶淑芳閣刻本　二十四册

620000－1103－0003047　K224.06/978
周禮注疏四十二卷　(漢)鄭玄注　(唐)賈公彦疏　明崇禎元年(1628)古虞毛氏汲古閣刻本　十六册

620000－1103－0003048　K224.06/978(s)
周禮十二卷　(漢)鄭玄注　(唐)陸德明音義

清同治七年(1868)湖北崇文書局刻本　六冊

620000－1103－0003049　K225.04/101
欽定春秋左傳讀本三十卷　(清)英和撰　清刻本　九冊　存十五卷(四至十八)

620000－1103－0003050　K225.04/101
春秋大旨提綱表四卷　(清)劉爾忻撰　清刻本　一冊　存二卷(三至四)

620000－1103－0003051　K225.04/112
春秋要義五卷　(清)王建常録　清乾隆四十二年(1777)朝阪集義堂刻本　五冊

620000－1103－0003052　K225.04/112
續左傳博議四卷　(清)王夫之撰　清光緒二十四年(1898)千頃堂石印本　二冊

620000－1103－0003053　K225.04/113:01
欽定春秋傳說彙纂三十八卷首二卷　(清)王掞等輯　清康熙六十年(1721)刻本　二十四冊

620000－1103－0003054　K225.04/113:02
欽定春秋傳說彙纂三十八卷首二卷　(清)王掞等輯　清康熙六十年(1721)刻本　二十四冊

620000－1103－0003055　K225.04/113:03
欽定春秋傳說彙纂三十八卷首二卷　(清)王掞等輯　清康熙六十年(1721)刻本　二十四冊

620000－1103－0003056　K225.04/113:05
欽定春秋傳說彙纂三十八卷首二卷　(清)王掞等輯　清康熙六十年(1721)刻本　二十四冊

620000－1103－0003057　K225.04/113:06
欽定春秋傳說彙纂三十八卷首二卷　(清)王掞等輯　清康熙六十年(1721)刻本　二十冊

620000－1103－0003058　K225.04/113:07
欽定春秋傳說彙纂三十八卷首二卷　(清)王掞等輯　清光緒十九年(1893)湖南寶慶漱芳閣刻本　二十冊

620000－1103－0003059　K225.04/113:08
欽定春秋傳說彙纂三十八卷首二卷　(清)王掞等輯　清刻本　二十冊

620000－1103－0003060　K225.04/134
全本春秋三傳體註十二卷　(清)車廷雅輯　(清)陶京山鑒定　清乾隆六十年(1795)同文堂刻本　十二冊

620000－1103－0003061　K225.04/171(s)
天禄閣外史八卷　(漢)黄憲撰　明刻廣漢魏叢書本　四冊

620000－1103－0003062　K225.04/221:03
春秋四傳三十八卷　(宋)胡安國撰　清雍正四年(1726)文明閣刻本　十二冊

620000－1103－0003063　K225.04/226:01
評點春秋綱目左傳句解彙雋六卷　(清)韓菼重訂　清奎光堂刻本　六冊

620000－1103－0003064　K225.04/226:02
評點春秋綱目左傳句解彙雋六卷　(清)韓菼重訂　清狀元閣刻本　六冊

620000－1103－0003065　K225.04/226:03
如酉所刻諸名家評點春秋綱目左傳句解六卷　(明)孫鑛批點　(清)韓菼重訂　清關中五車樓全義堂刻本　六冊

620000－1103－0003066　K225.04/226:05
評點春秋綱目左傳句解彙雋六卷　(清)韓菼重訂　清上海掃葉山房石印本　五冊　存五卷(二至六)

620000－1103－0003067　K225.04/226:06
太史張天如詳節春秋綱目左傳句解六卷　(清)韓菼重訂　清刻本　一冊　存二卷(三至四)

620000－1103－0003068　K225.04/226:07
評點春秋綱目左傳句解彙雋六卷　(清)韓菼重訂　清刻本　十一冊

620000－1103－0003069　K225.04/226:08
評點春秋綱目左傳句解彙雋六卷　(清)韓菼重訂　清致盛堂刻本　六冊

620000－1103－0003070　K225.04/226:10
評點春秋綱目左傳句解彙雋六卷　(清)韓菼重訂　清令德堂刻本　六冊

620000－1103－0003071　K225.04/226:11
評點春秋綱目左傳句解彙雋六卷　(清)韓菼重訂　清文成堂刻本　六冊

620000－1103－0003072　K225.04/244
春秋經傳集解三十卷　(晉)杜預撰　(明)穆文熙編　**春秋名號歸一圖二卷**　(後蜀)馮繼先撰　明刻本　十六冊

620000－1103－0003073　K225.04/244
春秋左傳五十卷　(晉)杜預注疏　清道光二十年(1840)刻本　三冊

620000－1103－0003074　K225.04/244
春秋左傳五十卷　(晉)杜預注疏　清致和堂刻本　七冊　存二十三卷(二十八至五十)

620000－1103－0003075　K225.04/244
春秋左傳三十卷　(晉)杜預注疏　清同治七年(1868)崇文書局刻本　十二冊

620000－1103－0003076　K225.04/304
左傳易讀六卷　(清)司徒修輯　清光緒十年(1884)文英堂刻本　三冊

620000－1103－0003077　K225.04/352
左傳易讀六卷　(清)司徒修輯　清學德堂刻本　一冊　存一卷(六)

620000－1103－0003078　K225.04/352(s)
春秋左傳音訓不分卷　(清)楊國楨撰　清刻本　八冊

620000－1103－0003079　K225.04/352:01(s)
春秋三傳十六卷首一卷釋文音義十六卷　(清)□□輯　(唐)陸德明音義　清同治十年(1871)刻本　十四冊

620000－1103－0003080　K225.04/352:02
春秋三傳十六卷首一卷釋文音義十六卷　(清)□□輯　(唐)陸德明音義　清同治十年(1871)刻本　十四冊

620000－1103－0003081　K225.04/352:03
春秋三傳十六卷首一卷釋文音義十六卷　(清)□□輯　(唐)陸德明音義　清同治十年(1871)刻本　十三冊　缺一卷(春秋三傳七)

620000－1103－0003082　K225.04/370:01
附釋音春秋左傳注疏六十卷　(唐)孔穎達等撰　清嘉慶二十年(1815)江西南昌府學刻本　二十四冊

620000－1103－0003083　K225.04/370:02
附釋音春秋左傳注疏六十卷　(唐)孔穎達等撰　清嘉慶二十年(1815)江西南昌府學刻本　三十冊

620000－1103－0003084　K225.04/370:03
附釋音春秋左傳注疏六十卷　(唐)孔穎達等撰　清嘉慶二十年(1815)江西南昌府學刻本　三十二冊

620000－1103－0003085　K225.04/370:12
春秋三傳十六卷首一卷釋文音義十六卷　(清)□□輯　(唐)陸德明音義　清同治十年(1871)刻本　九冊　存十二卷(春秋三傳三至六、九至十六)

620000－1103－0003086　K225.04/370:13
春秋三傳十六卷首一卷釋文音義十六卷　(清)□□輯　(唐)陸德明音義　清同治十年(1871)刻本　九冊　存十一卷(春秋三傳三至六、十至十六)

620000－1103－0003087　K225.04/370:14
春秋三傳十六卷首一卷釋文音義十六卷　(清)□□輯　(唐)陸德明音義　清同治十年(1871)刻本　四冊　存八卷(春秋三傳三至六、十二至十三、十五至十六)

620000－1103－0003088　K225.04/370:15
春秋三傳十六卷首一卷釋文音義十六卷　(清)□□輯　(唐)陸德明音義　清同治十年(1871)刻本　十四冊

620000－1103－0003089　K225.04/370:16
春秋三傳十六卷首一卷釋文音義十六卷　(清)□□輯　(唐)陸德明音義　清刻本　一冊　存十二卷(春秋三傳十五至十六、釋文音

義一至十)

620000－1103－0003090　K225.04/381(s)
春秋世系一卷　(清)周耀藻撰　清咸豐五年(1855)德裕堂刻本　一册

620000－1103－0003091　K225.04/387
陸氏三傳釋文音義十六卷　(唐)陸德明撰　清刻本　一册

620000－1103－0003092　K225.04/450
東萊博議四卷　(宋)吕祖謙注　清光緒二十四年(1898)文瀾書局石印本　四册

620000－1103－0003093　K225.04/450:01(s)
東萊博議四卷　(宋)吕祖謙撰　清光緒二十四年(1898)樹德堂刻本　四册

620000－1103－0003094　K225.04/450:02(s)
東萊博議四卷　(宋)吕祖謙撰　清光緒七年(1881)刻本　四册

620000－1103－0003095　K225.04/450:03(s)
東萊博議四卷　(宋)吕祖謙撰　清光緒七年(1881)刻本　四册

620000－1103－0003096　K225.04/450:04(s)
東萊先生左氏博議二十五卷　(宋)吕祖謙撰　清同治七年(1868)刻本　四册

620000－1103－0003097　K225.04/450:05
加批輯註東萊博議四卷　(宋)吕祖謙撰　(清)劉鐘英輯注　清光緒三十一年(1905)石印本　四册

620000－1103－0003098　K225.04/450:08
批評東萊博議四卷　(宋)吕祖謙撰　清光緒八年(1882)上海廣益書局石印本　四册

620000－1103－0003099　K225.04/450:09
增批東萊博議四卷　(宋)吕祖謙撰　清光緒二十二年(1896)刻本　四册

620000－1103－0003100　K225.04/534
春秋體注大全合參四卷　(清)周熾纂　(清)范紫登鑒定　清刻本　三册　存三卷(二至四)

620000－1103－0003101　K225.04/537
監本附音春秋穀梁注疏二十卷　(晉)范寧集解　(唐)楊士勛疏　清嘉慶二十年(1815)南昌府學刻本　四册

620000－1103－0003102　K225.04/548
春秋繁露十七卷附録一卷　(漢)董仲舒撰　清乾隆四十四年(1779)守醇堂刻本　六册

620000－1103－0003103　K225.04/579(s)
國語二十一卷　(三國吳)韋昭解　(宋)宋庠補音　清文盛堂刻本　四册

620000－1103－0003104　K225.04/579:01
國語二十一卷　(三國吳)韋昭解　清同治八年(1869)崇文書局刻本　五册

620000－1103－0003105　K225.04/579:02
國語二十一卷　(三國吳)韋昭解　清光緒二十二年(1896)上海鴻寶齋石印本　三册

620000－1103－0003106　K225.04/579:03
國語二十一卷　(三國吳)韋昭解　清光緒二十二年(1896)上海鴻寶齋石印本　三册

620000－1103－0003107　K225.04/766
左繡三十卷首一卷　(清)馮李驊輯　(清)陸浩輯　清康熙五十九年(1720)善成堂刻本　十二册

620000－1103－0003108　K225.04/766:01
左繡三十卷首一卷　(清)馮李驊輯　(清)陸浩輯　清康熙五十九年(1720)三槐書屋刻本　十二册

620000－1103－0003109　K225.04/766:02
左繡三十卷首一卷　(清)馮李驊輯　(清)陸浩輯　清嘉慶七年(1802)華川書屋刻本　三十册

620000－1103－0003110　K225.04/766:03
左繡三十卷首一卷　(清)馮李驊輯　(清)陸浩輯　清乾隆五十七年(1792)學源堂刻本　十六册

620000－1103－0003111　K225.04/766:04
左繡三十卷首一卷　(清)馮李驊輯　(清)陸

浩輯　清大文堂刻本　十六册

620000－1103－0003112　K225.04/766:05
左繡三十卷首一卷　(清)馮李驊輯　(清)陸浩輯　清華川書屋刻本　六册　存十五卷(十六至三十)

620000－1103－0003113　K225.04/816
左傳翼三十八卷　(清)周大璋輯　(清)張藥齋鑒定　清乾隆五年(1740)四箴堂刻本　一册　存三卷(一至三)

620000－1103－0003114　K225.04/816
左翼三十八卷　(清)周大璋輯　(清)張藥齋鑒定　清乾隆五年(1740)寶翰樓刻本　十六册

620000－1103－0003115　K225.04/304
左傳易讀六卷　(清)司徒修輯　清宣統元年(1909)龍文閣石印本　四册　存四卷(一至二、四、六)

620000－1103－0003116　K225.04/816
春秋鈔十卷首一卷　(清)朱軾輯　清乾隆元年(1736)木衙刻本　三册

620000－1103－0003117　K225.04/904(s)
公羊穀梁春秋合編附註十二卷　(漢)何休學　清敬書堂刻本　六册

620000－1103－0003118　K225.04/904:01
春秋公羊註疏隱公二十八卷　(漢)何休學　明崇禎七年(1634)古虞毛氏刻本　八册

620000－1103－0003119　K225.04/904:02
春秋公羊註疏隱公二十八卷　(漢)何休學　明崇禎七年(1634)古虞毛氏刻本　八册

620000－1103－0003120　K225.04/924(s)
春秋穀梁傳音訓不分卷　(清)楊國楨撰　清刻本　二册

620000－1103－0003121　K225.04/953
春秋體注大全四卷　(清)徐寅賓撰　清乾隆五年(1740)致和堂刻本　四册

620000－1103－0003122　K225.04/983
監本附音春秋公羊注疏二十八卷　(漢)何休注　(唐)陸德明音義　清嘉慶二十年(1815)刻本　七册

620000－1103－0003123　K225.04/983(s)
春秋公羊傳音訓不分卷　(清)楊國楨撰　清刻本　二册

620000－1103－0003124　K225.04/983(s)
春秋集傳辨異十二卷　(清)趙培桂撰　清同治五年(1866)明德堂刻本　六册

620000－1103－0003125　K225.04:07
東萊博議四卷　(宋)吕祖謙撰　清雍正四年(1726)尺木堂刻本　四册

620000－1103－0003126　K231.04/310
戰國策十八卷　(清)張星徽點評　清雍正七年(1729)溫陵張氏塞翁亭刻本　六册　存十七卷(一至十七)

620000－1103－0003127　K231.04/647
戰國策二十三卷　(漢)高誘注　清同治八年(1869)湖北崇文書局刻本　五册

620000－1103－0003128　K231.04/647:01
戰國策三十三卷札記三卷　(漢)高誘注　清光緒二十二年(1896)上海鴻寶齋石印本　五册

620000－1103－0003129　K231.04/647:02
戰國策三十三卷札記三卷　(漢)高誘注　清光緒二十七年(1901)上海鴻寶齋石印本　五册

620000－1103－0003130　K234.1/124:01
漢書一百二十卷　(漢)班固撰　清光緒十三年(1887)金陵書局刻本　十五册

620000－1103－0003131　K234.1/124:02
漢書一百二十卷　(漢)班固撰　清光緒十三年(1887)金陵書局刻本　十六册

620000－1103－0003132　K234.1/124:02
前漢書一百二十卷　(漢)班固撰　**後漢書一百卷**　(南朝宋)范曄撰　清光緒二十八年(1902)誒實齋石印本　十五册　缺三十九卷(前漢書十三至二十六、五十三至六十三、七

十至八十三）

620000－1103－0003133　K234.1/124:03(s)
漢書一百二十卷　（漢）班固撰　（唐）顔師古注　清同治八年(1869)金陵書局刻本　十六册

620000－1103－0003134　K234.1/124:04
漢書一百二十卷　（漢）班固撰　（唐）顔師古注　清同治八年(1869)金陵書局刻本　三十二册

620000－1103－0003135　K234.1/124:05
前漢書一百二十卷　（漢）班固撰　（唐）顔師古注　清刻本　三十六册　缺三十八卷(六十六至八十三、一百一至一百二十)

620000－1103－0003136　K234.1/124:06(s)
前漢書一百二十卷　（漢）班固撰　（唐）顔師古注　清同治十年(1871)成都書局刻本　三十二册

620000－1103－0003137　K234.1/124:07
前漢書一百二十卷　（漢）班固撰　（唐）顔師古注　清光緒二十三年(1897)慎記書莊石印本　六册

620000－1103－0003138　K234.1/124:08
前漢書一百二十卷　（漢）班固撰　（唐）顔師古注　清乾隆武英殿刻本　四十册　缺十七卷(一至十七)

620000－1103－0003139　K234.1/124:09
前漢書一百二十卷　（漢）班固撰　清光緒十年(1884)上海同文書局石印本　十六册　缺五十五卷(二十一至七十五)

620000－1103－0003140　K234.1/124:10(s)
前漢書一百二十卷　（漢）班固撰　（唐）顔師古注　清道光十六年(1836)刻本　三十二册

620000－1103－0003141　K234.1/124:12
前漢書一百二十卷　（漢）班固撰　（唐）顔師古注　清刻本　二十四册　存一百卷(二十一至一百二十)

620000－1103－0003142　K234.1/124:13
前漢書一百二十卷　（漢）班固撰　（唐）顔師古注　明崇禎十五年(1642)毛氏汲古閣刻本　三十二册

620000－1103－0003143　K234.1/124:14
前漢書一百二十卷　（漢）班固撰　（唐）顔師古注　明崇禎十五年(1642)毛氏汲古閣刻本　二十四册

620000－1103－0003144　K234.1/124:15
前漢書一百二十卷　（漢）班固撰　（唐）顔師古注　明崇禎十五年(1642)毛氏汲古閣刻本　一册　存八卷(一至八)

620000－1103－0003145　K234.1/124:17
前漢書一百二十卷　（漢）班固撰　（唐）顔師古注　清光緒三十年(1904)武林竹簡齋石印本　二十六册

620000－1103－0003146　K234.1/124:18
前漢書一百二十卷　（漢）班固撰　**後漢書一百二十卷**　（南朝宋）范曄撰　清刻本　十册　存四十一卷(前漢書五十一至五十四、五十九至七十五、八十八至九十三、九十九至一百，後漢書八十一至八十五、九十至九十三、一百十一至一百十三)

620000－1103－0003147　K234.1/721
漢書評林一百卷　（明）凌稚隆輯校　清刻本　十三册　缺十三卷(十四、二十八至二十九、四十六至四十八、七十二至七十五、八十五至八十七)

620000－1103－0003148　K234.2/315
東漢文二十卷　（明）張采輯　明吳門委宛斎刻本　十册

620000－1103－0003149　K234.2/534:01(s)
後漢書九十卷　（南朝宋）范曄撰　（唐）李賢注　**志三十卷**　（晉）司馬彪撰　清同治八年(1869)金陵書局刻本　十六册

620000－1103－0003150　K234.2/534:02(s)
後漢書九十卷　（南朝宋）范曄撰　（唐）李賢注　**志三十卷**　（晉）司馬彪撰　清光緒十三年(1887)金陵書局刻本　十六册

620000－1103－0003151　K234.2/534:03
後漢書九十卷　(南朝宋)范曄撰　(唐)李賢注　**志三十卷**　(晉)司馬彪撰　清同治、光緒間翻刻汲古閣本　二十四册

620000－1103－0003152　K234.2/534:04(s)
後漢書九十卷　(南朝宋)范曄撰　(唐)李賢注　**志三十卷**　(晉)司馬彪撰　清同治十年(1871)成都書局刻本　二十八册

620000－1103－0003153　K234.2/534:05
後漢書九十卷　(南朝宋)范曄撰　(唐)李賢注　**志三十卷**　(晉)司馬彪撰　清光緒十年(1884)上海同文書局石印本　四十册

620000－1103－0003154　K234.2/534:06
後漢書九十卷　(南朝宋)范曄撰　(唐)李賢注　**志三十卷**　(晉)司馬彪撰　明嘉靖九年(1530)南京國子監刻明清遞修本　十册　存六十八卷(一至六十八)

620000－1103－0003155　K234.2/534:08
後漢書九十卷　(南朝宋)范曄撰　(唐)李賢注　**志三十卷**　(晉)司馬彪撰　明崇禎十六年(1643)毛氏汲古閣刻十七史本　二十四册

620000－1103－0003156　K234.2/534:09(s)
後漢書九十卷　(南朝宋)范曄撰　(唐)李賢注　**志三十卷**　(晉)司馬彪撰　清道光十六年(1836)刻本　二十八册

620000－1103－0003157　K234.2/534:10
後漢書九十卷　(南朝宋)范曄撰　(唐)李賢注　**志三十卷**　(晉)司馬彪撰　清光緒十年(1884)上海同文書局石印本　三十二册

620000－1103－0003158　K234.2/534:12
後漢書九十卷　(南朝宋)范曄撰　(唐)李賢注　**志三十卷**　(晉)司馬彪撰　明嘉靖九年(1530)南京國子監刻明清遞修本　一册　存五卷(六十四至六十八)

620000－1103－0003159　K234.2/534:13
後漢書九十卷　(南朝宋)范曄撰　(唐)李賢注　**志三十卷**　(晉)司馬彪撰　清光緒十四年(1888)上海圖書集成書局鉛印本　十六册

620000－1103－0003160　K234.2/534:15
後漢書九十卷　(南朝宋)范曄撰　(唐)李賢注　**志三十卷**　(晉)司馬彪撰　清光緒十年(1884)同文書局石印本　二十八册

620000－1103－0003161　K234/124:11
後漢書九十卷　(南朝宋)范曄撰　(唐)李賢注　**志三十卷**　(晉)司馬彪撰　明刻本　二十四册

620000－1103－0003162　K234/124:11
漢書一百卷　(漢)班固撰　(唐)顔師古注　(明)鍾人傑校　清刻本　二十四册

620000－1103－0003163　K234/255
兩漢雋言十六卷　(宋)林越輯　清光緒二十年(1894)上海鴻寶齋石印本　一册

620000－1103－0003164　K236/378
三國志六十五卷　(晉)陳壽撰　明崇禎十七年(1644)汲古閣刻十七史本　十二册

620000－1103－0003165　K236/378:01
三國志六十五卷　(晉)陳壽撰　清同治九年(1870)金陵書局翻刻汲古閣本　八册

620000－1103－0003166　K236/378:02
三國志六十五卷　(晉)陳壽撰　清光緒十三年(1887)江南書局翻刻汲古閣本　八册

620000－1103－0003167　K236/378:03
三國志六十五卷　(晉)陳壽撰　清光緒十三年(1887)江南書局翻刻汲古閣本　十八册

620000－1103－0003168　K236/378:04(s)
三國志六十五卷　(晉)陳壽撰　(南朝宋)裴松之注　清同治十年(1871)成都書局刻本　十四册

620000－1103－0003169　K236/378:05
三國志六十五卷　(晉)陳壽撰　清光緒十一年(1885)同文書局石印本　十九册

620000－1103－0003170　K237/958:02
晉書一百三十卷附音義三卷　(唐)房玄齡等撰　(唐)何超音義撰　清金陵書局刻本　二十册

620000－1103－0003171　K237/958:03
晉書一百三十卷　(唐)房玄齡等撰　明南京國子監刻明清遞修本　三十册　存一百卷(一至一百)

620000－1103－0003172　K237/958:04
晉書一百三十卷　(唐)房玄齡等撰　明崇禎元年(1628)毛氏汲古閣刻清順治五年(1648)補刻本　二十册

620000－1103－0003173　K237/958:05
晉書一百三十卷音義三卷　(唐)房玄齡等撰　(唐)何超音義撰　清末石印本　二十册　缺三十六卷(一至三十六)

620000－1103－0003174　K237/958:06
晉書一百三十卷　(唐)房玄齡等撰　明崇禎元年(1628)毛氏汲古閣刻本　二十四册

620000－1103－0003175　K238/590(s)
十六國春秋十六卷　(北魏)崔鴻撰　清漢魏叢書本　三册

620000－1103－0003176　K239.1/293:01
南史八十卷　(唐)李延壽撰　明崇禎十三年(1640)毛氏汲古閣刻本　十二册

620000－1103－0003177　K239.1/293:02
南史八十卷　(唐)李延壽撰　明崇禎十三年(1640)毛氏汲古閣刻本　十二册

620000－1103－0003178　K239.1/293:03
南史八十卷　(唐)李延壽撰　清光緒十年(1884)上海同文書局石印本　二十册

620000－1103－0003179　K239.11/749:01
宋書一百卷　(南朝梁)沈約撰　清同治十二年(1873)金陵書局翻刻汲古閣本　十六册

620000－1103－0003180　K239.11/749:02
宋書一百卷　(南朝梁)沈約撰　明萬曆二十二年(1594)刻本　二十四册

620000－1103－0003181　K239.11/749:03
宋書一百卷　(南朝梁)沈約撰　清同治十二年(1873)金陵書局翻刻汲古閣本　十六册

620000－1103－0003182　K239.11/749:04
宋書一百卷　(南朝梁)沈約撰　明崇禎七年(1634)毛氏汲古閣刻本　十六册

620000－1103－0003183　K239.11/749:06
宋書一百卷　(南朝梁)沈約撰　清光緒二十八年(1902)石印本　八册　存三十五卷(二十七至六十一)

620000－1103－0003184　K239.12/507:01
南齊書五十九卷　(南朝梁)蕭子顯撰　清同治十三年(1874)金陵書局翻刻汲古閣本　六册

620000－1103－0003185　K239.12/507:02
南齊書五十九卷　(南朝梁)蕭子顯撰　清同治十三年(1874)金陵書局翻刻汲古閣本　六册

620000－1103－0003186　K239.12/507:03
南齊書五十九卷　(南朝梁)蕭子顯撰　明崇禎十年(1637)毛氏汲古閣刻本　四册

620000－1103－0003187　K239.12/507:05
南齊書五十九卷　(南朝梁)蕭子顯撰　清光緒十年(1884)上海同文書局石印本　八册

620000－1103－0003188　K239.13/994:01
梁書五十六卷　(唐)姚思廉撰　明崇禎六年(1633)毛氏汲古閣刻本　四册

620000－1103－0003189　K239.13/994:02
梁書五十六卷　(唐)姚思廉撰　清同治十三年(1874)金陵書局翻刻汲古閣本　六册

620000－1103－0003190　K239.13/994:03
梁書五十六卷　(唐)姚思廉撰　清同治十三年(1874)金陵書局翻刻汲古閣本　六册

620000－1103－0003191　K239.13/994:04
梁書五十六卷　(唐)姚思廉撰　清康熙刻本　八册

620000－1103－0003192　K239.13/994:05
梁書五十六卷　(唐)姚思廉撰　清光緒十年(1884)上海同文書局石印本　八册

620000－1103－0003193　K239.14/994:01
陳書三十六卷　(唐)姚思廉撰　明南京國子

監刻明清遞修本　四册

620000－1103－0003194　K239.14/994:02
陳書三十六卷　(唐)姚思廉撰　清同治十二年(1873)金陵書局刻本　四册

620000－1103－0003195　K239.14/994:03
陳書三十六卷　(唐)姚思廉撰　清光緒十年(1884)上海同文書局石印本　六册

620000－1103－0003196　K239.14/994:04
陳書三十六卷　(唐)姚思廉撰　清同治十二年(1873)金陵書局翻刻汲古閣本　四册

620000－1103－0003197　K239.2/293:01
北史一百卷　(唐)李延壽撰　明南京國子監刻明清遞修本　二十册

620000－1103－0003198　K239.2/293:02
北史一百卷　(唐)李延壽撰　明崇禎十二年(1639)毛氏汲古閣刻本　十六册

620000－1103－0003199　K239.21/802:01
魏書一百十四卷　(北齊)魏收撰　清同治十二年(1873)金陵書局翻刻汲古閣本　二十册

620000－1103－0003200　K239.21/802:02
魏書一百十四卷　(北齊)魏收撰　清光緒十年(1884)上海同文書局石印本　二十四册

620000－1103－0003201　K239.21/802:04
魏書一百十四卷　(北齊)魏收撰　明崇禎九年(1636)毛氏汲古閣刻清遞修本　十九册

620000－1103－0003202　K239.21/802:04
魏書一百十四卷　(北齊)魏收撰　清刻本　二十册

620000－1103－0003203　K239.21/802:05
魏書一百十四卷　(北齊)魏收撰　明萬曆二十四年(1596)南京國子監刻明清遞修本　二十四册

620000－1103－0003204　K239.23/622(s)
西魏書二十四卷　(清)謝啓昆撰　清光緒九年(1883)樹經堂刻本　六册

620000－1103－0003205　K239.24/288:01
北齊書五十卷　(唐)李百藥撰　清同治十三年(1874)金陵書局刻本　四册

620000－1103－0003206　K239.24/288:02
北齊書五十卷　(唐)李百藥撰　清同治十三年(1874)金陵書局翻刻汲古閣本　四册

620000－1103－0003207　K239.24/288:03
北齊書五十卷　(唐)李百藥撰　明崇禎十一年(1638)毛氏汲古閣刻本　四册

620000－1103－0003208　K239.24/288:04
北齊書五十卷　(唐)李百藥撰　明崇禎十一年(1638)毛氏汲古閣刻本　四册

620000－1103－0003209　K239.24/288:06
北齊書五十卷　(唐)李百藥撰　清光緒十年(1884)上海同文書局石印本　八册

620000－1103－0003210　K239.25/989:01
周書五十卷　(唐)令狐德棻等撰　清同治十三年(1874)金陵書局翻刻汲古閣本　四册

620000－1103－0003211　K239.25/989:02
周書五十卷　(唐)令狐德棻等撰　清同治十三年(1874)金陵書局翻刻汲古閣本　四册

620000－1103－0003212　K239.25/989:03
周書五十卷　(唐)令狐德棻等撰　明萬曆十六年(1588)刻本　八册

620000－1103－0003213　K239.25/989:04
周書五十卷　(唐)令狐德棻等撰　明崇禎五年(1632)毛氏汲古閣刻本　四册

620000－1103－0003214　K239.25/989:05
周書五十卷　(唐)令狐德棻等撰　清光緒十年(1884)上海同文書局石印本　八册

620000－1103－0003215　K239.25/989:06
周書五十卷　(唐)令狐德棻等撰　明崇禎五年(1632)毛氏汲古閣刻本　六册

620000－1103－0003216　K24/572
宋元通鑑一百五十七卷　(明)薛應旂輯　(明)陳仁錫評　明崇禎吳門大觀堂刻本　四十册

620000－1103－0003217　K241/807:01
隋書八十五卷　(唐)魏徵撰　清同治十年(1871)淮南書局刻本　十二册

620000－1103－0003218　K241/807:02
隋書八十五卷　(唐)魏徵撰　明南京國子監刻明清遞修本　十册　缺四十四卷(三十三至四十四、五十四至八十五)

620000－1103－0003219　K241/807:03
隋書八十五卷　(唐)魏徵撰　明崇禎八年(1635)毛氏汲古閣刻本　八册　存六十九卷(一至十九、二十五至七十四)

620000－1103－0003220　K241/807:04
隋書八十五卷　(唐)魏徵撰　清同治十年(1871)淮南書局刻本　十六册

620000－1103－0003221　K241/807:05
隋書八十五卷　(唐)魏徵撰　清光緒十年(1884)上海同文書局石印本　二十四册

620000－1103－0003222　K242.306.5/388:09
唐陸宣公翰苑集二十二卷　(唐)陸贄撰　清咸豐元年(1851)閬中縣署刻本　六册

620000－1103－0003223　K242.306.5/388:11
陸宣公全集二十四卷　(唐)陸贄撰　明崇禎元年(1628)刻本　四册

620000－1103－0003224　K242/424:01
唐書二百二十五卷　(宋)歐陽修等撰　明毛氏汲古閣刻本　五十册　存一百七十二卷(一至九十三、一百至一百八、一百二十五至一百五十五、一百八十七至二百二十五)

620000－1103－0003225　K242/424:02
唐書二百二十五卷　(宋)歐陽修等撰　明南京國子監刻明清遞修本　十四册　存七十八卷(十一至六十、九十二至一百二、一百九至一百二十五)

620000－1103－0003226　K242/424:04
唐書二百二十五卷　(宋)歐陽修等撰　清同治十二年(1873)浙江書局刻本　四十册

620000－1103－0003227　K242/424:051
唐書二百二十五卷　(宋)歐陽修等撰　清同治十二年(1873)浙江書局刻本　四十册

620000－1103－0003228　K242/424:06
唐書二百二十五卷　(宋)歐陽修等撰　清刻本　三十册　存六十卷(一至六十)

620000－1103－0003229　K242/424:07
唐書二百二十五卷　(宋)歐陽修撰　清光緒十年(1884)上海同文書局石印本　五十册

620000－1103－0003230　K242/424:08
唐書二百二十五卷　(宋)歐陽修等撰　明刻本　三十六册

620000－1103－0003231　K242/738
大唐創業起居注三卷　(唐)溫大雅撰　明刻本　一册

620000－1103－0003232　K242/889:01
舊唐書二百卷　(後晉)劉昫等撰　清光緒十年(1884)上海同文書局石印本　四十八册

620000－1103－0003233　K242/889:02
舊唐書二百卷　(後晉)劉昫等撰　清刻本　十七册　存七十卷(一至十九、二十二至二十五、五十三至六十四、七十一至一百二、一百九十五至一百九十七)

620000－1103－0003234　K243.1/424:01(s)
五代史七十四卷　(宋)歐陽修撰　(宋)徐無黨注　清同治十三年(1874)金陵書局翻刻汲古閣本　六册

620000－1103－0003235　K243.1/424:02(s)
五代史記七十四卷　(宋)歐陽修撰　(宋)徐無黨注　清道光刻本　四十册

620000－1103－0003236　K243.1/424:03
五代史七十四卷　(宋)歐陽修撰　(宋)徐無黨注　清同治十一年(1872)湖北崇文書局刻本　八册

620000－1103－0003237　K243.1/424:04
五代史七十四卷　(宋)歐陽修撰　(宋)徐無黨注　清同治十一年(1872)湖北崇文書局刻本　八册

620000－1103－0003238　K243.1/424:05
五代史七十四卷　(宋)歐陽修撰　(宋)徐無黨注　清同治十一年(1872)湖北崇文書局刻本　八册

620000－1103－0003239　K243.1/424:06
五代史七十四卷　(宋)歐陽修撰　(宋)徐無黨注　明崇禎三年(1630)毛氏汲古閣刻本　八册

620000－1103－0003240　K243.1/424:07
五代史七十四卷　(宋)歐陽修撰　清光緒十五年(1889)湖南大同書局刻本　十册

620000－1103－0003241　K243.1/566:01
舊五代史一百五十卷目録二卷　(宋)薛居正等撰　清同治十一年(1872)湖北崇文書局刻本　十六册

620000－1103－0003242　K243.1/566:02
舊五代史一百五十卷目録二卷　(宋)薛居正等撰　清同治十一年(1872)湖北崇文書局刻本　十六册

620000－1103－0003243　K243.1/566:03
舊五代史一百五十卷目録二卷　(宋)薛居正等撰　清嘉慶二年(1797)掃葉山房刻本　十二册

620000－1103－0003244　K243.1/566:04
舊五代史一百五十卷目録二卷　(宋)薛居正等撰　清同治十一年(1872)湖北崇文書局刻本　十六册

620000－1103－0003245　K243.1/566:05
舊五代史一百五十卷目録二卷　(宋)薛居正等撰　清光緒十年(1884)上海同文書局石印本　二十四册

620000－1103－0003246　K243.1/566:06(s)
舊五代史一百五十二卷　(宋)薛居正等撰　清嘉慶二年(1797)掃葉山房刻本　十二册

620000－1103－0003247　K244/120(s)
東都事畧一百三十卷　(宋)王偁撰　清嘉慶席氏埽葉山房刻本　十二册

620000－1103－0003248　K244/812:01
宋史四百九十六卷　(元)脱脱等修　明南京國子監刻明清遞修本　九十二册　存四百六十卷(二十四至二十八、三十九至四十四、四十八至四百九十六)

620000－1103－0003249　K244/812:02
宋史四百九十六卷目録三卷　(元)脱脱等修　清光緒元年(1875)浙江書局刻本　一百册

620000－1103－0003250　K244/812:03
宋史四百九十六卷目録三卷　(元)脱脱等修　清光緒元年(1875)浙江書局刻本　一百册

620000－1103－0003251　K244/812:04
宋史四百九十六卷目録三卷　(元)脱脱等修　清光緒十年(1884)上海同文書局刻本　一百册

620000－1103－0003252　K245/928:01
南宋書六十八卷　(明)錢士昇撰　清嘉慶二年(1797)席氏掃葉山房刻四朝别史本　八册

620000－1103－0003253　K245/928:02(s)
南宋書六十八卷　(明)錢士昇撰　清嘉慶二年(1797)席氏掃葉山房刻四朝别史本　十二册

620000－1103－0003254　K246.1/288
遼史紀事本末四十卷金史紀事本末五十二卷　(清)李有棠撰　清光緒十九年(1893)上海同文書局石印本　十册

620000－1103－0003255　K246.1/301:01
遼史一百十五卷　(元)托克托等修　清同治十二年(1873)江蘇書局刻本　十二册

620000－1103－0003256　K246.1/301:02
遼史一百十六卷　(元)脱脱等修　明南京國子監刻明清遞修本　八册

620000－1103－0003257　K246.1/301:03
遼史一百十六卷　(元)脱脱等修　清光緒十年(1884)上海同文書局石印本　八册

620000－1103－0003258　K246.1/301:04
遼史一百十五卷　(元)托克托等修　清同治

十二年(1873)刻本　十二册

620000－1103－0003259　K246.1/504
契丹國志二十七卷　(宋)葉隆禮撰　清乾隆五十八年(1793)承恩堂刻本　四册

620000－1103－0003260　K246.4/812:01
金史一百三十五卷　(元)托克托等修　清同治十二年(1873)江蘇書局刻本　十九册

620000－1103－0003261　K246.4/812:02
金史一百三十五卷　(元)脱脱等修　明南京國子監刻明清遞修本　二十册

620000－1103－0003262　K246.4/812:03
金史一百三十五卷　(元)脱脱等修　清刻本　二十册

620000－1103－0003263　K246.4/812:04
金史一百三十五卷　(元)脱脱等修　清光緒十年(1884)上海同文書局石印本　二十四册

620000－1103－0003264　K246/685(s)
大金國志四十卷　(宋)宇文懋昭撰　清嘉慶席氏埽葉山房刻四朝别史本　六册

620000－1103－0003265　K247/329
元史類編四十二卷　(清)邵遠平撰　清乾隆六十年(1795)席氏埽葉山房刻四朝别史本　十二册

620000－1103－0003266　K247/697
元史列傳九十六卷　(明)宋濂等撰　明南京國子監刻明清遞修本　十册　存四十五卷(一至四十五)

620000－1103－0003267　K247/697:01
元史二百十卷目録二卷　(明)宋濂等撰　清同治十三年(1874)江蘇書局刻本　四十册

620000－1103－0003268　K247/697:02
元史二百十卷　(明)宋濂等撰　明南京國子監刻明清遞修本　二十册　存六十六卷(四十八至一百十三)

620000－1103－0003269　K247/697:03
元史二百十卷　(明)宋濂等撰　清乾隆四年(1739)刻本　五十册

620000－1103－0003270　K247/697:04
元史二百十卷目録二卷　(明)宋濂等撰　清光緒十年(1884)上海同文書局石印本　五十一册

620000－1103－0003271　K248.1/735(s)
明況太守龍崗公治蘇政績全集十六卷　(明)況鐘撰　清道光二十九年(1849)刻本　四册

620000－1103－0003272　K248.2/309:01
玉坡先生奏議六卷　(明)張原撰　清道光十八年(1838)宏道書院刻本　二册

620000－1103－0003273　K248.2/309:02
玉坡先生奏議六卷　(明)張原撰　清道光十八年(1838)宏道書院刻本　二册

620000－1103－0003274　K248.2/309:03
玉坡先生奏議六卷　(明)張原撰　清道光十八年(1838)宏道書院刻本　二册

620000－1103－0003275　K248.3/267
三藩紀事本末四卷　(清)楊陸榮撰　清雍正刻本　二册

620000－1103－0003276　K248.3/602
明季北略二十四卷　(清)計六奇撰　清都城琉璃廠半松居士木活字印本　十一册

620000－1103－0003277　K248.3/677(s)
明季稗史彙編十六種　(清)留雲居士輯　清都城琉璃廠留雲居士刻本　十六册

620000－1103－0003278　K248/119:01
明史稿三百十卷目録二卷　(清)王鴻緒撰　清雍正敬慎堂刻本　六十五册　存三百九卷(一至九十八、一百二至三百十,目録二卷)

620000－1103－0003279　K248/119:02
明史稿三百十卷目録二卷　(清)王鴻緒撰　清雍正敬慎堂刻本　三十四册　存九十六卷(列傳一至十二、十七至二十六、三十九至四十三、四十八至五十八、一百三十七至一百七十五,志六十四至六十八、七十三至七十七,表一至九)

620000－1103－0003280　K248/121

太師王端毅公奏議十五卷　(明)王恕撰　清嘉慶十一年(1806)補刻本　六册

620000－1103－0003281　K248/314:01
明史三百三十二卷目録四卷　(清)張廷玉等撰　清光緒三年(1877)湖北崇文書局刻本　四十三册

620000－1103－0003282　K248/314:02(s)
明史三百三十二卷目録四卷　(清)張廷玉等撰　清刻本　一百十二册

620000－1103－0003283　K248/314:03
明史三百三十二卷目録四卷　(清)張廷玉等撰　清光緒三年(1877)湖北崇文書局刻本　八十册

620000－1103－0003284　K248/314:04
明史三百三十二卷目録四卷　(清)張廷玉等撰　清乾隆四年(1739)刻本　一百册

620000－1103－0003285　K248/314:05
明史三百三十二卷目録四卷　(清)張廷玉等撰　清光緒十年(1884)上海同文書局石印本　九十六册　存二百八十四卷(一至二百四十三、二百九十二至三百三十二)

620000－1103－0003286　K248/360
明臣奏議十二卷　(清)孫桐生輯　清光緒十七年(1891)刻本　六册

620000－1103－0003287　K248/527
三湘從事録一卷　(明)蒙正發撰　清光緒三十三年(1907)四影閣刻本　一册

620000－1103－0003288　K248/582
續支那通史二卷　(日本)山峰畯臺撰　清光緒二十九年(1903)石印本　七册　存一卷(一上)

620000－1103－0003289　K248/819:01
明鑒易知録十五卷　(清)吳乘權等輯　清經國堂刻本　六册

620000－1103－0003290　K248/854
四箴封事録一卷　(明)雒於仁撰　明刻本　一册

620000－1103－0003291　K248/924
明朝紀事本末八十卷　(清)谷應泰撰　清刻本　十八册

620000－1103－0003292　K248/924
明史紀事本末八十卷　(清)谷應泰輯　清末石印本　三册　存三十五卷(四十六至八十)

620000－1103－0003293　K249.3/325
那文毅公奏議八十卷　(清)那彦成撰　(清)那容安輯　清道光十四年(1834)刻本　四十三册

620000－1103－0003294　K249/111
于清端公政書八卷首編一卷續集一卷外集一卷　(清)于成龍撰　**續集一卷**　(清)于大梃補録　清乾隆二十六年(1761)補刻本　十册　存十卷(于清端公政書八卷、首編一卷、外集一卷)

620000－1103－0003295　K249/120:01
東華全録四百二十五卷附續編咸豐六十九卷　王先謙編　潘頤福續編　清光緒十三年(1887)欽文書局刻本　一百八十八册　缺一百卷(同治一至一百)

620000－1103－0003296　K249/120:02
十朝東華録五百二十五卷　王先謙　潘頤福撰　清石印本　六册　存五十六卷(康熙五十六至七十一,雍正十二至十九,乾隆十二至二十四、一百八至一百十三,嘉慶三十八至五十)

620000－1103－0003297　K249/285
經世文要八卷　(清)李元春輯　清道光十八年(1838)刻本　八册

620000－1103－0003298　K249/296
皇朝政典挈要八卷　(日本)增田貢撰　(清)毛淦輯　清光緒二十八年(1902)上海書局石印本　四册

620000－1103－0003299　K249/296
皇朝政典挈要八卷　(日本)增田貢撰　(清)毛淦輯　清光緒二十八年(1902)上海書局石印本　四册

620000－1103－0003300　K249/331：01(s)
皇朝經世文編一百二十卷姓名總目一卷生存姓名一卷　(清)賀長齡輯　清道光七年(1827)刻本　八十冊

620000－1103－0003301　K249/331：02
皇朝經世文編一百二十卷　(清)賀長齡輯　清光緒二十五年(1899)上海中西書局石印本　十二冊

620000－1103－0003302　K249/331：03
皇朝經世文編一百二十卷　(清)賀長齡輯　清光緒十三年(1887)上海點石齋石印本　十二冊

620000－1103－0003303　K249/331：04
皇朝經世文編一百二十卷　(清)賀長齡輯　清光緒十七年(1891)邵州經綸書局刻本　一百三十八冊　存一百十八卷(一至七十七、七十九至八十四、八十六至一百二十)

620000－1103－0003304　K249/331：05
皇朝經世文編一百二十卷　(清)賀長齡輯　**皇朝經世文編續集一百二十卷**　(清)饒玉成輯　清同治十二年至光緒八年(1873－1882)撫郡雙峰書屋刻本　九十九冊　存二百二十二卷(三至一百二十、續集一至一百四)

620000－1103－0003305　K249/331：06
皇朝經世文編一百二十卷姓名總目一卷生存姓名一卷　(清)賀長齡輯　清道光七年(1827)刻本　七十九冊　存一百十八卷(一至六十五、六十八至一百二十)

620000－1103－0003306　K249/331：07
皇朝經世文編一百二十卷　(清)賀長齡輯　清刻本　二冊　存二卷(七十八、八十四)

620000－1103－0003307　K249/345
皇朝經世文新編二十一卷　(清)麥仲華輯　清石印本　七冊　存七卷(十五至二十一)

620000－1103－0003308　K249/360
孫文定公奏疏十卷制義一卷行述一卷　(清)孫嘉淦撰　清嘉慶七年(1802)敦和堂刻本　十二冊

620000－1103－0003309　K249/381：01
皇朝經世文三編八十卷　(清)陳忠倚輯　清光緒二十八年(1902)上海書局石印本　十六冊

620000－1103－0003310　K249/381：02
皇朝經世文三編八十卷　(清)陳忠倚輯　清光緒二十八年(1902)天章書局石印本　十六冊

620000－1103－0003311　K249/381：03
皇朝經世文三編八十卷　(清)陳忠倚輯　清光緒二十七年(1901)上海書局石印本　十六冊

620000－1103－0003312　K249/381：04
皇朝經世文三編八十卷　(清)陳忠倚輯　清光緒二十七年(1901)上海書局石印本　十一冊　存五十五卷(一至三十、四十一至五十、五十六至六十五、七十一至七十五)

620000－1103－0003313　K249/426
恩綸必誦不分卷　(清)向葵輯　清光緒十三年(1887)寶善堂刻本　一冊

620000－1103－0003314　K249/465(s)
天咫偶聞十卷　(清)震鈞撰　清光緒三十三年(1907)甘棠轉舍刻本　八冊

620000－1103－0003315　K249/478(s)
撫豫宣化録四卷首一卷　(清)田文鏡撰　清道光十一年(1831)點易山房刻本　十冊

620000－1103－0003316　K249/521
皇朝經世文續編一百二十卷　(清)葛士濬輯　清光緒二十四年(1898)上海宏文閣石印本　四十八冊

620000－1103－0003317　K249/521
皇朝經世文新增續編一百二十卷　(清)葛士濬輯　**皇朝經世文新增時務續編四十卷**　(清)李端棻輯　清光緒二十三年(1897)鉛印本　六冊　存四十六卷(續編一至四、十二至十七、五十五至七十一,時務續編一至十九)

620000－1103－0003318　K249/526：01

東華録三十二卷　(清)蔣良騏輯　清刻本　三冊　存三卷(二至四)

620000－1103－0003319　K249/526：02
東華録三十二卷　(清)蔣良騏輯　清刻本　十冊　存十七卷(五至二十一)

620000－1103－0003320　K249/526：03
東華録三十二卷　(清)蔣良騏輯　清刻本　四冊　存二十七卷(一至二十七)

620000－1103－0003321　K249/688
撫豫宣化録四卷　(清)田文鏡撰　清抄本　一冊　存一卷(二)

620000－1103－0003322　K249/805：01
聖武記十四卷　(清)魏源撰　清道光二十二年(1842)刻本　十冊

620000－1103－0003323　K249/805：02
聖武記十四卷　(清)魏源撰　清上海泰東時務譯印局鉛印本　六冊

620000－1103－0003324　K249/805：03
聖武記十四卷　(清)魏源撰　清道光二十二年(1842)刻本　八冊

620000－1103－0003325　K249/805：04
聖武記十四卷　(清)魏源撰　清道光二十四年(1844)刻本　六冊

620000－1103－0003326　K249/805：05
聖武記十四卷　(清)魏源撰　清光緒元年(1875)正記書局石印本　五冊　存十卷(一至十)

620000－1103－0003327　K249/883
諭旨録十卷　(清)岳鐘琪等輯　清雍正七年(1729)刻本　十冊

620000－1103－0003328　K249/911
大清一統史略十一卷　(日本)佐藤楚材輯　清光緒二十八年(1902)石印本　三十一冊

620000－1103－0003329　K249/940
奏摺譜一卷　(清)饒旬宣纂　清光緒九年(1883)刻本　二冊

620000－1103－0003330　K249/987
皇朝新政文編二十六卷　(清)金匱闕鑄補齋輯　清光緒二十八年(1902)中西印書會石印本　十二冊

620000－1103－0003331　K249/988
熙朝新語十六卷　(清)余金輯　清光緒六年(1880)經綸堂刻本　六冊

620000－1103－0003332　K252/116
湘軍記二十卷　(清)王定安撰　清光緒十六年(1890)袖海山房石印本　四冊

620000－1103－0003333　K252/153
西巡回鑾始末記六卷　(日本)吉田良太郎譯　清光緒二十八年(1902)石印本　六冊

620000－1103－0003334　K252/158
丁文誠公奏稿二十六卷首一卷　(清)丁寶楨撰　清光緒二十二年(1896)成都南海羅氏刻本　二十七冊

620000－1103－0003335　K252/166
兵部公牘二卷　(清)黄雲鵠撰　清光緒十二年(1886)刻本　二冊

620000－1103－0003336　K252/182
西巡大事本末記六卷　(日本)吉田良太郎譯　(清)八詠樓主人録　清光緒二十七年(1901)石印本　二冊

620000－1103－0003337　K252/183
彭剛直公奏稿八卷詩集八卷　(清)彭玉麟撰　清光緒十七年(1891)吳下刻本　八冊

620000－1103－0003338　K252/183
彭剛直公奏稿八卷　(清)彭玉麟撰　清光緒十七年(1891)吳下鉛印本　四冊

620000－1103－0003339　K252/258
林文忠公政書三集三十七卷　(清)林則徐撰　清光緒十一年(1885)刻本　十六冊

620000－1103－0003340　K252/258：01
林文忠公政書四種三十七卷　(清)林則徐撰　清光緒二十四年(1898)天津文德堂石印本　六冊

620000－1103－0003341　K252/270(s)
平浙紀略十六卷　(清)秦緗業等撰　清同治十三年(1874)浙江書局刻本　四册

620000－1103－0003342　K252/312
張文毅公奏稿八卷　(清)張芾撰　清光緒刻本　一册　存二卷(三至四)

620000－1103－0003343　K252/312
張大司馬奏稿四卷　(清)張亮基撰　清刻本　四册

620000－1103－0003344　K252/312
張大司馬奏稿四卷　(清)張亮基撰　清光緒十七年(1891)刻本　四册

620000－1103－0003345　K252/352(s)
左文襄公批劄七卷　(清)左宗棠撰　清光緒十八年(1892)刻本　七册

620000－1103－0003346　K252/352:01
左文襄公奏稿六十四卷首一卷　(清)左宗棠撰　清光緒十六年(1890)刻本　六十六册

620000－1103－0003347　K252/352:01(s)
左文襄公奏疏初編三十八卷續編七十六卷三編六卷　(清)左宗棠撰　清光緒十六年(1890)上海圖書集成局鉛印本　二十册

620000－1103－0003348　K252/352:02
左文襄公奏稿六十四卷首一卷　(清)左宗棠撰　清刻本　六十六册

620000－1103－0003349　K252/352:02(s)
左文襄公奏疏初編三十八卷續編七十六卷三編六卷　(清)左宗棠撰　清光緒十六年(1890)上海圖書集成局鉛印本　二十册

620000－1103－0003350　K252/352:03(s)
左文襄公奏稿六十四卷首一卷　(清)左宗棠撰　清光緒十八年(1892)刻本　六十六册

620000－1103－0003351　K252/370
普天忠憤全集十四卷　(清)魯陽生輯　清光緒二十四年(1898)經濟書莊石印本　十册

620000－1103－0003352　K252/384(s)
記王幼農先生守甯遠府城事一卷　(清)陳澹然撰　清宣統三年(1911)思過齋刻本　一册

620000－1103－0003353　K252/422:01(s)
駱大司馬奏稿十六卷　(清)駱秉章撰　清光緒刻本　二册　存二卷(一至二)

620000－1103－0003354　K252/422:02(s)
駱大司馬奏稿十六卷　(清)駱秉章撰　清光緒刻本　十六册

620000－1103－0003355　K252/554
翼教叢編六卷　(清)蘇輿輯　清光緒二十四年(1898)武昌刻本　三册

620000－1103－0003356　K252/626
諭摺彙存不分卷　(清)内閣輯　清末鉛印本　六册

620000－1103－0003357　K252/626
諭摺彙存不分卷　(清)内閣輯　清末鉛印本　六册

620000－1103－0003358　K252/700
平定粵匪紀略十八卷附記四卷　(清)杜文瀾撰　清同治十年(1871)京都聚珍齋木活字印本　八册　缺四卷(附記四卷)

620000－1103－0003359　K252/701
支那教案論四卷　(英國)宓克撰　嚴復譯　清末石印本　一册　存一卷(二)

620000－1103－0003360　K252/717
清代奏議不分卷　(□)□□撰　清木活字印本　二十六册

620000－1103－0003361　K252/742(s)
沈文肅公政書七卷首一卷　(清)沈葆楨撰　清光緒六年(1880)吳門節署木活字印本　十二册

620000－1103－0003362　K252/761(s)
曾文正公奏疏文鈔合刊十四卷　(清)曾國藩撰　清同治十二年(1873)金陵書局刻本　十四册

620000－1103－0003363　K252/766
校邠廬抗議二卷　(清)馮桂芬撰　清光緒二十四年(1898)京都官書局石印本　二册

620000－1103－0003364　K252/791
增訂教案彙編六卷首一卷　（清）程宗裕輯　清光緒二十八年（1902）寔學書社鉛印本　六冊

620000－1103－0003365　K252/886
變法三摺三卷　（清）劉坤一　（清）張之洞撰　清鉛印本　一冊

620000－1103－0003366　K252/966
籌辦萍鄉鐵路公牘四卷　（清）顧家相撰　清光緒二十六年（1900）萍鄉木活字印本　二冊

620000－1103－0003367　K256/906
實學文導二卷　（清）傅雲龍輯　清光緒二十一年（1895）石印本　四冊

620000－1103－0003368　K28/314
蒙古遊牧記十六卷　（清）張穆撰　清同治四年（1865）壽陽祁氏刻本　四冊

620000－1103－0003369　K294.1/113（s）
［道光］陝西志輯要六卷首一卷　（清）王志沂輯　清賜書堂刻本　六冊

620000－1103－0003370　K294.1/120（s）
［萬曆］華陰縣志九卷　（明）王九疇修　（清）張毓翰纂　明萬曆四十二年（1614）刻清康熙增補印本　二冊

620000－1103－0003371　K294.1/120：01（s）
［康熙］城固縣志十卷　（清）王穆纂修　清光緒四年（1878）刻本　八冊

620000－1103－0003372　K294.1/120：02（s）
［康熙］城固縣志十卷　（清）王穆纂修　清光緒四年（1878）刻本　四冊

620000－1103－0003373　K294.1/121
［乾隆］南鄭縣志十六卷　（清）王行儉纂修　清乾隆五十九年（1794）刻本　四冊

620000－1103－0003374　K294.1/125
青門義園續記一卷三記一卷　（□）□□撰　清道光十二年（1832）恭仁堂刻本　一冊

620000－1103－0003375　K294.1/158（s）
［雍正］高陵縣志十卷　（清）丁應松　（清）樊景顏纂修　清雍正十年（1732）刻本　六冊

620000－1103－0003376　K294.1/158：01（s）
［光緒］靖邊志稿四卷　（清）丁錫奎修　（清）白翰章　（清）辛居乾纂　清光緒二十五年（1899）刻本　三冊　存三卷（一、三至四）

620000－1103－0003377　K294.1/158：02（s）
［光緒］靖邊志稿四卷　（清）丁錫奎修　（清）白翰章　（清）辛居乾纂　清光緒二十五年（1899）刻本　二冊

620000－1103－0003378　K294.1/209（s）
［乾隆］漢陰縣志八卷　（清）郝敬修纂修　清乾隆四十年（1775）刻本　四冊

620000－1103－0003379　K294.1/214（s）
［道光］重修涇陽縣志三十卷附涇渠志三卷　（清）胡元煐修　（清）蔣湘南纂　清道光二十二年（1842）刻本　十冊

620000－1103－0003380　K294.1/220（s）
［乾隆］富平縣志八卷　（清）吳六鼇修　（清）胡文銓纂　清乾隆四十三年（1778）刻本　六冊

620000－1103－0003381　K294.1/254（s）
［道光］寧陝廳志四卷　（清）林一銘修　（清）焦世官　（清）胡官清纂　清道光九年（1829）刻本　四冊

620000－1103－0003382　K294.1/273（s）
［咸豐］榆林府志辨訛一卷　（清）楊江纂　清咸豐七年（1857）關中書院刻本　一冊

620000－1103－0003383　K294.1/285（s）
咸豐初朝邑縣志三卷附朝邑志例一卷　（清）李元春撰　清咸豐元年（1851）華原書院刻本　二冊

620000－1103－0003384　K294.1/286
關南善政紀實聯吟三卷　（清）傅樹堂編　清光緒四年（1878）彭公長生祠刻本　一冊

620000－1103－0003385　K294.1/286（s）
［光緒］續修平利縣志十卷　（清）楊孝寬修　（清）李聯芳纂　清光緒二十三年（1897）刻本

四冊

620000－1103－0003386　K294.1/286:01(s)
[道光]華嶽志八卷首一卷　(清)李榕纂　清道光十一年(1831)清白别墅刻本　四冊

620000－1103－0003387　K294.1/286:02(s)
[道光]華嶽志八卷首一卷　(清)李榕纂　清道光十一年(1831)清白别墅刻本　四冊

620000－1103－0003388　K294.1/286:03(s)
[道光]華嶽志八卷首一卷　(清)李榕纂　清道光十一年(1831)刻光緒三十年(1904)補刻本　四冊

620000－1103－0003389　K294.1/286:04(s)
[道光]華嶽志八卷首一卷　(清)李榕纂　清道光十一年(1831)刻光緒三十年(1904)補刻本　四冊

620000－1103－0003390　K294.1/286:05(s)
[道光]華嶽志八卷首一卷　(清)李榕纂　清道光十一年(1831)清白别墅刻本　四冊

620000－1103－0003391　K294.1/286:06(s)
[道光]華嶽志八卷首一卷　(清)李榕纂　清道光十一年(1831)刻光緒三十年(1904)補刻本　一冊　存一卷(一)

620000－1103－0003392　K294.1/289(s)
[乾隆]興安府志三十卷　(清)李國麒纂修　清刻本　十二冊

620000－1103－0003393　K294.1/289:01(s)
[光緒]蒲城縣新志十三卷首一卷　(清)李體仁修　(清)王學禮纂　清光緒三十一年(1905)刻本　四冊

620000－1103－0003394　K294.1/289:02(s)
[光緒]蒲城縣新志十三卷首一卷　(清)李體仁修　(清)王學禮纂　清光緒三十一年(1905)刻本　四冊

620000－1103－0003395　K294.1/289:03(s)
[光緒]蒲城縣新志十三卷首一卷　(清)李體仁修　(清)王學禮纂　清光緒三十一年(1905)刻本　四冊

620000－1103－0003396　K294.1/289:04(s)
[光緒]蒲城縣新志十三卷首一卷　(清)李體仁修　(清)王學禮纂　清光緒三十一年(1905)刻本　四冊

620000－1103－0003397　K294.1/292(s)
[乾隆]華陰縣志二十二卷首一卷　(清)陸維垣修　(清)李天秀纂　清乾隆五十九年(1794)刻本　十八冊

620000－1103－0003398　K294.1/295(s)
[雍正]宜君縣志不分卷　(清)查遴纂修　(清)沈華訂正　清雍正十年(1732)刻本　二冊

620000－1103－0003399　K294.1/306(s)
[雍正]鄠縣志十卷　(清)張素修　(清)張執忠纂　清雍正十一年(1733)刻本　一冊　存一卷(十)

620000－1103－0003400　K294.1/306(s)
興平縣鄉土志六卷　(清)張元際撰　清光緒三十三年(1907)木活字印本　六冊

620000－1103－0003401　K294.1/307(s)
[嘉慶]續武功縣志五卷　(清)張樹勳修　(清)王森文纂　清嘉慶十九年(1814)緑野書院刻本　四冊

620000－1103－0003402　K294.1/307:01(s)
[光緒]武功縣續志二卷　(清)張世英修　(清)巨國桂纂　清光緒十四年(1888)武功縣署刻本　二冊

620000－1103－0003403　K294.1/307:02(s)
[光緒]武功縣續志二卷　(清)張世英修　(清)巨國桂纂　清光緒十四年(1888)武功縣署刻本　二冊

620000－1103－0003404　K294.1/307:03(s)
[光緒]武功縣續志二卷　(清)張世英修　(清)巨國桂纂　清光緒十四年(1888)武功縣署刻本　二冊

620000－1103－0003405　K294.1/307:04(s)
[光緒]武功縣續志二卷　(清)張世英修

(清)巨國桂纂　清光緒十四年(1888)武功縣署刻本　二册

620000－1103－0003406　K294.1/312:01(s)
[乾隆]蒲城縣志十五卷　(清)張心鏡修　(清)吳泰來纂　清乾隆四十七年(1782)刻本　六册

620000－1103－0003407　K294.1/312:02(s)
[乾隆]蒲城縣志十五卷　(清)張心鏡修　(清)吳泰來纂　清乾隆四十七年(1782)刻本　六册

620000－1103－0003408　K294.1/314(s)
[乾隆]三原縣志二十二卷　(清)楊應琚修　(清)張象魏纂　清乾隆三十一年(1766)刻本　二十册

620000－1103－0003409　K294.1/315(s)
[乾隆]鄠縣志十八卷首一卷　(清)李帶雙修　(清)張若纂　清乾隆四十三年(1778)刻本　四册

620000－1103－0003410　K294.1/331(s)
[道光]留壩廳志十卷足徵録四卷　(清)賀仲瑊修　(清)蔣湘南纂　清道光二十二年(1842)刻本　四册

620000　1103　0003411　K294.1/363:01(s)
[乾隆]郃陽縣全志四卷　(清)席奉乾修　(清)孫景烈纂　清末古堂書畫店石印本　四册

620000－1103－0003412　K294.1/363:02(s)
[乾隆]郃陽縣全志四卷　(清)席奉乾修　(清)孫景烈纂　清乾隆刻本　五册

620000－1103－0003413　K294.1/372(s)
[乾隆]洵陽縣志十四卷　(清)鄧夢琴纂修　清乾隆四十九年(1784)刻本　四册

620000－1103－0003414　K294.1/401
長安水災塔捐義徵信録不分卷附管道圖説義倉小引　(□)□□撰　清光緒二十六年(1900)鉛印本　一册

620000－1103－0003415　K294.1/419(s)
[光緒]重修寧羌州志五卷　(清)馬毓華修　(清)郭書香　(清)曹良模纂　清光緒十四年(1888)刻本　五册

620000－1103－0003416　K294.1/433(s)
[乾隆]同州府志六十卷首一卷　(清)閔鑒修　(清)吳泰來纂　清乾隆四十六年(1781)刻本　二十二册

620000－1103－0003417　K294.1/440(s)
[乾隆]隴州續志八卷首一卷末一卷　(清)吳炳纂修　清乾隆三十一年(1766)刻本　八册

620000　1103－0003418　K294.1/440(s)
[光緒]三續華州志十二卷　(清)吳炳南修　(清)劉域纂　清光緒八年(1882)刻本　六册

620000－1103－0003419　K294.1/442(s)
[道光]紫陽縣志八卷首一卷　(清)陳僅　(清)吳純修　(清)楊家坤　(清)曹學易纂　清光緒八年(1882)補刻本　五册

620000－1103－0003420　K294.1/445(s)
[光緒]藍田縣志十六卷附輞川志六卷文徵録四卷　(清)呂懋勳修　(清)袁廷俊等纂　清光緒元年(1875)刻本　六册

620000－1103－0003421　K294.1/451(s)
[嘉靖]呂涇野先生高陵縣志七卷　(明)呂柟撰　清刻本　二册

620000－1103－0003422　K294.1/478(s)
[光緒]富平縣志稿十卷首一卷　樊增祥等修　(清)譚麐纂　清光緒十七年(1891)刻本　十册

620000－1103－0003423　K294.1/482(s)
[康熙]隴州志八卷首一卷　(清)羅彰彝纂修　清康熙五十二年(1713)刻本　四册

620000－1103－0003424　K294.1/482(s)
[乾隆]鳳翔縣志八卷　(清)羅鼇修　(清)周方炯　(清)劉震等纂　清乾隆三十二年(1767)刻本　八册

620000－1103－0003425　K294.1/482(s)
[道光]重修汧陽縣志十二卷首一卷　(清)羅

曰璧纂修　清道光二十一年(1841)刻本　四册

620000－1103－0003426　K294.1/526(s)
[乾隆]岐山縣志四卷　(清)平世增　(清)郭履恒修　(清)蔣兆甲纂　清乾隆四十四年(1779)刻本　四册

620000－1103－0003427　K294.1/526(s)
[乾隆]醴泉縣志十四卷　(清)蔣騏昌　(清)孫星衍撰　清乾隆四十九年(1784)刻本　十二册

620000－1103－0003428　K294.1/601(s)
[康熙]延綏鎮志六卷　(清)譚吉璁纂修　清康熙十二年(1673)刻本　八册

620000－1103－0003429　K294.1/601(s)
[道光]重修略陽縣志四卷　(清)譚瑀修　(清)黎成德等纂　清道光二十六年(1846)刻本　四册

620000－1103－0003430　K294.1/601(s)
[嘉慶]咸寧縣志二十六卷首一卷　(清)高廷法等修　(清)陸耀遹等纂　清嘉慶二十四年(1819)刻本　八册

620000－1103－0003431　K294.1/668:01(s)
[正德]武功縣志三卷首一卷　(明)康海纂　(清)孫景烈評註　清乾隆二十六年(1761)刻本　一册

620000－1103－0003432　K294.1/668:02(s)
[正德]武功縣志三卷首一卷　(明)康海纂　(清)孫景烈評註　清乾隆二十六年(1761)刻本　一册

620000－1103－0003433　K294.1/668:03(s)
[正德]武功縣志三卷首一卷　(明)康海纂　(清)孫景烈評註　清乾隆二十六年(1761)刻本　一册

620000－1103－0003434　K294.1/668:04(s)
[正德]武功縣志三卷首一卷　(明)康海纂　(清)孫景烈評註　清乾隆二十六年(1761)刻本　一册

620000－1103－0003435　K294.1/668:05(s)
[正德]武功縣志三卷首一卷　(明)康海纂　(清)孫景烈評註　清乾隆二十六年(1761)刻本　一册

620000－1103－0003436　K294.1/668:06(s)
[正德]武功縣志三卷首一卷　(明)康海纂　(清)孫景烈評註　清乾隆二十六年(1761)刻本　一册

620000－1103－0003437　K294.1/668:07(s)
校正康對山先生武功縣志三卷　(明)康海纂　(清)孫景烈評註　(清)榮譽校　清道光十一年(1831)得月簃刻本　一册

620000－1103－0003438　K294.1/677(s)
[咸豐]同州府志三十四卷首二卷附録三卷　(清)李恩繼　(清)文廉修　(清)蔣湘南纂　清咸豐二年(1852)刻本　二十四册

620000－1103－0003439　K294.1/691(s)
[嘉慶]扶風縣志十八卷首一卷　(清)宋世犖修　(清)吴鵬翱　(清)王樹棠纂　清嘉慶二十四年(1819)刻本　四册

620000－1103－0003440　K294.1/698(s)
[熙寧]長安志二十卷　(宋)宋敏求纂　**圖三卷**　(元)李好文撰　清乾隆四十九年(1784)靈巖山館刻本　十册

620000－1103－0003441　K294.1/793(s)
[光緒]高陵縣續志八卷　(清)程維雍修　(清)白遇道纂　清光緒十年(1884)刻本　二册

620000－1103－0003442　K294.1/811(s)
[康熙]漢南郡志二十四卷　(清)滕天綬修　(清)和鹽鼎纂　清康熙二十八年(1689)刻本　五册　存十卷(二至三、六至九、十三至十四、二十一至二十二)

620000－1103－0003443　K294.1/814(s)
[光緒]乾州志稿十四卷首一卷别録四卷乾陽殉難士女録一卷　(清)周銘旂修　(清)李志復纂　清光緒十年(1884)乾陽書院刻本　六册

620000－1103－0003444　K294.1/822(s)
[光緒]大荔縣續志十二卷首一卷　(清)周銘旂纂修　清光緒十一年(1885)馮翊書院刻本　六冊

620000－1103－0003445　K294.1/828:01(s)
[光緒]新修鳳縣志十卷首一卷　(清)朱子春修　(清)段澍霖纂　清光緒十八年(1892)刻本　四冊

620000－1103－0003446　K294.1/828:02(s)
[光緒]新修鳳縣志十卷首一卷　(清)朱子春修　(清)段澍霖纂　清光緒十八年(1892)刻本　四冊

620000－1103－0003447　K294.1/828:03(s)
[光緒]新修鳳縣志十卷首一卷　(清)朱子春修　(清)段澍霖纂　清光緒十八年(1892)刻本　四冊

620000－1103－0003448　K294.1/856(s)
[道光]大荔縣志十六卷首一卷足徵録四卷　(清)熊兆麟纂修　清道光三十年(1850)刻本　六冊

620000－1103－0003449　K294.1/885(s)
[康熙]麟遊縣志五卷　(清)吴汝爲　(清)劉元泰纂　(清)范光曦續修　(清)羅魁續纂　清順治十四年(1657)刻康熙四十七年(1708)增刻本　二冊

620000－1103－0003450　K294.1/891(s)
[雍正]陝西通志一百卷首一卷　(清)查郎阿等修　(清)沈青崖纂　清雍正十三年(1735)刻本　七十二冊　存六十六卷(一至十三、二十至二十三、三十二至三十六、三十八至四十四、四十七、四十九、五十一至五十二、五十四至七十四、七十六至八十、九十二至九十三、九十五至九十七、九十九,首一卷)

620000－1103－0003451　K294.1/892(s)
[光緒]佛坪廳志二卷首一卷　(清)劉煐纂輯　清光緒九年(1883)刻本　一冊

620000－1103－0003452　K294.1/907
[光緒]保安志畧二卷　(清)侯昌銘　清稿本　二冊

620000－1103－0003453　K294.1/917:01
[乾隆]直隸秦州新志十二卷首一卷補遺一卷　(清)費廷珍修　(清)胡釴等纂　(清)陶奕贈補遺　清乾隆二十九年(1764)刻本　十六冊

620000－1103－0003454　K294.1/917:01(s)
[光緒]三原縣新志八卷　(清)焦雲龍修　(清)賀瑞麟編　清光緒六年(1880)刻本　四冊

620000－1103－0003455　K294.1/917:01(s)
[光緒]新續渭南縣志十二卷　(清)焦聯甲等纂輯　(清)曹季鳳等纂修　清光緒十八年(1892)刻本　十冊

620000－1103－0003456　K294.1/917:02(s)
[光緒]三原縣新志八卷　(清)焦雲龍修　(清)賀瑞麟編　清光緒六年(1880)刻本　四冊

620000－1103－0003457　K294.1/917:02(s)
[光緒]新續渭南縣志十二卷　(清)焦聯甲等纂輯　(清)曹季鳳等纂修　清光緒十八年(1892)刻本　十冊

620000－1103－0003458　K294.1/917:03(s)
[光緒]新續渭南縣志十二卷　(清)焦聯甲等纂輯　(清)曹季鳳等纂修　清光緒十八年(1892)刻本　十冊

620000－1103－0003459　K294.1/917:04(s)
[光緒]新續渭南縣志十二卷　(清)嚴書麟修　(清)焦聯甲等纂　清光緒十八年(1892)刻本　十冊

620000－1103－0003460　K294.1/917:05(s)
[光緒]新續渭南縣志十二卷　(清)嚴書麟修　(清)焦聯甲等纂　清光緒十八年(1892)刻本　十冊

620000－1103－0003461　K294.1/917:06(s)
[光緒]新續渭南縣志十二卷　(清)嚴書麟修　(清)焦聯甲等纂　清光緒十八年(1892)刻

本　十册

620000－1103－0003462　K294.1/917:07(s)
[光緒]新續渭南縣志十二卷　(清)嚴書麟修　(清)焦聯甲等纂　清光緒十八年(1892)刻本　十册

620000－1103－0003463　K294.1/917:08(s)
[光緒]新續渭南縣志十二卷　(清)嚴書麟修　(清)焦聯甲等纂　清光緒十八年(1892)刻本　十册

620000－1103－0003464　K294.1/917:09(s)
[光緒]新續渭南縣志十二卷　(清)嚴書麟修　(清)焦聯甲等纂　清光緒十八年(1892)刻本　十册

620000－1103－0003465　K294.1/917:10(s)
[光緒]新續渭南縣志十二卷　(清)嚴書麟修　(清)焦聯甲等纂　清光緒十八年(1892)刻本　十册

620000－1103－0003466　K294.1/917:11(s)
[光緒]新續渭南縣志十二卷　(清)嚴書麟修　(清)焦聯甲等纂　清光緒十八年(1892)刻本　十册

620000－1103－0003467　K294.1/925:01(s)
[道光]石泉縣志四卷　(清)舒鈞纂修　清道光二十九年(1849)刻本　二册

620000－1103－0003468　K294.1/925:02(s)
[道光]石泉縣志四卷　(清)舒鈞纂修　清道光二十九年(1849)刻本　二册

620000－1103－0003469　K294.1/925:03(s)
[道光]石泉縣志四卷　(清)舒鈞纂修　清道光二十九年(1849)刻本　一册　存二卷(三至四)

620000－1103－0003470　K294.1/933(s)
[嘉慶]漢陰廳志十卷首一卷　(清)錢鶴年修　(清)董詔纂　清嘉慶二十三年(1818)刻本　六册

620000－1103－0003471　K294.1/959(s)
[光緒]白河縣志十三卷　(清)顧騄修　(清)王賢輔　(清)李宗麟纂　清光緒十九年(1893)刻本　四册

620000－1103－0003472　K294.1/987
[乾隆]朝邑縣志十一卷首一卷　(清)金嘉琰　(清)朱廷模修　(清)錢坫纂　清乾隆四十五年(1780)刻本　四册

620000－1103－0003473　K294.1/987(s)
[咸豐]澄城縣志三十卷附二卷　(清)金玉麟修　(清)韓亞熊纂　清咸豐元年(1851)刻本　十册

620000－1103－0003474　K294.1/988(s)
[光緒]定遠廳志二十六卷首一卷末一卷　(清)余修鳳纂修　清光緒五年(1879)本衙刻本　六册

620000－1103－0003475　K294.2/102:01
秦邊紀略六卷　(□)□□撰　清同治十一年(1872)安徽藩署敬義齋刻本　二册

620000－1103－0003476　K294.2/102:02(s)
秦邊紀略六卷　(□)□□撰　清同治十一年(1872)安徽藩署敬義齋刻本　二册

620000－1103－0003477　K294.2/165
[乾隆]皋蘭縣志二十卷　(清)吴鼎新修　(清)黄建中纂　清乾隆四十三年(1778)刻本　四册

620000－1103－0003478　K294.2/314
[嘉慶]徽縣志八卷　(清)張伯魁纂修　清嘉慶十四年(1809)刻本　八册

620000－1103－0003479　K294.2/317:02
[乾隆]直隸秦州新志十二卷首一卷補遺一卷　(清)費廷珍修　(清)胡釴等纂　(清)陶奕贈補遺　清乾隆二十九年(1764)刻本　一册　存序及目次

620000－1103－0003480　K294.2/317:03
[乾隆]直隸秦州新志十二卷首一卷補遺一卷　(清)費廷珍修　(清)胡釴等纂　(清)陶奕贈補遺　清乾隆二十九年(1764)刻本　五册　存三卷(四至五、十二)

620000－1103－0003481　K294.2/317:04

［乾隆］直隸秦州新志十二卷首一卷補遺一卷　(清)費廷珍修　(清)胡釴等纂　(清)陶奕贈補遺　清乾隆二十九年(1764)刻本　四冊　存五卷(四至五、九至十一)

620000－1103－0003482　K294.2/317:05

［乾隆］直隸秦州新志十二卷首一卷補遺一卷　(清)費廷珍修　(清)胡釴等纂　(清)陶奕贈補遺　清乾隆二十九年(1764)刻本　七冊　存二卷(十一至十二)

620000－1103－0003483　K294.2/317:06

［乾隆］直隸秦州新志十二卷首一卷補遺一卷　(清)費廷珍修　(清)胡釴等纂　(清)陶奕贈補遺　清乾隆二十九年(1764)刻本　十六冊

620000－1103－0003484　K294.2/317:07

［乾隆］直隸秦州新志十二卷首一卷補遺一卷　(清)費廷珍修　(清)胡釴等纂　(清)陶奕贈補遺　清乾隆二十九年(1764)刻本　十六冊

620000－1103－0003485　K294.2/317:08

［乾隆］直隸秦州新志十二卷首一卷補遺一卷　(清)費廷珍修　(清)胡釴等纂　(清)陶奕贈補遺　清乾隆二十九年(1764)刻本　五冊　存二卷(十至十一)

620000－1103－0003486　K294.2/334

［光緒］重纂禮縣新志四卷　(清)雷文淵修　(清)王思溫纂　清光緒十六年(1890)刻本　四冊

620000－1103－0003487　K294.2/371

［光緒］重修通渭縣新志十二卷首一卷　(清)高蔚霞修　(清)苟廷誠纂　清光緒十九年(1893)刻本　二冊　存五卷(七至十一)

620000－1103－0003488　K294.2/389

［道光］皋蘭縣續志十二卷　(清)秦維嶽原纂　(清)陸芝田　(清)張廷選續纂　清道光二十七年(1847)皋蘭書院刻本　四冊

620000－1103－0003489　K294.2/431

［乾隆］狄道州志十六卷　(清)呼延華國修　(清)吳鎮纂　清乾隆二十八年(1763)刻本　八冊

620000－1103－0003490　K294.2/627

［乾隆］禮縣志十九卷首一卷　(清)方嘉發纂修　(清)唐正邦補輯　清乾隆二十一年(1756)刻本　二冊

620000－1103－0003491　K294.2/677

［光緒］文縣新志八卷首一卷末一卷　(清)長贇修　(清)劉健纂　清光緒二年(1876)刻本　二冊　存三卷(二至四)

620000－1103－0003492　K294.2/828:01

［乾隆］清水縣志十六卷　(清)朱超纂修　清乾隆六十年(1795)刻本　四冊

620000－1103－0003493　K294.2/828:02

［乾隆］清水縣志十六卷　(清)朱超纂修　清乾隆六十年(1795)刻本　四冊

620000－1103－0003494　K294.2/828:03

［乾隆］清水縣志十六卷　(清)朱超纂修　清乾隆六十年(1795)刻本　一冊　存四卷(七至十)

620000－1103－0003495　K294.2/907

［同治］續伏羌縣志六卷　(清)侯新嚴修　(清)方承宣纂　清同治十一年(1872)刻本　二冊

620000－1103－0003496　K294.2/988:01

［光緒］重纂秦州直隸州新志二十四卷末一卷　(清)余澤春修　(清)王權　(清)任其昌纂　清光緒十五年(1889)隴南書院刻本　二十冊

620000－1103－0003497　K294.2/988:02

［光緒］重纂秦州直隸州新志二十四卷末一卷　(清)余澤春修　(清)王權　(清)任其昌纂　清光緒十五年(1889)隴南書院刻本　十六冊

620000－1103－0003498　K294.2/988:03

［光緒］重纂秦州直隸州新志二十四卷末一卷

（清）余澤春修　（清）王權　（清）任其昌纂　清光緒十五年（1889）隴南書院刻本　十六册

620000－1103－0003499　K294.2/988：04
［光緒］重纂秦州直隸州新志二十四卷末一卷　（清）余澤春修　（清）王權　（清）任其昌纂　清光緒十五年（1889）隴南書院刻本　六册　存六卷（六至十一）

620000－1103－0003500　K294.2/988：05
［光緒］重纂秦州直隸州新志二十四卷末一卷　（清）余澤春修　（清）王權　（清）任其昌纂　清光緒十五年（1889）隴南書院刻本　二册　存四卷（一至四）

620000－1103－0003501　K294.2/988：06
［光緒］重纂秦州直隸州新志二十四卷末一卷　（清）余澤春修　（清）王權　（清）任其昌纂　清光緒十五年（1889）隴南書院刻本　二册　存三卷（八、十一至十二）

620000－1103－0003502　K294.2/988：07
［光緒］重纂秦州直隸州新志二十四卷末一卷　（清）余澤春修　（清）王權　（清）任其昌纂　清光緒十五年（1889）隴南書院刻本　六册　存六卷（一至三、十一至十二、二十四）

620000－1103－0003503　K294.2/988：08
［光緒］重纂秦州直隸州新志二十四卷末一卷　（清）余澤春修　（清）王權　（清）任其昌纂　清光緒十五年（1889）隴南書院刻本　一册　存三卷（二十二至二十四）

620000－1103－0003504　K294.2/988：09
［光緒］重纂秦州直隸州新志二十四卷末一卷　（清）余澤春修　（清）王權　（清）任其昌纂　清光緒十五年（1889）隴南書院刻本　十六册　存二十二卷（一至四、六至九、十一至十五、十七至二十五）

620000－1103－0003505　K294.3/119
［宣統］新修固原直隸州志十一卷　（清）王學伊　（清）錫麟纂　**附一卷**　（清）楊修德纂　清宣統元年（1909）官報書局鉛印本　十二册

620000－1103－0003506　K294.4/270
［宣統］丹噶爾廳志八卷　（清）張廷武等修　（清）楊景昇纂　清宣統二年（1910）甘肅官報書局鉛印本　四册

620000－1103－0003507　K294.4/272（s）
［乾隆］西寧府新志四十卷　（清）楊應琚纂修　清乾隆二十七年（1762）刻本　十二册

620000－1103－0003508　K294/239
異域瑣談四卷　（清）七十一撰　清嘉慶二十三年（1818）強恕堂刻本　四册

620000－1103－0003509　K294/820
異域瑣談四卷　（清）七十一撰　清嘉慶二十三年（1818）強恕堂刻本　二册

620000－1103－0003510　K295.2/396
［嘉靖］山東通志四十卷　（明）陸釴纂修　明嘉靖十二年（1533）刻本　十二册

620000－1103－0003511　K295.2/754
［乾隆］曲阜縣志一百卷　（清）潘相等纂修　清乾隆三十九年（1774）聖化堂刻本　十二册

620000－1103－0003512　K295.4/724
［嘉慶］涇縣志三十二卷首一卷　（清）李德淦等修　（清）洪亮吉纂　清嘉慶十一年（1806）刻本　一册　存三卷（八至十）

620000－1103－0003513　K295.6/165
［道光］清江縣志二十八卷首一卷末一卷　（清）張湄修　（清）楊學光　（清）黄郁章纂　清道光四年（1824）刻本　一册　存三卷（二十六至二十八）

620000－1103－0003514　K295.6/486
［同治］上饒縣志二十六卷首一卷　（清）王恩溥等修　（清）李樹藩等纂　清同治十二年（1873）刻本　二册　存六卷（七至十二）

620000－1103－0003515　K296.1/773
［乾隆］孟縣志十卷　（清）仇汝瑚修　（清）馮敏昌纂　清乾隆五十五年（1790）刻本　十册

620000－1103－0003516　K296.4/360

永鑒録二卷　(清)孫桐生撰　清同治十年(1871)刻本　二册

620000－1103－0003517　K296.4/360
未信編二卷　(清)孫桐生撰　清同治四年(1865)刻本　一册　存一卷(一)

620000－1103－0003518　K297.1/166
雅州公牘一卷　(清)黄雲鵠撰　清光緒十二年(1886)刻本　一册

620000－1103－0003519　K297.1/313(s)
蜀典十二卷　(清)張澍輯　清道光十四年(1834)安懷堂刻本　四册

620000－1103－0003520　K297.1/376
[光緒]新修潼川府志三十卷　(清)阿麟修　(清)王龍勳等纂　清光緒二十三年(1897)刻本　十六册

620000－1103－0003521　K297.1/596
[嘉慶]四川通志二百四卷首二十二卷　(清)常明修　(清)楊芳燦纂　清嘉慶二十一年(1816)刻本　一百六十一册

620000－1103－0003522　K297.3/478
[康熙]黔書一卷　(清)田雯撰　清刻本　二册

620000－1103－0003523　K297.3/941
[乾隆]黔南識略三十二卷　(清)愛必達撰　清道光二十七年(1847)羅繞典刻本　四册

620000－1103－0003524　K31/197
東洋歷史不分卷西洋歷史不分卷　(清)趙懿年輯　**西洋歷史不分卷**　(清)趙懿年輯　清宣統元年(1909)科學會編譯部鉛印本　一册

620000－1103－0003525　K341/348
南洋風雲十六章　(清)夏清馥譯　清光緒二十九年(1903)鉛印本　一册

620000－1103－0003526　K382/581
猶太史十七章　(日本)北村三郎撰　(清)趙必振譯　清光緒二十九年(1903)廣智書局鉛印本　一册

620000－1103－0003527　K5/113
歐洲列國戰事本末二十二卷　王樹枏撰　清刻本　二册　存十八卷(一至十八)

620000－1103－0003528　K500/106
西洋史四編　(清)祝震輯　清光緒三十二年(1906)南洋官書局鉛印本　四册

620000－1103－0003529　K500/286
節本泰西新史攬要八卷　(英國)李提摩太譯　周慶雲節録　清光緒二十七年(1901)鉛印本　二册

620000－1103－0003530　K500/420
泰西新史攬要二十四卷　(英國)馬懇西撰　(英國)李提摩太譯　清光緒二十一年(1895)美華書館鉛印本　八册

620000－1103－0003531　K500/598∶03
西洋史要不分卷　(日本)小川銀次郎撰　樊炳清　(清)薩端譯　清光緒二十九年(1903)金粟齋鉛印本　二册

620000－1103－0003532　K508/113
歐洲族類源流畧五卷　王樹枏撰　清光緒二十八年(1902)中衛刻本　二册

620000－1103－0003533　K508/686
泰西民族文明史十四章緒論二章　(法國)賽奴巴撰　(日本)野澤武之助　(清)沈是中　(清)俞子彝譯　清光緒二十九年(1903)商務印書館鉛印本　一册

620000－1103－0003534　K512/605
俄國新志八卷　(英國)陔勒低撰　(英國)傅蘭雅譯　(清)潘松譯　清光緒二十七年(1901)上海書局石印本　三册　存六卷(一至四、七至八)

620000－1103－0003535　K545/113
希臘春秋八卷　王樹枏撰　清光緒三十二年(1906)蘭州官報印書局鉛印本　二册

620000－1103－0003536　K545/113
希臘春秋八卷　王樹枏撰　清光緒三十二年(1906)蘭州官報印書局鉛印本　一册　存四卷(一至四)

620000－1103－0003537　K565/605
法國新志四卷　(英國)該勒低輯　(英國)傅紹蘭譯　(清)潘松筆述　清光緒二十七年(1901)石印本　四册

620000－1103－0003538　K712/483
繙譯米利堅志四卷　(日本)岡千仞　(日本)河野通之撰　清光緒二十二年(1896)新學書局刻本　二册

620000－1103－0003539　K712/759
美史紀事本末八卷首一卷末一卷　(美國)姜寧氏撰　(清)章宗元譯　清光緒二十九年(1903)求我齋刻本　二册

620000－1103－0003540　K82/769
新增智囊補二十八卷　(明)馮夢龍輯　清乾隆五十九年(1794)刻本　六册

620000－1103－0003541　K82/870(s)
高士傳三卷　(晉)皇甫謐撰　清刻本　一册

620000－1103－0003542　K82/930
疑年録四卷　(清)錢大昕編　**續疑年録四卷**　(清)吳修編　清刻本　二册

620000－1103－0003543　K820.03/324
三立堂新編閫外春秋三十二卷　(明)尹商撰　明崇禎刻本　六册　存十四卷(三至五、九至十一、十七至二十二、二十八至二十九)

620000－1103－0003544　K820.03/622
大臣法則八卷　(清)謝文洊撰　清道光二十九年(1849)刻本　六册

620000－1103－0003545　K820.03/828
歷代名臣言行録二十四卷　(清)朱桓輯　清光緒三十年(1904)上海商務印書局鉛印本　八册

620000－1103－0003546　K820.03/828
歷代名臣言行録二十四卷　(清)朱桓輯　清光緒二十四年(1898)聚興書局石印本　八册

620000－1103－0003547　K820.035/116(s)
英雄記鈔一卷　(漢)王粲撰　清刻本　一册

620000－1103－0003548　K820.04/171
宋元學案一百一卷　(清)黄宗羲撰　(清)黄百家輯　清光緒五年(1879)長沙刻本　四十八册

620000－1103－0003549　K820.044/294:01
四朝名臣言行録十三卷　(宋)李幼武撰　清刻本　二册

620000－1103－0003550　K820.044/294:02
四朝名臣言行録十三卷　(宋)李幼武撰　清刻本　一册　存七卷(七至十三)

620000－1103－0003551　K820.044/828
伊洛淵源録十四卷　(宋)朱熹撰　清刻本　二册

620000－1103－0003552　K820.044/828(s)
三朝名臣言行録十四卷　(宋)朱熹撰　清刻本　一册　存五卷(一至五)

620000－1103－0003553　K820.044/828:12
宋朱晦菴先生名臣言行録前集十卷後集十四卷續集八卷别集十三卷外集十七卷　(宋)朱熹　(宋)李幼武輯　明崇禎十一年(1638)古吳聚錦堂刻本　二十四册

620000－1103－0003554　K820.044/828:13
五朝名臣言行録前集十卷後集十四卷續集八卷别集二十六卷外集十七卷　(宋)朱熹　(宋)李幼武輯　清同治七年(1868)刻本　二册　存十卷(前集十卷)

620000－1103－0003555　K820.048/171
節本明儒學案二十卷　(清)黄宗羲撰　梁啟超抄　清光緒三十一年(1905)新民社鉛印本　一册

620000－1103－0003556　K820.048/171:01
明儒學案六十二卷　(清)黄宗羲撰　清光緒十四年(1888)南昌刻本　三十二册

620000－1103－0003557　K820.048/171:02
明儒學案十六卷　(清)黄宗羲撰　清光緒二十八年(1902)上海文蘭書局石印本　八册

620000－1103－0003558　K820.048/171:04
明儒學案評節鈔不分卷　(清)張世英撰　清

宣統三年(1911)官報書局鉛印本　一册

620000－1103－0003559　K820.048/171:05
明儒學案六十二卷　(清)黄宗羲撰　清道光元年(1821)會稽莫氏刻本　九册　存二十三卷(十七至十八、二十三至二十四、三十八至四十二、四十八至六十一)

620000－1103－0003560　K820.048/310
明儒學案評節鈔不分卷　(清)張世英撰　清宣統三年(1911)官報書局鉛印本　一册

620000－1103－0003561　K820.048/419
明六忠節合傳不分卷　(清)馬先登撰　清光緒八年(1882)敦倫堂刻本　一册

620000－1103－0003562　K820.048/710:01
史外八卷　(清)汪有典撰　清同治四年(1865)陝甘公所刻本　八册

620000－1103－0003563　K820.048/710:02(s)
史外八卷　(清)汪有典撰　清同治四年(1865)陝甘公所刻本　八册

620000－1103－0003564　K820.048/710:03(s)
史外八卷　(清)汪有典撰　清同治四年(1865)陝甘公所刻本　八册

620000－1103－0003565　K820.049/285:01(s)
國朝先正事略六十卷　(清)李元度撰　清同治五年(1866)循陔草堂刻本　二十四册

620000－1103－0003566　K820.049/285:03
國朝先正事略六十卷　(清)李元度撰　清光緒二十五年(1899)上海圖書集成印書局鉛印本　十二册

620000－1103－0003567　K820.049/285:04
國朝先正事略六十卷　(清)李元度撰　清光緒二十五年(1899)上海圖書集成印書局鉛印本　八册

620000－1103－0003568　K820.049/285:05
國朝先正事略六十卷　(清)李元度撰　清同治五年(1866)循陔草堂刻本　三十二册

620000－1103－0003569　K820.049/289:01
二曲擇要觀感録不分卷　(清)李顒輯　清光緒十八年(1892)馬忠信堂刻本　一册

620000－1103－0003570　K820.049/289:02
二曲擇要觀感録不分卷　(清)李顒輯　清光緒十八年(1892)馬忠信堂刻本　一册

620000－1103－0003571　K820.049/289:03
二曲擇要觀感録不分卷　(清)李顒輯　清光緒十八年(1892)馬忠信堂刻本　一册

620000－1103－0003572　K820.049/289:04
二曲擇要觀感録不分卷　(清)李顒輯　清光緒十八年(1892)馬忠信堂刻本　一册

620000－1103－0003573　K820.049/289:05
二曲擇要觀感録不分卷　(清)李顒輯　清光緒十八年(1892)馬忠信堂刻本　一册

620000－1103－0003574　K820.049/289:06
二曲擇要觀感録不分卷　(清)李顒輯　清光緒十八年(1892)馬忠信堂刻本　一册

620000－1103－0003575　K820.049/289:07
二曲擇要觀感録不分卷　(清)李顒輯　清光緒十八年(1892)馬忠信堂刻本　一册

620000－1103－0003576　K820.049/289:08
二曲擇要觀感録不分卷　(清)李顒輯　清光緒十八年(1892)馬忠信堂刻本　一册

620000－1103－0003577　K820.049/289:09
二曲擇要觀感録不分卷　(清)李顒輯　清光緒十八年(1892)馬忠信堂刻本　一册

620000－1103－0003578　K820.049/289:10
二曲擇要觀感録不分卷　(清)李顒輯　清光緒十八年(1892)馬忠信堂刻本　一册

620000－1103－0003579　K820.049/289:11
二曲擇要觀感録不分卷　(清)李顒輯　清光緒十八年(1892)馬忠信堂刻本　一册

620000－1103－0003580　K820.049/289:12
二曲擇要觀感録不分卷　(清)李顒輯　清光緒十八年(1892)馬忠信堂刻本　一册

620000－1103－0003581　K820.049/289:13
二曲擇要觀感録不分卷　(清)李顒輯　清光

緒十八年(1892)馬忠信堂刻本　一册

620000－1103－0003582　K820.049/289:14
二曲擇要觀感録不分卷　(清)李顒輯　清光緒十八年(1892)馬忠信堂刻本　一册

620000－1103－0003583　K820.049/289:15
二曲擇要觀感録不分卷　(清)李顒輯　清光緒十八年(1892)馬忠信堂刻本　一册

620000－1103－0003584　K820.049/289:16
二曲擇要觀感録不分卷　(清)李顒輯　清光緒十八年(1892)馬忠信堂刻本　一册

620000－1103－0003585　K820.049/289:17
二曲擇要觀感録不分卷　(清)李顒輯　清光緒十八年(1892)馬忠信堂刻本　一册

620000－1103－0003586　K820.049/289:18
二曲擇要觀感録不分卷　(清)李顒輯　清光緒十八年(1892)馬忠信堂刻本　一册

620000－1103－0003587　K820.049/289:19
二曲擇要觀感録不分卷　(清)李顒輯　清光緒十八年(1892)馬忠信堂刻本　一册

620000－1103－0003588　K820.049/289:20
二曲擇要觀感録不分卷　(清)李顒輯　清光緒十八年(1892)馬忠信堂刻本　一册

620000－1103－0003589　K820.049/426
貳臣傳十二卷　(清)國史館編　清善成堂刻本　六册

620000－1103－0003590　K820.049/441
昭代名人尺牘小傳二十四卷　(清)吳修輯　清道光六年(1826)刻本　二册

620000－1103－0003591　K820.049/667:01
學案小識十四卷首一卷末一卷　(清)唐鑑撰　清光緒十年(1884)重刻四砭齋刻本　十二册

620000－1103－0003592　K820.049/667:02
學案小識十四卷首一卷末一卷　(清)唐鑑撰　清光緒十年(1884)重刻四砭齋刻本　十二册

620000－1103－0003593　K820.049/719
國朝漢學師承記八卷　(清)江藩撰　清光緒十三年(1887)京都書華閣刻本　三册

620000－1103－0003594　K820.049/973(s)
盛世人文初集四卷　(清)鄭士範輯　清光緒三十二年(1906)鳳翔周正誼堂刻本　四册

620000－1103－0003595　K820.052/120:01
[光緒]秦晉鄉試同闈録不分卷　(□)□□撰　清光緒刻本　一册

620000－1103－0003596　K820.052/120:02
[光緒]秦晉鄉試同闈録不分卷　(□)□□撰　清光緒刻本　一册

620000－1103－0003597　K820.052/120:03
[光緒]秦晉鄉試同闈録不分卷　(□)□□撰　清光緒刻本　一册

620000－1103－0003598　K820.052/120:04
[光緒]秦晉鄉試同闈録不分卷　(□)□□撰　清光緒刻本　一册

620000－1103－0003599　K820.052/120:05
[光緒]秦晉鄉試同闈録不分卷　(□)□□撰　清光緒刻本　一册

620000－1103－0003600　K820.052/827
國朝先正事略續編三十卷　朱孔彰撰　清光緒二十八年(1902)上海書局石印本　二册　存四卷(一至四)

620000－1103－0003601　K820.052/830
中興名臣事略八卷　朱孔彰撰　清光緒二十五年(1899)上海圖書集成印書局鉛印本　二册

620000－1103－0003602　K820.052/830:01(s)
國朝先正事略續編四卷　朱孔彰撰　清光緒二十六年(1900)仿泰西法石印本　四册

620000－1103－0003603　K820.052/830:02
中興名臣事略八卷　朱孔彰撰　清光緒二十五年(1899)上海圖書集成印書局鉛印本　二册

620000－1103－0003604　K820.052/830:03

中興名臣事略八卷　朱孔彰撰　清光緒二十八年(1902)漢讀樓書局石印本　二册

620000－1103－0003605　K820.49/618
詠梅軒景忠録二卷　(清)謝蘭生編　清刻本　一册

620000－1103－0003606　K820.841/112
厚鄉録一卷　(明)王承裕輯　明正德十六年(1521)弘道書院雕版清道光十八年(1838)刻本　一册

620000－1103－0003607　K820.841/113(s)
興平縣士女續志三卷　(清)干權撰　清光緒二年(1876)刻本　一册

620000－1103－0003608　K820.841/119
關學編六卷　(明)馮從吾撰　(清)王心敬增輯　清刻本　二册

620000－1103－0003609　K820.841/460
關中同官録不分卷　(清)胡延輯　清光緒十二年(1886)澇巷永福堂刻本　四册

620000－1103－0003610　K820.841/460
關中同官録不分卷　(清)胡延輯　清刻本　三册

620000－1103－0003611　K820.841/774
馮少墟關學編五卷首一卷　(明)馮從吾撰　清道光十年(1830)刻關中道脈四種書本　二册

620000－1103－0003612　K820.842/270:01
甘肅忠義録一百三十一卷　(清)楊昌濬修　(清)張國常輯　(清)胡孚駿續纂　清光緒十六年(1890)刻本　二十四册　存一百五卷(傳一至十七、紳民婦女表一至八十八)

620000－1103－0003613　K820.842/270:02
甘肅忠義録一百三十一卷　(清)楊昌濬修　(清)張國常輯　(清)胡孚駿續纂　清光緒十六年(1890)刻本　二十四册　存一百五卷(傳一至十七、紳民婦女表一至八十八)

620000－1103－0003614　K820.857/119
閬縣忠義傳二卷　(清)劉存仁撰　清咸豐元年(1851)刻本　一册

620000－1103－0003615　K820.871/627(s)
蜀學編二卷　(清)方守道初輯　(清)高賡恩覆輯　清光緒二十七年(1901)錦江書局刻本　二册

620000－1103－0003616　K820.9/112(s)
鄠縣王氏族譜不分卷　(明)王九思撰　清咸豐九年(1859)刻本　四册

620000－1103－0003617　K820.9/118
王氏家乘不分卷　(清)鶴汀氏松年輯　清道光四年(1824)刻本　一册

620000－1103－0003618　K820.9/261
元和姓纂十卷　(唐)林寶撰　清光緒六年(1880)金陵書局刻本　四册

620000－1103－0003619　K820.9/306(s)
張氏宗譜　(清)□□撰　清尊經堂刻本　一册　存户口、風俗、政教、列傳

620000－1103－0003620　K820.9/306(s)
張氏族譜　(清)□□撰　清刻本　一册　存序等

620000－1103－0003621　K820.9/419:01(s)
關西馬氏世行録十四卷　(清)馬先登輯　清同治七年(1868)敦倫堂刻本　六册

620000－1103－0003622　K820.9/419:02(s)
關西馬氏世行録十四卷　(清)馬先登輯　清同治七年(1868)敦倫堂刻本　八册

620000－1103－0003623　K820.9/419:03
關西馬氏世行録十四卷　(清)馬先登輯　清同治七年(1868)敦倫堂刻本　八册

620000－1103－0003624　K820.9/660
龔氏四世循良傳不分卷　(清)毛昶熙纂　清光緒十四年(1888)刻本　一册

620000－1103－0003625　K820.9/856
新纂氏族箋釋八卷　(清)熊峻運撰　清雍正二年(1724)同文堂刻本　四册

620000－1103－0003626　K820.9/886

歷代同姓名録二十三卷首一卷 （清）劉長華輯 清光緒五年(1879)黎照軒刻本 六冊

620000－1103－0003627 K820.9/935
牧齋晚年家乘文不分卷 （清）錢謙益撰 清宣統三年(1911)上海國學扶輪社鉛印本 一冊

620000－1103－0003628 K820/200
文廟備考八卷 （清）趙映奎輯 清嘉慶二十五年(1820)趙渡鎮德聚堂刻本 四冊 存四卷(一至四)

620000－1103－0003629 K820/285
桐閣史漢文選二卷 （清）李元春評 清道光十九年(1839)刻本 二冊

620000－1103－0003630 K820/674
風俗通姓氏篇二卷 （漢）應劭撰 清道光元年(1821)二酉堂刻本 一冊

620000－1103－0003631 K820/815
四書左國彙纂四卷 （清）高其名撰 清乾隆三十五年(1770)五美堂刻本 四冊

620000－1103－0003632 K820/825:01
文廟通考六卷首一卷 （清）牛樹梅輯 清光緒十四年(1888)岐山學署刻本 四冊

620000－1103－0003633 K820/825:02
文廟通考六卷首一卷 （清）牛樹梅輯 清光緒十四年(1888)岐山學署刻本 四冊

620000－1103－0003634 K820/923:01(s)
四書人物類典串珠四十卷 （清）臧志仁輯 清嘉慶四年(1799)周錫堂刻本 八冊

620000－1103－0003635 K820/923:02(s)
四書人物類典串珠四十卷 （清）臧志仁輯 清同治十二年(1873)刻本 十二冊

620000－1103－0003636 K820/923:03
四書人物類典串珠四十卷 （清）臧志仁輯 清嘉慶四年(1799)天德堂刻本 十冊 存三十九卷(一至三十三、三十五至四十)

620000－1103－0003637 K820/923:04
四書人物類典串珠四十卷 （清）臧志仁輯 清嘉慶十八年(1813)刻本 十二冊

620000－1103－0003638 K820/923:05
四書人物類典串珠四十卷 （清）臧志仁輯 清嘉慶十七年(1812)周錫堂刻本 十二冊

620000－1103－0003639 K820/972
增廣古今人物論三十六卷續十二卷 （清）鄭元直輯 清光緒二十八年(1902)墨耨山房石印本 十冊

620000－1103－0003640 K825.1/453
聖賢像贊三卷 （明）呂維祺撰 明崇禎五年(1632)刻本 三冊

620000－1103－0003641 K825.1/615:01
許魯齋先生年譜一卷魯齋心法約編一卷 （清）鄭士範輯 清光緒六年(1880)周正誼堂刻本 一冊

620000－1103－0003642 K825.1/615:02
許魯齋先生年譜一卷魯齋心法約編一卷 （清）鄭士範輯 清光緒六年(1880)周正誼堂刻本 一冊

620000－1103－0003643 K825.2/883
鄂國金佗稡編二十八卷 （宋）岳珂輯 清光緒九年(1883)浙江書局刻本 六冊

620000－1103－0003644 K825.2/883
鄂國金佗續編三十卷 （宋）岳珂輯 清光緒九年(1883)浙江書局刻本 六冊

620000－1103－0003645 K825.4/331
山高水長不分卷 （清）徐懷璋輯 清光緒三十四年(1908)錦城鉛印本 一冊

620000－1103－0003646 K825.7/333
國朝書人輯略十一卷首一卷 （清）震鈞輯 清光緒三十四年(1908)金陵刻本 八冊

620000－1103－0003647 K825.7/760
米元章一卷 （明）毛晉輯 明天啓五年(1625)毛氏綠君亭刻本 一冊

620000－1103－0003648 K82－61/670
尚友録二十二卷 （清）廖用賢輯 清康熙五年(1666)古婺正業堂刻本 十八冊

620000－1103－0003649　K82－64/121(s)
介菴先生年譜二十三卷　(清)李錫齡　(清)孫稷同校訂　清刻本　八册

620000－1103－0003650　K82－64/879(s)
段容思先生年譜紀略一卷　(明)彭澤輯　(清)張仲英參訂　清道光四年(1824)刻本　一册

620000－1103－0003651　K82－64/973:01
朱子年譜一卷　(清)鄭士範輯　清光緒六年(1880)周正誼堂刻本　一册

620000－1103－0003652　K82－64/973:02
朱子年譜一卷　(清)鄭士範輯　清光緒六年(1880)周正誼堂刻本　一册

620000－1103－0003653　K82－64/973:03
朱子年譜一卷　(清)鄭士範輯　清光緒六年(1880)周正誼堂刻本　一册

620000－1103－0003654　K827/115
帝王甲子記一卷　(清)王在鎬輯　清求仁精舍刻本　一册

620000－1103－0003655　K827/222
胡氏榮哀録二卷　(明)胡初被輯　明嘉靖四十二年(1563)刻本　一册

620000－1103－0003656　K827/339
支那帝國主義第一人成吉思汗少年史十二章　(日本)阪口楧次郎著　(清)吳檮譯　清光緒二十九年(1903)上海文明書局鉛印本　一册

620000－1103－0003657　K827/359
孫節愍公遺翰一卷附題跋姓名攷一卷　(清)鄧元鏸輯　清光緒二十一年(1895)刻本　一册

620000－1103－0003658　K827/604
忠武祠墓誌七卷首一卷末一卷　(清)李復心輯　清同治五年(1866)刻本　四册

620000－1103－0003659　K827/604(s)
忠武祠墓誌七卷首一卷末一卷　(清)李復心輯　清同治五年(1866)沔縣刻本　四册

620000－1103－0003660　K827/761
曾文正公家書十卷家訓二卷大事記三卷榮哀録一卷　(清)曾國藩撰　清光緒三十一年(1905)上海錦章書局石印本　七册　存八卷(曾文正公家書一至二、五至十)

620000－1103－0003661　K827/891
誥授光禄大夫賞戴花翎總督倉場侍郎顯考子嘉府君行述一卷　(清)劉汝冕述　清石印本　一册

620000－1103－0003662　K827/975
臺灣外記十卷　(清)江日昇撰　清求無不獲齋刻本　八册　存八卷(一、四至十)

620000－1103－0003663　K828.5/352
賢母録不分卷　(清)黄彭年輯　清同治二年(1863)刻本　一册

620000－1103－0003664　K828.5/372
鄧孝女傳不分卷　(清)白奎栄輯　清光緒三十一年(1905)刻本　一册

620000－1103－0003665　K828.5/418
皇清誥封宜人張繼室馬宜人記事詩文會刊不分卷　(清)席星符等撰　清光緒八年(1882)刻本　一册

620000－1103－0003666　K828.5/479
典故列女傳四卷　清刻本　四册

620000－1103－0003667　K828.5/679
百美新詠一卷圖傳一卷集詠一卷　(清)顏希源撰　清乾隆五十七年(1792)刻本　四册

620000－1103－0003668　K828.5/893
古列女傳八卷　(漢)劉向撰　清光緒三年(1877)湖北崇文書局刻本　四册

620000－1103－0003669　K828.9/953
珠玉垂光二卷　(清)徐法績纂　清道光十九年(1839)據梧㘸刻本　二册

620000－1103－0003670　K828.9/972:01
鄭冶亭年譜不分卷　(清)鄭書琛輯　清宣統二年(1910)周正誼堂刻本　一册

620000－1103－0003671　K828.9/972:02

鄭冶亭年譜不分卷 (清)鄭書琛輯 清宣統二年(1910)周正誼堂刻本 一册

620000－1103－0003672 K828.9/972:03
鄭冶亭年譜不分卷 (清)鄭書琛輯 清宣統二年(1910)周正誼堂刻本 一册

620000－1103－0003673 K828.9/972:04
鄭冶亭年譜不分卷 (清)鄭書琛輯 清宣統二年(1910)周正誼堂刻本 一册

620000－1103－0003674 K828.9/972:05
鄭冶亭年譜不分卷 (清)鄭書琛輯 清宣統二年(1910)周正誼堂刻本 一册

620000－1103－0003675 K828/119:01
特贈國子監助教晉贈奉正大夫敕建專祠國史館立傳殉難平涼縣教諭南軒王君紀事詩文合刊不分卷 (清)王權輯 清光緒十二年(1886)長安刻本 一册

620000－1103－0003676 K828/119:02
特贈國子監助教晉贈奉正大夫敕建專祠國史館立傳殉難平涼縣教諭南軒王君紀事詩文合刊不分卷 (清)王權輯 清光緒十二年(1886)長安刻本 一册

620000－1103－0003677 K828/119:03
特贈國子監助教晉贈奉正大夫敕建專祠國史館立傳殉難平涼縣教諭南軒王君紀事詩文合刊不分卷 (清)王權輯 清光緒十二年(1886)長安刻本 一册

620000－1103－0003678 K828/294
欽加中書國子監學正銜己酉科副貢顯考雲章李府君行述一卷 (清)李於鍇述 清陝西德福堂刻本 一册

620000－1103－0003679 K828/434
吴柳堂先生誄文不分卷 (清)陳卿雲等纂 清光緒六年(1880)刻本 一册

620000－1103－0003680 K828/448
呂與叔先生從祀始末不分卷 (清)李志復輯 清光緒二十四年(1898)刻本 一册

620000－1103－0003681 K828/460
晉贈奉政大夫敕授修職郎候選教諭副貢生顯考關府君行述不分卷 (清)□□撰 清抄本 一册

620000－1103－0003682 K828/892
誥贈通奉大夫太夫人劉公榮之府君母留太夫人合傳不分卷 (清)俞樾撰 清光緒三十年(1904)吴門刻本 一册

620000－1103－0003683 K829.98/313(s)
勉行録紀略一卷 (清)張濤撰 清光緒十二年(1886)刻本 一册

620000－1103－0003684 K83/375
海國名人類類韻編二十四卷首二卷 (清)阮丙炎輯 清光緒二十九年(1903)文來書局石印本 八册

620000－1103－0003685 K835.61/115
泰西名人事畧二卷 (清)王臻善輯 清光緒二十九年(1903)鉛印本 二册

620000－1103－0003686 K872/889(s)
長安獲古編二卷補一卷 (清)劉燕庭撰 清光緒三十一年(1905)東武劉氏刻本 二册

620000－1103－0003687 K877.2/781(s)
關中金石文字存逸考十二卷 (清)毛鳳枝撰 清光緒二十七年(1901)會稽顧氏江西萍鄉縣署刻本 八册

620000－1103－0003688 K877.4/200:01
石墨鐫華八卷 (明)趙崡撰 明萬曆四十六年(1618)刻本 四册

620000－1103－0003689 K877.4/200:03
石墨鐫華八卷 (明)趙崡撰 清光緒十八年(1892)刻本 四册

620000－1103－0003690 K877.4/471
關中金石記八卷 (清)畢沅撰 清乾隆四十六年(1781)經訓堂刻本 二册

620000－1103－0003691 K877.4/720(s)
隸續二十一卷 (宋)洪适撰 清康熙四十五年(1706)曹寅揚州使院刻本 四册

620000－1103－0003692 K877.4/828

雍州金石記十卷記餘一卷　(清)朱楓撰　清道光二十六年(1846)宏道書院惜陰軒叢書本　二冊

620000－1103－0003693　K877.42/113
關中漢唐存碑跋一卷　(清)王志沂輯　清道光七年(1827)刻本　一冊

620000－1103－0003694　K877.42/119(s)
竹雲題跋四卷虛舟題跋十卷　(清)王澍撰　清墨妙樓刻本　六冊

620000－1103－0003695　K877.42/363(s)
寰宇訪碑録十二卷　(清)孫星衍　(清)邢澍撰　清光緒九年(1883)江蘇書局刻本　四冊

620000－1103－0003696　K877.42/482(s)
褒谷古跡輯略一卷　(清)羅䁋　(清)莫增奎鑒定　清同治十三年(1874)漢南試院刻本　一冊

620000－1103－0003697　K877.45/359(s)
昭陵碑攷十二卷　(清)孫三錫撰　清咸豐八年(1858)刻本　六冊

620000－1103－0003698　K877/733
金石稱例三卷金石綜例四卷跋文一卷漢魏六朝墓誌銘纂例四卷　(清)梁廷楠　(清)馮登府　(清)李富孫撰　清光緒十三年(1887)行素草堂金石叢書本　四冊

620000－1103－0003699　K877/754
金石例十卷　(元)潘昂霄撰　墓銘舉例四卷　(明)王行撰　清光緒四年(1878)讀有用書齋刻朱墨印本　四冊

620000－1103－0003700　K877/850
金石訂例四卷　(清)鮑振方輯　清光緒十年(1884)後不知足齋叢書本　一冊

620000－1103－0003701　K878.6/825:01(s)
文廟通考六卷首一卷　(清)牛樹梅輯　清光緒十四年(1888)岐山學署刻本　四冊

620000－1103－0003702　K878/546
正誼堂参訂唐昭陵陪葬墓圖一卷　(清)董詔輯　清嘉慶二十五年(1820)刻本　一冊

620000－1103－0003703　K892.2/448:01
呂叔簡先生四禮翼不分卷　(明)呂叔簡撰　清同治十二年(1873)西安藩署刻本　一冊

620000－1103－0003704　K892.2/448:02
呂叔簡先生四禮翼不分卷　(明)呂叔簡撰　清同治十二年(1873)西安藩署刻本　一冊

620000－1103－0003705　K892.2/448:03
四禮翼不分卷　(明)呂叔簡撰　清道光十年(1830)來鹿堂刻本　一冊

620000－1103－0003706　K892.2/448:04
呂叔簡先生四禮翼不分卷　(明)呂坤撰　清同治二年(1863)品蓮書屋刻本　一冊

620000－1103－0003707　K892.9/109
五經不二字音韻釋文五卷　(清)莊縯澍撰　清刻本　一冊

620000－1103－0003708　K892.9/118
豐川禮記彙編八卷　(清)王心敬輯　清乾隆三年(1738)刻本　六冊

620000－1103－0003709　K892.9/118(s)
禮記彙編十六卷　(清)王心敬輯　清常寧縣刻本　四冊

620000－1103－0003710　K892.9/151
儀禮疏五十卷　(唐)賈公彥撰　清嘉慶二十年(1815)南昌府學刻本　十八冊

620000－1103－0003711　K892.9/173
儀禮精義不分卷　(清)黃淦輯　清刻本　一冊

620000－1103－0003712　K892.9/212
大戴禮記十三卷　(漢)戴德撰　清康熙五十七年(1718)自修齋刻本　二冊

620000－1103－0003713　K892.9/215
儀禮正義四十卷　(清)胡培翬撰　清咸豐二年(1852)蘇州湯晉苑局刻本　二十三冊　存三十九卷(一至三十九)

620000－1103－0003714　K892.9/215:01
儀禮古今文疏義十七卷　(清)胡承珙撰　清光緒三年(1877)崇文書局叢書本　四冊

620000－1103－0003715　K892.9/215:02
儀禮古今文疏義十七卷　(清)胡承珙撰　清光緒三年(1877)崇文書局叢書本　四冊

620000－1103－0003716　K892.9/215:03
儀禮古今文疏義十七卷　(清)胡承珙撰　清光緒三年(1877)崇文書局叢書本　四冊

620000－1103－0003717　K892.9/267
禮記說義纂訂二十四卷　(明)楊梧纂　清康熙十四年(1675)刻本　十冊

620000－1103－0003718　K892.9/272
[康熙]大成通志十八卷首二卷　(清)楊慶纂　清康熙刻本　二十冊

620000－1103－0003719　K892.9/275(s)
儀禮圖十七卷　(宋)楊復撰　清刻本　八冊

620000－1103－0003720　K892.9/278:01
儀禮韻言二卷　(清)檀萃纂　清光緒十五年(1889)篤學樓刻本　二冊

620000－1103－0003721　K892.9/278:02
儀禮韻言二卷　(清)檀萃纂　清光緒十五年(1889)篤學樓刻本　二冊

620000－1103－0003722　K892.9/278:03
儀禮韻言二卷　(清)檀萃纂　清光緒十五年(1889)篤學樓刻本　二冊

620000－1103－0003723　K892.9/278:04
儀禮韻言二卷　(清)檀萃纂　清光緒十五年(1889)篤學樓刻本　二冊

620000－1103－0003724　K892.9/278:05
儀禮韻言二卷　(清)檀萃纂　清光緒十五年(1889)篤學樓刻本　一冊

620000－1103－0003725　K892.9/289
儀小經一卷　(清)李因篤撰　清光緒十年(1884)傳經堂刻本　一冊

620000－1103－0003726　K892.9/307:01
儀禮圖六卷　(清)張惠言述　清同治九年(1870)湖北崇文書局刻本　三冊

620000－1103－0003727　K892.9/307:02
儀禮圖六卷　(清)張惠言述　清同治九年(1870)湖北崇文書局刻本　三冊

620000－1103－0003728　K892.9/314
聖廟從祀位次私議一卷　(清)張秉直纂　清光緒十八年(1892)魯齋書院刻本　一冊

620000－1103－0003729　K892.9/314:01
欽定禮記義疏八十二卷首一卷　(清)允祿等纂　清刻本　七十五冊

620000－1103－0003730　K892.9/314:02
欽定禮記義疏八十二卷首一卷　(清)允祿等纂　清刻本　四十四冊

620000－1103－0003731　K892.9/314:03
欽定禮記義疏八十二卷首一卷　(清)允祿等纂　清刻本　四十冊

620000－1103－0003732　K892.9/314:04
欽定禮記義疏八十二卷首一卷　(清)允祿等纂　清光緒十九年(1893)湖南寶慶漱芳閣刻本　四十冊

620000－1103－0003733　K892.9/314:05
欽定禮記義疏八十二卷首一卷　(清)允祿等纂　清刻本　八十一冊

620000－1103－0003734　K892.9/314:06
欽定禮記義疏八十二卷首一卷　(清)允祿等纂　清光緒三十年(1904)上海育文書局石印本　四冊　存五十六卷(一至五十六)

620000－1103－0003735　K892.9/316:01
欽定儀禮義疏四十八卷首二卷　(清)允祿等纂　清刻本　五十冊

620000－1103－0003736　K892.9/316:02
欽定儀禮義疏四十八卷首二卷　(清)允祿等纂　清刻本　三十二冊

620000－1103－0003737　K892.9/316:03
欽定儀禮義疏四十八卷首二卷　(清)允祿等纂　清刻本　四十九冊

620000－1103－0003738　K892.9/316:04
欽定儀禮義疏四十八卷首二卷　(清)允祿等纂　清刻本　二十二冊

620000－1103－0003739　K892.9/316:05
欽定儀禮義疏四十八卷首二卷　(清)允祿等纂　清刻本　三十冊

620000－1103－0003740　K892.9/316:06
欽定儀禮義疏四十八卷首二卷　(清)允祿等纂　清刻本　三十二冊

620000－1103－0003741　K892.9/370
禮記注疏校勘記六十三卷　(清)阮元撰　清末石印本　二冊

620000－1103－0003742　K892.9/370:02
附釋音禮記注疏六十三卷　(唐)孔穎達撰　清光緒二十四年(1898)點石齋石印本　三冊

620000－1103－0003743　K892.9/370:01
附釋音禮記注疏六十三卷　(唐)孔穎達撰　清嘉慶二十年(1815)南昌府學刻本　二十二冊

620000－1103－0003744　K892.9/384:01
禮記集說十卷　(元)陳澔撰　清同治十年(1871)刻本　九冊

620000－1103－0003745　K892.9/384:11
禮記十卷　(元)陳澔撰　清同治十年(1871)刻本　十冊

620000－1103－0003746　K892.9/384:12
禮記十卷　(元)陳澔撰　清同治十年(1871)刻本　十冊

620000－1103－0003747　K892.9/384:13(s)
禮記十卷　(元)陳澔撰　清同治十年(1871)刻本　十冊

620000－1103－0003748　K892.9/384:14
禮記十卷　(元)陳澔撰　清恕堂刻本　十冊

620000－1103－0003749　K892.9/384:15
禮記十卷　(元)陳澔撰　清同治十年(1871)刻本　十冊

620000－1103－0003750　K892.9/384:16(s)
禮記十卷　(元)陳澔撰　清刻本　六冊　存六卷(一至六)

620000－1103－0003751　K892.9/384:17
禮記十卷　(元)陳澔撰　清同治十年(1871)刻本　八冊

620000－1103－0003752　K892.9/384:18
禮記十卷　(元)陳澔撰　清刻本　五冊

620000－1103－0003753　K892.9/384:19
禮記十卷　(元)陳澔撰　清刻本　五冊　存五卷(四至八)

620000－1103－0003754　K892.9/384:19
禮記十卷　(元)陳澔撰　清聚奎堂刻本　七冊　存七卷(一至三、五至八)

620000－1103－0003755　K892.9/384:20
禮記集說十卷　(元)陳澔撰　清聚魁堂刻本　九冊

620000－1103－0003756　K892.9/410
溫故錄一卷　(清)長庚撰　清光緒三十三年(1907)刻本　一冊

620000－1103－0003757　K892.9/522(s)
禮記偶箋三卷　(清)萬斯大撰　清道光十年(1830)長白榮氏刻得月簃叢書本　一冊

620000－1103－0003758　K892.9/537
漱芳軒合纂禮記體計四卷　(清)范翔撰　清文成堂刻本　四冊

620000－1103－0003759　K892.9/537
漱芳軒合纂禮記體註四卷　(清)范翔撰　清文成堂刻本　四冊

620000－1103－0003760　K892.9/708
禮記約編十卷　(清)汪基撰　清光緒三十三年(1907)文瑞樓石印本　六冊

620000－1103－0003761　K892.9/719:01
鄉黨圖考十卷　(清)江永撰　清乾隆五十二年(1787)致和堂刻本　四冊

620000－1103－0003762　K892.9/719:02
鄉黨圖考十卷　(清)江永撰　清尚德堂刻本　三冊

620000－1103－0003763　K892.9/828:11

朱子儀禮經傳通解六十九卷 （宋）朱熹撰 清乾隆十八年(1753)樹德堂刻本 四十冊

620000－1103－0003764 K892.9/978(s)
禮記鄭注二十卷 （漢）鄭玄注 清光緒十七年(1891)陝西味經書院刻本 十冊

620000－1103－0003765 K892.9/978:01
禮記注疏六十三卷 （漢）鄭玄注 （唐）孔穎達疏 明汲古閣刻本 九冊 存三十二卷(二十九至三十八、四十二至六十三)

620000－1103－0003766 K892.9/978:01
儀禮鄭注句讀十七卷 （漢）鄭玄注 （清）張爾岐句讀 清同治十三年(1874)湖南書局刻本 四冊

620000－1103－0003767 K892.9/978:01(s)
儀禮十七卷 （漢）鄭玄注 （唐）陸德明音義 清同治七年(1868)湖北崇文書局刻本 四冊

620000－1103－0003768 K892.9/978:02(s)
儀禮注疏十七卷 （漢）鄭玄注 （唐）賈公彥疏 明汲古閣刻本 十冊

620000－1103－0003769 K892.9/978:02(s)
儀禮十七卷 （漢）鄭玄注 （唐）陸德明音義 清光緒十二年(1886)湖北官書處刻本 四冊

620000－1103－0003770 K892.96/316
欽定禮部則例一百九十四卷 （清）德保等纂修 清刻本 二十四冊 存一百四十六卷(一至九十五、一百四十四至一百九十四)

620000－1103－0003771 K892.96/344
大清通禮五十卷 （清）來保等纂修 清刻本 七冊

620000－1103－0003772 K892.96/435:01(s)
吾學録初編二十四卷 （清）吳榮光述 清同治九年(1870)江蘇書局刻本 六冊

620000－1103－0003773 K892.96/435:02(s)
吾學録初編二十四卷 （清）吳榮光述 清同治九年(1870)江蘇書局刻本 六冊

620000－1103－0003774 K892.96/435:03(s)
吾學録初編二十四卷 （清）吳榮光述 清同治九年(1870)江蘇書局刻本 六冊

620000－1103－0003775 K892.96/469
續修大清會典四卷 （清）托津纂修 （清）曹振鏞纂修 清同治十一年(1872)崇文書局刻本 四冊

620000－1103－0003776 K892.97/947(s)
讀禮通考一百二十卷 （清）徐乾學撰 清康熙三十五年(1696)刻本 二十四冊

620000－1103－0003777 K892.98/102:01
五禮通考二百六十二卷首四卷 （清）秦蕙田輯 清光緒六年(1880)江蘇書局刻本 一百冊

620000－1103－0003778 K892.98/102:02
五禮通考二百六十二卷 （清）秦蕙田輯 清乾隆十八年(1753)刻本 七十六冊

620000－1103－0003779 K892.98/440:01
吾學録初編二十四卷 （清）吳榮光撰 清光緒七年(1881)三原李氏桐蔭軒刻本 五冊 缺四卷(十三至十六)

620000－1103－0003780 K892.98/440:02
吾學録初編二十四卷 （清）吳榮光撰 清光緒七年(1881)三原李氏桐蔭軒刻本 四冊 缺七卷(十三至十九)

620000－1103－0003781 K892.98/440:03
吾學録初編二十四卷 （清）吳榮光撰 清光緒七年(1881)三原李氏桐蔭軒刻本 二冊 存八卷(一至四、十七至二十)

620000－1103－0003782 K892.98/828
家禮五卷首一卷末一卷 （宋）朱熹撰 清光緒五年(1879)岐山武氏重刻白鹿洞本 一冊 存三卷(一至三)

620000－1103－0003783 K892.98/828:01
文公家禮儀節八卷 （宋）朱熹撰 （明）楊慎輯 清宏道堂刻本 四冊

620000－1103－0003784 K892.98/828:02

家禮五卷首一卷末一卷　(宋)朱熹撰　清光緒五年(1879)岐山武氏重刻白鹿洞本　三冊

620000－1103－0003785　K892.98/828:03
家禮五卷首一卷末一卷　(宋)朱熹撰　清光緒五年(1879)岐山武氏重刻白鹿洞本　三冊

620000－1103－0003786　K892.98/828:04
家禮五卷首一卷末一卷　(宋)朱熹撰　清光緒五年(1879)岐山武氏重刻白鹿洞本　三冊

620000－1103－0003787　K892.98/828:05
家禮五卷首一卷末一卷　(宋)朱熹撰　清光緒五年(1879)岐山武氏重刻白鹿洞本　三冊

620000－1103－0003788　K892.98/828:06
家禮五卷首一卷末一卷　(宋)朱熹撰　清光緒五年(1879)岐山武氏重刻白鹿洞本　三冊

620000－1103－0003789　K892.98/828:07
家禮五卷首一卷末一卷　(宋)朱熹撰　清光緒五年(1879)岐山武氏重刻白鹿洞本　三冊

620000－1103－0003790　K892.98/828:08
家禮五卷首一卷末一卷　(宋)朱熹撰　清光緒五年(1879)岐山武氏重刻白鹿洞本　三冊

620000－1103－0003791　K892.98/828:09
家禮五卷首一卷末一卷　(宋)朱熹撰　清光緒五年(1879)岐山武氏重刻白鹿洞本　三冊

620000－1103－0003792　K892.98/828:10
家禮五卷首一卷末一卷　(宋)朱熹撰　清光緒五年(1879)岐山武氏重刻白鹿洞本　三冊

620000－1103－0003793　K892.98/828:11
家禮五卷首一卷末一卷　(宋)朱熹撰　清光緒五年(1879)岐山武氏重刻白鹿洞本　三冊

620000－1103－0003794　K892.98/828:12
家禮五卷首一卷末一卷　(宋)朱熹撰　清光緒五年(1879)岐山武氏重刻白鹿洞本　三冊

620000－1103－0003795　K892.98/828:13
家禮五卷首一卷末一卷　(宋)朱熹撰　清光緒五年(1879)岐山武氏重刻白鹿洞本　三冊

620000－1103－0003796　K892.98/828:14
家禮五卷首一卷末一卷　(宋)朱熹撰　清光緒五年(1879)岐山武氏重刻白鹿洞本　三冊

620000－1103－0003797　K892.98/828:15
家禮五卷首一卷末一卷　(宋)朱熹撰　清光緒五年(1879)岐山武氏重刻白鹿洞本　三冊

620000－1103－0003798　K892.98/828:16
家禮五卷首一卷末一卷　(宋)朱熹撰　清光緒五年(1879)岐山武氏重刻白鹿洞本　三冊

620000－1103－0003799　K892.98/828:17
家禮五卷首一卷末一卷　(宋)朱熹撰　清光緒五年(1879)岐山武氏重刻白鹿洞本　三冊

620000－1103－0003800　K892.98/828:18
家禮五卷首一卷末一卷　(宋)朱熹撰　清光緒五年(1879)岐山武氏重刻白鹿洞本　三冊

620000－1103－0003801　K892.98/828:19
家禮五卷首一卷末一卷　(宋)朱熹撰　清光緒五年(1879)岐山武氏重刻白鹿洞本　三冊

620000－1103－0003802　K892.98/828:20
家禮五卷首一卷末一卷　(宋)朱熹撰　清光緒五年(1879)岐山武氏重刻白鹿洞本　三冊

620000－1103－0003803　K892.98/828:21
家禮五卷首一卷末一卷　(宋)朱熹撰　清光緒五年(1879)岐山武氏重刻白鹿洞本　三冊

620000－1103－0003804　K892.98/828:22
家禮五卷首一卷末一卷　(宋)朱熹撰　清光緒五年(1879)岐山武氏重刻白鹿洞本　三冊

620000－1103－0003805　K892.98/828:23
家禮五卷首一卷末一卷　(宋)朱熹撰　清光緒五年(1879)岐山武氏重刻白鹿洞本　三冊

620000－1103－0003806　K892.98/828:24
家禮五卷首一卷末一卷　(宋)朱熹撰　清光緒五年(1879)岐山武氏重刻白鹿洞本　三冊

620000－1103－0003807　K892.98/828:25
家禮五卷首一卷末一卷　(宋)朱熹撰　清光緒五年(1879)岐山武氏重刻白鹿洞本　三冊

620000－1103－0003808　K892.98/828:26

家禮五卷首一卷末一卷　(宋)朱熹撰　清光緒五年(1879)岐山武氏重刻白鹿洞本　三册

620000－1103－0003809　K892.98/828:29
朱子家禮十卷首一卷　(宋)朱熹撰　(宋)丘濬輯　(明)楊廷筠補　清嘉慶六年(1801)寶寧堂刻本　八册

620000－1103－0003810　K892.98/828:30
朱子家禮八卷首一卷　(宋)朱熹撰　(宋)丘濬輯　(明)楊廷筠補　清康熙四十年(1701)紫陽書院刻本　八册

620000－1103－0003811　K892.98/973:01
禮表一卷　(清)鄭士範撰　清光緒十九年(1893)周正誼堂刻本　一册

620000－1103－0003812　K892.98/973:02
禮表一卷　(清)鄭士範撰　清光緒十九年(1893)周正誼堂刻本　一册

620000－1103－0003813　K9/518
中亞洲俄屬遊記二卷　(英國)蘭士德撰　(清)莫鎮藩譯　清光緒二十年(1894)刻本　二册

620000－1103－0003814　K9/674
洋務經濟通考十六卷　(清)應祖錫撰　清光緒二十八年(1902)上海鴻寶齋石印本　十二册

620000－1103－0003815　K90/292
地勢略解不分卷二十章　(美國)李安德撰　清光緒十九年(1893)京都匯文書院鉛印本　一册

620000－1103－0003816　K90/653
高等地理學講義不分卷　(日本)永田健助撰　清光緒二十九年(1903)上海書局石印本　四册

620000－1103－0003817　K91/100
三才略不分卷　(清)蔣德鈞輯　清光緒五年(1879)醉經堂刻本　一册

620000－1103－0003818　K91/114
海客日譚六卷　(清)王芝撰　清光緒二年(1876)石城刻本　四册

620000－1103－0003819　K91/118
地理問答二卷　(清)王亨統撰　清光緒三十一年(1905)鉛印本　一册

620000－1103－0003820　K91/192
出洋須知六卷　(清)袁祖志輯　清光緒二十三年(1897)上海藏經史館石印本　四册

620000－1103－0003821　K91/207
地理學講義不分卷　(日本)志賀重昂撰　(清)薩端譯　清味經官書局石印本　一册

620000－1103－0003822　K91/296
地理問答二卷　(清)王亨統撰　清光緒三十一年(1905)上海美華書館鉛印本　一册

620000－1103－0003823　K91/504
地理歌略一卷　(清)葉瀚　(清)葉瀾撰　清末郭文元堂刻本　一册

620000－1103－0003824　K91/520:01
地理全志一卷　(英國)慕維廉撰　清光緒二十一年(1895)陝西味經售書處刻本　一册

620000－1103－0003825　K91/520:02
地理全志一卷　(英國)慕維廉撰　清光緒二十一年(1895)陝西味經售書處刻本　一册

620000－1103－0003826　K91/526
三才略不分卷　(清)蔣德鈞輯　清光緒二十四年(1898)上海書局石印本　一册

620000－1103－0003827　K91/696
采風記不分卷　宋育仁編　清光緒二十一年(1895)袖海山房石印本　四册

620000－1103－0003828　K91/719
政學通考二十卷　(清)江建霞撰　清光緒二十三年(1897)石印本　四册

620000－1103－0003829　K91/805:01
海國圖志一百卷　(清)魏源撰　清光緒六年(1880)急當務齋刻本　三十六册

620000－1103－0003830　K91/805:02(s)
海國圖志六十卷　(清)魏源撰　清道光二十

九年(1849)古微堂刻本　二十四册　存二十八卷(一至二十八)

620000－1103－0003831　K91/814
真臘風土記一卷　(元)周達觀撰　清順治三年(1646)宛委山堂刻說郛本　一册

620000－1103－0003832　K91/955:01
瀛環志略十卷　(清)徐繼畬輯　清光緒二十一年(1895)上海寳文局石印本　四册

620000－1103－0003833　K91/955:02
瀛環志略十卷　(清)徐繼畬輯　清石印本　一册　存五卷(六至十)

620000－1103－0003834　K91/955:03
瀛環志略十卷　(清)徐繼畬輯　清光緒二十八年(1902)漢讀樓石印本　四册

620000－1103－0003835　K91/955:04
瀛環志略十卷　(清)徐繼畬輯　清光緒二十一年(1895)上海寳文局石印本　四册

620000－1103－0003836　K912/307:08
地球韻言四卷　(清)張士瀛撰　清光緒二十三年(1897)刻本　四册

620000－1103－0003837　K912/307:09
地球韻言四卷　(清)張士瀛撰　清光緒二十四年(1898)巴蜀宏道書屋刻本　一册

620000－1103－0003838　K912/307:10
地球韻言四卷　(清)張士瀛撰　清中和堂刻本　二册

620000－1103－0003839　K912/312
蒙學課本地球歌韻四卷　(清)張之洞撰　清光緒二十九年(1903)上海書局石印本　二册

620000－1103－0003840　K92/966:01
天下郡國利病書一百二十卷　(清)顧炎武輯　清光緒二十七年(1901)上海圖書集成局鉛印本　二十八册

620000－1103－0003841　K92/966:02
天下郡國利病書一百二十卷　(清)顧炎武輯　清光緒五年(1879)蜀南桐花書屋薛氏家塾刻本　五十册

620000－1103－0003842　K92/966:03
天下郡國利病書一百二十卷　(清)顧炎武輯　清光緒二十七年(1901)上海圖書集成局鉛印本　二十八册

620000－1103－0003843　K923/151
東三省沿革表六卷　(清)賈建琳輯　清宣統元年(1909)天津徐氏退耕堂刻本　六册

620000－1103－0003844　K926.4/693
岳陽風土記不分卷　(宋)范致明撰　清順治三年(1646)宛委山堂刻說郛本　一册

620000－1103－0003845　K927.3/313
續黔書八卷　(清)張澍撰　清刻本　二册

620000－1103－0003846　K928.1/221
籌海圖編十三卷　(明)胡宗憲撰　(明)胡維極重校　明天啓四年(1624)刻本　二十册

620000－1103－0003847　K928.1/429(s)
洋防輯要二十四卷　(清)嚴如熤輯　清道光十八年(1838)安康張鵬飛來鹿堂刻本　十二册

620000－1103－0003848　K928.1/429(s)
苗防備覽二十二卷　(清)嚴如熤撰　清嘉慶二十五年(1820)刻本　八册

620000－1103－0003849　K928.1/490(s)
秦疆治畧一卷　(清)盧坤撰　清道光刻本　一册

620000－1103－0003850　K928.1/628(s)
武備心略四卷　(明)施永圖輯　清桐花榭刻本　十二册

620000－1103－0003851　K928.1/842(s)
中俄界記二卷　(清)鄒代鈞撰　清宣統三年(1911)湖北武昌亞新地學社鉛印本　二册

620000－1103－0003852　K928.3/314
崆峒山志二卷　(清)張伯魁纂　清同治十一年(1872)崆峒山太和宮刻本　二册

620000－1103－0003853　K928.3/781
廬山志十五卷　(清)毛德琦輯　清康熙五十九年(1720)順德堂刻乾隆、道光、同治遞修本

十五册　缺二卷(二、十)

620000－1103－0003854　K928.3/781:01(s)
陝西南山谷口攷一卷　(清)毛鳳枝撰　清同治七年(1868)寓意于物齋叢書本　一册

620000－1103－0003855　K928.4/171:02
今水經不分卷　(清)黄宗羲撰　清光緒三年(1877)湖北崇文書局刻本　一册

620000－1103－0003856　K928.4/171:03
今水經不分卷　(清)黄宗羲撰　清光緒三年(1877)湖北崇文書局刻本　一册

620000－1103－0003857　K928.4/171:04
今水經不分卷　(清)黄宗羲撰　清光緒三年(1877)湖北崇文書局刻本　一册

620000－1103－0003858　K928.4/171:05
今水經不分卷　(清)黄宗羲撰　清光緒三年(1877)湖北崇文書局刻本　一册

620000－1103－0003859　K928.4/374:01
水經注四十卷　(漢)桑欽撰　(北魏)酈道元注　明崇禎二年(1629)刻本　十二册

620000－1103－0003860　K928.4/374:02
水經注四十卷　(北魏)酈道元撰　清刻本　十五册　存三十八卷(一至十三、十六至四十)

620000－1103－0003861　K928.4/374:03
水經注四十卷　(北魏)酈道元撰　清光緒元年(1875)湖北崇文書局刻本　十册

620000－1103－0003862　K928.4/374:04
水經注四十卷　(北魏)酈道元撰　清光緒二十三年(1897)新化三味書室刻本　二十四册

620000－1103－0003863　K928.4/711
京省各水道就正小草六卷　(清)汪日暐撰　清乾隆四十八年(1783)燃藜軒刻本　三册

620000－1103－0003864　K928.4/891
揚州水道記四卷　(清)劉文淇撰　清道光十七年(1837)欲寡過齋刻同治十一年(1872)淮南書局補刻本　四册

620000－1103－0003865　K928.4/973:01
漆沮通考不分卷　(清)鄭士範撰　清光緒二十一年(1895)周正誼堂刻本　一册

620000－1103－0003866　K928.4/973:02
漆沮通考不分卷　(清)鄭士範撰　清光緒二十一年(1895)周正誼堂刻本　一册

620000－1103－0003867　K928.4/973:03
漆沮通考不分卷　(清)鄭士範撰　清光緒二十一年(1895)周正誼堂刻本　一册

620000－1103－0003868　K928.4/973:04
漆沮通考不分卷　(清)鄭士範撰　清光緒二十一年(1895)周正誼堂刻本　一册

620000－1103－0003869　K928.4/973:05
漆沮通考不分卷　(清)鄭士範撰　清光緒二十一年(1895)周正誼堂刻本　一册

620000－1103－0003870　K928.4/973:06
漆沮通考不分卷　(清)鄭士範撰　清光緒二十一年(1895)周正誼堂刻本　一册

620000－1103－0003871　K928.6/118
通鑑地理通釋十四卷　(宋)王應麟撰　清康熙二十六年(1687)李振裕重修玉海刻本　八册

620000－1103－0003872　K928.6/294(s)
歷代地理志韻編今釋二十卷　(清)李兆洛輯　清光緒十四年(1888)埽葉山房刻本　十二册

620000－1103－0003873　K928.6/294:01
歷代地理志韻編今釋二十卷皇朝輿地韻編一卷　(清)李兆洛輯　清光緒二十九年(1903)上海蜚英館石印本　六册

620000－1103－0003874　K928.6/393:01(s)
廣輿記二十四卷　(明)陸應陽纂　(清)蔡方炳輯　清康熙五十六年(1717)聚錦堂刻本　十四册

620000－1103－0003875　K928.6/393:02
廣輿記二十四卷　(清)蔡方炳輯　清嘉慶七年(1802)刻本　十六册

620000－1103－0003876　K928.6/720
乾隆府廳州縣圖志五十卷　（清）洪亮吉撰　清光緒五年（1879）洪用懃授經堂刻本　十冊

620000－1103－0003877　K928.6/873（s）
太平寰宇記二百卷目録二卷　（宋）樂史撰　清光緒八年（1882）金陵書局刻本　三十六冊

620000－1103－0003878　K928.70/173
峨山圖說二卷　（清）黄綬芙撰　清光緒十七年（1891）刻本　二冊

620000－1103－0003879　K928.75/275
洛陽伽藍記五卷　（北魏）楊衒之撰　明毛氏汲古閣刻本　一冊

620000－1103－0003880　K928.75/411
［康熙］曹谿通志八卷首一卷　（清）馬元（清）釋真樸重修　清刻本　四冊　存六卷（一至二、五至八）

620000－1103－0003881　K928.75/454
重修昭覺寺志八卷首一卷　（清）釋中恂主修（清）羅用霖纂修　清光緒二十二年（1896）刻本　四冊

620000－1103－0003882　K928.9/197：01
太華太白紀遊略不分卷　（清）趙嘉肇撰　清光緒十年（1884）刻本　一冊

620000－1103－0003883　K928.9/197：02
太華太白紀遊略不分卷　（清）趙嘉肇撰　清光緒十年（1884）刻本　一冊

620000－1103－0003884　K928.9/287
榆塞紀行録四卷　（清）李嘉績撰　清光緒十二年（1886）李氏代耕堂刻本　一冊

620000－1103－0003885　K928.9/399：01
辛卯侍行記六卷　（清）陶保廉撰　清光緒二十三年（1897）養樹山房刻本　六冊

620000－1103－0003886　K928.9/399：01（s）
辛卯侍行記六卷　（清）陶保廉撰　清光緒二十三年（1897）養樹山房刻本　六冊

620000－1103－0003887　K928.9/399：02
辛卯侍行記六卷　（清）陶保廉撰　清光緒二十三年（1897）養樹山房刻本　六冊

620000－1103－0003888　K928.9/441
天下名山記鈔十六卷　（清）吳秋士輯　清康熙三十六年（1697）寶翰樓刻本　八冊

620000－1103－0003889　K928.9/542
度隴記四卷　（清）董醇撰　清咸豐元年（1851）刻本　四冊

620000－1103－0003890　K928.9/677（s）
乘槎筆記不分卷　（清）斌椿撰　清同治七年（1868）刻本　三冊

620000－1103－0003891　K928.9/837
臺山遊一卷　（清）智樸著　（清）王士禛評　清刻本　一冊

620000－1103－0003892　K928.9/924
險異録二卷　（清）豫師撰　清光緒十四年（1888）刻本　二冊

620000－1103－0003893　K928.9/953
霞客遊記十卷補編一卷　（明）徐宏祖撰　清乾隆四十一年（1776）徐鎮刻嘉慶十三年（1808）葉廷甲水心齋修版增刻本　十二冊

620000－1103－0003894　K928/137
神異經不分卷海内十洲記不分卷　（漢）東方朔撰　清光緒元年（1875）湖北崇文書局刻本　一冊

620000－1103－0003895　K928/137
海内十洲記不分卷　（漢）東方朔撰　清刻本　一冊

620000－1103－0003896　K928/291
雍勝略二十四卷　（明）李應祥　（明）俞安期撰　清抄本　六冊

620000－1103－0003897　K928/337
中國地理課本不分卷　（清）陳虛白撰　清光緒三十三年（1907）石印本　一冊

620000－1103－0003898　K928/429：01（s）
三省邊防備覽十四卷　（清）嚴如熤輯　清道光二年（1822）刻本　六冊

620000－1103－0003899　K928/429：02(s)
三省邊防備覽十四卷　(清)嚴如熤輯　清道光二年(1822)刻本　六册

620000－1103－0003900　K928/429：03(s)
三省邊防備覽十八卷　(清)嚴如熤輯　清道光十年(1830)刻本　十五册

620000－1103－0003901　K928/441：01(s)
山海經廣注十八卷圖五卷　(清)吴任臣注　清刻本　六册

620000－1103－0003902　K928/441：02(s)
山海經廣注十八卷　(清)吴任臣注　清刻本　二册

620000－1103－0003903　K928/630
山海經十八卷　(晉)郭璞撰　清光緒三年(1877)浙江書局刻本　三册

620000－1103－0003904　K928/965(s)
方輿紀要簡覽三十四卷　(清)顧祖禹撰　清咸豐八年(1858)刻本　十六册

620000－1103－0003905　K928/965：01(s)
讀史方輿紀要一百三十卷　(清)顧祖禹撰　(清)彭元瑞校　清敷文閣刻本　八十七册

620000－1103－0003906　K928/965：01(s)
讀史方輿紀要輿圖要覽四卷　(清)顧祖禹撰　清敷文閣刻本　四册

620000－1103－0003907　K928/965：02(s)
讀史方輿紀要一百三十卷　(清)顧祖禹撰　清光緒二十七年(1901)鉛印本　二十八册

620000－1103－0003908　K928/965：02(s)
讀史方輿紀要輿圖要覽四卷　(清)顧祖禹撰　清敷文閣刻本　四册

620000－1103－0003909　K93/469
東埔治以北探路記十五卷　(法國)晃西士加尼撰　清光緒二十五年(1899)味經刊書處刻本　十册

620000－1103－0003910　K93/676(s)
大唐西域記十二卷　(唐)釋玄奘譯　(唐)釋辯機撰　清抄本　十二册

620000－1103－0003911　K930.2/313：02
東西洋考十二卷　(明)張燮撰　清刻本　四册

620000－1103－0003912　K931.3/677
東遊日記不分卷　(清)□□撰　清光緒三十三年(1907)鉛印本　一册

620000－1103－0003913　K95/262
李傅相歷聘歐美記二卷　(美國)林樂知譯　蔡爾康輯　清光緒二十四年(1898)鉛印本　二册

620000－1103－0003914　K95/302
西學畧述十卷　(英國)艾約瑟譯　清光緒二十四年(1898)上海盈記書莊石印本　一册

620000－1103－0003915　K951.2/518
中亞洲俄屬遊記二卷　(英國)蘭士德撰　(清)莫鎮藩譯　清光緒刻本　一册　存一卷(一)

620000－1103－0003916　K951.2/904
北徼彙編六卷　(清)何秋濤輯　(清)陳必榮校　清同治四年(1865)京都龍威閣刻本　六册

620000－1103－0003917　K99/870
皇朝輿地略不分卷　(清)六承如輯　清同治七年(1868)惇敘堂刻本　二册

620000－1103－0003918　K99/900
皇朝中外壹統輿圖中一卷南十卷北二十卷　(清)何國宗等撰　清光緒二十二年(1896)上海書局石印本　六册

620000－1103－0003919　K992.1/117(s)
歷代輿地沿革險要圖説不分卷　(清)楊守敬　(清)饒敦秩撰　清光緒二十四年(1898)鉛印本　一册

620000－1103－0003920　K992.2/397(s)
陝西全省輿地圖不分卷　(清)魏光燾繪　清光緒二十五年(1899)石印本　五册

620000－1103－0003921　K992.6/334(s)
禹貢山川簡易圖考不分卷　(清)雷柱述　清

宣統元年(1909)石印本　一冊

620000－1103－0003922　K992.6/385(s)
沿海全圖不分卷　(清)陳倫炯識　清刻本　一冊

620000－1103－0003923　K992.6/429(s)
大清中外壹統輿圖三十卷目録二卷　(清)嚴樹森撰　清同治二年(1863)刻本　十六冊

620000－1103－0003924　N0/502
十九周新學史不分卷　(英國)華麗士撰　(清)梁瀾勛譯　(清)許家惺纂輯　清光緒二十八年(1902)鉛印本　一冊

620000－1103－0003925　N4/223
藝學通考十六卷　(清)胡兆鸞輯　清光緒二十三年(1897)石印本　三冊　存十卷(一至二、九至十六)

620000－1103－0003926　N4/504
科學入門不分卷　(清)葉人騄譯　清光緒三十年(1904)鉛印本　一冊

620000－1103－0003927　N4/578
西學啓蒙十六種　(英國)艾約瑟譯　清光緒二十四年(1898)石印本　八冊　存五種(格致質學啓蒙十一章、希臘智畧七卷、辯學啓蒙二十七章、地理質學啓蒙七卷、身理啓蒙十章)

620000－1103－0003928　O/208
熱學揭要不分卷　(美國)赫士譯　(清)劉永貴述　清光緒二十五年(1899)石印本　五冊

620000－1103－0003929　O1/113:01
新鐫校正指明演算法二卷　(清)□□輯　清光緒二十一年(1895)刻本　一冊

620000－1103－0003930　O1/113:02
新鐫校正指明演算法二卷　(清)□□輯　清道光二十五年(1845)刻本　一冊

620000－1103－0003931　O1/151
對數表説不分卷　(清)賈步緯輯　清光緒十一年(1885)刻本　四冊

620000－1103－0003932　O1/158
算學書目提要三卷　(清)丁福保述　清光緒二十五年(1899)疇隱廬叢書本　一冊

620000－1103－0003933　O1/170
幾何釋義不分卷　(清)黄慶澄撰　清光緒二十四年(1898)刻本　一冊

620000－1103－0003934　O1/182:01
形學備旨全草十卷　(美國)狄考文譯　(清)壽孝天補　清光緒三十一年(1905)石印本　六冊

620000－1103－0003935　O1/182:02
形學備旨全草十卷　(美國)狄考文譯　(清)壽孝天補　清光緒三十一年(1905)石印本　五冊　存九卷(一至三、五至十)

620000－1103－0003936　O1/238
中西算學叢書初編九十二卷　(清)求敏齋輯　清光緒二十二年(1896)上海鴻寶齋石印本　四十冊

620000－1103－0003937　O1/241
數學理九卷　(英國)棣麼甘撰　(英國)傅雅蘭口譯　(清)趙元益筆述　清光緒二十三年(1897)積山書局石印本　四冊

620000－1103－0003938　O1/279
御製數理精緼上編五卷下編四十卷表八卷　(清)聖祖玄燁撰　清末石印本　二十四冊

620000－1103－0003939　O1/279
兼濟堂纂刻梅勿菴先生曆算全書七十九卷　(清)梅文鼎撰　(清)魏荔彤輯　清咸豐九年(1859)梅氏叢書本　九冊

620000－1103－0003940　O1/279
梅氏叢書輯要六十二卷　(清)梅文鼎撰　清光緒石印本　六冊

620000－1103－0003941　O1/279
梅氏叢書輯要六十二卷　(清)梅文鼎撰　清光緒十四年(1888)石印本　一冊　存十卷(一至十)

620000－1103－0003942　O1/279
平三角舉要三卷　(清)梅文鼎撰　清光緒十

四年(1888)陝西求友齋刻本　一册

620000－1103－0003943　O1/279
御製數理精蘊上編五卷下編四十卷表八卷　(清)聖祖玄燁撰　清光緒八年(1882)上海大同書局石印本　五十四册

620000－1103－0003944　O1/293
算學課藝四卷　(清)席淦　(清)貴榮編　清光緒二十三年(1897)娱萊小築石印本　一册

620000－1103－0003945　O1/314
翠薇山房數學三十八卷　(清)張作楠撰　(清)范景福校訂　(清)江臨泰補圖　清光緒五年(1879)刻本　二十册

620000－1103－0003946　O1/357
泛倍數衍不分卷　(清)王季鍇撰　清刻本　一册

620000－1103－0003947　O1/386
中西算學大成一百卷　(清)陳維祺撰　清光緒二十三年(1897)上海書局石印本　二十五册

620000－1103－0003948　O1/480
御製數理精蘊上編五卷下編四十卷表八卷　(清)聖祖玄燁撰　清末鉛印本　十册

620000－1103－0003949　O1/502
學算筆談十二卷　(清)華蘅芳撰　清光緒三十一年至三十二年(1905－1906)石印本　四册

620000－1103－0003950　O1/502
代數術不分卷　(英國)華里司輯　(英國)傅蘭雅譯　(清)華蘅芳筆述　清光緒二十四年(1898)味經刊書處刻本　六册

620000－1103－0003951　O1/502
學算筆談十二卷　(清)華蘅芳撰　清末石印本　三册　存九卷(四至十二)

620000－1103－0003952　O1/502:01
代數術不分卷　(英國)華里司輯　(英國)傅蘭雅譯　(清)華蘅芳筆述　清光緒二十四年(1898)味經刊書處刻本　六册

620000－1103－0003953　O1/502:01
微積溯源八卷　(英國)華里司輯　(英國)傅蘭雅譯　(清)華蘅芳筆述　清同治十三年(1874)刻本　六册

620000－1103－0003954　O1/502:02
微積溯源八卷　(英國)華里司輯　(英國)傅蘭雅譯　(清)華蘅芳筆述　清同治十三年(1874)刻本　五册　存七卷(二至八)

620000－1103－0003955　O1/502:02
代數術不分卷　(英國)華里司輯　(英國)傅蘭雅譯　(清)華蘅芳筆述　清光緒二十四年(1898)味經刊書處刻本　六册

620000－1103－0003956　O1/546
董立方算學不分卷　(清)董祐誠撰　清光緒二十三年(1897)娱萊小築石印本　一册

620000－1103－0003957　O1/719
學計韻言一卷　(清)江衡述　清光緒十三年(1887)刻本　一册

620000－1103－0003958　O1/719
勾股演代二卷　(清)江衡輯　清光緒二十二年(1896)復古書齋石印本　一册

620000－1103－0003959　O1/719
學計韻言不分卷　(清)江衡述　清光緒二十三年(1897)石印本　一册

620000－1103－0003960　O1/794
幾何原本十五卷　(意大利)利瑪竇口譯　(明)徐光啟筆受　清同治四年(1865)刻本　八册

620000－1103－0003961　O1/820
新代數學二卷　(清)周道章編譯　清光緒三十二年(1906)上海普及書局鉛印本　二册

620000－1103－0003962　O1/846
筆算數學不分卷　(美國)狄考文輯　清末刻本　二册　存二册(中、下)

620000－1103－0003963　O1/880
學算筆談三卷　(清)華蘅芳撰　清光緒三十一年(1905)廣益書局石印本　一册

620000－1103－0003964　O1/900
御製數理精蘊上編五卷下編四十卷表八卷　（清）聖祖玄燁撰　清光緒三十二年（1906）上海通時書局石印本　二十冊

620000－1103－0003965　O1/966
最小二乘法不分卷　（清）顧澄譯　清宣統二年（1910）學部圖書館鉛印本　一冊

620000－1103－0003966　O4/208
聲學揭要不分卷　（美國）赫士口譯　（清）朱葆琛筆述　清光緒二十五年（1899）上海美華書館鉛印本　一冊

620000－1103－0003967　O4/280
格致質學啓蒙十一章　（英國）艾約瑟譯　清光緒二十四年（1898）石印本　一冊

620000－1103－0003968　O4/280
格物測算八卷　（美國）丁韙良撰　清末鉛印本　七冊　存五卷（二至三、五、七至八）

620000－1103－0003969　O4/286
電學紀要一卷　（英國）李提摩太口譯　（清）葭深居士筆述　清光緒二十五年（1899）鉛印本　一冊

620000－1103－0003970　O4/337
理化課本不分卷　（清）原尚志筆述　清光緒三十三年（1907）石印本　一冊

620000－1103－0003971　O4/383
普通應用物理教科書不分卷　（清）陳文哲輯　清光緒三十二年（1906）鉛印本　一冊

620000－1103－0003972　O4/763
光學入門不分卷　（清）孫家鼐撰　清光緒二十四年（1898）上海宏文館石印本　四冊

620000－1103－0003973　O4/940
物理學十二卷　（日本）飯盛挺造編纂　（日本）丹波敬三　（日本）柴田承桂校補　清光緒二十六年（1900）上海書局石印本　八冊

620000－1103－0003974　P1/130
天文啓蒙七卷　（英國）赫德輯　（英國）艾約瑟譯　清光緒二十四年（1898）刻本　一冊

620000－1103－0003975　P1/171
五緯捷算四卷交食捷算四卷　（清）黃炳垕撰　清光緒四年（1878）刻本　四冊

620000－1103－0003976　P1/175
三光淺說三卷　（英國）革笨撰　（英國）華立熙譯　清光緒二十九年（1903）鉛印本　一冊

620000－1103－0003977　P1/239
天文圖說四卷　（英國）柯雅各撰　清光緒九年（1883）刻本　一冊

620000－1103－0003978　P1/292
天文略解二卷　（美國）李安德撰　清光緒二十二年（1896）鉛印本　一冊

620000－1103－0003979　P1/314
高弧細草不分卷　（清）張作楠　（清）江臨泰撰　清光緒二十三年（1897）上海鴻寶齋石印本　一冊

620000－1103－0003980　P1/378
中西天文算學精蘊二十卷　（清）陳松撰　清末石印本　二冊

620000－1103－0003981　P1/504
天元一術圖說一卷　（清）葉棠撰　清光緒七年（1881）刻本　一冊

620000－1103－0003982　P1/669
日月蝕節要不分卷　（英國）慶白士編輯　（英國）季理斐摘譯　清光緒二十九年（1903）鉛印本　一冊

620000－1103－0003983　P1/719
中西天文算學問答十卷　（清）江衡輯　清光緒二十二年（1896）上海積山書局石印本　四冊

620000－1103－0003984　P1/857
欽定儀象考成三十卷　（清）允祿等纂修　清末石印本　六冊　存十八卷（一至九、二十二至三十）

620000－1103－0003985　P1/857
欽定儀象考成三十卷　（清）允祿等纂修　清光緒二十四年（1898）石印本　六冊　缺十八

卷(一至九、二十二至三十)

620000－1103－0003986　P1/896
管窺輯要八十卷附天文步天歌要訣一卷　(清)黄鼎撰　清末刻本　一冊　存一卷(天文步天歌要訣一卷)

620000－1103－0003987　P1/949
高厚蒙求不分卷　(清)徐朝俊纂　清嘉慶十二年(1807)刻本　四冊

620000－1103－0003988　P1/949
高厚蒙求八卷　(清)徐朝俊纂　清光緒二十六年(1900)刻本　三冊

620000－1103－0003989　P1/857
御製曆象考成上編十六卷下編十卷後編十卷　(清)允祿等纂修　清慎記書莊石印本　十二冊　存十一卷(御製曆象考成上編三、五、八、十三至十六,下編一、三至五)

620000－1103－0003990　P1/857:01
御製曆象考成上編十六卷下編十卷後編十卷　(清)允祿等纂修　清光緒二十三年(1897)雙梧書屋石印本　十七冊　存十六卷(御製曆象考成上編一、三至四、八至十,下編三、六,後編一至八)

620000－1103－0003991　P1/857:02
御製曆象考成上編十六卷下編十卷後編十卷　(清)允祿等纂修　清光緒二十四年(1898)杭省德記書莊石印本　十二冊　存十五卷(御製曆象考成上編一至五,下編四至七,後編一至三、六、九至十)

620000－1103－0003992　P13/676
御製曆象考成八卷御製曆象考成表十六卷　(清)允祿纂修　清雍正二年(1724)刻本　十八冊

620000－1103－0003993　P2/314
皇朝京師中線地球全圖説不分卷　(清)張秉樞撰　清刻本　一冊

620000－1103－0003994　P2/399
測地膚言一卷　(清)陶保廉述　清光緒十六年(1890)守拙軒刻本　一冊

620000－1103－0003995　P2/987
空氣測學叢談四卷　(美國)金楷理口譯　(清)華蘅芳筆述　清光緒二十三年(1897)上海書局石印本　八冊

620000－1103－0003996　Q1/208:01
天演論　(英國)赫胥黎撰　嚴復譯　清光緒三十年(1904)濰縣實雅書局鉛印本　二冊

620000－1103－0003997　Q1/208:04
天演論　(英國)赫胥黎撰　嚴復譯　清光緒二十九年(1903)實雅書局鉛印本　一冊

620000－1103－0003998　Q94/434(s)
植物名實圖考三十八卷　(清)吳其濬輯　清光緒六年(1880)刻本　七冊　存十二卷(一至十二)

620000－1103－0003999　Q94/906
植物圖説四卷　(英國)傅蘭雅撰　清光緒二十一年(1895)刻本　一冊

620000－1103－0004000　Q98/255
人種誌一卷　(日本)島居龍藏輯　(清)林楷青譯　清光緒三十年(1904)鉛印本　一冊

620000－1103－0004001　R1/865
瑞典式療病體操不分卷　(日本)川瀨元九郎撰　清宣統元年(1909)中國圖書公司鉛印本　一冊

620000－1103－0004002　R2/102
傷寒大白四卷　(清)秦之楨撰　清康熙五十三年(1714)其順堂刻本　四冊

620000－1103－0004003　R2/102
圖註八十一難經辨眞四卷　(明)張世賢撰　清刻本　一冊

620000－1103－0004004　R2/102
外感辨證録二卷　(清)秦霖熙輯　清光緒十年(1884)刻本　一冊

620000－1103－0004005　R2/103
濟陰綱目十四卷　(明)武之望撰　清雍正六年(1728)刻本　四冊

620000－1103－0004006　R2/113

溫熱經緯五卷　(清)王士雄纂　(清)楊照藜　汪日楨評　(清)沈宗淦參　清咸豐二年(1852)刻本　四册

620000－1103－0004007　R2/119

東垣十書　(□)□□輯　明敦化堂刻本　四册　存五種(脈訣不分卷、局方發揮不分卷、脾胃論三卷、格致餘論不分卷、蘭室秘藏上)

620000－1103－0004008　R2/119

王洪緒先生外科診治全生二卷　(清)王洪緒撰　清光緒十二年(1886)刻本　一册

620000－1103－0004009　R2/119

醫方捷徑指南全書二卷　(明)王宗顯輯　清嘉慶二十三年(1818)三和堂刻本　一册

620000－1103－0004010　R2/119:01

醫方捷徑指南全書二卷　(明)王宗顯輯　清刻本　一册

620000－1103－0004011　R2/119:02

醫方捷徑指南全書二卷　(明)王宗顯輯　清宏道堂刻本　一册

620000－1103－0004012　R2/146

喉痧正的一卷　(清)曹心怡撰　清光緒石印本　一册

620000－1103－0004013　R2/157

重刻活幼心法大全二卷　(明)聶尚恒撰　清刻本　二册

620000－1103－0004014　R2/161

同壽録四卷　(清)項天瑞輯　清乾隆刻本　四册　存二卷(一至二)

620000－1103－0004015　R2/182

壽世青編二卷　(明)李中梓撰　(清)尤乘輯　清刻士才三書本　一册

620000－1103－0004016　R2/184

醫門法律六卷　(清)喻昌撰　清刻本　一册　存一卷(五)

620000－1103－0004017　R2/193

痘症精言四卷　(清)袁句撰　清刻本　一册

620000－1103－0004018　R2/211

廣瘟疫論四卷末一卷　(清)戴天章撰　清刻本　一册　存二卷(一至二)

620000－1103－0004019　R2/286

李東桓珍珠囊藥性賦二卷　(清)李東桓撰　清末宏道堂刻本　一册

620000－1103－0004020　R2/287

圖形枕藏外科不分卷　(清)□□撰　清乾隆四十七年(1782)務本堂刻本　一册

620000－1103－0004021　R2/289

醫宗必讀五卷　(明)李中梓撰　清刻本　一册　存二卷(四至五)

620000－1103－0004022　R2/289

壽世青編八卷　(明)李中梓撰　(清)尤乘輯　清光緒三十一年(1905)善成堂刻士才三書本　一册　存二卷(七至八)

620000－1103－0004023　R2/289

診家正眼二卷　(明)李中梓撰　(清)尤乘增補　清光緒三十一年(1905)善成堂刻士才三書本　一册

620000－1103－0004024　R2/289

珍珠囊指掌補遺藥性賦四卷　(金)李杲輯　清光緒三十一年(1905)福記書局石印本　一册

620000－1103－0004025　R2/289:01

病機沙篆八卷　(明)李中梓撰　(清)尤乘增補　清光緒三十一年(1905)善成堂刻士才三書本　一册　存二卷(五至六)

620000－1103－0004026　R2/289:02

病機沙篆八卷　(明)李中梓撰　(清)尤乘增補　清光緒三十一年(1905)善成堂刻士才三書本　一册　存二卷(五至六)

620000－1103－0004027　R2/289:03

病機沙篆八卷　(明)李中梓撰　(清)尤乘增補　清光緒三十一年(1905)善成堂刻士才三書本　一册　存四卷(五至八)

620000－1103－0004028　R2/291

證治彙補五卷 (清)李惺菴撰 清刻本 四冊 存四卷(二至五)

620000－1103－0004029 R2/293
四言舉要不分卷 (漢)張仲景撰 (明)李時珍刪補 (明)李中梓撰 清抄本 一冊

620000－1103－0004030 R2/306
張氏醫通十六卷 (清)張璐撰 清康熙三十八年(1699)閶門寶翰樓刻本 七冊 存七卷(一至三、八至十、十二)

620000－1103－0004031 R2/306
痢疾論四卷 (清)楊大任參閱 (清)孔毓禮撰 清乾隆三十七年(1772)刻本 一冊 存二卷(一至二)

620000－1103－0004032 R2/306:01
種痘新書十二卷 (清)張琰輯 清刻本 三冊

620000－1103－0004033 R2/306:02
種痘新書十二卷 (清)張琰輯 清刻本 四冊 存九卷(二至三、六至十二)

620000－1103－0004034 R2/310
醫說十卷 (宋)張杲撰 清宣統三年(1911)上海文明書局鉛印本 六冊

620000－1103－0004035 R2/314
傷寒論淺註補正七卷 (漢)張仲景撰 (清)陳念祖注 清光緒二十年(1894)石印本 三冊

620000－1103－0004036 R2/314
張仲景傷寒論原文淺註六卷 (漢)張仲景撰 (清)陳念祖注 清刻本 二冊

620000－1103－0004037 R2/314
金匱要畧淺註補正九卷 (漢)張仲景撰 (清)陳念祖注 清光緒三十四年(1908)石印本 二冊 存六卷(一至六)

620000－1103－0004038 R2/314
金匱要畧淺註補正九卷 (漢)張仲景撰 (清)陳念祖注 (清)唐宗海補正 清光緒二十年(1894)石印本 三冊

620000－1103－0004039 R2/315
類經三十二卷圖翼十一卷附翼四卷 (明)張介賓撰 清道光二十年(1840)刻本 十八冊

620000－1103－0004040 R2/315
景岳全書六十四卷 (明)張介賓撰 清同治七年(1868)刻本 十八冊 存四十五卷(一至四十五)

620000－1103－0004041 R2/349
純陽白喉治法忌表抉微不分卷 (清)耐修子録 清光緒二十四年(1898)翰元齋刻本 一冊

620000－1103－0004042 R2/362
千金翼方三十卷 (唐)孫思邈撰 (宋)林億等校正 清同治七年(1868)刻本 十六冊

620000－1103－0004043 R2/370:02
痢疾論四卷 (清)楊大任參閱 (清)孔毓禮撰 清末謙益堂刻本 二冊

620000－1103－0004044 R2/378
石室秘籙六卷 (清)陳士鐸撰 清刻本 四冊

620000－1103－0004045 R2/378
臨證醫案傷寒辯證録十四卷 (清)陳士鐸撰 清嘉慶二十二年(1817)文誠堂刻本 十一冊 存十三卷(一至七、九至十四)

620000－1103－0004046 R2/384
外科正宗十二卷 (明)陳實功撰 (清)徐大椿評 (清)蔣光焴校 清光緒三十一年(1905)上海福記書局石印本 一冊

620000－1103－0004047 R2/385
鼎鍥幼幼集成六卷 (清)陳復正輯 清刻本 四冊 存四卷(二、四至六)

620000－1103－0004048 R2/386
靈素提要淺註十二卷 (清)陳念祖集註 清同治九年(1870)刻本 三冊 存十卷(一至三、六至十二)

620000－1103－0004049 R2/386
陳脩園醫書五十種 (清)陳念祖撰 清光緒

三十一年(1905)鉛印本　十七冊

620000－1103－0004050　R2/386
金匱要畧淺註十卷　(漢)張仲景撰　(清)陳念祖集註　清連元閣刻本　三冊

620000－1103－0004051　R2/386
醫學實在易八卷　(清)陳念祖撰　清善成堂刻本　三冊

620000－1103－0004052　R2/386:01
長沙方歌括六卷　(清)陳念祖撰　清刻本　一冊

620000－1103－0004053　R2/386:02
長沙方歌括六卷　(清)陳念祖撰　清末石印本　一冊

620000－1103－0004054　R2/388
世補齋醫書三十三卷　(清)陸懋修撰　清光緒十二年(1886)山左書局刻本　八冊

620000－1103－0004055　R2/436
溫疫論二卷　(明)吳有性撰　清道光五年(1825)刻本　二冊

620000－1103－0004056　R2/436
溫疫論二卷　(明)吳有性撰　清刻本　一冊

620000－1103－0004057　R2/482
中西醫粹四卷　(清)羅定昌輯　清光緒二十七年(1901)湖南經濟書局刻本　四冊

620000－1103－0004058　R2/504
臨證指南醫案十卷　(清)葉桂撰　清光緒二十二年(1896)匯海書局石印本　一冊

620000－1103－0004059　R2/504
臨證指南醫案七卷　(清)葉桂撰　清光緒三十二年(1906)上海龍文書局石印本　六冊　缺一卷(六)

620000－1103－0004060　R2/517
療飢良方不分卷　(清)□□撰　清咸豐四年(1854)刻本　一冊

620000－1103－0004061　R2/522
萬氏女科三卷　(明)萬全撰　清刻本　一冊

620000－1103－0004062　R2/525
遂生編一卷　(清)莊一夔撰　清道光二十六年(1846)刻本　一冊

620000－1103－0004063　R2/602
讀書偶記不分卷　(清)遯龕主人抄　清末抄本　一冊

620000－1103－0004064　R2/613
東醫寶鑑二十三卷目録二卷　(朝鮮)許浚撰　清道光二十七年(1847)刻本　十一冊　存六卷(一至四、六,目録一)

620000－1103－0004065　R2/649
瘍科臨證心得集三卷　(清)高秉鈞輯　清嘉慶十四年(1809)刻本　二冊　缺一卷(三)

620000－1103－0004066　R2/653
補注皇帝内經素問二十四卷靈樞十二卷　(□)□□撰　清光緒三年(1877)浙江書局刻本　十冊

620000－1103－0004067　R2/657
鍼灸大成十卷　(清)章廷珪重修　清咸豐十年(1860)刻本　五冊

620000－1103－0004068　R2/660:01
較正醫林狀元壽世保元十卷　(明)龔廷賢輯　清道光九年(1829)刻本　四冊　存四卷(甲、丙、辛、癸)

620000－1103－0004069　R2/660:02
新刊醫林狀元壽世保元十卷　(明)龔廷賢輯　清嘉慶二十三年(1818)文成堂刻本　一冊　存一卷(甲)

620000－1103－0004070　R2/662
齊氏醫案崇正辨訛六卷　(清)齊秉慧撰　清道光十三年(1833)刻本　四冊

620000－1103－0004071　R2/662:01
齊氏醫案六卷　(清)齊秉慧撰　清道光十二年(1832)尚友堂刻本　六冊

620000－1103－0004072　R2/667
本草問答二卷　(清)唐宗海撰　清光緒二十年(1894)申江袖海山房書局石印本　一冊

620000－1103－0004073　R2/667
血證論八卷　(清)唐宗海撰　清光緒二十年(1894)申江袖海山房書局石印本　二册

620000－1103－0004074　R2/675
雜疫證治一卷　(清)劉一明輯　清咸豐九年(1859)刻本　一册

620000－1103－0004075　R2/700
保赤良方四卷首一卷　(清)寄湘漁父(余澤春)撰　清光緒三十一年(1905)世祿堂刻本　一册

620000－1103－0004076　R2/700
喉證指南四卷　(清)寄湘漁父(余澤春)撰　清光緒十三年(1887)嚴江蓴溪山館刻本　二册

620000－1103－0004077　R2/700
喉證指南四卷　(清)寄湘漁父(余澤春)撰　清光緒十三年(1887)嚴江蓴溪山館刻本　一册

620000－1103－0004078　R2/700:01
達生保赤編四卷　(清)寄湘漁父(余澤春)撰　清光緒十二年(1886)嚴江蓴溪山館刻本　一册

620000－1103－0004079　R2/700:02
達生保赤編四卷　(清)寄湘漁父(余澤春)撰　清光緒十二年(1886)嚴江蓴溪山館刻本　一册

620000－1103－0004080　R2/700:03
達生保赤編四卷　(清)寄湘漁父(余澤春)撰　清光緒十二年(1886)嚴江蓴溪山館刻本　一册

620000－1103－0004081　R2/700:04
達生保赤編四卷　(清)寄湘漁父(余澤春)撰　清光緒十二年(1886)嚴江蓴溪山館刻本　一册

620000－1103－0004082　R2/705
瘡瘍經驗全書十三卷　(宋)竇漢卿撰　清刻本　一册　存二卷(一至二)

620000－1103－0004083　R2/710
切總傷寒一卷　(清)廖雲溪輯　清同治十年(1871)會元堂刻本　一册

620000－1103－0004084　R2/711
增評醫方集解二十三卷　(清)汪昂撰　(清)費伯雄加評　清末石印本　三册　存十九卷(四至二十二)

620000－1103－0004085　R2/711:01
醫方集解三卷　(清)汪昂輯　(清)汪端(清)汪惟寵校　清刻本　六册

620000－1103－0004086　R2/749
沈氏尊生書三十卷首一卷　(清)沈金鰲撰　清宣統元年(1909)石印本　八册

620000－1103－0004087　R2/751
濟陰綱目十四卷　(明)武之望撰　清末石印本　二册　存十卷(五至十四)

620000－1103－0004088　R2/785:01
程松崖先生應驗眼科良方不分卷　(明)程玠撰　清光緒九年(1883)陝西會館刻本　一册

620000－1103－0004089　R2/785:02
程松崖先生應驗眼科良方不分卷　(明)程玠撰　清光緒九年(1883)陝西會館刻本　一册

620000－1103－0004090　R2/785:03
程松崖先生應驗眼科良方不分卷　(明)程玠撰　清光緒九年(1883)陝西會館刻本　一册

620000－1103－0004091　R2/788
醫學心悟六卷　(清)程國彭撰　清嘉慶二十四年(1819)埽葉山房刻本　五册

620000－1103－0004092　R2/794
丸藥全集不分卷　(□)□□撰　清光緒十七年(1891)廣東種德園福記石印本　一册

620000－1103－0004093　R2/812
胎產秘書三卷　(清)錢□□撰　清刻本　一册

620000－1103－0004094　R2/836
重訂外科正宗十二卷　(明)陳實功撰　清嘉慶九年(1804)刻本　一册

620000－1103－0004095　R2/842
本經序疏要八卷　(清)鄒澍撰　清光緒刻本　一冊　存二卷(七至八)

620000－1103－0004096　R2/842
本經疏證十二卷　(清)鄒澍輯　清同治十二年(1873)反經堂刻本　六冊

620000－1103－0004097　R2/850:01
驗方新編十六卷　(清)鮑相璈輯　(清)鮑相璧校　清善成堂刻本　六冊

620000－1103－0004098　R2/850:02
驗方新編十六卷　(清)鮑相璈輯　(清)鮑相璧校　清善成堂刻本　一冊　存三卷(六至八)

620000－1103－0004099　R2/861
[經驗藥方不分卷]　(□)□□撰　清抄本　一冊

620000－1103－0004100　R2/891
經驗良方一卷　(清)劉文蔚撰　清道光二十二年(1842)刻本　一冊

620000－1103－0004101　R2/906
傅氏眼科審視瑶函六卷　(清)傅仁宇纂輯　清匯源堂刻本　二冊　存二卷(一、五)

620000－1103－0004102　R2/906
傅青主男科二卷傅青主女科二卷　(清)傅山撰　清宣統元年(1909)上海鑄記書棧石印本　一冊

620000－1103－0004103　R2/949
徐氏醫學十六種　(清)徐大椿撰　清光緒三十三年(1907)上海六藝書局石印醫學社重校本　三冊　存八卷(難經經釋二卷、神農本草經百種録一卷、傷寒約編一卷、醫貫砭二卷、蘭臺軌範二卷)

620000－1103－0004104　R2/957:01
圖註八十一難經辨眞四卷　(明)張世賢撰　清刻本　一冊

620000－1103－0004105　R2/957:02
圖註八十一難經辨眞四卷　(明)張世賢撰　清刻本　一冊　存二卷(三至四)

620000－1103－0004106　R2/960
瘍醫大全四十卷　(清)顧世澄輯　清顧氏秘書本　五冊

620000－1103－0004107　R2/973
醫理真傳二卷　(清)鄭壽全撰　清同治十三年(1874)成都刻本　一冊

620000－1103－0004108　R2/973
醫法圓通二卷　(清)鄭壽全輯　清同治十三年(1874)成都刻本　一冊

620000－1103－0004109　R2/990
翁仲仁先生痘科金鏡賦六卷　(清)俞茂鯤撰　清乾隆五十二年(1787)懷德堂刻本　六冊

620000－1103－0004110　R22/314
傷寒論淺注補正七卷　(漢)張仲景撰　(清)陳念祖注　(清)唐宗海補正　清光緒三十四年(1908)石印本　一冊　存一卷(一)

620000－1103－0004111　R22/385
陳修園醫書十六種　(清)陳念祖集註　清光緒元年(1875)善成堂刻本　四十五冊

620000－1103－0004112　R22/437
黄帝内經素問注二十四卷　(明)吳崐注　清刻本　一冊　存三卷(一至三)

620000－1103－0004113　R22/615
張仲景註解傷寒百證歌五卷　(宋)許叔微述　清光緒十六年(1890)新會劉氏藏修書屋刻本　二冊

620000－1103－0004114　R25/183
血證論八卷　(清)唐宗海撰　清光緒三十四年(1908)石印本　一冊

620000－1103－0004115　R28/289
本草通元四卷　(明)李中梓撰　(清)尤乘增訂　清光緒三十一年(1905)善成堂刻士才三書本　一冊　存二卷(三至四)

620000－1103－0004116　R28/289:01
本草綱目五十二卷圖三卷　(明)李時珍撰　(清)張雲中訂　清道光二十九年(1849)天德

堂刻本　四十册

620000－1103－0004117　R28/289:02(s)
本草綱目五十二卷　(明)李時珍撰　(清)張紹棠重校　清光緒十一年(1885)張氏味古齋刻本　六十册

620000－1103－0004118　R28/289:03
本草綱目五十二卷　(明)李時珍撰　清刻本　六册　存十一卷(三十七至四十七)

620000－1103－0004119　R28/289:04
本草綱目五十二卷　(明)李時珍撰　清芥子園刻本　三十二册　缺一卷(六)

620000－1103－0004120　R28/289:05
本草綱目五十二卷　(明)李時珍輯　(清)吳毓昌校訂　清同治十一年(1872)刻本　十册　存二十七卷(一至十五、十八至二十二、三十五、四十一至四十六)

620000－1103－0004121　R28/711
本草備要不分卷　(清)汪昂撰　清光緒二十年(1894)學庫山房刻本　四册

620000－1103－0004122　R289/554
蘇沈内翰良方十卷　(宋)蘇軾撰　(宋)沈括撰　清光緒二十三年(1897)武強賀氏刻本　四册

620000－1103－0004123　R289/873
同仁堂藥目不分卷　(清)樂鳳鳴輯　清光緒十五年(1889)刻本　一册

620000－1103－0004124　R3/291
寶扶埡里亞血清療法不分卷　(□)馬島珪之助編　(清)李祥麟譯述　清宣統元年(1909)上海文明書局鉛印本　一册

620000－1103－0004125　R3/667
中西匯通醫經精義二卷　(清)唐宗海撰　清光緒二十年(1894)申江袖海山房書局石印本　一册

620000－1103－0004126　S－09/151
齊民要術十卷　(北魏)賈思勰撰　明刻本　一册　存四卷(五至八)

620000－1103－0004127　S2/207:01
改定井田溝洫圖說二卷　(清)楊壽撰　清道光二十四年(1844)非能園刻本　一册

620000－1103－0004128　S2/207:02
改定井田溝洫圖說二卷　(清)楊壽撰　清道光二十四年(1844)非能園刻本　一册

620000－1103－0004129　S2/314
方田通法補例六卷　(清)張作楠撰　清光緒二十三年(1897)上海鴻寶齋石印本　一册

620000－1103－0004130　S3/313
三農紀二十四卷　(清)張宗法撰　清文發堂刻本　十册

620000－1103－0004131　S3/868
區田編一卷　(清)帥念祖撰　清道光霸陵貽穀堂刻本　一册

620000－1103－0004132　S316(s)
欽定授時通考七十八卷　(清)鄂爾泰等撰　清道光六年(1826)刻本　二十四册

620000－1103－0004133　S4/385
補蝗彙編四卷　(清)陳僅輯　清刻本　一册

620000－1103－0004134　S5/320
茗笈二卷茗笈品藻一卷研史一卷刀劍録一卷　(明)屠本畯輯　(明)毛晉重訂　**笈品藻一卷**　(明)王嗣奭等撰　**研史一卷**　(宋)米芾撰　(明)毛晉校　**刀劍録一卷**　(南朝梁)陶弘景撰　(明)毛晉校　明汲古閣刻山居小玩叢書本　一册

620000－1103－0004135　S6/113
山居瑣言不分卷　(清)王晉之撰　清末北洋官報局石印本　十七册

620000－1103－0004136　S6/120
二如亭群芳譜三十卷　(明)王象晉纂　明汲古閣刻本　三册　存六卷(花部一至四、果部四、鶴魚部一)

620000－1103－0004137　S8/170
栽桑新論十二章　(日本)池田榮太郎撰　(清)黃毅譯　清光緒三十二年(1906)刻本

二冊

620000－1103－0004138　S8/235
蠶桑輯要四卷　(清)□□撰　清宣統元年(1909)刻本　四冊

620000－1103－0004139　S8/270∶01(s)
豳風廣義三卷　(清)楊屾輯　清光緒八年(1882)濟南刻本　二冊

620000－1103－0004140　S8/270∶02
豳風廣義三卷　(清)楊屾輯　清乾隆五年(1740)寧一堂刻本　四冊

620000－1103－0004141　S8/270∶03
豳風廣義三卷　(清)楊屾輯　清刻本　三冊

620000－1103－0004142　S8/270∶04
豳風廣義三卷　(清)楊屾輯　清乾隆五年(1740)寧一堂刻本　一冊　存一卷(一)

620000－1103－0004143　S8/432
元亨療馬集六卷　(明)喻本元　(明)喻本亨輯　清末民初上海鑄記書局石印本　二冊

620000－1103－0004144　S8/432∶01
元亨療馬集四卷　(明)喻本元　(明)喻本亨輯　清道光十年(1830)大經堂刻本　五冊

620000－1103－0004145　S8/432∶02
新刊纂圖元亨療馬集六卷　(明)喻本元　(明)喻本亨輯　清同治九年(1870)京都文成堂刻本　六冊

620000－1103－0004146　S8/432∶03
新刻繡像療牛馬經六卷　(明)喻本元　(明)喻本亨輯　清刻本　一冊　存三卷(四至六)

620000－1103－0004147　S8/748
蠶桑輯要不分卷　(清)沈秉成撰　清光緒九年(1883)金陵書局刻本　一冊

620000－1103－0004148　S8/761
蠶桑備要四卷　(清)曾鉌編次　(清)劉光蕡攷訂　清光緒二十一年(1895)刻本　二冊

620000－1103－0004149　TB/504(s)
度量衡新議不分卷　(清)葉在揚撰　清光緒三十一年(1905)石印本　一冊

620000－1103－0004150　TF/906
鑄錢工藝三卷　(英國)傅蘭雅譯　(清)鍾天緯譯　清末鉛印本　二冊

620000－1103－0004151　TH/158
汽機入門不分卷　(美國)丁韙良譯　清光緒石印本　一冊

620000－1103－0004152　TN/378∶01
萬家密電不分卷　(清)羅醒塵輯　清光緒二十五年(1899)南海縣署刻朱墨印本　一冊

620000－1103－0004153　TN/378∶02
萬家密電不分卷　(清)羅醒塵輯　清光緒二十五年(1899)南海縣署刻朱墨印本　一冊

620000－1103－0004154　TN/378∶03
萬家密電不分卷　(清)羅醒塵輯　清光緒二十五年(1899)南海縣署刻朱墨印本　一冊

620000－1103－0004155　TN/378∶04
萬家密電不分卷　(清)羅醒塵輯　清光緒二十五年(1899)南海縣署刻朱墨印本　一冊

620000－1103－0004156　TV8/952
迴瀾紀要二卷　(清)徐端撰　清刻本　一冊

620000－1103－0004157　U6/987
行海要術四卷　(美國)金楷理口譯　(清)李鳳苞筆述　清刻本　一冊

620000－1103－0004158　Z121.5/118∶01
增訂漢魏叢書八十六種四百四十八卷　(清)王謨輯　清乾隆五十六年(1791)刻本　七十九冊

620000－1103－0004159　Z121.5/118∶02
增訂漢魏叢書八十六種四百四十八卷　(清)王謨輯　清乾隆五十六年(1791)刻本　八十三冊

620000－1103－0004160　Z121.5/118∶03
增訂漢魏叢書八十六種四百四十八卷　(清)王謨輯　清乾隆五十六年(1791)刻本　一百二十冊

620000－1103－0004161　Z121.5/118:04
齊諧記一卷　(南朝梁)吳均撰　清刻增訂漢魏叢書本　一冊

620000－1103－0004162　Z121.5/118:04
搜神記八卷　(晉)干寶撰　清刻增訂漢魏叢書本　一冊

620000－1103－0004163　Z121.5/118:04
述異記二卷　(南朝梁)任昉撰　清刻增訂漢魏叢書本　一冊

620000－1103－0004164　Z121.5/118:04
搜神後記二卷　(晉)陶潛撰　清刻增訂漢魏叢書本　一冊

620000－1103－0004165　Z121.5/118:04
還冤記一卷　(北齊)顏之推撰　清刻增訂漢魏叢書本　一冊

620000－1103－0004166　Z121.5/118:04
神異經一卷　(漢)東方朔撰　清刻增訂漢魏叢書本　一冊

620000－1103－0004167　Z121.5/118:04
海内十洲記一卷　(漢)東方朔撰　清刻增訂漢魏叢書本　一冊

620000－1103－0004168　Z121.5/118:04
枕中書一卷　(晉)葛洪撰　清刻增訂漢魏叢書本　一冊

620000－1103－0004169　Z121.5/118:04
别國洞冥記四卷　(漢)郭憲撰　清刻增訂漢魏叢書本　一冊

620000－1103－0004170　Z121.5/266
榿園四種　(清)龔禮撰　清咸豐五年(1855)刻本　三冊　存三種(汲古録不分卷、剪燭録二卷、壓線録三卷)

620000－1103－0004171　Z121.5/285
左氏兵法二卷　(清)李元春評輯　清道光十五年(1835)朝邑劉氏刻青照堂叢書本　二冊

620000－1103－0004172　Z121.5/291
長短經九卷　(唐)趙蕤撰　(清)李調元校　清光緒七年(1881)廣漢刻本　一百十四冊

620000－1103－0004173　Z121.5/294:01
惜陰軒叢書三十四種續編一種　(清)李錫齡輯　清道光二十六年(1846)宏道書院刊續編咸豐八年(1858)刊本　一百二十二冊　缺一卷(事物紀原二)

620000－1103－0004174　Z121.5/294:02
惜陰軒叢書三十四種續編一種　(清)李錫齡輯　清道光二十六年(1846)宏道書院刊續編咸豐八年(1858)刊本　三十一冊　存七十一卷(正蒙會稿四卷、雍州金石記十卷、宋四子抄釋二十一卷、玩易意見二卷、京畿金石考二卷、北溪字義四卷、石渠意見七卷,續編二十一卷)

620000－1103－0004175　Z121.5/314
小學集解六卷　(清)張伯行輯　清光緒十三年(1887)陝西布政司刻正誼堂全書本　四冊

620000－1103－0004176　Z121.5/314
濂洛關閩書十九卷　(清)張伯行集解　清同治五年(1866)福州正誼書局刻正誼堂全書本　四冊

620000－1103－0004177　Z121.5/314
近思録十四卷　(宋)朱熹輯　(清)張伯行集解　清同治五年(1866)福州正誼書院刻正誼堂全書本　四冊

620000－1103－0004178　Z121.5/314
范文正公文集九卷　(宋)范仲淹撰　(清)張伯行輯　清正誼書院刻正誼堂全書本　二冊

620000－1103－0004179　Z121.5/314
司馬溫公文集十四卷首一卷　(宋)司馬光撰　(清)張伯行重訂　清光緒七年(1881)舊學山房刻正誼堂全書本　六冊

620000－1103－0004180　Z121.5/314
朱子文集十八卷　(宋)朱熹撰　(清)張伯行編訂　清同治正誼書院刻正誼堂全書本　九冊　缺二卷(十七至十八)

620000－1103－0004181　Z121.5/314
張横渠先生文集十二卷　(宋)張載撰　(清)張伯行編輯　清同治五年(1866)正誼書局刻

正誼堂全書本　一册　存五卷(八至十二)

620000－1103－0004182　Z121.5/331:01
西京清麓叢書正編三十二種續編二十七種外編二十四種　(清)賀瑞麟輯　清同治、民國間傳經堂刊本　五百五十三册

620000－1103－0004183　Z121.5/331:02
西京清麓叢書正編三十二種續編二十七種外編二十四種　(清)賀瑞麟輯　清同治、民國間傳經堂刊本　五百五十二册　缺二卷(資治通鑑綱目十八至十九)

620000－1103－0004184　Z121.5/331:03
西京清麓叢書正編三十二種續編二十七種外編二十四種　(清)賀瑞麟輯　清同治、民國間傳經堂刊本　五百五十三册

620000－1103－0004185　Z121.5/331:04
西京清麓叢書正編三十二種續編二十七種外編二十四種　(清)賀瑞麟輯　清同治、民國間傳經堂刊本　五百五十三册

620000－1103－0004186　Z121.5/331:05
西京清麓叢書正編三十二種續編二十七種外編二十四種　(清)賀瑞麟輯　清同治、民國間傳經堂刊本　五百四十九册　缺二種十四卷(家禮五卷、附録一卷,資治通鑑綱目八至十五)

620000－1103－0004187　Z121.5/331:06
西京清麓叢書正編三十二種續編二十七種外編二十四種　(清)賀瑞麟輯　清同治、民國間傳經堂刊本　五百五十册　缺一種六卷(家禮五卷、附録一卷)

620000－1103－0004188　Z121.5/331:07
西京清麓叢書正編三十二種續編二十七種外編二十四種　(清)賀瑞麟輯　清同治、民國間傳經堂刊本　五百四十六册　缺二種十四卷(家禮五卷、附録一卷,關學原編八卷)

620000－1103－0004189　Z121.5/331:08
西京清麓叢書正編三十二種續編二十七種外編二十四種　(清)賀瑞麟輯　清同治、民國間傳經堂刊本　五百三十八册　缺三種(家禮五卷、附録一卷,關學原編八卷,養正叢編)

620000－1103－0004190　Z121.5/331:09
西京清麓叢書正編三十二種續編二十七種外編二十四種　(清)賀瑞麟輯　清同治、民國間傳經堂刊本　五百三十二册　缺四種(家禮五卷、附録一卷,關學原編八卷,御纂性理精義八卷,養正叢編)

620000－1103－0004191　Z121.5/331:10
西京清麓叢書正編三十二種續編二十七種外編二十四種　(清)賀瑞麟輯　清同治、民國間傳經堂刻本　四百九十四册　缺十七種(四聲切韻表一卷,音學辨微一卷,學韻紀要二卷,地球韻言四卷,國學講義二卷,九畹古文十卷,松陽詩鈔二卷,近思續録十四卷,四書集疏附正二十二卷、論語緒言一卷,陸清獻公年譜一卷、補遺一卷,北溪字義二卷、補遺一卷、嚴陵講義一卷,易學啟蒙四卷、啟蒙五贊一卷,養正叢編十八種,家禮五卷、附録一卷,關學原編八卷,御纂性理精義八卷,周易本義十二卷、附周易本義考一卷)

620000－1103－0004192　Z121.5/331:11
西京清麓叢書正編三十二種續編二十七種外編二十四種　(清)賀瑞麟輯　清同治、民國間傳經堂刊本　三百八册　缺三十九種(四聲切韻表一卷,音學辨微一卷,學韻紀要二卷,地球韻言四卷,國學講義二卷,九畹古文十卷,松陽詩鈔二卷,近思續録十四卷,四書集疏附正二十二卷、論語緒言一卷,陸清獻公年譜一卷、補遺一卷,北溪字義二卷、補遺一卷、嚴陵講義一卷,易學啟蒙四卷、啟蒙五贊一卷,養正叢編十八種,家禮五卷、附録一卷,關學原編八卷,御纂性理精義八卷,周易本義十二卷、附周易本義考一卷,儀禮經傳通解三十七卷、續二十九卷,二程全書,朱子大全文集一百卷、續集五卷、别集七卷、附文集正訛一卷、文集記疑一卷、正訛記疑補遺一卷,朱子遺書重刻合編,程朱行狀二卷,禮記集說十卷,禮記傳十六卷,東萊先生音注唐鑑二十四卷,真文忠公心經一卷、政經一卷,楊忠愍公全集四卷,治平大略四卷,薛仁齋先生遺集八

卷、附録一卷，養蒙書九種，周易詳說十八卷，孟子要略五卷、附録一卷，孝經本義一卷，程氏家塾讀書分年日程三卷，恥言一卷，鄭穀詩存八卷，二南遺音四卷，女學七種，四言閨鑒二卷）

620000－1103－0004193　Z121.5/331:12
辨學七種　（清）賀瑞麟輯　清光緒十八年（1892）清麓山房刻西京清麓叢書本　十四册

620000－1103－0004194　Z121.5/331:12
復齋録六卷　（清）王建常撰　清光緒元年（1875）劉述荊堂刻西京清麓叢書本　四册

620000－1103－0004195　Z121.5/331:12
資治通鑑綱目五十九卷凡例一卷　（宋）朱熹編　清光緒二年（1876）述經堂刻西京清麓叢書本　三十册

620000－1103－0004196　Z121.5/331:12
春秋筆削微旨二十六卷　（清）劉紹攽撰　清同治十二年（1873）刻西京清麓叢書本　五册　缺四卷（一至四）

620000－1103－0004197　Z121.5/331:12
信好録四卷　（清）賀瑞麟編　清光緒十六年（1890）柏經正堂刻西京清麓叢書本　三册

620000－1103－0004198　Z121.5/331:12
四書凝道録十九卷　（清）劉紹攽撰　清光緒二十年（1894）涇陽劉文在堂刻西京清麓叢書本　十八册

620000－1103－0004199　Z121.5/331:12
衛道編二卷　（清）劉紹攽編　清光緒元年（1875）帶經堂刻西京清麓叢書本　二册

620000－1103－0004200　Z121.5/331:12
聖祖仁皇帝庭訓格言一卷　（清）世宗胤禛述　清光緒十六年（1890）柏經正堂刻西京清麓叢書本　一册

620000－1103－0004201　Z121.5/331:12
福永堂彙鈔二卷　（清）賀瑞麟輯　清光緒二十六年（1900）柏經正堂刻西京清麓叢書本　一册　存一卷（一）

620000－1103－0004202　Z121.5/331:12
池陽吟草二卷續草一卷　（清）余庚陽撰　清光緒五年（1879）劉傳經堂刻西京清麓叢書本　二册　存二卷（池陽吟草二卷）

620000－1103－0004203　Z121.5/331:12
宋名臣言行録前集十卷後集十四卷續集八卷別集二十六卷外集十七卷外集附一卷　（宋）朱熹撰　（宋）李幼武撰　清光緒十三年（1887）刻西京清麓叢書本　十二册

620000－1103－0004204　Z121.5/331:12
許文正公遺書十二卷首一卷末一卷　（元）許衡撰　清光緒十三年（1887）刻西京清麓叢書本　四册

620000－1103－0004205　Z121.5/331:12
清麓文集二十三卷日記五卷　（清）賀瑞麟撰　清光緒二十五年（1899）劉傳經堂刻西京清麓叢書本　四册　存八卷（一至八）

620000－1103－0004206　Z121.5/331:12
伊川擊壤集二十卷補遺一卷　（宋）邵雍著　清光緒三年（1877）述經堂刻西京清麓叢書本　五册　缺五卷（一至五）

620000－1103－0004207　Z121.5/331:12
三魚堂文集十二卷外集六卷附録一卷　（清）陸隴其著　清光緒十五年（1889）柏經正堂刻西京清麓叢書本　二册　存四卷（六至九）

620000－1103－0004208　Z121.5/331:12(S)
福永堂彙鈔二卷　（清）賀瑞麟輯　清光緒二十六年（1900）柏經正堂刻西京清麓叢書本　一册

620000－1103－0004209　Z121.5/331:13
春秋筆削微旨二十六卷　（清）劉紹攽撰　清光緒三年（1877）述經堂刻西京清麓叢書本　六册

620000－1103－0004210　Z121.5/331:13
信好録四卷　（清）賀瑞麟編　清光緒十六年（1890）柏經正堂刻西京清麓叢書本　三册

620000－1103－0004211　Z121.5/331:13

辨學七種　(清)賀瑞麟輯　清光緒十八年(1892)清麓山房刻西京清麓叢書本　六冊　存四種二十一卷(王學質疑五卷、附録一卷,明辨録一卷,學蔀通辨十二卷,朱子為學次第考二卷)

620000－1103－0004212　Z121.5/331:13
伊川擊壤集二十卷補遺一卷　(宋)邵雍著　清光緒三年(1877)述經堂刻西京清麓叢書本　六冊

620000－1103－0004213　Z121.5/363
重刻平津館叢書十集三十八種　(清)孫星衍輯　清光緒十一年(1885)吳縣朱氏槐廬家塾刻本　四十八冊

620000－1103－0004214　Z121.5/526
求實齋叢書十五種　(清)蔣德均輯　清光緒十七年(1891)湘鄉蔣氏刻本　十二冊

620000－1103－0004215　Z121.5/556
策學總纂大成四十六卷　(清)蔡壽祺輯　清光緒十四年(1888)石印本　四冊

620000－1103－0004216　Z121.5/653:01
欽定四庫全書總目二百卷首四卷總目一卷　(清)永瑢等修　(清)紀昀等纂　清同治七年(1868)廣東書局刻本　一百二十冊

620000－1103－0004217　Z121.5/653:01
欽定四庫全書簡明目録二十卷　(清)紀昀等纂修　清刻本　十二冊

620000－1103－0004218　Z121.5/653:02
欽定四庫全書總目二百卷首四卷總目一卷　(清)永瑢等修　(清)紀昀等纂　清同治七年(1868)廣東書局刻本　一百二十冊

620000－1103－0004219　Z121.5/653:03
欽定四庫全書簡明目録二十卷　(清)紀昀等纂修　清刻本　十二冊

620000－1103－0004220　Z121.5/653:04
欽定四庫全書簡明目録二十卷　(清)紀昀等纂修　清刻本　十六冊

620000－1103－0004221　Z121.5/653:05
欽定四庫全書簡明目録二十卷　(清)紀昀等纂修　清經韻樓刻本　十六冊

620000－1103－0004222　Z121.5/928:01
經餘必讀二十四卷　(清)錢樹棠　(清)雷琳　(清)錢樹立輯　清光緒二十年(1894)尚德堂刻本　四冊

620000－1103－0004223　Z121.5/928:02
經餘必讀八卷　(清)錢樹棠　(清)雷琳　(清)錢樹立輯　清嘉慶八年(1803)刻本　三冊　存六卷(一至六)

620000－1103－0004224　Z121.5/928:03
經餘必讀八卷　(清)錢樹棠　(清)雷琳　(清)錢樹立輯　清嘉慶八年(1803)刻本　四冊

620000－1103－0004225　Z121.5/949
懷豳雜俎叢書十二種　徐乃昌輯　清宣統二年(1910)南陵徐乃昌刻本　十冊

620000－1103－0004226　Z124.5/859:01(S)
紀公叢書十三種四十六卷　(清)紀大奎撰　清同治九年(1870)刻本　二十四冊

620000－1103－0004227　Z124.5/859:02(s)
紀公叢書十三種四十六卷　(清)紀大奎撰　清同治九年(1870)刻本　二十四冊

620000－1103－0004228　Z124/385
餘山七種書不分卷　(清)陳僅輯　清道光刻本　七冊

620000－1103－0004229　Z124/892
槐軒全書　(清)劉沅撰　清咸豐、民國間刻本　九十三冊

620000－1103－0004230　Z124/938:01
如諫果室叢刻四種　(清)王延釗撰　清宣統二年(1910)京師益森書館鉛印本　一冊　存三種三卷(春秋列女圖考一卷、漢元後本紀補一卷、晉八王易知略一卷)

620000－1103－0004231　Z124/938:02
如諫果室叢刻四種　(清)王延釗撰　清宣統

二年(1910)京師益森書館鉛印本　一冊　存三種三卷(春秋列女圖考一卷、漢元後本紀補一卷、晉八王易知略一卷)

620000－1103－0004232　Z124/994
惜抱軒十種八十八卷　(清)姚鼐撰　清嘉慶三年(1798)刻本　二十冊　、

620000－1103－0004233　Z126.2/119
十三經類記十六卷　(清)王燮元輯　清同治元年(1862)刻本　四冊

620000－1103－0004234　Z126.2/120
皇清經解續編一千四百三十卷　王先謙輯　清光緒十四年(1888)刻本　三百二十冊

620000－1103－0004235　Z126.2/160
五經文府不分卷　(□)□□撰　清光緒十五年(1889)鴻寶齋石印本　十一冊

620000－1103－0004236　Z126.2/163
十三經不二字不分卷　(清)李鴻藻等撰　清末石印本　一冊

620000－1103－0004237　Z126.2/171
儀禮精義不分卷　(清)黄淦輯　清嘉慶十二年(1807)刻本　五冊

620000－1103－0004238　Z126.2/183
十三經集字四卷　(清)彭玉雯輯　清道光二十九年(1849)刻本　三冊

620000－1103－0004239　Z126.2/210(s)
孝經音訓不分卷　(清)楊國楨撰　清光緒三年(1877)刻十一經音訓本　一冊

620000－1103－0004240　Z126.2/239
四書五經義不分卷　(清)栢蘅氏輯　清光緒二十七年(1901)西安書局鉛印本　一冊

620000－1103－0004241　Z126.2/285(s)
經義文要十卷　(清)李元春輯　清刻本　八冊

620000－1103－0004242　Z126.2/360
古微書三十六卷　(明)孫瑴撰　清光緒十四年(1888)刻本　六冊

620000－1103－0004243　Z126.2/375(s)
經籍籑詁一百六卷　(清)阮元譔集　清嘉慶十七年(1812)揚州阮氏琅嬛僊館刻本　四十八冊

620000－1103－0004244　Z126.2/375:01(S)
皇清經解一千四百卷　(清)阮元輯　清道光九年(1829)刻本　三百六十冊

620000－1103－0004245　Z126.2/375:02
皇清經解一百九十卷　(清)阮元輯　清光緒上海點石齋石印本　二十四冊

620000－1103－0004246　Z126.2/375:02
十三經注疏四百十六卷　(清)阮元輯　清光緒十三年(1887)脈望仙館石印本　四十冊

620000－1103－0004247　Z126.2/375:03
皇清經解一千四百八卷　(清)阮元輯　清道光九年(1829)學海堂刻咸豐十年(1860)補刻本　三百六十冊

620000－1103－0004248　Z126.2/375:04
皇清經解一千四百八卷　(清)阮元輯　清道光九年(1829)學海堂刻咸豐十年(1860)補刻本　二百三十九冊　存二百三十九冊

620000－1103－0004249　Z126.2/375:04
十三經注疏四百十六卷　(清)阮元輯　清光緒十三年(1887)脈望仙館石印本　二十七冊

620000－1103－0004250　Z126.2/396
經典釋文三十卷　(唐)陸德明撰　(清)盧文弨撰　清同治八年(1869)湖北崇文書局刻本　十二冊

620000－1103－0004251　Z126.2/409
欽定七經綱領不分卷　(清)□□輯　清宣統元年(1909)學部圖書局鉛印本　一冊

620000－1103－0004252　Z126.2/438
經學輯要二十四卷　(清)吳穎炎輯　清光緒十四年(1888)上海點石齋石印本　二十五冊　存二十卷(一至十九、二十四)

620000－1103－0004253　Z126.2/484(S)
字林經策萃華八卷　(清)墨莊氏撰　清光緒

益雅堂叢書本　五冊

620000－1103－0004254　Z126.2/486
御纂周易折中二十二卷首一卷　（清）李光地纂　清光緒二十年（1894）上海書局石印本　十八冊

620000－1103－0004255　Z126.2/502（S）
芸生堂六經九種九十四卷　（□）□□輯　清刻本　三十四冊　缺二十三卷（春秋左傳二十八至五十）

620000－1103－0004256　Z126.2/534
全本禮記體注大全合參十卷　（清）徐日輯　清大文堂刻本　十冊

620000－1103－0004257　Z126.2/534
春秋體注大全合參四卷　（清）周熾纂　清大文堂刻本　四冊

620000－1103－0004258　Z126.2/534
書經體注大全合參六卷　（清）范翔鑒定　（清）錢希祥衾　（清）張聖度訂　清大文堂刻本　四冊

620000－1103－0004259　Z126.2/534
易經體注大仝合參四卷　（清）李兆賢輯註　清大文堂刻本　二冊

620000－1103－0004260　Z126.2/534
詩經體注大全合參八卷　（清）高朝瓔注　清倆義堂刻本　四冊

620000－1103－0004261　Z126.2/534
五經彙編二十八卷　（清）周世樟輯　清康熙二十二年（1683）穀詒堂刻本　十六冊

620000－1103－0004262　Z224/893
劉氏鴻書一百八卷　（明）劉仲達纂　明刻本　二十冊

620000－1103－0004263　Z225/102（s）
干支集錦二十四卷　（清）秦嘉謨集　清嘉慶二十年（1815）琳琅仙館刻本　一冊

620000－1103－0004264　Z126.2/546
通志堂經解觀畧一卷　（清）董詔輯　清光緒二十年（1894）刻本　一冊

620000－1103－0004265　Z126.2/557
策學總纂大成四十六卷　（清）蔡壽祺輯　清光緒十四年（1888）石印本　四冊

620000－1103－0004266　Z126.2/642（S）
漱芳軒合纂禮記體注四卷　（清）范翔參訂　清刻本　二冊

620000－1103－0004267　Z126.2/642（S）
詩經融注大全體要八卷　（清）高朝瓔撰　清刻本　二冊

620000－1103－0004268　Z126.2/642（S）
春秋左傳五十卷　（晉）杜預注　清古香書屋刻本　四冊

620000－1103－0004269　Z126.2/642（S）
易經大全會解四卷　（清）來爾繩輯　清刻本　二冊

620000－1103－0004270　Z126.2/642（S）
書經體注大全合參六卷　（清）范翔鑒定　（清）錢希祥衾　（清）張聖度訂　清刻本　三冊

620000－1103－0004271　Z126.2/659
三經詁要十二卷　（清）龍萬育輯　清道光八年（1828）敷文閣刻本　十八冊

620000－1103－0004272　Z126.2/782
經訓約編不分卷　（清）盛元珍輯　清乾隆四十二年（1777）刻本　三冊

620000－1103－0004273　Z126.2/782
經訓約編不分卷　（清）盛元珍輯　清乾隆四十二年（1777）刻本　六冊

620000－1103－0004274　Z126.2/814：01
五經類編二十八卷　（清）周世樟撰　清嘉慶十五年（1810）刻本　六冊

620000－1103－0004275　Z126.2/815：01
五經揭要二十五卷　（清）周蕙田輯　清刻本　十二冊

620000－1103－0004276　Z126.2/815：02
五經揭要二十五卷　（清）周蕙田輯　清刻本　八冊

620000－1103－0004277　Z126.2/828(s)
六經體注六種八十八卷　(□)□□輯　清刻本　二十六册

620000－1103－0004278　Z126.2/910
五經文府不分卷　(□)□□撰　清光緒十五年(1889)鴻寶齋石印本　五册

620000－1103－0004279　Z126.2/915
述記不分卷　(清)任兆麟輯　清乾隆五十三年(1788)映雪草堂刻本　六册

620000－1103－0004280　Z126.2/928
經餘必讀續編八卷　(清)錢樹棠　(清)雷琳　(清)錢樹立輯　清嘉慶十一年(1806)經餘堂刻本　三册

620000－1103－0004281　Z126.2/928(S)
經餘必讀八卷　(清)錢樹棠　(清)雷琳　(清)錢樹立輯　清嘉慶八年(1803)大中堂刻本　四册

620000－1103－0004282　Z126.2/938
古經解彙函一百十五卷　(清)鍾謙鈞輯　清光緒十五年(1889)湘南書局刻本　三十二册

620000－1103－0004283　Z126.2/938
鄭氏周易注三卷補遺一卷　(宋)王應麟撰集　(清)惠棟增補　(清)孫堂重校　清同治十三年(1874)粵東書局刻本　六十八册

620000－1103－0004284　Z126.2/952
經義二卷　(清)徐慎先訂　清光緒二十八年(1902)重慶廣益書局鉛印本　二册

620000－1103－0004285　Z126.21/375:01(s)
重刊宋本十三經注疏附校勘記十三種四百十六卷　(清)阮元輯　清嘉慶二十年(1815)刻本　一百二十册

620000－1103－0004286　Z15/578:01
西學啓蒙十六種　(英國)艾約瑟譯　清末鉛印本　十四册

620000－1103－0004287　Z15/578:02
西學啓蒙十六種　(英國)艾約瑟譯　清光緒二十四年(1898)石印本　十八册

620000－1103－0004288　Z2/927
萬國分類時務大成四十卷　(清)錢豐選輯　清光緒二十三年(1897)申江袖海山房石印本　十八册

620000－1103－0004289　Z21/223
西學通攷三十六卷　(清)胡兆鸞輯　清光緒二十七年(1901)上海書局石印本　十二册

620000－1103－0004290　Z22/292
李氏蒙求六卷　(晉)李瀚撰　(宋)徐子光注　清同治九年(1870)古潭餘蘋皋氏明辨齋刻本　四册

620000－1103－0004291　Z22/810
千金裘二十七卷　(清)蔣義彬撰　清刻本　一册　存一卷(七)

620000－1103－0004292　Z222/115
玉海摘要二十一卷　(清)方維翰輯　清道光十五年(1835)刻本　五册　存十九卷(一至八、十一至二十一)

620000－1103－0004293　Z222/118
玉海二百卷附刻辭學指南四卷詩考一卷詩地理考六卷漢藝文志考證十卷通鑑地理通釋十四卷漢制考四卷踐阼篇集解一卷周易鄭康成注一卷姓氏急就篇補註四卷周書王會補註一卷小學紺珠十卷六經天文篇二卷通鑑答問五卷　(宋)王應麟輯　元慶元路儒學刻明清遞修本　一百十二册

620000－1103－0004294　Z222/121
王先生十七史蒙求十六卷　(宋)王令撰　清光緒十五年(1889)文昌書局刻本　二册

620000－1103－0004295　Z224/112
事物考八卷　(明)王三聘輯　清乾隆三十九年(1774)刻本　四册

620000－1103－0004296　Z222/131
事物紀原集類十卷　(宋)高承撰　(明)閻敬校注　明成化八年(1472)刻本　四册

620000－1103－0004297　Z222/440:01
事類賦三十卷　(宋)吴淑撰　明華麟祥校刊

本　六册

620000－1103－0004298　Z222/440：02
事類賦三十卷　（宋）吳淑撰　明華麟祥校刊本　五册　存二十五卷（六至三十）

620000－1103－0004299　Z222/502
廣事類賦四十卷　（清）華希閔撰　清乾隆二十九年（1764）劍光閣刻本　十册

620000－1103－0004300　Z222/765
經濟類編一百卷　（明）馮琦撰　明刻本　一册　存二卷（八十一至八十二）

620000－1103－0004301　Z224/385
潛確居類書一百二十卷　（明）陳仁錫纂　明崇禎刻本　五十册　存一百一卷（一至八、十一、十六至六十八、七十至九十五、九十八至一百二、一百十三至一百二十）

620000－1103－0004302　Z224/385
八編類纂二百八十五卷　（明）陳仁錫纂　明天啓刻本　七十二册

620000－1103－0004303　Z224/386
增補萬寶全書二十卷　（明）陳繼儒輯　清嘉慶二十二年（1817）宏道堂刻本　一册

620000－1103－0004304　Z224/415
新刊校正策海十六卷　（宋）馬貴與撰　（明）王洪州續　清光緒二年（1876）刻本　九册　存十二卷（一至二、四至九、十三至十六）

620000－1103－0004305　Z224/833
玄覽八卷駢雅七卷　（明）朱謀㙔撰　明萬曆刻本　一册

620000－1103－0004306　Z225/102（S）
月令粹編二十四卷　（清）秦嘉謨輯　清嘉慶十七年（1812）刻本　四册

620000－1103－0004307　Z225/120
續廣事類賦三十卷　（清）王鳳喈注　清大文堂刻本　十二册

620000－1103－0004308　Z225/153
西學大成五十六種　（清）王西清輯　清末石印本　九册

620000－1103－0004309　Z225/173
錦字箋四卷　（清）黃澐撰　清嵩山書屋刻本　二册

620000－1103－0004310　Z225/212
策學纂要十六卷　（清）戴朋輯　（清）黃卷輯　清刻本　二册

620000－1103－0004311　Z225/279
分韻試帖三萬選二百六卷目録二卷　（清）沈維堉輯　清光緒十九年（1893）上海書局石印本　十二册

620000－1103－0004312　Z225/308：01
淵鑑類函四百五十卷　（清）張英等輯　清康熙清吟堂刻本　一百四十册

620000－1103－0004313　Z225/308：02
古香齋新刻袖珍淵鑑類函四百五十卷　（清）張英撰　清刻本　一百三册　存三百三卷（一至十六、三十一至四十六、五十一至五十四、六十至七十九、九十至九十三、九十七至一百九、一百十四至一百三十一、一百三十四至一百五十八、一百六十五至一百九十三、一百九十六至一百九十七、二百九至二百二十九、二百三十三至二百五十九、二百九十四至二百九十五、三百一至三百十五、三百十八至三百二十八、三百四十三至三百四十九、三百五十五至三百五十八、三百六十一至三百六十四、三百七十至三百八十一、三百八十五至三百九十三、四百七至四百五十）

620000－1103－0004314　Z225/308：02
古香齋新刻袖珍淵鑒類函四百五十卷　（清）張英等輯　清南海孔氏重刻古香齋袖珍本　一百四十册

620000－1103－0004315　Z225/320
格致譜二十四卷　（清）屠仁守纂　清光緒二十八年（1902）刻本　六册

620000－1103－0004316　Z225/324
增廣群策匯源五十卷　（□）□□撰　清光緒十四年（1888）石印本　四册

620000－1103－0004317　Z225/366

續西學大成七十八種　(清)孫家鼐輯　清光緒二十三年(1897)上海飛鴻閣書林石印本　十六冊

620000－1103－0004318　Z225/372
試帖詩六卷目録一卷　(清)鄧雲航輯　清光緒十五年(1889)上洋袖海山房書局石印本　六冊

620000－1103－0004319　Z225/377
格致鏡原一百卷　(清)陳元龍輯　清末石印本　八冊　存四十六卷(五十五至一百)

620000－1103－0004320　Z225/377:01
格致鏡原一百卷　(清)陳元龍輯　清刻本　十冊

620000－1103－0004321　Z225/377:02
格致鏡原一百卷　(清)陳元龍輯　清刻本　二十四冊

620000－1103－0004322　Z225/415
策海全書十卷　(宋)馬貴與撰　清道光十九年(1839)同志館刻本　十冊

620000－1103－0004323　Z225/434
廣廣事類賦三十二卷　(清)吳世旃撰　清嘉慶十三年(1808)刻本　六冊

620000－1103－0004324　Z225/434
廣廣事類賦三十二卷　(清)吳世旃撰　清刻本　三冊　存二十三卷(一至二十三)

620000－1103－0004325　Z225/502
重訂廣事類賦四十卷　(清)華希閔撰　清刻本　四冊　存二十五卷(一至二十五)

620000－1103－0004326　Z225/435(S)
古學記問録十五卷　(清)吳蔚文輯　清同治四年(1865)刻本　八冊

620000－1103－0004327　Z225/115
時務通攷三十一卷　(清)王英奇纂　清光緒二十三年(1897)點石齋石印本　二十三冊

620000－1103－0004328　Z225/115
時務通攷三十一卷　(清)王英奇纂　清光緒二十三年(1897)點石齋石印本　二十四冊

620000－1103－0004329　Z225/265
時務通攷三十一卷　(清)杞廬主人輯　清光緒二十三年(1897)點石齋石印本　二十六冊

620000－1103－0004330　Z225/462
時務通攷三十一卷　(清)杞廬主人撰　清光緒二十三年(1897)點石齋石印本　十八冊　存二十七卷(一至二、五至十二、十四至二十一、二十三至三十一)

620000－1103－0004331　Z225/462
時務通攷三十一卷　(清)杞廬主人撰　清末石印本　十二冊　存十六卷(一至二、六至十一、十七至二十四)

620000－1103－0004332　Z225/381
分類時務通纂三百卷　(清)陳昌紳輯　清光緒二十八年(1902)上海文瀾書局石印本　四十一冊

620000－1103－0004333　Z225/562
策學備纂三十二卷　(清)蔡啓盛輯　(清)吳熲炎輯　清光緒二十六年(1900)上海點石齋石印本　四十八冊

620000－1103－0004334　Z225/676:02
子史精華一百六十卷　(清)允禄等撰　清刻本　四十八冊

620000－1103－0004335　Z225/676:03
子史精華一百六十卷　(清)允禄等撰　清刻本(有補配)　十七冊　缺一百卷(一至一百)

620000－1103－0004336　Z225/676:04
子史精華一百六十卷　(清)允禄等撰　清刻本　四十二冊　缺二十四卷(八十至一百三)

620000－1103－0004337　Z225/676:05
子史精華一百六十卷　(清)允禄等撰　清刻本　三十四冊　缺三十一卷(三至七、四十九至五十二、七十至七十四、八十至八十四、一百三十三至一百四十四)

620000－1103－0004338　Z225/676:06
子史精華一百六十卷　(清)允禄等撰　清刻

本　二十二册　缺八十七卷(一至二十七、一百一至一百六十)

620000－1103－0004339　Z225/676:07
子史精華一百六十卷　(清)允祿等撰　清光緒二十二年(1896)上海寶文書局石印本　六册　存一百十九卷(一至六十、八十一至一百十九、一百四十一至一百六十)

620000－1103－0004340　Z225/843
策學淵萃四十六卷目録二卷　(□)□□撰　清光緒四年(1878)藤花小舫刻本　九册　存十九卷(一至十九)

620000－1103－0004341　Z225/857:01
子史精華一百六十卷　(清)允祿等撰　清雍正五年(1727)刻本　四十册

620000－1103－0004342　Z225/861
事物紀原補十卷　(清)納蘭永壽補　清嘉慶十一年(1806)刻本　十二册

620000－1103－0004343　Z225/889
策府統宗六十五卷目録一卷　(清)劉昌齡輯　清光緒十四年(1888)上海點石齋石印本　十七册　缺九卷(三、十七至二十、五十二至五十五)

620000－1103－0004344　Z225/910
續西學大成七十八種　(清)孫家鼐輯　清光緒二十三年(1897)上海飛鴻閣書林石印本　十册

620000－1103－0004345　Z225/914
普通經濟策論課藝十二卷　(清)儲桂山稿　清光緒二十八年(1902)上海點石齋石印本　七册

620000－1103－0004346　Z225/938
典林博覽十二卷　(清)鍾運堯輯　清光緒元年(1875)存養山房刻本　三册　缺六卷(三至四、七至八、十一至十二)

620000－1103－0004347　Z225/994
類腋五十五卷　(清)姚培謙輯　清乾隆三十年(1765)寶寧堂刻本　十六册

620000－1103－0004348　Z228/100
三才略三卷　(清)蔣德鈞輯　清光緒十四年(1888)蔣氏求實齋刻本　一册

620000－1103－0004349　Z228/315
古今中外成器圖攷不分卷　(清)張兆蓉撰　清光緒三十二年(1906)石印本　二册

620000－1103－0004350　Z25/113:01
西學大成五十六種　(清)王西清輯　清光緒二十一年(1895)石印本　十二册

620000－1103－0004351　Z25/113:02
西學大成五十六種　(清)王西清輯　清光緒二十一年(1895)石印本　十二册

620000－1103－0004352　Z25/366
續西學大成七十八種　(清)孫家鼐輯　清光緒二十三年(1897)上海飛鴻閣書林石印本　十三册

620000－1103－0004353　Z42/112
格致書院課藝(丁亥)一卷　(清)王韜選　清光緒十三年(1887)鉛印本　一册

620000－1103－0004354　Z42/112
格致書院課藝(丙戌)一卷　(清)王韜選　清光緒十二年(1886)鉛印本　一册

620000－1103－0004355　Z42/112
格致書院課藝(戊子)一卷　(清)王韜選　清光緒十四年(1888)鉛印本　一册

620000－1103－0004356　Z42/112
格致書院課藝(辛卯)一卷　(清)王韜選　清鉛印本　二册

620000－1103－0004357　Z42/112
格致書院課藝(己丑)一卷　(清)王韜選　清光緒十五年(1889)鉛印本　二册

620000－1103－0004358　Z42/112
格致書院課藝(庚寅)一卷　(清)王韜選　清光緒十六年(1890)鉛印本　二册

620000－1103－0004359　Z42/112
格致書院課藝(壬辰)一卷　(清)王韜選　清光緒十八年(1892)鉛印本　二册

620000－1103－0004360　Z42/112
格致書院課藝(癸巳)一卷　(清)王韜選　清光緒十九年(1893)鉛印本　二册

620000－1103－0004361　Z42/118：01
格致書院課藝一卷　(清)王韜輯　清光緒二十四年(1898)上海富強齋書局石印本　十三册

620000－1103－0004362　Z42/118：04
困學紀聞二十卷　(宋)王應麟撰　清康熙三十七年(1698)叢書樓刻本　十二册

620000－1103－0004363　Z42/118：05
困學紀聞二十卷　(宋)王應麟撰　清刻本　八册

620000－1103－0004364　Z42/118：03
困學紀聞注二十卷　(宋)王應麟撰　(清)翁元圻輯　清道光五年(1825)刻本　十六册

620000－1103－0004365　Z42/118：06
困學紀聞注二十卷首二卷　(宋)王應麟撰　(清)翁元圻輯　清末上海鴻章書局石印本　十六册

620000－1103－0004366　Z42/124
校訂困學紀聞三箋二十卷　(宋)王應麟撰　清嘉慶九年(1804)刻本　八册

620000－1103－0004367　Z42/235
白虎通四卷闕文一卷補遺一卷　(漢)班固撰　清嘉慶四年(1799)味經堂刻本　四册

620000－1103－0004368　Z42/124
白虎通四卷闕文一卷補遺一卷　(漢)班固撰　清抱經堂刻本　四册

620000－1103－0004369　Z42/212
策學纂要十六卷　(清)戴朋輯　(清)黄卷輯　清乾隆四十七年(1782)刻本　八册

620000－1103－0004370　Z42/289
更豈有此理四卷　(□)□□撰　清嘉慶五年(1800)繡雪艸廬刻本　四册

620000－1103－0004371　Z42/292：01
塾課小題正鵠三集三卷　(清)李元度輯　清刻本　三册

620000－1103－0004372　Z42/292：02
塾課小題正鵠三集三卷　(清)李元度輯　清刻本　四册

620000－1103－0004373　Z42/299
近科制藝春霆集一卷　(清)李鳴謙　(清)吳承緒選　清道光九年(1829)刻本　一册

620000－1103－0004374　Z42/340
經訓約編不分卷　(清)盛元珍輯　清乾隆四十二年(1777)刻本　十八册

620000－1103－0004375　Z42/443
仁在堂時藝綜不分卷　(清)王宗沂等選　清道光二十一年(1841)刻本　十二册

620000－1103－0004376　Z42/565
静用堂偶編十卷續編十卷　(清)涂天相著　清康熙六十年至雍正二年(1721－1724)刻本　四册

620000－1103－0004377　Z42/667
獨斷一卷　(漢)蔡邕撰　清光緒元年(1875)湖北崇文書局刻本　一册

620000－1103－0004378　Z42/717
新學分類文編不分卷　(清)江標選　清光緒二十八年(1902)集賢會刻本　二册

620000－1103－0004379　Z42/756
冰言一卷　(清)拙修老人　(清)蓼花主人撰　清咸豐十年(1860)刻本　一册

620000－1103－0004380　Z42/761：05
經史百家雜鈔二十六卷　(清)曾國藩輯　(清)李鴻章校刊　清光緒三十二年(1906)上海商務印書館鉛印本　六册

620000－1103－0004381　Z42/827：01
經史百家雜鈔二十六卷　(清)曾國藩輯　(清)李鴻章校刊　清光緒二十年(1894)金城刻本　二十四册

620000－1103－0004382　Z42/827：02
無邪堂答問五卷　(清)朱一新撰　清光緒二十二年(1896)石印本　四册　缺一卷(四)

620000 - 1103 - 0004383　Z42/887
無邪堂答問五卷　(清)朱一新撰　清光緒二十二年(1896)石印本　五册

620000 - 1103 - 0004384　Z42/966
啜經日記不分卷　(清)劉爾炘撰　清光緒三十三年(1907)隴右樂善書局刻本　二册

620000 - 1103 - 0004385　Z42/966:01
日知録三十二卷　(清)顧炎武輯　清遂初堂刻本　八册

620000 - 1103 - 0004386　Z429/118:01(s)
翁注困學紀聞注二十卷　(宋)王應麟撰　(清)翁元圻輯　清光緒十五年(1889)上海點石齋石印本　六册

620000 - 1103 - 0004387　Z429/209(s)
日知録三十二卷　(清)顧炎武輯　清遂初堂刻本　十六册

620000 - 1103 - 0004388　Z429/412(S)
一齋識學四卷溫溪尋源二卷　(清)郝玶撰　清嘉慶元年(1796)時習堂刻本　二册

620000 - 1103 - 0004389　Z429/467(S)
星烈日記彙要四十卷首二卷末一卷　(清)鴻濛室主人撰　清同治十二年至光緒元年(1873 - 1875)隴東分署刻鴻濛室叢書本　六册　存十六卷(一至十、二十三至二十八)

620000 - 1103 - 0004390　Z429/467(S)
星烈日記彙要四十卷首二卷末一卷　(清)鴻濛室主人撰　清同治十二年至光緒元年(1873 - 1875)隴東分署刻鴻濛室叢書本　十册

620000 - 1103 - 0004391　Z429/467(S)
星烈日記彙要四十卷首二卷末一卷　(清)鴻濛室主人撰　清同治十二年至光緒元年(1873 - 1875)隴東分署刻鴻濛室叢書本　四册　存十二卷(三至八、二十三至二十八)

620000 - 1103 - 0004392　Z429/952(s)
譚誤四卷　(清)馬樸敦撰　清同治九年(1870)敦倫堂刻本　一册

620000 - 1103 - 0004393　Z6/940
玉芝堂談薈三十六卷　(明)徐應秋輯　清乾隆三十八年(1773)蒨園刻本　十二册

620000 - 1103 - 0004394　Z88/731
新民叢報彙編不分卷　(清)詠記書莊輯　清宣統元年(1909)普新瑞記書局石印本　二十三册

620000 - 1103 - 0004395　Z88/731
西學書目表三卷　梁啟超撰　清光緒二十八年(1902)秦中官書局鉛印本　一册

620000 - 1103 - 0004396　K225.04/113:04
欽定春秋傳說彙纂三十八卷首二卷　(清)王掞等輯　清康熙六十年(1721)刻本　二十四册

620000 - 1103 - 0004397　I222.5/442:01(s)
有正味齋駢體文二十四卷　(清)吳錫麒撰　清咸豐九年(1859)青箱塾刻本　八册

620000 - 1103 - 0004398　B222.2/378
論語類考二十卷　(明)陳士元撰　清嘉慶二十四年(1819)刻本　四册

620000 - 1103 - 0004399　I214.91/994:01(s)
國朝文録八十三卷　(清)姚椿輯　清咸豐元年(1851)刻本　三十二册

620000 - 1103 - 0004400　222.749/316
御製詩初集四十四卷目録二卷　(清)高宗弘曆撰　清刻本　二十四册

620000 - 1103 - 0004401　B01/486
哲學提綱不分卷　(□)□□撰　(清)李杕譯　清光緒三十四年(1908)上海土山灣印書館鉛印本　二册

620000 - 1103 - 0004402　B11/283
五方母音二卷　(清)淩虛樊撰　(清)年希堯補　清道光十一年(1831)務本堂刻本　一册

620000 - 1103 - 0004403　B21/100
二十五子匯函不分卷　(清)鴻文書局輯　清光緒十九年(1893)上海鴻文書局石印本　十三册

620000－1103－0004404　B21/285(s)
關中道脈四種書十七卷　(清)李元春輯　清道光十年(1830)刻本　六册

620000－1103－0004405　B21/286
二十二子全書不分卷　(清)浙江書局輯　清光緒元年(1875)浙江書局刻本　三十册

620000－1103－0004406　B21/286(S)
十子全書一百二十八卷　(清)王子興輯　清嘉慶九年至十二年(1804－1807)姑蘇王氏聚文堂刻本　二十四册

620000－1103－0004407　B21/292
諸子文粹六十二卷　(清)武進纂　清光緒二十三年(1897)鉛印本　十三册　存五十卷(一至三、七至三十一、四十一至六十二)

620000－1103－0004408　B21/362:01
理學宗傳二十六卷　(清)孫奇逢輯　(清)魏一鼇等編　清光緒六年(1880)浙江書局刻本　十二册

620000－1103－0004409　B21/362:02
理學宗傳二十六卷　(清)孫奇逢輯　(清)魏一鼇等編　清光緒六年(1880)浙江書局刻本　十二册

620000－1103－0004410　B21/362:03
理學宗傳二十六卷　(清)孫奇逢輯　(清)魏一鼇等編　清光緒六年(1880)浙江書局刻本　十二册

620000－1103－0004411　B21/617
二十家子書二十九卷　(明)謝汝韶輯　明萬曆六年(1578)吉藩崇德書院刻本　十六册

620000－1103－0004412　B21/638
新鐫分類評註文武合編校補百子金丹十卷　(明)郭偉選註　(明)王星聚校訂　(明)郭中吉編次　清光緒二十一年(1895)百尺山房刻本　十二册

620000－1103－0004413　B21/677
子書二十八種三百三十三卷　(清)□□輯　清宣統三年(1911)上海集成圖書公司鉛印本　四十册

620000－1103－0004414　B21/770(S)
關學編五卷首一卷　(明)馮從吾撰　(清)李元春續編　清趙蒲重刻三元劉映菁補刻本　四册

620000－1103－0004415　B21/844
歷代名人經濟論十一卷　(清)簡粲　(清)陳崇哲編　清光緒石印本　六册

620000－1103－0004416　B21/920
二曲集録要四卷首一卷附録一卷　(清)倪元坦輯　清涵和堂刻本　九册

620000－1103－0004417　B214.422/307
南軒先生文集四十四卷　(宋)張栻撰　清刻本　一册　存四卷(三十六至三十九)

620000－1103－0004418　B214.82/306
楊園先生全集五十四卷年譜一卷　(清)張履祥撰　(清)姚璉原輯　(清)萬斛泉編　清同治十年(1871)江蘇書局刻本　十五册　存四十五卷(一至十五、二十至四十九)

620000－1103－0004419　B22/441
六子全書二十八卷　(明)顧春輯　明刻本　八册

620000－1103－0004420　B22/647
文子纘義一百九十八卷　(宋)杜道堅撰　清光緒二十三年(1897)上海圖書集成局鉛印本　二十二册

甘肅中醫藥大學圖書館古籍普查登記目錄

全國古籍普查登記目錄

國家圖書館出版社
National Library of China Publishing House

《甘肅中醫藥大學圖書館古籍普查登記目録》

編委會

主　編：楊敬宇　宋志靖

副主編：張　芹　柳　春　殷世鵬

編　委：吴玉豐　郭　華　張愛嬌　朱亞娜　余　磊

南惠霞　趙　暖　周立蓉　黎斌寧　張　璟

620000－1149－0000001　0001
三家醫案合刻三種三卷　(清)吳金壽輯　清刻本　二册

620000－1149－0000002　0002
醫學心悟六卷　(清)程國彭撰　(清)汪沂校　清乾隆五十六年(1791)書粟軒刻本　四册

620000－1149－0000003　0003
證治彙補八卷　(清)李用粹撰　(清)唐玉書等校　清康熙書林劉公生刻本　八册

620000－1149－0000004　0004
痧科一卷　(明)孔弘擢撰　(明)吕坤校　明萬曆三十二年(1604)吕坤刻本　一册

620000－1149－0000005　0005
南雅堂醫書全集四十八種一百二十四卷　(清)陳念祖撰　清末石印本　十二册　缺六種七卷(急救異痧奇方一卷、吊腳痧方論一卷、溫熱贅言一卷、神農本草經百種録一卷、婦科雜症一卷、顱囟經二卷)

620000－1149－0000006　0006
神農本草經百種録一卷　(清)徐大椿撰　清光緒三十三年(1907)隴右樂善書局刻本　一册

620000－1149－0000007　0007
湯液本草三卷　(元)王好古撰　(明)吳中珩校　清刻本　三册

620000－1149－0000008　0008
食物本草會纂十二卷　(明)沈李龍輯　清乾隆四十八年(1783)金閶書業堂刻本　八册

620000－1149－0000009　0009
秘傳證治要訣十二卷　(明)戴思恭撰　清刻本　四册

620000－1149－0000010　0010
聞人氏痘疹論三卷　(宋)聞人規撰　(元)丁永嶸校刊　明嘉靖刻本　一册

620000－1149－0000011　0011
臨證指南醫案十卷　(清)葉桂撰　(清)李大瞻等校　清同治六年(1867)刻本　十六册

620000－1149－0000012　0012
二如亭羣芳譜三十卷首一卷　(明)王象晉纂輯　清刻本　二十四册

620000－1149－0000013　0013
爾雅翼三十二卷　(宋)羅願撰　明刻本　十六册

620000－1149－0000014　0014
本草崇原三卷　(清)張志聰註　(清)高世栻纂集　清乾隆三十二年(1767)刻醫林指月本　三册

620000－1149－0000015　0015
尚論後篇四卷　(清)喻昌撰　清乾隆二十八年(1763)黎川陳守誠刻本　四册

620000－1149－0000016　0016
女科切要八卷　(清)吳道源輯　清乾隆三十八年(1773)刻本　二册

620000－1149－0000017　0018
尚論篇四卷　(清)喻昌撰　清刻本　四册

620000－1149－0000018　0019
圖註本草醫方合編十四卷　(清)汪昂輯　(清)胡學峰重定　清乾隆四十九年(1784)樹德堂刻本　六册

620000－1149－0000019　0020
明醫雜著六卷　(明)王綸輯　(明)薛己注　(明)卜兼三校　明刻本　四册

620000－1149－0000020　0021
本草求真七卷主治二卷脉理求真三卷　(清)黄宫繡撰　清乾隆緑圃齋刻本　十册

620000－1149－0000021　0022
本草求真七卷主治二卷脉理求真三卷　(清)黄宫繡撰　清乾隆緑圃齋刻本　七册

620000－1149－0000022　0023
種福堂公選良方兼刻古吳名醫精論四卷　(清)葉桂撰　(清)華南田校　清道光九年(1829)刻本　四册

620000－1149－0000023　0024
痘科辨證二卷　(清)陳堯道輯　清抄本

四冊

620000－1149－0000024　0025
幼科要則一卷　（清）陳復正撰　清光緒二十七年（1901）毓秀堂丁氏抄本　一冊

620000－1149－0000025　0026
醫學傳珍不分卷　（□）□□撰　清益壽堂抄本　八冊

620000－1149－0000026　0027
痘疹傳心録摘鈔一卷　（明）朱惠明撰　清抄本　一冊

620000－1149－0000027　0028
痘疹折衷二卷　（明）秦昌運輯　清抄本　二冊

620000－1149－0000028　0029
本草綱目五十二卷　（明）李時珍撰　明末刻本　六冊　存八卷（三下至四、四十四至四十九）

620000－1149－0000029　0030
女科撮要二卷　（明）薛己撰　（明）閔道政校　清刻本　二冊

620000－1149－0000030　0031
濟公方不分卷　（□）□□撰　清抄本　二冊

620000－1149－0000031　0032
本草萬方鍼線八卷　（清）蔡烈先輯　清乾隆四十九年（1784）金閶書業堂刻本　三冊

620000－1149－0000032　0033
增訂本草備要四卷　（清）汪昂輯　清康熙三十三年（1694）還讀齋刻本　四冊

620000－1149－0000033　0034
丹溪先生心法五卷　（元）朱震亨撰　清尚德堂刻本　二十冊

620000－1149－0000034　0035
百穀考一卷　（清）郭叜撰　清念詒堂刻本　一冊

620000－1149－0000035　0036
丹溪心法附餘二十四卷首一卷　（明）方廣輯　明金陵唐錦池刻本　十六冊

620000－1149－0000036　0038
活幼心法大全九卷　（明）聶尚恒撰　（清）黄光會校　清乾隆四十六年（1781）芸生堂刻本　四冊

620000－1149－0000037　0039
鍼灸大成十卷　（明）楊繼洲撰　清刻本　十冊

620000－1149－0000038　0040
金鏡録一卷　（□）□□撰　清道光十五年（1835）宏道堂刻本　一冊

620000－1149－0000039　0041
銅人腧穴鍼灸圖經三卷　（宋）王惟一輯　明刻本　一冊

620000－1149－0000040　0042
壽世秘典十八卷　（清）丁其譽輯　清康熙頤吉堂刻本　九冊　缺四卷（六、十三、十五至十六）

620000－1149－0000041　0043
太醫院校註婦人良方大全二十四卷　（宋）陳自明輯　（明）薛己注　明金陵書林唐富春刻本　四冊　存十四卷（九至二十二）

620000－1149－0000042　0044
林氏活人録彙編十四卷　（清）林開燧輯　（清）張在浚重輯　清乾隆十八年（1753）三原張氏刻本　七冊

620000－1149－0000043　0045
士材三書四種九卷　（明）李中梓撰　（清）尤乘增補　清刻本　四冊

620000－1149－0000044　0046
尚論篇四卷　（清）喻昌撰　清乾隆三十年（1765）嵩秀堂刻本　三冊

620000－1149－0000045　0047
醫門法律六卷　（清）喻昌撰　清葵錦堂刻本　六冊

620000－1149－0000046　0048
景岳全書六十四卷　（明）張介賓撰　（明）魯

超訂　清乾隆三十三年(1768)藜照樓刻本　二十四册

620000－1149－0000047　0049
張氏醫通十六卷　(清)張璐撰　(清)張登　(清)張倬訂　清康熙四十八年(1709)刻本　十六册

620000－1149－0000048　0050
新刊良朋彙集五卷　(清)孫偉輯　清世榮堂刻本　五册

620000－1149－0000049　0051
痘疹活幼心法九卷　(明)聶尚恒撰　清四美堂刻本　一册

620000－1149－0000050　0052
温疫論二卷　(明)吳有性撰　(清)張以增評　清恩仁堂刻本　二册

620000－1149－0000051　0053
診家正眼二卷　(明)李中梓撰　(清)尤乘增補　清康熙三十八年(1699)刻本　一册　存一卷(上)

620000－1149－0000052　0054
痢證滙參十卷　(清)吳道源輯　清乾隆三十八年(1773)敦厚堂刻本　四册

620000－1149－0000053　0056
千金寶要一卷海上方一卷　(唐)孫思邈撰　清周氏抄本　一册

620000－1149－0000054　0057
醫學實在易八卷　(清)陳念祖撰　清細柳山房抄本　四册

620000－1149－0000055　0058
回生集二卷　(清)陳杰輯　清抄本　四册

620000－1149－0000056　0059
生生子醫案二卷　(明)孫一奎撰　清嘉慶九年(1804)抄本　二册

620000－1149－0000057　0060
愚齋養生叢書五種五卷　(清)□□輯　清抄本　三册

620000－1149－0000058　0061
串雅内編四卷外編四卷　(清)趙學敏輯　清抄本　二册

620000－1149－0000059　0063
沈菊人醫案不分卷　(清)沈菊人撰　清抄本　二册

620000－1149－0000060　0065
新鍥雲林神彀四卷　(明)龔廷賢撰　明萬曆十九年(1591)積慶堂刻本　四册

620000－1149－0000061　0066
蘭臺軌範八卷　(清)徐大椿撰　(清)徐爔校　清乾隆刻本　四册

620000－1149－0000062　0067
橡村治驗一卷小兒諸熱辨一卷　(清)許豫和撰　清乾隆刻本　二册

620000－1149－0000063　0068
痢證滙參十卷　(清)吳道源輯　清乾隆三十八年(1773)敦厚堂刻本　四册

620000－1149－0000064　0069
編註醫學入門七卷首一卷　(明)李梴撰　明刻本　七册　存三卷(一至三)

620000－1149－0000065　0070
明醫指掌十卷　(明)皇甫中撰　(明)王肯堂訂補　明天啓二年(1622)刻本　四册

620000－1149－0000066　0071
醫林纂要探源十卷　(清)汪紱輯　清光緒二十三年(1897)江蘇書局刻本　十册

620000－1149－0000067　0072
王肯堂醫話一卷　(明)王肯堂撰　清末抄本　一册

620000－1149－0000068　0073
延生寶鑑一卷　(清)陸鏞輯　清光緒三十二年(1906)抄本　一册

620000－1149－0000069　0074
痘疹元珠一卷　(□)□□撰　清抄本　一册

620000－1149－0000070　0075

萬氏秘傳幼科片玉二卷 （明）萬全撰　清抄本　二册

620000－1149－0000071　0076
保産延壽録一卷戒殺子女陰德篇一卷 （清）□□輯　清抄本　一册

620000－1149－0000072　0077
醫衡四卷 （清）沈時譽撰　（清）梅鼐輯　清竹嶼抄本　四册

620000－1149－0000073　0078
婦人良方二十四卷 （宋）陳自明輯　（明）薛己注　明刻本　八册　缺三卷（二至三、七）

620000－1149－0000074　0079
新方八畧不分卷 （明）張介賓撰　清抄本　二册

620000－1149－0000075　0080
成方切用二十六卷 （清）吴儀洛輯　清乾隆二十六年（1761）硤川利濟堂刻本　四册

620000－1149－0000076　0081
古今醫案按十卷 （清）俞震輯　（清）李齡壽重校　清光緒九年（1883）刻本　十册

620000－1149－0000077　0082
絳雪園古方選註不分卷 （清）王子接注　（清）葉桂校　清乾隆二年（1737）介景樓刻本　四册

620000－1149－0000078　0083
集選奇效簡便良方四卷 （清）丁堯臣輯　清刻本　四册

620000－1149－0000079　0084
嵩厓尊生書十五卷 （清）景日昣撰　清乾隆五十五年（1790）古吴致和堂刻本　八册

620000－1149－0000080　0085
嵩厓尊生書十五卷 （清）景日昣撰　清康熙刻本　七册　缺一卷（六）

620000－1149－0000081　0086
内科摘要二卷 （明）薛己撰　（清）吴玄有校　清刻本　二册

620000－1149－0000082　0087
絳雪園古方選註不分卷 （清）王子接注　（清）葉桂校　清乾隆二年（1737）介景樓刻本　四册

620000－1149－0000083　0089
絳雪園古方選註不分卷 （清）王子接注　（清）葉桂校　清埽葉山房刻本　六册

620000－1149－0000084　0090
四診抉微八卷 （清）林之翰撰　清雍正元年（1723）刻本　四册

620000－1149－0000085　0091
吴醫彙講十一卷 （清）唐大烈輯　（清）沈文爕校訂　清乾隆刻嘉慶十九年（1814）補刻本　四册

620000－1149－0000086　0092
吴醫彙講十一卷 （清）唐大烈輯　（清）沈文爕校訂　清刻本　四册

620000－1149－0000087　0093
東醫寶鑑二十三卷目録二卷 （朝鮮）許浚撰　清乾隆三十一年（1766）刻本　二十五册

620000－1149－0000088　0094
儆曙齋醫案舉隅一卷 （清）柴潮生撰　清乾隆三十年（1765）刻本　一册

620000－1149－0000089　0095
婦人良方二十四卷 （宋）陳自明輯　（明）薛己注　清刻本　十册

620000－1149－0000090　0096
新刊外科正宗四卷 （明）陳實功撰　清乾隆五十七年（1792）聚錦堂刻本　四册

620000－1149－0000091　0097
類經三十二卷圖翼十一卷附翼四卷 （明）張介賓類注　明天啓四年（1624）天德堂刻本　二十册

620000－1149－0000092　0098
溫熱贅言一卷 （清）寄瓢子撰　（清）天倪室道人校　清刻本　一册

620000－1149－0000093　0099

醫效秘傳三卷　(清)葉桂撰　(清)吳金壽校　清道光十一年(1831)貯春僊館吳氏刻本　三冊

620000－1149－0000094　0100

修園七種合刊一卷　(清)陳念祖撰　清光緒二十七年(1901)新化三味書局刻本　一冊

620000－1149－0000095　0101

傅氏眼科審視瑤函六卷首一卷　(明)傅仁宇輯　清光緒四年(1878)刻本　六冊

620000－1149－0000096　0102

黄帝内經素問九卷　(清)張志聰集注　(清)莫承藝參訂　(清)朱景韓校正　清刻本　一冊　存二卷(一至二)

620000－1149－0000097　0103

種福堂公選良方兼刻古吳名醫精論四卷　(清)葉桂撰　(清)華南田校　清道光九年(1829)刻本　二冊　缺一卷(四)

620000－1149－0000098　0104

弄丸心法八卷　(清)楊鳳庭撰　(清)張興龍校　清宣統三年(1911)新都張興龍刻本　二冊

620000－1149－0000099　0105

臟腑證治圖說人鏡經八卷附錄二卷　(□)□□撰　清刻本　三冊

620000－1149－0000100　0106

較正醫林狀元壽世保元十卷　(明)龔廷賢輯　(清)周亮登校　清道光七年(1827)文賢堂刻本　十冊

620000－1149－0000101　0109

東垣十書十二種二十二卷　(金)李杲等撰　(清)陳璞等校　清光緒七年(1881)羊城雲林閣刻本　十六冊

620000－1149－0000102　0110

南雅堂醫書全集十六種九十一卷　(清)陳念祖撰　清光緒文奎堂刻本　三十一冊　缺六卷(金匱方歌括六卷)

620000－1149－0000103　0112

醫門法律二十四卷　(清)喻昌撰　清乾隆三十年(1765)黎川陳守誠刻本　九冊

620000－1149－0000104　0113

沈氏尊生書五種七十二卷　(清)沈金鰲撰　清同治十三年(1874)湖北崇文書局刻本　二十四冊　缺六卷(雜病二至四、八至十)

620000－1149－0000105　0115

醫林纂要探源十卷　(清)汪紱輯　清道光二十九年(1849)單芳宗遺經堂刻本　十冊

620000－1149－0000106　0118

醫學三字經四卷　(清)陳念祖撰　清末石印本　一冊

620000－1149－0000107　0119

陳修園先生晚餘弍書三種十三卷　(清)陳念祖撰　清咸豐九年(1859)三山林氏刻本　五冊

620000－1149－0000108　0121

四聖心源十卷　(清)黃元御撰　清道光刻本　三冊

620000－1149－0000109　0122

較正醫林狀元壽世保元十卷　(明)龔廷賢輯　(清)周亮登校　清刻本　一冊　存一卷(十)

620000－1149－0000110　0123

嵩厓尊生書十五卷　(清)景日昣撰　清乾隆五十五年(1790)古吳致和堂刻本　八冊

620000－1149－0000111　0124

東垣十書十二種二十二卷　(金)李杲等撰　(明)王肯堂訂正　清文奎堂刻本　十六冊

620000－1149－0000112　0125

湯頭歌括一卷經絡歌訣一卷　(清)汪昂輯　(清)汪端校　清刻本　一冊

620000－1149－0000113　0126

較正醫林狀元壽世保元十卷　(明)龔廷賢輯　(明)龔定國　(明)龔安國校　清刻本　一冊　存二卷(五至六)

620000－1149－0000114　0127

四書發註十卷 (清)朱奇生輯 清刻本 一冊 存二卷(六至七)

620000－1149－0000115 0128
圖註脉訣辨真四卷 (晉)王叔和撰 (明)張世賢注 (清)沈鏡刪注 清刻本 二冊

620000－1149－0000116 0129
活幼心法大全九卷 (明)聶尚恒撰 (清)黄光會校 清乾隆四十六年(1781)芸生堂刻本 二冊

620000－1149－0000117 0130
隨息居飲食譜一卷 (清)王士雄撰 清光緒三十年(1904)石印本 一冊

620000－1149－0000118 0131
醫學三字經四卷 (清)陳念祖撰 清光緒二十七年(1901)新化三味書局刻本 二冊 存二卷(一至二)

620000－1149－0000119 0132
傷寒論後條辯六集十五卷 (清)程應旄撰 清刻本 一冊 存禮集目錄

620000－1149－0000120 0133
御纂醫宗金鑑九十卷首一卷 (清)吴謙等纂 清刻本 一冊 存二卷(三至四)

620000－1149－0000121 0135
沈氏尊生書五種七十二卷 (清)沈金鰲撰 清宣統元年(1909)石印本 二十冊

620000－1149－0000122 0137
御纂醫宗金鑑九十卷首一卷 (清)吴謙等纂 清乾隆四年(1739)三讓堂刻本 三十二冊 存三十三卷(一至十七、三十四至四十、六十六至七十一、七十五、七十九,首一卷)

620000－1149－0000123 0138
本經疏證十二卷續疏六卷序疏要八卷 (清)鄒澍撰 清道光二十九年(1849)常州長年醫局刻本 六冊

620000－1149－0000124 0139
新刊醫林狀元壽世保元十卷 (明)龔廷賢輯 清文秀堂刻本 八冊 缺二卷(一至二)

620000－1149－0000125 0140
新刊醫林狀元壽世保元十卷 (明)龔廷賢輯 清刻本 一冊 存一卷(四)

620000－1149－0000126 0142
東垣十書十二種二十二卷 (金)李杲等撰 (明)王肯堂訂正 清文奎堂刻本 十六冊

620000－1149－0000127 0145
時方歌括二卷 (清)陳念祖撰 清刻本 一冊

620000－1149－0000128 0147
御纂醫宗金鑑七十四卷首一卷 (清)吴謙等纂 清刻本 三冊 存十五卷(十至十四、十九至二十一、六十八至七十四)

620000－1149－0000129 0148
神農本草經讀四卷 (清)陳念祖撰 清刻本 一冊

620000－1149－0000130 0150
時方妙用四卷 (清)陳念祖撰 清刻本 一冊

620000－1149－0000131 0151
傷寒真方歌括六卷 (清)陳念祖撰 清刻本 一冊

620000－1149－0000132 0152
萬病回春八卷 (明)龔廷賢輯 清初汪淇蜩寄刻本 一冊 存一卷(八)

620000－1149－0000133 0153
景岳新方砭四卷 (清)陳念祖撰 清光緒九年(1883)文奎堂刻本 一冊

620000－1149－0000134 0155
喉症秘集不分卷 (清)趙必達輯 清咸豐五年(1855)刻本 四冊

620000－1149－0000135 0156
南雅堂醫書全集二十一種九十七卷 (清)陳念祖撰 清光緒十八年(1892)敦厚堂刻本 四十三冊

620000－1149－0000136 0157
醫學從衆八卷 (清)陳念祖撰 (清)陳元犀

參訂　清刻本　四册

620000－1149－0000137　0159
金匱要畧淺註十卷　(清)陳念祖集註　清刻本　五册

620000－1149－0000138　0160
達生編三卷　(清)亟齋居士撰　(清)南方恒人述　清刻本　一册　存一卷(上)

620000－1149－0000139　0161
黃帝内經素問靈樞合編二種十九卷　(明)馬蒔撰　清光緒大文堂刻本　二十九册　缺一卷(素問九)

620000－1149－0000140　0162
六醴齋醫書十種五十五卷　(清)程永培輯校　清光緒十七年(1891)廣州儒雅堂刻本　二十四册

620000－1149－0000141　0163
沈氏尊生書五種七十二卷　(清)沈金鰲撰　清同治十三年(1874)湖北崇文書局刻本　二十六册

620000－1149－0000142　0164
沈氏尊生書五種七十二卷　(清)沈金鰲撰　清同治十三年(1874)湖北崇文書局刻本　二十四册

620000－1149－0000143　0165
四書十九卷　(宋)朱熹集注　清同治十年(1871)刻本　六册

620000－1149－0000144　0167
較正醫林狀元壽世保元十卷　(明)龔廷賢輯　(清)周亮登校　清刻本　十册

620000－1149－0000145　0168
醫門法律六卷　(清)喻昌撰　清經綸堂刻本　六册

620000－1149－0000146　0169
喻氏醫書三種十三卷　(清)喻昌撰　(清)胡西臣評　清經綸堂刻本　十二册

620000－1149－0000147　0170
新定達生編一卷痘疹集驗一卷　(清)范美中重訂　清嘉慶十九年(1814)青海湟中刻本　一册

620000－1149－0000148　0175
增訂本草備要十二卷醫方集解三卷　(清)汪昂輯　清刻本　一册　存三卷(本草一至二、醫方一)

620000－1149－0000149　0176
太乙神鍼集解一卷　(清)孔廣培校訂　清同治十一年(1872)孔廣培刻本　一册

620000－1149－0000150　0177
中西匯通醫書五種二十九卷　(清)唐宗海撰　清光緒三十四年(1908)千頃堂書局石印本　十二册

620000－1149－0000151　0178
内經知要二卷　(明)李中梓輯　(清)薛雪校　清光緒十六年(1890)刻本　二册

620000－1149－0000152　0179
圖註八十一難經辨真四卷　(明)張世賢圖注　(清)沈鏡重校　清刻本　四册

620000－1149－0000153　0180
鍼灸甲乙經十二卷　(晉)皇甫謐撰　(宋)林億等校　清光緒十一年(1885)四明存存軒刻本　六册

620000－1149－0000154　0181
中西匯通醫書五種二十九卷　(清)唐宗海撰　清光緒三十四年(1908)千頃堂書局石印本　十二册

620000－1149－0000155　0182
增訂本草備要十二卷醫方集解三卷　(清)汪昂輯　清刻本　六册

620000－1149－0000156　0184
中西匯通醫書五種二十九卷　(清)唐宗海撰　清光緒三十四年(1908)千頃堂書局石印本　五册

620000－1149－0000157　0185
黃帝内經素問二十四卷　(明)吳崐注　(明)江子振參閲　清刻本　四册　存十五卷(一

至十三、二十至二十一）

620000－1149－0000158　0186
新刊元亨療牛集二卷　（明）喻本元　（明）喻本亨輯　清宏道堂刻本　一册

620000－1149－0000159　0187
西醫五種五種十卷　（英國）合信撰　（清）管茂材　（清）陳修堂同撰　清末鉛印本　五册

620000－1149－0000160　0189
新刊纂圖元亨療馬集六卷　（明）喻本元　（明）喻本亨輯　清道光宏道堂刻本　三册

620000－1149－0000161　0190
補註瘟疫論四卷　（明）吳有性撰　（清）洪天錫注　清道光刻本　一册

620000－1149－0000162　0191
南雅堂醫書外集二十七種二十七卷　（清）陳念祖撰　清光緒三十一年（1905）文盛堂書局石印本　二册　存二種二卷（濕熱條辨一卷、秘本眼科捷徑一卷）

620000－1149－0000163　0193
唐王燾先生外臺秘要方四十卷　（唐）王燾撰　（清）程衍道校訂　清光緒二十四年（1898）上海圖書集成印書局鉛印本　十六册

620000－1149－0000164　0194
明醫雜著六卷　（明）王綸輯　（明）薛己注　（明）吳玄有校　清刻薛氏醫案本　三册

620000－1149－0000165　0195
何氏心傳一卷　（清）何炫撰　（清）王模校　清光緒十四年（1888）朱氏槐廬家塾刻本　一册

620000－1149－0000166　0196
唐王燾先生外臺秘要方四十卷　（唐）王燾撰　（清）程衍道校訂　明崇禎十三年（1640）程衍道經餘居刻本　二十四册

620000－1149－0000167　0197
圖註脈訣辨真四卷　（晉）王叔和撰　（明）張世賢注　（清）沈鏡删注　清同治蜀北海青樓刻本　二册

620000－1149－0000168　0198
唐王燾先生外臺秘要方四十卷　（唐）王燾撰　（清）程衍道校訂　清同治十三年（1874）廣東翰墨園翻刻明崇禎本　三十四册

620000－1149－0000169　0200
南雅堂醫書全集二十五種八十六卷　（清）陳念祖撰　清光緒三十三年（1907）巴蜀善成堂刻本　十九册

620000－1149－0000170　0201
南雅堂醫書全集十六種九十一卷　（清）陳念祖撰　清光緒二十一年（1895）宏道堂刻本　三十二册

620000－1149－0000171　0202
唐王燾先生外臺秘要方四十卷　（唐）王燾撰　（清）程衍道校訂　清同治十三年（1874）廣東翰墨園刻本　四十二册

620000－1149－0000172　0203
黄氏醫書八種七十七卷　（清）黄元御撰　清宣統元年（1909）上海江左書林石印本　四册

620000－1149－0000173　0205
張氏醫通十六卷　（清）張璐撰　清末鉛印本　十册

620000－1149－0000174　0206
新輯纂圖元亨療馬集六卷牛經二卷駝經一卷　（明）喻本元　（明）喻本亨輯　清末掃業山房石印本　四册　存六卷（療馬集六卷）

620000－1149－0000175　0204
馮氏錦囊秘録八種五十卷　（清）馮兆張輯　（清）王崇志等校　清嘉慶十八年（1813）會成堂刻本　二十九册

620000－1149－0000176　0208
張氏醫通十六卷　（清）張璐撰　（清）張以柔　（清）張訥參訂　清刻本　十二册　缺四卷（一至二、五、九）

620000－1149－0000177　0209
景岳全書六十四卷　（明）張介賓撰　（清）雲志高訂　清刻本　二十四册

620000－1149－0000178　0210
衛生寶鑑二十四卷補遺一卷　（元）羅天益撰　（清）李錫齡校刊　清道光二十六年（1846）宏道書院刻本　八册

620000－1149－0000179　0211
西醫略論三卷　（英國）合信著　（清）管茂材同撰　清咸豐七年（1857）刻本　一册

620000－1149－0000180　0212
弦雪居重訂遵生八牋十九卷總目一卷　（明）高濂撰　（明）鍾惺校閱　清嘉慶八年（1803）刻本　九册　存九卷（一至二、七至八、十一至十二、十四至十五，總目一卷）

620000－1149－0000181　0213
壽世彙編六種十三卷　（清）祝韻梅輯　清光緒十九年（1893）四川犍爲縣營次刻本　二册

620000－1149－0000182　0214
養病庸言一卷　（清）沈嘉澍撰　清光緒三年（1877）刻本　一册

620000－1149－0000183　0216
徐氏醫書八種十八卷　（清）徐大椿撰　清光緒十五年（1889）上海江左書林刻本　六册　存三種十卷（蘭臺一至八、慎疾一、洄溪一）

620000－1149－0000184　0217
檢驗合參一卷　（清）郎錦麒輯　清道光二十七年（1847）姜榮刻本　一册

620000－1149－0000185　0218
徐氏醫書六種十六卷　（清）徐大椿撰　（清）徐爔校　清乾隆刻本　二册　存二種三卷（源流二、醫貫一至二）

620000－1149－0000186　0219
六科準繩六種四十四卷　（明）王肯堂輯　清光緒十八年（1892）上海圖書集成印書局鉛印本　三十八册

620000－1149－0000187　0222
神效集二卷急救應驗良方一卷　（清）張鵬飛輯　清光緒十九年（1893）刻本　二册

620000－1149－0000188　0223
徐靈胎醫學全書十六種三十一卷　（清）徐大椿撰　清光緒六藝書局石印本　十六册

620000－1149－0000189　0224
新刊纂圖元亨療馬集六卷牛經二卷駝經一卷　（明）喻本元　（明）喻本亨輯　清光緒十八年（1892）文成堂刻本　七册

620000－1149－0000190　0225
韡園醫學六種二十四卷　（清）潘霨輯　清光緒九年（1883）江西書局刻本　十二册

620000－1149－0000191　0226
徐靈胎醫學全書十六種三十一卷　（清）徐大椿撰　清光緒三十三年（1907）章福記書局石印本　十二册

620000－1149－0000192　0227
賽金丹二卷　（清）徐半峰　（清）王三山輯　清同治九年（1870）刻本　一册

620000－1149－0000193　0228
洗冤錄詳義四卷首一卷摭遺二卷　（清）許槤編校　清光緒二年（1876）嘯園刻本　五册

620000－1149－0000194　0229
六科準繩六種四十四卷　（明）王肯堂輯　清光緒十八年（1892）上海圖書集成印書局鉛印本　三十册

620000－1149－0000195　0230
衛生學問答一卷　（清）丁福保撰　清光緒三十年（1904）甘肅高等學堂刻本　一册

620000－1149－0000196　0231
趙李合璧八卷　（清）趙廷儒　（清）李玉峯輯　（清）白尚質校　清光緒三十四年（1908）新都張氏刻本　四册

620000－1149－0000197　0232
豫醫雙璧二種三十五卷　（清）吳重憙輯　清宣統元年（1909）海豐吳氏梁園節署鉛印本　八册

620000－1149－0000198　0234
昌邑黃先生醫書八種八十卷　（清）黃元御撰　清咸豐十年（1860）長沙燮龢精舍刻本

十冊

620000－1149－0000199　0235
嵩厓尊生書十五卷　(清)景日昣撰　清掃葉山房刻嵩厓尊生全書本　六冊

620000－1149－0000200　0236
徐氏醫書八種十八卷　(清)徐大椿撰　清光緒十九年(1893)上海圖書集成印書局鉛印本　七冊

620000－1149－0000201　0237
西藥畧釋四卷總論一卷　(清)孔慶高譯　(美國)嘉約翰校　清光緒十二年(1886)刻本　四冊

620000－1149－0000202　0238
重刊補註洗冤録集證六卷　(清)王又槐增輯　(清)李觀瀾補輯　(清)阮其新補注　清光緒三年(1877)浙江書局刻四色套印本　五冊

620000－1149－0000203　0239
世補齋醫書六種三十三卷　(清)陸懋修撰　(清)沈彦模　(清)陸潤庠等校　清光緒十年(1884)刻本　八冊　缺一卷(不謝方一)

620000－1149－0000204　0240
重刊巢氏諸病源候總論五十卷　(隋)巢元方等撰　清光緒十二年(1886)湖北官書處刻本　八冊

620000－1149－0000205　0241
類證治裁八卷首一卷　(清)林珮琴撰　清光緒十年(1884)刻本　十冊

620000－1149－0000206　0242
校正南雅堂醫書全集三十六種一百八卷　(清)陳念祖撰　清光緒三十二年(1906)上海經香閣書莊石印本　九冊

620000－1149－0000207　0243
赤水玄珠三十卷醫旨緒餘二卷醫案五卷　(明)孫一奎撰　清光緒十七年(1891)順德潘氏刻本　二十四冊　存二十七卷(一至十四、十八至三十)

620000－1149－0000208　0244
赤水玄珠三十卷醫旨緒餘二卷醫案五卷　(明)孫一奎撰　清光緒十七年(1891)順德潘氏刻本　三十二冊

620000－1149－0000209　0246
重刊補註洗冤録集證六卷　(清)王又槐增輯　(清)李觀瀾補輯　(清)阮其新補注　清道光二十四年(1844)刻三色套印本　五冊

620000－1149－0000210　0247
陳脩園醫書三十二種一百九卷　(清)陳念祖撰　清光緒三十三年(1907)巴蜀善成堂刻本　三十九冊

620000－1149－0000211　0248
類證治裁八卷首一卷　(清)林珮琴撰　清光緒十年(1884)刻本　十冊

620000－1149－0000212　0249
御纂醫宗金鑑七十四卷首一卷　(清)吴謙等纂　清光緒蜀都會友堂刻本　四十二冊　缺十二卷(三十一至三十三、六十六至七十四)

620000－1149－0000213　0250
陳修園醫書五十種一百二十九卷　(清)陳念祖撰　清光緒三十一年(1905)上海商務印書館鉛印本　二十八冊

620000－1149－0000214　0251
增纂壽世編二卷續纂一卷　(清)顧奉璋增纂　(清)鄔隆因續輯　清長沙鄔氏刻本　二冊

620000－1149－0000215　0252
嵩厓尊生書十五卷　(清)景日昣撰　清掃葉山房刻嵩厓尊生全書本　四冊

620000－1149－0000216　0253
訂正東醫寶鑑二十三卷目録二卷　(朝鮮)許浚輯　清光緒十六年(1890)上海校經山房石印本　三十九冊

620000－1149－0000217　0254
御纂醫宗金鑑七十四卷首一卷　(清)吴謙等纂　清光緒十八年(1892)上海圖書集成印書局鉛印本　十八冊

620000－1149－0000218　0256

吳門治驗録四卷　(清)顧金壽撰　清道光五年(1825)刻本　四册

620000－1149－0000219　0257
醫效秘傳三卷　(清)葉桂撰　(清)吳金壽校　清道光十一年(1831)貯春僊館吳氏刻本　三册

620000－1149－0000220　0259
同壽録四卷末一卷　(清)項天瑞輯　清道光二十八年(1848)京都文馨齋刻本　四册

620000－1149－0000221　0260
醫林獵要一卷　(清)黄保康輯　(清)黄任恒編校　清宣統三年(1911)刻本　一册

620000－1149－0000222　0262
外證醫案彙編四卷　(清)余景和輯　(清)孫思恭校刊　清光緒三十一年(1905)集古山房刻本　四册

620000－1149－0000223　0264
三家醫案合刻五種七卷　(清)吳金壽輯　清道光蘇州緑潤堂刻本　六册

620000－1149－0000224　0265
中西痘科合璧十二卷　(清)張琰輯　清光緒三十二年(1906)上海書局石印本　四册

620000－1149－0000225　0266
三家醫案合刻五種七卷　(清)吳金壽輯　清道光蘇州緑潤堂刻本　六册

620000－1149－0000226　0267
遂生編一卷福幼編一卷　(清)莊一夔撰　清刻本　一册

620000－1149－0000227　0268
推愛堂痘疹集驗二卷兒科録驗一卷　(□)□□輯　清刻本　一册

620000－1149－0000228　0269
中西痘科合璧十二卷　(清)張琰輯　清光緒三十二年(1906)上海書局石印本　一册

620000－1149－0000229　0270
痘學真傳八卷　(清)葉大椿撰　清嘉慶二十五年(1820)刻本　四册

620000－1149－0000230　0272
天花精言六卷　(清)袁句撰　清宣統元年(1909)埽葉山房石印本　一册

620000－1149－0000231　0273
臨證指南醫案十卷種福堂公選溫熱論醫案一卷種福堂公選良方三卷　(清)葉桂撰　清光緒二十二年(1896)寶善書局石印本　五册

620000－1149－0000232　0274
問齋醫桉五卷　(清)蔣寶素撰　(清)蔣小素校　清道光三十年(1850)快志堂刻本　六册

620000－1149－0000233　0275
薛氏醫按二十四種一百七卷　(明)薛己等撰　(明)吳琯輯　清初陳長卿刻本　四十册

620000－1149－0000234　0276
種痘新書十二卷　(清)張琰輯　清刻本　四册

620000－1149－0000235　0277
問齋醫桉五卷　(清)蔣寶素撰　(清)蔣小素校　清道光三十年(1850)快志堂刻本　六册

620000－1149－0000236　0278
吳醫彙講十一卷　(清)唐大烈輯　(清)沈文爕校訂　清刻本　四册

620000－1149－0000237　0279
古今名醫彙粹八卷　(清)羅美輯　清嘉慶六年(1801)五柳居刻本　四册

620000－1149－0000238　0280
新刊增補萬病回春原本八卷　(明)龔廷賢輯　(清)周亮登校　清埽葉山房刻本　八册

620000－1149－0000239　0283
臨證指南醫案十卷種福堂公選溫熱論醫案一卷種福堂公選良方三卷　(清)葉桂撰　清光緒二十二年(1896)寶善書局石印本　五册

620000－1149－0000240　0284
痘疹捷要二卷　(清)劉文雅輯　(清)劉可舉校　清道光四年(1824)涇陽張楠刻本　一册

620000－1149－0000241　0286
名醫類案十二卷　(明)江瓘輯　(清)張用賓

重校　清光緒二十年(1894)著易堂刻本　十二冊

620000－1149－0000242　0287
御纂醫宗金鑑九十卷首一卷　(清)吴謙等纂　清刻本　六十四冊

620000－1149－0000243　0288
續名醫類案三十六卷　(清)魏之琇輯　(清)王士雄　(清)楊照藜校　清同治二年(1863)上海著易堂刻本　三十六冊

620000－1149－0000244　0289
臨證指南醫案十卷　(清)葉桂撰　(清)李大瞻等校　(清)徐大椿評點　清光緒十年(1884)埽葉山房刻本　十冊

620000－1149－0000245　0290
吴醫彙講十一卷　(清)唐大烈輯　(清)沈文燮校訂　清刻本　四冊

620000－1149－0000246　0291
程松崖先生眼科應驗良方一卷　(明)程玠撰　清光緒二年(1876)趙氏完璧堂刻本　一冊

620000－1149－0000247　0292
專治時疫白喉嚨症論一卷　(清)張紹修撰　清光緒八年(1882)蘭省刻本　一冊

620000－1149－0000248　0293
洞主仙師白喉治法忌表抉微一卷　(清)耐修子注　清光緒十七年(1891)武威同善公所刻本　一冊

620000－1149－0000249　0294
臨證指南醫案十卷　(清)葉桂撰　(清)李大瞻等校　(清)徐大椿評點　清同治三年(1864)刻本　十冊

620000－1149－0000250　0295
洞主仙師白喉治法忌表抉微一卷　(清)耐修子注　清駢邑王正路刻本　一冊

620000－1149－0000251　0296
傅氏眼科審視瑤函六卷首一卷　(明)傅仁宇輯　清致盛堂刻本　二冊　存二卷(三至四)

620000－1149－0000252　0297
臨證指南醫案十卷　(清)葉桂撰　(清)李大瞻等校　清同治六年(1867)刻本　十四冊

620000－1149－0000253　0299
喉證指南四卷　(清)寄湘漁父輯　清光緒十三年(1887)刻本　一冊

620000－1149－0000254　0300
沙疹輯要四卷　(清)葉霖撰　清光緒十六年(1890)李振霆刻本　四冊

620000－1149－0000255　0301
臨證指南醫案十卷　(清)葉桂撰　(清)李大瞻等校　清刻本　十冊

620000－1149－0000256　0303
眼科啟蒙四卷　(清)劉一明輯　清嘉慶二十二年(1817)榆中棲雲山刻本　四冊

620000－1149－0000257　0304
增補痘疹玉髓金鏡錄四卷　(明)翁仲仁輯　(清)陸道元補遺　(清)陸道光參補　清光緒十六年(1890)刻本　二冊

620000－1149－0000258　0305
經驗雜方二卷　(清)劉一明輯　清嘉慶二十二年(1817)榆中栖雲山刻本　二冊

620000－1149－0000259　0307
經驗奇方二卷　(清)劉一明輯　清嘉慶二十二年(1817)刻本　二冊

620000－1149－0000260　0309
痘疹全嬰金鏡錄真本三卷　(明)翁仲仁輯　(明)陸道元補遺　(清)吳學損校訂　清康熙十五年(1676)三多齋刻本　一冊

620000－1149－0000261　0310
增補痘疹玉髓金鏡錄四卷　(明)翁仲仁輯　(明)陸道元補遺　(明)陸道光參補　清道光二十年(1840)埽葉山房刻本　二冊

620000－1149－0000262　0311
神效集二卷急救應驗良方一卷　(清)張鵬飛輯　清光緒十九年(1893)刻本　二冊

620000－1149－0000263　0312
男科仙方二卷　(清)傅山撰　(清)席樹馨校

刊　清光緒四年(1878)刻本　一冊

620000－1149－0000264　0313
秘傳眼科龍木醫書總論十卷首一卷　(明)葆光道人撰　清書業堂刻本　四冊

620000－1149－0000265　0314
[道光]敦煌縣志七卷首一卷　(清)蘇履吉修　(清)曾誠纂　清道光十一年(1831)刻本　一冊

620000－1149－0000266　0315
兒科醒十二卷　(清)芝嶼樵客撰　清末上海千頃堂書局刻本　二冊

620000－1149－0000267　0316
摘星樓治痘全書十八卷　(明)朱一麟撰　清道光六年(1826)耕樂堂刻本　七冊　缺五卷(一至五)

620000－1149－0000268　0317
產科心法二卷　(清)汪喆撰　清嘉慶九年(1804)嘉郡秀水王錦文刻本　二冊

620000－1149－0000269　0318
胎產集要三卷後一卷幼科摘要一卷　(清)黄惕齋輯　清同治十年(1871)刻本　一冊

620000－1149－0000270　0319
產科心法二卷　(清)汪喆撰　清光緒二十四年(1898)刻本　一冊

620000－1149－0000271　0320
男科二卷女科補遺一卷　(清)傅山撰　清光緒十一年(1885)善成堂刻本　二冊

620000－1149－0000272　0321
產科心法二卷　(清)汪喆撰　清道光九年(1829)嘉郡九思堂刻本　一冊

620000－1149－0000273　0322
達生編三卷救五絕良方一卷食物諸毒須知一卷　(清)亟齋居士撰　清刻本　一冊　缺二卷(上、中)

620000－1149－0000274　0323
濟生集六卷　(清)王上達輯　清光緒二十二年(1896)明州咏古齋刻本　二冊

620000－1149－0000275　0324
增訂大生要旨六卷　(清)唐千頃撰　清咸豐九年(1859)漢鎮刻本　二冊

620000－1149－0000276　0327
女科要旨四卷　(清)陳念祖撰　(清)陳元犀注　清刻本　二冊

620000－1149－0000277　0328
產寶百問五卷總論一卷　(元)朱震亨輯　(明)王肯堂訂正　清刻本　一冊

620000－1149－0000278　0329
大生要旨五卷　(清)唐千頃撰　(清)唐俞鈞校　清道光九年(1829)種善堂刻本　二冊

620000－1149－0000279　0330
產後編二卷　(清)傅山撰　清咸豐五年(1855)官彤紳刻本　一冊

620000－1149－0000280　0331
活幼心法大全六卷末一卷　(明)聶尚恒撰　清同治八年(1869)刻本　一冊

620000－1149－0000281　0332
婦科精蘊五卷　(美國)妥瑪氏撰　(清)孔慶高譯　清光緒十五年(1889)刻本　五冊

620000－1149－0000282　0333
傅氏眼科審視瑤函六卷首一卷　(明)傅仁宇輯　清經國治記刻本　六冊

620000－1149－0000283　0334
嬰童百問十卷產寶百問五卷總論一卷　(明)魯伯嗣等撰　(明)王肯堂重訂　明刻本　二冊　缺四卷(嬰童七至十)

620000－1149－0000284　0335
推拿廣意三卷　(清)熊應雄輯　(清)陳世凱重訂　清光緒十四年(1888)埽葉山房刻本　二冊

620000－1149－0000285　0336
胎產集要三卷後一卷幼科摘要一卷　(清)黄惕齋輯　清同治十年(1871)刻本　一冊

620000－1149－0000286　0337
婦嬰新說一卷　(英國)合信撰　(清)管茂材

同撰　清咸豐八年(1858)刻本　一册

620000－1149－0000287　0338
幼科鐵鏡六卷　(清)夏鼎撰　清光緒八年(1882)刻本　二册

620000－1149－0000288　0339
增補保赤心法附卷二卷續增西法一卷　(明)翁仲仁撰　(清)喬來初注　清刻本　一册

620000－1149－0000289　0340
濟陰綱目十四卷保生碎事一卷　(明)武之望撰　(清)汪淇注　清光緒二十九年(1903)越中墨潤堂書苑石印本　六册

620000－1149－0000290　0341
婦嬰三書三種十八卷　(清)朱增惠輯　清同治元年(1862)朱增惠刻本　六册

620000－1149－0000291　0342
述古齋幼科新書三種六卷　(清)張振鋆輯　清光緒十五年(1889)邗上張氏刻本　六册

620000－1149－0000292　0343
胎產集要三卷後一卷幼科摘要一卷　(清)黄愓齋輯　清同治十年(1871)刻本　一册

620000－1149－0000293　0344
胎產心法三卷　(清)閻純璽撰　清道光刻本　三册

620000－1149－0000294　0345
保赤摘録六卷　(清)崔昌齡輯　清道光十二年(1832)四寶堂刻本　六册

620000－1149－0000295　0346
胎產集要三卷後一卷幼科摘要一卷　(清)黄愓齋輯　清同治十年(1871)刻本　一册

620000－1149－0000296　0347
女科要旨四卷　(清)陳念祖撰　(清)陳元犀注　清刻本　一册

620000－1149－0000297　0348
濟陰綱目十四卷保生碎事一卷　(明)武之望撰　(清)汪淇注　清刻本　十一册

620000－1149－0000298　0349
繪圖針灸易學二卷　(清)李守先撰　(清)王庭烜等繪　清石印本　一册

620000－1149－0000299　0350
外科症治全生前集三卷後集三卷　(清)王維德撰　(清)馬文植評　清光緒十年(1884)埽葉山房刻本　二册

620000－1149－0000300　0351
內科摘要二卷　(明)薛己撰　(明)蔣宗澹校　明刻本　一册

620000－1149－0000301　0352
濟陰綱目十四卷　(明)武之望撰　(清)汪淇注　清刻本　八册

620000－1149－0000302　0353
濟陰綱目十四卷保生碎事一卷　(明)武之望撰　(清)汪淇注　清刻本　十一册

620000－1149－0000303　0354
重訂外科正宗八卷　(明)陳實功撰　(清)張鷟翼重訂　清光緒十二年(1886)刻本　四册　缺二卷(七至八)

620000－1149－0000304　0355
幼科醫學指南四卷　(清)周震撰　(清)葛三省等校　清光緒三年(1877)刻本　四册

620000－1149－0000305　0356
鼎鍥幼幼集成六卷　(清)陳復正輯　(清)劉勷校　清金裕堂刻本　八册

620000－1149－0000306　0357
脉草經絡五種會編九卷　(清)汪昂撰　(清)汪端校　(清)刁鳳岩參訂　清光緒十四年(1888)三義堂刻本　五册

620000－1149－0000307　0358
女科輯要二卷　(清)沈堯封輯　(清)徐政杰補注　清同治元年(1862)刻本　二册

620000－1149－0000308　0359
理虛元鑑二卷　(明)汪綺石撰　(清)柯懷祖　(清)華曦訂正　清光緒二十二年(1896)蕭山陳氏刻本　一册

620000－1149－0000309　0360

割症全書七卷　(美國)嘉約翰撰　清光緒十六年(1890)刻本　七册

620000－1149－0000310　0361
隨息居重訂霍亂論四卷　(清)王士雄纂　清光緒二十二年(1896)上海圖書集成局鉛印本　一册

620000－1149－0000311　0362
串雅内編四卷　(清)趙學敏輯　(清)吴庚生補注　清光緒十四年(1888)榆園刻本　二册

620000－1149－0000312　0363
重訂外科正宗十二卷　(明)陳實功撰　(清)張鷟翼重訂　清宏道堂刻本　五册　存十卷(一至十)

620000－1149－0000313　0364
女科百問二卷　(宋)齊仲甫撰　清光緒八年(1882)刻本　一册

620000－1149－0000314　0365
外科正宗十二卷　(明)陳實功撰　(清)徐大椿評　清咸豐十年(1860)刻本　六册

620000－1149－0000315　0366
外科準繩六卷　(明)王肯堂輯　(清)程永培校　清光緒十八年(1892)上海圖書集成印書局鉛印本　六册

620000－1149－0000316　0367
瘡瘍經驗全書六卷　(宋)竇傑撰　(清)洪瞻巖　(清)陳友恭校　清崇順堂刻本　六册

620000－1149－0000317　0368
外科正宗十二卷　(明)陳實功著　(清)徐大椿評　清咸豐十年(1860)刻本　六册

620000－1149－0000318　0369
重訂外科正宗十二卷　(明)陳實功撰　清嘉慶二十五年(1820)刻本　六册

620000－1149－0000319　0370
内科新説二卷　(英國)合信撰　(清)管茂材譯　清咸豐八年(1858)刻本　一册

620000－1149－0000320　0371
傷科補要四卷　(清)錢秀昌輯　清嘉慶二十三年(1818)虹口竹蔭堂刻本　四册

620000－1149－0000321　0372
内科新説二卷　(英國)合信撰　(清)管茂材譯　清咸豐八年(1858)刻本　二册

620000－1149－0000322　0373
内科新説二卷　(英國)合信撰　(清)管茂材譯　清咸豐八年(1858)刻本　一册

620000－1149－0000323　0374
御纂醫宗金鑑十六卷　(清)吴謙等纂　清刻本　十六册

620000－1149－0000324　0375
内科新説二卷　(英國)合信撰　(清)管茂材譯　清咸豐八年(1858)刻本　二册

620000－1149－0000325　0376
重刻寧坤秘笈二卷　(清)田礪堂撰　清道光五年(1825)刻本　一册

620000－1149－0000326　0377
婦嬰至寶三卷首一卷附一卷　(清)亟齋居士編　(清)毓蘭居士輯　(清)三農老人注　清道光二十七年(1847)刻本　一册

620000－1149－0000327　0379
西醫内科全書六卷　(清)孔慶高譯　清光緒八年(1882)刻本　六册

620000－1149－0000328　0380
鍼灸大成十卷　(明)楊繼洲撰　(清)章廷珪重修　清道光十四年(1834)刻本　八册　缺二卷(三、八)

620000－1149－0000329　0381
外證醫案彙編四卷瘍科論一卷　(清)余景和輯　(清)孫思恭校刊　清光緒三十一年(1905)集古山房刻文瑞樓重印本　四册

620000－1149－0000330　0382
鍼灸大成十卷　(明)楊繼洲撰　清道光十九年(1839)文發堂刻本　十册

620000－1149－0000331　0383
西醫内科全書六卷　(清)孔慶高譯　清光緒八年(1882)刻本　六册

620000－1149－0000332　0384
外科證治全書五卷全生集醫案一卷　(清)許克昌　(清)畢法輯　清同治六年(1867)刻本　五册

620000－1149－0000333　0385
金匱要畧淺註十卷　(清)陳念祖集註　清咸豐五年(1855)重慶閆書業堂刻本　六册

620000－1149－0000334　0386
松峯説疫六卷　(清)劉奎輯　清刻本(卷三至六補配)　二册

620000－1149－0000335　0387
金匱要畧淺註十卷　(清)陳念祖集註　清同治八年(1869)廣州緯文堂刻本　六册

620000－1149－0000336　0388
瘍醫大全四十卷　(清)顧世澄輯　(清)錢之栢　(清)顧櫆燮校　清同治九年(1870)敦仁堂刻本　四十八册

620000－1149－0000337　0389
金匱要畧淺註十卷　(清)陳念祖集註　清刻本　五册

620000－1149－0000338　0390
瘍醫大全四十卷　(清)顧世澄輯　(清)錢之栢　(清)顧櫆燮校　清光緒二十七年(1901)上海圖書集成印書局鉛印本　八册

620000－1149－0000339　0391
金匱方歌括六卷　(清)陳念祖定　(清)陳元犀韻注　清刻本　三册

620000－1149－0000340　0392
晰微補化二卷　(清)林森撰　(清)王凱編　(清)張仲馨訂　清嘉慶十九年(1814)刻本　二册

620000－1149－0000341　0395
温熱暑疫全書四卷　(清)周揚俊輯　(清)薛雪　(清)吳蒙重校　清光緒十五年(1889)埽葉山房刻本　二册

620000－1149－0000342　0396
金匱要畧淺註十卷　(清)陳念祖集注　清道光十七年(1837)刻本　七册

620000－1149－0000343　0397
金匱要畧淺註十卷　(清)陳念祖集注　清宏道堂刻本　六册

620000－1149－0000344　0398
金匱方歌括六卷　(清)陳念祖定　(清)陳元犀韻注　清光緒三十二年(1906)上海飛鴻閣書局石印本　一册

620000－1149－0000345　0399
温熱經緯五卷　(清)王士雄輯　(清)楊照藜　(清)汪曰楨評　清同治十三年(1874)湖北崇文書局刻本　四册

620000－1149－0000346　0400
温熱贅言一卷　(清)寄瓢子撰　(清)天倪室道人校　清道光十一年(1831)吳氏靈鶴山房刻本　一册

620000－1149－0000347　0401
丹溪先生金匱鉤玄三卷　(元)朱震亨撰　(明)戴元禮錄　(明)吳勉學校　清二酉堂刻本　一册

620000－1149－0000348　0402
金匱要畧淺註十卷　(清)陳念祖集注　清光緒元年(1875)合州賴文海堂刻本　五册

620000－1149－0000349　0403
瘟疫條辨摘要一卷附錄一卷　(清)陳良佐　(清)楊璿撰　(清)呂田輯　清光緒三十年(1904)北平惲毓鼎刻本　一册

620000－1149－0000350　0404
温病條辨六卷首一卷　(清)吳瑭撰　清宣統元年(1909)渭南嚴氏孝義家塾刻本　四册

620000－1149－0000351　0406
温病條辨六卷首一卷　(清)吳瑭撰　清刻本　四册

620000－1149－0000352　0407
温病條辨六卷首一卷　(清)吳瑭撰　清光緒十九年(1893)上海圖書集成印書局鉛印本　四册

620000－1149－0000353　0408
金匱方歌括六卷　（清）陳念祖定　（清）陳元犀韻注　清刻本　五冊

620000－1149－0000354　0409
張仲景金匱要畧論註二十四卷　（清）徐彬撰　（清）朱䅣校　清光緒五年（1879）刻本　六冊

620000－1149－0000355　0410
金匱要略方論本義二十二卷　（清）魏荔彤撰　清綠蔭堂刻本　六冊

620000－1149－0000356　0411
張仲景金匱要畧論註二十四卷　（清）徐彬撰　（清）朱䅣校　清光緒五年（1879）刻本　六冊

620000－1149－0000357　0412
傷寒瘟疫條辯六卷　（清）楊璿撰　清光緒十四年（1888）刻本　六冊

620000－1149－0000358　0413
金匱方歌括六卷　（清）陳念祖定　（清）陳元犀韻注　清光緒二十一年（1895）宏道堂刻本　六冊

620000－1149－0000359　0414
邵氏醫書三種二十一卷　（清）邵登瀛輯　（清）邵炳揚述　清光緒六年（1880）吳門邵氏刻本　五冊　缺六卷（女科歌訣一至六）

620000－1149－0000360　0415
溫病條辨六卷首一卷　（清）吳瑭撰　清寧波羣玉山房刻本　六冊

620000－1149－0000361　0416
溫毒病論一卷　（清）邵登瀛輯　（清）邵炳揚述　清光緒六年（1880）刻本　一冊

620000－1149－0000362　0417
問心堂溫病條辨六卷首一卷　（清）吳瑭撰　（清）朱武曹評　清咸豐十年（1860）信義書屋刻本　四冊

620000－1149－0000363　0418
金匱方歌括六卷　（清）陳念祖定　（清）陳元犀韻注　清光緒十五年（1889）江左書林刻本　三冊

620000－1149－0000364　0419
溫病條辨六卷首一卷　（清）吳瑭撰　清寧波羣玉山房刻本　六冊

620000－1149－0000365　0420
金匱心典三卷　（清）尤怡集注　清光緒七年（1881）刻本　三冊

620000－1149－0000366　0421
金匱方歌括六卷　（清）陳念祖定　（清）陳元犀韻注　清光緒二十一年（1895）宏道堂刻本　五冊

620000－1149－0000367　0422
溫病條辨六卷首一卷　（清）吳瑭撰　清道光十五年（1835）慈溪葉氏濬吾樓刻本　六冊

620000－1149－0000368　0423
張仲景金匱要畧二十四卷　（清）沈明宗注　清道光二十二年（1842）刻本　六冊

620000－1149－0000369　0424
金匱心典三卷　（清）尤怡集注　清同治八年（1869）刻本　三冊

620000－1149－0000370　0425
金匱方歌括六卷　（清）陳念祖定　（清）陳元犀韻注　清光緒三十三年（1907）巴蜀善成堂刻本　二冊

620000－1149－0000371　0426
傷寒論六卷　（清）張志聰注　（清）高世栻纂　清光緒二十五年（1899）石印本　一冊

620000－1149－0000372　0427
金匱要畧淺註十卷　（清）陳念祖集註　清敦厚堂刻本　四冊

620000－1149－0000373　0428
張仲景傷寒論原文淺註六卷　（清）陳念祖撰　清光緒十五年（1889）江左書林刻本　五冊

620000－1149－0000374　0429
溫熱經緯五卷　（清）王士雄輯　（清）楊照藜　（清）汪曰楨評　清光緒二十二年（1896）上

海圖書集成局石印本　四冊

620000－1149－0000375　0430
傷寒論淺註補正七卷　(清)陳念祖注　(清)唐宗海補正　清光緒二十年(1894)申江順成書局石印本　四冊

620000－1149－0000376　0431
瘟疫論二卷　(清)吳有性撰　(清)許永康校　清刻本　二冊

620000－1149－0000377　0432
傷寒真方歌括六卷　(清)陳念祖撰　清光緒刻本　一冊

620000－1149－0000378　0433
傷寒論類方一卷　(清)徐大椿輯　清光緒刻本　一冊

620000－1149－0000379　0434
注解傷寒論十卷圖一卷　(金)成無己撰　清同治九年(1870)常郡雙白燕堂陸氏刻本　四冊

620000－1149－0000380　0435
傷寒論翼二卷　(清)柯琴撰　(清)馬中驊校　清刻本　二冊

620000－1149－0000381　0436
傷寒辨證四卷　(清)陳堯道輯　清咸豐二年(1852)聚奎堂刻本　一冊

620000－1149－0000382　0437
傷寒審症表一卷　(清)包誠輯　清同治十年(1871)湖北崇文書局刻本　一冊

620000－1149－0000383　0439
傷寒論六卷　(清)張志聰注　(清)高世栻纂　清同治九年(1870)刻本　四冊

620000－1149－0000384　0440
重訂傷寒集註十卷附五卷　(清)舒詔撰　清文勝堂刻本　四冊

620000－1149－0000385　0441
傷寒附翼二卷　(清)柯琴輯　(清)馬中驊校　清三多齋刻本　二冊

620000－1149－0000386　0442
注解傷寒論十卷圖一卷傷寒明理論四卷　(金)成無己撰　清同治九年(1870)常郡雙白燕堂陸氏刻本　六冊

620000－1149－0000387　0443
傷寒證治準繩七卷　(明)王肯堂輯　(清)程永培校　清光緒十八年(1892)上海圖書集成印書局鉛印本　五冊

620000－1149－0000388　0444
傷寒總病論六卷　(宋)龐安時撰　清末石印本　一冊

620000－1149－0000389　0445
傷寒論類方一卷　(清)徐大椿輯　清宣統二年(1910)隴右樂善書局刻本　一冊

620000－1149－0000390　0446
增注類證活人書二十二卷目錄一卷　(宋)朱肱撰　(明)吳勉學校　清光緒十二年(1886)刻本　四冊

620000－1149－0000391　0447
傷寒論類方一卷　(清)徐大椿輯　清刻本　一冊

620000－1149－0000392　0448
傷寒懸解十四卷首一卷末一卷　(清)黃元御撰　(清)徐樹銘校　清刻本　六冊

620000－1149－0000393　0449
傷寒來蘇集六卷　(清)柯琴撰　(清)馬中驊校　清金閶綠慎堂刻本　六冊

620000－1149－0000394　0450
傷寒懸解十四卷首一卷末一卷　(清)黃元御撰　清道光十二年(1832)宛鄰書屋刻本　四冊

620000－1149－0000395　0451
筆花醫鏡四卷　(清)江涵暾撰　(清)江彤勳校　清道光二十八年(1848)纂雲齋刻本　一冊

620000－1149－0000396　0452
傷寒論三註十六卷　(清)周揚俊輯　清光緒

十三年(1887)刻本　八冊

620000－1149－0000397　0453
傷寒來蘇全集六卷　(清)柯琴撰　(清)馬中驊校　清刻本　四冊

620000－1149－0000398　0454
傷寒論直解六卷　(清)張錫駒注　清光緒十一年(1885)福州醉經閣刻本　六冊

620000－1149－0000399　0455
傷寒來蘇全集八卷　(清)柯琴撰　(清)馬中驊校　清刻本　六冊

620000－1149－0000400　0456
傷寒補天石二卷續二卷　(明)戈維城撰　(清)朱陶性校　清寧波汲綆齋刻本　四冊

620000－1149－0000401　0457
石室秘籙六卷　(清)陳士鐸撰　清文奎堂刻本　六冊

620000－1149－0000402　0458
寓意草一卷　(明)喻昌撰　清同文堂刻本　二冊

620000－1149－0000403　0459
驚疳吐瀉醫書一卷　(清)錢松撰　清光緒十九年(1893)補過氏揚州刻本　一冊

620000－1149－0000404　0460
辨證錄十四卷胎產秘書二卷　(清)陳士鐸撰　(清)陶式玉參訂　清刻本　十二冊

620000－1149－0000405　0461
辨證奇聞十卷　(清)陳士鐸撰　(清)錢松刪定　清宣統元年(1909)上海廣益書局石印本　六冊

620000－1149－0000406　0462
醫學答問四卷　(清)梁玉瑜撰　(清)陶保廉錄　清光緒二十三年(1897)山右任振基刻本　二冊

620000－1149－0000407　0463
筆花醫鏡四卷　(清)江涵暾撰　(清)金石文校　清光緒十一年(1885)刻本　二冊

620000－1149－0000408　0464
傷寒來蘇集八卷　(清)柯琴撰　(清)馬中驊校　清同治四年(1865)刻本　八冊

620000－1149－0000409　0465
醫家四要四卷　(清)江誠　(清)程曦　(清)雷大震撰　清光緒十二年(1886)豫章鄧燦堂刻本　四冊

620000－1149－0000410　0466
寓意草一卷　(明)喻昌撰　清乾隆黎川陳守誠刻本　二冊

620000－1149－0000411　0467
醫宗說約六卷　(清)蔣示吉撰　(清)嚴煜校訂　清嘉慶刻本　四冊

620000－1149－0000412　0468
寓意草一卷　(明)喻昌撰　清刻本　一冊

620000－1149－0000413　0469
筆花醫鏡四卷　(清)江涵暾撰　(清)江彤勳校　清刻本　一冊

620000－1149－0000414　0470
筆花醫鏡四卷　(清)江涵暾撰　(清)江彤勳校　清光緒二十七年(1901)鍊石書局石印本　一冊

620000－1149－0000415　0471
醫學考辨十二卷　(清)羅紹芳撰　(清)羅文溥輯　(清)方問經校　清刻本　四冊

620000－1149－0000416　0472
尚論篇二卷首一卷後篇四卷　(清)喻昌撰　清兩儀堂刻本　四冊

620000－1149－0000417　0473
醫學求是二集二卷　(清)吳達撰　清光緒十年(1884)閬中刻本　二冊

620000－1149－0000418　0474
解毒編一卷　(清)汪汲輯　清光緒三十三年(1907)江陵鄧氏刻本　一冊

620000－1149－0000419　0475
傷寒來蘇全集八卷　(清)柯琴撰　(清)馬中驊校　清刻本　八冊

620000－1149－0000420　0476

儒門醫學三卷附一卷　(英國)海得蘭撰　(英國)傅蘭雅口譯　(清)趙元益筆述　清光緒二年(1876)江南製造總局刻本　四冊

620000－1149－0000421　0477

醫林改錯二卷　(清)王清任撰　清京都寶經堂刻本　一冊

620000－1149－0000422　0478

簡易醫訣四卷　(清)周雲章撰　清宣統元年(1909)刻本　四冊

620000－1149－0000423　0479

儒門醫學三卷附一卷　(英國)海得蘭撰　(英國)傅蘭雅口譯　(清)趙元益筆述　清末著易堂鉛印本　四冊

620000－1149－0000424　0480

儒門事親十五卷　(金)張從正撰　(明)吳勉學校　清宣統二年(1910)汲綆齋書局石印本　六冊

620000－1149－0000425　0481

醫林指月十二種二十三卷　(清)王琦輯　清光緒二十二年(1896)上海圖書集成印書局鉛印本　八冊

620000－1149－0000426　0482

石室秘籙六卷　(清)陳士鐸撰　清末掃葉山房刻本　六冊

620000－1149－0000427　0483

全體闡微三卷索引一卷　(美國)柯爲良編譯　清光緒三十一年(1905)惜蔭書屋石印本　四冊

620000－1149－0000428　0484

全體新論一卷　(英國)合信撰　(清)陳修堂同撰　清咸豐元年(1851)羊城惠愛醫館刻本　一冊

620000－1149－0000429　0485

醫經溯洄集一卷　(明)王履撰　(明)吳勉學校　明刻本　一冊

620000－1149－0000430　0486

石室秘籙六卷　(清)陳士鐸撰　清光緒十二年(1886)善成堂刻本　六冊

620000－1149－0000431　0487

石室秘籙六卷　(清)陳士鐸撰　清同治四年(1865)刻本　五冊

620000－1149－0000432　0488

醫學心悟六卷　(清)程國彭撰　清光緒二十年(1894)上海圖書集成印書局鉛印本　三冊

620000－1149－0000433　0489

萬氏醫貫六卷　(清)萬寧撰　(清)郭秋泉等校訂　清同治十年(1871)鷺門徵瑞堂葉氏刻本　六冊

620000－1149－0000434　0490

合鐫增補士材三書四種八卷　(明)李中梓撰　(清)尤乘增輯　清刻本　六冊

620000－1149－0000435　0491

醫宗說約六卷　(清)蔣示吉撰　(清)嚴煜校訂　清道光八年(1828)三餘堂刻本　六冊

620000－1149－0000436　0492

醫學摘粹五種十卷　(清)慶恕輯　清光緒二十三年(1897)上海著易堂書局鉛印本　四冊

620000－1149－0000437　0493

醫學金鍼八卷　(清)陳念祖撰　(清)潘霨增輯　清光緒四年(1878)敏德堂刻本　四冊

620000－1149－0000438　0496

醫學金鍼八卷　(清)陳念祖撰　(清)潘霨增輯　清光緒四年(1878)敏德堂刻本　四冊

620000－1149－0000439　0497

醫學實在易八卷　(清)陳念祖撰　清光緒二年(1876)刻本　四冊　存六卷(一至六)

620000－1149－0000440　0498

全體通考十八卷圖二卷　(英國)德貞撰　清光緒十二年(1886)鉛印本(序及圖石印)　十二冊

620000－1149－0000441　0499

醫學摘粹五種十卷　(清)慶恕輯　清光緒二十三年(1897)五涼文社刻本　八冊

620000－1149－0000442　0500
醫學從衆八卷　(清)陳念祖撰　(清)陳元犀參訂　清宏道堂刻本　五册

620000－1149－0000443　0501
醫學摘粹五種十卷　(清)慶恕輯　清光緒鉛印本　八册

620000－1149－0000444　0502
醫學從衆八卷　(清)陳念祖撰　(清)陳元犀參訂　清光緒刻本　三册

620000－1149－0000445　0503
醫學實在易八卷　(清)陳念祖撰　清漁古山房刻本　六册

620000－1149－0000446　0504
醫學摘粹五種十卷　(清)慶恕輯　清光緒二十三年(1897)五涼文社刻本　四册

620000－1149－0000447　0507
靈樞經九卷　(清)張志聰集注　(清)張文啟參訂　(清)張兆璜校正　清光緒十六年(1890)浙江書局刻本　八册

620000－1149－0000448　0509
活人書二十卷　(宋)朱肱撰　(明)徐鎔校　清光緒儒林堂刻本　六册

620000－1149－0000449　0510
醫理畧述二卷　(清)尹端模譯　清光緒十八年(1892)博濟醫局刻本　二册

620000－1149－0000450　0511
醫法圓通四卷　(清)鄭壽全輯　(清)敬先甲評　清光緒十三年(1887)刻本　二册

620000－1149－0000451　0512
醫宗備要三卷　(清)曾鼎輯　清同治八年(1869)楚北崇文書局刻本　一册

620000－1149－0000452　0513
醫醇賸義四卷　(清)費伯雄撰　清光緒三年(1877)刻本　四册

620000－1149－0000453　0514
醫效秘傳三卷　(清)葉桂撰　(清)吳金壽校　清道光十一年(1831)貯春僊館吳氏刻本　三册

620000－1149－0000454　0515
醫貫砭二卷　(清)徐大椿撰　(清)徐爔校　清刻本　一册

620000－1149－0000455　0516
醫宗必讀十卷　(明)李中梓撰　清光緒三十三年(1907)崇實書局刻本　五册

620000－1149－0000456　0517
醫學金鍼八卷　(清)陳念祖撰　(清)潘霨增輯　清光緒四年(1878)敏德堂刻本　四册

620000－1149－0000457　0518
醫法心傳一卷　(清)程芝田撰　(清)雷豐校刊　清光緒十三年(1887)養鶴山房刻本　一册

620000－1149－0000458　0519
醫醇賸義四卷　(清)費伯雄撰　清光緒十四年(1888)埽葉山房刻本　四册

620000－1149－0000459　0520
醫宗必讀五卷首一卷　(明)李中梓撰　清順治刻本　六册

620000－1149－0000460　0521
醫學發明一卷活法機要一卷　(金)李杲撰　(明)吳勉學校　**活法機要一卷**　(元)朱震亨撰　(明)吳中珩校　清二酉堂刻本　二册

620000－1149－0000461　0522
活法機要一卷　(元)朱震亨撰　(明)吳中珩校　清二酉堂刻本　一册

620000－1149－0000462　0523
醫宗必讀五卷首一卷　(明)李中梓撰　清光緒十二年(1886)遵經堂刻本　二册

620000－1149－0000463　0524
醫理元樞十四卷　(清)朱音恬輯　清刻本　六册

620000－1149－0000464　0525
經驗良方二卷　(清)梁思淇輯　清宣統元年(1909)埽葉山房石印本　一册

620000－1149－0000465　0526
醫醇賸義四卷　(清)費伯雄撰　清光緒三年(1877)刻本　四册

620000－1149－0000466　0527
丹溪心法附餘二十四卷首一卷　(明)方廣輯　清刻本　二十一册

620000－1149－0000467　0528
良方集腋二卷　(清)謝元慶輯　(清)王慶霄校　清道光二十二年(1842)留耕堂刻本　二册

620000－1149－0000468　0529
丹溪心法附餘二十四卷首一卷　(明)方廣輯　清刻本　十二册

620000－1149－0000469　0530
良朋彙集五卷　(清)孫偉輯　清刻本　一册　存一卷(四)

620000－1149－0000470　0531
良方集腋合璧一卷　(清)謝元慶輯　(清)王慶霄校　清咸豐五年(1855)刻本　一册

620000－1149－0000471　0532
丹溪心法附餘二十四卷首一卷　(明)方廣輯　清刻本　十二册

620000－1149－0000472　0533
景岳新方砭四卷　(清)陳念祖撰　清刻本　一册

620000－1149－0000473　0535
新刊良朋彙集五卷救急仙方一卷　(清)孫偉輯　清善成堂刻本　三册

620000－1149－0000474　0536
良方集腋合璧一卷　(清)謝元慶輯　(清)王慶霄校　清咸豐五年(1855)刻本　一册

620000－1149－0000475　0537
校正增廣驗方新編十八卷　(清)鮑相璈輯　(清)張紹棠增輯　清光緒二十一年(1895)上海寶善書局石印本　十一册

620000－1149－0000476　0538
急救應驗良方一卷　(清)費友棠輯　清光緒十四年(1888)刻本　一册

620000－1149－0000477　0539
新刊良朋彙集五卷　(清)孫偉輯　清道光四年(1824)姑蘇崇德書院刻本　六册

620000－1149－0000478　0540
重鐫本草醫方合編二種十二卷　(清)汪昂輯　(清)汪端等校　(清)胡學峰重定　清刻本　六册

620000－1149－0000479　0541
種福堂公選溫熱論醫案四卷　(清)葉桂撰　(清)華南田校　清文盛堂刻本　四册

620000－1149－0000480　0542
成方集驗四卷　(清)王賢輔輯　清光緒四年(1878)刻本　一册

620000－1149－0000481　0543
成方集驗四卷　(清)王賢輔輯　清光緒四年(1878)刻本　一册

620000－1149－0000482　0544
丹桂良方二卷　(清)黄翼升輯　清同治十年(1871)刻本　二册

620000－1149－0000483　0545
驗方新編十八卷　(清)鮑相璈輯　(清)張紹棠增輯　清光緒三十年(1904)上海洽記書局石印本　六册

620000－1149－0000484　0546
橄欖治痢奇驗方一卷　(清)陳熊傳　清光緒十九年(1893)杭城刻本　一册

620000－1149－0000485　0547
驗方新編十六卷痧症全書三卷咽喉秘集二卷　(清)鮑相璈輯　清同治三年(1864)長白毓清刻本　十册

620000－1149－0000486　0548
濟世良方六卷首一卷　(清)周其芬輯　(清)瑩軒氏補輯　清同治四年(1865)武昌節署刻本　八册

620000－1149－0000487　0549
瘧疾奇效妙方一卷　(清)倪涵初撰　清光緒

八年(1882)錢塘沛國氏抄本　一冊

620000－1149－0000488　0550
濟世良方四卷　(清)□□輯　清道光刻本　一冊

620000－1149－0000489　0551
新增屢效方一卷　(清)□□輯　清刻本　一冊

620000－1149－0000490　0552
蘇沈内翰良方十卷　(宋)蘇軾　(宋)沈括輯　清光緒二十三年(1897)武強賀氏刻本　四冊

620000－1149－0000491　0553
雜病證治類方八卷　(明)王肯堂輯　(清)程永培校　清光緒十八年(1892)上海圖書集成印書局鉛印本　七冊　缺一卷(二)

620000－1149－0000492　0554
景岳新方砭四卷　(清)陳念祖撰　清刻本　二冊

620000－1149－0000493　0555
景岳新方砭四卷　(清)陳念祖撰　清刻本　二冊

620000－1149－0000494　0556
孫真人千金方衍義三十卷　(清)張璐撰　(清)席世臣校　清嘉慶六年(1801)掃葉山房刻本　二十四冊

620000－1149－0000495　0557
急救應驗良方一卷　(清)費友棠輯　清光緒十二年(1886)刻本　一冊

620000－1149－0000496　0558
醫方易簡新編六卷　(清)龔自璋　(清)黄統輯　清光緒十五年(1889)浙慈還讀軒刻本　四冊

620000－1149－0000497　0559
青囊集解六卷　(清)吳筠集注　清刻本　二冊

620000－1149－0000498　0560
醫方易簡新編六卷　(清)龔自璋　(清)黄統輯　清光緒十五年(1889)浙慈還讀軒刻本　四冊

620000－1149－0000499　0561
易簡方論六卷　(清)程履新撰　(清)石韞玉校刊　清嘉慶刻本　十二冊

620000－1149－0000500　0562
臨症經驗方一卷　(清)張仲華輯　清光緒八年(1882)刻本　一冊

620000－1149－0000501　0563
經驗奇方二卷　(清)劉一明輯　清嘉慶二十二年(1817)刻本　一冊　存一卷(上)

620000－1149－0000502　0564
醫方捷徑指南全書二卷　(明)王宗顯輯　(清)錢允治校　清刻本　一冊

620000－1149－0000503　0565
醫方集解三卷　(清)汪昂著輯　清光緒二十年(1894)刻本　六冊

620000－1149－0000504　0566
萬國藥方八卷　(美國)洪士提反編譯　清光緒三十一年(1905)石印本　八冊

620000－1149－0000505　0567
醫方捷徑指南全書二卷　(明)王宗顯輯　(清)錢允治校　清永順堂刻本　一冊

620000－1149－0000506　0568
千金方合刻九十六卷　(唐)孫思邈撰　清同治七年(1868)刻本　三十二冊

620000－1149－0000507　0570
醫方集解三卷　(清)汪昂著輯　清光緒五年(1879)掃葉山房刻本　六冊

620000－1149－0000508　0571
醫方集解三卷　(清)汪昂著輯　清刻本　三冊

620000－1149－0000509　0572
圖註本艸醫方合編十卷首一卷　(清)汪昂輯　(清)胡學峰重定　清咸豐五年(1855)天祿閣刻本　六冊

620000－1149－0000510　0573

重訂驗方新編十八卷　(清)鮑相璈輯　清光緒三十三年(1907)上海鑄記書局石印本(卷九補配上海廣益書局石印本、卷十補配上海啟新書局石印本、卷十一補配上海錦章圖書局石印本)　七冊

620000－1149－0000511　0574

醫方集解三卷　(清)汪昂著輯　清有懷堂刻本　六冊

620000－1149－0000512　0575

圖註本草醫方合編十卷首一卷　(清)汪昂輯　(清)胡學峰重定　清同治七年(1868)廣州刻本　六冊

620000－1149－0000513　0576

本草備要四卷首一卷醫方全書六卷　(清)汪昂輯　清光緒刻本　六冊

620000－1149－0000514　0577

遂生編一卷福幼編一卷　(清)莊一夔撰　清刻本　一冊

620000－1149－0000515　0578

經驗良方一卷　(清)李君輯　(清)吳鳴吉編　清刻本　一冊

620000－1149－0000516　0579

時方歌括二卷時方妙用一卷　(清)陳念祖撰　清刻本　一冊

620000－1149－0000517　0580

驗方新編十六卷痧症全書三卷咽喉秘集二卷　(清)鮑相璈輯　清同治九年(1870)刻本　十冊

620000－1149－0000518　0581

時方歌括二卷時方妙用一卷　(清)陳念祖撰　清刻本　一冊

620000－1149－0000519　0582

湯頭歌括一卷經絡歌訣一卷　(清)汪昂輯　(清)汪端校　清光緒二年(1876)刻本　一冊

620000－1149－0000520　0583

時方妙用四卷　(清)陳念祖撰　清刻本　二冊

620000－1149－0000521　0584

回春丹三卷　(清)□□輯　清光緒十一年(1885)刻本　一冊

620000－1149－0000522　0585

厚德堂集驗方萃編四卷　(清)奇克唐阿輯　清光緒七年(1881)刻本　四冊

620000－1149－0000523　0586

驗方新編十六卷婦嬰至寶六卷　(清)鮑相璈輯　清光緒十六年(1890)刻本　十冊

620000－1149－0000524　0587

本草醫方合編二種十四卷　(清)汪昂輯　(清)汪端校　清宣統元年(1909)仁記書局刻本　六冊

620000－1149－0000525　0588

藥要便蒙新編二卷　(清)談鴻鋆輯　清光緒十八年(1892)京都龍光齋刻本　二冊

620000－1149－0000526　0589

增訂圖注本草備要四卷湯頭歌括一卷　(清)汪昂輯　清咸豐元年(1851)蘇州桐石山房刻本　五冊

620000－1149－0000527　0590

新刻校正大字李東垣先生珍珠囊二卷　(金)李杲撰　清刻本　一冊

620000－1149－0000528　0591

勿葯玄詮一卷　(清)汪昂輯　(清)魯祈如增　清道光二十五年(1845)文盛齋刻本　一冊

620000－1149－0000529　0592

本經疏證十二卷續疏六卷序疏要八卷　(清)鄒澍撰　清道光二十九年(1849)常州長年醫局刻本　六冊　存十二卷(本經疏證十二卷)

620000－1149－0000530　0593

本經疏證十二卷續疏六卷序疏要八卷　(清)鄒澍撰　清道光二十九年(1849)常州長年醫局刻本　六冊

620000－1149－0000531　0595

重鐫本草醫方合編二種十二卷　(清)汪昂輯

（清）汪端等校　（清）胡學峰重定　清光緒九年（1883）長沙遐齡精舍刻本　六冊

620000－1149－0000532　0597
本草備要四卷　（清）汪昂輯　清光緒三十年（1904）晉升山房刻本　四冊

620000－1149－0000533　0598
新刻校正大字李東垣先生珍珠囊二卷　（金）李杲撰　清刻本　一冊

620000－1149－0000534　0599
本草從新十八卷藥性總義一卷　（清）吳儀洛輯　清光緒二十年（1894）刻本　四冊

620000－1149－0000535　0600
雷公炮製藥性解六卷　（明）李中梓輯　（明）王子接重訂　清校經山房刻本　二冊

620000－1149－0000536　0601
本草原始合雷公炮製十二卷　（明）李中立撰　清存誠堂刻本　六冊

620000－1149－0000537　0603
增訂本草備要四卷　（清）汪昂輯　清道光二十七年（1847）刻本　四冊

620000－1149－0000538　0605
本草從新十八卷藥性總義一卷　（清）吳儀洛輯　清同治九年（1870）瓶花書屋刻本　六冊

620000－1149－0000539　0609
長沙方歌括六卷　（清）陳念祖撰　（清）陳蔚注　（清）陳元犀參訂　清刻本　二冊

620000－1149－0000540　0610
本經疏證十二卷續疏六卷序疏要八卷　（清）鄒澍撰　清道光二十九年（1849）常州長年醫局刻本　六冊

620000－1149－0000541　0611
本草從新十八卷藥性總義一卷　（清）吳儀洛輯　清光緒六年（1880）埽葉山房刻本　六冊

620000－1149－0000542　0612
長沙方歌括六卷　（清）陳念祖撰　（清）陳蔚注　（清）陳元犀參訂　清南雅堂刻本　四冊

620000－1149－0000543　0613
本草從新十八卷藥性總義一卷　（清）吳儀洛輯　清光緒七年（1881）刻本　六冊

620000－1149－0000544　0614
長沙方歌括六卷　（清）陳念祖撰　（清）陳蔚注　（清）陳元犀參訂　清光緒十五年（1889）上海江左書林刻本　三冊

620000－1149－0000545　0615
長沙方歌括六卷　（清）陳念祖撰　（清）陳蔚注　（清）陳元犀參訂　清刻本　三冊

620000－1149－0000546　0616
長沙藥解四卷　（清）黃元御撰　清光緒二十年（1894）上海圖書集成印書局鉛印本　一冊

620000－1149－0000547　0617
余註傷寒論翼四卷　（清）柯琴撰　（清）余景和注　清光緒十九年（1893）會稽孫思恭刻本　二冊

620000－1149－0000548　0618
長沙藥解四卷　（清）黃元御撰　清咸豐七年（1857）刻本　四冊

620000－1149－0000549　0619
萬承志堂丸散膏丹全集一卷　（清）萬嗣軒輯　清光緒十一年（1885）萬承志堂刻本　一冊

620000－1149－0000550　0620
余註傷寒論翼四卷　（清）柯琴撰　（清）余景和注　清光緒十九年（1893）會稽孫思恭刻本　二冊

620000－1149－0000551　0621
刪註脈訣規正二卷　（明）張世賢圖注　（清）沈鏡刪注　清光緒十八年（1892）寶慶務本書局刻本　一冊

620000－1149－0000552　0622
本草綱目五十二卷圖三卷　（明）李時珍撰　（清）吳毓昌校訂　清同治十一年（1872）刻本　四十二冊

620000－1149－0000553　0623
脉訣指掌　（元）朱震亨撰　（明）吳勉學校

清宏德堂刻本　一册

620000－1149－0000554　0624

本草綱目五十二卷圖三卷本草萬方鍼線八卷瀕湖脉學一卷奇經八脉攷一卷脉訣攷證一卷　（明）李時珍等撰　（清）張雲中重訂　清刻本　三十二册

620000－1149－0000555　0626

東塾讀書記十二卷又三卷　（清）陳澧撰　清光緒刻本　五册

620000－1149－0000556　0627

删註脈訣規正二卷　（清）沈鏡撰　清善成堂刻本　一册

620000－1149－0000557　0628

舌圖辨證一卷　（清）何愚　（清）朱黼輯　清光緒三年（1877）刻本　一册

620000－1149－0000558　0630

士材三書四種九卷　（明）李中梓撰　（清）尤乘增補　清刻本　六册

620000－1149－0000559　0631

普救回生草一卷　（清）憫人居士輯　清光緒九年（1883）樂善堂刻本　一册

620000－1149－0000560　0632

圖註八十一難經辨真四卷圖註脈訣辨真四卷脈訣附方一卷　（明）張世賢圖注　（清）沈鏡删注　清善成堂刻本　四册

620000－1149－0000561　0633

靈素提要淺註十二卷　（清）陳念祖注　清同治五年（1866）南雅堂刻本　四册

620000－1149－0000562　0635

靈素提要淺註十二卷　（清）陳念祖注　清同治五年（1866）南雅堂刻本　六册

620000－1149－0000563　0636

古本難經闡注二卷　（清）丁錦撰　清同治三年（1864）刻本　一册

620000－1149－0000564　0637

靈素提要淺註十二卷　（清）陳念祖注　清光緒元年（1875）善成堂刻本　六册　存八卷（一至八）

620000－1149－0000565　0640

古本難經闡注二卷　（清）丁錦撰　清同治三年（1864）刻本　二册

620000－1149－0000566　0642

黄帝内經素問靈樞合編二種十九卷　（明）馬蒔撰　清刻本　十册　存九卷（素問一至九）

620000－1149－0000567　0643

圖註八十一難經辨真四卷圖註脈訣辨真四卷脈訣附方一卷　（明）張世賢圖注　**瀕湖脈學一卷奇經八脈攷一卷**　（明）李時珍撰　清同治三年（1864）浙江亦西齋刻本　六册

620000－1149－0000568　0644

黄帝内經靈樞十二卷　（宋）史崧注　（清）黄以周校　清刻本　二册

620000－1149－0000569　0646

圖註難經脈訣四卷附瀕湖脈學一卷奇經八脈攷一卷　（晉）王叔和撰　（明）張世賢注　**瀕湖脈學一卷奇經八脈攷一卷**　（明）李時珍撰　清書業堂刻本　四册

620000－1149－0000570　0647

宋本十三經注疏附校勘記十三種八百三十二卷附一種四卷　（清）阮元輯校　（清）盧宣旬摘錄　清光緒十三年（1887）上海脈望仙館石印本　七册　存一百二十一卷（禮記一至六十三、校勘記一至八，儀禮一至五十）

620000－1149－0000571　0648

前四史四種三百九十五卷　（漢）司馬遷等撰　清同治十一年（1872）成都書局刻本　一百册

620000－1149－0000572　0650

圖註難經脈訣四卷　（晉）王叔和撰　（明）張世賢注　清錦章圖書局刻本　四册

620000－1149－0000573　0651

書經六卷　（宋）蔡沈集傳　清同治十年（1871）刻本　四册

620000－1149－0000574　0653

圖註脉訣辨真四卷 （晉）王叔和撰 （明）張世賢注 （清）沈鏡刪注 清刻本 二冊

620000－1149－0000575 0654

素問靈樞類纂約註三卷 （清）汪昂輯 （清）汪端等校 清同治十年（1871）埽葉山房刻本 三冊

620000－1149－0000576 0655

素問靈樞類纂約註三卷 （清）汪昂輯 （清）汪端等校 清咸豐元年（1851）同文堂刻本 三冊

620000－1149－0000577 0656

皇朝經世文新編二十一卷 （清）麥仲華輯 清光緒二十七年（1901）上海寶善書局石印本 十六冊

620000－1149－0000578 0657

禮記心典傳本三卷 （清）胡瑶光輯 清光緒刻本 四冊

620000－1149－0000579 0658

儀禮正義四十卷 （清）胡培翬撰 清咸豐二年（1852）沔陽陸建瀛刻同治七年（1868）修補本 二十冊

620000－1149－0000580 0659

詩經八卷 （宋）朱熹集傳 清同治十年（1871）刻本 四冊

620000－1149－0000581 0660

易經如話十二卷首一卷 （清）汪紱撰 清光緒二十二年（1896）刻本 六冊

620000－1149－0000582 0661

書經六卷 （宋）蔡沈集傳 清光緒十六年（1890）蘭州刻本 四冊

620000－1149－0000583 0662

史記一百三十卷 （漢）司馬遷撰 （南朝宋）裴駰集解 清光緒四年（1878）金陵書局刻本 十六冊

620000－1149－0000584 0663

禮記十卷 （元）陳澔集說 清同治七年（1868）楚北崇文書局刻本 十冊

620000－1149－0000585 0664

孟子分類課本二卷 （清）西農氏輯 清光緒三十四年（1908）上海均益圖書公司石印本 二冊

620000－1149－0000586 0666

皇清經解一千四百三十卷 （清）阮元輯 清光緒十四年（1888）上海石印本 二十四冊

620000－1149－0000587 0667

毛詩二十卷 （漢）鄭玄箋 清刻本 六冊

620000－1149－0000588 0668

春秋三傳十六卷首一卷 （□）□□輯 清光緒十六年（1890）蘭州刻本 十六冊

620000－1149－0000589 0669

四書補註備旨題竅匯參十卷 （明）鄧林撰 （清）祁文友等增補 清咸豐元年（1851）六也樓刻本 六冊

620000－1149－0000590 0672

皇朝經世文續編一百二十卷 （清）葛士濬輯 清光緒鉛印本 三十二冊

620000－1149－0000591 0676

二十四史二十四種三千二百三十七卷 （漢）司馬遷等撰 清光緒三十三年（1907）上海華商集成圖書公司鉛印本 二百九丨三冊

620000－1149－0000592 0685

墨子閒詁十五卷目錄一卷附錄一卷後語二卷 （清）孫詒讓撰 （清）王景羲校 清末埽葉山房石印本 八冊

620000－1149－0000593 0690

資治新書十四卷首一卷二集二十卷 （清）李漁輯 （清）沈心友訂 清光緒二十年（1894）上海圖書集成印書局鉛印本 十二冊

620000－1149－0000594 0693

白虎通疏證十二卷 （清）陳立撰 （清）楊鐸校 清光緒元年（1875）淮南書局刻本 四冊

620000－1149－0000595 0696

古經解彙函十六種一百二十二卷小學匯函十四種一百十八卷續附十種三十七卷 （清）鍾

謙鈞輯　清光緒十四年(1888)上海蜚英館石印本　二十册

620000－1149－0000596　0697
舊五代史一百五十卷　(宋)薛居正等撰　清埽葉山房刻本　十六册

620000－1149－0000597　0698
硃批諭旨六十卷　(清)鄂爾泰　(清)張廷玉等輯　清光緒十三年(1887)上海點石齋朱墨兩色石印本　六十册

620000－1149－0000598　0699
太上感應篇圖説八卷首一卷　(清)許纘曾輯　(清)何翰章等校訂　清光緒七年(1881)樂善堂刻本　八册

620000－1149－0000599　0700
讀書雜誌八十二卷餘編二卷　(清)王念孫撰　清同治九年(1870)金陵書局刻本　二十四册

620000－1149－0000600　0701
歸方評點史記合筆六卷　(清)王拯輯　清光緒元年(1875)錦城節署刻本　二册

620000－1149－0000601　0702
章氏遺書二種十一卷　(清)章學誠撰　清光緒三年(1877)刻本　五册

620000－1149－0000602　0703
莊子集解八卷　王先謙撰　清宣統元年(1909)思賢書局刻本　三册

620000－1149－0000603　0704
明史三百三十二卷　(清)張廷玉等纂　清光緒三年(1877)湖北崇文書局刻本　八十册

620000－1149－0000604　0705
宋遼金元四史五種三百七卷　(清)席世臣輯　清乾隆、嘉慶間埽葉山房刻本　四十六册

620000－1149－0000605　0706
南華真經十卷　(晉)郭象注　(唐)陸德明音義　清嘉慶九年(1804)姑蘇聚文堂刻本　四册

620000－1149－0000606　0708
古文審八卷首一卷　(清)劉心源撰　清光緒十七年(1891)嘉魚劉氏龍江樓刻本　四册

620000－1149－0000607　0709
墨子十六卷篇目考一卷　(清)畢沅校注　清光緒二十三年(1897)圖書集成局鉛印本　二册

620000－1149－0000608　0710
淳化帖釋文十卷　(清)徐朝弼集釋　清嘉慶十七年(1812)刻本　十二册

620000－1149－0000609　0711
草字彙法帖六卷　(清)石梁輯　清宣統三年(1911)同文書局石印本　六册

620000－1149－0000610　0712
古文辭類纂十五卷續纂十卷　(清)姚鼐輯　王先謙續輯　清光緒二十年(1894)上海圖書集成印書局鉛印本　八册

620000－1149－0000611　0713
增像全圖三國志演義第一才子書十二卷一百二十回　(明)羅本撰　(清)毛宗崗評　清宣統元年(1909)上海章福記石印本　十二册

620000－1149－0000612　0714
積學齋叢書二十種六十三卷　徐乃昌輯　清光緒南陵徐乃昌刻本　二十册

620000－1149－0000613　0715
古文雅正十四卷　(清)蔡世遠輯評　清嘉慶九年(1804)陝甘學政刻本　四册

620000－1149－0000614　0717
道藏輯要二十八集二百三十五卷總目一卷子目八卷　(清)彭定求輯　清光緒三十二年(1906)成都二仙庵刻本　二百四十三册　缺一卷(胃一)

620000－1149－0000615　0719
古文釋義新編八卷　(清)余誠輯評　清嘉慶十一年(1806)金谷園刻本　八册

620000－1149－0000616　0720
御纂周易折中二十二卷首一卷　(清)李光地等纂　清同治六年(1867)浙江巡撫馬新貽刻

本　十冊

620000－1149－0000617　0721
書集傳六卷　(宋)蔡沈集傳　清光緒二十二年(1896)彙文軒刻本　三冊

620000－1149－0000618　0722
書集傳六卷　(宋)蔡沈集傳　清光緒二十二年(1896)彙文軒刻本　四冊

620000－1149－0000619　0723
欽定周官義疏四十八卷首一卷　(清)允祿等纂　清同治七年(1868)李瀚章刻本　十八冊　存三十六卷(十三至四十八)

620000－1149－0000620　0724
說文解字徐氏繫傳四十卷　(南唐)徐鍇撰　清光緒九年(1883)江蘇書局刻本　八冊

620000－1149－0000621　0725
儀禮鄭註句讀十七卷監本正誤一卷石經正誤一卷　(清)張爾岐撰　清同治十一年(1872)山東書局刻本　六冊

620000－1149－0000622　0726
隸韻十卷攷證二卷碑目一卷碑目攷證一卷　(宋)劉球撰　清嘉慶十四年(1809)刻本　六冊

620000－1149－0000623　0727
周子全書四卷　(宋)周敦頤撰　清光緒十三年(1887)刻本　一冊

620000－1149－0000624　0728
說文段注訂補十四卷　(清)王紹蘭撰　(清)胡燏棻編刊　清光緒十四年(1888)胡燏棻刻本　八冊

620000－1149－0000625　0729
周禮六卷　(漢)鄭玄注　(唐)陸德明音義　清同治十一年(1872)山東書局刻本　六冊

620000－1149－0000626　0730
禮記十卷　(元)陳澔集說　清同治十一年(1872)山東書局刻本　十冊

620000－1149－0000627　0731
說文解字斠詮十四卷　(清)錢坫撰　清光緒九年(1883)淮南書局刻本　六冊

620000－1149－0000628　0732
說文釋例二十卷補正一卷　(清)王筠撰　清光緒九年(1883)成都御風樓刻本　十一冊

620000－1149－0000629　0733
淳化秘閣法帖考正十卷附二卷釋文二卷　(清)王澍撰　(清)沈宗騫臨　(清)陳焯校　清道光二十八年(1848)刻本　六冊

620000－1149－0000630　0737
春秋左傳註疏六十卷　(晉)杜預注　(唐)孔穎達疏　清嘉慶十八年(1813)四友堂刻本　二十四冊

620000－1149－0000631　0738
增補左傳易讀六卷　(清)司徒則廬輯注　清刻本　六冊

620000－1149－0000632　0739
經史百家雜鈔二十六卷首一卷　(清)曾國藩輯　(清)李鴻章校刊　清光緒二十年(1894)金城刻本　二十四冊

620000－1149－0000633　0740
周禮六卷　(漢)鄭玄注　(唐)陸德明音義　清嘉慶十一年(1806)清芬閣刻本　六冊

620000－1149－0000634　0743
欽定四庫全書總目二百卷　(清)紀昀等纂　清同治七年(1868)廣東書局刻本　二十七冊　存四十二卷(一百五十九至二百)

620000－1149－0000635　0744
珍珠囊指掌補遺藥性賦四卷　(金)李杲輯　(清)王子接重訂　清光緒十二年(1886)上洋江左書林刻本　二冊

620000－1149－0000636　0745
舊唐書二百卷　(後晉)劉昫撰　清同治八年(1869)嶺南萜古堂刻本　六十三冊

620000－1149－0000637　0746
雷公炮製藥性解六卷　(明)李中梓輯　(明)王子接重訂　清光緒五年(1879)紫文閣刻本　二冊

620000－1149－0000638　0747
欽定古今圖書集成一萬卷目錄三十二卷　(清)陳夢雷　(清)蔣廷錫等纂　清光緒十年(1884)上海圖書集成印書局鉛印本　一千六百二十五册

620000－1149－0000639　0748
同仁堂藥目一卷　(清)樂鳳鳴輯　清光緒十五年(1889)京都同仁堂刻本　一册

620000－1149－0000640　0749
同仁堂藥目一卷　(清)樂鳳鳴輯　清光緒十五年(1889)京都同仁堂刻本　一册

620000－1149－0000641　0750
珍珠囊指掌補遺藥性賦四卷　(金)李杲輯　(清)王子接重訂　清經綸堂刻本　二册

620000－1149－0000642　0751
黄帝内經素問靈樞合編二種十九卷　(明)馬蒔撰　清光緒五年(1879)刻本　二十四册

620000－1149－0000643　0752
黄帝内經素問靈樞合編二種十九卷　(明)馬蒔撰　清光緒刻本　十一册

620000－1149－0000644　0754
靈樞經九卷　(清)張志聰集注　(清)張文啟參訂　(清)張兆璜校正　清光緒十六年(1890)浙江書局刻本　八册

620000－1149－0000645　0755
重廣補註黄帝内經素問二十四卷　(唐)王冰注　(宋)林億等校正　(宋)孫兆改誤　清道光二十九年(1849)京口遵仁堂刻本　六册

620000－1149－0000646　0756
靈素提要淺註十二卷　(清)陳念祖注　清宏道堂刻本　八册

620000－1149－0000647　0757
黄帝内經素問九卷　(清)張志聰集注　(清)莫承藝參訂　(清)朱景韓校正　清光緒十六年(1890)浙江書局刻本　六册

620000－1149－0000648　0758
靈樞經九卷　(清)張志聰集注　(清)張文啟參訂　(清)張兆璜校正　清大成齋刻本　六册

620000－1149－0000649　0759
黄帝内經素問九卷　(清)張志聰集注　(清)莫承藝參訂　(清)朱景韓校正　清刻本　六册

620000－1149－0000650　0760
黄帝内經素問九卷　(清)高世栻注　清光緒十三年(1887)浙江書局刻本　八册

620000－1149－0000651　0761
黄帝内經素問九卷　(清)張志聰集注　(清)莫承藝參訂　(清)朱景韓校正　清刻本　五册

620000－1149－0000652　0762
黄帝内經素問九卷　(清)高世栻注　清康熙三十四年(1695)侶山堂刻本　八册

620000－1149－0000653　0763
黄帝内經素問九卷　(清)高世栻注　清康熙三十四年(1695)侶山堂刻本　八册

620000－1149－0000654　0764
黄帝内經素問靈樞合編二種十九卷　(明)馬蒔撰　清刻本　三十册

620000－1149－0000655　0765
黄帝内經素問靈樞合編二種十九卷　(明)馬蒔撰　清刻本　十八册

620000－1149－0000656　0766
三指禪三卷　(清)周學霆撰　(清)歐陽輯瑞評注　清刻本　一册

620000－1149－0000657　0768
圖註八十一難經辨真四卷　(明)張世賢圖注　清嘉慶六年(1801)文星堂刻本　二册

620000－1149－0000658　0769
圖註八十一難經辨真四卷　(明)張世賢圖注　(清)沈鏡重校　清刻本　二册

620000－1149－0000659　0770
靈樞經九卷　(清)張志聰集注　(清)張文啟參訂　(清)張兆璜校正　清刻本　十二册

620000－1149－0000660　0771
圖註脈訣辨真四卷　(晉)王叔和撰　(明)張世賢注　(清)沈鏡刪注　清刻本　二冊

620000－1149－0000661　0772
圖註八十一難經辨真四卷難經彙攷一卷　(明)張世賢圖注　(清)沈鏡重校　清光緒文奎堂刻本　二冊

620000－1149－0000662　0773
圖註八十一難經辨真四卷刪註脈訣規正四卷　(明)張世賢圖注　(清)沈鏡刪注　清善成堂刻本　四冊

620000－1149－0000663　0774
刪註脈訣規正二卷　(清)沈鏡撰　清善成堂刻本　一冊

620000－1149－0000664　0775
素問靈樞類纂約註三卷　(清)汪昂輯　(清)汪端等校　清刻本　四冊

620000－1149－0000665　0776
圖註脉訣辨真四卷　(晉)王叔和撰　(明)張世賢注　(清)沈鏡刪注　清康熙三十九年(1700)光啟堂刻本　二冊

620000－1149－0000666　0777
醫經原旨六卷　(清)薛雪集注　清乾隆十九年(1754)薛氏埽葉莊刻本　六冊

620000－1149－0000667　0778
醫經原旨六卷　(清)薛雪集注　(清)楊釆青重校　清埽葉山房刻本　六冊

620000－1149－0000668　0779
素問靈樞類纂約註三卷　(清)汪昂輯　(清)汪端等校　清刻本　三冊

620000－1149－0000669　0780
素問靈樞類纂約註三卷　(清)汪昂輯　(清)汪端等校　清光緒六年(1880)刻本　三冊

620000－1149－0000670　0781
內經知要二卷　(明)李中梓輯　(清)薛雪校　清光緒九年(1883)刻本　二冊

620000－1149－0000671　0782
類經三十二卷圖翼十一卷附翼四卷　(明)張介賓類注　清刻本　十三冊

620000－1149－0000672　0783
內經評文靈樞十二卷素問二十四卷遺篇一卷　(清)周學海注　清光緒二十四年(1898)建德周學海刻本　十冊

620000－1149－0000673　0784
素問靈樞類纂約註三卷　(清)汪昂輯　(清)汪端等校　清光緒十三年(1887)埽葉山房刻本　三冊

620000－1149－0000674　0785
類經三十二卷圖翼十一卷附翼四卷　(明)張介賓類注　明天啓四年(1624)天德堂刻本　二十冊

620000－1149－0000675　0786
素問靈樞類纂約註三卷　(清)汪昂輯　(清)汪端等校　清光緒六年(1880)刻本　三冊

620000－1149－0000676　0787
補注黃帝內經素問二十四卷遺篇一卷　(唐)王冰注　(宋)林億等校正　清光緒三年(1877)浙江書局刻本　八冊

620000－1149－0000677　0788
醫學滙參不分卷　(清)林楓輯　(清)莘臣抄　清光緒三十四年(1908)抄本　十冊

620000－1149－0000678　0790
醫學纂要心法靈機六卷　(清)劉淵輯　清乾隆二十九年(1764)刻本　五冊　存四卷(一至四)

620000－1149－0000679　0792
訂補明醫指掌十卷　(明)皇甫中撰注　(明)王肯堂訂補　明天啓二年(1622)刻本　四冊

620000－1149－0000680　0793
尚論後篇四卷　(清)喻昌撰　清乾隆二十八年(1763)黎川陳守誠刻本　四冊

620000－1149－0000681　0795
經驗廣集四卷　(清)李文炳輯　清李熊然刻本　三冊

620000－1149－0000682　0796

本草綱目五十二卷圖三卷　(明)李時珍撰　(清)張鶴翥校訂　清道光六年(1826)刻本　五十二册

620000－1149－0000683　0797

本草綱目拾遺十卷正誤一卷　(清)趙學敏輯　清同治十年(1871)吉心堂刻本　十册

620000－1149－0000684　0798

增訂本草附方二卷　(清)□□輯　清乾隆五十年(1785)和采堂刻本　二册

620000－1149－0000685　0799

本草述鉤元三十二卷　(清)楊時泰輯　清道光二十二年(1842)毘陵涵雅堂刻本　十二册

620000－1149－0000686　0800

本草述鉤元三十二卷　(清)楊時泰輯　清道光二十二年(1842)毘陵涵雅堂刻本　十二册

620000－1149－0000687　0801

本經疏證十二卷續疏六卷序疏要八卷　(清)鄒澍撰　清道光二十九年(1849)常州長年醫局刻本　六册

620000－1149－0000688　0802

經驗廣集四卷　(清)李文炳輯　清李熊然刻本　三册

620000－1149－0000689　0803

增訂本草備要四卷醫方集解三卷湯頭歌括一卷經絡歌訣一卷續增日食菜物一卷　(清)汪昂輯　清乾隆五年(1740)經元堂刻本　六册

620000－1149－0000690　0804

丸散膏丹集二卷　(□)□□輯　清光緒二十九年(1903)雷氏抄本　二册

620000－1149－0000691　0805

類證普濟本事方十卷備録七卷治藥總例一卷葉香巖傳一卷　(宋)許叔微撰　(清)葉桂注　(清)沈德潛撰傳　清嘉慶十九年(1814)埽葉山房刻本　六册

620000－1149－0000692　0806

珍珠囊指掌補遺藥性賦四卷　(金)李杲輯　(清)王子接重訂　清光緒三十二年(1906)蘇州埽葉山房刻本　二册

620000－1149－0000693　0807

奇効良方六十九卷　(明)方賢輯　(明)楊文翰校正　明刻本(目錄、卷一至三配抄本)　三十二册

620000－1149－0000694　0808

涵秋堂纂集經驗秘方六卷　(清)林芃輯　(清)張珽重校　清道光十六年(1836)蓉城集述堂刻本　六册

620000－1149－0000695　0809

雷公炮製藥性解六卷　(明)李中梓輯　(明)王子接重訂　清光緒刻本　二册

620000－1149－0000696　0810

千金翼方三十卷　(唐)孫思邈撰　(明)王肯堂重校　清刻本　十五册

620000－1149－0000697　0811

外科統治秘方一卷　(□)□□輯　清抄本　一册

620000－1149－0000698　0812

蘇沈良方八卷　(宋)蘇軾　(宋)沈括輯　清刻本　二册

620000－1149－0000699　0813

本草經疏輯要十卷　(清)吴世鎧輯　清嘉慶刻本　六册

620000－1149－0000700　0814

劉河間傷寒三書三種二十卷　(金)劉完素撰　(明)吴勉學校　(清)程郊倩考訂　清新安程氏刻本　四册

620000－1149－0000701　0815

本經逢原四卷　(清)張璐撰　清光緒三十四年(1908)渭南嚴氏成都刻本　六册

620000－1149－0000702　0817

接骨入骱備方一卷　(□)□□撰　清光緒十六年(1890)抄本　一册

620000－1149－0000703　0818

瘡瘍經驗全書六卷　(宋)竇傑撰　(清)洪瞻

巖　(清)陳友恭校　清養元堂刻本　八册

620000－1149－0000704　0819
藥性通考八卷　(清)太醫院輯　(清)黄以約參訂　清道光二十九年(1849)京都刻本　六册

620000－1149－0000705　0820
内科摘要二卷　(明)薛己撰　(清)吳玄有校　清刻本　二册

620000－1149－0000706　0822
東醫寶鑑二十三卷目録二卷　(朝鮮)許浚撰　清乾隆三十一年(1766)刻本　二十五册

620000－1149－0000707　0824
古本難經闡注二卷　(清)丁錦撰　清抄本　二册

620000－1149－0000708　0825
重訂傷寒集註十卷　(清)舒詔撰　(清)夏之翰參訂　清乾隆三十五年(1770)雙峯堂刻本　三册

620000－1149－0000709　0826
躋園論治録不分卷　(□)□□撰　清抄本　四册

620000－1149－0000710　0827
醫方雜論一卷　(□)□□輯　清抄本　一册

620000－1149－0000711　0828
傷寒附翼二卷　(清)柯琴輯　(清)馬中驊校　清刻本　二册

620000－1149－0000712　0829
韻府拾遺一百六卷　(清)汪灝等纂　清刻本　二十四册

620000－1149－0000713　0830
思辨録輯要二十二卷後集十三卷從祀録一卷　(明)陸世儀撰　清光緒三年(1877)江蘇書局刻本　八册

620000－1149－0000714　0832
韻府拾遺一百六卷　(清)汪灝等纂　清康熙五十九年(1720)内府刻本　二十册

620000－1149－0000715　0836
逸語十卷　(清)曹庭棟輯注　清乾隆十二年(1747)刻本　二册

620000－1149－0000716　0844
十七史十七種一千五百七十四卷　(□)□□輯　明崇禎至清順治琴川毛氏汲古閣刻本　三百十册

620000－1149－0000717　0846
左繡三十卷首一卷　(清)馮李驊　(清)陸浩輯評　(清)沈乃文等參評　清刻本　十六册

620000－1149－0000718　0851
四書大全四十六卷　(清)陸隴其輯　(清)席永恂等參閱　清刻本　二十九册　缺五卷(論語十三至十七)

620000－1149－0000719　0852
蘭山課業經訓約編不分卷　(清)盛元珍輯　清乾隆刻本　二十四册

620000－1149－0000720　0853
古文析義二編八卷　(清)林雲銘輯評　清刻本　八册

620000－1149－0000721　0854
周易函書約存十五卷首三卷約註十八卷　(清)胡煦撰　清乾隆葆璞堂刻本　二十册

620000－1149－0000722　0855
易經揆一十四卷易學啟蒙補二卷　(清)梁錫璵撰　清乾隆刻本　十册

620000－1149－0000723　0856
周易輯聞六卷　(宋)趙汝楳撰　明刻本　六册

620000－1149－0000724　0857
容齋隨筆十六卷續筆十六卷三筆十六卷四筆十六卷五筆十卷　(宋)洪邁撰　明崇禎三年(1630)馬元調刻清康熙三十九年(1700)洪璟重修本　十八册

620000－1149－0000725　0858
易傳十七卷周易音義一卷　(唐)李鼎祚集解　(唐)陸德明音義　清乾隆二十一年(1756)

德州盧氏刻本　六冊　缺二卷(十六至十七)

620000－1149－0000726　0859

經言拾遺十四卷　(清)徐文靖撰　(清)毛大鵬訂　清乾隆二十年(1755)毛大鵬刻本　三冊

620000－1149－0000727　0861

尚書集注音疏十二卷末一卷外編一卷　(清)江聲撰　清乾隆五十八年(1793)江氏近市居刻本　六冊

620000－1149－0000728　0862

東坡先生編年詩五十卷年表一卷年譜一卷　(宋)蘇軾撰　(清)查慎行補注　(宋)王宗稷編譜　清乾隆二十六年(1761)查開香雨齋刻本　十六冊

620000－1149－0000729　0863

管窺輯要八十卷　(清)黄鼎輯　清刻本　二十六冊

620000－1149－0000730　0864

六書分類十二卷首一卷　(清)傅世垚輯　清乾隆五十四年(1789)傅應奎刻本　十三冊

620000－1149－0000731　0866

杜詩詳註二十五卷首一卷附編二卷　(唐)杜甫撰　(清)仇兆鰲輯注　清康熙刻本　十四冊

620000－1149－0000732　0867

孟子文說七卷學庸文說二卷　(清)康濬撰　清嘉慶十二年(1807)刻本　四冊

620000－1149－0000733　0868

左傳分國摘要二十卷圖一卷　(清)史宗恒輯　清嘉慶十五年(1810)刻本　四冊

620000－1149－0000734　0869

四書述要十九卷　(清)楊玉緒撰　清光緒十年(1884)刻本　五冊

620000－1149－0000735　0870

文選六十卷　(南朝梁)蕭統輯　(唐)李善注　(清)何焯評　(清)葉樹藩參訂　清文彬堂刻朱墨套印本　十二冊

620000－1149－0000736　0871

唐宋十大家全集錄十種五十二卷首一卷　(清)儲欣輯　(清)吳蔚起參校　清康熙四十四年(1705)吳氏揚州刻本　三十六冊

620000－1149－0000737　0872

帶經堂集七編九十二卷　(清)王士禛撰　(清)程哲編校　清康熙四十九年(1710)七略書堂刻乾隆十二年(1747)黄晟重修本　十二冊

620000－1149－0000738　0874

杜詩鏡銓二十卷杜文註解二卷　(唐)杜甫撰　(清)楊倫輯注　清咸豐三年(1853)廣州登雲閣刻本　十冊

620000－1149－0000739　0875

御纂詩義折中二十卷　(清)陳兆崙等纂　清刻本　十冊

620000－1149－0000740　0876

古文辭類纂七十五卷五色標記表一卷　(清)姚鼐輯　(清)吳汝綸集評　清宣統二年(1910)五色古文山房刻本　十二冊

620000－1149－0000741　0877

論語後案二十卷　(清)黄式三撰　(清)黄以周校　清光緒九年(1883)浙江書局刻本　十冊

620000－1149－0000742　0878

重定金石契四卷首一卷補遺一卷續一卷　(清)張燕昌輯　清乾隆四十三年(1778)張氏自刻本　四冊

620000－1149－0000743　0879

周易詁要不分卷　(清)龍萬育輯　清道光四年(1824)敷文閣刻本　四冊

620000－1149－0000744　0880

杜工部集二十卷首一卷　(唐)杜甫撰　(明)王世貞等評點　清光緒二年(1876)粵東翰墨園刻六色套印本　十冊

620000－1149－0000745　0881

杜工部集二十卷首一卷　(唐)杜甫撰　(明)

王世貞等評點　清道光十四年(1834)芸葉盦刻六色套印本　八冊

620000－1149－0000746　0882
隸辨八卷　(清)顧藹吉撰　清乾隆八年(1743)黃晟刻本　八冊

620000－1149－0000747　0883
金石索十二卷首一卷　(清)馮雲鵬　(清)馮雲鵷輯　清道光元年(1821)馮氏滋陽縣署刻本　十二冊

620000－1149－0000748　0884
增訂四經精華四種三十七卷　(清)魏朝俊輯　清光緒十一年(1885)魏氏古香閣刻本　十八冊

620000－1149－0000749　0885
水經四十卷　(北魏)酈道元注　(清)項絪校刊　清康熙五十三年(1714)項氏群玉書堂刻本　十冊

620000－1149－0000750　0886
御選語錄十九卷　(清)世宗胤禛輯　清雍正刻本　十四冊

620000－1149－0000751　0887
易象闡微五卷大易圖解一卷　(清)蕭寅顯撰　(清)丁取忠校刊　清咸豐二年(1852)長沙丁氏刻本　二冊

620000－1149－0000752　0888
御纂春秋直解十二卷　(清)梁錫璵等纂　清刻本　六冊

620000－1149－0000753　0889
御纂周易折中二十二卷首一卷　(清)李光地等纂　清刻本　十二冊

620000－1149－0000754　0890
御纂周易折中二十二卷首一卷　(清)李光地等纂　清刻本　十二冊

620000－1149－0000755　0891
御纂周易折中二十二卷首一卷　(清)李光地等纂　清康熙武英殿刻本　十二冊

620000－1149－0000756　0892
周易函書別集十九卷　(清)胡煦撰　清雍正二年(1724)葆璞堂刻本　四冊

620000－1149－0000757　0893
周易洗心十卷　(清)任啟運撰　清乾隆三十四年(1769)任氏清芬堂刻本　十冊

620000－1149－0000758　0894
槎溪學易三卷　(清)陳鼒撰　清同治十三年(1874)保定蓮華池刻本　二冊

620000－1149－0000759　0895
莊子南華真經四卷列子冲虛真經一卷　(晉)郭象注　(明)閔齊伋校　明末閔齊伋刻朱墨套印本　八冊

620000－1149－0000760　0896
復齋易說六卷　(宋)趙彥肅撰　清康熙通志堂刻本　三冊

620000－1149－0000761　0899
易傳十七卷周易音義一卷　(唐)李鼎祚集解　(唐)陸德明音義　清乾隆二十一年(1756)德州盧氏刻本　四冊　缺五卷(十三至十七)

620000－1149－0000762　0900
周易傳義音訓八卷首一卷末一卷　(宋)程頤傳　(宋)朱熹注　(宋)呂祖謙音訓　清光緒十五年(1889)江南書局刻本　八冊

620000－1149－0000763　0901
來瞿唐先生易註十五卷首一卷末一卷圖一卷圖補遺一卷　(清)來知德撰　清嘉慶十四年(1809)刻本　七冊

620000－1149－0000764　0902
易酌十四卷讀易法一卷周易雜卦圖一卷　(清)刁包撰　(清)刁再濂編　清道光二十三年(1843)刁懷瑾刻本　十四冊

620000－1149－0000765　0903
增廣四書典腋二十卷　(□)□□輯　清光緒二年(1876)四明茹古齋鉛印本　六冊

620000－1149－0000766　0904
文獻通考三百四十八卷　(元)馬端臨撰　清光緒二十二年(1896)浙江書局刻本　一百五

十册

620000－1149－0000767　0905
春秋屬辭辨例編六十卷首二卷　(清)張應昌撰　清同治江蘇書局刻本　三十二册

620000－1149－0000768　0906
傷寒大成七種二十八卷　(清)張璐等撰　清光緒刻本　十二册　缺十六卷(醫通三至十六、本經逢原一、傷寒緒論下)

620000－1149－0000769　0907
山海經廣注十八卷雜述一卷圖五卷　(清)吳任臣撰　清刻本　六册

620000－1149－0000770　0908
漢隸字源五卷碑目一卷　(宋)婁機撰　清光緒三年(1877)姚覲元川東官舍刻本　六册

620000－1149－0000771　0909
白虎通疏證十二卷　(清)陳立撰　(清)楊鐸校　清光緒元年(1875)淮南書局刻本　六册

620000－1149－0000772　0910
楚辭十七卷　(漢)劉向輯　(漢)王逸注　清同治十一年(1872)金陵書局刻本　四册

620000－1149－0000773　0911
周官箋六卷　(漢)鄭玄注　王闓運箋　清光緒二十二年(1896)東洲講舍刻本　六册

620000－1149－0000774　0912
毛詩二十卷　(漢)鄭玄箋　清末刻本　四册

620000－1149－0000775　0913
經典釋文三十卷　(唐)陸德明撰　清光緒十五年(1889)湘南書局刻本　十六册　缺一卷(三十)

620000－1149－0000776　0914
輶軒使者絕代語釋別國方言箋疏十三卷　(清)錢繹撰　清光緒十六年(1890)廣雅書局刻本　四册

620000－1149－0000777　0915
欽定書經圖說五十卷　(清)孫家鼐等纂　清光緒三十一年(1905)石印本　十六册

620000－1149－0000778　0916
唐詩三百首四卷　(清)孫洙輯　(清)李盤根注　清刻本　一册

620000－1149－0000779　0917
小題四萬選不分卷　(清)□□輯　清光緒十八年(1892)上海鴻文書局石印本　二十册

620000－1149－0000780　0921
傷寒大成四種六卷　(清)張璐等撰　清康熙六年(1667)金閶書業堂刻本　十册

620000－1149－0000781　0922
傷寒論翼二卷傷寒附翼二卷傷寒論注四卷　(清)柯琴撰　(清)馬中驊校　清乾隆二十年(1755)刻本　八册

620000－1149－0000782　0923
金匱玉函經二註二十二卷　(元)趙以德衍義　(清)周揚俊補注　清嘉慶木活字印本　四册

620000－1149－0000783　0924
傷寒大白四卷　(清)秦之楨撰　清康熙五十三年(1714)其順堂陳氏刻本　四册

620000－1149－0000784　0925
重刊船山遺書二百八十八卷　(清)王夫之撰　清同治四年(1865)湘鄉曾氏金陵節署刻本　一百册

620000－1149－0000785　0926
張仲景傷寒論貫珠集八卷　(清)尤怡注　(清)朱陶性校　清刻本　四册

620000－1149－0000786　0927
傷寒尋源三卷　(清)呂震名撰　清光緒七年(1881)刻本　三册

620000－1149－0000787　0929
傷寒六書六種六卷　(明)陶華撰　(明)吳勉學校　明末步月樓刻本　四册

620000－1149－0000788　0930
十三經札記二十二卷群書札記十六卷　(清)朱亦棟撰　清光緒四年(1878)武林竹簡齋刻本　十六册

620000－1149－0000789　0931
辨症集六卷　(清)陳氏撰　清道光二十六年(1846)劉家沂抄本　六册

620000－1149－0000790　0932
傷寒第一書四卷附餘二卷　(清)車宗輅　(清)胡憲豐撰　(清)王勉渠參訂　清乾隆四十五年(1780)刻本　六册

620000－1149－0000791　0933
釋名疏證八卷續一卷補遺一卷　(漢)劉熙撰　(清)畢沅疏證　清乾隆五十五年(1790)靈巖山館刻本　二册

620000－1149－0000792　0934
傷寒論直解六卷　(清)張錫駒注　清康熙五十一年(1712)錢塘張氏三餘堂刻本　六册

620000－1149－0000793　0935
唐王燾先生外臺秘要方四十卷　(唐)王燾撰　(清)程衍道校訂　清同治十三年(1874)廣東翰墨園刻本　四十二册

620000－1149－0000794　0936
周氏醫學叢書三十二種一百九十三卷　(清)周學海撰　清宣統三年(1911)池陽周氏福慧雙修館刻本　七十二册　缺二卷(診家直訣一至二)

620000－1149－0000795　0937
爾雅易讀一卷夏小正一卷　(清)路德撰　清光緒八年(1882)刻本　二册

620000－1149－0000796　0938
傷寒論條辨八卷本草抄一卷或問一卷痙書一卷　(明)方有執撰　(清)陳友恭校　清康熙五十八年(1719)浩然樓刻本　六册

620000－1149－0000797　0939
圖註八十一難經辨真四卷　(明)張世賢圖注　清刻本　二册

620000－1149－0000798　0940
景岳全書六十四卷　(明)張介賓撰　(明)魯超訂　清刻本　二十册

620000－1149－0000799　0941
世補齋醫書六種三十三卷　(清)陸懋修撰　(清)沈彥模　(清)陸潤庠等校　清光緒十年(1884)刻十二年(1886)山左書局重印本　八册

620000－1149－0000800　0942
醫學考辨摘要一卷　(清)羅紹芳撰　(清)羅文溥編　(清)方問經校　清光緒十三年(1887)刻本　一册

620000－1149－0000801　0943
爾雅易讀一卷夏小正一卷　(清)路德撰　清光緒八年(1882)刻本　二册

620000－1149－0000802　0944
女科二卷　(清)傅山撰　清光緒二十二年(1896)刻本　一册

620000－1149－0000803　0945
金匱心典三卷　(清)尤怡集注　清光緒三十年(1904)上海國文書局石印本　一册

620000－1149－0000804　0946
男科二卷　(清)傅山撰　(清)王道平校　清光緒五年(1879)刻本　一册

620000　1149－0000805　0947
爾雅註疏十一卷　(晉)郭璞注　(宋)邢昺疏　清刻本　六册

620000－1149－0000806　0948
活幼心書三卷校記一卷　(元)曾世榮輯　清宣統二年(1910)武昌醫館刻本　二册

620000－1149－0000807　0949
絳雪園古方選註不分卷　(清)王子接注　(清)葉桂校　清埽葉山房刻本　四册

620000－1149－0000808　0950
格言聯璧一卷　(清)金纓輯　清同治六年(1867)琉璃廠刻本　一册

620000－1149－0000809　0951
周易四卷卦歌一卷筮儀一卷圖說一卷　(宋)朱熹注　清嘉慶十五年(1810)刻本　四册

620000－1149－0000810　0952
疫痧一得二卷　(清)余霖撰　清光緒五年

(1879)刻本　一冊　存一卷(一)

620000-1149-0000811　0953

時方妙用四卷時方歌括二卷　(清)陳念祖撰　清刻本　六冊

620000-1149-0000812　0716

古文淵鑒六十四卷　(清)徐乾學等撰　清同治十二年(1873)浙江書局刻本　三十二冊　缺二卷(十一至十二)

620000-1149-0000813　0718

古文淵鑒六十四卷　(清)徐乾學等撰　清刻五色套印本　三十二冊

620000-1149-0000814　0734

康熙字典十二集總目一卷檢字一卷辨似一卷等韻一卷備考一卷補遺一卷　(清)張玉書等纂　清道光七年(1827)刻本　三十九冊

620000-1149-0000815　0735

御纂周易述義十卷　(清)傅恒等纂　清道光十八年(1838)刻本　六冊

620000-1149-0000816　0860

性理大全書七十卷　(明)胡廣等纂　明萬曆二十五年(1597)吳勉學師古齋刻本　二十九冊　缺三卷(十四至十五、十七)

620000-1149-0000817　0865

性理大全書七十卷　(明)胡廣等纂　明刻本　七冊　存十五卷(八至九、十五至十六、三十六至四十一、六十二至六十四、六十七至六十八)

620000-1149-0000818　0873

佩文韻府一百六卷　(清)張玉書等纂　清康熙五十年(1711)刻本　九十五冊

甘肅省定西市隴西縣圖書館古籍普查登記目録

全國古籍普查登記目録

國家圖書館出版社
National Library of China Publishing House

《甘肅省定西市隴西縣圖書館古籍普查登記目録》

主　編：周　文

編　委：劉小萍

620000－1130－0000001　B221/828
易經體註大全四卷　（清）李兆賢輯　清學源堂刻本　四冊

620000－1130－0000002　B221/828.1
易經體註大全四卷　（清）李兆賢輯　清學源堂刻本　二冊

620000－1130－0000003　B221/563
書經體註大全合參六卷　（清）范翔鑒定　（清）錢希祥參　（清）張聖度訂　清道光二十年（1840）刻五經體注大全本　三冊

620000－1130－0000004　B221/828.2
易經體註大全四卷　（清）李兆賢輯　清道光八年（1828）文發堂刻本　四冊

620000－1130－0000005　B222.1/437
四書經註集證十九卷　（宋）朱熹集注　清嘉慶三年（1798）刻本　十六冊

620000－1130－0000006　B222.1/863
四書大題分類文鈔不分卷　（清）□□輯　清光緒十四年（1888）石印本　十二冊

620000－1130－0000007　B222/978
禮記十卷　（元）陳澔集說　清同治十年（1871）刻本　九冊　存九卷（一至六、八至十）

620000－1130－0000008　B222.1/356
子思子七卷　（漢）鄭玄注　（清）黄以周輯解　清光緒刻本　一冊　存三卷（一至三）

620000－1130－0000009　B222.2/370.1
孔子集語十七卷　（清）孫星衍輯　清光緒三年（1877）浙江書局刻二十二子本　四冊

620000－1130－0000010　B222.5/357
孟子七卷　（宋）朱熹集注　清刻本　三冊

620000－1130－0000011　B222.6/553
荀子二十卷　（唐）楊倞注　清光緒二年（1876）浙江書局刻二十二子本　四冊　存十一卷（一至三、十一至十八）

620000－1130－0000012　B221/344
來瞿唐先生易註十五卷首一卷末一卷　（明）來知德撰　清刻本　六冊

620000－1130－0000013　B222.1/828
四書十九卷　（宋）朱熹集注　清同治十年（1871）刻本　一冊　存二卷（大學一、中庸一）

620000－1130－0000014　B222.9/105
墨齋存稿六卷　（清）祁永膺撰　清光緒三十二年（1906）隴西縣署刻本　二冊

620000－1130－0000015　B222.9/11
先儒正修錄三卷　（清）于準撰　清康熙刻本　二冊　存二卷（前帙、中帙）

620000－1130－0000016　B222.9/235
西山先生真文忠公讀書記四十卷　（宋）眞德秀輯　清咸豐七年（1857）刻本　二十四冊

620000－1130－0000017　B222.9/285
二曲集二十六卷首一卷歷年紀略一卷　（清）李顒撰　清同治五年（1866）刻本　四冊　缺十一卷（十六至二十六）

620000－1130－0000018　B222.9/385
東塾讀書記二十五卷　（清）陳澧撰　清光緒二十四年（1898）紉蘭書館刻本（原缺十卷）　六冊　存十五卷（一至十二、十五至十六、二十一）

620000－1130－0000019　B222.9/642
四書左國彙纂四卷　（清）高其名　（清）鄭師成纂　清刻本　四冊

620000－1130－0000020　B248.99/222
願學編二卷　（明）胡纘宗撰　明嘉靖三十四年（1555）刻清初補刻本　二冊

620000－1130－0000021　B248.99/222.1
願學編二卷　（明）胡纘宗撰　明嘉靖三十四年（1555）刻本　二冊

620000－1130－0000022　B244/220
性理標題綜要二十二卷　（明）詹淮纂輯　（明）陳仁錫訂正　明崇禎五年（1632）翼聖堂刻本　二十四冊

620000－1130－0000023　B249.9/193

倚馬山房制藝七卷 (清)□□輯 清光緒二十一年(1895)刻本 二冊

620000－1130－0000024 B825/448
呂子呻吟語節鈔六卷 (明)呂坤撰 (清)陳弘謀節鈔 清同治十年(1871)刻本 二冊

620000－1130－0000025 B93/952
桂杏聯芳譜六卷音釋一卷重刻桂宮梯附錄一卷 (清)徐謙輯 清道光十七年(1837)刻本 四冊

620000－1130－0000026 B95/249
文子纘義十二卷 (宋)杜道堅撰 清光緒三年(1877)浙江書局刻二十二子本 二冊

620000－1130－0000027 B222.1/370
論語十卷 (宋)朱熹集注 清刻本 二冊

620000－1130－0000028 D502/179
原富五卷 (英國)斯密亞丹著 嚴復譯 清光緒南洋公學譯書院刻本 五冊 存五卷(甲下、乙、丙、丁下、戊)

620000－1130－0000029 D691.4/136
周官精義十二卷 (清)連斗山輯 清刻本 四冊 存八卷(一至八)

620000－1130－0000030 D829.15/581
乙巳年交涉要覽五卷 (清)北洋洋務局纂輯 清光緒三十三年(1907)北洋官報局鉛印本 五冊

620000－1130－0000031 D929/564
律例便覽八卷 (清)蔡逢年撰 清同治四年(1865)刻朱墨套印本 三冊 存六卷(一至六)

620000－1130－0000032 D929/564.1
處分則例圖要六卷 (清)蔡逢年撰 清同治四年(1865)刻朱墨套印本 二冊

620000－1130－0000033 D929/863.1
限期案牘彙錄不分卷 (清)□□輯 清抄本 一冊

620000－1130－0000034 D929/994
大清律例新增統纂集成四十卷附刑案匯覽一卷 (清)姚雨薌纂輯 清咸豐元年(1851)刻本 八冊 存十二卷(一至十二)

620000－1130－0000035 E292/686
中西紀事二十四卷首一卷 (清)夏燮撰 清同治七年(1868)刻本 六冊

620000－1130－0000036 E89/138
洴澼百金方十四卷 (清)惠麓酒民(袁宮桂)編 清咸豐六年(1856)會文堂刻本 十冊

620000－1130－0000037 E892.25/359
孫子十家註十三卷附敘錄一卷十家注遺說一卷 (清)孫星衍 (清)吳人驥校 **孫子敘錄一卷** (清)畢以珣撰 **孫子十家注遺說一卷** (宋)鄭友賢撰 清光緒三年(1877)浙江書局刻二十二子本 六冊

620000－1130－0000038 E892/363
子書二十八種 (清)育文書局輯 清宣統三年(1911)育文書局石印本 一冊 存三種

620000－1130－0000039 H028/279
字彙十二集首一卷末一卷附韻法直圖一卷韻法橫圖一卷 (明)梅膺祚撰 清刻本 十三冊

620000－1130－0000040 H028/480
漢隸字源五卷碑目一卷 (宋)婁機輯 清光緒三年(1877)思進齋刻本 六冊

620000－1130－0000041 H028/659
校增字學舉隅不分卷 (清)龍啟瑞 (清)黃本驥輯 (清)譚鍾麟增補 清同治十三年(1874)西安藩署刻本 二冊

620000－1130－0000042 H11/303
欽定佩文韻府一百六卷韻府拾遺一百六卷 (清)張玉書 (清)陳廷敬等編纂 清光緒二十二年(1896)上海點石齋石印本 五十五冊 缺二十一卷(佩文韻府八十二至九十二、韻府拾遺六至十五)

620000－1130－0000043 H11/736
詩韻合璧五卷 (清)湯文潞撰 清光緒四年(1878)刻本 五冊

620000－1130－0000044　H11/383
韻學指南不分卷　(清)陳立堂撰　清咸豐刻本　一冊

620000－1130－0000045　H13/116
小爾雅疏八卷　(清)王煦撰　清光緒十一年(1885)刻邵武徐氏叢書本　二冊

620000－1130－0000046　H131/894
詩料備覽十四卷　(清)劉豹君輯　(清)張晴峰校訂　清同治十一年(1872)貴文堂刻本　二冊

620000－1130－0000047　H136.3/827
歷代名臣言行錄二十四卷　(清)朱桓輯　清光緒二十八年(1902)鉛印本　十二冊

620000－1130－0000048　H136.3/827.2
歷代名臣言行錄二十四卷　(清)朱桓輯　清刻本　六冊　存四卷(十八至二十一)

620000－1130－0000049　H16/279
字彙十二集首一卷末一卷附韻法直圖一卷韻法橫圖一卷　(明)梅膺祚撰　清刻本　十三冊

620000－1130－0000050　H16/764
康熙字典十二卷　(清)張玉書　(清)陳廷敬等纂修　清光緒二十二年(1896)上海點石齋石印本　二冊

620000－1130－0000051　I052/170
分類詩腋八卷　(清)李楨輯　清刻本　四冊

620000－1130－0000052　I12/140.1
魏文帝集二卷　(三國魏)曹丕撰　(明)張溥評閱　清光緒三年(1877)滇南唐氏壽考堂刻漢魏六朝百三名家集本　一冊

620000－1130－0000053　I206.2/886
文心雕龍十卷　(南朝梁)劉勰撰　(清)黄叔琳注　(清)紀昀評　清道光十三年(1833)兩廣節署刻朱墨套印本　四冊

620000－1130－0000054　I207.21/243
藏雲山房杜律詳解五言律六卷七言律二卷　(唐)杜甫著　(清)石閭居士評點　清道光八年(1828)刻本　八冊

620000－1130－0000055　I21/116
王臨川全集二十四卷　(宋)王安石撰　清宣統三年(1911)掃葉山房石印本　十二冊

620000－1130－0000056　I21/289
江浙四名家文鈔不分卷　(清)□□輯　清光緒元年(1875)晉豐書屋刻本　二冊

620000－1130－0000057　I213.52/604I214.42　I214.82/883 I214.82/455
新刻諸葛宗岳史四公文集四種三十卷　(清)劉質慧輯　清同治十二年(1873)三原劉氏述荊堂刻本　十四冊

620000－1130－0000058　I213.911/729
文選五卷首一卷文選考異一卷　(南朝梁)蕭統輯　(唐)李善注　清光緒二十一年(1895)寶文書局石印本　六冊

620000－1130－0000059　I214.2/243
杜工部詩集二十卷集外詩一卷文集二卷　(唐)杜甫撰　(清)朱鶴齡輯注　清刻本　八冊　存十二卷(詩集一至十一、集外詩一卷)

620000－1130－0000060　I214.22/288
李太白文集三十卷目錄一卷　(唐)李白撰　清光緒元年(1875)崇文書局刻本　四冊

620000－1130－0000061　I214.4/395
象山先生文集三十六卷　(宋)陸九淵撰　(清)李紱點次　清宣統二年(1910)江左書林鉛印本　八冊

620000－1130－0000062　I214.42/424
河東先生文集六卷　(唐)柳宗元撰　清宣統二年(1910)會文堂石印本　六冊

620000－1130－0000063　I214.8/270
楊忠愍公集四卷　(明)楊繼盛撰　清光緒九年(1883)甘肅藩署刻本　四冊

620000－1130－0000064　I214.9/441
松花菴全集十三種十六卷　(清)吳鎮撰　清乾隆蘭山書院刻本　十三冊

620000－1130－0000065　I214.92/355

西堂文集二十四卷 （清）尤侗撰 清學畲堂刻本 十冊

620000－1130－0000066 I215.2/113
陶廬文集二卷 王樹枏撰 清光緒二十八年(1902)刻陶廬叢稿本 一冊

620000－1130－0000067 I215.2/214
石笥山房文集六卷補遺一卷 （清）胡天游撰 清宣統元年(1909)國學扶輪社鉛印本 四冊

620000－1130－0000068 I215.22/352
慎盦文鈔二卷詩鈔二卷 （清）左宗植撰 清光緒元年(1875)刻本 五冊 缺一卷(詩鈔下)

620000－1130－0000069 I215.22/352.1
慎盦文鈔二卷詩鈔二卷 （清）左宗植撰 清光緒元年(1875)刻本 一冊 存一卷(文鈔下)

620000－1130－0000070 I215.2/441
柈胡文錄八卷首一卷 （清）吳敏樹撰 清同治八年(1869)刻本 二冊 存五卷(一至四、首一卷)

620000－1130－0000071 I215.2/660
定盦文集三卷文集補一卷續集四卷 （清）龔自珍撰 清光緒二十九年(1903)文瑞樓石印本 三冊

620000－1130－0000072 I22/114
祥興堂唐詩合解十二卷 （清）王堯衢注 清同治五年(1866)祥興堂刻本 六冊

620000－1130－0000073 I22/222.1
唐雅八卷 （明）胡纘宗輯 明嘉靖二十八年(1549)文斗山堂刻清遞修本 二冊 存五卷(四至八)

620000－1130－0000074 I22/311
可泉擬涯翁擬古樂府二卷 （明）胡纘宗撰 （明）張光孝評 （明）胡統宗注 明嘉靖三十六年(1557)汪翰刻清補刻本 二冊

620000－1130－0000075 I22/314
金鈴集十二卷 （清）張綸編次 （清）張維城箋注 清道光八年(1828)廣益堂刻本 四冊

620000－1130－0000076 I22/924
擬漢樂府八卷附錄一卷補遺一卷 （明）胡纘宗撰 明嘉靖十八年(1539)刻清補刻本 二冊

620000－1130－0000077 I22/924.1
擬漢樂府八卷附錄一卷補遺一卷 （明）胡纘宗撰 明嘉靖十八年(1539)刻清補刻本 二冊

620000－1130－0000078 I222/273.1
芙蓉山館詩稿六卷詞稿二卷 （清）楊芳燦撰 清乾隆五十七年(1792)刻本 一冊

620000－1130－0000079 I222/273
桐華吟館詩稿六卷詞稿二卷 （清）楊揆撰 清乾隆五十七年(1792)刻本 一冊

620000－1130－0000080 I222/554
友竹山房詩草七卷首一卷末一卷 （清）蘇履吉撰 清道光十年(1830)善慶堂刻本 四冊

620000－1130－0000081 I222.2
詩經精華十卷 （清）薛嘉穎撰 清道光七年(1827)刻本 四冊

620000－1130－0000082 I222.21
詩經八卷 （宋）朱熹集傳 清刻本 三冊 存六卷(三至八)

620000－1130－0000083 I222.2/307
詩經集錦四卷蘭谷課藝一卷 （清）張衛階輯 清光緒八年(1882)蘭谷山房刻本 一冊

620000－1130－0000084 I222.4/103
蓮峰課藝四卷詩一卷賦一卷 （清）武尚仁著 清咸豐十年(1860)刻本 四冊

620000－1130－0000085 I222.4/380
碧山舍詩集二十二卷梅花書屋賦集一卷梅花書屋詩集二卷 （清）陳子簡撰 清道光二十七年(1847)刻本 八冊

620000－1130－0000086 I222.44/814
宋四家詩鈔六卷 （清）周之鱗 （清）柴升輯

清嘉慶二十二年(1817)博古堂刻本　八册

620000－1130－0000087　I222.5/827

怡志堂文初編六卷　(清)朱琦撰　清同治三年(1864)京師刻本　一册

620000－1130－0000088　I222.7/186

隨園詩話十六卷補遺十卷　(清)袁枚撰　清咸豐四年(1854)文安堂刻本　十一册　缺二卷(隨園詩話一至二)

620000－1130－0000089　I222.7/441

蘭山課業松厓詩錄二卷　(清)吳鎮撰　(清)楊芳燦選　清乾隆五十七年(1792)刻本　二册

620000－1130－0000090　I222.749/441

蘭山課業松厓詩錄二卷　(清)吳鎮撰　(清)楊芳燦選　清乾隆五十七年(1792)刻本　一册　存一卷(上)

620000－1130－0000091　I222.7/606

養雲山館試帖四卷　(清)許球撰　(清)王棨絨注　清光緒二年(1876)刻本　四册

620000－1130－0000092　I222.742/357

宋本唐人合集四種八卷　(清)□□輯　清光緒十年(1884)同文書局石印本　八册

620000－1130－0000093　I264.9/274

國朝六家詩鈔八卷　(清)劉執玉選　清光緒九年(1883)汗青簃刻本　八册

620000－1130－0000094　I222.75/868.1

鳥鼠山人小集十六卷後集二卷　(明)胡纘宗撰　明嘉靖刻清補修本　七册

620000－1130－0000095　I222.75/868

鳥鼠山人小集十六卷後集二卷　(明)胡纘宗撰　明嘉靖刻清補修本　八册

620000－1130－0000096　I214.8/267

楊忠愍公全集四卷　(明)楊繼盛撰　(清)毛大可鑒定　清刻本　四册

620000－1130－0000097　I222.75/792

蕓輝堂詩集二卷　(清)程烈光撰　清道光二十七年(1847)刻本　一册

620000－1130－0000098　I224/274

杜詩鏡銓二十卷讀書堂杜工部文集注解二卷　(清)楊倫編輯　**讀書堂杜工部文集注解二卷**　(清)張溍評注　清同治十一年(1872)望三益齋刻本　十六册

620000－1130－0000099　I225/230

如西所刻諸名家評點春秋剛目左傳句解六卷　(明)孫鑛批點　(清)韓菼重訂　清關中五車樓全義堂刻本　五册　存五卷(一至五)

620000－1130－0000100　I225.2/869

松菴集不分卷　(清)白鶴鳴輯　清抄本　一册

620000－1130－0000101　I242/439

定香亭筆談四卷　(清)阮元撰　清光緒二十五年(1899)浙江書局刻本　一册　存一卷(一)

620000－1130－0000102　I242/528.1

聊齋志異新評十六卷　(清)蒲松齡著　(清)王士正評　(清)但明倫新評　清道光二十二年(1842)廣順但氏刻本　十二册　存十二卷(一至四、九至十六)

620000－1130－0000103　I242/556

東周列國全志二十三卷一百八回　(明)馮夢龍撰　(清)蔡界評點　清經元堂刻本　十二册　存十一卷(一至十一)

620000－1130－0000104　B95/891

張三丰祖師無根樹詞註解不分卷　(清)劉一明注　(清)李涵虛增解　清刻本　一册

620000－1130－0000105　I242/947

古文淵鑒六十四卷　(清)徐乾學等編注　清同治十二年(1873)浙江書局刻本　二十七册　存五十六卷(一至二十四、二十七至三十六、四十二至四十三、四十五至六十四)

620000－1130－0000106　I26/118

後村雜著三卷　(清)王文治撰　清康熙挹香居刻本　二册

620000－1130－0000107　I264.9/2742

國朝古文正的不分卷 （清）楊彝珍輯 清光緒刻本 一册

620000－1130－0000108 I242.1/930

十駕齋養新録二十卷餘録三卷錢辛楣年譜一卷竹汀居士年譜續編一卷 （清）錢大昕撰 清道光十一年（1831）刻本 一册 缺二十卷（養新録二十卷）

620000－1130－0000109 I264.9/994

古文辭類纂七十四卷 （清）姚鼐纂輯 清光緒二十四年（1898）上海祥記書莊石印本 四册 存十三卷（一至十三）

620000－1130－0000110 I266.5/112

分類尺牘備覽三十卷續編八卷 （清）王振芳編 清光緒三十年（1904）上海永記石印本 十一册 缺四卷（十九至二十二）

620000－1130－0000111 I269/731

楹聯叢話十二卷 （清）梁章鉅輯 清道光二十二年（1842）刻本 四册

620000－1130－0000112 I269.6/120

王氏家藏集六十八卷 （明）王廷相撰 明嘉靖刻本 一册 存四卷（三十八至四十一）

620000－1130－0000113 K204/304

綱鑑擇語十卷 （清）司徒修輯 清同治十二年（1873）敬書堂刻本 五册

620000－1130－0000114 K204/441

尺木堂綱鑑易知録二十卷 （清）吴乘權（清）周之炯等輯 清光緒二十五年（1899）上海鴻寶齋石印本 七册 存十七卷（一至十七）

620000－1130－0000115 K204.3/186

新刊趙田了凡袁先生編纂古本歷史大方綱鑑補三十九卷首一卷 （明）袁黄編 清刻本 十八册 存三十四卷（六至三十九）

620000－1130－0000116 K204.3/200

御批增補了凡綱鑑四十卷首一卷 （明）袁黄纂 清光緒二十八年（1902）上海慎記書莊石印本 十册

620000－1130－0000117 K204.3/188.1

增補綱鑑輯要四十卷首一卷 （明）袁黄編纂 清光緒十三年（1887）刻本 四十一册

620000－1130－0000118 K204.3/267

御批歷代通鑑輯覽一百二十卷 （清）傅恒等撰 清光緒二十七年（1901）上海經香閣石印本 十六册

620000－1130－0000119 K204.3/2671

御批歷代通鑑輯覽一百二十卷 （清）傅恒等撰 清光緒三十年（1904）上海商務印書館鉛印本 二十三册 存一百十卷（一至五、十一至八十、八十六至一百二十）

620000－1130－0000120 K204.3/2672

御批歷代通鑑輯覽一百二十卷 （清）傅恒等撰 清光緒三十年（1904）育文書局石印本 二十四册

620000－1130－0000121 K204.3/2673

御批歷代通鑑輯覽一百二十卷 （清）傅恒等撰 清光緒十三年（1887）上海同文書局石印本 二十册

620000－1130－0000122 K204.3/267.5

御批歷代通鑑輯覽一百二十卷 （清）傅恒等撰 清同治十一年（1872）湖北崇文書局刻本 五十册

620000－1130－0000123 K204.3/314

御撰資治通鑑綱目三編四卷附録一卷 （清）張廷玉等撰 清光緒二十五年（1899）上海鴻寶齋石印本 二册

620000－1130－0000124 K204.3/314.1

御撰資治通鑑綱目三編六卷 （清）張廷玉等撰 清光緒二十八年（1902）上海慎記書局石印本 二册

620000－1130－0000125 K204.3/314/2

富文堂綱鑑易知録九十二卷 （清）吴乘權（清）周之炯等輯 清刻本 三十五册

620000－1130－0000126 K204.3/314.4

御撰資治通鑑綱目三編二十卷 （清）張廷玉

等撰　清刻本　五冊

620000－1130－0000127　K204.3/313
歷代史論十二卷宋史論三卷元史論一卷　(明)張溥論正　**左傳史論二卷**　(清)高士奇論正　**明史論四卷**　(清)谷應泰論正　清光緒二十七年(1901)成都書房刻本　八冊

620000－1130－0000128　K204.3/303
增評加批歷史綱鑑補三十九卷　(明)袁黄等編纂　清石印本　九冊　存三十七卷(三至三十九)

620000－1130－0000129　K204.4/642
歷朝紀事本末七種五百六十六卷　(清)陳如升　(清)朱記榮輯　清光緒二十二年(1896)慎記書莊石印本　五十冊

620000－1130－0000130　K204.5/953
經史辨體不分卷　(清)徐與喬輯評　清刻本　一冊

620000－1130－0000131　K206/293
建炎進退志四卷建炎時政記三卷　(宋)李綱撰　清光緒刻邵武徐氏叢書本　一冊

620000－1130－0000132　K206.5/220
胡氏榮哀錄二卷　(明)胡初被編　明嘉靖刻清補刻本　一冊

620000－1130－0000133　K204.5
小嫏嬛山館衡刊類書二十種三十七卷　(清)□□輯　清同治十二年(1873)錦文堂刻本　二十四冊　缺一種一卷(爾雅貫珠一卷)

620000－1130－0000134　K207/296
皇朝政典挈要八卷　(日本)增田貢著　(清)毛淦補編　清光緒二十八年(1902)鉛印本　四冊

620000－1130－0000135　K207/384
五種遺規十六卷　(清)陳宏謀輯　清光緒十九年(1893)刻本　八冊

620000－1130－0000136　I214.72/615
許文正公遺書十二卷首一卷末一卷　(元)許衡撰　清乾隆五十五年(1790)刻本　八冊

620000－1130－0000137　K207/572
增補四書精繡圖像人物備考十二卷　(明)薛應旂彙輯　(明)陳仁錫增定　清乾隆六年(1741)致和堂刻本　八冊

620000－1130－0000138　K207/915
倭文端公遺書十一卷首二卷　(清)倭仁撰　清同治刻本　七冊　缺一卷(十一)

620000－1130－0000139　K221.4
書經精華六卷　(清)薛嘉穎輯　清道光七年(1827)桂林堂刻本　四冊

620000－1130－0000140　K221.04/370
書經六卷　(宋)蔡沈集傳　清同治十年(1871)刻本　四冊

620000－1130－0000141　K221.04/370.1
書經六卷　(宋)蔡沈集傳　清同治十年(1871)刻本　三冊　存五卷(一至三、五至六)

620000－1130－0000142　K221.04/370.2
書經六卷　(宋)蔡沈集傳　清同治十年(1871)刻本　四冊

620000－1130－0000143　K224.06/114
周禮註疏刪翼三十卷　(明)王志長輯　明崇禎十二年(1639)天德堂刻本　十六冊

620000－1130－0000144　K225/863
春秋三傳十六卷首一卷釋文音義十六卷　(清)□□輯　**陸氏三傳釋文音義十六卷**　(唐)陸德明音義　清同治十年(1871)刻本　十四冊

620000－1130－0000145　K225/863.1
春秋三傳十六卷首一卷釋文音義十六卷　(清)□□輯　**陸氏三傳釋文音義十六卷**　(唐)陸德明音義　清同治十年(1871)刻本　十四冊

620000－1130－0000146　K225/863.2
春秋三傳十六卷首一卷釋文音義十六卷　(清)□□輯　**陸氏三傳釋文音義十六卷**　(唐)陸德明音義　清同治十年(1871)刻本

十四册

620000－1130－0000147　K225.04/244
春秋左傳五十卷　（晉）杜預注　（宋）林堯叟補注　（唐）陸德明音義　（明）鍾惺等評點　清光緒二十三年(1897)上海文瑞樓刻本　十六册

620000－1130－0000148　K234.2/534
後漢書九十卷　（南朝宋）范曄撰　（唐）李賢注　**志三十卷**　（晉）司馬彪撰　（南朝梁）劉昭注　清光緒二十八年(1902)竢實齋石印本　八册　缺十五卷(四十一至五十五)

620000－1130－0000149　K234.2/534.1
後漢書九十卷　（南朝宋）范曄撰　（唐）李賢注　**志三十卷**　（晉）司馬彪撰　（南朝梁）劉昭注　清光緒二十五年(1899)慎記書莊石印本　二册　存二十三卷(一至十、志七至十九)

620000－1130－0000150　K237.042/889
舊唐書二百卷　（後晉）劉昫撰　清光緒二十八年(1902)史學會社石印本　十六册

620000－1130－0000151　K242/424
唐書二百二十五卷附釋音二十五卷　（宋）歐陽修　（宋）宋祁等撰　**釋音二十五卷**　（宋）董衝撰　清光緒二十八年(1902)史學會社石印本　十六册

620000－1130－0000152　K82－61/837
卓犖集四卷　（清）知止居士撰　清同治二年(1863)半霞老夫子改正重錄稿本　二册

620000－1130－0000153　K85/501
省軒考古類編十二卷　（清）柴紹炳纂　（清）姚培謙評　清乾隆二十三年(1758)刻本　六册

620000－1130－0000154　K87/375
兩浙金石志十八卷　（清）阮元編　清光緒十六年(1890)浙江書局刻本　九册　缺三卷(九、十六、十八)

620000－1130－0000155　K82/972
古今人物論三十六卷　（明）鄭賢輯　清光緒二十八年(1902)埽葉山房石印本　八册

620000－1130－0000156　K87/681
光緒三十年甲辰恩科會試同年齒錄不分卷　（清）□□輯　清光緒三十年(1904)刻本　四册

620000－1130－0000157　K871/170
東觀餘論二卷　（宋）黄伯思撰　清光緒刻邵武徐氏叢書本　二册

620000－1130－0000158　K892/114
二曲集二十六卷　（清）李顒撰　清刻本　四册　存十一卷(十六至二十六)

620000－1130－0000159　K892.18/380
日涉編十二卷　（明）陳堦輯　清乾隆三十四年(1769)清畏堂刻本　十二册

620000－1130－0000160　K892.96/537
潄芳軒合纂禮記體註四卷　（清）范翔参訂　清道光二十年(1840)刻五經體註大全本　二册

620000－1130－0000161　K892.98/220
胡氏榮哀錄二卷　（明）胡初被編　明嘉靖刻清補刻本　一册

620000－1130－0000162　K93/805
海國圖志一百卷首一卷　（清）魏源撰　清光緒二十一年(1895)上海積山書局石印本　七册　存四十九卷(一至十三、二十三至五十七,首一卷)

620000－1130－0000163　K207/527
求己錄三卷　（清）陶葆廉編　清光緒二十二年(1896)刻本　三册

620000－1130－0000164　K928/152
水經四十卷　（漢）桑欽撰　（北魏）酈道元注　清乾隆十八年(1753)槐蔭草堂刻本　九册

620000－1130－0000165　I22/222
雍音四卷　（明）胡纘宗編　明嘉靖二十七年(1548)清渭草堂刻清遞修本　四册

620000－1130－0000166　S－09/312

三農紀二十四卷　(清)張宗法撰　清刻本　七册　存七卷(二至七、九)

620000－1130－0000167　Z12/186
隨園三十種二百五十六卷　(清)袁枚撰　清光緒十八年(1892)上海圖書集成印書局鉛印本　三十一册　存二十六種

620000－1130－0000168　Z126.2/171
七經精義七種　(清)黄淦纂　清嘉慶十二年(1807)刻本　六册　存三種(儀禮精義不分卷、補編一卷,禮記精義六卷、首一卷,周禮精義六卷、首一卷)

620000－1130－0000169　Z2/120
續廣事類賦三十卷　(清)王鳳喈撰　清刻本　一册　存十三卷(一至十三)

620000－1130－0000170　Z2/438
重訂事類賦三十卷　(宋)吳淑撰注　清道光十八年(1838)刻本　四册

620000－1130－0000171　Z2/307
事類賦補遺十四卷　(清)張均編撰　清刻本　一册　存八卷(一至八)

620000－1130－0000172　Z2/437
廣事類賦四十卷　(清)華希閔著　清刻本　八册

620000－1130－0000173　Z2/437.1
事類賦三十卷　(宋)吳淑撰注　清刻本　四册

620000－1130－0000174　Z2/440
重訂事類賦三十卷　(宋)吳淑撰注　清刻本　一册　存十八卷(十三至三十)

620000－1130－0000175　Z2/458
重訂廣事類賦四十卷　(清)華希閔撰　清宏道堂刻本　二册

620000－1130－0000176　Z2/502
重訂廣事類賦四十卷　(清)華希閔撰　清道光十九年(1839)刻本　八册

620000－1130－0000177　Z126.2/286
分類文腋八卷　(清)李楨輯　清刻本　八册

620000－1130－0000178　Z126.2/436
禮記增訂旁訓六卷　(清)徐立綱撰　清乾隆五十四年(1789)三多齋刻本　六册

620000－1130－0000179　Z2/415
文獻通考詳節二十四卷　(元)馬端臨撰　清光緒刻本　八册　缺一卷(七)

620000－1130－0000180　Z4/292
李文忠公全集一百六十五卷首一卷　(清)吳汝綸編錄　清光緒三十一年(1905)金陵刻本　六十七册　存一百八卷(奏稿一至二十二、四十至五十三、六十八至八十,海軍函稿一至四、首一卷,譯署函稿十三至二十,朋僚函稿一至十六,電稿一、十三至四十,蠶池口教堂函稿一)

620000－1130－0000181　Z22/668
淵鑑類函四百五十卷　(清)張英　(清)王士禛等輯　清光緒二十三年(1897)上海點石齋石印本　十册

620000－1130－0000182　Z4/761
經史百家雜鈔二十六卷　(清)曾國藩纂　清晚期刻本　二十四册　缺二卷(一至二)

620000－1130－0000183　Z424.2/388
唐陸宣公集二十四卷　(唐)陸贄撰　(清)耆英訂　清道光二十七年(1847)刻本　八册

620000－1130－0000184　Z425.2/825
省齋全集十二卷　(清)牛樹梅撰　(清)牛樹桃錄　清同治十三年(1874)刻本　六册

620000－1130－0000185　Z429.49/383
陳文恭公手札節要三卷　(清)陳弘謀撰　清光緒三十二年(1906)刻本　一册

620000－1130－0000186　Z812.49/653
欽定四庫全書簡明目錄二十卷首一卷　(清)紀昀等纂　清光緒五年(1879)墨潤堂鉛印本　十二册

620000－1130－0000187　I222.7/315
秋香閣詩艸不分卷　(清)張如鏞撰　清光緒八年(1882)刻本　一册

620000－1130－0000188　I231/307
張三丰先生全集八卷呂純陽先生編年詩集十卷年譜七卷　(清)李涵虛輯　清道光二十六年(1846)刻本　十三册

620000－1130－0000189　I242/528
聊齋志異新評十六卷　(清)蒲松齡著　(清)王士正評　(清)但明倫新評　清刻本　四册　存四卷(四至六、十)

620000－1130－0000190　I222.65/314
飲花吟社詩選　(清)張繼輯　清光緒十三年(1887)抄本　一册

620000－1130－0000191　B992/639
大六壬大全十三卷　(清)郭載騋校訂　清刻本　六册　存六卷(八至十三)

620000－1130－0000192　I222.5/538
松岡詩藁不分卷　(清)范鐘撰　清末抄本　一册

620000－1130－0000193　K29/891
[光緒]續採隴西志草三卷　(清)馬如鑒　(清)劉文炳纂　清抄稿本　一册　存二卷(一至二)

620000－1130－0000194　B229.2/452
呂氏春秋二十六卷　(漢)高誘注　清刻本　一册　存六卷(二十一至二十六)

620000－1130－0000195　R186/542
勸種牛痘篇　(清)石愚輯　清刻本　一册

620000－1130－0000196　K204.3/314.3
御撰資治通鑑綱目三編六卷　(清)張廷玉等撰　清末石印本　二册

620000－1130－0000197　K204.2/645
史漢合鈔十卷　(清)高嵣集評　清乾隆五十三年(1788)善成堂刻本　十册

620000－1130－0000198　I211/316
御選唐宋文醇五十八卷　(清)高宗弘曆選　清乾隆刻本　二十四册

620000－1130－0000199　K820/923
四書人物類典串珠四十卷首一卷　(清)臧志仁輯　清嘉慶文光堂刻本　四册

620000－1130－0000200　Z2/994
類林新咏三十六卷　(清)姚之駰纂　清康熙四十六年(1707)刻本　十二册

620000－1130－0000201　G629.299/787.1
新增繪圖幼學故事瓊林四卷首一卷　(清)程允升撰　(清)鄒聖脈增補　清光緒三十年(1904)育文書局石印本　五册

620000－1130－0000202　I242/953
繡像京本雲合奇蹤全傳十卷　(明)徐渭編　清嘉慶元年(1796)刻本　四册　存八卷(一至八)

620000－1130－0000203　I215.1/186
隨園續同人集十七卷　(清)袁枚輯　清同治刻本　八册

620000－1130－0000204　H16/279.1
字彙十二集首一卷末一卷附韻法直圖一卷韻法橫圖一卷　(明)梅膺祚撰　清刻本　九册　缺四集(寅、卯、酉、戌)

620000－1130－0000205　B942/916.1
竈王府君保命祁福真經不分卷　(□)□□撰　清咸豐六年(1856)刻本　一册

620000－1130－0000206　Z126.2/171.1
重訂七經精義七種　(清)黄淦纂　清令德堂刻本　五册　存五種二十七卷(周易精義四卷、首一卷,周禮精義六卷、首一卷,儀禮精義一卷、首一卷、補編一卷,春秋精義四卷、首一卷,禮記精義六卷、首一卷)

620000－1130－0000207　K226.6/289
二曲全集二十六卷四書反身錄十七卷　(清)李顒撰　清咸豐刻本　十册

620000－1130－0000208　I222.75/885
雲水前集一卷後集一卷　(清)劉元機撰　清光緒十一年(1885)刻本　二册

620000－1130－0000209　J292.1/526
書法正宗一卷　(清)蔣和撰　清道光二十三年(1843)來鹿堂刻本　一册

620000－1130－0000210　H194/512
龍文鞭影二卷　(明)蕭良有撰　(清)楊臣諍增訂　清刻本　一册　存一卷(上)

620000－1130－0000211　H13/119
龍門必躍前編不分卷　(清)王焕林評選　清刻本　一册

620000－1130－0000212　H13/119.1
龍門必躍後編不分卷　(清)王焕林評選　清刻本　一册

620000－1130－0000213　D691.4/426
光緒甲辰恩科會試闈墨不分卷　(清)□□輯　清末刻本　一册

620000－1130－0000214　H13/272.2
塾課小題正鵠初集不分卷　(清)李元度輯　清道光二十六年(1846)刻李氏家塾刻本　一册

620000－1130－0000215　H13/272
塾課小題正鵠初集不分卷　(清)李元度輯　清增補刻李氏家塾刻本　一册

620000－1130－0000216　H13/272.1
學文正法不分卷　(清)楊水康撰　清光緒十七年(1891)五車樓刻本　一册

620000－1130－0000217　B95/916
玉歷鈔傳警世因果實錄合編不分卷　(□)□□輯　清咸豐十一年(1861)刻本　一册

620000－1130－0000218　B95/916.1
玉歷鈔傳警世不分卷　(□)□□輯　清光緒二十二年(1896)刻本　一册

620000－1130－0000219　B95/452
道德經注釋一卷黄庭經註解一卷　(清)李涵虚注解　清道光刻本　三册

620000－1130－0000220　B222.1/370.1
論語十卷　(宋)朱熹集注　清刻本　二册

620000－1130－0000221　B222.1/889
增訂二論詳解四卷　(清)劉忠輯　清光緒三十二年(1906)宏道堂刻本　二册

620000－1130－0000222　R2－52/289
善成堂增訂士材三書六卷　(明)李中梓撰　(清)尤乘增補　**壽世青編二卷**　(清)尤乘撰　清善成堂刻本　六册　存六卷(診家正眼二卷、本草通玄二卷、病機沙篆二卷)

620000－1130－0000223　B222.2/370
孔氏家語十卷　(三國魏)王肅注　清同治十二年(1873)善成堂刻本　一册　存五卷(一至五)

620000－1130－0000224　B222.1/669
大學衍義約旨二卷　(清)慶恕輯　清光緒二十五年(1899)刻本　一册

620000－1130－0000225　H15/455
搭題易讀一卷　(清)史鑑輯　清文德堂刻本　一册

620000－1130－0000226　I222.4/348
少嵒賦草四卷　(清)夏思沺撰　清道光九年(1829)刻本　二册　存二卷(一、四)

620000－1130－0000227　I22/311.1
可泉擬涯翁擬古樂府二卷　(明)胡纘宗撰　(明)張光孝評　(明)胡統宗注　明嘉靖三十六年(1557)汪翰刻清補刻本　一册

620000－1130－0000228　D691.3/321
甘肅闈墨不分卷　(清)□□輯　清光緒衡鑑堂刻本　一册

620000－1130－0000229　D691.3/263
山東鄉試硃卷一卷　(清)□□輯　清光緒五年(1879)刻本　一册

620000－1130－0000230　D691.3/273
廣西鄉試硃卷一卷　(清)□□輯　清光緒八年(1882)刻本　一册

620000－1130－0000231　D691.3/158
甘肅鄉試硃卷一卷　(清)□□輯　清光緒五年(1879)刻本　一册

620000－1130－0000232　D691.3/395
浙江鄉試硃卷一卷　(清)□□輯　清光緒八年(1882)刻本　一册

620000－1130－0000233　D691.3/669
江南鄉試硃卷一卷　(清)□□輯　清光緒十一年(1885)刻本　一册

620000－1130－0000234　D691.3/589
甘肅會試硃卷一卷　(清)□□輯　清同治四年(1865)刻本　一册

620000－1130－0000235　D691.3/649
陜西會試硃卷一卷　(清)□□輯　清同治十年(1871)刻本　一册

620000－1130－0000236　D691.3/892
甘肅鄉試硃卷一卷　(清)□□輯　清光緒十一年(1885)刻本　一册

620000－1130－0000237　D691.3/459.2
甘肅選拔貢卷不分卷　(清)□□輯　清宣統元年(1909)刻本　三册

620000－1130－0000238　D691.3/275
甘肅優貢卷一卷　(清)□□輯　清宣統元年(1909)刻本　一册

620000－1130－0000239　D691.3/118
甘肅優貢卷一卷　(清)□□輯　清宣統元年(1909)刻本　一册

620000－1130－0000240　D691.3/120
甘肅鄉試硃卷一卷　(清)□□輯　清光緒二十三年(1897)刻本　一册

620000－1130－0000241　D691.3/459.1
甘肅鄉試硃卷一卷　(清)□□輯　清光緒二十七年(1901)刻本　一册

620000－1130－0000242　D691.3/459
會試墨卷一卷　(清)□□輯　清光緒三十年(1904)刻本　一册

620000－1130－0000243　D691.3/103
會試硃卷一卷　(清)□□輯　清光緒十五年(1889)刻本　一册

620000－1130－0000244　B95/122.1
玉歷鈔傳警世因果實錄合編不分卷　(□)□□輯　清咸豐十一年(1861)刻本　一册

620000－1130－0000245　G629.299/787
寄傲山房塾課新增幼學故事瓊林四卷　(清)程允升撰　(清)鄒聖脈增補　清刻本　二册　存二卷(二至三)

620000－1130－0000246　K225.04/450
增批東萊博議四卷　(宋)吕祖謙撰　清光緒金陵弍善書屋刻本　二册

620000－1130－0000247　K225.04/450.1
增批東萊博議四卷　(宋)吕祖謙撰　清刻本　一册　存一卷(三)

620000－1130－0000248　I222/973
板橋詩鈔三卷板橋詞鈔一卷板橋題畫一卷　(清)鄭燮撰　清乾隆十四年(1749)司徒文膏刻本　二册

620000－1130－0000249　I242.4/482
四大奇書第一種(三國演義)六卷一百二十回　(明)羅本撰　(清)毛宗岡評　清刻本　二册　存八回(三十八至四十五)

620000－1130－0000250　K204.3/314.2
御撰資治通鑑綱目三編二十卷　(清)張廷玉等撰　清刻本　二册　存九卷(十二至二十)

620000－1130－0000251　H15/129
批三十藝句解　(清)邢退菴撰　清文林堂刻本　一册

620000－1130－0000252　I222.4/383
增註賦學正鵠十一卷　(清)李元度編　清刻本　三册　存九卷(三至十一)

620000－1130－0000253　I212.1/300
時藝階不分卷　(清)路德輯　清同文堂刻本　四册

620000－1130－0000254　H15/816
舉業前模八卷末一卷舉業新模八卷末一卷　(清)周百順編　清道光十六年(1836)刻本　三册

620000－1130－0000255　H13/286
小題別體不分卷　(清)李揆一輯　清道光五年(1825)刻本　一册

620000－1130－0000256　H13/761
登瀛社藁不分卷　(清)曾之撰等撰　清同治六年(1867)刻本　二冊

620000－1130－0000257　H13/578
直省鄉墨審鵠不分卷　(清)艾暢評選　清道光十五年(1835)刻本　一冊

620000－1130－0000258　G62/118
三字經註解備旨二卷　(宋)王應麟撰　(清)賀興思注解　清刻本　一冊　存一卷(下)

620000－1130－0000259　H11/988
詩韻集成十卷　(清)余照輯　清道光二十二年(1842)恒言堂刻本　二冊

620000－1130－0000260　I242.4/351
新鐫玉茗堂批點按鑑參補繡像北宋志傳十卷五十回南宋志傳十卷五十回　(明)熊大木撰　(□)研石山樵訂正　(□)織里畸人校閱　清宏道堂刻本　三冊　存十四卷(北宋志傳七至十、南宋志傳十卷)

620000－1130－0000261　H11/988.1
詩韻集成十卷　(清)余照輯　清道光二十二年(1842)恒言堂刻本　一冊　存二卷(三至四)

620000－1130－0000262　I207.2/274
青雲集試帖四卷　(清)楊逢春輯　(清)沈品華等注　清刻本　一冊　存一卷(三)

620000－1130－0000263　I222.2/828
詩經八卷　(宋)朱熹集傳　清光緒九年(1883)刻本　三冊　存六卷(一至三、六至八)

620000－1130－0000264　B825/916
醒悟人心□□卷　(□)□□輯　清咸豐七年(1857)文運堂刻本　一冊　存一卷(上)

620000－1130－0000265　B825/916.1
觀音救刦仙方不分卷　(□)□□輯　清光緒二十八年(1902)甘肅河州鎮署刻本　一冊

620000－1130－0000266　G629.299/113.3
繪圖歷史修心教科書不分卷　(清)王相增注　清光緒三十四年(1908)石印本　一冊

620000－1130－0000267　G629.299/113.2
繪圖蒙學百家姓一卷　(□)□□輯　清光緒石印本　一冊

620000－1130－0000268　G629.299/113.1
繪圖蒙學百家姓一卷　(□)□□輯　清光緒石印本　一冊

620000－1130－0000269　G629.299/113
繪圖增註千字文一卷　(□)□□輯　清光緒鍊石書局石印本　一冊

620000－1130－0000270　G623.57/916
新鐫校正指明算法二卷　(清)□□輯　清道光三十年(1850)祥興堂刻本　一冊

620000－1130－0000271　B992.1/916
敬竈章一卷　(□)□□輯　清同治三年(1864)刻本　一冊

620000－1130－0000272　K81/761
曾文正公家書十卷　(清)曾國藩撰　清光緒十三年(1887)鴻文書局鉛印本　三冊　存六卷(一至二、七至十)

620000－1130－0000273　K204/479
二十四史論新編二十三卷　(清)俞樾鑒定　清光緒石印本　一冊　存二卷(五至六)

620000－1130－0000274　B951/400
文昌帝君救劫寶誥註釋一卷　(□)□□撰　清光緒刻本　一冊

620000－1130－0000275　R222.2/439
御纂醫宗金鑑九十卷首一卷　(清)吳謙等纂修　清刻本　一冊　存四卷(三十六至三十九)

620000－1130－0000276　B825/598
拾遺錄一卷　(清)尚周卿撰　(清)原鵬翎輯　清咸豐六年(1856)刻本　一冊

620000－1130－0000277　G629.299/455
行原養正錄一卷　(清)史翊編　清咸豐六年(1856)刻本　一冊

620000－1130－0000278　B942/916
佛說高王觀世音經一卷　(東魏)孫敬德撰　清光緒十二年(1886)刻本　一册

620000－1130－0000279　J292.26/657
禁種罌粟四字諭一卷　(清)左宗棠撰　清同治八年(1869)刻本　一册

620000－1130－0000280　D033/916
策論分類合編不分卷　(□)□□撰　清石印本　一册

620000－1130－0000281　I242.4/916
繡像續英雄大八義四卷一百回　(□)□□撰　清石印本　一册　存一卷(四)

620000－1130－0000282　B222.1/120
初學清真雅正不分卷　(清)王傑訂　清光緒十四年(1888)刻本　一册

620000－1130－0000283　I269/916
新刻對聯不俗十卷　(□)□□輯　清刻本　一册　存五卷(六至十)

620000－1130－0000284　B222.5/828.1
五車樓告子集註二卷　(宋)朱熹集注　清光緒十五年(1889)刻本　一册

620000－1130－0000285　B222.5/828
孟子七卷　(宋)朱熹集注　清刻本　一册　存二卷(六至七)

620000－1130－0000286　B222.9/828
大中集註二卷　(宋)朱熹集注　清刻本　一册

620000－1130－0000287　I207.22/186
隨園詩話五卷　(清)袁枚撰　清宣統元年(1909)鑄記書局石印本　一册

620000－1130－0000288　G424.5/916
貼例須知一卷　(□)□□撰　清光緒元年(1875)刻本　一册

620000－1130－0000289　D691.3/505
惜陰集不分卷　(清)□□輯　清抄本　六册

620000－1130－0000290　I222.2/828.1
詩經八卷　(宋)朱熹集傳　清刻本　一册　存二卷(一至二)

620000－1130－0000291　D929/863
[道光]說帖不分卷　(清)□□輯　清抄本　十三册

620000－1130－0000292　J292/286
論書偶存一卷　(清)李朝棟撰　清抄稿本　一册

620000－1130－0000293　J632.3/754
大樂元音七卷　(清)潘士權著　清乾隆十年(1745)中和堂刻本　五册

620000－1130－0000294　D919.4/973
折獄龜鑑八卷　(宋)鄭克撰　清光緒八年(1882)刻本　二册

620000－1130－0000295　I222.85/313
詞林紀事二十二卷附錄一卷　(清)張宗橚輯　清掃葉山房石印本　十册

620000－1130－0000296　K204.1/972.1
廿一史約編八卷首一卷　(清)鄭元慶述　清刻本　八册

620000－1130－0000297　K20/718
史通通釋二十卷附錄一卷　(清)浦起龍釋　清光緒十九年(1893)文瑞樓石印本　八册

620000－1130－0000298　K82/440
歷代名人小簡二卷　(清)吳曾祺輯　清宣統元年(1909)商務印書館鉛印本　二册

620000－1130－0000299　B223
列子八卷　(晉)張湛注　清光緒二年(1876)浙江書局刻本　一册　存四卷(五至八)

620000－1130－0000300　I12/140
魏武帝集二卷　(三國魏)曹丕撰　(明)張溥評閱　清光緒三年(1877)滇南唐氏壽考堂刻漢魏六朝百三名家集本　一册

甘肅省張掖市甘州區圖書館古籍普查登記目録

全國古籍普查登記目録

國家圖書館出版社
National Library of China Publishing House

《甘肅省張掖市甘州區圖書館古籍普查登記目録》

編委會

主　編：賈　興

編　委：孫一凡　李　杉　李建龍　李育生　邱　海
武　鑫　張阿寧　曹文静　李惠娟　頡芳芳
何静怡　王　婷

620000－1116－0000001　經/8/1425
御纂周易折中二十二卷首一卷　(清)李光地等纂　清康熙刻御纂七經本　十册

620000－1116－0000002　經/9/1906
就正堂易經體註大全合參四卷　(清)鄧河鐘編　(清)許時庵定　清刻本　一册　存一卷(一)

620000－1116－0000003　經/11/2783
易經體註大全會解四卷　(清)來爾繩輯　清刻本　四册

620000－1116－0000004　經/1.1/1795
十三經注疏三百三十三卷　(明)□□輯　明崇禎元年至十二年(1628－1639)毛氏汲古閣刻本　七十九册　存七種二百二卷

620000－1116－0000005　經/1/1526
十三經注疏三百三十三卷　(明)□□輯　明崇禎元年至十二年(1628－1639)毛氏汲古閣刻本　一百十九册　存九種二百六十五卷

620000－1116－0000006　經/2/2775
禮記旁訓辨體合訂六卷　(清)徐立綱輯　清孝思堂刻本　六册

620000－1116－0000007　經/3/2070
十三經集字摹本不分卷　(清)彭玉雯纂　(清)張小浦鑒定　清道光二十九年(1849)江右彭氏刻本　十册

620000－1116－0000008　經/5/5139
通志堂經解一百三十九種一千八百四十五卷　(清)納蘭成德輯　清同治十二年(1873)粵東書局刻本　四百五十六册　存一百三十六種一千七百九十二卷

620000－1116－0000009　經/4/4791
皇清經解一千四百八卷　(清)阮元輯　清道光九年(1829)廣東學海堂刻咸豐十一年(1861)補刻本　三百四十九册　缺四十六卷(一千一百九至一千一百十八、一千二百二十六至一千二百三十一、一千二百七十至一千二百九十九)

620000－1116－0000010　經/6/1319
五經合纂大成四十四卷　(清)同文書局主人纂輯　清光緒二十年(1894)上海蜚英書局石印本　六册　存十卷(周易合纂大成一、三,詩經合纂大成三至八,書經合纂大成三至四)

620000－1116－0000011　經/7/2496
欽定七經綱領不分卷　(清)學部圖書局輯　清宣統元年(1909)學部圖書局鉛印本　一册

620000－1116－0000012　經/8/1425
御纂周易折中二十二卷首一卷　(清)李光地等纂　清康熙刻御纂七經本　九册

620000－1116－0000013　經/10/2781
易經大全會解四卷　(清)來爾繩輯　清刻本　二册

620000－1116－0000014　經/12/2787
易經體註大全合參四卷　(清)李兆賢輯　清匯源堂刻本　四册

620000－1116－0000015　經/13/1907
來瞿唐先生易註十五卷首一卷末一卷圖一卷　(明)來知德撰　清致遠堂刻本　十册

620000－1116－0000016　經/14/3191
御纂周易述義十卷　(清)傅恒等纂　清刻本　六册

620000－1116－0000017　經/15/1905
易經增訂旁訓三卷　(□)□□撰　清乾隆二十一年(1756)刻本　一册

620000－1116－0000018　經/21/1316(1311、1314、1742)
新刻五經體注合解全集五種四十二卷　(清)□□輯　清光緒七年(1881)守墨齋刻本　十一册　存四種二十二卷

620000－1116－0000019　經/19/1904
周易四卷　(宋)朱熹注　清刻本　一册　存三卷(二至四)

620000－1116－0000020　經/16/1935
周易四卷　(宋)朱熹注　清同治十年(1871)刻本　一册　存一卷(一)

620000－1116－0000021　經/16/1935
周易四卷　(宋)朱熹注　清同治十年(1871)刻本　三冊

620000－1116－0000022　經/18/1939
周易四卷　(宋)朱熹注　清同治十三年(1874)湖南書局刻本　二冊

620000－1116－0000023　經/18/1939
周易四卷　(宋)朱熹注　清同治十三年(1874)湖南書局刻本　二冊

620000－1116－0000024　史/59/3046
禹貢錐指二十卷圖一卷　(清)胡渭撰　清康熙四十四年(1705)漱六軒刻本　二十一冊　缺二卷(十一至十二)

620000－1116－0000025　經/22/1333
欽定書經傳説彙纂二十一卷首二卷書序一卷　(清)王頊齡等撰　清刻本　二十二冊　缺一卷(首一)

620000－1116－0000026　經/22/1333
欽定書經傳説彙纂二十一卷首二卷書序一卷　(清)王頊齡等纂　清刻本　十九冊　缺五卷(五、十七至十九,首一)

620000－1116－0000027　經/22/1333
欽定書經傳説彙纂二十一卷首二卷書序一卷　(清)王頊齡等纂　清刻本　十二冊　缺十二卷(四至五、十一至十二、十五至二十一,首一)

620000－1116－0000028　經/23/2855
尚書離句六卷　(清)錢在培輯解　清刻本　二冊　存三卷(二至四)

620000－1116－0000029　經/27/1947
書經六卷　(宋)蔡沈集傳　清同治十年(1871)刻本　一冊　存二卷(一至二)

620000－1116－0000030　經/26/1943
書經六卷首一卷末一卷　(宋)蔡沈集傳　清同治十三年(1874)湖南書局刻本　三冊

620000－1116－0000031　經/28/3172
書經六卷　(宋)蔡沈集傳　清光緒三年(1877)永康胡氏退補齋刻本　四冊

620000－1116－0000032　經/25/3132
欽定書經傳説彙纂二十一卷首二卷書序一卷　(清)王頊齡等纂　清同治十年(1871)崇文書局刻本　十二冊

620000－1116－0000033　經/30/2509
欽定書經圖説五十卷　(清)孫家鼐等纂　清光緒三十一年(1905)石印本　十六冊

620000－1116－0000034　經/24/1998
新刻書經備旨善本輯要六卷　(清)馬大猷輯　(清)汪右衡鑒定　清同治五年(1866)刻本　五冊

620000－1116－0000035　經/32/1386
欽定詩經傳説彙纂二十一卷首二卷詩序二卷　(清)王鴻緒等纂　清刻本　二十三冊　缺一卷(首一)

620000－1116－0000036　經/52.1/2820
禮記十卷　(元)陳澔集説　清同治十年(1871)刻本　十冊

620000－1116－0000037　經/33/3144
欽定詩經傳説彙纂二十一卷首二卷詩序二卷　(清)王鴻緒等纂　清同治十年(1871)崇文書局刻本　十八冊

620000－1116－0000038　經/35/1956
詩經八卷　(宋)朱熹集傳　清同治十年(1871)刻本　五冊

620000－1116－0000039　經/35.1/1948
詩經八卷　(宋)朱熹集傳　清同治十年(1871)刻本　四冊

620000－1116－0000040　經/35.1/1948
詩經八卷　(宋)朱熹集傳　清同治十年(1871)刻本　四冊

620000－1116－0000041　經/31/2849
詩經八卷　(宋)朱熹集傳　清刻本　一冊　存三卷(六至八)

620000－1116－0000042　經/37/2852
詩經體注八卷　(清)范紫登定　(清)高朝瓔

參　清刻本　一冊　存三卷(六至八)

620000－1116－0000043　經/34/3181
御纂詩義折中二十卷　(清)陳兆崙等纂　清經綸堂刻本　十冊

620000－1116－0000044　經/38/1504
採輯名家批評詩經刪補四卷　(明)徐奮鵬撰　(明)楊居廣編次　清刻本　四冊

620000－1116－0000045　經/45/1917
儀禮十七卷　(漢)鄭玄注　(清)張爾岐句讀　清同治十三年(1874)湖南書局刻本　八冊

620000－1116－0000046　經/39/1508
毛詩註疏二十卷　(漢)鄭玄注　(唐)孔穎達疏　明崇禎毛氏汲古閣刻十三經註疏本　十八冊

620000－1116－0000047　經/40/1670
欽定禮部則例二百二卷　(清)禮部纂修　清道光刻本　十五冊　存八十卷(一至二十九、一百四十四至一百九十四)

620000－1116－0000048　經/41/1501
周禮精華六卷　(清)陳龍標輯　清嘉慶二十一年(1816)刻本　三冊

620000－1116－0000049　經/42/1879
周禮六卷　(漢)鄭玄注　(唐)陸德明音義　清同治十三年(1874)湖南書局刻本　六冊

620000－1116－0000050　經/43/3166
周禮十二卷　(漢)鄭玄注　(唐)陸德明音義　清光緒三年(1877)永康胡氏退補齋刻本　六冊

620000－1116－0000051　經/44/6147
欽定周官義疏四十八卷首一卷　(清)允祿等纂　清同治十年(1871)崇文書局刻本　二十八冊

620000－1116－0000052　經/46/3162
儀禮十七卷　(漢)鄭玄注　(唐)陸德明音義　清光緒三年(1877)永康胡氏退補齋刻本　四冊

620000－1116－0000053　經/48/3502
欽定禮記義疏八十二卷首一卷　(清)允祿等纂修　清同治十年(1871)崇文書局刻本　四十八冊

620000－1116－0000054　經/47/4711
欽定儀禮義疏四十八卷首二卷　(清)允祿等纂　清同治十年(1871)崇文書局刻本　三十二冊

620000－1116－0000055　經/49/864
欽定禮記義疏八十二卷首一卷　(清)允祿等纂修　清刻本　八十一冊　缺一卷(二十一)

620000－1116－0000056　史/12/507
南史八十卷　(唐)李延壽撰　明萬曆十七年至十九年(1589－1591)南京國子監刻明清遞修本　十九冊

620000－1116－0000057　史/13/546
北史一百卷　(唐)李延壽撰　明萬曆十九年至二十一年(1591－1593)南京國子監刻清康熙遞修本　二十九冊　存九十七卷(一至九、十三至一百)

620000－1116－0000058　經/51/1898
禮記集腋八卷　(清)徐斌纂　清刻本　六冊

620000－1116－0000059　經/52/2810
禮記十卷　(元)陳澔集說　清同治十年(1871)刻本　十冊

620000－1116－0000060　經/53/2820
禮記十卷　(元)陳澔集說　清同治十年(1871)刻本　十冊

620000－1116－0000061　經/52.1/2820
禮記十卷　(元)陳澔集說　清同治十年(1871)刻本　六冊　存六卷(二至六、九)

620000－1116－0000062　經/40/1670
欽定禮部則例二百二卷　(清)禮部纂修　清道光刻本　十八冊　存一百五十八卷(四十五至二百二)

620000－1116－0000063　經/54/3176
禮記十卷　(元)陳澔集說　清同治十年(1871)刻本　五冊　存五卷(六至十)

620000－1116－0000064　經/55/1293
重訂批點春秋左傳狐白句解三十五卷　(宋)朱申注釋　(明)孫鑛批點　清學淵堂刻本　四冊

620000－1116－0000065　經/56/2390
春秋左傳杜注三十卷首一卷　(晉)杜預注　(清)姚培謙學　清光緒十六年(1890)務本書局刻本　十冊

620000－1116－0000066　經/56/2390
春秋左傳杜注三十卷首一卷　(晉)杜預注　(清)姚培謙學　清光緒十六年(1890)務本書局刻本　十冊

620000－1116－0000067　經/57/1298
春秋公羊傳十一卷　(漢)何休學　(唐)陸德明音義　清光緒十二年(1886)星沙文昌書局刻本　二冊　存五卷(一至五)

620000－1116－0000068　經/58/1300
春秋穀梁傳十二卷　(晉)范甯集解　(唐)陸德明音義　清光緒十二年(1886)星沙文昌書局刻本　四冊

620000－1116－0000069　經/59/1084
欽定春秋傳說彙纂三十八卷首二卷　(清)王掞等編修　清刻本　二十四冊

620000－1116－0000070　經/60/3112
欽定春秋傳說彙纂三十八卷首二卷　(清)王掞等纂修　清同治十年(1871)崇文書局刻本　二十冊

620000－1116－0000071　經/61/1892
春秋單合析義二十九卷　(清)林挺秀　(清)林挺俊編　(清)林方華等增刪　清康熙三十四年(1695)挹奎樓刻本　六冊

620000－1116－0000072　經/62/2450
春秋體註大全四卷　(清)徐寅賓纂　(清)范紫登鑒定　清乾隆五年(1740)致和堂刻本　四冊

620000－1116－0000073　經/63/2692
春秋三十卷　(宋)胡安國傳　清恕堂刻本　六冊

620000－1116－0000074　經/64/3219
御纂春秋直解十二卷　(清)傅恒等纂修　清乾隆刻本　十四冊

620000－1116－0000075　經/65/2857
春秋三傳十六卷首一卷釋文音義十六卷　(清)□□輯　**陸氏三傳釋文音義十六卷**　(唐)陸德明音義　清同治十年(1871)刻本　十四冊

620000－1116－0000076　經/65.1/2871
春秋三傳十六卷首一卷釋文音義十六卷　(清)□□輯　**陸氏三傳釋文音義十六卷**　(唐)陸德明音義　清同治十年(1871)刻本　十三冊

620000－1116－0000077　經/65.1/2871
春秋三傳十六卷首一卷釋文音義十六卷　(清)□□輯　**陸氏三傳釋文音義十六卷**　(唐)陸德明音義　清同治十年(1871)刻本　十四冊

620000－1116－0000078　經/65.1/2871
春秋三傳十六卷首一卷釋文音義十六卷　(清)□□輯　**陸氏三傳釋文音義十六卷**　(唐)陸德明音義　清同治十年(1871)刻本　十三冊　缺二卷(春秋三傳十五至十六)

620000－1116－0000079　經/67/313
四書典林三十卷　(清)江永編　(清)汪基參定　清雍正十三年(1735)棷經齋刻本　十一冊　缺二卷(二至三)

620000－1116－0000080　經/68/2241
增訂龍門四書圖像人物備考十二卷　(明)陳仁錫增定　(明)陳中卿等參訂　清康熙五十六年(1717)三樂齋刻本　六冊

620000－1116－0000081　經/69/2247
增訂四書通典人物備考十二卷　(清)陳仁錫增定　(清)陳中卿等參訂　清乾隆五年(1740)三樂齋刻本　六冊

620000－1116－0000082　經/70/2343

四書人物類典串珠四十卷首一卷　(清)臧志仁輯　清嘉慶十八年(1813)引相堂刻本　三冊　存十七卷(一至十六、首一卷)

620000－1116－0000083　經/71/2211
四書朱子本義匯參四十三卷首四卷　(清)王步青輯　(清)王士麄編　清嘉慶十八年(1813)刻本　三十冊

620000－1116－0000084　經/72/2691
四書典腋十八卷　(清)松軒主人撰　清道光二年(1822)刻本　一冊　存十卷(一至十)

620000－1116－0000085　經/73/2253
論語十卷　(宋)朱熹集注　清同治刻本　二冊

620000－1116－0000086　經/74/6195
四書十九卷　(宋)朱熹集注　清光緒三年(1877)永康胡氏退補齋刻本　六冊

620000－1116－0000087　經/75/2643
駁呂留良四書講義不分卷　(清)朱軾等撰　清雍正刻本　八冊

620000－1116－0000088　經/75/2643
駁呂留良四書講義不分卷　(清)朱軾等撰　清雍正刻本　八冊

620000－1116－0000089　經/75/2643
駁呂留良四書講義不分卷　(清)朱軾等撰　清雍正刻本　八冊

620000－1116－0000090　經/75/2643
駁呂留良四書講義不分卷　(清)朱軾等撰　清雍正刻本　八冊

620000－1116－0000091　經/75/2643
駁呂留良四書講義不分卷　(清)朱軾等撰　清雍正刻本　八冊

620000－1116－0000092　經/75/2643
駁呂留良四書講義不分卷　(清)朱軾等撰　清雍正刻本　八冊

620000－1116－0000093　經/76/1946
四書十九卷　(宋)朱熹集注　清同治十年(1871)刻本　一冊　存二卷(大學一、中庸一)

620000－1116－0000094　經/78/2482
新訂四書補註備旨十卷　(明)鄧林撰　(清)杜定基增訂　清光緒三年(1877)貴文堂刻本　五冊　缺三卷(孟子一至二、四)

620000－1116－0000095　史/71/4743
經義考三百卷目錄二卷　(清)朱彝尊撰　清乾隆盧見曾刻本　四十八冊　缺二卷(二百九十九至三百)

620000－1116－0000096　經/79/1731
經餘必讀八卷續編八卷三編四卷　(清)雷琳等輯　清經綸堂刻本　八冊　缺一卷(三編二)

620000－1116－0000097　經/85/8350
大明成化庚寅重刊改併五音集韻十五卷　(金)韓道昭撰　明成化六年(1470)刻本　三冊　存九卷(一至九)

620000－1116－0000098　經/86/8353
大明成化丁亥重刊改併五音類聚四聲篇十五卷　(金)韓道昭撰　明成化七年(1471)金台大隆福寺刻本　四冊　存十二卷(一至九、十三至十五)

620000－1116－0000099　經/90/2495
初等小學修身教授書第五冊不分卷　(清)學部編譯圖書局編纂　清宣統元年(1909)學部圖書局鉛印本　一冊

620000－1116－0000100　經/80/2803
爾雅三卷　(晉)郭璞注　(唐)陸德明音義　清同治十三年(1874)湖南書局刻本　三冊

620000－1116－0000101　經/81/2018
康熙字典十二集十二卷總目一卷檢字一卷辨似一卷補遺一卷等韻二卷備考一卷　(清)張玉書　(清)陳廷敬等纂修　清康熙刻本　四十冊

620000－1116－0000102　經/82/2075
康熙字典十二集十二卷等韻二卷　(清)張玉書　(清)陳廷敬等纂修　清道光七年(1827)

經綸堂刻本　十八册　存十卷(丑、寅、卯上中、辰上、巳中下、午中下、未上下、申上中,等韻二卷)

620000－1116－0000103　經/83/2058
康熙字典十二集十二卷備考一卷　(清)張玉書　(清)陳廷敬等纂修　清刻本　十二册　存五卷(申上、酉上、戌、亥,備考一卷)

620000－1116－0000104　經/84/2458
字彙十二集首一卷末一卷附韻法直圖一卷韻法橫圖一卷　(明)梅膺祚撰　清晚期刻本　四册

620000－1116－0000105　經/87/2333
初學行文語類四卷　(清)孫埏編輯　清嘉慶二年(1797)刻本　四册

620000－1116－0000106　經/88/1470
詩韻集成十卷　(清)余照輯　清咸豐十年(1860)奎光堂刻本　二册

620000－1116－0000107　經/89/1472
詩韻集成十卷　(清)余照輯　清道光十八年(1838)刻本　二册

620000－1116－0000108　史/4/353
晉書一百三十卷音義三卷　(唐)房玄齡撰　(唐)何超音義　元刻明正德十年(1515)司禮監嘉靖、萬曆、清順治、康熙遞修本　二十九册　缺二十四卷(三至六、十一至三十)

620000－1116－0000109　史/2/324
三國志六十五卷　(晉)陳壽撰　(南朝宋)裴松之注　明萬曆二十四年(1596)刻清順治康熙遞修本　十册　缺十五卷(三十一至四十五)

620000－1116－0000110　史/3/331
前漢書一百卷　(漢)班固撰　(唐)顔師古注　明嘉靖九年(1530)南京國子監刻明清遞修本　二十二册

620000－1116－0000111　史/4/353
晉書一百三十卷音義三卷　(唐)房玄齡撰　(唐)何超音義　元刻明正德十年(1515)司禮監嘉靖、萬曆、清順治、康熙遞修本　四十五册　缺三卷(七十九至八十一)

620000－1116－0000112　史/15/642
五代史記七十四卷　(宋)歐陽修撰　(宋)徐無黨注　明萬曆四年(1576)南京國子監刻明清遞修本　八册

620000－1116－0000113　史/5/426
宋書一百卷　(南朝梁)沈約撰　明萬曆二十二年(1594)南京國子監刻清順治、康熙遞修本　十四册　存五十九卷(十二至二十三、二十八至四十四、六十三至八十四、九十三至一百)

620000－1116－0000114　史/6/440
南齊書五十九卷　(南朝梁)蕭子顯撰　明萬曆十六年至十七年(1588－1589)南京國子監刻明清遞修本　十册

620000－1116－0000115　史/7/450
陳書三十六卷　(唐)姚思廉撰　明萬曆十六年(1588)南京國子監刻清順治、康熙遞修本　四册

620000－1116－0000116　史/8/454
魏書一百十四卷　(北齊)魏收撰　明萬曆二十四年(1596)南京國子監刻清順治、康熙遞修本　二十四册

620000－1116－0000117　史/9/489
周書五十卷　(唐)令狐德棻撰　明萬曆十六年(1588)南京國子監刻清順治、康熙遞修本　八册

620000－1116－0000118　史/10/1766
北齊書五十卷　(唐)李百藥撰　明萬曆十六年至十七年(1588－1589)南京國子監刻清順治、康熙遞修本　八册

620000－1116－0000119　史/11/497
隋書八十五卷　(唐)魏徵等撰　明萬曆二十二年至二十三年(1594－1595)南京國子監刻清康熙遞修本　十册　存三十五卷(一至三十五)

620000－1116－0000120　史/12/507
南史八十卷　（唐）李延壽撰　明萬曆十七年至十九年（1589－1591）南京國子監刻明清遞修本　二十册

620000－1116－0000121　史/13/546
北史一百卷　（唐）李延壽撰　明萬曆十九年至二十一年（1591－1593）南京國子監刻清康熙遞修本　二十九册　缺八卷（四十六至五十、八十六至八十八）

620000－1116－0000122　經/49/864
欽定禮記義疏八十二卷首一卷　（清）允祿等纂修　清刻本　七十六册　缺五卷（十五、二十一至二十三、七十九）

620000－1116－0000123　史/14/604
唐書二百二十五卷　（宋）歐陽修　（宋）宋祁等撰　**釋音二十五卷**　（宋）董衝撰　元大德九年（1305）建康路儒學刻明清遞修本　三十八册

620000－1116－0000124　史/15/642
五代史記七十四卷　（宋）歐陽修撰　（宋）徐無黨注　明萬曆四年（1576）南京國子監刻明清遞修本　七册　缺十二卷（一至十二）

620000－1116－0000125　史/16/657
宋史四百九十六卷　（元）脱脱修　明成化七年至十六年（1471－1480）朱英刻明清遞修本　四十五册　缺二百六十七卷（四十八至五十一、六十八至九十四、一百十六至二百四十六、二百七十一至二百七十六、二百九十二至二百九十七、三百十八至三百二十七、三百五十五至三百五十九、三百九十五至四百二十、四百二十五至四百二十九、四百三十四至四百三十八、四百四十三至四百五十五、四百六十二至四百七十九、四百八十六至四百九十六）

620000－1116－0000126　史/17/702
遼史一百十六卷　（元）脱脱等纂修　明嘉靖八年（1529）南京國子監刻明清遞修本　八册

620000－1116－0000127　史/18/710
金史一百三十五卷　（元）脱脱修　明嘉靖八年（1529）南京國子監刻明清遞修本　九册　存六十五卷（六十三至七十八、八十七至一百三十五）

620000－1116－0000128　史/19/719
元史二百十卷目録二卷　（明）宋濂修　明洪武内府刻明清遞修本　四十八册　缺四卷（二百一至二百四）

620000－1116－0000129　史/20/806
明史三百三十二卷目録四卷　（清）張廷玉等纂修　清乾隆四年（1739）武英殿刻二十四史本　五十八册

620000－1116－0000130　史/42/1233
御批歷代通鑑輯覽一百二十卷　（清）傅恆等撰　清同治十三年（1874）湖南書局刻本　六十册　缺四卷（六十三至六十四、八十七至八十八）

620000－1116－0000131　史/43/2258
御批歷代通鑑輯覽一百二十卷　（清）傅恆等撰　清光緒五年（1879）天津煮字山房刻朱墨套印本　五十八册

620000－1116－0000132　史/46/2412
新刊通鑑輯要三十九卷　（明）王世貞撰　（明）陳明卿重訂　**御撰資治通鑑綱目三編二十卷**　（清）張廷玉編纂　**甲子紀年一卷**　（清）陳宏謀輯　清刻本　二十册

620000－1116－0000133　史/45/2375
新刊趙田了凡袁先生編纂古本歷史大方綱鑑補三十九卷首一卷　（明）袁黄編　清光緒二十三年（1897）成都書局刻本　四册　存五卷（一至三、六，首一卷）

620000－1116－0000134　史/47/3014
歷代名臣言行録二十四卷　（清）朱桓輯　清光緒元年（1875）刻本　三十二册

620000－1116－0000135　史/48/27
甘肅忠義録一百三十一卷　（清）楊昌濬修　（清）張國常輯　清光緒十六年（1890）刻本　十八册　缺四十三卷（傳一至十七、文武職表

一至二十六）

620000－1116－0000136　史/48/27
甘肅忠義錄一百三十一卷　（清）楊昌濬修　（清）張國常輯　清光緒十六年（1890）刻本　二十四册　缺十七卷（傳一至十七）

620000－1116－0000137　史/48/27
甘肅忠義錄一百三十一卷　（清）楊昌濬修　（清）張國常輯　清光緒十六年（1890）刻本　二十一册　缺二十六卷（傳一至十七、紳民婦女表五至十三）

620000－1116－0000138　史/50/1464
欽定狀元策不分卷　（清）□□輯　清光緒刻本　二册

620000－1116－0000139　史/51/6115
漢書評林一百卷　（明）凌稚隆輯　清光緒十年（1884）刻本　三十二册

620000－1116－0000140　史/56/1971
吾學錄初編二卷　（清）吳榮光述　（清）黄本驥編　清光緒六年（1880）酒泉營次刻本　二册

620000－1116－0000141　史/52/2930
欽定科場條例五十四卷　（清）禮部纂修　清乾隆刻本　十六册

620000－1116－0000142　史/53/2962
欽定科場條例六十卷首一卷　（清）禮部纂修　清咸豐刻本　十五册　缺二十四卷（七至十三、二十九至三十七、五十至五十三、五十七至六十）

620000－1116－0000143　史/54/2977
續增科場條例不分卷　（清）□□輯　清光緒刻本　十三册

620000－1116－0000144　史/58/1715
欽定國子監則例四十四卷首六卷　（清）劉墉等纂修　清嘉慶二年（1797）刻本　十册

620000－1116－0000145　史/55/1965
欽定學政全書八十六卷　（清）童璜纂修　清嘉慶十七年（1812）刻本　五册　存二十八卷（十八至二十五、四十五至五十三、五十七至六十七）

620000－1116－0000146　史/57/3209
牧令書輯要十卷　（清）徐棟編　（清）丁日昌重編　清同治八年（1869）崇文書局刻本　十册

620000－1116－0000147　史/62/1659
歐洲族類源流略五卷　王樹枏著　清光緒二十八年（1902）中衛縣署刻本　二册

620000－1116－0000148　史/60/3383
讀史方輿紀要一百三十卷附輿地總圖四卷　（清）顧祖禹輯　（清）彭元瑞校定　清道光龍萬育燮堂刻本　六十四册

620000－1116－0000149　史/61/3447
天下郡國利病書一百二十卷　（清）顧炎武輯　（清）龍萬育訂　清道光敷文閣木活字印本　五十五册　缺三卷（一至三）

620000－1116－0000150　史/64/1
［光緒］甘肅新通志一百卷首五卷　（清）升允　（清）長庚修　（清）安維峻纂　清宣統元年（1909）刻本　二十六册　存三十卷（十三至十五、十七、二十七、三十、三十九至四十、四十八、五十二至五十七、五十九至六十一、六十三至六十四、七十一、七十四、八十一至八十三、八十五至八十六，首三至五）

620000－1116－0000151　史/65/127
［乾隆］甘州府志十六卷首一卷　（清）鍾賡起纂修　清乾隆四十四年（1779）刻本　十册　缺二卷（一至二）

620000－1116－0000152　史/66.1/8343
［道光］敦煌縣志七卷首一卷　（清）蘇履吉修　（清）曾誠纂　清道光十一年（1831）刻本　四册

620000－1116－0000153　史/68/198
［乾隆］渭南志十四卷　（清）汪以誠纂修　清乾隆四十四年（1779）刻本　八册

620000－1116－0000154　史/69/206

[乾隆]蒲州府志二十四卷圖一卷　(清)周景柱纂修　清乾隆十九年(1754)刻本　十冊

620000－1116－0000155　史/70/2791
世界地理統計表二卷　(清)鄒興覺編輯　清宣統元年(1909)武昌亞新地學社刻本　二冊

620000－1116－0000156　史/70/2791
世界地理統計表二卷　(清)鄒興覺編輯　清宣統元年(1909)武昌亞新地學社刻本　二冊

620000－1116－0000157　子/1/3344
十子全書一百二十九卷　(清)王子興輯　清嘉慶九年(1804)姑蘇王氏聚文堂刻本　三十九冊　存九種一百二十七卷

620000－1116－0000158　子/2/2346
子書二十三種　(清)□□編　清光緒二十三年(1897)上海圖書集成局鉛印本　二十九冊　存十九種二百四十九卷

620000－1116－0000159　子/4/1885
聖諭廣訓一卷　(清)世宗胤禛撰　清刻本　一冊

620000－1116－0000160　子/3/1871
內則衍義十六卷　(清)世祖福臨纂　清刻本　八冊

620000－1116－0000161　子/5/1657
潛夫論十卷　(漢)王符著　(清)邵孟遴校　清乾隆五十六年(1791)金谿王氏刻增訂漢魏叢書本　一冊

620000－1116－0000162　子/6/1973
小學六卷　(明)陳選注　清同治十年(1871)刻本　二冊

620000－1116－0000163　子/7/2850
寄傲山房塾課新增幼學故事瓊林四卷　(明)程允升撰　(清)鄒聖脉增補　清刻本　二冊　存二卷(三至四)

620000－1116－0000164　子/8/3057
周子全書九卷首二卷末一卷　(宋)周敦頤撰　(清)鄧顯鶴編　清道光二十七年(1847)新化鄧氏濂溪精舍刻本　五冊　缺二卷(三至四)

620000－1116－0000165　子/9/3089
西山先生真文忠公讀書記四十卷　(宋)眞德秀輯　清咸豐七年(1857)刻本　二十三冊　缺七卷(二十一至二十二、二十七至三十一)

620000－1116－0000166　子/10/3304
御纂朱子全書六十六卷　(清)李光地等纂　清光緒江西書局刻本　四十冊

620000－1116－0000167　子/11/6175 子/12/6201
大學衍義四十三卷大學衍義補一百六十卷首一卷目錄一卷　(宋)真德秀撰　(明)陳仁錫評閱　大學衍義補一百六十卷首一卷目錄一卷　(明)丘濬撰　(明)陳仁錫評閱　清道光十七年(1837)刻本　六十冊

620000－1116－0000168　子/13/6187
五種遺規十六卷　(清)陳宏謀輯　清光緒十九年(1893)刻本　八冊

620000－1116－0000169　子/15/1459
應酬彙選新集八卷　(清)潘文光輯　清乾隆五十二年(1787)三多齋刻本　二冊

620000－1116－0000170　子/16/2920
吅鉢齋纂行廚集十七卷　(清)李之淓　(清)汪建封輯　清康熙刻本　四冊　存六卷(四至五、十至十一、十三、十五)

620000－1116－0000171　子/17/1925
校訂困學紀聞集證二十卷　(宋)王應麟撰　(清)屠繼序校補　清嘉慶二十四年(1819)山壽齋胡氏刻本　十冊

620000－1116－0000172　子/18/2487
續富國策四卷　(清)陳熾撰　清光緒二十二年(1896)刻本　四冊

620000－1116－0000173　叢/1/2153
增訂漢魏叢書八十六種四百五十三卷　(清)王謨輯　清乾隆五十六年(1791)刻本　五十八冊　缺三種二十九卷(華陽國志一至十五、元經一至四、潛夫論一至十)

620000－1116－0000174　子/25/216
學校制度一卷　(日本)隈本繁吉講授　(清)程家檉編譯　清光緒三十二年(1906)京師官書局鉛印本　一冊

620000－1116－0000175　子/19/2497
近世物理學教科書九卷　(日本)中村清二著　(清)學部編譯圖書局譯　清光緒三十二年(1906)京師官書局鉛印本　二冊

620000－1116－0000176　子/19/2497
近世物理學教科書九卷　(日本)中村清二著　(清)學部編譯圖書局譯　清光緒三十二年(1906)京師官書局鉛印本　二冊

620000－1116－0000177　子/19/2497
近世物理學教科書九卷　(日本)中村清二著　(清)學部編譯圖書局譯　清光緒三十二年(1906)京師官書局鉛印本　二冊

620000－1116－0000178　子/19/2497
近世物理學教科書九卷　(日本)中村清二著　(清)學部編譯圖書局譯　清光緒三十二年(1906)京師官書局鉛印本　二冊

620000－1116－0000179　子/19/2497
近世物理學教科書九卷　(日本)中村清二著　(清)學部編譯圖書局譯　清光緒三十二年(1906)京師官書局鉛印本　二冊

620000－1116－0000180　子/19/2497
近世物理學教科書九卷　(日本)中村清二著　(清)學部編譯圖書局譯　清光緒三十二年(1906)京師官書局鉛印本　二冊

620000－1116－0000181　子/20/281
割錐術課本二卷　(英國)威里孫著　(清)陳沚譯　清光緒三十二年(1906)京師官書局鉛印本　一冊

620000－1116－0000182　子/21/293
力學課編八卷首一卷附試題一卷　(英國)馬格訥斐立著　(清)嚴文炳譯　清光緒三十二年(1906)學部編譯圖書局鉛印本　四冊

620000－1116－0000183　子/22/226
質學課本五卷　(英國)伊那楞木孫著　(清)曾宗鞏編譯　清光緒三十二年(1906)學部編譯圖書局鉛印本　五冊

620000－1116－0000184　子/26/8348
諸佛世尊如來菩薩尊者名稱歌曲不分卷　(明)成祖朱棣撰　明永樂內府刻本　一冊

620000－1116－0000185　子/27/8347
諸佛世尊如來菩薩尊者名稱歌曲不分卷　(明)成祖朱棣撰　明永樂內府刻本　一冊

620000－1116－0000186　子/28/1461
悲華經十卷　(北涼)釋曇無讖譯　清光緒四年(1878)金陵刻經處刻本　三冊

620000－1116－0000187　子/29/2115
潛確居類書一百二十卷　(明)陳仁錫輯　明崇禎刻本　三十八冊　存八十二卷(十八至十九、二十二至三十、三十三至三十四、三十七至三十九、四十一至五十、五十三至五十八、六十至七十九、八十七至九十、九十五至一百二十)

620000－1116－0000188　史/37/2379
尚友錄二十二卷　(明)廖用賢編纂　(清)張伯琮補輯　清刻本　十一冊

620000－1116－0000189　子/31/4552
佩文韻府一百六卷韻府拾遺一百六卷　(清)張玉書等編纂　清刻本　一百五十九冊　缺一卷(佩文韻府十八)

620000－1116－0000190　子/32/2853
新增說文韻府群玉二十卷　(元)陰時夫編輯　(元)陰中夫編注　清刻本　一冊　存二卷(五至六)

620000－1116－0000191　集/1/1774
古文析義初編六卷二編八卷　(清)林雲銘評注　清刻本　十三冊　缺一卷(古文析義二編二)

620000－1116－0000192　集/3/1787
古文翼八卷　(清)唐德宜編　清光緒十二年(1886)刻本　八冊

620000－1116－0000193　集/4/1866

新鐫古文覺斯新編八卷　（清）過珙評選　清五雲文盛堂刻本　五冊　缺二卷（四、八）

620000－1116－0000194　集/5/2454

硃套八家詩註八卷　（清）張熙宇注評　清道光十二年（1832）朱墨套印本　四冊

620000－1116－0000195　史/66/158

［道光］敦煌縣志七卷首一卷　（清）蘇履吉修　（清）曾誠纂　清道光十一年（1831）刻本　二冊

620000－1116－0000196　集/7/2463

古唐詩合解十二卷　（清）王堯衢注　清大成堂刻本　三冊

620000－1116－0000197　集/8/1330

古唐詩合解十二卷　（清）王堯衢注　清大成堂刻本　三冊　存六卷（一、八至十二）

620000－1116－0000198　集/9/2797

唐詩品彙九十卷拾遺十卷　（明）高棅編輯　（明）汪宗尼校訂　明刻本　二冊　存十三卷（一至二、六、八、八十二至九十）

620000－1116－0000199　集/10/2800

宋四家詩鈔六卷　（清）周之鱗　（清）柴升輯　清光緒元年（1875）湘西章氏刻本　三冊　存二種三卷（東坡先生詩選一至二、山谷先生詩選一）

620000－1116－0000200　集/11/2806

唐詩三百首註釋六卷　（清）蘅塘退士編　（清）章燮注　**唐詩三百首續選一卷**　（清）于慶元編　清光緒十年（1884）湖南經濟書局刻本　四冊

620000－1116－0000201　集/12/2916

增訂古文集解八卷　（清）程潤德評注　清刻本　一冊　存二卷（三至四）

620000－1116－0000202　集/13/6451.3078

御選唐宋文醇五十八卷　（清）高宗弘曆選　清四色套印本　二十四冊

620000－1116－0000203　集/14/3197

古文辭類纂七十四卷　（清）姚鼐編輯　清同治八年（1869）江蘇書局刻本　十二冊

620000－1116－0000204　集/15/3233.6249

皇朝經世文編一百二十卷總目一卷　（清）賀長齡輯　清道光七年（1827）刻本　七十九冊　缺一卷（五十三）

620000－1116－0000205　經/91/2559

欽定四書文不分卷　（清）方苞纂修　清乾隆刻本　二十二冊

620000－1116－0000206　經/91/2559

欽定四書文不分卷　（清）方苞纂修　清乾隆刻本　二十一冊　存欽定化治四書文、欽定正嘉四書文、欽定隆萬四書文、欽定啟禎四書文、欽定本朝四書文

620000－1116－0000207　經/91/2559

欽定四書文不分卷　（清）方苞纂修　清乾隆刻本　二十一冊　存欽定化治四書文、欽定正嘉四書文、欽定隆萬四書文、欽定啟禎四書文、欽定本朝四書文

620000－1116－0000208　史/48/5594

二十四史三千二百五十一卷　（清）□□輯　清同治、光緒間五省官書局刻本　五百二十冊　缺四種二百九十六卷（後漢書一至一百二十、三國志一至六十五、五代史一至七十四、金史六十二至九十八）

620000－1116－0000209　經/93/2567

欽定四書文不分卷　（清）方苞纂修　清光緒十五年（1889）刻本　十五冊　存欽定正嘉四書文（孟子）、欽定隆萬四書文、欽定啟禎四書文、欽定本朝四書文

620000－1116－0000210　經/92/3062

欽定四書文不分卷　（清）方苞纂修　清光緒二年（1876）崇文書局刻本　十六冊

620000－1116－0000211　集/42/1318

子史輯要詩賦題解四卷續編四卷　（清）胡本淵編輯　清刻本　一冊

620000－1116－0000212　集/17/1457

新穎賦鈔四卷首一卷　(清)戴守曾輯　清同治元年(1862)刻本　二册

620000－1116－0000213　集/18/1466
館賦宛虹集四卷　(清)徐會曾　(清)陳士禎　(清)丁鹿壽輯　清道光二年(1822)刻本　四册

620000－1116－0000214　集/19/1447
八銘堂塾鈔初集八卷二集不分卷　(清)吴懋政輯　(清)李元慶重校　清道光二十年(1840)令德堂刻本　九册

620000－1116－0000215　集/20/1739
館閣試帖三未集十二卷　(清)蔣瓌編　清道光十六年(1836)敦化堂刻本　二册　存八卷(一至六、十一至十二)

620000－1116－0000216　集/21/1741
詳註分韻試帖青雲集四卷　(清)楊逢春　(清)蕭應櫆輯　(清)沈品華等注　清道光十六年(1836)刻本　一册

620000－1116－0000217　集/22/2847
律賦先春四卷　(清)程廷獻輯　清道光十六年(1836)刻本　二册

620000－1116－0000218　集/23/2432
昭明文選集成六十卷首二卷　(南朝梁)蕭統輯　(清)方廷珪評點　清乾隆三十二年(1767)刻本　十八册　存四十六卷(一至四十四、首二卷)

620000－1116－0000219　集/24/2854
蘭山課業松厓詩錄二卷　(清)吴鎮撰　(清)楊芳燦選　清乾隆五十七年(1792)刻本　一册　存一卷(上)

620000－1116－0000220　集/25/1975
庚辰集五卷　(清)紀昀編　清刻本　五册

620000－1116－0000221　集/26/1325
戎旃遣興草二卷　(清)愛新覺羅・晋昌撰　清嘉慶二十五年(1820)刻本　二册

620000－1116－0000222　集/27/1297
詩文合鈔不分卷　(清)汪荊川撰　清道光二十四年(1844)刻本　一册

620000－1116－0000223　集/28/1970
陳文恭公手札節要三卷　(清)陳宏謀撰　清同治七年(1868)湖北崇文書局刻本　一册

620000－1116－0000224　集/29/3550
船山遺書五十五種二百九十一卷附校勘記二卷　(清)王夫之撰　清同治四年(1865)金陵節署曾氏刻本　一百一十二册　缺五卷(周易内傳一至五)

620000－1116－0000225　集/30/2494、1961、2492
新刻諸葛宗岳史四公文集四種三十卷　(清)劉質慧輯　清同治十二年(1873)三原劉氏述荊堂刻本　七册　存三種十五卷

620000－1116－0000226　集/33/1304
慎盦文鈔二卷詩鈔二卷　(清)左宗植撰　清光緒元年(1875)刻本　二册　缺二卷(詩鈔二卷)

620000－1116－0000227　集/34/2003
家寶初集八卷二集八卷三集八卷四集八卷　(清)石成金撰　清刻本　十五册　缺十七卷(初集一至四、七至八,二集一、三,三集一至二、四至八,四集二、五)

620000－1116－0000228　集/35/1889
憑山閣增輯留青新集三十卷　(清)陳枚選　(清)陳德裕增輯　清刻本　三册　存七卷(三、二十三至二十四、二十六至二十九)

620000－1116－0000229　集/36/1493
胡文忠公遺集八十六卷首一卷　(清)胡林翼撰　(清)曾國荃輯　(清)胡鳳丹重編　清光緒二十七年(1901)上海圖書集成印書局鉛印本　八册

620000－1116－0000230　集/37/2918
新刻註釋故事白眉十卷　(明)許以忠撰　(明)鄧志謨彙編　清刻本　二册　存五卷(五至六、八至十)

620000－1116－0000231　集/39/2698

四大奇書第一種(三國演義)六十卷一百二十回 (明)羅本撰 (清)毛宗岡評 清書業德刻本 十七册 存四十四卷(八至五十一)

620000－1116－0000232 集/38/2917
孫龐演義四卷二十回 (明)吳門嘯客撰 清刻本 一册 存二卷(一至二)

620000－1116－0000233 集/40/2799
東周列國全志二十三卷一百八回 (明)馮夢龍撰 (清)蔡昇評點 清刻本 一册 存二卷(二十二至二十三)

620000－1116－0000234 集/41/1306
文心雕龍十卷 (南朝梁)劉勰撰 (清)黄叔琳注 清乾隆六年(1741)養素堂刻本 五册

620000－1116－0000235 集/43/2337
本朝試賦新硎五卷首一卷 (清)陸貽穀 (清)李光瓊 (清)李光玖輯評 清乾隆二十九年(1764)金陵三多齋刻本 六册

620000－1116－0000236 史/71/2929
補註洗冤録集證四卷增一卷附刊一卷 (宋)宋慈撰 (清)王又槐集證 (清)童濂刪補 清刻三色套印本 一册 存二卷(一至二)

620000－1116－0000237 史/106/1327
精選新科直省闈墨必讀不分卷 (清)□□輯 清鉛印本 三册

620000－1116－0000238 史/72/1663
籌濟編三十二卷首一卷 (清)楊景仁輯 清光緒四年(1878)刻本 七册 缺四卷(七至十)

620000－1116－0000239 子/22/226
質學課本五卷 (英國)伊那楞木孫著 (清)曾宗鞏編譯 清光緒三十二年(1906)學部編譯圖書局鉛印本 五册

620000－1116－0000240 子/22/226
質學課本五卷 (英國)伊那楞木孫著 (清)曾宗鞏編譯 清光緒三十二年(1906)學部編譯圖書局鉛印本 五册

620000－1116－0000241 子/22/226
質學課本五卷 (英國)伊那楞木孫著 (清)曾宗鞏編譯 清光緒三十二年(1906)學部編譯圖書局鉛印本 五册

620000－1116－0000242 子/22/226
質學課本五卷 (英國)伊那楞木孫著 (清)曾宗鞏編譯 清光緒三十二年(1906)學部編譯圖書局鉛印本 五册

620000－1116－0000243 子/21/293
力學課編八卷首一卷附試題一卷 (英國)馬格訥斐立著 (清)嚴文炳譯 清光緒三十二年(1906)學部編譯圖書局鉛印本 四册

620000－1116－0000244 子/21/293
力學課編八卷首一卷附試題一卷 (英國)馬格訥斐立著 (清)嚴文炳譯 清光緒三十二年(1906)學部編譯圖書局鉛印本 四册

620000－1116－0000245 子/21/293
力學課編八卷首一卷附試題一卷 (英國)馬格訥斐立著 (清)嚴文炳譯 清光緒三十二年(1906)學部編譯圖書局鉛印本 四册

620000－1116－0000246 子/21/293
力學課編八卷首一卷附試題一卷 (英國)馬格訥斐立著 (清)嚴文炳譯 清光緒三十二年(1906)學部編譯圖書局鉛印本 四册

620000－1116－0000247 子/20/281
割錐術課本二卷 (英國)威里孫著 (清)陳沚譯 清光緒三十二年(1906)京師官書局鉛印本 一册

620000－1116－0000248 子/20/281
割錐術課本二卷 (英國)威里孫著 (清)陳沚譯 清光緒三十二年(1906)京師官書局鉛印本 一册

620000－1116－0000249 子/20/281
割錐術課本二卷 (英國)威里孫著 (清)陳沚譯 清光緒三十二年(1906)京師官書局鉛印本 一册

620000－1116－0000250 子/20/281
割錐術課本二卷 (英國)威里孫著 (清)陳

沚譯　清光緒三十二年(1906)京師官書局鉛印本　一冊

620000－1116－0000251　子/4.1/1886
聖諭廣訓一卷廣訓衍附律一卷　(清)世宗胤禛撰　**廣訓衍附律一卷**　(清)王又樸撰　清同治刻本　一冊

620000－1116－0000252　經/77/2477
新訂四書補註備旨十卷　(明)鄧林撰　(清)杜定基增訂　清光緒十七年(1891)大道堂刻本　六冊　缺一卷(孟子一)

620000－1116－0000253　經/82.1/2093
康熙字典十二集十二卷總目一卷檢字一卷辨似一卷補遺一卷　(清)張玉書　(清)陳廷敬等纂修　清道光文光堂刻本　二十二冊　存十五卷(子中、丑下、寅上中、卯上下、辰、巳上下、午上、未、酉下、戌上下、亥中下,總目一卷,檢字一卷,辨似一卷,補遺一卷)

620000－1116－0000254　子/4.1/1886
聖諭廣訓一卷廣訓衍附律一卷　(清)世宗胤禛撰　**廣訓衍附律一卷**　(清)王又樸撰　清同治刻本　一冊

620000－1116－0000255　經/40/1670
欽定禮部則例二百二卷　(清)禮部纂修　清道光刻本　十二冊　存八十二卷(九十八至一百四十四、一百四十八至一百五十三、一百六十六至一百九十四)

620000－1116－0000256　經/59/1084
欽定春秋傳說彙纂三十八卷首二卷　(清)王掞等編修　清雍正甘肅翻刻內府刻本　二十四冊

620000－1116－0000257　經/59/1084
欽定春秋傳說彙纂三十八卷首二卷　(清)王掞等編修　清雍正甘肅翻刻內府刻本　二十四冊

620000－1116－0000258　經/59/1084
欽定春秋傳說彙纂三十八卷首二卷　(清)王掞等編修　清雍正甘肅翻刻內府刻本　二十四冊

620000－1116－0000259　經/59/1084
欽定春秋傳說彙纂三十八卷首二卷　(清)王掞等編修　清雍正內府刻本　二十一冊　缺四卷(十九至二十二)

620000－1116－0000260　史/52/2930
欽定科場條例五十四卷　(清)禮部纂修　清乾隆刻本　十六冊

620000－1116－0000261　史/59/1715
欽定國子監則例四十四卷首六卷　(清)劉墉等纂修　清嘉慶二年(1797)刻本　七冊　缺二十一卷(五至十三、二十七至三十二、三十九至四十四)

620000－1116－0000262　經/49/864
欽定禮記義疏八十二卷首一卷　(清)允祿等纂修　清刻本　六十冊　存五十八卷(一至八、十至十一、十三、十七、二十六、二十八、三十至三十一、三十三至三十五、三十七至四十三、四十五至四十九、五十一至七十七)

620000－1116－0000263　經/93/2557
欽定四書文不分卷　(清)方苞纂修　清光緒十五年(1889)刻本　十九冊

620000－1116－0000264　史/19/719
元史二百十卷目錄二卷　(明)宋濂修　明洪武內府刻明清遞修本　三十七冊　缺四十五卷(四十八至七十五、一百五十七至一百五十八、一百九十四至二百五、二百七至二百九)

620000－1116－0000265　經/32/1386
欽定詩經傳說彙纂二十一卷首二卷詩序二卷　(清)王鴻緒等纂　清刻本　十五冊　存十四卷(五、八至十一、十四、十七至二十一,首二卷,詩序下)

620000－1116－0000266　子/26/8349
諸佛世尊如來菩薩尊者名稱歌曲不分卷　(明)成祖朱棣撰　明永樂內府刻本　一冊

620000－1116－0000267　經/84.1/1985
字彙十二集首一卷末一卷附韻法直圖一卷韻法橫圖一卷　(明)梅膺祚撰　清刻本　十三冊

620000－1116－0000268　經/66/2255
孟子七卷　(宋)朱熹集注　清同治刻本　三冊

620000－1116－0000269　經/48.2/1980
字彙十二集首一卷末一卷附韻法直圖一卷韻法橫圖一卷　(明)梅膺祚撰　清刻本　三冊
存三集(寅、辰、亥)

甘肅省白銀市靖遠縣圖書館
古籍普查登記目録

全國古籍普查登記目録

國家圖書館出版社
National Library of China Publishing House

《甘肅省白銀市靖遠縣圖書館古籍普查登記目録》

編委會

主　編：丁永貴

編　委：楊慶國　王立亞　蘇愉雅

620000 - 1110 - 0000001　B222/8
大學衍義四十三卷　(宋)真德秀撰　清光緒二十七年(1901)上海書局石印本　六冊

620000 - 1110 - 0000002　B222/26
書經六卷　(宋)蔡沈集傳　清上海廣益書局石印本　一冊

620000 - 1110 - 0000003　B222/12
二曲全集二十六卷　(清)王心敬輯　清同治十二年(1873)石印本　六冊　存二十二卷(一至十九、二十四至二十六)

620000 - 1110 - 0000004　B222/14
日講四書解義二十六卷　(清)庫勒納等編　清光緒十八年(1892)刻本　十二冊　存二十四卷(一至二十二、二十五至二十六)

620000 - 1110 - 0000005　B222/38
四書章句本義匯參不分卷　(清)王步青輯　清上海宏文閣書局鉛印本　一冊　存中庸

620000 - 1110 - 0000006　B222/17
吕語集粹四卷首一卷　(明)吕坤撰　(清)陳宏謀評　清上海文瑞樓石印本　二冊

620000 - 1110 - 0000007　B222/18
載詠樓重鐫朱批孟子二卷　(宋)蘇洵批評　清嘉慶元年(1796)慎怡堂刻朱墨套印本　二冊

620000 - 1110 - 0000008　B222/15
新訂四書補註備旨十卷　(清)鄧林撰　清刻本　四冊　存六卷(上論一至二、下論三至四、下孟三至四)

620000 - 1110 - 0000009　B222/31/2
四書述要十九卷　(清)楊玉緒撰　清刻本　六冊

620000 - 1110 - 0000010　B222/24
大學古本質言一卷　(清)劉沅撰　清同治十三年(1874)致福樓重刻本　一冊

620000 - 1110 - 0000011　B222/25
書經體注大全合參六卷　(清)范翔鑒定　(清)錢希祥參　(清)張聖度訂　清光緒十年(1884)經畬齋刻本　三冊

620000 - 1110 - 0000012　B222/29
四書反身録十八卷　(清)李顒撰　清同治十二年(1873)刻本　四冊

620000 - 1110 - 0000013　B222/30
論語十卷　(宋)朱熹集註　清刻本　二冊　存四卷(一至二、六至七)

620000 - 1110 - 0000014　B222/27
四書朱子本義匯參四十三卷首四卷　(清)王步青輯　(清)王士鼇編　清光緒三十一年(1905)宏文閣書局石印本　六冊　存十五章(論語九至二十章,孟子梁惠王、公孫丑、萬章告子章句)

620000 - 1110 - 0000015　B222/36
新訂四書補註備旨十卷　(清)鄧林撰　清刻本　二冊　存四卷(下論三至四、上孟一至二)

620000 - 1110 - 0000016　B94/1
救劫仙方一卷　(清)奎元堂輯　清光緒蘭州奎元堂刻本　一冊

620000 - 1110　0000017　B222/31/1
四書述要十九卷　(清)楊玉緒撰　清刻本　九冊　存十四卷(中庸　、論語四至丨、孟子一至六)

620000 - 1110 - 0000018　B226/3
管子二十四卷　(唐)房玄齡注　(明)劉績補　清光緒二十九年(1903)六藝書局石印本　四冊

620000 - 1110 - 0000019　D69/1
盛世危言全編七卷　(清)鄭觀應著　清光緒二十三年(1897)劍南同德會刻本　三冊　存五卷(一、四至七)

620000 - 1110 - 0000020　B82/4
惜字真宗不分卷　(清)杜家福著　清宣統元年(1909)陝西省鐘樓南福盛堂刻本　一冊

620000 - 1110 - 0000021　B222/33
孟子七卷　(宋)朱熹集註　清刻本　一冊

存一卷(五)

620000－1110－0000022　B222/34
增訂二論詳解四卷　(清)劉忠輯　清刻本　一冊　存二卷(一至二)

620000－1110－0000023　E295/2
軍事初階四卷　(清)賀忠良著　(清)姚寶來參訂　(清)吴宗煌校勘　清光緒三十三年(1907)甘肅學務公所刻本　三冊

620000－1110－0000024　E295/1
練兵實紀九卷　(清)戚繼光撰　(清)張筠圃等鑒定　(清)吴之勷校刊　清光緒二十一年(1895)上海醉經樓校印本　二冊　存四卷(一至四)

620000－1110－0000025　D929/4
駁案續編七卷　(清)全士潮等輯　清嘉慶二十一年(1816)刻本　六冊　存六卷(一至二、四至七)

620000－1110－0000026　D929/4/2
大清律例新增統纂集成四十卷附督捕則例二卷　(清)姚潤輯　(清)陶駿　(清)陶念霖增輯　清刻本　七冊　存九卷(十八至二十、二十三至二十四、三十五至三十六,督捕則例二卷)

620000－1110－0000027　E89/4
增刪武經備旨全解□□卷　(清)周亮輔纂著　(清)陳循等考訂　清刻本　五冊　存五卷(一至五)

620000－1110－0000028　E89/5
洴澼百金方十四卷　(清)惠麓酒民(袁宫桂)編　清刻本　五冊

620000－1110－0000029　E89/6
紀效新書十八卷首一卷　(明)戚繼光撰　清道光十年(1830)刻本　六冊

620000－1110－0000030　I207/44
合訂西廂記文機活趣全解七卷附一卷　(清)金聖歎批點　(清)鄧汝寧音義　清刻本　四冊

620000－1110－0000031　I207/45
楹聯叢話十二卷　(清)梁章鉅輯　清道光二十二年(1842)刻本　四冊

620000－1110－0000032　I207/47
嘉樂齋三蘇文範十八卷　(明)楊慎選　(明)袁宏道參閲　明天啓二年(1622)翁少麓刻本　五冊　存九卷(一至九)

620000－1110－0000033　G624/8
小學六卷　(明)陳選集注　清同治十年(1871)刻本　二冊

620000－1110－0000034　G624/11/1
寄傲山房塾課新增幼學故事瓊林四卷首一卷　(明)程允升　(清)鄒聖脈增補　清刻本　三冊　存三卷(一至二、四)

620000－1110－0000035　G624/11/2
寄傲山房塾課新增幼學故事瓊林四卷首一卷　(明)程允升　(清)鄒聖脈增補　清刻本　一冊　存一卷(一)

620000－1110－0000036　G624/9
小學集註六卷　(明)陳選集注　清光緒三十三年(1907)甘肅學務公所石印本　二冊

620000－1110－0000037　I207/48
七家詩選九卷　(清)張熙宇輯評　(清)張昶注釋　清刻朱墨套印本　一冊

620000－1110－0000038　I207/42
漁洋詩話二卷　(清)王士禛撰　清宣統元年(1909)掃葉山房石印本　一冊

620000－1110－0000039　I207/51
檉華館試帖彙鈔輯註十卷　(清)路德輯注　清道光十四年(1834)刻本　十冊

620000－1110－0000040　I0/4
文心雕龍十卷　(南朝梁)劉勰撰　(清)黄叔琳注　(清)紀昀評　清石印本　二冊　存四卷(一至四)

620000－1110－0000041　I207/52
增像第六才子書六卷　(元)王德信　(元)關漢卿撰　清光緒二十七年(1901)上海書局石

印本　六冊

620000－1110－0000042　I207/56/2
古唐詩合解十二卷　(清)王堯衢註　(清)李模　(清)李桓校　清刻本　五冊　存九卷(一至九)

620000－1110－0000043　I207/56/1
古唐詩合解十二卷　(清)王堯衢註　(清)李模　(清)李桓校　清刻本　四冊　存四卷(一至四)

620000－1110－0000044　I207/57
古唐詩合解十二卷　(清)王堯衢註　(清)李模　(清)李桓校　清永順堂刻本　六冊

620000－1110－0000045　I207/21
詩韻珠璣五卷　(清)余照撰　清一枝山房刻本　五冊

620000－1110－0000046　I207/63/1
七家試帖輯註彙鈔九卷　(清)張熙宇輯評　(清)王植桂輯註　(清)王廷紹等著　清同治九年(1870)京師琉璃廠刻本　八冊　存七卷(澹香齋一卷、樫花館一卷、西漚齋上下、尚絅堂一卷、桐雲閣上下)

620000－1110－0000047　I207/49
文選六十卷　(南朝梁)蕭統輯　(唐)李善注　(清)葉樹藩參訂　清翻刻海錄軒本　五冊　存三十四卷(一至三十四)

620000－1110－0000048　I207/61
少嵒賦草卷四卷　(清)夏思沺撰　清光緒元年(1875)刻本　一冊

620000－1110－0000049　I207/59
詩韻合璧五卷　(清)湯文璐編　清石印本　一冊　存一卷(二)

620000－1110－0000050　I207/70
貫華堂第六才子書西廂記八卷附十名家西廂文一卷　(元)王德信　(元)關漢卿撰　(清)金人瑞評　清三義堂刻本　六冊

620000－1110－0000051　I207/63/2
七家詩選九卷　(清)張熙宇輯評　(清)張昶注釋　清光緒十六年(1890)祥興堂刻本　一冊　存二卷(西漚詩帖上下)

620000－1110－0000052　I207/63/3
七家詩選九卷　(清)張熙宇輯評　(清)張昶注釋　清朱墨套印本　二冊　存五卷(西漚上下、桐雲閣上下、簡學齋一卷)

620000－1110－0000053　I207/63/4
批選七家詩註九卷　(清)張熙宇評選　(清)張昶注釋　清同治十三年(1874)永順堂刻本　四冊

620000－1110－0000054　I207/68/1
詩經體註大全合參八卷　(清)高朝瓔定　(清)沈世楷輯　清文發堂刻本　四冊

620000－1110－0000055　I207/68/2
詩經體註大全合參八卷　(清)高朝瓔定　(清)沈世楷輯　清光緒九年(1883)刻本　四冊

620000－1110－0000056　I207/71
詩韻集成十卷　(清)余照輯　清光緒十年(1884)元順堂刻本　一冊　存二卷(一至二)

620000－1110－0000057　I211/47
古文釋義新編八卷　(清)余誠評注　(清)余芝參閱　清刻本　一冊　存一卷(六)

620000－1110－0000058　I207/72
詩韻含英十八卷　(清)劉文蔚輯　清道光十六年(1836)養正軒刻本　一冊　存四卷(一至四)

620000－1110－0000059　I211/48
登瀛社稿初續合編不分卷　(清)曾之等撰　清同治九年(1870)京都琉璃廠刻本　一冊

620000－1110－0000060　I207/54
白香詞譜箋四卷　(清)舒夢蘭輯　(清)謝朝徵選注　清埽葉山房石印本　一冊

620000－1110－0000061　I211/49
小題正鵠三集　(清)李元度輯　清同治刻李氏家塾刻本　一冊

620000－1110－0000062　I211/55

善成堂重訂古文釋義新編八卷　(清)余誠評注　(清)余芝參閲　清善成堂刻本　七册　存七卷(二至八)

620000－1110－0000063　I211/50
賦海大觀三十二卷　(清)何瑞堂等編　清石印本　六册　存九卷(六至八、十下、十五、二十三至二十四、二十六至二十七)

620000－1110－0000064　I211/60
務本堂塾課四卷　(清)李鶴峯撰　清務本堂刻本　一册　存一卷(二)

620000－1110－0000065　I211/54/1
東萊博議四卷　(宋)吕祖謙撰　清光緒二十四年(1898)銀杏山房石印本　二册

620000－1110－0000066　I211/61
隴右校士録　(清)胡□□鑒定　清上洋五車樓刻本　一册

620000－1110－0000067　I214/9
八銘塾鈔初集八卷　(清)吴懋政編　清善成堂刻本　一册　存上孟局部

620000－1110－0000068　I211/54/2
東萊博議四卷　(宋)吕祖謙撰　清光緒三十年(1904)上海書局石印本　二册　存三卷(一至三)

620000－1110－0000069　I215/2
[光緒癸卯]直省鄉墨不分卷　(清)常堉璋選　清光緒二十九年(1903)刻本　五册

620000－1110－0000070　I215/5
經藝宏括　(清)□□輯　清光緒二十年(1894)上海積山書局石印本　六册

620000－1110－0000071　I214/10
東坡先生全集七十五卷　(宋)蘇軾撰　(明)陳明卿訂正　明萬曆茅坤家刻本　四册　存八卷(二十三至二十四、二十七至三十二)

620000－1110－0000072　I215/4
增廣大題文府初二集合編不分卷　(清)□□輯　清光緒十九年(1893)上海鴻寶齋石印本　十八册　存十八册(初集十六册、二集二册)

620000－1110－0000073　I214/11
新刊五百家註音辯昌黎先生文集四十卷　(唐)韓愈撰　(明)茅坤批評　清刻本　一册　存三卷(十二至十四)

620000－1110－0000074　I215/6
小題四萬選不分卷　(清)□□輯　清刻本　十一册　存十一册(大學四,論語十六、十八、三十二至三十三、三十九,孟子四十六、四十九至五十一、五十九)

620000－1110－0000075　K204/12/1
尺木堂明鑑易知録十五卷　(清)吴乘權　(清)周之炯等輯　清光緒十四年(1888)上海廣百宋齋石印本　二册

620000－1110－0000076　I215/11
普天忠憤集十四卷首一卷　(清)孔廣德編　清光緒二十一年(1895)石印本　十二册

620000－1110－0000077　I215/15
李文忠公朋僚函稿二十四卷　(清)李鴻章等撰　(清)吴汝綸編輯　清光緒二十八年(1902)蓮池書社石印本　十册　存二十卷(一至十四、十七至二十、二十三至二十四)

620000－1110－0000078　I215/13
中外時務經濟文編三集二十二卷　(清)薛福成著　(清)張之洞鑒定　清光緒二十八年(1902)上海積山書局石印本　十二册

620000－1110－0000079　I215/7
鴛鴦針五卷　(清)黄曉樓　(清)江素峰評選　清刻本　一册　存一卷(五)

620000－1110－0000080　I22/7
增廣試帖詩海三十二卷　(清)經訓堂主人選輯　清石印本　二册　存七卷(一至二、二十八至三十二)

620000－1110－0000081　I222/88
船山詩草二十卷　(清)張問陶撰　清宣統二年(1910)石印本　六册

620000－1110－0000082　I215/9

精選巧搭大觀不分卷　（清）□□輯　清石印本　三冊　存三冊（大學、中庸、上孟）

620000－1110－0000083　I237/16
胭脂牡丹六卷　（清）□□撰　清刻本　三冊　存三卷（二至三、五）

620000－1110－0000084　I26/48
書禪室隨筆四卷　（明）董其昌撰　（清）董紹敏重校　清宣統元年（1909）掃葉山房石印本　三冊

620000－1110－0000085　I215/10
小題正鵠三集　（清）李元度輯　清石印本　一冊

620000－1110－0000086　I222/93
古詩源十四卷　（清）沈德潛選　清刻本　三冊　存六卷（九至十四）

620000－1110－0000087　I215/8/1
小題文府不分卷　（清）□□輯　清石印本　三冊　存三冊（上論、下論、下孟）

620000－1110－0000088　I215/8/2
小題文府續集不分卷　（清）□□輯　清石印本　一冊　存二冊（下論、孟子）

620000－1110－0000089　H163/3/3
康熙字典十二集三十六卷備考一卷補遺一卷　（清）張玉書　（清）陳廷敬等纂修　清道光七年（1827）刻本　十八冊　存十八卷（子上、丑上、卯上中下、辰中、巳上下、午上中下、未上中下、申上中下，備考一卷）

620000－1110－0000090　H163/3/4
康熙字典十二集三十六卷備考一卷補遺一卷　（清）張玉書　（清）陳廷敬等纂修　清道光七年（1827）刻本　三十六冊

620000－1110－0000091　I647/2
自遠堂琴譜十二卷　（清）吴灴輯　（清）張敦仁等鑒訂　清嘉慶六年（1801）自遠堂刻本　十一冊　存十一卷（一至八、十至十二）

620000－1110－0000092　I647/2/1
琴譜　（清）□□撰　清東軒氏藏手抄本　一冊

620000－1110－0000093　I292/107
烏蘭小霞先生書畫帖　（清）張雲錦書　清光緒二十九年（1903）靖遠縣手寫本　一冊

620000－1110－0000094　K207/4
聊齋志異新評十六卷　（清）蒲松齡撰　（清）但明倫新評　（清）王士正評　（清）呂湛恩注　清光緒上海同文書局石印本　八冊

620000－1110－0000095　k204/20/1
御撰資治通鑑綱目三編二十卷　（清）張廷玉等撰　清刻本　三冊

620000－1110－0000096　K204/16
汲塚周書十卷　（晉）孔晁注　清刻本　二冊

620000－1110－0000097　K204/18
鼎鍥趙田了凡袁先生編纂古本歷史大方綱鑑三十九卷首一卷　（明）袁黄編　清刻本　二冊　存二卷（四至五）

620000－1110－0000098　K204/20/2
御批歷代通鑑輯覽一百二十卷　（清）傅恆等撰　清光緒二十九年（1903）上海廣益書局鉛印本　四十冊

620000－1110－0000099　K204/20/3
御批歷代通鑑輯覽一百二十卷首一卷　（清）傅恆等撰　清光緒二十八年（1902）重慶廣益書局石印本　二十三冊　存一百十四卷（一至四、十二至一百二十，首一卷）

620000－1110－0000100　K204/29
通鑑論三卷附一卷　（宋）司馬光撰　（清）伍耀光輯　清光緒二十八年（1902）宏道堂刻本　三冊

620000－1110－0000101　H163/3
康熙字典十二集四十二卷　（清）張玉書　（清）陳廷敬等纂修　清光緒三十二年（1906）上海商務印書館銅板刻本　七冊

620000－1110－0000102　K204/28
鼎鍥趙田了凡袁先生編纂古本歷史大方綱鑑補三十九卷首一卷　（明）袁黄編　清宏道堂

刻本　三十一册　存三十二卷(一至四、六、八至十二、十四、十六至十七、十九至二十、二十三至二十九、三十一至三十九,首一卷)

620000－1110－0000103　K204/19
經史百家雜鈔二十六卷　(清)曾國藩纂　(清)李鴻章校　清光緒二十年(1894)刻本　二十二册

620000－1110－0000104　K225/1/2
陸氏三傳釋文音譯十六卷　(唐)陸德明撰　清光緒十六年(1890)蘭州刻本　二册

620000－1110－0000105　K204/30
御批資治通鑑綱目正編五十九卷前編十八卷續編二十七卷舉要三卷外紀一卷　(清)宋犖等編　清刻本　七册　存四十五卷(正編十四至三十四、前編九至十八、續編十四至二十七)

620000－1110－0000106　H163/3/2
康熙字典十二集四十二卷　(清)張玉書　(清)陳廷敬等纂修　清刻本　四册　存八集(子、丑、寅、卯、辰、未、申、亥)

620000－1110－0000107　K207/2
增廣羣策滙源五十卷　(清)□□輯　清光緒石印本　三册　存四十二卷(九至五十)

620000－1110－0000108　K204/31
史記一百三十卷　(漢)司馬遷撰　(南朝宋)裴駰集解　(唐)司馬貞索隱　(唐)張守節正義　清光緒二十六年(1900)焕文書局石印本　四册　存四十八卷(一至三十、四十三至六十)

620000－1110－0000109　K204.2/32
史記一百三十卷　(漢)司馬遷撰　(南朝宋)裴駰集解　(唐)司馬貞索隱　(唐)張守節正義　清光緒三十一年(1905)上海久敬齋石印本　八册　存一百二十八卷(一至四十、四十三至一百三十)

620000－1110－0000110　K204/21
國朝舉業正軌不分卷　(清)陳耀庚輯　清同治十三年(1874)刻本　三册

620000－1110－0000111　K204/23
史鑑綱目新論十卷　(明)王世貞鑒定　(清)譚奇編　清石印本　二册　存二卷(三、八)

620000－1110－0000112　K204/22
鼎鍥趙田了凡袁先生編纂古本歷史大方綱鑑補三十九卷首一卷　(明)袁黄編　清宏道堂刻本　二十三册

620000－1110－0000113　K225/7/1
春秋左傳五十卷　(晉)杜預注　(宋)林堯叟注　(唐)陸德明音義　(明)鍾惺等評點　清宏道堂刻本　二册

620000－1110－0000114　K207/3/1
策學淵萃四十六卷　(清)□□輯　清石印本　一册　存十卷(二十二至三十一)

620000－1110－0000115　K225/1
春秋十六卷首一卷　(春秋)左丘明撰　清光緒十六年(1890)蘭州重刻本　五册　存五卷(八至十一、首一卷)

620000－1110－0000116　K207/4/1
詳注聊齋志異圖詠十六卷　(清)蒲松齡撰　(清)呂湛恩注　清石印本　一册　存二卷(三至四)

620000－1110－0000117　K225/7
春秋左傳五十卷　(晉)杜預注　(宋)林堯叟補注　(唐)陸德明音義　(明)鍾惺等評點　清宏道堂刻本　二册

620000－1110－0000118　K239/2
陳書三十六卷　(唐)姚思廉撰　清光緒二十九年(1903)五洲同文局石印本　六册

620000－1110－0000119　K232/1
前漢書一百二十卷　(漢)班固撰　(唐)顏師古注　清光緒二十六年(1900)石印本　五册　存四十五卷(一至十八、六十四至九十)

620000－1110－0000120　K232/2
後漢書九十卷　(南朝宋)范曄撰　(唐)李賢注　**志三十卷**　(晉)司馬彪撰　(南朝梁)劉昭注　清石印本　五册　存八十三卷

(十一至五十五、七十至八十三,志七至三十)

620000－1110－0000121　I207/68/4
詩經體註大全體要八卷　(清)高朝瓔定　(清)沈世楷輯　清宏道堂刻本　四册

620000－1110－0000122　K235/3
三國志六十五卷　(晉)陳壽撰　(南朝宋)裴松之注　清光緒二十六年(1900)焕文書局石印本　三册　存四十五卷(魏志一至三十、蜀志一至十五)

620000－1110－0000123　K235/4/1
四大奇書第一種(三國演義)六十卷一百二十回　(明)羅本撰　(清)毛宗崗評　清刻本　四册　存十四卷(四至七、三十一至四十)

620000－1110－0000124　K811/19
泰西各國名人言行錄十六卷　(清)張兆蓉輯　清光緒二十九年(1903)石印本　一册　存一卷(一)

620000－1110－0000125　K87/7
積古齋鐘鼎彝器款識十卷　(清)阮元録　清嘉慶九年(1804)刻本　六册

620000－1110－0000126　K225/4
策府統宗六十五卷目一卷　(清)劉昌齡輯　清石印本　二册　存六卷(十一至十六)

620000－1110－0000127　K892/6
禮記十卷　(元)陳澔註　清光緒十六年(1890)蘭州刻本　十一册

620000－1110－0000128　K828/10
女才子十二卷首一卷　(清)徐震撰　清刻本　四册

620000－1110－0000129　K827/1
歷代名臣言行錄二十四卷　(清)朱桓輯　清光緒二十八年(1902)萃文齋石印本　八册

620000－1110－0000130　K892/6/2
禮記十卷　(元)陳澔註　清刻本　七册　存七卷(二至三、五至七、九至十)

620000－1110－0000131　K204/24
二十四史論贊七十八卷　(清)陳闓編輯　清光緒二十八年(1902)上海文淵山房石印本　五册　存五十四卷(一至十七、二十三至四十二、五十至六十六)

620000－1110－0000132　K828/11
甘肅鄉試墨卷一卷　(清)鄧隆撰　清光緒二十九年(1903)刻本　一册

620000－1110－0000133　K204.1/24
二十四史論贊七十八卷　(清)陳闓編輯　清光緒二十八年(1902)上海文淵山房石印本　二册　存十六卷(八至十四、五十二至六十)

620000－1110－0000134　K204/12
尺木堂綱鑑易知録九十二卷明鑑易知録十五卷　(清)吴乘權　(清)周之炯等輯　清光緒十四年(1888)刻本　十四册　存九十二卷(綱鑑易知録九十二卷)

620000－1110－0000135　K204/12/2
尺木堂綱鑑易知録九十二卷明鑑易知録十五卷　(清)吴乘權　(清)周之炯等輯　清刻本　五册　存十一卷(綱鑑易知録六十七至七十七)

620000－1110－0000136　O112/4
平三角舉要五卷　(清)梅文鼎撰　清光緒十四年(1888)陝西求友齋刻本　二册

620000－1110－0000137　R18/1
瘟疫條辨摘要二卷　(清)陳良佐　(清)楊璿撰　(清)劉廷爵續輯　清刻本　一册　存一卷(一)

620000－1110－0000138　O112/5
微積溯源八卷　(英國)華里司輯　(英國)傅蘭雅口譯　(清)華衡芳筆述　清同治十三年(1874)刻本　六册

620000－1110－0000139　O112/6
代數術二十五卷首一卷　(英國)華里司輯　(英國)傅蘭雅口譯　(清)華蘅芳筆述　清光緒二十四年(1898)味經刊書處刻本　六册

620000－1110－0000140　K928/6

讀史方輿紀要十卷 (清)顧祖禹撰 清光緒二十八年(1902)湖南書局刻本 五册 存九卷(一至九)

620000－1110－0000141 R752/1
痘疹定論四卷 (清)朱純嘏輯 清刻本 一册 存一卷(二)

620000－1110－0000142 O112/7
代微積拾級補草不分卷 (清)張秉樞撰 清光緒二十三年(1897)陝西味經刊書處刻本 二册

620000－1110－0000143 E892/1
礮法畫譜不分卷 (清)丁乃文書 清光緒二十一年(1895)陝西味經售書處重刻本 二册

620000－1110－0000144 K91/6
海國圖志一百卷 (清)魏源撰 清光緒二年(1876)平慶涇固道署刻本 二十四册

620000－1110－0000145 K91/5
海國圖志一百卷 (清)魏源撰 清石印本 十二册 存八十七卷(四至十三、二十三至九十九)

620000－1110－0000146 K91/5/2
海國圖志續集二十五卷首一卷 (英國)麥高爾輯著 (美國)林樂知譯 (清)瞿昂來譯 清石印本 一册 存十五卷(十一至二十五)

620000－1110－0000147 O112/7/1
借根演句股細草不分卷 (清)王章撰 清光緒二十三年(1897)陝西味經刊書處刻本 一册

620000－1110－0000148 O112/7/2
泛倍數衍不分卷 (清)王季鍇撰 清光緒刻本 一册

620000－1110－0000149 O112/7/3
時務齋算稿叢鈔不分卷 (清)邢廷荚等撰 清光緒二十三年(1897)味經刊書處刻本 一册

620000－1110－0000150 K204/11
增批歷史綱鑑補註四十六卷續編二十三卷三編四卷 (宋)司馬光 (宋)朱熹撰 (明)袁黄 (明)王世貞編纂 清上海章福記書局石印本 二十四册 存四十三卷(補註一至四十三)

620000－1110－0000151 Z2/27
新測恒星圖表不分卷 (清)張作楠衍表 (清)江臨泰繪圖 清光緒二十三年(1897)上海鴻寶齋石印本 八册

620000－1110－0000152 Z126/1
皇朝經世文四編五十二卷 (清)何良棟輯 清光緒二十八年(1902)上海書局石印本 六册 存二十六卷(一至十四、二十至三十一)

620000－1110－0000153 Z126/2
皇朝經世文新編三十二卷 (清)麥仲華輯 清光緒二十八年(1902)古香閣石印本 十四册

620000－1110－0000154 Z126/3/3
皇朝經世文編一百二十卷總目一卷 (清)賀長齡輯 清光緒二十八年(1902)上海久敬齋石印本 十九册 存九十二卷(一至二、十四至三十四、四十七至六十八、七十四至一百二十)

620000－1110－0000155 Z126/3/2
皇朝經世文編一百二十卷總目一卷 (清)賀長齡輯 清石印本 十二册 存八十七卷(六至六十二、七十一至九十、一百十一至一百二十)

620000－1110－0000156 Z126/3/1
皇朝經世文編一百二十卷總目一卷 (清)賀長齡輯 清同治十二年(1873)雙峰書屋刻本 七十九册

620000－1110－0000157 K892/11
寄傲山房塾課纂輯禮記全文備旨十一卷 (清)鄒聖脈纂輯 清石印本 一册 存三卷(五至七)

620000－1110－0000158 K892/9
禮記易讀四卷 (清)□□纂 清宏發堂刻本 一册 存一卷(二)

620000－1110－0000159　O112/2
火礮量算通法二卷　（清）張秉樞撰　清刻本　一册　存一卷（二）

620000－1110－0000160　K828/12
甘肅同官録不分卷　（清）□□輯　清刻本　一册

620000－1110－0000161　K892/12
潄芳軒合纂禮記體注四卷　（清）范翔參訂　清宏道堂刻本　二册

620000－1110－0000162　TU/3
工程做法七十四卷簡明做法一卷　（清）允禮等纂修　清刻本　二册　存十六卷（四十八至五十四、六十六至七十四）

620000－1110－0000163　Z4/11
象山先生文集三十六卷　（宋）陸九淵撰　清宣統二年（1910）江左書林石印本　六册　存三十二卷（一至三十一、三十六）

620000－1110－0000164　Z126/5
皇朝經世文三編八十卷　（清）陳忠倚輯　清光緒二十七年（1901）上海書局石印本　十六册

620000－1110－0000165　B222/21
四書味根録三十七卷　（清）金澂撰　清光緒十七年（1891）上海萬選書局石印本　一册　存四卷（孟子五至八）

620000－1110－0000166　Z126/6
皇朝經世文續編一百二十卷　（清）葛士濬輯　清光緒二十八年（1902）天章書局石印本　二十册

620000－1110－0000167　Z126/4
皇朝經世文續編一百二十卷　（清）葛士濬輯　清石印本　十九册　存一百十五卷（六至一百二十）

620000－1110－0000168　S88/1
蠶桑萃編十五卷首一卷　（清）衛傑撰　清光緒刻本　一册　存一卷（十一）

620000－1110－0000169　K92/5
山海經十八卷　（晉）郭璞撰　（明）吴中珩校　清刻本　一册　存十四卷（五至十八）

620000－1110－0000170　K820/2
天台治畧十卷　（清）戴兆佳撰　（清）齊毓川輯　清光緒木活字印本　一册　存二卷（八至九）

620000－1110－0000171　J228/1
拳匪紀略八卷前編二卷後編二卷圖一卷　（清）僑析生輯　清光緒刻本　一册　存一卷（拳匪紀略一）

620000－1110－0000172　I242/119
新鐫後續繡像五虎平南狄青演傳六卷　（清）□□撰　清嘉慶二十年（1815）聚錦堂刻本　一册　存一卷（一）

620000－1110－0000173　B222/25/1
書經體注大全合參六卷　（清）范翔鑒定　（清）錢希祥參　（清）張聖度訂　清宏道堂刻本　四册

620000－1110－0000174　B222/37
四書味根録三十七卷　（清）金澂撰　清石印本　一册　存二卷（孟子六至七）

620000－1110－0000175　E89/7
孫子十家註十三卷　（清）孫星衍　（清）吴人驥校　清育文書局石印本　一册　存六卷（一至六）

620000－1110－0000176　B221/3
易經體註大全合參四卷　（清）李兆賢輯　清奎光堂刻本　二册　存一卷（一）

620000－1110－0000177　B221/2
易經體註大全合參四卷　（清）李兆賢輯　清奎光堂刻本　四册

620000－1110－0000178　B222/22
寄傲山房塾課纂輯書經備旨蔡傳捷録七卷　（清）鄒聖脈纂輯　（清）鄒廷猷編次　（清）鄒景鴻訂　清石印本　一册　存四卷（四至七）

620000－1110－0000179　I207/58

第六才子書西廂記八卷 (元)王德信 (元)關漢卿撰 (清)金人瑞評 清同治八年(1869)味蘭軒刻朱墨套印本 一册 存三卷(一至三)

620000－1110－0000180 B222/9
四書味根録三十七卷 (清)金澂撰 清光緒二十九年(1903)上海鴻寶齋重印本 六册

620000－1110－0000181 I211/59
古文發蒙集六卷 (清)王相纂 (清)殷承爵參訂 清康熙三十二年(1693)三美堂刻本 六册

620000－1110－0000182 I26/53
飲香尺牘二卷 (清)飲香居士輯 清文英堂刻本 二册

620000－1110－0000183 I211/56/1
古文喈鳳新編八卷 (清)汪基輯 清宏道堂刻本 八册

620000－1110－0000184 I211/56/2
古文喈鳳新編八卷 (清)汪基輯 清道光二年(1822)文賢堂刻本 八册

620000－1110－0000185 I211/46/3
古文喈鳳新編八卷 (清)汪基輯 清合義堂刻本 三册 存五卷(一、五至八)

620000－1110－0000186 I211/46/1
古文喈鳳新編八卷 (清)汪基輯 清善成堂刻本 七册 存七卷(一至七)

620000－1110－0000187 I211/46/2
古文喈鳳新編八卷 (清)汪基輯 清刻本 二册 存二卷(一、四)

620000－1110－0000188 I207/68
詩經體註大全合參八卷 (清)高朝瓔定 (清)沈世楷輯 清學源堂刻本 四册

620000－1110－0000189 I207/69
彙纂詩法度鍼三十三卷首一卷 (清)徐文弼編輯 清同文堂刻本 七册 存二十七卷(一至二十二、三十至三十三,首一卷)

620000－1110－0000190 I207/68/3
詩經體註大全合參八卷 (清)高朝瓔定 (清)沈世楷輯 清刻本 二册 存五卷(一至二、六至八)

620000－1110－0000191 I207/55
漁洋山人精華録會心偶筆六卷 (清)王士禛撰 (清)伊應鼎編 清乾隆二十四年(1759)刻本 四册

620000－1110－0000192 I207/50
古唐詩合解十二卷 (清)王堯衢註 (清)李模 (清)李桓校 清致和堂刻本 四册

620000－1110－0000193 I207/46
杜詩詳注二十五卷首一卷附編兩卷 (唐)杜甫撰 (清)仇兆鰲輯註 清刻本 二册 存二卷(一、首一卷)

620000－1110－0000194 I207/49/2
重訂文選集評十五卷首一卷末一卷 (清)于光華編 清義興堂刻本 八册 存八卷(八至十五)

620000－1110－0000195 B222/35
新訂四書補注備旨十卷 (清)鄧林撰 清刻本 一册 存一卷(大學一)

620000－1110－0000196 B92/1
重鐫增訂敬信録不分卷 (清)□□撰 清乾隆五十五年(1790)刻本 一册

620000－1110－0000197 B249/3
學文彙典四卷 (清)鄭文煥輯 (清)傅試參閲 清文發堂刻本 一册

620000－1110－0000198 B222/20
大文堂合纂四書體注十九卷 (清)范翔參訂 清刻本 五册

620000－1110－0000199 B222/11
白虎通四卷 (漢)班固纂 (清)汪士漢校 清刻本 二册 存二卷(一至二)

620000－1110－0000200 B222/19
四書述要十九卷 (清)楊玉緒撰 清刻本 五册 存十五卷(大學一、論語一至十、孟子四至七)

620000－1110－0000201　B221/1
易經大全會解二卷　（清）來爾繩輯　清宏道堂刻本　二册

620000－1110－0000202　D929/7
駁案新編三十二卷　（清）全士潮等輯　清刻本　十八册　存二十七卷（一至八、十、十三至十七、十九至二十六、二十八至三十二）

620000－1110－0000203　B222/16
四書述要十九卷　（清）楊玉緒撰　清乾隆二十五年（1760）永順堂刻本　六册

620000－1110－0000204　K221/1
書經體註大全合參六卷　（清）范翔鑒定（清）錢希祥參　（清）張聖度訂　清奎光堂刻本　四册

620000－1110－0000205　K221/2
書經體註大全合參六卷　（清）范翔鑒定（清）錢希祥參　（清）張聖度訂　清永順堂刻本　四册

620000－1110－0000206　k225/2
春秋經傳集解三十卷　（晉）杜預原本　（宋）林堯叟附註　（唐）陸元朗音釋　（清）馮李驊增訂　清善成堂刻本　八册

620000－1110－0000207　K204/13
御撰資治通鑑綱目三編二十卷　（清）張廷玉等撰　清刻本　五册

620000－1110－0000208　K810/1
新纂氏族箋釋八卷　（清）熊峻運撰　清裕元堂刻本　一册　存二卷（一至二）

620000－1110－0000209　K892/10
書儀十卷　（宋）司馬光撰　清解梁書院刻本　二册　存五卷（六至十）

620000－1110－0000210　K892/8
漱芳軒合纂禮記體註四卷　（清）范翔参訂　清常樂山房刻本　三册　存二卷（一至二）

620000－1110－0000211　K892/7
禮記心典傳本三卷　（清）胡瑶光纂　清崇文堂刻本　四册

620000－1110－0000212　Z121.4/1
增訂漢魏叢書八十六種四百五十三卷　（清）王謨輯　清乾隆五十六年（1791）刻本　一百六十册

620000－1110－0000213　K204/17
吴越春秋六卷　（漢）趙曄撰　（清）汪士漢考校　清刻本　三册

620000－1110－0000214　K204/13/1
御撰資治通鑑綱目三編二十卷　（清）張廷玉等撰　清刻本　四册

620000－1110－0000215　K892/7/1
禮記心典傳本三卷　（清）胡瑶光纂　清刻本　四册

620000－1110－0000216　K204/33
鳳洲綱鑑會纂二十三卷　（明）王世貞纂　清刻本　一册　存二卷（四至五）

甘肅省蘭州市榆中縣圖書館古籍普查登記目録

全國古籍普查登記目録

國家圖書館出版社
National Library of China Publishing House

《甘肅省蘭州市榆中縣圖書館古籍普查登記目録》

編委會

主　編： 談永紅

副主編： 談　瑛

編　委： 王海瑛　劉　明

620000－1109－0000001　K29/1

[光緒]甘肅新通志一百卷首五卷　(清)升允　(清)長庚修　(清)安維峻纂　清宣統元年(1909)刻本　七十八册

620000－1109－0000002　I211/12

板橋詩鈔二卷板橋詞鈔一卷板橋題畫一卷板橋家畫一卷　(清)鄭燮撰　清宣統元年(1909)埽葉山房石印本　四册

620000－1109－0000003　I222/23

寶綸堂外集十二卷　(清)齊召南撰　(清)齊毓川編輯　清宣統三年(1911)掃葉山房石印本　二册

620000－1109－0000004　K204/58

北齊書五十卷　(唐)李百藥撰　明崇禎十一年(1638)毛氏汲古閣刻本　六册

620000－1109－0000005　K204/68/01

北史一百卷　(唐)李延壽撰　明崇禎十二年(1639)毛氏汲古閣刻本　二十二册

620000－1109－0000006　I265/6

徧行堂集十六卷　(清)今釋澹歸撰　清宣統三年(1911)上海國學扶輪社鉛印本　八册

620000－1109－0000007　D3

曾文正公家書十卷家訓二卷大事記四卷榮哀錄一卷　(清)曾國藩撰　清光緒三十一年(1905)上海商務印書館鉛印本　六册

620000－1109－0000008　K204/64

陳書三十六卷　(唐)姚思廉撰　明崇禎四年(1631)毛氏汲古閣刻本　四册

620000－1109－0000009　B22/33

畜德錄二十卷　(清)席啟圖輯　清埽葉山房石印本　六册

620000－1109－0000010　K225/2

春秋繁露十七卷　(漢)董仲舒撰　(清)廖廷相校勘　清刻古經解匯函本　四册

620000－1109－0000011　K2

春秋世論五卷　(清)王夫之撰　清光緒二十七年(1901)簡青書局石印本　一册

620000－1109－0000012　K225/1

春秋釋例十五卷　(晉)杜預撰　(清)莊述祖　(清)孫星衍校正　清嘉慶刻本　三册　存五卷(一至五)

620000－1109－0000013　K6

萃林詩賦不分卷　(清)張端卿撰　(清)戴彬元書　清光緒十二年(1886)石印本　一册

620000－1109－0000014　B22/36

大學衍義四十三卷　(宋)真德秀撰　清光緒二十七年(1901)上海書局石印本　六册

620000－1109－0000015　B6

大學衍義四十三卷　(宋)真德秀撰　清光緒二十七年(1901)上海書局石印本　六册

620000－1109－0000016　B22/17

大學衍義續七十卷　(清)強汝詢編輯　清光緒十二年(1886)刻本　二十一册　存八卷(一至二、十至十三、六十三至六十四)

620000－1109－0000017　B22/14

大學衍義約旨二卷　(清)慶恕輯　清光緒二十五年(1899)刻本　二册

620000－1109－0000018　B18/:1

道德經會義四卷　(清)劉一明註解　清嘉慶八年(1803)刻本　四册

620000－1109－0000019　B18/:2

道德經要義不分卷　(清)劉一明註解　清嘉慶八年(1803)刻本　一册

620000－1109－0000020　B22/19

道生堂全稿　(清)鍾聲撰　清光緒十七年(1891)成倉山房刻本　八册

620000－1109－0000021　K204/33

鼎鍥趙田了凡袁先生編纂古本歷史大方綱鑑補三十九卷首一卷　(明)袁黄編纂　清刻本　三十册　存三十六卷(一至三十六)

620000－1109－0000022　B22/15

爾雅註疏十一卷　(晉)郭璞註　(宋)邢昺疏　清咸豐四年(1854)天德堂翻刻汲古閣刻本　八册

620000－1109－0000023　B28
費氏古易訂文十二卷　王樹枏撰　清光緒十七年(1891)刻本　四册

620000－1109－0000024　I222/13
分韻青雲詩集四卷　(清)楊逢春輯　清道光二十三年(1843)朱墨套印本　四册

620000－1109－0000025　I1
廣虞初新志四十卷　(清)黄承增輯　清末民初埽葉山房石印本　八册

620000－1109－0000026　K6
翰苑分書臨文正宗不分卷　(清)張端卿等撰　(清)戴彬元等書　清光緒十二年(1886)石印本　三册

620000－1109－0000027　D2
胡文忠公遺集八十六卷首一卷　(清)胡林翼撰　(清)曾國荃輯　(清)胡鳳丹重編　清光緒二十七年(1901)上海圖書集成印書局鉛印本　八册

620000－1109－0000028　B66/1
蕺山先生人譜一卷人譜類記二卷　(明)劉宗周撰　(清)洪正治校編　清宣統元年(1909)陝甘督署重印本　二册

620000－1109－0000029　B22/24
寄傚山房塾課纂輯禮記全文條旨十一卷　(清)鄒聖脈纂輯　(清)鄒廷猷編次　清光緒十三年(1887)刻本　六册

620000－1109－0000030　B15
金剛般若波蘿蜜經直解一卷　(清)釋續法述　清道光二十二年(1842)刻本　一册

620000－1109－0000031　B22/39
金仙證論不分卷　(清)柳華陽撰　清道光二十八年(1848)宏道堂刻本　一册

620000－1109－0000032　B22/35
救生船四卷　(清)□□撰　清光緒十九年(1893)刻本　四册

620000－1109－0000033　K204/60
舊五代史一百五十卷目錄二卷　(宋)薛居正等撰　清掃葉山房重刻乾隆武英殿本　十四册

620000－1109－0000034　H2
康熙字典十二集四十二卷　(清)張玉書(清)陳廷敬等纂修　清道光七年(1827)刻本　四十册

620000－1109－0000035　H2
康熙字典十二集四十二卷　(清)張玉書(清)陳廷敬等纂修　清道光七年(1827)刻本　四十册

620000－1109－0000036　B2
孔易註畧傳十卷首一卷總論二卷　(清)劉一明述註　清嘉慶四年(1799)刻本　十二册

620000－1109－0000037　K204/82
來瞿唐先生日錄内篇六卷外篇七卷　(明)來知德撰　清道光十一年(1831)刻本　十四册

620000－1109－0000038　K204/81
來瞿唐先生易註十五卷首一卷圖像一卷末一卷　(明)來知德撰　清嘉慶十四年(1809)刻本　二十册

620000－1109－0000039　I222/12
李太白文集三十六卷　(唐)李白撰　(清)王琦輯註　清刻本　六册　存十一卷(八至十八)

620000－1109－0000040　I222/16
歷代宫閨文選二十六卷　(清)周壽昌輯訂　(清)孫鼎臣參閲　(清)瞿元鈞纂類　(清)蔣恭鎰編校　(清)許家怡重訂　清宣統三年(1911)上海群學社鉛印本　六册

620000－1109－0000041　K1
歷代名臣言行錄二十四卷　(清)朱桓編　清光緒二十九年(1903)上海吳雲記鉛印本　七册

620000－1109－0000042　D6
歷代政治類編十二卷　(清)柴紹炳纂輯　清光緒二十七年(1901)上海自強書局石印本　五册　存十卷(一至十)

620000－1109－0000043　K204/56

梁書五十六卷　（唐）姚思廉撰　明崇禎六年（1633）毛氏汲古閣刻本　六册

620000－1109－0000044　I222/25

聊齋詞一卷　（清）蒲松齡撰　清宣統二年（1910）國學扶輪社鉛印本　一册

620000－1109－0000045　I265/3

林嚴文鈔四卷　林紓　嚴復撰　清宣統元年（1909）國學扶輪社石印本　三册

620000－1109－0000046　R6/：2

劉河間傷寒六書附二種　（金）劉完素等撰（清）吴勉學校　清宣統元年（1909）上海千頃堂石印本　四册

620000－1109－0000047　R6/：1

劉河間傷寒三書二十卷　（金）劉完素撰　清宣統元年（1909）上海千頃堂石印本　二册

620000－1109－0000048　K4

蒙古紀事本末四卷前蒙古紀事本末二卷後蒙古紀事本末二卷　（清）韓善徵撰　清光緒三十一年（1905）上海春記石印本　四册

620000－1109　0000049　B70

蒙學鏡二卷　（清）鍾天緯編輯　清光緒二十九年（1903）刻本　一册

620000－1109－0000050　I264/10

名賢手札八卷　（清）曾國藩等撰　（清）郭慶藩輯　清光緒三十四年（1908）上洋海左書局石印本　四册

620000－1109－0000051　K204/24

明史三百三十二卷目錄四卷　（清）張廷玉等纂修　清乾隆武英殿刻本　五十七册

620000－1109－0000052　D92/1

牧令書二十三卷保甲書四卷　（清）徐棟輯　清道光二十八年（1848）楚興國李煒刻本　七册　存八卷（牧令書二十至二十三、保甲書四卷）

620000－1109－0000053　K204/57

南齊書五十九卷　（南朝梁）蕭子顯撰　明崇禎十年（1637）毛氏汲古閣刻本　六册

620000－1109－0000054　K204/61

南史八十卷　（唐）李延壽撰　明崇禎十三年（1640）毛氏汲古閣刻本　十六册

620000－1109－0000055　I222/24

歐美政治要義不分卷　（清）戴鴻慈　（清）端方編　清光緒三十三年（1907）石印本　四册

620000－1109－0000056　I222/3

七家試帖輯註彙鈔不分卷　（清）張熙宇輯評（清）王植桂輯註　清光緒六年（1880）京師琉璃廠朱墨套印本　八册

620000－1109－0000057　I4

棲雲筆記四卷　（清）劉一明撰　清嘉慶二十年（1815）馬陽健刻本　五册

620000－1109－0000058　I222/25

齊太史移居倡詶集四卷首一卷末一卷　（清）齊召南撰　（清）齊毓川編輯　清宣統二年（1910）上海國學扶輪社石印本　一册

620000－1109－0000059　K204/49

前漢書一百二十卷　（漢）班固撰　（唐）顔師古注　清光緒二十年（1894）上海點石齋石印本　八册

620000－1109－0000060　K204/50

前漢書一百二十卷　（漢）班固撰　（唐）顔師古注　清光緒十四年（1888）上海圖書集成印書局石印本　四十册

620000－1109－0000061　204/53

前漢書一百卷　（漢）班固撰　（唐）顔師古注　明崇禎十五年（1642）毛氏汲古閣刻本　十八册

620000－1109－0000062　K204/54

後漢書九十卷　（南朝宋）范曄撰　（唐）李賢注　**志三十卷**　（晉）司馬彪撰　（南朝梁）劉昭注　明崇禎十六年（1643）毛氏汲古閣刻本　十四册

620000－1109－0000063　K204/51

後漢書九十卷　（南朝宋）范曄撰　（唐）李賢

注　**志三十卷**　(晉)司馬彪撰　(南朝梁)劉昭注　清光緒二十年(1894)上海點石齋石印本　五册

620000－1109－0000064　K204/51
後漢書九十卷　(南朝宋)范曄撰　(唐)李賢注　**志三十卷**　(晉)司馬彪撰　(南朝梁)劉昭注　清光緒十四年(1888)上海圖書集成印書局鉛印本　十六册

620000－1109－0000065　K82/1
青樓小名録八卷　(清)趙慶楨輯　清宣統二年(1910)國學扶輪社鉛印本　四册

620000－1109－0000066　I2
評選古詩源四卷　(清)沈德潛選　清光緒二十年(1894)上海圖書集成印書局鉛印本　四册

620000－1109－0000067　B27
染學齋制藝不分卷　(清)陳昌撰　清光緒二十二年(1896)巴川陳氏家塾刻本　七册

620000－1109－0000068　K204/76/1
人生必讀書十二卷　(清)唐彪撰　清道光二十二年(1842)刻本　十册

620000－1109－0000069　I8
日知録三十二卷　(清)顧炎武撰　清乾隆六十年(1795)刻本　十六册

620000－1109－0000070　K204/59
三國志六十五卷　(晉)陳壽撰　(南朝宋)裴松之注　明崇禎十七年(1644)毛氏汲古閣刻本　十二册

620000－1109－0000071　204/48
三國志六十五卷　(晉)陳壽撰　(南朝宋)裴松之注　清光緒十四年(1888)上海圖書集成書局石印本　九册

620000－1109－0000072　K204/59
三國志六十五卷　(晉)陳壽撰　(南朝宋)裴松之注　清光緒十四年(1888)上海圖書集成書局石印本　四册

620000－1109－0000073　I222/17
山中白雲詞八卷　(宋)張炎撰　清宣統三年(1911)龍文閣書社石印本　四册

620000－1109－0000074　S7
神農本草經百種録不分卷　(清)徐大椿撰　清光緒三十三年(1907)隴右樂善書局刻本　一册

620000－1109－0000075　I3
詩賦準繩不分卷　(清)路德纂　清道光二十三年(1843)英德堂刻本　四册

620000－1109－0000076　I222/1
詩經體註大全八卷　(清)高朝瓔定　(清)沈世楷輯　清光緒七年(1881)宏道堂刻本　五册

620000－1109－0000077　K204/84
詩經體註大全合參八卷　(清)高朝瓔定　(清)沈世楷輯　清大道堂刻本　四册

620000－1109－0000078　K204/84
詩經體註大全合參八卷　(清)高朝瓔定　(清)沈世楷輯　清永順堂刻本　四册

620000－1109－0000079　B7
石渠閣新鐫周易幼學能解六卷　(明)黄淳耀撰　清乾隆五十六年(1791)桂林堂刻本　六册

620000－1109－0000080　I222/22
石笥山房文集六卷附録一卷詩集十二卷詩集補遺二卷續補遺二卷　(清)胡天游撰　清宣統二年(1910)上海國學扶輪社石印本　十册

620000－1109－0000081　K204/55
史記一百三十卷　(漢)司馬遷撰　(南朝宋)裴駰集解　(唐)司馬貞索隱　(唐)張守節正義　明崇禎十四年(1641)毛氏汲古閣刻本　八册　存九十卷(四十一至一百三十)

620000－1109－0000082　K204/47
史記一百三十卷　(漢)司馬遷撰　(南朝宋)裴駰集解　(唐)司馬貞索隱　(唐)張守節正義　清光緒二十年(1894)上海點石齋石印本　六册

620000－1109－0000083　K204/1

史記一百三十卷　(漢)司馬遷撰　(南朝宋)裴駰集解　(唐)司馬貞索隱　(明)陳子龍　(明)徐孚遠測議　清道光十四年(1834)三元堂刻本　二十四册

620000－1109－0000084　Z2/1

試律大觀三十二卷　(清)竹屏居士輯　清道光二十九年(1849)鳳池亭刻本　十三册

620000－1109－0000085　B22/30

潄芳軒合纂禮記體註四卷　(清)范翔參訂　清道光二十年(1840)刻五經體註大全本　二册

620000－1109－0000086　B3

潄芳軒合纂四書體註十九卷　(清)范翔參訂　清光緒二十五年(1899)集新堂刻本　六册

620000－1109－0000087　B22/31

書經體註大全合參六卷　(清)范翔鑒定　(清)錢希祥參　(清)張聖度訂　清道光二十年(1840)刻五經體註大全本　四册

620000－1109－0000088　K204/85/:2

書經體註大全合參六卷　(清)范翔鑒定　(清)錢希祥參　(清)張聖度訂　清永順堂刻本　四册

620000－1109－0000089　K204/85/:1

書經體註大全合參六卷　(清)范翔鑒定　(清)錢希祥參　(清)張聖度訂　清大道堂刻本　四册

620000－1109－0000090　B29

書經體註大全合參六卷　(清)范翔鑒定　(清)錢希祥參　(清)張聖度訂　清光緒九年(1883)恒言堂刻本　四册

620000－1109－0000091　B22/32

五經體註大全五種七十二卷　(清)嚴氏家塾主人輯　清道光二十年(1840)刻本　十四册

620000－1109－0000092　H3

說文解字斠詮十四卷　(清)錢坫撰　清嘉慶十二年(1807)錢氏吉金樂石齋刻本　五册

存五卷(一、三、五至七)

620000－1109－0000093　B22/13:1

四書人物類典串珠四十卷首一卷　(清)臧志仁輯　清天德堂刻本　八册

620000－1109－0000094　B22/12

四書人物類典串珠四十卷首一卷　(清)臧志仁輯　清寶翰堂刻本　十六册

620000－1109－0000095　B22/5

四書味根録三十七卷　(清)金澂撰　清光緒十七年(1891)上海萬選書局石印本　八册

620000－1109－0000096　B22/9

四書味根錄三十七卷　(清)金澂撰　清光緒十一年(1885)藜照書屋刻本　六册

620000－1109－0000097　B22/10

四書五經義策論初編五卷續編五卷存我軒偶錄二卷　(清)杭州崇實學社編輯　清光緒二十九年(1903)崇實學社石印本　十二册

620000－1109－0000098　B22/1

四書朱子本義匯參四十三卷首四卷　(清)王步青輯　(清)王士龕編　清學源堂刻本　二十五册

620000－1109－0000099　H1

四音釋義不分卷　(清)鄭長庚輯　清道光十一年(1831)來鹿堂刻本　六册

620000－1109－0000100　K204/71

宋遼金元別史五種　(清)席世臣輯　清乾隆、嘉慶南沙席氏掃葉山房刻本　十四册

620000－1109－0000101　K204/62/01

宋書一百卷　(南朝梁)沈約撰　明崇禎七年(1634)毛氏汲古閣刻本　十六册

620000－1109－0000102　K204/13

隋書八十五卷　(唐)魏徵等撰　明萬曆二十二年至二十三年(1594－1595)南京國子監刻清康熙遞修本　二十册

620000－1109－0000103　K204/52

隋書八十五卷　(唐)魏徵等撰　明崇禎八年(1635)毛氏汲古閣刻本　十六册

620000－1109－0000104　K204/70/01
唐書二百二十五卷　(宋)歐陽修　(宋)宋祁等撰　**釋音二十五卷**　(宋)董衝撰　明崇禎二年(1629)毛氏汲古閣刻本　四十冊

620000－1109－0000105　I222/7
陶詩彙評四卷東坡和陶合箋四卷　(清)溫汝能纂訂　清宣統元年(1909)掃葉山房石印本　四冊

620000－1109－0000106　K204/75/13
天下郡國利病書一百二十卷　(清)顧炎武輯　(清)龍萬育訂　清道光敷文閣木活字印本　七十二冊

620000－1109－0000107　R8
同仁堂藥目不分卷　(清)樂鳳鳴編　清光緒十五年(1889)京都同仁堂刻本　一冊

620000－1109－0000108　I265/8
汪羅彭薛四家合鈔十五卷　(清)國學扶輪社輯　清宣統二年(1910)國學扶輪社鉛印本　六冊

620000－1109－0000109　K204/69
魏書一百三十卷　(南朝齊)魏收撰　明崇禎九年(1636)毛氏汲古閣刻本　二十四冊

620000－1109－0000110　I222/20
溫飛卿詩集九卷　(清)曾益謙原注　(清)顧予咸補注　清宣統二年(1910)石印本　四冊

620000－1109－0000111　I15
文選六十卷　(南朝梁)蕭統輯　(唐)李善注　(清)葉樹藩參訂　清朱墨套印本　八冊

620000－1109－0000112　I211/17
文貞公集十二卷　(清)張玉書撰　清乾隆五十七年(1792)松蔭堂刻本　六冊

620000－1109－0000113　I222/9/:1
翁山詩外二十卷　(清)屈大均撰　清宣統二年(1910)上海國學扶輪社鉛印本　十二冊

620000－1109－0000114　I265/1
翁山文外十六卷　(清)屈大均撰　清宣統二年(1910)上海國學扶輪社鉛印本　五冊

620000－1109－0000115　I265/4
吳摯甫詩集不分卷　(清)吳摯甫撰　清宣統二年(1910)國學扶輪社石印本　一冊

620000－1109－0000116　K204/60
五代史七十四卷　(宋)歐陽修撰　(宋)徐無黨注　明崇禎三年(1630)毛氏汲古閣刻本　六冊

620000－1109－0000117　I265/5
西廬文集四卷　(清)張雋撰　清宣統二年(1910)上海國學扶輪社鉛印本　二冊

620000－1109－0000118　Z2/4
西學大成十二卷　(清)王西清　(清)盧梯君合輯　清光緒二十一年(1895)上海醉六堂石印本　十二冊

620000－1109－0000119　B22/8
小學集註六卷　(明)陳選集註　清光緒三十二年(1906)鴻寶齋石印本　一冊　存四卷(一至四)

620000－1109－0000120　I211/16
校訂定盦全集　(清)龔自珍撰　清宣統二年(1910)鉛印本　八冊

620000－1109－0000121　K82/2
新增百美圖說二卷　(清)李世捷輯　清光緒十三年(1887)石印本　四冊

620000－1109－0000122　I222/11
楊忠愍公集四卷　(明)楊繼盛撰　清光緒九年(1883)甘肅藩署刻本　四冊

620000－1109－0000123　B69
養正韻語不分卷　(清)載振撰　清光緒二十八年(1902)石印本　一冊

620000－1109－0000124　I265/7
怡志堂文初編六卷　(清)朱琦撰　清同治三年(1864)京師刻本　二冊

620000－1109－0000125　B1
易理闡真八卷圖卦二卷周易四卷孔易二卷　(清)劉一明述註　清嘉慶四年(1799)榆中棲雲山刻本　八冊

620000－1109－0000126　I222/19
藝苑叢話十六卷　（清）陳琰輯　清宣統三年(1911)上海六藝書局石印本　四册

620000－1109－0000127　Z2/3
應酬彙選新集不分卷　（清）陸九如輯　清道光二十五年(1845)致盛堂刻本　四册

620000－1109－0000128　I222/14
有正味齋詞集八卷　（清）吳錫麒撰　清宣統元年(1909)掃葉山房石印本　三册

620000－1109－0000129　I222/10
有正味齋駢體文二十四卷　（清）吳錫麒撰　清刻本　十三册

620000－1109－0000130　I222/15
有正味齋駢體文二十四卷首一卷　（清）吳錫麒撰　清光緒十五年(1889)上海蜚英館石印本　四册

620000－1109－0000131　K204/45
资治通鑑補正二百九十四卷　（宋）司馬光編　（元）胡三省音註　（明）嚴衍補正　清光緒二十八年(1902)石印本　四十八册

620000－1109－0000132　K204/28
資治通鑑綱目前編二十五卷正編五十九卷首一卷續編二十七卷　（明）陳仁錫評閱　清嘉慶八年(1803)宏道堂刻本　一百五十六册

620000－1109－0000133　K204/44
御批歷代通鑑輯覽一百二十卷　（清）傅恒等撰　清光緒九年(1883)同文書局縮印本　十六册

620000－1109－0000134　K204/46
御批歷代通鑑輯覽一百二十卷　（清）傅恒等撰　清乾隆三十三年(1768)内府刻朱墨套印本　五十八册

620000－1109－0000135　K204/46
御批歷代通鑑輯覽一百二十卷　（清）傅恒等撰　清光緒二十九年(1903)鑄記書局石印本　二十册

620000－1109－0000136　K23/1
御批通鑑綱目恭錄八卷評鑑闡要十二卷　（清）傅恒等撰　清光緒二十九年(1903)上洋富強齋譯新書局較石印本　四册

620000－1109－0000137　K204/41/1
御撰資治通鑑綱目三編六卷　（清）張廷玉等撰　清光緒二十五年(1899)上海著易堂石印本　二册

620000－1109－0000138　K204/41/2
御批增補了凡綱鑑四十卷首一卷　（明）袁黄纂　清光緒二十五年(1899)上海著易堂石印本　十册

620000－1109－0000139　S1
御製耕織圖不分卷　（清）聖祖玄燁題詩　（清）焦秉貞繪圖　清光緒十二年(1886)上海點石齋石印本　二册

620000－1109－0000140　I265/2
惲子居文鈔四卷　（清）惲敬撰　清宣統元年(1909)國學扶輪社石印本　四册

620000－1109－0000141　B22/22
增補四書精繡圖像人物備考十二卷　（明）薛方山彙輯　（清）陳仁錫增定　（清）唐光夔詳閱　清嘉慶三年(1798)致和堂刻本　八册

620000－1109－0000142　B22/6
增註四書人物類典串珠四十卷　（清）臧志仁輯　清上洋珍藝書局仿聚珍版鉛印本　六册

620000－1109－0000143　D7
昭代名人論策讀本十三卷　（清）王氏輯　清光緒二十八年(1902)古吳袁氏傳經塾石印本　十册

620000－1109－0000144　R2/1
診家正眼八卷　（明）李中梓撰　清埽葉山房石印本　四册

620000－1109－0000145　K204/89
支那通史七卷　（日本）那珂通世著　清光緒二十五年(1899)東文學社石印本　五册　存四卷(一至四)

620000－1109－0000146　D92/2

周官精義十二卷 （清）連斗山撰 清嘉慶二年（1797）文盛堂刻本 六册

620000－1109－0000147 B22/16
周禮節訓六卷 （清）黄叔琳輯 清刻本 四册

620000－1109－0000148 B22/16
周禮節訓六卷 （清）黄叔琳輯 清道光二十一年（1841）乾元堂刻本 三册

620000－1109－0000149 B22/21
周禮精華六卷 （清）陳龍標輯 清同治八年（1869）京都善成堂刻本 六册

620000－1109－0000150 B22/20
周禮精華六卷 （清）陳龍標輯 清道光十二年（1832）姑蘇步月樓刻本 六册

620000－1109－0000151 K204/63
周書五十卷 （唐）令狐德棻撰 明崇禎汲古閣刻本 六册

620000－1109－0000152 B67/2
周易本義四卷圖説一卷卦歌一卷 （宋）朱熹注 清光緒十六年（1890）蘭州刻本 二册

620000－1109－0000153 B22/34
莊子南華真經解三卷 （清）宣穎撰 清大經堂刻本 六册

620000－1109－0000154 B22/26
卓廬初草四卷 （清）陳墉撰 清光緒刻本 四册

620000－1109－0000155 K204/83
第一才子書六十卷 （清）毛宗崗評 清咸豐三年（1853）善成堂刻朱墨套印本 二十四册

620000－1109－0000156 K204/77
皇朝經世文編補一百二十卷總目二卷 （清）賀長齡輯 （清）張鵬飛補 清咸豐元年（1851）來鹿堂刻本 五十八册

甘肅省天水市武山縣圖書館
古籍普查登記目録

全國古籍普查登記目録

國家圖書館出版社
National Library of China Publishing House

《甘肅省天水市武山縣圖書館古籍普查登記目録》

編委會

主　編：王　鵬

編　委：蔡立平　郭景麗　藏小紅　車　璐

馬霞妹　周　奇　林　博

620000－1136－0000001　001
梅村詩集箋注十八卷　(清)吳翌鳳撰　清嘉慶十九年(1814)滄浪吟榭刻本　十二册

620000－1136－0000002　002
小倉山房詩集三十七卷補遺二卷　(清)袁枚撰　清上海文明書局石印本　九册　缺三卷(二十四至二十六)

620000－1136－0000003　003
尤太史西堂全集五種一百二十七卷附一種六卷　(清)尤侗撰　清刻本　二十册　存六十一卷(西堂文集二十四卷、西堂詩集二十五卷、西堂樂府六卷、湘中草六卷)

620000－1136－0000004　004
唐大家韓文公文抄十六卷　(唐)韓愈撰　(明)茅坤批評　清雲林大盛堂刻本　四册　存十三卷(一至七、十一至十六)

620000－1136－0000005　005
唐大家柳柳州文抄十二卷　(唐)柳宗元撰　(明)茅坤批評　清雲林大盛堂刻本　三册

620000－1136－0000006　006
欽定詩經傳說彙纂二十一卷首二卷詩序二卷　(清)王鴻緒等纂　清雍正甘肅翻刻内府刻本　二十二册

620000－1136－0000007　007
隨園三十種二百五十六卷　(清)袁枚撰　清刻本　二十五册

620000－1136－0000008　008
校增字學舉隅不分卷　(清)龍啟瑞　(清)黄本驥輯　(清)譚鍾麟增補　清同治十三年(1874)譚鍾麟西安刻本　二册

620000－1136－0000009　009
宋名家詞一集十種十三卷　(明)毛晉輯　明崇禎毛氏汲古閣刻本　四册

620000－1136－0000010　010
夏峯先生集十四卷　(清)孫奇逢撰　清道光二十五年(1845)刻本　十二册

620000－1136－0000011　011
蘇文忠公詩集五十卷目錄二卷　(宋)蘇軾撰　(清)紀昀評　清同治八年(1869)韞玉山房朱墨套印本　十一册

620000－1136－0000012　012
元遺山先生集四十卷首一卷附錄一卷　(金)元好問撰　(元)張德輝輯　(清)張穆校刊　清道光二十六年至三十年(1846－1850)張氏陽泉山莊刻本　八册　缺十三卷(二十九至四十、附錄一卷)

620000－1136－0000013　013
去僞齋集十卷附錄一卷闕疑一卷　(明)吕坤著　清道光七年(1827)開封府署刻本　十一册

620000－1136－0000014　014
庾子山集十六卷　(北周)庾信撰　(清)倪璠注釋　**年譜一卷總釋一卷**　(清)倪璠撰　清康熙崇岫堂刻本　十二册

620000－1136－0000015　015
御纂周易述義十卷　(清)傅恒等纂　清刻本　四册

620000－1136－0000016　016
國朝駢體正宗十二卷　(清)曾燠輯　清同治十三年(1874)刻本　六册

620000－1136－0000017　017
御纂詩義折中二十卷　(清)陳兆崙等纂　清刻本　四册　存十二卷(一至十二)

620000－1136－0000018　018
甕牖閒評八卷　(宋)袁文撰　清刻本　四册

620000－1136－0000019　019
歐陽文忠公全集一百五十三卷首一卷附錄五卷　(宋)歐陽修撰　清嘉慶二十四年(1819)歐陽衡刻本　三十二册

620000－1136－0000020　020
七家詩詳註七卷　(清)張熙宇評選　(清)石暉甲補註　清光緒二十年(1894)傳經餘堂刻本　六册

620000－1136－0000021　021

御定歷代賦彙一百四十卷外集二十卷逸句二卷補遺二十二卷　(清)陳元龍編輯　清康熙四十五年(1706)内府刻本　五十六册　缺二十四卷(六十七至九十)

620000－1136－0000022　022

欽定詩經傳説彙纂二十一卷首二卷詩序二卷　(清)王鴻緒等纂　清刻本　六册　存十四卷(十至二十一、詩序二卷)

620000－1136－0000023　023

先正讀書訣一卷　(清)周永年輯　清光緒四年(1878)刻本　一册

620000－1136－0000024　024

學規七種一卷　(清)賀瑞麟輯　清光緒十六年(1890)强勉學堂刻本　一册

620000－1136－0000025　025

毛詩復古録十二卷　(清)吳懋清著　清光緒二十年(1894)刻本　五册　存十卷(三至十二)

620000－1136－0000026　026

省齋全集十二卷　(清)牛樹梅撰　清刻本　三册　存六卷(三至四、六至七、十一至十二)

620000－1136－0000027　027

聞善録二卷末一卷　(清)牛樹梅輯　清同治三年(1864)古柏書屋刻本　三册

620000－1136－0000028　028

誨兒編二卷　(清)賀瑞麟輯　**楊園訓子語一卷**　(清)張履祥撰　清光緒十六年(1890)强勉學堂刻本　一册

620000－1136－0000029　029

古文觀止詳註六卷　(清)張之洞輯評　(清)王相選註　清光緒兩湖書院刻本　二册

620000－1136－0000030　030

批點唐宋八家鈔八卷　(清)高嵣集評　清道光十五年(1835)刻本　五册　存五卷(一至二、四至五、八)

620000－1136－0000031　031

理學宗傳二十六卷　(清)孫奇逢輯　清刻本　六册　存十六卷(一至十六)

620000－1136－0000032　032

小題三萬選四十册　(清)求是齋主人輯　(清)芸碧山房主人校補　清光緒二十一年(1895)同文書局石印本　二十五册　存二十五册(一、四至十二、十七至二十、二十二、二十六至二十九、三十一、三十三至三十七)

620000－1136－0000033　033

資治通鑑綱目五十九卷前編二十五卷續編二十七卷　(宋)朱熹撰　(明)陳仁錫評閲　明崇禎三年(1630)刻本　一百二十册

620000－1136－0000034　034

欽定四庫全書簡明目録二十卷首一卷　(清)紀昀等纂　清同治七年(1868)廣東書局刻本　十二册

620000－1136－0000035　035

[光緒]重纂秦州直隸州新志二十四卷首一卷　(清)余澤春修　(清)王權　(清)任其昌纂　清光緒十五年(1889)隴南書院刻本　十四册　缺四卷(三至四、十一至十二)

620000－1136－0000036　036

欽定四庫全書總目二百卷首一卷門目一卷　(清)紀昀等纂　清同治七年(1868)廣東書局刻本　九十八册　缺十九卷(二十三至二十四、五十三至五十四、五十九至七十、七十七至七十八、八十二)

620000－1136－0000037　037

爾雅註疏十一卷　(晉)郭璞注　(宋)邢昺疏　清乾隆五十一年(1786)金閶書業堂刻本　六册

620000－1136－0000038　038

欽定周官義疏四十八卷首一卷　(清)允祿等纂　清刻本　十五册　存二十四卷(三至四、六至十一、十八至十九、二十三至三十、三十四至三十五、四十、四十五至四十七)

620000－1136－0000039　039

三國志六十五卷　(晉)陳壽撰　(南朝宋)裴松之注　清光緒十四年(1888)上海圖書集成

印書局鉛印本　六冊　缺十五卷(三十一至四十五)

620000－1136－0000040　040
欽定四庫全書總目二百卷首一卷門目一卷　(清)紀昀等纂　清同治七年(1868)廣東書局刻本　八十八冊　缺六十六卷(一至二、五至六、四十五至九十、九十三至九十四、一百十九至一百二十、一百二十七至一百二十八、一百三十二至一百三十四、一百五十六至一百五十七、一百六十六、一百八十四至一百八十五,首一卷,門目一卷)

620000－1136－0000041　041
欽定周官義疏四十八卷首一卷　(清)允祿等纂　清同治七年(1868)李瀚章刻本　十一冊　缺二十六卷(八至十九、二十二至二十三、三十七至四十八)

620000－1136－0000042　042
欽定書經傳説彙纂二十一卷首二卷書序一卷　(清)王頊齡等纂　清同治七年(1868)李瀚章刻本　十冊

620000－1136－0000043　043
欽定禮記義疏八十二卷首一卷　(清)允祿等纂修　清刻本　十六冊　存三十卷(五十三至八十二)

620000－1136－0000044　044
欽定書經傳説彙纂二十一卷首二卷書序一卷　(清)王頊齡等纂　清刻本　六冊　存九卷(三、七、十、十三至十四、十九至二十一,書序一卷)

620000－1136－0000045　045
欽定儀禮義疏四十八卷首二卷　(清)允祿等纂　清光緒刻本　五冊　存十卷(十一至十二、十五至二十二)

620000－1136－0000046　046
盛世危言五卷　(清)鄭觀應撰　清光緒石印本　二冊　存二卷(三至四)

620000－1136－0000047　047
盛世危言外編二卷　(清)馮桂芬輯著　清光緒二十一年(1895)上海賜書堂石印本　二冊

620000－1136－0000048　048
芸居樓綱鑑易知錄九十二卷明鑑易知錄十五卷　(清)吳乘權　(清)周之炯等輯　清光緒四年(1878)刻本　二十七冊　缺二十七卷(三十至三十二、四十二至四十四、五十四至六十二、六十六至六十八、七十八至八十、八十七至九十二)

620000－1136－0000049　049
曾文正公家書十卷家訓二卷　(清)曾國藩撰　清鉛印本　五冊　缺二卷(家書一至二)

620000－1136－0000050　050
歷代史論二十二卷　(清)張溥　(清)谷應泰　(清)高士奇論正　清光緒浙江書局刻朱墨套印本　十二冊

620000－1136－0000051　051
周易觀象十二卷大指二卷　(清)李光地撰　清許乃普等校刊本　四冊　缺五卷(一至二、十至十二)

620000－1136－0000052　052
欽定儀禮義疏四十八卷首二卷　(清)允祿等纂　清刻本　十五冊　存二十卷(三至四、六至八、十五至十七、十九至二十、二十四、二十八至二十九、三十三至三十四、四十一至四十二、四十四至四十六)

620000－1136－0000053　053
淵鑒齋御纂朱子全書六十六卷　(清)李光地等纂　清康熙、雍正間刻本　二十二冊　存四十五卷(一至三、六至七、十三至十七、二十至二十七、三十至三十一、三十四至五十三、五十九至六十二、六十六)

620000－1136－0000054　054
欽定禮記義疏八十二卷首一卷　(清)允祿等纂修　清刻本　十一冊　存十六卷(十九、二十四、三十八、四十一至四十三、五十五至五十六、六十六、七十六至八十二)

620000－1136－0000055　055
論語集註本義匯參二十卷首一卷　(清)王步

青輯　（清）王士翿編　清乾隆刻本　六冊　缺十卷（十一至二十）

620000－1136－0000056　056
寄傲山房塾課新增幼學故事瓊林四卷首一卷　（清）程允升輯　（清）鄒聖脉增補　清刻本　四冊

620000－1136－0000057　057
明史三百三十二卷目錄四卷　（清）張廷玉等纂修　清翻刻武英殿刻二十四史本　七十六冊

620000－1136－0000058　058
黃帝内經靈樞註證發微九卷補遺一卷素問註證發微九卷　（明）馬蒔註證　（明）馬如麟校正　明天寶堂刻本（素問卷三葉五十一補版）　二十三冊

620000－1136－0000059　059
四書左國彙纂四卷　（清）高其名　（清）鄭師成纂　清刻本　四冊

620000－1136－0000060　060
佩文韻府一百六卷韻府拾遺一百六卷　（清）張廷玉等纂　清光緒十七年（1891）上海同文書局石印本　四十五冊　缺三十二卷（佩文韻府七、十七至十八、三十一至三十四、四十九至五十一、六十六至七十三、七十六至八十九）

620000－1136－0000061　061
梁山來知德先生易經集註十六卷啟蒙一卷雜說一卷　（明）來知德撰　（清）崔華重訂　清乾隆刻本　八冊

620000－1136－0000062　062
子史精華一百六十卷　（清）允祿等纂修　清刻本　三十冊　存九十七卷（二十四至四十四、六十五至一百十九、一百三十六至一百三十八、一百四十三至一百六十）

620000－1136－0000063　063
四書朱子本義匯參四十三卷首四卷　（清）王步青輯　（清）王士翿編　清翻刻敦復堂本　二十三冊　存三十三卷（論語一、三至十二、十五至二十，首一卷；孟子一至十四、首一卷）

620000－1136－0000064　064
嶺南三大家詩選二十四卷　（清）王隼選　清同治七年（1868）南海陳氏刻本　四冊　缺五卷（四至八）

620000－1136－0000065　065
白香山詩集四十卷目錄一卷年譜一卷年譜舊本一卷　（唐）白居易撰　（清）汪立名編訂　清康熙四十一年（1702）汪立名一隅草堂刻本　六冊　缺二十卷（二十一至四十）

620000－1136－0000066　066
唐宋八大家文抄一百四十四卷　（明）茅坤輯　清雲林大盛堂刻本　八冊　存六十一卷（韓文一至十六、歐文十七至三十二、蘇轍五至十、曾文一至十、王文四至十六）

620000－1136－0000067　067
縮本精選經義淵海不分卷　（清）常安室主人等輯　清光緒石印本　四冊　存四冊（二至三、八至九）

620000－1136－0000068　068
通鑑類纂二十卷　（清）馬佳松椿纂　清光緒上海天章書局石印本　七冊　缺六卷（一至五、八）

620000－1136－0000069　069
鳥鼠山人小集十六卷後集二卷　（明）胡纘宗撰　明嘉靖刻清遞修本　三冊　存六卷（小集五至七、十一至十二，後集二）

620000－1136－0000070　070
雍音四卷　（明）胡纘宗編次　明嘉靖二十七年（1548）清渭草堂刻清遞修本　四冊

620000－1136－0000071　071
御批歷代通鑑輯覽一百二十卷　（清）傅恒等撰　清光緒二十五年（1899）上海順成書局石印本　二十七冊

620000－1136－0000072　072
御纂詩義折中二十卷　（清）陳兆崙等纂　清刻本　四冊　存七卷（三至四、十二至十三、

十六至十八)

620000－1136－0000073　073
唐雅八卷　(明)胡纘宗輯　明嘉靖二十八年(1549)文斗山堂刻清遞修本　四册

620000－1136－0000074　074
可泉擬涯翁擬古樂府二卷　(明)胡纘宗撰　(明)張光孝評　(明)胡統宗注　明嘉靖三十六年(1557)汪翰刻清補刻本　一册

620000－1136－0000075　075
擬漢樂府八卷附録一卷補遺一卷　(明)胡纘宗撰　明嘉靖十八年(1539)刻清補修本　二册

620000－1136－0000076　076
春秋三傳體註十二卷　(清)車廷雅輯　(清)陶京山鑒定　清乾隆六十年(1795)同文堂刻本　十六册

620000－1136－0000077　077
願學編二卷　(明)胡纘宗撰　明嘉靖三十四年(1555)刻清初補刻本　二册

620000－1136－0000078　078
近取編二卷　(明)胡纘宗編　明嘉靖文斗山堂刻清遞修本　一册

620000－1136－0000079　079
四史四種四百十五卷　(清)成都書局輯　清同治十年(1871)成都書局刻本　九十九册　缺五卷(前漢書八十一至八十五)

620000－1136－0000080　080
五代史記七十四卷　(宋)歐陽修撰　(宋)徐無黨注　明萬曆四年(1576)南京國子監刻明清遞修本　八册

620000－1136－0000081　081
御纂春秋直解十二卷　(清)傅恒等纂修　清刻本　八册

620000－1136－0000082　082
[光緒]甘肅新通志一百卷首五卷　(清)升允　(清)長庚修　(清)安維峻纂　清宣統元年(1909)刻本　三十六册　存五十五卷(八至九、十四至十五、十七至二十五、二十九至四十五、四十九至五十二、五十五至五十六、五十八、六十至六十一、六十八至六十九、七十一、七十六至七十七、七十九至八十、八十四至八十六、九十四至九十六,首三至五)

620000－1136－0000083　083
欽定禮記義疏八十二卷首一卷　(清)允禄等纂修　清刻本　三十册　缺十三卷(十七至二十、六十四至七十二)

620000－1136－0000084　084
御批歷代通鑑輯覽一百二十卷　(清)傅恒等撰　清光緒三十年(1904)上海商務印書館鉛印本　二十五册

620000－1136－0000085　085
御批歷代通鑑輯覽一百二十卷　(清)傅恒等撰　清光緒三十四年(1908)上海商務印書館鉛印本　二十三册　缺五卷(八十六至九十)

620000－1136－0000086　086
二程先生全書五十一卷　(宋)程顥　(宋)程頤撰　清刻本　十册　存四十五卷(二至四十六)

620000－1136－0000087　087
鼎鍥趙田了凡袁先生編纂占本歷史大方綱鑑補三十九卷首一卷　(明)袁黄編纂　清刻本　二十一册　缺二十卷(一、三至十七、二十三、三十二、三十六至三十七)

620000－1136－0000088　088
闕里文獻考一百卷首一卷末一卷　(清)孔繼汾撰　清乾隆二十七年(1762)刻本　八册

620000－1136－0000089　089
二論講義養正編十卷　(清)史延煇輯　清乾隆二十九年(1764)寸知堂刻本　四册

620000－1136－0000090　090
史記一百三十卷　(漢)司馬遷撰　(南朝宋)裴駰集解　(唐)司馬貞索隱　(唐)張守節正義　清刻本　七册　存五十一卷(四十六至五十、七十五至一百二十)

620000－1136－0000091　091

前漢書一百卷　(漢)班固撰　(唐)顔師古注　清刻本　一册　存五卷(八十八至九十二)

620000－1136－0000092　092

前漢書一百二十卷　(漢)班固撰　(唐)顔師古注　清鉛印本　四册　存二十四卷(七至十四、二十七至二十八、六十五至七十一、八十七至九十三)

620000－1136－0000093　093

三國志六十五卷　(晉)陳壽撰　(南朝宋)裴松之注　清刻本　七册　存二十四卷(六至二十九)

620000－1136－0000094　094

春秋三十卷　(宋)胡安國傳　明萬曆金陵奎壁齋刻本　八册

620000－1136－0000095　095

周官精義十二卷　(清)連斗山輯　清嘉慶二年(1797)致和堂刻本　六册

620000－1136－0000096　096

周禮六卷　(清)黄叔琳撰　(清)姚培謙重訂　清光緒十三年(1887)刻本　二册

620000－1136－0000097　097

公羊穀梁春秋合編附註疏纂十二卷　(漢)何休注　(晉)范甯集解　(唐)楊士勛疏　(明)朱泰禎纂述　(明)朱爾鄴校輯　清乾隆五十八年(1793)刻本　六册

620000－1136－0000098　098

聖賢像贊四卷　(明)吕維祺輯　清嘉慶十四年(1809)刻本　三册　存三卷(一至三)

620000－1136－0000099　099

欽定授時通考七十八卷　(清)鄂爾泰等纂修　清道光刻本　十九册　存五十九卷(七至十五、十九至三十八、四十二至五十九、六十七至七十八)

620000－1136－0000100　100

春秋三傳十六卷首一卷釋文音義十六卷　(清)□□輯　**陸氏三傳釋文音義十六卷**　(唐)陸德明音義　清同治十年(1871)刻本　八册　缺十三卷(春秋三傳五至七、十至十三,釋文音義十一至十六)

620000－1136－0000101　101

御批歷代通鑑輯覽一百二十卷　(清)傅恒等撰　清光緒二十五年(1899)新化三味堂刻本　六十册

620000－1136－0000102　102

日本國志四十卷首一卷　(清)黄遵憲編纂　清光緒二十四年(1898)上海圖書集成印書局鉛印本　十册

620000－1136－0000103　103

萬國史記二十卷　(日本)岡本監輔撰　清光緒二十六年(1900)華國堂鉛印本　四册

620000－1136－0000104　104

書經體註大全合參六卷　(清)范翔鑒定　(清)錢希祥參　(清)張聖度訂　清奎光堂刻本　四册

620000－1136－0000105　105

周禮精華六卷　(清)陳龍標輯　清道光十二年(1832)姑蘇步月樓刻本　四册

620000－1136－0000106　106

舊五代史一百五十卷　(宋)薛居正等撰　清刻本　七册　存六十六卷(八至五十一、六十二至七十三、八十三至九十二)

620000－1136－0000107　107

萬國史記二十卷　(日本)岡本監輔撰　清光緒二十三年(1897)上海六先書局鉛印本　四册　缺十一卷(一至二、五至七、十至十五)

620000－1136－0000108　108

如西所刻諸名家評點春秋綱目左傳句解六卷　(明)孫鑛批點　(清)韓菼重訂　清關中五車樓全義堂刻本　六册

620000－1136－0000109　109

易經體註大全合參四卷　(清)李兆賢輯　清刻本　一册

620000－1136－0000110　110

新增四書備旨靈捷解八卷　(清)張素存撰　(清)鄒蒼崖增補　清光緒十四年(1888)刻本　六冊

620000－1136－0000111　111
水經註釋四十卷首一卷附錄二卷水經注箋刊誤十二卷　(北魏)酈道元注　(清)趙一清釋　清光緒六年(1880)蛟川華雨樓張氏重刻本　二十四冊

620000－1136－0000112　112
後漢書九十卷　(南朝宋)范曄撰　(唐)李賢注　**志三十卷**　(晉)司馬彪撰　(南朝梁)劉昭注　清光緒十四年(1888)上海圖書集成印書局鉛印本　十一冊　缺三十七卷(一至四、十一至二十、五十四至七十六)

620000－1136－0000113　113
盛世危言全編十四卷　(清)鄭觀應撰　清光緒二十三年(1897)劍南同德會刻本　六冊

620000－1136－0000114　114
訓俗遺規四卷　(清)陳弘謀編　清乾隆三十七年(1772)刻本　三冊

620000－1136－0000115　115
四書朱子異同條辨四十卷　(清)李沛霖　(清)李禎輯訂　清康熙藜光樓刻本　十三冊　存九卷(中庸一、論語一至六、孟子十三至十四)

620000－1136－0000116　116
廣輿記二十四卷　(明)陸應陽纂　(清)蔡方炳增輯　清康熙刻本　八冊　存十四卷(十一至二十四)

620000－1136－0000117　117
春秋三傳十六卷首一卷釋文音義十六卷　(清)□□輯　**陸氏三傳釋文音義十六卷**　(唐)陸德明音義　清同治十年(1871)刻本　十四冊

620000－1136－0000118　118
欽定春秋傳說彙纂三十八卷首二卷　(清)王掞等編修　清雍正甘肅翻刻內府刻本　十六冊　缺十三卷(五至七、十一至二十)

620000－1136－0000119　119
欽定春秋傳說彙纂三十八卷首二卷　(清)王掞等編修　清雍正甘肅翻刻內府刻本　八冊　存十九卷(一至八、十一至十二、十九至二十、二十三至二十六、三十六至三十八)

620000－1136－0000120　120
欽定四書文不分卷　(清)方苞纂修　清乾隆刻本　六冊　存六冊(正嘉文下孟一冊,啟禎文大學一冊,本朝文大學一冊、上論二冊、下論一冊)

620000－1136－0000121　121
御纂周易折中二十二卷首一卷　(清)李光地等纂　清康熙刻御纂七經本　五冊　存十二卷(九至二十)

620000－1136－0000122　122
御纂周易折中二十二卷首一卷　(清)李光地等纂　清康熙刻御纂七經本　五冊　存十二卷(二至六、九至十五)

620000－1136－0000123　123
御纂周易折中二十二卷首一卷　(清)李光地等纂　清刻本　四冊　存十卷(十一至二十)

620000－1136－0000124　124
欽定四書文不分卷　(清)方苞纂修　清乾隆刻本　八冊　存八冊(本朝文大學一冊、中庸一冊、論語四冊、孟子二冊)

620000－1136－0000125　125
兩漢書二百二十卷　(清)□□輯　清刻本　八冊　存三十三卷(前漢書二十八至三十、五十五至六十、六十六至七十、七十五至八十、九十九至一百,後漢書五至十上、四十六至五十一)

620000－1136－0000126　126
重刊船山遺書二百八十八卷　(清)王夫之撰　清同治四年(1865)湘鄉曾國荃金陵刻本　五十冊　存一百四十一卷(周易內傳一至六,周易內傳發例一,周易大象解一,周易稗疏一至四,周易攷異一,周易外傳一至七,書經稗疏一至四,尚書引義一至六,詩經稗疏一至四，詩經攷異一，詩經叶韻辨一，詩廣傳一至五，禮記章句二十二至四十九，續春秋左氏傳博議一至二，讀四書大全說一至十，四書稗疏一，四書考異一，說文廣義一至二，讀通鑑論十一至三十、末一，莊子解一至三十三，莊子通一，愚鼓詞一）

620000－1136－0000127　127
水經注匯校四十卷首一卷附錄二卷　（北魏）酈道元注　（清）楊希閔校勘　清光緒七年（1881）福州刻本　十二冊

620000－1136－0000128　128
唐書二百二十五卷　（宋）歐陽修　（宋）宋祁等撰　**釋音二十五卷**　（宋）董衝撰　元大德九年（1305）建康路儒學刻明清遞修本　二十二冊　存一百二十二卷（四十六至四十九、七十四至七十五、八十一至八十五、一百六至一百二十二、一百三十至一百三十七、一百四十五至一百五十六、一百六十四至一百六十八、一百八十二至二百二十五，釋音二十五卷）

620000－1136－0000129　129
陸放翁全集六種一百五十八卷　（宋）陸遊撰　明海虞毛氏汲古閣刻清毛扆增刻張氏詩禮堂印本（家世舊聞葉七、齋居紀事葉五至六抄配）　四十八冊

620000－1136－0000130　130
閱微草堂筆記二十四卷　（清）紀昀撰　清道光二十七年（1847）小蓬萊山館刻本　四冊　存九卷（灤陽消夏錄四至六、如是我聞三至四、槐西雜志一至四）

620000－1136－0000131　131
古文析義初編六卷二編八卷　（清）林雲銘評注　清嘉慶刻本　八冊　存八卷（初編三、六，二編一至六）

620000－1136－0000132　132
增廣字學舉隅四卷　（清）鐵珊輯　清同治十三年（1874）蘭州郡署刻本　四冊

620000－1136－0000133　133
詞綜三十八卷明詞綜十二卷國朝詞綜四十八卷國朝詞綜二集八卷　（清）朱彝尊　（清）王昶　（清）汪森編　清嘉慶刻本　二十四冊

620000－1136－0000134　134
文心雕龍十卷　（南朝梁）劉勰撰　（清）黄叔琳注　（清）紀昀評　清道光十三年（1833）兩廣節署刻朱墨套印本　四冊

620000－1136－0000135　135
玉谿生詩箋註三卷　（唐）李商隱撰　（清）馮浩編訂　清乾隆四十五年（1780）刻本　四冊

620000－1136－0000136　136
儀禮經傳通解三十七卷續二十九卷　（宋）朱熹撰　（宋）黄榦續　清康熙禦兒呂氏寶誥堂刻本　二十四冊

620000－1136－0000137　137
蘇文忠詩合註五十卷首一卷目錄一卷　（宋）蘇軾撰　（清）馮應榴輯訂　清乾隆六十年（1795）踵息齋刻本　十八冊　存三十一卷（二十至五十）

620000－1136－0000138　138
詩經八卷　（宋）朱熹集傳　清道光十五年（1835）刻本　四冊

620000－1136－0000139　139
古唐詩合解十二卷　（清）王堯衢註　清道光六年（1826）京都兩儀二酉堂刻本　五冊

620000－1136－0000140　140
東周列國全志二十三卷一百八回　（明）馮夢龍撰　（清）蔡昇評點　清刻本　十一冊　缺一卷（一）

620000－1136－0000141　141
經餘必讀八卷續編八卷三編四卷　（清）雷琳等輯　清嘉慶十一年（1806）致和堂刻本　四冊　存八卷（續編八卷）

620000－1136－0000142　142
五百四峯堂詩鈔二十五卷　（清）黎簡撰　清刻本　六冊　存十四卷（九至十一、十五至二十五）

620000－1136－0000143　143

文選六十卷附考異十卷　（南朝梁）蕭統輯　（唐）李善注　清同治四明林植梅刻本　七册　存二十卷（四十至四十八、五十八至六十，考異三至十）

620000－1136－0000144　144

歷代名臣言行録二十四卷　（清）朱桓輯　清刻本　五册　存五卷（二下、四、十一下、十六下、十七）

620000－1136－0000145　145

古文喈鳳新編八卷　（清）汪基輯　清刻本　八册

620000－1136－0000146　146

時務通考三十一卷總目一卷　（清）杞廬主人編　清石印本　七册　存十五卷（十四至二十一、二十五至三十一）

620000－1136－0000147　147

四書類典賦二十四卷年譜一卷　（清）甘紱撰　（清）甘仁溥校　清乾隆四十一年（1776）刻本　八册　存十六卷（一至七、十二至二十）

620000－1136－0000148　148

五經味根録四十二卷　（清）□□輯　清光緒上海中西書局石印本　七册　存十卷（易經一至四、書經四至六、詩經二至四）

620000－1136－0000149　149

浩然堂詩集七卷詞稿一卷　（清）江開撰　清道光二十九年（1849）刻本　二册

620000－1136　0000150　150

八銘堂塾鈔初集八卷　（清）吳懋政輯　清刻本　二册　存三卷（一至三）

620000－1136－0000151　151

蘇子美集十卷　（宋）蘇舜欽撰　清康熙刻本　三册　存六卷（三至八）

甘肅省天水市麥積區圖書館古籍普查登記目録

全國古籍普查登記目録

國家圖書館出版社
National Library of China Publishing House

《甘肅省天水市麥積區圖書館古籍普查登記目録》

主　編：周改珠

編　委：金　勇　蒲　莉

620000－1111－0000001　0001
五種遺規摘鈔十五卷　（清）陳宏謀編輯　（清）葛正笏　（清）張鳳孫訂　清同治七年(1868)楚北崇文書局刻本　二册　存十卷（在官法戒録摘鈔四卷、從政遺規摘鈔二卷、訓俗遺規摘鈔四卷）

620000－1111－0000002　0002
春秋左傳五十卷　（晉）杜預注　（宋）林堯叟補注　（唐）陸德明音義　**春秋精義四卷**　黄淦纂　**春秋標題一卷**　（□）□□撰　清文元堂刻本　四册

620000－1111－0000003　0003
皇朝經世文新編二十一卷　（清）麥仲華輯　清光緒二十八年(1902)上海書局石印本　三册　存十卷（一至十）

620000－1111－0000004　0004
唐宋八大家文讀本三十卷　（宋）蘇洵著　（清）沈德潛評點　清懷德堂刻本　十五册　存十六卷（十五至三十）

620000－1111－0000005　0005
詩經體註大全合參八卷　（清）高朝瓔定　（清）沈世楷輯　（清）沈存仁參　清文成堂刻本　四册

620000－1111－0000006　0006
海清樓唐詩合解十二卷　（清）王堯衢註　清海清樓刻本　五册

620000－1111－0000007　0007
春秋經傳集解三十卷　（晉）杜預注　（宋）林堯叟補注　（唐）陸德明音釋　（清）馮李驊增訂　清上海廣益書局石印本　十二册

620000－1111－0000008　0008
欽定大清會典一百卷　（清）允裪等纂修　清刻本　十一册　存五十卷（一至五十）

620000－1111－0000009　0009
書經體注大全體要六卷　（清）高朝瓔定　（清）沈世楷輯　（清）沈存仁參　清同治五年(1866)刻本　三册

620000－1111－0000010　0010
桃花扇傳奇四卷　（清）孔尚任編　清益興堂刻本　四册

620000－1111－0000011　0011
懷山園綱鑑百將策題彙纂廣集八卷首一卷　（清）朱堪手輯　清刻本　四册　存六卷（一至五、八）

620000－1111－0000012　0012
倭文端公遺書十一卷首二卷　（清）倭仁撰　清同治刻本　七册　存十一卷（一至六、九至十一，首二卷）

620000－1111－0000013　0013
雲林别墅繪像妥註第六才子書六卷首一卷　（元）王德信　（元）關漢卿撰　（清）金人瑞評　（清）鄒聖脈註　清咸豐元年(1851)兩益堂刻本　四册

620000－1111－0000014　0015
御批歷代通鑑輯覽一百二十卷　（清）傅恒等撰　清同治十三年(1874)湖南書局刻本　八十四册　存八十四卷（一至十四、十九至四十二、五十四至八十三、九十四至九十九、一百七至一百十六）

620000－1111－0000015　0014
白香山詩長慶集二十卷後集十七卷别集一卷補遺二卷　（唐）白居易撰　（清）汪立名編訂　清刻本　四册　存十六卷（長慶集十八至二十、後集七至十六、别集一卷、補遺二卷）

620000－1111－0000016　0016
皇朝經世文編一百二十卷　（清）賀長齡輯　清光緒二十二年(1896)埽葉山房石印本　十四册　存一百十卷（一至七十八、八十九至一百二十）

620000－1111－0000017　0017
春秋左傳十八卷　（晉）杜預注　（宋）林堯叟補注　（唐）陸德明音義　清致和堂刻本　十四册

620000－1111－0000018　0018
增訂集録十二卷　（清）于光華編輯　清乾隆

四十四年(1779)刻本　六冊　存六卷(一至六)

620000－1111－0000019　0019
四書左國彙纂四卷　(清)高其名輯　(清)鄭師成輯　清刻本　四冊

620000－1111－0000020　0020
尺木堂綱鑑易知九十二卷明鑑易知十五卷　(清)周之炯　(清)吳乘權等輯　清尺木堂刻本　三十六冊　存八十四卷(一至八十二、八十五至八十六)

620000－1111－0000021　0021
歷代名臣言行二十四卷　(清)朱桓編輯　清光緒十七年(1891)上海廣百宋齋鉛印本　六冊　存十四卷(七至八、十一至十六、十九至二十四)

620000－1111－0000022　0022
漱芳軒合纂禮記體注四卷　(清)范翔參訂　清文成堂銅板印本　四冊

620000－1111－0000023　0024
周禮註疏刪翼三十卷　(明)王志長輯　清乾隆六十年(1795)醉墨齋刻本　八冊　存十四卷(九至十四、十五至二十二)

620000－1111－0000024　0023
三禮約編啱鳳三種十九卷　(清)汪基編　清崇順堂刻本　五冊

620000－1111－0000025　0025
資治通鑑綱目前編二十五卷正編五十九卷續編二十七卷　(宋)朱熹撰　(明)陳仁錫評閱　清刻本　八十四冊　存九十四卷(前編二十五卷,正編八下、十下、十一至十九、二十一至三十七、三十九下、四十一至四十三、四十四下、四十五至五十四,續編二至二十七)

620000－1111－0000026　0028
易經體註大全會解四卷　(清)來爾繩輯　清乾隆四十八年(1783)文會堂刻本　三冊

620000－1111－0000027　0029
重訂文選集評十五卷首一卷末一卷　(清)于光華編次　清刻本　十四冊　存十五卷(一至三、六至十五,首一卷,末一卷)

620000－1111－0000028　0030
春秋經傳集解三十卷　(晉)杜預原本　(宋)林堯叟附註　(唐)陸元朗音釋　(清)馮李驊增訂　清刻本　九冊　存十八卷(十三至三十)

620000－1111－0000029　0031
大清律例增修統纂集成四十卷督捕則例二卷　(清)姚之奇原註　(清)姚潤纂輯　(清)任則珊重輯　清光緒三十一年(1905)刻本　十七冊　缺十六卷(二至四、七至十六、二十至二十二)

620000－1111－0000030　0032
全本禮記體註十卷　(清)范紫登原定　(清)徐旦參訂　(清)徐瑄補輯　清百尺樓刻本　七冊　存七卷(三至七、九至十)

620000－1111－0000031　0033
廣治平畧三十六卷　(清)蔡方炳定本　清刻本　五冊　存二十四卷(十三至三十六)

620000－1111－0000032　0034
廣輿記二十四卷　(明)陸應陽輯　(清)蔡方炳增輯　清刻本　八冊　存十五卷(四至十四、十六至十七、十九至二十)

620000－1111－0000033　0035
增補春秋左傳易讀六卷　(清)司徒修輯　清福興堂刻本　六冊

620000－1111－0000034　0036
新增說文韻府群玉卷二十卷　(元)陰時夫編輯　(元)陰中夫編註　(明)王元貞校正　清刻本　八冊　存十卷(十一至二十)

620000－1111－0000035　0037
四書題鏡十四卷　(清)汪鯉翔纂述　清刻本　七冊

620000－1111－0000036　0038
皇朝經世文三編八十卷　(清)陳忠倚輯　清光緒二十八年(1902)上海書局石印本　六冊

620000－1111－0000037　0040
仿宋刻阮本十三經注疏附校刊記四百十六卷　（清）阮元撰　清末石印本　八册　存一百三十一卷（穀梁傳注疏一至二十、詩經注疏七至二十、尚書注疏十一至十九、周禮注疏十七至三十三、左傳注疏三十一至四十五、禮記注疏二十七至四十三、禮記注疏校勘記二十四至六十二）

620000－1111－0000038　0041
船山史論四種五十二卷　（清）王夫之撰　清光緒二十八年（1902）湖南思賢書局刻本　五册　存四十九卷（春秋世論一至五，續春秋左氏傳博議上、下，讀通鑑論一至十六、十八至三十，宋論一至二、五至十五）

620000－1111－0000039　0042
欽定禮記義疏八十二卷首一卷　（清）允祿等纂修　清刻本　四十九册　存六十八卷（二至十二、十五至三十、四十至七十、七十三至八十二）

620000－1111－0000040　0044
分韻青雲詩集四卷　（清）楊逢春輯　（清）蕭應□輯　清道光二十三年（1843）朱墨套印本　一册

620000－1111－0000041　0046
欽定四庫全書總目二百卷首一卷門目一卷　（清）紀昀等纂　清同治七年（1868）廣東書局刻本　七十册　存一百十六卷（一至二十二、二十五至四十三、四十五至五十二、五十七至六十八、七十一至七十三、九十九至一百六、一百八至一百二十八、一百四十七、一百六十六、一百七十八至一百九十八）

620000－1111－0000042　0047
洮陽詩集十卷洮陽集句上下卷　（清）李苞編輯　（清）吴承禧校閲　清嘉慶四年（1799）松花庵刻本　六册

620000－1111－0000043　0048
欽定儀禮義疏四十八卷首二卷　（清）允祿等纂　清道光十八年（1838）刻本　十九册　存二十卷（一至五、十二至十七、十九至二十三、四十三至四十四，首二卷）

620000－1111－0000044　0049
周官精義十二卷　（清）連斗山編次　清嘉慶二年（1797）致和堂刻本　六册

620000－1111－0000045　0050
詩韻集成十卷　（清）余照輯　清道光十七年（1837）刻本　四册

620000－1111－0000046　0051
新刊性理大全八卷　（宋）周濂溪譔　（宋）朱紫陽註　（清）張道升纂輯　（清）仇廷桂纂輯　清文會堂刻本　三册

620000－1111－0000047　0052
王陽明先生文鈔二十卷　（明）王守仁撰　（清）張問達編輯　清康熙致和堂刻本　八册　存十卷（一至十）

620000－1111－0000048　0054
書經體注大全合參六卷　（清）范翔鑒定　（清）錢希祥纂輯　清刻本　四册

620000－1111－0000049　0056
御選唐宋文醇五十八卷　（清）高宗弘曆選　（清）允祿等編　清光緒二十三年（1897）經綸元記刻本　十册　存二十四卷（一至二、十三至十四、二十一至二十七、三十九至四十九、五十七至五十八）

620000－1111－0000050　0057
文選六十卷　（南朝梁）蕭統撰　（唐）李善注　清三多齋刻本　十一册　存五十五卷（一至四十、四十六至六十）

620000－1111－0000051　0058
新訂春秋左傳折衷八卷　（清）王與山編輯　清同治三年（1864）刻本　八册

620000－1111－0000052　0059
隨園隨筆二十八卷　（清）袁枚著　清光緒十八年（1892）著易堂鉛印本　二册　存十八卷（一至十八）

620000－1111－0000053　0060
古文喈鳳新編八卷　（清）汪基輯　清乾隆三

十五年(1770)大盛堂刻本　七冊　存七卷(一至二、四至八)

620000－1111－0000054　0061
烏蘭誓傳奇二卷　(清)潘炤撰　清嘉慶小百尺樓刻本　二冊

620000－1111－0000055　0063
日本國志四十卷首一卷　(清)黄遵憲編纂　清光緒二十四年(1898)上海圖書集成局石印本　六冊　存二十七卷(一至九、十三至二十六、三十二至三十四,首一卷)

620000－1111－0000056　0064
評點春秋綱目左傳句解彙雋六卷　(清)韓菼重訂　清友于堂刻本　四冊

620000－1111－0000057　0067
類林新咏三十六卷　(清)姚之駰輯　清康熙四十六年(1707)刻本　十一冊　存三十卷(一至十九、二十二至三十一、三十六)

620000－1111－0000058　0068
繡像京本雲合奇蹤玉茗英烈全傳十卷　(明)徐渭編　清刻本　二冊

620000－1111－0000059　0069
如西所刻諸名家評點春秋綱目左傳句解六卷　(明)孫鑛批點　(清)韓菼重訂　清關中五車樓銅活字印本　五冊　存五卷(一至三、五至六)

620000－1111－0000060　0071
四書人物類典串珠四十卷　(清)臧志仁編輯　清刻本　一冊　存六卷(一至六)

620000－1111－0000061　0073
書經體注大全合參六卷　(清)范翔鑒定　(清)錢希祥纂輯　清刻本　四冊

620000－1111－0000062　0074
東嵒草堂評定唐詩鼓吹十卷　(元)郝天挺註　(明)廖文炳解　(清)朱三錫評　清古講堂刻本　三冊　存四卷(一、四至六)

620000－1111－0000063　0075
春秋三傳十六卷首一卷　(清)□□輯　陸氏三傳釋文音義十六卷　(唐)陸德明音義　清同治十年(1871)刻本　二冊　存二卷(九、首一卷)

620000－1111－0000064　0076
小倉山房詩集三十六卷　(清)袁枚撰　清刻本　三冊　存十四卷(九至十二、二十至二十九)

620000－1111－0000065　0077
書經體注大全合參六卷　(清)范翔鑒定　(清)錢希祥參　(清)張聖度訂　清光緒九年(1883)恒言堂刻本　四冊

620000－1111－0000066　0078
性理大全書七十卷　(明)胡廣等撰　清刻本　十三冊　存二十五卷(一至二、三十五至五十一、五十六至五十七、六十一至六十四)

620000－1111－0000067　0080
漱芳軒合纂禮記體注四卷　(清)范翔參訂　清光緒二年(1876)刻本　四冊

620000－1111－0000068　0081
綱鑑會纂三十九卷首一卷　(明)王世貞編　清富文堂刻本　十四冊　存二十六卷(一至十五、二十至二十三、三十四至三十九,首一卷)

620000－1111－0000069　0084
地理五訣八卷　(清)趙廷棟著　(清)王庸弼　(清)張合章參著　(清)趙夢麟　(清)趙白麟校訂　清乾隆五十一年(1786)積德堂刻本　四冊

620000－1111－0000070　0085
東周列國志二十三卷　(清)蔡元放評點　清刻本　九冊　存十四卷(一至四、六至十三、十六至十七)

620000－1111－0000071　0086
明季南畧十八卷　(清)計六奇編輯　清刻本　一冊　存二卷(十四至十五)

620000－1111－0000072　0087
詩法入門四卷首一卷　(清)游藝輯　清乾隆

二十三年(1758)大盛堂刻本　一冊　存二卷(一、首一卷)

620000－1111－0000073　0089
李義山詩集三卷　(唐)李商隱撰　(清)朱鶴齡箋註　清刻本　二冊　存二卷(二至三)

620000－1111－0000074　0091
新鐫千家詩四卷附笠翁對韻二卷　(清)藜光閣書林重輯　清藜光閣刻本　一冊

620000－1111－0000075　0092
曝書亭集二十三卷　(清)朱彝尊撰　(清)孫銀槎輯注　(清)黃河清較勘　清嘉慶五年(1800)三有堂刻本　五冊

620000－1111－0000076　0093
論語集註本義匯參二十卷首一卷　(清)王步青輯　(清)王士鼇編　清敦復堂刻本　六冊　存十卷(十一至二十)

620000－1111－0000077　0094
監本小學六卷　(明)陳選集註　清致和堂刻本　四冊

620000－1111－0000078　0095
殖學齋四書大全不分卷　(清)王文烜手錄　清雍正十一年(1733)三樂齋刻本　十四冊　存十八卷(大學[illegible]、論語一至十、孟子一至七)

620000－1111－0000079　0096
船山詩草二十卷　(清)張問陶撰　清嘉慶二十年(1815)經文堂刻本　二冊　存八卷(一至八)

620000－1111－0000080　0097
明道文集五卷附伊川文集八卷　(宋)程頤　(宋)程顥撰　清光緒十八年(1892)傳經堂刻本　四冊

620000－1111－0000081　0098
子書二十三種　(清)□□編　清光緒二十三年(1897)上海圖書集成局鉛印本　十三冊　存一百五十六卷(淮南子二十一卷,文中子中說十卷,揚子法言十三卷、音義一卷、附鶡冠子三卷,墨子十六卷,賈子新書十卷,春秋繁露十七卷,文子纘義十二卷,竹書紀年統箋十二卷,山海經十八卷,韓非子二十卷、韓非子識誤三卷)

620000－1111－0000082　0099
[光緒]興平縣士女續志三卷　(清)王權撰　清光緒二年(1876)刻本　一冊

620000－1111－0000083　0102
孟子七卷　(宋)朱熹集注　清刻本　二冊

620000－1111－0000084　0103
廣廣事類賦三十二卷　(清)吳世旃撰註　清刻本　四冊　存十二卷(十至十四、十八至二十、二十九至三十二)

620000－1111－0000085　0104
續廣事類賦三十卷　(清)王鳳喈撰註　清刻本　五冊　存九卷(六至七、十一至十七)

620000－1111－0000086　0105
重訂廣事類賦四十卷　(清)華希閔著　清刻本　二冊　存十五卷(十八至三十二)

620000－1111－0000087　0106
重訂事類賦三十卷　(宋)吳淑撰註　(明)華麟祥校　清刻本　一冊　存五卷(二十六至三十)

620000－1111－0000088　0107
史略八十七卷　(清)朱坤輯　清鉛印本　一冊　存二卷(十一至十二)

620000－1111－0000089　0108
四書人物類典串珠四十卷　(清)臧志仁編輯　清刻本　五冊　存二十二卷(十九至四十)

620000－1111－0000090　0109
資治通鑑綱目五十九卷　(宋)朱熹撰　(明)陳仁錫評閱　清刻本　三十一冊　存二十五卷(十五至十六、二十三至二十七、三十九至四十五、四十七至五十四、五十六至五十八)

620000－1111－0000091　0110
紀效新書十八卷首一卷　(明)戚繼光撰　清照曠閣刻本　三冊　存十一卷(一至七、十至十二,首一卷)

620000－1111－0000092　0111
蘭山課業松厓詩二卷　（清）吳鎮著　（清）楊芳燦選　清乾隆五十七年（1792）刻本　一册　存一卷（上）

620000－1111－0000093　0114
性理體注標題講義八卷　（清）許鏘增訂　清致和堂刻本　四册

620000－1111－0000094　0115
七經精義七種三十八卷　（清）黄淦纂　清嘉慶十五年（1810）尊德堂刻本　八册　存十九卷（周易精義一至四、首一卷，書經精義一至四、首一、末一，詩經精義一至四、首一、末一，儀禮精義不分卷、補編一）

620000－1111－0000095　0116
史記一百三十卷　（漢）司馬遷撰　（南朝宋）裴駰集解　（唐）司馬貞索隱　（唐）張守節正義　清刻本　八册　存八十七卷（四十四至一百三十）

620000－1111－0000096　0117
詩經體註大全合參八卷　（清）高朝瓔定　（清）沈世楷輯　清刻本　四册

620000－1111－0000097　0118
歐陽文精選不分卷　（宋）歐陽修撰　（清）呂留良編　清刻本　二册

620000－1111－0000098　0119
曾文精選不分卷　（宋）曾鞏撰　（清）呂留良編　清刻本　一册

620000－1111－0000099　0120
三禮約編咍鳳三種十九卷　（清）汪基編　清崇順堂刻本　七册

620000－1111－0000100　0122
四書朱子本義匯參四十三卷　（清）王步青輯　清乾隆十年（1745）敦復堂刻本　十一册　存十六卷（大學三卷、中庸六卷、孟子八至十四）

620000－1111－0000101　0123
寄傲山房塾課新增幼學故事瓊林四卷首一卷　（清）程允升編　（清）鄒聖脈增補　清道光二十九年（1849）文盛堂刻本　三册

620000－1111－0000102　0124
御批歷代通鑑輯覽一百二十卷　（清）傅恆等撰　清光緒二十年（1894）上海書局石印本　二十二册　存一百十卷（一至四十五、五十六至一百二十）

620000－1111－0000103　0125
皇朝經世文四編五十二卷　（清）何良楝輯　清光緒二十八年（1902）上海書局石印本　四册　存三十四卷（十至三十五、四十五至五十二）

620000－1111－0000104　0126
皇朝經世文續編一百二十卷　（清）葛士濬輯　清光緒二十八年（1902）天章書局石印本　五册　存五十三卷（一至三十五、一百三至一百二十）

620000－1111－0000105　0130
[乾隆]清水縣志　（清）朱超纂修　清乾隆六十年（1795）刻本　四册

620000－1111－0000106　0053
字彙十二集首一卷末一卷附韻法直圖一卷韻法横圖一卷　（明）梅膺祚撰　清刻本　七册　存七集（子、丑、卯、辰、巳、午、未）

620000－1111－0000107　0132
字彙十二集首一卷末一卷附韻法直圖一卷韻法横圖一卷　（明）梅膺祚撰　清刻本　六册　存四集（子、卯、申、戌）

620000－1111－0000108　0133
字彙十二集首一卷末一卷附韻法直圖一卷韻法横圖一卷　（明）梅膺祚撰　（明）劉永懋重訂　清刻本　六册　存八集（丑、卯、巳、午、未、申、酉、亥）

620000－1111－0000109　0134
康熙字典十二集總目一卷檢字一卷辨似一卷等韻一卷備考一卷補遺一卷　（清）張玉書　（清）陳廷敬等纂修　清道光七年（1827）刻本　三十四册　缺五卷（巳上、巳下、午下、未

上，備考一卷）

620000－1111－0000110　0135

［乾隆］西和縣誌四卷　（清）邱大英纂修　清刻本　二冊　存三卷（二至四）

甘肅省定西市渭源縣圖書館古籍普查登記目録

全國古籍普查登記目録

國家圖書館出版社
National Library of China Publishing House

#《甘肅省定西市渭源縣圖書館古籍普查登記目録》

編委會

主　編：劉　科

編　委：卯雪萍　梁鳳英　徐　翔

620000－4103－0000001　K294.2/a

[光緒]甘肅新通志一百卷首五卷　(清)升允　(清)長庚修　(清)安維峻纂　清宣統元年(1909)刻本　七十七冊　存九十六卷(一至二、四至九十二、九十四、九十七至一百)

620000－4103－0000002　K294.2/b

甘肅忠義錄一百三十一卷　(清)楊昌濬修　(清)張國常輯　(清)胡孚駿續纂　清光緒十六年(1890)刻本　二十九冊　存一百二十七卷(傳一至十七,文武職表一至二十六,紳民婦女表一至九、十四至八十八)

620000－4103－0000003　Z12/a

九數通考十一卷首一卷末一卷　(清)屈曾發撰　清光緒二十三年(1897)刻本　九冊

620000－4103－0000004　Z12/b

柬埔治以北探路記十五卷　(法國)晃西士加尼撰　清光緒二十五年(1899)鉛印本　十冊

620000－4103－0000005　Z12/d

資治通鑑二百九十四卷　(宋)司馬光編　清光緒二十八年(1902)石印本　二十六冊　存二百五十四卷(一至十、二十一至一百十、一百二十一至一百二十、一百四十一至二百十、二百二十一至二百九十四)

620000－4103－0000006　Z12/e

資治通鑑外紀十卷目錄五卷　(宋)劉恕編集　(清)胡克家注補　清光緒二十八年(1902)石印本　一冊

620000－4103－0000007　Z12/f

通鑑明紀六十卷　(明)陳鶴纂　清光緒二十八年(1902)石印本　三冊　存三十一卷(一至二十一、四十三至五十二)

620000－4103－0000008　Z12/g

通鑑釋文辨誤十二卷　(宋)胡三省纂　清光緒二十八年(1902)石印本　一冊

620000－4103－0000009　Z12/h

續資治通鑑二百二十卷　(清)畢沅編　清光緒二十八年(1902)石印本　十八冊　存一百八十卷(一至二十、四十一至七十八、八十一至一百九十、二百一至二百二十)

620000－4103－0000010　Z12/i

皇朝經世文三編八十卷　(清)陳忠倚輯　清光緒二十八年(1902)石印本　八冊　存六十卷(一至十五、二十一至三十五、四十一至六十、七十一至八十)

620000－4103－0000011　Z12/l

皇朝經世文五編三十二卷　(清)蛟川求是齋輯　清光緒二十八年(1902)石印本　八冊　存二十二卷(一、九至十五、十九至三十二)

620000－4103－0000012　Z12/m

春秋大事年表五十卷春秋輿圖一卷附錄一卷　(清)顧棟高輯　清光緒十四年(1888)陝西求友齋刻本　二十一冊　存五十一卷(二至五十、輿圖一卷、附錄一卷)

620000－4103－0000013　Z12/n

春秋三傳十六卷首一卷釋文音義十六卷　(清)□□輯　**陸氏三傳釋文音義十六卷**　(唐)陸德明音義　清同治十年(1871)刻本　十三冊

620000－4103－0000014　K92/a

山海經十八卷　(晉)郭璞撰　清光緒三年(1877)浙江書局刻本　二冊

620000－4103－0000015　R221/a

黃帝内經素問二十四卷靈樞十二卷　(明)吳崐注　清光緒三年(1877)浙江書局刻本　九冊　存三十二卷(素問一至十一、十六至二十四,靈樞十二卷)

620000－4103－0000016　Z12/o

皇朝經世文四編五十二卷　(清)何良棟輯　清光緒二十八年(1902)鴻寶書局石印本　六冊　存二十七卷(一至四、十至十九、三十一至三十四、四十四至五十二)

620000－4103－0000017　Z12/p

三通考輯要七十六卷　(清)湯壽潛輯　清光緒二十五年(1899)圖書集成局鉛印本　二十八冊　存七十一卷(文獻通考輯要五至十一、十三至二十四,皇朝文獻通考輯要一至二十

六，欽定續文獻通考輯要一至二十六）

620000－4103－0000018　Z12/q
微積溯源八卷　（英國）華里司輯　（英國）傅蘭雅譯　（清）華蘅芳筆述　清同治十三年（1874）刻本　四册　存六卷（二至七）

620000－4103－0000019　Z12/r
平三角舉要五卷　（清）梅文鼎撰　清光緒十四年（1888）陝西求友齋刻本　二册

620000－4103－0000020　Z12/s
支那通史四卷　（日本）那珂通世編　清光緒二十七年（1901）石印本　五册

620000－4103－0000021　Z12/t
支那全史七卷　（日本）藤田久道編　清光緒二十七年（1901）東京博文館刻本　六册

620000－4103－0000022　Z12/u
來瞿唐先生易注十五卷首一卷末一卷　（明）來知德撰　清寧遠堂刻本　十八册

620000－4103－0000023　Z12/v
二十二子全書不分卷　（清）浙江書局輯　清光緒元年（1875）浙江書局刻本　七十一册

甘肅省平涼市靜寧縣圖書館古籍普查登記目録

全國古籍普查登記目録

國家圖書館出版社
National Library of China Publishing House

《甘肅省平凉市静寧縣圖書館古籍普查登記目録》

編委會

主　編：杜立萍

副主編：薛　麗

編　委：劉　芳　李　婧　王小華

620000－1122－0000001　經/4
左繡三十卷首一卷　(晉)杜預撰　(清)馮李驊　(清)陸浩評輯　清乾隆五十七年(1792)學源堂刻本　十一册

620000－1122－0000002　經/6
如西所刻諸名家評點春秋綱目左傳句解六卷　(明)孫鑛批點　(清)韓菼重訂　清關中五車樓全義堂刻本　六册

620000－1122－0000003　經/5
太史張天如詳節春秋綱目左傳句解六卷　(明)孫鑛批點　(清)韓菼重訂　清刻本　五册　存五卷(二至六)

620000－1122－0000004　經/3
周官精義十二卷　(清)連斗山輯　清嘉慶二年(1797)刻本　十二册　存六卷(一至六)

620000－1122－0000005　史/2
[光緒]重纂秦州直隸州新志二十四卷首一卷　(清)余澤春修　(清)王權　(清)任其昌纂　清光緒十五年(1889)隴南書院刻本　十四册　存十四卷(一至二、四至十五)

620000－1122－0000006　史/1
大金集禮四十卷　(金)張暐等撰　清抄本　六册

620000－1122－0000007　子/1
重訂文選集評十五卷首一卷末一卷　(清)于光華編　清乾隆四十六年(1781)心簡齋刻本　十六册

620000－1122－0000008　經/7
周禮精華六卷　(清)陳龍標輯　清嘉慶二十三年(1818)經國堂刻本　六册

620000－1122－0000009　集/2
塾課分編文鈔八集　(清)王步青評　(清)于光華編　清乾隆五十七年(1792)心簡齋刻本　二十二册　缺二集(二集下、七集下)

620000－1122－0000010　集/3
古文選粹十一卷　(宋)毛直方等撰　清刻本　五册　存五卷(一、五、八至十)

620000－1122－0000011　000001
四書朱子本義匯參四十三卷首一卷　(清)王步青輯　(清)王士鼇編　清學源堂翻刻敦復堂刻本　二十五册

《甘肅省天水市圖書館古籍普查登記目録》
書名筆畫字頭索引

一畫

二畫

三畫

四畫

五畫

六畫

七畫

八畫

九畫

十畫

十一畫

十二畫

十三畫

十四畫

十五畫

十六畫

十七畫

十八畫

十九畫

二十畫

二十一畫

二十二畫

二十三畫

二十四畫

《甘肅省天水市圖書館古籍普查登記目録》
書名筆畫索引

一畫

二畫

三畫

四畫

五畫

六畫

七畫

八畫

九畫

十畫

十一畫

十二畫

十三畫

十四畫

十五畫

十六畫

十七畫

十八畫

十九畫

二十畫

二十一畫

二十二畫

二十三畫

二十四畫

《甘肅中醫藥大學圖書館古籍普查登記目録》
書名筆畫字頭索引

二畫

三畫

四畫

五畫

六畫

七畫

八畫

九畫

十畫

十一畫

十二畫

十三畫

十四畫

十五畫

十六畫

十七畫

十八畫

十九畫

二十畫

二十一畫

二十二畫

二十三畫

二十四畫

《甘肅中醫藥大學圖書館古籍普查登記目録》
書名筆畫索引

二畫

三畫

四畫

五畫

六畫

七畫

八畫

九畫

十畫

十一畫

十二畫

十三畫

十四畫

十五畫

十六畫

十七畫

十八畫

十九畫

二十畫

二十一畫

二十二畫

二十三畫

二十四畫

《甘肅省定西市隴西縣圖書館古籍普查登記目録》
書名筆畫字頭索引

一畫

二畫

三畫

四畫

五畫

六畫

七畫

八畫

九畫

十畫

十一畫

十二畫

十三畫

十四畫

十五畫

十六畫

十七畫

十九畫

二十畫

二十一畫

二十二畫

二十四畫

《甘肅省定西市隴西縣圖書館古籍普查登記目録》
書名筆畫索引

一畫

二畫

三畫

四畫

五畫

六畫

七畫

八畫

九畫

十畫

十一畫

十二畫

十三畫

十四畫

十五畫

十六畫

十七畫

十九畫

二十畫

二十一畫

二十二畫

二十四畫

《甘肅省張掖市甘州區圖書館古籍普查登記目録》
書名筆畫字頭索引

二畫

三畫

四畫

五畫

六畫

七畫

八畫

九畫

十畫

十一畫

十二畫

十三畫

十四畫

十五畫

十六畫

十七畫

二十畫

二十一畫

二十二畫

《甘肅省張掖市甘州區圖書館古籍普查登記目録》
書名筆畫索引

二畫

三畫

四畫

五畫

六畫

七畫

八畫

九畫

十三畫

十四畫

十五畫

十六畫

十七畫

二十畫

二十一畫

二十二畫

《甘肅省白銀市靖遠縣圖書館古籍普查登記目録》
書名筆畫字頭索引

二畫

三畫

四畫

五畫

六畫

七畫

八畫

九畫

十畫

十一畫

十二畫

十三畫

十四畫

十五畫

十六畫

十七畫

十八畫

十九畫

二十二畫

二十四畫

《甘肅省白銀市靖遠縣圖書館古籍普查登記目録》
書名筆畫索引

二畫

三畫

四畫

五畫

六畫

七畫

八畫

九畫

十畫

十一畫

十二畫

十三畫

十四畫

十五畫

十六畫

十七畫

十八畫

十九畫

二十二畫

二十四畫

《甘肅省蘭州市榆中縣圖書館古籍普查登記目録》
書名筆畫字頭索引

二畫

三畫

四畫

五畫

六畫

七畫

八畫

九畫

十畫

十一畫

十二畫

十三畫

十四畫

十五畫

十六畫

十七畫

十八畫

二十畫

《甘肅省蘭州市榆中縣圖書館古籍普查登記目録》
書名筆畫索引

二畫

三畫

四畫

五畫

六畫

七畫

八畫

九畫

十畫

十一畫

十二畫

十三畫

十四畫

十五畫

十六畫

十七畫

十八畫

二十畫

《甘肅省天水市武山縣圖書館古籍普查登記目録》
書名筆畫字頭索引

二畫

三畫

四畫

五畫

六畫

七畫

八畫

九畫

十畫

十一畫

十二畫

十三畫

十四畫

十五畫

十六畫

十七畫

十八畫

十九畫

二十畫

《甘肅省天水市武山縣圖書館古籍普查登記目録》
書名筆畫索引

二畫

三畫

四畫

五畫

六畫

七畫

八畫

九畫

十畫

十一畫

十二畫

十三畫

十四畫

十五畫

十六畫

十七畫

十八畫

十九畫

二十畫

《甘肅省天水市麥積區圖書館古籍普查登記目録》
書名筆畫字頭索引

二畫

三畫

四畫

五畫

六畫

七畫

八畫

九畫

十畫

十一畫

十二畫

十三畫

十四畫

十五畫

十六畫

十九畫

二十畫

二十一畫

《甘肅省天水市麥積區圖書館古籍普查登記目録》
書名筆畫索引

二畫

三畫

四畫

五畫

六畫

七畫

八畫

九畫

十畫

十一畫

十二畫

十三畫

十四畫

十五畫

十六畫

十九畫

二十畫

二十一畫

《甘肅省定西市渭源縣圖書館古籍普查登記目録》
書名筆畫字頭索引

《甘肅省定西市渭源縣圖書館古籍普查登記目録》
書名筆畫索引

《甘肅省平凉市静寧縣圖書館古籍普查登記目録》
書名筆畫字頭索引

《甘肅省平涼市静寧縣圖書館古籍普查登記目録》
書名筆畫索引

三畫

四畫

五畫

六畫

八畫

九畫

十四畫

中華古籍保護計劃

ZHONG HUA GU JI BAO HU JI HUA CHENG GUO

·成果·

海寧市圖書館等六家收藏單位古籍普查登記目録

全國古籍普查登記目録 · 浙江嘉興

國家圖書館出版社
National Library of China Publishing House

圖書在版編目(CIP)數據

海寧市圖書館等六家收藏單位古籍普查登記目録/《海寧市圖書館等六家收藏單位古籍普查登記目録》編委會編. --北京:國家圖書館出版社,2019.4
(全國古籍普查登記目録)
ISBN 978 - 7 - 5013 - 6694 - 1

Ⅰ.①海…　Ⅱ.①海…　Ⅲ.①公共圖書館—古籍—圖書館目録—浙江　Ⅳ.①Z838

中國版本圖書館 CIP 數據核字(2019)第 043219 號

書　　名　海寧市圖書館等六家收藏單位古籍普查登記目録
著　　者　《海寧市圖書館等六家收藏單位古籍普查登記目録》編委會　編
責任編輯　黄　鑫

出　　版　國家圖書館出版社(100034　北京市西城區文津街 7 號)
(原書目文獻出版社　北京圖書館出版社)
發　　行　010 - 66114536　66126153　66151313　66175620
66121706(傳真)　66126156(門市部)
E-mail　nlcpress@ nlc. cn(郵購)
Website　www. nlcpress. com→投稿中心
經　　銷　新華書店
印　　裝　河北三河弘翰印務有限公司
版　　次　2019 年 4 月第 1 版　2019 年 4 月第 1 次印刷

開　　本　787 × 1092(毫米)　1/16
印　　張　24
字　　數　460 千字

書　　號　ISBN 978 - 7 - 5013 - 6694 - 1
定　　價　230.00圓

《全國古籍普查登記目録》

工作委員會

主　任： 周和平

副主任： 張永新　詹福瑞　劉小琴　李致忠　張志清

委　員（按姓氏筆畫排序）：

于立仁　王水喬　王　沛　王紅蕾　王筱雯
方自今　尹壽松　包菊香　任　競　全　勤
李西寧　李　彤　李忠昊　李春來　李　培
李曉秋　吴建中　宋志英　努　木　林世田
易向軍　周建文　洪　琰　倪曉建　徐欣禄
徐　蜀　高文華　郭向東　陳荔京　陳紅彦
張　勇　湯旭岩　楊　揚　賈貴榮　趙　嫄
鄭智明　劉洪輝　歷　力　鮑盛華　韓　彬
魏存慶　鍾海珍　謝冬榮　謝　林　應長興

《全國古籍普查登記目録》

序　言

全國古籍普查登記工作是“中華古籍保護計劃”的首要任務，是全面開展古籍搶救、保護和利用工作的基礎，也是有史以來第一次由政府組織、參加收藏單位最多的全國性古籍普查登記工作。

2007年國務院辦公廳發布《關於進一步加强古籍保護工作的意見》（國辦發［2007］6號），明確了古籍保護工作的首要任務是對全國公共圖書館、博物館和教育、宗教、民族、文物等系統的古籍收藏和保護狀況進行全面普查，建立中華古籍聯合目録和古籍數字資源庫。2011年12月，文化部下發《文化部辦公廳關於加快推進全國古籍普查登記工作的通知》（文辦發［2011］518號），進一步落實了全國古籍普查登記工作。根據文化部2011年518號文件精神，國家古籍保護中心擬訂了《全國古籍普查登記工作方案》，進一步規範了古籍普查登記工作的範圍、内容、原則、步驟、辦法、成果和經費。目前進行的全國古籍普查登記工作的中心任務是通過每部古籍的身份證——“古籍普查登記編號”和相關信息，建立古籍總臺賬，全面瞭解全國古籍存藏情況，開展全國古籍保護的基礎性工作，加强各級政府對古籍的管理、保護和利用。

《全國古籍普查登記工作方案》規定了全國古籍普查登記工作的三個主要步驟：一、開展古籍普查登記工作；二、在古籍普查登記基礎上，編纂出版館藏古籍普查登記目録，形成《全國古籍普查登記目録》；三、在古籍普查登記工作基本完成的前提下，由省級古籍保護中心負責編纂出版本省古籍分類聯合目録《中華古籍總目》分省卷，由國家古籍保護中心負責編纂出版《中華古籍總目》統編卷。

在黨和政府領導下，在各地區、各有關部門和全社會共同努力下，古籍普查登記工作得以扎實推進。古籍普查已在除臺、港、澳之外的全國各省級行政區域開展，普查内容除漢文古籍外，還包括各少數民族文字古籍，特别是於2010年分别啓動了新疆古籍保護和西藏古籍保護專項，因地制宜，開展古籍普查登記工作；國家古籍保護中心研製的“全國古籍普查登記平臺”已覆蓋到全國各省級古籍保護中心，并進一步研發了“中華古籍索引庫”，爲及時展現古籍普查成果提供有力支持；截至目前，已有11375部古籍進入《國家珍貴古籍名録》，浙江、江蘇、山東、河北等省公布了省級《珍

貴古籍名録》,古籍分級保護機制初步形成。

《全國古籍普查登記目録》是古籍普查工作的階段性成果,旨在摸清家底,揭示館藏,反映古籍的基本信息。原則上每申報單位獨立成册,館藏量少不能獨立成册者,則在本省範圍内幾個館目合并成册。無論獨立成册還是合并成册,均編製獨立的書名筆畫索引附於書後。著録的必填基本項目有:古籍普查登記編號、索書號、題名卷數、著者(含著作方式)、版本、册數及存缺卷數。其他擴展項目有:分類、批校題跋、版式、裝幀形式、叢書子目、書影、破損狀況等。有條件的收藏單位多著録的一些擴展項目,也反映在《全國古籍普查登記目録》上。目録編排按古籍普查登記編號排序,内在順序給予各古籍收藏單位較大自由度,可按分類排列古籍普查登記編號,也可按排架號、按同書名等排列古籍普查登記編號,以反映各館特色。

此次全國古籍普查登記工作,克服了古籍數量多、普查人員少、普查難度大等各種困難,也得到了全國古籍保護工作者的極大支持。在古籍普查登記過程中,國家古籍保護中心、各省古籍保護中心爲此舉辦了多期古籍普查、古籍鑒定、古籍普查目録審校等培訓班,全國共1600餘家單位參加了培訓,爲古籍普查登記工作培養了大量人才。同時在古籍普查登記工作中,也鍛煉了普查員的實踐能力,爲將來古籍保護事業發展奠定了良好的基礎。

《全國古籍普查登記目録》的出版,將摸清我國古籍家底,爲古籍保護和利用工作提供依據,也將是古籍保護長期工作的一個里程碑。

國家古籍保護中心
2013年10月

《全國古籍普查登記目録》

編纂凡例

一、收録範圍爲我國境内各收藏機構或個人所藏，産生於 1912 年以前，具有文物價值、學術價值和藝術價值的文獻典籍，包括漢文古籍和少數民族文字古籍以及甲骨、簡帛、敦煌遺書、碑帖拓本、古地圖等文獻。其中，部分文獻的收録年限適當延伸。

二、以各收藏機構爲分册依據，篇幅較小者，適當合并出版。

三、一部古籍一條款目，複本亦單獨著録。

四、著録基本要求爲客觀登記、規範描述。

五、著録款目包括古籍普查登記編號、索書號、題名卷數、著者、版本、册數、存缺卷等。古籍普查登記編號的組成方式是：省級行政區劃代碼—單位代碼—古籍普查登記順序號。

六、以古籍普查登記編號順序排序。

《浙江省古籍普查登記目録》

工作委員會

主　任：金興盛

副主任：葉　菁

委　員：倪　巍　徐曉軍　賈曉東　雷祥雄　劉曉清
　　　　徐　潔　李儉英　孫雍容　張愛琴　張純芳
　　　　樓　婷　金琴龍　陳泉標　鍾世杰　應　雄
　　　　陸深海　吕振興　徐兼明

《浙江省古籍普查登記目録》

編纂委員會

主　編： 徐曉軍

副主編： 童聖江　曹海花　褚樹青　莊立臻　徐益波

胡海榮　劉　偉　沈紅梅　王以儉　孫旭霞

占　劍　孫國茂　毛　旭　季彤曦

統校和編纂工作小組組長： 曹海花（浙江圖書館）

統校和編纂工作小組成員： 秦華英（浙江圖書館）

呂　芳（浙江圖書館）

干亦鈴（寧波市圖書館）

劉　雲（寧波市天一閣博物館）

周慧惠（寧波市天一閣博物館）

馬曉紅（餘姚市文物保護管理所）

陳瑾淵（温州市圖書館）

王　昉（温州市圖書館）

沈秋燕（嘉興市圖書館）

丁嫻明（嘉興市圖書館）

唐　微（紹興圖書館）

丁　瑛（紹興圖書館）

毛　慧（衢州市博物館）

《浙江省古籍普查登記目録》

序　言

浙江文化底藴深厚，書籍刻印歷史悠久，前賢留下的著述浩如烟海，藏書雅閣及私人藏書爲數衆多，古籍資源十分豐富，幾乎縣縣有古籍，是全國古籍藏量較多的省份之一，是中華文化中具有獨特地域特色的重要一脉。保護好這些珍貴的古籍，對促進文化傳承、弘揚民族精神、維護國家統一及社會穩定具有重要作用。同時，加强古籍保護工作，也是加快建設文化大省、文化强省，努力推動文化浙江建設和社會主義文化大發展大繁榮的必然要求。

（一）

爲搶救、保護我國的珍貴古籍，繼承和弘揚優秀傳統文化，國務院辦公廳印發了《關於進一步加强古籍保護工作的意見》（國辦發[2007]6號），全國古籍普查登記工作是瞭解全國古籍存藏情況、建立古籍總臺賬、開展全國古籍保護的基礎性工作。爲認真貫徹落實"國辦發[2007]6號"文件精神，切實加强全省古籍的搶救、保護，浙江省人民政府辦公廳印發《關於進一步加强古籍保護工作的意見》（浙政辦發[2009]54號），提出2009年起要在全省範圍内開展古籍普查登記工作。2012年，浙江省古籍保護工作聯席會議下發《關於印發〈浙江省"中華古籍保護計劃"實施方案〉的通知》（浙文社[2012]30號），提出在"十二五"末基本完成全省古籍普查工作的目標。

試點先行、摸底調查、制定方案，建立制度、統籌指揮，引進人員、有效培訓、壯大隊伍，配置設備、補助經費、保障到位，編製手册、明確款目、統一規則，著録完整、審核到位、保證質量，設立項目、表揚先進，在省委省政府的高度重視及其各部門的大力支持下，在國家古籍保護中心的積極指導和省文化廳的正確領導下，通過以上種種措施，"秉持浙江精神，幹在實處、走在前列、勇立潮頭"，全省公共圖書館、文物、教育、檔案、衛生五大系統共計95家公藏單位通力合作，到2017年4月底基本完成了全省的古籍普查登記工作。

通過普查，摸清了全省古籍文化遺産家底，揭示了全省各地區文化脉絡，形成了統一的古籍信息數據庫，建立了一支遍布全省的古籍保護隊伍，爲下一步有針對性地開展古籍保護工作奠定堅實的基礎。鑒於全省在古籍普查和其他古籍保護工作中的突出表現，2014年，浙江圖書館、嘉興市圖書館、雲和縣圖書館獲得"全國古籍保護工作先進單位"稱號，浙江圖書館徐曉軍和曹海花、温州市圖書館王妍、紹興圖書館唐微、平湖市圖書館馬慧、衢州市博物館程勤等6人獲得“全國古籍保護工作先進個人”稱號。

(二)

全國古籍普查登記範圍爲1912年以前産生的文獻典籍。由於近代以來浙江私人藏書相當發達,民國期間也刻印了大量典籍,民國文獻在各藏書單位(尤其是基層單位)所藏歷史文獻中占據了相當大的比重。這些文獻形成了浙江文獻典藏的重要特色,是浙江傳統文化的重要組成部分。爲更加全面地掌握本省歷史文獻文化遺産現狀,浙江省將民國時期傳統裝幀書籍也納入普查範圍。

按照《全國古籍普查登記手册》要求,登記每部古籍的基本項目,必登項目有索書號、題名卷數、著者、版本、册數、存缺卷數,選登項目有分類、批校題跋、版式、裝幀形式、叢書子目、書影、破損狀況等内容。浙江省的古籍普查工作一直高標準、嚴要求,自始至終堅持全國古籍普查登記平臺(以下簡稱“古籍普查平臺”)項目全著録,堅持文字信息和書影信息雙著録,登記每部書的索書號、分類、題名卷數、著者、卷數統計、版本、版式、裝幀、裝具、序跋、刻工、批校題跋、鈐印、叢書子目、定級及書影、定損及書影等16大項74小項的信息。

普查統計顯示,截至2017年4月30日,全省95家單位共藏有傳統裝幀書籍337405部2506633册,其中不分卷者計31737部96822册,分卷者計305668部2409811册11433371卷(實存8223803卷):古籍(含域外本)219862部1754943册,不分卷者15777部54901册,分卷者204085部1700042册7934703卷;民國時期傳統裝幀書籍117543部751690册,不分卷者15960部41921册,分卷者101583部709769册3498668卷。

從版本定級來看,全省四級文獻最多,部數、册數數量占比分别爲84.75%、78.69%。三級次之,部數、册數數量占比13.12%、15.96%。一級、二級文獻共計5689部111722册,量雖不多,極爲珍貴,其破損程度較輕,基本都配置了裝具且裝具狀況良好,這是古籍分級保護體系的有力體現。

從文獻類型來看,古籍普查平臺采用六部分類,在傳統的經、史、子、集四部外加上類叢部、新學。從册數來看,全省文獻類叢部數量最多,占比29.40%,這其中很大一部分原因在於民國時期刊印了不少大型叢書。史部、集部、子部、經部分居第二至五位,數量占比分别爲28.98%、18.00%、13.49%、9.24%。新學數量最少,還不到1%。

從版本類型來看,全省古籍版本類型豐富,數量最多的是刻本,部數占比51.01%、册數占比55.03%。部數排在第二至四位的是鉛印本、石印本、抄本,分别占比17.71%、16.58%、5.19%。册數排在第二至四位的是鉛印本、石印本、影印本,分别占比14.27%、12.40%、11.38%,這與將民國時期傳統裝幀書籍納入古籍普查範圍有極大關係。稿、抄本部數占比6.9%、册數占比4.04%,總體占比不是很高,但在一、二級文獻中稿、抄本的比例比較高,一級中部數占比20.49%、册數占比

70.25%,二級中部數占比13.16%、册數占比6.57%。

從版本年代來看,全省藏書從南北朝以迄民國,并有部分日本、朝鮮、越南本。其中,元及元以前共計244部3357册。明、清、民國共計2486788册,數量占比99.21%:明代占比5.95%、清代占比63.27%、民國占比29.99%。日本、朝鮮、越南三國本共計1877部14522册,部數、册數占比分别爲0.56%、0.58%。

從批校題跋來看,337405部文獻中有姓名可考的批校題跋共計15374部,其中集部批校題跋最多,占全部批校題跋的38.73%、占集部文獻的6.16%。稿本的批校題跋在相對應的版本類型中比例最高,爲16.18%。且稿本中有多人批校題跋的量最多,多者一部稿本中的批校題跋者達25人,如浙江圖書館藏沈蕉青稿本《燈青茶嫩草》三卷中有孫麟趾等25人的批校題跋。從各館藏書的批校題跋者來看,有鮮明的館域特色,從一個側面體現了各館的文獻來源。

從鈐印來看,337405部文獻中有51509部有收藏鈐印,各級文獻鈐印比例隨級别的增高而加大,一至四級文獻的鈐印占比分别爲50.67%、49.38%、26.00%、12.90%。收藏鈐印從一個方面體現了某書的遞藏源流,鈐印多於1方者有24840部,鈐印多者達54方,如寧波市天一閣博物館藏清初毛氏汲古閣影宋抄本《集韻》十卷上鈐毛晋、毛扆、段玉裁、朱鼎煦四人共計54方印。

在普查的過程中,我們還利用普查成果積極申報《國家珍貴古籍名録》、評選《浙江省珍貴古籍名録》,建立珍貴古籍分級保護體系。截至目前,全省共有871部珍貴古籍入選第一至五批《國家珍貴古籍名録》,有609部古籍入選第一至三批《浙江省珍貴古籍名録》。

(三)

普查登記著録工作結束後,省古籍保護中心於2016年6月成立由浙江圖書館、寧波市圖書館、寧波市天一閣博物館、餘姚市文物保護管理所、温州市圖書館、嘉興市圖書館、紹興圖書館、衢州市博物館8家單位的14名普查業務骨幹組成的浙江省古籍普查登記目録統校和編纂工作小組,開始全省普查數據的統校和古籍普查登記目録的編纂工作。

浙江省的普查登記目録是將古籍和民國書籍分開的,全省統一規劃,分别出版《浙江省古籍普查登記目録》和《浙江省民國時期傳統裝幀書籍普查登記目録》。根據《全國古籍普查登記目録審校要求》《古籍普查登記表格整理規範》的要求,省古籍保護中心制定《浙江省古籍普查登記目録編纂工作方案》《浙江省古籍普查數據統校細則》,用於指導全省的數據統校和登記目録的編纂。統校和編纂工作程序如下:導出古籍普查平臺上的數據,切分爲古籍、民國兩張表,按照設定的普查編號、索書號、分類、題名卷數、著者、版本、批校題跋、册數、存缺卷這幾項登記目録的出版款目對表格進行整理,整理後按照題名進行排列分給各統校員進行統校,統校結束後的數據按行政區域進行彙總交由分區負責人進行覆核,覆核結束後由省古籍保護中心一一寄給各館進行修改確認,經各館確認後由分區負責人進行最後審定。

在統校的過程中,爲了保證全省數據著録的一致,我們積極利用我國古籍整理研究的重大成果《中國古籍總目》(以下簡稱《總目》),每條書目一一對核《總目》,《總目》收者即標注《總目》頁碼,《總目》未收某版本者標注"無此版本",《總目》未收者標注"無",《總目》所收即浙江某館所藏者特殊標注,《總目》著録與普查信息有差异或一時無法判斷者標注"存疑"。拿浙江圖書館的近 7 萬條古籍數據來看,據不完全統計,除去複本,《總目》所收即浙江圖書館所藏者有 1100 多種,《總目》未收某一明確版本者有 3200 多種,《總目》未收者有 8300 多種。

全省 95 家單位中有 93 家單位有古籍數據,總條數計 22 萬條左右。根據分區域出版和達到一定條數可以單獨成書的原則,全省的古籍普查登記目録大致分爲以下 26 種:浙江圖書館,浙江大學圖書館,浙江省博物館,浙江省中醫藥研究院等四家收藏單位,杭州圖書館,西泠印社社務委員會等十家收藏單位、浙江省瑞安中學等八家收藏單位,寧波市圖書館,寧波市天一閣博物館,寧波市奉化區文物保護管理所等六家收藏單位、舟山市圖書館等二家收藏單位,温州市圖書館,瑞安市博物館(玉海樓),嘉興市圖書館,平湖市圖書館,嘉善縣圖書館,海寧市圖書館等六家收藏單位,湖州市圖書館等七家收藏單位、常山縣圖書館等二家收藏單位,紹興圖書館,嵊州市圖書館,紹興市上虞區圖書館等八家收藏單位,東陽市博物館,金華市博物館等九家收藏單位,衢州市博物館,台州市黄岩區圖書館,臨海市圖書館,臨海市博物館等六家收藏單位,麗水市圖書館等八家收藏單位。目前全省的古籍普查登記目録有多種已進入出版流程(爲保障普查編號的唯一性、終身有效性,各館數據以原普查編號從低到高的順序進行排列,由於浙江省古籍普查範圍包括古籍、民國時期傳統裝幀書籍、域外漢文古籍,著録時幾種文獻交替進行,而出版時是分開的,加之古籍普查平臺系統出現的跳號情况,所以會出現普查編號不連貫的情况,特此説明),民國時期傳統裝幀書籍普查登記目録的編纂亦接近尾聲。普查登記工作和普查登記目録的編纂爲接下來《中華古籍總目·浙江卷》的編纂打下了良好的基礎。

浙江省古籍普查工作得到了各方的關心和支持。感謝各兄弟省份古籍同行的熱情幫助,感謝李致忠、張志清、吴格、陳先行、陳紅彦、陳荔京、羅琳、王清原、唱春蓮、李德生、石洪運、賈秀麗、范邦瑾等專家學者的悉心指導,藉力於此,普查工作纔得以順利完成。

條數多,分布廣,又出於衆手,儘管工作中我們一直争取做到最好,但無論是已經著録的古籍普查平臺數據還是即將付梓的登記目録,都難免存在紕漏,希望業界同仁不吝賜教,俾臻完善。

浙江省古籍保護中心

2018 年 4 月

目　録

海寧市圖書館古籍普查登記目録

全國古籍普查登記目録·浙江嘉興

國家圖書館出版社
National Library of China Publishing House

《海寧市圖書館古籍普查登記目録》

編委會

主　編：王麗霞

副主編：沈　蘭　吕佳蘭

編　委：朱　鴻　陸　琴　周芸燕　王建江

《海寧市圖書館古籍普查登記目録》

前　言

海寧市圖書館歷史悠久,清光緒三十年(1904)本邑士紳祝鼎、周承德、朱宗萊等八人聯名呈請,以鹽官海神廟水仙閣爲館址,籌建了海寧州圖書館,這是我國最早以"圖書館"命名的縣級公共圖書館。館内所收藏的古籍主要有三大來源:一是贈予。原浙江圖書館館長張宗祥、原浙江大學教授王敬五、詩人徐志摩的堂兄弟徐瑞良均贈予古籍數千册。硤石鎮、鹽官鎮、斜橋鎮和富順昌襪廠等單位共贈古籍近萬册。時任圖書館館長朱宇蒼及本館老館員黄長林、老讀者朱明堯等近百人陸續贈書數千册。二是移交。縣公安局、糧食局、文化館、惠力寺等數十家單位移交古籍共數千册。三是購買。通過各地古舊書店或廢品收購站購入古籍數千册。館藏古籍曾經多次整理,每種古籍配有書根卡及登記號,并按登記號依次編目,記録館藏古籍情况。此次古籍普查工作自2011年底啓動以來,逐步對書庫進行整理摸底。2013年館領導專程徵求省館專家意見,制訂館藏古籍普查方案,并組織人員參加省古籍保護中心舉辦的古籍普查培訓班,提高普查人員的業務技能。2013年9月本館數據正式在全國古籍普查平臺著録,一審數據開始上傳。2014年通過二審數據800條。2015年6月古籍綫裝書著録完成,11月底金石拓本著録完成,歷時五年的館藏古籍普查工作結束。

此次普查著録數據4045條26467册,其中1912年以前刊印古籍數據2490條。館藏古籍以清刻本居多,最早刻本分别是元刻本《新刻東垣十書脉訣》和元刻遞修本《唐陸宣公集》,版本定級皆爲一級。稿本《江游草》入選第二批《國家珍貴古籍名録》。《易經旁訓》《渟溪老屋自娱集》《蘭陔詩集》等10部入選《浙江省珍貴古籍名録》。館藏古籍體現海寧地方特色:地方人士著作如清代海寧學者查慎行、吴騫、陳鱣等人著述收藏齊全;有地方史料專著如《古鹽官曲》《海寧倭事始末記》等近70部;有地方家譜《海昌馬氏宗譜》《海昌祝氏宗譜》等三十餘部。另外,部分古籍鈐有收藏印,曾經海寧藏書家蔣光煦、朱昌燕、管元耀、徐光濟、張宗祥等人收藏,足見藏本珍貴。

通過此次普查,我們基本摸清了館藏古籍的數量、種類、版本、定級、定損等内容,修復一批珍貴古籍,全面實現館藏古籍目録數字化,建立館藏特色數據庫,爲地方經濟文化建設服務。

《海寧市圖書館古籍普查登記目録》是我館古籍普查工作的階段性成果,凝聚了古籍編目人員的心血,他們克服了館藏古籍數量多、普查難度大等困難,努力工作,圓滿完成了這次普查任務,在此表示衷心感謝。

本書編輯過程中,得到了省古籍保護中心諸位老師的大力指導與幫助,對他們付出的辛勤勞動表示感謝。由於編者水平有限,多有訛誤脱漏之處,懇請學者和專家指正。

編　者
2017 年 4 月

330000－1711－0000001　善0010　經部/易類/傳說之屬

易經旁訓三卷　(元)李恕撰　明萬曆二十三年(1595)刻五經旁訓本　清徐同柏、清翁方綱跋　一冊

330000－1711－0000002　善0024　經部/小學類/訓詁之屬/群雅

埤雅二十卷　(宋)陸佃撰　清康熙刻本　清陳其榮跋　四冊

330000－1711－0000003　善0009　經部/小學類/文字之屬/字書

字學類辨四卷　(明)徐與稽撰　明天啓元年(1621)刻本　二冊

330000－1711－0000004　善0012　子部/儒家類/儒學之屬/蒙學

讀書作文譜十二卷　(清)唐彪輯撰　清康熙三十八年(1699)刻本　二冊

330000－1711－0000005　善0029　史部/編年類/通代之屬

資治通鑑綱目舉觀四十卷首一卷　(明)吳震元撰　明崇禎十年(1637)郵雲堂刻本　二十二冊

330000－1711－0000006　善0038　史部/史表類/通代之屬

歷代帝王統系二卷　(明)夏洪基撰　明崇禎尚友齋刻本　二冊

330000－1711－0000007　善0013　集部/別集類/宋別集

林和靖詩集三卷　(宋)林逋撰　清乾隆十年(1745)深柳讀書堂刻本　清管庭芬批校　一冊

330000－1711－0000008　善0021　集部/別集類/清別集

敬業堂詩集四十八卷續集六卷　(清)查慎行撰　清康熙五十八年(1719)刻本(續集配清乾隆查學、查開刻本)　清朱昌燕跋　十冊

330000－1711－0000009　善0037　集部/別集類/清別集

蘭陔詩集二卷　(清)周大業撰　清乾隆五十五年(1790)抄本　清周廣業校並跋　一冊

330000－1711－0000010　善0030－0032　集部/別集類/清別集

渟溪老屋自娛集二卷補遺七卷芷湘吟稿不分卷　(清)管庭芬撰　稿本(補遺七卷為清管偉之清抄本)　清管元耀跋　清管偉之題記　清曹錦堂觀款　五冊

330000－1711－0000011　善0034　集部/總集類/氏族之屬

海寧陳太宜人姊妹合稿二卷　(清)陳貞源　(清)陳貞淑撰　清抄本　一冊

330000－1711－0000012　善0011　集部/總集類/選集之屬/通代

阮亭選古詩三十二卷　(清)王士禛輯　清康熙三十六年(1697)天藜閣刻本　清王綱題記　清董訥夫、清朱笠亭評　四冊

330000－1711－0000013　普000001　經部/叢編

十三經註疏三百三十三卷　(明)□□輯　明崇禎元年至十二年(1628－1639)古虞毛氏汲古閣刻本　二十冊　存一種

330000－1711－0000015　普000003　經部/書類/專著之屬

寫定尚書不分卷　(清)吳汝綸寫　清光緒十八年(1892)桐城吳氏家塾石印本　一冊

330000－1711－0000016　普000005　經部/周禮類/專著之屬

周禮政要二卷　(清)孫詒讓撰　清光緒二十八年(1902)瑞安普通學堂刻本　張宗祥題名　二冊

330000－1711－0000018　普000006　經部/四書類/總義之屬/傳說

四書恒解十四卷　(清)劉沅輯註　清鉛印本　三冊

330000－1711－0000019　普000007　經部/禮記類/傳說之屬

禮記集解六十一卷尚書顧命解一卷　(清)孫

希旦撰　清咸豐十年至同治七年(1860－1868)瑞安孫氏盤谷草堂刻本　二十四册

330000－1711－0000020　普000008　經部/總類/傳說之屬
御纂七經二百八十卷首十一卷序三卷　(清)李光地等撰　清紫陽書院刻本　三十二册　存一種

330000－1711－0000021　善0001　子部/農家農學類/總論之屬
御製耕織圖不分卷　(清)焦秉貞繪　清康熙三十五年(1696)内府刻本　一册

330000－1711－0000024　普000011　經部/小學類/文字之屬
字典考證不分卷　(清)王念孫　(清)王引之撰　清道光十一年(1831)愛日堂刻高郵王氏著書本　八册

330000－1711－0000025　普000012　經部/小學類/文字之屬/說文/傳說
說文解字句讀三十卷　(清)王筠撰　清光緒八年(1882)四川尊經書局刻本　吳廣霈題記　十三册　缺六卷(三至四、二十七至三十)

330000－1711－0000027　普000014　類叢部/叢書類/彙編之屬
學津討原一百七十三種　(清)張海鵬編　清嘉慶十年(1805)虞山張氏照曠閣刻本　六册　存一種

330000－1711－0000028　普000015　集部/總集類/選集之屬/斷代
普天忠憤全集十四卷首一卷　(清)孔廣德編　清光緒二十一年(1895)石印本　十二册

330000－1711－0000030　善0008　集部/别集類/唐五代别集
新刻註釋駱丞集十卷　(唐)駱賓王撰　(明)陳魁士注　明徐州兵備副使漳浦林紹刻本　一册　存三卷(一至三)

330000－1711－0000031　普000017　史部/傳記類/總傳之屬/通代
尚友錄二十二卷　(明)廖用賢輯　**續集二十二卷**　(清)張亮基輯　清光緒十四年(1888)上海點石齋石印本　張宗祥觀款　三册　存十八卷(五至二十二)

330000－1711－0000032　普000018　史部/傳記類/總傳之屬/通代
尚友錄續集二十二卷　(清)潘遵祁輯　清光緒十四年(1888)上海點石齋石印本　張宗祥觀款　四册

330000－1711－0000033　普000019　史部/傳記類/總傳之屬/斷代
國朝先正事略八卷　(清)李元度撰　**續編四卷**　朱孔彰撰　清光緒二十六年(1900)石印本　二册　存四卷(續編一至四)

330000－1711－0000034　普000020　類叢部/叢書類/彙編之屬
岱南閣叢書二十種　(清)孫星衍編　清乾隆五十年至嘉慶十四年(1785－1809)蘭陵孫氏刻本　四册　存二種

330000－1711－0000035　普000021　史部/紀傳類/别史之屬
續後漢書四十二卷義例一卷音義四卷　(宋)蕭常撰　清同治八年(1869)師古山房刻本　六册

330000－1711－0000036　普000022　史部/政書類/邦交之屬
各國通商條約十六卷　(清)督辦浙江通商洋務總局編　清光緒二十八年(1902)浙江官書局刻本　十册

330000－1711－0000037　善0003　史部/紀傳類/正史之屬
二十一史二千五百六十七卷　明刻明清遞修本　二十册　存一百三十五卷(金史一至一百三十五)

330000－1711－0000038　普000023　史部/詔令奏議類/奏議之屬
竹坡侍郎奏議二卷　(清)寶廷撰　清光緒二十七年(1901)刻本　二册

330000－1711－0000039　普000024　史部/

叢編

九通二千三百二十一卷　(清)□□輯　清光緒二十八年(1902)上海鴻寶書局石印本　二百四册

330000－1711－0000040　善0004　史部/紀傳類/正史之屬

遼史一百十六卷　(元)脱脱等撰　明嘉靖八年(1529)南京國子監刻清順治十六年(1659)、康熙三十九年(1700)、乾隆十六年(1751)遞修本　十册　存一百十四卷(一至八十五、八十八至一百十六)

330000－1711－0000041　普000025　史部/地理類/總志之屬/斷代

大清一統志四百二十四卷　(清)和珅等纂修　清光緒二十七年(1901)上海寶善齋石印本　六十册

330000－1711－0000042　普000026　新學類/遊記

中亞洲俄屬遊記二卷　(英國)蘭士德撰　(清)莫鎮藩譯　清光緒二十年(1894)上海時務報館石印本　二册

330000－1711－0000043　普000027　史部/地理類/山川之屬/水志

水道提綱二十八卷　(清)齊召南撰　清光緒四年(1878)津門徐士鑾霞城精舍刻本　八册

330000－1711－0000044　善0006　史部/紀傳類/正史之屬

二十一史二千五百六十七卷　明萬曆北京國子監刻本　二十册　存一種

330000－1711－0000045　普000028　類叢部/叢書類/彙編之屬

文選樓叢書三十三種　(清)阮亨編　清嘉慶九年(1804)阮元刻本　六册　存一種

330000－1711－0000046　普000029　史部/史評類/史論之屬

史通通釋二十卷　(清)浦起龍撰　清乾隆十七年(1752)浦氏求放心齋刻本　五册　存十卷(一至二、十三至二十)

330000－1711－0000047　普000030　史部/編年類/通代之屬

尺木堂綱鑑易知録九十二卷明鑑易知録十五卷　(清)吴乘權等輯　清光緒二十七年(1901)上海商務印書館鉛印本　十六册

330000－1711－0000048　普000031　史部/紀事本末類/斷代之屬

平定粵匪紀略十八卷附記四卷　(清)杜文瀾撰　清同治十年(1871)京都聚珍齋木活字印本　十册

330000－1711－0000051　普001756　類叢部/類書類/通類之屬

欽定古今圖書集成一萬卷目録三十二卷　(清)蔣廷錫　(清)陳夢雷等輯　清光緒十年(1884)上海圖書集成書局鉛印本　五百三十册　存八百九十三卷(目録一至三十二;乾象典一至四、十一至七十八、八十五至一百,歲功典一至二十一、二十八至三十二、三十九至七十三、八十至一百十六,曆法典十二至二十四、三十至四十五、五十一至六十二、七十九至八十九、九十四至一百十九、一百二十五至一百四十,庶征典一至二十三、二十八至一百七十七、一百八十四至一百八十八,坤輿典一至五、十七至二十一、二十七至三十七、四十四至六十三、七十五至七十九、一百四至一百八,職方典一至四十五、五十二至六十三、七十至九十、九十七至一百九、一百十八至一百三十一、一百四十五至二百三十三、二百四十一至二百四十七、二百六十一至二百七十六、二百八十四至三百十一、三百十九至三百九十七、四百六至四百三十三)

330000－1711－0000052　普000474　史部/編年類/斷代之屬

續資治通鑑長編五百二十卷　(宋)李燾撰　清光緒七年(1881)浙江書局刻本　一百二十册

330000－1711－0000053　普000034　史部/目録類/書志之屬/題跋

華延年室題跋二卷殘明大統曆一卷殘明宰輔年表一卷　(清)傅以禮撰　**蒿廬題跋一卷**

(清)傅栻撰　清宣統元年(1909)餘杭俞人蔚鉛印本　三冊

330000－1711－0000055　普000036　史部/地理類/總志之屬/通代
讀史方輿紀要一百三十卷輿圖要覽四卷　(清)顧祖禹撰　清光緒二十五年(1899)上海慎記書莊石印本　三十二冊

330000－1711－0000056　普000037　史部/地理類/總志之屬/通代
天下郡國利病書一百二十卷　(清)顧炎武撰　清光緒慎記書莊石印本　二十四冊

330000－1711－0000058　普000039　史部/金石類/總志之屬
金石索十二卷首一卷　(清)馮雲鵬　(清)馮雲鵷輯　清光緒三十二年(1906)上海文新局石印本　二十四冊

330000－1711－0000059　普0074　子部/法家類
韓子二十卷附錄一卷　(明)趙如源　(明)王道焜校　明天啓五年(1625)趙如源刻本　十冊

330000－1711－0000060　普000041　史部/金石類/總志之屬
金石萃編一百六十卷　(清)王昶撰　清嘉慶十年(1805)青浦王氏經訓堂刻同治十年(1871)嘉善錢寶傳補刻本　四十八冊　存六十六卷(一至五十、五十九至六十一、六十五至六十六、七十四至七十六、八十九至九十六)

330000－1711－0000061　普000042　子部/儒家類/儒學之屬/勸學
勸學篇二卷　(清)張之洞撰　清光緒上海扶輪書局鉛印本　二冊

330000－1711－0000062　普000040　史部/金石類/總志之屬
金石萃編一百六十卷　(清)王昶撰　清嘉慶十年(1805)青浦王氏經訓堂刻同治十年(1871)嘉善錢寶傳補刻本　六十四冊

330000－1711－0000063　普000044　經部/群經總義類/傳說之屬
新學僞經考十四卷　康有為撰　清光緒十七年(1891)武林望雲樓石印本　八冊

330000－1711－0000064　普000043　子部/新學類/全體學
增補族制進化論三卷　(日本)有賀長雄撰　(清)上海廣智書局譯　清光緒二十八年(1902)上海廣智書局鉛活字印本　一冊

330000－1711－0000065　普000045　子部/雜著類/雜說之屬
墨子閒詁十五卷目錄一卷附錄一卷後語二卷　(清)孫詒讓撰　清宣統二年(1910)瑞安孫氏刻本　八冊

330000－1711－0000066　普000047　子部/兵家類/兵法之屬
紀效新書十八卷首一卷　(明)戚繼光撰　清邵綬名刻本　六冊

330000－1711－0000067　普000046　類叢部/叢書類/自著之屬
汪雙池先生叢書二十種附浙刻雙池遺書十二種　(清)汪紱撰　清道光至光緒刻光緒二十三年(1897)長安趙舒翹等彙印本　十二冊　存一種

330000－1711－0000068　普000048　子部/雜著類/雜考之屬
讀書雜志八十二卷餘編二卷　(清)王念孫撰　清道光十二年(1832)刻本　十二冊　存四十一卷(四十四至八十二、餘編一至二)

330000－1711－0000069　普000049　子部/醫家類/綜合之屬/雜著
風溫類症二卷　清抄本　蘭亭題簽　二冊

330000－1711－0000070　普000050　集部/別集類/明別集
高季迪先生大全集十八卷　(明)高啟撰　清康熙許氏竹素園刻西山堂印本　六冊

330000－1711－0000071　普000051　子部/醫家類/本草之屬/歷代綜合本草

本草綱目五十二卷首一卷圖三卷奇經八脈攷一卷 (明)李時珍撰 **本草萬方鍼線八卷** (清)蔡烈先輯 **本草綱目拾遺十卷** (清)趙學敏輯 清光緒三十二年(1906)萃珍書局石印本 十六冊

330000－1711－0000072 普000052 新學/商務/商學

原富五卷 (英國)斯密亞丹撰 嚴復譯 清光緒二十八年(1902)上海南洋公學譯書院鉛印本 八冊

330000－1711－0000073 普000053 類叢部/類書類/通類之屬

事類賦三十卷 (宋)吳淑撰並注 清乾隆五十四年(1789)刻本 六冊

330000－1711－0000074 普000054 史部/政書類/律令之屬/法驗

重刊補註洗冤錄集證六卷 (清)王又槐輯 (清)李觀瀾補輯 (清)阮其新補註 張錫蕃重訂 文晟續輯 清光緒三十二年(1906)上海通時書局石印本 四冊 存五卷(一至五)

330000－1711－0000075 普000055 史部/政書類/律令之屬/法驗

續增洗冤錄辨正一卷附刊檢驗合參一卷 (清)瞿中溶撰 (清)李璋煜重訂 **洗冤錄解一卷** (清)姚德豫撰 清光緒三十二年(1906)上海通時書局石印本 一冊

330000－1711－0000076 普000056 新學/算學/微積

微積學答問不分卷 (清)王世編 清光緒三十三年(1907)上海彪蒙書室石印本 四冊

330000－1711－0000077 普000059 新學/算學/代數

代數備旨不分卷 (美國)狄考文選譯 (清)鄒立文 (清)生福維筆述 清光緒三十年(1904)上海美華書館鉛印本 一冊

330000－1711－0000078 普000060 新學/算學/三角八綫

八線備旨四卷 (美國)羅密士撰 (美國)潘慎文選譯 清光緒三十年(1904)上海美華書館鉛印本 一冊

330000－1711－0000079 普000058 新學/算學/數學

代形合參解法三卷附一卷 (清)王世演草 清末上海彪蒙書室石印本 二冊

330000－1711－0000080 普000057 新學/算學/代數

代數術二十五卷首一卷 (英國)華里司輯 (英國)傅蘭雅口譯 (清)華蘅芳筆述 清末上海著易堂石印本 四冊

330000－1711－0000081 普000061 類叢部/類書類/專類之屬

佩文韻府一百六卷 (清)張玉書 (清)蔡升元等輯 **韻府拾遺一百六卷** (清)汪灝 (清)何焯等輯 清光緒十八年(1892)上海同文書局石印本 六十冊

330000－1711－0000082 普000062 經部/小學類/音韻之屬/韻書

詩韻全璧五卷 (清)湯祥瑟輯 **初學檢韻袖珍一卷** (清)姚文登撰 **虛字韻藪一卷** (清)潘維城輯 清光緒十七年(1891)上海錦章圖書局石印本 六冊

330000－1711－0000083 普000063 子部/藝術類/書畫之屬/總論

佩文齋書畫譜一百卷 (清)孫岳頒等輯 清光緒九年(1883)上海同文書局石印本 十六冊

330000－1711－0000084 善0103、0045 史部/紀傳類/正史之屬

二十一史二千五百六十七卷 明刻明清遞修本 二十二冊 存一百二十六卷(史記三至十二、五十二至六十九、七十九至一百四、一百十八至一百三十,南齊書一至五十九)

330000－1711－0000085 普000064 集部/總集類/選集之屬/斷代

唐詩三百首六卷 (清)孫洙編 清末刻本 一冊

330000－1711－0000086　善 0044、0014　新學/叢編

格致叢書一百十五種　(明)胡文煥編　明萬曆胡氏文會堂刻本　三冊　存二種

330000－1711－0000087　普 000065　集部/總集類/選集之屬/斷代

唐詩三百首六卷　(清)孫洙編　清刻本　一冊

330000－1711－0000088　普 000066　集部/總集類/選集之屬/斷代

唐詩三百首六卷　(清)孫洙編　清末刻本　二冊

330000－1711－0000089　善 0043　經部/四書類/總義之屬/傳說

四書考二十八卷考異一卷備考引用書目一卷　(明)陳仁錫撰　明崇禎七年(1634)陳仁錫刻本　四冊　缺十六卷(十三至二十八)

330000－1711－0000090　普 000067　集部/總集類/選集之屬/通代

古文淵鑒六十四卷　(清)徐乾學等輯注　清光緒二十九年(1903)蜚英分局石印本　十六冊

330000－1711－0000091　善 0036　集部/總集類/選集之屬/通代

文選纂註評林十二卷　(南朝梁)蕭統輯　(明)張鳳翼纂注　(明)王世懋刪定　(明)陸弘祚輯訂　明萬曆刻本　二十一冊　缺一卷(四)

330000－1711－0000092　善 0035　集部/別集類/清別集

漁洋山人精華錄箋注十二卷補一卷附錄一卷年譜一卷　(清)王士禛撰　(清)金榮箋注　(清)徐淮纂輯　清刻本　八冊

330000－1711－0000093　善 0033　類叢部/叢書類/自著之屬

沈歸愚詩文全集十四種　(清)沈德潛撰　清乾隆教忠堂刻本　二十四冊

330000－1711－0000094　善 0040　史部/目録類/專録之屬

西澗草堂書目不分卷　(清)朱嘉玉編　清咸豐十一年(1861)稿本　一冊

330000－1711－0000095　善 0039　集部/別集類/清別集

江遊草一卷　(清)馮念祖撰　稿本　清錢大昕批並跋　一冊

330000－1711－0000097　普 000068　集部/總集類/選集之屬/斷代

皇朝經世文新編二十一卷　麥仲華輯　清光緒二十四年(1898)上海譯書局石印本　二十四冊

330000－1711－0000098　普 000071　集部/詞類/別集之屬

新蘅詞八卷外集一卷　(清)張景祁撰　清光緒九年(1883)百億梅花仙館刻本　二冊

330000－1711－0000099　普 000069　集部/總集類/選集之屬/斷代

皇朝經世文三編八十卷　(清)陳忠倚輯　清光緒二十四年(1898)寶文書局石印本　十六冊

330000－1711－0000100　普 000072　集部/總集類/彙編之屬

漢魏六朝一百三家集(漢魏六朝百三名家集)　(明)張溥編　清光緒十八年(1892)善化章經濟堂刻本　一百冊

330000－1711－0000101　普 000074　集部/別集類/宋別集

淮海集十七卷後集二卷詞一卷補遺一卷續補遺一卷　(宋)秦觀撰　**淮海文集攷證一卷**　(清)王敬之　(清)茆泮林　(清)金長福撰　**重編淮海先生年譜節要一卷**　(清)秦瀛編　(清)王敬之節要　清道光十七年(1837)王敬之等刻二十一年(1841)增刻本　八冊

330000－1711－0000103　善 0041　集部/總集類/選集之屬/斷代

明詩別裁集十二卷　(清)沈德潛　(清)周準輯　清乾隆四年(1739)刻本　四冊

330000－1711－0000104　善0027　集部/總集類/選集之屬/通代

晚邨先生八家古文精選八卷　(清)呂留良輯　(清)呂葆中批點　清康熙四十三年(1704)呂氏家塾刻本　三冊

330000－1711－0000105　善0026　史部/地理類/方志之屬/郡縣志

[嘉慶]硤川續志二十卷　(清)王德浩纂　(清)曹宗載重訂　清嘉慶十七年(1812)刻本　六冊

330000－1711－0000106　善0022　子部/醫家類/醫案之屬

臨證指南醫案十卷　(清)葉桂撰　(清)徐大椿評　清乾隆三十三年(1768)錫山衛生堂刻本　七冊　存七卷(一、四至七、九至十)

330000－1711－0000107　善0028　史部/紀傳類/正史之屬

後漢書九十卷　(南朝宋)范曄撰　(唐)李賢注　(明)陳仁錫評　**志三十卷**　(晉)司馬彪撰　(南朝梁)劉昭注　(明)陳仁錫評　明天啓七年(1627)刻本　二十四冊

330000－1711－0000108　善0025　史部/紀傳類/正史之屬

史記一百三十卷方望溪平點史記四卷　(漢)司馬遷撰　(明)歸有光　(清)方苞評點　清光緒二年至四年(1876－1878)武昌張氏刻本　清衍芬草堂批　二十冊

330000－1711－0000109　善0023　史部/傳記類/總傳之屬

古今將畧四卷　題(明)馮時寧輯　明遺經堂刻本　四冊

330000－1711－0000110　普000075　集部/別集類/宋別集

王臨川文集四卷　(宋)王安石撰　清宣統二年(1910)上海會文堂書局石印本　四冊

330000－1711－0000111　普000076　集部/別集類/宋別集

姜白石全集　(宋)姜夔撰　清宣統二年(1910)上海掃葉山房石印本　四冊

330000－1711－0000112　善0019　史部/紀事本末類/斷代之屬

通鑑紀事本末八十卷　(清)谷應泰編　清順治十五年(1658)刻本　十六冊

330000－1711－0000113　善0020　經部/小學類/文字之屬/字書/字體

六書分類十二卷首一卷　(清)傅世垚輯　清康熙四十四年(1705)聽松閣刻燕詒堂印本　十四冊

330000－1711－0000114　善0015　子部/宗教類/道教之屬

道言内外六卷　(明)彭好古輯　明萬曆吳勉學刻黃之寀重修本　六冊　存五卷(二至六)

330000－1711－0000115　善0127、0061　史部/紀傳類/正史之屬

二十一史二千五百六十七卷　明萬曆北京國子監刻本　二十六冊　存一百四卷(魏書二十三至二十九、九十三至九十五、一百六至一百八,北史一至二十四、三十至九十六)

330000－1711－0000116　善0016　子部/醫家類/方書之屬/單方驗方

絳雪園古方選註三卷得宜本草一卷　(清)王子接輯　清雍正介景樓刻本　四冊

330000－1711－0000117　善0063　類叢部/類書類/專類之屬

新增說文韻府羣玉二十卷　(元)陰時夫輯　(元)陰中夫注　明萬曆十八年(1590)秣陵王元貞刻本　十二冊　存十二卷(一、三至五、七至八、十至十三、十六至十七)

330000－1711－0000118　善0017　子部/儒家類/儒學之屬/經濟

申鑒五卷　(漢)荀悅撰　(明)黃省曾注　明萬曆二十年(1592)程榮刻漢魏叢書本(卷五配清抄本)　一冊

330000－1711－0000119　善0068　集部/總集類/選集之屬/通代

文選六十卷 (南朝梁)蕭統輯 (唐)李善注 明末海虞毛氏汲古閣刻本 九册 存五十四卷(一至四十二、四十九至六十)

330000－1711－0000120 普000077 集部/別集類/唐五代別集
李長吉歌詩四卷外集一卷首一卷 (唐)李賀撰 (清)王琦彙解 清宣統元年(1909)掃葉山房石印本 四册

330000－1711－0000121 善0018 集部/別集類/清別集
樊榭山房集十卷續集十卷游仙集三卷 (清)厲鶚撰 清乾隆刻本 清秋紉題記 二册 存十三卷(續集一至十、游仙集一至三)

330000－1711－0000122 善0066 子部/宗教類/道教之屬/戒律
陰隲文圖證一卷 (清)費丹旭繪圖 (清)許光清集證 清道光二十四年(1844)海昌蔣氏別下齋刻本 二册

330000－1711－0000123 善0007 經部/禮記類/傳説之屬
禮記集注三十卷 (明)徐師曾撰 明萬曆三年(1575)宋儀望刻本 十册

330000－1711－0000124 善0005 子部/醫家類/傷寒金匱之屬/金匱要略
張仲景金匱要畧論註二十四卷 (清)徐彬撰 清康熙刻本 四册

330000－1711－0000125 善0069－0071 子部/醫家類/類編之屬
六科證治準繩 (明)王肯堂撰 清康熙三十八年(1699)金壇虞氏刻本 十九册 存三種

330000－1711－0000126 善0059 集部/總集類/選集之屬/斷代
唐詩解五十卷 (明)唐汝詢輯 清順治十六年(1659)趙孟龍萬笈堂刻本 九册 存三十七卷(一至六、十六至二十三、二十八至五十)

330000－1711－0000127 善0046、0056、0058、0062、0064、0065、0067 史部/紀傳類/正史之屬
十七史一千五百七十四卷 (明)毛晉編 明崇禎至清順治琴川毛氏汲古閣刻本 一百六册 存七種

330000－1711－0000128 善0060 史部/金石類/金之屬
西清古鑑四十卷錢錄十六卷 (清)梁詩正 (清)蔣溥等纂修 清光緒十六年(1890)邁宋書館日本銅版印本 二十四册

330000－1711－0000129 善0048 經部/四書類/總義之屬/傳説
四書人物考訂補四十卷 (明)薛應旂撰 (明)朱焯註釋 (明)許胥臣訂補 明天啓七年(1627)刻本 三册 存二十一卷(一至五、二十五至四十)

330000－1711－0000132 普000079 集部/別集類/唐五代別集
樊南文集詳註八卷 (唐)李商隱撰 (清)馮浩編訂 清乾隆四十五年(1780)德聚堂刻本 四册

330000－1711－0000133 普000080 集部/別集類/唐五代別集
昌黎先生集四十卷外集十卷遺文一卷 (唐)韓愈撰 (宋)廖瑩中校正 **朱子校昌黎先生集傳一卷** (宋)朱熹撰 **韓集點勘四卷** (清)陳景雲撰 清同治八年至九年(1869－1870)江蘇書局刻本 十一册

330000－1711－0000134 普000082 集部/別集類/宋別集
徐騎省集三十卷 (宋)徐鉉撰 **徐集補遺一卷** 朱孔彰輯 **徐集補遺續編一卷** (清)李英元輯 **徐集附錄一卷徐騎省校勘記一卷** (清)李英元撰 清光緒十六年至十七年(1890－1891)黟南李宗煝刻十九年(1893)重校本 張宗祥校並跋 八册

330000－1711－0000135 普000955 子部/醫家類/類編之屬
樹惠不癒兒科六卷補遺一卷種痘要覽□□卷首一卷兒科痘疹二卷名醫類案約編一卷 (清)梅治輯 **續名醫類案約編二卷** (清)許

勉煥纂　(清)梅浛編　清刻本　八冊　存十二卷(樹惠不瘯兒科二至六、補遺、種痘要覽首,兒科痘疹一至二,名醫類案約編,續名醫類案約編一至二)

330000－1711－0000137　普 000083　集部/別集類/清別集
邵子湘全集三十卷　(清)邵長蘅撰　清康熙刻本　一冊　存六卷(青門旅稾一至六)

330000－1711－0000138　普 000084　集部/別集類/清別集
四憶堂詩集六卷遺稿一卷　(清)侯方域撰　清刻本　四冊

330000－1711－0000139　普 000085　類叢部/叢書類/彙編之屬
海源閣叢書七種　(清)楊以增編　清咸豐二年至五年(1852－1855)聊城楊氏海源閣刻本　五冊　存一種

330000－1711－0000140　普 000086　集部/別集類/宋別集
文信國公集二十卷首一卷　(宋)文天祥撰　清同治七年(1868)楚醴景萊書室刻本　十四冊

330000－1711－0000141　普 000087　集部/別集類/明別集
疑雨集四卷　(明)王彦泓撰　清宣統元年(1909)上海掃葉山房石印本　二冊

330000－1711－0000142　普 000088　集部/別集類/清別集
亭林詩集五卷文集六卷　(清)顧炎武撰　清宣統元年(1909)掃葉山房石印本　四冊

330000－1711－0000143　普 000089　集部/別集類/明別集
震川先生集三十卷別集十卷附錄一卷補編一卷　(明)歸有光撰　(清)歸莊校勘　(清)錢謙益選定　(清)歸玠編輯　清光緒六年(1880)常熟歸氏刻本　十六冊

330000－1711－0000144　普 000090　集部/別集類/清別集
十華小築詩鈔四卷　(清)佘本愚撰　清光緒十一年(1885)刻本　一冊

330000－1711－0000145　普 000091　集部/別集類/清別集
鈍翁文集十六卷　(清)汪琬撰　清宣統二年(1910)上海國學扶輪社石印本　八冊

330000－1711－0000146　普 000948　子部/醫家類/類編之屬
沈氏尊生書五種　(清)沈金鰲撰輯　清鉛印本　五冊　存三種

330000－1711－0000147　普 000092　集部/別集類/清別集
柏梘山房文集十六卷文續集一卷詩集十卷詩續集二卷駢體文二卷　(清)梅曾亮撰　清宣統三年(1911)上海國學扶輪社石印本　八冊

330000－1711－0000149　普 000096　集部/別集類/清別集
梅村詩集箋注十八卷　(清)吳偉業撰　(清)吳翌鳳箋注　清光緒二十二年(1896)新化三味堂刻本　十二冊

330000－1711－0000150　普 000093　集部/別集類/清別集
吳摯甫文集四卷附鈔深州風土記四篇一卷　(清)吳汝綸撰　清宣統二年(1910)上海國學扶輪社石印本　五冊

330000－1711－0000151　普 000094　集部/別集類/清別集
方望溪文鈔六卷　(清)方苞撰　清宣統二年(1910)上海國學扶輪社鉛印本　五冊

330000－1711－0000156　普 000100　集部/別集類/清別集
壯悔堂文集十卷遺稿一卷四憶堂詩集六卷　(清)侯方域撰　(清)賈開宗等評點　清光緒四年(1878)舊學山房刻本　八冊

330000－1711－0000157　普 000101　類叢部/叢書類/自著之屬
船山遺書六十一種　(清)王夫之撰　清同治四年(1865)湘鄉曾國荃金陵刻本　一百二

十册

330000－1711－0000159　普000111　集部/詞類/詞譜之屬

詞律二十卷　(清)萬樹撰　**詞律拾遺八卷**　(清)徐本立撰　**詞律補遺一卷**　(清)杜文瀾撰　清同治十二年至光緒二年(1873－1876)吳下刻本　十六册

330000－1711－0000168　普000112　子部/雜著類/雜纂之屬

兩般秋雨盦隨筆八卷　(清)梁紹壬撰　清末鉛印本　四册

330000－1711－0000169　普000113　集部/小說類/長篇之屬

增評加批金玉緣圖說十六卷一百二十回首一卷　(清)曹霑　(清)高鶚撰　(清)蝶薌仙史評訂　清末石印本　四册

330000－1711－0000171　普000116　新學/雜著/叢編

西政叢書三十二種　梁啟超編　清光緒二十三年(1897)上海慎記書莊石印本　三十二册

330000－1711－0000172　普000115　集部/小說類/長篇之屬

第一才子書六十卷一百二十回　(明)羅本撰　(清)毛宗崗評　清刻本(卷八至十配不同版清刻本)　十八册　存五十七卷(一至二十二、二十六至六十)

330000－1711－0000173　普000117　新學/格致總

科學叢書第一集八種　清光緒二十七年(1901)教育世界出板所石印本　九册　存六種

330000－1711－0000175　普000119　類叢部/類書類/通類之屬

小嫏嬛山館彙刊類書十二種　(清)小嫏嬛山館編　清咸豐元年(1851)刻本　六册　存十種

330000－1711－0000176　普000120　類叢部/叢書類/郡邑之屬

檇李遺書　(清)孫福清編　清光緒四年(1878)秀水孫氏望雲仙館刻本　二十四册

330000－1711－0000178　普000122　類叢部/叢書類/彙編之屬

知不足齋叢書一百九十六種　(清)鮑廷博編　(清)鮑士恭續編　清乾隆三十七年至道光三年(1772－1823)長塘鮑氏刻彙印本　六册　存六種

330000－1711－0000180　普000124　子部/雜著類

掌故叢編四種　(清)□□撰　清光緒二十九年(1903)掃葉山房石印本　六册

330000－1711－0000182　普000126　類叢部/叢書類/自著之屬

黃梨洲遺書七種附一種　(清)黃宗羲撰　清光緒三十一年(1905)杭州羣學社石印本　八册　存四種

330000－1711－0000183　普000127　經部/叢編

古經解彙函十六種附小學彙函十四種續附十種　(清)鍾謙鈞等輯　清光緒十四年(1888)上海蜚英館石印本　五册　存十一種

330000－1711－0000184　普000128　類叢部/叢書類/彙編之屬

清白士集六種附一種　(清)梁玉繩撰　清嘉慶五年(1800)刻本　七册　存四種

330000－1711－0000185　普000129　類叢部/叢書類/彙編之屬

函海一百五十二種　(清)李調元編　清乾隆綿州李氏萬卷樓刻嘉慶十四年(1809)李鼎元重校印本　十册　存二十一種

330000－1711－0000187　普000130　類叢部/叢書類/彙編之屬

咫進齋叢書三十五種　(清)姚覲元編　清光緒九年(1883)歸安姚氏刻本　二十四册

330000－1711－0000188　普000135　新學/雜著/叢編

富強叢書正集七十七種續集一百二十一種

（清）袁俊德輯　清光緒二十五年（1899）小倉山房石印本　三十五冊　存六十七種

330000－1711－0000190　普 000132　類叢部/叢書類/彙編之屬
結一廬朱氏賸餘叢書四種　（清）朱澂編　清光緒三十一年（1905）仁和朱氏刻本　一冊　存一種

330000－1711－0000192　普 000136　類叢部/叢書類/自著之屬
春在堂全書　（清）俞樾撰　清光緒十五年（1889）刻本　一百冊　缺一卷（俞樓襍纂五十）

330000－1711－0000193　普 000137　子部/叢編
子書百家　（清）崇文書局輯　清光緒元年（1875）湖北崇文書局刻民國元年（1912）鄂官書處重印本　一百十冊

330000－1711－0000196　普 000143　子部/藝術類/篆刻之屬
篆學瑣著　（清）顧湘輯　清道光二十年（1840）海虞顧氏刻本　八冊

330000－1711－0000199　普 000142　類叢部/叢書類/彙編之屬
述古叢鈔二十八種　（清）劉晚榮編　清同治至光緒古岡劉氏藏修書屋刻本　四冊　存五種

330000－1711－0000200　普 000965　子部/醫家類/類編之屬
中西匯通醫書五種　（清）唐宗海撰　清光緒三十四年（1908）上海千頃堂書局石印本　一冊　存一種

330000－1711－0000201　普 000956　子部/醫家類/類編之屬
陳修園醫書七十種　（清）陳念祖等撰　清宣統元年（1909）上海廣雅啓新書局石印本　二十一冊　存四十九種

330000－1711－0000202　普 000145　類叢部/叢書類/彙編之屬
靈鶼閣叢書五十六種　（清）江標編　清光緒元和江氏湖南使院刻本　二十四冊

330000－1711－0000204　普 000146　類叢部/叢書類/彙編之屬
嘯園叢書五十七種　（清）葛元煦編　清光緒二年至七年（1876－1881）仁和葛氏刻本　三十二冊　存二十四種

330000－1711－0000205　普 000147　類叢部/叢書類/彙編之屬
雅雨堂藏書十三種　（清）盧見曾輯　清乾隆二十一年（1756）德州盧氏雅雨堂刻增修本　三冊　存二種

330000－1711－0000206　普 000148　類叢部/叢書類/彙編之屬
平津館叢書六集三十五種　（清）孫星衍編　清嘉慶蘭陵孫氏刻本　十二冊　存十一種

330000－1711－0000207　普 000149　類叢部/叢書類/彙編之屬
玉函山房輯佚書六百二十二種附一種　（清）馬國翰輯　清光緒九年（1883）長沙嫏嬛館刻本　九十九冊

330000－1711－0000208　普 000155　經部/易類/傳說之屬
易義萃精四卷　（清）久敬齋主人輯　清光緒十四年（1888）上海大同書局石印本　四冊

330000－1711－0000209　普 000156　經部/易類/傳說之屬
周易象義辨例二十卷　（清）鄒師謙撰　清光緒二十五年（1899）石印本　四冊　存四卷（三至四、七、九）

330000－1711－0000210　普 000157　經部/叢編
十三經讀本一百五十二卷　（清）□□編　清同治金陵書局刻本　九冊　存三種

330000－1711－0000211　普 000158　經部/易類/傳說之屬
易就六卷　（明）徐世淳撰　明末刻本　一冊　存二卷（二、四）

330000－1711－0000213　普 000159　經部/易類/傳說之屬

周易本義四卷附圖說一卷新增圖說一卷卦歌一卷筮儀一卷　(宋)朱熹撰　清光緒三年(1877)永康胡氏退補齋刻本　二冊

330000－1711－0000214　普 000160　經部/易類/傳說之屬

周易本義四卷附圖說一卷新增圖說一卷卦歌一卷筮儀一卷　(宋)朱熹撰　清光緒三年(1877)永康胡氏退補齋刻本　二冊

330000－1711－0000218　普 000162　經部/易類/傳說之屬

御纂周易折中二十二卷首一卷　(清)李光地等纂　清同治六年(1867)浙江書局刻本　九冊　存二十一卷(首、一至二十)

330000－1711－0000220　普 000163　經部/易類/傳說之屬

易漢學八卷　(清)惠棟撰　清刻本　二冊

330000－1711－0000221　普 000164　經部/易類/傳說之屬

周易本義四卷附圖說一卷卦歌一卷筮儀一卷　(宋)朱熹撰　清光緒五年(1879)蘇城世經堂刻本　一冊

330000－1711－0000222　普 000165　經部/易類/傳說之屬

周易本義四卷附圖說一卷卦歌一卷筮儀一卷　(宋)朱熹撰　清光緒五年(1879)蘇城世經堂刻本　二冊

330000－1711－0000223　普 000166　經部/群經總義類/傳說之屬

七經精義三十卷　(清)黃淦撰　清嘉慶七年至十二年(1802－1807)尊德堂刻本　二冊　存五卷(周易精義首、一至四)

330000－1711－0000224　普 000167　經部/易類/傳說之屬

周易本義四卷附圖說一卷卦歌一卷筮儀一卷　(宋)朱熹撰　清末金陵李光明家刻本　二冊

330000－1711－0000225　普 000168　經部/易類/傳說之屬

周易本義四卷附圖說一卷卦歌一卷筮儀一卷　(宋)朱熹撰　清乾隆五十四年(1789)刻文盛堂印本　二冊

330000－1711－0000226　普 000169　經部/易類/圖說之屬

易經來注圖解□□卷　(明)來知德撰　清末石印本　一冊

330000－1711－0000227　普 000170　類叢部/叢書類/自著之屬

五經歲徧齋校書三種　(清)翟雲升輯　清道光東萊翟氏刻本　八冊　存一種

330000－1711－0000228　普 000171　經部/易類/傳說之屬

周易本義四卷附圖說一卷卦歌一卷筮儀一卷　(宋)朱熹撰　清乾隆十五年(1750)黃氏槐陰草堂刻本　三冊　存四卷(周易本義一至四)

330000－1711－0000229　普 000172　經部/群經總義類/傳說之屬

七經精義三十卷　(清)黃淦撰　清嘉慶翼經堂刻本　二冊　存五卷(周易精義首、一至四)

330000－1711－0000230　普 000173　經部/叢編

十三經讀本一百五十二卷　(清)□□編　清同治金陵書局刻本　九冊　存三種

330000－1711－0000231　普 000174　經部/叢編

省吾堂四種二十五卷　(清)蔣光弼輯　清常熟蔣氏省吾堂刻本　三冊　存一種

330000－1711－0000232　普 000175　經部/群經總義類/文字音義之屬

經典釋文三十卷　(唐)陸德明撰　清同治八年(1869)湖北崇文書局刻本　五冊　存十五卷(一至六、九至十七)

330000－1711－0000234　普 000176　經部/

叢編

重刊宋本十三經注疏四百十六卷附十三經注疏校勘記四百十六卷 （清）阮元撰 （清）盧宣旬摘録 **十三經注疏校勘記識語四卷** （清）汪文臺撰 清光緒十三年（1887）點石齋石印本 二十二册 存七種

330000－1711－0000235 善0077 子部/兵家類/兵法之屬

補釋戚少保南北兵法要畧三卷附録一卷 （明）郭應響輯 清抄本 二册

330000－1711－0000236 善0076 集部/别集類/唐五代别集

增廣註釋音辯唐柳先生集四十三卷别集二卷外集二卷 （唐）柳宗元撰 （宋）童宗説註釋 （宋）張敦頤音辯 （宋）潘緯音義 明初刻本 一册 存五卷（三十三至三十七）

330000－1711－0000237 善0075 經部/小學類/文字之屬/字書/字典

字彙十二集首一卷末一卷韻法直圖一卷 （明）梅膺祚撰 **韻法横圖一卷** （明）李世澤撰 明萬曆四十三年（1615）刻本（末一卷配清刻本） 十三册 缺三卷（酉、韻法直圖、韻法横圖）

330000－1711－0000238 普000177 經部/叢編

重刊宋本十三經注疏四百十六卷附十三經注疏校勘記四百十六卷 （清）阮元撰 （清）盧宣旬摘録 清嘉慶二十年（1815）南昌府學刻道光六年（1826）盱江朱華臨重校印本 一百十六册 存十三種

330000－1711－0000240 普000179 經部/叢編

皇清經解一千四百八卷首一卷 （清）阮元輯 清道光九年（1829）廣東學海堂刻咸豐十一年（1861）補刻本 六册 存三十二卷（五百六十八至五百九十九）

330000－1711－0000241 普000180 經部/書類/傳説之屬

書經集傳六卷首一卷末一卷 （宋）蔡沈撰 清光緒六年（1880）湖州醉六堂刻本 四册

330000－1711－0000242 普000181 經部/書類/傳説之屬

書經集傳六卷首一卷末一卷 （宋）蔡沈撰 清光緒二年（1876）醉六堂刻本 四册

330000－1711－0000243 普000182 經部/叢編

十三經讀本一百五十二卷 （清）□□編 清同治金陵書局刻本 二册 存一種

330000－1711－0000244 普000183 類叢部/叢書類/彙編之屬

望三益齋叢書十種 （清）吴棠編 清咸豐至光緒吴氏望三益齋刻本 六册 存一種

330000－1711－0000245 普000184 經部/書類/傳説之屬

書經集傳六卷 （宋）蔡沈撰 清刻本 四册

330000－1711－0000247 普000186 經部/總類/傳説之屬

御纂七經二百八十卷首十一卷序三卷 （清）李光地等撰 清同治六年至九年（1867－1870）浙江書局刻本 三册 存一種

330000－1711－0000248 普000187 經部/詩類/傳説之屬

詩集傳音釋二十卷詩圖一卷詩傳綱領一卷詩序一卷 （宋）朱熹撰 （元）許謙音釋 （元）羅復纂輯 **校刻札記一卷** （清）蔣光煦撰 清咸豐五年至七年（1855－1857）海昌蔣氏衍芬草堂刻本 六册

330000－1711－0000249 普000188 經部/詩類/傳説之屬

詩集傳音釋二十卷詩圖一卷詩傳綱領一卷詩序一卷 （宋）朱熹撰 （元）許謙音釋 （元）羅復纂輯 **校刻札記一卷** （清）蔣光煦撰 清咸豐五年至七年（1855－1857）海昌蔣氏衍芬草堂刻本 六册

330000－1711－0000250 普000189 經部/詩類/傳説之屬

詩集傳音釋二十卷詩圖一卷詩傳綱領一卷詩

序一卷　(宋)朱熹撰　(元)許謙音釋　(元)羅復纂輯　**校刻札記一卷**　(清)蔣光煦撰　清咸豐五年至七年(1855－1857)海昌蔣氏衍芬草堂刻本　五冊

330000－1711－0000251　普 000193　類叢部/叢書類/自著之屬
紫薇花館集　(清)王廷鼎撰　清光緒十七年(1891)刻本　一冊　存一種

330000－1711－0000252　普 000194　經部/書類/傳說之屬
書經集傳六卷首一卷末一卷　(宋)蔡沈撰　清光緒李光明莊刻本　三冊　缺二卷(五至六)

330000－1711－0000253　普 000195　經部/禮記類/傳說之屬
禮記增訂旁訓六卷　(清)徐立綱撰　清光緒二十三年(1897)老校經山房刻本　六冊

330000－1711－0000254　普 000196　經部/禮記類/傳說之屬
禮記集注十卷　(元)陳澔撰　清掃葉山房刻本　八冊　缺二卷(二、七)

330000－1711－0000255　普 000197　經部/禮記類/傳說之屬
禮記集說十卷　(元)陳澔撰　清光緒三年(1877)永康退補齋胡氏刻本　六冊　缺四卷(二、七、九至十)

330000－1711－0000256　普 000198　經部/詩類/傳說之屬
詩經集傳八卷　(宋)朱熹撰　清刻本　四冊

330000－1711－0000257　普 000190　經部/詩類/傳說之屬
詩集傳音釋二十卷詩圖一卷詩傳綱領一卷詩序一卷　(宋)朱熹撰　(元)許謙音釋　(元)羅復纂輯　**校刻札記一卷**　(清)蔣光煦撰　清咸豐五年至七年(1855－1857)海昌蔣氏衍芬草堂刻本　六冊

330000－1711－0000258　普 000191　經部/書類/傳說之屬
詩集傳音釋二十卷詩圖一卷詩傳綱領一卷詩序一卷　(宋)朱熹撰　(元)許謙音釋　(元)羅復纂輯　**校刻札記一卷**　(清)蔣光煦撰　清咸豐五年至七年(1855－1857)海昌蔣氏衍芬草堂刻本　六冊

330000－1711－0000259　普 000199　經部/詩類/傳說之屬
詩經集傳八卷　(宋)朱熹撰　清光緒二十九年(1903)湖郡經文堂刻本(卷五配清刻本)　四冊

330000－1711－0000260　普 000192　經部/詩類/傳說之屬
詩集傳音釋二十卷詩圖一卷詩傳綱領一卷詩序一卷　(宋)朱熹撰　(元)許謙音釋　(元)羅復纂輯　**校刻札記一卷**　(清)蔣光煦撰　清咸豐五年至七年(1855－1857)海昌蔣氏衍芬草堂刻本　六冊

330000－1711－0000261　普 000200　經部/詩類/傳說之屬
詩經讀本四卷　(清)周樽訂　清無錫日升山房刻本　四冊

330000－1711－0000262　普 000201　經部/詩類/傳說之屬
詩經集傳八卷　(宋)朱熹撰　清宣統二年(1910)上海會文堂石印本　四冊

330000－1711－0000263　普 000204　經部/詩類/傳說之屬
詩經集傳八卷　(宋)朱熹撰　清光緒三年(1877)姑蘇綠慎堂刻本　四冊

330000－1711－0000264　普 000202　經部/總類/傳說之屬
御纂七經二百八十卷首十一卷序三卷　(清)李光地等撰　清同治六年至九年(1867－1870)浙江書局刻本　四冊　存一種

330000－1711－0000265　普 000203　經部/詩類/傳說之屬
詩經集傳八卷　(宋)朱熹撰　清光緒三年(1877)永康退補齋胡氏刻本　三冊　缺二卷

（四至五）

330000－1711－0000266　普000205　經部/詩類/傳説之屬

毛詩草木鳥獸蟲魚疏二卷　（三國吳）陸璣撰　（清）丁晏校正　清乾隆四十一年（1776）長嘯軒刻本　一冊　存一卷（上）

330000－1711－0000267　普000206　經部/小學類/音韻之屬/韻書

詩韻合璧五卷　（清）湯祥瑟輯　**詩腋一卷　詞林典腋一卷　虚字韻藪一卷**　（清）潘維城輯　**三場程式一卷**　清同治十二年（1873）文善堂刻本　五冊

330000－1711－0000268　普000209　經部/三禮總義類/名物制度之屬

求古録禮説十五卷鄉黨一卷補遺一卷　（清）金鶚撰　**校勘記三卷**　（清）王士駿輯　清光緒二年（1876）吳縣潘氏刻本　十冊

330000－1711－0000269　普000207　經部/禮記類/傳説之屬

禮記約編十卷　（清）汪基撰　清光緒三十三年（1907）上海文瑞樓石印本　六冊

330000－1711－0000270　普000220　經部/儀禮類/傳説之屬

儀禮先易六卷首一卷　（清）吕仁傑撰　清咸豐刻蘇州緑蔭堂印本　四冊

330000－1711－0000271　普000208　經部/周禮類/傳説之屬

宋葉文康公禮經會元節本四卷　（宋）葉時撰　（清）陸隴其點定　（清）許元淮刪節並評　清乾隆五十年（1785）桐柏山房刻本　一冊　存二卷（三至四）

330000－1711－0000272　普000210　子部/天文曆算類/曆法之屬

七十二候表一卷　（清）羅以智撰　清光緒八年（1882）海昌羊復禮刻本　一冊

330000－1711－0000273　普000221　經部/三禮總義類

确山所著書二種　（清）宋世犖撰　清光緒六年（1880）津門徐士鑾補刻印本　一冊　存一種

330000－1711－0000274　普000211　經部/儀禮類/圖説之屬

儀禮圖六卷　（清）張惠言撰　清同治九年（1870）崇文書局刻本　三冊

330000－1711－0000275　普000212　經部/禮記類/傳説之屬

禮記集説十卷　（元）陳澔撰　清慎詒堂刻本　十冊

330000－1711－0000276　普000222　經部/周禮類/傳説之屬

周禮節訓六卷　（清）黄叔琳輯　（清）姚培謙重訂　清光緒十九年（1893）上海熙記書莊刻本　二冊

330000－1711－0000277　普000223　經部/周禮類/分篇之屬

考工記車制圖解二卷　（清）阮元撰　清刻本　一冊

330000－1711－0000278　普000213　經部/四書類/論語之屬/專著

鄉黨禮説一卷　（清）李林松撰　清光緒五年（1879）通州劉恕刻本　一冊

330000－1711－0000279　普000214　經部/四書類/論語之屬/專著

鄉黨禮説一卷　（清）李林松撰　清光緒五年（1879）通州劉恕刻本　一冊

330000－1711－0000280　普000215　經部/四書類/論語之屬/專著

鄉黨禮説一卷　（清）李林松撰　清光緒五年（1879）通州劉恕刻本　一冊

330000－1711－0000281　普000216　經部/四書類/論語之屬/專著

鄉黨禮説一卷　（清）李林松撰　清光緒五年（1879）通州劉恕刻本　一冊

330000－1711－0000282　普000217　經部/四書類/論語之屬/專著

鄉黨禮說一卷 （清）李林松撰 清光緒五年（1879）通州劉恕刻本 一册

330000－1711－0000283 普 000218 經部/四書類/論語之屬/專著
鄉黨禮說一卷 （清）李林松撰 清光緒五年（1879）通州劉恕刻本 一册

330000－1711－0000284 普 000219 經部/四書類/論語之屬/專著
鄉黨禮說一卷 （清）李林松撰 清光緒五年（1879）通州劉恕刻本 一册

330000－1711－0000285 普 000224 經部/周禮類/傳說之屬
周禮節訓六卷 （清）黃叔琳輯 （清）姚培謙重訂 清同治七年（1868）刻本 二册

330000－1711－0000287 普 000226 類叢部/叢書類/彙編之屬
花雨樓叢鈔十一種續鈔十一種附一種 （清）張壽榮編 清光緒二十二年（1896）鴻文書局石印本 二册 存一種

330000－1711－0000288 普 000227 經部/叢編
重刊宋本十三經注疏四百十六卷附十三經注疏校勘記四百十六卷 （清）阮元撰 （清）盧宣旬摘錄 **校勘記識語四卷** （清）汪文臺撰 清光緒十三年（1887）上海脈望仙館石印本 十一册 存三種

330000－1711－0000289 普 000228 經部/周禮類/傳說之屬
周官精義節抄本十一卷 （清）連斗山輯 清末汲脩齋抄本 一册

330000－1711－0000290 普 000229 經部/周禮類
周禮節本六卷 （清）□□撰 清汲脩齋抄本 一册

330000－1711－0000292 普 000231 經部/書類
夏書一卷 清秋聲山館抄本 一册

330000－1711－0000293 普 000234 經部/禮記類/傳說之屬
禮記集解六十一卷尚書顧命解一卷 （清）孫希旦撰 清同治七年（1868）孫鏘鳴刻本 四册 缺三十三卷（一至二十九、三十七至四十）

330000－1711－0000294 普 000232 經部/詩類/逸詩之屬
逸詩一卷 （明）胡文煥輯 清末抄本 一册

330000－1711－0000295 普 000233 經部/儀禮類/傳說之屬
儀禮摘要一卷 清光緒抄本 一册

330000－1711－0000296 普 000235 經部/儀禮類/傳說之屬
儀禮釋官九卷首一卷 （清）胡匡衷撰 清同治八年（1869）績谿胡肇智刻本 二册 存五卷（二至六）

330000－1711－0000297 普 000236 經部/春秋公羊傳類/傳說之屬
公羊傳二十三卷 （清）淮南書局輯 清光緒二十四年（1898）淮南書局刻本 八册

330000－1711－0000299 普 000239 經部/孝經類/傳說之屬
孝經一卷 （清）□□輯 **女孝經一卷** （唐）鄭氏撰 清抄本 一册

330000－1711－0000300 普 000237 經部/孝經類
今古文孝經彙刻十六種 （清）王德瑛輯 清道光十四年至十六年（1834－1836）福山王德瑛日省吾齋刻本 九册

330000－1711－0000303 普 000242 子部/儒家類/儒學之屬
中庸直指不分卷 （明）釋德清撰 清光緒十年（1884）金陵刻經處刻本 一册

330000－1711－0000305 普 000246 經部/四書類/總義之屬/傳說
圖畫四書白話解二十卷 （清）王有宗 （清）施崇恩合演校訂 清光緒三十四年（1908）上

海彪蒙書室石印本　九冊　缺六卷(論語九至十、孟子一至四)

330000－1711－0000306　普 000244　經部/四書類/總義之屬/傳說
四書集註十九卷　(宋)朱熹撰　清光緒三十二年(1906)上海商務印書館鉛印本　一冊　存二卷(大學、中庸)

330000－1711－0000307　普 000245　經部/四書類/孟子之屬/傳說
孟子集註七卷　(宋)朱熹撰　清刻本　七冊

330000－1711－0000308　普 000248　經部/四書類/總義之屬/傳說
酌雅齋四書遵註合講十九卷　(清)翁復編次　(清)詹文煥叅定　清道光十年(1830)金閶書有堂刻本　六冊

330000－1711－0000309　普 000249　經部/四書類/總義之屬/傳說
四書體註合講十九卷　(清)翁復編　清光緒十四年(1888)蘇州掃葉山房刻本　六冊

330000－1711－0000310　普 000250　經部/四書類/孟子之屬/傳說
孟子要略五卷　(宋)朱熹撰　(清)劉傳瑩輯　清末抄本　一冊

330000－1711－0000311　普 000247　經部/群經總義類/傳說之屬
經義述聞三十二卷　(清)王引之撰　清光緒七年(1881)上海文瑞樓鉛印本　十一冊　缺十卷(三至四、九至十、十五至十六、二十九至三十二)

330000－1711－0000312　普 000251　經部/叢編
拜經堂叢書四十六卷　(清)臧琳　(清)臧庸撰　清乾隆至嘉慶武進臧氏同述觀刻本　八冊　存一種

330000－1711－0000313　普 000252　經部/讖緯類/總義之屬
古微書三十六卷　(明)孫瑴輯　清嘉慶二十一年(1816)禹航陳世望對山問月樓刻本　六冊

330000－1711－0000315　普 000255　經部/叢編
五經體註大全七十二卷　(清)嚴氏家塾主人輯　清同治五年(1866)刻本　十冊　存四種

330000－1711－0000316　普 000254　類叢部/叢書類/自著之屬
顨軒孔氏所著書七種　(清)孔廣森撰　清乾隆至嘉慶刻嘉慶二十二年(1817)曲阜孔氏儀鄭堂彙印本　十冊

330000－1711－0000317　普 000256　類叢部/叢書類/自著之屬
春在堂全書　(清)俞樾撰　清光緒二十五年(1899)刻本　六冊　存一種

330000－1711－0000318　普 000257　經部/群經總義類/傳說之屬
皇朝五經彙解二百七十卷　(清)朱鏡清輯　清光緒十四年(1888)上海鴻文書局石印本　二十八冊　缺四十一卷(易經十四至二十二、書經四十一至五十二、春秋八至十五、禮記十三至二十四)

330000－1711－0000319　普 000258　經部/群經總義類/傳說之屬
五經全文匯參揭要二十五卷　(清)許寶善選輯　清刻本　六冊　存四種

330000－1711－0000320　普 000259　經部/叢編
重刊宋本十三經注疏四百十六卷附十三經注疏校勘記四百十六卷　(清)阮元撰　(清)盧宣旬摘錄　**十三經注疏校勘記識語四卷**　(清)汪文臺撰　清光緒十三年(1887)上海脈望仙館石印本　二十四冊　存五百九十一卷(周易注疏校勘記五至九、釋文校勘記一,毛詩注疏十五至七十、校勘記二十一至七十,禮記注疏四十四至六十三、校勘記一至二十三,春秋左傳注疏一至十五、三十一至四十五)

330000－1711－0000321　普 000260　經部/四書類/總義之屬/傳說

四書集註十九卷　(宋)朱熹撰　清上海商務印書館鉛印本　十四冊

330000－1711－0000322　普 000262　經部/小學類/文字之屬/說文
說文通訓定聲十八卷分部柬韻一卷說雅一卷古今韻準一卷　(清)朱駿聲撰　(清)朱鏡蓉參訂　**行述一卷**　朱孔彰撰　清石印本　三冊　缺十一卷(一至九、十三至十四)

330000－1711－0000324　普 000264　經部/四書類/總義之屬/傳說
監本四書四種　(宋)朱熹撰　清道光二十五年(1845)德華堂刻本　三冊　存三種

330000－1711－0000325　普 000265　經部/四書類/論語之屬/傳說
論語十卷　(宋)朱熹集注　清刻本　二冊

330000－1711－0000327　普 000267　經部/小學類/文字之屬/說文/專著
說文古籀補十四卷補遺一卷附錄一卷　(清)吳大澂撰　清光緒石印本　四冊

330000－1711－0000328　普 000268　經部/小學類/音韻之屬/韻書
詩韻集成十卷　(清)余照輯　清光緒五年(1879)紫文閣刻本　二冊

330000－1711－0000329　普 000261　經部/四書類/論語之屬/專著
鄉黨圖考十卷　(清)江永撰　清刻本　四冊

330000－1711－0000331　普 000274　經部/春秋左傳類/傳說之屬
春秋左傳五十卷　(晉)杜預　(宋)林堯叟註釋　(唐)陸德明音義　(明)鍾惺　(明)孫鑛　(明)韓范評點　清李光明家刻本　十六冊

330000－1711－0000334　普 000275　經部/春秋左傳類/傳說之屬
春秋左傳杜注三十卷首一卷　(清)姚培謙撰　清光緒九年(1883)江南書局刻本　十冊

330000－1711－0000337　普 000276　經部/春秋左傳類/傳說之屬
春秋左傳杜注三十卷首一卷　(清)姚培謙學　(清)龐佑清補訂　清道光七年(1827)刻朱墨套印本　十冊

330000－1711－0000338　普 000277　經部/春秋左傳類/傳說之屬
左傳史論二卷　(清)高士奇撰　清刻本　一冊

330000－1711－0000341　普 000279　經部/春秋左傳類/傳說之屬
東萊先生左氏博議二十五卷首一卷　(宋)呂祖謙撰　清道光十九年(1839)錢唐瞿氏清吟閣刻本　六冊

330000－1711－0000342　普 000280　經部/春秋總義類/傳說之屬
春秋新義十三卷春秋表三卷　(清)朱兆熊撰　**星新經一卷**　(清)朱軾之撰　清刻本　二冊　缺七卷(七至十三)

330000－1711－0000343　普 000281　經部/春秋總義類/傳說之屬
春秋新義十三卷春秋表三卷　(清)朱兆熊撰　**星新經一卷**　(清)朱軾之撰　清刻本　一冊　缺十三卷(春秋新義一至十三)

330000－1711－0000344　普 000282　經部/春秋總義類/傳說之屬
春秋胡傳三十卷　(宋)胡安國撰　(宋)林堯叟音註　**春秋列國東坡圖說一卷**　(宋)蘇軾撰　**春秋傳綱領一卷春秋諸國興廢說一卷春秋提要一卷**　清初文樞堂刻本　九冊　缺三卷(十六至十八)

330000－1711－0000345　普 000283　經部/春秋總義類/傳說之屬
欽定春秋傳說彙纂三十八卷首二卷　(清)王掞總裁　清同治九年(1870)浙江撫署刻本　十五冊　缺十卷(十六至十九、二十六至二十九、三十四至三十五)

330000－1711－0000346　普 000284　類叢部/叢書類/彙編之屬

重訂七種古文選　（清）儲欣選評　清乾隆四十五年（1780）武林三餘堂刻本　五册　存二種

330000－1711－0000347　普000290　經部/春秋左傳類/傳說之屬
左繡三十卷首一卷　（清）馮李驊　（清）陸浩評輯　（清）范允斌　（清）沈乃文　（清）陸偲參評　（清）馮張孫等校輯　清康熙五十九年（1720）華川書屋刻本　十册

330000－1711－0000348　普000291　經部/群經總義類/傳說之屬
皇朝五經彙解二百七十卷　（清）朱鏡清輯　清光緒十九年（1893）寶文書局石印本　三十三册

330000－1711－0000349　普000292　經部/群經總義類/傳說之屬
皇朝五經彙解二百七十卷　（清）朱鏡清輯　清光緒十九年（1893）寶文書局石印本　十一册　存九十一卷（易經一至五，詩經一至六、三十五至五十二、六十九至七十六，春秋一至七、十六至五十三，禮記二十九至三十七）

330000－1711－0000357　普000288　經部/春秋總義類/傳說之屬
董子春秋繁露十七卷附録一卷　（漢）董仲舒撰　清光緒二十三年（1897）圖書集成局鉛印本　一册

330000－1711－0000358　普000289　子部/叢編
子書二十八種　（清）育文書局編　清宣統三年（1911）育文書局石印本　一册　存一種

330000－1711－0000360　普000300　經部/四書類/總義之屬/傳說
四書考異七十二卷　（清）翟灝撰　清乾隆三十四年（1769）無不宜齋刻本　五册　存三十一卷（總考一至十二、十八至三十六）

330000－1711－0000364　普000303　經部/四書類/論語之屬/傳說
論語集註十卷　（宋）朱熹撰　清王文光齋刻本　二册

330000－1711－0000365　普000304　經部/四書類/總義之屬/傳說
新訂四書補註備旨十卷　（明）鄧林撰　（清）杜定基增訂　清刻本　二册　存八卷（論語一至四、孟子一至四）

330000－1711－0000366　普000305　經部/四書類/總義之屬/傳說
漱芳軒合纂四書體註□□卷　（清）范翔叅訂　清上洋江左書林刻本　三册　存十二卷（大學體註一、中庸體註一、論語體註一至十）

330000－1711－0000367　普000307　經部/四書類/論語之屬/專著
孔子於鄉黨節二卷　（清）許兆培輯　清同治十二年（1873）刻本　二册

330000－1711－0000370　普000306　經部/四書類/總義之屬/傳說
永瑞堂四書體註合講四種　清刻本　四册　存二種

330000－1711－0000372　普000312　經部/四書類/總義之屬
俞南莊先生四書評本十九卷　（清）俞廷鑣撰　清同治十一年（1872）刻本　六册

330000－1711－0000378　普000313　經部/小學類/文字之屬/字書/字典
康熙字典十二集三十六卷總目一卷檢字一卷辨似一卷等韻一卷補遺一卷備考一卷　（清）張玉書等纂修　清刻本　四十册

330000－1711－0000379　普000318　經部/小學類/文字之屬/字書/字典
康熙字典十二集三十六卷總目一卷檢字一卷辨似一卷等韻一卷補遺一卷備考一卷　（清）張玉書等纂修　清刻本　四十册

330000－1711－0000380　普000319　經部/小學類/文字之屬/字書/字典
康熙字典十二集三十六卷總目一卷檢字一卷辨似一卷等韻一卷補遺一卷備考一卷　（清）張玉書等纂修　清道光七年（1827）刻本　四

十冊

330000－1711－0000381　普000320　經部/小學類/音韻之屬/韻書
詩韻集成十卷　(清)余照輯　清光緒三年(1877)上海三元堂銅活字印本　四冊

330000－1711－0000383　普000322　類叢部/叢書類/彙編之屬
經訓堂叢書二十二種　(清)畢沅編　清乾隆至嘉慶鎮洋畢氏刻彙印本　二冊　存一種

330000－1711－0000384　普000323　經部/小學類/訓詁之屬/爾雅
爾雅疏十卷　(宋)邢昺等撰　清光緒四年(1878)吳興陸氏十萬卷樓刻本　二冊

330000－1711－0000385　普000326　經部/小學類/文字之屬/字書/字典
康熙字典十二集三十六卷總目一卷檢字一卷辨似一卷等韻一卷補遺一卷備考一卷　(清)張玉書等纂修　清道光七年(1827)刻本　四十冊

330000－1711－0000386　普000327　經部/小學類/文字之屬/字書/字典
康熙字典十二集三十六卷總目一卷檢字一卷辨似一卷等韻一卷補遺一卷備考一卷　(清)張玉書等纂修　清道光七年(1827)刻本　四十冊

330000－1711－0000387　普000328　子部/藝術類/書畫之屬/書法書品
草聖彙辨四卷　(清)朱宗文摹輯　清抄本　四冊

330000－1711－0000388　普000324　經部/小學類/文字之屬/說文/專著
說文古籀補十四卷補遺一卷附錄一卷　(清)吳大澂撰　清光緒七年(1881)刻本　二冊

330000－1711－0000389　普000329　子部/藝術類/書畫之屬/法帖
草字彙十二卷　(清)石梁輯　清道光五年(1825)刻本　四冊

330000－1711－0000390　普000330　經部/小學類/文字之屬/字書/字體
六書通十卷　(明)閔齊伋撰　(清)畢弘述篆訂　清乾隆六十年(1795)刻本　八冊

330000－1711－0000391　普000331　經部/小學類/文字之屬/說文
說文解字十五卷　(漢)許慎撰　(宋)徐鉉等校定　清乾隆三十八年(1773)大興朱筠椒華吟舫刻本　六冊

330000－1711－0000392　普000325　經部/小學類/訓詁之屬/字詁
字說一卷　(清)吳大澂撰　清光緒七年(1881)刻本　一冊

330000－1711－0000393　普000332　經部/小學類/文字之屬/字書/字典
康熙字典十二集三十二卷總目一卷檢字一卷辨似一卷等韻一卷補遺一卷備考一卷　(清)張玉書等纂修　清光緒二十年(1894)上海點石齋石印本(寅集、卯集配清刻本)　七冊

330000－1711－0000395　普000337　經部/小學類/文字之屬/字書/字典
康熙字典十二集三十六卷總目一卷檢字一卷辨似一卷等韻一卷補遺一卷備考一卷　(清)張玉書等纂修　清光緒二十年(1894)上海點石齋石印本　六冊

330000－1711－0000396　普000333　經部/小學類/文字之屬/字書/字典
康熙字典十二集三十六卷總目一卷檢字一卷辨似一卷等韻一卷補遺一卷備考一卷　(清)張玉書等纂修　清光緒十三年(1887)上海同文書局石印本　五冊　缺九卷(寅集上中下、卯集上中下、辰集上中下)

330000－1711－0000397　普000338　經部/小學類/文字之屬/字書/字典
康熙字典十二集三十六卷總目一卷檢字一卷辨似一卷等韻一卷補遺一卷備考一卷　(清)張玉書等纂修　清光緒十六年(1890)上海鴻文書局石印本　六冊

330000－1711－0000401　普 000339　經部/小學類/文字之屬/字書/字典

康熙字典十二集三十六卷總目一卷檢字一卷辨似一卷等韻一卷補遺一卷備考一卷　(清)張玉書等纂修　清宣統三年(1911)上海商務印書館銅板印本　六册　缺六卷(酉集上中下、戌集上中下)

330000－1711－0000402　普 000343　經部/小學類/文字之屬/字書/字體

六書通十卷首一卷附百體福壽全圖　(明)閔齊伋撰　(清)畢弘述篆訂　清光緒十九年(1893)上海書局石印本　五册

330000－1711－0000405　普 000344　經部/小學類/文字之屬/字書/字典

六一山房重校石印攷正字彙二卷　(清)陳淏子撰　清光緒二十六年(1900)石印本　一册　存一卷(上)

330000－1711－0000410　普 000350　類叢部/叢書類/自著之屬

四錄堂類集九種　(清)嚴可均撰　清嘉慶至道光刻本　二册　存一種

330000－1711－0000412　普 000351　史部/金石類/總志之屬/文字

隨軒金石文字十卷　(清)徐渭仁撰　清同治七年(1868)徐允臨刻本　四册

330000－1711－0000413　普 000352　史部/金石類/金之屬/文字

歷代鐘鼎彝器款識法帖二十卷　(宋)薛尚功撰　清嘉慶二年(1797)儀徵阮元小琅環僊館刻本　四册

330000－1711－0000420　普 000359　類叢部/叢書類/自著之屬

寒松閣集五種　(清)張鳴珂撰　清光緒十年至二十四年(1884－1898)嘉興張氏刻本　一册　存一種

330000－1711－0000421　普 000360　類叢部/叢書類/自著之屬

寒松閣集五種　(清)張鳴珂撰　清光緒十年至二十四年(1884－1898)嘉興張氏刻本　一册　存一種

330000－1711－0000422　普 000361　集部/詞類/詞韻之屬

榕園詞韻一卷　(清)吳寧撰　清乾隆四十九年(1784)冬青山館刻本　一册

330000－1711－0000423　普 000362　集部/詞類/詞韻之屬

榕園詞韻一卷　(清)吳寧撰　清乾隆四十九年(1784)冬青山館刻本　二册

330000－1711－0000424　普 000363　經部/小學類/音韻之屬/韻書

詩韻辨字增註五卷　(清)張澐卿輯　清光緒七年(1881)張澐卿刻本　一册

330000－1711－0000425　普 000364　經部/小學類/音韻之屬/韻書

詩韻珠璣五卷附錄一卷　(清)余照撰　清刻本　二册　存五卷(詩韻珠璣一至五)

330000－1711－0000426　普 000365　經部/小學類/文字之屬/字書/字典

字彙十二集首一卷末一卷韻法直圖一卷　(明)梅膺祚撰　**韻法橫圖一卷**　(明)李世澤撰　清同治七年(1868)上洋紫文閣刻本　十四册

330000－1711－0000427　普 000366　子部/宗教類/佛教之屬/總録

一切經音義二十五卷　(唐)釋玄應撰　**補訂新譯大方廣佛華嚴經音義二卷**　(唐)釋慧苑撰　**華嚴經音義敘錄一卷**　(清)臧庸輯　**刻華嚴經音義校勘記一卷**　(清)曹籀撰　清同治八年(1869)武林張氏寶晉齋刻本　六册　缺一卷(校勘記)

330000－1711－0000428　普 000367　經部/小學類/文字之屬/字書/字典

康熙字典十二集三十六卷總目一卷檢字一卷辨似一卷等韻一卷補遺一卷備考一卷　(清)張玉書等纂修　清刻本(午集至亥集、補遺、備考配清刻本,申集上配不同版清刻本)　四

十冊

330000－1711－0000434　普 000373　經部/小學類/文字之屬/說文/傳說

王氏說文三種一百三卷　(清)王筠撰　清道光至咸豐刻同治四年(1865)彙印本　十五冊　存一種

330000－1711－0000435　普 000374　經部/小學類/文字之屬/字書

經字辨體八卷首一卷　(清)邱家煒撰　清光緒七年(1881)京都二酉齋刻本　四冊

330000－1711－0000439　普 000375　類叢部/叢書類/自著之屬

靁刻四種　(清)雷浚輯撰　清光緒十年(1884)刻本　六冊

330000－1711－0000441　普 000380　經部/小學類/文字之屬/說文/專著

說文辨字正俗八卷　(清)李富孫撰　清同治九年(1870)校經廎刻本　二冊

330000－1711－0000444　普 000382　經部/小學類/文字之屬/說文

說文解字十五卷　(漢)許慎撰　(宋)徐鉉等校定　清光緒五年(1879)平江洪氏刻本　四冊

330000－1711－0000445　普 000383　經部/小學類/文字之屬/說文

讀說文雜識一卷　(清)許棫撰　**韻目表一卷**　(清)錢學嘉撰　**尚書沿革表一卷**　(清)戴熙學　清光緒七年(1881)刻本　一冊

330000－1711－0000450　普 000389　經部/小學類/文字之屬/字書

和文漢譯讀本八卷　(日本)坪内雄藏編輯　(日本)長尾槙太郎譯校　清光緒三十年(1904)上海商務印書館石印本　八冊

330000－1711－0000451　普 000390　經部/小學類/文字之屬/字書

增訂臨文便覽不分卷　(清)張仰山輯　(清)怡雲仙館主人輯　清光緒二年(1876)怡雲仙館刻本　二冊

330000－1711－0000452　普 000391　經部/小學類/文字之屬/字書/字典

康熙字典十二集三十六卷總目一卷檢字一卷辨似一卷等韻一卷補遺一卷備考一卷　(清)張玉書等纂修　清光緒六年(1880)上海點石齋石印本　一冊

330000－1711－0000454　普 000393　經部/小學類/文字之屬/說文/傳說

說文答問疏證六卷　(清)錢大昕撰　(清)薛傳均疏證　清光緒八年(1882)紫薇山館刻本　二冊

330000－1711－0000455　普 000394　經部/小學類/文字之屬/說文/傳說

說文答問疏證六卷　(清)錢大昕撰　(清)薛傳均疏證　清光緒八年(1882)紫薇山館刻本　二冊

330000－1711－0000456　普 000395　經部/小學類/文字之屬/字書

字學舉隅不分卷　(清)黄本驥　(清)龍啟瑞撰　清光緒八年(1882)松竹齋刻本　一冊

330000－1711－0000457　普 000396　經部/小學類/文字之屬/字書/字典

字鑑五卷　(元)李文仲撰　清道光五年(1825)許槤古韻閣經書塾刻本　二冊

330000－1711－0000458　普 000398　經部/小學類/文字之屬/說文

說文解字注十五卷附六書音韻表五卷　(清)段玉裁撰　**說文部目分韻一卷**　(清)陳煥編　清嘉慶二十年(1815)刻本　四冊　存四卷(十二至十五)

330000－1711－0000459　普 000397　經部/小學類/音韻之屬/韻書

音韻闡微十八卷　(清)李光地等撰　清光緒七年(1881)淮南書局刻本　六冊

330000－1711－0000460　普 000399　經部/小學類/文字之屬/字書

字學舉隅不分卷　(清)黄本驥　(清)龍啟瑞撰　清刻本　一冊

330000－1711－0000461　普 000400　經部/小學類/文字之屬/說文

說文解字十五卷標目一卷　（漢）許慎撰　（宋）徐鉉等校定　清刻本　三冊　存八卷（三至十）

330000－1711－0000462　普 000401　經部/小學類/文字之屬/字書/字典

康熙字典十二集三十六卷總目一卷檢字一卷辨似一卷等韻一卷補遺一卷備考一卷　（清）張玉書等纂修　清道光七年（1827）刻本（巳集上配清刻本）　四十冊

330000－1711－0000463　普 000402　經部/小學類/文字之屬/字書/字體

六書通十卷　（明）閔齊伋撰　（清）畢弘述篆訂　清光緒四年（1878）繡谷留耕堂刻本　三冊　存六卷（一至四、七至八）

330000－1711－0000465　普 000404　經部/小學類/文字之屬/說文

說文解字注十五卷附六書音韻表五卷　（清）段玉裁撰　**說文部目分韻一卷**　（清）陳煥編　清乾隆至嘉慶段氏經韻樓刻同治六年至十一年（1867－1872）蘇州保息局補刻本　十六冊

330000－1711－0000466　普 000405　經部/群經總義類/文字音義之屬

十三經集字不分卷　（清）彭玉雯撰　清刻本　七冊

330000－1711－0000467　普 000406　史部/金石類/金之屬/文字

積古齋鐘鼎彝器款識十卷　（清）阮元　（清）朱爲弼撰　清末石印本　四冊　存八卷（三至十）

330000－1711－0000470　普 000409　經部/小學類/音韻之屬/韻書

字類標韻六卷　（清）華綱輯　（清）吳汝渤重訂　清許正來順記刻本　二冊

330000－1711－0000471　普 000410　經部/小學類/音韻之屬/韻書

增註字類標韻六卷　（清）華綱撰　（清）范多玨重訂　清光緒十九年（1893）煥文書局鉛印本　二冊

330000－1711－0000472　普 000414　經部/小學類/文字之屬/說文/專著

六書説明一卷　清末石印本　一冊

330000－1711－0000475　普 000417　經部/小學類/文字之屬/字書

字學舉隅不分卷　（清）黃本驥　（清）龍啟瑞撰　清刻本　一冊

330000－1711－0000480　普 000422　經部/小學類/文字之屬/字書/字典

康熙字典十二集三十六卷總目一卷檢字一卷辨似一卷等韻一卷補遺一卷備考一卷　（清）張玉書等纂修　清光緒十六年（1890）上海鴻文書局石印本　六冊

330000－1711－0000482　普 000423　經部/小學類/文字之屬/字書/字典

康熙字典十二集三十六卷總目一卷檢字一卷辨似一卷等韻一卷補遺一卷備考一卷　（清）張玉書等纂修　清光緒十六年（1890）上海鴻文書局石印本　六冊

330000－1711－0000483　普 000420　子部/藝術類/書畫之屬/法帖

草字彙十二卷　（清）石梁輯　清乾隆五十三年（1788）敬義齋刻本　四冊　缺四卷（七至十）

330000－1711－0000485　普 000421　經部/小學類/文字之屬/說文

苗氏說文四種　（清）苗夔撰　清道光至咸豐壽陽祁氏漢專亭刻本　四冊

330000－1711－0000488　普 000433　類叢部/叢書類/彙編之屬

函海一百五十二種　（清）李調元編　清乾隆綿州李氏萬卷樓刻嘉慶十四年（1809）李鼎元重校印本　二冊　存一種

330000－1711－0000489　普 000426　經部/小學類/文字之屬/字書/訓蒙

澄衷蒙學堂字課圖説四卷檢字一卷類字一卷　劉樹屏撰　吴子城繪圖　清光緒二十九年(1903)澄衷蒙學堂印書處石印本　八册

330000－1711－0000491　普 000432　經部/叢編

皇清經解一千四百卷首一卷　(清)阮元輯　清道光九年(1829)廣東學海堂刻本　三册　存十六卷(一千二百六十一至一千二百七十六)

330000－1711－0000494　普 000435　經部/小學類/音韻之屬/韻書

詩韻合璧五卷　(清)湯祥瑟輯　清光緒四年(1878)上海淞隱閣鉛印本　三册　缺二卷(三、五)

330000－1711－0000495　普 000436　經部/小學類/音韻之屬/韻書

詩韻合璧五卷　(清)湯祥瑟輯　清刻本　四册　缺一卷(一)

330000－1711－0000496　普 000437　經部/小學類/文字之屬/字書/字典

康熙字典十二集三十六卷總目一卷檢字一卷辨似一卷等韻一卷補遺一卷備考一卷　(清)張玉書等纂修　清光緒十四年(1888)上海圖書集成印書局鉛印本　十二册

330000－1711－0000497　普 000429　類叢部/叢書類/彙編之屬

清風室叢刊二十種　(清)錢保塘編　清同治十年至民國二十五年(1871－1936)海寧錢氏清風室刻本　二册　存一種

330000－1711－0000498　普 000427　經部/小學類/文字之屬/字書/訓蒙

澄衷蒙學堂字課圖説四卷檢字一卷類字一卷　劉樹屏撰　吴子城繪圖　清光緒二十七年(1901)澄衷蒙學堂印書處石印本　八册

330000－1711－0000499　普 000428　經部/小學類/文字之屬/字書/字體

集漢隸分韻七卷　(元)□□撰　清乾隆三十七年(1772)九沙萬氏辨志堂刻本　二册

330000－1711－0000500　普 000438　經部/小學類/文字之屬/字書/字典

康熙字典十二集三十六卷總目一卷檢字一卷辨似一卷等韻一卷補遺一卷備考一卷　(清)張玉書等纂修　清康熙刻本　四十册

330000－1711－0000503　普 000441　經部/小學類/文字之屬/字書/字典

康熙字典十二集三十六卷總目一卷檢字一卷辨似一卷等韻一卷補遺一卷備考一卷　(清)張玉書等纂修　清光緒元年(1875)湖北崇文書局刻本　四十册

330000－1711－0000504　普 000442　經部/小學類/文字之屬

字典考證不分卷　(清)王念孫　(清)王引之撰　清光緒二年(1876)湖北崇文書局刻本　六册

330000－1711－0000505　普 000444　經部/小學類/訓詁之屬/字詁

助字辨略五卷　(清)劉淇撰　清刻本　一册

330000－1711－0000506　普 000446　經部/小學類/文字之屬/字書

字學舉隅續編不分卷　(清)黄本驥　(清)龍啟瑞撰　清光緒二年(1876)怡雲仙館刻本　二册

330000－1711－0000507　普 000447　經部/小學類/文字之屬/説文/傳説

説文答問疏證六卷　(清)錢大昕撰　(清)薛傳均疏證　清光緒八年(1882)紫薇山館刻本　二册

330000－1711－0000508　普 000447　經部/小學類/文字之屬/説文

説文解字注十五卷附六書音韻表五卷　(清)段玉裁撰　**説文部目分韻一卷**　(清)陳煥編　清光緒七年(1881)查燕緒木漸齋刻本　十七册

330000－1711－0000509　普 000448　經部/小學類/文字之屬/字書/字典

康熙字典十二集三十六卷總目一卷檢字一卷

辨似一卷等韻一卷補遺一卷備考一卷 (清)張玉書等纂修 清光緒三十年(1904)上海錦章書局石印本 六册

330000－1711－0000510 普 000449 經部/叢編

重刊宋本十三經注疏四百十六卷附十三經注疏校勘記四百十六卷 (清)阮元撰 (清)盧宣旬摘錄 **校勘記識語四卷** (清)汪文臺撰 清光緒袖海山房石印本 十四册 存九種

330000－1711－0000511 普 000443 經部/叢編

古經解彙函十六種附小學彙函十四種續附十種 (清)鍾謙鈞等輯 清光緒十四年(1888)上海蜚英館石印本 二十册

330000－1711－0000513 普 000451 史部/叢編

二十四史 清同治至光緒五省官書局彙印本 八册 存一種

330000－1711－0000514 普 000452 史部/紀傳類/正史之屬

漢書一百卷 (漢)班固撰 (唐)顔師古注 清光緒十三年(1887)金陵書局刻本 十六册

330000－1711－0000516 普 000453 史部/紀傳類/正史之屬

四史四百十五卷 清光緒十三年(1887)金陵書局刻本 十六册 存一百五十卷(後漢書一至一百二十、續漢志一至三十)

330000－1711－0000517 普 000455 類叢部/叢書類/自著之屬

五經歲徧齋校書三種 (清)翟雲升輯 清道光東萊翟氏刻本 一册 存一種

330000－1711－0000518 普 000456 史部/叢編

二十四史 清同治至光緒五省官書局彙印本 七十三册 存五種

330000－1711－0000519 普 000457 史部/金石類/金之屬/文字

積古齋鐘鼎彝器款識十卷 (清)阮元 (清)朱爲弼撰 清光緒八年(1882)常熟抱芳閣刻本 二册

330000－1711－0000520 普 000458 史部/紀傳類/正史之屬

史記一百三十卷 (漢)司馬遷撰 (南朝宋)裴駰集解 (唐)司馬貞索隱 (唐)張守節正義 清同治五年至九年(1866－1870)金陵書局刻本 二十册

330000－1711－0000521 普 000459 史部/紀傳類/正史之屬

校刊史記集解索隱正義札記五卷 (清)張文虎撰 清同治十一年(1872)金陵書局刻本 二册

330000－1711－0000522 普 000460 史部/紀傳類/正史之屬

梁書五十六卷 (唐)姚思廉撰 清初古吳趙氏書業堂刻本 八册

330000－1711－0000524 普 000462 史部/叢編

二十四史 清同治至光緒五省官書局彙印本 四十八册 存一種

330000－1711－0000525 普 000463 史部/叢編

重刊二十四史 清同治八年(1869)嶺南葄古堂刻本(册一葉一至二、二十四至二十八,册五十一葉一至十三配抄本) 八十册 存一種

330000－1711－0000526 普 000464 史部/叢編

二十四史 清同治至光緒五省官書局彙印本 一百四十册 存二種

330000－1711－0000527 普 000472 史部/編年類/通代之屬

御批歷代通鑑輯覽一百二十卷 (清)傅恒等撰 清光緒三十年(1904)上海商務印書館鉛印本 二十四册

330000－1711－0000529 普 000466 史部/編年類/通代之屬

御批歷代通鑑輯覽一百二十卷 (清)傅恒等撰 清光緒二十四年(1898)上洋圖書集成局鉛印本 二十四册

330000－1711－0000530 普000468 史部/編年類/通代之屬

御批歷代通鑑輯覽一百二十卷 (清)傅恒等撰 清同治十年(1871)浙江書局刻朱墨套印本 四十七册 缺三卷(四十八至五十)

330000－1711－0000531 普000469 史部/編年類/斷代之屬

明鑑易知錄十五卷 (清)吳乘權等撰 清三讓堂刻本 八册

330000－1711－0000534 普000476 史部/編年類/通代之屬

尺木堂綱鑑易知錄九十二卷 (清)吳乘權等輯 清松盛堂刻本 四十册

330000－1711－0000535 普000473 史部/編年類/通代之屬

御批資治通鑑綱目全書一百九卷 (清)聖祖玄燁批 (清)宋犖校刊 清光緒石印本 二十二册 存九十九卷(綱目首,一至五、十至五十九,前編三至十八,續編一至二十七)

330000－1711－0000536 普000477 史部/編年類/通代之屬

御撰資治通鑑綱目三編二十卷 (清)張廷玉等撰 清刻本 八册

330000－1711－0000537 普000475 史部/編年類/通代之屬

資治通鑑二百九十四卷 (宋)司馬光撰 (元)胡三省音注 **通鑑釋文辯誤十二卷** (元)胡三省撰 清嘉慶二十一年(1816)鄱陽胡克家影元刻本 一百册

330000－1711－0000538 普000478 史部/編年類/通代之屬

讀通鑑綱目劄記二十卷 (清)章邦元撰 **年譜一卷日記一卷** (清)章家祚撰 清光緒十六年至十八年(1890－1892)銅陵章氏刻本 九册

330000－1711－0000539 普000479 史部/叢編

資治通鑑彙刻 清同治至光緒江蘇書局刻本 二册 存一種

330000－1711－0000540 普000480 史部/紀傳類/正史之屬

宋遼金元四史朔閏攷二卷 (清)錢大昕撰 (清)錢侗增補 清嘉慶二十一年(1816)刻本 一册

330000－1711－0000541 普000481 史部/編年類/通代之屬

御批歷代通鑑輯覽一百二十卷 (清)傅恒等撰 (清)楊述曾等纂修 清光緒三十四年(1908)上海商務印書館鉛印本 三十四册 存一百四卷(一至六十二、七十九至一百二十)

330000－1711－0000542 普000491 史部/編年類/通代之屬

新刊趙田了凡袁先生編纂古本歷史大方綱鑑補三十九卷首一卷 (宋)司馬光通鑑 (宋)朱熹綱目 (明)袁黄編纂 清光緒六年(1880)星沙弍讓堂刻本 十八册 存十八卷(首,一至五、七至十八)

330000－1711－0000543 普000492 史部/編年類/通代之屬

御批歷代通鑑輯覽一百二十卷 (清)傅恒等撰 清光緒二十四年(1898)上洋圖書集成局鉛印本 二十四册

330000－1711－0000544 普000482 子部/叢編

子書二十三種 (清)浙江書局編 清光緒二十三年(1897)上海圖書集成局鉛印本 二册 存一種

330000－1711－0000545 普000483 史部/史表類/通代之屬

歷代帝王年表三卷 (清)齊召南撰 (清)阮福續 清光緒十二年(1886)蘇州掃葉山房刻本 三册

330000－1711－0000547　普 000484　史部/編年類/通代之屬

御批通鑑輯覽分類纂新五十八卷　(清)丁國典撰　清光緒二十九年(1903)上海鴻文書局石印本　六冊

330000－1711－0000548　普 000485　史部/編年類/斷代之屬

明紀六十卷　(清)陳鶴輯　(清)陳克家補　清同治十年(1871)江蘇書局刻本　二十冊

330000－1711－0000549　普 000486　史部/編年類/通代之屬

重訂王鳳洲先生綱鑑會纂四十六卷續宋元紀二十三卷　(明)王世貞撰　(明)陳仁錫訂　**御撰資治通鑑綱目三編四卷**　(清)張廷玉等撰　清光緒十八年(1892)上海點石齋石印本　十四冊　缺四卷(三編一至四)

330000－1711－0000550　普 000487　史部/編年類/通代之屬

尺木堂綱鑑易知錄二十卷　(清)吳乘權等輯　清光緒十三年(1887)上海點石齋石印本　十冊

330000－1711－0000551　普 000488　史部/編年類/通代之屬

御撰資治通鑑綱目三編四卷　(清)張廷玉等撰　清光緒十三年(1887)上海點石齋石印本　二冊

330000－1711－0000552　普 000489　史部/編年類/通代之屬

御撰資治通鑑綱目三編四卷　(清)張廷玉等撰　清石印本　二冊

330000－1711－0000553　普 000490　史部/編年類/通代之屬

尺木堂綱鑑易知錄九十二卷明鑑易知錄十五卷　(清)吳乘權等輯　清光緒二十七年(1901)上海商務印書館鉛印本　十六冊

330000－1711－0000555　普 000495　史部/編年類/斷代之屬

明通鑑九十卷前編四卷附編六卷首一卷　(清)夏燮撰　清光緒二十三年(1897)湖北官書處刻本　四十冊

330000－1711－0000556　普 000496　史部/編年類/通代之屬

綱鑑會編九十八卷歷代統系表略三卷　(清)葉澐輯　清康熙四十一年(1702)刻本　二冊　存三卷(歷代統系表略一至三)

330000－1711－0000557　普 000497　史部/史抄類

史鑑節要便讀六卷　(清)鮑東里撰　清同治十三年(1874)江蘇書局刻本　二冊

330000－1711－0000558　普 000498　史部/編年類/通代之屬

御撰資治通鑑綱目三編二十卷　(清)張廷玉等編次　清刻本　三冊

330000－1711－0000559　普 000499　史部/編年類/通代之屬

御撰資治通鑑綱目三編二十卷　(清)張廷玉等撰　清刻本　四冊

330000－1711－0000560　普 000500　史部/編年類/通代之屬

御批續資治通鑑綱目二十七卷　(明)商輅等撰　(清)聖祖玄燁批　清刻本　二十冊

330000－1711－0000561　普 000501　史部/史表類/通代之屬

歷代帝王年表十四卷　(清)齊召南撰　(清)阮福續　**帝王廟謚年諱譜一卷**　(清)陸費墀撰　清同治二年(1863)武林葉敦怡堂刻本　四冊

330000－1711－0000562　普 000502　史部/編年類/通代之屬

尺木堂綱鑑易知錄九十二卷明鑑易知錄十五卷　(清)吳乘權等輯　清光緒二十四年(1898)上海宏文閣鉛印本(卷一至四配民國五年上海商務印書館鉛印本)　十六冊

330000－1711－0000563　普 000503　史部/編年類/通代之屬

分類歷代通鑑輯覽六十四卷終一卷　(清)陳

善纂　清光緒二十九年(1903)點石齋書局石印本　二十三冊　缺五卷(三十至三十四)

330000－1711－0000564　普000504　史部/編年類/斷代之屬
欽定明鑑二十四卷首一卷　(清)胡敬等輯　清同治九年(1870)湖北崇文書局刻本　十冊

330000－1711－0000565　普000505　史部/編年類/斷代之屬
皇朝政典挈要八卷　(日本)增田貢撰　(清)毛淦補編　清石印本　三冊　缺一卷(八)

330000－1711－0000566　普000506　史部/編年類/通代之屬
尺木堂綱鑑易知錄九十二卷　(清)吳乘權等輯　清尺木堂刻光緒八年(1882)掃葉山房印本　三十一冊　缺二十卷(十一、三十五至三十六、四十三至四十四、五十至六十四)

330000－1711－0000567　普000508　史部/編年類/通代之屬
御批歷代通鑑輯覽一百二十卷　(清)傅恒等撰　清光緒五年(1879)刻朱墨套印本　五十八冊

330000－1711－0000568　普000507　史部/編年類/通代之屬
御撰資治通鑑綱目三編二十卷　(清)張廷玉等撰　清刻本　五冊　存十七卷(四至二十)

330000－1711－0000569　普000509　史部/編年類/斷代之屬
東華錄三十二卷(天聰朝)　(清)蔣良騏撰　清刻本　八冊　存十六卷(三至四、七至八、十一至十八、二十一至二十四)

330000－1711－0000570　普000511　史部/紀事本末類
紀事本末五種　(清)□□輯　清同治十二年至十三年(1873－1874)江西書局刻本　九冊　存一種

330000－1711－0000571　普000510　史部/編年類/通代之屬
綱鑑正史約三十六卷　(明)顧錫疇撰　(清)陳弘謀增訂　**甲子紀元一卷**　(清)陳弘謀撰　清同治八年(1869)浙江書局刻本　十九冊　缺二卷(一至二)

330000－1711－0000572　普000512　史部/紀事本末類/斷代之屬
明朝紀事本末八十卷　(清)谷應泰撰　清刻本　十五冊　存七十五卷(一至七十五)

330000－1711－0000573　普000517　史部/編年類/通代之屬
資治通鑑綱目五十九卷　(宋)朱熹撰　(明)陳仁錫評　**資治通鑑綱目續編一卷**　(明)陳桱撰　(明)陳仁錫評　**資治通鑑綱目前編二十五卷**　(明)南軒撰　(明)陳仁錫評　**續資治通鑑綱目二十七卷**　(明)商輅等撰　(明)陳仁錫評　清康熙四十年(1701)王公行刻本　九十八冊　存一百九卷(資治通鑑綱目一至十四、十六至二十五、二十七至五十九,前編一至二十五,續一至二十七)

330000－1711－0000574　普000513　史部/編年類/通代之屬
續資治通鑑二百二十卷　(清)畢沅撰　清乾隆鎮洋畢氏刻嘉慶六年(1801)桐鄉馮氏德裕堂續刻同治六年(1867)永康應氏補刻八年(1869)江蘇書局修補印本　五十九冊　缺四卷(二百十至二百十三)

330000－1711－0000576　普000515　史部/傳記類/總傳之屬/斷代
文獻徵存錄十卷　(清)錢林撰　清咸豐八年(1858)有嘉樹軒刻本　二冊　存二卷(一至二)

330000－1711－0000577　普000516　史部/傳記類/總傳之屬/列女
繡像古今賢女傳九卷　(清)魏息園撰　清石印本　二冊　存二卷(七至八)

330000－1711－0000578　普000518　史部/傳記類/總傳之屬/通代
尚友錄二十二卷補遺一卷　(明)廖用賢輯　(清)張伯琮補輯　清光緒十六年(1890)上海掃葉山房銅版印本　五冊　存十八卷(一至

七、十二至二十二)

330000－1711－0000579　普000519　史部/傳記類/總傳之屬/斷代

國朝先正事略六十卷　(清)李元度撰　清同治五年至八年(1866－1869)循陔草堂刻本　十二冊　存二十二卷(一至二十二)

330000－1711－0000580　普000520　史部/傳記類/總傳之屬/仕宦

五朝名臣言行錄前集十卷後集十四卷　(宋)朱熹輯　**續集八卷別集二十六卷外集十七卷**　(宋)李幼武輯　清道光歙績學堂洪氏刻本　十八冊　存五十四卷(前集一至十,後集一至十四,續集一至八,別集一、十至十三,外集一至十七)

330000－1711－0000581　普000521　史部/傳記類/總傳之屬/斷代

國朝先正事略六十卷　(清)李元度撰　清同治五年至八年(1866－1869)循陔草堂刻本　二十四冊

330000－1711－0000582　普000522　史部/傳記類/總傳之屬/斷代

國朝名人傳略二十四卷　(清)吳修采輯　清光緒十年(1884)上海王氏藏修書屋刻本　四冊

330000－1711－0000583　普000523　子部/藝術類/書畫之屬/畫譜

晚笑堂畫傳一卷明太祖功臣圖一卷　(清)上官周繪　清乾隆刻本　一冊　存一卷(晚笑堂畫傳)

330000－1711－0000585　普000525　史部/傳記類/日記之屬

三洲日記八卷(清光緒十一年)　(清)張蔭桓撰　清光緒三十二年(1906)上海石印本　七冊　缺一卷(六)

330000－1711－0000586　普000526　史部/傳記類/總傳之屬/仕宦

五朝名臣言行錄前集十卷後集十四卷　(宋)朱熹輯　**續集八卷別集二十六卷外集十七卷**　(宋)李幼武輯　清道光歙績學堂洪氏刻本　十二冊

330000－1711－0000587　普000527　史部/傳記類/總傳之屬/斷代

國朝先正事略六十卷　(清)李元度撰　清光緒二十五年(1899)石印本　六冊

330000－1711－0000588　普000528　集部/總集類/尺牘之屬

昭代名人尺牘二十四卷小傳二十四卷　(清)吳修輯　清光緒三十四年(1908)上海西泠印社影印本　二冊　存二十四卷(小傳一至二十四)

330000－1711－0000589　普000529　史部/政書類/儀制之屬/典禮

聖廟祀典圖考三卷首一卷附聖跡圖一卷孟子聖跡圖一卷　(清)顧沅撰　清光緒上海同文書局影印本　二冊　缺二卷(二至三)

330000－1711－0000591　普000531　類叢部/叢書類/郡邑之屬

金華叢書六十八種　(清)胡鳳丹編　清同治七年至光緒八年(1868－1882)永康胡氏退補齋刻民國補刻本　一冊　存一種

330000－1711－0000592　普000532　集部/別集類/清別集

百美新詠一卷集詠一卷圖傳一卷　(清)顏希源撰　清嘉慶十年(1805)集腋軒刻本　四冊

330000－1711－0000595　普000535　史部/傳記類/別傳之屬/事狀

李鴻章(中國四十年來大事記)十二章　梁啟超撰　清末石印本　一冊

330000－1711－0000596　普000536　史部/傳記類/總傳之屬

中興將帥別傳三十卷　朱孔彰撰　清光緒二十三年(1897)江寧刻本　十冊

330000－1711－0000597　普000537　史部/傳記類/總傳之屬/儒林

學案小識十四卷首一卷末一卷　(清)唐鑑撰　清光緒上海文瑞樓石印本　六冊

330000－1711－0000598　普000538　史部/傳記類/職官録之屬/總録

大清搢紳全書四卷(清光緒七年秋)　清光緒七年(1881)榮録堂刻本　四册

330000－1711－0000599　普000539　史部/傳記類/職官録之屬/總録

大清搢紳全書四卷(清光緒二十三年)　清光緒二十三年(1897)榮録堂刻本　四册

330000－1711－0000600　普000540　史部/傳記類/總傳之屬/仕宦

五朝名臣言行録前集十卷後集十四卷　(宋)朱熹輯　**續集八卷别集二十六卷外集十七卷**　(宋)李幼武輯　清刻本　六册　存三十四卷(後集一至十四、續集一至八、别集一至六、外集十二至十七)

330000－1711－0000601　普000541　子部/叢編

子書二十八種彙函　(清)文瑞樓編　清光緒二十二年至三十四年(1896－1908)鉛印本　一册　存一種

330000－1711－0000607　普000547　類叢部/叢書類/彙編之屬

粤雅堂叢書一百八十四種　(清)伍崇曜編　清道光二十九年至光緒十一年(1849－1885)南海伍氏刻彙印本　一册　存一種

330000－1711－0000608　普000548　史部/傳記類/總傳之屬/技藝

古今楹聯彙刻小傳十二卷首集一卷外集一卷　吴隱輯　清光緒三十二年(1906)西泠印社刻本　一册　存七卷(七至十二、外集)

330000－1711－0000609　普000549　子部/叢編

二十二子(二十二子彙函)　(清)浙江書局編　清光緒元年至三年(1875－1877)浙江書局刻本　一册　存一種

330000－1711－0000610　普000550　史部/傳記類/總傳之屬/仕宦

貳臣傳十二卷逆臣傳四卷　(清)國史館撰　清都城琉璃廠半松居士刻本　八册

330000－1711－0000611　普000551　史部/傳記類/總傳之屬/仕宦

貳臣傳十二卷逆臣傳四卷　(清)國史館撰　清都城琉璃廠半松居士刻本　八册

330000－1711－0000612　普000552　史部/傳記類/總傳之屬/仕宦

貳臣傳十二卷逆臣傳四卷　(清)國史館撰　清都城琉璃廠半松居士刻本　四册　存九卷(三至七、十至十一,逆臣傳三至四)

330000－1711－0000615　普000555　史部/政書類/公牘檔册之屬

常勝軍案畧一卷　(清)謝元壽輯　清光緒成德堂木活字印本　一册

330000－1711－0000616　普000556　史部/政書類/公牘檔册之屬

常勝軍案畧一卷　(清)謝元壽輯　清光緒成德堂木活字印本　一册

330000－1711－0000617　普000561　類叢部/叢書類/自著之屬

船山遺書五十八種　(清)王夫之撰　清末鉛印本　十册　存二種

330000－1711－0000618　普000562　史部/史評類/史論之屬

古今名家史事論二卷　(清)馬□□輯　清末石印本　二册

330000－1711－0000619　普000563　史部/傳記類/總傳之屬/通代

增廣古今人物論三十六卷續編十二卷　(明)鄭賢　(清)願學齋同人輯　清光緒二十八年(1902)富文書局石印本　十二册

330000－1711－0000620　普000557　史部/地理類/遊記之屬/紀行

海外見聞録二卷　(清)桃谿漁隱　(清)惺新盦主輯　清光緒二十三年(1897)上海石印本　二册

330000－1711－0000621　普000558　史部/

政書類/律令之屬/律例

萬國憲法志三卷　(清)周逵撰　清光緒二十八年(1902)上海廣智書局鉛印本　一册

330000－1711－0000622　普000559　新學/政治法律/律例

憲法精理二卷　(清)周逵編譯　清光緒二十八年(1902)上海廣智書局鉛印本　一册

330000－1711－0000623　普000560　新學/政治法律/律例

日本帝國憲法義解七卷　(日本)伊藤博文撰　沈紘譯　清光緒二十七年(1901)金粟齋鉛印本　一册

330000－1711－0000625　普000566　史部/史評類/史論之屬

歷代史論十二卷宋史論三卷元史論一卷　(明)張溥撰　**左傳史論二卷**　(清)高士奇撰　**明史論四卷**　(清)谷應泰撰　清刻本　六册　存十五卷(歷代史論五至九、宋史論一至三、元史論、左傳史論一至二、明史論一至四)

330000－1711－0000626　普000565　史部/史評類/史論之屬

帙子讀史記不分卷　(清)葉驥東撰　清木活字印本　二册

330000－1711－0000627　普000567　新學/政治法律

政學叢書　(清)出洋學生編輯所譯述　清光緒上海商務印書館鉛印本　一册　存一種

330000－1711－0000628　普000568　新學/政治法律/律例

日本皇室典範義解十二卷　(日本)伊藤博文纂　沈紘譯　清光緒二十七年(1901)金粟齋鉛印本　一册

330000－1711－0000629　普000569　史部/紀傳類/正史之屬

後漢書補注二十四卷　(清)惠棟撰　清嘉慶九年(1804)桐鄉馮集梧刻本　三册

330000－1711－0000630　普000570　史部/紀傳類/正史之屬

後漢書注又補一卷　(清)沈銘彝撰　清道光十七年(1837)唐寶衡刻同治八年(1869)補刻本　一册

330000－1711－0000632　普000572　史部/史評類/史學之屬

廿四史新論二集二十四卷　(清)顧厚焜編輯　清光緒二十九年(1903)上海書局石印本　八册

330000－1711－0000635　普000577　史部/雜史類/斷代之屬

歐陽氏遺書一卷　(清)歐陽直撰　清成都茹古書局刻本　一册

330000－1711－0000638　普000575　史部/雜史類/通代之屬

重訂路史全本四十七卷　(宋)羅泌撰　(宋)羅苹注　(明)吳弘基等重編　清刻本　五册　存十一卷(後記九至十一、十四,餘論一至七)

330000－1711－0000640　普000580　史部/雜史類/斷代之屬

淮軍平捻記十二卷　(清)周世澄撰　清同治刻本　四册　存八卷(一至四、七至十)

330000－1711－0000641　普000581　類叢部/叢書類/自著之屬

振綺堂遺書五種　(清)汪遠孫撰　清道光刻民國十一年(1922)錢唐汪氏彙印本　五册　存一種

330000－1711－0000642　普000585　類叢部/叢書類/彙編之屬

士禮居黃氏叢書十九種附四種　(清)黃丕烈編　清嘉慶至道光吳縣黃氏刻本　四册　存二種

330000－1711－0000643　普000582　史部/政書類/邦交之屬

五千年中外交涉史九十七卷　題(清)屯廬主人輯　清光緒二十九年(1903)上海蜚英書局鉛印本　二十册

330000－1711－0000645　普000584　類叢

部/叢書類/自著之屬

振綺堂遺書五種　(清)汪遠孫撰　清道光刻民國十一年(1922)錢唐汪氏彙印本　一冊　存一種

330000－1711－0000646　普000586　新學/史志/别國史

東洋史要二卷坿圖一卷　(日本)桑元隲藏撰　樊炳清譯　清光緒東文學社石印本　二冊　存二卷(東洋史要一至二)

330000－1711－0000648　普000587　史部/雜史類/斷代之屬

最近之支那不分卷　(英國)哥呼倫著　(清)武生譯　清末上海東陵譯社鉛印本　一冊

330000－1711－0000650　普000588　新學/史志/别國史

節本泰西新史攬要八卷　(英國)李提摩太譯　周慶雲節錄　清光緒二十七年(1901)周慶雲夢坡室刻本　一冊　存四卷(一至四)

330000－1711－0000651　普000596　新學/史志/諸國史

萬國史鑑二十卷　(日本)岡本監輔撰　清光緒二十八年(1902)上海書局石印本　六冊

330000－1711－0000653　普000597　類叢部/叢書類/彙編之屬

訓纂堂叢書六種　(清)楊調元輯　清光緒貴筑楊氏刻本　一冊　存三種

330000－1711－0000655　普000598　類叢部/叢書類/自著之屬

五經歲徧齋校書三種　(清)翟雲升輯　清道光東萊翟氏刻本　一冊　存一種

330000－1711－0000658　普000593　史部/雜史類/斷代之屬

明季稗史彙編十六種　(清)留雲居士輯　清光緒二十二年(1896)上海圖書集成印書局鉛印本　六冊

330000－1711－0000660　普000600　史部/雜史類

陸沈叢書四種　(清)□□輯　清光緒二十九年(1903)石印本　一冊

330000－1711－0000661　普000601　新學/史志/别國史

東洋史要二卷　(日本)桑元隲藏撰　樊炳清譯　清光緒二十五年(1899)東文學社石印本　四冊

330000－1711－0000662　普000602　史部/雜史類/外紀之屬

中日戰輯六卷　(清)王炳耀撰　清光緒二十一年(1895)森寶閣鉛印本　四冊

330000－1711－0000666　普000605　新學/史志/别國史

支那通史七卷　(日本)那珂通世編　清光緒二十五年(1899)上海東文學社石印本　五冊　存四卷(一至四)

330000－1711－0000667　普000606　史部/政書類/邦交之屬

中俄交涉記四卷　(清)楊楷編　清光緒二十二年(1896)積山書局石印本　四冊

330000－1711－0000669　普000608　類叢部/叢書類/彙編之屬

後知不足齋叢書四十七種　(清)鮑廷爵編　清光緒常熟鮑氏刻本　二冊　存一種

330000－1711－0000670　普000612　子部/雜著類/雜纂之屬

九朝野記四卷　(明)祝允明撰　清宣統三年(1911)時中書局鉛印本　二冊

330000－1711－0000671　普000609　子部/雜著類/雜纂之屬

江南鐵淚圖新編一卷附編一卷　(清)寄雲山人編　清同治九年(1870)蘇城元妙觀得見齋刻本　一冊

330000－1711－0000672　普000610　新學/史志/戰記

中國六十年戰史十三章　(英國)艾特華斯撰　史悠明　程履祥譯校　清光緒二十九年(1903)上海美華書館鉛印本　六冊

330000－1711－0000673　普 000613　史部/叢編

痛史二十一種附九種　樂天居士輯　清宣統三年(1911)上海商務印書館鉛印本　十四冊　存九種

330000－1711－0000674　普 000614　史部/雜史類/斷代之屬

明季續聞一卷　(清)汪光復撰　清宣統三年(1911)上海商務印書館鉛印本　一冊

330000－1711－0000675　善 0042　經部/春秋總義類/傳說之屬

春秋四傳三十八卷綱領一卷提要一卷列國東坡圖說一卷春秋二十國年表一卷諸國興廢說一卷　(宋)胡安國撰　明刻本　三冊　存十八卷(十一至二十八)

330000－1711－0000676　善 0047　子部/醫家類/類編之屬

東垣十書　明刻本　二冊　存一種

330000－1711－0000677　普 000617　新學/史志/戰記

中東戰紀本末八卷首一卷末一卷續編四卷首一卷末一卷三編四卷　(美國)林樂知撰並譯　蔡爾康輯　**文學興國策二卷**　(美國)林樂知譯　清光緒二十二年(1896)、二十三年(1897)、二十六年(1900)上海廣學會鉛印本　九冊　存十一卷(中東戰紀本末三至七,續編首、一至四、末)

330000－1711－0000678　普 000616　史部/編年類/斷代之屬

東華錄三十二卷(同治朝)　(清)蔣良騏撰　清同治十一年(1872)聚錦堂刻本　十二冊

330000－1711－0000679　普 000615　子部/小說家類/異聞之屬

御覽闕史二卷　(唐)高彥休撰　清刻本　二冊

330000－1711－0000682　善 0049　史部/雜史類

路史四十七卷　(宋)羅泌撰　(宋)羅苹注　明刻本　一冊　存八卷(後紀一至八)

330000－1711－0000687　普 000626　史部/目録類/總録之屬/私撰

天一閣書目四卷　(清)阮元　(清)范邦甸等編　**附碑目一卷續增一卷**　(清)錢大昕編　(清)范懋敏續編　清嘉慶十三年(1808)揚州阮元文選樓刻本　五冊　缺一卷(續增)

330000－1711－0000689　善 0050　子部/醫家類/方書之屬/單方驗方

搜集內外大小雜證秘方二卷　(清)蔡濤輯　清乾隆二十三年(1758)海昌蔡氏六有堂稿本　二冊

330000－1711－0000690　普 000623　史部/金石類/錢幣之屬

泉志十五卷譜雙五卷　(宋)洪遵撰　清光緒元年(1875)隸釋齋刻本　二冊

330000－1711－0000691　普 000624　經部/群經總義類/石經之屬/通考

石經補攷十二卷　(清)馮登府撰　清道光八年(1828)刻本　四冊

330000－1711－0000692　善 0051　類叢部/叢書類/彙編之屬

文選樓叢書三十三種　(清)阮亨編　清嘉慶九年(1804)阮元刻本　二冊　存一種

330000－1711－0000693　善 0052　子部/儒家類/儒學之屬/經濟

劉氏二書　(漢)劉向撰　明嘉靖二十六年(1547)何良俊刻本　一冊　存一種

330000－1711－0000694　普 000628　類叢部/叢書類/彙編之屬

平津館叢書六集三十五種　(清)孫星衍編　清嘉慶蘭陵孫氏刻本　三冊　存一種

330000－1711－0000695　普 000629　類叢部/叢書類/彙編之屬

觀自得齋叢書二十三種別集六種　(清)徐士愷編　清光緒十三年至二十年(1887－1894)石埭徐氏刻本　四冊　存一種

330000－1711－0000696　普 000630　類叢部/叢書類/自著之屬
潛園總集　（清）陸心源撰　清同治至光緒刻本　六冊　存二種

330000－1711－0000697　善 0054　子部/道家類
歷世真仙體道通鑑三十六卷　（元）趙道一撰　明刻本　一冊　存六卷（二十三至二十八）

330000－1711－0000698　善 0053　經部/叢編
十三經註疏三百三十卷　（明）□□輯　明崇禎元年至十二年（1628－1639）古虞毛氏汲古閣刻本　五冊　存一種

330000－1711－0000700　普 000631　史部/目録類/總録之屬/官修
欽定四庫全書簡明目錄二十卷　（清）紀昀等撰　清刻本　十二冊

330000－1711－0000701　普 000633　史部/目録類/總録之屬/官修
欽定四庫全書簡明目錄二十卷　（清）紀昀等撰　清光緒十年（1884）上海同文書局石印本　四冊

330000－1711－0000702　普 000634　史部/目録類/通論之屬/掌故瑣記
曝書雜記三卷　（清）錢泰吉撰　清同治七年（1868）刻本　一冊

330000－1711－0000703　普 000635　類叢部/叢書類/彙編之屬
平津館叢書六集三十五種　（清）孫星衍編　清嘉慶蘭陵孫氏刻本　一冊　存二種

330000－1711－0000704　普 000636　經部/叢編
省吾堂四種二十五卷　（清）蔣光弼輯　清常熟蔣氏省吾堂刻本　一冊　存一種

330000－1711－0000707　普 000639　史部/目録類/總録之屬/官修
浙江藏書樓甲編書目五卷補遺一卷乙編書目一卷補遺一卷日文書目一卷　楊復編　清光緒三十三年（1907）杭州華豐書局鉛印本　三冊

330000－1711－0000709　善 0055　類叢部/類書類/專類之屬
經濟類編一百卷　（明）馮琦輯　明萬曆三十二年（1604）周家棟等虎林刻本　四冊　存七卷（一至三、六至七、三十七至三十八）

330000－1711－0000713　善 0057　類叢部/類書類/通類之屬
潛確居類書一百二十卷　（明）陳仁錫輯　明崇禎三年至五年（1630－1632）譚城徐觀我刻本　二十一冊　存四十九卷（八至十、十五至十六、十九至二十、二十五至二十七、三十至三十九、四十四至五十三、五十七至六十五、七十、八十二、八十六至八十八、九十六至九十八、一百七至一百八）

330000－1711－0000715　善 0072　集部/詞類/總集之屬
詞綜三十六卷　（清）朱彝尊輯　（清）汪森增定　（清）柯崇樸編次　（清）周筤辨譌　清康熙十七年（1678）汪氏裘杼樓刻三十年（1691）增刻本　清許蒿廬評　清朱澮圃觀款　八冊

330000－1711－0000716　普 000654　類叢部/叢書類/彙編之屬
文選樓叢書三十三種　（清）阮亨編　清嘉慶至道光儀徵阮氏刻本　一冊　存一種

330000－1711－0000717　普 000655　史部/金石類/總志之屬
金石萃編補畧二卷　（清）王言撰　清光緒八年（1882）刻本　二冊

330000－1711－0000718　普 000656　史部/金石類
行素草堂金石叢書　（清）朱記榮輯　清光緒吳縣朱氏刻十四年（1888）彙印本　二冊　存一種

330000－1711－0000719　普 000645　史部/金石類/錢幣之屬

金石類/錢幣之屬

古泉叢話三卷又一卷　(清)戴熙撰　清同治十一年(1872)潘氏滂喜齋刻本　一冊　存三卷(古泉叢話一至三)

330000－1711－0000720　普 000646　類叢部/叢書類/彙編之屬
後知不足齋叢書四十七種　(清)鮑廷爵編　清同治至光緒常熟鮑氏刻本　五冊　存二種

330000－1711－0000721　善 0073　子部/儒家類/儒學之屬/性理
性理會通七十卷續編四十二卷　(明)鍾人傑輯　明崇禎鍾人傑刻本　清韞華題記　九冊　存七十卷(四十三至七十,續編一至四十二)

330000－1711－0000722　普 000647　史部/金石類/金之屬/雜著
上虞縣元至正銅漏歌一卷　(清)謝啟昆撰　清刻本　一冊

330000－1711－0000723　普 000648　類叢部/叢書類/自著之屬
一隅草堂藁十二種外集十二種　(清)計楠撰　清嘉慶刻本　一冊　存三種

330000－1711－0000729　普 000657　史部/金石類/郡邑之屬/文字
兩浙金石志十八卷補遺一卷　(清)阮元撰　清光緒十六年(1890)浙江書局刻本　十二冊

330000－1711－0000730　普 000658　史部/目録類/總録之屬/彙刻
彙刻書目二十卷　(清)顧修輯　(清)朱學勤補　清光緒十二年至十五年(1886－1889)上海福瀛書局刻本　二十冊

330000－1711－0000732　普 000660　史部/叢編
二十四史　清光緒十四年(1888)上海圖書集成印書局鉛印本　八冊　存一種

330000－1711－0000733　普 000661　史部/叢編
二十四史　清光緒十四年(1888)上海圖書集成印書局鉛印本　六十冊　存四種

330000－1711－0000734　普 000662　史部/紀傳類/正史之屬
漢書一百卷　(漢)班固撰　(唐)顔師古注　清光緒九年(1883)上海點石齋石印本　六冊

330000－1711－0000735　普 000663　史部/紀傳類/正史之屬
四史四百十五卷　清光緒九年(1883)上海點石齋石印本　四冊　存一百二十卷(後漢書一至九十、續漢志一至三十)

330000－1711－0000736　普 000664　史部/政書類/通制之屬
通志二百卷　(宋)鄭樵撰　清刻本　三十五冊　存三十八卷(十至十七、五十至六十二、六十七至七十六、一百五十七至一百六十三)

330000－1711－0000737　普 000665　史部/史評類/考訂之屬
十七史商榷一百卷　(清)王鳴盛撰　清光緒二十三年(1897)點石齋石印本　三冊　存六十八卷(一至六十八)

330000－1711－0000738　普 000666　史部/史評類/考訂之屬
廿二史劄記三十六卷首一卷補遺一卷　(清)趙翼撰　清光緒二十五年(1899)上海千頃堂石印本　六冊

330000－1711－0000739　普 000667　史部/紀傳類/正史之屬
後漢書九十卷　(南朝宋)范曄撰　(唐)李賢注　**志三十卷**　(晉)司馬彪撰　(南朝梁)劉昭注　清末石印本　十二冊

330000－1711－0000742　普 000670　史部/紀傳類/正史之屬
前漢書一百卷　(漢)班固撰　(唐)顔師古注　清光緒三十一年(1905)上海久敬齋石印本　十二冊

330000－1711－0000743　善 0078　集部/別集類/唐五代別集
唐陸宣公集二十二卷　(唐)陸贄撰　元刻遞修本　三冊　存六卷(一至二、六至八、十二)

330000－1711－0000745　普 000671　史部/叢編

二十四史　清光緒二十八年(1902)史學會社石印本　二十五冊　存四種

330000－1711－0000749　普 000676　史部/叢編

二十四史　清同治至光緒五省官書局彙印本　四十八冊　存一種

330000－1711－0000750　普 000677　史部/叢編

二十四史　清同治至光緒五省官書局彙印本　四十冊　存一種

330000－1711－0000751　普 000678　史部/紀傳類/正史之屬

史記一百三十卷　(漢)司馬遷撰　(南朝宋)裴駰集解　(唐)司馬貞索隱　(唐)張守節正義　**校刊史記集解索隱正義札記五卷**　(清)張文虎撰　清同治五年至九年(1866－1870)、十一年(1872)金陵書局刻本　二十二冊

330000－1711－0000753　普 000679　史部/紀傳類/正史之屬

史記一百三十卷　(漢)司馬遷撰　(南朝宋)裴駰集解　(唐)司馬貞索隱　(唐)張守節正義　清同治九年(1870)楚北崇文書局刻本　二十四冊

330000－1711－0000754　普 000682　史部/傳記類/總傳之屬

思賢錄六卷　(元)謝應芳編　(清)費元愷等校刊　**龜巢先生崇祀錄二卷**　(清)謝蘭生編校　**景賢錄二卷**　(清)謝蘭生編　清道光二十九年(1849)詠梅軒刻本　三冊

330000－1711－0000755　普 000680　史部/叢編

二十四史　清光緒三十一年(1905)上海久敬齋石印本　八冊　存一種

330000－1711－0000756　普 000683　史部/傳記類/科舉録之屬

詞科掌錄十七卷詞科掌錄姓氏爵里一卷　(清)杭世駿輯　清刻本　一冊　缺十五卷(詞科掌錄三至十七)

330000－1711－0000757　善 0079　子部/醫家類/類編之屬

新刻東垣十書脉訣一卷　(宋)崔嘉彥撰　元刻本　一冊

330000－1711－0000758　普 000689　史部/傳記類/別傳之屬

中國第一大偉人岳飛不分卷　(日本)笹川種郎撰　(清)金鳴鑾譯　清光緒二十九年(1903)上海局石印本　一冊

330000－1711－0000759　普 000684　史部/傳記類/總傳之屬/通代

尚友錄二十二卷補遺一卷　(明)廖用賢輯　(清)張伯琮補輯　清初刻浙江蘭林天祿齋增刻本　二十一冊　存二十二卷(一至六、八至二十二,補遺)

330000－1711－0000760　普 000690　史部/傳記類/別傳之屬/事狀

李鴻章(中國四十年來大事記)十二章　梁啟超撰　清末鉛印本　一冊

330000－1711－0000762　普 000692　史部/傳記類/總傳之屬

泰西人物韻編不分卷　(清)汪成教輯　清光緒二十九年(1903)上海書局石印本　五冊

330000－1711－0000763　普 000685　史部/傳記類/總傳之屬/通代

尚友錄二十二卷補遺一卷　(明)廖用賢輯　(清)張伯琮補輯　清光緒十六年(1890)掃葉山房銅版印本　二冊

330000－1711－0000764　善 0080　集部/別集類/清別集

漁洋山人精華錄訓纂十卷目錄二卷年譜二卷　金氏精華錄箋注辨訛一卷　(清)王士禛撰　(清)惠棟訓纂　**金氏精華錄箋註辯訛一卷**　(清)惠棟撰　清乾隆惠氏紅豆齋刻本　二十四冊

330000－1711－0000765　普 000686　史部/傳記類/總傳之屬/斷代

小腆紀傳六十五卷　(清)徐鼒撰　**小腆紀傳補遺六卷**　(清)徐承禮撰　清光緒十三年至十四年(1887－1888)六合徐氏金陵刻本　十八冊

330000－1711－0000766　善 0081　史部/紀傳類/正史之屬

漢書評林一百卷　(明)凌稚隆輯　明刻本　二十四冊

330000－1711－0000767　普 000687　史部/傳記類/總傳之屬/仕宦

歷代節義名臣錄十卷　(清)陳炳纂　清光緒十二年(1886)金陵刻本　九冊　缺一卷(九)

330000－1711－0000768　普 000688　史部/史抄類

廿四史約編八卷首一卷　(清)鄭元慶撰　清末石印本　七冊　存八卷(首,金、石、絲、竹、土、革、木)

330000－1711－0000769　善 0082　經部/春秋左傳類/傳說之屬

春秋經傳集解三十卷　(晉)杜預撰　(唐)陸德明釋文　**春秋名號歸一圖二卷**　(五代)馮繼先撰　**春秋年表一卷**　清刻本　十二冊

330000－1711－0000770　普 000693　史部/傳記類/總傳之屬/仕宦

歷代名臣言行錄二十四卷　(清)朱桓輯　清光緒十七年(1891)上海廣百宋齋鉛印本　十二冊

330000－1711－0000772　普 000694　史部/傳記類/總傳之屬/仕宦

歷代名臣言行錄二十四卷　(清)朱桓輯　清光緒二十九年(1903)經藝齋石印本　八冊

330000－1711－0000776　普 000703　史部/傳記類/總傳之屬/通代

尚友錄二十二卷補遺一卷　(明)廖用賢輯　(清)張伯琮補輯　清鉛印本　四冊　存十五卷(一至三、八至十五、二十至二十二,補遺)

330000－1711－0000777　普 000695　史部/政書類/儀制之屬/專志/科舉校規

國朝貢舉考畧四卷明貢舉考畧二卷　(清)黃崇蘭輯　(清)趙學曾續輯　清刻本　四冊

330000－1711－0000778　普 000696　集部/總集類/尺牘之屬

昭代名人尺牘二十四卷小傳二十四卷　(清)吳修輯　清光緒三十四年(1908)上海集古齋石印本　二冊　存二十四卷(小傳一至二十四)

330000－1711－0000779　普 000697　史部/傳記類/別傳之屬/年譜

黃梨洲先生[宗羲]年譜三卷　(清)黃炳垕撰　清同治十二年(1873)刻本　一冊

330000－1711－0000780　普 000698　史部/傳記類/職官録之屬/總録

内閣漢票簽中書舍人題名一卷續編一卷補遺一卷續補遺一卷　(清)鮑康等輯　清咸豐至光緒刻本　一冊　存二卷(續編、補遺)

330000－1711－0000781　普 000704　史部/傳記類/總傳之屬/通代

尚友錄二十二卷補遺一卷　(明)廖用賢輯　(清)張伯琮補輯　清初刻浙江蘭林天祿齋增刻本　十六冊　存十六卷(一至二、六、八至十二、十四至十八、二十至二十二)

330000－1711－0000782　普 000705　史部/史抄類

廿一史約編八卷首一卷　(清)鄭元慶撰　清刻本　八冊

330000－1711－0000783　普 000706　史部/史評類/史論之屬

歷代史論十二卷宋史論三卷元史論一卷　(明)張溥撰　**明史論四卷**　(清)谷應泰撰　**左傳史論二卷**　(清)高士奇撰　清光緒二十四年(1898)上海書局石印本　六冊

330000－1711－0000784　普 000707　史部/史評類/史論之屬

二十四史論新編二十三卷　(清)俞樾鑒定

清光緒二十八年(1902)自強學齋石印本　七冊　缺二卷(十九至二十)

330000－1711－0000786　普000708　經部/春秋左傳類/傳說之屬
東萊博議四卷　(宋)呂祖謙撰　(清)張文炳評點　**增補虛字註釋六卷**　(清)張文炳點定　清刻本　四冊

330000－1711－0000787　普000709　經部/春秋左傳類/傳說之屬
東萊博議四卷　(宋)呂祖謙撰　**增補虛字註釋一卷**　(清)馮泰松點定　清光緒三十一年(1905)上海商務印書館鉛印本　二冊

330000－1711－0000788　普000711　史部/史評類/史論之屬
歷代史論十二卷宋史論三卷元史論一卷　(明)張溥撰　**明史論四卷**　(清)谷應泰撰　**左傳史論二卷**　(清)高士奇撰　清光緒五年(1879)西江裴氏校刻本　八冊

330000－1711－0000789　普000712　史部/史評類/史論之屬
史通削繁四卷　(清)紀昀撰　清道光十三年(1833)兩廣節署刻朱墨套印本　四冊

330000－1711－0000790　善0083　經部/小學類/文字之屬/字書/字體
隸篇十五卷續十五卷再續十五卷　(清)翟雲升撰　清道光十七年至十八年(1837－1838)五經歲徧齋刻本　張宗祥校並跋　十冊

330000－1711－0000792　普000713　史部/史評類/史論之屬
史通削繁四卷　(清)紀昀撰　清光緒元年(1875)湖北崇文書局刻本　三冊　存三卷(一至三)

330000－1711－0000794　普000714　史部/史評類/史論之屬
史通削繁四卷　(清)紀昀撰　清光緒元年(1875)湖北崇文書局刻本　四冊

330000－1711－0000795　普000718　史部/地理類/山川之屬/水志
水道提綱二十八卷　(清)齊召南撰　清光緒七年(1881)上海文瑞樓鉛印本　三冊　缺七卷(十五至二十一)

330000－1711－0000796　普000720　史部/地理類/輿圖之屬/全國
大清中外壹統輿圖(皇朝中外壹統輿圖)三十一卷首一卷　(清)鄒世詒　(清)晏啟鎮編　(清)李廷簫　(清)汪士鐸增訂　清末影印本　二冊　存八卷(南一至二、北五至十)

330000－1711－0000798　普000716　類叢部/叢書類/自著之屬
章氏遺書二種　(清)章學誠撰　清道光十二年至十三年(1832－1833)章華紱刻浙江書局補刻本　五冊

330000－1711－0000799　普000721　新學/史志/諸國史
泰西新史攬要二十四卷　(英國)馬懇西撰　(英國)李提摩太釋　清光緒二十四年(1898)石印本　七冊

330000－1711－0000800　普000722　史部/地理類/外紀之屬
英法俄德四國志略不分卷　(清)沈敦和輯譯　清光緒二十三年(1897)上海祥記書局石印本　一冊

330000－1711－0000801　普000732　史部/地理類/山川之屬/水志
中國江海險要圖誌二十二卷首一卷補編五卷附圖五卷　(英國)海軍海圖官局編　陳壽彭譯　清光緒二十七年(1901)經世文社石印本　十四冊

330000－1711－0000802　普000723　新學/史志/諸國史
萬國史記二十卷　(日本)岡本監輔撰　清光緒二十一年(1895)讀有用書齋石印本　十冊

330000－1711－0000803　普000733　史部/地理類/外紀之屬
日本國志四十卷首一卷　(清)黃遵憲輯　清光緒二十四年(1898)浙江書局刻本　十冊

330000－1711－0000804　普 000724　新學/報章

西國近事彙編三十六卷　（美國）金楷理口述　（清）蔡錫齡筆述　清光緒二十三年（1897）慎記書莊石印本　六冊　存十二卷（癸酉一至四、甲戌一至四、乙亥一至四）

330000－1711－0000805　普 000725　史部/時令類

歲時藻玉八卷　（清）崔應榴纂　清刻本　一冊

330000－1711－0000806　善 0084　經部/小學類/文字之屬/說文/傳說

說文段注訂補十四卷　（清）王紹蘭撰　清光緒十四年（1888）蕭山胡燏棻刻本　八冊

330000－1711－0000808　普 000735　史部/地理類/山川之屬/山志

萬山綱目二十一卷　（清）李誠撰　清光緒二十六年（1900）長沙刻本　八冊

330000－1711－0000809　善 0085　經部/小學類/文字之屬/說文

說文解字注十五卷附六書音韻表五卷　（清）段玉裁撰　**說文部目分韻一卷**　（清）陳煥編　清乾隆至嘉慶段氏經韻樓刻本　十冊

330000－1711－0000810　普 000726　新學/史志/別國史

意大利獨立史六卷　（日本）松井廣吉撰　（清）張仁普譯　清光緒二十九年（1903）上海廣智書局鉛印本　一冊

330000－1711－0000811　普 000727　新學/商務

歐洲財政史三卷　（日本）小林丑三郎撰　羅普譯　清光緒二十八年（1902）上海廣智書局鉛印本　一冊

330000－1711－0000812　普 000728　新學/史志/別國史

土耳機史四卷首一卷　（日本）北村三郎編述　趙必振譯　清光緒二十八年（1902）上海廣智書局鉛印本　一冊

330000－1711－0000813　普 000729　新學/史志/別國史

土耳機史四卷首一卷　（日本）北村三郎編述　趙必振譯　清光緒二十八年（1902）上海廣智書局鉛印本　一冊

330000－1711－0000814　普 000730　新學/史志/政記

新譯列國歲計政要三卷　白作霖譯　傅運森譯　清光緒二十七年（1901）海上譯社鉛印本　十二冊

330000－1711－0000815　普 000731　史部/傳記類/總傳之屬/列女

杭女表微錄十六卷首一卷　（清）孫樹禮輯　清光緒三十二年（1906）刻本　八冊

330000－1711－0000816　普 000736　史部/地理類/外紀之屬

西史綱目三十五卷　（清）周維翰撰　清光緒二十八年至二十九年（1902－1903）經世文社石印本　十八冊

330000－1711－0000817　普 000737　新學/史志/諸國史

萬國史記二十卷　（日本）岡本監輔撰　清光緒二十四年（1898）上海書局石印本　八冊

330000－1711－0000818　普 000738　史部/地理類/外紀之屬

輿地彙鈔十三卷附圖一卷　（清）馬冠群輯　清光緒二十年（1894）蘇州文瑞樓石印本　四冊

330000－1711－0000819　普 000739　類叢部/叢書類/自著之屬

北江全集七種　（清）洪亮吉撰　清乾隆至嘉慶刻彙印本　七冊　存三種

330000－1711－0000820　普 000740　史部/地理類/專志之屬/寺觀

聖廟志輯要三十卷　（清）鹿嗣宗等輯　清嘉慶十九年（1814）刻本　七冊　存二十六卷（五至三十）

330000－1711－0000821　普 000741　史部/

地理類/外紀之屬
地球韻言四卷 張士瀛撰 清光緒二十七年(1901)石印本 二冊

330000－1711－0000822 普 000742 史部/地理類/外紀之屬
中山傳信錄六卷 (清)徐葆光撰 清刻本 一冊 存二卷(四至五)

330000－1711－0000823 普 000743 類叢部/叢書類/彙編之屬
嘯園叢書五十七種 (清)葛元煦編 清光緒二年至七年(1876－1881)仁和葛氏刻本 一冊 存二種

330000－1711－0000824 普 000746 新學/地學/地志學
中國歷代疆域沿革考不分卷 (日本)重野安繹 (日本)河田羆撰 (清)滌盦居士譯 清光緒二十八年(1902)上海商務印書館鉛印本 一冊

330000－1711－0000825 普 000747 史部/地理類/外紀之屬
列國政要一百三十二卷 (清)戴鴻慈 (清)端方撰 清光緒三十三年(1907)上海商務印書館石印本 二十冊 存一百七卷(四、二十一至四十四、四十九至五十一、五十三至八十五、八十七至一百三十二)

330000－1711－0000826 普 000748 新學/雜著
全地五大洲女俗通考十集二十一卷首一卷 (美國)林樂知輯 (清)任保羅譯 清光緒二十九年(1903)上海華美書局鉛印本 二十一冊

330000－1711－0000827 普 000751 史部/地理類/外紀之屬
瀛環志略十卷 (清)徐繼畬撰 清光緒二十一年(1895)上海寶文局石印本 四冊

330000－1711－0000828 普 000749 史部/政書類/軍政之屬/邊政
浙江通志水利海防十四卷 (清)李衛 (清)嵇曾筠等修 (清)沈翼機 (清)傅王露等纂 清光緒五年(1879)墨潤堂刻本 五冊 缺三卷(三至五)

330000－1711－0000829 善 0086 集部/別集類/清別集
高辛研齋雜稿一卷詩稿一卷同人題贈一卷雜著二卷 (清)俞承德撰 清咸豐六年(1856)平江三德堂刻本 二冊

330000－1711－0000830 普 000750 類叢部/叢書類/郡邑之屬
武林掌故叢編一百九十種 (清)丁丙編 清光緒三年至二十六年(1877－1900)錢塘丁氏嘉惠堂刻本([乾道]臨安志卷四至十五、南宋館閣錄卷一原缺) 二冊 存二種

330000－1711－0000831 普 000752 新學/政治法律/政治
比利時政治要覽九編 (清)考察政治大臣咨送 清光緒三十四年(1908)政治官報局鉛印本 一冊

330000－1711－0000832 普 000753 新學/政治法律/政治
法國政治要覽三卷 □□輯 清光緒三十三年(1907)政治官報局鉛印本 一冊

330000－1711－0000833 普 000744 史部/地理類/山川之屬/水志
湖山便覽十二卷 (清)翟灝等撰 清光緒元年(1875)杭州王維翰槐蔭堂刻本 三冊 存六卷(一至六)

330000－1711－0000834 普 000754 史部/地理類/山川之屬/水志
莫愁湖志六卷首一卷 (清)馬士圖撰 清光緒八年(1882)、十七年(1891)刻本 一冊 存二卷(五至六)

330000－1711－0000835 普 000755 史部/地理類/專志之屬/祠墓
忠武祠墓志七卷首一卷末一卷 (清)李復心編 清同治五年至六年(1866－1867)山陰莫增奎沔署刻本 四冊

330000－1711－0000838　普000757　史部/地理類/遊記之屬/紀行

凝香室鴻雪因緣圖記三集六卷　(清)完顏麟慶撰　清光緒五年(1879)上海點石齋石印本　二册　存二卷(一集一至二)

330000－1711－0000839　善0087　經部/叢編

澤存堂五種　(清)張士俊輯　清康熙吳郡張士俊澤存堂刻本　三册　存一種

330000－1711－0000840　普000761　新學/格致總

西學考畧二卷　(美國)丁韙良撰　(清)貴榮　(清)時雨化譯　清光緒九年(1883)鉛印本　二册

330000－1711－0000841　普000762　新學/政治法律/政治

各國政治藝學通攷二十卷　(清)朱大文　(清)陳輔相輯　清光緒二十八年(1902)經濟書社鉛印本　十册

330000－1711－0000842　普000758　史部/地理類

皇朝藩屬輿地叢書　(清)浦□編　清光緒二十九年(1903)金匱浦氏靜寄東軒石印本　四十八册　存二十七種

330000－1711－0000843　普000763　史部/地理類/外紀之屬

越南輯略一卷　(清)徐延旭編輯　清光緒三年(1877)梧州郡署刻本　一册

330000－1711－0000844　普000764　史部/地理類/雜志之屬

欽定日下舊聞考一百六十卷譯語總目一卷　(清)于敏中　(清)竇光鼐等纂　清刻本　四册　存十六卷(欽定日下舊聞考五至十六、一百二十一至一百二十四)

330000－1711－0000845　善0088　經部/小學類/文字之屬/說文

繫傳四十卷　(五代)徐鍇撰　(五代)朱翺反切　**校勘記三卷**　(清)苗夔等撰　清道光十九年(1839)祁寯藻刻本　八册

330000－1711－0000846　普000765　史部/地理類/雜志之屬

欽定日下舊聞考一百六十卷譯語總目一卷　(清)于敏中　(清)竇光鼐等纂　清刻本　一册　存四卷(欽定日下舊聞考五至八)

330000－1711－0000847　普000759　類叢部/叢書類/自著之屬

振綺堂遺書五種　(清)汪遠孫撰　清道光刻民國十一年(1922)錢唐汪氏彙印本　二册　存一種

330000－1711－0000848　普000760　史部/地理類/外紀之屬

日本國志四十卷首一卷　(清)黃遵憲輯　清光緒二十四年(1898)浙江書局刻本　九册　缺六卷(二十一至二十六)

330000－1711－0000850　普000773　新學/議論/通論

中外政藝通攷初集六卷　清光緒二十八年(1902)上洋書局石印本　四册

330000－1711－0000851　善0090　類叢部/叢書類/彙編之屬

祕書廿一種　(清)汪士漢編　明刻古今逸史清康熙七年(1668)新安汪氏重編印本　一册　存一種

330000－1711－0000852　普000766　史部/政書類

經史百家序錄六種　(清)邵章輯　清光緒二十八年(1902)會文學社石印本　四册　存一種

330000－1711－0000853　普000767　新學/雜著/叢編

新政應試必讀六種六卷　(清)顧厚焜鑒定　清光緒二十七年(1901)石印本　七册　缺一卷(四)

330000－1711－0000854　普000774　新學/議論/通論

洋務新論六卷　(英國)李提摩太撰　(清)仲

英輯　清光緒二十年(1894)長白吏隱仙館石印本　五冊　存五卷(一至五)

330000－1711－0000855　普000768　子部/雜家類/雜記之屬
熙朝政紀八卷　(清)王慶雲撰　清光緒二十八年(1902)上海廣益書局石印本　四冊

330000－1711－0000856　普000769　新學/議論/論政
洋務格致新策八卷　(清)袁□輯　清光緒二十三年(1897)上海書局石印本　五冊　存五卷(一至三、六、八)

330000－1711－0000857　普000770　子部/雜著類/雜説之屬
盛世危言十四卷　鄭觀應輯撰　清光緒二十一年(1895)古香閣鉛印本　二冊　存二卷(三至四)

330000－1711－0000858　普000775　史部/政書類/通制之屬
時務分類興國策八卷　(清)李鳳儀編輯　(清)王先禮校字　清光緒二十三年(1897)上海書局石印本　十冊　存七卷(一至四、六至八)

330000－1711－0000859　普000771　史部/政書類/邦交之屬
約章述要二卷　(美國)李佳白撰　(清)嚴善坊譯　清光緒三十三年(1907)尚賢堂鉛印本　二冊

330000－1711－0000861　普000776　新學/格致總
時務通考三十一卷　(清)王奇英等編　清末石印本　十三冊　存二十五卷(一至九、十二、十四至十六、十八至二十九)

330000－1711－0000862　善0091　子部/儒家類/儒學之屬/經濟
大學衍義補一百六十卷　(明)丘濬撰　明刻本　一冊　存四卷(七十二至七十五)

330000－1711－0000863　善0092　類叢部/類書類/通類之屬
三才圖會一百六卷　(明)王圻輯　(明)王思義續輯　明萬曆三十七年(1609)刻王爾賓重修本　一冊　存八卷(人物一至八)

330000－1711－0000865　普000777　集部/總集類/選集之屬/斷代
皇朝經世文續編一百二十卷　(清)葛士濬輯　清光緒十四年(1888)上海圖書集成局鉛印本　三十一冊　缺三卷(一百十三至一百十五)

330000－1711－0000866　普000778　史部/政書類/邦交之屬
十九世紀外交史不分卷　(日本)平田久撰　張相譯　清光緒二十八年(1902)杭州史學齋刻本　四冊

330000－1711－0000867　普000790　類叢部/叢書類/彙編之屬
長恩書室叢書十九種　(清)莊肇麟編　清咸豐四年(1854)新昌莊氏過客軒刻本　一冊　存一種

330000－1711－0000870　普000788　史部/政書類/軍政之屬/邊政
海防要覽二卷　(清)丁日昌　(清)李鴻章撰　(清)左錫九輯　清刻本　一冊

330000－1711－0000871　善0093　子部/醫家類/類編之屬
薛氏醫按十六種　(明)薛己編　明崇禎元年(1628)朱明刻本　七冊　存一種

330000－1711－0000872　普000789　新學/兵制/海軍
防海節要一卷　(德國)希理哈撰　(清)李雨亭輯　(清)施在鈺增輯　清光緒十年(1884)刻朱墨套印本　一冊

330000－1711－0000873　普000781　史部/政書類/律令之屬/律例
粵東省例新纂八卷　(清)黄恩彤撰　清道光二十六年(1846)廣東藩署刻本　八冊

330000－1711－0000874　普000782　史部/叢編

九通二千三百二十一卷 （清）□□輯 清光緒八年至二十二年（1882－1896）浙江書局刻本 四冊 存九卷（欽定續文獻通考一百十六至一百十七、一百三十六、一百六十三至一百六十六、一百八十九至一百九十）

330000－1711－0000878 普000786 類叢部/叢書類/彙編之屬
經濟實學考八卷 （清）江標撰 清光緒上海博濟書局石印本 十二冊

330000－1711－0000879 普000791 史部/職官類/官箴之屬
牧令須知六卷 （清）剛毅輯 清光緒十五年（1889）江蘇書局刻本 二冊

330000－1711－0000880 普000792 史部/政書類/通制之屬
文獻通考詳節二十四卷 （元）馬端臨撰 （清）嚴虞惇輯 清光緒十五年（1889）上海珍藝書局鉛印本 六冊

330000－1711－0000881 普000794 史部/政書類/邦交之屬
新纂約章大全七十三卷續二卷 陸鳳石編 清宣統元年至二年（1909－1910）上海崇義堂石印本 四十九冊 存七十四卷（一至三十七、三十九至七十三，續 至二）

330000－1711－0000882 普000793 史部/目録類/專録之屬
新纂約章大全樣本不分卷 上海南洋官書局編 清宣統元年（1909）上海南洋官書局石印本 一冊

330000－1711－0000883 普000795 史部/政書類/通制之屬
欽定大清會典一百卷 （清）允祹等總裁 清刻本 二十四冊

330000－1711－0000886 普000798 史部/傳記類/總傳之屬/列女
列女傳二卷 （漢）劉向撰 清末石印本 一冊 存一卷（二）

330000－1711－0000887 普000799 新學/史志/帝王傳
彼得大帝九章 （日本）佐藤信安撰 （清）愈愚齋主譯 清光緒二十八年（1902）上海文明書局鉛印本 一冊

330000－1711－0000889 普000801 史部/政書類
校邠廬抗議二卷 （清）馮桂芬著 清光緒二十三年（1897）豈園老民木活字印本 二冊

330000－1711－0000890 普000802 史部/政書類
校邠廬抗議二卷 （清）馮桂芬撰 清光緒十八年（1892）敏德堂潘氏刻本 二冊

330000－1711－0000891 善0094 經部/小學類/文字之屬/說文
說文解字注十五卷附六書音韻表五卷 （清）段玉裁撰 **說文部目分韻一卷** （清）陳煥編 清乾隆至嘉慶段氏經韻樓刻本 十六冊

330000－1711－0000894 普000805 集部/總集類/氏族之屬
海鹽張氏涉園叢刻七種 張元濟輯 清宣統三年（1911）海鹽張氏鉛印本 一冊 存一種

330000－1711－0000895 普000811 史部/政書類/邦計之屬/貿易
通商表四卷 （清）楊楷輯 錢恂再輯 （清）李圭三輯 清光緒二十一年（1895）海昌官廨刻本 四冊

330000－1711－0000896 普000810 類叢部/叢書類/自著之屬
林文忠公遺集四種 （清）林則徐撰 清光緒刻本 十一冊 存三種

330000－1711－0000897 普000812 史部/詔令奏議類/奏議之屬
彭剛直公奏稿八卷 （清）彭玉麟撰 （清）俞樾輯 清末鉛印本 四冊

330000－1711－0000898 普000806 史部/政書類/律令之屬/刑制
大清刑律草案二卷 沈家本等纂修 清光緒三十四年（1908）鉛印本 三冊

330000－1711－0000899　善 0095　史部/時令類
月令廣義二十四卷首一卷統紀一卷附録一卷　(明)馮應京輯　(明)戴任增釋　明萬曆王世茂梅墅石渠閣刻清增修本　四册　存十五卷(首,一至九、十六至二十)

330000－1711－0000900　普 000807　史部/政書類/律令之屬/刑制
大清現行刑律講義八卷　吉同鈞纂輯　清宣統二年(1910)法部律學館石印本　八册

330000－1711－0000901　普 000813　史部/政書類/軍政之屬/兵制
救時捷要十二卷　王闓運輯　清光緒二十二年(1896)嵩雲草堂石印本　四册

330000－1711－0000902　普 000808　史部/政書類/律令之屬/刑制
大清現行刑律講義八卷　吉同鈞纂輯　清宣統二年(1910)法部律學館石印本　八册

330000－1711－0000903　普 000809　史部/政書類/律令之屬/刑制
通行章程四卷　(清)刑部纂修　清光緒二十八年(1902)刻本　四册

330000－1711－0000904　普 000814　子部/儒家類/儒學之屬/經濟
變法平議一卷　張謇撰　清光緒鉛印本　一册

330000－1711－0000905　普 0096　集部/總集類/選集之屬/通代
文選六十卷　(南朝梁)蕭統輯　(唐)李善注　明末海虞毛氏汲古閣刻本　九册　存五十四卷(一至十八、二十五至六十)

330000－1711－0000907　普 000816　子部/叢编
二十五子彙函　(清)鴻文書局編　清光緒十九年(1893)上海鴻文書局石印本　九册　存十二種

330000－1711－0000908　普 000817　子部/叢编
二十五子彙函　(清)鴻文書局編　清光緒十九年(1893)上海鴻文書局石印本　十六册

330000－1711－0000911　善 0097　史部/史抄類
歐陽文忠公新唐書抄二卷五代史抄二十卷　(明)茅坤輯並評　明天啓刻本　三册　存十七卷(書抄一至二,五代史抄一至九、十五至二十)

330000－1711－0000912　普 000818　子部/雜著類
讀諸子新論一卷附讀史全論七卷　(清)方濬頤撰　清光緒二十七年(1901)文星山房石印本　五册

330000－1711－0000913　普 000819　新學/格致總
格致初學入門四卷　(清)江標編　清光緒二十二年(1896)石印本　四册

330000－1711－0000914　普 000822　類叢部/叢書類/自著之屬
春在堂全書　(清)俞樾撰　清光緒刻本　六册　存一種

330000－1711－0000916　普 0098　集部/總集類/選集之屬/通代
唐宋八大家文鈔　(明)茅坤編　明末刻本　一册　存一種

330000－1711－0000917　善 0099　經部/小學類/音韻之屬/韻書
廣韻五卷　(宋)陳彭年等重修　清康熙四十三年(1704)張士俊澤存堂五種影宋刻本　五册

330000－1711－0000918　普 000824　子部/農家農學類/蠶桑之屬
蠶桑輯要一卷　(清)鄭文同撰　清光緒刻本　一册

330000－1711－0000919　普 000825　子部/農家農學類/總論之屬
御製耕織圖不分卷　(清)焦秉貞繪　清光緒十二年(1886)上海點石齋石印本　二册

330000－1711－0000920　普 000826　子部/農家農學類/總論之屬

御製耕織圖不分卷　(清)焦秉貞繪　清光緒五年(1879)上海點石齋石印本　二冊

330000－1711－0000921　普 000833　子部/叢編

二十二子(二十二子彙函)　(清)浙江書局編　清光緒元年至三年(1875－1877)浙江書局刻本　一冊　存一種

330000－1711－0000923　普 000834　子部/儒家類/儒學之屬/性理

儒門法語輯要一卷　(清)彭定求撰　(清)湯金釗輯　清光緒十六年(1890)浙江書局刻本　一冊

330000－1711－0000924　普 000835　子部/儒家類/儒學之屬/性理

儒門法語輯要一卷　(清)彭定求撰　(清)湯金釗輯　清光緒丨六年(1890)浙江書局刻本　一冊

330000－1711－0000925　善 0100　子部/叢編

二十子全書　(明)吳勉學編　明吳勉學刻本　八冊　存一種

330000－1711－0000929　善 0101　集部/別集類/明別集

弇州山人四部稿一百七十四卷目録十二卷　(明)王世貞撰　明萬曆五年(1577)吳郡王氏世經堂刻本　一冊　存九卷(八十一至八十九)

330000－1711－0000931　善 0102　子部/宗教類/道教之屬/威儀

上清靈寶濟度大成金書四十卷　(明)周思得輯　明宣德七年(1432)刻本　一冊　存一卷(二十九)

330000－1711－0000932　普 000832　子部/儒家類/儒學之屬/禮教/家訓

家庭講話三卷　(清)陸一亭撰　清光緒二十一年(1895)刻本　一冊

330000－1711－0000933　善 0104　集部/總集類/選集之屬/斷代

兩漢文歸二十一卷　(明)鍾惺選註　(明)陳淏子訂輯　明末刻本　九冊　存十九卷(一至三、六至十三、十四至二十一)

330000－1711－0000934　普 000836　子部/儒家類/儒學之屬/性理

儒門法語輯要一卷　(清)彭定求撰　(清)湯金釗輯　清光緒十六年(1890)浙江書局刻本　一冊

330000－1711－0000935　普 000837　子部/儒家類/儒學之屬/性理

儒門法語輯要一卷　(清)彭定求撰　(清)湯金釗輯　清光緒十六年(1890)浙江書局刻本　一冊

330000－1711－0000936　普 000838　子部/儒家類/儒學之屬/性理

儒門法語輯要一卷　(清)彭定求撰　(清)湯金釗輯　清光緒十六年(1890)浙江書局刻本　一冊

330000－1711－0000938　普 000841　子部/儒家類/儒學之屬/禮教

人鑑三卷　(清)湯自銘纂　清同治七年(1868)土文霞齋刻本　一冊

330000－1711－0000939　普 000840　類叢部/叢書類/彙編之屬

廣漢魏叢書　(明)何允中編　清嘉慶刻本　二冊　存一種

330000－1711－0000940　普 000842　子部/儒家類/儒學之屬/禮教

振新集要三卷　(清)徐國楨　(清)蔡廷梅輯　清光緒三十三年(1907)杭州中合印書公司鉛印本　一冊

330000－1711－0000941　普 000843　子部/儒家類/儒學之屬/俗訓

人譜六卷首一卷　(明)劉宗周撰　清咸豐十年(1860)金谿趙承恩刻本　四冊

330000－1711－0000943　普 000844　子部/

儒家類/儒家之屬

荀子二十卷校勘補遺一卷 （唐）楊倞注 （清）盧文弨 （清）謝墉輯校並補遺 清乾隆五十一年（1786）嘉善謝氏安雅堂刻本 二冊

330000－1711－0000944 善 0105 經部/叢編

通志堂經解一百四十種一千八百六十卷 （清）納蘭成德輯 清康熙十九年（1680）納蘭成德刻本 四冊 存一種

330000－1711－0000947 普 000847 子部/儒家類/儒學之屬/蒙學

小學六卷 （清）高愈注 **文公朱夫子年譜一卷** 題（宋）李方子撰 清同治十一年（1872）浙江書局刻本 一冊

330000－1711－0000948 普 000848 子部/儒家類/儒學之屬/蒙學

小學六卷 （清）高愈注 **文公朱夫子年譜一卷** 題（宋）李方子撰 清同治十一年（1872）浙江書局刻本 二冊

330000－1711－0000949 普 000849 子部/儒家類/儒學之屬/蒙學

小學六卷 （清）高愈注 **文公朱夫子年譜一卷** 題（宋）李方子撰 清同治十一年（1872）浙江書局刻本 二冊

330000－1711－0000950 善 0106 集部/別集類/明別集

隱秀軒集三十三卷 （明）鍾惺撰 明天啓二年（1622）海虞沈春澤刻本 一冊 存一卷（昃）

330000－1711－0000951 善 0107 類叢部/叢書類/自著之屬

勺園叢書□□種 （清）馮登府撰 清道光十七年（1837）刻本（拜竹詩龕詩存卷五至十配清抄本） 一冊 存一種

330000－1711－0000952 善 0108 集部/別集類/唐五代別集

李義山詩集三卷 （唐）李商隱撰 （清）朱鶴齡箋注 清初刻本 清朱彝尊等批 三冊

330000－1711－0000953 普 000850 子部/儒家類/儒學之屬/蒙學

問業堂新訂小學全書六卷忠經全書一卷孝經全書一卷 （清）周恭良輯 清刻本 二冊

330000－1711－0000954 普 000851 子部/儒家類/儒學之屬/蒙學

小學韻語一卷 （清）羅澤南撰 清咸豐六年（1856）浙江書局刻本 一冊

330000－1711－0000955 普 000854 子部/儒家類/儒學之屬/勸學

勸學篇二卷 （清）張之洞撰 清光緒二十四年（1898）兩湖書院木活字印本 二冊

330000－1711－0000956 普 000852 子部/儒家類/儒學之屬/蒙學

小學韻語一卷 （清）羅澤南撰 清咸豐六年（1856）浙江書局刻本 一冊

330000－1711－0000957 普 000855 類叢部/叢書類/自著之屬

王船山先生四種 （清）王夫之撰 清末石印本 一冊

330000－1711－0000958 善 0109 集部/別集類/清別集

樂善堂全集定本三十卷 （清）高宗弘曆撰 清乾隆刻本 二冊 存十二卷（十三至二十四）

330000－1711－0000960 普 000857 子部/儒家類/儒學之屬/禮教/鑑戒

聖祖仁皇帝庭訓格言一卷 （清）世宗胤禛述 （清）紀昀 （清）隆錫熊 （清）孫士毅總纂 （清）陸費墀總校 清鉛印本 一冊

330000－1711－0000961 普 000858 子部/儒家類/儒學之屬/蒙學

童子問路四卷 （清）鄭之琮輯 清同治九年（1870）杭州文元堂刻本 二冊

330000－1711－0000963 普 000861 子部/儒家類/儒學之屬/蒙學

小學六卷附文公朱夫子年譜一卷 （清）高愈纂注 **孝經一卷** （明）陳選集注 **忠經一卷**

（漢）鄭玄集注　清光緒十二年（1886）刻本　四冊　缺二卷（孝經、忠經）

330000－1711－0000964　普 000860　子部/儒家類/儒學之屬/蒙學
小學六卷附文公朱夫子年譜一卷　（清）高愈纂注　**孝經一卷**　（明）陳選集注　**忠經一卷**　（漢）鄭玄集注　清光緒十二年（1886）刻本　五冊

330000－1711－0000965　善 0110　子部/醫家類/方書之屬/成方藥目
王宇泰先生訂補古今醫鑑十六卷　（明）龔信纂輯　（明）龔廷賢續　（明）王肯堂訂補　明刻清補修本　十三冊　存十三卷（二、四、六至十六）

330000－1711－0000966　普 000862　子部/儒家類/儒學之屬/蒙學
小學集註六卷　（明）陳選集注　清刻本　四冊

330000－1711－0000967　普 000863　子部/儒家類/儒學之屬/蒙學
小學集註六卷　（明）陳選集注　清刻本　四冊

330000－1711－0000968　善 0111　集部/別集類/明別集
龍谿王先生全集二十卷　（明）王畿撰　明萬曆十五年（1587）蕭良榦刻本　十冊　存十八卷（一至二、五至二十）

330000－1711－0000969　善 0112　子部/醫家類/綜合之屬/通論
醫貫六卷　（明）趙獻可撰　清康熙天蓋樓刻本　一冊　存三卷（一至三）

330000－1711－0000970　普 000864　子部/儒家類/儒學之屬/性理
儒門法語輯要一卷　（清）彭定求撰　（清）湯金釗輯　清光緒十六年（1890）浙江書局刻本　一冊

330000－1711－0000971　普 000865　子部/儒家類/儒學之屬/蒙學
人範六卷首一卷附錄一卷　（清）蔣元輯　（清）顧廣譽增輯　清光緒十六年（1890）平湖學署刻本　一冊　存四卷（一至四）

330000－1711－0000972　普 000866　子部/儒家類/儒學之屬/俗訓
人譜類記增訂六卷　（明）劉宗周撰　清樹滋堂刻本　一冊　存二卷（五至六）

330000－1711－0000973　普 000869　子部/儒家類/儒學之屬/禮教/家訓
治家格言繹義二卷首一卷　（清）戴翊清撰　清光緒十五年（1889）月補桐居刻本　一冊

330000－1711－0000974　普 000870　子部/儒家類/儒學之屬/俗訓
朱子白鹿洞規條目二十卷集程朱格物法一卷集朱子讀書法一卷　（清）王澍輯　清刻本　二冊

330000－1711－0000975　普 000871　子部/儒家類/儒學之屬/性理
朱子原訂近思錄集注十四卷考訂朱子世家一卷　（清）江永撰　清同治七年（1868）楚北崇文書局刻本　五冊　缺一卷（考訂朱子世家）

330000－1711－0000976　普 000867　子部/儒家類/儒學之屬/性理
御纂性理精義十二卷　（清）李光地等纂修　清刻本　三冊　缺二卷（七至八）

330000－1711－0000977　普 000868　史部/傳記類/總傳之屬/列女
典故列女全傳四卷　（清）曉星樵人（李光明）復校重刊　清李光明莊刻本　四冊

330000－1711－0000978　普 000872　子部/儒家類/儒學之屬/性理
呻吟語六卷　（明）呂坤撰　清同治八年（1869）浙江刻光緒三十四年（1908）印本　一冊　存四卷（三至六）

330000－1711－0000979　普 000873　子部/儒家類/儒學之屬/禮教/家訓
家範十卷　（宋）司馬光撰　清刻本　一冊

330000 - 1711 - 0000980　普 000874　子部/儒家類/儒學之屬/禮教/鑑戒
先哲格言四卷　(清)晦齋學人輯　清刻本　一册

330000 - 1711 - 0000983　普 000877　子部/儒家類/儒家之屬
荀子二十卷首一卷　(唐)楊倞注　王先謙集解　清光緒十七年(1891)刻本　六册

330000 - 1711 - 0000986　普 000880　子部/叢編
二十二子(二十二子彙函)　(清)浙江書局編　清光緒元年至三年(1875 - 1877)浙江書局刻本　四册　存一種

330000 - 1711 - 0000987　普 000882　子部/儒家類/儒學之屬/經濟
揚子灋言十三卷　(漢)揚雄撰　(晉)李軌注　**附攷一卷攷異一卷音義一卷**　(清)徐養源撰　清嘉慶十二年(1807)稻香吟館刻本　一册

330000 - 1711 - 0000988　普 000881　類叢部/叢書類/彙編之屬
廣漢魏叢書　(明)何允中編　清嘉慶刻本　一册　存二種

330000 - 1711 - 0000989　普 000883　類叢部/叢書類/自著之屬
毋不敬齋全書十七種附一種　(清)方濬撰　清光緒十五年(1889)方剛中、方敦吉濟南刻二十三年(1897)印本　六册　存四種

330000 - 1711 - 0000990　普 000884　子部/儒家類/儒學之屬
二程全書五十一卷　(宋)程顥　(宋)程頤撰　(宋)朱熹輯　清刻本　五册　存二十九卷(一至二、十一至三十七)

330000 - 1711 - 0000991　善 0113　類叢部/叢書類/自著之屬
李君實先生雜著八種　(明)李日華撰　明天啓六年(1626)至崇禎刻清康熙二十四年(1685)李氏、乾隆三十三年(1768)曹秉鈞重修本　二册　存一種

330000 - 1711 - 0000992　普 000890　子部/儒家類/儒學之屬/勸學
程氏家塾讀書分年日程三卷綱領一卷　(元)程端禮撰　清同治七年(1868)湖北崇文書局刻本　二册

330000 - 1711 - 0000993　善 0114　史部/載記類
晉書載記三十卷　(唐)太宗李世民撰　明刻本　一册　存五卷(十六至二十)

330000 - 1711 - 0000996　普 000885　子部/叢編
子書百家　(清)崇文書局編　清光緒元年(1875)湖北崇文書局刻本　二册　存一種

330000 - 1711 - 0000997　普 000893　子部/儒家類/儒學之屬/勸學
輶軒語七卷　(清)張之洞撰　清光緒元年(1875)四川刻本　一册

330000 - 1711 - 0001000　普 000889　類叢部/叢書類/自著之屬
諸葛忠武侯全集(忠武侯諸葛孔明先生全集)五種　(三國蜀)諸葛亮撰　(清)張澍編　清刻本　七册　存三種

330000 - 1711 - 0001001　善 0115　集部/總集類/選集之屬/斷代
明人詩鈔正集十四卷續集十四卷　(清)朱琰輯　清乾隆二十五年(1760)樊桐山房刻本　六册

330000 - 1711 - 0001002　普 000886　類叢部/叢書類/彙編之屬
廣漢魏叢書　(明)何允中編　清嘉慶刻本　一册　存二種

330000 - 1711 - 0001003　普 000897　子部/叢編
二十二子(二十二子彙函)　(清)浙江書局編　清光緒元年至三年(1875 - 1877)浙江書局刻本　一册　存一種

330000－1711－0001004　善0116　經部/四書類/總義之屬/傳說
四書闡註十九卷　(清)浦泰輯　清雍正六年(1728)婁東尚論堂刻本　六册

330000－1711－0001005　普000894　類叢部/叢書類/彙編之屬
嘯園叢書五十七種　(清)葛元煦編　清光緒二年至七年(1876－1881)仁和葛氏刻本　一册　存一種

330000－1711－0001007　普000895　史部/政書類/律令之屬/治獄
折獄龜鑑八卷首一卷　(宋)鄭克撰　清光緒八年(1882)刻本　二册

330000－1711－0001009　普000896　子部/法家類
韓非子集解二十卷首一卷　(清)王先慎撰　清光緒上海掃葉山房石印本　六册

330000－1711－0001010　普000900　史部/政書類/律令之屬/判牘
樊山判牘四卷　樊增祥撰　清宣統三年(1911)法政學習所石印本　四册

330000－1711－0001011　善0117　史部/編年類/通代之屬
校刊資治通鑑全書　(清)胡元常輯　清光緒十四年至十七年(1888－1891)長沙楊氏刻本　張宗祥校並跋　一百册

330000－1711－0001013　普000902　子部/叢編
十子全書　(清)王之興輯　清嘉慶九年(1804)姑蘇王氏聚文堂刻本　三册　存一種

330000－1711－0001014　普000903　類叢部/叢書類/彙編之屬
學津討原一百七十三種　(清)張海鵬編　清嘉慶十年(1805)虞山張氏照曠閣刻本　六册　存一種

330000－1711－0001015　普000904　子部/叢編
子書二十二種　(清)浙江書局編　清光緒二十三年(1897)上海圖書集成局鉛印本　三册　存一種

330000－1711－0001017　普000906　子部/叢編
二十二子(二十二子彙函)　(清)浙江書局編　清光緒元年至三年(1875－1877)浙江書局刻本　二册　存一種

330000－1711－0001019　善0118　子部/醫家類/外科之屬/外科方
程氏外科家寶不分卷　(明)程衍道撰　清抄本　一册

330000－1711－0001020　善0119　子部/醫家類/兒科之屬/通論
保嬰攝要二十卷　(明)薛鎧撰　明刻本　二册　存四卷(七至八、十一至十二)

330000－1711－0001023　普000913　子部/兵家類/兵法之屬
讀史兵略綴言四卷　蔣廷黻撰　清宣統三年(1911)京師刻本　一册

330000－1711－0001025　普000915　子部/兵家類/兵法之屬
讀史兵略十二卷　(清)胡林翼撰　清光緒二十七年(1901)上海富文書局石印本　八册

330000－1711－0001026　普000916　子部/兵家類/兵法之屬
讀史兵略續編十卷　(清)胡林翼撰　清光緒二十六年(1900)上海圖書集成印書局鉛印本　十册

330000－1711－0001027　善0120　史部/傳記類/總傳之屬/列女
列女傳十六卷　(漢)劉向撰　(明)汪道昆輯　(明)仇英繪圖　明萬曆刻清乾隆四十四年(1779)鮑氏知不足齋印本　三册　存八卷(一、三、五、十、十二、十四至十六)

330000－1711－0001028　善0121　子部/醫家類/本草之屬/歷代綜合本草
本草求真主治二卷　(清)黃宫繡撰　清抄本　二册

330000－1711－0001029　善 0122　集部/別集類/清別集

海昌詩淑五卷　(清)吳衡照輯　清光緒十二年(1886)許仁傑抄本　清許仁傑題記　一冊

330000－1711－0001031　普 000918　子部/農家農學類/總論之屬

補農書二卷　(明)沈□撰　(清)張履祥補　清光緒二十三年(1897)然藜閣木活字印本　一冊

330000－1711－0001036　普 000910　類叢部/叢書類/彙編之屬

長恩書室叢書十九種　(清)莊肇麟編　清咸豐四年(1854)新昌莊氏過客軒刻本　一冊　存一種

330000－1711－0001037　善 0123　史部/雜史類/斷代之屬

粵徼語一卷　(清)查東山筆　(清)沈墨菴閱　清靜得樓抄本　一冊

330000－1711－0001038　普 000921　子部/農家農學類/總論之屬

農政全書六十卷　(明)徐光啓撰　清宣統元年(1909)上海求學齋局石印本　十六冊

330000－1711－0001039　善 0124　子部/儒家類/儒學之屬/性理

問學錄四卷　(清)陸隴其撰　清抄本　一冊　存二卷(一至二)

330000－1711－0001040　普 000925　子部/醫家類/本草之屬/歷代綜合本草

本草從新十八卷　(清)吳儀洛輯　清末石印本　四冊

330000－1711－0001041　善 0125　史部/編年類/通代之屬

資治通鑑二百九十四卷　(宋)司馬光撰　(元)胡三省音注　明刻本　十冊　存三十三卷(一至二、四十九至五十四、一百九十三至一百九十六、二百六至二百九、二百四十一至二百四十四、二百五十五至二百五十七、二百五十六至二百五十九、二百六十一至二百六十三、二百七十至二百七十二)

330000－1711－0001042　善 0126　類叢部/叢書類/彙編之屬

墨海金壺一百十五種　(清)張海鵬編　清嘉慶十三年至十六年(1808－1811)海虞張海鵬刻二十二年(1817)彙印本　二冊　存一種

330000－1711－0001043　普 000922　子部/醫家類/本草之屬/歷代綜合本草

本草綱目五十二卷瀕湖脈學一卷脈訣攷證一卷奇經八脈攷一卷　(明)李時珍撰　**本草萬方鍼線八卷**　(清)蔡烈先輯　清芥子園刻本　三十八冊　缺十八卷(二、六至十、十五、十九至二十二、二十九、三十六至三十七、四十二至四十三、四十八至四十九)

330000－1711－0001045　普 000923　子部/醫家類/方書之屬/單方驗方

驗方新編十六卷　(清)鮑相璈輯　**痧症全書三卷**　(清)王凱編輯　**咽喉秘集二卷**　(清)海山仙館輯　清同治三年(1864)刻本　十冊

330000－1711－0001047　普 000927　子部/醫家類/類編之屬

張氏醫書七種　(清)張璐等撰　清同德堂刻本　十五冊　存四種

330000－1711－0001051　普 000929　子部/醫家類/醫經之屬/難經

圖註八十一難經辨真四卷　(明)張世賢撰　清刻本　二冊

330000－1711－0001053　普 000930　子部/醫家類/類編之屬

圖註難經脈訣二種六卷　(戰國)秦越人撰　清兩儀堂刻本　二冊　存一種

330000－1711－0001055　普 000931　子部/醫家類/類編之屬

周氏醫學叢書(周澂之評注醫書、周氏彙刻醫學叢書)初集十二種二集十一種三集六種　(清)周學海編　清光緒至宣統池陽周氏刻宣統三年(1911)福慧雙修館彙印本　一冊　存初集一種

330000－1711－0001056　普 000932　子部/醫家類/醫經之屬/難經

圖註八十一難經辨真四卷　(明)張世賢撰　清刻本　二冊

330000－1711－0001057　普 000933　子部/醫家類/綜合之屬/通論

扁鵲心書三卷神方一卷　(宋)竇材輯　清刻本　二冊

330000－1711－0001058　普 000934　子部/醫家類/診法之屬/脈經脈訣

刪注脈訣規正二卷　(清)沈鏡刪註　清刻本　二冊

330000－1711－0001059　普 000939　子部/醫家類/方書之屬/成方藥目

易簡方便醫書六卷　(清)周茂五輯　清光緒二十九年(1903)文海書局石印本　六冊

330000－1711－0001061　普 000941　子部/醫家類/醫經之屬/難經

圖註八十一難經辨真四卷　(明)張世賢撰　清刻本　一冊　存二卷(一至二)

330000－1711－0001062　普 000942　子部/醫家類/溫病之屬/瘟疫

瘟疫論二卷　(明)吳有性撰　清刻本　一冊

330000－1711－0001063　普 000943　子部/醫家類/溫病之屬/瘟疫

廣瘟疫論四卷末一卷　(清)戴天章著　清刻本　二冊

330000－1711－0001066　普 000946　子部/醫家類/喉科口齒之屬/通論

咽喉脈證通論一卷　(宋)宋僧撰　清光緒十一年(1885)刻本　一冊

330000－1711－0001067　普 000947　子部/醫家類/喉科口齒之屬/通論

咽喉脈證通論一卷　(宋)宋僧撰　清光緒十一年(1885)刻本　一冊

330000－1711－0001068　普 000950　子部/醫家類/類編之屬

汪石山醫書七種二十七卷　(明)汪機等撰　清石印本　九冊　存五種

330000－1711－0001069　普 000951　子部/醫家類/醫案之屬

增補臨證指南醫案八卷　(清)葉桂撰　清光緒三十二年(1906)上海龍文書局石印本　八冊

330000－1711－0001070　普 000953　子部/醫家類/綜合之屬/通論

簡明中西滙參醫學圖說二卷　(清)王有忠編　清光緒三十二年(1906)上海廣益書局石印本　三冊

330000－1711－0001074　普 000957　子部/醫家類/類編之屬

中西匯通醫書五種　(清)唐宗海撰　清光緒三十四年(1908)上海千頃堂書局石印本　十二冊

330000－1711－0001078　普 000959　子部/醫家類/醫案之屬

增補臨證指南醫案八卷　(清)葉桂撰　清光緒三十二年(1906)上海龍文書局石印本　七冊　缺一卷(三)

330000－1711－0001080　普 000961　子部/醫家類/綜合之屬/合刻、合抄

景岳全書六十四卷　(明)張介賓撰　清刻本　十八冊　存二十六卷(七、十四至十七、三十八至三十九、四十六至六十四)

330000－1711－0001081　普 000962　子部/醫家類/溫病之屬/其他溫疫病證

溫病條辨六卷首一卷　(清)吳瑭撰　清光緒十九年(1893)上海圖書集成印書局鉛印本　四冊

330000－1711－0001082　善 0128　類叢部/叢書類/自著之屬

沈歸愚詩文全集十四種　(清)沈德潛撰　清乾隆教忠堂刻本　一冊　存一種

330000－1711－0001083　普 000970　子部/醫家類/本草之屬/歷代綜合本草

本草分經不分卷　(清)姚瀾輯　清光緒十四年(1888)刻本　二册

330000－1711－0001086　普 000983　子部/醫家類/傷寒金匱之屬/金匱要略
金匱玉函經二註二十二卷補方一卷　(宋)趙以德(趙良仁)衍義　(清)周揚俊補注　**十藥神書一卷**　(元)葛乾孫撰　清道光十三年(1833)元和李清俊養恬齋刻本　六册　缺一卷(十藥神書)

330000－1711－0001087　普 000987　子部/醫家類/類編之屬
利濟十二種　(清)趙學敏輯　清同治十年(1871)錢塘張應昌吉心堂刻本　九册　存一種

330000－1711－0001088　普 000963　子部/醫家類/方書之屬/成方藥目
張同泰號丸散膏丹全錄一卷　(清)張同泰輯　清張同泰號刻本　一册

330000－1711－0001089　普 000964　子部/醫家類/方書之屬/成方藥目
胡慶餘堂丸散膏丹全集不分卷　(清)胡光墉編　清光緒三年(1877)杭州胡慶餘堂刻本　一册

330000－1711－0001090　普 000973　子部/醫家類/方書之屬/成方藥目
胡慶餘堂丸散膏丹全集十四卷續增一卷　(清)胡光墉編　清光緒三年(1877)杭州胡慶餘堂刻本　一册

330000－1711－0001093　普 000976　子部/醫家類/方書之屬/單方驗方
驗方新編二十四卷　(清)鮑相璈輯　清光緒四年(1878)杭州東壁齋刻民國十年(1921)重印本　十六册

330000－1711－0001096　普 000979　子部/醫家類/類編之屬
中西匯通醫書五種　(清)唐宗海撰　清光緒二十年(1894)申江順成書局石印本　十一册　缺三卷(傷寒論淺註補正二至四)

330000－1711－0001097　普 000980　子部/叢編
二十二子(二十二子彙函)　(清)浙江書局編　清刻本　九册　存一種

330000－1711－0001098　普 000982　子部/醫家類/傷寒金匱之屬/金匱要略
金匱心典三卷　(清)尤怡撰　清同治八年(1869)陸氏雙白燕堂刻本　三册

330000－1711－0001099　普 000984　子部/醫家類/醫案之屬
洄溪醫案一卷　(清)徐大椿撰　清咸豐七年(1857)海昌蔣氏衍芬草堂刻本　一册

330000－1711－0001100　普 000985　子部/醫家類/醫案之屬
洄溪醫案一卷　(清)徐大椿撰　清咸豐七年(1857)海昌蔣氏衍芬草堂刻本　一册

330000－1711－0001101　普 000986　子部/醫家類/醫案之屬
洄溪醫案一卷　(清)徐大椿撰　清咸豐七年(1857)海昌蔣氏衍芬草堂刻本　一册

330000－1711－0001102　普 000988　子部/醫家類/婦科之屬/產科
達生編不分卷　(清)亟齋居士撰　清嘉慶二十一年(1816)文定齋刻本　一册

330000－1711－0001103　普 000989　子部/醫家類/婦科之屬
傅青主女科二卷產後編二卷　(清)傅山撰　清同治八年(1869)湖北崇文書局刻本　二册

330000－1711－0001107　普 000990　子部/醫家類/類編之屬
徐氏醫書八種　(清)徐大椿撰　清光緒十五年至二十三年(1889－1897)江左書林刻本　八册　存七種

330000－1711－0001108　普 000991　子部/醫家類/類編之屬
徐氏醫書八種　(清)徐大椿撰　清光緒十八年(1892)湖北官書處刻本　三册　存三種

330000－1711－0001109　普 001000　子部/醫家類/方書之屬/單方驗方

醫方湯頭歌訣一卷經絡歌訣一卷　（清）汪昂撰　清刻本　一冊

330000－1711－0001110　普 000995　子部/醫家類/眼科之屬

傅氏眼科審視瑤函六卷首一卷　（明）傅仁宇撰　（明）林長生校補　清上海錦章圖書局石印本　六冊

330000－1711－0001112　普 000997　子部/醫家類/眼科之屬

眼科百問二卷　（清）王子固輯　清石印本　一冊

330000－1711－0001115　普 000981　子部/雜著類/雜品之屬

弦雪居重訂遵生八牋十九卷目錄一卷　（明）高濂撰　清光緒十年（1884）刻本　八冊　存九卷（一至二、四、七、十至十三、十七）

330000－1711－0001116　普 000998　子部/醫家類/類編之屬

喻氏醫書三種　（清）喻昌撰　清乾隆黎川陳守誠刻本　十三冊　存二種

330000－1711－0001118　普 000999　子部/醫家類/綜合之屬/通論

證治合參十八卷　（清）葉盛撰　清刻本　六冊　存十四卷（一至二、五至十六）

330000－1711－0001119　普 001003　子部/醫家類/方書之屬

證因脈治四卷　（明）秦景明撰　（清）秦之楨輯　清康熙四十七年（1708）攸寧堂刻本　五冊　缺一卷（四）

330000－1711－0001120　普 001005　子部/醫家類/方書之屬/成方藥目

萬選良方二卷　（清）余楙輯　清光緒十三年（1887）刻本　一冊

330000－1711－0001121　普 001006　子部/醫家類/方書之屬/成方藥目

養生經驗良方八卷　（清）毛世洪撰　清光緒十九年（1893）居敬齋刻本　一冊

330000－1711－0001123　普 001008　子部/醫家類/本草之屬/歷代綜合本草

本草綱目五十二卷瀕湖脈學一卷脈訣攷證一卷奇經八脈攷一卷　（明）李時珍撰　**本草萬方鍼線八卷**　（清）蔡烈先輯　**本草綱目拾遺十卷**　（清）趙學敏輯　清光緒十九年（1893）鴻寶齋石印本　十六冊

330000－1711－0001124　普 001009　子部/醫家類/本草之屬/歷代綜合本草

本草綱目五十二卷附圖三卷瀕湖脈學一卷奇經八脈攷一卷脈訣攷證一卷　（明）李時珍撰　**本草萬方鍼線八卷**　（清）蔡烈先輯　**本草綱目拾遺十卷**　（清）趙學敏輯　清光緒十九年（1893）鴻寶齋石印本　一冊　存二卷（圖二至三）

330000－1711－0001125　普 001010　子部/醫家類/方書之屬/單方驗方

驗方新編十六卷　（清）鮑相璈輯　**痧症全書三卷**　（清）王凱編輯　**咽喉秘集二卷**　（清）海山仙館輯　清同治三年至七年（1864－1868）刻本　九冊　缺三卷（十二至十四）

330000－1711－0001126　普 001011　子部/醫家類/方書之屬/歷代方書

醫方集解三卷　（清）汪昂撰　清刻本　二冊　存二卷（二至三）

330000－1711－0001127　普 001012　子部/醫家類/綜合之屬/合刻、合抄

景岳全書六十四卷　（明）張介賓撰　清光緒二十年（1894）上海圖書集成印書局鉛印本　十五冊　缺三卷（五十二至五十四）

330000－1711－0001128　普 001013　子部/醫家類/類編之屬

南雅堂醫書全集　（清）陳念祖撰　清光緒三十二年（1906）上海飛鴻閣書局石印本　二十三冊　存三十八種

330000－1711－0001130　普 001022　類叢部/叢書類/彙編之屬

士禮居黃氏叢書十九種附四種 （清）黃丕烈編　清嘉慶至道光吳縣黃氏刻本　二冊　存一種

330000－1711－0001131　普001014　子部/醫家類/本草之屬/歷代綜合本草
本經逢原四卷 （清）張璐撰　**石頑老人診宗三昧一卷** （清）張登　（清）張倬編　清刻本　七冊

330000－1711－0001132　普001015　子部/醫家類/綜合之屬/通論
掃葉山房重校醫宗必讀十卷 （清）李中梓撰　清光緒十四年(1888)掃葉山房刻本　六冊

330000－1711－0001133　普001016　子部/醫家類/綜合之屬/通論
醫宗必讀五卷 （清）李中梓撰　清刻本　五冊

330000－1711－0001134　普001017　子部/醫家類/外科之屬/外科方
外科正宗十二卷 （明）陳實功撰　（清）徐大椿評　清光緒三十一年(1905)海左書局石印本　一冊

330000－1711－0001136　普001025　新學/醫學
合信氏西醫五種 （英國）合信氏撰　清咸豐刻本　三冊　存三種

330000－1711－0001139　普001020　子部/醫家類/溫病之屬/其他溫疫病證
問心堂溫病條辨六卷首一卷 （清）吳瑭撰　清刻本　三冊　存三卷(四至六)

330000－1711－0001140　普001026　子部/醫家類/溫病之屬/其他溫疫病證
溫病條辨六卷首一卷 （清）吳塘撰　清道光十五年(1835)葉金潮濬吾樓刻本　三冊　存三卷(一至三)

330000－1711－0001141　普001019　子部/醫家類/綜合之屬/合刻、合抄
景岳全書六十四卷 （明）張介賓撰　清刻本(卷一至二配清抄本)　三十一冊　缺三卷(四十一至四十三)

330000－1711－0001142　普001027　子部/醫家類/綜合之屬/通論
醫宗金鑑内科七十四卷外科十六卷 （清）吳謙等撰　清上海錦章書局石印本　四冊　存十六卷(外科一至十六)

330000－1711－0001143　普001028　子部/醫家類/方書之屬/單方驗方
重訂驗方新編十八卷 （清）鮑相璈等輯　清光緒三十三年(1907)上海鑄記書局石印本　六冊

330000－1711－0001144　普001029　子部/醫家類/方書之屬/單方驗方
重訂驗方新編十八卷 （清）鮑相璈等輯　清宣統元年(1909)上海鍊石齋石印本　六冊

330000－1711－0001145　普001030　子部/醫家類/方書之屬/歷代方書
醫方集解□□卷 （清）汪昂撰　清刻本　四冊

330000－1711－0001146　普001049　子部/醫家類/綜合之屬/通論
醫門法律六卷尚書篇四卷首一卷後篇四卷寓意草一卷 （清）喻昌撰　清上海簡青齋書局石印喻氏醫書三種本　二冊

330000－1711－0001147　普001031　子部/醫家類/婦科之屬/通論
竹林寺婦科秘方一卷 （清）竹林寺僧撰　清光緒十六年(1890)顧海洲刻本　一冊

330000－1711－0001148　普001032　子部/醫家類/婦科之屬
竹林女科證治四卷 （清）竹林寺僧撰　清刻本　二冊　存二卷(三至四)

330000－1711－0001149　普001033　子部/醫家類/婦科之屬/產科
達生編一卷 （清）亟齋居士原編　（清）汪家駒增訂　清同治元年(1862)浦東李春和布莊刻本　一冊

330000－1711－0001150　普 001034　子部/醫家類/婦科之屬/產科

達生編三卷　(清)亟齋居士撰　清光緒四年(1878)心畊堂刻本　一冊

330000－1711－0001151　普 001035　子部/醫家類/婦科之屬/產科

達生編三卷　(清)亟齋居士撰　清光緒四年(1878)心畊堂刻本　一冊

330000－1711－0001152　普 001036　子部/醫家類/婦科之屬/產科

產科心法二卷　(清)汪喆撰　清嘉慶九年(1804)李超恒等秀水刻本　一冊

330000－1711－0001153　普 001037　子部/醫家類/婦科之屬/產科

產寶家傳二卷　(清)倪東溟撰　清刻本　一冊

330000－1711－0001154　普 001038　子部/醫家類/婦科之屬/產科

大生要旨五卷　(清)唐千頃撰　**增訂胎產方一卷**　(清)仇文映纂　清道光九年(1829)種善堂刻本(增訂胎產方配清抄本)　二冊

330000－1711－0001156　普 001043　子部/醫家類/類編之屬

徐洄谿先生十三種　(清)徐大椿撰　清光緒二十二年(1896)珍藝書局石印本　十二冊

330000－1711－0001157　普 001044　子部/醫家類/傷寒金匱之屬/傷寒論

傷寒論註四卷　(清)柯琴撰　清刻本　三冊　存三卷(二至四)

330000－1711－0001158　普 001045　子部/醫家類/傷寒金匱之屬/傷寒論

傷寒附翼二卷　(清)柯琴撰　清刻本　二冊

330000－1711－0001159　普 001046　子部/醫家類/傷寒金匱之屬/傷寒論

余註傷寒論翼四卷　(清)柯琴撰　清光緒三十一年(1905)集古山房刻本　二冊

330000－1711－0001160　普 001047　子部/醫家類/傷寒金匱之屬/傷寒論

傷寒來蘇集三種　(清)柯琴撰　清乾隆三十一年(1766)博古堂刻本　四冊　存二種

330000－1711－0001161　普 001048　子部/醫家類/傷寒金匱之屬/傷寒論

傷寒明理論三卷藥方論一卷　(金)成無己撰　清刻本　二冊

330000－1711－0001162　普 001039　子部/醫家類/婦科之屬/產科

增廣大生要旨五卷　(清)唐千頃撰　(清)葉灝增訂　清光緒惠直堂申刻本　二冊

330000－1711－0001163　普 001050　子部/醫家類/綜合之屬/通論

醫門法律六卷尚書篇四卷首一卷後篇四卷寓意草一卷　(清)喻昌撰　清上海簡青齋書局石印喻氏醫書三種本　六冊　存十二卷(三至六,尚書篇首、一至四,後篇三至四,寓意草)

330000－1711－0001164　普 001040　子部/醫家類/婦科之屬/產科

增廣大生要旨五卷　(清)唐千頃撰　(清)葉灝增訂　清光緒惠直堂申刻本　二冊

330000－1711－0001165　普 001041　子部/醫家類/婦科之屬/產科

增廣大生要旨五卷　(清)唐千頃撰　(清)葉灝增訂　清光緒惠直堂申刻本　二冊

330000－1711－0001167　普 001059　子部/醫家類/方書之屬/成方藥目

易簡方便醫書六卷　(清)周茂五輯　清咸豐十一年(1861)石陽周日新堂刻本　二冊　存二卷(一、六)

330000－1711－0001169　普 001053　子部/醫家類/外科之屬/外科方

外科症治全生前集三卷後集三卷新增一卷　(清)王維德撰　清光緒十年(1884)吳門刻本　二冊

330000－1711－0001171　普 001060　子部/醫家類/類編之屬

馮氏錦囊秘錄三種五十卷　(清)馮兆張編　清刻本　二冊　存一種

330000－1711－0001172　普001055　子部/醫家類/方書之屬/單方驗方
驗方新編十八卷　(清)鮑相璈等輯　清光緒二十三年(1897)上海廣百宋齋鉛印本　一冊

330000－1711－0001174　普001056　子部/醫家類/方書之屬/單方驗方
經驗選秘六卷　(清)胡增彬輯　清同治十年(1871)刻本　一冊

330000－1711－0001175　普001057　子部/醫家類/方書之屬/單方驗方
經驗選秘六卷　(清)胡增彬輯　清同治十年(1871)刻本　一冊

330000－1711－0001176　普001058　子部/醫家類/方書之屬/單方驗方
經驗秘方一卷　(清)楊馥蕉　(清)潘之偉輯　清光緒二十年(1894)聚文堂刻本　一冊

330000－1711－0001178　普001063　子部/醫家類/方書之屬/單方驗方
醫方湯頭歌括一卷經絡歌訣一卷　(清)汪昂撰　清刻本　一冊

330000－1711－0001182　普001075　子部/醫家類/綜合之屬/通論
御纂醫宗金鑑九十卷首一卷　(清)吳謙等撰　清光緒三十二年(1906)上海商務印書館鉛印本　二十二冊　存八十三卷(首,一至五十五、六十至六十二、六十七至九十)

330000－1711－0001184　普001068　子部/醫家類/醫案之屬
診餘舉隅錄二卷　(清)陳廷儒撰　清光緒二十四年(1898)鉛印本　二冊

330000－1711－0001186　普001070　子部/術數類/相宅相墓之屬
重刊人子須知資孝地理心學統宗十六卷　(明)徐善繼　(明)徐善述撰　清大文堂刻本　七冊　存十四卷(一至四、七至十六)

330000－1711－0001187　普001071　子部/術數類/陰陽五行之屬
諏吉便覽不分卷　(清)俞榮寬輯　清同治三年(1864)刻朱墨套印本　一冊

330000－1711－0001188　普001072　子部/術數類/陰陽五行之屬
諏吉便覽不分卷　(清)俞榮寬輯　清刻朱墨套印本　一冊

330000－1711－0001189　普001073　子部/術數類/相宅相墓之屬
嚴陵張九儀增釋地理琢玉斧巒頭歌括四卷　(明)徐之鏌　(清)張九儀撰　清石印本　一冊

330000－1711－0001190　普001076　子部/術數類/相宅相墓之屬
地理金丹二卷　(清)方行慎輯　清刻本　一冊

330000－1711－0001191　普001077　子部/術數類/相宅相墓之屬
陽宅要覽三卷　(清)弁山念道人輯　清刻本　一冊

330000－1711－0001192　普001078　子部/術數類/相宅相墓之屬
地理小補三卷續編一卷辨正發秘初稿一卷　(清)劉傑撰　清同治十年(1871)經濟堂刻本　四冊

330000－1711－0001199　普001085　子部/醫家類/喉科口齒之屬/白喉
洞主仙師白喉治法忌表抉微一卷附錄三不可要訣一卷　(清)耐修子輯並注　清光緒二十七年(1901)順成書局石印本　一冊

330000－1711－0001200　普001086　子部/醫家類/喉科口齒之屬
囊秘喉書一卷附錄驗方一卷　(清)楊龍九撰　清光緒二十八年(1902)常熟俞氏刻本　一冊

330000－1711－0001201　普001087　子部/術數類/陰陽五行之屬

通德類情十三卷　(清)沈重華輯　清刻本　三冊　存四卷(二、五、十至十一)

330000－1711－0001202　普 001088　子部/術數類/命書相書之屬
增補星平會海命學全書十卷首一卷　(清)水中龍撰　清刻本　三冊　缺六卷(一至二、五至八)

330000－1711－0001203　普 001089　子部/術數類/相宅相墓之屬
新刻東海王先生纂輯陽宅十書四卷　(明)王君榮撰　清崇德堂刻本　一冊　存一卷(一)

330000－1711－0001204　普 001090　子部/術數類/相宅相墓之屬
地學二卷　(清)沈鎬撰　清宏道堂刻本　一冊　存一卷(一)

330000－1711－0001205　普 001091　子部/術數類/占卜之屬
六壬神課□□卷　清自求子刻本　二冊　存二卷(三至四)

330000－1711－0001206　普 001097　新學/算學/代數
三角數理十二卷　(英國)海麻士輯　(英國)傅蘭雅口譯　(清)華蘅芳筆述　(清)曹擷亭繪圖　清刻本　五冊　存十卷(三至十二)

330000－1711－0001208　普 001098　經部/群經總義類/傳說之屬
經書算學天文攷一卷　(清)陳懋齡撰　清嘉慶二年(1797)刻本　一冊

330000－1711－0001209　普 001099　子部/天文曆算類/算書之屬
算法大成上編十卷　(清)陳傑撰　清乃乎之齋刻本　八冊　存八卷(二至五、七至十)

330000－1711－0001210　普 001093　子部/天文曆算類/算書之屬
誦芬書屋算稿三卷　(清)蔣士棨撰　清光緒十七年(1891)刻本　一冊

330000－1711－0001211　普 001094　子部/天文曆算類/算書之屬
數學精詳十一卷首一卷末一卷　(清)屈曾發輯　清刻本　一冊　存二卷(一至二)

330000－1711－0001212　普 001095　子部/天文曆算類/算書之屬
筆算便覽三卷　(清)紀大奎撰　(清)紀大畢等輯　清嘉慶十九年(1814)京都文苑山房刻本　一冊

330000－1711－0001213　普 001096　子部/天文曆算類/算書之屬
曲綫新說一卷隄積術辨一卷　(清)蔣維鍾撰　清光緒二十五年(1899)刻本　一冊

330000－1711－0001215　普 001101　子部/天文曆算類/算書之屬
算法指掌大全四卷　(清)李節齋訂　清光緒三十三年(1907)汲綆書莊石印本　一冊　存二卷(一至二)

330000－1711－0001216　普 001104　類叢部/叢書類/自著之屬
鄒徵君遺書　(清)鄒伯奇撰　清同治十二年(1873)鄒達泉拾芥園刻本　一冊　存一種

330000－1711－0001217　普 001102　新學/算學/代數
代數術補式二十六卷首一卷　(英國)華里司輯　(英國)傅蘭雅口譯　(清)華蘅芳筆述　(清)解崇輝補式　清光緒二十六年(1900)上海順成書局石印本　八冊

330000－1711－0001218　普 001105　類叢部/叢書類/自著之屬
鄒徵君遺書　(清)鄒伯奇撰　清同治十二年(1873)鄒達泉拾芥園刻本　二冊　存二種

330000－1711－0001220　普 001106　子部/天文曆算類/算書之屬
李氏遺書十一種　(清)李銳撰　清道光三年(1823)儀徵阮元刻本　一冊　存一種

330000－1711－0001221　普 001107　子部/天文曆算類/算書之屬
新編算學啓蒙三卷總括一卷　(元)朱世傑撰

望海島術一卷　筭學啓蒙識誤一卷　（清）羅士琳撰　清同治十年(1871)江南機械製造局刻本　三冊

330000－1711－0001223　普001109　新學/算學/數學
對數表一卷　（美國）路密司編　（美國）赫士口譯　（清）朱葆琛筆述　清光緒二十九年(1903)上海美華書館鉛印本　一冊

330000－1711－0001224　普001110　新學/算學/代數
代數備旨不分卷總答一卷　（美國）狄考文選譯　（清）鄒立文　（清）生福維筆述　清光緒三十一年(1905)上海美華書館鉛印本　一冊

330000－1711－0001225　普001111　新學/算學/三角八綫
八線備旨四卷八線學總習問一卷　（美國）羅密士撰　（美國）潘慎文選譯　清光緒三十二年(1906)上海美華書館鉛印本　一冊

330000－1711－0001226　普001112　新學/算學/形學
形學備旨十卷開端一卷　（美國）狄考文選譯　（清）鄒立文筆述　清光緒三十一年(1905)上海美華書館鉛印本　二冊

330000－1711－0001227　普001113　新學/算學/代數
代數備旨二卷總答一卷　（美國）狄考文譯　（清）范震亞校錄　清光緒二十八年(1902)上海會文編譯社石印本　一冊　存二卷（下、總答）

330000－1711－0001228　普001114　新學/圖學/圖算
運規約指三卷　（英國）白起德輯　（英國）傅蘭雅口譯　（清）徐建寅筆述　清光緒二十六年(1900)香港文運書局石印本　一冊

330000－1711－0001229　普001115　子部/天文曆算類/曆法之屬
三統曆算式三卷　（清）方楷撰　清刻本　一冊　存一卷（一）

330000－1711－0001230　普001120　新學/算學/數學
對數表一卷　（美國）路密司編　（美國）赫士口譯　（清）朱葆琛筆述　清光緒三十三年(1907)上海美華書館鉛印本　一冊

330000－1711－0001231　普001121　新學/地學/地理學
地球之過去及未來一卷　（日本）横山又次郎編　（清）馮霈譯　清光緒二十八年(1902)上海廣智書局鉛印本　一冊

330000－1711－0001233　普001116　子部/天文曆算類/算書之屬
尺算徵用一卷　（清）求在我者纂　（清）適可居士校　清光緒十七年(1891)上海胡傳墨齋刻本　一冊

330000－1711－0001234　普001117　子部/天文曆算類/算書之屬
衡齋算學六種　（清）汪萊撰　清嘉慶七年(1802)六九書榭嘉樹堂刻本　一冊

330000－1711－0001235　普001123　子部/農家農學類/農藝之屬/作物種植
檇李譜一卷題詞一卷　（清）王逢辰撰　清同治九年(1870)竹里槐花吟館王氏刻本　一冊

330000－1711－0001236　普001118　子部/天文曆算類/算書之屬
求一術指一卷　（清）時曰醇撰　清光緒五年(1879)如埽葉齋刻本　一冊

330000－1711－0001237　普001124　史部/金石類/錢幣之屬
錢錄十六卷　（清）梁詩正等輯　清光緒二十年(1894)上海積山書局石印本　四冊

330000－1711－0001238　普001119　新學/圖學/圖算
運規約指三卷　（英國）白起德輯　（英國）傅蘭雅口譯　（清）徐建寅筆述　清刻本　一冊　存一卷（一）

330000－1711－0001240　普001129　史部/政書類/邦計之屬

中國電報新編一卷　(清)上海電報局編　清光緒七年(1881)石印本　一册

330000－1711－0001241　普 001130　史部/金石類/金之屬/圖像
恒軒所見所藏吉金錄不分卷　(清)吳大澂輯　清光緒十一年(1885)自刻本　二册

330000－1711－0001242　普 001131　史部/金石類/總志之屬/通考
重定金石契不分卷　(清)張燕昌撰　清光緒二十二年(1896)貴池劉氏聚學軒刻本　四册

330000－1711－0001243　普 001132　史部/金石類/總志之屬/圖像
金石屑四卷附編一卷　(清)鮑昌熙摹　清光緒二年至三年(1876－1877)鮑昌熙刻本　四册

330000－1711－0001244　普 001125　新學/天學
測候叢談四卷　(美國)金楷理口譯　(清)華衡芳筆述　清刻本　一册　存二卷(一至二)

330000－1711－0001245　普 001126　子部/天文曆算類/天文之屬
步天歌一卷　清刻本　一册

330000－1711　0001250　普 001138　子部/藝術類/書畫之屬
桐陰論畫三卷附錄一卷桐陰畫訣一卷續桐陰論畫一卷　(清)秦祖永撰　清同治三年至六年(1864－1867)刻朱墨套印本　一册　存二卷(桐陰論畫一、桐陰畫訣)

330000－1711－0001251　普 001135　類叢部/叢書類/家集之屬
觀古閣叢刻十五種　(清)鮑康編　清嘉慶十一年至光緒二十一年(1806－1895)歙縣鮑氏刻本　四册　存四種

330000－1711－0001252　普 001133　史部/金石類/總志之屬/圖像
求古精舍金石圖初集四卷　(清)陳經撰　清嘉慶十八年至二十二年(1813－1817)烏程陳經說劍樓刻本　四册

330000－1711－0001254　普 001134　史部/金石類/總志之屬/圖像
求古精舍金石圖初集四卷　(清)陳經撰　清嘉慶十八年至二十二年(1813－1817)烏程陳經說劍樓刻本　二册　存二卷(一、四)

330000－1711－0001255　普 001140　子部/藝術類/書畫之屬/畫法畫品
松壺畫憶二卷　(清)錢杜撰　清上海有正書局石印本　一册

330000－1711－0001258　普 001144　子部/藝術類/書畫之屬/法帖
國朝畫家書四卷荔香室石刻二卷　(清)蔡載福輯　清宣統元年(1909)西泠印社石印本　六册

330000－1711－0001259　普 001145　子部/儒家類/儒學之屬/蒙學
小學集註六卷孝經一卷　(明)陳選集注　**忠經一卷**　(漢)鄭玄集注　清光緒三十二年(1906)鴻寶齋石印本　三册　存六卷(小學集註一至六)

330000－1711－0001262　普 001148　集部/總集類/尺牘之屬
昭代名人尺牘續編六卷　(清)抉隱主人輯　清宣統元年(1909)抉隱室影印本　六册

330000－1711－0001264　普 001149　子部/藝術類/書畫之屬/法帖
御刻三希堂石渠寶笈法帖不分卷　(清)弘晝等總理　清影印本　八册　存第十七至三十二册

330000－1711－0001266　普 001152　子部/藝術類/書畫之屬/法帖
呂盧老人石鼓集聯不分卷　(清)王同輯　清光緒二十六年(1900)石印本　一册

330000－1711－0001272　普 001159　史部/傳記類/總傳之屬/技藝
國朝畫徵錄三卷續錄二卷　(清)張庚撰　**明人附錄一卷**　(明)黎遂球　(明)袁樞撰　清同治八年(1869)刻本　二册　缺一卷(明人

附錄)

330000－1711－0001273　普 001160　子部/藝術類/遊藝之屬/棋弈

弈理指歸圖三卷　(清)施紹闇撰　(清)錢長澤繪　清光緒七年(1881)刻本　六冊

330000－1711－0001285　普 001054　集部/總集類/尺牘之屬

明人尺牘四卷　(清)馮瑜輯　清石印本　五冊

330000－1711－0001287　普 001178　史部/傳記類/總傳之屬/姓名

歷代畫家姓氏便覽六卷首一卷　(清)馮津編　清道光六年(1826)德聚堂刻本　一冊

330000－1711－0001289　普 001170　子部/藝術類/書畫之屬/法帖

西岳華山廟碑不分卷　楊守敬輯　清影印本　一冊

330000－1711－0001290　普 001171　子部/藝術類/書畫之屬/法帖

唐拓十七帖一卷　(晉)王羲之書　清上海有正書局影印本　一冊

330000－1711－0001292　普 001174　子部/藝術類/音樂之屬/琴學

琴學入門二卷　(清)張鶴輯　清刻本　二冊　存一卷(二)

330000－1711－0001293　普 001173　子部/藝術類/書畫之屬/法帖

宋拓麓山寺碑不分卷　(唐)李邕撰並書　清上海有正書局石印本　一冊

330000－1711－0001295　普 001180　子部/藝術類/音樂之屬/樂譜

五知齋琴譜八卷　(清)徐祺撰　(清)周魯封輯　清棲心琴社刻本　四冊　存三卷(一、五、八)

330000－1711－0001297　普 001182　子部/藝術類/書畫之屬/畫譜

古今名人畫稿初集不分卷二集不分卷三集不分卷　(清)陳伯子輯　清宣統元年(1909)上海鴻文書局石印本　六冊　存二集、三集

330000－1711－0001303　普 001189　子部/藝術類/書畫之屬/法帖

明拓漢隸四種不分卷　(清)翁方綱編　清光緒三十四年(1908)有正書局石印本　一冊

330000－1711－0001304　普 001188　子部/藝術類/書畫之屬/法帖

明代名臣墨寶八卷　(明)史可法等書　清光緒有正書局影印本　二冊　存二卷(五、八)

330000－1711－0001313　普 001195　子部/藝術類/書畫之屬/法帖

沈文合璧一卷　(明)沈周　(明)文徵明書　清石印本　一冊

330000－1711－0001314　普 001196　子部/藝術類/書畫之屬/法帖

王虛舟萬歲通天帖一卷　(清)王澍撰　清有正書局石印本　一冊

330000－1711－0001321　普 001202　子部/藝術類/書畫之屬/法帖

雙鉤西泠八家印譜五卷　(清)丁敬等摹　清石印本　三冊　存三卷(一至二、四)

330000－1711－0001327　普 001208　子部/藝術類/書畫之屬/法帖

宋拓大麻姑仙壇記不分卷　(唐)顏真卿撰並書　清上海有正書局石印本　一冊

330000－1711－0001328　普 001209　子部/藝術類/書畫之屬/法帖

觀音殿記一卷　(元)趙孟頫書　清末影印本　一冊

330000－1711－0001329　普 001210　子部/藝術類/書畫之屬/法帖

初拓趙松雪道教碑不分卷　(元)趙孟頫書　清上海有正書局石印本　一冊

330000－1711－0001333　普 001213　子部/藝術類/書畫之屬/法帖

初搨書譜一卷　(唐)孫過庭撰　清末上海有

正書局影印本　一冊

330000－1711－0001341　普001221　子部/藝術類/書畫之屬/法帖
黃山谷金剛經一卷　(宋)黃庭堅寫　清上海有正書局石印本　一冊

330000－1711－0001343　普001223　史部/金石類/郡邑之屬
荊南石刻三種雙鉤本一卷　(清)劉瀚輯　清光緒二十九年(1903)海天旭日硯齋刻本　一冊

330000－1711－0001348　普001233　子部/藝術類/書畫之屬/畫譜
吳友如畫寶十二集不分卷　(清)吳友如繪　清末上海璧園石印本　一冊　存一集

330000－1711－0001354　普001247　子部/藝術類/書畫之屬/總論
畫禪室隨筆四卷　(明)董其昌撰　(清)楊補輯　清掞藻堂刻本　一冊

330000－1711－0001355　普001235　子部/藝術類/遊藝之屬/棋弈
棋經一卷　(宋)張擬撰　清光緒十五年(1889)上海文瑞樓石印本　一冊

330000－1711－0001365　普001250　子部/藝術類/書畫之屬/法帖
國朝四十名家墨蹟不分卷　(清)沈鈞輯　清光緒三十四年(1908)上海教育圖書館石印本　三冊

330000－1711－0001369　普001254　子部/藝術類/書畫之屬/法帖
麻姑山仙壇記不分卷　(唐)顔真卿撰并書　清影印本　一冊

330000－1711－0001371　普001259　子部/藝術類/書畫之屬/法帖
宋拓晉唐小楷十一種至寶二卷　清上海有正書局石印本　一冊　存一卷(一)

330000－1711－0001374　普001256　子部/藝術類/書畫之屬/書法書品
松禪老人遺墨二卷　(清)翁同龢書　清光緒三十四年(1908)上海南洋官書局影印本　二冊

330000－1711－0001378　普001265　子部/藝術類/書畫之屬/法帖
大唐王居士塼塔之銘一卷　(唐)上官靈芝製文　(唐)敬客書　(清)姚孟起臨　清刻本　一冊

330000－1711－0001381　普001267　子部/藝術類/書畫之屬/畫譜
芥子園畫傳初集六卷二集九卷三集六卷　(清)王槩　(清)王蓍　(清)王臬輯　清光緒十四年(1888)上海天寶書局石印本(二集配清石印本)　六冊

330000－1711－0001382　普001270　子部/藝術類/書畫之屬/畫譜
芥子園畫傳初集六卷二集九卷三集六卷　(清)王槩　(清)王蓍　(清)王臬輯　清光緒十四年(1888)上海天寶書局石印本(二集至三集配清石印本)　十二冊

330000－1711－0001383　普001261　子部/藝術類/書畫之屬/法帖
鄭谷口姜敬亭傳一卷　(清)鄭簠書　清上海有正書局石印本　一冊

330000－1711－0001384　普001269　子部/藝術類/書畫之屬/畫譜
芥子園畫傳初集六卷二集九卷三集六卷　(清)王槩　(清)王蓍　(清)王臬輯　清末上海章福記書局石印本　一冊　存十四卷(初集一至四、二集一至七、三集一至三)

330000－1711－0001386　普001271　子部/藝術類/書畫之屬/畫譜
芥子園畫傳四集四卷　(清)丁臬等撰輯　**芥子園圖章會纂一卷**　(清)李漁撰　清末石印本　四冊　缺一卷(芥子園圖章會纂)

330000－1711－0001389　普001274　子部/藝術類/書畫之屬/總論
清河書畫舫十二卷　(明)張丑輯　清乾隆二

十八年(1763)池北草堂刻本　十二册

330000－1711－0001390　普 001348　子部/藝術類/書畫之屬/法帖

翁叔平相國墨寶一卷　(清)翁同龢書　清光緒三十三年(1907)上海小停雲館石印本　一册

330000－1711－0001398　普 001278　子部/藝術類/書畫之屬/法帖

曲園篆書一卷　(清)俞樾撰　清光緒三十三年(1907)蘇省刷印局石印本　一册

330000－1711－0001399　普 001279　子部/藝術類/書畫之屬/法帖

曲園篆書五種　(清)俞樾撰　清光緒三十三年(1907)蘇省刷印局石印本　一册

330000－1711－0001400　普 001280　子部/藝術類/書畫之屬/法帖

曲園先生書札手稿一卷　(清)俞樾書　清光緒三十三年(1907)蘇省刷印局石印本　一册

330000－1711－0001402　普 001281　集部/別集類/清別集

呂晚村先生家書真蹟四卷　(清)呂留良書　清光緒三十四年(1908)澄衷學堂石印本　一册　存二卷(三至四)

330000－1711－0001404　普 001282　子部/藝術類/書畫之屬/書法書品

趙撝叔手札一卷　(清)趙之謙書　**附楊海琹尺牘一卷**　(清)楊翰書　清光緒三十四年(1908)則山簃石印本　一册

330000－1711－0001406　普 001283　子部/藝術類/書畫之屬/法帖

小楷帖不分卷　(清)鍾駿聲等書　清石印本　一册

330000－1711－0001407　普 001284　子部/藝術類/書畫之屬/法帖

趙松雪楷書閑邪公家傳一卷　(元)周馳撰　(元)趙孟頫書　清藝苑真賞社影印本　一册

330000－1711－0001411　普 001290　集部/總集類/尺牘之屬

昭代名人尺牘續集二十四卷　陶湘輯　清宣統三年(1911)天寶石印局影印本　四册　存四卷(二、六、十三、二十四)

330000－1711－0001418　普 001294　子部/藝術類/書畫之屬/法帖

楊沂孫在昔篇一卷　(清)楊沂孫書　清碧梧山莊石印本　一册

330000－1711－0001419　普 001295　史部/金石類/石之屬/文字

明拓石鼓文不分卷　清末有正書局影印本　一册

330000－1711－0001421　普 001305　子部/藝術類/書畫之屬/畫譜

埭溪樵子蘭竹譜不分卷　清光緒二十八年(1902)上海文來局石印本　一册　存上册

330000－1711－0001435　普 001319　子部/藝術類/書畫之屬/法帖

金磷叟先生七十壽序一卷　(清)沈曾植撰　(清)曾熙書　清末上海有正書局石印本　一册

330000－1711－0001444　普 001322　史部/金石類/石之屬/文字

明拓石鼓文不分卷　清末有正書局影印本　一册

330000－1711－0001446　普 001324　子部/藝術類/書畫之屬/法帖

定武蘭亭一卷　(晉)王羲之書　清石印本　一册

330000－1711－0001459　普 001343　集部/總集類/尺牘之屬

昭代名人尺牘二十四卷小傳二十四卷　(清)吳修輯　清光緒三十四年(1908)上海西泠印社影印本　二十四册　缺二十四卷(小傳一至二十四)

330000－1711－0001460　普 001344　史部/傳記類/總傳之屬/技藝

國朝畫徵錄三卷續錄二卷　(清)張庚撰　明

人附錄一卷　(明)黎遂球　(明)袁樞撰　清同治八年(1869)刻本　二冊　缺二卷(續錄一至二)

330000－1711－0001461　普 001345　子部/藝術類/書畫之屬
青霞館論畫絕句一百首一卷　(清)吳修撰　清光緒二年(1876)葛元煦嘯園上海刻本　一冊

330000－1711－0001463　普 001346　史部/傳記類/總傳之屬/技藝
墨林今話十八卷　(清)蔣寶齡撰　**墨林今話續編一卷**　(清)蔣茝生撰　清咸豐二年(1852)刻本　四冊

330000－1711－0001468　普 001351　史部/金石類/金之屬
敬吾心室彝器款識不分卷　(清)朱善旂撰　清光緒三十四年(1908)平湖朱氏影印本　一冊

330000－1711－0001469　普 001352　子部/藝術類/書畫之屬/畫法畫品
谿山臥游錄四卷　(清)盛大士撰　清刻本　一冊

330000－1711－0001470　普 001353　子部/藝術類/書畫之屬/畫法畫品
玉臺畫史五卷別錄一卷　(清)湯漱玉輯　清道光十一年(1831)錢塘汪氏振綺堂刻本　一冊

330000－1711－0001471　普 001354　子部/藝術類/書畫之屬/畫法畫品
石渠隨筆八卷　(清)阮元撰　清刻本　一冊

330000－1711－0001476　普 001362　子部/藝術類/書畫之屬/畫譜
列仙酒牌一卷　(清)任熊繪　清刻本　二冊

330000－1711－0001477　普 001363　史部/傳記類/總傳之屬/通代
於越先賢像傳贊二卷　(清)王齡撰　(清)任熊繪　清同治九年(1870)刻本　二冊

330000－1711－0001480　普 001365　子部/藝術類/書畫之屬/總論
書法正傳十卷　(清)馮武輯　清同治十一年(1872)嘉興大魁堂刻本　三冊　缺二卷(六至七)

330000－1711－0001487　普 001374　類叢部/叢書類/彙編之屬
風雨樓叢書二十三種　鄧實編　清宣統順德鄧氏鉛印本　一冊　存一種

330000－1711－0001490　普 001378　子部/藝術類/遊藝之屬/雜藝
文房遊戲圖不分卷　清光緒十三年(1887)補闕齋刻本　二冊

330000－1711－0001491　普 001379　子部/藝術類/遊藝之屬/酒令
酒令叢鈔四卷　(清)俞敦培輯　清刻本　一冊　存二卷(三至四)

330000－1711－0001493　普 001375　史部/傳記類/總傳之屬
國朝畫家書小傳四卷附茘香室小傳一卷　葉銘輯　清宣統元年(1909)西泠印社鉛印本　一冊

330000－1711－0001500　普 001394　史部/傳記類/總傳之屬/技藝
國朝畫徵錄三卷續錄二卷　(清)張庚撰　**明人附錄一卷**　(明)黎遂球　(明)袁樞撰　清光緒十九年(1893)上海積山書局石印本　二冊　缺一卷(明人附錄)

330000－1711－0001502　普 001385　子部/藝術類/遊藝之屬/棋弈
圍棋譜不分卷　清刻本　一冊

330000－1711－0001507　普 001390　子部/藝術類/書畫之屬/畫譜
新增墨蘭竹譜不分卷　(清)陳旭撰　清光緒十年(1884)芸盛山房刻本　一冊

330000－1711－0001508　普 001395　史部/傳記類/總傳之屬
圖繪寶鑑八卷補遺一卷　(元)夏文彥撰

（明）毛大倫增補　清怡堂刻本　四冊

330000－1711－0001510　普001396　史部/傳記類/總傳之屬
圖繪寶鑑八卷補遺一卷　（元）夏文彥撰（明）毛大倫增補　清刻本　二冊

330000－1711－0001511　普001397　經部/小學類/文字之屬/字書/訓蒙
千字文一卷　（南朝梁）周興嗣撰　（清）王鼎華書　清同治十三年（1874）梅會里余氏白嶽菴刻本　一冊

330000－1711－0001512　普001393　子部/藝術類/書畫之屬/畫譜
紅樓夢圖詠不分卷　（清）改琦繪　清光緒五年（1879）淮浦居士刻本　四冊

330000－1711－0001513　普001399　子部/藝術類/書畫之屬/畫録
畫學心印八卷　（清）秦祖永輯　清光緒四年（1878）梁溪秦氏刻朱墨套印本　八冊

330000－1711－0001519　普001405　子部/藝術類/書畫之屬/題跋
習苦齋畫絮十卷　（清）戴熙撰　清光緒十九年（1893）刻本　四冊

330000－1711－0001530　普001398　經部/小學類/文字之屬/字書/訓蒙
千字文一卷　（南朝梁）周興嗣撰　（清）王鼎華書　清同治十三年（1874）梅會里余氏白嶽菴刻本　一冊

330000－1711－0001531　普001445　新學/雜著
千奇萬妙不分卷　（比利時）赫爾瞻　（清）朱飛輯　清光緒二十九年（1903）滬城土山灣慈母堂印書局鉛印本　一冊

330000－1711－0001532　普001446　類叢部/叢書類/彙編之屬
申報館叢書正集五十七種附錄三種　（清）尊聞閣主編　**續集一百四十二種**　蔡爾康編　清同治至光緒上海申報館鉛印本　四冊　存一種

330000－1711－0001534　普001447　史部/政書類/邦計之屬
金華教育會調查表一卷　（清）金華教育會編　清宣統元年（1909）石印本　一冊

330000－1711－0001535　普001417　子部/藝術類/書畫之屬/法帖
誥封一品夫人李母彭夫人墓誌銘不分卷　陳立三撰　何維樸書　清石印本　一冊

330000－1711－0001539　普001421　子部/藝術類/書畫之屬
吳昌碩先生書石鼓文一卷　吳昌碩書　清上海朵雲軒影印本　一冊

330000－1711－0001541　普001422　子部/藝術類/書畫之屬/法帖
高鳳翰左手書手札一卷　（清）高鳳翰書　清上海有正書局影印本　一冊

330000－1711－0001542　普001423　子部/藝術類/書畫之屬/法帖
祝枝山草書杜詩一卷　（明）祝枝山書　清上海有正書局石印本　一冊

330000－1711－0001543　普001424　史部/傳記類/別傳之屬/墓誌
清故通議大夫前浙江試用道內閣中書鄧君［輔綸］墓誌銘不分卷　王闓運撰　（清）曾熙書　清石印本　一冊

330000－1711－0001545　普001449　新學/理學/理學
論理學綱要三卷附錄一卷　（日本）十時彌撰　田吳炤譯　清光緒三十二年（1906）上海商務印書館鉛印本　一冊

330000－1711－0001547　普001427　子部/藝術類/書畫之屬/法帖
吳讓之先生篆帖一卷　（清）吳讓之書　清上海天真美術館影印本　一冊

330000－1711－0001550　普001440　史部/地理類/雜志之屬
宸垣識略十六卷　（清）吳長元撰　清刻本　五冊　存十卷（五至八、十一至十六）

330000－1711－0001555　普 001450　子部/雜著類/雜考之屬
日知録集釋三十二卷刊誤二卷續刊誤二卷　黄汝成撰　清同治八年(1869)廣州述古堂刻本　十六冊

330000－1711－0001556　普 001451　子部/雜著類/雜考之屬
日知録集釋三十二卷刊誤二卷續刊誤二卷　黄汝成撰　清光緒三年(1877)刻本　九冊　存十九卷(一至六、九至二十一)

330000－1711－0001558　普 001441　子部/儒家類/儒學之屬/禮教
五種遺規節要　(清)陳弘謀編　清光緒十八年(1892)刻本　五冊　存四種

330000－1711－0001560　普 001442　子部/儒家類/儒學之屬/禮教
五種遺規節要　(清)陳弘謀編　清光緒十八年(1892)刻本　二冊　存二種

330000－1711－0001563　普 001443　子部/雜著類/雜説之屬
池北偶談二十六卷　(清)王士禛撰　清刻本(卷十四至十七、二十四至二十六配不同版清刻本)　四冊　存二十卷(一至十七、二十四至二十六)

330000－1711－0001564　普 001437　集部/總集類/尺牘之屬
清人尺牘不分卷　(清)曾國荃　(清)胡林翼等撰　清石印本　一冊

330000－1711－0001566　普 001439　子部/藝術類/書畫之屬/法帖
南園先生大楷冊不分卷　(清)錢灃書　清石印本　一冊

330000－1711－0001568　普 001453　子部/小説家類/異聞之屬
酉陽雜俎二十卷續集十卷　(唐)段成式撰　清文瑞樓刻本　五冊

330000－1711－0001569　普 001462　子部/雜著類/雜考之屬
灤源問答十二卷　(清)沈可培撰　清嘉慶二十年(1815)雪浪齋刻本　四冊

330000－1711－0001571　普 001464　類叢部/叢書類/自著之屬
南江邵氏遺書十四種　(清)邵晉涵撰　清乾隆至嘉慶邵氏家刻本　一冊　存一種

330000－1711－0001572　普 001454　子部/儒家類/儒學之屬/禮教
五種遺規　(清)陳弘謀輯並撰　清石印本　六冊　缺二卷(訓俗遺規一至二)

330000－1711－0001575　普 001456　子部/雜著類/雜考之屬
讀書雜志八十二卷餘編二卷　(清)王念孫撰　清同治九年(1870)金陵書局刻本　二十四冊

330000－1711－0001576　普 001465　類叢部/叢書類/彙編之屬
經訓堂叢書二十一種　(清)畢沅編　清乾隆至嘉慶鎮洋畢氏刻本　十二冊　存一種

330000－1711－0001579　普 001460　類叢部/叢書類/自著之屬
上湖遺集(上湖遺書)八種　(清)汪師韓撰　清刻本　四冊　存一種

330000－1711－0001580　普 001466　子部/雜著類/雜纂之屬
傳家寶初集八卷二集八卷三集八卷四集八卷　(清)金天基撰　清光緒二十一年(1895)上海書局石印本　十三冊　缺六卷(初集七至八、四集三至六)

330000－1711－0001581　普 001461　子部/雜著類/雜考之屬
困學紀聞注二十卷　(清)翁元圻撰　清道光五年(1825)餘姚翁氏守福堂刻本　十二冊

330000－1711－0001582　普 001467　子部/雜著類/雜説之屬
淮南子二十一卷　(漢)劉安撰　(漢)高誘注　(清)莊逵吉校　清乾隆五十三年(1788)莊逵吉刻本　四冊

330000－1711－0001583　普 001468　子部/雜著類/雜纂之屬

玉芝堂談薈三十六卷　(明)徐應秋輯　明崇禎刻清乾隆重修本　二十三冊　缺二卷(十五至十六)

330000－1711－0001584　普 001469　子部/叢編

十子全書　(清)王子興編　清嘉慶九年(1804)姑蘇王氏聚文堂刻本　五冊　存一種

330000－1711－0001585　普 001474　子部/雜著類/雜說之屬

初學讀書要略四種　葉瀚撰　清光緒二十三年(1897)仁和葉氏刻本　一冊

330000－1711－0001586　普 001475　子部/雜著類/雜說之屬

退庵隨筆二十二卷附退庵自訂年譜一卷　(清)梁章鉅撰　清道光十七年(1837)刻同治十一年(1872)梁恭辰重修本　一冊　存三卷(十四至十六)

330000－1711－0001587　普 001476　類叢部/叢書類/自著之屬

儆居遺書十一種　(清)黃式三撰　清同治至光緒刻本　四冊　存一種

330000－1711－0001588　普 001470　子部/雜家類

白虎通四卷　(漢)班固撰　**白虎通義考一卷**　(清)莊述祖撰　**白虎通闕文一卷**　(清)莊述祖輯　(清)盧文弨訂　**白虎通校勘補遺一卷**　(清)盧文弨撰　清嘉慶七年(1802)抱經堂刻本　八冊

330000－1711－0001589　普 001471　子部/雜著類/雜說之屬

隨園隨筆二十八卷　(清)袁枚撰　清刻本　四冊　存十八卷(一至九、十四至十八、二十五至二十八)

330000－1711－0001590　普 001477　新學/報章

湘學報類編不分卷　(清)湘督學使署編　清光緒刻本　五冊

330000－1711－0001591　普 001472　史部/職官類/官箴之屬

學仕遺規四卷補四卷　(清)陳弘謀輯　清光緒十八年(1892)桂垣書局刻本　八冊

330000－1711－0001592　普 001473　子部/叢編

二十二子(二十二子彙函)　(清)浙江書局編　清光緒元年至三年(1875－1877)浙江書局刻本　一冊　存一種

330000－1711－0001594　普 001478　子部/雜著類/雜說之屬

孟廬札記八卷　(清)沈銘彝撰　清道光八年(1828)刻本　四冊

330000－1711－0001595　普 001485　子部/小說家類/異聞之屬

閱微草堂筆記二十四卷　(清)紀昀撰　清鉛印本　三冊　存十八卷(七至二十四)

330000－1711－0001596　普 001486　子部/雜著類/雜纂之屬

改良繪圖解人頤廣集八卷　(清)胡澹菴定本　(清)錢德蒼重訂　清上海變記書莊石印本　一冊

330000－1711－0001597　普 001480　史部/政書類/儀制之屬/專志/科舉校規

科名金鍼不分卷　(清)丁心齋撰　清光緒元年(1875)琉璃廠刻本　一冊

330000－1711－0001599　普 001481　子部/儒家類/儒學之屬/蒙學

綠慎堂重訂幼學須知句解四卷　(明)錢元龍校　清光緒九年(1883)錢元龍刻本　二冊

330000－1711－0001600　普 001482　子部/儒家類/儒學之屬/蒙學

紫文閣重訂幼學須知句解四卷首一卷　(明)錢元龍校　清光緒七年(1881)紫文閣刻本　四冊

330000－1711－0001602　普 001488　類叢

部/叢書類/彙編之屬

嘯園叢書五十七種 （清）葛元煦編　清光緒二年至七年（1876－1881）仁和葛氏刻本　一冊　存一種

330000－1711－0001603　普001484　類叢部/叢書類/彙編之屬

潘刻五種 （清）恩壽編　清光緒二十九年（1903）北京瀚文齋重編彙印吳縣潘氏刻本　一冊　存一種

330000－1711－0001604　普001489　子部/雜家類

顏氏家訓二卷 （北齊）顔之推撰　清康熙五十八年（1719）刻本　二冊

330000－1711－0001605　普001490　新學/格致總

博物新編三卷 （英國）合信氏撰　清咸豐五年（1855）江蘇上海墨海書館刻本　一冊

330000－1711－0001606　普001491　新學/理學/理學

天演論二卷 （英國）赫胥黎撰　嚴復譯　清鉛印本　一冊

330000－1711－0001607　普001492　子部/叢編

二十二子（二十二子彙函） （清）浙江書局編　清光緒元年至三年（1875－1877）浙江書局刻本　四冊　存一種

330000－1711－0001608　普001493　子部/宗教類/道教之屬/雜著

心傳韻語五卷 （清）何謙撰　清末杭州同道益善書總發行所鉛印本　二冊

330000－1711－0001609　普001494　子部/宗教類/道教之屬/雜著

心傳韻語五卷 （清）何謙撰　清末杭州同道益善書總發行所鉛印本　二冊

330000－1711－0001611　普001500　子部/雜著類/雜考之屬

日知錄集釋三十二卷刊誤二卷續刊誤二卷 黃汝成撰　清光緒二十九年（1903）石印本六冊

330000－1711－0001614　普001502　子部/藝術類/遊藝之屬/酒令

酒令叢鈔四卷 （清）俞敦培輯　清光緒四年（1878）藝雲軒刻本　一冊　存二卷（一至二）

330000－1711－0001615　普001495　子部/儒家類/儒學之屬/蒙學

龍文鞭影四卷 （明）蕭良有纂輯　（清）楊臣諍增訂　（清）李恩綬校補　清光緒二十二年（1896）狀元閣李光明莊刻本　四冊

330000－1711－0001616　普001496　子部/儒家類/儒學之屬/蒙學

龍文鞭影初集四卷 （明）蕭良有纂輯　（清）楊臣諍增訂　（清）黃元熙校纂　清光緒二十年（1894）上洋熙記書莊刻本　二冊

330000－1711－0001618　普001497　子部/儒家類/儒學之屬/蒙學

龍文鞭影二集四卷 （清）李暉吉輯　（清）徐瓚訂　（清）黃元熙校補　清光緒二十年（1894）上洋熙記書莊刻本　二冊

330000－1711－0001619　普001504　子部/雜著類/雜纂之屬

嘯亭雜錄十卷續錄三卷 （清）昭槤撰　清宣統元年（1909）中國圖書公司鉛印本　四冊

330000－1711－0001620　普001512　類叢部/叢書類/彙編之屬

説鈴前集三十七種後集十六種 （清）吳震方編　清刻本　七冊　存十七種

330000－1711－0001621　普001498　類叢部/叢書類/彙編之屬

知不足齋叢書一百九十六種 （清）鮑廷博編　（清）鮑士恭續編　清乾隆三十七年至道光三年（1772－1823）長塘鮑氏刻彙印本　一冊　存一種

330000－1711－0001622　普001513　子部/雜著類/雜考之屬

困學紀聞二十卷 （宋）王應麟撰　（清）閻若璩箋　（清）何焯評　清乾隆桐鄉汪垕桐華書

塾刻本　六册

330000－1711－0001624　普 001505　子部/小說家類/異聞之屬
閱微草堂筆記二十四卷　（清）紀昀撰　清石印本　四册

330000－1711－0001626　普 001515　新學/格致總
博物新編三卷　（英國）合信氏撰　清咸豐五年(1855)江蘇上海墨海書館刻本　一册

330000－1711－0001627　普 001516　新學/礦務/礦學
鑛物學教科書不分卷　（日本）脇水鉄五郎撰　沈紘譯　清江楚編譯局影印本　二册

330000－1711－0001628　普 001521　子部/道家類
莊子因六卷　（清）林雲銘撰　清光緒六年(1880)白雲精舍刻本　三册　存四卷(三至六)

330000－1711－0001630　普 001522　類叢部/叢書類/郡邑之屬
金華文萃(金華叢書)六十八種　（清）胡鳳丹編　清同治七年至光緒八年(1868－1882)永康胡氏退補齋刻民國補刻本　一册　存一種

330000－1711－0001631　普 001523　類叢部/叢書類/彙編之屬
新斠平津館叢書十集三十四種　（清）孫星衍編　清光緒十年至十五年(1884－1889)吴縣朱氏槐廬家塾刻本　一册　存一種

330000－1711－0001632　普 001506　子部/雜著類
國學凡初編不分卷　葉瀚講　清史學齋編譯印書局石印本　一册

330000－1711－0001634　普 001507　子部/叢編
二十二子(二十二子彙函)　（清）浙江書局編　清光緒元年至三年(1875－1877)浙江書局刻本　二册　存一種

330000－1711－0001639　普 001510　子部/雜著類/雜考之屬
日知錄三十二卷　（清）顧炎武著　清刻朱墨套印本　八册　存二十六卷(一至二十六)

330000－1711－0001640　普 001526　類叢部/叢書類/彙編之屬
十萬卷樓叢書五十一種　（清）陸心源編　清光緒歸安陸氏刻本　一册　存一種

330000－1711－0001641　普 001527　子部/道家類
莊子集解八卷　王先謙撰　清宣統元年(1909)思賢書局刻本　三册

330000－1711－0001644　普 001529　子部/宗教類/道教之屬
養真集二卷　養真子撰　（清）王士端注　清同治六年(1867)高平易氏刻本　一册

330000－1711－0001646　普 001531　子部/宗教類/道教之屬
闡道要言一卷　（□）中和山人撰　清鉛印本　一册

330000－1711－0001647　普 001548　子部/宗教類/佛教之屬/經疏
維摩詰所説經註八卷　（後秦）釋鳩摩羅什譯　（後秦）釋僧肇注　清光緒十三年(1887)金陵刻經處刻本　二册

330000－1711－0001648　普 001549　子部/宗教類/佛教之屬/諸宗
寶藏論一卷　（後秦）釋僧肇撰　清光緒二十三年(1897)金陵刻經處刻本　一册

330000－1711－0001652　普 001550　子部/宗教類/佛教之屬/經
道行般若波羅蜜經十卷　（漢）釋支婁迦讖譯　清光緒十三年(1887)錢塘釋道林刻本　一册　存五卷(一至五)

330000－1711－0001654　普 001538　子部/宗教類/佛教之屬/諸宗
西歸直指四卷　（清）周夢顔輯　清光緒五年(1879)錢塘許靈虚刻本　一册　存二卷(一

至二)

330000－1711－0001655　普 001535　子部/宗教類

觀禮堂三教真傳□□種　(清)觀禮堂編　清宣統三年(1911)觀禮堂刻本　一册　存一種

330000－1711－0001657　普 001539　子部/宗教類/佛教之屬/經咒

避風解厄大神咒一卷　清光緒二十六年(1900)樂聖壇刻本　一册

330000－1711－0001658　普 001536　子部/雜家

天津文案類編六十六卷首一卷末一卷　(清)韋文淵輯　清光緒十五年(1889)刻本　六册　缺二十七卷(二十八至五十四)

330000－1711－0001659　普 001540　子部/宗教類/佛教之屬

西方要決科註二卷　題(唐)釋窺基撰　清光緒五年(1879)錢塘許靈虛刻本　一册

330000－1711－0001664　普 001543　子部/宗教類/道教之屬

太上寶筏圖說八卷　(清)黄正元纂　清光緒十八年(1892)上海鴻文書局石印本　八册

330000－1711－0001665　普 001554　子部/宗教類/佛教之屬/論

金剛般若波羅蜜經一卷摩訶般若波羅蜜大明咒經一卷　(後秦)釋鳩摩羅什譯　**龍樹山珍全心經註二卷**　(後秦)釋鳩摩羅什　(唐)雲海癯蓮譯　清光緒七年(1881)浙紹山陰縣陡亹寄生氏刻本　一册

330000－1711－0001667　普 001545　子部/宗教類/佛教之屬/經疏

金剛般若波羅密經直解不分卷附般若波羅密多心經直解一卷　題(唐)呂嚴撰　清嘉慶七年(1802)刻本　二册

330000－1711－0001668　普 001555　子部/宗教類/佛教之屬/諸宗

宗鏡錄一百卷　(宋)釋延壽輯　清刻本　一册　存四卷(九十一至九十四)

330000－1711－0001669　普 001546　子部/宗教類/佛教之屬/經疏

金剛經集註四卷心經註一卷　清刻本　一册　缺三卷(金剛經集註一至三)

330000－1711－0001675　普 001559　子部/術數類/陰陽五行之屬

奇門遁甲秘笈大全三十卷　(明)劉基校訂　清刻本　十六册

330000－1711－0001676　普 001570　集部/曲類/寶卷之屬

梁皇寶卷全集一卷　清光緒二年(1876)杭州瑪瑙經房刻本　一册

330000－1711－0001678　普 001571　集部/曲類/寶卷之屬

浙江溫州府平陽縣白梅村七世修行玉英寶卷不分卷　清越郡剡北刻本　一册

330000－1711－0001679　普 001560　子部/宗教類/道教之屬

救生船四卷　清光緒六年(1880)心惺居士刻本　四册

330000－1711－0001680　普 001561　子部/宗教類/其他宗教之屬/其他

衆喜粗言五卷　(清)陳衆喜撰　清光緒二十六年(1900)杭州西湖高麗寺刻本　五册

330000－1711－0001685　普 001580　子部/道家類

老子道德經二卷　(三國魏)王弼注　**老子道德經音義一卷**　(唐)陸德明撰　清末上海朝記書莊石印本　一册

330000－1711－0001691　普 001566　子部/宗教類/道教之屬/戒律

文昌帝君孝經一卷　(明)邱濬等注　清光緒三年(1877)半部堂刻本　一册

330000－1711－0001693　普 001583　子部/道家類

莊子十卷　(晉)郭象注　(唐)陸德明音義　清埽葉山房石印本　三册　存一種

330000－1711－0001694　普 001584　子部/道家類
莊子集解八卷　王先謙撰　清宣統元年(1909)上海埽葉山房石印本　一冊

330000－1711－0001695　普 001592　子部/宗教類/道教之屬/雜著
玉露金盤二卷　悟道真人撰　清鉛印本　一冊

330000－1711－0001697　普 001594　子部/宗教類/道教之屬
文昌陰騭純孝真經曹師三世靈蹟紀寶合璧不分卷　清鉛印本　一冊

330000－1711－0001698　普 001586　子部/宗教類/道教之屬/方法
濬性窮淵不分卷　(明)涵谷子撰　清刻本　一冊

330000－1711－0001699　普 001595　子部/宗教類/道教之屬
文昌帝君解冤妙經不分卷　(晉)張亞子撰　清上海怡春堂石印本　一冊

330000－1711－0001701　普 001587　子部/宗教類/道教之屬
性命圭旨四卷　(西周)尹真人秘授　清康熙刻本　四冊

330000－1711－0001702　普 001572　集部/曲類/寶卷之屬
太華山紫金嶺兩世修行劉香寶卷全集三卷　(清)□□撰　清同治二年(1863)杭州瑪瑙經房刻本　二冊　存二卷(二至三)

330000－1711－0001703　普 001573　子部/宗教類/佛教之屬
指迷覺悟二卷　清慧空經房刻本　一冊

330000－1711－0001704　普 001574　集部/曲類/寶卷之屬
觀世音菩薩本行經一卷　(宋)釋普明編集　清刻本　二冊

330000－1711－0001705　普 001575　子部/叢編
子書二十八種　(清)育文書局編　清宣統三年(1911)育文書局石印本　一冊　存一種

330000－1711－0001706　普 001576　子部/宗教類/道教之屬/經文
太上無極洞慈真元天心寶懺三十六卷首一卷末一卷　(清)志善纂　清光緒十六年(1890)刻本　六冊

330000－1711－0001707　普 001588　子部/道家類
莊子集釋十卷　(清)郭慶藩撰　清上海埽葉山房石印本　八冊　缺二卷(六、八)

330000－1711－0001710　普 001590　子部/宗教類/道教之屬/戒律
太上感應篇直講一卷　清光緒十八年(1892)上海點石齋石印本　一冊

330000－1711－0001711　普 001596　子部/宗教類/道教之屬/經文
黃庭經註解不分卷　(清)李涵虛撰　清浙杭西湖慧空經房刻本　一冊

330000－1711－0001712　普 001597　子部/叢編
道書二十三種　(清)劉一明撰　清光緒三年至六年(1877－1880)上海翼化堂刻本　一冊　存一種

330000－1711－0001714　普 001599　子部/宗教類/道教之屬
崔公入藥鏡註解一卷附青天歌註釋一卷　(五代)崔希範撰　(元)王玠註　清光緒十二年(1886)錢唐魏氏刻本　一冊

330000－1711－0001715　普 001600　子部/宗教類/道教之屬
柳華陽禪師金仙証論十八卷　(清)柳華陽撰　清同治九年(1870)栖霍山館刻本(卷十九至二十配民國十四年醒變道人抄本)　一冊

330000－1711－0001716　普 001601　子部/宗教類/道教之屬

玄妙鏡入道真詮三卷　(清)李昌仁撰　清光緒三十一年(1905)蘇城瑪瑙經房刻本　一册

330000－1711－0001717　普 001602　子部/宗教類/道教之屬

天仙正理直論增註一卷　(明)伍守陽撰並注　(明)伍守虛同注　清刻本　一册

330000－1711－0001718　普 001603　子部/宗教類/道教之屬

仙佛合宗一卷　(明)伍守陽撰　(明)伍守虛注　清同治五年(1866)童源發刻本　一册

330000－1711　0001720　普 001604　子部/宗教類/道教之屬

七真祖師列仙傳一卷附性命至理論一卷　(清)悟眞子註解　清光緒十九年(1893)刻本　一册

330000－1711－0001721　普 001605　子部/宗教類/道教之屬

敬竈全書不分卷　(清)惕心憫世道人編　清同治七年(1868)上海文正堂刻本　一册

330000－1711－0001722　普 001606　子部/宗教類/道教之屬/戒律

暗室燈註解二卷　清同治元年(1862)刻本　一册

330000－1711－0001726　普 001609　子部/宗教類/道教之屬/戒律

陰隲文圖證一卷　(清)費丹旭繪圖　(清)許光清集證　清同治十二年(1873)文彙齋刻本　二册

330000－1711－0001728　普 001727　子部/宗教類/道教之屬/戒律

太上感應篇註合鈔二卷　(清)惠棟箋　(清)姚學塽註　清咸豐五年(1855)蘇州湯漱芳齋刻本　一册

330000－1711－0001729　普 001613　子部/宗教類/佛教之屬/諸宗

脩習瑜伽集要施食壇儀二卷　(明)釋袾宏輯　清光緒二年(1876)刻本　一册

330000－1711－0001730　普 001728　子部/道家類

萬靈斗科不分卷　清道光四年(1824)海昌澹遠查氏刻本　一册

330000－1711－0001731　普 001614　子部/宗教類/佛教之屬/諸宗

脩習止觀坐禪法要一卷六妙門一卷　(隋)釋智顗撰　清咸豐七年(1857)武林護國寺刻本　一册

330000－1711－0001733　普 001729　子部/宗教類/道教之屬/戒律

太上感應篇徵史隨錄十卷首二卷　(清)李承煦纂　清光緒元年(1875)斯是草堂刻本　一册　存一卷(首一)

330000－1711－0001734　普 001616　集部/曲類/寶卷之屬

白氏寶卷二卷十二回　清刻本　一册　存一卷(一)

330000－1711－0001735　普 001617　集部/曲類/寶卷之屬

韓湘寶卷二卷十八回　(清)煙波釣徒風月主人撰　清光緒二十年(1894)上海翼化堂刻本　二册

330000－1711－0001737　普 001730　子部/宗教類/道教之屬

玄妙鏡入道真詮三卷　(清)李昌仁撰　清光緒三十一年(1905)蘇城瑪瑙經房刻本　一册

330000－1711－0001738　普 001731　子部/叢編

二十二子(二十二子彙函)　(清)浙江書局編　清光緒元年至三年(1875－1877)浙江書局刻本　二册　存二種

330000－1711－0001739　普 001619　子部/雜著類/雜說之屬

晨鐘錄一卷　(清)沈樗復重校　清光緒三年(1877)錢塘項氏刻本　一册

330000－1711－0001741　普 001621　子部/宗教類/佛教之屬

頓悟入道要門論二卷　（唐）釋慧海撰　清鼓山湧泉禪寺刻本　一冊

330000－1711－0001748　普 001631　子部/宗教類/佛教之屬/經

維摩詰所説經三卷　（後秦）釋鳩摩羅什譯　清上海佛學書局石印本　一冊

330000－1711－0001750　普 001626　子部/宗教類/佛教之屬/總録

釋迦如來應化事蹟不分卷　（清）釋永珊編繪　清光緒二十三年（1897）石印本　二冊

330000－1711－0001752　普 001637　子部/宗教類/佛教之屬/經

大方廣佛華嚴經八十卷　（唐）釋實叉難陀譯　**華嚴經普賢行願品一卷**　（唐）釋般若譯　清同治七年（1868）刻本　二十七冊

330000－1711－0001753　普 001632　子部/宗教類/佛教之屬/經疏

大佛頂如來密因修證了義諸菩薩萬行首楞嚴經十卷　（唐）釋般剌密帝譯　（唐）釋彌伽釋迦譯語　（唐）房融筆受　（明）王應乾參標　清光緒三十三年（1907）刻本　五冊

330000－1711－0001754　普 001633　集部/曲類/寶卷之屬

香山寶卷　清同治九年（1870）刻本　一冊　存一種

330000－1711－0001755　普 001634　子部/宗教類/佛教之屬/諸宗

秘藏指南二卷　（清）趙鉞編　清同治八年（1869）杭州昭慶經房刻本　一冊

330000－1711－0001756　普 001635　子部/宗教類/佛教之屬/諸宗

天童密雲禪師語録二十二卷　（清）釋道忞編　清光緒二十五年（1899）刻本　四冊

330000－1711－0001757　普 001638　子部/宗教類/佛教之屬/經

妙法蓮華經七卷　（後秦）釋鳩摩羅什譯　清刻本　四冊

330000－1711－0001758　普 001639　子部/宗教類/佛教之屬/經

妙法蓮華經七卷　（後秦）釋鳩摩羅什譯　清刻本　三冊

330000－1711－0001759　普 001640　子部/宗教類/佛教之屬/經

大方廣佛華嚴經八十卷　（唐）釋實叉難陀譯　**華嚴經普賢行願品一卷**　（唐）釋般若譯　**復菴和尚華嚴綸貫一卷**　（宋）釋復菴撰　**華嚴普賢行願懺儀一卷**　（宋）釋淨源編集　清光緒十八年（1892）杭州瑪瑙經房刻本　二十八冊

330000－1711－0001762　普 001636　子部/宗教類/佛教之屬/經

戒殺放生文一卷　（明）釋袾宏等撰　清刻本　一冊

330000－1711－0001763　普 001658　類叢部/類書類/通類之屬

四書駢體類聯人物典林富艷四卷　清刻本　四冊

330000－1711－0001764　普 001641　子部/宗教類/佛教之屬/經

大方廣佛華嚴經八十卷　（唐）釋實叉難陀譯　**華嚴經普賢行願品一卷**　（唐）釋般若譯　清刻本　二十二冊　存六十三卷（四、十至二十四、二十八至五十一、五十八至八十）

330000－1711－0001765　普 001659　子部/雜著類/雜纂之屬

古諷籀齋目耕朡録三十二卷　（清）鄭霞逸輯　清光緒元年（1875）青雲書屋木活字印本　十冊　存二十六卷（一至九、十六至三十二）

330000－1711－0001766　普 001660　經部/四書類/總義之屬/傳説

四書典林三十卷四書古人典林十二卷　（清）江永輯　清崇德書院刻本　四冊　存十二卷（古人典林一至十二）

330000－1711－0001768　普 001642　子部/宗教類/佛教之屬/經

大方廣佛華嚴經八十卷 （唐）釋實叉難陀譯 清刻本 二册 存六卷（四十至四十五）

330000－1711－0001769 普 001661 類叢部/類書類/專類之屬

王先生十七史蒙求十六卷 （宋）王令撰 **李氏蒙求補注六卷** （唐）李瀚撰 （清）金三俊補注 清光緒二年（1876）西山堂刻本 五册 缺三卷（李氏蒙求補注四至六）

330000－1711－0001770 普 001662 子部/藝術類/遊藝之屬/聯語

巧對錄八卷 （清）梁章鉅撰 清道光二十九年（1849）刻本 二册

330000－1711－0001772 普 001643 子部/宗教類/佛教之屬/經

金光明經四卷 （晉）釋曇無讖譯 清刻本 一册

330000－1711－0001774 普 001644 子部/宗教類/佛教之屬/經

金光明經四卷 （晉）釋曇無讖譯 清刻本 一册

330000－1711－0001775 普 001645 子部/宗教類/佛教之屬/經

金光明經四卷 （晉）釋曇無讖譯 清刻本 一册

330000－1711－0001776 普 001646 子部/宗教類/佛教之屬/經

金光明經四卷 （晉）釋曇無讖譯 清刻本 一册

330000－1711－0001779 普 001739 子部/宗教類/佛教之屬/經疏

金剛經旁解一卷 （清）湯肇召輯注 清光緒十二年（1886）刻本 一册

330000－1711－0001781 普 001647 子部/宗教類/佛教之屬/經

金光明經四卷 （晉）釋曇無讖譯 清刻本 一册

330000－1711－0001782 普 001648 子部/宗教類/佛教之屬/經

金光明經四卷 （晉）釋曇無讖譯 清刻本 一册

330000－1711－0001783 普 001649 子部/宗教類/佛教之屬/經

金光明經四卷 （晉）釋曇無讖譯 清刻本 一册

330000－1711－0001784 普 001650 子部/宗教類/佛教之屬/經

金光明經四卷 （晉）釋曇無讖譯 清刻本 一册

330000－1711－0001785 普 001651 子部/宗教類/佛教之屬/經

金光明經四卷 （晉）釋曇無讖譯 清刻本 一册

330000－1711－0001786 普 001652 子部/宗教類/佛教之屬/經

金光明經四卷 （晉）釋曇無讖譯 清刻本 一册

330000－1711－0001787 普 001653 子部/宗教類/佛教之屬/經

金光明經四卷 （晉）釋曇無讖譯 清刻本 一册

330000－1711－0001788 普 001654 子部/宗教類/佛教之屬/經

金光明經四卷 （晉）釋曇無讖譯 清刻本 一册

330000－1711－0001789 普 001655 子部/宗教類/佛教之屬/經

金光明經四卷 （晉）釋曇無讖譯 清刻本 一册

330000－1711－0001790 普 001656 子部/宗教類/佛教之屬/經

金光明經四卷 （晉）釋曇無讖譯 清刻本 一册

330000－1711－0001791 普 001657 子部/宗教類/佛教之屬/經

金光明經四卷 (晉)釋曇無讖譯　清刻本　一冊

330000－1711－0001792　普 001663　集部/總集類/選集之屬/通代
佳句錄二十卷附錄一卷 (清)吳修輯　清道光七年(1827)青霞館刻本　三冊　缺六卷(六至十一)

330000－1711－0001793　普 001664　類叢部/類書類/通類之屬
謝華啟秀六卷 (明)楊慎輯　(清)胡光冕補註　**廣謝華啟秀九卷** (清)胡昭惠輯　清嘉慶十二年(1807)刻本　六冊

330000－1711－0001794　普 001665　類叢部/類書類/通類之屬
玉海二百四卷附刻十三種 (宋)王應麟撰　**校補玉海瑣記二卷王深寧先生年譜一卷** (清)張大昌撰　清光緒九年至十六年(1883－1890)浙江書局刻本　一冊　存二卷(校補玉海瑣記一至二)

330000－1711－0001795　普 001666　類叢部/類書類/專類之屬
子史精華三十卷 (清)吳士玉　(清)吳襄等輯　清光緒九年(1883)上海點石齋石印本　二冊

330000－1711－0001797　普 001668　經部/叢編
增訂五經備旨二種 (清)鄒聖脈輯　(清)鄒廷猷編次　清光緒十五年(1889)上海鴻寶斋書局石印本　十二冊

330000－1711－0001798　普 001669　類叢部/類書類/專類之屬
鎔經類腋三十卷 (清)雙溪散人撰　清道光二年(1822)刻本　六冊

330000－1711－0001799　普 001679　新學/算學/數學
格物入門七卷 (美國)丁韙良撰　清光緒二十二年(1896)上海寶善書局石印本　四冊　存四卷(二、四至五、七)

330000－1711－0001800　普 001670　類叢部/類書類/專類之屬
格致譜二十四卷 (清)居仁守輯　清光緒二十八年(1902)秦中刻本　四冊　存十一卷(一至十一)

330000－1711－0001801　普 001680　類叢部/類書類/專類之屬
增補龍頭雜字一卷　新刊分類諸事通考大全一卷 見信子訂正　清光緒八年(1882)浙湖王文光齋刻本　一冊

330000－1711－0001802　普 001681　子部/儒家類/儒學之屬/蒙學
綠慎堂重訂幼學須知句解四卷 (明)錢元龍校　清錢元龍刻本　三冊　存三卷(二至四)

330000－1711－0001804　普 001671　類叢部/類書類/專類之屬
王先生十七史蒙求十六卷 (宋)王令撰　清道光二十八年(1848)大文堂刻本　四冊

330000－1711－0001805　普 001672　類叢部/類書類/專類之屬
李氏蒙求補注六卷 (唐)李瀚撰　(清)金三俊補注　清刻本　二冊

330000－1711－0001806　普 001673　類叢部/類書類/專類之屬
王先生十七史蒙求十六卷 (宋)王令撰　清道光二十八年(1848)大文堂刻本　四冊

330000－1711－0001807　普 001674　子部/儒家類/儒學之屬/蒙學
純正蒙求三卷 (元)胡炳文撰　清光緒五年(1879)茹古閣刻本　一冊

330000－1711－0001808　普 001675　子部/叢編
徐氏三種 (清)徐士業編　清大文堂刻本　三冊

330000－1711－0001809　普 001676　類叢部/類書類/通類之屬
淵鑑類函四十五卷 (清)張英等總裁　清光緒二十年(1894)上海點石齋石印本　十冊

330000－1711－0001810　普 001683　類叢部/類書類/通類之屬

三才畧三卷　(清)蔣德鈞輯　**讀史論略一卷**　(清)杜詔撰　清刻本　一冊

330000－1711－0001811　普 001684　類叢部/類書類/通類之屬

三才畧三卷　(清)蔣德鈞輯　**讀史論略一卷**　(清)杜詔撰　清光緒八年(1882)琳琅書屋刻本　一冊

330000－1711－0001812　普 001677　類叢部/類書類/專類之屬

佩文韻府一百六卷　(清)張玉書　(清)蔡升元等輯　**韻府拾遺一百六卷**　(清)汪灝　(清)何焯等輯　清末石印本　四十一冊　存一百六十六卷(十六至三十、三十七至五十一、五十五至六十七、七十四至七十五、七十七至八十四、九十二、九十五至九十九、一百一至一百六,韻府拾遺六至一百六)

330000－1711－0001813　普 001685　類叢部/類書類/通類之屬

小知錄十二卷　(清)陸鳳藻輯　清同治十二年(1873)淮南書局刻本　二冊　存四卷(一至四)

330000－1711－0001814　普 001678　類叢部/類書類/通類之屬

策府統宗六十五卷目錄一卷　(清)劉昌齡輯　清光緒十五年(1889)珍藝書局鉛印本　二十四冊

330000－1711－0001815　普 001695　類叢部/類書類/通類之屬

事類統編九十三卷首一卷　(清)林意誠輯　清光緒十年(1884)腹笥山房銅版本　十二冊

330000－1711－0001816　普 001686　類叢部/類書類/通類之屬

增補事類統編九十三卷首一卷　(清)黃葆真輯　清光緒十九年(1893)上海書局石印本　十二冊

330000－1711－0001817　普 001696　類叢部/類書類/通類之屬

類林新咏三十六卷　(清)姚之駰撰　清刻本　九冊　存三十三卷(四至三十六)

330000－1711－0001818　普 001687　類叢部/叢書類/彙編之屬

羣學社叢書□□種　清光緒二十八年(1902)石印本　二十冊　存一種

330000－1711－0001819　普 001688　類叢部/類書類/通類之屬

記事珠十卷　(清)張以謙輯　清同治十三年(1874)天倪清室刻本　八冊　缺二卷(二、九)

330000－1711－0001820　普 001689　史部/時令類

古今類傳四卷　(清)董穀士　(清)董炳文輯　清刻本　四冊

330000－1711－0001821　普 001690　史部/時令類

古今類傳四卷　(清)董穀士　(清)董炳文輯　清刻本　四冊

330000－1711－0001822　普 001697　經部/小學類/文字之屬/字書/訓蒙

養蒙針度五卷　(清)潘子聲撰　清光緒十年(1884)古越墨潤堂刻本　二冊

330000－1711－0001823　普 001698　經部/小學類/文字之屬/字書/訓蒙

養蒙針度五卷　(清)潘子聲撰　清光緒十一年(1885)上海百忍堂刻本　二冊

330000－1711－0001824　普 001699　子部/儒家類/儒學之屬/蒙學

龍文鞭影二卷　(明)蕭良有纂輯　(清)楊臣諍增訂　(清)來集之音註　清光緒十七年(1891)浙紹奎照樓刻本　二冊

330000－1711－0001825　普 001700　經部/四書類/總義之屬/文字音義

四書不二字音釋不分卷　(清)楊昕撰　清光緒十年(1884)蘇州綠慎堂刻本　二冊

330000－1711－0001826　普 001691　類叢部/類書類/通類之屬

古事比五十二卷　(清)方中德輯　清石印本　五冊　存四十六卷(七至五十二)

330000－1711－0001827　普 001692　類叢部/類書類/專類之屬

子史精華一百六十卷　(清)吴士玉　(清)吴襄等輯　清光緒十三年(1887)上海積山書局石印本　十冊

330000－1711－0001828　普 001701　子部/雜著類/雜纂之屬

經餘必讀八卷二編八卷　(清)雷琳　(清)錢樹棠　(清)錢樹立輯　**經餘必讀三集四卷**　(清)趙在翰輯　清光緒二年(1876)退補齋刻本　五冊　存十卷(二編一至八、三集一至二)

330000－1711－0001829　普 001693　史部/政書類/通制之屬

廣治平略三十六卷補編八卷　(清)蔡方炳撰　清刻本　十一冊　缺五卷(廣治平略一至五)

330000－1711－0001830　普 001694　類叢部/類書類/專類之屬

子史精華一百六十卷　(清)吴士玉　(清)吴襄等輯　清光緒十三年(1887)上海積山書局石印本　八冊

330000－1711－0001831　普 001710　經部/小學類/文字之屬/字書/訓蒙

千字文釋義一卷　(南朝梁)周興嗣編　(清)汪嘯尹輯　(清)孫謙益注　清歙西徐士業刻本　一冊

330000－1711－0001833　普 001711　經部/小學類/文字之屬/字書/訓蒙

千字文釋義一卷　(南朝梁)周興嗣編　(清)汪嘯尹輯　(清)孫謙益注　清歙西徐士業刻本　一冊

330000－1711－0001834　普 001712　子部/叢編

徐氏三種(重刻徐氏三種)　(清)徐士業編　清豐芑堂刻本　一冊　存一種

330000－1711－0001837　普 001703　類叢部/類書類/專類之屬

新增説文韻府羣玉二十卷　(元)陰時夫輯　(元)陰中夫注　清刻本　十冊　存十卷(一至十)

330000－1711－0001838　普 001713　子部/叢編

百千音義二種　清李光明莊刻本　一冊　存一種

330000－1711－0001839　普 001704　類叢部/類書類

迪吉編八卷　(清)金樹本纂輯　清刻本　四冊

330000－1711－0001841　普 001744　集部/曲類/寶卷之屬

妙英寶卷全集一卷　清瑪瑙經房刻本　一冊

330000－1711－0001842　普 001705　類叢部/類書類/通類之屬

增補事類統編九十三卷首一卷　(清)黄葆真輯　清同治十年(1871)三讓堂刻本　四十八冊

330000－1711－0001843　普 001714　子部/儒家類/儒學之屬/蒙學

三字經訓詁一卷　(清)王相撰　清咸豐元年(1851)上海大魁堂刻本　一冊

330000－1711－0001844　普 001706　類叢部/類書類/通類之屬

玉海二百四卷附刻十三種　(宋)王應麟撰　**校補玉海瑣記二卷王深寧先生年譜一卷**　(清)張大昌撰　清光緒九年至十六年(1883－1890)浙江書局刻本　二十冊　存四十卷(一百三至一百二十二、一百四十三至一百六十二)

330000－1711－0001845　普 001707　類叢部/類書類/通類之屬

淵鑑類函四百五十卷目録四卷　(清)張英等

總裁　清康熙四十九年(1710)刻本　一百二十冊　缺六十七卷(二百八十七至三百十七、四百十五至四百五十)

330000－1711－0001848　普 001708　類叢部/類書類/專類之屬
子史精華一百六十卷　(清)吳士玉　(清)吳襄等輯　清雍正五年(1727)刻本　三十一冊　缺四卷(一百一至一百四)

330000－1711－0001850　普 001709　類叢部/類書類/專類之屬
子史精華一百六十卷　(清)吳士玉　(清)吳襄等輯　清雍正五年(1727)刻本(卷一百二至一百十配清刻本)　三十二冊　缺一卷(一百一)

330000－1711－0001853　普 001715　類叢部/類書類/專類之屬
維揚大成堂新刻增訂釋義經書便用通考雜字二卷外一卷　(清)徐三省　(清)戴啟達增訂　清刻本　一冊

330000－1711－0001855　普 001717　子部/儒家類/儒學之屬/蒙學
育正堂重訂幼學須知句解四卷　(明)錢元龍校　清錢元龍刻本　二冊　存二卷(一至二)

330000－1711－0001856　普 001718　子部/儒家類/儒學之屬/蒙學
馨遠堂重訂幼學須知句解四卷　(明)錢元龍校　清錢元龍刻本　二冊　存二卷(三至四)

330000－1711－0001857　普 001719　子部/儒家類/儒學之屬/蒙學
綠慎堂重訂幼學須知句解四卷　(明)錢元龍校　清錢元龍刻本　二冊

330000－1711－0001858　普 001720　子部/儒家類/儒學之屬/蒙學
掃葉山房訂幼學須知句解四卷　(明)錢元龍校　清掃葉山房刻本　二冊

330000－1711－0001860　普 001724　類叢部/類書類/通類之屬
太平御覽一千卷目錄十五卷　(宋)李昉等輯　清南海李氏刻光緒十八年(1892)學海堂印本　一百二十冊

330000－1711－0001862　普 001723　子部/儒家類/儒學之屬/蒙學
幼學須知句解四卷　(明)錢元龍校　清錢元龍刻本　二冊

330000－1711－0001863　普 001725　類叢部/類書類/專類之屬
佩文韻府一百六卷　(清)張玉書　(清)蔡升元等輯　**韻府拾遺一百六卷**　(清)汪灝　(清)何焯等輯　清刻本　一百七十五冊　存二百七卷(一至二十二、二十六至三十四、三十六至九十五、九十七至一百六,韻府拾遺一至一百六)

330000－1711－0001865　普 001750　類叢部/類書類/通類之屬
通俗編三十八卷　(清)翟灝撰　清刻本　三冊　存十六卷(一至十六)

330000－1711－0001867　普 001752　類叢部/叢書類/自著之屬
春在堂全書　(清)俞樾撰　**春在堂輓言一卷**　清同治至光緒刻光緒末彙印本　五冊　存一種

330000－1711－0001869　普 001761　集部/總集類/選集之屬/斷代
唐詩三百首六卷　(清)孫洙編　清虞山戴氏覽輝書屋刻本　二冊

330000－1711－0001870　普 001762　集部/總集類/選集之屬/斷代
唐詩三百首注釋六卷　(清)孫洙編　(清)章燮注　清道光十四年(1834)文源堂刻朱墨套印本　六冊

330000－1711－0001871　普 001754　集部/總集類/選集之屬/通代
文選六十卷　(南朝梁)蕭統輯　(唐)李善注　**文選考異十卷**　(清)胡克家撰　清宣統三年(1911)上海會文堂粹記石印本　十三冊

330000－1711－0001872　普 001763　集部/

總集類/選集之屬/通代

繪圖增批古文觀止十二卷　(清)吳乘權　(清)吳大職輯　清宣統三年(1911)浙紹明達書莊石印本　一冊

330000－1711－0001874　普 001764　集部/總集類/選集之屬/斷代

唐駢體文鈔十七卷　(清)陳均纂　清嘉慶二十五年(1820)海昌陳氏刻本　四冊

330000－1711－0001875　普 001757　集部/總集類/選集之屬/斷代

皇朝經世文編一百二十卷　(清)賀長齡輯　清鉛印本　六冊　存三十三卷(四至十四、三十五至四十、七十九至八十三、一百五至一百十、一百十六至一百二十)

330000－1711－0001876　普 001765　集部/總集類/選集之屬/斷代

唐詩三百首補註八卷　(清)孫洙編　(清)陳婉俊輯注　**唐詩三百首續選一卷**　(清)于慶元編　清光緒十二年(1886)刻善成堂印本　六冊

330000－1711－0001877　普 001758　集部/總集類/選集之屬/斷代

皇朝經世文續編一百二十卷　(清)葛士濬輯　清鉛印本　十一冊　存五十七卷(七至九、二十一至二十六、三十八至七十一、七十六至八十五、八十七至九十)

330000－1711－0001878　普 001759　集部/總集類/酬唱之屬

臺江驪唱集一卷天南鴻爪集一卷　黃鼎瑞輯　清光緒三十四年(1908)永嘉刻本　一冊

330000－1711－0001879　普 001760　集部/總集類/氏族之屬

海鹽張氏涉園叢刻七種　張元濟輯　清宣統三年(1911)海鹽張氏鉛印本　一冊　存一種

330000－1711－0001880　普 001769　集部/總集類/選集之屬/通代

瀛奎律髓四十九卷　(元)方回輯　清康熙五十年至五十一年(1711－1712)吳寶芝黄葉邨莊刻本　八冊

330000－1711－0001882　普 001770　集部/總集類/選集之屬/通代

古文淵鑒六十四卷　(清)徐乾學等輯注　清同治十二年(1873)浙江書局刻本　三十二冊

330000－1711－0001884　普 001768　集部/總集類/酬唱之屬

西泠酬倡集五卷二集五卷三集五卷　(清)秦緗業等撰　清光緒刻本　一冊　存三卷(西泠酬倡集三至五)

330000－1711－0001885　普 001778　集部/總集類/選集之屬/通代

古文淵鑒六十四卷　(清)徐乾學等輯注　清刻五色套印本　三十六冊

330000－1711－0001886　普 001779　集部/總集類/選集之屬/斷代

文粹一百卷　(宋)姚鉉輯　**補遺二十六卷**　(清)郭麐輯　清光緒十六年(1890)杭州許增榆園刻本　二十冊

330000－1711－0001887　普 001771　集部/總集類/選集之屬/通代

唐宋八大家文分體讀本第一集八卷第二集八卷第三集八卷附錄一卷　(清)汪份定　清康熙五十八年(1719)遄喜齋刻本　十二冊

330000－1711－0001902　普 001790　集部/總集類/氏族之屬

藤溪朱氏文略八卷　朱承業輯　清宣統三年(1911)刻本　四冊

330000－1711－0001903　普 001791　集部/總集類/氏族之屬

藤溪朱氏文略八卷　朱承業輯　清宣統三年(1911)刻本　管元耀題記　四冊

330000－1711－0001904　普 001793　集部/總集類/課藝之屬

小題正鵠初集不分卷二集不分卷三集不分卷四集不分卷　(清)李元度輯　清同治十一年(1872)山陰姚氏刻本　三冊　存三集

330000－1711－0001905　普 001792　集部/總集類/氏族之屬

藤溪朱氏文略八卷　朱承業輯　清宣統二年(1910)刻朱印本　四册

330000－1711－0001906　普 001794　集部/總集類

西齋名文讀本不分卷　(清)張躍鱗　(清)張孫堂編次　清刻本　一册

330000－1711－0001907　普 001788　集部/總集類/課藝之屬

試帖玉芙蓉集四卷　(清)同文書局主人選輯　清光緒十年(1884)同文書局石印本　四册　存三卷(一至二、四)

330000－1711－0001909　普 001847　子部/藝術類/遊藝之屬/聯語

楹聯新句不分卷　(清)俞樾撰　清光緒九年(1883)刻本　一册

330000－1711－0001910　普 001789　集部/總集類/選集之屬

青雲集補註六卷　(清)楊逢春　(清)蕭應櫆撰　(清)吳廷藻補註　清光緒二十一年(1895)復古書齋鉛印本　六册

330000－1711－0001911　普 001795　集部/總集類/選集之屬/斷代

七家試帖輯註彙鈔　(清)張熙宇輯評　(清)王植桂輯註　清同治九年(1870)京師琉璃廠刻本　三册　存三種

330000－1711－0001913　普 001796　集部/總集類/選集之屬

國朝試帖典林四卷續編二卷　(清)馬大亨編輯　(清)麗騰蛟　(清)俞光祖參校　清刻本　一册　存二卷(續編一至二)

330000－1711－0001914　普 001808　類叢部/類書類/通類之屬

分類絨腋四卷　(清)涂謙撰　清道光二十九年(1849)聚錦堂刻本　三册　存三卷(一、三至四)

330000－1711－0001915　普 001797　集部/總集類/選集之屬/斷代

全唐詩九百卷目錄十二卷　(清)曹寅等輯　清刻本　九十二册　缺二百三十五卷(第五函一至五十八、第十一函一至八十六、第十二涵一至九十一)

330000－1711－0001916　普 001809　集部/總集類/選集之屬/通代

漢魏六朝女子文選二卷　張維輯　清宣統三年(1911)海鹽朱是刻本　一册

330000－1711－0001917　普 001810　集部/總集類/選集之屬/斷代

南北朝文鈔二卷　(清)彭兆蓀輯　清刻本　二册

330000－1711－0001919　普 001798　集部/總集類/選集之屬/通代

文選六十卷　(南朝梁)蕭統輯　(唐)李善注　**文選考異十卷**　(清)胡克家撰　清光緒十八年(1892)上海古香閣石印本　六册

330000－1711－0001921　普 001800　集部/總集類/選集之屬/通代

古文筆法百篇八卷　(清)李扶九輯　清光緒三十年(1904)上海書局石印本　四册

330000－1711－0001923　普 001811　集部/總集類/選集之屬/斷代

全唐詩九百卷目錄十二卷　(清)曹寅等輯　清刻本　二十册　存一百七十七卷(第十一函一至八十六、第十二函一至九十一)

330000－1711－0001924　普 001803　集部/總集類/選集之屬/通代

文選六十卷　(南朝梁)蕭統輯　(唐)李善注　**文選考異十卷**　(清)胡克家撰　清同治八年(1869)尋陽萬氏萃文堂刻本　二十四册

330000－1711－0001925　普 001804　集部/總集類/選集之屬/通代

文章游戲初編八卷二編八卷三編八卷四編八卷　(清)繆艮輯　清光緒元年(1875)文盛堂刻本　九册　存十二卷(初編四至六,二編一,三編三至六、八,四編一至二、七)

330000－1711－0001926　普 001805　集部/總集類/選集之屬/通代
賦鈔箋略十五卷　(清)雷琳　(清)張杏濱輯　清刻本　四冊　存十一卷(三至十三)

330000－1711－0001927　普 001806　集部/總集類/郡邑之屬
梅里詩輯二十八卷　(清)許燦輯　**續梅里詩輯十二卷補遺一卷**　(清)沈愛蓮編　清道光三十年(1850)嘉興縣齋刻本　十冊

330000－1711－0001931　普 001815　子部/雜家類
天花亂墜八卷二集八卷三集八卷　(清)寅半生編　清光緒二十九年至三十三年(1903－1907)杭州崇寔齋刻本　三冊　存六卷(天花亂墜一至六)

330000－1711－0001932　普 001816　集部/總集類/選集之屬/斷代
皇朝經世文統編一百二十卷　清光緒二十七年(1901)上海慎記書局石印本　三十四冊　存一百二卷(一至一百二)

330000－1711－0001933　普 001824　集部/總集類/郡邑之屬
浙西六家詩鈔六卷　(清)吳應和等撰　清道光七年(1827)紫薇山館刻本　二冊　存五卷(一至五)

330000－1711－0001934　普 001817　集部/總集類/選集之屬/斷代
律賦揀金錄四卷　(清)朱一飛輯　清刻本　四冊

330000－1711－0001935　普 001825　集部/總集類/選集之屬/斷代
國朝六家詩鈔八卷　(清)劉執玉選編　清乾隆三十二年(1767)劉執玉詒燕樓刻本　十二冊

330000－1711－0001936　普 001818　集部/總集類/選集之屬/斷代
本朝館閣賦前集十二卷　(清)葉抱崧　(清)程洵等輯　**本朝館閣賦後集七卷補遺一卷附錄一卷**　(清)周日漣　(清)程琰等輯　**稻香樓試帖二卷**　(清)程琰撰　清乾隆二十九年(1764)、三十三年(1768)困學齋刻本　七冊　存十四卷(前集一至十二、後集五至六)

330000－1711－0001937　普 001826　集部/總集類/選集之屬/通代
古唐詩合解古詩四卷唐詩十二卷　(清)王堯衢注　清光緒二十六年(1900)益元書局刻本　八冊

330000－1711－0001938　普 001827　集部/總集類/選集之屬/通代
古唐詩合解古詩四卷唐詩十二卷　(清)王堯衢注　清刻本　四冊

330000－1711－0001940　普 001819　集部/總集類/郡邑之屬
續檇李詩繫四十卷　(清)胡昌基輯　清宣統三年(1911)刻本　二十冊

330000－1711－0001941　普 001820　集部/總集類/尺牘之屬
新編尺牘三種　(清)丁善儀等撰　清光緒八年(1882)刻本　二冊

330000－1711－0001943　普 001822　集部/總集類/選集之屬/通代
古文淵鑒六十四卷　(清)徐乾學等輯注　清光緒二十九年(1903)蜚英分局石印本　十四冊　缺九卷(七至十五)

330000－1711－0001944　普 001823　集部/總集類/選集之屬/通代
唐宋八家文讀本三十卷首一卷　(清)沈德潛輯　清宣統元年(1909)上海掃葉山房石印本　八冊

330000－1711－0001946　普 001830　集部/總集類/酬唱之屬
悼紅吟一卷　(清)管斯駿輯　清光緒十年(1884)蘇州管氏管可壽齋刻本　一冊

330000－1711－0001947　普 001836　集部/總集類/選集之屬/通代
古文辭類纂七十四卷　(清)姚鼐輯　清同治

八年(1869)江蘇書局刻本　十二冊

330000－1711－0001948　普001837　集部/總集類/選集之屬/通代
東萊集註類編觀瀾文集甲集二十五卷乙集二十五卷丙集二十卷　(宋)林之奇編　(宋)呂祖謙注　**東萊集註古文觀瀾甲集附攷一卷乙集附攷一卷丙集附攷一卷續攷一卷**　(清)方功惠撰　清光緒十年(1884)碧琳琅館刻本　十二冊

330000－1711－0001949　普001838　集部/總集類/選集之屬/斷代
博古堂唐詩便讀四卷　清博古堂刻本　一冊

330000－1711－0001950　普001839　集部/總集類/選集之屬/斷代
唐詩便讀四卷　清光緒十一年(1885)湘西畬經堂刻本　一冊

330000－1711－0001953　普001832　集部/總集類/選集之屬/通代
佳句錄二十卷附錄一卷　(清)吳修輯　清道光七年(1827)青霞館刻本(卷六配清抄本)　二冊　缺五卷(一至五)

330000－1711－0001954　普001833　子部/藝術類/遊藝之屬/聯語
楹聯集錦八卷　(清)胡鳳丹輯　清同治六年(1867)退補齋刻本　一冊　存四卷(一至四)

330000－1711－0001955　普001834　子部/藝術類/遊藝之屬/聯語
西湖楹聯四卷　清光緒十七年(1891)刻本　三冊　存三卷(二至四)

330000－1711－0001956　普001835　子部/雜著類/雜纂之屬
格言聯璧二卷　(清)金纓輯　清石印本　一冊　存一卷(一)

330000－1711－0001958　普001841　集部/總集類/尺牘之屬
曹李尺牘合選二卷　(清)曹溶　(清)李良年撰　(清)茅復輯　清慎餘堂刻本　一冊

330000－1711－0001959　普001850　集部/總集類/選集之屬/斷代
國朝駢體正宗十二卷　(清)曾燠輯　清嘉慶十一年(1806)南城曾氏賞雨茅屋刻本　四冊

330000－1711－0001960　普001851　集部/總集類/酬唱之屬
衡湘泉清集四卷首一卷　(清)李揚華編　清光緒四年(1878)衡陽刻本　二冊　缺一卷(二)

330000－1711－0001961　普001852　集部/總集類/選集之屬/斷代
國朝駢體正宗十二卷　(清)曾燠輯　清嘉慶十一年(1806)南城曾氏賞雨茅屋刻本　六冊

330000－1711－0001962　普001843　類叢部/叢書類/彙編之屬
子才新舊叢刻　繆學賢輯　清宣統元年(1909)上海賴古堂鉛印本　六冊　存十卷(三至十二)

330000－1711－0001963　普001848　子部/藝術類/遊藝之屬/聯語
應酬名聯彙選不分卷　清刻本　一冊

330000－1711－0001964　普001853　集部/總集類/選集之屬/斷代
國朝八家四六文鈔(八家四六文鈔)八種　(清)吳鼒編　清刻本　四冊

330000－1711－0001965　普001844　集部/總集類/選集之屬/通代
文選六十卷　(南朝梁)蕭統輯　(唐)李善注　**文選考異十卷**　(清)胡克家撰　清光緒十八年(1892)上海古香閣石印本　六冊

330000－1711－0001967　普001845　集部/總集類/選集之屬/通代
古文辭類纂七十五卷　(清)姚鼐輯　(清)吳汝綸評點　**姚選古文真本五色標記表十五卷首一卷**　(清)張剛編　清五色古文山房刻本　十九冊　存七十五卷(六至七十五、姚選古文真本五色標記表十一至十五)

330000－1711－0001968　普001854　集部/總集類/尺牘之屬

明賢尺牘四卷 （清）王元勳 （清）程化騄輯 清光緒二十六年（1900）仁和許增榆園刻本 二册

330000－1711－0001969 普001855 集部/總集類/尺牘之屬

花月尺牘二卷 （清）臥遊臥讀生輯 清光緒二十四年（1898）惜花館石印本 二册

330000－1711－0001970 普001856 類叢部/類書類/通類之屬

文料大成四卷 清光緒十三年（1887）上海萬珍書局鉛印本 四册

330000－1711－0001972 普001863 集部/總集類/尺牘之屬

名賢手札八種 （清）郭慶藩輯 清光緒十年（1884）湘陰郭氏岵瞻堂刻本 三册 存七種

330000－1711－0001973 普001858 集部/總集類/選集之屬/通代

文選六十卷 （南朝梁）蕭統輯 （唐）李善注 **文選考異十卷** （清）胡克家撰 清光緒十六年（1890）上海鴻文書局石印本 六册

330000－1711－0001974 普001859 集部/總集類

二程文集十二卷 （宋）程顥 （宋）程頤撰 （清）張伯行訂 清康熙四十七年（1708）儀封張伯行正誼堂刻本 四册

330000－1711－0001975 普001860 集部/總集類/選集之屬/通代

玉臺新詠十卷 （南朝陳）徐陵編 （清）吳兆宜原注 （清）程琰删補 清乾隆三十九年（1774）程琰稻香樓刻本 四册

330000－1711－0001976 普001864 集部/總集類/選集之屬/斷代

續唐三體詩八卷 （清）高士奇輯 清刻本 二册

330000－1711－0001977 普001861 集部/總集類/選集之屬/斷代

中晚唐詩叩彈集十二卷續集三卷 （清）杜詔 （清）杜庭珠輯 清康熙四十三年（1704）采山亭刻本 三册 存十一卷（一至十一）

330000－1711－0001978 普001865 集部/總集類/選集之屬/斷代

欽定全唐文一千卷目錄三卷 （清）董誥等輯 清刻本 一册 存六卷（六百五十七至六百六十二）

330000－1711－0001979 普001866 集部/總集類/選集之屬/通代

三十家詩鈔六卷首一卷末一卷 （清）曾國藩纂 （清）王定安增輯 清同治十三年（1874）傳忠書局刻本 六册

330000－1711－0001980 普001867 集部/總集類/選集之屬/通代

古文觀止十二卷 （清）吳乘權 （清）吳大職輯 清光緒六年（1880）上洋醉六堂刻本 六册

330000－1711－0001981 普001868 集部/總集類/選集之屬/通代

古文觀止十二卷 （清）吳乘權 （清）吳大職輯 清同治九年（1870）常郡文玉齋刻本 三册

330000－1711－0001982 普001862 集部/總集類/選集之屬/通代

唐宋八大家文鈔 （明）茅坤編 清刻本（宋大家歐陽文忠公文抄卷二十四配清抄本） 二十九册 存九種

330000－1711－0001988 普001880 集部/總集類/選集之屬/通代

文選六十卷 （南朝梁）蕭統輯 （唐）李善注 （清）何焯評 清羊城翰墨園刻朱墨套印本 六册 存二十八卷（一至二十八）

330000－1711－0001989 普001881 集部/總集類/選集之屬/通代

文選六十卷 （南朝梁）蕭統輯 （唐）李善注 （清）何焯評 清乾隆三十七年（1772）長洲葉樹藩海錄軒刻朱墨套印本 十二册

330000－1711－0001990 普001869 集部/總集類/選集之屬/通代

連元閣重訂古文釋義新編八卷　(清)余誠評註　清嘉慶五年(1800)連元閣刻本　八冊

330000－1711－0001991　普 001870　集部/總集類/選集之屬/通代
古文約編十卷　(清)倪承茂訂　**歷朝文一卷**　(清)潘大鈉訂　清乾隆五年(1740)清芬書屋刻本　七冊　存八卷(二至六、八、十,歷朝文)

330000－1711－0001992　普 001882　集部/總集類/選集之屬/斷代
國朝文錄八十二卷　(清)姚椿輯　清光緒二十六年(1900)掃葉山房石印本　十六冊

330000－1711－0001993　普 001871　集部/總集類/選集之屬/斷代
金詩選四卷　(清)顧奎光輯　(清)陶玉禾評　清乾隆十六年(1751)刻本　一冊

330000－1711－0001995　普 001872　集部/總集類/選集之屬/斷代
元詩選六卷補遺一卷　(清)顧奎光選輯　(清)陶瀚　(清)陶玉禾参評　清乾隆十六年(1751)刻本　二冊

330000－1711－0001997　普 001885　集部/總集類/選集之屬/通代
古文觀止十二卷　(清)吳乘權　(清)吳大職輯　清咸豐三年(1853)文奎堂刻本　六冊

330000－1711－0001999　普 001873　集部/總集類/選集之屬/斷代
元詩選六卷補遺一卷　(清)顧奎光選輯　(清)陶瀚　(清)陶玉禾参評　清乾隆十六年(1751)刻本　四冊

330000－1711－0002000　普 001886　集部/總集類/選集之屬/通代
古文觀止十二卷　(清)吳乘權　(清)吳大職輯　清光緒二十一年(1895)永康胡氏退補齋刻本　六冊

330000－1711－0002001　普 001887　集部/總集類/選集之屬/通代
古文觀止十二卷　(清)吳乘權　(清)吳大職輯　清光緒六年(1880)上洋醉六堂刻本　五冊　存十卷(三至十二)

330000－1711－0002003　普 001874　史部/史評類/史論之屬
最新史事論十二卷　雷瑨編輯　清宣統三年(1911)掃葉山房石印本　四冊

330000－1711－0002004　普 001895　集部/總集類/選集之屬/通代
文選五卷首一卷　(南朝梁)蕭統輯　(唐)李善注　**文選考異一卷**　(清)胡克家撰　清光緒二十五年(1899)煥文書局石印本　六冊

330000－1711－0002009　普 001899　集部/總集類/選集之屬/通代
古詩源十四卷　(清)沈德潛輯　清康熙芥子園刻本　三冊　存十一卷(一至三、七至十四)

330000－1711－0002010　普 001891　集部/總集類/選集之屬/斷代
唐詩三百首註疏六卷　(清)孫洙編　(清)章燮注　清末上海鴻寶齋書局石印本　一冊

330000－1711－0002011　普 001900　集部/總集類/氏族之屬
三蘇策論十二卷　(宋)蘇洵　(宋)蘇軾　(宋)蘇轍撰　(清)張紹齡編　清光緒二十七年(1901)上洋石印書局石印本　四冊

330000－1711－0002015　普 001894　集部/總集類/選集之屬/通代
唐宋大家全集錄十種　(清)儲欣編　清刻本　十九冊　存八種

330000－1711－0002018　普 001904　集部/總集類/課藝之屬
小題三萬選不分卷　(清)求是齋主人輯　清光緒二十一年(1895)同文局石印本　三十六冊

330000－1711－0002019　普 001905　集部/總集類/彙編之屬
增廣詩句題解彙編四卷姓氏考一卷　(清)鴻寶齋編　清光緒十七年(1891)上海鴻寶齋石

印本　四冊

330000－1711－0002020　普 001911　集部/總集類/氏族之屬

小峨嵋山館五種十八卷　（清）馬國偉　（清）馬用俊編　清嘉慶十八年（1813）棣園刻本　一冊　存一種

330000－1711－0002021　普 001906　集部/總集類/彙編之屬

四十七科同館詩賦題解十五卷　（清）魏茂林輯　清同治三年（1864）文光書屋刻本　六冊　缺五卷（十二科三至六、三十五科七）

330000－1711－0002022　普 001912　集部/總集類/酬唱之屬

攀轅集不分卷　（清）徐琪輯　清光緒七年（1881）杭郡刻本　一冊

330000－1711－0002023　普 001913　集部/總集類/課藝之屬

大題文淵不分卷　清石印本　十三冊

330000－1711－0002025　普 001914　子部/藝術類/書畫之屬/題跋

讀畫齋題畫詩十九卷　（清）顧修輯　清嘉慶東山草堂刻本　二冊　存九卷（一至四、十至十四）

330000－1711－0002028　普 001916　集部/總集類/課藝之屬

大題文府不分卷　清石印本　五冊　存上論、下論、中庸、上孟

330000－1711－0002033　普 001926　集部/總集類/選集之屬/斷代

國朝六家詩鈔八卷　（清）劉執玉選編　清乾隆三十二年（1767）劉執玉詒燕樓刻本　六冊

330000－1711－0002034　普 001927　集部/總集類/尺牘之屬

歷朝名媛尺牘二卷　（清）陳詔輯　清同治十二年（1873）申江刻本　二冊

330000－1711－0002035　普 001918　類叢部/叢書類/彙編之屬

申報館叢書　（清）許變臣纂輯　蔡爾康校　清同治至光緒申報館鉛印本　四冊　存一種

330000－1711－0002038　普 001920　集部/總集類/選集之屬/通代

御選唐宋詩醇四十七卷目錄二卷　（清）高宗弘曆輯　清光緒七年（1881）浙江書局刻本　五冊　存十卷（目錄一至二、一至八）

330000－1711－0002039　普 001921　集部/別集類/清別集

百美新詠一卷集詠一卷圖傳一卷　（清）顏希源撰　清嘉慶顏希源刻本　一冊

330000－1711－0002041　普 001923　集部/總集類/選集之屬/斷代

皇朝經世文編一百二十卷姓名總目二卷　（清）賀長齡輯　清光緒二十五年（1899）上海中西書局石印本　九冊　缺三十卷（十一至三十、四十一至五十）

330000－1711－0002042　普 001924　集部/總集類/選集之屬/斷代

皇朝經世文新編二十一卷首一卷　麥仲華輯　清光緒二十八年（1902）上海鍊石書局石印本　十六冊

330000－1711－0002045　普 001931　集部/總集類/課藝之屬

青雲集分韻試帖詳註四卷　（清）楊逢春　（清）蕭應櫆輯　（清）沈品華等註　清道光五年（1825）李光明莊刻本　二冊　存二卷（一至二）

330000－1711－0002046　普 001932　史部/史評類/詠史之屬

南宋襍事詩七卷　（清）沈嘉轍等撰　清刻本　一冊　存四卷（四至七）

330000－1711－0002049　普 001934　集部/總集類/課藝之屬

目耕齋初集不分卷二集不分卷三集不分卷　（清）徐楷評註　（清）沈叔眉選刊　清光緒十八年（1892）上洋袖海山房書局石印本　三冊

330000－1711－0002053　普 001939　史部/

傳記類/總傳之屬/家乘

趨庭記述二卷 (清)經元善輯 清光緒二十三年(1897)石印本 一册 存一卷(二)

330000－1711－0002054 普 001940 集部/別集類/清別集

養雲山館試帖四卷 (清)許球撰 清同治六年(1867)刻本 四册

330000－1711－0002055 普 001941 集部/總集類/課藝之屬

青雲集分韻試帖詳註四卷 (清)楊逢春 (清)蕭應櫆輯 (清)沈品華等註 清道光十六年(1836)竹秀山房刻本 四册

330000－1711－0002056 普 001942 集部/總集類/選集之屬/通代

古文辭類纂十五卷 (清)姚鼐輯 **續古文辭類纂十卷** 王先謙輯 清光緒二十年(1894)上海圖書集成印書局鉛印本 八册

330000－1711－0002057 普 001943 集部/總集類/選集之屬/斷代

皇朝經世文續編一百二十卷 (清)葛士濬輯 清末石印本 十册 存五十八卷(十八至二十五、三十二至四十八、六十四至七十五、八十三至九十三、一百五至一百十四)

330000－1711－0002058 普 001944 集部/總集類/選集之屬/斷代

皇朝經世文三編八十卷 (清)陳忠倚輯 清光緒二十八年(1902)天章書局石印本 九册 存四十五卷(一至五、十一至十五、二十一至三十五、四十六至五十、六十一至七十、七十六至八十)

330000－1711－0002059 普 001955 集部/別集類/漢魏六朝別集

陶淵明文集十卷 (晉)陶潛撰 清宣統二年(1910)上海著易堂書局石印本 四册

330000－1711－0002060 普 001945 集部/總集類/選集之屬

竹笑軒賦鈔初集不分卷二集不分卷 (清)孫清達編次 清咸豐三年(1853)文德堂刻本 三册

330000－1711－0002061 普 001946 集部/總集類/選集之屬/斷代

排律初津四卷 (清)金鳳沼編並註 清光緒七年(1881)古越求是齋刻本 四册

330000－1711－0002062 普 001957 集部/總集類/彙編之屬

漢魏六朝一百三家集 (明)張溥編 清刻本 一册 存一種

330000－1711－0002064 普 001947 集部/別集類/漢魏六朝別集

庾子山全集十卷 (北周)庾信撰 (清)吳兆宜箋註 清刻本 五册

330000－1711－0002065 普 001958 類叢部/叢書類/彙編之屬

海源閣叢書七種 (清)楊以增編 清咸豐二年至五年(1852－1855)聊城楊氏海源閣刻本 六册 存一種

330000－1711－0002066 普 001948 集部/別集類/漢魏六朝別集

庾子山集十六卷總釋一卷 (北周)庾信撰 (清)倪璠註 **年譜一卷** (清)倪璠撰 清刻本 十册

330000－1711－0002067 普 001949 集部/別集類/漢魏六朝別集

庾子山集十六卷總釋一卷 (北周)庾信撰 (清)倪璠註 **年譜一卷** (清)倪璠撰 清刻本 十二册

330000－1711－0002068 普 001959 類叢部/叢書類/彙編之屬

拜經樓叢書(愚谷叢書)二十三種 (清)吳騫編 清乾隆至嘉慶海昌吳氏刻彙印本 一册 存一種

330000－1711－0002069 普 001950 集部/別集類/唐五代別集

白香山詩長慶集二十卷後集十七卷別集一卷補遺二卷 (唐)白居易撰 (清)汪立名編訂 清康熙四十一年至四十二年(1702－1703)

汪立名一隅草堂刻本　十二册

330000－1711－0002070　普 001960　類叢部/叢書類/彙編之屬

拜經樓叢書(愚谷叢書)二十三種　(清)吳騫編　清乾隆至嘉慶海昌吳氏刻彙印本　二册　存一種

330000－1711－0002071　普 001961　集部/別集類/漢魏六朝別集

靖節先生集十卷　(晉)陶潛撰　(清)陶澍注　**靖節先生集諸本序錄一卷**　(清)陶澍編輯　**靖節先生年譜攷異二卷**　(清)陶澍撰　清光緒九年(1883)江蘇書局刻本　四册

330000－1711－0002072　普 001963　集部/別集類/漢魏六朝別集

陶淵明詩一卷雜文一卷　(晉)陶潛撰　清光緒元年(1875)影宋紹熙曾集刻本　一册

330000－1711－0002073　普 001951　集部/別集類/唐五代別集

昌黎先生詩集注十一卷年譜一卷　(唐)韓愈撰　(清)顧嗣立删補　清康熙三十八年(1699)長洲顧嗣立秀野草堂刻本　三册

330000－1711－0002074　普 001962　集部/別集類/漢魏六朝別集

陶淵明詩一卷雜文一卷　(晉)陶潛撰　清光緒元年(1875)影宋紹熙曾集刻本　一册

330000－1711－0002075　普 001952　集部/別集類/唐五代別集

昌黎先生詩增注証訛十一卷　(唐)韓愈撰　(清)黄鉞增注証訛　**昌黎先生年譜一卷**　(清)黄鉞編　清道光二十八年(1848)廣陵二酉堂刻本　二册

330000－1711－0002076　普 001953　集部/別集類/唐五代別集

李太白文集三十六卷　(唐)李白撰　(清)王琦輯注　清刻本　十六册

330000－1711－0002077　普 001954　集部/別集類/唐五代別集

杜工部草堂詩箋二十二卷　(唐)杜甫撰　(宋)魯訔編次　(宋)蔡夢弼會箋　**杜工部草堂詩年譜二卷**　(宋)趙子櫟　(宋)魯訔撰　**杜工部草堂詩話二卷**　(宋)蔡夢弼輯　清光緒元年(1875)巴陵方功惠碧琳琅館刻本　四册

330000－1711－0002082　普 001968　集部/別集類/唐五代別集

杜工部集二十卷首一卷　(唐)杜甫撰　(清)錢謙益箋註　清康熙六年(1667)泰興季振宜靜思堂刻本　六册　缺五卷(一至二、六至八)

330000－1711－0002087　普 001975　集部/別集類/唐五代別集

河東先生文集六卷　(唐)柳宗元撰　清宣統二年(1910)上海會文堂石印本　六册

330000－1711－0002088　普 001969　集部/別集類/唐五代別集

柳文四十三卷別集二卷外集二卷附錄一卷　(唐)柳宗元撰　清寧遠楊季鸞春星閣刻本　十六册

330000－1711－0002089　普 001970　集部/別集類/唐五代別集

讀書堂杜工部詩集註解二十卷文集註解二卷　杜工部編年詩史譜目一卷　(唐)杜甫撰　(清)張溍注　清康熙三十七年(1698)張氏讀書堂刻本　四册　存八卷(九至十四、十九至二十)

330000－1711－0002090　普 001977　集部/別集類/唐五代別集

溫飛卿詩集七卷別集一卷集外詩一卷附錄諸家詩評一卷　(唐)溫庭筠撰　(明)曾益注　(清)顧予咸補注　(清)顧嗣立續注　清宣統二年(1910)掃葉山房石印本　四册　缺一卷(諸家詩評)

330000－1711－0002091　普 001971　集部/別集類/唐五代別集

杜詩集評十五卷　(唐)杜甫撰　(清)劉濬輯　清嘉慶九年(1804)海寧劉氏黎照堂刻本　六册

330000－1711－0002092　普 001978　集部/別集類/唐五代別集

溫飛卿詩集七卷別集一卷集外詩一卷附錄諸家詩評一卷　(唐)溫庭筠撰　(明)曾益注　(清)顧予咸補注　(清)顧嗣立續注　清光緒八年(1882)泉唐汪氏萬軸山房刻本　二冊　缺一卷(諸家詩評)

330000－1711－0002093　普 001979　集部/別集類/唐五代別集

樊川詩集四卷外集一卷別集一卷補遺一卷　(唐)杜牧撰　(清)馮集梧注　清刻本　四冊

330000－1711－0002098　普 001981　集部/別集類/唐五代別集

昌黎先生集四十卷外集十卷遺文一卷　(唐)韓愈撰　(宋)廖瑩中校正　**朱子校昌黎先生集傳一卷**　(宋)朱熹撰　**韓集點勘四卷**　(清)陳景雲撰　清宣統二年(1910)上海集成圖書公司鉛印本　八冊

330000－1711－0002100　普 001983　集部/別集類/宋別集

道鄉先生文集四十卷補遺一卷　(宋)鄒浩撰　**道鄉集附錄一卷**　清光緒二十五年(1899)刻朱印本　六冊

330000－1711－0002101　普 001984　經部/春秋左傳類/傳說之屬

東萊博議四卷首一卷　(宋)呂祖謙撰　**增補虛字註釋一卷**　(清)馮泰松點定　清光緒二十四年(1898)上海文富樓石印本　四冊

330000－1711－0002105　普 001986　類叢部/叢書類/自著之屬

歐陽文忠公全集一百五十三卷首一卷附錄五卷　(宋)歐陽修撰　清光緒十九年(1893)澹雅書局刻本　四十冊

330000－1711－0002106　普 001996　類叢部/叢書類/彙編之屬

宏達堂叢書　清光緒四年(1878)四川宏達堂刻本　二冊　存一種

330000－1711－0002107　普 001997　集部/別集類/唐五代別集

樊南文集詳註八卷　(唐)李商隱撰　(清)馮浩編訂　清乾隆三十年(1765)醉六堂刻同治七年(1868)馮寶圻補修本　八冊

330000－1711－0002108　普 001987　集部/別集類/宋別集

晞髮集十卷遺集二卷補遺一卷　(宋)謝翱撰　**謝翱先生年譜一卷**　(清)徐沁編　**冬青樹引註一卷西臺慟哭記註一卷**　(宋)謝翱撰　(明)張丁注　**天地間集一卷**　(宋)謝翱輯　清刻本　一冊　存三卷(冬青樹引註、西臺慟哭記註、天地間集)

330000－1711－0002109　普 001998　集部/別集類/唐五代別集

唐陸宣公集二十二卷首一卷增輯一卷附錄一卷　(唐)陸贄撰　清嘉慶二十三年(1818)春暉堂刻本　十二冊

330000－1711－0002111　普 001999　集部/別集類/唐五代別集

唐陸宣公集二十二卷　(唐)陸贄撰　清嘉慶二十三年(1818)春暉堂刻本　六冊

330000－1711－0002112　普 001989　集部/別集類/宋別集

龍川文集三十卷首一卷　(宋)陳亮撰　**辨譌考異二卷附錄二卷**　(清)胡鳳丹撰　清宣統三年(1911)掃葉山房石印本　六冊　存二十五卷(首,一至八、十四至二十、二十六至三十,辨譌考異一至二,附錄一至二)

330000－1711－0002113　普 001990　集部/總集類/彙編之屬

新刻諸葛宗岳史四公文集　(清)劉質慧輯　清同治十二年(1873)三原劉氏述荊堂刻本　七冊　存三種

330000－1711－0002114　普 002000　集部/別集類/宋別集

劍南詩鈔六卷　(宋)陸游撰　(清)楊大鶴選　清刻本　二冊　缺二卷(五言絶句、七言絶句)

330000－1711－0002115　普 002001　集部/別集類/宋別集
誠齋詩集十六卷　(宋)楊萬里撰　清嘉慶七年(1802)吳江徐達源刻本　六冊

330000－1711－0002116　普 002002　經部/春秋左傳類/傳說之屬
東萊博議四卷首一卷　(宋)呂祖謙撰　清光緒二十年(1894)聚奎堂石印本　一冊

330000－1711－0002117　普 002003　集部/別集類/宋別集
姜白石全集　(宋)姜夔撰　清宣統二年(1910)掃葉山房石印本　三冊

330000－1711－0002118　普 002004　類叢部/叢書類/彙編之屬
榆園叢刻十五種附一種　(清)許增編　清同治至光緒刻本　二冊　存二種

330000－1711－0002119　普 002011　集部/別集類/宋別集
後山先生集二十四卷首一卷　(宋)陳師道撰　清光緒十一年(1885)番禺陶氏愛廬刻本　六冊

330000－1711－0002120　普 002012　集部/別集類/宋別集
劍南詩鈔六卷　(宋)陸游撰　(清)楊大鶴選　清敦化堂刻本　八冊

330000－1711－0002121　普 002013　集部/別集類/宋別集
龍川文集三十卷　(宋)陳亮撰　**辨譌考異二卷附錄二卷**　(清)胡鳳丹撰　清光緒元年(1875)湖北崇文書局刻本　十冊

330000－1711－0002125　普 002008　集部/別集類/宋別集
林和靖詩集四卷拾遺一卷　(宋)林逋撰　清宣統二年(1910)上海文瑞樓石印本　二冊

330000－1711－0002126　普 002009　集部/別集類/唐五代別集
溫飛卿詩集七卷別集一卷集外詩一卷附錄諸家詩評一卷　(唐)溫庭筠撰　(明)曾益注　(清)顧予咸補注　(清)顧嗣立續注　清宣統二年(1910)上海廣益書局石印本　四冊　缺一卷(諸家詩評)

330000－1711－0002129　普 002014　集部/別集類/宋別集
東坡集四十卷後集二十卷內制集十卷外制集三卷應詔集十卷奏議十五卷續集十二卷　(宋)蘇軾撰　**東坡集校記二卷**　繆荃孫撰　**宋史本傳一卷**　(元)脫脫撰　**東坡先生年譜一卷**　(宋)王宗稷撰　**東坡先生墓誌銘一卷**　(宋)蘇轍撰　清光緒三十四年至宣統元年(1908－1909)刻本　四十八冊

330000－1711－0002134　普 002020　集部/別集類/明別集
龍谿王先生全集二十二卷　(明)王畿撰　(明)丁賓編　清光緒八年(1882)刻本　十二冊

330000－1711－0002135　普 002021　集部/別集類/明別集
龍谿王先生全集二十二卷　(明)王畿撰　(明)丁賓編　清光緒八年(1882)刻本　十一冊　存二十卷(一、四至二十二)

330000－1711－0002136　普 002022　集部/別集類/宋別集
蘇學士文集十六卷　(宋)蘇舜欽撰　清康熙三十七年(1698)徐惇孝、徐惇復白華書屋刻本　一冊

330000－1711－0002137　普 002023　類叢部/叢書類/家集之屬
洪氏晦木齋叢書二十一種　(清)洪汝奎編　清同治八年至宣統元年(1869－1909)刻本　一冊　存一種

330000－1711－0002138　普 002024　集部/別集類/明別集
王文成公全書三十八卷　(明)王守仁撰　清光緒浙江書局刻本　二十四冊

330000－1711－0002140　普 002025　集部/別集類/明別集

寒支初集十卷二集四卷李寒支先生歲紀一卷　（明）李世熊撰　（清）李向旻編　清同治十三年（1874）刻本　十四册

330000－1711－0002141　普 002026　集部/别集類/明别集
寶綸堂集十卷拾遺一卷　（明）陳洪綬撰　（清）陳字購輯　清光緒十四年（1888）會稽董氏取斯堂木活字印本　八册

330000－1711－0002142　普 002034　子部/雜著類/雜考之屬
十科策畧箋釋十卷　（明）劉定之撰　（清）劉作樑釋　（清）劉廷琨重注　清乾隆二十三年（1758）步月樓刻本　三册

330000－1711－0002145　普 002035　類叢部/叢書類/郡邑之屬
武林掌故叢編一百九十種　（清）丁丙編　清光緒三年至二十六年（1877－1900）錢塘丁氏嘉惠堂刻本（［乾道］臨安志卷四至十五、南宋館閣錄卷一原缺）　二册　存一種

330000－1711－0002147　普 002029　集部/别集類/明别集
霍文敏公全集十卷石頭錄八卷首一卷　（明）霍韜撰　清同治元年（1862）石頭書院刻本　十八册

330000－1711－0002149　普 002037　子部/儒家類/儒學之屬/經濟
明夷待訪錄一卷　（清）黄宗羲撰　清光緒五年（1879）餘姚黄氏五桂樓刻本　一册

330000－1711－0002150　普 002038　集部/别集類/明别集
楊忠愍公集四卷附靈驗記一卷　（明）楊繼盛撰　清光緒十一年（1885）刻本　一册　存四卷（楊忠愍公集一至四）

330000－1711－0002151　普 002030　集部/别集類/明别集
李空同詩集三十二卷附錄一卷　（明）李夢陽撰　清宣統二年（1910）掃葉山房石印本　十册

330000－1711－0002152　普 002039　類叢部/叢書類/彙編之屬
清風室叢刊二十種　（清）錢保塘編　清同治十年至民國二十五年（1871－1936）海寧錢氏清風室刻本　二册　存三種

330000－1711－0002153　普 002031　集部/别集類/明别集
甫田集三十六卷　（明）文徵明撰　清宣統三年（1911）上海千頃堂書莊、會文學社書莊鉛印本　四册

330000－1711－0002156　普 002041　集部/别集類/明别集
疑雨集四卷　（明）王彦泓撰　清上海錦章圖書局石印本　二册

330000－1711－0002157　普 002042　集部/别集類/明别集
陳臥子先生安雅堂稿十五卷　（明）陳子龍撰　清宣統元年（1909）上海時中書局鉛印本　六册

330000－1711－0002158　普 002045　集部/别集類/清别集
煙霞萬古樓詩選二卷文集六卷　（清）王曇撰　清光緒二十一年（1895）鴻文書局石印本　一册　存二卷（詩選一至二）

330000－1711－0002160　普 002047　類叢部/叢書/自著之屬
庸庵全集七種　（清）薛福成撰　清光緒二十三年（1897）上海醉六堂石印本　二册　存一種

330000－1711－0002162　普 002049　集部/别集類/清别集
曾文正公家書十卷　（清）曾國藩撰　清刻本　十册

330000－1711－0002163　普 002043　集部/别集類/元别集
鐵厓三種　（元）楊維楨撰　（清）樓卜瀍註　清宣統二年（1910）上海掃葉山房石印本　九册　缺二卷（詠史註七至八）

330000－1711－0002164　普002050　集部/別集類/清別集

曝書亭集八十卷附錄一卷　(清)朱彝尊撰　**笛漁小稾十卷**　(清)朱昆田撰　清刻本　二十冊

330000－1711－0002166　普002051　集部/別集類/清別集

粵遊草一卷　(清)陸敦倫撰　清光緒八年(1882)刻本　一冊

330000－1711－0002168　普002052　集部/別集類/清別集

紅樓夢竹枝詞一卷　(清)盧先駱撰　**讀紅樓夢雜記一卷**　(清)願為明鏡室主人撰　清同治七年(1868)刻本　一冊

330000－1711－0002170　普002053　集部/別集類/清別集

傳紅寫翠室賸稿一刻一卷　(清)鄔銓撰　清光緒十年(1884)刻本　一冊

330000－1711－0002171　普002054　集部/別集類/清別集

紅韻閣學吟小草一卷　(清)闞壽坤撰　清光緒五年(1879)金閶刻本　一冊

330000－1711－0002172　普002055　集部/別集類/清別集

鋤月居稿二卷　(清)柳瀛選撰　清光緒二十七年(1901)鉛印本　一冊

330000－1711－0002173　普002056　集部/別集類/清別集

鋤月居稿二卷　(清)柳瀛選撰　清光緒二十七年(1901)鉛印本　一冊

330000－1711－0002176　普002057　集部/別集類/清別集

籐山草堂三藁二卷　(清)何其偉撰　清道光十六年(1836)刻本　一冊

330000－1711－0002178　普002058　類叢部/叢書類/自著之屬

振綺堂遺書五種　(清)汪遠孫撰　清道光刻民國十一年(1922)錢唐汪氏彙印本　一冊　存一種

330000－1711－0002180　普002059　集部/別集類/清別集

風雨對吟齋詩鈔四卷詩餘一卷　(清)任端良撰　清光緒十八年(1892)刻本　一冊　存二卷(一至二)

330000－1711－0002181　普002060　集部/別集類/清別集

吳歈百絕一卷　(清)蔡雲撰　清光緒十年(1884)影印本　一冊

330000－1711－0002182　普002072　集部/別集類/清別集

運甓齋詩稾八卷　(清)陳勱撰　清光緒十年(1884)刻本　一冊

330000－1711－0002186　普002075　集部/別集類/清別集

不慊齋漫存九卷　(清)徐賡陛撰　清光緒八年(1882)南海官署刻本　六冊

330000－1711－0002187　普002061　集部/別集類/清別集

韓江十二釵詩一卷　(清)查冬榮撰　**雙壽千文一卷**　(清)桑庭槵撰　清刻本　一冊

330000－1711－0002188　普002062　集部/別集類/清別集

讀畫樓詩稿二卷　(清)張鳳撰　清道光十四年(1834)刻本　一冊

330000－1711－0002190　普002063　集部/別集類/清別集

謫麐堂遺集四卷　(清)戴望撰　清宣統三年(1911)歸安陸氏刻本　二冊

330000－1711－0002191　普002076　集部/別集類/清別集

麓樵小草二卷　(清)胡傳釗撰　清同治九年(1870)刻本　二冊

330000－1711－0002192　普002064　集部/別集類/清別集

東洲艸堂詩鈔三卷　(清)何紹基撰　清同治

六年(1867)長沙無園刻本　一册

330000－1711－0002193　普 002065　集部/別集類/清別集
使黔艸三卷　(清)何紹基撰　清刻本　三册

330000－1711－0002194　普 002066　史部/史評類/詠史之屬
明宫雜詠二十卷　(清)饒智元撰　清光緒十九年(1893)湘淥館刻本　二册　存六卷(十五至二十)

330000－1711－0002195　普 002067　類叢部/叢書類/自著之屬
甌北全集八種　(清)趙翼撰　清乾隆至嘉慶湛貽堂刻本　十册　存一種

330000－1711－0002196　普 002068　集部/別集類/清別集
曝書亭集外稿八卷　(清)朱彝尊撰　清嘉慶二十二年(1817)刻本　一册

330000－1711－0002197　普 002069　集部/別集類/清別集
曝書亭集外稿八卷　(清)朱彝尊撰　清嘉慶二十二年(1817)刻本　二册

330000－1711－0002198　普 002077　類叢部/叢書類/彙編之屬
如不及齋叢書十三種　(清)陳坤編　清同治至光緒錢塘陳氏粤東刻本　六册　存一種

330000－1711－0002199　普 002078　集部/別集類/清別集
小南海集詩鈔二卷　(清)徐同善撰　清同治五年(1866)刻本　二册

330000－1711－0002206　普 002092　集部/別集類/清別集
經畬堂詩集一卷　(清)姚鎮撰　清光緒十六年(1890)刻本　一册

330000－1711－0002209　普 002093　集部/別集類/清別集
晚翠樓詩鈔四卷　(清)朱炳清撰　清光緒十六年(1890)刻本　一册　存二卷(一至二)

330000－1711－0002210　普 002083　集部/別集類/清別集
黃葉邨莊詩集八卷續集一卷後集一卷　(清)吴之振撰　清光緒四年(1878)吴康壽刻本　四册

330000－1711－0002211　普 002094　集部/別集類/清別集
竹南精舍詩鈔四卷　(清)朱泰脩撰　清光緒八年(1882)刻本　二册

330000－1711－0002212　普 002084　集部/別集類/清別集
篔谷詩鈔二十卷文鈔十二卷　(清)查揆撰　清道光十五年(1835)海昌查揆菽原堂刻本　十册

330000－1711－0002213　普 002085　子部/雜著類/雜説之屬
定香亭筆談四卷　(清)阮元撰　清光緒二十五年(1899)浙江書局刻本　四册

330000－1711－0002214　普 002095　集部/別集類/清別集
桂一齋僅存稿不分卷　(清)莊錦撰　清光緒二十三年(1897)莊氏刻本　一册

330000－1711－0002216　普 002097　集部/別集類/清別集
半村詩稿四卷　(清)顧升誥撰　清咸豐四年(1854)泊志堂刻本　一册

330000－1711－0002217　普 002086　類叢部/叢書類/自著之屬
仙心閣集四種　(清)彭慰高撰　清光緒刻本　二册　存一種

330000－1711－0002220　普 002087　集部/別集類/清別集
八省鴻印詩草四卷　(清)黃家德撰　清同治四年(1865)羊城效文堂刻本　二册

330000－1711－0002221　普 002100　集部/別集類/清別集
帶江園小草擇存四種　(清)黃體正撰　清道光二十二年(1842)刻本　四册　缺二卷(襍

著三至四）

330000－1711－0002225　普002101　集部/別集類/清別集
紅雪山峯詩八卷　（清）唐千鷺撰　清刻本　七册

330000－1711－0002226　普002102　集部/別集類/清別集
春在堂襍文二卷續編五卷三編四卷四編八卷　（清）俞樾撰　清同治十年（1871）德清俞氏刻本　三册　缺十卷（三編三至四、四編一至八）

330000－1711－0002227　普002114　集部/別集類/清別集
思綺堂文集十卷　（清）章藻功撰　清康熙六十一年（1722）刻本　十册

330000－1711－0002228　普002103　集部/別集類/清別集
春在堂詩編八卷　（清）俞樾撰　清同治七年（1868）德清俞氏刻本　二册

330000－1711－0002229　普002104　集部/別集類/清別集
春在堂詩編□□卷　（清）俞樾撰　清刻本　一册　存一卷（九）

330000－1711－0002230　普002115　集部/別集類/清別集
增注秋水軒尺牘四卷　（清）許思湄（許葭村）撰　（清）婁世瑞注　（清）寄虹軒主人輯　清光緒三十四年（1908）上海朝記書莊石印本　二册

330000－1711－0002231　普002105　集部/別集類/清別集
德清俞蔭甫所著書　（清）俞樾撰　清同治十年（1871）刻本　三册　存二種

330000－1711－0002232　普002106　類叢部/叢書類/自著之屬
春在堂全書　（清）俞樾撰　清光緒二十五年（1899）刻本　一册　存二種

330000－1711－0002236　普002108　集部/別集類
海藏樓詩不分卷　鄭孝胥撰　清光緒三十二年（1906）鉛印本　一册

330000－1711－0002240　普002110　集部/別集類/清別集
西湖櫂歌一卷鑑湖櫂歌一卷　（清）陳祖昭撰　清刻本　一册

330000－1711－0002241　普002116　集部/詞類/別集之屬
濯絳宧存稾一卷　劉毓盤撰　清宣統元年（1909）刻本　一册

330000－1711－0002243　普002117　集部/詞類/別集之屬
濯絳宧存稾一卷　劉毓盤撰　清宣統元年（1909）刻本　一册

330000－1711－0002244　普002118　集部/詞類/別集之屬
濯絳宧存稾一卷　劉毓盤撰　清宣統元年（1909）刻本　一册

330000－1711－0002245　普002119　集部/詞類/別集之屬
濯絳宧存稾一卷　劉毓盤撰　清宣統元年（1909）刻本　一册

330000－1711－0002246　普002120　集部/詞類/別集之屬
濯絳宧存稾一卷　劉毓盤撰　清宣統元年（1909）刻本　一册

330000－1711－0002247　普002112　類叢部/叢書類/自著之屬
寒松閣集五種　（清）張鳴珂撰　清光緒十年至二十四年（1884－1898）嘉興張氏刻本　四册　存三種

330000－1711－0002248　普002122　集部/別集類/清別集
倚晴樓集　（清）黃燮清撰　清咸豐至同治海鹽黃氏拙宜園刻本　四册　存二種

330000－1711－0002249　普 002113　類叢部/叢書類/自著之屬
寒松閣集五種　(清)張鳴珂撰　清光緒十年至二十四年(1884－1898)嘉興張氏刻本　三冊　存三種

330000－1711－0002251　普 002123　集部/別集類/清別集
學詩存稿一卷　(清)但默齋撰　清光緒三十一年(1905)鉛印本　一冊

330000－1711－0002255　普 002125　集部/別集類/清別集
芀莊詩五卷　(清)張弈樞撰　清乾隆十四年(1749)刻本　一冊

330000－1711－0002256　普 002126　集部/別集類/清別集
湖山吟嘯集一卷　(清)吳修撰　清刻本　一冊

330000－1711－0002257　普 002127　集部/別集類/清別集
續鴛央湖櫂歌一卷　(清)譚吉璁撰　**鴛央湖櫂歌二卷**　(清)陸以諴　(清)張昌燕撰　清刻本　一冊

330000－1711－0002258　普 002128　集部/別集類/清別集
續鴛央湖櫂歌一卷　(清)譚吉璁撰　**鴛央湖櫂歌二卷**　(清)陸以諴　(清)張昌燕撰　清刻本　一冊

330000－1711－0002260　普 002130　集部/別集類/清別集
壽間齋吟草八卷　(清)朱葵之撰　清光緒十年(1884)古義安郡署刻本　二冊

330000－1711－0002261　普 002131　集部/別集類/清別集
壽間齋吟草八卷　(清)朱葵之撰　清光緒十年(1884)古義安郡署刻本　二冊

330000－1711－0002262　普 002132　集部/別集類/清別集
妙吉祥室詩鈔十三卷詩餘一卷雜存一卷　(清)朱葵之撰　清光緒十年(1884)古義安郡署刻本　六冊

330000－1711－0002263　普 002133　集部/別集類/清別集
妙吉祥室詩鈔十三卷詩餘一卷雜存一卷　(清)朱葵之撰　清光緒十年(1884)古義安郡署刻本　六冊

330000－1711－0002267　普 002135　類叢部/叢書類/彙編之屬
申報館叢書正集五十七種附錄三種續集一百四十二種　(清)尊聞閣主編　清同治至光緒申報館鉛印本　二冊　存一種

330000－1711－0002268　普 002147　集部/別集類
缶廬詩四卷別存三卷　吳俊卿撰　清光緒十九年(1893)蘇城刻本　一冊

330000－1711－0002269　普 002136　集部/別集類/清別集
西舍詩鈔十六卷　(清)況澄撰　清光緒元年(1875)刻本　八冊

330000－1711－0002272　普 002139　集部/別集類/清別集
還江集二卷　(清)熊寶壽撰　清光緒十八年(1892)刻本　一冊

330000－1711－0002274　普 002140　集部/別集類/清別集
依翠軒遺稿一卷　(清)倪憲撰　清光緒十三年(1887)滇南倪懋禮刻本　一冊

330000－1711－0002275　普 002141　集部/別集類/清別集
養心光室詩稾八卷　(清)顧福仁撰　清光緒十四年(1888)刻本　二冊

330000－1711－0002276　普 002142　史部/地理類/雜志之屬
城南樵唱一卷　(清)顧福仁撰　清光緒十七年(1891)養心光室刻本　一冊

330000－1711－0002277　普 002143　類叢

部/叢書類/自著之屬

曾文正公全集十六種 (清)曾國藩撰 清光緒十四年(1888)上海鴻文書局鉛印本 十册 存二種

330000－1711－0002279 普002150 集部/別集類/清別集

謝亭集七卷 (清)謝綸撰 清光緒八年(1882)江陰謝氏毓芝堂刻本 三册

330000－1711－0002280 普002144 類叢部/叢書類/自著之屬

西河合集一百十九種 (清)毛奇齡撰 清刻本 四十八册 存十五種

330000－1711－0002281 普002151 集部/別集類/清別集

師竹軒詩集四卷 (清)劉樹堂撰 **韻香閣詩草一卷** (清)孔祥淑撰 清光緒十五年(1889)姑蘇梓文閣刻本 三册

330000－1711－0002283 普002153 集部/別集類/清別集

漁洋山人精華錄箋注十二卷補一卷附錄一卷年譜一卷 (清)王士禛撰 (清)金榮箋注 (清)徐淮纂輯 清石印本 十二册

330000－1711－0002284 普002154 集部/別集類/清別集

帶經堂集九十二卷 (清)王士禛撰 (清)程哲校編 清康熙四十九年至五十年(1710－1711)程氏七略書堂刻本 二十四册

330000－1711－0002285 普002155 集部/別集類/清別集

梅村集三十一卷目錄二卷 (清)吳偉業撰 清康熙八年(1669)刻本 六册

330000－1711－0002286 普002158 集部/別集類/清別集

曝書亭集箋注二十三卷 (清)朱彝尊撰 (清)孫銀槎輯注 清嘉慶五年(1800)三有堂刻九年(1804)補刻本 八册

330000－1711－0002287 普002156 集部/別集類/清別集

吴詩集覽二十卷補註二十卷吴詩談藪二卷拾遺一卷 (清)吳偉業撰 (清)靳榮藩注並輯 清刻本 十四册 缺四卷(吳詩集覽一至二、十、十五)

330000－1711－0002288 普002159 集部/別集類/清別集

道古堂詩集二十六卷文集四十八卷 (清)杭世駿撰 清刻本 十一册 存六十八卷(詩集一至二十六、文集一至四十二)

330000－1711－0002290 普002160 類叢部/叢書類/自著之屬

亭林遺書十種 (清)顧炎武撰 清刻本(韻補正配清抄本) 二十四册

330000－1711－0002291 普002161 集部/別集類/清別集

海秋詩集二十六卷後集一卷 (清)湯鵬撰 清道光十八年(1838)刻同治十二年(1873)湯壽銘增修本 十册

330000－1711－0002292 普002162 集部/別集類/清別集

二水樓詩集十八卷文集二十卷首一卷 (清)李茹旻撰 清光緒十七年(1891)李鳴梧味憩廬刻本 十册

330000－1711－0002293 普002169 集部/別集類/清別集

兩般秋雨庵詩選一卷 (清)梁紹壬撰 清道光二十年(1840)刻本 一册

330000－1711－0002296 普002163 類叢部/叢書類/自著之屬

洪北江全集二十一種 (清)洪亮吉撰 清光緒三年至五年(1877－1879)洪用懃授經堂刻本 十册 存二種

330000－1711－0002298 普002172 集部/別集類/清別集

春山詩存四卷外編一卷 (清)朱瑞椿撰 清嘉慶二十五年(1820)桂香堂刻本 一册

330000－1711－0002299 普002165 集部/別集類

散原精舍詩二卷　陳三立撰　清宣統元年(1909)石印本　一册　存一卷(上)

330000－1711－0002300　普 002166　集部/别集類/清别集
茗柯文初編一卷二編二卷三編一卷四編一卷　(清)張惠言撰　清嘉慶十四年(1809)李生甫張雲藻刻本　一册

330000－1711－0002301　普 002173　集部/别集類/清别集
知守齋詩初集六卷二集四卷别集一卷　(清)鄭開禧撰　清道光十二年(1832)鄭氏虚受齋刻本　二册　存九卷(初集一至五、二集一至四)

330000－1711－0002302　普 002167　集部/别集類/清别集
潛研堂文集五十卷　(清)錢大昕撰　清刻本　二册　存□□卷(□□)

330000－1711－0002304　普 002174　集部/别集類/清别集
翁松禪手劄不分卷　(清)翁同龢撰　清宣統三年(1911)石印本　八册

330000－1711－0002306　普 002176　集部/别集類/清别集
駝南詩草八卷　(清)王覲光撰　清刻本　二册

330000－1711－0002307　普 002177　集部/别集類/清别集
音註小倉山房尺牘八卷補遺一卷　(清)袁枚撰　(清)胡光斗箋釋　清上海文瑞樓石印本　四册

330000－1711－0002310　普 002192　子部/藝術類/遊藝之屬/聯語
讀史集聯不分卷　(清)楊調元撰　清光緒三十四年(1908)陝西學務公所圖書館鉛印本　一册

330000－1711－0002311　普 002180　集部/别集類
東山詩鈔七卷首一卷　(清)毛肇烈撰　毛祥麟編次　清刻本　一册　缺五卷(三至七)

330000－1711－0002314　普 002182　集部/楚辭類
離騷三種　清上海文瑞樓石印本　三册

330000－1711－0002316　普 002184　集部/别集類/清别集
莫宧文草一卷詩草一卷　黄壽衮撰　清光緒三十四年(1908)山陰黄璟石印本　二册

330000－1711－0002318　普 002186　集部/别集類/清别集
通藝堂詩錄六卷　(清)陶濬宣撰　清刻本(卷二、卷五原缺)　一册

330000－1711－0002319　普 002187　集部/别集類/清别集
大小雅堂詩集不分卷　(清)承齡撰　清光緒十八年(1892)刻本　一册

330000－1711－0002320　普 002188　集部/别集類/清别集
養源山房詩鈔六卷詩餘一卷　(清)徐士霖撰　清光緒三十四年(1908)武林刻本　一册　存三卷(一至三)

330000－1711－0002321　普 002189　集部/别集類/清别集
抱經室詩文初編八卷　(清)吕傳愷撰　清光緒三十一年(1905)永康吕氏刻本　一册　存二卷(歲寒草一至二)

330000－1711－0002322　普 002190　集部/别集類/清别集
芷雲閣詩鈔一卷睡餘錄一卷　(清)趙桂瀛撰　清光緒十四年(1888)古越刻本　一册

330000－1711－0002323　普 002191　集部/别集類
自怡吟初稿四卷　(清)謝元壽撰　清宣統三年(1911)石印本　二册

330000－1711－0002325　普 002195　集部/别集類/清别集
胡文忠公遺集十卷首一卷　(清)胡林翼撰

(清)閻敬銘　(清)厲雲官　(清)盛康輯　清刻本　六冊　存六卷(五至十)

330000－1711－0002327　普 002197　集部/別集類/清別集

吴詩集覽二十卷補註二十卷吴詩談藪二卷　(清)吴偉業撰　(清)靳榮藩注並輯　清乾隆凌雲亭刻本　十六冊

330000－1711－0002328　普 002207　集部/別集類/清別集

兩罍軒尺牘十二卷　(清)吳雲撰　清宣統二年(1910)上海時中書局石印本　四冊

330000－1711－0002330　普 002208　集部/詞類/别集之屬

綠雪館詩鈔六卷詞六卷百和詞一卷　(清)張鴻卓撰　清道光二十五年(1845)書三味樓刻本　四冊

330000－1711－0002333　普 002209　集部/別集類/清別集

香雪文鈔十二卷　(清)曹學詩撰　清刻本　一冊　存一卷(三)

330000－1711－0002335　普 002202　集部/總集類/課藝之屬

味閒堂課鈔七卷　(清)陶然　(清)藜青撰　清刻本　六冊

330000－1711－0002336　普 002210　集部/別集類/清別集

晚悔堂詩集八卷　(清)李西堂撰　清光緒十八年(1892)歷下秋風吟館刻本　四冊

330000－1711－0002337　普 002203　集部/別集類/清別集

王施詩鈔合刻四卷　(清)蘇時學纂　清刻本　一冊

330000－1711－0002339　普 002205　集部/別集類/清別集

雪門詩草十四卷　(清)許瑤光撰　清同治十三年(1874)刻本　六冊

330000－1711－0002340　普 002206　集部/別集類/清別集

雪門詩草十四卷　(清)許瑤光撰　清同治十三年(1874)刻本　六冊

330000－1711－0002341　普 002211　集部/別集類/清別集

變雅堂文集四卷詩集十卷　(清)杜濬撰　**變雅堂遺集附錄一卷**　(清)方苞等撰　清同治九年(1870)劉維楨、鄂垣刻本　七冊　存十四卷(文集一至二、四,詩集一至十,遺集附錄)

330000－1711－0002343　普 002213　集部/別集類/清別集

瀛洲淚不分卷　(清)馬為瓏撰　清宣統二年(1910)上海普及書局鉛印本　一冊

330000－1711－0002344　普 002214　集部/別集類/清別集

曝書亭集八十卷附錄一卷　(清)朱彝尊撰　**笛漁小稾十卷**　(清)朱昆田撰　清刻本　九冊　存三十七卷(一至五、八至十一、十八至二十三、二十七至四十一、四十九至五十五)

330000－1711－0002345　普 002215　集部/總集類/選集之屬/斷代

唐詩選錄一卷　(清)徐植甫輯　清宣統二年(1910)石印本　一冊

330000－1711－0002346　普 002224　集部/別集類/清別集

木雞書屋文鈔四卷文二集六卷三集八卷四集六卷五集六卷　(清)黃金臺撰　清道光五年至咸豐元年(1825－1851)刻同治十年(1871)黃晉馚心窗樓補刻本　三冊　存十卷(三集五至八、四集一至六)

330000－1711－0002349　普 002217　子部/雜著類/雜説之屬

浪跡三談六卷　(清)梁章鉅撰　清光緒十年(1884)福州梁氏刻本　六冊

330000－1711－0002350　普 002218　子部/雜著類/雜説之屬

定香亭筆談四卷　(清)阮元撰　清光緒二十

五年(1899)浙江書局刻本　四冊

330000－1711－0002351　普002219　集部/別集類/清別集
小謨觴館詩集八卷詩餘一卷詩續集二卷文集四卷文續集二卷　(清)彭兆蓀撰　清嘉慶十一年(1806)韓江寓舍刻本　四冊

330000－1711－0002352　普002226　集部/別集類/清別集
曾文正公家書十卷家訓二卷　(清)曾國藩撰　**榮哀錄一卷大事記四卷**　(清)王定安箸　清光緒十三年(1887)上海鴻文書局鉛印本　八冊

330000－1711－0002353　普002220　集部/別集類/清別集
小謨觴館詩集注八卷詩餘注一卷詩續集注二卷續集詩餘注一卷文集注四卷文續集注二卷　(清)彭兆蓀撰　(清)孫元培　(清)孫長熙注　清道光五年(1825)孫均刻本　四冊

330000－1711－0002355　普002222　集部/別集類/清別集
心知堂詩稿十八卷　(清)汪仲洋撰　清道光七年(1827)刻本　四冊

330000－1711－0002356　普002223　集部/別集類/清別集
袁文箋正十六卷補注一卷　(清)袁枚撰　(清)石韞玉箋　清嘉慶十七年(1812)鶴壽山堂刻本　四冊

330000－1711－0002358　普002228　集部/別集類
開通中國第一哲學大家嚴侯官先生全集十四卷　嚴復撰并譯　清光緒二十九年(1903)石印本　十六冊

330000－1711－0002359　普002240　集部/別集類/清別集
井觀山房詩草不分卷　(清)陸濟撰　清光緒二十七年(1901)刻本　一冊

330000－1711－0002362　普002230　集部/別集類/清別集
定盦文集三卷續集四卷文集補九卷文集補編四卷　(清)龔自珍撰　清光緒二十三年(1897)萬本書堂刻本　六冊

330000－1711－0002363　普002233　集部/別集類/清別集
樊榭山房全集四十二卷　(清)厲鶚撰　**振綺堂詩存一卷**　(清)汪憲撰　**松聲池館詩存四卷**　(清)汪璐撰　清光緒十年至十五年(1884－1889)汪氏振綺堂刻本　十一冊　缺四卷(松聲池館詩存一至四)

330000－1711－0002364　普002231　集部/別集類/清別集
碧城詩鈔十二卷　(清)俞功懋撰　清光緒十三年(1887)仙城刻本　四冊

330000－1711－0002365　普002232　集部/別集類/清別集
碧城詩鈔十二卷　(清)俞功懋撰　清光緒十三年(1887)仙城刻本　四冊

330000－1711－0002367　普002243　集部/別集類/清別集
退補齋詩鈔二十卷首一卷　(清)胡鳳丹撰　清同治四年(1865)永康胡氏退補齋刻本　二冊　存十三卷(首、一至十二)

330000－1711－0002368　普002235　集部/總集類/尺牘之屬
詳註嚶求集二卷　(清)繆艮撰　(清)倪照注　清文盛書局石印本　二冊

330000－1711－0002369　普002236　集部/別集類/清別集
鄭板橋全集五種　(清)鄭燮撰　清宣統元年(1909)上海掃葉山房石印本　三冊　存四種

330000－1711－0002371　普002244　集部/別集類/清別集
嚼香館詩草一卷十七銘草堂唾餘一卷　(清)姜萬撰　清同治四年(1865)刻六年(1867)續刻本　一冊

330000－1711－0002372　普002238　子部/雜著類/雜說之屬

碧城雜著三卷　(清)俞功懋撰　清光緒十三年(1887)仙城刻本　一册

330000－1711－0002373　普 002245　集部/别集類/清别集

拙學齋論詩絶句不分卷　(清)廖鼎聲著　(清)張建南填諱　清光緒元年(1875)家刻本　一册

330000－1711－0002374　普 002239　子部/雜著類/雜説之屬

碧城雜著三卷　(清)俞功懋撰　清光緒十三年(1887)仙城刻本　一册

330000－1711－0002375　普 002246　類叢部/叢書類/自著之屬

曾文正公全集十六種　(清)曾國藩撰　清同治至光緒傳忠書局刻本　六册　存二種

330000－1711－0002377　普 002247　集部/别集類/清别集

曾文正公家書一卷家訓一卷　(清)凌鶚節錄　清光緒二十六年(1900)刻本　二册

330000－1711－0002379　普 002250　集部/别集類/清别集

蓬萊閣詩錄四卷　(清)陳克家撰　清同治二年(1863)刻本　四册

330000－1711－0002380　普 002251　集部/别集類/清别集

集虛齋學古文十二卷附離騷經解畧一卷　(清)方棨如撰　清光緒十年(1884)李詩、竺士彦淳安縣署刻本　一册　存三卷(一至三)

330000－1711－0002381　普 002252　集部/别集類/清别集

善卷堂四六十卷　(清)陸繁弨撰　(清)吳自高注　清同治十三年(1874)刻本　二册

330000－1711－0002382　普 002253　集部/别集類/清别集

鹿華吟一卷　(清)吳元炳撰　清鉛印本　一册

330000－1711－0002385　普 002258　集部/别集類/清别集

望溪先生文集十八卷集外文十卷集外文補遺二卷年譜二卷　(清)方苞撰　清咸豐元年(1851)戴鈞衡刻二年(1852)增刻本　十六册

330000－1711－0002386　普 002261　集部/别集類/清别集

笠翁一家言全集十六卷　(清)李漁撰　清刻本　五册　存五卷(文集三,偶集二至四、六)

330000－1711－0002388　普 002256　集部/别集類/清别集

八指頭陀詩集四卷　釋敬安撰　清光緒十四年(1888)刻本　一册

330000－1711－0002389　普 002257　集部/别集類/清别集

有正味齋駢體文二十四卷　(清)吳錫麒撰　清刻本　五册

330000－1711－0002390　普 002259　集部/别集類/清别集

有正味齋駢體文續集八卷詩續集八卷外集二卷詞續集二卷　(清)吳錫麒撰　清刻本　四册

330000－1711－0002391　普 002265　類叢部/叢書類/自著之屬

曾文正公全集十六種　(清)曾國藩撰　清同治至光緒傳忠書局刻本　七册　存四種

330000－1711－0002392　普 002264　類叢部/叢書類/自著之屬

曾文正公全集十六種　(清)曾國藩撰　清同治至光緒傳忠書局刻本　四册　存一種

330000－1711－0002394　普 002263　集部/别集類/清别集

道古堂文集四十八卷詩集二十六卷集外文一卷集外詩一卷　(清)杭世駿撰　清乾隆四十一年(1776)刻光緒十四年(1888)錢塘汪增唯振綺堂增修本　十六册

330000－1711－0002395　普 002266　類叢部/叢書類/自著之屬

小謨觴館全集三種　(清)彭兆蓀撰　(清)孫

元培 （清）孫長熙注 清光緒鎮洋繆朝荃刻三十二年（1906）彙印本 二册 存一種

330000－1711－0002398 普 002267 集部/別集類/清別集
小謨觴館詩集八卷續集二卷詩餘附錄二卷文集四卷續集二卷 （清）彭兆蓀撰 清同治十三年（1874）刻本 六冊

330000－1711－0002399 普 002268 類叢部/叢書類/自著之屬
二曲先生全集二種三十五卷 （清）李顒撰 清咸豐江陰蔣氏小嫏嬛山館刻本 八冊

330000－1711－0002405 普 002273 集部/別集類/清別集
陶園文集八卷詩集二十四卷詩餘二卷附六如亭傳奇二卷 （清）張九鉞撰 清道光二十三年（1843）張氏賜錦樓刻本 十冊 缺二卷（六如亭傳奇一至二）

330000－1711－0002406 普 002274 集部/別集類/清別集
順安詩草八卷附竹里耆舊詩一卷感逝詩一卷 （清）張廷濟撰 清道光二十八年（1848）清儀閣刻本 三冊 存八卷（順安詩草一至八）

330000－1711－0002407 普 002275 集部/別集類/清別集
湘萍賸草二卷 （清）李人華撰 清道光二十年（1840）刻本 一冊

330000－1711－0002408 普 002276 集部/別集類/清別集
雪船吟初稿六卷 （清）謝秀嵐撰 清宣統二年（1910）木活字印本 一冊 存四卷（一至四）

330000－1711－0002409 普 002277 集部/別集類/清別集
雪船吟初稿六卷 （清）謝秀嵐撰 清宣統二年（1910）木活字印本 一冊 存四卷（一至四）

330000－1711－0002410 普 002278 集部/別集類/清別集
測海集六卷 （清）彭紹升撰 清同治四年（1865）長洲彭恩高等刻本 二冊

330000－1711－0002411 普 002279 集部/別集類/清別集
懶雲樓詩草四卷 （清）釋與宏撰 清道光七年（1827）小雲棲刻本 一冊

330000－1711－0002412 普 002280 集部/別集類/清別集
募梅精舍詩存三卷 （清）釋徹凡撰 清咸豐七年（1857）南湖興教禪院刻本 一冊

330000－1711－0002414 普 002285 集部/別集類/清別集
曲園課孫草一卷續刻一卷 （清）俞樾撰 清光緒八年（1882）金陵刻本 二冊

330000－1711－0002415 普 002286 集部/別集類/清別集
秋水軒尺牘四卷 （清）許思湄撰 清咸豐九年（1859）善成堂刻本 四冊

330000－1711－0002417 普 002288 集部/別集類/清別集
適龕試帖一卷 （清）彭湘撰 清刻本 一冊

330000－1711－0002418 普 002289 集部/別集類/清別集
水流雲在館詩鈔六卷 （清）宋晉撰 清光緒十二年（1886）刻本 二冊

330000－1711－0002419 普 002290 集部/別集類/清別集
遂初草廬詩集十卷 （清）杜堮撰 清同治九年（1870）刻本 四冊

330000－1711－0002420 普 002307 集部/別集類/清別集
愛竹居詩草四卷 （清）王文淳撰 清乾隆八年（1743）刻本 二冊

330000－1711－0002421 普 002308 類叢部/叢書類/自著之屬
靈芬館集十種 （清）郭麐撰 清嘉慶至道光刻本 二冊 存一種

330000－1711－0002424　普 002311　集部/別集類/清别集
板橋集五種　(清)鄭燮撰　清同治七年(1868)大文堂刻本　二册

330000－1711－0002425　普 002291　集部/別集類/清别集
通雅齋叢稿八卷　(清)成本璞撰　清宣統元年(1909)武林刻本　四册

330000－1711－0002426　普 002292　集部/別集類/清别集
石龕詩卷十九卷詩餘偶存一卷　(清)劉楚英撰　清同治九年(1870)粤西鹾署刻本　三册　缺五卷(四至八)

330000－1711－0002427　普 002293　集部/別集類/清别集
有正味齋駢體文二十四卷詩集十六卷詞集八卷外集五卷　(清)吳錫麒撰　清嘉慶十三年(1808)刻本　十五册　缺三卷(詩集十二至十四)

330000－1711－0002429　普 002297　集部/戲劇類
五代興隆傳四卷　清光緒二十一年(1895)上海書局石印本　四册

330000－1711－0002430　普 002298　集部/曲類/曲韻曲譜曲律之屬
繪圖綴白裘十二集四十八卷　(清)玩花主人輯　(清)錢德蒼增輯　清光緒二十一年(1895)石印本　十册　缺八卷(一集一至四、七集一至四)

330000－1711－0002431　普 002295　集部/別集類/清别集
白湖詩稿八卷文稿八卷　(清)葉燕撰　清嘉慶二十三年(1818)葉氏又次居刻本　四册

330000－1711－0002432　普 002299　集部/曲類/彈詞之屬
綉像一捧雪全傳八卷三十二回　清刻本　四册

330000－1711－0002433　普 002300　集部/曲類/彈詞之屬
來生福彈詞三十六回　(清)橘中逸叟撰　清刻本　十八册　存二十八回(一至四、八至十、十三至十四、十八至三十六)

330000－1711－0002435　普 002302　集部/戲劇類
重編官話秦雪梅弔孝三元記全本二卷　改良包公案陳世美不認前妻二卷　改良李兆廷女狀元馮素貞替夫伸冤賢良傳全本一卷　新刻郭三娘割股賢孝記全本一卷　改良雙金榜白玉羅帕記全本一卷　清上海槐蔭山房刻本　一册

330000－1711－0002436　普 002303　集部/曲類/彈詞之屬
繡像宋史奇書十二卷六十六回　清上海簡青齋書局石印本　三册　缺三卷(一至三)

330000－1711－0002437　普 002296　集部/別集類/清别集
補學軒文集續刻駢體四卷　(清)鄭獻甫撰　清同治十一年(1872)況逢春桂林刻本　四册

330000－1711－0002439　普 002306　集部/別集類/清别集
不易居齋集一卷豐湖漫草一卷續草一卷　(清)宋湘撰　**紅杏山房詩鈔六卷試詩一卷試帖詩一卷漢書摘詠一卷後漢書摘詠一卷**　清嘉慶刻本　四册

330000－1711－0002440　普 002312　集部/別集類/清别集
兩當軒詩集十六卷　(清)黄景仁撰　清道光十七年(1837)海昌蔣光煦别下齋刻本　二册

330000－1711－0002442　普 002314　集部/詩文評類/詩評之屬
說詩樂趣類編二十卷　(清)伍涵芬輯　清著易堂書局石印本　六册

330000－1711－0002443　普 002315　子部/小說家類/雜事之屬
耐冷譚十六卷　(清)宋咸熙撰　清道光九年(1829)武林亦西齋刻本　六册

330000－1711－0002445　普 002313　類叢部/叢書類/自著之屬
西堂全集　（清）尤侗撰　清康熙刻本　十八冊　存十五種

330000－1711－0002446　普 002330　集部/詞類/别集之屬
延露詞三卷　（清）彭孫遹撰　清刻本　一冊

330000－1711－0002450　普 002318　集部/曲類/彈詞之屬
繪圖鳳凰山十卷七十二回　清宣統二年(1910)上海章福記書局石印本　十冊

330000－1711－0002451　普 002319　集部/曲類/彈詞之屬
安邦志八卷定國志八卷　清宣統二年(1910)上海章福記書局石印本　八冊　存八卷(安邦志一至八)

330000－1711－0002452　普 002332　集部/詞類/别集之屬
彈指詞三卷　（清）顧貞觀撰　清親仁堂刻本　一冊

330000　1711　0002453　普 002320　集部/曲類/彈詞之屬
安邦志八卷定國志八卷　清宣統二年(1910)上海章福記書局石印本　八冊　存八卷(定國志一至八)

330000－1711－0002454　普 002321　類叢部/叢書類/彙編之屬
榆園叢刻十五種附一種　（清）許增編　清同治至光緒刻本　二冊　存一種

330000－1711－0002455　普 002333　集部/總集類/選集之屬/通代
文選音義八卷　（清）余蕭客撰　清乾隆刻本　二冊

330000－1711－0002456　普 002334　集部/詩文評類/詩評之屬
詩人玉屑二十卷　（宋）魏慶之撰　清刻本　一冊　存三卷(一至三)

330000－1711－0002462　普 002337　集部/詩文評類/詩評之屬
司空詩品註釋一卷　（唐）司空圖撰　清狀元閣李光明莊刻本　一冊

330000－1711－0002464　普 002338　史部/金石類
金石全例　（清）朱記榮輯　清光緒刻十八年(1892)吳縣朱氏彙印本　四冊　存一種

330000－1711－0002465　普 002326　類叢部/叢書類/彙編之屬
宜稼堂叢書七種　（清）郁松年編　清道光二十年至二十二年(1840－1842)上海郁氏刻本　二冊　存一種

330000－1711－0002466　普 002327　子部/藝術類/遊藝之屬/聯語
楹聯叢話十二卷續話四卷　（清）梁章鉅輯　清道光二十三年(1843)南浦廌齋刻本　一冊　存四卷(續話一至四)

330000－1711－0002467　普 002328　子部/藝術類/遊藝之屬/聯語
楹聯叢話十二卷續話四卷　（清）梁章鉅輯　清道光二十三年(1843)南浦廌齋刻本　二冊　存四卷(續話一至四)

330000－1711－0002468　普 002339　集部/總集類/選集之屬
賦學指南十六卷　（清）余丙照編輯　清光緒十九年(1893)書業德刻本　六冊

330000－1711－0002469　普 002370　集部/詩文評類/詩評之屬
梅村詩話一卷　（清）吳偉業撰　清宣統三年(1911)上海埽葉山房石印本　一冊

330000－1711－0002471　普 002340　集部/詩文評類/制藝之屬
制義叢話二十四卷題名一卷　（清）梁章鉅撰　清道光三十年(1850)知足知不足齋刻本　八冊

330000－1711－0002472　普 002354　類叢部/叢書類/彙編之屬

知不足齋叢書一百九十六種 (清)鮑廷博編 (清)鮑士恭續編 清乾隆三十七年至道光三年(1772－1823)長塘鮑氏刻彙印本 一册 存一種

330000－1711－0002473 普 002341 集部/詩文評類/詩評之屬
全唐詩話八卷 (宋)尤袤輯 (清)孫濤續輯 清乾隆三十九年(1774)石門孫濤刻本 四册

330000－1711－0002475 普 002342 集部/詩文評類/詩評之屬
隨園詩話十六卷補遺十卷 (清)袁枚撰 清刻本 四册 存十卷(一至十)

330000－1711－0002479 普 002358 類叢部/類書類/專類之屬
分類詩腋八卷 (清)李楨編 清刻本 四册

330000－1711－0002480 普 002345 集部/詩文評類/文評之屬
四六叢話三十三卷選詩叢話一卷 (清)孫梅撰 清光緒七年(1881)吳下刻本 十册 缺五卷(十七至二十、選詩叢話)

330000－1711－0002481 普 002346 集部/戲劇類/傳奇之屬
牡丹亭還魂記二卷五十五齣 (明)湯顯祖撰 清光緒十二年(1886)同文書局石印本 四册

330000－1711－0002482 普 002347 集部/戲劇類/傳奇之屬
返魂香傳奇四卷 (清)宣鼎撰 清鉛印本 四册

330000－1711－0002485 普 002349 集部/曲類/彈詞之屬
繡像義妖全傳二十八卷五十四回 (清)陳遇乾撰 (清)陳士奇 (清)俞秀山評 清光緒二年(1876)刻本 十二册

330000－1711－0002486 普 002350 集部/曲類/彈詞之屬
繡像三笑新編十二集四十八回 (清)周均批評 清光緒四年(1878)刻本 八册 缺四集(三至四、六至七)

330000－1711－0002487 普 002351 集部/戲劇類/雜劇之屬
此宜閣增訂金批西廂記四卷首一卷末一卷 (元)王德信(實甫)撰 (清)金人瑞評 清會文堂書局石印本 六册

330000－1711－0002493 普 002386 子部/雜著類/雜説之屬
勸民息訟歌一卷 清光緒三十四年(1908)衢州府署刻本 一册

330000－1711－0002494 普 002363 集部/曲類/彈詞之屬
繡像雲外飄香四卷十一回 清文元書莊石印本 四册

330000－1711－0002495 普 002371 集部/詩文評類/詩評之屬
隨園詩話十六卷補遺十卷 (清)袁枚撰 清刻本 五册 存九卷(五至十一、十四至十五)

330000－1711－0002496 普 002364 集部/戲劇類/雜劇之屬
增像第六才子書五卷 (元)王德信(實甫)(元)關漢卿撰 (清)金人瑞評 清末石印本 一册 存三卷(三至五)

330000－1711－0002498 普 002365 集部/戲劇類/雜劇之屬
懷永堂繪像第六才子書八卷 (元)王實甫撰 (清)金人瑞評 清刻本 四册 存四卷(四、六至八)

330000－1711－0002499 普 002366 集部/曲類/彈詞之屬
再生緣全傳二十卷 (清)陳端生撰 清咸豐二年(1852)刻本 四十册

330000－1711－0002501 普 002388 集部/別集類/清別集
陶園文集八卷詩集二十四卷詩餘二卷附六如亭傳奇二卷 (清)張九鉞撰 清道光二十三

年(1843)張氏賜錦樓刻本　二册　存二卷(六如亭傳奇一至二)

330000－1711－0002503　普002389　集部/戲劇類/傳奇之屬
漁邨記二卷十三折　(清)妙有山人漫筆　(清)湘巖居士評點　**南山法曲一卷**　(清)湘巖填詞　清光緒二年(1876)括郡照水堂刻本　二册

330000－1711－0002505　普002390　集部/總集類/題詠之屬
紅葉館話别圖題詞不分卷　(日本)副島種臣撰　**附錄紅葉館留别詩不分卷**　(清)陳明遠等撰　清末刻本　一册

330000－1711－0002506　普002368　集部/詞類/别集之屬
花簾詞一卷　(清)吳藻撰　清道光十年(1830)刻本　一册

330000－1711－0002507　普002369　集部/詞類/别集之屬
梅邊笛譜一卷　(清)蔣左賢撰　清光緒十五年(1889)刻本　一册

330000－1711－0002508　普002375　類叢部/叢書類/郡邑之屬
學海堂叢刻十三種　(清)□□編　清光緒三十二年(1906)刻本　一册　存一種

330000－1711－0002509　普002376　集部/詞類/别集之屬
小梅花館詞集二卷　(清)吳廷燮撰　清道光二十一年(1841)刻本　一册

330000－1711－0002510　普002377　集部/詞類/别集之屬
消愁集二卷附詩一卷　(清)沈蔣英撰　郭鑒編次　清光緒三十三年(1907)刻本　一册

330000－1711－0002511　普002378　集部/詞類/詞話之屬
詞學集成八卷　(清)江順詒撰　清光緒七年(1881)刻本　一册

330000－1711－0002512　普002379　集部/詞類/詞話之屬
詞苑叢談十二卷　(清)徐釚撰　清康熙二十七年(1688)溫陵丁煒刻本　二册　存七卷(四至六、九至十二)

330000－1711－0002513　普002380　集部/曲類/彈詞之屬
繪圖新刊楊乃武供案全集四卷十二回奇案後集四卷十二回　(清)聽雨樓主人撰　清光緒二十六年(1900)石印本　一册

330000－1711－0002515　普002382　集部/曲類/彈詞之屬
繡像全圖再生緣全傳二十卷　(清)陳端生撰　清末石印本　一册　缺一卷(一)

330000－1711－0002517　普002343　集部/詞類/詞譜之屬
詞律二十卷　(清)萬樹撰　清康熙二十六年(1687)萬氏堆絮園刻保滋堂印本　十一册　缺一卷(二十)

330000－1711－0002518　普002384　集部/戲劇類/傳奇之屬
藏園九種曲　(清)蔣士銓撰　清乾隆漁占堂刻本　四册　存一種

330000－1711－0002519　普002385　集部/戲劇類/雜劇之屬
倚晴樓七種曲　(清)黄燮清撰　清光緒七年(1881)海鹽馮肇曾刻倚晴樓集本　五册　存四種

330000－1711－0002520　普002391　集部/曲類/彈詞之屬
繪圖新刊楊乃武供案全集四卷十二回奇案後集四卷十二回　(清)聽雨樓主人撰　清上洋海左書局石印本　一册

330000－1711－0002523　普002392　集部/曲類/彈詞之屬
綉像九美圖全傳十二卷七十五回　(清)曹春江編　清道光二十三年(1843)四友軒刻本　十册　缺二卷(六至七)

330000－1711－0002529　普 002395　集部/曲類/曲韻曲譜曲律之屬
繪圖綴白裘十二集四十八卷　(清)玩花主人輯　(清)錢德蒼增輯　清光緒二十一年(1895)上海書局石印本　十二冊

330000－1711－0002530　普 002401　集部/戲劇類/傳奇之屬
長生殿二卷　(清)洪昇撰　清嘉慶十九年(1814)刻本　四冊

330000－1711－0002531　普 002396　集部/曲類/彈詞之屬
娛萱草彈詞三十二卷　(清)橘道人撰　清光緒二十年(1894)刻本　五冊

330000－1711－0002534　普 002397　集部/戲劇類/雜劇之屬
貫華堂註釋第六才子書六卷　(元)王德信(實甫)　(元)關漢卿撰　(清)金人瑞評　清刻本　十二冊

330000－1711－0002535　普 002412　類叢部/叢書類/自著之屬
寒松閣集五種　(清)張鳴珂撰　清光緒十年至二十四年(1884－1898)嘉興張氏刻本　一冊　存二種

330000－1711－0002536　普 002398　集部/曲類/彈詞之屬
繡像八美圖五卷二十二回　清光緒四年(1878)刻本　四冊

330000－1711－0002537　普 002399　集部/曲類/彈詞之屬
綉像萬花樓全傳六卷三十六回　清光緒二年(1876)刻本　六冊

330000－1711－0002538　普 002403　集部/曲類/彈詞之屬
新刻綉像換空箱全傳二十一卷　(清)曹春江撰　清刻本　五冊　缺三卷(四至六)

330000－1711－0002539　普 002413　類叢部/叢書類/彙編之屬
三長物齋叢書二十六種　(清)黄本驥編　清道光湘陰蔣壞刻光緒四年(1878)古香書閣印本　一冊　存一種

330000－1711－0002540　普 002404　集部/曲類/彈詞之屬
千秋恨初集十二卷十二回　(清)頑石子撰　清光緒八年(1882)頑石山房刻本　四冊

330000－1711－0002541　普 002405　集部/曲類/彈詞之屬
繡像繪圖筆生花十六卷三十二回　(清)邱心如撰　清末石印本　三冊　存十二卷(五至十六)

330000－1711－0002544　普 002426　集部/小說類/長篇之屬
增像全圖東周列國志二十七卷一百八回　(清)蔡奡評點　清上海時中書局鉛印本　十四冊　存二十五卷(一、四至二十七)

330000－1711－0002545　普 002415　集部/曲類/曲韻曲譜曲律之屬
納書楹曲譜全集二十二卷　(清)葉堂撰　清刻本　一冊　存二卷(南柯記一至二)

330000－1711－0002547　普 002417　集部/小說類/長篇之屬
新刻批評繡像後西遊記四十回　(清)天花才子評點　清刻本　七冊　缺五回(三十六至四十)

330000－1711－0002548　普 002418　集部/小說類/長篇之屬
四大奇書第一種十九卷首一卷一百二十回　(明)羅本撰　(清)毛宗崗評　清刻本　十九冊　缺一卷(十七)

330000－1711－0002549　普 002421　子部/小說家類/異聞之屬
耳食錄十二卷二編八卷　(清)樂鈞撰　清同治十年(1871)味經堂刻本　十冊

330000－1711－0002550　普 002419　類叢部/叢書類/彙編之屬
五朝小說五百二十三種　(明)□□編　明末刻說郛及說郛續重編印本　八冊　存九十種

330000－1711－0002551　普 002422　集部/小說類/長篇之屬

飛龍傳六十回　(清)吳璿撰　清嘉慶二十年(1815)刻本　六册　存二十三回(一至七、十二至二十七)

330000－1711－0002552　普 002423　集部/小說類/長篇之屬

爭春園全傳四十八回　清刻本　六册　存三十六回(十三至四十八)

330000－1711－0002553　普 002427　集部/小說類/長篇之屬

新鐫玉茗堂批點按鑒參補南宋志傳十卷五十回北宋志傳十卷五十回　(明)研石山樵訂正　清同治十一年(1872)經綸堂刻本　九册

330000－1711－0002554　普 002424　集部/小說類/長篇之屬

增評補圖石頭記一百二十卷一百二十回首一卷　(清)曹霑　(清)高鶚撰　(清)王希廉　(清)姚燮評　清光緒十八年(1892)古越誦芬閣鉛印本　十五册　存一百十三卷(首,一至六十二、七十一至一百二十)

330000－1711－0002555　普 002425　集部/小說類/長篇之屬

第五才子書水滸傳七十五卷　(元)施耐庵撰　(清)金人瑞評　清大文堂刻本　十册

330000－1711－0002557　普 002428　集部/小說類/短篇之屬

今古奇觀四十卷　(明)抱甕老人輯　清文淵堂刻本　十册　存三十三卷(一至四、十二至四十)

330000－1711－0002558　普 002430　集部/小說類/長篇之屬

繪圖增像第五才子書水滸全傳十卷首一卷七十回　(元)施耐庵撰　(清)金人瑞評　清光緒三十一年(1905)上海書局石印本　八册　缺二卷(八、十)

330000－1711－0002559　普 002429　集部/小說類/長篇之屬

東周列國全志二十三卷一百八回　(清)蔡奡評點　清刻本　十册　存二十卷(二至二十一)

330000－1711－0002561　普 002432　集部/小說類/長篇之屬

繪圖增像第五才子書水滸全傳十卷首一卷七十回　(元)施耐庵撰　(清)金人瑞評　清光緒二十五年(1899)上海書局石印本　八册　缺二卷(六、八)

330000－1711－0002564　普 002441　集部/小說類/長篇之屬

繡像全圖三國志演義六十卷首一卷一百二十回　(明)羅本撰　(清)毛宗崗評　清上海文寶書局石印本(卷五至十二、三十七至四十四配清石印本)　八册

330000－1711－0002565　普 002442　集部/小說類/長篇之屬

水滸後傳十卷首一卷四十回　(明)陳忱撰　清乾隆刻本　七册　存七卷(一、三、五、七至十)

330000－1711－0002566　普 002435　集部/小說類/長篇之屬

兒女英雄傳四十回　(清)文康撰　清刻本　六册　存十七回(十四至十七、二十五至三十三、三十七至四十)

330000－1711－0002567　普 002436　集部/小說類/短篇之屬

紅閨淚十二回　(清)王妙如撰　(清)羅景仁加批　清光緒三十年(1904)石印本　二册

330000－1711－0002568　普 002443　集部/小說類/長篇之屬

評論出像水滸傳二十卷七十回　(元)施耐庵撰　(清)金人瑞評　清順治十四年(1657)醉畊堂刻本　十七册　存十七卷(一、三至十八)

330000－1711－0002569　普 002437　集部/小說類/長篇之屬

足本大字繡像二度梅全傳四卷四十回　清上

海廣益書局石印本　四冊

330000－1711－0002570　普 002438　集部/小說類/長篇之屬

第一奇書野叟曝言二十卷一百五十四回　(清)夏敬渠撰　清木活字印本　十冊

330000－1711－0002571　普 002439　集部/小說類/短篇之屬

聊齋志異十六卷　(清)蒲松齡撰　(清)王士禛評　清乾隆三十一年(1766)趙起杲清柯亭刻本　十六冊

330000－1711－0002572　普 002440　子部/雜著類/雜纂之屬

兩般秋雨盦隨筆八卷　(清)梁紹壬撰　清道光十七年(1837)錢塘汪氏振綺堂刻本　八冊

330000－1711－0002573　普 002444　集部/小說類/長篇之屬

後紅樓夢三十回　(清)逍遙子撰　清刻本　二冊　存六回(七至九、二十七至二十九)

330000－1711－0002574　普 002445　集部/小說類/長篇之屬

紅樓復夢一百卷　(清)小和山樵撰　清刻本　二冊　存十卷(七十至七十四、八十至八十四)

330000－1711－0002575　普 002446　集部/小說類/長篇之屬

第一才子書六十卷一百二十回　(明)羅本撰　(清)毛宗崗評　清光緒二十四年(1898)寶文書局石印本　二冊　存二十四回(一至二十四)

330000－1711－0002577　普 002449　子部/小說家類/異聞之屬

閱微草堂筆記擇要二卷　(清)紀昀撰　(清)籜園居士選訂　清光緒十五年(1889)泉唐沈氏刻本　二冊

330000－1711－0002578　普 002450　子部/小說家類/異聞之屬

閱微草堂筆記擇要二卷　(清)紀昀撰　(清)籜園居士選訂　清光緒十五年(1889)泉唐沈氏刻本　二冊

330000－1711－0002579　普 002448　子部/小說家類/異聞之屬

山海經十八卷圖五卷　(晉)郭璞傳　(清)畢沅校正　清光緒十四年(1888)掃葉山房刻朱墨套印本　四冊

330000－1711－0002580　普 002451　子部/小說家類/異聞之屬

閱微草堂筆記二十四卷　(清)紀昀撰　清道光十五年(1835)廣州刻本　十二冊

330000－1711－0002581　普 002452　集部/小說類/長篇之屬

第一才子書六十卷首一卷一百二十回　(明)羅本撰　(清)毛宗崗評　清光緒八年(1882)上海點石齋石印本　十六冊

330000－1711－0002584　普 002453　集部/小說類/長篇之屬

紅樓夢一百二十回　(清)曹霑　(清)高鶚撰　(清)王希廉評　清刻本　二十四冊

330000－1711－0002586　普 002464　集部/小說類/長篇之屬

增補齊省堂儒林外史六十回　(清)吳敬梓撰　清宣統二年(1910)育文書局石印本　五冊　存五十回(一至三十、四十一至六十)

330000－1711－0002587　普 002454　集部/小說類/長篇之屬

東周列國全志二十三卷一百八回　(清)蔡奡評點　清刻本　二十四冊

330000－1711－0002588　普 002455　集部/小說類/長篇之屬

鏡花緣二十卷一百回　(清)李汝珍撰　清道光元年(1821)刻本(卷十一、十八配清刻本)　十八冊　存二卷(三、十九)

330000－1711－0002590　普 002482　集部/小說類/長篇之屬

繡像封神演義一百回　(明)許仲琳撰　(明)鍾惺評　清光緒十六年(1890)珍藝書局鉛印本　六冊　存六十回(一至三十、四十一至五

十、七十一至八十、九十一至一百）

330000－1711－0002592　普 002467　集部/小說類/短篇之屬

聊齋誌異十八卷　（清）蒲松齡撰　（清）王金範刪定　清乾隆五十年（1785）郁文堂刻本（卷十三至十四配清抄本）　十五册　存十七卷（二至十八）

330000－1711－0002593　普 002483　集部/小說類/長篇之屬

繡像西漢演義八卷一百回　（明）甄偉撰　**繡像東漢演義十卷一百二十六回**　（明）謝詔撰　清光緒十八年（1892）上海廣百宋齋鉛印本　十一册　缺一卷（西漢四）

330000－1711－0002594　普 002466　集部/小說類/短篇之屬

詳註聊齋志異圖詠十六卷首一卷　（清）蒲松齡撰　（清）呂湛恩注　（清）徐潤編　清光緒十二年（1886）上海同文書局石印本　八册

330000－1711－0002598　普 002459　集部/小說類/長篇之屬

第一才子書六十卷首一卷一百二十回　（明）羅本撰　（清）毛宗崗評　清光緒九年（1883）築野書屋鉛印本　十五册　缺四卷（四十二至四十五）

330000－1711－0002599　普 002468　集部/小說類/短篇之屬

詳註聊齋志異圖詠十六卷首一卷　（清）蒲松齡撰　（清）呂湛恩注　（清）徐潤編　清文通圖書館石印本　八册

330000－1711－0002601　普 002460　集部/小說類/長篇之屬

鏡花緣二十卷一百回　（清）李汝珍撰　清道光元年（1821）刻本　十九册　缺一卷（十九）

330000－1711－0002602　普 002485　集部/小說類/長篇之屬

繪圖增像第五才子書水滸全傳十卷首一卷七十回　（元）施耐庵撰　（清）金人瑞評　清鉛印本　十册

330000－1711－0002603　普 002470　子部/小說家類/異聞之屬

閱微草堂筆記二十四卷　（清）紀昀撰　清光緒上海圖書集成局鉛印本　四册

330000－1711－0002606　普 002472　子部/小說家類/異聞之屬

閱微草堂筆記二十四卷　（清）紀昀撰　清石印本　四册

330000－1711－0002608　普 002474　子部/小說家類/雜事之屬

右台仙館筆記十六卷　（清）俞樾撰　清刻本　六册　存十二卷（一至四、七至八、十一至十六）

330000－1711－0002609　普 002487　集部/小說類/長篇之屬

圖像三國志演義第一才子書六十卷首一卷一百二十回　（明）羅本撰　（清）金聖嘆評　（清）毛宗崗增評　清廣百宋齋鉛印本　十二册

330000－1711－0002610　普 002489　集部/小說類/長篇之屬

第一才子書十六卷一百二十回　（明）羅本撰　（清）毛宗崗評　清光緒二十五年（1899）美華賓記石印本　九册　存十四卷（一至二、五至十六）

330000－1711－0002613　普 002492　集部/小說類/長篇之屬

圖像鏡花緣全傳六卷一百回　（清）李汝珍撰　清光緒三十三年（1907）上海普新端記書局石印本　四册　存四卷（一、三、五至六）

330000－1711－0002614　普 002475　集部/小說類/長篇之屬

儒林外史五十六回　（清）吳敬梓撰　清咸豐元年（1851）刻本　十二册　缺四回（二十七至三十）

330000－1711－0002615　普 002476　集部/小說類/長篇之屬

新刻劍嘯閣批評東漢演義傳十卷　（明）謝詔

撰　清刻本　一冊　存二卷(一至二)

330000－1711－0002618　普 002477　集部/小說類/長篇之屬

新刻劍嘯閣批評西漢演義傳八卷　(明)甄偉撰　清刻本　七冊　缺一卷(二)

330000－1711－0002620　普 002488　集部/小說類/長篇之屬

圖像三國志演義第一才子書六十卷首一卷一百二十回　(明)羅本撰　(清)金聖嘆評　(清)毛宗崗增評　清廣百宋齋鉛印本　十冊　存五十二卷(首,一至四十六、五十六至六十)

330000－1711－0002625　普 002481　集部/小說類/長篇之屬

增評加批金玉緣圖說十二卷一百二十回首一卷　(清)曹霑　(清)高鶚撰　(清)蝶薌仙史評訂　清光緒三十二年(1906)桐蔭軒石印本　十六冊

330000－1711－0002626　普 002497　集部/小說類/長篇之屬

增像全圖西漢演義四卷一百回　(明)甄偉撰　清光緒三十三年(1907)上海文新書局石印本　四冊

330000－1711－0002628　普 002499　集部/小說類/長篇之屬

繡像東周列國志二十七卷一百八回首一卷一百八回　(清)蔡奡評點　清光緒三十年(1904)上海商務印書館鉛印本　十二冊

330000－1711－0002631　普 002519　集部/小說類/長篇之屬

繡像木蘭奇女全傳四卷三十二回　清文元書局石印本　一冊

330000－1711－0002632　普 002520　子部/小說家類/異聞之屬

燕山外史八卷　(清)陳球撰　清三陋居刻本　二冊

330000－1711－0002634　普 002503　子部/小說家類/異聞之屬

太平廣記五百卷目錄十卷　(宋)李昉等輯　清乾隆十八年(1753)黄晟槐蔭草堂刻本　五冊　存七十一卷(八十七至一百一、一百六十六至一百七十七、二百十六至二百二十八、三百九十一至四百五、四百十八至四百三十三)

330000－1711－0002635　普 002504　集部/小說類/長篇之屬

品花寶鑑六卷六十回　(清)陳森撰　清鉛印本　四冊　存四卷(二至五)

330000－1711－0002637　普 002521　集部/小說類/長篇之屬

增像全圖三國志演義第一才子書八卷一百二十回首一卷　(明)羅本撰　(清)毛宗崗評　清光緒三十三年(1907)上海文新局石印本　八冊

330000－1711－0002639　普 002510　集部/曲類/彈詞之屬

繪圖俠義風月傳四卷十八回　(清)名教中人編　(清)游方外客批評　清光緒十八年(1892)石印本　四冊

330000－1711－0002640　普 002522　集部/小說類/長篇之屬

繡像東周列國志二十七卷一百八回首一卷一百八回　(清)蔡奡評點　清上海點石齋石印本　七冊

330000－1711－0002641　普 002506　集部/小說類/長篇之屬

續紅樓夢三十卷　(清)秦子忱撰　清石印本　一冊　存十六卷(一至十六)

330000－1711－0002642　普 002511　子部/小說家類/異聞之屬

博物志十卷　(晉)張華撰　**古今注三卷**　(晉)崔豹撰　清刻本　一冊　存十二卷(博物志一至十、古今注一至二)

330000－1711－0002643　普 002507　集部/小說類/長篇之屬

紅樓夢一百二十回　(清)曹霑　(清)高鶚撰　清道光二年(1822)東觀閣刻本　二十冊

330000－1711－0002644　普 002512　子部/叢編
二十二子(二十二子彙函)　(清)浙江書局編　清光緒元年至三年(1875－1877)浙江書局刻本　三冊　存一種

330000－1711－0002645　普 002508　集部/小說類/長篇之屬
繡像海上繁華夢新書初集六卷三十回二集六卷三十回　孫家振撰　清光緒二十九年(1903)上海笑林報館鉛印本　六冊　存六卷(初集一至六)

330000－1711－0002650　普 002516　子部/小說家類/異聞之屬
山海經十八卷　(晉)郭璞傳　(明)吳中珩校　清刻本　一冊

330000－1711－0002651　普 002517　集部/小說類/長篇之屬
東周列國志二十七卷一百八回　(清)蔡奡評點　清光緒二十二年(1896)上海積山書局石印本　八冊

330000－1711－0002652　普 002536　類叢部/叢書類/彙編之屬
增訂漢魏叢書八十六種　(清)王謨編　清光緒二十年(1894)湖南藝文書局刻本　一百二十冊

330000－1711－0002653　普 002518　集部/小說類/長篇之屬
西遊真詮一百回　(清)陳士斌詮解　清光緒十一年(1885)埽葉山房刻本　二十冊　缺一回(五十四)

330000－1711－0002654　普 002524　集部/小說類/長篇之屬
增訂繪圖精忠說岳全傳八卷八十回　(清)錢彩編　清上海簡青齋書局石印本　七冊　存七卷(二至八)

330000－1711－0002656　普 002526　子部/小說家類/異聞之屬
燕山外史註釋二卷　(清)陳球撰　(清)傅聲谷注　清石印本　一冊

330000－1711－0002657　普 002527　子部/小說家類/異聞之屬
燕山外史註釋八卷　(清)陳球撰　(清)傅聲谷注　清光緒三十二年(1906)上海海左書局石印本　一冊

330000－1711－0002659　普 002529　集部/別集類/清別集
春酒堂文集一卷　(清)周容撰　清宣統二年(1910)上海國學扶輪社鉛印本　一冊

330000－1711－0002660　普 002530　集部/別集類/清別集
蓬萊閣詩錄四卷　(清)陳克家撰　清同治二年(1863)刻本　清蔣光焴跋　一冊

330000－1711－0002665　普 002535　子部/藝術類/書畫之屬/畫譜
芥子園畫傳初集六卷二集九卷三集六卷　(清)王槩　(清)王蓍　(清)王臬輯　清光緒十六年(1890)上海同文書局石印本　三冊　存五卷(初集一至三、五至六)

330000－1711－0002666　普 002540　類叢部/叢書類/彙編之屬
埽葉山房叢鈔二十六種　(清)席威編　清同治至光緒刻光緒九年(1883)彙印本　六冊　存一種

330000－1711－0002667　普 002537　經部/春秋左傳類/傳說之屬
評點春秋綱目左傳句解彙雋六卷　(清)韓菼重訂　清光緒狀元閣李光明莊刻本　六冊

330000－1711－0002669　普 002541　經部/四書類/總義之屬/傳說
四書集註十九卷　(宋)朱熹撰　清刻本　三冊　存十二卷(大學、中庸、論語一至十)

330000－1711－0002674　普 004001　集部/別集類/明別集
白沙子全集十卷古詩教解二卷首一卷末一卷　(明)陳獻章撰　(明)湛若水輯解　清乾隆三十六年(1771)陳氏碧玉樓刻本　十冊

330000－1711－0002675　普 002545　子部/藝術類/書畫之屬/畫譜

芥子園畫傳初集六卷二集九卷三集六卷　(清)王槩　(清)王蓍　(清)王臬輯　清光緒三十二年(1906)上海文新書局石印本　十二冊

330000－1711－0002676　普 002546　子部/雜著類/雜纂之屬

勸戒近錄初二三編合鈔十六卷四編摘抄一卷五錄六卷六錄六卷七錄六卷八錄六卷九錄六卷十錄六卷　(清)梁恭辰撰　清光緒六年(1880)許閒山館刻民國四年(1915)紹城龍山誠一社重印本　十二冊　存三十九卷(近錄初二三編合鈔一至十二、六錄四至六、七錄一至六、八錄一至六、九錄一至六、十錄一至六)

330000－1711－0002677　普 004002　集部/別集類/唐五代別集

讀杜心解六卷首二卷　(清)浦起龍撰　清雍正二年至三年(1724－1725)寧我齋刻本　二十四冊

330000－1711－0002679　普 002548　子部/道家類

南華真經解三卷　(清)宣穎撰　清經綸堂刻本　六冊

330000－1711－0002680　普 002549　子部/天文曆算類/曆法之屬

丁未年新民日記不分卷(清光緒三十三年)　清光緒石印本　一冊

330000－1711－0002684　普 002553　集部/別集類/清別集

寶綸堂外集十二卷　(清)齊召南撰　(清)齊毓川輯　清宣統三年(1911)上海掃葉山房石印本　二冊

330000－1711－0002687　普 002556　集部/詩文評類/詩評之屬

北江詩話六卷　(清)洪亮吉撰　清宣統元年(1909)上海掃葉山房石印本　二冊

330000－1711－0002689　普 002558　集部/小說類/長篇之屬

三國志演義六十卷一百二十回　(明)羅本撰　清石印本　十二冊　存七卷(二至八)

330000－1711－0002690　普 002559　經部/四書類/總義之屬/傳說

四書味根錄三十九卷　(清)金澂撰　清咸豐十年(1860)刻本　十六冊

330000－1711－0002691　普 004003　史部/傳記類/科舉録之屬

詞科掌錄十七卷餘話七卷　(清)杭世駿輯　清乾隆道古堂刻本　八冊

330000－1711－0002692　普 002560　集部/別集類/清別集

曝書亭集八十卷附錄一卷　(清)朱彝尊撰　**笛漁小稾十卷**　(清)朱昆田撰　清刻本　十六冊

330000－1711－0002693　普 004004　集部/總集類/選集之屬/通代

重訂文選集評十五卷首一卷末一卷　(清)于光華輯　清乾隆四十五年(1780)刻本　八冊

330000－1711－0002696　普 002563　集部/小說類/長篇之屬

增像全圖東周列國志二十七卷一百八回首一卷　(清)蔡奡評點　清末石印本　八冊

330000－1711－0002697　普 002564　子部/藝術類/書畫之屬/畫譜

詩中畫二卷　(清)馬濤繪　清光緒十一年(1885)石印本　二冊

330000－1711－0002698　普 002565　集部/別集類/清別集

校訂定盦全集十卷　(清)龔自珍撰　**定盦年譜稾本一卷**　(清)黃守恒撰　清宣統元年(1909)上海時中書局鉛印本　八冊

330000－1711－0002699　普 002566　集部/小說類/長篇之屬

精訂綱鑑廿四史通俗衍義二十六卷四十四回首一卷　(清)呂撫撰　清光緒十五年(1889)上海廣百宋齋鉛印本　六冊

330000－1711－0002700　普 004005　集部/總集類/選集之屬/通代

古文析義六卷二編八卷　(清)林雲銘輯注　清康熙二十一年至二十六年(1682－1687)經綸堂刻本　十四册

330000－1711－0002702　普 004006　子部/雜著類/雜編之屬

初學辨體不分卷　(清)徐與喬輯評　清康熙刻本　十二册

330000－1711－0002703　普 002568　史部/雜史類/斷代之屬

熙朝新語十六卷　(清)余金輯　清道光二年(1822)刻本　六册

330000－1711－0002704　普 002576　史部/政書類/軍政之屬/兵制

日本陸海軍執法叢譯四卷　馮國璋閲訂　楊葆鈞輯譯　清宣統元年(1909)北洋陸軍編譯局鉛印本　四册

330000－1711－0002705　普 002569　集部/詩文評類/詩評之屬

漁洋詩話三卷　(清)王士禛撰　清刻本　三册

330000－1711－0002706　普 002577　經部/小學類/音韻之屬/韻書

詩韻合璧五卷　(清)湯祥瑟輯　**詩腋一卷　賦彙録要一卷　詞林典腋一卷　分韻文選題解擇要一卷　虚字韻藪一卷**　(清)潘維城輯　清光緒十三年(1887)廣百宋齋鉛印本　五册

330000－1711－0002707　普 002570　集部/别集類/唐五代别集

唐陸宣公集二十二卷　(唐)陸贄撰　清光緒二十年(1894)上海鴻寶齋石印本　六册

330000－1711－0002708　普 002571　集部/詩文評類/詩評之屬

隨園詩話十六卷補遺四卷　(清)袁枚撰　清光緒十八年(1892)袖海山房石印本　三册　缺五卷(十至十四)

330000－1711－0002709　普 004007　集部/别集類/明别集

方正學先生遜志齋集二十四卷拾補一卷　(明)方孝孺撰　(明)張紹謙纂定　(清)盧演輯訂　(清)方忠奕等編　(清)俞化鵬　(清)趙予信重纂　(清)方濳等重編　**方正學先生遜志齋集外紀一卷**　(明)張紹謙纂定　(清)盧演輯訂　(清)方忠奕編　(清)俞化鵬　(清)趙予信重纂　(清)方濳重編　明崇禎十六年(1643)張紹謙刻清康熙俞化鵬重修本　四十册

330000－1711－0002710　普 002572　集部/總集類/選集之屬/斷代

唐詩金粉十卷　(清)沈炳震輯　清光緒十二年(1886)嶺南集成書局石印本　二册

330000－1711－0002712　普 002578　史部/地理類/外紀之屬

日本地理兵要十卷日本會計録四卷日本船師表一卷　姚文棟撰　**日本師船考一卷**　(清)沈敦和輯譯　清光緒二十年(1894)寶善書局石印本　六册

330000－1711－0002714　普 002574　新學/交涉

英商梅雪亭在杭州城内違約開設巴勒永年各公司一案禁阻交涉情形一卷　清油印本　一册

330000－1711－0002715　普 002575　新學/交涉

收回寶石山一案續與英領交涉經過情形一卷　清油印本　一册

330000－1711－0002716　普 004008　集部/别集類/清别集

曝書亭集八十卷附録一卷　(清)朱彝尊撰　**笛漁小槀十卷**　(清)朱昆田撰　清康熙五十三年(1714)朱稻孫刻本　四十册

330000－1711－0002717　普 002580　史部/政書類/通制之屬

三通考輯要七十六卷　湯壽潛輯　清光緒二十五年(1899)上海圖書集成局鉛印本　三

十冊

330000－1711－0002718　普004009　集部/別集類/清別集
吳詩集覽二十卷補註二十卷吳詩談藪二卷拾遺一卷　(清)吳偉業撰　(清)靳榮藩注並輯　清乾隆四十年(1775)淩雲亭刻本　十六冊　存二十卷(吳詩集覽一至二十)

330000－1711－0002719　普002581　經部/叢編
澤存堂五種　(清)張士俊輯　清光緒十四年(1888)上海蜚英館石印本　八冊

330000－1711－0002721　普004010　集部/別集類/清別集
笠翁一家言全集十六卷　(清)李漁撰　清刻本　十六冊

330000－1711－0002722　普002583　經部/四書類/總義之屬/傳說
小題宏模五十卷　清咸豐四年(1854)刻本　五十冊

330000－1711－0002724　普002585　經部/小學類/文字之屬/字書/字典
六一山房重校石印攷正字彙二卷　(清)陳淏子撰　清末石印本　一冊

330000－1711－0002725　普004011　集部/別集類/唐五代別集
杜詩鏡銓二十卷年譜一卷附諸家論杜一卷　(清)楊倫撰　清乾隆五十七年(1792)刻本　十二冊

330000－1711－0002726　普004012　集部/總集類/選集之屬/斷代
晚唐詩鈔二十六卷　(清)查克弘　(清)凌紹乾輯　清康熙十干詩塢刻本　四冊

330000－1711－0002730　普002589　經部/小學類/文字之屬/字書/訓蒙
四體千字文一卷　(南朝梁)周興嗣撰　(清)張楷　(清)徐大椿書　清同治十年(1871)上洋大魁楨記刻本　一冊

330000－1711－0002732　普004013　集部/別集類/明別集
太師誠意伯劉文成公集二十卷首一卷　(明)劉基撰　清康熙劉元奇刻雍正萬里補刻乾隆括芝南田果育堂印本　十冊

330000－1711－0002733　普004014　集部/別集類/明別集
太師誠意伯劉文成公集二十卷首一卷　(明)劉基撰　清康熙劉元奇刻雍正萬里補刻乾隆括芝南田果育堂印本　六冊

330000－1711－0002737　普004015　集部/曲類/彈詞之屬
二十一史彈詞輯註十卷　(明)楊慎編　(清)孫德威輯註　清康熙刻本　四冊

330000－1711－0002738　普002594　史部/地理類/遊記之屬/紀勝
滬游雜記四卷　(清)葛元煦編　清刻本　三冊　存三卷(二至四)

330000－1711－0002739　普002595　史部/地理類/遊記之屬/紀行
隨軺游紀初集四卷　(清)吳宗濂譯纂　清光緒時務報館石印本　一冊

330000－1711－0002740　普004016　集部/別集類/清別集
湖海樓文集六卷駢體文集十二卷詩集十二卷補遺一卷詞集二十卷　(清)陳維崧撰　清刻本　八冊　存八卷(詞集一至八)

330000－1711－0002741　普004017　集部/別集類/清別集
陳檢討集二十卷　(清)陳維崧撰　(清)程師恭注　清康熙三十二年(1693)有美堂刻本　六冊

330000－1711－0002744　普004018　集部/別集類/清別集
繡虎軒尺牘八卷二集八卷三集八卷　(清)曹煜撰　清康熙傳萬堂刻本　八冊　缺八卷(三集一至八)

330000－1711－0002746　普004019　集部/

別集類/清別集

敬業堂詩集五十卷　(清)查慎行撰　清康熙五十八年(1719)刻雍正增刻本　十二册

330000－1711－0002747　普 002601　史部/傳記類/總傳之屬/姓名

增廣百家姓一卷　清光緒二十六年(1900)刻本　一册

330000－1711－0002748　普 002602　子部/宗教類/道教之屬/戒律

陰隲文圖證一卷　(清)費丹旭繪圖　(清)許光清集證　清同治十二年(1873)文彙齋刻本　一册

330000－1711－0002749　普 002599　子部/小說家類/雜事之屬

閒處光陰二卷　(清)彭邦鼎撰　清光緒二十四年(1898)石印本　一册

330000－1711－0002751　普 002600　經部/小學類/文字之屬/字書/字體

六書通十卷首一卷附百體福壽全圖　(明)閔齊伋撰　(清)畢弘述篆訂　清光緒十九年(1893)上海校經山房石印本　五册

330000－1711－0002752　普 002604　集部/詩文評類/詩評之屬

初白菴詩評三卷詞綜偶評一卷　(清)查慎行撰　(清)張載華輯　清乾隆四十二年(1777)張氏涉園觀樂堂刻本　二册　缺一卷(中)

330000－1711－0002753　普 004020　集部/別集類/清別集

思綺堂文集十卷　(清)章藻功撰　清康熙六十一年(1722)刻本　十二册

330000－1711－0002755　普 002606　集部/詞類/詞話之屬

蓮子居詞話四卷　(清)吳衡照輯　清同治九年(1870)永康胡氏退補齋刻本　一册

330000－1711－0002757　普 004021　史部/史評類/詠史之屬

南宋襍事詩七卷　(清)沈嘉轍等撰　清武林芹香齋刻本　四册

330000－1711－0002760　普 004022　集部/別集類/漢魏六朝別集

徐孝穆全集六卷　(南朝陳)徐陵撰　(清)吳兆宜箋注　**備考一卷**　(清)徐文炳撰　清刻本　三册　缺一卷(備考)

330000－1711－0002761　普 002614　集部/總集類/彙編之屬

漢魏六朝一百三家集(漢魏六朝百三名家集)　(明)張溥編　清光緒五年(1879)彭懋謙信述堂刻本　九十八册

330000－1711－0002762　普 004023　集部/別集類/宋別集

劍南詩鈔六卷　(宋)陸游撰　(清)楊大鶴選　清愛日堂刻本　八册

330000－1711－0002763　普 002611　集部/戲劇類/雜劇之屬

增像第六才子書□□卷　(元)王德信(實甫)(元)關漢卿撰　(清)金人瑞評　清石印本　一册　存二卷(一至二)

330000－1711－0002764　普 002610　集部/別集類/清別集

日畊畲小題偶編不分卷　(清)徐楷評閲　清刻本　一册

330000－1711－0002765　普 002612　史部/傳記類/科舉録之屬/歷科鄉試録

[光緒庚子辛丑恩正併科]江南鄉試卷不分卷　(清)王豐鎬等撰　清光緒刻本　一册

330000－1711－0002768　普 002621　史部/政書類/邦計之屬

浙省釐務各詳案並册四卷　清光緒二十四年(1898)刻本　一册

330000－1711－0002769　普 004024　集部/別集類/宋別集

宋邵康節先生伊川擊壤集十卷　(宋)邵雍撰　(明)吳泰注　清康熙八年(1669)邵泰定、邵養貞刻本　五册

330000－1711－0002770　普 002615　史部/政書類/邦交之屬

約章成案匯覽甲篇十卷乙篇四十二卷　(清)北洋洋務局輯　清光緒三十一年(1905)上海點石齋石印本　三十八冊　缺八卷(乙篇三十至三十七)

330000－1711－0002772　普 002616　集部/別集類/清别集
王夢樓絕句二卷　(清)王文治撰　(清)宍戶逸郎編錄　清光緒九年(1883)刻本　二冊

330000－1711－0002773　普 002623　經部/書類/傳說之屬
書經集傳六卷　(宋)蔡沈撰　清光緒三年(1877)永康胡氏退補齋刻本　四冊

330000－1711－0002774　普 002617　子部/小說家類/瑣語之屬
夜雨秋燈錄初集四卷續集四卷三集四卷　(清)宣鼎撰　清石印本　五冊　缺二卷(初集一至二)

330000－1711－0002776　普 004026　集部/別集類/清别集
夕陽書屋詩初編四卷詠史樂府十二章一卷　(清)程盛修撰　清乾隆三十八年(1773)刻本　二冊

330000－1711－0002777　普 002624　類叢部/叢書類/彙編之屬
讀畫齋叢書四十六種　(清)顧修編　清嘉慶四年至十六年(1799－1811)桐川顧氏刻本　八冊　存十種

330000－1711－0002778　普 004025　史部/史評類/詠史之屬
明史雜詠四卷　(清)嚴遂成撰　清乾隆刻本　一冊

330000－1711－0002779　普 004027　集部/別集類/宋别集
姜白石集九卷集外詩一卷　(宋)姜夔撰　**附錄諸賢酬贈詩一卷**　清鮑廷博知不足齋刻本　二冊　存九卷(白石道人詩集一至二、白石道人歌曲一至四、別集一、集外詩,附錄諸賢酬贈詩)

330000－1711－0002780　普 002619　集部/戲劇類/傳奇之屬
桃花扇傳奇二卷　(清)孔尚任撰　清上海海左書局石印本　二冊

330000－1711－0002781　普 002626　類叢部/類書類/專類之屬
淵鑑類函四百五十卷目錄四卷　(清)張英(清)王士禛輯　清末石印本　二十一冊　存一百九十七卷(二百三十七至三百五、三百十三至三百二十、三百三十一至四百五十)

330000－1711－0002782　普 002625　經部/群經總義類/文字音義之屬
經籍籑詁一百六卷補遺一百六卷首一卷(清)阮元撰　清嘉慶十七年(1812)揚州阮元琅嬛仙館刻同治十二年(1873)淮南書局補刻本　六十一冊　缺十四卷(二至三、五十一至五十二、一百五至一百七,補遺二至三、五十一至五十二、一百五至一百七)

330000－1711－0002785　普 004028　集部/別集類/元别集
鐵厓樂府註十卷咏史註八卷逸編註八卷(元)楊維楨撰　(清)樓卜瀍註　清乾隆三十九年(1774)聯桂堂刻本　一冊　存四卷(逸編註一至四)

330000－1711－0002787　普 002631　子部/藝術類/書畫之屬/法帖
御刻三希堂石渠寶笈法帖不分卷　(清)梁詩正等輯　清石印本　一冊　存第三十一冊

330000－1711－0002788　普 002630　子部/藝術類/書畫之屬/法帖
三希堂續刻法帖不分卷　(唐)褚遂良等書(清)蔣溥等輯　清文盛書局石印本　七冊

330000－1711－0002789　普 002667　子部/藝術類/書畫之屬/畫譜
芥子園畫傳六卷　(清)王槩　(清)王蓍(清)王臬輯　清刻本　二冊　存二卷(二至三)

330000－1711－0002791　普 002668　子部/

藝術類/書畫之屬/畫譜
唐解元仿古今畫譜不分卷 (明)唐寅繪 清光緒十九年(1893)上海文海書局石印本 一冊

330000－1711－0002796 普004029 集部/別集類/清別集
曹司馬集六卷 (清)曹燁撰 **曹孝廉文稿一卷** (清)曹應鶴撰 清康熙三十八年(1699)刻本 一冊

330000－1711－0002800 普002671 集部/小說類/短篇之屬
滑稽小說世界奇聞初集四卷二集四卷 (清)午夢菴輯 清光緒三十四年(1908)石印本 四冊

330000－1711－0002801 普002672 子部/醫家類/類編之屬
婦嬰至寶三種六卷 (清)徐尚慧編 清嘉慶元年(1796)刻本 一冊

330000－1711－0002807 普004030 集部/別集類/清別集
秀埜草堂詩集五卷 (清)顧嗣立撰 清康熙三十四年(1695)刻本 一冊

330000－1711－0002813 普004031 集部/別集類/明別集
青邱高季迪先生詩集十八卷遺詩一卷扣舷集一卷鳧藻集五卷首一卷附錄一卷 (明)高啟撰 (清)金檀輯注 **青邱高季迪年譜一卷** (清)金檀編 清雍正六年至七年(1728－1729)金氏文瑞樓刻本 一冊 存五卷(鳧藻集一至五)

330000－1711－0002819 普002651 子部/宗教類/佛教之屬/諸宗
異方便淨土傳燈歸元鏡三祖實錄二卷 (清)智達撰 清同治十三年(1874)武林刻本 二冊

330000－1711－0002821 普004032 集部/別集類/唐五代別集
重刊校正笠澤藂書四卷補遺詩一卷續補遺一卷 (唐)陸龜蒙撰 清大疊山房刻本 二冊

330000－1711－0002827 普004033 集部/總集類/選集之屬/斷代
元詩選六卷補遺一卷 (清)顧奎光選輯 清乾隆十六年(1751)刻本 二冊

330000－1711－0002832 普004034 集部/總集類/選集之屬/斷代
金詩選四卷 (清)顧奎光輯 (清)陶玉禾評 清乾隆十六年(1751)刻本 二冊

330000－1711－0002835 普004035 集部/總集類/題詠之屬
紅葉館話別圖題詞不分卷 (日本)副島種臣撰 **附錄紅葉館留別詩不分卷** (清)陳明遠等撰 清末刻本 一冊

330000－1711－0002836 普004036 集部/總集類/選集之屬/通代
文選音義八卷 (清)余蕭客撰 清乾隆二十三年(1758)靜勝堂刻本 二冊

330000－1711－0002837 普004037 史部/史評類/詠史之屬
南宋襍事詩七卷 (清)沈嘉轍等撰 清武林芹香齋刻本 二冊

330000－1711－0002838 普004038 集部/別集類/明別集
夢白先生集三卷 (明)赵南星撰 明萬曆至清初趙悅學等遞刻趙忠毅公全集本 三冊

330000－1711－0002841 普002676 子部/藝術類/書畫之屬/書法書品
南田叢帖不分卷 (清)惲格書 清宣統影印本 五冊

330000－1711－0002844 普002677 子部/藝術類/書畫之屬/畫譜
點石齋畫報戊集不分卷 (清)尊聞閣主人輯 清光緒十五年(1889)上海申報館點石齋石印本 一冊

330000－1711－0002845 普004039 集部/總集類/選集之屬/斷代

全唐試律類箋十卷 (清)惲鶴生 (清)錢人龍編 清乾隆二十四年(1759)刻本 二冊

330000－1711－0002846 普 002678 集部/詩文評類/詩評之屬

海天琴思續錄八卷 (清)林昌彝撰 清粵東省城富文齋刻本 二冊 存五卷(三至四、七至八)

330000－1711－0002847 普 004040 集部/總集類/選集之屬/斷代

中晚唐詩叩彈集十二卷續集三卷 (清)杜詔 (清)杜庭珠輯 清康熙四十三年(1704)采山亭刻本 五冊

330000－1711－0002848 普 004041 類叢部/叢書類/自著之屬

南野堂全集三種 (清)吳文溥撰 清乾隆至嘉慶刻本 二冊 存一種

330000－1711－0002850 普 004042 集部/別集類/清別集

思綺堂集不分卷 (清)章藻功撰 清刻本 一冊

330000－1711－0002853 普 004043 類叢部/叢書類/自著之屬

周松靄先生遺書八種 (清)周春撰 清乾隆至嘉慶刻本 一冊 存二種

330000－1711－0002855 普 004044 集部/別集類/清別集

雪映廬遺稿三卷 (清)孫祖望 (清)孫祖珍 (清)孫祖京撰 (清)孫清編 **雪映廬唱和藁存一卷** (清)孫祖珍撰 清光緒十七年(1891)芳潤閣刻本 一冊

330000－1711－0002856 普 002683 史部/金石類/石之屬/文字

海鹽張氏重摹北宋石鼓文不分卷 (清)張燕昌摹 清道光二十三年(1843)刻本 一冊

330000－1711－0002857 普 002684 子部/工藝類/日用器物之屬

建昭雁足鐙考二卷 (清)徐渭仁輯 清道光十七年(1837)刻本 一冊

330000－1711－0002858 普 002685 子部/宗教類/道教之屬/戒律

太上感應篇一卷 (清)惠棟注 清刻本 一冊

330000－1711－0002860 普 002686 子部/醫家類/外科之屬/外科方

外科正宗十二卷附錄一卷 (明)陳實功撰 (清)徐大椿評 清光緒十九年(1893)上海圖書集成印書局鉛印本 一冊

330000－1711－0002861 普 004046 集部/別集類/清別集

望遠集不分卷 (清)王廷獻等撰 清刻本 一冊

330000－1711－0002862 普 004047 集部/總集類/選集之屬/通代

瀛奎律髓二卷 (清)查初白評點 清抄本 一冊

330000－1711－0002863 普 002687 史部/傳記類/總傳之屬/忠孝

節孝錄不分卷 (清)蔣光焴輯 清咸豐四年(1854)刻本 一冊

330000－1711－0002864 普 002688 史部/傳記類/總傳之屬/忠孝

節孝錄不分卷 (清)蔣光焴輯 清咸豐四年(1854)刻本 一冊

330000－1711－0002867 普 002689 史部/傳記類/總傳之屬/忠孝

節孝錄不分卷 (清)蔣光焴輯 清咸豐四年(1854)刻本 一冊

330000－1711－0002868 普 002693 子部/醫家類/兒科之屬/痘疹

增補秘傳痘疹玉髓金鏡錄真本四卷 (明)翁仲仁輯著 (清)仇天一參閲 清光緒十六年(1890)刻本 二冊

330000－1711－0002869 普 002690 史部/傳記類/總傳之屬/忠孝

節孝錄不分卷 (清)蔣光焴輯 清咸豐四年(1854)刻本 一冊

330000－1711－0002874　普 004048　史部/地理類/山川之屬/水志

西湖志四十八卷　(清)李衛　(清)程元章修　(清)傅王露撰　清雍正十三年(1735)兩浙鹽驛道庫刻本　二十冊

330000－1711－0002877　普 002700　史部/金石類/石之屬

古均閣寶刻錄不分卷　(清)許槤撰　清咸豐八年(1858)海寧許氏刻本　一冊

330000－1711－0002883　普 004049　史部/史抄類

史記選六卷　(清)儲欣選評　清乾隆四十五年(1780)刻本　二冊

330000－1711－0002885　普 004050　史部/地理類/山川之屬/山志

廣雁蕩山誌二十八卷首一卷末一卷　(清)曾唯輯　清乾隆五十五年(1790)曾唯依緑園刻嘉慶十三年(1808)增刻同治八年(1869)重修本　八冊

330000－1711－0002889　普 002731　子部/小說家類/雜事之屬

耐冷譚十六卷　(清)朱咸熙撰　清刻本　一冊　存一卷(十六)

330000－1711－0002892　普 002733　子部/醫家類/類編之屬

潛齋醫書五種　(清)王世雄撰　清光緒二十二年(1896)上海圖書集成局鉛印本　三冊　存一種

330000－1711－0002894　普 004051　史部/傳記類/別傳之屬/年譜

朱子年譜四卷考異四卷　(清)王懋竑撰　**朱子論學切要語二卷**　(清)王懋竑輯　清乾隆十七年(1752)寶應王氏白田草堂刻本　四冊

330000－1711－0002897　普 004052　史部/地理類/方志之屬/郡縣志

[乾隆]海寧州志十六卷首一卷　(清)戰效曾修　(清)高瀛洲纂　清乾隆四十一年(1776)刻本　十二冊

330000－1711－0002900　普 002732　經部/小學類/文字之屬/字書/字體

集篆四種　(清)吳受福編　清光緒石印本　一冊

330000－1711－0002903　普 004053　史部/史抄類

魏志不分卷　(北齊)魏收撰　清抄本　二冊

330000－1711－0002905　普 004054　史部/史抄類

晉書不分卷　(唐)太宗李世民撰　清抄本　三冊

330000－1711－0002908　普 004055　史部/紀傳類/正史之屬

梁書不分卷　(唐)姚思廉撰　清抄本　二冊

330000－1711－0002911　普 004056　史部/史抄類

南齊書不分卷　(南朝梁)蕭子顯撰　清抄本　一冊

330000－1711－0002915　普 004057　史部/史抄類

北齊書不分卷　(唐)李百樂撰　清抄本　二冊

330000－1711－0002917　普 004058　史部/史抄類

隋書不分卷　(唐)魏徵撰　清抄本　四冊

330000－1711－0002919　普 004059　史部/紀傳類/正史之屬

唐書不分卷　(宋)歐陽修撰　清抄本　二冊

330000－1711－0002924　普 004060　史部/紀傳類/正史之屬

五代史不分卷　(宋)歐陽修撰　清抄本　二冊

330000－1711－0002929　普 004061　經部/四書類/總義之屬/傳說

四書題鏡不分卷　(清)汪鯉翔撰　清乾隆九年(1744)刻本　十冊

330000－1711－0002930　普 004062　經部/

易類/傳說之屬
易憲四卷卦歌一卷圖說一卷 （明）沈泓撰　清乾隆八年至九年(1743－1744)刻本　二册

330000－1711－0002931　普 004063　類叢部/叢書類/彙編之屬
雅雨堂藏書十三種 （清）盧見曾編　清乾隆二十一年(1756)德州盧氏雅雨堂刻增修本　一册　存一種

330000－1711－0002933　普 002765　史部/傳記類/總傳之屬/仕宦
鶴徵錄八卷首一卷 （清）李集輯　（清）李富孫　（清）李遇孫續輯　**鶴徵後錄十二卷首一卷** （清）李富孫輯　清嘉慶漾葭老屋刻同治修補本　八册

330000－1711－0002934　普 002766　子部/醫家類/養生之屬
隨息居飲食譜一卷 （清）王士雄撰　清咸豐十一年(1861)刻本　二册

330000－1711－0002936　普 002767　子部/醫家類/溫病之屬/其他溫疫病證
溫熱經緯五卷 （清）王士雄撰　清刻本　四册

330000－1711－0002939　普 002768　史部/傳記類/科舉録之屬
海寧采芹錄二卷 朱逢辰輯　清宣統三年(1911)鉛印本　二册

330000－1711－0002941　普 004064　子部/儒家類/儒學之屬/禮教
五種遺規 （清）陳弘謀輯並撰　清培遠堂刻本　十二册　存四種

330000－1711－0002951　普 004065　經部/四書類/總義之屬/傳說
四書典林三十卷四書古人典林十二卷 （清）江永輯　清崇德書院刻本　十二册　存三十卷(四書典林一至三十)

330000－1711－0002952　普 002751　史部/地理類/總志之屬
歷代輿地沿革險要圖一卷 楊守敬　饒敦秩撰　清光緒五年(1879)東湖饒氏刻朱墨套印本　一册

330000－1711－0002964　普 004066　子部/藝術類/書畫之屬
桐陰論畫三卷附錄一卷桐陰畫訣一卷續桐陰論畫一卷 （清）秦祖永撰　清同治三年至六年(1864－1867)刻朱墨套印本　二册

330000－1711－0002968　普 002760　經部/春秋左傳類/傳說之屬
春秋左傳杜注三十卷首一卷 （清）姚培謙撰　清嘉慶元年(1796)金閶書業堂刻本　十二册

330000－1711－0002969　普 004067　子部/雜著類/雜纂之屬
不可錄一卷 （清）陳海曙輯　清乾隆三十三年(1768)刻本　一册

330000－1711－0002970　普 002761　經部/春秋左傳類/傳說之屬
春秋左傳杜注三十卷首一卷 （清）姚培謙撰　清光緒三十年(1904)寶慶勸學書舍刻本　十五册　缺一卷(三十)

330000－1711－0002972　普 002762　經部/春秋左傳類/傳說之屬
左繡三十卷首一卷 （清）馮李驊　（清）陸浩評輯　（清）范允斌　（清）沈乃文　（清）陸偲參評　（清）馮張孫等校輯　清康熙五十九年(1720)華川書屋刻本　十六册

330000－1711－0002973　普 002763　經部/春秋左傳類/傳說之屬
左繡三十卷首一卷 （清）馮李驊　（清）陸浩評輯　（清）范允斌　（清）沈乃文　（清）陸偲參評　（清）馮張孫等校輯　清康熙五十九年(1720)華川書屋刻本　九册　存十九卷(十二至三十)

330000－1711－0002974　普 002778　經部/小學類/文字之屬/字書/字體
隸篇十五卷續十五卷再續十五卷金石目一卷部目一卷字目一卷 （清）翟雲升撰　清道光

十七年至十八年(1837－1838)五經歲徧齋刻本　一册　存六卷(隸篇一至六)

330000－1711－0002975　普 004068　類叢部/叢書類/自著之屬
王漁洋遺書三十八種　(清)王士禛撰　清刻本　四册　存一種

330000－1711－0002978　普 002780　經部/小學類/音韻之屬/韻書
詩韻辨字略五卷　(清)秦端厓輯　清刻本　一册

330000－1711　0002979　普 002781　經部/小學類/音韻之屬/韻書
詩韻辨字增註五卷　(清)張澐卿輯　清光緒七年(1881)張澐卿刻本　一册

330000－1711－0002980　普 002782　類叢部/類書類/專類之屬
韻府約編二十四卷　(清)鄧愷輯　清刻本　二册　存四卷(十七至十八、二十一至二十二)

330000－1711－0002981　普 002783　經部/詩類/傳說之屬
御纂詩義折中二十卷　(清)高宗弘曆撰　(清)傅恒　(清)陳兆崙等纂　清刻本　六册

330000－1711－0002982　普 002784　經部/小學類/文字之屬/說文
說文解字十五卷　(漢)許慎撰　**說文通檢十四卷首一卷末一卷**　(清)黎永椿編　**說文校字記一卷**　(清)陳昌治撰　清同治十二年(1873)番禺陳昌治刻本　六册

330000－1711－0002983　普 002785　經部/禮記類/傳說之屬
禮記集說十卷　(元)陳澔撰　清光緒三年(1877)永康退補齋胡氏刻本　十册

330000－1711－0002984　普 004070　史部/目録類/總録之屬/私撰
宋元板書目不分卷　清抄本　一册

330000－1711－0002985　普 004071　史部/雜史類/斷代之屬
崇禎遺錄一卷　(明)王世德撰　**幸存錄二卷**　(明)夏允彝撰　清抄本　一册

330000－1711－0002986　普 004073　類叢部/類書類/通類之屬
策學摘要不分卷　(清)管應祥纂　清抄本　一册

330000－1711－0002987　普 004072　史部/地理類/方志之屬/郡縣志
[正德]武功縣志三卷首一卷　(明)康海纂　(清)孫景烈評註　清刻本　一册

330000－1711－0002988　普 004074　子部/宗教類/道教之屬
養真集二卷　養真子撰　(清)王士端注　清抄本　一册

330000－1711－0002989　普 004075　類叢部/叢書類/彙編之屬
抱經堂叢書十六種　(清)盧文弨編　清乾隆至嘉慶刻彙印本　一册　存一種

330000－1711－0002990　普 004076　子部/雜著類/雜考之屬
松塵賸言二卷　(清)鄒天嘉輯　清乾隆十四年(1749)刻本　一册

330000－1711－0002991　普 004077　類叢部/叢書類/彙編之屬
拜經樓叢書(愚谷叢書)二十三種　(清)吳騫編　清乾隆至嘉慶海昌吳氏刻彙印本　一册　存一種

330000－1711－0002992　普 004078　子部/醫家類/方書之屬/單方驗方
醉經樓經驗良方不分卷　(清)陳憩南輯　**神授急救異痧奇方不分卷**　(清)陳念祖評　清光緒屠寅抄本　清屠寅跋　一册

330000－1711－0002993　普 002786　集部/小說類/短篇之屬
詳註聊齋志異圖詠十六卷　(清)蒲松齡撰　(清)呂湛恩注　(清)徐潤編　清光緒三十三年(1907)上海章福記書局石印本　八册

330000－1711－0002994　普 004079　集部/別集類/清別集

雲根室偶存稿一卷　(清)吳之淳撰　稿本　清管庭芬跋　一冊

330000－1711－0002996　普 004080　史部/傳記類/總傳之屬/郡邑

海昌人物紀略不分卷　清抄本　一冊

330000－1711－0002998　普 004081　史部/地理類/水利之屬

海塘新志六卷續志四卷　(清)琅玕撰　清乾隆刻道光續刻本　四冊　存六卷(海塘新志一至六)

330000－1711－0002999　普 002789　子部/小說家類/異聞之屬

音釋坐花誌果八卷　(清)汪道鼎　(清)鶩峰樵者撰　清光緒十四年(1888)廣百宋齋鉛印本　二冊

330000－1711－0003000　普 002790　經部/叢編

四書五經九種　(清)鮑氏輯　清同治三年(1864)浙江撫署刻本　四冊　存一種

330000－1711－0003001　普 004082　史部/雜史類/斷代之屬

海寧倭事始末記一卷　(清)吳騫輯　清抄本　一冊

330000－1711－0003003　普 004083　史部/傳記類/總傳之屬/家乘

[安徽]休寧厚田吳氏重修宗譜九卷　(清)吳之瑗纂修　清道光二十三年(1843)刻本　四冊

330000－1711－0003004　普 004084　集部/別集類/清別集

古鹽官曲一卷　(清)查岐昌撰　清王漱玉抄本　一冊

330000－1711－0003005　普 004085　類叢部/叢書類/彙編之屬

經訓堂叢書二十二種　(清)畢沅編　清乾隆至嘉慶鎮洋畢氏刻彙印本　一冊　存一種

330000－1711－0003006　普 002799　經部/小學類/訓詁之屬/爾雅

爾雅註疏十一卷　(晉)郭璞註　(宋)邢昺疏　清光緒八年(1882)崇德書院刻本　四冊

330000－1711－0003009　普 004086　史部/傳記類/日記之屬

湖萍日記二卷(清咸豐六年)　(清)嚴鈖撰　清抄本　一冊

330000－1711－0003011　普 002792　子部/叢編

子書二十八種　清宣統三年(1911)文瑞樓石印本　四十八冊

330000－1711－0003016　普 002805　經部/叢編

許學叢刻九種九卷　(清)許頌鼎　(清)許溎祥輯　清光緒十三年(1887)海寧許氏古均閣刻本　四冊

330000－1711－0003017　普 002795　集部/別集類/清別集

少嵒賦草四卷　(清)夏思沺撰　清咸豐元年(1851)刻本　四冊

330000－1711－0003018　普 002796　經部/詩類/傳說之屬

詩卷二十卷校刻詩集傳音釋札記一卷　(宋)朱熹集傳　(元)許謙音釋　(元)羅復纂輯　清刻本　五冊

330000－1711－0003019　普 002797　經部/詩類/傳說之屬

詩經集傳八卷　(宋)朱熹撰　清光緒十年(1884)夏序記刻本　四冊

330000－1711－0003020　普 002798　經部/詩類/傳說之屬

詩經集傳八卷　(宋)朱熹撰　清光緒十年(1884)夏序記刻本　四冊

330000－1711－0003021　普 002806　集部/總集類/選集之屬/斷代

明詩綜一百卷　(清)朱彝尊輯　(清)汪森等評　清康熙刻本　二十冊　存八十四卷(一

至二十四、三十三至三十六、四十一至五十八、六十三至一百）

330000－1711－0003022　普002807　經部/春秋左傳類/傳說之屬

春秋左傳杜注三十卷首一卷　（清）姚培謙撰　清同治五年（1866）金陵書局刻本　十冊

330000－1711－0003023　普002818　經部/小學類/文字之屬/說文

說文解字韻譜十卷　（五代）徐鍇撰　（清）馮桂芬校訂　清同治三年（1864）吳縣馮桂芬縮摹篆文刻六年（1867）補刻本　二冊

330000－1711－0003024　普002808　子部/藝術類/書畫之屬/畫譜

點石齋畫報初集十卷二集十二卷三集八卷四集六卷五集四卷六集四卷淞隱漫錄十二卷續錄五卷漫遊隨錄三卷風箏誤一卷閨媛叢錄一卷點石齋叢鈔一卷乘龍佳話一卷藹園謎賸一卷　（清）尊聞閣主人輯　清石印本　一冊　存二卷（□、淞隱漫錄二）

330000－1711－0003026　普002819　經部/群經總義類/傳說之屬

五經四書讀本五十六卷　（清）□□輯　清嘉慶十年（1805）揚州鮑氏樗園刻本　二冊　存一種

330000－1711－0003027　普004087　集部/別集類/清別集

在山小草不分卷　（清）謝澧蘭撰　稿本　一冊

330000－1711－0003029　普002811　新學/幼學

伊索寓言不分卷　（希臘）伊索撰　林紓譯　清宣統二年（1910）上海商務印書館鉛印本　一冊

330000－1711－0003030　普004088　集部/別集類/清別集

松靄詩藁九卷集外詩一卷　（清）周春撰　清抄本　一冊

330000－1711－0003031　普002812　類叢部/叢書類/自著之屬

梨洲遺著彙刊二十七種首一卷　（清）黃宗羲撰　薛鳳昌編次　清宣統二年（1910）上海時中書局鉛印本　二十冊

330000－1711－0003032　普002813　史部/傳記類/總傳之屬/姓名

史姓韻編六十四卷　（清）汪輝祖撰　清光緒上海中西書局石印本　四冊

330000－1711－0003033　普004089　集部/別集類/清別集

悟因氏偶存不分卷　（清）曹永齡著　稿本　一冊

330000－1711－0003035　普002814　集部/別集類/清別集

半巖廬遺文二卷補一卷遺詩二卷　（清）邵懿辰撰　清光緒三十四年（1908）刻民國補刻本　二冊

330000－1711－0003036　普002815　集部/別集類/清別集

半巖廬遺集二卷　（清）邵懿辰撰　清光緒三十四年（1908）邵章等刻本　二冊

330000－1711－0003037　普004091　集部/別集類/清別集

悔存齋詩集二卷　（清）宋槤撰　稿本　一冊

330000－1711－0003038　普004092　子部/醫家類/溫病之屬/瘧痢

痢證匯參十卷　（清）吳道源輯　清乾隆三十八年（1773）敦厚堂刻本　二冊

330000－1711－0003039　普002820　經部/春秋左傳類/傳說之屬

春秋左傳五十卷　（晉）杜預　（宋）林堯叟註釋　（唐）陸德明音義　（明）鍾惺　（明）孫鑛　（明）韓范評點　清末李光明刻本　十六冊

330000－1711－0003040　普002816　經部/春秋左傳類/傳說之屬

春秋左傳杜注三十卷首一卷　（清）姚培謙撰　清光緒十九年（1893）浙江書局刻本　十冊

330000－1711－0003041　普 002821　經部/春秋左傳類/傳說之屬

春秋左傳杜注三十卷首一卷　(清)姚培謙撰　清末李光明莊刻本　十二冊

330000－1711－0003042　普 002817　經部/春秋左傳類/傳說之屬

春秋經傳集解三十卷　(晉)杜預撰　**春秋名號歸一圖二卷**　(五代)馮繼先撰　**春秋年表一卷**　(宋)岳珂刊補　清光緒三年(1877)永康胡氏退補齋刻本　十二冊

330000－1711－0003043　普 004093　子部/醫家類/類編之屬

徐氏醫書六種　(清)徐大椿撰　清刻本　一冊　存二種

330000－1711－0003044　普 002822　經部/禮記類/傳說之屬

禮記集説十卷　(元)陳澔撰　清光緒三年(1877)刻本　十冊

330000－1711－0003045　普 004094　子部/術數類/相宅相墓之屬

山洋指迷原本四卷　(明)周景一撰　(清)俞歸璞　(清)吳卿瞻增注　清乾隆五十二年(1787)刻本　四冊

330000－1711－0003046　普 004095　子部/儒家類/儒學之屬/性理

徐鳳竹先生大學衍義補纂要六卷　(明)徐栻編輯　(清)聶紹皐　(清)陳可先評閲　清康熙二年(1663)刻本　四冊

330000－1711－0003048　普 002824　經部/春秋左傳類/傳說之屬

春秋左傳三十卷首一卷　(晉)杜預註　(宋)林堯叟補註　(唐)陸德明音義　(清)馮李驊集解　清同治七年(1868)崇文書局刻本　十二冊

330000－1711－0003051　普 002825　集部/楚辭類

楚辭章句十七卷　(漢)王逸撰　(宋)洪興祖補注　清光緒九年(1883)長沙書堂山館刻本　六冊

330000－1711－0003053　普 002826　經部/小學類/文字之屬/説文

説文解字注十五卷附六書音韻表五卷汲古閣説文訂一卷　(清)段玉裁撰　**説文部目分韻一卷**　(清)陳煥編　清同治十一年(1872)湖北崇文書局刻本　二十四冊

330000－1711－0003055　普 004096　子部/儒家類/儒學之屬/性理

新刊性理彙解大全合条六卷　(清)王熙祖纂集　清刻本　一冊

330000－1711－0003057　普 002833　集部/別集類/清別集

小梅花館詩集六卷詞集三卷　(清)吳延燮撰　清光緒四年(1878)刻本　三冊　存六卷(詩集一至六)

330000－1711－0003058　普 004097　子部/儒家類/儒學之屬/性理

三魚堂賸言十二卷　(清)陸隴其撰　(清)陳濟編　清乾隆八年(1743)刻本　二冊

330000－1711－0003060　普 002827　類叢部/叢書類/彙編之屬

龍威秘書一百六十九種　(清)馬俊良編　清刻本　一冊　存五種

330000－1711－0003063　普 004098　子部/醫家類/婦科之屬/産科

胎産集要二卷附幼科摘要一卷　(清)黄惕齋輯　清刻本　一冊

330000－1711－0003064　普 002837　經部/詩類/傳說之屬

詩經集傳八卷　(宋)朱熹集傳　清光緒十年(1884)夏序記刻本　四冊

330000－1711－0003065　普 002838　史部/傳記類/日記之屬

蘠盦東遊日記一卷(清光緒三十三年三月二十一日至六月十九日)　樓藜然撰　清光緒三十三年(1907)鉛印本　一冊

330000－1711－0003068　普 004099　類叢部/叢書類/自著之屬
朱子遺書　(宋)朱熹撰　清康熙禦兒呂氏寶誥堂刻本　四冊　存二種

330000－1711－0003069　普 002847　集部/別集類/清別集
古紅梅閣集八卷　(清)劉履芬撰　清同治五年(1866)淮陰刻本　一冊　存一卷(一)

330000－1711－0003071　普 002848　集部/總集類/選集之屬/斷代
林嚴文鈔四卷　林紓　嚴復撰　清宣統元年(1909)上海國學扶輪社鉛印本　二冊　存二卷(三至四)

330000－1711－0003072　普 002841　集部/總集類/選集之屬/通代
唐宋八大家文鈔　(明)茅坤編　清刻本　六冊　存一種

330000－1711－0003073　普 004100　子部/兵家類
武備制勝志三十一卷　(明)茅元儀輯　**魏武帝註孫子三卷**　(三國魏)曹操注　清抄本　一冊　存四卷(一、魏武帝註孫子一至三)

330000－1711－0003074　普 002849　子部/雜家類/雜學雜說
一山經說二卷雜文一卷　章梫撰　清宣統元年(1909)鉛印本　一冊

330000－1711－0003075　普 004101　子部/法家類
弟子職一卷　(清)王元啓補註　清刻本　一冊

330000－1711－0003077　普 004102　子部/醫家類/傷寒金匱之屬/傷寒論
傷寒來蘇集三種　(清)柯琴撰　清乾隆三十一年(1766)博古堂刻本　一冊　存一種

330000－1711－0003079　普 002852　集部/別集類/清別集
龍岡山人文鈔不分卷　(清)洪良品撰　清刻本　一冊

330000－1711－0003080　普 002842　集部/總集類/郡邑之屬
西泠五布衣遺箸　(清)丁丙輯　清同治至光緒錢塘丁氏當歸草堂刻本　六冊　存一種

330000－1711－0003081　普 004103　子部/天文曆算類/算書之屬
數學鑰六卷　(清)杜知耕撰　清初抄本　二冊

330000－1711－0003083　普 002843　經部/四書類/孟子之屬/傳說
孟子集註七卷　(宋)朱熹撰　清刻本　三冊

330000－1711－0003084　普 002844　經部/四書類/論語之屬/傳說
論語集註十卷　(宋)朱熹撰　清刻本　二冊

330000－1711－0003085　普 002845　經部/叢編
九經補注八種　(清)姜兆錫撰　清雍正至乾隆寅清樓刻本　四冊　存一種

330000－1711－0003086　普 002854　經部/春秋公羊傳類/傳說之屬
張氏公羊二種六卷　(清)張憲和撰　清光緒刻本　四冊

330000－1711－0003087　普 004104　子部/醫家類/醫經之屬/内經
醫經原旨六卷　(清)薛雪撰　清乾隆十九年(1754)薛氏掃葉莊刻本　四冊

330000－1711－0003088　普 004105　子部/醫家類/外科之屬/外科方
秘藏外科秘方不分卷　清抄本　一冊

330000－1711－0003089　普 002859　史部/史評類/詠史之屬
今樂府(九九樂府)一卷　(清)陳梓撰　(清)鄭亦亭評　清宣統二年(1910)石印本　一冊

330000－1711－0003090　普 002860　史部/地理類/雜志之屬
東畬雜記附幽湖百詠一卷　(清)沈廷瑞

（清）沈濤撰　（清）沈梓補　清光緒十三年至十四年（1887－1888）濮院沈氏紅蘗山房刻本　一册

330000－1711－0003091　普004106　子部/藝術類/遊藝之屬/棋弈

弈理指歸續編一卷　（清）施紹闇撰　清乾隆四十三年（1778）刻本　一册

330000－1711－0003094　普004107　子部/藝術類/遊藝之屬/棋弈

桃花泉奕譜二卷　（清）范世勳撰　清乾隆三十年（1765）兩儀堂刻本　二册

330000－1711－0003095　普004108　子部/藝術類/遊藝之屬/棋弈

桃花泉奕譜二卷　（清）范世勳撰　清刻本　一册　存一卷（上）

330000－1711－0003096　普004109　子部/藝術類/書畫之屬

書法集要一卷　（清）完顔偉纂輯　清乾隆十年（1745）研精齋刻本　一册

330000－1711－0003097　普004110　子部/藝術類/篆刻之屬/印譜

文雄堂印譜二卷　（清）周廷佐篆刻　（清）周麥彫輯　清康熙四十五年（1706）鈐印本　一册

330000－1711－0003098　普004111　子部/藝術類/書畫之屬

鐵網珊瑚二十卷　（明）都穆撰　清乾隆二十三年（1758）吳郡都肇斌刻本　六册

330000－1711－0003099　普002863　集部/別集類/清別集

小倉山房詩集三十一卷補遺一卷附録一卷文集十七卷　（清）袁枚撰　清經元堂刻本　十册

330000－1711－0003100　普002865　集部/別集類/清別集

小倉山房文集十七卷　（清）袁枚撰　清刻本　六册

330000－1711－0003102　普004112　子部/宗教類/道教之屬

道言内外五種秘録十二卷　（清）陶素耜撰　（清）仇滄柱輯　清抄本　六册

330000－1711－0003105　普002864　集部/別集類/清別集

鶴天鯨海焚餘稿六卷　（清）朱昌頤撰　清同治五年（1866）海昌朱氏德馨堂刻本　三册

330000－1711－0003106　普002858　集部/別集類/清別集

培遠堂偶存稿手札節要三卷　（清）陳弘謀撰　清刻本　二册

330000－1711－0003107　普004113　子部/宗教類/道教之屬

金丹就正篇一卷玄膚論一卷　（明）陸西星撰　清抄本　一册

330000－1711－0003108　普002866　類叢部/叢書類/彙編之屬

崇文書局彙刻書三十一種　（清）崇文書局編　清光緒元年至三年（1875－1877）湖北崇文書局刻本　四册　存一種

330000－1711－0003109　普002867　集部/別集類/明別集

練溪集四卷　（明）淩震撰　（清）淩鳴喈校　**明故湖廣黔陽縣儒學訓導練溪淩先生墓誌銘一卷**　（清）劉麟撰　清刻本　二册

330000－1711－0003110　普004114　史部/傳記類/總傳之屬/技藝

無聲詩史七卷　（清）姜紹書撰　清康熙五十九年（1720）嘉興李光暎觀妙齋刻本　四册

330000－1711－0003111　普004115　子部/藝術類/書畫之屬

強恕齋圖畫精意識不分卷　（清）張庚著　清乾隆二十七年（1762）刻本　一册

330000－1711－0003112　普002868　集部/別集類/清別集

墨花吟館詩鈔十六卷憶雲集試帖一卷籥雲集試帖一卷　（清）嚴辰撰　清刻本　三册　缺

八卷(詩鈔九至十六)

330000－1711－0003113　普002869　集部/別集類/清別集
攜雪堂文集四卷　(清)吳可讀著　(清)楊慶生箋注　(清)郭嵐　(清)李崇洸輯　清光緒二十六年(1900)浙江書局刻本　四冊

330000－1711－0003114　普002870　集部/詩文評類/詩評之屬
柳亭詩話三十卷　(清)宋長白纂　清康熙天茁園刻光緒八年(1882)楊雨耕坊補刻重修本　十二冊

330000－1711－0003115　普004116　類叢部/叢書類/彙編之屬
武英殿聚珍版書一百三十八種　清乾隆浙江刻本　一冊　存二種

330000－1711－0003116　普004117　子部/藝術類/書畫之屬/題跋
書畫跋跋續三卷　(明)孫鑛撰　清抄本　二冊

330000－1711－0003121　普002874　集部/小說類/短篇之屬
聊齋志異十六卷　(清)蒲松齡撰　(清)王士禛評　清刻本　十六冊

330000－1711－0003122　普004119　子部/宗教類/佛教之屬/總録
雲棲淨土彙語一卷念佛三要一卷　(明)釋袾宏撰　清乾隆六十年(1795)北京拈花寺念佛堂刻本　一冊

330000－1711－0003123　普002875　類叢部/叢書類/彙編之屬
廣漢魏叢書　(明)何允中編　清刻本　一冊　存二種

330000－1711－0003124　普002876　子部/雜著類/雜纂之屬
西山日記二卷　(明)丁元薦撰　清先醒齋刻本　一冊　存一卷(二)

330000－1711－0003125　普004120　史部/時令類
古今類傳四卷　(清)董穀士　(清)董炳文輯　清康熙三十一年(1692)未學齋刻本　四冊

330000－1711－0003126　普002877　集部/別集類/明別集
堵文忠公集十卷附錄一卷　(明)堵允錫撰
堵文忠公年譜一卷　(清)周同編　清光緒十三年(1887)刻本　六冊

330000－1711－0003127　普004122　子部/雜著類/雜編之屬
先正小題文敬業編不分卷　(清)王元文輯　清乾隆四十九年(1784)刻本　四冊

330000－1711－0003128　普004121　類叢部/類書類/通類之屬
廣事類賦四十卷　(清)華希閔撰　清乾隆二十九年(1764)劍光閣刻本　八冊

330000－1711－0003131　普004123　史部/地理類/雜志之屬
武林舊事十卷　(宋)周密撰　清康熙五十七年(1718)吳焯抄本　清吳焯題跋　二冊　存五卷(一至五)

330000－1711－0003132　普002884　子部/小說家類/異聞之屬
燕山外史註釋八卷　(清)陳球撰　(清)傅聲谷注　清光緒三十三年(1907)上海書局石印本　二冊

330000－1711－0003133　普002885　子部/小說家類/異聞之屬
燕山外史註釋八卷補註一卷　(清)陳球撰　(清)傅聲谷注　清光緒二十七年(1901)文宜書局石印本　四冊

330000－1711－0003134　普002886　集部/別集類/清別集
有正味齋駢體文二十四卷首一卷　(清)吳錫麒撰　(清)王廣業箋　(清)葉聯芬注　清光緒十五年(1889)上海蜚英館石印本　四冊

330000－1711－0003135　普004124　集部/總集類/選集之屬/斷代

明制藝選抄不分卷　(明)葉紹袁等撰　清抄本　一冊

330000－1711－0003136　普 004125　史部/地理類/方志之屬
杭府志料一卷　(清)□□輯　稿本　一冊

330000－1711－0003138　普 004126　集部/總集類/尺牘之屬
曹倦圃尺牘不分卷　(清)曹溶撰　**繡虎軒尺牘不分卷**　清抄本　一冊

330000－1711－0003140　普 004127　子部/醫家類/方書之屬/單方驗方
藥方不分卷　清抄本　一冊

330000－1711－0003141　普 004128　集部/别集類/清别集
遊華山懷古五言排律詩一卷　(清)朱芬撰　清抄本　一冊

330000－1711－0003142　普 004129　子部/藝術類/音樂之屬/樂譜
琴譜指法不分卷　清抄本　一冊

330000－1711－0003143　普 002880　集部/總集類/酬唱之屬
聽經閣同聲集六卷　(清)胡鳳丹輯　清同治八年(1869)正覺禪林刻本　一冊

330000－1711－0003144　普 002889　史部/史評類/詠史之屬
十國宫詞一卷　(清)吳省蘭撰　清宣統三年(1911)上海掃葉山房石印本　一冊

330000－1711－0003145　普 002881　集部/總集類/酬唱之屬
皖江同聲集十卷　(清)胡鳳丹輯　清同治八年(1869)永康胡氏退補齋刻本　一冊

330000－1711－0003146　普 004130　集部/總集類/尺牘之屬
尺牘襍稿不分卷　清抄本　一冊

330000－1711－0003147　普 002890　子部/小說家類/異聞之屬
對山書屋墨餘錄十六卷　毛祥麟撰　清同治九年(1870)刻本　四冊

330000－1711－0003149　普 002882　集部/總集類/郡邑之屬
鄂渚同聲集初編七卷正編二十卷三編八卷　(清)胡鳳丹編　清同治九年至光緒二年(1870－1876)退補齋刻本　五冊

330000－1711－0003150　普 004131　集部/總集類/尺牘之屬
尺牘不分卷　清抄本　一冊

330000－1711－0003151　普 002892　子部/小說家類/雜事之屬
漁磯漫鈔十卷　(清)汪琇瑩　(清)雷琳　(清)莫劍光輯　清道光二十年(1840)刻本　四冊　存七卷(一至三、六至九)

330000－1711－0003152　普 002883　子部/雜著類/雜說之屬
嘐嘐言六卷首一卷末一卷　(清)郭柏蔭撰　清道光三十年(1850)刻本　一冊

330000－1711－0003153　普 004132　史部/傳記類/别傳之屬/事狀
四十自述示兒輩不分卷　稿本　一冊

330000－1711－0003156　普 004134　史部/金石類/石之屬
碑帖紀證一卷　(明)范大徹撰　清抄本　一冊

330000－1711－0003158　普 004135　史部/地理類/外紀之屬
安南志畧二十卷　(元)黎崱撰　清抄本　一冊　存十卷(一至十)

330000－1711－0003159　普 002895　經部/周禮類/傳說之屬
周官精義十二卷　(清)連斗山輯　清刻本　六冊

330000－1711－0003160　普 004136　史部/政書類/通制之屬
文獻通考序一卷　(元)馬端臨撰　清嚴虞惇抄本　徐嶺題簽　一冊

330000－1711－0003161　普 002896　史部/編年類

中國歷史講義不分卷　清石印本　三册

330000－1711－0003163　普 002897　新學/算學/形學

幾何學演艸十卷　(清)丁仲貽授　清光緒三十四年(1908)浙江高等學堂預科石印本　一册　存四卷(七至十)

330000－1711－0003166　普 004138　史部/目録類/總録之屬

知不足齋叢書目錄一卷附粵雅堂叢書目錄一卷涇川叢書目錄二卷　清抄本　一册

330000－1711－0003168　普 002900　新學/動植物學/植物學

植物學講義不分卷　清光緒三十一年(1905)浙江高等學堂石印本　一册

330000－1711－0003169　普 002905　子部/儒家類/儒學之屬/蒙學

小學集註六卷孝經集註一卷　(明)陳選撰　**忠經集註一卷**　(漢)鄭玄撰　清刻本　一册　存二卷(忠經、孝經)

330000－1711－0003170　普 002900　新學/圖學

圖學教程不分卷　(清)浙江高等學校編　清光緒三十三年(1907)浙江高等學校石印本　一册

330000－1711－0003171　普 004139　集部/總集類/選集之屬/斷代

皇朝經世文編目錄不分卷　清寶彝堂抄本　一册

330000－1711－0003172　普 002901　史部/政書類/邦計之屬/通紀

經濟大意不分卷　清光緒三十三年(1907)浙江高等學堂石印本　一册

330000－1711－0003173　普 002906　集部/曲類/曲韻曲譜曲律之屬

納書楹曲譜全集二十二卷　(清)葉堂撰　清道光二十八年(1848)刻本　二十册

330000－1711－0003174　普 002902　新學/醫學/衛生學

生理學講義不分卷　清光緒三十一年(1905)浙江高等學堂師範完全科石印本　一册

330000－1711－0003175　普 002903　新學/學校

師範完全科教育原理不分卷　清光緒三十一年(1905)浙江高等學堂石印本　一册

330000－1711－0003176　普 004140　經部/四書類/總義之屬/傳說

四書釋地補一卷續補一卷又續補一卷三續補一卷　(清)閻若璩撰　(清)樊廷枚校補　清刻本　四册

330000－1711－0003177　普 002907　子部/藝術類/書畫之屬/書法書品

孝經寫本不分卷　清宣統元年(1909)石印本　一册

330000－1711－0003178　普 004141　經部/四書類/總義之屬/傳說

四書釋地一卷續一卷又續一卷三續一卷附孟子生卒年月考一卷　(清)閻若璩撰　清刻本　一册　存一卷(又續)

330000－1711－0003182　普 004142　集部/總集類

題重輯桑海遺錄不分卷　清崔以學抄本　清崔以學跋　一册

330000－1711－0003190　普 002915　類叢部/類書類/專類之屬

淵鑑類函四百五十卷目錄四卷　(清)張英　(清)王士禛輯　清光緒十三年(1887)上海同文書局石印本　二十册　存一百九十三卷(目錄一至四,一至二十七、五十五至六十一、七十三至一百一、一百十一至二百三十六)

330000－1711－0003192　普 004143　史部/地理類/專志之屬/寺觀

重建沈山智標塔院記不分卷　(清)吳寧撰　清抄本　一册

330000－1711－0003194　普 004144　史部/

目録類/總録之屬/私撰

靜怡齋藏書目錄一卷藏畫目錄一卷 稿本 一册

330000－1711－0003195 普 004145 史部/史抄類

韻史二卷 （清）許遯翁撰 **補一卷** （清）朱玉岑撰 清抄本 二册

330000－1711－0003196 普 002921 類叢部/叢書類/彙編之屬

唐代叢書一百六十四種 （清）王文誥編 清刻本 二十四册

330000－1711－0003197 普 002931 集部/總集類/選集之屬/斷代

唐詩三百首註疏六卷 （清）孫洙編 （清）章燮注 清道光十五年（1835）麟玉山房刻本 五册 存五卷（一、三至六）

330000－1711－0003199 普 002923 集部/别集類/清别集

陳一齋先生文集六卷 （清）陳梓撰 清宣統三年（1911）上海國學扶輪社鉛印本 一册

330000－1711－0003200 普 002924 集部/别集類/清别集

弢園尺牘十二卷 （清）王韜撰 清光緒滬北淞隱廬鉛印本 三册 缺三卷（七至九）

330000－1711－0003201 普 004146 集部/别集類/唐五代别集

碧雲集三卷 （五代）李中撰 清不暇嬾齋抄本 一册 存一卷（一）

330000－1711－0003203 普 002932 集部/别集類/清别集

曝書亭集詩註二十四卷 （清）朱彝尊撰 （清）楊謙注 **年譜一卷** （清）楊謙撰 清楊氏木山閣刻本（卷二十三至二十四原缺） 十册

330000－1711－0003204 普 002926 集部/詞類/别集之屬

斷腸漱玉詞合刊二卷 （宋）朱淑真 （宋）李清照撰 清石印本 一册

330000－1711－0003206 普 002933 集部/别集類/清别集

袁太史時文不分卷 （清）袁枚撰 （清）秦大士編 清刻本 二册

330000－1711－0003209 普 002929 集部/别集類/清别集

曾文正公大事記四卷 （清）曾國藩撰 **曾文正公榮哀錄一卷曾文正公大事記四卷** （清）王安定撰 清光緒十四年（1888）鴻文書局鉛印本 一册

330000－1711－0003211 普 002930 集部/别集類/清别集

曾文正公家書十卷 （清）曾國藩撰 清光緒五年（1879）傳忠書局刻本 十册

330000－1711－0003212 普 002935 集部/别集類/清别集

春水船詩鈔一卷補遺一卷文鈔一卷 （清）俞思源撰 清光緒十二年（1886）刻宣統元年（1909）印本 一册

330000－1711－0003213 普 002936 集部/别集類

湘綺樓文集八卷 王闓運撰 清光緒三十四年（1908）京師湘靈文社鉛印本 四册

330000－1711－0003214 普 002937 集部/别集類/清别集

望溪先生文集十八卷集外文十卷集外文補遺二卷年譜二卷 （清）方苞撰 清咸豐元年（1851）戴鈞衡刻二年（1852）增刻本 十三册 缺二卷（文集六至七）

330000－1711－0003216 普 002938 集部/别集類/清别集

鮚埼亭集外編五十卷 （清）全祖望撰 **全謝山先生經史問答十卷** （清）史夢蛟重校 清嘉慶十六年（1811）刻本 十四册

330000－1711－0003218 普 002939 子部/藝術類/書畫之屬/畫譜

點石齋叢畫十卷 （清）尊聞閣主人輯 清光緒十一年（1885）上海點石齋石印本 八册

330000－1711－0003219　普 002940　集部/別集類/清別集

木雞書屋文鈔四卷文二集六卷三集八卷四集六卷五集六卷　(清)黄金臺撰　清道光五年至咸豐元年(1825－1851)刻同治十年(1871)黄晉馚心窗樓補刻本　二册　存八卷(文鈔一至四、三集一至四)

330000－1711－0003225　普 002944　集部/別集類/清別集

錢牧齋文鈔不分卷　(清)錢謙益撰　清宣統元年(1909)國學扶輪社鉛印本　四册

330000－1711－0003226　普 002945　子部/藝術類/書畫之屬/法帖

趙孟頫尺牘一卷　(元)趙孟頫書　清石印本　一册

330000－1711－0003227　普 002948　子部/藝術類/書畫之屬/法帖

初拓趙松雪道教碑不分卷　(元)趙孟頫書　清上海有正書局石印本　一册

330000－1711－0003230　普 002946　類叢部/叢書類/郡邑之屬

武林掌故叢編一百九十種　(清)丁丙編　清光緒三年至二十六年(1877－1900)錢塘丁氏嘉惠堂刻本([乾道]臨安志卷四至十五、南宋館閣録卷一原缺)　八十册　存一百三種

330000－1711－0003235　普 002955　集部/別集類/清別集

高辛研齋雜稿一卷詩稿一卷同人題贈一卷雜著二卷　(清)俞承德撰　**客窗閒話二卷**　(清)吳靖符撰　清咸豐六年(1856)平江三德堂刻本　三册

330000－1711－0003237　普 002956　子部/小說家類/雜事之屬

耐冷譚十六卷　(清)宋咸熙撰　清道光九年(1829)武林亦西齋刻本　七册　存十五卷(一至十五)

330000－1711－0003242　普 002958　集部/戲劇類/雜劇之屬

帝女花二卷　(清)黄燮清填詞　(清)查仲浩正譜　(清)諸嘉杲評文　清道光十三年(1833)刻本　二册

330000－1711－0003244　普 002959　史部/傳記類/總傳之屬/仕宦

歷代名臣言行錄二十四卷　(清)朱桓輯　清光緒十三年(1887)上海廣百宋齋鉛印本　十二册

330000－1711－0003251　普 002961　類叢部/叢書類/彙編之屬

粵雅堂叢書一百八十四種　(清)伍崇曜編　清道光二十九年至光緒十一年(1849－1885)南海伍氏刻彙印本(春秋五禮例宗卷四至六,乾道臨安志卷四至十五,群書治要卷四、十三、二十原缺)　四十六册　存三十種

330000－1711－0003253　普 004154　經部/小學類/文字之屬/字書/字體

漢隸分韵七卷　(元)□□撰　清抄本　三册　存四卷(一、三至五)

330000－1711－0003256　普 002973　集部/小說類/長篇之屬

第一才子書六十卷首一卷一百二十回　(明)羅本撰　(清)毛宗崗評　清光緒九年(1883)築野書屋刻本　二十册

330000－1711－0003257　普 002972　史部/傳記類/總傳之屬/仕宦

貳臣傳十二卷逆臣傳四卷　(清)國史館撰　清都城琉璃廠半松居士刻本　十二册

330000－1711－0003258　普 002974　集部/小說類/長篇之屬

第一才子書六十卷首一卷一百二十回　(明)羅本撰　(清)毛宗崗評　清光緒九年(1883)築野書屋刻本　二十册

330000－1711－0003259　普 004155　集部/總集類/酬唱之屬

鴛鴦湖櫂歌五種五卷　(清)朱彝尊　(清)譚吉璁撰　(清)陸以誠　(清)張燕昌續　清抄本　一册

330000－1711－0003260　普 002975　類叢部/叢書類/彙編之屬
後知不足齋叢書四十七種　(清)鮑廷爵編　清光緒常熟鮑氏刻本　一册　存一種

330000－1711－0003261　普 002976　集部/總集類/選集之屬/通代
宋元明詩三百首六卷摘句一卷　(清)朱梓　(清)冷昌言輯　清咸豐三年(1853)虞山顧氏家塾刻本　二册

330000－1711－0003262　普 002977　子部/儒家類/儒學之屬/禮教/鑑戒
敬脩閣唐詩便讀二卷　清光緒十七年(1891)鞠星堂刻本　一册

330000－1711－0003263　普 002978　集部/總集類/郡邑之屬
粵東三子詩鈔十四卷首一卷　(清)黄玉階編　清道光二十二年(1842)廣州刻本　五册

330000－1711－0003265　普 002979　集部/總集類/選集之屬/通代
古詩源十四卷　(清)沈德潛輯　清刻本　四册

330000－1711－0003266　普 002980　經部/周禮類/傳說之屬
周禮政要二卷　(清)孫詒讓撰　清光緒二十八年(1902)瑞安普通學堂刻本　二册

330000－1711－0003267　普 002981　經部/周禮類/傳說之屬
周禮政要二卷　(清)孫詒讓撰　清光緒二十八年(1902)瑞安普通學堂刻本　一册　存一卷(下)

330000－1711－0003269　普 002982　集部/小說類/長篇之屬
增像全圖三國志演義第一才子書八卷一百二十回首一卷　(明)羅本撰　(清)毛宗崗評　清光緒三十三年(1907)上海文新局石印本　一册　存二卷(首、一)

330000－1711－0003270　普 004158　集部/別集類/清別集
小異居詩抄不分卷　(清)馬華鼎撰　稿本　清蔣浩跋　一册

330000－1711－0003273　普 002985　子部/藝術類/書畫之屬/法帖
鄧石如法帖不分卷　(清)鄧石如書　清影印本　一册

330000－1711－0003274　普 004159　集部/別集類/清別集
香泉文抄不分卷　(清)馬華鼎撰　稿本　二册

330000－1711－0003275　普 004160　集部/別集類/清別集
香泉文抄不分卷　(清)馬華鼎撰　稿本　四册

330000－1711－0003276　普 002986　史部/金石類/石之屬/字書
寰宇貞石圖六卷　楊守敬編　清宣統元年(1909)宜都楊守敬飛青閣影印本　六册

330000－1711－0003280　普 002987　經部/周禮類/傳說之屬
欽定周官義疏六卷首一卷　清末鉛印本　二册

330000－1711－0003282　普 004161　子部/宗教類/道教之屬
性命圭旨圖說四卷　清抄本　一册　存一卷(一)

330000－1711－0003285　普 003005　子部/醫家類/方書之屬/單方驗方
四科簡效方四卷　(清)王士雄撰　清光緒十一年(1885)越州徐氏刻本　四册

330000－1711－0003288　普 003006　史部/雜史類/斷代之屬
戰國策三十三卷　(漢)高誘注　**重刻剡川姚氏本戰國策札記三卷**　(清)黄丕烈撰　清刻本　二册　存十卷(十九至二十五、札記一至三)

330000－1711－0003290　普 002993　史部/

政書類/公牘檔冊之屬
浙江諮議局第二屆常年會議決案不分卷 (清)浙江諮議局輯 清宣統三年(1911)鉛印本 一冊

330000-1711-0003291 普004163 子部/藝術類/遊藝之屬/聯語
俞蔭甫集漢隸聯四卷 (清)俞樾撰 清光緒二十八年(1902)抄本 清剛孚錄 一冊

330000-1711-0003292 普003007 子部/醫家類/類編之屬
醫書五種 (清)王士雄撰 清光緒十八年(1892)上海醉六堂刻本 八冊 存四種

330000-1711-0003293 普002994 集部/總集類/選集之屬/斷代
清暉贈言十卷 (清)徐永宣輯 清宣統三年(1911)順德鄧氏風兩樓鉛印本 三冊

330000-1711-0003294 普004164 集部/總集類/彙編之屬
輓聯錄存不分卷 稿本 二冊

330000-1711-0003295 普002995 子部/道家類
莊子内篇註四卷 (明)釋德清撰 清光緒十四年(1888)金陵刻經處刻本 一冊 存二卷(一至二)

330000-1711-0003297 普002997 經部/周禮類/傳說之屬
欽定周官義疏四十八卷首一卷 (清)鄂爾泰等纂 清刻本 二十八冊 缺三卷(首、三至四)

330000-1711-0003299 普002998 子部/宗教類/道教之屬/雜著
新鋟葛稚川内篇四卷外篇四卷 (晉)葛洪撰 (明)盧舜治評 清刻本 四冊 存四卷(外篇一至四)

330000-1711-0003300 普003009 史部/地理類/水利之屬
浙西水利備考不分卷 (清)王鳳生撰 清光緒四年(1878)浙江書局刻本 四冊

330000-1711-0003301 普002999 子部/道家類
陰符經二卷 (元)王道淵注 **太上説常清靜經一卷** (元)李道純注 **心印妙經一卷** (宋)李簡易注 **胎息經一卷** 幻真先生注 清刻本 一冊

330000-1711-0003302 普003000 經部/禮記類/傳說之屬
禮記陳氏集説十卷 (元)陳澔撰 清同治五年(1866)金陵書局刻本 十冊

330000-1711-0003304 普003011 史部/地理類/水利之屬
浙西水利備考不分卷 (清)王鳳生撰 清刻本 三冊

330000-1711-0003305 普004165 新學/動植物學/植物學
最新實驗植物學不分卷 (清)邵溓編 清抄本 一冊

330000-1711-0003307 普003001 類叢部/類書類/專類之屬
佩文韻府一百六卷 (清)張玉書 (清)蔡升元等輯 **韻府拾遺一百六卷** (清)汪灝 (清)何焯等輯 清光緒二十一年(1895)上海點石齋石印本 二十四冊

330000-1711-0003311 普004168 集部/別集類/清別集
御製詩二集九十卷目錄十卷 (清)高宗弘曆撰 清抄本 三冊 存八卷(十至十二、十六至二十)

330000-1711-0003312 普004169 子部/藝術類/遊藝之屬/棋弈
不古編六家譜一卷 清抄本 一冊

330000-1711-0003314 普004170 子部/醫家類/方書之屬/單方驗方
集試良方不分卷 清抄本 一冊

330000-1711-0003315 普003015 集部/總集類/選集之屬/通代
六朝文絜四卷 (清)許槤評選 清光緒三年

(1877)馮氏讀有用書齋刻套印本　二册

330000－1711－0003316　普003016　集部/總集類/郡邑之屬
浙西六家詩鈔六卷　(清)吳應和等撰　清道光七年(1827)紫薇山館刻本　六册

330000－1711－0003317　普003017　集部/別集類/清別集
敬承堂憶存二卷詩稿刪存一卷守撫紀畧一卷　(清)鍾峻撰　清同治十三年(1874)木活字印本　四册

330000－1711－0003319　普004172　集部/別集類/清別集
歙幽小艸一卷　(清)金俞邁撰　清抄本　一册

330000－1711－0003320　普003022　子部/醫家類/醫案之屬
洄溪醫案一卷　(清)徐大椿撰　清光緒十五年(1889)上海江左書林刻本　一册　存一種

330000－1711－0003322　普004173　集部/別集類/清別集
隨見錄不分卷　(清)徐敬亭等撰　清抄本　一册

330000－1711－0003325　普003026　子部/醫家類/醫案之屬
陳氏醫按不分卷　(清)陳念祖撰　清光緒三十二年(1906)望海堂刻本　一册

330000－1711－0003327　普003019　子部/醫家類/溫病之屬/瘟疫
霍亂論二卷　(清)王士雄撰　清咸豐元年(1851)吟香書屋刻本　一册

330000－1711－0003328　普003020　子部/藝術類/遊藝之屬/棋弈
奕譜二卷　(清)范世勳撰　清刻本　一册

330000－1711－0003329　普003021　新學/格致總
格致彙編不分卷　(英國)傅蘭雅輯　清光緒二年至十八年(1876－1892)上海格致書院鉛印本　一册

330000－1711－0003332　普003028　經部/詩類/傳說之屬
詩經備旨萃精八卷　(清)吳朝贊增輯　(清)吳祖培　(清)吳祖植編次　清刻本　一册　存二卷(一至二)

330000－1711－0003334　普003030　類叢部/叢書類/彙編之屬
申報館叢書正集五十七種附錄三種　(清)尊聞閣主編　**續集一百四十二種**　蔡爾康編　清同治至光緒上海申報館鉛印本　一册　存一種

330000－1711－0003335　普003031　子部/小說家類/雜事之屬
語新二卷　(清)錢學綸撰　清鉛印本　一册　存一卷(二)

330000－1711－0003339　普003035　子部/醫家類/醫經之屬/内經
内經知要二卷　(清)李中梓輯並注　清光緒三十三年(1907)上海普新端記書局石印本　一册

330000－1711－0003344　普003038　子部/醫家類
繪圖中西醫學入門二卷　(清)唐宗海撰　清末石印本　二册

330000－1711－0003349　普003043　子部/醫家類/兒科之屬/痘疹
增補秘傳痘疹玉髓金鏡錄真本四卷首一卷　(明)翁仲仁輯著　(清)仇天一參閱　清光緒三十年(1904)上海書局石印本　一册　存四卷(首、一至三)

330000－1711－0003350　普003044　子部/醫家類/醫案之屬
寓意草一卷　(明)喻昌撰　清光緒二十年(1894)上海圖書集成印書局鉛印本　一册

330000－1711－0003352　普004177　經部/小學類/文字之屬/說文
說文解字注不分卷　(清)段玉裁撰　清抄本

一册

330000－1711－0003354　普 004178　史部/傳記類/總傳之屬/姓名

清代書畫家姓名錄不分卷　清抄本　一册

330000－1711－0003356　普 003046　新學/幼學類

文學興國策二卷　(美國)林樂知譯　清光緒二十二年(1896)圖書集成局鉛印本　二册

330000－1711－0003364　普 004180　子部/術數類/相宅相墓之屬

地理指迷三卷　(明)周景一撰　清抄本　一册　存一卷(中)

330000－1711－0003365　普 003049　集部/總集類/尺牘之屬

昭代名人尺牘二十四卷小傳二十四卷　(清)吳修輯　清末影印本　七册　存七卷(四、六、十、十七至十八、二十二、□)

330000－1711－0003366　普 003056　類叢部/叢書類/彙編之屬

申報館叢書正集五十七種附錄三種　(清)尊聞閣主編　**續集一百四十二種**　蔡爾康編　清同治至光緒上海申報館鉛印本　二册　存二種

330000－1711－0003367　普 003057　經部/詩類/傳說之屬

御案詩經備旨萃精八卷　(清)鄒聖脈纂輯　清刻本　一册　存二卷(四至五)

330000－1711－0003368　普 003058　子部/醫家類/醫案之屬

古今醫案按選四卷　(清)俞震撰　(清)王士雄選　清光緒三十年(1904)會稽董氏取斯堂刻本　二册

330000－1711－0003377　普 004181　集部/總集類

詩鈔不分卷　清抄本　五册

330000－1711－0003392　普 003088　史部/地理類/方志之屬/郡縣志

[光緒]浦江縣志十五卷首一卷附殉難錄二卷　(清)善廣修　(清)張景青纂　清刻本　一册　存二卷(十一至十二)

330000－1711－0003394　普 004184　子部/宗教類/佛教之屬/經

諸經實錄一卷　清光緒十四年(1888)抄本　一册

330000－1711－0003396　普 004185　子部/雜著類/雜考之屬

日知錄補正一卷　清抄本　一册

330000－1711－0003400　普 003090　史部/政書類/公牘檔册之屬

浙江諮議局第一屆常年會議決案不分卷第二屆常年會議決案不分卷　(清)浙江諮議局編　清宣統鉛印本　一册

330000－1711－0003403　普 003091　史部/政書類/邦計之屬

廣西財政沿革利弊說明書十三卷首一卷　(清)廣西財政清理局編　清宣統二年(1910)廣西官書局鉛印本　十册　存十卷(首,一至二、四、六至七、九至十一、十三)

330000－1711－0003404　普 003092　史部/政書類/公牘檔册之屬

浙江諮議局第二屆第一次臨時會議決案不分卷　(清)浙江諮議局編　清宣統三年(1911)鉛印本　二册

330000－1711－0003421　普 004188　子部/藝術類/遊藝之屬/棋弈

石室秘傳彙集圍棋譜四卷　清抄本　一册

330000－1711－0003432　普 004190　子部/藝術類/遊藝之屬/棋弈

松蔭亭奕譜不分卷　稿本　一册

330000－1711－0003434　普 004191　子部/術數類/相宅相墓之屬

堪輿經歌訣一卷啖蔗錄一卷　(清)袁守定撰　清抄本　一册

330000－1711－0003436　普 004192　子部/

醫家類/婦科之屬
女科類纂二卷 清抄本 一冊

330000－1711－0003438 普 004193 子部/醫家類/傷寒金匱之屬/傷寒論
傷寒黃金策一卷 (清)汪堯夫撰 清道光十二年(1832)抄本 清亭階題跋 一冊

330000－1711－0003441 普 003129 集部/別集類
靜庵文集一卷詩稿一卷 王國維撰 清光緒三十一年(1905)鉛印本 一冊

330000－1711－0003442 普 003119 集部/別集類/清別集
菽歡堂詩集十六卷詩餘四卷 (清)王丹墀撰 清咸豐三年(1853)刻本 五冊

330000－1711－0003447 普 003124 集部/別集類/清別集
竹堂稿不分卷 (清)馬慶蓉撰 清道光二十九年(1849)刻本 一冊

330000－1711－0003449 普 003126 集部/總集類/彙編之屬
海昌麗則五種 (清)吳騫編 清乾隆至嘉慶吳氏刻本 一冊 存二種

330000－1711－0003450 普 004194 子部/雜著類/雜說之屬
閨小紀四卷 (清)周亮工撰 (清)周在浚等編次 清抄本 一冊

330000－1711－0003451 普 004195 子部/雜著類/雜纂之屬
意林五卷 (唐)馬總撰 清衍芬草堂抄本 一冊 存二卷(一至二)

330000－1711－0003454 普 003128 經部/小學類/文字之屬
海寧州小學堂第一年課藝不分卷 (清)朱仲英鑒定 朱寶瑨編次 清光緒二十八年(1902)刻本 一冊

330000－1711－0003458 普 003130 子部/天文曆算類/算書之屬
緝古筭經三卷 (唐)王孝通撰並注 (清)張敦仁細草 清嘉慶八年(1803)藝學軒刻本 一冊 存二卷(一至二)

330000－1711－0003459 普 003131 史部/紀傳類/正史之屬
北史一百卷 (唐)李延壽撰 清刻本 一冊 存二卷(十一、□)

330000－1711－0003460 普 004199 子部/醫家類/本草之屬/本草藥性
藥性蒙求一卷 (清)張仁錫輯 清抄本 一冊

330000－1711－0003461 普 004200 子部/醫家類/外科之屬/癰疽、疔瘡
疔瘡總類不分卷 清世美堂抄本 一冊

330000－1711－0003462 普 004201 子部/醫家類/綜合之屬
誠書摘要不分卷 (清)談心揆撰 稿本 一冊

330000－1711－0003463 普 003132 集部/別集類/清別集
碧蘿吟館詩集九卷詩餘一卷碧蘿吟館唱和詩詞五卷 (清)馬錦撰 清刻本 三冊 缺三卷(碧蘿吟館唱和詩詞一至三)

330000－1711－0003464 普 004202 子部/醫家類/醫經之屬/内經
重訂駱龍吉内經拾遺方論四卷 (宋)駱龍吉撰 (明)劉浴德 (明)朱練訂 清抄本 二冊 存三卷(一至二、四)

330000－1711－0003465 普 003133 集部/別集類/清別集
道古樓詩選二卷 (清)馬思贊撰 清道光七年(1827)刻本 二冊

330000－1711－0003467 普 003136 類叢部/叢書類/郡邑之屬
海昌叢載三十二種 (清)羊復禮編 清光緒海昌羊氏傳卷樓粵東刻本 二冊 存二種

330000－1711－0003468 普 003135 類叢

部/叢書類/郡邑之屬

海昌叢載甲編八種 (清)羊復禮輯 清光緒海昌羊氏傳卷樓粵東刻民國六年(1917)陝西圖書館印本 一冊 存一種

330000－1711－0003469 普003137 類叢部/叢書類/郡邑之屬

海昌叢載三十二種 (清)羊復禮編 清光緒海昌羊氏傳卷樓粵東刻本 二冊 存二種

330000－1711－0003470 普003138 集部/別集類/清別集

隱溪詩草一卷 (清)朱靜江撰 (清)馬桐芳選 清晚香書屋刻本 一冊

330000－1711－0003471 普003139 集部/別集類/清別集

為可堂初集四十二卷又論十卷外集二卷集選十卷梅里詞三卷 (清)朱一是撰 清初刻本 三冊 存八卷(初集三至七、十四至十六)

330000－1711－0003472 普003140 子部/雜著類/雜說之屬

蠹菴雜述二卷 (明)朱朝瑛撰 清刻本 一冊 存一卷(二)

330000－1711－0003473 普003141 類叢部/叢書類/郡邑之屬

武林掌故叢編一百九十種 (清)丁丙編 清光緒三年至二十六年(1877－1900)錢塘丁氏嘉惠堂刻本 二冊 存一種

330000－1711－0003474 普004203 子部/醫家類/綜合之屬

沈氏尊生書撮要不分卷 (清)沈金鰲輯 清抄本 清楊問禪題跋 一冊

330000－1711－0003475 普004204 子部/醫家類/綜合之屬/通論

醫學問津不分卷 清抄本 一冊

330000－1711－0003476 普004205 子部/醫家類/本草之屬/本草藥性

嵩陽藥目一卷 (清)冀袓集注 (清)蔣振墀較輯 清抄本 一冊

330000－1711－0003477 普004206 子部/醫家類/綜合之屬/雜著

醫苑偶鈔不分卷 清抄本 一冊

330000－1711－0003478 普004207 子部/醫家類/溫病之屬/瘟疫

廣瘟疫論四卷末一卷 (清)戴天章著 清抄本 一冊 存二卷(一至二)

330000－1711－0003480 普004209 子部/兵家類

戎幕管窺三卷 (清)忍冬館主編 清抄本 一冊 存一卷(三)

330000－1711－0003486 普003142 類叢部/叢書類/郡邑之屬

武林掌故叢編一百九十種 (清)丁丙編 清光緒三年至二十六年(1877－1900)錢塘丁氏嘉惠堂刻本 二冊 存一種

330000－1711－0003487 普003143 類叢部/叢書類/彙編之屬

學古堂日記初編十五種 (清)雷浚撰 (清)吳履剛編 清光緒十六年(1890)刻本 一冊

330000－1711－0003489 普004210 子部/法家類

成案續鈔不分卷 清抄本 五冊

330000－1711－0003502 普004212 史部/傳記類/總傳之屬

氏族補略一卷獺祭錄□□卷 清抄本 一冊 存五卷(氏族補略、獺祭錄二十四至二十七)

330000－1711－0003506 普004213 史部/目録類/總録之屬/私撰

藏書目不分卷 清抄本 一冊

330000－1711－0003511 普004214 史部/目録類/書志之屬

書目不分卷 清抄本 一冊

330000－1711－0003517 普003173 子部/醫家類/醫案之屬

洄溪醫案一卷 (清)徐大椿撰 清咸豐七年(1857)海昌蔣氏衍芬草堂刻本 一冊

330000－1711－0003520　普004215　史部/雜史類/斷代之屬
崇禎朝紀略四卷　清抄本　一冊　存一卷(四)

330000－1711－0003521　普004216　史部/載記類
致總理衙門信稿不分卷　稿本　一冊

330000－1711－0003526　普004217　集部/別集類/清別集
庸盦海外文編不分卷　(清)薛福成撰　清光緒三十一年(1905)抄本　一冊

330000－1711－0003527　普004218　新學/報章
舊報文摘不分卷　清光緒三十一年(1905)抄本　一冊

330000－1711－0003529　普004219　經部/小學類/訓詁之屬/爾雅
爾雅節鈔三卷　清抄本　一冊

330000－1711－0003531　普003182　集部/總集類/選集之屬/通代
六朝文絜四卷　(清)許槤評選　清道光五年(1825)海昌許氏享金寶石齋刻本　一冊

330000－1711－0003532　普004220　經部/小學類/文字之屬/說文
說文考異五卷　(清)顧廣圻撰　清抄本　一冊

330000－1711－0003533　普003183　集部/詞類/別集之屬
曼廬詞一卷　(清)許頌鼎撰　清光緒三十三年(1907)海寧許溎祥家刻本　一冊

330000－1711－0003534　普003184　集部/別集類/清別集
狷叟詩錄一卷　(清)許溎祥撰　清光緒三十二年(1906)刻本　一冊

330000－1711－0003536　普004221　史部/紀傳類/通代之屬
古史記編不分卷　清抄本　一冊

330000－1711－0003547　普003187　子部/藝術類/遊藝之屬/棋弈
子仙百局不分卷　(清)陳子仙等撰　(清)趙晉卿編　清光緒十六年(1890)刻本　一冊

330000－1711－0003548　普003188　子部/藝術類/遊藝之屬/棋弈
子仙百局不分卷　(清)陳子仙等撰　(清)趙晉卿編　清光緒十六年(1890)刻本　一冊

330000－1711－0003550　普003190　集部/別集類/清別集
爾室文鈔二卷　(清)陳敬璋撰　清咸豐二年(1852)刻本　一冊

330000－1711－0003554　普003211　類叢部/類書類/專類之屬
格致鏡原一百卷　(清)陳元龍撰　清刻本　五冊　存二十一卷(五至二十二、二十八至三十)

330000－1711－0003557　普003212　集部/別集類/清別集
雪映廬遺稿三卷　(清)孫祖望　(清)孫祖珍　(清)孫祖京撰　(清)孫清編　**雪映廬唱和藁存一卷**　(清)孫祖珍撰　清光緒十七年(1891)芳潤閣刻本　一冊

330000－1711－0003558　普003215　集部/別集類/清別集
芧栗園吟草四卷閒情集一卷　(清)孫清撰　清光緒二十四年至二十八年(1898－1902)刻本　一冊　缺一卷(閒情集)

330000－1711－0003559　普003213　集部/別集類/清別集
雪映廬遺稿三卷　(清)孫祖望　(清)孫祖珍　(清)孫祖京撰　(清)孫清編　**雪映廬唱和藁存一卷**　(清)孫祖珍撰　清光緒十七年(1891)芳潤閣刻本　一冊

330000－1711－0003560　普003214　集部/別集類/清別集
雪映廬遺稿三卷　(清)孫祖望　(清)孫祖珍　(清)孫祖京撰　(清)孫清編　**雪映廬唱和**

藁存一卷　(清)孫祖珍撰　清光緒十七年(1891)芳潤閣刻本　一册

330000－1711－0003562　普 003216　集部/別集類/清別集
芋栗園吟草四卷閒情集一卷　(清)孫清撰　清光緒二十四年至二十八年(1898－1902)刻本　一册　缺一卷(芋栗園吟草四)

330000－1711－0003564　普 003197　類叢部/叢書類/郡邑之屬
海昌叢載三十二種　(清)羊復禮編　清光緒海昌羊氏傳卷樓粵東刻本　一册　存四種

330000－1711－0003565　普 003217　集部/別集類/清別集
琴廂吟草六卷　(清)孫清撰　清光緒十八年(1892)芳潤閣刻本　一册　存五卷(一至五)

330000－1711－0003566　普 003198　子部/小説家類/雜事之屬
庸閒齋筆記十二卷首一卷庸閒老人自敘一卷　(清)陳其元撰　清光緒十五年(1889)上海檢古齋石印本　五册

330000－1711－0003567　普 003218　集部/別集類/清別集
琴廂吟草六卷　(清)孫清撰　清光緒十八年(1892)芳潤閣刻本　一册　存二卷(一至二)

330000－1711－0003568　普 003219　集部/別集類/清別集
琴廂吟草六卷　(清)孫清撰　清光緒十八年(1892)芳潤閣刻本　一册

330000－1711－0003569　普 004222　子部/藝術類/篆刻之屬/印譜
題張叔田印譜不分卷　(清)張叔田篆　清光緒二十五年(1899)鈐印本　一册

330000－1711－0003570　普 003220　集部/別集類/清別集
琴廂吟草六卷　(清)孫清撰　清光緒十八年(1892)芳潤閣刻本　一册　存五卷(一至五)

330000－1711－0003571　普 003221　集部/別集類/清別集
琴廂吟草六卷　(清)孫清撰　清光緒十八年(1892)芳潤閣刻本　一册

330000－1711－0003573　普 003200　史部/傳記類/別傳之屬/事狀
庸閒老人自敘一卷　(清)陳其元撰　清光緒刻本　一册

330000－1711－0003574　普 003222　集部/別集類/清別集
依舊吾廬吟草五卷閒情集一卷　(清)孫清撰　清光緒十九年(1893)芳潤閣刻本　一册

330000－1711－0003576　普 003234　集部/別集類/清別集
依舊吾廬吟草五卷閒情集一卷　(清)孫清撰　清光緒十九年(1893)芳潤閣刻本　一册　存二卷(依舊吾廬吟草一至二)

330000－1711－0003578　普 004223　子部/藝術類/篆刻之屬/印譜
雪廬百印二卷　(清)王琛輯並注　清光緒二十八年(1902)鈐印本　一册　存一卷(一)

330000－1711－0003583　普 003229　集部/別集類/清別集
韻篁山館詩集一卷　(清)陳德輝撰　清刻本　一册

330000－1711－0003587　普 004225　經部/小學類/文字之屬/説文
説文提要一卷　(清)陳建侯撰　清抄本　一册

330000－1711－0003589　普 003236　集部/別集類/清別集
最樂山莊詩鈔七卷　(清)陸齊壽撰　清道光二十九年(1849)刻本　二册

330000－1711－0003590　普 003237　集部/別集類/清別集
於斯閣詩鈔六卷　(清)陸素生撰　清嘉慶二十三年(1818)刻本　一册

330000－1711－0003597　普 003246　集部/

別集類/清別集

雞牕百二稾八卷杏春詞賸一卷續稾十二卷寱餘錄一卷三續稾十卷四續稾二卷 （清）宋棟撰 清道光元年至二十六年(1821－1846)刻本 二册 存九卷(雞牕百二稾一至八、杏春詞賸)

330000－1711－0003599 普003247 集部/別集類/清別集

雞牕百二稾八卷杏春詞賸一卷續稾十二卷寱餘錄一卷三續稾十卷四續稾二卷 （清）宋棟撰 清道光元年至二十六年(1821－1846)刻本 一册 存七卷(雞牕續稾一至七)

330000－1711－0003600 普003241 類叢部/叢書類/彙編之屬

清風室叢刊二十種 （清）錢保塘編 清同治十年至民國二十五年(1871－1936)海寧錢氏清風室刻本 二册 存一種

330000－1711－0003602 普003242 類叢部/叢書類/彙編之屬

清風室叢刊二十種 （清）錢保塘編 清同治十年至民國二十五年(1871－1936)海寧錢氏清風室刻本 二册 存一種

330000－1711－0003603 普003243 類叢部/叢書類/彙編之屬

清風室叢刊二十種 （清）錢保塘編 清同治十年至民國二十五年(1871－1936)海寧錢氏清風室刻本 一册 存一種

330000－1711－0003604 普003244 集部/別集類/清別集

百一山房集十卷 （清）應時良撰 清光緒十八年(1892)海寧鍾氏刻本 四册

330000－1711－0003605 普004228 子部/藝術類/篆刻之屬/印譜

游戲墨池不分卷 （清）朱養浩篆 清鈐印本 一册

330000－1711－0003607 普004229 子部/藝術類/篆刻之屬/印譜

求是齋印譜不分卷 （清）陳豫鍾篆刻 清鈐印本 清援鶉居士題跋 一册 存一次

330000－1711－0003608 普004230 子部/藝術類/篆刻之屬/印譜

印譜不分卷 清鈐印本 一册

330000－1711－0003609 普004231 子部/藝術類/篆刻之屬/印譜

三星贊印譜不分卷 （清）湯銘篆刻 清鈐印本 一册

330000－1711－0003612 普004232 子部/藝術類/篆刻之屬/印譜

聽蕉軒印譜不分卷 清鈐印本 一册

330000－1711－0003613 普004233 子部/藝術類/篆刻之屬/印譜

聚石齋印譜不分卷 清光緒九年(1883)鈐印本 二册

330000－1711－0003614 普003252 集部/別集類/清別集

沈樓詩鈔一卷 （清）沈元熙撰 清道光六年(1826)容安居刻本 一册

330000－1711－0003615 普004234 子部/藝術類/篆刻之屬/印譜

問棵華館印存不分卷 清鈐印本 一册

330000－1711－0003616 普003253 集部/別集類/清別集

雞牕百二稾八卷杏春詞賸一卷續稾十二卷寱餘錄一卷三續稾十卷四續稾二卷 （清）宋棟撰 清道光元年至二十六年(1821－1846)刻本 二册 存十一卷(雞牕三續稾一至十、四續稾一)

330000－1711－0003618 普004235 子部/藝術類/篆刻之屬/印譜

蒼石齋篆印不分卷 吴昌碩篆 清鈐印本 一册

330000－1711－0003619 普004236 子部/藝術類/篆刻之屬/印譜

業精於勤印譜不分卷 清鈐印本 一册

330000－1711－0003620 普004237 子部/

藝術類/篆刻之屬/印譜

江山奇气樓印譜不分卷 (清)熊寶壽篆 清鈐印本 一册

330000－1711－0003621 普 004238 子部/藝術類/篆刻之屬/印譜

詩品印譜不分卷 (清)熊寶壽篆 清鈐印本 一册

330000－1711－0003628 普 004242 子部/藝術類/書畫之屬/書法書品

近代名人手札不分卷 張謇等撰 稿本 一册

330000－1711－0003632 普 004244 集部/別集類/清別集

餘事學書樓不分卷 (清)蔣士夔撰 清抄本 一册

330000－1711－0003633 普 003260 子部/醫家類/類編之屬

吴氏醫學述 (清)吴儀洛輯 清刻本 五册 存一種

330000－1711－0003634 普 003261 子部/醫家類/本草之屬/歷代綜合本草

本草從新十八卷 (清)吴儀洛輯 清光緒二十年(1894)學庫山房刻本 五册 缺二卷(二至三)

330000－1711－0003635 普 004245 史部/地理類/方志之屬/郡縣志

[乾隆]寧志餘聞八卷 (清)周廣業纂 清抄本 四册 存六卷(一至四、七至八)

330000－1711－0003636 普 004246 集部/別集類/清別集

敬修堂詩一卷 (清)查繼佐撰 清翠薇山房抄本 一册

330000－1711－0003637 普 004247 集部/別集類/清別集

東山敬修堂詩集不分卷 (清)查繼佐撰 清抄本 一册

330000－1711－0003638 普 004248 子部/藝術類/書畫之屬/書法書品

老子道德經不分卷 (清)朱一飛書 清乾隆四十一年(1776)稿本 清朱一飛跋 一册

330000－1711－0003639 普 003262 集部/別集類/清別集

涵翠閣吟藁四卷 (清)吴均撰 清宣統二年(1910)鉛印本 二册

330000－1711－0003640 普 003263 集部/別集類/清別集

涵翠閣吟藁四卷 (清)吴均撰 清宣統二年(1910)鉛印本 二册

330000－1711－0003647 普 004249 子部/藝術類/書畫之屬/書法書品

羣仙高會賦真蹟不分卷 (清)馮春木書 稿本 清禾中題記 一册

330000－1711－0003652 普 004250 子部/藝術類/書畫之屬/畫法畫品

山水尺頁不分卷 (清)康濤繪 清乾隆五十八年(1793)康濤稿本 一册

330000－1711－0003654 普 004251 子部/藝術類/書畫之屬/書法書品

書翰真蹟不分卷 稿本 一册

330000－1711－0003655 普 003275 集部/總集類/尺牘之屬

國朝名人小簡二卷 吴曾祺輯 清宣統元年(1909)上海商務印書館鉛印本 二册

330000－1711－0003657 普 003277 集部/總集類/尺牘之屬

國朝名人書札二卷 吴曾祺編纂 清宣統三年(1911)上海商務印書館鉛印本 四册

330000－1711－0003658 普 003278 集部/總集類/尺牘之屬

國朝名人書札二卷 吴曾祺編纂 清宣統元年(1909)上海商務印書館鉛印本 四册

330000－1711－0003661 普 004252 子部/藝術類/書畫之屬/書法書品

書翰真跡不分卷 (清)溫綸湛等撰 稿本

一册

330000－1711－0003667　普 004254　子部/醫家類/溫病之屬/其他溫疫病證

溫熱經緯五卷　（清）王士雄撰　清抄本　五册

330000－1711－0003671　普 004255　史部/傳記類/科舉録之屬/總録

海寧士林錄不分卷　清抄本　一册

330000－1711－0003672　普 004526　史部/地理類/山川之屬/合志

峽石山水志略二卷　（清）蔣宏任補訂　清抄本　一册

330000－1711－0003680　普 003292　類叢部/叢書類/家集之屬

海昌俞氏叢刻四種　（清）俞承德輯　清咸豐六年（1856）平江三德堂刻本　四册　存三種

330000－1711－0003684　普 004261　史部/雜史類

海寧倭事始末記一卷　（清）吴騫撰　清宣統三年（1911）靜得樓抄本　管元耀跋　一册

330000－1711－0003686　普 003296　子部/藝術類/遊藝之屬/棋弈

桃花泉奕譜二卷　（清）范世勳撰　清乾隆三十年（1765）錫山浦氏靜寄東軒刻本　二册

330000－1711－0003687　普 004262　子部/藝術類/書畫之屬/題跋

拜經樓書畫題跋記一卷　（清）吳壽旸編　清宣統三年（1911）抄本　費寅跋　一册

330000－1711－0003688　普 003297　子部/藝術類/遊藝之屬/棋弈

子仙百局不分卷　（清）陳子仙等撰　（清）趙晉卿編　清光緒十六年（1890）刻本　一册

330000－1711－0003690　普 003298　子部/藝術類/遊藝之屬/棋弈

聽秋軒弈譜一卷　題（清）龍椒散人輯　清同治十二年（1873）刻本　一册

330000－1711－0003701　普 004268　集部/別集類/明別集

斗南老人集六卷　（明）胡奎撰　清抄本　一册　存一卷（二）

330000－1711－0003702　普 003305　集部/別集類/清別集

熙齋詩鈔一卷　（清）祝琳撰　清道光二十二年（1842）刻本　一册

330000－1711－0003705　普 003308　集部/別集類/清別集

延綠草堂詩存四卷　（清）祝德輿撰　清道光十九年（1839）刻本　一册

330000－1711－0003706　普 003309　集部/別集類/清別集

延綠草堂詩存四卷　（清）祝德輿撰　清道光十九年（1839）刻本　一册

330000－1711－0003708　普 003310　類叢部/叢書類/自著之屬

周松靄先生遺書八種　（清）周春撰　清乾隆至嘉慶刻本　一册　存一種

330000－1711－0003709　普 003311　類叢部/叢書類/彙編之屬

粤雅堂叢書一百八十四種　（清）伍崇曜編　清道光至光緒南海伍氏刻本　七册　存一種

330000－1711－0003710　普 004270　集部/別集類/清別集

行彬文稿不分卷　許行彬撰　清宣統元年（1909）稿本　一册

330000－1711－0003711　普 003312　史部/地理類/遊記之屬/紀行

冬集紀程一卷附詩一卷　（清）周廣業撰　清道光二十年（1840）種松書塾刻本　一册

330000－1711－0003712　普 004271　史部/傳記類/總傳之屬/家乘

［浙江海寧］明嘉靖朱氏宗譜跋語不分卷　（清）朱承祜　（清）朱昌燕書　清光緒十三年（1887）稿本　一册

330000－1711－0003714　普 003313　史部/

地理類/遊記之屬/紀行
冬集紀程一卷附詩一卷 (清)周廣業撰 清道光二十年(1840)種松書塾刻本 一冊

330000－1711－0003716 普003315 子部/醫家類/醫經之屬
證治鍼經四卷 (清)郭誠勳輯 清道光八年(1828)得且堂刻本 二冊

330000－1711－0003718 普003316 集部/別集類/清別集
清華館詩稿一卷 (清)郭沈昶撰 清同治郭華刻本 一冊

330000－1711－0003719 普004274 類叢部/類書類/通類之屬
喻林不分卷 (清)懶耕農手摘 清抄本 清懷萱題記 一冊

330000－1711－0003721 普004275 集部/別集類
壽石山房詩鈔不分卷 (清)羊錫齡著 清張花农抄本 朱宇蒼題跋 一冊

330000－1711－0003723 普004277 集部/別集類/唐五代別集
杜詩選不分卷 (唐)杜甫撰 清抄本 朱宇蒼題記 一冊

330000－1711－0003724 普004278 集部/總集類
新文選不分卷 朱宇蒼輯 稿本 朱宇蒼跋 一冊

330000－1711－0003725 普004279 經部/小學類/音韻之屬/韻書
古音論彙不分卷 (清)顧炎武著 清朱宇蒼抄本 三冊

330000－1711－0003727 普004281 集部/別集類/清別集
沈樓吟稿集不分卷 (清)沈寅烈撰 清抄本 一冊

330000－1711－0003728 普004282 集部/別集類/清別集
雞窓詩稿不分卷 (清)宋楗撰 清抄本 一冊

330000－1711－0003729 普003318 集部/別集類/唐五代別集
顧華陽集三卷 (唐)顧況撰 **補遺一卷** (清)顧球輯 清同治元年(1862)顧氏雙峯堂刻民國二十年(1931)重印本 二冊

330000－1711－0003730 普003321 類叢部/叢書類/彙編之屬
清風室叢刊二十種 (清)錢保塘編 清同治十年至民國二十五年(1871－1936)海寧錢氏清風室刻本 八冊 存四種

330000－1711－0003731 普003320 類叢部/叢書類/彙編之屬
清風室叢刊二十種 (清)錢保塘編 清同治十年至民國二十五年(1871－1936)海寧錢氏清風室刻本 二冊 存二種

330000－1711－0003732 普003319 類叢部/叢書類/彙編之屬
清風室叢刊二十種 (清)錢保塘編 清同治十年至民國二十五年(1871－1936)海寧錢氏清風室刻本 一冊 存 種

330000－1711－0003737 普003326 集部/別集類/清別集
春江雜感一卷 (清)鄒師謙撰 清光緒二十九年(1903)一松草堂刻本 一冊

330000－1711－0003739 普003328 集部/總集類/彙編之屬
海昌麗則五種 (清)吳騫編 清乾隆至嘉慶吳氏拜經樓刻本 二冊 存一種

330000－1711－0003740 普003329 集部/總集類/彙編之屬
海昌麗則五種 (清)吳騫編 清乾隆至嘉慶吳氏拜經樓刻本 一冊 存一種

330000－1711－0003741 普003330 集部/別集類/清別集
珠樓遺稿一卷 (清)徐貞撰 **哀蘭絶句一卷** (清)吳騫撰 清乾隆至嘉慶吳氏拜經樓刻

本　一册

330000－1711－0003743　普004284　集部/别集類/明别集

祝子遺書六卷　(明)祝淵撰　清抄本　一册　存三卷(一至三)

330000－1711－0003744　普003331　集部/别集類/清别集

東山樓詩續稾八卷　(清)曹宗載撰　清道光五年(1825)刻本　二册

330000－1711－0003745　普004285　集部/别集類/清别集

雜記不分卷　(清)管問渠撰　清抄本　朱宇蒼跋　一册

330000－1711－0003746　普003332　集部/總集類/氏族之屬

慎行堂三世詩存　徐寶炘　徐寶華輯　清咸豐至民國刻本　三册

330000－1711－0003747　普003333　集部/總集類/氏族之屬

慎行堂三世詩存　徐寶炘　徐寶華輯　清咸豐至民國刻本　一册　存一種

330000－1711－0003748　普003334　集部/總集類/酬唱之屬

小桃源室聯吟詩存一卷　(清)徐元章輯　清同治五年(1866)刻本　一册

330000－1711－0003749　普003335　集部/别集類/清别集

梅花盦詩集四卷　(清)潘喜陶稿　清光緒二十八年(1902)浙杭永豐牲書館鉛印本　二册

330000－1711－0003750　普003336　集部/别集類/清别集

梅花盦詩集四卷　(清)潘喜陶稿　清光緒二十八年(1902)浙杭永豐牲書館鉛印本　二册

330000－1711－0003751　普004286　集部/别集類/清别集

汪澍詩稿不分卷　(清)汪澍撰　稿本　一册

330000－1711－0003752　普003337　集部/别集類/清别集

梅花盦詩集四卷　(清)潘喜陶稿　清光緒二十八年(1902)浙杭永豐牲書館鉛印本　二册

330000－1711－0003753　普003338　集部/别集類/清别集

梅花盦詩集四卷　(清)潘喜陶稿　清光緒二十八年(1902)浙杭永豐牲書館鉛印本　二册

330000－1711－0003754　普003339　集部/總集類/彙編之屬

海昌麗則五種　(清)吳騫編　清乾隆至嘉慶吳氏拜經樓刻本　一册　存一種

330000－1711－0003756　普004288　集部/别集類/清别集

唫紅集不分卷　(清)唫紅館主撰　清抄本　一册

330000－1711－0003757　普003340　子部/天文曆算類/算書之屬

則古昔齋算學十三種二十四卷　(清)李善蘭撰　清同治六年(1867)金陵刻本　一册　存一種

330000－1711－0003758　普003341　新學/重學/重學

重學二十卷圜錐曲線説三卷　(英國)艾約瑟口譯　清光緒二十二年(1896)上海積山書局石印本　陳伯良題記　二册

330000－1711－0003759　普003342　新學/算學/微積

代微積拾級十八卷　(美國)羅密士撰　(英國)偉烈亞力口譯　(清)李善蘭筆述　清咸豐九年(1859)墨海書館刻本　一册　存九卷(一至九)

330000－1711－0003760　普004289　集部/别集類/清别集

凝香詩鈔一卷　(清)徐瑟撰　清宣統三年(1911)靜得樓抄本　管元耀跋　一册

330000－1711－0003761　普003343　新學/天學

談天十八卷首一卷附表一卷　(英國)侯失勒

撰　(英國)偉烈亞力口譯　(清)李善蘭筆述　清光緒江南製造總局刻本　三冊　存十五卷(首,一至五、十一至十八,附表)

330000 - 1711 - 0003762　普 003344　子部/天文曆算類/算書之屬

幾何原本十五卷　(意大利)利瑪竇　(英國)偉烈亞力口譯　(明)徐光啓　(清)李善蘭筆受　清同治四年(1865)金陵刻本　八冊

330000 - 1711 - 0003764　普 003348　類叢部/叢書類/彙編之屬

拜經樓叢書(愚谷叢書)二十三種　(清)吴騫編　清乾隆至嘉慶海昌吴氏刻彙印本　二十冊　存二十二種

330000 - 1711 - 0003765　普 003345　類叢部/叢書類/彙編之屬

拜經樓叢書(愚谷叢書)二十三種　(清)吴騫編　清乾隆至嘉慶海昌吴氏刻彙印本　一冊　存二種

330000 - 1711 - 0003766　普 003346　類叢部/叢書類/彙編之屬

拜經樓叢書(愚谷叢書)二十三種　(清)吴騫編　清乾隆至嘉慶海昌吴氏刻彙印本　一冊　存二種

330000 - 1711 - 0003767　普 003347　史部/傳記類/别傳之屬/事狀

皇清例封文林郎候選知縣貢生顯考兔牀府君[吴騫]行述一卷魏儒人傳略一卷　(清)吴騫述　清刻本　一冊

330000 - 1711 - 0003768　普 004291　集部/别集類/清别集

百一山房文集二卷詩抄不分卷　(清)應時良撰　清光緒抄本　清朱昌燕跋　六冊

330000 - 1711 - 0003769　普 004292　集部/别集類/清别集

百一山房詩稿□□卷　(清)應時良撰　清抄本　一冊　存一卷(二)

330000 - 1711 - 0003770　普 003349　經部/四書類/論語之屬/傳說

論語古訓十卷附一卷　(清)陳鱣撰　清嘉慶元年(1796)刻本　四冊

330000 - 1711 - 0003771　普 003350　類叢部/叢書類/彙編之屬

式訓堂叢書四十一種　(清)章壽康編　清光緒會稽章氏刻本　二冊　存二種

330000 - 1711 - 0003772　普 004293　集部/别集類/清别集

百一山房文集二卷詩餘一卷詩鈔二卷雜錄一卷　(清)應時良撰　稿本　四冊

330000 - 1711 - 0003773　普 003351　類叢部/叢書類/郡邑之屬

海昌叢載三十二種　(清)羊復禮編　清光緒海昌羊氏傳卷樓粤東刻本　三冊　存二種

330000 - 1711 - 0003774　普 003352　類叢部/叢書類/郡邑之屬

海昌叢載三十二種　(清)羊復禮編　清光緒海昌羊氏傳卷樓粤東刻本　三冊　存二種

330000 - 1711 - 0003775　普 003353　類叢部/叢書類/郡邑之屬

海昌叢載三十二種　(清)羊復禮編　清光緒海昌羊氏傳卷樓粤東刻本　三冊　存二種

330000 - 1711 - 0003776　普 003354　類叢部/叢書類/郡邑之屬

海昌叢載三十二種　(清)羊復禮編　清光緒海昌羊氏傳卷樓粤東刻本　二冊　存一種

330000 - 1711 - 0003777　普 003355　類叢部/叢書類/郡邑之屬

海昌叢載三十二種　(清)羊復禮編　清光緒海昌羊氏傳卷樓粤東刻本　二冊　存一種

330000 - 1711 - 0003778　普 003356　類叢部/叢書類/郡邑之屬

海昌叢載三十二種　(清)羊復禮編　清光緒海昌羊氏傳卷樓粤東刻本　二冊　存一種

330000 - 1711 - 0003779　普 003357　類叢部/叢書類/郡邑之屬

海昌叢載三十二種　(清)羊復禮編　清光緒

海昌羊氏傳卷樓粵東刻本　二册　存一種

330000－1711－0003780　普 003358　類叢部/叢書類/郡邑之屬

海昌叢載三十二種　(清)羊復禮編　清光緒海昌羊氏傳卷樓粵東刻本　二册　存一種

330000－1711－0003781　普 003359　類叢部/叢書類/郡邑之屬

海昌叢載三十二種　(清)羊復禮編　清光緒海昌羊氏傳卷樓粵東刻本　二册　存一種

330000－1711－0003782　普 003360　類叢部/叢書類/郡邑之屬

海昌叢載三十二種　(清)羊復禮編　清光緒海昌羊氏傳卷樓粵東刻本　二册　存一種

330000－1711－0003783　普 003361　類叢部/叢書類/郡邑之屬

海昌叢載三十二種　(清)羊復禮編　清光緒海昌羊氏傳卷樓粵東刻本　二册　存一種

330000－1711－0003784　普 003362　類叢部/叢書類/郡邑之屬

海昌叢載三十二種　(清)羊復禮編　清光緒海昌羊氏傳卷樓粵東刻本　二册　存一種

330000－1711－0003785　普 003363　類叢部/叢書類/郡邑之屬

海昌叢載三十二種　(清)羊復禮編　清光緒海昌羊氏傳卷樓粵東刻本　二册　存一種

330000－1711－0003786　普 003364　類叢部/叢書類/郡邑之屬

海昌叢載三十二種　(清)羊復禮編　清光緒海昌羊氏傳卷樓粵東刻本　二册　存一種

330000－1711－0003787　普 003365　類叢部/叢書類/郡邑之屬

海昌叢載三十二種　(清)羊復禮編　清光緒海昌羊氏傳卷樓粵東刻本　二册　存一種

330000－1711－0003793　普 004294　集部/别集類/清别集

横山紀略十二卷　(清)崔應榴編　清抄本　三册　存五卷(一、六至八、□)

330000－1711－0003794　普 004295　子部/醫家類/類編之屬

醫源類要二卷　清抄本　二册

330000－1711－0003795　普 004296　子部/醫家類/傷寒金匱之屬/傷寒論

傷寒論不分卷　(漢)張機撰　清抄本　一册

330000－1711－0003796　普 004297　子部/醫家類/傷寒金匱之屬/金匱要略

金匱要略不分卷　(漢)張機撰　清抄本　一册

330000－1711－0003797　普 003371　子部/醫家類/醫話醫論之屬

歸硯錄四卷　(清)王士雄撰　清同治元年(1862)刻本　一册　存二卷(一至二)

330000－1711－0003798　普 003372　子部/醫家類/方書之屬/單方驗方

四科簡效方四卷　(清)王士雄撰　清刻本　一册

330000－1711－0003799　普 003373　子部/雜著類/雜説之屬

裕後須知一卷　(清)陸楷輯　清道光二十九年(1849)刻本　一册

330000－1711－0003800　普 003374　子部/雜著類/雜説之屬

裕後須知一卷　(清)陸楷輯　清道光二十九年(1849)刻本　一册

330000－1711－0003801　普 003375　子部/雜著類/雜説之屬

裕後須知一卷　(清)陸楷輯　清道光二十九年(1849)刻本　一册

330000－1711－0003802　普 003376　子部/雜著類/雜説之屬

裕後須知一卷　(清)陸楷輯　清道光二十九年(1849)刻本　一册

330000－1711－0003808　普 003382　集部/别集類/清别集

隨扈紀行詩存二卷麻鞋紀行詩存一卷　蔣廷

瀫撰　清光緒刻本　一冊

330000－1711－0003809　普 003383　集部/别集類

盥廬詞一卷看鏡詞一卷　蔣廷瀫撰　清刻本　一冊

330000－1711－0003810　普 003384　集部/别集類/清别集

師經室詩存一卷　(清)蔣仁榮撰　清光緒二十四年(1898)刻本　一冊

330000－1711－0003811　普 003385　集部/别集類/清别集

來青閣遺稿二卷　(清)蔣楷撰　清刻本　一冊

330000－1711－0003813　普 003387　史部/傳記類/别傳之屬/事狀

先祖考遠謨府君[蔣開基]剛卯事畧一卷　(清)蔣光堉撰　**顧府君[璜]家傳一卷**　(清)查燕緒撰　清刻本　一冊

330000－1711－0003815　普 004298　集部/别集類/清别集

西谿詩稿一卷　(清)陸仲錫注　清抄本　一冊

330000　1711　0003816　普 004299　史部/傳記類/總傳之屬/姓名

姓氏鈔□□卷　清抄本　一冊　存一卷(五)

330000－1711－0003818　普 004300　史部/地理類/方志之屬/郡縣志

峽山圖誌不分卷　(清)陳雲駿撰　清抄本　一冊

330000－1711－0003819　普 003390　集部/别集類/清别集

懷亭詩錄六卷續錄六卷三錄一卷　蔣學堅撰　清光緒二十一年(1895)刻本　四冊

330000－1711－0003820　普 003391　集部/别集類/清别集

懷亭詩錄六卷續錄六卷三錄一卷　蔣學堅撰　清光緒二十一年(1895)刻本　四冊

330000－1711－0003821　普 003392　集部/别集類/清别集

懷亭詩錄六卷續錄六卷三錄一卷　蔣學堅撰　清光緒二十一年(1895)刻本　四冊

330000－1711－0003822　普 003393　集部/别集類/清别集

懷亭詩錄六卷續錄六卷三錄一卷　蔣學堅撰　清光緒二十一年(1895)刻本　四冊

330000－1711－0003823　普 003394　集部/别集類/清别集

懷亭詩錄六卷續錄六卷三錄一卷　蔣學堅撰　清光緒二十一年(1895)刻本　二冊　存七卷(續錄一至六、三錄)

330000－1711－0003824　普 004301　類叢部/類書類/專類之屬

經史避名彙考不分卷　(清)周廣業撰　清抄本　一冊

330000－1711－0003825　普 003395　子部/醫家類/類編之屬

潛齋醫書五種　(清)王士雄著　清光緒三十年(1904)石印本　五冊

330000－1711－0003830　普 003399　集部/總集類/酬唱之屬

南屏唱和一卷　(清)蔣光煦等撰　清刻本　一冊

330000－1711－0003831　普 003400　子部/雜著類/雜說之屬

甘泉鄉人邇言□□卷　(清)錢泰吉撰　清道光十七年(1837)刻本　一冊　存二卷(□、十二)

330000－1711－0003832　普 004303　子部/雜著類/雜考之屬

困學紀聞劄記不分卷　(宋)王應麟撰　清抄本　一冊

330000－1711－0003834　普 003402　集部/别集類/清别集

敬齋雜著不分卷　(清)蔣光焴撰　清同治刻本　二冊

330000－1711－0003835　普 004304　集部/別集類/清別集
殘篇不分卷　稿本　一冊

330000－1711－0003836　普 003403　子部/醫家類/溫病之屬/瘟疫
隨息居重訂霍亂論四卷　（清）王士雄撰　清同治二年（1863）刻本　一冊　存二卷（三至四）

330000－1711－0003840　普 003404　子部/醫家類/溫病之屬/其他溫疫病證
溫熱經緯五卷　（清）王士雄撰　清刻本　三冊　存四卷（一至三、五）

330000－1711－0003841　普 003405　子部/醫家類/溫病之屬/其他溫疫病證
溫熱經緯五卷　（清）王士雄撰　清同治十三年（1874）湖北崇文書局刻本　三冊　存四卷（一至四）

330000－1711－0003842　普 003406　子部/醫家類/溫病之屬/瘟疫
隨息居重訂霍亂論四卷　（清）王士雄撰　清刻本　一冊　存二卷（三至四）

330000－1711－0003843　普 003407　子部/醫家類/醫案之屬
王氏醫案二卷　（清）王士雄撰　（清）周鑅輯　**醫案續編八卷**　（清）王士雄撰　（清）張鴻輯　清刻本　一冊　存五卷（續編四至八）

330000－1711－0003844　普 003408　子部/醫家類/醫案之屬
洄溪醫案一卷　（清）徐大椿撰　清咸豐七年（1857）海昌蔣氏衍芬草堂刻本　一冊

330000－1711－0003856　普 003421　史部/地理類/方志之屬/郡縣志
［光緒］嘉興府志八十八卷首二卷　（清）許瑤光修　（清）吳仰賢等纂　清光緒三年至四年（1877－1878）嘉興鴛湖書院刻本　四十七冊　缺一卷（八十六）

330000－1711－0003857　普 003420　史部/地理類/方志之屬/郡縣志
［光緒］嘉興府志八十八卷首二卷　（清）許瑤光修　（清）吳仰賢等纂　清光緒三年至四年（1877－1878）嘉興鴛湖書院刻本　一冊　存三卷（八十三至八十五）

330000－1711－0003858　普 003422　史部/地理類/方志之屬/郡縣志
［光緒］海鹽縣志二十二卷首一卷末一卷　（清）王彬修　（清）徐用儀纂　清光緒三年（1877）蔚文書院刻本　十六冊

330000－1711－0003860　普 003423　史部/地理類/山川之屬/水志
西湖志四十八卷　（清）李衛　（清）程元章修　（清）傅王露撰　清雍正十三年（1735）兩浙鹽驛道庫刻本　二十冊

330000－1711－0003862　普 003426　史部/政書類/儀制之屬/典禮
文廟通考六卷首一卷　（清）牛樹梅撰　清同治十一年（1872）浙江書局刻本　二冊

330000－1711－0003864　普 003427　經部/書類/分篇之屬
禹貢水道總考不分卷　（清）章理堂撰　清光緒七年（1881）刻本　一冊

330000－1711－0003865　普 003428　史部/傳記類/別傳之屬/事狀
崇祀錄一卷　（清）朱之榛輯　清光緒三年（1877）刻本　一冊

330000－1711－0003870　普 003434　史部/傳記類/總傳之屬/家乘
［浙江海寧］顧氏宗譜八卷修譜記一卷　（清）顧炳章纂修　清同治元年（1862）雙峯堂刻本（顧華陽集卷下配清雙峯堂刻本）　八冊　存八卷（一至六、八，修譜記）

330000－1711－0003871　普 003438　史部/傳記類/總傳之屬/家乘
［浙江海寧］崔氏宗譜十二卷　（清）崔鼎照纂　清嘉慶刻本　四冊　存六卷（四、八至十二）

330000－1711－0003874　普 003441　史部/

傳記類/總傳之屬/家乘

[浙江海寧]洛塘周氏家乘十二卷首一卷續修四卷首一卷　(清)周鶴慶等纂修　(清)周榮棣等續修　清道光七年(1827)硤川清白堂刻光緒十四年(1888)增刻本　十二册　缺二卷(十一至十二)

330000－1711－0003875　普003440　史部/傳記類/總傳之屬/家乘

[浙江海寧]朱馬氏家乘八卷　(清)馬德馨等纂修　清光緒惇遠堂刻本　六册

330000－1711－0003876　普003439　史部/傳記類/總傳之屬/家乘

[浙江海寧]海昌馬氏宗譜十八卷首一卷　(清)馬世基纂修　清道光二十五年(1845)秀祖禪房刻本　十一册

330000－1711－0003878　普003442　史部/傳記類/總傳之屬/家乘

[浙江海寧]吳氏宗譜六卷　(清)吳昌年等纂修　清光緒二十二年(1896)刻本　二册

330000－1711－0003879　普003443　史部/傳記類/總傳之屬/家乘

[浙江海寧]吳氏宗譜六卷　(清)吳昌年等纂修　清光緒二十二年(1896)刻本　二册

330000－1711－0003886　普003450　史部/傳記類/總傳之屬/家乘

[浙江海寧]安化王氏宗譜十卷　(清)王源纂修　清道光三年(1823)刻本　八册　缺二卷(一、四)

330000－1711－0003887　普003451　史部/傳記類/總傳之屬/家乘

[浙江餘姚]四明上菁李家塔王氏宗譜四卷　(清)王仁聞等纂修　清光緒三十二年(1906)孝義堂木活字印本　四册

330000－1711－0003890　普003454　史部/傳記類/總傳之屬/家乘

[浙江海寧]呂氏宗譜不分卷　(清)□□纂修　清嘉慶文獻堂刻本　二册

330000－1711－0003891　普003456　史部/傳記類/總傳之屬/家乘

[浙江海鹽]苞溪李氏家乘二十卷　(清)李洽纂修　清光緒十六年(1890)刻本　一册　存三卷(一、三、六)

330000－1711－0003892　普003455　史部/傳記類/總傳之屬/家乘

[安徽休寧]汪氏世譜□□卷　清刻本　一册　存二卷(四至五)

330000－1711－0003895　普003459　類叢部/叢書類/彙編之屬

清風室叢刊二十種　(清)錢保塘編　清同治十年至民國二十五年(1871－1936)海寧錢氏清風室刻本　七册　存四種

330000－1711－0003902　普003465　史部/傳記類/總傳之屬/家乘

海寧花園朱氏宗譜二十四卷首一卷末一卷　(清)朱維行纂修　清光緒三十三年(1907)奕載堂刻本　三十九册　缺二卷(十一至十二)

330000－1711－0003903　普003467　史部/傳記類/總傳之屬/家乘

[浙江]海鹽任氏宗譜六卷首三卷　(清)任珊纂修　清道光二年(1822)刻本　八册

330000－1711－0003904　普003468　史部/傳記類/總傳之屬/家乘

[浙江]海鹽任氏宗譜五卷首一卷宗支全圖三卷　(清)任昌運等纂修　清乾隆四十九年(1784)刻本　五册　缺二卷(一、五)

330000－1711－0003911　普003478　史部/傳記類/總傳之屬/忠孝

節孝錄不分卷　(清)蔣光焴輯　清咸豐四年(1854)刻本　一册

330000－1711－0003912　普003477　史部/傳記類/總傳之屬/忠孝

節孝錄不分卷　(清)蔣光焴輯　清咸豐四年(1854)刻本　一册

330000－1711－0003913　普003476　史部/傳記類/總傳之屬/忠孝

節孝錄不分卷　(清)蔣光焴輯　清咸豐四年

(1854)刻本　一册

330000－1711－0003914　普 003475　史部/傳記類/總傳之屬/忠孝
節孝錄不分卷　(清)蔣光焴輯　清咸豐四年(1854)刻本　一册

330000－1711－0003917　普 003481　類叢部/叢書類/彙編之屬
津河廣仁堂所刻書八十四種　(清)□□編　清光緒津河廣仁堂刻本　二册　存一種

330000－1711－0003919　普 003483　史部/傳記類/別傳之屬/年譜
隨園先生[袁枚]年譜一卷　(清)方濬師編　清同治十年(1871)肇羅道署刻本　一册

330000－1711－0003925　普 003490　史部/傳記類/總傳之屬/家乘
[浙江海寧]蔣氏支譜二卷　蔣學堅　(清)蔣學培纂修　清光緒刻本　二册

330000－1711－0003926　普 003491　史部/傳記類/總傳之屬/家乘
[浙江海寧]蔣氏支譜二卷　蔣學堅　(清)蔣學培纂修　清光緒刻本　二册

330000－1711－0003927　普 003492　史部/傳記類/總傳之屬/家乘
[浙江海寧]蔣氏支譜二卷　蔣學堅　(清)蔣學培纂修　清光緒刻本　二册

330000－1711－0003928　普 003489　史部/傳記類/總傳之屬/家乘
[浙江海寧]海昌祝氏宗譜十六卷首一卷　(清)祝光綬等纂修　清光緒七年(1881)西塋清淑堂刻本　十八册

330000－1711－0003929　普 003493　史部/傳記類/總傳之屬/家乘
[浙江海寧]蔣氏支譜二卷　蔣學堅　(清)蔣學培纂修　清光緒刻本　二册

330000－1711－0003930　普 003494　史部/傳記類/別傳之屬/年譜
顧亭林先生[炎武]年譜一卷　(清)張穆編　清道光二十四年(1844)刻本　一册

330000－1711－0003931　普 003495　史部/傳記類/別傳之屬/年譜
閻潛丘先生[若璩]年譜一卷　(清)張穆編　清道光二十七年(1847)壽陽祁氏刻本　一册

330000－1711－0003932　普 003496　史部/傳記類/別傳之屬/年譜
楊忠愍公自著年譜一卷家訓一卷　(明)楊繼盛撰　清嘉慶二十二年(1817)檇李常泰居刻本　一册

330000－1711－0003933　普 003497　史部/傳記類/別傳之屬/事狀
沈文節公[毓泗]事實一卷　(清)沈守廉輯　**年譜一卷**　(清)錢應溥填諱　清光緒八年(1882)京師刻本　一册

330000－1711－0003934　普 003498　史部/傳記類/總傳之屬/家乘
[浙江海寧]武原張氏宗譜八卷　清嘉慶張氏刻本　六册

330000－1711－0003935　普 003499　史部/傳記類/總傳之屬/郡邑
海寧鄉賢錄一卷　(清)許湝祥輯　清光緒二十九年(1903)刻本　二册

330000－1711－0003936　普 003500　類叢部/叢書類/彙編之屬
清風室叢刊二十種　(清)錢保塘編　清同治十年至民國二十五年(1871－1936)海寧錢氏清風室刻本　一册　存一種

330000－1711－0003937　普 003501　集部/總集類/郡邑之屬
硤川詩鈔二十卷首一卷詞鈔一卷　(清)曹宗載輯　(清)顧瀾校　清光緒十八年(1892)雙山講舍刻本　四册

330000－1711－0003938　普 003502　集部/總集類/郡邑之屬
硤川詩續鈔十六卷詞續鈔一卷　(清)許仁沐　蔣學堅輯　清光緒二十一年(1895)雙山講舍刻本　三册　存九卷(六至十四)

330000－1711－0003939　普 003503　子部/工藝類/觀賞之屬/奇石

綯雲石記一卷　(清)馬汶撰　清嘉慶十九年(1814)刻本　一冊

330000－1711－0003943　普 003506　史部/地理類/方志之屬/郡縣志

嘉靖海寧縣志九卷首一卷附錄一卷　(明)蔡完修　(明)董穀纂　清光緒二十四年(1898)許仁沐刻本　二冊

330000－1711－0003944　普 003507　史部/地理類/方志之屬/郡縣志

嘉靖海寧縣志九卷首一卷附錄一卷　(明)蔡完修　(明)董穀纂　清光緒二十四年(1898)許仁沐刻本　一冊　存四卷(首、一至三)

330000－1711－0003945　普 003508　史部/地理類/方志之屬/郡縣志

[嘉慶]硤川續志二十卷　(清)王德浩纂　(清)曹宗載重訂　清嘉慶十七年(1812)刻本　五冊　存十五卷(一至二、五至十七)

330000－1711－0003951　普 003516　類叢部/叢書類/郡邑之屬

海昌叢載三十二種　(清)羊復禮編　清光緒海昌羊氏傳卷樓粵東刻本　五冊　存七種

330000－1711－0003952　普 003517　類叢部/叢書類/郡邑之屬

海昌叢載三十二種　(清)羊復禮編　清光緒海昌羊氏傳卷樓粵東刻本　五冊　存七種

330000－1711－0003953　普 003519　類叢部/叢書類/郡邑之屬

海昌叢載三十二種　(清)羊復禮編　清光緒海昌羊氏傳卷樓粵東刻本　四冊　存八種

330000－1711－0003954　普 003515　類叢部/叢書類/郡邑之屬

海昌叢載三十二種　(清)羊復禮編　清光緒海昌羊氏傳卷樓粵東刻本　四冊　存八種

330000－1711－0003955　普 003518　類叢部/叢書類/郡邑之屬

海昌叢載三十二種　(清)羊復禮編　清光緒海昌羊氏傳卷樓粵東刻本　四冊　存五種

330000－1711－0003956　普 003520　類叢部/叢書類/郡邑之屬

海昌叢載三十二種　(清)羊復禮編　清光緒海昌羊氏傳卷樓粵東刻本　五冊　存七種

330000－1711－0003957　普 003524　類叢部/叢書類/郡邑之屬

海昌叢載三十二種　(清)羊復禮編　清光緒海昌羊氏傳卷樓粵東刻本　五冊　存十種

330000－1711－0003958　普 003525　類叢部/叢書類/郡邑之屬

海昌叢載三十二種　(清)羊復禮編　清光緒海昌羊氏傳卷樓粵東刻本　五冊　存十種

330000－1711－0003959　普 003522　類叢部/叢書類/郡邑之屬

海昌叢載三十二種　(清)羊復禮編　清光緒海昌羊氏傳卷樓粵東刻本　五冊　存十種

330000－1711－0003960　普 003526　類叢部/叢書類/郡邑之屬

海昌叢載三十二種　(清)羊復禮編　清光緒海昌羊氏傳卷樓粵東刻本　五冊　存十種

330000－1711－0003961　普 003521　類叢部/叢書類/郡邑之屬

海昌叢載三十二種　(清)羊復禮編　清光緒海昌羊氏傳卷樓粵東刻本　五冊　存八種

330000－1711－0003962　普 003527　類叢部/叢書類/郡邑之屬

海昌叢載三十二種　(清)羊復禮編　清光緒海昌羊氏傳卷樓粵東刻本　五冊　存十種

330000－1711－0003963　普 003523　類叢部/叢書類/郡邑之屬

海昌叢載三十二種　(清)羊復禮編　清光緒海昌羊氏傳卷樓粵東刻本　五冊　存十種

330000－1711－0003964　普 003533　類叢部/叢書類/郡邑之屬

海昌叢載三十二種　(清)羊復禮編　清光緒海昌羊氏傳卷樓粵東刻本　五冊　存七種

330000－1711－0003965　普 003534　類叢部/叢書類/郡邑之屬

海昌叢載三十二種　(清)羊復禮編　清光緒海昌羊氏傳卷樓粵東刻本　一冊　存七種

330000－1711－0003966　普 003536　類叢部/叢書類/郡邑之屬

海昌叢載三十二種　(清)羊復禮編　清光緒海昌羊氏傳卷樓粵東刻本　一冊　存七種

330000－1711－0003967　普 003535　類叢部/叢書類/郡邑之屬

海昌叢載三十二種　(清)羊復禮編　清光緒海昌羊氏傳卷樓粵東刻本　一冊　存七種

330000－1711－0003968　普 003537　類叢部/叢書類/郡邑之屬

海昌叢載三十二種　(清)羊復禮編　清光緒海昌羊氏傳卷樓粵東刻本　一冊　存七種

330000－1711－0003972　普 003529　史部/傳記類/總傳之屬/家乘

[浙江海寧]海昌小桃源朱氏三世九節錄不分卷　(清)朱寶篪纂修　清光緒七年(1881)刻本　一冊

330000－1711－0003975　普 003540　集部/總集類/郡邑之屬

硤川詩鈔二十卷首一卷詞鈔一卷　(清)曹宗載輯　(清)顧瀾校　清光緒十八年(1892)雙山講舍刻本　六冊

330000－1711－0003976　普 003528　類叢部/叢書類/彙編之屬

清風室叢刊二十種　(清)錢保塘編　清同治十年至民國二十五年(1871－1936)海寧錢氏清風室刻本　二冊　存一種

330000－1711－0003977　普 003541　集部/總集類/郡邑之屬

硤川詩續鈔十六卷詞續鈔一卷　(清)許仁沐　蔣學堅輯　清光緒二十一年(1895)雙山講舍刻本　六冊

330000－1711－0003980　普 003550　史部/政書類/公牘檔冊之屬

硤石鎮重建竦秀橋徵信錄不分卷　清宣統元年(1909)鉛印本　一冊

330000－1711－0003981　普 003549　史部/政書類/公牘檔冊之屬

硤石鎮重建竦秀橋徵信錄不分卷　清宣統元年(1909)鉛印本　一冊

330000－1711－0003982　普 003547　史部/傳記類/科舉録之屬

歷朝狀元錄二卷歷朝狀元錄條存一卷　(清)沈一清輯　清同治六年(1867)靜觀山房刻十三年(1874)補修本　二冊

330000－1711－0003986　普 003544　史部/政書類/公牘檔冊之屬

海昌會館條約不分卷　清光緒九年(1883)刻本　一冊

330000－1711－0003988　普 003560　史部/傳記類/總傳之屬

海寧州公立達材高等小學堂徵信錄不分卷　(清)達材學堂輯　清光緒三十一年(1905)上海商務印書館鉛印本　一冊

330000－1711－0003989　普 003567　史部/地理類/水利之屬

海塘新志六卷續志四卷　(清)琅玕撰　清乾隆刻道光續刻本　八冊

330000－1711－0003990　普 003568　史部/地理類/方志之屬/郡縣志

[道光]海昌備志五十二卷附錄二卷　(清)錢泰吉等纂修　清道光二十六年至二十七年(1846－1847)刻本　八冊　存二十六卷(二至二十六、附錄二)

330000－1711－0003992　普 003563　史部/傳記類/科舉録之屬

海寧采芹錄二卷　朱逢辰輯　清宣統三年(1911)鉛印本　二冊

330000－1711－0003994　普 003557　史部/傳記類/科舉録之屬/諸貢録

海昌科名錄一卷恩貢錄一卷拔貢錄一卷歲貢錄一卷優貢錄一卷　(清)汪以莊輯　清光緒

九年(1883)刻本　一册

330000－1711－0003996　普003555　史部/傳記類/雜傳之屬
渤海陳氏義莊徵信錄不分卷　(清)陳其元輯　清光緒二十四年(1898)刻本　一册

330000－1711－0003998　普003553　史部/史表類/通代之屬
中國歷代帝王年契一卷　(美國)華約翰撰　清光緒十六年(1890)鳩江驛磯山福音堂刻本　一册

330000－1711－0004000　普003551　史部/地理類/方志之屬/郡縣志
[乾隆]平湖縣志十卷首一卷末一卷　(清)高國楹修　(清)倪藻垣等纂　清刻本　一册　存二卷(一至二)

330000－1711－0004001　普003564　史部/地理類/雜志之屬
當湖外志八卷　(清)馬承昭輯　清光緒元年(1875)刻本　二册

330000－1711－0004002　普003565　史部/地理類/雜志之屬
續當湖外志八卷附當湖忠義紀略一卷　(清)馬承昭輯　清光緒元年(1875)白榆邨舍刻本　二册

330000－1711－0004007　普003571　史部/地理類/山川之屬/水志
西湖志四十八卷　(清)李衛　(清)程元章修　(清)傅王露撰　清雍正十三年(1735)兩浙鹽驛道庫刻本　二十四册

330000－1711－0004008　普003572　史部/地理類/方志之屬/郡縣志
[光緒]定海廳志三十卷首一卷　(清)史致馴修　(清)陳僑　(清)黄以周纂　清光緒十年至十一年(1884－1885)黄樹藩刻本　十册

330000－1711－0004009　普003574　史部/地理類/雜志之屬
浙江全省輿圖並水陸道里記不分卷　(清)宗源瀚等纂　清光緒二十年(1894)石印本　二十册

330000－1711－0004011　普003575　史部/地理類/雜志之屬
白下瑣言十卷　(清)甘熙撰　清光緒十六年(1890)築野堂刻民國十五年(1926)江寧甘氏修補重印本　四册

330000－1711－0004018　普003583　史部/地理類/方志之屬/郡縣志
嘉靖海寧縣志九卷首一卷附錄一卷　(明)蔡完修　(明)董穀纂　清光緒二十四年(1898)許仁沐刻本　二册

330000－1711－0004019　普003584　史部/地理類/方志之屬/郡縣志
嘉靖海寧縣志九卷首一卷附錄一卷　(明)蔡完修　(明)董穀纂　清光緒二十四年(1898)許仁沐刻本　二册

330000－1711－0004020　普003585　史部/地理類/方志之屬/郡縣志
嘉靖海寧縣志九卷首一卷附錄一卷　(明)蔡完修　(明)董穀纂　清光緒二十四年(1898)許仁沐刻本　二册

330000－1711－0004022　普003587　史部/地理類/雜志之屬
湖墅小志四卷　(清)高鵬年輯　清光緒二十二年(1896)石印本　二册

330000－1711－0004024　普003589　史部/政書類/邦計之屬
兩浙宦游紀畧四種　(清)戴槃撰　清同治七年(1868)刻本　八册

330000－1711－0004026　普003590　新學/學校
浙江官立法政學堂章程一卷　(清)浙江官立法政學堂編　清宣統二年(1910)鉛印本　一册

330000－1711－0004027　普003595　新學/學校
浙江法政學堂職員辦事章程一卷　(清)浙江法政學堂編　清末鉛印本　一册

330000－1711－0004034　普 003598　類叢部/叢書類/郡邑之屬
武林掌故叢編一百九十種　（清）丁丙編　清光緒三年至二十六年（1877－1900）錢塘丁氏嘉惠堂刻本（［乾道］臨安志卷四至十五、南宋館閣錄卷一原缺）　四冊　存二種

330000－1711－0004036　普 003606　史部/地理類/方志之屬/郡縣志
［乾隆］梅里志十六卷　（清）楊謙纂　（清）李富孫補　清道光三年（1823）校經廎刻本　四冊

330000－1711－0004039　普 003604　史部/地理類/方志之屬/郡縣志
［光緒］寶山縣志十四卷首一卷　（清）梁蒲貴　（清）吳康壽修　（清）朱延射　（清）潘履祥纂　清光緒八年（1882）學海書院刻本　八冊

330000－1711－0004044　普 003608　史部/叢編
二十四史　清光緒二十九年（1903）五洲同文局石印本　五百三十八冊　存二十二種

330000－1711－0004045　普 003610　史部/叢編
二十四史　清光緒二十九年（1903）五洲同文局石印本　二冊　存一種

330000－1711－0004046　普 003612　史部/叢編
二十四史　清光緒二十九年（1903）五洲同文局石印本　一冊　存一種

330000－1711－0004047　普 003611　史部/叢編
二十四史　清末石印本　五十六冊　存一種

330000－1711－0004048　普 003609　史部/叢編
二十四史　清光緒二十九年（1903）五洲同文局石印本　六百九十六冊　存二十三種

330000－1711－0004049　普 003613　子部/小說家類/雜事之屬
豔史叢鈔十二種　（清）王鯱生（王韜）輯　清光緒四年（1878）弢園鉛印本　六冊　存十種

330000－1711－0004052　普 003616　集部/總集類/選集之屬/斷代
皇朝經世文編一百二十卷姓名總目二卷　（清）賀長齡輯　清刻本　七十九冊　缺一卷（五十四）

330000－1711－0004053　普 003618　新學/政治法律/律例
日本法規大全二十五卷首一卷　劉崇傑等譯　**日本法規解字一卷**　錢恂　董鴻禕編　清宣統二年（1910）上海商務印書館鉛印本　八十一冊

330000－1711－0004054　普 003617　新學/政治法律/律例
新譯日本法規大全樣本不分卷　清宣統二年（1910）上海商務印書館鉛印本　一冊

330000－1711－0004055　普 003619　史部/金石類/總志之屬
金石索十二卷首一卷　（清）馮雲鵬　（清）馮雲鵷輯　清光緒十九年（1893）上海積山書局石印本　二十四冊

330000－1711－0004056　普 003620　史部/編年類/斷代之屬
東華錄天命朝四卷天聰朝十一卷崇德朝八卷順治朝三十六卷康熙朝一百十卷雍正朝二十六卷東華續錄乾隆朝一百二十卷嘉慶朝五十卷道光朝六十卷咸豐朝一百卷同治朝一百卷　王先謙編　清光緒十三年（1887）廣百宋齋鉛印本　一百十六冊　缺三十一卷（咸豐朝七十至一百）

330000－1711－0004057　普 003621　史部/金石類/總志之屬/文字
金石苑六卷　（清）劉喜海輯　清光緒端方影印本　六冊

330000－1711－0004070　善 0002　子部/藝術類/書畫之屬/書法書品
王孟津草書真跡不分卷　（清）王鐸書　稿本

清菉浦題簽　一册

330000－1711－0004072　普000038　史部/地理類

小方壺齋輿地叢鈔十二帙補編十二帙再補編十二帙　(清)王錫祺輯　清光緒十七年至二十三年(1891－1897)上海著易堂鉛印本　八十二册　缺一帙(小方壺齋輿地叢鈔十二)

平湖市博物館古籍普查登記目録

全國古籍普查登記目録·浙江嘉興

國家圖書館出版社
National Library of China Publishing House

《平湖市博物館古籍普查登記目録》

編委會

主　編： 田　敏

副主編： 楊根文

編　委： 楊　穎　朱敏敏

《平湖市博物館古籍普查登記目録》

前　言

平湖歷史悠久，早在6000多年前已有先民在此勞動生息。其歷經馬家浜文化與良渚文化後，於春秋末年吴越争霸時，一度淪爲吴地，但不到10年，又歸越。戰國時，越爲楚滅，平湖歸屬楚地。秦始皇統一六國後，結束了春秋戰國以來諸侯割據的局面，建立了中國歷史上第一個統一的多民族的中央集權制封建國家，并推行郡縣制度，在平湖一帶置海鹽縣，縣治曾兩度設在平湖境内。隋代，平湖一度隨海鹽入鹽官縣，唐初迭入嘉興、吴縣而還爲海鹽縣東北境。至明宣德五年（1430）平湖建縣，縣治設當湖鎮，其後“土脉墳起，陷者漸平，故名平湖”。

平湖市博物館屬地方性綜合博物館，成立於1958年，是一個集收藏、保護、研究、教育、考古調查等功能於 體的公益性全民事業單位。古籍是具有文獻和文物雙重價值的中華傳統文化載體，是博物館特殊收藏的一部分。我館古籍來源於1958年建館時的入藏。我館收藏的古籍，主要有普通古籍、善本以及抄本、稿本、家譜等文獻，共計263部1102册。

我館的古籍保護工作於2012年1月啓動，系統地對古籍進行整理。2013年3月，我館田敏同志參加由浙江省古籍保護中心舉辦的“浙江省第四期古籍普查培訓”，憑藉良好的學識基礎、較强的學習能力，迅速熟悉古籍業務知識，瞭解普查流程，并於3月16日開始對館藏古籍進行普查，至2015年12月16日，圓滿完成館藏古籍的普查工作。

經過普查，館藏古籍中發現有部分善本，有明刻本《周禮》《名古文宗》、清刻本《平湖陸氏景賢祠志》《張忠獻祠志》等。特别是《平湖陸氏景賢祠志》《張忠獻祠志》兩部家譜，保存了明代及清代早期平湖地區人口活動的詳細資料。《平湖陸氏景賢祠志》，更是詳細地記載了平湖陸氏的歷史。平湖陸氏本爲宣文公後裔，自宋代陸文遠從江西金溪徙居平湖，爲當湖分支始祖，平湖陸氏各族，統稱景賢支，其下又有樞密支、祥里支、當湖支、靖獻支等各支。如明代錦衣衛都指揮陸炳、清代理學家及清官陸隴其，以及陸棻、陸奎勛等均爲其族人。兩部家譜很好地反映了平湖陸氏、張氏家族的起源、演變、分支、遷徙、繁衍等歷史，也記録了地方風俗、家族禮儀、家族文化等信息，具有較高的史料價值。同時，兩部家譜刻本，印製精良，具有較高的藝術價值。

此外，館藏古籍中還有一批珍貴的刻本、抄本、繪本等，亦爲館藏特色之一，尤其難得的是這批古籍從清代至民國一直前後相繼、傳承抄録，保存較爲完整，反映了當時社會、經濟、人文情况，爲研究當時的社會發展进程提供了重要的史料參考。

在完成館藏古籍普查，并以電子文檔記録後，全面系統地摸清了館藏古籍家底，從整體上掌握了館藏古籍的品種、數量以及大致的學術價值和文物價值，具體到每部古籍的題名、卷數、著者、版本、册數等，同時，上傳書影以備考備查。

《平湖市博物館古籍普查登記目録》是古籍普查完成後的成果體現。繪本、刻本、活字本、抄本、稿本、印本等版本皆在收録之列，并記録普查編號、索書號、題名卷數、著者、版本、批校題跋、册數、存卷等内容。我館的古籍目録，歷經數年完成，包含了我館古籍普查人員的辛勤汗水，特别是我館田敏同志，具體負責古籍的録入和統校工作，在此表示感謝，同時，感謝浙江省古籍保護中心的悉心指導和平湖市圖書館的大力帮助。

古籍書目編纂是一項逐步積纍、不斷完善的工作，書目收録信息的精準、校核、修訂，迄無止境。因目録所涵蓋的數據浩繁，雖經浙江省古籍保護中心統一審校，再加本單位二次核校，國家圖書館出版社的三次編審，然由於水平有限，時間倉促，謬誤難免，祈請方家批評指正。

平湖市博物館

2017 年 4 月 17 日

330000－4787－0000001　0001　史部/傳記類/總傳之屬/斷代
國朝尚友錄八卷　(清)李佩芳　(清)孫鼎輯　清光緒二十八年(1902)上海南洋七日報館石印本　四册

330000－4787－0000002　0002　子部/藝術類/書畫之屬/畫録
虛齋名畫錄十六卷　龐元濟輯　清宣統元年(1909)烏程龐氏申江刻本　十六册

330000－4787－0000003　0003、0004　類叢部/叢書類/家集之屬
洪氏晦木齋叢書二十一種　(清)洪汝奎編　清同治八年至宣統元年(1869－1909)刻本　六册　存一種

330000－4787－0000004　0005　集部/别集類/清别集
蘆浦竹枝詞二卷　(清)朱鼎鎬　(清)山鳳輝撰　清光緒八年(1882)南山草堂刻本　潘康生題簽　一册

330000－4787－0000005　0006　史部/地理類/雜志之屬
鸚鵡湖櫂歌一卷　(清)陸增撰　清道光十三年(1833)華雲閣鉛印本　一册

330000－4787－0000006　0007　史部/地理類/雜志之屬
泖水鄉歌一卷　俞金鼎撰　清宣統三年(1911)華雲閣鉛印本　一册

330000－4787－0000007　0008　史部/地理類/雜志之屬
鹽谿漁唱一卷　(清)周光瑞撰　清宣統二年(1910)華雲閣鉛印本　一册

330000－4787－0000008　0009　類叢部/叢書類/郡邑之屬
武林掌故叢編一百九十種　(清)丁丙編　清光緒三年至二十六年(1877－1900)錢塘丁氏嘉惠堂刻本　一册　存一種

330000－4787－0000009　10　類叢部/叢書類/彙編之屬
合諸名家真評先秦十五種附一種　(明)黄汝亨編　明刻本　四册　存二種

330000－4787－0000010　0011　經部/叢編
十三經古注二百九十卷　(明)金蟠　(明)葛鼒校　明崇禎十二年(1639)永懷堂刻清同治八年(1869)浙江書局校修印本　四册　存一種

330000－4787－0000011　0012　子部/藝術類/書畫之屬/法帖
草字彙十二卷　(清)石梁輯　清道光五年(1825)刻本　六册

330000－4787－0000012　0013　類叢部/叢書類/彙編之屬
文選樓叢書三十三種　(清)阮亨編　清嘉慶至道光阮元刻道光二十二年(1842)阮亨彙印本　五册　存一種

330000－4787－0000013　0014　史部/金石類/錢幣之屬/文字
嘉蔭簃論泉截句二卷　(清)劉喜海撰　清道光十八年(1838)劉喜海嘉蔭簃刻本　一册

330000－4787－0000014　0015　史部/傳記類/總傳之屬/技藝
無聲詩史七卷　(清)姜紹書撰　清康熙五十九年(1720)嘉興李光暎觀妙齋刻本　二册

330000－4787－0000015　0016　史部/地理類/輿圖之屬/郡縣
蘇松常鎮太五方輿圖不分卷　清彩繪本　五册

330000－4787－0000016　0017　類叢部/叢書類/自著之屬
陸放翁全集六種　(宋)陸游撰　明末海虞毛氏汲古閣刻清初毛扆增刻彙印本　三册　存一種

330000－4787－0000017　0018　史部/地理類/山川之屬/水志
西湖志纂十五卷首一卷　(清)沈德潛　(清)傅王露等撰　清乾隆二十年(1755)賜經堂刻二十七年(1762)增刻本　五册

330000－4787－0000018　0019　集部/總集類/酬唱之屬

鴛央湖櫂歌五卷　（清）朱彝尊　（清）譚吉璁撰　（清）陸以誠　（清）張燕昌續　清乾隆四十年（1775）朱芳衡刻本　二册　存二卷（鴛央湖櫂歌、鴛央湖櫂歌和韻）

330000－4787－0000020　0021　史部/金石類/總志之屬/文字

觀妙齋藏金石文攷略十六卷　（清）李光暎撰　清雍正刻本　六册

330000－4787－0000021　0022　類叢部/叢書類/彙編之屬

古今説部叢書三百七十一卷　國學扶輪社輯　清宣統二年至民國二年（1910－1913）上海國學扶輪社鉛印本　六十册

330000－4787－0000022　0023　史部/編年類/通代之屬

御批歷代通鑑輯覽一百二十卷　（清）傅恒等編纂　清光緒三十年（1904）上海商務印書館鉛印本　二十四册

330000－4787－0000023　0024　集部/總集類/選集之屬/通代

文選音義八卷　（清）余蕭客撰　清乾隆靜勝堂刻本　四册

330000－4787－0000025　0026　子部/藝術類/篆刻之屬/印譜

書帶堂印畧不分卷　（清）鄭基成篆刻　清乾隆三十二年（1767）刻鈐印本　一册

330000－4787－0000027　0028　史部/金石類/石之屬/文字

石鼓文釋存一卷補注一卷　（清）張燕昌撰　清光緒二十八年（1902）貴池劉氏刻本　一册

330000－4787－0000028　0029　史部/金石類/總志之屬

金石索十二卷首一卷　（清）馮雲鵬　（清）馮雲鵷輯　清光緒三十二年（1906）上海文新局石印本　二十四册

330000－4787－0000029　0030　史部/政書類/儀制之屬/典禮

南巡盛典一百二十卷　（清）高晉等纂修　清光緒八年（1882）上海點石齋石印本　八册

330000－4787－0000030　31　類叢部/叢書類/彙編之屬

知不足齋叢書一百九十六種　（清）鮑廷博編　（清）鮑士恭續編　清乾隆三十七年至道光三年（1772－1823）長塘鮑氏刻彙印本　四册　存一種

330000－4787－0000031　0032　子部/藝術類/篆刻之屬/印譜

惜蔭樓印存不分卷　（清）吳元臣篆刻　清鈐印本　一册

330000－4787－0000032　0033　子部/藝術類/篆刻之屬/印譜

惜蔭樓印存不分卷　（清）吳元臣篆刻　清乾隆五十五年（1790）鈐印本　四册

330000－4787－0000033　0034　子部/藝術類/篆刻之屬/印譜

琴鶴堂印譜不分卷　（清）繼良輯　清光緒二十七年（1901）刻鈐印本　二册

330000－4787－0000034　0035　子部/藝術類/書畫之屬/總論

清河書畫舫十二卷　（明）張丑輯　清乾隆二十八年（1763）吳氏池北草堂刻本　十二册

330000－4787－0000035　0036　子部/藝術類/篆刻之屬/印譜

吳西有印存不分卷　（清）吳子西篆刻　清乾隆三十七年（1772）鈐印本　一册

330000－4787－0000036　37　史部/傳記類/總傳之屬/斷代

昭代名人尺牘小傳二十四卷　（清）吳修撰　清光緒七年（1881）刻本　一册

330000－4787－0000038　0039　史部/地理類/專志之屬/祠墓

平湖陸氏景賢祠志四卷　（明）□□輯　（清）陸龍光增輯　清光緒六年（1880）刻本　二册

330000－4787－0000045　0046(1)　史部/金石類/金之屬
敬吾心室彝器款識不分卷　(清)朱善旂撰　清光緒三十四年(1908)平湖朱氏影印本　二冊

330000－4787－0000046　0046(2)　史部/金石類/金之屬
敬吾心室彝器款識不分卷　(清)朱善旂撰　清光緒三十四年(1908)平湖朱氏影印本　二冊

330000－4787－0000047　0046(3)　史部/金石類/金之屬
敬吾心室彝器款識不分卷　(清)朱善旂撰　清光緒三十四年(1908)平湖朱氏影印本　二冊

330000－4787－0000048　0047　類叢部/類書類/專類之屬
子史精華一百六十卷　(清)吳士玉　(清)吳襄等輯　清光緒十二年(1886)上海同文書局石印本　七冊

330000－4787－0000049　0048　子部/藝術類/篆刻之屬/印譜
醒龕印存不分卷　童大年篆刻　清鈐印本　一冊

330000－4787－0000050　0049　史部/金石類/璽印之屬/文字
清儀閣古印偶存不分卷　(清)張廷濟輯　清道光刻鈐印本　四冊

330000－4787－0000051　0050　史部/金石類/璽印之屬
訒菴集古印存八卷　(清)汪啓淑輯　清乾隆十五年(1750)新安汪啓淑鈐印本　四冊

330000－4787－0000052　0051　類叢部/叢書類/自著之屬
顧氏弍種　(清)顧觀光撰　清光緒五年(1879)刻二十八年(1902)印本　三冊　存一種

330000－4787－0000053　0052　集部/詩文評類/詩評之屬
芳草廬彙刊四卷　(清)胡澐彙錄　清刻本　二冊

330000－4787－0000054　0053　經部/春秋總義類/傳說之屬
春秋氏族圖考二卷　(清)沈澄本撰　清嘉慶十九年(1814)刻本　二冊

330000－4787－0000058　0057　集部/總集類/選集之屬/斷代
河嶽英靈集二卷　(唐)殷璠輯　清光緒四年(1878)遼陽賴氏刻本　二冊

330000－4787－0000064　0063　史部/金石類/總志之屬/圖像
金石屑四卷附編一卷　(清)鮑昌熙摹　清光緒二年至三年(1876－1877)鮑昌熙刻本　四冊

330000－4787－0000065　0064　史部/編年類/通代之屬
資治通鑑地理今釋十六卷　(清)吳熙載撰　清光緒八年(1882)江蘇書局刻本　三冊

330000－4787－0000066　0065　史部/金石類/陶之屬/文字
秦漢瓦當文字二卷續一卷　(清)程敦撰　清乾隆五十二年(1787)橫渠書院刻五十九年(1794)續刻光緒二十年(1894)袖海山房石印本　三冊

330000－4787－0000067　78　史部/金石類/總志之屬/通考
重定金石契不分卷　(清)張燕昌撰　清乾隆三十六年(1771)自刻四十三年(1778)重定本　四冊

330000－4787－0000068　0067　史部/傳記類/總傳之屬/技藝
國朝畫徵錄三卷續錄二卷　(清)張庚撰　**明人附錄一卷**　(明)黎遂球　(明)袁樞撰　清乾隆四年(1739)雎州蔣泰、湯之昱刻本　二冊　存三卷(畫徵錄一至三)

330000－4787－0000069　68　史部/傳記類/

總傳之屬

乍浦人物備采一卷乳水流芳錄一卷瑤池冰雪編一卷 （清）沈筠輯 清光緒十三年至十四年（1887－1888）乍浦沈氏守經堂刻本 一冊

330000－4787－0000070 0069 經部/小學類/文字之屬/說文

繫傳四十卷 （五代）徐鍇撰 （五代）朱翺反切 清光緒九年（1883）江蘇書局刻本 八冊

330000－4787－0000072 71 史部/地理類/雜志之屬

乍浦紀事詩一卷 （清）盧奕春撰 清宣統二年（1910）平湖高廷梅華雲閣鉛印本 一冊

330000－4787－0000073 72 經部/小學類/文字之屬/字書/字體

鐘鼎字源五卷附錄一卷 （清）汪立名撰 清光緒二年至五年（1876－1879）洞庭秦氏麟慶堂刻本 二冊

330000－4787－0000074 0073 史部/地理類/雜志之屬

當湖竹枝詞一卷 （清）陸棋斗撰 清嘉慶二十三年（1818）餐秀書屋刻本 一冊

330000－4787－0000075 0074 史部/金石類/總志之屬/圖像

金石屑四卷附編一卷 （清）鮑昌熙摹 清光緒二年至三年（1876－1877）鮑昌熙刻本 四冊

330000－4787－0000076 0075 史部/金石類/陶之屬/字書

竹里秦漢瓦當文存不分卷 （清）王福田撰 清咸豐二年（1852）嘉興竹田里王氏七橋草堂刻本 一冊

330000－4787－0000078 0077 經部/小學類/文字之屬/字書/字體

六書通十卷 （明）閔齊伋撰 （清）畢弘述篆訂 清光緒四年（1878）繡谷留耕堂刻本 五冊

330000－4787－0000079 0079 類叢部/叢書類/彙編之屬

嘯園叢書五十七種 （清）葛元煦編 清光緒二年至七年（1876－1881）仁和葛氏刻本 二冊 存一種

330000－4787－0000081 0081 史部/金石類/郡邑之屬

東甌金石志十二卷 （清）戴咸弼撰 （清）孫詒讓校補 清光緒二十五年（1899）石印本 四冊

330000－4787－0000082 0082 子部/藝術類/書畫之屬/總論

清朝書畫錄四卷 竇鎮輯 清宣統三年（1911）上海進化書局石印本 四冊

330000－4787－0000084 84 經部/小學類/文字之屬/字書/字體

鐘鼎字源五卷附錄一卷 （清）汪立名撰 清光緒二年至五年（1876－1879）洞庭秦氏麟慶堂刻本 二冊

330000－4787－0000086 0086 史部/傳記類/總傳之屬/通代

古懽錄八卷 （清）王士禛撰 清康熙快宜堂刻本 四冊

330000－4787－0000087 0087 集部/總集類/郡邑之屬

當湖文繫初編二十八卷 （清）朱壬林纂輯 清光緒十五年（1889）刻本 十二冊

330000－4787－0000088 0088 史部/傳記類/總傳之屬/郡邑

當湖外志八卷續八卷忠義紀略一卷 （清）馬承昭輯 清光緒元年（1875）白榆郵舍刻本 四冊

330000－4787－0000089 0089 史部/傳記類/總傳之屬/郡邑

當湖外志八卷 （清）馬承昭輯 清光緒元年（1875）刻本 二冊

330000－4787－0000091 0092 史部/金石類/金之屬

長安獲古編二卷補編一卷 （清）劉喜海撰 清同治東武劉氏刻光緒三十一年（1905）丹徒

劉鶚補刻本　一冊　存一卷(一)

330000－4787－0000092　0093　史部/金石類/總志之屬
金石萃一卷　(清)馮承輝撰　清嘉慶二十三年(1818)雲間馮承輝刻本　二冊

330000－4787－0000093　0094　集部/小說類/短篇之屬
劍俠傳四卷　(清)任熊繪　清咸豐八年(1858)王氏養龢堂刻本　二冊

330000－4787－0000094　0095　子部/藝術類/篆刻之屬/印譜
飛鴻堂印譜三集八卷　(清)汪啓淑輯　清乾隆刻鈐印本　四冊

330000－4787－0000095　0096、0183　集部/總集類/選集之屬/斷代
宋詩百一鈔八卷　(清)張景星　(清)姚培謙　(清)王永祺輯　清末伊生白抄本　三冊

330000－4787－0000096　0097　史部/編年類/通代之屬
綱鑑易知錄九十二卷明鑑易知錄十五卷　(清)吳乘權　(清)周之炯　(清)周之燦輯　清浙省務本堂刻本　十五冊　存三十六卷(一至三十三、六十一至六十三)

330000－4787－0000098　0100　史部/地理類/方志之屬/郡縣志
[光緒]平湖縣志二十五卷首一卷末一卷　(清)彭潤章等修　(清)葉廉鍔等纂　**平湖殉難錄一卷**　(清)彭潤章輯　清光緒十二年(1886)刻本　十三冊

330000－4787－0000099　0101　史部/地理類/方志之屬/郡縣志
[光緒]平湖縣志二十五卷首一卷末一卷　(清)彭潤章等修　(清)葉廉鍔等輯　**平湖殉難錄一卷**　(清)彭潤章輯　清光緒十二年(1886)刻本　十三冊

330000－4787－0000101　0103　史部/地理類/方志之屬/郡縣志
[光緒]海鹽縣志二十二卷首一卷末一卷　(清)王彬修　(清)徐用儀纂　清光緒三年(1877)蔚文書院刻本　十六冊

330000－4787－0000102　0104　集部/別集類/清別集
白榆村舍記事稿四卷　(清)馬承昭撰　清末綺春閣鉛印本　一冊　缺一卷(三)

330000－4787－0000103　0105　子部/農家農學類/農藝之屬/作物種植
檇李譜一卷　(清)王逢辰撰　清同治九年(1870)竹里槐花吟館王氏刻本　一冊

330000－4787－0000104　0106　史部/傳記類/總傳之屬/忠孝
壬寅乍浦殉難錄一卷補遺一卷附錄一卷　(清)沈筠輯　清光緒十三年(1887)沈煒刻本　一冊

330000－4787－0000106　0108　類叢部/叢書類/彙編之屬
津河廣仁堂所刻書八十四種　(清)□□編　清光緒津河廣仁堂刻本　五冊　存一種

330000－4787－0000107　109　子部/雜著類/雜說之屬
容齋隨筆十六卷　(宋)洪邁撰　清刻本　五冊

330000－4787－0000108　0110　集部/總集類/選集之屬/斷代
明詩別裁集十二卷　(清)沈德潛　(清)周準輯　清乾隆四年(1739)刻本　四冊

330000－4787－0000109　0111　史部/雜史類/斷代之屬
甲申傳信錄十卷　(明)錢䡵撰　清抄本　四冊　存八卷(一至八)

330000－4787－0000110　0112　集部/別集類/清別集
漁洋山人精華錄箋注十二卷補一卷附年譜一卷　(清)王士禛撰　(清)金榮箋注　(清)徐淮纂輯　清刻本　六冊

330000－4787－0000111　0113　子部/雜著

類/雜記之屬
玉照新志六卷　(宋)王明清撰　清刻本　四册

330000－4787－0000112　0114　集部/總集類/選集之屬/斷代
宋四名家詩　(清)周之鱗　(清)柴升編　清康熙三十二年(1693)弘訓堂刻本　六册

330000－4787－0000113　0115　集部/别集類/唐五代别集
白香山詩長慶集二十卷後集十七卷别集一卷補遺二卷　(唐)白居易撰　(清)汪立名編訂　**白香山年譜一卷**　(清)汪立名撰　**白香山年譜舊本一卷**　(宋)陳振孫撰　清康熙四十一年至四十二年(1702－1703)汪立名一隅草堂刻本　十二册

330000－4787－0000114　0116　集部/詩文評類/文評之屬
文心雕龍十卷　(南朝梁)劉勰撰　明末刻本　一册

330000－4787－0000115　0117　史部/傳記類/總傳之屬/技藝
國朝畫徵錄三卷續錄二卷　(清)張庚撰　**明人附錄一卷**　(明)黎遂球　(明)袁樞撰　清乾隆四年(1739)睢州蔣泰、湯之昱刻本　二册

330000－4787－0000116　0118　集部/别集類/唐五代别集
溫飛卿詩集七卷别集一卷集外詩一卷附錄諸家詩評一卷　(唐)溫庭筠撰　(明)曾益注　(清)顧予咸補注　(清)顧嗣立續注　清康熙三十六年(1697)長洲顧氏秀野草堂刻本　二册

330000－4787－0000117　0119　集部/别集類/唐五代别集
李義山詩集三卷　(唐)李商隱撰　(清)朱鶴齡箋注　**李義山詩譜一卷附錄諸家詩評一卷**　清順治十六年(1659)刻乾隆十五年(1750)懷德堂印本　六册

330000－4787－0000118　0120　集部/别集類/唐五代别集
溫飛卿詩集七卷别集一卷集外詩一卷附錄諸家詩評一卷　(唐)溫庭筠撰　(明)曾益注　(清)顧予咸補注　(清)顧嗣立續注　清康熙三十六年(1697)長洲顧氏秀野草堂刻本　四册

330000－4787－0000119　0121　集部/總集類/選集之屬/斷代
明詩綜一百卷　(清)朱彝尊輯　(清)汪森等評　清康熙刻本　十六册　存五十七卷(一至六、五十至一百)

330000－4787－0000120　0122　集部/總集類/選集之屬/通代
唐宋八家詩八種　(清)姚培謙編　清雍正六年(1728)遂安堂刻本　六册　存三種

330000－4787－0000121　0123　集部/别集類/漢魏六朝别集
陶靖節詩集四卷　(晉)陶潛撰　(清)蔣薰評　**附東坡和陶詩一卷**　(宋)蘇軾撰　**律陶一卷**　(明)王思任輯　**敦好齋律陶纂一卷**　(清)黄槐開輯　清乾隆二年(1737)最樂堂刻本　二册　存四卷(陶靖節詩集一至四)

330000－4787－0000122　0124　集部/總集類/選集之屬/通代
玉臺新詠十卷　(南朝陳)徐陵編　(清)吳兆宜原注　(清)程琰删補　清乾隆三十九年(1774)程琰刻本　四册

330000－4787－0000123　0125　集部/總集類/選集之屬/通代
古文賞音十二卷　(清)謝有煇輯　清康熙四十六年(1707)師儉閣刻本　六册

330000－4787－0000124　0126　集部/詩文評類/詩評之屬
漁洋詩話三卷　(清)王士禛撰　清雍正刻本　一册

330000－4787－0000125　0127　子部/雜著類/雜編之屬

分甘餘話四卷　(清)王士禛撰　清康熙刻本　一册

330000－4787－0000126　0128、0129　集部/別集類/漢魏六朝別集
陶靖節詩集四卷　(晉)陶潛撰　(清)蔣薰評　**附東坡和陶詩一卷**　(宋)蘇軾撰　**律陶一卷**　(明)王思任輯　**敦好齋律陶纂一卷**　(清)黄槐開輯　清刻本　二册　缺四卷(陶靖節詩集一至四)

330000－4787－0000127　0172　集部/別集類/清別集
求無過齋詩文稿雜集三卷　(清)黄福增撰　清光緒十三年(1887)刻本　一册

330000－4787－0000128　0130　集部/別集類/清別集
敬業堂詩續集六卷　(清)查慎行撰　清乾隆查學、查開刻本　二册

330000－4787－0000129　0131　集部/總集類/選集之屬/斷代
唐詩金粉十卷　(清)沈炳震輯　清雍正二年(1724)冬讀書齋刻本　二册

330000－4787－0000130　0132　子部/藝術類/書畫之屬/題跋
書畫跋跋三卷續三卷　(明)孫鑛撰　清乾隆五年(1740)孫氏居業堂刻本　四册

330000－4787－0000131　0133　集部/總集類/彙編之屬
四六法海十二卷　(明)王志堅輯　明天啓七年(1627)刻載德堂印本　十二册

330000－4787－0000132　0134　集部/總集類/選集之屬/通代
名世文宗三十卷談藪一卷　(明)胡時化輯　(明)陳仁錫訂　明崇禎元年(1628)刻本　十六册

330000－4787－0000133　0174　子部/醫家類/方書之屬/單方驗方
蘭臺軌範八卷　(清)徐大椿撰　清刻本　四册

330000－4787－0000134　0154　集部/小說類/長篇之屬
齊省堂增訂儒林外史五十六回　(清)吳敬梓撰　清同治十三年(1874)齊省堂刻本　十六册

330000－4787－0000136　0156　集部/總集類/選集之屬/通代
憑山閣增輯留青新集三十卷　(清)陳枚選　(清)陳德裕增輯　清康熙刻本　十二册

330000－4787－0000137　0157　史部/目録類/總録之屬/私撰
行素堂目睹書録一卷　(清)朱記榮編　**汲古閣珍藏秘本書目一卷**　(清)毛扆輯　清光緒十年至十一年(1884－1885)吳縣朱記榮槐廬刻本　十册

330000－4787－0000139　0159　類叢部/叢書類/彙編之屬
知不足齋叢書一百九十六種　(清)鮑廷博編　(清)鮑志祖(鮑士恭)續編　清乾隆三十七年至道光三年(1772－1823)長塘鮑氏刻彙印本　一册　存一種

330000－4787－0000148　168　集部/詞類/類編之屬
浙西六家詞七種十九卷　(清)龔翔麟編　清康熙龔氏玉玲瓏閣刻本　一册　存一種

330000－4787－0000149　0169　史部/地理類/雜志之屬
古禾雜識四卷　(清)項映薇　(清)朱樹撰　(清)王壽補　清道光二十年(1840)刻本　二册

330000－4787－0000150　0170　集部/別集類/漢魏六朝別集
陶淵明文集十卷　(晉)陶潛撰　清光緒五年(1879)番禺俞秀山刻本　二册

330000－4787－0000151　0171　集部/別集類/清別集
躬厚堂集二十五卷　(清)張金鏞撰　清同治三年至光緒四年(1864－1878)刻本　四册

330000－4787－0000152　0173　集部/詞類/總集之屬
絕妙好詞箋七卷　(宋)周密輯　(清)查爲仁　(清)厲鶚箋　**絕妙好詞續鈔一卷**　(清)余集輯　**絕妙好詞又續鈔一卷**　(清)徐楙補錄　清刻本　四冊

330000－4787－0000155　0175　子部/藝術類/書畫之屬/總論
畫禪室隨筆四卷　(明)董其昌撰　清乾隆三十三年(1768)刻本　一冊

330000－4787－0000156　0176　集部/別集類/清別集
海琴仙舘詩鈔六卷　(清)成占春著　清光緒二十三年(1897)刻本　二冊

330000－4787－0000157　0177　集部/別集類/明別集
耦耕堂集詩三卷文二卷　(明)程嘉燧撰　**松圓詩老小傳一卷**　(清)錢謙益撰　清順治十二年(1655)金獻士、金望刻本　一冊

330000－4787－0000158　0178　新學/格致總
格致須知二十八種　(英國)傅蘭雅編　清光緒八年至二十五年(1882－1899)刻本　十六冊　存十六種

330000－4787－0000159　0179　類叢部/叢書類/自著之屬
隨園三十種　(清)袁枚撰　清乾隆三十四年(1769)刻本　六冊　存一種

330000－4787－0000160　0180　集部/別集類/唐五代別集
唐陸宣公集二十二卷　(唐)陸贄撰　清雍正元年(1723)年龔堯刻本　六冊

330000－4787－0000161　0181　經部/小學類/音韻之屬/韻書
詩韻集成十卷附詞林典腋一卷　(清)余照輯　清同治五年(1866)緯文堂刻本　一冊　存三卷(詩韻集成一至二、詞林典腋)

330000－4787－0000165　0185　集部/別集類/清別集
春橋草堂詩集八卷　(清)朱方藹撰　清嘉慶五年(1800)畬經堂刻本　二冊

330000－4787－0000166　0186　集部/別集類/清別集
寶文堂遺稿二卷附叢篠盦畫跋一卷　(清)陸修潔撰　清光緒十五年(1889)許文勳刻本　一冊

330000－4787－0000169　0189　史部/地理類/方志之屬/郡縣志
[光緒]平湖縣志二十五卷首一卷末一卷　(清)彭潤章等修　(清)葉廉鍔等纂　清光緒十二年(1886)刻本　一冊　存二卷(二十五、末)

330000－4787－0000171　0191　經部/詩類/傳說之屬
二南訓女解四卷　(清)王純撰　(清)王策繪圖　清嘉慶二十一年(1816)海鹽王純刻本　四冊

330000－4787－0000172　0192　子部/藝術類/書畫之屬/總論
愛日吟廬書畫錄四卷　(清)葛金烺撰　**補錄一卷續錄八卷別錄四卷**　葛嗣浵撰　清宣統二年至民國二年(1910－1913)當湖葛氏上海刻本　六冊

330000－4787－0000173　0193　集部/戲劇類/雜劇之屬
帝女花二卷　(清)黃燮清填詞　(清)查仲浩正譜　清道光十二年(1832)刻本　一冊　存一卷(上)

330000－4787－0000174　0194(1)　集部/詞類/總集之屬
聚紅榭雅集詞六卷　(清)高思齋等撰　清咸豐六年(1856)福州刻本　一冊　存二卷(一至二)

330000－4787－0000175　0194(2)　集部/詞類/類編之屬
聚紅榭黃劉合刻詞二種　(清)黃宗彝　(清)

劉勷撰　清咸豐八年(1858)福州刻本　一冊

330000－4787－0000177　0196　集部/別集類/清別集

介石山房遺文二卷遺詩一卷　(清)朱培源撰　清宣統二年(1910)朱氏刻本　二冊

330000－4787－0000180　0199(1)　集部/戲劇類/傳奇之屬

倚晴樓七種曲十二卷　(清)黄燮清撰　清道光馴雲閣刻本　一冊　存一種

330000－4787－0000181　0199(2)　集部/戲劇類/傳奇之屬

倚晴樓七種曲十二卷　(清)黄燮清撰　清道光馴雲閣刻本　一冊　存一種

330000－4787－0000182　0199(3)　集部/戲劇類/傳奇之屬

倚晴樓七種曲十二卷　(清)黄燮清撰　清道光馴雲閣刻本　一冊　存一種

330000－4787－0000183　0200　集部/別集類/唐五代別集

玉谿生詩詳註三卷樊南文集詳註八卷首一卷附年譜一卷　(唐)李商隱撰　(清)馮浩箋注　清乾隆四十五年(1780)德聚堂刻本　四冊　存四卷(首、玉谿生詩詳註一至三)

330000－4787－0000185　0202(1)　集部/詞類/總集之屬

國朝詞綜續編二十四卷　(清)黄燮清輯　清同治十二年(1873)武昌刻本　六冊

330000－4787－0000186　0202(2)　集部/詞類/總集之屬

國朝詞綜續編二十四卷　(清)黄燮清輯　清同治十二年(1873)武昌刻本　六冊

330000－4787－0000188　0204　史部/傳記類/別傳之屬/年譜

吴崧圃先生自訂年譜一卷　(清)吳璥撰　清刻本　一冊

330000－4787－0000189　0205　史部/金石類/錢幣之屬

古泉叢話三卷又一卷　(清)戴熙撰　清同治十一年(1872)潘氏滂喜齋刻本　一冊

330000－4787－0000190　0206　集部/別集類/清別集

蘇齋叢書十八種　(清)翁方綱撰　清乾隆至嘉慶刻彙印本　二冊　存一種

330000－4787－0000191　207　史部/地理類/專志之屬/祠墓

張忠獻祠志十卷首一卷　(清)張人樞編　清嘉慶元年(1796)刻本　五冊

330000－4787－0000194　0209　類叢部/叢書類/彙編之屬

挹秀山房叢書十一種　(清)朱克敬撰　清同治至光緒刻本　一冊　存一種

330000－4787－0000195　0210(1)　集部/別集類/清別集

倚晴樓集　(清)黄燮清撰　清道光至同治刻本　一冊　存一種

330000－4787－0000196　0210(2)　集部/別集類/清別集

倚晴樓集　(清)黄燮清撰　清道光至同治刻本　一冊　存一種

330000－4787－0000197　0210(3)　集部/別集類/清別集

倚晴樓集　(清)黄燮清撰　清道光至同治刻本　一冊　存一種

330000－4787－0000198　0194(3)　集部/詞類/總集之屬

聚紅榭雅集詞二集六卷　(清)李應庚等撰　清同治二年(1863)福州刻本　二冊　存四卷(三至六)

330000－4787－0000199　0211　集部/總集類/尺牘之屬

明代名人尺牘七種　鄧實輯　清光緒三十三年至三十四年(1907－1908)上海國學保存會影印本　一冊　存一種

330000－4787－0000201　0213　集部/別集

類/清别集

蕉軒詩鈔一卷　(清)胡成孚撰　清宣統三年(1911)刻本　一册

330000－4787－0000203　0215、0307　類叢部/叢書類/彙編之屬

滂喜齋叢書五十種　(清)潘祖蔭編　清同治至光緒吳縣潘氏京師刻本　三十二册　存四十八種

330000－4787－0000204　0216(1)　集部/别集類/清别集

經古篋存草四卷　(清)葉廉鍔撰　清宣統三年(1911)刻本　二册

330000－4787－0000205　0217　集部/别集類/清别集

蕉牕吟稾一卷　(清)葉成錦撰　清宣統三年(1911)平湖葉氏刻本　一册

330000－4787－0000206　0218　集部/詩文評類/詩評之屬

小滄浪詩話四卷　(清)張燮承輯　清咸豐九年(1859)古汲郡賀氏藏真壽室刻本　二册

330000－4787－0000207　0219　集部/總集類/郡邑之屬

禊湖詩拾八卷首一卷　(清)徐達源編輯　清嘉慶十年(1805)孚遠堂刻本　二册

330000－4787－0000208　220　集部/詞類/類編之屬

浙西六家詞七種十九卷　(清)龔翔麟編　清康熙龔氏玉玲瓏閣刻本　一册　存一種

330000－4787－0000209　0221　集部/别集類/清别集

倚晴樓集　(清)黄燮清撰　清咸豐至同治海鹽黄氏拙宜園刻本　三册　存二種

330000－4787－0000210　222　集部/詞類/類編之屬

浙西六家詞七種十九卷　(清)龔翔麟編　清康熙龔氏玉玲瓏閣刻本　一册　存一種

330000－4787－0000213　0225　集部/總集類/選集之屬/斷代

唐詩鼓吹十卷　(金)元好問輯　(元)郝天挺注　(明)廖文炳解　清刻本　四册

330000－4787－0000216　0228　集部/别集類/清别集

韻松樓詩集一卷　(清)顧慈撰　清道光六年(1826)張湘任刻本　一册

330000－4787－0000218　0230　類叢部/叢書類/自著之屬

寒松閣集五種　(清)張鳴珂撰　清光緒十年至二十四年(1884－1898)嘉興張氏刻本　一册　存一種

330000－4787－0000219　0231　集部/别集類/清别集

小雲廬晚學文稾八卷　(清)朱壬林著　清光緒二十六年(1900)平湖朱氏刻本　一册　存四卷(一至四)

330000－4787－0000220　0232　集部/詞類/總集之屬

國朝詞綜續編二十四卷　(清)黄燮清輯　清同治十二年(1873)武昌刻本　八册

330000－4787－0000221　0233　集部/戲劇類/雜劇之屬

倚晴樓七種曲　(清)黄燮清撰　清光緒三十三年(1907)上海科學書局刻本　九册　存一卷(十一)

330000－4787－0000223　0235　集部/别集類/清别集

曝書亭集八十卷附録一卷　(清)朱彝尊撰

笛漁小稾十卷　(清)朱昆田撰　清光緒十五年(1889)會稽陶氏寒梅館刻本　十五册

330000－4787－0000224　0236　子部/藝術類/遊藝之屬/棋弈

桃花泉奕譜二卷　(清)范世勳撰　清乾隆三十年(1765)刻本　二册

330000－4787－0000225　0237　集部/别集類/清别集

御製文初集三十卷目録二卷　(清)高宗弘曆

撰　清乾隆二十九年(1764)刻本　八册

330000－4787－0000226　0238　子部/藝術類/書畫之屬/書法書品
漢溪書法通解八卷　(清)戈守智撰　清乾隆霽雲閣刻本　四册

330000－4787－0000227　0239　集部/别集類/清别集
滋德堂集一卷附梅花幻影圖題詞一卷　(清)徐元第撰　清宣統三年(1911)徐士琛刻本　一册

330000－4787－0000228　0240　新學/報章
杭州白話報不分卷　(清)杭州白話報館編　清光緒二十七年至二十八年(1901－1902)刻本　三十九册

330000－4787－0000229　0241　集部/别集類/宋别集
林和靖詩集四卷省心錄一卷　(宋)林逋撰　清道光四年(1824)刻本　二册

330000－4787－0000230　0242　集部/詞類/别集之屬
曝書亭集詞註七卷　(清)朱彝尊撰　(清)李富孫注　清嘉慶十九年(1814)嘉興李氏校經廎刻本　四册

330000－4787－0000234　0246　集部/别集類/清别集
静觀堂詩集三十卷　(清)勞之辨撰　清康熙四十年(1701)石門勞之辨刻本　清益藩題記　二册　存四卷(一至四)

330000－4787－0000235　0216(2)　集部/别集類/清别集
經古篋存草四卷　(清)葉廉鍔撰　清宣統三年(1911)刻本　二册

330000－4787－0000237　0248　類叢部/叢書類
武英殿聚珍版書一百三十八種　清乾隆浙江刻本　二册　存一種

330000－4787－0000239　250　類叢部/叢書類/彙編之屬
知不足齋叢書一百九十六種　(清)鮑廷博編　(清)鮑士恭續編　清乾隆三十七年至道光三年(1772－1823)長塘鮑氏刻彙印本　一册　存一種

330000－4787－0000240　0251　集部/總集類/尺牘之屬
歷朝名媛尺牘二卷　(清)水鏡山房輯　清抄本　二册

330000－4787－0000242　0253　經部/小學類
雷刻四種　(清)雷浚輯　清光緒二年至十年(1876－1884)吴縣雷氏刻本　六册

330000－4787－0000243　0254　集部/别集類/清别集
潛園詩存四卷　(清)張天翔撰　**眷仙樓遺稿一卷刻翠集一卷**　(清)章韻撰　清光緒二十五年(1899)乍浦劉翰墨齋刻本　二册

330000－4787－0000244　255　類叢部/叢書類/彙編之屬
知不足齋叢書一百九十六種　(清)鮑廷博編　(清)鮑士恭續編　清乾隆三十七年至道光三年(1772－1823)長塘鮑氏刻彙印本　二册　存一種

330000－4787－0000245　0256　子部/藝術類/書畫之屬/題跋
雲道人題畫詩一卷　(清)張涵哉題　清抄本　一册

330000－4787－0000246　0257　集部/别集類/清别集
思貽堂詩集六卷　(清)金衍宗撰　清光緒至宣統鉛印本　二册

330000－4787－0000247　0258　集部/别集類/清别集
經古篋存草四卷　(清)葉廉鍔撰　清宣統三年(1911)刻本　二册

330000－4787－0000248　0259　類叢部/叢書類/彙編之屬

寶顏堂祕笈二百二十八種　（明）陳繼儒編　明萬曆至泰昌繡水沈氏刻本　一冊　存一種

330000－4787－0000252　0263　類叢部/叢書類/彙編之屬
拜經樓叢書（愚谷叢書）二十三種　（清）吳騫編　清乾隆至嘉慶海昌吳氏刻彙印本　一冊　存一種

330000－4787－0000253　0264　經部/詩類/傳說之屬
詩經集傳二十卷　（宋）朱熹撰　清光緒十五年（1889）上海守經堂刻本　四冊

330000－4787－0000255　0266　集部/別集類/清別集
香屑集十八卷首一卷末一卷　（清）黄之雋撰　（清）陳邦直注　清雍正十二年（1734）陳邦直刻遂初園印本　四冊

330000－4787－0000256　0267　集部/別集類/清別集
堯峰文鈔五十卷　（清）汪琬撰　（清）林佶編　清康熙三十二年（1693）林佶刻本　八冊

330000－4787－0000257　0268　集部/別集類/清別集
譜華吟館詩鈔一卷　（清）崔廷琛撰　清光緒七年（1881）刻本　一冊

330000－4787－0000261　0272　集部/別集類/清別集
傳樸堂詩稿四卷補遺一卷竹樊山莊詞一卷　（清）葛金烺撰　**附錄一卷**　（清）譚獻　（清）許景澄　（清）沈曾植撰　**弢華館詩稿一卷**　（清）葛嗣濚撰　清光緒二十一年（1895）刻三十三年（1907）補刻民國增修本　二冊

330000－4787－0000262　0273　子部/醫家類/傷寒金匱之屬/傷寒論
傷寒審症表一卷　（清）包誠輯　清同治十年（1871）湖北崇文書局刻本　一冊

330000－4787－0000263　0274　類叢部/叢書類/家集之屬
洪氏晦木齋叢書二十一種　（清）洪汝奎編　清同治八年至宣統元年（1869－1909）刻本　二冊　存二種

330000－4787－0000264　0275　集部/別集類/清別集
椒堂雜稿一卷　（清）朱爲弼撰　稿本　清高錫蕃觀款　一冊

330000－4787－0000265　0276　集部/別集類/唐五代別集
唐張司業詩集六卷　（唐）張籍撰　明正德十年（1515）劉成德刻本　二冊

330000－4787－0000266　0277　集部/別集類/清別集
笛漁小稿十卷　（清）朱昆田撰　清會稽陶闇刻本　一冊

330000－4787－0000267　0278　類叢部/叢書類
篋中詞六卷續四卷　（清）譚獻纂錄　清同治至光緒仁和譚氏刻本　三冊　存一種

330000－4787－0000268　0279　史部/地理類/專志之屬/宫殿
金鰲退食筆記二卷　（清）高士奇撰　清康熙刻本　二冊

330000－4787－0000269　0280　史部/金石類/石之屬/文字
金薤琳琅二十卷　（明）都穆撰　**金薤琳琅補遺一卷**　（清）宋振譽撰　清乾隆四十三年（1778）汪荻洲刻本　四冊

330000－4787－0000270　0281　史部/金石類/金之屬/文字
積古齋鐘鼎款識稿本四卷附錄一卷　（清）阮元　（清）朱爲弼撰　清光緒三十二年（1906）朱之榛影印本　三冊

330000－4787－0000271　0282　集部/詩文評類/詩評之屬
漁隱叢話前集六十卷後集四十卷　（宋）胡仔撰　清乾隆五年至六年（1740－1741）海鹽楊佑啓耘經樓刻本　八冊

330000－4787－0000272　0283　集部/總集類/選集之屬/通代

古唐詩合解古詩四卷唐詩十二卷　(清)王堯衢注　清雍正十年(1732)刻本　五册　存十二卷(唐詩一至十二)

330000－4787－0000275　0286　子部/藝術類/書畫之屬/畫譜

冶梅石譜二卷　(清)王寅繪　清光緒六年(1880)金陵王氏刻本　二册

330000－4787－0000277　0288　集部/别集類/清别集

漁洋山人精華録十卷　(清)王士禛撰　清康熙三十九年(1700)林佶刻本　一册　存二卷(一至二)

330000－4787－0000278　0289　集部/别集類/清别集

紫佩軒詩稿二卷　(清)嚴昭華撰　清光緒二十二年(1896)吳門刻本　一册

330000－4787－0000279　0290　集部/總集類/選集之屬/斷代

東喦艸堂評訂唐詩鼓吹十卷　(金)元好問輯　(元)郝天挺註　(明)廖文炳解　(清)朱三錫評　清康熙刻本　四册

330000－4787－0000280　0291　集部/别集類/清别集

梅村集四十卷目録二卷　(清)吳偉業撰　清康熙八年(1669)顧湄等刻本　八册

330000－4787－0000285　0293　集部/詩文評類/詩評之屬

藝苑名言八卷首一卷　(清)蔣瀾撰　清刻本　四册

330000－4787－0000286　0294　集部/别集類/清别集

冬心先生集四卷　(清)金農撰　清宣統二年(1910)掃葉山房石印本　四册

330000－4787－0000289　297　類叢部/叢書類/彙編之屬

知不足齋叢書一百九十六種　(清)鮑廷博編　(清)鮑士恭續編　清乾隆三十七年至道光三年(1772－1823)長塘鮑氏刻彙印本　一册　存二種

330000－4787－0000293　0302　集部/别集類/清别集

春在堂尺牘六卷　(清)俞樾撰　清宣統三年(1911)上海文瑞樓石印本　一册　存三卷(一至三)

330000－4787－0000297　0306　子部/藝術類/書畫之屬/題跋

習苦齋畫絜十卷　(清)戴熙撰　清光緒十九年(1893)上海文瑞樓石印本　四册

330000－4787－0000299　0309　集部/别集類/清别集

韻雪廬詩草三卷　(清)周静儀撰　清光緒三十二年(1906)刻本　一册

330000－4787－0000300　0310　集部/别集類/清别集

守經堂詩集四卷附自著書一卷補亡書目一卷　(清)沈筠撰　清光緒九年(1883)刻本　一册

330000－4787－0000301　0311　集部/别集類/清别集

朱布衣詩選一卷　(清)朱錫山撰　清同治十一年(1872)静安堂刻本　一册

330000－4787－0000302　0312　集部/戲劇類/傳奇之屬

倚晴樓七種曲十二卷　(清)黄燮清撰　清道光馴雲閣刻本　一册　存一種

330000－4787－0000304　0314　集部/别集類/清别集

小雲廬吟稿七卷　(清)朱壬林撰　清道光十九年(1839)刻本　一册

330000－4787－0000308　0317　集部/别集類/清别集

小雲廬晚學文稾八卷　(清)朱壬林著　清光緒二十六年(1900)朱氏刻本　二册

330000－4787－0000309　318　類叢部/叢書類/彙編之屬
重校拜經樓叢書(重定拜經樓叢書)十種　(清)吳騫原編　(清)朱記榮補輯　清光緒二十年(1894)吳縣朱氏校經堂補刻本　一册

330000－4787－0000310　0319　集部/别集類/清别集
清燕堂詩存一卷　(清)陸潢撰　清宣統三年(1911)葉存養刻本　一册

330000－4787－0000311　0320　類叢部/叢書類/彙編之屬
武英殿聚珍版書一百三十八種　清乾隆武英殿木活字印本　一册　存一種

330000－4787－0000312　0321　子部/藝術類/篆刻之屬
西泠印社印學叢書　清宣統至民國刻本暨木活字印本　四册　存一種

330000－4787－0000313　0322　經部/春秋總義類/傳説之屬
春秋四傳通辭十二卷　(明)陳士芳輯　明奏星堂刻本　三册　存五卷(一至五)

330000－4787－0000315　0324　集部/别集類/清别集
紫茜山房詩鈔六卷　(清)沈金藻撰　清同治十二年(1873)刻本　一册

330000－4787－0000316　0325　史部/傳記類/别傳之屬/年譜
陸清獻[隴其]先生年譜原本一卷　(清)楊開基撰　清嘉慶二十五年(1820)陸光宗刻本　一册

330000－4787－0000317　326　集部/詞類/類編之屬
浙西六家詞七種十九卷　(清)龔翔麟編　清康熙龔氏玉玲瓏閣刻本　一册　存一種

330000－4787－0000318　0327　集部/别集類/明别集
清江貝先生文集三十卷詩集十卷　(明)貝瓊撰　(清)金檀編　清康熙五十八年(1719)桐鄉金檀燕翼堂刻乾隆二十四年(1759)汪垕重修本　四册　存十卷(詩集一至十)

330000－4787－0000319　0328　經部/小學類/訓詁之屬/爾雅
爾雅正郭三卷　(清)潘衍桐撰　清光緒十七年(1891)刻本　一册

330000－4787－0000320　0329、0348　史部/傳記類/總傳之屬/文苑
本朝名家詩鈔小傳二卷　(清)鄭方坤撰　清嘉慶六年(1801)杞菊軒刻本　四册

330000－4787－0000321　0330　類叢部/叢書類
篋中詞六卷續四卷　(清)譚獻纂録　清同治至光緒仁和譚氏刻本　四册　存一種

330000－4787－0000322　0331　史部/傳記類/總傳之屬/釋道
高僧傳初集至四集　(清)楊文會輯　清光緒十年至十八年(1884－1892)金陵刻經處、江北刻經處刻本　四册　存一種

330000－4787－0000324　0333　集部/别集類/清别集
蕉窻吟稾一卷　(清)葉成錦撰　清宣統三年(1911)平湖葉氏刻本　一册

330000－4787－0000325　0334　子部/藝術類/書畫之屬
青霞館論畫絶句一百首一卷　(清)吳修撰　清光緒二年(1876)葛元煦嘯園上海刻本　一册

330000－4787－0000326　0318(2)　集部/别集類/清别集
扶風傳信録補一卷　(清)潘兆熊纂輯　清嘉慶十四年(1809)刻本　與330000－4787－0000309合册

330000－4787－0000327　0335　子部/醫家類/醫案之屬
寓意草一卷　(明)喻昌撰　明崇禎十六年(1643)刻本　一册

330000－4787－0000331　0339　子部/醫家類/醫經之屬/内經

内經知要二卷　(清)李中梓輯並注　清乾隆二十九年(1764)薛雪埽葉山房刻本　二冊

330000－4787－0000332　0340　類叢部/叢書類/彙編之屬

榆園叢刻十五種附一種　(清)許增編　清同治至光緒刻本　一冊　存二種

330000－4787－0000333　0341　經部/易類/傳說之屬

易憲四卷卦歌一卷圖説一卷　(明)沈泓撰　清乾隆九年(1744)補堂刻本　二冊

330000－4787－0000337　0345　集部/别集類/清别集

倚晴樓集　(清)黄燮清撰　清咸豐至同治海鹽黄氏拙宜園刻本　三冊　存二種

330000－4787－0000338　0346　子部/雜著類/雜考之屬

日知録三十二卷　(清)顧炎武撰　清康熙三十四年(1695)潘耒遂初堂刻本　十冊

330000－4787－0000339　0347　子部/宗教類/佛教之屬/經疏

大佛頂首楞嚴經正脈懸示一卷　(明)釋真鑑撰　明刻本　一冊

330000－4787－0000340　0349　史部/地理類/雜志之屬

金陵雜詠一卷　(清)王友亮撰　清嘉慶十四年(1809)刻本　一冊

330000－4787－0000341　0350　類叢部/叢書類/彙編之屬

小石山房叢書三十八種　(清)顧湘編　清道光刻同治十三年(1874)虞山顧氏補刻本　十六冊

330000－4787－0000343　0353　集部/别集類/清别集

清燕堂詩存一卷　(清)陸漢撰　清宣統三年(1911)葉存養刻本　一冊

330000－4787－0000344　0354　子部/雜著類/雜説之屬

菜根譚一卷　(明)洪應明撰　**娑羅館清語一卷**　(明)屠隆撰　清光緒十三年(1887)揚州藏經禪院刻本　一冊

330000－4787－0000345　0355　類叢部/叢書類/自著之屬

陸放翁全集六種　(宋)陸游撰　明末海虞毛氏汲古閣刻清初毛扆增刻彙印本　十二冊　存一種

330000－4787－0000346　0356　子部/道家類

莊子集解八卷　王先謙撰　清宣統元年(1909)上海掃葉山房石印本　四冊

330000－4787－0000349　0359　經部/小學類/文字之屬/字書/字典

康熙字典十二集三十六卷總目一卷檢字一卷辨似一卷等韻一卷補遺一卷備考一卷　(清)張玉書等纂修　清光緒十七年(1891)上洋鴻寶齋石印本　六冊

330000－4787－0000350　0360　集部/别集類/清别集

覺蘇集不分卷　(清)朱爲弼撰　清嘉慶十三年(1808)稿本　清林报曾、清方廷瑚跋　一冊

330000－4787－0000351　0361　史部/紀傳類/正史之屬

補三國疆域志二卷　(清)洪亮吉撰　清乾隆四十六年(1781)西安刻北江全集本　清金惪淦批　清朱爲弼注　一冊

330000－4787－0000352　0366、0367　子部/醫家類/類編之屬

丁氏醫學叢書　丁福保編　清宣統元年至民國二年(1909－1913)上海文明書局鉛印本　二冊　存二種

330000－4787－0000356　0865　史部/傳記類/别傳之屬/事狀

太原張太宜人節孝事實一卷　(清)劉鴻甫輯

清道光朱拓本　一冊

330000－4787－0000357　866　類叢部/叢書類/彙編之屬

知不足齋叢書一百九十六種　(清)鮑廷博編　(清)鮑士恭續編　清乾隆三十七年至道光三年(1772－1823)長塘鮑氏刻彙印本　一冊　存一種

330000－4787－0000359　0889　史部/傳記類/總傳之屬/家乘

[浙江平湖]孫氏世譜不分卷　清康熙二十六年(1687)刻本　一冊

330000－4787－0000360　0932　子部/藝術類/書畫之屬/法帖

御刻三希堂石渠寶笈法帖不分卷御刻三希堂石渠寶笈續法帖不分卷三希堂續刻法帖不分卷　(清)梁詩正等輯　清宣統元年(1909)文盛書局影印本　七冊

330000－4787－0000365　0991　經部/四書類/總義之屬/傳說

四書一貫講十九卷　(清)顧天健撰　清敢後堂刻本　十二冊　存十四卷(中庸一,論語二至五、七至八,孟子一至七)

330000－4787－0000366　0992　子部/儒家類/儒學之屬/蒙學

人範六卷　(清)蔣元輯　清咸豐九年(1859)鉛印本　一冊

330000－4787－0000368　0936(1)　子部/藝術類/書畫之屬/法帖

御刻三希堂石渠寶笈法帖不分卷三希堂續刻法帖不分卷　(清)梁詩正等輯　清宣統元年(1909)中華圖書館影印本　三十三冊

330000－4787－0000370　0933(3)　經部/小學類/文字之屬/字書/訓蒙

四體千字文一卷　(南朝梁)周興嗣撰　(清)張楷　(清)徐大椿書　清同治十年(1871)上洋大魁楨記刻本　一冊

330000－4787－0000384　0933(17)　子部/雜著類/雜編之屬

朱建卿遺墨不分卷　(清)朱建卿著　稿本　一冊

330000－4787－0000386　0933(19)　集部/別集類/清別集

翁松禪手劄不分卷　(清)翁同龢撰　清宣統三年(1911)石印本　一冊

330000－4787－0000387　0933(20)　集部/詞類/別集之屬

絳趺山館詞錄不分卷　(清)張金鏞撰　清道光二十五年(1845)抄本　一冊

330000－4787－0000388　0933(21)　集部/別集類/清別集

間中偶錄不分卷　(清)胡正基撰　清嘉慶十八年(1813)稿本　一冊

330000－4787－0000389　0933(22)　集部/別集類/清別集

翁松禪手劄不分卷　(清)翁同龢撰　清宣統三年(1911)石印本　一冊

330000－4787－0000391　0933(24)　集部/別集類/清別集

翁松禪手劄不分卷　(清)翁同龢撰　清宣統元年(1909)石印本　一冊

330000－4787－0000402　0936(2)　子部/藝術類/書畫之屬/法帖

御刻三希堂石渠寶笈法帖釋文十六卷　(清)梁詩正等輯　清乾隆六十年(1795)刻本　五冊　存十四卷(三至十六)

平湖市莫氏莊園陳列館古籍普查登記目録

全國古籍普查登記目録・浙江嘉興

國家圖書館出版社
National Library of China Publishing House

古籍普查登記目錄

株洲市炎陵縣圖書館

全國古籍普查登記目錄 第[illegible]輯

《平湖市莫氏莊園陳列館古籍普查登記目録》

編委會

主　編：楊雲珩

副主編：范婷婷

編　委：朱敏敏

《平湖市莫氏莊園陳列館古籍普查登記目録》

前　言

平湖市莫氏莊園陳列館館藏圖書大多是平湖市圖書館撥入，現館藏歷史文獻共計164部995册，部分爲民國時期文獻。本書目收録1912年以前刊印古籍112部800餘册。

平湖市莫氏莊園陳列館
2019年3月

330000－4796－0000002　011　子部/宗教類/佛教之屬/經

大方廣佛華嚴經八十卷　（唐）釋實叉難陀譯　清刻本　一冊　存三卷（七至九）

330000－4796－0000003　001　集部/別集類/唐五代別集

分類補註李太白詩集二十五卷　（唐）李白撰　（宋）楊齊賢集註　（元）蕭士贇補註　明嘉靖刻本　十冊　存八卷（二至九）

330000－4796－0000004　002　史部/紀傳類/正史之屬

史記一百三十卷　（漢）司馬遷撰　明末刻本　三十七冊　缺八卷（一、一百二十四至一百三十）

330000－4796－0000005　005　類叢部/叢書類/自著之屬

西堂全集　（清）尤侗撰　清康熙刻本　四冊　存一種

330000－4796－0000007　006　集部/戲劇類/雜劇之屬

鴛鴦夢一卷　（明）葉小紈撰　清抄本　一冊

330000－4796－0000008　007　集部/戲劇類/總集之屬/傳奇

笠翁傳奇十種　（清）李漁撰　清刻本　一冊　存一種

330000－4796－0000010　020　史部/史評類/史論之屬

史通削繁四卷　（清）紀昀撰　清光緒元年（1875）湖北崇文書局刻本　四冊

330000－4796－0000013　009　子部/藝術類/篆刻之屬/印譜

缶廬印存初集不分卷二集不分卷　吳俊卿篆刻　清末西泠印社鈐拓本　八冊

330000－4796－0000014　015　史部/目録類

葉氏存古叢書四種　葉銘輯　清宣統二年（1910）西泠印社鉛印本　一冊　存二種

330000－4796－0000015　013　史部/地理類/方志之屬/郡縣志

［光緒］嘉興府志八十八卷首二卷　（清）許瑤光修　（清）吳仰賢等纂　清光緒三年至四年（1877－1878）鴛湖書院刻本　二十四冊　存五十三卷（一至二十九、六十五至八十八）

330000－4796－0000016　021　集部/別集類/清別集

鶴齋存稿六卷　（清）張邦樞撰　清道光二十一年（1841）淳雅堂刻本　二冊

330000－4796－0000017　019　史部/政書類

于清端公政書六卷　（清）于成龍撰　（清）蔡方炳輯　清康熙四十六年（1707）于準刻本　十二冊

330000－4796－0000019　022　集部/別集類/唐五代別集

杜工部草堂詩箋二十二卷　（唐）杜甫撰　（宋）魯訔編次　（宋）蔡夢弼會箋　**杜工部草堂詩年譜二卷**　（宋）趙子櫟　（宋）魯訔撰　**杜工部草堂詩話二卷**　（宋）蔡夢弼輯　清光緒元年（1875）巴陵方功惠碧琳琅館刻本　六冊

330000－4796－0000020　025　集部/總集類/尺牘之屬

曹李尺牘合選二卷　（清）曹溶　（清）李良年撰　（清）茅復輯　清慎餘堂刻本　二冊

330000－4796－0000021　023　類叢部/叢書類/彙編之屬

風雨樓叢書二十三種　鄧實編　清宣統順德鄧氏鉛印本　三冊　存一種

330000－4796－0000022　026　集部/別集類/清別集

攬青閣詩鈔二卷　（清）李貽德撰　清同治六年（1867）刻本　二冊

330000－4796－0000023　027　經部/易類/傳說之屬

壽山堂易說四卷　（清）呂巖撰　清嘉慶二年（1797）靜意齋刻本　八冊

330000－4796－0000024　031　史部/史抄類

史記菁華錄六卷　(清)姚祖恩輯　清道光四年(1824)吳興姚氏扶荔山房刻朱墨套印本　六册

330000－4796－0000025　043　集部/别集類/清别集
石瀨山房詩鈔九卷　(清)胡昌基撰　清嘉慶刻本　四册

330000－4796－0000026　003　集部/别集類/清别集
秋錦山房集十卷　(清)李良年撰　(清)李潮偕編　清康熙三十五年(1696)李潮偕刻本　六册

330000－4796－0000027　004　子部/醫家類/醫經之屬/内經
類經三十二卷　(明)張介賓類注　**類經圖翼十一卷附翼四卷**　(明)張介賓撰　明天啓四年(1624)會稽張介賓刻天德堂印本　二十册

330000－4796－0000029　029　集部/總集類
兩浙輶軒録四十卷　(清)阮元輯　清刻本　十二册　存二十四卷(一至二十四)

330000－4796－0000030　030　史部/金石類/金之屬/圖像
兩罍軒彝器圖釋十二卷　(清)吳雲撰　清同治十一年(1872)刻本　四册

330000－4796－0000032　042　史部/傳記類/科舉録之屬/總録
國朝兩浙科名錄不分卷　(清)黄安綬輯　清咸豐七年(1857)京師刻本(光緒五年巳卯科至癸卯科名錄配抄本)　四册

330000－4796－0000033　033　經部/周禮類/傳說之屬
宋葉文康公禮經會元四卷　(宋)葉時撰　(清)陸隴其點定　清刻本　八册

330000－4796－0000035　034　集部/别集類/清别集
小琅玕山館詩抄十卷　(清)嚴廷玨撰　清刻本　四册

330000－4796－0000039　060　史部/傳記類/總傳之屬/家乘
平湖莫氏支譜不分卷　稿本　一册

330000－4796－0000040　039　經部/儀禮類/圖說之屬
儀禮圖六卷　(清)張惠言撰　清同治九年(1870)崇文書局刻本　三册

330000－4796－0000041　040　史部/編年類/通代之屬
玉山樓綱鑑易知錄九十二卷　(清)吳乘權　(清)周之炯　(清)周之燦輯　清刻本　十一册　存二十六卷(三十四至三十八、四十二至六十二)

330000－4796－0000042　041　集部/詞類/總集之屬
國朝詞綜續編二十四卷　(清)黄燮清輯　清同治十二年(1873)武昌刻本　五册　存二十卷(一至二十)

330000－4796－0000043　039b　經部/儀禮類/傳說之屬
儀禮十七卷　(漢)鄭玄注　清刻本　二册

330000－4796－0000044　044　集部/總集類/郡邑之屬
兩浙輶軒續錄五十四卷補遺六卷　(清)潘衍桐輯　清光緒十七年(1891)浙江書局刻本　四十册

330000－4796－0000045　045　集部/詞類/别集之屬
綠雪館詞八卷百和詞一卷　(清)張鴻卓撰　清道光二十一年(1841)書三味樓刻本　四册

330000－4796－0000047　048　子部/藝術類/遊藝之屬/聯語
楹聯叢話十二卷　(清)梁章鉅輯　清刻本　六册

330000－4796－0000048　049　經部/四書類/總義之屬/傳說
松陽講義十二卷　(清)陸隴其撰　清光緒十三年(1887)固始張氏刻本　四册

330000－4796－0000049　050　集部/總集類/選集之屬/斷代

雪鴻偶鈔詩四卷詞一卷　(清)倪世珍錄　清光緒四年(1878)吳縣倪氏刻本　二册

330000－4796－0000050　052　經部/四書類/總義之屬/傳說

松陽講義十二卷　(清)陸隴其撰　清刻本　四册

330000－4796－0000051　51　集部/別集類/明別集

震川先生集三十卷別集十卷附録一卷補編一卷　(明)歸有光撰　(清)歸莊校勘　(清)錢謙益選定　(清)歸玠編輯　明刻本　八册　存十卷(別集一至十)

330000－4796－0000052　053　集部/總集類/選集之屬/斷代

古詩歸十五卷唐詩歸三十六卷梅花百詠八卷　(明)鍾惺　(明)譚元春輯　明刻本　十九册　存三十二卷(唐詩歸三至三十四)

330000－4796－0000053　054　類叢部/叢書類/彙編之屬

申報館叢書正集五十七種附録三種　(清)尊聞閣主編　**續集一百四十二種**　蔡爾康編　清同治至光緒上海申報館鉛印本　四册　存一種

330000－4796－0000054　056　類叢部/叢書類/彙編之屬

申報館叢書正集五十七種附録三種　(清)尊聞閣主編　**續集一百四十二種**　蔡爾康編　清同治至光緒上海申報館鉛印本　八册　存二種

330000－4796－0000056　063　史部/金石類/總志之屬

金石萃編一百六十卷　(清)王昶撰　**金石續編二十一卷首一卷**　(清)陸耀遹撰　清光緒十九年(1893)上海醉六堂石印本　二十册　存一百四十卷(萃編一至九、二十至一百六、一百十八至一百四十三,續編四至二十一)

330000－4796－0000057　058　集部/總集類/選集之屬/通代

文選六十卷　(南朝梁)蕭統輯　(唐)李善注　明末海虞毛氏汲古閣刻清康熙二十五年(1686)錢士謐重修本　十册　存二十七卷(一至二十七)

330000－4796－0000059　047　類叢部/叢書類/自著之屬

王漁洋遺書三十八種　(清)王士禛撰　清刻本　四册　存六種

330000－4796－0000060　061　史部/傳記類/總傳之屬/家乘

[浙江]平湖葛氏宗譜不分卷　清抄本　一册

330000－4796－0000062　079　子部/儒家類/儒學之屬

孔子集語十七卷　(清)孫星衍輯　清光緒二十三年(1897)文瑞樓石印本　二册

330000－4796－0000064　066　集部/小說類/長篇之屬

歷代神仙通鑑三集二十二卷圖一卷　(清)徐道述　(清)程毓奇續　(清)李理　(清)王太素贊　清康熙生生館刻本　二十二册　存二十二卷(　至二十一、圖)

330000－4796－0000066　067　集部/別集類/漢魏六朝別集

庾子山集十六卷　(北周)庾信撰　(清)倪璠註　清光緒十六年(1890)廣州經史閣刻本　十二册

330000－4796－0000067　068　集部/總集類/氏族之屬

午夢堂集二十三卷　(明)葉紹袁編　清刻本(伊人思、窈聞配民國抄本)　九册

330000－4796－0000068　069　子部/農家農學類/園藝之屬/總志

二如亭群芳譜二十九卷首一卷　(明)王象晉撰　明末刻本　二十三册　缺一卷(鶴魚)

330000－4796－0000069　070　類叢部/叢書類/自著之屬

隨園三十八種　(清)袁枚撰　清光緒十八年

(1892)勤裕堂鉛印本　三十八册　存三十七種

330000－4796－0000071　072　子部/宗教類/道教之屬/戒律

太上感應篇圖説八卷首一卷　(清)黄正元纂　(清)毛金蘭補　清同治八年(1869)刻本　八册

330000－4796－0000072　074　集部/總集類/選集之屬/斷代

本朝試賦新硎五卷首一卷補編一卷　(清)陸貽穀等輯　清刻本　三册　存三卷(二至四)

330000－4796－0000074　076　史部/紀傳類/正史之屬

史記一百三十卷　(漢)司馬遷撰　(南朝宋)裴駰集解　(唐)司馬貞索隱　(唐)張守節正義　清乾隆四年(1739)刻本　二册　存五十卷(六十三至一百十二)

330000－4796－0000075　077　經部/四書類/總義之屬/傳説

四書講義困勉録三十七卷續困勉録六卷附録一卷　(清)陸隴其撰　(清)陸公鏐編　清康熙刻本　二册　存六卷(孟子講義困勉録四至九)

330000－4796－0000076　073　類叢部/叢書類/自著之屬

西河合集一百十九種　(清)毛奇齡撰　清刻本　三册　存一種

330000－4796－0000079　057　類叢部/叢書類/自著之屬

靈芬館集十種　(清)郭麐撰　清嘉慶至道光刻本　四册　存一種

330000－4796－0000080　082　集部/總集類/氏族之屬

新安先集二十卷　(清)朱之榛輯　清刻本　四册　存十三卷(八至二十)

330000－4796－0000082　083　類叢部/類書類/專類之屬

春秋經傳類聯三十三卷　(清)王繩曾撰　(清)屈作梅補注　清嘉慶七年(1802)紉蘭堂刻本　六册

330000－4796－0000083　084　集部/總集類/選集之屬/通代

古文辭類纂七十四卷　(清)姚鼐輯　**續古文辭類纂三十四卷**　王先謙輯　清光緒三十三年(1907)上海商務印書館鉛印本　六册　存五十四卷(古文辭類纂一至二十、四十一至七十四)

330000－4796－0000084　085　史部/編年類/通代之屬

尺木堂綱鑑易知録二十卷　(清)吴乘權　(清)周之炯　(清)周之燦輯　清光緒十二年(1886)上海點石齋石印本　七册　存十四卷(一至十四)

330000－4796－0000085　086　集部/總集類/酬唱之屬

椿館攄懷不分卷　(清)陳昌焌編　清刻本　二册

330000－4796－0000086　087　史部/叢編

九通二千三百二十一卷　(清)□□輯　清光緒八年至二十二年(1882－1896)浙江書局刻本　二十册　存六十三卷(一至三十九、四十九至七十二)

330000－4796－0000088　088　史部/紀事本末類/通代之屬

通鑑紀事本末二百三十九卷　(宋)袁樞撰　(明)張溥論正　清光緒十四年(1888)上洋書業公所崇德堂鉛印本　十七册　存一百七十五卷(一至三十、四十九至一百十、一百二十三至一百八十一、二百十六至二百三十九)

330000－4796－0000089　089　史部/紀事本末類/斷代之屬

遼史紀事本末四十卷首一卷　(清)李有棠撰　清光緒二十八年(1902)上海著易堂書局鉛印本　二册

330000－4796－0000090　092　史部/紀事本末類/斷代之屬

左傳紀事本末五十三卷　(清)高士奇撰　清刻本　六冊

330000－4796－0000091　93　集部/總集類/氏族之屬

重鐫清河五先生詩選八卷　(清)朱爲弼選錄　**續補清河一先生詩選二卷**　(清)徐申錫選錄　清同治八年(1869)平湖張顯周刻本　二冊

330000－4796－0000093　095　子部/藝術類/遊藝之屬/聯語

楹聯叢話十二卷續話四卷　(清)梁章鉅輯　清道光二十年(1840)桂林署齋刻本　四冊　存十一卷(一至九、續話一至二)

330000－4796－0000096　098　集部/小説類/長篇之屬

新刻劍嘯閣批評西漢演義傳八卷　(明)甄偉撰　**新刻劍嘯閣批評東漢演義傳十卷**　(明)謝昭撰　清刻本　九冊　存十一卷(西漢演義二至八、東漢演義一至四)

330000－4796－0000097　099、113　經部/四書類/總義之屬/傳說

四書講義困勉錄三十七卷續困勉錄六卷附錄一卷　(清)陸隴其撰　(清)陸公鏐編　清刻本　九冊　存二十二卷(中庸二,論語丨五至二十,孟子一至三、十至十四;續困勉錄一至六;附錄)

330000－4796－0000098　101　集部/別集類/清別集

三魚堂文集十二卷外集六卷附錄一卷　(清)陸隴其撰　清刻本　六冊　存十二卷(文集四至五、八至十二,外集三至六,附錄)

330000－4796－0000102　100　類叢部/叢書/自著之屬

養晦堂集五種　(清)劉蓉撰　清光緒三年(1877)、十一年(1885)思賢講舍刻本　五冊　存一種

330000－4796－0000103　106　史部/政書類/通制之屬

文獻通考二十四卷首一卷　(元)馬端臨撰　清光緒二十年(1894)上海點石齋石印本　九冊　存十六卷(一至十六)

330000－4796－0000105　114　集部/總集類/選集之屬/通代

經史百家雜鈔二十六卷　(清)曾國藩輯　清光緒三十二年(1906)上海商務印書館鉛印本　二冊　存四卷(三至四、二十三至二十四)

330000－4796－0000106　107　子部/天文曆算類/算書之屬

古籌算考釋六卷　勞乃宣撰　清光緒十二年(1886)保山劉樹堂完縣官舍刻本　六冊

330000－4796－0000107　108　子部/兵家類/兵法之屬

金湯借箸十二籌十二卷　(明)李盤等撰　稿本　十冊　存十卷(一至三、五、七至十二)

330000－4796－0000108　109　史部/地理類/雜志之屬

蘊珍齋小誌十二卷　(清)沈肅庭輯　清刻本　二冊

330000－4796－0000109　110　集部/別集類/清別集

徧行堂集十六卷　(清)釋今釋撰　清宣統三年(1911)上海國學扶輪社鉛印本　五冊　存十卷(七至十六)

330000－4796－0000110　111　子部/宗教類/佛教之屬/經疏

大佛頂如來密因修證了義諸菩薩萬行首楞嚴經文句十卷　(明)釋智旭撰　清刻本　一冊　存一卷(一)

330000－4796－0000111　112　史部/傳記類/總傳之屬/忠孝

孝弟圖說二卷　(清)李文耕輯　清同治十三年(1874)刻本　一冊　存一卷(一)

330000－4796－0000117　117　經部/小學類/文字之屬/字書

和文漢譯讀本八卷　(日本)坪内雄藏編輯　(日本)長尾槙太郎譯校　清光緒三十一年

(1905)上海商務印書館石印本　二冊　存二卷(四、八)

330000－4796－0000119　119　史部/傳記類/總傳之屬/列女
列女傳八卷　(漢)劉向撰　(清)梁端校注　清石印本　一冊　存二卷(五至六)

330000－4796－0000121　121　史部/地理類/總志之屬/通代
天下郡國利病書一百二十卷　(清)顧炎武撰　清石印本　二十三冊　存一百卷(七至一百六)

330000－4796－0000122　122　集部/別集類/清別集
守經堂詩集十卷附自著書一卷　(清)沈筠撰　清光緒九年(1883)刻本　五冊

330000－4796－0000123　123　史部/政書類/通制之屬
欽定續文獻通考二百五十卷　(清)嵇璜　(清)曹仁虎等纂修　清刻本　十二冊　存二十一卷(八十至八十一、八十七至八十八、九十至九十一、九十五至九十六、一百十五、二百十至二百十三、二百十六至二百十七、二百二十三至二百二十四、二百二十七至二百三十)

330000－4796－0000124　124　子部/儒家類/儒學之屬
五子近思錄十四卷　(清)汪佑輯　清刻本　二冊　存七卷(三至九)

330000－4796－0000125　125　集部/別集類/清別集
夏仲子集六卷　(清)夏炯撰　清刻本　二冊　存四卷(三至六)

330000－4796－0000127　127　史部/傳記類/總傳之屬/姓名
史姓韻編六十四卷　(清)汪輝祖撰　清石印本　二冊　存三十二卷(十五至四十六)

330000－4796－0000128　128、129　類叢部/叢書類/彙編之屬
海山仙館叢書五十六種　(清)潘仕成編　清道光二十五年至咸豐元年(1845－1851)番禺潘氏刻光緒十一年(1885)增刻彙印本　三冊　存二種

330000－4796－0000131　131　子部/叢編
子書二十三種　(清)浙江書局編　清光緒二十三年(1897)上海圖書集成局鉛印本　二冊　存一種

330000－4796－0000132　132　史部/地理類/總志之屬/通代
讀史方輿紀要一百三十卷　(清)顧祖禹撰　清石印本　四冊　存十六卷(十九至二十九、三十四至三十八)

330000－4796－0000133　133　史部/叢編
史學叢書四十三種　(清)□□輯　清石印本　五冊　存八種

330000－4796－0000136　136　子部/雜著類/雜說之屬
淮南子二十一卷　(漢)劉安撰　(漢)高誘注　(清)莊逵吉校　清光緒二十三年(1897)圖書集成局石印本　三冊

330000－4796－0000137　137　史部/雜史類/斷代之屬
戰國策補註三十三卷　吳曾祺撰　清宣統元年(1909)上海商務印書館鉛印本　四冊

330000－4796－0000138　138　經部/四書類/總義之屬/傳說
四書人物類典串珠四十卷　(清)臧志仁輯　清刻本　四冊　存十六卷(一至四、六至十一、三十至三十五)

330000－4796－0000140　140　史部/傳記類/總傳之屬/通代
增廣尚友錄統編二十二卷　(清)應祖錫輯　清光緒二十八年(1902)鴻寶齋石印本　二冊　存七卷(十一至十七)

330000－4796－0000141　141　史部/史抄類
廿一史約編八卷首一卷　(清)鄭元慶撰　清末石印本　五冊　存五卷(竹、絲、革、石、匏)

330000－4796－0000144　147　類叢部/類書類/通類之屬
增補事類統編九十三卷首一卷　(清)黄葆真輯　清刻本　二冊　存六卷(八十六至九十一)

330000－4796－0000145　148　子部/法家類
管子二十四卷　(唐)房玄齡注　清光緒二十三年(1897)圖書集成局石印本　三冊

330000－4796－0000146　149　子部/叢編
子書二十三種　(清)浙江書局編　清光緒二十三年(1897)圖書集成局鉛印本　二冊　存一種

330000－4796－0000147　150　子部/儒家類/儒家之屬
荀子二十卷校勘補遺一卷　(唐)楊倞註　清光緒二十三年(1897)文瑞樓鉛印本　二冊

330000－4796－0000148　151　子部/叢編
子書二十三種　(清)浙江書局編　清光緒二十三年(1897)上海圖書集成局鉛印本　一冊　存一種

330000－4796－0000149　152、163　集部/總集類/選集之屬/斷代
初唐四傑集三十七卷　(清)項家達編　清同治十二年(1873)鄒氏叢雅居刻本　六冊　存二種

330000－4796－0000150　153　史部/傳記類/别傳之屬/年譜
關帝年譜一卷　(清)柯汝霖編　清鉛印本　一冊

330000－4796－0000151　154　子部/雜著類/雜説之屬
小滄浪筆談四卷　(清)阮元記　清光緒二十六年(1900)江蘇書局刻本　二冊

330000－4796－0000153　156　子部/儒家類/儒學之屬/性理
三魚堂賸言十二卷　(清)陸隴其撰　(清)陳濟編　清刻本　一冊　存三卷(三至五)

330000－4796－0000155　158　子部/醫家類/溫病之屬/其他溫疫病證
溫病條辨六卷首一卷　(清)吳瑭撰　清道光十五年(1835)葉金潮濬吾樓刻本　五冊　存六卷(首,一至二、四至六)

330000－4796－0000161　164　史部/雜史類/斷代之屬
平湖殉難錄一卷　(清)彭潤章輯　清刻本　一冊

330000－4796－0000162　165　集部/别集類/唐五代别集
白香山詩長慶集二十卷後集十七卷别集一卷補遺二卷　(唐)白居易撰　(清)汪立名編訂　**白香山年譜一卷**　(清)汪立名撰　**白香山年譜舊本一卷**　(宋)陳振孫撰　清康熙四十一年至四十二年(1702－1703)汪立名一隅草堂刻本　三冊　存十三卷(後集二至十四)

330000－4796－0000163　166　經部/小學類/文字之屬/字書/訓蒙
澄衷蒙學堂字課圖説四卷檢字一卷類字一卷　劉樹屏撰　吳子城繪圖　清石印本　六冊

330000－4796－0000164　167　子部/宗教類/佛教之屬
弘明集十四卷附音釋　(南朝梁)釋僧祐輯　清光緒二十二年(1896)金陵刻經處刻本　二冊　存八卷(四至七、十一至十四)

330000－4796－0000167　170　類叢部/類書類/通類之屬
淵鑑類函四百五十卷目錄四卷　(清)張英　(清)王士禛輯　清刻本　九十二冊　存二百八十九卷(一至二十六、四十四至一百四十一、一百七十七至二百二十二、二百二十六至二百四十五、二百五十四至二百六十四、二百七十四至二百九十八、三百八至三百二十六、三百三十至三百三十九、三百五十三至三百五十八、三百六十六至三百六十七、四百二十五至四百五十)

桐鄉市圖書館古籍普查登記目錄

全國古籍普查登記目錄・浙江嘉興

國家圖書館出版社
National Library of China Publishing House

《桐鄉市圖書館古籍普查登記目録》

編委會

主　編: 唐　容

副主編: 沈　煒　楊浙兵

編　委: 朱莉韵　顧鍾梅　莊亞東

《桐鄉市圖書館古籍普查登記目録》

前　言

桐鄉市圖書館原爲桐鄉縣文化館内設圖書室，1984年，桐鄉縣圖書館單獨建制，并興建館舍，1986年10月正式開放。當時，館藏古籍爲4000餘册，一直保存至今。1993年桐鄉撤縣設市，更名爲桐鄉市圖書館。我館古籍保護工作於2009年啓動，根據上級文件，我館全力開展古籍保護各項工作，健全古籍保護制度，完善内部規章制度，改善古籍保管條件，加强工作人員古籍知識學習等。同時，徹底清點館藏4000餘册古籍，瞭解本館現存古籍的種類、數量、版本、存藏等信息，并製作了簡單目録。

爲了進一步規範古籍保護工作，本館參與全國古籍普查工作。我館的普查工作人員清點核查、規範著録、修訂謬誤、重新排次，最終於2016年底完成普查工作。

《桐鄉市圖書館古籍普查登記目録》共收録1912年以前刊印古籍281部2300餘册，本館收藏的大量印刷於民國時期的綫裝書不納入考量範圍。收録古籍主要爲清刻本、鉛印本和石印本。經過普查，館藏古籍中也發現極少量珍貴古籍，如清順治至乾隆刻本宋琬撰《安雅堂全集》。清初詩人繼“江左三大家”之後，有“南施北宋”著稱一時。其中“北宋”就是山東萊陽人宋琬。宋琬集向無完本，館藏四種皆清初刻本，并保存完整，頗爲不易，具有較高價值。此外，還有一批地方文獻爲我館特色館藏，如《[光緒]桐鄉縣志》《[光緒]石門縣志》皆保存完整。雖爲清末版本，版本價值不高，却全面記載清光緒年間本地的自然、社會、政治、經濟、文化等方面情況。還有一批名人著述，如吕留良《吕晚村詩集》、吴之振的《黄葉村莊詩集》、周拱辰《周孟侯先生全書》等。這些地方文獻爲我們提供了寶貴的歷史資料，具有較高的文獻價值，爲研究、傳承本地文化起到了積極作用。

通過實踐，我們深深感到，要加大古籍專業隊伍的培養，建立健全古籍保護管理制度，推動古籍保護工作的全面開展。本次古籍普查工作的完成，是所有普查人員共同努力的結果，但書目中尚存瑕疵，望同行及讀者不吝指正，俾便繼續修訂。

桐鄉市圖書館
2018年3月

330000－4708－0000001　069　集部/别集類/宋别集
龍川文集三十卷　(宋)陳亮撰　清康熙四十八年(1709)永康陳氏聚星堂刻本　一册　存一卷(一)

330000－4708－0000002　0777　集部/别集類/清别集
善卷堂四六十卷　(清)陸繁弨撰　(清)吴自高注　清刻本　九册　缺一卷(九)

330000－4708－0000003　0775　集部/别集類/清别集
小倉山房詩集三十六卷補遺二卷　(清)袁枚撰　清刻本　八册　缺十卷(一至五、十至十四)

330000－4708－0000004　0578　史部/地理類/方志之屬/郡縣志
[光緒]石門縣志十一卷首一卷　(清)余麗元等纂修　清光緒四年至五年(1878－1879)刻本　十四册

330000－4708－0000005　0578　史部/地理類/方志之屬/郡縣志
[光緒]石門縣志十一卷首一卷　(清)余麗元等纂修　清光緒四年至五年(1878－1879)刻本　十二册　缺二卷(一至二)

330000－4708－0000006　0579　史部/地理類/方志之屬/郡縣志
[光緒]桐鄉縣志二十四卷首四卷　(清)嚴辰纂　**楊園淵源錄四卷**　(清)沈曰富輯　清光緒十三年(1887)蘇州陶漱藝齋刻本　二十四册

330000－4708－0000007　561　史部/地理類/方志之屬/郡縣志
[光緒]桐鄉縣志二十四卷首四卷　(清)嚴辰纂　**楊園淵源錄四卷**　(清)沈曰富輯　清光緒十三年(1887)蘇州陶漱藝齋刻本　三册　存三卷(四、六至七)

330000－4708－0000010　0445　集部/别集類/清别集
黄葉邨莊詩集八卷續集一卷後集一卷　(清)吴之振撰　清光緒四年(1878)吴康壽刻本　三册　存三卷(三、八,後集)

330000－4708－0000011　0443　集部/别集類/清别集
黄葉邨莊詩集八卷續集一卷後集一卷　(清)吴之振撰　清光緒四年(1878)吴康壽刻本　三册　存八卷(詩集一至八)

330000－4708－0000014　002　史部/叢編
二十四史　清光緒三十四年(1908)上海集成圖書公司鉛印本　十六册　存一種

330000－4708－0000015　004　史部/叢編
二十四史附考證　清光緒上海圖書集成印書局鉛印本　十一册　存一種

330000－4708－0000016　003　史部/叢編
二十四史附考證　清光緒十四年(1888)上海圖書集成印書局鉛印本　十六册　存一種

330000－4708－0000017　0496　史部/傳記類/總傳之屬/儒林
理學宗傳二十六卷　(清)孫奇逢撰　(清)魏一鼇等編　清光緒六年(1880)浙江書局刻本　五册　存十三卷(一至十、十六至十八)

330000－4708－0000018　0497　子部/儒家類/儒學之屬
文中子中説十卷　題(隋)王通撰　(宋)阮逸注　清光緒刻本　一册　存六卷(五至十)

330000－4708－0000019　0494　子部/儒家類/儒學之屬/經濟
鹽鐵論十二卷　(漢)桓寬撰　(明)張之象注　清刻本　二册

330000－4708－0000024　0571　史部/地理類/方志之屬/郡縣志
[嘉慶]松江府志八十四卷首二卷圖一卷　(清)宋如林修　(清)孫星衍　(清)莫晉纂　清嘉慶二十三年(1818)松江府學明倫堂刻本　三十八册

330000－4708－0000025　0572　史部/地理

類/方志之屬/郡縣志
[光緒]松江府續志四十卷首一卷圖一卷　(清)博潤修　(清)姚光發等纂　清光緒十年(1884)刻本　二十三冊　缺二卷(一至二)

330000－4708－0000027　0212　史部/政書類/通制之屬
二十四史九通政典類要合編三百二十卷　(清)黃書霖輯　清光緒二十八年(1902)約雅堂石印本　五十五冊　缺二十八卷(二十三至三十、一百二十三至一百二十七、二百七十七至二百八十一、二百六十五至二百六十九、二百七十五至二百七十九)

330000－4708－0000029　032　史部/叢編
九通全書二千三百二十一卷　(清)□□輯　清光緒二十七年(1901)上海圖書集成局鉛印本　四十冊　存三百十三卷(一至十九、二十八至一百八十三、二百十一至三百四十八)

330000－4708－0000031　033　史部/叢編
九通二千三百二十一卷　(清)□□輯　清光緒二十七年(1901)上海圖書集成印書局鉛印本　三十六冊　存二百五十卷(欽定續文獻通考一至二百五十)

330000－4708－0000032　031　史部/叢編
九通二千三百二十一卷　(清)□□輯　清光緒二十七年(1901)上海圖書集成局鉛印本　三十九冊　存三百卷(皇朝文獻通考一至三百)

330000－4708－0000038　0139　集部/別集類/清別集
思茗齋集十二卷附一卷　(清)宋咸熙撰　清刻本　四冊

330000－4708－0000046　038　史部/編年類/斷代之屬
皇朝政典挈要八卷　(日本)增田貢撰　(清)毛淦補編　清光緒石印本　二冊　存五卷(三至六、八)

330000－4708－0000060　057　史部/叢編
二十四史　清石印本　二十二冊　存一種

330000－4708－0000061　0135　史部/紀事本末類/通代之屬
通鑑紀事本末二百三十九卷　(宋)袁樞撰　(明)張溥論正　清光緒二十五年(1899)石印本　二十一冊　存二百八卷(一至一百十六、一百三十四至二百十六、二百二十五至二百三十九)

330000－4708－0000063　135　史部/紀事本末類/通代之屬
通鑑紀事本末二百三十九卷　(宋)袁樞撰　(明)張溥論正　清石印本　二冊　存十四卷(二百十至二百十六、二百二十五至二百三十一)

330000－4708－0000064　0134　史部/紀事本末類
歷朝紀事本末九種　(清)陳如升　(清)朱紀榮輯　(清)慎記主人增輯　清光緒二十五年(1899)上海慎記書莊石印本　七冊　存一種

330000－4708－0000065　0133　史部/紀事本末類/通代之屬
歷朝紀事本末九種　(清)陳如升　(清)朱記榮輯　(清)慎記主人增輯　清光緒二十五年(1899)上海慎記書莊石印本　八冊　存一種

330000－4708－0000068　209　類叢部/類書類/專類之屬
佩文韻府一百六卷　(清)張玉書　(清)蔡升元等輯　**韻府拾遺一百六卷**　(清)汪灝　(清)何焯等輯　清光緒二十四年(1898)上海點石齋石印本　二十四冊

330000－4708－0000069　0131　史部/紀事本末類/斷代之屬
元史紀事本末二十七卷　(明)陳邦瞻編輯　(明)張溥論正　清光緒二十五年(1899)石印本　二冊

330000－4708－0000071　132　史部/紀事本末類/斷代之屬
金史紀事本末五十二卷　(清)李有棠撰　清光緒石印本　四冊

330000－4708－0000072　0130　史部/紀事本末類/通代之屬

歷朝紀事本末九種　(清)陳如升　(清)朱記榮輯　(清)慎記主人增輯　清光緒二十五年(1899)石印本　二冊　存一種

330000－4708－0000073　0129　史部/紀事本末類/斷代之屬

左傳紀事本末五十三卷　(清)高士奇撰　清石印本　三冊　缺二十四卷(一至十一、三十二至四十四)

330000－4708－0000080　0125　史部/叢編

二十四史附考證　清光緒上海圖書集成印書局鉛印本　十五冊　存一種

330000－4708－0000082　0124　史部/叢編

二十四史附考證　清上海集成圖書公司鉛印本　二十一冊　存一種

330000－4708－0000084　0126　史部/叢編

二十四史附考證　清光緒上海圖書集成印書局鉛印本　二冊　存一種

330000－4708－0000085　020、0127　史部/紀傳類/正史之屬

元史二百十卷　(明)宋濂等修　清光緒三十四年(1908)上海集成圖書公司石印本　二十冊　存一百七十七卷(一至二十五、三十五至四十七、五十四至六十四、八十三至二百十)

330000－4708－0000086　006、019、128、021　史部/叢編

二十四史附考證　清光緒上海圖書集成印書局鉛印本　五十冊　存一種

330000－4708－0000088　077　史部/地理類/專志之屬/書院

白鹿書院志十九卷　(清)毛德琦原訂　(清)周兆蘭重修　清康熙刻乾隆、道光、同治、光緒遞修本　四冊　存九卷(三至七、十一至十四)

330000－4708－0000090　007　史部/叢編

二十四史附考證　清光緒三十四年(1908)上海集成圖書公司鉛印本　四冊　存一種

330000－4708－0000094　009　史部/紀傳類/正史之屬

魏書一百十四卷　(北齊)魏收撰　(清)陳浩等校刊　清光緒三十四年(1908)上海集成圖書公司石印本　十六冊

330000－4708－0000099　018　史部/叢編

二十四史附考證　清光緒上海圖書集成印書局鉛印本　十七冊　存一種

330000－4708－0000108　111　史部/傳記類/科舉録之屬/總録

增批直省闈墨不分卷　(清)馮一梅　(清)劉鯤輯　清石印本　一冊

330000－4708－0000125　151　經部/禮記類/傳說之屬

禮記集說十卷　(元)陳澔撰　清光緒八年(1882)上洋文政堂刻本　一冊　存一卷(一)

330000－4708－0000126　0151　經部/禮記類/傳說之屬

禮記集說十卷　(元)陳澔撰　清刻本　八冊　缺二卷(八至九)

330000－4708－0000130　0158　經部/詩類/傳說之屬

詩經集註八卷　(宋)朱熹撰　清安省聚文堂刻本　三冊　缺二卷(四至五)

330000－4708－0000131　0159　經部/詩類/傳說之屬

書經集傳六卷　(宋)蔡沈撰　清刻本　二冊　存三卷(四至六)

330000－4708－0000132　0161、0626　子部/醫家類/傷寒金匱之屬/金匱要略

金匱心典三卷　(清)尤怡撰　清刻本　二冊　缺一卷(上)

330000－4708－0000133　0162　子部/醫家類/綜合之屬/通論

醫學從眾八卷　(清)陳念祖撰　清光緒刻本　一冊　存二卷(一至二)

330000－4708－0000136　0172　史部/政書

類/邦計之屬/鹽法

欽定重修兩浙鹽法志三十卷首一卷 (清)馮培 (清)潘庭筠等纂修 清同治十三年(1874)楊昌濬刻本 二十四册

330000－4708－0000137 0173 史部/政書類/邦計之屬/鹽法

兩浙鹽法續纂備考十二卷 (清)楊昌濬等纂修 清同治十三年(1874)刻本 十二册

330000－4708－0000138 173 史部/政書類/邦計之屬/鹽法

續纂兩浙鹽法備考八卷 (清)世傑撰 清刻本 八册

330000－4708－0000141 176－182、184－185、225－233 類叢部/叢書類/自著之屬

船山遺書五十八種 (清)王夫之撰 清同治四年(1865)湘鄉曾國荃金陵刻本 四十八册 存三十三種

330000－4708－0000146 218 經部/周禮類/傳說之屬

周禮註疏刪翼三十卷 (明)王志長撰 明崇禎刻本 十一册 缺十一卷(一至十一)

330000－4708－0000147 0219 子部/醫家類/綜合之屬/合刻、合抄

景岳全書六十四卷 (明)張介賓撰 清刻本 二册 存三卷(四十七、六十二至六十三)

330000－4708－0000148 0221 類叢部/叢書類/彙編之屬

崇文書局彙刻書三十一種 (清)崇文書局編 清光緒元年至三年(1875－1877)湖北崇文書局刻本 一册 存一種

330000－4708－0000149 0223 經部/書類/傳說之屬

書經集傳六卷 (宋)蔡沈撰 清刻本 二册 缺三卷(一至二、四)

330000－4708－0000150 0224 經部/詩類/傳說之屬

詩經集傳八卷 (宋)朱熹撰 清光緒十九年(1893)浙江書局刻本 一册 存二卷(一至二)

330000－4708－0000152 0235 史部/地理類/雜志之屬

西藏考一卷 (清)□□撰 清刻本 一册

330000－4708－0000159 0243 新學/算學/代數

代數備旨全草不分卷 (清)徐錫麟編 清光緒二十九年(1903)浙紹特別書局刻本 一册

330000－4708－0000160 0244 子部/雜著類/雜考之屬

攷古質疑六卷 (宋)葉大慶撰 清刻本 一册

330000－4708－0000161 0245 子部/儒家類/儒學之屬/性理

薛文清公讀書錄鈔四卷 (明)薛瑄撰 (清)陸緯輯 清刻本 一册

330000－4708－0000162 0246 史部/傳記類/總傳之屬

泰西各國名人言行錄十六卷 (清)張兆蓉輯 清光緒石印本 一册 存六卷(四至九)

330000－4708－0000163 0248 史部/編年類/通代之屬

御批歷代通鑑輯覽一百二十卷 (清)傅恒等撰 清光緒三十一年(1905)上海商務印書館鉛印本 一册 存三卷(七十九至八十一)

330000－4708－0000164 0247 史部/史評類/史論之屬

歷代史論十二卷宋史論三卷元史論一卷歷代史論一編四卷 (明)張溥撰 **左傳史論四卷** (清)高士奇撰 **明史論四卷** (清)谷應泰撰 清光緒二十四年(1898)祥記書莊石印本 一册 存六卷(歷代史論一至六)

330000－4708－0000170 249 史部/編年類/通代之屬

增兩朝御批正續通鑑類纂二十卷 (清)馬佳松纂 清末和記書莊石印本 四册 存八卷(四至五、十四至十九上)

330000－4708－0000171　0255　子部/宗教類/佛教之屬/經疏

大方廣佛華嚴經要解一卷　(宋)釋戒環集　清同治十一年(1872)金陵刻經處刻本　一冊

330000－4708－0000172　0259　經部/禮記類/傳說之屬

禮記集説十卷　(元)陳澔撰　清光緒十九年(1893)浙江書局刻本　一冊　存一卷(一)

330000－4708－0000174　0261　史部/叢編

二十四史　清同治至光緒五省官書局彙印本　一冊　存一種

330000－4708－0000175　0265　子部/雜著類/雜考之屬

十駕齋養新錄二十卷餘錄三卷　(清)錢大昕撰　清刻本　五冊　存十五卷(五至十三、十五至二十)

330000－4708－0000176　265　子部/雜著類/雜考之屬

十駕齋養新錄二十卷餘錄三卷　(清)錢大昕撰　清刻本　一冊　存四卷(十七至二十)

330000－4708－0000177　0266、0653　集部/別集類/唐五代別集

杜工部集二十卷　(唐)杜甫撰　(清)錢謙益箋註　清靜思堂刻本　二冊　存八卷(二至九)

330000－4708－0000179　0268　子部/雜著類/雜說之屬

避暑錄話二卷　(宋)葉夢得撰　清道光二十五年(1845)葉鍾刻本　二冊

330000－4708－0000180　0269　經部/小學類/訓詁之屬/爾雅

爾雅註疏十一卷　(晉)郭璞註　(宋)邢昺疏　清刻本　一冊　存二卷(三至四)

330000－4708－0000181　0270　經部/小學類/音韻之屬/韻書

詩韻集成十卷　(清)余照輯　清末刻本　一冊　存三卷(五至七)

330000－4708－0000182　0272　集部/別集類/清別集

望溪先生文集十八卷集外文十卷集外文補遺二卷年譜二卷　(清)方苞撰　清宣統二年(1910)上海集成圖書公司鉛印本　八冊　缺六卷(文集七至十、年譜一至二)

330000－4708－0000184　0273　子部/法家類

韓非子二十卷　明刻本　四冊　存十三卷(四至十三、十七至十九)

330000－4708－0000185　0274　史部/紀傳類/正史之屬

後漢書九十卷　(南朝宋)范曄撰　(唐)李賢注　(明)鍾人傑訂　**志三十卷**　(晉)司馬彪撰　(南朝梁)劉昭注　(明)鍾人傑訂　明鍾人傑刻本　十冊　缺六十四卷(後漢列傳一至六、四十六至五十六、六十四至七十四,帝紀一至六,志一至三十)

330000－4708－0000186　0275　子部/儒家類/儒家之屬

荀子二十卷　(唐)楊倞注　明刻本　三冊

330000－4708－0000187　0276　子部/叢編

二十二子(二十二子彙函)　(清)浙江書局編　清光緒三年至五年(1877－1879)浙江書局刻本　三冊　存一種

330000－4708－0000188　0278　集部/別集類/宋別集

劍南詩鈔六卷　(宋)陸游撰　(清)楊大鶴選　清刻本　一冊　存二卷(七言古、五言律)

330000－4708－0000191　0282　類叢部/叢書類/郡邑之屬

金華叢書七十種　(清)胡鳳丹編　清同治七年至光緒八年(1868－1882)永康胡氏退補齋刻本　二冊　存一種

330000－4708－0000193　0285　類叢部/類書類/通類之屬

通俗編三十八卷　(清)翟灝撰　清刻本　一冊　存二卷(二十二至二十三)

330000－4708－0000194　0286　集部/别集類/清别集

寶硯齋詩集八卷　(清)戚芸生撰　清嘉慶二十三年(1818)戚嗣曾刻本　一册　缺四卷(一至四)

330000－4708－0000195　0287　集部/别集類/清别集

友石齋詩集八卷　(清)高錫恩撰　**我盦遺稿二卷**　(清)高炳麟撰　清光緒十五年(1889)高駿麟等刻本　二册　存四卷(詩集一至二、我盦遺稿一至二)

330000－4708－0000196　0288　類叢部/叢書類/彙編之屬

榆園叢刻十五種附一種　(清)許增編　清同治至光緒刻本　二册　存一種

330000－4708－0000197　0290　史部/傳記類/别傳之屬/年譜

方望溪先生[苞]年譜一卷附録一卷　(清)蘇惇元輯　清鉛印本　一册

330000－4708－0000198　0291　經部/詩類/傳説之屬

詩經集傳八卷　(宋)朱熹撰　清道光二十九年(1849)刻本　三册　存五卷(一至五)

330000－4708－0000200　0294　類叢部/類書類/專類之屬

四書典制類聯音註三十三卷　(清)閻其淵輯　清刻本　一册　存三卷(十九至二十一)

330000－4708－0000201　0295、0591　史部/政書類/通制之屬

文獻通考二十四卷首一卷　(元)馬端臨撰　清末石印本　九册　存十二卷(五至九、十二上、十三至十四、十八上、二十、二十二、二十四)

330000－4708－0000203　0297　經部/叢編

重刊宋本十三經注疏四百十六卷附十三經注疏校勘記四百十六卷　(清)阮元撰　(清)盧宣旬摘録　**十三經注疏校勘記識語四卷**　(清)汪文臺撰　清光緒二十四年(1898)上海點石齊重校縮印本　一册　存二種

330000－4708－0000206　0300　集部/曲類/曲韻曲譜曲律之屬

樂府傳聲二卷　(清)徐大椿著　清光緒七年(1881)刻本　一册

330000－4708－0000208　0301　類叢部/叢書類/彙編之屬

仰視千七百二十九鶴齋叢書四十種　(清)趙之謙編　清光緒會稽趙氏刻本　一册　存一種

330000－4708－0000209　0302　子部/雜著類/雜編之屬

存漢録一卷　(清)高斗樞撰　**論語孔註辨僞二卷**　(清)沈濤撰　清刻本　一册

330000－4708－0000210　303　類叢部/叢書類/彙編之屬

仰視千七百二十九鶴齋叢書四十種　(清)趙之謙編　清光緒會稽趙氏刻本　一册　存一種

330000－4708－0000211　027－028、0304－0310　類叢部/叢書類/彙編之屬

仰視千七百二十九鶴齋叢書四十種　(清)趙之謙編　清光緒會稽趙氏刻本　十一册　存十四種

330000－4708－0000213　0313　新學/史志/别國史

東洋史要二卷　(日本)桑元隲藏撰　樊炳清譯　清石印本　一册　存一卷(下)

330000－4708－0000214　0314　類叢部/叢書類/彙編之屬

文選樓叢書三十三種　(清)阮亨編　清嘉慶九年(1804)阮元刻本　三册　存一種

330000－4708－0000216　316　子部/宗教類/佛教之屬/論

中論六卷　(天竺)龍樹菩薩造　(天竺)釋青目釋　(後秦)釋鳩摩羅什譯　清刻本　二册

330000－4708－0000217　0317　子部/雜著

類/雜品之屬

新增格古要論十三卷　(明)曹昭撰　(明)舒敏編　(明)王佐增補　清刻本　一冊　存二卷(三至四)

330000－4708－0000218　0318　經部/儀禮類/傳說之屬

欽定儀禮義疏四十八卷首二卷　(清)朱軾等撰　清刻本　一冊　存一卷(四十八)

330000－4708－0000219　0319　經部/叢編

五經要義五種　(宋)魏了翁撰　清光緒江蘇書局刻本　一冊　存一種

330000－4708－0000221　0326　集部/別集類/清別集

定盦文集三卷續集四卷　(清)龔自珍撰　清同治七年(1868)刻本　三冊

330000－4708－0000222　0327　史部/雜史類/斷代之屬

唐語林八卷附校勘記一卷　(宋)王讜撰　**附校勘記一卷**　(清)錢熙祚撰　清光緒十九年(1893)湖北官書處刻本　四冊

330000－4708－0000223　0328　集部/別集類/清別集

胡文忠公遺集十卷首一卷　(清)胡林翼撰　(清)閻敬銘　(清)厲雲官　(清)盛康輯　清刻本　六冊　缺二卷(一、四)

330000－4708－0000224　0329　史部/傳記類/別傳之屬/年譜

雙池先生[汪烜]年譜四卷　(清)余龍光編　清同治五年(1866)刻本　四冊

330000－4708－0000225　0330　子部/雜著類/雜纂之屬

餘冬錄六十一卷　(明)何孟春輯　清刻本　九冊　存三十四卷(二至九、十八至三十三、三十九至四十一、五十一至五十七)

330000－4708－0000226　331、332　史部/地理類/雜志之屬

浙江全省輿圖並水陸道里記不分卷　(清)宗源瀚等纂　清光緒二十年(1894)石印本　二十冊

330000－4708－0000228　0334　經部/春秋左傳類/傳說之屬

東萊博議四卷　(宋)呂祖謙撰　**增補虛字註釋一卷**　(清)馮泰松點定　清光緒二十八年(1902)善成堂刻本　三冊　缺一卷(四)

330000－4708－0000229　0335　經部/四書類/總義之屬/傳說

四書反身錄八卷首一卷　(清)李顒撰　清刻本　一冊　存二卷(三至四)

330000－4708－0000230　0336、69　類叢部/叢書類/郡邑之屬

金華叢書七十種　(清)胡鳳丹編　清同治七年至光緒八年(1868－1882)永康胡氏退補齋刻本　四冊　存一種

330000－4708－0000231　0337　子部/醫家類/醫經之屬/内經

靈素節要淺註十二卷　(清)陳念祖撰　清刻本　一冊　存二卷(九至十)

330000－4708－0000232　0338　史部/傳記類/總傳之屬/儒林

理學宗傳二十六卷　(清)孫奇逢撰　(清)魏一鼇等編　清光緒六年(1880)浙江書局刻本　一冊　存一卷(二十六)

330000－4708－0000234　0340　集部/別集類/清別集

梅村集補遺一卷　(清)吳偉業撰　**梅村先生世系一卷**　(清)顧師軾撰　(清)顧思義訂　**梅村先生年譜四卷**　(清)顧師軾撰　清宣統三年(1911)刻本　一冊

330000－4708－0000236　0342　經部/小學類/文字之屬/字書/字典

字彙十二集首一卷末一卷韻法直圖一卷　(明)梅膺祚撰　**韻法橫圖一卷**　(明)李世澤撰　明刻本　一冊　存一卷(申)

330000－4708－0000241　0350　經部/小學類/文字之屬/字書/訓蒙

澄衷蒙學堂字課圖說四卷檢字一卷類字一卷

劉樹屏撰　吳子城繪圖　清末石印本　一冊　存一卷(二)

330000－4708－0000242　351　集部/詞類/別集之屬

西泠詞萃六種　(清)丁丙編　清光緒十一年至十三年(1885－1887)錢塘丁氏刻本　一冊　存二種

330000－4708－0000243　0352　子部/宗教類/佛教之屬/經疏

佛說無量壽經義疏六卷　(三國魏)釋康僧鎧譯　(隋)釋慧遠疏　清光緒二十年(1894)金陵刻經處刻本　二冊

330000－4708－0000244　0353　史部/史評類/考訂之屬

十七史商榷一百卷　(清)王鳴盛撰　清刻本　十三冊　存六十三卷(一至二十三、四十至四十四、五十七至九十一)

330000－4708－0000246　0355　類叢部/類書類/通類之屬

續廣事類賦三十卷　(清)王鳳喈撰並注　清刻本　一冊　存一卷(十二)

330000－4708－0000252　0364　類叢部/類書類/專類之屬

新增說文韻府羣玉二十卷　(元)陰時夫輯　(元)陰中夫注　清刻本　五冊　存五卷(三、十三、十六、十八至十九)

330000－4708－0000253　0365　史部/編年類/通代之屬

尺木堂綱鑑易知錄九十二卷　(清)吳乘權等輯　清末鉛印本　二冊　存十四卷(六十五至七十一、八十六至九十二)

330000－4708－0000258　0370　子部/儒家類/儒家之屬

孔氏家語十卷　(三國魏)王肅注　清刻本　一冊　存二卷(七至八)

330000－4708－0000259　0373　集部/總集類/選集之屬/通代

古文觀止十二卷　(清)吳乘權　(清)吳大職輯　清刻本　六冊

330000－4708－0000261　0375　類叢部/叢書類/自著之屬

培遠堂全集二十種　(清)陳弘謀撰　清道光十七年(1837)培遠堂刻本　一冊　存一種

330000－4708－0000262　0376　新學/圖學

圖學教程不分卷　(清)浙江高等學校編　清光緒三十二年(1906)浙江高等學校石印本　一冊

330000－4708－0000264　0378　集部/別集類/清別集

秋籟閣詩集十卷首一卷　(清)朱珏撰　清道光九年(1829)刻本　二冊

330000－4708－0000266　0382　集部/別集類/清別集

陳檢討集二十卷　(清)陳維崧撰　(清)程師恭注　清刻本　三冊　存六卷(四至五、十一至十四)

330000－4708－0000268　0383　集部/別集類/清別集

復堂類集文四卷詩九卷詞二卷　(清)譚獻撰　清光緒十一年(1885)刻本　一冊　存二卷(文一至二)

330000－4708－0000269　418、449－451　史部/編年類/通代之屬

御批資治通鑑綱目一百二十四卷　(清)宋犖編　清刻本　五十五冊　存七十二卷(前編四至六、九至十五、十七至十八,正編一至八、十、十四至十八、二十一至二十二、二十六、三十四至四十三、四十五、四十八至五十四、五十六至五十九,續編一至十五、二十至二十一、二十四至二十七)

330000－4708－0000270　0419　子部/叢編

子書百家(崇文書局彙刻百子、彙刻百子、百子全書)　(清)崇文書局編　清光緒元年(1875)湖北崇文書局刻民國元年(1912)鄂官書處重印本　六冊　存一種

330000－4708－0000271　0420　經部/叢編

皇清經解續編一千四百三十卷　王先謙輯　清光緒十五年(1889)上海蜚英館石印本(卷三十原缺)　十一册　存五百二十九卷(一至二百三十七、九百五十九至一千一百十六、一千一百八十六至一千三百十九)

330000－4708－0000272　0421　集部/别集類/清别集
𡢕雲樓詩鈔四卷　(清)嚴錦撰　清光緒二十五年(1899)桐谿嚴氏梧州刻本　一册

330000－4708－0000273　0422、0423、0424、0776　集部/别集類/清别集
安雅堂全集七種　(清)宋琬撰　清順治至乾隆刻本　十册　存四種

330000－4708－0000275　0427　子部/醫家類/本草之屬/歷代綜合本草
本草問答二卷　(清)唐宗海撰　清光緒三十四年(1908)上海千頃堂書局石印本　一册

330000－4708－0000276　0429　史部/叢編
九通二千三百二十一卷　(清)□□輯　清光緒八年至二十二年(1882－1896)浙江書局刻本　二十七册　存一百十五卷(通典四十八至五十五、六十一至一百十三、一百十八至一百二十一、一百四十至一百五十八、一百六十二至一百七十、一百七十五至一百七十八、一百八十三至二百)

330000－4708－0000277　0428　史部/政書類/通制之屬
通典二百卷　(唐)杜佑撰　清鉛印本　六册　存七十九卷(四十一至六十五、九十四至一百四十七)

330000－4708－0000278　0432　類叢部/叢書類/自著之屬
汪雙池先生叢書二十種　(清)汪紱撰　清道光至光緒刻光緒二十三年(1897)長安趙舒翹等彙印本　八册　存一種

330000－4708－0000279　0431　子部/兵家類/兵法之屬
四翼附編四卷　(清)戴彭撰　清光緒二十一年(1895)皖江别墅刻本　一册

330000－4708－0000280　0430　集部/小説類/長篇之屬
四大奇書第一種五十一卷一百二十回　(明)羅本撰　(清)金人瑞批　(清)毛宗崗評　清光緒三十三年(1907)澹雅書局刻本　十九册　缺三卷(一至三)

330000－4708－0000281　433、446　類叢部/類書類/通類之屬
淵鑑類函四百五十卷目録四卷　(清)張英等總裁　清康熙清吟堂刻本　一百二十八册　存四百十四卷(目録一至四,一至一百二十六、一百五十九至三百十二、三百二十一至四百五十)

330000－4708－0000283　0441　史部/政書類/律令之屬/律例
漢律類纂一卷　張鵬一輯　清光緒三十三年(1907)奉天格致學堂鉛印本　一册

330000－4708－0000285　0448　經部/禮記類/傳説之屬
禮記集解六十一卷尚書顧命解一卷　(清)孫希旦撰　清咸豐十年至同治七年(1860－1868)瑞安孫氏盤谷草堂刻本　十五册　缺十卷(一至三、十二至十三、二十九至三十、三十五至三十七)

330000－4708－0000286　0495　類叢部/叢書類/郡邑之屬
金華叢書六十八種　(清)胡鳳丹編　清同治七年至光緒八年(1868－1882)永康胡氏退補齋刻民國補刻本　三册　存一種

330000－4708－0000287　0497　子部/儒家類/儒學之屬/經濟
文中子中説十卷　(隋)王通撰　清刻本　一册　缺四卷(一至四)

330000－4708－0000288　0496　史部/傳記類/總傳之屬/儒林
理學宗傳二十六卷　(清)孫奇逢輯　清光緒六年(1880)浙江書局刻本　五册　存十三卷

(一至十、十六至十八)

330000－4708－0000289　0500　史部/編年類/通代之屬

綱鑑正史約三十六卷　(明)顧錫疇撰　(清)陳弘謀增訂　**甲子紀元一卷**　(清)陳弘謀撰　清同治八年(1869)浙江書局刻本　一册　存二卷(二十五至二十六)

330000－4708－0000290　452－493、519－537　類叢部/叢書類/彙編之屬

增訂漢魏叢書八十六種　(清)王謨編　清乾隆五十六年(1791)金谿王氏刻本　九十五册　缺十一卷(華陽國志四至十四)

330000－4708－0000291　0499　史部/紀傳類/正史之屬

後漢書九十卷　(南朝宋)范曄撰　(唐)李賢注　(明)鍾人傑輯評　**後漢志三十卷**　(晉)司馬彪撰　(南朝梁)劉昭注　(南朝宋)范曄撰　(明)鍾人傑訂　明鍾人傑刻本　二册　存二十卷(後漢志一至二十)

330000－4708－0000292　0498　類叢部/叢書類/自著之屬

楊園先生全集十九種附一種　(清)張履祥撰　清同治刻本　五册　存六種

330000－4708－0000293　0505　經部/禮記類/傳說之屬

禮記集說十卷　(元)陳澔撰　清刻本　六册　存六卷(四至九)

330000－4708－0000294　0503　經部/禮記類/傳說之屬

禮記增訂旁訓六卷　(清)徐立綱撰　清文奎堂刻本　一册　存一卷(一)

330000－4708－0000295　503　經部/禮記類/傳說之屬

禮記增訂旁訓六卷　(清)徐立綱撰　清文奎堂刻本　三册　存三卷(三至五)

330000－4708－0000296　0504　經部/禮記類/傳說之屬

禮記增訂旁訓六卷　(清)徐立綱撰　清同治五年(1866)大魁堂刻本　六册

330000－4708－0000297　504　經部/禮記類/傳說之屬

禮記增訂旁訓六卷　(清)徐立綱撰　清珍藝堂刻本　一册　存一卷(三)

330000－4708－0000298　505　經部/禮記類/傳說之屬

禮記集說十卷　(元)陳澔撰　清刻本　一册　存一卷(九)

330000－4708－0000299　0502　經部/四書類/論語之屬/傳說

論語集註十卷　(宋)朱熹撰　清刻本　二册

330000－4708－0000300　502　經部/四書類/論語之屬/傳說

論語集註十卷　(宋)朱熹撰　清刻本　一册　存五卷(一至五)

330000－4708－0000301　0506　史部/叢編

二十四史　清同治至光緒五省官書局彙印本　五册　存一種

330000－4708－0000302　506　史部/紀傳類/正史之屬

十七史一千五百七十四卷　(明)毛晉編　明崇禎元年至十七年(1628－1644)毛氏汲古閣刻本　十一册　存一種

330000－4708－0000304　508　經部/易類/傳說之屬

周易本義四卷附圖說一卷新增圖說一卷　(宋)朱熹撰　清光緒十九年(1893)浙江書局刻本　二册

330000－4708－0000305　0509　史部/雜史類/斷代之屬

晉畧六十六卷　(清)周濟撰　清光緒二年(1876)味雋齋刻本　七册　缺十五卷(表二至五,列傳一至二、十一至十九)

330000－4708－0000306　509　史部/雜史類/斷代之屬

晉畧六十六卷　(清)周濟撰　清刻本　一册

存六卷(國傳六至十一)

330000－4708－0000307　0510　史部/叢編

二十四史　清同治至光緒五省官書局彙印本　一册　存一種

330000－4708－0000308　0511　史部/叢編

二十四史　清同治至光緒五省官書局彙印本　九册　存一種

330000－4708－0000309　098、0512　史部/紀傳類/正史之屬

四史四百十五卷　清光緒十三年(1887)江南書局刻本　八册　存六十五卷(三國志一至六十五)

330000－4708－0000310　0513、0222　史部/叢編

二十四史　清同治至光緒五省官書局彙印本　十九册　存一種

330000－4708－0000311　0514　史部/紀傳類/正史之屬

漢書一百卷　(漢)班固撰　(唐)顔師古注　清光緒十三年(1887)金陵書局刻本　十六册

330000－4708－0000312　0515　史部/叢編

二十四史　清同治至光緒五省官書局彙印本　二十册　存一種

330000－4708－0000313　0516　史部/紀傳類/正史之屬

唐書二百二十五卷　(宋)歐陽修　(宋)宋祁等撰　清同治十二年(1873)浙江書局刻本　四十册

330000－4708－0000314　0517　史部/紀傳類/正史之屬

唐書釋音二卷　(宋)董衝撰　清同治十二年(1873)浙江書局刻本　一册

330000－4708－0000315　0538、0186　史部/紀傳類/正史之屬

元史二百十卷目録二卷附考證　(明)宋濂等修　清同治十三年(1874)江蘇書局刻本　四十册

330000－4708－0000316　0518　史部/紀傳類/正史之屬

遼史一百十五卷附考證　(元)脱脱等撰　清同治十二年(1873)江蘇書局刻本　十二册

330000－4708－0000317　0539　史部/叢編

二十四史　清同治至光緒五省官書局彙印本　十一册　存一種

330000－4708－0000319　0540　經部/春秋左傳類/傳説之屬

春秋左傳杜注三十卷首一卷　(清)姚培謙撰　**春秋名號歸一圖二卷**　(五代)馮繼先撰　**春秋年表一卷**　(宋)岳珂刊補　清光緒十九年(1893)浙江書局刻本　九册　缺三卷(一至三)

330000－4708－0000320　540　經部/春秋左傳類/傳説之屬

春秋左傳三十卷首一卷　(晉)杜預註　(明)鍾惺批評　明崇禎四年(1631)毛氏汲古閣刻本　一册　存三卷(一至三)

330000－4708－0000321　0541　經部/春秋左傳類/傳説之屬

春秋左傳杜注三十卷首一卷　(清)姚培謙撰　清同治十一年(1872)湖南省尊經閣刻本　八册　缺十一卷(十至十二、十五至十六、二十三至二十八)

330000－4708－0000322　541　經部/春秋左傳類/傳説之屬

左繡三十卷首一卷　(清)馮李驊　(清)陸評輯　(清)范允斌　(清)沈乃文　(清)陸偲參評　(清)馮張孫校輯　**春秋經傳集解**　(晉)杜預原本　(宋)林堯叟附注　(唐)陸德明音釋　(清)馮李驊增訂　清刻本　一册　存二卷(二十四至二十五)

330000－4708－0000323　0543　史部/地理類/方志之屬/郡縣志

[光緒]嘉興府志八十八卷首二卷　(清)許瑶光修　(清)吴仰賢等纂　清光緒三年至四年(1877－1878)嘉興鴛湖書院刻五年(1879)重印本　四十八册

330000－4708－0000324　0543－1　史部/地理類/方志之屬/郡縣志
[光緒]嘉興府志八十八卷首二卷　(清)許瑤光修　(清)吳仰賢等纂　清光緒三年至四年(1877－1878)嘉興鴛湖書院刻五年(1879)重印本　二十二册　存五十五卷(首一至二,一至二十六、三十二至三十三、三十六至三十九、四十二、四十六至四十七、五十、五十六至五十七、六十、六十三至六十七、七十五至七十六、八十一、八十三至八十八)

330000－4708－0000325　0543－2　史部/地理類/方志之屬/郡縣志
[光緒]嘉興府志八十八卷首二卷　(清)許瑤光修　(清)吳仰賢等纂　清光緒三年至四年(1877－1878)嘉興鴛湖書院刻五年(1879)重印本　四十七册　存七十七卷(首一至二,一至二、八至九、十二至十四、十八至四十三、四十五至六十九、七十二至八十八)

330000－4708－0000327　0545　史部/地理類/方志之屬/郡縣志
[咸豐]南潯鎮志四十卷首一卷　(清)汪曰楨撰　清同治二年(1863)刻本　三册　存十一卷(十七至二十、三十三至三十六、三十八至四十)

330000－4708－0000328　0546　史部/地理類/山川之屬/山志
廬山志十五卷首一卷　(清)毛德琦撰　清康熙五十九年(1720)順德堂刻乾隆、道光、同治遞修本　九册　存十卷(首,一至二、四至五、十一至十二上、十三至十五)

330000－4708－0000329　0553　集部/總集類/選集之屬/通代
文選六十卷　(南朝梁)蕭統輯　(唐)李善注　清金陵書局刻本　九册　存五十四卷(七至六十)

330000－4708－0000330　0548　史部/地理類/方志之屬/郡縣志
[嘉慶]雷州府志二十卷首一卷　(清)雷學海修　(清)陳昌齊等纂　清嘉慶十六年(1811)刻本　十册

330000－4708－0000331　0550　史部/地理類/方志之屬/郡縣志
[同治]續纂揚州府志二十四卷　(清)方濬頤修　(清)晏端書　(清)錢振倫等纂　清同治十三年(1874)刻本　八册

330000－4708－0000332　0547　史部/地理類/方志之屬/郡縣志
[嘉慶]重修揚州府志七十二卷首一卷　(清)阿克當阿修　(清)姚文田　(清)江藩等纂　清嘉慶十五年(1810)刻本　四十六册

330000－4708－0000333　0551　子部/儒家類/儒學之屬/經濟
大學衍義四十三卷　(宋)真德秀撰　清同治十一年(1872)浙江書局刻本　十册

330000－4708－0000334　0552　史部/地理類/方志之屬/郡縣志
[同治]長興縣志三十二卷　(清)趙定邦修　(清)周學濬　(清)丁寶書纂　清同治十三年至光緒元年(1874－1875)刻本　十六册

330000－4708－0000335　0554　集部/總集類/選集之屬/通代
文選六十卷　(南朝梁)蕭統輯　(唐)李善注　清金陵書局刻本　十册　存三十九卷(八至十一、十七至二十五、三十五至六十)

330000－4708－0000336　554　集部/總集類/選集之屬/通代
文選六十卷　(南朝梁)蕭統輯　(唐)李善注　清金陵書局刻本　一册　存四卷(五十七至六十)

330000－4708－0000337　0555　集部/總集類/選集之屬/通代
文選六十卷　(南朝梁)蕭統輯　(唐)李善注　清宣統三年(1911)上海會文堂粹記石印本　十四册

330000－4708－0000339　557　經部/小學類
簡字譜錄五種五卷　勞乃宣撰　清光緒三十二年(1906)江寧刻本　一册　存一種(重訂

合聲簡字譜）

330000－4708－0000340　0560　史部/政書類/通制之屬

西漢會要七十卷　（宋）徐天麟撰　清光緒十年（1884）江蘇書局刻本　六册

330000－4708－0000342　0566　子部/雜著類/雜說之屬

定香亭筆談四卷　（清）阮元撰　清光緒十年（1884）瀨江宋氏刻本　四册

330000－4708－0000344　0567　子部/雜著類/雜說之屬

潛書四卷　（清）唐甄撰　**西蜀唐圃亭先生行畧一卷**　（清）王聞遠撰　清光緒九年（1883）中江李氏刻本　三册　存二卷（上篇下、下篇上下）

330000－4708－0000345　0568、0569　類叢部/叢書類/自著之屬

章氏遺書二種　（清）章學誠撰　清道光十二年至十三年（1832－1833）章華紱刻浙江書局補刻本　五册

330000－4708－0000347　0576　集部/別集類/清別集

甘泉鄉人稿二十四卷　（清）錢泰吉撰　**年譜一卷**　（清）錢應溥撰　**邠農偶吟稿一卷**　（清）錢炳森撰　清同治七年（1868）、十一年（1872）刻本　四册　存二十四卷（甘泉鄉人稿一至二十四）

330000－4708－0000348　0577　史部/地理類/外紀之屬

日本國志四十卷首一卷　（清）黄遵憲輯　清光緒二十四年（1898）浙江書局刻本　八册

330000－4708－0000350　0583　史部/地理類/方志之屬/郡縣志

［光緒］處州府志三十卷首一卷末一卷　（清）潘紹詒修　（清）周榮椿纂　清光緒三年（1877）刻本　二十八册

330000－4708－0000352　588　經部/周禮類/傳說之屬

周禮六卷　（漢）鄭玄注　（唐）陸德明音義　清嘉慶十一年（1806）張青選清芬閣刻本　五册　缺一卷（一）

330000－4708－0000353　0590　類叢部/叢書類/自著之屬

王漁洋遺書三十八種　（清）王士禛撰　清刻本　一册　存一種

330000－4708－0000354　0592　經部/小學類/文字之屬/說文

說文解字注十五卷附六書音韻表五卷　（清）段玉裁撰　**說文部目分韻一卷**　（清）陳煥編　清光緒十四年（1888）上海蜚英館石印本　一册　缺十四卷（一至十四）

330000－4708－0000355　0593　經部/小學類/音韻之屬

增補詩句題解韻編二十二卷　（清）陳劍芝（清）葉湘秋　（清）顧芷卿原本　（清）朱春舫增輯　（清）汪兀芳鑒定　清刻本　一册　存一卷（十五）

330000－4708－0000361　0612　經部/小學類/訓詁之屬/爾雅

爾雅三卷　（晉）郭璞注　（唐）陸德明音釋　清光緒三年（1877）永康胡氏退補齋刻本　二册　缺一卷（下）

330000－4708－0000362　0613　類叢部/叢書類/彙編之屬

崇文書局彙刻書三十二種　（清）崇文書局編　清光緒元年（1875）湖北崇文書局刻本　四册　存一種

330000－4708－0000363　0614　經部/春秋左傳類/傳說之屬

左傳舊疏考正八卷　（清）劉文淇撰　清光緒三年（1877）湖北崇文書局刻本　四册

330000－4708－0000364　0615　集部/別集類/唐五代別集

杜詩詳註二十五卷首一卷附編二卷　（唐）杜甫撰　（清）仇兆鰲輯註　清刻本　四册　存八卷（一至三、七至九、十三至十四）

330000－4708－0000365　0616　子部/宗教類/道教之屬/戒律
陰隲文圖註二卷　(明)顔正注　(清)黄正元圖説　清瞻雲草堂刻本　一册　存一卷(上)

330000－4708－0000366　0617　集部/詞類/詞譜之屬
詞律拾遺八卷　(清)徐本立纂　清刻本　一册　存二卷(七至八)

330000－4708－0000367　0618　類叢部/叢書類/彙編之屬
榆園叢刻十五種附一種　(清)許增編　清同治至光緒刻本　一册　存一種

330000－4708－0000370　0621　史部/叢編
九通提要十二卷　(清)柴紹炳纂　清鉛印本　二册　存四卷(七至八、十一至十二)

330000－4708－0000371　0622　類叢部/叢書類/自著之屬
陸子全書十八種　(清)陸隴其撰　清光緒許仁沐刻本　一册　存一種

330000－4708－0000372　0623　新學/史志/諸國史
歐羅巴通史不分卷　(日本)箕作元八　(日本)峰岸米撰　胡景伊等譯　清光緒二十六年(1900)東亞譯書會鉛印本　三册

330000－4708－0000373　0625　類叢部/叢書類/自著之屬
聖嘆秘書七種七卷　(清)金人瑞撰　清光緒三十一年(1905)證歸社鉛印本　一册

330000－4708－0000375　0629　類叢部/叢書類/彙編之屬
望三益齋叢書十種　(清)吴棠編　清咸豐至光緒吴氏望三益齋刻本　四册　存一種

330000－4708－0000376　0630　集部/總集類/選集之屬/通代
繪圖增批古文觀止十二卷　(清)吴乘權　(清)吴大職輯　清末石印本　一册　存二卷(三至四)

330000－4708－0000377　0631　集部/曲類/散曲之屬
三家曲　(清)朱靜校　清光緒二十六年(1900)刻本　一册　存二種

330000－4708－0000378　0633　子部/術數類/陰陽五行之屬
奇門遁甲啟悟一卷　(清)朱榮璪輯　清光緒二十一年(1895)刻本　一册

330000－4708－0000380　0635　子部/雜著類/雜説之屬
七修類藁五十一卷續藁七卷　(明)郎瑛撰　清刻本　二册　存六卷(七至八、四十一至四十四)

330000－4708－0000381　0636　集部/别集類/唐五代别集
王右丞集二十八卷首一卷末一卷　(唐)王維撰　(清)趙殿成箋注　清乾隆刻本　一册　存一卷(末)

330000－4708－0000382　0637　經部/叢編
十三經札記二十二卷附十六卷　(清)朱亦棟撰　清光緒四年(1878)武林竹簡齋刻本　一册　存十六卷(羣書札記一至十六)

330000－4708－0000383　0638　子部/藝術類/書畫之屬/畫録
虛齋名畫錄十六卷　龐元濟輯　清宣統元年(1909)烏程龐氏申江刻本　一册　存一卷(十六)

330000－4708－0000385　0640　集部/别集類/清别集
甘泉鄉人稿二十四卷　(清)錢泰吉撰　清同治七年(1868)、十一年(1872)刻本　一册　存三卷(七至九)

330000－4708－0000386　0643　子部/雜著類/雜纂之屬
經餘必讀八卷　(清)雷琳　(清)錢樹棠　(清)錢樹立輯　清刻本　一册　存二卷(七至八)

330000－4708－0000388　0646　類叢部/叢

書類/自著之屬

大鶴山房全書十種　鄭文焯撰　清光緒至民國刻民國九年(1920)蘇州交通圖書館彙印本　一册　存一種

330000－4708－0000389　0647　集部/别集類/清别集

湖海詩瓢一卷　(清)張元吉撰　清咸豐四年(1854)木活字印本　一册

330000－4708－0000391　0650　集部/小説類/長篇之屬

野叟曝言二十卷一百五十四回　(清)夏敬渠撰　清末石印本　十二册　存十二卷(七至九、十一至十七、十九至二十)

330000－4708－0000403　0655　子部/小説家類/異聞之屬

坐花誌果八卷　(清)汪道鼎撰　(清)鶩峯樵者音釋　清光緒刻本　一册　存二卷(一至二)

330000－4708－0000404　0657　史部/雜史類/斷代之屬

戊戌政變記九卷　梁啟超撰　清光緒鉛印本　一册　存一卷(一)

330000－4708－0000406　0660　經部/四書類/孟子之屬/傳説

孟子註疏解經四卷　(漢)趙岐註　(宋)孫奭疏　清光緒十三年(1887)點石齋石印本　一册

330000－4708－0000408　0667　經部/易類

易經文捷訣一卷　(清)鴻寶齋主人編　清光緒十八年(1892)鴻寶齋石印本　一册

330000－4708－0000409　0668　子部/醫家類/方書之屬/歷代方書

醫方集解二十三卷本草備要八卷　(清)汪昂撰　清光緒十三年(1887)鴻文書局石印本　一册　存六卷(醫方集解一至六)

330000－4708－0000410　0669　子部/醫家類/外科之屬/癰疽、疔瘡

洞天奥旨十六卷圖一卷　(清)陳士鐸撰　(清)陶式玉評　清末上海大成書局刻本　一册　存三卷(十四至十六)

330000－4708－0000412　0674　子部/醫家類/類編之屬

沈氏尊生書五種　(清)沈金鰲撰輯　清刻本　一册　存一種

330000－4708－0000413　0675　子部/術數類/陰陽五行之屬

選擇備要不分卷　(清)□□輯　清嘉慶二年(1797)錢唐費氏刻朱墨套印本　一册

330000－4708－0000414　676　類叢部/叢書類/彙編之屬

知不足齋叢書一百九十六種　(清)鮑廷博編　(清)鮑士恭續編　清刻本　一册　存二種

330000－4708－0000416　029　類叢部/叢書類/彙編之屬

岱南閣叢書二十一種　(清)孫星衍編　清光緒六年至七年(1880－1881)刻本　一册　存一種

330000－4708－0000418　022　史部/叢編

二十四史　清同治至光緒五省官書局刻本　三十五册　存一種

330000－4708－0000419　099　史部/紀傳類/正史之屬

十七史一千五百七十四卷　(明)毛晉編　明崇禎元年至十七年(1628－1644)毛氏汲古閣刻本　十二册　存一種

330000－4708－0000420　0102　類叢部/叢書類/彙編之屬

龍威秘書一百六十九種　(清)馬俊良編　清世德堂刻本　七十五册　存一百五十四種

330000－4708－0000421　0101　史部/政書類/通制之屬

通志二百卷　(宋)鄭樵撰　清鉛印本　五十一册　缺二十六卷(一至九、十五、一百十四至一百十六、一百三十一至一百三十四、一百四十九至一百五十、一百八十八至一百九十四)

330000－4708－0000422　0103　史部/叢編
二十四史附考證　清光緒上海圖書集成印書局鉛印本　十六冊　存一種

330000－4708－0000423　0105　史部/叢編
二十四史附考證　清光緒上海圖書集成印書局鉛印本　二十五冊　存一種

330000－4708－0000424　0104　史部/叢編
九通二千三百二十一卷　（清）□□輯　清光緒二十七年(1901)上海圖書集成局鉛印本　二冊　存二十五卷(通典一至二十五)

330000－4708－0000425　088　集部/總集類/選集之屬/斷代
宋四六選二十四卷　（清）彭元瑞　（清）曹振鏞輯　清刻本　五冊　存六卷(十二至十七)

330000－4708－0000427　0123　經部/叢編
遵阮本重校印十三經注疏并校勘記　（清）阮元撰校勘記　（清）盧宣旬摘錄校勘記　清光緒二十四年(1898)點石齋石印本　六冊　存一種

330000－4708－0000428　123　經部/叢編
重刊宋本十三經注疏四百十六卷　十三經注疏校勘記四百十六卷　（清）阮元撰　（清）盧宣旬摘錄　**校勘記識語四卷**　（清）汪文臺撰　清光緒二十四年(1898)點石齋石印本　二冊　存一種

330000－4708－0000429　123－1　經部/叢編
重刊宋本十三經注疏四百十六卷　十三經注疏校勘記四百十六卷　（清）阮元撰　（清）盧宣旬摘錄　**校勘記識語四卷**　（清）汪文臺撰　清光緒二十四年(1898)點石齋石印本　一冊　存一種

330000－4708－0000430　0152　經部/叢編
皇清經解續編一千四百三十卷　王先謙輯　清石印本　十四冊　存六十九卷(四十八至五十、五十三至六十、七十五至九十五、九十八至一百一、一百三至一百三十四、一百三十九)

330000－4708－0000431　0121　子部/醫家類/類編之屬
陳修園秘書全集　（清）陳念祖撰　清光緒十五年(1889)江左書林刻本　十三冊　存七種

330000－4708－0000433　0187　經部/叢編
重刊宋本十三經注疏四百十六卷　十三經注疏校勘記四百十六卷　（清）阮元撰　（清）盧宣旬摘錄　**校勘記識語四卷**　（清）汪文臺撰　清石印本　三冊　存一種

330000－4708－0000434　0187－1　經部/叢編
皇清經解一千四百卷　（清）阮元輯　清光緒上海點石齋石印本　三冊　存一百卷(儀禮疏一至五十、儀禮疏校勘記一至五十)

330000－4708－0000435　0187－2　經部/叢編
遵阮本重校印十三經注疏并校勘記　（清）阮元撰校勘記　（清）盧宣旬摘錄校勘記　清光緒二十四年(1898)點石齋石印本　六冊　存一種

330000－4708－0000436　0196　經部/小學類/文字之屬/字書/字典
康熙字典十二集三十六卷總目一卷檢字一卷辨似一卷等韻一卷補遺一卷備考一卷　（清）張玉書等纂修　清光緒三十三年(1907)上海鴻文書局石印本　一冊　缺十七卷(未集上中下、申集上中下、酉集上中下、戌集上中下、亥集上中下,補遺,備考)

330000－4708－0000437　0189　經部/小學類/文字之屬/字書/字典
康熙字典十二集三十六卷總目一卷檢字一卷辨似一卷等韻一卷補遺一卷備考一卷　（清）張玉書等纂修　清光緒十三年(1887)上海點石齋石印本　六冊

330000－4708－0000438　0190　經部/小學類/文字之屬/字書/字典
康熙字典十二集三十六卷總目一卷檢字一卷辨似一卷等韻一卷補遺一卷備考一卷　（清）張玉書等纂修　清末石印本　五冊　缺十卷

（子集上中下、丑集上中下，總目，檢字，辨似，等韻）

330000－4708－0000441　0195　經部/小學類/文字之屬/字書/字典

康熙字典十二集三十六卷總目一卷檢字一卷辨似一卷等韻一卷補遺一卷備考一卷　（清）張玉書等纂修　清道光七年（1827）刻本　十二冊　存十四卷（子集上下、丑集上下、寅集上、卯集中、巳集上、酉集上、戌集下、亥集上，總目，檢字，辨似，備考）

330000－4708－0000442　0191　經部/小學類/文字之屬/字書/字典

康熙字典十二集三十六卷總目一卷檢字一卷辨似一卷等韻一卷補遺一卷備考一卷　（清）張玉書等纂修　清刻本　二十九冊　缺十三卷（丑集中下、辰集下、午集下、申集中、戌集上中，總目，檢字，辨似，等韻，補遺，備考）

330000－4708－0000443　0193　經部/小學類/文字之屬/字書/字典

康熙字典十二集三十六卷總目一卷檢字一卷辨似一卷等韻一卷補遺一卷備考一卷　（清）張玉書等纂修　清刻本　二十七冊　缺十三卷（丑集下、卯集上中下、辰集下、巳集下、午集中、未集上、申集上、酉集上中、戌集中、亥集下）

330000－4708－0000444　0188　經部/小學類/文字之屬/字書/字典

康熙字典十二集三十六卷總目一卷檢字一卷辨似一卷等韻一卷補遺一卷備考一卷　（清）張玉書等纂修　清道光七年（1827）刻本　十五冊　存十五卷（卯集上下、辰集上下、巳集中、午集上中下、未集上中、申集上、戌集上中、亥集下，補遺）

330000－4708－0000445　188　經部/小學類/文字之屬/字書/字典

康熙字典十二集三十六卷總目一卷檢字一卷辨似一卷等韻一卷補遺一卷備考一卷　（清）張玉書等纂修　清刻本　一冊　存一卷（午集下）

330000－4708－0000453　0354、0263　類叢部/叢書類/自著之屬

周孟侯先生全書五種　（明）周拱辰撰　清道光二十七年（1847）刻光緒元年（1875）補刻本　十二冊

330000－4708－0000454　0414　類叢部/叢書類

篋中詞六卷續四卷　（清）譚獻纂錄　清同治至光緒仁和譚氏刻本　七冊　存一種

330000－4708－0000455　0411　史部/紀傳類/正史之屬

南北史補志十四卷附贅一卷　（清）汪士鐸撰　清光緒四年（1878）淮南書局刻本　六冊

330000－4708－0000456　0444　集部/別集類/清別集

呂晚村詩集八卷補遺一卷　（清）呂留良撰　清光緒石印本　四冊

330000－4708－0000457　0741　類叢部/叢書類/彙編之屬

經策通纂二種　（清）顧頫炎　（清）陳通聲等纂　清光緒十三年（1887）上海點石齋石印本　六冊　存一種

330000－4708－0000458　0701　集部/曲類/彈詞之屬

三笑新編十二集四十八回　（清）吳毓昌撰　清刻本　十冊　缺二集（子、午）

330000－4708－0000460　0735　類叢部/類書類/通類之屬

續廣事類賦三十三卷　（清）王鳳喈撰並注　清刻本　三冊　存三卷（六、九、二十）

330000－4708－0000461　735　類叢部/類書類/通類之屬

廣事類賦四十卷　（清）華希閔撰　清刻本　一冊　存五卷（一至五）

330000－4708－0000463　0738　集部/總集類/課藝之屬

青雲集分韻試帖詳註四卷　（清）楊逢春　（清）蕭應櫆輯　（清）沈品華等注　清刻本

四冊　缺一卷(二)

330000－4708－0000465　0717　集部/總集類/課藝之屬
格致書院課藝不分卷　(清)王韜編　清光緒弢園石印本　四冊　存戊子、己丑、癸巳年上課藝

330000－4708－0000467　0699　集部/詩文評類/文評之屬
文心雕龍十卷　(南朝梁)劉勰撰　(清)黄叔琳輯注　(清)紀昀評　清道光十三年(1833)兩廣節署刻朱墨套印本　四冊

330000－4708－0000468　0751　史部/地理類/山川之屬/水志
水道提綱二十八卷　(清)齊召南撰　清乾隆刻本　六冊　存二十一卷(一至二十一)

330000－4708－0000469　0754　子部/術數類/相宅相墓之屬
地學二卷　(清)沈鎬撰　清宣統二年(1910)上海掃葉山房石印本　五冊

330000－4708－0000470　0756　子部/術數類/占卜之屬
卜筮正宗十四卷　(清)王維德撰　清光緒二十三年(1897)掃葉山房刻本　六冊

330000－4708－0000471　0763　集部/總集類/選集之屬/通代
唐宋八家文讀本三十卷　(清)沈德潛輯　清乾隆十五年(1750)刻嘉慶十八年(1813)、光緒十四年(1888)蘇州綠蔭堂補刻本　六冊　存十四卷(一至七、十一至十二、十九至二十一、二十九至三十)

330000－4708－0000472　0764　史部/金石類/金之屬/文字
歷代鐘鼎彝器款識法帖二十卷　(宋)薛尚功撰　清嘉慶二年(1797)儀徵阮元小琅環僊館刻本　五冊

330000－4708－0000473　0771　集部/別集類/清別集
古微堂文集十卷　(清)魏源撰　(清)黄象離輯　清宣統元年(1909)上海國學扶輪社鉛印本　六冊

330000－4708－0000476　0773　集部/別集類/唐五代別集
樊南文集詳註八卷　(唐)李商隱撰　(清)馮浩編訂　清乾隆四十五年(1780)德聚堂刻同治七年(1868)馮寶圻補修本　四冊

330000－4708－0000477　0774　經部/詩類/傳說之屬
御纂詩義折中二十卷　(清)高宗弘曆撰　(清)傅恒　(清)陳兆崙等纂　清乾隆刻本　十二冊

張元濟圖書館古籍普查登記目録

全國古籍普查登記目録・浙江嘉興

國家圖書館出版社
National Library of China Publishing House

《張元濟圖書館古籍普查登記目録》

編委會

主　編： 楊　劍

副主編： 宋　兵

編　委： 王美萍　沈曉琴

《張元濟圖書館古籍普查登記目録》

前　言

張元濟圖書館於2013年1月制訂古籍普查計劃，2014年1月實現了全部館藏古籍的普查著録工作。

我館館藏1912年以前古籍15部，大部分古籍來自於个人捐贈，如王淦文和張樹年先生捐贈的藏書，基本定級爲四級古籍。從古籍分類而言，館藏古籍主要爲史部書籍，大部分是紀傳類正史之屬，也有部分紀事本末類、詔令奏議類和地理類文獻。另有少量經部、子部、集部、類叢部和新學古籍。

本次普查項目的完成，爲我館下一步有針對性地做好古籍保護的查漏補缺工作奠定了基礎。

張元濟圖書館
2019年3月

330000－4707－0000001　G1/108：1－8　集部/總集類/課藝之屬

八銘堂塾鈔初集不分卷二集不分卷　(清)吳懋政編　清光緒十四年(1888)學庫山房刻本　八冊

330000－4707－0000003　K204/47：1－24、K204/45：1－8、K204/46：1－24　史部/叢編

二十四史　清光緒五洲同文書局石印本　五十五冊　存三種

330000－4707－0000004　K204/44：1－14　史部/紀傳類/正史之屬

元史二百十卷　(明)宋濂等修　清光緒二十九年(1903)上海點石齋石印本　十四冊

330000－4707－0000008　G1/112－1　子部/儒家類/儒學之屬/蒙學

天崇百篇二卷　(清)吳懋政評選　清道光九年(1829)綉谷周氏竹秀山房刻本　一冊

330000－4707－0000011　G1/100：1－4　子部/醫家類/類編之屬

吳氏醫學述　(清)吳儀洛輯　清道光十六年(1836)五雲樓刻本　四冊　存一種

330000－4707－0000016　k827：5/2：1－4、k827：5/1：1－2　集部/別集類/清別集

曾文正公家書十卷　(清)曾國藩撰　**曾文正公大事記四卷曾文正公家訓二卷曾文正公榮哀錄一卷**　(清)李鴻章　(清)曾國荃審定　(清)王定安編　清光緒二十九年(1903)上海錦章書局石印本　六冊

330000－4707－0000017　B222.1/4－1、B222.1/4－3：1、B222.1/4－3：4、B222.1/4－3：6、B222.1/4－2：1、B222.1/4－2：6　經部/四書類/總義之屬/傳說

四書集註十九卷　(宋)朱熹撰　清光緒南京李光明莊刻本　六冊

330000－4707－0000020　K204.4/3：1－7、K204.4/5：1－2、K204.4/4：1－2、K204.4/1：1－8　史部/紀事本末類

歷朝紀事本末七種　(清)陳如升　(清)朱記榮輯　清光緒二十一年(1895)上海積山書局石印本　十九冊　存四種

330000－4707－0000021　K204.4/2：1－4、K204.4/6：1－6　史部/紀事本末類/斷代之屬

遼金紀事本末九十二卷　(清)李有棠編纂　清光緒二十九年(1903)同文書局石印本　十冊

330000－4707－0000022　I222.844/4：1－2　集部/別集類/清別集

宋四家詞選一卷　(清)周濟輯　清光緒三十四年(1908)章震福京師鉛印本　二冊

330000－4707－0000023　B992.1/2：1－32　子部/術數類/陰陽五行之屬

欽定協紀辨方書三十六卷　(清)允祿　(清)張照等纂修　清同治八年(1869)刻本　三十二冊

330000－4707－0000029　K204/48：1－8　史部/叢編

二十四史　清同治至光緒五省官書局彙印本　八冊　存一種

330000－4707－0000038　E09/5：1－8　新學/商務/商學

原富八卷　(英國)斯密亞丹撰　嚴復譯　清光緒二十八年(1902)上海南洋公學譯書院鉛印本　蔣啟霆跋　八冊

330000－4707－0000039　I215.2/1：1－8　集部/總集類/氏族之屬

海鹽張氏涉園叢刻七種　張元濟輯　清宣統三年至民國十七年(1911－1928)張氏上海商務印書館鉛印本　蔣啟霆題記　八冊　存七種

330000－4707－0000040　K295.54/8：1－16　史部/地理類/方志之屬/郡縣志

[光緒]海鹽縣志二十二卷首一卷末一卷　(清)王彬修　(清)徐用儀纂　清光緒三年(1877)蔚文書院刻本　十六冊

海鹽縣博物館古籍普查登記目録

全國古籍普查登記目録·浙江嘉興

國家圖書館出版社
National Library of China Publishing House

《海鹽縣博物館古籍普查登記目録》

編委會

主　編： 王依依

副主編： 何東風　姚莉英

編　委： 孔秋敏　江龍昌　印一如　許淋潔

《海鹽縣博物館古籍普查登記目録》

前　言

海鹽縣古籍藏書主要分布於海鹽縣博物館，其他藏書單位如海鹽縣圖書館和黄源藏書樓亦有少量藏書。近年來，我館藏書也獲得少量捐贈，其中有部分是民國時期書籍。隨着全國古籍保護工作的全面實施，根據浙江省人民政府辦公廳印發《關於進一步加强古籍保護工作的意見》（浙政辦發［2009］54號）和浙江省文化廳印發《關於開展全省古籍普查项目申報工作的通知》（浙文社［2011］77號）的文件精神，我館認識到古籍普查的重要性，并開始着手理清館内藏書。自2009年年底派遣工作人員進行古籍普查培訓，申報了古籍普查項目，2010年年初制訂普查計劃，正式啓動海鹽縣博物館古籍普查工作。普查期間，從2011年年底至2012年年底，由於海鹽縣博物館新館搬遷，停止古籍普查工作一年。到2014年年底，我館基本完成了古籍普查平臺著録工作，與古籍普查項目制訂的計劃時間基本相符。2015年至今主要是進行後期審查和收尾工作。

本次共普查館藏古籍592部3320册。從古籍分類而言，館藏古籍有經部、史部、子部、集部、類叢部和新學。經部中大部分爲詩類、春秋左傳類和小學類等；史部中大部分是正史，也有部分傳記類和地理類；子部中大部分爲儒家類、醫家類、藝術類和宗教類；集部中占大部分的是别集類、總集類、詩文評類和小説類；類叢部又分爲類書類和叢書類，其中類書類分爲專類之屬和通類之屬，叢書類以彙編之屬、郡邑之屬和家集之屬爲主，新學以報章類爲主。

經過普查，館藏古籍中已發現定級爲二級的古籍，已確定的通過二審的有2部5册，通過一審的爲1部8册。其中，館藏《墨娥小録》考證爲明隆慶五年（1571）吴繼聚好堂刻本，存十一至十四卷，其内容爲丹方燒煉、香譜修製、禽畜宜忌、市語聲嗽。此册古籍，半葉十行，每行二十字，書口爲白口，邊欄爲左右雙邊，基本完好。卷十一卷端有鈐印二枚，一爲陽文“栽季百合”，一爲陰文“静坐觀心 閒中一樂”。經省中心二審鑒定爲二級乙等。這是我館普查以來新發現的珍貴古籍。另外館藏的《海鹽張氏涉園叢刻》是關於清末民國時期的地方特色古籍。

海鹽縣博物館古籍普查工作的研究成果，爲研究海鹽縣歷史和地方特色文化提供了較高的史料價值。我館的古籍普查工作已經基本結束，我們已經開始了下一步的古籍整理工作，按照索書號進行歸置，并已經整理出版了一部與海鹽地方相關的古籍排印本《海鹽館藏手稿》。接下來，我們打算在有條件的情况下，對破損的古籍進行修復，對有價值的古籍繼續開展研究和出版事宜。

編目校對工作量大、内容繁瑣，對編目人員的專業要求較高。在現有的條件下，在保質保量的要求下，編目人員能够按時完成本館的普查工作，非常不容易。在此，非常感謝參與古籍普查工作的編目人員。

鑒於此次古籍普查時間緊、任務重、編目人員水平有限等情況，普查過程中可能會存在一些數據内容録入錯誤、版本斷代錯誤等問題，敬請方家指正。

海鹽縣博物館
2019年3月

330000－1785－0000001　0001　子部/藝術類/書畫之屬/畫法畫品
紅豆樹館書畫記八卷　(清)陶樑輯　清光緒八年(1882)吳趨潘氏韡園刻本　二册　存二卷(七至八)

330000－1785－0000003　0003　子部/藝術類/書畫之屬/畫譜
紉齋畫賸不分卷　(清)陳允升繪　清光緒二年(1876)甬上陳氏得古歡室刻本　四册

330000－1785－0000007　0007　集部/別集類/清別集
佚寧居偶詠二卷　(清)朱休度撰　清嘉慶二年至十七年(1797－1812)刻本　一册

330000－1785－0000008　0008　集部/別集類/清別集
退耕堂詩集十卷詩餘一卷　(清)陳希敬撰　清光緒二十八年(1902)陳賡笙刻本　四册

330000－1785－0000009　0009　集部/別集類/清別集
泖水鄉歌一卷　俞金鼎撰　清宣統三年(1911)華雲閣鉛印本　一册

330000－1785－0000010　0010　集部/別集類/清別集
繡佛樓詩鈔一卷　(清)金蘭貞撰　清光緒刻本　一册

330000－1785－0000011　11　類叢部/叢書類/彙編之屬
振綺堂叢刊八種　(清)□□輯　清嘉慶至光緒汪氏振綺堂刻本　一册　存一種

330000－1785－0000012　0012　集部/總集類/選集之屬/通代
古詩十九首一卷　(清)姜任脩撰　清光緒十九年(1893)刻本　汪憲毅題記　一册

330000－1785－0000013　0013　類叢部/叢書類/郡邑之屬
武林掌故叢編一百九十種　(清)丁丙編　清光緒三年至二十六年(1877－1900)錢塘丁氏嘉惠堂刻本([乾道]臨安志卷四至十五、南宋館閣錄卷一原缺)　一册　存一種

330000－1785－0000014　0014　集部/別集類/清別集
寄圃詩草初集二卷次集二卷　(清)王庚著　(清)王驤衢　(清)王雲衢編次　清同治十三年(1874)刻本　二册

330000－1785－0000015　0015　類叢部/叢書類/彙編之屬
刻鵠齋叢書十六種　(清)胡念修編　清光緒二十三年至二十七年(1897－1901)刻鵠齋刻本　二册　存一種

330000－1785－0000017　0017　集部/別集類/清別集
傳樸堂詩稿四卷　(清)葛金烺撰　**弢華館詩稿一卷**　(清)葛嗣溁撰　清光緒二十一年(1895)刻本　二册

330000－1785－0000018　0018　集部/別集類/清別集
寄蠡詩鈔一卷還珠堂和陶百詩鈔一卷　(清)厲同勳著　(清)厲雲官　(清)厲輅官校字　清末刻本　一册

330000－1785－0000021　0021　集部/詩文評類/詩評之屬
停雲閣詩話十六卷　(清)李家瑞撰　清咸豐五年(1855)刻本　四册

330000－1785－0000022　0022　集部/總集類/題詠之屬
薦堇思報感蓼廢吟兩圖題辭三卷　(清)沈祥龍輯　清光緒二十一年(1895)刻本　一册

330000－1785－0000023　0023　子部/小說家類/雜事之屬
騙術奇談四卷　雷君曜編　清宣統元年(1909)上海掃葉山房石印本　四册

330000－1785－0000025　0025　集部/別集類/唐五代別集
杜詩集說二十卷末一卷　(唐)杜甫撰　(清)江浩然輯　**杜工部年譜一卷**　(清)朱鶴齡撰　清乾隆四十二年(1777)惇裕堂刻本　九册

存十七卷(一至二、五至十、十三至二十,末)

330000－1785－0000026　0026　集部/别集類/清别集

擇石齋詩集五十卷　(清)錢載撰　清乾隆刻本　一册　存二十四卷(一至九、十九至二十五、三十四至四十一)

330000－1785－0000027　0027　集部/總集類/選集之屬/通代

古文辭類纂七十四卷　(清)姚鼐輯　**續古文辭類纂三十四卷**　王先謙輯　清光緒三十三年(1907)上海商務印書館鉛印本　十一册　缺七卷(續古文辭類纂一至七)

330000－1785－0000028　0028　集部/總集類/選集之屬/通代

古文辭類纂七十四卷　(清)姚鼐輯　清同治八年(1869)江蘇書局刻本　六册　存二十八卷(一至二十三、四十六至五十)

330000－1785－0000029　0029　集部/總集類/選集之屬/斷代

國朝駢體正宗十二卷　(清)曾燠輯　清同治十三年(1874)聚賢堂刻本　六册

330000－1785－0000030　善 0030　集部/總集類/選集之屬/通代

賦鈔箋略十五卷　(清)雷琳　(清)張杏濱輯　清乾隆三十一年(1766)刻本　五册　存十三卷(三至十五)

330000－1785－0000031　0031　集部/别集類/唐五代别集

杜詩鏡銓二十卷　(清)楊倫撰　清同治十一年(1872)望三益齋刻本　十册　存十八卷(三至二十)

330000－1785－0000032　0032　集部/别集類/唐五代别集

樊南文集詳註八卷　(唐)李商隱撰　(清)馮浩編訂　清德聚堂刻本　二册　存四卷(一至四)

330000－1785－0000033　0033　集部/别集類/清别集

泰雲堂文集二卷駢體文集二卷詩集十八卷詞集三卷　(清)孫爾準撰　清同治九年(1870)刻本　四册

330000－1785－0000034　34　集部/總集類/選集之屬/通代

重訂文選集評十五卷首一卷末一卷　(清)于光華輯　清同治十一年(1872)江蘇書局刻本　十三册　存十三卷(首,一至三、六至十四)

330000－1785－0000037　0037　集部/總集類/題詠之屬

紅葉館話别圖題詞不分卷　(日本)副島種臣撰　**附錄紅葉館留别詩不分卷**　(清)陳明遠等撰　清末刻本　一册

330000－1785－0000040　0040　集部/别集類/清别集

小匏庵詩存六卷末一卷　(清)吳仰賢撰　清光緒四年(1878)刻本　二册

330000－1785－0000041　0041　集部/别集類/清别集

求是齋詩草二卷首一卷　(清)鄭先樸撰　清同治八年(1869)知非堂刻本　一册　存二卷(首、一)

330000－1785－0000042　42　類叢部/叢書類/彙編之屬

張氏適園叢書　張鈞衡編　清宣統三年(1911)上海國學扶輪社鉛印本　一册　存一種

330000－1785－0000044　0044　子部/儒家類/儒學之屬/蒙學

詩旨周官彙序二卷　(清)應鹿芩撰　清光緒二年(1876)退補齋刻本　一册

330000－1785－0000045　0045　類叢部/叢書類/彙編之屬

通齋全集　(清)蔣超伯撰　清同治三年(1864)高涼郡齋刻民國二十二年(1933)揚州陳恒和書林重印本　一册　存一種

330000－1785－0000046　0046　集部/别集

類/清別集

思貽堂詩集六卷 (清)金衍宗撰 清光緒至宣統鉛印本 一冊 存三卷(一至三)

330000－1785－0000049 0049 集部/別集類/清別集

清風室叢刊二十種 (清)錢保塘編 清宣統三年(1911)刻本 一冊 存一種

330000－1785－0000050 0050 子部/儒家類/儒學之屬/蒙學

人範六卷首一卷附錄一卷 (清)蔣元輯 (清)顧廣譽增輯 清光緒十六年(1890)平湖學署刻本 二冊

330000－1785－0000051 0051 集部/詩文評類/詩評之屬

滄浪詩話註五卷 (宋)嚴羽撰 (清)胡鑑注 清光緒七年(1881)胡鑑廣州刻本 二冊

330000－1785－0000052 0052 集部/別集類/清別集

涵翠閣吟藁四卷 (清)吳均撰 清宣統二年(1910)鉛印本 二冊

330000－1785－0000053 0053 集部/別集類/清別集

冬暄艸堂遺詩二卷 (清)陳豪撰 清宣統三年(1911)刻本 二冊

330000－1785－0000055 0055 集部/詞類/別集之屬

耨雲軒詞二卷 (清)馬汾撰 清道光二十八年(1848)嘉興馬夢餘家刻本 一冊

330000－1785－0000056 0056 類叢部/類書類

禮義雜綴四卷 清初刻本 二冊 存三卷(二至四)

330000－1785－0000057 善0057 集部/別集類/清別集

香屑集十八卷首一卷末一卷 (清)黃之雋撰 (清)陳邦直注 清雍正十二年(1734)陳邦直刻遂初園印本 四冊

330000－1785－0000060 0060 子部/雜著類/雜纂之屬

格言聯璧一卷附一卷 (清)金纓輯 清同治八年(1869)八千卷賜書廬刻本 一冊

330000－1785－0000061 61 集部/戲劇類/雜劇之屬

增像第六才子書五卷首一卷 (元)王德信(實甫) (元)關漢卿撰 (清)金人瑞評 清光緒三十一年(1905)上海育文書局石印本 二冊

330000－1785－0000062 0062 集部/總集類/選集之屬/斷代

唐詩三百首註疏六卷 (清)孫洙編 (清)章燮注 清末上海錦章圖書局石印本 一冊 存一卷(六)

330000－1785－0000063 0063 集部/別集類/清別集

宧游草堂四卷 (清)祝應燾撰 清刻本 一冊 存一卷(四)

330000－1785－0000064 0064 子部/儒家類/儒學之屬/蒙學

神童詩一卷 清末木活字印本 一冊

330000－1785－0000066 0066 集部/別集類/清別集

退補齋詩存十六卷文存十二卷首二卷 (清)胡鳳丹撰 (清)王柏心等刪定 清同治十二年(1873)永康胡氏退補齋刻本 三冊 存十三卷(首一、詩存一至十二)

330000－1785－0000067 0067 集部/別集類/清別集

黃葉邨莊詩集八卷續集一卷後集一卷 (清)吳之振撰 清光緒四年(1878)吳康壽刻本 三冊 存九卷(二至八、續集、後集)

330000－1785－0000068 0068 子部/雜著類/雜纂之屬

寄園寄所寄十二卷 (清)趙吉士輯 清刻本 七冊

330000－1785－0000069 0069 集部/別集

類/清別集

退補齋詩存十六卷文存十二卷首二卷 (清)胡鳳丹撰 (清)王柏心等刪定 清同治十二年(1873)永康胡氏退補齋刻本 一冊 存四卷(首一、詩存一至三)

330000－1785－0000070 0070 集部/別集類/清別集

退補齋詩存十六卷文存十二卷首二卷 (清)胡鳳丹撰 (清)王柏心等刪定 清同治十二年(1873)永康胡氏退補齋刻本 一冊 存四卷(文存九至十二)

330000－1785－0000071 0071 集部/別集類/清別集

退補齋詩鈔二十卷首一卷 (清)胡鳳丹撰 清同治四年(1865)永康胡氏退補齋刻本 二冊 存十三卷(首、一至十二)

330000－1785－0000072 0072 類叢部/叢書類/郡邑之屬

檇李遺書二十六種 (清)孫福清編 清光緒四年(1878)秀水孫氏望雲仙館刻本 二冊 存一種

330000－1785－0000073 0073 類叢部/叢書類/彙編之屬

申報館叢書正集五十七種附錄三種 (清)尊聞閣主編 **續集一百四十二種** 蔡爾康編 清同治至光緒上海申報館鉛印本 三冊 存二種

330000－1785－0000074 74 子部/雜著類/雜考之屬

湛園札記四卷 (清)姜宸英撰 清刻本 二冊

330000－1785－0000076 0076 類叢部/叢書類/自著之屬

春在堂全書 (清)俞樾撰 清光緒二十五年(1899)刻本 四冊 存八種

330000－1785－0000077 0077 類叢部/叢書類/彙編之屬

唐代叢書一百六十四種 (清)王文誥輯 清刻本 一冊 存四種

330000－1785－0000079 0079 史部/傳記類/總傳之屬/技藝

墨林今話十八卷 (清)蔣寶齡撰 **墨林今話續編一卷** (清)蔣茝生撰 清咸豐二年(1852)刻本 四冊

330000－1785－0000083 0083 子部/小說家類/雜事之屬

庸閒齋筆記十二卷 (清)陈其元撰 清宣統三年(1911)掃葉山房石印本 一冊 存三卷(七至九)

330000－1785－0000084 0084 類叢部/叢書類/彙編之屬

四庫全書 (清)永瑢 (清)紀昀等纂修 清抄本 十三冊 存四種

330000－1785－0000086 0086 經部/叢編

沈穀成先生易學四種 (清)沈善登撰 清光緒桐鄉沈氏豫恕堂刻本 一冊 存一種

330000－1785－0000087 0087 子部/宗教類/佛教之屬

西齋淨土詩三卷附錄一卷 (明)釋梵琦撰 清光緒九年(1883)海鹽天寧寺刻本 一冊

330000－1785－0000089 0089 子部/儒家類/儒學之屬/禮教

聖御廣訓一卷 (清)世宗胤禛撰 清宣統二年(1910)刻本 一冊

330000－1785－0000091 0091 子部/術數類/命書相書之屬

神相全編十二卷首一卷 (宋)陳摶傳 (明)袁忠徹訂正 清刻本 二冊 存五卷(首,一至二、九至十)

330000－1785－0000095 0095 子部/藝術類/遊藝之屬/聯語

集古聯句一卷 (清)鍾德祥撰 清光緒三年(1877)葛元煦嘯園刻本 一冊

330000－1785－0000101 0101 集部/總集類/選集之屬/通代

古文觀止十二卷　(清)吳乘權　(清)吳大職輯　清浙寧群玉山房刻本　三冊　存六卷(一至四、七至八)

330000－1785－0000103　0103　集部/總集類/選集之屬/通代
文選六十卷　(南朝梁)蕭統輯　(唐)李善注　明末海虞毛氏汲古閣刻清康熙二十五年(1686)錢士謐重修本　四冊　存三十卷(一至十三、四十四至六十)

330000－1785－0000104　0104　子部/術數類/陰陽五行之屬
董公選要覽一卷　(明)董灊撰　清光緒二十四年(1898)浙江官書局刻本　一冊

330000－1785－0000105　0105　子部/宗教類/道教之屬/戒律
太上感應篇圖說八卷首一卷　(清)黃正元纂　清同治十二年(1873)崇善堂刻本　八冊

330000－1785－0000106　0106　史部/地理類/雜志之屬
江城舊事八卷　(清)朱欒撰　清道光刻本　四冊

330000－1785－0000107　0107　經部/小學類
校正馬氏文通十卷　(清)馬建忠撰　清光緒二十八年(1902)上海文林石印本　八冊

330000－1785－0000108　0108　子部/藝術類/遊藝之屬/聯語
楹聯叢話一卷　(清)梁章鉅輯　清抄本　一冊

330000－1785－0000111　0111　集部/總集類/選集之屬/斷代
湖海詩傳四十六卷　(清)王昶輯　清嘉慶八年(1803)青浦王氏三泖漁莊刻本　一冊　存五卷(一至五)

330000－1785－0000112　0112　子部/雜著類/雜說之屬
浪跡叢談十一卷浪跡續談八卷　(清)梁章鉅撰　清刻本　一冊　存八卷(續談一至八)

330000－1785－0000113　0113　集部/別集類/清別集
船山詩草二十卷　(清)張問陶撰　清刻本　四冊　存十二卷(一至三、八至十六)

330000－1785－0000114　0114　集部/總集類/選集之屬/通代
文選集評十五卷首一卷末一卷　(清)于光華輯　清乾隆三十七年(1772)友于堂刻本　十四冊　存十四卷(首,一至五、七至十、十二至十五)

330000－1785－0000115　0115　史部/雜史類/斷代之屬
國語二十一卷　(三國吳)韋昭注　**校刊明道本韋氏解國語札記一卷**　(清)黃丕烈撰　**明道本考異四卷**　(清)汪遠孫撰　清同治八年(1869)湖北崇文書局刻本　四冊

330000－1785－0000117　117　類叢部/叢書類/彙編之屬
正誼堂全書六十三種續刻五種　(清)張伯行編　(清)楊浚重編　清同治五年(1866)福州正誼書院刻同治八年至光緒十三年(1869－1887)續刻本　八冊　存五種

330000－1785－0000118　0118　類叢部/叢書類/郡邑之屬
武林往哲遺箸五十六種後編十種　(清)丁丙編　清光緒二十年至二十六年(1894－1900)錢塘丁氏嘉惠堂刻本(錢塘韋先生文集卷一至二原缺)　二冊　存三種

330000－1785－0000119　0119　子部/儒家類/儒學之屬/性理
藥言四卷藥言賸稿四卷　(清)李惺撰　清光緒三十三年(1907)江蘇提學署刻本　一冊　存四卷(賸稿一至四)

330000－1785－0000120　0120　子部/儒家類/儒學之屬/性理
藥言四卷藥言賸稿四卷　(清)李惺撰　清光緒三十三年(1907)江蘇提學署刻本　一冊

330000－1785－0000121　0121　集部/別集

類/清別集

貽穀堂稿四卷 (清)黄守謙撰 **讀未見書齋詩鈔一卷** (清)黄葆謙撰 清光緒二十八年(1902)刻本 一冊

330000－1785－0000122 0122 集部/別集類/清別集

俞俞齋詩稿初集二卷文稿初集四卷詩餘一卷 (清)史念祖撰 清光緒十八年(1892)滇南刻本 一冊 存一卷(文稿初集一)

330000－1785－0000123 0123 集部/別集類/清別集

滇游計程小草一卷 (清)陳新撰 **秋警閣詩存一卷** (清)陳作敬撰 清末刻本 一冊

330000－1785－0000124 0124 集部/別集類/清別集

甘泉鄉人稿二十四卷餘稿二卷 (清)錢泰吉撰 **四水子遺著一卷** (清)錢友泗撰 **郊農偶吟稿一卷** (清)錢炳森撰 清同治十一年(1872)白下錢氏刻本 一冊 存二卷(四水子遺著、郊農偶吟稿)

330000－1785－0000125 0125 子部/雜著類/雜説之屬

菜根譚一卷 (明)洪應明撰 **娑羅館清語一卷** (明)屠隆撰 清光緒十三年(1887)揚州藏經禪院刻本 一冊

330000－1785－0000126 0126 集部/別集類/清別集

墨花吟館詩鈔十六卷 (清)嚴辰撰 清刻本 一冊 存四卷(五至八)

330000－1785－0000127 0127 子部/小説家類/瑣語之屬

恐自逸軒瑣録六卷 (清)彭昌祚撰 清咸豐三年(1853)刻本 三冊

330000－1785－0000128 0128 集部/總集類/郡邑之屬

西泠五布衣遺箸 (清)丁丙輯 清同治至光緒錢塘丁氏當歸草堂刻本 一冊 存一種

330000－1785－0000129 0129 集部/別集類/清別集

經古篋存草四卷 (清)葉廉鍔撰 清宣統三年(1911)刻本 二冊

330000－1785－0000130 0130 集部/別集類/清別集

吉光片羽集一卷趙忠節公遺墨一卷 (清)趙景賢撰 清光緒十六年(1890)刻本 一冊

330000－1785－0000134 0134 集部/別集類/清別集

松陵文集初編四卷 (清)陳去病輯 清宣統三年(1911)鉛印本 一冊

330000－1785－0000135 0135 子部/儒家類/儒學之屬/禮教

五種遺規十七卷 (清)陳弘謀輯並撰 清光緒二十一年(1895)浙江書局刻本 一冊 存一種

330000－1785－0000136 0136 集部/別集類/清別集

惜心書屋詩鈔六卷 (清)王正誼撰 清同治二年(1863)惜心書屋刻本 一冊 存三卷(一至三)

330000－1785－0000137 0137 集部/別集類/清別集

喜聞過齋詩稿不分卷 (清)連成撰 清光緒刻本 一冊

330000－1785－0000139 0139 集部/總集類/尺牘之屬

瑶華集一卷 (清)張邁撰 清光緒二十八年(1902)始豐傳是樓木活字印本 一冊

330000－1785－0000140 0140 集部/別集類

復丁老人詩記一卷 劉炳照撰 清宣統二年(1910)刻本 一冊

330000－1785－0000142 0142 集部/別集類/清別集

定盦文集三卷續集四卷補編四卷文集補二卷補雜詩一卷補詞選一卷補詞録一卷 (清)龔自珍撰 清光緒二十九年(1903)文瑞樓石印

本　四册

330000－1785－0000143　0143　集部/別集類/清别集

柏梘山房文集十六卷文續集一卷詩集十卷詩續集二卷駢體文二卷　(清)梅曾亮撰　清宣統三年(1911)上海國學扶輪社石印本　四册　存十六卷(文集一至十六)

330000－1785－0000145　0145　經部/詩類/傳說之屬

詩義翼朱八卷　(清)李健輯　清康熙永思堂刻本　二册　存三卷(一至二、五)

330000－1785－0000146　0146　史部/傳記類/總傳之屬/通代

洛學編六卷　(清)湯斌輯　(清)尹會一續輯　(清)郭程先補輯　清道光三十年(1850)浚儀田欣刻本　二册

330000－1785－0000147　0147　集部/別集類/漢魏六朝别集

曹集銓評十卷　(三國魏)曹植撰　(清)丁晏詮評　**曹集逸文一卷**　(清)丁晏輯　清同治十一年(1872)金陵書局刻本　二册

330000－1785－0000149　0149　集部/總集類/課藝之屬

敬修堂詞賦課鈔十五卷　(清)胡敬輯　清同治十一年(1872)山陰俞氏刻本　二册　存五卷(一至二、九至十一)

330000－1785－0000150　0150　子部/藝術類/遊藝之屬/聯語

楹聯叢話十二卷續話四卷　(清)梁章鉅輯　清道光二十年(1840)桂林署齋刻本　三册　存十二卷(楹聯叢話一至十二)

330000－1785－0000151　0151　集部/總集類/選集之屬/斷代

唐詩三百首六卷　(清)孫洙編　清光緒六年(1880)常熟夏氏漱芳齋刻本　三册

330000－1785－0000152　0152　集部/總集類/選集之屬/斷代

宋四名家詩　(清)周之鱗　(清)柴升編　清光緒元年(1875)刻本　一册　存一種

330000－1785－0000153　0153　集部/別集類/清别集

雪門詩草十四卷　(清)許瑤光撰　清末刻本　一册　存二卷(三至四)

330000－1785－0000154　0154　集部/別集類/清别集

繞竹山房詩稿十卷詩餘一卷　(清)朱文治撰　清嘉慶二十三年(1818)刻本　一册　存二卷(詩稿十、詩餘)

330000－1785－0000155　0155　集部/總集類/課藝之屬

嘉會堂課藝續刻一卷　(清)□□輯　清光緒二十三年(1897)環翠山房刻本　一册

330000－1785－0000156　0156　集部/總集類/選集之屬/斷代

唐詩韶音箋註六卷　(清)沈廷芳輯　(清)吳壽祺　(清)吳元治注　清乾隆二十三年(1758)賜書堂刻本　一册　存二卷(一至二)

330000－1785－0000157　0157　集部/別集類/清别集

天愚山人詩集十二卷文集十六卷　(清)謝泰宗撰　**附録一卷**　(清)吳偉業撰　清光緒六年(1880)謝駿德靈蕤館刻本　二册　存十六卷(詩集一至十二、文集九至十二)

330000－1785－0000158　0158　子部/法家類

管子二十四卷　(唐)房玄齡注　清刻本　一册　存四卷(五至八)

330000－1785－0000159　0159　集部/別集類/清别集

菽歡堂詩餘十六卷　(清)王丹墀撰　清刻本　三册　存十二卷(一至四、九至十六)

330000－1785－0000160　0160　集部/別集類/清别集

補校袁文箋正七卷首一卷　(清)袁枚撰　(清)汗漫山人補校　(清)石韞玉箋　清刻本　二册　存一卷(七)

330000－1785－0000161　0161　子部/雜著類/雜說之屬

信疑随筆十二卷　(清)朱錦琮撰　清刻本　一冊　存三卷(十至十二)

330000－1785－0000162　0162　集部/別集類/清別集

求有益齋詩鈔八卷　(清)李道悠撰　清光緒二十六年(1900)刻本　一冊　存二卷(五至六)

330000－1785－0000163　0163　類叢部/叢書類/自著之屬

侯官嚴氏叢刻五種　嚴復撰　清光緒二十七年(1901)南昌讀有用書之齋刻本　一冊　存一種

330000－1785－0000164　0164　集部/別集類/清別集

亦政堂詩集十二卷　(清)劉珊撰　清嘉慶二十三年(1818)石梁官舍刻本　一冊　存四卷(七至十)

330000－1785－0000165　0165　集部/總集類/選集之屬/通代

咏物詩選八卷　(清)俞琰輯　清刻本　一冊　存二卷(三至四)

330000－1785－0000166　0166　史部/編年類/斷代之屬

東華錄三十二卷(崇德朝)　(清)蔣良騏撰　清刻本　二冊　存五卷(四至六、十八至十九)

330000－1785－0000169　0169　集部/總集類/尺牘之屬

雙鯉奩尺牘一卷　(清)管斯駿撰　清光緒八年(1882)蘇城管家園管宅刻本　一冊

330000－1785－0000172　0172　史部/傳記類/別傳之屬/事狀

曾文正公[國藩]榮哀錄一卷　清光緒三十一年(1905)上海商務印書館鉛印本　一冊

330000－1785－0000178　0178　類叢部/叢書類/彙編之屬

春暉堂叢書十二種　(清)徐渭仁輯　清道光至咸豐上海徐渭仁刻同治九年至十年(1870－1871)徐允臨補刻彙印本　一冊　存一種

330000－1785－0000179　179　子部/藝術類/書畫之屬/書法書品

趙撝叔手札一卷　(清)趙之謙書　**附楊海琹尺牘一卷**　(清)楊翰書　清光緒三十四年(1908)則山簃石印本　一冊

330000－1785－0000180　0180　類叢部/叢書類/彙編之屬

青照堂叢書　(清)李元春輯　清刻本　一冊　存一種

330000－1785－0000181　0181　類叢部/叢書類/彙編之屬

香艷叢書三百二十六種　(清)蟲天子輯　清宣統上海國學扶輪社鉛印本　十七冊　存十七種

330000－1785－0000183　0183　新學/雜著/叢編

富強叢書正集七十七種續集一百二十一種　(清)袁俊德輯　清光緒小倉山房石印本　六冊　存續集十種

330000－1785－0000184　0184　集部/別集類/明別集

龍谿王先生全集二十二卷　(明)王畿撰　(明)丁賓編　清光緒八年(1882)刻本　二冊　存四卷(十四至十五、十八至十九)

330000－1785－0000186　0186　集部/別集類/清別集

白石山館詩一卷　(清)陳沆撰　**清夜齋詩稿一卷**　(清)魏源撰　清宣統三年(1911)石印本　一冊

330000－1785－0000187　0187　集部/總集類/選集之屬/斷代

唐人選唐詩□□種　清刻本　一冊　存七種

330000－1785－0000188　0188　集部/別集類/宋別集

後村居士詩二十卷　(宋)劉克莊撰　(清)姚

廷謙校訂　清康熙五十九年(1720)姚廷謙刻本　一册　存四卷(四至七)

330000－1785－0000190　0190　集部/别集類/清别集
聖雨齋賦集六卷　(清)周拱辰撰　清刻本　一册　缺四卷(一至四)

330000－1785－0000192　0192　集部/總集類/選集之屬/斷代
二家詩鈔二十卷　(清)邵長蘅編　清康熙三十四年(1695)刻本　三册　存一種

330000－1785－0000193　0193　集部/總集類/選集之屬/通代
五言詩十七卷　(清)王士禛輯　清刻本　三册　存十二卷(六至十七)

330000－1785－0000194　0194　集部/總集類/選集之屬/通代
阮亭選古詩三十二卷　(清)王士禛選　清刻本　四册　存一種

330000－1785－0000195　0195　集部/總集類/選集之屬/通代
五七言今體詩鈔十八卷　(清)姚鼐輯　清刻本　一册　存九卷(七言今體詩鈔一至九)

330000－1785－0000196　0196　集部/總集類/選集之屬/通代
阮亭選古詩三十二卷　(清)王士禛選　清刻本　七册　存一種

330000－1785－0000197　0197　集部/别集類/清别集
邨居倡和集雜詠一卷和詩三卷别集三卷　(清)邵玘撰　清乾隆刻本　三册

330000－1785－0000198　0198　類叢部/類書類/專類之屬
王先生十七史蒙求十六卷　(宋)王令撰　清道光二十八年(1848)粤東文雅齋刻本　二册　存八卷(一至八)

330000－1785－0000199　0199　集部/總集類/選集之屬/斷代
網師園唐詩箋十八卷　(清)宋宗元輯　清刻本　一册　存二卷(四至五)

330000－1785－0000200　0200　集部/總集類/選集之屬/通代
古唐詩合解古詩四卷唐詩十二卷　(清)王堯衢注　清刻本　四册

330000－1785－0000201　0201　集部/總集類/選集之屬/斷代
唐詩别裁集十卷　(清)沈德潛輯　清康熙五十六年(1717)碧梧書屋刻本　五册

330000－1785－0000202　0202　集部/總集類/選集之屬/斷代
東嵒艸堂評訂唐詩鼓吹十卷　(金)元好問輯　(元)郝天挺註　(明)廖文炳解　(清)朱三錫評　清刻本　三册　存六卷(一至六)

330000－1785－0000203　0203　集部/别集類/清别集
曝書亭集詩註二十四卷　(清)朱彝尊撰　(清)楊謙注　**年譜一卷**　(清)楊謙撰　清刻本　一册　存一卷(年譜)

330000－1785－0000204　0204　集部/别集類/清别集
曝書亭集詩註二十四卷　(清)朱彝尊撰　(清)楊謙注　**年譜一卷**　(清)楊謙撰　清楊氏木山閣刻本(卷二十三至二十四原缺)　八册

330000－1785－0000205　0205　集部/詞類/别集之屬
曝書亭集詞註七卷　(清)朱彝尊撰　(清)李富孫注　清刻本　一册　存四卷(四至七)

330000－1785－0000207　0207　集部/别集類/清别集
留别齊昌諸寅好紳耆三十章一卷附錄一卷　(清)陳壽椿撰　清末影印本　一册

330000－1785－0000208　0208　集部/總集類/選集之屬/斷代
唐人五言長律清麗集六卷　(清)徐曰璉　(清)沈士駿輯　清乾隆二十二年(1757)刻本

一册　存三卷(一至三)

330000－1785－0000210　0210　類叢部/叢書類/彙編之屬

埽葉山房叢鈔二十六種　(清)席威編　清光緒九年(1883)刻本　三册　存一種

330000－1785－0000211　0211　子部/術數類/相宅相墓之屬

增補地理直指原真大全三卷首一卷　(清)釋徹瑩撰　清康熙指歸菴刻本　一册　存一卷(首)

330000－1785－0000212　0212　集部/總集類/選集之屬/斷代

今詩所見集選十二卷　(清)黄承增輯　清刻本　一册　存一卷(一)

330000－1785－0000213　0213　集部/詞類/别集之屬

曝書亭集詞註七卷　(清)朱彝尊撰　(清)李富孫注　清嘉慶十九年(1814)嘉興李氏校經廎刻道光九年(1829)補刻本　二册

330000－1785－0000214　0214　類叢部/叢書類/家集之屬

祥符劉氏叢書十種　(清)劉遵海　(清)劉曾騄撰　清光緒至民國刻本暨石印、油印本　一册　存一種

330000－1785－0000215　0215　集部/總集類/郡邑之屬

江左十五子詩選　(清)宋犖編　清康熙四十二年(1703)刻本　一册　存五卷(四至八)

330000－1785－0000216　0216　集部/别集類/清别集

鑑止水齋集二十卷　(清)許宗彦撰　清咸豐八年(1858)德清許延穀刻本　二册　存七卷(十一至十七)

330000－1785－0000217　0217　集部/總集類/選集之屬/斷代

宋四名家詩　(清)周之鱗　(清)柴升編　清刻本　一册　存一種

330000－1785－0000219　0219　集部/總集類/選集之屬/斷代

唐詩便讀四卷　清光緒二十七年(1901)幼蘭刻本　一册

330000－1785－0000220　0220　集部/總集類/選集之屬/斷代

唐詩便讀四卷　清刻本　一册　存二卷(一至二)

330000－1785－0000221　0221　子部/儒家類/儒學之屬/禮教/鑑戒

敬脩閣唐詩便讀二卷　清光緒南潯聚文成刻本　一册

330000－1785－0000222　0222　集部/總集類/選集之屬/斷代

唐詩便讀四卷　清同治七年(1868)夏序記刻本　一册

330000－1785－0000223　0223　集部/總集類/選集之屬/斷代

唐詩便讀四卷　清同治七年(1868)務本堂刻本　一册

330000－1785－0000224　0224　集部/總集類/選集之屬/斷代

唐詩三百首註疏六卷　(清)孫洙編　(清)章燮注　清姑蘇會文堂刻本　四册　存四卷(一至三、五)

330000－1785－0000225　0225　集部/總集類/選集之屬/斷代

唐詩三百首註疏六卷　(清)孫洙編　(清)章燮注　清末上海掃葉山房刻本　四册　存四卷(一、三至五)

330000－1785－0000226　0226　集部/總集類/選集之屬/斷代

唐詩三百首六卷　(清)孫洙編　清刻本　二册

330000－1785－0000227　0227　集部/總集類/選集之屬/斷代

唐詩三百首續選二卷　(清)于慶元編　清刻本　一册　存一卷(二)

330000－1785－0000228　0228　集部/總集類/選集之屬/斷代

唐詩三百首不分卷　（清）孫洙編　清咸豐二年（1852）虞山顧氏家塾小石山房刻本　一冊

330000－1785－0000229　229　子部/天文曆算類/算書之屬

增刪算法統宗十一卷首一卷　（明）程大位撰　（清）梅穀成增刪　清刻本　四冊

330000－1785－0000230　0230　史部/時令類

古今類傳四卷　（清）董穀士　（清）董炳文輯　清康熙三十一年（1692）未學齋刻本　三冊　存三卷（一至三）

330000－1785－0000232　0232　史部/政書類/公牘檔冊之屬

塘工議事會稟稿議案彙存一卷附收支清冊一卷　徐懋元編　清宣統元年（1909）刻本　一冊

330000－1785－0000233　233　史部/地理類/水利之屬

浙西水利備考不分卷　（清）王鳳生撰　清光緒四年（1878）浙江書局刻本　四冊

330000－1785－0000234　0234　子部/醫家類/傷寒金匱之屬/傷寒論

傷寒來蘇集三種　（清）柯琴撰　清乾隆金閶綠慎堂刻本　四冊　存一種

330000－1785－0000235　0235　子部/醫家類/傷寒金匱之屬/傷寒論

傷寒來蘇集三種　（清）柯琴撰　清乾隆金閶綠慎堂刻本　四冊　存一種

330000－1785－0000239　0239　新學/工藝/汽機總

汽機必以十二卷首一卷附一卷　（英國）蒲而捺撰　（英國）傅蘭雅口譯　（清）徐建寅筆述　清光緒江南製造局刻本　一冊　存一卷（附）

330000－1785－0000241　0241　子部/天文曆算類

兼濟堂纂刻梅勿庵先生曆算全書二十八種　（清）梅文鼎撰　（清）魏荔彤輯　（清）楊作枚訂補　清雍正元年（1723）栢鄉魏荔彤刻乾隆十四年（1749）梅汝培、咸豐九年（1859）梅體萱遞修本　一冊　存三種

330000－1785－0000242　0242　史部/政書類/律令之屬/法驗

補註洗冤錄集證四卷　（清）王又槐輯　（清）李觀瀾補輯　（清）阮其新補注　（清）童濂刪　**作吏要言一卷**　（清）葉鎮撰　（清）朱椿增　清道光二十三年（1843）江都鍾淮刻三色套印本　四冊

330000－1785－0000243　0243　史部/政書類/邦計之屬/鹽法

淮鹺備要十卷　（清）李澄輯　清道光三年（1823）刻本　四冊

330000－1785－0000245　0245　子部/醫家類/方書之屬/單方驗方

絳雪園古方選註不分卷得宜本草一卷　（清）王子接輯　清埽葉山房刻本　四冊

330000－1785－0000246　0246　子部/醫家類/本草之屬/歷代綜合本草

本草綱目五十二卷圖三卷　（明）李時珍撰　清末刻本　二十二冊　存二十八卷（一至八、十至十一、三十五至三十八、四十二至五十二，圖一至三）

330000－1785－0000247　0247　史部/叢編

資治通鑑彙刻　（宋）司馬光編集　清同治至光緒江蘇書局刻本　十冊　存一種

330000－1785－0000248　0248　經部/小學類/音韻之屬/注音

詩韻音義註二十卷　（清）朱奎撰　清嘉慶八年（1803）雨香書屋刻本　八冊　存十六卷（一至十六）

330000－1785－0000250　0250　子部/醫家類/本草之屬/歷代綜合本草

本草綱目拾遺十卷　（清）趙學敏輯　清同治十年（1871）張應昌吉心堂刻本　十冊

330000－1785－0000251　0251　子部/宗教類/佛教之屬/總録
釋氏稽古略四卷　(元)釋覺岸撰　**釋鑑稽古略續集三卷**　(明)釋幻輪撰　清光緒十二年(1886)刻本　五册

330000－1785－0000252　0252　類叢部/叢書類/彙編之屬
漸西村舍彙刊(漸西村舍叢刻)四十四種　(清)袁昶編　清光緒十六年至二十四年(1890－1898)桐廬袁氏刻本　四册　存一種

330000－1785－0000253　0253　史部/傳記類/總傳之屬/姓名
史姓韻編六十四卷　(清)汪輝祖輯　(清)馮祖憲校　清光緒十年(1884)上海中西書局石印本　四册

330000－1785－0000256　0256　集部/總集類/酬唱之屬
庚寅讌集三編三卷　(清)孫點編　清光緒十六年(1890)鉛印本　一册　存一卷(二)

330000－1785－0000257　0257　經部/小學類/文字之屬/字書/字體
六書通十卷　(明)閔齊伋撰　(清)畢弘述篆訂　清刻本　十册

330000－1785－0000259　善0259　集部/總集類/選集之屬/通代
名媛璣囊二卷　(明)池上客選　明萬曆刻本　二册

330000－1785－0000260　0260　集部/戲劇類/雜劇之屬
元曲選一百種論曲一卷附元曲論一卷　(明)臧懋循編　明刻本　十册　存十種

330000－1785－0000265　265　集部/總集類/尺牘之屬
昭代名人尺牘二十四卷小傳二十四卷　(清)吴修輯　清光緒三十四年(1908)西泠印社影印本　六册　存六卷(昭代名人尺牘一至六)

330000－1785－0000267　0267　集部/詩文評類/詩評之屬
初白菴詩評三卷詞綜偶評一卷　(清)查慎行撰　(清)張載華輯　清末上海六藝書局石印本　六册

330000－1785－0000268　0268　集部/別集類/清別集
求聞過齋文集四卷　(清)朱方增撰　清光緒二十年(1894)刻本　三册

330000－1785－0000269　0269　集部/別集類/清別集
求聞過齋詩集六卷　(清)朱方增撰　清光緒十九年(1893)刻本　二册

330000－1785－0000270　0270　集部/別集類/清別集
晚翠樓詩鈔四卷　(清)朱炳清撰　清光緒十六年(1890)刻本　二册

330000－1785－0000271　0271　集部/別集類/清別集
碧琅玕館詩鈔四卷　(清)朱炳清撰　清末刻本　一册　存三卷(一至三)

330000－1785－0000272　0272　集部/別集類/清別集
聽秋館吟稿六卷　(清)朱承鉽撰　清光緒十六年(1890)刻本　一册　存二卷(五至六)

330000－1785－0000273　0273　集部/別集類/清別集
小信天巢詩鈔十八卷續鈔一卷　(清)陳石麟撰　清嘉慶十一年至十四年(1806－1809)刻本　六册　存十八卷(詩鈔一至十八)

330000－1785－0000274　0274　集部/總集類/選集之屬/斷代
明人詩鈔正集十四卷續集十四卷　(清)朱琰輯　清乾隆二十五年(1760)樊桐山房刻本　二册　存七卷(續集一至七)

330000－1785－0000279　0279　集部/別集類/清別集
健初詩鈔四卷附文鈔一卷　(清)朱光暄撰　清光緒二十二年(1896)十三古印齋刻本　二册

330000－1785－0000280　0280　集部/別集類/清別集
竹南精舍駢儷文稿一卷　(清)朱泰脩撰　清末刻本　錢柏森題簽　一册

330000－1785－0000281　0281　集部/別集類/清別集
竹南精舍詩鈔四卷　(清)朱泰脩撰　清光緒八年(1882)刻本　二册

330000－1785－0000284　0284　集部/總集類/酬唱之屬
鴛鴦湖櫂歌五種五卷　(清)朱彝尊　(清)譚吉璁撰　(清)陸以諴　(清)張燕昌續　清乾隆四十年(1775)朱芳衡刻本　一册

330000－1785－0000285　0285　集部/總集類/郡邑之屬
鹽邑藝文續編甲集八卷　(清)王如珪彙編　清刻本　三册　存六卷(一至二、五至八)

330000－1785－0000286　0286　集部/別集類/清別集
自得齋吟草一卷　(清)徐槐廷撰　清光緒六年(1880)刻本　一册

330000－1785－0000287　287　史部/傳記類/總傳之屬/斷代
昭代名人尺牘小傳二十四卷　(清)吳修撰　清光緒三十四年(1908)石印本　二册

330000－1785－0000289　0289　集部/別集類/唐五代別集
顧華陽集三卷補遺一卷子非熊詩一卷　(唐)顧況撰　**補遺一卷**　(清)顧球輯　**顧非熊詩一卷**　(唐)顧非熊撰　清同治元年(1862)海鹽顧氏雙峯堂刻本　二册

330000－1785－0000290　0290　集部/別集類/清別集
綠蕉館詩鈔四卷　(清)陳景高撰　清同治十三年(1874)海鹽陳氏刻本　一册　存二卷(三至四)

330000－1785－0000291　0291　子部/雜家類
桂杏聯芳譜一卷　(清)徐謙輯　清刻本　一册

330000－1785－0000292　0292　集部/別集類/清別集
半村詩稿四卷　(清)顧升誥撰　清咸豐四年(1854)泊志堂刻本　一册

330000－1785－0000293　0293　集部/別集類/清別集
契菊晏如室詩草一卷　(清)張德明撰　清光緒鉛印本　一册

330000－1785－0000297　297　子部/儒家類/儒學之屬/禮教/家訓
忠愍公家訓一卷　(明)楊繼盛撰　清光緒三十三年(1907)刻本　一册

330000－1785－0000300　0300　集部/別集類/清別集
壽間齋吟草八卷　(清)朱葵之撰　清光緒十年(1884)古義安郡署刻本　二册

330000－1785－0000301　0301　集部/別集類/清別集
壽間齋吟草八卷　(清)朱葵之撰　清光緒十年(1884)古義安郡署刻本　二册

330000－1785－0000302　0302　集部/別集類/清別集
妙吉祥室詩鈔十三卷詩餘一卷雜存一卷　(清)朱葵之撰　清光緒十年(1884)古義安郡署刻本　六册

330000－1785－0000305　0305　史部/傳記類/總傳之屬/儒林
後漢書儒林傳補二卷　(清)李聿求撰　清嘉慶虎溪山房刻本　一册

330000－1785－0000306　0306　集部/別集類/清別集
風雨對吟齋詩鈔四卷詩餘一卷　(清)任端良撰　清光緒十八年(1892)刻本　一册　存二卷(一至二)

330000－1785－0000307　0307　集部/別集

類/清別集

風雨對吟齋詩鈔四卷詩餘一卷　(清)任端良撰　清光緒十八年(1892)刻本　二冊

330000－1785－0000308　0308　集部/別集類/清別集

風雨對吟齋詩鈔四卷詩餘一卷　(清)任端良撰　清光緒十八年(1892)刻本　二冊

330000－1785－0000309　0309　集部/別集類/清別集

香杜草二卷二集四卷三集一卷靜讀齋詩話一卷　(清)任昌運撰　清光緒二十一年(1895)海鹽任氏靜讀齋刻本　三冊

330000－1785－0000310　0310　集部/總集類/題詠之屬

繡鐙問字圖題詞一卷　(清)任沛霖輯　清同治十二年(1873)刻本　一冊

330000－1785－0000311　0311　集部/總集類/題詠之屬

繡鐙問字圖題詞一卷　(清)任沛霖輯　清同治十二年(1873)刻本　一冊

330000－1785－0000312　0312　集部/總集類/酬唱之屬

小桃源室聯吟詩存一卷　(清)徐元章輯　清同治五年(1866)刻本　一冊

330000－1785－0000313　0313　新學/地學/地理學

京師大學堂講義初編七種二編七種　(清)京師大學堂輯　清末鉛印本　一冊　存二種

330000－1785－0000315　0315　集部/別集類/清別集

雙桂堂詩存四卷　(清)支清彥撰　清光緒二十四年(1898)刻本　三冊　存三卷(一、三至四)

330000－1785－0000316　0316　集部/別集類/清別集

雙桂軒詩存一卷　(清)任沛霖撰　清光緒二十二年(1896)刻本　一冊

330000－1785－0000317　0317　集部/總集類/氏族之屬

小峨嵋山館五種十八卷　(清)馬國偉　(清)馬用俊編　清嘉慶十八年(1813)棣園刻本　二冊　存一種

330000－1785－0000318　0318　子部/儒家類/儒學之屬/性理

下學指南一卷　(清)周思誠撰　清同治二年(1863)湖州趙敬義堂刻本　一冊

330000－1785－0000319　319　集部/別集類/清別集

治經堂集續編三卷　(清)朱錦琮撰　清道光二十七年(1847)刻本　二冊

330000－1785－0000320　320　集部/別集類/清別集

治經堂集續編三卷　(清)朱錦琮撰　清道光二十七年(1847)刻本　一冊　存一卷(一)

330000－1785－0000321　321　集部/別集類/清別集

治經堂詩集十四卷文集四卷　(清)朱錦琮撰　清道光刻本　三冊　存十卷(詩集一至十)

330000－1785－0000322　0322　集部/別集類/清別集

八銘堂詩稿四卷　(清)吳懋政撰　清道光八年(1828)吳世堂刻本　一冊

330000－1785－0000323　323　經部/小學類/文字之屬/字書/字體

志雲軒學隸四卷　(清)楊宗濂書　清道光十六年(1836)稿本　四冊

330000－1785－0000324　0324　集部/別集類/清別集

武原竹枝詞一卷附一卷　(清)朱恒撰　清汪心恬抄本　一冊

330000－1785－0000330　0330　集部/別集類/清別集

小梅花館詩集六卷詞集三卷　(清)吳延燮撰　清光緒四年(1878)刻本　四冊

330000－1785－0000331　0331　集部/總集類/酬唱之屬

鴛鴦湖櫂歌五種五卷　(清)朱彝尊　(清)譚吉璁撰　(清)陸以誠　(清)張燕昌續　清光緒二年(1876)刻本　一冊　存三種

330000－1785－0000332　0332　集部/總集類/酬唱之屬

鴛鴦湖櫂歌五種五卷　(清)朱彝尊　(清)譚吉璁撰　(清)陸以誠　(清)張燕昌續　清乾隆四十年(1775)陸以誠刻本　一冊

330000－1785－0000333　0333　集部/別集類/清別集

倚晴樓集　(清)黃燮清撰　清咸豐至同治海鹽黃氏拙宜園刻本　十二冊　存四種

330000－1785－0000334　0334　集部/別集類/明別集

滄溟先生集三十卷附錄一卷　(明)李攀龍撰　明萬曆刻本　六冊　存十三卷(十七至二十四、二十七至三十,附錄)

330000－1785－0000335　0335　集部/總集類/氏族之屬

海鹽張氏涉園叢刻十四種　張元濟輯　清宣統三年至民國十七年(1911－1928)海鹽張氏鉛印本　十二冊　存十二種

330000－1785－0000338　0338　集部/別集類/清別集

松桂堂全集三十七卷南泩集三卷延露詞三卷　(清)彭孫遹撰　清乾隆八年(1743)彭景曾等刻本　二冊　存十一卷(三至十三)

330000－1785－0000339　0339　集部/別集類/清別集

倚晴樓集　(清)黃燮清撰　清咸豐至同治海鹽黃氏拙宜園刻本　二十一冊　存五種

330000－1785－0000340　0340　集部/別集類/清別集

倚晴樓集　(清)黃燮清撰　清咸豐至同治海鹽黃氏拙宜園刻本　六冊　存三種

330000－1785－0000341　0341　子部/宗教類/佛教之屬/經疏

大佛頂如來密因修證了義諸菩薩萬行首楞嚴經十卷　(唐)釋般剌密帝　(唐)釋彌伽釋迦譯　清咸豐刻本　一冊　存四卷(七至十)

330000－1785－0000342　0342　集部/別集類/清別集

倚晴樓集　(清)黃燮清撰　清咸豐至同治海鹽黃氏拙宜園刻本　三冊　存二種

330000－1785－0000343　0343　集部/總集類/選集之屬/斷代

御定全唐詩錄一百卷詩人年表一卷　(清)徐倬等輯　清康熙四十五年(1706)揚州詩局刻本　一冊　存五卷(七十二至七十六)

330000－1785－0000345　0345　子部/宗教類/佛教之屬

雲棲法彙二十八種七十四卷　(明)釋袾宏撰　(明)王宇春等輯　清光緒二十三年至二十五年(1897－1899)金陵刻經處刻本　三冊　存八種

330000－1785－0000346　0346　集部/別集類/清別集

木雞書屋文鈔三十卷詩選六卷　(清)黃金臺撰　清道光十二年至咸豐八年(1832－1858)刻本　一冊　存六卷(詩選一至六)

330000－1785－0000347　0347　類叢部/叢書類/郡邑之屬

檇李遺書二十六種　(清)孫福清編　清光緒四年(1878)秀水孫氏望雲仙館刻本　二十四冊

330000－1785－0000348　0348　類叢部/叢書類/彙編之屬

鐵香室叢刻初集四種續集六種　(清)李世勛編　清光緒刻本　一冊　存一種

330000－1785－0000349　0349　類叢部/叢書類/自著之屬

隨園三十種　(清)袁枚撰　清乾隆至嘉慶刻本　一冊　存一種

330000－1785－0000350　0350　集部/別集

類/清别集

浣仙詩草一卷焚餘草存一卷 (清)范薇撰 清光緒十八年(1892)刻本 一册

330000－1785－0000352 0352 集部/詞類/總集之屬

詞潔六卷前集一卷 (清)先著 (清)程洪輯 清康熙刻本 一册 存一卷(前集)

330000－1785－0000353 0353 集部/别集類/清别集

求有益齋詩鈔八卷 (清)李道悠撰 清光緒二十六年(1900)刻本 二册 存四卷(一至四)

330000－1785－0000354 0354 集部/總集類/選集之屬

滇海雪鴻集一卷 (清)嚴錫康輯 清同治刻本 一册

330000－1785－0000356 0356 集部/别集類/清别集

漱紅山房詩集四卷 (清)何岳齡撰 清同治刻本 二册

330000－1785－0000359 0359 類叢部/叢書類/自著之屬

船山遺書五十八種 (清)王夫之撰 清同治四年(1865)湘鄉曾國荃金陵刻本 一册 存二種

330000－1785－0000360 0360 集部/别集類/清别集

兩園集古存艸一卷 清光緒二十二年(1896)石印本 顏公辰跋 一册

330000－1785－0000361 0361 子部/藝術類/書畫之屬/題跋

山谷題跋三卷 (宋)黄庭堅撰 (清)溫一貞輯 清乾隆刻同治十一年(1872)溫二東補刻本 一册

330000－1785－0000362 0362 子部/藝術類/書畫之屬/題跋

蘇黄題跋五卷 (清)溫一貞録 清乾隆刻同治十一年(1872)補刻本 一册 存二卷(東坡題跋一至二)

330000－1785－0000363 0363 子部/藝術類/書畫之屬/題跋

蘇黄題跋五卷 (清)溫一貞録 清乾隆刻同治十一年(1872)補刻本 一册 存一卷(東坡題跋二)

330000－1785－0000364 0364 集部/别集類/清别集

壺山自吟稾三卷附録一卷 (清)朱休度撰 清嘉慶三年(1798)寫刻本 一册 存一卷(三)

330000－1785－0000365 0365 集部/别集類/清别集

廉讓堂詩集三卷 (清)曹廉讓撰 清刻本 一册 存二卷(二至三)

330000－1785－0000366 0366 集部/别集類/清别集

南園詩鈔四卷 (清)吾德懋撰 清刻本 一册 存二卷(一至二)

330000－1785－0000367 0367 子部/儒家類/儒學之屬/蒙學

發蒙小品二集六卷 (清)唐惟懋編 清刻本 一册 存一卷(五)

330000－1785－0000368 0368 集部/别集類/清别集

耨雲軒詩鈔四卷 (清)馬汾撰 清刻本 一册 存二卷(三至四)

330000－1785－0000369 0369 史部/地理類/總志之屬/斷代

[元豐]九域志十卷 (宋)王存等纂修 清乾隆四十九年(1784)馮集梧德聚堂刻五十三年(1788)重修本 三册 存五卷(一至二、五至六、八)

330000－1785－0000371 0371 子部/小説家類/異聞之屬

對山書屋墨餘録十六卷 毛祥麟撰 清同治九年(1870)刻本 二册 存八卷(五至十二)

330000－1785－0000372　0372　類叢部/叢書類/自著之屬

孫夏峰全集十二種附一種　(清)孫奇逢撰　清康熙刻道光至光緒遞刻重印本　一冊　存一種

330000－1785－0000373　0373　集部/别集類/唐五代别集

讀書堂杜工部文集註解二卷附錄一卷　(唐)杜甫撰　(清)張溍評註　清康熙至清末讀書堂刻本　一冊

330000－1785－0000377　0377　子部/藝術類/書畫之屬/法帖

法帖神品一卷　清抄本　一冊

330000－1785－0000378　0378　經部/小學類/文字之屬/字書

字學舉隅不分卷　(清)黄本驥　(清)龍啟瑞撰　清末抄本　一冊

330000－1785－0000379　0379　經部/小學類/文字之屬/字書/字體

篆字辨僞一卷　清末抄本　一冊

330000－1785－0000380　0380　經部/小學類/訓詁之屬

金壺字考二集二十一卷補錄一卷補訃一卷　(清)田朝恒編　清刻本　一冊　存十一卷(一至十一)

330000－1785－0000382　0382　子部/農家農學類/園藝之屬/花卉

嗜蘭四説四卷　(清)籛秋華撰　清同治四年(1865)稿本　一冊

330000－1785－0000385　0385　集部/總集類/選集之屬/斷代

唐詩選錄一卷　(清)徐植甫輯　清宣統二年(1910)石印本　一冊

330000－1785－0000386　0386　子部/工藝類/文房四寶之屬/硯

端石擬三卷　(清)陳齡撰　清同治十二年(1873)刻本　一冊

330000－1785－0000387　0387　子部/工藝類/文房四寶之屬/硯

端石擬三卷　(清)陳齡撰　清同治十二年(1873)刻本　一冊

330000－1785－0000393　0393　集部/别集類/清别集

兩園集古存艸一卷　清光緒二十二年(1896)石印本　一冊

330000－1785－0000395　0395　經部/小學類/文字之屬/字書/字體

集篆四種　(清)吳受福編　清光緒石印本　一冊

330000－1785－0000396　0396　類叢部/叢書類/彙編之屬

榆園叢刻十五種附一種　(清)許增編　清同治至光緒刻本　一冊　存一種

330000－1785－0000398　0398　經部/小學類/文字之屬/字書/字典

康熙字典十二集三十六卷總目一卷檢字一卷辨似一卷等韻一卷補遺一卷備考一卷　(清)張玉書等纂修　清末石印本　一冊　存六卷(未集上中下、申集上中下)

330000－1785－0000399　0399　子部/工藝類/文房四寶之屬/叢録

文房肆攷圖説八卷　(清)唐秉鈞撰　(清)康愷繪　清刻本　一冊　存二卷(一至二)

330000－1785－0000400　400　經部/小學類/文字之屬/字書/字體

鐘鼎字源五卷附錄一卷　(清)汪立名撰　清光緒二年至五年(1876－1879)洞庭秦氏麟慶堂刻本　二冊

330000－1785－0000401　0401　史部/金石類/總志之屬

金石索十二卷首一卷　(清)馮雲鵬　(清)馮雲鵷輯　清末石印本　一冊　存一卷(石索一)

330000－1785－0000402　0402　史部/金石類/總志之屬/題跋

清儀閣題跋不分卷　(清)張延濟撰　清光緒十七年(1891)至清末刻本　三冊

330000－1785－0000406　0406　類叢部/叢書類/彙編之屬
文選樓叢書三十三種　(清)阮亨編　清嘉慶至道光儀徵阮氏刻本　一冊　存一種

330000－1785－0000416　0416　新學/報章
時事報圖畫雜俎一卷　(清)時事報社編　清光緒三十四年(1908)石印本　一冊

330000－1785－0000418　0418　新學/報章
時事報圖畫雜俎九卷　(清)時事報社編　清宣統元年(1909)石印本　九冊

330000－1785－0000422　0422　子部/醫家類/方書之屬/單方驗方
蘭臺軌範八卷　(清)徐大椿撰　清刻本　八冊

330000－1785－0000424　0424　子部/醫家類/類編之屬
脈草經絡五種彙編　(清)刁鳳巖編　清光緒刻本　二冊　存三種

330000－1785－0000426　0426　子部/醫家類/溫病之屬/瘟疫
瘟疫明辨四卷末一卷　(清)戴天章撰　清末南京李光明莊刻本　一冊

330000－1785－0000427　427　子部/醫家類/本草之屬/歷代綜合本草
珍珠囊指掌補遺藥性賦四卷　(金)李杲輯
雷公炮製藥性解六卷　(清)李中梓輯　清刻本　六冊

330000－1785－0000429　0429　子部/醫家類/醫經之屬/内經
内經知要二卷　(清)李中梓輯並注　清光緒九年(1883)上洋江左書林刻本　一冊

330000－1785－0000430　430　子部/醫家類/針灸之屬/通論
鍼灸大成十卷　(明)楊繼洲撰　清大文堂刻本　清沈紫卿題跋　十冊

330000－1785－0000431　0431　子部/醫家類
吳醫彙講十一卷　(清)唐大烈輯　清嘉慶元年(1796)刻本　八冊

330000－1785－0000432　0432　子部/醫家類/方書之屬/歷代方書
活人方彙編七卷　(清)林開燧撰　清同治八年(1869)刻本　五冊

330000－1785－0000434　0434　經部/小學類/文字之屬/字書
小斅答問一卷　章炳麟撰　清宣統元年(1909)刻本　一冊

330000－1785－0000435　0435　類叢部/叢書類/自著之屬
杭大宗七種叢書　(清)杭世駿撰　清咸豐元年(1851)長沙小嫏嬛山館刻本　一冊　存二種

330000－1785－0000437　437　子部/醫家類/醫經之屬/内經
重廣補註黃帝内經素問二十四卷　(唐)王冰注　(宋)林億等校正　(宋)孫兆改誤　明嘉靖二十九年(1550)顧從德影宋刻本　八冊

330000－1785－0000438　0438　子部/醫家類/綜合之屬/通論
醫學源流論二卷　(清)徐大椿撰　清刻本　三冊

330000－1785－0000439　0439　類叢部/叢書類/彙編之屬
脉訣指掌二十二卷　(元)朱震亨撰　清文奎堂刻本　十冊　存六種

330000－1785－0000440　0440　子部/醫家類/綜合之屬/通論
醫學金鍼八卷　(清)潘霨輯　清光緒四年(1878)潘氏敏德堂刻本　四冊

330000－1785－0000442　0442　史部/史抄類
史鑑節要便讀六卷　(清)鮑東里撰　清同治十二年(1873)同文書局刻本　二冊

330000－1785－0000443　0443　集部/詩文評類/文評之屬
文章軌範七卷　(宋)謝枋得輯　清康熙三十三年(1694)刻本　三冊

330000－1785－0000444　0444　子部/術數類/陰陽五行之屬
通德類情十三卷　(清)沈重華輯　清刻本　二冊　存四卷(二、十一至十三)

330000－1785－0000445　0445　子部/儒家類/儒學之屬/禮教/家訓
功過格目一卷　(清)黃東重校定　**太上感應篇直解一卷柴省軒先生附說一卷**　(清)柴紹炳著　清刻本　一冊

330000－1785－0000448　0448　子部/藝術類/書畫之屬/畫譜
點石齋叢畫十卷　(清)尊聞閣主人輯　清光緒十二年(1886)上海點石齋石印本　三冊　存三卷(一至二、四)

330000－1785－0000449　0449　類叢部/叢書類/郡邑之屬
檇李遺書二十六種　(清)孫福清編　清光緒四年(1878)秀水孫氏望雲仙館刻本　一冊　存二種

330000－1785－0000451　0451　史部/金石類/錢幣之屬/文字
欽定錢錄十六卷　(清)梁詩正等撰　清石印本　二冊

330000－1785－0000454　0454　類叢部/類書類/專類之屬
格致鏡原一百卷　(清)陳元龍撰　清光緒十四年(1888)上海大同書局石印本　十二冊　存七十五卷(一至十、十九至五十四、六十二至七十三、八十四至一百)

330000－1785－0000456　0456　子部/農家農學類/農藝之屬/作物種植
檇李譜一卷　(清)王逢辰撰　清同治九年(1870)竹里槐花吟館王氏刻本　一冊

330000－1785－0000458　0458　子部/醫家類/類編之屬
潛齋醫書五種　(清)王世雄撰　清末千頃堂書局石印本　一冊　存一種

330000－1785－0000459　0459　類叢部/叢書類/彙編之屬
惜陰軒叢書三十四種續編一種　(清)李錫齡編　清光緒二十二年(1896)刻本　二冊　存一種

330000－1785－0000482　0482　集部/別集類/清別集
澄清堂詩存四卷　(清)范祝崧撰　清咸豐十年(1860)刻本　二冊

330000－1785－0000483　0483　子部/農家農學類/園藝之屬/總志
佩文齋廣羣芳譜一百卷目錄二卷　(清)汪灝等撰　清刻本　七冊　存八卷(目錄上下,二十三至二十四、二十七、四十三至四十四、五十二)

330000－1785－0000484　0484　子部/農家農學類/園藝之屬/花卉
羣芳列傳四卷　(清)马大魁撰　清道光刻本　一冊　存二卷(一至二)

330000－1785－0000488　0488　集部/小說類/長篇之屬
第一才子書六十卷一百二十回　(明)羅本撰　(清)毛宗崗評　清咸豐九年(1859)常熟汲古齋刻本　十九冊　存五十七卷(一至三十七、四十一至六十)

330000－1785－0000495　0495　子部/藝術類/書畫之屬/畫譜
畫譜采新不分卷　(清)張熊等繪　清光緒十一年(1885)畬經堂石印本　一冊

330000－1785－0000505　0505　子部/藝術類/書畫之屬/法帖
清愛堂墨刻四卷　(清)石菴居士撰　清宣統元年(1909)石印本　四冊

330000－1785－0000511　0511　集部/小說類/長篇之屬

四大奇書第一種五十一卷一百二十回　(明)羅本撰　(清)金人瑞批　(清)毛宗崗評　清天祿閣聚興堂刻本　二十一册

330000－1785－0000518　0518　子部/藝術類/書畫之屬/畫譜
芥子園畫傳初集六卷二集九卷三集六卷　(清)王槩　(清)王蓍　(清)王臬輯　清末石印本　五册　存八卷(初集三至六、二集五至六、三集三至四)

330000－1785－0000522　0522　子部/藝術類/書畫之屬/畫譜
芥子園畫傳初集六卷二集九卷三集六卷　(清)王槩　(清)王蓍　(清)王臬輯　清末石印本　二册　存三卷(初集三、五至六)

330000－1785－0000523　0523　史部/傳記類/總傳之屬/技藝
歷代畫史彙傳七十二卷首一卷總目三卷附錄二卷　(清)彭蘊璨輯　清光緒八年(1882)掃葉山房刻本　二十四册

330000－1785－0000524　0524　集部/小說類/短篇之屬
詳註聊齋志異圖詠十六卷首一卷　(清)蒲松齡撰　(清)呂湛恩注　(清)徐潤編　清光緒十二年(1886)上海同文書局石印本　五册　存十卷(三至十、十三至十四)

330000－1785－0000525　0525　子部/小說家類/異聞之屬
閱微草堂筆記二十四卷　(清)紀昀撰　清光緒二十四年(1898)宏文閣鉛印本　顏公辰題記　四册

330000－1785－0000526　0526　子部/小說家類/異聞之屬
閱微草堂筆記二十四卷　(清)紀昀撰　清嘉慶五年(1800)北平盛氏刻本　十册　存十卷(五至八、十一至十六)

330000－1785－0000527　527　集部/小說類/長篇之屬
忠義水滸全書一百二十回　(元)施耐庵撰　(明)羅本纂修　(明)李贄評　清刻本　十三册　存五十五回(二十二至三十六、五十四至七十、八十至九十六、一百一至一百六)

330000－1785－0000528　0528　類叢部/類書類
詩句題解韻編六卷　(清)陳維屏輯　清道光十四年(1834)刻本　六册

330000－1785－0000530　0530　集部/小說類/長篇之屬
紅樓夢一百二十回　(清)曹霑　(清)高鶚撰　清刻本　二十一册　存一百五回(十六至一百二十)

330000－1785－0000531　531　集部/小說類/長篇之屬
增評加批金玉緣圖說十六卷一百二十回首一卷　(清)曹霑　(清)高鶚撰　(清)蝶薌仙史評訂　清末石印本　二册　存七卷(五至七、十三至十六)

330000－1785－0000532　0532　子部/醫家類/方書之屬/單方驗方
驗方新編十六卷　(清)鮑相璈輯　清光緒三年(1877)德文堂刻本　八册

330000－1785－0000533　0533　子部/醫家類/方書之屬/單方驗方
校正增廣驗方新編十六卷　(清)鮑相璈輯
痧症全書三卷　(清)王凱輯　**咽喉秘集二卷**　(清)海山仙館輯　清宣統三年(1911)上海會文堂書局石印本　八册

330000－1785－0000534　0534　子部/醫家類/類編之屬
陳修園醫書四十八種　(清)陳念祖撰　清光緒三十四年(1908)上海章福記石印本　十册　存三十四種

330000－1785－0000536　0536　子部/醫家類/醫案之屬
洄溪醫案一卷　(清)徐大椿撰　清咸豐七年(1857)海昌蔣氏衍芬草堂刻本　一册

330000－1785－0000537　0537　子部/醫家

類/類編之屬
徐氏醫書八種 (清)徐大椿撰 清光緒十九年(1893)上海圖書集成印書局鉛印本 二冊 存一種

330000－1785－0000538 0538 類叢部/叢書類/彙編之屬
荔牆叢刻十三種 (清)汪曰楨編 清同治至光緒烏程汪氏刻本 一冊 存五種

330000－1785－0000539 539 子部/醫家類/本草之屬/歷代綜合本草
本草綱目五十二卷圖三卷瀕湖脉學一卷 (明)李時珍撰 **本草萬方鍼線八卷** (清)蔡烈先輯 清刻本 一冊 存一卷(瀕湖脉學)

330000－1785－0000540 0540 集部/別集類/清別集
樊榭山房全集四十二卷 (清)厲鶚撰 清光緒十年(1884)錢唐汪氏振綺堂刻本 十冊 缺二卷(輓辭、軼事)

330000－1785－0000541 0541 子部/醫家類/婦科之屬/通論
竹林寺女科秘傳一卷 (清)竹林寺僧撰 清咸豐十年(1860)慶文齋刻本 一冊

330000－1785－0000543 0543 子部/醫家類/本草之屬/歷代綜合本草
增訂本草備要四卷醫方湯頭歌括一卷經絡歌訣一卷 (清)汪昂撰 清宏道堂刻本 五冊

330000－1785－0000544 0544 子部/醫家類/養生之屬/導引、氣功
衛生至寶圖說不分卷 (清)卓岐山編輯 清光緒三十三年(1907)中華印務有限公司鉛印本 一冊

330000－1785－0000545 0545 經部/叢編
古經解彙函十六種附小學彙函十四種 (清)鍾謙鈞等輯 清同治十二年(1873)粵東書局刻本 一冊 存一種

330000－1785－0000547 0547 史部/傳記類/總傳之屬/姓名
繪圖淺說註解百家姓一卷 清光緒三十二年(1906)上海錦文堂石印本 一冊

330000－1785－0000552 0552 類叢部/叢書類/彙編之屬
金粟齋群書□□種 (清)金粟齋譯書社 清光緒二十七年至二十八年(1901－1902)金粟齋譯書社刻本 二冊 存一種

330000－1785－0000553 0553 經部/小學類/文字之屬/字書/訓蒙
澄衷蒙學堂字課圖說四卷檢字一卷類字一卷 劉樹屏撰 吳子城繪圖 清石印本 一冊 存一卷(一)

330000－1785－0000554 0554 經部/小學類/文字之屬/字書/字典
康熙字典十二集三十六卷總目一卷檢字一卷辨似一卷等韻一卷補遺一卷備考一卷 (清)張玉書等纂修 清道光七年(1827)刻本 十二冊 存十五卷(子集上中下、丑集上中下、寅集上中下、卯集上中下,總目,檢字,辨似)

330000－1785－0000555 0555 新學/算學/代數
丁氏代數學初步三十四卷 丁福保撰 清光緒三十二年(1906)上海科學書局石印本 一冊

330000－1785－0000558 0558 新學/算學/數學
數學教科書二卷 (清)葉懋宣編 清光緒三十三年(1907)上海通社鉛印本 一冊 存一卷(上)

330000－1785－0000560 0560 子部/藝術類/篆刻之屬/印譜
狀元朱昌頤印存三卷 (清)朱昌頤藏 清鈐印本 一冊

330000－1785－0000561 0561 經部/小學類/文字之屬/字書/字典
康熙字典十二集三十六卷總目一卷檢字一卷辨似一卷等韻一卷補遺一卷備考一卷 (清)張玉書等纂修 清刻本 二冊 存十二卷(午集上中下、未集上中下、戌集上中下、亥集

上中下)

330000－1785－0000562　0562　經部/小學類/文字之屬/字書/字典

康熙字典十二集三十六卷總目一卷檢字一卷辨似一卷等韻一卷補遺一卷備考一卷　(清)張玉書等纂修　清刻本　五册　存八卷(子集下、丑集上中下、寅集上中下,補遺)

330000－1785－0000563　0563　子部/醫家類/綜合之屬/通論

東醫寶鑑二十三卷目錄二卷　(朝鮮)許浚撰　清道光十一年(1831)富春堂刻本　三十册

330000－1785－0000565　0565　集部/總集類/選集之屬/斷代

全唐詩九百卷目錄十二卷　(清)曹寅等輯　清光緒十三年(1887)上海同文書局石印本　二十四册　存二十四卷(一至二十四)

330000－1785－0000566　0566　經部/小學類/文字之屬/字書/字典

康熙字典十二集三十六卷總目一卷檢字一卷辨似一卷等韻一卷補遺一卷備考一卷　(清)張玉書等纂修　清末石印本　十五册

330000－1785－0000567　0567　子部/宗教類/道教之屬

關聖帝君萬應靈籤二卷　清同治十年(1871)長沙梁氏刻本　一册　存一卷(一)

330000－1785－0000568　0568　經部/詩類/傳說之屬

詩經集傳八卷附詩序辨說一卷　(宋)朱熹撰　清同治五年(1866)金陵書局刻本　五册

330000－1785－0000569　0569　經部/詩類/傳說之屬

詩經集傳八卷　(宋)朱熹撰　清末石印本　一册　存二卷(七至八)

330000－1785－0000570　0570　集部/總集類/選集之屬/斷代

唐詩諧律二卷　(清)沈賓青選　清光緒十六年(1890)溧陽沈氏刻本　二册

330000－1785－0000571　0571　集部/總集類/選集之屬/斷代

唐詩品彙九十卷拾遺十卷詩人爵里詳節一卷　(明)高棅輯　明末刻本　一册　存十卷(四十六至五十五)

330000－1785－0000572　0572　集部/總集類/選集之屬/斷代

新刻唐詩五言排律選註十八卷　(清)吳之章選輯　(清)賴鯤升註釋　清聚錦堂刻本　六册

330000－1785－0000573　0573　集部/總集類/選集之屬/通代

阮亭選古詩三十二卷　(清)王士禛輯　清康熙三十六年(1697)刻本　五册　存二十八卷(五言詩一至十七,七言詩歌行鈔一至六、十一至十五)

330000－1785－0000574　0574　集部/別集類/清別集

賞雨茅屋詩集十五卷　(清)曾燠撰　清嘉慶十五年(1810)刻本　五册

330000－1785－0000575　0575　經部/小學類/文字之屬/字書/字典

康熙字典十二集三十六卷總目一卷檢字一卷辨似一卷等韻一卷補遺一卷備考一卷　(清)張玉書等纂修　清道光七年(1827)刻本　二十八册　存二十七卷(辰集上中下、巳集上中下、午集上中下、未集上中下、申集上中下、酉集上中下、戌集上中下、亥集上中下,等韻,補遺,備考)

330000－1785－0000576　0576　經部/詩類/傳說之屬

詩經集傳八卷附詩序辨說一卷　(宋)朱熹撰　清刻本　二册　存四卷(五至八)

330000－1785－0000578　0578　子部/儒家類/儒學之屬/蒙學

課子隨筆十卷　(清)張師載輯　清乾隆刻咸豐五年(1855)錢唐李敬釗印本　四册　存八卷(一至八)

330000－1785－0000579　0579　子部/醫家類/綜合之屬/通論

御纂醫宗金鑑九十卷首一卷　（清）吳謙等撰　清刻本　二册　存十二卷（三十六至四十二、六十一至六十五）

330000－1785－0000580　0580　子部/醫家類/診法之屬/脈經脈訣

瀕湖脈學一卷奇經八脈攷一卷脈訣攷證一卷　（明）李時珍撰　清刻本　一册

330000－1785－0000581　0581　子部/醫家類/類編之屬

士材三書　（清）李中梓等撰　（清）尤乘編　清康熙刻本　六册　存三種

330000－1785－0000582　582　子部/醫家類/醫理之屬/病源病機

重刊巢氏諸病源侯總論五十卷　（隋）巢元方撰　清光緒元年（1875）湖北崇文書局刻十二年（1886）湖北官書處印本　八册

330000－1785－0000583　0583　子部/醫家類/類編之屬

世補齋醫書　（清）陸懋修撰輯　清光緒十二年（1886）山左書局刻木　八册

330000－1785－0000584　0584　子部/醫家類/綜合之屬/通論

醫學源流論二卷　（清）徐大椿撰　清刻本　一册　存一卷（一）

330000－1785－0000590　0590　經部/四書類/論語之屬/傳說

古文論語鄭註二卷　（漢）鄭玄注　（宋）王應麟撰集　清嘉慶十六年（1811）醉經堂刻本　一册

330000－1785－0000591　0591　經部/群經總義類/石經之屬/通考

石經考文提要十三卷　（清）彭元瑞撰　清嘉慶四年（1799）許宗彥刻本　一册

330000－1785－0000592　0592　子部/儒家類/儒學之屬/性理

儒門法語輯要一卷　（清）彭定求撰　（清）湯金釗輯　清光緒十六年（1890）浙江書局刻本　一册

330000－1785－0000594　0594　經部/小學類/文字之屬/字書

字學舉隅不分卷　（清）黃虎癡　（清）龍啟瑞輯　清同治十三年（1874）湖北崇文書局刻本　一册

330000－1785－0000596　0596　經部/小學類/文字之屬/說文/專著

說文字原一卷　（漢）許慎撰　（宋）徐鉉切音　清乾隆四十四年（1779）福禮堂刻本　一册

330000－1785－0000597　0597　子部/雜著類/雜纂之屬

蕉窗必讀十卷　（清）陳宗泗輯　清同治八年（1869）刻本　一册　存五卷（一至五）

330000－1785－0000598　0598　子部/儒家類/儒學之屬/勸學

輶軒語七卷　（清）張之洞書　清光緒四年（1878）汪曾唯振綺堂刻本　一册

330000－1785－0000599　0599　經部/小學類/文字之屬/字書

字學舉隅不分卷　（清）黃本驥　（清）龍啟瑞撰　清道光刻本　一册

330000－1785－0000600　0600　類叢部/叢書類/彙編之屬

後知不足齋叢書四十七種　（清）鮑廷爵編　清光緒常熟鮑氏刻本　三册　存一種

330000－1785－0000601　0601　經部/小學類/文字之屬/字書

字學舉隅續編不分卷　（清）黃本驥　（清）龍啟瑞撰　清光緒二年（1876）北京懿文齋刻本　一册

330000－1785－0000602　0602　類叢部/叢書類/自著之屬

田園雜著八種　（清）丁午撰　清光緒錢唐丁氏刻本　一册　存一種

330000－1785－0000603　0603　史部/史評

類/詠史之屬
樹經堂詠史詩八卷　(清)謝啟昆撰　清嘉慶刻本　一冊　存六卷(三至八)

330000－1785－0000609　0609　類叢部/叢書類/彙編之屬
靈鶼閣叢書五十六種　(清)江標編　清光緒元和江氏湖南使院刻本　一冊　存一種

330000－1785－0000612　0612　新學/交涉
英字指南六卷　(清)楊勳輯譯　清末鉛印本　一冊　存二卷(五至六)

330000－1785－0000616　0616　集部/總集類/題詠之屬
紅葉館話別圖題詞不分卷　(日本)副島種臣撰　**附錄紅葉館留別詩不分卷**　(清)陳明遠等撰　清末刻本　一冊

330000－1785－0000621　0621　經部/四書類/總義之屬/傳說
四書典林三十卷四書古人典林十二卷　(清)江永輯　清小酉山房刻本　十一冊　存二十九卷(五至三十、古人典林一至三)

330000－1785－0000623　0623　集部/別集類/清別集
繡餘小草六卷　(清)扈斯哈里氏撰　清光緒二十九年(1903)上海書局石印本　二冊　存三卷(二、五至六)

330000－1785－0000625　0625　集部/總集類/選集之屬/通代
增補重訂千家詩註解二卷　(清)任來吉選　(清)王相註　**諸名家百壽詩不分卷**　(清)王相選輯　(清)王錫校　清嘉慶二十二年(1817)文苑閣刻本　一冊

330000－1785－0000628　0628　經部/詩類/傳說之屬
詩經集傳八卷　(宋)朱熹撰　清光緒十年(1884)刻本　三冊　存五卷(一至五)

330000－1785－0000629　0629　集部/總集類/選集之屬/通代
經史百家雜鈔二十六卷　(清)曾國藩輯　清光緒三十二年(1906)上海商務印書館鉛印本　七冊　存十六卷(三至四、九至十、十三至十七、二十至二十六)

330000－1785－0000630　0630　經部/春秋左傳類/傳說之屬
春秋左傳(左傳杜林)五十卷　(晉)杜預　(宋)林堯叟註釋　(唐)陸德明音義　(明)鍾惺　(明)孫鑛　(明)韓范評點　清光緒二十六年(1900)常州麟玉山房刻本　十六冊

330000－1785－0000631　0631　經部/詩類/詩序之屬
詩序辨說不分卷　(宋)朱熹撰　清刻本　一冊

330000－1785－0000635　0635　集部/別集類/宋別集
蘇文忠詩合註五十卷首一卷目錄一卷　(宋)蘇軾撰　(清)馮應榴輯　清刻本　一冊　存一卷(首)

330000－1785－0000636　0636　子部/醫家類/類編之屬
保赤彙編　(清)朱之榛編　清光緒五年(1879)蘇州刻本　一冊　存一種

330000－1785－0000638　0638　子部/儒家類/儒學之屬/蒙學
課蒙易曉不分卷　(清)張官德撰　清光緒五年(1879)信述堂刻本　一冊

330000－1785－0000639　0639　子部/儒家類/儒學之屬/蒙學
啟蒙鑑略註解一卷　(清)王仕雲編　清同治三年(1864)刻本　一冊

330000－1785－0000640　0640　子部/儒家類/儒學之屬/禮教/家訓
家範十卷　(宋)司馬光撰　(清)朱軾評點　清刻本　二冊

330000－1785－0000641　0641　集部/總集類/選集之屬/通代
秦漢文歸三十卷　(明)鍾惺輯並評　明末古香齋刻本　三冊　存七卷(秦文歸四至十)

330000－1785－0000642　0642　經部/群經總義類/圖說之屬
六經圖二十四卷　(清)鄭之僑編輯　清乾隆九年(1744)潮陽鄭之僑述堂刻本　一冊　存二卷(五至六)

330000－1785－0000643　0643　子部/雜著類/雜考之屬
義門讀書記五十八卷　(清)何焯撰　(清)蔣維鈞輯　清刻本　一冊　存二卷(六至七)

330000－1785－0000644　0644　經部/四書類/總義之屬/傳說
四書典林三十卷　(清)江永輯　清刻本　一冊　存三卷(二十四至二十六)

330000－1785－0000645　0645　集部/別集類/清別集
蟲鳥吟十卷　(清)蕭德宣撰　清同治五年(1866)刻本　四冊

330000－1785－0000647　0647　子部/儒家類/儒學之屬/性理
倫理至言不分卷　(清)顏壯其録　清抄本　一冊

330000－1785－0000648　0648　集部/別集類/清別集
小匏庵詩存六卷末一卷　(清)吳仰賢撰　清光緒四年(1878)刻本　一冊　存二卷(三至四)

330000－1785－0000649　0649　子部/宗教類/佛教之屬/論疏
相宗八要直解八卷　(明)釋智旭撰　清同治九年(1870)金陵刻經處刻本　一冊　存四卷(一至四)

330000－1785－0000650　0650　集部/別集類/漢魏六朝別集
陶靖節詩集四卷　(晉)陶潛撰　(清)蔣薰評　**附東坡和陶詩一卷**　(宋)蘇軾撰　清乾隆二年(1737)最樂堂刻本　一冊

330000－1785－0000653　0653　子部/雜著類/雜說之屬
勸濟溺說一卷　(清)潘會沂撰　**惜字果報録一卷**　清道光文翰齋刻本　一冊

330000－1785－0000655　0655　新學/算學
最新圖式小學簡明算法一卷　清光緒石印本　一冊

330000－1785－0000657　0657　子部/藝術類/書畫之屬/總論
分類試帖法程□□卷　清刻本　一冊　存十三卷(四至十六)

330000－1785－0000658　0658　經部/詩類/傳說之屬
詩經增訂旁訓四卷　(清)徐立綱撰　(清)□□增訂　清末浙紹明達書莊石印本　一冊　存一卷(四)

330000－1785－0000660　0660　經部/詩類/傳說之屬
詩經稗疏四卷　(清)王夫之譔　清末抄本　二冊

330000－1785－0000667　0667　集部/別集類/清別集
留別齊昌諸寅好紳耆三十章一卷附錄一卷　(清)陳壽椿撰　清末影印本　一冊

330000－1785－0000668　0668　經部/春秋總義類/傳說之屬
公羊傳選一卷穀梁傳選一卷　(清)儲欣評　(清)儲芝衆述　清光緒九年(1883)靜遠堂刻本　一冊

330000－1785－0000670　0670　子部/藝術類/書畫之屬/法帖
元成詩墨不分卷　(清)沈銛書　清宣統石印本　一冊

330000－1785－0000671　0671　集部/別集類/清別集
硯食齋詩鈔四卷　(清)彭定瀾撰　清末刻本　四冊

330000－1785－0000673　0673　集部/別集類/清別集

見山樓詩鈔二卷　(清)李本仁撰　清光緒十一年(1885)刻本　一册

330000－1785－0000674　0674　集部/總集類/氏族之屬
海鹽張氏涉園叢刻十四種　張元濟輯　清宣統三年至民國十七年(1911－1928)海鹽張氏鉛印本　四册　存四種

330000－1785－0000675　0675　集部/總集類/氏族之屬
海鹽張氏涉園叢刻十四種　張元濟輯　清宣統三年至民國十七年(1911－1928)海鹽張氏鉛印本　一册　存一種

330000－1785－0000677　0677　子部/法家類
韓子二十卷附録一卷　(明)趙如源　(明)王道焜校　明天啓五年(1625)趙如源刻本　四册

330000－1785－0000679　0679　經部/四書類/總義之屬/傳説
三魚堂四書大全三十九卷　(清)陸隴其輯　**論語考異孟子考異**　(宋)王應麟撰　清康熙四十一年(1702)當湖陸氏刻本　二册　存二卷(一至二)

330000－1785－0000681　0681　集部/總集類/選集之屬/通代
古文觀止十二卷　(清)吴乘權　(清)吴大職輯　清咸豐刻本　六册

330000－1785－0000682　0682　類叢部/叢書類/彙編之屬
古文七種　(清)儲欣選評　清光緒九年(1883)静遠堂刻本　二册　存二種

330000－1785－0000683　0683　子部/藝術類/書畫之屬/書法書品
廣藝舟雙楫六卷首一卷　康有為撰　清光緒十九年(1893)南海康氏萬木草堂刻本　一册　存四卷(首、一至三)

330000－1785－0000684　0684　類叢部/叢書類/自著之屬
安吴四種三十六種　(清)包世臣撰　清刻本　五册　存一種

330000－1785－0000685　0685　集部/别集類/清别集
蔭圃詩鈔三卷　(清)趙亨鈐撰　清道光二十三年(1843)蘇園念昔軒刻本　三册

330000－1785－0000686　0686　集部/别集類/清别集
蔭圃小草詩存二卷文存一卷小草續鈔二卷　(清)趙亨鈐撰　清道光二十六年(1846)蘇園念昔軒刻本　二册　存二卷(小草續鈔一至二)

330000－1785－0000687　0687　集部/别集類/宋别集
深寧先生文鈔八卷　(宋)王應麟撰　**王深寧先生年譜一卷**　(清)陳僅輯　(清)張恕編　清道光九年(1829)刻本　八册　缺一卷(八)

330000－1785－0000688　0688　史部/傳記類/總傳之屬
江湖異人傳四卷　(清)孫静庵撰　清末石印本　二册

330000－1785－0000689　0689　集部/别集類/清别集
崇百藥齋文集二十卷續集四卷三集十二卷　(清)陸繼輅撰　**五真閣吟藁一卷**　(清)陸錢惠尊撰　清光緒四年(1878)陸祐勤等興國州署刻本　十一册　存三十三卷(文集一至六、十一至二十,續集一至四,三集一至十二;五真閣吟藁)

330000－1785－0000690　0690　集部/總集類/氏族之屬
新安先集二十卷　(清)朱之榛輯　清同治十三年(1874)刻本　六册

330000－1785－0000691　0691　經部/春秋左傳類/傳説之屬
增補左繡三十卷　(清)馮李驊　(清)陸浩評輯　**春秋左傳杜林匯參三十卷**　(清)周正思纂　清嵩山書屋刻本　十六册

330000－1785－0000692　0692　集部/别集類/唐五代别集

昌黎先生詩增注証訛十一卷　(唐)韓愈撰　(清)黄鉞增注証訛　清道光二十八年(1848)黄中民刻咸豐七年(1857)四明鮑氏二客軒印本　四册

330000－1785－0000693　0693　集部/詩文評類/詩評之屬

漁隱叢話前集六十卷後集四十卷　(宋)胡仔撰　清刻本　六册　存五十八卷(前集一至二十一、四十二至六十,後集二十三至四十)

330000－1785－0000694　0694　集部/詩文評類/詩評之屬

漁隱叢話前集六十卷後集四十卷　(宋)胡仔撰　清乾隆五年至六年(1740－1741)楊佑啓耘經樓刻本　八册　存八十卷(前集十一至六十、後集十一至四十)

330000－1785－0000696　696　集部/别集類/清别集

湛園未定藁六卷　(清)姜宸英撰　清宣統二年(1910)寧波汲綆齋書局、上海國學扶輪社石印本　六冊

330000－1785－0000697　0697　子部/雜著類/雜纂之屬

消暑隨筆四卷　(清)潘世恩撰　清宣統三年(1911)海左書局石印本　三册

330000－1785－0000701　0701　集部/總集類/選集之屬/通代

名雋初集八卷　(清)戴咸弼編　清光緒五年(1879)嘉善愛暉書屋刻本　四册

330000－1785－0000706　0706　子部/藝術類/音樂之屬/琴學

琴學入門二卷附錄一卷　(清)張鶴輯　清同治十三年(1874)心嚮往齋刻本　二册　存二卷(二、附録)

330000－1785－0000707　0707　子部/藝術類/書畫之屬/畫譜

夢跡圖一卷　(清)寶琳繪　清光緒元年(1875)上海點石齋石印本　一册

330000－1785－0000710　0710　子部/小說家類/瑣語之屬

聽雨軒續紀一卷　(清)徐承烈撰　清乾隆五十七年(1792)刻本　一册

330000－1785－0000711　0711　集部/别集類/清别集

巒莊書屋善忘錄一卷　(清)陸塏撰　稿本　一册

330000－1785－0000712　0712　集部/别集類/清别集

靈素堂駢體文一卷詩鈔四卷　(清)徐錦撰　清光緒刻本　一册

330000－1785－0000713　0713　集部/别集類/清别集

養一齋文集二十卷　(清)李兆洛撰　清光緒四年(1878)刻本　八册

330000－1785－0000714　0714　集部/别集類/清别集

李二曲先生集二十四卷首一卷　(清)李顒撰　清光緒二年(1876)長白清安刻本　四册

330000－1785－0000715　0715　集部/曲類/曲韻曲譜曲律之屬

納書楹曲譜全集二十二卷　(清)葉堂撰　清乾隆五十七年至五十九年(1792－1794)納書楹刻本　九册　存十二卷(正集二至四、續集一至四、紫釵記二、邯鄲記一至二、牡丹記一至二)

330000－1785－0000716　0716　類叢部/叢書類/自著之屬

曾文正公四種　(清)曾國藩撰　清光緒三十一年(1905)上海商務印書館鉛印本　七册　存三種

330000－1785－0000717　0717　集部/别集類/唐五代别集

唐陸宣公集二十二卷　(唐)陸贄撰　清光緒二十年(1894)上海書局石印本　三册　存十八卷(一至十八)

330000－1785－0000721　0721　集部/別集類
白齋吟藁一卷　清抄本　一冊

330000－1785－0000723　0723　類叢部/叢書類/自著之屬
通齋全集十種　(清)蔣超伯撰　清同治三年(1864)高涼郡齋刻本　一冊　存一種

330000－1785－0000725　0725　集部/別集類/明別集
陳忠裕公全集三十卷首一卷末一卷自著年譜三卷　(明)陳子龍撰　(清)王昶輯　清嘉慶八年(1803)簳山草堂刻本　十冊

330000－1785－0000726　0726　子部/術數類/相宅相墓之屬
雪心賦正解四卷　(唐)卜應天撰　(清)孟浩註　**辯論三十篇一卷**　(清)孟浩撰　清刻本　二冊

330000－1785－0000728　0728　集部/別集類/清別集
煙霞萬古樓詩選二卷文集六卷　(清)王曇撰　清光緒二十一年(1895)鴻文書局影印本　三冊　存六卷(文集一至六)

330000－1785－0000730　0730　集部/詞類/別集之屬
山中白雲詞八卷玉田先生樂府指迷一卷　(宋)張炎撰　**附錄一卷**　清宣統三年(1911)北京龍文閣書莊石印本　四冊

330000－1785－0000733　0733　史部/詔令奏議類/奏議之屬
御授攝政王洪大經畧奏對日鈔筆記二卷　(清)洪承疇撰　清光緒十六年(1890)上海廣百宋齋鉛印本　一冊

330000－1785－0000736　0736　新學/史志
普通新歷史十章附歷代帝王總紀一卷　(清)普通學書室編　清光緒二十七年(1901)上海普通學書室鉛印本　一冊

330000－1785－0000737　0737　子部/小說家類/異聞之屬
試場異聞錄五種　(清)呂相燮輯　清刻本　一冊

330000－1785－0000738　0738　集部/別集類/清別集
觀河集四卷　(清)彭紹升撰　清道光三年(1823)刻同治元年(1862)合肥劉朝侍印本　一冊

330000－1785－0000739　0739　集部/別集類/清別集
三壽百詠一卷　(清)葉存養錄　清咸豐八年(1858)刻本　一冊

330000－1785－0000740　0740　類叢部/叢書類/自著之屬
坦園全集八種　(清)楊恩壽撰　清光緒長沙楊氏刻本　二冊　存一種

330000－1785－0000741　0741　集部/別集類/清別集
甘泉鄉人稿二十四卷　(清)錢泰吉撰　**可讀書齋校書譜一卷**　(清)唐兆榧編　清末刻本　三冊　存十四卷(七至九、十五至二十四，可讀書齋校書譜)

330000－1785－0000742　0742　類叢部/叢書類/彙編之屬
當歸草堂叢書八種　(清)丁丙編　清同治二年至五年(1863－1866)錢塘丁氏刻本　一冊　存一種

330000－1785－0000743　0743　集部/別集類/清別集
祇平居士集三十卷附錄一卷　(清)王元啓撰　清刻本　六冊

330000－1785－0000744　0744　集部/別集類/唐五代別集
樊川詩集四卷外集一卷別集一卷補遺一卷　(唐)杜牧撰　(清)馮集梧注　清光緒十六年(1890)湘南書局刻本　六冊

330000－1785－0000747　747　子部/儒家類/儒學之屬/蒙學
重訂訓學良規一卷附變通小學義塾章程一卷

（清）陳彝撰　清光緒刻本　一册

330000－1785－0000748　0748　經部/春秋總義類/傳說之屬
公羊傳選一卷穀梁傳選一卷　（清）儲欣評（清）儲芝叅述　清乾隆十年（1745）受祉堂刻本　二册

330000－1785－0000749　0749　類叢部/叢書類/自著之屬
侯官嚴氏叢刻五種　嚴復撰　清光緒二十七年（1901）南昌讀有用書之齋刻本　一册

330000－1785－0000750　0750　集部/小說類/長篇之屬
繡像洪秀全演義四集八卷五十四回　（清）黄小配撰　清末石印本　二册　存二卷（一至二）

330000－1785－0000751　0751　經部/詩類/專著之屬
毛詩品物圖攷七卷　（日本）岡元鳳纂輯（日本）橘國雄繪圖　清光緒十二年（1886）上海積山書局石印本　二册

330000－1785－0000752　0752　史部/政書類/邦交之屬
五千年中外交涉史九十七卷　題（清）屯廬主人輯　清光緒二十九年（1903）上海蜚英書局鉛印本　二十册

330000－1785－0000754　0754　經部/小學類/文字之屬/字書/字典
字彙十二集首一卷末一卷韻法直圖一卷（明）梅膺祚撰　**韻法横圖一卷**　（明）李世澤撰　清康熙十八年（1679）雲棲寺刻本　九册　存八集（首，子、丑、寅、辰、巳、申、酉）

330000－1785－0000755　0755　子部/農家農學類/總論之屬
御製耕織圖一卷　（清）焦秉貞繪　清光緒五年（1879）點石齋石印本　二册

330000－1785－0000756　756　集部/總集類/尺牘之屬
昭代名人尺牘續集二十四卷　陶湘輯　清宣統三年（1911）天寶石印局影印本　二十一册

330000－1785－0000757　0757　子部/農家農學類/蠶桑之屬
蠶桑萃編十五卷首一卷　（清）衛杰編　清光緒二十五年（1899）刻本　八册

330000－1785－0000759　0759　子部/雜著類/雜品之屬
墨娥小録十四卷　明隆慶五年（1571）吳繼聚好堂刻本　一册　存四卷（十一至十四）

330000－1785－0000760　0760　子部/醫家類/醫經之屬/内經
黄帝内經素問二十四卷　（明）吳崐註　明刻本　一册　存三卷（二十二至二十四）

330000－1785－0000761　0761　類叢部/叢書類/彙編之屬
稗海四十六種續稗海二十四種　（明）商濬編　明萬曆商氏半埜堂刻本　二册　存一種

330000－1785－0000764　0764　史部/傳記類/别傳之屬/事狀
楊春圃先生六十壽集千字文一卷劫後文字因緣記一卷　（清）徐琪輯　（清）李鵬飛補註　清光緒刻本　一册

330000－1785－0000765　765　史部/傳記類/别傳之屬/年譜
知所止齋自訂年譜一卷補述一卷　（清）何汝霖編　（清）何兆瀛補編　清咸豐三年（1853）江寧何氏刻本　一册

330000－1785－0000766　0766　類叢部/叢書類/彙編之屬
古文七種　（清）儲欣評選　清乾隆十年（1745）刻本　八册　存四種

330000－1785－0000767　0767　史部/地理類/專志之屬/書院
豫南書院志一卷　（清）朱壽鏞輯　清光緒刻本　一册

330000－1785－0000768　0768　子部/儒家類/儒學之屬/禮教/鑑戒

日省錄三卷補遺一卷　(清)梁文科輯　清光緒六年(1880)江南榷署強恕齋刻本　一冊

330000－1785－0000769　0769　子部/儒家類/儒學之屬/禮教/鑑戒
日省錄三卷補遺一卷　(清)梁文科輯　清光緒十七年(1891)江南榷署強恕齋刻本　一冊

330000－1785－0000770　0770　集部/總集類/氏族之屬
小峨嵋山館五種十八卷　(清)馬國偉　(清)馬用俊編　清嘉慶十八年(1813)棣園刻本　一冊　存一種

330000－1785－0000772　0772　子部/雜著類/雜說之屬
冷廬雜識八卷　(清)陸以湉撰　清咸豐六年(1856)刻光緒十九年(1893)烏程龐元澂重修本　六冊　存六卷(三至八)

330000－1785－0000773　0773　集部/別集類/清別集
寒松閣詩一卷　(清)張鳴珂撰　清光緒三十年(1904)石印本　一冊

330000－1785－0000775　0775　經部/小學類/文字之屬/說文
說文解字注十五卷附六書音韻表五卷汲古閣說文訂一卷　(清)段玉裁撰　**說文部目分韻一卷**　(清)陳煥編　清同治十一年(1872)湖北崇文書局刻本　十八冊

330000－1785－0000777　0777　集部/別集類/清別集
松桂堂全集三十七卷南泩集三卷延露詞三卷　(清)彭孫遹撰　清宣統三年(1911)掃葉山房石印本　十二冊

330000－1785－0000778　0778　史部/金石類/總志之屬
金石萃編一百六十卷　(清)王昶撰　清光緒十九年(1893)上海醉六堂石印本　十二冊　存一百十一卷(一至一百十一)

330000－1785－0000779　0779　史部/史抄類
史記菁華錄六卷　(清)姚祖恩輯　清光緒十三年(1887)上海蜚英館石印本　六冊

330000－1785－0000780　0780　子部/小說家類/異聞之屬
夷堅志十集二十卷　(宋)洪邁著　清乾隆四十三年(1778)耕煙草堂刻涇縣洪氏修補本　六冊　存十二卷(乙、丙、戊、己、庚、壬)

330000－1785－0000781　0781　集部/小說類/長篇之屬
繡像東周列國志二十七卷一百八回　(清)蔡奡評點　清光緒三十一年(1905)上海商務印書館鉛印本　十一冊　存二十五卷(一至二十五)

330000－1785－0000782　0782　史部/傳記類/總傳之屬/仕宦
貳臣傳十二卷逆臣傳四卷　(清)國史館撰　清都城琉璃廠半松居士刻本　十二冊

330000－1785－0000783　0783　新學/史志/諸國史
西洋史要四卷　(日本)小川銀次郎撰　薩端等譯　清光緒二十九年(1903)上海金粟齋鉛印本　一冊　存二卷(三至四)

330000－1785－0000784　784　類叢部/叢書類/彙編之屬
士禮居叢書二十種　(清)黃丕烈編　清嘉慶至道光黃氏士禮居刻本　四冊　存一種

330000－1785－0000785　0785　史部/編年類/斷代之屬
十一朝東華錄擥要一百十四卷　(清)汪文安輯　清光緒二十九年(1903)上海商務印書館鉛印本　二十八冊

330000－1785－0000786　0786　史部/紀傳類/正史之屬
兩漢刊誤補遺十卷附錄一卷　(宋)吳仁傑撰　清同治七年(1868)金陵書局木活字印本　二冊

330000－1785－0000787　0787　史部/政書類/公牘檔冊之屬

前守寶録五卷後守寶録二十卷　(清)魁聯撰　清同治十三年(1874)刻本　六册

330000－1785－0000788　0788　史部/目録類/總録之屬/官修

欽定四庫全書總目二百卷首一卷　(清)紀昀等撰　清同治七年(1868)廣東書局刻本　三册　存六卷(十一至十二、十七至十八、一百八至一百九)

330000－1785－0000789　0789　史部/地理類/總志之屬/通代

讀史方輿紀要一百三十卷　(清)顧祖禹撰　清末石印本　三册　存十一卷(十九至二十九)

330000－1785－0000790　0790　史部/編年類/通代之屬

尺木堂綱鑑易知録九十二卷明鑑易知録十五卷　(清)吴乘權等輯　清光緒十五年至十七年(1889－1891)上海廣百宋齋鉛印本　七册　存四十七卷(綱鑑易知録五十四至七十三、八十一至九十二,明鑑易知録一至十五)

330000－1785－0000791　0791　新學/報章

壬寅新民叢報全編二十五卷　梁啟超編　清光緒二十九年(1903)石印本　十六册　存二十四卷(一至五、七至二十五)

330000－1785－0000792　0792　史部/編年類/通代之屬

御批歷代通鑑輯覽一百二十卷　(清)傅恒等撰　清刻本　十七册　存八十五卷(二十一至四十五、五十一至五十五、六十一至一百十五)

330000－1785－0000793　0793　史部/編年類/通代之屬

御批歷代通鑑輯覽一百二十卷　(清)傅恒等撰　清刻本　一册　存五卷(九十一至九十五)

330000－1785－0000794　0794　史部/紀傳類/正史之屬

四史四百十五卷　清同治十年(1871)成都書局刻本　十四册　存六十五卷(三國志一至六十五)

330000－1785－0000795　0795　集部/戲劇類/傳奇之屬

旗亭記二卷三十六齣　(清)金兆燕撰　清乾隆刻本　一册　存一卷(一)

330000－1785－0000796　0796　子部/小説家類/異聞之屬

山海經十八卷　(晉)郭璞傳　(清)畢沅校正　清光緒三年(1877)浙江書局刻本　三册

330000－1785－0000797　0797　子部/小説家類/異聞之屬

山海經十八卷　(晉)郭璞傳　(清)畢沅校正　清光緒三年(1877)浙江書局刻本　三册

330000－1785－0000798　0798　子部/叢編

二十五子彙函　(清)鴻文書局編　清光緒十九年(1893)上海鴻文書局石印本　一册　存二種

330000－1785－0000799　0799　史部/編年類/斷代之屬

兩漢紀六十卷　(宋)王銍輯　清刻本　二册　存七卷(前漢紀十二至十五、二十八至三十)

330000－1785－0000800　0800　類叢部/叢書類/彙編之屬

武英殿聚珍版書一百三十八種　清武英殿聚珍版刻本　八册　存一種

330000－1785－0000801　0801　子部/藝術類/書畫之屬/法帖

歷代帝王法帖釋文十四卷　(宋)劉次莊撰　(清)徐朝弼集釋　清刻本　一册

330000－1785－0000802　0802　史部/傳記類/别傳之屬/墓誌

清故通議大夫前浙江試用道内閣中書鄧君[輔綸]墓誌銘一卷　王闓運撰　(清)曾熙書　清石印本　一册

330000－1785－0000803　0803　史部/史

抄類

史記菁華錄六卷　（清）姚祖恩輯　清道光四年（1824）吳興姚氏扶荔山房刻朱墨套印本　四册　存四卷（一、三至五）

330000－1785－0000804　0804　史部/紀傳類/正史之屬

東都事略一百三十卷　（宋）王偁撰　清光緒九年（1883）淮南書局刻本　四册　存六十一卷（一至六十一）

330000－1785－0000805　0805　史部/史表類/通代之屬

廿一史四譜五十四卷　（清）沈炳震撰　清同治十年（1871）武林吳氏清來堂刻本　八册　存二十九卷（二十六至五十四）

330000－1785－0000806　0806　史部/編年類/通代之屬

歷代通鑑輯覽一百二十卷　（清）傅恒等撰　清末石印本　二十七册　存一百十五卷（六至一百二十）

330000－1785－0000808　0808　史部/雜史類

荆駝逸史五十八種附一種　（清）陳湖逸士輯　清宣統三年（1911）中國圖書館石印本　十六册　存五十一種

330000－1785－0000809　0809　史部/叢編

二十四史　清光緒十年（1884）上海同文書局石印本　六百二十五册　存二十二種

330000－1785－0000810　0810　史部/叢編

二十四史　清光緒十年（1884）上海同文書局石印本　七十一册　存二種

330000－1785－0000811　0811　史部/叢編

二十四史　清光緒十八年（1892）竹簡齋石印本　一百九十七册　缺一百二十七卷（史記一百十三至一百三十，宋史四百十五至四百九十六，明史二十一至二十四、七十七至九十九）

330000－1785－0000812　0812　史部/叢編

二十四史　清光緒石印本　一册　存一種

330000－1785－0000813　0813　史部/叢編

二十四史　清光緒十四年（1888）上海圖書集成印書局鉛印本　三十二册　存二種

330000－1785－0000816　0816　史部/紀事本末類/通代之屬

繹史一百六十卷世系圖一卷年表一卷　（清）馬驌撰　清刻本　三十册　缺六十九卷（三至十、一百至一百六十）

330000－1785－0000817　0817　史部/叢編

二十四史　清同治至光緒五省官書局彙印本　四十册　存一種

330000－1785－0000818　0818　經部/小學類/文字之屬/字書/字典

康熙字典十二集三十六卷總目一卷檢字一卷辨似一卷等韻一卷補遺一卷備考一卷　（清）張玉書等纂修　清道光七年（1827）刻本　三十八册　缺四卷（總目、檢字、辨似、等韻）

330000－1785－0000819　0819　經部/小學類/文字之屬/字書/字典

康熙字典十二集三十六卷總目一卷檢字一卷辨似一卷等韻一卷補遺一卷備考一卷　（清）張玉書等纂修　清康熙刻本　四十册　缺十二卷（辰集上中下、巳集上中下、午集上中下、未集上中下）

330000－1785－0000820　0820　經部/小學類/文字之屬/字書/字典

康熙字典十二集三十六卷總目一卷檢字一卷辨似一卷等韻一卷補遺一卷備考一卷　（清）張玉書等纂修　清道光七年（1827）刻本　四十册

330000－1785－0000821　0821　史部/地理類/方志之屬/郡縣志

[光緒]海鹽縣志二十二卷首一卷末一卷　（清）王彬修　（清）徐用儀纂　清光緒三年（1877）蔚文書院刻本　十六册

330000－1785－0000822　0822　史部/地理類/方志之屬/郡縣志

[光緒]海鹽縣志二十二卷首一卷末一卷

(清)王彬修　(清)徐用儀纂　清光緒三年(1877)蔚文書院刻本　二冊　存五卷(首,一至二、四至五)

330000－1785－0000823　0823　史部/地理類/方志之屬/郡縣志
[光緒]海鹽縣志二十二卷首一卷末一卷　(清)王彬修　(清)徐用儀纂　清光緒三年(1877)蔚文書院刻本　十五冊　存二十三卷(首,一至十八、二十至二十二,末)

330000－1785－0000824　0824　史部/地理類/方志之屬/郡縣志
[光緒]海鹽縣志二十二卷首一卷末一卷　(清)王彬修　(清)徐用儀纂　清光緒三年(1877)蔚文書院刻本　三冊　存十一卷(首,一至八、十一至十二)

330000－1785－0000825　0825　史部/地理類/方志之屬/郡縣志
[光緒]海鹽縣志二十二卷首一卷末一卷　(清)王彬修　(清)徐用儀纂　清光緒三年(1877)蔚文書院刻本　四冊　存九卷(首,一至五、十一至十三)

330000－1785－0000826　0826　史部/地理類/方志之屬/郡縣志
[光緒]海鹽縣志二十二卷首一卷末一卷　(清)王彬修　(清)徐用儀纂　清光緒刻本　三冊　存四卷(十六至十七、十九、二十二)

330000－1785－0000827　0827　史部/地理類/方志之屬/郡縣志
[光緒]海鹽縣志二十二卷首一卷末一卷　(清)王彬修　(清)徐用儀纂　清光緒刻本　五冊　存五卷(十八至二十、二十二,末)

330000－1785－0000828　0828　史部/地理類/方志之屬/郡縣志
[光緒]海鹽縣志二十二卷首一卷末一卷　(清)王彬修　(清)徐用儀纂　清光緒刻本　八冊　存十卷(三、九至十、十四、十六至十七、十九至二十二)

330000－1785－0000829　0829　史部/地理類/方志之屬/郡縣志
[光緒]海鹽縣志二十二卷首一卷末一卷　(清)王彬修　(清)徐用儀纂　清光緒刻本　一冊　存二卷(七至八)

330000－1785－0000830　0830　史部/地理類/方志之屬/郡縣志
[光緒]海鹽縣志二十二卷首一卷末一卷　(清)王彬修　(清)徐用儀纂　清光緒刻本　一冊　存二卷(七至八)

330000－1785－0000831　0831　史部/地理類/方志之屬/郡縣志
[光緒]海鹽縣志二十二卷首一卷末一卷　(清)王彬修　(清)徐用儀纂　清光緒刻本　三冊　存五卷(十一至十二、十六至十七、十九)

330000－1785－0000832　0832　史部/地理類/方志之屬/郡縣志
[光緒]嘉興縣志三十七卷首二卷末一卷　(清)趙惟崳修　(清)石中玉　(清)吳受福纂　清光緒三十四年(1908)刻本　二十四冊

330000－1785－0000835　0835　史部/地理類/方志之屬/郡縣志
[光緒]盱眙縣志稿十七卷首一卷續補遺一卷　(清)王錫元修　(清)高延第等纂　清光緒十七年(1891)刻本　八冊

330000－1785－0000836　0836　史部/地理類/方志之屬/郡縣志
[同治]盱眙縣志六卷　(清)崔秀春　(清)方家藩修　(清)傅紹曾纂　清同治十二年(1873)刻本　四冊

330000－1785－0000837　0837　史部/地理類/方志之屬/郡縣志
[光緒]泗虹合志十九卷　(清)方瑞蘭修　(清)江殿颺　(清)許湘甲纂　清光緒十四年(1888)刻本　七冊　存十八卷(一至十五、十七至十九)

330000－1785－0000839　0839　史部/地理類/方志之屬/郡縣志

[光緒]**梅里志十八卷**　(清)楊謙纂　(清)李富孫補輯　(清)余楙續補　清光緒三年(1877)仁濟堂刻本　四冊　存十二卷(一至三、十至十八)

330000－1785－0000840　0840　史部/地理類/方志之屬/郡縣志
[光緒]嘉興府志八十八卷首二卷　(清)許瑤光修　(清)吳仰賢等纂　清光緒三年至四年(1877－1878)嘉興鴛湖書院刻本　三冊　存三卷(五十七、五十九、六十一)

330000－1785－0000841　0841　史部/地理類/方志之屬/郡縣志
[光緒]新會鄉土志輯稿十五篇　蔡垚爔修　譚鑣纂　清光緒三十四年(1908)粵東編譯公司鉛印本　一冊

330000－1785－0000842　0842　史部/地理類/方志之屬/郡縣志
[嘉慶]歷陽典錄三十四卷補六卷附一卷　(清)陳廷桂纂　清同治六年(1867)刻本　十二冊

330000－1785－0000843　0843　類叢部/叢書類/郡邑之屬
武林掌故叢編一百九十種　(清)丁丙編　清光緒三年至二十六年(1877－1900)錢塘丁氏嘉惠堂刻本　二冊　存一種

330000－1785－0000844　0844　類叢部/叢書類/郡邑之屬
武林掌故叢編一百九十種　(清)丁丙編　清光緒三年至二十六年(1877－1900)錢塘丁氏嘉惠堂刻本　二冊　存一種

330000－1785－0000845　0845　史部/地理類/山川之屬/山志
西天目祖山志八卷首一卷末一卷補遺一卷　(明)釋廣賓撰　(清)釋際界增訂　清嘉慶刻本　三冊　缺二卷(五至六)

330000－1785－0000846　0846　史部/地理類/山川之屬/水志
西湖志四十八卷　(清)李衛　(清)程元章修　(清)傅王露撰　清光緒四年(1878)淛江書局刻本　二十冊

330000－1785－0000848　0848　史部/地理類/山川之屬/山志
大別山志十卷首一卷　(清)胡鳳丹輯　清同治十三年(1874)退補齋刻本　一冊　存二卷(九至十)

330000－1785－0000849　849　史部/地理類/山川之屬/山志
重修南海普陀山志二十卷首一卷　(清)秦耀曾輯　清道光十二年(1832)刻本　二冊　存五卷(十六至二十)

330000－1785－0000852　0852　史部/傳記類/別傳之屬/事狀
沈文節公事實一卷祭文一卷碑文一卷國史列傳一卷誥命一卷　(清)沈守廉撰　清光緒八年(1882)京師刻本　一冊

330000－1785－0000853　0853　史部/地理類/山川之屬/山志
泰山志二十卷　(清)金棨撰　清刻本　一冊　存二卷(一至二)

330000－1785－0000854　0854　史部/地理類/方志之屬/郡縣志
[嘉靖]海鹽縣志二十二卷首一卷末一卷　(明)蔡完修　(明)董穀纂　清光緒二十四年(1898)許仁沐刻本　二冊

330000－1785－0000861　0861　史部/傳記類/總傳之屬/家乘
[浙江海寧]顧氏宗譜八卷修譜記一卷　(清)顧炳章纂修　清同治元年(1862)雙峯堂刻本　二冊　存二卷(二、修譜記)

330000－1785－0000862　0862　史部/傳記類/總傳之屬/家乘
[浙江海寧]顧氏宗譜八卷修譜記一卷　(清)顧炳章纂修　清同治元年(1862)雙峯堂刻本　一冊　存一卷(二)

330000－1785－0000865　0865　史部/傳記類/總傳之屬/家乘

[浙江海鹽]**苞溪李氏家乘二十卷** (清)□□纂修 稿本 一册 存目録

330000－1785－0000867 0867 史部/傳記類/總傳之屬/家乘
[浙江海鹽]**干氏宗譜不分卷** (清)□□纂修 清嘉慶十六年(1811)抄本 三册

330000－1785－0000868 0868 史部/傳記類/總傳之屬/家乘
[浙江海鹽]**溫陵陳氏分支海鹽宗譜不分卷** (清)陳致遠纂修 清宣統元年(1909)文圃堂刻本 一册

330000－1785－0000869 0869 史部/傳記類/總傳之屬/家乘
[浙江海鹽]**溫陵陳氏分支海鹽宗譜不分卷** (清)陳致遠纂修 清宣統元年(1909)文圃堂刻本 一册

330000－1785－0000874 0874 集部/別集類/唐五代別集
顧華陽集三卷 (唐)顧況撰 **子非熊詩附一卷** (唐)顧非熊撰 **補遺一卷** (清)顧球輯 清同治元年(1862)海鹽顧氏雙峯堂刻本 二册

330000－1785－0000875 0875 史部/地理類/方志之屬/郡縣志
[乾隆]**海鹽縣續圖經七卷** (清)王如珪修 (清)陳世倕 (清)錢元昌纂 清乾隆十三年(1748)刻本 八册

330000－1785－0000876 0876 史部/地理類/方志之屬/郡縣志
[天啓]**海鹽縣圖經十六卷** (明)樊維城修 (明)胡震亨 (明)姚士粦纂 明天啓四年(1624)刻清乾隆十二年(1747)補刻本 三册 存六卷(一至二、六至七、十三至十四)

330000－1785－0000878 0878 經部/叢編
重刊宋本十三經註疏四百十六卷附十三經註疏校勘記四百十六卷校勘記識語四卷 (清)阮元撰 (清)盧宣旬摘錄 **校勘記識語** (清)汪文臺撰 清嘉慶二十年(1815)江西南昌府學刻本 四册 存二十一卷(論語註疏解經一至二十、論語註疏校勘記一)

330000－1785－0000879 0879 集部/總集類/選集之屬/通代
西山先生真文忠公文章正宗讀本不分卷 (宋)真德秀輯 (清)李翰熙編校 清康熙殖學堂刻本 二十一册

330000－1785－0000880 0880 史部/地理類/方志之屬/郡縣志
[光緒]**海鹽縣志二十二卷首一卷末一卷** (清)王彬修 (清)徐用儀纂 清光緒三年(1877)蔚文書院刻本 十四册 存二十卷(二至二十一)

330000－1785－0000881 0881 類叢部/類書類/專類之屬
佩文韻府一百六卷 (清)張玉書 (清)蔡升元等輯 **韻府拾遺一百六卷** (清)汪灝 (清)何焯等輯 清光緒石印本 五十六册 存二百六卷(佩文韻府七至一百六、韻府拾遺一至一百六)

330000－1785－0000882 0882 集部/別集類/清別集
守丹山房古詩摘鈔一卷古詩續鈔一卷海南詩鈔一卷 (清)張經贊撰 清同治五年(1866)刻本 一册

330000－1785－0000883 0883 集部/詞類/別集之屬
啖蔗詞四卷 (清)吳展成撰 清刻本 一册

330000－1785－0000884 0884 子部/宗教類/佛教之屬/經疏
四十二章經一卷 (漢)釋迦葉摩騰 (漢)釋竺法蘭譯 **佛遺教經一卷** (後秦)釋鳩摩羅什譯 清同治五年(1866)古杭昭慶寺刻本 一册

330000－1785－0000885 0885 子部/宗教類/道教之屬/戒律
萬善先資集四卷 (清)周思仁撰 清光緒十三年(1887)曲阜鄭吳氏刻本 二册

330000－1785－0000886　0886　子部/宗教類/佛教之屬/經咒

佛頂光明摩訶薩怛多般怛囉無上神咒一卷附密宗綱要譯釋陀羅尼九章　(清)釋續法輯　清三峯寺刻本　一册

330000－1785－0000887　0887　子部/術數類/相宅相墓之屬

地理葬書集註一卷附錄葬書問對一卷　題(晉)郭璞撰　(元)吳澂刪定　(元)鄭謐註釋　**醫經正本書一卷**　(宋)程迥撰　清光緒五年(1879)吳興陸氏十萬卷樓刻本　一册

330000－1785－0000888　0888　子部/宗教類/佛教之屬/經疏

觀經義疏妙宗鈔證義二卷　(明)釋廣承撰　清同治十三年(1874)刻本　一册

330000－1785－0000889　0889　類叢部/叢書類/彙編之屬

十萬卷樓叢書五十一種　(清)陸心源編　清光緒歸安陸氏刻本　一册　存一種

330000－1785－0000890　890　子部/藝術類/遊藝之屬/棋弈

中山奕譜不分卷　清同治八年(1869)刻本　一册

330000－1785－0000905　0905　子部/藝術類/書畫之屬/法帖

沈寐叟集詩不分卷　(清)沈曾植書　清末石印本　一册

330000－1785－0000913　0913　子部/藝術類/書畫之屬/法帖

顧淳慶墨寶不分卷　(清)顧淳慶録　清末石印本　一册

330000－1785－0000914　0914　子部/藝術類/書畫之屬/法帖

楊道生題跋帖不分卷　(清)楊道生等書　清末石印本　一册

330000－1785－0000915　0915　子部/藝術類/書畫之屬

王氏書畫苑四十四種　(明)王世貞輯　(明)詹景鳳補　清刻本　一册　存一種

330000－1785－0000924　0924　子部/藝術類/書畫之屬/法帖

書譜臨本不分卷　(清)劉國光臨　清光緒五年(1879)校書堂刻本　一册

330000－1785－0000928　0928　子部/藝術類/書畫之屬

芥舟學畫編四卷　(清)沈宗騫撰　清乾隆四十六年(1781)冰壺閣刻本　一册　存一卷(四)

330000－1785－0000933　0933　子部/藝術類/書畫之屬/法帖

大唐三藏聖教序不分卷　(清)汪士鋐臨　清末石印本　一册

330000－1785－0000937　0937　史部/地理類/方志之屬/郡縣志

[光緒]海鹽縣志二十二卷首一卷末一卷　(清)王彬重修　清光緒二年至三年(1876－1877)蔚文書院刻本　十六册

330000－1785－0000941　0941　類叢部/叢書類/自著之屬

倚晴樓集　(清)黃燮清撰　清咸豐至同治海鹽黃氏拙宜園刻本　六册　存一種

330000－1785－0000942　0942　史部/傳記類/別傳之屬/事狀

朵山府君[朱昌頤]行述一卷　(清)朱元慶撰　清咸豐十年(1860)刻本　一册

330000－1785－0000943　0943　子部/宗教類/佛教之屬/諸宗

真心直說一卷附普照禪師修心訣節要一卷　(朝鮮)釋知訥撰　**般若波羅蜜多心經直說一卷**　(明)釋德清撰　**心經說一卷**　(明)釋真可撰　清光緒七年(1881)刻本　一册

330000－1785－0000945　0945　集部/總集類/彙編之屬

韻玉軒詩稿一卷　(清)朱春烜撰　清咸豐四年(1854)抄本　一册

330000－1785－0000950　0950　集部/總集類/彙編之屬

廖碧吟榭殘稿一卷　(清)李壬撰　**蘭韞樓遺稿一卷**　(清)樓秋畹撰　**寒香室遺入一卷**　(清)胡繡珍撰　清抄本　一冊

330000－1785－0000951　0951　集部/總集類/選集之屬/斷代

感琴集一卷　(清)朱承鉽輯　清咸豐四年(1854)抄本　一冊

330000－1785－0000952　0952　集部/總集類/選集之屬/斷代

鄂怡山館詩鈔三卷　(清)朱埏之撰　清咸豐四年(1854)抄本　一冊

《海寧市圖書館古籍普查登記目録》
書名筆畫字頭索引

一畫

二畫

三畫

四畫

五畫

六畫

七畫

八畫

九畫

十畫

十一畫

十二畫

十三畫

十四畫

十五畫

十六畫

十七畫

十八畫

十九畫

二十畫

二十一畫

二十二畫

二十三畫

二十四畫

二十八畫

《海寧市圖書館古籍普查登記目録》
書名筆畫索引

一畫

二畫

三畫

四畫

五畫

六畫

七畫

八畫

九畫

十畫

十一畫

十二畫

十三畫

十四畫

十五畫

十六畫

十七畫

十八畫

十九畫

二十畫

二十一畫

二十二畫

二十三畫

二十四畫

二十八畫

《平湖市博物館古籍普查登記目録》
書名筆畫字頭索引

二畫

三畫

四畫

五畫

六畫

七畫

八畫

九畫

十畫

十一畫

十二畫

十三畫

十四畫

十五畫

十六畫

十八畫

十九畫

二十畫

二十一畫

二十四畫

二十八畫

《平湖市博物館古籍普查登記目録》
書名筆畫索引

二畫

三畫

四畫

五畫

六畫

七畫

八畫

九畫

十畫

十一畫

十二畫

十三畫

十四畫

十五畫

十六畫

十八畫

十九畫

二十畫

二十一畫

二十四畫

二十八畫

《平湖市莫氏莊園陳列館古籍普查登記目録》
書名筆畫字頭索引

二畫

三畫

四畫

五畫

六畫

七畫

八畫

九畫

十畫

十一畫

十二畫

十三畫

十四畫

十五畫

十六畫

十九畫

二十一畫

二十二畫

二十四畫

《平湖市莫氏莊園陳列館古籍普查登記目録》
書名筆畫索引

二畫

三畫

四畫

五畫

六畫

七畫

八畫

九畫

十畫

十一畫

十二畫

十三畫

十四畫

十五畫

十六畫

十九畫

二十一畫

二十二畫

二十四畫

《桐鄉市圖書館古籍普查登記目録》
書名筆畫字頭索引

二畫

三畫

四畫

五畫

六畫

七畫

八畫

九畫

十畫

十一畫

十二畫

十三畫

十四畫

十五畫

十六畫

十七畫

十八畫

十九畫

二十畫

二十一畫

二十四畫

《桐鄉市圖書館古籍普查登記目録》
書名筆畫索引

二畫

三畫

四畫

五畫

六畫

七畫

八畫

九畫

十畫

十一畫

十二畫

十三畫

十四畫

十五畫

十六畫

十七畫

十八畫

十九畫

二十畫

二十一畫

二十四畫

《張元濟圖書館古籍普查登記目録》
書名筆畫字頭索引

二畫

四畫

五畫

七畫

十畫

十二畫

十五畫

十六畫

《張元濟圖書館古籍普查登記目録》
書名筆畫索引

二畫

四畫

五畫

七畫

十畫

十二畫

十五畫

十六畫

《海鹽縣博物館古籍普查登記目録》
書名筆畫字頭索引

二畫

三畫

四畫

五畫

六畫

七畫

八畫

九畫

十畫

十一畫

十二畫

十三畫

十四畫

十五畫

十六畫

十七畫

十八畫

十九畫

二十畫

二十一畫

二十二畫

二十三畫

二十四畫

《海鹽縣博物館古籍普查登記目録》
書名筆畫索引

二畫

三畫

四畫

五畫

六畫

七畫

八畫

九畫

十畫

十一畫

十二畫

十三畫

十四畫

十五畫

十六畫

十七畫

十八畫

十九畫

二十畫

二十一畫

二十二畫

二十三畫

二十四畫

中華古籍保護計劃

ZHONG HUA GU JI BAO HU JI HUA CHENG GUO

·成 果·

湖南省九家收藏單位古籍普查登記目録

（長沙市·株洲市·湘潭市）

全國古籍普查登記目録

國家圖書館出版社
National Library of China Publishing House

圖書在版編目(CIP)數據

湖南省九家收藏單位古籍普查登記目録. 長沙市・株洲市・湘潭市/《湖南省九家收藏單位古籍普查登記目録. 長沙市・株洲市・湘潭市》編委會編. —北京:國家圖書館出版社,2021.7

(全國古籍普查登記目録)

ISBN 978-7-5013-7128-0

Ⅰ.①湖… Ⅱ.①湖… Ⅲ.①古籍—圖書目録—彙編—湖南 Ⅳ.①Z838

中國版本圖書館 CIP 數據核字(2020)第 240857 號

書　　名 湖南省九家收藏單位古籍普查登記目録(長沙市・株洲市・湘潭市)

著　　者 《湖南省九家收藏單位古籍普查登記目録(長沙市・株洲市・湘潭市)》編委會　編

責任編輯 王　雷

出版發行 國家圖書館出版社(北京市西城區文津街 7 號　100034)

(原書目文獻出版社 北京圖書館出版社)

010-66114536　63802249　nlcpress@nlc.cn(郵購)

網　　址 http://www.nlcpress.com

排　　版 京荷(北京)科技有限公司

印　　裝 河北三河弘翰印務有限公司

版次印次 2021 年 7 月第 1 版　2021 年 7 月第 1 次印刷

開　　本 787×1092　1/16

印　　張 22.5

字　　數 422 千字

書　　號 ISBN 978-7-5013-7128-0

定　　價 220.00 圓

版權所有　侵權必究

本書如有印裝質量問題,請與讀者服務部(010-66126156)聯繫調换。

《全國古籍普查登記目録》

工作委員會

主　任： 周和平

副主任： 張永新　詹福瑞　劉小琴　李致忠　張志清

委　員（按姓氏筆畫排序）：

于立仁　王水喬　王　沛　王紅蕾　王筱雯
方自今　尹壽松　包菊香　任　競　全　勤
李西寧　李　彤　李忠昊　李春來　李　培
李曉秋　吴建中　宋志英　努　木　林世田
易向軍　周建文　洪　琰　倪曉建　徐欣禄
徐　蜀　高文華　郭向東　陳荔京　陳紅彦
張　勇　湯旭岩　楊　揚　賈貴榮　趙　嫄
鄭智明　劉洪輝　歷　力　鮑盛華　韓　彬
魏存慶　鍾海珍　謝冬榮　謝　林　應長興

《全國古籍普查登記目録》

序　言

全國古籍普查登記工作是“中華古籍保護計劃”的首要任務，是全面開展古籍搶救、保護和利用工作的基礎，也是有史以來第一次由政府組織、參加收藏單位最多的全國性古籍普查登記工作。

2007年國務院辦公廳發布《關於進一步加强古籍保護工作的意見》（國辦發［2007］6號），明確了古籍保護工作的首要任務是對全國公共圖書館、博物館和教育、宗教、民族、文物等系統的古籍收藏和保護狀況進行全面普查，建立中華古籍聯合目録和古籍數字資源庫。2011年12月，文化部下發《文化部辦公廳關於加快推進全國古籍普查登記工作的通知》（文辦發［2011］518號），進一步落實了全國古籍普查登記工作。根據文化部2011年518號文件精神，國家古籍保護中心擬訂了《全國古籍普查登記工作方案》，進一步規範了古籍普查登記工作的範圍、内容、原則、步驟、辦法、成果和經費。目前進行的全國古籍普查登記工作的中心任務是通過每部古籍的身份證——“古籍普查登記編號”和相關信息，建立古籍總臺賬，全面瞭解全國古籍存藏情況，開展全國古籍保護的基礎性工作，加强各級政府對古籍的管理、保護和利用。

《全國古籍普查登記工作方案》規定了全國古籍普查登記工作的三個主要步驟：一、開展古籍普查登記工作；二、在古籍普查登記基礎上，編纂出版館藏古籍普查登記目録，形成《全國古籍普查登記目録》；三、在古籍普查登記工作基本完成的前提下，由省級古籍保護中心負責編纂出版本省古籍分類聯合目録《中華古籍總目》分省卷，由國家古籍保護中心負責編纂出版《中華古籍總目》統編卷。

在黨和政府領導下，在各地區、各有關部門和全社會共同努力下，古籍普查登記工作得以扎實推進。古籍普查已在除臺、港、澳之外的全國各省級行政區域開展，普查内容除漢文古籍外，還包括各少數民族文字古籍，特别是於2010年分别啓動了新疆古籍保護和西藏古籍保護專項，因地制宜，開展古籍普查登記工作；國家古籍保護中心研製的“全國古籍普查登記平臺”已覆蓋到全國各省級古籍保護中心，并進一步研發了“中華古籍索引庫”，爲及時展現古籍普查成果提供有力支持；截至目前，已有11375部古籍進入《國家珍貴古籍名録》，浙江、江蘇、山東、河北等省公布了省級《珍

貴古籍名録》,古籍分級保護機制初步形成。

《全國古籍普查登記目録》是古籍普查工作的階段性成果,旨在摸清家底,揭示館藏,反映古籍的基本信息。原則上每申報單位獨立成册,館藏量少不能獨立成册者,則在本省範圍内幾個館目合并成册。無論獨立成册還是合并成册,均編製獨立的書名筆畫索引附於書後。著録的必填基本項目有:古籍普查登記編號、索書號、題名卷數、著者(含著作方式)、版本、册數及存缺卷數。其他擴展項目有:分類、批校題跋、版式、裝幀形式、叢書子目、書影、破損狀况等。有條件的收藏單位多著録的一些擴展項目,也反映在《全國古籍普查登記目録》上。目録編排按古籍普查登記編號排序,内在順序給予各古籍收藏單位較大自由度,可按分類排列古籍普查登記編號,也可按排架號、按同書名等排列古籍普查登記編號,以反映各館特色。

此次全國古籍普查登記工作,克服了古籍數量多、普查人員少、普查難度大等各種困難,也得到了全國古籍保護工作者的極大支持。在古籍普查登記過程中,國家古籍保護中心、各省古籍保護中心爲此舉辦了多期古籍普查、古籍鑒定、古籍普查目録審校等培訓班,全國共1600餘家單位參加了培訓,爲古籍普查登記工作培養了大量人才。同時在古籍普查登記工作中,也鍛煉了普查員的實踐能力,爲將來古籍保護事業發展奠定了良好的基礎。

《全國古籍普查登記目録》的出版,將摸清我國古籍家底,爲古籍保護和利用工作提供依據,也將是古籍保護長期工作的一個里程碑。

國家古籍保護中心
2013年10月

《全國古籍普查登記目録》

編纂凡例

一、收録範圍爲我國境内各收藏機構或個人所藏，產生於 1912 年以前，具有文物價值、學術價值和藝術價值的文獻典籍，包括漢文古籍和少數民族文字古籍以及甲骨、簡帛、敦煌遺書、碑帖拓本、古地圖等文獻。其中，部分文獻的收録年限適當延伸。

二、以各收藏機構爲分册依據，篇幅較小者，適當合并出版。

三、一部古籍一條款目，複本亦單獨著録。

四、著録基本要求爲客觀登記、規範描述。

五、著録款目包括古籍普查登記編號、索書號、題名卷數、著者、版本、册數、存缺卷等。古籍普查登記編號的組成方式是：省級行政區劃代碼—單位代碼—古籍普查登記順序號。

六、以古籍普查登記編號順序排序。

《湖南省古籍普查登記目録》

工作委員會

主　任：賀美華

委　員：伍　藝　雷樹德　鄒序明　伍　濤　王旭明

任　重　陳姣鳳　王蘭偉　劉雪平

《湖南省九家收藏單位古籍普查登記目録（長沙市·株洲市·湘潭市）》

編纂委員會

主　編： 賀美華

副主編： 雷樹德　李　嬌　龔雨璐

編　委（按姓氏筆畫排序）：

王克修　王　霞　成小軍　車今花　沈艾飛

馬美著　陳湘魁　陳曉芳　孫　倩　張宇清

張孝蕾　劉　平　劉　煒　羅　丹

審　校： 尋　霖

《湖南省古籍普查登記目録》

前　言

文獻是文化的載體，文化因文獻而得以保存與傳播。湖湘文化之所以綿延千載而不絶，實得益于湖南文獻的傳承。湖南省藏有古舊文獻約 150 萬册(件)，主要集中在湖南圖書館、湖南師範大學圖書館、湖南省社會科學院圖書館，而湖南省博物館、湖南大學嶽麓書院、邵陽市松坡圖書館、邵陽市武岡市圖書館、湘西土家族苗族自治州鳳凰縣圖書館、永州市祁陽縣圖書館、懷化市溆浦縣圖書館、婁底市新化縣圖書館等單位的古籍數量亦以萬計。全省古籍善本達 6000 部，其中宋元刻本約 40 部，明刻本 2000 餘部，湖湘名人稿本、信札、家譜等富有地方特色的文獻蔚爲大觀。

自 2007 年“中華古籍保護計劃”啓動以來，湖南省古籍普查工作大致經歷了三個階段，其中既有曲折，也有經驗。自 2007 年 10 月湖南省文化廳發布《關于做好古籍普查和保護工作的意見》，至 2009 年 6 月湖南省人民政府編制辦同意湖南圖書館加挂“湖南省古籍保護中心”的牌子，湖南省古籍保護中心正式成立，此爲湖南省古籍普查工作的宣傳及調查時期。通過宣傳、摸底及各單位自行申報，統計全省約有 60 餘家單位藏有古籍。2009 年 7 月第九期全國古籍普查培訓班在湖南圖書館舉辦，湖南省古籍普查工作也隨之全面展開。爲了保證普查工作的順利進行，湖南省古籍保護中心除派員參加國家古籍保護中心舉辦的各種培訓班外，也在湖南圖書館及衡陽市、邵陽市、湘西土家族苗族自治州等地區舉辦了多期古籍著録培訓班。之後數年，全省有 30 餘家單位向省中心提交了館藏古籍目録，然除湖南圖書館、湖南省社會科學院圖書館、湖南中醫藥大學圖書館、湘潭市圖書館、衡陽市圖書館、邵陽市松坡圖書館、祁陽縣圖書館、溆浦縣圖書館等單位原有目録較爲完善外，其餘許多單位的目録，或因著録差錯較多，或因著録項目不完備，都有重核及補充的必要。而此時期國家古籍保護中心的著録規則及項目也在不斷調整變更完善之中。這一時期爲湖南省古籍普查工作的探索發展時期。2013 年以後，湖南省古籍保護中心針對古籍著録須具備較豐富的古文獻知識，而各基層圖書館缺乏古籍專業人員，短期培訓無法達到預期目標的現狀，不再要求各單位自行著録、上交數據，而是直接派員下至各單位親自進行著録。這種方式既可保證著録質量，加快工作進展，又可瞭解基層單位古籍保護狀況，發現隱患并及時指出糾正，同時也便于省中心掌握各單位古籍質量，發現其珍貴館藏。至2016年12月,湖南省古籍保護中心共完成了全省30餘家單位的古籍著録,基本上完成了全省的古籍普查登記工作。這一時期,是湖南省古籍普查工作的快速發展時期。

各單位古籍普查登記後,其數據上交省中心,由省中心審校後再遞交國家中心。以往湖南省古籍保護中心每接收一家單位數據後即進行審校,每條數據皆須一一校對。由于數量巨大,不同單位的同條數據往往需重複審核若干次,進展極其緩慢。2016年7月第十五期《全國古籍普查登記目録》審校人員培訓班結業後,我們將所有單位數據按著者統一排列,可將不同單位同一著者的所有著作及其版本集中于一處,既便于發現异同及問題,又可一次性更改。凡有疑問處,則核對"全國古籍普查登記基本數據庫"及"學苑汲古——高校古文獻資源庫"等大型數據庫;無法確定者,則需返回各單位核對原書。此舉大大提高了工作效率,2017年3月完成全省數據的審校工作。

古籍普查是古籍保護及開發的基礎,是全面瞭解各單位古籍收藏數量、版本等情況的重要工作。通過普查,各單位加强了古籍保護意識,瞭解了古籍保護知識,摸清了家底。一些原不爲人所知或原以爲失傳的珍貴文獻也在普查中得以發現,如2014年10月,湖南省古籍保護中心在對湖南大學嶽麓書院古籍普查中發現元泰定三年(1325)廬陵武溪書院刻《新編古今事文類聚新集》三十六卷《外集》十五卷一部十四册,使湖南省宋元刻本收藏單位增至三家。又如清攸縣胡作傳《獨秀軒文集》一卷(清康熙刻本)、酃縣周士儀《史貫》十一卷(清康熙刻本)、湘潭劉授易《損齋詩集》十二卷(清康熙刻本)、長沙廖元度《覆巢餘筆》一卷(清乾隆長沙際恒堂刻本)、安鄉劉之珩《劉鈍軒先生格物集》四卷(清乾隆刻本),皆爲乾隆禁毁書,此次普查中分别在湖南圖書館、湘潭市圖書館、澧縣圖書館得以發現。清乾隆間寧鄉王文清爲清初湖南經學大師,所著《儀禮分節句讀》爲湘人治《儀禮》最先者,原以爲此書已失傳,今在湖南師範大學圖書館發現清乾隆十二年(1747)刻本一部。邵陽賀金聲爲清末扶清滅洋軍首領,今于邵東縣圖書館發現其文集抄本一册。而中共湖南省委黨校圖書館所藏王夫之《夕堂永日緒論》二卷《船山鼓棹》一卷,乃清康熙四十九年(1710)湘西草堂刻本,爲該書最早的版本。鳳凰縣圖書館藏有清同光間知名人物致貴州提督鳳凰田興恕書信數百頁,多有關貴州平苗及教案史料。普查工作也使省中心對各館藏書質量、特色及保護狀况有了大致的瞭解,如鳳凰縣圖書館多民族文獻、武岡市圖書館多科舉試卷等。

古籍普查之外,湖南省古籍保護中心的其他工作也順利進行。全省共有319部古籍入選一至六批《國家珍貴古籍名録》,湖南圖書館、湖南師範大學圖書館、湖南省社會科學院圖書館等 3 家單位入選“全國古籍重點保護單位”，文獻修復、古籍數字化、整理出版、人才培養、宣傳推廣等方面亦扎實推進，古籍保護意識深入人心，古籍保護成果有目共睹。

《湖南省古籍普查登記目録》是湖南省古籍保護工作的階段性成果，具有里程碑意義。全書收録古籍普查數據近 2.2 萬條，按地區分爲五卷，分别爲長沙市·株洲市·湘潭市卷、衡陽市·永州市·郴州市卷、邵陽市·婁底市卷、岳陽市·常德市·益陽市·懷化市卷、湘西土家族苗族自治州卷。古籍目録的重要性和實用性不言而喻，我們希望《湖南省古籍普查登記目録》的出版爲傳承國粹經典、弘揚傳統文化發揮更大的作用。黨和政府對古籍保護工作空前重視，投入大量人力、物力、財力，古籍保護的黄金時期已經到來，湖南省古籍從業人員也將抓住機遇，秉持“人不負書，書以人傳”的信念，在具體而繁瑣的工作中擔當好“守護者”的角色。

《湖南省九家收藏單位古籍普查登記目録（長沙市·株洲市·湘潭市）》共收入古籍 4391 部 50221 册。

湖南省古籍保護中心

2020 年 1 月

目　　録

中共湖南省委黨校圖書和文化館古籍普查登記目録

全國古籍普查登記目録

國家圖書館出版社
National Library of China Publishing House

430000－5443－0000001　A10/2
重刊宋本十三經注疏附校勘記　（清）阮元校勘　清同治十二年（1873）江西書局刻本　一百八十二册

430000－5443－0000002　A10/3
十三經注疏附校勘記四百十六卷　（清）阮元校勘　清光緒十三年（1887）脈望仙館石印本　三十二册

430000－5443－0000003　A10/3（1）
十三經注疏附校勘記四百十六卷　（清）阮元校勘　清光緒十三年（1887）脈望仙館石印本　三十二册

430000－5443－0000004　A10/4
五經體注　清道光二十年（1840）刻本　四册　存十二卷（周易四卷、詩經八卷）

430000－5443－0000005　A10/5
經策通纂二十四卷　（清）吳頴炎輯　清光緒二十年（1894）點石齋石印本　三十一册

430000－5443－0000006　A102/1
皇清經解依經分訂十六卷　（清）阮元輯　清光緒十六年（1890）湖南船山書局刻本　三百九十一册　缺二卷（三之六至三十三、十六之三十五）

430000－5443－0000007　A11.2/4
說文解字三十卷　（漢）許慎撰　清上海鑄記書局石印本　四册

430000－5443－0000008　A11.3/6
詩韻含英十八卷　（清）劉文蔚輯　清刻本　一册　存九卷（一至九）

430000－5443－0000009　A11.3/1
音學五書三十八卷　（清）顧炎武撰　清光緒十一年（1885）四明觀稼樓刻本　十二册

430000－5443－0000010　A2/2
皇清經解依經分訂十六卷　（清）阮元輯　清光緒十六年（1890）湖南船山書局刻本　四册　存一卷（一之一百九至一百二十八）

430000－5443－0000011　A4/1
韓詩外傳十卷　（漢）韓嬰撰　清光緒三年（1877）湖北崇文書局刻本　二册

430000－5443－0000012　A4/3
詩經集注八卷　（宋）朱熹集傳　清南京李光明莊刻本　四册

430000－5443－0000013　A55/2
吾學錄初編二十四卷　（清）吳榮光撰　清光緒十年（1884）刻本　八册

430000－5443－0000014　A55/3
朱子家禮五卷　（宋）朱熹撰　（清）郭嵩燾校正　清光緒十七年（1891）思賢講舍刻本　一册

430000－5443－0000015　A51/1
周禮政要二卷　（清）孫詒讓集　清光緒二十八年（1902）刻本　二册

430000－5443－0000016　A81/4
姚江學辨二卷　（清）羅澤南撰　清咸豐刻羅山遺集本　一册

430000－5443－0000017　A8/3
四書備檢二十卷　（清）李揚華輯　清同治二年（1863）瀚紅山館刻本　十册

430000－5443－0000018　A8/1
四書圖考十三卷　（清）杜炳撰　清光緒十三年（1887）上海鴻文書局石印本　四册

430000－5443－0000019　A83/1
大學衍義四十三卷　（宋）真德秀撰　清光緒二十七年（1901）上海書局石印本　六册

430000－5443－0000020　B10/1
實政錄七卷　（明）呂坤撰　清同治七年（1868）湖北崇文書局刻本　四册

430000－5443－0000021　B10.4/2
豫軍紀略十二卷　（清）尹耕雲纂　清光緒三年（1877）上海申報館鉛印本　六册

430000－5443－0000022　B10.4/3
平定粵匪紀略十八卷　（清）杜文瀾撰　清光緒七年（1881）刻本　六册

430000－5443－0000023　B12/3

史記一百三十卷　(漢)司馬遷著　(南朝宋)裴駰集解　清光緒四年(1878)金陵書局刻本　十六册

430000－5443－0000024　B12/9
史記一百三十卷　(漢)司馬遷著　(南朝宋)裴駰集解　清光緒十四年(1888)上海圖書集成印書局鉛印本　十六册

430000－5443－0000025　B103/6
中國度支考　上海廣學會譯　清光緒二十三年(1897)圖書集成局鉛印本　一册

430000－5443－0000026　B103/7
通商志　清光緒六年(1880)長沙刻本　一册

430000－5443－0000027　B101/14
大清會典事例　清光緒三十四年(1908)商務印書館石印本　一册

430000－5443－0000028　B101/12
德國議院章程一卷　(清)徐建寅譯述　清光緒二十三年(1897)武昌質學會刻本　一册

430000－5443－0000029　B101/13
德國合盟本末一卷　(清)徐建寅譯述　清光緒二十三年(1897)武昌質學會刻本　一册

430000－5443－0000030　B101/8
策海十卷　(元)馬端臨　(明)王圻撰　(清)瞿曾輯纂　清道光十九年(1839)同志館刻本　五册　存二卷(一至二)

430000－5443－0000031　B109/12
洋務時事彙編八卷　(清)劉韻珂等撰　清光緒二十四年(1898)上海書局石印本　十二册

430000－5443－0000032　B109/15
中西紀事二十四卷　(清)夏燮撰　清光緒七年(1881)刻本　四册

430000－5443－0000033　B109/16
中西紀事二十四卷　(清)夏燮撰　清光緒七年(1881)刻本　六册

430000－5443－0000034　B103/1
湖北諮議局第二次常會速記錄不分卷　湖北諮議局編　清宣統二年(1910)公益印書館鉛印本　七册

430000－5443－0000035　B105/2
大清現行刑律三十六卷　沈家本等撰　奕劻核訂　清宣統三年(1911)鉛印本　六册

430000－5443－0000036　B109/13
列國陸軍制九卷　(美國)歐泊登著　清光緒二十三年(1897)武昌質學會刻本　四册

430000－5443－0000037　B109/23
光緒乙巳年交涉要覽五卷　(清)北洋洋務局撰　清光緒北洋官報局鉛印本　二册

430000－5443－0000038　B109/19
中俄界約斠注六卷　(清)錢恂編　清光緒二十三年(1897)武昌質學會刻本　三册

430000－5443－0000039　B109/21
使俄草八卷　(清)王之春撰　清光緒二十一年(1895)上海石印本　四册

430000－5443－0000040　B109/11
籌辦夷務始末一百卷　(清)寶鋆等撰　清光緒六年(1880)故宫博物院影印本　五十册

430000－5443－0000041　B105/6
大清律例新修統纂集成四十卷　(清)陶東皋等增修　清光緒十七年(1891)上海珍藝書局影印本　二十四册

430000－5443－0000042　B12.1/1
皇清經解縮本編目十六卷　(清)淩忠照編輯　(清)張紹銘分輯　清光緒二十二年(1896)上海鴻文書局石印本　四册

430000－5443－0000043　B12.1/3
九通目錄　(唐)杜佑等撰　清光緒二十九年(1903)圖書集成局石印本　十二册

430000－5443－0000044　B12./6
四庫全書總目　(清)永瑢撰　清光緒上海漱六山莊石印本　二十四册

430000－5443－0000045　B109/20
各國約章纂要七卷　勞乃宣等撰　清光緒八年(1882)上海圖書集成局影印本　四册

430000－5443－0000046　B109/22
各國交涉公法論九章　(英國)費利摩羅巴德撰　清光緒二十二年(1896)慎記書莊石印本　七册

430000－5443－0000047　B109/18
中倭戰守始末記四卷　(清)黄慶蘭等撰　清光緒二十一年(1895)石印本　三册

430000－5443－0000048　B13/4
遼史一百十六卷　(元)脱脱等撰　清光緒二十九年(1903)上海五洲同文書局石印本　八册

430000－5443－0000049　B13/5
舊唐書二百卷　(五代)劉昫等撰　清光緒二十九年(1903)上海五洲同文書局石印本　四十八册

430000－5443－0000050　B13/7
金史一百三十五卷　(元)脱脱等撰　清光緒二十九年(1903)上海五洲同文書局石印本　二十四册

430000－5443－0000051　B104/6
江南製造局記十卷　魏允恭撰　清光緒三十一年(1905)文寶書局石印本　十册

430000－5443－0000052　B104/7
管礮法程二卷　(德國)瑞乃爾譯　清光緒二十二年(1896)武昌質學會刻本　二册

430000－5443－0000053　B104/10
日清海陸戰爭史　(日本)松井廣吉編　范枕石譯　清光緒二十八年(1902)上洋會文編譯社石印本　一册

430000－5443－0000054　B104/9
德國水師事宜一卷　(清)武昌質學會輯　清光緒二十三年(1897)質學會鉛印本　一册

430000－5443－0000055　B13/8
明史三百三十二卷　(清)張廷玉等撰　清光緒二十九年(1903)上海五洲同文書局石印本　五十八册　存一百七十卷(一百六十三至三百三十二)

430000－5443－0000056　B105/7
刑案匯覽六十卷拾遺備考一卷附續增刑案匯覽十六卷　(清)祝慶祺編　清同治八年(1869)刻本,續增清道光二十年(1840)刻本　七十八册

430000－5443－0000057　B105/3
大清現行刑律三十六卷　沈家本等撰　奕劻核訂　清宣統二年(1910)鉛印本　十二册

430000－5443－0000058　B105/4
大清律例新修統纂集成四十卷　(清)陶東皋等增修　清光緒二十六年(1900)刻本　三十二册

430000－5443－0000059　B13/2
後漢書一百二十卷　(南朝宋)范曄撰　(唐)李賢注　清光緒十三年(1887)金陵書局刻本　十六册

430000－5443－0000060　B14/5
船山史論四種　(清)王夫之撰　清光緒二十六年(1900)湖南中興書局刻本　十六册

430000－5443－0000061　B14./3
史論正鵠十六卷　(清)王樹敏輯評　清光緒二十七年(1901)上海久敬齋石印本　十六册

430000－5443－0000062　B14./2
歷代史事新論大成二十卷　(清)藜光閣主人編輯　清光緒二十九年(1903)文瀾書局石印本　二十册

430000－5443－0000063　B14./1
史通削繁四卷　(清)紀昀撰　清光緒二十一年(1895)寶慶淡雅書局刻本　四册

430000－5443－0000064　B15./2
大清史略十一卷　(日本)佐藤楚材編輯　清光緒二十八年(1902)上海石印書屋刻本　八册

430000－5443－0000065　B21/5
資治通鑑二百九十四卷　(宋)司馬光撰　(元)胡三省音注　清光緒上海蜚英館石印本　十六册

430000－5443－0000066　B21/4

歷代通鑑輯覽一百鑑二十卷　(清)傅恒等撰　清光緒三十年(1904)上海經藝書局石印本　二十四册

430000－5443－0000067　B21/5
資治通鑑二百九十四卷　(宋)司馬光撰　(元)胡三省音注　清光緒石印本　十九册

430000－5443－0000068　B81/13
國策地名考二十卷首一卷　(清)程恩澤纂　(清)狄子奇箋　清光緒十年(1884)湖南文昌書局刻本　六册

430000－5443－0000069　B3/2
歷朝紀事本末九種六百五十八卷附三藩紀事本末　(清)陳如升輯　清光緒二十四年(1898)文瀾書局石印本　二十七册

430000－5443－0000070　B4/6
東華續錄　王先謙編　清上海圖書集成印書局鉛印本　三十六册　存一百八十卷(乾隆朝一百二十卷、道光朝六十卷)

430000－5443－0000071　B84/10
楚黔防苗四卷　(清)胡先容撰　清同治七年(1868)刻本(杏蔭樓藏板)　四册

430000－5443－0000072　B84/6
洋防説略一卷　(清)徐家幹撰　清光緒十三年(1887)刻本　二册

430000－5443－0000073　B84/5
防海紀略二卷　(清)芀唐居士編　清光緒六年(1880)上洋文藝齋刻本　二册

430000－5443－0000074　B89/23
越南亡國史一卷附錄小志一卷游臺紀略一卷　題(越南)亡命客巢南子述　廣智編輯部纂　清宣統刻本　一册

430000－5443－0000075　B89/23(1)
越南亡國史一卷附錄小志一卷游臺紀略一卷　題(越南)亡命客巢南子述　廣智編輯部纂　清宣統刻本　一册

430000－5443－0000076　D10/1
漢魏六朝百三名家集　(明)張溥輯　清光緒五年(1879)信述堂刻本　一百册

430000－5443－0000077　B5/1
明季稗史彙編十六種二十七卷　(清)留雲居士輯　清光緒二十二年(1896)上海圖書集成局鉛印本　六册

430000－5443－0000078　B83/5
牂柯客談七卷　(清)曾廉撰　清光緒三十二年(1906)邵陽曾氏刻本　三册

430000－5443－0000079　B8/1
地球韻言四卷　(清)張士瀛撰　清光緒二十四年(1898)刻本　二册

430000－5443－0000080　B71/6
國朝先正事略六十卷　(清)李元度撰　清光緒二十八年(1902)上海點石齋縮印本　十册

430000－5443－0000081　B81/6
大清一統志五百卷　(清)和珅等撰　清光緒二十三年(1897)杭州竹簡齋石印本　六十册

430000－5443－0000082　B89/21
西學述略十卷　(英國)艾約瑟選譯　清光緒二十三年(1897)刻質學叢書本　二册

430000－5443－0000083　B89/18
中東戰紀本末續編四卷首一卷末一卷　上海廣學會譯著　(美國)林樂知審訂　蔡爾康纂輯　清光緒二十二年(1896)上海圖書集成局鉛印本　四册　存一卷(一)

430000－5443－0000084　B71/9
儒林瑣記三卷附儒林附記一卷　(清)朱克敬著　清光緒五年(1879)刻本　二册

430000－5443－0000085　B81/1
地球政要通考三十六卷　(清)丁日昌輯　清光緒二十四年(1898)上海著易堂書局鉛印本　十二册

430000－5443－0000086　B71/10
世界豪杰談不分卷　鴻文編譯圖書館編譯　清光緒三十年(1904)鴻文印書局石印本　三册

430000－5443－0000087　B71/27
世界豪杰談不分卷　鴻文編譯圖書館編譯

清光緒二十九年(1903)鴻文印書局石印本　二册

430000－5443－0000088　D10/2
乾坤正氣集　(清)潘錫恩輯　清道光二十八年(1848)涇縣潘氏袁江節署刻本　二百册

430000－5443－0000089　B62/3
皇朝道咸同光奏議六十四卷　(清)王延熙等輯　清光緒二十八年(1902)上海久敬齋石印本　二十八册

430000－5443－0000090　B83/2
滇南雜志二十四卷附顧陸遺詩一卷　(清)曹樹翹編　清光緒上海申報館鉛印本　十册

430000－5443－0000091　B89/9
中東戰紀本末八卷　上海廣學會譯著　清光緒二十二年(1896)圖書集成局鉛印本　八册

430000－5443－0000092　B71/4
歷代名臣言行錄二十四卷　(清)朱桓編　清光緒元年(1875)刻本(文源堂藏板)　三十册

430000－5443－0000093　B89/41
泰西風土事物考四卷　(清)管斯駿輯　清光緒二十八年(1902)鉛印本　二册

430000－5443－0000094　B89/42
俄國政俗通考三卷　(清)印度廣學會編　(美國)林樂知　任延旭譯　清光緒二十六年(1900)上海廣學會鉛印本　三册

430000－5443－0000095　B89/34
俄土戰紀六卷　湯叡譯　清光緒二十三年(1897)上海大同譯書局石印本　一册　存三卷(一至三)

430000－5443－0000096　B89/32
漸學廬叢書　(清)胡祥鑅輯　清光緒二十三年(1897)元和胡氏漸學廬石印本　二册

430000－5443－0000097　B89/33
中亞洲俄屬游記　(英國)蘭士德撰　莫鎮藩譯　清光緒二十年(1894)時務報館鉛印本　二册

430000－5443－0000098　B89/5
五大洲政治通論四十八卷　急先務齋主人撰　清光緒二十七年(1901)石印本　十二册

430000－5443－0000099　B4/8
廣陵通典十卷　(清)汪中撰　清同治八年(1869)揚州書局刻本　二册

430000－5443－0000100　B89/10
中東戰紀本末八卷　上海廣學會譯著　清光緒二十二年(1896)圖書集成局鉛印本　十三册

430000－5443－0000101　B89/4
普法戰紀二十卷　(清)張宗良口譯　(清)王韜撰輯　清光緒十二年(1886)刻本　十册

430000－5443－0000102　B88/2
蒙古游牧記十六卷　(清)張穆纂　(清)何秋濤補纂　清光緒二十六年(1900)上海掃葉山房石印本　六册

430000－5443－0000103　B83/4
湖南全省掌故備考三十五卷　王先謙纂　清光緒十四年(1888)長沙刻本　十二册

430000－5443－0000104　B87/1
湖南考古略十二卷　(清)盧峻　(清)成業襄纂　清光緒二年(1876)讀我書室刻本　二册

430000－5443－0000105　B83/1
臺灣外記三十卷　(清)江日升撰　清光緒四年(1878)上海申報館鉛印本　六册

430000－5443－0000106　B71/2
國朝先正事略六十卷　(清)李元度撰　清光緒十三年(1887)上海點石齋石印本　八册

430000－5443－0000107　B89/29
日本國志四十卷首一卷　(清)黄遵憲撰　清光緒二十四年(1898)上海圖書集成印書局鉛印本　八册

430000－5443－0000108　B89/30
三洲日記八卷　(清)張蔭桓撰　清光緒三十二年(1906)上海石印本　八册

430000－5443－0000109　B89/12
瀛環志略十卷　(清)徐繼畬撰　清光緒二十

五年(1899)掞雲樓刻本　六冊

430000－5443－0000110　B9/7
熙朝紀政八卷　(清)王慶雲撰　清光緒二十八年(1902)上海書局鉛印本　二冊

430000－5443－0000111　B82/1
欽定滿洲源流考二十卷首一卷　(清)阿桂等纂修　清光緒十九年(1893)杭州便益書局石印本　四冊

430000－5443－0000112　B82/11
西藏通覽　(日本)山縣初男編著　四川西藏研究會編譯　清宣統元年(1909)成都文倫書局石印本　四冊

430000－5443－0000113　B88/5
西征紀程四卷　(清)鄒代鈞撰　清末鉛印本　二冊

430000－5443－0000114　B89/22
采風記五卷　宋育仁撰　清光緒二十二年至二十三年(1896－1897)武昌質學會刻本　三冊

430000－5443－0000115　B89/25
歐美政治要義十八章　(清)戴鴻慈　(清)端方撰　清光緒三十三年(1907)石印本　四冊

430000－5443－0000116　B84/4
中國江海險要圖志二十二卷補編五卷　(英國)海軍海圖官局撰　(清)陳壽彭譯　清光緒二十七年(1901)經世文社石印本　十冊　缺三卷(補編三至五)

430000－5443－0000117　B89/26
續瀛環志略初編　(清)瞿昂來譯　清光緒二十八年(1902)無錫傳經樓石印本　四冊

430000－5443－0000118　B89/27
日本維新三十年史十二編附錄一卷　(日本)博文館輯　廣智書局譯　清光緒二十八年(1902)上海廣智書局鉛印本　六冊

430000－5443－0000119　B89/3
時務通考三十一卷　(清)杞廬主人編　清光緒二十三年(1897)上海點石齋石印本　二十冊

430000－5443－0000120　B89/13
西史匯函四種續編五種　(英國)慕維廉　(清)徐景羅等譯　清光緒二十三年(1897)湖南新學書局刻本　二十冊

430000－5443－0000121　B89/17
漢西域圖考七卷首一卷　(清)李光廷撰　清光緒十九年(1893)寶善書局石印本　七冊

430000－5443－0000122　B85/1
海道圖説十五卷附長江圖説一卷　(英國)金約翰輯　(英國)傅蘭雅口譯　(清)德均筆述　清光緒二十二年(1896)上海書局石印本　八冊

430000－5443－0000123　B89/14
萬國公法四卷　(美國)惠頓撰　(美國)丁韙良譯　清光緒二十四年(1898)上海書局刻本　四冊

430000－5443－0000124　B89/15
萬國史記二十卷　(日本)岡本監輔撰　清光緒上海申報館鉛印本　八冊

430000－5443－0000125　B88/1
凝香室鴻雪因緣記三集　(清)麟慶撰　清光緒十二年(1886)上海同文書局石印本　三冊

430000－5443－0000126　B85/8
水道提綱二十八卷　(清)齊召南撰　清光緒十七年(1891)湖南船山書局刻本　六冊

430000－5443－0000127　B9/1
學治臆説二卷學治續説一卷學治説贅一卷　(清)汪輝祖撰　清光緒八年(1882)山東書局刻本　一冊

430000－5443－0000128　B9/3
牧令書輯要十卷　(清)徐棟原編　(清)丁日昌重編　清同治八年(1869)湖北崇文書局刻本　十冊

430000－5443－0000129　B89/8
朔方備乘六十八卷首十二卷　(清)何秋濤撰　清寶善書局石印本　八冊

430000－5443－0000130　B9/2

佐治芻言三卷　（英國）傅蘭雅口譯　（清）應祖錫筆述　清光緒二十三年(1897)武昌質學會刻本　三冊

430000－5443－0000131　B9/14
官制議十四卷　康有爲著　清光緒三十一年(1905)上海廣智書局鉛印本　二冊

430000－5443－0000132　B89/16
泰西新史攬要二十四卷　（英國）馬懇西撰　（英國）李提摩太譯　蔡爾康述　清光緒二十四年(1898)紫文書局刻本　八冊

430000　5443　0000133　B89/11
西政叢書九類三十二種　梁啓超輯　清光緒二十三年(1897)慎記書莊石印本　三十一冊

430000－5443－0000134　C11.3/4
嘯亭雜錄二十卷續錄二卷　（清）昭槤撰　清光緒六年(1880)九思堂刻本　五冊

430000　5443　0000135　C11.3/25
出使英法俄德四國志略　沈敦和撰　清光緒二十二年(1896)上海圖書集成局鉛印本　四冊

430000－5443－0000136　C11.3/17
中國魂二卷　梁啓超撰　清光緒石印本　一冊

430000－5443－0000137　C11.1/25
德國學校論略　（清）武昌質學會輯　清光緒二十三年(1897)質學會鉛印本　一冊

430000－5443－0000138　C11.2/5
周末諸子並起創教考二十一卷　康有爲撰　清光緒二十四年(1898)上海大同譯書局石印本　十冊

430000－5443－0000139　C11.2/14
英國郵政漁業水師玻璃考　湖北洋務局編　清光緒二十九年(1903)鉛印本　四冊

430000－5443－0000140　C13./15
佩文韻府一百六卷　（清）張玉書等輯　**韻府拾遺一百六卷**　（清）張廷玉等輯　清嶺南潘氏海山仙館刻本　一百八十冊

430000－5443－0000141　C12/1
拾遺記十卷　（晋）王嘉撰　清光緒元年(1875)湖北崇文書局刻本　一冊

430000－5443－0000142　C12./7
酉陽雜俎二十卷　（唐）段成式撰　清光緒元年(1875)湖北崇文書局刻本　四冊

430000－5443－0000143　C12./8
酉陽雜俎續集十卷　（唐）段成式撰　清光緒元年(1875)湖北崇文書局刻本　二冊

430000－5443－0000144　C12./16
神異經一卷　（漢）東方朔撰　（晋）張華注　**海内十洲記一卷**　（漢）東方朔撰　**洞冥記四卷**　（漢）郭憲撰　**穆天子傳六卷**　（晋）郭璞注　清光緒元年(1875)湖北崇文書局刻百子全書本　一冊

430000－5443－0000145　C12/17
增像第六才子書五卷　（元）王實甫撰　（清）金人瑞評　清末石印本　二冊　存四卷(二至五)

430000－5443－0000146　C13/3
初學記三十卷　（唐）徐堅等撰　清光緒十四年(1888)安康黄氏蘊石齋刻本　十六冊

430000－5443－0000147　C13/9
時務撮要四卷　（清）鄧繹輯　清光緒二十二年(1896)刻本　四冊

430000－5443－0000148　C13/10
時務通考三十一卷　（清）杞廬主人等編　清光緒二十三年(1897)點石齋石印本　二十冊

430000－5443－0000149　C13/11
時務通考三十一卷　（清）杞廬主人等編　清光緒二十三年(1897)點石齋石印本　二十四冊

430000－5443－0000150　C13/14
策學備纂三十二卷　（清）蔡啓盛等輯　清光緒二十年(1894)上海點石齋石印本　四十八冊

430000－5443－0000151　C13/17

淵鑒類函四百五十卷　(清)張英等輯　清光緒九年(1883)點石齋石印本　十冊

430000－5443－0000152　C14/9
西藏宗教源流考　張其勤編　清宣統二年(1910)官印刷局鉛印本　一冊

430000－5443－0000153　C16.1/16
時事新論十二卷　(英國)李提摩太撰　清光緒二十年(1894)上海廣學會鉛印本　一冊

430000－5443－0000154　C16.1/7
增訂漢魏叢書九十六種　(清)王謨輯　清光緒二十一年(1895)石印本　十六冊

430000－5443－0000155　C16.1/2(C16.1/3)
增訂漢魏叢書　(清)王謨輯　清光緒二十年(1894)藝文書局刻本　十六冊

430000－5443－0000156　C16.1/14
涵芬樓古今文鈔樣本　(清)吴曾祺編纂　清宣統二年(1910)商務印書館鉛印本　一冊

430000－5443－0000157　C16.1/12
三才略三卷　蔣德鈞輯　清光緒二十年(1894)文彬書局刻本　二冊

430000－5443－0000158　C71/7
天文地學歌略　(清)葉瀾著　清光緒二十三年(1897)周氏刻本　一冊

430000－5443－0000159　C71/1
管窺輯要　(清)黄鼎撰　清刻本　十六冊　存四十一卷(四十至八十)

430000－5443－0000160　C16.1/4
廣治平略三十六卷　(清)蔡方炳撰　清毛文生堂刻本　二冊　存十一卷(一至十一)

430000－5443－0000161　C13/8
子史精華一百六十卷　(清)吴士玉等纂　清光緒十年(1884)上海同文書局石印本　八冊

430000－5443－0000162　C12/20
太平廣記五百卷　(宋)李昉等撰　清道光二十六年(1846)三讓睦記刻本　四十冊

430000－5443－0000163　C13/1
五經類編二十八卷　(清)周世樟編　**增補四書徵纇圖像人物備考十二卷**　(明)陳仁錫增定　清康熙二十二年(1683)穀詒堂刻本,增補四書徵纇圖像人物備考清會賢堂刻本(萃華堂藏版)　五冊　缺二十四卷(五經類編五至二十八)

430000－5443－0000164　C13/13
皇朝經濟文編一百二十八卷　(清)求自强齋主人編輯　清光緒二十七年(1901)慎記書莊石印本　三十七冊　缺一卷(十一)

430000－5443－0000165　C13/12
時務策學備纂八十二卷　(清)陳驤撰　清光緒二十三年(1897)湖南求賢書院刻本　二十四冊

430000－5443－0000166　C11.2/1
讀書雜志八十二卷餘編二卷　(清)王念孫撰　清道光十二年(1832)刻本　十二冊

430000－5443－0000167　C2/6
朱子原訂近思錄十四卷　(宋)朱熹撰　(清)江永集注　清同治七年(1868)湖北崇文書局刻本　四冊

430000－5443－0000168　C11.2/4
日知錄集釋三十二卷　(清)黄汝成撰　清光緒元年(1875)湖北崇文書局刻本　十六冊

430000－5443－0000169　C91/10
昭代名人尺牘二十四卷附小傳二十四卷　(清)吳修編　清光緒三十四年(1908)上海集古齋石印本　二十五冊

430000－5443－0000170　C91/6
清朝書畫家筆錄四卷　竇鎮輯　清宣統三年(1911)鉛印本　四冊

430000－5443－0000171　C81/3
數理精蘊　(清)聖祖玄燁編　清石印本　二十三冊

430000－5443－0000172　C2/5
五種遺規　(清)陳宏謀撰　清光緒二十年

(1894)湖南益元書局刻本　八冊

430000－5443－0000173　C71/1

管窺輯要八十卷　(清)黄鼎編　清善成堂刻本　十六冊　存四十一卷(四十至八十)

430000－5443－0000174　D3/3

杜詩集説二十卷　(清)江浩然輯　清乾隆四十三年(1778)刻本　十冊

430000－5443－0000175　D3/11

昌黎先生全集四十卷　(唐)韓愈撰　清宣統三年(1911)上海鴻文書局、千頃堂書局石印本　十冊

430000－5443－0000176　D7/6

王文成公全集三十八卷　(明)王守仁撰　清宣統元年(1909)集成圖書公司鉛印本　十二冊

430000－5443－0000177　D8/3

定盦全集十卷　(清)龔自珍撰　清宣統二年(1910)時中書局鉛印本　八冊

430000－5443－0000178　D8/14

補校袁文箋正七卷　(清)袁枚撰　清同治十二年(1873)嶺南叢雅居刻本　九冊　缺一卷(四)

430000－5443－0000179　D8/35

鄭板橋集　(清)鄭燮撰　清宣統元年(1909)掃葉山房石印本　二冊

430000－5443－0000180　D8/36

耐園集　左錐麟撰　清光緒元年(1875)衡陽自强文化公司石印本　一冊

430000－5443－0000181　D8/38

八家四六文鈔　(清)吳鼒輯　清刻本　六冊

430000－5443－0000182　D8/37

飲冰室文集十八卷　梁啓超撰　清光緒二十九年(1903)廣智書局鉛印本　十八冊

430000－5443－0000183　D8/60

小倉山房詩文集三十二卷　(清)袁枚撰　清文光堂刻本　八冊

430000－5443－0000184　D8/68

隨園三十六種　(清)袁枚撰　清光緒三十四年(1908)上海集成圖書局鉛印本　二十二冊

430000－5443－0000185　D8/72

施愚山全集四十八卷　(清)施閏章撰　清宣統二年(1910)上海國學扶輪社石印本　十五冊

430000－5443－0000186　D8/77

茗柯文初編一卷二編二卷三編一卷四編一卷　(清)張惠言撰　清宣統三年(1911)上海掃葉山房石印本　二冊

430000－5443－0000187　D8/126

羅忠節公遺集八卷　(清)羅澤南撰　清咸豐、同治刻羅山遺集本　一冊　存三卷(六至八)

430000－5443－0000188　D8/128

孟東野詩集十卷附追昔游集三卷　(唐)孟郊撰　清宣統二年(1910)上海著易堂石印本　四冊

430000－5443－0000189　D101/1

皇朝經世文編一百二十卷　(清)賀長齡輯　清光緒十三年(1887)廣百宋齋鉛印本　二十四冊

430000－5443－0000190　D101/2

皇朝經世文續編一百二十卷　(清)葛士濬輯　清光緒十四年(1888)圖書集成局鉛印本　三十二冊

430000－5443－0000191　D101/3

皇朝經世文三編八十卷　(清)陳忠倚輯　清光緒二十七年(1901)上海書局石印本　十六冊

430000－5443－0000192　D101/4

皇朝經世文編一百二十卷　(清)賀長齡輯　清光緒十二年(1886)思補樓石印本　六十冊

430000－5443－0000193　D101/5

皇朝經世文編一百二十卷　(清)賀長齡輯　清光緒二十二年(1896)寶善書局石印本　二

十册

430000－5443－0000194　D101/6
皇朝經世文編二十一卷　(清)麥仲華輯　清光緒二十四年(1898)上海譯書局石印本　二十四册

430000－5443－0000195　D101/7
皇朝經世文三編八十卷　(清)陳忠倚輯　清光緒二十四年(1898)浙省書局石印本　十六册

430000－5443－0000196　D101/8
昭明文選集評十五卷　(清)于光華編　清嘉慶十六年(1811)經世堂刻本　十六册

430000－5443－0000197　D101/14
七十家賦鈔六卷　(清)張惠言輯　清光緒四年(1878)宏達堂刻本　四册

430000－5443－0000198　D101/15
古文筆法百篇二十卷　(清)李扶九輯　清光緒二十六年(1900)新化三味書室刻本　四册

430000－5443－0000199　D101/16
南宋雜事詩七卷　(清)沈嘉轍等撰　清光緒刻本　四册

430000－5443－0000200　D101/25
文選六十卷　(南朝梁)蕭統輯　清宣統三年(1911)上海會文堂書局石印本　十六册

430000－5443－0000201　D101/29
留青新集三十卷　(清)陳枚撰　清三讓堂刻本　二十四册

430000－5443－0000202　D101/35
八家詩選注釋　(清)張熙宇評選　(清)張昶注釋　清咸豐九年(1859)三多齋刻本　四册

430000－5443－0000203　D101/37
校經堂初集四卷　(清)曹鴻勛編　清光緒十一年(1885)刻本　二册

430000－5443－0000204　D101/44
魏氏詩文集二十三卷　(清)魏世儼等撰　清光緒刻本　二十三册

430000－5443－0000205　D101/46
嶺南三大家詩選二十四卷　(清)王隼輯　清嘉慶十七年(1812)廣州刻本　五册

430000－5443－0000206　D101/47
國朝十家四六文鈔　王先謙輯　清光緒十五年(1889)長沙刻本　四册

430000－5443－0000207　D101/49
寧都三魏全集　(清)林時益輯　清刻本　十五册

430000－5443－0000208　D101/59
國朝二十四家文鈔二十四卷　(清)徐斐然輯評　清道光十年(1830)文光堂刻本　八册

430000－5443－0000209　D102/1
湖南文徵元明文五十四卷國朝文百三十六卷首一卷目録六卷姓氏傳四卷　(清)羅汝懷輯　清同治八年至十年(1869－1871)刻本　九十七册

430000－5443－0000210　D11/9
蘇詩選評箋釋六卷　(清)汪師韓撰　清光緒十二年(1886)長沙刻本　三册

430000－5443－0000211　D12/6
第六才子書六卷　(清)金聖嘆批點　清經文堂刻本　六册

430000－5443－0000212　D13.1/2
二家詞鈔七卷　(清)李慈銘　樊增祥撰　清光緒上海會文堂書局石印本　二册

430000－5443－0000213　D13.1/7
詩餘偶鈔六卷　王先謙輯　清光緒十六年(1890)長沙王氏刻本　一册

430000－5443－0000214　B109/24
歐洲近世外交秘史附録歐洲近世外交家列傳　蔣羲明譯　清光緒三十三年(1907)日本新譯界社鉛印本　一册

430000－5443－0000215　B81/4
乾隆府廳州縣圖志五十卷　(清)洪亮吉撰　清刻本　二十册

430000－5443－0000216　B9/5
康濟譜二十五卷　(明)潘游龍輯　清道光七

年(1827)京都琉璃廠刻本　十一冊

430000－5443－0000217　B82/2

[光緒]黄州府志四十卷首一卷　(清)英啓修　(清)劉燡纂　清光緒十年(1884)黄州府官廨刻本　三十六冊

430000－5443－0000218　B82/13

[同治]南海縣志圖説二卷　(清)鄒伯奇總纂　清同治十年(1871)刻本　三冊

430000－5443－0000219　B82/19

[正德]武功縣志三卷首一卷　(明)康海纂　清同治十二年(1873)湖北崇文書局刻本　一冊

430000－5443－0000220　B82/7

[乾隆]荆州府志五十八卷　(清)葉仰高修　(清)施廷樞纂　清乾隆二十二年(1757)刻本　二十冊

430000－5443－0000221　B3/1

歷朝紀事本末　(清)陳如升　(清)朱記榮輯　清光緒二十八年(1902)上海捷記書局石印本　四十二冊

430000－5443－0000222　C1/1

百子全書　(清)崇文書局輯　清光緒元年(1875)湖北崇文書局刻本　一百十冊

430000－5443－0000223　C16.1/14

涵芬樓古今文鈔一百卷　吴曾祺輯　清末商務印書館鉛印本　一冊　存一卷(五十四)

430000－5443－0000224　C2/34

養正遺規摘鈔一卷　(清)陳宏謀撰　清同治七年(1868)楚北崇文書局刻本　一冊

430000－5443－0000225　C4/5

商子五卷　(周)商鞅撰　清光緒元年(1875)湖北崇文書局刻本　一冊

430000－5443－0000226　C11.1/1

淮南子二十一卷　(漢)劉安撰　清光緒元年(1875)湖北崇文書局刻本　四冊

430000－5443－0000227　B82/4

[嘉慶]江寧府志五十六卷　(清)吕燕昭主修　(清)姚鼐纂　清光緒六年(1880)刻本　十冊

430000－5443－0000228　B82/97

[同治]續纂江寧府志十五卷　(清)蔣啓勛　(清)趙佑宸主修　(清)汪士鐸纂　清同治十三年(1874)修光緒六年(1880)刻本　十二冊

430000－5443－0000229　B81/11

太平寰宇記二百卷　(宋)樂史撰　**補闕八卷**　(清)陳蘭森編　清乾隆五十八年(1793)南昌萬氏刻本　四十三冊　缺一卷(一)

430000－5443－0000230　D8/83

忠雅堂文集三十卷　(清)蔣士銓撰　清刻本　二冊　存二十卷(十一至三十)

430000－5443－0000231　C16.1/34

秘書廿八種　(清)汪士漢輯　清刻本　十二冊

430000－5443－0000232　A8/4

四書章句集注十九卷　(宋)朱熹撰　清同治十三年(1874)湖南書局刻本　一冊　存二卷(大學一卷、中庸一卷)

430000－5443－0000233　D101/10

古文觀止十二卷　(清)吳楚材　(清)吳調侯編　清李光明莊刻本　一冊

430000－5443－0000234　B104/11

武軍紀略二卷　(清)周達武撰　清光緒十八年(1892)蜕園刻本　一冊

430000－5443－0000235　D8/17

夕堂永日緒論二卷船山鼓棹一卷　(清)王夫之撰　清康熙四十九年(1710)湘西草堂刻本　一冊

430000－5443－0000236　B101/9

大清會典一百卷事例一千二百二十卷圖二百七十卷　(清)崑岡纂　清光緒二十五年(1899)石印本　四百九十四冊

430000－5443－0000237　B12/15

二十四史　清同治、光緒五省官書局刻光緒五年(1879)湖北書局彙印本　五百四十冊

湖南中醫藥大學圖書館古籍普查登記目録

全國古籍普查登記目録

國家圖書館出版社
National Library of China Publishing House

430000－2442－0000001　S231.2/14
家傳太素脈秘訣二卷　(明)張太素撰　清致和堂刻本　二册

430000－2442－0000002　S283/20.2
古今名醫方論四卷　(清)羅美撰　清刻本　四册

430000－2442－0000003　S282/6
良朋彙集五卷　(清)孫偉撰　清乾隆三年(1738)文景堂刻本　五册

430000－2442－0000004　S282/5.3
良朋彙集五卷　(清)孫偉撰　清輔仁堂刻本　一册　存一卷(一)

430000－2442－0000005　S282/5.3
良朋彙集五卷　(清)孫偉撰　清刻本　三册　存四卷(二至五)

430000－2442－0000006　S282/5.2
良朋彙集五卷　(清)孫偉撰　清刻本　六册

430000－2442－0000007　S282/3
濟世良方合編原輯六卷增輯四卷　(清)周其芬原輯　(清)瑩軒氏增輯　清同治七年(1868)衡善堂刻本　八册

430000－2442－0000008　S282/7
救生集四卷　(清)虚白主人編　清道光三十年(1850)太極軒刻本　四册

430000－2442－0000009　S282/8
集驗良方六卷　(清)年希堯編　清刻本　九册

430000－2442－0000010　S282/12
蘇沈内翰良方十卷　(宋)蘇軾　(宋)沈括撰　清修敬堂刻本　二册

430000－2442－0000011　S282/12.2
蘇沈内翰良方八卷　(宋)蘇軾　(宋)沈括撰　清刻本　二册

430000－2442－0000012　S282/12.3
蘇沈内翰良方十卷　(宋)蘇軾　(宋)沈括撰　清修敬堂刻本　二册

430000－2442－0000013　S282/14
增訂醫方易簡十卷　(清)龔自璋　(清)黄統原輯　(清)吴輝謨改編　清光緒九年(1883)宋德成刻字鋪刻本　十册

430000－2442－0000014　S282/15
絳雪園古方選注不分卷　(清)王子接撰　清刻本　八册

430000－2442－0000015　S282/17
驗方新編十六卷　(清)鮑相璈輯　清光緒三年(1877)東壁齋刻字店刻本　八册

430000－2442－0000016　S282/20
名醫方論四卷　(清)羅美撰　清刻本　二册

430000－2442－0000017　S280/20.1
名醫方論四卷　(清)羅美撰　清刻本　二册

430000－2442－0000018　S282/21
串雅内編四卷　(清)趙學敏撰　清光緒十四年(1888)榆園刻本　二册

430000－2442－0000019　S282/21.1
串雅内編四卷　(清)趙學敏撰　清光緒十四年(1888)榆園刻本　四册

430000－2442－0000020　S282/30
葛仙翁肘後方八卷附褚氏遺書　(晉)葛洪撰　清光緒二十二年(1896)上海圖書集成印書局鉛印本　四册

430000－2442－0000021　S282/26
雜證良方四卷　(清)屠道和撰　清同治二年(1863)育德堂刻本　二册

430000－2442－0000022　S282/25
經驗良方三卷　(清)陸晝邨輯　清咸豐七年(1857)刻本　四册

430000－2442－0000023　S282/53
仙拈集四卷　(清)李文炳輯　清三槐堂刻本　四册

430000－2442－0000024　S282/52
陰騭彙編六卷　(清)吴堃輯　清師伶堂刻本　六册

430000－2442－0000025　S282/51.2
衛生鴻寶六卷　(清)祝補齋撰　清道光二十四年(1844)刻本　四册

430000－2442－0000026　S282/84.2
時方歌括二卷　(清)陳念祖撰　清刻本(本衙藏板)　二册

430000－2442－0000027　S282/126.1
種福堂續選臨證指南四卷　(清)葉桂撰　清苕溪漫士刻本　四册

430000－2442－0000028　S282/137
經驗不藥良方不分卷　(清)潘志裘輯　清光緒二十五年(1899)李忠玨校刻本　一册

430000－2442－0000029　S282/136
壽世新編三卷　(清)萬潛齋輯　清光緒十八年(1892)道合山房刻本　三册

430000－2442－0000030　S282/136.1
壽世新編三卷　(清)萬潛齋輯　清光緒十八年(1892)道合山房刻本　四册

430000－2442－0000031　S282/145
集驗良方四卷　(清)德豐輯　清道光七年(1827)三讓堂刻本　四册

430000－2442－0000032　S282/143
古方通覽一卷　(日本)佐藤正昭撰　清光緒十一年(1885)福瀛書局刻本　二册

430000－2442－0000033　S282/145
集驗簡易良方四卷　(清)德豐輯　清刻本　一册　存二卷(三至四)

430000－2442－0000034　S282/144
記憶方詩十一卷　(清)孔行舟撰　清光緒三十年(1904)陰玉堂鉛印本　二册

430000－2442－0000035　S282/168
良方集腋二卷　(清)謝元慶編　清光緒五年(1879)薛錦昌刻字鋪刻本　四册

430000－2442－0000036　S282/164
隨山宇方鈔一卷　(清)荔墻蹇士編　清光緒八年(1882)安越堂刻本　一册

430000－2442－0000037　S282/176
增訂敬信錄二卷　(清)李天錫撰　清光緒二年(1876)養怡居刻本　五册

430000－2442－0000038　S282/171
急救應驗良方一卷　(清)費友堂撰　清光緒十二年(1886)鏡雪子刻本　一册

430000－2442－0000039　S282/170
旅舍備要方一卷　(宋)董汲編撰　**傷寒微旨論二卷**　(宋)韓祗和撰　清半畝園刻本　一册

430000－2442－0000040　S282/181.2
備急千金要方三十卷　(唐)孫思邈撰　清光緒四年(1878)蘇州吴縣徐敏甫記刻本　十二册

430000－2442－0000041　S282/163
幾希錄續刻附集經驗諸方附佐治要言　(清)瑞五堂主人輯　清刻本　一册

430000－2442－0000042　S282/158
葆元錄一卷　(清)蕭然居士著　清道光二十四年(1844)同善堂刻本　二册

430000－2442－0000043　S282/181.1
備急千金要方三十卷　(唐)孫思邈撰　清光緒四年(1878)長洲黄學熙上海刻本　十一册　存二十八卷(一至二十八)

430000－2442－0000044　S282/181.3
備急千金要方三十卷　(唐)孫思邈撰　清光緒四年(1878)長洲黄學熙上海刻本　十六册

430000－2442－0000045　S282/184.1
外臺秘要四十卷　(唐)王燾撰　清光緒二十四年(1898)上海圖書集成印書局鉛印本　十六册

430000－2442－0000046　S282/184.2
外臺秘要四十卷　(唐)王燾撰　清光緒二十四年(1898)上海圖書集成印書局鉛印本　十六册

430000－2442－0000047　S282/184.3
外臺秘要四十卷　(唐)王燾撰　清同治十三年(1874)廣東翰墨園刻本　十册

430000－2442－0000048　S282/186
普濟本事方十卷　(宋)許叔微撰　清嘉慶十九年(1814)掃葉山房刻本　四冊

430000－2442－0000049　S282/189
時方歌括二卷　(清)陳念祖撰　清光緒二十九年(1903)益元書局刻本　一冊

430000－2442－0000050　S282/187.4
時方歌括二卷　(清)陳念祖撰　清文奎堂刻本　二冊

430000－2442－0000051　S282/187.3
時方妙用四卷　(清)陳念祖撰　清文奎堂刻本　二冊

430000－2442－0000052　S282/187.5
時方妙用四卷　(清)陳念祖撰　清刻本(本衙藏板)　四冊

430000－2442－0000053　S282/205.1
景岳新方砭四卷　(清)陳念祖撰　清文奎堂刻本　一冊

430000－2442－0000054　S282/203
醫方易簡新編六卷　(清)黄統　(清)龔自璋編　清同治五午(1866)琉璃廠范家刻字鋪刻本　四冊

430000－2442－0000055　S282/203.1
醫方易簡新編六卷　(清)黄統　(清)龔自璋編　清咸豐四年(1854)刻本(本衙藏板)　四冊

430000－2442－0000056　S282/203.2
醫方易簡新編六卷　(清)黄統　(清)龔自璋編　清咸豐四年(1854)刻本(本衙藏板)　二冊　存二卷(一至二)

430000－2442－0000057　S282/210
普濟應驗良方八卷補遺一卷續補遺一卷　(清)德軒編　清江西寶研堂刻本　一冊

430000－2442－0000058　S282/204
臨證經驗良方一卷摘錄經驗良方一卷　(清)胡大中編　清刻本　一冊

430000－2442－0000059　S282/205
景岳新方砭四卷　(清)陳念祖撰　清宜章堂刻本　三冊

430000－2442－0000060　S282/207
千金方衍義八卷　(清)張璐撰　清嘉慶六年(1801)掃葉山房刻本　十冊

430000－2442－0000061　S282/207.1
千金方衍義三十卷　(清)張璐撰　清光緒五年(1879)步月山房刻本　三十冊

430000－2442－0000062　S282/207.2
千金方衍義三十卷　(清)張璐撰　清光緒五年(1879)刻本　三十二冊

430000－2442－0000063　S282/209
醫學捷要四卷　(清)尹樂渠輯　清刻本　四冊

430000－2442－0000064　S282/210.4
普濟應驗良方八卷補遺一卷續補遺一卷　(清)德軒編　清嘉慶二十四年(1819)江寧救生局刻本　一冊

430000－2442－0000065　S282/214.3
易簡方便醫書六卷　(清)周茂五編　清刻本　六冊

430000－2442－0000066　S282/214.2
易簡方便醫書六卷　(清)周茂五編　清吉安胡守正堂刻本　六冊

430000－2442－0000067　S282/211
史載之方二卷　(宋)史堪撰　清刻本　二冊

430000－2442－0000068　S282/210.3
普濟應驗良方八卷補遺一卷續補遺一卷　(清)德軒編　清同治三年(1864)二酉堂刻本　四冊

430000－2442－0000069　S282/208
方癥聯珠五卷附脈學淺談一卷　(清)汪昂撰　清咸豐八年(1858)余聚賢刻本　三冊

430000－2442－0000070　S282/229
時方歌括集注不分卷　(清)黄道昌編　清刻本　一冊

430000－2442－0000071　S281.4/50.2
雷公藥性解六卷　(明)李中梓編　清刻本　二冊

430000－2442－0000072　S281.4/50
雷公藥性解六卷　(明)李中梓編　清刻本　二冊

430000－2442－0000073　S281.4/50.2
雷公藥性解六卷　(明)李中梓編　清刻本　一冊　存四卷(一至四)

430000－2442－0000074　S281.4/55
長沙藥解四卷　(清)黄元御撰　清刻本　一冊

430000－2442－0000075　S281.4/55.1
長沙藥解四卷　(清)黄元御撰　清刻本　一冊

430000－2442－0000076　S281.5/10
太醫院增補珍珠囊藥性全賦四卷　(清)羅必煒參訂　清刻本　一冊

430000－2442－0000077　S281.5/5.2
本草便讀二卷　(清)張秉成撰　清光緒二十二年(1896)昆陵張氏刻本　四冊

430000－2442－0000078　S281.5/4
珍珠囊指掌補遺藥性賦四卷　(金)李杲編　清刻本　二冊

430000－2442－0000079　S282/223
重訂内經拾遺方論四卷　(宋)駱龍吉撰　清光緒二十六年(1900)千頃堂書局石印本　二冊

430000－2442－0000080　S282/223
名醫方論四卷　(清)羅美撰　清光緒二十六年(1900)千頃堂書局石印本　二冊

430000－2442－0000081　S282/223
宣明論方十五卷　(金)劉完素撰　清光緒二十六年(1900)千頃堂書局石印本　二冊

430000－2442－0000082　S281.5/4
雷公炮製藥性解六卷　(明)李中梓撰　清三讓堂刻本　二冊

430000－2442－0000083　S281.5/16
珍珠囊藥性賦四卷　(清)羅必煒參訂　清聚和堂刻本　一冊

430000－2442－0000084　S281.5/14
本草題箋十卷　(清)朱鑰撰　清千頃堂書局石印本　四冊

430000－2442－0000085　S281.5/13
本草問答二卷　(清)唐宗海撰　清光緒三十四年(1908)千頃堂書局石印本　一冊

430000－2442－0000086　S281.5/13
本草問答二卷　(清)唐宗海撰　清光緒二十一年(1895)上海書局石印本　一冊

430000－2442－0000087　S281.5/11
藥癥忌宜一卷　(清)陳澈撰　清藏修書屋刻本　一冊

430000－2442－0000088　S281.5/29
常用中藥藥性　(□)□□撰　清抄本　一冊

430000－2442－0000089　S281.5/22.2
雷公炮製藥性解六卷　(明)李中梓撰　清刻本　三冊

430000－2442－0000090　S281.5/23
珍珠囊藥性賦四卷醫方捷徑二卷　(清)羅必煒參訂　清大興堂刻本　一冊

430000－2442－0000091　S281.5/9
重鐫京板藥性賦　(清)羅必煒校正　清道光元年(1821)文富堂刻本　四冊

430000－2442－0000092　S281.5/22
珍珠囊指掌補遺藥性賦四卷　(金)李杲編　清光緒二十年(1894)上海文瑞樓石印本　一冊

430000－2442－0000093　S281.5/24
長沙方歌括六卷　(清)陳念祖撰　清光緒三十三年(1907)巴蜀善成堂刻本　二冊

430000－2442－0000094　S281.5/24.2
長沙方歌括六卷　(清)陳念祖撰　清南雅堂刻本　四冊

430000－2442－0000095　S281.5/5
本草便讀二卷　(清)張秉成撰　清上海千頃堂書局石印本　一冊

430000－2442－0000096　S281.5/30
玉楸藥解八卷　(清)黄元御撰　清刻本　一冊

430000－2442－0000097　S281.5/27
太醫院增補青囊藥性賦直解二卷　(清)羅必煒參訂　清尚德堂刻本　一冊

430000－2442－0000098　S281.9/41
仁一堂藥目一卷　(清)仁一堂編輯　清仁一堂刻本　一冊

430000－2442－0000099　S281.9/38
十藥神書注解一卷　(元)葛乾孫撰　(清)陳念祖注　清光緒三十四年(1908)寶慶富記書局刻本　一冊

430000－2442－0000100　S281.9/38
十藥神書注解一卷　(元)葛乾孫撰　(清)陳念祖注　清文奎堂刻本　一冊

430000－2442－0000101　S281.2/51
本草述三十二卷　(清)劉若金撰　清刻本　十八冊

430000－2442－0000102　S281.2/52
本經逢原四卷　(清)張璐撰　清光緒二十年(1894)上海圖書集成印書局鉛印本　四冊

430000－2442－0000103　S281.2/52.2
本經逢原四卷　(清)張璐撰　清金閶書業堂刻本　四冊

430000－2442－0000104　S281.2/52.4
本經逢原四卷　(清)張璐撰　清明德堂刻本　六冊

430000－2442－0000105　S281.2/52.5
本經逢原四卷　(清)張璐撰　清金閶寶翰樓刻本　八冊

430000－2442－0000106　S281.2/56
本草分經四卷　(清)姚瀾撰　清刻本　二冊

430000－2442－0000107　S281.2/55
本草彙纂十卷　(清)屠道和撰　清光緒二十九年(1903)思賢書局刻本　四冊

430000－2442－0000108　S281.2/54
本草原始十二卷　(明)李中守撰　清宏道堂刻本　四冊

430000－2442－0000109　S281.2/75
本草通元二卷　(明)李中梓撰　清刻本　二冊

430000－2442－0000110　S281.3/2
食物本草會纂十二卷　(清)沈李龍撰　清乾隆四十八年(1783)金閶書業堂刻本　四冊

430000－2442－0000111　S281.2/8
本草思辨錄四卷　(清)周岩撰　清光緒二十年(1894)微尚堂刻本　四冊

430000－2442－0000112　S281.2/1.3
本草綱目拾遺十卷　(清)趙學敏撰　清光緒十一年(1885)合肥張氏味古齋刻本　八冊

430000－2442－0000113　S281.2/1.3
本草綱目拾遺十卷附奇經八脈考二卷　(清)趙學敏撰　清光緒十一年(1885)合肥張氏味古齋刻本　八冊

430000－2442－0000114　S281.2/1.3
本草綱目拾遺十卷　(清)趙學敏撰　清光緒十一年(1885)合肥張氏味古齋刻本　八冊　存九卷(一至六、八至十)

430000－2442－0000115　S281.2/1.7
本草綱目五十二卷　(明)李時珍撰　清書業堂刻本　四十二冊

430000－2442－0000116　S281.2/1.6
本草綱目五十二卷　(明)李時珍撰　清刻本(太和堂藏板)　四十二冊

430000－2442－0000117　S281.2/2
本草綱目拾遺十卷　(清)趙學敏撰　清光緒三十四年(1908)上海商務印書館鉛印本　二冊

430000－2442－0000118　S281.2/6.2

本草求真十二卷　(清)黃宫繡撰　清刻本　六册

430000－2442－0000119　S281.2/6.4
本草求真十一卷　(清)黃宫繡撰　清光緒三十四年(1908)上海緯文閣石印本　五册

430000－2442－0000120　S281.2/5
本草從新六卷　(清)吳儀洛撰　清刻本　六册

430000－2442－0000121　S281.2/5.4
本草從新六卷　(清)吳儀洛撰　清光緒二十年(1894)上海書局石印本　三册

430000－2442－0000122　S281.2/5.7
本草從新六卷　(清)吳儀洛撰　清刻本　四册

430000－2442－0000123　S281.2/8.2
本草思辨録四卷　(清)周岩撰　清光緒二十年(1894)山陰微尚堂刻本　四册

430000－2442－0000124　S281.2/7
經史證類大觀本草三十卷　(宋)唐慎微撰　清光緒三十年(1904)武昌柯氏刻本　十一册　存十三卷(一至十三)

430000－2442－0000125　S281.2/21
增訂童氏本草備要八卷　(清)汪昂撰　(清)李保常增輯　清光緒二十二年(1896)上海圖書集成印書局石印本　二册

430000－2442－0000126　S281.5/24
長沙方歌括六卷　(清)陳念祖撰　清文奎堂刻本　二册

430000－2442－0000127　S281/73
驗方新編十六卷　(清)鮑相璈輯　清渝城善成堂刻本　十二册

430000－2442－0000128　S281.1/1.4
本經疏證十二卷本經續疏八卷　(清)鄒澍撰　清同治十二年(1873)反經堂刻本　十四册

430000－2442－0000129　S281/76
痧疫草不分卷　(清)陳耕道撰　清光緒六年(1880)劉卓齋刻本(宏文齋藏板)　一册

430000－2442－0000130　S281.1/4.2
神農本草經三卷　(三國魏)吳普等述　(清)孫星衍　(清)孫馮翼輯　清光緒十七年(1891)池陽周氏刻本　二册

430000－2442－0000131　S281.1/2
神農本草經百種録一卷　(清)徐大椿撰　清刻本　一册

430000－2442－0000132　S281.1/1.2
本經疏證十二卷　(清)鄒澍撰　清光緒常州長年醫局刻本　四册

430000－2442－0000133　S281.1/1.3
本經疏證十二卷　(清)鄒澍撰　清道光二十九年(1849)刻本　八册

430000－2442－0000134　S281.1/11
本草三家合注六卷　(清)郭汝聰注　清青雲閣刻本　一册　存一卷(一)

430000－2442－0000135　S281.1/11.1
本草三家合注六卷　(清)郭汝聰注　清刻本　六册

430000－2442－0000136　S281.1/9.3
神農本草經讀四卷　(清)陳念祖撰　清南雅堂刻本　二册

430000－2442－0000137　S281.1/9.2
神農本草經讀四卷　(清)陳念祖撰　清南雅堂刻本　二册

430000－2442－0000138　S281.1/8.3
本草經解要四卷　(清)葉桂撰　清金閶書業堂刻本　四册

430000－2442－0000139　S281.1/13
本草經疏輯要十卷　(清)吳世鎧撰　清刻本　四册

430000－2442－0000140　S281.1/12
本草崇原集説三卷本草經續集説一卷　(清)仲學輅撰　(清)章炳森補正　清宣統二年(1910)仲氏刻本　四册

430000－2442－0000141　S281.1/21
神農本草經讀四卷　(清)陳念祖撰　清文奎

堂刻本　二冊

430000－2442－0000142　S272/9
專治時疫白喉證論一卷楊氏時疫白喉證論一卷　(清)張紹修撰　清刻本　一冊

430000－2442－0000143　S272/9.2
專治時疫白喉證論一卷　(清)張紹修撰　清光緒十四年(1888)刻本　一冊

430000－2442－0000144　S272/10
時疫白喉捷要一卷　(清)張紹修撰　清光緒二十八年(1902)上海商務印書館鉛印本　一冊

430000－2442－0000145　S272/10.2
時疫白喉捷要一卷　(清)張紹修撰　清光緒五年(1879)黃自福堂刻本　一冊

430000－2442－0000146　S277/10
胎產全書一卷　(清)單養賢撰　清刻本　一冊

430000－2442－0000147　S277/11.3
經效產寶二卷附經效產寶續一卷　(唐)昝殷撰　清光緒七年(1881)刻本　一冊

430000－2442－0000148　S277/21
傅青主男科二卷附產後篇二卷　(清)傅山撰　清光緒十三年(1887)湖北官書處刻本　三冊

430000－2442－0000149　S277/20.3
傅青主女科二卷附產後篇二卷　(清)傅山撰　清同治八年(1869)湖北崇文書局刻本　二冊

430000－2442－0000150　S277/20
世補齋醫書三卷　(清)傅山撰　清刻本　二冊

430000－2442－0000151　S277/30.2
女科要旨四卷　(清)陳念祖撰　清刻本　一冊

430000－2442－0000152　S277/30.1
女科要旨四卷　(清)陳念祖撰　清文奎堂刻本　二冊

430000－2442－0000153　S277/22.2
三刻太醫院補注婦人良方大全二十四卷　(宋)陳自明撰　明竹林堂刻本　六冊

430000－2442－0000154　S277/22.4
三刻太醫院補注婦人良方大全二十四卷　(宋)陳自明撰　明竹林堂刻本　六冊

430000－2442－0000155　S277/43.2
大生要旨五卷　(清)唐千頃撰　清同治九年(1870)星沙江夏堂刻本　一冊

430000－2442－0000156　S277/43.5
大生要旨五卷　(清)唐千頃撰　清嘉慶十三年(1808)武陵同心堂刻本　一冊

430000－2442－0000157　S277/47
達生保嬰稀痘全編二卷　(清)亟齋居士撰　清光緒十七年(1891)愛日堂朱宅刻本　一冊

430000－2442－0000158　S277/63
產孕集二卷　(清)張曜孫撰　清同治十年(1871)福省後街宮巷口吳玉田刻鋪刻本　一冊

430000－2442－0000159　S277/63.1
產孕集二卷　(清)張曜孫撰　清刻本　一冊

430000－2442－0000160　S277/63.2
產孕集二卷　(清)張曜孫撰　清同治七年(1868)蘊璞齋刻本　一冊

430000－2442－0000161　S277/62
產科心法二卷　(清)汪喆撰　清道光十二年(1832)壽生堂刻本　一冊

430000－2442－0000162　S277/20.3
傅青主女科二卷附產後篇二卷　(清)傅山撰　清道光二十四年(1844)書業德刻本　四冊

430000－2442－0000163　S277/78
產寶百問五卷　(元)朱震亨纂輯　(明)王肯堂訂正　明朱文堂刻本　二冊

430000－2442－0000164　S277/87
產後編二卷　(清)傅山撰　清刻本　一冊

430000－2442－0000165　S277/44

萬氏家藏女科一卷　(明)萬全撰　清刻本　一册

430000－2442－0000166　S277/42
竹林寺婦科秘方一卷　(清)竹林寺僧撰　清浙省城内顧海洲顧宅刻本　一册

430000－2442－0000167　S277/43
大生要旨五卷　(清)唐千頃撰　清刻本　二册

430000－2442－0000168　S277/45
胎產護生篇一卷　(清)李長科編　清李光明莊刻本　一册

430000－2442－0000169　S277/44.1
萬氏婦人科三卷　(明)萬全撰　清嘉慶十年(1805)樹經堂刻本　一册

430000－2442－0000170　S277/97
萬氏婦人科三卷達生篇一卷合刻　(明)萬全撰　清文光堂刻本　二册

430000－2442－0000171　S277/97.1
萬氏婦人科三卷達生篇一卷合刻　(明)萬全撰　清文光堂刻本　二册

430000－2442－0000172　S279/11.5
幼幼集成六卷　(清)陳復正撰　清竹秀山房刻本　五册　存五卷(一至二、四至六)

430000－2442－0000173　S279/3
兒科醒十二卷　(清)芝嶼樵客撰　清上海千頃堂書局石印本　二册

430000－2442－0000174　S279/4
保嬰易知錄二卷補編一卷　(清)吳寧瀾撰　清同治十二年(1873)甯城千歲坊老蔣文照瑞記刻字鋪刻本　一册

430000－2442－0000175　S279/4
保嬰易知錄二卷補編一卷　(清)吳寧瀾撰　清光緒五年(1879)常昭育嬰堂刻本　二册

430000－2442－0000176　S279/8
傳種改良問答不分卷　(日本)森田俊太郎撰　清光緒二十七年(1901)上海商務印書館鉛印本　一册

430000－2442－0000177　S279/9
小兒養育法不分卷　(日本)渡邊光次撰　清光緒二十七年(1901)疇隱廬石印本　一册

430000－2442－0000178　S279/11.2
幼幼集成六卷　(清)陳復正撰　清光緒二十八年(1902)經元書室刻本　六册

430000－2442－0000179　S279/12
幼科鐵鏡六卷　(清)夏鼎撰　清漁古山房刻本　二册

430000－2442－0000180　S279/12.4
幼科鐵鏡六卷　(清)夏鼎撰　清光緒二十八年(1902)刻本　二册　存五卷(一至五)

430000－2442－0000181　S279/12.5
幼科鐵鏡六卷　(清)夏鼎撰　清維新書局刻本　一册

430000－2442－0000182　S279/12.8
幼科鐵鏡六卷　(清)夏鼎撰　清光緒二十一年(1895)刻本　一册

430000－2442－0000183　S279/12.6
幼科鐵鏡六卷　(清)夏鼎撰　清刻本　一册

430000－2442－0000184　S279/13
活幼心法八卷末一卷　(明)聶尚恒撰　清同治八年(1869)刻本　二册

430000－2442－0000185　S279/14.2
嬰童百問十卷　(明)魯伯嗣撰　清刻本　四册

430000－2442－0000186　S279/14
嬰童百問十卷　(明)魯伯嗣撰　明刻本　四册

430000－2442－0000187　S279/17
驚風辨證必讀書(治驗錄、福幼編)不分卷　(清)莊一夔撰　清光緒十八年(1892)漢川劉氏刻本　一册

430000－2442－0000188　S279/17
驚風辨證必讀書(治驗錄、福幼編)不分卷　(清)莊一夔撰　清光緒十八年(1892)漢川劉氏刻本　一册

430000－2442－0000189　S279/26
小兒藥證真訣三卷　（宋）錢乙撰　清光緒十九年(1893)刻本　一册

430000－2442－0000190　S279/26.2
小兒藥證真訣三卷　（宋）錢乙撰　清光緒十四年(1888)長沙惜陰書局刻惜陰軒叢書本　一册

430000－2442－0000191　S279/22.2
福幼叢編一卷附癲狗咬傷救急神效方　（清）莊一夔撰　清光緒三十年(1904)丹陽王敦厚堂刻本　一册

430000－2442－0000192　S279/40.5
顱顖經二卷　（宋）□□撰　清藤花榭刻本　一册

430000－2442－0000193　S279/49
幼科切要一卷　（清）王錫鑫編　清善存堂刻本　一册

430000－2442－0000194　S279/45
保赤存真十卷　（清）余含棻撰　清光緒二年(1876)慎德堂刻本　八册

430000－2442－0000195　S279/79
幼科指掌五卷　（清）葉其蓁撰　清會成堂書坊刻本　四册

430000－2442－0000196　S279/78
鄭氏麻科保赤金丹四卷　（清）謝玉瓊編　清光緒二十六年(1900)刻本　四册

430000－2442－0000197　S279/78.1
鄭氏瘖略一卷　（清）鄭啟壽撰　清同治九年(1870)汲綆堂刻本　一册

430000－2442－0000198　S279/74
千金至寶一卷　（清）莊一夔撰　清同治九年(1870)陶漱藝齋刻字鋪刻本　一册

430000－2442－0000199　S279/64
保赤要言五卷　（清）王德森編　清宣統二年(1910)笪錦和刻本　一册

430000－2442－0000200　S279/62
保赤全書二卷　（明）官橓撰　（明）李時中增補　清刻本　二册

430000－2442－0000201　S279/81
幼科要覽四卷　（清）曹光熙撰　清敬藝堂刻本　二册

430000－2442－0000202　S279/85
保嬰合璧一卷　（清）□□撰　清同治七年(1868)杭州任有容齋刻本　一册

430000－2442－0000203　S279/87
福幼遂生編不分卷　（清）莊一夔撰　清光緒十五年(1889)上海文藝齋刻本　一册

430000－2442－0000204　S279/88
遂生福幼合編不分卷　（清）莊一夔撰　清同治三年(1864)漢口鎮善書坊刻本　一册

430000－2442－0000205　S279/89
馮氏錦囊秘録痘疹全集一卷　（清）馮兆張撰　清抄本　一册

430000－2442－0000206　S279/3
兒科醒十二卷　（清）芝嶼樵客撰　清上海千頃堂書局石印本　二册

430000－2442－0000207　S279.2/1
黃帝逸典痘癥秘書十三卷　題(唐)藍采和註釋　清刻本　二册

430000－2442－0000208　S279.2/1.1
黃帝逸典痘癥秘書十三卷　題(唐)藍采和註釋　清欣賞書屋刻本　二册

430000－2442－0000209　S279.2/4
痘科輯要五卷痘癥續集一卷痘癥經驗良方一篇增刻險癥秘方一篇痘證驗方一篇滙選古今稀痘方一卷痘證三集一卷(莊在田)幼科慢驚一卷(莊在田)痲科輯要一卷　（清）文起撰　清道光九年(1829)長沙懷德堂刻本　三册

430000－2442－0000210　S279.2/5
痘科類編釋意三卷　（明）翟良撰　清嘉慶二十年(1815)雲南迤西會館刻本　三册

430000－2442－0000211　S279.2/5.3
痘科彙編五卷　（明）翟良撰　清雲林唐積秀刻本　六册

430000－2442－0000212　S279.2/5.4
痘科彙編五卷　(明)翟良撰　清雲林唐積秀刻本　六冊

430000－2442－0000213　S279.2/6
痘瘄精言四卷　(清)袁句撰　清彙源堂刻本　四冊

430000－2442－0000214　S279.2/7
痘疹集成四卷附麻疹集成二卷　(清)朱楚芬輯　清道光十七年(1837)破愚齋刻本　六冊

430000－2442－0000215　S279.2/8
天花八陣編三卷　(清)王伯偉撰　清書業德記刻本　一冊

430000－2442－0000216　S279.2/9
救偏瑣言十卷　(清)費啟泰撰　清文盛堂刻本　四冊

430000－2442－0000217　S279.2/9.1
救偏瑣言十卷　(清)費啟泰撰　清惠迪堂刻本　六冊

430000－2442－0000218　S279.2/9.2
救偏瑣言五卷　(清)費啟泰撰　清道光二十一年(1841)大文堂刻本　四冊

430000－2442－0000219　S279.2/10.2
痘疹金鏡錄三卷　(明)翁仲仁撰　清同治十一年(1872)孟晉齋刻本　二冊

430000－2442－0000220　S279.2/10.3
痘疹金鏡錄三卷　(明)翁仲仁撰　清同治十一年(1872)刻本　三冊

430000－2442－0000221　S279.2/11
痲科活人全書四卷　(清)謝玉瓊撰　清刻本　四冊

430000－2442－0000222　S279.2/11.1
痲科活人全書四卷　(清)謝玉瓊撰　清光緒二十六年(1900)太和書局刻本　一冊　存二卷(一至二)

430000－2442－0000223　S279.2/11.4
痲科活人全書四卷　(清)謝玉瓊撰　清光緒十九年(1893)江右廣潤門内廣昌漆號刻本　四冊

430000－2442－0000224　S279.2/11.5
痲科活人全書四卷　(清)謝玉瓊撰　清咸豐元年(1851)龍溪彭厚德堂刻本　四冊

430000－2442－0000225　S279.2/11.5
摘星樓治痘全書十八卷　(明)朱一麟撰　清光緒十二年(1886)培植堂刻本　十一冊

430000－2442－0000226　S279.2/13
痘疹慈航一卷　(清)聶尚恒撰　清同治四年(1865)三讓堂刻本　一冊

430000－2442－0000227　S279.2/13.2
痘疹慈航一卷　(清)聶尚恒撰　清同治四年(1865)經綸堂刻本　一冊

430000－2442－0000228　S279.2/13.3
痘疹慈航二卷　(清)聶尚恒撰　清光緒四年(1878)杭州珠寶巷竹簡齋刻本　一冊

430000－2442－0000229　S279.2/15
痘學真傳八卷　(清)葉大椿撰　清金閶巽記刻本　四冊

430000－2442－0000230　S279.2/28
痘疹心法九卷　(明)萬全撰　清刻本　三冊

430000－2442－0000231　S279.2/28.1
痘疹玉髓二卷　(□)□□撰　清刻本　二冊

430000－2442－0000232　S279.2/29
引種牛痘方一卷　(清)邱熺撰　清刻本　一冊

430000－2442－0000233　S279.2/30
治疹全書三卷　(清)夏禹鑄撰　清咸豐八年(1858)錢遺經堂刻本　一冊

430000－2442－0000234　S279.2/30.3
治疹全書三卷　(清)夏禹鑄撰　清刻本　一冊

430000－2442－0000235　S279.2/32
痧痘集解六卷　(清)俞茂鯤撰　清光緒二年(1876)李松壽號刻本　四冊

430000－2442－0000236　S279.2/32.1

痧痘集解六卷　(清)俞茂鯤撰　清光緒二年(1876)李松壽號刻本　四冊

430000－2442－0000237　S279.2/32.3
痧痘集解五卷　(清)俞茂鯤撰　清光緒二年(1876)李松壽號刻本　三冊

430000－2442－0000238　S279.2/33
痘疹心法十二卷　(清)段希孟撰　清光緒二十五年(1899)刻本　二冊

430000－2442－0000239　S279.2/37
麻疹闡注四卷　(清)張廉撰　清道光二十八年(1848)朱增耀刻字店刻本　一冊

430000－2442－0000240　S279.2/37.2
麻疹闡注四卷　(清)張廉撰　清諸暨水霞張刻本　一冊

430000－2442－0000241　S279.2/39
引痘略合編一卷　(清)邱熺撰　清刻本　二冊

430000－2442－0000242　S279.2/39.5
引痘略一卷　(清)邱熺撰　清刻本　一冊

430000－2442－0000243　S279.2/39.1
引痘略一卷　(清)邱熺撰　清同治九年(1870)書業德記刻本　一冊

430000－2442－0000244　S279.2/39.2
引痘略一卷　(清)邱熺撰　清咸豐七年(1857)善成堂刻本　二冊

430000－2442－0000245　S279.2/39.6
引痘略一卷　(清)邱熺撰　清宣統元年(1909)掃葉山房刻本　三冊

430000－2442－0000246　S279.2/39.7
引痘略一卷　(清)邱熺撰　清同治元年(1862)郁文堂刻本　一冊

430000－2442－0000247　S279.2/39.8
引痘略一卷　(清)邱熺撰　清咸豐七年(1857)善成堂刻本　二冊

430000－2442－0000248　S279.2/39.9
引痘略一卷　(清)邱熺撰　清同治元年(1862)郁文堂刻本　一冊

430000－2442－0000249　S279.2/39.3
牛痘新書一卷　(清)邱熺撰　清道光二十年(1840)刻本　一冊

430000－2442－0000250　S279.2/39.4
牛痘新書一卷　(清)邱熺撰　清刻本　一冊

430000－2442－0000251　S279.2/40
麻疹全書四卷　(清)湯鼎烜撰　清光緒三十一年(1905)蕭濟生堂刻本　四冊

430000－2442－0000252　S279.2/42
種痘新書十二卷　(清)張琰撰　清種福堂刻本　六冊

430000－2442－0000253　S279.2/42.1
種痘新書十二卷　(清)張琰撰　清種福堂刻本　二冊

430000－2442－0000254　S279.2/42.2
種痘新書十二卷　(清)張琰撰　清同治十年(1871)善存堂刻本　六冊

430000－2442－0000255　S279.2/42.3
種痘新書十二卷　(清)張琰撰　清同治十年(1871)善存堂刻本　六冊

430000－2442－0000256　S279.2/42.4
種痘新書十二卷　(清)張琰撰　清務本堂刻本　三冊

430000－2442－0000257　S279.2/44
中西痘科合璧十二卷　(清)邱熺撰　清光緒三十二年(1906)上海書局石印本　六冊

430000－2442－0000258　S279.2/48
痘疹定論三卷　(清)朱純嘏撰　清同治九年(1870)濟南刻本　二冊

430000－2442－0000259　S279.2/48.1
痘疹定論三卷　(清)朱純嘏撰　清同治九年(1870)濟南刻本　二冊

430000－2442－0000260　S279.2/48.2
痘疹定論三卷　(清)朱純嘏撰　清刻本　三冊

430000－2442－0000261　S279.2/48.3
痘疹定論四卷　(清)朱純嘏撰　清刻本　二冊

430000－2442－0000262　S279.2/48.4
痘疹定論四卷　(清)朱純嘏撰　清蘭州府署刻本　四冊

430000－2442－0000263　S279.2/49
痘疹正宗三卷　(清)宋麟祥撰　清光緒十年(1884)校經山房刻本　一冊

430000－2442－0000264　S279.2/49.2
痘疹正宗二卷　(清)宋麟祥撰　清刻本　二冊

430000－2442－0000265　S279.2/50
痘疹精言四卷　(清)袁句撰　清乾隆三十四年(1769)集錦堂刻本　二冊

430000－2442－0000266　S279.2/51
痘疹活幼心法一卷　(明)聶尚恒撰　清刻本　一冊

430000－2442－0000267　S279.2/52
痘疹經驗集二卷　(清)韓文博撰　清光緒三十二年(1906)善成堂刻本　一冊

430000－2442－0000268　S279.2/55
痘科彙編四卷痲科彙編一卷　(明)翟良撰　清乾隆三十八年(1773)致和堂刻本　六冊

430000－2442－0000269　S279.2/56
痘訣餘義二卷　(清)許豫和撰　清刻本　二冊

430000－2442－0000270　S279.2/57
小兒諸熱辨二卷　(清)許豫和撰　清刻本　二冊

430000－2442－0000271　S279.2/59
誠書痘疹三卷　(清)談金章撰　清刻本　五冊

430000－2442－0000272　S279.2/60
痧癥指微不分卷　(清)釋普淨撰　清光緒二十二年(1896)鎮江文成堂刻本　一冊

430000－2442－0000273　S279.2/61
痘痲定論四卷　(清)朱純嘏撰　清光緒二十九年(1903)道生臺刻本　二冊

430000－2442－0000274　S279.2/63
刺痘要法一卷　(清)余懋撰　清光緒十年(1884)白岳庵刻本　一冊

430000－2442－0000275　S279.2/62
痘疹慢驚秘訣不分卷　(清)莊一夔撰　清嘉慶二十一年(1816)湖北漢口金芝堂刻本　一冊

430000－2442－0000276　S279.2/64
痘證寶閥六卷　(清)強健撰　清同治元年(1862)醉六堂刻本　二冊

430000－2442－0000277　S279.2/65
痘科扼要一卷附種痘心法一卷　(清)陳奇生撰　清光緒元年(1875)婁東刻本　二冊

430000－2442－0000278　S279.2/65.2
痘科扼要一卷　(清)陳奇生撰　清刻本　一冊

430000－2442－0000279　S279.2/66
痲痘新編二卷　(清)俞世球撰　清刻本　二冊

430000－2442－0000280　S279.2/67
經驗痘疹不求人方論一卷　(清)朱棟隆撰　清刻本　一冊

430000－2442－0000281　S279.2/68
痘疹真傳二卷　(明)曹光熙撰　清嘉慶二十二年(1817)敬藝堂刻本　六冊

430000－2442－0000282　S279.2/69
痘疹醫方二卷　(清)徐觀政撰　清刻本　二冊

430000－2442－0000283　S279.2/7
痘科摘要四卷　(清)陳啟運撰　清蒗竹軒藏刻本　四冊

430000－2442－0000284　S279.2/75
痘疹心印二卷　(明)孫一奎撰　清果育軒刻本　四冊

430000－2442－0000285　S279.2/76
痘疹專門秘授二卷　(清)董維嶽撰　清道光二十五年(1845)書業德記刻本　二册

430000－2442－0000286　S279.2/77
御纂痘科一卷　(清)吴謙等編纂　清刻本　一册

430000－2442－0000287　S279.2/78
萬氏秘傳片玉痘疹十三卷　(明)萬全撰　清刻本　二册

430000－2442－0000288　S279.2/79
痘疹指南四卷　(清)宋麟祥撰　清道光元年(1821)刻本(本衙藏板)　二册

430000－2442－0000289　S279.2/91
痘疹精詳十卷　(清)周冠撰　清刻本　一册　存三卷(七至九)

430000－2442－0000290　S279.2/93
痘疹大成四卷　(清)侯功震撰　清光緒二年(1876)忠恕堂侯刻本　四册

430000－2442－0000291　S255/8.3
溫熱經緯五卷　(清)王士雄撰　清同治十三年(1874)湖北崇文書局刻本　四册

430000－2442－0000292　S255/8.31
溫熱經緯五卷　(清)王士雄撰　清同治十三年(1874)湖北崇文書局刻本　四册

430000－2442－0000293　S255/37
痧癥全書三卷　(清)王凱撰　清同治九年(1870)刻本　一册

430000－2442－0000294　S255/37.3
痧癥全書三卷　(清)王凱撰　清光緒九年(1883)山西濬文書局刻本　一册

430000－2442－0000295　S255/37.31
痧癥全書三卷　(清)王凱撰　清光緒九年(1883)山西濬文書局刻本　一册

430000－2442－0000296　S255/52
痧癥發微二卷附張氏醫通番痧　(清)馬驤撰　清咸豐十年(1860)河南信陽州署刻本　一册

430000－2442－0000297　S255/59
瘧疾論三卷　(清)韓善徵撰　清刻本　一册

430000－2442－0000298　S255/84.3
痧脹玉衡三卷附後卷　(清)郭志邃撰　清揚州有義堂刻本　四册

430000－2442－0000299　S255/84.4
痧脹玉衡三卷附後卷　(清)郭志邃撰　清道光二十六年(1846)廣安九皇宫刻本　二册

430000－2442－0000300　S255/96
痢疾論四卷　(清)孔毓禮撰　清道光二十七年(1847)刻本　四册

430000－2442－0000301　S255/102
寒溫條辯七卷附溫病壞證一卷　(清)楊璿　(清)陳良佐撰　清刻本　四册

430000－2442－0000302　S255/102.1
瘟疫條辨摘要六卷　(清)楊璿　(清)陳良佐撰　清光緒二十一年(1895)曾忠恕堂刻本　一册

430000－2442－0000303　S255/103
痧證彙要四卷　(清)孫玘撰　清光緒五年(1879)刻本　一册

430000－2442－0000304　S255/104
溫熱贅言一卷　(清)寄瓢子撰　清靈鶴山房吴氏刻本　一册

430000－2442－0000305　S255/104.1
溫熱贅言一卷　(清)寄瓢子撰　清靈鶴山房吴氏刻本　一册

430000－2442－0000306　S255/105
春溫三字訣一卷　(清)張汝珍撰　清刻本　一册

430000－2442－0000307　S255/107
霍亂新論不分卷　(清)姚訓恭撰　清狼虎街官刻字局刻本　一册

430000－2442－0000308　S255/107.1
霍亂新論不分卷　(清)姚訓恭撰　清宣統元年(1909)上海著易堂書局鉛印本　一册

430000－2442－0000309　S255/113
芷園素社痎瘧論疏一卷　(明)盧之頤撰　清刻本　一册

430000－2442－0000310　S255/120
痢癥三字訣一卷　(清)唐容川撰　清刻本　一册

430000－2442－0000311　S255/121
霍亂審證舉要一卷　(清)連文冲撰　清刻本　一册

430000－2442－0000312　S255/124
溫病條辨六卷　(清)吳瑭撰　清刻本　四册

430000－2442－0000313　S255/124.1
溫病條辨六卷　(清)吳瑭撰　清光緒三十二年(1906)上海千頃堂書局石印本　二册

430000－2442－0000314　S255/124.2
溫病條辨六卷　(清)吳瑭撰　清光緒二十五年(1899)曲江書屋石印本　四册

430000－2442－0000315　S255/124.3
溫病條辨六卷　(清)吳瑭撰　清光緒十八年(1892)文源堂刻本　六册

430000－2442－0000316　S255/124.4
溫病條辨六卷　(清)吳瑭撰　清粵東惠濟倉刻本　四册

430000－2442－0000317　S255/134
急救異痧奇方一卷附經驗百病内外癥良方一卷　(清)覺因道人編　清光緒十四年(1888)江左書林刻本　一册

430000－2442－0000318　S255/134.2
急救異痧奇方一卷附經驗百病内外癥良方一卷　(清)覺因道人編　清光緒三十三年(1907)巴蜀善成堂刻本　一册

430000－2442－0000319　S255/137
瘟疫條辯摘要一卷　(清)陳良佐　(清)楊璿原著　(清)吕田集錄　清光緒十五年(1889)浙江書局刻本　一册

430000－2442－0000320　S255/141
補注瘟疫論四卷　(明)吳有性著　(清)洪天錫補注　清刻本　四册

430000－2442－0000321　S255/142
廣瘟疫論四卷　(明)吳有性撰　清同治十一年(1872)慎得堂刻本　二册

430000－2442－0000322　S255/142.1
廣瘟疫論四卷　(明)吳有性撰　清道光八年(1828)掃葉山房刻本　一册

430000－2442－0000323　S255/142.2
廣瘟疫論四卷附方一卷　(明)吳有性撰　清刻本　二册

430000－2442－0000324　S255/156
傷寒瘟疫抉要五卷　(清)蔡貽績撰　清嘉慶二十二年(1817)翰墨園刻本　四册

430000－2442－0000325　S255/154
治痢金丹八卷　(清)沈漢澄撰　清刻本　六册

430000－2442－0000326　S255/155
興化實濟局霍亂痳痧辨證一卷附興化實濟局霍亂論一篇　(清)趙履鰲　(清)江曲春撰　清光緒十四年(1888)興化四聖觀刻本　一册

430000－2442－0000327　S255/156.1
傷寒瘟疫抉要五卷　(清)蔡貽績撰　清嘉慶二十二年(1817)翰墨園刻本　五册

430000－2442－0000328　S255/163
溫疫論二卷　(明)吳有性撰　清光緒六年(1880)善存堂刻本　一册

430000－2442－0000329　S255/164
疫痧二癥合編六卷　(清)劉奎撰　清道光二十六年(1846)廣安九皇宮刻本　六册

430000－2442－0000330　S255/164
說疫全書六卷　(清)劉奎撰　清道光二十六年(1846)廣安九皇宮刻本　二册

430000－2442－0000331　S255/165
痢癥定論大全四卷附失血證治一卷　(清)孔毓禮撰　清光緒九年(1883)敦厚堂刻本　二册

430000－2442－0000332　S255/167
疫證治例五卷　(清)朱蘭臺撰　清光緒十八年(1892)易知堂刻本　四冊　存四卷(一至四)

430000－2442－0000333　S255/167.1
疫證治例五卷　(清)朱蘭臺撰　清光緒十八年(1892)易知堂刻本　五冊

430000－2442－0000334　S255/171
溫熱病指南集一卷　(清)陳祖恭撰　清光緒二年(1876)雲間復園刻本　一冊

430000－2442－0000335　S255/173
霍亂驗方一卷　鄭觀應撰　清森寶閣刻本　一冊

430000－2442－0000336　S255/174
瘟疫論補注二卷　(明)吳有性撰　清光緒二十一年(1895)揚州文富堂刻本　二冊

430000－2442－0000337　S255/174.2
溫疫論二卷　(明)吳有性撰　清天德堂刻本　二冊

430000－2442－0000338　S255/177
訂正再版鼠疫良方彙編一卷　(清)徐相任編　清宣統三年(1911)商務印書館鉛印本　一冊

430000－2442－0000339　S255/185
痧癥輯要四卷　(清)葉霖撰　清刻本(石林書屋藏板)　七冊

430000－2442－0000340　S255/189
增補瘟疫論二卷　(明)吳有性撰　(清)敬慎醫室編輯　清天津大公報館鉛印本　二冊

430000－2442－0000341　S255/190
痢瘧奇方一卷　(清)倪涵初撰　清乾隆四十九年(1784)永思堂刻本　一冊

430000－2442－0000342　S255/195
三證指南瘧疾論一卷　(清)倪涵初撰　清光緒二十年(1894)績谿老漁募刻本(湖北官書處刻字所藏板)　一冊

430000－2442－0000343　S255/200
醫門普度溫疫論二卷　(明)吳有性撰　(清)孔毓禮　(清)龔紹林評　清天德堂刻本　二冊

430000－2442－0000344　S255/201
晰微補化全書二卷補遺一卷　(清)王養吾編　清振古堂刻本　四冊

430000－2442－0000345　S255/205
瘟疫析疑四卷　(清)唐毓厚撰　清光緒九年(1883)刻本　四冊

430000－2442－0000346　S255/208
廣溫疫論四卷　(清)戴天章撰　清刻本　一冊　存二卷(一至二)

430000－2442－0000347　S258/42
血證論八卷　(清)唐宗海撰　清光緒三十四年(1908)千頃堂書局石印本　二冊

430000－2442－0000348　S258/42.7
血證論八卷　(清)唐宗海撰　清光緒三十四年(1908)千頃堂書局石印本　二冊

430000－2442－0000349　S258/42.6
血證論八卷　(清)唐宗海撰　清光緒三十四年(1908)千頃堂書局石印本　二冊

430000－2442－0000350　S258/47
紅爐點雪四卷　(明)龔居中撰　清光緒二十五年(1899)杭州衢樽書局石印本　三冊

430000－2442－0000351　S258/47
紅爐點雪四卷　(明)龔居中撰　清白鹿山房刻本　三冊

430000－2442－0000352　S26/3
外科真詮二卷　(清)鄒嶽撰　清同治十一年(1872)刻本　二冊

430000－2442－0000353　S26/12
瘍醫大全四十卷　(清)顧世澄纂　清光華堂刻本　四十六冊

430000－2442－0000354　S26/13
外科正宗十二卷　(明)陳實功撰　清學海堂刻本　四冊

430000－2442－0000355　S26/13.1
外科正宗十二卷　（明）陳實功撰　（清）徐靈胎評　清咸豐十年（1860）文富堂刻本　十二册

430000－2442－0000356　S26/13.6
外科正宗十二卷　（明）陳實功撰　（清）徐靈胎評　清光緒三十一年（1905）上海福記書局石印本　四册

430000－2442－0000357　S26/14
瘍醫準繩六卷　（明）王肯堂撰　清修敬堂刻本　八册

430000－2442－0000358　S26/20
外科精要三卷　（宋）陳自明編　（明）薛幾註　明刻本　一册

430000－2442－0000359　S26/21.2
外科百效全書六卷前附外科補遺秘授經驗奇方一卷　（明）龔居中撰　清刻本　三册

430000－2442－0000360　S26/21
外科百效全書六卷　（明）龔居中撰　清刻本　二册

430000－2442－0000361　S26/22
外科大成四卷　（清）祁坤撰　清上海江東茂記書局石印本　一册

430000－2442－0000362　S26/22.3
外科大成四卷　（清）祁坤撰　清刻本（函三堂藏板）　八册

430000－2442－0000363　S26/22.4
外科大成四卷　（清）祁坤撰　清善成堂刻本　四册

430000－2442－0000364　S26/23
瘡瘍經驗全書十三卷　（宋）竇漢卿輯　清康熙五十六年（1717）浩然樓刻本　十二册

430000－2442－0000365　S26/23.1
瘡瘍經驗全書十三卷　（宋）竇漢卿輯　清乾隆十年（1745）養元堂刻本　六册

430000－2442－0000366　S26/23.3
瘡瘍經驗全書六卷　（宋）竇漢卿輯　清宣統二年（1910）上海掃葉山房石印本　六册

430000－2442－0000367　S26/23.4
瘡瘍經驗全書六卷　（宋）竇漢卿輯　清刻本（崇順堂藏板）　六册

430000－2442－0000368　S26/24
瘍科捷徑三卷　（清）時世瑞撰　清刻本　三册

430000－2442－0000369　S26/32
增訂治疗彙要三卷附過氏醫案一卷　（清）過鑄撰　清刻本　二册

430000－2442－0000370　S26/32.2
增訂治疗彙要三卷　（清）過鑄撰　清上海廣益書局石印本　二册

430000－2442－0000371　S26/32.2
增訂治疗彙要三卷　（清）過鑄撰　清上海廣益書局石印本　一册　缺一卷（下）

430000－2442－0000372　S26/32.1
增訂治疗彙要三卷　（清）過鑄撰　清刻本　三册

430000－2442－0000373　S26/33
瘍科心得集三卷附方彙三卷家用膏丹丸散方一卷　（清）高秉鈞撰　清刻本　三册

430000－2442－0000374　S26/33.2
瘍科心得集三卷　（清）高秉鈞撰　清刻本　二册

430000－2442－0000375　S26/33.3
瘍科心得集三卷附方彙三卷家用膏丹丸散方一卷　（清）高秉鈞撰　清嘉慶十四年（1809）盡心齋刻本　四册

430000－2442－0000376　S26/48
外科證治全書五卷附全生集醫案一卷　（清）許克昌　（清）畢法合撰　清同治六年（1867）省城南門東桂街臧鐵筆刻本　五册

430000－2442－0000377　S26/49
外科證治全生一卷　（清）王維德撰　清同治十二年（1873）山左陳介謀刻本　二册

430000－2442－0000378　S26/49.1
外科證治全生集四卷　(清)王維德撰　清光緒四年(1878)潘敏德堂刻本　二册

430000－2442－0000379　S26/49.2
外科證治全生四卷　(清)王維德撰　清潘祖蔭鉛印本　一册

430000－2442－0000380　S26/49.3
外科證治全生一卷　(清)王維德撰　清同治十三年(1874)善成堂刻本　二册

430000－2442－0000381　S26/49.5
外科證治全生一卷　(清)王維德撰　清咸豐十一年(1861)武昌節署刻本　一册

430000－2442－0000382　S26/49.5
外科證治全生一卷　(清)王維德撰　清咸豐十一年(1861)武昌節署刻本　一册

430000－2442－0000383　S26/49.6
外科證治全生一卷　(清)王維德撰　清光緒五年(1879)濰陽棣園氏刻本　一册

430000－2442－0000384　S26/51
臨陣傷科捷要四卷　(英國)帕脱編　(清)舒高第　(清)鄭昌棪譯　清江南機器製造總局鉛印本　四册

430000－2442－0000385　S26/51
臨陣傷科捷要四卷　(英國)帕脱編　(清)舒高第　(清)鄭昌棪譯　清江南機器製造總局鉛印本　四册

430000－2442－0000386　S26/51.1
臨陣傷科捷要四卷　(英國)帕脱編　(清)舒高第　(清)鄭昌棪譯　清江南機器製造總局鉛印本　四册

430000－2442－0000387　S26/53.3
外科理例七卷附方一卷　(明)汪機編　明刻本　三册

430000－2442－0000388　S26/58.2
古梅梁氏癧科全書一卷　(清)梁希曾著　清宣統二年(1910)敬文堂刻本　一册

430000－2442－0000389　S26/60
外科活人定本四卷　(明)龔居中撰　清天德堂刻本　四册

430000－2442－0000390　S26/61
洞天奥旨十六卷　(清)陳士鐸撰　清聚賢堂刻本　四册

430000－2442－0000391　S26/77
外證醫案彙編四卷　(清)余景和撰　清光緒二十年(1894)刻本　四册

430000－2442－0000392　S26/91
外科心法真驗指掌四卷　(清)劉濟川撰　清光緒十三年(1887)天津全順堂刻本　四册

430000－2442－0000393　S265/30
金傷鐵扇散方一卷　(清)明德輯　清悟本堂刻本　一册

430000－2442－0000394　S265/31
跌損妙方一卷　(明)異遠真人著　清刻本　一册

430000－2442－0000395　S271/2
審視瑶函六卷首一卷　(明)傅仁宇撰　清上海掃葉山房石印本　六册

430000－2442－0000396　S271/2.1
審視瑶函六卷　(明)傅仁宇撰　清書業堂刻本　四册　存四卷(一至四)

430000－2442－0000397　S271/2.2
審視瑶函六卷首一卷　(明)傅仁宇撰　清嘉慶二十五年(1820)山淵堂刻本　六册

430000－2442－0000398　S271/2.3
審視瑶函六卷首一卷　(明)傅仁宇撰　清光緒十九年(1893)三義堂刻本　六册

430000－2442－0000399　S271/2.4
審視瑶函六卷首一卷　(明)傅仁宇撰　清醉畊堂刻本(醉耕堂藏板)　十册

430000－2442－0000400　S271/2.5
審視瑶函六卷首一卷　(明)傅仁宇撰　清刻本(經國堂藏板)　六册

430000－2442－0000401　S271/2.6

審視瑤函六卷首一卷　(明)傅仁宇撰　清金閶書業堂刻本　六冊

430000－2442－0000402　S271/2.7

審視瑤函六卷首一卷　(明)傅仁宇撰　清悟本堂刻本　六冊

430000－2442－0000403　S271/2.8

審視瑤函六卷首一卷　(明)傅仁宇撰　清刻本　六冊

430000－2442－0000404　S271/2.9

審視瑤函六卷首一卷　(明)傅仁宇撰　清經綸堂刻本　四冊

430000－2442－0000405　S271/3.2

銀海精微四卷　(唐)孫思邈著　清宏道堂刻本　二冊

430000－2442－0000406　S271/4

眼科龍木論十卷　(明)葆光道人撰　明大文堂刻本　二冊

430000－2442－0000407　S271/4.1

眼科龍木論十卷　(明)葆光道人撰　明大文堂刻本　六冊

430000－2442－0000408　S271/7.2

銀海指南四卷　(清)顧錫撰　清同治六年(1867)校經山房刻本　四冊

430000－2442－0000409　S271/7.2

銀海指南四卷　(清)顧錫撰　清刻本　一冊　存二卷(一至二)

430000－2442－0000410　S271/7.3

銀海指南四卷　(清)顧錫撰　清同治六年(1867)掃葉山房刻本　四冊

430000－2442－0000411　S271/9

一草亭眼科全書四卷　(清)年希堯編　清石印本　一冊

430000－2442－0000412　S271/19

眼科秘書二卷　(清)釋月潭纂輯　清光緒二十二年(1896)刻本　一冊

430000－2442－0000413　S271/27

眼科良方一卷　(清)葉天士抄著　清咸豐二年(1852)長鳳樓刻本　一冊

430000－2442－0000414　S271.4/27

達生篇三卷　(清)亟齋居士撰　清宣統二年(1910)月善居士刻本　一冊

430000－2442－0000415　S272/1

喉證指南四卷　(清)余澤春(寄湘漁父)彙輯　清光緒十七年(1891)文懋齋魏姓刻字鋪刻本　一冊

430000－2442－0000416　S272/1.1

喉證指南四卷　(清)余澤春(寄湘漁父)彙輯　清刻本　一冊

430000－2442－0000417　S272/2

重樓玉玥一卷　(清)鄭梅澗撰　清光緒二十六年(1900)景文齋刻字鋪刻本　一冊

430000－2442－0000418　S272/2.2

重樓玉玥一卷　(清)鄭梅澗撰　清光緒十三年(1887)芋園刻本　一冊

430000－2442－0000419　S272/4

喉科密鈅二卷　(清)鄭麈撰　清刻本　二冊

430000－2442－0000420　S272/8

疫痧草辯論章一卷　(清)陳耕道撰　清咸豐元年(1851)花溪金氏刻本　一冊

430000－2442－0000421　S272/8.1

疫痧草辯論章一卷　(清)陳耕道撰　清光緒六年(1880)宏文堂刻本　一冊

430000－2442－0000422　S272/8.2

疫痧草辯論章一卷　(清)陳耕道撰　清光緒十四年(1888)京都琉璃廠梓文齋刻本　一冊

430000－2442－0000423　S272/11

咽喉秘笈　(清)□□撰　清刻本　一冊

430000－2442－0000424　S272/12

集喉證諸方不分卷附婦婦須知一卷　(清)黃惺溪編　清光緒十三年(1887)刻本(儀孟園藏板)　一冊

430000－2442－0000425　S272/16

咽喉脈證通論一卷 (清)□□撰 清同治十三年(1874)思進齋刻本 一冊

430000－2442－0000426 S272/26
白喉全生集一卷 (清)李紀方輯 清光緒九年(1883)刻本(湘省汪寓藏板) 一冊

430000－2442－0000427 S272/26.1
白喉全生集一卷 (清)李紀方輯 清光緒三十四年(1908)思賢書局刻本 一冊

430000－2442－0000428 S272/26.2
白喉全生集一卷 (清)李紀方輯 清光緒三十四年(1908)思賢書局刻本 一冊

430000－2442－0000429 S272/26.3
白喉全生集一卷 (清)李紀方輯 清宣統元年(1909)惜善堂刻本 一冊

430000－2442－0000430 S272/29
白喉條辯一卷 (清)陳葆善撰 清刻本 一冊

430000－2442－0000431 S272/30
白喉治法忌表抉微一卷 (清)耐修子撰 清刻本 一冊

430000－2442－0000432 S272/30.1
白喉治法忌表抉微一卷 (清)耐修子撰 清光緒十八年(1892)刻本 一冊

430000－2442－0000433 S272/30.2
白喉治法忌表抉微一卷 (清)耐修子撰 清光緒二十三年(1897)刻本 二冊

430000－2442－0000434 S272/30.3
白喉治法忌表抉微一卷 (清)耐修子撰 清光緒十七年(1891)刻本 一冊

430000－2442－0000435 S272/30.4
白喉治法忌表抉微一卷 (清)耐修子撰 清光緒二十七年(1901)上海商務印書館鉛印本 一冊

430000－2442－0000436 S272/31
爛喉丹痧論一卷 (清)金德鑒撰 清光緒二十五年(1899)上海千頃堂石印本 一冊

430000－2442－0000437 S272/31
爛喉丹痧論一卷 (清)金德鑒撰 清光緒二十五年(1899)上海千頃堂石印本 一冊

430000－2442－0000438 S272/32
痧喉論一卷 (清)朱鐵山著 清刻本 一冊

430000－2442－0000439 S272/33
喉科金鑰二卷 (清)袁仁賢撰 清宣統三年(1911)刻本 一冊

430000－2442－0000440 S272/39
疫喉淺論二卷 (清)夏春農撰 清刻本 一冊

430000－2442－0000441 S272/43
喉痧至論不分卷 (清)過鑄撰 清刻本 一冊

430000－2442－0000442 S272/44
白喉辯證一卷 (清)黄維翰撰 清景文齋刻字鋪刻本 一冊

430000－2442－0000443 S272/44.1
白喉辯證一卷 (清)黄維翰撰 清同治四年(1865)劉道合書坊刻本 一冊

430000－2442－0000444 S272/44
焦氏喉科枕秘二卷 (清)金德鑒撰 清刻本 一冊

430000－2442－0000445 S272/47
喉證全科紫珍集二卷 (□)□□撰 清咸豐十一年(1861)刻本(文會堂藏板) 二冊

430000－2442－0000446 S272/47.1
喉證全科紫珍集二卷 (□)□□撰 清光緒八年(1882)刻本 二冊

430000－2442－0000447 S272/48
咽喉秘集二卷 (清)吳張氏原本 (清)海山仙館編 清同治七年(1868)海山仙館刻本 一冊

430000－2442－0000448 S272/50
證治圖注喉科一卷 (□)□□撰 清嘉慶二年(1797)刻本 一冊

430000－2442－0000449　S272/51
經驗喉科不分卷　(清)許佐廷輯　清同治四年(1865)鴻文堂書坊刻本　二册

430000－2442－0000450　S272/54
喉科方論一卷　(清)趙振沅撰　清光緒二十五年(1899)聚元齋刻字鋪刻本　一册

430000－2442－0000451　S272/55
喉科種福五卷　(清)易方撰　清光緒二十五年(1899)益元局刻本　二册

430000－2442－0000452　S272/59
白喉時疫方論一卷　(清)張紹修撰　清光緒十六年(1890)魁光齋刻本　一册

430000－2442－0000453　S272/65
喉痧正的一卷　(清)曹心怡撰　清善成堂刻本　一册

430000－2442－0000454　S277/2
達生編二卷　(清)唐千頃纂　清刻本　二册

430000－2442－0000455　S277/2.1
達生編二卷　(清)亟齋居士著　清天津文美齋刻本　一册

430000－2442－0000456　S277/2.2
廣達生編五卷　(清)亟齋居士著　(清)周毓齡增補　(清)周登庸續輯　清光緒十七年(1891)刻本　六册

430000－2442－0000457　S277/2.3
廣達生編五卷　(清)亟齋居士著　(清)周毓齡增補　(清)周登庸續輯　清光緒十七年(1891)黎宅刻本　六册

430000－2442－0000458　S277/2.4
續廣達生編五卷　(清)周登庸續輯　清刻本　二册　存一卷(二)

430000－2442－0000459　S277/2.8
達生編二卷　(清)亟齋居士著　清刻本　一册

430000－2442－0000460　S277/4
濟陰綱目十四卷　(明)武之望輯著　清金閶書業堂刻本　八册

430000－2442－0000461　S277/4.1
濟陰綱目十四卷　(明)武之望輯著　清刻本　一册　存二卷(八至九)

430000－2442－0000462　S277/4.3
濟陰綱目十四卷　(明)武之望輯著　清刻本　八册

430000－2442－0000463　S277/4.4
濟陰綱目十四卷　(明)武之望輯著　清天德堂刻經綸堂印本　四册

430000－2442－0000464　S277/5
婦科秘方不分卷　(清)竹林寺僧撰　清李光明莊刻本　二册

430000－2442－0000465　S277/5.2
婦科秘方不分卷附胎產護生篇一卷　(清)竹林寺僧撰　清刻本　一册

430000－2442－0000466　S277/6.2
女科經綸八卷　(清)蕭塤撰　清文淵堂刻本　六册

430000－2442－0000467　S277/6.3
女科經綸八卷　(清)蕭塤撰　清光緒十六年(1890)掃葉山房刻本　四册

430000－2442－0000468　S277/6.4
女科經綸八卷　(清)蕭塤撰　清遺經堂刻本　八册

430000－2442－0000469　S277/7
竹林女科四卷　(清)竹林寺僧撰　清光緒十七年(1891)皖江節署刻本　八册

430000－2442－0000470　S277/7.1
竹林女科四卷　(清)竹林寺僧撰　清皖江節署刻本　四册

430000－2442－0000471　S277/8
胎產心法三卷　(清)閻純璽撰　清道光四年(1824)延慶堂莊宅刻本　六册

430000－2442－0000472　S277/8.2
胎產心法三卷　(清)閻純璽撰　清光緒四年(1878)刻本　四册

430000－2442－0000473　S277/8.2
胎產心法三卷　(清)閻純璽撰　清光緒四年(1878)刻本　五册

430000－2442－0000474　S277/9
沈氏女科輯要二卷　(清)沈堯封輯　清同治元年(1862)刻本　二册

430000－2442－0000475　S277/10
女科輯要八卷　(清)周紀常輯　清同治四年(1865)奎照樓刻本　三册

430000－2442－0000476　S251.1/33
傷寒補例二卷　(清)周學海著　清宣統二年(1910)福慧雙修館刻本　一册

430000－2442－0000477　S251.1/34.2
傷寒貫珠集八卷　(清)尤怡註　清蘇州綠潤堂刻本　四册

430000－2442－0000478　S251.1/34.3
傷寒貫珠集八卷　(清)尤怡註　清蘇州綠潤堂刻本　二册

430000－2442－0000479　S251.1/34.3
傷寒貫珠集八卷　(清)尤怡註　清蘇州綠潤堂刻本　三册

430000－2442－0000480　S251.1/35
傷寒撮要四卷　(清)王夢祖編輯　清道光十九年(1839)瑞鴻堂刻本　二册

430000－2442－0000481　S251.1/36
尚論篇四卷　(清)喻昌撰　清刻本　四册

430000－2442－0000482　S251.1/36.1
尚論篇四卷　(清)喻昌撰　清三讓堂刻本　四册

430000－2442－0000483　S251.1/36.2
尚論篇四卷　(清)喻昌撰　清乾隆六十年(1795)博古堂刻本　六册

430000－2442－0000484　S251.1/36.3
尚論篇四卷　(清)喻昌撰　清刻本　二册

430000－2442－0000485　S251.1/36.4
尚論篇四卷　(清)喻昌撰　清光緒三十一年(1905)經元書局刻本　五册

430000－2442－0000486　S251.1/38.2
增輯傷寒論類方四卷　(清)徐大椿編釋　(清)潘霨增輯　清同治五年(1866)古吳潘氏刻本　四册

430000－2442－0000487　S251.1/38.3
增輯傷寒論類方四卷　(清)徐大椿編釋　(清)潘霨增輯　清同治五年(1866)刻本　四册

430000－2442－0000488　S251.1/38.4
傷寒論類方不分卷　(清)徐大椿編輯　清刻本　一册

430000－2442－0000489　S251.1/39.2
傷寒總病論六卷　(宋)龐安時撰　清進業書局石印本　二册

430000－2442－0000490　S251.1/39.3
傷寒總病論六卷　(宋)龐安時撰　清石印本　三册

430000－2442－0000491　S251.1/49
傷寒六經一卷　(漢)張仲景述　清乾隆五十四年(1789)刻本　一册

430000－2442－0000492　S251.1/52.2
傷寒論綱目｜六卷　(清)沈金鰲輯　清刻本　二册　存八卷(一至八)

430000－2442－0000493　S251.1/54
傷寒論注四卷　(清)柯琴著　清宣統元年(1909)同文會刻本　二册

430000－2442－0000494　S251.1/54.1
傷寒論注四卷傷寒論翼二卷　(清)柯琴著　清刻本　八册

430000－2442－0000495　S251.1/54.2
傷寒論注四卷傷寒論翼二卷傷寒附翼二卷　(清)柯琴著　清宏道堂刻本(三多齋藏板)　八册

430000－2442－0000496　S251.1/54.3
傷寒論注四卷傷寒論翼二卷傷寒附翼二卷　(清)柯琴著　清刻本　六册

430000－2442－0000497　S251.1/54.4
傷寒論注四卷傷寒論翼二卷傷寒附翼二卷　(清)柯琴著　清刻本　八册

430000－2442－0000498　S251.1/54.6
傷寒論注四卷傷寒論翼二卷傷寒附翼二卷　(清)柯琴著　清務本堂刻本　八册

430000－2442－0000499　S251.1/54.61
傷寒論注四卷傷寒論翼二卷傷寒附翼二卷　(清)柯琴著　清務本堂刻本　八册

430000－2442－0000500　S251.1/56
傷寒真方歌括六卷　(清)陳念祖撰　清咸豐九年(1859)味根齋刻本　一册

430000－2442－0000501　S251.1/56.1
傷寒真方歌括六卷　(清)陳念祖撰　清光緒二十一年(1895)宏道堂刻本　一册

430000－2442－0000502　S251.1/56.2
傷寒真方歌括六卷　(清)陳念祖撰　清光緒三十四年(1908)寶慶經元書局刻本　一册

430000－2442－0000503　S251.1/56.2
傷寒真方歌括六卷　(清)陳念祖撰　清光緒三十四年(1908)寶慶經元書局刻本　一册

430000－2442－0000504　S251.1/56.2
傷寒真方歌括六卷　(清)陳念祖撰　清光緒三十四年(1908)寶慶經元書局刻本　一册

430000－2442－0000505　S251.1/56.2
傷寒真方歌括六卷　(清)陳念祖撰　清光緒三十四年(1908)寶慶經元書局刻本　一册

430000－2442－0000506　S251.1/56.3
傷寒真方歌括六卷　(清)陳念祖撰　清文奎堂刻本　二册

430000－2442－0000507　S251.1/56.4
傷寒真方歌括六卷　(清)陳念祖撰　清味根齋刻本　二册

430000－2442－0000508　S251.1/58
傷寒醫訣串解六卷　(清)陳念祖撰　清光緒三十四年(1908)寶慶富記書局刻本　一册

430000－2442－0000509　S251.1/58
傷寒醫訣串解六卷　(清)陳念祖撰　清光緒三十四年(1908)寶慶富記書局刻本　一册

430000－2442－0000510　S251.1/58
傷寒醫訣串解六卷　(清)陳念祖撰　清光緒三十四年(1908)寶慶富記書局刻本　一册

430000－2442－0000511　S251.1/58
傷寒醫訣串解六卷　(清)陳念祖撰　清光緒三十四年(1908)寶慶富記書局刻本　一册

430000－2442－0000512　S251.1/58
傷寒醫訣串解六卷　(清)陳念祖撰　清光緒三十四年(1908)寶慶富記書局刻本　一册

430000－2442－0000513　S251.1/58.1
傷寒醫訣串解六卷　(清)陳念祖撰　清光緒三十三年(1907)巴蜀善成堂刻本　一册

430000－2442－0000514　S251.1/58.2
傷寒醫訣串解六卷　(清)陳念祖撰　清文奎堂刻本　一册

430000－2442－0000515　S251.1/58.3
傷寒醫訣串解六卷　(清)陳念祖撰　清味根齋刻本　二册

430000－2442－0000516　S251.1/62
傷寒明理論四卷　(金)成無己撰　清刻本　一册　存二卷(三至四)

430000－2442－0000517　S251.1/62.1
傷寒明理論四卷　(金)成無己撰　清刻本　二册

430000－2442－0000518　S251.1/62.2
傷寒明理論四卷　(金)成無己撰　清刻本　一册

430000－2442－0000519　S251.1/62.3
傷寒明理論四卷　(金)成無己撰　清刻本　二册

430000－2442－0000520　S251.1/62.4
傷寒明理論四卷　(金)成無己撰　清刻本　一册

430000－2442－0000521　S251.1/65
注解傷寒論十卷　(漢)張仲景述　(晉)王叔和撰次　(金)成無己注解　清光緒二十二年(1896)湖南書局刻本　四冊

430000－2442－0000522　S251.1/77.3
張仲景傷寒六經辨證治法八卷　(清)沈明宗編註　清刻本　六冊

430000－2442－0000523　S251.1/81
張仲景傷寒論原文淺注六卷　(清)陳念祖注　清聚和堂刻本　三冊

430000－2442－0000524　S251.1/81.3
張仲景傷寒論原文淺注六卷　(清)陳念祖注　清文奎堂刻本　三冊

430000－2442－0000525　S251.1/85
傷寒論直解六卷　(清)張錫駒撰　清光緒十一年(1885)福州醉經閣刻本　六冊

430000－2442－0000526　S251.1/85.1
傷寒論直解六卷傷寒附餘一卷　(清)張錫駒撰　清刻本(本衙藏板)　四冊

430000－2442－0000527　S251.1/85.2
傷寒論直解六卷　(清)張錫駒撰　清光緒十一年(1885)福州醉經閣刻本　四冊　存四卷(一至四)

430000－2442－0000528　S251.1/91
傷寒兼證析義一卷　(清)張倬著　清刻本　一冊

430000－2442－0000529　S251.1/91.1
傷寒兼證析義一卷　(清)張倬著　清刻本　一冊

430000－2442－0000530　S251.1/99
余注傷寒論翼四卷　(清)柯琴著　(清)余景和注　清蘇州綠蔭堂刻本(上海文瑞樓發行)　二冊

430000－2442－0000531　S251.1/99.2
余注傷寒論翼四卷　(清)柯琴著　(清)余景和注　清光緒十九年(1893)蘇城郡廟東首謝文翰齋刻本　四冊

430000－2442－0000532　S251.1/108
傷寒論三注十六卷　(清)周揚俊撰　清光緒十三年(1887)味經堂刻本　八冊

430000－2442－0000533　S251.1/108.2
傷寒論三注十八卷　(清)周揚俊撰　清光緒十六年(1890)平邑李氏刻本　六冊

430000－2442－0000534　S251.1/108.3
傷寒論三注十八卷　(清)周揚俊撰　清浙江書局刻本　十冊

430000－2442－0000535　S251.1/108.4
傷寒論三注十六卷　(清)周揚俊撰　清宣統二年(1910)掃葉山房石印本　六冊

430000－2442－0000536　S251.1/119
傷寒論淺注補正七卷首一卷　(清)唐宗海撰　清光緒三十四年(1908)千頃堂書局石印本　四冊

430000－2442－0000537　S251.1/119
傷寒論淺注補正七卷首一卷　(清)唐宗海撰　清光緒三十四年(1908)千頃堂書局石印本　一冊　存三卷(一至二、首一卷)

430000－2442－0000538　S251.1/120
傷寒大成五種　(清)張璐撰　清康熙六年(1667)雋永堂刻本　十冊

430000－2442－0000539　S255/124.5
溫病條辨六卷首一卷　(清)吳瑭撰　清刻本　五冊

430000－2442－0000540　S255/124.6
溫病條辨歌括不分卷　(清)方內散人編　清刻本　一冊

430000－2442－0000541　S251.1/127
傷寒大白四卷　(清)秦之楨著　清光緒十年(1884)還讀樓刻本　四冊

430000－2442－0000542　S251.1/129
醫效秘傳三卷附溫熱贅言一卷　(清)葉天士著　清石印本　一冊

430000－2442－0000543　S251.1/129.1
醫效秘傳三卷　(清)葉天士著　清道光十七

年(1837)貯春仙館刻本(吳氏藏板)　三冊

430000－2442－0000544　S251.1/129.2
醫效秘傳三卷　(清)葉天士著　清道光十七年(1837)貯春仙館刻本(吳氏藏板)　三冊

430000－2442－0000545　S291/12.2
三家醫案合刻三卷　(清)吳金壽纂　清道光十一年(1831)姑蘇緑慎堂刻本　二冊

430000－2442－0000546　S251.1/129.3
醫效秘傳三卷　(清)葉天士著　清道光十七年(1837)貯春仙館吳氏刻本　二冊　存二卷(一至二)

430000－2442－0000547　S251.1/130
傷寒六書六卷　(明)陶華撰　清裕元堂刻本　二冊

430000－2442－0000548　S251.1/130.1
傷寒六書六卷　(明)陶華撰　清鳴盛堂刻本　二冊

430000－2442－0000549　S251.1/130.2
傷寒六書六卷　(明)陶華撰　清刻本　二冊

430000－2442－0000550　S251.1/136
傷寒説意十卷首一卷　(清)黄元御撰　清長沙徐樹銘燮龢精舍刻本　二冊

430000－2442－0000551　S251.1/137
傷寒法眼二卷　(清)麥乃求撰　清光緒元年(1875)廣州刻本　二冊

430000－2442－0000552　S251.1/150
傷寒論本義十八卷首一卷末一卷　(清)魏荔彤篹輯　清學耕堂刻本　八冊

430000－2442－0000553　S251.1/154
傷寒論讀不分卷　(清)沈堯封撰　清刻本　二冊

430000－2442－0000554　S251.1/155
傷寒尋源三集　(清)呂震名著　清光緒七年(1881)刻本　三冊

430000－2442－0000555　S251.1/161
傷寒論淺注六卷　(清)陳念祖撰　清南雅堂刻本　四冊

430000－2442－0000556　S251.1/169
傷寒論附餘二卷　(清)王丙著　(清)陸懋修校　清刻本　一冊

430000－2442－0000557　S251.1/170
傷寒論注六卷　(清)王丙著　(清)陸懋修校　清刻本　四冊

430000－2442－0000558　S251.1/172
傷寒例新注一卷　(清)王丙著　(清)陸懋修校　清刻本　一冊

430000－2442－0000559　S251.1/174
傷寒論陽明病釋四卷　(清)陸懋修輯　清刻本　一冊

430000－2442－0000560　S251.2/6
張仲景金匱要略論注二十四卷　(清)徐彬撰　清刻本　三冊

430000－2442－0000561　S251.2/6.1
張仲景金匱要略論注二十四卷　(清)徐彬撰　清光緒五年(1879)校經山房刻本　六冊

430000－2442－0000562　S251.2/10.3
金匱要略心典三卷　(清)尤怡集註　清光緒七年(1881)崇德書院刻本　三冊

430000－2442－0000563　S251.2/12
金匱要略淺注十卷　(清)陳念祖集注　清光緒二十九年(1903)湖南益元書局刻本　一冊　存二卷(一至二)

430000－2442－0000564　S251.2/12.3
金匱要略淺注十卷　(清)陳念祖集注　清咸豐五年(1855)文奎堂刻本　六冊

430000－2442－0000565　S251.2/12.4
金匱要略淺注十卷　(清)陳念祖集注　清道光十七年(1837)南雅堂刻本　六冊

430000－2442－0000566　S251.2/12.5
金匱要略淺注十卷　(清)陳念祖集注　清光緒三十三年(1907)巴蜀善成堂刻本　三冊

430000－2442－0000567　S251.2/12.6

金匱要略淺注十卷　(清)陳念祖集注　清學庫山房刻本　三冊

430000－2442－0000568　S251.2/14
金匱玉函經二注二十二卷附十藥神書　(清)周揚俊撰　清道光十八年(1838)吳郡經義齋刻本(養怡齋藏板)　五冊　缺三卷(十五至十七)

430000－2442－0000569　S251.2/34
金匱方歌括六卷　(清)陳念祖撰　清光緒二十九年(1903)湖南益元書局刻本　一冊　存三卷(一至三)

430000－2442－0000570　S251.2/34.1
金匱方歌括六卷　(清)陳念祖撰　清文奎堂刻本　四冊

430000－2442－0000571　S251.2/34.4
金匱方歌括六卷　(清)陳念祖撰　清南雅堂刻本　四冊

430000－2442－0000572　S251.2/34.5
金匱方歌括六卷　(清)陳念祖撰　清光緒三十三年(1907)善成堂刻本　二冊

430000－2442－0000573　S251.2/37
金匱要略淺注補正九卷　(清)唐宗海補正　清光緒三十四年(1908)上海千頃堂書局石印本　三冊

430000－2442－0000574　S251.2/37.2
金匱要略淺注補正九卷　(清)唐宗海補正　清光緒三十四年(1908)上海千頃堂書局石印本　三冊

430000－2442－0000575　S251.2/37.4
金匱要略淺注補正九卷　(清)唐宗海補正　清石印本　二冊

430000－2442－0000576　S251.2/55
金匱啟鑰三十七卷　(清)黃朝坊輯著　清刻本　三冊　存三卷(一至二、五)

430000－2442－0000577　S255/3
傷寒瘟疫條辯六卷　(清)楊璿撰　清光緒十五年(1889)刻本　六冊

430000－2442－0000578　S255/3.1
傷寒瘟疫條辯六卷　(清)楊璿撰　清刻本　六冊

430000－2442－0000579　S255/3.31
傷寒瘟疫條辯六卷　(清)楊璿撰　清光緒四年(1878)書業堂刻本　六冊

430000－2442－0000580　S255/3.3
傷寒瘟疫條辯六卷　(清)楊璿撰　清光緒四年(1878)書業堂刻本　六冊

430000－2442－0000581　S255/3.5
傷寒瘟疫條辯七卷附溫病壞證全篇一卷　(清)楊璿撰　清光緒二十三年(1897)湖南書局刻本　四冊

430000－2442－0000582　S255/3.2
傷寒瘟疫條辯六卷　(清)楊璿撰　清刻本　六冊

430000－2442－0000583　S255/4
瘟疫論類編五卷附松峰説疫一卷　(清)吳有性著　(清)劉奎訂正　清道光二十二年(1842)三讓堂刻本　六冊

430000－2442－0000584　S255/4.1
瘟疫論類編五卷　(清)吳有性著　(清)劉奎訂正　清聚錦堂刻本　二冊　存二卷(一至二)

430000－2442－0000585　S255/5
鼠疫抉微不分卷　(清)余德壎輯　清刻本　一冊

430000－2442－0000586　S255/6
時病論八卷　(清)雷豐著　清石印本　一冊

430000－2442－0000587　S255/6.2
時病論八卷　(清)雷豐著　清光緒十年(1884)雷慎修堂刻本(三衢養鶴山房藏板)　四冊

430000－2442－0000588　S255/6.3
時病論八卷　(清)雷豐著　清光緒二十四年(1898)上海著易堂鉛印本　五冊

430000－2442－0000589　S255/6.31

時病論八卷　(清)雷豐著　清光緒二十四年(1898)上海著易堂鉛印本　四冊

430000-2442-0000590　S255/6.4
時病論八卷　(清)雷豐著　清光緒三十年(1904)石印本　二冊

430000-2442-0000591　S255/8.4
溫熱經緯五卷　(清)王士雄撰　清光緒八年(1882)新繁東湖刻本　四冊

430000-2442-0000592　S255/10
痢證彙參十卷　(清)吳道源纂輯　清經綸堂刻本　四冊

430000-2442-0000593　S255/11
霍亂論二卷　(清)王士雄撰　清咸豐元年(1851)吟香書屋刻本　一冊

430000-2442-0000594　S255/11.1
霍亂論二卷　(清)王士雄撰　清刻本　一冊

430000-2442-0000595　S255/11.2
霍亂論二卷　(清)王士雄撰　清光緒二十七年(1901)新化三味書屋刻本　一冊

430000-2442-0000596　S255/11.4
隨息居重訂霍亂論不分卷　(清)王士雄撰　清光緒十八年(1892)上海醉六堂石印本　一冊

430000-2442-0000597　S255/11.6
霍亂論二卷　(清)王士雄撰　清光緒十七年(1891)蒲圻但氏刻本　一冊

430000-2442-0000598　S255/12
瘟疫傳癥彙編二十卷　(清)熊立品編輯　清刻本　四冊

430000-2442-0000599　S255/12.1
瘟疫傳癥彙編二十卷　(清)熊立品編輯　清刻本(家塾藏板)　四冊

430000-2442-0000600　S255/12.2
瘟疫傳癥彙編二十卷　(清)熊立品編輯　清刻本(家塾藏板)　四冊

430000-2442-0000601　S255/15
瘟疫論補注二卷　(明)吳有性撰　(清)楊麗南訂正　清道光二十一年(1841)小瑯環館刻本　二冊

430000-2442-0000602　S255/15.2
瘟疫論補注二卷　(明)吳有性撰　清光緒六年(1880)掃葉山房刻本　一冊

430000-2442-0000603　S255/16.23
瘟疫明辨四卷　(清)鄭奠一撰　清李光明莊刻本　一冊

430000-2442-0000604　S255/16.3
瘟疫明辨四卷　(清)鄭奠一撰　清光緒二十一年(1895)新甯江余慶貞堂刻本　一冊

430000-2442-0000605　S255/22
急救痧癥全集　(清)費山壽撰　清光緒九年(1883)笠澤三省書屋刻本　一冊

430000-2442-0000606　S255/25
治痢奇方妙論一卷　(清)倪涵初撰　清光緒二十四年(1898)刻本　一冊

430000-2442-0000607　S255/32
瘟疫論辨義四卷　(清)楊堯章撰　清咸豐六年(1856)刻本　四冊

430000-2442-0000608　S255/35
鼠疫彙編一卷　(清)吳宣崇　(清)羅汝蘭著　清光緒二十六年(1900)南安縣署刻本　一冊

430000-2442-0000609　S255/35.1
鼠疫彙編一卷　(清)吳宣崇　(清)羅汝蘭著　清刻本　一冊

430000-2442-0000610　S251.1/1
難經經釋二卷　(清)徐大椿撰　清光緒四年(1878)掃葉山房刻本　一冊

430000-2442-0000611　S251.1/11
傷寒緒論三卷　(清)張璐撰　清刻本　三冊

430000-2442-0000612　S251.1/11.1
傷寒緒論二卷　(清)張璐撰　清光緒二十二年(1896)上海圖書集成印書局鉛印本　二冊

430000－2442－0000613　S251.1/11.2
傷寒緒論三卷附傷寒舌鑒一卷　(清)張璐撰　清刻本　二冊

430000－2442－0000614　S251.1/11.4
傷寒緒論三卷　(清)張璐撰　清刻本　五冊

430000－2442－0000615　S251.1/10.1
傷寒纘論二卷　(清)張璐撰　清光緒二十二年(1896)上海圖書集成印書局鉛印本　二冊

430000－2442－0000616　S251.1/10.3
傷寒纘論二卷　(清)張璐撰　清明德堂刻本　四冊

430000－2442－0000617　S251.1/10.4
傷寒纘論二卷　(清)張璐撰　清刻本　四冊

430000－2442－0000618　S251.1/8.4
傷寒論十卷　(漢)張仲景述　(晉)王叔和撰次　(金)成無己註解　清光緒二十二年(1896)湖南書局刻本　三冊

430000－2442－0000619　S251.1/6.2
注解傷寒論十卷　(漢)張仲景述　(晉)王叔和撰次　(金)成無己註解　(明)吳勉學閱　(明)徐鎔校　清刻本　二冊

430000－2442－0000620　S251.1/6.5
注解傷寒論丨卷附傷寒明理論三卷　(漢)張仲景述　(晉)王叔和撰次　(金)成無己註解　(明)吳勉學閱　(明)徐鎔校　清道光三年(1823)貴文堂刻本　四冊

430000－2442－0000621　S251.1/13
傷寒論注四卷　(清)柯琴編註　清宏道堂刻本　四冊

430000－2442－0000622　S251.1/13.1
傷寒論注四卷　(清)柯琴編註　清金閶綠慎堂刻本　四冊

430000－2442－0000623　S251.1/13.2
傷寒論注四卷　(清)柯琴編註　清弘仁會刻本　二冊

430000－2442－0000624　S251.1/13.3
傷寒論注四卷傷寒附翼二卷　(清)柯琴編註　清刻本　六冊

430000－2442－0000625　S251.1/14
傷寒論翼二卷　(清)柯琴編註　清宏道堂刻本(三多齋藏板)　二冊

430000－2442－0000626　S251.1/14.1
傷寒論翼二卷　(清)柯琴編註　清博古堂刻本　二冊

430000－2442－0000627　S251.1/14.3
傷寒論翼二卷　(清)柯琴編註　清務本堂刻本　一冊

430000－2442－0000628　S251.1/15
傷寒附翼二卷　(清)柯琴編註　清刻本　一冊

430000－2442－0000629　S251.1/15.1
傷寒附翼二卷　(清)柯琴編註　清姑蘇原版刻本　一冊

430000－2442－0000630　S251.1/15.2
傷寒附翼二卷　(清)柯琴編註　清姑蘇原版刻本　二冊

430000－2442－0000631　S251.1/16
傷寒集注十卷附五卷　(清)舒詔著　清令德堂刻本　四冊

430000－2442－0000632　S251.1/16.1
傷寒集注十卷　(清)舒詔著　清文德堂刻本　四冊　存四卷(一至四)

430000－2442－0000633　S251.1/16.2
傷寒集注十五卷　(清)舒詔著　清文德堂藏板刻本　四冊

430000－2442－0000634　S251.1/16.3
傷寒集注十卷附五卷　(清)舒詔著　清三讓堂刻本　四冊

430000－2442－0000635　S251.1/19
傷寒全生集四卷　(明)陶華著　清眉壽堂刻本　四冊

430000－2442－0000636　S251.1/20
傷寒輯要十六卷附醫案　(清)林玉友輯　清

刻本　十二册

430000－2442－0000637　S251.1/26
增注類證活人書二十二卷　（宋）朱肱撰　（明）吴勉學校　清刻本　四册

430000－2442－0000638　S251.1/26.3
增注類證活人書二十二卷　（宋）朱肱撰　（明）吴勉學校　清光緒二十三年（1897）廣州儒雅堂刻本　六册

430000－2442－0000639　S251.1/26.4
增注類證活人書二十卷　（宋）朱肱撰　（明）徐鎔校　清光緒二十三年（1897）廣州儒雅堂刻本　十册

430000－2442－0000640　S251.1/26.5
增注類證活人書二十二卷　（宋）朱肱撰　（明）吴勉學校　清光緒十二年（1886）刻本　四册

430000－2442－0000641　S251.1/32
張仲景注解傷寒百證歌五卷　（宋）許叔微述　清藏修書屋刻本　二册

430000－2442－0000642　S25/12
内科心説二卷　（英國）合信氏著　（清）管茂才同撰　清江蘇上海仁濟醫館刻本　一册

430000－2442－0000643　S25/12
内科心説二卷　（英國）合信氏著　（清）管茂才同撰　清咸豐八年（1858）江蘇上海仁濟醫館刻本　一册

430000－2442－0000644　S25/17
金匱翼八卷　（清）尤怡集　清刻本　八册

430000－2442－0000645　S25/17.2
金匱翼八卷　（清）尤怡集　清嘉慶十八年（1813）心太平軒刻本　四册

430000－2442－0000646　S25/20
醫學從衆録八卷　（清）陳念祖撰　清光緒三十四年（1908）寶慶富記書局刻本　二册

430000－2442－0000647　S25/20.3
醫學從衆録八卷　（清）陳念祖撰　清南雅堂刻本　四册

430000－2442－0000648　S25/45
證治彙補八卷　（清）李用粹撰　清光緒九年（1883）萬卷樓刻本　八册

430000－2442－0000649　S25/46
臟腑圖説癥治合璧醫案類録卷末（殘本）　（清）羅定昌撰　清刻本　一册

430000－2442－0000650　S25/51
三消論一卷　（清）劉完素撰　清刻本　一册

430000－2442－0000651　S25/78
醫略稿六十七卷　（清）蔣寶素撰　清刻本　八册

430000－2442－0000652　S25/80
暗室燈三卷　（清）廖節齋編輯　清刻本　三册

430000－2442－0000653　S25/85
理虚元鑒五卷　（明）王綺石著　清刻本　一册

湖南大學嶽麓書院古籍普查登記目録

全國古籍普查登記目録

國家圖書館出版社
National Library of China Publishing House

430000－2497－0000001　59
子書百家　(清)崇文書局輯　清光緒元年(1875)湖北崇文書局刻本　一百十册

430000－2497－0000002　61
十子全書　(清)王子興輯　清寶慶經綸堂刻本　四十册

430000－2497－0000003　62
十子全書　(清)王子興輯　清光緒元年(1875)浙江書局刻本　三十二册

430000－2497－0000004　64
孔子集語十七卷　(清)孫星衍輯　清刻本　四册

430000－2497－0000005　65
闕里文獻考一百卷末一卷　(清)孔繼汾撰　清刻本　八册

430000－2497－0000006　66
列子八卷　(晉)張湛註　(唐)殷敬順釋文　清光緒二年(1876)浙江書局刻本　二册

430000－2497－0000007　67
老子道德經二卷　(春秋)李耳撰　(三國魏)王弼註　清光緒元年(1875)浙江書局刻本　一册

430000－2497－0000008　68
莊子南華真經十卷　(戰國)莊周撰　(晉)郭象註　(唐)陸德明音義　清光緒二年(1876)浙江書局刻本　二册

430000－2497－0000009　70
宗聖志二十卷　(清)王定安編輯　清光緒十六年(1890)金陵書局刻本　四册

430000－2497－0000010　71
性理大全七十卷　(明)胡廣等撰　清刻本　四十七册

430000－2497－0000011　73
荀子集解二十卷首一卷　王先謙撰　清光緒十三年(1887)思賢講舍刻本　六册

430000－2497－0000012　74
莊子集釋十卷　(清)郭慶藩著　清光緒二年(1876)思賢講舍刻本　十六册

430000－2497－0000013　75
墨子閒詁十五卷　(清)孫詒讓撰　清宣統二年(1910)刻本　八册

430000－2497－0000014　76
文子纘義十二卷　(宋)杜道堅撰　清光緒三年(1877)浙江書局刻本　二册

430000－2497－0000015　77
商子五卷　(戰國)商鞅撰　清嘉慶八年(1803)問經堂刻本　一册

430000－2497－0000016　81
莊子集解八卷　王先謙著　清宣統元年(1909)思賢講舍刻本　四册

430000－2497－0000017　83
管子二十四卷　(春秋)管仲撰　(唐)房玄齡註　(明)劉績增註　清光緒二年(1876)浙江書局刻本　八册

430000－2497－0000018　84
墨子十六卷　(戰國)墨翟撰　(清)畢沅註　清光緒二年(1876)浙江書局刻本　四册

430000－2497－0000019　85
儒林傳稿四卷　(清)阮元撰　清光緒十一年(1885)張氏榕園刻本　二册

430000－2497－0000020　86
國朝漢學師承記八卷　(清)江藩著　清光緒十三年(1887)萬卷書室刻本　四册

430000－2497－0000021　87
淮南子二十一卷　(漢)劉安撰　(漢)高誘註　清光緒二年(1876)浙江書局刻本　六册

430000－2497－0000022　88
淮南鴻烈解二十一卷　(漢)劉安撰　(漢)高誘註　清光緒元年(1875)崇文書局刻本　四册

430000－2497－0000023　90
潛夫論十卷　(漢)王符撰　清光緒十七年(1891)思賢講舍刻本　四册

430000－2497－0000024　91
揚子法言十三卷　（漢）揚雄撰　（晉）李軌註　清光緒二年（1876）浙江書局刻本　一册

430000－2497－0000025　92
論衡三十卷　（漢）王充撰　清光緒元年（1875）湖北崇文書局刻本　五册

430000－2497－0000026　93
國朝宋學淵源記二卷　（清）江藩撰　清光緒二十二年（1896）周大文堂刻本　一册

430000－2497－0000027　94
理學宗傳二十六卷　（清）孫奇逢輯　清光緒六年（1880）浙江書局刻本　十册

430000－2497－0000028　95
楊龜山集六卷　（宋）楊時著　清刻本（永懷堂板）　一册

430000－2497－0000029　96
真文忠公心政經二卷　（宋）真德秀撰　清光緒元年（1875）劉述荆堂刻本　一册

430000－2497－0000030　97
朱子原訂近思録十四卷　（宋）朱熹撰　（宋）呂祖謙輯　（清）江永集注　清同治三年至四年（1864－1865）望三益齋刻本　四册

430000－2497－0000031　98
御纂朱子全書六十六卷　（宋）朱熹撰　（清）李光地等輯　清淵鑒齋刻本　三十册

430000－2497－0000032　99
御纂朱子全書六十六卷　（宋）朱熹撰　（清）李光地等輯　清刻本　三十九册

430000－2497－0000033　100
增修東萊書説三十五卷圖説一卷　（宋）呂祖謙撰　（宋）時瀾修定　清同治八年（1869）退補齋刻本　八册

430000－2497－0000034　101
東萊博議四卷　（宋）呂祖謙撰　（清）張文炳評點　清光緒三十年（1904）寶慶益元書舍刻本　四册

430000－2497－0000035　103
宋論十五卷　（清）王夫之撰　清道光二十七年（1847）聽雨軒刻本　三册

430000－2497－0000036　105
五種遺規　（清）陳弘謀撰　清光緒二十一年（1895）浙江書局刻本　十八册

430000－2497－0000037　106
李氏五種合刊　（清）李兆洛撰　清同治九年（1870）刻本　十二册

430000－2497－0000038　107
李氏五種合刊　（清）李兆洛撰　清光緒十四年（1888）刻本　十二册

430000－2497－0000039　108
海國圖志一百卷　（清）魏源撰　清光緒二年（1876）刻本　二十六册

430000－2497－0000040　110
史通削繁四卷　（清）紀昀撰　清道光十三年（1833）兩廣節署刻朱墨套印本　十二册

430000－2497－0000041　112
讀史舉正八卷　（清）張熷撰　清光緒十七年（1891）廣雅書局刻本　二册

430000－2497－0000042　113
廿二史札記三十六卷　（清）趙翼撰　清嘉慶五年（1800）湛貽堂刻本　十三册

430000－2497－0000043　114
瀛環志略十卷　（清）徐繼畬撰　清光緒六年（1880）刻本　六册

430000－2497－0000044　115
司馬溫公稽古録二十卷　（宋）司馬光撰　清光緒五年（1879）江蘇書局刻本　三册

430000－2497－0000045　117
廿一史四譜五十四卷　（清）沈炳震撰　清同治十年（1871）武林吳氏清來堂補刻本　十六册

430000－2497－0000046　118
廿一史約編八卷首一卷後編一卷　（清）鄭元慶撰　清魚計亭刻本　八册

430000－2497－0000047　119
路史四十七卷　(宋)羅泌撰　(宋)羅蘋註　清光緒二年(1876)刻本　二十八冊

430000－2497－0000048　120
十七史商榷一百卷　(清)王鳴盛撰　清光緒六年(1880)太原王氏刻本　二十冊

430000－2497－0000049　123
王本史記一百三十卷　(漢)司馬遷撰　(南朝宋)裴駰集解　(唐)司馬貞索隱　(唐)張守節正義　清光緒元年(1875)崇文書局刻本　二十四冊

430000－2497－0000050　124
史記一百三十卷　(漢)司馬遷撰　(南朝宋)裴駰集解　(唐)司馬貞索隱　(唐)張守節正義　清同治五年(1866)金陵書局刻本　十九冊

430000－2497－0000051　125
史記評林一百三十卷　(明)凌稚隆輯　清光緒十年(1884)刻本　二十四冊

430000－2497－0000052　126
國朝學案小識十四卷首一卷末一卷　(清)唐鑒撰　清光緒十年(1884)四砭齋刻本　十二冊

430000－2497－0000053　128
歸方評點史記合筆六卷　(清)王拯纂　清光緒元年(1875)刻本　四冊

430000－2497－0000054　129
竹書紀年統箋十二卷　(清)徐文靖撰　清光緒三年(1877)浙江書局刻本　四冊

430000－2497－0000055　131
續資治通鑑二百二十卷　(清)畢沅編　清光緒二十六年(1900)刻本　七十五冊

430000－2497－0000056　133
資治通鑑二百九十四卷　(宋)司馬光撰　(元)胡三省音註　清刻本　九十九冊

430000－2497－0000057　134
續資治通鑑二百二十卷　(清)畢沅編　清光緒二十六年(1900)刻本　二十八冊

430000－2497－0000058　135
資治通鑑補二百九十四卷　(明)嚴衍撰　清光緒二年(1876)思補樓木活字印本　八十冊

430000－2497－0000059　136
通鑑地理今釋十六卷　(清)吳熙載撰　清光緒八年(1882)江蘇書局刻本　二冊

430000－2497－0000060　137
御批歷代通鑑輯覽一百二十卷　(清)傅恒等撰　清光緒二十四年(1898)刻本　六十冊

430000－2497－0000061　138
御批歷代通鑑輯覽一百二十卷　(清)傅恒等撰　清光緒二十四年(1898)刻本　五十六冊

430000－2497－0000062　139
御批歷代通鑑輯覽一百二十卷　(清)傅恒等撰　清光緒二十四年(1898)刻本　五十六冊

430000－2497－0000063　140
通鑑紀事本末二百三十九卷　(宋)袁樞撰　(明)張溥論正　清光緒十三年(1887)刻本　一百二十二冊

430000－2497－0000064　141
歷朝紀事本末九種六百五十八卷　(清)陳如升　(清)朱記榮輯　清光緒二十五年(1899)上海慎記書莊石印本　五十六冊

430000－2497－0000065　142
中東戰紀本末八卷　(美國)林樂知撰譯　蔡爾康纂輯　清上海廣學會鉛印本　八冊

430000－2497－0000066　143
平浙紀略十六卷　(清)秦緗業　(清)陳鍾英撰　清光緒元年(1875)申報館鉛印本　四冊

430000－2497－0000067　146
吾學錄初編二十四卷　(清)吳榮光撰　清閩汀會經堂刻本　八冊

430000－2497－0000068　147
歷代史表五十九卷　(清)萬斯同撰　清光緒十五年(1889)廣雅書局刻本　六冊

430000－2497－0000069　152
歷代史論十二卷　(明)張溥撰　清光緒二十四年(1898)湖南官書局刻本　二十二册

430000－2497－0000070　154
繹史一百六十卷　(清)馬驌撰　清光緒十五年(1889)刻本　八十册

430000－2497－0000071　155
周書五十卷　(唐)令狐德棻等撰　清同治十二年(1873)刻本　八册

430000－2497－0000072　156
周季編略九卷　(清)黄式三撰　清同治十二年(1873)浙江書局刻本　四册

430000－2497－0000073　157
國語注解二十一卷　(三國吴)韋昭撰　清刻本(文盛堂板)　四册

430000－2497－0000074　158
國語二十一卷　(三國吴)韋昭解　清崇文書局刻本　五册

430000－2497－0000075　160
戰國策校注十卷　(宋)鮑彪校注　清光緒元年(1875)惜陰書局刻本　八册

430000－2497－0000076　161
戰國策三十三卷　(漢)高誘註　清光緒三年(1877)退補齋刻本　十册

430000－2497－0000077　162
戰國策釋地二卷　(清)張琦撰　清光緒十一年(1885)趙氏刻本　二册

430000－2497－0000078　163
國語校注本二十卷　(清)汪遠孫撰　清道光二十六年(1846)振綺堂刻本　四册

430000－2497－0000079　164
東觀漢記二十四卷　(漢)劉珍等撰　清乾隆六十年(1795)刻本　二册

430000－2497－0000080　165
兩漢刊誤補遺十卷　(宋)吴仁傑撰　清同治七年(1868)金陵書局木活字印本　二册

430000－2497－0000081　166
前漢書七十卷　(漢)班固撰　清順治十五年(1658)刻本　四十八册

430000－2497－0000082　167
前漢紀三十卷　(漢)荀悦撰　清光緒二年(1876)嶺南學海堂刻本　十四册

430000－2497－0000083　168
漢書一百卷　(漢)班固撰　(唐)顔師古註　清同治金陵書局刻本　十六册

430000－2497－0000084　169
後漢書一百卷　(南朝宋)范曄撰　(唐)李賢註　**續志**　(晉)司馬彪撰　(南朝梁)劉昭註　清同治八年(1869)金陵書局刻本　十六册

430000－2497－0000085　170
後漢書一百卷　(南朝宋)范曄撰　(唐)李賢註　**續志**　(晉)司馬彪撰　(南朝梁)劉昭註　清同治八年(1869)金陵書局刻本　十六册

430000－2497－0000086　171
後漢書注又補一卷　(清)沈銘彝撰　清光緒十四年(1888)廣雅書局刻本　一册

430000－2497－0000087　172
三國志六十五卷　(晉)陳壽撰　(南朝宋)裴松之註　清同治九年(1870)金陵書局刻本　三十一册

430000－2497－0000088　173
三國史六十五卷　(晉)陳壽撰　(南朝宋)裴松之註　明崇禎十七年(1644)毛氏汲古閣刻本　十册

430000－2497－0000089　174
魏書一百四十卷　(北齊)魏收撰　清同治十一年(1872)金陵書局刻本　四十册

430000－2497－0000090　175
晉書一百三十卷　(唐)房玄齡等撰　清同治十年(1871)金陵書局刻本　四十册

430000－2497－0000091　176
晉略六十五卷　(清)周濟撰　清光緒二年(1876)味雋齋刻本　二十册

430000－2497－0000092　177
南北史識小録二十八卷　(清)沈名蓀輯　清同治十年(1871)武林吴氏清來堂刻本　十二册

430000－2497－0000093　178
南北史捃華八卷　(清)周嘉猷輯　清光緒二年(1876)退補齋刻本　四册

430000－2497－0000094　179
南齊書五十九卷　(南朝梁)蕭子顯撰　清同治十三年(1874)金陵書局刻本　十二册

430000－2497－0000095　180
南史八十卷　(唐)李延壽撰　清同治十一年(1872)金陵書局刻本　二十八册

430000－2497－0000096　181
梁書五十六卷　(唐)姚思廉撰　清同治十三年(1874)金陵書局刻本　十二册

430000－2497－0000097　182
陳書三十六卷　(唐)姚思廉撰　清同治十一年(1872)金陵書局刻本　八册

430000－2497－0000098　183
北齊書五十卷　(唐)李百藥撰　清同治十三年(1874)金陵書局刻本　八册

430000－2497－0000099　184
北史一百卷　(唐)李延壽撰　清同治十三年(1874)金陵書局刻本　四十册

430000－2497－0000100　185
隋書八十五卷　(唐)魏徵等撰　清同治十年(1871)淮南書局刻本　三十二册

430000－2497－0000101　186
東萊先生音注唐鑒二十四卷　(宋)范祖禹撰　(宋)吕祖謙注　清同治十三年(1874)刻本　四册

430000－2497－0000102　188
新唐書二百二十五卷　(宋)歐陽修等撰　清同治十二年(1873)浙江書局刻本　四十八册

430000－2497－0000103　189
五代史記注七十四卷　(宋)歐陽修撰　清刻本　四十册

430000－2497－0000104　190
舊五代史一百五十卷附考證　(宋)薛居正等撰　清同治十一年(1872)湖北崇文書局刻本　二十八册

430000－2497－0000105　191
宋史紀事本末一百九卷　(明)馮琦撰　(明)陳邦瞻增訂　清光緒十三年(1887)廣雅書局刻本　三十六册

430000－2497－0000106　192
宋史四百九十六卷　(元)脱脱等撰　清光緒元年(1875)刻本　二百二十二册

430000－2497－0000107　193
宋書一百卷　(南朝梁)沈約撰　清同治十一年(1872)金陵書局刻本　三十二册

430000－2497－0000108　197
遼史一百十六卷　(元)脱脱等撰　清同治十二年(1873)江蘇書局刻本　二十四册

430000－2497－0000109　198
金史一百三十五卷　(元)脱脱等撰　清同治十三年(1874)刻本　四十册

430000－2497－0000110　199
元史紀事本末二十七卷　(明)陳邦瞻撰　(明)張溥論正　清光緒十三年(1887)廣雅書局刻本　四册

430000－2497－0000111　200
元史二百十卷　(明)宋濂等撰　清同治十三年(1874)江蘇書局刻本　四十册

430000－2497－0000112　201
元史新編九十五卷　(清)魏源撰　清光緒三十一年(1905)邵陽魏慎微堂刻本　三十二册

430000－2497－0000113　203
元史氏族表三卷　(清)錢大昕撰　清江蘇書局刻本　二册

430000－2497－0000114　205
元史二百十卷　(明)宋濂等撰　清同治十三

年(1874)江蘇書局刻本　四十四册

430000－2497－0000115　206
元史二百十卷　(明)宋濂等撰　清同治十三年(1874)江蘇書局刻本　四十册

430000－2497－0000116　207
明史紀事本末八十卷　(清)谷應泰撰　清光緒十三年(1887)廣雅書局刻本　三十二册

430000－2497－0000117　208
欽定明鑒二十四卷首一卷　(清)胡敬等撰　清刻本　十册

430000－2497－0000118　213
史忠正公集四卷首一卷末一卷　(明)史可法撰　清同治十年(1871)麗澤書屋刻本　四册

430000－2497－0000119　214
明季稗史彙編十六種二十七卷　(清)留雲居士輯　清都城琉璃廠留雲居士木活字印本　三十六册

430000－2497－0000120　215
明史三百三十二卷　(清)張廷玉等撰　清光緒三年(1877)湖北崇文書局刻本　四十册

430000－2497－0000121　216
荆駝逸史　(清)陳湖逸士輯　清刻本　二十四册

430000－2497－0000122　217
五代史七十四卷　(宋)歐陽修撰　(宋)徐無黨註　清同治十一年(1872)崇文書局刻本　四册

430000－2497－0000123　222
明季北略二十四卷　(清)計六奇撰　清道光都城琉璃廠半松居士刻本　十二册

430000－2497－0000124　223
明季南略二十四卷　(清)計六奇撰　清道光都城琉璃廠半松居士刻本　十二册

430000－2497－0000125　225
東華錄三十卷(天命朝、雍正朝)　王先謙撰　清刻本　十二册

430000－2497－0000126　226
東華錄三百九十九卷(乾隆朝至同治朝)　王先謙撰　清光緒二十四年(1898)文瀾書局石印本　八十四册

430000－2497－0000127　228
聖武記十四卷　(清)魏源撰　清末上海和記書莊鉛印本　十四册

430000－2497－0000128　231
十一朝東華約錄二百三十二卷　(清)王祖顯纂　清光緒二十七年(1901)石印本　二十四册

430000－2497－0000129　233
平定粤匪紀略十八卷附記四卷　(清)杜文瀾撰　清同治京都聚珍齋木活字印本　十八册

430000－2497－0000130　237
大清宣統政紀四十三卷　金毓黻編　清光緒三十四年(1908)遼海書社刻本　十六册

430000－2497－0000131　238
同治中興京外奏議約編八卷　(清)陳弢編　清光緒元年(1875)篋劍囊琴之室刻本　八册

430000－2497－0000132　240
學統五十六卷　(清)熊賜履撰　清光緒十七年(1891)三餘草堂刻本　十二册

430000－2497－0000133　241
國朝耆獻類徵初編七百卷總目二十卷　(清)李桓輯　清光緒十年至十七年(1884－1891)刻本　三百册

430000－2497－0000134　242
國朝耆獻類徵初編人名索引　(清)李桓輯　清光緒刻本　五册

430000－2497－0000135　243
讀史方輿紀要一百三十卷圖四卷　(清)顧祖禹撰　清光緒二十五年(1899)新化三味書室刻本　一百二十七册

430000－2497－0000136　244
十六國疆域志十六卷　(清)洪亮吉撰　清嘉慶三年(1798)京師刻本　四册

430000－2497－0000137　246
天下郡國利病書一百二十卷　（清）顧炎武撰　清道光十一年（1831）成都龍氏敷文閣木活字印本　六十冊

430000－2497－0000138　247
歷代地理韻編今釋二十卷　（清）李兆洛撰　清道光十七年（1837）輩學齋木活字印本　十二冊

430000－2497－0000139　248
湘軍志十六卷　王闓運撰　刻本　八冊

430000－2497－0000140　250
南嶽志二十六卷增補二卷續增二卷　（清）李元度纂　李子榮增補　王香余續增　清光緒六年至九年（1880－1883）朱陵洞天精舍刻本　民國十二年（1923）補刻本　十八冊

430000－2497－0000141　254
浙志便覽七卷　（清）李應玨纂修　清光緒十七年（1891）刻本　四冊

430000－2497－0000142　255
［乾隆］泉州府志七十六卷首一卷　（清）懷蔭布修　（清）黃任　（清）郭賡武纂　清刻本　四十冊

430000－2497－0000143　258
水經注四十卷首一卷附錄二卷　（北魏）酈道元撰　清光緒十八年（1892）思賢講舍刻本　十六冊

430000－2497－0000144　259
水經注四十卷首一卷附錄二卷　（北魏）酈道元撰　清光緒十八年（1892）思賢講舍刻本　二十八冊

430000－2497－0000145　260
水道提綱二十八卷　（清）齊召南撰　清光緒二十四年（1898）新化三味書室刻本　六冊

430000－2497－0000146　263
日本國志四十卷　（清）黃遵憲撰　清光緒富文齋刻本　二十四冊

430000－2497－0000147　264
國朝先正事略六十卷　（清）李元度撰　清光緒十三年（1887）上海點石齋石印本　七十二冊

430000－2497－0000148　266
尚友錄二十二卷　（明）廖用賢編　清刻本（九峰山房藏板）　四冊

430000－2497－0000149　268
船山師友記　羅正鈞纂　清光緒三十三年（1907）刻本　三冊

430000－2497－0000150　270
五朝名臣言行錄十卷　（宋）朱熹撰　清刻本　二十四冊

430000－2497－0000151　271
歷代名臣言行錄二十四卷　（清）朱桓輯　清嘉慶二年（1797）刻本　三十五冊

430000－2497－0000152　274
善邑籌捐印卷（費總錄）　清光緒七年（1881）印本　二冊

430000－2497－0000153　275
國朝漢學師承記八卷　（清）江藩撰　清刻本　四冊

430000－2497－0000154　276
史外八卷　（清）汪有典撰　清光緒三年（1877）刻本　八冊

430000－2497－0000155　277
最新職官總錄　李鍾豫著　清宣統榮寶齋刻本　五冊

430000－2497－0000156　278
碑傳集一百六十卷首一卷末一卷　（清）錢儀吉纂　清江楚編譯書局刻本　六十冊

430000－2497－0000157　279
續碑傳集八十六卷首二卷　繆荃孫輯　清宣統二年（1910）江楚編譯書局刻本　二十四冊

430000－2497－0000158　285
濂溪志七卷　（清）周誥撰　清道光十九年（1839）愛蓮堂刻本　八冊

430000－2497－0000159　286
朱子年譜四卷考異四卷附錄二卷　（清）王懋竑撰　清浙江書局刻本　四冊

430000－2497－0000160　288
澄懷主人自訂年譜六卷　（清）張廷玉撰　清光緒六年（1880）刻本　二冊

430000－2497－0000161　292
吉金所見錄十六卷首一卷末一卷　（清）初尚齡纂輯　清道光七年（1827）古香書舍刻本　四冊

430000－2497－0000162　293
錢志新編二十卷　（清）張崇懿輯　清刻本（彩衣堂板）　六冊

430000－2497－0000163　294
金石索十二卷首一卷　（清）馮雲鵬　（清）馮雲鵷輯　清道光元年（1821）刻本　三十五冊

430000－2497－0000164　296
金石續編二十一卷首一卷　（清）陸耀遹撰　清光緒十九年（1893）上海寶善書局石印本　六冊

430000－2497－0000165　297
積古齋鐘鼎彝器款識十卷　（清）阮元撰　清嘉慶九年（1804）刻本　八冊

430000－2497－0000166　298
陶齋藏石記四十四卷　（清）端方撰　清宣統元年（1909）石印本　十二冊

430000－2497－0000167　299
兩漢金石記二十二卷　（清）翁方綱撰　清乾隆五十四年（1789）南昌使院刻本　八冊

430000－2497－0000168　300
金石萃編一百六十卷　（清）王昶撰　清嘉慶刻本　五十二冊

430000－2497－0000169　301
金石錄三十卷　（宋）趙明誠撰　清順治七年（1650）刻本　六冊

430000－2497－0000170　306
西清古鑒四十卷錢錄十六卷　（清）梁詩正等撰　清光緒十四年（1888）上海鴻文書局石印本　二十四冊

430000－2497－0000171　307
語石十卷　葉昌熾撰　清光緒二十七年（1901）刻本　四冊

430000－2497－0000172　311
原富不分卷　（英國）斯密亞丹撰　嚴復譯　清光緒二十八年（1902）南洋公學譯書院鉛印本　八冊

430000－2497－0000173　312
原富　（英國）斯密亞丹撰　嚴復譯　清光緒二十八年（1902）南洋公學譯書院鉛印本　八冊

430000－2497－0000174　313
廣東錢局銀錢兩廠章程　（清）廣東錢局擬　清印本　一冊

430000－2497－0000175　314
皇朝經世文編一百二十卷姓名總目二卷　（清）賀長齡輯　清光緒二十九年（1903）刻本　一百六十四冊

430000－2497－0000176　315
實政錄七卷　（明）呂坤撰　清嘉慶二年（1797）刻本　八冊

430000－2497－0000177　316
通典二百卷　（唐）杜佑撰　清咸豐九年（1859）崇仁謝氏刻本　四十冊

430000－2497－0000178　317
文獻通考三百四十八卷　（元）馬端臨撰　明嘉靖三年（1524）刻本　一百二十冊

430000－2497－0000179　318
周官新義十六卷附考工記解二卷　（宋）王安石撰　清刻本　四冊

430000－2497－0000180　319
大清光緒新法令　（清）商務印書館編　清宣統元年（1909）上海商務印書館鉛印本　二十冊

430000－2497－0000181　320

通志二百卷　(宋)鄭樵撰　清乾隆十二年(1747)刻本　一百二十册

430000－2497－0000182　321
新纂約章大全七十三卷　(清)陸鳳石編輯　清宣統元年(1909)石印本　四十八册

430000－2497－0000183　322
中俄約章會要三卷續編一卷　(清)總理各國事務衙門編　清光緒四年(1878)總理各國事務衙門鉛印本　三册

430000－2497－0000184　323
洴澼百金方十四卷　(清)袁宫桂輯　清刻本　十册

430000－2497－0000185　324
紀效新書十八卷首一卷　(明)戚繼光撰　清嘉慶張氏照曠閣刻本　四册

430000－2497－0000186　325
讀史兵略四十六卷　(清)胡林翼撰　清咸豐十一年(1861)湖北武昌節署刻本　四十八册

430000－2497－0000187　330
練兵實紀九卷　(明)戚繼光撰　清京都琉璃廠木活字印本　七册

430000－2497－0000188　334
欽定四庫全書考證一百卷　(清)紀昀等撰　清刻武英殿聚珍版本　八十册

430000－2497－0000189　337
古書校讀法不分卷　(清)胡韞玉編　清光緒二十四年(1898)經文書局刻本　一册

430000－2497－0000190　338
校讎通義三卷　章學誠著　清光緒二十四年(1898)經文書局刻本　一册

430000－2497－0000191　339
宋元學案一百卷首一卷　(清)黄宗羲撰　清光緒五年(1879)長沙寄廬刻本　四十册

430000－2497－0000192　342
明儒學案六十二卷　(清)黄宗羲撰　清光緒刻本　四十一册

430000－2497－0000193　343
東林書院志二十二卷　(清)高廷珍等輯　清光緒七年(1881)刻本　八册

430000－2497－0000194　344
錫山游庠錄一卷首一卷　(清)秦麗昌編　清咸豐刻本　一册

430000－2497－0000195　345
欽定磨勘條例四卷　清乾隆三十三年(1768)刻本　一册

430000－2497－0000196　347
蘭蕙書屋試帖　(清)譚培滋撰　清光緒三年(1877)刻本　一册

430000－2497－0000197　350
程氏家塾讀書分年日程三卷綱領一卷　(元)程端禮撰　清同治五年(1866)錢塘丁氏刻本　二册

430000－2497－0000198　351
顧氏音學五書三十八卷　(清)顧炎武撰　明崇禎十六年(1643)刻本　十二册

430000－2497－0000199　352
古今韻略五卷　(清)邵長蘅撰　清康熙三十五年(1696)刻本　十册

430000－2497－0000200　354
經傳釋詞十卷　(清)王引之撰　清嘉慶三年(1798)刻本　四册

430000－2497－0000201　355
選集漢印分韻二卷　(清)謝景卿輯　清嘉慶二年(1797)漱藝堂刻本　二册

430000－2497－0000202　359
集韻十卷　(宋)丁度等撰　清刻本　十册

430000－2497－0000203　361
助字辨略五卷　(清)劉淇撰　清刻本　五册

430000－2497－0000204　362
釋名疏證八卷補遺一卷續釋名一卷　(清)畢沅撰　清光緒二十年(1894)廣雅書局刻本　二册

430000－2497－0000205　363
釋名疏證補八卷續釋名一卷釋名補遺一卷疏證補附一卷　王先謙撰　清光緒二十二年(1896)刻本　三册

430000－2497－0000206　364
駢雅七卷序目一卷訓纂十六卷　(明)朱謀㙔撰　(清)魏茂林訓纂　清光緒七年(1881)成都淪雅齋刻本　八册

430000－2497－0000207　367
班馬字類五卷班馬字類訂一卷　(宋)婁機撰　清光緒十七年(1891)思賢書局刻本　二册

430000－2497－0000208　369
文字蒙求四卷　(清)王筠撰　清刻本　一册

430000－2497－0000209　373
説文解字十五卷　(漢)許慎撰　清嘉慶九年(1804)陽湖平津館刻本　三册

430000－2497－0000210　376
説文解字十五卷　(漢)許慎撰　(宋)徐鉉等校定　清初毛氏汲古閣刻本　八册

430000－2497－0000211　377
説文解字注三十卷六書音韻表五卷　(清)段玉裁撰　清同治六年(1867)蘇州保息局刻本　十六册

430000－2497－0000212　382
段氏説文注訂八卷　(清)鈕樹玉撰　清同治十三年(1874)湖北崇文書局刻本　二册

430000－2497－0000213　383
説文解字義證五十卷　(清)桂馥撰　清同治九年(1870)湖北崇文書局刻本　三十二册

430000－2497－0000214　385
説文釋例二十卷附補正　(清)王筠撰　清光緒九年(1883)成都槃風樓刻本　十二册

430000－2497－0000215　388
説文通訓定聲十八卷附分部檢韻一卷説雅一卷古今韻準一卷行述一卷　(清)朱駿聲撰　清臨嘯閣刻本　二十四册

430000－2497－0000216　389
説文引經異字三卷　(清)吴雲蒸撰　清石印本　二册

430000－2497－0000217　390
古籀拾遺三卷宋政和禮器文字考一卷　(清)孫詒讓撰　清同治十一年(1872)刻本　一册

430000－2497－0000218　391
説文古籀補十四卷　(清)吴大澂撰　清光緒二十四年(1898)刻本　六册

430000－2497－0000219　392
説文測議四卷附考一卷　(清)董詔註　清道光二年(1822)羊城竹香齋刻本　二册

430000－2497－0000220　393
説文通檢十四卷首一卷末一卷　(清)黎永椿編　清光緒二年(1876)文昌書局刻本　二册

430000－2497－0000221　396
説文解字句讀三十卷　(清)王筠撰　清刻本　十四册

430000－2497－0000222　397
六書通十卷　(明)閔齊伋撰　(清)畢弘述篆訂　清刻本　六册

430000－2497－0000223　398
隸辨八卷　(清)顧藹吉撰　清同治十二年(1873)漁古山房刻本　八册

430000－2497－0000224　399
駢字類編二百四十卷　(清)聖祖玄燁敕撰　清光緒十三年(1887)上海同文書局石印本　四十八册

430000－2497－0000225　400
字學舉隅一卷　(清)黄本驥　(清)龍啟瑞輯　清光緒二十二年(1896)廣雅書局刻本　一册

430000－2497－0000226　404
文心雕龍十卷　(南朝梁)劉勰撰　(清)黄叔琳註　(清)紀昀評　清光緒二十二年(1896)新化三味堂刻本　四册

430000－2497－0000227　406
詩韻集成十卷　(清)余照輯　清光緒十二年

(1886)刻本　二冊

430000－2497－0000228　407
讀杜心解六卷首二卷　(清)浦起龍撰　清雍正二年至三年(1724－1725)浦氏寧我齋刻本　八冊

430000－2497－0000229　408
漁洋詩話二卷　(清)王士禎撰　抄本　一冊

430000－2497－0000230　410
漁隱叢話前集六十卷後集四十卷　(宋)胡仔輯　清乾隆耘經樓刻本　十六冊

430000－2497－0000231　412
苕溪漁隱叢話六十卷　(宋)胡仔輯　清乾隆耘經樓刻本　十冊

430000－2497－0000232　414
全唐詩話八卷　(宋)尤袤輯　(清)孫濤訂並續輯　清乾隆三十九年(1774)刻本　六冊

430000－2497－0000233　415
隨園詩話十六卷　(清)袁枚撰　清刻本(經元堂藏板)　八冊

430000－2497－0000234　416
隨園詩話補遺十卷　(清)袁枚撰　清刻本　六冊

430000－2497－0000235　423
續古文辭類纂二十八卷　王先謙編　清光緒十六年(1890)金陵書局刻本　十二冊

430000－2497－0000236　424
三蘇全集　(宋)蘇洵等撰　清道光十二年(1832)眉州三蘇祠刻本　四十二冊

430000－2497－0000237　425
古文辭類纂七十四卷　(清)姚鼐編　清光緒十九年(1893)長沙思賢講舍刻本　二十四冊

430000－2497－0000238　427
續古文辭類纂十卷　王先謙編　清光緒八年(1882)長沙王氏虛受堂刻本　二十四冊

430000－2497－0000239　428
歷代名人小簡二卷　吳曾祺輯　清宣統元年(1909)商務印書館鉛印本　二冊

430000－2497－0000240　429
古文淵鑒六十四卷　(清)徐乾學輯註　清刻五色套印本　二十四冊

430000－2497－0000241　430
經史百家雜鈔二十六卷　(清)曾國藩纂　清光緒二十年(1894)刻本　二十三冊

430000－2497－0000242　431
漢魏六朝百三名家集　(明)張溥輯　(清)唐友耕重編　清光緒三年(1877)滇南唐氏壽考堂刻本　九十三冊

430000－2497－0000243　432
文選考異十卷　(清)胡克家撰　清同治八年(1869)湖北崇文書局刻本　四冊

430000－2497－0000244　433
涵芬樓古今文鈔一百卷　吳曾祺編輯　清宣統三年(1911)上海商務印書館鉛印本　四十冊

430000－2497－0000245　434
南北朝文鈔二卷　(清)彭兆蓀輯　清刻本　一冊

430000－2497－0000246　435
文選六十卷　(南朝梁)蕭統輯　(唐)李善等註　清同治八年(1869)湖北崇文書局刻本　二十四冊

430000－2497－0000247　436
文選六十卷　(南朝梁)蕭統輯　(唐)李善等註　清同治八年(1869)湖北崇文書局刻本　二十冊

430000－2497－0000248　437
宋文鑒一百五十卷　(宋)呂祖謙編　清光緒十二年(1886)江蘇書局刻本　二十四冊

430000－2497－0000249　439
古文眉銓七十九卷　(清)浦起龍輯　清光緒二十四年(1898)良產書屋刻本　二十六冊

430000－2497－0000250　440
文選集評十五卷首一卷末一卷　(清)于光華

編　清同治十一年(1872)江蘇書局刻本　十六册

430000－2497－0000251　441
示樸齋駢體文六卷　(清)錢振倫撰　清同治六年(1867)袁浦崇實書院刻本　一册

430000－2497－0000252　444
龍川文集三十卷　(宋)陳亮撰　清同治七年(1868)退補齋刻本　十册

430000－2497－0000253　445
震川先生别集十卷　(明)歸有光撰　清康熙歸莊、歸玠刻本　五册

430000－2497－0000254　446
亭林遺書　(清)顧炎武撰　清刻本　十册

430000－2497－0000255　448
揅經室一集十四卷　(清)阮元撰　清道光三年(1823)文選樓刻本　二十四册

430000－2497－0000256　451
嘉祐集二十卷　(宋)蘇洵撰　清道光十二年(1832)眉州三蘇祠刻本　四册

430000－2497－0000257　452
陶淵明集十卷　(晉)陶潛撰　清汲古閣影宋刻本　三册

430000－2497－0000258　453
王文成公全集十六卷　(明)王守仁撰　清湖南官書局刻本　十五册　存十五卷(二至十六)

430000－2497－0000259　454
清容居士集五十卷目録二卷附札記一卷　(元)袁桷著　清道光二十年(1840)上海郁氏刻宜稼堂叢書本　十六册

430000－2497－0000260　456
庾子山集十六卷　(北周)庾信撰　(清)倪璠註　清康熙二十六年(1687)崇岫堂刻本　二十二册

430000－2497－0000261　457
新刻張太岳先生詩文集四十七卷　(明)張居正撰　明萬曆江陵鄧氏刻本　十六册

430000－2497－0000262　458
曝書亭集八十卷　(清)朱彝尊撰　清康熙二十五年(1686)刻本　二十册

430000－2497－0000263　459
玉谿生詩詳注三卷　(唐)李商隱撰　(清)馮浩編訂　清刻本　八册

430000－2497－0000264　460
李長吉歌詩四卷首一卷外集一卷　(唐)李賀撰　(清)王琦彙解　清乾隆二十五年(1760)錢塘王氏寶笏樓刻本　二册

430000－2497－0000265　461
沈下賢文集十二卷　(唐)沈亞之撰　清光緒二十一年(1895)刻本　二册

430000－2497－0000266　463
朱文公校昌黎先生文集四十卷外集十卷遺文一卷　(唐)韓愈撰　(宋)朱熹考異　(明)朱吾弼重編　明萬曆三十三年(1605)天德堂刻本　十六册

430000－2497－0000267　466
盱江先生全集三十七卷　(宋)李覯撰　清光緒十九年(1893)盱江書院刻本　八册

430000－2497－0000268　467
鐔津文集十九卷首一卷　(宋)釋契嵩撰　清光緒二十八年(1902)揚州藏經院刻本　四册

430000－2497－0000269　468
斜川集六卷　(宋)蘇過撰　清道光七年(1827)眉州三蘇祠刻本　四册

430000－2497－0000270　468(1)
斜川集六卷　(宋)蘇過撰　清道光七年(1827)眉州三蘇祠刻本　四册

430000－2497－0000271　469
元憲集三十六卷　(宋)宋庠撰　清重刻武英殿聚珍版叢書本　八册

430000－2497－0000272　472
欒城後集四十卷　(宋)蘇轍撰　清道光十二年(1832)眉州三蘇祠刻本　五册

430000－2497－0000273　473

欒城初集四十八卷 (宋)蘇轍撰 清道光十二年(1832)眉州三蘇祠刻本 十七冊

430000－2497－0000274 474
欒城三集十卷 (宋)蘇轍撰 清道光十二年(1832)眉州三蘇祠刻本 二冊

430000－2497－0000275 475
東坡全集八十四卷 (宋)蘇軾撰 清道光十二年(1832)眉州三蘇祠刻本 八十四冊

430000－2497－0000276 477
艮齋先生薛常州浪語集三十五卷 (宋)薛季宣撰 清同治十年(1871)金陵書局刻本 六冊

430000－2497－0000277 479
徐騎省集三十卷 (宋)徐鉉撰 清光緒十七年(1891)金陵書局刻本 六冊

430000－2497－0000278 482
元豐類稿五十卷首一卷 (宋)曾鞏撰 清光緒十六年(1890)慈利漁浦書院刻本 十冊

430000－2497－0000279 483
道鄉先生文集四十卷補遺一卷附錄一卷 (宋)鄒浩撰 清光緒七年(1881)刻本 十冊

430000－2497－0000280 484
毗陵集十六卷 (宋)張守撰 清光緒二十一年(1895)刻本 四冊

430000－2497－0000281 485
荆川文集十八卷 (明)唐順之撰 清康熙五十一年(1712)唐執玉刻本 四冊

430000－2497－0000282 486
袁中郎先生全集二十四卷 (明)袁宏道撰 清道光九年(1829)袁憲健刻本 十六冊

430000－2497－0000283 488
後山先生集二十四卷 (宋)陳師道撰 清光緒十一年(1885)刻本 六冊

430000－2497－0000284 489
曹氏傳芳録五種 (清)曹希璨輯 清宣統元年(1909)木活字印本 二冊

430000－2497－0000285 490
龔定庵集十四卷 (清)龔自珍撰 清光緒二十三年(1897)豐城余氏寶墨齋刻本 五冊

430000－2497－0000286 491
味餘書室全集定本四十卷目錄四卷隨筆二卷 (清)仁宗顒琰撰 清嘉慶刻本 三十二冊

430000－2497－0000287 492
笠翁一家言全集十六卷 (清)李漁撰 清雍正芥子園刻本 十六冊

430000－2497－0000288 493
蠙蠓集五卷 (明)盧柟撰 清光緒二十年(1894)刻本 六冊

430000－2497－0000289 494
樊榭山房正集十卷續集十卷 (清)厲鶚撰 清光緒十年(1884)刻本 九冊

430000－2497－0000290 495
李太白全集十六卷 (唐)李白撰 (清)李調元編 清道光十三年(1833)刻本 六冊

430000－2497－0000291 496
崇百藥齋文集二十卷續集四卷三集四卷 (清)陸繼輅撰 清光緒四年(1878)刻本 十六冊

430000－2497－0000292 497
歐陽文忠公全集一百五十三卷 (宋)歐陽修撰 清光緒二十八年(1902)周氏慕濂山房刻本 三十冊

430000－2497－0000293 497(1)
歐陽文忠公全集一百五十三卷 (宋)歐陽修撰 清光緒二十八年(1902)周氏慕濂山房刻本 二十冊

430000－2497－0000294 498
鮚埼亭集三十八卷 (清)全祖望撰 清同治十一年(1872)姚江借樹山房刻本 四十六冊

430000－2497－0000295 499
鮚埼亭集外編五十卷 (清)全祖望撰 清嘉慶十六年(1811)刻本 十六冊

430000－2497－0000296 500

野獲編三十卷補遺四卷 （明）沈德符撰　清同治八年（1869）扶荔山房刻本　二十冊

430000－2497－0000297　501
李太白文集三十六卷 （唐）李白撰　（清）王琦輯註　清乾隆刻本　十六冊

430000－2497－0000298　504
梅村家藏稿五十八卷補遺二卷 （清）吳偉業撰　清宣統三年（1911）武進董氏誦芬室刻本　八冊

430000－2497－0000299　506
曾文正公詩鈔四卷 （清）曾國藩撰　清光緒二年（1876）刻本　一冊

430000－2497－0000300　507
曾文正公文集四卷 （清）曾國藩撰　（清）李瀚章編　清同治十三年（1874）長沙傳忠書局刻本　四冊

430000－2497－0000301　508
曾文正公全集 （清）曾國藩撰　清同治、光緒間湖南傳忠書局刻本　一百三十冊

430000－2497－0000302　509
柳文四十三卷別集二卷外集二卷附録一卷 （唐）柳宗元撰　（唐）劉禹錫編　清同治七年（1868）刻本　六冊

430000－2497－0000303　511
方正學先生遜志齋集二十四卷拾補一卷 （明）方孝孺撰　（明）張紹謙纂　清同治十二年（1873）刻本　十五冊

430000－2497－0000304　513
詩總聞二十卷 （宋）王質撰　清光緒二十五年（1899）廣雅書局刻本　六冊

430000－2497－0000305　513（1）
詩總聞二十卷 （宋）王質撰　清光緒二十五年（1899）廣雅書局刻本　八冊

430000－2497－0000306　515
詩經　清仁記書莊刻本　四冊

430000－2497－0000307　517
樂府古題要解二卷 （唐）吳兢撰　清嘉慶十年（1805）虞山張氏照曠閣刻本　一冊

430000－2497－0000308　518
詩比興箋四卷 （清）陳沆撰　清光緒九年（1883）刻本　四冊

430000－2497－0000309　519
古詩源十四卷 （清）沈德潛選　清光緒十八年（1892）務本書局刻本　四冊

430000－2497－0000310　520
八代詩選二十卷　王闓運輯　清光緒章氏經濟堂刻本　十六冊

430000－2497－0000311　521
近光集二十八卷 （清）汪士鋐輯　（清）徐修仁註　清康熙五十八年（1719）刻本　八冊

430000－2497－0000312　522
漁洋山人古詩選三十二卷 （清）王士禛輯
惜抱軒今體詩選十八卷 （清）姚鼐輯　清同治五年（1866）金陵書局刻本　八冊

430000－2497－0000313　523
三十家詩鈔六卷首一卷末一卷 （清）曾國藩編　（清）王定安增輯　清同治十三年（1874）傳忠書局刻本　五冊

430000－2497－0000314　524
十八家詩鈔二十八卷 （清）曾國藩纂　清同治十三年（1874）長沙傳忠書局刻本　四十四冊

430000－2497－0000315　526
玉臺新咏箋注十卷 （南朝陳）徐陵編　（清）吳兆宜原注　（清）程琰删補　清光緒五年（1879）宏達堂刻本　四冊

430000－2497－0000316　527
全唐詩九百卷 （清）曹寅等輯　清光緒十三年（1887）上海同文書局石印本　三十二冊

430000－2497－0000317　528
御選唐宋詩醇四十七卷目錄二卷 （清）高宗弘曆選　清光緒七年（1881）浙江書局刻本　二十冊

430000－2497－0000318　529

十種唐詩選十七卷附唐賢三昧集三卷 (清)王士禎輯 清康熙刻本 六册

430000－2497－0000319 531
南宋雜事詩七卷 (清)沈嘉轍等撰 清同治十一年(1872)淮南書局刻本 二册

430000－2497－0000320 532
明詩綜一百卷 (清)朱彝尊輯 清康熙刻本 六十三册

430000－2497－0000321 533
庚辰集五卷 (清)紀昀輯 清乾隆二十六年(1761)刻本 三册

430000－2497－0000322 534
湖海詩傳四十六卷 (清)王昶輯 清嘉慶八年(1803)刻本 二十四册

430000－2497－0000323 535
宋詩鈔初集 (清)呂留良等輯 清康熙刻本 四十六册

430000－2497－0000324 536
蘇東坡詩集注四卷 (宋)蘇軾撰 (宋)王十朋輯注 清康熙三十七年(1698)刻本 十册

430000－2497－0000325 537
中州集十卷附中州樂府一卷 (金)元好問輯 清光緒七年(1881)刻本 十一册

430000－2497－0000326 539
惜抱軒今體詩選十八卷 (清)姚鼐輯 清同治五年(1866)金陵書局刻本 二册

430000－2497－0000327 540
白香山詩長慶集二十卷後集十七卷別集一卷補遺二卷 (唐)白居易撰 清康熙四十一年至四十二年(1702－1703)汪立名一隅草堂刻本 八册

430000－2497－0000328 541
杜工部集二十卷首一卷 (唐)杜甫撰 (明)王世貞等評 清道光十四年(1834)芸葉盦刻五色套印本 八册

430000－2497－0000329 542
劉隨州詩集十卷補遺一卷 (唐)劉長卿撰 清康熙席氏琴川書屋刻本 一册

430000－2497－0000330 545
黃詩全集五十八卷附錄一卷 (宋)黃庭堅撰 (宋)任淵等註 清乾隆樹經堂刻本 二十册

430000－2497－0000331 546
蘇文忠公詩編注集成一百三卷 (宋)蘇軾撰 (清)王文誥輯 清光緒十四年(1888)浙江書局刻本 二十四册

430000－2497－0000332 547
杜工部集二十卷附錄一卷 (唐)杜甫撰 (清)錢謙益箋註 清康熙六年(1667)季氏靜思堂刻本 六册

430000－2497－0000333 551
唐賢合集 清康熙席氏刻唐百家詩本 三册

430000－2497－0000334 553
蘇文忠公詩合注五十卷首一卷 (宋)蘇軾撰 清乾隆六十年(1795)刻本 三十册

430000－2497－0000335 555
漁洋山人精華錄箋注十二卷補一卷年譜一卷 (清)王士禎撰 (清)金榮注 (清)徐淮輯 清刻本(鳳翽堂藏板) 六册

430000－2497－0000336 558
缶廬詩四卷缶廬別存一卷 (清)吳昌碩撰 清光緒十九年(1893)刻本 一册

430000－2497－0000337 559
梅村詩集箋注十八卷 (清)吳偉業撰 (清)吳翌鳳箋注 清光緒十年(1884)湖北官書處刻本 二十六册

430000－2497－0000338 560
吳詩集覽二十卷談藪二卷 (清)吳偉業撰 (清)靳榮藩輯註 清乾隆四十年(1775)淩雲亭刻本 十二册

430000－2497－0000339 561
本事詩十二卷 (清)徐釚輯 清康熙四十三年(1704)刻本 四册

430000－2497－0000340 562

巢經巢詩鈔九卷　(清)鄭珍撰　清咸豐四年(1854)刻本　四册

430000－2497－0000341　565
白華絳柎閣詩集十卷　(清)李慈銘撰　清光緒十六年(1890)刻本　二册

430000－2497－0000342　576
榆園叢刊　(清)許增輯　清光緒仁和許氏刻本　十六册

430000－2497－0000343　577
國朝詞綜續編二十四卷　(清)黄燮清輯　清同治十二年(1873)刻本　八册

430000－2497－0000344　579
清真集二卷集外詞一卷　(宋)周邦彦撰　清光緒刻本　二册

430000－2497－0000345　580
片玉集一卷　(宋)周邦彦撰　清光緒十一年(1885)刻本　二册

430000－2497－0000346　581
御定歷代賦彙一百四十卷目錄二卷外集二十卷附逸句二卷補遺二十二卷　(清)陳元龍輯　清康熙四十五年(1706)刻本　一百二十四册

430000－2497－0000347　582
唐駢體文鈔十七卷　(清)陳均輯　清嘉慶二十五年(1820)刻本　四册

430000－2497－0000348　583
駢體文鈔三十一卷　(清)李兆洛輯　清光緒八年(1882)刻本　四册

430000－2497－0000349　584
國朝駢體正宗十二卷　(清)曾燠輯　清同治十三年(1874)聚賢堂刻本　六册

430000－2497－0000350　585
國朝駢體正宗續編八卷　(清)張鳴珂輯　清光緒二十一年(1895)善化章氏刻本　四册

430000－2497－0000351　591
旗亭記二卷　清抄本　四册

430000－2497－0000352　593
笠翁傳奇十種二十卷　(清)李漁撰　清康熙世德堂刻本　二十册

430000－2497－0000353　597
藤陰雜記十二卷　(清)戴璐撰　清光緒三年(1877)刻本(吳興會館藏板)　二册

430000－2497－0000354　600
聊齋志異新評十六卷　(清)蒲松齡撰　(清)但明倫新評　清光緒三年(1877)刻本　十六册

430000－2497－0000355　641
讀書雜志八十二卷餘編二卷　(清)王念孫撰　清同治九年(1870)金陵書局刻本　二十四册

430000－2497－0000356　643
圖注金玉緣一百二十回　(清)曹雪芹撰　清光緒三十四年(1908)求不負齋石印本　十六册

430000－2497－0000357　646
御選唐宋文醇五十八卷　(清)高宗弘曆選　清刻本　四十册

430000－2497－0000358　649
湖海文傳七十五卷　(清)王昶輯　清道光十七年(1837)經訓堂刻本　十二册

430000－2497－0000359　650
古文淵鑒六十四卷　(清)徐乾學輯註　清刻五色套印本　三十二册

430000－2497－0000360　652
國朝文錄八十二卷　(清)姚椿編　清咸豐元年(1851)刻本　二十四册

430000－2497－0000361　653
課子隨筆十卷　(清)張師載編　清道光二十三年(1843)留有餘齋刻本　四册

430000－2497－0000362　655
南宋文錄錄二十四卷　(清)董兆熊輯　清光緒十七年(1891)蘇州書局刻本　六册

430000－2497－0000363　656

古今說海一百三十五種一百四十二卷　(明)陸楫輯　清刻本　十册

430000－2497－0000364　657
國朝三家文鈔三種三十二卷　(清)宋犖　(清)許汝霖輯　清康熙三十三年(1694)刻本　十册

430000－2497－0000365　658
古文雅正十四卷　(清)蔡世遠選評　清刻本　六册

430000－2497－0000366　662
庸庵全集二十一卷　(清)薛福成撰　清光緒十三年(1887)刻本　四十六册

430000－2497－0000367　663
大雲山房文稿初集四卷二集四卷言事二卷補編一卷　(清)惲敬撰　清光緒十四年(1888)官書處刻本　十六册

430000－2497－0000368　665
篤素堂集鈔三卷　(清)張英撰　清光緒十四年(1888)湘鄉蔣氏求實齋刻本　一册

430000－2497－0000369　666
諸葛忠武侯文集六卷首一卷　(三國蜀)諸葛亮撰　清末茶陵譚福壽堂刻本　四册

430000－2497－0000370　667
徐孝穆全集六卷　(南朝陳)徐陵撰　(清)吴兆宜箋註　清光緒二年(1876)刻本　二册

430000－2497－0000371　668
唐陸宣公集二十二卷　(唐)陸贄撰　清雍正元年(1723)年龔堯刻本　十九册

430000－2497－0000372　670
陸宣公奏議二十四卷　(唐)陸贄撰　(明)湯賓尹評　(明)馬元訂　明光裕堂刻本　七册

430000－2497－0000373　671
樊南文集補編十二卷首一卷　(唐)李商隱撰　(清)錢振倫箋　(清)錢振常註　清同治五年(1866)望三益齋刻本　四册

430000－2497－0000374　672
初唐四傑文集二十一卷　(清)項家達輯　清光緒五年(1879)淮南書局刻本　三册

430000－2497－0000375　673
林文忠公政書三十七卷　(清)林則徐撰　清刻本　二十四册

430000－2497－0000376　674
包孝肅公奏議十卷　(宋)包拯撰　清道光二十年(1840)朝宗書室木活字印本　四册

430000－2497－0000377　675
慈溪黄氏日抄分類九十五卷古今紀要十九卷　(宋)黄震撰　清乾隆三十二年(1767)刻本　三十二册

430000－2497－0000378　676
容齋隨筆十六卷續筆十六卷三筆十六卷四筆十六卷五筆十卷　(宋)洪邁撰　明崇禎三年(1630)刻本　十四册

430000－2497－0000379　678
司馬溫公文集十四卷首一卷　(宋)司馬光撰　清光緒七年(1881)紅杏山房刻本　六册

430000－2497－0000380　679
欒城應詔集十二卷　(宋)蘇轍撰　清道光十二年(1832)眉州三蘇祠刻本　二册

430000－2497－0000381　680
岳武穆集八卷　(宋)岳飛撰　清同治三年(1864)湘潭唐昭儉刻本　四册

430000－2497－0000382　681
震川先生集三十卷別集十卷附錄一卷　(明)歸有光撰　(清)歸玠輯　清光緒六年(1880)常熟歸氏刻本　十一册

430000－2497－0000383　682
壯悔堂文集十卷遺稿一卷　(清)侯方域撰　(清)徐作肅等評點　清同治十二年(1873)紅杏山房刻本　六册

430000－2497－0000384　683
熊襄愍公集十卷首一卷末一卷　(明)熊廷弼撰　清同治三年(1864)本祠刻本　十册

430000－2497－0000385　684
望溪先生文集十八卷集外文十卷集外文補遺

二卷　(清)方苞撰　(清)戴鈞衡編　清咸豐元年至二年(1851－1852)桐城戴氏味經山館刻本　十四冊

430000－2497－0000386　685
定庵文集三卷　(清)龔自珍撰　清光緒三十四年(1908)成都官書局刻本　一冊

430000－2497－0000387　686
定庵續集四卷　(清)龔自珍撰　清光緒三十四年(1908)成都官書局刻本　二冊

430000－2497－0000388　687
定庵文集補編四卷　(清)龔自珍撰　清光緒三十四年(1908)成都官書局刻本　三冊

430000－2497－0000389　688
胡文忠公遺集八十六卷首一卷　(清)胡林翼撰　(清)鄭敦謹　(清)曾國荃編　清同治三年(1864)武昌節署刻本　八冊

430000－2497－0000390　689
沈端恪公遺書二卷　(清)沈近思撰　清同治十二年(1873)浙江書局刻本　二冊

430000－2497－0000391　670
三魚堂文集十二卷外集六卷附錄一卷　(清)陸隴其撰　清康熙三十三年(1694)刻本　八冊

430000－2497－0000392　671
天岳山館文鈔四十卷　(清)李元度撰　清光緒六年(1880)爽谿精舍刻本　二十冊

430000－2497－0000393　673
復初齋文集三十五卷　(清)翁方綱撰　清光緒三年(1877)刻本　八冊

430000－2497－0000394　674
癸巳存稿十五卷　(清)俞正燮撰　清光緒十年(1884)刻本　十六冊

430000－2497－0000395　674(1)
李文忠公遺集八卷　(清)李鴻章撰　(清)李國杰編　清光緒三十年(1904)合肥李氏刻本　四冊

430000－2497－0000396　676
胡文忠公遺集八十六卷首一卷　(清)胡林翼撰　(清)鄭敦謹　(清)曾國荃編　(清)胡鳳丹重編　清光緒元年(1875)湖北崇文書局刻本　二十六冊

430000－2497－0000397　677
左恪靖侯奏稿初編三十八卷續編七十六卷三編六卷　(清)左宗棠撰　清光緒刻本　五十九冊

430000－2497－0000398　685
曾文正公手書日記不分卷　(清)曾國藩撰　清宣統元年(1909)上海中國圖書公司影印本　四十冊

430000－2497－0000399　686
樊山政書二十卷　樊增祥撰　清宣統二年(1910)金陵湯明林聚珍書局鉛印本　十冊

430000－2497－0000400　694
讀書雜志八十二卷餘編二卷　(清)王念孫撰　清同治九年(1870)金陵書局刻本　十八冊

430000－2497－0000401　695
佩文齋書畫譜一百卷　(清)孫岳頒等撰　清光緒九年(1883)上海同文書局石印本　十六冊

430000－2497－0000402　697
御刻三希堂石渠寶笈法帖　(清)梁詩正等排類　清末文盛書局影印本　二十一冊

430000－2497－0000403　698
御刻三希堂石渠寶笈法帖續集　(清)梁詩正等排類　清末元盛書局影印本　四冊

430000－2497－0000404　699
寶真齋法書贊二十八卷　(宋)岳珂撰　清重刻武英殿本　十冊

430000－2497－0000405　701
隸韻十卷碑目一卷考證二卷　(宋)劉球撰　(清)翁方綱考證　清嘉慶十五年(1810)刻本　六冊

430000－2497－0000406　702
歷代畫史彙傳七十二卷首一卷總目三卷附錄

二卷　(清)彭蘊璨編　清光緒八年(1882)掃葉山房刻本　二十四冊

430000－2497－0000407　706
歷代畫史彙傳七十二卷首一卷總目三卷附錄二卷　(清)彭蘊璨編　清同治十三年(1874)三楚畊餘堂刻本　三十二冊

430000－2497－0000408　707
御選語錄十九卷　(清)世宗胤禛選　清光緒四年(1878)南京金陵刻經處刻本　十四冊

430000－2497－0000409　710
相宗八要直解八卷　(明)釋智旭撰　清光緒八年(1882)長沙刻經處刻本　二冊

430000－2497－0000410　711
華嚴經　清湖南省城坡子街護國寺僧妙湛刻本　二十八冊

430000－2497－0000411　712
增刪演算法統宗十一卷　(明)程大位原編　(清)梅穀成增刪　清刻本　四冊

430000－2497－0000412　714
兼濟堂纂刻梅勿庵先生曆算全書二十九種七十四卷　(清)梅文鼎撰　清刻本　十五冊

430000－2497－0000413　715
農桑輯要七卷　(元)司農司撰　清刻本　二冊

430000－2497－0000414　716
御製數理精蘊上編五卷下編四十卷表八卷　(清)允祉等撰　清光緒二十二年(1896)上海博文書局石印本　二十四冊

430000－2497－0000415　717
四庫全書總書二百卷　(清)紀昀等撰　清末上海廣百宋齋鉛印本　一百二十九冊

430000－2497－0000416　718
徐公迴瀾紀要二卷　(清)徐端撰　清同治十二年(1873)刻本　二冊

430000－2497－0000417　720
書目答問五卷國朝著述諸家姓名略一卷　(清)張之洞撰　清宣統元年(1909)刻本　一冊

430000－2497－0000418　721
欽定四庫全書總目二百卷首四卷　(清)紀昀等撰　清同治七年(1868)刻本　一百十九冊

430000－2497－0000419　722
四庫簡明目錄標注二十卷　(清)邵懿辰編　清宣統三年(1911)仁和邵氏刻本　十冊

430000－2497－0000420　723
欽定四庫全書簡明目錄二十卷　(清)紀昀等撰　清末上海廣百宋齋鉛印本　六冊

430000－2497－0000421　730
子史精華一百六十卷　(清)吴士玉等纂　清雍正五年(1727)刻本　三十一冊

430000－2497－0000422　731
玉海二百卷　(元)王應麟撰　清嘉慶三年(1798)刻本　一百十九冊

430000－2497－0000423　734
分類字錦六十四卷　(清)何焯撰　(清)陳鵬年等輯　清刻本　六十四冊

430000－2497－0000424　748
新編古今事文類聚新集三十六卷外集十五卷　(元)富大用輯　元泰定三年(1326)廬陵武溪書院刻本　十四冊

430000－2497－0000425　749
淵鑒類函四百五十卷　(清)張英等撰　清光緒十三年(1887)上海同文書局石印本　九十六冊

430000－2497－0000426　751
韻府拾遺一百六卷　(清)汪灝等纂　清內府刻本　四十冊

430000－2497－0000427　752
佩文韻府一百六卷　(清)張玉書等輯　清光緒十五年(1889)點石齋石印本　三百四冊

430000－2497－0000428　753
藝文類聚一百卷　(唐)歐陽詢撰　明嘉靖刻本　二十冊

430000－2497－0000429　754
古今說海一百三十五種一百四十二卷　（明）陸楫輯　清道光元年（1821）苕溪邵氏酉山堂刻本　十册　存說略部

430000－2497－0000430　755
時務通政　清石印本　二十四册

430000－2497－0000431　756
事類賦補遺十四卷　（清）張均撰　清三讓堂刻本　二册

430000－2497－0000432　759
十駕齋養新錄二十卷餘錄三卷　（清）錢大昕撰　清嘉慶九年（1804）刻本　八册

430000－2497－0000433　761
白虎通德論四卷　（漢）班固撰　清光緒元年（1875）刻本　二册

430000－2497－0000434　762
省軒考古類編十二卷　（清）柴紹炳纂　（清）姚廷謙評　清雍正四年（1726）刻本　六册

430000－2497－0000435　763
日知錄集釋三十二卷　（清）顧炎武撰　（清）黄汝成集釋　**日知錄刊誤二卷續刊誤二卷**　（清）黄汝成撰　清同治八年（1869）廣州述古堂刻本　三十八册

430000－2497－0000436　764
山海經箋疏十八卷圖贊一卷訂譌一卷敘錄一卷　（清）郝懿行撰　清光緒七年（1881）刻本　四册

430000－2497－0000437　765
義門讀書記五十八卷　（清）何焯撰　清光緒六年（1880）刻本　十六册

430000－2497－0000438　769
老學庵筆記十卷　（宋）陸游撰　清光緒三年（1877）湖北崇文書局刻本　一册

430000－2497－0000439　770
敬齋古今黈八卷　（元）李治撰　清重刻武英殿本　三册

430000－2497－0000440　772
意林五卷補遺一卷　（唐）馬總輯　清光緒三年（1877）湖北崇文書局刻本　二册

430000－2497－0000441　773
困學紀聞二十卷　（元）王應麟撰　（清）閻若璩箋　清乾隆三年（1738）刻本　十册

430000－2497－0000442　774
困學紀聞注二十卷　（清）翁元圻撰　清道光五年（1825）餘姚翁元圻守福堂刻本　十二册

430000－2497－0000443　775
述學内篇三卷外篇一卷補遺一卷別錄一卷　（清）汪中撰　清同治八年（1869）揚州書局刻本　二册

430000－2497－0000444　776
澄懷園語四卷　（清）張廷玉撰　清同治七年（1868）刻本　二册

430000－2497－0000445　777
聰訓齋語二卷　（清）張英撰　清同治七年（1868）刻本　二册

430000－2497－0000446　778
鄉黨圖考十卷　（清）江永撰　清乾隆五十九年（1794）彙源堂刻本　六册

430000－2497－0000447　779
攻媿集一百十二卷拾遺一卷　（清）傅以禮輯　清重刻武英殿聚珍版叢書本　三十九册

430000－2497－0000448　780
唐代叢書一百六十四種　（清）陳世熙輯　清同治十年（1871）京都琉璃廠刻本　四十册

430000－2497－0000449　783
士禮居黄氏叢書二十三種　（清）黄丕烈輯　清光緒十三年（1887）上海蜚英館影印本　三十二册

430000－2497－0000450　858
藝海珠塵　（清）吳省蘭編　清嘉慶南彙吳氏聽彝堂刻本　六十四册

430000－2497－0000451　1312
聚學軒叢書　（清）劉世珩輯　清光緒貴池劉氏刻本　一百二十册

430000－2497－0000452　1315
粤雅堂叢書　（清）伍崇曜輯　清道光至光緒南海伍氏刻本　二百三十八册

430000－2497－0000453　1316
正誼堂全書　（清）張伯行輯　（清）楊浚重輯　清同治五年（1866）福州正誼書院刻八年至九年（1869－1870）續刻本　一百五十二册

430000－2497－0000454　1318
十五家年譜叢書二十二卷　（清）楊希閔撰　清光緒揚州書林陳履恒刻本　十六册

430000－2497－0000455　1319
梅氏叢書輯要六十二卷　（清）梅文鼎撰　清乾隆二十六年（1761）刻本　三十册

430000－2497－0000456　1322
經典釋文三十卷　（唐）陸德明撰　清康熙十九年（1680）通志堂刻本　七册

430000－2497－0000457　1323
春秋公羊傳箋十一卷　王闓運撰　清光緒二十六年（1900）東洲刻本　六册

430000－2497－0000458　1324
十六國春秋一百卷　（北魏）崔鴻撰　清乾隆四十六年（1781）汪氏欣託山房刻本　十六册

430000－2497－0000459　1325
春秋大事表五十卷春秋輿圖一卷附錄一卷　（清）顧棟高撰　清乾隆十三年（1748）萬卷樓刻本　十六册

430000－2497－0000460　1326
春秋微旨三卷　（唐）陸淳撰　清刻本　一册

430000－2497－0000461　1327
晏子春秋七卷　（春秋）晏嬰撰　（清）孫星衍校　清乾隆五十三年（1788）陽湖孫氏刻本　二册

430000－2497－0000462　1329
春秋集解十二卷　（宋）蘇轍撰　清道光、咸豐間刻經苑本　二册

430000－2497－0000463　1335
春秋集解十二卷　（宋）蘇轍撰　清道光、咸豐間刻經苑本　二册

430000－2497－0000464　1333
春秋集傳纂例十卷　（唐）陸淳撰　清道光二十六年（1846）刻經苑本　三册

430000－2497－0000465　1337
經學通論五卷　（清）皮錫瑞撰　清光緒三十三年（1907）思賢書局刻本　五册

430000－2497－0000466　1338
匏瓜錄十卷　（清）芮長恤撰　清光緒十年（1884）毗陵惲氏懷永堂刻本　六册

430000－2497－0000467　1339
經籍纂詁並補遺一百六卷首一卷　（清）阮元撰　清嘉慶三年（1798）刻本　二十二册

430000－2497－0000468　1340
仿宋相臺五經九十六卷附考證　清光緒八年（1882）長沙龍氏刻本　四十六册

430000－2497－0000469　1341
皇清經解　（清）阮元輯　清道光九年（1829）廣東學海堂刻咸豐十年（1860）補刻本　七百二十二册

430000－2497－0000470　1342
皇清經解續編　王先謙輯　清光緒十五年（1889）上海蜚英館石印本　三十一册

430000－2497－0000471　1343
經義考三百卷目錄二卷　（清）朱彝尊輯　清乾隆二十年（1755）刻本　四十八册

430000－2497－0000472　1344
群經平議三十五卷　（清）俞樾撰　清光緒十七年（1891）兩儀堂刻本　十六册

430000－2497－0000473　1345
古經解彙函　（清）鍾謙鈞等輯　清同治十二年（1873）粤東書局刻本　七十四册

430000－2497－0000474　1346
御纂七經　（清）李光地等編　清同治六年（1867）刻本　一百四十二册

430000－2497－0000475　1347

十三經註疏附考證　清同治十二年(1873)江西書局刻本　一百三十五册

430000－2497－0000476　1348
十三經註疏附考證　清乾隆內府刻本　一百十五册

430000－2497－0000477　1348(1)
十三經註疏附考證　清乾隆內府刻本　七十册

430000－2497－0000478　1349
周易傳義音訓八卷首一卷末一卷　(宋)程頤傳　(宋)朱熹本義　(宋)呂祖謙音訓　清刻本　八册

430000－2497－0000479　1350
易學濫觴一卷　(宋)黄澤撰　清道光、咸豐間刻經苑本　一册

430000－2497－0000480　1351
焦氏易林四卷　(漢)焦贛撰　清光緒元年(1875)湖北崇文書局刻本　四册

430000－2497－0000481　1352
御纂周易折中二十二卷首一卷　(清)李光地等撰　清尊經閣刻本　十册

430000－2497－0000482　1353
易說六卷　(宋)司馬光撰　清同治七年(1868)刻本　二册

430000－2497－0000483　1354
周易十卷附考證　(三國魏)王弼　(晉)韓康伯註　**略例**　(三國魏)王弼撰　(唐)邢璹註　(唐)陸德明音義　清光緒八年(1882)長沙龍氏刻本　三册

430000－2497－0000484　1355
易傳燈四卷　(宋)徐總幹撰　清道光、咸豐間刻經苑本　一册

430000－2497－0000485　1356
誠齋易傳二十卷　(宋)楊萬里撰　清道光、咸豐間刻經苑本　十册

430000－2497－0000486　1357
吴園周易解九卷附錄一卷　(宋)張根撰　清重刻武英殿聚珍版叢書本　三册

430000－2497－0000487　1358
周易本義四卷　(宋)朱熹撰　清刻本　二册

430000－2497－0000488　1359
書經集傳六卷　(宋)蔡沈撰　清南京李光明莊刻本　三册

430000－2497－0000489　1360
漢上易傳十一卷周易卦圖三卷漢上易叢說一卷　(宋)朱震撰　清康熙十九年(1680)通志堂刻本　四册

430000－2497－0000490　1361
書經集傳六卷　(宋)蔡沈撰　清刻本　三册

430000－2497－0000491　1362
尚書精義五十卷　(宋)黄倫撰　清道光、咸豐間刻經苑本　十二册

430000－2497－0000492　1363
宋元舊本書經眼錄三卷附錄二卷　(清)莫友芝著　清宣統元年(1909)刻本　一册

430000－2497－0000493　1364
書經體注大全合參六卷　(清)錢希祥纂輯　清刻本　四册

430000－2497－0000494　1365
敷文書說一卷　(宋)鄭伯熊撰　清道光、咸豐間刻經苑本　一册

430000－2497－0000495　1366
欽定書經圖說五十卷　(清)孫家鼐等纂輯　清光緒三十一年(1905)石印本　十六册

430000－2497－0000496　1367
洪範統一一卷　(宋)趙善湘撰　清道光、咸豐間刻經苑本　一册

430000－2497－0000497　1368
尚書今古文注三十卷　(清)孫星衍撰　清光緒五年(1879)刻本　四册

430000－2497－0000498　1369
呂氏家塾讀詩記三十二卷　(宋)呂祖謙撰　清道光、咸豐間刻經苑本　十册

430000－2497－0000499　1370
續呂氏家塾讀詩記三卷　（宋）戴溪撰　清道光、咸豐間大梁書院刻經苑本　二冊

430000－2497－0000500　1371
毛詩傳箋三十卷鄭氏詩譜一卷　（漢）鄭玄箋　清光緒十七年（1891）緯蕭草堂刻本　六冊

430000－2497－0000501　1372
毛詩草木鳥獸蟲魚疏二卷　（三國吳）陸璣撰　清光緒十二年（1886）刻本　一冊

430000－2497－0000502　1373
毛詩古音考四卷讀詩拙言一卷　（明）陳第輯　清同治二年（1863）古潭余氏明辨齋刻本　四冊

430000－2497－0000503　1374
三家詩補遺三卷　（清）阮元撰　清光緒二十四年（1898）長沙葉氏刻本　一冊

430000－2497－0000504　1375
韓詩外傳十卷　（漢）韓嬰撰　清乾隆刻本　二冊

430000－2497－0000505　1377
禮書一百五十卷　（宋）陳祥道撰　清光緒二年（1876）方功惠刻本　十四冊

430000－2497－0000506　1378
禮書綱目八十五卷首三卷　（清）江永撰　清嘉慶十五年（1810）刻本　二十八冊

430000－2497－0000507　1379
四禮翼八卷　（明）呂坤撰　清光緒譚鍾麟刻本　一冊

430000－2497－0000508　1380
五禮通考二百六十二卷首四卷　（清）秦蕙田撰　清光緒二十二年（1896）三味堂刻本　一百二十冊

430000－2497－0000509　1381
禮經箋十七卷　王闓運撰　清光緒二十二年（1896）東洲講舍刻本　五冊

430000－2497－0000510　1382
周禮正義八十六卷　（清）孫詒讓撰　清光緒三十一年（1905）陳日新印刷所鉛印本　十二冊

430000－2497－0000511　1383
儀禮集釋三十卷附釋宮一卷　（宋）李如圭撰　清道光、咸豐間刻經苑本　十一冊

430000－2497－0000512　1384
儀禮鄭注句讀十七卷　（清）張爾岐撰　清同治十三年（1874）湖南書局刻本　四冊

430000－2497－0000513　1385
禮記集說十卷　（元）陳澔撰　清光緒二十一年（1895）濬雅書局刻本　十冊

430000－2497－0000514　1386
欽定禮記義疏八十二卷首一卷　（清）高宗弘曆敕撰　清尊經閣刻本　五十冊

430000－2497－0000515　1387
夏小正輯注四卷　（清）范家相撰　清嘉慶十五年（1810）古趣亭刻本　一冊

430000－2497－0000516　1388
春秋經傳集解附考證三十卷　（晉）杜預撰　（唐）陸德明音義　清乾隆四年（1739）武英殿刻本　二十冊

430000－2497－0000517　1389
春秋經傳集解附考證三十卷　（晉）杜預撰　（唐）陸德明音義　清刻本　十冊

430000－2497－0000518　1390
春秋釋例十五卷　（晉）杜預撰　清重刻武英殿聚珍版叢書本　十冊

430000－2497－0000519　1391
春秋繁露十七卷附錄一卷　（漢）董仲舒撰　清光緒二年（1876）浙江書局刻本　二冊

430000－2497－0000520　1392
春秋左傳五十卷　（晉）杜預註　（唐）陸德明音義　（宋）林堯叟註釋　清光緒二十七年（1901）益元書局刻本　十六冊

430000－2497－0000521　1393
左傳紀事本末五十三卷　（清）高士奇撰　清光緒二十四年（1898）思賢書局刻本　二十

四冊

430000－2497－0000522　1396
春秋穀梁傳十二卷　(晉)范甯集解　(唐)陸德明音義　石印本　一冊

430000－2497－0000523　1398
穀梁春秋經傳古義疏十一卷　廖平撰　清光緒二十六年(1900)日新書局刻本　八冊

430000－2497－0000524　1399
弟子職集解一卷　(清)莊述祖輯　清光緒十四年(1888)江蘇書局刻本　一冊

430000－2497－0000525　1400
孝經鄭註疏二卷　(清)皮錫瑞撰　清光緒二十一年(1895)師伏堂刻本　一冊

430000－2497－0000526　1401
讀四書叢說八卷　(元)許謙撰　清道光、咸豐間刻經苑本　七冊

430000－2497－0000527　1402
孝經刊誤一卷　(宋)朱熹撰　清道光、咸豐間刻經苑本　一冊

430000－2497－0000528　1403
四書經注集證十九卷　(清)吳昌宗輯　清嘉慶三年(1798)江都汪氏刻本　十六冊

430000－2497－0000529　1404
四書集注十九卷　(宋)朱熹撰　清刻本　八冊

430000－2497－0000530　1405
論語後案二十卷　(清)黃式三撰　清光緒九年(1883)浙江書局刻本　十冊

430000－2497－0000531　1406
論語意原四卷　(宋)鄭汝諧撰　清道光、咸豐間刻經苑本　二冊

430000－2497－0000532　1407
論語集注十卷　(宋)朱熹撰　清刻本　二冊

430000－2497－0000533　1408
孟子外書四卷　(宋)熙時子註　**瑟譜六卷**　(元)熊朋來撰　清道光、咸豐間刻經苑本　一冊

430000－2497－0000534　1409
孟子註疏十四卷附考證　(漢)趙岐註　(宋)孫奭音義並疏　清嘉慶二十一年(1816)陳煦刻本　六冊

430000－2497－0000535　1410
大學衍義四十三卷　(宋)真德秀撰　清光緒二十二年(1896)新化三味堂刻本　二十冊

430000－2497－0000536　1412
六藝綱目二卷附六藝發原一卷字原一卷　(元)舒天民撰　清光緒十一年(1885)湘陰郭氏岵瞻堂刻本　二冊

430000－2497－0000537　1413
通雅五十二卷首三卷　(清)方以智撰　清立教館刻本　二十八冊

430000－2497－0000538　1414
爾雅蒙求二卷　(清)李鴻逵撰　清嘉慶三年(1798)蟠根書屋刻本　二冊

430000－2497－0000539　1415
爾雅疏十卷　(晉)郭璞註　清嘉慶二十年(1815)南昌府學刻本　六冊

430000－2497－0000540　1416
爾雅音圖三卷　(晉)郭璞註　清嘉慶六年(1801)藝學軒刻本　三冊

430000－2497－0000541　1428
楊龍石印存不分卷　鈐印本　二冊

430000－2497－0000542　1435
求是齋印譜　(清)陳豫鍾篆　清末民初西泠印社鈐印本　二冊

430000－2497－0000543　1436
蒙泉外史印譜　(清)奚岡篆刻　清末民初西泠印社鈐印本　二冊

430000－2497－0000544　1456
趙次閑印存　(清)趙之琛刻　西泠印社鈐印本　三冊

430000－2497－0000545　1460

再續印人傳三卷補遺一卷　(清)葉銘編　清宣統二年(1910)西泠印社鉛印本　六冊

430000－2497－0000546　1462
雙虞壺齋印存　(清)吳式芬輯　清鈐印本　一冊

430000－2497－0000547　1463
綉像綠野仙踪全傳八十回　(清)李百川撰　清道光十年(1830)刻本　二十冊

430000－2497－0000548　1464
鴛湖四山印集　吳隱輯　清宣統二年(1910)西泠印社鈐印本　二冊

430000－2497－0000549　1467
此宜閣增訂金批西厢記四卷首一卷末一卷　(元)王實甫撰　清刻朱墨套印本　四冊　缺一卷(一)

430000－2497－0000550　1479
龍藏寺碑　(隋)張公禮撰　清光緒三十四年(1908)影印本　一冊

430000－2497－0000551　1482
沙南侯獲刻石雙鉤本一卷　(清)吳大澂鉤摹　清同治十二年(1873)刻本　一冊

430000－2497－0000552　1484
繪像增注西厢記八卷　(元)王實甫撰　清光緒十三年(1887)上海石印本　四冊

430000－2497－0000553　1488
石言館印存　周希丁鐫　清钤印本　一冊

430000－2497－0000554　1509
金罍山民手刻印存　(清)徐三庚篆刻　清石印本　四冊

430000－2497－0000555　1511
聊齋志異新評十六卷　(清)蒲松齡撰　(清)但明倫新評　清道光二十二年(1842)廣順但氏刻朱墨套印本　十六冊

430000－2497－0000556　2284
四禮初稿四卷四禮約言四卷　(明)呂維祺著　明刻本　一冊

430000－2497－0000557　1522
完白山人印譜　(清)鄧石如篆刻　清西泠印社鈐印本　二冊

430000－2497－0000558　1523
苦鐵印選四卷　吳昌碩篆刻　清宣和印社印本　四冊

430000－2497－0000559　1524
二金蜨堂印譜　(清)趙之謙篆刻　清西泠印社鈐印本　四冊

430000－2497－0000560　1526
補羅迦室印譜　趙之琛篆　清西泠印社钤印本　十九冊

430000－2497－0000561　1527
琴齋印留二集　簡經綸刻　清西泠印社印本　四冊

430000－2497－0000562　1536
七家名人印譜　(清)嚴信厚輯　清小長蘆館鈐印本　十一冊

430000－2497－0000563　1634
筠清館法帖六卷　(清)吳榮光編　清末民初上海文明書局拓本　一冊

430000－2497－0000564　1635
王臨川全集一百卷目錄二卷　(宋)王安石撰　清光緒九年(1883)聽香館刻本　十六冊

430000－2497－0000565　1636
炮法圖解一卷　(清)易光曙繪圖　黄伯英校算　清光緒二十三年(1897)新學書局刻本　一冊

430000－2497－0000566　1638
藏書十約一卷游藝巵言二卷　葉德輝撰　清長沙葉氏刻本　一冊

430000－2497－0000567　1639
秋士先生遺集六卷　(清)彭績撰　清光緒七年(1881)刻本　一冊

430000－2497－0000568　1640
先船山公年譜前編一卷後編一卷　(清)王之春撰　清光緒十九年(1893)刻本　四冊

430000－2497－0000569　1641
史記一百三十卷　(漢)司馬遷撰　(南朝宋)裴駰集解　(唐)司馬貞索隱　清光緒四年(1878)金陵書局刻本　一册　存九卷(一百二十二至一百三十)

430000－2497－0000570　1642
後山詩注十二卷　(宋)陳師道撰　(宋)任淵註　清翻刻武英殿本　四册

430000－2497－0000571　1643
韋蘇州集十卷拾遺一卷　(唐)韋應物撰　(宋)劉辰翁　(明)高棟等評　清宣統三年(1911)石印本　六册

430000－2497－0000572　1653
春秋繁露十七卷　(漢)董仲舒撰　清光緒三年(1877)湖北崇文書局刻本　二册

430000－2497－0000573　1654
四印齋所刻詞　(清)王鵬運輯　清光緒十四年(1888)臨桂王氏家塾刻本　十七册

430000－2497－0000574　1655
古文辭類纂七十四卷　(清)姚鼐編　**續古文辭類纂三十四卷**　王先謙編　清光緒三十三年(1907)上海商務印書館鉛印本　十一册

430000－2497－0000575　1656
文選六十卷　(南朝梁)蕭統輯　(唐)李善等註　**文選考異十卷**　(清)胡克家撰　清宣統三年(1911)上海會文堂石印本　十六册

430000－2497－0000576　1660
花王閣賸稿一卷　(明)紀坤撰　清同治刻本　四册

430000－2497－0000577　1662
孟子要略五卷附錄一卷　(宋)朱熹撰　(清)劉傳瑩輯　(清)曾國藩按　清道光二十九年(1849)漢陽劉氏刻本　一册

430000－2497－0000578　1663
朱子語類日鈔五卷　(清)陳澧輯　清宣統三年(1911)湘潭梁氏刻本　一册

430000－2497－0000579　1665
學案小識十四卷首一卷末一卷　(清)唐鑒撰　清光緒十年(1884)刻本　十二册

430000－2497－0000580　1666
論語正義二十四卷　(清)劉寶楠撰　清同治五年(1866)代州馮志沂刻本　六册

430000－2497－0000581　1667
顧亭林先生遺書十種　(清)顧炎武撰　清蓬瀛閣刻本　八册

430000－2497－0000582　1668
海峰姬傳兩家文鈔　(清)劉大櫆　(清)姚鼐撰　清道光五年(1825)刻本　一册

430000－2497－0000583　1669
呂氏春秋二十六卷　(戰國)呂不韋撰　(漢)高誘註　清光緒元年(1875)浙江書局刻本　六册

430000－2497－0000584　1674
行素草堂金石叢書二十一種　(清)朱記榮輯　清光緒十四年(1888)朱氏槐廬刻本　二册

430000－2497－0000585　1682
李太白全集十六卷　(唐)李白撰　清光緒九年(1883)刻本　六册

430000－2497－0000586　1684
四書評十九卷　(明)李贄撰　清刻本　四册

430000－2497－0000587　1686
玉虹樓法帖　(清)孔繼涑輯書　清刻本　一册

430000－2497－0000588　1699
西泠四家印譜　張宗祥輯　清鈐印本　二册

430000－2497－0000589　1703
弘簡錄二百五十四卷　(明)邵經邦撰　清刻本　六册　存二十四卷(二百七至二百三十)

430000－2497－0000590　1707
蘇文忠公詩合注五十卷　(宋)蘇軾撰　(清)馮應榴輯訂　清乾隆五十八年(1793)刻本　二十册

430000－2497－0000591　1708

新刊五百家注音辯韓昌黎先生文集四十卷 (唐)韓愈撰 (宋)魏仲舉輯註 清乾隆刻本 十二冊

430000－2497－0000592 1712
莊子集解八卷 王先謙撰 清宣統元年(1909)刻本 四冊

430000－2497－0000593 1713
韓非子集解二十卷首一卷 (清)王先慎撰 清光緒二十二年(1896)刻本 六冊

430000－2497－0000594 1714
高僧傳初集十五卷 (南朝梁)釋慧皎撰 清光緒十年(1884)金陵刻經處刻本 四冊

430000－2497－0000595 1715
幼學句解四卷 (清)程登吉撰 清光緒十六年(1890)李光明莊狀元閣刻本 四冊

430000－2497－0000596 1716
墨子經說解二卷 (清)張惠言撰 清宣統元年(1909)上海國學保存會石印本 一冊

430000－2497－0000597 1717
圖繪寶鑒八卷 (元)夏文彥撰 清康熙二十二年(1683)借綠草堂刻本 四冊

430000－2497－0000598 1721
說文解字十五卷 (漢)許慎撰 (宋)徐鉉等校定 清初毛氏汲古閣刻本 六冊

430000－2497－0000599 1726
宋元名家詞十七卷 (清)江標輯 清光緒二十一年(1895)湖南思賢書局刻本 四冊

430000－2497－0000600 1734
北魏孝文帝吊段比干墓文 拓本 一冊

430000－2497－0000601 1738
論語衍義十卷 (清)姚紹崇撰 清同治刻民國三十一年(1942)印本 七冊

430000－2497－0000602 1740
楊嘯村印集 清西泠印社鈐印本 二冊

430000－2497－0000603 1742
式存齋獲古錄一卷 蔡可權輯 清鈐印本 一冊

430000－2497－0000604 1756
讀史論略一卷 (清)杜詔撰 清刻本 一冊

430000－2497－0000605 1768
白香山詩長慶集二十卷後集十七卷別集一卷補遺二卷 (唐)白居易撰 **白香山年譜舊本一卷** (宋)陳振孫撰 **白香山年譜一卷** (清)汪立名撰 清康熙四十一年至四十二年(1702－1703)一隅草堂刻本 十冊

430000－2497－0000606 1769
淮南子二十一卷 (漢)劉安撰 清乾隆武進莊氏刻本 六冊

430000－2497－0000607 1789
靖節先生集十卷 (晉)陶潛撰 清刻本 三冊

430000－2497－0000608 1790
般若密多心經拓本 鄧石如篆 清拓本 一冊

430000－2497－0000609 1807
王壬秋全集三十卷 王闓運撰 清宣統二年(1910)上海國學扶輪社石印本 十二冊

430000－2497－0000610 1808
王文成公全集十六卷 (明)王守仁撰 清道光六年(1826)湘潭王文德刻本 五冊 存五卷(一至三、十、十六)

430000－2497－0000611 1812
胡文忠公遺集八十六卷首一卷 (清)胡林翼撰 清光緒十四年(1888)上海著易堂鉛印本 八冊

430000－2497－0000612 1813
史記一百三十卷 (漢)司馬遷撰 (南朝宋)裴駰集解 (唐)司馬貞索隱 清光緒四年(1878)金陵書局刻本 十六冊

430000－2497－0000613 1814
後漢書一百二十卷 (南朝宋)范曄撰 (唐)李賢註 **續志** (晉)司馬彪撰 (南朝梁)劉昭註 清同治八年(1869)金陵書局刻本 十

二冊

430000－2497－0000614　1816
漢書一百卷　(漢)班固撰　(唐)顔師古註　清同治八年(1869)金陵書局刻本　十五冊

430000－2497－0000615　1817
戰國策三十三卷　(漢)高誘註　(宋)姚宏校正　清嘉慶五年(1800)吳門黄氏刻本　十冊

430000－2497－0000616　1818
經典釋文三十卷　(唐)陸德明撰　清康熙十九年(1680)通志堂刻本　一冊　存三卷(二十六至二十八)

430000－2497－0000617　1820
儀禮註疏十七卷　(漢)鄭玄註　(唐)陸德明音義　(唐)賈公彦疏　清同治十三年(1874)湖南書局刻本　一冊　存十卷(八至十七)

430000－2497－0000618　1821
周易兼義九卷附略例一卷音義一卷校勘記九卷　(三國魏)王弼　(晉)韓康伯註　(唐)孔穎達正義　清同治十三年(1874)湖南書局刻本　七冊

430000－2497－0000619　1822
尚書註疏二十卷附校勘記　(漢)孔安國傳　(唐)陸德明音義　(唐)孔穎達疏　清同治十三年(1874)湖南書局刻本　九冊

430000－2497－0000620　1825
禮記註疏六十三卷　(漢)鄭玄註　(唐)陸德明音義　(唐)孔穎達疏　清同治十三年(1874)湖南書局刻本　十六冊　缺十二卷(四至六、十九至二十一、三十五至四十)

430000－2497－0000621　1827
春秋穀梁註疏二十卷　(晉)范甯集解　(唐)陸德明音義　(唐)楊士勛疏　清同治十三年(1874)湖南書局刻本　四冊

430000－2497－0000622　1829
春秋左傳註疏六十卷校勘記六十卷　(晉)杜預註　(唐)陸德明音義　(唐)孔穎達疏　清同治十三年(1874)湖南書局刻本　二十二冊　缺三卷(春秋左傳註疏一至三)

430000－2497－0000623　1830
春秋公羊註疏二十八卷校勘記二十八卷　(漢)何休註　(唐)陸德明音義　(□)□□疏　清同治十三年(1874)湖南書局刻本　十冊

430000－2497－0000624　1831
毛詩註疏二十卷　(漢)毛亨傳　(漢)鄭玄箋　(唐)陸德明音義　(唐)孔穎達疏　清同治十三年(1874)湖南書局刻本　十八冊

430000－2497－0000625　1832
周禮註疏四十二卷　(漢)鄭玄註　(唐)陸德明音義　(唐)賈公彦疏　清同治十三年(1874)湖南書局刻本　三冊

430000－2497－0000626　1873
儀禮經傳通解三十七卷續二十九卷　(宋)朱熹撰　清刻本　七十七冊

430000－2497－0000627　1881
晦庵先生朱文公文集一百卷續集十一卷別集十卷目録二卷　(宋)朱熹撰　清道光三十年(1850)刻本　六十四冊

430000－2497－0000628　1885
西山文鈔八卷　(宋)真德秀撰　清嘉慶十六年(1811)留香室刻本　六冊

430000－2497－0000629　1886
名賢手劄不分卷　(清)郭慶藩輯　清光緒十年(1884)湘陰郭氏岵瞻堂摹刻本　四冊

430000－2497－0000630　1887
慧山記四卷續編四卷　(明)邵寶撰　(清)邵涵初輯　清咸豐七年(1857)二泉書院刻本　六冊

430000－2497－0000631　1888
重刊經史證類大全本草三十一卷　(宋)唐慎微撰　明萬曆二十八年(1600)籍山書院影元刻本　六冊

430000－2497－0000632　1889
資治通鑑綱目五十九卷　(宋)朱熹撰　明成

化九年(1473)内府刻本　一册　存二卷(四十八至四十九)

430000－2497－0000633　1891
說略三十二卷　(明)顧起元撰　明嘉靖二十三年(1544)陸楫儼山書院、雲山書院刻古今說海本　十六册

430000－2497－0000634　1892
示樸齋駢體文六卷　(清)錢振倫撰　清同治六年(1867)袁浦崇實書院刻本　二册

430000－2497－0000635　1893
夏峰先生集十四卷補遺二卷首一卷　(清)孫奇逢撰　清道光二十五年(1845)大梁書院刻本　十六册

430000－2497－0000636　1897
畫禪室隨筆四卷　(明)董其昌撰　清康熙刻本　二册

430000－2497－0000637　1898
臨陣傷科捷要四卷圖一卷　(英國)帕脱編　(清)舒高第　(清)鄭昌棪譯　清光緒上海機器總局鉛印本　四册

430000－2497－0000638　1899
四書答問六十卷　(清)秦士顯撰　清康熙五十四年(1715)絳山書院刻本　十二册

430000－2497－0000639　1900
六科考卷文編　(清)張信等選　清刻白雪軒定本　六册

430000－2497－0000640　1901
墨香樓時文四卷　(清)聶銑敏著　清嘉慶十二年(1807)豐玉堂刻本　四册

430000－2497－0000641　1902
五大書院課藝四卷　(清)汪先弼輯　清光緒刻本　四册

430000－2497－0000642　1903
韻辨附文五卷　(清)沈兆霖撰　清道光二十三年(1843)宏道書院刻本　五册

430000－2497－0000643　1906
賦學正鵠十卷　(清)李元度輯註　清同治十年(1871)爽谿書院刻本　四册

430000－2497－0000644　1907
小學集注六卷　(宋)朱熹撰　(明)陳選集注　清光緒十一年(1885)陝西三原書院刻本　四册

430000－2497－0000645　1908
初學指掌四卷　(清)郝正嵩輯評　清經元堂刻本　四册

430000－2497－0000646　1909
欽定禮部則例　(清)王杰等纂　清乾隆内府寫本　一册　存二卷

430000－2497－0000647　1910
元豐類稿五十卷首一卷　(宋)曾鞏撰　清光緒十六年(1890)慈利漁浦書院刻本　十册

430000－2497－0000648　1911
四刻瀛山書院志十卷首一卷　(清)方宏綬彙輯　清乾隆三十九年(1774)刻本　二册

430000－2497－0000649　1912
四刻瀛山書院志十卷首一卷　(清)方宏綬彙輯　清乾隆三十九年(1774)刻本　二册

430000－2497－0000650　1913
四刻瀛山書院志十卷首一卷　(清)方宏綬彙輯　清乾隆三十九年(1774)刻本　一册　存四卷(一至三、首一卷)

430000－2497－0000651　1914
續修問津書院志六卷首一卷末一卷　(清)王會厘總纂　清光緒三十一年(1905)刻本　二册　存三卷(一至二、首一卷)

430000－2497－0000652　1915
重修寶晉書院志十一卷　(清)趙佑宸纂　清光緒六年(1880)刻本　四册

430000－2497－0000653　1917
白鹿書院志十九卷　(清)周兆蘭重修　清同治十年(1871)刻本　一册

430000－2497－0000654　1918
白鷺洲書院志八卷首一卷　(清)劉繹纂　清同治十年(1871)刻本　一册

430000－2497－0000655　1919
醴陵淥江書院志六卷　(清)文蔚起主修　(清)劉青藜纂　清光緒三年(1877)木活字印本　三册

430000－2497－0000656　1920
五刻瀛山書院志十卷　(清)方季和輯　清道光十六年(1836)刻本　一册

430000－2497－0000657　1921
白鹿書院志十九卷　(清)毛奇齡撰　清康熙五十九年(1720)刻乾隆六十年(1795)、同治十年(1871)遞修本　四册　缺二卷(一至二)

430000－2497－0000658　1922
修復松江府求忠書院碑記　(清)陳鑾撰並書　清道光八年(1828)稿本　一册

430000－2497－0000659　1923
六刻瀛山書院志十卷首一卷　(清)方端輯　清宣統二年(1910)木活字印本　三册

430000－2497－0000660　1924
江西永豐尚義義首二書院志十六卷　清光緒二年(1876)木活字印本　三册　缺二卷(九至十)

430000－2497－0000661　1925
箴言書院志三卷　(清)胡林翼撰　清同治五年(1866)刻本　二册　缺一卷(上)

430000－2497－0000662　1926
重修然黎書院規例條款　清光緒二十九年(1903)刻本　一册

430000－2497－0000663　1928
(江西萬載)東洲舒翹堂册　清光緒二年(1876)木活字印本　二册

430000－2497－0000664　1930
(江西萬載)東洲舒翹堂册　清光緒二年(1876)木活字印本　一册

430000－2497－0000665　1931
長沙府嶽麓志八卷首一卷末一卷　(清)趙寧纂修　清咸豐半學齋刻本　四册

430000－2497－0000666　1932
長沙嶽麓書院續志四卷首一卷末一卷　(清)丁善慶撰　清同治六年(1867)刻本　四册

430000－2497－0000667　1933
銅鼓奎光書院册　(清)奎光書院編　清光緒木活字印本　四册　存三卷(二至四)

430000－2497－0000668　1934
文瀾書院散捐芳名册　清光緒刻本　一册

430000－2497－0000669　1935
吉水文昌書院志　清道光二十三年(1843)木活字印本　一册

430000－2497－0000670　1936
螺城書院志十二卷　梁維翰總裁　清光緒十七年(1891)木活字印本　四册

430000－2497－0000671　1937
翠岩書院課藝　(清)翠岩書院編　清刻本　一册

430000－2497－0000672　1938
上海求志書院課藝　(清)求志書院選　清光緒刻本　二册

430000－2497－0000673　1939
杭州龍山書院課藝二集　清刻本　二册

430000－2497－0000674　1940
上海求志書院課藝　(清)求志書院選　清光緒刻本　二册

430000－2497－0000675　1941
正誼書院課藝　清刻本　二册

430000－2497－0000676　1942
武岡希賢精舍課藝　清光緒刻本　一册

430000－2497－0000677　1943
武岡希賢精舍課藝　清光緒刻本　一册

430000－2497－0000678　1944
武岡希賢精舍課藝　清光緒刻本　一册

430000－2497－0000679　1945
豫章書院課藝卷　清刻本　一册

430000－2497－0000680　1946

清代五峰書院郭桂林課藝卷　(清)郭桂林撰　清刻本　一冊

430000－2497－0000681　1947
豫章書院課藝卷　清刻本　一冊

430000－2497－0000682　1948
豫章書院課藝卷　清刻本　一冊

430000－2497－0000683　1949
豫章書院課藝卷　清刻本　一冊

430000－2497－0000684　1950
豫章書院課藝卷　清刻本　一冊

430000－2497－0000685　1951
豫章書院蕭彩鳳乙酉、丙戌年課藝窗稿　清稿本　一冊

430000－2497－0000686　1952
豫章書院蕭昌禮丙戌、丁亥年課藝窗稿　清稿本　一冊

430000－2497－0000687　1953
豫章書院學生課藝　(清)豫章書院選　清刻本　一冊

430000－2497－0000688　1954
濂溪書院策論彙編殘本　稿本　一冊

430000－2497－0000689　1955
務本書院生課藝　稿本　一冊

430000－2497－0000690　1956
務本書院無名氏課藝試卷　稿本　一冊

430000－2497－0000691　1957
文海書院課考　稿本　六冊

430000－2497－0000692　1958
四川錦江書院課藝　(清)錦江書院輯　清刻本　十冊

430000－2497－0000693　1959
格致書院課藝　(清)格致書院編　清光緒十九年(1893)鉛印本　二冊

430000－2497－0000694　1960
格致書院課藝　(清)格致書院編　清光緒十七年(1891)鉛印本　一冊

430000－2497－0000695　1961
廣東書院各館課藝日新　清光緒二十九年(1903)鉛印本　六冊

430000－2497－0000696　1962
格致書院課藝　(清)格致書院編　清光緒十七年(1891)鉛印本　一冊

430000－2497－0000697　1963
格致書院課藝　(清)格致書院編　清光緒十五年(1889)鉛印本　一冊

430000－2497－0000698　1964
格致書院課藝　(清)格致書院編　清光緒二十年(1894)鉛印本　一冊

430000－2497－0000699　1965
格致書院課藝全編　(清)格致書院編　清光緒二十九年(1903)鉛印本　十五冊

430000－2497－0000700　1966
格致書院課藝　(清)格致書院編　清光緒二十四年(1898)鉛印本　十三冊

430000－2497－0000701　1967
上海求志書院課藝　求志書院輯　清光緒刻本　三冊

430000－2497－0000702　1968
清紹興府學堂課藝　(清)徐錫麟編　清光緒三十一年(1905)石印本　一冊

430000－2497－0000703　1970
揚州梅花書院小課　清光緒刻本　四冊

430000－2497－0000704　1971
研經書院課集　(清)胡元玉編　清光緒二十一年(1895)刻本　二冊

430000－2497－0000705　1972
石南書院課士草不分卷　(清)鍾聲著　清同治十年(1871)刻本　二冊

430000－2497－0000706　1973
杭州敬修堂詞賦課抄　(清)崇文書院編　清同治十一年(1872)刻本　六冊

430000－2497－0000707　1974
賦學正鵠十卷　(清)李元度纂　清同治十年(1871)刻本　四册

430000－2497－0000708　1975
詁經精舍三集　(清)俞樾編　清同治刻本　十一册

430000－2497－0000709　1976
詁經精舍七集　(清)俞樾編　清光緒二十一年(1895)刻本　四册

430000－2497－0000710　1977
搭截新編　(清)繆文溶編　清刻本　一册

430000－2497－0000711　1978
兩湖書院生陳棠抄本　陳棠抄　稿本　一册

430000－2497－0000712　1979
濂溪書院課藝手寫本　稿本　八册

430000－2497－0000713　1980
豫章書院課藝　稿本　三册

430000－2497－0000714　1981
福建鰲峰書院課藝　清同治十二年(1873)刻本　四册

430000－2497－0000715　1982
民國民生書院阮捷泮、阮權初練習簿　稿本　三册

430000－2497－0000716　1983
金臺課士録二三四集合刻　(清)金臺書院編　清光緒十年(1884)刻本　十册

430000－2497－0000717　1984
金臺書院課藝二集　(清)金臺書院編　清光緒六年(1880)木活字印本　二册

430000－2497－0000718　1985
關中書院課士詩四卷　(清)路德輯註　清道光十九年(1839)刻本(經元堂藏板)　八册

430000－2497－0000719　1986
黄州課士録八卷　(清)周錫恩編　清光緒十七年(1891)刻本　八册

430000－2497－0000720　1987
集虚齋塾課新編　(清)黄應南編　清乾隆三十三年(1768)古吳三多齋刻本　二册

430000－2497－0000721　1988
試藝衡華　(清)校古齋選　清光緒三年(1877)尚德堂刻本　一册

430000－2497－0000722　1989
試藝衡華　(清)校古齋選　清光緒四年(1878)尚德堂刻本　一册

430000－2497－0000723　1990
湘省課藝初集四卷　(清)求是主人輯　清光緒二十八年(1902)刻本　四册

430000－2497－0000724　1991
雲南張榮宗考取明經進士捷報　清宣統二年(1910)刻本　二張

430000－2497－0000725　1992
雲南庚戌科張榮宗考取明經進士捷報　清宣統二年(1910)刻本　一張

430000－2497－0000726　1993
乙酉科江南鄉試捷報[潘尚志]　清刻本　一張

430000－2497－0000727　1994
科考證書・報考表　清刻本　一件

430000－2497－0000728　1995
科考證書・卷票　清刻本　一件

430000－2497－0000729　1996
科考證書・准考證　清刻本　一件

430000－2497－0000730　1997
科考證書・浮票　清刻本　一件

430000－2497－0000731　1998
廣東同順印刷朱卷廣告　刻本　一件

430000－2497－0000732　1999
清代咸豐京報　清刻本　三件

430000－2497－0000733　2000
清科考卷票　清刻本　一件

430000－2497－0000734　2001

清科考照票　清刻本　一件

430000 – 2497 – 0000735　2002

欽取知縣捷報　清乾隆五十四年(1789)刻本　一件

430000 – 2497 – 0000736　2003

清光緒十一年乙酉科廣東鄉試文舉人題名錄　清光緒十一年(1885)刻本　一件

430000 – 2497 – 0000737　2004

清光緒十一年廣東鄉試准八科應編官生錄　清光緒十一年(1885)刻本　一件

430000 – 2497 – 0000738　2005

清光緒丙午成都尊經書院簿籍　(清)尊經書院編　清光緒抄本　一件

430000 – 2497 – 0000739　2006

清光緒丁酉科各省同年明經通譜　清光緒京都十家刻字鋪刻本　四册

430000 – 2497 – 0000740　2007

清李錦城錄游白齋先生詩手稿　清光緒六年(1880)抄本　一册

430000 – 2497 – 0000741　2009

尹氏詩稿　抄本　一册

430000 – 2497　0000742　2010

無名氏詩集　抄本　一册

430000 – 2497 – 0000743　2011

李培之先生文稿彙編　李培之撰　抄本　一册

430000 – 2497 – 0000744　2012

蕭昌禮藏修甲申、乙酉年課藝窗稿　(清)蕭昌禮藏　清光緒稿本　一册

430000 – 2497 – 0000745　2013

蕭昌禮選讀古文集　(清)蕭昌禮選　清光緒稿本　一册

430000 – 2497 – 0000746　2014

大意尊聞三卷　(清)方東樹撰　清解梁書院刻本　一册

430000 – 2497 – 0000747　2015

鞠文言記丁酉年起講本　(清)鞠文言記　清光緒二十三年(1897)稿本　一册

430000 – 2497 – 0000748　2016

鞠嘉會珍藏四書聖賢姓名錄集　(清)鞠嘉會輯　清抄本　一册

430000 – 2497 – 0000749　2017

初學起講秘訣一卷　稿本　一册

430000 – 2497 – 0000750　2018

鱗潛書屋課蒙稿　清抄本　四册

430000 – 2497 – 0000751　2021

濂山書院手稿　清稿本　一册

430000 – 2497 – 0000752　2023

理學宗傳二十六卷　(清)孫奇逢輯　清康熙五年(1666)兼山堂刻本　八册

430000 – 2497 – 0000753　2024

經心書院續集十二卷　(清)經心書院編　清光緒二十一年(1895)湖北官書處刻本　六册

430000 – 2497 – 0000754　2025

院試金針不分卷　(清)朱鴻儒撰　清同治七年(1868)刻本　四册

430000 – 2497 – 0000755　2026

清光緒江南高等學堂算學課藝　清光緒三丨年(1904)刻本　一册

430000 – 2497 – 0000756　2027

江南高等學堂算學課藝　江南高等學堂編　清光緒三十年(1904)刻本　一册

430000 – 2497 – 0000757　2028

清鄧萬億課藝　(清)鄧萬億撰　抄本　一册

430000 – 2497 – 0000758　2029

八股時文選抄　清抄本　一册

430000 – 2497 – 0000759　2030

紅樹山莊怡和祥策論彙編　清抄本　一册

430000 – 2497 – 0000760　2031

曾舉儀記本　(清)曾舉儀撰　清抄本　一册

430000 – 2497 – 0000761　2032

時文起題抄本　清抄本　一册

430000－2497－0000762　2033
時文彙録本　清抄本　一册

430000－2497－0000763　2034
時文彙抄本　清抄本　一册

430000－2497－0000764　2035
曾木齋得心應手八股起題抄本　（清）曾木齋撰　清抄本　一册

430000－2497－0000765　2036
陳宗鎬手抄範文本　（清）陳宗鎬編　清抄本　一册

430000－2497－0000766　2037
八股文抄本　清抄本　一册

430000－2497－0000767　2038
清光緒曾舉仙抄文　（清）曾舉仙抄　清光緒抄本　一册

430000－2497－0000768　2039
清無名氏八股文課藝　抄本　一册

430000－2497－0000769　2040
清無名氏八股文課藝　抄本　一册

430000－2497－0000770　2041
曾焕雲課藝壬申窗稿　（清）曾焕雲撰　清抄本　一册

430000－2497－0000771　2042
曾木齋課藝壬申窗稿　（清）曾木齋撰　清抄本　一册

430000－2497－0000772　2043
姚先財手抄八股文　抄本　一册

430000－2497－0000773　2044
鞠文言名文彙抄　鞠文言抄　抄本　一册

430000－2497－0000774　2045
無名氏課藝　抄本　一册

430000－2497－0000775　2046
清課藝彙編　抄本　一册

430000－2497－0000776　2047
無名氏課藝　抄本　一册

430000－2497－0000777　2048
乙亥窗稿　抄本　一册

430000－2497－0000778　2049
鞠文言珍藏乙亥年課藝窗稿　鞠文言抄　抄本　一册

430000－2497－0000779　2050
鞠輝炳記文章抄本　鞠輝炳抄　抄本　一册

430000－2497－0000780　2051
鞠清香課藝　鞠清香抄　抄本　一册

430000－2497－0000781　2052
八股時文彙抄　清抄本　一册

430000－2497－0000782　2053
曾新明課藝時文窗稿　（清）曾新明撰　清抄本　一册

430000－2497－0000783　2054
紹堂繼祖氏張克繩藏八股文章　張克繩藏抄本　一册

430000－2497－0000784　2055
清八股詩文應試詳解　抄本　一册

430000－2497－0000785　2056
清課藝彙解　抄本　一册

430000－2497－0000786　2057
蕭昌僖得心應手時文抄本　抄本　一册

430000－2497－0000787　2058
時文手抄本　抄本　一册

430000－2497－0000788　2059
清八股課藝　抄本　一册

430000－2497－0000789　2060
清無名氏課藝　抄本　一册

430000－2497－0000790　2061
清無名氏詩詞、試卷彙編　抄本　一册

430000－2497－0000791　2062
蕭昌禮選讀文章彙編　（清）蕭昌禮選　抄本　一册

430000－2497－0000792　2063
蕭氏丙戌課藝窗稿　抄本　一冊

430000－2497－0000793　2064
清無名氏詩稿　抄本　一冊

430000－2497－0000794　2065
丘灝聲、丘桂生選讀文章抄本　抄本　一冊

430000－2497－0000795　2066
八股範文抄本　清抄本　一冊

430000－2497－0000796　2067
八股範文抄本　清抄本　一冊

430000－2497－0000797　2068
友蘭軒、大文堂課藝　抄本　一冊

430000－2497－0000798　2069
童生課藝彙錄　抄本　一冊

430000－2497－0000799　2070
石陽附課童生劉振玉課藝　(清)劉振玉撰　抄本　一冊

430000－2497－0000800　2071
養賢堂彙抄　清光緒二十二年(1896)刻朱印本　一冊

430000－2497－0000801　2072
江南學堂課藝(光緒辛丑)　(清)江南學堂編　清刻本　二冊

430000－2497－0000802　2073
吳善同文會會課卷　抄本　一冊

430000－2497－0000803　2074
南洋公學新訂蒙學課本　南洋公學訂　清光緒二十七年(1901)鉛印本　一冊

430000－2497－0000804　2075
福建闈墨　清光緒二十九年(1903)上海文寶書局石印本　一冊

430000－2497－0000805　2076
各省西學課藝彙編　清光緒二十三年(1897)刻本　八冊

430000－2497－0000806　2078
清光緒己丑恩科直省鄉試墨課五編　清光緒十五年(1889)刻本　四冊

430000－2497－0000807　2079
清光緒辛卯直省鄉墨課　清光緒北京琉璃廠刻本　四冊

430000－2497－0000808　2080
舊雨堂選墨　清刻本　三冊　存三卷(二至四)

430000－2497－0000809　2081
同治庚午科直省鄉墨歸真　清同治九年(1870)刻本　四冊

430000－2497－0000810　2082
光緒元年恩科鄉墨觀成　清光緒二年(1876)刻本　二冊

430000－2497－0000811　2083
精選十八科鄉會墨試　清同治五年(1866)同德堂刻本　一冊

430000－2497－0000812　2084
廣東校士錄　(清)朱祖謀編　清光緒廣州通藝局石印本　六冊

430000－2497－0000813　2085
清嘉慶戊寅直省鄉墨存真　清嘉慶聯墨堂刻本　二冊

430000－2497－0000814　2086
七家試帖詩集不分卷　(清)張熙宇輯　(清)王植桂彙注　清刻本　五冊

430000－2497－0000815　2087
求古精舍金石圖四卷　(清)陳經輯　清嘉慶二十一年(1816)說劍樓刻本　四冊

430000－2497－0000816　2088
徽州仙源書院書目　清光緒刻本　三冊

430000－2497－0000817　2089
尚絅堂試帖輯注一卷　(清)劉嗣綰著　清刻朱墨套印本　一冊

430000－2497－0000818　2090
樫花館試帖輯注一卷　(清)路德撰　清刻本

一册

430000－2497－0000819　2091

桐雲閣試帖輯注二卷　(清)楊庚撰　清刻本　二册

430000－2497－0000820　2092

清嘉慶直省考卷清雅三集　(清)何鶴軒評選　清嘉慶二十五年(1820)刻本　一册

430000－2497－0000821　2093

梁書五十六卷附考證　(唐)姚思廉撰　清乾隆四年(1739)刻本　二册　存十三卷(二十九至三十七、四十七至五十)

430000－2497－0000822　2094

地球韻言四卷　(清)張士瀛撰　清光緒二十四年(1898)刻本　一册

430000－2497－0000823　2095

兵法史略學二卷　(清)陳慶年撰　清光緒二十五年(1899)兩湖書院刻本　三册

430000－2497－0000824　2096

綱鑒正史約三十六卷　(明)顧錫疇撰　(清)陳弘謀增訂　清同治八年(1869)浙江書局刻本　十册

430000－2497－0000825　2097

鼎鍥趙田了凡袁先生編纂古本歷史大方綱鑒補三十九卷首一卷　(明)袁黄編　明末清初刻本　十七册

430000－2497－0000826　2098

錦繡萬花谷前集四十卷後集四十卷續集四十卷　(宋)□□編　明嘉靖十四年(1535)崇古書院刻本　四册　存十四卷(前集二十九至三十四、後集二十五至三十二)

430000－2497－0000827　2099

平江天岳書院藏書目録　(清)天岳書院編　清光緒二十八年(1902)平江書院刻本　一册

430000－2497－0000828　2100

蓼蟲集二卷　(清)胡友蘭撰　清抄本　一册

430000－2497－0000829　2101

小學集注六卷　(明)陳選集注　清道光十三年(1833)三讓堂刻本　二册

430000－2497－0000830　2102

南菁書院叢書　王先謙　繆荃孫輯　清光緒十四年(1888)刻本　一册

430000－2497－0000831　2105

天文略解二卷　(美國)李安德撰　清光緒二十二年(1896)刻本　一册

430000－2497－0000832　2106

關中書院課士詩四卷　(清)路德輯註　清道光二十一年(1841)刻本　二册

430000－2497－0000833　2107

關中書院新課士詩　(清)關中書院編　清同治十三年(1874)刻本　一册

430000－2497－0000834　2108

清道光兩儀堂四書集注正蒙　(宋)朱熹撰　清道光十四年(1834)刻本　一册

430000－2497－0000835　2109

江西豫章書院大題文鈔　(清)豫章書院輯　清光緒刻本　五册

430000－2497－0000836　2110

五華書院纂訂四書大全十四卷　(清)孫見龍撰　清刻本　十册

430000－2497－0000837　2111

孔文孝經合編　清光緒元年(1875)刻本　一册

430000－2497－0000838　2112

毛詩註疏七十卷　(漢)毛亨傳　(漢)鄭玄箋　(唐)陸德明音義　(唐)孔穎達疏　清同治十年(1871)刻本　十二册

430000－2497－0000839　2113

關中書院課士賦　(清)路德輯註　清道光二十三年(1843)刻本　一册

430000－2497－0000840　2114

歷科策選類編　清光緒八年(1882)育選書屋刻本　七册

430000－2497－0000841　2115

讀古書堂制藝　（清）錢景　（清）錢容著　清光緒元年（1875）刻本　一冊

430000－2497－0000842　2116
紫陽書院題解一卷　（清）廖鴻章評　清刻本　一冊

430000－2497－0000843　2117
武進人範書院文準初稿　清光緒刻本　一冊

430000－2497－0000844　2118
朱子語類一百四十卷　（宋）朱熹撰　（宋）黎靖德輯　清同治十一年（1872）應元書院刻本　四十冊

430000－2497－0000845　2119
四書集注直解說約二十七卷　（明）張居正撰　清康熙刻本　十二冊

430000－2497－0000846　2120
經典釋文考證三十卷　（清）盧文弨撰　清乾隆刻本　十冊

430000－2497－0000847　2121
滇南詩略四十七卷　（清）袁文典　（清）袁文揆纂　清光緒二十六年（1900）刻本　十冊

430000－2497－0000848　2122
清十三經集字摹本　（清）彭玉雯纂　清道光刻本　一冊

430000－2497－0000849　2123
四書集注正蒙十九卷首一卷　（宋）朱熹撰　清道光十四年（1834）刻本　一冊　存一卷（首一卷）

430000－2497－0000850　2124
制義約鈔不分卷　（清）何文綺編　清道光二十八年（1848）刻本　一冊

430000－2497－0000851　2125
春秋左傳五十卷　（晉）杜預註　（唐）陸德明音義　（宋）林堯叟補註　清光緒二十四年（1898）衡州府署刻本　六冊

430000－2497－0000852　2126
中庸章句質疑二卷　（清）郭嵩燾撰　清光緒十六年（1890）思賢講舍刻本　二冊

430000－2497－0000853　2127
書經六卷　（宋）蔡沈集傳　清刻本　二冊

430000－2497－0000854　2128
禮記十卷　（元）陳澔集說　清刻本　十冊

430000－2497－0000855　2129
桂宮梯　（清）徐謙輯　清道光四年（1824）廬山五老峰片口池南刻本　八冊

430000－2497－0000856　2130
綱鑒總論二卷　（清）周道卿編　清光緒十年（1884）淥江師古堂刻本　二冊

430000－2497－0000857　2132
事類賦三十卷　（宋）吳淑撰並註　明無錫華麟祥刻本　六冊

430000－2497－0000858　2133
關中書院課士詩四卷　（清）路德輯註　清光緒十年（1884）文英堂刻本　四冊

430000－2497－0000859　2134
正字通十二卷　（清）廖文英輯　清康熙弘文書院刻本　四十冊

430000－2497－0000860　2135
容城三賢文集三種十二卷　（清）張斐然等輯　清康熙刻道光十六年（1836）印本　十二冊

430000－2497－0000861　2136
新刻重校增補圓機活法詩學全書二十四卷　（明）王世貞編　清嘉慶六年（1801）姑蘇崇德書院刻本　二十四冊

430000－2497－0000862　2137
官話萃珍不分卷　（美國）富善撰　清光緒二十四年（1898）彙文書院鉛印本　一冊

430000－2497－0000863　2138
性理輯要八卷　（清）朱啟昆輯　清康熙二十八年（1689）刻本　四冊　存四卷（一至四）

430000－2497－0000864　2139
御選唐宋詩醇四十七卷　（清）高宗弘曆輯　清光緒十九年（1893）刻本　二十冊

430000－2497－0000865　2140

欽定春秋左傳讀本三十卷附圖表 （清）英和等纂 清咸豐元年(1851)新化鄧氏邵州濂溪講院刻本 十六册

430000－2497－0000866 2141
地球韻言四卷 （清）張士瀛撰 清光緒二十八年(1902)湘省益冢學會刻本 二册

430000－2497－0000867 2142
輶軒使者絕代語釋別國方言十三卷首一卷 （漢）揚雄撰 （晉）郭璞註 清光緒十七年(1891)思賢講舍刻本 六册

430000－2497－0000868 2143
詩經精義彙抄四卷首一卷 （清）陸錫璞編 清道光十八年(1838)平南武城書院刻本 八册

430000－2497－0000869 2144
禮記十卷 （元）陳澔集說 清咸豐元年(1851)邵州濂溪講院刻本 十册

430000－2497－0000870 2145
筠溪存稿文集十卷 清刻本 八册

430000－2497－0000871 2146
朱子家禮八卷 （宋）朱熹撰 清康熙刻本 五册

430000－2497－0000872 2147
淳化閣帖釋文十卷 （清）徐朝弼撰 清嘉慶十七年(1812)刻本 一册

430000－2497－0000873 2148
合校水經注四十卷首一卷附錄二卷 （北魏）酈道元注 清光緒十八年(1892)思賢講舍刻本 十六册

430000－2497－0000874 2149
韓苑洛詩文集二十二卷 （明）韓邦奇撰 清乾隆十六年(1751)刻本 十二册

430000－2497－0000875 2150
唐宋八大家文鈔 （明）茅坤輯 清同治八年(1869)刻本 六册

430000－2497－0000876 2152
朱子讀書法四卷 （宋）張洪等輯 清光緒二十三年(1897)八旗書院刻本 四册

430000－2497－0000877 2153
人譜一卷人譜類記二卷 （明）劉宗周撰 清同治七年(1868)蕺山書院刻本 一册 缺一卷(人譜類記下)

430000－2497－0000878 2154
顧氏音學五書三十八卷 （清）顧炎武撰 清光緒十六年(1890)思賢講舍刻本 十四册

430000－2497－0000879 2155
黃慎之殿撰墨迹 （清）黃思永撰 清光緒琉璃廠松竹齋刻本 一册

430000－2497－0000880 2156
欽定鼎甲策 清上海點石齋石印本 一册

430000－2497－0000881 2157
狀元策 清京都琉璃廠榮錦堂刻本 一册

430000－2497－0000882 2158
宣統乙酉科江蘇優貢卷 清宣統鉛印本 一册

430000－2497－0000883 2159
清光緒甲辰恩科會試錄 清光緒刻本 一册

430000－2497－0000884 2160
欽定殿試策 清光緒石印本 一册

430000－2497－0000885 2161
江西清同治丁卯科鄉試劉運達朱卷 （清）劉運達撰 清同治六年(1867)刻本 一册

430000－2497－0000886 2162
清同治丁卯科馮家濱鄉試朱卷 （清）馮家濱撰 清同治刻本 一册

430000－2497－0000887 2163
陳作霖、陳作舟同治甲子科並補行辛酉科鄉試朱卷 （清）陳作霖 （清）陳作舟撰 清同治刻本 一册

430000－2497－0000888 2164
江西清同治甲子科補行辛酉科劉鳳生鄉試朱卷 （清）劉鳳生撰 清同治刻本 一册

430000－2497－0000889 2165

清同治辛未科劉鳳翔試卷 (清)劉鳳翔撰 清同治十年(1871)刻本 一冊

430000－2497－0000890 2166
瀏陽縣李習升縣考試卷 (清)李習升撰 清刻本 一冊

430000－2497－0000891 2167
瀏陽縣陳虞廷縣考試卷 (清)陳虞廷撰 清刻本 一冊

430000－2497－0000892 2170
清光緒丙子科山東鄉試傅政源朱卷 (清)傅政源撰 清刻本 一冊

430000－2497－0000893 2171
清各省朱卷彙編 清刻本 一冊

430000－2497－0000894 2172
清朱卷抄錄本 清抄本 一冊

430000－2497－0000895 2173
清無名氏抄錄八股應試朱卷彙編 清抄本 一冊

430000－2497－0000896 2174
清科舉試卷抄本 清抄本 一冊

430000－2497－0000897 2175
清同治六年丁卯科江西鄉試試題布告 清同治六年(1867)刻本 一冊

430000－2497－0000898 2176
清光緒湖南會試鄉試朱卷 清光緒刻本 一冊

430000－2497－0000899 2177
湖北、湖南鄉試會試朱卷彙編 清同治刻本 一冊

430000－2497－0000900 2178
清光緒湖南鄉試朱卷 清光緒元年(1875)刻本 一冊

430000－2497－0000901 2179
清光緒江西會試朱卷 清光緒刻本 一冊

430000－2497－0000902 2180
湖南嘉慶癸酉、丁卯鄉試朱卷彙編 清嘉慶刻本 一冊

430000－2497－0000903 2181
清光緒江西鄉試朱卷彙編 清光緒刻本 一冊

430000－2497－0000904 2183
清光緒江西鄉試試卷 清光緒刻本 一冊

430000－2497－0000905 2184
湖南鄉試朱卷彙錄本 清光緒刻本 一冊

430000－2497－0000906 2185
道光甲辰科會墨精醇 清道光刻本(同文堂藏板) 一冊

430000－2497－0000907 2186
道光癸巳科會試闈墨 清道光刻本(鳳鳴樓藏板) 一冊

430000－2497－0000908 2187
道光近四科鄉會試帖尤雅 清道光四年(1824)銘盛堂刻本 一冊

430000－2497－0000909 2188
十名家文選不分卷 清刻本 四冊

430000－2497－0000910 2189
清吉水府梁珍鄉試朱卷 (清)梁珍撰 清刻本 三件

430000－2497－0000911 2190
余誠格朝考朱卷 (清)余誠格撰 清刻本 一冊

430000－2497－0000912 2191
黃崇惺朝考朱卷 (清)黃崇惺撰 清刻本 一冊

430000－2497－0000913 2193
湖南鄉試朱卷 清同治十二年(1873)刻本 一件

430000－2497－0000914 2194
恩科學生名冊 清抄本 十冊

430000－2497－0000915 2195
各省校士史論精華 清光緒二十八年(1902)衡清廉附公社刻本 二冊

430000－2497－0000916　2196
省直會墨正鵠　清光緒三十年(1904)上海崇新書屋石印本　六册

430000－2497－0000917　2197
利試文格四卷　(清)楊海琴　(清)徐芸溪鑒定　清刻本　四册

430000－2497－0000918　2198
戊子省直鄉墨　清刻本　存三册

430000－2497－0000919　2199
精選十八科鄉會墨試　清刻本　存四册

430000－2497－0000920　2200
江西鄉試朱卷(道光己酉科)　清刻本　五件

430000－2497－0000921　2201
清光緒甲辰恩科會試闈墨　清光緒三十年(1904)上海崇新書屋石印本　三册

430000－2497－0000922　2202
延平答問二卷附四先生年譜　(宋)朱熹撰　清康熙刻光緒五年(1879)刻本　四册

430000－2497－0000923　2207
尊經閣祀典錄二卷　(清)金衍宗輯　清咸豐三年(1853)甌江學舍刻本　一册

430000－2497－0000924　2209
養雲山館試帖詩二卷　(清)許球撰　清道光十八年(1838)刻本　一册

430000－2497－0000925　2210
文廟丁祭譜一卷　清同治七年(1868)江蘇書局刻本　一册

430000－2497－0000926　2212
逸齋存草　(清)游文璇撰　清乾隆五十九年(1794)刻本　一册

430000－2497－0000927　2214
湯愷古文手寫本　清抄本　一册

430000－2497－0000928　2216
八股文應試叢書　清抄本　一册

430000－2497－0000929　2218
文德堂試帖百篇最豁解　(清)王澤浩評註　清道光五年(1825)刻本　三册

430000－2497－0000930　2219
小題正鵠　(清)李元度編　清道光二十六年(1846)刻本　二册

430000－2497－0000931　2220
尊經閣祀典錄二卷　(清)金衍宗輯　清咸豐三年(1853)甌江學舍刻本　一册

430000－2497－0000932　2221
一燈精舍甲部稿五卷　(清)何秋濤撰　清光緒五年(1879)淮南書局刻本　一册

430000－2497－0000933　2225
新刻歷代聖賢像贊二卷　清光緒十五年(1889)南城蔡學蘇刻本　一册

430000－2497－0000934　2226
大清法規　清末石印本　四册

430000－2497－0000935　2227
寄嶽雲齋試體詩選詳註四卷　(清)聶銑敏撰　(清)張學蘇箋　清經綸堂刻本　一册

430000－2497－0000936　2228
綺霞江館聯語偶存一卷　(清)吳熙撰　清宣統二年(1910)湘鄉彭闓長沙刻本　一册

430000－2497－0000937　2229
字體辨正四卷　(清)黄培芳重訂　清咸豐九年(1859)潞安府署刻本　一册

430000－2497－0000938　2230
干支偶錄二卷　(清)秦關撰　清嘉慶六年(1801)刻本　一册

430000－2497－0000939　2231
改正字彙　清光緒二十二年(1896)上海醉六堂石印本　一册

430000－2497－0000940　2232
江蘇存古學堂綱要不分卷　(清)江蘇存古學堂編　清光緒三十四年(1908)木活字印本　三册

430000－2497－0000941　2233
全本禮記體注十卷　(清)范翔編　清刻本

（經國堂藏板） 十册

430000－2497－0000942 2234
初學檢韻十二集 （清）姚文登編 清光緒元年（1875）長沙楊式金刻本 四册

430000－2497－0000943 2235
小題正鵠全集 （清）李元度編 清光緒八年（1882）文昌書屋刻本 一册

430000－2497－0000944 2237
（江西萬載）東洲登瀛堂册 清光緒三十三年（1907）木活字印本 三册

430000－2497－0000945 2238
澄衷蒙學堂字課圖說四卷 （清）劉樹屏編 （清）吳子城繪圖 清光緒三十年（1904）崇實書局刻本 四册

430000－2497－0000946 2240
易經八卷 （宋）程頤傳 清咸豐元年（1851）濂溪講院刻本 二冊

430000－2497－0000947 2243
詩經融注大全體要八卷 （清）高朝瓔撰 清光緒十八年（1892）務本書局刻本 四册

430000－2497－0000948 2244
探杏譜一卷 清光緒二年（1876）刻本 一册

430000－2497－0000949 2245
唐詩三百首續編不分卷 （清）于慶元編 清刻本 一册

430000－2497－0000950 2246
文廟丁祭禮樂局規條 （清）邱之稑擬 清咸豐三年（1853）瀏陽禮樂局刻本 一册

430000－2497－0000951 2247
小題正鵠 （清）李元度編 清道光二十六年（1846）刻本 三册

430000－2497－0000952 2248
寄嶽雲齋試體詩選詳註四卷 （清）聶銑敏撰 （清）張學蘇箋 清兩儀堂刻本 四册

430000－2497－0000953 2249
新選論策十六學 （清）盧豫章等撰 清刻本 七册

430000－2497－0000954 2250
精選新政應試必讀六種 （清）顧厚焜鑒定 清光緒二十七年（1901）石印本 四册

430000－2497－0000955 2251
華國齋小題文雋 （清）陳炬輯 清光緒元年（1875）刻本（小西山房藏板） 一册

430000－2497－0000956 2252
巧搭分品一卷 （清）史鑒著 清道光二十九年（1849）刻本 一册

430000－2497－0000957 2253
評批足本直省闈墨正鵠六卷 （清）京都大學堂輯 清光緒三十年（1904）上海煥文書局石印本 六册

430000－2497－0000958 2254
聽濤園古文四卷 （清）曹耀珩撰 清同治八年（1869）曹溍印道光六年（1826）南村刻本 一册 存一卷（三）

430000－2497－0000959 2255
范曉堂稿 清刻本 一册

430000－2497－0000960 2257
七家詩選七卷 （清）張熙宇評選 清刻本 二册

430000－2497－0000961 2258
古文觀止十二卷 （清）吳楚材 （清）吳調侯編 清光緒二十八年（1902）新化陳氏三味堂刻本 六册

430000－2497－0000962 2259
詩經集注八卷 （宋）朱熹撰 清金陵狀元閣刻本 四册

430000－2497－0000963 2260
詩經旁訓四卷 清金陵狀元閣刻本 四册

430000－2497－0000964 2261
經綸堂詩經集注八卷 （宋）朱熹撰 清崇讓堂刻本 一册 存二卷（一至二）

430000－2497－0000965 2262

惜陰軒叢書續編二十一卷 (清)李錫齡輯 清刻本 十冊

430000－2497－0000966 2264
陳初階試館主譜 (清)陳初階編 清光緒三十一年(1905)木活字印本 一冊

430000－2497－0000967 2265
小題正鵠三集 (清)李元度輯 清道光二十六年(1846)刻本 六冊

430000－2497－0000968 2266
方言十三卷 (漢)揚雄撰 (晉)郭璞註 清同治刻小學彙函本 二冊

430000－2497－0000969 2267
三字鑒□□卷 (清)余懋勳撰 清刻本 一冊 存一卷(二)

430000－2497－0000970 2268
捷課須知二卷 (清)歐陽嵐編 清益和堂刻本 二冊

430000－2497－0000971 2269
片玉四書備旨詳解 清同治刻本 四冊

430000－2497－0000972 2270
周易傳義音訓八卷 (宋)程頤傳 清咸豐六年(1856)浦城祝氏與古齋刻本 八冊

430000－2497－0000973 2274
吾學錄五卷 (清)潘相撰 清乾隆六十年(1795)刻本 八冊

430000－2497－0000974 2275
五種遺規 (清)陳弘謀撰 清道光十年(1830)刻本 三冊

430000－2497－0000975 2276
明儒學案六十二卷師說一卷 (清)黃宗羲撰 清道光南昌縣學刻本 四十冊

430000－2497－0000976 2277
陰騭文時藝一隅二卷 清道光七年(1827)吉安魁聚門外同文堂刻字店刻本 二冊

430000－2497－0000977 2278
四書人物類典串珠四十卷 (清)臧志仁輯 清光緒十二年(1886)刻本 八冊

430000－2497－0000978 2279
周易程傳八卷 (宋)程頤註 清同治五年(1866)李鴻章金陵節署刻本(李光明莊承刻) 六冊

430000－2497－0000979 2280
[同治]安化縣志三十四卷首五卷末一卷 (清)邱育泉修 (清)何才煥等纂 清同治十一年(1872)刻本 二冊

430000－2497－0000980 2282
輶軒語一卷書目答問不分卷 (清)張之洞撰 清光緒三年(1877)濠上書齋刻本 三冊

430000－2497－0000981 2283
校邠廬抗議二卷 (清)馮桂芬撰 清光緒二十三年(1897)華林書室刻本 二冊

嶽麓書社
古籍普查登記目録

全國古籍普查登記目録

國家圖書館出版社
National Library of China Publishing House

430000－2498－0000001　2
讀通鑑論十六卷　(清)王夫之撰　清上海商務印書館鉛印本　十冊

430000－2498－0000002　5
湘綺樓文集八卷　王闓運撰　清光緒三十三年(1907)長沙劉氏墨莊刻本　五冊

430000－2498－0000003　9
湘綺樓詩十四卷　王闓運撰　清光緒三十三年(1907)長沙劉氏墨莊刻本　五冊

430000－2498－0000004　10
湘綺樓箋啟八卷　王闓運撰　清光緒三十三年(1907)長沙劉氏墨莊刻本　四冊

430000－2498－0000005　11
春秋公羊傳箋十一卷　王闓運撰　清光緒三十四年(1908)刻本　六冊

430000－2498－0000006　12
湘綺樓文集八卷　王闓運撰　清光緒二十六年(1900)烝陽刻本　四冊

430000－2498－0000007　13
續古文辭類纂三十四卷　王先謙輯　清光緒十年(1884)行素草堂刻本　六冊

430000－2498－0000008　14
續古文辭類纂二十八卷　(清)黎庶昌編　清光緒十六年(1890)遵義黎氏金陵書局刻本　八冊

430000－2498－0000009　16
古文辭類纂七十四卷　(清)姚鼐編　清同治八年(1869)江蘇書局刻本　十二冊

430000－2498－0000010　20
東洲草堂詩鈔三卷　(清)何紹基撰　清同治六年(1867)長沙無園刻本　一冊

430000－2498－0000011　22
左文襄公文集五卷詩集一卷聯語一卷　(清)左宗棠撰　清光緒十八年(1892)刻本　二冊

430000－2498－0000012　26
曾文正公文鈔四卷　(清)曾國藩撰　(清)張瑛編　清同治十二年(1873)刻本　一冊　存一卷(一)

430000－2498－0000013　28
曾文正公全集十三種一百五十六卷首一卷　(清)曾國藩撰　清同治、光緒間湖南傳忠書局刻本　一百三十七冊　缺三卷(八十四、一百十六、一百三十六)

430000－2498－0000014　30
神僧傳九卷　(明)成祖朱棣撰　清宣統元年(1909)常州天寧寺刻本　四冊

430000－2498－0000015　31
庸庵文編四卷　(清)薛福成撰　清刻本　二冊

430000－2498－0000016　33
同治中興京外奏議選八卷　(清)陳弢編　清光緒刻本　一冊　存二卷(七至八)

430000－2498－0000017　37
胡文忠公遺集八十六卷首一卷　(清)胡林翼撰　(清)鄭敦謹　(清)曾國荃編　清同治六年(1867)黄鶴樓刻本　二十八冊

430000－2498－0000018　38
胡文忠公遺集十卷首一卷　(清)胡林翼撰　(清)厲雲官等輯　清同治五年(1866)刻本　八冊

430000－2498－0000019　39
淵鑒類函四百五十卷目錄四卷　(清)張英等輯　石印本　十冊

430000－2498－0000020　41
楚辭十七卷　(漢)劉向集　(漢)王逸章句　(宋)洪興祖補註　清光緒二十一年(1895)昭陵經畬堂刻本　六冊

430000－2498－0000021　42
古文苑二十一卷　(宋)章樵註　清光緒十四年(1888)蘊石齋刻本　五冊

430000－2498－0000022　44
瓶花齋集十卷　(明)袁宏道撰　清宣統三年(1911)影印本　四冊

430000－2498－0000023　46

行水金鑒一百七十五卷圖一卷　（清）傅澤洪撰　清雍正三年（1725）淮揚道署刻本　三十四冊　存一百七十卷（一至七十、七十六至一百七十五）

430000－2498－0000024　47
船山遺書五十六種附校勘記二卷　（清）王夫之撰　清同治四年（1865）湘鄉曾氏金陵刻本　一百冊

430000－2498－0000025　48
文文忠公事略四卷　（清）文祥撰　清光緒八年（1882）刻本　四冊

430000－2498－0000026　49
敬亭公[沈起元]年譜二卷　（清）沈起元編　（清）沈宗約補編　清道光二十七年（1847）刻本　一冊

430000－2498－0000027　50
淩次仲先生年譜四卷　（清）張其錦撰　清道光六年（1826）池州章氏刻本　一冊

430000－2498－0000028　60
庸庵文編四卷文續編二卷文外編二卷　（清）薛福成撰　清光緒尊經學舍刻本　八冊

430000－2498－0000029　63
漢孳室文鈔四卷補遺一卷　（清）陶方琦撰　清光緒十八年（1892）會稽徐氏鑄學齋刻本　二冊

430000－2498－0000030　67
璧合珠聯集十卷　（清）翰緣齋主人輯　清光緒二十三年（1897）長沙刻本　八冊　存八卷（三至十）

430000－2498－0000031　68
金元明八大家文選五十三卷　（清）李祖陶評點　清道光二十五年（1845）刻本　十冊　缺二卷（一至二）

430000－2498－0000032　70
第五才子書水滸傳七十五卷七十回　（元）施耐庵撰　（清）金人瑞評　清芥子園刻本　二十冊

430000－2498－0000033　73
陳司業遺書二卷經咫一卷　（清）陳祖範撰　清光緒十七年（1891）廣雅書局刻本　二冊

430000－2498－0000034　76
正誼堂文集二十四卷　（清）董沛撰　清光緒二十七年（1901）刻本　二十二冊

430000－2498－0000035　80
玉餘尺牘附編八卷　（清）莊士敏撰　清光緒六年（1880）武林刻本　四冊

430000－2498－0000036　84
明文才調集不分卷　（清）許振禕輯　清光緒十八年（1892）廣百宋齋鉛印本　八冊

430000－2498－0000037　86
姑妄聽之四卷　（清）紀昀撰　清刻本　二冊

430000－2498－0000038　89
全謝山文鈔十六卷　（清）全祖望撰　清宣統二年（1910）上海國學扶輪社鉛印本　八冊

430000－2498－0000039　90
甌香館集十二卷補遺一卷　（清）惲格撰　（清）蔣光煦輯　清光緒元年（1875）湖北崇文書局刻本　四冊

430000－2498－0000040　91
廣陵詩事十卷　（清）阮元撰　清嘉慶六年（1801）刻光緒十六年（1890）揚州重印本　二冊

430000－2498－0000041　93
居東集二卷　（清）蔣智由撰　清宣統二年（1910）上海文明書局鉛印本　一冊

430000－2498－0000042　103
漢書藝文志考證十卷　（元）王應麟撰　清光緒十年（1884）刻本　四冊

430000－2498－0000043　110
八家四六文註八卷首一卷　（清）吳鼒輯　（清）許貞幹註　清光緒十七年（1891）刻本　十六冊

430000－2498－0000044　113
全史宮詞二十卷　（清）史夢蘭撰　清咸豐六

年(1856)刻本　六冊

430000－2498－0000045　116

金文雅十六卷　(清)莊仲方編　清光緒十七年(1891)江蘇書局刻本　四冊

430000－2498－0000046　124

二家宮詞一卷三家宮詞一卷　(明)毛晉輯　清同治十二年(1873)淮南書局刻本　一冊

430000－2498－0000047　126

續古文苑二十卷　(清)孫星衍編　清光緒朱氏槐廬刻本　六冊

430000－2498－0000048　137

杜詩詳注二十五卷附編二卷　(唐)杜甫撰　(清)仇兆鰲輯注　清乾隆刻本　二十四冊　缺三卷(二至四)

430000－2498－0000049　138

荆駝遺史　(清)陳湖逸士輯　清刻本　三十一冊

430000－2498－0000050　141

狀元閣女四書二卷　(清)王相箋註　清光緒十一年(1885)文成堂刻本　二冊

430000－2498－0000051　142

吾學錄初編二十四卷　(清)吳榮光撰　清同治十三年(1874)刻本　八冊

430000－2498－0000052　143

說文解字注三十卷　(清)段玉裁撰　清同治六年(1867)蘇州保息局刻本　十八冊

430000－2498－0000053　144

國朝先正事略六十卷　(清)李元度撰　清同治五年(1866)循陔草堂刻本　二十四冊

430000－2498－0000054　145

類篇十五卷　(宋)司馬光等撰　清光緒二年(1876)川東官舍刻本　十五冊

430000－2498－0000055　146

佩文韻府一百六卷　(清)張玉書等輯　清刻本　十八冊

430000－2498－0000056　150

癸巳類稿十五卷　(清)俞正燮撰　清光緒五年(1879)會稽章氏刻本　八冊

430000－2498－0000057　151

續太平廣記八卷　(清)陸壽名輯　清嘉慶五年(1800)刻本　八冊

430000－2498－0000058　152

太平廣記五百卷　(宋)李昉等纂　清道光二十六年(1846)刻本　四十冊

430000－2498－0000059　153

植物名實圖考三十八卷　(清)吳其濬撰　清光緒六年(1880)濬文書局刻本　六十冊

430000－2498－0000060　157

無邪堂答問五卷　(清)朱一新撰　清光緒十八年(1892)葆真堂刻本　五冊

430000－2498－0000061　158

潛夫論十卷　(漢)王符撰　清光緒元年(1875)湖北崇文書局刻本　二冊

430000－2498－0000062　160

春秋穀梁傳十二卷　(晉)范甯集解　(唐)陸德明音義　清同治七年(1868)湖北崇文書局刻本　四冊

430000－2498－0000063　162

事類賦三十卷　(宋)吳淑撰　清刻本　二冊

430000－2498－0000064　163

七家試帖輯註彙鈔九卷　(清)張熙宇輯評　(清)王植桂輯註　清刻本　七冊　缺一卷(一)

430000－2498－0000065　168

松壺畫贅二卷　(清)錢杜撰　清光緒十四年(1888)榆園刻本　一冊

430000－2498－0000066　169

郋園論學書札一卷　葉德輝撰　**義烏朱氏論學遺札一卷**　(清)朱一新撰　清光緒二十四年(1898)刻本　二冊

430000－2498－0000067　172

隨園隨筆二十八卷　(清)袁枚撰　清刻本　四冊

430000－2498－0000068　173

香祖筆記十二卷　(清)王士禛撰　清宣統二年(1910)掃葉山房石印本　四册

430000－2498－0000069　174

小滄浪筆談四卷　(清)阮元撰　清嘉慶三年(1798)刻本　二册

430000－2498－0000070　176

初學記三十卷　(唐)徐堅撰　清刻本　十六册

430000－2498－0000071　179

四十年來大事記　梁啟超撰　清末石印本　一册

430000－2498－0000072　183

集韻十卷　(宋)丁度修　清光緒二年(1876)四川川東官舍刻本　十册

430000－2498－0000073　187

竹葉亭雜記八卷　(清)姚元之撰　清宣統二年(1910)上海掃葉山房石印本　二册

430000－2498－0000074　193

春秋平議一卷　(清)朱駿聲撰　清光緒十六年(1890)刻本　一册

430000－2498－0000075　197

書古微十二卷　(清)魏源撰　清道光四年(1824)淮南書局刻本　二册

430000－2498－0000076　199

李氏音鑒六卷　(清)李汝珍撰　清嘉慶十二年(1807)刻本　六册

430000－2498－0000077　202

音韻闡微十八卷　(清)李光地撰　清刻本　五册

430000－2498－0000078　212

春秋公羊傳十一卷　(漢)何休註　清同治七年(1868)湖北崇文書局刻本　四册

430000－2498－0000079　213

唐宋八大家類選十四卷　(清)儲欣評選　清光緒十八年(1892)湖北官書處刻本　六册

430000－2498－0000080　214

船山師友記十七卷首一卷　羅正鈞撰　清光緒三十三年(1907)刻本　四册

430000－2498－0000081　216

越諺三卷　(清)范寅輯　清光緒八年(1882)谷應山房刻本　三册

430000－2498－0000082　219

小學纂注六卷　(清)高愈纂注　清嘉慶二十四年(1819)刻本　二册

430000－2498－0000083　221

古今注三卷　(晉)崔豹撰　清光緒五年(1879)定州王氏謙德堂刻畿輔叢書本　一册

430000－2498－0000084　222

剔弊廣增分韻五方母音二卷　(清)樊騰鳳原本　(清)趙培梓新編　清刻本　二册

430000－2498－0000085　226

農桑輯要七卷　(元)司農司撰　清重刻武英殿聚珍版叢書本　二册　存四卷(一至四)

430000－2498－0000086　229

字彙十二卷首一卷末一卷　(明)梅膺祚編　清文光堂刻本　十三册

430000－2498－0000087　230

康熙字典　(清)張玉書等編撰　清光緒十二年(1886)上海點石齋石印本　四册

430000－2498－0000088　231

同音字辨四卷　(清)劉維坊撰　清同治十二年(1873)京師琉璃廠善成堂刻本　四册

430000－2498－0000089　232

經傳釋詞十卷補一卷再補一卷　(清)王引之撰　清同治七年(1868)成都書局刻本　四册

430000－2498－0000090　233

佩文廣韻彙編五卷　(清)李元祺編　清同治十一年(1872)金陵書局刻本　二册

430000－2498－0000091　234

佩文廣韻彙編五卷　(清)李元祺編　清同治十一年(1872)金陵書局刻本　二册

430000－2498－0000092　235
廣韻五卷附札記一卷　(宋)陳彭年撰　清道光三十年(1850)新化鄧氏刻本　三册

430000－2498－0000093　236
玉篇三十卷　(南朝梁)顧野王撰　清道光三十年(1850)寶慶東山精舍摹刻本　三册

430000－2498－0000094　238
醫門法律六卷　(清)喻昌撰　清光緒二十年(1894)上海圖書集成印書局鉛印本　四册

430000－2498－0000095　239
寓意草一卷　(清)喻昌撰　清光緒二十年(1894)上海圖書集成印書局鉛印本　一册

430000－2498－0000096　240
尚論篇四卷尚論後篇四卷　(清)喻昌撰　清光緒二十年(1894)上海圖書集成印書局鉛印本　三册

430000－2498－0000097　247
名醫類案十二卷　(明)江瓘集　清宣統元年(1909)上海書局石印本　五册

430000－2498－0000098　248
天下郡國利病書一百二十卷　(清)顧炎武撰　清光緒五年(1879)蜀南薛氏桐華書屋刻本　六十册

430000－2498－0000099　249
名醫類案續集三十六卷　(清)魏之琇編集　清宣統元年(1909)上海書局石印本　七册

430000－2498－0000100　250
醫宗金鑒　(清)弘晝輯　清光緒二年(1876)江西書局刻本　六十册

430000－2498－0000101　251
瀛環志略十卷　(清)徐繼畬撰　清同治十二年(1873)掞雲樓刻本　六册

430000－2498－0000102　255
歷代地理韻編二十卷　(清)李兆洛輯　清光緒二十九年(1903)上海蜚英館石印本　六册

430000－2498－0000103　258
元史紀事本末二十七卷　(明)陳邦瞻撰　清光緒十四年(1888)上海書業公所崇德堂鉛印本　二册

430000－2498－0000104　259
遼史紀事本末四十卷　(清)李有棠編　清光緒二十八年(1902)上海著易堂鉛印本　一册

430000－2498－0000105　260
金史紀事本末五十二卷　(清)李有棠撰　**西夏紀事本末三十六卷首二卷**　(清)張鑒撰　清光緒二十八年(1902)上海著易堂鉛印本　一册

430000－2498－0000106　261
四十年來大事記　梁啟超撰　清末石印本　一册

430000－2498－0000107　262
明儒學案六十二卷　(清)黄宗羲著　清上海文瑞樓石印本　十六册

430000－2498－0000108　263
明會要八十卷　(清)龍文彬纂　清光緒十三年(1887)永懷堂刻本　二十册

430000－2498－0000109　264
荒政叢書十卷附錄二卷　(清)俞森輯　清宣統三年(1911)文盛書局石印本　六册

430000－2498－0000110　265
讀史鏡古編三十二卷　(清)潘世恩輯　清同治十三年(1874)冶城飛霞閣刻本　六册

430000－2498－0000111　266
文廟思源錄考不分卷　(清)葉慶禔撰　清光緒二十年(1894)燕平書院刻本　二册

430000－2498－0000112　267
鶴徵後錄十二卷　(清)李富孫輯　清嘉慶十六年(1811)刻本　二册　存六卷(一至三、十至十二)

430000－2498－0000113　268
讀史管見八卷　(清)蘇宗經撰　清光緒十九年(1893)刻本　四册

430000－2498－0000114　277
五代會要三十卷　(宋)王溥撰　清光緒十二

年(1886)江蘇書局刻本　六册

430000－2498－0000115　278
五代會要三十卷　(宋)王溥撰　清光緒十二年(1886)江蘇書局刻本　一册　存六卷(十五至二十)

430000－2498－0000116　283
廿四史姓氏韻編六十四卷　(清)汪輝祖輯　清光緒上海中西書局石印本　四册

430000－2498－0000117　284
南天痕二十六卷　(清)淩雪撰　清宣統二年(1910)復古社鉛印本　六册

430000－2498－0000118　285
國朝先正事略六十卷　(清)李元度撰　清上海文瑞樓石印本　八册　存十八卷(四十三至六十)

430000－2498－0000119　289
慧山記四卷續編三卷首一卷　(清)邵涵初輯　清咸豐九年(1859)二泉書院刻本　六册

430000－2498－0000120　291
[光緒]湖南通志二百八十八卷首八卷末十九卷　(清)李瀚章　(清)卞寶第修　(清)曾國荃等纂　清光緒十一年(1885)長沙府學宮尊經閣刻本　五十一册

430000－2498－0000121　293
通典二百卷　(唐)杜佑撰　清光緒二十七年(1901)上海圖書集成局鉛印本　十六册

430000－2498－0000122　294
通志二百卷　(宋)鄭樵撰　清光緒二十七年(1901)上海圖書集成局鉛印本　四十四册

430000－2498－0000123　295
欽定續通志六百四十卷　(清)高宗弘曆敕撰　清光緒二十七年(1901)上海圖書集成局鉛印本　五十二册

430000－2498－0000124　296
文獻通考三百四十八卷　(元)馬端臨撰　清光緒二十七年(1901)上海圖書集成局鉛印本　四十六册

430000－2498－0000125　297
律例便覽八卷附處分則例圖要六卷　(清)蔡嵩年　(清)蔡逢年編　清同治十一年(1872)刻本　六册

430000－2498－0000126　299
同治中興京外奏議約編八卷　(清)陳弢編　清京都小西山房刻本　三册　存六卷(一至六)

430000－2498－0000127　304
子史精華一百六十卷　(清)聖祖玄燁敕撰　清光緒二十二年(1896)上海彙海書局石印本　四册

430000－2498－0000128　306
漢書一百卷　(漢)班固撰　清光緒十八年(1892)武林竹簡齋石印本　八册

430000－2498－0000129　310
御批歷代通鑑輯覽一百二十卷　(清)傅恒等編　清光緒二十九年(1903)上海同文書局石印本　二十四册

430000－2498－0000130　311
海國圖志一百卷　(清)魏源撰　清光緒二十一年(1895)上海積山書局石印本　十六册

430000－2498－0000131　312
明通鑑九十卷　(清)夏燮撰　清光緒二十九年(1903)上海點石齋石印本　八册

430000－2498－0000132　315
佩文韻府一百六卷　(清)張玉書等纂　清光緒十三年(1887)上海點石齋石印本　六十册

430000－2498－0000133　316
佩文韻府一百六卷　(清)張玉書等纂　清光緒八年(1882)上海點石齋石印本　十册

430000－2498－0000134　318
史姓韻編六十四卷　(清)汪輝祖編　清光緒十年(1884)慈谿耕餘樓鉛印本　十六册

430000－2498－0000135　319
續通典一百五十卷　(清)高宗弘曆敕撰　清光緒二十七年(1901)上海圖書集成局鉛印本

十二册

430000－2498－0000136 320
日本國志四十卷 (清)黄遵憲編纂 清光緒二十四年(1898)浙江書局刻本 八册

430000－2498－0000137 322
子史精華三十卷 (清)允禄等撰 清上海點石齋石印本 二册

430000－2498－0000138 324
船山遺書 (清)王夫之撰 清同治四年(1865)湘鄉曾氏金陵刻本 一百册

430000－2498－0000139 326
明紀六十卷 (清)陳鶴撰 清同治十年(1871)江蘇書局刻本 二十册

430000－2498－0000140 328
楞嚴經指掌疏十卷 (清)釋通理述 清光緒二十七年(1901)金陵刻經處刻本 十二册

430000－2498－0000141 329
元豐九域志十卷 (宋)王存等纂 清光緒八年(1882)金陵書局刻本 二册

430000－2498－0000142 330
元和姓纂十卷 (唐)林寶撰 清光緒六年(1880)金陵書局刻本 二册

430000－2498－0000143 332
歷代職官表六卷 (清)黄本驥撰 清光緒八年(1882)上海王氏刻本 三册

430000－2498－0000144 333
談徵 (清)外方山人輯 清刻本 二册

430000－2498－0000145 336
棠陰比事一卷 (宋)桂萬榮撰 清道光二十九年(1849)刻光緒三十年(1904)重印本 一册

430000－2498－0000146 343
明季稗史彙編二十七卷 (清)留雲居士輯 清光緒十三年(1887)上海圖書集成局鉛印本 六册

430000－2498－0000147 344
禮記訓纂四十九卷 (清)朱彬輯 清宣統元年(1909)學部圖書局石印本 十册

430000－2498－0000148 348
漢西域圖考七卷 (清)李光廷撰 清上海鴻文書局石印本 四册

430000－2498－0000149 351
隋經籍志考證十三卷 (清)章宗源撰 清光緒刻本 四册

430000－2498－0000150 355
大清律例增修統纂集成四十卷 (清)陶東皋輯 清光緒六年(1880)刻本 二十四册

430000－2498－0000151 357
綱鑒正史約三十六卷 (明)顧錫疇撰 (清)陳弘謀增訂 清同治八年(1869)浙江書局刻本 二十册

430000－2498－0000152 358
四庫簡明目録標注二十卷 (清)邵懿辰撰 清宣統三年(1911)仁和邵氏刻本 六册

430000－2498－0000153 359
廿二史札記三十六卷 (清)趙翼撰 清光緒二十五年(1899)漢文書局刻本 十六册

430000－2498－0000154 360
漢書補注一百卷 王先謙撰 清光緒二十六年(1900)長沙王氏刻本 三册 存十四卷(一至十四)

430000－2498－0000155 362
國朝先正事略六十卷 (清)李元度撰 清光緒二十五年(1899)上海圖書集成局鉛印本 十册

430000－2498－0000156 363
國朝先正事略六十卷附續先正事略 (清)李元度撰 清光緒二十五年(1899)上海圖書集成局鉛印本 十二册

430000－2498－0000157 364
國朝先正事略六十卷 (清)李元度撰 清同治五年(1866)循陔草堂刻本 二十四册

430000－2498－0000158 370

三通序一卷　蔣德鈞輯　清光緒十四年(1888)湘鄉蔣氏求實齋刻本　一冊

430000－2498－0000159　371

御撰明紀綱目二十卷　(清)張廷玉等纂修　清光緒三十年(1904)維新書局刻本　四冊

430000－2498－0000160　374

古事比五十二卷　(清)方中德撰　清光緒十三年(1887)上海點石齋石印本　六冊

430000－2498－0000161　377

使西紀程二卷　(清)郭嵩燾撰　清光緒刻本　一冊

430000－2498－0000162　378

李氏五種二十七卷　(清)李兆洛撰　清光緒二十四年(1898)掃葉山房石印本　八冊

430000－2498－0000163　386

式古堂目錄十七卷　(清)尤瑩編　清光緒十九年(1893)石印本　二冊

430000－2498－0000164　389

元史譯文證補三十卷　(清)洪鈞撰　清光緒二十九年(1903)史學齋編譯印書局石印本　五冊　缺十卷(十三至二十二)

430000－2498－0000165　392

經傳釋詞十卷　(清)王引之撰　清道光二十七年(1847)刻本　二冊

430000－2498－0000166　393

南北朝文鈔二卷　(清)彭兆蓀輯　清光緒二年(1876)番禺陳起榮刻本　二冊

430000－2498－0000167　394

彭剛直公奏稿八卷詩集八卷　(清)彭玉麟撰　清光緒十七年(1891)吳下刻本　八冊

430000－2498－0000168　397

字學舉隅一卷　(清)黃本驥　(清)龍啟瑞輯　清光緒二年(1876)刻本　二冊

430000－2498－0000169　398

王先生十七史蒙求十六卷　(宋)王令輯　**李氏蒙求補註六卷**　(清)金三俊輯　清道光二十八年(1848)務本書局刻本　六冊

430000－2498－0000170　399

類字訓蒙二卷　(清)林謙撰　清咸豐十一年(1861)刻本　二冊

430000－2498－0000171　401

班馬字類二卷　(宋)婁機撰　清光緒九年(1883)後知不足齋刻本　二冊

430000－2498－0000172　402

小學鉤沉十八卷　(清)任大椿撰　清光緒十年(1884)龍氏刻本　二冊

430000－2498－0000173　403

小學集解六卷　(宋)朱熹撰　(清)張伯行集解　清光緒二十七年(1901)廣雅書局刻本　四冊

430000－2498－0000174　407

元史紀事本末二十七卷　(明)陳邦瞻撰　(明)張溥論正　清同治十三年(1874)江西書局刻本　四冊

430000－2498－0000175　408

明史紀事本末八十卷　(清)谷應泰撰　清光緒十三年(1887)廣雅書局刻本　二十二冊

430000－2498－0000176　409

釋名疏證八卷續釋名一卷釋名補遺一卷疏證補附一卷　王先謙撰　清光緒二十二年(1896)刻本　一冊

430000－2498－0000177　412

史通二十卷　(唐)劉知幾撰　清刻本　六冊

430000－2498－0000178　413

遼史拾遺二十四卷　(清)厲鶚撰　清光緒元年(1875)江蘇書局刻本　十冊

430000－2498－0000179　414

文字蒙求四卷　(清)王筠撰　清刻本　一冊

430000－2498－0000180　419

道西齋日記二卷　(清)王詠霓撰　清光緒十八年(1892)上海鴻寶齋石印本　一冊

430000－2498－0000181　424

詩廣傳五卷　(清)王夫之撰　清同治四年(1865)湘鄉曾氏金陵刻本　三冊

430000－2498－0000182　425
永曆實錄二十六卷　(清)王夫之撰　清同治四年(1865)湘鄉曾氏金陵刻本　三冊

430000－2498－0000183　430
楚辭通釋十四卷　(清)王夫之撰　清同治四年(1865)湘鄉曾氏金陵刻本　三冊

430000－2498－0000184　431
薑齋文集十卷　(清)王夫之撰　清同治四年(1865)湘鄉曾氏金陵刻本　一冊

430000－2498－0000185　432
夕堂戲墨六卷　(清)王夫之撰　清同治四年(1865)湘鄉曾氏金陵刻本　二冊

430000－2498－0000186　433
船山經義一卷　(清)王夫之撰　清同治四年(1865)湘鄉曾氏金陵刻本　一冊

430000－2498－0000187　434
王船山叢書校勘記二卷　(清)王夫之撰　清同治四年(1865)湘鄉曾國荃金陵刻本　一冊

430000－2498－0000188　444
皇清經解續編　王先謙輯　清光緒十五年(1889)上海蜚英館石印本　三十二冊

430000－2498－0000189　445
韓非子二十卷　(戰國)韓非撰　**韓非子識誤三卷**　(清)顧廣圻撰　清光緒元年(1875)浙江書局刻本　六冊

430000－2498－0000190　446
袁王加批綱鑒彙纂五十五卷　(明)袁黃(明)王世貞編纂　清上海掃葉山房石印本　二十四冊

430000－2498－0000191　447
經學通論五卷　(清)皮錫瑞撰　清光緒三十三年(1907)湖南思賢書局刻本　五冊

430000－2498－0000192　455
隸辨八卷　(清)顧藹吉撰　清光緒十三年(1887)上海蜚英館石印本　八冊

430000－2498－0000193　456
史通通釋二十卷　(清)浦起龍撰　清上海文瑞樓石印本　八冊

430000－2498－0000194　459
江村銷夏錄三卷　(清)高士奇輯　清上海有正書局石印本　三冊

430000－2498－0000195　460
九朝紀事本末　清光緒十四年(1888)上海書業公所崇德堂鉛印本　五十六冊

430000－2498－0000196　461
歷代畫史彙傳七十二卷首一卷總目三卷附錄二卷　(清)彭蘊璨編　清光緒八年(1882)掃葉山房刻本　二十四冊

430000－2498－0000197　462
歷代畫史彙傳七十二卷首一卷總目三卷附錄二卷　(清)彭蘊璨編　清光緒八年(1882)掃葉山房刻本　十二冊　存三十九卷(三十四至七十二)

430000－2498－0000198　464
皇清經解　(清)阮元輯　清道光九年(1829)廣東學海堂刻本　三百六十冊

430000－2498－0000199　465
皇清經解　(清)阮元輯　清光緒十三年(1887)上海書局石印本　六十四冊

430000－2498－0000200　466
五經文府五卷　(清)伊立勳輯　清光緒十四年(1888)上海鴻寶齋石印本　二十冊

430000－2498－0000201　467
說文引經考二卷　(清)吳玉搢撰　清光緒九年(1883)歸安姚氏刻咫進齋叢書本　二冊

430000－2498－0000202　469
皇朝五經彙解二百七十卷　(清)抉經心室主人輯　清光緒十四年(1888)上海鴻文書局石印本　三十二冊

430000－2498－0000203　470
經義述聞十五卷　(清)王引之撰　清嘉慶二十二年(1817)刻本　十二冊

430000－2498－0000204　471
篆書尚書　清石印本　一冊　存一冊(一)

430000－2498－0000205　474
經籍纂詁一百六卷　(清)阮元撰　清上海澉六山莊石印本　十二册

430000－2498－0000206　475
五經類編二十八卷　(清)周世樟編　清雍正三年(1725)刻本　十二册

430000－2498－0000207　476
周易四卷　(宋)朱熹本義　清光緒尚德堂刻本　二册

430000－2498－0000208　478
聖武記十四卷　(清)魏源撰　清石印本　六册

430000－2498－0000209　479
韓非子集解二十卷首一卷　(清)王先慎撰　清光緒二十二年(1896)刻本　六册

430000－2498－0000210　480
歷代賢儒景行錄二卷　(清)邊鳴珂輯　清同治元年(1862)刻本　二册

430000－2498－0000211　481
老子本義二卷　(清)魏源撰　清光緒二十八年(1902)避舍葢公堂刻本　二册

430000－2498－0000212　482
莊子南華真經十卷　(戰國)莊周撰　(晉)郭象註　(唐)陸德明音義　清光緒十一年(1885)湖南傳忠書局刻本　六册

430000－2498－0000213　483
校邠廬抗議二卷　(清)馮桂芬撰　清光緒十八年(1892)潘氏敏德堂刻本　二册

430000－2498－0000214　484
類篇十五卷　(宋)司馬光等撰　清光緒二年(1876)川東官舍刻本　十四册

430000－2498－0000215　485
古詩源十四卷　(清)沈德潛選　清光緒十七年(1891)湖南思賢書局刻本　四册

430000－2498－0000216　490
影舊鈔卷子原本玉篇零卷　(南朝梁)顧野王撰　清光緒十年(1884)遵義黎氏日本東京刻古逸叢書本　二册

430000－2498－0000217　493
皇朝藩部要略十八卷世系表四卷　(清)祁韻士纂　清光緒十年(1884)浙江書局刻本　八册

430000－2498－0000218　494
福惠全書三十二卷　(清)黃六鴻撰　清光緒十九年(1893)京都文昌會館刻本　十二册

430000－2498－0000219　495
正字通十二卷首一卷　(清)張自烈　(清)廖文英輯　清康熙刻本　三十五册

430000－2498－0000220　496
皇朝文獻通考三百卷　(清)高宗弘曆敕撰　清光緒八年(1882)浙江書局刻本　一百六十册

430000－2498－0000221　497
皇朝通典一百卷　(清)高宗弘曆敕撰　清光緒八年(1882)浙江書局刻本　四十册

430000－2498－0000222　498
欽定續通典一百五十卷　(清)高宗弘曆敕撰　清光緒十二年(1886)浙江書局刻本　三十九册

430000－2498－0000223　499
通志二百卷　(宋)鄭樵撰　清光緒二十二年(1896)浙江書局刻本　一百五十册

430000－2498－0000224　500
欽定續通志六百四十卷　(清)高宗弘曆敕撰　清光緒十二年(1886)浙江書局刻本　一百五十册

430000－2498－0000225　501
文獻通考三百四十八卷　(元)馬端臨撰　清光緒二十二年(1896)浙江書局刻本　一百三十册

430000－2498－0000226　502
欽定續文獻通考二百五十卷　(清)高宗弘曆敕撰　清光緒十三年(1887)浙江書局刻本　一百册

430000－2498－0000227　503
皇朝通志一百二十六卷　（清）高宗弘曆敕撰　清光緒八年（1882）浙江書局刻本　四十冊

430000－2498－0000228　504
欽定四庫全書簡明目錄二十卷首一卷　（清）高宗弘曆敕撰　清同治七年（1868）廣東書局刻本　十六冊

430000－2498－0000229　505
欽定四庫全書附存目錄十卷　（清）胡虔編　清光緒十年（1884）學海堂刻本　六冊

430000－2498－0000230　506
欽定四庫全書總目二百卷首四卷　（清）高宗弘曆敕撰　清同治七年（1868）廣東書局刻本　一百八冊

430000－2498－0000231　508
御纂醫宗金鑒　（清）吳謙等纂　清刻本　四十冊　缺二十冊（四十一至六十）

430000－2498－0000232　509
[道光三年癸未科]癸未年譜　（清）□□撰　清道光十二年（1832）刻本　一冊

430000－2498－0000233　510
太子太傅先莊毅公東巖府君[裕泰]年譜　（清）長敞撰　清同治八年（1869）廣州刻本　二冊

430000－2498－0000234　512
敝帚齋主人[徐鼒]年譜　（清）徐承禧撰　清同治十三年（1874）福州邸舍刻本　一冊

430000－2498－0000235　513
邱文莊公[濬]年譜　（清）王國棟輯　清光緒二十四年（1898）肇經書院刻本　一冊

430000－2498－0000236　515
陳文肅公[大受]年譜　（清）陳輝祖撰　清光緒十六年（1890）素園刻本　一冊

430000－2498－0000237　517
朱竹垞先生[彝尊]年譜　（清）楊謙纂　清刻本　一冊

430000－2498－0000238　520
沈端恪公[近思]年譜　（清）沈日富編　清同治十二年（1873）浙江書局刻本　一冊

430000－2498－0000239　524
阮炳福列傳　（清）□□撰　清史館謄寫本　一冊

430000－2498－0000240　526
劉向年譜　（清）梅毓撰　抄本　一冊

430000－2498－0000241　528
武進李申耆先生[兆洛]年譜三卷　（清）蔣彤編　清刻本　二冊

430000－2498－0000242　530
孝侯公[周處]年譜一卷簡惠公[周葵]年譜一卷　（清）周湛霖撰　清光緒七年（1881）木活字印本　一冊

430000－2498－0000243　532
楊忠武公[遇春]年譜　（清）楊國楨撰　清道光二十一年（1841）刻本　一冊

430000－2498－0000244　533
先文端公[翁心存]年譜一卷　（清）翁同書等撰　清同治常熟翁氏刻本　一冊

430000－2498－0000245　534
小浮山人年譜一卷　（清）潘曾沂手訂　清咸豐吳縣潘氏蘇州刻本　一冊

430000－2498－0000246　535
仲升自訂年譜一卷　（清）徐廣縉撰　清宣統二年（1910）鹿邑徐氏鉛印本　一冊

430000－2498－0000247　539
頤壽老人年譜二卷　（清）錢寶琛自訂　清同治八年（1869）太倉錢氏刻本　一冊

430000－2498－0000248　540
贈太子少保予謚壯敏福公[福珠洪阿]暨弟壯武列傳附公次子益謙殉難事實　（清）□□撰　清宣統三年（1911）石印本　一冊

430000－2498－0000249　541
張文貞公[玉書]年譜一卷　（清）丁傳靖編　清光緒三十一年（1905）丹徒張氏刻本　一冊

430000－2498－0000250　543
徵君孫先生［奇逢］年譜二卷　（清）湯斌編　清光緒十三年（1887）高氏繼善堂成都刻本　二冊

430000－2498－0000251　544
章午峰先生年譜一卷　（清）章家祚撰　清光緒十八年（1892）銅陵章氏刻本　一冊

430000－2498－0000252　545
周吏部［順昌］年譜一卷　（明）殷獻臣撰　清光緒二十九年（1903）唐文治刻本　一冊

430000－2498－0000253　549
李忠定公［綱］年譜一卷　（清）楊希閔撰　清同治五年（1866）福州刻本　一冊

430000－2498－0000254　551
頤志齋四譜四卷　（清）丁晏撰　清道光二十三年（1843）山陽丁氏六藝堂刻本　一冊

430000－2498－0000255　555
茂園自撰年譜二卷　（清）康基田撰　清道光刻本　一冊

430000－2498－0000256　568
先聖生卒年月日考二卷　（清）孔廣牧撰　清光緒四年（1878）刻本　一冊

430000－2498－0000257　570
錢警齋公年譜　（清）錢世銘編　清宣統三年（1911）鎮洋錢氏刻本　一冊

430000－2498－0000258　571
張達勛傳　（清）□□撰　清光緒抄本　一冊

430000－2498－0000259　575
新纂氏族箋釋八卷　（清）熊峻運撰　清刻本　一冊

430000－2498－0000260　578
群書拾補不分卷　（清）盧文弨撰　清光緒十三年（1887）上海蜚英館石印本　一冊　存一冊（一）

430000－2498－0000261　579
十朝東華錄五百四十二卷　王先謙編　清光緒二十年（1894）上海積山書局石印本　六十四冊

430000－2498－0000262　585
讀杜心解六卷首二卷　（清）浦起龍撰　清雍正二年至三年（1724－1725）浦氏寧我齋刻本　十冊

430000－2498－0000263　591
欽定篆文六經四書六十三卷　清光緒九年（1883）上海同文書局石印本　十冊

430000－2498－0000264　592
韻史二卷補一卷　（清）許遁翁撰　清咸豐十一年（1861）十年讀書之廬刻本　一冊

430000－2498－0000265　593
五經備旨　（清）鄒聖脈纂輯　清刻本　二十冊

430000－2498－0000266　594
古經解匯函　（清）鍾謙鈞等輯　清光緒十四年（1888）上海蜚英館石印本　二十冊

430000－2498－0000267　595
五經合纂大成五種四十四卷　清光緒十一年（1885）同文書局石印本　二十冊

430000－2498－0000268　596
校補四書味根錄三十七卷　（清）金澂輯　清光緒七年（1881）□□山房刻本　十六冊

430000－2498－0000269　602
說文解字註三十卷　（清）段玉裁撰　清光緒十四年（1888）上海蜚英館石印本　八冊

430000－2498－0000270　606
新增字學舉隅一卷　（清）黄本驥　（清）龍啓瑞輯　清同治七年（1868）星沙羅博文刻本　一冊

430000－2498－0000271　607
五經體註大全　清刻本　十三冊　缺易經

430000－2498－0000272　609
竹書紀年二卷　（南朝梁）沈約註　**列仙傳二卷**　（漢）劉向撰　**古今註三卷**　（晉）崔豹撰　清刻本　一冊

430000－2498－0000273　610

歷朝紀事本末九種六百五十八卷　(清)陳如升　(清)朱記榮輯　清光緒二十五年(1899)上海慎記書莊石印本　四十八册

430000－2498－0000274　611

國朝名臣言行錄三十卷　(清)董壽纂輯　清石印本　八册

430000－2498－0000275　613

通鑑綱目前編十八卷正編五十九卷續編二十七卷　(宋)朱熹等撰　清同治二年(1863)刻本(大文堂藏板,竹園書林藏板)　一百二十八册

430000－2498－0000276　614

通鑑總類二十卷　(宋)沈樞輯　清光緒十七年(1891)讀我書齋刻本　二十册

430000－2498－0000277　617

算經十書　(清)孔繼涵輯　清光緒二十二年(1896)上海鴻寶齋石印本　七册

430000－2498－0000278　618

本草綱目五十二卷　(明)李時珍撰　清光緒十九年(1893)上海鴻寶齋石印本　十六册

430000－2498－0000279　619

獨異志三卷　(唐)李冗撰　明刻稗海本　一册

430000－2498－0000280　620

五子近思錄集注十四卷　(宋)朱熹撰　(清)江永集注　清咸豐三年(1853)刻本(醉經堂藏板)　四册

430000－2498－0000281　621

古文辭類纂七十四卷　(清)姚鼐編　**續古文辭類纂三十四卷**　王先謙編　清光緒三十年(1904)上海商務印書館鉛印本　十二册

430000－2498－0000282　625

河東先生文集六卷　(唐)柳宗元撰　清宣統二年(1910)上海會文堂石印本　六册

430000－2498－0000283　626

帶經堂詩話三十卷　(清)王士禎撰　掃葉山房石印本　十册

430000－2498－0000284　628

詞源二卷　(宋)張炎編　**詞旨一卷**　(元)陸輔之撰　**樂府指迷一卷**　(宋)沈義父撰　清道光八年(1828)刻本　一册

瀏陽市圖書館古籍普查登記目録

全國古籍普查登記目録

國家圖書館出版社
National Library of China Publishing House

430000－2416－0000001　一/1

十三經注疏三百四十六卷　（清）高宗弘曆敕撰　清同治十年(1871)廣東書局刻武英殿本　一百六冊　存三百九卷(周易注疏一至十三,尚書注疏一至九、十三至十九,毛詩注疏一至十二、十七至十八、二十六至二十七,周禮注疏一至四十二,儀禮注疏一至五、九至十五,禮記注疏一至六十三,春秋左傳注疏一至六十,春秋公羊傳注疏一至十七、二十二至二十八,春秋穀梁傳注疏五至二十,孝經注疏一至九,論語注疏一至二十,爾雅注疏一至十一,孟子注疏八至十四)

430000－2416－0000002　一/1(1)

十三經注疏三百四十六卷　（清）高宗弘曆敕撰　清同治十年(1871)廣東書局刻武英殿本　一百六冊　存一百七十卷(周易注疏三至八、十二至十三,周禮注疏一至六、十至四十二,禮記注疏一至十、二十至五十六、六十一至六十三,春秋左傳注疏一至三十二、三十七至五十七,春秋穀梁傳注疏五至十、十八至二十,論語注疏六至十、十五至二十)

430000－2416－0000003　一/2

讀禮通考一百二十卷　（清）徐乾學撰　清光緒二十四年(1898)新化三味堂刻本　四十冊

430000－2416－0000004　一/3

五禮通考二百六十二卷首四卷　（清）秦蕙田撰　清刻本　九十四冊　存二百二十五卷(一至一百十八、一百三十一至一百八十五、一百九十二至一百九十三、一百九十七至二百、二百四至二百十二、二百十七至二百二十五、二百三十三至二百五十六、二百六十一至二百六十二,首三至四)

430000－2416－0000005　一/4

皇清經解一千四百卷首一卷附續刻八卷　（清）阮元輯　清道光九年(1829)廣東學海堂刻咸豐十年(1860)補刻本　三百四十一冊　存一千三百五十卷(一至五百八、五百十四至五百十八、五百二十四至六百四十、六百四十九至六百五十、六百五十三至六百六十三、六百六十七至六百七十六上、六百七十九至六百九十六、六百九十八至一千十五、一千三十四至一千二百六十、一千二百六十八至一千四百,首一卷)

430000－2416－0000006　一/4(1)

皇清經解一千四百卷首一卷附續刻八卷　（清）阮元輯　清道光九年(1829)廣東學海堂刻咸豐十年(1860)補刻本　一百十九冊　存五百一卷(十八至十九、二十二至四十、七十二至一百二十五、一百四十一至一百五十五、一百六十二至一百八十三、二百五至二百七、二百十四至二百二十一、二百二十四至二百三十、二百三十四至二百三十九、二百四十七至二百五十一、二百六十一至二百六十三、二百七十七至二百八十七、二百九十至二百九十二、三百二至三百六、三百十三至三百三十九、三百五十五至四百六上、四百三十五至四百五十四、五百二至五百三、五百二十四至五百三十七、五百四十至五百五十一、五百五十七至五百六十二、五百六十五至五百六十六、五百八十一至五百八十七、六百十至六百三十三、六百五十六至六百六十、六百六十七至六百六十八上、六百七十至六百七十一上、七百二十七至七百四十八、七百五十八至七百七十四、九百六十九至九百七十九、一千一百八十、一千一百八十三至一千一百八十九、一千一百九十九至一千二百、一千二百十八至一千二百五十二、一千二百七十七至一千三百二十二、一千三百三十六至一千三百四十五、一千三百六十一至一千三百六十八、一千三百九十七至一千四百)

430000－2416－0000007　一/5

禮記十卷　（元）陳澔集說　清刻本　三冊　存三卷(五至六、八)

430000－2416－0000008　一/9

欽定七經七種　（清）高宗弘曆敕編　清尊經閣刻本　十一冊　存十三卷(欽定儀禮義疏一至二、五至六、十四、二十二,首上;欽定禮記義疏五至六、十九至二十一,首)

430000－2416－0000009　一/13

禮記集說十卷　（元）陳澔撰　清刻本　五冊

存五卷(三、六至八、十)

430000－2416－0000010　一/13.1
禮記集說十卷　(元)陳澔撰　清金谿令德堂刻本　三册　存三卷(二、六、九)

430000－2416－0000011　一/14
儀禮章句十七卷　(清)吳廷華撰　清三讓堂刻本　二册　存八卷(一至八)

430000－2416－0000012　一/15
周禮折衷六卷　(清)胡興秴撰　清嘉慶五年(1800)晚翠堂刻本　三册

430000－2416－0000013　一/15(1)
周禮折衷六卷　(清)胡興秴撰　清嘉慶五年(1800)晚翠堂刻本　一册　存二卷(一至二)

430000－2416－0000014　一/15.1
周禮折衷六卷　(清)胡興秴撰　清刻本　一册　存二卷(四至五)

430000－2416－0000015　一/16
春秋公羊註疏二十八卷　(漢)何休撰　(唐)陸德明音義　(唐)徐彦疏　清刻本　一册　存五卷(十四至十八)

430000－2416－0000016　一/16(1)
春秋公羊註疏二十八卷　(漢)何休撰　(唐)陸德明音義　(唐)徐彦疏　清刻本　二册　存七卷(十三至十六、二十二至二十四)

430000－2416－0000017　一/17
春秋左傳綱目杜林詳注十四卷首一卷　(晉)杜預註　(唐)陸德明音義　(明)張岐然輯　清光緒拔茅居刻本　一册　存一卷(十)

430000－2416－0000018　一/18
寄傲山房塾課新增幼學故事瓊林四卷首一卷　(清)程登吉撰　(清)鄒聖脈增補　清刻本　一册　存二卷(三至四)

430000－2416－0000019　一/19
詩經八卷　(宋)朱熹集傳　清三讓堂刻本　四册

430000－2416－0000020　一/24
周禮六卷　(漢)鄭玄註　(唐)陸德明音義　清同治十三年(1874)湖南省城尊經閣刻本　六册

430000－2416－0000021　一/25
儀禮鄭注句讀十七卷附監本正誤一卷石本誤字一卷　(清)張爾岐撰　清同治十三年(1874)湖南書局刻本　四册

430000－2416－0000022　一/27
御纂周易折中二十二卷首一卷　(清)李光地等撰　清刻本　八册　存十六卷(一至六、十一至十八、二十一至二十二)

430000－2416－0000023　一/29
附釋音毛詩註疏七十卷　(漢)毛亨傳　(唐)孔穎達疏　**校勘記七十卷**　(清)阮元撰　(清)盧宣旬摘錄　清嘉慶二十年(1815)江西南昌府學刻本　三册　存六卷(附釋音毛詩註疏六、十四至十五,校勘記六、十四至十五)

430000－2416－0000024　一/31
尚書大傳四卷附考異一卷補遺一卷續補遺一卷　(漢)鄭玄註　(清)盧文弨補　清光緒三年(1877)湖北崇文書局刻本　一册

430000－2416－0000025　一/33
四書字詁七十八卷檢字一卷　(清)段謂廷撰　(清)黄本驥訂　清道光二十九年(1849)黔陽楊氏刻本　十册　存四十一卷(一至十六、三十至三十二、四十九至五十三、五十九至六十六、七十一至七十八,檢字一卷)

430000－2416－0000026　一/34
直齋書錄解題二十二卷　(宋)陳振孫撰　清光緒九年(1883)江蘇書局刻本　四册　存十五卷(一至十五)

430000－2416－0000027　一/36
漱芳軒合纂禮記體注四卷　(清)范翔輯　清經文堂刻本　四册

430000－2416－0000028　一/36.1
漱芳軒合纂禮記體注四卷　(清)范翔輯　清刻本　一册　存二卷(一至二)

430000－2416－0000029　一/37

群經字詁七十二卷檢字一卷 (清)段謂廷撰 (清)黄本驥編 清道光二十九年(1849)黔陽楊氏刻本 七册 存三十卷(九至十二、十七至二十六、三十五至四十二、四十六至四十八、五十七至六十一)

430000－2416－0000030 一/39
十三經注疏附校勘記四百十六卷 清同治十三年(1874)湖南書局刻本 二十二册 存八十三卷(毛詩注疏一之一至三、校勘記六至十二;周禮注疏四至六、九至十一、十五至二十五、二十八至三十九,儀禮注疏校勘記十一至十三,禮記注疏十二至十六、二十三至二十五、四十至四十三、五十四至五十五、六十至六十三,校勘記一至七;孝經注疏一至九、附音義一卷;論語注疏十四至二十、附音義一卷)

430000－2416－0000031 一/39(1)
十三經注疏附校勘記四百十六卷 清同治十三年(1874)湖南書局刻本 十四册 存三十八卷(尚書注疏四至七,毛詩注疏四、十四,周禮注疏四至六、十六至二十一、二十三至二十七、三十一至三十三,儀禮注疏十一,禮記注疏七至十五、三十九至四十三)

430000－2416－0000032 一/40
爾雅三卷 (晉)郭璞註 (唐)陸德明音義 清刻本 一册 存一卷(下)

430000－2416－0000033 一/41
爾雅郭注義疏二十卷 (清)郝懿行撰 清光緒十四年(1888)湖北官書處刻本 一册 存一卷(上之一)

430000－2416－0000034 一/43
周易本義四卷 (宋)朱熹撰 清刻本 一册 存三卷(二至四)

430000－2416－0000035 一/45
四書集注十九卷 (宋)朱熹撰 清刻本 一册 存二卷(大學一卷、中庸一卷)

430000－2416－0000036 一/47
新訂四書補注備旨十卷 (明)鄧林撰 (清)杜定基增訂 清刻本 四册 存七卷(上孟一至二、下孟三、上論一至二、下論三至四)

430000－2416－0000037 一/47.1
新訂四書補注備旨十卷 (明)鄧林撰 (清)杜定基增訂 清三讓堂刻本 五册 存八卷(大學一、中庸一、上孟一至二、下孟三至四、下論三至四)

430000－2416－0000038 一/47.1(1)
新訂四書補注備旨十卷 (明)鄧林撰 (清)杜定基增訂 清刻本 三册 存四卷(上孟一至二、下孟三至四)

430000－2416－0000039 一/47.1(2)
新訂四書補注備旨十卷 (明)鄧林撰 (清)杜定基增訂 清刻本 一册 存一卷(下孟四)

430000－2416－0000040 一/47.2
新訂四書補注備旨十卷 (明)鄧林撰 (清)杜定基增訂 清薈玉堂刻本 一册 存一卷(下孟三)

430000－2416－0000041 一/47.3
新訂四書補注備旨十卷 (明)鄧林撰 (清)杜定基增訂 清刻本 一册 存二卷(上論一至二)

430000－2416－0000042 一/48
論語集注十卷 (宋)朱熹撰 清刻本 一册 存五卷(一至五)

430000－2416－0000043 一/48.1
論語集注十卷 (宋)朱熹撰 清刻本 一册 存五卷(一至五)

430000－2416－0000044 一/48.2
論語集注十卷 (宋)朱熹撰 清刻本 一册 存一卷(四)

430000－2416－0000045 一/49
四書集注二十卷 (宋)朱熹集注 清刻本 六册

430000－2416－0000046 一/52
四書正本十九卷附四書圖説一卷四書字辨一

卷疑字辨一卷四書句辨一卷 （宋）朱熹集註 清刻本 一冊 存三卷（大學一卷、中庸二卷）

430000－2416－0000047 —/54
四書大全摘要四種二十卷 （清）李武輯 清寶華樓刻本 七冊 存八卷（大學一卷，中庸一至二，論語一至二、五、七，孟子七）

430000－2416－0000048 —/55
大學衍義四十三卷 （宋）真德秀撰 清末石印本 三冊 存二十四卷（八至三十一）

430000－2416－0000049 —/57
四書集注十九卷 （宋）朱熹撰 清長沙民治書局石印本 一冊

430000－2416－0000050 —/58
四書章句集注十三卷 （宋）朱熹撰 清同治十三年（1874）湖南書局刻本 六冊

430000－2416－0000051 —/58（1）
四書章句集注十三卷 （宋）朱熹撰 清同治十三年（1874）湖南書局刻本 二冊 存四卷（孟子四至七）

430000－2416－0000052 —/58（2）
四書章句集注十三卷 （宋）朱熹撰 清同治十三年（1874）湖南書局刻本 一冊 存二卷（孟子六至七）

430000－2416－0000053 —/62
春秋左氏傳賈服注輯述二十卷 （清）李貽德撰 清同治六年（1867）刻本 五冊 存十七卷（四至二十）

430000－2416－0000054 —/63
春秋五傳十七卷首一卷 （清）張璞纂 清華文堂刻本 一冊 存一卷（七）

430000－2416－0000055 —/64
春秋左傳綱目杜林詳注十四卷首一卷 （晉）杜預註 （唐）陸德明音義 （明）孫鑛批點 （明）張岐然輯 清道光竹秀山房刻本 三冊 存四卷（三至五、十一）

430000－2416－0000056 —/65
春秋左傳五十卷 （晉）杜預註 （唐）陸德明音義 （宋）林堯叟註釋 （明）鍾惺等評點 清南京李光明莊刻本 一冊 存五卷（十至十四）

430000－2416－0000057 —/66
四書朱子本義彙參四十七卷發凡一卷 （清）王步青輯 清乾隆十年（1745）敦復堂刻本 五冊 存十卷（孟子一至二、九至十、十三至十四，首；論語一、十三，首）

430000－2416－0000058 —/70
駢雅七卷序目一卷訓纂十六卷 （明）朱謀瑋撰 （清）魏茂林訓纂 清光緒七年（1881）成都瀹雅齋刻本 六冊

430000－2416－0000059 —/72
廣雅疏證十卷 （清）王念孫撰 **博雅音十卷** （清）王念孫校 清光緒五年（1879）淮南書局刻本 八冊

430000－2416－0000060 —/73
群經平議三十五卷 （清）俞樾撰 清同治十年（1871）刻本 十五冊

430000－2416－0000061 —/74
四書集注十九卷 （宋）朱熹撰 清刻本 四冊 存十二卷（孟子七卷、論語六至十）

430000－2416－0000062 —/74（1）
四書集注十九卷 （宋）朱熹撰 清刻本 一冊 存二卷（論語六至七）

430000－2416－0000063 —/75
周易本義四卷 （宋）朱熹撰 清刻本 一冊 存三卷（二至四）

430000－2416－0000064 —/75.1
周易本義四卷附圖說卦歌篇義筮儀一卷 （宋）朱熹撰 清尚德堂刻本 一冊 存二卷（一、圖說卦歌篇義筮儀一卷）

430000－2416－0000065 —/77
孟子七卷 （宋）朱熹集註 清刻本 二冊 存四卷（四至七）

430000－2416－0000066 —/77.1

孟子七卷　(宋)朱熹集註　清刻本　一册　存一卷(五)

430000－2416－0000067　一/78

新鐫增補周易備旨一見能解六卷　(清)黃淳耀撰　(清)嚴而寬增補　清刻本　六册　存五卷(上經卷之一至二、上系卷之五、下經卷之三、下系卷之六)

430000－2416－0000068　一/81

朱子家禮五卷　(宋)朱熹撰　(清)郭嵩燾校訂　清光緒十七年(1891)思賢講舍刻本　一册

430000－2416－0000069　一/82

詞林正韻三卷　(清)戈載輯　清光緒十七年(1891)湖南思賢講舍刻本　一册　存一卷(上)

430000－2416－0000070　一/83

八銘堂塾鈔初集不分卷　(清)吳懋政編　清光緒二十年(1894)湖南書局刻本　一册　存大學、中庸一

430000－2416－0000071　一/84

詩經句解二十一卷　(清)周壽編　清刻本　三册　存十七卷(五至二十一)

430000－2416－0000072　一/85

朱子儀禮經傳通解六十九卷　(清)梁萬方考訂　清刻本　十册　存十八卷(二十九至三十、三十四至四十、四十三至四十四、五十一至五十三、六十四至六十七)

430000－2416－0000073　一/86

新鐫補注周易備旨一見能解六卷　(清)黃淳耀撰　(清)嚴而寬增補　清刻本　二册　存四卷(三至六)

430000－2416－0000074　一/90

經典釋文三十卷　(唐)陸德明撰　**考證三十卷**　(清)盧文弨撰　清同治八年(1869)湖北崇文書局刻本　十二册

430000－2416－0000075　一/91

玉函山房輯佚書　(清)馬國翰輯　清光緒九年(1883)長沙瑯環館刻本　十六册　存十九卷(一、五、二十五、四十七、六十八、七十五、七十七至七十八、八十,目耕帖九至十、十五至十八、二十二至二十五)

430000－2416－0000076　一/92

顨軒孔氏所著書七種　(清)孔廣森撰　清嘉慶二十二年(1817)謙益堂刻本　十册

430000－2416－0000077　一/94

古經解彙函附小學彙函　(清)鍾謙鈞等輯　清同治十二年(1873)粵東書局刻本　四十八册　存一百七十卷(鄭氏周易注三卷、補遺一卷,陸氏周易述一卷,周易集解十七卷,周易口訣義六卷,易緯稽覽圖二卷,尚書大傳三卷、附序錄一卷、辨譌一卷,韓詩外傳十卷、附校注拾遺一卷,毛詩草木鳥獸蟲魚疏二卷,春秋繁露十七卷、附錄一卷,春秋釋例一至八、十一至十五,春秋啖趙集傳纂例一至六,春秋微旨三卷,春秋啖趙二先生集傳辯疑十卷,論語集解義疏一至五,急就篇三至四,說文解字一至七、十二至十五,說文解字傳六至十、二十一至四十,大廣益會玉篇上十卷、下十卷,大宋重修廣韻二至五,廣韻五卷)

430000－2416－0000078　一/95

太玄集注四卷　(宋)司馬光撰　(清)孫澍補注　清道光十一年(1831)鵝溪孫氏刻本　四册

430000－2416－0000079　一/97

一切經音義二十五卷　(唐)釋玄應撰　(清)莊炘等校正　**華嚴經音義二卷**　(唐)釋慧苑撰　清同治八年(1869)仁和曹氏刻本　三册

430000－2416－0000080　一/98

大戴禮記補注十三卷　(清)孔廣森撰　清同治十三年(1874)淮南書局刻本　四册

430000－2416－0000081　一/112

四禮輯略附不得已錄一卷　(清)喻遜撰　清道光十年(1830)月桂堂刻本　一册

430000－2416－0000082　一/113

玉函山房輯佚書　(清)馬國翰輯　清光緒十

年(1884)楚南書局刻本　七十四册　存四十卷(齊詩傳二卷、韓詩故二卷、韓詩内傳一卷、韓詩説一卷、薛君韓詩章句二卷、韓詩翼要一卷、毛詩馬氏注一卷、毛詩義問一卷、毛詩王氏注四卷、毛詩義駁一卷、毛詩奏事一卷、毛詩問難一卷、毛詩駁一卷、毛詩答雜問一卷、毛詩譜暢一卷、毛詩異同評三卷、集注毛詩一卷、毛詩舒氏義疏一卷、毛詩沈氏義疏二卷、毛詩箋音義證一卷、毛詩述義一卷、毛詩草蟲經一卷、毛詩題綱一卷、施氏詩説一卷、周禮李氏音一卷、周禮聶氏音一卷、周官禮義疏一卷、周禮劉氏音二卷、周禮戚氏音一卷、周官禮異同評一卷)

430000－2416－0000083　一/114
御纂七經　(清)高宗弘曆敕編　清光緒三十年(1904)上海育文書局石印本　十册　存一百二十八卷(御纂周易折中一至二十二,欽定禮記義疏一至十一、二十六至五十六、七十至八十二,欽定詩經傳説彙纂十二至二十一、詩序二卷,欽定周官義疏二十四至三十七,欽定儀禮義疏十九至二十九,欽定春秋傳説彙纂十一至二十四)

430000－2416－0000084　一/115
禮書通故五十卷　(清)黄以周撰　清光緒十九年(1893)黄氏試館刻本　三十册

430000－2416－0000085　一/116
晏子春秋七卷　(春秋)晏嬰撰　清光緒十八年(1892)湖南思賢講舍刻本　二册

430000－2416－0000086　一/117
禮記質疑四十九卷　(清)郭嵩燾撰　清光緒十六年(1890)思賢講舍刻本　十册

430000－2416－0000087　一/118
曲江書屋新訂左傳快讀十八卷首一卷　(清)李紹崧選訂　清刻本　九册　存九卷(七、十至十一、十三至十八)

430000－2416－0000088　一/118.1
曲江書屋新訂左傳快讀十八卷首一卷　(清)李紹崧選訂　清刻本　二册　存二卷(十、十五)

430000－2416－0000089　一/119
陔餘叢考四十三卷　(清)趙翼撰　清乾隆五十五年(1790)湛貽堂刻本　十二册

430000－2416－0000090　一/120
四書疏注撮言大全三十七卷　(清)胡蓉芝撰　清刻本　一册　存二卷(孟子一至二)

430000－2416－0000091　一/122
春秋公羊傳十二卷　(漢)何休註　清刻本　一册　存三卷(九至十一)

430000－2416－0000092　一/124
小學鉤沈十九卷　(清)任大椿撰　(清)王念孫校正　清刻本　一册　存十二卷(八至十九)

430000－2416－0000093　一/125
春秋説略十二卷附春秋比二卷　(清)郝懿行撰　清道光七年(1827)刻本　二册　存八卷(一至八)

430000－2416－0000094　一/127
新增詩經補注附考備旨八卷　(清)鄒聖脈纂輯　清刻本　一册　存二卷(三至四)

430000－2416－0000095　一/129
新刊校正增補圓機韻學活法全書十四卷圓機活法詩學全書二十四卷　(明)王世貞編　(清)蔣先庚重訂　清刻本　五册　存十一卷(新刊校正增補圓機韻學活法全書六至八、圓機活法詩學全書十五至二十二)

430000－2416－0000096　一/135
篆文六經四書　(清)高宗弘曆敕編　清光緒九年(1883)上海同文書局石印本　八册　存二十六卷(孟子一至三、毛詩、尚書、春秋、儀禮一至十七、周禮一至三)

430000－2416－0000097　一/138
孟子註疏解經十四卷　(漢)趙岐註　(宋)孫奭疏　**校勘記**　(清)阮元撰　清光緒十三年(1887)上海點石齋石印本　一册

430000－2416－0000098　一/142
四書味根録三十七卷　(清)金澂輯　清刻本

四册　存六卷(中庸卷二、孟子卷二、九至十二)

430000－2416－0000099　一/143

子史輯要詩賦題解續編四卷　(清)胡本淵編　**夏小正四卷**　(清)任兆麟註　清刻本　一册

430000－2416－0000100　一/145

杭氏七種十五卷　(清)杭世駿撰　清咸豐元年(1851)長沙小瑯環山館刻本　一册　存三卷(石經考異二卷、諸史疑然一卷)

430000－2416－0000101　一/146

周禮政要二卷　(清)孫詒讓撰　清光緒二十九年(1903)上海書局石印本　一册

430000－2416－0000102　一/159

尚書古文疏證八卷　(清)閻若璩撰　**朱子古文書疑一卷**　(清)閻詠輯　清嘉慶元年(1796)天津吴人驥刻本　四册　存四卷(四、六上、七至八)

430000－2416－0000103　一/159.1

尚書古文疏證八卷　(清)閻若璩撰　**朱子古文書疑一卷**　(清)閻詠輯　清乾隆十年(1745)眷西堂刻同治六年(1867)錢塘汪氏振綺堂補刻本　八册

430000－2416－0000104　一/163

皇朝經世文新編二十一卷　(清)麥仲華輯　清末石印本　六册　存九卷(三至七、十四至十五、十六上、十六中)

430000－2416－0000105　一/163.1

皇朝經世文續編一百二十卷　(清)葛士濬輯　清光緒二十二年(1896)寶善書局石印本　四册　存三十一卷(一至十四、四十至五十六)

430000－2416－0000106　一/163.2

皇朝經世文新編續集二十一卷　(清)甘韓輯　清石印本　四册　存四卷(六、十三、十九至二十)

430000－2416－0000107　一/164

考正字彙一卷　(清)陳淏子輯　上海錦章圖書局石印本　一册

430000－2416－0000108　一/165

新學僞經考十四卷　康有爲撰　清光緒刻本　二册　存三卷(三下、十三至十四)

430000－2416－0000109　一/166

班馬字類二卷　(宋)婁機撰　清乾隆祁門馬曰琯叢書樓刻本　二册

430000－2416－0000110　一/167

說文引經考二卷　(清)吳玉搢撰　王闓運重校　清光緒八年(1882)種玉山房刻本　一册　存一卷(上)

430000－2416－0000111　一/169

古香齋新刻袖珍淵鑒類函四百五十卷目錄四卷　(清)張英等輯　清乾隆内府刻本　二十六册　存六十六卷(六至八、十二至十四、四十五至四十六、四十九至五十、七十一至七十三、一百十八至一百十九、一百二十四至一百二十五、一百四十八至一百五十、一百七十八至一百八十、二百至二百二、二百二十三至二百二十四、二百三十九至二百四十一、二百五十至二百五十二、二百五十九至二百六十、二百七十三至二百七十六、二百八十四至二百八十六、三百三至三百四、三百二十至三百二十三、三百四十六至三百四十七、三百五十五至三百五十八、三百六十五至三百六十六、三百七十六至三百七十七、三百八十至三百八十一、三百八十六至三百八十七、四百十二至四百十四)

430000－2416－0000112　一/171

淵鑒類函四百五十卷　(清)張英等輯　清光緒點石齋石印本　八册　存後妃部一、二、人部、釋教部、道部、儲宫部、帝戚部、設官部

430000－2416－0000113　一/171.1

淵鑒類函四百五十卷目錄四卷　(清)張英等輯　清石印本　十七册　存一百六十一卷(三十八至四十七、一百二至一百十、一百六十二至一百九十八、二百二十七至二百三十六、二百四十七至二百六十五、二百八十六至

二百九十三、二百九十六至三百五、三百十三至三百二十、三百九十一至四百十三、四百二十四至四百五十）

430000－2416－0000114　一/174
說文通訓定聲十八卷　（清）朱駿聲撰　清光緒八年（1882）臨嘯閣刻本　六冊　存七卷（二至四、六、八、十一、十四）

430000－2416－0000115　一/175
成唯識論別鈔十卷　（唐）釋窺基撰　清光緒刻本　一冊　存三卷（一至三）

430000－2416－0000116　一/177
船山遺書　（清）王夫之撰　清同治四年（1865）湘鄉曾氏金陵刻本　十八冊　存三十八卷（周易內傳二至六、發例一卷，周易大象解一卷，周易稗疏四卷，周易外傳七，書經稗疏四，禮記章句三、十至十三，說文廣義三卷，莊子解九至二十五）

430000－2416－0000117　一/179
四書反身錄八卷首一卷　（清）李顒撰　清湘陰奎樓蔣氏小瑯環山館刻本　四冊

430000－2416－0000118　一/185
音學五書三十八卷　（清）顧炎武撰　清光緒十六年（1890）思賢講舍刻本　二冊　存五卷（唐韻正一至五）

430000－2416－0000119　一/186
四聲切韻表三卷首一卷末一卷　（清）江永撰　（清）汪曰楨補正　清光緒元年（1875）成都志古堂刻本　四冊

430000－2416－0000120　一/187
說文釋例二十卷　（清）王筠撰　清同治四年（1865）王氏家刻本　十冊

430000－2416－0000121　一/188
仿宋相臺五經附考證　（宋）岳珂編　清刻本　十三冊　存三十九卷（毛詩四至二十，尚書一至五，禮記一至十一、十八至二十，詩經一至三）

430000－2416－0000122　一/188（1）
仿宋相臺五經附考證　（宋）岳珂編　清刻本　一冊　存三十一卷（毛詩四至六、十一至十四、十八至二十，尚書一至八，禮記一至三、八至十四、十八至二十）

430000－2416－0000123　一/191
佩文韻府一百六卷　（清）張玉書等纂　清咸豐嶺南潘氏海山仙館刻本　一百二十四冊　缺二十四卷（二十三中、三十四中至四十三、四十九下、五十二下、五十三下至六十三）

430000－2416－0000124　二/1
續資治通鑑長編五百二十卷目錄二卷　（宋）李燾撰　清光緒七年（1881）浙江書局刻本　一百五十三冊　存五百四卷（一至三百八十六、四百三至五百二十）

430000－2416－0000125　二/2
御撰資治通鑑綱目三編二十卷　（清）張廷玉等撰　清刻本　四冊

430000－2416－0000126　二/3
御批歷代通鑑輯覽一百二十卷　（清）傅恒等撰　清同治十三年（1874）湖南書局刻本　四十冊　存一百二卷（一至六十二、八十一至一百二十）

430000－2416－0000127　二/4
御批歷代通鑑輯覽一百十六卷　（清）傅恒等撰　清光緒二十年（1894）湖南澹雅書局刻本　三十六冊　存八十三卷（一至十三、二十二至二十三、二十八至二十九、三十二至三十九、四十二至四十三、四十六至五十一、五十四至五十五、六十二至六十九、七十二至七十五、七十八至一百九、一百十六至一百十九）

430000－2416－0000128　二/5
明通鑑九十卷首一卷前編四卷附編六卷　（清）夏燮撰　清光緒二十三年（1897）湖北官書處刻本　四十冊

430000－2416－0000129　二/5（1）
明通鑑九十卷首一卷前編四卷附編六卷　（清）夏燮撰　清光緒二十三年（1897）湖北官書處刻本　三十五冊　缺十三卷（四十一至

五十一、六十至六十一）

430000－2416－0000130　二/5.1

明通鑑目録二十卷　（清）夏燮編　清光緒二十五年（1899）湖北官書處刻本　八册

430000－2416－0000131　二/6

明史紀事本末八十卷　（清）谷應泰編　清同治十三年（1874）江西書局刻本　六册　存二十一卷（一至八、六十三至六十六、六十九至七十一、七十五至八十）

430000－2416－0000132　二/7

通鑑紀事本末四十二卷　（宋）袁樞撰　（明）張溥論正　清同治十二年（1873）江西書局刻本　一册　存一卷（二）

430000－2416－0000133　二/8

校刊資治通鑑全書八種　（清）胡元常輯　清光緒十四年至十五年（1888－1889）長沙楊氏刻本　十册　存七十八卷（資治通鑑目録一至二十、資治通鑑考異十一至三十、資治通鑑釋例一卷、資治通鑑問疑一卷、資治通鑑釋文三十卷、通鑑釋文辯誤七至十二）

430000－2416－0000134　二/9

資治通鑑二百九十四卷　（宋）司馬光撰　（元）胡三省註　清長沙楊氏刻本（長沙佚老堂藏板）　二十三册　存六十八卷（一至三、七至八、十三至二十七、三十七至三十九、四十六至四十八、六十一至六十三、六十六至六十八、七十二至七十四、九十七至一百二、一百十二至一百十三、一百十九至一百二十一、一百五十一至一百五十四、一百五十八至一百六十、一百九十四至一百九十六、二百至二百二、二百三十三至二百三十五、二百四十八至二百五十、二百五十七至二百五十九）

430000－2416－0000135　二/12

通志二十略五十二卷　（宋）鄭樵撰　明嘉靖二十九年（1550）陳宗夔刻清乾隆十三年（1748）重印本　十八册

430000－2416－0000136　二/35

十六國春秋一百卷　（北魏）崔鴻撰　清乾隆四十六年（1781）仁和汪氏欣託山房刻本　十九册　存九十五卷（一至三十二、三十八至一百）

430000－2416－0000137　二/36

繹史一百六十卷世系圖一卷年表一卷　（清）馬驌撰　清康熙九年（1670）刻本　二十四册　存一百四十七卷（一至四、十八至一百六十）

430000－2416－0000138　二/37

文獻通考三百四十八卷　（元）馬端臨撰　清乾隆十二年（1747）刻本　三册　存十二卷（十七至十九、二十三至二十七、五十四至五十七）

430000－2416－0000139　二/39

五代史記七十四卷　（宋）歐陽修撰　（清）彭元瑞註　清嘉慶二十年（1815）雲甡書屋刻本　十九册　存四十七卷（一至二十、二十九至五十四、七十一）

430000－2416－0000140　二/40

史記志疑三十六卷　（清）梁玉繩撰　清光緒十三年（1887）廣雅書局刻本　十册　存二十二卷（十五至三十六）

430000－2416－0000141　二/42

明史三百三十二卷　（清）張廷玉等撰　清刻本　二十五册　存七十五卷（二十八至三十七、六十三至六十八、八十四至八十五、九十六至九十九、一百三十至一百三十三、一百七十八至一百八十三、二百十八至二百二十、二百四十四至二百四十六、二百五十三至二百五十五、二百六十一至二百六十八、二百七十二至二百七十七、二百八十九至二百九十、二百九十二至二百九十四、二百九十八至三百五、三百十至三百十二、三百二十一、三百二十七至三百二十九）

430000－2416－0000142　二/43

皇朝經世文編一百二十卷姓名總目二卷　（清）賀長齡輯　清道光刻本　二十册　存三十五卷（五至八、十三、十五至十七、二十二、二十四至二十五、三十二至三十三、三十七至

三十八、四十三至四十五、四十七、五十三至五十九、六十六至六十七、八十五、九十五至九十六、一百二至一百三、一百十六至一百十七）

430000－2416－0000143　二/44

春秋經傳集解三十卷附考證又附春秋年表一卷春秋名號歸一圖二卷附考證　（晉）杜預撰　（唐）陸德明音義　清光緒刻本　四冊　存八卷（一至三、二十至二十二、二十九至三十）

430000－2416－0000144　二/45

春秋胡傳三十卷　（宋）胡安國撰　（宋）林堯叟音註　明金陵鄭元美奎壁齋刻本　六冊

430000－2416－0000145　二/46

五子近思錄發明十四卷　（清）施璜纂註　（清）汪佑增輯　清光緒十四年（1888）新繁沈氏家塾刻本　八冊

430000－2416－0000146　二/48

國朝先正事略六十卷　（清）李元度撰　清同治五年（1866）循陔草堂刻本　二十冊　存四十八卷（一至十三、十六至四十四、五十五至六十）

430000－2416－0000147　二/49.1

資治通鑑二百九十四卷　（宋）司馬光撰　（元）胡三省註　清末鉛印本　二冊　存十四卷（二百七十八至二百八十四、二百五十九至二百六十五）

430000－2416－0000148　二/50

元和姓纂十卷　（唐）林寶撰　（清）孫星衍　（清）洪瑩校　清光緒六年（1880）金陵書局刻本　四冊

430000－2416－0000149　二/51

聖武記十四卷　（清）魏源撰　清道光二十二年（1842）古微堂刻本　六冊

430000－2416－0000150　二/52

曾文正公奏稿三十六卷　（清）曾國藩撰　（清）李瀚章編　清光緒二年（1876）傳忠書局刻本　十八冊

430000－2416－0000151　二/54

曾文正公奏稿三十卷　（清）曾國藩撰　（清）李瀚章編　清光緒二年（1876）傳忠書局刻本　二十七冊　缺四卷（六、八、十八、二十四）

430000－2416－0000152　二/54（1）

曾文正公奏稿三十卷　（清）曾國藩撰　（清）李瀚章編　清光緒二年（1876）傳忠書局刻本　八冊　存八卷（一、三、七、十、十四、二十五、二十八至二十九）

430000－2416－0000153　二/55

曾文正公［國藩］年譜十二卷　（清）黎庶昌編　清光緒二年（1876）傳忠書局刻本　七冊

430000－2416－0000154　二/55

孟子要略五卷　（宋）朱熹撰　（清）劉傳瑩輯　（清）曾國藩按　清同治十三年（1874）傳忠書局刻本　（與430000－2416－0000155合冊）

430000－2416－0000155　二/56

曾文正公奏稿三十卷　（清）曾國藩撰　清光緒二年（1876）傳忠書局刻本　二十七冊　存二十七卷（二至五、七至八、十至三十）

430000－2416－0000156　二/57

十八家詩鈔二十八卷　（清）曾國藩編　清同治十三年（1874）傳忠書局刻本　一冊　存一卷（十七）

430000－2416－0000157　二/58

求闕齋讀書錄十卷　（清）曾國藩撰　（清）王啟原編　清光緒二年（1876）傳忠書局刻本　五冊

430000－2416－0000158　二/58（1）

求闕齋讀書錄十卷　（清）曾國藩撰　（清）王啟原編　清光緒二年（1876）傳忠書局刻本　二冊　存五卷（一至二、八至十）

430000－2416－0000159　二/59

曾文正公全集　（清）曾國藩撰　清光緒二年（1876）傳忠書局刻本　一冊　存首卷

430000－2416－0000160　二/60

曾文正公雜著四卷　(清)曾國藩撰　(清)李瀚章編　清同治十三年(1874)湖南傳忠書局刻本　二冊

430000－2416－0000161　二/61
曾文正公批牘六卷　(清)黎庶昌撰　清光緒二年(1876)傳忠書局刻本　六冊

430000－2416－0000162　二/61(1)
曾文正公批牘六卷　(清)曾國藩撰　清光緒二年(1876)傳忠書局刻本　一冊　存一卷(四)

430000－2416－0000163　二/62
曾文正公文集四卷　(清)曾國藩撰　(清)李瀚章編　清同治十三年(1874)傳忠書局刻本　四冊

430000－2416－0000164　二/63
求闕齋日記類鈔二卷　(清)曾國藩撰　(清)王啟原編　清光緒二年(1876)傳忠書局刻本　二冊

430000－2416－0000165　二/63(1)
求闕齋日記類鈔二卷　(清)曾國藩撰　(清)王啟原編　清光緒二年(1876)傳忠書局刻本　一冊　存一卷(下)

430000－2416－0000166　二/64
曾文正公文集三卷　(清)曾國藩撰　清光緒二年(1876)傳忠書局刻本　三冊

430000－2416－0000167　二/65
歷代名賢列女氏姓譜一百五十七卷　(清)蕭智漢輯　清乾隆五十七年(1792)聽濤山房刻本　五十六冊　存八十七卷(八至十三、十六至十七、二十四至三十、三十六至五十二、五十六至五十九、六十九至七十、七十三至八十四、九十四、九十六至一百二、一百四至一百六、一百八至一百十六、一百十九至一百二十一、一百二十三、一百二十五、一百二十八至一百二十九、一百三十三至一百三十四、一百三十八至一百四十一、一百五十四至一百五十七)

430000－2416－0000168　二/66
曾文正公書劄三十三卷　(清)曾國藩撰　清光緒二年(1876)傳忠書局刻本　四冊　存八卷(九至十、十三至十四、三十至三十三)

430000－2416－0000169　二/67
曾文正公奏議十卷首一卷末一卷　(清)曾國藩撰　(清)薛福成編　清同治十三年(1874)上海醉六堂刻本　三冊　存四卷(一至三、首一卷)

430000－2416－0000170　二/68
曾文正公書劄三十三卷　(清)曾國藩撰　清光緒二年(1876)傳忠書局刻本　十二冊　存二十四卷(一至六、九、十七至三十三)

430000－2416－0000171　二/68(1)
曾文正公書劄三十三卷　(清)曾國藩撰　清光緒二年(1876)傳忠書局刻本　二十三冊　缺一卷(九)

430000－2416－0000172　二/70
曾文正公詩集四卷　(清)曾國藩撰　清同治十三年(1874)傳忠書局刻本　一冊

430000－2416－0000173　二/72
歷代職官表六卷　(清)黄本驥撰　清道光二十六年(1846)甯鄉黄氏三長物齋刻本　一冊　存二卷(五至六)

430000－2416－0000174　二/73
鄭志疏證八卷鄭記考證一卷附答臨孝存周禮難　(清)皮錫瑞撰　清光緒二十二年(1896)刻本　二冊

430000－2416－0000175　二/74
讀通鑑論十六卷末一卷　(清)王夫之撰　清光緒二十五年(1899)武昌刻本　二冊　存五卷(一至五)

430000－2416－0000176　二/75
史通削繁四卷　(清)紀昀撰　(清)浦起龍註　清光緒二十一年(1895)寶慶澹雅書局刻本　二冊　存二卷(一至二)

430000－2416－0000177　二/76
歷代名臣言行錄二十四卷　(清)朱桓編　清

刻本　六册　存六卷(六至七、十、十五下、二十二下、二十四)

430000－2416－0000178　二/76(1)

歷代名臣言行錄二十四卷　(清)朱桓編　清刻本　二册　存二卷(十、十六)

430000－2416－0000179　二/77

兩漢刊誤補遺十卷　(宋)吴仁傑撰　清同治七年(1868)金陵書局木活字印本　二册

430000－2416－0000180　二/79

歷代史論十二卷宋史論三卷元史論一卷　(明)張溥論正　(清)孫琮評　**明史論四卷**　(清)谷應泰撰　**左傳史論二卷**　(清)高士奇撰　清光緒刻本　五册　缺七卷(歷代史論五至六、十至十二,左傳史論二卷)

430000－2416－0000181　二/79.1

歷代史論二十二卷　(明)張溥論正　清光緒番禺陶氏刻本　一册　存三卷(十至十二)

430000－2416－0000182　二/82

劉中丞奏議二十卷　(清)劉蓉著　清光緒十一年(1885)思賢講舍刻本　二册　存四卷(三至四、十九至二十)

430000－2416－0000183　二/83

校刊史記集解索引正義札記五卷　(清)張文虎撰　清同治十一年(1872)金陵書局刻本　二册

430000－2416－0000184　二/84

左通補釋三十二卷　(清)梁履繩撰　清道光九年(1829)錢塘汪氏振綺堂刻光緒元年(1875)補刻本　十册

430000－2416－0000185　二/85

白虎通疏證十二卷　(清)陳立撰　清光緒元年(1875)淮南書局刻本　四册

430000－2416－0000186　二/87

史記一百三十卷　(漢)司馬遷撰　(南朝宋)裴駰集解　(唐)司馬貞索引　(唐)張守節正義　清刻本　二十四册　存一百二十六卷(二至十九、二十三至一百三十)

430000－2416－0000187　二/88

史記一百三十卷　(漢)司馬遷撰　(南朝宋)裴駰集解　(唐)司馬貞索引　(唐)張守節正義　(明)徐孚遠　(明)陳子龍測議　明崇禎刻本　七册　存三十九卷(十九至二十一、四十四至七十九)

430000－2416－0000188　二/91

資治通鑑二百九十四卷目録三十卷　(宋)司馬光編　(元)胡三省音註　清上海掃葉山房鉛印本　二十三册　存一百六十二卷(資治通鑑一至二十、二十八至四十二、五十一至六十五、七十四至八十九、九十七至一百三、一百三十六至一百四十四、一百六十二至一百八十二、二百三十二至二百三十八、二百六十六至二百九十四,目録八至三十)

430000－2416－0000189　二/103

皇朝通典一百卷　(清)高宗弘曆敕撰　清末鉛印本　二册　存十三卷(五十至六十二)

430000－2416－0000190　二/104

通典二百卷　(唐)杜佑撰　清末鉛印本　六册　存七十三卷(十三至四十、一百二十三至一百五十八、一百八十五至一百九十三)

430000－2416－0000191　二/105

東方兵事紀略五卷　(清)姚錫光撰　清光緒二十三年(1897)武昌刻本　一册　存二卷(四至五)

430000－2416－0000192　二/106

萬國分類時務大成四十卷　(清)錢豐輯　清光緒石印本　九册　存十四卷(四、七至十一、十三、十五、二十三、三十二至三十六)

430000－2416－0000193　二/107

宋史紀事本末一百九卷　(明)馮琦撰　(明)陳邦瞻增訂　清宣統二年(1910)上海文盛書局石印本　五册

430000－2416－0000194　二/108

遼史紀事本末四十卷首一卷　(清)李有棠編　清宣統二年(1910)上海文盛書局石印本　二册

430000－2416－0000195　二/109

金史紀事本末五十二卷首一卷　(清)李有棠編　清宣統二年(1910)上海文盛書局石印本　二册

430000－2416－0000196　二/110

西夏紀事本末三十六卷首二卷　(清)張鑒撰　清宣統二年(1910)上海文盛書局石印本　二册

430000－2416－0000197　二/110(1)

元史紀事本末二十七卷　(明)陳邦瞻撰　(明)張溥論正　清宣統二年(1910)上海文盛書局石印本　一册

430000－2416－0000198　二/111

歷代紀事本末八種　(清)陳如升　(清)朱記榮輯　(清)捷記主人增輯　清宣統二年(1910)上海文盛書局石印本　十六册　存一百八十四卷(明史紀事本末四十六至七十二，通鑑紀事本末一至四、七十一至一百九十九、二百九、二百十七至二百三十九)

430000－2416－0000199　二/113

皇朝文獻通考三百卷　(清)高宗弘曆敕撰　清光緒二十七年(1901)上海圖書集成局據武英殿聚珍版鉛印本　二十六册　存一百六十一卷(一至五、三十九至四十三、四十七至五十四、六十八至七十一、九十一至一百四、一百十九至一百五十四、一百五十九至一百七十八、一百八十四至一百九十四、二百五至二百三十八、二百五十一至二百六十一、二百六十九至二百七十六、二百八十八至二百九十二)

430000－2416－0000200　二/113(1)

皇朝文獻通考三百卷　(清)高宗弘曆敕撰　清光緒二十七年(1901)上海圖書集成局據武英殿聚珍版鉛印本　五册　存三十五卷(九十一至九十七、一百二十五至一百四十一、一百五十九至一百六十九)

430000－2416－0000201　二/114

文獻通考三百四十八卷附考證三卷　(元)馬端臨撰　清光緒二十七年(1901)上海圖書集成局鉛印本　十一册　存九十四卷(十二至十八、二十至二十七、六十一至六十七、七十一至七十八、九十九至一百五、一百二十八至一百三十三、二百十至二百四十九、二百八十六至二百九十一、三百四十七至三百四十八，考證三卷)

430000－2416－0000202　二/114(1)

文獻通考三百四十八卷附考證三卷　(元)馬端臨撰　清光緒二十七年(1901)上海圖書集成局鉛印本　一册　存八卷(二十至二十七)

430000－2416－0000203　二/115

欽定續通志六百四十卷　(清)高宗弘曆敕撰　清光緒二十七年(1901)上海圖書集成局鉛印本　八册　存一百一卷(八十一至九十二、二百八十一至二百九十六、三百七至三百十七、三百六十五至三百七十二、三百八十九至三百九十七、五百五十四至五百六十七、五百八十九至六百五、六百二十七至六百四十)

430000－2416－0000204　二/116

欽定續文獻通考二百五十卷　(清)高宗弘曆敕撰　清光緒二十七年(1901)上海圖書集成局據武英殿聚珍版鉛印本　十一册　存六十三卷(一至十一、十八至四十六、五十一至六十、一百十四至一百二十、一百三十五至一百四十)

430000－2416－0000205　二/116(1)

欽定續文獻通考二百五十卷　(清)高宗弘曆敕撰　清光緒二十七年(1901)上海圖書集成局據武英殿聚珍版鉛印本　二册　存八卷(七至十一、三十四至三十六)

430000－2416－0000206　二/117

讀史論略一卷附綱鑒總評一卷　(清)杜詔撰　清芋栗園刻本　一册

430000－2416－0000207　二/118

御批歷代通鑑輯覽一百十六卷　(清)傅恒等撰　清刻本　三册　存三卷(八十七、九十五、九十八)

430000－2416－0000208　二/120

皇朝文獻通考三百卷　(清)高宗弘曆敕撰　清光緒二十七年(1901)上海圖書集成局據武英殿聚珍版鉛印本　五冊　存三十四卷(三十二至三十八、四十四至四十六、五十五至六十二、二百四十六至二百五十、二百七十七至二百八十七)

430000－2416－0000209　二/121(1)
唐書二百二十五卷　(宋)歐陽修等撰　清光緒十年(1884)上海同文書局石印本　三冊　存十六卷(三十七至四十三、七十五至八十三)

430000－2416－0000210　二/122
通志二百卷　(宋)鄭樵撰　清末鉛印本　九冊　存三十四卷(四十四至五十、一百四十九至一百五十三、一百五十七至一百五十九、一百六十二至一百七十六、一百九十一至一百九十四)

430000－2416－0000211　二/123
大和書局增定鑒略妥注善本六卷　(明)李廷機撰　清光緒二十九年(1903)大文局刻本　一冊　存二卷(一至二)

430000－2416－0000212　二/129
經義述聞三十二卷　(清)王引之撰　清光緒七年(1881)上海文瑞樓石印本　十冊　存十六卷(二至三、十四至十六、十九至二十、二十四至三十二)

430000－2416－0000213　二/130
資治新書十四卷二集二十卷　(清)李漁輯　清光緒二十年(1894)上海圖書集成印書局鉛印本　九冊　缺十卷(資治新書一至十)

430000－2416－0000214　二/132(1)
國朝先正事略六十卷　(清)李元度撰　清光緒二十五年(1899)上海圖書集成印書局鉛印本　六冊　存三十八卷(一至九、十五至四十三)

430000－2416－0000215　二/139
二十五子彙函　(清)鴻文書局輯　清光緒十九年(1893)上海鴻文書局石印本　一冊　存六十六卷(竹書紀年十二卷、商君書五卷、列子八卷、墨子十六卷、揚子法言十三卷、文子纘義十二卷)

430000－2416－0000216　二/141
皇朝輿地韻編二卷　(清)李兆洛輯　**校勘記**　(清)馬貞榆撰　**地志韻編唐志補闕正誤考異**　(清)馬貞榆撰　清末石印本　一冊

430000－2416－0000217　二/143
春秋朔閏至日考三卷　(清)王韜撰　清光緒十五年(1889)遯叟鉛印本　二冊

430000－2416－0000218　二/144
大清高宗法天隆運至誠先覺體元立極敷文奮武孝慈神聖純皇帝聖訓三百卷　(清)高宗弘曆撰　清光緒石印本　三冊　存三十二卷(四十三至五十二、七十五至八十六、二百四十一至二百五十)

430000－2416－0000219　二/145
讀史兵略四十六卷　(清)胡林翼撰　清咸豐十一年(1861)武昌節署刻本　二十四冊

430000－2416－0000220　二/146
唐陸宣公集二十二卷　(唐)陸贄撰　清刻本　二冊　存五卷(十八至二十二)

430000－2416－0000221　二/146.1
唐陸宣公集二十二卷　(唐)陸贄撰　(清)耆英重訂　清道光二十七年(1847)刻本　一冊　存二卷(二十一至二十二)

430000－2416－0000222　二/148
唐陸宣公制誥十卷別集一卷注陸宣公奏議十五卷附唐陸宣公賦表年譜一卷　(唐)陸贄撰　(宋)郎煜註　清光緒十一年(1885)淮南書局刻本　三冊　缺五卷(注陸宣公奏議五至九)

430000－2416－0000223　二/150
明史稿三百十卷目錄三卷史例議二卷　(清)王鴻緒撰　清乾隆敬慎堂刻本　十二冊　存三十卷(志一至二、九至十二、十九至二十、二十九至三十、七十五至七十七,列傳四十三至四十八、七十七至七十八、九十至九十一、一

百二十八至一百二十九、一百四十五至一百四十七、一百六十四至一百六十五）

430000－2416－0000224　二/151
十六國春秋一百卷　（北魏）崔鴻撰　清刻本　九册　存五十六卷（十一至十五、三十至八十）

430000－2416－0000225　二/151（1）
十六國春秋一百卷　（北魏）崔鴻撰　清刻本　二册　存十二卷（六十三至六十七、七十五至八十一）

430000－2416－0000226　二/167
中西人物通考一百卷　（清）葉逢時編　清末石印本　一册　存五卷（二十六至三十）

430000－2416－0000227　二/168
策學淵萃四十六卷　（清）□□輯　清光緒刻本　二册　存三卷（一至二、三十）

430000－2416－0000228　二/169
各省校士史論精華　（清）姚潤編　（清）梅筱岩鑒定　清光緒二十八年（1902）衡清廩附公社刻本　一册

430000－2416－0000229　二/170（1）
困學紀聞注二十卷　（元）王應麟撰　（清）翁元圻輯注　清咸豐元年（1851）經綸堂刻本　一册　存一卷（一）

430000－2416－0000230　二/171
元經薛氏傳十卷　（隋）王通撰　（唐）薛收傳　（宋）阮逸註　清刻本　一册　存五卷（六至十）

430000－2416－0000231　二/172
華陽國志十二卷　（晉）常璩撰　清刻本　一册　存三卷（十中至十二）

430000－2416－0000232　二/173
校邠廬抗議二卷　（清）馮桂芬撰　清光緒二十四年（1898）廣仁堂刻本　一册　存一卷（上）

430000－2416－0000233　二/177
古文菁華二十卷　（清）儲欣評選　清末民初石印本　一册　存二卷（十三至十四）

430000－2416－0000234　二/178
明季稗史彙編二十七卷　（清）留雲居士輯　清光緒二十二年（1896）上海圖書集成局鉛印本　一册　存八卷（八至十五）

430000－2416－0000235　二/180
新鍥趙田了凡袁先生編纂古本歷史大方綱鑒補三十九卷首一卷　（明）袁黄編　清刻本　一册　存二卷（八至九）

430000－2416－0000236　二/181
歐洲八帝紀八卷　（英國）李提摩太撰　清光緒二十年（1894）廣學會刻本　一册

430000－2416－0000237　二/186
重訂廣事類賦四十卷　（清）華希閔撰　清竹圃山房刻本　三册　存十六卷（八至十二、十七至二十七）

430000－2416－0000238　二/187
宋論十五卷　（清）王夫之撰　清刻本　一册　存六卷（五至十）

430000－2416－0000239　二/188
新序十卷　（漢）劉向撰　清刻本　一册　存五卷（六至十）

430000－2416－0000240　二/191
學案小識十四卷首一卷末一卷　（清）唐鑒撰　清上海文瑞樓石印本　五册

430000－2416－0000241　二/192
增補歷史綱鑒四十卷首一卷　（明）袁黄編　清刻本　一册　存一卷（九）

430000－2416－0000242　二/194
王先生十七史蒙求十六卷　（宋）王令輯　**李氏蒙求補註六卷**　（清）金三俊輯　清道光九年（1829）刻本　四册

430000－2416－0000243　二/195
大清宣宗效天符運立中體正至文聖武智勇仁慈儉勤孝敏成皇帝聖訓一百三十卷　（清）宣宗旻寧敕修　清末石印本　七册　存五十四卷（十五至三十、三十九至四十六、五十五至

六十二、七十五至九十六）

430000－2416－0000244　二/195.1
大清宣宗受天興運敷化綏猷崇文經武孝恭勤儉端敏英哲睿皇帝聖訓一百十卷　（清）仁宗顒琰敕修　清末石印本　三册　存二十四卷（三十九至六十二）

430000－2416－0000245　二/195.2
大清穆宗繼天開運受中居正保大定功聖智誠孝信敏恭寬毅皇帝聖訓一百六十卷　（清）穆宗載淳敕修　清末石印本　一册　存十卷（七至十六）

430000－2416－0000246　二/197
朔方備乘六十八卷首十二卷　（清）何秋濤輯　清光緒七年（1881）石印本　三册　存二十九卷（四十四至五十九、六十八，首十二卷）

430000－2416－0000247　二/198
歷代名臣言行錄二十四卷　（清）朱桓撰　清光緒二十六年（1900）文瀾書局石印本　八册

430000－2416－0000248　二/202
繹史一百六十卷　（清）馬驌撰　清光緒二十三年（1897）武林尚友齋石印本　十四册　存九十八卷（一至十五、二十三至五十四、七十一至八十五、九十五至一百十、一百十九至一百三十一、一百四十六至一百四十八、一百五十四至一百五十七）

430000－2416－0000249　二/204
三輔黄圖六卷補遺一卷　（清）畢沅校補　清光緒十七年（1891）思賢講舍刻本　一册

430000－2416－0000250　二/206
嘉定赤城志四十卷　（宋）陳耆卿纂　清嘉慶二十三年（1818）臨海宋氏刻本　七册　存二十八卷（一至二十、二十九至三十六）

430000－2416－0000251　二/206.1
赤城集十八卷　（宋）林表民輯　清嘉慶二十三年（1818）臨海宋氏刻本　一册　存四卷（一至四）

430000－2416－0000252　二/207
長安志二十卷圖三卷　（宋）宋敏求撰　（元）李好文製圖　清光緒十七年（1891）思賢講舍刻本　五册

430000－2416－0000253　二/208
太平寰宇記二百卷目錄二卷　（宋）樂史撰　清光緒八年（1882）金陵書局刻本　三十六册　缺八卷（四、一百十三至一百十九）

430000－2416－0000254　二/210
［嘉慶］同安縣志三十卷首一卷　（清）吳堂纂修　清光緒十二年（1886）刻本　四册　缺十九卷（五至十五、十八至二十一、二十七至三十）

430000－2416－0000255　二/210（1）
［嘉慶］同安縣志三十卷首一卷　（清）吳堂纂修　清光緒十二年（1886）刻本　一册　缺二十六卷（五至三十）

430000－2416－0000256　二/211
日本國志四十卷首一卷　（清）黃遵憲撰　清刻本　五册　存十三卷（十至十一、十四至十五、十九至二十、二十四至二十七、三十四至三十六）

430000－2416－0000257　二/212
光緒湖北輿地記二十四卷　（清）湖北輿圖局纂　清光緒二十年（1894）湖北輿圖局刻朱印本　二十二册　存二十二卷（一至二、四至十、十二至二十四）

430000－2416－0000258　二/213
西藏圖考八卷首一卷　（清）黃沛翹輯　清光緒十二年（1886）滇南李培榮刻本　一册　存五卷（一至四、首一卷）

430000－2416－0000259　二/214
［光緒］續輯均州志十六卷首一卷　（清）馬雲龍　（清）湯炳坤修　（清）賈洪詔纂　清光緒十年（1884）刻本　一册　存三卷（十二至十四）

430000－2416－0000260　二/215
［光緒］孝感縣志二十四卷　（清）朱希白　（清）沈用增修　清光緒九年（1883）刻本　五

冊　存七卷(一、五至六、二十一至二十四)

430000－2416－0000261　二/215(1)
[光緒]孝感縣志二十四卷　(清)朱希白　(清)沈用增修　清光緒九年(1883)刻本　二冊　存三卷(一、五至六)

430000－2416－0000262　二/215.1
[光緒]續補孝感縣志一卷　(清)朱希白　(清)沈用增修　清光緒五年(1879)刻本　一冊

430000－2416－0000263　二/216
江南製造局記十卷首一卷附仿造克鹿葡炮説一卷　(清)江南製造局撰　清光緒三十一年(1905)上海文寶書局石印本　十冊

430000－2416－0000264　二/217
[同治]蒲圻縣志八卷　(清)顧際熙纂修　清同治五年(1866)刻本　二冊　存二卷(一至二)

430000－2416－0000265　二/218
海國圖志一百卷　(清)魏源撰　清光緒六年(1880)邵陽急當務齋刻本　十五冊　存五十七卷(五至八、二十至二十九、三十四、三十七至四十二、四十六至五十二、五十六至六十、六十四至六十九、八十三至一百)

430000－2416－0000266　二/219
輿地沿革表四十卷首一卷　(清)楊丕復撰　清光緒十四年(1888)刻本　二十四冊

430000－2416－0000267　二/221
[乾隆]溫州府志三十卷首一卷　(清)李琬修　(清)齊召南　(清)汪沆纂　清乾隆二十一年(1756)修二十七年(1762)刻同治四年(1865)周開錫陳思燏補刻本　二冊　存六卷(十九下、二十三至二十七)

430000－2416－0000268　二/222(1)
[光緒]岢嵐州志十二卷　(清)吴光熊修　(清)史文炳纂　清光緒十年(1884)岢嵐州署刻本　二冊　存七卷(一至四、九至十一)

430000－2416－0000269　二/222(2)
乾隆府廳州縣圖志五十卷　(清)洪亮吉撰　清光緒洪用懃授經堂刻本　一冊　存三卷(二十四至二十六)

430000－2416－0000270　二/223
咸淳臨安志一百卷　(宋)潛説友纂　清道光十年(1830)錢塘汪氏振綺堂仿宋刻本　二冊　存十卷(七十二至七十五、八十六至九十一)

430000－2416－0000271　二/224
[光緒]嚴州府志三十五卷首一卷　(清)吳士進修　(清)胡書源纂　清光緒八年(1882)刻本　一冊　存一卷(十八)

430000－2416－0000272　二/225
[道光]肇慶府志二十二卷　(清)屠英修　(清)江藩纂　清富文齋刻本　四冊　存四卷(十一至十二、二十一至二十二)

430000－2416－0000273　二/227
[光緒]湘潭縣志十二卷　(清)陳嘉榆等修　王闓運等纂　清光緒十四年(1888)刻本　二冊　存二卷(二、八)

430000－2416－0000274　二/228
[乾隆]甘州府志十六卷末一卷　(清)鍾賡起纂修　清乾隆四十四年(1779)刻本　四冊　存八卷(一至二、十至十二、十五至十六,末一卷)

430000－2416－0000275　二/229
湘軍志十六卷首一卷　王闓運撰　清光緒十一年(1885)斠微齋刻本　四冊

430000－2416－0000276　二/230
西史彙函四種二十二卷　清光緒二十三年(1897)湖南新學書局刻本　十冊　存十二卷(大英國志一至八、俄史輯佚一至四)

430000－2416－0000277　二/230.1
西史彙函續刊五種三十九卷　清湖南振興新學書局刻本　四冊　存十九卷(歐洲史略一至七、羅馬志略一至七、希臘志略一至四、聯邦志略一卷)

430000－2416－0000278　二/231
遊記彙刊　(清)□□輯　清光緒二十三年(1897)湖南新學書局刻本　十二册　存十四卷(金軺籌筆一至四、出使英法日記一卷、使德日記一卷、西征紀程一至四、西輶日記一卷、遊歷芻言一卷、印度劄記一卷、伯利探路記一卷)

430000－2416－0000279　二/232
增補事類統編九十三卷首一卷　(清)黄葆真編　清末石印本　三册　存二十卷(二十三至四十二)

430000－2416－0000280　二/235
大清律例增修統纂集成四十卷　(清)姚潤輯　(清)陶駿增修　清末鉛印本　一册　存一卷(四)

430000－2416－0000281　二/236
中華古今注三卷　(五代)馬縞撰　**古今注三卷**　(晉)崔豹撰　清刻本　一册

430000－2416－0000282　二/237
歷代地理志韻編今釋二十卷　(清)李兆洛撰　清末石印本　三册　存十二卷(四至十五)

430000－2416－0000283　二/238
中華二十二省地理志要四卷　(清)張依渠撰　清光緒石印本　一册

430000－2416－0000284　二/239
楚漢諸侯疆域志三卷　(清)劉文淇撰　清光緒二年(1876)刻本　一册

430000－2416－0000285　二/241
晉書地理志新補正五卷　(清)畢沅撰　清光緒十八年(1892)思賢講舍刻本　一册

430000－2416－0000286　二/242
晉太康三年地記一卷王隱晉書地道記一卷　(清)畢沅撰　清光緒十七年(1891)思賢講舍刻本　一册

430000－2416－0000287　二/245
[道光]龍巖州志二十卷首一卷　(清)彭衍堂主修　(清)陳文衡纂　清光緒十六年(1890)知事張文治刻本　八册　存十五卷(三至十、十二、十四至十七、十九至二十)

430000－2416－0000288　二/246
[同治]甯化縣志七卷　(清)祝文郁主修　(清)李元仲纂　清同治八年(1869)蔣澤沅增補刻本　四册　存四卷(一至三、五)

430000－2416－0000289　二/247
湖南褒忠録初稿四十卷　(清)郭嵩燾等纂　清同治十二年(1873)木活字印本　八册　存二十二卷(寇事述三至四、殉陣一至九、殉城一至四、殉防一至四、殉勞一至三)

430000－2416－0000290　二/248
[同治]瀏陽縣志二十四卷　(清)王汝惺　(清)童恩主修　(清)鄒焌傑纂修　清同治十二年(1873)刻本　十三册

430000－2416－0000291　二/248(1)
[同治]瀏陽縣志二十四卷　(清)王汝惺　(清)童恩主修　(清)鄒焌傑纂修　清同治十二年(1873)刻本　八册　存十四卷(一、五至七、十至十七、十九至二十)

430000－2416－0000292　二/248(2)
[同治]瀏陽縣志二十四卷　(清)王汝惺　(清)童恩主修　(清)鄒焌傑纂修　清同治十二年(1873)刻本　三册　存四卷(十五至十六、十九至二十)

430000－2416－0000293　二/248(3)
[同治]瀏陽縣志二十四卷　(清)王汝惺　(清)童恩主修　(清)鄒焌傑纂修　清同治十二年(1873)刻本　三册　存四卷(十五至十六、十九至二十)

430000－2416－0000294　二/248(4)
[同治]瀏陽縣志二十四卷　(清)王汝惺　(清)童恩主修　(清)鄒焌傑纂修　清同治十二年(1873)刻本　二册　存二卷(十九至二十)

430000－2416－0000295　二/249
[同治]廣濟縣志十六卷首一卷　(清)朱榮實　(清)劉宗元修　(清)劉燡纂　清同治十一

年(1872)志書局木活字印本　十二册

430000－2416－0000296　二/250
[光緒]續輯均州志十六卷首一卷　(清)馬雲龍　(清)湯炳坤修　(清)賈洪詔纂　清光緒十年(1884)均州志局刻本　五册　存八卷(五至七、十至十一、十五至十六,首一卷)

430000－2416－0000297　二/251
[光緒]江夏縣志八卷　(清)王庭楨修　(清)彭崧毓總纂　清光緒七年(1881)重印同治八年(1869)石印本　七册

430000－2416－0000298　二/251(1)
[光緒]江夏縣志八卷　(清)王庭楨修　(清)彭崧毓總纂　清光緒七年(1881)重印清同治八年(1869)石印本　一册　存一卷(七)

430000－2416－0000299　二/252
[光緒]應城志十四卷首一卷　(清)羅緗　(清)陳豪主修　(清)王承禧總纂　清光緒八年(1882)刻本　八册

430000－2416－0000300　二/254
國朝名臣言行錄十六卷　(清)董壽纂輯　(清)王炳燮撰　清末石印本　一册　存四卷(二十三至二十六)

430000－2416－0000301　二/255
瀛環志略十卷　(清)徐繼畬撰　清同治十二年(1873)石印本　一册　存三卷(八至十)

430000－2416－0000302　二/261
明季續聞一卷　(清)汪光復撰　清宣統三年(1911)商務印書館鉛印本　一册

430000－2416－0000303　二/264
左忠毅公集二卷　(明)左光斗撰　(清)姚瑩校　清道光二十六年(1846)湘鄉左輝春詠史齋刻本　二册

430000－2416－0000304　二/271
左文襄公全集　(清)左宗棠撰　**張大司馬奏稿四卷**　(清)張亮基撰　**駱文忠公奏稿十卷**　(清)駱秉章撰　清光緒長沙萃文堂刻本　九十二册　存九十八卷(左文襄公奏稿一至六十四,左文襄公謝摺二卷,左文襄公文集五卷、詩集一卷、聯語一卷、說帖一卷,左文襄公批札七卷、諮札一卷、告示一卷,張大司馬奏稿四卷,駱文忠公奏稿十卷,首一卷)

430000－2416－0000305　二/279
江南製造局譯書提要二卷　(清)翻譯館編　清宣統元年(1909)鉛印本　二册

430000－2416－0000306　二/280
曾文正公[國藩]年譜十二卷　(清)黎庶昌纂　清光緒二年(1876)長沙傳忠書局刻本　四册

430000－2416－0000307　二/281
經史百家雜鈔二十六卷首一卷　(清)曾國藩纂　清光緒二年(1876)傳忠書局刻本　二十六册

430000－2416－0000308　二/281(1)
經史百家雜鈔二十六卷首一卷　(清)曾國藩纂　清光緒二年(1876)傳忠書局刻本　二十五册　缺一卷(九)

430000－2416－0000309　二/281(2)
經史百家雜鈔二十六卷首一卷　(清)曾國藩纂　清光緒二年(1876)傳忠書局刻本　六册　存九卷(六至七、十二至十五、十七至十八、二十五)

430000－2416－0000310　二/282
十八家詩鈔二十八卷　(清)曾國藩纂　清同治十三年(1874)傳忠書局刻本　二十七册　缺一卷(二十)

430000－2416－0000311　二/282(1)
十八家詩鈔二十八卷　(清)曾國藩纂　清同治十三年(1874)傳忠書局刻本　一册　存一卷(十八)

430000－2416－0000312　二/283
二十四史二十四種　清同治韓江書局仿汲古閣刻本　五十五册　存三百二十五卷(史記十九至二十四、三十六至三十九、八十九至一百四、一百十八至一百三十,漢書一至十五上、二十四下至二十七、四十五至五十七、六十六至七十三、七十六至八十二、九十七至一百，後漢書一至四、十七至二十二、二十四至二十九、四十六至五十、五十六至六十上、七十一至七十四、八十七至九十，三國志十四至十七、二十三至二十七、三十一至三十九、四十六至六十五，晉書十二至十五、二十五至二十八、三十三至四十三、六十八至七十三、七十八至八十二、一百四至一百九，宋書十三至十五、六十八至七十四，梁書六至十六、二十七至三十二、三十四至三十八，魏書十九至四十五，北齊書二十二至三十七，隋書十七至十九、六十八至八十五，南史五至九、四十六至五十一，北史五十五至六十三，新唐書三十二至三十九、二百至二百二）

430000－2416－0000313　二/283(1)
二十四史　清同治韓江書局仿汲古閣刻本　一册　存五卷（漢書四十四至四十八）

430000－2416－0000314　二/289
前漢書一百卷　（漢）班固撰　清刻本　一册　存十三卷（三十五至四十七）

430000－2416－0000315　三/1
釋名疏證八卷釋名補遺一卷續釋名一卷疏證補附一卷　（清）畢沅撰　王先謙增補　清光緒二十二年（1896）刻本　三册

430000－2416－0000316　三/2
集説詮真不分卷續編一卷提要一卷附歷代永統紀年表圖　（清）黄伯禄輯　清光緒三十二年（1906）上海慈母堂鉛印本　五册

430000－2416－0000317　三/3
學仕遺規四卷　（清）陳弘謀輯　清刻本　五册

430000－2416－0000318　三/4
學蔀通辯前編三卷後編三卷續編三卷終編三卷　（明）陳建撰　清道光七年（1827）敦睦堂刻本　四册

430000－2416－0000319　三/7
山海經十八卷首一卷　（晉）郭璞撰　（清）畢沅校　清刻本　二册　存六卷（一至六）

430000－2416－0000320　三/8
山海經十八卷圖贊一卷訂譌一卷敘錄一卷　（晉）郭璞傳　（清）郝懿行箋疏　清光緒十二年（1886）上海還讀樓刻本　四册

430000－2416－0000321　三/9
子書百家　（清）崇文書局輯　清光緒元年（1875）湖北崇文書局刻本　十三册　存八十卷（仲蒙子一至三、素履子一至三、尹文子一卷、慎子一卷、公孫龍子一卷、鬼谷子一卷、鶡冠子三卷、吕氏春秋一至二十六、淮南鴻烈解一至二十一、神異經一卷、海内十洲記一卷、别國洞冥記一至四、穆天子傳一至六、亢倉子一卷、玄真子一卷、天隱子一卷、無能子一至三、胎息經疏一卷、胎息經一卷）

430000－2416－0000322　三/10
孟子編年四卷　（清）狄子奇撰　清光緒十三年（1887）浙江書局刻本　一册

430000－2416－0000323　三/11
孟子要略五卷　（宋）朱熹編　（清）劉傳瑩輯　（清）曾國藩按　清同治十三年（1874）傳忠書局刻本　一册

430000－2416－0000324　三/12
朱子家禮五卷　（宋）朱熹撰　（清）郭嵩燾校正　清光緒十七年（1891）思賢講舍刻本　一册

430000－2416－0000325　三/13
司馬氏書儀十卷　（宋）司馬光撰　（清）汪郊校訂　清同治七年（1868）江蘇書局刻本　一册

430000－2416－0000326　三/14
孔氏家語十卷　（三國魏）王肅註　清光緒二十三年（1897）新化三味書室刻本　二册

430000－2416－0000327　三/15
經史百家簡編二卷　（清）曾國藩纂　清同治十三年（1874）傳忠書局刻本　一册　存一卷（上）

430000－2416－0000328　三/16
孔門實紀十二卷首一卷　（清）邱慶善　（清）

黎定攀輯　清道光二十二年(1842)刻本　四冊　缺三卷(二至四)

430000－2416－0000329　三/17
晏子春秋七卷　(春秋)晏嬰撰　清光緒十八年(1892)思賢講舍刻本　一冊　存三卷(一至三)

430000－2416－0000330　三/18
莊子因六卷　(清)林雲銘評述　清康熙二十七年(1688)刻本　二冊　存四卷(三至六)

430000－2416－0000331　三/19
抱樸子内篇二十卷外篇五十卷　(晉)葛洪撰　清刻本　二冊　存四卷(一至四)

430000－2416－0000332　三/20
管子二十四卷　(春秋)管仲撰　(唐)房玄齡註　(明)劉績補注　清刻本　一冊　存三卷(二十二至二十四)

430000－2416－0000333　三/21
管子二十四卷　(春秋)管仲撰　(唐)房玄齡註　(明)劉績增註　(明)朱長春通演　明天啟五年(1625)朱養純花齋刻本　二冊　存十卷(八至十一、十六至二十一)

430000－2416－0000334　三/22
管子二十四卷　(春秋)管仲撰　(唐)房玄齡註　(明)劉績補注　清刻本　四冊

430000－2416－0000335　三/23
急就篇四卷正文一卷　(漢)史遊撰　(唐)顔師古註　(元)王應麟補註　清同治、光緒間福山王氏刻本　一冊　存一卷(三)

430000－2416－0000336　三/25
荀子補注二卷　(清)郝懿行撰　清刻本　一冊

430000－2416－0000337　三/26
則古昔齋算學　(清)李善蘭撰　清同治六年(1867)金陵李氏刻本　一冊　存六卷(麟德術解一至三、橢圓正術解一至二、橢圓新術一卷)

430000－2416－0000338　三/67
法苑珠林一百卷　(唐)釋道世撰　清道光七年(1827)刻本　二十二冊　存六十六卷(一至九、二十至二十二、三十至三十九、四十四至五十六、六十一至八十五、九十五至一百)

430000－2416－0000339　三/68
朱子語類一百四十卷　(宋)朱熹撰　(宋)黎靖德輯　清同治十一年(1872)應元書院刻本　四十六冊　存一百三十四卷(一至三十九、四十三至七十五、七十九至一百四十)

430000－2416－0000340　三/70
郝氏遺書　(清)郝懿行撰　清嘉慶至光緒刻本　十六冊　存四十一卷(補宋書刑法志一卷、補宋書食貨志一卷、宋瑣語不分卷、寶訓一至八、蜂衙小記一卷、燕子春秋一卷、記海錯一卷、證俗文一至十九、曬書堂文集一至四、曬書堂詩鈔下、試帖一卷、詩餘一卷、和鳴集一卷)

430000－2416－0000341　三/74
揚子法言十三卷附音義一卷　(漢)揚雄撰　(晉)李軌註　清嘉慶二十三年(1818)江都秦氏石研齋刻本　二冊

430000－2416－0000342　三/76
十駕齋養新錄二十卷十駕齋養新餘錄三卷　(清)錢大昕撰　**錢辛楣先生年譜一卷竹汀居士年譜續編一卷**　(清)錢慶曾校註　清光緒二年(1876)浙江書局刻本　八冊

430000－2416－0000343　三/79
近思錄十四卷　(宋)朱熹撰　(宋)吕祖謙輯　(清)江永集注　清刻本　二冊　存十一卷(四至十四)

430000－2416－0000344　三/81
古今醫統大全一百卷　(明)徐春甫編　明刻本　三十冊　存八十五卷(六、八至三十八、四十五至九十四、九十六至九十八)

430000－2416－0000345　三/82
麻科活人全書四卷　(清)謝玉瓊撰　清道光二十一年(1841)阜山劉齊珍刻本　二冊　存二卷(一、三)

430000－2416－0000346　三/83

醫門法律六卷　(清)喻昌撰　清刻本　一冊　存二卷(二至三)

430000－2416－0000347　三/84

比例滙通四卷　(清)羅士琳撰　清嘉慶二十三年(1818)刻本　一冊　存一卷(一)

430000－2416－0000348　三/85

景岳新方湯頭歌括一卷附張景岳新方八略一卷　(清)吳宏定編集　清乾隆四十五年(1780)刻本　一冊

430000－2416－0000349　三/86

鼎鍥幼幼集成六卷　(清)陳復正輯　(清)劉勷校正　清菁華樓刻本　二冊　存二卷(一、四)

430000－2416－0000350　三/87

針灸大成十卷　(明)楊繼洲撰　清刻本　一冊　存一卷(七)

430000－2416－0000351　三/89

黃氏醫書八種七十七卷　(清)黃元御撰　清同治五年(1866)陳愛竹山房刻本　六冊　存三十八卷(四聖懸樞一至二,金匱懸解二十二卷,傷寒懸解一至二、首一卷,傷寒說意十卷、首一卷)

430000－2416－0000352　三/90

本草經疏三十卷　(明)繆希雍撰　清光緒十七年(1891)池陽周氏刻本　六冊　缺七卷(二下、十七至二十二)

430000－2416－0000353　三/91

續廣達生編五卷首二卷　(清)周登庸輯　清光緒二年(1876)刻本　六冊

430000－2416－0000354　三/91(1)

續廣達生編五卷首二卷　(清)周登庸輯　清光緒二年(1876)刻本　一冊　存一卷(四)

430000－2416－0000355　三/92

張氏醫通十六卷　(清)張璐撰　清刻本　一冊　存二卷(十一至十二)

430000－2416－0000356　三/93

呂祖醫道還元九卷附一卷　原題(唐)呂嵒撰　清光緒二十年(1894)廣州善書局刻本　一冊　存二卷(三至四)

430000－2416－0000357　三/96

景岳全書六十四卷　(明)張介賓撰　清刻本　二冊　存四卷(四十至四十二、五十四)

430000－2416－0000358　三/97

利痢方傳一卷　(清)馬達卿撰　**治痢津梁一卷**　(清)熊家驥撰　清光緒二十六年(1900)淮川王氏學思堂刻本　一冊

430000－2416－0000359　三/99

醫學綱目四十一卷　(明)樓英撰　明刻本　十七冊　存三十五卷(一至十四、十七至二十八、三十一至三十四、三十七至四十一)

430000－2416－0000360　三/100

孫真人千金方衍義三十卷　(清)張璐撰　清嘉慶六年(1801)掃葉山房刻本　六冊　存十三卷(十至十九、二十六至二十八)

430000－2416－0000361　三/101

御纂醫宗金鑒九十卷首一卷　(清)吳謙等纂輯　清乾隆內府刻本　十九冊　存四十卷(二十二至三十、三十二至三十三、三十五至四十八、五十三至五十九、七十九至八十六)

430000－2416－0000362　三/102

醫統正脈全書　(明)王肯堂輯　清光緒十八年(1892)浙江書局刻本　四十一冊　存九十四卷(黃帝內經素問一至八、二十至二十四,遺篇一卷,黃帝內經靈樞經一至十二,黃帝針灸甲乙經三至四,脈經一至六,難經本義一至二,注解傷寒論一至十,傷寒明理論一至四,金匱要略方論一至三,類證活人書一至十一、十七至二十二,素問玄機原病式一卷,黃帝素問宣明論方一至四、十至十五,傷寒標本心法類萃一至二,素問病機氣宜保命集中,傷寒心鏡別集一卷,傷寒心要一卷,脈訣一卷,局方發揮一卷,脾胃論上、中,格致餘論一卷,內外傷辨一至三)

430000－2416－0000363　三/103

黃氏醫書八種七十七卷 （清）黃元御撰 清刻本 十二冊 存四十卷（四聖心源六至十，四聖懸樞一至五，金匱懸解一至四、十一至十四，傷寒懸解十四、首一卷、末一卷，長沙藥解一至四，傷寒說意一至十、首一卷，素靈微蘊一至四）

430000－2416－0000364 三/106
宣講集要十五卷首一卷 （清）郭嵩燾輯 清刻本 二冊 存二卷（七、十三）

430000－2416－0000365 三/109
萬善先資集四卷首一卷 （清）周思仁撰 **戒殺放生文一卷放生儀一卷** （明）釋袾宏撰註 清嘉慶十三年（1808）刻本 一冊

430000－2416－0000366 三/112
通德類情十三卷 （清）沈重華輯 清文華堂刻本 三冊 存四卷（一至二、九至十）

430000－2416－0000367 三/113
船山經義一卷俟解一卷 （清）王夫之撰 清光緒二十三年（1897）潞河滌塵館刻本 一冊

430000－2416－0000368 三/114
大方廣佛華嚴疏序演義鈔八卷首一卷 （唐）釋澄觀撰 清刻本 一冊 存二卷（一、首一卷）

430000－2416－0000369 三/115
五燈會元五十七卷首一卷目錄三卷 （宋）釋普濟撰 清光緒三十四年（1908）長沙刻經處刻本 十四冊 缺十八卷（十三至十八、二十二至二十七、三十一至三十三、四十至四十二）

430000－2416－0000370 三/116
游藝錄第三卷六壬摘要六卷 （清）李泗撰 清光緒刻本 一冊 存三卷（一至三）

430000－2416－0000371 三/117
地理體用合編四卷 （清）林士恭 （清）吳頤慶撰 清同治元年（1862）刻本 二冊

430000－2416－0000372 三/118
地理辨正疏五卷首一卷末一卷 （清）張心言撰 清咸豐八年（1858）刻本 一冊 存四卷（一至三、首一卷）

430000－2416－0000373 三/119
地理啖蔗錄八卷 （清）袁守定撰 清乾隆二十年（1755）刻本 四冊

430000－2416－0000374 三/120
祿命要覽四卷 （清）倪榮桂輯 清安康張鵬飛刻本 一冊 存三卷（一至三）

430000－2416－0000375 三/121
增補星平會海命學全書十卷首一卷 （清）水中龍編 （清）汪淇重訂 清金閶書業堂刻本 一冊 存三卷（一至二、首一卷）

430000－2416－0000376 三/122
諏吉彙纂六卷 （清）梅教儲編纂 清刻本 一冊 存一卷（五）

430000－2416－0000377 三/123
彼岸全書四卷 清光緒十二年（1886）刻本 一冊 存三卷（一至三）

430000－2416－0000378 三/123（1）
彼岸全書四卷 清光緒十二年（1886）刻本 一冊 存三卷（一至三）

430000－2416－0000379 三/124
佛門蒙山焰口一卷 （清）黎道高抄 清光緒二年（1876）抄本 一冊

430000－2416－0000380 三/125
河洛理數六卷 （宋）陳摶撰 （宋）邵雍述 （明）史應選訂 清三讓堂刻本 五冊 缺一卷（三上）

430000－2416－0000381 三/126
勸戒錄十六卷 （清）梁恭辰撰 清同治六年（1867）青陽蘇江濤刻本 三冊 存十二卷（一至八、十三至十六）

430000－2416－0000382 三/127
康熙字典十二集 （清）張玉書等編撰 清刻本 十三冊 存十三卷（子集下，寅集中，卯集上，辰集上，巳集中，未集中，申集上、中、下，酉集上，戌集中，亥集中、下）

430000－2416－0000383　三/127(1)
康熙字典十二集備考一卷補遺一卷　(清)張玉書等編撰　清上海商務印書館鉛印本　一冊　存一集(酉)

430000－2416－0000384　三/136
顯密圓通成佛心要集二卷附供佛利生儀　(遼)釋道殿撰　清同治十一年(1872)金陵刻經處刻本　一冊

430000－2416－0000385　三/138
新鐫象吉備要通書二十九卷　(清)魏鑒撰　清刻本　一冊　存三卷(八至十)

430000－2416－0000386　三/139
呂祖指玄篇秘注一卷　(唐)呂嵒撰　(清)滄海老人注　清宣統二年(1910)刻本　一冊

430000－2416－0000387　三/142
司命感應靈經一卷　清光緒三十二年(1906)江篤慶室人易氏刻本　一冊

430000－2416－0000388　三/143
司馬頭陀鐵案五卷　(唐)司馬潛撰　(清)郭錫疇輯註　清光緒三十三年(1907)邵州大文書局刻本　一冊　存三卷(三至五)

430000－2416－0000389　三/144
西方確指注解一卷　(清)釋常攝集　清光緒十三年(1887)刻本　一冊

430000－2416－0000390　三/147
訓俗遺規四卷　(清)陳弘謀撰　清刻本　一冊　存一卷(三)

430000－2416－0000391　三/148
火器命中十二卷　(清)熊方柏撰　清光緒二十四年(1898)鴻都閣刻本　一冊　缺四卷(一至四)

430000－2416－0000392　三/149
金石一跋四卷　(清)武億撰　(清)武穆淳編　清道光二十三年(1843)刻本(授堂藏板)　一冊

430000－2416－0000393　三/151
博雅齋天星選擇正宗通書二卷附通歲占驗一卷　(清)周兆牧編　(清)周景濂續編　清光緒二十六年(1900)刻本　一冊

430000－2416－0000394　三/160
陳中丞河北精舍學規一卷附晉撫胡中丞變通書院章程疏一篇熊太史擬京師大學堂西學課程稿一篇　(清)瀏陽同文書局輯　清光緒二十三年(1897)瀏陽上東同文書局木活字印本　一冊

430000－2416－0000395　三/168
且怡草堂評選小題能與集合選讀本一卷　(清)魯習孔評　(清)黎旭增評　清三讓堂刻本　一冊

430000－2416－0000396　三/169
應制詩賦題解四卷　(清)丁湘錦選註　清詠春堂刻本　一冊　存一卷(二)

430000－2416－0000397　三/172
禮文彙十四卷　(清)愚谷居士編輯　清末石印本　二冊　存三卷(十、十三至十四)

430000－2416－0000398　三/174
五星集腋四卷　(清)廖瀛海撰　清刻本　三冊　存三卷(二至四)

430000－2416－0000399　三/176
窮通寶鑒攔江網二卷增補月談賦一卷　(清)余春台編　清刻本　二冊

430000－2416－0000400　三/177
新鐫神峰張先生通考辟謬命理正宗大全六卷　(清)張楠撰　清刻本　三冊　存三卷(二至四)

430000－2416－0000401　三/182
評注淵海子平大全五卷　(宋)徐升編　清刻本　一冊　存二卷(三至四)

430000－2416－0000402　三/184
聲律啟蒙撮要三卷　(清)車萬育撰　(清)夏大觀刪補　(清)王之翰箋釋　清末石印本　一冊　存二卷(一至二)

430000－2416－0000403　三/188
天機貫旨紅囊經四卷　(明)李三素撰　清刻

本　一册　存二卷(三至四)

430000－2416－0000404　三/189
瓊林霏屑八卷　(清)望海樓主人編　清末石印本　一册　存二卷(五至六)

430000－2416－0000405　三/190
翼道集　(清)樗林居士填輯　(清)潘仲謀　(清)劉喬松增補　清同善堂刻本　一册　存一卷(肅部三上)

430000－2416－0000406　三/191
太上寶筏圖說八卷　(清)許鶴沙撰　(清)黄正元輯　清末石印本　二册　存二卷(四、六)

430000－2416－0000407　三/194
嚴陵張九儀儀度六壬選日要訣六卷首一卷末一卷　(清)張鳳藻撰　清湖南寶慶務本書局刻本　三册

430000－2416－0000408　三/197
本經疏證十二卷　(清)鄒澍撰　清光緒常州長年醫局刻本　一册　存二卷(一至二)

430000－2416－0000409　三/198
李氏音鑒六卷　(清)李汝珍撰　清同治七年(1868)木樨山房刻本　二册　存四卷(一至二、四至五)

430000－2416－0000410　三/202
古事比五十二卷　(清)方中德撰　清末石印本　四册　存三十七卷(七至二十六、三十六至五十二)

430000－2416－0000411　三/203
思辨錄疑義一卷　(清)劉蓉撰　清光緒三年(1877)思賢講舍刻本　一册

430000－2416－0000412　三/204
俚語增廣一卷　清光緒五年(1879)蔣懷順刻本　一册

430000－2416－0000413　三/205
日知錄集釋三十二卷日知錄刊誤二卷續刊誤二卷　(清)黄汝成撰　清同治八年(1869)廣州述古堂刻本　三册　存九卷(日知錄集釋二至三、十八至二十,日知錄刊誤二卷,續刊誤二卷)

430000－2416－0000414　三/207
有山誡子錄一卷　(清)桂士杞纂輯　清同治六年(1867)南海桂氏家塾刻本　一册

430000－2416－0000415　三/208
墨緣小錄一卷　(清)潘曾瑩撰　清刻本　一册

430000－2416－0000416　三/214
信心應驗錄十卷　(清)劉山英撰　(清)陳師灝校　清刻本　一册　存一卷(八)

430000－2416－0000417　三/215
中西算學叢書初編四十五種九十二卷　(清)求敏齋主人輯　清光緒二十二年(1896)上海鴻寶齋石印本　五册　存十二卷(新儀象法要一至三、同文算指通編七至八、圜容較義一卷、句股義一卷、推步法解四至五、代數句股術二至四)

430000－2416－0000418　三/220
御製數理精藴上編五卷下編四十卷表八卷　(清)允祉等撰　清末石印本　五册　存十卷(下編一至七,表三、五、八)

430000－2416－0000419　三/222
白芙堂算學叢書　(清)丁取忠輯　清同治十一年至光緒三年(1872－1877)長沙古荷花池精舍刻本　七册　存二十八卷(九章翼一卷,弧三角術一卷,天元名式釋例一卷,天元一草一卷,借根方句股細草一卷,開方說上中,務民義齋算學一至十一,百鷄術衍上,數學拾遺一卷,對數詳解一至五,四元玉鑒上中、首一卷)

430000－2416－0000420　三/223
務民義齋算學十三種　(清)徐有壬撰　清同治十一年(1872)長沙刻本　二册

430000－2416－0000421　三/224
交食捷算四卷　(清)黄炳垕推測　清光緒十一年(1885)會稽胡秉成刻本　一册　存二卷(三至四)

430000－2416－0000422　三/226

算迪八卷　(清)何夢瑤撰　清道光二十五年(1845)南海伍氏刻本　一册　存一卷(六)

430000－2416－0000423　三/228

諏吉述正二十五卷首一卷　(清)張祖同輯　清光緒二十三年(1897)湖南思賢書局刻本　二册　存二卷(二十四至二十五)

430000－2416－0000424　三/230

則古昔齋算學　(清)李善蘭撰　清同治六年(1867)金陵李氏刻本　二册　存七卷(方圓闡幽一卷、弧矢啓祕一至二、對數探源一至二、四元解一至二)

430000－2416－0000425　三/235

幾何原本十三卷續二卷　(西洋)利瑪竇口譯　(明)徐光啓筆受　清光緒二十四年(1898)江夏董氏家塾刻本　二册　存三卷(一、四至五)

430000－2416－0000426　三/236

質學叢書初集三十種　(清)武昌質學會輯　清光緒二十二年至二十三年(1896－1897)武昌質學會刻本　九册　存二十卷(農學新法一卷,蠶務説略一卷,戰法學一至二,長江礮臺芻議一卷、附長江下游礮位編目一卷,借箸籌防論略一卷、附礮概淺説一卷,擬請中國嚴整武備説一卷,列國陸軍制一至二、六至九,海戰指要一卷,管礮法程四卷)

430000－2416－0000427　三/237

長興學記一卷　康有爲撰　清光緒刻本　一册

430000－2416－0000428　三/238

三才發秘九卷　(清)陳雯撰　清康熙三十六年(1697)刻本　一册　存一卷(天部一)

430000－2416－0000429　三/239

一貫真詮四卷　(清)曾廣鶴撰　清光緒四年(1878)刻本　三册　存三卷(一至三)

430000－2416－0000430　三/240

儒門語要六卷　(清)倪元坦輯　清嘉慶二十二年(1817)刻本　一册　存一卷(下)

430000－2416－0000431　三/241

感應類鈔不分卷　(清)史潔珵輯　清光緒三十二年(1906)上海同文書社鉛印本　一册

430000－2416－0000432　三/242

白芙堂算學叢書　(清)丁取忠輯　清光緒石印本　四册　存二十七卷(借根方句股細草一卷、句股算術細草一卷、開方説一至三、少廣縋鑿一卷、測圓密率一卷、造各表簡法一卷、橢圜正術一卷、截球解義一卷、弧三角拾遺一卷、日食三差一卷、朔食里差一至三、百雞術衍一至二、輿地經緯度里表一至二、求一術通解一至二、割圜綴術一至二、數學拾遺一卷、測圓海鏡一至三)

430000－2416－0000433　三/249

訓俗遺規四卷　(清)陳弘謀撰　**補編一卷**　(清)華希閔編　清末石印本　一册　缺二卷(一至二)

430000－2416－0000434　三/250

欽定四庫全書總目二百卷首四卷　(清)高宗弘曆敕撰　清宣統二年(1910)存古齋石印本　六册　存三十九卷(一百八至一百十四、一百二十至一百三十四、一百四十七、一百五十二至一百五十九、一百六十六至一百六十八、一百九十至一百九十四)

430000－2416－0000435　三/259

春秋董氏學八卷附傳一卷　康有爲撰　清光緒刻本　一册　存一卷(三)

430000－2416－0000436　三/262

富強齋叢書　(清)富強齋主人輯　清光緒二十五年(1899)小倉山房石印本　十三册　存八十八卷(勾股六術一卷,算式集要四卷,九數外錄一卷,衍元要義一卷,弧田問率一卷,直積回求一卷,割圜連比例術圖解一至三,橢圜求周術一卷,堆垛求積術一卷,三統術衍補一卷,周冪知裁一卷,器象顯真四卷、附圖一卷,化學鑒原補編一至三,地學淺釋一至二十,各國交涉公法論三一至八、附校勘記一卷,英國水師律例一至四,開煤要法一至十二,井礦工程一至三,銀礦指南一卷,冶金錄

一至三，煉鋼要言一卷，金石識别六至十，電學鍍金一至四，電學鍍鎳一卷，鐵船針向一卷）

430000－2416－0000437　三/264
古香齋新刻袖珍御纂朱子全書六十六卷　（宋）朱熹撰　（清）李光地等輯　清光緒南海孔氏刻本　十一册　存二十卷（四至六、十至十六、三十七、四十二至四十八、六十三至六十四）

430000－2416－0000438　三/266
衍元海鏖十二種附經算二種　（清）李鏐撰　清光緒二十四年（1898）石印本　一册

430000－2416－0000439　三/267
新刊合併官板音義評注淵海子平五卷附欽定星命萬年書一卷　（宋）徐升編　（明）楊淙增　清上海廣益書局石印本　一册

430000－2416－0000440　三/271
訓俗遺規三卷補編二卷　（清）陳弘謀撰　清咸豐五年（1855）正心堂刻本　二册

430000－2416－0000441　三/273
增補事類統編九十三卷首一卷　（清）黄葆真增輯　清上海錦章圖書局石印本　十册　存七十六卷（九至十七上、二十七至九十三）

430000－2416－0000442　三/277
式古堂書畫彙考六十卷　（清）卞永譽輯　清石印本　一册　存一卷（畫二十）

430000－2416－0000443　三/281
朱子原訂近思録十四卷考訂朱子世家一卷　（宋）朱熹撰　（宋）呂祖謙輯　（清）江永集注　清同治四年至五年（1865－1866）望三益齋刻本　一册　缺八卷（一至八）

430000－2416－0000444　三/286
陽宅大成四種　（清）魏清江纂　清上海廣益書局石印本　二册

430000－2416－0000445　三/289
翠薇山房數學十五種　（清）張作楠撰　清光緒二十三年（1897）上海鴻寶齋石印本　二册　存十七卷（量倉通法一至五、方田通法補例一至六、弧三角舉隅一卷、揣籥小録一卷、揣籥續録一至三、新測恒星圖表一卷）

430000－2416－0000446　三/290
野菜博録三卷　（明）鮑山撰　清新學會社石印本　一册　存一卷（中）

430000－2416－0000447　三/291
重刻元合會通八卷首一卷　（清）姚炳奎撰　清光緒二十年（1894）湖南方益元刻本　二册

430000－2416－0000448　三/296
梅氏叢書輯要六十二卷　（清）梅文鼎撰　清光緒石印本　二册　存二十三卷（十一至三十三）

430000－2416－0000449　三/307
談算輯要五卷　（清）江上漁人編　清光緒十四年（1888）上海機器局刻本　一册

430000－2416－0000450　三/309
明夷待訪録一卷　（清）黄宗羲撰　清光緒二十四年（1898）豐城余氏寶墨齋刻本　一册

430000－2416－0000451　三/310
鹽鐵論十卷附校勘小識　（漢）桓寬撰　清光緒十七年（1891）思賢講舍刻本　二册

430000－2416－0000452　三/311
六壬類聚四卷　（清）紀大奎輯　清同治元年（1862）定州楊照藜刻本　一册

430000－2416－0000453　三/313
弧角七政圖算五卷　（清）蔡綬綵撰　清光緒二十五年（1899）順德蔡氏真步堂刻本　一册

430000－2416－0000454　三/318
迪吉録八卷首一卷　（明）顏茂猷編　（清）顧錫疇評定　清刻本　四册

430000－2416－0000455　三/319
潛夫論十卷　（漢）王符撰　（清）汪繼培箋　清光緒十七年（1891）思賢講舍刻本　四册

430000－2416－0000456　三/321
東塾讀書記十五卷　（清）陳澧撰　清光緒八年（1882）廣州刻本　四册

430000－2416－0000457　四/2

平津館叢書　(清)孫星衍輯　清嘉慶蘭陵孫氏刻本　二十册　存六十四卷(六韜一至六、附逸文一卷,魏武帝注孫子一至三,吳子一至二,司馬法一至三,尸子一至二,燕丹子一至三,牟子一卷,黄帝龍首經一至二,黄帝金匱玉衡經一卷,黄帝授三子玄女經一卷,廣黄帝本行記一卷,軒轅黄帝傳一卷,漢禮器制度一卷,漢官一卷,漢官解詁一卷,漢舊儀一至二、附補遺一至二,漢官儀一至二,漢官典職儀式選用一卷,漢儀一卷,魏三體石經遺字考一卷,琴操一至二、附補遺一卷,穆天子傳一至六、附録一卷,竹書紀年一至二,物理論一卷,譙周古史考一卷,華氏中藏經一至三,製大黄丸方一卷,素女方一卷,千金寶要一至六)

430000－2416－0000458　四/3

墨池編二十卷　(宋)朱長文撰　清雍正十一年(1733)朱之勱刻本　七册　存十四卷(一至十、十四、十八至二十)

430000－2416－0000459　四/4

鄭氏佚書　(漢)鄭玄撰　(清)袁鈞輯　清光緒十四年(1888)浙江書局刻本　九册　存六十一卷(尚書注一至九、尚書中侯注一卷、尚書大傳注一至三、尚書五行傳注一卷、尚書略説注一卷、詩譜一至三、三禮目録一卷、喪服變除一卷、魯禮禘祫義一卷、荅臨碩難禮一卷、箴膏肓一卷、釋廢疾一卷、發墨守一卷、春秋傳服氏注一至十二、孝經注一卷、論語注一卷、孔子弟子目録一卷、駁五經異義一至十、六藝論一卷、鄭志一至八、鄭記一卷、鄭君紀年一卷)

430000－2416－0000460　四/5

李厚岡集　(清)李榮陛撰　清嘉慶二十年(1815)亘古齋刻本　八册　存十五卷(尚書考一至六,易續考一至二,厚岡文集七至八、十五至十八,厚岡詩集一)

430000－2416－0000461　四/7

宋詩鈔初集九十五卷　(清)呂留良等輯　清康熙十年(1671)吳氏鑒古堂刻本　十四册　存三十二卷(小畜集鈔一卷、騎省集鈔一卷、安陽集鈔一卷、滄浪集鈔一卷、華崖詩鈔一卷、武溪詩鈔一卷、歐陽文忠詩鈔一卷、和靖詩鈔一卷、徂徠詩鈔一卷、武仲清江集鈔一卷、平仲清江集鈔一卷、南陽集鈔一卷、臨川詩鈔一卷、廣陵詩鈔一卷、後山詩鈔一卷、丹淵集鈔一卷、襄陽詩鈔一卷、山谷詩鈔一卷、具茨集鈔一卷、陵陽詩鈔一卷、鷄肋集鈔一卷、道鄉詩鈔一卷、淮海集鈔一卷、江湖長翁詩鈔一至二、雲巢詩鈔一卷、西溪集鈔一卷、龜溪集鈔一卷、節孝詩鈔一卷、簡齋詩鈔一卷、盱江集鈔一卷、雙溪詩鈔一卷)

430000－2416－0000462　四/7.1

宋百家詩存　(清)曹庭棟輯　清乾隆五年至六年(1740－1741)嘉善曹氏二六書堂刻本　六册　存六卷(二、五至九)

430000－2416－0000463　四/8

王右丞集二十八卷首一卷末一卷　(唐)王維撰　(清)趙殿成箋註　清乾隆二年(1737)趙氏刻本　八册

430000－2416－0000464　四/9

樂府詩集一百卷目録二卷　(宋)郭茂倩輯　清同治十三年(1874)湖北崇文書局刻本　十册　存六十五卷(十至十五、四十三至一百,目録上)

430000－2416－0000465　四/10

松陽講義十二卷松陽鈔存二卷　(清)陸隴其撰　清同治十三年(1874)湖南省城書局刻本　五册　缺二卷(松陽講義一至二)

430000－2416－0000466　四/11

讀書雜志八十二卷餘編二卷　(清)王念孫撰　清道光十二年(1832)王引之刻本　十二册　存四十一卷(墨子一至六,荀子一至八、補遺一卷,淮南内篇一至二十二、補一卷,漢隸拾遺一卷;餘編二卷)

430000－2416－0000467　四/12

述學内篇三卷補遺一卷外篇一卷别録一卷附録一卷校勘記一卷　(清)汪中撰　清光緒二十三年(1897)豐城余氏寶墨齋刻本　二册

430000－2416－0000468　四/13
庾子山集十六卷　（北周）庾信撰　（清）倪璠註　**庾子山年譜一卷庾集總釋一卷**　（清）倪璠撰　清同治八年（1869）刻本　十冊

430000－2416－0000469　四/14
明儒學案六十二卷　（清）黃宗羲撰　清光緒十四年（1888）南昌刻本　三十一冊　存五十八卷（一至二十五、三十至六十二）

430000－2416－0000470　四/15
目耕齋讀本不分卷目耕齋二刻不分卷目耕齋小題不分卷　（清）沈叔眉編　（清）徐鍇評註　清光緒三年（1877）刻本　六冊

430000－2416－0000471　四/16
八銘堂塾鈔初集不分卷　（清）吳懋政編　清令德堂刻本　一冊　存大學、中庸

430000－2416－0000472　四/17
賦學正鵠集釋十一卷　（清）李元度輯　清光緒七年（1881）長沙奎光樓刻本　四冊　存八卷（一、四至十）

430000－2416－0000473　四/19
退庵隨筆二十二卷退庵自訂年譜一卷　（清）梁章鉅撰　清道光十七年（1837）刻同治十一年（1872）梁恭辰補刻本　八冊

430000－2416－0000474　四/20
小倉山房文集三十五卷外集七卷　（清）袁枚撰　清乾隆刻本　九冊　存二十九卷（文集十一至三十二、外集七卷）

430000－2416－0000475　四/21
國朝律賦偶箋四卷　（清）沈豐岐箋　清刻本　三冊　存三卷（二至四）

430000－2416－0000476　四/22
彙纂詩法度鍼三十三卷首一卷　（清）徐文弼編釋　清刻本　六冊　存二十四卷（二至十、十九至三十三）

430000－2416－0000477　四/23
惜抱軒全集　（清）姚鼐撰　清嘉慶刻本　五冊　存二十四卷（文後集四至六、詩集一至十、詩後集一卷、詩外集一卷、七言今體詩鈔九卷）

430000－2416－0000478　四/24
杜詩鏡銓二十卷附諸家論杜一卷　（清）楊倫編輯　**讀書堂杜工部文集註解二卷附錄一卷**　（清）張溍撰　清廣州登雲閣刻本　六冊　缺七卷（一至七）

430000－2416－0000479　四/25
詞律拾遺六卷　（清）徐本立撰　清同治十二年（1873）吳下刻本　三冊

430000－2416－0000480　四/26
曝書亭集詩注二十二卷　（清）朱彝尊撰　（清）楊謙注　**朱竹垞先生年譜一卷**　（清）楊謙撰　清乾隆木山閣刻本　九冊　缺二卷（二十至二十一）

430000－2416－0000481　四/27
徐騎省集三十卷補遺一卷附錄一卷　（宋）徐鉉撰　**校勘記一卷**　（清）李英元撰　**宋史文苑傳一卷**　清光緒十六年（1890）黟南李氏校刻本　八冊

430000－2416－0000482　四/29
二曲全集二十六卷　（清）李顒撰　清光緒二十六年（1900）湘陰奎樓蔣氏小瑯環山館刻本　六冊

430000－2416－0000483　四/32
歐陽文公圭齋集十五卷首一卷附錄一卷　（元）歐陽玄撰　清道光十四年（1834）棣餘山房刻本　六冊

430000－2416－0000484　四/33
詞律二十卷　（清）萬樹撰　清光緒二年（1876）吳下刻本　七冊　存十四卷（七至二十）

430000－2416－0000485　四/34
楚詩紀二十二卷　（清）廖元度輯　清乾隆十四年（1749）際恒堂刻本　一冊　存五卷（一至五）

430000－2416－0000486　四/35

虛受堂文集十五卷 王先謙撰 清光緒二十六年(1900)長沙王氏刻本 四冊

430000－2416－0000487 四/36
震川先生集三十卷別集十卷附錄一卷 (明)歸有光撰 清光緒元年(1875)常熟歸氏刻本 十二冊

430000－2416－0000488 四/37
漢魏六朝百三名家集 (明)張溥編 清光緒十八年(1892)善化章經濟堂刻本 二十冊 存三十三卷(漢劉子駿集一、馮曲陽集一、東漢崔亭伯集一、張河間集一至二、東漢荀侍中集一、蔡中郎集一、魏文帝集一至二、嵇中散集一、魏鍾司徒集一、晉杜征南集一、晉荀公曾集一、傅鶉觚集一、晉張司空集一、夏侯常侍集一、潘黃門集一、陸平原集二、陸清河集二、晉郭弘農集二、宋謝康樂集二、顏光祿集一、沈隱侯集二、王左丞集一、陸太常集一、庾開府集一、王司空集一、盧武陽集一、李懷州集一、董膠西集一、東方大中集一、牛奇章集一、薛司隸集一)

430000－2416－0000489 四/38
高季迪先生大全集十八卷 (明)高啟撰 清光緒十四年(1888)木活字印本 六冊

430000－2416－0000490 四/39
古文淵鑒六十四卷 (清)徐乾學輯註 清刻本 十冊 存二十三卷(四十二至六十四)

430000－2416－0000491 四/42
養晦堂文集十卷 (清)劉蓉撰 清光緒三年(1877)思賢講舍刻本 三冊 存六卷(一至二、五至六、九至十)

430000－2416－0000492 四/43
憨山老人夢遊集五十五卷 (明)釋德清撰 (明)釋福善錄 (明)釋通炯編 清光緒五年(1879)江北刻經處刻本 八冊 缺十卷(十四至十八、四十一至四十五)

430000－2416－0000493 四/44
閱微草堂筆記二十四卷 (清)紀昀撰 清刻本 六冊 存十三卷(九至二十一)

430000－2416－0000494 四/46
韓詩外傳十卷 (漢)韓嬰撰 清光緒元年(1875)望三益齋刻本 二冊

430000－2416－0000495 四/47
伊川文集八卷伊川易傳四卷伊川經說八卷 (宋)程頤撰 清光緒三十四年(1908)澹雅書局刻本 六冊 缺六卷(經說三至八)

430000－2416－0000496 四/47(1)
伊川文集八卷伊川易傳四卷伊川經說八卷 (宋)程頤撰 清光緒三十四年(1908)澹雅書局刻本 一冊 存一卷(易傳三)

430000－2416－0000497 四/48
善成堂重訂古文釋義新編八卷 (清)余誠評註 清經國堂刻本 五冊 存五卷(二、四至五、七至八)

430000－2416－0000498 四/48.1
古文釋義新編八卷 (清)余誠評註 清刻本 一冊 存二卷(一至二)

430000－2416－0000499 四/49
施注蘇詩四十二卷總目二卷 (宋)蘇軾撰 (宋)施元之註 (清)邵長蘅等刪補 **蘇詩續補遺二卷** (清)馮景補註 **東坡先生年譜一卷** (宋)王宗稷編 清康熙刻本 七冊 缺十八卷(十三至二十四、三十七至四十二)

430000－2416－0000500 四/50
分類文腋八卷 (清)李楨選註 清刻本 二冊 存三卷(五、七至八)

430000－2416－0000501 四/51
陸象山先生全集三十六卷附錄一卷 (宋)陸九淵撰 (清)李紱評點 清同治十年(1871)大儒家廟刻本 八冊

430000－2416－0000502 四/52
古詩源十四卷 (清)沈德潛選 清光緒十七年(1891)湖南思賢書局刻本 三冊 存十一卷(一至十一)

430000－2416－0000503 四/52(1)
古詩源十四卷 (清)沈德潛選 清光緒十七

年(1891)湖南思賢書局刻本　二冊　存八卷(四至十一)

430000－2416－0000504　四/52.1
古詩源十四卷　(清)沈德潛選　清光緒十七年(1891)湖南經濟書局刻本　二冊　存七卷(一至七)

430000－2416－0000505　四/53
乾坤正氣集五百七十四卷　(清)潘錫恩輯　清道光二十八年(1848)涇縣潘氏袁江節署求是齋刻同治五年(1866)新建吳坤修皖江印本　四十一冊　存一百八卷(四百六十三至五百十二、五百十五至五百二十二、五百二十五至五百七十四)

430000－2416－0000506　四/54
續古文辭類纂三十四卷　王先謙輯　清光緒八年(1882)長沙王氏虛受堂刻本　八冊

430000－2416－0000507　四/55
左文襄公書牘二十六卷　(清)左宗棠撰　清光緒十八年(1892)刻本　二十六冊

430000－2416－0000508　四/56
漁洋山人精華錄箋注十二卷　(清)王士禛撰　(清)金榮箋注　清刻本　三冊　存七卷(二至三、六至十)

430000－2416－0000509　四/57
漁洋山人精華錄訓纂十卷目錄二卷漁洋山人自撰年譜二卷　(清)王士禛撰　(清)惠棟編　**訓纂補十卷年譜一卷金氏精華錄箋註辯訛一卷**　(清)惠棟撰　清光緒十七年(1891)會稽徐氏述史樓刻本　十四冊

430000－2416－0000510　四/120
小倉山房文集三十五卷外集八卷詩集三十六卷　(清)袁枚撰　清刻本　六冊　存十八卷(文集五至七、二十七至二十九,詩集八至十四、十七至十九、三十、三十六)

430000－2416－0000511　四/121
懷麓堂集一百卷首一卷末一卷　(明)李東陽撰　清嘉慶八年(1803)隴下學易堂刻本　十四冊　存七十六卷(詩稿六至十、十六至二十,文稿三十卷,詩後稿一至五,文後稿三十卷,雜記三)

430000－2416－0000512　四/122
溫飛卿詩集九卷　(唐)溫庭筠撰　(明)曾益註　(清)顧予咸補註　清光緒十三年(1887)長沙楊鞏刻本　二冊

430000－2416－0000513　四/123
王子安集注二十卷首一卷末一卷　(唐)王勃撰　(清)蔣清翊注　清光緒九年(1883)吳縣蔣氏雙唐碑館刻十年(1884)續刻本　六冊

430000－2416－0000514　四/124
歐陽文忠公全集一百五十三卷首一卷　(宋)歐陽修撰　清嘉慶二十四年(1819)歐陽衡刻本　十二冊　存八十六卷(一至八十五、首一卷)

430000－2416－0000515　四/125
韞山堂時文初集一卷二集二卷三集一卷　(清)管世銘撰　清道光三年(1823)刻本　二冊　存二卷(二集二、三集一卷)

430000－2416－0000516　四/126
楊忠湣公集五卷首一卷末一卷　(明)楊繼盛撰　清同治七年(1868)楚醴景萊書室刻本　三冊

430000－2416－0000517　四/128
古文品外錄二十四卷　(明)陳繼儒輯評　明天啟五年(1625)朱蔚然刻本　四冊　存八卷(一至八)

430000－2416－0000518　四/129
楹聯叢話十二卷　(清)梁章鉅輯　清道光二十二年(1842)刻本　一冊　存三卷(一至三)

430000－2416－0000519　四/130
雲膚山房詩稿六卷首一卷　(清)黎光地撰　清同治十二年(1873)鹿園刻本(念先堂藏板)　一冊　存四卷(一至三、首一卷)

430000－2416－0000520　四/134
望溪先生文集十八卷集外文十卷集外文補遺二卷附錄一卷　(清)方苞撰　(清)戴鈞衡編

年譜一卷　(清)蘇惇元撰　清咸豐元年至二年(1851－1852)桐城戴氏味經山館刻本　十五册

430000－2416－0000521　四/134(1)
望溪先生文集十八卷集外文十卷集外文補遺二卷附錄一卷　(清)方苞撰　(清)戴鈞衡編　**年譜一卷**　(清)蘇惇元撰　清咸豐元年至二年(1851－1852)桐城戴氏味經山館刻本　十册　存二十卷(文集一至四、七至十,集外文十卷,附錄一卷,年譜一卷)

430000－2416－0000522　四/134(2)
望溪先生文集十八卷集外文十卷集外文補遺二卷附錄一卷　(清)方苞撰　(清)戴鈞衡編　**年譜一卷**　(清)蘇惇元撰　清咸豐元年至二年(1851－1852)桐城戴氏味經山館刻本　二册　存三卷(集外文一至二、七)

430000－2416－0000523　四/135
洪北江全集　(清)洪亮吉撰　清光緒洪用懃授經堂刻本　七十八册　存一百八十四卷(洪北江先生年譜一;卷施閣文甲集一至三、八至十,補遺一,乙集一至八;卷施閣文詩一至二十;更生齋文甲集一至四、乙集一至四、續集一至二;更生齋詩一至四、七至八,續集一至十;附鮚軒詩一至八;更生齋詩餘一至二;擬兩晉南北史樂府一至二;附鮚軒外集一;北江詩話一至六;曉讀書齋初錄一至二、二錄一至二、三錄一至二、四錄一至二;傳經表一至二、通經表一至二;六書轉注錄一至十;弟子職箋釋一;史目表一至二;春秋左傳詁一至八、十一至二十;漢魏音一至四;比雅一至十;乾隆府廳州縣圖志一至二十三、二十七至四十一、四十五至五十;補三國疆域一至二)

430000－2416－0000524　四/136
御選唐宋詩醇四十七卷目錄二卷　(清)高宗弘曆輯　清光緒十八年(1892)益元書局刻本　十五册　存三十一卷(六至二十六、三十二至四十一)

430000－2416－0000525　四/137
大雲山房文稿初集四卷二集四卷　(清)惲敬撰　清光緒十四年(1888)刻本　八册

430000－2416－0000526　四/138
硃批七家詩選七卷　(清)張熙宇輯評　(清)張昶註釋　清三讓堂刻朱墨套印本　一册　存二卷(一至二)

430000－2416－0000527　四/139
七家試帖輯注彙鈔九卷　(清)張熙宇輯評　(清)王植桂輯注　清刻本　三册　存五卷(桐雲閣試帖輯注一至二、尚絅堂試帖輯注一、樫花館試帖輯注一、簡學齋試帖輯注一)

430000－2416－0000528　四/143
杜工部草堂詩箋二十二卷　(唐)杜甫撰　(宋)魯訔編　(宋)蔡夢弼會箋　清光緒元年(1875)巴陵方氏碧琳琅館刻本　一册　存七卷(九至十五)

430000－2416－0000529　四/145
東塾集六卷　(清)陳澧撰　清光緒十八年(1892)菊坡精舍刻本　一册　存二卷(三至四)

430000－2416－0000530　四/149
韓昌黎詩集編年箋注十二卷　(清)方世舉撰　清乾隆二十三年(1758)盧見曾雅雨堂刻本　一册　存三卷(十至十二)

430000－2416－0000531　四/153
文選六十卷　(南朝梁)蕭統輯　清刻本　一册　存四卷(三十三至三十六)

430000－2416－0000532　四/158
張太史塾課八卷　(清)張翮騫輯　清刻本　一册　存一卷(下)

430000－2416－0000533　四/159
唐宋八家文讀本三十卷　(清)沈德潛評點　清刻本　四册　存九卷(十三至十五、二十三至二十八)

430000－2416－0000534　四/160
甌北詩鈔不分卷　(清)趙翼撰　清乾隆五十六年(1791)湛貽堂刻本　六册　存二十卷

(五言古詩一至四、七言古詩一至五、絕句一至二、五言律詩一至二、七言律詩一至七)

430000－2416－0000535　四/161
唐詩三百首注釋六卷　(清)孫洙編選　(清)章燮注　清光緒十年(1884)湖南經濟書局刻本　一册　存二卷(一至二)

430000－2416－0000536　四/162
古文淵鑒六十四卷　(清)徐乾學輯註　清刻本　一册　存三卷(三十六至三十八)

430000－2416－0000537　四/164
初學集二十卷　(清)錢謙益撰　(清)錢曾箋註　**牧翁先生年譜一卷**　(清)葛萬里編　清宣統三年(1911)上海國學扶輪社石印本　一册　存五卷(一至五)

430000－2416－0000538　四/165
梅叟閑評四卷　(清)郝培元撰　清光緒十年(1884)東路廳署刻本　二册

430000－2416－0000539　四/166
古文辭類纂七十四卷　(清)姚鼐編　清光緒十九年(1893)思賢講舍刻本　五册　存三十五卷(十三至十五、四十三至七十四)

430000－2416－0000540　四/166(1)
古文辭類纂七十四卷　(清)姚鼐編　清光緒十九年(1893)思賢講舍刻本　一册　存七卷(五十至五十六)

430000－2416－0000541　四/167
古文釋義新編八卷　(清)余誠評註　清三槐堂刻本　一册　存一卷(三)

430000－2416－0000542　四/168
續古文辭類纂三十四卷　王先謙編　清光緒八年(1882)長沙王氏虛受堂刻本　三册　存十一卷(七至十七)

430000－2416－0000543　四/169
柈湖文録八卷首一卷　(清)吴敏樹撰　清同治八年(1869)刻本　一册　存三卷(四至六)

430000－2416－0000544　四/172
四印齋所刻詞　(清)王鵬運輯　清光緒十四年(1888)臨桂王氏家塾刻本　十三册　存六十二卷(東坡樂府一至二,稼軒長短句一至十二,白石道人詞集一至三、别集一,山中白雲詞一至二、補録一至二、續補一,詞旨一,花外集一,漱玉詞一,詞林正韻三捲髮凡一,陽春集一、補遺一,東山寓聲樂府一、補抄一,梅溪詞一,斷腸詞一,樂府指迷一,南宋四名臣詞集一,天籟集一至二,蟻術詞選一至四,花間集一至十,精選名賢詞話草堂詩餘一至二,清真集一至二、集外詞一,蕭閑老人明秀集注一至六)

430000－2416－0000545　四/174
直齋書録解題二十二卷　(宋)陳振孫撰　清光緒刻本　二册　存七卷(十六至二十二)

430000－2416－0000546　四/175
古文析義六卷二編八卷　(清)林雲銘評註　清刻本　二册　存二卷(二編五至六)

430000－2416－0000547　四/176
藏園詩鈔一卷　(清)游智開撰　清光緒刻本　一册

430000－2416－0000548　四/178
楚辭集注八卷　(宋)朱熹撰　清光緒元年(1875)湖北崇文書局刻本　一册

430000－2416－0000549　四/179
列朝詩集八十一卷　(清)錢謙益輯　清順治九年(1652)毛晉刻本　十六册　存二十一卷(甲集一至二、五、十三至二十二,乙集一至四、六、八,丁集四、十一)

430000－2416－0000550　四/190
梁昭明文選十二卷　(南朝梁)蕭統輯　(明)張鳳翼纂註　清刻本　十册　存十卷(二至六、八至十二)

430000－2416－0000551　四/191
廬陵宋丞相信國公文忠烈先生全集十六卷　(宋)文天祥撰　清道光二十三年(1843)重印雍正三年(1725)文氏五桂堂刻本　十六册

430000－2416－0000552　四/192
元詩選　(清)顧嗣立輯　清康熙長洲顧氏秀

野草堂刻本　二十一册　存三十五卷(石田集一、雲林集一、雪莊類稿一、漢泉漫稿一、圭塘小稿一、圭塘欸乃集一、閒居叢稿一、默庵集一、定宇集一、雲峰集一、道園學古錄一、道園遺稿一、仲弘集一、德機集一、秋宜集一、日損齋稿一、待制集一、圭齋集一、雁門集一、天錫集一、翠寒集一、啽囈集一、鯨背吟一、安雅堂集一、蛻庵集一、玩齋集一、玩齋拾遺一、金臺集一、鹿皮子集一、詠物詩一、淵穎集一、禮部集一、此山集一、經濟集一、存複齋集一)

430000－2416－0000553　四/193

崇文書局彙刻書　(清)崇文書局輯　清光緒三年(1877)湖北崇文書局刻本　六十三册　存二百四十三卷(周易姚氏學一至十六、首一卷,尚書大傳四卷、附補遺一卷、續補遺一卷、考異一卷,周書一至十、逸文一卷,韓詩外傳一至十,左傳舊疏考正一至八,春秋繁露一至十七,儀禮古今文疏義一至十七,相臺書塾刊正九經三傳沿革例一卷,刊謬正俗一至八,隋經籍志考證一至十三,御覽闕史一至二,鑒誡錄一至十,涑水紀聞一至十六、補遺一卷,古列女傳一至七、續列女傳一卷,高士傳一至三,水經注一至四十、首一卷,今水經一卷,意林一至五,老學庵筆記二至十,世說新語二至六,淮南天文訓補注一至二,酉陽雜俎一至二十、續集一至十,人譜一卷)

430000－2416－0000554　四/194

漢魏六朝百三名家集　(明)張溥編　清光緒三年(1877)滇南唐氏授考堂刻本　六十六册　存十七卷(賈長沙集一卷、司馬文園集一卷、董膠西集一卷、東方大中集一卷、漢褚先生集一卷、王諫議集一卷、漢劉中壘集一卷、揚侍郎集一卷、漢劉子駿集一卷、班蘭臺集一卷、馮曲陽集一卷、東漢崔亭伯集一卷、張河間集一至二、漢蘭臺令李伯仁集一卷、東漢馬季長集一卷、東漢荀侍中集一卷)

430000－2416－0000555　四/267

唐代叢書十二集　(清)王文誥輯　清嘉慶十一年(1806)刻本　十四册　存三十六卷(雲溪友議一卷、國史補一卷、因話錄一卷、劇談錄一卷、海山記一卷、開河記一卷、吳地記一卷、南部煙花記一卷、洛中九老會一卷、教坊記一卷、湘中怨詞一卷、二十四詩品一卷、本事詩一卷、比紅兒詩一卷、真娘墓詞一卷、書法一卷、畫學秘訣一卷、續畫品錄一卷、貞觀公私畫史一卷、歌者葉記一卷、嘯旨一卷、李謩吹笛記一卷、衛公故物記一卷、茶經一至三、十六湯品一卷、煎茶水記一卷、食譜一卷、醉鄉日月一卷、花九錫一卷、紫花梨記一卷、耒耜經一卷、五木經一卷、肉攫部一卷、樂府雜錄一卷)

430000－2416－0000556　四/269

海山仙館叢書　(清)潘仕成輯　清道光、咸豐間番禺潘氏刻本　十五册　存七十五卷(一切經音義四至七、十八至二十一,隱居通議十三至二十,洞天清祿集一卷,調燮類編四卷,龍筋鳳髓判一至二,桂苑筆耕集一至八、十五至二十,敬齋古今黈一至四,晁具茨先生詩集十五卷,青藤書屋文集二十五至三十、補遺一卷,婦人集一卷,讀畫錄四卷,續三十五舉一卷,尺牘新鈔六至八,幾何原本一、四至五)

430000－2416－0000557　四/270

知不足齋叢書　(清)鮑廷博輯　(清)鮑志祖續輯　清乾隆、道光間長塘鮑氏刻本　六十八册　存一百十四卷(寓簡一至五,碧溪詩話一至十,獨醒雜志一至十、附錄一卷,梁溪漫志一至五,猗覺寮雜記一至二,對床夜語一至五,石墨鐫華四至八,孫子算經一至三,五曹算經一至五,釣磯立談一卷,洛陽搢紳舊聞記一至五,四朝聞見錄乙、丙、丁,歸潛志三至十二,玉壺清話一至五,愧郯錄八至十五,遊宦紀聞六至十,張丘建算經一至三,南湖集七至八,金樓子一至三,鐵圍山叢談一至二、五至六,農書一至三,蠶書一卷,耕織圖詩一卷,責備餘談一至二,續孟子一至二,伸蒙子一至三,麟角集一卷、附錄一卷)

430000－2416－0000558　四/302

李空同詩集三十三卷附錄一卷　(明)李夢陽撰　清宣統二年(1910)上海掃葉山房石印本

九冊　存三十卷(一至三十)

430000－2416－0000559　四/323.1
十八家詩鈔二十八卷　(清)曾國藩纂　清同治十三年(1874)傳忠書局刻本　二十八冊

430000－2416－0000560　四/324
李長吉歌詩四卷首一卷外集一卷　(唐)李賀撰　(清)王琦彙解　清宣統元年(1909)掃葉山房石印本　二冊　存三卷(李長吉歌詩三至四、外集一卷)

430000－2416－0000561　四/358
山谷詞鈔一卷　(宋)黃庭堅撰　(清)黃嘉惠校　清末石印本　一冊

430000－2416－0000562　四/366
精選櫝山文稿一卷櫝山文稿摘錄一卷　(清)周鎬撰　(清)陳覲彤　(清)周岱選　清刻本　一冊

430000－2416－0000563　四/367
隨園三十八種　(清)袁枚撰　清刻本　六冊　存二十一卷(小倉山房尺牘三至六、牘外餘言一卷、隨園詩話一至二、詩話補遺五至十、續同人集八至十三、粲花軒詩稿一至二)

430000－2416－0000564　四/368
寄嶽雲齋試體詩選評注四卷　(清)聶銑敏撰　(清)張學蘇箋　清寶慶經綸堂刻本　二冊

430000－2416－0000565　四/369
詩學含英十四卷　(清)劉文蔚輯　清刻本　一冊　存八卷(七至十四)

430000－2416－0000566　四/370
嘯亭雜錄十卷續錄三卷　(清)昭槤撰　清刻本　三冊　存五卷(嘯亭雜錄五至八、續錄二)

430000－2416－0000567　四/376
困學紀聞注二十卷　(清)翁元圻撰　清刻本　一冊　存二卷(十九至二十)

430000－2416－0000568　四/376(1)
困學紀聞注二十卷　(清)翁元圻撰　清刻本　一冊　存二卷(十八至十九)

430000－2416－0000569　四/380
四憶堂詩集六卷　(清)侯方域撰　(清)賈開宗等選註　清上海掃葉山房石印本　一冊　存三卷(四至六)

430000－2416－0000570　四/384
蘇黃詩詞小簡四卷　(宋)蘇軾　(宋)黃庭堅撰　清宣統元年(1909)中國書畫會石印本　一冊　存一卷(東坡尺牘一卷)

430000－2416－0000571　四/387
本色山人詩稿四卷　(清)周懷霽撰　清光緒十七年(1891)刻本　一冊

430000－2416－0000572　四/423
陸放翁全集六種一百五十七卷　(宋)陸游撰　明末毛氏汲古閣刻本　四十九冊　存一百五十一卷(渭南文集一至五十、劍南詩稿一至八十五、放翁逸稿一至二、南唐書一至十三、附音釋一卷)

430000－2416－0000573　四/432
鳴原堂論文二卷　(清)曾國藩撰　清同治十二年(1873)勵志齋刻本　二冊

430000－2416－0000574　四/435
曾氏重修族譜□□卷　□□撰　清光緒五年(1879)木活字印本　二冊　存一卷(一)

430000－2416－0000575　四/437
楚寶四十卷外篇五卷　(明)周聖楷原輯　(清)鄧顯鶴增輯　清道光九年(1829)刻本　二十五冊

430000－2416－0000576　四/438
五燈會元五十七卷首一卷目錄三卷　(宋)釋普濟撰　清刻本　八冊　存十四卷(三至十、十三至十五、十七至十九)

430000－2416－0000577　四/439
選擇通書秘竅三卷　(明)甘霖撰　清刻本　一冊　存一卷(中)

430000－2416－0000578　四/441
增訂漢魏叢書　(清)王謨輯　清光緒二十年(1894)湖南藝文書局刻本　三十七冊　存一

百七卷（焦氏易林一至三、十至十三，三墳書一卷，汲冢周書一至十，詩傳一卷，詩說一卷，韓詩外傳一至三，毛詩草木鳥獸蟲魚疏一至二，大戴禮記一至三，春秋繁露八至十七，獨斷一卷，忠經一卷，孝傳一卷，小爾雅一卷，廣雅一至十，釋名一至八，竹書紀年一至二，高士傳一至三，蓮社高賢傳一卷，新書五至十，新序一至十，說苑七至十一、十七至二十，淮南鴻烈解九至十二，鹽鐵論一至十，楊子法言一卷，論衡一）

430000－2416－0000579　四/441(1)
增訂漢魏叢書　（清）王謨輯　清光緒二十年（1894）湖南藝文書局刻本　十一冊　存七十一卷（韓詩外傳七至十，毛詩草木鳥獸蟲魚疏一至二，大戴禮記一至六，釋名一至八，鹽鐵論一至十，楊子法言一卷，申鑒一至五，參同契一卷，陰符經一卷，風后握奇經一卷，素書一卷，心書一卷，搜神記七至十九，三輔黄圖一至六、補遺一卷，星經一至二，荆楚歲時記一卷，南方草木狀一至三，竹譜一卷，禽經一卷，古今刀劍錄一卷，鼎祿一卷）

430000－2416－0000580　四/446
劍南詩稿不分卷　（宋）陸游撰　清刻本　一冊　存詩“新夏感事”至“示兒”

430000－2416－0000581　四/447
燕山外史注釋八卷　（清）陳球撰　（清）若騤子輯註　清刻本　一冊　存四卷（五至八）

430000－2416－0000582　四/449
琴志樓叢書　易順鼎撰　清光緒刻本　十一冊　存二十八卷（經義莛撞一至四，讀經瑣記一卷，讀老札記補遺一卷，淮南許注鈎沈一卷，楚頌亭詞第四集一卷，出都詩錄一卷，吳篷詩錄一卷，樊山沌水詩錄一卷，蜀船詩錄一卷，錦里詩錄一卷，峨眉詩錄一卷，青城詩錄一卷，林屋詩錄一卷，游梁詩勝一卷，游梁詩勝勝一卷，鬘天影事譜一至四、附隱括古人詩文詞一卷，琴臺夢語一卷，摩圍閣詩一至二、詞一至二）

430000－2416－0000583　四/552
經史百家簡編二卷　（清）曾國藩纂　清同治十三年（1874）傳忠書局刻本　一冊　存一卷（下）

430000－2416－0000584　四/558
鹿蕉山館詩鈔十卷　（清）胡傳釗撰　清光緒刻本　一冊　存一卷（一）

株洲市圖書館古籍普查登記目録

全國古籍普查登記目録

國家圖書館出版社
National Library of China Publishing House

430000－2431－0000001　438/3

環天室詩外集一卷　曾廣鈞撰　清宣統元年(1909)刻本　一册

430000－2431－0000002　152/1

儀禮註疏附校勘十七卷　(清)阮元撰　清同治十三年(1874)湖南書局刻本　四册

430000－2431－0000003　161/1

春秋左傳註疏六十卷　(晉)杜預註　(唐)孔穎達疏　清同治十三年(1874)湖南書局刻本　二十册

430000－2431－0000004　296.2/8

乾隆府廳州縣圖志五十卷　(清)洪亮吉撰　清光緒二十三年(1897)新化三味書室校刻授經堂本　十五册

430000－2431－0000005　296.2/18

[同治]長沙縣志三十六卷　(清)徐淦　(清)李惟丙主修　清同治六年至十年(1867－1871)刻本　二十二册

430000－2431－0000006　298.7/2

欽定四庫全書總目二百卷　(清)高宗弘曆敕撰　清同治七年(1868)廣東書局刻本　八十册

430000－2431－0000007　296.1/1

讀史方輿紀要一百三十卷　(清)顧祖禹撰　清光緒五年(1879)蜀南桐花書屋薛氏家塾刻本(敷文閣藏板)　四十九册

430000－2431－0000008　397/

古今圖書集成　(清)陳夢雷編　清光緒十四年(1888)上海圖書集成印書局鉛印本　一千十二册

430000－2431－0000009　433/

三蘇全集　(宋)蘇洵等撰　清道光十二年(1832)眉州三苏祠刻本　三十八册

430000－2431－0000010　191/2

皇清經解續編一千四百三十卷　王先謙編　清光緒十四年(1888)南菁書院刻本　三百十八册

430000－2431－0000011　191/1

皇清經解　(清)阮元編　清道光九年(1829)廣東學海堂刻咸豐十一年(1861)補刻本　三百四十九册

430000－2431－0000012　22/

史鑒節要六卷　(清)鮑東里編纂　清光緒二十八年(1902)刻本　一册

430000－2431－0000013　14/

毛詩註疏二十卷　(漢)鄭玄註　(唐)孔穎達疏　(唐)陸德明音義　清同治十三年(1874)湖南書局刻本　十八册

430000－2431－0000014　152/2

儀禮註疏十七卷　(漢)鄭玄註　(唐)賈公彦疏　清同治十三年(1874)湖南書局刻本　十一册

430000－2431－0000015　153/2

禮記註疏六十三卷　(漢)鄭玄註　(唐)孔穎達疏　(唐)陸德明音義　清同治十三年(1874)湖南書局刻本　二十册

430000－2431－0000016　162/3

春秋公羊傳註疏校勘記二十八卷　(清)阮元撰　清同治十年(1871)湖南省城尊經閣刻本　一册

430000－2431－0000017　162/1

春秋公羊傳註疏二十八卷　(漢)何休註　(唐)徐彦疏　清同治十三年(1874)湖南書局刻本　八册

430000－2431－0000018　163/1

春秋穀梁傳註疏校勘記二十卷　(清)阮元撰　清同治十三年(1874)湖南書局刻本　八册

430000－2431－0000019　163/2

春秋穀梁傳註疏二十卷　(晉)范甯集解　(唐)楊士勛疏　清同治十三年(1874)湖南書局刻本　五册

430000－2431－0000020　14/

毛詩註疏校勘記二十卷　(清)阮元撰　清同治十三年(1874)湖南書局刻本　四册

430000－2431－0000021　192.2/5
說文部首讀本十四卷　（清）嘯雲主人編　清武昌隸云書局刻本　一冊

430000－2431－0000022　192.2/21
說文繫傳四十卷　（五代）徐鍇撰　清道光十九年（1839）壽陽祁氏本刻本　二冊

430000－2431－0000023　192.2/18
說文通訓定聲十八卷　（清）朱駿聲著　清刻本（臨嘯閣藏板）　十五冊

430000－2431－0000024　192.2/19
古今韻準一卷　（清）朱駿聲撰　清同治刻本　二冊

430000－2431－0000025　192.2/22
六書分類十二卷　（清）傅世堯輯　（清）傅世磊參訂　清聽松閣刻本　八冊

430000－2431－0000026　17/
孝經註疏九卷　（宋）邢昺撰　清同治十三年（1874）湖南書局刻本　一冊

430000－2431－0000027　17/
孝經註疏校勘記九卷　（清）阮元撰　清同治十三年（1874）湖南書局刻本　一冊

430000－2431－0000028　181/1
論語註疏校勘記二十卷　（清）阮元撰　清嘉慶二十年（1815）江西南昌府學刻本　四冊

430000－2431－0000029　182/2
孟子註疏十四卷　（漢）趙岐　（宋）孫奭著　清嘉慶二十年（1815）江西南昌府學刻本　五冊

430000－2431－0000030　192.1/2
爾雅註疏十一卷　（晉）郭璞註　（宋）邢昺疏　清同治十三年（1874）湖南書局刻本　四冊

430000－2431－0000031　161/7
左傳註疏六十卷　（晉）杜預註　（唐）孔穎達疏　清光緒十三年（1887）脈望仙館石印本　三冊

430000－2431－0000032　192.2/2
康熙字典四十卷　（清）張玉書等編撰　清光緒二十六年（1900）上海鴻文書局石印本　六冊

430000－2431－0000033　296.8/
得一齋雜著四種　（清）黃懋材撰　清光緒十二年（1886）夢花軒刻本　二冊

湘潭市圖書館古籍普查登記目録

全國古籍普查登記目録

國家圖書館出版社
National Library of China Publishing House

430000－2411－0000001　101/1
周易簡明集解四卷首一卷　（清）方宗輈編　清宣統元年（1909）昭潭高等小學堂木活字印本　二册

430000－2411－0000002　101/2
周易集解十七卷　（唐）李鼎祚輯　清同治粵東書局刻本　五册

430000－2411－0000003　101/3
周易集解纂疏三十六卷首一卷　（清）李道平撰　清光緒十七年（1891）思賢書局刻本　六册

430000－2411－0000004　101/4
周易本義四卷首二卷　（宋）朱熹撰　（宋）成矩輯　清光緒十二年（1886）湖北官書處刻本　二册

430000－2411－0000005　101/5
周易□訣義六卷　（唐）史徵撰　清同治十三年（1874）粵東書局刻本　一册

430000－2411－0000006　101/7
周易十卷　王闓運註　清光緒三十二年（1906）刻本　四册

430000－2411－0000007　101/8
鄭氏周易注三卷補遺一卷　（漢）鄭玄撰　（元）王應麟輯　（清）惠棟增補　清同治十二年（1873）粵東書局刻本　一册　存二卷（一至二）

430000－2411－0000008　101/9
御纂周易述義十卷　（清）傅恒等撰　清刻本　六册

430000－2411－0000009　101/10
御纂周易折中二十二卷首一卷　（清）李光地等撰　清光緒二十年（1894）湖北書局刻本　十册

430000－2411－0000010　101/11
周易精義四卷首一卷　（清）黄淦撰　清星沙周令德書坊刻本　一册

430000－2411－0000011　101/12
周禮精義六卷首一卷　（清）黄淦撰　清星沙周令德書坊刻本　一册

430000－2411－0000012　101/13
易緯八種十二卷　（漢）鄭玄註　清同治十三年（1874）粵東書局刻本　二册

430000－2411－0000013　101/14
易經十二卷　（宋）朱熹撰　清末刻本　一册

430000－2411－0000014　101/15
易象正十二卷初二卷終二卷　（明）黄道周撰　（清）鄭開極重訂　清道光二十八年（1848）長州彭蘊章補刻本　八冊

430000－2411－0000015　102/1
尚書註疏二十卷附校勘記　（漢）孔安國傳　（唐）陸德明音義　（唐）孔穎達疏　清同治十三年（1874）湖南書局刻本　八册

430000－2411－0000016　102/2
尚書註疏校勘記二十卷　（清）阮元撰　清同治十三年（1874）湖南書局刻本　一册

430000－2411－0000017　102/3
尚書大傳三卷序録一卷辯譌一卷　（漢）伏勝撰　（漢）鄭玄註　（清）陳壽祺輯校　清同治粵東書局刻本　二册

430000－2411－0000018　102/4
尚書大傳三卷　（漢）伏勝撰　（漢）鄭玄註　（清）陳壽祺輯校　清末刻本　一册

430000－2411－0000019　102/6
今古文尚書箋三十卷　王闓運註　清光緒二十九年（1903）刻本　四册

430000－2411－0000020　102/7
書經六卷首一卷末一卷　（宋）蔡沈集傳　清末江南城聚寶門三山街大功坊狀元閣刻本　四册

430000－2411－0000021　102/8
書經六卷　（宋）蔡沈集傳　清末恕堂刻本　三册

430000－2411－0000022　102/9
書經六卷首一卷末一卷　（宋）蔡沈集傳　清

同治十三年(1874)湖南書局刻本　三册

430000－2411－0000023　102/10
書經注十二卷　(宋)金履祥撰　(清)陸心源校　清光緒五年(1879)吳興陸氏十萬卷樓刻本　六册

430000－2411－0000024　102/11
欽定書經傳説彙纂二十一卷首二卷書序一卷　(清)王頊齡等撰　清同治七年(1868)閔浙總督浙江巡撫摹刻本　十册

430000－2411－0000025　102/12
洪範明義四卷　(明)黄道周撰　(清)鄭開極重訂　清道光二十八年(1848)長州彭藴章補刻本　二册

430000－2411－0000026　102/13
洪範注補三卷　(清)潘士權補　清乾隆三十七年(1772)國子監刻本　二册

430000－2411－0000027　103/1
詩經八卷　(宋)朱熹集傳　清末上海廣益書局石印本　四册

430000－2411－0000028　103/2
詩經八卷　(宋)朱熹集傳　清末恕堂刻本　三册　存七卷(一至二、四至八)

430000－2411－0000029　103/3
詩經補箋二十卷　王闓運撰　清光緒十九年(1893)刻本　十册

430000－2411－0000030　103/5
毛詩註疏二十卷　(漢)毛享傳　(漢)鄭玄箋　(唐)陸德明音義　(唐)孔穎達疏　清同治十三年(1874)湖南書局刻本　十八册　存十九卷(一至十七、十九至二十)

430000－2411－0000031　103/6
毛詩註疏校勘記二十卷　(清)阮元撰　清同治十三年(1874)湖南書局刻本　四册

430000－2411－0000032　103/7
御纂詩義折中二十卷　(清)傅恒等撰　清宣統二年(1910)益吾齋刻本　六册

430000－2411－0000033　103/8
欽定詩經傳説彙纂二十一卷首二卷詩序二卷　(清)王鴻緒等撰　清同治七年(1868)閩浙總督摹刻本　十四册

430000－2411－0000034　103/9
韓詩外傳十卷　(漢)韓嬰撰　(清)周廷寀校註　清光緒二十五年(1899)望三益齋刻本　四册

430000－2411－0000035　103/10
韓詩外傳十卷末二卷　(漢)韓嬰撰　(清)周廷寀校註　清同治十三年(1874)粤東書局刻本　二册

430000－2411－0000036　103/11
詩補箋繹十八卷　王闓運補箋　程崇信繹　清光緒江西書局鉛印本　五册

430000－2411－0000037　103/12
詩經補箋二十卷　王闓運撰　清光緒三十二年(1906)衡陽東洲刻本　八册

430000－2411－0000038　104/1
周禮註疏校勘記四十二卷　(清)阮元撰　清同治十三年(1874)湖南書局刻本　四册

430000－2411－0000039　104/2
周禮註疏四十二卷　(漢)鄭玄註　(唐)陸德明音義　(唐)賈公彦疏　清同治十三年(1874)湖南書局刻本　十四册

430000－2411－0000040　104/3
周禮十二卷　(漢)鄭玄註　(唐)陸德明音義　清光緒十二年(1886)湖北官書處刻本　六册

430000－2411－0000041　104/4
禮記註疏六十三卷　(漢)鄭玄註　(唐)陸德明音義　(唐)孔穎達疏　清同治十三年(1874)湖南書局刻本　十八册　存五十六卷(一至五十一、五十五至五十九)

430000－2411－0000042　104/5
禮記精義六卷首一卷末一卷　(清)黄淦撰　清星沙周令德書坊刻本　一册

430000－2411－0000043　104/6

禮記註疏校勘記六十三卷 (清)阮元撰 清同治十三年(1874)湖南書局刻本 八册 存六十二卷(一至二十四、二十六至六十三)

430000－2411－0000044 104/7
周官箋六卷 王闓運撰 清光緒二十二年(1896)東洲講舍刻本 六册

430000－2411－0000045 104/8
周官箋六卷 王闓運撰 清光緒二十二年(1896)刻本 六册

430000－2411－0000046 104/9
欽定周官義疏四十八卷首一卷 (清)高宗弘曆敕撰 清同治七年(1868)浙江巡撫李瀚章摹刻本 二十四册

430000－2411－0000047 105/1
儀禮十七卷 (漢)鄭玄註 (唐)陸德明音義 清光緒十二年(1886)湖北官書處刻本 四册

430000－2411－0000048 105/2
儀禮十七卷 (漢)鄭玄註 (清)張爾岐句讀 清同治十三年(1874)湖南書局刻本 四册

430000－2411－0000049 105/3
儀禮十七卷 (漢)鄭玄註 清同治九年(1870)湖北崇文書局刻本 二册

430000－2411－0000050 105/5
儀禮圖六卷 (清)張惠言撰 清同治九年(1870)湖北崇文書局刻本 三册

430000－2411－0000051 105/6
儀禮註疏校勘記十七卷 (清)阮元撰 清末刻本 五册

430000－2411－0000052 105/7
儀禮註疏十七卷 (漢)鄭玄註 (唐)陸德明音義 (唐)賈公彥疏 清同治十三年(1874)湖南書局刻本 十册

430000－2411－0000053 105/8
儀禮正義四十卷 (清)胡培翬撰 (清)楊大堉補 清咸豐二年(1852)蘇州湯晉苑局刻本 十二册

430000－2411－0000054 105/9
禮經箋十七卷 王闓運註 清光緒二十二年(1896)東洲講舍刻本 六册

430000－2411－0000055 105/10
夏小正一卷 (漢)戴德傳 **儀禮經註一隅二卷** (清)朱駿聲補傳 清道光二十九年(1849)刻本 一册

430000－2411－0000056 106/1
禮記十卷 (元)陳澔集說 清光緒十二年(1886)湖北官書處刻本 十册

430000－2411－0000057 106/2
禮記箋四十六卷 王闓運撰 清光緒二十二年(1896)東洲講舍刻本 十册

430000－2411－0000058 106/3
禮記二十卷 (漢)鄭玄註 清同治九年(1870)湖北崇文書局刻本 八册

430000－2411－0000059 106/4
禮記十卷 (元)陳澔集說 清同治五年(1866)金陵書局刻本 十册

430000－2411－0000060 106/5
禮記箋四十六卷 王闓運撰 清光緒二十二年(1896)刻本 十册

430000－2411－0000061 106/6
欽定禮記義疏八十二卷首一卷 (清)高宗弘曆敕撰 清光緒湖北崇文書局刻本 三十四册

430000－2411－0000062 106/8
月令明義四卷 (明)黃道周撰 (清)鄭開極重訂 清道光二十八年(1848)長州彭蘊章補刻本 一册

430000－2411－0000063 106/10
儒行集傳二卷 (明)黃道周撰 (清)鄭開極重訂 清道光二十八年(1848)長州彭蘊章補刻本 二册

430000－2411－0000064 106/11
坊記集傳二卷春秋坊記問業一卷 (明)黃道周撰 (清)鄭開極重訂 清道光二十八年

(1848)長州彭蘊章補刻本　二册

430000－2411－0000065　106/12
表記集傳二卷春秋表記問業一卷　(明)黄道周撰　(清)鄭開極重訂　清道光二十八年(1848)長州彭蘊章補刻本　二册

430000－2411－0000066　106/13
緇衣集傳四卷　(明)黄道周撰　(清)鄭開極重訂　清道光二十八年(1848)長州彭蘊章補刻本　四册

430000－2411－0000067　107/1
樂書要錄十卷　(唐)武則天撰　清光緒七年(1881)刻本　一册　存三卷(五至七)

430000－2411－0000068　107/2
樂經律吕通解五卷　(清)汪紱撰　清光緒九年(1883)紫陽書院刻本　一册　存一卷(一)

430000－2411－0000069　107/3
松陽講義二十卷　(清)陸隴其撰　清同治十三年(1874)湖南書局刻本　五册

430000－2411－0000070　107/4
松陽鈔存二卷　(清)陸隴其撰　清同治十三年(1874)湖南書局刻本　一册

430000－2411－0000071　108/1
春秋左傳五十卷　(晉)杜預註　(宋)林堯叟補註　(唐)陸德明音義　(明)鍾惺等評點　清宣統二年(1910)上海鴻寶齋鉛印本　十二册　插圖

430000－2411－0000072　108/2
春秋左傳杜注三十卷首一卷　(清)姚培謙增輯　清道光七年(1827)洪都潄經堂刻朱墨套印本　十二册

430000－2411－0000073　108/3
春秋左傳杜注補輯三十卷首一卷　(清)姚培謙撰　清同治十三年(1874)湖南書局刻本　十册　輿圖四幅

430000－2411－0000074　108/4
附釋音春秋左傳註疏六十卷附校勘記六十卷　(晉)杜預註　(唐)陸德明音義　(唐)孔穎達疏　(清)阮元撰校勘記　清同治十三年(1874)湖南書局刻本　十九册　存五十八卷(校勘記一至二十八、三十至三十九、四十一至六十)

430000－2411－0000075　108/5
春秋公羊傳箋十一卷　王闓運撰　清光緒三十四年(1908)刻本　六册

430000－2411－0000076　108/6
春秋公羊註疏二十八卷　(漢)何休解詁　(唐)陸德明音義　(唐)徐彦疏　清同治十三年(1874)湖南書局刻本　八册

430000－2411－0000077　108/8
公羊註疏校勘記二十八卷　(清)阮元撰　清同治十三年(1874)湖南書局刻本　二册

430000－2411－0000078　108/9
春秋穀梁傳十二卷校刊記一卷　(晉)范甯集解　(唐)陸德明音義　清光緒十七年(1891)湖南思賢書局刻本　四册

430000－2411－0000079　108/10
春秋穀梁傳十二卷　(晉)范甯集解　(唐)陸德明音義　清同治七年(1868)湖北崇文書局刻本　四册

430000－2411－0000080　108/12
春秋穀梁註疏二十卷　(晉)范甯集解　(唐)陸德明音義　(唐)楊士勛疏　清同治十三年(1874)湖南書局刻本　六册

430000－2411－0000081　108/13
春秋穀梁註疏校勘記二十卷　(清)阮元撰　清同治十三年(1874)湖南書局刻本　一册

430000－2411－0000082　108/14
穀梁傳鈔一卷　(清)高塘集評　清乾隆五十三年(1788)廣郡永邑培元堂楊氏刻本　一册

430000－2411－0000083　108/15
穀梁申義一卷　王闓運註　清光緒十七年(1891)刻本　一册

430000－2411－0000084　108/16
杜注春秋左傳三十卷　(晉)杜預撰　(唐)陸

德明音義　清同治八年(1869)楚北崇文書局刻本　十二册

430000－2411－0000085　108/18
春秋集傳纂例十卷　(唐)陸淳撰　清同治十三年(1874)粤東書局刻本　三册

430000－2411－0000086　108/19
春秋集傳辯疑十卷　(唐)陸淳撰　清光緒十五年(1889)湖南書局刻本　二册

430000－2411－0000087　108/20
欽定春秋傳説彙纂三十八卷　(清)王掞等撰　清同治九年(1870)浙江巡撫楊昌浚摹刻本　十七册　存三十六卷(一至二十四、二十七至三十八)

430000－2411－0000088　108/21
春秋繁露十七卷　(漢)董仲舒撰　清乾隆十六年(1751)董氏刻本　一册

430000－2411－0000089　108/22
春秋繁露十七卷　(漢)董仲舒撰　清光緒刻本　一册　存十卷(八至十七)

430000－2411－0000090　108/23
御纂春秋直解十二卷　(清)傅恒等撰　清乾隆二十三年(1758)刻本　八册

430000－2411－0000091　108/24
春秋釋例十五卷　(晉)杜預撰　(清)莊述祖　(清)孫星衍校　清同治粤東書局刻本　七册

430000－2411－0000092　108/25
春秋備旨十二卷　(清)鄒聖脈纂輯　清光緒十年(1884)上海點石齋石印本　一册　存四卷(一至四)

430000－2411－0000093　108/26
春秋例表三十八卷　王代豐撰　清光緒三十四年(1908)刻本　二册

430000－2411－0000094　109/1
四書本義彙參四十五卷　(清)王步青輯　清光緒十年(1884)上海同文書局石印本　八册

430000－2411－0000095　109/2
四書集字音義辨一卷　(宋)朱熹集註　清光緒十四年(1888)刻本　六册

430000－2411－0000096　109/5
四書集注七卷　(宋)朱熹撰　清光緒二十一年(1895)湖南官書處刻本　六册

430000－2411－0000097　109/6
四書典故辨正二十卷附錄一卷　(清)周柄中撰　清同治五年(1866)賞奇閣刻本　五册

430000－2411－0000098　109/7
四書古注群義彙解九十八卷　(三國魏)何晏撰　(南朝梁)皇侃義疏　清光緒十九年(1893)上海同文書局石印本　十六册

430000－2411－0000099　109/8
論語註疏解經二十卷附音義　(三國魏)何晏集解　(唐)陸德明音義　(宋)邢昺疏　清同治十年(1871)湖南省城尊經閣刻本　四册

430000－2411－0000100　109/9
論語註疏解經二十卷附音義　(三國魏)何晏集解　(唐)陸德明音義　(宋)邢昺疏　清同治十三年(1874)湖南書局刻本　四册

430000－2411－0000101　109/10
論語筆解二卷　(唐)韓愈　(唐)李翱註　**鄭志三卷補遺一卷**　(三國魏)鄭小同撰　(清)王復輯　(清)武億校　清光緒十五年(1889)湖南書局刻本　一册

430000－2411－0000102　109/11
論語註疏校勘記二卷　(清)阮元撰　清同治十三年(1874)湖南書局刻本　二册

430000－2411－0000103　109/12
論語集解義疏十卷　(三國魏)何晏集解　(南朝梁)皇侃義疏　清光緒十五年(1889)湖南書局刻本　四册

430000－2411－0000104　109/16
孟子要略五卷　(宋)朱熹撰　(清)劉傳瑩輯　(清)曾國藩按　清道光二十九年(1849)漢陽劉氏刻本　一册

430000－2411－0000105　109/17

孟子註疏校勘記十四卷 (清)阮元撰 清同治十三年(1874)湖南書局刻本 二册

430000－2411－0000106 109/18
孟子註疏解經十四卷附音義二卷 (漢)趙岐註 (宋)孫奭疏 清同治十三年(1874)湖南書局刻本 五册

430000－2411－0000107 110/1
孝經集傳四卷 (明)黄道周撰 清道光二十八年(1848)長州彭蘊章補刻本 二册

430000－2411－0000108 111/1
爾雅三卷 (晉)郭璞註 (唐)陸德明音義 清光緒十二年(1886)湖北官書處刻本 三册

430000－2411－0000109 111/2
爾雅三卷 (晉)郭璞註 (唐)陸德明音義 清同治十三年(1874)湖北官書處刻本 三册

430000－2411－0000110 111/4
爾雅註疏校勘記十一卷 (清)阮元撰 清同治十三年(1874)湖南書局刻本 二册

430000－2411－0000111 111/5
爾雅註疏十一卷附音義二卷 (晉)郭璞註 (宋)邢昺疏 (唐)陸德明音義 清同治十三年(1874)湖南書局刻本 四册

430000－2411－0000112 111/6
爾雅註疏十一卷附音義二卷 (晉)郭璞註 (宋)邢昺疏 (唐)陸德明音義 清末刻本 五册

430000－2411－0000113 111/7
爾雅集解十九卷 王闓運集解 清光緒二十九年(1903)東洲校刻本 四册

430000－2411－0000114 112/1
經典釋文三十卷 (唐)陸德明撰 清同治十二年(1873)粤東書局刻本 一册 存三卷(十八至二十)

430000－2411－0000115 112/2
經典釋文三十卷附考證 (唐)陸德明撰 清光緒十五年(1889)湖南書局刻本 十二册

430000－2411－0000116 112/4
十三經註疏校勘記 (清)阮元撰 清嘉慶二十年(1815)江西南昌府學刻本 二十八册 存八十二卷(易三、六至七,周禮八至九、二十二至二十三、二十六至三十一、三十九至四十,儀禮十五至二十,禮記一至二、四十二至四十四、四十八至五十,春秋二十五至二十六、三十九至四十、四十三至五十,公羊三至八,穀梁十二至三十,孝經一至八,論語十五至二十,爾雅七至八)

430000－2411－0000117 112/5
朱氏經學叢書三十六卷 (清)朱記榮輯 清光緒十三年(1887)吳縣朱氏槐廬家塾刻本 十一册

430000－2411－0000118 112/6
讀書脞錄七卷續編四卷 (清)孫志祖撰 清石印本 三册

430000－2411－0000119 112/7
禮記全文備旨十一卷 (清)鄒聖脈纂輯 清光緒十年(1884)上海點石齋石印本 一册 存二卷(一至二)

430000－2411－0000120 112/8
石經考異二卷 (清)杭世駿撰 清咸豐元年(1851)長沙小瑯環山館刻本 一册

430000－2411－0000121 112/9
灶經一卷 (清)郭焯瑩鳩謬 清末刻本 一册

430000－2411－0000122 112/10
刊正九經三傳沿革例一卷 (宋)岳珂撰 清光緒七年(1881)成都瀹雅齋刻本 一册

430000－2411－0000123 112/11
十三經西學通義十三卷 (清)李元音撰 清光緒三十二年(1906)刻本 六册

430000－2411－0000124 112/12
十三經字音義一卷 (清)陶文潞撰 清末刻本 一册

430000－2411－0000125 112/13
經學歷史一卷 (清)皮錫瑞撰 清光緒三十

二年(1906)思賢書局刻本　一冊

430000－2411－0000126　112/14
白虎通二卷　(漢)班固纂　(清)汪士漢校　清嘉慶九年(1804)新安汪氏刻本　二冊

430000－2411－0000127　112/15
五經合纂大成四十四卷　(清)□□撰　清光緒二十年(1894)上海蜚英書局石印本　十六冊　存三十五卷(周易一至三、書經一至二、詩經五至八、春秋一至十六、禮記一至十)

430000－2411－0000128　112/16
經學辨體八卷首一卷　(清)邱家煒撰　清光緒七年(1881)京都二酉齋刻本　二冊　存四卷(六至八、首一卷)

430000－2411－0000129　112/17
皇清經解　(清)阮元編　清道光九年(1829)廣東學海堂刻咸豐十一年(1861)補刻本　三百五十一冊　存一千三百九十六卷(一至八百五十一、八百六十四至一千四百八)

430000－2411－0000130　112/18
古經解彙函三十種三百一卷　(清)鍾謙鈞輯　清同治十二年(1873)粵東書局刻本　三十五冊

430000－2411－0000131　112/19
古經解彙函三十種三百一卷　(清)鍾謙鈞輯　清光緒十四年(1888)石印本　十八冊

430000－2411－0000132　113/1
音學五書三十八卷　(清)顧炎武撰　清光緒十一年(1885)湘陰郭氏岵瞻堂刻本　十二冊

430000－2411－0000133　113/2
六書通十卷　(清)畢弘述篆訂　(明)閔齊伋校　清末刻本　五冊

430000－2411－0000134　113/3
六書通十卷　(清)畢弘述篆訂　(明)閔齊伋校　清光緒六年(1880)基聞堂刻本　六冊

430000－2411－0000135　113/4
重訂六書通十卷　(清)閔齊伋輯　(明)畢弘述篆訂　清光緒十九年(1893)平遠書屋刻本　二冊

430000－2411－0000136　113/5
六書系韻二十四卷末附檢字二卷　(清)李楨輯　清光緒十六年(1890)刻本　十八冊　存十八卷(六、十至二十四,檢字二卷)

430000－2411－0000137　113/6
說文解字十五卷　(漢)許慎記　(宋)徐鉉校　清光緒二年(1876)川東官舍刻本　八冊

430000－2411－0000138　113/7
說文解字十五卷　(漢)許慎記　(宋)徐鉉等校　清末刻本　四冊

430000－2411－0000139　113/8
說文解字注十五卷　(清)段玉裁撰　清同治十一年(1872)湖北崇文書局刻本　十八冊

430000－2411－0000140　113/9
說文解字注十五卷　(清)段玉裁撰　清光緒十六年(1890)依汲古閣本石印本　十冊

430000－2411－0000141　113/11
說文解字義證五十卷　(清)桂馥撰　清同治九年(1870)湖北崇文書局刻本　三十一冊　存四十七卷(一至四十七)

430000－2411－0000142　113/13
說文提要一卷　(清)陳建侯撰　清同治十二年(1873)湖北崇文書局刻本　一冊

430000－2411－0000143　113/14
說文解字繫傳四十卷附校勘記三卷　(五代)徐鍇撰　(清)祁寯藻校勘　清光緒十五年(1889)湖南書局刻本　七冊

430000－2411－0000144　113/15
說文通訓定聲十八卷　(清)朱駿聲紀錄　(清)朱鏡蓉參訂　清咸豐元年(1851)刻本　十二冊　存十一卷(一至十一)

430000－2411－0000145　113/17
說文新附考六卷　(清)鈕樹玉撰　清同治七年(1868)江蘇碧螺山館刻本　二冊

430000－2411－0000146　113/18
說文通檢十四卷首一卷末一卷　(清)黎永椿

撰　清光緒元年(1875)湖北崇文書局刻本　一册

430000－2411－0000147　113/19
說文檢字二卷　(清)毛謨輯　清光緒元年(1875)浙江歸安姚氏咫進齋刻本　二册

430000－2411－0000148　113/20
說文解字句讀三十卷　(漢)許慎著　(清)王筠撰集　清光緒八年(1882)四川尊經書局刻本　十六册

430000－2411－0000149　113/21
說文解字篆韻譜五卷　(宋)徐鉉撰　清同治十年(1871)湖南寶慶刻本　二册

430000－2411－0000150　113/22
說文辨字正俗八卷　(清)李富孫撰　清同治九年(1870)浙江李氏刻本　四册

430000－2411－0000151　113/23
說文部首讀本十四卷　(清)嘯雲主人音釋　清末武昌嘯雲書室刻本　一册

430000－2411－0000152　113/24
說文解字部首一卷　(漢)許慎記　清光緒八年(1882)蜀南黄氏醉經書社刻本　一册

430000－2411－0000153　113/25
說文字原韻表二卷　(清)胡重編　(清)金孝柏訂　清嘉慶十六年(1811)浙江秀水金孝柏刻本　一册

430000－2411－0000154　113/26
干禄字書一卷　(唐)顔元孫撰　清光緒十五年(1889)湘南書局刻本　一册

430000－2411－0000155　113/27
康熙字典四十二卷　(清)張玉書等編撰　清刻本　四十册

430000－2411－0000156　113/31
康熙字典四十二卷　(清)張玉書等編撰　清光緒十一年(1885)上海同文書局石印本　五册　存四十一卷(一至六、八至四十二)

430000－2411－0000157　113/32
考正字彙二卷　清光緒二十八年(1902)上海文盛書局石印本　一册

430000－2411－0000158　113/34
文字蒙求四卷　(清)王筠撰　清光緒五年(1879)上海民聲書局刻本　一册

430000－2411－0000159　113/35
草字彙十二卷　(清)石梁編　清光緒元年(1875)漁古山房刻本　四册

430000－2411－0000160　113/36
字典考證十二卷　(清)王引之等撰　清光緒二年(1876)湖北崇文書局刻本　六册

430000－2411－0000161　113/37
字彙十二集　(明)梅膺祚音釋　清經綸堂刻本　十四册　二函

430000－2411－0000162　113/40
正字通三十六卷　(清)廖文英輯　清康熙九年(1670)弘文書院刻本　三十二册

430000－2411－0000163　113/41
隸辨八卷　(清)顧藹吉纂輯　清嘉慶江甯甘瑞祥翻刻天都黄晟本　八册

430000－2411－0000164　113/42
隸辨八卷　(清)顧藹吉纂輯　清同治十二年(1873)江西漁古山房刻本　七册　存七卷(一至七)

430000－2411－0000165　113/44
隸辨八卷　(清)顧藹吉纂輯　清乾隆八年(1743)天都黄晟翻刻項絪玉淵堂本　六册

430000－2411－0000166　113/45
初學檢韻十二集　(清)姚文登輯　清同治十二年(1873)山陰徐保齡刻本　二册

430000－2411－0000167　113/46
復古編二卷　(宋)張有撰　清光緒八年(1882)淮南書局刻本　一册

430000－2411－0000168　113/47
唐韻正二十卷古音表二卷　(清)顧炎武撰　清光緒十六年(1890)思賢講舍刻本　七册

430000－2411－0000169　113/48

類篇十五卷　（宋）司馬光等纂　清光緒二年（1876）四川川東官舍刻本　十四冊　存十四卷（一至十四）

430000－2411－0000170　113/49
大宋重修廣韻五卷　（宋）陳彭年等撰　清光緒十五年（1889）湖南書局據張氏存堂本刻本　五冊

430000－2411－0000171　113/50
廣韻五卷　（宋）陳彭年等重修　清光緒十五年（1889）湖南書局據明内府本刻本　五冊

430000－2411－0000172　113/52
詩韻合璧五卷　（清）湯祥瑟原輯　（清）華鋸重編　清光緒十七年（1891）上海錦章圖書局石印本　六冊

430000－2411－0000173　113/54
詩本音十卷　（清）顧炎武撰　清光緒十六年（1890）思賢講舍刻本　三冊

430000－2411－0000174　113/55
集韻十卷　（宋）丁度等撰　清光緒二年（1876）四川川東官舍刻本　十冊

430000－2411－0000175　113/56
韻辨附文五卷　（清）沈兆霖撰　清同治十二年（1873）重慶川東書院刻本　四冊　存四卷（二至五）

430000－2411－0000176　113/57
經籍籑詁一百六卷並附補遺　（清）阮元撰　清光緒刻本　五十一冊　存八十八卷（二至二十二、二十四至五十二、六十一至六十九、七十五至九十二、九十六至一百六）

430000－2411－0000177　113/58
經籍籑詁並補遺一百六卷首一卷　（清）阮元撰　清光緒十四年（1888）上海鴻寶齋石印本　十二冊

430000－2411－0000178　113/59
小學彙函十四種一百五十三卷　（清）鍾謙鈞等輯　清光緒十五年（1889）湘南書局刻本　三十二冊

430000－2411－0000179　113/60
急就篇四卷　（漢）史遊撰　（唐）顔師古註　（元）王應麟補註　清光緒十五年（1889）湖南書局刻本　二冊

430000－2411－0000180　113/61
大廣益會玉篇三十卷　（宋）陳彭年等重修　清光緒十五年（1889）湖南書局刻本　三冊

430000－2411－0000181　113/62
經學輯要二十四卷首一卷　（清）吳潁炎輯　清光緒二十年（1894）上海點石齋石印本　三十一冊　存二十三卷（一至十一、十三至二十四）

430000－2411－0000182　113/63
經學輯要二十四卷首一卷　（清）吳潁炎輯　清光緒二十六年（1900）上海點石齋石印本　三十二冊

430000－2411－0000183　113/64
埤雅二十卷　（宋）陸佃撰　清末刻本　三冊　存十五卷（六至二十）

430000－2411－0000184　113/65
續方言二卷　（清）杭世駿撰　清光緒刻本　一冊

430000－2411－0000185　113/66
續方言二卷　（清）杭世駿撰　清光緒十六年（1890）思賢講舍刻本　一冊

430000－2411－0000186　113/67
字學舉隅補正　（清）龔自閎撰　清光緒二年（1876）省吾齋刻本　一冊

430000－2411－0000187　113/68
榕園詞韻不分卷　（清）吳寧編　清乾隆四十九年（1784）冬青山館刻本（冬青山館藏板）　一冊

430000－2411－0000188　113/73
得頤堂範言二卷　（清）鄒湘倜撰　清同治五年（1866）新化鄒氏刻本　一冊

430000－2411－0000189　201/1
史記一百三十卷　（漢）司馬遷撰　清光緒四

年(1878)金陵書局刻本　十六册

430000－2411－0000190　201/2
史記一百三十卷　(漢)司馬遷撰　清光緒十年(1884)上海同文書局石印本　二十六册

430000－2411－0000191　201/3
史記一百三十卷　(漢)司馬遷撰　清光緒二十八年(1902)竢實齋石印本　八册

430000－2411－0000192　201/4
史記七十卷　(漢)司馬遷撰　清同治九年(1870)楚北崇文書局刻本　二十三册　存六十六卷(一至二十六、三十一至七十)

430000－2411－0000193　201/6
史記菁華録六卷　(清)姚苧田輯　清末刻本　一册

430000－2411－0000194　201/7
古香齋鑒賞袖珍史記七十四卷　(漢)司馬遷撰　清刻本　七册　存五十四卷(二十一至七十四)

430000－2411－0000195　201/9
漢書一百卷　(漢)班固撰　(唐)顔師古註　清同治八年(1869)金陵書局刻本　三册　存三十一卷(三十三至六十三)

430000－2411－0000196　201/10
前漢書一百卷　(漢)班固撰　(唐)顔師古註　清光緒十年(1884)上海同文書局石印本　三十二册

430000－2411－0000197　201/11
前漢書一百卷　(漢)班固撰　(唐)顔師古註　清光緒二十八年(1902)竢實齋石印本　八册

430000－2411－0000198　201/12
前漢書一百卷　(漢)班固撰　(唐)顔師古註　清乾隆四年(1739)刻本　八册　存四十四卷(十六至二十六、二十九至五十七、九十七至一百)

430000－2411－0000199　201/14
後漢書一百二十卷　(南朝宋)范曄撰　(唐)李賢註　清光緒十年(1884)上海同文書局石印本　二十八册

430000－2411－0000200　201/15
後漢書一百二十卷　(南朝宋)范曄撰　(唐)李賢註　清光緒二十八年(1902)竢實齋石印本　八册

430000－2411－0000201　201/16
三國志六十五卷　(晉)陳壽撰　(南朝宋)裴松之註　清光緒十三年(1887)江南書局刻本　十六册

430000－2411－0000202　201/17
後漢書一百二十卷　(南朝宋)范曄撰　(唐)李賢註　**續志**　(晉)司馬彪撰　(南朝梁)劉昭註　清乾隆四年(1739)刻本　六册　存六十七卷(七至四十四、六十五至七十三、九十四至一百四、一百十二至一百二十)

430000－2411－0000203　201/22
三國志六十五卷　(晉)陳壽撰　(南朝宋)裴松之註　清光緒十年(1884)上海同文書局石印本　六册　存二十八卷(魏志一至十、二十三至二十七,蜀志九至十五,吳志十五至二十)

430000－2411－0000204　201/23
三國志六十五卷　(晉)陳壽撰　(南朝宋)裴松之註　清光緒二十八年(1902)竢實齋石印本　四册

430000－2411－0000205　201/24
三國志六十五卷　(晉)陳壽撰　(南朝宋)裴松之註　清光緒刻本　八册　存四十一卷(魏志十一至三十、蜀志一至八、吳志一至十三)

430000－2411－0000206　201/25
三國志注證遺四卷　(清)周壽昌撰　清光緒八年(1882)刻本　一册

430000－2411－0000207　201/26
三國志六十五卷　(晉)陳壽撰　(南朝宋)裴松之註　清同治九年(1870)金陵書局刻本　七册

430000－2411－0000208　201/28
晉書一百三十卷　(唐)房玄齡等撰　清光緒十年(1884)上海同文書局石印本　三十冊

430000－2411－0000209　201/30
宋書一百卷　(南朝梁)沈約撰　清光緒十年(1884)上海同文書局石印本　二十四冊

430000－2411－0000210　201/32
南齊書五十九卷　(南朝梁)蕭子顯撰　清光緒十年(1884)上海同文書局石印本　八冊

430000－2411－0000211　201/34
梁書五十六卷　(唐)姚思廉撰　清光緒十年(1884)上海同文書局石印本　八冊

430000－2411－0000212　201/36
陳書三十六卷　(唐)姚思廉撰　清光緒十年(1884)上海同文書局石印本　六冊

430000－2411－0000213　201/38
魏書一百十四卷　(北齊)魏收撰　清光緒十年(1884)上海同文書局石印本　二十四冊

430000－2411－0000214　201/40
前漢書一百卷　(漢)班固撰　(唐)顏師古註　清同治八年(1869)嶺南葄古堂刻本　十七冊　存四十卷(二至十八、二十至二十二、二十七、二十九至三十四、五十二至五十七、八十四至八十六、九十七至一百)

430000－2411－0000215　201/41
後漢書一百二十卷　(南朝宋)范曄撰　(唐)李賢註　**續志**　(晉)司馬彪撰　(南朝梁)劉昭註　清同治八年(1869)嶺南葄古堂刻本　十七冊　存七十三卷(一至十五、二十九至五十四、六十二至八十二、九十一至九十四、一百十四至一百二十)

430000－2411－0000216　201/42
三國志六十五卷　(晉)陳壽撰　(南朝宋)裴松之註　清同治八年(1869)嶺南葄古堂刻本　四冊　存十八卷(蜀志一至十五、魏志二十八至三十)

430000－2411－0000217　201/43
晉書一百三十卷　(唐)房玄齡等撰　清同治八年(1869)嶺南葄古堂刻本　二十三冊　存八十四卷(七至二十二、二十六至三十四、三十八至四十一、四十六至四十九、五十四至七十一、七十六至八十三、九十二至九十四、一百九至一百三十)

430000－2411－0000218　201/44
南齊書五十九卷　(南朝梁)蕭子顯撰　清同治八年(1869)嶺南葄古堂刻本　六冊　存二十四卷(二十至二十五、三十一至三十七、四十三至四十九、五十六至五十九)

430000－2411－0000219　201/45
宋書一百卷　(南朝梁)沈約撰　清同治八年(1869)嶺南葄古堂刻本　十二冊　存四十八卷(十九至二十一、二十八至三十三、三十八至四十四、五十一至七十二、八十一至八十四、九十五至一百)

430000－2411－0000220　201/46
梁書五十六卷　(唐)姚思廉撰　清同治八年(1869)嶺南葄古堂刻本　一冊　存七卷(七至十三)

430000－2411－0000221　201/47
陳書三十六卷　(唐)姚思廉撰　清同治八年(1869)嶺南葄古堂刻本　三冊　存二十卷(一至十四、三十一至三十六)

430000－2411－0000222　201/48
魏書一百十四卷　(北齊)魏收撰　清同治八年(1869)嶺南葄古堂刻本　十九冊　存六十五卷(七至八、二十四至六十、六十九至七十九、九十八至一百十二)

430000－2411－0000223　201/49
北齊書五十卷　(唐)李百藥撰　清同治八年(1869)嶺南葄古堂刻本　四冊

430000－2411－0000224　201/50
周書五十卷　(唐)令狐德棻等撰　清同治八年(1869)嶺南葄古堂刻本　四冊

430000－2411－0000225　201/51
隋書八十五卷　(唐)魏徵撰　清同治八年

(1869)嶺南葄古堂刻本　十四冊

430000－2411－0000226　201/52
南史八十卷　(唐)李延壽撰　清同治八年(1869)嶺南葄古堂刻本　十二冊　存四十六卷(十一至十三、十七至五十一、六十八至七十一、七十六至七十九)

430000－2411－0000227　201/53
北史一百卷　(唐)李延壽撰　清同治八年(1869)嶺南葄古堂刻本　十六冊

430000－2411－0000228　201/54
舊唐書二百卷　(五代)劉昫等撰　清同治八年(1869)嶺南葄古堂刻本　四十冊　存一百三十二卷(一至七、二十四至三十、四十至四十一、四十四至四十五、五十五至九十八、一百二至一百十、一百十六至一百四十七、一百六十六至一百八十九、一百九十六至二百)

430000－2411－0000229　201/55
唐書二百五十卷　(宋)歐陽修等撰　清同治八年(1869)嶺南葄古堂刻本　三十二冊　存一百四十二卷(十六至四十三、五十八至七十三、七十五至一百七、一百三十一至一百四十一、一百五十二至一百九十七、二百一至二百八)

430000－2411－0000230　201/56
舊五代史一百五十卷　(宋)薛居正等撰　清同治八年(1869)嶺南葄古堂刻本　十七冊　存一百一卷(四至三十六、五十八至八十五、一百至一百九、一百二十一至一百五十)

430000－2411－0000231　201/57
新五代史七十四卷　(宋)歐陽修撰　清同治八年(1869)嶺南葄古堂刻本　八冊　存五十二卷(一至四十二、五十一至六十)

430000－2411－0000232　201/58
宋史四百九十六卷　(元)脱脱等修撰　清同治八年(1869)嶺南葄古堂刻本　八十四冊　存二百五十一卷(一至十、四十一至四十七、七十八至八十三、九十四至九十七、一百十八至一百二十二、一百六十至一百六十八、一百七十二至一百八十六、一百九十一至二百十二、二百十五至二百十六、二百二十八至二百二十九、二百三十七至二百四十九、二百五十五、二百六十九、二百七十四至三百五十八、三百六十至四百二十八)

430000－2411－0000233　201/59
遼史一百十五卷　(元)托克托等修　清同治八年(1869)領南葄古堂刻本　十二冊　存七十六卷(一至四十三、四十八至六十八、九十二至一百三,附語解、考證)

430000－2411－0000234　201/60
金史一百三十五卷　(元)托克托等修　清同治八年(1869)嶺南葄古堂刻本　二十二冊　存九十四卷(三至三十六、五十五至八十六、一百三至一百二十五、一百三十一至一百三十五)

430000－2411－0000235　201/61
元史二百十卷　(明)宋濂等修　清同治八年(1869)嶺南葄古堂刻本　四十三冊　存一百四十一卷(七至五十一、五十四至六十二、六十六至七十三、九十七至九十九、一百二十四至一百四十九、一百五十四至一百六十四、一百七十二至二百十)

430000－2411－0000236　201/62
明史三百十九卷　(清)張廷玉等修　清同治八年(1869)嶺南葄古堂刻本　五十冊　存一百九十二卷(六至十、十三至十八、三十一至三十三、四十一至七十、七十七至八十、八十七至九十九、一百四至一百十、一百二十一至一百八十二、二百六至二百十九、二百三十一至二百四十二、二百六十至二百九十、三百十五至三百十九)

430000－2411－0000237　201/63
北齊書五十卷　(唐)李百藥撰　清光緒十年(1884)上海同文書局石印本　八冊

430000－2411－0000238　201/65
周書五十卷　(唐)令狐德棻等撰　清光緒十年(1884)上海同文書局印本　八冊

430000－2411－0000239　201/67
隋書八十五卷　(唐)魏徵等撰　清光緒十年(1884)上海同文書局石印本　二十四册

430000－2411－0000240　201/69
南史八十卷　(唐)李延壽著　清光緒十年(1884)上海同文書局石印本　二十册

430000－2411－0000241　201/71
北史一百卷　(唐)李延壽著　清光緒十年(1884)上海同文書局石印本　二十四册

430000－2411－0000242　201/73
舊唐書二百卷　(五代)劉昫等撰　清光緒十年(1884)上海同文書局石印本　四十八册

430000－2411－0000243　201/74
舊唐書疑義四卷　(清)張道撰　清末刻本　一册　存二卷(三至四)

430000－2411－0000244　201/75
唐書二百五十卷　(宋)歐陽修等撰　**釋音二十五卷附考證**　(宋)董沖撰　清光緒十年(1884)上海同文書局石印本　五十册

430000－2411－0000245　201/78
舊五代史七十四卷　(宋)薛居正等撰　清光緒十年(1884)上海同文書局石印本　二十四册

430000－2411－0000246　201/79
舊五代史一百五十卷　(宋)薛居正等撰　清同治十一年(1872)湖北崇文書局刻本　十六册

430000－2411－0000247　201/81
五代史七十四卷　(宋)歐陽修撰　清光緒十年(1884)上海同文書局石印本　十册

430000－2411－0000248　201/82
五代史七十四卷　(宋)歐陽修撰　(宋)徐無黨註　清同治十一年(1872)湖北崇文書局刻本　八册

430000－2411－0000249　201/84
宋史四百九十六卷　(元)脱脱等撰　清光緒十年(1884)上海同文書局石印本　一百册

430000－2411－0000250　201/86
遼史一百十六卷　(元)脱脱等撰　清光緒十年(1884)上海同文書局石印本　八册

430000－2411－0000251　201/88
金史一百三十五卷　(元)脱脱等撰　清光緒十年(1884)上海同文書局石印本　二十四册

430000－2411－0000252　201/90
元史九十七卷　(明)宋濂等撰　清光緒十年(1884)上海同文書局石印本　五十一册

430000－2411－0000253　201/91
明史三百三十卷　(清)張廷玉編　清光緒十年(1884)上海同文書局石印本　一百十二册

430000－2411－0000254　201/93
明史三百三十二卷　(清)張廷玉等撰　清乾隆四年(1739)刻本　九十八册　存二百九十四卷(一至三十四、六十一至二百九十一、三百四至三百三十二)

430000－2411－0000255　202/2
晉書補傳贊一卷文選課虚四卷　(清)杭世駿撰　清咸豐元年(1851)長沙小琊環山館刻本　一册

430000－2411－0000256　203/1
資治通鑑二百九十四卷　(宋)司馬光編集　(元)胡三省音註　清咸豐七年(1857)四川邛州伍肇齡刻本　一百册

430000－2411－0000257　203/3
資治通鑑二百九十四卷　(宋)司馬光編集　(元)胡三省音註　清光緒二十五年(1899)上海蜚英館石印本　四十八册　存二百八十二卷(一至八十七、九十四至一百七十三、一百八十至二百九十四)

430000－2411－0000258　203/4
續資治通鑑二百二十卷　(清)畢沅編集　清光緒二十五年(1899)上海蜚英館石印本　二十九册　存二百十四卷(一至二百十四)

430000－2411－0000259　203/5
御批歷代通鑑輯覽一百二十卷　(清)傅恒等

撰　清光緒三十二年(1906)上海書局石印本　二十三册　存一百十五卷(一至一百十五)

430000－2411－0000260　203/6
御批歷代通鑑輯覽一百二十卷　(清)傅恒等撰　清光緒二十九年(1903)上海廣益書局石印本　二十册　存一百卷(一至二十四、四十一至五十八、六十三至一百二十)

430000－2411－0000261　203/7
御批歷代通鑑輯覽一百二十卷　(清)傅恒等撰　清光緒刻本　四十册

430000－2411－0000262　203/9
御批歷代通鑑輯覽一百二十卷　(清)傅恒等撰　清光緒五年(1879)上海掃葉山房石印本　九册　存六十三卷(六至十二、二十三至六十五、一百三至一百八、一百十四至一百二十)

430000－2411－0000263　203/10
歷史綱鑑補三十九卷　(宋)劉恕外紀　(宋)金履祥前編　(明)袁黄編輯　清光緒三十年(1904)維新書局刻本　二十八册

430000－2411－0000264　203/11
御撰資治通鑑綱目三編二十卷　(清)張廷玉等編　清光緒三十年(1904)維新書局刻本　四册

430000－2411－0000265　203/13
綱鑑易知録九十二卷　(清)吴乘權等輯　清光緒上海著易堂書局石印本　十四册

430000－2411－0000266　203/16
竹書紀年考證一卷　(清)張九鐔撰　清乾隆刻本　一册

430000－2411－0000267　203/17
皇朝開國方略三十二卷　(清)阿桂等編　清光緒十三年(1887)刻本　六册

430000－2411－0000268　203/18
御纂歷代三元甲子編年一卷御纂定萬年書一卷　(清)劉茂吉編　清刻本　一册

430000－2411－0000269　203/19
資治新書初集十四卷二集二十卷首卷一卷　(清)李漁輯　(清)沈心友訂　清光緒二十年(1894)上海圖書集成局鉛印本　十二册

430000－2411－0000270　204/1
明大政纂要六十三卷　(明)譚希思撰　清光緒思賢書局刻本　二十八册

430000－2411－0000271　204/3
明史紀事本末八十卷　(清)谷應泰撰　清光緒二十四年(1898)湖南思賢書局刻本　二十册

430000－2411－0000272　204/4
馬氏繹史一百六十卷　(清)馬驌撰　清光緒二十三年(1897)武林尚友齋石印本　二十一册　存一百四十二卷(一至五十六、七十一至八十四、八十六至一百四十五、一百四十九至一百六十)

430000－2411－0000273　204/5
明季稗史彙編二十三卷　(清)留雲居士輯　清光緒二十二年(1896)都城琉璃廠刻本　二十二册

430000－2411－0000274　204/6
東華續録一百卷　王先謙撰　清光緒湖南刻本　五十七册　存八十七卷(一至五十二、五十九至九十三)

430000－2411－0000275　204/7
痛史十九卷　樂天居士輯　清宣統三年(1911)商務印書館鉛印本　十六册

430000－2411－0000276　204/8
中西紀事二十四卷　(清)夏燮輯　清咸豐九年(1859)刻本　六册

430000－2411－0000277　204/9
西學考二卷　(美國)丁韙良撰　清光緒九年(1883)同文館鉛印本　六册

430000－2411－0000278　204/10
國策鈔二卷　(清)高塘集評　清乾隆五十三年(1788)廣郡永邑培元堂楊氏刻本　二册

430000－2411－0000279　204/13

史腴二卷　(清)周金壇輯　清雍正三年(1725)刻本　二冊

430000－2411－0000280　204/14
九朝野記四卷　(明)祝允明撰　清宣統三年(1911)時中書局刻本　一冊

430000－2411－0000281　204/16
蜀碧四卷　(清)彭遵泗撰　清嘉慶三年(1798)石室藏刻本　一冊

430000－2411－0000282　205/1
國語韋解補正十五卷　(清)吳曾祺撰　清宣統元年(1909)鉛印本　三冊

430000－2411－0000283　205/3
使西紀程二卷　(清)郭嵩燾撰　清光緒刻本　一冊

430000－2411－0000284　205/4
國語鈔二卷　(清)高嵣集評　清乾隆五十三年(1788)刻本　二冊

430000－2411－0000285　205/5
國語二十一卷　(三國吳)韋昭註　**劄記一卷**　(清)黃丕烈撰　**考異四卷**　(清)汪遠孫撰　清同治八年(1869)湖北崇文書局刻本　五冊

430000－2411－0000286　205/6
大嶽太和山紀略八卷　(清)王槩總修　(清)姚世倌等纂　清末刻本　三冊　存四卷(二至三、七至八)

430000－2411－0000287　205/7
湘軍志十六卷　王闓運撰　清宣統元年(1909)刻本　三冊

430000－2411－0000288　205/8
湘軍記二十卷　(清)王定安撰　清光緒十五年(1889)江南書局刻本　四冊

430000－2411－0000289　205/11
元朝秘史十五卷　(清)錢大昕輯　清道光二十七年(1847)靈石楊氏刻本　四冊

430000－2411－0000290　206/2
吳越春秋十卷　(漢)趙曄撰　清光緒刻本　一冊　存六卷(一至二、七至十)

430000－2411－0000291　206/3
十國春秋一百十六卷　(清)吳任臣撰　清嘉慶四年(1799)刻本　十八冊

430000－2411－0000292　206/4
十六國春秋一百卷　(北魏)崔鴻撰　清乾隆四十六年(1781)會稽徐氏述史樓刻本　二十冊

430000－2411－0000293　206/5
越絕書十五卷　(漢)袁康撰　清光緒四年(1878)刻本　一冊

430000－2411－0000294　207/1
漢書蒙拾二卷　(清)杭世駿撰　清光緒刻本　一冊　存一卷(一)

430000－2411－0000295　207/2
南北史捃華八卷　(清)周嘉猷輯　清光緒十年(1884)蕉心室刻本　四冊

430000－2411－0000296　207/3
史記鈔四卷　(清)高嵣集評　清乾隆五十三年(1788)廣郡永邑培元堂刻本　四冊

430000－2411－0000297　207/4
後漢書鈔二卷附蜀漢文鈔　(清)高嵣集評　清乾隆五十三年(1788)廣郡永邑培元堂刻本　二冊

430000－2411－0000298　207/5
前漢書鈔四卷　(清)高嵣集評　清乾隆五十三年(1788)廣郡永邑培元堂刻本　四冊

430000－2411－0000299　207/6
史緯三百三十卷　(清)陳允錫刪修　清康熙六十年(1721)刻本　一百二十冊

430000－2411－0000300　208/1
學史十三卷　(明)邵寶撰　明嘉靖二十三年(1544)刻藍印本　四冊

430000－2411－0000301　208/2
歸方評點史記合筆二卷　(清)王拯纂　清同治八年(1869)刻本　四冊

430000－2411－0000302　208/3

讀通鑑論十六卷宋論十五卷　(清)王夫之撰　清光緒三十一年(1905)上海商務印書館石印本　十册

430000－2411－0000303　208/4

讀通鑑論四十卷　(清)王夫之撰　清光緒二十六年(1900)湖南澹雅書局刻本　二十册

430000－2411－0000304　208/5

評選船山史論二卷　林紓撰　清宣統三年(1911)上海商務印書館石印本　二册

430000－2411－0000305　208/6

船山史論五十二卷　(清)王夫之撰　清光緒二十七年(1901)湖南書局刻本　十六册

430000－2411－0000306　208/7

方望溪評點史記四卷　(清)方苞評點　清光緒二年(1876)刻本　一册

430000－2411－0000307　208/8

鳴原堂論文二卷　(清)曾國藩撰　清同治十二年(1873)傳忠書局刻本　一册

430000－2411－0000308　210/2

理學宗傳二十六卷　(清)孫奇逢撰　清光緒六年(1880)浙江書局刻本　十二册

430000－2411－0000309　210/3

學案小識十四卷末一卷　(清)唐鑒撰　清光緒十年(1884)四砭齋刻本　十册

430000－2411－0000310　210/4

宋元學案一百卷　(清)黄宗羲撰　清光緒五年(1879)長沙之寄廬刻本　三十八册　存九十四卷(一至十、十七至一百)

430000－2411－0000311　210/6

漁洋感舊集小傳四卷　(清)盧見曾撰　清光緒四年(1878)上海淞隱閣石印本　一册　存二卷(一至二)

430000－2411－0000312　210/8

宋名臣言行錄前集十卷後集十四卷　(宋)朱熹纂　**續集八卷别集二十六卷外集十七卷**　(宋)李幼武纂集　清同治七年(1868)臨川桂氏刻本　十二册

430000－2411－0000313　210/9

歷代名臣言行錄二十四卷　(清)朱桓輯　清光緒二十四年(1898)彙文書局鉛印本　十五册　存十九卷(一至十三、十八至二十三)

430000－2411－0000314　210/10

五燈會元五十七卷　(宋)釋普濟撰　清光緒三十四年(1908)長沙刻本　二十册

430000－2411－0000315　210/11

續高僧傳四十卷　(唐)釋道宣撰　清雍正三年(1725)刻本　十册

430000－2411－0000316　210/12

滿洲名臣傳四十八卷　(清)國史館撰　清京都榮錦書坊刻本　十八册

430000－2411－0000317　210/13

月令粹編二十四卷　(清)秦嘉謨編　清嘉慶十七年(1812)琳琅仙館刻本　八册

430000－2411－0000318　210/14

畜德錄二十卷　(清)席啟圖輯　清同治六年(1867)湘潭縣城外懺心寺刻本　八册

430000－2411－0000319　210/15

國朝先正事略六十卷　(清)李元度撰　清同治五年(1866)循陔草堂刻本　二十四册

430000－2411－0000320　210/16

國朝先正事略六十卷　(清)李元度撰　清光緒二十一年(1895)上海文盛書局石印本　八册

430000－2411－0000321　210/17

國朝先正事略六十卷　(清)李元度撰　清光緒二十五年(1899)仿泰西石印本　四册

430000－2411－0000322　210/18

國朝先正事略續編三十卷　朱孔彰撰　清光緒二十六年(1900)石印本　一册　存四卷(一至四)

430000－2411－0000323　210/22

玉池老人自敍一卷　(清)郭嵩燾撰　清光緒十九年(1893)養知書屋刻本　一册

430000－2411－0000324　210/24
曾文正公[國藩]年譜十二卷　(清)黎庶昌編　清刻本　三冊　存九卷(一至九)

430000－2411－0000325　210/25
駱文忠公自訂年譜二卷　(清)駱秉章自撰　清光緒二十一年(1895)思賢書局刻本　二冊

430000－2411－0000326　210/26
王壯武公[鑫]年譜二卷　羅正鈞輯　清同治元年(1862)刻本　一冊

430000－2411－0000327　210/28
湘潭朱亭龔氏族譜六卷　(清)龔世鑫撰　清光緒十年(1884)木活字印本　五冊　存五卷(一至四、六)

430000－2411－0000328　210/29
蔡君墓志銘　王闓運撰　清宣統元年(1909)刻本　一冊

430000－2411－0000329　210/30
路史前紀九卷後記十三卷餘論十卷發揮六卷國名紀七卷　(宋)羅泌撰　(宋)羅蘋註　清光緒二十年(1894)刻本(聚善堂藏板)　十四冊

430000－2411－0000330　210/32
魏鄭公諫續錄二卷　(元)翟思忠撰　清乾隆三十八年(1773)刻本　一冊

430000－2411－0000331　210/33
自西徂東五卷　(德國)花之安撰　清光緒二十八年(1902)上海美華書館鉛印本　四冊　存四卷(二至五)

430000－2411－0000332　210/34
有正味齋日記六卷　(清)吳錫麒撰　清光緒申報館鉛印本　二冊

430000－2411－0000333　210/36
墨林今話十八卷續編一卷　(清)蔣寶齡撰　**續編**　(清)蔣茝生撰　清咸豐二年(1852)刻本　四冊

430000－2411－0000334　210/37
增補姓氏族箋釋八卷　(清)熊峻運撰　清刻本(三讓堂藏板)　八冊

430000－2411－0000335　210/38
五馬先生紀年二卷　(清)傅迪吉撰　清抄本　一冊

430000－2411－0000336　210/39
尚友錄二十二卷　(明)廖用賢撰　(清)張伯琮補輯　清末刻本　六冊

430000－2411－0000337　210/40
尚友錄統編二十四卷　(清)錢湖釣徒編　清光緒十四年(1888)上海鴻章書局石印本　十六冊

430000－2411－0000338　210/41
增廣尚友錄統編二十二卷　(清)應祖錫編　清光緒二十八年(1902)鴻寶齋石印本　十冊

430000－2411－0000339　210/42
宗室王公功績表傳十二卷　(清)高宗弘曆敕撰　清京都琉璃廠刻本　五冊

430000－2411－0000340　210/43
疇人傳五十二卷　(清)阮元撰　**續補**　(清)羅士林撰　清光緒八年(1882)刻本　十二冊

430000－2411－0000341　210/45
國朝學案小識十五卷　(清)唐鑒撰　清光緒十年(1884)刻本　十二冊

430000－2411－0000342　211/1
通典二百卷　(唐)杜佑撰　清光緒二十八年(1902)上海鴻寶書局石印本　十二冊

430000－2411－0000343　211/2
欽定續通典一百五十卷　(清)高宗弘曆敕撰　清光緒二十八年(1902)上海鴻寶書局石印本　八冊

430000－2411－0000344　211/3
皇朝通典一百卷　(清)高宗弘曆敕撰　清光緒二十八年(1902)上海鴻寶書局石印本　八冊

430000－2411－0000345　211/4
欽定大清會典一百卷　(清)允祹等撰　清重刻武英殿聚珍版叢書本　二十三冊　存九十

二卷(一至八、十七至一百)

430000－2411－0000346　211/5
文獻通考三百四十八卷　(元)馬端臨著　清乾隆刻本　一百四十二册　存三百十五卷(一至五十五、五十八至八十三、九十至一百十一、一百十八至至一百二十三、一百三十至一百四十三、一百四十九至一百五十、一百五十三至一百七十二、一百七十五至二百八十六、二百八十九至二百九十四、二百九十七至三百四十八)

430000－2411－0000347　211/6
文獻通考詳節二十四卷　(元)馬端臨著　(清)嚴虞惇節錄　清光緒二十八年(1902)湖南益友刻本　八册

430000－2411－0000348　211/7
皇朝通志一百二十六卷　(清)高宗弘曆敕撰　清光緒二十八年(1902)上海鴻寶書局石印本　八册

430000－2411－0000349　211/8
大清通禮五十四卷　(清)來保等輯　清光緒九年(1883)江蘇書局刻本　十二册

430000－2411－0000350　211/10
救荒補遺一卷　(清)朱熊撰　清同治八年(1869)刻本　一册

430000－2411－0000351　211/11
兩淮鹽法志五十六卷　(清)方浚頤等編　清同治九年(1870)揚州書局刻本　二十册

430000－2411－0000352　211/12
知新報　(清)向樹林撰　清光緒二十三年(1897)刻本　一册

430000－2411－0000353　211/13
紀元編三卷　(清)李兆洛撰　清同治八年(1869)刻本　一册

430000－2411－0000354　211/14
曾文正批牘六卷　(清)曾國藩撰　清光緒二年(1876)傳忠書局刻本　六册

430000－2411－0000355　211/15
曾文正公奏稿三十卷　(清)曾國藩撰　清光緒二年(1876)傳忠書局刻本　三十册

430000－2411－0000356　211/16
郭侍郎奏疏十二卷　(清)郭嵩燾撰　清光緒十八年(1892)刻本　十二册

430000－2411－0000357　211/18
大清法規大全　(清)上海廣益書局編　清宣統三年(1911)石印本　四十五册

430000－2411－0000358　211/19
乾隆府廳州縣圖志五十卷　(清)洪亮吉撰　清光緒二十三年(1897)新化三味書室據授經堂原本校刻本　十六册

430000－2411－0000359　211/20
紫泥日記一卷　(清)黄彭年著　清光緒十五年(1889)刻本　一册

430000－2411－0000360　211/22
南巡盛典一百二十卷　(清)高晉等編　清康熙二十八年(1689)刻本　一册　存四十九卷(一百二至一百五十)

430000－2411－0000361　211/23
科場條例錄要　(清)張兆蘭等書　清刻本　一册

430000－2411－0000362　211/24
石渠餘紀六卷　(清)王慶雲纂　清光緒十四年(1888)甯鄉黄氏刻本　六册

430000－2411－0000363　211/25
彭剛直公奏稿八卷　(清)彭玉麟撰　清光緒十七年(1891)刻本　四册

430000－2411－0000364　211/26
新譯日本法規大全二十五類不分卷　(清)南洋公學譯書院編　清宣統二年(1910)商務印書館印本　七十三册

430000－2411－0000365　212/1
闕里纂要四卷　(清)孔衍珻輯　清康熙三十三年(1694)刻本　二册

430000－2411－0000366　212/2
讀史方輿紀要一百三十卷讀史歷代州城形勢

九卷 (清)顧祖禹撰 清光緒五年(1879)敷文閣刻本 五十冊

430000－2411－0000367 212/3
讀史方輿紀要十卷 (清)顧祖禹撰 清光緒十五年(1889)長沙遐齡庵傳忠書局刻本 十二冊

430000－2411－0000368 212/4
三省邊防備覽十八卷 (清)嚴如熤撰 清道光十年(1830)刻本 八冊

430000－2411－0000369 212/5
洋防輯要二十四卷 (清)嚴如熤撰 清道光十八年(1838)刻本(來鹿堂藏板) 十冊

430000－2411－0000370 212/6
日本地理兵要十卷日本會計錄四卷日本師船考一卷 (清)姚文棟撰 清光緒二十年(1894)寶善書局石印本 六冊

430000－2411－0000371 212/7
今水經一卷表一卷 (清)黄宗羲撰 清光緒三年(1877)湖北崇文書局刻本 一冊

430000－2411－0000372 212/8
河防紀略四卷 (清)孫鼎臣撰 清咸豐八年(1858)刻本 二冊

430000－2411－0000373 212/10
漢書地理志校本二卷 (清)汪遠孫撰 清同治十年(1871)刻本 一冊

430000－2411－0000374 212/11
新斠注地理志十六卷 (清)錢坫撰 (清)徐松集釋 清同治十三年(1874)章氏卲進齋刻本 八冊

430000－2411－0000375 212/12
大清中外壹統輿圖中一卷南十卷北二十卷首一卷 (清)嚴樹森繪製 清同治二年(1863)湖北撫署景桓樓刻本 九冊

430000－2411－0000376 212/13
水道提綱二十八卷 (清)齊召南撰 清光緒五年(1879)宏達堂刻本 六冊

430000－2411－0000377 212/14
水道提綱二十八卷 (清)齊召南撰 清光緒十七年(1891)湖南崇真書局刻本 六冊

430000－2411－0000378 212/15
水道提綱二十八卷 (清)齊召南撰 清光緒二十四年(1898)新化三味書室刻本 六冊

430000－2411－0000379 212/16
天下郡國利病書一百二十卷 (清)顧炎武撰 清光緒五年(1879)蜀南桐花書屋薛氏家塾刻本 五十四冊

430000－2411－0000380 212/17
海國圖志一百卷 (清)魏源撰 清光緒二午(1876)平慶涇固道署刻本 三十二冊

430000－2411－0000381 212/18
蒙古遊牧記十六卷 (清)張穆撰 (清)何秋濤補 清光緒二十年(1894)上海復古書局石印本 六冊

430000－2411－0000382 212/19
長春真人西遊記二卷 (元)李志常撰 清道光二十七年(1847)靈石楊氏刻本 二冊

430000－2411－0000383 212/20
使俄草八卷 (清)王之春撰 清光緒二十一年(1895)刻本 六冊

430000－2411－0000384 212/21
滇南雜志二十四卷 (清)曹樹翹撰 清宣統二年(1910)刻本 六冊

430000－2411－0000385 212/22
水經注四十卷首一卷附錄二卷 (北魏)酈道元撰 清光緒十八年(1892)思賢講舍刻本 十六冊

430000－2411－0000386 212/23
水經注四十卷 (北魏)酈道元撰 清乾隆古閩晏湖張氏勵志書屋刻本 十二冊

430000－2411－0000387 212/24
水經注四十卷 (北魏)酈道元撰 清重刻武英殿本 十二冊

430000－2411－0000388 212/25
十七史商榷一百卷 (清)王鳴盛撰 清光緒

六年(1880)太原王氏刻本　十六册

430000－2411－0000389　212/26
廣輿記二十四卷　(清)蔡方炳輯　清光緒刻本　十三册

430000－2411－0000390　212/27
鴻雪因緣圖記二卷　(清)麟慶撰　清光緒十二年(1886)上海點石齋石印本　三册

430000－2411－0000391　212/28
歷代地理志韻編今釋二十卷　(清)李兆洛撰　清光緒十四年(1888)掃葉山房校刻本　十二册

430000－2411－0000392　212/29
皇輿統部釋名一卷　(清)譚紹袞撰　清光緒三十年(1904)刻本　一册

430000－2411－0000393　212/33
湖南全省輿地圖表　清光緒二十二年(1896)湖南巡撫陳寶箴刻本　十二册

430000－2411－0000394　212/34
蕉花園合編桃花源志八卷續補一卷　(清)曾昭寅撰　清光緒二十一年(1895)求實軒刻本　一册

430000－2411－0000395　212/35
甘肅全省新通志一百卷首五卷　(清)安維峻撰　清宣統元年(1909)刻本　一册　存一卷(九十三)

430000－2411－0000396　212/36
日本國志四十卷　(清)黄遵憲撰　清光緒十六年(1890)羊城同文齋刻本　十四册

430000－2411－0000397　212/37
匡山圖志四卷　蔣德鈞撰　清光緒刻本　一册

430000－2411－0000398　212/38
環宇分合志八卷增輯一卷　(明)徐樞編　(清)楊超治校刊　清光緒二十八年(1902)湘潭楊氏刻本　八册

430000－2411－0000399　212/39
[光緒]湖南通志二百八十八卷首八卷末十九卷　(清)曾國荃等纂　清光緒十一年(1885)府學宫尊經閣刻本　一百六十八册

430000－2411－0000400　212/40
[嘉慶]湖南通志二百十九卷首三卷末六卷　(清)翁元圻等修　(清)王煦　(清)羅廷彦纂　清嘉慶二十五年(1820)布政使司衙門刻本　八十册

430000－2411－0000401　212/41
通志二百卷　(宋)鄭樵撰　清光緒石印本　一百五十六册　存一百七十三卷(一至十二、十六至四十二、四十五至四十八、五十至五十四、五十七至六十二、六十九、八十三至二百)

430000－2411－0000402　212/42
元和郡縣志四十卷　(唐)李吉甫撰　清道光十年(1830)刻本　十二册　存三十二卷(一、三至七、十至十一、十五至二十九、三十二至四十)

430000－2411－0000403　212/43
平山堂圖志十卷圖一卷　(清)趙之壁撰　清光緒二十一年(1895)刻本　四册

430000－2411－0000404　212/45
西湖志四十八卷　(清)李衛修　清雍正刻本　八册　存十八卷(八至十三、十六至十七、二十九至三十一、三十七至三十九、四十五至四十八)

430000－2411－0000405　212/46
西藏圖考八卷首一卷　(清)黄沛翹撰　清光緒二十三年(1897)刻本　三册　存六卷(三至八)

430000－2411－0000406　212/47
[光緒]善化縣志三十四卷首一卷　(清)張先掄等撰　清光緒三年(1877)刻本　二十四册

430000－2411－0000407　212/48
[同治]長沙縣志三十六卷　(清)劉采邦撰　清同治九年(1870)刻本　二十册

430000－2411－0000408　212/49
長江圖説十二卷　(清)馬徵麟撰　清同治十

年(1871)湖北崇文書局刻本　三冊　存三卷(十至十二)

430000－2411－0000409　212/51
龍虎山志十六卷　(清)婁近垣輯　清光緒刻本　二冊　存六卷(八至十、十四至十六)

430000－2411－0000410　212/53
[同治]瀏陽縣志二十四卷　(清)胡運甲撰　清同治十二年(1873)刻本　十三冊

430000－2411－0000411　212/55
南嶽志八卷　(清)曠敏本撰　清乾隆十八年(1753)刻本　六冊

430000－2411－0000412　212/57
焦山志二十六卷首一卷　(清)吳雲撰　清同治四年(1865)刻本　四冊　存十八卷(六至十一、十五至二十六)

430000－2411－0000413　212/58
九華山志十卷　(清)謝維喈撰　清光緒二十六年(1900)刻本　一冊

430000－2411－0000414　212/59
灌縣鄉土志二卷　(清)何廷璐撰　清光緒三十三年(1907)校刻本　一冊

430000－2411－0000415　212/60
[同治]衡陽縣志十二卷　(清)羅慶薌等編校　清同治十三年(1874)刻本　十冊

430000－2411－0000416　212/62
湖廣通志七十六卷圖考一卷　(清)徐國相修　(清)宮夢仁纂　清康熙二十三年(1684)刻本　三十冊

430000－2411－0000417　212/63
長沙縣學宮志八卷　(清)周玉麒撰　清咸豐元年(1851)刻本　二冊　存二卷(一、六)

430000－2411－0000418　212/66
[光緒]湘潭縣志十卷　(清)陳嘉榆等修　王闓運等纂　清光緒十五年(1889)刻本　十冊

430000－2411－0000419　212/67
[嘉慶]湘潭縣志四十卷　(清)張雲璈纂　清嘉慶二十三年(1818)刻本　十七冊

430000－2411－0000420　212/72
楚寶四十卷外篇五卷　(明)周聖楷原輯　(清)鄧顯鶴增輯　清道光九年(1829)刻本　二十六冊

430000－2411－0000421　212/73
巴西地理兵要一卷　(清)顧厚焜撰　清光緒十五年(1889)刻本　一冊

430000－2411－0000422　212/76
策學備纂三十二卷　(清)吳熲炎輯　清光緒二十六年(1900)上海點石齋印本　四十八冊

430000－2411－0000423　212/77
俄遊彙編八卷　(清)繆祐蓀纂　清光緒二十一年(1895)上海江左書林石印本　五冊

430000－2411－0000424　212/78
廣湖南考古略三十卷　(清)同德齋主人編　清光緒十四年(1888)鴻寶齋石印本　六冊

430000－2411－0000425　212/79
鴻雪軒紀禮　(清)藝蘭生錄　清同治十三年(1874)刻本　一冊

430000－2411－0000426　212/80
朔方備乘六十八卷　(清)何秋濤纂輯　清光緒七年(1881)寶善書局石印本　八冊

430000－2411－0000427　212/83
西漢四大家書六種六卷　(清)王謨編　清乾隆五十四年(1789)金谿王氏刻本　一冊

430000－2411－0000428　212/84
萬國史記二十卷　(日本)重野安繹撰　清光緒二十三年(1897)上海六先書局刻本　八冊

430000－2411－0000429　212/85
華陽國志十二卷　(晉)常璩撰　清嘉慶十九年(1814)刻本　二冊

430000－2411－0000430　212/86
三輔黃圖六卷　(清)畢沅校補　清刻本　一冊

430000－2411－0000431　5/15
新輯各國政治藝學全書　(清)趙以炯輯　清光緒二十八年(1902)上海東山書局石印本

三十二册

430000－2411－0000432　213/4
欽定四庫全書總目二百卷　(清)紀昀等撰　清同治七年(1868)廣東書局刻本　一百二十册

430000－2411－0000433　213/5
欽定四庫全書總目二百卷　(清)紀昀等撰　清同治七年(1868)廣東書局刻本　三十三册

430000－2411－0000434　213/9
欽定四庫全書簡明目録二十卷　(清)紀昀等撰　清光緒十年(1884)上海同文書局石印本　四册

430000－2411－0000435　213/10
輶軒語一卷書目答問不分卷　(清)張之洞編　清光緒三年(1877)刻本(濠上書齋藏板)　三册

430000－2411－0000436　213/11
書目答問不分卷　(清)張之洞編　清光緒三年(1877)刻本　二册

430000－2411－0000437　213/26
藏書紀事詩六卷　葉昌熾撰　清光緒二十三年(1897)長沙學使署刻本　六册

430000－2411－0000438　213/28
直齋書録解題三十二卷　(宋)陳振孫撰　清光緒九年(1883)江蘇書局刻本　六册

430000－2411－0000439　213/30
述古叢鈔　(清)劉晚榮撰　清同治十年(1871)藏修書屋刻本　十一册

430000－2411－0000440　213/35
欽定四庫全書總目二百卷　(清)紀昀等撰　清同治七年(1868)廣東書局刻本　十七册

430000－2411－0000441　214/1
兩漢金石記三卷　(清)翁方綱撰　清乾隆五十四年(1789)刻本　一册

430000－2411－0000442　214/2
殷商貞卜文字考一卷　羅振玉撰　清宣統二年(1910)玉簡齋石印本　一册

430000－2411－0000443　214/4
古泉叢話三卷　(清)戴熙撰　清道光元年(1821)刻本　一册

430000－2411－0000444　214/5
博古圖三十卷　(宋)呂大臨撰　清順治五年(1648)本立堂刻本　七册　存二十一卷(一至三、七至十五、十九至二十四、二十八至三十)

430000－2411－0000445　214/6
古泉彙亨集　(清)李佐賢撰　清同治八年(1869)刻本　一册　存七卷(八至十四)

430000－2411－0000446　214/8
古今錢略二十二卷　(清)倪模輯　(清)倪文蔚校刊　清光緒五年(1879)刻本　六册

430000－2411－0000447　214/9
積古齋鐘鼎彝器款識十卷　(清)阮元撰　清光緒五年(1879)刻本　十册

430000－2411－0000448　301/1
孔子家語四卷　(三國魏)王肅撰　清乾隆三十七年(1772)寶樹堂刻本　一册　存二卷(一至二)

430000－2411－0000449　301/2
孔子集語九卷　(清)孫星衍輯　清刻本　二册

430000－2411－0000450　301/4
晏子春秋七卷　(春秋)晏嬰撰　(清)孫星衍註　清光緒十八年(1892)平江蘇氏校刻本　二册

430000－2411－0000451　301/7
晏子春秋七卷校勘二卷音義二卷　(春秋)晏嬰撰　(清)孫星衍等校　清乾隆五十三年(1788)陽湖孫氏校刻本　一册

430000－2411－0000452　301/8
荀子箋釋二十卷　(清)謝墉撰　清嘉慶九年(1804)姑蘇聚文堂刻本　三册

430000－2411－0000453　301/9
荀子集解二十卷　王先謙撰　清光緒十七年

(1891)思賢講舍刻本　六册

430000－2411－0000454　301/10
老子道德經二卷　(周)李耳撰　(三國魏)王弼註　清光緒二十三年(1897)文瑞樓石印本　一册

430000－2411－0000455　301/11
老子道德真經二卷音義一卷　(周)李耳撰　(漢)河上公章句　清刻本　一册

430000－2411－0000456　301/12
老子異六卷附錄一卷異考一卷　(明)焦竑輯　(明)王元貞校　清初刻本　四册

430000－2411－0000457　301/13
老子元異二卷考異一卷附錄一卷　(明)焦竑撰　清乾隆五年(1740)三多齋刻本　二册

430000－2411－0000458　301/14
老子評注二卷　(漢)河上公章句　(明)歸有光批閲　(明)文震孟訂正　清嘉慶九年(1804)姑蘇聚文堂刻本　一册

430000－2411－0000459　301/16
太上老子道德經集解二卷　(清)董恩靖集解　清光緒三年(1877)刻本　一册

430000－2411－0000460　301/17
莊子注二卷　王闓運注　清同治八年(1869)刻本　二册

430000－2411－0000461　301/19
莊子解十二卷　(清)吳世尚撰　清雍正四年(1726)易老莊書屋刻本　四册

430000－2411－0000462　301/20
莊子評注十卷　(晉)郭象註　(唐)陸德明音義　清嘉慶九年(1804)姑蘇聚文堂刻本　三册

430000－2411－0000463　301/21
莊子獨見三卷　(晉)胡文英評釋　清乾隆十七年(1752)聚文堂精刻本　一册

430000－2411－0000464　301/22
莊子集釋十卷　(清)郭慶藩撰　清光緒二十年(1894)思賢書局刻本　八册

430000－2411－0000465　301/23
莊子南華真經四卷附音義　(戰國)莊周撰　(晉)郭象撰　明閔氏三子合刻套印本　四册　存三卷(一、三至四)

430000－2411－0000466　301/24
莊子南華真經十卷　(戰國)莊周撰　(晉)郭象註　清光緒十一年(1885)傳忠書局刻本　十册

430000－2411－0000467　301/25
沖虛至德真經八卷　(唐)殷敬順釋文　清嘉慶九年(1804)姑蘇聚文堂刻本　一册

430000－2411－0000468　301/27
鶡冠子一卷　王闓運錄　唐瀛校刊　清宣統三年(1911)刻本　一册

430000－2411－0000469　301/29
鶡冠子評注三卷　(宋)陸佃解　(明)王宇評　清嘉慶九年(1804)姑蘇聚文堂刻本　一册

430000－2411－0000470　301/31
管子二十四卷　(唐)房玄齡註　清上海涵芬樓影印本　二册　存十二卷(一至十二)

430000－2411－0000471　301/32
管子評注二十四卷　(唐)房玄齡註釋　(明)劉績增註　清嘉慶九年(1804)姑蘇聚文堂刻本　六册

430000－2411－0000472　301/36
韓非子評注二十卷　(明)王世貞撰　清嘉慶九年(1804)姑蘇聚文堂刻本　三册

430000－2411－0000473　301/37
韓非子集解二十卷　(清)王先慎撰　清掃葉山房石印本　六册

430000－2411－0000474　301/40
墨子三卷墨子佚文一卷　王闓運註　清光緒三十年(1904)江西官書局刻本　四册

430000－2411－0000475　301/41
墨子注七卷　王闓運撰　清光緒三十年(1904)鉛印本　一册

430000－2411－0000476　301/42

墨子閑詁十五卷附錄一卷後語二卷　(清)孫詒讓撰　清光緒三十三年(1907)上海商務印書館鉛印本　四册

430000－2411－0000477　301/44
詩經補箋二十卷　王闓運輯　清光緒三十年(1904)南昌官書局木活字印本　一册

430000－2411－0000478　301/45
浮邱子十二卷　(清)湯鵬著　清同治四年(1865)刻本　四册

430000－2411－0000479　301/46
浮邱子十二卷　(清)湯鵬撰　清宣統二年(1910)掃葉山房石印本　六册

430000－2411－0000480　301/47
賈子新書十卷　(漢)賈誼撰　清石印本　二册

430000－2411－0000481　301/48
子書二十五種　(清)上海育文書局輯　清光緒二十年(1894)上海育文書局石印本　二十四册

430000－2411－0000482　301/49
子書二十五種　(清)圖書集成局輯　清光緒二十三年(1897)圖書集成局校印明世德堂本　三十一册　存二十四卷(一至三、五至二十五)

430000－2411－0000483　301/50
山海經十八卷　(晉)郭璞傳　清刻本(槐陰草堂藏板)　二册

430000－2411－0000484　301/51
增補繪像山海經廣注十八卷　(晉)郭璞撰　(清)吳志伊注　清乾隆二十年(1755)寶華樓刻本　四册

430000－2411－0000485　301/52
小嫏嬛山館彙刊類書十二種二十三卷　清刻本　一册　存四卷(山海經腴詞一卷、竹書紀年雋句一卷、六經蒙術一卷、十七史蒙求一卷)

430000－2411－0000486　301/53
莊子南華真經十卷　(戰國)莊周撰　(晉)郭象註　清光緒十一年(1885)傳忠書局刻本　六册

430000－2411－0000487　302/2
鹽鐵論十卷　(漢)桓寬撰　清光緒十七年(1891)思賢講舍刻本　二册

430000－2411－0000488　302/3
徐幹中論二卷　(漢)徐幹撰　明嘉靖四十四年(1565)刻本　一册

430000－2411－0000489　302/4
文中子箋釋十卷　(隋)王通　(宋)阮逸註　清嘉慶九年(1804)姑蘇聚文堂刻本　一册

430000－2411－0000490　302/7
伸蒙子三卷　(唐)林慎思撰　清光緒元年(1875)湖北崇文書局刻本　一册

430000－2411－0000491　302/9
近思錄集注十四卷　(宋)朱熹撰　(宋)呂祖謙輯　(清)江永集注　清光緒八年(1882)維新局刻本　四册

430000－2411－0000492　302/10
五子近思錄發明十四卷　(清)汪佑編　(清)施璜纂註　清康熙四十四年(1705)新繁沈氏家塾刻本　八册

430000－2411－0000493　302/11
富陽夏氏叢刻八種　(清)夏震武等撰　清光緒刻本　四册　一函

430000－2411－0000494　302/12
御纂朱子全書六十六卷　(宋)朱熹撰　(清)李光地等輯　清文元堂書坊刻本　四十册

430000－2411－0000495　302/13
大學衍義四十三卷　(宋)真德秀撰　清道光二十三年(1843)芸香堂刻本　十二册

430000－2411－0000496　302/14
大學衍義補一百六十卷　(明)丘濬撰　(明)陳仁錫評　清道光二十三年(1843)芸香堂刻本　三十七册　存一百五十六卷(一至一百二十六、一百三十一至一百六十)

430000－2411－0000497　302/17
教諭語錄要四卷　（清）謝金鑾著　清同治十二年（1873）霞城書院刻本　一册

430000－2411－0000498　302/18
畚塘芻論二卷　（清）孫鼎臣撰　清咸豐九年（1859）刻本　二册

430000－2411－0000499　302/21
斯密亞丹原富五卷　嚴復譯　清光緒二十八年（1902）南洋公學譯書院石印本　七册

430000－2411－0000500　302/22
顏氏學記十卷　（清）戴望撰　清光緒二十年（1894）龍山白岩書院刻本　三册　存六卷（一至六）

430000－2411－0000501　302/23
論語訓二卷　王闓運註　清光緒十七年（1891）刻本　二册

430000－2411－0000502　302/24
小學集解六卷　（清）張伯行撰　清同治五年（1866）福州正誼書院刻本　四册

430000－2411－0000503　302/25
小學集解六卷　（清）張伯行輯註　清康熙五十年（1711）新繁沈氏家塾刻本　四册

430000－2411－0000504　302/26
曾文正公雜著四卷　（清）曾國藩撰　清同治十三年（1874）傳忠書局刻本　二册

430000－2411－0000505　302/27
思問錄二卷　（明）王夫之撰　清道光二十七年（1847）聽雨軒刻本　一册

430000－2411－0000506　302/28
耘桂室論文　郭焯瑩撰　清高等學堂刻本　一册

430000－2411－0000507　303/3
吴子二卷　（春秋）吴起撰　清光緒元年（1875）湖北崇文書局刻本　一册

430000－2411－0000508　303/4
評注三略一卷　（清）陳玖撰　清刻本　一册

430000－2411－0000509　303/7
練兵實紀九卷雜集六卷　（明）戚繼光撰　清無棣吴之勷刻本　二册　缺六卷（練兵實紀一、五至九）

430000－2411－0000510　303/8
東方兵事記略五卷　（清）姚錫光撰　清光緒二十三年（1897）刻本　一册

430000－2411－0000511　303/9
練勇芻言五卷　（清）王鑫撰　清光緒十三年（1887）義寧陳氏刻本　一册

430000－2411－0000512　303/11
諸葛武侯行軍要覽　（清）林松唐輯　清光緒二十二年（1896）湖南書局刻本　一册

430000－2411－0000513　303/12
中西兵略指掌二十四卷　（清）陳龍昌輯　清光緒二十三年（1897）東山草堂石印本　八册

430000－2411－0000514　303/13
讀史兵略四十六卷　（清）胡林翼撰　清咸豐十一年（1861）武昌節署刻本　二十四册

430000－2411－0000515　303/14
登壇必究四十卷　（明）王鳴鶴輯　明萬曆二十七年（1599）刻本　三十八册

430000－2411－0000516　304/1
農政全書六十卷　（明）徐光啟撰　清道光二十三年（1843）曙海樓刻本　二十六册

430000－2411－0000517　304/2
增補陶朱公致富全書四卷　（清）石岩逸叟增定　清經國堂刻本　一册

430000－2411－0000518　304/3
除蝗備考三卷　（清）袁青綬撰　清咸豐七年（1857）刻本　一册

430000－2411－0000519　304/5
蟲薈五卷　（清）方旭撰　清光緒十六年（1890）古睦州刻鵠齋刻本　四册

430000－2411－0000520　305/1
益智燕几圖二卷　（清）童葉庚等著　清光緒十五年（1889）睫巢刻本　二册

430000－2411－0000521　305/2
益智圖二卷　(清)童葉庚撰　清光緒四年(1878)睫巢刻本　二册

430000－2411－0000522　305/3
益智續圖二卷　(清)童葉庚撰　清光緒四年(1878)睫巢刻本(百鏡堂原本)　二册

430000－2411－0000523　305/4
工學精義一卷　(英國)雷德鄧尼著　(清)陳壽彭編譯　清光緒三十一年(1905)廣藝輿公司石印本　一册

430000－2411－0000524　306/1
傷寒論注四卷　(清)柯琴撰　清乾隆三十年(1765)刻本　四册

430000－2411－0000525　306/2
傷寒論翼二卷　(清)柯琴撰　清乾隆五十九年(1794)刻本(古香室原板)　二册

430000－2411－0000526　306/5
黄帝内經靈樞十二卷　(唐)王冰註　清光緒三年(1877)刻本　二册

430000－2411－0000527　306/6
補注黄帝内經素問二十四卷　(唐)王冰撰　(宋)林億注　清光緒三年(1877)浙江書局刻本　五册

430000－2411－0000528　306/7
黄帝内經素問注證發微九卷　(明)馬蒔注　清嘉慶十年(1805)太醫院刻本　二十册

430000－2411－0000529　306/9
重廣補注黄帝内經素問二十四卷　(唐)王冰注　(宋)林億等校正　(宋)孔兆重改誤　**遺篇一卷**　(宋)劉溫舒原本　清光緒十年(1884)文成堂摹刻宋本　十册

430000－2411－0000530　306/10
奇經八脈考一卷　(明)李時珍撰　明萬曆三十一年(1603)刻本　一册

430000－2411－0000531　306/16
效驗引編　(清)湘潭溥利藥店輯　清光緒十六年(1890)刻本　一册

430000－2411－0000532　306/19
傳家必讀經驗百方應驗藥方　(清)姚董南撰　清同治十三年(1874)四川刻本　一册

430000－2411－0000533　306/20
續刻臨證指南溫熱論四卷　(清)葉桂撰　清道光十五年(1835)衛生堂刻本　一册　存二卷(一至二)

430000－2411－0000534　306/21
本草衍義二十卷　(宋)冠宗奭撰　清光緒五年(1879)十萬卷樓刻本　二册

430000－2411－0000535　306/22
史載之方二卷　(宋)史堪撰　清光緒二年(1876)十萬卷樓刻本　二册

430000－2411－0000536　306/23
海藏老人陰證略例一卷　(元)王好古撰　清光緒二十九年(1903)刻本　一册

430000－2411－0000537　306/25
瘧痢三方一卷　(清)倪涵初著　清同治九年(1870)刻本　一册

430000－2411－0000538　306/26
單方歌　(清)彭友文著　清宣統元年(1909)刻本　一册

430000－2411－0000539　306/27
產科心法二卷　(清)汪喆撰　清嘉慶九年(1804)刻本　一册

430000－2411－0000540　306/31
衛生要術　(清)潘霨編集　清咸豐八年(1858)刻本　一册

430000－2411－0000541　306/32
驚風辯證必讀書　(清)劉德馨編　清光緒二十七年(1901)上元江氏刻本　一册

430000－2411－0000542　306/34
易簡方便醫書十二卷　(清)周茂五編輯　清刻本　一册　存一卷(四)

430000－2411－0000543　306/36
孫真人備急千金要方九十三卷　(唐)孫思邈撰　清同治七年(1868)刻本(立本堂藏板)

十六冊

430000－2411－0000544　306/37
醫經正本書一卷　（宋）程迥撰　清刻本　一冊

430000－2411－0000545　306/39
圖注難經四卷　（明）張世賢注圖　清刻本　二冊

430000－2411－0000546　306/40
眼科秘傳　（清）周光國抄　清同治元年(1862)抄本　一冊

430000－2411－0000547　306/41
古今圖書集成醫部全錄五百二十卷　（清）陳夢雷等輯　清光緒十四年(1888)上海圖書集成印書局鉛印本　五十三冊　存四百五十七卷(一至八、十七至一百八、一百十六至一百九十九、二百九至三百四十一、三百五十一至四百六十一、四百九十二至五百二十)

430000－2411－0000548　306/42
傅青主先生男科二卷　（清）傅山撰　清光緒七年(1881)上海廣益書局石印本　二冊

430000－2411－0000549　306/43
傅青主先生女科二卷　（清）傅山撰　清光緒十年(1884)上海廣益書局石印本　二冊

430000－2411－0000550　306/45
醫方一盤珠全集十卷　（清）洪金鼎撰　清光緒二十四年(1898)澹雅書局刻本　四冊

430000－2411－0000551　306/48
胎產秘方一卷　（明）錢氏撰　清道光二十七年(1847)刻本　一冊

430000－2411－0000552　306/50
臨證指南醫案十卷　（清）葉桂撰　清乾隆三十三年(1768)刻本　一冊　存一卷(一)

430000－2411－0000553　306/51
續增洗冤錄辯正六卷　（清）瞿中溶撰　（清）李璋煜重訂　清光緒三年(1877)浙江書局刻本　一冊

430000－2411－0000554　306/52
重刊洗冤錄彙纂補輯五卷　（清）李觀瀾補輯　清光緒三年(1877)刻本　一冊

430000－2411－0000555　306/53
景岳全書六十四卷　（明）張介賓撰　清宣統元年(1909)上海會文堂新記書局石印本　十六冊

430000－2411－0000556　306/55
幼幼集成六卷　（清）陳複正輯訂　清光緒二十二年(1896)華川書屋刻本　六冊

430000－2411－0000557　306/56
重鐫本草醫方合編　（清）汪昂撰　（清）胡學峰重定　清三讓堂刻本　六冊

430000－2411－0000558　307/1
經算雜說算學雜識合編十卷　（清）潘應祺撰　（清）曹汝英校　清光緒二十四年(1898)廣州刻本　二冊

430000－2411－0000559　307/3
學算筆談十二卷　（清）華蘅芳撰　清光緒二十三年(1897)善化章氏經濟堂刻本　六冊

430000－2411－0000560　307/4
御製數理精蘊四十五卷　（清）聖祖玄燁敕編　清光緒八年(1882)廣東藩司刻本　六十冊

430000－2411－0000561　307/5
格物入門七卷　（美國）丁韙良撰　清光緒刻本　七冊　存五卷(二至六)

430000－2411－0000562　307/6
九數通考十一卷首一卷末一卷　（清）屈曾發輯　清光緒八年(1882)蜀南黃氏刻本　六冊

430000－2411－0000563　307/7
代數術二十五卷　（英國）華里司輯　（英國）傅蘭雅譯　（清）華衡芳筆述　清光緒湖南新學書局仿江南製造局刻本　六冊

430000－2411－0000564　307/8
數學上編十三卷　（清）曹汝英著　清光緒二十九年(1903)廣州石印本　六冊

430000－2411－0000565　307/9
行素軒算稿五種十二卷　（清）華蘅芳撰　清

光緒八年(1882)梁溪華氏刻本　四冊

430000－2411－0000566　307/11
算書二十一種　(清)吳嘉善述　(清)丁取忠刊　清同治十三年(1874)長沙古荷花池精舍刻本　三冊

430000－2411－0000567　307/12
八線對數類編二卷　(清)張作楠輯　清同治十三年(1874)長沙荷池精舍刻本　一冊

430000－2411－0000568　307/13
勾股算術細草一卷　(清)李鋭著　清同治十一年(1872)長沙刻本　一冊

430000－2411－0000569　307/14
開方説三卷少廣縋鑿一卷　(清)李鋭等著　清同治十二年(1873)長沙刻本　二冊

430000－2411－0000570　307/15
借根方勾股細草一卷　(清)李錫蕃著　清同治十一年(1872)長沙刻本　一冊

430000－2411－0000571　307/16
百雞術衍二卷　(清)時日醇編　(清)丁取忠校刊　清同治十二年(1873)長沙刻本　二冊

430000－2411－0000572　307/17
輿地經緯度里表　(清)丁取忠著　清咸豐十一年(1861)長沙刻本　一冊

430000－2411－0000573　307/18
截球解義一卷弧三角拾遺一卷用表推日食三差一卷朔食里差三卷　(清)徐有壬撰　清同治長沙刻本　一冊

430000－2411－0000574　307/19
測圜密率三卷造各表簡法一卷　(清)徐有壬撰　清同治十一年(1872)長沙刻本　一冊

430000－2411－0000575　307/20
則古昔齋算學十三種二十四卷　(清)李善蘭撰　清同治六年(1867)金陵李氏刻本　六冊

430000－2411－0000576　307/21
中西算學集要三種十卷　(清)周毓英撰　清光緒七年(1881)聚文堂郁記刻本　六冊

430000－2411－0000577　307/22
曉庵新法六卷　(清)王錫闡撰　清光緒二十二年(1896)上海鳴室齋石印本　二冊

430000－2411－0000578　307/23
三統術詳説二卷　(清)陳澧撰　清光緒二十二年(1896)上海鴻寶齋石印本　一冊

430000－2411－0000579　307/24
簡平儀説一卷　(明)熊三撥撰　(明)錢熙祚校　清光緒二十二年(1896)上海鴻寶齋石印本　一冊

430000－2411－0000580　307/25
致曲圖解一卷造各表簡法一卷　(清)夏鸞翔等撰　清光緒二十二年(1896)上海鴻寶齋石印本　一冊

430000－2411－0000581　307/27
對數表　(美國)赫士譯　清光緒三十一年(1905)上海美華書館石印本　一冊

430000－2411－0000582　308/1
人倫大統賦二卷　(金)張行簡撰　(元)薛延年註　清光緒三年(1877)吳興陸氏十萬卷樓刻本　一冊

430000－2411－0000583　308/2
割圜八線綴術四卷　(清)徐有壬撰　(清)吳嘉善述草　(清)左潛補草　清同治十三年(1874)長沙古荷池精舍刻本　一冊

430000－2411－0000584　308/3
數學拾遺一卷　(清)丁取忠撰　清同治十三年(1874)古荷池精舍刻本　一冊

430000－2411－0000585　308/4
測圓海鏡細草十二卷　(元)李治撰　清同治十二年(1873)古荷池精舍刻本　三冊

430000－2411－0000586　308/5
益古演段三卷　(元)李治撰　清同治十二年(1873)古荷池精舍刻本　二冊

430000－2411－0000587　308/6
諏吉述正二十五卷　(清)張祖同輯　清光緒二十三年(1897)湖南思賢書局刻本　十二冊

430000－2411－0000588　308/7
地理葬書集注一卷　(元)鄭謐註譯　清光緒五年(1879)十萬卷樓刻本　一册

430000－2411－0000589　308/8
乙巳占十卷　(唐)李淳風撰　(清)陸心源校　清光緒二年(1876)十萬卷樓刻本　四册

430000－2411－0000590　308/9
焦氏易林四卷　(漢)焦贛撰　清光緒元年(1875)湖北崇文書局刻本　四册

430000－2411－0000591　308/10
粟布演草二卷　(清)曾紀鴻演　(清)丁取忠　(清)左潛述　清同治十三年(1874)長沙古荷池精舍刻本　一册

430000－2411－0000592　308/11
緝古算經細草三卷　(清)張敦仁撰　**細草**　(唐)王孝通撰並註　清光緒二年(1876)古荷池精舍刻本　一册

430000－2411－0000593　308/12
對數詳解五卷　(清)丁取忠撰　清同治十二年(1873)古荷池精舍刻本　一册

430000－2411－0000594　308/13
綴術釋明二卷　(清)左潛釋　清同治十二年(1873)古荷池精舍刻本　一册

430000－2411－0000595　308/14
綴術釋戴一卷　(清)左潛釋　清光緒元年(1875)古荷池精舍刻本　一册

430000－2411－0000596　308/15
四元玉鑒三卷附四象假令細草一卷　(元)朱世傑撰　(清)丁取忠補草　清光緒元年(1875)古荷池精舍刻本　二册

430000－2411－0000597　308/16
求一術通解二卷　(清)黄宗憲撰　(清)左潛參定　清同治十三年(1874)古荷池精舍刻本　一册

430000－2411－0000598　309/3
芥子園畫傳九卷　(清)王槩等編　清光緒十四年(1888)石印本　三册　存六卷(一至四、八至九)

430000－2411－0000599　309/4
芥子園畫傳初集六卷二集九卷三集六卷　(清)王槩等編　清光緒十四年(1888)石印本　一册

430000－2411－0000600　309/5
冶梅竹譜　(清)王寅編繪　清光緒七年(1881)刻本　十八册

430000－2411－0000601　309/6
晚笑堂畫傳二卷　(清)上官周繪　清刻本　一册

430000－2411－0000602　309/7
入幕須知五種九卷　(清)萬維翰等撰　清光緒十年(1884)刻本　四册

430000－2411－0000603　309/10
清河書畫舫十二卷　(明)張丑撰　清光緒元年(1875)有竹人家刻本　十二册

430000－2411－0000604　309/12
清朝書畫錄四卷　(清)竇鎮輯　清刻本　一册　存一卷(四)

430000－2411－0000605　309/14
弈理指歸續編一卷　(清)施紹闇撰　(清)李良校　清乾隆四十三年(1778)弈潛齋刻本　一册

430000－2411－0000606　309/15
佩文齋廣群芳譜一百卷　(清)孫岳頒等撰　清刻本　三十二册

430000－2411－0000607　309/16
桐陰論畫二卷首一卷附錄一卷畫訣二卷論畫小傳一卷　(清)秦祖永評輯　清同治三年(1864)刻朱墨套印本　八册

430000－2411－0000608　309/21
青在堂竹譜上册　(清)沈心友撰文　(清)王蘊庵　(清)褚曦庵繪圖　清末印本　一册

430000－2411－0000609　309/22
青在堂菊譜二卷　(清)沈心友撰文　(清)王蘊庵　(清)褚曦庵繪圖　清末刻本　一册

430000－2411－0000610　309/24
竹譜一卷　(清)□□繪　清賞奇軒合編刻本　一册

430000－2411－0000611　309/26
淳化閣帖釋文十卷　(清)徐朝弼撰　清石印本　一册

430000－2411－0000612　309/27
淳化閣帖釋文十卷　(清)徐朝弼撰　清嘉慶十七年(1812)耕書堂刻本　一册

430000－2411－0000613　309/30
欽定佩文齋畫譜一百卷　(清)孫岳頒等撰　清康熙四十六年(1707)静永堂刻本　一册　存一卷(一)

430000－2411－0000614　309/37
桃花泉棋譜二卷　(清)范世勳撰　清光緒上海文瑞樓石印本　一册　存一卷

430000－2411－0000615　309/42
桐陰論畫二卷桐陰畫訣二卷　(清)秦祖永著　清同治三年(1864)刻朱墨套印本　二册

430000－2411－0000616　309/43
桐陰論畫二編二卷桐陰論畫三編二卷　(清)秦祖永著　清光緒八年(1882)刻朱墨套印本　二册

430000－2411－0000617　309/47
芥子園畫傳　(清)王安節撰　清光緒十三年(1887)石印本　二册

430000－2411－0000618　310/2
淮南子箋釋二十一卷　(漢)劉安撰　(漢)高誘註　(清)莊逵吉校刊　清嘉慶九年(1804)姑蘇聚文堂刻本　四册

430000－2411－0000619　310/3
論衡三十卷　(漢)王充撰　清光緒元年(1875)校通津草堂刻本　四册　存二十卷(十一至三十)

430000－2411－0000620　310/5
王志二卷　王闓運撰　陳兆奎編輯　清光緒三十三年(1907)刻本　一册

430000－2411－0000621　310/6
元穆日記三卷　杜俞著　清光緒三十三年(1907)姑蘇刻本　一册

430000－2411－0000622　310/7
東原錄一卷　(宋)龔鼎臣撰　(清)陸心源校　清光緒三年(1877)十萬卷樓刻本　一册

430000－2411－0000623　310/8
師友雜志一卷紫微雜説一卷　(清)陸心源撰　清光緒三年(1877)十萬卷樓刻本　一册

430000－2411－0000624　310/10
智囊補二十八卷　(明)馮夢龍輯　清光緒五年(1879)刻本　六册

430000－2411－0000625　310/12
庸閑齋筆記八卷　(清)陳其元撰　清同治十三年(1874)吴下刻本　四册

430000－2411－0000626　310/13
謏謏言六卷　(清)郭柏蔭撰　清末侯官郭氏家集彙刻本　一册

430000－2411－0000627　310/14
吾學錄二十四卷　(清)吴榮光撰　清光緒十年(1884)刻本　八册

430000－2411－0000628　310/15
義門讀書記五十八卷　(清)何焯撰　清光緒六年(1880)苕溪吴氏刻本　十六册

430000－2411－0000629　310/17
日知錄集釋三十六卷　(清)顧炎武撰　(清)黄汝成集釋　**日知錄刊誤二卷續刊誤二卷**　(清)黄汝成撰　清同治十一年(1872)湖北崇文書局刻本　十六册

430000－2411－0000630　310/18
求闕齋讀書錄十卷　(清)曾國藩撰　清光緒二年(1876)傳忠書局刻本　四册

430000－2411－0000631　310/19
退一步軒雜鈔三卷　(清)李元善撰　清光緒六年(1880)沅陵官舍刻本　一册

430000－2411－0000632　310/20
日知錄集釋三十二卷　(清)顧炎武撰　(清)

黃汝成集釋　清光緒元年(1875)刻本　十六册

430000－2411－0000633　310/21
求闕齋日記類鈔二卷　(清)曾國藩撰　(清)王啟原編　清光緒二年(1876)傳忠書局刻本　二册

430000－2411－0000634　310/22
集雅八卷　(清)王榮蘭輯　清同治元年(1862)掃葉山房刻本　四册

430000－2411－0000635　311/1
博物志十卷　(晉)張華撰　(清)汪士漢校　清康熙七年(1668)刻本　一册

430000－2411－0000636　311/2
廣博物志五十卷　(明)董斯張纂　清刻本(高暉堂藏板)　七册　存十八卷(四、七、十八至三十、四十一至四十二、四十八)

430000－2411－0000637　311/3
玉海二百卷　(元)王應麟撰　清乾隆刻本　四册　存十五卷(十至十三、六十四至六十六、一百至一百二、一百四十五至一百四十九)

430000－2411－0000638　311/4
玉海二百四卷　(元)王應麟撰　清光緒九年(1883)浙江書局刻本　一百四十册

430000－2411－0000639　311/5
韻府群玉二十卷　(元)陰時夫撰　(元)陰中夫註　清刻本(文光堂藏板)　二十册

430000－2411－0000640　311/6
初學記三十卷　(唐)徐堅等撰　明嘉靖十三年(1534)晉府刻本　十二册

430000－2411－0000641　311/7
淵鑒類函四百五十卷　(清)張英等輯　清康熙四十九年(1710)清吟堂刻本　一百四十册　存四百九卷(一至二百七十、三百十二至四百五十)

430000－2411－0000642　311/8
淵鑒類函四百五十卷　(清)張英等輯　清古香齋刻袖珍本　一百八十册

430000－2411－0000643　311/9
駢文類纂四十六卷　王先謙纂集　清光緒二十八年(1902)思賢書局刻本　二十四册

430000－2411－0000644　311/10
御製分類字錦六十四卷　(清)何焯撰　(清)陳鵬年等輯　清康熙六十一年(1722)刻本　九十六册

430000－2411－0000645　311/11
增補事類統編三十五卷　(清)黃葆真輯　(清)何立中校　清光緒十四年(1888)上海點石齋石印本　十二册

430000－2411－0000646　311/12
子史精華三十卷　(清)允祿等撰　清光緒九年(1883)上海點石齋石印本　二册

430000－2411－0000647　311/13
子史精華一百六十卷　(清)允祿等撰　清光緒十二年(1886)上海同文書局石印本　八册

430000－2411－0000648　311/14
子史精華一百六十卷　(清)允祿等撰　清光緒十五年(1889)上海蜚英館石印本　八册

430000－2411－0000649　311/15
皇朝駢文類苑十四卷　(清)姚燮輯　(清)張壽榮校　清石印本　十三册

430000－2411－0000650　311/16
古事比五十二卷　(清)方中德撰　清光緒十三年(1887)上海點石齋石印本　六册

430000－2411－0000651　311/17
事物記原十卷　(宋)高承撰　(明)李果訂　清光緒二十二年(1896)刻本　十册

430000－2411－0000652　311/18
讀書紀數略五十四卷　(清)宮夢仁撰　(清)宋澤元校　清光緒六年(1880)刻懺花盦叢書本　三册

430000－2411－0000653　311/19
佩文韻府一百六卷　(清)張玉書等纂　清光緒十三年(1887)刻本　九十六册

430000－2411－0000654　311/20
二十二子摘錦三十卷　(清)孫灝輯　清光緒二十三年(1897)積山書局石印本　六册

430000－2411－0000655　311/21
類典囊括六十四卷　(清)周祜輯　清光緒五年(1879)汲古山房刻本　二十四册

430000－2411－0000656　311/22
經腴類纂二卷　(清)孫顏輯　清光緒二十年(1894)小瑯環山館刻本　一册

430000－2411－0000657　311/23
歷代史腴二卷　(清)周金壇輯　清光緒二十年(1894)小嫏嬛山館石印本　一册

430000－2411－0000658　311/24
左氏蒙求注一卷　(清)許乃濟　(清)王慶麟撰　清光緒十二年(1886)小嫏嬛山館刻本　一册

430000－2411－0000659　311/25
爾雅貫珠一卷山海經腴詞一卷　(明)朱銓輯　清光緒二十年(1894)小嫏嬛山館石印本　一册

430000－2411－0000660　311/26
分類詳注百子金丹全書十卷　(清)郭士俊註　清光緒二十年(1894)上海袖海山房石印本　六册

430000－2411－0000661　311/27
校補百子金丹十卷　(清)郭士俊選註　清光緒二十一年(1895)百尺山房刻本　十二册

430000－2411－0000662　311/28
策海四卷　(元)馬端臨撰　清乾隆刻本　十二册

430000－2411－0000663　311/30
三才略三卷　蔣德鈞輯　清光緒二十年(1894)文彬書局刻本　一册

430000－2411－0000664　311/31
謝華啟秀四卷　(明)楊慎撰　清光緒二十年(1894)小嫏嬛山館刻本　一册

430000－2411－0000665　311/32
均藻五卷　(明)楊慎撰　清光緒二十年(1894)小嫏嬛山館刻本　一册

430000－2411－0000666　311/33
佩文韻府四百四十卷　(清)張玉書等編撰　清光緒十三年(1887)刻本　九十五册

430000－2411－0000667　311/34
欽定淵鑒類函四百五十卷目錄四卷　(清)張英等編　清康熙四十九年(1710)刻本　四册

430000－2411－0000668　311/35
謝華啟秀五卷　(明)楊慎撰　清光緒二十年(1894)小嫏嬛山館刻本　二册

430000－2411－0000669　312/5
詳注聊齋志異圖詠十六卷　(清)蒲松齡著　(清)呂湛恩注　清光緒十二年(1886)上海同文書局石印本　六册

430000－2411－0000670　312/7
聊齋志異新評十六卷　(清)蒲松齡著　(清)王士正評　(清)但明倫新評　清道光二十二年(1842)刻朱墨套印本　十六册

430000－2411－0000671　312/9
夷堅甲志二十卷　(宋)洪邁撰　清光緒五年(1879)吳興陸氏十萬卷樓刻本　四册

430000－2411－0000672　312/16
觚賸八卷　(清)鈕琇撰　清宣統三年(1911)上海國學扶輪社石印本　四册

430000－2411－0000673　312/17
繪圖花月痕六卷　(清)眠鶴主人編　(清)棲霞評閱　清上海廣益書局石印本　三册

430000－2411－0000674　312/18
陔餘叢考三十四卷　(清)趙翼撰　清刻本　一册　存四卷(三十一至三十四)

430000－2411－0000675　312/22
如是我聞四卷　(清)紀昀撰　清光緒三年(1877)刻本　二册

430000－2411－0000676　312/23
槐西雜志四卷　(清)紀昀撰　清光緒三年(1877)刻本　二册

430000－2411－0000677　312/24
姑妄聽之四卷　(清)紀昀撰　清光緒三年(1877)刻本　二冊

430000－2411－0000678　312/25
灤陽續錄六卷　(清)紀昀撰　清光緒三年(1877)刻本　二冊

430000－2411－0000679　312/27
漢官儀三卷　(清)劉頁父撰　清道光四年(1824)揚州穆西堂刻本　一冊

430000－2411－0000680　312/29
灤陽消夏錄六卷　(清)紀昀撰　清光緒三年(1877)刻本　二冊

430000－2411－0000681　314/1
法華擊節一卷　(明)釋智旭撰　**妙法蓮華經綸貫**　(清)釋德清撰　清同治三年(1864)刻本　一冊

430000－2411－0000682　314/2
萬緣金剛經集注一卷　(清)釋增德註　清嘉慶十七年(1812)刻本　一冊

430000－2411－0000683　314/4
法苑珠林一百卷　(唐)釋道世撰　清道光七年(1827)刻本(燕園蔣氏藏板)　三十六冊

430000－2411－0000684　314/7
釋迦如來應化事蹟不分卷　(清)釋永珊輯　清光緒十四年(1888)湖南刻本　四冊

430000－2411－0000685　314/8
寶通賢首傳燈錄二卷續錄二卷　(清)宋祖旺纂　清光緒八年(1882)賢良寺刻本　四冊

430000－2411－0000686　314/9
廣弘明集三十卷　(唐)釋道宣撰　清刻本　一冊　存一卷(八)

430000－2411－0000687　314/10
了凡綱鑒補三十九卷　(明)王世貞編　清刻本　四冊

430000－2411－0000688　401/2
離騷九歌釋一卷　(清)譚獻撰　清光緒十八年(1892)刻本　一冊

430000－2411－0000689　401/3
楚詞釋十一卷附高唐賦注一篇　王闓運注　清光緒二十七年(1901)衡陽刻本　一冊

430000－2411－0000690　402/8
庚辰集五卷　(清)紀昀編　清乾隆二十五年(1760)同文堂刻本　五冊

430000－2411－0000691　402/9
筠溪集二十四卷附樂府一卷　(宋)李彌遜撰　清乾隆四十四年(1779)刻本　十一冊　存二十一卷(一至十九、二十三至二十四,樂府卷)

430000－2411－0000692　402/10
曝書亭集八十卷附錄一卷　(清)朱彝尊撰　清嘉慶十九年(1814)刻本　十五冊

430000－2411－0000693　402/11
曝書亭集八十卷附錄一卷　(清)朱彝尊撰　清光緒十五年(1889)會稽陶氏刻本　二十冊

430000－2411－0000694　402/12
孟塗初集十卷　(漢)劉開撰　清道光六年(1826)刻本　四冊

430000－2411－0000695　402/13
蒼莨初集十卷文集六卷　(清)孫鼎臣撰　清咸豐九年(1859)刻本　五冊

430000－2411－0000696　402/14
曾文正公書劄三十三卷　(清)曾國藩撰　清光緒二年(1876)傳忠書局刻本　十六冊

430000－2411－0000697　402/15
古微堂外集八卷　(清)魏源撰　清光緒四年(1878)淮南書局刻本　一冊　存二卷(一至二)

430000－2411－0000698　402/16
古微堂外集八卷　(清)魏源撰　清宣統元年(1909)上海國學扶輪社石印本　四冊　存六卷(三至八)

430000－2411－0000699　402/17
李湘洲文集十一卷　(明)李騰芳撰　清宣統刻本　十六冊

430000－2411－0000700　402/18

小壺天集十卷　(清)曾傳贊撰　清光緒十一年(1885)刻本　二冊

430000－2411－0000701　402/19
建安七子集七卷　(清)楊逢辰輯　清光緒十六年(1890)長沙楊氏坦園刻本　四冊

430000－2411－0000702　402/20
楊盈川集十卷　(唐)楊炯撰　清光緒叢雅居鄒氏刻本　一冊　存四卷(一至四)

430000－2411－0000703　402/21
庾子山集十六卷　(北周)庾信撰　(清)倪璠注　清光緒二十年(1894)粵東儒雅堂刻本　二冊　存二卷(十三、十五)

430000－2411－0000704　402/22
劉秘書集一卷　(南朝梁)劉孝綽撰　清光緒十八年(1892)善化經濟堂刻本　一冊

430000－2411－0000705　402/23
歐陽文公圭齋集十五卷附錄一卷　(元)歐陽玄撰　清光緒二十七年(1901)刻本　六冊

430000－2411－0000706　402/24
歐陽文公圭齋集十六卷末一卷　(元)歐陽玄撰　清道光十四年(1834)瀏陽紹文堂刻本　五冊

430000－2411－0000707　402/25
王湘綺先生文集八卷　王闓運著　清光緒三十三年(1907)墨莊劉氏長沙刻本　四冊

430000－2411－0000708　402/26
蘭藻堂集六卷　(清)舒瞻撰　清末刻本　一冊　存三卷(四至六)

430000－2411－0000709　402/32
湘綺樓箋啟八卷　王闓運撰　清光緒三十年(1904)刻本　四冊

430000－2411－0000710　402/35
湘綺樓文集八卷　王闓運著　清光緒三十二年(1906)墨莊劉氏刻本　四冊　存七卷(一至五、七至八)

430000－2411－0000711　402/36
朱子文集十八卷　(宋)朱熹撰　(清)楊浚校　清同治五年(1866)福州正誼書院刻本　十四冊

430000－2411－0000712　402/37
擇雅堂二集八卷　(清)許慧軒撰　清光緒十三年(1887)鴻德堂刻本　一冊

430000－2411－0000713　402/38
李延平先生文集四卷　(宋)李侗撰　清同治五年(1866)福州正誼書院刻本　一冊　存二卷(一至二)

430000－2411－0000714　402/39
甌香館集十二卷補遺二卷附錄一卷　(清)惲格撰　(清)蔣光熙輯　清光緒七年(1881)刻本　四冊

430000－2411－0000715　402/40
道榮堂文集六卷滄州近詩十卷　(清)陳鵬年撰　清乾隆二十七年(1762)刻本　十三冊　存十四卷(文集一至六、滄州近詩三至十)

430000－2411－0000716　402/41
陶園文集八卷　(清)張九鉞撰　清道光七年(1827)賜錦樓刻本　二冊

430000－2411－0000717　402/42
笙雅堂易通四卷　(清)張九鐔撰　清光緒十三年(1887)刻本　一冊

430000－2411－0000718　402/43
笙雅堂易通四卷　(清)張九鐔撰　清光緒十三年(1887)刻本　四冊

430000－2411－0000719　402/44
養知書屋文集二十八卷　(清)郭嵩燾撰　清光緒十八年(1892)刻本　十二冊

430000－2411－0000720　402/45
臨川先生文集一百卷　(宋)王安石撰　清上海涵芬樓影印本　二十冊

430000－2411－0000721　402/46
晦庵先生朱文公文集一百卷　(宋)朱熹撰　清刻本　一冊　存二卷(六十三至六十四)

430000－2411－0000722　402/47
西廬文集四卷　(清)張雋撰　清宣統二年

(1910)上海國學扶輪社石印本　二册

430000－2411－0000723　402/48
星隱樓文集一卷詩集一卷雜記一卷　錢振鍠撰　清刻本　一册

430000－2411－0000724　402/49
洪北江文集四卷　(清)洪亮吉撰　清宣統二年(1910)上海國學扶輪社石印本　二册

430000－2411－0000725　402/50
吳摯甫文集四卷附鈔深州風土記四篇　(清)吳汝綸撰　清宣統元年(1909)上海國學扶輪社石印本　二册

430000－2411－0000726　402/54
托素齋文集五卷　(清)黎士弘撰　清光緒元年(1875)刻本　一册　存一卷(五)

430000－2411－0000727　402/55
虛受堂文集十五卷　王先謙撰　清光緒二十六年(1900)刻本　四册

430000－2411－0000728　402/56
龔定庵集十四卷　(清)龔自珍撰　清光緒二十三年(1897)豐城余氏寶墨齋刻本　四册　存九卷(定庵文集二卷、定庵續集三至四、乂補編五卷)

430000－2411－0000729　402/57
定庵文集三卷續集四卷　(清)龔自珍撰　清同治七年(1868)刻本　二册　存五卷(文集三卷、續集三至四)

430000－2411－0000730　402/58
定庵文集三卷續集四卷文集補編四卷文集補編續錄一卷別集一卷拾遺一卷　(清)龔自珍撰　清宣統元年(1909)上海國學扶輪社石印本　七册

430000－2411－0000731　402/60
汪鈍翁文集十六卷　(清)汪琬撰　清宣統二年(1910)上海國學扶輪社石印本　八册

430000－2411－0000732　402/61
樊南文集詳注八卷　(唐)李商隱撰　(清)馮浩編訂　清同治七年(1868)刻本　四册

430000－2411－0000733　402/62
詁經精舍文集十四卷　(清)阮元輯　清嘉慶六年(1801)阮氏刻本　五册　存十二卷(三至十四)

430000－2411－0000734　402/63
司馬溫公文集十四卷　(宋)司馬光撰　(清)張伯行重訂　清同治五年(1866)福州正誼堂刻本　六册　存十一卷(四至十四)

430000－2411－0000735　402/65
春酒堂文集一卷　(清)周容撰　清宣統二年(1910)上海國學扶輪社石印本　一册

430000－2411－0000736　402/66
張橫渠先生文集十二卷　(清)張伯行編輯　清同治五年(1866)福州正誼堂書局刻本　一册　存四卷(九至十二)

430000－2411－0000737　402/67
劉坦齋先生文集十五卷補編一卷　(明)劉三吾撰　(清)劉維翔　(清)劉維翰編次　清道光七年(1827)石溪留耕堂刻本　四册

430000－2411－0000738　402/68
飲冰室文集全編二十卷　梁啟超撰　清光緒二十九年(1903)上海廣益書局石印本　五册

430000－2411－0000739　402/69
左文襄公文集五卷聯語一卷　(清)左宗棠撰　清宣統元年(1909)蘇州臨頓路毛上珍鉛印本　二册

430000－2411－0000740　402/70
左文襄公文集五卷詩集一卷聯語一卷　(清)左宗棠撰　清光緒十八年(1892)刻本　二十四册

430000－2411－0000741　402/71
二曲全集二十六卷　(清)李顒撰　清光緒二十六年(1900)湘陰奎樓蔣氏小瑯環山館刻本　六册

430000－2411－0000742　402/72
韋蘇州集十卷　(唐)韋應物撰　清宣統三年(1911)石印本　六册

430000－2411－0000743　402/73
庾子山集十六卷附總釋一卷　（北周）庾信撰　（清）倪璠註釋　清道光刻本　六冊

430000－2411－0000744　402/75
柏梘山房文集十六卷續文集一卷駢體文二卷詩集十卷詩續集二卷　（清）梅曾亮撰　清宣統二年（1910）上海國學扶輪社石印本　六冊

430000－2411－0000745　402/76
五百家注音辯韓昌黎先生文集四十卷　（唐）韓愈撰　清乾隆四十九年（1784）刻本　十六冊

430000－2411－0000746　402/77
五百家注釋韓昌黎全集　（唐）韓愈撰　清上海文瑞樓石印本　六冊

430000－2411－0000747　402/78
韓昌黎全集四十卷　（唐）韓愈撰　清刻本（東雅堂原本章氏藏板）　一冊　存五卷（六至十）

430000－2411－0000748　402/79
芳茂山人文集十三卷詩錄十卷　（清）孫星衍撰　清光緒十一年（1885）長沙王氏刻本　八冊

430000－2411－0000749　402/80
芳茂山人文集十三卷詩錄十卷　（清）孫星衍撰　清光緒二十年（1894）湖南思賢書局刻本　十冊

430000－2411－0000750　402/81
徐孝穆集六卷　（南朝陳）徐陵撰　（清）吳兆宜註　**備考一卷**　（清）徐文炳撰　清光緒十八年（1892）善化經濟堂刻本　四冊

430000－2411－0000751　402/82
袁簡齋時文稿一卷　（清）袁枚撰　清光緒二十六年（1900）蘇山草堂刻本　一冊

430000－2411－0000752　402/83
望溪集不分卷　（清）方苞撰　（清）王兆符（清）程崟輯　清乾隆元年（1736）刻本　四冊

430000－2411－0000753　402/84
方望溪先生全集三十卷　（清）方苞撰　（清）戴鈞衡校　清咸豐元年至二年（1851－1852）桐城戴氏味經山館刻本　十六冊

430000－2411－0000754　402/85
李文莊公全集十卷　（明）李騰芳撰　清光緒二年（1876）刻本　十冊

430000－2411－0000755　402/86
廬陵宋丞相信國公忠烈先生全集十卷　（宋）文天祥撰　清末刻本　七冊

430000－2411－0000756　402/87
石笥山房文集六卷詩十二卷　（清）胡天遊撰　清道光二十六年（1846）博平縣衙刻本　八冊

430000－2411－0000757　402/88
歸震川大全集三十卷別集十卷餘集八卷補集八卷　（明）歸有光著　清宣統二年（1910）國學扶輪社石印本　十二冊

430000－2411－0000758　402/90
楊園先生全集五十四卷年譜一卷　（清）張履祥撰　清同治十年（1871）江蘇書局刻本　十六冊

430000－2411－0000759　402/91
惜抱軒全集八十八卷　（清）姚鼐撰　清同治五年（1866）省心閣刻本　二十冊

430000－2411－0000760　402/92
西堂全集　（清）尤侗撰　清康熙刻本（文理堂藏板）　二十冊

430000－2411－0000761　402/93
柳文惠公全集四十三卷別集二卷外集二卷附錄一卷　（唐）柳宗元撰　（唐）劉禹錫編（清）楊季鸞重校　清同治七年（1868）刻本　六冊

430000－2411－0000762　402/94
甌北全集五十三卷　（清）趙翼撰　（清）張選青校正　（清）唐友忠校閱　清光緒三年（1877）滇南唐氏刻本　四十冊

430000－2411－0000763　402/98

兩當軒全集二十二卷　(清)黃景仁撰　清光緒二年(1876)上海掃葉山房石印本　一冊　存四卷(十九至二十二)

430000－2411－0000764　402/99
高季迪先生大全集十八卷　(明)高啟撰　清光緒十四年(1888)木活字印本　六冊

430000－2411－0000765　402/101
東坡全集一百十五卷　(宋)蘇軾撰　清刻本　三冊　存十卷(十五至二十一、六十二至六十四)

430000－2411－0000766　402/102
樊榭山房全集三十七卷　(清)厲鶚撰　清光緒十年(1884)錢唐汪氏振綺堂刻本　十冊

430000－2411－0000767　402/103
黃文節公全集　(宋)黃庭堅撰　清光緒二十年(1894)義寧州署刻本　二十八冊

430000－2411－0000768　402/104
秋聲館遺集八卷　(清)歐陽勛撰　清咸豐九年(1859)刻本　一冊　存二卷(七至八)

430000－2411－0000769　402/105
船山遺書　(清)王夫之撰　清同治四年(1865)金陵節署刻本　一百十二冊

430000－2411－0000770　402/107
肅藻遺書四卷　(清)胡發琅撰　清光緒十三年(1887)刻本　一冊

430000－2411－0000771　402/108
胡文忠公遺集八十六卷　(清)胡林翼撰　清光緒十四年(1888)刻本　八冊

430000－2411－0000772　402/109
黎文肅公遺書六十六卷首一卷　(清)黎培敬撰　清光緒十七年(1891)湘潭黎氏刻本　二十冊

430000－2411－0000773　402/115
古唐詩合解十二卷　(清)王士禎輯　(清)王堯衢註　清刻本(令德堂藏板)　三冊　存五卷(一至二、七至九)

430000－2411－0000774　402/116
除夕吟蘇詩一卷　(清)羅汝懷等撰　清咸豐十一年(1861)湘潭羅氏刻本　一冊

430000－2411－0000775　402/117
胡文忠公遺集八十六卷　(清)胡林翼撰　(清)曾國荃纂輯　清光緒二十七年(1901)上海圖書集成印書局印本　八冊

430000－2411－0000776　402/118
有正味齋詩集十六卷詞集八卷駢體文二十四卷外集五卷　(清)吳錫麒撰　清嘉慶十三年(1808)五鳳樓刻本　十四冊

430000－2411－0000777　402/119
曾文正公詩集四卷　(清)曾國藩撰　清同治十三年(1874)傳忠書局刻本　一冊

430000－2411－0000778　402/120
曼盦詩稿四卷　歐陽述撰　清光緒三十四年(1908)刻本　二冊

430000－2411－0000779　402/121
只且園詩存二卷　(清)吳棠芝撰　清宣統三年(1911)石印本　一冊

430000－2411－0000780　402/122
湘綺詩文鈔　王闓運撰　清光緒二十四年(1898)許銘彝抄本　一冊

430000－2411－0000781　402/123
湘綺樓唐七言詩選七言歌行五卷　王闓運編　清光緒二十六年(1900)刻本　三冊

430000－2411－0000782　402/126
綺霞江館聯語偶存一卷續存一卷再續存一卷　(清)吳熙撰　清宣統二年(1910)刻本　三冊

430000－2411－0000783　402/128
湘綺樓詩集八卷　王闓運著　清光緒二十六年(1900)刻本　四冊

430000－2411－0000784　402/130
溫飛卿詩集九卷　(唐)溫庭筠撰　清康熙三十六年(1697)秀野草堂刻本　一冊　存四卷(三至六)

430000－2411－0000785　402/131

溫飛卿詩集七卷別集一卷集外詩一卷　(唐)溫庭筠撰　清康熙三十六年(1697)秀野草堂刻本　二册

430000－2411－0000786　402/132
樂府詩集一百卷　(宋)郭茂倩撰　清同治十三年(1874)湖北崇文書局刻本　十六册

430000－2411－0000787　402/133
謙庵詩鈔十一卷　(清)張禮撰　清道光刻本　一册　存一卷(十)

430000－2411－0000788　402/136
陶園詩集二十二卷　(清)張九鉞撰　清道光七年(1827)賜錦樓刻本　八册　存十七卷(一至六、十二至二十二)

430000－2411－0000789　402/137
笙雅堂詩集十四卷　(清)張九鐔撰　清乾隆刻本　四册

430000－2411－0000790　402/138
圭複齋詩集十六卷　王啟原撰　清宣統三年(1911)刻本　四册

430000－2411－0000791　402/139
黛方山莊詩集六卷　(清)黎吉雲撰　清同治五年(1866)刻本　二册

430000－2411－0000792　402/143
板橋詩鈔三卷詞鈔一卷題畫一卷　(清)鄭燮撰　清乾隆上元司徒文膏刻本　二册

430000－2411－0000793　402/147
滄洲近詩四卷　(清)陳鵬年撰　清刻本　二册　存二卷(三至四)

430000－2411－0000794　402/151
施注蘇詩四十二卷續補遺二卷　(宋)施元之撰　(清)邵長蘅刪補　(清)馮景補註　清宣統三年(1911)刻本　十一册　存三十三卷(一至四、九至二十九、三十三至三十八,續補遺二卷)

430000－2411－0000795　402/153
帶經堂詩話三十卷　(清)王士禛撰　(清)張宗柟輯　清同治十二年(1873)廣州藏修堂刻本　九册　存二十七卷(一至十二、十六至三十)

430000－2411－0000796　402/154
說詩晬語二卷　(清)沈德潛撰　清宣統三年(1911)刻本　一册

430000－2411－0000797　402/157
李義山詩集三卷詩評一卷詩譜一卷　(唐)李商隱撰　(清)朱鶴齡註　(清)沈厚塽評　清同治九年(1870)廣州刻本　四册

430000－2411－0000798　402/158
蘇文忠詩合注五十卷　(清)蘇軾撰　(清)馮應榴注　清光緒九年(1883)刻本　十九册　存四十六卷(一至三十、三十四至四十九)

430000－2411－0000799　402/160
梅村詩集十八卷　(清)吳偉業撰　清光緒二十二年(1896)新化三味堂刻本　十四册　存十五卷(四至十八)

430000－2411－0000800　402/162
玉溪生詩詳注三卷　(唐)李商隱撰　(清)馮浩註　清乾隆四十五年(1780)刻本　四册

430000－2411－0000801　402/163
環天室古近體詩類選五卷　曾廣鈞撰　清宣統二年(1910)刻本　一册　存三卷(一至三)

430000－2411－0000802　402/164
唐李義山詩集六卷　(唐)李商隱撰　清刻本　一册

430000－2411－0000803　402/166
白香亭詩一卷　(清)鄧輔綸撰　清咸豐十一年(1861)蒲州東湖北館刻本　一册

430000－2411－0000804　402/167
白香亭詩三卷　(清)鄧輔綸撰　清光緒十九年(1893)東河節署刻本　二册

430000－2411－0000805　402/168
劍南詩稿八十五卷　(宋)陸游撰　清汲古閣刻本　十六册　存五十一卷(一至十一、二十至三十五、四十四至四十六、五十一至五十七、六十八至八十一)

430000－2411－0000806　402/170
忠雅堂詩集二十卷補遺二卷銅弦詞二卷　(清)蔣士銓撰　清同治三年(1864)舊學山房刻本　十冊

430000－2411－0000807　402/171
宋四名家詩四種八卷　(清)周之鱗　(清)柴升選輯　清光緒刻本　五冊

430000－2411－0000808　402/172
陳檢討集二十卷　(清)陳維崧撰　清同治十三年(1874)大文堂刻本　四冊

430000－2411　0000809　402/173
御製詩初集十卷二集六卷三集四卷　(清)高宗弘曆撰　清刻本　六冊

430000－2411－0000810　402/175
杜詩詳注二十五卷附編二卷補注一卷　(唐)杜甫撰　(清)仇兆鼇註　清道光武林刻本　二十一冊

430000－2411－0000811　402/176
吳詩集覽二十卷　(清)吳偉業撰　(清)靳榮藩輯　清乾隆四十年(1775)刻本(凌雲亭藏板)　十八冊

430000－2411－0000812　402/177
報暉草堂詩集八卷　(清)黃維中撰　清同治十年(1871)刻本　四冊

430000－2411－0000813　402/180
圭庵詩錄一卷　(清)吳觀禮撰　清光緒五年(1879)刻本　一冊

430000－2411－0000814　402/181
藻川堂譚藝四卷　(清)鄧繹撰　清光緒刻本　一冊

430000－2411－0000815　402/182
吳摯甫詩集一卷附錄聯語一卷　(清)吳汝綸撰　國學扶輪社輯　清宣統二年(1910)上海國學扶輪社石印本　一冊

430000－2411－0000816　402/184
東坡詩選十卷　(宋)蘇軾撰　(明)袁宏道閱　(明)譚元春選　清嘉慶文盛堂刻本　五冊

430000－2411－0000817　402/186
退學詩齋詩集五卷　(清)何耿繩撰　清同治十二年(1873)刻本　一冊

430000－2411－0000818　402/187
耐庵詩存三卷　(清)賀長齡撰　清咸豐十一年(1861)刻本　一冊

430000－2411－0000819　402/188
瓶水齋詩集十七卷附錄二卷附別集二卷詩話一卷　(清)舒位撰　清光緒十二年(1886)刻本　八冊

430000－2411－0000820　402/189
翁山詩外二十卷　(清)屈大均撰　清宣統二年(1910)上海國學扶輪社鉛印本　十二冊

430000－2411－0000821　402/191
歷朝二十五家詩錄三十七卷　(清)鄒湘倜編輯　清光緒元年(1875)新化鄒氏得頤堂刻本　二十一冊　存二十六卷(一至七、十至十二、十六至二十三、二十九至三十六)

430000－2411－0000822　402/193
托素齋詩集一卷　(清)黎士弘撰　清刻本　一冊

430000－2411－0000823　402/194
鯨華社詩鐘選　金武祥撰　清光緒三十二年(1906)上海通元書局石印本　一冊　存二卷(一至二)

430000－2411－0000824　402/195
十華小築詩抄四卷　(清)余本愚撰　清光緒二十年(1894)刻本　一冊

430000－2411－0000825　402/197
黃太史精華錄六卷　(宋)黃庭堅撰　(宋)任淵輯　清刻本　一冊

430000－2411－0000826　402/200
龍川先生詩抄一卷　(清)李晴峰撰　清光緒三十三年(1907)石印本　一冊

430000－2411－0000827　402/203
受庵詩草一卷　(清)嚴咸撰　**靜觀齋詩一卷**　(清)李仁元撰　清光緒九年(1883)王闓運

成都刻本　一册

430000－2411－0000828　402/204
唐女郎魚玄機詩一卷　(唐)魚玄機撰　清光緒二十年(1894)刻南宋書棚本　一册

430000－2411－0000829　402/207
御定歷代賦彙一百四十卷　(清)陳元龍等輯　清光緒石印本　一册　存四卷(十至十三)

430000－2411－0000830　402/210
選注六朝唐賦不分卷　(清)馬傳庚注　清光緒二年(1876)刻本　二册

430000－2411－0000831　402/211
養知書屋詩集十五卷　(清)郭嵩燾撰　清光緒十八年(1892)刻本　四册

430000－2411－0000832　402/216
聊園詩鈔二卷　(清)傅曉房撰　清光緒五年(1879)刻本　一册　存一卷(上)

430000－2411－0000833　402/217
蓼花齋詩存四卷　(清)羅萓撰　清光緒三年(1877)刻本　一册　存三卷(一至三)

430000－2411－0000834　402/218
龍潭書屋詩稿二卷　(清)黄潤昌撰　清同治十一年(1872)刻本　一册

430000－2411－0000835　402/220
四照堂詩集八卷　(清)譚溥撰　清同治三年(1864)刻本　二册

430000－2411－0000836　402/221
石樵詩話八卷　(清)李樹滋撰　清末刻本　二册　存四卷(一至四)

430000－2411－0000837　402/222
一角園詩存一卷　(清)沈璠撰　清光緒二十七年(1901)刻本　一册

430000－2411－0000838　402/223
百美新詠圖傳　(清)顔希源撰　清嘉慶刻本　二册

430000－2411－0000839　402/225
弘正四傑詩集　(清)張祖同輯　清光緒二十一年(1895)張氏湘雨樓刻本　十六册

430000－2411－0000840　402/235
有正味齋文集不分卷　(清)吴錫麒撰　清刻本(湘潭縣中學堂板)　二册

430000－2411－0000841　402/249
重訂昭陽扶雅集六卷　(清)徐幹編輯　清光緒八年(1882)刻本　三册

430000－2411－0000842　402/252
善卷堂四六十卷　(清)陸繁弨撰　清光緒元年(1875)漁古山房刻本　二册

430000－2411－0000843　402/253
讀賦卮言一卷　(清)王芑孫撰　清刻本　一册

430000－2411－0000844　402/255
忠武侯諸葛孔明先生全集十九卷　(三國蜀)諸葛亮撰　(清)張澍纂輯　清同治元年(1862)聚珍齋木活字印本　四册

430000－2411－0000845　402/256
枕經堂詩鈔八卷　(清)方朔撰　清道光二十八年(1848)刻本　一册　存二卷(七至八)

430000－2411－0000846　402/257
檜門觀劇詩三卷　(清)金德瑛撰　清光緒三十四年(1908)葉氏觀古堂刻本　一册

430000－2411－0000847　402/261
水雲樓剩稿　(清)蔣春霖撰　清光緒十四年(1888)梧州刻本　一册

430000－2411－0000848　402/267
胡文忠公遺集十卷　(清)胡林翼撰　(清)曾國藩纂輯　清同治三年(1864)刻本　八册

430000－2411－0000849　402/269
胡文忠公遺集八十六卷　(清)胡林翼撰　(清)曾國荃　(清)鄭敦謹編輯　清同治六年(1867)黄鶴樓刻本　三十二册

430000－2411－0000850　402/270
六如亭二卷　(清)張九鉞撰　清道光七年(1827)刻本　二册

430000－2411－0000851　402/275
湘綺樓詩集十三卷別集三卷　王闓運撰　清光緒三十三年(1907)東州講舍刻本　五冊

430000－2411－0000852　402/277
求補拙齋外集四卷文略二卷　(清)黎培敬撰　清光緒刻本　二冊

430000－2411－0000853　402/278
黎文肅公書札公牘三十卷　(清)黎培敬撰　清光緒十七年(1891)湘潭黎氏刻本　二冊　存八卷(六至十、二十八至三十)

430000－2411－0000854　403/2
文選六十卷　(南朝梁)蕭統撰　(唐)李善註　清光緒十三年(1887)湖北書局刻本　十二冊

430000－2411－0000855　403/3
文選六十卷　(南朝梁)蕭統撰　(唐)李善註　清光緒漢文書局刻本　十二冊

430000－2411－0000856　403/4
文選類腋十六卷　(清)吳承烜撰　清光緒二十年(1894)槲葉山房石印本　四冊

430000－2411－0000857　403/5
漢魏六朝百三名家集　(明)張溥編　清光緒十八年(1892)善化章經濟堂刻本　九十五冊　存九十三冊(一至七十八、八十一至九十五)

430000－2411－0000858　403/10
古詩源十四卷　(清)沈德潛撰　清刻本(霽月山房藏板)　四冊

430000－2411－0000859　403/11
古文翼八卷　(清)唐德宜編　清同治十二年(1873)黃氏藝文堂刻本　八冊

430000－2411－0000860　403/12
古文苑九卷　清光緒五年(1879)飛青閣校刻本　三冊

430000－2411－0000861　403/13
續古文苑二十卷　(清)孫星衍輯　清光緒金陵劉文奎劉文楷模刻本　四冊　存十三卷(八至二十)

430000－2411－0000862　403/14
古文雅正十四卷　(清)蔡世遠選評　清同治七年(1868)湘鄉曾氏刻本　六冊

430000－2411－0000863　403/16
古文辭類纂七十五卷　(清)姚鼐纂　清同治八年(1869)問竹軒刻本　十六冊

430000－2411－0000864　403/17
古文辭類纂十五卷　(清)姚鼐纂　**續古文辭類纂七卷**　清光緒十六年(1890)上海文瑞樓石印本　十冊

430000－2411－0000865　403/18
續古文辭類纂三十四卷　王先謙編　清光緒八年(1882)長沙王氏刻本　八冊

430000－2411－0000866　403/19
黎選續古文辭類纂二十八卷　(清)黎庶昌纂　清光緒十五年(1889)上海商務印書館石印本　十二冊

430000－2411－0000867　403/21
古賦首選一卷　(清)梁有成輯　清同治八年(1869)梁鏡古堂刻本　一冊

430000－2411－0000868　403/22
經史百家雜鈔二十六卷　(清)曾國藩編　清光緒二年(1876)傳忠書局刻本　二十六冊

430000－2411－0000869　403/23
經史百家簡編二卷　(清)曾國藩編　清同治十三年(1874)傳忠書局刻本　四冊

430000－2411－0000870　403/24
唐詩選十三卷　王闓運編　清宣統三年(1911)刻本　十冊

430000－2411－0000871　403/25
唐人萬首絕句選七卷　(清)王士禎輯　清光緒二十三年(1897)金陵書局刻本　二冊

430000－2411－0000872　403/26
十種唐詩選十七卷　(清)王士禎輯　清同治刻本　四冊

430000－2411－0000873　403/27
唐賢三昧集箋注三卷　（清）王士禛輯　（清）吳煊　（清）胡棠輯註　清乾隆五十五年（1790）淵古齋石印本　六冊

430000－2411－0000874　403/28
國朝文彙甲前集二十八卷甲集六十卷乙集七十卷丙集二十卷丁集二十卷　（清）上海國學扶輪社編　清宣統元年（1909）上海國學扶輪社石印本　四十一冊　存八十卷（甲集六十卷、丁集二十卷）

430000－2411－0000875　403/29
國朝駢體正宗十二卷　（清）曾燠輯　清嘉慶十一年（1806）賞雨茅屋刻本　六冊

430000－2411－0000876　403/30
國朝駢體正宗十二卷　（清）曾燠輯　清光緒十三年（1887）上海蜚英館石印本　六冊

430000－2411－0000877　403/31
國朝駢體正宗續編八卷　（清）張鳴珂輯　清末刻本　一冊　存二卷（七至八）

430000－2411－0000878　403/32
駢體文鈔三十一卷　（清）李兆洛編　清道光合河康氏刻本　十冊

430000－2411－0000879　403/33
移華館駢體文四卷　（清）董基誠撰　清光緒十年（1884）陽湖刻本　二冊

430000－2411－0000880　403/34
枕經堂駢體文二卷　（清）方朔撰　清同治二年（1863）刻本　一冊

430000－2411－0000881　403/35
翁山文外十六卷　（清）屈大均撰　清宣統二年（1910）上海國學扶輪社鉛印本　五冊

430000－2411－0000882　403/36
塾課小題正鵠初集二集三集附訓蒙草一卷養正草一卷　（清）李元度撰　清光緒八年（1882）文昌書局刻本　八冊

430000－2411－0000883　403/37
皇朝經世文編一百二十卷　（清）賀長齡撰　清光緒十四年（1888）溪甯藝芸書局刻本　七十七冊　存一百十五卷（一至二十九、三十一至五十九、六十四至一百二十）

430000－2411－0000884　403/38
皇朝經世文續編一百二十卷　（清）葛士濬輯　清光緒十四年（1888）溪甯藝芸書局刻本　二十冊

430000－2411－0000885　403/39
皇朝經世文編一百二十卷姓名總目二卷　（清）賀長齡輯　清光緒十二年（1886）石印本　六十冊

430000－2411－0000886　403/43
吳摯甫尺牘五卷補遺一卷　（清）吳汝綸撰　清宣統二年（1910）國學扶輪社石印本　六十冊

430000－2411－0000887　403/44
惜抱先生尺牘八卷　（清）姚鼐撰　清同治二年（1863）刻本　二冊

430000－2411－0000888　403/46
有正味齋駢體文續集八卷　（清）吳錫麒撰　清同治七年（1868）慈北葉氏刻本　二冊

430000－2411－0000889　403/47
有正味齋詩續集八卷詞續集二卷外集二卷　（清）吳錫麒撰　清同治七年（1868）慈北葉氏刻本　二冊

430000－2411－0000890　403/48
有正味齋駢文箋注十六卷　（清）吳錫麒撰　清同治七年（1868）慈北葉氏刻本　八冊

430000－2411－0000891　403/49
文家稽古編十卷　（清）王乾輯　（清）劉旅錫纂定　（清）劉廣傳校　清刻本（慎詒堂藏板）　八冊

430000－2411－0000892　403/52
陳文恭公手劄節要三卷　（清）陳弘謀撰　清光緒七年（1881）刻本　一冊

430000－2411－0000893　403/53
瀛奎律髓刊誤四十九卷　（清）紀昀撰　（清）

李光垣校　清嘉慶五年(1800)雙桂堂施刻本　三冊　存十九卷(一至十九)

430000－2411－0000894　403/54
雞蹠賦續刻二十八卷　(清)馮一梅撰　清同治十三年(1874)蘭言室刻本　八冊

430000－2411－0000895　403/55
漢鐃歌釋文箋正一卷　王先謙撰　清同治十一年(1872)虚受堂王氏刻本　一冊

430000－2411－0000896　403/57
十八家詩鈔二十八卷　(清)曾國藩編　清同治十三年(1874)傳忠書局刻本　二十八冊

430000－2411－0000897　403/58
十八家詩鈔二十八卷　(清)曾國藩編　(清)李鴻章訂　(清)王定安校　清同治十三年(1874)傳忠書局刻本　二十六冊

430000－2411－0000898　403/59
唐詩六百編三卷　(清)羅汝懷編　清同治十三年(1874)刻本　一冊

430000－2411－0000899　403/61
御選唐宋詩醇四十七卷　(清)高宗弘曆輯　清光緒十九年(1893)湖南思賢講舍刻本　十九冊　存四十五卷(一至四十一、四十四至四十七)

430000－2411－0000900　403/62
御選唐宋詩醇四十七卷　(清)高宗弘曆輯　清乾隆二十五年(1760)紫陽書院刻本　四十冊

430000－2411－0000901　403/65
屑玉叢譚四集六卷　(清)錢徵　蔡爾康輯　清光緒四年(1878)鉛印本　一冊

430000－2411－0000902　403/67
蘭石齋文稿四卷　(清)吳積凝撰　清宣統元年(1909)鉛印本　一冊

430000－2411－0000903　403/68
覆巢餘筆一卷　(清)廖元度撰　清乾隆長沙際恒堂刻本　一冊

430000－2411－0000904　403/69
文選六十卷　(南朝梁)蕭統編　(唐)李善註　清刻本　十二冊

430000－2411－0000905　403/71
賦學正鵠十卷　(清)李元度輯　清光緒十一年(1885)石渠山房刻本　六冊

430000－2411－0000906　404/1
隨園詩話十三卷　(清)袁枚撰　清道光四年(1824)刻本　六冊

430000－2411－0000907　404/2
詩學纂聞一卷救文格論一卷　(清)汪師韓　(清)顧炎武撰　清道光刻本　一冊

430000－2411－0000908　404/3
彙纂詩法度鍼三十三卷首一卷　(清)徐文弼編輯　清乾隆二十四年(1759)同人堂刻本　八冊

430000－2411－0000909　404/4
唐人試律説一卷　(清)紀昀撰　清光緒刻本　一冊

430000－2411－0000910　404/5
聲調譜一卷　(清)趙執信撰　**論學三説一卷**　(清)黄興堅撰　清光緒石印本　一冊

430000－2411－0000911　404/6
漁洋詩問二卷　(清)王士禛撰　清宣統三年(1911)上海掃葉山房石印本　一冊

430000－2411－0000912　405/1
安陸集一卷曾樂軒稿一卷復古編附錄一卷　(宋)張先撰　清嘉慶七年(1802)刻本　一冊

430000－2411－0000913　405/2
十誦齋集詞一卷雜文一卷　(清)周天度撰　清乾隆十四年(1749)刻本　一冊

430000－2411－0000914　405/3
杜詩鏡銓二十卷杜文注解二卷　(清)楊倫編撰　(清)張縉評注　清同治十一年(1872)望三益齋刻本　十冊

430000－2411－0000915　405/5
木皮散人鼓詞一卷　(明)賈鳧西著　清光緒三十三年(1907)葉氏觀古堂刻本　三冊

430000－2411－0000916　405/8
知止堂詞録三卷　（清）朱綬撰　清光緒二十年（1894）湖南思賢書局刻本　一冊

430000－2411－0000917　405/9
宋七家詞選七卷　（清）戈載輯　清光緒十一年（1885）刻本　三冊

430000－2411－0000918　405/12
曝書亭集詞注七卷　（清）朱彝尊撰　（清）李富孫注　清嘉慶十九年（1814）校經廎刻本　三冊

430000－2411－0000919　5/1
清代筆記叢刊　文明書局編　清道光十七年（1837）上海文明書局石印本　二十九冊

430000－2411－0000920　5/2
獨悟庵叢抄六卷　（清）楊引傳輯　清光緒三年（1877）申報館鉛印本　二冊　存四卷（一至四）

430000－2411－0000921　5/3
海嶽軒叢刻十八卷　杜俞撰　清光緒三十三年（1907）刻本　八冊

430000－2411－0000922　5/4
香豔叢書四卷　國學扶輪社編　清宣統三年（1911）國學扶輪社鉛印本　四冊

430000－2411－0000923　5/5
增訂漢魏叢書六十卷　（清）王謨編　清光緒六年（1880）練江三徐堂刻本　五十九冊　存五十九卷（一至四十九、五十一至六十）

430000－2411－0000924　5/6
西學富強叢書三百八十四卷　清光緒二十七年（1901）上海日新社石印本　六十二冊

430000－2411－0000925　5/7
西政叢書三十二種一百九卷　梁啟超編輯　清光緒二十三年（1897）慎記書莊石印本　三十二冊

430000－2411－0000926　5/9
梅氏叢書輯要六十二卷　（清）梅文鼎撰　清同治十三年（1874）梅纘高頤園刻本　二十冊

430000－2411－0000927　5/14
正誼堂全書　（清）張伯行編輯　清同治五年（1866）福州正誼書院刻本　二百九冊

湘潭市湘潭縣圖書館古籍普查登記目録

全國古籍普查登記目録

國家圖書館出版社
National Library of China Publishing House

430000－2424－0000001　11/1:1(013－1)
易數鉤隱圖三卷遺論九事一卷　(宋)劉牧撰　清同治十二年(1873)巴陵鍾謙鈞刻本　一册

430000－2424－0000002　11/1:2(013－1)
横渠先生易説三卷　(宋)張浚　(宋)王湜撰　清同治十二年(1873)巴陵鍾謙鈞刻本　二册

430000－2424－0000003　11/1:3(013－1)
紫巖居士易傳十卷　(宋)張浚　清同治十二年(1873)巴陵鍾謙鈞刻本　四册

430000－2424－0000004　11/1:4(013－1)
漢上易傳十一卷　(宋)朱震撰　清同治十二年(1873)巴陵鍾謙鈞刻本　四册

430000－2424－0000005　11/1:5(013－1)
周易卦圖三卷周易叢説一卷　(宋)朱震撰　**易璿璣三卷**　(宋)吴沆撰　清同治十二年(1873)巴陵鍾謙鈞刻本　一册

430000－2424－0000006　11/1:6(013－1)
周易義海撮要十二卷　(宋)李衡撰　清同治十二年(1873)巴陵鍾謙鈞刻本　四册

430000－2424－0000007　11/1:7(013－1)
易小傳六卷　(宋)沈該撰　清同治十二年(1873)巴陵鍾謙鈞刻本　二册　存四卷(一至二、五至六)

430000－2424－0000008　11/1:8(013－1)
復齋易説六卷　(宋)趙燕肅撰　**古周易一卷**　(宋)吕祖謙撰　清同治十二年(1873)巴陵鍾謙鈞刻本　一册

430000－2424－0000009　11/1:9(013－1)
童溪易傳三十卷　(宋)王宗傳撰　清同治十二年(1873)巴陵鍾謙鈞刻本　六册

430000－2424－0000010　11/1:10(013－1)
易裨傳一卷　(宋)林至撰　**易圖説三卷**　(宋)吴仁傑撰　清同治十二年(1873)巴陵鍾謙鈞刻本　一册

430000－2424－0000011　11/1:11(013－1)
易學啟蒙通釋二卷附圖一卷　(宋)胡方平撰　清同治十二年(1873)巴陵鍾謙鈞刻本　一册

430000－2424－0000012　11/1:12(013－1)
周易玩辭十六卷　(宋)項安世撰　清同治十二年(1873)巴陵鍾謙鈞刻本　四册

430000－2424－0000013　11/1:13(013－1)
東谷鄭先生易翼傳二卷　(宋)鄭汝諧撰　清同治十二年(1873)巴陵鍾謙鈞刻本　二册

430000－2424－0000014　11/1:14(013－1)
三易備遺十卷　(宋)朱元升撰　清同治十二年(1873)巴陵鍾謙鈞刻本　三册

430000－2424－0000015　11/1:15(013－1)
丙子學易編一卷　(宋)李心傳撰　**易學啟蒙小傳一卷**　(宋)税與權撰　清同治十二年(1873)巴陵鍾謙鈞刻本　一册

430000－2424－0000016　11/1:16(013－1)
水村易鏡一卷　(宋)林光世撰　清同治十二年(1873)巴陵鍾謙鈞刻本　一册

430000－2424－0000017　11/1:17(013－1)
晦庵先生朱文公易説二十三卷　(宋)朱熹撰　(宋)朱鑒輯　清同治十二年(1873)巴陵鍾謙鈞刻本　八册

430000－2424－0000018　11/1:18(013－1)
大易緝説十卷　(元)王申子撰　清同治十二年(1873)巴陵鍾謙鈞刻本　四册

430000－2424－0000019　11/1:19(013－2)
周易輯聞六卷　(宋)趙汝楳撰　清同治十二年(1873)巴陵鍾謙鈞刻本　四册

430000－2424－0000020　11/1:20(013－2)
易雅一卷筮宗一卷　(宋)趙汝楳撰　清同治十二年(1873)巴陵鍾謙鈞刻本　一册

430000－2424－0000021　11/1:21(013－2)
周易傳義附録十四卷首一卷　(宋)董楷撰　清同治十二年(1873)巴陵鍾謙鈞刻本　十二册

430000－2424－0000022　11/1:22(013－2)

學易記九卷 (元)李簡撰 **讀易私言一卷** (元)許衡撰 清同治十二年(1873)巴陵鍾謙鈞刻本 五册

430000－2424－0000023 11/1:23(013－2)
俞氏易集説十三卷 (元)俞琰撰 清同治十二年(1873)巴陵鍾謙鈞刻本 六册

430000－2424－0000024 11/1:24(013－2)
周易本義附錄纂注十五卷 (元)胡一桂撰 清同治十二年(1873)巴陵鍾謙鈞刻本 二册

430000－2424－0000025 11/1:25(013－2)
周易發明啟蒙翼傳三卷外篇一卷 (元)胡一桂撰 清同治十二年(1873)巴陵鍾謙鈞刻本 四册

430000－2424－0000026 11/1:26(013－2)
輯錄雲峰文集易義一卷周易本義通釋十二卷 (元)胡炳文撰 清同治十二年(1873)巴陵鍾謙鈞刻本 四册 存十卷(一至十)

430000－2424－0000027 11/1:27(013－2)
易纂言十卷首一卷 (元)吳澄撰 清同治十二年(1873)巴陵鍾謙鈞刻本 二册

430000－2424－0000028 11/1:28(013－2)
周易本義集成十二卷首一卷 (元)熊良輔撰 清同治十二年(1873)巴陵鍾謙鈞刻本 三册

430000－2424－0000029 11/1:29(013－2)
周易經傳集程朱解附錄纂注十四卷首一卷附一卷 (元)董真卿編輯 清同治十二年(1873)巴陵鍾謙鈞刻本 七册 存十四卷(一至二、五至十四,首一卷,附一卷)

430000－2424－0000030 11/1:30(013－2)
易圖通變五卷 (宋)雷思齊撰 清同治十二年(1873)巴陵鍾謙鈞刻本 一册

430000－2424－0000031 11/1:31(013－2)
易象圖説内篇三卷外篇三卷 (元)張理述 清同治十二年(1873)巴陵鍾謙鈞刻本 一册

430000－2424－0000032 11/1:32(013－2)
大易象數鉤深圖三卷 (元)張理撰 清同治十二年(1873)巴陵鍾謙鈞刻本 一册

430000－2424－0000033 11/1:33(013－2)
周易參義十二卷 (元)梁寅撰 清同治十二年(1873)巴陵鍾謙鈞刻本 四册

430000－2424－0000034 11/1:34(014－1)
合訂刪補大易集義粹言八十卷 (清)納蘭成德撰 清同治十二年(1873)巴陵鍾謙鈞刻本 十九册 存七十六卷(一至十五、二十至八十)

430000－2424－0000035 11/1:35(014－1)
書古文訓十六卷 (宋)薛季宣撰 清同治十二年(1873)巴陵鍾謙鈞刻本 四册

430000－2424－0000036 11/1:36(014－1)
三山拙齋林先生尚書全解四十卷 (宋)林之奇撰 (清)納蘭成德輯 清同治十二年(1873)巴陵鍾謙鈞刻本 十四册

430000－2424－0000037 11/1:37(014－1)
程尚書禹貢論二卷後論一卷山川地理圖二卷 (宋)程大昌撰 清同治十二年(1873)巴陵鍾謙鈞刻本 一册

430000－2424－0000038 11/1:38(014－1)
尚書説七卷 (宋)黄度著 清同治十二年(1873)巴陵鍾謙鈞刻本 一册 存三卷(一至三)

430000－2424－0000039 11/1:39(014－1)
增修東萊書説三十五卷首一卷 (宋)呂祖謙撰 (宋)時瀾修定 清同治十二年(1873)巴陵鍾謙鈞刻本 五册 存三十卷(一至二十九、首一卷)

430000－2424－0000040 11/1:40(014－1)
書集傳或問二卷 (宋)陳大猷撰 清同治十二年(1873)巴陵鍾謙鈞刻本 一册

430000－2424－0000041 11/1:41(014－1)
杏溪傅氏禹貢集解二卷 (宋)傅寅撰 清同治十二年(1873)巴陵鍾謙鈞刻本 二册

430000－2424－0000042 11/1:42(014－1)
尚書詳解十三卷 (宋)胡士行撰 清同治十

二年(1873)巴陵鍾謙鈞刻本　二冊

430000-2424-0000043　11/1:43(014-2)
尚書表注二卷　(宋)金履祥撰　(清)納蘭成德輯　清同治十二年(1873)巴陵鍾謙鈞刻本　一冊

430000-2424-0000044　11/1:44(014-2)
尚書纂傳四十六卷　(元)王天與撰　清同治十二年(1873)巴陵鍾謙鈞刻本　四冊

430000-2424-0000045　11/1:45(014-2)
書蔡氏傳輯錄纂注六卷首一卷　(元)董鼎撰　清同治十二年(1873)巴陵鍾謙鈞刻本　四冊

430000-2424-0000046　11/1:46(014-2)
書纂言四卷　(元)吴澄撰　清同治十二年(1873)巴陵鍾謙鈞刻本　三冊

430000-2424-0000047　11/1:47(014-2)
書蔡氏傳旁通六卷　(元)陳師凱撰　清同治十二年(1873)巴陵鍾謙鈞刻本　四冊

430000-2424-0000048　11/1:48(014-2)
尚書句解十三卷　(元)朱祖義撰　清同治十二年(1873)巴陵鍾謙鈞刻本　一冊

430000-2424-0000049　11/1:49(014-2)
書集傳纂疏六卷首一卷　(元)陳櫟撰　清同治十二年(1873)巴陵鍾謙鈞刻本　三冊

430000-2424-0000050　11/1:50(014-2)
尚書通考十卷　(元)黄鎮成撰　清同治十二年(1873)巴陵鍾謙鈞刻本　四冊

430000-2424-0000051　11/1:51(014-2)
毛詩指說一卷　(唐)成伯璵撰　**詩本義十五卷鄭氏詩譜補亡一卷**　(宋)歐陽修撰　清同治十二年(1873)巴陵鍾謙鈞刻本　三冊

430000-2424-0000052　11/1:52(014-2)
李迂仲黄實夫毛詩集解四十二卷首一卷　(宋)李樗撰　(宋)黄櫄講義　(宋)吕祖謙釋音　清同治十二年(1873)巴陵鍾謙鈞刻本　八冊　存二十三卷(一至二十三)

430000-2424-0000053　11/1:53(014-2)
詩解頤四卷　(明)朱善撰　清同治十二年(1873)巴陵鍾謙鈞刻本　一冊　存二卷(三至四)

430000-2424-0000054　11/1:54(014-2)
春秋尊王發微十二卷附錄一卷　(宋)孫復撰　(清)納蘭成德輯　清同治十二年(1873)巴陵鍾謙鈞刻本　二冊

430000-2424-0000055　11/1:55(014-2)
春秋皇綱論五卷　(宋)王晳撰　清同治十二年(1873)巴陵鍾謙鈞刻本　一冊

430000-2424-0000056　11/1:56(014-2)
春秋劉氏傳十五卷　(宋)劉敞撰　清同治十二年(1873)巴陵鍾謙鈞刻本　二冊

430000-2424-0000057　11/1:57(014-2)
春秋權衡十七卷　(宋)劉敞撰　清同治十二年(1873)巴陵鍾謙鈞刻本　三冊

430000-2424-0000058　11/1:58(014-2)
劉氏春秋意林二卷　(宋)劉敞撰　清同治十二年(1873)巴陵鍾謙鈞刻本　一冊

430000-2424-0000059　11/1:59(014-2)
春秋名號歸一圖二卷附春秋年表一卷　(五代)馮繼先撰　清同治十二年(1873)巴陵鍾謙鈞刻本　一冊

430000-2424-0000060　11/1:60(014-2)
春秋臣傳三十卷　(宋)王當撰　清同治十二年(1873)巴陵鍾謙鈞刻本　三冊

430000-2424-0000061　11/1:61(014-2)
西疇居士春秋本例二十卷　(宋)崔子方撰　清同治十二年(1873)巴陵鍾謙鈞刻本　二冊

430000-2424-0000062　11/1:62(014-2)
木訥先生春秋經筌十六卷　(宋)趙鵬飛撰　清同治十二年(1873)巴陵鍾謙鈞刻本　七冊

430000-2424-0000063　11/1:63(014-2)
石林先生春秋傳二十卷　(宋)葉夢得撰　清同治十二年(1873)巴陵鍾謙鈞刻本　四冊

430000-2424-0000064　11/1:64(014-2)
止齋先生春秋後傳十二卷　(宋)陳傅良撰

清同治十二年(1873)巴陵鍾謙鈞刻本　二册

430000－2424－0000065　11/1:65(015－1)
春秋集解三十卷　(宋)吕祖謙撰　清同治十二年(1873)巴陵鍾謙鈞刻本　二册　存六卷(一至六)

430000－2424－0000066　11/1:66(015－1)
則唐先生春秋集傳詳說三十卷綱領一卷　(宋)家鉉翁撰　清同治十二年(1873)巴陵鍾謙鈞刻本　三册　存十三卷(十八至三十)

430000－2424－0000067　11/1:67(015－1)
春秋類對賦一卷　(宋)徐晉卿撰　**春秋諸國統紀六卷**　(元)齊履謙撰　清同治十二年(1873)巴陵鍾謙鈞刻本　一册

430000－2424－0000068　11/1:68(015－1)
春秋本義三十卷首一卷　(元)程端學撰　清同治十二年(1873)巴陵鍾謙鈞刻本　七册　存二十八卷(三至三十)

430000－2424－0000069　11/1:69(015－1)
春秋或問十卷　(元)程端學撰　清同治十二年(1873)巴陵鍾謙鈞刻本　三册

430000－2424－0000070　11/1:70(015－1)
春秋集傳十五卷　(元)趙汸撰　(明)倪尚誼補　清同治十二年(1873)巴陵鍾謙鈞刻本　四册

430000－2424－0000071　11/1:71(015－1)
春秋屬辭十五卷　(元)趙汸撰　清同治十二年(1873)巴陵鍾謙鈞刻本　五册

430000－2424－0000072　11/1:72(015－1)
春秋師說三卷附録二卷　(元)趙汸撰　清同治十二年(1873)巴陵鍾謙鈞刻本　一册

430000－2424－0000073　11/1:73(015－1)
春秋左氏傳補注十卷　(元)趙汸撰　清同治十二年(1873)巴陵鍾謙鈞刻本　一册

430000－2424－0000074　11/1:74(015－1)
春秋諸傳會通二十四卷首一卷　(元)李廉撰　清同治十二年(1873)巴陵鍾謙鈞刻本　五册

430000－2424－0000075　11/1:75(015－1)
春秋集傳釋義大成十二卷首一卷　(元)俞皋撰　清同治十二年(1873)巴陵鍾謙鈞刻本　四册

430000－2424－0000076　11/1:76(015－1)
清全齋讀春秋篇十二卷　(元)陳深撰　清同治十二年(1873)巴陵鍾謙鈞刻本　二册

430000－2424－0000077　11/1:77(015－1)
春秋春王正月考一卷辨疑一卷　(明)張以寧撰　清同治十二年(1873)巴陵鍾謙鈞刻本　一册

430000－2424－0000078　11/1:78(015－1)
新定三禮圖二十卷　(宋)聶崇義集注　清同治十二年(1873)巴陵鍾謙鈞刻本　二册

430000－2424－0000079　11/1:79(015－1)
東岩周禮訂義八十卷首一卷　(宋)王與之撰　清同治十二年(1873)巴陵鍾謙鈞刻本　十六册

430000－2424－0000080　11/1:80(015－2)
鬳齋考工記解二卷　(宋)林希逸撰　清同治十二年(1873)巴陵鍾謙鈞刻本　二册

430000－2424－0000081　11/1:81(015－2)
儀禮圖十七卷附旁通圖一卷　(宋)楊復撰　清同治十二年(1873)巴陵鍾謙鈞刻本　五册

430000－2424－0000082　11/1:82(015－2)
禮記集說一百六十卷　(宋)衛湜撰　清同治十二年(1873)巴陵鍾謙鈞刻本　三十四册　存一百三十七卷(一至三、十二至一百二十八、一百四十四至一百六十)

430000－2424－0000083　11/1:83(015－2)
禮經會元四卷　(宋)葉時撰　清同治十二年(1873)巴陵鍾謙鈞刻本　四册

430000－2424－0000084　11/1:84(015－2)
太平經國之書十一卷首一卷　(宋)鄭伯謙撰　**夏小正戴氏傳四卷**　(宋)傅崧卿註　清同治十二年(1873)巴陵鍾謙鈞刻本　二册

430000－2424－0000085　11/1:85(015－2)

禮儀集說十七卷 (元)敖繼公撰 清同治十二年(1873)巴陵鍾謙鈞刻本 八冊

430000－2424－0000086 11/1:86(016－1)
儀禮逸經傳一卷 (元)吳澄撰 **經禮補逸九卷附錄一卷** (元)汪克寬撰 清同治十二年(1873)巴陵鍾謙鈞刻本 二冊 存九卷(經禮補逸九卷)

430000－2424－0000087 11/1:87(016－1)
禮記陳氏集說三十八卷 (清)納蘭成德撰 清同治十二年(1873)巴陵鍾謙鈞刻本 四冊

430000 2424 0000088 11/1:88(016－1)
儀禮十七卷 (漢)鄭玄註 清同治十二年(1873)巴陵鍾謙鈞刻本 二冊

430000－2424－0000089 11/1:89(016－1)
孝經注解一卷 (唐)玄宗李隆基註 (宋)司馬光指解 (宋)范祖禹說 **孝經大義一卷** (元)董鼎撰 (元)吳澄核定 **晦庵先生所定古文孝經注解一卷** (元)朱申撰 清同治十二年(1873)巴陵鍾謙鈞刻本 一冊

430000－2424－0000090 11/1:90(016－1)
南軒先生論語解十卷 (宋)張栻撰 清同治十二年(1873)巴陵鍾謙鈞刻本 二冊

430000－2424－0000091 11/1:91(016－1)
論語集說十卷 (宋)蔡節撰 清同治十二年(1873)巴陵鍾謙鈞刻本 三冊

430000－2424－0000092 11/1:92(016－1)
南軒先生孟子說七卷 (宋)張栻撰 清同治十二年(1873)巴陵鍾謙鈞刻本 四冊

430000－2424－0000093 11/1:93(016－1)
孟子集疏十四卷 (宋)蔡模撰 **孟子音義二卷** (宋)孫奭撰 清同治十二年(1873)巴陵鍾謙鈞刻本 三冊 存十四卷(孟子集疏十四卷)

430000－2424－0000094 11/1:94(016－1)
大學纂疏一卷 (宋)趙順孫撰 清同治十二年(1873)巴陵鍾謙鈞刻本 一冊

430000－2424－0000095 11/1:95(016－1)
中庸纂疏一卷 (宋)趙順孫撰 清同治十二年(1873)巴陵鍾謙鈞刻本 一冊

430000－2424－0000096 11/1:96(016－1)
孟子纂疏十四卷 (宋)趙順孫撰 清同治十二年(1873)巴陵鍾謙鈞刻本 四冊

430000－2424－0000097 11/1:97(016－1)
大學集編一卷中庸集編一卷 (宋)真德秀撰 清同治十二年(1873)巴陵鍾謙鈞刻本 一冊

430000－2424－0000098 11/1:98(016－1)
論語纂疏十卷 (宋)趙順孫撰 清同治十二年(1873)巴陵鍾謙鈞刻本 四冊

430000－2424－0000099 11/1:99(016－1)
孟子集編十四卷 (宋)真德秀撰 清同治十二年(1873)巴陵鍾謙鈞刻本 一冊 存七卷(八至十四)

430000－2424－0000100 11/1:100(016－1)
論語通十卷 (元)胡炳文撰 清同治十二年(1873)巴陵鍾謙鈞刻本 四冊

430000－2424－0000101 11/1:101(016－1)
孟子通十四卷 (元)胡炳文撰 清同治十二年(1873)巴陵鍾謙鈞刻本 四冊

430000－2424－0000102 11/1:102(016－1)
大學章句或問通證一卷中庸章句或問通證一卷論語集注通證二卷孟子集注通證二卷 (元)張存中撰 清同治十二年(1873)巴陵鍾謙鈞刻本 二冊

430000－2424－0000103 11/1:103(016－1)
大學章句纂箋一卷大學或問纂箋一卷 (元)詹道傳撰 清同治十二年(1873)巴陵鍾謙鈞刻本 一冊

430000－2424－0000104 11/1:104(016－1)
中庸章句纂箋一卷中庸或問纂箋一卷 (元)詹道傳撰 清同治十二年(1873)巴陵鍾謙鈞刻本 一冊

430000－2424－0000105 11/1:105(016－1)
論語集注纂箋十卷 (元)詹道傳撰 清同治

十二年(1873)巴陵鍾謙鈞刻本　三冊

430000－2424－0000106　11/1∶106(016－1)
孟子集注纂箋十四卷　(元)詹道傳撰　清同治十二年(1873)巴陵鍾謙鈞刻本　三冊

430000－2424－0000107　11/1∶107(016－1)
四書通旨六卷　(元)朱公遷撰　清同治十二年(1873)巴陵鍾謙鈞刻本　三冊

430000－2424－0000108　11/1∶108(016－2)
四書辨疑十五卷　(元)陳天祥撰　清同治十二年(1873)巴陵鍾謙鈞刻本　三冊

430000－2424－0000109　11/1∶109(016－2)
大學集說啟蒙一卷中庸集說啟蒙一卷　(元)景星撰　清同治十二年(1873)巴陵鍾謙鈞刻本　一冊

430000－2424－0000110　11/1∶110(016－2)
經典釋文三十卷　(唐)陸德明撰　清同治十二年(1873)巴陵鍾謙鈞刻本　八冊

430000－2424－0000111　11/1∶111(016－2)
公是先生七經小傳三卷　(宋)鄭樵撰　清同治十二年(1873)巴陵鍾謙鈞刻本　一冊

430000－2424－0000112　11/1∶112(016－2)
六經奧論六卷首一卷　(宋)鄭樵撰　清同治十二年(1873)巴陵鍾謙鈞刻本　二冊

430000－2424－0000113　11/1∶113(016－2)
六經正誤六卷　(宋)毛居正撰　清同治十二年(1873)巴陵鍾謙鈞刻本　二冊

430000－2424－0000114　11/1∶114(016－2)
熊先生經說七卷　(元)熊朋來撰　清同治十二年(1873)巴陵鍾謙鈞刻本　一冊

430000－2424－0000115　11/1∶115(016－2)
十一經問對五卷　(元)何異孫撰　清同治十二年(1873)巴陵鍾謙鈞刻本　一冊

430000－2424－0000116　11/1∶116(016－2)
五經蠡測六卷　(明)蔣悌生撰　清同治十二年(1873)巴陵鍾謙鈞刻本　一冊

430000－2424－0000117　12/1(001－1)
易經體注四卷　(清)來爾繩纂輯　清光緒七年(1881)守墨齋刻本　一冊　存一卷(一)

430000－2424－0000118　12/2(001－1)
周易本義附音訓十二卷首一卷末一卷　(宋)朱熹撰　清同治四年(1865)金陵書局刻本　二冊

430000－2424－0000119　12/3(001－1)
周易兼義九卷附音義一卷　(三國魏)王弼　(晉)韓康伯註　(唐)孔穎達正義　清同治十三年(1874)湖南書局刻本　六冊

430000－2424－0000120　12/4(001－1)
周易註疏校刊記九卷　(清)阮元撰　清同治十三年(1874)湖南書局刻本　二冊

430000－2424－0000121　12/6(001－1)
周易□□卷　(宋)朱熹本義　清宣統元年(1909)張太和書局仿湖北崇文書局刻本　一冊　存一卷(一)

430000－2424－0000122　12/8(001－1)
周易□□卷　(宋)朱熹本義　清刻慎詒堂本　一冊　存一卷(一)

430000－2424－0000123　12/9(001－1)
周易四卷　(宋)朱熹集註　清刻慎詒堂本　一冊　存三卷(二至四)

430000－2424－0000124　12/10(001－1)
周易四卷　(宋)朱熹集註　清崇讓堂刻本　一冊　存二卷(二至三)

430000－2424－0000125　13/1(001－1)
書經精義四卷首一卷末一卷　(清)黃淦纂　清刻本(令德堂藏板)　一冊

430000－2424－0000126　13/2(001－1)
書經六卷　(宋)蔡沈集傳　清最樂堂刻本　六冊

430000－2424－0000127　13/3(001－1)
尚書註疏二十卷附校勘記二十卷　(唐)孔穎達疏　(漢)孔安國傳　(唐)陸德明音義　清同治十三年(1874)湖南書局刻本　十一冊　存三十八卷(一至十八、校勘記二十卷)

430000－2424－0000128　13/4(001－1)
書經六卷　(宋)蔡沈集傳　清刻本　二冊　存三卷(二至四)

430000－2424－0000129　13/5(001－1)
尚書離句六卷　(清)錢在培輯　(清)劉梅坨鑒定　清古餘刻本　一冊　存三卷(四至六)

430000－2424－0000130　13/6(001－1)
書經體注不分卷　(清)范翔輯　清刻本　一冊

430000－2424－0000131　13/7(001－1)
書經體注大全合參六卷　(宋)蔡沈集傳　(清)范翔鑒定　(清)錢希祥纂輯　清刻本　二冊

430000－2424－0000132　13/9(001－1)
書經四卷　(宋)蔡沈集傳　清刻本　一冊　存一卷(三)

430000－2424－0000133　14/1(001－2)
毛詩註疏二十卷附音義　(漢)毛亨傳　(漢)鄭玄箋　(唐)陸德明音義　(唐)孔穎達疏　清同治十三年(1874)湖南書局刻本　二十冊

430000　2424　0000134　14/2(001　2)
毛詩註疏校勘記二十四卷　(清)阮元撰　清同治十三年(1874)湖南書局刻本　五冊

430000－2424－0000135　14/3(001－2)
新增詩經補注附考備旨八卷　(清)鄒聖脈纂輯　清光緒二十二年(1896)經畬別墅刻本　四冊

430000－2424－0000136　14/4(001－2)
詩經精義四卷首一卷末一卷　(清)黃淦纂　清刻本(令德堂藏板)　一冊

430000－2424－0000137　14/9(001－2)
詩經體注大全體要八卷　(宋)朱熹集傳　清刻本　一冊　存四卷(五至八)

430000－2424－0000138　14/10(002－1)
詩經八卷　(宋)朱熹集傳　清光緒二十二年(1896)新化三味堂刻本　四冊

430000－2424－0000139　14/11(002－1)
詩八卷　(宋)朱熹傳　經文堂刻本　六冊　存六卷(一至六)

430000－2424－0000140　14/12(002－1)
詩經八卷　(宋)朱熹傳　清同治十三年(1874)湖南書局刻本　四冊

430000－2424－0000141　14/13(002－1)
詩經八卷　(宋)朱熹傳　清江南聚寶門李氏刻本　一冊

430000－2424－0000142　14/14(002－1)
詩經八卷　(宋)朱熹傳　清刻本　一冊　存二卷(三至四)

430000－2424－0000143　15/1(002－1)
周禮不分卷　(漢)鄭玄註　(唐)陸德明音義　清嘉慶十一年(1806)清芬閣刻本　六冊

430000－2424－0000144　15/3(002－1)
周禮註疏四十二卷　(漢)鄭玄註　(唐)賈公彥疏　(唐)陸德明音義　清同治十三年(1874)湖南書局刻本　十三冊　存三十五卷(一至十八、二十六至四十二)

430000－2424－0000145　15/2(002－1)
周禮註疏校勘記四十二卷　(清)阮元撰　清同治十三年(1874)湖南書局刻本　五冊

430000－2424－0000146　15/4(002－2)
周禮折衷六卷　(清)胡興栓編　清湘東胡氏晚翠堂刻本　四冊

430000－2424－0000147　15/5(002－2)
周禮精義六卷首一卷　(清)黃淦纂　清刻本(令德堂藏板)　一冊

430000－2424－0000148　15/7(002－2)
儀禮十七卷　(漢)鄭玄註　(清)張爾岐句讀　清光緒二十六年(1900)新化三味堂刻本　六冊　存十五卷(一至十五)

430000－2424－0000149　15/8(002－2)
儀禮十七卷附監本正誤一卷石本誤字一卷　(漢)鄭玄註　(清)張爾岐句讀　清同治七年(1868)金陵書局刻本　四冊

430000－2424－0000150　15/9(002－2)

儀禮精義首一卷　(清)黄淦纂　清刻本(令德堂藏板)　一册

430000－2424－0000151　15/10(002－2)
朱子禮儀經傳通解六十九卷　(清)梁萬方考訂　清刻本　三十八册　存六十六卷(一至五十五、五十九至六十九)

430000－2424－0000152　15/11(003－1)
禮記註疏六十三卷　(漢)鄭玄註　(唐)孔穎達疏　(唐)陸德明音義　清同治十三年(1874)湖南書局刻本　二十二册

430000－2424－0000153　15/12(003－1)
禮記註疏校勘記六十三卷　(清)阮元撰　清同治十三年(1874)湖南書局刻本　十册　存六十一卷(一至七、十至六十三)

430000－2424－0000154　15/13(003－1)
禮記十卷　(元)陳澔集説　清同治五年(1866)金陵書局刻本　十册

430000－2424－0000155　15/15(003－2)
禮記省度六卷　(清)彭頤纂　清金陵刻本(大業堂藏板)　六册

430000－2424－0000156　15/16(003－2)
禮記十卷　(元)陳澔集説　清刻本　九册　存九卷(二至十)

430000－2424－0000157　15/17(003－2)
禮記全文備旨十一卷　(清)鄒聖脈纂　清刻本　二册　存六卷(一至六)

430000－2424－0000158　15/18(003－2)
全本禮記體注十卷　(元)陳澔集説　(清)范紫登原定　清光緒六年(1880)刻本(守墨齋藏板)　三册　存八卷(一至四、七至十)

430000－2424－0000159　15/19(003－002)
禮記精義六卷　(清)黄淦纂　清星沙周令德堂刻本　一册

430000－2424－0000160　15/20(003－2)
禮書綱目八十五卷首三卷　(清)江永撰　清光緒廣雅書局刻本　十八册　存八十一卷(一至四、十至八十五,首下)

430000－2424－0000161　16/1(004－1)
春秋左傳註疏六十卷　(晉)杜預註　(唐)陸德明音義　(唐)孔穎達疏　清同治十三年(1874)湖南書局刻本　二十三册　存五十三卷(一至五十三)

430000－2424－0000162　16/2(004－1)
春秋左傳註疏校勘記六十卷　(清)阮元撰　清同治十三年(1874)湖南書局刻本　六册　存四十八卷(十三至六十)

430000－2424－0000163　16/5(004－1)
新訂批註左傳快讀十八卷　(清)李紹崧選訂　清光緒刻本　二册　存二卷(十三、十七)

430000－2424－0000164　16/9(004－1)
評點春秋綱目句解左傳彙雋六卷　(清)韓菼重訂　(清)張天如詳節　清刻本　三册

430000－2424－0000165　16/11(004－2)
春秋公羊傳箋十一卷　王闓運撰　清光緒三十四年(1908)廖叚文刻本　十册

430000－2424－0000166　16/12(004－2)
春秋左傳杜注補輯三十卷首一卷　(清)姚培謙撰　清同治五年(1866)金陵書局刻本　五册　存十九卷(一至七、十五至十八、二十三至三十)

430000－2424－0000167　16/13(004－2)
春秋公羊經傳解詁十二卷　(漢)何休撰　(唐)陸德明音義　清道光四年(1824)揚州汪氏問禮堂影刻宋紹熙本　二册

430000－2424－0000168　16/14(004－2)
春秋公羊註疏二十八卷　(漢)何休解詁　(唐)陸德明音義　(唐)徐彦疏　清同治十三年(1874)湖南書局刻本　十二册

430000－2424－0000169　16/15(004－2)
春秋公羊註疏校勘記二十八卷　(清)阮元撰　清同治十三年(1874)湖南書局刻本　三册

430000－2424－0000170　16/16(005－1)
春秋穀梁註疏二十卷　(晉)范甯集解　(唐)陸德明音義　(唐)楊士勛疏　清同治十三年

(1874)湖南書局刻本　七冊　存十八卷(一至五、八至二十)

430000-2424-0000171　16/17(005-1)
春秋穀梁註疏校勘記二十卷　(清)阮元撰　清同治十三年(1874)湖南書局刻本　一冊

430000-2424-0000172　16/18(005-1)
春秋穀梁傳十二卷　(晉)范甯集解　(唐)陸德明音義　(唐)楊士勛疏　清光緒十二年(1886)星沙文昌書局刻本　四冊

430000-2424-0000173　16/19(005-1)
春秋穀梁傳十二卷　(晉)范甯集解　(唐)陸德明音義　(唐)楊士勛疏　清同治七年(1868)金陵書局刻本　二冊

430000-2424-0000174　16/21(005-1)
公穀合纂十二卷　(清)□□撰　清光緒七年(1881)長沙周守墨齋刻本　四冊

430000-2424-0000175　16/22(005-1)
春秋述解十卷　(清)江維斗輯註　清光緒二十六年(1900)刻本(讀月齋藏板)　十冊

430000-2424-0000176　16/23(005-1)
春秋精義四卷　(清)黃淦纂　清星沙周令德堂刻本　一冊

430000-2424-0000177　17/2(005-1)
孝經註疏九卷附孝經正義孝經音義　(宋)邢昺撰　(唐)陸德明音義　清同治十三年(1874)湖南書局刻本　一冊

430000-2424-0000178　17/3(005-1)
孝經註疏校勘記九卷　(清)阮元撰　清同治十三年(1874)湖南書局刻本　一冊

430000-2424-0000179　17/4(005-1)
孝經註疏校勘記九卷　(清)阮元撰　清同治十年(1871)湖南省城尊經閣刻本　一冊

430000-2424-0000180　18/1(005-2)
論語十卷　(宋)朱熹集註　清醴陵縣聚奎閣刻本　一冊　存五卷(一至五)

430000-2424-0000181　18/2(005-2)
四書集注二十卷　(宋)朱熹集註　清同治十二年(1873)金陵書局刻本　三冊　存大學、中庸、論語十卷

430000-2424-0000182　18/3(005-2)
論語註疏解經二十卷附論語音義　(三國魏)何晏集解　(宋)邢昺疏　(唐)陸德明音義　清同治十三年(1874)湖南書局刻本　四冊

430000-2424-0000183　18/4(005-2)
論語註疏校勘記二十卷　(清)阮元撰　清同治十三年(1874)湖南書局刻本　二冊

430000-2424-0000184　18/5(005-2)
孟子註疏解經十四卷附孟子音義二卷　(漢)趙岐註　(宋)孫奭疏　清同治十三年(1874)湖南書局刻本　七冊

430000-2424-0000185　18/6(005-2)
孟子註疏校勘記十四卷　(清)阮元撰　清同治十三年(1874)湖南書局刻本　三冊

430000-2424-0000186　18/7(005-2)
四書人物類典串珠四十卷　(清)臧志仁編輯　清嘉慶四年(1799)刻本(三味堂藏板)　九冊　存三十八卷(一至二、五至四十)

430000-2424-0000187　18/8(005-2)
四書人物類典串珠四十卷　(清)臧志仁編輯　清嘉慶四年(1799)刻本(三味堂藏板)　八冊　存三十五卷(六至四十)

430000-2424-0000188　18/10(005-2)
四書典制類聯音注三十三卷　(清)閻其淵編輯　清刻本　九冊　存三十卷(四至三十三)

430000-2424-0000189　18/11(005-2)
論語十卷　(宋)朱熹集註　清刻本　一冊　存五卷(六至十)

430000-2424-0000190　18/12(005-2)
論語十卷　(宋)朱熹集註　清刻本　一冊　存五卷(六至十)

430000-2424-0000191　18/13(005-2)
四書　清刻本　二冊　存三卷(大學、中庸、論語下)

430000-2424-0000192　18/30(005-2)

孟子集注纂箋十四卷　(元)詹道傳撰　清刻本　一册　存二卷(四至五)

430000－2424－0000193　18/31(005－2)
孟子集注纂箋十四卷　(元)詹道傳撰　清刻本　一册　存三卷(一至三)

430000－2424－0000194　18/32(005－2)
孟子七卷　(宋)朱熹集註　清刻本　一册　存三卷(一至三)

430000－2424－0000195　18/33(005－2)
孟子七卷　(宋)朱熹集註　清刻本　三册　存六卷(二至七)

430000－2424－0000196　18/35(005－2)
孟子集注纂箋十四卷　(元)詹道傳撰　清刻本　三册　存六卷(二至七)

430000－2424－0000197　18/36(005－2)
四書□□卷　(宋)朱熹集註　清刻本　二册　存一卷(孟子下)

430000－2424－0000198　18/37(005－2)
論語□□卷　(宋)朱熹集註　清刻本　一册　存二卷(三至四)

430000－2424－0000199　18/37(005－2)
論語□□卷　(宋)朱熹集註　清刻本　一册　存一卷(下)

430000－2424－0000200　18/38(005－2)
朱文公定本分章分節音注四書正文□□卷　(宋)朱熹集註　清刻本　一册　存二卷(中孟、下孟)

430000－2424－0000201　18/39(005－2)
孟子三卷　(宋)朱熹集註　清刻本　二册　存二卷(上、下)

430000－2424－0000202　18/40(005－2)
孟子三卷　(宋)朱熹集註　清刻本　二册　存中孟

430000－2424－0000203　191/3(007－009)
皇清經解　(清)阮元輯　清道光九年(1829)廣東學海堂刻咸豐十一年(1861)補刻本　三百九册　存一千二百十三卷(一至九十五、一百三十七至一百九十八、二百四十三至二百六十三、三百十六至三百二十九、三百五十一至五百八十七、五百九十六至一千一百六十九、一千一百八十至一千一百九十八、一千二百四至一千二百七十九、一千二百九十四至一千四百八)

430000－2424－0000204　191/3＝2(010－012)
皇清經解　(清)阮元輯　清道光九年(1829)廣東學海堂刻咸豐十一年(1861)補刻本　二百九十一册　存一千一百七十四卷(一至二百四十二、二百六十四至四百二十三、四百二十八至四百三十四、四百四十三至四百六十一、四百六十八至四百七十三、四百八十五至四百九十、五百六至五百二十三、五百四十至一千九十八、一千二百五十至一千二百五十四、一千二百五十七至一千四百八)

430000－2424－0000205　192/1(006－1)
爾雅註疏十一卷　(晉)郭璞註　(宋)邢昺疏　清嘉慶十一年(1806)刻本(桂華樓藏板)　二册

430000－2424－0000206　192/2(006－1)
爾雅註疏十一卷　(晉)郭璞註　(宋)邢昺疏　清同治十三年(1874)湖南書局刻本　四册

430000－2424－0000207　192/3(006－1)
爾雅三卷　(晉)郭璞註　(唐)陸德明音義　清同治十三年(1874)湖南書局刻本　三册

430000－2424－0000208　192/4(006－1)
爾雅三卷　(晉)郭璞撰　(唐)陸德明音義　清嘉慶二十二年(1817)刻本(清芬閣藏板)　三册

430000－2424－0000209　192/5(006－1)
爾雅音義二卷　(唐)陸德明撰　清同治十三年(1874)湖南書局刻本　一册

430000－2424－0000210　192/6(006－1)
爾雅註疏校勘記十一卷　(清)阮元撰　清同治十三年(1874)湖南書局刻本　三册

430000－2424－0000211　192/7(017－1)

說文解字注十五卷　(清)段玉裁注　清同治十一年(1872)湖北崇文書局刻本　十八册

430000－2424－0000212　192/8(017－1)
六書音韻表五卷　(清)段玉裁撰　清同治十一年(1872)湖北崇文書局刻本　一册

430000－2424－0000213　192/9(017－1)
汲古閣說文訂一卷　(清)段玉裁撰　清同治十一年(1872)湖北崇文書局刻本　一册

430000－2424－0000214　192/10(017－1)
古文析義六卷首一卷　(清)林雲銘評註　清刻本　七册

430000－2424－0000215　192/11(017－1)
增訂古文析義合編十六卷首一卷　(清)林雲銘評註　清刻本　十二册

430000－2424－0000216　192/13(017－1)
康熙字典四十二卷　(清)張玉書等編撰　清刻本　六册

430000－2424－0000217　192/14(017－2)
康熙字典十二集附備考一卷補遺一卷　(清)張玉書等編撰　清刻本　四十册

430000－2424－0000218　192/15(017－2)
康熙字典十二集附備考一卷補遺一卷　(清)張玉書等編撰　清刻本　二十九册

430000－2424－0000219　192/16(017－2)
康熙字典十二集附備考一卷補遺一卷　(清)張玉書等編撰　清刻本　一册

430000－2424－0000220　192/20(018－1)
說文通檢十四卷首一卷末一卷　(清)黎永椿撰　清光緒二年(1876)文昌書局刻本　二册

430000－2424－0000221　192/21(018－1)
說文解字句讀三十卷　(清)王筠撰　清光緒八年(1882)四川刻本(尊經書局藏板)　十九册　存二十八卷(一至二十八)

430000－2424－0000222　192/22(018－1)
說文分韻易知錄五卷說文重文標目五卷　(清)許巽行撰　清刻本　八册　缺二卷(說文重文標目四至五)

430000－2424－0000223　192/23(018－1)
初學檢韻十二卷　(清)姚文登輯　清光緒元年(1875)刻本(清德堂藏板)　五册

430000－2424－0000224　192/24(018－1)
識字要編不分卷　(清)□□撰　清同治四年(1865)自得山房刻本　二册

430000－2424－0000225　192/25(018－1)
訓蒙字課摘要□□卷　(清)□□編　清印本　二册　存四卷(一至四)

430000－2424－0000226　192/26(018－1)
辨字摘要四卷　(清)饒應召撰　清刻本　二册

430000－2424－0000227　192/27(018－1)
字音正謬二卷首一卷　(清)伍澤梁輯　清刻本　一册

430000－2424－0000228　192/29(018－1)
詩韻含英六卷首一卷　(清)劉文蔚輯　清乾隆二十三年(1758)刻本　一册　存一卷(一)

430000－2424－0000229　192/30(018－1)
雨亭尺牘八卷　(清)林欽潤著　清刻本　一册　存一卷(五)

430000－2424－0000230　21/1(020－1)
史記一百三十卷　(漢)司馬遷撰　(南朝宋)裴駰集解　(唐)司馬貞索隱　(唐)張守節正義　清光緒四年(1878)金陵書局刻本　十五册　存一百二十四卷(七至一百三十)

430000－2424－0000231　21/2(020－1)
史記一百三十卷　(漢)司馬遷撰　(南朝宋)裴駰集解　(唐)司馬貞索隱　(唐)張守節正義　清光緒四年(1878)金陵書局刻本　十六册

430000－2424－0000232　21/3(020－1)
漢書一百卷　(漢)班固撰　(唐)顏師古註　清光緒二十三年(1897)金陵書局刻本　二十四册

430000－2424－0000233　21/4(020－1)
漢書一百卷　(漢)班固撰　(唐)顏師古註

清光緒四年(1878)金陵書局刻本　二十三册　存九十四卷(七至一百)

430000－2424－0000234　21/6(021－2)
後漢書一百二十卷附考證　(南朝宋)范曄撰　(唐)李賢註　**續志**　(晉)司馬彪撰　(南朝梁)劉昭註　清光緒二十三年(1897)金陵書局刻本　二十三册　存一百八卷(一、十一至八十八、九十二至一百二十)

430000－2424－0000235　21/7(021－2)
後漢書一百二十卷　(南朝宋)范曄撰　(唐)李賢註　清光緒二十三年(1897)金陵書局刻本　十六册

430000－2424－0000236　21/8(021－1)
續後漢書四十二卷附音義四卷　(南朝宋)蕭常著　清同治八年(1869)刻本(師古山房藏板)　六册

430000－2424－0000237　21/10(022－1)
三國志六十五卷　(晉)陳壽撰　(南朝宋)裴松之註　清光緒十三年(1887)江南書局刻本　十二册

430000－2424－0000238　21/11(022－1)
晉書一百三十卷附音義三卷　(唐)房玄齡等撰　清同治十年(1871)金陵書局刻本　二十四册　存八十七卷(一至八十二、一百十三至一百十七)

430000－2424－0000239　21/12(022－2)
晉書一百三十卷附音義三卷　(唐)房玄齡等撰　清同治十年(1871)金陵書局刻本　二十四册　存一百三十一卷(一至十六、十九至一百三十,音義三卷)

430000－2424－0000240　21/13(023－1)
宋書一百卷　(南朝梁)沈約撰　清同治十二年(1873)金陵書局刻本　十八册　存九十六卷(一至三十八、四十三至一百)

430000－2424－0000241　21/14(023－1)
宋書一百卷　(南朝梁)沈約撰　清同治十二年(1873)金陵書局刻本　十三册　存七十七卷(二十四至一百)

430000－2424－0000242　21/15(023－2)
南齊書五十九卷　(南朝梁)蕭子顯撰　清同治十三年(1874)金陵書局刻本　八册

430000－2424－0000243　21/15＝2(023－2)
南齊書五十九卷　(南朝梁)蕭子顯撰　清同治十三年(1874)金陵書局刻本　八册

430000－2424－0000244　21/16(023－2)
北齊書五十卷　(唐)李百藥撰　清同治十三年(1874)金陵書局刻本　六册

430000－2424－0000245　21/17(024－1)
梁書五十六卷　(唐)姚思廉撰　清同治十三年(1874)金陵書局刻本　八册

430000－2424－0000246　21/17＝2(024－1)
梁書五十六卷　(唐)姚思廉撰　清同治十三年(1874)金陵書局刻本　八册

430000－2424－0000247　21/18(024－1)
陳書三十六卷　(唐)姚思廉撰　清同治十二年(1873)金陵書局刻本　四册

430000－2424－0000248　21/19(024－1)
陳書三十六卷　(唐)姚思廉撰　清同治十二年(1873)金陵書局刻本　四册

430000－2424－0000249　21/20(024－1)
周書五十卷　(唐)令狐德棻等撰　清同治十三年(1874)金陵書局刻本　六册

430000－2424－0000250　21/21(024－2)
魏書一百十四卷　(北齊)魏收撰　清同治十二年(1873)金陵書局刻本　三十册

430000－2424－0000251　21/21＝2(024－2)
魏書一百十四卷　(北齊)魏收撰　清同治十二年(1873)金陵書局刻本　二十四册

430000－2424－0000252　21/22(025－1)
隋書八十五卷　(唐)魏徵等撰　清同治十年(1871)淮南書局刻本　十八册

430000－2424－0000253　21/23(025－1)
南史八十卷　(唐)李延壽撰　清同治十二年(1873)金陵書局刻本　十五册

430000－2424－0000254　21/23＝2(025－1)
南史八十卷　(唐)李延壽撰　清同治十二年(1873)金陵書局刻本　十八冊

430000－2424－0000255　21/24(025－2)
北史一百卷　(唐)李延壽撰　清同治十二年(1873)金陵書局刻本　二十冊

430000－2424－0000256　21/24＝2(025－2)
北史一百卷　(唐)李延壽撰　清同治十二年(1873)金陵書局刻本　二十冊

430000－2424－0000257　21/25(026－1)
舊唐書二百卷　(五代)劉昫等撰　清同治十二年(1873)刻本　四十六冊　存一百九十三卷(八至二百)

430000－2424－0000258　21/26(026－1)
唐書二百二十五卷　(宋)歐陽修等撰　清同治十二年(1873)浙江書局刻本　四十四冊　存二百十四卷(一至二百十四)

430000－2424－0000259　21/28(027－1)
宋史四百九十六卷　(元)脱脱等撰　清光緒元年(1875)浙江書局刻本　五十四冊　存三百十八卷(一百六十六至一百九十四、二百二至四百九十)

430000－2424－0000260　21/29(027－2)
宋史四百九十六卷　(元)脱脱等撰　清光緒元年(1875)浙江書局刻本　六十冊　存四百八十九卷(五至一百五十七、一百七十九至二百四十二、二百二十五至四百九十六)

430000－2424－0000261　21/30(028－1)
遼史一百十五卷　(元)脱脱撰　清同治十二年(1873)江蘇書局刻本　十二冊

430000－2424－0000262　21/30＝2(028－1)
遼史一百十五卷　(元)脱脱撰　清同治十二年(1873)江蘇書局刻本　十六冊　存四十四卷(一至二十七、四十一至四十四、一百三至一百十五)

430000－2424－0000263　21/31(028－1)
金史一百三十五卷附欽定國語解一卷　(元)脱脱等撰　清同治十三年(1874)江蘇書局刻本　九冊　存四十五卷(一至三、九至二十、一百七至一百三十五,欽定國語解一卷)

430000－2424－0000264　21/32(028－2)
元史二百十卷附考證　(明)宋濂等撰　清同治十三年(1874)江蘇書局刻本　十冊　存四十卷(一至四十)

430000－2424－0000265　21/32＝2(028－2)
元史二百十卷附考證　(明)宋濂等撰　清同治十三年(1874)江蘇書局刻本　三十六冊　存一百八十六卷(一至一百四十、一百六十五至二百十)

430000－2424－0000266　21/33(029－1)
明史三百三十二卷首一卷目錄四卷　(清)張廷玉等撰　清光緒三年(1877)湖北崇文書局刻本　七十六冊　存三百十二卷(一至一百二十三、一百二十九至一百五十九、一百七十一至二百五十一、二百五十六至三百三十二)

430000－2424－0000267　21/33＝2(029－2)
明史三百三十二卷首一卷目錄四卷　(清)張廷玉等撰　清光緒三年(1877)湖北崇文書局刻本　四十九冊　存二百九卷(四十三至一百六、一百六十至一百六十四、一百九十一至三百五、三百八至三百三十二)

430000－2424－0000268　22/1(030－1)
東華錄(天命朝至道光朝)　王先謙撰　清光緒十年(1884)刻本　一百四十三冊　存三百七十七卷(天命四卷,天聰十一卷,崇德八卷,順治三十六卷,康熙一至八十六、九十一至九十八、一百八至一百十,雍正二十六卷,乾隆一至七、十二至十四、十八至二十五、二十九至五十七、六十二至九十七、一百一至一百五、一百八至一百二十,嘉慶一至二十二、三十九至五十,道光六十卷)

430000－2424－0000269　22/2(032－1)
資治通鑑二百九十四卷　(宋)司馬光撰　(元)胡三省音註　清同治十年(1871)湖北崇文書局刻本　七十九冊　存二百二十九卷(一至十八、二十五至一百三十一、一百六十

四至一百六十六、一百七十七至二百四十一、二百五十九至二百九十四)

430000－2424－0000270　22/3(032－2)
通鑑釋文辯誤十二卷　(元)胡三省撰　清同治十年(1871)湖北崇文書局刻本　四册

430000－2424－0000271　22/8(033－1)
綱鑑正史約三十六卷　(明)顧錫疇撰　(清)陳弘謀增訂　清光緒九年(1883)湖南書局刻本　十九册　存三十四卷(一至三十二、三十五至三十六)

430000－2424－0000272　22/10(033－2)
明紀六十卷　(清)陳鶴撰　清光緒二十八年(1902)新化三味書室校刻本　二十四册

430000－2424－0000273　23/1(034－1)
宋史紀事本末一百九卷　(明)馮琦撰　(明)陳邦瞻增訂　(明)張溥論正　清光緒十三年(1887)廣雅書局刻本　十六册

430000－2424－0000274　23/2(034－1)
元史紀事本末二十七卷　(明)陳邦瞻撰　(明)張溥論正　清光緒十三年(1887)廣雅書局刻本　三册

430000－2424－0000275　23/3(034－2)
明史紀事本末八十卷　(清)谷應泰撰　清光緒十三年(1887)廣雅書局刻本　十六册

430000－2424－0000276　23/4(034－2)
湘軍志十六卷　王闓運撰　清光緒十二年(1886)成都墨香書屋刻本　四册

430000－2424－0000277　25/2(035－1)
戰國策三十三卷　(漢)高誘註　**附劄記三卷**　(清)黄丕烈撰　清刻本　五册　存二十卷(十二至十五、二十一至三十三,劄記三卷)

430000－2424－0000278　25/3(035－1)
宋李忠定雜史十卷　(宋)李綱撰　清光緒湘鄉愛日堂刻本　二册　存七卷(一至七)

430000－2424－0000279　25/4(035－2)
十六國春秋一百卷　(北魏)崔鴻撰　清乾隆四十六年(1781)刻本　十册　存九十卷(一至五十二、六十三至一百)

430000－2424－0000280　27/1(037－1)
國朝耆獻類徵初編四百八十四卷總目二十卷通檢十卷附滿漢同姓名録卷首二百四卷　(清)李桓輯　清光緒十年至十七年(1884－1891)湘陰李氏刻本　二百六十五册　存六百四十卷(一至一百六、一百十一至二百、二百二十一至二百五十八、二百六十一至二百六十六、二百七十一至二百七十二、二百八十三至二百八十四、三百五至三百八、三百十三至三百八十四、三百八十七至四百八十四,總目二十卷,通檢十卷,附滿漢同姓名録首一至二十八、三十八至一百五十二、一百五十六至二百四)

430000－2424－0000281　27/2(040－2)
新纂氏族箋釋八卷　(清)熊峻運撰　清經元堂刻本　六册　存六卷(一至三、六至八)

430000－2424－0000282　27/3(040－2)
新纂氏族箋釋八卷　(清)熊峻運撰　清寶□堂刻本　四册

430000－2424－0000283　27/6(040－2)
船山師友記十七卷　羅正鈞纂　清光緒三十三年(1907)刻本　四册

430000－2424－0000284　27/7(041－1)
中湘長山谷氏三修族譜二十四卷　(清)谷明泰等纂修　清光緒二十九年(1903)聚斯堂刻本　二十四册

430000－2424－0000285　27/8(041－1)
花石吴氏六修族譜十二卷首一卷末一卷　(清)吴孝熙等纂修　清光緒二十四年(1898)刻本　十三册

430000－2424－0000286　27/9(041－1)
中湘王氏重修族譜十卷　(清)王序爵纂修　清咸豐十一年(1861)三槐堂刻本　六册

430000－2424－0000287　27/10(041－1)
中湘簧林賀氏四修族譜　清鏡湖堂木活字印本　十册　存十卷(六至十、十四至十五、十七,首下,末二)

430000－2424－0000288　27/12(041－2)
湘潭錦石歐陽氏五修族譜　清木活字印本　二册　存二卷(十二、二十)

430000－2424－0000289　27/13(041－2)
湘潭吴氏重修族譜　清木活字印本　一册　存一卷(二)

430000－2424－0000290　27/14(041－2)
湘潭楚氏印子山房六修族譜　清木活字印本　二册　存二卷(五、七)

430000－2424－0000291　27/15(041－2)
湘潭張氏四修族譜　清彝倫堂木活字印本　一册　存一卷(三)

430000－2424－0000292　27/16(041－2)
中湘尹氏續修族譜　清木活字印本　一册　存一卷(二)

430000－2424－0000293　27/17(041－2)
湘潭坳柴尹氏五修族譜　清復榮堂木活字印本　一册　存一卷(十七)

430000－2424－0000294　27/18(041－2)
湘潭五桂塘李氏七修族譜　清木活字印本　一册　存一卷(二十)

430000－2424－0000295　27/20(041－2)
湘潭王氏二修支譜　清敬本堂木活字印本　一册　存一卷(三)

430000－2424－0000296　27/18(041－2)
湘潭五桂塘李氏七修族譜　清木活字印本　一册　存一卷(二十)

430000－2424－0000297　28/2(035－2)
廿一史約編八卷首一卷　(清)鄭元慶撰　清刻本　八册

430000－2424－0000298　291/1(035－2)
評鑒闡要十二卷　(清)高宗弘曆撰　(清)劉統勳等編　清乾隆三十六年(1771)刻本　五册　存十卷(一至六、九至十二)

430000－2424－0000299　292/1(043－1)
約章分類輯要三十八卷首一卷　蔡乃煌等撰　清光緒二十六年(1900)湖南商務局刻本　二十七册　存三十六卷(一至三十二、三十六至三十八,首一卷)

430000－2424－0000300　292/2(043－1)
洗冤録詳義四卷首一卷　(清)許槤編校　清光緒三年(1877)湖北藩署刻本　四册

430000－2424－0000301　292/3(043－1)
洗冤録摭遺二卷　(清)葛元煦撰　清光緒三年(1877)湖北藩署刻本　一册

430000－2424－0000302　292/4(043－2)
駱文忠公奏稿十卷　(清)駱秉章撰　清光緒十七年(1891)刻本　十册

430000－2424－0000303　292/5(044－1)
曾忠襄公奏議三十二卷　(清)曾國荃撰　清光緒二十九年(1903)刻本　十六册

430000－2424－0000304　292/6(044－1)
彭剛直公奏稿八卷　(清)彭玉麟撰　清光緒十七年(1891)吴氏刻本　七册　存七卷(一至三、五至八)

430000－2424－0000305　292/8(044－2)
左文襄公奏稿六十四卷　(清)左宗棠撰　清光緒十六年(1890)刻本　三十册　存三十卷(一至十五、二十二、二十四、二十六至三十八)

430000－2424－0000306　292/19(045－2)
吾學録初編二十四卷　(清)吴榮光撰　清刻本　五册　存十五卷(四至十八)

430000－2424－0000307　292/20(045－2)
法戒録□□卷　(清)□□撰　清刻本　一册　存一卷(三)

430000－2424－0000308　292/21(045－2)
法戒録□□卷　(清)□□撰　清刻本　一册　存一卷(二)

430000－2424－0000309　292/22(045－2)
法戒録□□卷　(清)□□撰　清刻本　一册　存一卷(二)

430000－2424－0000310　296/3(046－1)
法戒録續集□□卷　(清)□□撰　清刻本

一冊　存一卷(二)

430000－2424－0000311　296/4(046－1)
山海經十八卷　(晉)郭璞傳　清刻本(槐蔭草堂藏板)　一冊

430000－2424－0000312　296/4＝2(046－1)
[光緒]湘潭縣志十二卷　王闓運等纂　清光緒十五年(1889)刻本　十冊

430000－2424－0000313　297/1(046－2)
[光緒]湘潭縣志十二卷　王闓運等纂　清光緒十五年(1889)刻本　四冊　存五卷(一至五)

430000－2424－0000314　298/1(047－1)
積古齋鐘鼎彝器款識十卷　(清)阮元撰　清光緒五年(1879)紅杏山房刻本　六冊

430000－2424－0000315　298/2(047－1)
欽定四庫全書簡明目錄二十卷　(清)高宗弘曆敕撰　清刻本　八冊　存十四卷(一至十、十三至十六)

430000－2424－0000316　32/1(049－1)
欽定四庫全書總目二百卷首一卷　(清)紀昀等撰　清同治七年(1868)廣東書局刻本　一百六冊　存一百九十二卷(一至七十一、七十四至一百二十八、一百三十二至一百四十七、一百五十至一百九十六、一百九十九至二百，首一卷)

430000－2424－0000317　32/2(049－1)
龍文鞭影四卷　(明)蕭良有撰　(清)楊臣諍增訂　清刻本(辯心軒藏板)　三冊　存三卷(一集上、下,二集下)

430000－2424－0000318　32/5(049－1)
小學韻語一卷　(清)羅澤南撰　清咸豐六年(1856)刻本　一冊

430000－2424－0000319　32/11(049－1)
增訂幼學珠璣四卷　(清)程登吉撰　清最樂堂刻本　四冊　存三卷(一至三)

430000－2424－0000320　32/12(049－1)
增訂幼學珠璣四卷　(清)程登吉撰　清刻本　一冊　存二卷(二至三)

430000－2424－0000321　32/13(049－1)
新增幼學故事瓊林四卷首一卷　(清)程登吉撰　清刻本　一冊　存一卷(四)

430000－2424－0000322　32/14(049－1)
幼學故事尋源十卷　(清)楊應象集註　清刻本　四冊

430000－2424－0000323　32/15(049－1)
增訂幼學珠璣四卷　(清)程登吉撰　清刻本　一冊　存一卷(三)

430000－2424－0000324　32/16(049－1)
幼學珠璣四卷　(清)程登吉撰　清刻本　一冊　存一卷(三)

430000－2424－0000325　32/17(049－1)
孔子家語十卷　(三國魏)王肅註　清寶旭齋刻本　二冊　存九卷(一至九)

430000－2424－0000326　32/18(049－1)
孔子家語八卷　(明)何孟春註　(清)盧文弨校補　清乾隆三十二年(1767)刻本(世讀堂藏板)　一冊

430000－2424－0000327　32/19(049－1)
荀子二十卷　(戰國)荀況撰　(唐)楊倞注　清乾隆五十一年(1786)嘉善謝氏刻本　一冊　存三卷(四至六)

430000－2424－0000328　32/20(049－1)
孔子集語十七卷　(清)孫星衍輯　清光緒三年(1877)浙江書局孫氏刻本　三冊　存十三卷(一至十三)

430000－2424－0000329　32/21(049－1)
老子道德經二卷附音義一卷　(春秋)李耳撰　(三國魏)王弼註　清光緒元年(1875)浙江書局刻本　一冊　存一卷(一)

430000－2424－0000330　32/22(049－1)
晏子春秋校勘記二卷　(清)黃以周撰　清光緒二年(1876)刻本　一冊　存一卷(一)

430000－2424－0000331　32/23(049－1)
小學集注六卷首一卷　(宋)朱熹撰　(明)陳

選集注　清刻本(文光堂藏板)　二册

430000－2424－0000332　32/24(049－2)
朱子原訂近思錄十四卷　(宋)朱熹撰　(宋)呂祖謙輯　(清)江永集注　清咸豐九年(1859)麗澤會本刻本　五册　存十三卷(一至十三)

430000－2424－0000333　32/25(050－1)
大學衍義補一百六十卷首一卷　(明)丘濬撰　清道光十七年(1837)刻本　八十册

430000－2424－0000334　32/26(050－1)
大學衍義補纂要六卷　(明)徐栻輯　清刻本　四册　存四卷(二至五)

430000－2424－0000335　33/1(50－1)
傳家安樂銘一卷　(□)□□撰　清同治元年(1862)刻本(天德堂藏板)　一册

430000－2424－0000336　33/2(50－1)
中皇靈寶洞微十品至妙真經三卷　(□)□□撰　清宣化文社刻本　一册　存一卷(上)

430000－2424－0000337　37/1(050－1)
感應篇直講不分卷　(清)佚名撰　清咸豐八年(1858)刻本　一册

430000－2424－0000338　37/2(050－1)
醫林改錯二卷　(清)王清任撰　清咸豐十一年(1861)刻本(經綸森寶藏板)　二册

430000－2424－0000339　37/3(050－1)
類經三十二卷　(明)張介賓撰　清嘉慶四年(1799)萃英堂刻本　十八册

430000－2424－0000340　37/4(050－1)
增補醫方一盤珠十卷　(清)洪金鼎纂　清光緒二十四年(1898)澹雅書局刻本　四册　存八卷(一至四、七至十)

430000－2424－0000341　37/5(050－1)
溫病條辨六卷首一卷　(清)吳瑭著　(清)朱武曹點評　清寧波羣玉山房刻本　六册

430000－2424－0000342　37/6(050－1)
醫學從衆錄八卷　(清)陳念祖撰　清光緒元年(1875)刻本　三册

430000－2424－0000343　37/7(050－1)
女科要旨四卷　(清)陳念祖撰　清光緒元年(1875)刻本(稽古堂藏板)　一册

430000－2424－0000344　37/8(050－1)
長沙方歌括六卷　(清)陳念祖撰　清光緒元年(1875)刻本(南雅堂藏板)　三册

430000－2424－0000345　37/9(050－1)
金匱要略淺注十卷　(清)陳念祖撰　清光緒元年(1875)刻本(書業堂原版)　四册

430000－2424－0000346　37/10(050－1)
金匱方歌括六卷　(清)陳念祖撰　清光緒元年(1875)刻本(南雅堂藏板)　二册　存四卷(一至四)

430000－2424－0000347　37/11(050－1)
傷寒真方歌括六卷　(清)陳念祖撰　清光緒八年(1882)三山林氏刻本(義會藏板)　一册

430000－2424－0000348　37/12(050－1)
傷寒醫訣串解六卷十藥神書注解一卷　(清)陳念祖撰　清光緒元年(1875)刻本(味根齋藏板)　一册

430000－2424－0000349　37/17(050－2)
靈素提要淺注十二卷　(清)陳念祖集注　清光緒元年(1875)文華堂刻本　五册

430000－2424－0000350　37/18(050－2)
痲科活人全書四卷　(清)謝玉瓊纂輯　清光緒三十年(1904)刻本　一册　存一卷(四)

430000－2424－0000351　37/19(050－2)
醫方集解六卷　(清)汪昂撰　清刻本　一册　存一卷(五)

430000－2424－0000352　37/20(050－2)
推拿廣意三卷　(清)熊應雄輯　清刻本(澹雅書局藏板)　二册

430000－2424－0000353　37/21(050－2)
外科正宗十二卷　(明)陳實功撰　清刻本　一册　存二卷(三至四)

430000－2424－0000354　37/22(050－2)
痘科集要二卷　(清)蔡烈先編輯　清刻本

一册

430000－2424－0000355　37/23(050－2)
濟世良方八卷　朱靜一編　清湘潭和化慈善堂刻本　一册　存一卷(八)

430000－2424－0000356　37/24(050－2)
類經圖翼十一卷　(明)張介賓撰　清刻本　一册　存二卷(二至三)

430000－2424－0000357　37/25(050－2)
醫緒十四卷　(清)黄皖撰　清刻本　一册　存一卷(一)

430000－2424－0000358　37/26(050－2)
素問靈樞類纂約注三卷　(清)汪昂撰　清刻本　一册　存一卷(中)

430000－2424－0000359　37/27(050－2)
醫宗説約六卷　(清)蔣示吉撰　清刻本　三册　存五卷(二至六)

430000－2424－0000360　392/1(051－1)
三指禪三卷　(清)周學霆撰　清刻本　三册

430000－2424－0000361　392/1＝2(051－1)
秘傳花鏡六卷圖一卷　(清)陳淏子輯　清刻本　四册　存六卷(秘傳花鏡六卷)

430000－2424－0000362　393/1(051－1)
秘傳花鏡六卷圖一卷　(清)陳淏子輯　清刻本　一册　存二卷(五至六)

430000－2424－0000363　393/2(051－1)
宦鄉要則七卷　(清)張鑒瀛撰　清光緒五年(1879)刻本(奎映堂藏板)　二册　存三卷(一至二、六)

430000－2424－0000364　393/3(051－1)
禮文備録十二卷　(清)管窺居士編輯　清刻本　一册　存一卷(十二)

430000－2424－0000365　393/5(051－1)
禮文備録十二卷　(清)管窺居士編輯　清光緒七年(1881)刻本(萃珍堂藏板)　四册　存八卷(一至四、六、八、十至十一)

430000－2424－0000366　393/8(051－1)
日知録集釋三十二卷　(清)黄汝成集釋　清同治七年(1868)朝宗書局木活字印本　十八册

430000－2424－0000367　393/12(051－1)
丹鉛總録二十七卷　(明)楊慎撰　清刻本　一册　存三卷(二十五至二十七)

430000－2424－0000368　393/13(051－1)
鄉黨應酬六卷　(清)鄧炳震編　清刻本　一册　存一卷(四)

430000－2424－0000369　393/14(051－1)
鄉黨應酬六卷　(清)鄧炳震編　清刻本　一册　存一卷(六)

430000－2424－0000370　393/15(051－1)
鄉黨應酬六卷　(清)鄧炳震編　清刻本　一册　存一卷(六)

430000－2424－0000371　393/16(051－1)
精校鄉黨應酬六卷　(清)鄧炳震輯　清宣統元年(1909)湖南刻本　三册　存五卷(一至五)

430000－2424－0000372　393/17(051－1)
鄉黨應酬六卷　(清)鄧炳震編　清刻本　一册　存一卷(六)

430000－2424－0000373　393/18(051－1)
應酬彙選新集四卷　(清)潘文光輯　清文光堂刻本　二册　存二卷(一至二)

430000－2424－0000374　395/1(051－2)
八股啟蒙一卷　(清)譚鵬霄撰　清刻本　一册

430000－2424－0000375　395/2(051－2)
新鐫曆法便覽象吉備要通書二十九卷　(清)魏鑑撰　清刻本　一册　存五卷(十五至十九)

430000－2424－0000376　395/3(051－2)
新增命學津梁二卷　(清)魏鑑撰　(清)鹿橋野人重輯　清刻本(經文堂藏板)　一册

430000－2424－0000377　395/4(051－2)
新增命學津梁二卷　(清)魏鑑撰　(清)鹿橋

野人重輯　清湘中刻本(文德堂藏板)　一冊

430000－2424－0000378　395/6(051－2)
新增命學津梁二卷　(清)魏鑒撰　(清)鹿橋野人重輯　清寶慶刻本(文昌書局藏板)　一冊

430000－2424－0000379　395/7(051－2)
增廣玉匣記通書六卷　(晉)許遜撰　清刻本　一冊　存五卷(一至五)

430000－2424－0000380　395/8(051－2)
新編楊曾地理家傳心法捷決一貫堪輿八卷　(明)唐世友編　清刻本　一冊　存二卷(一至二)

430000－2424－0000381　395/10(051－2)
雪心賦正解四卷　(唐)卜應天撰　(清)孟浩註　清刻本(經元堂藏板)　二冊

430000－2424－0000382　395/11(051－2)
八字真解一卷　(清)□□撰　清光緒二年(1876)刻本　一冊

430000－2424－0000383　395/12(051－2)
八字覺原一卷　(清)滄洲子注　清刻本　一冊

430000－2424－0000384　395/13(051－2)
大陰陽真經不分卷　(清)□□撰　清同治元年(1862)刻本(二賢堂存板)　一冊

430000－2424－0000385　396/2(052－1)
筮學指要十卷　(清)吳隆譽撰　清刻本　一冊　存三卷(一至三)

430000－2424－0000386　396/3(052－1)
大士顯像大悲心陀羅尼經不分卷　(清)□□撰　清長沙覺化堂刻本　二冊

430000－2424－0000387　397/1(052－1)
神訓必讀一卷　(□)□□撰　清光緒二十五年(1899)刻本　一冊

430000－2424－0000388　397/1＝2(052－1)
子史輯要詩賦題解四卷附續編四卷　(清)胡本淵編輯　清文光堂刻本　四冊

430000－2424－0000389　397/4(062－1)
子史輯要詩賦題解四卷附續編四卷　(清)胡本淵編輯　清文光堂刻本　二冊

430000－2424－0000390　397/5(063－2)
御定佩文韻府四百四十四卷　(清)張玉書等撰　清刻本　一百二十八冊　存九十七卷(一至二十四、二十六下、二十七、二十九至三十三、三十四下、三十五至三十九、四十三至四十五、四十七至六十四、六十六下至七十七、七十九、八十一至一百六)

430000－2424－0000391　397/6(063－2)
御定韻府拾遺一百六卷　(清)聖祖玄燁敕撰　清刻本　十六冊

430000－2424－0000392　397/7(063－2)
重訂事類賦三十卷　(宋)吳淑撰　(明)華麟祥校　清刻本(文光堂藏板)　四冊

430000－2424－0000393　397/8(063－2)
重訂廣事類賦四十卷　(清)華希閔著　清刻本(文光堂藏板)　七冊　存三十四卷(一至十七、二十四至四十)

430000－2424－0000394　397/8＝2(063－2)
文物盈科四十六卷　(清)上居士纂　清光緒七年(1881)湘西荷花灣上書屋刻本　九冊

430000－2424－0000395　397/10(064－1)
文物盈科四十六卷　(清)上居士纂　清光緒七年(1881)湘西荷花灣上書屋刻本　十二冊

430000－2424－0000396　397/11(064－2)
事類統編九十三卷首一卷　(宋)吳淑撰　清道光十九年(1839)柏溪林氏刻本　十二冊　存三十二卷(一至十三、十六至十七、二十至二十二、二十四、三十八至四十、五十三至六十二)

430000－2424－0000397　397/11＝2(064－2)
增補事類統編九十三卷首一卷　(宋)吳淑撰　(清)黃葆真增輯　清刻本(學庫山房藏板)　四十冊

430000－2424－0000398　397/15(065－1)
增補事類統編九十三卷首一卷　(宋)吳淑撰　(清)黄葆真增輯　清刻本(學庫山房藏板)　三十五冊　存八十一卷(一至八、十三至四十五、五十至五十九、六十四至九十三)

430000－2424－0000399　397/16(065－1)
新增說文韻府羣玉二十卷　(元)陰時夫著　清刻本(三讓堂藏板)　十九冊　存十九卷(一至八、十至二十)

430000－2424－0000400　41/1:1(073－1)
啟蒙對語便讀三字錦二卷　(清)趙暄編輯　清嘉慶二十一年(1816)集義堂刻本　二冊

430000－2424－0000401　41/1:2(073－1)
嘉祐集二十卷　(宋)蘇洵撰　清道光十二年(1832)眉州刻本(三蘇祠藏板)　三冊　存十四卷(七至二十)

430000－2424－0000402　41/1:3(073－1)
東坡集八十四卷　(宋)蘇軾撰　清道光十二年(1832)眉州刻本(三蘇祠藏板)　四十冊　存七十七卷(一至十一、十五至三十五、四十至八十四)

430000－2424－0000403　41/1:4(073－1)
欒城集四十八卷　(宋)蘇轍撰　清道光十二年(1832)眉州刻本(三蘇祠藏板)　十七冊　存四十五卷(一至二十五、二十九至四十八)

430000－2424－0000404　41/1:5(073－1)
欒城後集二十四卷　(宋)蘇轍撰　清道光十二年(1832)眉州刻本(三蘇祠藏板)　五冊　存二十一卷(一至二十一)

430000－2424－0000405　41/1:6(073－1)
欒城三集十卷　(宋)蘇轍撰　清道光十二年(1832)眉州刻本(三蘇祠藏板)　二冊

430000－2424－0000406　41/1:7(073－1)
欒城應詔集十二卷　(宋)蘇轍撰　清道光十二年(1832)眉州刻本(三蘇祠藏板)　二冊

430000－2424－0000407　41/2(073－2
斜川集六卷　(宋)蘇過撰　清道光十二年(1832)眉州刻本(三蘇祠藏板)　二冊　存四卷(一至四)

430000－2424－0000408　41/7(073－2)
賦學正鵠三卷　(清)李元度輯並釋　清刻本　一冊　存二卷(二至三)

430000－2424－0000409　41/8(073－2)
七家詩□□卷　(□)□□撰　清刻本　四冊　存四卷(四至六、八)

430000－2424－0000410　41/9(073－2)
古唐詩合解十二卷　(清)王堯衢註　清刻本　一冊　存三卷(一至三)

430000－2424－0000411　41/10(073－2)
古唐詩合解十二卷　(清)王堯衢註　清刻本　一冊　存三卷(八至十)

430000－2424－0000412　41/11(073－2)
古唐詩合解十二卷　(清)王堯衢註　清刻本　一冊　存三卷(九至十一)

430000－2424－0000413　41/12(073－2)
唐詩三百首注釋六卷　(清)孫洙編　清善化章經濟堂刻本　二冊　存二卷(二至三)

430000－2424－0000414　41/13(073－2)
唐詩三百首注釋六卷　(清)孫洙編　清刻本　二冊　存二卷(二至三)

430000－2424－0000415　41/14(073－2)
唐詩三百首注釋六卷　(清)孫洙編　清刻本　一冊　存四卷(一至四)

430000－2424－0000416　41/15(073－2)
雲樣集八卷　(清)高陳謨編　清刻本　一冊　存三卷(五至七)

430000－2424－0000417　41/16(073－2)
御選唐宋詩醇四十七卷　(清)高宗弘曆選　清刻本　一冊

430000－2424－0000418　41/20(073－2)
文選六十卷　(南朝梁)蕭統輯　(唐)李善註　清刻本　五冊　存二十五卷(十五至十九、二十五至三十九、四十五至四十九)

430000－2424－0000419　41/23(073－2)
全上古三代秦漢三國六朝文七百四十一卷　(清)嚴可均輯　清光緒二十年(1894)黄岡王氏刻本　九十冊　存六百六十卷(全上古三代文十六卷,全漢文六十三卷,全后漢文一至二十八、五十八至一百六,全三國文一至七、十六至三十一、四十至七十五,全晉文一百六十七卷,全宋文六十四卷,全齊文一至十七,全梁文一至四十二、五十至七十四,全陳文十八卷,全後漢文一至二十九、三十八至六十,全北齊文二十四卷,全隋文三十六卷)

430000－2424－0000420　41/24(073－2)
古文觀止十二卷　(清)吳楚材　(清)吳調侯編　清刻本　一冊　存二卷(九至十)

430000－2424－0000421　41/25(073－2)
古文評注全集十卷　(清)過珙撰　清壁漁堂刻本　一冊　存一卷(九)

430000－2424－0000422　41/26(074－1)
盈書閣遺稿一卷　(清)袁棠撰　清刻本(隨園藏板)　一冊

430000－2424－0000423　41/27(074－1)
武定詩續鈔二十四卷　(清)李佐賢編輯　清同治六年(1867)刻本(利津李氏藏板)　六冊　存十八卷(一至五、九至十一、十五至二十四)

430000－2424－0000424　41/28(074－1)
淺近益言　清敦化文社刻本　一冊　存一卷(四)

430000－2424－0000425　43/1(069－2)
挽聯合編六卷　(清)管窺居士編　清刻本(謝萃珍堂藏板)　一冊　存三卷(三至五)

430000－2424－0000426　43/2(069－2)
王壯武公遺集二十四卷首一卷　(清)王鑫撰　清光緒十八年(1892)湘鄉王氏江寧刻本　十二冊

430000－2424－0000427　43/3(069－2)
紀文達公文集十六卷首一卷　(清)紀昀撰　清道光三十年(1850)刻本(小瑯環山館藏板)　八冊

430000－2424－0000428　43/4(069－2)
紀文達公詩集十六卷　(清)紀昀撰　清道光三十年(1850)刻本(小瑯環山館藏板)　六冊

430000－2424－0000429　43/5(069－2)
西漚全集十卷外集八卷　(清)李惺撰　清同治七年(1868)刻本(李氏家藏板)　十八冊

430000－2424－0000430　43/6(070－1)
梅村詩集箋注十八卷　(清)吳偉業撰　(清)吳翌鳳箋註　清光緒二十二年(1896)新化三味堂刻本　十一冊　存十七卷(一至四、六至十八)

430000－2424－0000431　43/7(070－1)
道榮堂文集六卷首一卷　(清)陳鵬年撰　清乾隆二十七年(1762)刻本　七冊　存六卷(二至六、首一卷)

430000－2424－0000432　43/8(070－1)
滄州近詩十卷目錄一卷　(清)陳鵬年撰　清乾隆二十七年(1762)刻本　六冊

430000－2424－0000433　43/9(070－1)
司馬溫公文集十四卷首一卷　(宋)司馬光撰　(清)張伯行重訂　清光緒七年(1881)刻本　八冊

430000－2424－0000434　43/10(070－1)
瓢庵集十八卷首一卷　曾廉撰　清宣統三年(1911)邵陽曾氏會輔堂刻本　十一冊　存十七卷(一至六、八至十八)

430000－2424－0000435　43/18(070－2)
諸葛忠武侯文集六卷　(三國蜀)諸葛亮撰　清茶陵譚福壽堂校刻本　二冊　存四卷(一至二、五至六)

430000－2424－0000436　43/19(070－2)
聊草詩集三卷　(清)歐陽書撰　清同治八年(1869)刻本　一冊

430000－2424－0000437　43/21(070－2)
小倉山房詩□□卷　(清)袁枚撰　清刻本　存五卷(十四至十八)　一冊

430000－2424－0000438　43/21(070－2)
栗齋詩集□□卷　(宋)巩豐撰　清刻本　一冊　存二卷(十二至十三)

430000－2424－0000439　43/22(070－2)
樂園詩集二卷　(清)胡瑞昌撰　清光緒三十年(1904)湘潭胡氏木活字印本　一冊

430000－2424－0000440　43/23(070－2)
晦庵先生朱文公文集十八卷　(宋)朱熹撰　清刻本　一冊　存四卷(七至十)

430000－2424－0000441　43/28(072－1)
陶園文集十二卷　(清)張九鉞撰　清嘉慶二十年(1815)星沙刻本　一冊　存八卷(一至八)

430000－2424－0000442　43/29(072－1)
漁洋山人精華錄箋注十二卷補注一卷年譜一卷　(清)王士禎撰　(清)金榮箋註　(清)徐淮輯　清刻本(鳳翽堂藏板)　六冊

430000－2424－0000443　43/30(072－2)
鶴山文鈔三十二卷周禮折衷四卷師友進言一卷　(宋)魏了翁撰　清宣統二年(1910)官印刷局重修望三益齋刻本　十二冊

430000－2424－0000444　43/32(072－2)
震川先生集三十卷別集十卷　(明)歸有光撰　清光緒元年(1875)常熟歸氏刻本　十二冊

430000－2424－0000445　44/2(70－2)
陶文毅公全集六十四卷首一卷末一卷　(清)陶澍撰　清道光淮北刻本　二十四冊　存二十九卷(一、四至二十三、二十七至三十四,別集一至四)

430000－2424－0000446　44/4(70－2)
新鐫古今大雅南宮詞紀六卷　(明)陳所聞(清)陳邦泰選　明萬曆刻本　四冊

430000－2424－0000447　45/1(70－2)
新鐫古今大雅北宮詞紀六卷　(明)陳所聞(清)陳邦泰選　明萬曆刻本　四冊

430000－2424－0000448　46/4(70－2)
西廂記五卷首一卷末一卷　(元)王實甫撰　清刻雙色套印本　一冊　存一卷(四)

430000－2424－0000449　46/5(70－2)
三國演義六十卷首一卷　(明)羅貫中撰　清刻本　一冊　存三卷(四十三至四十五)

430000－2424－0000450　46/7(70－2)
雙鳳奇緣□□卷　佚名撰　清刻本　一冊　存三卷(四至六)

430000－2424－0000451　46/9(70－2)
聊齋志異評注十六卷　(清)蒲松齡撰　(清)但明倫新評　(清)呂湛恩註　清刻本　一冊　存一卷(十六)

430000－2424－0000452　48/3(70－2)
隨園詩話十六卷　(清)袁枚撰　清刻本(經元堂藏板)　四冊

430000－2424－0000453　48/5(70－2)
隨園詩話補遺十卷　(清)袁枚撰　清刻本(經元堂藏板)　二冊

430000－2424－0000454　54/2(066－1)
楹聯叢話十二卷　(清)梁章鉅輯　清刻本　二冊　存六卷(四至九)

430000－2424－0000455　54/2:2(066－1)
左文襄奏稿六十四卷　(清)左宗棠撰　清光緒十六年(1890)刻本　六十冊　存六十三卷(一至三十一、三十三至六十四)

430000－2424－0000456　54/2:3(066－1)
左文襄公謝摺二卷　(清)左宗棠撰　清光緒十八年(1892)刻本　二冊

430000－2424－0000457　54/2:4(066－1)
左文襄公文集五卷詩集一卷聯語一卷　(清)左宗棠撰　清光緒十八年(1892)刻本　二冊

430000－2424－0000458　54/2:5(066－1)
左文襄公書牘二十六卷　(清)左宗棠撰　清光緒十八年(1892)刻本　二十四冊　存二十五卷(一至十四、十六至二十六)

430000－2424－0000459　54/2:6(066－1)
左文襄公批劄七卷　(清)左宗棠撰　清光緒十八年(1892)刻本　六冊　存六卷(一至六)

430000－2424－0000460　54/2:7(066－1)
左文襄公劄一卷告一卷　(清)左宗棠撰　清光緒十八年(1892)刻本　一冊

430000－2424－0000461　54/2:8(066－1)
張大司馬奏稿四卷　(清)張亮基撰　清光緒十七年(1891)刻本　三冊　存三卷(一至二、四)

430000－2424－0000462　54/2:9(066－1)
駱文忠公奏稿十卷　(清)駱秉章撰　清光緒十七年(1891)刻本　十冊

430000－2424－0000463　54/3(067－1)
左文襄公[宗棠]年譜十卷　羅正鈞纂　清光緒二十三年(1897)湘陰左氏刻本　四冊　存八卷(一至八)

430000－2424－0000464　54/3:2(067－1)
周易説十一卷　王闓運撰　清光緒三十二年(1906)東洲校刻本　四冊

430000－2424－0000465　54/3:3(067－1)
尚書箋三十卷　王闓運撰　清光緒三十三年(1907)東洲校刻本　三冊

430000－2424－0000466　54/3:4(067－1)
詩經補箋二十卷　王闓運撰　清光緒十九年(1893)刻本　五冊　存十二卷(九至二十)

430000－2424－0000467　54/3:5(067－1)
周官箋六卷　王闓運撰　清光緒二十二年(1896)東洲講舍刻本　六冊

430000－2424－0000468　54/3:6(067－1)
禮經箋十七卷　王闓運撰　清光緒二十二年(1896)東洲講舍刻本　六冊

430000－2424－0000469　54/3:7(067－1)
禮記箋四十六卷　王闓運撰　清光緒二十二年(1896)東洲講舍刻本　十一冊

430000－2424－0000470　54/3:8(067－1)
春秋公羊傳箋十一卷　王闓運撰　清光緒三十四年(1908)刻本　六冊

430000－2424－0000471　54/3:9(067－1)
春秋例表三十八篇　王代豐撰　清光緒三十四年(1908)東洲講舍刻本　二冊

430000－2424－0000472　54/3:10(067－1)
穀梁申義一卷　王闓運撰　清光緒十七年(1891)刻本　一冊

430000－2424－0000473　54/3:11(067－2)
論語訓二卷　王闓運撰　清光緒十七年(1891)刻本　二冊

430000－2424－0000474　54/3:12(067－2)
爾雅集解十九卷　王闓運撰　清光緒二十九年(1903)東洲校刻本　四冊

430000－2424－0000475　54/3:13(067－2)
莊子注二卷　王闓運撰　清光緒二十九年(1903)東洲校刻本　二冊

430000－2424－0000476　54/3:14(067－2)
墨子注七卷　王闓運撰　清光緒三十年(1904)江西官書局刻本　三冊

430000－2424－0000477　54/3:15(067－2)
鶡冠子一卷　王闓運撰　清宣統三年(1911)安仁刻本　一冊

430000－2424－0000478　54/3:17(067－2)
湘綺樓文集八卷　王闓運撰　清光緒二十六年(1900)烝陽刻本　四冊

430000－2424－0000479　54/3:18(067－2)
湘綺樓詩集十四卷附詩别集三卷　王闓運撰　清光緒三十三年(1907)東洲講舍刻本　三冊

430000－2424－0000480　54/3:19(067－2)
八代詩選二十卷　王闓運撰　清光緒三十三年(1907)東洲講舍刻本　八冊

430000－2424－0000481　54/3:20(067－2)
唐詩選十三卷　王闓運撰　清宣統三年(1911)東洲講舍刻本　十冊

430000－2424－0000482　54/3:22(067－2)
湘綺樓箋啟八卷　王闓運撰　清光緒三十三年(1907)長沙刻本　四冊

430000－2424－0000483　54/4(068－1)

王志二卷　王闓運撰　清光緒三十三年(1907)丞陽刻本　一册

430000 - 2424 - 0000484　54/4:2(068 - 2)
曾文正奏稿三十六卷　(清)曾國藩撰　清光緒二年(1876)傳忠書局刻本　十六册　存三十二卷(一至八、十一至三十四)

430000 - 2424 - 0000485　54/4:3(068 - 2)
曾文正公[國藩]年譜十二卷　(清)黎庶昌撰　清光緒二年(1876)傳忠書局刻本　四册

430000 - 2424 - 0000486　54/4:4(068 - 2)
曾文正公書劄三十三卷　(清)曾國藩撰　清光緒二年(1876)傳忠書局刻本　十五册　存三十卷(二、五至三十三)

430000 - 2424 - 0000487　54/4:4 = 2(068 - 2)
曾文正公家書十卷　(清)曾國藩撰　清光緒五年(1879)傳忠書局刻本　十册

430000 - 2424 - 0000488　54/4:5(068 - 2)
曾文正公家書十卷　(清)曾國藩撰　清光緒五年(1879)傳忠書局刻本　一册　存二卷(七至八)

430000 - 2424 - 0000489　54/4:6(068 - 2)
曾文正公大事記四卷　(清)王定安撰　(清)李鴻章　(清)曾國荃審定　清光緒二年(1876)傳忠書局刻本　二册

430000 - 2424 - 0000490　54/5(069 - 1)
曾文正公家訓二卷　(清)曾國藩撰　清光緒五年(1879)傳忠書局刻本　十五册

430000 - 2424 - 0000491　54/5:2(069 - 1)
沈德潛自訂年譜一卷　(清)沈德潛撰　清光緒二年(1876)傳忠書局刻本　二册

430000 - 2424 - 0000492　54/5:3(069 - 1)
歸愚詩鈔二十卷　(清)沈德潛撰　清乾隆刻本(教忠堂藏板)　十二册

430000 - 2424 - 0000493　54/5:4(069 - 1)
歸愚詩鈔餘集八卷　(清)沈德潛撰　清乾隆刻本(教忠堂藏板)　四册

430000 - 2424 - 0000494　54/5:5(069 - 1)
歸愚文鈔二十卷　(清)沈德潛撰　清乾隆刻本(教忠堂藏板)　十七册

430000 - 2424 - 0000495　54/5:6(069 - 1)
歸愚文鈔餘集六卷　(清)沈德潛撰　清乾隆刻本(教忠堂藏板)　六册

430000 - 2424 - 0000496　54/5:7(069 - 1)
矢音集四卷　(清)沈德潛撰　清乾隆刻本(教忠堂藏板)　二册

430000 - 2424 - 0000497　54/5:8(069 - 1)
歸田集一卷　(清)沈德潛撰　清乾隆刻本(教忠堂藏板)　二册

430000 - 2424 - 0000498　54/5:9(069 - 1)
黄山遊草一卷臺山遊草一卷　(清)沈德潛撰　清乾隆刻本(教忠堂藏板)　一册

430000 - 2424 - 0000499　54/5:10(069 - 1)
說詩晬語二卷　(清)沈德潛撰　清乾隆刻本(教忠堂藏板)　一册

430000 - 2424 - 0000500　54/5:11(069 - 1)
浙江通省志圖說一卷　(清)沈德潛撰　(清)周准評　清乾隆刻本(教忠堂藏板)　一册

430000 - 2424 - 0000501　54/6(071 - 1)
八秩壽序壽詩一卷九秩壽序壽詩一卷　(清)沈德潛撰　清乾隆刻本(教忠堂藏板)　一册

430000 - 2424 - 0000502　54/6:2(071 - 1)
真文忠公心經一卷　(宋)真德秀撰　清同治三年(1864)刻本　一册

430000 - 2424 - 0000503　54/6:3(071 - 1)
真文忠公政經不分卷　(宋)真德秀撰　清同治三年(1864)刻本　十六册

430000 - 2424 - 0000504　54/6:4(071 - 1)
西山先生真文忠公文集五十五卷目錄二卷　(宋)真德秀撰　清同治三年(1864)刻本　十六册　存三十三卷(四至十、十三至十四、十八至十九、二十三至二十四、二十八至二十九、三十五至四十二、四十五至四十八、五十至五十五)

430000－2424－0000505　54/6：5(071－1)
大學衍義四十三卷　(宋)真德秀撰　清同治三年(1864)刻本　十六册

430000－2424－0000506　54/6：6(071－2)
西山先生真文忠公讀書記四十卷　(宋)真德秀撰　清同治三年(1864)刻本　三十七册　存三十八卷(一至二十四、二十七至四十)

430000－2424－0000507　54/6：7(071－2)
文章正宗復刻三十卷　(宋)真德秀輯　清同治三年(1864)刻本　二十册

430000－2424－0000508　54/7(071－2)
續文章正宗復刻十二卷　(宋)真德秀撰　清同治三年(1864)刻本　十一册

430000－2424－0000509　54/7：2(071－2)
曾惠敏公奏疏六卷　(清)曾紀澤撰　清光緒十九年(1893)江南製造總局鉛印本　二册　存四卷(一至四)

430000－2424－0000510　54/7：3(071－2)
曾惠敏公文集五卷　(清)曾紀澤撰　清光緒十九年(1893)江南製造總局鉛印本　二册

430000－2424－0000511　54/7：4(071－2)
歸樸齋詩鈔戊集二卷巳集二卷　(清)曾紀澤撰　清光緒十九年(1893)江南製造總局鉛印本　二册

430000－2424－0000512　54/7：5(071－2)
曾惠敏公使西日記二卷　(清)曾紀澤撰　清光緒十九年(1893)江南製造總局鉛印本　一册　存一卷(一)

湘潭市湘鄉市圖書館古籍普查登記目録

全國古籍普查登記目録

國家圖書館出版社
National Library of China Publishing House

430000－2417－0000001　47 櫃
周禮十二卷　(漢)鄭玄註　清刻本　十一冊　存十一卷(一至四、六至十二)

430000－2417－0000002　經
書經六卷　(宋)蔡沈註　清光緒二十九年(1903)經元書局刻本　三冊

430000－2417－0000003　47 櫃
毛詩二十卷　(漢)毛亨傳　(漢)鄭玄箋　清拓本　十冊

430000－2417－0000004　43 櫃
五經文字注二卷　(清)□□撰　清拓本　二冊

430000－2417－0000005　34 櫃
大學衍義四十三卷　(宋)真德秀彙集　(明)陳仁錫評閱　清同治十三年(1874)夔州府云邑郭氏家塾刻本　八冊

430000－2417－0000006　34 櫃
大學衍義補一百六十卷　(明)丘濬撰　(明)陳仁錫評閱　清同治十三年(1874)夔州府雲邑郭氏家塾刻本　三十二冊　存一百五十五卷(一至一百四十五、一百五十一至一百六十)

430000－2417－0000007　40 櫃
四書異同商二十八卷　(清)黃鶴撰　清咸豐十年(1860)寧鄉學署東齋刻本　十冊

430000－2417－0000008　34 櫃
宋補本十三經註疏四百十六卷　清光緒十三年(1887)脈望山館石印本　三十一冊　缺二十九卷(論語二十卷、孝經九卷)

430000－2417－0000009　41 櫃
佩文韻府一百六卷　(清)張玉書等撰　清光緒十二年(1886)上海同文書局石印本　五十二冊

430000－2417－0000010　22 櫃
史記一百三十卷　(漢)司馬遷撰　(南朝宋)裴駰註　清光緒四年(1878)金陵書局刻本　十六冊

430000－2417－0000011　22 櫃
史記一百三十卷　(漢)司馬遷撰　(南朝宋)裴駰註　明南監萬曆刻清順治遞修本　二十一冊

430000－2417－0000012　33 櫃
史記一百三十卷　(漢)司馬遷撰　(南朝宋)裴駰註　清光緒十八年(1892)寶慶益元書局刻本　三十二冊

430000－2417－0000013　33 櫃
史記一百三十卷　(漢)司馬遷撰　清光緒十四年(1888)上海圖書集成印書局鉛印本　十六冊

430000－2417－0000014　33 櫃
史記一百三十卷　(漢)司馬遷撰　(南朝宋)裴駰註　清光緒三十一年(1905)上海久敬齋石印本　四冊

430000－2417－0000015　8 櫃
前漢書一百卷　(漢)班固撰　(唐)顏師古註　清光緒十二年(1886)金陵書局刻本　二十四冊

430000－2417－0000016　8 櫃
前漢書一百卷　(漢)班固撰　(唐)顏師古註　清光緒十二年(1886)金陵書局刻本　十六冊

430000－2417－0000017　28 櫃
欽定前漢書一百卷　(漢)班固撰　(唐)顏師古註　清光緒十四年(1888)上海圖書集成印書局鉛印本　二十冊

430000－2417－0000018　45、46 櫃
前漢書一百卷　(漢)班固撰　(唐)顏師古註　明南監刻明清遞修本　三十六冊

430000－2417－0000019　8 櫃
後漢書一百二十卷　(南朝宋)范曄撰　(唐)李賢註　清光緒十二年(1886)金陵書局刻本　二十冊

430000－2417－0000020　27、28 櫃
後漢書一百二十卷　(南朝宋)范曄撰　(唐)

李賢註　清光緒十二年(1886)金陵書局刻本　十六册

430000－2417－0000021　28、29 櫃
欽定後漢書一百二十卷　(南朝宋)范曄撰　(唐)李賢註　**續志**　(晉)司馬彪撰　(南朝梁)劉昭註　清光緒十四年(1888)上海圖書集成印書局鉛印本　十二册

430000－2417－0000022　29 櫃
後漢書一百二十卷　(南朝宋)范曄撰　(唐)李賢註　明嘉靖八年至清康熙三十九年(1529－1700)南監遞刻本　二十六册

430000－2417－0000023　7 櫃
三國志六十五卷　(晉)陳壽撰　(南朝宋)裴松之註　清光緒十三年(1887)江南書局刻本　十二册

430000－2417－0000024　29 櫃
三國志六十五卷　(晉)陳壽撰　(南朝宋)裴松之註　清光緒十三年(1887)江南書局刻本　八册

430000－2417－0000025　7 櫃
三國志六十五卷　(晉)陳壽撰　(南朝宋)裴松之註　明崇禎十七年(1644)琴川毛氏刻本　十二册

430000－2417－0000026　29 櫃
欽定三國志六十五卷　(晉)陳壽撰　(南朝宋)裴松之註　清光緒十四年(1888)上海圖書集成印書局鉛印本　八册

430000－2417－0000027　6 櫃
晉書一百三十卷音義三卷　(唐)房玄齡等撰　清同治十年(1871)金陵書局刻本　二十八册

430000－2417－0000028　7 櫃
晉書一百三十卷音義三卷　(唐)房玄齡等撰　清同治十年(1871)金陵書局刻本　二十册

430000－2417－0000029　46 櫃
晉書一百三十卷　(唐)房玄齡等撰　明嘉靖十年至清康熙三十九年(1531－1700)南監遞刻本　三十六册

430000－2417－0000030　26 櫃
欽定晉書一百三十卷　(唐)房玄齡等撰　清光緒十四年(1888)上海圖書集成印書局鉛印本　十六册　存一百二十三卷(八至一百三十)

430000－2417－0000031　9 櫃
宋書一百卷　(南朝梁)沈約撰　清同治十二年(1873)金陵書局刻本　二十册

430000－2417－0000032　12 櫃
宋書一百卷　(南朝梁)沈約撰　清同治十二年(1873)金陵書局刻本　十六册

430000－2417－0000033　30 櫃
宋書一百卷　(南朝梁)沈約撰　清光緒十四年(1888)上海圖書集成印書局鉛印本　十二册

430000－2417－0000034　44 櫃
宋書一百卷　(南朝梁)沈約撰　(明)陸可教　(明)馮夢禎校　明萬曆二十二年至清康熙三十九年(1594－1700)南監遞刻本　存三十五册　存八十六卷(一至八、十一至三十、四十三至一百)

430000－2417－0000035　5 櫃
南齊書五十九卷　(南朝梁)蕭子顯撰　清同治十三年(1874)金陵書局刻本　八册

430000－2417－0000036　5 櫃
南齊書五十九卷　(南朝梁)蕭子顯撰　清同治十三年(1874)金陵書局刻本　六册

430000－2417－0000037　24 櫃
欽定南齊書五十九卷　(南朝梁)蕭子顯撰　清光緒十四年(1888)上海圖書集成印書局鉛印本　六册

430000－2417－0000038　6 櫃
梁書五十六卷　(唐)姚思廉撰　清同治十三年(1874)金陵書局刻本　八册

430000－2417－0000039　5 櫃
梁書五十六卷　(唐)姚思廉撰　清同治十三

年(1874)金陵書局據汲古閣毛氏正本刻本　六冊

430000－2417－0000040　45櫃
梁書五十六卷　(唐)姚思廉撰　明萬曆三年至清康熙三十九年(1575－1700)南監遞刻本　十冊

430000－2417－0000041　30櫃
欽定梁書五十六卷　(唐)姚思廉撰　清光緒十四年(1888)上海圖書集成印書局鉛印本　四冊

430000－2417－0000042　6櫃
陳書三十六卷　(唐)姚思廉撰　清同治十二年(1873)金陵書局刻本　四冊

430000－2417－0000043　5櫃
陳書三十六卷　(唐)姚思廉撰　清同治十二年(1873)金陵書局刻本　三冊

430000－2417－0000044　45櫃
陳書三十六卷　(唐)姚思廉撰　明萬曆十六年(1588)至清順治南監遞刻本　八冊

430000－2417－0000045　6櫃
欽定陳書三十六卷　(唐)姚思廉撰　清光緒十四年(1888)上海圖書集成印書局鉛印本　四冊

430000－2417－0000046　5櫃
魏書一百十四卷　(北齊)魏收撰　清同治十二年(1873)金陵書局仿毛氏汲古閣刻本　二十四冊

430000－2417－0000047　26櫃
魏書一百十四卷　(北齊)魏收撰　清光緒十四年(1888)上海圖書集成印書局鉛印本　十六冊

430000－2417－0000048　5櫃
魏書一百十四卷　(北齊)魏收撰　清同治十二年(1873)金陵書局仿毛氏汲古閣刻本　二十冊

430000－2417－0000049　44櫃
魏書一百十四卷　(北齊)魏收撰　明崇禎九年(1636)琴川毛氏汲古閣刻本　二十冊

430000－2417－0000050　6櫃
北齊書五十卷　(唐)李百藥撰　清同治十三年(1874)金陵書局據汲古閣毛氏正本重刻本　四冊

430000－2417－0000051　6櫃
北齊書五十卷　(唐)李百藥撰　清同治十三年(1874)金陵書局據汲古閣毛氏正本重刻本　四冊

430000－2417－0000052　6櫃
北齊書五十卷　(唐)李百藥撰　清同治十三年(1874)金陵書局據汲古閣毛氏正本重刻本　六冊

430000－2417－0000053　6櫃
欽定北齊書五十卷　(唐)李百藥撰　清光緒十四年(1888)上海圖書集成印書局鉛印本　六冊

430000－2417－0000054　45櫃
北齊書五十卷　(唐)李百藥撰　明萬曆十六年至清康熙三十九年(1588－1700)南監遞刻本　八冊

430000－2417－0000055　3櫃
周書五十卷　(唐)令狐德棻撰　清同治十三年(1874)金陵書局刻本　五冊

430000－2417－0000056　3櫃
周書五十卷　(唐)令狐德棻撰　清同治十三年(1874)金陵書局刻本　六冊

430000－2417－0000057　45櫃
周書五十卷　(唐)令狐德棻撰　明萬曆十六年至清康熙三十九年(1588－1700)南監遞刻本　十冊

430000－2417－0000058　30櫃
欽定周書五十卷　(唐)令狐德棻撰　清光緒十四年(1888)上海圖書集成印書局鉛印本　四冊

430000－2417－0000059　30
欽定周書五十卷　(唐)令狐德棻撰　清光緒

十四年(1888)上海圖書集成印書局鉛印本　四册

430000－2417－0000060　6 櫃
隋書八十五卷　(唐)魏徵撰　(清)薛壽校　清同治十年(1871)淮南書局仿毛氏汲古閣刻本　十二册

430000－2417－0000061　6 櫃
隋書八十五卷　(唐)魏徵撰　(清)薛壽校　清同治十年(1871)淮南書局仿毛氏汲古閣刻本　十六册

430000－2417－0000062　26 櫃
欽定隋書八十五卷　(唐)魏徵撰　(清)薛壽校　清光緒十四年(1888)上海圖書集成印書局鉛印本　十二册

430000－2417－0000063　26 櫃
欽定隋書八十五卷　(唐)魏徵撰　(清)薛壽校　清光緒十四年(1888)上海圖書集成印書局鉛印本　十二册

430000－2417－0000064　39、43 櫃
隋書八十五卷　(唐)魏徵撰　(明)季道統校　明萬曆二十二年至清康熙三十九年(1594－1700)南監遞刻本　二十四册

430000－2417－0000065　3 櫃
南史八十卷　(唐)李延壽撰　清同治十二年(1873)金陵書局仿汲古閣毛氏刻本　十六册

430000－2417－0000066　44 櫃
南史八十卷　(唐)李延壽撰　(明)趙用賢　(明)張一桂校　明萬曆十七年至清康熙三十九年(1589－1700)南監遞刻本　二十册

430000－2417－0000067　25 櫃
欽定南史八十卷　(唐)李延壽撰　清光緒十四年(1888)上海圖書集成印書局鉛印本　十二册

430000－2417－0000068　25 櫃
欽定南史八十卷　(唐)李延壽撰　清光緒十四年(1888)上海圖書集成印書局鉛印本　十二册

430000－2417－0000069　4 櫃
北史一百卷　(唐)李延壽撰　清同治十二年(1873)金陵書局刻本　二十四册

430000－2417－0000070　4 櫃
北史一百卷　(唐)李延壽撰　明崇禎汲古閣毛氏刻本　二十九册

430000－2417－0000071　4 櫃
北史一百卷　(唐)李延壽撰　清同治十二年(1873)金陵書局刻本　二十册

430000－2417－0000072　26 櫃
欽定北史一百卷　(唐)李延壽撰　清光緒十四年(1888)上海圖書集成印書局鉛印本　十六册

430000－2417－0000073　26 櫃
欽定北史一百卷　(唐)李延壽撰　清光緒十四年(1888)上海圖書集成印書局鉛印本　十六册

430000－2417－0000074　3 櫃
南北史補志十四卷　(清)王士鐸撰　清光緒四年(1878)淮南書局刻本　六册

430000－2417－0000075　2 櫃
舊唐書二百卷　(五代)劉昫等撰　清同治十一年(1872)浙江書局刻本　三十册　存九十一卷(一至六十、七十至一百)

430000－2417－0000076　1 櫃
舊唐書二百卷　(五代)劉昫等撰　清同治十一年(1872)浙江書局刻本　三十二册

430000－2417－0000077　25 櫃
欽定舊唐書二百卷　(五代)劉昫等撰　清光緒十四年(1888)上海圖書集成印書局鉛印本　三十册　存一百九十八卷(一至三十八、四十一至二百)

430000－2417－0000078　25 櫃
欽定舊唐書二百卷　(五代)劉昫等撰　清光緒十四年(1888)上海圖書集成印書局鉛印本　三十册　存一百八十二卷(一至七十、八十九至二百)

430000－2417－0000079　1 櫃
唐書二百二十五卷　（宋）歐陽修等撰　清同治十二年（1873）浙江書局刻本　三十二冊

430000－2417－0000080　3 櫃
唐書二百二十五卷　（宋）歐陽修等撰　清同治十二年（1873）浙江書局刻本　四十冊

430000－2417－0000081　24 櫃
欽定唐書二百二十五卷　（宋）歐陽修等撰　清光緒十四年（1888）上海圖書集成印書局鉛印本　二十九冊

430000－2417－0000082　43 櫃
欽定唐書二百二十五卷　（宋）歐陽修等撰　明嘉靖八年至清康熙三十九年（1529－1700）南監遞刻本　五十冊

430000－2417－0000083　9 櫃
舊五代史一百五十卷　（宋）薛居正撰　清同治十一年（1872）湖北崇文書局刻本　十六冊

430000－2417－0000084　9 櫃
舊五代史一百五十卷　（宋）薛居正撰　清同治十一年（1872）湖北崇文書局刻本　十六冊

430000－2417－0000085　42 櫃
舊五代史一百五十卷　（宋）薛居正撰　清重刻武英殿聚珍版叢書本　二十四冊

430000－2417－0000086　24 櫃
欽定舊五代史一百五十卷　（宋）薛居正撰　清光緒十四年（1888）上海圖書集成印書局鉛印本　十二冊

430000－2417－0000087　9 櫃
五代史七十四卷　（宋）歐陽修撰　（宋）徐無黨註　清同治十一年（1872）湖北崇文書局刻本　八冊

430000－2417－0000088　9 櫃
五代史七十四卷　（宋）歐陽修撰　（宋）徐無黨註　清同治十一年（1872）湖北崇文書局刻本　八冊

430000－2417－0000089　60 櫃
五代史記七十四卷　（宋）歐陽修撰　（宋）徐無黨註　明萬曆四年至清康熙三十九年（1576－1700）南監遞刻本　八冊

430000－2417－0000090　27 櫃
欽定五代史七十四卷　（宋）歐陽修撰　清光緒十四年（1888）上海圖書集成印書局鉛印本　六冊

430000－2417－0000091　24 櫃
欽定五代史七十四卷　（宋）歐陽修撰　清光緒十四年（1888）上海圖書集成印書局鉛印本　六冊

430000－2417－0000092　10 櫃
宋史四百九十六卷　（元）脱脱撰　清光緒元年（1875）浙江書局刻本　八十冊

430000－2417－0000093　11、12 櫃
宋史四百九十六卷　（元）脱脱撰　清光緒元年（1875）浙江書局刻本　一百冊

430000－2417－0000094　31 櫃
欽定宋史四百九十六卷　（元）脱脱撰　清光緒十四年（1888）上海圖書集成印書局鉛印本　六十冊

430000－2417－0000095　40 櫃
欽定遼史一百十六卷　（元）脱脱撰　清光緒十四年（1888）上海圖書集成印書局鉛印本　八冊

430000－2417－0000096　39 櫃
宋史四百九十六卷　（元）脱脱撰　明嘉靖三十五年至清康熙三十九年（1556－1700）南監遞刻本　一百十五冊

430000－2417－0000097　12 櫃
遼史一百十六卷　（元）脱脱撰　清同治十二年（1873）江蘇書局刻本　十六冊

430000－2417－0000098　12 櫃
遼史一百十六卷　（元）脱脱撰　清同治十二年（1873）江蘇書局刻本　十二冊

430000－2417－0000099　12 櫃
遼史一百十六卷　（元）脱脱撰　明嘉靖至清康熙南監遞刻本　八冊

430000－2417－0000100　42 櫃

金史一百三十五卷　(元)脱脱撰　清同治十三年(1874)江蘇書局刻本　二十四册

430000－2417－0000101　13 櫃

金史一百三十五卷　(元)脱脱撰　清同治十三年(1874)江蘇書局刻本　二十册

430000－2417－0000102　12 櫃

金史一百三十五卷　(元)脱脱撰　明嘉靖八年至清康熙三十九年(1529－1700)南監遞刻本　二十四册

430000－2417－0000103　33 櫃

欽定金史一百三十五卷　(元)脱脱撰　清光緒十四年(1888)上海圖書集成印書局鉛印本　十六册

430000－2417－0000104　33 櫃

欽定金史一百三十五卷　(元)脱脱撰　清光緒十四年(1888)上海圖書集成印書局鉛印本　十六册

430000－2417－0000105　42 櫃

元史二百十卷　(明)宋濂撰　明刻嘉靖至清康熙間遞修本　四十四册

430000－2417－0000106　13 櫃

元史二百十卷　(明)宋濂撰　清同治十三年(1874)江蘇書局刻本　三十九册　存二百四卷(一至四十三、五十至二百十)

430000－2417－0000107　14 櫃

元史二百十卷　(明)宋濂撰　清同治十三年(1874)江蘇書局刻本　四十二册　存一百九十七卷(一至一百九十、一百九十九至二百五)

430000－2417－0000108　32 櫃

欽定元史二百十卷　(明)宋濂撰　清光緒十四年(1888)上海圖書集成印書局鉛印本　二十四册

430000－2417－0000109　32 櫃

欽定元史二百十卷　(明)宋濂撰　清光緒十四年(1888)上海圖書集成印書局鉛印本　二十四册

430000－2417－0000110　2 櫃

明史三百三十二卷　(清)張廷玉等撰　清乾隆四年(1739)刻本　七十七册　存三百十九卷(一至七十八、八十三至一百六十九、一百七十六至一百七十八、一百八十二至三百三十二)

430000－2417－0000111　14、15 櫃

明史三百三十二卷　(清)張廷玉等撰　清光緒三年(1877)湖北崇文書局刻本　八十册

430000－2417－0000112　14、15 櫃

明史三百三十二卷　(清)張廷玉等撰　清光緒三年(1877)湖北崇文書局刻本　八十册

430000－2417－0000113　32 櫃

欽定明史三百三十二卷　(清)張廷玉等撰　清光緒十四年(1888)上海圖書集成印書局鉛印本　四十册

430000－2417－0000114　16 櫃

資治通鑑二百九十四卷　(宋)司馬光撰　清同治十年(1871)湖北崇文書局刻本　一百三册　存二百九十一卷(一至二百三十八、二百四十二至二百九十四)

430000－2417－0000115　23 櫃

續資治通鑑二百二十卷　(清)畢沅編　清同治十年(1871)湖北崇文書局刻本　二十二册　存七十三卷(一百四十四至一百八十六、一百九十一至二百二十)

430000－2417－0000116　23 櫃

通鑑紀事本末二百三十九卷　(宋)袁樞編　清同治二年(1863)江西書局刻本　六十七册　存一百九十九卷(一至一百三十三、一百七十四至二百三十九)

430000－2417－0000117　35 櫃

國語二十一卷　(三國吳)韋昭解　清光緒二十三年(1897)經綸元記刻本　四册

430000－2417－0000118　45 櫃

十國春秋一百十六卷目録一卷拾遺一卷　(清)吴任臣撰　清嘉慶常熟刻本　二十册

430000－2417－0000119　49 櫃
劉襄勤公奏稿十六卷　(清)劉錦棠撰　清光緒二十四年(1898)長沙刻本　十六册

430000－2417－0000120　50 櫃
劉中丞奏議二十卷　(清)劉蓉撰　清光緒十一年(1885)思賢講舍刻本　十册

430000－2417－0000121　43 櫃
禹貢正義一卷　(清)曹爾成述　清刻本　一册

430000－2417－0000122　17 櫃
湘鄉節孝續錄二卷　(清)□□撰　清光緒刻本　二册

430000－2417－0000123　17 櫃
[乾隆]湖南通志一百七十四卷　(清)陳弘謀等修　(清)范咸　(清)歐陽正煥纂　清乾隆二十二年(1757)刻本　二册　存三卷(七十八至七十九、首一卷)

430000－2417－0000124　17、18 櫃
[同治]湘鄉縣志二十三卷首一卷末一卷　(清)齊德五主修　清同治八年(1869)刻本　二十四册

430000－2417－0000125　17、18 櫃
[同治]湘鄉縣志二十三卷首一卷末一卷　(清)齊德五主修　清同治八年(1869)刻本　十二册

430000－2417－0000126　17 櫃
[同治]湘鄉縣志二十三卷首一卷末一卷　(清)齊德五主修　清同治八年(1869)刻本　十七册

430000－2417－0000127　17 櫃
[同治]湘鄉縣志二十三卷首一卷末一卷　(清)齊德五主修　清同治八年(1869)刻本　二十册

430000－2417－0000128　19 櫃
[同治]衡陽縣志十二卷　(清)羅慶薌等纂修　清同治十三年(1874)刻本　七册

430000－2417－0000129　19 櫃
[光緒]湘陰縣圖志三十四卷首一卷末一卷　(清)郭嵩燾等纂修　清光緒六年(1880)湘陰縣志局刻本　十三册　存三十一卷(一至三十一)

430000－2417－0000130　17 櫃
[同治]善化縣志三十四卷　(清)張延珂纂修　清同治十三年(1874)刻本　十六册

430000－2417－0000131　19 櫃
[同治]長沙縣志三十六卷　(清)劉采邦修　(清)張延珂纂　清同治九年(1870)刻本　十六册

430000－2417－0000132　50 櫃
潛山守禦志二卷　(清)孫振銓輯　清同治三年(1864)刻本　三册

430000－2417－0000133　50 櫃
潛山守禦志外編一卷　(清)孫振銓輯　清同治三年(1864)刻本　一册

430000－2417－0000134　35 櫃
苗防備覽二十二卷　(清)嚴如熤撰　清道光二十三年(1843)紹義堂刻本　八册

430000－2417－0000135　49 櫃
海國圖志一百卷　(清)魏源撰　清同治六年(1867)郴州陳氏刻本　二十四册

430000－2417－0000136　19 櫃
湖南省輿圖　(清)□□撰　清刻本　四册

430000－2417－0000137　38 櫃
讀史方輿紀要一百三十卷　(清)顧祖禹輯　清光緒二十五年(1899)慎記書莊石印本　二十册

430000－2417－0000138　50 櫃
忠武祠墓志七卷首一卷末一卷　(清)虛白道人輯　清同治五年(1866)刻本(據沔署藏板刻)　四册

430000－2417－0000139　17 櫃
湘鄉赤石劉氏族譜十一卷　(清)□□修纂　清光緒三十二年(1906)敦倫堂木活字印本　一册　存首册

430000－2417－0000140　52 櫃

曾惠敏英法日記一卷　(清)曾紀澤撰　清光緒二十三年(1897)湖南新學刻本　一册

430000－2417－0000141　20、21 櫃

通志二百卷　(宋)鄭樵撰　清咸豐九年(1859)崇仁謝氏仿武英殿本重刻本　一百十六册　存一百五十三卷(一至十五、四十一至五十一、七十四至二百)

430000－2417－0000142　21 櫃

文獻通考三百四十八卷　(元)馬端臨撰　清咸豐九年(1859)崇仁謝氏刻本　一百四册　存一百七十四卷(一至九十六、一百三十二至一百七十、二百六十九至三百七)

430000－2417－0000143　37 櫃

九通分類總纂二百四十卷　(清)汪鍾霖纂　清光緒二十八年(1902)上海文瀾書局石印本　七十四册　存二百二十四卷(一至一百七十六、一百八十一至一百八十六、一百九十一、一百九十四至二百五、二百十至二百二十四、二百二十七至二百四十)

430000－2417－0000144　48 櫃

林文忠公政書三十七卷　(清)林則徐撰　清刻本　九册

430000－2417－0000145　22 櫃

歸方評點史記合筆六卷　(清)王拯纂　清光緒元年(1875)錦城節署刻本　四册

430000－2417－0000146　22 櫃

史記志疑三十六卷附錄一卷　(清)梁玉繩撰　(清)潘乃成校　清光緒十三年(1887)廣雅書局刻本　二十册

430000－2417－0000147　22 櫃

史記評林一百三十卷　(明)凌稚隆輯　(清)劉鴻年校　清光緒十年(1884)湘鄉佩蘭堂刻本　二十七册

430000－2417－0000148　50 櫃

兩漢金石記二十二卷　(清)翁方綱撰　清乾隆五十四年(1789)南昌使院刻本　八册

430000－2417－0000149　30 櫃

金石三例十四卷　(元)潘昂霄等輯　清光緒四年(1878)讀有用書齋刻本　四册

430000－2417－0000150　35 櫃

金石三例再續編十二卷　(清)李富孫等輯　清光緒十四年(1888)朱氏行素草堂刻本　四册

430000－2417－0000151　52 櫃

碑版文廣例十卷　(清)王芑孫輯　清道光二十一年(1841)刻本　四册

430000－2417－0000152　35 櫃

金石例補二卷　(清)郭麐撰　清光緒三年(1877)行素草堂刻本　一册

430000－2417－0000153　35 櫃

志銘廣例二卷　(清)梁玉繩輯　清光緒三年(1877)行素草堂刻本　一册

430000－2417－0000154　30 櫃

漢石例六卷　(清)劉寶楠撰　清光緒十一年(1885)吴縣朱氏影印本　三册

430000－2417－0000155　50 櫃

性理綜要二十二卷　(明)詹淮纂輯　(明)陳仁錫訂正　明崇禎刻本　十一册

430000－2417－0000156　38 櫃

綱鑑易知錄九十二卷　(清)吴乘權等輯　清光緒十三年(1887)上海同文書局石印本　七册

430000－2417－0000157　38 櫃

明鑑易知錄十五卷　(清)吴乘權等輯　清光緒十三年(1887)上海同文書局石印本　一册

430000－2417－0000158　38 櫃

尺木堂綱鑑易知錄二十卷　(清)吴乘權等輯　清光緒十三年(1887)上海點石齋石印本　十册

430000－2417－0000159　38 櫃

陸象山先生集節要六卷首一卷　(清)方宗誠編纂　(清)吴坤修校刊　清同治七年(1868)皖城刻本　三册

430000－2417－0000160　51 櫃
登壇必究四十卷　(明)王鳴鶴輯　清道光木活字印本　七十九册

430000－2417－0000161　30 櫃
焦氏易林四卷　(漢)焦贛撰　清光緒元年(1875)湖北崇文書局刻本　四册

430000－2417－0000162　38 櫃
化學求數十五卷　(德國)富裡西尼烏司撰　(英國)富蘭雅譯　(清)徐壽筆述　清光緒江南製造總局鉛印本　一册　存三卷(一至三)

430000－2417－0000163　52 櫃
南學製墨劄記一卷　(清)謝崧岱撰　清光緒十年(1884)湘鄉孚經榭謝氏刻本　一册

430000－2417－0000164　52 櫃
桃花扇傳奇二卷　(清)雲亭山人編　清刻本　四册

430000－2417－0000165　40 櫃
瑜伽師地論十六卷　(唐)釋玄奘譯　清刻本　五册

430000－2417－0000166　48 櫃
宋李忠定集七十六卷　(宋)李綱撰　清光緒二十九年(1903)湖南愛日堂刻文淵閣本　二十册

430000－2417－0000167　48 櫃
宋李忠定集七十六卷　(宋)李綱撰　清光緒二十九年(1903)湖南愛日堂刻文淵閣本　十八册

430000－2417－0000168　52 櫃
明大司馬盧公集十二卷首一卷　(明)盧象昇撰　清光緒元年(1875)本祠刻本　十册

430000－2417－0000169　50 櫃
白沙子全集十卷　(明)陳獻章撰　清乾隆三十四年(1769)刻本　八册

430000－2417－0000170　52 櫃
李文恭公詩集八卷　(清)李星沅撰　清同治四年(1865)芋香山館刻本　四册

430000－2417－0000171　47 櫃
洪北江全集二百二十三卷　(清)洪亮吉撰　清光緒三年(1877)授經堂刻本　五十六册

430000－2417－0000172　48 櫃
曝書亭集八十卷　(清)朱彝尊撰　清會稽刻本　十五册

430000－2417－0000173　35 櫃
趙恭毅官書二十四卷　(清)何祖柱輯　清乾隆八年(1743)懷策堂刻本　二十三册　存二十三卷(一至二十、二十二至二十四)

430000－2417－0000174　37 櫃
吴詩集覽二十卷　(清)吳偉業撰　(清)靳榮藩輯　清乾隆四十年(1775)淩雲亭刻本　二十册

430000－2417－0000175　38 櫃
古文辭類纂七十四卷　(清)姚鼐輯　清光緒二十年(1894)湖南書局刻本　十二册

430000－2417－0000176　38 櫃
續古文辭類纂三十四卷　王先謙纂輯　清光緒八年(1882)虛受堂王氏刻本　八册

430000－2417－0000177　40 櫃
重刻昭明文選六十卷　(南朝梁)蕭統撰　(唐)李善註　(清)葉樹藩參訂　清刻本　十六册

430000－2417－0000178　34、40 櫃
三蘇全集　(宋)蘇軾等撰　清道光七年至十二年(1827－1832)眉州三蘇祠堂刻本　六十六册

430000－2417－0000179　36 櫃
欽定全唐文一千卷　(清)董誥等編　清光緒二十七年(1901)廣雅書局刻本　八十二册　存二百四十五卷(七百五十六至一千)

430000－2417－0000180　集
文心雕龍十卷　(南朝梁)劉勰撰　(清)黃叔琳註　(清)紀昀評　清道光十三年(1833)粵東省城翰墨園刻本　四册

《中共湖南省委黨校圖書和文化館古籍普查登記目録》
書名筆畫字頭索引

二畫

三畫

四畫

五畫

六畫

七畫

八畫

九畫

十畫

十一畫

十二畫

十三畫

十四畫

十五畫

十六畫

十七畫

十九畫

二十畫

二十一畫

二十二畫

《中共湖南省委黨校圖書和文化館古籍普查登記目録》
書名筆畫索引

二畫

三畫

四畫

五畫

六畫

七畫

八畫

九畫

十畫

十一畫

十二畫

十三畫

十四畫

十五畫

十六畫

十七畫

十九畫

二十畫

二十一畫

二十二畫

《湖南中醫藥大學圖書館古籍普查登記目録》
書名筆畫字頭索引

一畫

二畫

三畫

四畫

五畫

六畫

七畫

八畫

九畫

十畫

十一畫

十二畫

十三畫

十四畫

《湖南中醫藥大學圖書館古籍普查登記目録》
書名筆畫索引

一畫

二畫

三畫

四畫

五畫

六畫

七畫

八畫

九畫

十畫

十一畫

十二畫

十三畫

十四畫

十五畫

十六畫

十七畫

十八畫

十九畫

二十一畫

二十二畫

二十三畫

二十五畫

《湖南大學嶽麓書院古籍普查登記目録》
書名筆畫字頭索引

一畫

二畫

三畫

四畫

五畫

六畫

七畫

八畫

九畫

十畫

十一畫

十二畫

十三畫

十四畫

十五畫

十六畫

十七畫

十八畫

十九畫

二十畫

二十一畫

二十二畫

二十三畫

《湖南大學嶽麓書院古籍普查登記目録》
書名筆畫索引

一畫

二畫

三畫

四畫

五畫

六畫

七畫

八畫

九畫

十畫

十一畫

十二畫

十三畫

十四畫

十五畫

十六畫

十七畫

十八畫

十九畫

二十畫

二十一畫

二十二畫

二十三畫

《嶽麓書社古籍普查登記目録》
書名筆畫字頭索引

二畫

三畫

四畫

五畫

六畫

七畫

八畫

九畫

十畫

十一畫

十二畫

十三畫

十四畫

十五畫

十六畫

十七畫

十八畫

十九畫

二十畫

二十一畫

二十二畫

《嶽麓書社古籍普查登記目録》
書名筆畫索引

二畫

三畫

四畫

五畫

六畫

七畫

八畫

九畫

十畫

十一畫

十二畫

十三畫

十四畫

十五畫

十六畫

十七畫

十八畫

十九畫

二十畫

二十一畫

二十二畫

《瀏陽市圖書館古籍普查登記目録》
書名筆畫字頭索引

一畫

二畫

三畫

四畫

五畫

六畫

七畫

八畫

九畫

十畫

十一畫

十二畫

十三畫

十四畫

十五畫

十六畫

十七畫

十八畫

十九畫

二十畫

二十一畫

二十二畫

二十三畫

二十四畫

《瀏陽市圖書館古籍普查登記目録》
書名筆畫索引

一畫

二畫

三畫

四畫

五畫

六畫

七畫

八畫

九畫

十畫

十一畫

十二畫

十三畫

十四畫

十五畫

十六畫

十七畫

十八畫

十九畫

二十畫

二十一畫

二十二畫

二十三畫

二十四畫

《株洲市圖書館古籍普查登記目録》
書名筆畫字頭索引

三畫

四畫

五畫

七畫

八畫

九畫

十一畫

十二畫

十四畫

十五畫

十七畫

二十二畫

《株洲市圖書館古籍普查登記目録》
書名筆畫索引

三畫

四畫

五畫

七畫

八畫

九畫

十一畫

十二畫

十四畫

十五畫

十七畫

二十二畫

《湘潭市圖書館古籍普查登記目録》
書名筆畫字頭索引

一畫

二畫

三畫

四畫

五畫

六畫

七畫

八畫

九畫

十畫

十一畫

十二畫

十三畫

十四畫

十五畫

十六畫

十七畫

十八畫

十九畫

二十畫

二十一畫

二十二畫

二十四畫

二十六畫

《湘潭市圖書館古籍普查登記目録》
書名筆畫索引

一畫

二畫

三畫

四畫

五畫

六畫

七畫

八畫

九畫

十畫

十一畫

十二畫

十三畫

十四畫

十五畫

十六畫

十七畫

十八畫

十九畫

二十畫

二十一畫

二十二畫

二十四畫

二十六畫

《湘潭市湘潭縣圖書館古籍普查登記目録》
書名筆畫字頭索引

二畫

三畫

四畫

五畫

六畫

七畫

八畫

九畫

十畫

十一畫

十二畫

十三畫

十四畫

十五畫

十六畫

十七畫

十八畫

十九畫

二十畫

二十一畫

二十二畫

二十三畫

二十四畫

二十六畫

《湘潭市湘潭縣圖書館古籍普查登記目録》
書名筆畫索引

二畫

三畫

四畫

五畫

六畫

七畫

八畫

九畫

十畫

十一畫

十二畫

十三畫

十四畫

十五畫

十六畫

十七畫

十八畫

十九畫

二十畫

二十一畫

二十二畫

二十三畫

二十四畫

二十六畫

《湘潭市湘鄉市圖書館古籍普查登記目録》
書名筆畫字頭索引

二畫

三畫

四畫

五畫

七畫

八畫

九畫

十畫

十一畫

十二畫

十三畫

十四畫

十五畫

十六畫

十七畫

十八畫

十九畫

二十一畫

二十二畫

《湘潭市湘鄉市圖書館古籍普查登記目録》
書名筆畫索引

九畫

十畫

十一畫

十二畫

十三畫

十四畫

十五畫

十六畫

十七畫

十八畫

十九畫

二十一畫

二十二畫

檢 1

中華古籍保護計劃

ZHONG HUA GU JI BAO HU JI HUA CHENG GUO

·成果·

安徽中國徽州文化博物館古籍普查登記目録

全國古籍普查登記目録

國家圖書館出版社
National Library of China Publishing House

圖書在版編目(CIP)數據

安徽中國徽州文化博物館古籍普查登記目録/《安徽中國徽州文化博物館古籍普查登記目録》編委會編. —北京:國家圖書館出版社,2021.4
(全國古籍普查登記目録)
ISBN 978-7-5013-7120-4

Ⅰ.①安… Ⅱ.①安… Ⅲ.①博物館—古籍—圖書目録—安徽 Ⅳ.①Z838

中國版本圖書館CIP數據核字(2020)第228375號

書　　名　安徽中國徽州文化博物館古籍普查登記目録
著　　者　《安徽中國徽州文化博物館古籍普查登記目録》編委會　編
責任編輯　許海燕

出版發行　國家圖書館出版社(北京市西城區文津街7號　100034)
(原書目文獻出版社 北京圖書館出版社)
010-66114536　63802249　nlcpress@nlc.cn(郵購)
網　　址　http://www.nlcpress.com
排　　版　京荷(北京)科技有限公司
印　　裝　河北三河弘翰印務有限公司
版次印次　2021年5月第1版　2021年5月第1次印刷

開　　本　787×1092　1/16
印　　張　27
字　　數　600千字
書　　號　ISBN 978-7-5013-7120-4
定　　價　280.00圓

版權所有　侵權必究
本書如有印裝質量問題,請與讀者服務部(010-66126156)聯繫調換。

《全國古籍普查登記目録》

工作委員會

主　任：周和平

副主任：張永新　詹福瑞　劉小琴　李致忠　張志清

委　員（按姓氏筆畫排序）：

于立仁　王水喬　王　沛　王紅蕾　王筱雯
方自今　尹壽松　包菊香　任　競　全　勤
李西寧　李　彤　李忠昊　李春來　李　培
李曉秋　吴建中　宋志英　努　木　林世田
易向軍　周建文　洪　琰　倪曉建　徐欣禄
徐　蜀　高文華　郭向東　陳荔京　陳紅彦
張　勇　湯旭岩　楊　揚　賈貴榮　趙　嫄
鄭智明　劉洪輝　歷　力　鮑盛華　韓　彬
魏存慶　鍾海珍　謝冬榮　謝　林　應長興

《全國古籍普查登記目録》

序　言

全國古籍普查登記工作是“中華古籍保護計劃”的首要任務，是全面開展古籍搶救、保護和利用工作的基礎，也是有史以來第一次由政府組織、參加收藏單位最多的全國性古籍普查登記工作。

2007年國務院辦公廳發布《關於進一步加强古籍保護工作的意見》（國辦發[2007]6號），明確了古籍保護工作的首要任務是對全國公共圖書館、博物館和教育、宗教、民族、文物等系統的古籍收藏和保護狀况進行全面普查，建立中華古籍聯合目録和古籍數字資源庫。2011年12月，文化部下發《文化部辦公廳關於加快推進全國古籍普查登記工作的通知》（文辦發[2011]518號），進一步落實了全國古籍普查登記工作。根據文化部2011年518號文件精神，國家古籍保護中心擬訂了《全國古籍普查登記工作方案》，進一步規範了古籍普查登記工作的範圍、内容、原則、步驟、辦法、成果和經費。目前進行的全國古籍普查登記工作的中心任務是通過每部古籍的身份證——“古籍普查登記編號”和相關信息，建立古籍總臺賬，全面瞭解全國古籍存藏情况，開展全國古籍保護的基礎性工作，加强各級政府對古籍的管理、保護和利用。

《全國古籍普查登記工作方案》規定了全國古籍普查登記工作的三個主要步驟：一、開展古籍普查登記工作；二、在古籍普查登記基礎上，編纂出版館藏古籍普查登記目録，形成《全國古籍普查登記目録》；三、在古籍普查登記工作基本完成的前提下，由省級古籍保護中心負責編纂出版本省古籍分類聯合目録《中華古籍總目》分省卷，由國家古籍保護中心負責編纂出版《中華古籍總目》統編卷。

在黨和政府領導下，在各地區、各有關部門和全社會共同努力下，古籍普查登記工作得以扎實推進。古籍普查已在除臺、港、澳之外的全國各省級行政區域開展，普查内容除漢文古籍外，還包括各少數民族文字古籍，特别是於2010年分别啓動了新疆古籍保護和西藏古籍保護專項，因地制宜，開展古籍普查登記工作；國家古籍保護中心研製的“全國古籍普查登記平臺”已覆蓋到全國各省級古籍保護中心，并進一步研發了“中華古籍索引庫”，爲及時展現古籍普查成果提供有力支持；截至目前，已有11375部古籍進入《國家珍貴古籍名録》，浙江、江蘇、山東、河北等省公布了省級《珍

貴古籍名録》,古籍分級保護機制初步形成。

《全國古籍普查登記目録》是古籍普查工作的階段性成果,旨在摸清家底,揭示館藏,反映古籍的基本信息。原則上每申報單位獨立成册,館藏量少不能獨立成册者,則在本省範圍内幾個館目合并成册。無論獨立成册還是合并成册,均編製獨立的書名筆畫索引附於書後。著録的必填基本項目有:古籍普查登記編號、索書號、題名卷數、著者(含著作方式)、版本、册數及存缺卷數。其他擴展項目有:分類、批校題跋、版式、裝幀形式、叢書子目、書影、破損狀况等。有條件的收藏單位多著録的一些擴展項目,也反映在《全國古籍普查登記目録》上。目録編排按古籍普查登記編號排序,内在順序給予各古籍收藏單位較大自由度,可按分類排列古籍普查登記編號,也可按排架號、按同書名等排列古籍普查登記編號,以反映各館特色。

此次全國古籍普查登記工作,克服了古籍數量多、普查人員少、普查難度大等各種困難,也得到了全國古籍保護工作者的極大支持。在古籍普查登記過程中,國家古籍保護中心、各省古籍保護中心爲此舉辦了多期古籍普查、古籍鑒定、古籍普查目録審校等培訓班,全國共 1600 餘家單位參加了培訓,爲古籍普查登記工作培養了大量人才。同時在古籍普查登記工作中,也鍛煉了普查員的實踐能力,爲將來古籍保護事業發展奠定了良好的基礎。

《全國古籍普查登記目録》的出版,將摸清我國古籍家底,爲古籍保護和利用工作提供依據,也將是古籍保護長期工作的一個里程碑。

國家古籍保護中心
2013 年 10 月

《全國古籍普查登記目録》

編纂凡例

一、收録範圍爲我國境内各收藏機構或個人所藏，産生於1912年以前，具有文物價值、學術價值和藝術價值的文獻典籍，包括漢文古籍和少數民族文字古籍以及甲骨、簡帛、敦煌遺書、碑帖拓本、古地圖等文獻。其中，部分文獻的收録年限適當延伸。

二、以各收藏機構爲分册依據，篇幅較小者，適當合并出版。

三、一部古籍一條款目，複本亦單獨著録。

四、著録基本要求爲客觀登記、規範描述。

五、著録款目包括古籍普查登記編號、索書號、題名卷數、著者、版本、册數、存缺卷等。古籍普查登記編號的組成方式是：省級行政區劃代碼—單位代碼—古籍普查登記順序號。

六、以古籍普查登記編號順序排序。

《安徽中國徽州文化博物館古籍普查登記目録》

編委會

主　　編：章望南

執行主編：姚昱波　倪清華

副 主 編：姚文孫

編　　委：石　嫱　吴艷梅　程　碩　劉偉文　姚國文

朱華君　方　曄　金　蕾

《安徽中國徽州文化博物館古籍普查登記目録》

前　言

安徽中國徽州文化博物館是國内唯一全面展現徽州文化的歷史文化類專題博物館，係第二批全國重點古籍保護單位，同時也是國家一級博物館、全國人文社會科學知識普及基地、安徽省愛國主義教育示範基地。其前身爲1963年成立的徽州地區博物館，隸屬於徽州地區文化局，原館址設在屯溪老街，1978年徽州地區展覽館并入。1987年，黄山市成立，徽州地區博物館更名爲黄山市博物館，同年遷入屯溪區徽山路24號塢山脚下。黄山市博物館係地方綜合性博物館，隸屬於黄山市文化局。2008年1月8日，安徽省徽州文化博物館成立，新館位於黄山市屯溪區（機場）迎賓大道50號，原黄山市博物館和黄山市文物商店成建制并入安徽省徽州文化博物館。2008年5月28日，根據國務院辦公廳、省人民政府辦公廳復函，安徽省徽州文化博物館更名爲安徽中國徽州文化博物館。

安徽中國徽州文化博物館（以下簡稱“徽博”）館藏較爲豐富，收藏各類文物藏品近10萬件，其中一級文物34件（套）、二級文物139件（套）、三級文物3913件（套），館藏總量位居全省博物館系統第二位，僅次於安徽博物院。歙硯、徽墨、徽州三雕、新安書畫、徽州文獻是館内的特色藏品。

半個多世紀以來，一代代館員前赴後繼，爲搜集、整理和保護珍貴文獻典籍嘔心瀝血，打造了獨具特色的館藏體系，并基本完成了館藏古籍的簡單編目。

2007年“中華古籍保護計劃”啓動以來，徽博積極開展古籍保護工作。2011年啓動古籍普查登記工作後，爲了更好地完成任務，徽博從人力、財力方面給予了大力支持，從館内各部門先後抽調6名館員投入普查，派人參加古籍普查培訓，購置單反相機、計算機、硬盤等器材設備。2012年至2016年，國務院統一部署開展了第一次全國可移動文物普查。在安徽省圖書館和安徽省古籍保護中心的關心和支持下，徽博古籍普查工作緊鑼密鼓地開展起來。特别是結合“中華古籍普查文化志願服務行動”活動，自2016年7月22日起，來自安徽大學和安徽師範大學兩所高校的20名志願者，每周6天、每天8個多小時堅持在徽博文物庫房，至8月21日，僅一個月的時間，完成了7412册古籍的普查登記任務，人均完成任務量300餘册。隨後，又用時近半年，經過認真核對、反復修訂，普查終得基本完成。其間，普查人員終日埋首於故紙飛塵之中，逐部逐册過手、過眼、過心，力求反映館藏古籍真貌。系統深入的整理，是本館摸清家底的重大階段性成果，爲館藏古籍的研究、出版、修護、利用奠定了堅實的基礎。通過普查整理，全面掌握了古籍的破損程度和病害種類，爲今後的古籍修復和保護提供了準確的依據。

本書的出版便是此次古籍普查工作的成果之一，也是古籍保護工作的又一重要成果。本書的出版，揭開了徽博藏書神秘的面紗，將能讓更多的人認識和瞭解徽博古籍文獻的收藏情況，同時能够進一步提升安徽省整體的古籍保護、整理與研究水平，讓藏書更好地服務於學術研究、服務於文化傳承傳播、服務於新時代經濟社會建設。我們也期待着更多的學者能够到館中“識寶”，讓珍藏幾百年的書籍能够盡其所用。我們的目標就是儘可能地讓藏與用兩全其美。

本書是集體智慧的結晶。它通過對題名卷數、著者、版本、存卷等項目的著录，對館藏6675部33395册古籍首次進行了系統、全面揭示，彰顯濃郁的特色：

一是數量較大、種類齊全：館藏古籍3萬餘册，其中善本5630册。館藏古籍涵蓋經、史、子、集等各類，尤以史部爲最，在已經整理的古籍圖書中徽州文獻有558部。計有經部29部、史部209部、子部158部、集部162部。徽州素有修志的傳統，自宋羅願修《新安志》始，徽州各縣修志蔚然成風，尤其是明清兩朝，幾乎每朝都修志。館藏有各種方志108種，包括《新安志》、《徽州府志》、徽州一府六縣各種版本的縣志、《黄山志》、《齊雲山志》，以及一些鄉志、村志。

二是内容廣泛、地域特徵顯著：館藏古籍涉及面廣，涵蓋了政治、經濟、軍事、歷史、醫學、藝术、宗教、科技等學科門類，并富有濃厚的徽州地域特色，主要有明清時期徽州宗族家譜，祖籍或客籍徽州官員學人或地方名士藏書、著述和詩文集等，是研究徽州文化的資料寶庫。

三是保存較好、價值頗高：館藏絶大多數典籍保存基本完好，作爲地方文獻的重要組成部分，系統地反映了宋元尤其是明清以來徽州經濟、社會、文化的發展，構成了館藏古籍的核心體系，也是研究徽州等區域政治、經濟、文化活動的重要依據，學術價值和文物價值頗高。2009年，館藏明刻《新刊名教真傳拳勢體式》二卷《棍棒體式》一卷《新刊武學至寶射法捷要》一卷入選第二批《國家珍貴古籍名録》；2010年，館藏明余瑗纂修、明正德三年（1509）刻《泗水余氏會通世譜》五卷《外紀》一卷，明許世昭等纂修、明嘉靖十八年（1539）刻《新安許氏統宗世譜》不分卷，明許可復纂修、明隆慶三年（1569）刻《續修新安歙北許村許氏東支世譜》九卷，明黄應榜等纂修、明嘉靖三十七年（1558）刻《左田黄氏孟宗譜》七卷，明梁袠篆刻并輯、明萬曆三十八年（1610）鈐印本《印雋》四卷等五部古籍入選第三批《國家珍貴古籍名録》；2013年，國家古籍保護中心舉行新聞發布會，首次正式向社會公布古籍普查重要發現，認爲徽博在《國家珍貴古籍名録》評審中入選六部古籍，館藏多爲早期家譜，頗具地方特色。2015年，館藏明萬曆四十四年（1616）閔齊伋刻朱墨套印本《考工記》二卷、清抄本《古雪精舍書鈔》不分卷、明嘉靖刻本《朱氏統宗世譜》不分卷、明嘉靖刻崇禎祁門樸墅精舍增刻石山醫案八種本《針灸問對》三卷、明嘉靖刻汪石山醫書七種本《痘治理辨》一卷附方一卷、明嘉靖刻崇禎祁門樸墅精舍增刻石山醫案八種本《推求師意》二卷、明萬曆十二年（1584）明雅堂刻十三年（1585）增刻《新刻一鴻簡捷便覽演算法》四卷、清乾隆四十七年（1782）鈐印本《師古堂印譜》五卷附《説印》一卷等八部館藏古籍入選首批《安徽省珍貴古籍名録》。

"善藏仍須多讀，守舊還要謀新"，在今後的古籍工作中，我們將運用先進的經驗、技術，在古籍的庫藏保護修復、數字化、深度研究利用等方面做出自己的努力。在本書出版之際，尤其要向給予我們大力支持和帮助的國家圖書館、國家古籍保護中心、國家圖書館出版社、安徽省圖書館、安徽省古籍保護中心的關心、指導和支持，誠致謝意！

本書的成稿有賴於衆多同仁的通力合作，除了編委會的諸位成員，原館長陳琪爲古籍普查的順利開展做了大量的組織協調工作；衆位本館普查員如倪清華、姚文孫、姚國文、胡夢雲、黄志明、姚勇杰、程喬、劉順冉、胡國雲等以及20名大學生志願者付出了辛勤的汗水，凡此種種，不一一列舉，在此一并表示衷心的感謝！

由於編者學識有限、編纂時間有限，本書肯定還存在某些欠缺和謬誤，敬請各位方家批評指正。

安徽中國徽州文化博物館

2020年8月

目　録

340000－1882－0000001　3831
詳註尺牘不求人十卷　（清）李光祚纂輯　清末石印本　六册

340000－1882－0000002　3862
［嘉慶］黟縣志十六卷黟縣續志□□卷　（清）吳甸華修　（清）俞正燮　（清）程汝翼纂　清刻本　十三册

340000－1882－0000003　3853
周易兼義九卷經典釋文一卷　（三國魏）王弼注　**附注疏校勘記九卷釋文校勘記一卷**　（清）阮元撰　（清）盧宣旬摘錄　清同治十二年（1873）刻本　八册

340000－1882－0000004　3852
欽定周官義疏四十八卷首一卷　（清）鄂爾泰　（清）張廷玉等纂修　清同治十年（1871）湖北崇文書局刻本　二十四册　存四十四卷（一至四十四）

340000　1882－0000005　3830
格物入門七卷　（美國）丁韙良著　清光緒二十四年（1898）石印本　七册

340000－1882－0000006　3858
［□□］旌德縣志□□卷　（清）□□撰　清刻本　一册　存一卷（八）

340000－1882－0000007　3802
諏吉便覽不分卷　（清）俞榮寬撰　清朱墨套印本　三册

340000－1882－0000008　3864
［同治］黟縣三志十六卷首一卷末一卷　（清）謝永泰修　（清）程鴻詔纂　清刻本　十册　存九卷（八至十六）

340000－1882－0000009　3865
［同治］黟縣三志十六卷首一卷末一卷　（清）謝永泰修　（清）程鴻詔纂　清刻本　九册

340000－1882－0000010　3829
光緒甲午科直省鄉墨不分卷乙未科會墨不分卷　（□）□□撰　清光緒二十一年（1895）石印本　二册

340000－1882－0000011　3870
［□□］徽州府志十八卷　（清）丁廷楗等監修　清刻本　六册　存十一卷（一、四至十三）

340000－1882－0000012　3856
［道光］徽州府志十六卷　（清）馬步蟾撰　清道光刻本　二十八册　存十五卷（二至十六）

340000－1882－0000013　3827
策府統宗六十五卷　（清）劉昌齡輯　清光緒石印本　二十册

340000－1882－0000014　3814
原富八卷　（英國）斯密亞丹撰　嚴復譯　清光緒鉛印本　八册

340000－1882－0000015　3859
［乾隆］黟縣志□□卷　（□）□□撰　清乾隆刻本　一册　存四卷（六至九）

340000－1882－0000016　3863
［同治］黟縣三志十六卷首一卷末一卷　（清）謝永泰纂　（清）程鴻詔纂　清刻本　十二册　缺四卷（六至七、十五至十六）

340000－1882－0000017　3842
算學書目提要三卷　（清）丁福保述　清光緒二十五年（1899）刻本　一册

340000－1882－0000018　3826
經學輯要二十四卷　（清）吳潁炎輯　清光緒二十年（1894）同文書局石印本　三十二册

340000－1882－0000019　3832
翁注困學紀聞二十卷　（清）翁元圻輯　清光緒十九年（1893）石印本　六册

340000－1882－0000020　3851
周禮註疏四十二卷　（漢）鄭玄注　（唐）賈公彥疏　清同治十三年（1874）湖南書局刻本　十三册　存三十九卷（一至二十一、二十五至四十二）

340000－1882－0000021　3871
［□□］徽州府志十六卷　（清）□□撰　清刻本　二十二册　存十三卷（四至十六）

340000－1882－0000022　3855
［□□］徽州府志十六卷　（清）□□撰　清抄

本　一册　存二卷(十四至十五)

340000－1882－0000023　3841
農務要書簡明目錄一卷　(英國)傅蘭雅口譯　(清)王樹善筆述　清光緒二十七年(1901)上海製造局刻本　一册

340000－1882－0000024　3907
練兵實紀九卷雜記六卷　(明)戚繼光撰　清光緒二十一年(1895)上海醉經樓石印本　二册　存七卷(一至七)

340000－1882－0000025　3803
寶鏡圖一卷　(三國蜀)諸葛武侯(亮)撰　清文德堂刻本　一册

340000－1882－0000026　3713
初學行文語類三卷　(清)孫埏編輯　清乾隆四十五年(1780)振賢堂刻本　一册

340000－1882－0000027　3894
明史三百三十二卷　(清)張廷玉等纂修　清刻本　三十五册　存一百三十五卷(一百九十五至三百二十九)

340000－1882－0000028　3877
書經六卷首一卷末一卷　(宋)蔡沈集傳　清光緒七年(1881)金陵書局刻本　三册　缺一卷(四)

340000－1882－0000029　3835
吳友如畫寶十二集　(清)吳友如繪　清宣統石印本　二十三册

340000－1882－0000030　3867
[同治]黟縣三志十六卷首一卷末一卷　(清)謝永泰修　(清)程鴻詔纂　清同治刻本　十四册　缺一卷(七)

340000－1882－0000031　3843
直隸運售各省官刻書籍總目不分卷　(清)□□撰　清光緒七年(1881)刻本　一册

340000－1882－0000032　3880
附釋音禮記注疏六十三卷　(漢)鄭玄注　(唐)孔穎達疏　**附校勘記六十三卷**　(清)阮元撰　(清)盧宣旬摘錄　清刻本　十四册　存六十卷(二十二至五十一、校勘記二十二至五十一)

340000－1882－0000033　3866
[同治]黟縣三志十六卷首一卷末一卷　(清)謝永泰修　(清)程鴻詔纂　清刻本　六册　存七卷(八至十四)

340000－1882－0000034　3873
圖像鏡花緣二十卷　(清)李汝珍撰　清光緒二十一年(1895)上海文盛書局鉛印本　六册

340000－1882－0000035　3892
北齊書五十卷　(唐)李百藥撰　明刻清修本　六册　存三十七卷(一至三十七)

340000－1882－0000036　3813
紅樓夢一百二十回　(清)曹雪芹撰　(清)高鶚續撰　清刻本　二十四册

340000－1882－0000037　3885
附釋音春秋左傳注疏六十卷　(晉)杜預注　(唐)孔穎達疏　**附校勘記六十卷**　(清)阮元撰　(清)盧宣旬摘錄　清刻本　六册　存四卷(三十五至三十六、校勘記三十五至三十六)

340000－1882－0000038　3794
康熙字典十二卷　(清)張玉書　(清)陳廷敬總閱　(清)凌紹雯等纂修　清光緒二十年(1894)上海寶善書局石印本　六册

340000－1882－0000039　3779
產科心法二卷　(清)汪喆撰　清光緒元年(1875)刻本　一册

340000－1882－0000040　3824
五經經解萃精不分卷經解萃經二集十二卷首一卷　(清)丁午撰　清光緒石印本　十册

340000－1882－0000041　3857
[道光]徽州府志十六卷　(清)□□撰　清道光抄本　二十六册　缺一卷(一)

340000－1882－0000042　3840
書目答問不分卷　(清)張之洞撰　清刻本　一册

340000－1882－0000043　3890

周禮註疏刪翼三十卷　(明)王志長輯　明崇禎刻本　五册　存五卷(一至二、十三至十五)

340000－1882－0000044　3850－1
辛丑官商快覽二百四十種　(清)□□撰　清光緒二十七年(1901)刻本　一册

340000－1882－0000045　3881
附釋音毛詩註疏七十卷　(漢)毛亨傳　(漢)鄭玄箋　(唐)陸德明音義　(唐)孔穎達疏　清同治十二年(1873)江西書局刻本　十一册　存八卷(一至三、十六至二十)

340000－1882－0000046　3884
禮記省度四卷　(清)彭頤纂　清乾隆四十五年(1780)金閶書業堂刻本　三册　存三卷(一至二、四)

340000－1882－0000047　3879
附釋音周禮注疏四十二卷　(漢)鄭玄注　(唐)陸德明音義　(唐)賈公彥疏　**附校勘記四十二卷**　(清)阮元撰　(清)盧宣旬摘錄　清刻本　十五册　存六十八卷(九至四十二、校勘記九至四十二)

340000－1882－0000048　3850－2
丁未通書一卷　(清)□□撰　清刻本　一册

340000－1882－0000049　3811
胡文忠公遺集八十六卷首一卷　(清)曾國荃纂輯　(清)胡鳳丹重編　清光緒石印本　八册

340000－1882－0000050　3819
精校四書合講十九卷　(□)□□撰輯　清末石印本　六册

340000－1882－0000051　3895
元史二百十卷　(明)宋濂等修　清刻本　二十册　存一百十一卷(九十一至二百一)

340000－1882－0000052　3889
尚書離句六卷　(清)錢在培輯　清光緒二十五年(1899)刻本　二册

340000－1882－0000053　3850－3
壬午捌年曆一卷　(清)□□撰　清光緒八年(1882)刻本　一册

340000－1882－0000054　3781
女科要旨四卷　(清)陳念祖著　清光緒二十二年(1896)刻本　二册

340000－1882－0000055　3818
增注管緘若全稿八卷　(清)管世銘著　清光緒二十年(1894)石印本　四册

340000－1882－0000056　3891
毛詩註疏二十卷　(漢)鄭玄箋　(唐)孔穎達疏　明刻本　八册　存十一卷(一至十一)

340000－1882－0000057　3850－4
舊通書一卷　(清)□□撰　清刻本　一册

340000－1882－0000058　3839
揅經室外集五卷　(清)阮元撰　清刻本　二册

340000－1882－0000059　3828
小題三萬選不分卷　題(清)求是齋主人編　清光緒十九年(1893)石印本　四十册

340000－1882－0000060　3874
草蟲花卉譜不分卷　(□)□□撰　清五色套印本　一册

340000－1882－0000061　3893
宋史四百九十六卷目錄三卷　(元)脫脫等撰　清光緒元年(1875)刻本　四十四册　存二百二十七卷(八至二百三十一、目錄三卷)

340000－1882－0000062　3780
神效催生符一卷　(□)□□撰　清光緒七年(1881)李光明書莊刻本　一册

340000－1882－0000063　3903
宋史列傳□□卷　(元)脫脫等撰　明刻清修本　六册　存二十四卷(八十七至九十、一百八至一百二十七)

340000－1882－0000064　3834
策學備纂三十二卷首一卷　(清)蔡啟盛輯　清光緒二十年(1894)同文書局石印本　四十八册

340000－1882－0000065　3876
四書集註十九卷　(宋)朱熹撰　清光緒八年(1882)金陵書局刻本　四册　存十四卷(大學一卷、中庸一卷、論語一至十、孟子六至七)

340000－1882－0000066　3901
歷代史論十二卷　(清)高士奇論正　清鉛印本　三册

340000－1882－0000067　3916
庸閒齋筆記九卷首一卷自敘一卷　(清)陳其元撰　清末石印本　四册

340000－1882－0000068　3822
畫梅雜詠一卷　題(清)雪江老人撰　清末刻本　二册

340000－1882－0000069　3850－5
趨避通書不分卷　(清)洪潮和撰　清光緒二十三年(1897)刻本　一册

340000－1882－0000070　3902
御批歷代通鑑輯覽一百二十卷　(清)傅恆等輯　清刻本　三十册　存五十九卷(六十二至一百二十)

340000－1882－0000071　3878
春秋左傳杜注三十卷　(清)姚培謙學　清刻本　十册　存二十七卷(四至三十)

340000－1882－0000072　3914
夢溪筆譚二十六卷　(宋)沈括撰　明萬曆刻本　一册　存八卷(一至八)

340000－1882－0000073　3898
[道光]祁門縣志三十六卷首一卷　(清)王讓等修　清道光刻本　四册　存十六卷(一至十五、首一卷)

340000－1882－0000074　3860
[嘉慶]黟縣志十六卷首一卷黟縣續志□□卷　(清)吳甸華修　清道光刻本　十六册

340000－1882－0000075　3955
楊椒山先生文集二卷　(明)楊繼盛撰　清同治五年(1866)福州正誼書局刻正誼堂全書本　一册

340000－1882－0000076　3918
類聯集古□□卷　(清)劉慶觀輯　清刻本　三册　存七卷(四至十)

340000－1882－0000077　3923
繡虎軒尺牘一集八卷二集八卷三集八卷　(清)曹煜著　清刻本　八册　存十六卷(一集三至四、二集三至八、三集八卷)

340000－1882－0000078　3887
易說醒四卷　(明)洪守美撰　清同治十一年(1872)刻本　二册　存三卷(二至四)

340000－1882－0000079　3954
問字堂集六卷　(清)孫星衍撰　清光緒十年(1884)四明是亦軒刻本　二册

340000－1882－0000080　3900
曾文正公奏議十卷首一卷末一卷補編四卷　(清)曾國藩著　(清)薛福成編次　清同治十三年(1874)上海醉六堂刻本　十二册　缺三卷(奏議首一卷,補編二、四)

340000－1882－0000081　3817
讀通鑑論十卷末一卷　(清)王夫之撰　清光緒二十四年(1898)石印本　八册

340000－1882－0000082　3875
禮記註疏校勘記六十三卷　(清)阮元撰　(清)盧宣旬摘錄　清刻本　六册　存五十六卷(八至六十三)

340000－1882－0000083　3913
御纂醫宗金鑑十六卷　(清)吳謙撰　清光緒三十三年(1907)上海錦章書局石印本　四册

340000－1882－0000084　3920
濂洛風雅□□卷　(清)張伯行訂　清刻本　二册　存三卷(四至六)

340000－1882－0000085　3947
增補痘疹金鏡錄四卷　(明)翁仲仁輯　清道光刻本　二册

340000－1882－0000086　3850－6
趨避通書不分卷　(清)洪潮和撰　清光緒七年(1881)刻本　一册

340000－1882－0000087　3882

附釋音毛詩注疏七十卷　(漢)鄭玄箋　(唐)孔穎達疏　**附校勘記七十卷**　(清)阮元撰　(清)盧宣旬摘錄　清刻本　七冊　存二十卷(五至七、九至十三、十九至二十,校勘記五至七、九至十三、十九至二十)

340000－1882－0000088　3784

醫宗備要三卷　(清)曾鼎輯　清同治八年(1869)崇文書局刻本　二冊

340000－1882－0000089　3820

時務通考三十一卷首一卷　(清)王奇英纂　清光緒二十三年(1897)點石齋石印本　二十冊

340000－1882－0000090　3825

經解入門八卷　(清)江藩纂　清光緒石印本　二冊

340000－1882－0000091　3946

經絡歌訣不分卷　(清)汪昂輯　清康熙刻本　一冊

340000－1882－0000092　3925

樂府詩集一百卷　(宋)郭茂倩編　清刻本　六冊　存三十五卷(一至三、十六至二十一、三十一至三十六、四十九至六十一、七十七至八十三)

340000－1882－0000093　3850－7

多福通書不分卷　(清)羅傳烈等撰　清崇道堂刻本　一冊

340000－1882－0000094　3934

世說新語六卷　(南朝宋)劉義慶撰　清刻本　二冊　存三卷(四至六)

340000－1882－0000095　3953

芻蕘四說不分卷　(□)□□撰　清刻本　一冊

340000－1882－0000096　3838

宋元舊本書經眼錄三卷附錄二卷　(清)莫友芝撰　清刻本　二冊

340000－1882－0000097　3850－8

舊通書一卷　(□)□□撰　清刻本　一冊

340000－1882－0000098　0003

尚書注疏二十卷　(漢)孔安國傳　(唐)陸德明音義　(唐)孔穎達疏　明崇禎五年(1632)古虞毛氏汲古閣刻十三經注疏本　八冊

340000－1882－0000099　0019

文公家禮儀節八卷　(宋)朱熹編　(明)楊慎輯　明刻本　四冊　存六卷(一至六)

340000－1882－0000100　0020

重訂文公家禮儀節八卷首一卷　(宋)朱熹編　(明)陳仁錫輯　明刻本　二冊

340000－1882－0000101　0009

書經不分卷　(清)□□撰　清抄本　一冊

340000－1882－0000102　0005

書經便蒙講意二卷　(□)洪南池藏　明夏氏啟秀堂刻本　一冊

340000－1882－0000103　3982

廣輿記二十四卷　(明)陸應陽纂　(清)蔡方炳增輯　清刻本　四冊

340000－1882－0000104　0004

禹貢錐指二十卷圖一卷　(清)胡渭撰　清康熙四十四年(1705)漱六軒刻本　六冊　存六卷(一、三、七、十、十二、十四)

340000－1882－0000105　0008

書經旁訓原本二卷　(清)□□撰　清抄本　一冊

340000－1882－0000106　0006

書蔡氏傳輯錄纂註六卷朱子說書綱領一卷　(清)董鼎撰　清康熙十九年(1680)通志堂刻通志堂經解本　二冊

340000－1882－0000107　0011

周易四卷　(□)□□撰　清抄本　一冊

340000－1882－0000108　0012

采輯諸家易解不分卷　(清)□元偀撰　清稿本　一冊

340000－1882－0000109　0013

御纂詩義折中二十卷　(清)傅恒等撰　清乾隆內府刻乾隆御纂三經本　八冊

340000－1882－0000110　0014
御纂詩義折中二十卷　(清)傅恒等撰　清光緒浙江書局刻乾隆御纂三經本　六冊

340000－1882－0000111　0010
書經六卷　(宋)蔡沈集傳　清抄本　一冊

340000－1882－0000112　0002
河洛精蘊九卷　(清)江永撰　清乾隆三十九年(1774)蘊真書屋刻五十年(1785)印本　四冊

340000－1882－0000113　0018
讀禮志疑六卷　(清)陸隴其輯　清正誼堂刻本　二冊

340000－1882－0000114　0015
韓詩外傳十卷　(漢)韓嬰著　(明)唐琳點校　明天啟刻快閣藏書本　一冊

340000－1882－0000115　0017
禮記旁訓原本六卷　(□)□□撰　明刻本　一冊　存二卷(一至二)

340000－1882－0000116　0016
周禮節訓六卷　(清)黃叔琳輯　(清)姚培謙重訂　清乾隆四十二年(1777)刻本　一冊

340000－1882－0000117　0007
枕葄齋書經問答八卷首一卷末一卷補習科七卷　(清)胡嗣運撰　清光緒三十四年(1908)胡氏鵬南書屋木活字印本　二冊

340000－1882－0000118　0001
小學大全六卷　(明)陶原良撰　明崇禎王壯猷刻本　二冊

340000－1882－0000119　0024
左傳事緯十二卷字釋一卷　(清)馬驌編論　清乾隆四十九年(1784)懷澄堂刻本　十二冊

340000－1882－0000120　0023
左傳文歸十卷　(明)鍾惺選　明刻本　四冊　存八卷(一至八)

340000－1882－0000121　0021
鄉黨圖考十卷　(清)江永編　清乾隆五十二年(1787)致和堂刻本　四冊

340000－1882－0000122　0026
文章練要十卷　(清)王源撰　清康熙王氏居業堂刻本　六冊

340000－1882－0000123　0040
唐寫本說文解字木部箋異一卷　(清)莫友芝撰　清同治二年(1863)刻影山草堂六種本　一冊

340000－1882－0000124　0049
六經圖十二卷　(清)鄭之僑編輯　清乾隆八年(1743)述堂刻本　六冊

340000－1882－0000125　0029
欽定春秋傳說彙纂三十八卷首二卷　(清)王掞等撰　清康熙刻本　二十四冊

340000－1882－0000126　0038
埤雅二十卷　(宋)陸佃撰　清康熙刻本　四冊

340000－1882－0000127　0035
四書大全三十五卷　(清)汪份輯　清康熙遄喜齋刻本　二十四冊

340000－1882－0000128　0032
春秋經傳集解三十卷　(晉)杜預注　**春秋名號歸一圖二卷**　(五代)馮繼先撰　**春秋年表一卷**　(清)□□撰　清刻本　十冊

340000－1882－0000129　0036
爾雅直音二卷　(清)孫偘輯　清乾隆六十年(1795)刻本　二冊

340000－1882－0000130　0025
文章練要十卷　(清)王源撰　清乾隆九年(1744)王氏居業堂刻本　四冊

340000－1882－0000131　0060
史記菁華錄六卷　(漢)司馬遷著　(清)姚苎田選評　清道光四年(1824)扶荔山房刻朱墨套印本　三冊

340000－1882－0000132　0027
東萊博議四卷　(宋)呂祖謙著　**增補虛字註釋一卷**　(清)張文炳點定　清光緒金陵李光明莊刻本　四冊

340000－1882－0000133　0028
春秋定本不分卷春秋指掌標題不分卷　(清)□□撰　清抄本　一册

340000－1882－0000134　0033
松陽講義四卷　(清)陸隴其著　清康熙二十九年(1690)刻本　三册

340000－1882－0000135　0030
春秋旁訓欽遵御案四傳合訂四卷讀春秋一卷春秋提要一卷　(清)□□撰　清懋德堂刻本　二册

340000－1882－0000136　0022
春秋左傳詳節句解三十五卷　(戰國)左丘明撰　(宋)朱申　(宋)周翰注釋　明刻本　四册

340000－1882－0000137　0039
五經典要注釋五卷總目一卷　(清)袁壯行纂注　(清)袁時行編輯　清崇儒齋刻本　四册

340000－1882－0000138　0041
積古齋鐘鼎彝器款識十卷　(清)阮元編録　清刻本　四册

340000－1882－0000139　0034
石鏡山房四書説統三十七卷　(明)張振淵輯　明天啓三年(1623)張氏石鏡山房刻本　九册　缺一卷(三十七)

340000－1882－0000140　0042
説文部目音釋一卷　(清)周懋泰撰　清光緒二十年(1894)休寧屯溪茹古堂刻本　一册

340000－1882－0000141　0031
春秋四傳三十八卷　(明)鍾惺評　(明)鄧名揚等輯注　明崇禎刻本　十五册

340000－1882－0000142　0286
四診抉微八卷　(清)林之翰纂述　**管窺附餘一卷**　(清)林之翰著述　清雍正玉映堂刻本　二册

340000－1882－0000143　0047
新鐫湯會元四書便解六卷　(明)湯賓尹著　明刻本　一册　缺二卷(孟子一至二)

340000－1882－0000144　0051
周易兼義九卷　(三國魏)王弼　(晉)韓康伯注　(唐)孔穎達正義　明崇禎四年(1631)古虞毛氏汲古閣刻十三經注疏本　一册　存一卷(一)

340000－1882－0000145　0048
四書考輯要二十卷　(清)陳宏謀輯　(清)孫蘭森編校　清乾隆三十五年(1770)桂林陳氏培遠堂刻本　八册

340000－1882－0000146　0046
四聲切韻表一卷　(清)江永編　清乾隆五十三年(1788)應雲堂刻本　一册

340000－1882－0000147　0053
史記一百三十卷　(漢)司馬遷撰　明刻本　五册　存二十卷(一至四、七至二十二)

340000－1882－0000148　0054
史記一百三十卷　(漢)司馬遷撰　明萬曆刻本　十册　存五十卷(本紀一至六,八書一至八,世家一至六、二十二至三十、三十六至四十四、四十六至五十四、六十八至七十)

340000－1882－0000149　0059
史記菁華録六卷　(清)姚苧田輯　清道光四年(1824)吴興姚氏扶荔山房刻朱墨套印本　六册

340000－1882－0000150　0055
史記一百三十卷　(漢)司馬遷著　明刻本　二十册　存九十三卷(本紀一至三,年表二十一至二十二,八書二十六至三十,世家三十一至六十,列傳六十一至九十五、一百五至一百十七、一百二十六至一百三十)

340000－1882－0000151　0050
五經旁訓五種十九卷　(元)李恕旁訓　(明)陳仁錫考訂　明崇禎彙錦堂刻本　十二册

340000－1882－0000152　0063
前漢書一百卷　(漢)班固撰　(唐)顔師古注　明萬曆二十五年(1597)刻本　一册　存五卷(一至五)

340000－1882－0000153　0061

廿一史約編八卷首一卷　(清)鄭元慶述　(清)龐祁全輯　清刻本　八冊

340000－1882－0000154　0052

雲門經摘存二卷　(清)胡嗣運撰　清光緒胡鵬南抄本　一冊

340000－1882－0000155　0067

後漢書鈔二卷　(清)□□撰　清抄本　二冊

340000－1882－0000156　0056

史記評林一百三十卷　(明)凌稚隆輯　(明)李光縉增補　明萬曆宏遠堂熊氏刻本　二十八冊

340000－1882－0000157　0062

廿一史約編八卷首一卷　(清)鄭元慶述　清漁古山房刻本　八冊

340000－1882－0000158　0058

史記評林一百三十卷　(明)凌稚隆輯　(明)李光縉增補　明刻本　一冊　存七卷(六至十二)

340000－1882－0000159　0074

北史一百卷　(唐)李延壽撰　清光緒二十八年(1902)竢實齋石印本　七冊

340000－1882－0000160　0069

晉書一百三十卷　(唐)太宗李世民撰　**晉書音義三卷**　(唐)何超纂　清光緒二十八年(1902)竢實齋石印本　七冊　存一百十六卷(晉書一至九十四、一百十二至一百三十,晉書音義三卷)

340000－1882－0000161　0133

汪姓訟文抄本一卷　(清)□□撰　清宣統抄本　一冊

340000－1882－0000162　0065

鹿門先生批點漢書九十三卷　(明)茅坤輯　明崇禎刻本　四十冊

340000－1882－0000163　0064

漢書一百卷　(漢)班固撰　(明)葛鼎等訂　明崇禎刻本　二十冊

340000－1882－0000164　0066

後漢書九十卷　(南朝宋)范曄撰　(唐)李賢注　**續志三十卷**　(晉)司馬彪　(南朝梁)劉昭注　明崇禎刻本　十六冊

340000－1882－0000165　0070

南齊書五十九卷　(南朝梁)蕭子顯撰　明崇禎十年(1637)汲古閣刻本　八冊

340000－1882－0000166　0073

北史一百卷　(唐)李延壽撰　明崇禎十二年(1639)毛氏汲古閣刻本　二十冊

340000－1882－0000167　0068

宋書一百卷　(南朝梁)沈約撰　明毛氏汲古閣刻本　十八冊　存九十卷(六至九十五)

340000－1882－0000168　0076

北齊書五十卷　(唐)李百藥撰　明萬曆十六年至十七年(1588－1589)刻本　八冊　存四十二卷(一至四十二)

340000－1882－0000169　0071

南齊書五十九卷　(南朝梁)蕭子顯撰　清石印本　一冊　缺二十七卷(一至二十七)

340000－1882－0000170　0077

北齊書五十卷　(唐)李百藥撰　明萬曆十六年(1588)刻清順治十六年(1659)、康熙三十九年(1700)補刻本　七冊　存四十三卷(一至四十三)

340000－1882－0000171　0078

五代史七十四卷　(宋)徐無黨注　明崇禎毛氏汲古閣刻本　八冊

340000－1882－0000172　0075

北齊書五十卷　(唐)李百藥撰　明崇禎十一年(1638)琴川毛氏汲古閣刻十七史本　四冊

340000－1882－0000173　0079

明史三百三十二卷　(清)張廷玉等撰　清光緒二十八年(1902)竢實齋石印本　二十冊

340000－1882－0000174　0135

重修名法指掌圖四卷　(清)徐灝撰　清同治九年(1870)湖南藩署刻本　四冊

340000－1882－0000175　0134
大清現行刑律講義一卷　吉同鈞撰　清宣統安徽法政學堂石印本　一冊

340000－1882－0000176　0128
中英和約　(清)□□撰　清末鉛印本　一冊

340000－1882－0000177　0138
名法指掌新纂四卷　(清)黃魯溪編輯　清道光十八年(1838)刻本　四冊

340000－1882－0000178　0132
告諭抄存不分卷　(清)□□撰　清抄本　一冊

340000－1882－0000179　0129
編聯保甲章程一卷　(清)□□撰　清咸豐刻本　一冊

340000－1882－0000180　0137
欽定處分則例一卷　(清)□□撰　清抄本　一冊

340000－1882－0000181　0072
陳書三十六卷　(唐)姚思廉撰　明萬曆十六年(1588)南京國子監刻清順治重修本　六冊

340000－1882－0000182　0136
清兵刑工部督捕則例不分卷　(清)□□撰　清抄本　一冊

340000－1882－0000183　0122
戰國策□□卷　(清)張星徽評　清渙古山房刻本　七冊　存十六卷(一至十六)

340000－1882－0000184　0143
皇清奏議一卷　(清)□□撰　清抄本　一冊

340000－1882－0000185　0125
文獻通考詳節二十四卷　(元)馬端臨撰　(清)嚴虞惇輯　清乾隆二十九年(1764)巖氏刻本　八冊

340000－1882－0000186　0119
東萊先生唐書詳節六十卷　(宋)呂祖謙輯　明正德刻本　一冊　存十三卷(四十八至六十)

340000－1882－0000187　0142
爵秩崇高一卷　(清)□□錄　清同治八年(1869)抄本　一冊

340000－1882－0000188　0120
元朝災異一卷　(清)□□撰　清抄本　一冊

340000－1882－0000189　0123
戰國策評苑十卷　(宋)鮑彪校注　(明)穆文熙編纂　明萬曆刻本　一冊　存四卷(七至十)

340000－1882－0000190　0124
諸史品節後集八卷　(清)□□撰　明刻本　一冊　缺四卷(一至四)

340000－1882－0000191　0085
廿二史紀事提要八卷　(清)吳綏纂　清乾隆十四年(1749)刻本　六冊

340000－1882－0000192　0083
新刊古本少微先生資治通鑑節要五十卷　(明)劉弘毅校正　(明)詹長卿重刊　(明)蔡�批點　明嘉靖詹長卿就正齋刻本　二冊　存十八卷(一至十八)

340000－1882－0000193　0088
繹史一百六十卷世系圖一卷年表一卷　(清)馬驌撰　清光緒十年(1884)刻本　三十二冊　存九十七卷(九至二十四、四十四至五十九、七十六至八十三、八十六至一百三、一百十至一百十二、一百十九至一百五十一、一百五十七至一百五十九)

340000－1882－0000194　0084
新刊憲臺攷正少微通鑑全編二十卷　(宋)江贄輯　明刻本　一冊　存四卷(七至十)

340000－1882－0000195　0140
唐陸宣公集二十二卷　(唐)陸贄著　明光裕堂刻本　一冊　存十三卷(一至十三)

340000－1882－0000196　0126
文獻通考詳節二十四卷　(元)馬端臨撰　(清)嚴虞惇輯　清乾隆二十九年(1764)刻本　十冊

340000－1882－0000197　0081

資治通鑑二百九十四卷　(宋)司馬光編　(元)胡三省音注　明刻本　一百四册

340000－1882－0000198　0082－1

通鑑釋文辯誤十二卷　(元)胡三省撰　(明)陳仁錫訂校　明刻本　四册

340000－1882－0000199　0093

諸家評國語國策十三卷　(明)張居正評定　(明)陸樹聲評注　明刻本　二册

340000－1882－0000200　0087

御撰資治通鑑綱目三編二十卷　(清)張廷玉等編　清刻本　六册

340000－1882－0000201　0080

綱鑑會纂三十九卷首一卷　(明)王世貞編　清學源堂刻本　三十四册

340000－1882－0000202　0092

吴越春秋六卷　(漢)趙曄撰　清刻本　二册

340000－1882－0000203　0082－2

通鑑釋文辯誤十二卷　(元)胡三省輯　明刻本　四册

340000－1882－0000204　0094

戰國策十二卷　(宋)鮑彪注　明天啟刻本　六册

340000－1882－0000205　0111

泉志十五卷　(宋)洪遵撰　清光緒元年(1875)隸釋齋刻本　一册

340000－1882－0000206　0089

三藩紀事本末四卷　(清)楊陸榮編　清康熙刻本　一册

340000－1882－0000207　0090

重訂路史全本四十七卷　(宋)羅泌輯　(宋)羅苹註　明吳弘基刻本　十二册　存三十一卷(前紀一至九、後紀一至十四、國名紀一至八)

340000－1882－0000208　0104

清賢紀六卷　(明)尤長鏜輯　清宣統三年(1911)上海國學扶輪社鉛印張氏適園叢書本　一册

340000－1882－0000209　0091

重訂路史全本四十七卷　(宋)羅泌輯　(宋)羅苹注　明刻本　八册　存二十二卷(前紀一至八、後紀一至十四)

340000－1882－0000210　0099

國語文歸六卷　(明)鍾惺選　明刻本　三册

340000－1882－0000211　0099

時事報圖畫雜俎合訂一卷　(清)□□撰　清光緒三十四年(1908)石印本　一册

340000－1882－0000212　0098

華陽國志補遺□□卷　(晉)常璩著　清刻本　一册　存三卷(大同志一、李志一、士女志二)

340000－1882－0000213　0095

戰國策三十三卷　(漢)高誘注　清乾隆二十一年(1756)雅雨堂刻本　六册

340000－1882－0000214　0101

八朝宋名臣言行錄前集十卷後集十四卷　(宋)朱熹纂集　清康熙林雲銘刻本　五册

340000－1882－0000215　0106

歷科朝元卷不分卷　(清)□□撰　清光緒刻本　二册

340000－1882－0000216　0107

國朝先正事略六十卷　(清)李元度纂　清光緒二十一年(1895)上海點石齋石印本　八册

340000－1882－0000217　0116

百家姓考略一卷　(清)王相箋注　清刻本　一册

340000－1882－0000218　0115

祁門謝氏世系考不分卷　(清)謝家福編　清光緒刻本　三册

340000－1882－0000219　0117

江甯江蘇文武同官錄　(清)□□撰　清石印本　一册

340000－1882－0000220　0110

西林岑德固殉母事狀一卷　(清)張之洞　(清)端方撰　清光緒刻本　一冊

340000－1882－0000221　0118

二十二史文鈔一百九卷　(清)納蘭常安選評　清乾隆刻本　四十九冊

340000－1882－0000222　0149

[乾隆]巖鎮志草四卷　(清)佘華瑞撰次　清乾隆刻本　一冊　存一卷(亨集)

340000－1882－0000223　0127

文獻通考三百四十八卷　(元)馬端臨著　明刻本　一百十八冊　缺二卷(二百四十二至二百四十三)

340000－1882－0000224　0146

[淳熙]新安志十卷　(宋)羅願撰　清光緒十四年(1888)黟邑李氏刻本　四冊

340000－1882－0000225　0144

[道光]徽州府志十六卷首一卷　(清)馬步蟾修　清道光七年(1827)刻本　二十九冊

340000－1882－0000226　0145

[□□]徽州府志□□卷　(清)□□撰　清刻本　十一冊　存十三卷(二至十、十二至十四、十六)

340000－1882－0000227　0109

星源程孝子追輓詩文一卷　(清)趙忠弼撰　清道光刻本　一冊

340000－1882－0000228　0152

[同治]黟縣三志十六卷首一卷末一卷　(清)謝永泰等修　(清)程鴻詔等纂　清同治刻本　三冊　存六卷(一至五、八)

340000－1882－0000229　0164

[嘉慶]旌德縣志十卷　(清)陳柄德修　清嘉慶十三年(1808)刻本　七冊　存六卷(一、四至五、七至九)

340000－1882－0000230　0166

[□□]旌德縣志十卷　(清)陳柄德修　清刻本　一冊　存一卷(九)

340000－1882－0000231　0186

支那疆域沿革略說一卷　(日本)重野安譯　(日本)河田羆著　清刻本　一冊

340000－1882－0000232　0159

[光緒]善和鄉志二卷　(清)□□撰　清光緒二十二年(1896)抄本　一冊

340000－1882－0000233　0150

[□□]黟縣志四卷　(清)王景曾纂修　清康熙刻本　一冊　存一卷(一)

340000－1882－0000234　0161

[道光]休寧縣志摘抄不分卷　(清)何應松修　清抄本　一冊

340000－1882－0000235　0169

[光緒]宣城縣志四十卷首一卷　(清)章綬纂修　清光緒木活字印本　四冊　存七卷(二十至二十三、二十七至二十九)

340000－1882－0000236　0165

[道光]旌德縣續志十卷　(清)王椿林等　清道光六年(1826)刻本　一冊　存六卷(一至六)

340000－1882－0000237　0185

皇清地理圖不分卷　(清)□□撰　清同治刻本　三冊

340000－1882－0000238　0156

[□□]績溪縣志十二卷　(清)□□撰　清刻本　一冊　缺一卷(一)

340000－1882－0000239　0171

[□□]衡州府志□□卷　(明)□□撰　明刻本　一冊　存三卷(十三至十五)

340000－1882－0000240　0158

祁門修改城垣簿一卷　(清)吳嘉善輯　清乾隆三十六年(1771)刻本　一冊

340000－1882－0000241　0176

新安崇道堂徵信全錄二卷　(清)吳雲芝检理　清光緒二十一年(1895)刻本　二冊

340000－1882－0000242　0172

[乾隆]續脩臺灣府志二十六卷首一卷　(清)羅四明等修　清乾隆刻本　一冊　存二卷

（二十五至二十六）

340000－1882－0000243　0167

京都旌德會館錄一卷　（清）呂頒芬等撰　清同治十三年（1874）刻本　一冊

340000－1882－0000244　0179

三輔黄圖六卷補遺一卷　（清）□□撰　（清）畢沅校刊　清乾隆四十九年（1784）靈巖山館刻本　一冊

340000－1882－0000245　0177

大別山志十卷首一卷　（清）胡鳳丹編纂　清同治十三年（1874）永康胡氏退補齋刻本　三冊　缺三卷（六至八）

340000－1882－0000246　0181

地輿圖考四卷　（清）龔柴撰　清光緒二十七年（1901）鉛印本　一冊

340000－1882－0000247　0180

新安景物約編不分卷　（清）江忠儔　（清）江正心纂　清青雲堂刻本　二冊

340000－1882－0000248　0184

地理全志二卷　（英國）慕維廉撰　清光緒九年（1883）益智書會鉛印本　二冊

340000－1882－0000249　0199

石墨鐫華八卷　（明）趙崡著　清乾隆三十九年（1774）長塘鮑氏刻知不足齋叢書本　二冊

340000－1882－0000250　0210

小學補注四卷　（宋）朱熹輯　（明）陳選點　（清）趙飛鵬訂　清乾隆八年（1743）刻本　一冊

340000－1882－0000251　0183

五洲圖考四卷　（清）龔柴撰　（清）徐勵編輯　（清）許彬編譯　清光緒二十四年（1898）上海徐家匯印書館鉛印本　四冊

340000－1882－0000252　0207

蕺山先生人譜一卷人譜類記二卷　（明）劉宗周撰　清雍正四年（1726）刻本　二冊

340000－1882－0000253　0192

南湖啚攷不分卷　（明）陳幼學撰　清刻本　一冊

340000－1882－0000254　0201

大清律例刑案彙纂集成四十卷　（清）姚雨薌　（清）胡仰山纂　清同治六年（1867）刻本　二十四冊

340000－1882－0000255　0206

高厚蒙求四集　（清）徐朝俊纂　（清）徐紱校勘　清嘉慶二十年（1815）雲間徐氏刻本　四冊

340000－1882－0000256　0218

儒林宗派十六卷　（清）萬斯同撰　清宣統三年（1911）上海國學扶輪社鉛印張氏適園叢書本　二冊

340000－1882－0000257　0209

羅整菴先生困知記四卷　（明）羅欽順撰　清康熙正誼堂刻本　一冊

340000－1882－0000258　0191

天目遊記一卷　（明）黄汝亨著　（明）陳繼儒訂　（明）沈啓先校　**遊喚一卷**　（明）王思任撰　明萬曆繡水沈氏刻寶顔堂秘笈本　一冊

340000－1882－0000259　0208

呻吟語六卷　（明）呂坤著　明萬曆二十一年（1593）刻本　六冊

340000－1882－0000260　0230

御製耕織圖二卷　（清）聖祖玄燁題詩　（清）焦秉貞繪圖　清光緒十二年（1886）上海點石齋石印本　一冊

340000－1882－0000261　0212

楊園先生全集　（清）張履祥撰　清康熙刻本　一冊　存二種四卷（訓子語二卷、初學備忘二卷）

340000－1882－0000262　0214

薛文清公讀書錄八卷　（明）薛瑄撰　清康熙四十七年（1708）正誼堂刻本　一冊

340000－1882－0000263　0213

薛文清公讀書錄八卷　（明）薛瑄撰　清康熙四十七年（1708）正誼堂刻本　二冊

340000－1882－0000264　0217
荀子二十卷校勘補遺一卷　(戰國)荀況撰　(唐)楊倞注　清乾隆五十一年(1786)嘉善謝氏安雅堂刻本　四册

340000－1882－0000265　0211
楊園先生全集　(清)張履祥撰　清康熙刻本　一册　存二種四卷(訓子語二卷、初學備忘二卷)

340000－1882－0000266　0216
楓山章先生語錄一卷　(明)章懋撰　清同治十三年(1874)永康胡氏退補齋刻金華叢書本　一册

340000－1882－0000267　0220
聖諭廣訓一卷　(清)聖祖玄燁撰　(清)世宗胤禛廣訓　清刻本　二册

340000－1882－0000268　0433
[□□]重修祁門縣志三十六卷首一卷　(清)周春浦續纂　清刻本(有配補)　十二册　存二十四卷(四至十一、十七至二十六、三十一至三十六)

340000－1882－0000269　0226
南華真經評註五卷　(戰國)莊周著　(晉)向秀注　(晉)郭象評註　明刻本　五册

340000－1882－0000270　0193
說鈴□□卷　(清)吳震方輯　(清)許瓚曾等著　清刻本　一册　存五卷(十九至二十三)

340000－1882－0000271　0225
南華真經副墨三卷　(明)陸西星述　明萬曆刻本　一册

340000－1882－0000272　0222
莊子因六卷　(清)林雲銘評述　清康熙刻本　三册

340000－1882－0000273　0221
老子道德經解二卷首一卷觀老莊影響論一卷　(明)釋德清著　清光緒十二年(1886)金陵刻經處刻本　二册

340000－1882－0000274　0238
醫方集解六卷增訂本草備要六卷　(清)汪昂輯　清刻本　三册

340000－1882－0000275　0223
莊子因六卷　(清)林雲銘評述　清康熙刻本　四册

340000－1882－0000276　0224
南華真經副墨八卷　(明)陸西星述　明萬曆刻本　六册

340000－1882－0000277　0229
洴澼百金方十四卷首一卷　題(清)惠麓酒民編次　(清)玉巵居士重訂　清乾隆刻本　八册

340000－1882－0000278　0227
管子二十四卷　(唐)房玄齡注譯　(唐)劉績增注　明天啟五年(1625)朱養純花齋刻本　二册　存六卷(一至三、二十二至二十四)

340000－1882－0000279　0219
聖諭像解二十卷　(清)梁延年編輯　清光緒二十九年(1903)安徽撫署石印本　十册

340000－1882－0000280　0232
兵法摘抄不分卷　(清)□□撰　清抄本　一册

340000－1882－0000281　0233
方輿全圖總説五卷　(清)顧祖禹輯　清光緒二十七年(1901)二林齋石印本　四册

340000－1882－0000282　0239
御纂醫宗金鑑九十卷首一卷　(清)吳謙　(清)劉裕鐸總修　清乾隆七年(1742)刻本　二十五册

340000－1882－0000283　0240
素問靈樞類纂約註三卷　(清)汪昂纂輯　清康熙刻本　三册

340000－1882－0000284　0237
脈訣刊誤集解二卷　(元)戴啟宗撰　(明)汪機補訂　**附錄一卷**　(明)汪機輯　明祁門樸墅刻石山醫案本　一册　存二卷(下、附錄一卷)

340000－1882－0000285　0247
薛氏醫按二十四種一百七卷　(明)吳琯輯　明刻本　十八册　存二十七卷(明醫雜著一至六、女科撮要一、外科發揮一至八、外科樞要一至四、外科精要一至三、癧疽神秘驗方一、外科經驗方一、正體類要一至二、口齒類要一)

340000－1882－0000286　0235
素問鈔補遺一卷　(元)滑壽輯　(明)汪機注　**運氣易覽三卷**　(明)汪機編輯　明刻本　一册

340000－1882－0000287　0236
外科理例七卷補遺一卷　(明)汪機編輯　明嘉靖刻本　二册　存四卷(一至四)

340000－1882－0000288　0243
增輯普濟應驗良方八卷　(清)達生等編　清光緒三十一年(1905)德裕堂刻本　一册

340000－1882－0000289　0242
醫方集解六卷增訂本草備要六卷　(清)汪昂著輯　清刻本　三册

340000－1882－0000290　0251
濟世養生集不分卷　(清)□□撰　清抄本　一册

340000－1882－0000291　0231
孫子參同五卷　(春秋)孫武撰　清抄本　三册

340000－1882－0000292　0241－1
醫門法律二十四卷　(清)喻昌著　清乾隆三十年(1765)集思堂刻喻氏醫書三種本　八册

340000－1882－0000293　0246
昌邑黄先生醫書八種七十七卷　(清)黄元御著　清咸豐十年(1860)長沙徐氏燮龢精舍刻本　四册　存二十三卷(四聖心源一至十、四聖懸樞一至五、玉楸藥解一至八)

340000－1882－0000294　0252
集驗良方拔萃二卷　(清)恬素輯　清咸豐九年(1859)寄漚氏刻本　一册

340000－1882－0000295　0255
南雅堂醫書全集九十五卷　(清)陳念祖著　清光緒鉛印本　八册

340000－1882－0000296　0249
醫學心悟五卷附外科十法一卷　(清)程國彭著　清乾隆五十六年(1791)書粟軒刻本　六册

340000－1882－0000297　0263
簡驗良方二卷　(明)張卿子選輯　清乾隆刻本　一册

340000－1882－0000298　0253
貫徑合輯不分卷　(清)綏齋輯　清抄本　一册

340000－1882－0000299　0241－2
寓意草一卷　(清)喻昌著　清乾隆二十八年(1763)嵩秀堂刻喻氏醫書三種本　二册

340000－1882－0000300　0254
證治彙集不分卷　(清)□□撰　清抄本　二册

340000－1882－0000301　0261
新方湯頭歌訣不分卷　(清)□□撰　清抄本　一册

340000－1882－0000302　0262
湯頭良方不分卷　(清)□□撰　清抄本　一册

340000－1882－0000303　0259
秘授應驗良方三卷　(清)□□撰　清抄本　四册

340000－1882－0000304　0244
葛仙翁肘後備急方八卷　(晉)葛洪撰　清刻道藏輯要本　三册　缺一卷(四)

340000－1882－0000305　0258
千金翼方三十卷　(唐)孫思邈著　清同治七年(1868)掃葉山房刻本　十六册

340000－1882－0000306　0269
醫經原旨六卷　(清)薛雪集註　清乾隆十九年(1754)刻本　六册

340000－1882－0000307　0270

圖註八十一難經辨真四卷　(戰國)秦越人述　(明)張世賢圖　清刻本　三册　缺一卷(四)

340000－1882－0000308　0264－1

集驗拔萃良方一卷續補一卷　(清)恬素氏撰　清同治抄本　一册

340000－1882－0000309　0274

金匱要略淺註補正九卷　(漢)張仲景撰　(清)陳念祖注　清光緒三十二年(1906)善成堂鉛印本　三册

340000－1882－0000310　0267

重廣補註黃帝内經素問二十四卷　(唐)王冰注　(宋)林億等校正　明刻本　六册

340000－1882－0000311　0273

内經知要二卷　(明)李念莪撰　清抄本　一册　存一卷(上)

340000－1882－0000312　0302

症因脈治四卷　(清)秦昌遇著　(清)秦之楨輯　清乾隆十八年(1753)博古堂刻本　四册

340000－1882－0000313　0266

脈經十卷脈訣刊誤集解二卷　(晉)王叔和撰　清光緒二十二年(1896)池陽周氏刻本　八册

340000－1882－0000314　0276

傷寒論淺註補正七卷首一卷　(漢)張仲景撰　(清)陳念祖淺註　(清)唐宗海補正　清光緒三十二年(1906)善成堂鉛印本　五册

340000－1882－0000315　0272

補注黃帝内經素問二十四卷　(唐)王冰注　**皇帝内經靈樞十二卷**　(□)□□撰　**素問遺篇一卷**　(□)□□撰　清光緒三年(1877)浙江書局刻本　十册

340000－1882－0000316　0268

人元脈影歸指圖說二卷脈經十卷　(晉)王叔和著　明刻本　一册　存七卷(圖說二卷、脈經一至五)

340000－1882－0000317　0265

藥方彙集八卷　(清)□□撰　清抄本　八册

340000－1882－0000318　0277

本草綱目五十三卷圖三卷　(明)李時珍撰　清刻本　三十册　存三十四卷(一至三十三、圖一)

340000－1882－0000319　0271

靈樞經九卷　(清)張志聰集註　清光緒十六年(1890)浙江書局刻本　八册

340000－1882－0000320　0281

本草□□卷　(明)李時珍著　清刻本　一册　存一卷(六)

340000－1882－0000321　0280

重刊經史證類大全本草三十一卷　(宋)唐慎微撰　清刻本　一册　存二卷(八至九)

340000－1882－0000322　0283

藥性摘要用藥須知不分卷　(清)□□撰　清抄本　一册

340000－1882－0000323　0285

診家正眼二卷　(清)李中梓著　清康熙四十七年(1708)東溪堂刻士材三書本　一册

340000－1882－0000324　0264－2

經驗效方不分卷　(清)□□撰　清半耕書屋抄本　一册

340000－1882－0000325　0295

臨證指南醫案十卷　(清)葉桂著　清乾隆三十三年(1768)刻本　十册

340000－1882－0000326　0294

吳醫彙講十一卷　(清)唐大烈纂輯　清乾隆五十七年(1792)刻本　二册

340000－1882－0000327　0288

診脈秘訣不分卷　(清)□□撰　清抄本　一册

340000－1882－0000328　0287

寓意草一卷　(明)喻昌著　明崇禎十六年(1643)刻本　一册

340000－1882－0000329　0279
本草從新六卷　(清)吳儀洛輯　清乾隆二十二年(1757)利濟堂刻本　二册

340000－1882－0000330　0290
溫熱贅言一卷　(清)寄瓢子述　清吳氏靈鶴山房刻本　一册

340000－1882－0000331　0278
珍珠囊指掌補遺藥性賦六卷　(清)李杲編輯　(清)王晉三訂　清文盛堂刻本　二册

340000－1882－0000332　0292
醫案二卷四卷　(明)孫一奎輯　明刻本　二册

340000－1882－0000333　0291
己任編四種八卷　(清)楊乘六輯　清刻本　四册

340000－1882－0000334　0293
吳醫彙講十一卷　(清)唐大烈纂輯　清乾隆五十七年(1792)刻本　四册

340000－1882－0000335　0284
唐王燾先生外臺秘要方四十卷　(唐)王燾著　清同治十三年(1874)廣東翰墨園刻本　四十册

340000－1882－0000336　0264－3
專治各種藥方不分卷　(清)韌菴抄　清抄本　一册

340000－1882－0000337　0297
醫門棒喝四卷　(清)章楠著　清刻本　四册

340000－1882－0000338　0296
薛氏醫按七十八卷　(明)薛己等著　清刻本　二十八册　存六十三卷(一至六十三)

340000－1882－0000339　0282－1
本草綱目五十二卷　(明)李時珍撰　(清)張雲中重訂　清道光刻本　十五册　存十六卷(一至十六)

340000－1882－0000340　0264－4
内外良方不分卷　(清)□□撰　清抄本　一册

340000－1882－0000341　0309
痘疹慈航二卷　(明)聶久吾著　清光緒四年(1878)杭州珠寶巷竹簡齋刻本　一册

340000－1882－0000342　0289
臨證指南醫案十卷　(清)葉桂著　清乾隆三十三年(1768)刻本　十册

340000－1882－0000343　0304
醫門法律六卷　(清)喻昌著　清乾隆二十八年(1763)集思堂刻本　六册

340000－1882－0000344　0305
溫熱暑疫全書四卷　(清)周揚俊輯　清庸德堂刻本　二册

340000－1882－0000345　0308
喉科祕方不分卷附西醫喉科七十二種祕方不分卷附喉科不分卷　(清)□□撰　清抄本　三册

340000－1882－0000346　0282－3
本草萬方針線八卷　(清)□□輯　清道光刻本　三册

340000－1882－0000347　0310
張仲景傷寒論原文淺註六卷　(清)陳念祖注　清同治敦厚堂刻本　三册

340000－1882－0000348　0311
傷寒明理論四卷　(金)成無己撰　清刻本　二册

340000－1882－0000349　0282－2
本草綱目圖三卷　(清)□□撰　清刻本　二册

340000－1882－0000350　0306
傷寒醫訣串解六卷　(清)陳念祖著　(清)陳道著纂集　**十藥神書註解一卷**　(元)葛可久編　清咸豐刻本　二册

340000－1882－0000351　0303
傷寒論直解六卷　(清)張錫駒註解　清康熙五十一年(1712)刻本　六册

340000－1882－0000352　0301
尚論張仲景傷寒論重編三百九十七法四卷

(清)喻昌著　清乾隆三十年(1765)崇秀堂刻喻氏醫書三種本　八册

340000－1882－0000353　0264－6
藥方良本不分卷　(清)□□撰　清抄本　一册

340000－1882－0000354　0312
溫疫論二卷　(清)吳有性著　清抄本　一册

340000－1882－0000355　0307
素問病機氣宜保命集三卷附劉河間傷寒醫監三卷黄帝素問宣明論萬卷四卷新刊素問玄機原病式二卷素問玄機原病式一卷　(金)劉守真撰　清刻本　五册　存十一卷(素問病機氣宜保命集一至二、劉河間傷寒醫監一至二、黄帝素問宣明論萬卷四卷、新刊素問玄機原病式二卷、素問玄機原病式一卷)

340000－1882－0000356　0316
喉科秘方不分卷　(清)□□撰　清抄本　一册

340000－1882－0000357　0322
傅氏眼科審視瑤函六卷首一卷　(明)傅仁宇纂輯　明刻本　六册

340000－1882－0000358　0313
證治彙補八卷　(清)李修之著　清抄本　一册　存二卷(一至二)

340000－1882－0000359　0315
喉科不分卷　(□)朱鵬遠撰　清抄本　一册

340000－1882－0000360　0320
王洪緒先生外科證治全生不分卷　(清)王洪緒撰　清咸豐十一年(1861)武昌節署刻本　一册

340000－1882－0000361　0342
良方經驗不分卷　(清)□□撰　清抄本　一册

340000－1882－0000362　0344
喉科諸方不分卷隨師臨證錄不分卷　(清)洪哲翰撰　清抄本　一册

340000－1882－0000363　0347
軒轅黄帝祝由科□□卷　(清)□□撰　清刻朱墨套印本　一册　存一卷(一)

340000－1882－0000364　0341
全體新編一卷　(英國)合信氏著　(清)陳修堂撰　清咸豐元年(1851)羊城西關金利埠惠愛醫館刻本　一册

340000－1882－0000365　0335
推拿廣意三卷　(清)陳世凱重訂　(清)王元璐參閲　清刻本　三册

340000－1882－0000366　0325
濟陰綱目五卷　(明)武之望編　明萬曆四十八年(1620)刻本　五册

340000－1882－0000367　0334
推拿廣意三卷　(清)□□撰　清刻本　一册

340000－1882－0000368　0337
明醫雜著六卷　(明)王綸集　(明)薛己註　明刻本　六册

340000－1882－0000369　0333
著石堂新刻幼科直言六卷　(清)孟河著　(清)孟莊輯　清嘉慶三年(1798)刻本　四册

340000－1882－0000370　0338
言天者求之本不分卷　(清)□□撰　清抄本　一册

340000－1882－0000371　0343
袖珍秘訣全書不分卷　(清)孫照堂抄選　清抄本　一册

340000－1882－0000372　0330
麻痘新編二卷附小儿疳痰虚热一卷　(清)俞世球編著　清光緒十年(1884)刻本　一册

340000－1882－0000373　0336
針灸大成十卷　(清)李月桂重訂　清康熙五十七年(1718)刻本　十册

340000－1882－0000374　0332
輯纂幼科雜病妙訣不分卷　(清)□□撰　清抄本　一册

340000－1882－0000375　0329

達生編一卷　題(清)亟齋居士撰　清李光明家刻本　一冊

340000－1882－0000376　0331
治臍風痧症痘症慢驚秘訣三卷　(清)莊一夔撰　清道光十二年(1832)刻本　一冊

340000－1882－0000377　0328
達生編二卷　題(清)亟齋居士撰　清道光二十三年(1843)刻本　一冊

340000－1882－0000378　0318
外科精義四卷　(元)齊德之纂集　明刻本　二冊

340000－1882－0000379　0378
四子譜二卷　(清)過文年輯著　清刻本　二冊

340000－1882－0000380　0352
量倉通法五卷仓田通法續編三卷　(清)張作楠學　(清)江臨泰補圖　清嘉慶二十五年(1820)金華張氏刻翠微山房數學本　四冊

340000－1882－0000381　0359
代數術二十五卷首一卷　(英國)華里司輯　(英國)傅蘭雅譯　(清)華蘅芳筆述　清同治江南製造總局刻本　六冊

340000－1882－0000382　0360
算式集要四卷　(英國)哈司韋輯　(英國)傅蘭雅口譯　(□)江衡筆述　清刻本　二冊

340000－1882－0000383　0319
外科症治全生集四卷　(清)王維德纂輯　清海陽吳靖波抄本　一冊

340000－1882－0000384　0326
產後編二卷　(清)傅山著　清刻本　一冊

340000－1882－0000385　0350
翼梅八卷續一卷　(清)江永著　清光緒七年(1881)群玉山房刻本　四冊　存八卷(翼梅八卷)

340000－1882－0000386　0355
籌算分法淺釋一卷　勞乃宣撰　清光緒二十四年(1898)吳橋刻矩齋籌算六種本　一冊

340000－1882－0000387　0353
五曹算經五卷　(唐)李淳鳳等注　**夏侯陽算經三卷**　(□)夏侯陽撰　清刻武英殿聚珍版書本　一冊

340000－1882－0000388　0357
勾股六術一卷　(清)項名達撰　清光緒二十二年(1896)上海璣衡堂石印本　一冊

340000－1882－0000389　0354
數度衍二十三卷　(清)方中通衍　清刻本　一冊　存三卷(一至三)

340000－1882－0000390　0363
桐陰論畫三編八卷　(清)秦祖永著　清同治五年(1866)朱墨套印刻本　四冊

340000－1882－0000391　0356
筆算便覽五卷　(清)鄒鏡瀾校　清光緒刻本　一冊

340000－1882－0000392　0358
新刻算法統宗指南大全四卷　(清)□□撰　明刻本　一冊　存二卷(一至二)

340000－1882－0000393　0369
重訂草訣一卷　(□)□□撰　明萬曆刻本　一冊

340000－1882－0000394　0349
梅氏叢書輯要二十三種六十二卷首一卷　(清)梅文鼎著　(清)梅文鼏學　(清)梅瑴成輯　清光緒十四年(1888)上海龍文書局石印本　六冊

340000－1882－0000395　0365
葉氏息園畫譜一卷　(清)葉壽生繪　清石印本　一冊

340000－1882－0000396　0375
印譜不分卷　(清)□□撰　清鈐印本　一冊

340000－1882－0000397　0362
國朝畫徵錄三卷續錄二卷　(清)張庚著　清光緒十三年(1887)刻本　二冊

340000－1882－0000398　0368
新鐫諸賢篆體真草飛隸天下圭璋二卷　(□)碧雲子集　清刻本　一册

340000－1882－0000399　0379
兼山堂弈譜不分卷　(清)徐星友著　清康熙刻本　一幅

340000－1882－0000400　0380
桃花泉弈譜二卷　(清)范世勳著　清乾隆刻本　二册

340000－1882－0000401　0377
四子譜二卷　(清)過伯齡輯著　清刻本　二册

340000－1882－0000402　0366
清在堂草蟲花卉譜二卷　(□)□□撰　清刻本　一册　存一卷(上)

340000－1882－0000403　0374
劍秋印書二卷　(清)蘭陵居士鐫　清鈐印本　一册　存一卷(下)

340000－1882－0000404　0382
隨園食單一卷　(□)□□撰　清刻本　一册

340000－1882－0000405　0361
歙硯書品匯集□□卷　(明)米芾訂　明刻本　一册　存十四卷(一至十四)

340000－1882－0000406　0376
五知齋琴譜八卷　(清)周魯封纂　清乾隆十一年(1746)懷德堂刻本　一册　存二卷(二至三)

340000－1882－0000407　0389
百家類纂四十卷　(明)沈津輯　明刻本　六册　存七卷(十三、十六至十九、二十四至二十五)

340000－1882－0000408　0388
日知錄三十二卷　(清)顧炎武撰　清康熙刻本　十二册

340000－1882－0000409　0384
亦政堂重修宣和博古圖錄三十卷　(宋)王黼等撰　明萬曆刻清乾隆黄晟亦政堂重修本　一册　存二卷(二十一至二十二)

340000－1882－0000410　0387
切問齋文鈔三十卷　(清)陸耀輯　清乾隆四十年(1775)刻本　十二册

340000－1882－0000411　0386
端硯精鑒不分卷　(□)商彝氏藏　清抄本　一册

340000－1882－0000412　0385
百獸圖說一卷　(清)韋門道著　清光緒八年(1882)益智書會刻本　一册

340000－1882－0000413　0397
癸巳類稿十五卷　(清)俞正燮撰　清道光十三年(1833)求日益齋刻本　八册

340000－1882－0000414　0394
千古斯文子集三卷　(明)徐奮鵬選評　(明)徐春茂　(明)徐春盛注釋　明刻本　一册　存一卷(一)

340000－1882－0000415　0383
東書堂重修宣和博古圖錄三十卷　(清)黄晟鑒定　清乾隆十七年(1752)亦政堂刻本　十六册　存二十卷(一至二十)

340000－1882－0000416　0393
天演論二卷　(英國)赫胥黎撰　嚴復譯　清光緒刻本　二册

340000－1882－0000417　0410
原本直指算法統宗十二卷　(明)程大位編　清光緒九年(1883)埽葉山房刻本　四册

340000－1882－0000418　0507
在園雜志四卷　(清)劉廷璣撰　清康熙五十四年(1715)刻本　一册　存二卷(一至二)

340000－1882－0000419　0404
研六室文鈔十卷補遺一卷　(清)胡培翬撰　清光緒四年(1878)世澤樓刻績溪胡氏叢書本　四册

340000－1882－0000420　0392
四種遺規□□卷　(清)陳宏謀編輯　清刻本　六册　存九卷(教女遺規三卷、養正遺規補

編一、從政遺規下一、在官法戒錄一至四）

340000－1882－0000421　0406
五子近思錄十四卷　（清）汪佑編　清康金閶勤勞有樓刻本　二冊

340000－1882－0000422　0399
野客叢書三十一卷附録一卷　（宋）王楙撰　明刻本　六冊

340000－1882－0000423　0395
三元秘授六卷　（明）張溥撰　清刻本　一冊　存一卷（一）

340000－1882－0000424　0408
十三經集字摹本不分卷　（清）彭玉雯纂　清道光二十九年（1849）江右彭氏刻本　八冊

340000－1882－0000425　0409
十三經字辨八卷　（清）陳鶴齡輯　（清）李方膺校　清刻本　八冊

340000－1882－0000426　0400
白虎通德論四卷　（漢）班固纂　（漢）趙宜崙校　清刻本　二冊

340000－1882－0000427　0418
重修南海普陀山志二十卷首一卷　（清）王鼎勳參定　（清）秦耀曾編輯　清道光十二年（1832）刻本　三冊　缺四卷（十七至二十）

340000－1882－0000428　0417
［乾隆］重修南海普陀山志二十卷首一卷　（清）黄應雄參定　（清）許琰編輯　清乾隆刻本　一冊　存九卷（六至十四）

340000－1882－0000429　0402
蘭亭考十二卷群公帖跋一卷　（宋）桑世昌集　**蘭亭續考二卷**　（宋）俞松集　清乾隆長塘鮑氏刻知不足齋叢書本　四冊

340000－1882－0000430　0407
三刻黄維章先生詩經嫏嬛體注八卷　（清）黄維章撰　（清）范翔訂　（清）沈三會　（清）沈涵參訂　**詩經八卷**　（宋）朱熹集傳　清乾隆三十七年（1772）刻本　四冊

340000－1882－0000431　0416
經畬堂存稿六卷　（清）胡暉吉著　清道光十四年（1834）刻本　一冊　存三卷（一至三）

340000－1882－0000432　0412
十駕齋養新錄二十卷餘錄三卷　（清）錢大昕撰　清嘉慶刻本　十冊

340000－1882－0000433　0403
二申野錄八卷　（清）孫之騄輯　清同治六年（1867）吟香館刻本　二冊

340000－1882－0000434　0431
聊齋志異新評十六卷　（清）蒲松齡著　（清）王士正　（清）但明倫評述　清光緒三年（1877）廣順但氏刻朱墨套印本　十六冊

340000－1882－0000435　0430
錦字箋四卷　（清）黄澐纂　清三美堂刻本　二冊

340000－1882－0000436　0429
增補萬寶全書二十卷　（明）陳繼儒纂輯　（清）毛煥文增補　清嘉慶十六年（1811）積秀堂刻本　一冊　存三卷（一至三）

340000－1882－0000437　0413
蒔綠莊焚餘續草四卷　（清）項慶模著　清光緒十五年（1889）刻本　一冊

340000－1882－0000438　0428
易林補遺四卷　（明）張世寶著　清乾隆三十七年（1772）金閶書業堂刻本　二冊

340000－1882－0000439　0420
黄海看雲第一圖二卷　（清）汪廷棟輯　清光緒二十年（1894）刻本　一冊

340000－1882－0000440　0391
五種遺規十卷　（清）陳宏謀編　清同治七年（1868）楚北崇文書局刻本　五冊　存五卷（訓俗遺規三至四、從政遺二、在官法戒錄三至四）

340000－1882－0000441　0421
搜神記八卷　（晉）干寶撰　明刻本　一冊

340000－1882－0000442　0425
芥子園畫傳四集四卷　（清）丁皋輯　**圖章會**

纂一卷 （清）李漁輯 清刻本 三冊 缺一卷（一）

340000－1882－0000443 0477
北江詩話六卷 （清）洪亮吉著 清宣統元年（1909）掃葉山房石印本 二冊

340000－1882－0000444 0422
考辨隨筆二卷 （清）黄定宜著 清道光二十七年（1847）萍鄉文晟刻本 一冊

340000－1882－0000445 0411
曝書亭集箋注二十三卷 （清）朱彝尊撰 清嘉慶五年（1800）刻本 四冊 存十八卷（一至十八）

340000－1882－0000446 0427
挹翠樓詩鈔四卷 （清）潘清撰 清咸豐六年（1856）刻本 一冊

340000－1882－0000447 0426
校正指明算法二卷 （清）□□撰 清抄本 一冊

340000－1882－0000448 0449
增訂臨文便覽不分卷 （清）□□撰 清光緒二年（1876）怡雲僊館刻本 二冊

340000－1882－0000449 0450
血證論八卷 （清）唐宗海著 清光緒二十年（1894）申江袖海山房書局石印本 一冊

340000－1882－0000450 0424
三十五舉一卷 （元）吾丘衍撰 **校勘記一卷** （清）姚覲元撰 **續三十五舉一卷** （清）桂馥撰 **再續三十五舉一卷** （清）姚宴撰 **安吴論書一卷** （清）包世臣撰 清光緒九年（1883）歸安姚氏刻咫進齋叢書本 一冊

340000－1882－0000451 0447
紀載彙編十種 （清）□□輯 清光緒四年（1878）申報館鉛印申報館叢書本 一冊 缺五卷（安龍紀事一、戴重事錄一、過墟志一、金壇獄案一、辛丑紀聞一）

340000－1882－0000452 0448
笑得好摘錄一卷 （清）石成金撰 清光緒三年（1877）蘇城元妙觀善書坊刻本 一冊

340000－1882－0000453 0423
五總秘竅選擇天星秘竅不分卷天星秘訣三卷 （清）甘霖纂 清刻本 六冊 存三卷（天星秘訣三卷）

340000－1882－0000454 0446
繡像京本雲合奇蹤玉茗英烈全傳十卷八十回 （明）徐渭編 清刻本 十冊

340000－1882－0000455 0436
李鴻章一卷 梁啟超著 清石印本 一冊

340000－1882－0000456 0441
書體篆印譜不分卷 （清）郝裕衡篆 清道光三年（1823）崇厚堂鈐印本 一冊

340000－1882－0000457 0474
鼎鍥幼幼集成六卷 （清）陳復正輯 清光緒二十八年（1902）上海醉六堂石印本 六冊

340000 1882 0000458 0442
增訂夏書禹貢註讀一卷 （清）徐鹿苹輯 清光緒四年（1878）上洋集成堂刻本 一冊

340000－1882－0000459 0475
河東先生文集六卷 （唐）柳宗元撰 清宣統二年（1910）上海會文堂書局石印本 六冊

340000－1882－0000460 0484
易經十二卷首一卷末一卷 （宋）朱熹本義 清同治四年（1865）金陵書局刻十三經讀本本 二冊

340000－1882－0000461 0444
心遠堂新編小學纂註六卷 （清）高愈編訂 清乾隆三十三年（1768）金閶書業堂刻本 二冊

340000－1882－0000462 0482
春秋公羊經傳解詁十二卷 （漢）何休撰 清道光四年（1824）揚州汪氏問禮堂刻本 一冊 存六卷（一至六）

340000－1882－0000463 0461
評點女範粹編二卷 沈錦編輯 王嵩齡等評點 清光緒三十一年（1905）開明書店鉛印本

二冊

340000－1882－0000464　0472

御纂醫宗金鑑九十卷首一卷　（清）弘晝等纂修　清刻本　二十六冊　存六十一卷（一至六十、首一卷）

340000－1882－0000465　0455

學詩要覽一卷　（清）金森撰　清光緒七年（1881）刻本　一冊

340000－1882－0000466　0457

雁蕩吟一卷　（清）孟守廉撰　清同治十一年（1872）刻本　一冊

340000－1882－0000467　0473

回春錄二卷　（清）王士雄撰　（清）周鑅錄　清道光刻本　二冊

340000－1882－0000468　0456

古今音異讀表一卷　（清）江謙著　清宣統鉛印本　一冊

340000－1882－0000469　0481

孝經易知不分卷　（清）耿介輯註　清同治刻本　一葉

340000－1882－0000470　0471

精訂綱鑑廿四史通俗衍義六卷首一卷　（清）呂撫輯　清光緒十三年（1887）石印本　六冊

340000－1882－0000471　0458

六一山房重校石印改正字彙二卷　題（□）六一山房主人撰　清光緒石印本　一冊

340000－1882－0000472　0467

尺木堂綱鑑易知錄二十卷御撰資治通鑑綱目三編四卷　（清）吳乘權等輯　清光緒刻本　十一冊　存二十二卷（尺木堂綱鑑易知錄一至二、五至二十，御撰資治通鑑綱目三編四卷）

340000－1882－0000473　0451

唐王燾先生外臺秘要方四十卷　（唐）王燾撰　（明）陸錫明校閱　（明）程衍道訂梓　清光緒二十四年（1898）刻本　十六冊

340000－1882－0000474　0466

東醫寶鑑二十三卷總目二卷　（朝鮮）許浚撰　清刻本　二十三冊

340000－1882－0000475　0510

增訂安樂銘箴便讀不分卷　（□）□□撰　清刻本　一冊

340000－1882－0000476　0464

鬱華閣遺集四卷　（清）盛昱撰　清光緒三十一年（1905）上海有正書局石印本　一冊

340000－1882－0000477　0452

萬國史記二十卷　（日本）岡本監輔著　清末石印本　四冊

340000－1882－0000478　0480

太上感應篇圖說八卷　（元）陳堅撰　（清）張祥茂訂　清光緒刻本　八冊

340000－1882－0000479　0469

温病條辨六卷　（清）吳瑭著　清同治二年（1863）刻本　四冊

340000－1882－0000480　0487

鞠傲軒集聯新語　劉傳福集　清宣統元年（1909）刻本　一冊

340000－1882－0000481　0488

保產機要達生編一卷　（□）□□撰　清道光刻本　一冊

340000－1882－0000482　0495

學算筆談□□卷　（清）金匱華撰　清光緒十一年（1885）刻本　二冊　存六卷（一至六）

340000－1882－0000483　0486

四明人鑑不分卷　（清）劉慈孚撰　清光緒十二年（1886）石印本　四冊

340000－1882－0000484　0489

翰苑重校字學舉隅不分卷　（清）龍光甸　（清）黃本驥輯　（清）龍啟瑞增輯　清道光怡雲山莊刻本　一冊

340000－1882－0000485　0571

古文奇賞二十二卷　（明）陳仁錫選評　明萬曆刻本　一冊　存一卷（一）

340000－1882－0000486　0492
十三經無重疊字不分卷　（□）□□撰　清刻本　一册

340000－1882－0000487　0494
鄭板橋集不分卷　（清）鄭燮撰　清乾隆八年（1743）刻本　一册

340000－1882－0000488　0491
班固前漢書摘録一卷　（漢）班固著　（清）嗣徽訂　清光緒抄本　一册

340000－1882－0000489　0504
中華古今注三卷　（五代）馬縞集　**古今注三卷**　（晉）崔豹著　（明）吳中珩校　明刻本　一册

340000－1882－0000490　0602
鐫陳太史當朝四六奇賞九卷　（明）陳仁錫撰　（明）陳瑞錫　（明）陳智錫評　明刻本　一册　存四卷（一至四）

340000－1882－0000491　0500
巢溪詩草一卷　（清）江韶華著　清同治刻本　一册

340000－1882－0000492　0505
田居乙記四卷　（明）方大鎮撰　明刻本　一册　存二卷（三至四）

340000－1882－0000493　0556
新增説文韻府羣玉二十卷　（元）陰時夫編輯　（元）陰中夫編註　明萬曆十八年（1590）刻本　十册

340000－1882－0000494　0537
何野雲先生論五星穴法一卷　（明）何野雲撰　清抄本　一册

340000－1882－0000495　0512
最樂編五卷　（明）高昴光輯　明天啓刻本　一册　存一卷（一）

340000－1882－0000496　0516
增補萬寶全書二十卷　（明）陳繼儒纂輯　（清）毛焕文增補　清咸豐四年（1854）務本堂刻本　一册

340000－1882－0000497　0531
重鐫官板地理天機會元正篇體用括要三十五卷　（唐）卜則巍著　（明）顧陵岡集　清光緒六年（1880）培厚堂刻本　八册　存二十三卷（一至二十三）

340000－1882－0000498　0499
康熙字典十二集三十六卷等韻一卷檢字一卷辨似一卷備考一卷補遺一卷　（清）張玉書　（清）陳廷敬總閲　（清）凌紹雯等纂修　清光緒十六年（1890）上洋鴻寶齋石印本　六册

340000－1882－0000499　0506
賓退録□□卷　（宋）趙與時撰　清刻本　一册　存五卷（一至五）

340000－1882－0000500　0509
讓耘偶録一卷　（□）□□撰　清抄本　一册

340000－1882－0000501　0517
古文奇英子編二卷　（□）□□撰　明末刻本　一册

340000－1882－0000502　0508
鷗陂漁話六卷　（清）葉廷琯撰　清同治八年（1869）刻本　二册

340000－1882－0000503　0503
敬齋古今黈八卷　（元）李冶撰　清乾隆四十年（1775）刻本　四册

340000－1882－0000504　0502
通藝録□□卷　（清）程瑤田著　清乾隆刻本　三册　存五卷（五、十、十三至十四、十六）

340000－1882－0000505　0501
洪容齋五筆七十四卷　（宋）洪邁撰　明刻清重修本　十八册　存六十六卷（容齋隨筆一至十二、容齋續筆十六卷、容齋三筆五至十六、容齋四筆十六卷、容齋五筆十卷）

340000－1882－0000506　0518
家寶全集不分卷　（清）石成金撰著　清刻本　十册

340000－1882－0000507　0513
新鐫李先生音釋捷用雲箋六卷　（清）李光祚

纂註　清刻本　一冊

340000－1882－0000508　0528
相理衡真十卷首一卷　(清)陳釗撰　清道光十三年(1833)樵雲居刻本　二冊　存二卷(一至二)

340000－1882－0000509　0514
夷門廣牘一百六種一百六十二卷　(明)周履靖輯　明萬曆刻本　一冊　存五卷(一至五)

340000－1882－0000510　0530
新刻楊救貧門路放水經六卷　(唐)楊筠松著　(明)夏从仁編釋　明萬曆四十三年(1615)書林陳含初刻本　一冊

340000－1882－0000511　0525
西京雜記六卷　(漢)劉歆著　清刻本　一冊

340000－1882－0000512　0544
辨各五行一卷　(□)□□撰　清抄本　一冊

340000－1882－0000513　0527
諏吉便覽不分卷　(清)俞榮寬輯　**寶鏡圖一卷**　(清)梁學禮校　清嘉慶二十三年(1818)刻朱墨套印本　一冊

340000－1882－0000514　0524
大唐新語十三卷　(唐)劉肅撰　明末刻本　一冊　存七卷(七至十三)

340000－1882－0000515　0526
西青散記四卷　(清)史震林撰　清三餘堂刻本　八冊

340000－1882－0000516　0521
銘心録二卷　(□)□□撰　清乾隆稿本　一冊

340000－1882－0000517　0546
秘旨篆要二卷　(清)李得真撰　(清)蔣平階補傳　(清)姜垚辯正　清抄本　一冊

340000－1882－0000518　0549
扶乩請仙録一卷　(□)□□撰　清抄本　一冊

340000－1882－0000519　0520
詠題雜抄一卷　(□)□□撰　清乾隆抄本　一冊

340000－1882－0000520　0523
桯史十五卷　(宋)岳珂撰　明萬曆刻本　一冊　存四卷(一至四)

340000－1882－0000521　0547
地理脈穴一卷　(□)□□撰　清抄本　一冊

340000－1882－0000522　0522
新鐫勸世醒心諺二卷附算骨書一卷　(清)程公遠著　清抄本　一冊

340000－1882－0000523　0548
占候書抄一卷　(□)□□撰　清抄本　一冊

340000－1882－0000524　0545
地理珠神經二卷　(明)汪良夢著　(□)洪持之録　清抄本　一冊

340000－1882－0000525　0519
史料不分卷　(清)□□撰　清抄本　一冊

340000－1882－0000526　0542
水法天機二卷　(清)吳在田述　清抄本　一冊

340000－1882－0000527　0552
太上感應篇圖說八卷首一卷　(清)黃正元輯　(清)毛金蘭增補　清同治八年(1869)刻本　六冊　缺二卷(二、七)

340000－1882－0000528　0543
珠神真經二卷　(宋)吳景鸞著　(清)李八晦抄述　清道光抄本　一冊

340000－1882－0000529　0539
霍氏家藏堪輿撮精二卷　(清)霍師融撰　清抄本　一冊

340000－1882－0000530　0540
元空挨星一卷　(□)□□撰　清抄本　一冊

340000－1882－0000531　0541
搜神經陽宅心傳秘法一卷　(清)吳九如抄　清康熙七年(1668)抄本　一冊

340000－1882－0000532　0536

楊公瑣言不分卷 （清）楊益撰 清抄本 一冊

340000－1882－0000533 0535
地理真傳楊賴古式三盤秘解一卷 （□）□□撰 清抄本 一冊

340000－1882－0000534 0534
開山訣一卷 （□）□□撰 清抄本 一冊

340000－1882－0000535 0557
分類字錦六十四卷 （清）何焯等纂 清康熙六十一年（1722）刻本 三十四冊 存三十四卷（一至四、八至九、十一至十二、十四至二十、二十二至二十五、三十至三十二、三十四、三十六、四十七、五十二、五十六至五十八、六十至六十四）

340000－1882－0000536 0538
大明地理不分卷 （清）董銀峰撰 清嘉慶十八年（1813）抄本 一冊

340000－1882－0000537 0554
御定大雲輪請雨經一卷 （清）高宗弘曆撰 清同治十年（1871）湖南通志總局刻本 一冊

340000－1882－0000538 0555
金剛般若波羅密經直解不分卷 （□）□□撰 清刻本 一冊

340000－1882－0000539 0560
四書典林三十卷 （清）江慎修編 清雍正十三年（1735）刻本 一冊

340000－1882－0000540 0561
五經類編二十八卷 （清）周世樟編 清雍正穀詒堂刻本 十冊

340000－1882－0000541 0559
四書典林三十卷 （清）江慎修編 清乾隆五十四年（1789）刻本 十二冊

340000－1882－0000542 0529
彙輯地理水法宗旨二卷 （清）程永芳纂輯 清刻本 一冊

340000－1882－0000543 0558
藝文類聚一百卷 （唐）歐陽詢撰 （明）王元貞校 明刻本 三冊 存十五卷（十六至二十五、五十六至六十）

340000－1882－0000544 0566
漢書蒙拾二卷 （清）杭世駿鈔撮 （清）唐蕚棠覆審 清刻本 一冊

340000－1882－0000545 0567
龍文鞭影二卷 （明）蕭良有纂輯 （明）楊臣諍增訂 （明）來集之音注 清刻本 二冊

340000－1882－0000546 0570
增訂釋義便用世事通考雜字二卷 （清）徐三省編輯 （清）王旭林增補 清乾隆四十二年（1778）文光樓刻本 一冊

340000－1882－0000547 0568
四六文摘句一卷 （□）□□撰 清抄本 一冊

340000－1882－0000548 0572
續古文奇賞三十四卷 （明）陳仁錫評述 明天啓刻本 十四冊

340000－1882－0000549 0553
道書全集 （明）閻鶴洲輯 明萬曆十九年（1591）金陵閻氏刻本 一冊 存九種二十七卷（文始真經二卷、龍虎上經三卷、周易參同契註三卷、周易參同契解三卷、周易參同契通真義三卷、金丹四百字內外註解一卷、群仙珠玉集成四卷、諸真玄奥集成一至七、悟真直指殘一卷）

340000－1882－0000550 0564
新刊增補古今名家詩學大成二十四卷 （明）李攀龍編輯 明萬曆六年（1578）建業劉氏孝友堂刻本 一冊 存六卷（一至六）

340000－1882－0000551 0563
新刻註釋故事白眉十卷 （明）許以忠集 （清）許國球校 清康熙八年（1669）寶翰樓刻本 四冊

340000－1882－0000552 0575
唐宋八大家文分體讀本第三集八卷附一卷 （清）汪份定 清康熙五十八年（1719）遄喜齋

刻本　八冊

340000－1882－0000553　0569

新編古今品彙故事啟牘□□卷　（明）余應虬纂輯　（明）俞肇光參訂　清刻本　一冊　存七卷（九至十五）

340000－1882－0000554　0532

嚴陵張九儀增釋地理琢玉斧巒頭歌括不分卷　（清）張廷楨撰　清道光八年（1828）刻本　四冊

340000－1882－0000555　0574

四六法海十二卷　（明）王志堅編　明天啓刻本　六冊

340000－1882－0000556　0576

文選二十四卷　（南朝梁）蕭統撰　（唐）李善注　清刻本　十二冊

340000－1882－0000557　0573

三續古文奇賞二十六卷　（明）陳仁錫選評　明天啓刻本　十二冊　缺八卷（十至十一、十四至十七、二十至二十一）

340000－1882－0000558　0582

唐宋八家文讀本三十卷　（清）沈德潛評點　清乾隆十五年（1750）刻本　一冊　存三卷（一至三）

340000－1882－0000559　0588

唐人五言長律清麗集六卷　（清）徐曰璉　（清）沈士駿輯　清乾隆二十二年（1757）刻本　二冊

340000－1882－0000560　0581

四大家稿四卷　（明）周鐘評定　明崇禎四年（1631）刻本　四冊

340000－1882－0000561　0587

唐人選唐詩八種二十三卷　（明）毛晉輯　明崇禎刻本　一冊　存一卷（御覽詩一卷）

340000－1882－0000562　0583

阮亭選古詩三十二卷　（清）王士禛撰　清康熙天藜閣刻本　八冊

340000－1882－0000563　0565

玉海十四種二百六十一卷　（宋）王應麟撰　元刻明清遞修本　一冊　存一卷（一）

340000－1882－0000564　0584

御選唐宋詩醇四十七卷目錄二卷　（清）高宗弘曆輯　清乾隆二十五年（1760）刻本　二十四冊

340000－1882－0000565　0580

文章軌範十卷　（宋）謝枋得原選　（明）王守仁續選　（明）張鼐增訂　明刻本　五冊　缺一卷（八）

340000－1882－0000566　0586

文選詩鈔四卷　（清）吳學濂　（清）沈麒禎校　清康熙刻本　二冊

340000－1882－0000567　0585

本事詩十二卷　（清）徐釚編輯　清光緒刻邵武徐氏叢書本　一冊

340000－1882－0000568　0599

古唐詩合解十二卷　（清）王堯衢註　清雍正刻本　四冊

340000－1882－0000569　0577

古文雅正十四卷　（清）蔡世遠選評　清雍正三年（1725）刻本　四冊

340000－1882－0000570　0598

唐人萬首絕句選七卷　（宋）洪邁選　（清）王士禛選　清同治刻本　二冊

340000－1882－0000571　0600

增定評註唐詩正聲二十二卷　（明）高棅編　（明）郭濬彥點定　明天啟刻本　一冊　存二卷（九至十）

340000－1882－0000572　0597

元詩選六卷　（清）顧奎光選輯　清乾隆刻本　二冊

340000－1882－0000573　0579

集古評釋西山眞先生文章正宗二十四卷　（明）唐順之批點　（明）俞思冲補訂　明萬曆刻本　十二冊

340000－1882－0000574　0593

如面談十六卷 （明）鍾惺纂輯 （明）馮夢龍訂釋 明刻本 一冊 存二卷（三至四）

340000－1882－0000575 0595
唐人應試賦選八卷 （清）劉文蔚 （清）姚亢宗箋輯 清刻本 四冊

340000－1882－0000576 0592
浠川壽言二卷 （□）□□撰 清乾隆二十七年（1762）刻本 一冊

340000－1882－0000577 0596
宋四名家詩□□卷 （清）周之鱗 （清）柴升選 清康熙三十二年（1693）刻本 一冊 存十四卷（東坡先生詩鈔七卷、山谷先生詩鈔七卷）

340000－1882－0000578 0590
五雲軒賦選四卷 （清）朱滋年等輯錄 清乾隆三十三年（1768）刻本 四冊

340000－1882－0000579 0635
李義山詩集三卷 （唐）李商隱撰 （清）朱鶴齡箋註 清順治金陵葉永茹刻本 二冊

340000－1882－0000580 0591
休陽詩雋後編八卷 （□）□□撰 明刻本 四冊

340000－1882－0000581 0645
東坡先生編年詩五十卷 （宋）蘇軾撰 （清）查慎行補註 清乾隆二十六年（1761）查開香雨齋刻本 一冊 存二卷（一至二）

340000－1882－0000582 0589
百美新詠序跋題詞一卷集詠一卷 （清）顏希源輯 清嘉慶十年（1805）集腋軒刻本 一冊

340000－1882－0000583 0620
尺牘精華一卷 （□）□□撰 清抄本 一冊

340000－1882－0000584 0621
聯匾集錄一卷 （□）□□撰 清抄本 一冊

340000－1882－0000585 0619
抄板書信一卷 （□）□□撰 清抄本 一冊

340000－1882－0000586 0617
說賦啟序譜抄要一卷 （□）□□撰 清抄本 一冊

340000－1882－0000587 0618
時文一卷 （□）□□撰 清抄本 一冊

340000－1882－0000588 0615
以正詩集一卷 （□）□□撰 清抄本 一冊

340000－1882－0000589 0616
詩文俚語雜抄一卷 （□）□□撰 清抄本 一冊

340000－1882－0000590 0608
輓詩一卷 （□）□□撰 清乾隆刻本 一冊

340000－1882－0000591 0611
名壇題詞一卷 （□）□□撰 清抄本 一冊

340000－1882－0000592 0612
壽文祭章匯抄一卷 （□）□□撰 清乾隆抄本 一冊

340000－1882－0000593 0604
篋中集一卷 （唐）元結編 **國秀集三卷** （明）芮挺章集 明汲古閣刻本 一冊

340000－1882－0000594 0606
西漢文選四卷 （清）儲欣評 （清）徐永勛等校訂 清刻本 二冊

340000－1882－0000595 0610
輓聯句祭一卷 （清）兩秀居撰 清抄本 一冊

340000－1882－0000596 0607
且園賡唱集三卷 （清）且園主人手訂 清同治十三年（1874）且園刻本 一冊

340000－1882－0000597 0603
律賦鳳樓集四卷 （清）吳純編錄 清乾隆二十九年（1764）刻本 一冊

340000－1882－0000598 0609
國朝嚴州詩錄八卷 （清）宗源瀚輯 清光緒二年（1876）刻本 一冊

340000－1882－0000599 0613
詩文雜錄一卷 （□）□□撰 清抄本 一冊

340000－1882－0000600　0601
國朝六家詩鈔八卷　(清)劉執玉選　清乾隆三十二年(1767)刻本　四册

340000－1882－0000601　0626
古文雜抄并附歙縣志書目一卷　(□)□□撰　清抄本　一册

340000－1882－0000602　0637
韓昌黎詩集編年箋注十二卷　(清)方世舉考訂　清刻本　六册

340000－1882－0000603　0628
容藤居集錄詩句初集一卷　(清)吳晉康授　(清)駕六氏識　清光緒抄本　一册

340000－1882－0000604　0632
李太白文集三十六卷　(唐)李白撰　(清)王琦輯注　清乾隆二十四年(1759)刻本　七册

340000－1882－0000605　0630
庾開府集十二卷　(北周)庾信著　明萬曆、天啓間新安汪氏刻漢魏諸名家集本　一册　存六卷(七至十二)

340000－1882－0000606　0622
雜作一卷　(□)□□撰　清抄本　一册

340000－1882－0000607　0631
唐陸宣公集二十二卷　(唐)陸贄撰　清雍正刻本　六册

340000－1882－0000608　0636
昌黎先生全集錄八卷　(唐)韓愈著　(清)儲欣錄　清光緒八年(1882)江蘇書局刻唐宋十大家全集錄本　五册

340000－1882－0000609　0625
集錄時墨一卷　(清)張漸菴抄　清抄本　一葉

340000－1882－0000610　0627
本朝名墨協中集一卷　(□)□□撰　清乾隆抄本　一册

340000－1882－0000611　0643
東坡文選二十卷　(明)鍾惺定　明刻本　一册　存五卷(一至五)

340000－1882－0000612　0634
杜詩偶評四卷　(唐)杜甫撰　(清)沈德潛纂　清乾隆十二年(1747)賦閒草堂刻本　二册

340000－1882－0000613　0641
合刻三先生老泉文十卷　(宋)蘇洵撰　(明)茅坤等評定　明聚錦堂刻本　二册

340000－1882－0000614　0640
白香山詩後集十七卷別集一卷補遺二卷　(唐)白居易撰　(清)汪立名編訂　清康熙四十二年(1703)古歙汪氏一隅草堂刻本　四册

340000－1882－0000615　0624
達載頌聲一卷　(清)方淇藎輯　清抄本　一册

340000－1882－0000616　0633
李太白文集三十六卷　(唐)李白撰　(清)王琦輯注　清刻本　十六册

340000－1882－0000617　0639
白香山詩集四十卷目錄一卷　(唐)白居易撰　**附錄年譜本傳三卷**　(清)汪立名編訂　清康熙一隅草堂刻本　十二册

340000－1882－0000618　0642
合刻三先生東坡文四十卷　(宋)蘇軾撰　(明)茅坤等評定　明刻本　十册

340000－1882－0000619　0629
陶淵明集八卷首一卷末一卷　(晉)陶淵明著　清朱墨套印本　二册

340000－1882－0000620　0651
王文成公全書三十八卷　(明)王守仁撰　明刻本　十册　存十七卷(一至十七)

340000－1882－0000621　0649
秋崖先生小稿詩集三十八卷文集四十五卷　(宋)方岳撰　清刻本　七册　存五十二卷(詩集一至二十三,文集一至二、五至三十一)

340000－1882－0000622　0644
蘇文忠公詩集五十卷目錄二卷　(宋)蘇軾撰　(清)紀昀評點　清同治八年(1869)韞玉山房刻朱墨套印本　十二册

340000－1882－0000623　0646

施註蘇詩四十二卷總目二卷　(清)顧嗣立等刪補　**蘇詩續補遺二卷**　(清)馮景補註　清康熙刻本　十一冊

340000－1882－0000624　0648

宋邵康節先生伊川擊壤集九卷　(宋)邵雍撰　(明)吳瀚摘註　(明)吳泰增註　清康熙八年(1669)刻本　十冊

340000－1882－0000625　0623

四六駢文彙抄不分卷　(□)□□撰　清抄本　一冊

340000－1882－0000626　0650

劍南詩鈔不分卷　(宋)陸游著　(清)楊大鶴選　清康熙二十四年(1685)刻本　六冊

340000－1882－0000627　0657

望溪集八卷　(清)方苞撰　(清)王兆符　(清)程崟輯　清乾隆十一年(1746)刻本　八冊

340000－1882－0000628　0656

雲棲法彙三十二種　(明)釋祩宏輯　明萬曆刻本　六冊　存七種(雲棲紀事、孝義庵錄、規約、遺稿、山房雜錄、竹窓二筆、竹窓三筆)

340000－1882－0000629　0652

康對山先生文集十卷附錄一卷　(明)康海撰　(清)孫景烈選次　清乾隆二十六年(1761)刻本　六冊

340000－1882－0000630　0658

施愚山先生學餘詩集五十卷　(清)施閏章著　(清)施彥淳　(清)施彥恪輯　清康熙刻本　五冊

340000－1882－0000631　0653

楊椒山先生集四卷　(明)楊繼盛撰　清康熙刻本　四冊

340000－1882－0000632　0654

方洲先生奉使錄二卷　(明)張寧撰　**陳眉公訂正黃帝祠額解一卷**　(明)李維禎撰　明萬曆刻本　一冊

340000－1882－0000633　0664

板橋集六卷　(清)鄭燮著　清清暉書屋刻本　四冊

340000－1882－0000634　0647

宋黃文節公文集正集三十二卷外集二十四卷別集十九卷首四卷　(宋)黃庭堅著　**伐檀集二卷**　(宋)黃庶著　清同治六年至九年(1867－1870)沖和堂刻本　十七冊　存四十五卷(外集二十四卷、別集十九卷、伐檀集二卷)

340000－1882－0000635　0663

陳檢討集十二卷　(清)陳維崧撰　(清)蔣景祁　(清)曹亮武選　清康熙刻本　四冊

340000－1882－0000636　0662

陳檢討集二十卷　(清)陳維崧撰　(清)程師恭注　清刻本　七冊

340000－1882－0000637　0660

袁文箋正十六卷　(清)袁枚著　(清)石韞玉箋　清刻本　四冊　存十卷(四至十三)

340000－1882－0000638　0661

小倉山房詩集三十七卷補遺二卷　(清)袁枚撰　清刻本　十冊

340000－1882－0000639　0675

讀杜心解六卷首二卷　(清)浦起龍撰　清雍正二年(1724)錫山浦氏寧我齋刻本　八冊

340000－1882－0000640　0672

思綺堂文集十卷　(清)章藻功撰註　清刻本　十冊

340000－1882－0000641　0669

三魚堂文集十二卷外集六卷附錄一卷　(清)陸隴其著　清刻本　四冊　缺六卷(文集一至六)

340000－1882－0000642　0667

遂初堂詩集三卷　(清)潘耒撰　清刻本　一冊

340000－1882－0000643　0659

御製詩初集四十四卷　(清)高宗弘曆撰　清

乾隆刻本　二十四册

340000－1882－0000644　0638

白香山詩長慶集二十卷後集十七集别集一卷補遺二卷　（唐）白居易著　（清）汪立名編　**年譜舊本**　（宋）陳振孫撰　**年譜一卷**　（清）汪立名撰　清康熙四十二年（1703）古歙汪氏一隅草堂刻本　六册　存三十五卷（長慶集二十卷、後集一至十五）

340000－1882－0000645　0670

漁洋山人精華録箋注十二卷箋注補一卷　（清）王士禛撰　（清）金榮箋注　（清）岱陽纂輯　**年譜一卷**　（清）金榮撰　清乾隆刻本　八册

340000－1882－0000646　0723

詩序一卷　（宋）朱熹撰　明崇禎虞山毛氏汲古閣刻津逮秘書本　一册

340000－1882－0000647　0673

硯北詩草一卷半緣詞一卷　（清）查學著　**花角樓吟鈔一卷花角樓詩餘一卷**　（清）查陳素撰　清乾隆刻本　一册

340000－1882－0000648　0671

漁洋山人精華録十卷　（清）王士禛撰　（清）林佶編　清康熙三十九年（1700）林佶刻本　四册

340000－1882－0000649　0700

黄山紀游詩稿一卷　（清）吴熊撰　清抄本　一册

340000－1882－0000650　0698

容父文録草本一卷　（□）□□撰　清抄本　一册

340000－1882－0000651　0665

西堂全集　（清）尤侗撰　清刻本　七册　存二十四卷（西堂雜組一集一至八、二集一至四、三集五至八，西堂小草一，西堂剩稾一至二，于京集一至五）

340000－1882－0000652　0696

聽秋閣詩草一卷　（清）堯御著　清稿本　一册

340000－1882－0000653　0666

海峰文集不分卷　（清）劉大櫆著　清乾隆刻本　二册

340000－1882－0000654　0668

管窺樓詩鈔一卷　（清）朱本福撰　清乾隆五十八年（1793）刻本　一册

340000－1882－0000655　0695

查初白先生七律約抄一卷　（清）查慎行著　清抄本　一册

340000－1882－0000656　0697

桐華舸偶鈔不分卷　（清）吴偉業著　（清）鮑桐舟抄　清抄本　一册

340000－1882－0000657　0701

隨園補遺十卷　（清）袁枚撰　清抄本　一册　存一卷（一）

340000－1882－0000658　0713

倭袍傳十二卷　（□）□□撰　清抄本　十一册　存十一卷（一至十、十二）

340000－1882－0000659　0694

半舫齋詩詞稿一卷　題（清）半舫齋主人撰　清稿本　一册

340000－1882－0000660　0691

時文抄存一卷　（□）□□撰　清抄本　一册

340000－1882－0000661　0693

枕溪草堂駢體文一卷　（清）吴紹英撰　清稿本　一册

340000－1882－0000662　0699

未了吟詩草不分卷　（清）瘦眉生撰　清光緒稿本　一册

340000－1882－0000663　0690

樊榭山房集十卷　（清）厲鶚撰　清乾隆四年（1739）武林繡墨齋刻本　一册　存五卷（六至十）

340000－1882－0000664　0692

南歸草一卷　（□）□□撰　清抄本　一册

340000－1882－0000665　0688
璇璣碎錦一卷　(清)萬樹填譜　(清)僧宏倫編正　清雍正刻本　一冊

340000－1882－0000666　0711
第六才子書八卷　(清)金聖歎撰　清康熙刻本　三冊

340000－1882－0000667　0707
草堂詩餘不分卷　(□)□□撰　清抄本　一冊

340000－1882－0000668　0708
國朝六家詩鈔八卷　(清)劉執玉輯　清乾隆三十二年(1767)刻本　四冊

340000－1882－0000669　0703
退庵詩集一卷　(□)□□撰　清抄本　一冊

340000－1882－0000670　0689
裘文達公詩集六卷　(清)裘曰修著　清嘉慶刻本　一冊

340000－1882－0000671　0685
苦吟詩草四卷　(清)汪廷杰著　清光緒三十年(1904)刻本　一冊

340000－1882－0000672　0684
遜學齋詩鈔十卷　(清)孫衣言撰　清同治三年(1864)刻本　二冊

340000－1882－0000673　0681
燕晉游草一卷　(清)黄元治著　清刻本　一冊

340000－1882－0000674　0706
草堂詩餘精選一卷　題(清)巨坤重訂　清抄本　二冊

340000－1882－0000675　0682
心斎集四卷　(清)任兆麟撰　清刻本　一冊

340000－1882－0000676　0702
鮑家駿文稿一卷　(清)鮑家駿著　清稿本　一冊

340000－1882－0000677　0686
浪游浪墨一卷　(清)江峰青撰　清光緒三十三年(1907)石印本　一冊

340000－1882－0000678　0687
應制體詩一卷　(清)全啟南撰　(清)吳烺注　清乾隆二十七年(1762)刻本　一冊

340000－1882－0000679　0677
荔支詩一卷　(清)鮑倚雲著　清乾隆刻本　一冊

340000－1882－0000680　0683
攜雪山房稿二卷　(明)程廷浩撰　清刻本　一冊

340000－1882－0000681　0720
戰國策九卷　(清)俞長城評點　清乾隆二十四年(1759)刻本　二冊

340000－1882－0000682　0680
近村文草一卷　(清)吳錫紀撰　清刻本　一冊

340000－1882－0000683　0721
新鍥名家纂定註解兩漢評林三卷　(明)郭偉補註　明萬曆詹聖澤刻本　一冊　存一卷(下)

340000－1882－0000684　0679
冬心先生隨筆一卷雜著一卷　(清)金農撰　清光緒四年(1878)當歸草堂刻本　一冊

340000－1882－0000685　0719
戰國策選四卷　(清)儲欣評　清乾隆十年(1745)刻本　二冊

340000－1882－0000686　0745
素問靈樞類纂約註三卷　(清)汪昂纂集　清光緒十三年(1887)埽葉山房刻本　二冊

340000－1882－0000687　0726
咫進齋叢書　(清)姚覲元輯　清光緒九年(1883)歸安姚氏刻本　一冊　存三種五卷(瘞鶴銘考一卷、蘇齋唐碑選一卷、清閟齋詩序三卷)

340000－1882－0000688　0715
合刻三先生老泉文十卷　(明)茅坤等評定　明刻本　三冊

340000－1882－0000689　0722
卓吾先生批評龍谿王先生語錄鈔八卷　(明)王畿撰　(明)李贄批評　明萬曆吳可期、吳可善刻本　一册　存二卷(七至八)

340000－1882－0000690　0727
古學彙纂八卷　(明)周時雍輯　明崇禎十五年(1642)刻本　十一册

340000－1882－0000691　0718
詩藪内編六卷外編六卷雜編六卷續編二卷　(明)胡應麟著　明刻本　二册　存四卷(外編三至六)

340000－1882－0000692　0724
諸史然疑一卷晉書補傳贊一卷榕城詩話三卷　(清)杭世駿撰　清乾隆五十七年(1792)杭賓仁羊城刻本　一册

340000－1882－0000693　0714
今古奇觀四十卷　題(明)抱甕老人撰　清刻本　十二册

340000－1882－0000694　0733
望溪先生集外文十卷補遺二卷　(清)方苞撰　(清)戴鈞衡重編　**年譜一卷**　(清)蘇惇元撰　清咸豐元年(1851)刻本　六册

340000－1882－0000695　0717
公羊傳選一卷穀梁傳一卷國語選八卷戰國策選四卷　(清)儲欣評　清乾隆三十八年(1773)謙牧堂刻本　四册

340000－1882－0000696　0756
資孝葬書述要一卷　(清)養拙山人輯　清同治刻本　一册

340000－1882－0000697　0716
西漢文選四卷　(清)儲欣評　(清)吳振乾校訂　清康熙刻本　二册

340000－1882－0000698　0731
徐騎省集三十卷補遺一卷　(宋)徐鉉撰　清光緒十七年(1891)黟縣李氏金陵書局刻本　六册

340000－1882－0000699　0730
蘇文忠詩合註五十卷　(宋)蘇軾撰　(清)馮應榴輯訂　清同治九年(1870)刻本　二十四册

340000－1882－0000700　0753
廣生編一卷附十劑表二卷　(清)包誠編　清同治五年至七年(1866－1868)刻本　一册

340000－1882－0000701　0732
望溪先生全集三十二卷　(清)方苞撰　清咸豐元年(1851)刻本　九册　存二十八卷(文集一至十八、集外文一至十)

340000－1882－0000702　0755
經驗痢瘧良方一卷　(清)倪涵初撰　清光緒二十年(1894)刻本　一册

340000－1882－0000703　0750
備用藥物一卷經驗簡便良方一卷　(□)□□撰　清刻本　一册

340000－1882－0000704　0752
醫書摘抄一卷　(清)子厚抄　清抄本　一册

340000－1882－0000705　0749
痘疹定論四卷　(清)朱純嘏撰　清道光三十年(1850)刻本　四册

340000－1882－0000706　0751
疫痧草三卷　(清)陳耕道撰　清道光二十二年(1842)刻本　一件

340000－1882－0000707　0748
傷寒附翼二卷　(清)柯琴編　清刻本　二册

340000－1882－0000708　0725
咫進齋叢書　(清)姚覲元輯　清光緒九年(1883)歸安姚氏刻本　一册　存三種四卷(大雲山房十二章圖說二卷、棠湖詩稿一卷、春艸堂遺稿一卷)

340000－1882－0000709　0747
瘟疫論四卷末一卷　(清)吳有性著　清刻本　二册　存二卷(一至二)

340000－1882－0000710　0729
新刻重校增補圓機活法詩學全書十卷新刊校正增補圓機詩韻活法全書十四卷　(明)王世

貞校正　明萬曆繡谷唐謙刻本　八冊

340000－1882－0000711　3996
傅氏眼科審視瑤函六卷首一卷　(明)傅仁宇纂輯　清刻本　二冊

340000－1882－0000712　0739
白喉全生集一卷　(清)李紀方輯　清宣統元年(1909)金陵惜善堂刻本　一冊

340000－1882－0000713　0771
圖像牛經大全二卷　(清)喻本元集　清宏道堂刻本　一冊

340000－1882－0000714　0741
瘟疫論四卷末一卷　(清)吳有性撰　清刻本　二冊　存二卷(一至二)

340000－1882－0000715　0737
陸士衡文集十卷附札記□□卷　(晉)陸機撰　清刻小萬卷樓叢書本　一冊　存八卷(一至八)

340000－1882－0000716　0738
女科要旨四卷　(清)陳念祖著　清道光二十一年(1841)陳心典刻本　二冊

340000－1882－0000717　0743
唐摭言十五卷　(五代)王定保撰　清光緒五年(1879)仁和葛氏刻嘯園叢書本　四冊

340000－1882－0000718　0740
集驗良方拔萃二卷續補一卷　題(清)恬素氏輯　清道光二十一年(1841)刻本　一冊

340000－1882－0000719　0773
松石齋詩續三卷　(清)周懋泰撰　清光緒二十五年(1899)海陽刻本　一冊

340000－1882－0000720　0769
仿陶園詩文集一卷　(清)戴美含撰　清刻本　一冊

340000－1882－0000721　0765
古今說海一百四十二卷　(明)陸楫輯　清宣統元年(1909)上海集成圖書公司鉛印本　十二冊

340000－1882－0000722　0768
在山小草詩四卷　(清)許懋和撰　清光緒十六年(1890)刻本　二冊

340000－1882－0000723　0763
華延年室題跋二卷　(清)傅以禮撰　清宣統元年(1909)鉛印本　二冊

340000－1882－0000724　0767
清史攬要六卷　(日本)增田貢著　清鉛印本　二冊

340000－1882－0000725　0759
大悲神咒一卷　(唐)釋伽梵達摩譯　清光緒二十八年(1902)上海藻文書局石印本　一冊

340000－1882－0000726　0757
淳化閣帖釋文十卷　(清)朱家標撰　清康熙二十二年(1683)龍潭朱氏絅錦堂刻本　一冊

340000－1882－0000727　0735
毅齋查先生闡道集十卷末一卷　(明)查鐸著　清光緒十六年(1890)刻本　四冊

340000－1882－0000728　0775
原富八卷　(英國)斯密亞丹撰　嚴復譯　清光緒二十八年(1902)南洋公學譯書苑鉛印本　八冊

340000－1882－0000729　0744
康熙字典四十二卷　(清)張玉書　(清)陳廷敬總閱　(清)凌紹雯等纂修　清光緒六年(1880)上海點石齋石印本　四冊

340000－1882－0000730　0766
澂景堂史測十四卷　(清)施鴻撰　清光緒二十八年(1902)杜璘光刻知聖教齋叢書本　二冊

340000－1882－0000731　0777
初唐四傑集三十七卷　(唐)王勃等撰　清乾隆四十六年(1781)星渚項氏刻本　八冊　存三十三卷(一至三十三)

340000－1882－0000732　0779
歷代名臣傳三十五卷　(清)朱軾　(清)蔡世遠仝訂　(清)張江等分纂　清雍正刻本　十

五册　存三十一卷(一至三十一)

340000－1882－0000733　0780
唐陸宣公集二十四卷　(清)耆英重訂　清道光二十七年(1847)刻本　八册

340000－1882－0000734　0796
歷代帝王年表八卷　(清)齊召南編　清光緒二十九年(1903)寶慶勸學社刻本　四册

340000－1882－0000735　0795
格致餘論一卷　(元)朱震亨撰　清刻本　一册

340000－1882－0000736　0794
醫經溯洄集一卷　(元)王履著　清刻本　一册

340000－1882－0000737　0791
蜥蜴八卦祈雨法文并圖說不分卷　(□)□□撰　清光緒刻本　一册

340000－1882－0000738　0790
筆算便覽五卷　(清)紀大畢等編次　清光緒十五年(1889)刻本　一册

340000－1882－0000739　0774
三餘堂古文觀止十二卷　(清)吳乘權　(清)吳大職編　清康熙三十四年(1695)刻本　六册

340000－1882－0000740　0789
秘藏善本祝由十三科二卷　題(明)涵谷山人體真子著　清文星堂刻本　一册

340000－1882－0000741　0783
文心雕龍十卷　(南朝梁)劉勰撰　(明)楊慎批點　清同治七年(1868)刻本　一册

340000－1882－0000742　0793
己任編八卷　(清)高斗魁著　清道光十年(1830)刻本　四册

340000－1882－0000743　0782
海國勝游草一卷　(清)斌椿撰　清同治七年(1868)刻本　一册

340000－1882－0000744　0784
近思錄集解十四卷　(宋)朱熹原編　(宋)葉采集解　**近思續錄十四卷**　(宋)覺軒　(宋)蔡模編　清光緒二十七年(1901)疊山別墅刻本　六册

340000－1882－0000745　0785
呻吟語節鈔二卷　(明)呂坤著　(清)胡友梅節鈔　清光緒二年(1876)聽雪軒刻本　二册

340000－1882－0000746　0799
吳門畫舫錄二卷　(清)西溪山人編　**續錄三卷續錄投贈三卷**　(清)箇中生撰　清同治十三年(1874)鉛印本　四册

340000－1882－0000747　0800
四書改錯二十二卷　(清)毛奇齡撰　清嘉慶十六年(1811)學圃刻本　二册

340000－1882－0000748　0803
半舫齋古文八卷　(清)夏之蓉著　(清)戴祖啟批點　清乾隆三十六年(1771)刻本　二册

340000－1882－0000749　0792
異授眼科一卷　(清)劉繼禮輯　清刻本　一册

340000－1882－0000750　0808
辟火珠一卷　(清)高宗元撰　清道光有容齋刻本　一册

340000－1882－0000751　0833
種福堂公選良方兼刻古吳名醫精論四卷　(清)葉桂論　清刻本　一册

340000－1882－0000752　0815
緝古算經三卷　(唐)王孝通撰並注　(清)張敦仁撰細草　清嘉慶八年(1803)蓺學軒刻本　一册

340000－1882－0000753　0781
地理圖六卷附綴雜說八卷　(清)馬徵麟撰　清刻本　二册　存六卷(三至八)

340000－1882－0000754　0797
補註洗冤錄集證五卷　(宋)宋慈著　清三色套印本　四册

340000－1882－0000755　0811

芥子園畫傳六卷　（清）王概輯摹　清嘉慶五年（1800）金陵芥子園刻本　六冊

340000－1882－0000756　0801
醫方論四卷　（清）費伯雄撰　（清）費應蘭編次　清光緒三年（1877）刻本　二冊

340000－1882－0000757　0813
白香山詩別集一卷補遺二卷　（唐）白居易撰　（清）汪立名編訂　清康熙四十二年（1703）古歙汪氏一隅草堂刻本　一冊

340000－1882－0000758　0810
人壽金鑑二十二卷　（清）程得齡輯　清光緒元年（1875）湖北崇文書局刻本　六冊

340000－1882－0000759　0817
古唐詩合解十二卷　（清）王堯衢注　清刻本　六冊

340000－1882－0000760　0804
返性圖纂正六卷首一卷　（□）□□撰　清光緒二十二年（1896）浙蘭自反齋刻本　六冊

340000－1882－0000761　0819
聖諭像解二十卷　（清）梁延年編輯　清光緒二十九年（1903）安徽撫署石印本　十冊

340000－1882－0000762　0814
陳檢討集二十卷　（清）陳維崧撰　（清）程師恭注　清康熙三十三年（1694）有美堂刻本　一冊　存十卷（一至十）

340000－1882－0000763　0809
韓文起十二卷　（唐）韓愈撰　清康熙三十二年（1693）刻本　六冊

340000－1882－0000764　0806
太上感應篇不分卷　（清）惠棟箋注　清同治六年（1867）刻本　一冊

340000－1882－0000765　0805
道書十二種　（清）劉一明撰　清嘉慶二十四年（1819）常郡護國庵刻本　十八冊

340000－1882－0000766　0823
珠算速成課本一卷　題（清）抱吟居士編　清光緒三十年（1904）刻本　一冊

340000－1882－0000767　0818
古唐詩合解十六卷　（清）王堯衢注　清刻本　一冊　存四卷（一至四）

340000－1882－0000768　0807
富貴寶笈不分卷　（清）雷文衍輯　清光緒二十四年（1898）石印本　一冊

340000－1882－0000769　0834
驗方新編十八卷　（□）□□撰　清光緒二十三年（1897）上海廣百宋齋鉛印本　一冊

340000－1882－0000770　0825
多福通書不分卷　（□）□□撰　清崇道堂刻本　一冊

340000－1882－0000771　0832
竹林寺婦科秘方一卷　（清）顧海洲撰　清光緒十六年（1890）刻本　一冊

340000－1882－0000772　0830
傷寒明理論四卷　（金）成無己撰　清刻本　二冊

340000－1882－0000773　0829
傷寒審症表一卷　（清）包誠纂　清同治十年（1871）湖北崇文書局刻本　一冊

340000－1882－0000774　0816
古唐詩合解十六卷　（清）王堯衢注　清刻本　六冊

340000－1882－0000775　0831
王洪緒先生外科證治全生一卷　（清）王維德撰　清咸豐十一年（1861）武昌節署刻本　一冊

340000－1882－0000776　0828
圖註脈訣辨真四卷　（晉）王叔和撰　（明）張世賢注　**奇經八脈考一卷**　（明）李時珍撰　**瀕湖脈學一卷**　（明）李時珍撰　**圖注八十一難經辨真四卷**　（明）張世賢注　清掃葉山房刻本　六冊

340000－1882－0000777　0827
黃帝内經素問二十四卷　（明）吳崐註　清刻本　八冊

340000－1882－0000778　0826
本草綱目五十二卷　(明)李時珍編　清順治十五年(1658)刻本　三十九册

340000－1882－0000779　0821
皖游奕萃不分卷　(□)□□撰　清刻本　二册

340000－1882－0000780　0843
國朝先正事略六十卷　(清)李元度纂　清光緒十三年(1887)上海點石齋石印本　八册

340000－1882－0000781　0822
相地捷法一卷　(清)吳超撰　清抄本　一册

340000－1882－0000782　0845
寄春吟一卷　(清)劉汝蕃撰　清光緒三年(1877)刻本　一册

340000－1882－0000783　0847
羅經指南撥霧集三卷　(清)葉泰著　清刻本　一册

340000－1882－0000784　0848
古唐詩合解十二卷　(清)王堯衢注　清刻本　六册

340000－1882－0000785　0846
旅窗懷舊詩一卷鷗夢詞一卷　(清)劉履芬撰　**紫藤花館詩餘一卷**　(清)劉觀藻撰　清同治刻本　一册

340000－1882－0000786　0854
十翼遺文一卷十二消息日卦表一卷月卦表一卷來卦表一卷　(清)汪宗沂撰　清鮑錫章刻本　一册

340000－1882－0000787　0851
勸戒近錄六卷勸戒續錄六卷勸戒三錄六卷勸戒四錄六卷　(清)梁恭辰撰　清同治十三年(1874)刻本　八册

340000－1882－0000788　0855
日省錄三卷補遺一卷　(清)梁文科輯　清光緒十七年(1891)強恕齋刻本　一册

340000－1882－0000789　0907
門存倡和詩鈔十卷續刻三卷　(清)周紀常輯　清刻本　二册

340000－1882－0000790　0836
證治彙補八卷　(清)李用粹著　清光緒十八年(1892)簡玉山房刻本　八册

340000－1882－0000791　0844－1
徐孝穆全集六卷　(南朝陳)徐陵撰　(清)吳兆宜箋注　清揚州藝古堂刻本　四册

340000－1882－0000792　0861
成裕堂繪像第七才子書六卷　(元)高明著　清仁壽堂刻本　二册

340000－1882－0000793　0844
徐孝穆全集六卷　(南朝陳)徐陵撰　(清)吳兆宜箋注　清揚州藝古堂刻本　三册

340000－1882－0000794　0858
袁文箋正十六卷　(清)袁枚著　清嘉慶十年(1805)刻本　八册

340000－1882－0000795　0842
大清律例全纂集成四十卷　(清)王又槐　(清)孫光烈纂定　(清)魏兆蕃等分輯　清嘉慶四年(1799)山陰李觀瀾刻本　二十册

340000－1882－0000796　0857
安徽試牘一卷　(清)朱蘭輯　清同治五年(1866)刻本　一册

340000－1882－0000797　0853
東萊博議四卷　(宋)呂祖謙撰　清光緒十七年(1891)崇明馮泰松刻本　四册

340000－1882－0000798　0849
莊子南華真經十卷　(晉)郭象注　清光緒十一年(1885)傳忠書局刻本　六册

340000－1882－0000799　0850
戊笈談兵十卷首一卷　(清)汪紱錄　清光緒二十年(1894)刻本　十册

340000－1882－0000800　0863
揅經室再續集六卷　(清)阮元撰　清刻本　一册

340000－1882－0000801　0839

王文成公全書三十八卷　（明）王守仁撰　清刻本　二十四冊

340000－1882－0000802　0864

皇甫持正集六卷　（唐）皇甫湜撰　**孫可之文集十卷**　（唐）孫樵撰　**歐陽行周文集十卷**　（唐）歐陽詹撰　清刻本　四冊

340000－1882－0000803　0876

鐵崖先生古樂府十卷　（明）楊維貞撰　清抄本　二冊

340000－1882－0000804　0860

雜纂不分卷　（□）□□撰　清刻本　一冊

340000－1882－0000805　0880

陶靖節詩集四卷　（晉）陶潛撰　清刻本　二冊

340000－1882－0000806　0872

遂園試律詩鈔四卷　（清）趙昀著　清刻本　二冊

340000－1882－0000807　0881

閱微草堂筆記二十四卷　（清）紀昀撰　清道光十五年(1835)北平盛氏刻本　十二冊

340000－1882－0000808　0882

國朝畫徵錄三卷　（清）張庚著　清同治八年(1869)刻本　二冊

340000－1882－0000809　0852

撼龍經批注校補四卷　（唐）楊益撰　（清）榮錫勳校補　清光緒十八年(1892)刻本　六冊

340000－1882－0000810　0908

陶靖節集八卷末一卷　（晉）陶潛撰　清光緒五年(1879)傳忠書舍刻本　二冊

340000－1882－0000811　0883

陳文恭公手札節要三卷　（清）陳宏謀撰　清同治七年(1868)楚北崇文書局刻本　一冊

340000－1882－0000812　0871

渭南文集五十卷　（宋）陸游撰　明毛氏汲古閣刻本　十三冊

340000－1882－0000813　0867

卜歲恒言二卷　（清）吳鵠輯　清李光明莊刻本　一冊

340000－1882－0000814　0903

荀子二十卷　（戰國）荀況撰　清光緒元年(1875)湖北崇文書局刻本　二冊　存三卷(一至三)

340000－1882－0000815　0901

呂子節錄四卷附一卷　（明）呂坤著　清刻本　一冊

340000－1882－0000816　0892

詠史集八卷別集一卷　（清）汪元慎纂　清光緒五年(1879)鑄錯軒刻本　四冊

340000－1882－0000817　0893

有正味齋駢文十六卷　（清）吳錫麒著　（清）葉聯芬箋註　清道光二十年(1840)刻本　八冊

340000－1882－0000818　0905

養蒙鍼度四卷　（清）潘子聲撰　清李光明莊狀元閣刻本　二冊

340000－1882－0000819　0904

山海經十八卷圖讚一卷　（晉）郭璞傳　**山海經補註一卷**　（晉）楊慎撰　清光緒元年(1875)湖北崇文書局刻本　三冊

340000－1882－0000820　0918

琴學入門二卷　（清）張鶴輯　清同治六年(1867)刻本　一冊

340000－1882－0000821　0916

文中子中說十卷　（隋）王通撰　（宋）阮逸注　清光緒二年(1876)浙江書局刻二十二子本　二冊

340000－1882－0000822　0915

鄭齋類稿一卷　孫雄著　清光緒石印師鄭所著書本　一冊

340000－1882－0000823　0888

唐陸宣公集二十二卷首一卷附錄一卷　（唐）陸贄撰　清光緒二年(1876)江蘇書局刻本　六冊

340000－1882－0000824　0885

格致餘論一卷局方發揮一卷　（元）朱震亨撰　清刻本　一冊

340000－1882－0000825　0914

東萊博議四卷　（宋）呂祖謙撰　清光緒十七年（1891）崇明馮泰松刻本　四冊

340000－1882－0000826　0917

琵琶記四卷　（元）高東嘉填詞　清影印本　四冊

340000－1882－0000827　0913

詞選二卷附錄一卷　（清）張惠言錄　清同治十一年（1872）會稽章氏刻本　一冊

340000－1882－0000828　0931

國朝名臣言行錄三十卷　（清）董壽纂輯　清光緒二十九年（1903）上海順成書局石印本　八冊

340000－1882－0000829　0933

從政遺規二卷訓俗遺規四卷補二卷養正遺規補編一卷　（清）陳弘謀編輯　清刻本　六冊

340000－1882－0000830　0920

文選六十卷　（南朝梁）蕭統撰　（唐）李善注　清乾隆三十七年（1772）海錄軒刻朱墨套印本　十二冊

340000－1882－0000831　0919

有正味齋駢體文二十四卷　（清）吳錫麒撰　（清）王廣業箋　清咸豐九年（1859）青箱塾刻本　八冊

340000－1882－0000832　0929

雙辛夷樓詞二卷　（清）李宗褘撰　清光緒二十四年（1898）滕王閣刻本　一冊

340000－1882－0000833　0925

八家四六文注八卷首一卷　（清）孫星衍著　（清）許貞幹注　**補註一卷**　（清）陳衍撰　清光緒十八年（1892）上海圖書集成印書局鉛印本　八冊

340000－1882－0000834　0928

草草廬駢體文鈔二卷　（清）俞樾著　清刻本　一冊

340000－1882－0000835　0911

論印絕句一卷續編一卷　（清）吳騫撰　清光緒五年（1879）葛元煦刻本　一冊

340000－1882－0000836　0910

篋中詞六卷續四卷　（清）譚獻輯　清光緒八年（1882）仁和譚氏刻半厂叢書初編本　十冊

340000－1882－0000837　0932

重編留青新集二十四卷　（清）馮善長撰　（清）陳枚輯　清光緒十六年（1890）鉛印本　十二冊

340000－1882－0000838　0930

紅林禽館詩錄一卷詞錄一卷　（清）姚前樞撰　**井眉居詩錄二卷**　（清）姚前機撰　清光緒二年（1876）刻本　一冊

340000－1882－0000839　0943

陳檢討集二十卷　（清）陳維崧撰　（清）程師恭註　清刻本　八冊

340000－1882－0000840　0924

孫淵如先生全集二十二卷　（清）孫淵如撰　清光緒十一年（1885）長沙王氏刻本　八冊

340000－1882－0000841　0926

西湖櫂歌一卷□湖櫂歌一卷　（清）陳祖昭撰　清光緒刻本　一冊

340000－1882－0000842　0934

陶淵明文集十卷　（晉）陶淵明撰　清光緒五年（1879）會稽章氏刻本　二冊

340000－1882－0000843　0942

文子纘義十二卷　（宋）杜道堅撰　清光緒三年（1877）浙江書局刻本　二冊

340000－1882－0000844　0923

欒城集四十八卷欒城後集二十四卷欒城應召集十二卷欒城第三集十卷目錄二卷　（宋）蘇轍著　清道光十二年（1832）眉州三蘇祠刻本　十四冊

340000－1882－0000845　0927

在醒貽答三卷　（清）華國清撰　清同治十年

(1871)刻本　一册

340000－1882－0000846　0935
彭剛直公詩集八卷　(清)彭玉麟撰　清光緒十七年(1891)刻本　二册

340000－1882－0000847　0936
嘉祐集二十卷　(宋)蘇洵著　清道光十二年(1832)刻本　二册

340000－1882－0000848　0938
鳴原堂論文二卷　(清)曾國荃　清同治十二年(1873)勵志齋刻本　一册

340000－1882－0000849　0941
最樂編正集六卷　(明)魏大中定　(明)高道淳輯　(清)許寶善增訂　**最樂編續集二卷**　(清)錢煐輯　(清)許寶善增訂　清同治十三年(1874)杭州樹德堂刻本　一册

340000－1882－0000850　0944
唐陸宣公集二十二卷　(唐)陸贄撰　清同治五年(1866)楊氏問竹軒家塾刻本　六册

340000－1882－0000851　0945
曝書亭集詩註二十二卷　(清)楊謙纂　清刻本　六册

340000－1882－0000852　0950
七頌堂文集二卷詩集十卷　(清)劉體仁著　清同治九年(1870)刻本　四册

340000－1882－0000853　0946
國朝二十四家文鈔二十四卷　(清)徐斐然輯　清乾隆六十年(1795)刻本　四册

340000－1882－0000854　0940
御製圓明園詩二卷　(清)高宗弘曆著　清光緒十三年(1887)天津石印書屋石印本　二册

340000－1882－0000855　0937
思補齋詩鈔遺稿二卷　(清)徐廣縉著　清末民初鉛印本　二册

340000－1882－0000856　0947
孝友圖説一卷　(□)□□撰　清同治九年(1870)刻本　一册

340000－1882－0000857　0958
蓬萊閣詩錄四卷　(清)陳克家撰　清同治二年(1863)刻本　一册

340000－1882－0000858　0964
左庵詩餘四卷　(清)李佳繼昌撰　清刻本　二册

340000－1882－0000859　0955
館律分韻初編六卷　題(清)春暉閣主人輯　清光緒十八年(1892)錦官堂石印本　六册

340000－1882－0000860　0969
十花小築詩鈔一卷　(清)余本愚撰　清刻本　一册

340000－1882－0000861　0967
詩學含英十四卷　(清)劉文蔚輯　清刻本　四册

340000－1882－0000862　0971
抱朴子内篇四卷外篇四卷　(曾)葛洪撰　清光緒元年(1875)湖北崇文書局刻本　四册

340000－1882－0000863　0954
懷永堂繪像第六才子書八卷　(清)金聖歎評點　清刻本　六册

340000－1882－0000864　0968
説苑二十卷　(漢)劉向輯　清光緒元年(1875)湖北崇文書局刻本　四册

340000－1882－0000865　0957
臨漢隱居詩話一卷　(宋)魏泰撰　**觀林詩話一卷**　(宋)吳聿撰　(清)錢熙祚校　清沔陽盧氏慎始基齋影印本　一册

340000－1882－0000866　0973
子書百家　(□)□□撰　清光緒元年(1875)湖北崇文書局刻本　十七册　存二十二種五十七卷(顏氏家訓二卷、孔叢子二卷、潛夫論十卷、尹文子一卷、慎子一卷、公孫龍子一卷、鬼谷子一卷、陰符經一卷、關尹子一卷、列子二卷、至遊子二卷、聱隅子二卷、懶真子五卷、廣成子解一卷、商子五卷、鄧子一卷、尸子二卷、晏子春秋八卷、文中子一卷、劉子二卷、鶡

冠子三卷、金樓子四至六）

340000－1882－0000867　0960
飲冰室文集十八卷　梁啓超著　清光緒二十九年（1903）上海廣智書局鉛印本　十八册

340000－1882－0000868　0972
憑山閣增輯留青新集三十卷　（清）陳枚選　（清）陳德裕輯　清大業堂刻本　十九册　存二十九卷（一至二十九）

340000－1882－0000869　0956
小樓吟飲圖題詠彙錄二卷　（清）王恩溥撰　清光緒十三年（1887）刻本　二册

340000－1882－0000870　0959
復堂詩四卷　（清）譚獻撰　清咸豐九年（1859）刻本　一册

340000－1882－0000871　0986
雪中人一卷　（清）李士珠正譜　（清）蔣士銓填詞　（清）錢世錫評點　清紅雪樓刻本　一册

340000－1882－0000872　0966
東周列國全志二十三卷首一卷　（清）蔡界評述　清光緒十三年（1887）善成堂刻本　二十四册

340000－1882－0000873　0983
章太炎文鈔四卷　章太炎著　**譚復生文鈔二卷**　（清）譚嗣同著　清宣統二年（1910）鉛印本　五册

340000－1882－0000874　0975
六朝唐賦讀本不分卷　（清）馬傳庚選註　清光緒二年（1876）刻本　二册

340000－1882－0000875　0951
國朝駢體正宗十二卷　（清）曾燠輯　清同治十三年（1874）刻本　六册

340000－1882－0000876　0895
南海先生四上書記一卷　康有為撰　清光緒二十一年（1895）上海時務報館石印本　一册

340000－1882－0000877　0982
楊忠愍公遺訓一卷　（明）楊繼盛撰　清同治十二年（1873）高文元堂刻本　一册

340000－1882－0000878　0984
麝塵蓮寸集四卷補遺一卷　（清）汪淵集詞　（清）程淑校注　清光緒十六年（1890）刻本　二册　存三卷（三至四、補遺一卷）

340000－1882－0000879　0978
紫藤蘿吟館遺集一卷　（清）章婉儀撰　清光緒二十一年（1895）刻本　一册

340000－1882－0000880　0991
婦科脈法一卷胎產須知二卷　（清）□□撰　清抄本　一册

340000－1882－0000881　1068
楹聯集錦八卷　（清）胡鳳丹輯　清同治六年（1867）退補齋刻本　二册

340000－1882－0000882　0974
楊忠愍公集五卷首一卷末一卷　（明）楊繼盛撰　清同治十年（1871）刻本　二册

340000－1882－0000883　0989
黃氏醫書八種七十七卷　（清）黃元御撰　清同治七年（1868）刻本　二十三册　存七十二卷（四聖心源一至十，四聖懸樞一至五，金匱懸解一至二十二，傷寒懸解一至十四、首一卷、末一卷，長沙藥解一至四，傷寒說意一至十、首一卷，素靈微蘊一至四）

340000－1882－0000884　0965
對山書屋墨餘錄十六卷　（清）毛祥麟撰　清同治九年（1870）刻本　八册

340000－1882－0000885　0997
齊民要術十卷　（北魏）賈思勰撰　清光緒元年（1875）刻本　四册

340000－1882－0000886　0993
仙拈集四卷　（清）李文炳彙纂　清嘉慶十五年（1810）姑蘇聚文堂刻本　四册

340000－1882－0000887　0992
二如亭羣芳譜三十卷　（明）王象晉纂輯　清刻本　十六册

340000－1882－0000888　0962
風騷旨格一卷　(唐)盧岳撰　**晦庵詩說一卷**　(宋)陳文蔚錄　**白石道人詩說一卷**　(宋)姜夔撰　**滄浪詩話一卷**　(宋)嚴羽撰　清刻本　一册

340000－1882－0000889　1014
禪月集十二卷　(唐)貫休撰　清同治八年(1869)刻本　二册

340000－1882－0000890　0995
新編日月涓吉奇門五總龜四卷附重刻□元奇門遁甲句解煙波釣叟歌一卷　(明)池紀編　清刻本　二册

340000－1882－0000891　1008
誰園續集二卷　(清)□□撰　清道光二十九年(1849)程勤敬堂刻本　一册

340000－1882－0000892　1004
習是編二卷　(清)屈成霖　清同治九年(1870)刻本　四册

340000－1882－0000893　1003
回文類聚續編十卷　(宋)桑世昌輯　(清)朱象賢集　清刻本　一册　存五卷(三至七)

340000－1882－0000894　1012
巨湖山樵詩草一卷　(清)劉向燮著　清光緒十一年(1885)儲文閣刻本　一册

340000－1882－0000895　0980
思詒堂文稾□□卷　(清)金衍宗撰　清同治五年(1866)刻本　一册

340000－1882－0000896　0994
醫述十六卷　(清)程文囿輯　清道光六年(1826)刻本　十六册

340000－1882－0000897　1002
璇璣碎錦二卷　(清)萬樹著　清光緒十三年(1887)漱霞仙館刻本　一册

340000－1882－0000898　0996
五知齋琴譜八卷　(清)黃鎮參訂　清乾隆十一年(1746)懷德堂刻本　六册

340000－1882－0000899　1000
楹聯叢話十二卷　(清)梁章鉅輯　清道光二十年(1840)刻本　二册

340000－1882－0000900　0988
冬青樹二卷　(清)蔣士銓填詞　清紅雪樓刻本　一册

340000－1882－0000901　1001
柞蠶簡法一卷　(清)徐瀾撰　清宣統二年(1910)石印本　一册

340000－1882－0000902　1040
袁文箋正十六卷補訂四卷　(清)袁枚撰　(清)石韞玉箋　清光緒十四年(1888)上海蜚英館石印本　五册

340000－1882－0000903　1009
倪望重傳略一卷　(清)倪望隆等　清光緒刻本　一册

340000－1882－0000904　1025
兩般秋雨盦隨筆八卷　(清)梁紹壬纂　清道光十七年(1837)同文堂刻本　八册

340000－1882－0000905　1005
平旦鐘聲二卷　(清)好德書齋編錄　清咸豐元年(1851)趙恩葆刻本　一册

340000－1882－0000906　1007
毋自欺齋詩略一卷　(清)梁元著　**茗香室詩略一卷**　(清)李如蕙著　清同治七年(1868)刻本　一册

340000－1882－0000907　1022
蠶桑說一卷　(清)□□撰　清光緒二十二年(1896)刻本　一册

340000－1882－0000908　1023
學仕遺規四卷補編四卷　(清)陳宏謀輯　清光緒二十六年(1900)刻本　五册

340000－1882－0000909　0998
撫郡農產考略二卷　(清)何剛德撰　清光緒二十九年(1903)撫郡學堂刻本　一册

340000－1882－0000910　1021
奇門兵法大全　(清)□□撰　清抄本　一册

340000－1882－0000911　1024
小倉山房文集刻本　(清)袁枚撰　清隨園刻本　十册

340000－1882－0000912　1028
傷寒醫訣串解六卷　(清)陳念祖撰　(清)陳道著纂集　清味根齋刻本　一册

340000－1882－0000913　1020
項城袁氏家集七種九卷　丁振鐸編　清宣統三年(1911)天津華新印刷局鉛印本　八册

340000－1882－0000914　1038
歷代畫史彙傳七十二卷首一卷引証書目一卷總目三卷附録二卷　(清)彭蘊璨編　清光緒八年(1882)埽葉山房刻本　二十四册

340000－1882－0000915　1019
賦選不分卷　(清)□□撰　清刻本　一册

340000－1882－0000916　1017
石船居古今體詩賸稾鴻城集三卷　(清)李超瓊撰　清光緒二十二年(1896)刻本　一册

340000－1882－0000917　1011
説文解字十五卷　(漢)許慎記　清汲古閣刻本　六册

340000－1882－0000918　0976
史鑑節要便讀六卷　(清)鮑東里編　清同治六年(1867)刻本　二册

340000－1882－0000919　1027
景岳新方砭四卷　(清)陳念祖撰　清刻本　二册

340000－1882－0000920　1016
十家詘鈔一卷　(清)□□撰　清末石印本　一册

340000－1882－0000921　1026
景岳全書六十四卷　(明)張介賓著　清光緒二年(1876)集古堂刻本　十三册　存六十卷(一至六十)

340000－1882－0000922　1070
感秋吟一卷　(清)江峯青撰　清光緒二十一年(1895)石印本　一册

340000－1882－0000923　1065
竹坪集句一卷　(清)徐玉增著　(清)徐上鏞輯　清道光刻本　一册

340000－1882－0000924　1185
文獻通考正續合編三十二卷首一卷　(清)盧宣旬編　清嘉慶十年(1805)刻本　三十二册

340000－1882－0000925　1183
絳雪園古方選注不分卷　(清)王子接註　清刻本　一册

340000－1882－0000926　1050
古香閣吟草一卷　題(清)燕軒老人撰　清光緒元年(1875)荆州道署刻本　一册

340000－1882－0000927　1064
讖書一卷　題(明)石湖老人輯　清抄本　一册

340000－1882－0000928　1060
湯節母節孝詩一卷　(清)錢栻等撰　清道光二年(1822)刻本　一册

340000－1882－0000929　1051
牧齋晚年家乘文不分卷　(清)錢謙益撰　清宣統三年(1911)上海國學扶輪社鉛印本　一册

340000－1882－0000930　1054
雜抄一卷　(清)□□撰　清抄本　一册

340000－1882－0000931　1062
[同治]祁門縣志三十六卷　(清)周溶等修　清同治刻本　一册　存二卷(二十九至三十)

340000－1882－0000932　1061
蔡氏旌孝録一卷　(清)夏嘉穀輯　清刻本　一册

340000－1882－0000933　1033
地球韻言四卷　(清)張士瀛撰　清光緒刻本　二册

340000－1882－0000934　1029
仙機武庫八卷　(□)□□撰　明刻本(原書内封、序、凡例為後人手寫補配)　二册

340000－1882－0000935　1055
趙雲松先生律選一卷　（清）趙翼撰　清藝林堂朱絲欄抄本　一冊

340000－1882－0000936　1036
投筆集箋註二卷　（清）錢謙益著　（清）錢曾箋注　清宣統二年（1910）順德鄧氏風雨樓鉛印本　一冊

340000－1882－0000937　1066
味秋館詩抄一卷　（清）夏文莚撰　清光緒二十七年（1901）鉛印本　二冊

340000－1882－0000938　1093
袁文合箋十六卷　（清）袁枚著　清光緒八年（1882）青箱塾刻本　八冊

340000－1882－0000939　1031
淮南子二十一卷　（漢）劉安撰　清嘉慶九年（1804）姑蘇聚文堂刻本　六冊

340000－1882－0000940　1030
孔子家語十卷　（三國魏）王肅注　清狀元閣刻本　一冊

340000－1882－0000941　1059
花仙劫圖詩集一卷　（清）汪作霖撰　清抄本　一冊

340000－1882－0000942　1035
左山遺草一卷　（清）楊言撰　清光緒元年（1875）刻本　一冊

340000－1882－0000943　1048
松桂堂全集三十七卷附錄一卷延露詞三卷　（清）彭孫遹撰　清宣統三年（1911）掃葉山房石印本　十冊

340000－1882－0000944　1049
毋欺錄一卷　（清）朱用純著　清同治八年（1869）刻本　一冊

340000－1882－0000945　1135
東萊博議四卷增補虛字注釋一卷　（宋）呂祖謙撰　清光緒二十四年（1898）刻本　四冊

340000－1882－0000946　1057
孟東野詩抄一卷　（清）鮑家駿撰　清咸豐四年（1854）鮑家駿抄本　一冊

340000－1882－0000947　1045
大生要旨五卷　（清）唐千頃撰　清刻本　一冊

340000－1882－0000948　1034
安徽鄉土地理教科書第一冊一卷　劉師培著　清光緒十三年（1887）石印本　一冊

340000－1882－0000949　1088
在官法戒錄摘抄四卷　（清）陳宏謀編輯　清同治七年（1868）崇文書局刻本　二冊

340000－1882－0000950　1042
篆隸書字法不分卷　（清）陳紀書　（清）鄭漢音釋　清刻本　一冊

340000－1882－0000951　1087
寇忠愍詩集三卷　（宋）寇準撰　清乾隆六十年（1795）宜秋館刻本　一冊

340000－1882－0000952　1086
南宋雜事詩七卷　（清）沈嘉轍撰　清同治十一年（1872）淮南書局刻本　四冊

340000－1882－0000953　1083
蘭閨清玩一卷　（清）□□撰　清上海同文書局石印本　一冊

340000－1882－0000954　1085
禹貢會箋十二卷　（清）徐文靖箋　（清）趙弁訂　清刻本　二冊

340000－1882－0000955　1044
黑鑾風土記一卷　（英國）立溫斯敦著　清光緒五年（1879）鉛印本　一冊

340000－1882－0000956　1089
樊南文集詳注八卷　（清）馮浩編訂　（清）朱天鎬參校　清同治刻本　四冊

340000－1882－0000957　1076
樂府古題要解三卷　（唐）吳兢撰　（清）倪偉人輯補　清刻本　一冊

340000－1882－0000958　1043
壬寅直省闈墨選瑜三卷　（清）□□撰　清末

鉛印本　三册

340000－1882－0000959　1052

詩疏名物考不分卷　(清)□□撰　清抄本　一册

340000－1882－0000960　1075

科名金鍼一卷　(清)王榕吉撰　清同治刻本　一册

340000－1882－0000961　1056

精選韓文會心集一卷　(明)朱欠庵著　明崇禎十四年(1641)抄本　一册

340000－1882－0000962　1081

栽桑捷法一卷　(日本)岩田次郎口授　清光緒二十九年(1903)天津官報局石印本　一册

340000－1882－0000963　1084

壯悔堂文集十卷遺稿一卷　(清)侯方域著　清宣統元年(1909)掃葉山房石印本　四册

340000－1882－0000964　1071

郎潛紀聞初筆七卷二筆八卷三筆六卷　(清)陳康祺著　清宣統二年(1910)石印本　十册

340000－1882－0000965　1072

音註小倉山房尺牘八卷　(清)袁枚著　(清)胡光斗箋釋　清光緒四年(1878)蘭言書屋刻本　四册

340000－1882－0000966　1168

古文詞略二十四卷　(清)梅曾亮訂　清道光二十一年(1841)刻本　五册

340000－1882－0000967　1077

重訂萬廉州先生詩全集一卷　(清)萬同勳著　清道光二十八年(1848)刻本　一册

340000－1882－0000968　1095

胡文忠公遺集十卷首一卷　(清)胡林翼撰　清同治七年(1868)醉六堂刻本　五册

340000－1882－0000969　1094

小謨觴館詩集八卷詩餘附録一卷文集四卷　(清)彭兆蓀撰　清嘉慶十一年(1806)韓江寓舍刻本　四册

340000－1882－0000970　1079

醒迷録一卷　(□)□□撰　清同治七年(1868)刻本　一册

340000－1882－0000971　1058

筱村尺牘一卷詩稿一卷　(清)筱村撰　清抄本　一册

340000－1882－0000972　1092

昌黎先生集四十卷外集十卷遺文一卷韓集點勘四卷　(唐)韓愈撰　清同治八年(1869)江蘇書局刻本　十册　存五十卷(昌黎先生集一至二、六至九、十一至四十,外集十卷,韓集點勘四卷)

340000－1882－0000973　1091

鵬南詩鈔不分卷　(清)胡嗣運撰　(清)胡銘琦輯　清光緒刻本　一册

340000－1882－0000974　1115

火龍經全集三卷　(三國蜀)諸葛亮編輯　清咸豐五年(1855)刻本　二册

340000－1882－0000975　1112

廣蠶桑説一卷　(清)沈練輯　清同治二年(1863)刻本　一册

340000－1882－0000976　1111

定盦文集三卷續集四卷　(清)龔自珍撰　清同治七年(1868)刻本　二册

340000－1882－0000977　1113

蠶桑説一卷　(□)□□撰　清同治七年(1868)刻本　一册

340000－1882－0000978　1109

湖山策馬圖題詠一卷　(清)丁廷鸞等撰　清同治六年(1867)刻本　一册

340000－1882－0000979　1080

七克□□卷　(西班牙)龐廸我譔述　清刻本　一册　存二卷(五至六)

340000－1882－0000980　1110

虚齋名畫録十六卷　龐元濟編　清宣統元年(1909)烏程龐氏刻本　十六册

340000－1882－0000981　1114

新鐫工師雕斷正裁魯班木經匠家鏡三卷　(清)午榮彙編　清咸豐二年(1852)刻本　二冊

340000－1882－0000982　1119
典故列女傳四卷　(明)解縉撰　清三餘堂刻本　四冊

340000－1882－0000983　1101
蘭舫詩遺一卷　(清)陶森藻撰　清同治七年(1868)刻本　一冊

340000－1882－0000984　1102
湘綺樓詩集四卷　王闓運撰　清刻本　二冊

340000－1882－0000985　1099
分類詩話七卷　(清)喻端士編　清同治十三年(1874)盱南三餘書屋刻本　二冊

340000－1882－0000986　1105
重刊黃文獻公文集十卷　(明)宋濂　(明)王禕輯　清康熙刻本　四冊　存六卷(一至六)

340000－1882－0000987　1122－2
袁文箋正十六卷　(清)袁枚著　(清)石韞玉箋　清同治四年(1865)松壽山房刻本　六冊

340000－1882－0000988　1122－1
袁文箋正十六卷　(清)袁枚著　清道光二十三年(1843)松壽山房刻本　六冊

340000－1882－0000989　1097
朱子原訂近思錄十四卷　(清)江永集注　清同治七年(1868)刻本　四冊

340000－1882－0000990　1096
唐駢體文鈔十七卷　(清)陳均輯　清刻本　四冊

340000－1882－0000991　1107
羅鄂州小集五卷附羅鄂州遺文一卷　(宋)羅願著　清光緒十九年(1893)刻本　三冊

340000－1882－0000992　1129
履園叢話二十四卷　(清)錢泳輯　清道光三年(1823)刻本　十二冊

340000－1882－0000993　1128
尺牘味新四卷　(清)紉裳居士編　清刻本　四冊

340000－1882－0000994　1122
袁文箋正十六卷補注一卷　(清)袁枚著　清道光七年(1827)刻本　四冊

340000－1882－0000995　1136
古文析義十六卷　(清)林雲銘評註　清刻本　十六冊

340000－1882－0000996　1074
硃批八家詩選箋注八卷　(清)張熙宇輯評　(清)張昶註釋　清道光朱墨套印本　四冊

340000－1882－0000997　1126
七家詩選七卷　(清)王廷紹著　(清)張熙宇輯評　清道光刻本　四冊

340000－1882－0000998　1132
呻吟語六卷　(明)呂坤著　清道光七年(1827)開封府署刻本　六冊

340000－1882－0000999　1134
惜抱軒全集八十八卷　(清)姚鼐撰　清同治五年(1866)省心閣刻本　十六冊

340000－1882－0001000　1130
四書釋地一卷續一卷又續一卷三續一卷　(清)閻若璩撰　清刻本　四冊

340000－1882－0001001　1133
白圭堂詩續鈔六卷　(清)江之紀撰　清光緒十九年(1893)刻本　二冊

340000－1882－0001002　1144
第一才子書六十卷首一卷　(清)金聖嘆撰　清同治十三年(1874)刻本　二十冊

340000－1882－0001003　1184
內科新說二卷　(英國)合信氏著　(清)管茂材撰　清咸豐八年(1858)刻本　一冊

340000－1882－0001004　1152
剡源集三十卷附一卷　(元)戴表元撰　清道光二十年(1840)刻本　六冊

340000－1882－0001005　1211

欽定佩文韻府一百六卷拾遺一百六卷　（清）張玉書等編纂　清光緒十二年（1886）上海同文書局石印本　六十冊

340000－1882－0001006　1143
四大奇書第一種十九卷首一卷圖像一卷　（清）毛宗崗評　清刻本　二十冊

340000－1882－0001007　1151
思綺堂文集八卷　（清）章藻功撰　清刻本　八冊

340000－1882－0001008　1141
古文辭類纂七十四卷　（清）姚鼐纂　清同治八年（1869）江蘇書局刻本　十四冊　缺五卷（一至二、十一至十三）

340000－1882－0001009　1149
古文淵鑒六十四卷　（清）徐乾學等編注　清康熙二十四年（1685）五色套印本　三十九冊　缺一卷（六十四）

340000－1882－0001010　1145
昭代名人尺牘續集二十四卷　陶蘭泉輯　清宣統三年（1911）石印本　二十四冊

340000－1882－0001011　1150
歐陽文忠公全集一百五十三卷首一卷附五卷　（宋）歐陽修著　清嘉慶二十四年（1819）友善書屋刻本　二十四冊

340000－1882－0001012　1148
聰訓齋語一卷恒產瑣言一卷　（清）張英著　清木活字印本　一冊

340000－1882－0001013　1203
皇清經解一千四百八卷　（清）阮元輯　清光緒十三年（1887）上海書局石印本　六十四冊

340000－1882－0001014　1153
有正味齋駢體文二十四卷　（清）吳錫麒著（清）王廣業箋　清咸豐九年（1859）青箱塾刻本　八冊

340000－1882－0001015　1166
老子道德經二卷音義一卷　（三國魏）王弼注　清光緒元年（1875）浙江書局刻本　一冊

340000－1882－0001016　1162
排律初津四卷　（清）金鳳沼編并注　清光緒十年（1884）抱芳閣刻本　四冊

340000－1882－0001017　1173
白虎通二卷　（漢）班固纂　清康熙七年（1668）刻本　二冊

340000－1882－0001018　1158
文章遊戲初編八卷文章遊戲二編八卷文章遊戲三編八卷文章遊戲四編八卷　（清）繆艮輯　清道光五年（1825）刻本　十二冊　缺四卷（文章遊戲二編五至八）

340000－1882－0001019　1160
廣廣事類賦三十二卷　（清）吳世旃撰　清嘉慶元年（1796）刻本　八冊

340000－1882－0001020　1163
龍威秘書□□卷　（清）馬俊良輯　清大西山房刻本　九冊　存五十二卷（一集:第六冊一至三、第七冊一至四、第八冊一至五,二集:第八冊一,三集:第一冊一至三、第六冊一,四集:第六冊一至九、第八冊一至十二,五集:第二冊一至十四）

340000－1882－0001021　1137
戴南山文鈔六卷首一卷　（清）戴震撰　清宣統二年（1910）上海國學扶輪社鉛印本　三冊

340000－1882－0001022　1167
文選六十卷　（南朝梁）蕭統撰　（唐）李善注　清善化經濟堂刻本　十二冊

340000－1882－0001023　1147
修習止觀坐禪法要二卷六妙法門一卷　（隋）釋智顗述　清光緒二十九年（1903）金陵刻經處刻本　一冊

340000－1882－0001024　1154
長生殿二卷　（清）洪昇填詞　清刻本　二冊　存一卷（下）

340000－1882－0001025　1164
管子二十四卷　（唐）房玄齡注　清光緒二年（1876）浙江書局刻本　六冊

340000－1882－0001026　1174
欽定大清會典一百卷　(清)允祹等編　清光緒二十五年(1899)上海書局石印本　六册

340000－1882－0001027　1165
晏子春秋七卷音義二卷校勘二卷　(清)孫星衍撰　清光緒元年(1875)浙江書局刻本　四册

340000－1882－0001028　1159
廣事類賦四十卷　(清)華希閔撰　清劍光閣刻本　六册　存二十三卷(一至二十三)

340000－1882－0001029　1170
吴吴山三婦合評牡丹亭還魂記二卷　(明)湯顯祖撰　清康熙夢園刻本　二册

340000－1882－0001030　1172
六朝唐賦讀本一卷　(清)馬傳庚注　清同治刻本　一册

340000－1882－0001031　1142
王氏續古文辭類纂三十四卷　王先謙纂集　清光緒十八年(1892)掃葉山房刻本　二册　存十三卷(一至十三)

340000－1882－0001032　1171
封氏聞見記十卷　(唐)封演撰　清乾隆刻本　一册

340000－1882－0001033　1169
莫如樓時義合稿四集不分卷　(清)蔣湘培等著　清同治五年(1866)刻本　八册

340000－1882－0001034　1181
圖註八十一難經辨真四卷　(明)張世賢注　清光緒五年(1879)刻本　二册

340000－1882－0001035　1193
陳壽三國志六十五卷　(晉)陳壽著　(南朝宋)裴松之注　清光緒十三年(1887)江南書局刻本　八册

340000－1882－0001036　1201
備用藥物簡便良方二種合刻一卷　(□)□□撰　清刻本　一册

340000－1882－0001037　1182
三家醫案合刻三卷　(清)葉桂著　(清)吴金壽纂　清道光刻本　一册

340000－1882－0001038　1178
世補齋醫書三十三卷　(清)陸懋修著　清光緒十年(1884)刻本　十册

340000－1882－0001039　1179
經脈圖考四卷　(清)陳惠疇著　清光緒四年(1878)刻本　四册

340000－1882－0001040　1180
詳校醫宗必讀十卷　(清)李中梓著　清刻本　六册

340000－1882－0001041　1197
全體闡微三卷　(美國)柯為良撰　(清)林鼎譯　清光緒三十一年(1905)石印本　四册

340000－1882－0001042　1177
徐氏醫書八種　(清)徐大椿著　清光緒四年(1878)刻本　十六册

340000－1882－0001043　1198
西醫略論三卷　(英國)合信著　(清)管茂材同撰　清咸豐七年(1857)刻本　一册

340000－1882－0001044　1188
圖註八十一難經辨真四卷　(明)張世賢注　清刻本　二册

340000－1882－0001045　1206
論語集注旁證二十卷　(清)梁章鉅撰　清光緒十二年(1886)鉛印本　四册

340000－1882－0001046　1190
刪注脈訣規正二卷　(清)沈鏡刪注　清刻本　二册

340000－1882－0001047　1189
校正本草綱目五十二卷圖不分卷本草綱目拾遺十卷本草萬方鍼線八卷　(明)李時珍編輯　(清)吴毓昌校訂　**本草綱目拾遺十卷**　(清)趙學敏輯　**本草萬方鍼線八卷**　(清)蔡烈先輯　清宣統元年(1909)上海經香閣石印本　十一册

340000－1882－0001048　1191

產科心法二卷附方一卷　(清)汪喆撰　清光緒十八年(1892)刻本　一冊

340000－1882－0001049　1196
素問靈樞類纂約注三卷　(清)汪昂輯　清刻本　三冊

340000－1882－0001050　1229
吹網錄六卷　(清)葉廷琯著　清同治九年(1870)石印本　二冊

340000－1882－0001051　1205
資治新書十四卷首一卷二集二十卷　(清)李漁輯　清康熙刻本　十六冊

340000－1882－0001052　1186
輿地廣記三十八卷　(宋)歐陽忞撰　清光緒六年(1880)刻本　四冊

340000－1882－0001053　1194
繪像列仙傳四卷　題(清)還初道人輯　清光緒十三年(1887)刻本　四冊

340000－1882－0001054　1202
養生經驗合集四卷　(清)毛世洪　(清)孫復初輯　清嘉慶十五年(1810)雙輝堂刻本　一冊

340000－1882－0001055　1192
昌邑黃先生醫書八種　(清)黃元御撰　清咸豐十年(1860)刻本　十六冊

340000－1882－0001056　1204
後漢書一百二十卷　(南朝宋)范曄撰　(唐)李賢注　清光緒十四年(1888)上海蜚英館石印本　十二冊

340000－1882－0001057　1226
殿試策一卷　(□)□□撰　清石印本　一冊

340000－1882－0001058　1224
藕絲詞四卷　(清)汪淵撰　清光緒七年(1881)新安茹古堂刻本　一冊

340000－1882－0001059　1216
有正味齋駢文十六卷　(清)吳錫麒著　(清)葉聯芬箋註　清道光二十年(1840)慈北葉氏刻本　四冊

340000－1882－0001060　1231
歷代史事論海三十二卷　(清)知新子敘　清光緒二十八年(1902)石印本　三十二冊

340000－1882－0001061　1187
馮氏錦囊秘錄五十卷　(清)馮兆張纂輯　清嘉慶十八年(1813)會成堂刻本　三十二冊

340000－1882－0001062　1236
水經注四十卷首一卷附錄二卷　(北魏)酈道元撰　清光緒石印本　二十冊

340000－1882－0001063　1233
歷代邊事彙鈔十二卷　(清)朱克敬編輯　清光緒二十八年(1902)石印本　四冊

340000－1882－0001064　1195
增訂本草備要四卷醫方湯頭歌括一卷經絡歌訣一卷　(清)汪昂著　清聚錦堂刻本　三冊

340000－1882－0001065　1220
惲子居文鈔四卷　(清)惲敬撰　清宣統二年(1910)上海國學扶輪社刻本　四冊

340000－1882－0001066　1222
向陽齋遺稿一卷　(清)江忠揆撰　清刻本　一冊

340000－1882－0001067　1234
國朝先正事略六十卷　(清)李元度撰　清刻本　二十四冊

340000－1882－0001068　1241
泰西各國名人言行錄十六卷　(清)張兆蓉纂　清光緒二十九年(1903)石印本　六冊

340000－1882－0001069　1219
庸庵文續編二卷　(清)薛福成撰　清刻本　二冊

340000－1882－0001070　1218
蘇文忠詩合注五十卷　(清)馮應榴輯　清同治九年(1870)刻本　二十四冊

340000－1882－0001071　1232
分類歷代通鑑輯覽六十四卷末一卷　(清)陳善勖撰　清光緒二十九年(1903)文淵書局石印本　二十四冊

340000－1882－0001072　1215
醫法指要一卷脈確一卷　（清）黃硃韞述（清）蘇克勤錄　清稿本　一冊

340000－1882－0001073　1252
批檀弓二卷　（清）汪有光評　（清）汪有聲校　清光緒刻本　一冊

340000－1882－0001074　1235
明季稗史彙編二十七卷　題（清）留雲居士輯　清光緒十三年（1887）上海圖書集成印書局石印本　六冊

340000－1882　0001075　1238
古籍叢書十六種四十八卷　（□）□□撰　清刻本　二十四冊　缺一種五卷（拾遺記六至十）

340000－1882－0001076　1239
願體集四卷　（清）李仲麟輯　（清）歐陽鎮重訂　清同治七年（1868）刻本　四冊

340000－1882－0001077　1255
農桑輯要七卷　（元）司農司撰　清光緒二十一年（1895）刻本　二冊

340000－1882－0001078　1245
增訂棘闈奪命錄二卷　（□）□□撰　清同治刻本　二冊

340000－1882－0001079　1210
幼科鍼鏡二卷　（清）夏鼎著　清宣統元年（1909）文元書莊石印本　一冊

340000－1882－0001080　1227
小謨觴館文集四卷續集二卷　（清）彭兆蓀撰　清光緒刻本　三冊　缺一卷（續集二）

340000－1882－0001081　1243
三元秘授六卷首一卷　（□）□□撰　清刻本　五冊　缺一卷（六）

340000－1882－0001082　1250
說文引經考證七卷互異說一卷　（清）陳瑑撰　清同治十三年（1874）湖北崇文書局刻本　二冊

340000－1882－0001083　1244
天仙正理直論增注不分卷　（明）伍守陽撰（明）伍守虛注　清嘉慶九年（1804）善成堂刻本　二冊

340000－1882－0001084　1253
理瀹駢文不分卷　（清）吳師機　（清）尚先學撰　清光緒刻本　四冊

340000－1882－0001085　1261
瀛環志略十卷　（清）徐繼畬撰　清光緒鴻寶齋石印本　四冊

340000－1882－0001086　1351
淮南子二十一卷　（漢）劉安撰　（漢）高誘注　清刻本　六冊

340000－1882－0001087　1352
鮚埼亭集三十八卷首一卷全謝山先生經史問答十卷　（清）全祖望撰　清刻本　十六冊

340000－1882－0001088　1251
新刊纂圖元亨療馬集六卷駝經　卷　（明）喻本元　（明）喻本亨撰　清刻本　五冊　缺一卷（一）

340000－1882－0001089　1249
崇白藥齋文集二十卷　（清）陸繼輅撰　清嘉慶二十五年（1820）刻本　六冊

340000－1882－0001090　1247
胡文忠公遺集十卷首一卷　（清）胡林翼撰　清同治刻本　八冊

340000－1882－0001091　1350
蘇文公詩集五十卷目錄二卷　（宋）蘇軾著　清光緒十四年（1888）朱墨本套印本　十二冊

340000－1882－0001092　1246
宛陵先生集六十卷首一卷拾遺一卷附錄三卷　（宋）梅堯臣著　清道光十年（1830）夜吟樓刻本　十六冊

340000－1882－0001093　1268
補註黃帝内經素問二十四卷　（唐）王冰注（宋）林億　（宋）高保衡校　**黃帝内經素問遺篇一卷**　（宋）劉溫舒撰　清光緒三年（1877）浙江書局刻本　八冊

340000－1882－0001094　1248
泊如齋重修宣和博古圖録三十卷　（宋）王黼撰　明刻本　十四册　存十四卷（二、五、七、十一至十三、十七、二十至二十三、二十六至二十八）

340000－1882－0001095　1256
蠶桑輯要一卷　（清）沈秉成撰　清同治十年（1871）常鎮通海道署刻本　一册

340000－1882－0001096　1263
青在堂竹譜二卷　（清）沈心友等編繪　清嘉慶二十二年（1817）芥子園煥記五色套印本　一册

340000－1882－0001097　1267
本草綱目五十二卷圖三卷　（明）李時珍編輯　清刻本　四十二册

340000－1882－0001098　1357
聽碧山房詩草一卷聽碧山房雜存一卷　（清）方夢蘭著　清光緒安徽官紙局鉛印本　一册

340000－1882－0001099　1353
金匱翼八卷　（清）尤怡撰　清宏道堂刻本　八册

340000－1882－0001100　1270
傳家寶四集八卷　（清）石成金繪撰　清刻本　八册

340000－1882－0001101　1211－1
幼科鐵鏡二卷　（清）夏鼎著　清末石印本　一册

340000－1882－0001102　1265
乙酉詩録一卷　（清）□□撰　清稿本　一册

340000－1882－0001103　1269
溫熱經緯五卷　（清）王士雄纂　清刻本　四册

340000－1882－0001104　1240
人鑑三卷　（清）湯自銘纂　清同治十一年（1872）刻本　一册

340000－1882－0001105　1209
鼎鍥幼幼集成六卷　（清）陳復正輯訂　清石印本　一册

340000－1882－0001106　1289
浮玉山房試帖一卷　（清）丁紹周著　清刻本　一册

340000－1882－0001107　1290
補學齋詩鈔四卷　（清）胡調元撰　清鉛印本　一册

340000－1882－0001108　1242
海島算經一卷　（晉）劉徽撰　（唐）李淳風注　**夏侯陽算經三卷**　（清）陸錫熊　（清）紀昀纂修　清刻本　一册

340000－1882－0001109　1283
芙蓉山館詩抄□□卷　（清）吳鎮撰　清刻本　一册　存六卷（一至六）

340000－1882－0001110　1286
離騷箋二卷　（清）龔景瀚撰　清光緒三年（1877）湖北崇文書局刻本　一册

340000－1882－0001111　1262
地學指畧三卷　（英國）文教治著　清光緒七年（1881）益智書會刻本　一册

340000－1882－0001112　1271
頻羅庵遺集十六卷　（清）梁同書撰　清刻本　六册

340000－1882－0001113　1281
曾文正公文鈔四卷詩抄四卷　（清）曾國藩撰　清同治十二年（1873）醉六堂刻本　四册

340000－1882－0001114　1254
化學衛生論四卷　（英國）真司騰撰　（英國）傅蘭雅口譯　清光緒十六年（1890）刻本　四册

340000－1882－0001115　1272
二十一史約編八卷首一卷　（清）鄭元慶述　清光緒八年（1882）得月樓刻本　八册

340000－1882－0001116　1275
古紅梅閣集八卷　（清）劉履芬撰　**紫藤花館詩餘一卷**　（清）劉觀藻撰　清光緒刻本　一册　存二卷（七至八）

340000－1882－0001117　1260
植物圖說四卷　(英國)傅蘭雅著　清光緒二十一年(1895)益智書會石印本　一冊

340000－1882－0001118　1304
黄海紀游一卷黄海游草一卷　(清)余鴻撰　清宣統元年(1909)刻本　一冊

340000－1882－0001119　1287
玉堂清賞二卷附一卷　題(清)退思齋主人輯　(清)胡岐山增訂　清光緒十九年(1893)刻本　一冊

340000－1882－0001120　1297
女科撮要二卷　(明)薛己著　清刻本　一冊

340000－1882－0001121　1259
蠶桑條目約編一卷　(清)□□撰　清刻本　一冊

340000－1882－0001122　1302
軒轅碑記醫學祝由十三科二卷　(□)□□撰　清朱墨套印本　二冊

340000－1882－0001123　1294
醫效秘傳三卷　(清)葉桂述　清道光十一年(1831)刻本　三冊

340000－1882－0001124　1301
憺忘齋稾四卷　(清)黄中理撰　清刻本　一冊

340000－1882－0001125　1292
治家文鈔不分卷　(□)□□撰　清抄本　一冊

340000－1882－0001126　1293
十藥神書註解一卷　(清)葛可久編　(清)陳念祖註　清光緒二十七年(1901)新化三味書局刻本　一冊

340000－1882－0001127　1303
孫文恭公遺書□□卷附録一卷　(明)孫應鰲撰　清光緒六年(1880)鉛印本　一冊　存四卷(四至六、附録一卷)

340000－1882－0001128　1274
重刊蕉窗遺韻詩集一卷詞集一卷攷異一卷　(清)張嫻婧著　清光緒刻本　一冊

340000－1882－0001129　1296
醫宗備要三卷　(清)曾鼎撰　清同治八年(1869)楚北崇文書局刻本　一冊

340000－1882－0001130　1291
空谷傳聲一卷　(清)汪鋆撰　清抄本　一冊

340000－1882－0001131　1161
粵雅堂叢書一千二百六十五卷　(清)伍崇曜輯　清刻本　六冊　存二十三卷(今世說一至八、瑟譜一至六、羅鄂州小集一至六、天香閣隨筆一至二、天香閣集一)

340000－1882－0001132　1299
近見錄不分卷　(清)高雲龍輯　清刻本　二冊

340000－1882－0001133　1295
醫效秘傳三卷　(清)葉桂述　(清)吴金壽校　**溫熱贅言一卷**　(清)寄瓢子述　清道光十七年(1837)刻本　二冊

340000－1882－0001134　1305
春秋屬辭辨例編六十卷首二卷　(清)張應昌學　清同治刻本　三十二冊

340000－1882－0001135　1355
方言十三卷　(漢)揚雄紀　清趙秉裕刻本　一冊

340000－1882－0001136　1288
翠雲館律賦一卷試體詩一卷　(清)黄士珣撰　清刻本　一冊

340000－1882－0001137　1354
釋名四卷　(漢)劉熙著　清刻本　一冊

340000－1882－0001138　1314
西湖林公祠墓志一卷　(清)程鍾瑞輯　清同治八年(1869)刻本　一冊

340000－1882－0001139　1312
錢穀備要十卷　(清)王又槐輯　清光緒十九年(1893)上海古香閣石印本　二冊

340000－1882－0001140　1300

地理定穴圖説一卷 （□）□□撰 清抄本 一冊

340000－1882－0001141 1308
容甫先生遺詩五卷補遺一卷 （清）汪中撰 清光緒十一年（1885）述古齋聚珍本 一冊

340000－1882－0001142 1311
練兵實紀九卷雜記六卷 （明）戚繼光撰 清末石印本 二冊 缺七卷（一至七）

340000－1882－0001143 1306
廣輿記二十四卷 （清）蔡方炳增輯 清大文堂刻本 十二冊

340000－1882－0001144 1307
皇朝内府輿地圖縮摹本三卷韻編一卷畧一卷 （清）李兆洛撰 **圖一卷** （清）六承如繪 清光緒十年（1884）湖北省官書處重刻本 二冊

340000－1882－0001145 1345
欽定續通志六百四十卷 （清）嵇璜 （清）曹仁虎等撰 清光緒石印本 二十四冊

340000－1882－0001146 1341
通典二百卷 （唐）杜佑纂 清光緒二十七年（1901）貫吾齋石印本 八冊

340000－1882－0001147 1344
通志二百卷 （宋）鄭樵著 清光緒石印本 二十四冊

340000－1882－0001148 1347
文獻通考三百四十八卷欽定三通考證六卷 （元）馬端臨撰 清光緒二十八年（1902）貫吾齋石印本 二十一冊

340000－1882－0001149 1376
海國圖志一百卷 （清）魏源撰 清光緒二年（1876）刻本 一冊 存二卷（一至二）

340000－1882－0001150 1346
皇朝通志一百二十六卷 （清）嵇璜等纂 清光緒二十八年（1902）石印九通本 五冊

340000－1882－0001151 1343
皇朝通典一百卷 （清）曹仁虎輯 清石印本 六冊

340000－1882－0001152 1371
古文精選不分卷 （清）□□輯 清吕氏家塾刻本 六冊

340000－1882－0001153 1380
徐騎省集三十卷補遺一卷校勘記一卷 （宋）徐鉉撰 （清）李英元纂 清光緒十七年（1891）黟南李氏刻本 八冊

340000－1882－0001154 1370
黄帝内經素問註證發微九卷補遺一卷 （明）馬蒔註證 （清）席芬甫重訂 清刻本 二十冊

340000－1882－0001155 1373
陳書三十六卷 （唐）姚思廉撰 清同治十二年（1873）金陵書局刻二十四史本 四冊

340000－1882－0001156 1342
欽定續通典一百五十卷 （清）嵇璜等纂 清光緒貫吾齋石印本 六冊

340000－1882－0001157 1378
知白齋詩鈔五卷附一卷 （清）江人鏡撰 清光緒十四年（1888）刻本 二冊

340000－1882－0001158 1389
增廣智囊補二十八卷 （明）馮夢龍輯 清宣統三年（1911）上海文盛書局石印本 六冊

340000－1882－0001159 1349
皇朝文獻通考三百卷 （清）曹仁虎輯 清光緒石印本 二十冊

340000－1882－0001160 1374
九華山志十卷首一卷末一卷 （清）周贇纂修 （清）謝維喈重修 清刻本 一冊 存八卷（一至八）

340000－1882－0001161 1377
梅村詩集箋注十八卷 （清）吳翌鳳撰 清嘉慶刻本 八冊

340000－1882－0001162 1379
雙橋小筑詞存六卷 （清）江人鏡撰 清光緒二十三年（1897）刻本 二冊

340000－1882－0001163　1348
欽定續文獻通考二百五十卷　（清）曹仁虎纂　清光緒二十八年（1902）石印九通本　十四册

340000－1882－0001164　1382
國朝先正事略六十卷　（清）李元度撰　清刻本　二十四册

340000－1882－0001165　1383
貞定先生遺集四卷附錄一卷　（清）莫與儔　（清）鄭珍撰　清刻影山草堂六種本　一册

340000－1882－0001166　1386
練兵實紀九卷雜記六卷　（明）戚繼光撰　清刻本　三册　缺五卷（五至九）

340000－1882－0001167　1395
香山詩選六卷　（清）曹文埴手訂　清光緒十七年（1891）刻本　二册

340000－1882－0001168　1385
經武要略□□卷　（清）马廷鸞編修　清光緒九年（1883）刻本　一册　存一卷（一）

340000－1882－0001169　1396
大清律例增修統纂集成四十卷督捕則例附纂二卷　（清）陶駿　（清）陶念霖增修　清光緒二十年（1894）刻本　二十二册

340000－1882－0001170　1388
孫可之文集二卷　（唐）孫樵撰　清光緒二十二年（1896）陸艸堂刻本　一册

340000－1882－0001171　1372
出使美日祕崔日記□□卷　（清）崔國因撰　清光緒鉛印本　一册　存一卷（七）

340000－1882－0001172　1394
震川先生別集十卷　（明）歸有光撰　清刻本　六册

340000－1882－0001173　1405
夏小正集說四卷　（清）程鴻詔撰　清同治四年（1865）刻本　二册

340000－1882－0001174　1399
尺牘初桄四卷通問便集二卷　題（清）南沙子虛氏輯　清光緒鉛印本　四册

340000－1882－0001175　1393
六朝四家全集□□卷　（清）胡鳳丹校梓　清同治九年（1870）退補齋刻本　五册　存十六卷（陶彭澤集一至六、謝宣城集一至五、庾开府集一至四、采輯歷朝史話一）

340000－1882－0001176　1384
曾惠敏公奏疏六卷文集五卷日記二卷歸樸齋詩鈔四卷　（清）曾紀澤撰　清光緒二十年（1894）石印本　四册

340000－1882－0001177　1403
五代史七十四卷　（宋）徐無黨注　清同治十一年（1872）崇文書局刻本　八册

340000－1882－0001178　1381
附釋音毛詩注疏二十卷　（唐）孔穎達撰　清嘉慶二十年（1815）刻本　十六册

340000－1882－0001179　1402
國朝文棟八卷　（清）胡嘉銓輯　清光緒十二年（1886）刻本　二册

340000－1882－0001180　1400
楹聯叢話十二卷楹聯續話四卷　（清）梁章鉅輯　清道光二十六年（1846）刻本　六册

340000－1882－0001181　1397
茗柯文編四編五卷　（清）張惠言撰　清光緒七年（1881）刻本　二册

340000－1882－0001182　1410
詩賦集三卷　（清）□□撰　清抄本　三册

340000－1882－0001183　1425
禹貢因一卷　（明）沈煉集註　清光緒十八年（1892）杭城青簡齋刻本　一册

340000－1882－0001184　1387
武備輯要續編十二卷　（清）許乃劍編輯　清道光中錢塘許氏刻敏果齋七種本　一册　存四卷（一至四）

340000－1882－0001185　1438
鐫京板賈公圖像黃牛經合併大全□□卷　（明）喻本元　（明）喻本亨撰　清經元升刻本

一冊　存一卷(上)

340000－1882－0001186　1431

識字引□□卷　(清)□□撰　清抄本　一冊　存一卷(上)

340000－1882－0001187　1411

景岳全書六十四卷　(明)張介賓著　清刻本　二十四冊

340000－1882－0001188　1390

春秋經傳集解三十卷首三卷　(清)杜預撰　清同治刻本　十二冊

340000－1882－0001189　1392

管子二十四卷　(唐)房玄齡注　清刻本　六冊

340000－1882－0001190　1421

寶鏡圖(陰遁)一卷　(清)□□撰　清刻本　一冊

340000－1882－0001191　1406

拙尊園叢稿□□卷　(清)黎庶昌撰　清末石印本　一冊　存三卷(四至六)

340000－1882－0001192　1422

羅經圖說一卷　(清)□□撰　清抄本　一冊

340000－1882－0001193　1401

柏溪詩鈔二卷　(清)張同準撰　清光緒十六年(1890)刻本　二冊

340000－1882－0001194　1419

淮南子二十一卷　(漢)劉安撰　(漢)高誘注　清光緒刻本　六冊

340000－1882－0001195　1429

名人尺牘小傳二十四卷　(清)吳修輯　清同治刻本　四冊

340000－1882－0001196　1487

寄影軒詞稿六卷　(清)張觀美撰　清同治刻本　二冊

340000－1882－0001197　1420

篤素堂文集四卷澄懷國語四卷澄懷主人自訂年譜六卷　(清)張英　(清)張廷玉著　清光緒刻本　四冊

340000－1882－0001198　1398

資治通鑑二百九十四卷辨誤十二卷　(宋)司馬光著　清同治十年(1871)崇文書局刻本　九十八冊　存二百九十九卷(資治通鑑一至二百八十七、辨誤十二卷)

340000－1882－0001199　1484

新刻女日記故事二十四孝圖說一卷附一卷　題(清)寄雲山人編　清同治九年(1870)刻本　一冊

340000－1882－0001200　1437

合訂本草備要六卷醫方集解六卷　(清)汪昂著輯　清刻本　五冊　存十卷(合訂本草備要一至三、五至六,醫方集解一至三、五至六)

340000－1882－0001201　1417

[康熙]襄陽府志八卷　(清)□□撰　清康熙刻本　一冊　存一卷(二)

340000－1882－0001202　1432

金鼎詩文藁不分卷　(清)金鼎撰　清雍正稿本　一冊

340000－1882－0001203　1415

醫經原旨六卷　(清)薛雪撰　清刻本　六冊

340000－1882－0001204　1462

法言十卷申鑒五卷　(漢)揚雄　(漢)荀悅著　清刻本　一冊

340000－1882－0001205　1443

離垢集五卷　(清)華喦著　清光緒鉛印本　四冊

340000－1882－0001206　1457

應世便覽不分卷　(清)□□撰　清抄本　一冊

340000－1882－0001207　1416

昨非錄十二卷　(明)鄭先生著　(清)王楨鈔　清末石印本　二冊

340000－1882－0001208　1452

聖諭廣訓不分卷　(清)世宗胤禛撰　清刻本　二冊

340000－1882－0001209　1423
新鐫增補時憲臺曆袖裏璇璣星命須知一卷　(□)□伯溫纂訂　清五雲樓刻本　一册

340000－1882－0001210　1455
酷刑逼供論一卷　(清)□□撰　清木活字印本　一册

340000－1882－0001211　1456
詩文稿一卷　(清)方尊五録　清抄本　一册

340000－1882－0001212　1444
古列女傳八卷　(漢)劉向著　清光緒刻本　四册

340000－1882－0001213　1448
悲盦居士文存一卷　(清)趙之謙撰　清光緒十六年(1890)刻本　一册

340000－1882－0001214　1446
毅齋查先生聞道集十卷末一卷　(清)查鐸著　清光緒十六年(1890)刻本　四册

340000－1882－0001215　1459
朱子年譜後録二卷　(清)□□撰　清刻本　一册

340000－1882－0001216　1427
小睡足寮詩續一卷補一卷附一卷　(清)秦敏樹撰　清光緒二十三年(1897)刻本　一册

340000－1882－0001217　1436
太醫院增補青囊藥性賦直解一卷醫方捷徑一卷　(明)羅必煒訂　清兩儀堂刻本　一册

340000－1882－0001218　1445
韓詩外傳十卷　(漢)韓嬰著　清光緒刻本　四册

340000－1882－0001219　1458
宋趙普注奇門秘本不分卷　(宋)趙普　(宋)羅道撰　清抄本　一册

340000－1882－0001220　1476
路史前紀九卷路史後紀十三卷路史國姓衍慶紀原六卷路史發揮六卷路史餘論五卷　(宋)羅泌纂　(宋)羅苹注　清光緒二十年(1894)刻本　十三册

340000－1882－0001221　1454
大金國志四十卷　(宋)宇文懋昭撰　清掃葉山房刻本　四册

340000－1882－0001222　1477
楊園先生全集十六卷　(清)張履祥撰　清乾隆四十七年(1782)勤宣堂刻本　八册

340000－1882－0001223　1469
金剛般若波羅蜜經一卷　(清)□□撰　清抄本　一册

340000－1882－0001224　1470
搜神記二十卷　(晉)干寶撰　**搜神後記十卷**　(晉)陶潛撰　清光緒元年(1875)崇文書局刻本　三册

340000－1882－0001225　1465
感應篇圖說不分卷　(清)惠棟箋注　清同治十一年(1872)刻本　四册

340000－1882－0001226　1472
南宋雜事詩七卷　(清)沈嘉轍等撰　清同治十一年(1872)刻本　四册

340000－1882－0001227　1464
太上感應篇一卷　(□)□□撰　清乾隆刻本　一册

340000－1882－0001228　1488
貿易須知一卷　(清)王秉元著　清光緒五年(1879)刻本　一册

340000－1882－0001229　1413
拙葊齋詩鈔一卷苦筍齋詩鈔二卷　(清)朱澤瑛　(清)朱則璟撰　清道光二年(1822)刻本　一册

340000－1882－0001230　1441
佛經七種四十卷　(□)□□撰　清刻本　四十册

340000－1882－0001231　1489
王鳳洲先生綱鑑正史全編三十二卷　(明)張睿卿輯　**歷代輿地圖一卷**　(明)魯漢恭編　清刻本　三十二册

340000－1882－0001232　1491

史鑑節要便讀六卷 (清)鮑東里編輯 清刻本 二冊

340000－1882－0001233 1480

百家姓考略一卷 (清)王相纂 清魁芳齋刻本 一冊

340000－1882－0001234 1479

[□□]資州直隸州志□□卷 (清)劉炯等修 清刻本 一冊 存三卷(六至八)

340000－1882－0001235 1435

瘡瘍經驗全書十三卷 (宋)竇漢卿輯著 清康熙浩然樓刻本 一冊 存二卷(一至二)

340000－1882－0001236 1490

王先生十七史蒙求十六卷 (宋)王令撰 清道光二十八年(1848)刻本 三冊

340000－1882－0001237 1475

重校刊官板地理玉髓真經二十八卷末一卷 (宋)張洞玄著 明龍溪堂書林刻本 六冊 缺八卷(二十一至二十八)

340000－1882－0001238 1483

西齋淨土詩四卷 (明)釋梵琦撰 清刻本 一冊

340000－1882－0001239 1482

秘訣一卷 (清)□□撰 清抄本 一冊

340000－1882－0001240 1467

八股文集不分卷 (清)□□撰 清抄本 二冊

340000－1882－0001241 1463

列女傳補注八卷 (清)王照圓撰 清嘉慶刻本 四冊

340000－1882－0001242 1486

蘭舫詩遺一卷 (清)張覲美撰 清同治九年(1870)刻本 一冊

340000－1882－0001243 1499

蘭風山館詩鈔四卷 (清)王鎔撰 清刻本 一冊

340000－1882－0001244 1466

周懶予圍棋譜一卷 (清)周懶予輯 清刻本 一冊

340000－1882－0001245 1450

瓊州雜事詩一卷 (清)程秉釗撰 清光緒元和江氏刻本 一冊

340000－1882－0001246 1496

胡文忠公遺集八十六卷首一卷 (清)曾國荃纂輯 (清)胡鳳丹重編 清光緒二十七年(1901)石印本 八冊

340000－1882－0001247 1478

配命錄不分卷 (清)黄正元纂輯 清同治八年(1869)刻本 六冊

340000－1882－0001248 1502

壹齋集四十卷 (清)黄鉞撰 清咸豐九年(1859)刻本 八冊

340000－1882－0001249 1513

儀禮正義四十卷 (清)鄭氏注 (清)胡培翬學 清道光二十九年(1849)木犀香館刻本 十冊 存二十卷(一至二十)

340000－1882－0001250 1512

明貢舉考畧二卷國朝貢舉考畧四卷 (清)黄崇蘭輯 清光緒八年(1882)刻本 四冊

340000－1882－0001251 1510

國朝詞綜四十八卷 (清)王昶纂 清同治四年(1865)刻本 十二冊

340000－1882－0001252 1517

女四書二卷 (清)王相箋注 清光緒六年(1880)李光明莊刻本 二冊

340000－1882－0001253 1481

復堂類集十五卷 (清)譚獻撰 清光緒五年(1879)刻本 四冊 存十一卷(文四卷、詩五至九、詞二卷)

340000－1882－0001254 1503

楊龜山先生集四十二卷首一卷末一卷 (宋)楊時撰 清光緒五年至七年(1879－1881)玉華山館刻本 十冊 缺一卷(末一卷)

340000－1882－0001255 1516

四書經史摘證七卷　(清)宋繼穜撰　清光緒元年(1875)芝隱室刻本　四冊

340000－1882－0001256　1511
張子全書十四卷　(宋)張載撰　(宋)朱熹注釋　清刻本　四冊

340000－1882－0001257　1471
世本十卷　(清)秦嘉謨輯補　清嘉慶二十三年(1818)琳瑯仙館刻本　四冊

340000－1882－0001258　1522
讀史方輿紀要一百三十卷輿圖要覽四卷　(清)顧祖禹輯　清光緒二十五年(1899)石印本　三十二冊

340000－1882－0001259　1498
文心雕龍十卷　(南朝梁)劉勰撰　(清)黃叔琳注　清道光十三年(1833)兩廣節署朱墨套印本　四冊

340000－1882－0001260　1525
史案二十卷　(清)吳裕垂撰　清道光六年(1826)刻本　六冊

340000－1882－0001261　1531
西清古鑑四十卷附錢錄十六卷　(清)梁詩正等編纂　清末石印本　二十四冊

340000－1882－0001262　1526
六如居士全集七卷補遺一卷　(明)唐寅撰　(清)唐仲冕編　清刻本　二冊

340000－1882－0001263　1600
重廣補註黃帝内經素問二十四卷　(唐)王冰撰　清刻本　八冊

340000－1882－0001264　1524
文選集評十五卷首一卷末一卷　(南朝梁)蕭統選　(清)于光華編　清刻本　十冊

340000－1882－0001265　1509
西泠酬倡集五卷　(清)秦緗業編　清光緒四年(1878)刻本　二冊

340000－1882－0001266　1500
積古齋鐘鼎彝器款識十卷　(清)阮元編錄　清揚州阮元刻本　六冊

340000－1882－0001267　1505
抱朴子内篇二十卷外篇五十卷附一卷　(晉)葛洪撰　清光緒十一年(1885)朱氏槐廬家刻本　六冊

340000－1882－0001268　1545
醫林纂要探源十卷　(清)汪紱輯　清光緒二十二年(1896)刻本　十冊

340000－1882－0001269　1540
屈原賦注七卷通釋二卷音義三卷　(清)戴震撰　清光緒十七年(1891)廣雅書局刻本　一冊

340000－1882－0001270　1534
資治通鑑目錄三十卷　(宋)司馬光編　**通鑑釋文辯誤十二卷**　(元)胡三省撰　清同治八年(1869)江蘇書局刻本　十二冊

340000－1882－0001271　1535
資治通鑑二百九十四卷辨誤十二卷　(宋)司馬光著　清同治刻本　一百冊

340000－1882－0001272　1521
[□□]**歙縣志□□卷**　(清)□□撰　清刻本　一冊　存一卷(四)

340000－1882－0001273　1518
漢儒易義針度四卷　(清)朱昌壽撰　清道光二十三年(1843)武林調香堂刻本　一冊

340000－1882－0001274　1539
孝肅奏議十卷　(宋)包拯撰　清同治二年(1863)李瀚章刻本　四冊

340000－1882－0001275　1551
詩韻合璧五卷　(清)湯文璐撰　清光緒十四年(1888)上海萬珍書局鉛印本　五冊

340000－1882－0001276　1544
光緒八年二月初十日京報全錄一卷　(清)□□撰　清光緒八年(1882)鉛印本　一冊

340000－1882－0001277　1553
十八家詩鈔二十八卷　(清)曾國藩纂　(清)李鴻章審訂　清同治十三年(1874)傳忠書局刻本　二十六冊

340000－1882－0001278　1532
鼎鍥幼幼集成六卷　(清)陳復正撰　(清)陳飛霞輯　清刻本　四冊

340000－1882－0001279　1625
大清會典四卷　(清)□□撰　清刻本　四冊

340000－1882－0001280　1538
周禮十二卷　(漢)鄭玄注　(唐)陸德明音義　清光緒十二年(1886)湖北官書處刻本　六冊

340000－1882－0001281　1549
產科心法二卷女科準繩逐月養胎法一卷附錄一卷　(清)汪喆纂　清光緒刻本　一冊

340000－1882－0001282　1508
楚辭十七卷　(漢)劉向集　(清)王逸注　清同治十一年(1872)刻本　四冊

340000－1882－0001283　1550
胎產心法二卷　(清)閻純璽撰　清刻本　二冊

340000－1882－0001284　1536
續資治通鑑二百二十卷　(清)畢沅編集　清同治六年(1867)刻本　六十冊

340000－1882－0001285　1546
徐氏醫書八種十八卷　(清)徐靈胎著　清光緒十五年(1889)刻本　六冊

340000－1882－0001286　1557
桃花村盍簪錄一卷　(清)江峯青等撰　清光緒三十四年(1908)石印本　一冊

340000－1882－0001287　1514
李太白文集三十六卷　(唐)李白撰　(清)王琦輯注　清乾隆三十四年(1769)聚錦堂刻本　十二冊

340000－1882－0001288　1547
產科心法二卷　(清)汪喆纂　清光緒元年(1875)刻本　一冊

340000－1882－0001289　1537
績溪金紫胡氏所著書目二卷　(清)胡培系編　清光緒十年(1884)刻本　一冊

340000－1882－0001290　1554
曾文正公家書十卷　(清)曾國藩撰　清光緒五年(1879)傳忠書局刻本　十冊

340000－1882－0001291　1565
性理標題彙要二十二卷　(明)詹淮撰　清刻本　十二冊

340000－1882－0001292　1515
子史精華一百六十卷　(清)愛新覺羅允祿等撰　清刻本　四十冊

340000－1882－0001293　1520
芥子園畫傳六卷　(清)王概摹古　清光緒十三年(1887)上海鴻文書局石印本　四冊

340000－1882－0001294　1523
漁洋山人古詩選三十二卷惜抱軒今體詩選十八卷　(清)王士禛撰　(清)姚鼐選　清同治五年(1866)金陵書局刻本　十冊

340000－1882－0001295　1559
壹齋集詩文雜集四十九卷　(清)黃鉞撰　清咸豐九年(1859)蕪湖許氏刻本　十冊

340000－1882－0001296　1558
水經注釋四十卷首一卷附錄二卷水經注箋刊誤十二卷　(清)趙一清錄　清光緒六年(1880)蛟川花雨樓張氏刻本　十六冊

340000－1882－0001297　1548
重鋟產科心瀍二卷福幼編一卷　(清)汪樸齋著　清光緒十七年(1891)刻本　一冊

340000－1882－0001298　1552
御批歷代通鑑輯覽一百二十卷附明唐桂二王本末三卷　(清)高宗弘曆撰　清浙江書局刻本　六十三冊　存一百十九卷(一至六十五、六十七至一百二十)

340000－1882－0001299　1568
靈樞經九卷　(清)張志聰集註　(清)張文啟參訂　(清)張兆璜校正　清光緒二十九年(1903)刻本　十冊

340000－1882－0001300　1564
東坡集八十四卷　(宋)蘇軾撰　(宋)王宗稷

編　清道光十二年(1832)刻本　三十八册

340000－1882－0001301　1563
詩倫二卷　(清)汪薇輯　清刻本　一册　存一卷(上)

340000－1882－0001302　1571
説文解字三十二卷　(漢)許慎著　(清)段玉裁注　清同治六年(1867)刻本　十六册

340000－1882－0001303　1567
宋四名家詩鈔不分卷　(清)周之鱗　(清)柴升選　清刻本　六册

340000－1882－0001304　1572
欽定書經傳説彙纂二十一卷首二卷書序一卷　(清)王頊齡等撰　清同治十年(1871)崇文書局刻本　十二册

340000－1882－0001305　1561
船山詩草選六卷　(清)張問陶著　清嘉慶二十二年(1817)刻本　二册

340000－1882－0001306　1570
史記一百三十卷索隱二卷　(漢)司馬遷撰　(南朝宋)裴駰集解　清光緒四年(1878)金陵書局刻本　十五册　存一百二十二卷(一至一百二十二)

340000－1882－0001307　1569
漁洋山人精華録箋注十二卷　(清)王士禛撰　(清)金榮箋注　(清)徐淮纂集　清乾隆刻本　六册

340000－1882－0001308　1560
錢牧齋先生列朝詩集小傳十卷　(清)錢謙益彙編　清康熙三十七年(1698)黄氏誦芬堂刻本　六册　缺二卷(九至十)

340000－1882－0001309　1583
周官精義十二卷　(清)連斗山撰　清乾隆四十一年(1776)刻本　六册

340000－1882－0001310　1574
穀梁傳十二卷　(晉)范甯集解　明刻本　六册

340000－1882－0001311　1578
鳳山筆記一卷　(清)黄宗惺撰　清刻本　一册

340000－1882－0001312　1555
三國志六十五卷　(晉)陳壽撰　(南朝宋)裴松之注　清光緒十三年(1887)江南書局刻本　八册

340000－1882－0001313　1562
芷衫吟草二卷　(清)高佩華著　清道光二十二年(1842)刻本　一册

340000－1882－0001314　1580
方正學先生遜志齋集二十四卷補一卷首一卷　(明)方孝孺撰　(明)張紹謙纂定　(明)孫熹重刊　清同治二年(1863)刻本　十六册

340000－1882－0001315　1566
芥子園畫傳五卷芥子園畫傳四集五卷　(清)李漁論定　清康熙十八年(1679)五色套印本　十册

340000－1882－0001316　1584
甌北詩鈔二十卷　(清)趙翼撰　清乾隆五十六年(1791)湛貽堂刻本　五册

340000－1882－0001317　1603
白石道人詩説一卷　(宋)姜夔撰　**談藝録一卷**　(明)徐禎卿撰　**秇圃擷餘一卷**　(明)王世懋撰　**古夫于亭詩問一卷**　(清)劉大勤問　(清)王士禎答　清刻本　一册

340000－1882－0001318　1585
春秋穀梁傳十二卷　(晉)范甯集解　清李光明莊刻本　四册

340000－1882－0001319　1582
尚友録二十二卷　(明)廖用賢編纂　(清)張伯琮補輯　清刻本　七册

340000－1882－0001320　1581
朱文公校昌黎先生文集四十卷外集十卷遺文一卷　(唐)韓愈撰　(明)朱吾弼編　明萬曆三十三年(1605)天德堂刻本　十二册

340000－1882－0001321　1595
[□□]休寧縣志□□卷　(清)□□撰　清刻

本　二册　存四卷(十六至十九)

340000－1882－0001322　1588
蘇文忠詩合注五十卷　(清)馮應榴輯　清同治九年(1870)刻本　二十四册

340000－1882－0001323　1577
寄園寄所寄十二卷　(清)趙吉士輯　清刻本　十二册

340000－1882－0001324　1586
春秋三十卷　(宋)胡安國傳　清清籟閣刻本　六册

340000－1882－0001325　1519
芥子園畫傳四集六卷　(清)王概摹　清碧梧山莊石印本　六册

340000－1882－0001326　1576
史通削繁四卷　(清)浦起龍注　(清)紀昀刪節　清道光十三年(1833)兩廣節署刻本　四册

340000－1882－0001327　1596
湖山懷古集二卷　(清)陳時撰　清武林丁氏八千卷樓刻本　二册

340000－1882－0001328　1594
東萊先生左氏博議二十五卷　(宋)呂祖謙撰　清道光十九年(1839)清吟閣刻本　六册

340000－1882－0001329　1591
古文苑九卷　(□)□□撰　清刻本　二册

340000－1882－0001330　1597
淑園詩餘四卷　(清)余庭訓撰　清光緒十七年(1891)江右書局刻本　一册

340000－1882－0001331　1592
南史八十卷　(唐)李延壽撰　明崇禎十三年(1640)毛氏汲古閣刻本　十二册

340000－1882－0001332　1573
周官精義十二卷　(清)連斗山編　清同治十年(1871)粵東臬署刻本　六册

340000－1882－0001333　1587
周易本義附音訓十二卷首一卷末一卷　(宋)朱熹本義　**易經八卷**　(宋)程頤傳　清同治四年(1865)金陵書局刻本　四册

340000－1882－0001334　1608
萬國公法四卷　(美國)惠頓撰　清同治三年(1864)京都崇實館刻本　四册

340000－1882－0001335　1610
列國陸軍制七卷　(美國)歐潑登著　(美國)林樂知口譯　(清)瞿昂來筆述　清光緒二十三年(1897)刻本　二册　存四卷(一至二、六至七)

340000－1882－0001336　1615
胡金紫光緒壬寅續修宗譜一卷　(□)□□撰　清光緒二十八年(1902)木活字印本　一册

340000－1882－0001337　1605
金石文字記六卷　(清)顧炎武撰　清刻本　四册

340000－1882－0001338　1612
法因集四卷　(明)王穉登撰　清刻本　一册

340000－1882－0001339　1622
御批歷代通鑑輯覽一百二十卷　(清)高宗弘曆敕撰　清光緒二十年(1894)湖南澹雅書局刻本　六十三册　存一百十六卷(一至一百十六)

340000－1882－0001340　1579
春秋經傳集解三十卷首一卷　(晉)杜預注　清同治十三年(1874)江西書局刻本　十六册

340000－1882－0001341　1607
陳文恭公手札節要三卷　(清)陳宏謀撰　清同治七年(1868)楚北崇文書局刻本　一册

340000－1882－0001342　1620
農學新法一卷　(英國)貝德禮撰　(英國)李提摩太譯　**蠶務要略一卷**　(英國)康發連述　清光緒二十三年(1897)刻本　一册

340000－1882－0001343　1575
公羊傳十二卷　(漢)何休撰　明刻本　六册

340000－1882－0001344　1627
書經旁訓二卷　(□)□□撰　清刻本　二册

340000－1882－0001345　4020
經絡全書二編　(明)沈子祿撰　(清)尤乘重輯　清康熙刻本　二冊

340000－1882－0001346　1633
史通削繁四卷　(清)紀昀撰　清道光十三年(1833)兩廣節署翰墨園朱墨套印本　四冊

340000－1882－0001347　1619
草木移植心得一卷　(日本)吉田健作撰　(清)薩端譯　清北洋官報局石印本　一冊

340000－1882－0001348　1590
儀禮鄭注句讀十七卷附二卷　(清)張爾岐撰　清同治七年(1868)金陵書局刻本　四冊

340000－1882－0001349　1626
四書經注集證十九卷　(清)吳昌宗輯　清嘉慶三年(1798)江都汪廷機刻本　十六冊

340000－1882－0001350　1631
小學集解六卷　(清)張伯行輯注　清同治六年(1867)崇文書局刻本　三冊

340000－1882－0001351　1640
唐宋八家精選層級集讀本四卷　(清)儲在陸評　(清)吳煒增訂　清乾隆刻本　四幅

340000－1882－0001352　1628
禮記旁訓六卷　(□)□□撰　清刻本　六冊

340000－1882－0001353　1624
三通序不分卷　(□)□□撰　清光緒二十八年(1902)新學書社石印本　一冊

340000－1882－0001354　1604
績溪雜感詩一卷附一卷　(清)高孝本撰　(清)汪澤注釋　清同治刻本　一冊

340000－1882－0001355　1602
爾雅直音二卷　(清)孫偘輯　清乾隆六十年(1795)天心閣刻本　二冊

340000－1882－0001356　1616
汪王廟志略一卷　(清)汪文炳輯　清光緒三十一年(1905)刻本　一冊

340000－1882－0001357　1629
春秋旁訓四卷　(□)□□撰　清刻本　二冊

340000－1882－0001358　1606
卷施閣文甲集十卷乙集十卷詩集二十卷附鮚軒詩集八卷　(清)洪亮吉學　清乾隆六十年(1795)刻本　四冊　存十卷(文甲集十卷)

340000－1882－0001359　1639
曝書亭集八十卷附錄一卷　(清)朱彝尊撰　**笛漁小稾十卷**　(清)朱昆田撰　清刻本　九冊　缺十卷(五十九至六十八)

340000－1882－0001360　1630
正字通十八卷首一卷　(清)廖文英輯　清刻本　十六冊

340000－1882－0001361　1609
公法會通十卷　(瑞士)步倫氏撰　清光緒六年(1880)同文館鉛印本　五冊

340000－1882－0001362　1618
蠶桑擇要一卷　(□)□□撰　清同治十年(1871)刻本　一冊

340000－1882－0001363　1632
鄉黨圖考十卷　(清)江永著　清刻本　四冊　缺二卷(一至二)

340000－1882－0001364　1659
名賢手札不分卷　(清)郭慶藩輯　清光緒十年(1884)岵瞻堂刻本　四冊

340000－1882－0001365　1637
萬國通鑑四卷　(美國)謝衛樓撰　清刻本　四冊

340000－1882－0001366　1598
趙子常選杜律五言注三卷　(唐)杜甫撰　(元)趙汸選注　**虞伯生選杜律七言註三卷**　(唐)杜甫撰　(元)虞集注　清刻本　二冊

340000－1882－0001367　1634
陸宣公奏議四卷　(唐)陸贄撰　清乾隆十一年(1746)刻本　四冊

340000－1882－0001368　1613
東洋史要二卷　(日本)桑原騭藏著　樊炳清譯　清光緒二十五年(1899)東文學社石印本

四冊

340000－1882－0001369　1638

汪鈍翁文鈔十二卷　（清）汪琬撰　清康熙商丘宋氏刻本　四冊

340000－1882－0001370　1636

農桑輯要七卷蠶事要略一卷　（元）司農司撰　清刻本　二冊

340000－1882－0001371　1654

浙江同官錄一卷　（□）□□撰　清薇照堂劉集木活字印本　一冊

340000－1882－0001372　1665

梅麓詩鈔十卷　（清）齊彦槐著　清刻本　二冊

340000－1882－0001373　1668

風箏誤傳奇二卷　（清）李漁編　清刻本　一冊　存一卷（上）

340000－1882－0001374　1646

語石十卷　葉昌熾撰　清宣統元年（1909）蘇州振新書社刻本　四冊

340000－1882－0001375　1657

德國議院章程一卷比利時國考察罪犯會紀略一卷　（英國）傅蘭雅譯撰　（清）徐建寅譯述　清光緒二十三年（1897）刻本　一冊

340000－1882－0001376　1642

御製盛京賦一卷　（清）高宗弘曆撰　清乾隆刻本　一冊

340000－1882－0001377　1670

行軍測繪十卷附六圖　（英國）連提撰　（英國）傅蘭雅口譯　（清）趙元益筆述　清刻本　二冊

340000－1882－0001378　1682

新刊外科正宗四卷　（明）陳實功撰　清乾隆二十七年（1762）聚興堂刻本　三冊　存三卷（一、三至四）

340000－1882－0001379　1661

古文苑九卷附一卷　（□）□□撰編　清刻本　六冊

340000－1882－0001380　1664

楊忠愍公全集四卷　（明）楊繼盛撰　清敬一齋刻本　二冊

340000－1882－0001381　1647

天下郡國利病書一百二十卷　（明）顧炎武輯　清道光三年（1823）成都龍萬育刻本　十二冊　存二十四卷（一至六、十至二十一、二十三至二十八）

340000－1882－0001382　1641

硯堂四六二卷　（清）方學成撰　清乾隆刻本　一冊

340000－1882－0001383　1680

詳校醫宗必讀十卷　（清）李中梓著　清光緒六年（1880）掃葉山房刻本　六冊

340000－1882－0001384　1656

憲法古義三卷　（清）衙石生撰　清光緒三十一年（1905）鉛印本　一冊

340000－1882－0001385　1651

建德尚書七十賜壽圖不分卷附壽言一卷　（清）劉文鳳輯　清光緒石印本　二冊

340000－1882－0001386　1660

五子近思錄十四卷　（清）汪佑編　清刻本　四冊

340000－1882－0001387　1699

五知齋琴譜八卷　（清）周魯封彙纂　清刻本　六冊

340000－1882－0001388　1690

女科撮要二卷正體類要二卷　（明）薛己著　清刻本　一冊

340000－1882－0001389　1658

太上混元道德真經不分卷首陰符經一卷　題（□）孚佑上帝闡義　（□）八仙洞祖注　清同治二年（1863）狀元閣刻本　二冊

340000－1882－0001390　1663

培遠堂手札節存不分卷　（清）陳宏謀著　清光緒十七年（1891）閩藩署刻本　一冊

340000－1882－0001391　1685

素問靈樞類纂約注三卷　(清)汪昂纂輯　清道光四年(1824)吳郡書藝堂刻本　三册

340000－1882－0001392　1684
醫宗必讀十卷　(清)李中梓著　清乾隆二十五年(1760)崇德堂刻本　五册

340000－1882－0001393　1669
化學衛生論四卷　(英國)真司騰撰　(英國)傅蘭雅口譯　清光緒十六年(1890)刻本　四册

340000－1882－0001394　1683
重訂外科正宗十二卷　(明)陳實功著　清刻本　四册

340000－1882－0001395　1667
凰求鳳傳奇二卷　(清)李漁編　清刻本　一册　存一卷(下)

340000－1882－0001396　1662
古文選錄四卷　(□)□□撰　清抄本　四册

340000－1882－0001397　1694
佩文詩韻釋要五卷　(清)周兆基撰　(清)朱蘭重輯　清光緒元年(1875)湖北崇文書局刻本　一册

340000－1882－0001398　1693
劍南詩鈔六卷　(宋)陸游著　(清)楊大鶴選　清同治六年(1867)粵東金谷園刻本　八册

340000－1882－0001399　1650
日本國志四十卷　(清)黄遵憲編纂　清石印本　三册　存十七卷(四至九、十六至二十六)

340000－1882－0001400　1666
畫梅雜詠不分卷　題(清)雪江老人撰　清刻本　一册

340000－1882－0001401　1679
謝表賀表集註一卷　(□)□□撰　清朱墨寫本　一册

340000－1882－0001402　1689
瘟疫論二卷　(清)吳有性著　清刻本　二册

340000－1882－0001403　1681
醫方集解六卷　(清)汪昂著輯　清刻本　六册

340000－1882－0001404　1678
典故一卷　(□)□□撰　清手抄本　一册

340000－1882－0001405　1655
癸卯時務策一卷　(清)江峯青撰　清刻本　一册

340000－1882－0001406　1686
醫學金鍼八卷　(清)陳念祖著　(清)潘霨增輯　清末刻本　四册

340000－1882－0001407　1623
御批歷代通鑑輯覽一百二十卷　(清)高宗弘曆敕撰　清同治十一年(1872)湖北崇文書局刻本　六十册

340000－1882－0001408　1702
東萊博議四卷　(宋)呂祖謙撰　清光緒刻本　四册

340000－1882－0001409　1709
更生齋詩餘二卷　(清)洪亮吉著　清光緒三年(1877)授經堂刻本　一册

340000－1882－0001410　1676
義和團史料摘抄一卷　(□)□□撰　清抄本　一册

340000－1882－0001411　1643
墓銘舉例四卷　(明)王行撰　**金石要例一卷**　(清)黄宗羲撰　清光緒朱墨套印本　二册

340000－1882－0001412　1688
傷寒明理論四卷　(金)成無己撰　明萬曆刻本　一册

340000－1882－0001413　1705
鹽鐵論十二卷　(漢)桓寬著　清刻本　二册

340000－1882－0001414　1708
道德經解二卷　題(□)純陽帝君釋義　清刻本　二册

340000－1882－0001415　1706

紫石泉山房文集十二卷詩抄三卷　（清）吳澹泉撰　清光緒十三年（1887）刻本　四册　存十一卷（文集一至八、詩抄三卷）

340000－1882－0001416　1687
傷寒明理論四卷　（金）成無己撰　清刻本　一册

340000－1882－0001417　1674
聰訓齋語一卷恒產瑣言一卷　（清）張英著　清刻本　一册

340000－1882－0001418　1645
子書百家一百種四百九十三卷　（清）崇文書局輯　清光緒元年（1875）湖北崇文書局刻本　一百十册

340000－1882－0001419　1701
蜃中樓傳奇二卷　（清）李漁編　清刻本　二册

340000－1882－0001420　1718
蔡氏旌孝錄一卷　（清）夏嘉穀輯　清夏氏刻本　一册

340000－1882－0001421　1746
痘疹辯正二卷　（清）余國珮述　清道光三十年（1850）金陵文英堂刻本　二册

340000－1882－0001422　1673
勸學歌一卷　（清）金保權撰　清刻本　一册

340000－1882－0001423　1704
新序十卷　（漢）劉向著　清刻本　一册　存五卷（一至五）

340000－1882－0001424　1772
絳雪園得宜本草不分卷　（清）王子接撰　清抄本　一册

340000－1882－0001425　1703
書經六卷　（宋）蔡沈集傳　清刻本　四册

340000－1882－0001426　1771
本草摘抄不分卷　（□）□□撰　清末抄本　一册

340000－1882－0001427　1738
傳家格言集要一卷　（清）汪起蛟輯　清咸豐五年（1855）刻本　一册

340000－1882－0001428　1714
聖訓一卷　（□）□□撰　清光緒刻本　一册

340000－1882－0001429　1672
安徽試牘立誠編一卷　（清）汪廷珍訂　清嘉慶八年（1803）刻本　一册

340000－1882－0001430　1732
日本維新三十年史十二編附錄一編　（日本）東京博文館編輯　清光緒二十九年（1903）鉛印本　一册　存附錄三十年間國勢進步表

340000－1882－0001431　1767
膏丹丸散一卷　（清）□□撰　清光緒二十六年（1900）抄本　一册

340000－1882－0001432　1809
經書字音辨要九卷　（清）楊名飏編輯　清道光二十七年（1847）令德堂刻本　二册

340000－1882－0001433　1745
痘疹定論四卷　（清）朱純嘏編輯　清金谿玉蘭堂刻本　三册

340000－1882－0001434　1770
彙選良方九卷　（清）□□撰　清抄本　一册　存五卷（一至五）

340000－1882－0001435　1692
重刊五百家注音辯昌黎先生文集四十卷　（唐）韓愈撰　清刻本　十六册

340000－1882－0001436　1700
重訂外科正宗十二卷　（明）陳實功撰　清嘉慶十三年（1808）刻本　四册

340000－1882－0001437　1644
說文分韻易知錄五卷首一卷　（清）許巽行纂　清光緒五年（1879）刻本　八册

340000－1882－0001438　1671
勸誡牧令文一卷　（清）胡廷幹撰　清刻本　一册

340000－1882－0001439　1717

四書纂韻歸部總字二卷　(清)許台元輯　清刻本　一册

340000－1882－0001440　1715
籌餉事例條款一卷　(清)□□編　清咸豐元年(1851)刻本　一册

340000－1882－0001441　1768
藥性及各科治病方合輯不分卷　(清)□□抄　清抄本　一册

340000－1882－0001442　1716
詠古題對帖體詩鈔二卷　(清)朱培文撰　清道光十八年(1838)刻本　一册

340000－1882－0001443　1707
曾太傅毅勇侯傳略一卷　(清)黎庶昌撰　清刻本　一册

340000－1882－0001444　1806
十三經集字摹本不分卷　(清)彭玉雯纂　清道光二十九年(1849)刻本　八册

340000－1882－0001445　1769
内外科襍方不分卷　(□)□□撰　清抄本　一册

340000－1882－0001446　1764
三家醫案合刻三卷　(清)吳金壽纂修　清刻本　一册　存二卷(中至下)

340000－1882－0001447　1805
十三經集字音釋四卷　(清)黄蕙田音釋　清同治九年(1870)西山刻本　四册

340000－1882－0001448　1725
闡幽集一卷　(□)□□撰　清刻本　一册

340000－1882－0001449　1802
禮記精義六卷首一卷　(清)黄淦纂　清嘉慶八年(1803)刻本　二册

340000－1882－0001450　1760
婦嬰至寶六卷　(清)亟齋居士編　(清)徐尚惠輯　清同治五年(1866)刻本　一册

340000－1882－0001451　1804
周易補義六卷　(清)史褒注　清光緒十七年(1891)趙氏聚星堂刻本　二册

340000－1882－0001452　1807
時藝引二卷時藝階六卷　(清)路德評選　清道光刻本　八册

340000－1882－0001453　1763
絳雪園古方選註不分卷　(清)王子接註　**絳雪園得宜本草一卷**　(清)王子接註　清刻本　一册

340000－1882－0001454　1737
詩文六種合刻六卷　(清)釋乘戒等撰　清刻本　一册

340000－1882－0001455　1800
尚書七篇解義二卷　(清)李光地撰　清刻本　一册　存一卷(一)

340000－1882－0001456　1734
繪圖拳術點穴法一卷附傷藥方一卷　(清)□□撰　清手寫本　一册

340000－1882－0001457　1743
喉科指掌六卷　(清)張宗良撰　清刻本　一册

340000－1882－0001458　1765
全體新論一卷　(英國)合信著　(清)陳修堂撰　清咸豐元年(1851)江蘇上海墨海書館刻本　一册

340000－1882－0001459　1759
婦嬰新説不分卷　(英國)合信　(清)管茂材撰　清咸豐八年(1858)上海仁濟醫館刻本　一册

340000－1882－0001460　1808
七家試帖輯注彙鈔七卷　(清)王延紹撰　(清)張熙宇輯評　(清)王植桂輯註　清光緒六年(1880)掃葉山房刻本　七册　存六卷(一至六)

340000－1882－0001461　1730
木本水源一卷　(清)三槐堂王氏輯　清抄本　一册

340000－1882－0001462　1713

秋圍聯詠一卷　(清)王夢湘等撰　清光緒刻本　一册

340000－1882－0001463　1798
禮記十卷　(元)陳澔集說　清同治五年(1866)江蘇金陵書局刻本　十册

340000－1882－0001464　1751
引痘略一卷　(清)邱熺輯　清光緒二十年(1894)刻本　一册

340000－1882－0001465　1755
達生編二卷　題(清)亟齋居士輯　清同治七年(1868)刻本　一册

340000－1882－0001466　1720
皇極梅花易數二卷　(宋)邵雍撰　清光緒十三年(1887)抄本　二册

340000－1882－0001467　1793
各科治病方雜抄一卷　(□)□□撰　清抄本　一册

340000－1882－0001468　1735
洪潮和通書一卷　(□)□□撰　清光緒十年(1884)繼成堂刻本　一册

340000－1882－0001469　1754
達生編二卷增補達生編一卷　題(清)亟齋居士撰　**痘證經驗遂生編一卷**　(清)莊一夔撰　(清)陳其泰校　**福幼編一卷**　(清)莊一夔撰　清同治五年(1866)刻本　一册

340000－1882－0001470　1749
痘疹活幼心法一卷　(明)聶尚恒撰　清文奎堂刻本　一册

340000－1882－0001471　1801
周易兼義九卷　(三國魏)王弼注　(唐)孔穎達正義　明崇禎四年(1631)毛氏汲古閣刻十三經註疏本刻本　八册

340000－1882－0001472　1788
普慈秘要二卷痲癥醫決一卷　(明)釋如惺纂輯　清抄本　一册

340000－1882－0001473　1761
集驗良方拔萃二卷　(清)恬素氏輯　清道光刻本　一册

340000－1882－0001474　1784
外科神效方一卷　(清)□□輯　清嘉慶十五年(1810)抄本　一册

340000－1882－0001475　1787
達生編二卷　(清)□□撰　清抄本　一册

340000－1882－0001476　1729
家禮備要一卷　(清)洪炘纂輯　清光緒十年(1884)刻本　一册

340000－1882－0001477　1843
國語二十一卷　(三國吳)韋昭解　(宋)宋庠補音　(明)穆文熙編纂　清姑蘇書業堂刻本　六册

340000－1882－0001478　1753
達生編二卷附錄一卷　題(清)亟齋居士撰　清嘉慶三年(1798)刻本　一册

340000－1882－0001479　1756
壽世編三種三卷　(□)□□撰輯　清嘉慶二年(1797)刻本　一册

340000－1882－0001480　1783
龔渭南先生外科摘要一卷　(清)龔渭南撰　清抄本　一册

340000－1882－0001481　1835
忠敬堂彙錄八卷附一卷　(明)胡煜撰　清光緒十三年(1887)刻本　二册

340000－1882－0001482　1712
字類標韻六卷　(清)華綱編　清乾隆五十八年(1793)刻本　一册

340000－1882－0001483　1789
怡堂散記金鏡錄合集一卷　(□)□□撰　清抄本　一册

340000－1882－0001484　1762
壽世良方四卷　(清)陳勱編輯　清光緒十四年(1888)刻本　一册

340000－1882－0001485　1794
各體文鈔一卷　(□)□□撰　清抄本　一册

340000－1882－0001486　1837
說文管見三卷　(清)胡秉虔撰　清同治十二年(1873)世澤樓刻本　一册

340000－1882－0001487　1748
重刻補遺秘傳痘疹玉髓金鏡録三卷首一卷　(明)翁仲仁輯　清刻本　二册

340000－1882－0001488　1834
孔子集語二卷　(宋)薛據纂　清光緒元年(1875)湖北崇文書局刻本　一册

340000－1882－0001489　1792
祝由科治病方一卷　(清)□□撰　清抄本　一册

340000－1882－0001490　1711
匡庵詩集六卷　(清)馬世俊著　清鉛印本　一册

340000－1882－0001491　1830
增補蘇批孟子二卷　(宋)蘇洵撰　(清)趙大浣增補　清道光六年(1826)朱墨套印刻本　二册

340000－1882－0001492　1842
陶淵明詩不分卷　(晉)陶淵明撰　清光緒元年(1875)影印本　二册

340000－1882－0001493　1791
三一教主林夏午尼氏先生卻病心法不分卷　(清)□□撰　清抄本　一册

340000－1882－0001494　1832
四大奇書第一種十九卷一百二十回首一卷　(明)羅貫中撰　清刻本　二十册

340000－1882－0001495　1833
瓊州雜事詩不分卷　(清)程秉銛撰　清光緒十四年(1888)刻本　一册

340000－1882－0001496　1841
墨子十五卷　(清)畢沅校注　清刻本　四册

340000－1882－0001497　1829
古文辭類纂七十四卷　(清)姚鼐集　清同治八年(1869)江蘇書局刻本　十二册

340000－1882－0001498　1790
大生要旨三卷　(清)唐千頃纂　清抄本　一册

340000－1882－0001499　1747
增補秘傳痘疹玉髓金鏡録四卷　(明)翁仲仁輯　清嘉慶二十一年(1816)姑蘇講德齋刻本　二册

340000－1882－0001500　1822
新民叢報彙編不分卷　梁啟超等編　清宣統元年(1909)普新瑞記書局石印本　七册　缺一册(五)

340000－1882－0001501　1828
甌北詩鈔不分卷　(清)趙翼撰　清乾隆五十年(1785)湛貽堂刻本　四册

340000－1882－0001502　1742
青雲詩集四卷　(清)楊逢春　(清)蕭應槐輯　清大文堂朱墨套印本　四册

340000－1882－0001503　1723
窮通寶鑑欄江網二卷增補月談賦一卷　(清)余春臺編輯　清末刻本　一册

340000－1882－0001504　1795
江蘇諮議局第一年度報告第二册　(清)江蘇諮議局編　清宣統鉛印本　一册

340000－1882－0001505　1803
翼聖堂重訂蘇老全硃批孟子二卷　(宋)蘇洵批點　清朱墨套印本　一册

340000－1882－0001506　1757
壽世編三種三卷附三種三卷　(□)□□撰　清刻本　一册

340000－1882－0001507　1840
孔子編年五卷　(宋)胡仔撰　清嘉慶二十三年(1818)刻本　二册

340000－1882－0001508　1752
引痘略一卷　(清)邱熺輯　清光緒五年(1879)刻本　一册

340000－1882－0001509　1836
南山全集十六卷　(清)戴名世撰　清光緒十

六年(1890)刻本　八冊

340000－1882－0001510　1785
跌打損傷治療方一卷　(□)□□撰　清抄本　一冊

340000－1882－0001511　1819
著作林第三期　(清)陳栩編　清光緒刻本　一冊

340000－1882－0001512　1839
與古齋琴譜四卷　(清)祝鳳喈撰　清刻本　一冊　存一卷(二)

340000－1882－0001513　1831
初唐四杰文集二十一卷　(清)項家達輯　清光緒五年(1879)淮南書局刻本　三冊

340000－1882－0001514　1823
新民叢報彙編不分卷　梁啟超等編　清光緒三十三年(1907)普新端記書局石印本　八冊

340000－1882－0001515　1796
書札文啓摘抄不分卷　(清)□□撰　清抄本　一冊

340000－1882－0001516　1864
四書經註集證十九卷　(清)吳昌宗撰　清嘉慶三年(1798)江都汪氏刻本　十六冊

340000－1882－0001517　1826
二銘艸堂金石聚十六卷　(清)張德容輯　清同治十一年(1872)衢州張氏二銘草堂刻本　十六冊

340000－1882－0001518　1860
海國圖志一百卷　(清)魏源撰　**海國圖志續集二十五卷**　(英國)麥高爾著　清光緒二十一年(1895)上海書局石印本　九冊　存七十七卷(海國圖志一至三、七至十五、三十至三十五、五十九至六十九、七十八至一百,續集二十五卷)

340000－1882－0001519　1863
中俄合約一卷　(清)尊聞閣主識　清光緒七年(1881)鉛印本　一冊

340000－1882－0001520　1820
興華萬年策不分卷　(英國)李提摩太命意　清光緒二十九年(1903)刻本　一冊

340000－1882－0001521　1862
皇朝經濟報不分卷　(清)汪紹芬輯　清光緒二十五年(1899)刻本　一冊

340000－1882－0001522　1827
文選六十卷　(南朝梁)蕭統撰　(唐)李善注　清乾隆三十七年(1772)葉氏刻朱墨套印本　二十四冊

340000－1882－0001523　1721
益智圖二卷　(清)童叶庚撰　清光緒四年(1878)虎林任有容齋刻本　一冊　存一卷(二)

340000－1882－0001524　1844
史外八卷　(清)汪有典撰　清乾隆十三年(1748)刻本　八冊

340000－1882－0001525　1846
孔子集語十七卷　(清)孫星衍撰　清光緒刻本　四冊

340000－1882－0001526　1848
仁学一卷　(清)譚嗣同撰　清末鉛印本　一冊

340000－1882－0001527　1698
宛陵先生文集六十卷　(宋)梅堯臣撰　清宣統二年(1910)石印本　十冊

340000－1882－0001528　1861
己丑恩科十八省正副榜同年全錄不分卷　(□)□□撰　清光緒十五年(1889)刻本　二冊

340000－1882－0001529　1852
大清中外壹統輿圖三十一卷首一卷　(清)鄒世詒等編　清同治二年(1863)石印本　六冊

340000－1882－0001530　1740
新增繡像玉歷鈔傳警世不分卷　(清)澹癡尊者講說　清同治十二年(1873)刻本　二冊

340000－1882－0001531　1875
望溪先生文集十八卷集外文十卷集外文補遺

二卷年譜一卷年譜附録一卷　(清)方苞撰　(清)戴鈞衡編　清咸豐元年(1851)桐城戴鈞衡刻本　十四册

340000－1882－0001532　1865
老子章義二卷　(周)李耳撰　(清)姚鼐注　清同治九年(1870)吳氏刻本　一册

340000－1882－0001533　1838
法言十卷　(漢)揚雄撰　清嘉慶刻本　一册

340000－1882－0001534　1855
明史紀事本末八十卷　(清)谷應泰撰　清同治十三年(1874)江西書局刻紀事本末五種本　二十册

340000－1882－0001535　1845
重刊李扶九原選古文筆法百篇二十卷首一卷　(清)李扶九輯　(清)黄仁黼注　清光緒八年(1882)善化黄氏刻本　六册

340000－1882－0001536　1874
望溪集不分卷　(清)方苞撰　清乾隆十一年(1746)程崟刻本　七册

340000－1882－0001537　1851
百本書齋藏書三種　(清)王貞撰　清同治十一年(1872)百本書齋刻本　一册

340000　1882　0001538　1880
讀書雜志餘編二卷　(清)王念孫撰　清道光十二年(1832)高郵王氏刻本　二册

340000－1882－0001539　1873
聖諭廣訓一卷　(清)聖祖玄燁撰　(清)世宗胤禛廣訓　清雍正二年(1724)刻本　一册

340000－1882－0001540　1882
子史精華一百六十卷　(清)允禄修　清雍正五年(1727)武英殿刻本　四十八册

340000－1882－0001541　1817
金剛經直解一卷　(清)守雲子輯　清光緒五年(1879)新安味經山房刻本　一册

340000－1882－0001542　1885
紫石泉山房文集十二卷詩鈔三卷　(清)吳定撰　清光緒十三年(1887)黟縣李氏刻本　五册

340000－1882－0001543　1888
節壽集不分卷　(清)方國屏　(清)汪澐錄　清光緒三十三年(1907)石印本　一册

340000－1882－0001544　1879
續資治通鑑二百二十卷　(清)畢沅編　清刻本　五十二册　存一百八十九卷(四至十五、二十六至四十二、四十七至五十四、五十九至七十九、八十三至八十六、九十一至一百四十、一百四十四至二百二十)

340000－1882－0001545　1877
全唐詩三十二卷　(清)曹寅等校輯　清光緒十三年(1887)上海同文書局石印本　三十二册

340000－1882－0001546　1858
禮記十卷或問五卷　(清)汪烜撰　**廣傳遺書錄一卷**　(清)振儒社編次　清同治十三年(1874)常郡曲水書局木活字印安徽獻書本　十六册

340000－1882－0001547　1886
國語二十一卷　(三國吳)韋昭解　(宋)宋庠補音　清乾隆五十一年(1786)刻本　六册

340000－1882－0001548　1872
隸釋二十七卷隸續二十一卷刊誤一卷　(宋)洪适撰　清同治十年(1871)洪氏晦木齋刻本　八册

340000－1882－0001549　1910
古文觀止十二卷　(清)吳留村鑒定　清刻本　六册

340000－1882－0001550　1883
西遊真詮一百回　(明)吳承恩撰　(清)陳士斌詮解　清康熙三十五年(1696)翠筠山房刻本　二十册

340000－1882－0001551　1884
朱子原訂近思錄十四卷　(宋)朱熹　(宋)呂祖謙編　(清)江永集注　清同治三年(1864)望三益齋刻本　四册

340000－1882－0001552　1856
康熙字典三十六卷附備考十二卷補遺十二卷　(清)張玉書　(清)陳廷敬總閱　(清)凌紹雯等纂修　清光緒八年(1882)石印本　一冊

340000－1882－0001553　1881
十三經集字摹本不分卷　(□)□□撰　清道光二十九年(1849)江右彭氏刻本　八冊

340000－1882－0001554　1887
新增繪圖幼學故事瓊林四卷首一卷　(清)程允升撰　(清)鄒聖脈增補　清上海章福記校石印本　一冊

340000－1882－0001555　1876
宋黃文節公全集九十四卷　(宋)黃庭堅撰　清光緒刻本　二十四冊

340000－1882－0001556　1897
詞律二十卷　(清)吳留村鑒定　清康熙二十六年(1687)尺木堂刻本　八冊

340000－1882－0001557　1904
癸巳類稿十五卷　(清)俞正燮撰　清道光十三年(1833)求日益齋刻本　八冊

340000－1882－0001558　1903
歷代名將事略不分卷　(清)陸軍部鑒定　清光緒三十四年(1908)鉛印本　一冊

340000－1882－0001559　1878
御製數理精蘊上編五卷下編四十卷表八卷　(清)梅㲄成撰　清光緒八年(1882)刻本　三十冊　存三十七卷(上編五卷、下編一至二十四、表八卷)

340000－1882－0001560　1894
紀效新書十八卷　(明)戚繼光撰　清道光二十一年(1841)虎林西泉氏刻本　六冊

340000－1882－0001561　1854
宋名臣言行錄續集八卷別集十三卷外集十七卷附一卷　(宋)李幼武纂　清刻本　八冊

340000－1882－0001562　1857
大清會典四卷　(清)仁宗顒琰續修　清同治十一年(1872)湖北崇文書局刻本　四冊

340000－1882－0001563　1891
湖州府水道圖說不分卷　(□)□□撰　清刻本　一冊

340000－1882－0001564　1815
積古齋鐘鼎彝器款識十卷　(清)阮元撰　清光緒上海中華圖書館石印本　六冊

340000－1882－0001565　1890
墨緣彙觀二種四卷　題(清)松泉老人編　清光緒鉛印本　四冊

340000－1882－0001566　1850
唐陸宣公奏議讀本四卷首一卷　(唐)陸贄撰　(清)汪銘謙編輯　清光緒石印本　二冊

340000－1882－0001567　1853
戰國策三十三卷附札記三卷　(漢)劉向撰　(漢)高誘注　清同治八年(1869)崇文書局刻本　五冊

340000－1882－0001568　1911
天演論二卷　(英國)赫胥黎造論　嚴復譯　清光緒刻本　二冊

340000－1882－0001569　1893
東洋史二卷　(日本)桑原隲藏著　樊炳清譯　清光緒二十九年(1903)石印本　四冊

340000－1882－0001570　1902
袁易齋先生圖民錄四卷　(清)袁守定撰　清同治十二年(1873)楊昌濬武林節署刻本　二冊

340000－1882－0001571　1908
忠雅堂文集三十卷　(清)蔣士銓著　清刻本　六冊

340000－1882－0001572　1913
望溪集不分卷　(清)方苞撰　清抄本　三冊

340000－1882－0001573　1889
韋蘇州全集十卷　(唐)韋應物撰　清宣統三年(1911)玉淵堂石印本　六冊

340000－1882－0001574　1901

誥授資政大夫倪公寓山行狀一卷　(清)張紹華撰　清光緒二十九年(1903)石印本　一冊

340000－1882－0001575　1896
紀效新書十八卷首一卷　(明)戚繼光撰　清嘉慶二十四年(1819)刻本　六冊

340000－1882－0001576　1919
方田通法補例六卷　(清)張作楠撰　清刻本　三冊

340000－1882－0001577　1867
林嚴文鈔四卷　林紓　嚴復撰　清宣統元年(1909)國學扶輪社石印本　四冊

340000－1882－0001578　1941
欽定平定陝甘新疆回匪方略□□卷　(清)朱學勤等纂　清鉛印本　九冊　存九卷(九十一至九十九)

340000－1882－0001579　1906
說文釋字二十卷補正一卷　(清)王筠撰　清光緒九年(1883)御風樓刻本　十六冊

340000－1882－0001580　1900
寫定尚書不分卷　(清)吳汝綸撰　清光緒十八年(1892)桐城吳氏家塾石印本　一冊

340000－1882－0001581　1916
培遠堂手札節存三卷　(清)陳宏謀著　清同治十三年(1874)刻本　三冊

340000－1882－0001582　1849
大清搢紳全書不分卷　(清)□□撰　清光緒三十年(1904)榮錄堂刻本　一冊

340000－1882－0001583　1907
九華山志十卷首一卷末一卷　(清)周贇纂修　(清)謝維喈重修　清光緒刻本　四冊　存五卷(三至五、七至八)

340000－1882－0001584　1927
中外地輿圖說集成一百三十卷首三卷　(清)同康廬編輯　清光緒二十年(1894)石印本　二十四冊

340000－1882－0001585　1909
五言今體詩鈔九卷七言今體詩鈔九卷　(清)姚鼐撰　清同治五年(1866)刻本　二冊

340000－1882－0001586　1937
貳臣傳十二卷逆臣傳四卷　(清)國史館編　清國史館刻本　十冊

340000－1882－0001587　1895
硯雲　(清)金忠淳輯　存五種十三卷(都公譚纂二卷、揮麈詩話一卷、敝帚齋餘談一卷、槎上老舌一卷、汴京勼異記八卷)

340000－1882－0001588　1925
南北史捃華八卷　(清)周嘉猷輯　清同治四年(1865)鑑止水齋刻本　四冊

340000－1882－0001589　1868
薦堇思報感蓼廢吟雨圖題辭一卷　(清)嚴濚等撰　清光緒二十一年(1895)刻本　二冊

340000－1882－0001590　1929
萬國史略五卷　(美國)彼德巴利撰　(清)陳壽彭譯　清光緒三十二年(1906)金陵江楚編譯官書局石印本　四冊

340000－1882－0001591　1899
陸清獻公莅嘉遺蹟二卷　(清)黃維玉編輯　清同治六年(1867)上海徐怡卿刻本　一冊

340000－1882－0001592　1922
曾文正公奏議十卷首一卷末一卷　(清)曾國藩撰　清同治十三年(1874)刻本　八冊

340000－1882－0001593　1939
春秋左傳杜林合注五十卷　(晉)杜預注　(宋)林堯叟注　(唐)陸德明音義　(明)吳興編輯　明萬曆刻本　十四冊

340000－1882－0001594　1931
歷代名儒傳八卷歷代循吏傳八卷首一卷　(清)朱軾　(清)蔡世遠訂　(清)李清植分纂　清光緒十五年(1889)刻本　六冊

340000－1882－0001595　1921
震川先生集三十卷　(明)歸有光著　清光緒六年(1880)常熟歸氏刻本　十四冊

340000－1882－0001596　1936

禹貢錐指二十卷圖一卷 (清)胡渭撰 清康熙四十四年(1705)刻本 十二册

340000－1882－0001597 1923
曾文正公事畧四卷 (清)王定安撰 清光緒元年(1875)刻本 二册

340000－1882－0001598 1918
鼎鍥趙田了凡袁先生編纂古本歷史大方綱鑑補三十九卷首一卷御撰資治通鑑綱目三編二十卷 (宋)劉恕外紀 (宋)金履祥前編 (明)袁黄編纂 清刻本 四十八册

340000－1882－0001599 1940
重刻昭明文選李善註 (南朝梁)蕭統撰 (唐)李善註 清乾隆海錄軒朱墨套印本 十六册

340000－1882－0001600 1924
三通序五卷 (清)周恭壽重刊 (清)王友光校 清道光十三年(1833)刻本 四册

340000－1882－0001601 1934
六書通十卷 (清)畢弘述纂訂 清康熙刻本 五册

340000－1882－0001602 1898
寰宇訪碑録十二卷 (清)孫星衍 (清)邢澍撰 **補寰宇訪碑録五卷失編一卷** (清)趙之謙纂集 清光緒十二年(1886)刻本 八册

340000－1882－0001603 1945
易經詮義十四卷首一卷 (清)汪烜集 清同治十二年(1873)木活字印本 十五册

340000－1882－0001604 1942
大清會典四卷 (清)托津等纂 清同治十一年(1872)湖北崇文書局刻本 四册

340000－1882－0001605 1955
綱鑑正史約三十六卷 (明)顧錫疇編 清乾隆二年(1737)刻本 十六册

340000－1882－0001606 1932
汪大紳文鈔四卷羅臺山文鈔四卷彭尺木文鈔六卷薛家三遺文附録一卷 (清)汪大紳等著 清宣統二年(1910)國學扶輪社鉛印本 六册

340000－1882－0001607 1948
曾文正公奏議補編四卷 (清)曾國藩撰 (清)薛福成編次 清同治十三年(1874)蘇郡刻本 二册

340000－1882－0001608 1847
癸卯新民業報彙編不分卷 (清)□□撰 清末鉛印本 三册

340000－1882－0001609 1935
欽定春秋傳説彙纂三十八卷首二卷 (清)王掞等纂修 清康熙刻本 二十四册

340000－1882－0001610 1938
官子譜三卷 (清)陶式玉輯 清康熙刻本 三册

340000－1882－0001611 1905
曾文正公文鈔四卷詩鈔四卷雜著四卷首一卷奏議十卷首一卷末一卷事略四卷 (清)曾國藩撰 清同治至光緒刻本 二十册

340000－1882－0001612 1920
子史精華一百六十卷 (清)吳士玉等編 清刻本 四十册 存一百十九卷(一至四十五、四十九至一百二十二)

340000－1882－0001613 1928
三通序三卷 (清)□□撰 清光緒十四年(1888)蔣氏求實齋刻本 三册

340000－1882－0001614 1953
東都事略一百三十卷 (宋)王稱撰 清刻本 一册 存三卷(一至三)

340000－1882－0001615 1950
異方便淨土傳燈歸元鏡三祖實錄二卷 (□)智達拈頌 (□)德日閱錄 清刻本 二册

340000－1882－0001616 1947
新評龍圖神斷公案十卷 (□)□□撰 清刻本 二册 存三卷(一、七至八)

340000－1882－0001617 1930
原富八卷 (英國)斯密亞當撰 嚴復譯 清刻本 八册

340000－1882－0001618　1954
唐宋八家文讀本三十卷　(清)沈德潛評點　清乾隆十五年(1750)刻本　十二册

340000－1882－0001619　1944
周易詮義十四卷首一卷　(清)汪烜著　清同治十二年(1873)安徽敷文書局刻本　十四册

340000－1882－0001620　1958
新譯十九世紀外交史　(日本)平田久著　(清)張相譯　清光緒二十八年(1902)史學齋刻本　四册

340000－1882－0001621　1956
出使奏疏二卷　(清)薛福成撰　清光緒二十年(1894)刻本　二册

340000－1882－0001622　1952
射鷹樓詩話二十四卷　(清)林昌彝輯　清咸豐刻本　八册

340000－1882－0001623　1951
經典釋文三十卷　(唐)陸德明撰　**經典釋文考證不分卷**　(清)盧文弨輯　清同治八年(1869)崇文書局刻本　十二册

340000－1882－0001624　1957
禹貢因一卷　(清)沈練註　清光緒十八年(1892)刻本　一册

340000－1882－0001625　1959
漢書蒙拾三卷後漢書蒙拾十卷　(清)杭世駿輯　清刻本　一册

340000－1882－0001626　1961
十朝東華錄二百十卷　王先謙編　清光緒二十五年(1899)石印本　三十二册

340000－1882－0001627　1946
婺源縣志六十四卷首一卷　(清)吴鶚總　(清)許兆衡纂　清光緒九年(1883)刻本　二十四册

340000－1882－0001628　1964
讀史方輿紀要一百三十卷　(清)顧祖禹輯著　清道光十一年(1831)敷文閣刻本　六十册

340000－1882－0001629　1949
六書通十卷　(明)閔齊伋撰　(清)畢弘述篆訂　清康熙刻本　四册　存八卷(一至四、七至十)

340000－1882－0001630　1972
大清律例纂修條例二卷　(清)黄册進撰　清乾隆四十三年(1778)抄本　二册

340000－1882－0001631　1943
龍穴墓圖一卷　(清)張質菴著　清道光十四年(1834)稿本　一册

340000－1882－0001632　1969
桐陰論畫三卷續桐陰論畫一卷桐陰畫訣一卷　(清)秦祖永著　清同治三年(1864)朱墨套印本　四册

340000－1882－0001633　1988
西湖志□□卷　(清)李衛等修　清乾隆刻本　十册　存二十六卷(十二至三十七)

340000－1882－0001634　1968
憑山閣增輯留青新集三十卷　(清)陳枚撰　(清)陳德裕增輯　清紫文閣刻本　十六册

340000－1882－0001635　1965
古文淵鑒六十四卷　(清)徐乾學等編注　清康熙二十四年(1685)刻本　三十二册

340000－1882－0001636　1973
新刊憲臺攷正少微通鑑全編□□卷　(宋)江贄撰　明刻本　七册　存十一卷(三至六、九至十三、十七至十八)

340000－1882－0001637　1981
廣金石韻府五卷　(清)林尚葵輯　清康熙九年(1670)周亮工賴古堂刻朱墨套印本　六册

340000－1882－0001638　1995
龍川文集三十卷附錄二卷　(宋)陳亮撰　**龍川文集辨訛考異二卷**　(清)胡鳳丹纂輯　清光緒元年(1875)湖北崇文書局刻本　十册

340000－1882－0001639　2004
池北偶談二十六卷　(清)王士禎著　清文粹堂刻本　八册

340000－1882－0001640　2002

程氏家塾讀書分年日程三卷　(元)程端禮述　清同治七年(1868)湖北崇文書局刻本　一冊

340000－1882－0001641　1997
三魚堂文集十二卷外集六卷附錄一卷　(清)陸隴其著　清康熙四十年(1701)琴川書屋刻本　六冊

340000－1882－0001642　1978
禹貢譜二卷　(清)王澍　(清)金詢考訂　清刻本　一冊

340000－1882－0001643　2001
鑑綱詠略八卷　(清)柯龍章輯注　清同治十二年(1873)歸安張氏刻本　八冊

340000－1882－0001644　1926
隨園刊書十種二十六卷　(清)袁枚撰　清刻本　七冊

340000－1882－0001645　1989
西湖遊覽志二十四卷志餘二十六卷　(明)田汝成撰　清光緒二十二年(1896)錢塘丁氏嘉惠堂刻本　十二冊

340000－1882－0001646　2018
歷代字法心傳一卷　(清)丁康輯　**正字千文一卷**　(清)李登編輯　清金陵奎壁齋刻本　一冊

340000－1882－0001647　1993
四書左國輯要二卷　(清)周龍官輯　清三餘堂刻本　二冊

340000－1882－0001648　2003
王陽明先生全集二十二卷首一卷　(明)王守仁撰　(清)俞嶙編　清康熙十二年(1673)刻本　二十二冊

340000－1882－0001649　1987
焦山志二十六卷首一卷　(清)吳雲輯　清同治十三年(1874)刻本　八冊

340000－1882－0001650　1994
卷施閣文甲集十卷乙集八卷詩集二十卷更生齋文甲集三卷附鮚軒詩八卷　(清)洪亮吉著　清刻本　十冊　缺二卷(卷施閣文甲集一至二)

340000－1882－0001651　1999
鄉黨圖考十卷　(清)江永著　清乾隆五十二年(1787)致和堂刻本　五冊

340000－1882－0001652　2014
六一居士全集五卷外集二卷　(宋)歐陽修撰　清刻本　四冊

340000－1882－0001653　2025
圭盦詩錄一卷　(清)吳觀禮撰　清光緒五年(1879)刻本　一冊

340000－1882－0001654　1990
四書考二十八卷考翼一卷　(明)陳仁錫撰　明崇禎刻本　二十五冊

340000－1882－0001655　2024
林嚴文鈔四卷　林紓　嚴復撰　清宣統元年(1909)國學扶輪社鉛印本　四冊

340000－1882－0001656　2032
盛世危言續編五卷　題(清)香山杞憂生輯　清光緒石印本　五冊

340000－1882－0001657　2019
文選六十卷　(南朝梁)蕭統撰　(唐)李善注　清羊城翰墨園朱墨套印本　十二冊

340000－1882－0001658　1998
補注洗冤錄集證四卷作吏要言一卷附一卷　(宋)宋慈撰　清道光刻本　六冊

340000－1882－0001659　2020
綱鑑正史約三十六卷　(明)顧錫疇撰　清同治八年(1869)刻本　二十冊

340000－1882－0001660　2040
三通序不分卷　(唐)杜佑撰　清光緒二十八年(1902)經元書局刻本　三冊

340000－1882－0001661　2042
諭摺彙存不分卷　(□)□□撰　清光緒石印本　十二冊

340000－1882－0001662　1992

歷代紀元部表二卷　(□)□□撰　清潛德堂刻本　一册

340000－1882－0001663　2000
莊子因六卷　(清)林雲銘撰　清乾隆二年(1737)刻本　六册

340000－1882－0001664　2026
紫雲峰唱和集一卷　(清)江峯青等撰　清刻本　一册

340000－1882－0001665　2031
史要增注七卷　(清)任啟運輯　清光緒石印本　四册

340000－1882－0001666　2007
畿輔水利議不分卷　(清)林則徐撰　清光緒二年(1876)刻本　一册

340000－1882－0001667　2016
明夷待訪錄一卷　(清)黄宗羲著　清新學書局刻本　一册

340000－1882－0001668　2039
讀史論略不分卷　(清)杜詔著　清同治五年(1866)刻本　一册

340000－1882－0001669　2030
隨園詩話補遺十卷　(清)袁枚著　清刻本　三册

340000－1882－0001670　1977
毛詩品物圖考七卷　(日本)岡元鳳纂輯　清末石印本　一册　存三卷(五至七)

340000－1882－0001671　1986
九華賦略四卷　(清)陳埥抄錄　清嘉慶刻本　二册

340000－1882－0001672　2045
光緒癸卯恩科鄉試十八省同年全錄不分卷　(□)□□撰　清光緒二十九年(1903)刻本　二册

340000－1882－0001673　2022
歷代史論十二卷　(明)張溥論正　**左傳論二卷**　(清)高士奇論正　**明史論四卷**　(清)谷應泰論正　清刻本　八册

340000－1882－0001674　2033
酉陽雜俎二十卷續十卷　(唐)段成式撰　清光緒三年(1877)刻本　六册

340000－1882－0001675　2068
祭文存稿不分卷　(□)□□撰　清抄本　一册

340000－1882－0001676　1991
二程子遺書纂二卷　(清)李光地輯　清刻本　二册

340000－1882－0001677　2041
貳臣傳十二卷　(□)□□撰　清琉璃廠半松居士刻本　十册

340000－1882－0001678　2063
壬辰蜀道雜詩不分卷　(清)路朝霖撰　清光緒十八年(1892)刻本　一册

340000－1882－0001679　2076
微尚齋詩集初編四卷續一卷　(清)馮志沂述　清同治三年(1864)刻本　一册

340000－1882－0001680　2059
嘉祐集二十卷　(宋)蘇洵著　清道光十二年(1832)刻本　四册

340000－1882－0001681　2038
[□□]松陽縣志□□卷　(□)□□撰　清刻本　四册　存八卷(五至十二)

340000－1882－0001682　2050
國語二十一卷札記一卷　(三國吳)韋昭注　清同治八年(1869)刻本　四册

340000－1882－0001683　2072
積古齋鐘鼎彝器款識十卷　(清)阮元　(清)朱爲弼編錄　清揚州阮元刻本　四册

340000－1882－0001684　2055
增補字學舉隅不分卷　(清)龍光甸　(清)黄本驥輯　(清)龍啟瑞增輯　清光緒十七年(1891)掃葉山房刻本　一册

340000－1882－0001685　2037
古列女傳八卷　(漢)劉向撰　清光緒三年(1877)湖北崇文書局刻本　一册　存二卷

(一至二)

340000－1882－0001686　2015
文廟通考七卷　(清)牛樹梅輯　清同治十一年(1872)刻本　二册

340000－1882－0001687　2062
周禮不分卷　(漢)鄭玄注　清刻本　二册

340000－1882－0001688　2029
半舫草堂賦略一卷　(清)翟鴻裁撰　清道光二十六年(1846)聽雪山房刻本　一册

340000－1882－0001689　1985
退思粗訂稿二卷　(清)朱文翰撰　清刻本　二册

340000－1882－0001690　2067
適園印印不分卷　(清)陳以龢輯　清宣統三年(1911)石印本　一册

340000－1882－0001691　2044
大清縉紳全書四卷新紳二卷　(清)□□撰　清光緒二十七年(1901)刻本　六册

340000－1882－0001692　2074
水流雲在館集蘇詩存一卷　(清)周天麟撰　清光緒十七年(1891)刻本　一册

340000－1882－0001693　2071
鄉黨圖考十卷　(清)江永著　清乾隆五十二年(1787)潛德堂刻本　四册

340000－1882－0001694　2070
小學弦歌八卷　(清)李元度輯　清光緒刻本　四册

340000－1882－0001695　2060
東洋史講義不分卷　(清)胡元吉撰　清末鉛印本　四册

340000－1882－0001696　2073
釋談章琴譜不分卷　(□)□□撰　清刻本　一册

340000－1882－0001697　2054
添修莫愁湖志一卷　(清)三山二水吟客撰　清刻本　一册

340000－1882－0001698　2058
詩經體註八卷　(清)高朝瓔撰　清文淵堂刻本　四册

340000－1882－0001699　2087
歐美政治要義十八卷　(清)戴鴻慈　(清)端方撰　清光緒刻本　四册

340000－1882－0001700　2046
國朝先正事略六十卷　(清)李元度纂　清同治五年(1866)刻本　二十四册

340000－1882－0001701　2049
戰國策三十三卷札記三卷　(漢)高誘注　清刻本　五册

340000－1882－0001702　2080
孔子家語十卷　(三國魏)王肅注　清狀元閣刻本　四册

340000－1882－0001703　2057
禮記增訂旁訓六卷　(元)陳澔撰　清墨潤堂刻本　六册

340000－1882－0001704　2036
老學庵筆記□□卷　(宋)陸游撰　清光緒三年(1877)湖北崇文書局刻本　一册　存五卷(一至五)

340000－1882－0001705　2053
莫愁湖志不分卷　題(清)醉吟館主人續纂　清光緒刻本　一册

340000－1882－0001706　2086
從政遺規二卷　(清)陳宏謀輯　清刻本　二册

340000－1882－0001707　2065
重刊補註洗冤錄集證六卷　(清)李觀瀾撰　清道光二十四年(1844)四色套印本　五册

340000－1882－0001708　2021
詞綜三十八卷　(清)朱彝尊輯　清刻本　十册

340000－1882－0001709　2061
周易不分卷　(□)□□撰　清光緒三年(1877)湖北崇文書局刻本　二册

340000－1882－0001710　2056
全本禮記體註十卷　（元）陳澔集說　（清）徐瑄補輯　清大文堂刻本　十册

340000－1882－0001711　1984
周禮不分卷　（漢）鄭玄注　清刻本　二册

340000－1882－0001712　2069
春秋左傳五十卷　（晉）杜預　（宋）林堯叟注釋　（唐）陸德明音義　清李光明莊刻本　十六册

340000－1882－0001713　2035
御覽闕史二卷　（唐）高彦休撰　清光緒三年（1877）湖北崇文書局刻本　一册

340000－1882－0001714　2085
梡鞠錄二卷　（清）朱祖謀編　清宣統元年（1909）刻本　二册

340000－1882－0001715　2010
續山東考古錄三十二卷　（清）葉圭綬述　清光緒八年（1882）山東書局刻本　四册

340000－1882－0001716　2079
宗忠簡公集七卷　（宋）宗澤撰　（清）胡鳳丹校　清同治八年（1869）退補齋刻本　二册

340000－1882－0001717　2034
鑑誡錄十卷　（五代）何光遠編　清光緒三年（1877）湖北崇文書局刻本　二册

340000－1882－0001718　2082
麻園遺集一卷硯廬初稿一卷　（清）謝焌樞撰　清宣統元年（1909）集成圖書公司鉛印本　一册

340000－1882－0001719　2078
說苑二十卷　（漢）劉向著　清刻本　四册

340000－1882－0001720　2094
思綺堂文集十卷　（清）章藻功撰註　清康熙刻本　二十册

340000－1882－0001721　2092
中龍記圖備考一卷　題（□）小山氏抄　清抄本　一册

340000－1882－0001722　2009
地球韻言四卷　（清）張士瀛撰　清光緒二十七年（1901）李光明莊刻本　二册

340000－1882－0001723　2105
御製圓明園圖詠二卷　（清）高宗弘曆撰　（清）張廷玉等注　清光緒十三年（1887）天津石印書屋石印本　二册

340000－1882－0001724　2081
錢牧齋文鈔不分卷　（清）錢謙益撰　清宣統元年（1909）國學扶輪社鉛印本　一册

340000－1882－0001725　1974
才調集十卷　（五代）韋縠集　清康熙四十三年（1704）述古齋刻本　四册

340000－1882－0001726　2100
板橋題畫一卷　（清）鄭燮著　清刻本　一册

340000－1882－0001727　2103
百行最先集桑梓錄詩□□卷　（清）王煥奎輯　清刻本　一册　存一卷（一）

340000－1882－0001728　2005
刑案匯覽六十卷首一卷末一卷拾遺備考一卷續增十六卷　（清）祝慶祺編　清同治八年（1869）刻本　八十册

340000－1882－0001729　2104
東周列國志二十三卷　（明）馮夢龍撰　清刻本　十二册

340000－1882－0001730　2093
彙纂功過格十二卷首一卷末一卷　（清）陳錫嘏輯　清刻本　八册

340000－1882－0001731　2109
戰國策十卷　（宋）鮑彪校注　（元）吳師道校　清末刻本　八册

340000－1882－0001732　2052
涑水記聞十六卷補遺一卷　（宋）司馬光撰　清光緒三年（1877）湖北崇文書局刻本　四册

340000－1882－0001733　2110
朱文公校昌黎先生文集四十卷外集十卷　（唐）韓愈撰　（宋）朱熹考異　（宋）王伯大

音釋　明萬曆天德堂刻本　十冊

340000－1882－0001734　2099
板橋詩抄六卷　（清）鄭燮撰　清刻本　四冊

340000－1882－0001735　2095
金石錄三十卷　（宋）趙明誠編著　清光緒刻本　四冊

340000－1882－0001736　2113
四大奇書第一種十九卷首一卷　（清）金聖嘆（清）毛宗崗評　清刻本　十八冊　存十八卷（一至四、六至十四、十六至十九，首一卷）

340000－1882－0001737　2111
六朝文絜箋注十二卷　（清）黎經誥箋注　清光緒十五年（1889）刻本　四冊

340000－1882－0001738　2098
聞式堂古文選釋八卷　（□）齊氏編　清刻本　二冊　存五卷（一至五）

340000－1882－0001739　2108
國語二十一卷　（三國吳）韋昭解　（宋）宋庠補音　清刻本　六冊

340000－1882－0001740　2084
新刊憲臺攷正少微通鑑全編資治通鑑全編二十一卷　（明）吉澄輯　明刻本　七冊　存十四卷（少微通鑑全編一至二、五至六、十六至十八，資治通鑑全編一至二、七至九、十三至十四）

340000－1882－0001741　2006
河洛精蘊内篇三卷外篇六卷　（清）江永撰　清乾隆刻本　四冊

340000－1882－0001742　2126
文選箋證三十二卷　（清）胡紹煐撰　清光緒十三年（1887）世澤樓刻本　十冊

340000－1882－0001743　2051
國語明道本攷異四卷　（清）汪遠孫撰　清刻本　一冊

340000－1882－0001744　2112
說文解字三十二卷　（清）段玉裁注　清光緒元年（1875）崇文書局刻本　十八冊

340000－1882－0001745　2107
海國圖志一百卷　（清）魏源撰　清光緒二年（1876）刻本　二十四冊

340000－1882－0001746　2119
癸巳存稿十五卷　（清）俞正燮撰　清光緒十年（1884）刻本　八冊

340000－1882－0001747　2120
元豐類稿五十卷首一卷　（宋）曾鞏撰　清光緒十六年（1890）漁浦書院刻本　十二冊

340000－1882－0001748　2097
楊椒山先生集八卷　（明）楊繼盛撰　清康熙三十七年（1698）刻本　一冊　存五卷（一至五）

340000－1882－0001749　2106
王先生十七史蒙求十六卷　（宋）王令撰　清康熙五十二年（1713）刻本　五冊　存十三卷（一至二、六至十六）

340000－1882－0001750　2131
瀚海十二卷　（明）陳繼儒編　（明）沈佳允輯　清光緒鉛印本　六冊

340000－1882－0001751　2145
周書五十卷　（唐）令狐德棻等撰　清光緒二十八年（1902）武林竹簡齋石印本　二冊

340000－1882－0001752　2096
韓詩外傳十卷　（漢）韓嬰著　清刻本　二冊

340000－1882－0001753　2124
日知錄集釋三十二卷栞誤二卷續栞誤二卷　（清）顧炎武撰　清同治八年（1869）刻本　十六冊

340000－1882－0001754　2146
隋書八十五卷　（唐）魏徵撰　清光緒二十八年（1902）武林竹簡齋石印本　六冊

340000－1882－0001755　2127
格物入門七卷　（美國）丁韙良撰　清同治七年（1868）刻本　七冊

340000－1882－0001756　2144
北齊書五十卷　（唐）李百藥撰　清光緒二十

八年(1902)武林竹簡齋石印本　二册

340000－1882－0001757　2102
最樂編正集六卷續集二卷　(明)高道淳輯　清同治十三年(1874)杭州樹德堂刻本　一册

340000－1882－0001758　2132
重訂事類賦三十卷補遺十四卷廣廣事類賦三十二卷　(宋)吳淑注　(明)華麟校　清道光二十二年(1842)經元堂刻本　十二册

340000－1882－0001759　2128
錦字箋四卷　(清)黄澐纂　清刻本　四册

340000－1882－0001760　2133
光緒丙午科優貢同年齒錄不分卷　(□)□□撰輯　清光緒刻本　四册

340000－1882－0001761　2143
魏書一百十四卷　(北齊)魏收撰　清光緒二十八年(1902)武林竹簡齋石印本　八册

340000－1882－0001762　2130
資治新書十四卷首一卷二集二十卷　(清)李漁撰　清經綸堂刻本　二十四册

340000－1882－0001763　2115
點勘記二卷省堂筆記一卷　(清)歐陽泉撰　清光緒四年(1878)江蘇書局刻本　二册

340000－1882－0001764　2173
石鐘山志十七卷首一卷　(清)李成謀　(清)丁義方輯　清刻本　七册　存十五卷(二至十六)

340000－1882－0001765　2138
晉書一百三十卷附音義三卷　(唐)太宗李世民撰　(唐)何超音義　清光緒二十八年(1902)武林竹簡齋石印二十四史本　八册

340000－1882－0001766　2047
綱鑑正史約三十六卷　(明)顧錫疇纂　明末刻本　二十册

340000－1882－0001767　2135
前漢書一百卷　(漢)班固撰　(唐)顔師古注　清光緒二十八年(1902)武林竹簡齋石印二十四史本　八册

340000－1882－0001768　2134
史記一百三十卷　(漢)司馬遷撰　(南朝宋)裴駰集解　清光緒二十八年(1902)武林竹簡齋石印二十四史本　八册

340000－1882－0001769　2088
重刻勁節樓圖紀二卷首一卷末一卷　(清)徐德原輯　清光緒十年(1884)徐氏刻本　一册　存二卷(一、首一卷)

340000－1882－0001770　2151
舊五代史一百五十卷　(宋)薛居正等撰　清光緒二十八年(1902)武林竹簡齋石印二十四史本　六册

340000－1882－0001771　2116
六朝文絜四卷　(清)許槤評選　(清)朱鈞校　清光緒三年(1877)讀有用書齋朱墨套印本　二册

340000－1882－0001772　2118
抄本詩不分卷　(□)□□撰　清抄本　一册

340000－1882－0001773　2122
平浙紀略十六卷　(清)秦緗業　(清)陳鐘英撰　清同治十二年(1873)浙江書局刻本　四册

340000－1882－0001774　2142
陳書三十六卷　(唐)姚思廉撰　清光緒二十八年(1902)武林竹簡齋石印二十四史本　一册

340000－1882－0001775　2147
南史八十卷　(唐)李延壽撰　清光緒二十八年(1902)武林竹簡齋石印二十四史本　六册

340000－1882－0001776　2149
舊唐書二百卷　(五代)劉昫撰　清光緒二十八年(1902)武林竹簡齋石印二十四史本　十六册

340000－1882－0001777　2152
五代史七十四卷　(宋)歐陽修撰　(宋)徐無黨注　清光緒二十八年(1902)武林竹簡齋石印二十四史本　二册

340000－1882－0001778　2148
北史一百卷　(唐)李延壽撰　清光緒二十八年(1902)武林竹簡齋石印二十四史本　八冊

340000－1882－0001779　2141
梁書五十六卷　(唐)姚思廉撰　清光緒二十八年(1902)武林竹簡齋石印二十四史本　二冊

340000－1882－0001780　2153
宋史四百九十六卷目錄三卷　(元)脱脱等撰　清光緒二十八年(1902)武林竹簡齋石印二十四史本　三十二冊

340000－1882－0001781　2156
元史二百十卷　(明)宋濂等修　清光緒二十八年(1902)武林竹簡齋石印二十四史本　十四冊

340000－1882－0001782　2140
南齊書五十九卷　(南朝梁)蕭子顯撰　清光緒二十八年(1902)武林竹簡齋石印二十四史本　二冊

340000－1882－0001783　2169
律賦揀金錄四卷　(清)朱一飛輯　清乾隆刻本　四冊

340000－1882－0001784　2150
唐書二百二十五卷釋音二十五卷　(宋)歐陽修撰　清光緒二十八年(1902)武林竹簡齋石印二十四史本　十六冊

340000－1882－0001785　2186
西京雜記二卷　(漢)劉歆撰　清乾隆五十二年(1787)刻本　一冊

340000－1882－0001786　2139
宋書一百卷　(南朝梁)沈約撰　清光緒二十八年(1902)武林竹簡齋石印二十四史本　六冊

340000－1882－0001787　2157
明史三百三十二卷　(清)張廷玉等撰　清光緒二十八年(1902)武林竹簡齋石印二十四史本　二十四冊

340000－1882－0001788　2155
金史一百三十五卷　(元)脱脱等撰　清光緒二十八年(1902)武林竹簡齋石印二十四史本　八冊

340000－1882－0001789　2162
宋書一百卷　(南朝梁)沈約撰　明崇禎七年(1634)琴川毛氏汲古閣刻本　十二冊

340000－1882－0001790　2165
古詩源十四卷　(清)沈德潛撰　清康熙竹嘯軒刻本　一冊

340000－1882－0001791　2089
濂洛關閩六先生傳一卷　(清)羅惇衍編　清刻本　一冊

340000－1882－0001792　2048
[光緒]重修安徽通志三百五十卷補遺十卷　(清)沈葆楨編　清光緒刻本　一百二十冊　存二卷(補遺九至十)

340000－1882－0001793　2193
玉谿生詩詳注三卷首一卷　(唐)李商隱撰　(清)馮浩編　清刻本　四冊

340000－1882－0001794　2179
樊南文集詳註八卷　(唐)李商隱撰　(清)馮浩編訂　清同治七年(1868)刻本　四冊

340000－1882－0001795　2161
五代史七十四卷　(宋)徐無黨注　明崇禎三年(1630)毛氏汲古閣刻本　六冊

340000－1882－0001796　2175
雲樣集八卷　(清)高陳謨編　清乾隆刻本　一冊

340000－1882－0001797　2158
二十四史姓氏韻編六十四卷　(清)汪輝祖輯　清石印本　四冊

340000－1882－0001798　2160
史記一百三十卷　(漢)司馬遷撰　(明)陳仁錫評　明刻本　二十四冊

340000－1882－0001799　2191
東萊先生左氏博議二十五卷　(宋)呂祖謙撰　清道光十九年(1839)清吟閣刻本　四冊

340000－1882－0001800　2206
明季稗史彙編二十七卷　題（清）留雲居士輯　清光緒二十二年（1896）上海圖書集成局鉛印本　五册　缺四卷（二十四至二十七）

340000－1882－0001801　2168
文心雕龍輯注十卷　（南朝梁）劉勰撰　（清）黄叔琳輯注　清乾隆六年（1741）華亭姚培謙養素堂刻本　四册

340000－1882－0001802　2171
本草綱目五十二卷圖三卷　（明）李時珍撰　明萬曆二十四年（1596）刻本　一册　存金石部圖、金玉部圖、石部圖、草部山草圖、草部芳草圖、草部隰草圖、草部毒草圖

340000－1882－0001803　2121
御批歷代通鑑輯覽一百二十卷　（清）傅恒等纂　清同治十一年（1872）湖北崇文書局刻本　六十册

340000－1882－0001804　2180
徐騎省集三十卷徐集補遺一卷　（宋）徐鉉撰　清光緒十六年至十九年（1890－1893）黔南李宗煝刻本　八册

340000－1882－0001805　2182
十駕齋養新録二十卷餘録三卷　（清）錢大昕撰　清嘉慶刻本　八册

340000－1882－0001806　2178
曝書亭集八十卷附録一卷　（清）朱彝尊撰　清康熙刻本　九册

340000－1882－0001807　2184
陳檢討集二十卷　（清）陳維崧撰　（清）程師恭注　清康熙三十二年（1693）有養堂刻本　四册

340000－1882－0001808　2167
廣事類賦四十卷　（清）華希閔著　清刻本　六册

340000－1882－0001809　2170
十七史商榷一百卷　（清）王鳴盛撰　清刻本　二十四册

340000－1882－0001810　2177
欽定書經傳説彙纂二十一卷首二卷書序一卷　（清）王頊齡等輯　清雍正八年（1730）刻本　十二册

340000－1882－0001811　2195
大雲山房文稾初集四卷二集四卷　（清）惲敬著　清光緒十四年（1888）刻本　八册

340000－1882－0001812　2207
東萊先生十七史詳節一百九十六卷　（宋）呂祖謙撰　清光緒二十八年（1902）崇新書局石印本　三十二册

340000－1882－0001813　2164
重訂王鳳洲先生綱鑑會纂二十四卷　（明）王世貞撰　明刻本　十二册

340000－1882－0001814　2181
陸宣公集二十二卷　（唐）陸贄撰　清同治五年（1866）刻本　四册

340000－1882－0001815　2190
近取録二卷　題（□）醒夢居士撰　清光緒十六年（1890）刻本　一册

340000－1882－0001816　2200
毅齋查先生闡道集十卷末一卷　（清）查鐸著　清光緒十年（1884）刻本　四册

340000－1882－0001817　2194
樊南文集補編十二卷首一卷　（唐）李商隱撰　清同治五年（1866）刻本　四册

340000－1882－0001818　2192
小蒼山房文集三十五卷外集七卷　（清）袁枚撰　清刻本　十一册

340000－1882－0001819　2189
六朝文絜四卷　（清）許槤輯評　清道光五年（1825）錫羨堂刻本　一册

340000－1882－0001820　2246
補注黄帝内經素問二十四卷附一卷　（唐）王冰撰　清光緒三年（1877）刻本　七册

340000－1882－0001821　2196
禮記增訂旁訓六卷　（清）徐立綱辨體　清李

光明莊刻本　六冊

340000－1882－0001822　2183
目耕齋初集四卷二集四卷偶編五卷　(清)徐楷評註　清光緒十九年(1893)刻本　六冊

340000－1882－0001823　2217
字鑑五卷　(元)李文仲編　清嘉慶五年(1800)刻本　二冊

340000－1882－0001824　2199
山中白雲詞八卷　(宋)張炎著　清光緒八年(1882)刻本　二冊

340000－1882－0001825　2176
河東先生全集錄六卷　(唐)柳宗元撰　清康熙刻本　六冊

340000－1882－0001826　2205
永明壽禪師山居詩集附淨土詩不分卷　(□)延壽撰　清道光刻本　一冊

340000－1882－0001827　2136
後漢書一百二十卷　(南朝宋)范曄撰　(唐)李賢注　清光緒二十八年(1902)武林竹簡齋石印二十四史本　八冊

340000－1882－0001828　2172
本草綱目五十二卷圖三卷本草萬方針線八卷　(明)李時珍撰　(清)蔡烈先輯　清道光六年(1826)英德堂刻本　四十七冊

340000－1882－0001829　2188
唐宋詩舉要一卷　高步瀛撰　清末鉛印本　一冊

340000－1882－0001830　2231
欽定禮記義疏八十一卷首一卷　(清)允祿等纂　清尊經閣刻本　三十二冊　存五十五卷(一至三十七、四十九至六十五,首一卷)

340000－1882－0001831　2241
醫方集解三卷　(清)汪昂輯　清刻本　一冊

340000－1882－0001832　2229
詩經融註大全體要八卷　(清)沈世楷輯　(清)高朝瓔定　清刻本　四冊

340000－1882－0001833　2224
四書說苑十一卷首一卷補一卷　(清)孔應科輯　清道光刻本　四冊

340000－1882－0001834　2301
培遠堂手札節存三卷　(清)陳宏謀撰　清同治三年(1864)刻本　三冊

340000－1882－0001835　2228
欽定書經傳説彙纂二十一卷首二卷書序一卷　(清)王頊齡等撰　清同治十年(1871)崇文書局刻本　十二冊

340000－1882－0001836　2220
禮記十卷　(元)陳澔集說　清同治五年(1866)江蘇金陵書局刻本　十冊

340000－1882－0001837　2216
尚書十三卷　(漢)孔安國傳　(唐)陸德明音義　清刻本　四冊

340000－1882－0001838　2208
資治通鑑綱目正編五十九卷前編二十五卷續編二十七卷末一卷　(宋)朱熹撰　(清)陳仁錫評閱　清嘉慶九年(1804)刻本　四十二冊　存四十六卷(資治通鑑綱目正編一至十、二十一至三十,前編二十五卷,續編二)

340000－1882－0001839　2197
唐駢體文鈔十七卷　(清)陳均輯　清同治十二年(1873)萃文堂刻本　四冊

340000－1882－0001840　2204
可園詞存四卷　(清)陳作霖撰　清宣統刻本　一冊

340000－1882－0001841　2248
本草滙十八卷補遺一卷　(清)郭佩蘭輯　清康熙五年(1666)梅花嶼刻本　七冊

340000－1882－0001842　2219
儀禮十七卷　(漢)鄭玄注　(唐)陸德明音義　清光緒二十四年(1898)刻本　四冊

340000－1882－0001843　2137
三國志六十五卷　(晉)陳壽撰　(南朝宋)裴

松之注　清光緒二十八年(1902)武林竹簡齋石印二十四史本　四册

340000－1882－0001844　2215
書經六卷　(宋)蔡沈集傳　清嘉慶十年(1805)刻本　四册

340000－1882－0001845　2251
陳氏醫書十四種七十八卷　(清)陳念祖著　清橦藹書屋刻本　三十五册

340000－1882－0001846　2210
賦彙題解十卷　(清)杭世駿定　(清)倪一擎編　清乾隆二十三年(1758)刻本　四册

340000－1882－0001847　2223
標孟十四卷　(清)汪有光評　清光緒刻本　二册

340000－1882－0001848　2245
增訂本草備要七卷醫方集解六卷　(清)汪昂輯　清聚錦堂刻本　六册

340000－1882－0001849　2218
周官新義十六卷附二卷　(宋)王安石撰　清刻本　四册

340000－1882－0001850　2232
欽定禮記義疏八十二卷首一卷　(清)高宗弘曆敕纂　(清)允祿等纂　清同治十年(1871)湖北崇文書局刻本　四十八册

340000－1882－0001851　2174
洴澼百金方十四卷　(清)酒民編　清刻本　六册

340000－1882－0001852　2244
增訂本草備要六卷醫方集解六卷　(清)汪昂輯　清刻本　六册

340000－1882－0001853　2310
國朝文錄八十二卷　(清)李祖陶輯　清道光十九年(1839)瑞州府風儀書院刻本　六册　存十六卷(熊學士文集一卷、亭林文錄一至二、四照堂文錄一至二、湘帆堂文錄一、恥躬堂文錄一至二、壯悔堂文錄一至二、南雷文錄一至三、石莊先生文錄一至三)

340000－1882－0001854　2242
醫方集解三卷　(清)汪昂輯　清刻本　二册

340000－1882－0001855　2198
點勘記二卷　(清)歐陽泉撰　清光緒四年(1878)江蘇書局刻本　二册

340000－1882－0001856　2203
谷園著存一卷　題(清)谷園主人撰　清光緒刻本　一册

340000－1882－0001857　2163
庾子山集十六卷　(北周)庾信撰　(清)倪璠注　清刻本　七册　缺一卷(十六)

340000－1882－0001858　2250
錢氏小兒藥證直訣三卷附一卷　(宋)閻孝忠撰　清光緒十八年(1892)姚江黄氏五桂樓刻本　二册

340000－1882－0001859　2272
雷塘庵主弟子記八卷　(清)張鑑編　清刻本　一册

340000－1882－0001860　2238
醫學實在易八卷　(清)陳念祖著　清道光二十四年(1844)刻本　四册

340000－1882－0001861　2222
批檀弓二卷　(清)汪有光評　(清)汪有聲校　清光緒刻本　一册

340000－1882－0001862　2202
洪北江文集四卷　(清)洪亮吉撰　清宣統二年(1910)國學扶輪社鉛印本　二册

340000－1882－0001863　2237
醫門法律六卷　(清)喻昌著　清順治十五年(1658)刻本　七册

340000－1882－0001864　2247
黄帝内經素問校義一卷　(清)胡澍著　清光緒五年(1879)世澤樓刻本　一册

340000－1882－0001865　2214
文公家禮儀節八卷　(明)楊慎輯　明刻本　四册

340000－1882－0001866　2213
萬國史略四卷　(美國)彼德巴利撰　(清)呂海環纂定　清光緒二十八年(1902)上海文林書局石印本　一册

340000－1882－0001867　2235
蘭臺軌範八卷　(清)徐大椿撰　清乾隆刻本　四册

340000－1882－0001868　2209
冐絮錄一卷　(宋)趙叔向撰　**燕魏雜記一卷**　(宋)呂頤浩撰　**夾漈遺稿三卷**　(宋)鄭樵撰　(清)李調元注　清刻本　一册

340000－1882－0001869　2230
皇清經解一千四百九卷　(清)阮元輯　清道光九年(1829)廣東學海堂刻咸豐十一年(1861)補刻本　三百四十九册　存一千三百八十二卷(一至一百九十六、二百一至四百二十八、四百三十五至七百三、七百二十一至一千四百八,首一卷)

340000－1882－0001870　2225
家塾四書講義錄十六卷　(清)黄瑞輯　清刻本　五册

340000－1882－0001871　2240
醫學三字經不分卷　(清)李亞夫撰　清抄本　一册

340000－1882－0001872　2259
隨園隨筆十二卷　(清)袁枚撰　清同治五年(1866)大魁堂刻本　十册

340000－1882－0001873　2258
良方集腋二卷　(清)謝元慶編集　清道光二十二年(1842)留耕堂刻本　二册

340000－1882－0001874　1424
紫藤館詩鈔一卷　(清)梁九圖撰　清道光二十三年(1843)梁思問刻本　一册

340000－1882－0001875　2239
大生要旨五卷　(清)朱兆傳重刊　(清)朱淑芳校　清抄本　一册

340000－1882－0001876　2221
禮記省度四卷　(清)彭頤纂　清初刻朱墨套印本　二册

340000－1882－0001877　2212
東洋史要二卷　(日本)桑原騭藏著　清東文學社石印本　四册

340000－1882－0001878　2275
書法正傳十卷　(清)馮武編　清世豸堂刻本　四册

340000－1882－0001879　2277
翼梅八卷　(清)江永撰　清光緒七年(1881)群玉山房刻本　三册

340000－1882－0001880　2226
論語注疏解經二十卷　(三國魏)何晏集解　(宋)邢昺疏　清同治十二年(1873)刻本　六册

340000－1882－0001881　2267
管注合刻春雲閣尺牘四卷　(清)龔萼著　清光緒十年(1884)刻本　二册

340000－1882－0001882　2233
禮記十卷　(□)□□撰　清同治三年(1864)刻本　八册　存九卷(一、三至十)

340000－1882－0001883　2257
醫學心悟六卷　(清)程國彭撰　清光緒二十八年(1902)學庫山房刻本　四册

340000－1882－0001884　2252
驗方新編十六卷續編二卷　(清)鮑相璈輯　清狀元閣刻本　十册

340000－1882－0001885　2211
皇朝通志一百二十六卷　(清)嵇璜纂　清光緒二十七年(1901)上海圖書集成局石印本　十二册

340000－1882－0001886　2298
道古堂詩集二十六卷　(清)杭世駿撰　清刻本　六册

340000－1882－0001887　2236
蘭臺軌範八卷　(清)徐大椿撰　清乾隆二十九年(1764)刻本　二册

340000－1882－0001888　2256

刪註脈訣規正二卷　(清)沈鏡微註　清刻本　二冊

340000－1882－0001889　2294

史忠正公集四卷首一卷末一卷　(明)史可法撰　(清)史山清輯　清道光三十年(1850)刻本　四冊

340000－1882－0001890　2287

角山樓增補類腋六十七卷　(清)姚培謙　(清)張卿雲原本　(清)趙克宜增輯　清咸豐刻本　二十四冊

340000－1882－0001891　2286

文史通義內外篇八卷校讎通義三卷　(清)章學誠撰　清宣統三年(1911)廣益書局鉛印本　四冊

340000－1882－0001892　2291

龍川文集三十卷補遺一卷附錄二卷札記一卷　(宋)陳亮撰　清同治八年(1869)永康應氏刻本　十冊

340000－1882－0001893　2227

孟子注疏解經二十八卷　(宋)孫奭疏　清嘉慶刻本　五冊

340000－1882－0001894　2185

聖諭廣訓一卷　(清)聖祖玄燁撰　(清)世宗胤禛廣訓　清同治刻本　二冊

340000－1882－0001895　2288

紀文達公詩集十六卷首一卷文集十六卷　(清)紀昀撰　(清)紀樹馨編　清道光三十年(1850)刻本　八冊

340000－1882－0001896　2270

熙朝新語十二卷　(明)余金撰　清光緒元年(1875)如不及齋刻本　三冊

340000－1882－0001897　2293

四書小參一卷問答一卷　(明)朱斯行撰　清刻本　一冊

340000－1882－0001898　2290

台州叢書甲集　(清)宋世犖等撰　清臨海宋氏刻本　四冊

340000－1882－0001899　2274

端石擬二卷　(清)陳齡著　清同治十二年(1873)刻本　一冊

340000－1882－0001900　2255

圖註八十一難經辨真四卷　(戰國)秦越人著　(明)張世賢圖註　清刻本　二冊

340000－1882－0001901　2296

忠雅堂詩集二十七卷補遺二卷詞二卷　(清)蔣士銓撰　清紅杏山房刻本　六冊

340000－1882－0001902　2297

陳文恭公手札節要三卷　(清)陳宏謀撰　清同治七年(1868)刻本　一冊

340000－1882－0001903　2273

甌鉢羅室書畫過目考四卷首一卷附錄一卷　(清)李玉棻編　清光緒二十三年(1897)京都琉璃廠興盛齋刻本　四冊

340000－1882－0001904　2289

西湖遊覽志二十四志餘二十六卷　(明)田汝成撰　清刻本　十冊

340000－1882－0001905　2271

新齊諧二十四卷續十卷　(清)袁枚編　清刻本　八冊

340000－1882－0001906　2302

李文忠公榮哀錄不分卷　(□)□□撰輯　清光緒刻本　一冊

340000－1882－0001907　2261

國朝先正事略十二卷續編四卷　朱孔彰撰　(清)李元度纂　清光緒二十八年(1902)上海錦章書局石印本　八冊

340000－1882－0001908　2316

直隸河渠志一卷　(清)陳儀撰　清道光四年(1824)刻本　一冊

340000－1882－0001909　2254

圖註八十一難經辨真四卷圖註脈訣辨真四卷　(戰國)秦越人撰　(明)張世賢注　清刻本　四冊

340000－1882－0001910　2278

歐陽文忠公五代史抄二十卷　（宋）歐陽修撰　（明）茅坤評　明刻本　四冊

340000－1882－0001911　2260

池上草堂筆記二十四卷　（清）梁恭辰撰　清咸豐元年（1851）刻本　八冊

340000－1882－0001912　2678

孔子家語十卷　（三國魏）王肅注　清刻本　四冊

340000－1882－0001913　2285

輶軒語一卷　（清）張之洞撰　清光緒三年（1877）刻本　一冊

340000－1882－0001914　2262

通鑑擥要前編二卷正編十九卷續編八卷附錄一卷明史擥要八卷　（清）姚培謙　（清）張景星輯錄　清同治十二年（1873）刻本　十冊

340000－1882－0001915　2279

資治新書初集十四卷首一卷二集二十卷　（清）李漁輯　清光緒二十年（1894）上海圖書集成印書局鉛印本　十二冊

340000－1882－0001916　2315

鄉黨文正編不分卷　（清）江永撰　清山帶樓刻本　五冊

340000－1882－0001917　2346

雙池先生年譜四卷　（清）余龍光編　清同治五年（1866）刻本　二冊

340000－1882－0001918　2305

琴江同人贈別詩一卷　（清）潘尚志撰　清光緒二十年（1894）潘靜儉堂刻本　一冊

340000－1882－0001919　2299

菊壽盦詞稿四卷　（清）姚輝第撰　清末木活字印本　一冊

340000－1882－0001920　2292

陶齋吉金錄八卷　（清）端方撰　清光緒三十四年（1908）上海有正書局石印本　八冊

340000－1882－0001921　2308

讀史論略二卷　（清）杜詔撰　清光緒八年（1882）刻本　二冊

340000－1882－0001922　2300

蒿盦續稾三卷　（清）馮煦撰　清末刻本　一冊

340000－1882－0001923　2339

新書十卷　（漢）賈誼撰　清光緒元年（1875）浙江書局刻本　二冊

340000－1882－0001924　2355

歷代史論十二卷附左傳史論二卷宋史論三卷元史論一卷明史論四卷　（明）張溥撰　清光緒二十四年（1898）刻本　六冊

340000－1882－0001925　2341

司馬文正公集八十二卷　（宋）司馬光撰　清乾隆二十六年（1761）劉組曾刻本　七冊　存三十六卷（一至三、十四至四十六）

340000－1882－0001926　2330

鏡真山房試帖二卷　（清）張鳳翥撰　清同治二年（1863）刻本　二冊

340000－1882－0001927　2321

新鐫許真君玉匣記增補諸家選擇日用通書六卷　（晉）許遜撰　（清）奎壁主人增補　清康熙二十三年（1684）刻本　一冊

340000－1882－0001928　2372

筆生花三十二卷　（清）心如女史撰　清光緒上海申報館鉛印本　十六冊

340000－1882－0001929　2335

西湖秋柳詞一卷　（清）楊鳳苞撰　清光緒十年（1884）湖州楊氏春及軒刻本　一冊

340000－1882－0001930　2320

景岳全書六十四卷　（清）張介賓撰　（清）魯超訂　清文秀堂藏板刻本　二十四冊

340000－1882－0001931　2338

孝經不分卷　（唐）玄宗李隆基注　（唐）陸德明音義　清光緒十二年（1886）湖北官書處刻本　一冊

340000－1882－0001932　2342

元遺山詩集箋註十四卷首一卷末一卷　（元）

張德輝類次 （清）施國祁箋 清道光二年(1822)南潯蔣氏瑞松堂刻本 四冊

340000－1882－0001933 2353
空谷傳聲一卷 （清）汪鎏撰 清光緒八年(1882)李光明莊刻本 一冊

340000－1882－0001934 2329
楹聯叢話十卷續話二卷 （清）梁章鉅輯 清道光二十六年(1846)刻本 四冊

340000－1882－0001935 2344
四家賦鈔四卷 （清）吳錫麒等撰 清刻本 四冊

340000－1882－0001936 2340
五言今體詩鈔九卷七言今體詩鈔九卷 （清）姚鼐輯 清同治五年(1866)金陵書局刻本 二冊

340000－1882－0001937 2345
尺木堂綱鑑易知錄九十二卷明鑑十五卷 （清）周之炯等輯 清光緒三十一年(1905)商務印書館鉛印本 十六冊

340000－1882－0001938 2337
昌黎先生詩集注十一卷舊唐書本傳一卷年譜一卷 （唐）韓愈撰 清光緒九年(1883)應德堂刻本 一冊

340000－1882－0001939 2309
思詒堂詩稿十二卷 （清）金衍宗撰 清同治五年(1866)刻本 四冊

340000－1882－0001940 2352
散記續編一卷 （清）許豫和撰 清刻本 一冊

340000－1882－0001941 2314
嘐嘐言六卷 （清）郭柏蔭撰 清刻本 一冊

340000－1882－0001942 2322
司馬僊師水法一卷 （宋）劉潛撰 清抄本 一冊

340000－1882－0001943 2319
太師誠意伯劉文成公集二十卷首一卷 （明）劉基撰 清康熙劉元奇刻雍正萬里補刻乾隆栝芝南田果育堂刻本 二十冊

340000－1882－0001944 2328
西崑酬唱集二卷 （宋）楊億編 清嘉慶刻本 一冊

340000－1882－0001945 2371
清文彙書十二卷 （清）李延基撰 清乾隆六十年(1795)北京英華堂藏板刻本 六冊 存六卷(二、四至六、八、十二)

340000－1882－0001946 2306
胡藤圃雜著一卷 （清）胡朝賀撰 清光緒十二年(1886)刻本 四冊

340000－1882－0001947 2332
樵風樂府九卷 （清）鄭文焯撰 清刻本 一冊

340000－1882－0001948 2351
晉宋書故一卷 （清）郝懿行撰 清嘉慶二十一年(1816)刻本 一冊

340000－1882－0001949 2324
湖山雜詠不分卷 （清）王緯撰 清光緒二十年(1894)嘉惠堂刻本 二冊

340000－1882－0001950 2331
水雲樓詞二卷續一卷 （清）蔣春霖撰 清同治十二年(1873)刻本 一冊

340000－1882－0001951 2376
晝延年室詩稿二卷 （清）袁起撰 清同治三年(1864)刻本 一冊

340000－1882－0001952 2327
樊榭山房集外詩三卷 （清）厲鶚撰 清光緒十三年(1887)刻本 一冊

340000－1882－0001953 2379
[道光]休寧縣志二十四卷圖一卷 （清）何應松修 （清）方崇鼎纂 清道光三年(1823)刻本 十四冊 存十八卷(一至三、九至十一、十四至二十四,圖一卷)

340000－1882－0001954 2400
葉註青囊曾序二卷 （唐）曾求己撰 （清）葉滋榮註 清同治二年(1863)刻本 一冊

340000－1882－0001955　2325
嶺南三大家詩選二十四卷　(清)王隼編　清同治七年(1868)南海陳氏刻本　六冊

340000－1882－0001956　2326
樊榭山房文集八卷　(清)厲鶚撰　清乾隆刻本　二冊

340000－1882－0001957　2382
[嘉慶]黟縣志十六卷首一卷[道光]黟縣續志一卷　(清)吳甸華總修　(清)呂子玨　(清)詹錫齡同修　清同治十年(1871)刻本　十六冊

340000－1882－0001958　2388
燼餘草辛亥集一卷　(清)吳乃希撰　清光緒九年(1883)刻本　一冊

340000－1882－0001959　2386
小學千家詩人生必讀二卷　(清)余晦齋輯　清咸豐七年(1857)刻本　一冊

340000－1882－0001960　2398
漁洋山人精華錄十卷　(清)王世禛撰　(清)林佶編　清康熙三十九年(1700)刻本　四冊

340000－1882－0001961　2383
[同治]黟縣三志十六卷首一卷末一卷　(清)謝永泰修　(清)程鴻詔纂　清同治十年(1871)刻本　十六冊

340000－1882－0001962　2392
草字彙十二卷　(清)石樑編　清同治八年(1869)刻本　六冊

340000－1882－0001963　2391
篤素堂文集四卷澄懷園語四卷澄懷主人自訂年譜六卷　(清)張英撰　清光緒六年(1880)刻本　四冊

340000－1882－0001964　2375
赤雅三卷　(明)鄺露撰　清乾隆三十四年(1769)刻知不足齋叢書本　一冊

340000－1882－0001965　2397
春秋左傳杜注三十卷　(清)姚培謙撰　清道光七年(1827)朱墨套印本　十二冊

340000－1882－0001966　2394
韞真詩艸一卷　(清)李雲麟著　清光緒十年(1884)刻本　一冊

340000－1882－0001967　2381
[嘉慶]黟縣志十六卷首一卷[道光]黟縣續志一卷　(清)吳甸華總修　(清)呂子玨　(清)詹錫齡同修　清道光五年(1825)刻本　十四冊

340000－1882－0001968　2354
勾股淺述一卷　(清)梅沖撰　清嘉慶三年(1798)刻本　一冊

340000－1882－0001969　2393
春秋鈔十卷首一卷　(清)朱軾輯　(清)鄂彌達校　清乾隆元年(1736)刻本　二冊

340000－1882－0001970　2350
聲調譜三卷談龍錄一卷　(清)趙執信撰　清刻本　一冊

340000－1882－0001971　2395
唐人五言長律清麗集六卷　(清)徐曰璉　(清)沈士駿輯　清乾隆二十二年(1757)刻本　二冊

340000－1882－0001972　2385
陽羨名陶錄二卷續錄一卷扶風傳信錄一卷　(清)吳騫輯　清杭州愛日軒陸貞一刻本　一冊

340000－1882－0001973　2430
三國志六十五卷　(晉)陳壽撰　(南朝宋)裴松之注　清光緒十三年(1887)江南書局刻本　八冊

340000－1882－0001974　2405
國粹學報不分卷　(清)國粹學報社編輯　清光緒三十二年(1906)鉛印本　二十冊　存二十期(十七至二十、二十二至三十七)

340000－1882－0001975　2414
陳檢討詩鈔十卷詞鈔十二卷　(清)陳維崧撰　(清)蔣景祁等輯　清康熙刻本　四冊　缺三卷(詞鈔十至十二)

340000－1882－0001976　2396
歷代神仙通鑑三集二十二卷圖一卷　(清)徐衢述　清康熙刻本　十九册　存十八卷(首集一至四、八,二集九至十六,三集十七至二十一)

340000－1882－0001977　2374
質疑刪存三卷　(清)張宗泰撰　清光緒十八年(1892)聚學軒刻本　一册

340000－1882－0001978　2399
白圭堂詩鈔六卷續鈔六卷　(清)江之紀撰　清光緒十九年(1893)刻本　四册

340000－1882－0001979　2403
駢雅七卷訓纂十六卷首一卷　(明)朱謀㙔撰　(清)魏茂林訓纂　清刻本　八册

340000－1882－0001980　2419
[乾隆]歙縣志二十卷首一卷　(清)張佩芳修　(清)劉大櫆等纂　清乾隆刻本　六册　存十七卷(四至二十)

340000－1882－0001981　2416
[道光]祁門縣志三十六卷首一卷　(清)王讓修　(清)桂超萬纂　清道光七年(1827)刻本　六册　存三十二卷(一至十八、二十三至三十六)

340000－1882－0001982　2431
晉書一百三十卷　(唐)房玄齡等撰　明崇禎元年(1628)琴川毛氏汲古閣刻十七史本　二十四册　缺一卷(一百二十六)

340000－1882－0001983　2409
安徽同官録四卷　安徽藩經歷司輯　清光緒三十四年(1908)鉛印本　四册

340000－1882－0001984　2401
東周列國全志二十三卷　(明)馮夢龍編　(清)蔡元放評點　清乾隆十七年(1752)刻本　十二册

340000－1882－0001985　2390
新纂簡捷易明算法四卷　(清)沈士桂纂輯　清刻本　四册

340000－1882－0001986　2407
[光緒]重修安徽通志三百五十卷補遺十卷　(清)何紹基等總纂　(清)沈葆楨等總裁　清光緒四年(1878)刻本　一百八册　存三百四十六卷(一至三百四十六)

340000－1882－0001987　2406
國聞彙編六編　(清)□□輯　清光緒二十三年至二十四年(1897－1898)鉛印本　五册　存五編(一至三、五至六)

340000－1882－0001988　2428
後漢書一百卷　(南朝宋)范曄撰　(唐)李賢注　**續漢書志三十卷**　(晉)司馬彪撰　(南朝梁)劉昭注補　清光緒十三年(1887)金陵書局刻本　十六册

340000－1882－0001989　2565
庾子山集十六卷　(北周)庾信撰　(清)倪璠注釋　清道光十九年(1839)同文堂刻本　六册

340000－1882－0001990　2402
御纂周易折中二十二卷首一卷　(清)李光地等編　清康熙五十四年(1715)内府刻本　十二册

340000－1882－0001991　2427
後漢書一百三十卷　(南朝宋)范曄撰　(唐)李賢注　清同治十二年(1873)刻本　十六册

340000－1882－0001992　2429
三國志六十五卷　(晉)陳壽撰　(南朝宋)裴松之注　清同治十年(1871)成都書局刻本　十四册

340000－1882－0001993　2418
[康熙]歙縣志十二卷　(清)靳治荆等纂修　清康熙二十九年(1690)刻本　一册　存二卷(三至四)

340000－1882－0001994　2387
述學内篇三卷補遺一卷外篇一卷别録一卷　(清)汪中撰　清同治八年(1869)揚州書局刻本　二册

340000－1882－0001995　2432

晉書一百三十卷附音義三卷　(唐)房玄齡等撰　(唐)何超音義　清同治十年(1871)金陵書局刻本　二十四册

340000－1882－0001996　2425

前漢書一百卷　(漢)班固撰　(唐)顔師古注　清光緒十三年(1887)金陵書局刻本　十六册

340000－1882－0001997　2404

經典釋文三十卷　(唐)陸德明撰　清同治八年(1869)湖北崇文書局刻本　十册

340000－1882－0001998　2426

後漢書一百二十卷　(南朝宋)范曄撰　(唐)李賢註　**續志**　(晉)司馬彪撰　(南朝梁)劉昭註　清同治十年(1871)成都書局刻本　二十八册

340000－1882－0001999　2424

前漢書一百卷　(漢)班固撰　(唐)顔師古注　清同治十二年(1873)嶺東使署刻本　十六册

340000－1882－0002000　2420

[道光]黟縣志十六卷首一卷　(清)吴甸華修　(清)程汝翼等纂　清道光五年(1825)刻本　七册　存八卷(九至十六)

340000－1882－0002001　2422

史記一百三十卷　(漢)司馬遷撰　清光緒四年(1878)金陵書局刻二十四史本　十六册

340000－1882－0002002　2437

遼史一百十五卷　(元)托克托等修　清同治十二年(1873)江蘇書局刻二十四史本　十二册

340000－1882－0002003　2435

舊五代史一百五十卷　(宋)薛居正等撰　清同治十一年(1872)湖北崇文書局刻本　十六册

340000－1882－0002004　2373

讀史大略六十卷首一卷附一卷　(清)沙張白著　清光緒二十六年(1900)刻本　八册

340000－1882－0002005　2438

金史一百三十五卷　(元)托克托等修　清同治十二年(1873)江蘇書局刻二十四史本　二十四册

340000－1882－0002006　2412

説文引經攷二卷　(清)吴玉搢著　(清)駱騰鳳校訂　清道光元年(1821)儀徵程贊詠刻本　一册　存一卷(一)

340000－1882－0002007　2444

古烈女傳八卷　(漢)劉向撰　(明)黄魯曾贊　清嘉慶十一年(1806)顧氏刻本　一册

340000－1882－0002008　2436

周書五十卷　(唐)令狐德棻等撰　清同治十三年(1874)金陵書局刻二十四史本　四册

340000－1882－0002009　2434

五代史七十四卷　(宋)歐陽修撰　(宋)徐無黨注　清同治十一年(1872)湖北崇文書局刻二十四史本　八册

340000－1882－0002010　2433

唐書二百二十五卷　(宋)歐陽修等撰　清同治十二年(1873)浙江書局刻二十四史本　四十册

340000－1882－0002011　2562

小醉經室詩集六卷　(清)徐廷珍撰　清光緒十年(1884)江都徐氏刻本　二册

340000－1882－0002012　2447

意林五卷意林補遺一卷　(唐)馬總撰　(清)張海鵬增訂　清光緒三年(1877)湖北崇文書局刻本　二册

340000－1882－0002013　2443

高士傳三卷　(晉)皇甫謐撰　清光緒三年(1877)湖北崇文書局刻本　一册

340000－1882－0002014　2411

史通削繁四卷　(清)紀昀撰　清道光十三年(1833)兩廣節署刻朱墨套印本　四册

340000－1882－0002015　2450

[□□]李氏家乘□□卷末一卷　(□)□□撰修　清刻本　一册　存一卷(末一卷)

340000－1882－0002016　2410
安徽省城各學堂局所員紳職名表一卷　(清)□□撰　清末鉛印本　一册

340000－1882－0002017　2560
尚絅堂詩集五十二卷　(清)劉嗣绾撰　清同治八年(1869)刻本　八册

340000－1882－0002018　2441
子書百家一百種五百二卷　(清)湖北崇文書局輯　清光緒元年(1875)湖北崇文書局刻本　二十五册　一百十五卷(文中子一卷,胡子知言六卷、疑義一卷、附録一卷,薛子道論三卷,海樵子一卷,尉繚子二卷,素書一卷,心書一卷,管子書一至十一,鄧子一卷,尸子二卷,商子五卷,鬻子一卷,補鬻子一卷,計倪子一卷,於陵子一卷,子華子二卷,尹文子一卷,慎子一卷,公孫龍子一卷,鬼谷子一卷,鶡冠子三卷,牟子一卷,古今注三卷,叔苴子内篇五至六,叔苴子外編二卷,郁離子一卷,空同子一卷,海沂子五卷,金樓子一至三、首一卷,顔氏家訓二卷,劉子二卷,墨子十六卷、附篇目考一卷,陰符經一卷,關尹子一卷,抱朴子四卷,博物志十卷,續博物志十卷)

340000－1882－0002019　2561
南畇先生詩録二卷　(清)彭定求撰　清同治十二年(1873)刻本　一册

340000－1882－0002020　2442
周書五卷　(清)朱右曾集訓校釋　清光緒三年(1877)湖北崇文書局刻本　一册

340000－1882－0002021　2571
紅蕉詞一卷　(清)江標撰　清光緒十四年(1888)元和江氏師鄦室刻本　一册

340000－1882－0002022　2559
五言今體詩鈔九卷七言今體詩鈔九卷　(清)姚鼐撰　清同治五年(1866)金陵書局刻本　四册

340000－1882－0002023　2564
子良詩録七卷　(清)馮詢著　清刻本　二册

340000－1882－0002024　2573
甌北詩鈔五言古四卷七言古四卷五言律二卷七言律七卷絶句二卷　(清)趙翼撰　清同治十三年(1874)紅杏山房刻本　六册

340000－1882－0002025　2448
[義門]李氏上章宗譜八卷首一卷末一卷　(清)李際道等纂修　清嘉慶十五年(1810)刻本　二册　存二卷(首一卷、末一卷)

340000－1882－0002026　2454
[新安]張氏續修族譜□□卷　(明)□□修　明天啟黄伯符刻本　一册　存一卷(一)

340000－1882－0002027　2570
曾文正公文鈔四卷　(清)曾國藩撰　清同治十二年(1873)上洋醉六堂刻本　四册

340000－1882－0002028　2576
齋中讀書一卷　(清)胡肇昕撰　清光緒二十五年(1899)绩溪世澤樓刻本　一册

340000－1882－0002029　2440
子書百家五百二卷　(清)崇文書局輯　清光緒元年(1875)刻本　四十四册　存一百九十四卷(金樓子六卷,白虎通一至二,管子二十四卷,獨斷一卷,尹文子一卷,慎子一卷,公孫龍子一卷,鬼谷子一卷,鶡冠子三卷,焦氏易林三,商子五卷,鄧子一卷,尸子二卷,郁離子一卷,空同子一卷,海沂子五卷,叔苴子八卷,聱隅子二卷,懶真子五卷,廣成子一卷,牟子一卷,古今注三卷,胡子知言六卷、附録一卷、疑義一卷,薛子道論三卷,海樵子一卷,傅子一卷,續孟子二卷,文中子一卷,荀子三卷,風后握奇經一卷,六韜三卷,孫子三卷,吳子二卷,司馬法一卷,尉繚子二卷,素書一卷,心書一卷,何博士備論二卷,宋丞相李忠定公輔政本末一卷,韓非子二十卷,鬻子一卷,補鬻子一卷,計倪子一卷,於陵子一卷,子華子二卷,墨子十六卷,燕丹子三卷,玉泉子一卷,金華子二卷,博物志十卷,續博物志十卷,陰符經一卷,關尹子一卷,顔氏家訓二卷,劉子二卷,晏子春秋八卷)

340000－1882－0002030　2593

周官精義十二卷　(清)連斗山編次　清乾隆四十一年(1776)安徽官署刻本　六册

340000－1882－0002031　2595

儀禮商二卷附一卷　(清)萬斯大撰　清刻本　一册

340000－1882－0002032　2569

曾文正公詩集四卷文集四卷雜著四卷　(清)曾國藩撰　(清)李瀚章編輯　清同治十三年(1874)傳忠書局刻本　十册

340000－1882－0002033　2596

附釋音禮記注疏六十卷　(唐)孔穎達等撰　(唐)陸德明釋文　**附校勘記六十卷**　(清)阮元撰　(清)盧宣旬摘錄　清嘉慶二十年(1815)南昌府學刻重刊宋本十三經註疏附校勘記本　十九册

340000－1882－0002034　2600

禮記十卷　(元)陳澔撰　清同治五年(1866)金陵書局刻本　十册

340000－1882－0002035　2575

大雲山房文稿初集四卷二集四卷　(清)惲敬著　清光緒十四年(1888)湖北官書處刻本　四册

340000－1882－0002036　2594

儀禮十七卷正誤一卷　(漢)鄭玄注　(清)張爾岐句讀　清同治七年(1868)金陵書局刻十三經讀本本　六册

340000－1882－0002037　2567

衲蘇集二卷　(宋)蘇軾撰　(清)何栻纂　清同治元年(1862)刻本　二册

340000－1882－0002038　2574

周濂溪先生全集十三卷　(宋)周敦頤撰　(清)張伯行編輯　清光緒六年(1880)刻本　四册

340000－1882－0002039　2439

子書百家五百二卷　(清)崇文書局輯　清光緒元年(1875)湖北崇文書局刻本　九十八册

存四百三十八卷(荀子上,孔子家語十卷,風后握奇經一卷,六韜三卷,孫子三卷,吳子二卷,司馬法一卷,尉繚子二卷,素書一卷,心書一卷,何博士備論二卷,宋丞相李忠定公輔政本末一卷,燕丹子三卷,玉泉子一卷,金華子雜編二卷,山海經圖讚一卷,山海經補注一卷,拾遺記十卷,搜神記二十卷,搜神後記十卷,博物志十卷,續博物志十卷,述異記二卷,管子二十四卷,晏子春秋八卷,商子五卷,鄧子一卷,屍子集二卷,韓非子書二十卷,至遊子二卷,抱朴子内篇四卷,抱朴子外篇四卷,列子二卷,莊子列傳三卷,莊子闕誤一卷,道德經注四卷,陰符經一卷,關尹子一卷,尹文子一卷,慎子一卷,公孫龍子一卷,鬼谷子一卷,鶡冠子三卷,金樓子四至六,劉子二卷,顔氏家訓二卷,獨斷一卷,牟子一卷,古今注三卷,聱隅子二卷,懶真子五卷,廣成子解一卷,叔苴子内篇六卷,叔苴子外篇二卷,郁離子一卷,空同子一卷,海沂子五卷,太玄經十卷,焦氏易林二卷,鬻子一卷,補鬻子一卷,計倪子一卷,於陵子一卷,子華子二卷,墨子十六卷,呂氏春秋二十六卷,文中子一卷,傅子一卷,續孟子二卷,鬍子知言六卷、疑義一卷,薛子道論上篇三卷,海樵子一卷,孔子集語二卷,孔叢子二卷,新語二卷,忠經一卷,新書十卷,鹽鐵論二卷,新序十卷,說苑二十卷,揚子法言一卷,方言十三卷,潛夫論十卷,申鑒五卷,中論二卷,論衡三十卷,風俗通議十卷,淮南鴻烈解二十一卷)

340000－1882－0002040　2582

古文一隅三卷　(清)朱宗洛評選　清道光三十年(1850)刻本　一册

340000－1882－0002041　2592

周禮精華六卷　(清)陳龍標輯　清同治十三年(1874)刻十三經讀本本　六册

340000－1882－0002042　2599

禮記十卷　(元)陳澔集說　明刻本　十册

340000－1882－0002043　2587

小學弦歌八卷　(晉)束晳撰　清光緒五年(1879)刻本　四册

340000－1882－0002044　2605

春秋左傳綱目杜林詳註十四卷　（明）張岐然撰　清刻本　十册

340000－1882－0002045　2607

春秋公羊傳十一卷　（漢）何休撰　（唐）陸德明音義　清光緒三年（1877）刻本　四册

340000－1882－0002046　2602

周禮六卷　（漢）鄭玄注　（唐）陸德明音義　清嘉慶十一年（1806）清芬閣刻本　六册

340000－1882－0002047　2606

春秋公羊經傳解詁十二卷　（漢）何休撰　清道光四年（1824）刻本　四册

340000－1882－0002048　2610

董子春秋繁露十七卷附一卷　（漢）董仲舒撰　清光緒二年（1876）浙江書局據盧氏抱經堂本刻本　二册

340000－1882－0002049　2634

書經六卷　（宋）蔡沈集傳　清刻本　四册

340000－1882－0002050　2615

如西所刻諸名家評點春秋綱目左傳句解彙雋全書六卷　（明）孫鑛等重訂　清刻本　六册

340000－1882－0002051　2609

春秋增訂旁訓四卷　（清）徐立綱撰　清刻本　一册

340000－1882－0002052　2608

春秋指掌三十卷前二卷附二卷　（清）儲欣　（清）蔣景祁撰輯　清乾隆刻本　十二册　缺一卷（三十）

340000－1882－0002053　2572

斜川集六卷　（宋）蘇過撰　清道光七年（1827）刻本　二册

340000－1882－0002054　2603

春秋經傳集解三十卷年表一卷名號歸一圖二卷　（晉）杜預注　清刻本　十二册

340000－1882－0002055　2597

儀禮註疏六十三卷　（漢）鄭玄注　（唐）陸德明音義　（唐）孔穎達疏　清同治十年（1871）刻本　三十册

340000－1882－0002056　2446

意林五卷　（唐）馬總撰　清光緒三年（1877）湖北崇文書局刻本　二册

340000－1882－0002057　2445

春秋繁露十七卷　（漢）董仲舒撰　清光緒刻本　二册

340000－1882－0002058　2616

春秋集傳十六卷首一卷末一卷　（清）汪紱纂　清光緒二十一年（1895）刻本　二册　存十二卷（一至十二）

340000－1882－0002059　2626

易經八卷　（宋）程頤撰　清同治五年（1866）金陵書局刻本　四册

340000－1882－0002060　2598

禮記十卷　（元）陳澔集說　清博古堂刻本　十册

340000－1882－0002061　2613

春秋左傳三十卷首一卷　（晉）杜預注　（宋）林堯叟附注　（唐）陸德明音釋　（清）馮李驊集解　清光緒十二年（1886）刻本　十二册

340000－1882－0002062　2611

春秋左傳杜注三十卷首一卷　（清）姚培謙撰　清同治五年（1866）金陵書局刻本　十册

340000－1882－0002063　2449

［義門］李氏宗譜三十三卷首一卷末一卷　（清）李宏彪修　清雍正五年至十三年（1727－1735）刻本　一册　存一卷（首一卷）

340000－1882－0002064　2580

璇璣抉微五卷　（清）華善繼著　清刻本　四册

340000－1882－0002065　2631

詩經八卷詩序辨說一卷　（宋）朱熹集傳　清同治五年（1866）金陵書院刻本　五册

340000－1882－0002066　2630

詩經八卷　（宋）朱熹集傳　清光緒三年（1877）刻本　四册

340000－1882－0002067　2601
禮記十卷　(元)陳澔集注　清同治十一年(1872)湖南省尊經閣刻本　十册

340000－1882－0002068　2617
春秋公羊傳十一卷　(漢)何休撰　(唐)陸德明音義　清同治十年(1871)湖北崇文書局刻本　四册

340000－1882－0002069　2612
春秋經傳集解三十卷年表一卷名號歸一圖二卷　(晉)杜預注　清同治十三年(1874)江西書局刻本　十六册

340000－1882－0002070　2625
周易四卷　(宋)朱熹傳　清同治十三年(1874)江西書局刻本　二册

340000－1882－0002071　2579
浮邱子十二卷　(清)湯鵬撰　清同治四年(1865)刻本　四册

340000－1882－0002072　2628
周易觀象大指二卷　(清)李光地撰　清刻本　一册

340000－1882－0002073　2621
春秋穀梁傳十二卷　(晉)范甯集解　清同治七年(1868)金陵書局刻十三經讀本本　四册

340000－1882－0002074　2629
詩經八卷　(宋)朱熹集傳　清同治十三年(1874)江西書局刻本　四册

340000－1882－0002075　2624
禮記十卷　(□)□□撰　清同治十三年(1874)江西書局刻本　十册

340000－1882－0002076　2632
書經六卷首一卷末一卷　(宋)蔡沈集傳　清同治五年(1866)刻本　五册

340000－1882－0002077　2591
周禮註疏四十二卷　(漢)鄭玄注　(唐)賈公彦疏　(唐)陸德明音義　清同治十年(1871)刻本　十四册

340000－1882－0002078　2618
春秋公羊傳音訓不分卷　(□)□□撰　清刻本　二册

340000－1882－0002079　2604
左繡春秋經傳集解三十卷　(晉)杜預撰　(唐)陸德明音義　(宋)林堯叟附註　清文立堂刻本　十四册

340000－1882－0002080　2639
書經詮義十二卷首二卷　(清)汪烜輯　清光緒七年(1881)曲水書局刻本　十三册

340000－1882－0002081　2627
河洛精藴九卷　(清)江永著　清乾隆三十九年(1774)刻本　四册

340000－1882－0002082　2620
春秋穀梁傳音訓不分卷　(□)□□撰　清刻本　二册

340000－1882－0002083　2637
欽定書經傳説彙纂二十一卷首二卷書序一卷　(清)王頊齡等撰　清同治七年(1868)刻本　十二册

340000－1882－0002084　2614
左繡三十卷首一卷　(清)馮李驊　(清)陸浩輯評　清尺木堂刻本　十六册

340000－1882－0002085　2644
論語註疏解經二十卷　(三國魏)何晏集解　(宋)邢昺疏　明汲古閣刻本　四册

340000－1882－0002086　2657
附釋音春秋左傳註疏校勘記六十卷　(唐)孔穎達撰　(唐)陸德明釋文　清嘉慶二十年(1815)刻本　二十四册

340000－1882－0002087　2649
四書或問三十九卷　(宋)朱熹撰　清刻本　六册

340000－1882－0002088　2619
春秋穀梁傳十二卷　(晉)范甯集解　(唐)陸德明音義　清同治十年(1871)湖北崇文書局刻本　四册

340000－1882－0002089　2623

儀禮音訓不分卷　(□)□□撰　清刻本　二册

340000－1882－0002090　2578
風憲忠告一卷廟堂忠告一卷談龍錄一卷牧民忠告二卷　(元)張養浩撰　清刻本　一册

340000－1882－0002091　2651
四書集益六卷首一卷　(清)于光華編次　清乾隆五十二年(1787)刻本　六册

340000－1882－0002092　2663
爾雅直音二卷　(清)孫偘輯　清乾隆六十年(1795)天心閣刻本　二册

340000－1882－0002093　2622
周官精義十二卷　(清)連斗山編　清乾隆刻本　六册

340000－1882－0002094　2672
新加九經字樣一卷　(唐)唐玄度撰　清刻本　一册

340000－1882－0002095　2667
說文辨字正俗八卷　(清)李富孫學　清嘉慶刻本　四册

340000－1882－0002096　2659
爾雅三卷　(晉)郭璞注　(唐)陸德明音釋　清光緒十二年(1886)刻本　三册

340000－1882－0002097　2666
說文通檢十四卷首一卷末一卷　(清)黎永椿編　清刻本　二册

340000－1882－0002098　2687
御纂性理精義十二卷　(清)李光地等纂修　清刻本　四册

340000－1882－0002099　2653
學庸講義不分卷　(清)集虚齋口授　清抄本　一册

340000－1882－0002100　2668
說文辨疑一卷　(清)顧廣圻撰　清光緒三年(1877)刻本　一册

340000－1882－0002101　2671
急就篇四卷　(宋)王應麟撰　清刻本　三册　存三卷(一至三)

340000－1882－0002102　2685
戴琯戴珖分家書不分卷　(明)戴珖　(明)戴琯撰　明嘉靖十一年(1532)稿本　一册

340000－1882－0002103　2643
孝經一卷　(唐)玄宗李隆基注　**重刊宋紹熙公羊傳注附音本校記一卷**　(清)魏彥撰　清同治七年(1868)金陵書局刻本　一册

340000－1882－0002104　2691
中祀合編一卷　(□)□□撰　清刻本　一册

340000－1882－0002105　2646
孟子雜記四卷　(明)陳士元撰　清湖海樓刻本　一册

340000－1882－0002106　2633
書經六卷　(宋)蔡沈集傳　清同治十三年(1874)刻本　四册

340000－1882－0002107　2650
四書朱子本義匯參四十三卷首四卷　(清)王步青輯　(清)王士鼇編　清敦復堂刻本　三十二册

340000－1882－0002108　2658
爾雅三卷　(晉)郭璞注　(唐)陸德明音義　清嘉慶刻本　三册

340000－1882－0002109　2665
說文解字十五卷　(漢)許慎撰　清孫氏平津館刻本　十一册

340000－1882－0002110　2673
十三經集字摹本不分卷　(清)彭玉雯纂刊　清刻本　八册

340000－1882－0002111　2662
爾雅直音二卷　(清)孫偘輯　清乾隆六十年(1795)天心閣刻本　二册

340000－1882－0002112　2581
國朝文錄八十二卷　(清)李祖陶評點　清刻本　七册　存十七卷(南雷文錄一至三、榕村全集文選一至二、孫文定公文錄一至二、二林

居文錄一至二、石莊先生文錄一至三、鹿洲文錄一至三、水田居文錄一至二）

340000－1882－0002113　2654
周禮十二卷　（漢）鄭玄注　（唐）陸德明音義　清光緒十二年（1886）刻本　六冊

340000－1882－0002114　2669
段氏說文注訂八卷　（清）鈕樹玉撰　清同治十三年（1874）刻本　二冊

340000－1882－0002115　2656
詩經音訓不分卷　（清）楊國楨撰　清刻本　二冊

340000－1882－0002116　2661
爾雅蒙求二卷　（清）李拔式撰　清嘉慶三年（1798）刻本　二冊

340000－1882－0002117　2670
說文新附攷六卷續考一卷　（清）鈕樹玉撰　清同治十三年（1874）刻本　二冊

340000－1882－0002118　2641
孝經一卷孝經刊誤一卷　（唐）玄宗李隆基注　（唐）陸德明音義　（宋）朱熹雜撰　清光緒三年（1877）刻本　一冊

340000－1882－0002119　2635
書經精義彙鈔六卷　（清）陸錫璞撰　清道光刻本　六冊

340000－1882－0002120　2664
釋名四卷　（漢）劉熙撰　清吳氏璜川書屋刻本　一冊

340000－1882－0002121　2700
不可無竹居詩草四卷　（清）汪世澤撰　清刻本　一冊　存二卷（三至四）

340000－1882－0002122　2694
亦政堂重修考古圖十卷亦政堂重修宣和博古圖錄三十卷　（宋）呂大臨撰　清乾隆刻本　二冊　存五卷（考古圖六至八、宣和博古圖錄二十九至三十）

340000－1882－0002123　2688
金石摘不分卷　（清）陳善墀撰　清同治至光緒刻本　十三冊

340000－1882－0002124　2715
字類標韻六卷　（清）華綱輯　清光緒元年（1875）肄江五氏刻本　二冊

340000－1882－0002125　2636
附釋音尚書注疏二十卷　（漢）孔安國傳　（唐）陸德明音義　（唐）孔穎達疏　**附校勘記二十卷**　（清）阮元撰　（清）盧宣旬摘錄　清嘉慶二十年（1815）南昌府學刻本　六冊

340000－1882－0002126　2682
近思錄十四卷考訂朱子世家一卷　（清）江永撰　清咸豐三年（1853）醉經堂刻本　二冊

340000－1882－0002127　2696
紀文達公遺集文十六卷詩十六卷　（清）紀昀撰　（清）紀樹馨編　清嘉慶刻本　十二冊

340000－1882－0002128　2660
爾雅三卷　（晉）郭璞注　（唐）陸德明音義　清刻本　三冊

340000－1882－0002129　2686
經餘必讀八卷續編八卷經餘必讀三集四卷　（清）雷琳等輯　清光緒二年（1876）退補齋刻本　八冊

340000－1882－0002130　2714
佩文廣韻匯編五卷　（清）李元祺編輯　清同治十一年（1872）金陵書局刻本　二冊

340000－1882－0002131　2707
癸巳存稿十五卷　（清）俞正燮撰　清光緒十年（1884）刻本　六冊

340000－1882－0002132　2680
群經評議三十五卷　（清）俞樾撰　清同治十年（1871）刻本　十六冊

340000－1882－0002133　2704
宋元明詩約鈔三百首二卷　（清）冷昌言　（清）朱梓編　清刻本　二冊

340000－1882－0002134　2655
儀禮韻言二卷　（清）檀萃纂　清刻本　一冊　存一卷（下）

340000－1882－0002135　2693
農政全書六十卷　(明)徐光啟撰　清刻本　八冊　存二十九卷(三十二至六十)

340000－1882－0002136　2695
周易兼義九卷　(三國魏)王弼注　(唐)孔穎達正義　**周易音義一卷**　(唐)陸德明撰　清刻本　四冊　存六卷(二至三、六至九)

340000－1882－0002137　2713
爾雅補郭二卷　(清)翟灝學　清翟氏刻本　一冊

340000－1882－0002138　2699
絜春榭詩存一卷　(清)戴烜姒撰　清光緒三十一年(1905)石印本　一冊

340000－1882－0002139　2716
樊山集三十六卷　樊增祥撰　清光緒刻本　二十四冊

340000－1882－0002140　2681
經史序錄二卷甲子會記一卷　(清)吳承漸纂輯　(清)薛應旂編輯　清思訓堂刻本　三冊

340000－1882－0002141　2701
惕夫詩鈔三十二卷　(清)謝葵撰　清道光刻本　九冊

340000－1882－0002142　2725
春秋左傳杜注三十卷　(清)姚培謙學　清光緒十九年(1893)浙江書局刻本　十冊

340000－1882－0002143　2718
春秋左傳音訓不分卷　(清)楊國楨撰　清刻本　八冊

340000－1882－0002144　2703
玉谿生詩詳注三卷首一卷　(清)馮浩編　清刻本　四冊

340000－1882－0002145　2689
紫石泉山房文集文十二卷詩三卷　(清)吳定撰　清光緒十三年(1887)刻本　五冊

340000－1882－0002146　2647
中庸輯略二卷　(宋)石墪輯　清刻本　一冊

340000－1882－0002147　2702
紀文達公遺集三十二卷　(清)紀昀撰　清嘉慶刻本　十三冊

340000－1882－0002148　2706
徐孝穆全集六卷　(南朝陳)徐陵撰　(清)吳兆宜箋註　清刻本　四冊

340000－1882－0002149　2712
監本春秋穀梁註疏二十卷　(晉)范寧集解　(唐)楊士勛疏　**附校勘記二十卷**　(清)阮元撰　(清)盧宣旬摘錄　清嘉慶刻本　二冊

340000－1882－0002150　2638
書經詮義十二卷首二卷　(清)汪烜輯　清光緒七年(1881)曲水書局刻本　十三冊

340000－1882－0002151　2690
觀自得齋印集不分卷　(清)徐士愷藏並輯　清石埭徐士愷鈐印本　一百一張

340000－1882－0002152　2760
今體詩鈔注畧不分卷　(清)趙彥傳注　清同治八年(1869)補讀齋刻本　一冊

340000－1882－0002153　2768
益州名畫錄三卷　(宋)黃休復撰　**韓氏山水純一卷**　(宋)韓拙撰　清光緒七年(1881)刻本　一冊

340000－1882－0002154　2692
御纂朱子全書六十六卷　(宋)朱熹撰　(清)李光地纂　清淵鑒齋刻本　十一冊　存十七卷(三十三至三十四、五十二至六十六)

340000－1882－0002155　2825
書經體注大全合參六卷　(宋)蔡沈集傳　清雍正刻本　四冊

340000－1882－0002156　2717
毛詩註疏二十卷　(漢)毛亨傳　(漢)鄭玄箋　(唐)陸德明音義　(唐)孔穎達疏　明崇禎三年(1630)汲古閣刻十三經注疏本　二十冊

340000－1882－0002157　2722
詩經八卷　(宋)朱熹集傳　清光緒十九年(1893)刻本　四冊

340000－1882－0002158　2723
書經六卷　(宋)蔡沈集傳　清光緒十九年(1893)刻本　四册

340000－1882－0002159　2724
禮記十卷　(元)陳澔集説　清光緒十九年(1893)刻本　十册

340000－1882－0002160　2676
新鎸批評繡像後西遊記不分卷　(清)天花才子評點　清刻本　十二册

340000－1882－0002161　2727
新增説文韻府羣玉二十卷　(元)陰時夫編輯　(元)陰中夫編註　清刻本　十册　存十三卷(八至二十)

340000－1882－0002162　2761
四家賦鈔四卷　(清)顧元熙等撰　清刻本　四册

340000－1882－0002163　2648
四書章句集註十九卷　(宋)朱熹撰　清朱墨套印本　六册

340000－1882－0002164　2720
十三經注疏校勘記識語四卷　(清)汪文臺撰　清光緒三年(1877)江西書局刻本　二册

340000－1882－0002165　2729
續古文辭類纂三十四卷　王先謙輯　清光緒十年(1884)行素草堂刻本　六册

340000－1882－0002166　2711
春秋穀梁傳不分卷　(晉)范甯集解　明天啟元年(1621)烏程閔齊伋刻本　二册

340000－1882－0002167　2762
點勘記二卷省堂筆記一卷　(清)歐陽泉撰　清道光刻本　二册

340000－1882－0002168　2738
周書五十卷　(唐)令狐德棻撰　清同治十三年(1874)金陵書局刻二十四史本　四册

340000－1882－0002169　2719
周易四卷　(宋)朱熹本義　清光緒二十年(1894)刻本　二册

340000－1882－0002170　2767
群學肄言八卷　(英國)斯賓塞爾造論　嚴復翻譯　清光緒二十九年(1903)刻本　二册

340000－1882－0002171　2697
劍南詩鈔不分卷　(宋)陸游撰　(清)楊大鶴選　清光緒八年(1882)文苑山房刻本　六册

340000－1882－0002172　2730
古文詞略二十四卷　(清)梅曾亮編　清同治六年(1867)刻本　五册

340000－1882－0002173　2728
字彙十二卷首一卷末一卷　(明)梅膺祚集　明刻本　十三册

340000－1882－0002174　2739
南北史捃華八卷　(清)周嘉猷輯　清同治十一年(1872)南園寄社刻本　二册

340000－1882－0002175　2733
澄江餞別圖詠一卷　(清)桂鶩文撰　清刻本　一册

340000－1882－0002176　2743
黑龍江外紀八卷　(清)西清撰　清刻本　一册　存四卷(一至四)

340000－1882－0002177　2640
寄傲山房塾課纂輯書經備旨蔡注捷錄七卷首一卷　(清)鄒聖脈纂輯　清刻本　四册

340000－1882－0002178　2763
困學紀聞二十卷　(宋)王應麟撰　清刻本　二册

340000－1882－0002179　2766
從政遺規摘鈔二卷　(清)陳宏謀編　清同治七年(1868)刻本　二册

340000－1882－0002180　2710
周禮註疏四十二卷　(漢)鄭玄注　(唐)賈公彦疏　清汲古閣刻本　八册　存二十一卷(一至二十一)

340000－1882－0002181　2675
字學舉隅補正一卷　(清)龍光甸　(清)黃本驥輯　(清)龍啟瑞增輯　清光緒刻本　一册

340000－1882－0002182　2705
漁洋山人精華録十卷　(清)王士禛撰　(清)林佶編　清康熙刻本　四册

340000－1882－0002183　2764
合肥學舍札記十二卷　(清)陸繼輅撰　清光緒四年(1878)刻本　四册

340000－1882－0002184　2759
唐絶詩鈔注略二卷首一卷　(清)趙彦傳撰　清同治十二年(1873)刻本　二册

340000－1882－0002185　2765
澄懷園語四卷澄懷主人自訂年譜三卷　(清)張廷玉撰　清光緒六年(1880)刻本　二册

340000－1882－0002186　2674
字學舉隅不分卷　(清)龍光甸　(清)黄本驥輯　(清)龍啟瑞增輯　清道光刻本　一册

340000－1882－0002187　2740
新鐫鑑略四字書一卷　(清)王仕雲撰　清刻本　一册

340000－1882－0002188　2709
周官精義十二卷　(清)連斗山編　清乾隆四十一年(1776)刻本　六册

340000－1882－0002189　2749
龍莊遺書七種丨五卷　(清)汪輝祖纂　清江蘇書局刻本　六册

340000－1882－0002190　2750
地球韻言四卷　(清)張士瀛撰　清光緒二十三年(1897)刻本　二册

340000－1882－0002191　2742
海塘新志六卷續海塘新志四卷　(清)琅玕纂　清刻本　七册　存九卷(海塘新志一至五、續海塘新志四卷)

340000－1882－0002192　2797
芥子園畫傳四集四卷　(清)丁皋輯　清嘉慶二十三年(1818)刻本　一册　存一卷(四)

340000－1882－0002193　2737
後漢書一百三十卷　(南朝宋)范曄撰　(唐)李賢注　(南朝梁)劉昭補註　明崇禎十六年(1643)毛氏汲古閣刻本　二十册

340000－1882－0002194　2732
百老吟一卷續一卷三編一卷　錢溯耆輯　清宣統二年(1910)太倉錢氏聽邠館刻本　三册

340000－1882－0002195　2777
篤素堂文集四卷　(清)張英　**澂懷園語四卷澂懷主人自訂年譜六卷**　(清)張廷玉撰　清光緒刻本　四册

340000－1882－0002196　2708
書經六卷首一卷末一卷　(宋)蔡沈集傳　清光緒七年(1881)金陵書局刻本　四册

340000－1882－0002197　2780
補註洗冤録集證四卷　(宋)宋慈撰　清朱墨套印本　三册

340000－1882－0002198　2791
種棉五種　(□)□□撰　清石印本　一册

340000－1882－0002199　2770
神相全編十二卷首一卷　(宋)陳摶秘傳　清乾隆五十一年(1786)刻本　八册

340000－1882－0002200　2776
閲微草堂筆記二十四卷　(清)紀昀撰　清刻本　十二册

340000－1882－0002201　2758
吴摯甫文集四卷　(清)吴摯甫撰　清宣統元年(1909)石印本　五册

340000－1882－0002202　2774
分類字錦六十四卷　(清)何焯撰　清刻本　二十九册　存三十卷(五至七、十三、二十一、二十六至二十九、三十三、三十五、三十七至四十六、四十八至五十五、五十九)

340000－1882－0002203　2751
寒松閣詩八卷詞四卷　(清)張鳴珂撰　清光緒十九年(1893)刻本　三册

340000－1882－0002204　2741
[□□]**元和郡縣志四十卷**　(唐)李吉甫撰　(清)紀昀等纂修　清刻本　二册　存二十六卷(一至七、十五至三十三)

340000－1882－0002205　2769

汪龍莊夢痕錄餘一卷　題(清)臥雲居士重刊　清刻本　一册

340000－1882－0002206　2790

裨農最要三卷　(清)陳開沚述　清光緒二十三年(1897)刻本　一册

340000－1882－0002207　2731

六朝唐賦讀本二卷　(清)馬傳庚選注　清同治十三年(1874)京都馬氏玉燕書巢刻本　二册

340000－1882－0002208　2752

陶靖節詩集四卷附東坡和陶詩一卷　(晉)陶淵明撰　清刻本　一册

340000－1882－0002209　2775

妙法蓮華經八卷　(隋)釋闍那崛多　(隋)釋達摩笈多譯　清咸豐九年(1859)刻本　八册

340000－1882－0002210　2806

禮記不分卷　(□)□□撰　清刻本　四册

340000－1882－0002211　2785

讀史論斷二十卷　(清)洪亮吉撰　清光緒二十七年(1901)石印本　三册　存九卷(一至九)

340000－1882－0002212　2787

孝經注疏九卷　(宋)邢昺校　清嘉慶刻本　一册

340000－1882－0002213　2779

六祖大師法寶壇經不分卷　(唐)釋法海編集　清刻本　一册

340000－1882－0002214　2789

謝疊山先生文章軌範七卷　(宋)謝枋得撰　清朱墨套印本　二册

340000－1882－0002215　2793

柞蠶簡法不分卷　(清)徐瀾編輯　清宣統二年(1910)鉛印本　一册

340000－1882－0002216　2786

吾學錄初編二十四卷　(清)吳榮光撰　清光緒十年(1884)刻本　八册

340000－1882－0002217　2645

論語注疏解經二十卷　(三國魏)何晏集解　(宋)邢昺疏　**論語注疏校勘記二十卷**　(清)阮元撰　(清)盧宣旬摘錄　清嘉慶二十年(1815)南昌府學刻本　三册

340000－1882－0002218　2734

六如居士全集七卷補遺一卷六如居士外集六卷六如居士制藝一卷墨亭新賦一卷六如居士畫譜三卷花鳥聯吟四卷補一卷　(明)唐寅撰　(清)唐仲冕編　清刻本　六册

340000－1882－0002219　2748

富貴寶笈一卷　(清)雷文衍撰　清光緒石印本　一册

340000－1882－0002220　2800

參同契分節解三卷箋註分節解三卷　(漢)徐景休　(漢)魏伯陽撰　(元)陳致虛解　清刻本　二册

340000－1882－0002221　2794

安徽柞蠶傳習所試驗育柞蠶第一次報告書　(清)童祥熊撰　清末鉛印本　一册

340000－1882－0002222　2788

莊子因六卷　(清)林雲銘評述　清康熙刻本　三册

340000－1882－0002223　2783

鑑略補註一卷　(清)黃尚樞編　清光緒二十四年(1898)刻本　一册

340000－1882－0002224　2772

新刻註釋故事白眉十卷　(明)許以忠集　(清)許國球校　清康熙寶翰樓刻本　四册

340000－1882－0002225　2784

節本泰西新史攬要八卷　(英國)李提摩太譯　清光緒二十七年(1901)夢坡室刻本　二册

340000－1882－0002226　2753

松石齋詩續三卷　(清)周懋泰撰　清光緒刻本　一册

340000－1882－0002227　2802

易經如話十二卷首一卷　(清)汪紱撰　清光

緒二十二年(1896)刻本　六冊

340000－1882－0002228　2808
欽定春秋傳說彙纂三十八卷首二卷　(清)王掞等撰　(清)張廷玉等校　清同治十年(1871)湖北崇文書局刻本　二十冊

340000－1882－0002229　2817
資治通鑑外紀十卷目錄五卷　(宋)劉恕編集　清同治十年(1871)江蘇書局刻本　十冊

340000－1882－0002230　2782
楹聯叢話十二卷　(清)梁章鉅輯　清道光二十二年(1842)刻木　三冊　存九卷(一至九)

340000－1882－0002231　2814
唐寫本說文解字木部箋異一卷　(清)莫友芝撰　清同治二年(1863)刻本　一冊

340000－1882－0002232　2835
遜學齋詩抄十卷　(清)孫衣言撰　清同治三年(1864)刻本　二冊

340000－1882－0002233　2811
四書題鏡不分卷　(清)汪鯉翔纂述　清乾隆九年(1744)刻本　八冊

340000－1882－0002234　2819
左傳史論二卷　(清)高士奇撰　清刻本　一冊

340000－1882－0002235　2813
爾雅三卷　(晉)郭璞注　(唐)陸德明音義　清同治十三年(1874)刻本　四冊

340000－1882－0002236　2841
藏園詩鈔一卷　(清)蔣士銓撰　清光緒刻本　一冊

340000－1882－0002237　2829
四書類典賦二十四卷年譜一卷　(清)甘紱輯　清乾隆十一年(1746)刻本　八冊　存九卷(一至二、四至十)

340000－1882－0002238　2812
鄉黨便蒙二卷　(清)劉傳一撰　清道光刻本　一冊

340000－1882－0002239　2801
易經十二卷首一卷末一卷　(宋)朱熹本義　清同治四年(1865)刻本　四冊

340000－1882－0002240　2816
史記菁華錄六卷　(清)姚苧田撰　清道光四年(1824)刻本　六冊

340000－1882－0002241　2818
史鑑節要便讀六卷　(清)鮑東里編輯　清同治十二年(1873)刻本　二冊

340000－1882－0002242　2848
國朝文棟八卷　(清)胡嘉銓輯　清光緒十二年(1886)刻本　四冊

340000－1882－0002243　2834
徐騎省集三十卷補遺一卷　(宋)徐鉉撰　清光緒十九年(1893)黟南李宗煝刻本　七冊

340000－1882－0002244　2798
新刊邵康節先生心易卦梅花數　卷　(宋)邵雍撰　清抄本　一冊

340000－1882－0002245　2773
新增繪圖幼學故事瓊林四卷首一卷　(明)程登吉撰　(清)鄒聖脈增補　清石印本　一冊

340000－1882－0002246　2850
茂林賦鈔一卷二集一卷　(清)吳學洙編輯　清光緒刻本　四冊

340000－1882－0002247　2830
晏子春秋音義二卷校勘二卷　(清)孫星衍撰　(清)黃以周記　清刻本　二冊

340000－1882－0002248　2781
洗冤錄義證四卷　(清)剛毅編輯　清光緒十七年(1891)江蘇書局刻本　二冊

340000－1882－0002249　2833
劍南詩鈔不分卷　(宋)陸游撰　(清)楊大鶴選　清刻本　八冊

340000－1882－0002250　2880
昭昧詹言十八卷　(清)方東樹撰　清宣統元年(1909)安徽官紙印刷局鉛印本　四冊

340000－1882－0002251　2828
四書講義困勉錄三十七卷四書講義續困勉錄六卷　(清)陸隴其纂輯　(清)陸鏐編次　清康熙刻本　十五册

340000－1882－0002252　2820
明季稗史十六種二十七卷　題(清)留雲居士輯　清刻本　五册　存十三卷(嘉定屠城紀略一,幸存錄上、下,續幸存錄一,求野錄一,也是錄一,江南聞見錄一,粵游見聞一,賜姓始末一,兩廣紀畧一,東明聞見錄一,行在陽秋上、下)

340000－1882－0002253　2771
水鏡集四卷　題(清)右髻道人撰　清書業堂刻本　四册

340000－1882－0002254　2856
徐騎省集三十卷札記補遺一卷　(宋)徐鉉撰　清光緒十七年(1891)黟縣李氏刻本　六册

340000－1882－0002255　2796
天文圖說四卷　(英國)柯雅各撰　(美國)摩嘉立　(美國)薛承恩同譯　清光緒九年(1883)刻本　一册

340000－1882－0002256　2831
文選六十卷　(南朝梁)蕭統撰　(唐)李善注　清朱墨套印本　十二册

340000－1882－0002257　2849
四家賦鈔四卷　(清)景其濬撰　清咸豐刻本　三册　存三卷(有正味齋賦稿一、蘭修館賦稿一、簡學齋賦鈔一)

340000－1882－0002258　2824
[乾隆]重修鳳翔府志十二卷首一卷　(清)達靈阿等纂修　清乾隆刻本　六册　缺六卷(二至四、六至八)

340000－1882－0002259　2884
史記選六卷　(清)儲欣評　(清)徐永勳校訂　清刻本　二册

340000－1882－0002260　2855
薛敬軒先生文集十卷　(明)薛瑄撰　(清)張伯行訂　清同治五年(1866)正誼書院刻本　二册　存四卷(一至四)

340000－1882－0002261　2879
化學鑑原六卷化學分原八卷　(英國)韋而司　(英國)蒲陸山撰　(英國)傅蘭雅口譯　(清)徐壽　(清)徐建寅筆述　清刻本　六册

340000－1882－0002262　2876
世範三卷　(宋)袁采撰　明刻本　一册

340000－1882－0002263　2826
欽定禮記義疏八十二卷首一卷　(清)高宗弘曆敕撰　清刻本　二十册　存五十一卷(二至四、七至二十六、三十至五十七)

340000－1882－0002264　2837
春在堂詩編八卷詞錄三卷集文二卷續五卷　(清)俞樾撰　清同治刻本　六册

340000－1882－0002265　2885
陳臥垣子先生兵垣奏議二卷　(明)陳子龍撰　清宣統鉛印本　一册　存一卷(一)

340000－1882－0002266　2845
桐城吳氏古文讀本不分卷　(清)吳汝綸選　清光緒鉛印本　四册

340000－1882－0002267　2881
校邠廬抗議二卷　(清)馮桂芬撰　清光緒十年(1884)刻本　二册

340000－1882－0002268　2805
周禮節訓六卷　(清)黃崑圃原定　(清)姚培謙重訂　清李光明莊刻本　二册

340000－1882－0002269　2847
尺木堂古文觀止六卷　(清)吳乘權　(清)吳大職手錄　清康熙三十七年(1698)聚盛堂刻本　六册

340000－1882－0002270　2843
吟翠樓詩稿一卷　(清)孫佩蘭撰　清光緒刻本　一册

340000－1882－0002271　2889
聖訓一卷　(清)王執玉輯　清刻本　一册

340000－1882－0002272　2854
陳克齋先生集五卷　(宋)陳文蔚撰　(清)張伯行重訂　清同治五年(1866)正誼書院刻本　二冊

340000－1882－0002273　2803
周易姚氏學十六卷首一卷　(清)姚配中撰　清光緒三年(1877)湖北崇文書局刻崇文書局彙刻本　六冊

340000－1882－0002274　2860
織餘憁草一卷　(清)吳淑儀撰　清嘉慶刻本　一冊

340000－1882－0002275　2882
鄭齋芻論不分卷　(清)孫雄撰　清鉛印本　一冊

340000－1882－0002276　2840
倩影樓遺稿詩一卷詞一卷　(清)陸蒨撰　清同治刻本　一冊

340000－1882－0002277　2836
鵬南文鈔十六卷補遺十二卷　(清)胡嗣運撰　清光緒二十三年(1897)刻本　六冊　存十九卷(文鈔一至二、八至十六,補遺一至八)

340000－1882－0002278　2867
齊太史移居倡訓集四卷首一卷末一卷　(清)齊毓川編輯　清宣統二年(1910)石印本　一冊

340000－1882－0002279　2844
古文關鍵二卷　(宋)呂祖謙編　清同治退補齋刻本　一冊

340000－1882－0002280　2853
羅豫章先生文集十卷　(宋)羅從彥撰　(清)張伯行訂　清同治五年(1866)正誼書院刻本　三冊

340000－1882－0002281　2870
亭林文集六卷亭林詩集五卷　(清)顧炎武撰　清刻本　四冊

340000－1882－0002282　2852
居易錄三十四卷　(清)王士禎撰　清康熙刻本　十一冊　存三十一卷(四至三十四)

340000－1882－0002283　2897
我法集二卷　(清)紀昀撰　清嘉慶元年(1796)刻本　一冊

340000－1882－0002284　2894
四書典林三十卷四書古人典林十二卷　(清)江永編　清同治刻本　十二冊　存四十一卷(四書典林一至二十九、四書古人典林十二卷)

340000－1882－0002285　2883
勸學篇二卷　(清)張之洞撰　清光緒二十四年(1898)刻本　二冊

340000－1882－0002286　2804
詩經八卷　(宋)朱熹集傳　清同治五年(1866)金陵書局印本　五冊

340000－1882－0002287　2875
端綺集二十八卷　(清)黃奭輯　清道光二十三年(1843)清頌堂刻本　三冊

340000－1882－0002288　2901
詩經精義四卷首一卷末一卷　(清)黃淦緯纂　清刻本　二冊

340000－1882－0002289　2895
宋代五十六家詩集不分卷　(清)坐春書塾選輯　清宣統二年(1910)北京龍文閣石印本　六冊

340000－1882－0002290　2877
酉陽雜俎二十卷　(唐)段成式撰　清光緒三年(1877)湖北崇文書局刻本　四冊

340000－1882－0002291　2868
題襟館倡和集四卷　(清)許奉恩撰　清同治十一年(1872)兩淮運署刻本　二冊

340000－1882－0002292　2869
定盦文集三卷續集四卷文集補編四卷拾遺一卷定盦先生年譜一卷　(清)龔自珍撰　清宣統元年(1909)鉛印本　七冊

340000－1882－0002293　2823
帝王廟諡年諱譜一卷　(清)陸費墀撰　清績

溪刻本　一册

340000－1882－0002294　2842

藕絲詞四卷　(清)汪淵撰　清光緒七年(1881)新安茹古堂刻本　一册

340000－1882－0002295　2832

明史三百三十二卷目錄四卷　(清)張廷玉修　清乾隆四年(1739)武英殿刻二十四史本　一百二十册

340000－1882－0002296　2893

增訂釋義經書使用通考雜字二卷外一卷　(清)徐三省編輯　清刻本　二册

340000－1882－0002297　2864

擬兩晉南北史樂府二卷附鮚軒外集一卷　(清)洪禮吉撰　清光緒四年(1878)授經堂刻本　一册

340000－1882－0002298　2873

夢溪櫂謳二卷　(清)張崇蘭撰　清光緒二十三年(1897)刻本　一册

340000－1882－0002299　2900

書經六卷　(宋)蔡沈集傳　清光緒十二年(1886)掃葉山房刻本　四册

340000－1882－0002300　2887

南北史捃華八卷　(清)周嘉猷輯　清光緒刻本　四册

340000－1882－0002301　2866

水仙亭詞集二卷　(清)項瓆撰　清刻本　一册

340000－1882－0002302　2903

御纂醫宗金鑑九十卷首一卷　(清)吴謙(清)劉裕鐸總修　清道光四年(1824)刻本　六十册

340000－1882－0002303　2905

十一經音訓十三卷　(清)楊國楨撰　清光緒三年(1877)崇文書局刻本　十三册

340000－1882－0002304　2851－1

胡藤圃時文初集一卷二集一卷三集一卷雜著一卷　(清)胡朝賀撰　清刻本　八册

340000－1882－0002305　2886

大清律例增修統纂集成四十卷附二卷　(清)陶駿　(清)陶念霖增修　清咸豐九年(1859)刻本　二十四册

340000－1882－0002306　2936

國朝畫徵續錄二卷　(清)張庚撰　清石印本　一册

340000－1882－0002307　2938

西漢文選四卷　(清)儲欣評　清乾隆五十年(1785)二南堂刻本　二册

340000－1882－0002308　2896

八股文選錄不分卷　(□)□□撰　清抄本　二册

340000－1882－0002309　2933

禹貢因一卷　(清)沈練集注　清光緒十八年(1892)刻本　一册

340000－1882－0002310　2892

聖諭像解二十卷　(清)梁延平編輯　清光緒石印本　十册

340000－1882－0002311　2822

歷代紀元部表二卷　(清)江永撰　清乾隆刻本　一册

340000－1882－0002312　2937

漁洋山人精華錄箋注十二卷附一卷年譜一卷補註一卷　(清)金榮箋注　(清)徐淮纂輯　清刻本　八册

340000－1882－0002313　2932

史記選六卷　(清)儲欣評　清乾隆五十年(1785)刻本　四册

340000－1882－0002314　2904

資治通鑑綱目發明五十九卷　(宋)尹起莘撰　清刻本　四册

340000－1882－0002315　2935

國朝畫徵錄三卷續錄二卷　(清)張庚撰　清石印本　二册

340000－1882－0002316　2838

梅村文集二十卷　(清)吴偉業撰　清宣統鉛

印本　四册

340000－1882－0002317　2859
程一夔文乙集四卷　程先甲撰　清宣統二年(1910)刻本　一册　存二卷(一至二)

340000－1882－0002318　2926
嚶鳴館百疊集一卷　(清)孫點撰　清光緒十六年(1890)鉛印本　一册

340000－1882－0002319　2890
制義叢話二十四卷　(清)梁章鉅撰　清咸豐九年(1859)刻本　八册

340000－1882－0002320　2963
禹貢錐指節要一卷夏小正傳一卷　(清)汪獻玗述　清同治九年(1870)刻本　一册

340000－1882－0002321　2898
唐陸宣公奏議讀本四卷　(唐)陸贄撰　(清)汪銘謙編輯　(清)馬傳庚評點　清光緒二十六年(1900)會稽馬氏石印本　二册

340000－1882－0002322　2934
鄉黨圖考十卷　(清)江永編　清學源堂刻本　四册

340000－1882－0002323　2931
新鐫便蒙群珠雜字一卷　(□)□□撰　清古華樓刻本　一册

340000－1882－0002324　2871
鄱陽集四卷首一卷末一卷　(宋)洪皓撰　清同治九年(1870)三瑞堂刻本　一册

340000－1882－0002325　2913
江南鐵淚圖新編一卷　題(清)寄雲山人編　清刻本　一册

340000－1882－0002326　2922
紫雲山人詩鈔□□卷　(清)高鏞撰　清刻本　一册　存二卷(三至四)

340000－1882－0002327　2953
漢魏六朝百三家集一百十八卷　(明)張溥編選　清光緒十八年(1892)刻本　三十册　存四十三卷(漢褚先生集一卷、江醴陵集二卷、劉豫章集一卷、陸太常集一卷、王文憲集一卷、班蘭臺集一卷、崔亭伯集一卷、沈侍中集一卷、江令君集二卷、張河間集二卷、庾開府集二卷、魏特進集一卷、何記室集一卷、嵇中散集一卷、阮元瑜集一卷、魏劉公幹集一卷、應德連集一卷、應休連集一卷,成公子安集一卷、張孟陽集一卷、張景陽集一卷、郭弘農集二卷、劉越石集一卷、竟陵王集二卷、王寧朔集一卷、謝宣城集一卷、張長史集一卷、張詹事集一卷、王諫議集一卷、漢劉中壘集一卷、劉子駿集一卷、馮曲陽集一卷、荀侍中集一卷、李蘭臺集一卷、馬季長集一卷、蔡中郎集二卷)

340000－1882－0002328　2858
冷香閣詩草一卷　(清)張慧撰　清同治刻本　一册

340000－1882－0002329　2943
譚黔一卷　(清)陳明遠撰　清光緒鉛印本　一册

340000－1882－0002330　2821
毅齋查先生闡道集十卷末一卷　(清)查鐸撰　清光緒十六年(1890)刻本　四册

340000－1882－0002331　2930
科名捷訣一卷　(清)丁心齋撰　清同治八年(1869)刻本　一册

340000－1882－0002332　2921
瓊州雜事詩一卷　(清)程秉釗撰　清光緒十四年(1888)刻本　一册

340000－1882－0002333　2964
爾雅稗疏四卷　(清)繆楷述　清刻本　二册

340000－1882－0002334　2947
知白齋詩鈔四卷　(清)江人鏡撰　清光緒十九年(1893)刻本　二册

340000－1882－0002335　2912
游東筆記一卷　(清)章仲辰著　清末鉛印本　一册

340000－1882－0002336　3007
十駕齋養新錄二十卷餘錄三卷　(清)錢大昕

撰　清光緒二年(1876)浙江書局刻本　八册

340000－1882－0002337　2917
癸巳存稿十五卷　(清)俞正燮撰　清光緒十年(1884)刻本　六册

340000－1882－0002338　2946
松石齋詩草三卷　(清)周懋泰撰　清光緒鉛印本　一册

340000－1882－0002339　2972
證治要訣類方四卷　(明)戴元禮輯　明刻本　一册

340000－1882－0002340　2861
春盤吟等唱和詩集六卷　(□)□□撰　清刻本　一册

340000－1882－0002341　2902
本草綱目五十二卷奇經八脈攷二卷　(明)李時珍編輯　**本草萬方鍼線八卷**　(清)蔡烈先輯　**本草綱目拾遺十卷**　(清)趙學敏輯　清光緒十一年(1885)合肥張氏味古齋刻本　四十册

340000－1882－0002342　2941
重行行唱酬集一卷　(清)江峯青撰　清光緒刻本　一册

340000－1882－0002343　2919
後緹縈南曲不分卷　(清)汪宗沂編輯　(清)夏嘉穀評點　清光緒十一年(1885)刻本　一册

340000－1882－0002344　2914
昌黎先生集四十卷外集十卷遺文一卷　(唐)韓愈撰　(唐)李漢編　**韓集點勘四卷**　(清)陳景雲撰　清宣統二年(1910)石印本　十册

340000－1882－0002345　2910
花部農譚一卷　(清)焦循撰　清刻本　一册

340000－1882－0002346　3116
斆蓺齋詩存二卷附詩餘一卷　(清)鄒漢勛撰　清刻本　一册

340000－1882－0002347　3180
斜川集六卷　(宋)蘇過撰　清道光七年(1827)刻本　二册

340000－1882－0002348　2968
坤輿撮要問答四卷附一卷　(清)孫文楨撰　清光緒二十四年(1898)刻本　一册

340000－1882－0002349　2916
新纂氏族箋釋八卷　(清)熊峻運撰　清刻本　五册

340000－1882－0002350　2977
華氏中藏經二卷　(漢)華佗撰　清嘉慶刻本　一册

340000－1882－0002351　2911
五曹算經五卷　(北周)甄鸞撰　**夏侯陽算經三卷**　(□)夏侯陽撰　清刻本　一册

340000－1882－0002352　2918
佛說四十二章經解一卷　(明)釋智旭著　**佛遺教經解一卷**　(明)釋智旭述　**八大人覺經略解一卷**　(漢)安世高譯　(明)釋智旭解　清光緒十一年(1885)刻本　一册

340000－1882－0002353　3117
鹽溪漁唱一卷　(清)周光瑞撰　清末鉛印本　一册

340000－1882－0002354　3195
尚友錄二十二卷　(明)廖用賢編纂　(清)張鶴淵補輯　清刻本　二十册

340000－1882－0002355　3134
列國變通興盛記四卷　(英國)李提摩太撰　清光緒二十年(1894)鉛印本　一册

340000－1882－0002356　3128
吴歈百絕一卷　(清)蔡雲撰　清同治十一年(1872)刻本　一册

340000－1882－0002357　2726
增訂漢魏叢書八十六種四百五十三卷　(清)王謨輯　清乾隆五十六年(1791)金谿王氏刻本　九十二册　存四百七卷(易林四卷,易傳三卷,周易略例一卷,古三墳一卷,汲塚周書十卷,詩傳一卷,詩說一卷,韓詩外傳十卷,中說二卷,風俗通議四卷,人物志三卷,新論十卷,顏氏家訓二卷,參同契一卷,陰符經一卷,素書一卷,心書一卷,古今注三卷,毛詩草木鳥獸蟲魚疏二卷,風后握奇經一卷,大戴禮記十三卷,春秋繁露十七卷,白虎通四卷,獨斷一卷,忠經一卷,孝傳一卷,小爾雅一卷,方言十三卷,博雅十卷,釋名四卷,竹書紀年二卷,穆天子傳六卷,越絕十五卷,吳越春秋六卷,西京雜記六卷,漢武帝內傳一卷,飛燕外傳一卷,雜事秘辛一卷,巴志一卷,漢中志一卷,蜀志一卷,南中志一卷,公孫志一卷,劉先主志一卷,劉後主志一卷,大同志一卷,李志一卷,漢中士女志一卷,士女志梓潼一卷,西周後賢志一卷,序志一卷,序志後語一卷,十六國春秋一卷,前趙錄一卷,後趙錄一卷,前燕錄一卷,前秦錄一卷,後秦錄一卷,蜀錄一卷,前涼錄一卷,西涼錄一卷,北涼錄一卷,後涼錄一卷,後燕錄一卷,南涼錄一卷,南燕錄一卷,北燕錄一卷,西秦錄一卷,夏錄一卷,元經薛氏傳十卷,群輔錄一卷,英雄記抄一卷,高士傳三卷,連社高賢傳一卷,神仙傳五卷,孔叢二卷,詰墨一卷,新語二卷,新書十卷,新序十卷,說苑新序二十卷,淮南鴻烈解一至三、九至十一、十五至二十一,鹽鐵論十二卷,法言十卷,申鑒五卷,論衡三十卷,潛夫論十卷,中論二卷,博物志十卷,述異記二卷,續齊諧記一卷,搜神記八卷,搜神後記二卷,還冤記一卷,神異經一卷,海內十洲記一卷,洞宜記四卷,枕中書一卷,佛國記一卷,洛陽伽藍記五卷,三輔黃圖六卷,水經二卷,荊楚歲時記一卷,星經二卷,南方草木狀三卷,竹譜一卷,禽經一卷,古今刀劍錄一卷,鼎錄一卷,天祿閣外史八卷)

340000－1882－0002358　2973
竹林女科證治四卷　題(清)竹林寺僧撰　清光緒二十一年(1895)刻本　四冊

340000－1882－0002359　2949
醉盦詩鈔十一卷　(清)蔡清瀓撰　清光緒十四年(1888)刻本　一冊

340000－1882－0002360　2981
臨證指南醫案十卷　(清)葉桂撰　清乾隆刻本　十冊

340000－1882－0002361　2958
參同契經文直指八卷　(清)劉一明解　清光緒六年(1880)翼化堂刻本　三冊

340000－1882－0002362　2986
女科二卷產後編二卷　(清)傅山撰　清同治八年(1869)刻本　二冊

340000－1882－0002363　2991
三禮約編十九卷　(清)汪基抄撰　(清)江永校纂　清乾隆四年(1739)刻本　六冊

340000－1882－0002364　2948
草草廬駢體文鈔二卷　(清)俞樾撰　清道光刻本　一冊

340000－1882－0002365　2992
三禮約編十九卷　(清)汪基鈔撰　清敬堂刻本　八冊

340000－1882－0002366　2967
瀛寰志略十卷　(清)徐繼畬輯撰　清道光三十年(1850)刻本　四冊

340000－1882－0002367　2908
聖嘆秘書七種　(清)金聖嘆撰　清末證歸社叢刻鉛印本　一冊

340000－1882－0002368　2999
周書十卷逸文一卷　(清)朱右曾集釋　清光緒三年(1877)刻本　二冊

340000－1882－0002369　2907
癸巳存稿十五卷　(清)俞正燮撰　清光緒十年(1884)刻本　八冊

340000－1882－0002370　2988
蘇文忠公詩集五十卷目錄二卷　(宋)蘇軾撰　(清)紀昀評點　清同治八年(1869)韞玉山房刻本　十二冊

340000－1882－0002371　2978
痘痳定論二卷　(清)朱純嘏著　(清)徐安瀾增補　清光緒九年(1883)刻本　二冊

340000－1882－0002372　2975

時病論八卷　(清)雷豐撰　清光緒刻本　四册

340000－1882－0002373　2985
醫方湯頭歌括不分卷　(清)汪昂編輯　清刻本　一册

340000－1882－0002374　2990
孝經刊誤不分卷　(宋)朱熹刊誤　(清)程一礎重訂　清刻本　一册

340000－1882－0002375　2906
五子近思録十四卷　(清)汪佑編　清雍正三年(1725)刻本　四册

340000－1882－0002376　2993
新定三禮圖二十卷　(宋)聶崇義集注　清通志堂刻本　二册

340000－1882－0002377　2920
謙山詩鈔四卷　(清)朱鐘撰　清刻本　一册　存二卷(三至四)

340000－1882－0002378　2997
春秋句解六卷　(□)程篚輯訂　清乾隆四十年(1775)刻本　六册

340000－1882－0002379　2974
徐氏醫書八種十八卷　(清)徐靈胎撰　清光緒刻本　十二册

340000－1882－0002380　2989
説文字原一卷六書證偽五卷　(元)周伯琦撰　(明)胡正言訂篆　清刻本　六册

340000－1882－0002381　2857
洪北江文集四卷　(清)洪亮吉撰　清宣統二年(1910)國學扶輪社刻本　二册

340000－1882－0002382　3008
辨志文會初集□□卷　(清)葉意深等著　清光緒六年(1880)刻本　三册　存四卷(漢學、宋學、史學、算學)

340000－1882－0002383　2996
春秋集傳十六卷首一卷末一卷　(清)汪紱纂　清光緒二十一年(1895)刻本　四册

340000－1882－0002384　3004
鑑撮四卷　(清)曠敏編　清道光十九年(1839)刻本　四册

340000－1882－0002385　3014
廣事類賦四十卷　(清)華希閔著　(清)鄒兆升參　清康熙三十八年(1699)刻本　八册

340000－1882－0002386　3023
字學舉隅不分卷　(清)龍光甸　(清)黄本驥輯　(清)龍啓瑞增輯　清同治三年(1864)務本堂刻本　一册

340000－1882－0002387　3063
四禮翼四卷　(明)吕坤撰　清光緒十九年(1893)刻吕新吾先生遺書三種本　一册

340000－1882－0002388　2957
學堂歌一卷　(清)張之洞撰　清光緒三十年(1904)刻本　一册

340000－1882－0002389　3059
文字蒙求四卷　(清)王筠撰　清光緒十三年(1887)刻本　二册

340000－1882－0002390　3013
事類賦三十卷　(宋)吳淑撰注　明刻本　四册

340000－1882－0002391　3032
流香一覽一卷　(清)釋明開撰　清光緒四年(1878)刻本　一册

340000－1882－0002392　3038
惜抱軒詩集十卷惜抱軒文後集十卷　(清)姚鼐撰　清嘉慶三年(1798)刻本　二册　存十卷(詩集一至五、文後集六至十)

340000－1882－0002393　2984
類症普濟本事方十卷　(宋)許叔微著　清刻本　四册

340000－1882－0002394　3003
爾雅註疏十一卷　(晋)郭璞注　(宋)邢昺疏　清刻本　四册

340000－1882－0002395　3021
國朝畫徵録三卷續録二卷　(清)張庚著　清

刻本　二册

340000－1882－0002396　3011
巢經巢詩鈔九卷後集一卷　（清）鄭珍撰　清咸豐四年（1854）刻本　四册

340000－1882－0002397　3058
釋名四卷　（漢）劉熙撰　清刻本　一册

340000－1882－0002398　3039
三蘇論選一卷　（清）聶紹孔等撰　清康熙彙賢堂刻本　一册

340000－1882－0002399　3018
西漢文選四卷　（清）儲欣評　（清）儲芝参述　清乾隆十年（1745）受祉堂刻本　二册

340000－1882－0002400　3045
看鑑偶評五卷　（清）尤侗纂　清刻本　一册

340000－1882－0002401　3020
易經詮義十四卷　（清）汪紱集　清同治十二年（1873）常郡曲水書局木活字印本　一册　存一卷（六）

340000－1882－0002402　3022
説文通檢二十八卷　（清）黎永椿編　清光緒二年（1876）崇文書局刻本　二册

340000－1882－0002403　2994
禮記箋四十九卷　（清）郝懿行撰　清光緒八年（1882）刻本　十册

340000－1882－0002404　3046
景德鎮陶録十卷　（清）藍浦著　（清）鄭廷桂補輯　清同治刻本　一册　存一卷（一）

340000－1882－0002405　2956
世界地理志六卷首一卷　（日本）中村五六編　（日本）頓野廣太郎修補　（日本）樋田保熙譯　清光緒二十八年（1902）商務印書館鉛印本　三册

340000－1882－0002406　2983
金匱方歌括六卷　（清）陳念祖修　清刻本　三册

340000－1882－0002407　3052
古文觀止十二卷　（清）吴乘權　（清）吴大職録　清光緒二十一年（1895）文瑞樓刻本　五册　存十卷（一至八、十一至十二）

340000－1882－0002408　3075
請神捉鬼符咒法術一卷　（□）□□撰　清抄本　一册

340000－1882－0002409　3010
錦字箋四卷　（清）黄澐纂　清康熙二十八年（1689）刻本　二册

340000－1882－0002410　3115
洗冤録詳義四卷摭遺二卷　（清）葛元煦撰　清刻本　五册

340000－1882－0002411　3024
人生必讀書十二卷　（清）鄒祖堂輯　清道光二十九年（1849）刻本　八册

340000－1882－0002412　3040
十一經音訓不分卷　（□）□□撰　清光緒三年（1877）湖北崇文書局刻本　二册

340000－1882－0002413　3002
周易兼義上經乾傳九卷　（三國魏）王弼注　（唐）孔穎達正義　明刻本　八册

340000－1882－0002414　3049
吴詩集覽二十卷談藪拾遺一卷吴詩補注二十卷　（清）吴偉業撰　（清）靳榮藩輯　清刻本　十六册

340000－1882－0002415　3113
繪像正文千家詩二卷　（□）□□撰　清李光明莊刻本　一册

340000－1882－0002416　3009
小學集注六卷　（明）陳選集注　清李光明莊刻本　二册

340000－1882－0002417　3001
論語發隱一卷孟子發隱一卷　（清）楊文會注　清刻本　一册

340000－1882－0002418　3043
菜根譚一卷　（明）洪應明著　**婆羅館清言二卷**　（明）屠隆著　清光緒刻本　一册

340000－1882－0002419　2982
蘭臺軌範八卷　(清)徐大椿撰　清光緒刻本　四冊

340000－1882－0002420　3017
揅經室續集十一卷　(清)阮元撰　清道光十九年(1839)刻本　四冊

340000－1882－0002421　3112
唐詩三百首注疏六卷續選一卷　題(清)蘅塘退士編　(清)章燮注　清道光立言堂刻本　六冊

340000－1882－0002422　2995
孝經一卷孝經或問一卷　(清)汪烜著　清嘉慶二十一年(1816)刻本　二冊

340000－1882－0002423　3050
象山先生全集三十六卷　(宋)陸九淵撰　清光緒七年(1881)刻本　十二冊

340000－1882－0002424　3103
雜病論輯逸一卷　(清)汪宗沂撰　清光緒十四年(1888)刻本　一冊

340000－1882－0002425　3026
欒城先生全集錄□□卷　(清)儲欣錄　清刻本　三冊　存六卷(一至六)

340000－1882－0002426　3019
易經如話十二卷首一卷　(清)汪紱撰　清韓文煥齋刻本　一冊　存二卷(一、首一卷)

340000－1882－0002427　3048
甯古塔記畧一卷　(清)吳桭臣著　清刻本　一冊

340000－1882－0002428　3016
有恆心齋駢體文六卷　(清)程鴻詔撰　清同治刻本　一冊

340000－1882－0002429　3000
四書訓解參證補遺四卷續補編四卷　(清)張定鋆撰　清同治四年(1865)刻本　二冊

340000－1882－0002430　3025
大雲山房文稾初集四卷　(清)惲敬著　清光緒十四年(1888)刻本　四冊

340000－1882－0002431　3062
貳臣傳十二卷　(清)國史館編　清刻本　六冊

340000－1882－0002432　3054
交泰韻一卷　(明)呂坤撰　明萬曆三十一年(1603)刻本　一冊

340000－1882－0002433　3102
隨息居飲食譜一卷　(清)王士熊纂　清光緒十八年(1892)上海醉六堂刻本　一冊

340000－1882－0002434　3110
曾文正公文鈔四卷　(清)曾國藩撰　清同治十一年(1872)刻本　四冊

340000－1882－0002435　3105
醫方集解三卷　(清)汪昂著　清有懷堂刻本　三冊

340000－1882－0002436　3042
干支類聯二卷　(清)聶蓉峯原本　(清)福申輯　清刻本　一冊

340000－1882－0002437　3104
瘟疫明辨四卷附方一卷　(清)戴天章撰　清李光明莊刻本　一冊

340000－1882－0002438　3111
曾文正公文鈔四卷　(清)曾國藩撰　清同治十二年(1873)刻本　四冊

340000－1882－0002439　3053
湖海文傳七十五卷　(清)王昶輯　清道光十七年(1837)經訓堂刻本　十六冊

340000－1882－0002440　3114
困學紀聞二十卷　(宋)王應麟撰　清桐華書塾刻本　六冊

340000－1882－0002441　3101
增補秘傳痘疹玉髓金鏡錄真本四卷　(清)翁仲仁輯著　清嘉慶二十年(1815)刻本　二冊

340000－1882－0002442　3015
唐陸宣公集二十二卷　(唐)陸贄撰　清同治五年(1866)楊氏問竹軒刻本　六冊

340000－1882－0002443　3194
爾雅直音二卷　（清）孫偘撰　清嘉慶五年(1800)刻本　二册

340000－1882－0002444　3107
廿一史約編八卷首一卷　（清）鄭元慶述　清光緒十三年(1887)刻本　八册

340000－1882－0002445　3037
唐宋八大家類選十四卷　（清）儲欣評　（清）儲芝參述　清乾隆十年(1745)刻本　八册

340000－1882－0002446　3027
芷香閣詩鈔一卷　（□）□□撰　清光緒二十五年(1899)刻本　一册

340000－1882－0002447　3056
説文通檢十四卷首一卷末一卷　（清）黎永椿編　清光緒二年(1876)湖北崇文書局刻本　二册

340000－1882－0002448　3035
我法集二卷　（清）紀昀撰　清刻本　一册

340000－1882－0002449　3108
歷代史論十六卷　（明）張溥撰　清光緒鉛印本　五册

340000－1882－0002450　3065
四種遺規摘鈔　（清）陳宏謀編　清嘉慶刻本　五册　存五卷(教女遺規一、養正遺規一、訓俗遺規一至二、從政遺規一)

340000－1882－0002451　3099
新刊註釋素問玄機原病式二卷　（金）劉守真撰集　（元）薛時平注釋　清刻本　一册

340000－1882－0002452　3041
輿地廣記三十八卷校勘輿地廣記札記二卷　（宋）歐陽忞撰　清光緒六年(1880)金陵書局刻本　四册

340000－1882－0002453　3012
養素居詩集續編不分卷　（清）董燿撰　（清）董念棻輯　清光緒十八年(1892)刻本　一册

340000－1882－0002454　3109
有正味齋駢文十六卷　（清）吳錫麒著　（清）葉聯芬箋注　清道光二十年(1840)刻本　六册

340000－1882－0002455　3093
皇帝内經素問九卷　（清）張志聰集注　清光緒十六年(1890)刻本　六册

340000－1882－0002456　3070
詩夢鐘聲録一卷　（清）李嘉樂輯　清刻本　一册

340000－1882－0002457　3055
説文段注訂補十四卷　（清）王紹蘭撰　（清）胡燏棻編刊　清光緒刻本　八册

340000－1882－0002458　3074
教女圖説一卷　題(清)脊齋居士輯　清光緒二十二年(1896)刻本　一册

340000－1882－0002459　3079
周氏三字箴一卷　（清）周贇著　清光緒三十四年(1908)六聲堂刻本　二册

340000－1882－0002460　3143
六經圖考六卷　（宋）楊甲撰　（宋）毛邦翰補　清禮耕堂刻本　六册

340000－1882－0002461　3097
理瀹駢文不分卷　（清）吳師機撰　清同治刻本　六册

340000－1882－0002462　3036
甌北詩話十卷續二卷　（清）趙翼撰　清刻本　四册

340000－1882－0002463　3069
齋中讀書一卷　（清）胡肇昕撰　清光緒二十五年(1899)世澤樓刻本　一册

340000－1882－0002464　3092
遂生編一卷福幼編一卷慈幼編一卷集驗良方三卷　（清）莊一夔著　清光緒二十九年(1903)刻本　一册

340000－1882－0002465　3080
神童詩一卷　（□）□□撰　清刻本　一册

340000－1882－0002466　3136

唐陸宣公奏議讀本四卷　(唐)陸贄撰　(清)汪銘謙編輯　清末石印本　二册

340000－1882－0002467　3006
宋論十五卷　(清)王夫之撰　清刻本　四册

340000－1882－0002468　3086
金匱要畧淺註十卷　(漢)張仲景原文　(清)陳念祖集注　清咸豐五年(1855)刻本　五册

340000－1882－0002469　3051
沈觀齋詩二卷　周樹模撰　清宣統二年(1910)刻本　二册

340000－1882－0002470　3135
大清刪除新律例二卷　(□)□□撰　清光緒三十二年(1906)上海書局石印本　一册

340000－1882－0002471　3068
淳化祕閣法帖考正十二卷　(清)王澍撰　清光緒十五年(1889)後知不足齋刻本　四册

340000－1882－0002472　3150
歸省贈言錄一卷　(清)向黄邨輯　清刻本　一册

340000－1882－0002473　3034
西堂全集六十一卷　(清)尤侗撰　清康熙十一年(1672)刻本　二十四册

340000－1882－0002474　3142
儀禮釋宫九卷首一卷　(清)胡匡衷撰　清同治八年(1869)胡肇智刻本　四册

340000－1882－0002475　3089
胎産金針三卷　(清)何榮撰　清光緒刻本　二册

340000－1882－0002476　3133
泰西各國名人言行錄十六卷　(清)張兆蓉編纂　清光緒上海書局石印本　六册

340000－1882－0002477　3064
彙纂功過格十二卷首一卷末一卷　(清)陳錫嘏撰　清同治刻本　十册

340000－1882－0002478　3145
文獻徵存錄十卷　(清)錢林輯　(清)王藻編　清咸豐八年(1858)有嘉樹軒刻本　十六册

340000－1882－0002479　3126
晚香館遺詩一卷　(清)陳菊貞撰　(清)蔣宗城輯　清吳縣蔣氏刻本　一册

340000－1882－0002480　2960
述學六卷　(清)汪中撰　清嘉慶二十年(1815)刻本　二册

340000－1882－0002481　3205
悔餘菴文稿九卷詩稿四卷樂府四卷　(清)何栻撰　清同治四年(1865)刻本　六册

340000－1882－0002482　3005
廿一史約編八卷首一卷　(清)鄭元慶述　清刻本　八册

340000－1882－0002483　3066
歐美政治要義不分卷　(清)戴鴻慈　(清)端方撰　清光緒二十四年(1898)石印本　四册

340000－1882－0002484　3130
增評補像全圖金玉緣一百二十回附首一卷　(清)曹霑撰　清光緒三十四年(1908)求不負齋石印本　十六册

340000－1882－0002485　3083
戴湘圃吳荇洲兩先生戒淫詩一卷　(清)戴湘圃　(清)吳荇洲撰　清光緒刻本　一册

340000－1882－0002486　3078
地志須知一卷　(英國)傅蘭雅撰　清光緒八年(1882)刻本　一册

340000－1882－0002487　3159
春秋繁露十七卷　(漢)董仲舒撰　清光緒八年(1882)刻本　二册

340000－1882－0002488　3174
批檀弓二卷　(清)汪有光撰　清光緒十三年(1887)刻本　一册

340000－1882－0002489　3121
婺源古人古迹選録不分卷　(□)□□撰　清抄本　一册

340000－1882－0002490　3125

定盦文集三卷續集四卷文集補六卷 （清）龔自珍撰 清同治七年(1868)刻本 四册

340000－1882－0002491 3225

新文牘十卷 （□）□□撰編 清光緒三十二年(1906)石印本 十九册 缺一卷(六上)

340000－1882－0002492 3132

不可錄一卷 （□）□□撰 （清）陳海曙輯 清光緒十年(1884)屯溪玉書樓刻本 二册

340000－1882－0002493 3153

楊忠愍公集一卷 （明）楊繼盛撰 清咸豐元年(1851)刻本 一册

340000－1882－0002494 3156

禮記十卷 （漢）鄭玄注 （元）陳澔集說 清嘉慶十年(1805)刻本 五册

340000－1882－0002495 3077

程公勸民種樹利益章程一卷 （□）□□撰 清光緒蔣紹荃刻本 一册

340000－1882－0002496 3187

徐氏醫書六種 （清）徐靈胎著 清同治十二年(1873)崇文書局刻本 十册

340000－1882－0002497 3082

節錄身世金箴一卷 題(清)玉心老人書 清宣統影印本 一册

340000－1882－0002498 3088

傷寒真方歌括六卷 （清）陳念祖著 清光緒八年(1882)三山林氏刻本 一册

340000－1882－0002499 3158

春秋公羊傳十一卷 （漢）何休撰 （唐）陸德明音義 清光緒二十二年(1896)刻本 八册

340000－1882－0002500 3129

斯文精萃八卷 （清）尹繼善選定 清刻本 八册

340000－1882－0002501 3160

史鑑節要便讀六卷 （清）鮑東里編輯 清同治六年(1867)刻本 二册

340000－1882－0002502 3119

甌香書屋詩鈔四卷 （清）錢宗潁撰 清刻本 一册

340000－1882－0002503 3179

曾惠敏公文集五卷 （清）曾紀澤著 清光緒十九年(1893)刻本 四册

340000－1882－0002504 3157

四書七卷 （□）□□撰 清光緒十二年(1886)刻本 六册

340000－1882－0002505 3155

門存倡和詩鈔十卷續刻三卷 （清）陳伯弢等撰 清刻本 二册

340000－1882－0002506 3072

陳文恭公手札節要三卷 （清）陳宏謀撰 清同治七年(1868)刻本 一册

340000－1882－0002507 3144

說文解字通釋四十卷解字篆韻譜五卷解字繫傳校勘記三卷 （南唐）徐楷傳釋 （宋）朱翺反切 清道光刻本 八册

340000－1882－0002508 3084

黃帝内經靈樞註證發微九卷補遺一卷 （明）馬蒔撰 清光緒刻本 七册

340000－1882－0002509 3137

新譯列國歲計政要三卷 （清）傅運森譯纂 清光緒二十七年(1901)鉛印本 十二册

340000－1882－0002510 3154

寫心偶存一卷續存一卷再存一卷 （清）張燮承撰 清咸豐八年(1858)刻本 一册

340000－1882－0002511 3091

經驗小兒科良方一卷 （□）□□撰 清抄本 一册

340000－1882－0002512 3173

標孟七卷 （清）汪有光評 （清）汪有聲校 （清）汪能承編 清光緒十三年(1887)刻本 二册

340000－1882－0002513 3186

孫子選註不分卷 （清）夏壽田注 清末石印本 一册

340000－1882－0002514　3071
雅尚齋遵生八牋十九卷　(明)高濂編次　明萬曆刻本　一册　存二卷(十八至十九)

340000－1882－0002515　3165
新刻小學千家詩人生必讀二卷　(清)□□撰　清光緒十六年(1890)刻本　一册

340000－1882－0002516　3168
金剛般若波羅蜜經一卷　(後秦)釋鳩摩羅什譯　清瑪瑙經房刻本　一册

340000－1882－0002517　3161
史鑑節要便讀六卷　(清)鮑東里編輯　清光緒二十七年(1901)湖北書局刻本　二册

340000－1882－0002518　3120
上蔡先生語録三卷　(宋)謝良佐撰　(清)張伯行重訂　清康熙刻本　一册

340000－1882－0002519　3147
乘查筆記　(清)斌椿撰　清同治刻本　一册

340000－1882－0002520　3177
[□□]泰州志□□卷　(□)□□撰　清刻本　一册　存二卷(三十至三十一)

340000－1882－0002521　3061
二十一史約編八卷首一卷　(清)鄭元慶述　清愛日堂刻本　八册

340000－1882－0002522　3185
百家姓一卷　(□)□□撰　清狀元閣刻本　一册

340000－1882－0002523　3140
左文襄公書牘節要二十六卷　(清)左宗棠撰　清光緒二十八年(1902)刻本　十二册

340000－1882－0002524　3163
戰國策選四卷　(清)儲欣評　清光緒九年(1883)刻本　四册

340000－1882－0002525　3176
[□□]西安縣志□□卷　(□)□□撰　清刻本　一册　存五卷(五至九)

340000－1882－0002526　3172
四書摭餘説七卷　(清)曹之升輯　清嘉慶三年(1798)刻本　六册

340000－1882－0002527　3178
[光緒]安徽通志三百五十卷　(清)何紹基等纂　清刻本　一册　存三卷(二百三十六至二百三十八)

340000－1882－0002528　3152
太師誠意伯劉文成公集二十卷首一卷　(明)劉基撰　清光緒二十六年(1900)浙江書局刻本　十册

340000－1882－0002529　3131
求是於古齋三種三卷附一卷　(清)周耿光著　清同治五年(1866)問竹軒刻本　一册

340000－1882－0002530　3184
千字文一卷　(□)□□撰　清狀元閣刻本　一册

340000－1882－0002531　3085
素問靈樞類纂約註三卷　(清)汪昂纂輯　清光緒六年(1880)刻本　三册

340000－1882－0002532　3118
湘綺樓詩集四卷　王闓運撰　清刻本　一册

340000－1882－0002533　3210
英雄譜六十卷首一卷　(明)羅貫中編輯　(明)毛宗崗評　清刻本　十六册

340000－1882－0002534　3171
周禮節訓六卷　(清)黄昆圃輯　清乾隆三十二年(1767)刻本　二册

340000－1882－0002535　3148
續刻表忠錄一卷　(□)□□撰　清光緒刻本　一册

340000－1882－0002536　3164
荀子補注二卷　(清)郝懿行撰　清刻本　一册

340000－1882－0002537　3175
[嘉慶]涇縣志三十二卷首一卷題名二卷　(清)洪亮吉撰　(清)李德淦修　清嘉慶十年(1805)刻本　六册　存十二卷(一至四、六至七、十六至十八、三十至三十一,題名上)

340000－1882－0002538　3139
日本國志四十卷首一卷　（清）黄遵憲編纂　清光緒二十七年（1901）上海書局石印本　十册

340000－1882－0002539　3122
曹大家女誡二卷　（漢）班昭撰　（清）王相箋注　清光緒六年（1880）李光明莊三色套印本　一册　存一卷（上）

340000－1882－0002540　3146
帝王廟謚年諱譜一卷　（清）□□撰　清績溪周氏刻本　一册

340000－1882－0002541　3162
綱鑑擇語十卷　（清）司徒修輯　清同治八年（1869）刻本　八册

340000－1882－0002542　3183
三字經訓詁　（清）徐士業校刊　清英秀堂刻本　一册

340000－1882－0002543　3208
夢窗詞四卷補遺一卷　（宋）吳文英　**重校夢窗詞札記一卷**　朱祖謀撰　清光緒三十四年（1908）刻本　二册

340000－1882－0002544　3251
中東戰紀本末八卷首一卷續編四卷首一卷　蔡爾康纂輯　清光緒二十三年（1897）刻本　十二册

340000－1882－0002545　3220
寄嶽雲齋初稿十卷補遺一卷寄嶽雲齋二集一卷寄嶽雲齋試體詩選二卷　（清）聶銑敏撰　清嘉慶十二年（1807）文德堂刻本　六册

340000－1882－0002546　3232
臨證指南醫案十卷　（清）葉桂著　清光緒十年（1884）刻本　十册

340000－1882－0002547　3191
種痘新書十二卷　（清）張遜玉編輯　清乾隆刻本　四册

340000－1882－0002548　3207
小睡足寮詩録四卷　（清）秦敏樹撰　清光緒十三年（1887）刻本　一册

340000－1882－0002549　3250
莫愁湖志六卷首一卷　（清）馬士圖輯著　清光緒八年（1882）刻本　一册　存五卷（一至四、首一卷）

340000－1882－0002550　3277
公法新編四卷　（美國）丁韙良編譯　清光緒二十九年（1903）廣學會鉛印本　二册

340000－1882－0002551　3188
溫病條辨六卷首一卷　（清）吳瑭著　清光緒刻本　四册

340000－1882－0002552　3224
古文正集十卷　（明）葛鼒　（明）葛鼐評輯　明刻本　四册　存四卷（一至四）

340000－1882－0002553　3211
兩般秋雨庵隨筆八卷　（清）梁紹壬撰　清道光十七年（1837）刻本　十六册

340000－1882－0002554　3193
佩文廣韻匯編五卷　（清）李元祺輯　清道光半埨草堂刻本　二册

340000－1882－0002555　3198
經濟尋源後集三卷　（清）□□撰　清光緒刻本　三册

340000－1882－0002556　3239
婦嬰至寶六卷　題（清）亟齋居士原編　清同治十二年（1873）刻本　一册

340000－1882－0002557　3201
小學歌詩摘選一卷　（清）蘇俊選　清刻本　一册

340000－1882－0002558　3206
梅影廬遺詩四卷憶梅詞存一卷　（清）陳錫祺撰　清光緒十二年（1886）刻本　一册

340000－1882－0002559　3200
回文類聚四卷　（宋）桑世昌纂次　清刻本　一册

340000－1882－0002560　3212

事類賦三十卷 (宋)吳淑撰注 清乾隆五十四年(1789)刻本 四册

340000－1882－0002561 3219
袁文箋正十六卷補注一卷 (清)袁枚著 (清)石韞玉箋 清嘉慶十七年(1812)刻本 四册

340000－1882－0002562 3237
增評童氏醫方集解二十三卷 (清)汪昂著輯 (清)李保常批點 清光緒三十年(1904)上海六藝書局石印本 二册

340000－1882－0002563 3214
曾文正公文鈔四卷詩鈔四卷 (清)曾國藩撰 (清)張瑛編校 清光緒二年(1876)上海醉六堂刻本 六册

340000－1882－0002564 3197
程氏家塾讀書分年日程三卷 (元)程端禮述 清同治七年(1868)湖北崇文書局刻本 二册

340000－1882－0002565 3221
飲冰室文集十八卷 梁啓超著 清光緒二十九年(1903)廣智書局鉛印本 十八册

340000－1882－0002566 3276
勸諭學堂文一卷 (□)□□撰 清刻本 一册

340000－1882－0002567 3218
竹溪雜組不分卷 (清)盧培剩稿 (清)盧聯羣校 清光緒二十七年(1901)鉛印本 一册

340000－1882－0002568 3249
[乾隆]遂安縣志十卷首一卷 (清)鄒錫疇修 (清)方引彥等纂 清刻本 一册 存二卷(五至六)

340000－1882－0002569 3199
勸戒奪命錄四卷 題(清)春溪居士輯 (清)怡雲居士重校 清道光刻本 一册

340000－1882－0002570 3192
周禮集傳六卷 (清)李文炤著 清四為堂刻本 六册

340000－1882－0002571 3204
琴臺合刻不分卷 (清)汪守正撰 清刻本 一册

340000－1882－0002572 3233
中西匯通醫書五種 (清)唐宗海著 清光緒石印本 十二册

340000－1882－0002573 3243
宋葉文康公禮經會元四卷 (宋)葉時撰 (清)許元淮輯 清刻本 一册

340000－1882－0002574 3244
刻袁氏家藏舉業切用古文寶藏□□卷 (明)袁宗道鑑定 (明)袁宏道彙編 (明)袁中道評註 明刻本 二册 存四卷(三至六)

340000－1882－0002575 3196
地藏菩薩本願經三卷 (唐)釋實叉難陀譯 清光緒三十年(1904)金陵刻經處刻本 一册

340000－1882－0002576 3169
春秋左傳音訓不分卷 (清)楊國楨撰 清光緒三年(1877)湖北崇文書局刻十一經音訓本 八册

340000－1882－0002577 3202
瀛奎律髓刊誤四十九卷 (元)方回原選 (清)紀曉嵐批點 清嘉慶五年(1800)李光垣刻本 五册 存四十一卷(一至四十一)

340000－1882－0002578 3223
古詩源十四卷 (清)沈德潛選 清光緒十七年(1891)思賢書局刻本 四册

340000－1882－0002579 3241
呂氏春秋二十六卷 (漢)高誘注 清光緒元年(1875)浙江書局刻本 六册

340000－1882－0002580 3213
武夷山志二十四卷首一卷 (清)董天工纂 清乾隆刻本 一册 存二卷(一、首一卷)

340000－1882－0002581 3203
古文分編集四卷 (清)于光華編輯 (清)于在衡參訂 清刻本 四册

340000－1882－0002582 3257

韓詩外傳十卷 (漢)韓嬰撰 清同治十二年(1873)粵東書局刻古經解彙函本 三冊

340000－1882－0002583 3190
傷寒六書六卷 (明)陶華撰 明敦化堂刻本 四冊

340000－1882－0002584 3248
呻吟語六卷 (明)呂坤著 明刻本 一冊 存一卷(四)

340000－1882－0002585 3242
心遠堂新編小學纂注六卷附小學句讀一卷 (清)高愈編訂 **文公朱夫子年譜一卷** (宋)李方子撰 清心遠堂刻本 二冊

340000－1882－0002586 3246
聞式堂古文選釋八卷 (清)臧岳編輯 清刻本 一冊 存三卷(六至八)

340000－1882－0002587 3265
重雕足本鑑誡錄十卷 (五代)何光遠撰 清嘉慶八年(1803)長塘鮑氏刻知不足齋叢書本 二冊

340000－1882－0002588 3230
方言十三卷 (漢)揚雄撰 (清)趙秉裕校 清刻本 一冊

340000－1882－0002589 3307
重樓玉鑰二卷 (清)鄭梅澗著 **洞主仙師白喉忌表抉微一卷** (清)耐修子注 清光緒二十六年(1900)刻本 一冊

340000－1882－0002590 3234
增訂本草備要四卷醫方湯頭歌括一卷 (清)汪昂著輯 (清)汪端校 清刻本 五冊

340000－1882－0002591 3256
干祿字書一卷 (唐)顏元孫撰 清同治十二年(1873)粵東書局刻小學彙函本 一冊

340000－1882－0002592 3258
鄭志三卷 (三國魏)鄭小同撰 **鄭志補遺一卷** (清)王復輯 清同治十二年(1873)粵東書局刻古經解彙函本 二冊

340000－1882－0002593 3167
朱子原訂近思錄十四卷考訂朱子世家一卷 (宋)朱熹 (宋)呂祖謙輯 (清)江永集注 清同治七年(1868)楚北崇文書局刻本 四冊

340000－1882－0002594 3262
新編女科指掌五卷 (清)葉其蓁輯 清海左書局石印本 一冊

340000－1882－0002595 3418
麗則吟社課藝一卷 (清)□□編 清光緒鉛印國魂叢編本 一冊

340000－1882－0002596 3247
春秋左傳詳節句解三十五卷 (宋)朱申 (宋)周瀚註疏 明刻本 一冊 存七卷(二十九至三十五)

340000－1882－0002597 3423
孔子家語十卷 (三國魏)王肅注 清天祿齋刻本 一冊

340000－1882－0002598 3236
醫學心悟五卷 (清)程國彭著 清書粟軒本 四冊 存四卷(一至四)

340000－1882－0002599 3280
唐人萬首絕句選七卷 (宋)洪邁原本 (清)王士禎選本 清同治九年(1870)金陵書局刻本 一冊 存四卷(一至四)

340000－1882－0002600 3299
衍波詞二卷 (清)王士禛撰 清留松閣刻本 一冊

340000－1882－0002601 3255
說文解字篆韻譜五卷附錄一卷 (宋)徐鉉撰 清同治十二年(1873)粵東書局刻小學彙函本 四冊

340000－1882－0002602 3229
五經類編二十八卷 (清)周章成編 清寶文堂刻本 十冊

340000－1882－0002603 3268
候鯖錄八卷 (宋)趙德麟撰 清嘉慶八年(1803)長塘鮑氏刻知不足齋叢書本 二冊

340000－1882－0002604　3285
新鐫焦太史彙選百家評林名文珠璣十三卷續名文珠璣八卷　(明)李廷機　(明)陶望齡閲　明刻本　四册　存九卷(名文珠璣七至十三、續名文珠璣七至八)

340000－1882－0002605　3292
經史答問四卷　(清)朱駿聲筆記　清光緒二十年(1894)刻本　四册

340000－1882－0002606　3274
詠物詩選八卷　(清)俞琰輯　清雍正三年(1725)寧儉堂刻本　四册

340000－1882－0002607　3312
精選各國政治考四卷　(清)張之洞鑒定　清光緒二十八年(1902)刻本　四册

340000－1882－0002608　3259
尚論張仲景傷寒論重編三百九十七法二卷首一卷後四卷　(清)喻昌著　清同文堂刻本　二册

340000－1882－0002609　3254
説文解字一卷　(漢)許慎撰　清抄本　一册

340000－1882－0002610　3216
康熙字典十二集三十六卷總目一卷檢字一卷辨似一卷備考一卷補遺一卷等韻一卷　(清)張玉書　(清)陳廷敬總閲　(清)凌紹雯等纂修　清光緒元年(1875)湖北崇文書局刻本　十册　存十三卷(子集中、辰集上下、未集上、申集中下、戌集中,總目一卷,檢字一卷,辨似一卷,備考一卷,補遺一卷,等韻一卷)

340000－1882－0002611　3271
讀史鏡古編三十二卷　(清)潘世恩輯　清同治十三年(1874)冶城飛霞閣刻本　六册

340000－1882－0002612　3290
所園詩存二卷　(清)魯武茂著　清光緒十三年(1887)善化楊氏刻本　一册

340000－1882－0002613　3245
四大家正式□□卷　(□)□□撰輯　明刻本　一册　存三卷(五至七)

340000－1882－0002614　3279
忠正德文集十卷　(宋)趙鼎撰　清光緒二年(1876)子鳳書司刻本　四册

340000－1882－0002615　3298
覺生感舊詩鈔二卷　(清)鮑桂星撰　清同治四年(1865)歙縣鮑氏刻本　一册

340000－1882－0002616　3269
畫墁集八卷補一卷　(宋)張舜民撰　清乾隆、道光長塘鮑氏刻知不足齋叢書本　二册

340000－1882－0002617　3228
癸巳類稿十五卷　(清)俞正燮撰　清道光十三年(1833)求日益齋刻本　八册

340000－1882－0002618　3289
集成文約會課不分卷　(清)王修齊撰　清抄本　一册

340000－1882－0002619　3273
四書古人典林十二卷　(清)江永編　清嘉慶七年(1802)博古堂刻本　二册

340000－1882－0002620　3222
飲冰室壬寅文集十八卷　梁啟超著　清光緒二十九年(1903)上海維新學社石印本　十六册

340000－1882－0002621　3283
古今玩章九拾枚不分卷　題(清)耐寒居士集藏　清鈐印本　一册

340000－1882－0002622　3311
萬國綱鑑易知錄二十卷　(日本)岡本子博著　清光緒二十七年(1901)上海書局石印本　六册

340000－1882－0002623　3308
增輯普濟應驗良方八卷附達生編一卷福幼編一卷遂生編一卷　(清)祝韻梅輯　清同治六年(1867)海寧祝氏連理蓮館刻本　一册

340000－1882－0002624　3227
補註洗冤錄集證四卷　(宋)宋慈撰　清道光二十三年(1843)江都鍾淮刻三色套印本　四册

340000－1882－0002625　3315
禮記十卷　(元)陳澔集說　清咸豐元年(1851)姑蘇綠蔭堂刻本　十冊

340000－1882－0002626　3263
各種應驗奇方□□卷　(清)□□抄　清抄本　二冊　存一卷(六)

340000－1882－0002627　3354
唐語林八卷　(宋)王讜纂　**校勘記一卷**　(清)錢熙祚撰　清光緒十九年(1893)湖北官書處刻本　四冊

340000－1882－0002628　3284
唐人試帖四卷　(清)毛奇齡論定　(清)王錫　(清)田易參釋　清康熙刻本　一冊

340000－1882－0002629　3278
安瀾紀要二卷　(清)徐端撰　清道光二十二年(1842)錢塘許氏刻敏果齋七種本　一冊

340000－1882－0002630　3286
五種遺規　(清)陳宏謀編　清同治七年(1868)楚北崇文書局刻本　八冊

340000－1882－0002631　3297
陶靖節詩集四卷考異一卷附東坡和陶詩一卷律陶詩一卷王思任集敦好齋律陶纂一卷陶靖節詩話一卷　(晉)陶潛撰　(清)蔣薰評閱　清同文山房刻本　一冊

340000－1882－0002632　3189
詳校醫宗必讀十卷　(清)李中梓著　清三餘堂刻本　六冊

340000－1882－0002633　3319
事類賦三十卷　(宋)吳淑撰註　清乾隆五十四年(1789)刻本　四冊

340000－1882－0002634　3288
聽香館叢錄六卷　(清)吳嵩梁撰　清道光二十三年(1843)刻香蘇山館全集本　一冊

340000－1882－0002635　3310
凝香室鴻雪因緣圖記三卷　(清)麟慶著　清光緒十二年(1886)上海同文書局石印本　三冊

340000－1882－0002636　3272
易說醒四卷末一卷　(明)洪守美撰　清同治十一年(1872)新豐士族刻本　三冊

340000－1882－0002637　3306
劉河間傷寒六書六種附二種　(金)劉守真撰　(明)吳勉學校　明萬曆新安吳勉學刻本　三冊　缺三種(素問病機氣宜保命集、黃帝素問宣明論方、素問玄機原病式)

340000－1882－0002638　3322
制義叢話二十四卷題名一卷　(清)梁章鉅撰　清咸豐九年(1859)知足知不足齋刻本　八冊

340000－1882－0002639　3226
[江西婺源]石城北關黃氏八修族譜□□卷　(□)□□修　清嘉慶木活字印本　三冊　存三卷(用望、用宋、用功)

340000－1882－0002640　3282
青燐屑二卷　(明)應喜臣著　清刻本　一冊

340000－1882－0002641　3287
秘傳花鏡六卷　(明)陳昊子輯　清刻本　二冊　存二卷(四至六)

340000－1882－0002642　3231
張氏醫書七種　(清)張璐撰　清同德堂刻本　二十八冊

340000－1882－0002643　3314
附釋音周禮註疏四十二卷　(漢)鄭玄注　(唐)賈公彥撰　(唐)陸德明釋文　**校勘記四十二卷**　(清)阮元撰　(清)盧宣旬摘錄　清同治十二年(1873)江西書局刻重刊宋本十三經註疏附校勘記本　二十冊

340000－1882－0002644　3346
書經音訓不分卷　(清)楊國楨撰　清光緒三年(1877)湖北崇文書局刻十一經音訓本　一冊

340000－1882－0002645　3340
菜根譚一卷　(明)洪應明著　**婆羅館清言二卷續一卷**　(明)屠隆撰　清光緒元年(1875)

南京流通經處刻本　一册

340000－1882－0002646　3317
字彙十二卷首一卷末一卷韻法直圖一卷韻法橫圖一卷　(明)梅膺祚音釋　明刻本　十一册　缺四卷(戌、末一卷、韻法直圖一卷、韻法橫圖一卷)

340000－1882－0002647　3394
瑤天笙鶴詞不分卷　(清)汪淵撰　清抄本　一册

340000－1882－0002648　3336
中小學堂每星期教授時刻表不分卷　(□)□□輯　清刻本　一册

340000－1882－0002649　3358
儀禮音訓不分卷　(清)楊國楨撰　清光緒三年(1877)湖北崇文書局刻十一經音訓本　二册

340000－1882－0002650　3309
竹林女科證治四卷　(清)蕭山竹林寺輯　清光緒十七年(1891)皖江節署刻本　二册　存二卷(二至三)

340000－1882－0002651　3305
黄帝素問宣明論方十五卷　(金)劉守真撰集　(明)吳勉學校　明刻本　三册

340000－1882－0002652　3345
詩經音訓不分卷　(清)楊國楨撰　清光緒三年(1877)湖北崇文書局刻十一經音訓本　二册

340000－1882－0002653　3226－1
[安徽婺源]石城北關黄氏九修族譜□□卷　(清)□□修　清道光木活字印本　四册　存四卷(邦政、用璧、用中、日曦)

340000－1882－0002654　3296
頤壽堂遺詩一卷　(清)周清鑒著　清同治元年(1862)吳門刻本　一册

340000－1882－0002655　3339
御風要術三卷　(英國)白爾特撰　(德國)金楷理口譯　(清)華蘅芳筆述　清刻本　二册

340000－1882－0002656　3320
昌邑黄先生醫書八種　(清)黄元御著　清咸豐十年(1860)長沙徐樹銘燮龢精舍刻本　十九册　缺三卷(長沙藥解二至四)

340000－1882－0002657　3334
文字蒙求廣義四卷　(清)王筠撰　清刻本　一册　存二卷(一至二)

340000－1882－0002658　3253
春秋旨要不分卷　(□)□□撰抄　清抄本　一册

340000－1882－0002659　3342
池北偶談二十六卷　(清)王士禎著　清刻本　一册　存四卷(一至四)

340000－1882－0002660　3335
萬國憲法比較一卷　(日本)辰巳小二郎著　(清)戢翼翬譯　清光緒二十八年(1902)商務印書館鉛印本　一册

340000－1882－0002661　3353
牟子一卷　(漢)牟融撰　**古今注三卷**　(晉)崔豹撰　清光緒元年(1875)湖北崇文書局刻子書百家本　一册

340000－1882－0002662　3344
易經音訓不分卷　(清)楊國楨撰　清光緒三年(1877)湖北崇文書局刻十一經音訓本　二册

340000－1882－0002663　3316
禮記省度四卷　(清)彭頤編　清光緒七年(1881)刻朱墨套印本　四册

340000－1882－0002664　3343
儒門法語一卷　(清)彭定求編　(清)湯金釗輯　清光緒六年(1880)歙南昌溪義學刻本　一册

340000－1882－0002665　3301
東三省鹽法志十四卷　載澤等督修　陳為鎰等纂　清宣統三年(1911)鉛印本　一册　存二卷(一至二)

340000－1882－0002666　3215－1

綱鑑會纂三十九卷首一卷　(明)王世貞編　清義星堂刻本　二十六冊

340000－1882－0002667　3325
書傳音釋六卷首一卷末一卷　(宋)蔡沈集傳　(元)鄒季友音釋　清同治五年(1866)吳氏望三益齋刻本　五冊

340000－1882－0002668　3341
陳文恭公五種遺規節要十五卷　(清)陳宏謀編　清光緒十八年(1892)刻本　六冊

340000－1882－0002669　3330
隸辨八卷　(清)顧藹吉撰　清同治十二年(1873)漁古山房刻本　八冊

340000－1882－0002670　3357
周易虞氏義九卷周易虞氏消息二卷　(清)張惠言撰　清嘉慶八年(1803)揚州阮氏琅嬛僊館刻本　四冊

340000－1882－0002671　3321
溫熱經緯五卷　(清)王士雄纂　清光緒三年(1877)湖北書局刻本　四冊

340000－1882－0002672　3331
四書左國彙纂四卷　(清)高其名　(清)鄭師成纂　清道光十一年(1831)聚奎堂刻本　四冊

340000－1882－0002673　3215－2
御撰資治通鑑三編二十卷　(清)張廷玉等撰　清刻本　四冊

340000－1882－0002674　3252
朱子原訂近思錄十四卷考訂朱子世家一卷　(宋)朱熹　(宋)呂祖謙輯　(清)江永集注　清同治七年(1868)楚北崇文書局刻本　四冊

340000－1882－0002675　3324
禮記十卷　(元)陳澔集說　清同治五年(1866)金陵書局刻十三經讀本本　十冊

340000－1882－0002676　3385
酷刑逼供論一卷　(意大利)佛弼執禮撰　清刻本　一冊

340000－1882－0002677　3318
高厚蒙求四集　(清)徐朝俊撰　清同治五年至光緒元年(1866－1875)雲間徐氏刻本　六冊

340000－1882－0002678　3294
翁松禪手札不分卷　(清)翁同龢撰　清影印本　十冊

340000－1882－0002679　3326
呂晚村先生四書講義四十三卷　(清)呂留良撰　(清)陳鏦編次　清康熙刻本　六冊

340000－1882－0002680　3376
四憶堂詩集六卷遺稿一卷　(清)侯方域撰　(清)賈開宗等選註　清光緒十年(1884)刻本　二冊

340000－1882－0002681　3333
批檀弓二卷　(清)汪有光評　(清)汪有聲校　清光緒十三年(1887)李宗烱刻本　一冊

340000－1882－0002682　3329
十三經集字摹本四卷　(清)彭玉雯纂　清刻本　八冊

340000－1882－0002683　3392
修齊遺言不分卷　(□)□□撰　清光緒十三年(1887)古黟范敦和堂刻本　一冊

340000－1882－0002684　3356
晦庵先生朱文公文集一百卷續集十一卷別集十卷　(宋)朱熹撰　清刻本　四冊　存二十一卷(續集十一卷、別集十卷)

340000－1882－0002685　3304
兼山堂奕譜一卷　(清)徐星友撰　清刻本　一冊

340000－1882－0002686　3362
培遠堂手劄節存三卷　(清)陳宏謀著　清同治三年(1864)射雕山房刻本　二冊

340000－1882－0002687　3432
詩韻合璧五卷　(清)湯文潞輯　清光緒元年(1875)繡谷海陵書屋刻本　五冊

340000－1882－0002688　3303

九數外錄一卷　(清)顧觀光撰　清光緒十二年(1886)吳縣朱氏槐廬刻本　一冊

340000－1882－0002689　3428
錢牧齋詩集二十卷　(清)錢謙益撰　(清)錢曾箋注　清宣統三年(1911)國學扶輪社石印本　六冊

340000－1882－0002690　3373
疑雨集二卷　(明)王次回著　清亦園刻本　二冊

340000－1882－0002691　3332
困學紀聞二十卷　(宋)王應麟撰　(清)閻若璩注　清同治九年(1870)揚州書局刻本　六冊

340000－1882－0002692　3355
北夢瑣言二十卷　(宋)孫光憲著　清光緒五年(1879)仁邑公局刻本　二冊

340000－1882－0002693　3302
瀛環志略十卷　(清)徐繼畬撰　清同治十二年(1873)掞雲樓刻本　六冊

340000－1882－0002694　3431
近科全題新策法程不分卷　(清)劉坦之評點　清刻本　一冊

340000－1882－0002695　3349
孝經一卷　(唐)玄宗李隆基注　(唐)陸德明音義　清光緒十二年(1886)湖北崇文官書處刻本　一冊

340000－1882－0002696　3422
莫愁湖志六卷首一卷　(清)馬士圖輯著　清光緒八年(1882)刻本　二冊

340000－1882－0002697　3365
宋元明詩約鈔三百首二卷　(清)朱梓　(清)冷昌言輯　清道光二十一年(1841)京江華峰書屋刻本　二冊

340000－1882－0002698　3382
讀書做人譜一卷　(清)龍炳垣輯　清刻本　一冊

340000－1882－0002699　3389
今雨堂詩墨二卷　(清)金甡撰　清乾隆五十五年(1790)今雨堂刻本　一冊

340000－1882－0002700　3372
谷園箸存二卷　蔡世信撰　清光緒三十四年(1908)刻本　一冊

340000－1882－0002701　3441
唐書二百二十五卷　(宋)歐陽修　(宋)宋祁撰　清末石印本　十四冊　存一百十九卷(十一至一百二十九)

340000－1882－0002702　3361
海藏樓詩集一卷　(清)鄭孝胥撰　清光緒三十二年(1906)鉛印本　一冊

340000－1882－0002703　3348
說文提要一卷　(清)陳建侯撰　清光緒元年(1875)湖北崇文書局刻本　一冊

340000－1882－0002704　3419
韓詩外傳十卷　(漢)韓嬰著　清光緒三年(1877)湖北崇文書局刻本　二冊

340000－1882－0002705　3421
欽定春秋傳說彙纂三十八卷首二卷　(清)王掞等總裁　清同治九年(1870)浙江楊昌濬刻本　二十冊

340000－1882－0002706　3347
儀禮十七卷校錄一卷續校一卷　(漢)鄭玄注　(清)黃丕烈校　清同治九年(1870)湖北崇文書局刻本　二冊

340000－1882－0002707　3425
龍筋鳳髓判四卷　(唐)張鷟撰　(明)劉允鵬原注　(清)陳春東補正　清嘉慶十六年(1811)蕭山陳氏刻湖海樓叢書本　一冊

340000－1882－0002708　3417
制義偶鈔□□卷　(清)浦起龍等輯　清刻本　二冊　存二卷(今集、前集)

340000－1882－0002709　3415
閱微草堂筆記二十四卷　(清)紀昀撰　清道光二十七年(1847)小蓬萊山館刻本　十冊

340000－1882－0002710　3404

楊徵君自擕前集一卷後集一卷續集一卷 （清）楊陳復撰　清光緒二十年（1894）刻本　一册　缺一卷（前集一卷）

340000－1882－0002711　3433
東洋史要二卷 （日本）桑原隲藏著　樊炳清譯　清光緒東文學社石印本　二册

340000－1882－0002712　3364
悲盦居士詩賸一卷 （清）趙之謙撰　清光緒刻本　一册

340000－1882－0002713　3337
時病論八卷 （清）雷豐撰　清光緒二十四年（1898）上海著易堂刻本　一册

340000－1882－0002714　3379
須知錄一卷 （清）□□撰　清抄本　一册

340000－1882－0002715　3402
廣雅碎金四卷附錄一卷 （清）張之洞撰　清光緒二十三年（1897）水明樓刻本　二册

340000－1882－0002716　3327
增補蘇批孟子二卷 （宋）蘇洵撰　（清）趙大浣增補　清同治四年（1865）芸居樓刻朱墨套印本　二册

340000－1882－0002717　3381
勸學篇二卷 （清）張之洞撰　清光緒二十四年（1898）江西書局刻本　一册

340000－1882－0002718　3387
套版增注七家詩選七卷 （清）張熙宇輯評　清咸豐九年（1859）醉經堂刻朱墨套印本　二册

340000－1882－0002719　3338
新刊增補萬病回春原本八卷 （明）龔廷賢編　（清）周亮登校　清大文堂刻本　八册

340000－1882－0002720　3445
詩學含英十四卷詩韻含英五卷 （清）劉文蔚輯　清光緒八年（1882）於越徐氏李文盛刻本　四册

340000－1882－0002721　3406
塾課小題正鵠初集一卷二集一卷三集一卷訓蒙草詳註一卷 （清）李元度輯　清光緒五年（1879）刻本　八册

340000－1882－0002722　3437
滿洲名臣傳四十八卷 （清）國史館編　清京都琉璃廠榮錦書屋刻本　三十八册　存十卷（十八、二十一至二十二、二十五至二十六、三十、三十二至三十三、三十五、四十一）

340000－1882－0002723　3430
茶山集八卷 （宋）曾幾撰　清刻本　二册

340000－1882－0002724　3270
酉陽雜俎續集十卷 （唐）段成式撰　清光緒三年（1877）崇文書局刻本　二册

340000－1882－0002725　3328
孝經注疏九卷 （唐）玄宗李隆基注　（宋）邢昺注疏　**孝經註疏校勘記九卷** （清）阮元撰　（清）盧宣旬摘錄　清同治十二年（1873）江西書局刻重刊宋本十三經註疏附校勘記本　二册

340000－1882－0002726　3438
漢名臣傳三十二卷 （清）國史館編　清京都琉璃廠榮錦書屋刻本　十四册　存十四卷（一至五、十一至十二、十五至十八、三十至三十一）

340000－1882－0002727　3388
湖廣課藝利試新編四卷 （清）□□輯　清光緒二十八年（1902）刻本　四册

340000－1882－0002728　3429
溫飛卿詩集九卷 （唐）溫庭筠撰　清宣統二年（1910）石印本　四册

340000－1882－0002729　3446
八家四六文注八卷首一卷補註一卷 （清）孫星衍著　（清）許貞幹注　清光緒十七年（1891）刻本　十册

340000－1882－0002730　3447
賦海大觀三十二卷目錄一卷 （清）沈祖燕編　清光緒十六年（1890）上海鴻寶齋石印本　二十八册

340000－1882－0002731　3434
景岳全書六十四卷　(明)張介賓著　清經綸堂刻本　三十五册　存三十六卷(一至三十六)

340000－1882－0002732　3390
浦陽人物記二卷　(明)宋濂撰　清同治八年(1869)永康胡氏退補齋刻金華叢書本　一册

340000－1882－0002733　3323
儀禮注疏五十卷　(漢)鄭玄注　(唐)陸德明音義　(唐)賈公彦疏　**儀禮註疏校勘記五十卷**　(清)阮元撰　(清)盧宣旬摘錄　清同治十二年(1873)江西書局刻重刊宋本十三經註疏附校勘記本　十六册

340000－1882－0002734　3412
麝塵蓮寸集四卷　(清)汪淵集詞　(清)程淑校注　清光緒十七年(1891)刻本　一册　存二卷(一至二)

340000－1882－0002735　3439
天下郡國利病書一百二十卷　(清)顧炎武撰　清道光十一年(1831)成都龍氏敷文閣刻本　三十二册　缺四十八卷(十、二十四至二十五、二十七、二十九至三十四、五十八至六十七、七十九至九十九、一百三、一百十五至一百二十)

340000－1882－0002736　3380
聖諭像解二十卷　(清)梁延年編輯　清光緒二十九年(1903)安徽撫署刻本　十册

340000－1882－0002737　3360
禮記音訓不分卷　(清)楊國楨撰　清光緒三年(1877)湖北崇文書局刻十一經音訓本　四册

340000－1882－0002738　3400
鄮陽夢影初編一卷　(清)□□輯　清刻本　一册

340000－1882－0002739　3452
東萊博議四卷　(宋)呂祖謙撰　清光緒十八年(1892)上海古香閣石印清馮泰松刻本　四册

340000－1882－0002740　3487
高等小學女子國文教科書第一册　莊俞等編纂　清宣統二年(1910)商務印書館鉛印本　一册

340000－1882－0002741　3449
水道提綱二十八卷　(清)齊召南編錄　清光緒七年(1881)上海文瑞樓鉛印本　八册

340000－1882－0002742　3436
傷寒緒論二卷傷寒纘論二卷　(清)張璐纂述　**傷寒舌鑑一卷**　(清)張登彙纂　**傷寒兼證析義一卷**　(清)張倬著　清同德堂刻張氏醫書七種本　九册

340000－1882－0002743　3420
春秋公羊傳註疏二十八卷　(漢)何休注　(唐)陸德明音義　明崇禎七年(1634)毛氏汲古閣刻十三經註疏本　八册

340000－1882－0002744　3508
永寧通書十二卷　(清)王維德纂輯　清刻本　一册　存三卷(地集一至三)

340000－1882－0002745　3451
九數通考十一卷首一卷末一卷　(清)屈曾省輯　清光緒石印本　五册

340000－1882－0002746　3514
傷寒審癥表一卷　(清)包誠纂輯　清同治十年(1871)湖北崇文書局刻本　一册

340000－1882－0002747　3448
格致書院課藝七卷　(清)王韜輯　清光緒二十三年(1897)上海書局石印本　十三册

340000－1882－0002748　3478
清河節孝徵詩錄一卷　(清)張鳳山輯　清同治十一年(1872)刻本　一册

340000－1882－0002749　3518
産寶一卷　(清)倪枝維原本　(清)許槤訂正　(清)鄒存淦重輯　**達生編二卷**　題(清)亟齋居士撰　清同治八年(1869)長生室刻本　一册

340000－1882－0002750　3501

廿一史約編八卷首一卷　（清）鄭元慶述　（清）潘美發等參訂　清光緒席氏掃葉山房刻本　八冊

340000－1882－0002751　3435
種福堂公選溫熱論醫案一卷良方三卷　（清）葉桂論　（清）華岫雲校　清刻本　二冊

340000－1882－0002752　3450
明文才調集四卷國朝文才調集四卷　（清）許振褘編集　清光緒二十年（1894）海上復古書齋石印本　八冊

340000－1882－0002753　3410
齋中讀書一卷　（清）胡肇昕撰　清光緒二十五年（1899）績溪世澤樓刻本　一冊

340000－1882－0002754　3512
安徽鄉土歷史教科書第一冊　劉師培編著　清光緒三十二年（1906）上海國學保存會鉛印本　一冊

340000－1882－0002755　3523
金匱心典三卷　（漢）張仲景著　（清）尤怡集註　清同治八年（1869）陸氏雙白燕堂刻本　三冊

340000－1882－0002756　3477
節孝鍾貞婦徵詩啟一卷　（清）鍾叔娥撰　清光緒刻本　一冊

340000－1882－0002757　3399
陶靖節先生詩四卷補註一卷　（晉）陶潛撰　（宋）湯漢注　**附錄一卷**　（元）吳師道撰　清光緒十一年（1885）會稽章氏刻重刊拜經樓叢書七種本　一冊

340000－1882－0002758　3486
最新中國歷史教科書第三冊　（清）姚祖義編纂　清光緒三十四年（1908）商務印書館鉛印本　一冊

340000－1882－0002759　3520
通德類情十三卷　（清）沈重華輯　清乾隆三十六年（1771）文華堂刻本　八冊

340000－1882－0002760　3511
正字略定本一卷　（清）王筠撰　清道光刻本　一冊

340000－1882－0002761　3522
丹溪朱氏脈因証治二卷　（元）朱震亨撰　（清）湯望久校輯　清乾隆四十年（1775）湯望久刻掃葉山房印本　二冊

340000－1882－0002762　3500
意林五卷　（唐）馬總撰　清光緒三年（1877）湖北崇文書局刻本　二冊

340000－1882－0002763　3517
傷寒補天石二卷續傷寒補天石二卷　（明）戈維城撰　清刻本　一冊　存一卷（傷寒補天石上）

340000－1882－0002764　3458
四書味根錄三十七卷　（清）金澂撰　清光緒十二年（1886）上海積山書局石印本　六冊

340000－1882－0002765　3416
花樣集一卷　（□）□□撰繪　清刻本　一冊

340000－1882－0002766　3398
犢山文稿不分卷　（清）周犢山撰　清光緒十九年（1893）刻本　四冊

340000－1882－0002767　3534
甌北詩鈔二十卷　（清）趙翼撰　清刻本　二冊　存四卷（七言古一至四）

340000－1882－0002768　3521
傷寒附翼二卷　（清）柯琴編　清刻本　一冊

340000－1882－0002769　3499
淮南天文訓補注二卷　（清）錢塘綴述　清光緒三年（1877）湖北崇文書局刻本　二冊

340000－1882－0002770　3519
測地志要四卷誦芬詩略三卷　（清）黃蔚亭著　清同治六年（1867）刻本　一冊

340000－1882－0002771　3378
遂園試律詩鈔四卷　（清）趙畇著　清咸豐十一年（1861）刻本　二冊

340000－1882－0002772　3528

格致餘論一卷局方發揮一卷　(元)朱震亨撰　清刻本　一冊

340000－1882－0002773　3533
喉科指掌六卷　(清)張宗良著　清同治九年(1870)刻本　一冊

340000－1882－0002774　3408
歷科朝考□□卷　(□)□□撰　清石印本　一冊　存六卷(甲戌科、辛未科、乙壬科、乙丑科、己未科、庚戌科)

340000－1882－0002775　3459
新訂四書補註備旨十卷　(明)鄧林著　(清)鄧煜編次　清光緒十五年(1889)上海局石印本　六冊

340000－1882－0002776　3527
太醫院增補青囊藥性賦直解二卷太醫院增補醫方捷徑二卷　(明)羅必煒訂　清道光二十九年(1849)刻本　二冊

340000－1882－0002777　3506
欽定萬年書不分卷　(□)□□撰　清石印本　一冊

340000－1882－0002778　3407
總憲公同年世誼錄一卷　(□)□□撰　清抄本　一冊

340000－1882－0002779　3532
喉科秘要一卷　(清)周春山輯　清刻本　一冊

340000－1882－0002780　3507
校正萬年書不分卷　(□)□□撰　清光緒二十二年(1896)刻本　二冊

340000－1882－0002781　3444
詩韻集成十卷　(清)余照輯　清光緒四年(1878)刻本　四冊

340000－1882－0002782　3516
胡慶餘堂丸散膏丹全集不分卷　(清)胡光墉撰　清刻本　一冊

340000－1882－0002783　3537
周禮讀本六卷　(清)周樽眉輯　清刻本　二冊

340000－1882－0002784　3547
春秋穀梁注疏二十卷　(晉)范甯集解　(唐)楊士勛疏　(唐)陸德明音義　清同治十三年(1874)湖南書局刻本　四冊

340000－1882－0002785　3540
書經六卷首一卷末一卷　(宋)蔡沈集傳　清同治五年(1866)金陵書局刻本　四冊

340000－1882－0002786　3455
分類賦學十二卷續十二卷　(清)張維城撰　清光緒十二年(1886)點石齋石印本　六冊

340000－1882－0002787　3515
醫學階梯□□卷　(清)張叡撰　清刻本　一冊　存二卷(二至三)

340000－1882－0002788　3397
皋園續褉詩錄一卷　(清)秦澹如　(清)金眉生撰　清光緒二年(1876)刻本　一冊

340000－1882－0002789　3510
周禮節釋十二卷　(清)鮑梁纂輯　清刻本　一冊

340000－1882－0002790　3370
杜徵三先生遺稿一卷　(清)杜冠英撰　清光緒刻本　一冊

340000－1882－0002791　4025
壽世青編二卷　(清)尤乘纂　清刻本　一冊

340000－1882－0002792　3492
碎錦一卷　(□)□□撰　清抄本　一冊

340000－1882－0002793　3539
書經六卷首一卷末一卷　(宋)蔡沈集傳　清同治五年(1866)金陵書局刻本　四冊

340000－1882－0002794　3443
史記菁華錄六卷　(清)姚苧田選　清光緒八年(1882)朱墨套印本　六冊

340000－1882－0002795　3526
珍珠囊指掌補遺藥性賦四卷　(金)李杲編輯　**雷公炮製藥性解六卷**　(清)李中梓編　清

刻本　四冊

340000－1882－0002796　3462
倪愚山事略一卷　（清）倪望巙述　清刻本　一冊

340000－1882－0002797　3538
禮記讀本六卷　（清）周樽眉訂　清刻本　二冊

340000－1882－0002798　3509
江南學堂課藝内編一卷　（清）劉坤一輯　清光緒二十七年（1901）泛新學社刻本　一冊

340000－1882－0002799　3491
燈謎一卷　（□）□□撰　清抄本　一冊

340000－1882－0002800　3498
尉繚子二卷　（戰國）尉繚撰　**素書一卷**　（漢）黃石公撰　（宋）張商英注　**心書一卷**　（三國蜀）諸葛亮撰　清光緒元年（1875）湖北崇文書局刻本　一冊

340000－1882－0002801　3543
字彙十二卷首一卷韻法直圖一卷　（明）梅膺祚撰　清咸豐二年（1852）刻本　十四冊

340000－1882－0002802　3546
毛詩註疏二十卷　（漢）鄭玄注　（唐）孔穎達疏　（唐）陸德明音義　清同治十三年（1874）湖南書局刻本　十八冊

340000－1882－0002803　3541
書經體註大全合參六卷　（宋）蔡沈集傳　（清）張聖度訂　（清）錢希祥纂　清刻本　六冊

340000－1882－0002804　3531
引痘畧一卷　（清）邱熺輯　（清）李汝霖補輯　清光緒十年（1884）上海江左書林刻本　一冊

340000－1882－0002805　3567
史記選六卷　（清）儲欣評　清刻本　二冊　存四卷（三至六）

340000－1882－0002806　3461
倪愚山行狀一卷　（清）張紹華撰　清石印本　一冊

340000－1882－0002807　3551
孟子註疏解經十四卷　（漢）趙岐注　（宋）孫奭疏　清同治十三年（1874）湖南書局刻本　五冊

340000－1882－0002808　3525
景岳全書發揮四卷　（清）葉桂著　清光緒五年（1879）吳氏醉六堂刻本　四冊

340000－1882－0002809　3574
針灸大成十卷　（明）楊繼洲撰　清光緒二十九年（1903）石印本　六冊

340000－1882－0002810　3454
近科通雅集初編一卷續編一卷三編一卷　（□）□□撰　清光緒二十三年（1897）復古書齋石印本　六冊

340000－1882－0002811　3497
人譜正篇一卷續編二卷類記增訂六卷　（明）劉宗周著　清光緒三年（1877）湖北崇文書局刻本　三冊

340000－1882－0002812　3550
論語註疏解經二十卷　（三國魏）何晏集解　（宋）邢昺疏　清同治十三年（1874）湖南書局刻本　四冊

340000－1882－0002813　3530
達生編二卷　題（清）亟齋居士撰　清刻本　一冊

340000－1882－0002814　3485
公民必讀初編一卷　（清）孟昭常著　清光緒三十三年（1907）中新書局鉛印本　一冊

340000－1882－0002815　3566
戰國策選不分卷　（清）儲欣評　清刻本　一冊

340000－1882－0002816　3571
圖民錄四卷　（清）袁守定著　清光緒十二年（1886）刻本　二冊

340000－1882－0002817　3504
中國商務必讀一卷　（□）□□撰　清光緒三

十二年(1906)刻本　一册

340000－1882－0002818　3584
大生要旨五卷　(清)唐千頃纂　清刻本　一册

340000－1882－0002819　3453
曠視山房制藝六卷　(清)丁守存輯　清光緒二十一年(1895)上海書局石印本　六册

340000－1882－0002820　3524
張仲景金匱要畧論註二十四卷　(清)徐彬著　清光緒五年(1879)刻本　四册　存十四卷(一至十四)

340000－1882－0002821　3535
陳檢討集二十卷　(清)陳維崧撰　(清)程師恭註　清同治十三年(1874)刻本　八册

340000－1882－0002822　3595
説文引經攷正八卷　(清)陳瑑學　清同治十三年(1874)湖北崇文書局刻本　二册

340000－1882－0002823　3496
韓詩外傳十卷　(漢)韓嬰著　清光緒三年(1877)湖北崇文書局刻崇文書局彙刻書本　二册

340000－1882－0002824　3565
左傳選不分卷　(清)儲欣評　清刻本　四册

340000－1882－0002825　3581
尚論張仲景傷寒論重編三百九十七法四卷　(清)喻昌著　清乾隆三十年(1765)刻本　五册

340000－1882－0002826　3488
欽定鼎甲策一卷　(□)□□撰　清光緒十二年(1886)石印本　一册

340000－1882－0002827　3503
藝游錄二卷　(清)駱騰鳳學　清光緒十年(1884)刻本　二册

340000－1882－0002828　3483
文昌帝君孝經一卷　(清)邱仲深原註　(清)吳雲莊補註　(清)徐餌珊旁註　清光緒三年(1877)朱墨套印本　一册

340000－1882－0002829　3529
新刻删補產寶全書一卷　(清)汪有信删補　清刻本　一册

340000－1882－0002830　3580
時方歌括二卷時方妙用四卷　(清)陳念祖著　清刻本　六册

340000－1882－0002831　3549
爾雅註疏十一卷爾雅音義二卷　(晉)郭璞注　(唐)陸德明撰　(宋)邢昺疏　清同治十三年(1874)湖南書局刻本　四册

340000－1882－0002832　3623
京師大學堂講義四卷　(清)張鶴齡撰　清鉛印本　二册

340000－1882－0002833　3495
九經三傳沿革例一卷　(宋)岳珂撰　清光緒三年(1877)湖北崇文書局刻本　一册

340000－1882－0002834　3542
段氏説文注訂八卷　(清)鈕樹玉著　清同治十三年(1874)湖北崇文書局刻本　二册

340000－1882－0002835　3563
唐宋八大家類選十四卷　(清)儲欣評　(清)儲芝粂述　清乾隆二十四年(1759)刻本　八册

340000－1882－0002836　3489
重刻勁節樓圖紀三卷首一卷末一卷　(清)徐德原輯　清光緒十年(1884)楓江徐氏刻本　一册

340000－1882－0002837　3560
古文析義十四卷　(清)林雲銘評註　清刻本　十四册

340000－1882－0002838　3470
宛西三烈一卷　(清)周贇撰　清光緒三十年(1904)刻本　一册

340000－1882－0002839　3572
臨癥指南醫案八卷　(清)葉桂著　清光緒三十二年(1906)上海龍文書局石印本　八册

340000－1882－0002840　3564

國語選一卷　(清)儲欣評　(清)儲芝叅述　清乾隆二十四年(1759)刻本　一冊

340000－1882－0002841　3583
痘疹定論四卷　(清)朱純嘏編輯　清大文堂刻本　四冊

340000－1882－0002842　3493
晚聞堂集十六卷　(清)余紹祉著　清道光十七年(1837)刻本　五冊

340000－1882－0002843　3469
會稽王氏銀管錄一卷　(清)王繼香輯　清光緒四年(1878)刻本　一冊

340000－1882－0002844　3599
禮記省度四卷　(清)彭頤纂　清光緒十一年(1885)朱墨套印本　四冊

340000－1882－0002845　3545
述學内篇三卷補遺一卷外篇一卷別錄一卷　(清)汪中撰　清同治八年(1869)揚州書局刻本　二冊

340000－1882－0002846　3578
洞天奧旨十六卷　(清)陳士鐸著　清刻本　六冊

340000－1882－0002847　3562
西漢文選四卷　(清)儲欣評　清乾隆二丨四年(1759)受祉堂刻本　二冊

340000－1882－0002848　3481
物理推原一卷　(法國)羅第愛撰　(清)李杕編譯　清光緒二十二年(1896)上海徐匯書館石印本　一冊

340000－1882－0002849　3457
西事類編十六卷　(清)沈純輯　清光緒十三年(1887)申報館鉛印本　六冊

340000－1882－0002850　3548
孝經註疏九卷　(宋)邢昺撰　清同治十三年(1874)湖南書局刻本　一冊

340000－1882－0002851　3554
歲朝賞菊詩續集一卷　(□)□□撰　清光緒十年(1884)刻本　一冊

340000－1882－0002852　3603
孝經一卷　(□)□□撰　清刻本　一冊

340000－1882－0002853　3590
活幼心法大全九卷　(明)聶尚恆著　清刻本　一冊

340000－1882－0002854　3559
綴白裘十二集四十八卷　題(清)玩花主人編　清乾隆四十六年(1781)共賞齋刻本　二十四冊

340000－1882－0002855　3561
大文堂古文集解□□卷　(清)吳留村鑒定　清刻本　五冊　存五卷(二至六)

340000－1882－0002856　3577
增補醫方一盤珠全集十卷首一卷　(清)洪金鼎纂　清刻本　一冊

340000－1882－0002857　3579
種福堂公續選臨證指南四卷　(清)葉桂論　清刻本　二冊

340000－1882－0002858　3456
自強學齋治平十議二十六卷　(□)□□撰　清光緒丨九年至二丨三年(1893－1897)义瑞樓石印本　十冊　存十九卷(庸書内篇二卷、外篇二卷,校邠廬抗議二卷,適可齋記言四卷,適可齋記行四至六,籌洋芻議一卷,救時要議一卷,時務論一卷,鈔幣論一卷,鹽法議畧二卷)

340000－1882－0002859　3553
歲朝賞菊詩一卷　(□)□□撰　清道光二十六年(1846)刻本　一冊

340000－1882－0002860　3598
爾雅漢注三卷　(清)臧鏞堂撰　清嘉慶七年(1802)問經堂刻本　三冊

340000－1882－0002861　3582
扁鵲心書二卷　(戰國)秦越人傳　(宋)竇材重集　(清)胡珏參論　清浙衢三餘堂刻本　二冊

340000－1882－0002862　0533

資孝葬畫述要一卷　題(清)養拙山人輯　清同治刻本　一冊

340000－1882－0002863　3600
孔子家語十卷　(三國魏)王肅注　清刻本　二冊

340000－1882－0002864　3594
說文校議十五卷　(清)嚴可均撰　清咸豐二年(1852)刻本　四冊

340000－1882－0002865　3482
中西度量權衡表一卷　(□)□□撰　清光緒十七年(1891)石印本　二冊

340000－1882－0002866　3494
周書十卷附一卷　(清)朱右曾集訓校釋　清光緒三年(1877)湖北崇文書局刻本　二冊

340000－1882－0002867　3620
素問靈樞類纂約註三卷　(清)汪昂撰　清光緒六年(1880)江左書林刻本　三冊

340000－1882－0002868　3576
醫方集解二十三卷　(清)汪昂著　清光緒十七年(1891)鉛印本　四冊

340000－1882－0002869　3601
儀禮易讀十七卷　(清)馬駉輯　清乾隆三十八年(1773)山陰縣學刻本　四冊

340000－1882－0002870　3513
國朝先正事略六十卷　(清)李元度纂　清刻本　十四冊　存三十八卷(二十三至六十)

340000－1882－0002871　3611
新編精圖七千字文一卷　(□)□□撰　清光緒三十三年(1907)上海鏡海樓石印本　一冊

340000－1882－0002872　3593
汲古閣說文訂一卷　(清)段玉裁撰　清同治十一年(1872)湖北崇文書局刻本　一冊

340000－1882－0002873　3586
白喉治法忌表抉微一卷　(清)鄭梅澗撰　(清)耐修子注　清光緒十八年(1892)刻本　一冊

340000－1882－0002874　3592
說文聲系二十八卷　(清)姚文田撰　清嘉慶九年(1804)刻本　二冊

340000－1882－0002875　3597
埶文備覽補詳字義十四卷　(清)沙木集註　清刻本　一冊

340000－1882－0002876　3607
說文逸字二卷　(清)鄭珍記　清咸豐八年(1858)刻本　一冊

340000－1882－0002877　3610
李氏蒙求補注六卷　(清)金三俊輯　清刻本　三冊

340000－1882－0002878　3570
駁案新編三十二卷　(清)全士潮撰　清刻本　十八冊　存二十四卷(八至三十一)

340000－1882－0002879　3619
史載之方二卷　(宋)史堪撰　清光緒二年(1876)陸氏十萬卷樓刻本　二冊

340000－1882－0002880　3608
爾雅直音二卷　(清)孫偘輯　清嘉慶五年(1800)致和堂刻本　二冊

340000－1882－0002881　3606
說文部首韻語一卷　(清)黄壽鳳編　清同治十一年(1872)刻本　一冊

340000－1882－0002882　3618
王氏醫存十七卷　(清)王燕昌撰　清同治十三年(1874)皖城黄竹友齋刻本　一冊

340000－1882－0002883　3480
曾文正公榮哀錄四卷　(□)□□撰　清同治十二年(1873)湖南省臯集慶堂刻本　三冊　缺一卷(三)

340000－1882－0002884　3605
松陽講義十二卷　(清)陸隴其著　清郁文堂刻本　四冊

340000－1882－0002885　3568
欽定錢錄十六卷　(清)梁詩正撰　清刻本　二冊

340000－1882－0002886　3587
重訂白喉忌表抉微一卷　（清）耐修子注　清光緒二十九年(1903)刻本　一冊

340000－1882－0002887　3591
丸散膏丹集錄一卷　（□）□□撰　清刻本　一冊

340000－1882－0002888　3596
讀說文雜識一卷　（清）許棫撰　清光緒七年(1881)刻本　一冊

340000－1882－0002889　3588
白喉治法忌表抉微一卷　（清）耐修子注　清光緒三十一年(1905)梁李氏刻本　一冊

340000－1882－0002890　3617
小學集註六卷　（明）陳選集註　清同治六年(1867)金陵書局刻本　二冊

340000－1882－0002891　3479
榮哀錄一卷　（□）□□撰　清同治十一年(1872)刻本　一冊

340000－1882－0002892　3544
經餘必讀八卷續編八卷經餘必讀三集四卷（清）雷琳等輯　清光緒二年(1876)退補齋刻本　十冊

340000－1882－0002893　3612
新增幼學故事瓊林四卷附首一卷　（清）程允升撰　（清）鄒聖脈增補　清光緒十四年(1888)簡香齋刻本　四冊

340000－1882－0002894　3604
新刻批點四書讀本十九卷　（宋）朱熹章句　清同治十三年(1874)聚盛唐刻本　十二冊

340000－1882－0002895　3640
徐氏雜著四種五卷　（清）徐大椿注　（清）徐嶔校　清光緒十九年(1893)上海圖書集成書局鉛印本　一冊

340000－1882－0002896　3626
字林考逸八卷　（清）任大椿學　清光緒七年(1881)章氏刻本　二冊

340000－1882－0002897　3646
列子八卷　（晉）張湛注　清光緒二年(1876)世德堂刻本　二冊

340000－1882－0002898　3656
詞論一卷　（□）□□撰　**古韻通略一卷**（清）柴紹炳著　**填詞圖譜二卷**　（清）賴以邠著　清刻本　二冊

340000－1882－0002899　3645
讀史論斷□□卷　（清）洪亮吉著　清石印本　三冊　存十一卷（十至二十）

340000－1882－0002900　3637
治家格言篆刻一卷　（□）□□撰　清鈐印本　一冊

340000－1882－0002901　3668
說文提要一卷　（清）陳建侯撰　清同治十一年(1872)湖北崇文書局刻本　一冊

340000－1882－0002902　3651
王先生十七史蒙求十六卷　（宋）王令撰　**李氏蒙求補註六卷**　（清）金三俊輯　清道光二十八年(1848)大文堂刻本　六冊

340000－1882－0002903　3634
歷代名人尺牘精華錄十二卷　（清）沈佳胤輯　清宣統元年(1909)上海國學昌明社石印本　四冊

340000－1882－0002904　3644
廿一史約編八卷首一卷　（清）鄭元慶撰　清刻本　八冊

340000－1882－0002905　3664
論語註疏解經二十卷　（三國魏）何晏集解（宋）邢昺疏　**附校勘記二十卷**　（清）阮元撰　（清）盧宣旬摘錄　清同治十二年(1873)江西書局刻本　六冊

340000－1882－0002906　3649
琴學入門二卷　（清）張鶴撰　清同治六年(1867)嘉平刻本　三冊

340000－1882－0002907　3667
說文引經考二卷　（清）吳玉搢著　清刻本　二冊

340000－1882－0002908　3643

附釋音尚書注疏二十卷 （唐）孔穎達撰 **尚書注疏校勘記二十卷** （清）阮元撰 （清）盧宣旬摘錄 清同治十二年（1873）江西書局刻本 十册

340000－1882－0002909 3609
韻府群玉二十卷 （元）陰時夫撰 清刻本 十册

340000－1882－0002910 3633
梅村詩集箋注十八卷 （清）吳翌鳳撰 清嘉慶十九年（1814）刻本 五册

340000－1882－0002911 3624
説文解字徐氏繫傳四十卷 （宋）徐鍇傳釋 清道光十九年（1839）刻本 六册 存三十五卷（一至三十五）

340000－1882－0002912 3655
有正味齋駢文十六卷 （清）吳錫麟著 清同治七年（1868）慈北葉氏刻本 十册

340000－1882－0002913 3648
呂子節錄補遺二卷 （明）呂坤著 （清）陳宏謀評輯 清刻本 二册

340000－1882－0002914 3616
諫垣七疏一卷 （明）周洪謨撰 清光緒二十年（1894）刻本 一册

340000－1882－0002915 3639
外科正宗十二卷附錄一卷 （明）陳實功著 （清）徐大椿評 清光緒十九年（1893）上海圖書集成印書局鉛印本 三册

340000－1882－0002916 3642
雷公炮製藥性解六卷 （清）李中梓編輯 （清）王子接重訂 清刻本 二册

340000－1882－0002917 3663
儀禮十七卷 （漢）鄭玄注 （唐）陸德明音義 清同治七年（1868）湖北崇文書局刻本 四册

340000－1882－0002918 3627
字彙十四卷 （明）梅膺祚音釋 清道光八年（1828）大文堂刻本 十四册

340000－1882－0002919 3659
漁洋山人古詩選三十二卷 （清）王世禛選 清同治五年（1866）金陵書局刻本 八册

340000－1882－0002920 3638
徐氏醫書八種十八卷 （戰國）秦越人著 清光緒十九年（1893）上海圖書集成印書局鉛印本 八册

340000－1882－0002921 3621
聖嘆秘書七種一卷 （清）金聖嘆撰 清鉛印本 一册

340000－1882－0002922 3647
老子道德經二卷 （三國魏）王弼注 清光緒元年（1875）浙江書局刻本 一册

340000－1882－0002923 3641
傅氏眼科審視瑤函六卷首一卷 （明）傅仁宇纂輯 清刻本 四册

340000－1882－0002924 3672
書經精華六卷 （清）薛嘉穎輯 清同治七年（1868）蘇州綠潤堂刻本 四册

340000－1882－0002925 3652
四書集註十九卷 （宋）朱熹章句 清遵訓堂刻本 十三册

340000－1882－0002926 3614
六書通十卷 （明）閔齊伋撰 （清）畢弘述篆訂 清光緒四年（1878）繡谷留耕堂刻本 六册

340000－1882－0002927 3622
古格言十二卷 （清）梁章鉅輯 清刻本 二册

340000－1882－0002928 3666
小學彙函四十卷 （清）鍾謙鈞輯 清餘姚盧氏抱經堂刻本 四册

340000－1882－0002929 3685
未灰齋文外集一卷 （清）徐鼒著 清刻本 一册

340000－1882－0002930 3468
愍孝錄一卷 （清）王子獻輯 清光緒十年

(1884)刻本　一册

340000－1882－0002931　3662
吴摯甫尺牘五卷補遺一卷論兒書一卷　(清)吴汝綸撰　清宣統二年(1910)國學扶輪社石印本　十二册

340000－1882－0002932　3632
彭剛直公詩集八卷　(清)彭玉麟著　清光緒十七年(1891)刻本　二册

340000－1882－0002933　3658
吴詩集覽二十卷談藪二卷　(清)吴偉業撰　(清)靳榮藩輯　清凌雲亭刻本　十九册　缺二卷(十九至二十)

340000－1882－0002934　3684
石堂詩鈔一卷　(□)□□撰　清刻本　一册

340000－1882－0002935　3467
蔡氏旌孝錄一卷　(清)夏嘉穀輯　清光緒泰州夏氏刻本　一冊

340000－1882－0002936　3630
淞隱漫錄一卷　(清)王韜撰　清光緒十三年(1887)石印本　一册

340000－1882－0002937　3654
味經山館文鈔四卷詩鈔六卷　(清)戴鈞衡撰　清咸豐三年(1853)刻本　四册

340000－1882－0002938　3615
隸辨八卷　(清)顧靄吉撰　清同治十二年(1873)刻本　八册

340000－1882－0002939　3657
胡文忠公遺集八十六卷　(清)胡林翼撰　清光緒元年(1875)湖北崇文書局刻本　三十二册

340000－1882－0002940　3693
古文析義十六卷　(清)林雲銘評註　清刻本　十六册

340000－1882－0002941　3653
國朝試律摛藻集續編二卷　(清)程嘉訓編輯　清乾隆五十六年(1791)尋樂齋刻本　二册

340000－1882－0002942　4045
尚友錄二十二卷　(明)廖用賢編纂　(清)張伯琮補輯　清光緒十四年(1888)著易堂鉛印本　六册

340000－1882－0002943　3671
春秋左傳註疏六十卷　(晉)杜預註　(唐)孔穎達疏　(唐)陸德明音義　清同治十三年(1874)湖南書局刻本　十九册　缺三卷(四十二至四十四)

340000－1882－0002944　3683
徐騎省集三十卷補遺一卷校勘記一卷　(宋)徐鉉撰　清光緒十六年至十九年(1890－1893)黟南李氏刻本　八册

340000－1882－0002945　3682
昌黎先生集四十卷外集十卷遺文一卷集傳一卷　(唐)李漢編　清同治八年(1869)江蘇書局刻本　十册

340000－1882－0002946　3670
儀禮注疏十七卷　(漢)鄭玄注　(唐)賈公彦疏　清同治十三年(1874)湖南書局刻本　十二册

340000－1882－0002947　3660
分類補註李太白詩二十五卷　(唐)李白撰　(宋)楊齊賢集註　(元)蕭士贇補註　明刻本　十二册

340000－1882－0002948　3709
爾雅注疏校勘記十一卷　(清)阮元撰　(清)盧宣旬摘錄　清同治十三年(1874)湖南書局刻本　二册

340000－1882－0002949　3723
歷代鐘鼎彝器款識法帖二十七卷　(宋)薛尚功撰　清嘉慶二年(1797)刻本　四册

340000－1882－0002950　3698
水心先生文集二十九卷水心先生文集補遺一卷水心先生別集十六卷　(清)葉適撰　清光緒八年(1882)瑞安孫氏刻本　十五册

340000－1882－0002951　3724

熙朝紀政八卷 (清)王慶雲撰 清光緒二十八年(1902)上海書局鉛印本 四册

340000－1882－0002952 3722
說文新附攷七卷 (清)鈕樹玉撰 清同治十三年(1874)湖北崇文書局刻本 二册

340000－1882－0002953 3702
周易注疏校勘記九卷附一卷 (清)阮元撰 (清)盧宣旬摘錄 清同治十三年(1874)湖南書局刻本 一册

340000－1882－0002954 3712
諸葛丞相集三卷 (三國蜀)諸葛亮著 (清)朱璘輯 清康熙三十七年(1698)萬卷堂刻本 二册

340000－1882－0002955 3681
文選六十卷 (南朝梁)蕭統撰 (唐)李善注 清光緒十三年(1887)湖北書局刻本 十六册 存五十二卷(一至五十二)

340000－1882－0002956 3729
傷寒總病論六卷 (宋)龐安時撰 清道光三年(1823)刻本 二册

340000－1882－0002957 3708
孟子注疏校勘記十四卷 (清)阮元撰 (清)盧宣旬摘錄 清同治十三年(1874)湖南書局刻本 二册

340000－1882－0002958 3719
新編筭學啟蒙三卷 (清)朱世傑編輯 清刻本 一册 存二卷(上至中)

340000－1882－0002959 3669
澄衷蒙學堂字課圖說四卷 (清)劉樹屏編 (清)吳子城繪圖 清光緒三十一年(1905)澄衷蒙學堂石印本 七册 存三卷(二至四)

340000－1882－0002960 3701
春秋左傳杜注三十卷首一卷 (清)姚培謙學 清光緒九年(1883)江南書局刻本 十册

340000－1882－0002961 3704
春秋左傳注疏校勘記六十卷 (清)阮元撰 (清)盧宣旬摘錄 清同治十三年(1874)刻本 六册

340000－1882－0002962 3613
學庸思辨錄十四卷 (清)朱鼎謙輯 清乾隆十四年(1749)卓觀堂刻本 六册

340000－1882－0002963 3692
拜經樓叢書十卷 (清)吳騫輯 清刻本 一册

340000－1882－0002964 3707
孝經注疏校勘記九卷 (清)阮元撰 (清)盧宣旬摘錄 清同治十三年(1874)湖南書局刻本 一册

340000－1882－0002965 3711
春秋繁露十七卷 (漢)董仲舒著 清光緒三年(1877)湖北崇文書局刻本 二册

340000－1882－0002966 3720
三刻黃維章先生詩經嫏嬛體註八卷 (明)黃維章原本 (清)范翔重訂 (清)張道升仝訂 清乾隆三十六年(1771)芸經堂刻本 四册

340000－1882－0002967 3725
欽定大清會典一百卷 (清)張廷玉等纂修 清鉛印本 八册

340000－1882－0002968 3675
[光緒]九華山志十卷首一卷末一卷 (清)周贇纂修 (清)謝維喈重修 清光緒二十六年(1900)刻本 五册 存八卷(一至七、首一卷)

340000－1882－0002969 3680
經史百家簡編二卷 (清)曾國藩纂 清同治十三年(1874)傳忠書局刻本 二册

340000－1882－0002970 3710
十三經註疏校勘記識語四卷 (清)汪文臺撰 清光緒三年(1877)江西書局刻本 二册

340000－1882－0002971 3742
李氏倡隨集四卷 (清)李嶽生撰 清光緒三十一年(1905)邵陽魏氏石印本 一册

340000－1882－0002972 3979
[同治]黟縣三志十六卷首一卷末一卷 (清)

謝永泰纂修　清刻本　五冊　存七卷(八至十四)

340000－1882－0002973　3732
羣學肄言十二卷　(英國)斯賓塞爾撰　嚴復譯　清光緒二十九年(1903)上海文明編譯書局鉛印本　二冊

340000－1882－0002974　3717
儀禮十七卷　(漢)鄭玄注　(唐)陸德明音義　清同治七年(1868)刻本　四冊

340000－1882－0002975　3679
觀世音菩薩本行經二卷　(宋)釋普明編　清刻本　二冊

340000－1882－0002976　3728
益智圖二卷續圖一卷燕幾圖一卷　(清)童叶庚著　清光緒四年(1878)睫巢刻本　五冊

340000－1882－0002977　3721
欽定儀禮義疏四十八卷　(清)鄂爾泰等編　清同治十年(1871)湖北崇文書局刻本　三十二冊

340000－1882－0002978　3716
澄衷蒙學堂字課圖説四卷　(清)劉樹屏撰　(清)吳子城繪圖　清光緒二十七年(1901)澄衷蒙學堂石印本　八冊

340000－1882－0002979　3756
徐氏醫書三卷　(清)徐大椿撰　清刻本　一冊

340000－1882－0002980　3740
東周列國全志二十三卷首一卷　(明)馮夢龍撰　(清)蔡界評點　清雲海堂刻本　二十四冊

340000－1882－0002981　3731
重訂三刻吳望江先生地理纂要七卷首一卷　(明)吳天洪選輯　(明)余元長重訂　明刻本　一冊　存四卷(一至三、首一卷)

340000－1882－0002982　3677
賢母錄不分卷　(清)黄彭年輯　清同治刻本　一冊

340000－1882－0002983　3739
唐宋名賢歷代確論一百卷　(□)□□撰　清光緒二十八年(1902)石印本　四冊

340000－1882－0002984　3706
穀梁注疏校勘記二十卷　(清)阮元撰　(清)盧宣旬摘錄　清同治十三年(1874)湖南書局刻本　一冊

340000－1882－0002985　3691
陸清獻公蒞嘉遺蹟三卷　(清)黄維玉編輯　清同治六年(1867)上海道署刻本　一冊

340000－1882－0002986　3628
彭剛直公奏稿八卷　(清)彭玉麟撰　清光緒十七年(1891)吳氏刻本　八冊

340000－1882－0002987　3763
醫學三字經四卷　(清)陳念祖著　清刻本　四冊

340000－1882－0002988　3768
臨證指南醫案十卷　(清)葉桂著　清乾隆四十二年(1777)衛生堂刻本　十冊

340000－1882－0002989　3678
老子章義二卷　(清)姚鼐撰　清同治九年(1870)桐城吳氏刻本　一冊

340000－1882－0002990　3778
女科撮要二卷　(明)薛己著　清刻本　一冊

340000－1882－0002991　3738
歷代帝王年表四卷　(清)齊召南編　清光緒二十八年(1902)石印本　四冊

340000－1882－0002992　3757
保嬰撮要二十卷　(明)薛鎧編集　明刻本　十冊

340000－1882－0002993　3762
引痘畧不分卷　(清)邱熺撰　(清)李汝霖補輯　清光緒二年(1876)刻本　一冊

340000－1882－0002994　3690
姚公遺蹟詩抄一卷　(清)姚懷祥撰　清道光刻本　一冊

340000－1882－0002995　3773
重刊巢氏諸病源候總論五十卷　(隋)巢元方撰　清光緒十七年(1891)刻本　八册

340000－1882－0002996　3715
三輔黃圖六卷　(漢)亡名氏撰　清刻本　一册

340000－1882－0002997　3733
會試硃卷不分卷　(□)□□撰　清光緒刻本　一册

340000－1882－0002998　3665
經典釋文三十卷　(唐)陸德明撰　清同治八年(1869)崇文書局刻本　十二册

340000－1882－0002999　3770
引經證醫四卷　(清)程櫟著　清刻本　四册

340000－1882－0003000　3767
絳雪園古方選註不分卷　(清)王子接注　(清)葉桂校　清雍正九年(1731)掃葉山房刻本　一册

340000－1882－0003001　3761
新刊外科正宗六卷　(明)陳實功纂著　清刻本　二册

340000－1882－0003002　3737
欽定大清會典一百卷　(清)允祹等纂修　清光緒二十五年(1899)上海書局石印本　六册

340000－1882－0003003　3772
保嬰撮要二十卷　(明)薛鎧編集　明刻本　十册

340000－1882－0003004　3777
牛痘新書濟世不分卷　(清)邱熺撰　(清)王惇甫增補　清同治四年(1865)刻本　一册

340000－1882－0003005　3750
傷寒尋源三卷　(清)呂震名著　清光緒七年(1881)刻本　三册

340000－1882－0003006　3753
用藥須知不分卷　(□)□□撰　清抄本　一册

340000－1882－0003007　3748
中國魂二卷　梁啟超撰　清光緒二十八年(1902)上海廣智書局鉛印本　二册

340000－1882－0003008　3760
金匱歌括六卷　(清)陳念祖定　清道光十六年(1836)刻本　二册

340000－1882－0003009　3673
孝經鄭注不分卷　(日本)新川先生校　清嘉慶刻本　一册

340000－1882－0003010　3769
三家醫案合刻三卷醫效秘傳三卷　(清)葉桂述　**溫熱贅言一卷**　(清)寄瓢子述　清刻本　六册

340000－1882－0003011　3749
黃帝内經靈樞註證發微十卷　(明)馬蒔撰　清光緒五年(1879)太醫院刻本　十册

340000－1882－0003012　3758
西醫略論三卷　(英國)合信氏著　(清)管茂材撰　清咸豐七年(1857)上海仁濟醫館刻本　一册

340000－1882－0003013　3752
病癥筋絡訣一卷　(□)□□撰　清抄本　一册

340000－1882－0003014　3917
新編筭學啟蒙三卷　(元)朱世傑編撰　清刻本　一册　存二卷(上至中)

340000－1882－0003015　3714
水經二卷　(漢)桑欽撰　**荆楚歲時記一卷**　(南朝梁)宗懔撰　清刻本　一册

340000－1882－0003016　3697
十三經註疏校勘記識語四卷　(清)汪文臺撰　清光緒三年(1877)江西書局刻本　二册

340000－1882－0003017　3726
大清法規大全□□卷　(清)北京政學社編　清末石印本　三十一册　存一百一卷(大清法規大全旗藩首一卷,一至二;吏政首一卷,六至十九、二十上、二十一下;民政首一卷、一至六；軍政首一卷，一至十一；財政首一卷，一至八；交通首一卷、一至五；實業首一卷，一至十五；外交首一卷、一至二；教育首一卷、一至二十；憲政首一卷、一至七）

340000－1882－0003018　3759
賽金丹二卷　（清）藴真子輯　清同治四年（1865）敦實堂刻本　二册

340000－1882－0003019　3688
石溪詩集四卷　（清）潘元達著　清光緒十二年（1886）畊硯軒刻本　一册

340000－1882－0003020　3790
景岳新方砭四卷　（清）陳念祖著　清光緒二十七年（1901）三味書局刻本　二册

340000－1882－0003021　3785
雷公炮製藥性解六卷　（清）李中梓編輯　**珍珠囊指掌補遺藥性賦四卷**　（金）李杲編輯　清刻本　三册　缺二卷（珍珠囊指掌補遺藥性賦一至二）

340000－1882－0003022　3755
讀史方輿紀要一百三十卷　（清）顧祖禹撰　清道光三年（1823）敷文閣刻本　五十三册　存一百六卷（一至三十二、三十六至四十、四十六至四十七、五十二至五十八、六十一至七十八、八十一至八十二、八十六至八十八、九十二至一百二十八）

340000－1882－0003023　3751
仲景傷寒一卷秘傳眼科一卷　（□）□□撰　清抄本　一册

340000－1882－0003024　3771
洞天奥旨十六卷　（清）陳士鐸撰　清抄本　一册

340000－1882－0003025　3774
白喉忌表抉微一卷　（清）耐修子撰　清光緒刻本　三册

340000－1882－0003026　3687
琴江同人贈别詩不分卷　（清）潘尚志等撰　清光緒二十年（1894）刻本　一册

340000－1882－0003027　3718
説文解字義證五十卷　（清）桂馥撰　清同治九年（1870）崇文書局刻本　三十二册

340000－1882－0003028　3745
欽定書經傳説匯纂二十一卷首二卷　（清）王頊齡等撰　清同治十年（1871）崇文書局刻本　十二册

340000－1882－0003029　3766
外科樞要四卷　（明）薛己著　明隆慶五年（1571）刻本　二册

340000－1882－0003030　3696
説文管見三卷　（清）胡秉虔撰　清同治十二年（1873）世澤樓刻本　一册

340000－1882－0003031　3792
三家醫案合刻三卷醫效秘傳三卷　（清）葉桂述　**温熱贅言一卷**　（清）寄瓢子述　清道光十一年（1831）刻本　二册

340000－1882－0003032　3747
隸辨八卷　（清）顧藹吉撰　清同治十二年（1873）聚賢齋刻本　八册

340000－1882－0003033　4000
聊齋志異十六卷　（清）蒲松齡著　（清）王士正評　清乾隆刻本　十六册

340000－1882－0003034　3798
廿二史策案十二卷　（清）王鎏彙輯　清光緒十七年（1891）綠蔭山房刻本　六册

340000－1882－0003035　3788
名醫方論八卷　（清）羅東逸評定　（清）柯韻伯參閲　清刻本　一册　存三卷（一、三至四）

340000－1882－0003036　3744
樊川文集二十卷别集一卷外集一卷　（唐）杜牧撰　清光緒二十二年（1896）景蘇園影刻本　四册

340000－1882－0003037　3765
立齋外科發揮八卷　（明）薛己撰　明嘉靖七年（1528）刻本　三册

340000－1882－0003038　3695
說文聲類二卷　(清)嚴可均述　清嘉慶七年(1802)刻本　一册

340000－1882－0003039　3746
歷代鐘鼎彝器款識法帖二十卷　(宋)薛尚功撰　清光緒二十九年(1903)玉海堂刻本　四册

340000－1882－0003040　3807
唐人三家集二十六卷　(清)秦恩復輯　清宣統三年(1911)影印本　八册

340000－1882－0003041　3804
歷代名公畫譜四卷　(明)顧炳輯　清光緒十四年(1888)上海崇文書局石印本　四册

340000－1882－0003042　3686
陳秋坪先生遺墨題詠十卷首一卷　(清)陳登龍撰　(清)甘澍編輯　清道光二十六年(1846)刻本　二册

340000－1882－0003043　3694
春秋左傳杜注三十卷　(清)姚培謙輯　清同治五年(1866)金陵書局刻本　十册

340000－1882－0003044　3764
重廣補註黄帝内經素問二十四卷　(唐)王冰注　清光緒十年(1884)刻本　六册

340000－1882－0003045　3791
醫方集解不分卷　(清)汪昂撰　清光緒刻本　六册

340000－1882－0003046　3783
詳校醫宗必讀十卷　(清)李中梓著　清刻本　五册

340000－1882－0003047　2827
監本附音春秋公羊注疏二十八卷　(漢)何休撰　(唐)陸德明音義　**附校勘記二十八卷**　(清)阮元撰　(清)盧宣旬摘錄　清嘉慶二十年(1815)南昌府學刻重刊宋本十三經注疏附校勘記本　十册

340000－1882－0003048　3786
王洪緒先生外科證治全生不分卷　(清)王洪緒撰　清咸豐十一年(1861)刻本　一册

340000－1882－0003049　3705
公羊注疏校勘記二十八卷　(清)阮元撰　(清)盧宣旬摘錄　清同治十三年(1874)湖南書局刻本　二册

340000－1882－0003050　3703
儀禮注疏校勘記十七卷　(清)阮元撰　(清)盧宣旬摘錄　清同治十三年(1874)刻本　四册

340000－1882－0003051　3952
秘授痘疹方論一卷　(□)□□撰　清抄本　一册

340000－1882－0003052　3933
老學庵筆記十卷　(宋)陸游撰　清刻本　一册　存五卷(六至十)

340000－1882－0003053　3850－9
羅傅烈通書一卷　(□)□□撰　清同治七年(1868)刻本　一册

340000－1882－0003054　3837
經籍舉要不分卷　(清)龍啟瑞撰　清光緒十九年(1893)刻本　一册

340000－1882－0003055　3951
重訂驗方新編十八卷　(□)□□撰　清宣統元年(1909)石印本　六册

340000－1882－0003056　3915
寄園寄所寄十二卷　(清)趙吉士輯　清刻本　九册　存八卷(二至七、十一至十二)

340000－1882－0003057　3924
名賢手札不分卷　(□)□□撰　清光緒十年(1884)刻本　三册

340000－1882－0003058　3883
欽定禮記義疏八十二卷　(漢)鄭玄箋　(唐)孔穎達正義　清刻本　十册　存二十五卷(五十八至八十二)

340000－1882－0003059　3782
世補齋醫書三十三卷　(清)陸懋修著　清光緒十年(1884)刻本　十册

340000－1882－0003060　3945
子史精華三十卷　(清)允祿等撰　清光緒石印本　二冊

340000－1882－0003061　3886
說文繫傳四十卷說文解字繫傳校勘記三卷　(五代)徐鍇傳釋　清道光十九年(1839)刻本　十二冊　存三十六卷(一至三、五至二十、二十四至四十)

340000－1882－0003062　3950
長沙方歌括六卷首一卷　(清)陳念祖著　清光緒三十四年(1908)石印本　一冊

340000－1882－0003063　3932
古列女傳八卷　(漢)劉向著　清刻本　一冊　存二卷(五至六)

340000－1882－0003064　3928
雪蕉堂集不分卷　(清)溥僡撰　清抄本　二冊

340000－1882－0003065　3949
眼科捷徑一卷傷寒舌診一卷達生編一卷　(清)陳念祖撰　清光緒三十四年(1908)石印本　一冊

340000－1882－0003066　3931
周書五十卷　(清)朱右曾集訓　清刻本　一冊　存六卷(六至十一)

340000－1882－0003067　3911
醫學實在易□□卷　(清)陳念祖著　清刻本　二冊　存四卷(三至六)

340000－1882－0003068　3963
時務報不分卷　(清)汪康年撰　清光緒二十二年(1896)石印本　二冊　存二冊(十二、十四)

340000－1882－0003069　3927
六一居士全集錄五卷外集錄二卷　(宋)歐陽修撰　(清)儲欣等錄　清刻本　三冊　存四卷(一至四)

340000－1882－0003070　3897
重刻詳訂世史類編六十一卷　(明)李純卿草創　(明)謝遷補遺　(明)王守仁覆詳　(明)王世貞會纂　清刻本　六冊　存十四卷(九至十五、十八至二十二、五十三至五十四)

340000－1882－0003071　3836
萬國輿圖一卷　(清)陳兆桐繪　清石印本　一冊

340000－1882－0003072　3959
宦海鴻泥一卷　(□)□□撰　清光緒三十四年(1908)石印本　一冊

340000－1882－0003073　3938
經籍舉要一卷中江書院文告章程彙編一卷　(清)龍啟瑞撰　(清)袁昶增訂　清光緒十九年(1893)中江講院刻本　一冊

340000－1882－0003074　3910
神仙傳十卷　(晉)葛洪撰　清刻本　一冊　存五卷(六至十)

340000－1882－0003075　3960
惜抱軒今體詩選十八卷　(清)姚鼐選　清同治五年(1866)金陵書局刻本　二冊

340000－1882－0003076　3941
萬國公法不分卷　(清)朱克敬著　(清)左宜參　清末石印本　一冊

340000－1882－0003077　3796
天下名山圖詠四卷　(清)沈錫齡輯　清光緒二十一年(1895)刻本　四冊

340000－1882－0003078　3926
朱子文集大全類編一百十卷　(宋)朱熹著　清刻本　十六冊　存四十一卷(書劄一至十一、經筵十至十一、政蹟七至九、詩賦詞調一至二、序文四至二十一、問答八至九、明文一卷、清文一卷、附錄一卷)

340000－1882－0003079　3962
湘學新報□□卷　(清)唐才常　(清)陳為鎰主編　清光緒二十三年(1897)刻本　七冊　存七冊(第一冊史學、第二冊掌故學、第三冊輿地學、第五冊商學、第六冊交涉學、第七冊資產課程、第八冊近事節要)

340000－1882－0003080　3966
學部官報□□卷　學部圖書局撰　清鉛印本　三册　存三卷(一、十二、四十一)

340000－1882－0003081　3958
胡藤圃雜詩一卷　(清)胡朝賀撰　清同治十三年(1874)刻本　一册

340000－1882－0003082　3972
[□□]徽州府志□□卷　(清)□□撰　清刻本　十一册　存十三卷(一、四、七至十四、十六至十八)

340000－1882－0003083　3964
輿論時事報圖畫不分卷　(清)輿論時事報社編　清石印本　二册

340000－1882－0003084　3974
[乾隆]歙縣志二十卷首一卷　(清)張佩芳修　(清)劉大櫆纂　清刻本　四册　存十卷(四至八、十一至十三、十六至十七)

340000－1882－0003085　3919
漁洋山人古詩選五言詩十七卷七言詩十五卷　(清)王士禛撰　清同治五年(1866)金陵書局刻本　七册

340000－1882－0003086　3942
輟耕筆記一卷消暑錄一卷敦復堂文集二卷　(清)倪偉人撰　清刻本　一册

340000－1882－0003087　3909
拾遺記十卷　(晉)王嘉撰　(南朝梁)蕭綺錄　清刻本　一册　存五卷(六至十)

340000－1882－0003088　3973
[道光]徽州府志十六卷首一卷　(清)馬步蟾纂修　清道光刻本　十四册　存九卷(五、七至十、十二至十五)

340000－1882－0003089　3896
元史氏族表三卷元史藝文志四卷　(清)錢大昕補　清江蘇書局刻本　三册

340000－1882－0003090　3957
紫雲山人詩鈔二卷　(清)高鏞撰　清光緒三十四年(1908)刻本　一册

340000－1882－0003091　3977
[同治]祁門縣志三十六卷首一卷　(清)周溶修　清同治刻本　十一册　存二十二卷(十二至十六、二十至三十六)

340000－1882－0003092　3968
交通官報(清宣統元年第一期)　(清)郵傳部圖書通譯局官報處編　清宣統元年(1909)鉛印本　一册

340000－1882－0003093　3861
[嘉慶]黟縣志十六卷首一卷　(清)吴甸華修　(清)程汝翼纂　**[道光]黟縣續志不分卷**　(清)呂子玨續修　清同治十年(1871)刻本　十二册　缺二卷(二至三)

340000－1882－0003094　3971
國風報第三十二號　何國楨編輯　清宣統二年(1910)鉛印本　一册

340000－1882－0003095　3936
高士傳三卷　(晉)黄甫謐著　清光緒三年(1877)湖北崇文書局刻本　一册

340000－1882－0003096　3975
[道光]歙縣志十卷首一卷　(清)勞逢源主修　(清)沈伯棠總修　清道光八年(1828)尊經閣刻本　八册　存三卷(一、七至八)

340000－1882－0003097　3994
名醫類案十二卷　(明)江瓘撰　清乾隆刻本　十册　存十卷(一、三、五至十二)

340000－1882－0003098　3956
有正味齋駢體文二十四卷首一卷　(清)吴錫麒著　(清)王廣業箋　(清)葉聊芬注　清光緒十五年(1889)上海蜚英館石印本　四册

340000－1882－0003099　3948
南雅堂醫書全集四十八種　(清)陳念祖著　清末錦章圖書局石印本　一册

340000－1882－0003100　3921
七家詩詳注七卷　(清)張熙宇評選　(清)石暉甲箋注　清刻本　七册　存六卷(二至七)

340000－1882－0003101　3976

[道光]祁門縣志三十六卷首一卷 (清)馬步蟾督修 (清)王讓主修 清道光刻本 三冊 存十七卷(一至五、八至十二、二十五至三十,首一卷)

340000-1882-0003102 3908
孫子十家註十三卷遺説一卷孫子一卷 (宋)吉天保撰 (清)孫星衍 (清)吳人驥校 清刻本 一冊

340000-1882-0003103 3999
成裕堂繪像第七才子書六卷 (元)高明撰 清大文堂刻本 六冊

340000-1882-0003104 3906
脈學奇經八脈考二卷 (明)李時珍撰 明刻本 一冊

340000-1882-0003105 3998
痘疹正宗二卷 (清)宋麟祥撰 清雍正永慶堂刻本 二冊

340000-1882-0003106 3993
同治上江兩縣志二十九卷首一卷 (清)莫祥之 (清)甘紹盤修 清同治刻本 一冊 存五卷(十五下至十九上)

340000-1882-0003107 4019
瘟疫論二卷 (清)吳有性撰 明崇禎刻本 一冊

340000-1882-0003108 3929
周公年表一卷 (清)牟庭撰 **元耶律文正公西游錄略注補一卷** (清)李文田注 (清)范壽金補 清刻本 一冊

340000-1882-0003109 3983
居業齋別集十卷 (清)金德嘉撰 清康熙刻本 四冊

340000-1882-0003110 4024
經驗丹方彙編不分卷 (清)錢峻撰 清乾隆刻本 二冊

340000-1882-0003111 3905
二十一史文鈔五十八卷 (漢)司馬遷輯 (明)沈國元選 明刻本 一冊 存三卷(三至五)

340000-1882-0003112 3988
[新安登源]汪氏正脈宗譜十五卷末一卷 (清)汪信川等校輯 清道光刻本 十六冊

340000-1882-0003113 3850-17
辛亥年官商快覽一卷 (□)□□撰 清宣統三年(1911)石印本 一冊

340000-1882-0003114 4041
續博物志十卷 (宋)李石撰 清康熙七年(1668)刻本 一冊

340000-1882-0003115 4048
九卿議定物料價值八卷 題(明)工部議定 清乾隆刻本 八冊

340000-1882-0003116 3978
[嘉慶]黟縣志十六卷首一卷 (清)吳甸華修 (清)程汝翼纂 **[道光]黟縣續志不分卷** (清)呂子玨續修 清刻本 七冊 存九卷(黟縣志七至十、十三至十六,黟縣續志不分卷)

340000-1882-0003117 3992
[宣統]建德縣志二十卷首一卷 (清)周學銘 (清)趙鎔總修 清宣統二年(1910)湖北官刷印局鉛印本 二冊 存二卷(十七、首一卷)

340000-1882-0003118 4008
四養齋詩稿三卷 (清)俞正燮撰 清咸豐二年(1852)刻本 一冊

340000-1882-0003119 3961
清議報全編二十六卷 (日本)横濱新民社輯印 清刻本 十三冊 存十九卷(一至八、十一至十四、十七至十九、二十一、二十三至二十四、二十六)

340000-1882-0003120 4029
詠物詩選註釋八卷 (清)俞琰輯 清乾隆刻本 四冊

340000-1882-0003121 4044
增廣尚友錄統編二十二卷 (清)應祖錫編輯

清光緒二十八年(1902)鴻寶齋石印本　十二册

340000－1882－0003122　3904

歐陽文忠公五代史抄二十卷新唐書抄二卷　(明)茅坤批點　明刻本　一册　存四卷(五代史抄十九至二十、新唐書抄二卷)

340000－1882－0003123　3850－19

古經閣通書一卷　(□)□□撰　清朱墨刻本　一册

340000－1882－0003124　3984

本朝應制和聲集六卷首三卷御製圓明園詩詞首一卷　(清)沈德潛　(清)王居正評定　清刻本　八册

340000－1882－0003125　3985

胡敬齋先生居業録十二卷　(明)胡居仁撰　(明)余祜編輯　清乾隆二十二年(1757)刻本　四册

340000－1882－0003126　4035

水雲花甲雙周圖二卷　(清)吴榮等集　清咸豐抄本　二册

340000－1882－0003127　4058

康熙字典三十六卷總目一卷檢字一卷辨似一卷備考一卷補遺一卷等韻一卷　(清)張玉書　(清)陳廷敬總閲　(清)凌紹雯等纂修　清光緒十三年(1887)上海積山書局石印本　六册

340000－1882－0003128　4047

中國分省地圖不分卷　(□)□□撰　清刻本　二十五幅

340000－1882－0003129　4031

中國女史二十一卷　(清)金炳麟　(清)王以銓輯　清宣統元年(1909)杭州中合公司鉛印本　六册

340000－1882－0003130　4046

歷代輿地沿革險要圖不分卷　(清)楊守敬　(清)饒敦秩撰　清光緒五年(1879)東湖饒氏刻三色套印本　一册

340000－1882－0003131　4023

經驗廣集四卷　(清)李文炳彙纂　(清)李友洙參訂　清乾隆刻本　四册

340000－1882－0003132　3989

工程做法則例七十四卷　(清)允禮等纂　(清)恩祥等監修　清咸豐刻本　六册　存三十卷(四十四至七十三)

340000－1882－0003133　4030

繡像漢宋奇書水滸傳二十卷三國演義二十卷　(清)金聖歎批點　清刻本　二十册

340000－1882－0003134　4057

康熙字典三十六卷總目一卷檢字一卷辨似一卷備考一卷補遺一卷等韻一卷　(清)張玉書　(清)陳廷敬總閲　(清)凌紹雯等纂修　清光緒二十年(1894)石印本　六册

340000－1882－0003135　4040

山居録古易簡方十二卷　(清)劉思敬撰　清寶旭齋刻本　十册

340000－1882－0003136　4068

醫方集解二卷增訂本草備要四卷醫方湯頭歌括一卷經絡歌訣一卷　(清)汪昂著　清乾隆刻本　六册

340000－1882－0003137　4042

芥子園畫傳二集八卷首一卷　(清)王宓艸等摹古　清刻本　四册

340000－1882－0003138　4071

新刻雲林神彀四卷　(明)龔廷賢著　清刻本　三册　缺一卷(四)

340000－1882－0003139　4077

食物本草會纂十二卷　(清)沈李龍輯　清刻本　五册　存十卷(三至十二)

340000－1882－0003140　4028

諸子叢書二十二種三百二十四卷　(三國魏)王弼注　(唐)陸德明釋　清光緒十九年(1893)鴻文書局石印本　十六册

340000－1882－0003141　4033

越國汪公雲嵐山墓志六卷　(清)汪蕓輯　清

朱印本　一冊　存一卷(一)

340000－1882－0003142　4043
東山書院志略一卷　(清)饒世恩編　清咸豐刻本　一冊

340000－1882－0003143　4067
增訂本草備要四卷經絡歌括一卷醫方湯頭歌括一卷　(清)汪昂輯　清文奎堂刻本　五冊　存五卷(本草備要一、三至四,經絡歌括一卷,醫方湯頭歌括一卷)

340000－1882－0003144　4069
南雅堂醫書全集二十一種　(清)陳念祖著　清光緒十八年(1892)上海圖書集成印書局石印本　七冊　存七種四十一卷(神農木草經讀四卷、景岳新方砭四卷、醫學從眾八卷、時方妙用四卷、傷寒醫訣串解六卷、傷寒直方歌括六卷、靈素集注節要四至十二)

340000－1882－0003145　4006
陶彭澤集六卷　(晉)陶潛著　清刻本　一冊

340000－1882－0003146　4039
圖註八十一難經辨真四卷　(戰國)秦越人述　(明)張世賢注　清書業堂刻本　二冊

340000－1882－0003147　4015
陳希夷坐功圖一卷　(宋)陳搏著　(明)茅一相補閱　明刻本　一冊

340000－1882－0003148　4076
本草綱目五十二卷　(明)李時珍撰　明刻本　一冊　存一卷(一上)

340000－1882－0003149　4054
康熙字典三十六卷總目一卷檢字一卷辨似一卷備考一卷補遺一卷等韻一卷　(清)張玉書　(清)陳廷敬總閱　(清)凌紹雯等纂修　清刻本　三十九冊　存四十一卷(子集上中下、丑集上中下、寅集上中下、卯集上中下、辰集上中下、巳集上中下、午集上中下、未集上中下、申集上下、酉集上中下、戌集上中下、亥集上中下,總目一卷,檢字一卷,辨似一卷,備考一卷,補遺一卷,等韻一卷)

340000－1882－0003150　4080
增訂本草備要四卷　(清)汪昂輯　(清)汪桓　(清)鄭曾慶訂　清兩儀堂刻本　四冊

340000－1882－0003151　3930
周易略例一卷　(三國魏)王弼撰　**古三墳一卷**　(晉)阮咸注　**汲冢周書十卷**　(晉)孔晁註　清刻本　一冊　存六卷(周易略例一卷、古三墳一卷、汲冢周書一至四)

340000－1882－0003152　4034
江南鄉試硃卷一卷　(清)程桂鍾撰　清光緒二年(1876)寶文堂刻本　一冊

340000－1882－0003153　4075
食物本草會纂十二卷　(清)沈李龍輯　清刻本　六冊

340000－1882－0003154　4072
詳注初學採芹四卷　(清)吳肖元著　清乾隆四十九年(1784)務本堂刻本　三冊　存三卷(一、三至四)

340000－1882－0003155　4021
醫學心悟六卷　(清)程國彭撰　清刻本　四冊

340000－1882－0003156　4007
補三國疆域志二卷　(清)洪亮吉撰　清乾隆四十六年(1781)刻本　一冊

340000－1882－0003157　4056
字彙十二卷首一卷　(明)梅膺祚音釋　清松盛堂刻本　十二冊

340000－1882－0003158　4089
詩韻合璧五卷　(清)湯文潞編　(清)許時庚重輯　清刻本　二冊

340000－1882－0003159　4062
康熙字典三十六卷總目一卷檢字一卷等韻一卷備考一卷補遺一卷　(清)張玉書　(清)陳廷敬總閱　(清)凌紹雯等纂修　清光緒十五年(1889)上海點石齋石印本　四冊

340000－1882－0003160　4014
古逸書三十卷　(明)潘基慶選註　明刻本

一冊　存三卷(十六至十八)

340000－1882－0003161　4053
維摩經玄疏六卷　(隋)釋智顗撰　清光緒刻本　三冊

340000－1882－0003162　4078
溫病條辨六卷附首一卷　(清)吳瑭著　清光緒十九年(1893)上海圖書集成印書局鉛印本　四冊

340000－1882－0003163　4052
維摩經疏會本十卷　(唐)釋湛然撰　清光緒刻本　五冊　存五卷(六至十)

340000－1882－0003164　4066
本草從新十八卷　(清)吳儀洛著　清同治九年(1870)瓶花書屋刻本　一冊

340000－1882－0003165　4074
景岳全書六十四卷　(明)張介賓著　清上海雲章書局石印本　九冊　存三十一卷(一至十、十六至二十九、四十至四十六)

340000－1882－0003166　4022
痧脹玉衡書三卷　(清)郭志邃著　清康熙刻本　三冊

340000－1882－0003167　4005
仁山先生金文安公文集五卷　(宋)金履祥撰　清同治刻本　二冊

340000－1882－0003168　4088
楊子書繹六卷　(清)楊文彩著　清刻本　一冊　存二卷(三至四)

340000－1882－0003169　4111
康熙字典三十六卷總目一卷檢字一卷辨似一卷備考一卷補遺一卷等韻一卷　(清)張玉書　(清)陳廷敬總閲　(清)凌紹雯等纂修　清光緒三十年(1904)上海錦章書局石印本　六冊

340000－1882－0003170　4065
本草從新十八卷　(清)吳儀洛著　清刻本　六冊

340000－1882－0003171　4070
馮氏錦囊秘錄痘疹全集十五卷雜症痘疹藥性主治合条十二卷首一卷　(清)馮兆張纂輯　清康熙四十一年(1702)刻本　六冊　缺十卷(雜症痘疹藥性主治合条三至十二)

340000－1882－0003172　4100
珍珠囊指掌補遺藥性賦四卷　(金)李杲輯
雷公炮製藥性解六卷　(明)李仲梓輯　清光緒三十年(1904)刻本　四冊

340000－1882－0003173　4055
字彙十二卷　(明)梅膺祚音釋　清咸豐刻本　十二冊

340000－1882－0003174　3969
安徽官報一卷　(□)□□撰　清鉛印本　一冊

340000－1882－0003175　4095
樫華館全集十二卷　(清)路德撰　清刻本　五冊　存六卷(文集四至六、詩集三至四、雜錄一卷)

340000－1882－0003176　4004
尚書二卷　(宋)金履祥表注　清同治八年(1869)刻本　一冊

340000－1882－0003177　4084
喉科秘傳仙方一卷時疫白喉捷要一卷　(清)李冠廷　(清)甘寶秦合選　清光緒十五年(1889)刻本　一冊

340000－1882－0003178　4061
康熙字典三十六卷總目一卷檢字一卷等韻一卷辨似一卷備考一卷補遺一卷　(清)張玉書　(清)陳廷敬總閲　(清)凌紹雯等纂修　清光緒二十四年(1898)石印本　六冊

340000－1882－0003179　4003
坡仙集十六卷　(宋)蘇軾撰　明刻本　五冊

340000－1882－0003180　4087
復畊堂詩一卷　(清)胡啟文著　清道光元年(1821)刻本　一冊

340000－1882－0003181　4038
增注類證活人書二十二卷　(宋)朱肱撰

(明)吴勉學校　明刻本　一册　存十一卷(一至十一)

340000－1882－0003182　4079
傷寒論註四卷傷寒附翼二卷　(漢)張機撰　(清)柯琴編註　清上海文瑞樓石印本　五册

340000－1882－0003183　4001
重刊經史證類大全本草三十一卷　(宋)唐慎微撰　明刻本　一册　存二卷(十至十一)

340000－1882－0003184　4082
增補醫林狀元壽世寶元十卷　(明)龔廷賢編　(清)周亮登校　清光緒三十三年(1907)上海同文書局石印本　八册

340000－1882－0003185　4086
增補願體廣類集四卷　(清)史典編輯　(清)蔣岳增纂　清同治六年(1867)刻本　四册

340000－1882－0003186　4073
徐氏醫書八種十八卷　(清)徐大椿著　**外科正宗十二卷雜著四種五卷**　(明)陳實功撰　(清)徐大椿評　清光緒二十二年(1896)珍藝書局鉛印本　十一册

340000－1882－0003187　4090
四書味根錄三十七卷　(清)金澂輯　清咸豐八年(1858)近文堂刻本　十六册

340000－1882－0003188　4037
南海集二卷雍益集一卷　(清)王士禎著　清刻本　一册

340000－1882－0003189　4124
萬國綱鑑易知錄二十卷　(日本)岡本子博著　清光緒二十七年(1901)上海書局石印本　六册

340000－1882－0003190　4107
繡像京本雲合奇蹤玉茗烈全傳十卷　(明)徐渭編　清刻本　十册

340000－1882－0003191　4110
康熙字典十二集三十六卷總目一卷檢字一卷辨似一卷等韻一卷備考一卷補遺一卷　(清)張玉書　(清)陳廷敬總閲　(清)凌紹雯等纂修　清光緒二十年(1894)上海同文書局石印本　十二册

340000－1882－0003192　4099
馮氏錦囊秘錄雜症大小合參十四卷　(清)馮兆張纂輯　清刻本　四册　存七卷(一至七)

340000－1882－0003193　4113
康熙字典三十六卷總目一卷檢字一卷辨似一卷備考一卷補遺一卷等韻一卷　(清)張玉書　(清)陳廷敬總閲　(清)凌紹雯等纂修　清光緒三十二年(1906)石印本　六册

340000－1882－0003194　4036
古唐詩合解十六卷　(清)王堯衢注　清刻本　四册

340000－1882－0003195　4018
醫鏡四卷　(清)王肯堂著　清刻本　四册

340000－1882－0003196　4059
康熙字典三十六卷總目一卷檢字一卷等韻一卷辨似一卷備考一卷補遺一卷　(清)張玉書　(清)陳廷敬總閲　(清)凌紹雯等纂修　清光緒十三年(1887)上海積山書局石印本　六册

340000－1882－0003197　4117
康熙字典十二集三十六卷檢字一卷辨似一卷等韻一卷備考一卷補遺一卷　(清)張玉書　(清)陳廷敬總閲　(清)凌紹雯等纂修　清道光七年(1827)刻本　三十九册　缺一卷(子集一)

340000－1882－0003198　4094
陶淵明詩不分卷　(晉)陶淵明撰　清光緒刻本　一册

340000－1882－0003199　4098
諏吉便覽一卷　(清)費淳鑒定　清嘉慶二十四年(1819)刻本　一册

340000－1882－0003200　4112
康熙字典三十六卷總目一卷檢字一卷辨似一卷備考一卷補遺一卷等韻一卷　(清)張玉書　(清)陳廷敬總閲　(清)凌紹雯等纂修　清

光緒三十二年(1906)鉛印本　七冊

340000－1882－0003201　4105
喻言叢談一卷　(英國)季理斐譯　清光緒三十二年(1906)鉛印本　一冊

340000－1882－0003202　4109
詞林韻釋一卷　(□)□□撰　清光緒二十九年(1903)刻本　一冊

340000－1882－0003203　4119
沈氏尊生書五種七十卷　(清)沈金鰲撰　清宣統元年(1909)石印本　二十冊

340000－1882－0003204　4126
黄帝内經靈樞注證發微九卷補一卷　(明)馬蒔注　清歙縣慎餘堂鮑氏刻本　九冊

340000－1882－0003205　4093
宋史四百九十六卷目錄三卷藝文志八卷　(元)脱脱等撰　明刻本　一冊　存三卷(藝文志六至八)

340000－1882－0003206　4083
古吴童氏重校醫宗必讀十卷　(清)李中梓著　清光緒三十一年(1905)石印本　五冊

340000－1882－0003207　4104
修真寶卷一卷廣生微信編一卷發慧丹記事一卷　(□)□□撰　清末刻本　一冊

340000－1882－0003208　4122
本草綱目五十二卷　(明)李時珍編輯　清刻本　三十八冊　存四十九卷(四至五十二)

340000－1882－0003209　4151
救偏瑣言十卷　(清)費啟泰撰　清嘉慶元年(1796)刻本　四冊

340000－1882－0003210　4127
集驗良方六卷　(清)年希堯輯　清雍正二年(1724)刻本　六冊

340000－1882－0003211　4103
山洋指迷原本四卷　(明)周景一著　清刻本　一冊

340000－1882－0003212　4118
唐王燾先生外臺秘要方四十卷　(唐)王燾撰　清光緒二十四年(1898)上海圖書集成印書局鉛印本　十六冊

340000－1882－0003213　4060
康熙字典三十六卷總目一卷檢字一卷等韻一卷辨似一卷備考一卷補遺一卷　(清)張玉書　(清)陳廷敬總閱　(清)凌紹雯等纂修　清光緒十三年(1887)上海同文書局石印本　六冊

340000－1882－0003214　4097
新編直指算法統宗十二卷首一卷　(明)程大位編　清同治九年(1870)刻本　四冊

340000－1882－0003215　4136
弢園尺牘十二卷　(清)王韜著　清宣統二年(1910)鉛印本　四冊

340000－1882－0003216　4150
痘疹定論四卷　(清)朱純嘏編　清乾隆三十二年(1767)刻本　二冊

340000－1882－0003217　4137
急救應驗良方一卷　(清)費山壽輯　清光緒元年(1875)刻本　一冊

340000－1882－0003218　4153
吴醫彙講十一卷　(清)唐大烈纂輯　清乾隆五十七年(1792)刻本　四冊

340000－1882－0003219　4130
張仲景傷寒論貫珠集八卷　(清)尤怡注　清嘉慶十五年(1810)木活字印本　四冊

340000－1882－0003220　4092
風俗通義四卷三墳一卷集異記一卷續齊諧記一卷　(漢)應劭著　明刻本　一冊

340000－1882－0003221　4156
產鑑三卷　(清)王化貞撰　清道光十年(1830)刻本　二冊

340000－1882－0003222　4091
梅溪節烈雙褒錄一卷　(清)洪文翰輯　清光緒刻本　一冊

340000－1882－0003223　4154

幼科鐵鏡六卷　(清)夏鼎著　清光緒二十一年(1895)刻本　二冊

340000－1882－0003224　4135
悟真直指四卷　(宋)張真人著　清光緒六年(1880)刻本　二冊

340000－1882－0003225　4123
古今韻略五卷　(清)邵長蘅纂　(清)陳守誠重訂　清康熙三十五年(1696)刻本　五冊

340000－1882－0003226　4157
尚書註疏二十卷　(漢)孔安國注　(唐)孔穎達疏　明刻本　十冊

340000－1882－0003227　4134
集驗良方不分卷　(清)年希堯輯　清嘉慶十四年(1809)刻本　一冊

340000－1882－0003228　4158
五大洲政治通考四十八卷　題(清)急先務齋主人校刊　清光緒二十七年(1901)石印本　十二冊

340000－1882－0003229　4129
傷寒大白四卷　(清)秦之楨著　清康熙五十三年(1714)刻本　四冊

340000－1882－0003230　4155
錢氏小兒直訣四卷　(宋)錢乙撰　(宋)閻孝忠集　(明)薛鎧附註　清光緒二十一年(1895)刻本　二冊

340000－1882－0003231　4179
各科醫方十八卷　(□)□□撰　清抄本　十八冊

340000－1882－0003232　4121
問心堂溫病條辨六卷　(清)吳塘著　清刻本　四冊

340000－1882－0003233　4149
絳雪園古方選註不分卷　(清)王子接註　(清)葉桂校　清刻本　四冊

340000－1882－0003234　4133
增補麻疹心法二卷　(□)□□撰　清刻本　一冊

340000－1882－0003235　4128
喉症全科紫珍集二卷　(清)朱翔宇輯　清嘉慶九年(1804)刻本　二冊

340000－1882－0003236　4185
四書合講十九卷　(清)翁復撰　清光緒十一年(1885)石印本　六冊

340000－1882－0003237　4132
神農本草經讀四卷　(清)陳念祖著　清刻本　一冊

340000－1882－0003238　4016
重刊人子須知資考地理心學統宗三十九卷　(明)徐善繼　(明)徐善述撰　明刻本　七冊　存三十四卷(一至十八、二十四至三十九)

340000－1882－0003239　4159
本草綱目五十二卷圖三卷　(明)李時珍編輯　清刻本　三十五冊　存三十八卷(一至二十三、三十四至四十四、五十一至五十二，圖中至下)

340000－1882－0003240　4226
紅爐點雪四卷　(清)龔居中輯　清光緒二十五年(1899)杭州衢樽書局石印本　四冊

340000－1882－0003241　4178
麻疹一卷　(□)□□撰　清抄本　一冊

340000－1882－0003242　4148
證治鍼經四卷　(清)郭誠勳輯　清道光八年(1828)刻本　二冊

340000－1882－0003243　4096
增補蘇批孟子二卷　(宋)蘇洵批　(清)趙大浣增補　清同治四年(1865)朱墨套印本　二冊

340000－1882－0003244　4116
康熙字典三十六卷附備考一卷補遺一卷　(清)張玉書　(清)陳廷敬總閱　(清)凌紹雯等纂修　清光緒十六年(1890)上海鴻文書局石印本　六冊

340000－1882－0003245　4177
痘疹摘錄不分卷　(□)□□撰　清抄本

一冊

340000－1882－0003246　4131
四聖心源十卷　（清）黄元御著　清咸豐十年(1860)刻本　二冊

340000－1882－0003247　4184
古詩源十四卷　（清）沈德潛選　清刻本　六冊

340000－1882－0003248　4141
本草三家合註六卷　（清）郭汝驄集註　清刻本　三冊　存一卷(一)

340000－1882－0003249　4225
葉氏醫案存真三卷　（清）葉桂撰　清刻本　三冊　存二卷(二至三)

340000－1882－0003250　4147
圖註麻訣辨真四卷　（晉）王熙撰　明刻本　二冊

340000－1882－0003251　4176
痘疹要畧一卷　（□）□□撰　清抄本　一冊

340000－1882－0003252　4227
欽定協紀辨方書三十六卷　（清）李廷耀等修　清刻本　三十冊

340000－1882－0003253　4199
傷寒纘論二卷　（清）張璐詮次　（清）張登（清）張倬糸訂　清嘉慶六年(1801)刻本　四冊

340000－1882－0003254　4186
驗方新編二十四卷　（清）鮑相璈編輯　清光緒四年(1878)刻本　十六冊

340000－1882－0003255　4106
大清律例集註三十三卷　（清）萬維翰編（清）王又槐增輯　清乾隆四十九年(1784)刻本　二十四冊

340000－1882－0003256　4197
張氏醫通十六卷　（清）張璐纂述　清嘉慶六年(1801)刻張氏醫書七種本　二十四冊　缺一卷(四)

340000－1882－0003257　4190
光緒乙巳年新民叢報彙編　（清）文會書局輯　清光緒三十二年(1906)文會書局石印本　八冊

340000－1882－0003258　4167
靈樞摘要不分卷　（□）□□撰　清抄本　一冊

340000－1882－0003259　4182
新刊校正增釋合併麻衣先生人相編五卷　（明）陸位崇編　清漁古堂刻本　二冊

340000－1882－0003260　4140
橡村治驗一卷　（清）許豫和撰　清刻本　一冊

340000－1882－0003261　4224
回生集二卷補一卷雜方一卷　（清）陳杰輯　清刻本　一冊

340000－1882－0003262　4172
咽喉三十六症一卷　（□）□□撰　清抄本　一冊

340000－1882－0003263　4139
集驗便方一卷　（清）沈省撰　清嘉慶刻本　一冊

340000－1882－0003264　4198
傷寒緒論二卷　（清）張璐纂述　清嘉慶六年(1801)刻張氏醫書七種本　四冊

340000－1882－0003265　4193
新纂簡捷易明算法四卷　（清）沈士桂纂輯　清道光九年(1829)刻本　四冊

340000－1882－0003266　4196
高厚蒙求四集　（清）徐朝俊撰　清同治五年(1866)刻本　四冊

340000－1882－0003267　4162
時病論八卷　（清）雷豐撰　清光緒三十年(1904)石印本　一冊

340000－1882－0003268　4223
文廟丁祭譜一卷　（清）藍鍾瑞編　清刻本　一冊

340000－1882－0003269　4189

本草三家合註六卷　（清）郭汝驄集註　**神農本草經百種錄一卷**　（清）徐大椿著　清石印本　四冊

340000－1882－0003270　4175

痘疹彙訣不分卷　（□）□□撰　清抄本　一冊

340000－1882－0003271　4174

痘疹全書不分卷　（明）萬全撰　清抄本　一冊

340000－1882－0003272　4173

片玉心書五卷　（明）萬全撰　清抄本　一冊

340000－1882－0003273　4203

五經類編二十八卷　（清）周世樟輯　清刻本　十二冊

340000－1882－0003274　4138

證治彙補八卷　（清）李用粹著　清刻本　四冊　缺三卷(一、三至四)

340000－1882－0003275　4201

石頑老人診宗三昧一卷　（清）張璐撰　（清）張登等編次　清刻本　冊

340000－1882－0003276　4195

東垣十書　（宋）李杲撰　清刻本　十六冊

340000－1882－0003277　4194

周禮十二卷　（漢）鄭玄注　（唐）陸德明音義　清光緒三年(1877)刻本　六冊

340000－1882－0003278　4188

南雅堂醫書全集　（清）陳念祖著　清刻本　三十一冊　缺一種四卷(神農本草精讀四卷)

340000－1882－0003279　4213

西遊真詮六卷一百回　（明）吳承恩著　（清）陳士斌詮解　清刻本　六冊

340000－1882－0003280　4146

杏軒醫案初集一卷　（清）程文囿著　清嘉慶九年(1804)刻本　一冊

340000－1882－0003281　4192

注解傷寒論十卷　（漢）張仲景述　（晉）王叔和編　（金）成無己注解　**傷寒明理論四卷**　（金）成無己撰　清刻本　四冊

340000－1882－0003282　4200

本經逢原四卷　（清）張璐纂述　清嘉慶六年(1801)刻本　八冊

340000－1882－0003283　4240

詩韻含英四卷　（清）劉文蔚輯　清刻本　二冊

340000－1882－0003284　4212

靈棋經不分卷　（清）程芝雲校　清道光三年(1823)刻本　一冊

340000－1882－0003285　4145

杏軒醫案初集一卷續錄一卷輯錄一卷　（清）程文囿著　清道光刻本　三冊

340000－1882－0003286　4209

儒門事親十五卷　（金）張子和著　（明）吳勉學校　清宣統二年(1910)石印本　六冊

340000－1882－0003287　4171

週身穴道歌訣不分卷　（□）□□撰　清抄本　二冊

340000－1882－0003288　4242

駁案新編三十二卷續編七卷秋審比較彙案二卷　（清）全士潮纂修　清光緒鉛印本　十二冊

340000－1882－0003289　4164

徽州府歙縣山龍正幹及分支脈一卷　（□）□□撰　清抄本　一冊

340000－1882－0003290　4181

傳家寶初集八卷二集八卷三集八卷四集八卷　（清）石成金撰　清刻本　八冊　存八卷(四集八卷)

340000－1882－0003291　4222

易緯八種　（漢）鄭玄注　清乾隆刻本　一冊

340000－1882－0003292　4211

名醫類案十二卷　（明）汪瓘集　**續名醫類案三十六卷**　（清）魏之琇編集　清宣統元年

(1909)上海書局石印本　二十册

340000－1882－0003293　4170

臨證指南摘論不分卷　(□)□□撰　清抄本　二册

340000－1882－0003294　4229

芥子園畫傳初集六卷二集九卷三集六卷　(清)王槩等摹古　清光緒二十一年(1895)石印本　八册　存十五卷(初集一至二、四至六,二集一至二、五至九,三集一至二、六)

340000－1882－0003295　4143

濟陰綱目十四卷　(明)武之望撰　(清)汪淇釋　清金閶書業堂刻本　八册

340000－1882－0003296　4165

豐川宋氏傳流祭祀家譜一卷　(□)□□撰　清抄本　一册

340000－1882－0003297　4250

中東戰紀本末八卷續編四卷　(美國)林樂知彙輯　清鉛印本　五册　存五卷(中東戰紀本末五、七至八,續編二、四)

340000－1882－0003298　4262

呂晚村詩集不分卷　(清)呂留良撰　清石印本　四册

340000－1882－0003299　4252

芥子園畫傳五卷　(清)王槩等摹古　清康熙刻本　三册　存三卷(一至三)

340000－1882－0003300　4221

綱鑑擇語十卷　(清)司徒修撰　清刻本　八册　存九卷(二至十)

340000－1882－0003301　4253

星平集腋統宗四卷　(清)廖瀛海輯　清刻本　二册

340000－1882－0003302　4270

芥子園畫傳四集四卷　(清)丁臯輯　清小西山房刻本　三册　存三卷(一至三)

340000－1882－0003303　4249

筆花醫鏡四卷　(清)江涵暾著　清同治十二年(1873)刻本　一册

340000－1882－0003304　4166

六祖法寶壇經不分卷　(唐)釋惠能述　清抄本　一册

340000－1882－0003305　4191

春秋左傳三十卷首一卷　(晉)杜預注　(宋)林堯叟附注　(唐)陸德明音義　(清)馮李驊集解　清同治七年(1868)刻本　十二册

340000－1882－0003306　4268

大戴禮記十三卷　(北周)盧辯注　清乾隆刻本　一册　存八卷(六至十三)

340000－1882－0003307　4228

易例大全不分卷　(□)□□撰　清咸豐十一年(1861)刻本　一册

340000－1882－0003308　4248

新刻陶節菴家藏秘授傷寒六書六卷　(明)陶華撰　清刻本　四册

340000－1882－0003309　4264

三國志六十五卷　(晉)陳壽著　(南朝宋)裴松之注　清同治九年(1870)金陵書局刻本　八册

340000－1882－0003310　4255

兩湖書院課程　(清)□□撰　清光緒二十四年(1898)石印本　四册

340000－1882－0003311　4169

沙證八種八卷　(清)郭志邃著　清綠隱堂抄本　二册

340000－1882－0003312　4238

中藏經三卷　(漢)華佗撰　清宣統三年(1911)石印本　一册　存一卷(上)

340000－1882－0003313　4231

增廣畫譜采新二集四卷　(清)章嘉愚輯　清光緒十九年(1893)畬經堂石印本　四册

340000－1882－0003314　4247

眞修寶卷一卷　(□)□□撰　清光緒十四年(1888)刻本　一册

340000－1882－0003315　4161

傷寒舌鑑一卷　(清)張登撰　清刻本　一册

340000－1882－0003316　4276
石菊影廬筆識二卷　(清)譚嗣同撰　清石印本　一冊

340000－1882－0003317　4256
詳解袁先生秘傳相法全編三卷　(明)袁忠徹撰　清道光二十八年(1848)文誠堂刻本　一冊

340000－1882－0003318　4204
馮氏錦囊秘錄痘疹全集十五卷　(清)馮兆張纂輯　清康熙四十一年(1702)刻馮氏錦囊秘錄本　六冊

340000－1882－0003319　4261
馮氏錦囊秘錄　(清)馮兆張纂輯　清康熙四十一年(1702)刻本　九冊　存十六卷(雜症大小和參八至十五,女科精要十六至十八,外科大小和參十九至二十,痘诊全集一、首二卷)

340000－1882－0003320　4243
尺木堂綱鑑易知錄九十二卷明鑑易知錄十五卷　(清)吳乘權等輯　清光緒鉛印本　十六冊

340000－1882－0003321　4205
醫述十六卷　(清)程文囿輯　清道光刻本　十六冊

340000－1882－0003322　4271
二銘艸堂金石聚十六卷　(清)張德容著　清聚秀堂刻本　十六冊

340000－1882－0003323　4216
紉齋畫賸不分卷　(清)陳允升繪　清光緒十二年(1886)石印本　二冊

340000－1882－0003324　4230
芥子園畫傳三集六卷　(清)王槩等摹古　清石印本　四冊

340000－1882－0003325　4284
新安景物約編不分卷　(清)江忠儔　(清)江正心纂　清同治刻本　一冊

340000－1882－0003326　4299
康熙字典十二集三十六卷總目一卷檢字一卷辨似一卷等韻一卷補遺一卷備考一卷　(清)張玉書　(清)陳廷敬總閱　(清)凌紹雯等纂修　清光緒十三年(1887)上海積山書局石印本　六冊

340000－1882－0003327　4269
秦會稽山碑雙鉤摹本帖一卷　(清)趙魏摹　清末石印本　二冊

340000－1882－0003328　4300
學部第一次審定初等小學暫用書目　(清)□□撰　清光緒鉛印本　一冊

340000－1882－0003329　4239
佩文詩韻釋要五卷　(清)周兆基輯　清同治三年(1864)刻本　一冊

340000－1882－0003330　4168
唐氏醫案不分卷　(□)□□撰　清抄本　二冊

340000－1882－0003331　4282
歷代輿地沿革險要圖不分卷　(清)楊守敬編　清光緒三色套印本　一冊

340000－1882－0003332　4267
藏書紀要一卷　(清)孫從添著　清嘉慶十六年(1811)刻本　一冊

340000－1882－0003333　4232
古今名人畫稿續集二卷　(□)□□撰編　清光緒十八年(1892)石印本　二冊

340000－1882－0003334　4258
增補五子近思錄詳解十四卷　(清)汪佑編　清同文堂刻本　四冊

340000－1882－0003335　4241
律例便覽八卷處分則例圖要六卷　(清)蔡嵩年　(清)蔡逢年合輯　清光緒刻本　六冊

340000－1882－0003336　4323
白沙子全集九卷　(明)陳獻章撰　**附錄一卷**　(明)湛若水等撰　明刻本　十冊

340000－1882－0003337　4202
類經三十二卷圖翼十一卷附翼四卷　(明)張

介賓撰　清刻本　四十册

340000－1882－0003338　4301
南雅堂醫書全集　(清)陳念祖撰　清刻本　十六册　存十四種七十六卷(神農本草經讀四卷、時方妙用四卷、時方歌括二卷、景岳新方砭四卷、女科要旨四卷、醫學從眾錄四卷、金匱要略淺注十卷、金匱真方歌括六卷、伤寒淺注六卷、長沙方歌括六卷、靈樞素問節要淺注十二卷、伤寒真方歌括六卷、伤寒醫訣串解六卷、霍乱转筋絞肠吊脚痧症二卷)

340000－1882－0003339　4297
蘇東坡詩集注三十二卷　(宋)蘇軾撰　清康熙三十七年(1698)朱從延文蔚堂刻本　一册　存三卷(十三至十五)

340000－1882－0003340　4294
喪事收支用帳一卷　(□)□□撰　清光緒十八年(1892)抄本　一册

340000－1882－0003341　4311
崑腔曲本一卷　(清)杜仲濤抄　清抄本　一册

340000－1882－0003342　4296
余名都遺囑及分授文書一卷　(清)余名都撰　清乾隆抄本　一册

340000－1882－0003343　4316
大臣奏摺不分卷　(清)涂宗瀛等撰　清抄本　一册

340000－1882－0003344　4278
最好聽一卷　(□)□□撰　清寶善堂刻本　一册

340000－1882－0003345　4333
[□□]張氏宗譜不分卷　(清)張報楷撰　清道光刻本　四册

340000－1882－0003346　4266
鐘鼎籀篆大觀八卷　(清)吳大澂編　清末石印本　八册

340000－1882－0003347　4349
校刻傷寒圖歌活人指掌五卷　(元)吳恕撰　清刻本　一册　存一卷(一)

340000－1882－0003348　4291
重鎸香雪文鈔十卷　(清)曹學詩撰　清刻本　一册　存一卷(九)

340000－1882－0003349　4290
南洋官報　(清)南洋官報局編　清光緒三十一年(1905)南洋官報局鉛印本　一册　存一册(二十六)

340000－1882－0003350　4310
歷朝聖賢篆書百體千文一卷　(南朝梁)周興嗣次韻　(清)孫枝秀集篆　清刻本　一册

340000－1882－0003351　4332
[□□]張氏宗譜二卷　(清)張之球撰　清刻本　二册

340000－1882－0003352　4236
香奩集一卷　(唐)韓偓撰　清刻本　一册

340000－1882－0003353　4265
四大奇書第一種十九卷一百二十回首一卷　(明)羅貫中撰　(清)金聖歎批　(清)毛宗崗評　清刻本　二十册

340000－1882－0003354　4233
每日古事畫一卷圖畫新聞一卷　(□)□□撰　清石印本　一册

340000－1882－0003355　4314
春秋公羊傳二十八卷　(漢)何休撰　(唐)陸德明音義　(明)金蟠訂　明崇禎十二年(1639)永懷堂刻十三經古注本　二册

340000－1882－0003356　4334
清河張氏宗譜四卷　張守度撰　清宣統二年(1910)刻本　四册

340000－1882－0003357　4324
休寧縣二十九都二圖不分卷　(□)□□撰繪　清手繪本　一册

340000－1882－0003358　4234
唐詩三百首註疏六卷　(清)孫洙編　(清)章燮注　清道光十五年(1835)慎言堂刻本　六册

340000－1882－0003359　4342

增補萬寶全書二十卷　（明）陳繼儒纂輯　清同治十三年（1874）愛日堂刻本　三冊　存十五卷（一至十五）

340000－1882－0003360　4277

異談可信錄二十三卷　（清）鄧晅輯　清刻本　四冊　存十六卷（四至十九）

340000－1882－0003361　4280

虛白山房詩集四卷　（清）朱鳳毛著　清刻本　一冊

340000－1882－0003362　4289

湖北官報　（清）湖北官報局輯　清光緒三十一年（1905）刻本　二冊

340000－1882－0003363　4235

小學千家詩人生必讀二卷　（清）□□輯　清咸豐二年（1852）刻本　一冊

340000－1882－0003364　4309

神州國光集第四集　黄賓虹等編錄　清光緒影印本　一冊

340000－1882－0003365　4244

重訂王鳳洲先生綱鑑會纂四十六卷續宋元二十三卷　（明）王世貞纂　（明）陳仁錫訂　**資治通鑑綱目三編四卷**　（清）張廷玉等撰　清光緒十六年（1890）上海鴻文書局石印本　十六冊

340000－1882－0003366　4321

唐詩草帖二卷　（清）陸台臣撰　清康熙五十四年（1715）書林錫環堂刻本　一冊

340000－1882－0003367　4288

光緒十九年夏季邸鈔全錄□□卷　（清）□□編輯　清光緒十九年（1893）鉛印本　一冊　存一卷（五）

340000－1882－0003368　4331

[□□]張氏統宗世譜□□卷　（□）□□撰修　明嘉靖刻本　三冊　存四卷（三至五、十一）

340000－1882－0003369　4351

溫疫論二卷　（清）吳有性著　清刻本　一冊　存一卷（二）

340000－1882－0003370　4303

本草從新十八卷　（清）吳儀洛撰　清光緒三十年（1904）上海文瑞樓石印本　二冊

340000－1882－0003371　4298

保嬰撮要二十卷　（明）薛鎧撰　明刻本　五冊　存七卷（十四至二十）

340000－1882－0003372　4363

瘡瘍經驗三卷　（清）鮑集成輯　清嘉慶五年（1800）誦芬書屋刻本　二冊　存二卷（上、中）

340000－1882－0003373　4356

婦幼科彙編一卷經驗單方補遺一卷　（清）錢峻編　清刻本　一冊

340000－1882－0003374　4330

[□□]畢氏宗譜五卷首一卷　（清）畢廷俊等纂修　清乾隆三十年（1765）木活字印本　七冊

340000－1882－0003375　4350

傷寒卒病論一卷　（漢）張機撰　**醫經讀一卷**　（清）沈又彭鈔訂　清刻本　一冊

340000－1882－0003376　4320

痘治理辨二卷　（明）汪機編輯　明嘉靖刻本　一冊　存一卷（一）

340000－1882－0003377　4347

御纂醫宗金鑑九十卷　（清）吳謙等編纂　清刻本　二冊　存六卷（二十六至二十八、三十一至三十三）

340000－1882－0003378　4306

芥子園畫傳三集六卷　（清）王槩等摹古　清光緒石印本　五冊

340000－1882－0003379　4286

明治政黨小史一卷　（清）出洋學生編輯所編　清光緒二十八年（1902）上海商務印書館鉛印本　一冊

340000－1882－0003380　4355

醫宗必讀十卷 （清）李中梓著　清刻本　一冊　存二卷（九至十）

340000－1882－0003381　4366
大明一統志九十卷 （明）萬安等纂修　明刻本　一冊　存三卷（十九至二十一）

340000－1882－0003382　4346
臨證指南醫案十卷 （清）葉桂著　清刻本　五冊　存五卷（二、四、六至八）

340000－1882－0003383　4348
景岳全書六十四卷 （明）張介賓著　清刻本　五冊　存七卷（四十七至五十一、六十一至六十二）

340000－1882－0003384　4302
注解傷寒論十卷 （漢）張機撰　（晉）王叔和撰次　（金）成無己注解　清同治九年（1870）刻本　四冊

340000－1882－0003385　4354
廣瘟疫論四卷末一卷 （清）戴麟郊撰　清乾隆刻本　一冊　存四卷（廣瘟疫論四卷）

340000－1882－0003386　4362
洞天奥旨十六卷 （清）陳士鐸著　清大惟堂刻本　四冊　存十一卷（一至六、十二至十六）

340000－1882－0003387　4341
［道光］徽州府志十六卷首一卷 （清）馬步蟾修　（清）夏鑾纂　清道光刻本　十一冊　存十卷（二、五至十三）

340000－1882－0003388　4371
歷代鐘鼎彝器款識法帖二十卷 （宋）薛尚功撰　清光緒八年（1882）上海點石齋石印本　四冊

340000－1882－0003389　4319
推求師意二卷 （明）汪機編輯　明嘉靖刻本　一冊

340000－1882－0003390　4337
［黟北］韓氏宗譜不分卷 （明）韓景熙　（明）韓景韶修　清抄本　一冊

340000－1882－0003391　4360
救生集四卷 題（清）虛白主人編　清刻本　二冊　存二卷（三至四）

340000－1882－0003392　4376
紫石泉山房文集十二卷詩鈔三卷 （清）吳定著　清光緒十三年（1887）刻本　五冊

340000－1882－0003393　4345
古今名醫彙粹八卷 （清）羅美輯　清刻本　一冊　存一卷（六）

340000－1882－0003394　4367
元曲選 （明）臧懋循輯　明萬曆刻本　五十二冊　存二十二種（桃花女、碧桃花、東坡夢、玉堂春、風光好、梧桐雨、蝴蝶夢、鴛鴦被、曲江池、漢宮秋、青衫泪、气英布、誤入桃源、張天師、城南柳、來生債、救風塵、謝天香、揚州夢、金安壽、紅梨花、瀟湘雨）

340000－1882－0003395　4339
［康熙］祁門縣志八卷 （清）姚啟元等修　（清）張瑗等纂　清康熙刻本　二冊　存二卷（三、五）

340000－1882－0003396　4353
松峯說疫六卷 （清）劉奎撰　清乾隆刻本　一冊　存三卷（三至五）

340000－1882－0003397　4380
日本琉球奕譜不分卷 （日本）元美　（清）孫小文輯著　清宣統二年（1910）上海文瑞樓石印本　一冊

340000－1882－0003398　4375
中西算學啟蒙五卷天元代數勾股草二卷代數闡微衍草一卷 （清）張鼎祐撰　清光緒十八年（1892）刻本　五冊

340000－1882－0003399　4359
惠直堂經驗方四卷 （清）陶承熹　（清）王承勛輯　清刻本　一冊　存一卷（四）

340000－1882－0003400　4322
四書大全三十七卷附四書備考 （明）李廷機等纂　明刻本　十冊

340000－1882－0003401　4272
藏園九種曲　（清）蔣士銓撰　清刻本　一册　存二種二卷（第二碑一卷、冬青樹一卷）

340000－1882－0003402　4307
［□□］鄭氏宗譜一卷　（□）□□撰修　清刻本　一册

340000－1882－0003403　4344
訂補明醫指掌十卷　（明）皇甫中編輯　（明）王肯堂校訂　（明）邵達補　明刻本　五册　存五卷（三至四、六至七、十）

340000－1882－0003404　4370
唐翰林李白詩類編十二卷　（唐）李白撰　明刻本　四册

340000－1882－0003405　4357
種福堂公選良方兼刻古吴名醫精論四卷　（清）葉桂論　清刻本　二册

340000－1882－0003406　4368
［清河］張氏宗譜十四卷首一卷末一卷　（清）張文秀等編　清光緒十五年（1889）懷鳩堂刻本　十六册

340000－1882－0003407　4379
香山詩選六卷　（清）曹文埴手訂　清光緒十七年（1891）刻本　一册

340000－1882－0003408　4305
草書字法一卷　（清）陳然書　清嘉慶刻本　一册

340000－1882－0003409　4312
增批輯注東萊博議四卷　（宋）呂祖謙撰　清宣統三年（1911）石印本　一册

340000－1882－0003410　4352
瘟疫論類編五卷　（清）吳有性著　清乾隆刻本　二册

340000－1882－0003411　4364
［桐西］桂氏族譜三十四卷首一卷末二卷　（清）桂枝潤撰　清光緒刻本　十五册　缺二十二卷（三至五、十六、十九至三十四，末二卷）

340000－1882－0003412　4336
灤陽黃氏宗譜七卷　（清）黃毓明修　清嘉慶十七年（1812）敦本堂刻本　五册　缺二卷（三、五）

340000－1882－0003413　4397
旌邑賓興公項章程一卷　（清）汪家昌等參訂　清光緒刻本　一册

340000－1882－0003414　4383
齊民要術十卷　（北魏）賈思勰撰　清光緒二十二年（1896）漸西村舍刻本　四册

340000－1882－0003415　4378
數學上編十三卷答數一卷附二卷　（清）曹汝英撰　清光緒二十九年（1903）刻本　六册

340000－1882－0003416　4374
拙尊園叢稿六卷　（清）黎庶昌撰　清光緒十九年（1893）石印本　二册

340000－1882－0003417　4369
文選六十卷　（南朝梁）蕭統輯　（唐）李善等注　清同治八年（1869）金陵書局刻本　十册

340000－1882－0003418　4401
驗屍圖格一卷　（清）□□撰　清光緒二十六年（1900）刻本　一册

340000－1882－0003419　4329
望江莊陳氏六修宗譜不分卷　（清）陳楫佑等編輯　清光緒二十八年（1902）木活字印本　二十八册

340000－1882－0003420　4377
宋元明詩約鈔三百首不分卷　（清）朱梓　（清）冷昌言編輯　清道光刻本　二册

340000－1882－0003421　4396
重錄豫豐會報賽規例一卷　（清）□□撰　清嘉慶抄本　一册

340000－1882－0003422　4343
徽劇昆腔曲譜三十四種三十四卷　（□）□□撰　清抄本　三十四册

340000－1882－0003423　4285
二十一史約編八卷首一卷　（清）鄭元慶編

清康熙刻本　一册

340000－1882－0003424　4405
西遊真詮一百回　(明)吴承恩撰　(清)陳士斌詮解　清刻本　二十册

340000－1882－0003425　4403
近思録十四卷附攷訂朱子世家一卷　(清)江永著　清同治十三年(1874)涇縣黄田朱氏刻本　一册　存一卷(攷訂朱子世家一卷)

340000－1882－0003426　4395
盟心録一卷　(清)□□撰　清光緒二十五年(1899)刻本　一册

340000－1882－0003427　4402
綉花花樣本二卷　(清)□□撰　清手繪本　二册

340000－1882－0003428　4340
[道光]祁門縣志三十六卷首一卷　(清)王讓修　(清)桂超萬纂　清道光刻本　三册　存九卷(八至十二、十七至十九、二十二)

340000－1882－0003429　4400
中西聞見録第十四號　(美國)丁韙良撰　清同治十二年(1873)刻本　一册

340000－1882－0003430　4394
[柏林]羅氏族志一卷　(清)□□撰　清抄本　一册

340000－1882－0003431　4410
五孝傳一卷　(晉)陶淵明著　清光緒二十五年(1899)刻本　一册

340000－1882－0003432　4372
婺源五都黄連潭李氏源流一卷　(清)詹慕韓撰　清康熙抄本　一册

340000－1882－0003433　4392
婺源汪姓墓地訟案一卷　(清)□□撰　清乾隆刻本　一册

340000－1882－0003434　4409
孟子釋疑一卷　(清)汪宗沂著　清光緒二十三年(1897)刻本　一册

340000－1882－0003435　4404
文獻通考鈔二十四卷　(元)馬端臨著　(清)史以遇鈔　**續文獻通考鈔三十卷**　(明)王圻著　(清)史以甲鈔　清康熙刻本　二十册

340000－1882－0003436　4381
科學須知　(英國)傅蘭雅著　清光緒八年(1882)刻本　八册　存八種(地志須知、地理須知、地學須知、氣學須知、化學須知、天文須知、聲學須知、算法須知)

340000－1882－0003437　4411
金陵覽古一卷　(清)唐一麟著　清乾隆十五年(1750)刻本　一册

340000－1882－0003438　4408
十翼遺文一卷　(清)汪宗沂撰　清刻本　一册

340000－1882－0003439　4318
食物本草七卷　(元)李杲編輯　(明)錢允治校訂　**日用本草三卷**　(元)吴瑞編輯　(明)錢允治校註　明萬曆刻本　一册

340000－1882－0003440　4365
普濟應驗良方八卷補遺一卷續增一卷　題(清)德軒氏輯　清同治十二年(1873)刻本　四册

340000－1882－0003441　4399
潁州府阜陽縣令詳定月課章程一卷　(□)□□撰　清同治刻本　一册

340000－1882－0003442　4414
[同治]祁門縣志三十六卷首一卷　(清)周溶修　(清)汪韻珊纂　清同治刻本　十二册

340000－1882－0003443　4398
奏定學堂章程不分卷　(清)張之洞等撰　清光緒石印本　三册

340000－1882－0003444　4412
黄九煙先生三字經一卷　(清)黄周星撰　清康熙刻本　一册

340000－1882－0003445　4315
新鐫通鑑集要十卷　(明)諸燮編輯　明萬曆

刻本　四冊

340000－1882－0003446　4420

違礙書籍目錄不分卷　(清)□□撰　清乾隆江寧布政使刻本　一冊

340000－1882－0003447　4391

汪名儒等呈控程志安等侵佔盜葬訟案一卷　(□)□□撰　清光緒刻本　一冊

340000－1882－0003448　4422

欽定四庫全書簡明目錄二十卷　(清)紀昀等纂修　清刻本　十二冊

340000－1882－0003449　4389

[□□]徽州府志摘抄不分卷　(□)□□撰　清抄本　一冊

340000－1882－0003450　4432

大清搢紳全書不分卷　(□)□□撰　清光緒十二年(1886)榮錄堂刻本　四冊

340000－1882－0003451　4418

說文解字十五卷　(漢)許慎記　(宋)徐鉉等校定　清初毛氏汲古閣刻本　八冊

340000－1882－0003452　4390

涇太團練亂後紀畧一卷　(□)□□撰　清刻本　一冊

340000－1882－0003453　4458

富溪中書房程氏封丘圖誌一卷　(□)□□撰　明末抄本　一冊

340000－1882－0003454　2495

棠樾鮑氏三族宗譜二百卷首一卷　(清)鮑光純纂修　清乾隆刻本　二冊　存八卷(二、一百九十二至一百九十七,首一卷)

340000－1882－0003455　4455

奕萃官子不分卷　(清)卞文恒撰　清嘉慶二十一年(1816)味書齋刻本　一冊

340000－1882－0003456　4416

陶齋吉金錄八卷　(清)端方輯　清光緒三十四年(1908)石印本　八冊

340000－1882－0003457　4419

彙刻書目二十卷　(清)顧修編　清光緒十五年(1889)上海福瀛書局刻本　二十冊

340000－1882－0003458　2521

重修古歙東門許氏宗譜十卷首一卷　(清)許登瀛等纂修　清乾隆刻本　五冊　存四卷(七至九、首一卷)

340000－1882－0003459　4448

漱芳軒合纂禮記體註四卷　(清)范翔參訂　清咸豐二年(1852)刻本　二冊

340000－1882－0003460　4506

休寧率口程氏續編本宗譜六卷　(明)程時用等纂修　明隆慶刻本　一冊　存四卷(三至六)

340000－1882－0003461　4274

大清光緒十年通書不分卷　(□)□□撰　清光緒朱墨套印本　一冊

340000－1882－0003462　4454

四書合講不分卷　(清)翁復編　清立言堂刻本　六冊

340000－1882－0003463　4387

浯溪程氏家藏墨寶不分卷　(□)□□撰　清抄本　一冊

340000－1882－0003464　4327

太原王氏會通宗譜八卷首一卷　(明)王友瑄等纂修　明刻本　一冊　存三卷(一至二、首一卷)

340000－1882－0003465　4388

[□□]休寧隅都志抄本不分卷　(□)□□撰　清抄本　一冊

340000－1882－0003466　2496

棠樾鮑氏宣忠堂支譜□□卷　(清)鮑琮纂修　清刻本　二冊　存三卷(二十至二十二)

340000－1882－0003467　4431

歷代鐘鼎彝器款識法帖二十卷　(宋)薛尚功撰　清嘉慶二年(1797)岳邑博文齋刻本　四冊

340000－1882－0003468　2513

續修歙西柘源方氏宗譜□□卷　(清)方清耀等纂修　清乾隆十年(1745)敬授堂刻本　三冊　存六卷(一至四、十至十一)

340000－1882－0003469　4447
春秋左傳五十卷　(晉)杜預　(宋)林堯叟注　(明)孫鑛　(明)鍾惺評點　清咸豐二年(1852)刻本　四冊

340000－1882－0003470　4453
種福堂公選溫熱論醫案四卷　(清)葉桂論　(清)華南田校　清刻本　四冊

340000－1882－0003471　4434
萬國輿圖不分卷　(清)陳兆桐繪　清光緒十二年(1886)上海同文書局石印本　二冊

340000－1882－0003472　4443
歙西槐塘程松崖正通先生眼科家傳秘本不分卷　(明)程松崖撰　清道光二十三年(1843)刻本　一冊

340000－1882－0003473　4450
詩經八卷　(宋)朱熹集傳　清光緒十五年(1889)刻本　四冊

340000－1882－0003474　4326
新安休寧文昌金氏世譜十卷　(明)程天保纂修　明正德刻本　一冊　存五卷(一至五)

340000－1882－0003475　2522
重修高陽許氏世譜四卷　(□)□□撰　清刻本　二冊

340000－1882－0003476　2474
清華胡氏七倄正譜□□卷　(□)□□撰　清刻本　九冊　存九卷(三至六、八至十、十二、十八)

340000－1882－0003477　2500
涇川查氏族譜□□卷　(明)查鐸修　清末刻本　一冊　存一卷(一)

340000－1882－0003478　4385
仁山門衍慶錄不分卷　(□)□□撰　清抄本　一冊

340000－1882－0003479　4459
程氏十萬公辨不分卷　(清)程裕俊等撰　清康熙抄本　一冊

340000－1882－0003480　4452
臨證指南醫案八卷　(清)葉桂撰　(清)華南田校　清光緒三十二年(1906)上海龍文書局石印本　八冊

340000－1882－0003481　2517
星源孫氏宗譜十四卷　(清)孫有燾等編校　清嘉慶二十一年(1816)木活字印本　四冊　存六卷(一至三、十二至十四)

340000－1882－0003482　2525
桂溪項氏族譜二十四卷首一卷末一卷　(清)項啟鈵等修　清嘉慶十六年(1811)刻本　十八冊　缺六卷(五、十一、十三至十六)

340000－1882－0003483　4446
入幕須知五種五卷續二種二卷　(清)張廷驤輯　清光緒十三年(1887)刻本　六冊

340000－1882－0003484　2480
汪氏統宗譜一百七十七卷　(□)□□撰　明隆慶刻本　九冊　存一百八卷(一至二十五、四十三、七十七至一百二十四、一百四十四至一百七十七)

340000－1882－0003485　4456
橘中秘四卷　(明)朱晉楨輯　明崇禎刻本　四冊

340000－1882－0003486　2463
濟陽江氏宗譜二十五卷首一卷　(□)□□撰　清乾隆刻本　十七冊　存十三卷(一至三、五至六、八至九、十四至十六、十八至十九、二十五)

340000－1882－0003487　善023
方氏統會宗譜四卷　(明)方純仁等主修　(明)陳瑄纂修　明嘉靖三十七年(1558)刻本　一冊　存二卷(一至二)

340000－1882－0003488　2459
甲道張氏宗譜四十二卷　(清)張摶萬修　清乾隆三十年(1765)刻本　四十二冊

340000－1882－0003489　4433
花月痕全書十六卷五十二回　題(清)眠鶴主人編次　清末鉛印本　四册

340000－1882－0003490　4451
陶節菴傷寒全生集四卷　(明)陶華撰　(明)朱映璧訂正　明刻本　六册

340000－1882－0003491　2466
江氏統會宗譜□□卷　(□)□□撰　清康熙三十年(1691)刻本　一册　存一卷(十五)

340000－1882－0003492　2520
桐城許氏宗譜□□卷　(清)許鴻昌纂修　清同治三年(1864)敦德堂木活字印本　十四册　存十一卷(二至十二)

340000－1882－0003493　2465
豐川江氏族譜不分卷　(□)□□撰　清抄本　一册

340000－1882－0003494　4445
評點春秋左傳綱目句解彙雋六卷　(清)韓菼重訂　清宣統元年(1909)石印本　二册

340000－1882－0003495　2469
胡氏族譜不分卷　(清)胡士著纂修　清康熙刻本　一册

340000－1882－0003496　4449
洗冤錄詳義四卷洗冤錄摭遺二卷　(清)許槤編　(清)葛元煦撰　清光緒刻本　五册

340000－1882－0003497　4423
彙刻書目初編十卷續編一卷補編一卷　(清)顧脩編　清光緒元年(1875)刻本　十册

340000－1882－0003498　2514
宋氏家譜不分卷　(□)□□撰　清抄本　二册

340000－1882－0003499　2492
汪氏宗譜纂要五卷首一卷末一卷　(明)汪士賢原纂　(清)汪宏佈重編　清惇本堂刻本　三册　存四卷(一、四,首一卷,末一卷)

340000－1882－0003500　2487
平陽汪氏宗譜二卷　(□)□□撰　清刻本　一册

340000－1882－0003501　2512
陳氏宗譜□□卷　(清)陳光檯纂修　清光緒二十八年(1902)保極堂刻本　一册　存一卷(一)

340000－1882－0003502　2458
新安張氏續修宗譜三十卷　(清)張習孔修輯　清順治刻本　十四册

340000－1882－0003503　2506
潭渡黃氏族譜□□卷　(清)黃玄豹重編　(清)黃景琯參補　清雍正刻本　三册　存五卷(一至五)

340000－1882－0003504　0130
祁門縣購辦饒米定案紀略一卷　(清)黃光第撰　清光緒三十三年(1907)刻本　一册

340000－1882－0003505　2507
任氏家譜□□卷　(□)□□撰　清乾隆四十七年(1782)刻本　一册　存一卷(一)

340000－1882－0003506　4325
汪氏統宗正脈□□卷　(□)□□撰　明刻本　三册　存五卷(井、魁、昂、胃、夾公)

340000－1882－0003507　2486
平陽汪氏宗譜□□卷　(清)汪秀璽重修　清光緒刻本　三册　存一卷(一)

340000－1882－0003508　2536
吴氏敚系不分卷　(□)□□撰　清康熙刻本　三册

340000－1882－0003509　2485
汪氏維新公遷錫家譜不分卷　(清)汪士琳纂修　清抄本　一册

340000－1882－0003510　2482
汪氏族譜不分卷　(□)□□撰　稿本　一册

340000－1882－0003511　2453
張氏宗譜十八卷　(清)張子昌修　清光緒十二年(1886)敦本堂木活字印本　十八册

340000－1882－0003512　2504

王氏家譜不分卷 （清）王文蜀等纂修 清康熙十九年(1680)刻本 一册

340000－1882－0003513 2489
潛川汪氏宗譜不分卷 （清）汪道讓纂修 清光緒二十五年(1899)抄本 二册

340000－1882－0003514 2555
新安休寧山斗程氏宗譜不分卷 （明）程瑭（明）程珖纂修 明嘉靖二十六年(1547)抄本 一册

340000－1882－0003515 2516
[安徽歙縣]古歙上豐宋氏高德公房祀譜不分卷 （□）□□撰 清朱墨套印本 二册

340000－1882－0003516 3990
汪氏世系承流統譜不分卷 （清）□□撰 清抄本 二册

340000－1882－0003517 2539
祁東福洲吴氏宗譜不分卷 （清）吴永善（清）吴永祥編 清咸豐三年(1853)抄本 一册

340000－1882－0003518 2552
程氏忠孝世家譜不分卷 （清）程紹淋（清）程紹淳纂修 清道光二十一年(1841)抄本 一册

340000－1882－0003519 2556
新安程氏宗譜不分卷 （明）程炳之修 明抄本 一册

340000－1882－0003520 2508
績溪東關馮氏家譜八卷首三卷末三卷 （清）馮景坊編輯 清光緒二十二年(1896)刻本 六册

340000－1882－0003521 2533
昌溪太湖吴氏宗譜十四卷 （清）吴念祖纂修 清光緒三十二年(1906)刻本 二十册 存十三卷

340000－1882－0003522 2499
重修墩頭曹氏宗譜八卷首一卷末一卷 （□）□□撰 清道光二十五年(1845)印本 一册 存一卷(首一卷)

340000－1882－0003523 2543
涇川朱氏支譜□□卷 （清）朱紱纂修 清乾隆四十三年(1778)刻本 一册 存二卷(七至八)

340000－1882－0003524 2509
華陽舒氏統宗譜十九卷首一卷 （清）舒安仁等纂修 清同治九年(1870)敍倫堂木活字印本 六册

340000－1882－0003525 2505
潭渡黄氏族譜十卷 （明）黄玄豹重編 （清）黄景琯參補 清雍正九年(1731)刻本 八册

340000－1882－0003526 2488－2
潛川汪氏宗譜不分卷 （清）汪道讓纂修 清光緒二十二年(1896)稿本 三册

340000－1882－0003527 2553
新安郡北門程氏溯源錄一卷 （清）程茂楨修 清康熙十七年(1678)抄本 一册

340000－1882－0003528 2549
善和程氏仁山門支譜不分卷 （清）程埴等纂修 清乾隆十二年(1747)木活字印本 一册

340000－1882－0003529 2457
清河張氏宗譜十六卷首一卷 （清）張日佐等纂修 清乾隆十七年(1752)刻本 十册 缺六卷(七至十二)

340000－1882－0003530 2488－1
汪氏宗譜不分卷 （清）汪道讓撰 清光緒二十五年(1899)稿本 二册

340000－1882－0003531 2550
程氏宗譜□□卷末一卷 （清）□□撰 清道光二十七年(1847)敦睦堂木活字印本 一册 存一卷(末一卷)

340000－1882－0003532 2527
祁門倪氏族譜三卷 （清）倪望重等纂修 清光緒二年(1876)經鋤舊家刻本 三册

340000－1882－0003533 2477
義門汪氏校正世譜十二卷首一卷末一卷

(清)汪祖揚等纂修　清乾隆四十八年(1783)雍睦堂木活字印本　十三册　缺一卷(末一卷)

340000－1882－0003534　2519
[涇川]續修白華鄭氏宗譜十八卷末一卷　(清)□□撰　清光緒三十年(1904)木活字印本　八册　存九卷(二、七、九、十二至十三、十六至十八,末一卷)

340000－1882－0003535　2534
昌溪太湖吴氏宗譜十卷　(清)吴倬雲纂修　清刻本　六册

340000－1882－0003536　2483
方塘汪氏宗譜不分卷　(清)汪一倎等修　清抄本　一册

340000－1882－0003537　2528
祁門倪氏族譜三卷　(清)倪望重等修　清光緒二年(1876)刻本　四册　存二卷(中、終)

340000－1882－0003538　4308
吴氏宗譜八卷　(清)吴忠祿纂修　清宣統二年(1910)尚德堂木活字印本　八册

340000－1882　0003539　2467
清河張氏宗譜十六卷首一卷　(清)張日佐等纂修　清刻本　五册　存六卷(二至四、十四至十五,首一卷)

340000－1882－0003540　0112
越國公宗支祠墓録不分卷　(□)□□撰　清抄本　一册

340000－1882－0003541　2476
汪氏義門世譜□□卷　(清)汪臬淳編　清乾隆刻本　八册　存六卷(十三下、十五至十九)

340000－1882－0003542　2547
西隅六甲周氏家譜十卷首一卷　(清)周開基纂修　清光緒三十一年(1905)木活字印本　十册

340000－1882－0003543　2470
胡氏族譜不分卷　(清)孫啟道纂修　清乾隆刻本　一册

340000－1882－0003544　2545
清華戴氏世譜□□卷首一卷末一卷　(清)戴鸞翔纂修　清光緒刻本　八册　存七卷(一、四至七,首一卷,末一卷)

340000－1882－0003545　2473
胡氏族譜□□卷　(清)□□撰　清敦睦堂木活字印本　十五册　存十六卷(一至十六)

340000－1882－0003546　2524
桂溪項氏宗譜□□卷　(清)□□撰　清刻本　一册　存三卷(一至三)

340000－1882－0003547　2481
汪氏得羅公正脈統宗譜十六卷　(清)汪瀾等纂修　清光緒二年(1876)一本堂木活字印本　二十册

340000－1882－0003548　2471
胡氏族譜不分卷　(清)胡庭琛纂修　清光緒刻本　二册

340000－1882－0003549　2544
禮村戴氏統宗譜十卷首一卷　(清)戴國忠等纂修　清光緒刻本　九冊

340000－1882－0003550　2530
板橋姚氏族譜十卷末一卷　(清)劉純洪編輯　清光緒木活字印本　十二册

340000－1882－0003551　2531
塘川姚氏宗譜四卷首一卷　(清)□□撰　清光緒二十七年(1901)舜畊堂刻本　四册

340000－1882－0003552　2546
周氏宗譜□□卷　(清)周公樓纂修　清光緒三十一年(1905)木活字印本　一册　存一卷(一)

340000－1882－0003553　4518
新訂四書補註備旨十卷　(明)鄧林著　(清)鄧煜編次　(清)杜定基增訂　清刻本　八册

340000－1882－0003554　2461
梁安高氏宗譜十二卷附一卷　(清)高富浩等纂修　清光緒三年(1877)木活字印本　八册

缺五卷(二、六至八、十)

340000－1882－0003555　2511
何氏宗譜十二卷　(清)何永配等修　清光緒二十五年(1899)存義堂木活字印本　九册　缺三卷(三至四、十一)

340000－1882－0003556　2540
朱氏宗譜二十四卷末一卷　(清)□□撰　清道光二十九年(1849)敦本堂刻本　二十五册

340000－1882－0003557　2456
張氏宗譜□□卷　(清)□□撰　清木活字印本　五册　存四卷(三至六)

340000－1882－0003558　2455
張氏宗譜十二卷　(清)張孔成等修　清乾隆十四年(1749)木活字印本　三册　存三卷(一、十一至十二)

340000－1882－0003559　2475
汪氏義門世譜□□卷　(清)汪錦雲等主修　(清)汪步雲等纂　清乾隆刻本　十册　存十三卷(四、八至十、十二至十三、十五至二十一)

340000－1882－0003560　2451
[星江]嚴田李氏宗譜十六卷首一卷　(清)李鴻瑞等纂修　清光緒七年(1881)木活字印本　十六册

340000－1882－0003561　2472
績溪金紫胡氏家譜二十八卷首三卷末三卷　(清)胡毓麒等纂修　清光緒三十三年(1907)刻本　十一册　存二十一卷(一至三、十三至十九、二十三至二十八,首三卷,末一至二)

340000－1882－0003562　2493
[安徽潛山]古埂汪氏宗譜五十八卷　(清)汪蓮田撰　清同治八年(1869)木活字印本　三十二册

340000－1882－0003563　2494
古埂汪氏宗譜七十卷　(清)汪鋭齋等纂修　清光緒三十一年(1905)刻本　五十册

340000－1882－0003564　2460
梁安高氏宗譜十二卷附一卷　(清)□□撰　清光緒三年(1877)刻本　十二册　缺二卷(六、十二)

340000－1882－0003565　4486
馮氏錦囊秘錄雜症痘疹藥性主治合參十二卷首一卷　(清)馮兆張纂輯　清康熙四十一年(1702)刻本　三册

340000－1882－0003566　2478
汪氏義門校正世譜□□卷首一卷　(清)汪組楊等纂修　清乾隆四十八年(1783)刻本　十二册　存十卷(一至九、首一卷)

340000－1882－0003567　4497
圓機活法十八卷　(明)王世貞校　(清)蔣先庚重訂　清嘉慶二十一年(1816)刻本　十八册

340000－1882－0003568　4475
御纂周易折中二十二卷首一卷　(清)李光地修　清光緒三十年(1904)上海育文書局石印本　一册　存十一卷(一至十,首一卷)

340000－1882－0003569　4483
康熙字典三十六卷總目一卷檢字一卷等韻一卷辨似一卷備考一卷補遺一卷　(清)張玉書　(清)陳廷敬總閲　(清)淩紹雯等纂修　清光緒三十年(1904)上海錦章書局石印本　六册

340000－1882－0003570　2510
何氏統宗譜不分卷　(清)何世恒纂修　清康熙三十二年(1693)刻本　一册

340000－1882－0003571　4488
中西紀事二十四卷首一卷　(清)夏燮撰　清同治刻本　八册

340000－1882－0003572　4492
吴文惠公遺集一卷　(清)吳蔭培撰　清光緒抄本　一册

340000－1882－0003573　4495
本朝應制琳瑯集十二卷　(清)曹洪祖斬　清乾隆三十五年(1770)刻本　四册

340000－1882－0003574　2479
汪氏通宗世譜□□卷　(清)□□撰　清木活字印本　二十五册　存九十四卷(四至十一、十五至十八、二十四至三十五、三十九至四十二、四十九至五十二、五十八至七十一、七十五至八十七、九十八至一百十六、一百二十五至一百四十)

340000－1882－0003575　4464
增選加註能興集不分卷　(清)李粔香改本　(清)金研香評　清同治八年(1869)刻本　二册

340000－1882－0003576　4491
汪氏纂修宗譜稿不分卷　(□)□□撰　清抄本　十册

340000－1882－0003577　4466
小題文詩合鈔三卷　(□)葉惠安輯　清同治九年(1870)抄本　三册

340000－1882－0003578　4479
欽定儀禮義疏四十八卷　(清)鄂爾泰等編　清光緒石印本　四册　存四十卷(九至四十八)

340000－1882－0003579　3991
新安歙西沙溪汪氏家譜十四卷　(清)汪志琦等修　清道光二十九年(1849)刻本　十五册

340000－1882－0003580　4484
注釋唐詩三百首不分卷　(清)蘅塘退士編　清光緒十一年(1885)祁邑文星堂刻本　二册

340000－1882－0003581　4467
彭剛直公奏稿八卷　(清)彭玉麟撰　清光緒十七年(1891)刻本　四册

340000－1882－0003582　4490
通鑑綱目分類策論檢題不分卷　(清)夢蝶生編輯　(清)江上枕流客校訂　清光緒二十九年(1903)石印本　四册

340000－1882－0003583　4489
御纂醫宗金鑑九十卷　(清)吳謙等纂　清刻本　十三册　存二十五卷(六十三、六十六至六十九、七十一至九十)

340000－1882－0003584　4476
欽定詩經傳說彙纂二十一卷首二卷詩序二卷　(清)王鴻緒等纂　清光緒三十年(1904)上海育文書局石印本　二册

340000－1882－0003585　4501
新增六法留痕畫譜不分卷　(□)□□撰　清光緒石印本　四册

340000－1882－0003586　4465
藝林珠玉三編□□卷　(□)□□撰　清道光十九年(1839)刻本　十一册　存十一卷(二至三、八至十四、十九至二十)

340000－1882－0003587　4481
欽定春秋傳說彙纂三十八卷首二卷　(清)王掞等纂修　清光緒三十年(1904)上海育文書局石印本　三册

340000－1882－0003588　4500
詩韻集成十卷　(清)余照輯　清刻本　二册

340000－1882－0003589　4478
欽定周官義疏四十八卷首一卷　(清)允祿等纂修　清光緒三十年(1904)上海育文書局石印本　四册

340000－1882－0003590　4477
欽定書經傳說彙纂二十一卷首二卷書序一卷　(清)王頊齡纂　清光緒三十年(1904)上海育文書局石印本　二册

340000－1882－0003591　4499
詩韻合璧五卷　(清)湯文璐撰　清光緒十四年(1888)上海萬珍書局鉛印本　五册

340000－1882－0003592　4463
幼童舉業啟悟集四卷　(清)汪承忠評選　清同治三年(1864)刻本　二册

340000－1882－0003593　4460
詞林分類次韻便讀三字錦九卷末一卷　(清)趙畏巖編　清道光二十二年(1842)刻本　六册

340000－1882－0003594　4498

詩韻合璧五卷 (清)湯文璐撰 清同治五年(1866)本立堂刻本 二册

340000－1882－0003595 4510
御纂醫宗金鑑外科十六卷 (清)吳謙撰 清刻本 八册

340000－1882－0003596 4487
馮氏錦囊秘錄痘疹全集十五卷 (清)馮兆張纂輯 清康熙刻本 四册 缺一卷(一)

340000－1882－0003597 4480
欽定禮記義疏八十二卷首一卷 (清)鄂爾泰等撰 清光緒三十年(1904)上海育文書局石印本 六册

340000－1882－0003598 4504
懷玉張氏宗譜六十一卷首一卷末一卷 (清)張逢寅修 清光緒十二年(1886)成三姚永松刻本 十三册

340000－1882－0003599 4482
針灸大成十卷 (明)楊繼洲撰 (清)李月桂重訂 清刻本 十册

340000－1882－0003600 4474
詩經八卷 (宋)朱熹集傳 清刻本 四册

340000－1882－0003601 4505
御製數理精蘊上編五卷下編四十卷表八卷 (清)梅㲄成編 清光緒八年(1882)刻本 四十册 存三十八卷(上編一、下編十二至四十、表八卷)

340000－1882－0003602 3291
古韻論三卷 (清)胡秉虔撰 清光緒二年(1876)刻本 一册

340000－1882－0003603 4026
會心錄二卷 (清)汪文綺著 清乾隆刻本 二册

340000－1882－0003604 4462
紅杏村人文稿不分卷 (□)□□撰 清光緒刻本 二册

340000－1882－0003605 1098
孔子編年五卷 (宋)胡仔撰 清胡湛刻本 二册

340000－1882－0003606 4461
第一才子書六十卷 (清)金聖嘆撰 (清)毛宗崗評 清光緒二十一年(1895)石印本 十二册

340000－1882－0003607 2490
江南新安歙縣潛川汪氏家乘二卷 (□)□□撰 清抄本 二册

340000－1882－0003608 1750
牛痘新書濟世一卷 (清)邱熺撰 (清)王惇甫增補 清同治四年(1865)刻本 一册

340000－1882－0003609 0754
牛痘新書濟世一卷 (清)邱熺撰 (清)王惇甫增補 清同治四年(1865)刻本 一册

340000－1882－0003610 4509
李鴻章 梁啟超著 清末鉛印本 一册

340000－1882－0003611 0778
[休寧]崇紀鄉賢錄□□卷 (□)□□撰 清刻本 一册 存十二葉(六至十七)

340000－1882－0003612 1892
新安紀跡一卷 (明)吳天洪撰 清光緒刻本 一册

340000－1882－0003613 3090
翁仲仁先生痘疹金鏡錄二卷 (明)翁仲仁撰 (清)許豫和注 清刻本 二册

340000－1882－0003614 2491
潛川中市汪氏祖先像贊一卷 (清)□□撰 清手寫繪本 一册

340000－1882－0003615 2380
休寧縣志□□卷 (□)□□撰 清刻本 四册 存三卷(二至四)

340000－1882－0003616 4246
脈症治方四卷 (明)吳正倫輯 明刻本 二册 存二卷(二、四)

340000－1882－0003617 0435
退庵公遺集一卷 (清)趙文恪著 清抄本

一册

340000－1882－0003618　4508
孔子家語十卷　（三國魏）王肅注　清末石印本　四册

340000－1882－0003619　1409
黄山游記一卷　（清）羅廷鳳著　清嘉慶十二年（1807）刻本　一册

340000－1882－0003620　1677
兩緣合記不分卷　（清）吳華卿著　（清）邵霞菴評　清抄本　一册

340000－1882－0003621　3823
黄海紀游一卷黄海游草一卷　（清）余鴻撰　清宣統元年（1909）刻本　一册

340000－1882－0003622　4407
周易學統九卷　（清）汪宗沂編　清鮑錫章校刻本　一册　存一卷（一）

340000－1882－0003623　3997
醫按四卷　（明）程侖著　明天啓元年（1621）刻本　二册

340000－1882－0003624　1176
王姓訟案文牘抄存一卷　（□）□□撰　清抄本　一册

340000－1882－0003625　2551
程氏宗譜十四卷　（清）程發強等撰　清同治五年（1866）存子堂刻本　十二册　存十二卷（二至九、十一至十四）

340000－1882－0003626　0551
蔡嘉題識印一卷　（清）蔡嘉撰　清鈐印本　一册

340000－1882－0003627　3789
證因方論集要四卷　（清）汪汝麟集　清道光二十年（1840）刻本　四册

340000－1882－0003628　0323
眼科秘方不分卷　（明）程松崖著　清道光古香堂刻本　一册

340000－1882－0003629　2542
［黟屏山］朱氏正宗譜□□卷首一卷　（清）林遷等修　清乾隆刻本　一册　存五卷（一至三、六，首一卷）

340000－1882－0003630　4358
濟世全書彙選增補應驗良方一卷　（清）汪啟賢　（清）汪啟聖選注　（清）黄衛　（清）黄大年增補　清刻本　一册

340000－1882－0003631　0678
書帶草堂詩鈔二卷　（清）鄭廷泌著　清乾隆刻本　一册

340000－1882－0003632　2976
注解神農本草經六卷首一卷　（清）汪宏註　（清）程端參　清光緒十四年（1888）衢城會賢堂刻本　四册　存四卷（一至三、首一卷）

340000－1882－0003633　3266
松窗百說一卷北軒筆記一卷　（宋）李季可撰　（元）陳世隆輯　清刻本　一册

340000－1882－0003634　0401
張景岳新方八畧一卷　（清）吳宏定編　清道光二十三年（1843）富有堂刻本　一册

340000－1882－0003635　1264
沉雲閣印存一卷　（□）□□撰　清鈐印本　一册

340000－1882－0003636　0655
金正希先生文集輯略九卷　（明）金聲撰　清刻本　四册

340000－1882－0003637　4152
急救須知不分卷　（□）□□撰　清刻本　六册

340000－1882－0003638　1440
仇氏集存印譜一卷樓鷟館印譜一卷　（□）□□撰　清鈐印本　一册

340000－1882－0003639　3300
羅鄂州小集五卷附羅郢州遺文一卷　（宋）羅願　（宋）羅頌撰　清光緒十九年（1893）黟縣李氏刻本　二册

340000－1882－0003640　4470

精選各國政治考四卷 (清)張之洞鑒定 清光緒二十八年(1902)刻本 四冊

340000－1882－0003641 1175
如古堂新刻旁訓故事一卷 (□)□□撰 清屯溪下街黃如古堂刻本 一冊

340000－1882－0003642 0188
黃山游草一卷 (清)余鴻撰 清宣統刻本 一冊

340000－1882－0003643 0963
蘭蕙堂印譜一卷 (清)吳民表集 清鈐印本 一冊

340000－1882－0003644 0415
休寧縣都圖地名一卷 (□)□□撰 清抄本 一冊

340000－1882－0003645 2961
淮陽水利圖說一卷 (清)馮道立著 清道光十九年(1839)刻本 一冊

340000－1882－0003646 0260
小兒神色總論一卷 (□)□□撰 **醫驗錄一卷** (清)楊松亭撰 清抄本 一冊

340000－1882－0003647 2979
瘟疫論補註二卷 (清)吳有性著 (清)鄭重光補注 清同治三年(1864)文成堂刻本 二冊

340000－1882－0003648 0371
新刻名公印雋儒林重珍□□卷首一卷 (清)熊經參訂 清鈐印本 一冊 存一卷(首一卷)

340000－1882－0003649 4361
痘疹四合全書八卷 (明)翁仲仁等輯 清康熙刻本 三冊 缺二卷(痘疹全嬰金鏡錄真本下、痘疹百聞秘本)

340000－1882－0003650 4471
治事文編續集二卷 (清)繼良撰 清光緒二十八年(1902)上海書局石印本 二冊

340000－1882－0003651 善121
徽劇譜一卷 (□)□□撰 清抄本 一冊

340000－1882－0003652 0187
黃山歷途紀略一卷 (清)胡文銓撰 清刻本 一冊

340000－1882－0003653 4180
秘訣囊四卷 (清)胡肇煃編輯 清稿本 四冊

340000－1882－0003654 0189
街西柳映齋集一卷 (清)汪灝撰 清康熙稿本 一冊

340000－1882－0003655 0327
產科心法二卷 (清)汪喆著 **福幼編摘刻一卷** (清)莊一夔著 題(清)拜松居士增訂 清光緒十七年(1891)刻本 一冊

340000－1882－0003656 4514
御批歷代通鑑輯覽一百二十卷 (清)聖祖玄燁敕撰 清光緒二十八年(1902)上海寶文書局石印本 十冊

340000－1882－0003657 4517
歷代陵寢備考五十卷 朱孔陽輯 清光緒上海申報館鉛印本 十二冊

340000－1882－0003658 4545
新刻詳正彙採書信要言□□卷 (□)□□撰 清刻本 一冊 存一卷(四言一卷)

340000－1882－0003659 4513
羣玉山房重校醫宗必讀十卷 (清)李中梓著 清光緒九年(1883)刻本 四冊 缺二卷(三至四)

340000－1882－0003660 4472
勸學篇二卷 (清)張之洞撰 清光緒二十四年(1898)兩湖書院刻本 二冊

340000－1882－0003661 4541
四大奇書第一種六十卷 (清)毛宗崗評 清文富堂刻本 二十冊

340000－1882－0003662 4544
新刻啟蒙同聲字音註釋捷徑一卷 (清)施十洲編集 清刻本 一冊

340000－1882－0003663 4519

尺木堂綱鑑易知錄九十二卷明紀十五卷 (清)吳乘權等輯 清光緒二十八年(1902)上海經香閣石印本 八冊

340000－1882－0003664 4556
傷寒附翼二卷 (清)柯琴編 清刻本 二冊

340000－1882－0003665 4547
試帖紫雲仙琯十六卷 (清)高鐵珊輯 清道光元年(1821)太乙山房刻本 四冊

340000－1882－0003666 4552
王氏宗譜六卷 (清)王思紱 (清)王上琦修 清乾隆四十八年(1783)刻本 六冊

340000－1882－0003667 4540
第五才子書水滸傳七十五卷 (元)施耐菴撰 清刻本 十二冊

340000－1882－0003668 4516
有正味齋詞集八卷續二卷外集六卷 (清)吳錫麒撰 清嘉慶刻本 四冊

340000－1882－0003669 4530
兒科醫書一卷 (□)□□撰 清刻本 一冊

340000－1882－0003670 4543
醫林改錯二卷 (清)王清任著 清光緒石印本 一冊

340000－1882－0003671 4555
醫方集解三卷 (清)汪昂輯 清刻本 三冊

340000－1882－0003672 4511
五知齋琴譜八卷 (清)周魯封彙輯 清乾隆十一年(1746)刻本 二十冊

340000－1882－0003673 4473
音註小倉山房尺牘八卷 (清)袁枚著 (清)胡又盧釋 清同治七年(1868)五雲樓刻本 四冊

340000－1882－0003674 4538
春雪集六卷詩餘一卷 (清)李筠嘉編 清刻本 一冊

340000－1882－0003675 2268
武英殿聚珍版書二千四百十卷 清刻本 十五冊 存三十九卷(絜齋毛詩經筵講義四卷,甕牖閒評八卷,農桑輯要七卷,拙軒集六卷,禹貢指南四卷,漢官舊儀一卷、補遺一卷,帝範四卷,海島算經一卷,夏候陽算經三卷)

340000－1882－0003676 4562
益智圖二卷 (清)童叶庚著 清光緒四年(1878)自刻本 二冊

340000－1882－0003677 4529
跌打損傷第一家湯方歌章二卷 題(清)養恬齋主人撰 清抄本 二冊

340000－1882－0003678 4515
朱子四書或問三十九卷中庸略二卷 (宋)朱熹著 清墨潤齋刻本 五冊

340000－1882－0003679 4534
醫經溯洄集一卷 (明)王履著 (明)吳勉學校 明刻本 一冊

340000－1882－0003680 4554
東萊先生左氏博議二十五卷 (宋)呂祖謙撰 清道光十九年(1839)清吟閣刻本 四冊

340000－1882－0003681 4537
繪風亭評第七才子書琵琶記六卷 (元)高明撰 清刻本 五冊 缺一卷(一)

340000－1882－0003682 4650
文公家禮儀節八卷 (明)丘濬輯 (明)楊廷筠訂 清刻本 六冊

340000－1882－0003683 4512
醫方集解三卷 (清)汪昂輯 清同治八年(1869)刻本 六冊

340000－1882－0003684 4551
莒國唐氏宗譜四卷首一卷末一卷 (清)唐世顯 (清)唐大雅修 清刻本 六冊

340000－1882－0003685 4527
診脈切要歌說一卷 (□)□□撰 清抄本 一冊

340000－1882－0003686 4542
痧症指微一卷 (□)釋普淨撰 清末石印本 一冊

340000－1882－0003687　4546
分類詩腋八卷　（清）李楨編　清嘉慶二十二年(1817)雲竇山房刻本　四册

340000－1882－0003688　4526
灸法門一卷　（□）王素亭校正　清抄本　一册

340000－1882－0003689　4553
欽定書經傳説彙纂二十一卷首二卷　（清）王頊齡等撰　清同治七年(1868)刻本　十二册

340000－1882－0003690　4533
内經知要二卷　（明）李念莪輯　清乾隆刻本　二册

340000－1882－0003691　4525
證治要言一卷　（清）汪文綺著　清抄本　一册

340000－1882－0003692　4536
地理三會集三卷　（明）張亙著　清光緒九年(1883)娜嬛僊館刻本　三册

340000－1882－0003693　4524
經脈歌訣一卷　（清）汪昂輯著　清抄本　一册

340000－1882－0003694　4581
歷代名臣言行録二十四卷　（清）朱桓編輯　清光緒三十一年(1905)上海文盛堂書局石印本　八册

340000－1882－0003695　3100
張景岳新方八畧一卷　（清）吳宏定編　清乾隆刻本　一册

340000－1882－0003696　4584
三國志六十五卷　（晉）陳壽撰　清汲古閣刻本　八册

340000－1882－0003697　4532
林子卻病功夫一卷　（□）林縉等訂　清抄本　一册

340000－1882－0003698　4548
職官録不分卷　（清）□□撰　清末刻本　三册

340000－1882－0003699　4579
春秋左傳杜注三十卷首一卷　（清）姚培謙撰　清同治五年(1866)金陵書局刻本　十册

340000－1882－0003700　4523
辨脈法不分卷　（□）□□撰　清抄本　一册

340000－1882－0003701　4558
小倉山房詩集三十六卷　（清）袁枚撰　清光緒十八年(1892)上海圖書集成印書局鉛印本　六册　缺六卷(三十一至三十六)

340000－1882－0003702　4522
雜録一卷　（□）□□撰　清抄本　一册

340000－1882－0003703　4585
禮記十卷　（元）陳澔集説　清同治五年(1866)金陵書局刻本　十册

340000－1882－0003704　4531
各科病症藥方雜録二卷　（□）□□撰　清抄本　二册

340000－1882－0003705　4583
小學集註六卷　（明）陳選集註　清狀元閣刻本　二册

340000－1882－0003706　4580
國朝先正事略六十卷首一卷　（清）李元度纂　清光緒十二年(1886)鉛印本　十册

340000－1882－0003707　4521
素問六氣玄珠密語十七卷　（□）啟玄子述　清抄本　一册

340000－1882－0003708　4573
康熙字典十二卷　（清）張玉書　（清）陳廷敬總閲　（清）淩紹雯等纂修　清光緒十六年(1890)鴻寶齋刻本　六册

340000－1882－0003709　4595
河洛精蘊九卷　（清）江永著　清乾隆三十九年(1774)刻本　四册

340000－1882－0003710　4587
四大奇書第一種五十一卷　（清）毛宗崗評　清刻本　十四册　缺六卷(一至六)

340000－1882－0003711　4577
中國魂二卷　梁啟超編輯　清光緒二十九年(1903)鉛印本　二冊

340000－1882－0003712　4590
周禮節訓六卷　(清)黄叔琳撰　清李光明莊刻本　二冊

340000－1882－0003713　4596
麟臺故事五卷　(宋)程俱撰　清刻本　一冊

340000－1882－0003714　4586
四大奇書第一才子書十九卷首一卷　(清)毛宗崗評　清刻本　十冊

340000－1882－0003715　4582
春秋左傳五十卷　(晉)杜預　(宋)林堯叟注　(唐)陸德明音義　(明)鍾惺等評點　清茹古齋刻本　十六冊

340000－1882－0003716　4601
新刊外科正宗四卷　(明)陳實功撰　明崇禎四年(1631)刻本　四冊

340000－1882－0003717　4616
欽定書經傳説彙纂二十一卷首二卷　(清)王頊齡等撰　清雍正八年(1730)刻本　十二冊

340000－1882－0003718　4594
周易精義四卷首一卷　(清)黄淦纂　清刻本　二冊

340000－1882－0003719　4468
曾文正公家書十卷榮哀録一卷家訓二卷　(清)曾國藩撰　**大事記四卷**　(清)王安定編　清光緒十九年(1893)上海圖書集成印書局鉛印本　八冊

340000－1882－0003720　4589
周禮節釋十二卷　(清)鮑梁纂輯　清刻本　二冊

340000－1882－0003721　4607
子史精華一百六十卷　(清)允祿等撰　清雍正刻本　四十八冊

340000－1882－0003722　4560
禮記十卷　(元)陳澔集註　清李光明莊刻本　十冊

340000－1882－0003723　4597
訓俗遺規摘抄四卷　(清)陳宏謀編　清同治七年(1868)崇文書局刻本　二冊

340000－1882－0003724　4623
膏丹丸散集錄一卷　(□)□□撰　清同治刻本　一冊

340000－1882－0003725　4568
御纂醫宗金鑑十六卷　(清)吳謙纂修　清光緒三十二年(1906)上海文新書局石印本　四冊

340000－1882－0003726　4576
經驗各種秘方輯要不分卷　題(清)小樓主人輯　清光緒二十四年(1898)鉛印本　一冊

340000－1882－0003727　0866
愧郯錄十五卷　(宋)岳珂撰　清刻本　四冊

340000－1882－0003728　4593
易經三卷　(□)□□撰　清刻本　二冊

340000－1882－0003729　4622
精選小題清華集不分卷　(清)□□撰　清同治十一年(1872)刻本　六冊

340000－1882－0003730　4608
廣事類賦四十卷　(清)華希閔著　清乾隆四十八年(1783)刻本　十冊

340000－1882－0003731　4588
禮記十卷　(元)陳澔集說　清刻本　二十冊

340000－1882－0003732　4617
有正味齋全集七十二卷　(清)吳錫麒撰　清嘉慶十三年(1808)刻本　二十冊

340000－1882－0003733　4626
安吳先生藝舟雙楫六卷　(清)包世臣著　清咸豐十一年(1861)刻本　二冊

340000－1882－0003734　4643
雜錄一卷　(清)□□抄　清抄本　一冊

340000－1882－0003735　4651
第一才子書(增像全圖三國演義)十六卷首一

卷 (明)羅本撰 (清)毛宗崗評 清光緒三十三年(1907)上海普新瑞記書局石印本 八冊

340000－1882－0003736 4606
前漢書一百卷 (漢)班固撰 (唐)顏師古注 清同治八年(1869)金陵書局刻二十四史本 二十八冊

340000－1882－0003737 4661
東華錄詳節二十四卷 (清)鄔樹庭編 清光緒二十六年(1900)上海東文學堂石印本 十六冊

340000－1882－0003738 4644
八家四六文注八卷補一卷首一卷 (清)孫星衍著 (清)許貞幹注 清光緒十七年(1891)刻本 十冊

340000－1882－0003739 4575
新刻分類雅聯二卷 (清)王賓著 清刻本 二冊

340000－1882－0003740 4598
呂子節錄四卷 (明)呂坤著 (清)陳宏謀評輯 清睢陽蔣榮昌刻本 二冊

340000－1882－0003741 4625
景岳全書發揮四卷 (清)葉桂著 清道光刻本 四冊

340000－1882－0003742 4649
嶺南三大家詩選二十四卷 (清)王隼選 清同治七年(1868)南海陳氏刻本 六冊

340000－1882－0003743 4648
胡文忠公遺集八十六卷首一卷 (清)鄭敦謹 (清)曾國荃編輯 清同治六年(1867)刻本 十六冊 存四十五卷(一至四十四、首一卷)

340000－1882－0003744 4659
明史紀事本末八十卷 (清)谷應泰編輯 清光緒十四年(1888)上海書業公所崇德堂鉛印本 八冊

340000－1882－0003745 0562
新編古今事文類聚前集六十卷後集五十卷續集二十八卷 (宋)祝穆輯 明刻本 八冊 存三十五卷(前集四十五至六十、後集一至十七、續集二十五至二十六)

340000－1882－0003746 4654
千字文釋義□□卷 (清)汪嘯尹纂輯 (清)孫謙益參注 清歙西徐士業刻本 一冊 存一卷(三)

340000－1882－0003747 4658
宋史紀事本末十卷 (明)陳邦瞻編輯 (明)張溥論正 清光緒十四年(1888)上海書業公所崇德堂鉛印本 八冊

340000－1882－0003748 4624
素問靈樞類纂約註三卷 (清)汪昂纂輯 清刻本 二冊

340000－1882－0003749 4621
江左校士錄六卷 (□)□□輯 清光緒十二年(1886)上洋書局石印本 四冊

340000－1882－0003750 4662
三通考輯要七十六卷 湯壽潛輯 清光緒二十五年(1899)上海圖書集成局鉛印本 三十冊

340000－1882－0003751 4647
國朝書徵錄三卷續錄二卷 (清)張庚著 清蔣泰、湯之昱刻本 二冊

340000－1882－0003752 4599
重訂文選集評十五卷首一卷末一卷 (清)于光華輯 清同治七年(1868)刻本 十六冊

340000－1882－0003753 4144
黃帝內經素問註證發微九卷 (明)馬蒔撰 清嘉慶十年(1805)刻本 十冊

340000－1882－0003754 4591
書經增訂旁訓四卷 (宋)蔡沈集傳 清李光明莊刻本 二冊

340000－1882－0003755 4574
尊聞閣墨選不分卷 (清)尊聞閣主輯 清光緒六年(1880)上海申報館鉛印本 四冊

340000－1882－0003756　4614
新刊校正增釋合併麻衣先生人相編五卷　(清)陸位崇編　清掃葉山房刻本　二册

340000－1882－0003757　4636
詩經八卷　(宋)朱熹集傳　清光緒十二年(1886)湖北官書處刻本　四册

340000－1882－0003758　4642
五種遺規　(清)陳宏謀撰　清光緒十八年(1892)刻本　五册

340000－1882－0003759　XB0194
漢書一百二十卷　(漢)班固撰　(唐)顔師古注　清同治八年(1869)金陵書局刻二十四史本　十册　存五十五卷(本紀一至七,表三至八,志八至十,列傳一、十五至二十四、四十三至七十)

340000－1882－0003760　4609
尉繚子二卷　(戰國)尉繚撰　**素書一卷**　(漢)黄石公撰　**心書一卷**　(三國蜀)諸葛亮撰　清光緒元年(1875)湖北崇文書局刻子書百家本　一册

340000－1882－0003761　4631
廿一史約編八卷首一卷　(清)鄭元慶述　清魚計亭刻本　八册

340000－1882－0003762　4635
書經六卷　(宋)蔡沈集傳　清同治十三年(1874)湖南書局刻本　四册

340000－1882－0003763　4646
四大奇書第一種十九卷首一卷　(清)毛宗崗評　清刻本　二十册

340000－1882－0003764　4592
書經精義四卷首一卷末一卷　(清)黄淦纂　清刻本　二册

340000－1882－0003765　4660
通鑑紀事本末二百三十九卷　(宋)袁樞編輯　清光緒十四年(1888)上洋書業公所崇德堂鉛印本　二十四册

340000－1882－0003766　4652
桃花扇傳奇二卷　題(清)雲亭山人撰　清乾隆八年(1743)刻本　四册

340000－1882－0003767　4675
皇朝掌故彙編内編六十卷首一卷外編四十卷首一卷　張壽鏞等輯　清光緒二十八年(1902)求實書社鉛印本　六十册

340000－1882－0003768　4634
周易四卷　(宋)朱熹本義　清同治十三年(1874)湖南書局刻本　二册

340000－1882－0003769　4656
御纂醫宗金鑑九十卷首一卷　(清)吴謙　(清)劉裕鐸合修　(清)李毓清等輯　清光緒十八年(1892)上海圖書集成印書局石印本　二十四册

340000－1882－0003770　4613
方望溪先生年譜一卷　(清)蘇惇元輯　清道光二十七年(1847)刻本　一册

340000－1882－0003771　4633
外科精義二卷　(元)齊德之纂集　明刻本　二册

340000－1882－0003772　4641
陳先生文錄二卷　(明)陳際泰撰　清刻本　二册

340000－1882－0003773　4682
困學紀聞二十卷　(宋)王應麟撰　清刻本　四册

340000－1882－0003774　4692
康熙字典三十六卷　(清)張玉書　(清)陳廷敬總閲　(清)淩紹雯等纂修　清末石印本　六册

340000－1882－0003775　4687
痘科類編釋意六卷　(明)翟良輯　**疹科纂要一卷附二卷**　(明)馬之騏纂　清嘉慶十七年(1812)刻本　四册

340000－1882－0003776　4569
御批增補了凡綱鑑四十卷首一卷御選資治通鑑綱目三編二卷　(明)袁黄編纂　清光緒二

十九年(1903)上海書局石印本　十冊　存十三卷(御批增補了凡綱鑑一至十、首一卷,御選資治通鑑綱目三編二卷)

340000－1882－0003777　4611
醫效秘傳三卷　(清)葉桂述　清道光十一年(1831)刻本　二冊

340000－1882－0003778　4666
鐵冠圖全傳八卷五十回　題(清)松排山人編　清光緒刻本　四冊

340000－1882－0003779　4704
欽定化治四書文不分卷　(清)方苞輯　清光緒二年(1876)崇文書局刻本　十六冊

340000－1882－0003780　4630
書經六卷　(宋)蔡沈集傳　清金陵存古堂刻本　四冊

340000－1882－0003781　4640
爾雅註疏十一卷　(晉)郭璞註　(宋)邢昺疏　明崇禎元年(1628)古虞毛氏汲古閣刻十三經註疏本　三冊

340000－1882－0003782　4677
史要增註七卷　(清)任啟運輯　(清)吳兆慶纂註　(清)任麟徵增註　清光緒上海鴻文書局石印本　四冊

340000－1882－0003783　4681
春秋左傳杜注三十卷首一卷　(清)姚培謙撰　清道光七年(1827)刻本　十六冊

340000－1882－0003784　4632
廿一史約編八卷首一卷　(清)鄭元慶述　清刻本　八冊

340000－1882－0003785　4691
甌北詩鈔三十三卷　(清)趙翼著　清宣統三年(1911)掃葉山房石印本　八冊

340000－1882－0003786　4686
本草分經不分卷　(清)維摩和尚(姚瀾)編輯　清道光二十年(1840)刻本　二冊

340000－1882－0003787　4602
保赤編一卷慈幼編一卷遂生編一卷福幼編一卷　(□)□□輯　清咸豐五年(1855)刻本　一冊

340000－1882－0003788　4690
彭羨門全集四十三卷　(清)彭孫遹著　清宣統三年(1911)上海掃葉山房石印本　十二冊

340000－1882－0003789　4716
後漢書九十卷　(南朝宋)范曄撰　(唐)李賢注　**續志三十卷**　(晉)司馬彪撰　(南朝梁)劉昭注　清光緒十四年(1888)上海蜚英館石印本　十二冊

340000－1882－0003790　2966
皇清一統輿地全圖不分卷　題(清)欸乃軒主人增輯　清末石印本　一冊

340000－1882－0003791　4685
冶梅石譜二卷　(清)王寅繪　清光緒六年(1880)合肥李氏浪華刻本　二冊

340000－1882－0003792　4639
禮記增訂旁訓六卷　(清)徐立綱撰　清匠門書屋刻本　六冊

340000－1882－0003793　4702
重訂時尚昆腔綴白裘新集八編四卷新訂時尚昆腔綴白裘新集九編四卷　(清)錢德蒼輯　清嘉慶九年(1804)武林三雅堂刻本　八冊

340000－1882－0003794　XB0274
鼎鍥趙田了凡袁先生編纂古本歷史大方綱鑑補三十九卷首一卷　(明)趙田編纂　清刻本　二十七冊　缺一卷(首一卷)

340000－1882－0003795　4689
昌黎先生集四十卷外集十卷遺文一卷　(唐)李漢編　清宣統二年(1910)上海掃葉山房石印本　十二冊

340000－1882－0003796　4612
爾雅蒙求二卷　(清)李拔式撰　清嘉慶三年(1798)抄本　二冊

340000－1882－0003797　4676
國朝試律春鯨集三卷　(清)張國華編輯　清乾隆五十九年(1794)刻本　三冊

340000－1882－0003798　4638
詩經讀本四卷　(宋)朱熹傳　清光緒十年(1884)通州酉德堂刻本　四册

340000－1882－0003799　4684
書經六卷　(宋)蔡沈集傳　清立文堂刻本　四册

340000－1882－0003800　4703
游東龍記一卷　(清)□□撰　清抄本　一册

340000－1882－0003801　4707
春秋繁露十七卷　(漢)董仲舒撰　清刻本　二册

340000－1882－0003802　4637
詩經八卷　(宋)朱熹集傳　清光緒八年(1882)湖城王文光齋刻本　四册

340000－1882－0003803　4733
時方妙用四卷時方歌括二卷　(清)陳念祖著　清末石印本　二册

340000－1882－0003804　4735
板橋詩鈔不分卷　(清)鄭燮著　清刻本　一册

340000－1882－0003805　4715
孝經九卷　(漢)鄭玄注　**孟子十四卷**　(漢)趙岐注　明崇禎十二年(1639)序永懷堂刻清同治八年(1869)浙江書局校修印十三經古注本　三册　存十四卷(孝經九卷、孟子十至十四)

340000－1882－0003806　4683
禮記旁訓辯體合訂六卷　(清)徐立綱輯　清刻本　六册

340000－1882－0003807　4736
彙刻書目十卷　(清)顧修撰　清光緒元年(1875)長洲無夢園陳氏刻本　五册

340000－1882－0003808　4711
詩經二十卷　(漢)毛亨傳　(漢)鄭玄箋　(明)金蟠訂　**詩譜一卷**　(漢)鄭玄撰　明崇禎十二年(1639)序永懷堂刻清同治八年(1869)浙江書局校修印十三經古注本　三册

340000－1882－0003809　4732
增補痘疹玉髓金鏡録二卷　(清)翁仲仁輯著　(清)陸道元補遺　(清)陸道光参補　清末石印本　二册

340000－1882－0003810　4665
二十五子彙函　(清)鴻文書局輯　清光緒十九年(1893)鴻文書局石印本　二册　存五十卷(賈子新書十卷、春秋繁露十七卷、列子八卷、墨子十五卷)

340000－1882－0003811　4746
春秋繁露十七卷　(漢)董仲舒撰　清光緒八年(1882)淮南書局刻本　二册

340000－1882－0003812　4706
春秋傳説薈要十二卷　(□)□□撰　清嘉慶十六年(1811)十笏堂刻本　四册

340000－1882－0003813　4664
溫病條辨六卷首一卷　(清)吳瑭著　(清)汪瑟菴　(清)徵以園参訂　(清)朱武曹點評　清光緒十九年(1893)上海圖書集成印書局鉛印本　四册

340000－1882－0003814　4737
周禮精華六卷　(清)陳龍標編輯　清光緒九年(1883)刻本　六册

340000－1882－0003815　4694
哀絃集一卷哀絃後集一卷擬明史樂府一卷外國竹枝詞一卷　(清)尤侗撰　(清)尤珍注　清刻本　一册

340000－1882－0003816　XB0075
莊子不分卷　(戰國)莊周撰　清刻本　一册

340000－1882－0003817　XB0018
書經增訂旁訓四卷　(宋)蔡沈集傳　清李光明莊刻本　一册　存二卷(三至四)

340000－1882－0003818　4728
禮記音訓不分卷　(清)楊國楨撰　清刻本　四册

340000－1882－0003819　XB0074
説嵩三十二卷　(清)景日昣撰　清刻本　一

冊　存四卷(三至六)

340000－1882－0003820　4663

補註黃帝内經素問二十四卷黃帝内經靈樞十二卷　(唐)王冰注　**黃帝内經素問遺篇一卷**　(宋)劉溫舒撰　清光緒二十二年(1896)圖書集成局鉛印本　四冊

340000－1882－0003821　4717

御批增補了凡綱鑑四十卷首一卷　(明)袁黄編纂　清光緒二十八年(1902)漢讀樓書局石印本　十二冊

340000－1882－0003822　XB0017

春秋左傳杜注三十卷首一卷　(清)姚培謙撰　清刻本　一冊　存二卷(十至十一)

340000－1882－0003823　4727

春秋穀梁傳十二卷　(晉)范寧集解　(唐)陸德明音義　清刻本　二冊

340000－1882－0003824　4730

國語二十一卷　(三國吳)韋昭解　(宋)宋庠補音　明刻清修本　四冊

340000－1882－0003825　4731

傷寒附翼二卷　(清)柯琴編　清末石印本　一冊

340000－1882－0003826　4729

御選唐宋詩醇四十七卷附目錄二卷　(清)高宗弘曆輯　清宣統二年(1910)上海書局石印本　十冊

340000－1882－0003827　4629

書經六卷　(宋)蔡沈集傳　清文奎堂刻本　四冊

340000－1882－0003828　4699

石湖先生詩鈔六卷　(清)周之鱗　(清)柴升選　清刻本　一冊

340000－1882－0003829　4747

國朝先正事略六十卷　(清)李元度纂　清光緒十七年(1891)上海廣百宋齋鉛印本　十二冊

340000－1882－0003830　XB0148

讀古文會編四卷　(清)周石齋撰　清刻本　四冊

340000－1882－0003831　4698

佐治藥言一卷續一卷　(清)汪輝祖纂　清同治五年(1866)刻本　一冊

340000－1882－0003832　XB0073

荀子二十卷　(唐)楊倞注　**校勘補遺一卷**　(□)□□撰　清乾隆五十一年(1786)嘉善謝氏安雅堂刻本　一冊　存三卷(十九至二十、補遺一卷)

340000－1882－0003833　4709

周易九卷　(三國魏)王弼註　(明)金蟠訂　**略例一卷**　(三國魏)王弼撰　(明)金蟠訂　明崇禎十二年(1639)序永懷堂刻清同治八年(1869)浙江書局校修印十三經古注本　三冊

340000－1882－0003834　XB0072

朱子原訂近思錄十四卷　(清)江永集註　清光緒十八年(1892)江西兩儀堂刻本　二冊　存六卷(一至六)

340000－1882－0003835　XB0016

毛詩注疏校勘記七十卷　(清)阮元撰　(清)盧宣旬摘錄　清刻本　一冊　存六卷(七至十二)

340000－1882－0003836　XB0066

滿洲名臣傳四十八卷　(清)國史館輯　清刻本　一冊　存一卷(二十七)

340000－1882－0003837　4693

六朝唐賦讀本不分卷　(清)馬傳庚選注　清同治十三年(1874)京都玉燕書巢馬氏刻本　一冊

340000－1882－0003838　XB0071

欽定四庫全書簡明目錄二十卷　(清)紀昀等輯　清刻本　一冊

340000－1882－0003839　XB0069

新刊許海嶽精選三蘇文粹四卷　(明)許國精選　明金陵書林王園刻本　一冊　存二卷(一至二)

340000－1882－0003840　4738

禮記增訂旁訓六卷　(清)徐立綱撰　清刻本　一冊

340000－1882－0003841　4674

皇朝經世文續編一百二十卷　(清)葛士濬輯　清光緒二十四年(1898)上海宏文閣鉛印本　二十四冊

340000－1882－0003842　4714

論語二十卷　(三國魏)何晏集解　明崇禎十二年(1639)序永懷堂刻清同治八年(1869)浙江書局校修印十三經古注本　一冊

340000－1882－0003843　XB0004

鼓瑟吹聲不分卷　(清)□□抄　清抄本　一冊

340000－1882－0003844　XB0065

東塾讀書記二十五卷　(清)陳澧撰　清刻本　一冊　存七卷(十五至二十一)

340000－1882－0003845　XB0035

書經六卷　(宋)蔡沈集傳　清康熙四十一年(1702)雲間敬業堂華氏刻本　一冊　存二卷(五至六)

340000－1882－0003846　4628

慎詒堂詩經八卷　(宋)朱熹集傳　清兩儀堂刻本　四冊

340000－1882－0003847　XB0015

全本禮記體註十卷　(清)范紫登原定　(清)徐旦叅訂　(清)徐瑄補輯　清刻本　一冊　存一卷(三)

340000－1882－0003848　XB0028

尚書精義五十卷　(宋)黃倫撰　清刻本　一冊　存四卷(二十九至三十二)

340000－1882－0003849　XB0070

文選六十卷　(南朝梁)蕭統撰　(唐)李善注　清刻本　十一冊　存五十六卷(五至六十)

340000－1882－0003850　善117

潘象安詩集四卷　(明)潘緯著　明萬曆刻本　二冊

340000－1882－0003851　4697

叩囊韻語一卷　(清)徐伯宏撰　清咸豐四年(1854)刻本　一冊

340000－1882－0003852　4627

詩經八卷　(宋)朱熹集傳　清刻本　四冊

340000－1882－0003853　4740

陳修園醫書三十六種　(清)陳念祖撰　清光緒三十二年(1906)上海經香閣書莊石印本　十六冊　存六十二卷(時方歌括一至二,時方妙用一至四,景岳新方砭一至四,長沙方歌括一至六、首一卷,醫學實在易一至八,醫學從眾錄一至八,女科要旨一至四,十藥神書一,急救異痧奇方一,經驗百病內外一,霍亂論二,靈素提要淺注十二,金匱方歌括一至六,金匱要略十,咽喉脈證通論一,白喉治法抉微一,急救喉痧要法一,喉莎正的一,太乙神鍼一,救迷良方卷福幼編一,養生鏡一,瘧疾論一,春溫三字訣一,痢疾三字訣傷寒舌鑑一,大生要旨一,保嬰要旨一,外科證治全生一)

340000－1882－0003854　XB0068

春秋公羊經傳解詁十二卷附一卷　(漢)何休撰　清道光四年(1824)揚州汪氏問禮堂刻本　二冊

340000－1882－0003855　XB0036

板橋詩鈔不分卷　(清)鄭燮著　清乾隆刻本　一冊

340000－1882－0003856　XB0064

本草萬方鍼線八卷　(清)蔡烈先輯　清末石印本　一冊

340000－1882－0003857　XB0039

十一經音訓　(清)楊國楨撰　清光緒三年(1877)湖北崇文書局刻本　十一冊

340000－1882－0003858　4696

庭訓格言一卷　(清)聖祖玄燁撰　清刻本　一冊

340000－1882－0003859　XB0027

易經八卷　(宋)程頤傳　清光緒九年(1883)江南書局刻本　一冊　存二卷(一至二)

340000－1882－0003860　4713
爾雅十一卷　（晉）郭璞注　明崇禎十二年（1639）序永懷堂刻清同治八年（1869）浙江書局校修印十三經古注本　三冊

340000－1882－0003861　XB0014
寄傲山房塾課纂輯禮記全文備旨十一卷　（元）鄒聖脈纂輯　（清）鄒廷猷編次　（元）陳澔集說　清刻本　三冊　存六卷（四至九）

340000－1882－0003862　XB0067
禮記增訂旁訓六卷　（清）徐立綱撰　清同治九年（1870）刻本　六冊

340000－1882－0003863　XB0056
觀老莊影響論一卷道德經解上篇一卷首一卷　（明）釋德清撰　清刻本　一冊

340000－1882－0003864　XB0008
繡花樣本不分卷　（□）□□撰　清刻本　一冊

340000－1882－0003865　XB0052
王臨川全集二十四卷　（宋）王安石撰　清宣統三年（1911）上海掃葉山房石印本　七冊　存十四卷（十一至二十四）

340000－1882－0003866　XB0026
禮記註疏六十三卷　（漢）鄭玄注　（唐）孔穎達疏　（唐）陸德明音義　清刻本　一冊　存三卷（二十一至二十三）

340000－1882－0003867　4667
史記一百三十卷　（漢）司馬遷著　清光緒二十八年（1902）石印本　四冊

340000－1882－0003868　XB0043
欽定周官義疏四十八卷首一卷欽定禮記義疏八十二卷首一卷　（清）允祿等撰　清乾隆刻本　二冊　存四卷（欽定周官義疏一、首一卷，欽定禮記義疏七十八至七十九）

340000－1882－0003869　XB0055
抱朴子内篇□□卷　（晉）葛洪撰　清光緒十年（1884）白堤八字橋孫谿槐廬家塾刻本　二冊　存五卷（一至五）

340000－1882－0003870　XB0081
十二圓覺不分卷　（□）□□撰　清光緒九年（1883）刻本　一冊

340000－1882－0003871　4712
春秋穀梁傳二十卷　（晉）范甯集解　（明）金蟠較訂　明崇禎十二年（1639）序永懷堂刻清同治八年（1869）浙江書局校修印十三經古注本　三冊

340000－1882－0003872　XB0063
元史論一卷宋史論三卷　（明）張溥論正　**明史論四卷**　（清）谷應泰論正　清刻本　二冊

340000－1882－0003873　XB0105
曾文正公文鈔四卷　（清）曾國藩撰　清刻本　一冊　存一卷（三）

340000－1882－0003874　XB0108
庾子山集十六卷　（北周）庾信撰　**年譜一卷**　（清）倪璠編　清刻本　一冊　存一卷（年譜一卷）

340000－1882－0003875　XB0087
新刊醫林狀元壽世保元十卷　（明）龔廷賢編　清刻本　一冊　存二卷（庚集七至八）

340000－1882－0003876　XB0077
後漢書九十卷　（南朝宋）范曄撰　（唐）李賢注　**續志三十卷**　（晉）司馬彪撰　（南朝梁）劉昭注　清刻本　六冊　存四十三卷（十一至五十三）

340000－1882－0003877　XB0025
附釋音禮記註疏六十三卷　（漢）鄭玄注　（唐）孔穎達疏　清刻本　三冊　存八卷（四十一至四十三、五十一至五十二、六十一至六十三）

340000－1882－0003878　XB0013
第五才子書施耐菴水滸傳七十五卷　（元）施耐菴撰　清貫華堂刻本　一冊　存二卷（二十八至二十九）

340000－1882－0003879　XB0079
晉書一百三十卷　（唐）太宗李世民撰　明崇

禎元年(1628)刻清順治五年(1648)補緝十七史本　十六册　存一百五卷(二十六至一百三十)

340000－1882－0003880　4695
孔子家語二卷　(□)□□撰　明刻本　一册

340000－1882－0003881　XB0107
書經六卷　(宋)蔡沈集傳　清李光明莊刻本　一册　存二卷(二至三)

340000－1882－0003882　XB0104
周禮精華六卷　(清)陳龍標編輯　清掃葉山房刻本　二册　存二卷(三、五)

340000－1882－0003883　4668
三國志六十五卷　(晉)陳壽撰　清光緒二十八年(1902)上海文瀾書局石印本　二册

340000－1882－0003884　XB0086
三家醫案合刻三卷　(清)葉桂著　(清)吳金壽纂　清刻本　一册　存一卷(上)

340000－1882－0003885　XB0062
通藝録四十九卷　(清)程瑤田著　清刻本　一册　存二卷(六、九)

340000－1882－0003886　XB0012
亭林文集六卷　(清)顧炎武著　清宣統元年(1909)上海掃葉山房石印本　二册

340000－1882－0003887　XB0006
御纂詩義折中二十卷　(清)傅恒等撰　清乾隆二十年(1755)刻本　五册　存十七卷(一至三、七至二十)

340000－1882－0003888　XB0024
禮記注疏校勘記六十三卷　(清)阮元撰　(清)盧宣旬摘録　清同治十年(1871)湖南省城尊經閣刻本　一册　存八卷(一至八)

340000－1882－0003889　XB0076
前漢書一百卷　(漢)班固撰　(唐)顏師古注　清同治八年(1869)金陵書局刻二十四史本　六册　存二十七卷(一至二十七)

340000－1882－0003890　XB0042
本草綱目五十二卷　(明)李時珍撰　清刻本　三册　存四卷(木部三十四至三十七)

340000－1882－0003891　4710
書經二十卷　(漢)孔安國傳　清刻本　三册

340000－1882－0003892　XB0106
國朝先正事略六十卷　(清)李元度纂　清刻本　一册　存五卷(五十至五十四)

340000－1882－0003893　XB0051
青雲集分韻試帖詳註四卷　(清)楊逢春　(清)蕭應櫆輯　清同治十一年(1872)刻本　四册

340000－1882－0003894　XB0054
夢蝡山房試帖二卷　(清)莊介禕著　清光緒刻本　二册

340000－1882－0003895　XB0033
新訂四書補註備旨一卷　(明)鄧林著　(清)鄧煜編次　(清)杜定基增訂　清刻本　一册　存一卷(二)

340000－1882－0003896　XB0046
監本附音春秋穀梁注疏二十卷　(晉)范甯集解　(唐)楊士勛疏　**校勘記二十卷**　(清)阮元撰　(清)盧宣旬摘録　清同治十二年(1873)江西書局刻重刊宋本十三經註疏附校勘記本　五册　缺八卷(監本附音春秋穀梁注疏四至六、校勘記四至六)

340000－1882－0003897　XB0103
春秋□□卷　(□)□□撰　清刻本　一册　存二卷(三至四)

340000－1882－0003898　XB0061
重訂外科正宗十二卷　(明)陳實功撰　清刻本　一册　存二卷(十一至十二)

340000－1882－0003899　XB0022
孟子七卷　(宋)朱熹集註　清刻本　一册　存二卷(六至七)

340000－1882－0003900　XB0011
古文辭類纂七十四卷　(清)姚鼐編　清同治八年(1869)江蘇書局刻本　一册　存七卷(四十四至五十)

340000－1882－0003901　4734
[光緒]蘭谿縣志八卷首一卷　(清)秦篁　(清)邵秉經修　(清)唐壬森纂　清光緒十五年(1889)刻本　十冊

340000－1882－0003902　XB0053
有正味齋賦稿一卷　(清)吳錫麒著　清咸豐三年(1853)刻本　一冊

340000－1882－0003903　XB0100
嶺上白雲集十二卷　(清)陸懋修著　清刻本　一冊　存四卷(九至十二)

340000－1882－0003904　4721
樊山判牘續編四卷　樊增祥撰　清宣統三年(1911)大同書局石印本　四冊

340000－1882－0003905　XB0047
字彙十二卷首一卷末一卷　(明)梅膺祚音譯　清刻本　十四冊

340000－1882－0003906　XB0005
明儒學案六十二卷　(清)黄宗羲著　清道光元年(1821)刻本　一冊　存五卷(一至五)

340000－1882－0003907　XB0060
傳家寶四集不分卷　(清)石天基繪撰　清刻本　一冊

340000－1882－0003908　XB0050
阜陽縣儒學評議月課條程一卷　(清)□□撰　清同治十三年(1874)刻本　一冊

340000－1882－0003909　XB0023
吴園周易解九卷　(宋)張根撰　清刻本　一冊　存三卷(三至五)

340000－1882－0003910　XB0080
明史三百三十二卷　(清)張廷玉等撰　清刻本　四冊　存十一卷(七十九至八十七、一百至一百一)

340000－1882－0003911　XB0085
周官精義十二卷　(清)連斗山編次　清刻本　一冊　存二卷(六至七)

340000－1882－0003912　XB0032
儀禮釋宮九卷首一卷　(清)胡匡衷撰　清同治八年(1869)刻本　一冊　存三卷(七至九)

340000－1882－0003913　XB0102
漁隱叢話後集四十卷　(宋)胡仔撰　清刻本　一冊　存八卷(三十二至三十九)

340000－1882－0003914　XB0099
春秋精義四卷　(清)黄淦纂　清刻本　一冊　存二卷(三至四)

340000－1882－0003915　XB0136
補筆談□□卷　(宋)沈括撰　清刻本　一冊　存一卷(一)

340000－1882－0003916　XB0078
香祖樓二卷　題(清)兩峰外史評文　(清)藏園居士填詞　(清)種木山人訂譜　清刻本　一冊

340000－1882－0003917　XB0010
唐大家韓昌黎文公文選八卷　(唐)韓愈著　(明)歸有光選輯　(明)顧錫疇評閱　明崇禎刻本　一冊　存二卷(一至二)

340000－1882－0003918　XB0021
寄傲山房塾課纂輯春秋備旨□□卷　(清)鄒聖脈纂輯　(清)鄒可庭編次　清刻本　一冊　存三卷(一至三)

340000－1882－0003919　XB0049
味閒堂賦鈔前集二卷　(清)陶然撰　清同治五年(1866)刻本　二冊

340000－1882－0003920　XB0094
傷寒明理論四卷　(金)成無己撰　明刻本　一冊

340000－1882－0003921　4670
魏書一百十四卷　(北齊)魏收撰　清光緒二十八年(1902)上海文瀾書局石印本　六冊

340000－1882－0003922　XB0059
新增願體集四卷附錄一卷　(清)李仲麟重輯　清光緒元年(1875)刻本　一冊　存二卷(一至二)

340000－1882－0003923　XB0031
周禮節釋□□卷　(清)鮑梁纂輯　清刻本

一册　存一卷(二)

340000－1882－0003924　XB0002

文選六十卷　(南朝梁)蕭統著　明刻本　四册　存四卷(三至四、八、十)

340000－1882－0003925　XB0037

陳檢討詞鈔十二卷　(清)陳維崧譔　(清)顧貞觀等選　清刻本　一册　存三卷(十至十二)

340000－1882－0003926　XB0083

產科心法二卷　(清)汪喆著　清光緒十七年(1891)刻本　一册

340000－1882－0003927　4671

北史一百卷　(唐)李延壽撰　清光緒二十八年(1902)上海文瀾書局石印本　六册

340000－1882－0003928　XB0117

癸巳存稿十五卷　(清)俞正燮撰　清刻本　一册　存二卷(十四至十五)

340000－1882－0003929　XB0101

文章指南義集□□卷　(清)□□撰　清刻本　二册　存二十二卷(十三至二十一、三十六至四十八)

340000－1882－0003930　XB0020

寄傲山房塾課纂輯書經備旨蔡注捷錄七卷　(清)鄒聖脈纂輯　(清)鄒廷猷編次　清刻本　一册　存三卷(五至七)

340000－1882－0003931　XB0044

管子二十四卷　(春秋)管仲撰　清刻本　三册　存十九卷(六至二十四)

340000－1882－0003932　XB0133

游宦紀聞十卷　(宋)張世南撰　明刻本　一册

340000－1882－0003933　XB0001

諸子品節五十卷　(明)陳深輯　明刻本　二册　存二卷(二、七)

340000－1882－0003934　XB0116

欽定正嘉四書文□□卷　(清)陸樹聲撰　清刻本　一册　存三卷(中庸一,孟子上、下)

340000－1882－0003935　XB0112

經文五萬選不分卷　(清)王修桓等撰　清光緒石印本　四十九册

340000－1882－0003936　4672

南史八十卷　(唐)李延壽撰　清光緒二十八年(1902)上海文瀾書局石印本　四册

340000－1882－0003937　XB0132

梅村詩集箋注十八卷　(清)吳偉業撰　清滄浪吟榭刻本　一册　存四卷(十一至十四)

340000－1882－0003938　XB0030

古文析義□□卷　(清)林雲銘評註　清三元堂刻本　一册　存一卷(一)

340000－1882－0003939　XB0093

御纂醫宗金鑑九十卷首一卷　(清)吳謙等纂　清刻本　一册　存二卷(六十一至六十二)

340000－1882－0003940　XB0048

捐賑獎敘減成報捐條款不分卷　(清)□□撰　清刻本　一册

340000－1882－0003941　XB0098

周禮□□卷　(漢)鄭玄注　(明)金蟠訂　清永懷堂刻本　一册　存十二卷(十一至二十二)

340000－1882－0003942　XB0084

太上感應篇補注一卷　(清)楊以貞撰　清光緒九年(1883)刻本　一册

340000－1882－0003943　XB0121

陽明先生集要文章編四卷　(明)王守仁撰　清刻本　二册　存二卷(三至四)

340000－1882－0003944　XB0115

陳伯玉文集□□卷　(唐)陳子昂撰　清刻本　一册　存一卷(三)

340000－1882－0003945　4673

隋書八十五卷　(唐)魏徵等撰　清光緒二十八年(1902)上海文瀾書局石印本　四册

340000－1882－0003946　XB0058

弦雪居重訂遵生八箋十九卷總目一卷　(明)高濂撰　清光緒十年(1884)刻本　一册　存

一卷(一)

340000－1882－0003947　XB0019
經典釋文三十卷　(唐)陸德明撰　清刻本　一册　存一卷(六)

340000－1882－0003948　XB0029
鄉黨圖考十卷　(清)江永著　清刻本　一册　存二卷(九至十)

340000－1882－0003949　XB0114
魏季子文集十六卷　(清)魏禮著　(清)魏際瑞訂　清刻本　一册　存二卷(五至六)

340000－1882－0003950　XB0124
方正學先生集□□卷　(明)方孝孺撰　清刻本　一册　存三卷(五至七)

340000－1882－0003951　XB0120
國朝試律擿藻集續編□□卷　(清)程嘉訓輯　清刻本　一册　存一卷(上)

340000－1882－0003952　XB0092
欽定禮記義疏八十二卷首一卷　(清)鄂爾泰等撰　清刻本　一册　存二卷(五十至五十一)

340000－1882－0003953　XB0134
董子春秋繁露十七卷　(漢)董仲舒著　清刻本　二册

340000－1882－0003954　XB0125
正誼堂續集八卷　(清)張伯行撰　清正誼堂刻本　一册　存二卷(三至四)

340000－1882－0003955　XB0138
夢溪筆談二十六卷　(宋)沈括著　清刻本　一册　存九卷(十八至二十六)

340000－1882－0003956　XB0082
林蕙堂文集十二卷　(清)吳綺著　清刻本　二册　存四卷(一至四)

340000－1882－0003957　XB0128
廿一史約編八卷首一卷　(清)鄭元慶述　清刻本　一册　存一卷(宋史下)

340000－1882－0003958　XB0038
陳檢討集二十卷　(清)陳維崧譔　(清)程師恭註　清刻本　一册　存五卷(十六至二十)

340000－1882－0003959　XB0129
呂子節錄四卷補遺二卷　(明)呂坤著　清乾隆刻本　二册

340000－1882－0003960　XB0137
學齋佔畢纂一卷　(宋)沈括撰　清刻本　一册

340000－1882－0003961　XB0123
容齋續筆十六卷　(宋)洪邁撰　明刻本　一册　存四卷(一至四)

340000－1882－0003962　XB0097
春秋經傳集解三十卷　(晉)杜預注　(唐)陸德明音釋　(宋)林堯叟附註　(清)馮李驊增訂　清華川書屋刻本　一册　存三卷(二十八至三十)

340000－1882－0003963　XB0122
唐陸宣公集二十二卷　(唐)陸贄撰　清刻本　一册　存一卷(八)

340000－1882－0003964　XB0149
養正遺規不分卷　(清)陳宏謀編輯　清嘉慶十九年(1814)勉行堂刻本　一册

340000－1882－0003965　XB0118
地圖綜要三卷　(明)朱國達等輯　明刻本　三册

340000－1882－0003966　XB0057
難經經釋二卷　(戰國)扁鵲著　(清)徐大椿釋　**醫學源流論二卷**　(清)徐靈胎著　清光緒十九年(1893)上海圖書集成印書局鉛印徐氏醫書八種本　一册　缺一卷(醫學源流論下)

340000－1882－0003967　XB0135
書卷六卷　(宋)蔡沈傳　(元)鄒季友音釋　清咸豐五年(1855)刻本　三册　存三卷(二、四、六)

340000－1882－0003968　XB0161
格致古微六卷　(清)王仁俊撰　清光緒二十

三年(1897)刻本　四册　存四卷(一至四)

340000－1882－0003969　XB0126

新刻精選當代臺閣精華八卷　(明)唐文獻選評　明萬曆刻本　一册　存二卷(一至二)

340000－1882－0003970　XB0127

四書便蒙十九卷　(宋)朱熹章句　清李光明莊刻本　十二册

340000－1882－0003971　XB0131

隋經籍志考證十三卷　(清)章宗源撰　清光緒三年(1877)崇文書局刻本　四册

340000－1882－0003972　XB0157

孝經一卷　(宋)朱熹注　**爾雅一卷**　(晉)郭璞注　清刻本　一册

340000－1882－0003973　XB0113

宋四六選二十四卷　(清)曹振鏞編　清刻本　二册　存六卷(十九至二十四)

340000－1882－0003974　XB0139

左傳舊疏考正八卷　(清)劉文淇撰　清光緒三年(1877)湖北崇文書局刻本　四册

340000－1882－0003975　XB0096

紀元編三卷末一卷　(清)李兆洛撰　清同治十年(1871)合肥李氏刻本　一册　存一卷(上)

340000－1882－0003976　XB0150

四勿書齋遺稿不分卷　(清)趙敬會著　清光緒十八年(1892)刻本　一册

340000－1882－0003977　XB0144

訓俗遺規摘鈔四卷　(清)陳宏謀編　清同治七年(1868)崇文書局刻本　一册　存二卷(一至二)

340000－1882－0003978　XB0090

應試五排精選五卷　(清)吳昌宗　(清)申贊皇箋　清乾隆刻本　一册　存三卷(一至三)

340000－1882－0003979　XB0111

施注蘇詩四十二卷　(宋)蘇軾撰　清刻本　三册　存十四卷(十三至二十六)

340000－1882－0003980　XB0176

古文釋義新編八卷　(清)余誠評註　清刻本　二册　存四卷(三至四、七至八)

340000－1882－0003981　XB0143

濟世養生集四卷　(清)毛世洪輯　清嘉慶十五年(1810)刻本　一册

340000－1882－0003982　XB0130

禮記十卷　(元)陳澔集說　清同治五年(1866)金陵書局刻本　十册

340000－1882－0003983　XB0151

古文析義十四卷　(明)林雲銘評註　清乾隆五十四年(1789)味經堂刻本　六册

340000－1882－0003984　XB0160

韞山堂時文初集一卷二集二卷　(清)管世銘著　清光緒十五年(1889)雲陽刻本　二册　缺一卷(二集二)

340000　1882－0003985　XB0163

采風記五卷　宋育仁撰　清刻本　一册　存二卷(二至三)

340000－1882－0003986　XB0110

二十四史二十四種三千二百五十七卷　清光緒二十八年(1902)上海文瀾書局石印本　五十二册　存八種一千四百二十卷(舊五代史一至一百五十、新五代史一至七十四、舊唐書一至二百、新唐書一至二百二十五、遼史一至一百十六、金史一至一百三十五、元史一至二百十、明史一至三百二十)

340000－1882－0003987　XB0167

三通序一卷　(唐)杜佑著　清光緒二十一年(1895)文彬書局刻本　一册

340000－1882－0003988　4669

晉書一百三十卷　(唐)太宗李世民撰　**音義三卷**　(唐)何超音義　清光緒二十八年(1902)上海文瀾書局石印本　六册

340000－1882－0003989　XB0089

[同治]祁門縣志三十六卷首一卷　(清)□□撰　清刻本　一册　存二卷(二十三至二十四)

340000－1882－0003990　XB0159
韞山堂時文初集一卷二集二卷　(清)管世銘著　清光緒十五年(1889)雲陽刻本　二册　存一卷(初集一卷)

340000－1882－0003991　XB0173
旌表烈婦錄四卷　(清)汪士珍輯　清同治刻本　一册

340000－1882－0003992　XB0164
湘雅扶輪集十二卷　(清)吳樹梅撰　清光緒二十六年(1900)刻本　六册　存六卷(一至五、十二)

340000－1882－0003993　XB0156
書經六卷　(宋)蔡沈集傳　清同治十三年(1874)江西書局刻本　四册

340000－1882－0003994　XB0168
訓蒙四字經讀本二卷　(清)李暉吉輯　清刻本　一册　存一卷(上)

340000－1882－0003995　XB0152
新刻黃掌綸先生評訂神仙鑑首集二十一卷　(清)徐衜述　(清)李理贊　清刻本　二册　存二卷(五至六)

340000－1882－0003996　XB0142
外科正宗十二卷　(明)陳實功著　清刻本　一册　存二卷(一至二)

340000－1882－0003997　XB0177
楚辭十七卷　(戰國)屈原撰　清刻本　一册　存四卷(十四至十七)

340000－1882－0003998　XB0109
江忠烈公遺集二卷附錄一卷　(清)江忠源撰　清同治三年(1864)刻本　一册

340000－1882－0003999　XB0091
開路先鋒初集□□卷二集□□卷　(清)張之洞鑒定　清光緒九年(1883)刻本　一册　存二卷(初集一、二集一)

340000－1882－0004000　XB0170
古黟環山余氏家規一卷　(清)余氏著　清道光刻本　一册

340000－1882－0004001　XB0095
澤宮序次舉要二卷　(清)洪恩波編　清刻本　一册　存一卷(下)

340000－1882－0004002　XB0172
湖北闈墨一卷　(清)錢桂笙等撰　清光緒石印本　一册

340000－1882－0004003　XB0155
書經不分卷　(宋)蔡沈集注　清刻本　一册

340000－1882－0004004　XB0141
墨莊漫錄十卷　(宋)張邦基撰　清刻本　二册

340000－1882－0004005　XB0153
麝塵蓮寸集□□卷　(清)汪淵集詞　(清)程淑校注　清光緒十六年(1890)染翰齋刻本　一册　存二卷(一至二)

340000－1882－0004006　XB0162
文獻通考詳節二十四卷　(元)馬端臨撰　(清)嚴虞惇輯　清刻本　七册　存十一卷(十至二十)

340000－1882－0004007　XB0180
增訂釋義經書便用通考雜字三卷　(清)徐三省編輯　(清)戴啟達增訂　清李光明莊刻本　一册　存一卷(上)

340000－1882－0004008　XB0174
重訂古文釋義新編八卷　(清)余誠評註　清末石印本　二册　存二卷(四、八)

340000－1882－0004009　XB0041
達生編二卷　題(清)亟齋居士撰　**痘證經驗遂生編一卷福幼編一卷**　清道光刻本　一册

340000－1882－0004010　XB0183
欽定三希堂法帖正集不分卷　(□)□□撰　清刻本　三十一册

340000－1882－0004011　XB0154
爾雅三卷　(晉)郭璞注　(唐)陸德明音義　清嘉慶十一年(1806)清芬閣刻本　三册

340000－1882－0004012　XB0182
宋書一百卷　(南朝梁)沈約撰　清刻本　十

四冊　存八十四卷(十七至一百)

340000－1882－0004013　XB0158
讀通鑑論□□卷末一卷宋論十五卷　(清)王夫之撰　清刻本　七册　存十七卷(三至五、十至十四、十九至二十、二十七至二十八,末一卷,宋論一至四)

340000－1882－0004014　XB0140
詩經□□卷　(宋)朱熹註　清同治五年(1866)刻本　二册　存三卷(一至二、五)

340000－1882－0004015　XB0040
文選六十卷　(南朝梁)蕭統撰　(唐)李善注　清嘉慶胡克家刻本　一册　存三卷(三十七至三十九)

340000－1882－0004016　XB0146
聽竹山房詩錄□□卷　(清)戴滄鷗撰　清道光刻本　一册　存三卷(一至三)

340000－1882－0004017　XB0178
[道光]休寧縣志二十四卷圖一卷　(清)何應松纂修　清道光刻本　十二册

340000－1882－0004018　XD0003
尚友錄二十二卷　(明)廖用賢纂　明萬曆四十五年(1617)刻本　二册　存三卷(一至三)

340000－1882－0004019　XB0165
四大奇書第一種五十一卷　(清)毛宗崗評　清刻本　七册　缺十三卷(二十三至二十八、四十二至四十五、四十九至五十一)

340000－1882－0004020　XB0179
寄傲山房塾課新增幼學故事瓊林四卷　(清)程允升撰　(清)鄒聖脈增補　清李光明莊刻本　二册　存二卷(二至三)

340000－1882－0004021　XB0189
三國志六十五卷　(晉)陳壽著　(南朝宋)裴松之注　清同治九年(1870)金陵書局刻二十四史本　五册　存三十卷(魏書三十卷)

340000－1882－0004022　XB0193
五經分類文鈔□□卷　(□)□□撰　清影印本　一册　存二卷(三至四)

340000－1882－0004023　XB0188
後漢書一百卷　(唐)李賢注　**續漢書八志三十卷**　(南朝梁)劉昭注補　清光緒十三年(1887)金陵書局刻本　十册　存七十七卷(後漢書一至十七、六十一至九十,續漢書八志三十卷)

340000－1882－0004024　XB0145
一飛詩鈔一卷　(清)文沖撰　清道光刻本　一册

340000－1882－0004025　XB0228
西學大成五十六種　(清)王西清輯　清光緒石印本　十二册

340000－1882－0004026　XB0175
齊雲山志五卷　(元)魯點編　明刻本　三册　存三卷(三至五)

340000－1882－0004027　XB0257
東周列國全志二十七卷　(明)馮夢龍撰　清光緒二十一年(1895)上海文盛書局石印本　八册

340000－1882－0004028　XB0207
詩經不分卷　(唐)陸德明音義　清道光十年(1830)刻本　二册

340000－1882－0004029　XB0219
前漢書一百卷　(漢)班固撰　(唐)顔師古注　清光緒十四年(1888)上海蜚英館石印本　十六册

340000－1882－0004030　XB0201
春秋□□卷　(宋)胡安國傳　清刻本　一册　存一卷(四)

340000－1882－0004031　XB0191
欽定周官義疏四十八卷　(清)允祿等纂修　清刻本　四册　存四卷(四十五至四十八)

340000－1882－0004032　XB0198
丹溪先生心法五卷附一卷　(元)朱震亨撰　清刻本　三册　存四卷(一至四)

340000－1882－0004033　XB0214
晉書一百三十卷　(唐)太宗李世民撰　明刻

本　三冊　存十二卷（一至八、十七至二十）

340000－1882－0004034　XB0234

［同治］祁門縣志三十六卷首一卷　（清）周溶修　清同治刻本　十三冊　存十五卷（十二至十六、二十二至三十一）

340000－1882－0004035　XB0276

御撰資治通鑑綱目三編二十卷　（清）張廷玉等撰　清乾隆刻本　四冊

340000－1882－0004036　XB0190

御批歷代通鑑輯覽一百二十卷　（清）傅恒等撰　清光緒三十年（1904）石印本　十二冊

340000－1882－0004037　XB0200

宋書三十八卷　（南朝梁）沈約撰　明萬曆二十二年（1594）刻本　一冊　存三卷（二十八至三十）

340000－1882－0004038　XB0247

六一居士外集錄二卷　（宋）歐陽修撰　明刻本　一冊

340000－1882－0004039　XB0206

紀元編三卷末一卷　（清）李兆洛撰　清同治十年（1871）合肥李氏刻本　一冊

340000－1882－0004040　XB0166

［黟縣］東山濟陽江氏家譜五卷　（清）□□編　清光緒木活字印本　四冊

340000－1882－0004041　XB0184

皇清經解一百九十種一千四百八卷　（清）阮元輯　清末石印本　三十冊　存一百八十一卷（第十二種一至三十、第十四種一至三十六、第九十七種一至二十四、第一百十種一至十八、第一百二十五種一至十二、第一百三十種一至四十二、第一百五十一種一至十九）

340000－1882－0004042　XB0233

［同治］祁門縣志三十六卷首一卷　（清）周溶修　清同治刻本　二冊　存四卷（十二至十四、二十二）

340000－1882－0004043　XB0187

杜註春秋左傳□□卷　（晉）杜預撰　清同治八年（1869）崇文書局刻本　四冊　存九卷（一至四、十二至十六）

340000－1882－0004044　XB0195

聊齋志異新評十六卷　（清）蒲松齡著　清刻本　一冊　存一卷（六）

340000－1882－0004045　XB0270

新增繪圖萬寶全書續編□□卷　（清）陳淏子輯　清末影印本　一冊　存二卷（四至五）

340000－1882－0004046　XB0256

習之先生文集□□卷　（唐）李翱撰　清宣統三年（1911）上海會文書局刻本　一冊　存一卷（一）

340000－1882－0004047　XB0232

［同治］祁門縣志三十六卷首一卷　（清）周溶修　清同治刻本　一冊　存二卷（二十九至三十）

340000－1882－0004048　XB0244

人物畫範二卷　（清）馬駘撰　清刻本　一冊　存一卷（上）

340000－1882－0004049　XB0273

陳文恭公五種遺規節要四卷　（清）陳宏謀編　清光緒十八年（1892）刻本　一冊　存一卷（四）

340000－1882－0004050　XB0205

南宋雜事詩七卷　（清）沈嘉轍等撰　清刻本　一冊

340000－1882－0004051　XB0264

廣事類賦□□卷　（清）華希閔撰　清刻本　一冊　存四卷（四至七）

340000－1882－0004052　XB0281

論史同異二十卷　（清）王仕雲纂著　清刻本　一冊　存二卷（十一至十二）

340000－1882－0004053　XB0238

三國志六十五卷　（晉）陳壽撰　（南朝宋）裴松之注　清同治九年（1870）金陵書局刻二十四史本　十一冊

340000－1882－0004054　XB0255

梅嶺白鳥畫譜一卷 （日本）幸埜楳嶺編畫 清光緒十三年（1887）鴻文書局石印本 二冊

340000－1882－0004055 XB0199
本草綱目五十二卷 （明）李時珍撰 清刻本 二冊 存五卷（四十五至四十九）

340000－1882－0004056 XB0261
有正味齋駢體文二十四卷 （清）吳錫麒撰 清刻本 二冊 存十二卷（一至十二）

340000－1882－0004057 XB0196
毛詩二十卷 （漢）毛亨傳 清刻本 六冊

340000－1882－0004058 XB0213
附釋音周禮注疏□□卷 （漢）鄭玄注 （唐）賈公彥疏 清同治十二年（1873）江西書局刻本 五冊 存十一卷（三十二至四十二）

340000－1882－0004059 XB0269
代數術□□卷 （英國）華里司輯 清刻本 一冊 存五卷（十八至二十二）

340000－1882－0004060 XB0278
督捕則例附纂二卷 （清）□□撰 清刻本 一冊

340000－1882－0004061 XB0218
丹溪心法五卷 （元）朱震亨著述 清尚德堂刻本 一冊 存一卷（一）

340000－1882－0004062 XB0227
方氏族譜抄本一卷 （清）□□抄 清咸豐抄本 一冊

340000－1882－0004063 XB0204
提綱釋義一卷 （□）□□撰 清李光明莊刻本 二冊

340000－1882－0004064 XB0282
池北偶談二十六卷 （清）王士禛撰 清康熙三十九年（1700）臨汀郡署刻本 八冊

340000－1882－0004065 XB0311
御批歷代通鑑輯覽一百二十卷 （清）傅恒等撰 清光緒十八年（1892）石印本 六冊 存三十卷（一至三十）

340000－1882－0004066 XB0263
王先生十七史蒙求十六卷 （宋）王令撰 清刻本 一冊 存三卷（三至五）

340000－1882－0004067 XB0268
卜筮正宗十四卷 （清）王維德撰 清刻本 一冊 存七卷（八至十四）

340000－1882－0004068 XB0310
說文解字十五卷 （漢）許慎撰 明刻本 一冊 存一卷（十四上）

340000－1882－0004069 XB0254
芥子園畫傳三集六卷 （清）王安節 （清）任伯年等編繪 清光緒石印本 一冊 存一卷（五）

340000－1882－0004070 XB0226
扇影題詞一卷 （清）□□輯 清末鉛印本 一冊

340000－1882－0004071 XB0237
東萊博議四卷首一卷 （宋）呂祖謙撰 清光緒十八年（1892）江西會友堂刻本 二冊

340000－1882－0004072 XB0259
胭脂牡丹六卷 （清）韓鄂輯錄 清刻本 一冊 存二卷（五至六）

340000－1882－0004073 XB0280
春秋經傳集解三十卷 （晉）杜預撰 清刻本 八冊 存二十六卷（五至三十）

340000－1882－0004074 XB0272
諏吉便覽二卷 （清）俞榮寬編 清光緒十四年（1888）掃葉山房刻朱墨套印本 一冊 存一卷（二）

340000－1882－0004075 XB0262
通俗編三十八卷 （清）翟灝撰 清乾隆十六年（1751）仁和翟氏無不宜齋刻本 一冊 存四卷（十九至二十二）

340000－1882－0004076 XB0283
戰國策十八卷 （清）張星徽評點 清雍正七年（1729）溧陵張氏塞翁亭刻本 一冊 存二卷（十七至十八）

340000－1882－0004077　XB0212
爾雅註疏十一卷　（晉）郭璞注　（宋）邢昺校　**校勘記十一卷**　（清）阮元撰　（清）盧宣旬摘錄　清同治十二年（1873）江西書局刻本　四冊　缺六卷（爾雅註疏九至十一、校勘記九至十一）

340000－1882－0004078　XB0243
臨川先生全集錄四卷　（宋）王安石撰　（清）儲欣編　**南豐先生全集錄二卷**　（宋）曾鞏撰　（清）儲欣編　清光緒八年（1882）江蘇書局刻唐宋十大家全集錄本　一冊　存二卷（臨川先生全集錄一、南豐先生全集錄二）

340000－1882－0004079　XB0277
東洋史要二卷　（日本）桑原騭藏撰　樊炳清譯　清光緒二十五年（1899）東文學社石印本　一冊　存一卷（上）

340000－1882－0004080　XB0267
金精廖公秘授地學心法正傳畫筴扒砂經四卷　（宋）廖禹撰　（明）江之棟輯　清抄本　一冊　存一卷（一）

340000－1882－0004081　XB0309
韻法直圖□□卷末一卷　（明）梅膺祚撰　清初刻本　一冊　存一卷（末一卷）

340000－1882－0004082　XB0236
綱鑑總論二卷　（清）周道卿撰　清光緒二十八年（1902）長沙英華書局刻本　一冊

340000－1882－0004083　XB0292
尺木堂綱鑑易知錄九十二卷　（清）吳乘權等輯　清刻本　一冊　存二卷（六十至六十一）

340000－1882－0004084　XB0242
唐李習之先生全集錄二卷　（唐）李翺撰　（清）儲欣輯　清光緒八年（1882）江蘇書局刻唐宋十大家全集錄本　一冊

340000－1882－0004085　XB0308
新鍥全補海篇直音十二卷　（明）□□撰　清刻本　一冊　存一卷（十）

340000－1882－0004086　XB0202
周禮讀本六卷　（清）周樽輯　清乾隆五十八年（1793）留餘堂刻本　一冊

340000－1882－0004087　XB0295
管子二十四卷　（春秋）管仲撰　清光緒元年（1875）湖北崇文書局刻字書百家本　一冊　存五卷（一至五）

340000－1882－0004088　XB0225
牧牛圖一卷　（□）□□撰　清光緒六年（1880）上海點石齋石印本（清非非子批校題跋）　一冊

340000－1882－0004089　XB0235
［乾隆］歙縣志二十卷首一卷　（清）劉大魁纂修　清乾隆刻本　一冊　存五卷（八、十二至十三、十六至十七）

340000－1882－0004090　XB0266
地理六經註六卷　（清）葉泰撰　清康熙刻本　二冊

340000－1882－0004091　XB0230
［同治］黟縣三志十六卷首一卷末一卷　（清）謝永泰修　（清）程鴻詔纂　清同治十年（1871）刻本　一冊　存一卷（八）

340000－1882－0004092　XB0294
舊五代史一百五十卷目錄二卷附考證　（宋）薛居正撰　清嘉慶元年（1796）掃葉山房刻本　一冊　存八卷（一至八）

340000－1882－0004093　XB0260
資治通鑑二百九十四卷　（宋）司馬光撰　（元）胡三省音注　清同治十年（1871）湖北崇文書局刻本　六冊　存十八卷（一至十八）

340000－1882－0004094　XB0271
子史精華一百六十卷　（清）允祿等纂　清光緒十五年（1889）上海蜚英館石印本　八冊

340000－1882－0004095　XB0211
禮記十卷　（元）陳澔集說　清同治三年（1864）浙江撫署刻本　十冊

340000－1882－0004096　XB0258
有正味齋駢文十六卷　（清）吳錫麒撰　（清）

葉聯芬箋注　清道光二十年(1840)慈北葉氏刻本　九册　存十三卷(一至十三)

340000－1882－0004097　XB0197
忠雅堂評選四六法海八卷　(清)蔣士銓選評　清同治十年(1871)步月山房刻朱墨套印本　八册

340000－1882－0004098　XB0229
[嘉慶]黟縣志十六卷首一卷　(清)吳甸華修　(清)程汝翼　(清)俞正燮纂　清嘉慶十七年(1812)刻本　五册　存六卷(七至十、十四、十六)

340000－1882－0004099　XB0203
二十一史約編八卷首一卷　(清)鄭元慶撰　清末上洋江左書林刻本　四册

340000－1882－0004100　XB0265
事類賦三十卷　(宋)吳淑撰注　明嘉靖十一年(1532)無錫華麟祥刻本　一册　存八卷(十六至二十三)

340000－1882－0004101　XB0253
保赤全編三卷　(清)莊一夔撰　清光緒三十年(1904)刻本　一册

340000－1882－0004102　XB0296
三國志六十五卷　(晉)陳壽撰　(南朝宋)裴松之注　清乾隆四年(1739)刻本　一册　存三卷(魏志六至八)

340000－1882－0004103　XB0302
康熙字典十二集三十六卷　(清)張玉書　(清)陳廷敬總閱　(清)淩紹雯等纂修　清刻本　四册　存四卷(卯集中、戌集上中下)

340000－1882－0004104　XB0241
西青散記四卷　(清)史震林撰　清乾隆二年(1737)瓜渚草堂刻本　一册　存一卷(二)

340000－1882－0004105　XB0399
庸庵文編四卷　(清)薛福成撰　清刻本　一册　存一卷(二)

340000－1882－0004106　XB0215
文選六十卷　(南朝梁)蕭統撰　(唐)李善注　清嘉慶胡克家刻本　十册　存三十一卷(十至十八、二十二至二十七、三十至三十六、四十二至四十四、五十五至六十)

340000－1882－0004107　XB0304
漢書一百卷　(漢)班固撰　(唐)顏師古注　清同治八年(1869)金陵書局刻二十四史本　一册　存十二卷(三十三至四十四)

340000－1882－0004108　XB0297
御批歷代通鑑輯覽一百二十卷　(清)傅恒纂　清刻本　一册　存二卷(二十五至二十六)

340000－1882－0004109　XB0307
景岳新方砭四卷　(清)陳念祖撰　清光緒十五年(1889)江左書林刻本　二册

340000－1882－0004110　XB0298
漢書一百卷　(漢)班固撰　(唐)顏師古注　清光緒二十四年(1898)上海點石齋石印本　二册　存十二卷(十九至三十)

340000－1882－0004111　XB0210
史鑑節要便讀六卷　(清)鮑東里編　清同治六年(1867)姑蘇顧悅廷刻本　二册

340000－1882－0004112　XB0337
字彙十二卷首一卷末一卷韻法直圖一卷韻法横圖一卷　(明)梅膺祚撰　明萬曆刻本　二册　存四卷(字彙首一卷、末一卷、韻法直圖一卷、韻法横圖一卷)

340000－1882－0004113　XB0316
十一經旁訓讀本七十三卷　(清)周樽輯　清乾隆五十八年(1793)刻本　一册　存十一卷(儀禮讀本十二至十七、爾雅讀本一至四、孝經讀本一)

340000－1882－0004114　XB0290
周官精義十二卷　(清)連斗山編　清乾隆刻本　六册

340000－1882－0004115　XB0301
康熙字典十二集三十六卷　(清)張玉書　(清)陳廷敬總閱　(清)淩紹雯等纂修　清刻本　三册　存三卷(寅集上、申集下、戌集上)

340000－1882－0004116　XB0303
十三經分類政要十卷　(清)周世樟編　清光緒二十八年(1902)教育世界社石印本　二冊　存三卷(二、九至十)

340000－1882－0004117　XB0252
太乙數統宗大全四十卷　(清)李自明撰　清朱墨藍三色套印本　一冊　存二卷(三十四至三十五)

340000－1882－0004118　XB0208
輶軒語不分卷　(清)張之洞撰　清光緒四年(1878)潘氏敏德堂刻本　一冊

340000－1882－0004119　XB0289
續資治通鑑綱目二十七卷　(明)商輅等撰　明崇禎刻本　二冊　存二卷(一至二)

340000－1882－0004120　XB0324
樊山公牘四卷　樊增祥撰　清末石印本　四冊

340000－1882－0004121　XB0217
吊脚痧方論不分卷　(清)徐子默撰　清光緒七年(1881)常州楊日升刻字老店刻本　一冊

340000－1882－0004122　XB0306
增廣詩韻全璧五卷　(清)湯文潞輯　清末暢懷書局石印本　二冊　存一卷(一)

340000－1882－0004123　XB0328
禮記音訓不分卷　(清)楊國楨撰　清道光十年(1830)大梁書院刻本　一冊

340000－1882－0004124　XB0291
新刊趙田了凡袁先生編纂古本歷史大方綱鑑補三十九卷　(明)袁黄編　清刻本　二冊　存二卷(六、三十七)

340000－1882－0004125　XB251
天下郡國利病書一百二十卷　(清)顧炎武輯　清光緒五年(1879)蜀南薛氏桐華書屋刻本　一冊　存一卷(一)

340000－1882－0004126　XB0288
吴越春秋六卷　(漢)趙曄撰　清刻本　一冊　存三卷(一至三)

340000－1882－0004127　XB0336
北史一百卷　(唐)李延壽撰　明萬曆二十一年(1593)南京國子監刻清順治十六年(1659)補緝本　十八冊　存五十五卷(四十六至一百)

340000－1882－0004128　XB0300
經典釋文三十卷　(唐)陸德明撰　清刻本　三冊　存三卷(二、十五、二十九)

340000－1882－0004129　XB0209
詩經體註圖考八卷　(清)高朝瓔撰　(清)沈世楷輯　清三槐堂刻本　四冊

340000－1882－0004130　XB0323
增釋麻衣相法全編五卷　(明)陸位崇編　清尊德堂刻本　一冊　存三卷(一至三)

340000－1882－0004131　XB0239
可之先生全集録二卷　(唐)孫樵撰　(清)儲欣録　清光緒八年(1882)江蘇書局刻唐宋十大家全集録本　一冊

340000－1882－0004132　XB0220
六大家箋註袁文大成六卷　(清)袁枚著　(清)石藴玉等箋　(清)周緝熙輯訂　清光緒八年(1882)碧梧山莊石印本　六冊

340000－1882－0004133　XB0216
黄氏青囊全集秘旨二卷　(清)黄廷爵撰　清光緒十二年(1886)刻本　一冊

340000－1882－0004134　XB0348
廣達生福幼遂生編全書不分卷　題(清)亟齋居士撰　(清)陳以貫增訂　清道光十七年(1837)刻本　一冊

340000－1882－0004135　XB0313
綱鑑正史約三十六卷　(明)顧錫疇編　(清)陳宏謀增訂　清乾隆二年(1737)刻本　一冊　存一卷(七)

340000－1882－0004136　XB0331
繪圖蒙學百家姓一卷　(清)□□撰　清末鑄化書局石印本　一冊

340000－1882－0004137　XB0250

昭代名人尺牘續集小傳□□卷 陶湘選印 清宣統三年(1911)大同書局石印本 一冊 存一卷(二十四)

340000－1882－0004138 XB0333
繪圖蒙學三字經一卷 (宋)王應麟撰 清末鑄記書局石印本 一冊

340000－1882－0004139 XB0312
魏書一百十四卷 (北齊)魏收等撰 清金陵書局刻本 七冊 存二十四卷(二十六至三十九、一百五至一百十四)

340000－1882－0004140 XB0223
元遺山詩集箋註十四卷首一卷末一卷 (元)張德輝類次 (清)施國祁箋 清宣統三年(1911)石印本 八冊

340000－1882－0004141 XB0351
資治通鑑綱目五十九卷首一卷前編二十五卷續編二十七卷 (宋)司馬光撰 (明)陳仁錫評閱 清刻本 六冊 存八卷(資治通鑑綱目二十八、三十四、四十七、五十八,前編二十四至二十五,續編二十四至二十五)

340000 1882 0004142 XB0360
欽定續文獻通考輯要二十六卷 湯壽潛輯 清末鉛印本 四冊 存十八卷(六至十一、二十至二十四、一百四十八至一百五十四)

340000－1882－0004143 XB0332
文徵明懷歸出京詩一卷 (明)文徵明撰 清光緒三十四年(1908)點石齋印本 一冊

340000－1882－0004144 XB0377
歐陽文忠公五代史抄二十卷 (宋)歐陽修撰 (明)茅坤評 明刻本 三冊 缺二卷(十九至二十)

340000－1882－0004145 XB0335
芥子園畫傳二集不分卷 (清)王宓艸等摹古 清刻本 一冊

340000－1882－0004146 XB0367
畫傳二集一卷 (清)王宓艸等摹古 清嘉慶五年(1800)金陵芥子園五色套印本 一冊

340000－1882－0004147 XB0305
三國志六十五卷 (晉)陳壽撰 (南朝宋)裴松之注 清同治九年(1870)金陵書局刻二十四史本 八冊

340000－1882－0004148 XB0347
詠物詩選註釋□□卷 (清)易開綰注 清刻本 二冊 存三卷(四、六至七)

340000－1882－0004149 XB0322
經學輯要三十四卷 (清)吳潁炎輯 清末石印本 十六冊 存五卷(十八至十九、二十二、三十三至三十四)

340000－1882－0004150 XB0334
尺木堂綱鑑易知錄九十二卷 (清)吳乘權等輯 清末石印本 二冊 存十四卷(十四至二十、四十七至五十三)

340000－1882－0004151 XB0366
字學舉隅不分卷 (清)龍光甸 (清)黃本驥輯 (清)龍啟瑞增輯 清同治十年(1871)刻本 一冊

340000－1882－0004152 XB0359
欽定續文獻通考二百五十卷 (清)嵇璜等撰 清末石印本 二冊 存十五卷(二百二十二至二百二十八、二百四十三至二百五十)

340000－1882－0004153 XB0338
增廣詩韻全璧五卷檢韻一卷 題(清)暢懷書屋主人編 清光緒上海錦章書局印本 六冊

340000－1882－0004154 XB0287
皇朝通典訂誤不分卷 (清)□□撰 清鉛印本 一冊

340000－1882－0004155 XB0361
欽定續通志六百四十卷 (清)嵇璜 (清)曹仁虎等撰 清鉛印本 十四冊 存一百七十九卷(五十七至六十三、七十一至八十、一百五十二至一百五十八、二百三十一至二百四十、二百五十一至二百六十一、二百九十七至三百十七、三百四十至三百四十八、四百三十一至四百四十六、四百八十五至五百十三、五百六十八至六百二十六)

340000－1882－0004156　XB0279
大清律例集解四十卷附錄二卷　（清）沈之奇原註　（清）姚潤輯　清刻本　六册　存八卷（二十、二十五、三十一至三十二、三十六至三十九）

340000－1882－0004157　XB0325
明史三百三十二卷　（清）張廷玉等撰　清刻本　九册　存二十二卷（一百八十一至二百二）

340000－1882－0004158　XB0368
文心雕龍十卷　（南朝梁）劉勰撰　（清）黄叔琳輯注　清乾隆養素堂刻本　二册

340000－1882－0004159　XB0286
重訂外科正宗十二卷　（明）陳實功撰　清光緒元年（1875）掃葉山房刻本　五册　存十卷（一至十）

340000－1882－0004160　XB0339
宋史四百九十六卷　（元）脱脱等撰　明刻本　十册　存四十卷（一至三十三、四十一至四十七）

340000－1882－0004161　XB0379
佛事經文咒語不分卷　（清）來春抄錄　清道光二十四年（1844）抄本　一册

340000－1882－0004162　XB0376
時事報圖畫雜俎一卷　（清）□□撰　清末石印本　一册

340000－1882－0004163　XB0285
華陽國志不分卷　（晉）常璩著　清刻本　一册

340000－1882－0004164　XB0326
二十四史二十四種三千二百五十七卷　（□）□□撰　清光緒二十八年（1902）上海文瀾書局石印本　三十册　存七種八百四十七卷（梁書五十六卷、南齊書五十九卷、北齊書五十卷、陳書三十六卷、周書五十卷、宋書一百卷、宋史四百九十六卷）

340000－1882－0004165　XB0378
重訂小學纂注五卷　（清）高愈撰　清同治五年（1866）刻本　三册

340000－1882－0004166　XB0345
四書合講十九卷　（清）翁復編次　清雍正刻本　六册

340000－1882－0004167　XB0398
新刻刪補產寶全書□□卷　（清）汪有信補　清刻本　三册　存三卷（二至四）

340000－1882－0004168　XB0315
後漢書九十卷　（南朝宋）范曄撰　（唐）李賢注　**續後漢書志三十卷**　（南朝梁）劉昭注補　**漢書一百卷**　（漢）班固撰　清同治八年（1869）金陵書局刻二十四史本　十一册　存五十四卷（後漢書一至二十六、七十五至八十五，漢書八至十八、九十二至九十七）

340000－1882－0004169　XB0396
高厚蒙求　（清）徐朝俊撰　清嘉慶十二年（1807）雲間徐氏刻本　五册　存八種九卷（天學入門一卷、海域大觀一卷、日晷圖法一卷、自鳴鐘表圖說一卷、天地圖儀一卷、揆日正方圖表二卷、高弧勾股合表一卷、星月測時一卷）

340000－1882－0004170　XB0358
文選六十卷　（南朝梁）蕭統撰　（唐）李善注　清海錄軒朱墨套印本　十五册　存五十六卷（一至三、八至六十）

340000－1882－0004171　XB0397
詩法入門四卷　（清）游藝輯　清刻本　一册　存一卷（四）

340000－1882－0004172　XB0362
芥子園畫傳四集寫真秘訣一卷　（清）丁臯撰　（清）耿瑋等較訂　清嘉慶二十三年（1818）小西山房刻本　一册

340000－1882－0004173　XB0389
傷寒明理論四卷　（金）成無己撰　清刻本　一册

340000－1882－0004174　XB0386

詩經八卷　(宋)朱熹集傳　清刻本　四冊

340000－1882－0004175　XB0395
文選六十卷　(南朝梁)蕭統撰　(唐)李善注　清刻本　四冊　存十二卷(三至五、十九至二十一、四十至四十一、四十五至四十八)

340000－1882－0004176　XB0344
左傳紀事本末五十三卷　(清)高士奇編　清光緒十四年(1888)石印本　四冊　存四十四卷(一至四十四)

340000－1882－0004177　XB0391
十三經集字音釋□□卷　(清)黄蕙田音釋　清蔣存誠刻本　四冊　存三卷(一至二、四)

340000－1882－0004178　XB0388
謝華啟秀八卷　(明)楊慎撰　清刻本　一冊

340000－1882－0004179　XB0373
聊齋志異新評□□卷　(清)蒲松齡著　(清)王士正等評述　清刻本　二冊　存二卷(二至三)

340000－1882－0004180　XB0364
金剛般若波羅蜜經一卷　(清)朱方冷校　清康熙朱士松刻本　一冊

340000－1882－0004181　XB0381
算數數學二卷　(美國)狄考文輯　(清)鄒立文述　清光緒三十二年(1906)石印本　一冊　存一卷(上)

340000－1882－0004182　XB0387
臨川先生文集一百卷目錄二卷　(宋)王安石撰　清上海涵芬樓刻本　二十冊

340000－1882－0004183　XB0372
七家詩選□□卷　(清)張熙宇輯　清朱墨套印本　一冊　存二卷(三至四)

340000－1882－0004184　XB0314
附釋音禮記注疏六十三卷　(漢)鄭玄注　(唐)孔穎達疏　**校勘記六十三卷**　(清)阮元撰　(清)盧宣旬摘錄　清刻本　一冊　存四十卷(二至十三、二十四至二十七、五十一至五十四,校勘記二至十三、二十四至二十七、五十一至五十四)

340000－1882－0004185　XB0327
獨斷二卷　(漢)蔡邕撰　清嘉慶七年(1802)友琴氏刻本　一冊

340000－1882－0004186　XB0394
溫飛卿詩集九卷　(唐)溫庭筠撰　(明)曾益注　(清)顧嗣立補　清末石印本　一冊　存五卷(五至九)

340000－1882－0004187　XB0299
爾雅注疏十卷　(宋)邢昺撰　**校勘記十卷**　(清)阮元撰　(清)盧宣旬摘錄　清同治十二年(1873)江西書局刻本　一冊　存三卷(爾雅注疏一、校勘記一至二)

340000－1882－0004188　XB0350
唐陸宣公集二十四卷　(唐)陸贄撰　清道光二十七年(1847)刻本　四冊　存十三卷(一至十一、二十三至二十四)

340000－1882－0004189　XB0186
晉書三十卷　(唐)太宗李世民撰　清刻本　四冊　存二十五卷(一至二十五)

340000－1882－0004190　XB0185
書經六卷　(宋)蔡沈集傳　清光緒二十一年(1895)刻本　四冊

340000－1882－0004191　XB0417
欽定禮記義疏八十二卷首一卷　(清)鄂爾泰等撰　清刻本　一冊　存二卷(一、首一卷)

340000－1882－0004192　XB0416
周官精義十二卷　(清)連斗山撰　清文富堂刻本　三冊　存六卷(一至三、十至十二)

340000－1882－0004193　XB0343
四書合講十九卷　(清)翁復編次　清嘉慶二十二年(1817)酌雅齋刻本　五冊

340000－1882－0004194　XB0370
圍棋譜一卷　(□)□□撰　清末石印本　一冊

340000－1882－0004195　XB0421
三國志六十五卷　(晉)陳壽撰　(南朝宋)裴松之注　清乾隆四年(1739)森寶齋刻本　十

冊　存四十四卷(魏志十五至三十、吳志一至二十、蜀志八至十五)

340000－1882－0004196　XB0318
憑山閣增輯留青新集三十卷　(清)陳枚選　清紫文閣刻本　十二冊

340000－1882－0004197　XB0284
通志二百卷　(宋)鄭樵撰　清刻本　二冊　存十二卷(五十一至六十二)

340000－1882－0004198　XB0369
繡像今古奇觀四十卷　題(明)抱甕老人輯　清刻本　十冊

340000－1882－0004199　XB0357
通典二百卷　(唐)杜佑纂　清末石印本　三冊　存二十八卷(一百二十四至一百三十五、一百八十五至二百)

340000－1882－0004200　XB0320
孟子□□卷　(宋)朱熹集註　清刻本　二冊　存五卷(一至五)

340000－1882－0004201　XB0452
溫病條辨六卷　(清)吳瑭撰　清刻本　一冊　存一卷(二)

340000－1882－0004202　XB0384
第一才子書六十卷　(清)毛宗崗評　清刻本　十一冊　存三十三卷(二十八至六十)

340000－1882－0004203　XB0425
針灸大成十二卷　(清)章廷珪重修　清光緒三十三年(1907)振茂義記書莊石印本　一冊　存二卷(一至二)

340000－1882－0004204　XB0321
唐陸宣公集二十二卷　(唐)陸贄撰　清同治五年(1866)刻本　五冊

340000－1882－0004205　XB0393
白喉忌表抉微一卷　(清)耐修子錄　清光緒十八年(1892)刻本　一冊

340000－1882－0004206　XB0402
桐雲閣試帖輯註二卷簡學齋試帖輯註一卷修竹齋試帖輯註一卷樫花館試帖輯註一卷　(清)楊庚等撰　清刻本　五冊

340000－1882－0004207　XB0420
新刻法筆驚天雷八卷　(□)□□撰　清嘉慶十三年(1808)刻本　一冊

340000－1882－0004208　XB0451
古吳童氏重校醫宗必讀十卷　(清)李中梓著　清印本　一冊　存二卷(三至四)

340000－1882－0004209　XB0356
武備心畧□□卷　(清)□□撰　清刻本　一冊　存一卷(地利二)

340000－1882－0004210　XB0382
古吳童氏重校醫宗必讀十卷　(清)李中梓著　清光緒三十一年(1905)上海書局石印本　一冊　存二卷(一至二)

340000－1882－0004211　XB0438
增訂本草備要四卷醫方集解□□卷　(清)汪昂著　清刻本　二冊　存四卷(增訂本草備要一至二、醫方集解二至三)

340000－1882－0004212　XB0412
東萊先生左氏博議二十五卷　(宋)呂祖謙撰　清光緒二十二年(1896)湖南書局刻本　一冊　存六卷(一至六)

340000－1882－0004213　XB0415
莊子□□卷　(晉)郭象注　(唐)陸德明音義　清刻本　一冊　存二卷(九至十)

340000－1882－0004214　XB391
春秋左傳三十卷首一卷　(晉)杜預注　(唐)陸德明音釋　清光緒二十二年(1896)刻本　一冊　存三卷(一至二、首一卷)

340000－1882－0004215　XB0450
左傳紀事本末□□卷　(清)高士奇編輯　清末石印本　一冊　存九卷(四十五至五十三)

340000－1882－0004216　XB0447
增訂一夕話新集六卷　題(清)咄咄夫撰　(清)咄咄子增訂　清刻本　二冊　存二卷(一至二)

340000－1882－0004217　XB0355

新刻校定脈訣指掌病式圖說一卷 (元)朱震亨撰 清刻本 一冊

340000－1882－0004218 XB0401
試策箋註四卷 (清)檀萃撰 (清)曾力行箋註 (清)周芬佩評 清刻本 三冊 存三卷(二至四)

340000－1882－0004219 XB0392
楷書字法一卷正字千文一卷草書字法一卷篆書字法一卷 (明)李登等編 清奎壁齋刻本 一冊

340000－1882－0004220 XB0414
周禮精華六卷 (清)陳龍標輯 清刻本 一冊 存一卷(二)

340000－1882－0004221 XB0419
小雅□□卷 (□)□□撰 清刻本 一冊 存一卷(五)

340000－1882－0004222 XB0437
雷公炮製藥性解六卷 (清)李中梓編 清刻本 二冊

340000－1882－0004223 XB0449
古文辭類纂七十五卷 (清)姚鼐撰 清光緒二十四年(1898)石印本 二冊 存四卷(一至四)

340000－1882－0004224 XB0400
文選六十卷 (南朝梁)蕭統撰 (唐)李善注 清刻本 十二冊 存三十七卷(十八至五十四)

340000－1882－0004225 XB0426
欽定續通志六百四十卷 (清)嵇璜 (清)曹仁虎等撰 清末鉛印本 十五冊 存一百九十七卷(二百九十七至三百九十七、四百六至四百六十六、五百六十八至五百八十八、六百二十七至六百四十)

340000－1882－0004226 XB0342
書畫緣畫宗姓類□□卷 (清)沈辰潛編輯 清德遠堂刻本 一冊 存二卷(九至十)

340000－1882－0004227 XB0390
文選六十卷 (南朝梁)蕭統撰 (唐)李善注 清康熙汲古閣刻本 八冊

340000－1882－0004228 XB0413
瀛經堂詳校醫宗必讀十卷 (清)李中梓著 清刻本 三冊 存六卷(一至二、五至八)

340000－1882－0004229 XB0459
時務通攷三十一卷 (清)蔡為撰 清末石印本 十二冊 存十八卷(十四至三十一)

340000－1882－0004230 XB0249
芥子園畫傳□□卷 (清)王槩繪 清刻本 一冊 存一卷(一)

340000－1882－0004231 XB0405
醫門棒喝二集傷寒論本旨九卷 (清)章楠撰 清刻本 二冊 存三卷(四、六至七)

340000－1882－0004232 XB0461
新刊外科正宗□□卷 (明)陳實功撰 清刻本 一冊 存一卷(二)

340000－1882－0004233 XB0454
文獻通考四十八卷 (元)馬端臨撰 清末石印本 十三冊 存十一卷(十四至二十四)

340000－1882－0004234 XB0471
[康熙]徽州府志十八卷 (清)丁廷楗等修 清康熙三十八年(1699)刻本 五冊 存四卷(一、七、十二至十三)

340000－1882－0004235 XB0341
禮記旁訓六卷 (清)徐立綱輯 清刻本 二冊 存四卷(一至四)

340000－1882－0004236 XB0477
明史三百三十二卷 (清)張廷玉等撰 清刻本 二冊 存六卷(七十六至七十八、九十一至九十三)

340000－1882－0004237 XB0418
禮記□□卷 (漢)鄭玄注 清汲古閣刻本 一冊 存一卷(十)

340000－1882－0004238 XB0411
神農本草經讀四卷 (清)陳念祖著 清末石印本 一冊

340000－1882－0004239　XB0457
春秋左傳五十卷　(晉)杜預注釋　(宋)林堯叟注釋　(唐)陸德明注釋　清刻本　一冊　存六卷(三十三至三十八)

340000－1882－0004240　XB0460
新刻註釋故事白眉十卷　(明)許以忠輯　清刻本　一冊　存二卷(三至四)

340000－1882－0004241　XB0518
春秋左傳三十卷　(晉)杜預集解　(明)金蟠較訂　明崇禎十二年(1639)永懷堂刊清同治八年(1869)浙江書局校修印十三經古注本　四冊　存十二卷(一至十二)

340000－1882－0004242　XB0508
文獻通考紀要二卷　(□)□□撰　清末石印本　四冊

340000－1882－0004243　XB0493
元史二百十卷　(明)宋濂等修　清刻本　十四冊　存六十三卷(二十八至九十)

340000－1882－0004244　XB0542
梅花雜詠一卷　題(清)古黟雪江老人撰　清刻本　十冊

340000－1882－0004245　XB0494
治梅竹譜一卷蘭譜一卷　(清)王寅編　清光緒八年(1882)刻本　二冊

340000－1882－0004246　XB0427
書經六卷　(宋)蔡沈集註　清康熙五十二年(1713)刻本　四冊

340000－1882－0004247　XB0455
文選六十卷　(南朝梁)蕭統撰　(唐)李善注　清乾隆二十四年(1759)刻本　十三冊　存四十九卷(一至四十九)

340000－1882－0004248　XB0423
趙之謙印譜不分卷　(□)□□撰　清鈐印本　一冊

340000－1882－0004249　XB0466
地學二卷　(清)沈鎬著　清刻本　一冊　存一卷(一)

340000－1882－0004250　XB0446
五代史七十四卷　(宋)歐陽修撰　(宋)徐無黨注　清刻本　五冊　存四十五卷(二十四至五十八、六十五至七十四)

340000－1882－0004251　XB0410
何博士備論二卷　(宋)何去非撰　**宋丞相李忠定公輔政本末一卷**　(清)□□撰　清光緒元年(1875)崇文書局刻本　一冊

340000－1882－0004252　XB0456
經籍纂詁一百五十卷首一卷新輯經籍纂詁檢韻十一卷　(清)阮元撰　清末石印本　六冊　存五十二卷(一至四十、首一卷,新輯經籍纂詁檢韻十一卷)

340000－1882－0004253　XB0248
各省職官不分卷　(清)□□撰　清抄本　一冊

340000－1882－0004254　XB0467
讀史論略不分卷　(清)□□撰　清刻本　一冊

340000－1882－0004255　XB0476
庚子山集二卷　(清)倪璠註釋　清刻本　二冊

340000－1882－0004256　XB0473
[□□]徽州府志□□卷　(清)□□撰　清刻本　十四冊　存七卷(七至十、十三至十五)

340000－1882－0004257　XB0404
廣經室文抄不分卷　(清)劉恭冕撰　清刻本　一冊

340000－1882－0004258　XB0436
春秋公羊傳十二卷　(漢)何休解詁　明天啓元年(1621)文林閣刻本　一冊　存三卷(一至三)

340000－1882－0004259　XB0462
御撰資治通鑑綱目三編二十卷　(清)張廷玉撰　清刻本　三冊　存十三卷(四至十六)

340000－1882－0004260　XB0465
景岳全書發揮□□卷　(清)葉桂著　清末石

印本　一册　存一卷(一)

340000－1882－0004261　XB0499

幼童舉業啟悟集四卷　(清)汪承忠評選　清同治三年(1864)刻本　二册

340000－1882－0004262　XB0475

時事摘抄一卷　(清)浩然抄　清抄本　一册

340000－1882－0004263　XB0435

本草崇原三卷　(清)張志聰註釋　(清)高世栻纂集　清刻本　一册　存一卷(中)

340000－1882－0004264　XB0340

清河書畫舫十二卷　(清)張丑撰　清刻本　一册　存一卷(十二)

340000－1882－0004265　XB0498

新訂四書補注備旨四卷　(明)鄧林著　(清)杜定基增定　清刻本　三册

340000－1882－0004266　XB0403

注解神農本草經□□卷本草附經歌括□□卷　(清)汪宏著　清刻本　七册　存七卷(注解神農本草經四至九、本草附經歌括一)

340000－1882－0004267　XB0445

翼駉稗編七卷　(清)湯用中撰　清末鉛印本　一册　存二卷(三至四)

340000－1882－0004268　XB0246

昌黎先生全集錄八卷　(唐)韓愈撰　清刻本　四册　存六卷(三至八)

340000－1882－0004269　XB0472

古唐詩合解十二卷　(清)王堯衢注　清奎元堂刻本　三册　存七卷(一至七)

340000－1882－0004270　XB0429

張仲景金匱要畧論註二十四卷　(清)徐彬著　清刻本　一册　存五卷(十五至十九)

340000－1882－0004271　XB0464

書經六卷　(宋)蔡沈集傳　清刻本　三册　存四卷(三至六)

340000－1882－0004272　XB0486

文獻通考輯要二十四卷　湯壽潛編　清光緒二十五年(1899)上海圖書集成局鉛印本　一册　存四卷(一至四)

340000－1882－0004273　XB0434

醫方集解三卷　(清)汪昂著輯　清三槐堂刻本　一册　存一卷(上)

340000－1882－0004274　XB0409

風后握奇經一卷　(漢)公孫宏撰　**六韜三卷**　(周)太公望撰　清光緒元年(1875)崇文書局刻本　一册

340000－1882－0004275　XB0497

漱芳軒合纂四書體註十九卷　(清)范翔參訂　清刻本　三册　存七卷(一至七)

340000－1882－0004276　XB0483

字彙十二卷　(明)梅膺祚音釋　清刻本　六册　存六卷(子集至巳集)

340000－1882－0004277　XB0453

策學備纂三十二卷　(清)蔡啟盛集　清光緒點石齋石印本　二十四册　存十一卷(二至八、十、十二、十四至十五)

340000－1882－0004278　XB0512

醫經原旨六卷　(清)薛雪集註　清乾隆刻本　二册

340000－1882－0004279　XB0478

新刊群書採要儒林便覽鰲頭萬花谷□□卷　(□)□□輯　明刻本　一册　存四卷(十六至十九)

340000－1882－0004280　XB0463

康熙字典三十六卷總目一卷檢字一卷等韻一卷辨似一卷備考一卷補遺一卷　(清)張玉書　(清)陳廷敬總閱　(清)凌紹雯等纂修　清道光刻本　八册　存十卷(寅集上下、未集上、申集中、酉集上下,總目一卷,檢字一卷,等韻一卷,辨似一卷)

340000－1882－0004281　XB0352

東周列國志二十三卷　(明)馮夢龍撰　(清)蔡奡評點　清刻本　一册　存一卷(十一)

340000－1882－0004282　XB0245

河東先生全集錄六卷 （唐）柳宗元撰 （清）儲欣錄 清光緒八年（1882）江蘇書局刻唐宋十大家全集錄本 一冊 存一卷（一）

340000－1882－0004283 XB0492
文選六十卷 （南朝梁）蕭統撰 （唐）李善注 清刻本 四冊 存十四卷（六至九、二十八至二十九、四十七至五十四）

340000－1882－0004284 XB0474
自遠堂琴譜十二卷 （清）吳灴輯 清自遠堂刻本 四冊 存三卷（三、五至六）

340000－1882－0004285 XB0433
廿一史約編八卷 （清）鄭元慶述 清刻本 一冊

340000－1882－0004286 XB0428
胎元圖論不分卷 （□）□□撰 清抄本 一冊

340000－1882－0004287 XB0495
管注秋水軒尺牘四卷 （清）許思湄著 （清）婁世瑞注釋 （清）管斯駿補注 清朱墨套印本 一冊 存一卷（四）

340000－1882－0004288 XB0516
東萊博議四卷 （宋）呂祖謙撰 清光緒馮泰松刻本 二冊

340000－1882－0004289 XB0506
鼎鍥趙田了凡袁先生編纂古本歷史大方綱鑑補十二卷首一卷 （明）袁黃編纂 清刻本 十一冊

340000－1882－0004290 XB0505
地學歌略一卷 葉瀚 葉瀾著 清刻本 一冊

340000－1882－0004291 XB0432
易經□□卷 （□）□□撰 清李光明莊刻本 一冊 存二卷（二至三）

340000－1882－0004292 XB0509
陽宅開門放水訣不分卷 （□）□□撰 清寫本 一冊

340000－1882－0004293 XB0487
莊子因六卷 （清）林雲銘撰 清刻本 二冊 存二卷（一至二）

340000－1882－0004294 XB0482
越國汪公雲嵐山墓志六卷首一卷末一卷 （清）汪蕓輯 清嘉慶三年（1798）雲嵐墓祠刻本 一冊 存一卷（首一卷）

340000－1882－0004295 XB0496
溪山樓詩鈔□□卷 （清）余鴻撰 清宣統元年（1909）刻本 三十三冊 存一卷（黃山紀游）

340000－1882－0004296 XB0468
尺木堂綱鑑易知錄九十二卷 （清）周之炯等輯 **尺木堂明鑑易知錄十五卷** （清）周之燦等輯 清鉛印本 十四冊 存七十四卷（七至三十三、四十六至九十二）

340000－1882－0004297 XB0488
增補字學舉隅不分卷 （清）龍光甸 （清）黃本驥輯 （清）龍啟瑞增輯 清光緒十七年（1891）埽葉山房刻本 一冊

340000－1882－0004298 XB0408
孫子三卷 （春秋）孫武撰 **吳子二卷** （周）吳起撰 **司馬灋一卷** （周）司馬穰直撰 清光緒元年（1875）崇文書局刻本 一冊

340000－1882－0004299 XB0458
禮記十卷 （元）陳澔集說 清刻本 一冊 存一卷（二）

340000－1882－0004300 XB0480
宋書一百卷 （南朝梁）沈約撰 明刻本 九冊 存三十六卷（一至十、十二至三十七）

340000－1882－0004301 XB0569
曾文正公奏議七卷首一卷 （清）曾國藩撰 （清）薛福成編次 清光緒二十二年（1896）上海圖書集成印書局鉛印本 二冊

340000－1882－0004302 XB0519
廿一史約編八卷 （清）鄭元慶述 清刻本 四冊

340000－1882－0004303 XB0354

皇清經解續編一千四百三十卷 王先謙輯 清南菁書院影印本 二冊 存二十四卷（詩經七至八、三十五至三十六、四十六至四十七、八十七、一百六十至一百六十二，儀禮十六至十七、三十一、三十三、五十七至五十八、七十七、八十一、八十五、九十六、一百三十九、一百五十三至一百五十四、一百八十四）

340000－1882－0004304 XB0533
平陽全書十五卷 （清）葉泰撰 清文光堂刻本 四冊 存十卷（六至十五）

340000－1882－0004305 XB0520
東萊博議四卷 （宋）吕祖謙撰 清光緒七年（1881）鳳城官舍刻本 四冊

340000－1882－0004306 XB0517
胡文忠公遺集十卷首一卷 （清）胡林翼撰 （清）厲雲官等輯 清同治三年（1864）刻本 八冊

340000－1882－0004307 XB0448
有正味齋文集二十四卷詩集十六卷詞集八卷續集十八卷外集五卷 （清）吳錫麒撰 清嘉慶刻本 十五冊 缺四卷（詩集一至四）

340000－1882－0004308 XB0532
唐宋八大家類選十四卷 （清）儲欣評 清乾隆四十五年（1780）刻本 八冊

340000－1882－0004309 XB0489
貫華堂第六才子書西廂記八卷 （元）王實甫著 （清）金聖嘆批 清刻本 一冊 存二卷（五至六）

340000－1882－0004310 XB0515
胡文忠公遺集十卷 （清）胡林翼撰 清同治七年（1868）刻本 八冊

340000－1882－0004311 XB0481
續資治通鑑綱目二十七卷 （明）陳仁錫評閱 清刻本 二十五冊 存二十二卷（三、五至十七、十九至二十五、二十七）

340000－1882－0004312 XB0407
春秋公羊傳二十八卷 （漢）何休解詁 清永懷堂刻本 一冊 存九卷（一至九）

340000－1882－0004313 XB0490
金史一百三十五卷 （元）脫脫等修 清光緒二十八年（1902）竢實齋石印本 八冊

340000－1882－0004314 XB0537
醫方集解三卷 （清）汪昂著輯 清刻本 三冊

340000－1882－0004315 XB0531
璇璣經集註一卷 （晉）趙載著 清乾隆五十五年（1790）刻本 一冊

340000－1882－0004316 XB0514
達生編二卷 題（清）亟齋居士撰 清嘉慶二十二年（1817）刻本 一冊

340000－1882－0004317 XB0523
禮記旁訓辨體六卷 （清）徐立綱輯 清靈蘭堂刻本 六冊

340000－1882－0004318 XB0522
禮記十卷 （漢）鄭玄注 清刻本 九冊 存九卷（二至十）

340000－1882－0004319 XB0536
地理辯正五卷 （清）蔣平階補傳 （清）姜垚辯正 清刻本 二冊

340000－1882－0004320 XB0521
禮記四十九卷 （漢）鄭玄注 （明）金蟠校 清永懷堂刻本 三冊 存三十四卷（十六至四十九）

340000－1882－0004321 XB0553
道德經二卷 （清）徐大椿注 **道情一卷** （清）徐大椿著 清光緒十四年（1888）刻本 一冊

340000－1882－0004322 XB0500
曾文正公奏議十卷首一卷末一卷 （清）曾國藩撰 （清）薛福成編次 清同治刻本 五冊 存六卷（一至五、首一卷）

340000－1882－0004323 XB0535
曾文正公全集 （清）曾國藩撰 清光緒三十年（1904）鴻寶書局石印本 一冊 存四卷

(奏議三卷、首一卷)

340000－1882－0004324　XB0431
圖註八十一難經辨真四卷　(戰國)秦越人述　清刻本　一冊　存一卷(四)

340000－1882－0004325　XB0530
達生編二卷附錄一卷　題(清)亟齋居士撰　清刻本　一冊

340000－1882－0004326　XB0406
文帝孝經二卷　(清)劉體恕　(清)金本存撰　清光緒二十三年(1897)扶彝青藜堂刻本　一冊

340000－1882－0004327　XB0545
圖像三國志演義第一才子書六十卷首一卷　(明)羅貫中撰　(清)毛宗崗評　清光緒二十一年(1895)上海文瑞樓石印本　十二冊

340000－1882－0004328　XB0529
書經六卷　(宋)蔡沈集傳　清光緒十二年(1886)刻本　四冊

340000－1882－0004329　XB0442
唐宋八家文讀本三十卷　(清)沈德潛評點　清刻本　二冊　存六卷(十至十二、十六至十八)

340000－1882－0004330　XB0511
宣講集要十五卷首一卷　(清)吳莘民校點　清刻本　一冊　存一卷(十五)

340000－1882－0004331　XB0430
爾雅註疏旁訓四卷　(清)周樽輯　(清)馬俊良增訂　清刻本　一冊　存二卷(三至四)

340000－1882－0004332　XB0513
景岳新方砭四卷　(清)陳念祖著　清嘉慶九年(1804)刻本　二冊

340000－1882－0004333　XB0528
孟子七卷　(宋)朱熹集註　清刻本　七冊

340000－1882－0004334　XB0510
皇清經解縮本編目十六卷　(清)淩忠照編輯　清末石印本　一冊　存七卷(十至十六)

340000－1882－0004335　XB0555
傅氏眼科審視瑤函六卷首一卷　(明)傅仁宇纂輯　(明)林長生校補　清文德堂刻本　六冊

340000－1882－0004336　XB0546
長沙方歌括六卷　(清)陳念祖撰　**十藥神書註解一卷**　(元)葛可久編　清敦厚堂刻本　一冊

340000－1882－0004337　XB0557
飲冰室壬寅文集十八卷　梁啟超撰　清末石印本　六冊　存九卷(五至十三)

340000－1882－0004338　XB0540
雜抄朱氏族譜不分卷　(清)□□抄　清抄本　一冊

340000－1882－0004339　XB0534
國朝文匯甲前集二十卷甲集六十卷乙集七十卷丙集三十卷丁集二十卷　(清)沈粹芬等輯　清宣統元年(1909)上海國學扶輪社石印本　一冊　存五卷(甲前集一、甲集一、乙集一、丙集一、丁集一)

340000－1882－0004340　XB0561
歷代名臣言行錄二十四卷　(清)郭衷恒纂輯　清光緒二十八年(1902)自強學齋石印本　八冊

340000－1882－0004341　XB0554
醫方集解六卷　(清)汪昂著輯　清乾隆五十三年(1788)刻本　三冊

340000－1882－0004342　XB0574
醫學世畍一卷　(清)汪惕予編輯　(清)丁福保等編述　清宣統元年(1909)鉛印本　一冊

340000－1882－0004343　XB0527
字學舉隅不分卷　(清)龍光甸　(清)黃本驥輯　(清)龍啟瑞增輯　清刻本　一冊

340000－1882－0004344　XB0556
東周列國全志二十三卷一百八回　(清)蔡奡評點　清經綸堂刻本　九冊

340000－1882－0004345　XB0538

瀛經堂詳校醫宗必讀十卷映雪堂詳校醫宗必讀十卷 (清)李中梓著 清刻本 三冊 存七卷(瀛經堂詳校醫宗必讀三至四、九至十,映雪堂詳校醫宗必讀八至十)

340000－1882－0004346 XB0440
莊子因六卷 (清)林雲銘評述 清刻本 二冊 存二卷(五至六)

340000－1882－0004347 XB0526
生生福幼編一卷 (清)莊一夔著 清光緒二十四年(1898)刻本 一冊

340000－1882－0004348 XB0550
難經本義二卷 (戰國)秦越人著 (元)滑壽注 清刻本 二冊

340000－1882－0004349 XB0592
撫松軒詩稿不分卷 (清)康琴園撰 清同治十年(1871)刻本 一冊

340000－1882－0004350 XB0539
山法全書十九卷首二卷 (清)葉泰集 清刻本 十二冊

340000－1882－0004351 XB0560
尚論篇四卷首一卷 (明)喻昌著 清光緒同文堂刻本 四冊

340000－1882－0004352 XB0439
重刊補註洗冤錄集證六卷 (清)王又槐增輯 (清)李觀瀾補輯 (清)阮其新補註 清三色套印本 一冊 存二卷(三至四)

340000－1882－0004353 XB0525
哀絃集一卷 (清)尤侗撰 清刻本 一冊

340000－1882－0004354 XB0524
曾文正公聯語雜著二卷 (清)曾國藩撰 清同治十二年(1873)刻本 二冊

340000－1882－0004355 XB0572
唐陸宣公集二十二卷 (唐)陸贄撰 清刻本 六冊 存十六卷(一至九、十四至二十)

340000－1882－0004356 XB0548
重訂外科正宗十二卷 (明)陳實功撰 清咸豐十一年(1861)清江金聲堂刻本 二冊 存十卷(一至十)

340000－1882－0004357 XB0541
曾文正公家書十卷家訓二卷榮哀錄一卷 (清)曾國藩撰 **大事記四卷** (清)王安定編 清光緒三十二年(1906)上海商務印書局鉛印本 四冊 存九卷(曾文正公家書九至十、家訓二卷、榮哀錄一卷、大事記四卷)

340000－1882－0004358 XB0491
七言今體詩鈔十八卷 (清)姚鼐編 清刻本 一冊 存一卷(一)

340000－1882－0004359 XB0571
長生殿二卷 (清)洪昇填詞 清末石印本 二冊

340000－1882－0004360 XB0582
黃帝内經素問節文注釋十卷 (唐)王冰注 (明)黃俅輯 明瓊芝室刻本 二冊 存四卷(二至三、六至七)

340000－1882－0004361 XB0441
西湖志四十八卷首一卷 (清)李衛監修 (清)傅玉露總纂 清乾隆刻本 二冊 存三卷(四十五至四十六、首一卷)

340000－1882－0004362 XB0562
精選韓柳歐蘇文鈔八卷 江起鵬選輯 清宣統三年(1911)上海新學會社鉛印本 八冊

340000－1882－0004363 XB0543
隨園詩話十六卷補遺十卷 (清)袁枚撰 清道光四年(1824)蓮溪書屋刻本 六冊 存十七卷(三至四、十二至十六,補遺十卷)

340000－1882－0004364 XB0564
試策便覽十六卷 (清)王誥 (清)王統纂 清刻本 一冊 存二卷(十至十一)

340000－1882－0004365 XB0601
七言詩歌行鈔十五卷 (清)王士禎選 清刻本 一冊 存三卷(九至十一)

340000－1882－0004366 XB0578
聖武記十四卷 (清)魏源撰 清上海中華書局石印本 六冊

340000－1882－0004367　XB0563
隨園隨筆二十八卷　(清)袁枚撰　清光緒十八年(1892)上海圖書集成印書局石印本　四册

340000－1882－0004368　XB0586
千金翼方三十卷　(唐)孫思邈著　清刻本　八册　存十九卷(二至十二、二十一至二十二、二十五至三十)

340000－1882－0004369　XB0598
欽定續文獻通考輯要二十六卷　湯壽潛輯　清末石印本　十六册

340000－1882－0004370　XB0580
飲冰室文集十八卷　梁啟超撰　清宣統元年(1909)石印本　二册

340000－1882－0004371　XB0628
雜字一卷　(□)□□撰　**子弟緊要一卷**　(□)□□撰　清刻本　一册

340000－1882－0004372　XB0596
湯頭歌訣一卷　(清)汪昂輯　清光緒三十三年(1907)上海文瑞樓書局石印本　一册

340000－1882－0004373　XB0613
古詩源十四卷　(清)沈德潛撰　清同治十年(1871)刻本　二册

340000－1882－0004374　XB0615
徐氏集著四種四卷　(清)徐大椿注　清光緒十九年(1893)上海圖書集成印書局石印本　一册

340000－1882－0004375　XB0627
慎詒堂詩經八卷　(宋)朱熹集傳　清光緒二年(1876)大德堂刻本　四册

340000－1882－0004376　XB0559
徐氏集著四種四卷　(清)徐大椿注　清光緒二十二年(1896)珍藝書局石印本　一册

340000－1882－0004377　XB0594
蘇文忠詩合註五十卷首一卷目録一卷　(宋)蘇軾撰　(清)馮應榴輯訂　清刻本　五册　存十卷(二十二至三十一)

340000－1882－0004378　XB0600
庚辰集五卷　(清)紀昀編　清乾隆二十七年(1762)刻本　一册

340000－1882－0004379　XB0544
康熙字典十二集三十六卷附首一卷備考一卷補遺一卷　(清)張玉書　(清)陳廷敬總閲　(清)凌紹雯等纂修　清刻本　三十二册　缺七卷(子集中、巳集中、午集下、戌集下、亥集上中下)

340000－1882－0004380　XB0590
養蒙合璧不分卷　(清)知非氏撰　清同治六年(1867)黄集堂刻字店刻本　一册

340000－1882－0004381　XB0638
圖章印珍一卷　(□)□□撰　清鈐印本　一册

340000－1882－0004382　XB630
咽喉秘集一卷　(清)張紹堂撰　清海山仙館刻本　一册

340000－1882－0004383　XB0635
春雪閣初集一卷　(□)□□撰　清末石印本　一册

340000－1882－0004384　XB0584
傷寒論本義十八卷首一卷末一卷　(清)魏荔彤纂釋　清刻本　三册　存四卷(一至三、首一卷)

340000－1882－0004385　XB0626
詩經八卷　(宋)朱熹集傳　清小西山房刻本　四册

340000－1882－0004386　XB0632
詩韻合璧五卷　(清)許時庚輯　清同治九年(1870)西泠還讀書齋刻本　五册

340000－1882－0004387　XB0616
孝經一卷　(漢)孔安國傳　(日本)太宰純音　清乾隆四十一年(1776)鮑氏家塾刻本　一册

340000－1882－0004388　XB0602
四大奇書第一種六十卷　(明)羅貫中著　(清)毛宗崗評　清刻本　八册　存四十八卷

（七至五十四）

340000－1882－0004389　XB0591

重刊宋本十三經注疏　校勘記　（清）阮元撰　（清）盧宣旬摘錄　清同治十二年（1873）江西書局刻本　三十五冊　存七種一百四十卷（監本附釋音春秋公羊注疏一至二，校勘記一至二；附釋音周禮注疏一至八，校勘記一至八；儀禮注疏一至三、二十八至三十一、三十六至四十四，校勘記一至三、二十八至三十一、三十六至四十四；爾雅注疏三至六、九，校勘記三至六、九；附釋音春秋左傳注疏三十一至三十四，校勘記三十一至三十四；附釋音毛詩注疏四至八，校勘記四至八；附釋音禮記注疏二至十九、五十二至六十三，校勘記二至十九、五十二至六十三）

340000－1882－0004390　XB0614

畫梅雜詠不分卷　題（清）雪江老人撰　清刻本　二冊

340000－1882－0004391　XB0599

歷代名人書札二卷　（清）吳曾祺編　清宣統元年（1909）商務印書館鉛印本　一冊　存一卷（一）

340000－1882－0004392　XB0579

康熙字典十二集三十六卷附備考一卷補遺一卷　（清）張玉書　（清）陳廷敬總閱　（清）淩紹雯等纂修　清光緒九年（1883）上海同文書局石印本　六冊

340000－1882－0004393　XB0587

御纂春秋直解十二卷　（清）傅恒等纂　清乾隆刻本　五冊　存八卷（一至八）

340000－1882－0004394　XB0567

施註蘇詩四十二卷　（清）顧嗣立等刪補　清刻本　一冊　存四卷（三十一至三十四）

340000－1882－0004395　XB0668

曾文正公家書十卷家訓二卷　（清）曾國藩撰　清光緒著易堂石印本　四冊　存四卷（家書一、九至十，家訓上）

340000－1882－0004396　XB0617

桂林霜二卷　（清）張三禮評文　（清）蔣士銓填詞　（清）楊迎鶴正譜　清刻本　一冊　存一卷（下）

340000－1882－0004397　XB0595

杜工部集二十卷首一卷　（唐）杜甫撰　清道光十四年（1834）雲葉盦五色套印本　七冊　存十八卷（一至十七、首一卷）

340000－1882－0004398　XB0682

策學備纂三十二卷　（清）蔡啟盛　（清）吳頴炎輯　清末石印本　一冊　存一卷（七）

340000－1882－0004399　XB0603

果報錄圖說二卷　（清）梅岑著　清光緒五年（1879）刻本　一冊　存一卷（上）

340000－1882－0004400　XB0671

禮記十卷　（元）陳澔集說　清刻本　十冊

340000－1882－0004401　XB0677

時務通攷續編三十一卷　題（清）點石齋主人編　清末石印本　三冊　存八卷（十九、二十五至三十一）

340000－1882－0004402　XB0620

大清神鑒六卷　（清）譚瑩覆校　清光緒十年（1884）刻本　一冊

340000－1882－0004403　XB0625

嚴侯官先生全集十四卷　嚴復著　清光緒二十九年（1903）石印本　二冊　存三卷（一至三）

340000－1882－0004404　XB0692

東萊先生左氏博議二十五卷　（宋）呂祖謙撰　清光緒十四年（1888）雲陽義秀書屋刻本　六冊

340000－1882－0004405　XB0643

科舉試卷一卷　（□）□□撰　清光緒刻本　一冊

340000－1882－0004406　XB0700

國朝駢體正宗十二卷　（清）曾燠選　清光緒二十三年（1897）烏程江氏修綆山房刻本　六冊

340000－1882－0004407　XB0681

重訂唐詩別裁集二十卷　（清）沈德潛選　清刻本　一冊　存二卷（十五至十六）

340000－1882－0004408　XB0695

醫學心悟五卷附外科十法一卷　（清）程國彭著　清乾隆五十六年（1791）張得雲書坊刻本　五冊

340000－1882－0004409　XB0662

舊唐書二百卷　（五代）劉昫撰　清刻本　十冊　存四十七卷（七十六至八十二、一百五十八至一百九十七）

340000－1882－0004410　XB0675

漢書一百卷　（漢）班固撰　（唐）顔師古注　清末石印本　二冊　存二十六卷（三十一至五十二、七十二至七十五）

340000－1882－0004411　XB0593

文選六十卷　（南朝梁）蕭統撰　（唐）李善注　清金陵書局刻本　三冊　存十八卷（三十六至四十七、五十五至六十）

340000－1882－0004412　XB0552

達生遂生福幼合編不分卷　（清）莊一夔撰　清光緒二十五年（1899）刻本　一冊

340000－1882－0004413　XB0624

增補虛字注釋四卷　（清）張文炳撰　清李光明莊刻本　一冊　存一卷（一）

340000－1882－0004414　XB0605

疊山批點檀弓不分卷　（宋）謝枋得撰　**蘇老泉批點孟子二卷**　（宋）蘇洵撰　明刻本　一冊

340000－1882－0004415　XB0667

古事比五十二卷　（清）方中德輯著　清末石印本　一冊　存九卷（十八至二十六）

340000－1882－0004416　XB0690

隨園三十八種四十二卷　（清）袁枚撰　清末石印本　五冊　存三十九卷（詩集六至二十六、文集十八至三十五）

340000－1882－0004417　XB0688

東萊博議二十五卷　（宋）呂祖謙撰　清光緒七年（1881）鳳城官舍刻本　四冊

340000－1882－0004418　XB0646

增註分類飲香尺牘四卷　題（清）飲香居士原編　清末石印本　一冊　存一卷（三）

340000－1882－0004419　XB0679

四大奇書第一種五十一卷　（清）毛宗崗評　清刻本　一冊　存二卷（十二至十三）

340000－1882－0004420　XB0696

文公家禮儀節八卷　（宋）朱熹編　（明）楊慎輯　清刻本　一冊　存二卷（三至四）

340000－1882－0004421　XB0570

老子道德經解二卷　（明）釋德清著　清刻本　一冊　存一卷（下）

340000－1882－0004422　XB0654

御批歷代通鑑輯覽一百二十卷　（清）傅恒等撰　清末石印本　二冊　存二十四卷（六十三至七十二、一百七至一百二十）

340000－1882－0004423　XB0707

歷代名臣言行錄二十四卷　（清）朱桓編　清光緒二十九年（1903）上海吳雲記鉛印本　六冊　存十二卷（一至十二）

340000－1882－0004424　XB0694

陳文恭公手札節要三卷　（清）陳宏謀撰　清同治七年（1868）楚北崇文書局刻本　一冊

340000－1882－0004425　XB0689

左傳選十四卷　（清）儲欣評　清刻本　一冊　存五卷（一至五）

340000－1882－0004426　XB0678

漢隸源流統畧歌一卷　（清）陳紀較書　（清）鄭漢音釋　清刻本　一冊

340000－1882－0004427　XB0619

佩懷吟集一卷　（清）□□撰　清稿本　一冊

340000－1882－0004428　XB0608

達生編二卷　題（清）亟齋居士撰　清同治七年（1868）刻本　一冊

340000－1882－0004429　XB0693

臨證指南醫案十卷　（清）葉桂著　清同治三年（1864）刻本　四冊　存四卷（一至三、九）

340000－1882－0004430　XB0683
淵鑒齋御纂朱子全書六十六卷　（清）熊賜履等修　清康熙五十二年（1713）刻本　六冊　存十一卷（一至十一）

340000－1882－0004431　XB0676
禮記增訂旁訓六卷　（清）徐立綱撰　清刻本　五冊

340000－1882－0004432　XB0666
灤陽消夏錄六卷　（清）紀昀撰　清道光十五年（1835）廣州財政司刻閱微草堂筆記本　一冊　存二卷（一至二）

340000－1882－0004433　XB0719
分類緘腋四卷　（清）涂謙撰　清道光五年（1825）大成堂刻本　四冊

340000－1882－0004434　XB0706
注解傷寒論十卷　（漢）張機述　（晉）王叔和撰次　（金）成無己註解　**傷寒明理論四卷**　（金）成無己撰　清光緒二十二年（1896）石印本　四冊

340000－1882－0004435　XB0710
國朝駢體正宗續編八卷　（清）張鳴珂輯　清刻本　四冊

340000－1882－0004436　XB0691
儀禮註疏十七卷　（漢）鄭玄注　清刻本　十二冊

340000－1882－0004437　XB0618
產科心法二卷　（清）汪喆纂　清嘉慶刻本　一冊

340000－1882－0004438　XB0607
梅村詩集箋注十八卷　（清）吳翌鳳撰　清刻本　一冊　存二卷（十至十一）

340000－1882－0004439　XB0730
康熙幾暇格物編二卷　（清）盛昱撰　清末石印本　一冊　存一卷（下）

340000－1882－0004440　XB0658
十三經分類政要十卷　（清）周世樟編　清末石印本　二冊　存五卷（五至八、十）

340000－1882－0004441　XB0639
處分則例圖要六卷　（清）□□撰　清同治九年（1870）江蘇書局刻本　一冊　存四卷（一至四）

340000－1882－0004442　XB0712
左傳翼三十八卷　（清）周大璋輯評　清乾隆刻本　十六冊

340000－1882－0004443　XB0708
御批歷代通鑑輯覽一百二十卷　（清）傅恒等修　清光緒石印本　四冊　存四十五卷（四十一至六十二、七十三至九十五）

340000－1882－0004444　XB0740
芥子園畫傳二集不分卷　（清）王槩輯　清末石印本　四冊

340000－1882－0004445　XB0698
三蘇策論十二卷　（宋）蘇洵等著　清光緒二十七年（1901）鴻寶書局刻本　六冊

340000－1882－0004446　XB0714
附釋音禮記注疏六十三卷　（漢）鄭玄注　（唐）孔穎達疏　**校勘記六十三卷**　（清）阮元撰　（清）盧宣旬摘錄　清嘉慶二十年（1815）江西南昌府學刻重刊宋本十三經注疏附校勘記本　五冊　存二十卷（附釋音禮記注疏十四至二十三、校勘記十四至二十三）

340000－1882－0004447　XB0665
續古文辭類纂三十四卷　王先謙纂集　清光緒二十四年（1898）上海慎記書莊石印本　三冊　存十卷（一至十）

340000－1882－0004448　XB0715
醫林指月　（清）王琦輯　清光緒二十二年（1896）上海圖書集成印書局鉛印本　八冊

340000－1882－0004449　XB0705
最好聽吉祥花□□卷　（□）□□撰　清刻本　十五冊　存十五卷（一至十五）

340000－1882－0004450　XB0606
祁門李景瞻孝義錄一卷　（□）□□撰　明抄本　一冊

340000－1882－0004451　XB0721

皇清經解一千四百八卷　（清）阮元輯　清光緒石印本　十四冊　存二百九十三卷（春秋說十五卷、毛詩故訓三十卷、詩經小學四卷、周禮漢讀考六卷、儀禮漢讀考一卷、古文尚書撰異三十三卷、禮箋三卷、毛鄭詩考正四卷、果溪詩經補註二卷、考工記圖二卷、戴東原集二卷、磬折古義一卷、溝洫疆理小記一卷、禹貢三江考三卷、水地小記一卷、解字小記一卷、聲律小記一卷、九穀考四卷、釋草小記一卷、釋蟲小記一卷、尚書後案十六至三十一、尚書集註音疏十四卷、春秋正辭十三卷、鐘山札記一卷、龍城札記一卷、古文尚書攷二卷、春秋左傳補註六卷、九經古義十六卷、周易述二十一卷、經史問答七卷、質疑一卷、註疏考證六卷、周官祿田考三卷、尚書小疏一卷、儀禮小疏八卷、春秋左傳小疏一卷、果堂集一卷、觀象授時十四卷、鄉黨圖考十卷、儀禮章句十七卷、白田草堂存稿一卷、周禮疑義舉要七卷、深衣考誤一卷、春秋地理考實四卷、群經補義五卷）

340000－1882－0004452　XB0733

新刻古本劉成美忠節全傳六卷　（□）□□撰　清刻本　一冊

340000－1882－0004453　XB0775

增補詩經衍義體註大全合參不分卷　（清）沈李龍增訂　清刻本　一冊

340000－1882－0004454　XB0784

御案詩經備旨八卷　（清）鄒聖脈纂輯　（清）鄒廷猷編次　清刻本　一冊　存二卷（四至五）

340000－1882－0004455　XB0609

癸巳存稿十五卷　（清）俞正燮撰　清刻本　二冊　存五卷（十一至十五）

340000－1882－0004456　XB0663

皇朝五經彙解二百七十卷　題（清）抉經心室主人輯　清光緒十九年（1893）上海蜚英館石印本　二十一冊　存二百四十卷（一至二百四十）

340000－1882－0004457　XB0604

金精廖公秘授地學心法正傳畫莢扒砂經四卷　（宋）廖禹著　（宋）彭大雄集　（明）江之棟輯　明刻本　二冊　存三卷（一至三）

340000－1882－0004458　XB0640

國朝文棟八卷　（清）胡嘉銓輯　清光緒十二年（1886）刻本　二冊

340000－1882－0004459　XB0735

綴白裘新集三編六卷　（□）□□撰　清嘉慶九年（1804）武林三雅堂刻本　六冊

340000－1882－0004460　XB0709

御批通鑑輯覽一百二十卷　（清）傅恒等修　清光緒三十一年（1905）上海商務印書館鉛印本　十三冊　存三十八卷（一至三、十六至五十）

340000－1882－0004461　XB0651

聖諭廣訓直解不分卷　（清）聖祖玄燁撰　清刻本　一冊　存八卷（九至十六）

340000－1882－0004462　XB0739

國朝十家四六文鈔不分卷　王先謙輯　清光緒二十一年（1895）上海書局石印本　四冊

340000－1882－0004463　XB0729

詩經八卷　（宋）朱熹集傳　清刻本　四冊

340000－1882－0004464　XB0724

春秋左傳杜注三十卷　（清）姚培謙學　清刻本　一冊　存三卷（二十八至三十）

340000－1882－0004465　XB0641

洗冤錄辨正□□卷　（清）瞿中溶撰　（清）李璋煜重訂　清道光二十七年（1847）刻本　一冊　存一卷（六）

340000－1882－0004466　XB0741

校正增廣驗方新編二十四卷　（清）鮑相璈編　清光緒石印本　十二冊

340000－1882－0004467　XB0713

春秋左傳三十卷　（晉）杜預注　清光緒十二年（1886）湖北官書處刻本　十二冊

340000－1882－0004468　XB0684

白喉治法要言不分卷 (清)劉昌祈撰 清陳明德老善書坊刻本 一冊

340000－1882－0004469 XB0697
周易廣義四卷 (宋)程頤著傳 (宋)朱熹本義 (清)鄭敷教廣義 清松月樓刻本 二冊

340000－1882－0004470 XB0723
醫宗備要三卷 (清)曾鼎輯 清同治八年(1869)崇文書局刻本 一冊

340000－1882－0004471 XB0746
黟縣及徽州地方詩文雜抄一卷 (□)□□撰 清抄本 一冊

340000－1882－0004472 XB0674
古文析義□□卷 (清)林雲銘評註 清刻本 一冊 存一卷(九)

340000－1882－0004473 XB0711
孝經十七卷 (唐)玄宗李隆基撰 清同治七年(1868)金陵書局刻本 二冊

340000－1882－0004474 XB0728
隨園食單一卷 (清)袁枚撰 清刻本 一冊

340000－1882－0004475 XB0716
紅樓夢一百二十卷 (清)曹雪芹撰 清刻本 十一冊 存五十七卷(二十至四十七、八十一至九十、九十六至一百、一百七至一百二十)

340000－1882－0004476 XB0612
靈素提要淺注十二卷 (清)陳念祖集注 (清)陳元犀參訂 清末石印本 一冊

340000－1882－0004477 XB0621
書經增訂旁訓四卷 (宋)蔡沈集傳 清狀元閣刻本 二冊

340000－1882－0004478 XB0732
周官精義□□卷 (清)連斗山編次 清刻本 一冊 存二卷(四至五)

340000－1882－0004479 XB0642
培遠堂手札節存三卷 (清)陳宏謀著 清同治三年(1864)刻本 三冊

340000－1882－0004480 XB0685
寄傲山房塾課纂輯禮記全文備旨四十九卷 (清)鄒聖脈纂輯 清刻本 三冊 存八卷(一至八)

340000－1882－0004481 XB0680
篆瀘偏旁點畫辯一卷 (清)陳紀較書 (清)鄭漢音釋 清刻本 一冊

340000－1882－0004482 XB0755
詩經八卷 (宋)朱熹集傳 清嘉慶二十三年(1818)古香書屋刻本 三冊 存六卷(一至三、六至八)

340000－1882－0004483 XB0664
古文辭類纂七十四卷 (清)姚鼐輯 清末石印本 三冊 存十卷(三、七至十五)

340000－1882－0004484 XB0736
紉齋畫賸一卷 (清)陳允升撰 清光緒七年(1881)上海點石齋石印本 二冊

340000－1882－0004485 XB0722
有正味齋全集七十一卷 (清)吴錫麒撰 清刻本 二十冊

340000－1882－0004486 XB0644
莫愁湖楹聯便覽不分卷 (清)□□輯 清光緒刻本 一冊

340000－1882－0004487 XB0745
史學提要箋釋五卷 (清)黄繼善撰 (清)楊錫祐釋 **續史學提要箋釋四卷首一卷** (清)鄧機度著 清刻本 四冊 存八卷(史學提要箋釋二至五,續史學提要箋釋一至三、首一卷)

340000－1882－0004488 XB0702
讀史論略二卷 (清)杜詔著 清刻本 二冊

340000－1882－0004489 XB0726
曾文正公文鈔四卷 (清)曾國藩撰 清刻本 一冊 存一卷(一)

340000－1882－0004490 XB0764
瀛海探驪集八卷 (清)朱埏之輯 (清)毛寅初等注 清刻本 二冊 存二卷(三、五)

340000－1882－0004491　XB0686

春秋增訂旁訓四卷　（宋）胡安國撰　清大文堂刻本　二冊

340000－1882－0004492　XB0611

集千家註杜工部詩集二十卷　（唐）杜甫撰　明刻本　一冊　存二卷（十六至十七）

340000－1882－0004493　XB0645

楹聯集錦八卷　（清）胡鳳丹輯　清光緒五年（1879）刻本　一冊　存四卷（一至四）

340000－1882－0004494　XB0779

禮記十卷　（元）陳澔著　清刻本　六冊

340000－1882－0004495　XB0744

種痘新書十二卷　（清）張琰編輯　清刻本　四冊　存十卷（三至十二）

340000－1882－0004496　XB0754

新安景物約編不分卷　（清）江忠儔　（清）江正心纂　清刻本　一冊

340000－1882－0004497　XB0768

佩文韻府一百六卷拾遺一百六卷　（清）張玉書等撰　清光緒八年（1882）上海點石齋石印本　十冊

340000－1882－0004498　XB0647

謝際昌案卷□□卷　（清）謝際昌撰　清刻本　一冊　存一卷（二）

340000－1882－0004499　XB0725

醫醇賸義四卷　（清）費伯雄著　清光緒刻本　一冊　存一卷（一）

340000－1882－0004500　XB0783

新刻玉釧緣三十二卷　（清）□□撰　清刻本　六冊　存四卷（一、六至七、十一）

340000－1882－0004501　XB0743

胡文忠公遺集八十六卷首一卷　（清）胡林翼撰　清光緒石印本　一冊　存七卷（一至六、首一卷）

340000－1882－0004502　XB0759

駁案新編三十二卷　（清）全士潮等輯　清末石印本　一冊　存三卷（十三至十五）

340000－1882－0004503　XB0648

繹史一百六十卷　（清）馬驌撰　清刻本　一冊　存三卷（一百五十四至一百五十六）

340000－1882－0004504　XB0778

御撰資治通鑑綱目三編二十卷　（清）張玉書等編　清刻本　一冊　存四卷（十三至十六）

340000－1882－0004505　XB0777

禮記旁訓六卷　（清）徐立綱輯　明崇禎三年（1630）刻本　一冊　存三卷（一至三）

340000－1882－0004506　XB0770

評點春秋綱目左傳句解彙雋六卷　（清）韓菼重訂　清李光明莊刻本　二冊　存二卷（一至二）

340000－1882－0004507　XB0769

第一才子書六十卷　（清）毛宗崗評　清刻本　二十一冊　存五十五卷（一至十三、十六至五十四、五十八至六十）

340000－1882－0004508　XB0776

蘇文忠公詩集五十卷　（宋）蘇軾撰　（清）紀昀評點　清朱墨套印本　十一冊

340000－1882－0004509　XB0650

讀史論略二卷　（清）杜詔著　清光緒刻本　一冊

340000－1882－0004510　XB0753

同音字彙不分卷　（清）□□撰　清光緒六年（1880）刻本　一冊

340000－1882－0004511　XB0785

說文解字十五卷　（漢）許慎記　清商務印書館摹印本　四冊

340000－1882－0004512　XB0788

孟子註疏解經十四卷　（漢）趙岐注　（宋）孫奭疏　明刻本　七冊

340000－1882－0004513　XB0742

詩鈔□□卷　（□）□□撰　清抄本　一冊　存一卷（一）

340000－1882－0004514　XB0610

醫學從衆八卷　（清）陳念祖著　清刻本　三

册　存六卷(三至八)

340000－1882－0004515　XB0649

欽定周官義疏四十八卷首一卷　(清)允祿等撰　清刻本　二册　存四卷(二十三至二十四、三十八至三十九)

340000－1882－0004516　XB0782

舊雨草堂時文不分卷　(清)陳康祺撰　清同治九年(1870)刻本　一册

340000－1882－0004517　XB0792

皇朝經世文編一百二十卷　(清)賀長齡輯　清刻本　八册　存十卷(二十五至三十、五十三至五十六)

340000－1882－0004518　XB0731

困學紀聞二十卷　(宋)王應麟撰　清乾隆蔭書樓刻本　十册

340000－1882－0004519　XB0673

六朝文絜四卷　(清)許槤評選　清李光明莊刻本　一册

340000－1882－0004520　XB0672

憐香伴傳奇四卷　(清)李漁撰　清刻本　二册

340000－1882－0004521　XB0670

瀛海探驪集八卷　(清)朱埏之輯　(清)毛寅初等注　清刻本　一册　存一卷(四)

340000－1882－0004522　XB0669

四書典制類聯音註三十三卷　(清)閻其淵編　清刻本　七册　存二十四卷(四至十五、十九至二十三、二十七至三十三)

340000－1882－0004523　XB0720

尺木堂綱鑑易知錄九十二卷　(清)吳乘權等輯　清末石印本　三册　存十九卷(二十七至三十三、六十一至六十七、八十八至九十二)

340000－1882－0004524　XB0791

傷寒附翼二卷　(清)柯琴編　(清)馬中驊校　清刻本　二册

340000－1882－0004525　XB0767

評點春秋左傳綱目句解彙雋六卷　(清)韓菼重訂　清刻本　一册　存一卷(五)

340000－1882－0004526　XB0780

增補字學舉隅不分卷　(清)龍光甸　(清)黄本驥輯　(清)龍啟瑞增輯　清光緒十七年(1891)掃葉山房刻本　一册

340000－1882－0004527　XB0790

傷寒論註四卷　(漢)張機撰　(清)柯琴編註　清乾隆二十年(1755)刻本　四册

340000－1882－0004528　XB0812

寄傲山房塾課新增幼學故事瓊林四卷　(清)程允升撰　(清)鄒聖脈增補　清刻本　一册　存一卷(四)

340000－1882－0004529　XB0771

通志二百卷欽定通志考證三卷　(宋)鄭樵撰　清末石印本　十七册　存一百六卷(通志七十八至一百七十六、一百九十七至二百,考證二卷)

340000－1882－0004530　XB0652

常惺惺室時文不分卷　(□)□□輯　清刻本　一册

340000－1882－0004531　XB0789

素問靈樞類纂約註三卷　(清)汪昂著輯　清刻本　一册　存一卷(中)

340000－1882－0004532　XB0747

新訂四書補註備旨十卷　(明)鄧林著　清裕德堂刻本　二十二册

340000－1882－0004533　XB0830

本草通元二卷　(清)李中梓撰　清刻本　二册

340000－1882－0004534　XB0794

地理天機一貫六卷　(清)李三素著　清道光刻本　四册

340000－1882－0004535　XB0622

書經四卷　(宋)蔡沈集傳　清上海際園刻本　三册

340000－1882－0004536　XB0752

詩經八卷　(宋)朱熹集傳　清光緒十二年(1886)刻本　四册　存二卷(一、四)

340000－1882－0004537　XB0653
敬避字樣一卷　(清)黄本驥撰　(清)龍啟瑞增輯　清刻本　一册

340000－1882－0004538　XB0810
書經增訂旁訓四卷　(宋)蔡沈撰　清大文堂刻本　一册　存二卷(一至二)

340000－1882－0004539　XB0852
春秋胡氏傳三十卷　(宋)胡安國傳　(宋)林堯叟注　清學源堂刻本　二册　存九卷(一至四、二十一至二十五)

340000－1882－0004540　XB0751
欽定續通典一百五十卷　(清)嵇璜等纂修　清末石印本　一册　存十一卷(八十一至九十一)

340000－1882－0004541　XB0766
宋書一百卷　(南朝梁)沈約撰　明萬曆二十二年(1594)南京國子監刻本　一册　存四卷(六至九)

340000－1882－0004542　XB0821
飲冰室文集十八卷　梁啟超撰　清光緒二十八年至二十九年(1902－1903)石印本　一册　存一卷(壬三)

340000－1882－0004543　XB0824
康熙字典十二集三十六卷檢字一卷辨似一卷等韻一卷備考一卷補遺一卷　(清)張玉書(清)陳廷敬總閲　(清)淩紹雯等纂修　清光緒二十四年(1898)上海文盛書局石印本　六册

340000－1882－0004544　XB0835
新刻重校秘傳鬼靈經通天竅十卷　(□)□□撰　清刻本　一册

340000－1882－0004545　XB0847
廣事类賦四十卷　(清)華希閔撰　清乾隆二十九年(1764)劍光閣刻本　一册　存四卷(一至四)

340000－1882－0004546　XB0823
周禮政要四卷　(清)孫詒讓撰　清光緒石印本　二册

340000－1882－0004547　XB0656
曾文正公奏稿三十卷　(清)曾國藩撰　清刻本　一册　存一卷(三十)

340000－1882－0004548　XB0801
代數須知一卷　(英國)傅蘭雅撰　清光緒十三年(1887)刻本　一册

340000－1882－0004549　XB0765
詩集傳二十卷　(宋)朱熹撰　清刻本　一册　存二卷(四至五)

340000－1882－0004550　XB0805
十三經分類政要十卷　(清)周世樟編　清末石印本　一册　存一卷(三)

340000－1882－0004551　XB0655
大清律例彙輯便覽四十卷　(□)□□撰　清刻本　二册　存二卷(四至五)

340000－1882－0004552　XB0816
南洋官報一卷　(□)□□撰　清光緒三十三年(1907)鉛印本　一册

340000－1882－0004553　XB0834
痘科秘旨不分卷　(□)□□撰　清抄本　四册

340000－1882－0004554　XB0659
校訂時調崑腔綴白裘新集合編十二集　題(清)玩花主人編　(清)錢德蒼輯　清嘉慶九年(1804)武林三雅堂刻本　十二册　存十六卷(彩、鳳、和、海、宴、河、調、萬、慶、物、雨、順、千、阜、瑞、聲)

340000－1882－0004555　XB0833
曾文正公奏議十卷首一卷末一卷　(清)曾國藩撰　清刻本　一册　存一卷(五)

340000－1882－0004556　XB0798
文選六十卷　(南朝梁)蕭統編　(明)張鳳翼纂註　明刻本　二册　存二卷(十至十一)

340000－1882－0004557　XB0838

何博士備論二卷 （宋）何去非撰 **宋丞相李忠定公輔政本末一卷** （□）□□撰 清光緒元年（1875）崇文書局刻子書百家本 一冊

340000－1882－0004558 XB0795
新刻劍嘯閣批評西漢演義八卷 （明）鍾惺批評 清同治十一年（1872）善成堂刻本 八冊

340000－1882－0004559 XB0846
陳檢討集二十卷 （清）陳維崧撰 （清）陳師恭注 清康熙三十二年（1693）有美堂刻本 四冊

340000－1882－0004560 XB0819
新安吴氏祖塋圖不分卷 （明）吳天洪撰 明萬曆十三年（1585）抄本 一冊

340000－1882－0004561 XB0820
御批歷代通鑑輯覽一百二十卷 （清）傅恒纂 清末石印本 十一冊 存五十卷（六十三至一百十二）

340000－1882－0004562 XB0774
四書集註三十卷 （宋）朱熹集註 清刻本 六冊 存十二卷（孟子一至五、七，論語一至五，又孟子一）

340000－1882－0004563 XB0804
學算筆談十二卷 （清）華蘅芳撰 清鉛印本 一冊 存三卷（十至十二）

340000－1882－0004564 XB0800
漢隸源流統畧歌一卷篆灋偏旁點畫辯一卷 （清）陳紀校書 （清）鄭漢音釋 清義經堂刻本 一冊

340000－1882－0004565 XB0853
東萊先生左氏博議二十五卷 （宋）呂祖謙撰 清多文館鉛印本 四冊

340000－1882－0004566 XB0763
明史三百三十二卷 （清）張廷玉纂 清刻本 一冊 存三卷（八十八至九十）

340000－1882－0004567 XB0811
九通提要十二卷 （清）柴紹炳纂 清光緒二十八年（1902）鴻寶齋石印本 六冊

340000－1882－0004568 XB0837
醫方捷徑指南全書二卷 （明）王宗顯輯 清經元堂刻本 一冊

340000－1882－0004569 XB0832
校訂外科正宗十二卷 （明）陳實功撰 清光緒二十七年（1901）上洋煥文書局石印本 一冊 存六卷（一至六）

340000－1882－0004570 XB0793
御批歷代通鑑輯覽一百二十卷 （清）傅恒等纂 清刻本 四十冊 存五十四卷（二十二至三十五、六十四至一百三）

340000－1882－0004571 XB0787
論語註疏二十卷 （三國魏）何晏集解 （唐）陸德明音義 清乾隆刻本 四冊

340000－1882－0004572 XB0799
禮記十卷 （元）陳澔集說 （清）曹士瑋纂輯 清刻本 一冊 存一卷（四）

340000－1882－0004573 XB0845
禮記注疏校勘記六十三卷 （清）阮元撰 （清）盧宣旬摘錄 清刻本 二冊 存二十八卷（三十六至六十三）

340000－1882－0004574 XB0818
二銘草堂金石聚十六卷 （清）張德容輯 清同治十一年（1872）刻本 一冊

340000－1882－0004575 XB0749
新訂四書補註備旨十卷 （明）鄧林撰 （清）杜定基增訂 清李光明莊刻本 三冊 存四卷（一至四）

340000－1882－0004576 XB0773
書經六卷 （宋）蔡沈集傳 清務本堂刻本 四冊

340000－1882－0004577 XB0831
甌北詩話十卷續詩話二卷 （清）趙翼撰 清同治十三年（1874）紅杏山房刻本 四冊

340000－1882－0004578 XB0825
映雪齋分類官商便覽七百種不分卷 題（清）映雪齋主人編 清光緒三十年（1904）淞南太

原氏石印本　一册

340000－1882－0004579　XB0815

萬國公報一卷　(□)□□撰　清光緒十六年(1890)鉛印本　一册

340000－1882－0004580　XB0813

陶太淑人行述不分卷　(清)李濱纂　清刻本　一册

340000－1882－0004581　XB0814

古文析義十六卷　(清)林雲銘評註　清刻本　一册　存一卷(六)

340000－1882－0004582　XB0772

書經六卷　(宋)蔡沈集傳　清刻本　二册　存三卷(一、五至六)

340000－1882－0004583　XB0762

新增幼學故事瓊林四卷　(清)程允升撰　清刻本　一册　存二卷(三至四)

340000－1882－0004584　XB0836

劉子二卷　(北齊)劉晝撰　清光緒元年(1875)湖北崇文書局刻本　一册

340000－1882－0004585　XB0826

周禮政要二卷　(清)孫詒讓撰　清光緒二十八年(1902)瑞安普通學堂刻本　二册

340000－1882－0004586　XB0851

溫侍讀集不分卷　(三國魏)溫子昇撰　**邢特進集不分卷**　(南朝齊)邢邵撰　清光緒十八年(1892)善化章經濟堂刻本　一册

340000－1882－0004587　XB0547

資治新書十四卷首一卷　(清)李漁輯　清芥子園刻本　四册　存八卷(六至九、十一至十四)

340000－1882－0004588　XB0839

欽定錢錄十六卷　(清)梁詩正撰　(清)蔣溥纂　清末抄本　一册

340000－1882－0004589　XB0748

蓮案便覽一卷　(□)□□撰　清抄本　一册

340000－1882－0004590　XB0806

金匱方歌括六卷　(清)陳念祖撰　(清)陳元犀韻注　清上海錦章書局石印本　一册

340000－1882－0004591　XB0661

曾文正公家書十卷家訓二卷　(清)曾國藩撰　清末石印本　一册　存二卷(五至六)

340000－1882－0004592　XB0803

汪氏宗譜纂要四卷首一卷末一卷　(清)汪鋼撰　清乾隆四十年(1775)刻本　一册　存二卷(一、首一卷)

340000－1882－0004593　XB0660

皇朝通志一百二十六卷　(清)嵇璜等總纂　清光緒二十七年(1901)上海圖書集成局鉛印九通本　三册　存二十三卷(一至二十三)

340000－1882－0004594　XB0854

皇朝經世文編一百二十卷新增續編一百二十卷新增時務續編四十卷　(清)賀長齡　(清)葛士濬輯　清光緒二十三年(1897)掃葉山房鉛印本　二十四册　存一百三十一卷(皇朝經世文編一至十六、三十二至四十一、五十六至六十一、九十九至一百四,新增續編一至七、二十至三十九、四十四至六十八、七十三至八十三、一百一至一百十,新增時務續編一至十九、四十)

340000－1882－0004595　XB0549

前漢書一百卷　(漢)班固撰　(唐)顏師古注　**後漢書一百二十卷**　(南朝宋)范曄撰　(唐)李賢注　清刻本　二册　存二卷(前漢書九十一、後漢書七)

340000－1882－0004596　XB0862

詳注聊齋志異圖詠十六卷　(清)蒲松齡撰　清末石印本　四册　存八卷(一至二、五至六、九至十二)

340000－1882－0004597　XB0869

四書論經正篇二卷　(□)□□撰　清末石印本　一册　存一卷(下)

340000－1882－0004598　XB0797

增評童氏醫方集解二十三卷　(清)汪昂著輯　(清)李保常批點　清光緒二十二年(1896)

上海圖書集成書局石印本　一冊　存二卷(一至二)

340000－1882－0004599　XB0807
精鐫海若湯先生校訂音釋五侯鯖字辯□□卷首一卷四書五經難字一卷　(□)□□撰　明刻本　一冊　存二卷(精鐫海若湯先生校訂音釋五侯鯖字辯首一卷、四書五經難字一卷)

340000－1882－0004600　XB0859
皇朝文獻通考三百卷　(清)嵇璜纂　清光緒二十七年(1901)上海圖書集成局鉛印九通本　四十二冊　存二百九十八卷(一至二百九十八)

340000－1882－0004601　XB0861
歷代畫史彙傳七十二卷首一卷引証書目一卷總目三卷附錄二卷　(清)彭蘊燦編　清刻本　三冊　存十卷(十至十二、二十三至二十五、五十八至六十一)

340000－1882－0004602　XB0884
漢名臣傳三十二卷　(清)國史館輯　清刻本　一冊　存一卷(八)

340000－1882－0004603　XB0850
救急應驗良方不分卷　題(清)頤園居士編　清光緒二十四年(1898)頤園石印本　一冊

340000－1882－0004604　XB0761
監本四書十九卷　(宋)朱熹集註　清光緒十二年(1886)湖北官書處刻本　一冊　存二卷(大學一卷、中庸一卷)

340000－1882－0004605　XB0897
新花樣生意尺牘六卷　(清)仲奇民撰　清刻本　一冊　存一卷(六)

340000－1882－0004606　XB0842
增像全圖三國演義十六卷一百二十回　(明)羅貫中撰　(清)毛宗崗評　清光緒二十九年(1903)上海錦章書局石印本　四冊

340000－1882－0004607　XB0868
讀通鑑論十六卷宋論十五卷　(清)王夫之撰　清鉛印本　二冊　存十卷(讀通鑑論十三至十四、宋論八至十五)

340000－1882－0004608　XB0796
曾文正公奏稿三十六卷　(清)曾國藩撰　清刻本　一冊　存一卷(十二)

340000－1882－0004609　XB0802
自遠堂琴譜十二卷　(清)吳灴輯　清自遠堂刻本　一冊　存一卷(二)

340000－1882－0004610　XB0866
燕山外史註釋八卷　(清)陳球撰　(清)傅聲谷輯註　清光緒刻本　三冊　存六卷(一至二、五至八)

340000－1882－0004611　XB0808
書經增訂旁訓四卷　(宋)蔡沈集傳　清刻本　四冊

340000－1882－0004612　XB0885
雲林別墅新輯酬世錦囊書啟合編初集八卷　(清)鄒景揚輯　清末石印本　一冊　存四卷(五至八)

340000－1882－0004613　XB0758
山谷題跋三卷　(宋)黄庭堅撰　清乾隆五十年(1785)寧遠堂刻本　一冊　存一卷(下)

340000－1882－0004614　XB0849
奇經八脈考一卷　(明)李時珍撰　清刻本　一冊

340000－1882－0004615　XB0880
地理點穴撼龍經不分卷　(唐)楊筠松撰　清刻本　一冊

340000－1882－0004616　XB0827
庚辰集五卷　(清)紀昀編　清嘉慶二年(1797)刻本　五冊

340000－1882－0004617　XB0896
四書典制類聯音注三十三卷　(清)閻其淵輯　清刻本　一冊　存三卷(十六至十八)

340000－1882－0004618　XB0860
文選集評十五卷首一卷　(清)于光華編　清刻本　三冊　存三卷(一至三)

340000－1882－0004619　XB0856
康熙字典三十六卷備考一卷補遺一卷　(清)張玉書　(清)陳廷敬總閲　(清)淩紹雯等纂修　清道光七年(1827)刻本　三十一册

340000－1882－0004620　XB0867
欽定春秋傳説彙纂三十八卷首二卷　(清)王掞等撰　清光緒二十年(1894)上海書局石印本　十九册　存十二卷(一至十、首二卷)

340000－1882－0004621　XB0809
文獻通考三百卷　(元)馬端臨撰　清影印本　一册　存八卷(九十一至九十八)

340000－1882－0004622　XB0946
廣事類賦四十卷　(清)華希閔撰　清光裕堂刻本　二册　存十七卷(十八至二十四、三十一至四十)

340000－1882－0004623　XB0844
聖諭廣訓不分卷　(清)聖祖玄燁撰　清雍正二年(1724)刻本　一册

340000－1882－0004624　XB0914
尺木堂綱鑑易知錄九十二卷明鑑易知錄十五卷　(清)吴乘權等輯　清光緒十五年(1889)廣百宋齋鉛印本　一册　存六卷(綱鑑易知錄一至六)

340000－1882－0004625　XB0858
溫病條辨六卷首一卷　(清)吴塘撰　清光緒石印本　二册　存二卷(一至二)

340000－1882－0004626　XB0913
陳檢討集二十卷　(清)陳維崧撰　(清)程師恭註　清康熙刻本　六册

340000－1882－0004627　XB0757
驗方新編八卷首一卷　(清)鮑相璈輯　清道光二十六年(1846)海山仙馆刻本　一册　存二卷(一、首一卷)

340000－1882－0004628　XB0848
唐陸宣公集二十二卷　(唐)陸贄撰　清光緒二十四年(1898)上海著易堂石印本　四册

340000－1882－0004629　XB0864
小倉山房文集三十五卷　(清)袁枚撰　清石印隨園三十六種本　二册　存二十四卷(十二至三十五)

340000－1882－0004630　XB0888
詩韻全璧五卷　(□)□□撰　**虚字韻藪一卷**　(清)潘維城輯　清末石印本　一册　存二卷(一、五)

340000－1882－0004631　XB0882
嘐嘐言六卷　(清)郭柏蔭撰　清道光刻本　一册

340000－1882－0004632　XB0843
[康熙]祁門縣志八卷　(清)陳之辰修　(清)張瑗纂　清康熙二十三年(1684)刻本　五册　存三卷(一、六至七)

340000－1882－0004633　XB0918
左繡三十卷首一卷　(清)馮李驊　(清)陸浩評輯　**春秋左傳集解三十卷**　(晉)杜預撰　(唐)陸德明音釋　(宋)林堯叟注　清康熙五十九年(1720)華川書屋刻兩節本　二册　存五卷(春秋左傳集解一至二、十至十二)

340000－1882－0004634　XB0906
禮記增訂旁訓六卷　(清)徐立綱撰　清刻本　一册　存一卷(五)

340000－1882－0004635　XB0922
文選六十卷　(南朝梁)蕭統編　(唐)李善注　清光霽堂刻本　二册　存十四卷(一至六、二十三至三十)

340000－1882－0004636　XB0876
謝疊山先生文章軌範七卷　(宋)謝枋得撰　(明)邱邦士評　清朱墨套印本　一册　存二卷(六至七)

340000－1882－0004637　XB0905
唐宋八大家文讀本三十卷　(清)沈德潛評點　清刻本　一册　存三卷(二十五至二十七)

340000－1882－0004638　XB0939
外科正宗十二卷　(明)陳實功撰　(清)徐大椿評　清上海煥文書局石印本　一册　存六

卷(七至十二)

340000－1882－0004639　XB0857

金匱要略淺註十卷金匱方歌括六卷　(漢)張仲景撰　清末石印本　一册

340000－1882－0004640　XB0878

香祖樓二卷　題(清)藏園居士填詞　(清)兩峰外史評文　(清)種木山人訂譜　清刻本　一册　存一卷(上)

340000－1882－0004641　XB0887

曾文正公家書二十卷　(清)曾國藩撰　清末石印本　一册　存二卷(七至八)

340000－1882－0004642　XB0895

宋書一百卷　(南朝梁)沈約撰　清末石印本　一册　存十八卷(六十二至七十九)

340000－1882－0004643　XB0863

新刊續名世文宗三十卷　(明)胡時化輯　明望雲精舍刻本　二册　存五卷(十六至十九、二十九)

340000－1882－0004644　XB0921

古文翼八卷　(清)唐德宜編　清刻本　四册　存三卷(二至四)

340000－1882－0004645　XB0912

皇清經解一千四百卷首一卷　(清)阮元輯　清光緒十三年(1887)學海堂石印本　一册　存四十七卷(經讀考異一至八、尚書今古文註疏一至三十九)

340000－1882－0004646　XB0948

御纂周易折中二十二卷首一卷　(清)李光地修　清同治六年(1867)刻本　一册　存二卷(一、首一卷)

340000－1882－0004647　XB0890

女科要旨四卷　(清)陳念祖撰　(清)陳元犀韻註　清咸豐六年(1856)刻本　一册

340000－1882－0004648　XB0894

本草綱目五十二卷　(明)李時珍撰　清芥子園刻本　二册　存三卷(十二、三十一至三十二)

340000－1882－0004649　XB0756

七家詩選七卷　(清)張昶註釋　(清)張熙宇輯評　清朱墨套印本　二册　存三卷(五至七)

340000－1882－0004650　XB0935

集驗良方拔萃二卷　(清)恬素氏撰　清道光二十一年(1841)刻本　一册

340000－1882－0004651　XB0936

金匱心典三卷　(漢)張仲景撰　(清)尤怡集註　清雍正刻本　三册

340000－1882－0004652　XB0926

英德堂繪像第七才子書六卷　(元)高明撰　(清)毛宗崗評　清刻本　三册　存五卷(二至六)

340000－1882－0004653　XB0855

天雨花三十回　(清)陶貞懷撰　清同治八年(1869)文富堂刻本　二十九册

340000－1882－0004654　XB0870

增像全圖東周列國志二十七卷首一卷　(清)蔡界評點　清宣統元年(1909)石印本　五册　存五卷(一至三、六至七)

340000－1882－0004655　XB0947

曾文正公雜著四卷首一卷　(清)曾國藩撰　清咸豐十一年(1861)刻本　一册　存二卷(三至四)

340000－1882－0004656　XB0934

學案小識十四卷首一卷　(清)唐鑑撰　清光緒十年(1884)刻本　一册　存三卷(一至二、首一卷)

340000－1882－0004657　XB0920

禮記十卷　(元)陳澔集說　清刻本　四册　存四卷(五至八)

340000－1882－0004658　XB0925

繪圖天雨花三十回　(清)陶貞懷撰　清刻本　一册　存五回(十六至二十)

340000－1882－0004659　XB0901

嘻談錄二卷嘻談續錄二卷　題(清)小石道人

撰　清刻本　一冊　存一卷(嘻談續錄下)

340000－1882－0004660　XB0929

六事箴言一卷　(清)葉玉屏輯　清凝香草堂刻本　一冊

340000－1882－0004661　XB0937

春秋胡氏傳三十卷　(宋)胡安國傳　清刻本　三冊　存十六卷(五至二十)

340000－1882－0004662　XB0881

新刻玉釧緣全傳三十二卷　題(清)西湖居士撰　清刻本　二冊　存二卷(二、八)

340000－1882－0004663　XB0893

金精廖公秘授地學心法正傳畫莢扒砂經四卷　(宋)廖禹撰　(明)彭大雄集　(明)江之楝輯　明刻本　一冊　存二卷(二至三)

340000－1882－0004664　XB0924

尚書六卷　(宋)蔡沈集傳　清光緒十六年(1890)刻本　六冊

340000－1882－0004665　XB0829

賦學正鵠集釋十一卷　(清)李元度編　清光緒八年(1882)刻本　七冊　存八卷(一至三、五至六、九至十一)

340000－1882－0004666　XB0891

詩韻含英四卷　(清)劉文蔚輯　清刻本　一冊

340000－1882－0004667　XB0942

古文析義十六卷　(清)林雲銘評註　清刻本　十四冊　存十四卷(二至五、七至十六)

340000－1882－0004668　XB0928

好學為福齋文鈔二卷　(清)俞樾撰　清刻本　一冊　存一卷(一)

340000－1882－0004669　XB0933

地球韻言四卷　(清)張士瀛撰　清李光明莊刻本　一冊　存二卷(三至四)

340000－1882－0004670　XB0910

西堂全集□□卷　(清)尤侗撰　清康熙十八年(1679)刻本　一冊　存四卷(一集五至八)

340000－1882－0004671　XB0879

巧團圓傳奇四卷　(清)李漁編　清刻本　一冊　存一卷(下)

340000－1882－0004672　XB0945

產科心法二卷附方二卷　(清)汪喆纂　清嘉慶刻本　一冊　存二卷(上、附方一)

340000－1882－0004673　XB0927

晚學齋集五種二十六卷　(清)鄭由熙撰　清光緒二十四年(1898)靖安縣署刻本　六冊　存十八卷(漣漪詞一至二,詩初集一至二,詩二集一至六、十至十二,詩續集一,外集一至四)

340000－1882－0004674　XB0938

便易經驗集不分卷　(清)毛世洪輯　(清)汪瑜增訂　清同治刻本　一冊

340000－1882－0004675　XB0877

林蕙堂文集十二卷　(清)吳綺撰　清刻本　一冊　存二卷(五至六)

340000－1882－0004676　XB0874

恪靖侯左相手札一卷　(清)左宗棠　**宮保彭尚書手札一卷**　(清)彭玉麟撰　**威毅伯曾宮保手札一卷**　(清)曾國荃撰　**肅毅伯李傅相手札一卷**　(清)李鴻章撰　清岵瞻堂刻本　二冊

340000－1882－0004677　XB0909

御纂周易折中二十二卷首一卷　(清)李光地修　清同治六年(1867)浙江書局刻本　一冊　存二卷(五至六)

340000－1882－0004678　XB0944

春秋穀梁傳十二卷　(晉)范甯集解　清刻本　四冊

340000－1882－0004679　XB0883

新鐫注釋故事白眉十卷　(明)許以忠輯　清刻本　一冊　存四卷(五至八)

340000－1882－0004680　XB0943

慎妄集二卷　(清)俞聃撰　清刻本　一冊　存一卷(下)

340000－1882－0004681　XB0919

續古文辭類纂三十卷　王先謙輯　清光緒八年(1882)三味堂刻本　三冊　存九卷(一至九)

340000－1882－0004682　XB0907

吳詩集覽二十卷　(清)吳偉業撰　(清)靳荣潘輯　清乾隆四十六年(1781)刻本　一冊　存二卷(十九至二十)

340000－1882－0004683　XB0908

翠岩室詩鈔二卷　(清)韓弼元撰　清刻本　一冊

340000－1882－0004684　XB0902

欽定隆萬四書文六卷　(清)方苞等編　清光緒二年(1876)湖北崇文書局刻本　一冊　存三卷(一至三)

340000－1882－0004685　XB0958

有正味齋集十六卷　(清)吳錫麒撰　清刻本　三冊　存十二卷(一至十二)

340000－1882－0004686　XB0941

船山詩草二十卷　(清)張問陶撰　清刻本　一冊　存三卷(十八至二十)

340000－1882－0004687　XB0904

皇朝經世文編一百二十卷　(清)賀長齡輯　清末石印本　一冊　存五卷(一百十六至一百二十)

340000－1882－0004688　XB0900

隨息居重訂霍亂論四卷　(清)王士雄撰　清光緒三十年(1904)石印本　二冊

340000－1882－0004689　XB0917

陳檢討集二十卷　(清)陳維崧撰　(清)程師恭注　清刻本　四冊

340000－1882－0004690　XB0953

地學通天照水經一卷　(□)□□撰　清抄本　一冊

340000－1882－0004691　XB0940

太原傅科二卷　(清)傅山撰　清刻本　一冊　存一卷(下)

340000－1882－0004692　XB0991

維揚大成堂新刻增訂釋義經書便用通考雜字二卷外一卷　(清)徐三省輯　(清)戴啟達訂　清乾隆三十年(1765)大成堂刻本　一冊

340000－1882－0004693　XB0932

琴江同人贈別詩一卷　(清)潘尚志編　清光緒十九年(1893)刻本　一冊

340000－1882－0004694　XB0976

書經六卷首一卷末一卷　(宋)蔡沈集傳　清刻本　四冊

340000－1882－0004695　XB0964

新增曆法便覽象吉備要通書大全二十九卷　(清)魏鑑纂輯　清康熙積慶堂刻本　十二冊

340000－1882－0004696　XB0952

儀禮讀本十七卷首一卷　(清)周樽輯　清刻本　四冊

340000－1882－0004697　XB0960

說文辨疑一卷　(清)顧廣圻撰　清光緒三年(1877)湖北崇文書局刻本　一冊

340000－1882－0004698　XB0957

春秋左傳五十卷　(晉)杜預集解　(唐)陸德明音義　清刻本　一冊　存三卷(二至四)

340000－1882－0004699　XB0949

欽定四庫全書總目二百卷　(清)永瑢纂　清刻本　二十六冊　存四十三卷(二十一至二十四、二十七至二十八、三十三至三十六、一百十至一百二十六、一百二十九至一百三十一、一百三十八至一百四十五、一百六十七至一百六十八、一百七十至一百七十一、一百七十三)

340000－1882－0004700　XB0963

段氏說文注訂八卷說文新附攷六卷說文續攷二卷　(清)鈕樹玉撰　清同治十三年(1874)湖北崇文書局刻本　四冊

340000－1882－0004701　XB0954

續古文辭類纂三十卷　王先謙輯　清光緒八年(1882)刻本　一冊　存三卷(一至三)

340000－1882－0004702　XB0931
朱子文集大全類編一百二十卷　(宋)朱熹撰　(清)朱玉編　清刻本　一冊　存二卷(朱文公封事奏劄上、下)

340000－1882－0004703　XB0962
素問靈樞類纂約注三卷　(清)汪昂撰　(清)汪惟寵　清刻本　一冊　存一卷(下)

340000－1882－0004704　XB0987
長沙藥解四卷玉楸藥解八卷　(清)黄元御撰　清末石印本　一冊

340000－1882－0004705　XB0886
論語十卷　(宋)朱熹集註　清刻本　一冊　存五卷(一至五)

340000－1882－0004706　XB0968
春秋經傳集解三十卷　(晉)杜預撰　(宋)林堯叟注　(唐)陸元朗(德明)音釋　(清)馮李驊增訂　清刻本　三冊　存十二卷(四至十五)

340000－1882－0004707　XB0993
醫旨緒餘二卷　(明)孫一奎撰　明萬曆孫泰來、孫朋來刻本　二冊

340000－1882－0004708　XB0930
胡文忠公遺集十卷首一卷　(清)胡林翼撰　(清)閻敬銘等編輯　清同治七年(1868)刻本　八冊

340000－1882－0004709　XB0950
劍南詩鈔不分卷　(宋)陸游撰　(清)楊大鶴選　清刻本　一冊

340000－1882－0004710　XB0898
後漢書一百二十卷　(南朝宋)范曄撰　(南朝梁)劉昭注　清掃葉山房刻本　一冊　存八卷(三十三至四十)

340000－1882－0004711　XB0971
六書通十卷　(明)閔齊伋撰　清光緒四年(1878)繡谷留耕堂刻本　五冊

340000－1882－0004712　XB0956
素問靈樞類纂約註三卷　(清)汪昂纂輯　清光緒六年(1880)刻本　一冊

340000－1882－0004713　XB0959
讀書做人譜一卷　(清)龍炳垣輯　清光緒刻本　一冊

340000－1882－0004714　XB0989
十八都西塘約烟戶門牌草卷一卷　(□)□□撰　清抄本　一冊

340000－1882－0004715　XB0984
名賢手札一卷　(清)曾國藩撰　清光緒石印本　一冊

340000－1882－0004716　XB1159
繡虎軒尺牘八卷　(清)曹煜撰　清刻本　一冊　存二卷(五至六)

340000－1882－0004717　XB0967
謝疊山先生文章軌範七卷　(宋)謝枋得撰　(明)邱邦士評　清朱墨套印本　四冊

340000－1882－0004718　XB0978
春秋左傳五十卷　(晉)杜預注釋　(宋)林堯叟注釋　(唐)陸德明音義　(明)鍾惺等評點　清刻本　二冊　存六卷(一至六)

340000－1882－0004719　XB0965
香蘇山館古體詩鈔十七卷今體詩鈔十九卷　(清)吳嵩梁撰　清嘉慶二十三年(1818)刻本　七冊　存二十六卷(古體詩鈔一至十四、今體詩鈔五至十六)

340000－1882－0004720　XB1003
禮記省度四卷　(清)彭頤纂　清朱墨套印本　一冊　存一卷(三)

340000－1882－0004721　XB0973
達生編三卷　題(清)亟齋居士撰　清光緒二十六年(1900)刻本　二冊

340000－1882－0004722　XB1023
春秋左傳五十卷　(晉)杜預注　(宋)林堯叟注　(唐)陸德明音義　清光緒元年(1875)刻本　十六冊

340000－1882－0004723　XB1008
寄嶽雲齋初稿十卷　(清)聶銑敏撰　清刻本

一册　存二卷(八至九)

340000－1882－0004724　XB1015

圖注八十一難經辨真四卷　(戰國)扁鵲撰　(明)張世賢圖注　**刪注脈訣規正二卷**　(清)沈鏡微刪注　清刻本　四冊

340000－1882－0004725　XB0923

禮記十卷　(元)陳澔集說　(清)曹士瑋纂輯　清刻本　十冊

340000－1882－0004726　XB1019

漢書一百卷　(漢)班固撰　(唐)顏師古注　清末石印本　六冊　存二十九卷(十五至十八、二十一至二十七、五十一至五十七、八十四至九十、九十七至一百)

340000－1882－0004727　XB0955

禮記十卷　(元)陳澔集說　(清)曹士瑋纂輯　清寶文堂刻本　十冊

340000－1882－0004728　XB1018

書經六卷首一卷末一卷　(宋)蔡沈集傳　清刻本　二冊　存五卷(二至三、五至六,末一卷)

340000－1882－0004729　XB969

謝疊山先生文章軌範七卷　(宋)謝枋得撰　(明)邱邦士評　清光緒八年(1882)青簡齋朱墨套印本　一冊　存三卷(一至三)

340000－1882－0004730　XB0966

儀禮正義四十卷　(清)胡培翬撰　(清)楊大堉補　清蘇州湯晉苑局刻本　二十三冊

340000－1882－0004731　XB0981

傷寒論淺註六卷　(漢)張仲景撰　(清)陳念祖集註　清光緒三十二年(1906)石印本　一冊

340000－1882－0004732　XB0988

回文賦一卷　(清)聶銑敏撰　清刻本　一冊

340000－1882－0004733　XB0980

資治通鑑綱目五十九卷　(宋)朱熹撰　(明)陳仁錫評閱　清刻本　四冊　存四卷(四十九、五十三至五十四、五十七)

340000－1882－0004734　XB1007

傷寒讃論二卷　(清)張璐銓次　清明德堂刻本　二冊

340000－1882－0004735　XB0970

醫旨緒餘二卷　(明)孫一奎撰　清刻本　一冊　存一卷(下)

340000－1882－0004736　XB1040

醫方湯頭歌訣一卷附經絡歌一卷　(清)汪昂輯　(清)汪端校　清光緒二年(1876)墨潤堂刻本　一冊

340000－1882－0004737　XB1002

胡文忠公遺集十卷首一卷　(清)胡林翼撰　(清)閻敬銘等編輯　清同治三年(1864)武昌節署刻本　六冊　存七卷(一至六、首一卷)

340000－1882－0004738　XB1021

理財節畧不分卷　(英國)戴樂爾撰　清光緒二十六年(1900)浙江書局刻本　一冊

340000－1882－0004739　XB1039

佛說無量壽經二卷　(三國魏)康僧鎧譯　清同治十三年(1874)金陵刻經處刻本　一冊

340000－1882－0004740　XB1030

李義山詩集輯評三卷諸家詩評一卷詩譜一卷　(唐)李商隱撰　(清)朱鶴齡箋註　(清)沈厚塽輯評　清同治九年(1870)廣州倅署三色套印本　二冊

340000－1882－0004741　XB0975

漢書一百卷　(漢)班固撰　(唐)顏師古注　**續漢志三十卷**　(南朝梁)劉昭注補　**後漢書一百二十卷**　(南朝宋)范曄撰　(唐)李賢注　明末清初虞山毛氏汲古閣刻本　八冊　存七十二卷(漢書二十一至二十五、二十八至三十二、四十五至五十四、六十四至七十二,續漢志三十卷,後漢書五至十七)

340000－1882－0004742　XB1046

晏子春秋八卷　(春秋)晏嬰撰　清光緒元年(1875)湖北崇文書局刻子書百家本　二冊

340000－1882－0004743　XB1011

詩韻含英十八卷　(清)劉文蔚輯　清刻本　一册　存五卷(五至九)

340000－1882－0004744　XB0982

文獻通考輯要二十四卷欽定續文獻通考輯要二十六卷皇明文獻通考二十六卷　湯壽潛編　清光緒二十五年(1899)圖書集成局鉛印本　八册　存十一卷(文獻通考輯要一至十、皇明文獻通考二十六)

340000－1882－0004745　XB1043

隨園三十六種二百六十七卷　(清)袁枚撰　清光緒十八年(1892)上海圖書集成印書局石印本　五十册

340000－1882－0004746　XB0951

宋史四百九十六卷　(元)脱脱等撰　清刻本　四十五册　存二百六十五卷(二百三十二至四百九十六)

340000－1882－0004747　XB1022

正三通目錄十二卷欽定續三通目錄十四卷皇朝三通目錄十四卷　(清)□□撰　清光緒二十九年(1903)上海圖書集成局石印本　十二册

340000－1882－0004748　XB1038

胎產心法三卷　(清)閻純璽撰　清咸豐八年(1858)刻本　一册　存一卷(上)

340000－1882－0004749　XB1033

元和姓纂十卷　(唐)林寶撰　清光緒六年(1880)金陵書局刻本　一册　存三卷(一至三)

340000－1882－0004750　XB0972

爾雅三卷　(晉)郭璞注　(唐)陸德明音義　清李光明莊刻本　四册

340000－1882－0004751　XB1045

墨子十六卷附篇目考一卷　(周)墨翟撰　(清)畢沅校注　清光緒元年(1875)湖北崇文書局刻子書百家本　四册

340000－1882－0004752　XB1010

曾文正公奏議十卷首一卷末一卷　(清)曾國藩撰　清同治十三年(1874)上海吳氏醉六堂刻本　一册　存二卷(十、末一卷)

340000－1882－0004753　XB1029

戶部清丈田糧事例一卷　(明)□□撰　明刻本　一册

340000－1882－0004754　XB1052

曾文正公奏議十卷首一卷末一卷補編四卷　(清)曾國藩撰　清同治十三年(1874)上海吳氏醉六堂刻本　六册　存八卷(一至五、首一卷、補編一至二)

340000－1882－0004755　XB1054

九通　(清)□□編　清光緒二十七年(1901)上海圖書集成局石印本　十三册　存一百七卷(通志七至九、八十一至九十六、一百五十一至一百五十二、一百六十八至一百七十一，欽定續通志四十七至五十六、一百八十一至一百九十六、二百二十一至二百三十、三百九十八至四百十六、五百二十七至五百五十三)

340000－1882－0004756　XB1017

禮記增訂旁訓六卷　(清)徐立綱撰　清匠門書屋刻本　六册

340000－1882－0004757　XB1006

鄉黨圖考十卷　(清)江永撰　清刻本　一册　存二卷(一至二)

340000－1882－0004758　XB1016

新增說文韻府群玉二十卷　(元)陰時夫編　(元)陰中夫注　清刻本　三册　存三卷(三至五)

340000－1882－0004759　XB1037

周易傳義合訂十二卷　(清)朱軾輯　清光緒二十三年(1897)刻藏書十三種本　一册

340000－1882－0004760　XB1014

春秋增訂旁訓四卷　(清)徐立綱撰　清刻本　一册　存二卷(三至四)

340000－1882－0004761　XB1082

歷代畫史彙傳七十二卷首一卷附錄二卷　(清)彭蘊璨輯　清光緒刻本　一册　存一卷

（首一卷）

340000－1882－0004762　XB1080
圖註脈訣辨真四卷　（晉）王叔和撰　（明）張世賢注　**脈訣附方一卷**　（明）張世賢編　清刻本　二册

340000－1882－0004763　XB1028
廣雅書局書目一卷　（清）廣雅書局編　清廣雅書局刻本　一册

340000－1882－0004764　XB1005
景岳新方砭四卷　（清）陳念祖撰　清光緒三年（1877）仁和葛氏嘯園刻本　二册

340000－1882－0004765　XB1103
銅板四書遵註合講十九卷　（清）翁復編　清同治十年（1871）京都本立堂刻本　一册　存二卷（大學一、中庸一）

340000－1882－0004766　XB1060
續資治通鑑綱目二十七卷　（明）商輅撰　清刻本　一册　存一卷（十二）

340000－1882－0004767　XB1088
寄園寄所寄十二卷　（清）趙吉士輯　清刻本　一册　存一卷（三）

340000－1882－0004768　XB1109
小倉山房文集三十五卷　（清）袁枚撰　清刻隨園三十種本　四册　存十一卷（一至十一）

340000－1882－0004769　XB1069
佩文韻府一百六卷拾遺一百六卷　（清）張玉書等纂　清末石印本　十七册　存四十七卷（佩文韻府四至十七、二十二至三十，拾遺六至二十九）

340000－1882－0004770　XB1032
唐宋八大家文讀本三十卷　（清）沈德潛選評　清刻本　一册　存三卷（十九至二十一）

340000－1882－0004771　XB1079
歸樸齋詩鈔戊集二卷己集二卷　（清）曾紀澤撰　清光緒二十年（1894）石印本　一册

340000－1882－0004772　XB1036
歷代史案二十卷首一卷　（清）洪亮吉　（清）吳裕垂編　清京都聚奎閣刻本　一册　存三卷（一至二、首一卷）

340000－1882－0004773　XB1068
書經增訂旁訓四卷　（清）徐立綱撰　清墨潤堂刻本　二册

340000－1882－0004774　XB1048
梁書五十六卷　（唐）姚思廉撰　明萬曆三年（1575）南京國子監刻清順治、康熙遞修本　五册　存三十三卷（十六至三十六、四十三至五十四）

340000－1882－0004775　XB1076
繪圖增像第五才子書水滸全傳七十回　（明）施耐庵撰　（清）金聖歎評釋　清末石印本　三册

340000－1882－0004776　XB1059
書經六卷首一卷末一卷　（宋）蔡沈集傳　清末南京李光明莊狀元閣刻本　四册

340000－1882－0004777　XB0998
駱丞集四卷　（唐）駱賓王撰　清乾隆四十六年（1781）星渚項氏刻初唐四傑集本　一册　存二卷（一至二）

340000－1882－0004778　XB1004
莊子因六卷　（清）林雲銘評述　清刻本　一册　存一卷（三）

340000－1882－0004779　XB0995
文選六十卷　（南朝梁）蕭統選　（唐）李善注　清光緒十八年（1892）上海廣百宋齋鉛印本　九册　存五十四卷（一至五十四）

340000－1882－0004780　XB1027
皇清經解縮本編目十六卷　（清）淩忠照編　（清）張紹銘輯　清末石印本　二册　存六卷（四至九）

340000－1882－0004781　XB1031
望溪先生集外文補遺二卷　（清）方苞撰　（清）戴鈞衡編　清咸豐二年（1852）戴鈞衡刻本　一册

340000－1882－0004782　XB1067

詩韻含英十八卷　(清)劉文蔚輯　清刻本　一冊　存四卷(三至六)

340000－1882－0004783　XB1035
古詩箋三十二卷　(清)王士禛選　(清)聞人倓箋注　清乾隆三十一年(1766)芷蘭堂刻本　一冊　存一卷(一)

340000－1882－0004784　XB1078
圖註八十一難經辨真四卷　(戰國)秦越人撰　(明)張世賢圖註　清揚州文富堂刻本　二冊

340000－1882－0004785　XB1081
中興名臣事略八卷　朱孔彰撰　清光緒二十四年(1898)上海書局石印本　八冊

340000－1882－0004786　XB1118
增訂二論詳解四卷　(清)劉忠輯　清光緒十一年(1885)刻本　四冊

340000－1882－0004787　XB1066
帝王廟謚年諱譜一卷　(清)陸費墀撰　清光緒八年(1882)績溪周氏刻本　一冊

340000－1882－0004788　XB1089
二十四史論贊七十八卷　(清)陳闔輯　清光緒二十八年(1902)文淵山房石印本　一冊　存十八卷(六十一至七十八)

340000－1882－0004789　XB1131
熙朝紀政六卷　(清)王慶雲撰　清光緒二十七年(1901)上海天章書局石印本　六冊

340000－1882－0004790　XB1095
新刻玉釧緣全傳三十二卷　(清)□□編　清刻本　十四冊　存十一卷(三、五至六、十一至十八)

340000－1882－0004791　XB0986
欽定續文獻通考二百五十卷　(清)嵇璜等纂修　清光緒二十七年(1901)上海圖書集成局鉛印本　三十六冊

340000－1882－0004792　XB1041
梅村詩集箋注十八卷　(清)吳偉業撰　(清)吳翌鳳箋注　清嘉慶十九年(1814)滄浪吟榭刻本　二冊　存七卷(八至十、十五至十八)

340000－1882－0004793　XB1165
策學備纂三十二卷首一卷　(清)吳潁炎輯　清末石印本　二冊　存三卷(一、十二至十三)

340000－1882－0004794　XB1013
重訂王鳳洲先生綱鑑會纂四十六卷　(明)王世貞纂　清刻本　一冊　存二卷(一至二)

340000－1882－0004795　XB1075
筆花醫鏡四卷　(清)江涵暾撰　清光緒二十四年(1898)刻本　四冊

340000－1882－0004796　XB1034
重訂文選集評十五卷首一卷末一卷　(南朝梁)蕭統選　(清)于光華輯　清心簡齋刻本　一冊　存一卷(首一卷)

340000－1882－0004797　XB1058
唐詩三百首註釋六卷　題(清)蘅塘退士編　(清)章燮注　清光緒文源堂刻本　六冊

340000－1882－0004798　XB1126
四書集註□□卷　(宋)朱熹集注　清刻本　二冊　存三卷(中庸一、論語六至七)

340000－1882－0004799　XB1105
天雨花三十回　(清)陶貞懷撰　清刻本　十四冊　存十四回(二至十五)

340000－1882－0004800　XB0997
傷寒論註八卷　(漢)張機撰　(清)柯琴編註　(清)馬中驊較訂　清金閶緣慎堂刻本　四冊　存四卷(一至四)

340000－1882－0004801　XB0996
學算筆談十二卷　(清)華蘅芳撰　清光緒石印本　三冊　存九卷(一至九)

340000－1882－0004802　XB1074
八家四六文注八卷首一卷補注一卷增訂一卷校勘一卷　(清)孫星衍等撰　(清)許貞幹注　清光緒十八年(1892)上海圖書集成印書局鉛印本　一冊　存一卷(七)

340000－1882－0004803　XB1138

紀效新書十八卷首一卷 (明)戚繼光撰　清光緒二十一年(1895)上海醉經樓石印本　四冊　存九卷(一至八、首一卷)

340000－1882－0004804　XB1123
廿四史紀事提要八卷 (清)吳綏纂　清刻本　一冊　存二卷(七至八)

340000－1882－0004805　XB1024
欽定續文獻通考輯要二十六卷 湯壽潛輯　清光緒二十五年(1899)圖書集成局鉛印本　九冊

340000－1882－0004806　XB1137
歷代畫史彙傳七十二卷首一卷附錄二卷 (清)彭蘊璨編　清刻本　二冊　存六卷(六十九至七十二、附錄二卷)

340000－1882－0004807　XB1055
施註蘇詩四十二卷 (宋)蘇軾撰　(宋)施元之注　(清)顧嗣立等刪補　清刻本　一冊　存四卷(二十七至三十)

340000－1882－0004808　XB1136
皇清經解一千四百八卷 (清)阮元輯　清光緒十三年(1887)上海書局石印本　十二冊　存四百六十四卷(一至四百六十四)

340000－1882－0004809　XB1056
易經八卷 (宋)程頤傳　清同治五年(1866)金陵書局刻本　三冊

340000－1882－0004810　XB1179
新刻粉妝樓傳記十卷八十回 題(清)竹溪山人撰　清道光二十二年(1842)刻本　十一冊

340000－1882－0004811　XB1053
漁洋詩話三卷 (清)王士禛撰　清雍正三年(1725)梁溪刻本　一冊

340000－1882－0004812　XB1057
子史精華一百六十卷 (清)張廷玉等編　清光緒十五年(1889)上海蜚英館石印本　四冊　存八十卷(六十一至八十、一百一至一百六十)

340000－1882－0004813　XB1127
辨志堂易經體註合講□□卷 (清)翁克夫　(清)吳本立輯　清乾隆四十九年(1784)永安堂刻本　二冊　存二卷(一至二)

340000－1882－0004814　XB1141
欽定續通志六百四十卷 (清)嵇璜　(清)曹仁虎等撰　清光緒二十七年(1901)上海圖書集成局鉛印本　九冊　存一百三十九卷(四百六十七至五百六十七、五百八十九至六百二十六)

340000－1882－0004815　XB1050
鶴林玉露十六卷 (宋)羅大經撰　明刻本　一冊　存二卷(八至九)

340000－1882－0004816　XB1122
願體集四卷 (清)李仲麟輯梓　(清)歐陽真重訂　清刻本　一冊

340000－1882－0004817　XB1107
寄園寄所寄十二卷 (清)趙吉士輯　清刻本　十三冊

340000－1882－0004818　XB1115
清史攬要六卷 (日本)增田貢撰　清光緒二十八年(1902)香港書局石印本　一冊

340000－1882－0004819　XB1120
防守集成丨六卷 (清)朱璐編　清咸豐四年(1854)刻本　一冊　存三卷(一至三)

340000－1882－0004820　XB1110
宋若昭女論語□□卷 (清)王相箋註　(清)鄭漢校梓　清光緒二年(1876)南京李光明莊刻本　一冊　存一卷(下)

340000－1882－0004821　XB1164
春秋左傳五十卷 (晉)杜預集解　(明)葛鼒較訂　明永懷堂刻本　一冊　存三卷(十三至十五)

340000－1882－0004822　XB1132
時事新論十二卷 (英國)李提摩太撰　清光緒二十四年(1898)上海廣學會鉛印本　二冊

340000－1882－0004823　XB1049
醫方湯頭歌訣不分卷 (清)汪昂撰　清刻本

一册

340000－1882－0004824　XB1160
二論詳解四卷　(清)劉忠撰　清愛蓮堂刻本　一册　存一卷(三)

340000－1882－0004825　XB1026
聊齋志異新評十六卷　(清)蒲松齡撰　(清)王士禛評　(清)但明倫新評　清刻本　二册　存二卷(四至五)

340000－1882－0004826　XB1121
說詩晬語二卷　(清)沈德潛撰　清刻本　一册

340000－1882－0004827　XB1142
明史三百三十二卷　(清)張廷玉等修　清光緒三年(1877)湖北崇文書局刻二十四史本　一册　存四卷(一百九十一至一百九十四)

340000－1882－0004828　XB0974
達生保嬰彙編不分卷　(清)悟元子輯　清光緒十六年(1890)蘭谿渡瀆章光裕堂刻本　一册

340000－1882－0004829　XB1117
資治新書十四卷首一卷　(清)李漁輯　清康熙二年(1663)芥子園刻本　三册　存五卷(二至五、十)

340000－1882－0004830　XB1114
圖畫四書白話解□□卷　(清)王有宗等合演校訂　清末上海彪蒙書室石印本　二册　存四卷(論語七至十)

340000－1882－0004831　0121
漢書評林一百卷　(漢)班固撰　(唐)顔師古注　(明)凌稚隆輯校　明萬曆九年(1581)凌稚隆刻本　二十九册　缺三卷(十三至十五)

340000－1882－0004832　XB1092
四書集註□□卷　(宋)朱熹集注　清末京口文成堂刻本　十册　存十六卷(中庸一,論語一至十,孟子一至四、六)

340000－1882－0004833　XB1140
墨子十五卷　(周)墨翟撰　(清)畢沅校注　清刻本　二册　存九卷(四至十二)

340000－1882－0004834　XB1113
名醫方論四卷　(清)羅美輯評　清宣統三年(1911)寧波汲綆齋石印本　一册

340000－1882－0004835　XB1133
芸經樓綱鑑易知錄九十二卷　(清)吳乘權等輯　清刻本　二册　存六卷(六至八、六十至六十二)

340000－1882－0004836　XB1158
四書經史摘證七卷　(宋)宋繼穜輯撰　清光緒元年(1875)拜經精舍刻本　一册　存三卷(一至三)

340000－1882－0004837　XB1186
直省鄉墨珠林一卷(道光甲午科)　(清)任階平評選　清道光十四年(1834)金陵同文堂刻本　一册

340000－1882－0004838　XB1083
小搭藏珍三十卷　(清)□□撰　清同治七年(1868)刻本　二十六册　缺四卷(二十一、二十三至二十五)

340000－1882－0004839　XB1073
靈藥秘方二卷　(清)師成子撰　(清)方成培訂　**經目屢驗良方一卷**　(清)蒼松翠竹山房輯　清刻本　一册

340000－1882－0004840　XB1170
增廣詩句題解彙編四卷　(清)□□撰　清末石印本　一册　存一卷(三)

340000－1882－0004841　XB1157
麻疹集成四卷　(清)朱楚芬輯　清道光十七年(1837)刻本　二册

340000－1882－0004842　XB1093
聊齋志異新評十六卷　(清)蒲松齡撰　(清)王士禛評　(清)但明倫新評　清道光二十二年(1842)廣順但氏刻朱墨印本　二册　存二卷(一至二)

340000－1882－0004843　XB1112
四書集註□□卷　(宋)朱熹撰　清末南京李

光明莊刻本　一冊　存一卷(孟子中)

340000－1882－0004844　XB1119

歷代史論正鵠十卷　題(清)江南維新居士編　(清)葉兆慶重訂　清光緒二十八年(1902)點石介記石印本　八冊

340000－1882－0004845　XB1134

本草綱目五十二卷　(明)李時珍編　**本草萬方鍼線八卷**　(清)蔡烈先輯　清芥子園刻本　十八冊　存十六卷(本草綱目一至五、十三至十九、二十一、二十三,本草萬方鍼線七至八)

340000－1882－0004846　XB1072

良方集腋二卷　(清)謝元慶輯　清道光二十二年(1842)留耕堂刻本　二冊

340000－1882－0004847　XB1094

全本禮記體註十卷　(元)陳澔集說　(清)徐瑄補輯　清光緒五年(1879)刻本　十六冊

340000－1882－0004848　XB1111

資治通鑑綱目五十九卷　(宋)朱熹撰　(明)陳仁錫評閱　清刻本　十冊　存十一卷(二、五至十、十七、二十、三十八、五十九)

340000－1882－0004849　XB1166

三百六十行必要尺牘十九卷　(清)管斯駿撰　(清)姚印詮注　清光緒二十一年(1895)珍藝書局鉛印本　五冊

340000－1882－0004850　XB1180

常惺惺室時文二集不分卷　(清)舒孔安撰　清咸豐元年(1851)刻本　一冊

340000－1882－0004851　XB1091

隨園詩話十六卷補遺十卷　(清)袁枚撰　清道光四年(1824)刻本　三冊　存六卷(隨園詩話一至二、五至八)

340000－1882－0004852　0114

栢林寤書一卷　(清)□□撰　清抄本　一冊

340000－1882－0004853　XB1156

書經增訂旁訓四卷　(清)徐立綱撰　清末南京狀元境李光明莊刻本　一冊　存二卷(一至二)

340000－1882－0004854　XB1189

安徽試牘立誠編不分卷　(清)汪廷珍編　清刻本　二冊

340000－1882－0004855　XB1169

國朝詩別裁集三十六卷　(清)沈德潛纂評　清光緒九年(1883)上海點石齋石印本　一冊　存三卷(一至三)

340000－1882－0004856　XB1139

古文翼八卷　(清)唐德宜編　清刻本　二冊　存二卷(四至五)

340000－1882－0004857　XB1213

詩韻合璧五卷　(清)許時庚輯　清刻本　五冊

340000－1882－0004858　XB1070

航海吟草不分卷　(清)奕譞撰　清光緒十三年(1887)上海同文書局石印本　一冊

340000－1882－0004859　XB1084

欽定續通志六百四十卷　(清)嵇璜　(清)曹仁虎等撰　清光緒二十七年(1901)上海圖書集成局鉛印本　十三冊　存一百十八卷(四十一至一百五十八)

340000－1882－0004860　XB1149

四憶堂詩集六卷　(明)侯方域撰　(明)宋犖等選注　清刻本　一冊　存三卷(四至六)

340000－1882－0004861　XB1167

古微書三十六卷　(明)孫瑴輯　清光緒二十一年(1895)上海鴻文書局石印本　四冊

340000－1882－0004862　XB1108

畫梅雜詠不分卷　(清)余鴻撰　清宣統元年(1909)刻本　一冊

340000－1882－0004863　XB1214

賦學正鵠集釋十一卷　(清)李元度輯　清光緒十一年(1885)石渠山房刻本　一冊　存一卷(一)

340000－1882－0004864　XB1085

大題文府　題(清)同文書局主人輯　清光緒

十七年(1891)上海同文書局石印本　十五冊

340000－1882－0004865　XB1198
增訂二論詳解四卷　(清)劉忠輯　清刻本　一冊　存一卷(四)

340000－1882－0004866　XB1181
印雪軒詩鈔十六卷　(清)俞鴻漸撰　清道光二十七年(1847)德清俞氏刻本　一冊　存九卷(一至九)

340000－1882－0004867　XB1042
春秋穀梁傳十二卷　(晉)范寧集解　(唐)陸德明音義　清光緒三年(1877)永康胡氏退補齋刻本　四冊

340000－1882－0004868　XB1216
管注秋水軒尺牘四卷　(清)許思湄撰　(清)婁世瑞注釋　(清)管斯駿補注　清光緒吳縣管氏可壽齋刻朱墨套印本　二冊　存二卷(二至三)

340000－1882－0004869　XB1065
古文析義六卷　(清)林雲銘評註　(清)鄭郟等仝校　清松盛堂刻本　六冊

340000－1882－0004870　XB1148
辨志文會課藝初集六卷　(清)宗源瀚輯　清光緒六年(1880)刻本　一冊　存一卷(輿地一卷)

340000－1882－0004871　XB1178
平陽全書十五卷　(清)葉泰輯　清刻本　一冊　存二卷(四至五)

340000－1882－0004872　XB1154
春秋左傳五十卷　(晉)杜預　(宋)林堯叟注釋　(唐)陸德明音義　(明)鍾惺等評點　清刻本　二冊　存十二卷(三十九至五十)

340000－1882－0004873　XB1168
重訂唐詩别裁集二十卷　(清)沈德潛選　清乾隆五十七年(1792)瀛經堂刻本　六冊　存十四卷(一至六、十一至十八)

340000－1882－0004874　XB1102
四書經史摘證七卷　(清)宋繼穜撰　清刻本　三冊　存四卷(四至七)

340000－1882－0004875　XB1171
瘡瘍經驗全書十三卷　(宋)竇漢卿撰　清康熙五十六年(1717)天都洪瞻巖刻本　一冊　存一卷(四)

340000－1882－0004876　XB1182
周易四卷　(宋)朱熹本義　清刻本　一冊　存三卷(二至四)

340000－1882－0004877　XB1135
寓簡十卷　(宋)沈作喆纂　清乾隆四十年(1775)長塘鮑氏刻知不足齋叢書刻本　一冊　存五卷(六至十)

340000－1882－0004878　XB1020
欽定儀禮義疏四十八卷首二卷　(清)鄂爾泰等編　清同治七年(1868)合肥李鴻章刻本　二十五冊

340000－1882－0004879　2736
鄭志三卷　(漢)鄭玄撰　(三國魏)鄭小同編　清乾隆武英殿木活字印武英殿聚珍版書本　一冊

340000－1882－0004880　XB1064
瀛經堂詳校醫宗必讀十卷　(清)李中梓撰　清刻本　五冊

340000－1882－0004881　XB1104
寄傲山房塾課新增幼學故事瓊林四卷　(清)程允升撰　(清)鄒聖脈增補　清乾隆二十五年(1760)刻本　一冊　存二卷(一至二)

340000－1882－0004882　XB1183
史記菁華錄六卷　(清)姚祖恩輯　清三味堂刻本　一冊　存一卷(三)

340000－1882－0004883　XB1188
格致鏡原一百卷　(清)陳元龍輯　清雍正十三年(1735)刻本　四冊　存三十四卷(一至十、五十三至六十九、八十三至八十九)

340000－1882－0004884　XB1143
子史精華一百六十卷　(清)張廷玉等纂修　清光緒十三年(1887)上海蜚英館石印本　八

册　存七十四卷(八十七至一百六十)

340000－1882－0004885　XB1215
衛濟餘編十八卷(通天曉)　(清)王纕堂纂　清刻本　一册　存二卷(十六至十七)

340000－1882－0004886　XB1200
文公家禮儀節八卷　(宋)朱熹編　(明)楊慎輯　清金閶二酉堂刻本　三册

340000－1882－0004887　XB1147
批點春秋左傳綱目句解彙雋六卷　(清)韓菼重訂　清宣統元年(1909)刻本　一册　存一卷(六)

340000－1882－0004888　XB1152
衛生學問答二卷　丁福保撰　清光緒二十七年(1901)無錫丁福保疇隱廬石印本　一册

340000－1882－0004889　XB1101
宋元明詩約鈔三百首不分卷　(清)朱梓　(清)冷昌言編　清道光二十一年(1841)京江華峰書屋刻本　一册

340000－1882－0004890　XB1063
詩經八卷　(宋)朱熹集傳　清光緒二十三年(1897)松鶴廬刻本　四册

340000－1882－0004891　XB1184
國朝文棟八卷　(清)胡嘉銓輯　清刻本　一册　存四卷(五至八)

340000－1882－0004892　XB1209
古文釋義新編八卷　(清)余誠評註　清刻本　二册　存三卷(三、五至六)

340000－1882－0004893　XB0994
新刊醫林狀元壽世保元十卷　(明)龔廷賢編　清刻本　一册　存二卷(九至十)

340000－1882－0004894　XB1098
寄傲山房塾課新增幼學故事瓊林四卷首一卷　(清)程允升撰　(清)鄒聖脈增補　清李光明莊刻本　三册

340000－1882－0004895　XB1190
莊子因六卷　(清)林雲銘評述　清白雲精舍刻本　一册　存一卷(四)

340000－1882－0004896　XB1185
載詠樓重鐫硃批孟子二卷　(宋)蘇洵撰　清嘉慶元年(1796)慎詒堂刻朱墨套印本　二册

340000－1882－0004897　XB1201
國朝小題文濬靈集六卷　(清)張躍鱗編次　清刻本　一册　存一卷(乙)

340000－1882－0004898　XB1176
古文辭類纂七十四卷　(清)姚鼐輯　清末石印本　一册　存四卷(六至九)

340000－1882－0004899　XB1221
小題文英不分卷　(清)石韞玉評選　(清)顧辰校輯　清刻本　一册

340000－1882－0004900　XB1062
新刻通用尺素見心集四卷　(清)汪文芳輯　清末南京李光明莊刻本　一册　存一卷(二)

340000－1882－0004901　XB1187
掃紅仙館彙刻賦鈔二集不分卷　(清)封鉞輯　清刻本　一册

340000－1882－0004902　XB1210
曲園課孫草一卷　(清)俞樾撰　清刻本　一册

340000－1882－0004903　XB1130
孟子七卷　(宋)朱熹章句　清刻本　一册　存二卷(四至五)

340000－1882－0004904　XB1106
重訂幼學須知句解四卷首一卷　(清)程允升撰　(清)錢元龍校　清光緒二十一年(1895)刻本　二册　存三卷(一至二、首一卷)

340000－1882－0004905　XB1151
聖諭廣訓不分卷　(清)聖祖玄燁撰　(清)世宗胤禛廣訓　清刻本　一册

340000－1882－0004906　XB1099
古文析義十六卷　(清)林雲銘評注　清刻本　三册　存三卷(二至三、七)

340000－1882－0004907　XB1097
湖山便覽十二卷　(清)翟灝　(清)翟瀚輯　清乾隆三十年(1765)刻本　一册　存二卷

(一至二)

340000－1882－0004908　XB1211
四書集註□□卷　(宋)朱熹集注　清刻本　一册　存一卷(孟子六)

340000－1882－0004909　XB1128
四書講義萃精十八卷　(清)黎翔鳳輯　清咸豐十一年(1861)壽經堂刻同治六年(1867)印本　八册　存八卷(一至七、十八)

340000－1882－0004910　1473
遺愛堂徵信錄不分卷　(清)遺愛堂輯　清光緒九年(1883)遺愛堂刻本　一册

340000－1882－0004911　XB1202
周易廣義四卷　(宋)程頤傳　(宋)朱熹本義　(清)鄭敷教廣義　清康熙二十三年(1684)松月樓刻本　二册　存二卷(一至二)

340000－1882－0004912　XB1061
選訂詳註古文初集六卷　(清)王相選註　(清)鄭漢校梓　清三讓堂刻本　六册

340000－1882－0004913　XB1096
狀元閣十三經集字一卷　(清)彭玉雯輯　清末南京李光明莊刻朱墨套印本　一册

340000－1882－0004914　XB1144
西州後賢志一卷　(晉)常璩撰　清刻本　一册

340000－1882－0004915　XB1175
書經六卷　(宋)蔡沈集傳　清光緒十五年(1889)蘇州綠蔭堂刻本　六册

340000－1882－0004916　XB1220
書經體註大全六卷　(清)張聖度訂　清咸豐二年(1852)刻本　三册

340000－1882－0004917　XB1129
論語十卷　(宋)朱熹集注　清漢口李氏森寶齋刻本　一册　存五卷(一至五)

340000－1882－0004918　XB1203
時文手稿不分卷　(清)□□撰　清抄本　一册

340000－1882－0004919　XB1191
醫旨緒餘二卷　(明)孫一奎撰　清刻本　一册　存一卷(上)

340000－1882－0004920　XB1145
皇朝通志一百二十六卷　(清)嵇璜等修　清光緒二十七年(1901)上海圖書集成局石印本　九册　缺二十三卷(一至二十三)

340000－1882－0004921　XB1163
奕萃一卷奕萃官子一卷　(清)卞立言著　清嘉慶二十一年(1816)味書堂刻本　二册

340000－1882－0004922　XB1233
精選策學四百卷金石續編二十一卷首一卷　(清)陸耀遹纂　清光緒二十年(1894)上海文盛堂石印本　七册　存五十七卷(十一至二十、六十一至七十九、一百四十八至一百五十六、三百十四至三百二十二、三百三十二至三百四十一)

340000－1882－0004923　3464
旌孝錄一卷　(清)□□纂　清光緒鉛印本　一册

340000－1882－0004924　XB1278
古文辭類纂七十四卷　(清)姚鼐纂集　**續古文辭類纂三十四卷**　王先謙纂集　清光緒三十三年(1907)上海商務印書館石印本　十一册　缺十卷(古文辭類纂一至十)

340000－1882－0004925　XB1268
元史二百十卷　(明)宋濂等纂修　明刻本　五册　存二十二卷(二十六至四十七)

340000－1882－0004926　XB1261
春秋左傳音訓不分卷　(清)楊國楨撰　清刻本　二册

340000－1882－0004927　2735
四書集註□□卷　(宋)朱熹集注　明刻本　十册　存二十卷(論語一至四、七至八,孟子一至十四)

340000－1882－0004928　XB1196
項太史全稿不分卷　(明)項煜撰　清刻本

一册

340000－1882－0004929　XB1249
策府統宗六十五卷　（清）劉昌齡輯　清光緒石印本　一册　存二卷（十九至二十）

340000－1882－0004930　XB1161
經典釋文三十卷　（唐）陸德明撰　清刻本　二册　存六卷（二十三至二十八）

340000－1882－0004931　4049
祁門修改城垣簿一卷　（清）吳嘉善編　清乾隆三十六年（1771）刻本　一册

340000－1882－0004932　XB1225
目耕齋小題不分卷　（清）沈叔眉編　清刻本　一册　存一集（二）

340000－1882－0004933　XB1192
近思録十四卷　（宋）朱熹　（宋）吕祖謙編　（清）江永集注　清刻本　一册　存五卷（五至九）

340000－1882－0004934　XB1174
文獻通考詳節二十四卷　（元）馬端臨撰　（清）嚴虞惇輯　清刻本　一册　存三卷（二十一至二十三）

340000－1882－0004935　0204
［淳熙］新安志丨卷　（宋）羅願纂修　清光緒刻本　四册

340000－1882－0004936　XB1100
寄傲山房塾課新增幼學故事瓊林四卷　（清）程允升撰　清刻本　一册　存二卷（三至四）

340000－1882－0004937　0345
胡慶餘堂丸散膏丹全集不分卷　（清）胡光墉輯　清光緒三年（1877）胡慶餘堂雪記刻本　一册

340000－1882－0004938　XB1231
前漢書一百卷　（漢）班固撰　（唐）顔師古注　清乾隆刻本　二册　存十二卷（二十七至三十、六十七至七十四）

340000－1882－0004939　XB1150
春秋公羊傳十二卷　（明）閔齊伋注　**春秋穀梁傳十二卷**　（晉）范寧撰　清刻本　六册

340000－1882－0004940　XB1232
萬國時務策學大全四十八卷首一卷　題（清）漱石山館主人輯　清光緒二十三年（1897）漱石山館石印本　二册　存二卷（十九、首一卷）

340000－1882－0004941　XB1208
圖畫四書白話解二十卷　（清）王有宗等合演校訂　清光緒三十四年（1908）上海彪蒙書室石印本　一册　存三卷（論語一至三）

340000－1882－0004942　XB1258
文獻通考二十四卷首一卷　（元）馬端臨撰　清光緒二十五年（1899）上海點石齋石印本　二十四册

340000－1882－0004943　XB1193
謝疊山先生評註四種合刻十五卷　（清）謝枋得撰　清光緒八年（1882）刻本　一册　存三卷（詩傳註疏一至三）

340000－1882－0004944　XB1162
南華發覆八卷　（明）釋性通注　清刻本　一册　存二卷（五至六）

340000－1882－0004945　XB1223
浙江試牘立誠編不分卷　（清）汪廷珍編　清嘉慶十九年（1814）刻本　一册

340000－1882－0004946　XB1228
歷朝賦楷八卷首一卷　（清）王修玉選輯　清康熙二十五年（1686）刻本　三册

340000－1882－0004947　XB1254
殘唐五代史演義傳八卷　（明）□□撰　清末石印本　二册　存四卷（二至三、五至六）

340000－1882－0004948　XB1227
唐律清麗集六卷　（清）徐曰璉　（清）沈士駿輯　清乾隆刻本　三册　存四卷（一至三、六）

340000－1882－0004949　XB1230
鄉貢驪珠集不分卷　（清）龍光甸選　清道光二十五年（1845）松濤館刻本　二册

340000－1882－0004950　XB1207
史學提要箋釋五卷續史學提要箋釋四卷　（清）鄭機著　清末石印本　一冊　存二卷（史學提要箋釋三至四）

340000－1882－0004951　XB1264
欽定康濟錄四卷　（清）倪國璉輯　清同治三年（1864）刻本　三冊

340000－1882－0004952　XB1269
東周列國全志二十三卷　（明）馮夢龍撰　清刻本　二冊　存四卷（十四至十七）

340000－1882－0004953　XB1253
五經分類文鈔□□卷　（□）□□撰　清末石印本　一冊　存一卷（十六）

340000－1882－0004954　XB1226
字彙十二卷首一卷　（明）梅膺祚音釋　清刻本　十三冊

340000－1882－0004955　1728
黃敘倫堂一卷　（□）□□輯　清宣統木活字印本　一冊

340000－1882－0004956　4293
程氏家譜不分卷　（□）□□纂修　清抄本　一冊

340000－1882－0004957　XB1229
神相全編十二卷首一卷　（宋）陳摶傳　（明）袁忠徹訂正　明刻本　二冊　存五卷（六至七、十至十二）

340000－1882－0004958　XB1219
余靜心書屋課藝不分卷　（清）□□撰　清抄本　一冊

340000－1882－0004959　2959
誠善局徵信錄一卷　（清）汪印塘輯　清刻本　二冊

340000－1882－0004960　XB1217
小題正鵠二集一卷三集一卷　（清）李元度輯　清刻本　三冊

340000－1882－0004961　XB1271
金史一百三十五卷　（元）脫脫等纂修　明嘉靖刻清乾隆遞修本　二冊　存十卷（一百一至一百十）

340000－1882－0004962　2888
新安篤誼堂不分卷　（□）□□撰　清光緒十三年（1887）刻本　一冊

340000－1882－0004963　XB1276
醫案輯錄不分卷　（清）葉昶馨著　清抄本　一冊

340000－1882－0004964　XB1252
策論好詞料二卷　（清）袁葆卿重輯　清光緒二十九年（1903）桂記書莊石印本　一冊　存一卷（上）

340000－1882－0004965　XB1277
欽定續通典一百五十卷　（清）嵇璜等纂修　清光緒二十七年（1901）上海圖書集成局鉛印九通本　十六冊

340000－1882－0004966　XB1265
晉書一百三十卷　（唐）房玄齡等撰　明刻本　六冊　存十卷（一至十）

340000－1882－0004967　2927
歙縣館錄一卷　（清）汪廷棟訂　清光緒三十年（1904）木活字印本　一冊

340000－1882－0004968　XB1275
書譜一卷　（清）孫過庭撰　清著易堂書局石印本　一冊

340000－1882－0004969　XB1262
隋書八十五卷　（唐）魏徵撰　明萬曆二十三年（1595）刻本　七冊　存二十八卷（列傳第一之一至五、第六之六至十、第十一之十一至十五、第十六之十六至二十二、第二十三之二十三至二十五、第二十六之二十六至二十八）

340000－1882－0004970　XB1251
策學備纂三十二卷　（清）孫廷翰撰　（清）吳熲炎輯　清末石印本　一冊　存九卷（十七至二十五）

340000－1882－0004971　XB1260
格言聯璧不分卷　（清）金纓輯　清宣統石刻

本　一册

340000－1882－0004972　XB1224
娱拙齋詩鈔四卷　(清)朱佑撰　清刻本　一冊　存一卷(一)

340000－1882－0004973　XB1274
歷代名人書札二卷　(清)吳曾祺編　清宣統元年(1909)商務印書館鉛印本　一冊　存一卷(二)

340000－1882－0004974　XB1218
四禮約言四卷　(明)呂維祺著　清刻本　一冊

340000－1882－0004975　XB1248
御案詩經備旨八卷　(清)鄒聖脈纂輯　清末石印本　一冊　存四卷(五至八)

340000－1882－0004976　XB1272
明史三百三十二卷　(清)張廷玉等修　清刻本　二冊　存五卷(九十七至九十九、一百二至一百三)

340000－1882－0004977　XB1247
經藝類腋□□卷　(□)□□撰　清末石印本　一冊　存四卷(十五至十八)

340000－1882－0004978　XB1199
國朝文塾課二編　卷　(清)潘芝軒(世恩)評選　清刻本　一冊

340000－1882－0004979　善095
屈原賦戴氏注不分卷　(清)戴震注　清抄本　二冊

340000－1882－0004980　XB1246
數學精詳十一卷首一卷末一卷　(清)屈曾發輯　清末石印本　一冊　存四卷(七至十)

340000－1882－0004981　XB1266
春秋三傳十六卷首一卷　(唐)陸德明音義　清同治三年(1864)浙江撫署琴行刻本　九冊　存十二卷(五至十五、首一卷)

340000－1882－0004982　XB1273
舊五代史一百五十卷　(宋)薛居正等撰　清掃葉山房刻本　八冊　存六十七卷(十七至三十三、七十四至一百一、一百十三至一百二十三、二百二至二百十二)

340000－1882－0004983　善099
唐大家韓文公文抄十六卷　(唐)韓愈撰　(明)茅坤批點　明崇禎元年(1628)刻八大家文鈔本　五冊

340000－1882－0004984　善107
歐陽先生文粹二十卷　(宋)歐陽修撰　明嘉靖刻本　二冊

340000－1882－0004985　XB1245
新訂四書補註備旨□□卷　(明)鄧林撰　(清)祁文友校　(清)林煜編次　清末石印本　一冊　存一卷(四)

340000－1882－0004986　善100
唐柳先生集四十五卷　(唐)劉禹錫編　明刻本　十冊

340000－1882－0004987　善064
印雋不分卷　(明)梁袠篆　(明)汪道會校　明鈐印本　一冊

340000－1882－0004988　XB1205
欽定大清會典一百卷　(清)崑岡修　清末石印本　一冊　存十三卷(五十一至六十三)

340000－1882－0004989　XB1250
增註詩料集錦□□卷　(清)□□撰　清刻本　一冊　存二卷(三至四)

340000－1882－0004990　善104
陸宣公全集二十四卷　(唐)陸贄著　明崇禎刻本　四冊

340000－1882－0004991　善098
唐大家韓文公文抄十六卷　(唐)韓愈撰　(明)茅坤批點　明崇禎元年(1628)刻八大家文鈔本　四冊

340000－1882－0004992　善092
國朝詩別裁集三十六卷　(清)沈德潛纂評　清乾隆刻本　十二冊

340000－1882－0004993　善0123
耕織圖不分卷　(清)□□撰　清同治元年

(1862)刻本　一冊

340000－1882－0004994　2484
汪氏統宗譜本源□□卷　(清)□□撰　清乾隆九年(1744)刻本　一冊　存一卷(一)

340000－1882－0004995　XB1244
大題三萬選□□卷　(清)□□撰　清末石印本　一冊　存一卷(一)

340000－1882－0004996　善 096
陶詩彙注四卷詩話一卷　(清)吳瞻泰輯　清康熙四十四年(1705)刻本　二冊

340000－1882－0004997　善 103
李義山文集十卷　(唐)李商隱撰　(清)徐樹谷箋　(清)徐炯注　清康熙四十七年(1708)刻本　二冊

340000－1882－0004998　善 109
施註蘇詩四十二卷總目二卷　(宋)蘇軾撰　(清)施元之等注　**蘇詩續補遺二卷**　(宋)蘇軾撰　(清)馮景補註　**王注正譌一卷**　(清)邵長蘅撰　**東坡先生年譜一卷**　(宋)王宗稷編　清康熙三十八年(1699)刻本　十六冊

340000－1882－0004999　善 101
唐大家柳柳州文鈔十二卷　(唐)柳宗元撰　(明)茅坤批評　明刻本　四冊

340000－1882－0005000　善 106
歐陽文忠公全集一百五十三卷附録五卷　(宋)歐陽修著　**廬陵歐陽文忠公年譜一卷**　(宋)胡柯撰　清乾隆十一年(1746)歐陽安世孝思堂刻本　二十九冊　缺七卷(居士集三至九)

340000－1882－0005001　善 110
宋大家蘇文定公文抄二十卷　(宋)蘇轍撰　(明)茅坤批評　明崇禎元年(1628)刻八大家文抄本　四冊

340000－1882－0005002　善 022
許氏統宗世譜不分卷　(明)許廷輝等纂修　明嘉靖刻本　二冊

340000－1882－0005003　XB1243
積古齋鐘鼎彝器款識十卷　(清)阮元編　清末石印本　一冊　存二卷(五至六)

340000－1882－0005004　4507
爾雅三卷　(晉)郭璞注　清嘉慶六年(1801)影宋刻本　三冊

340000－1882－0005005　善 012
增定資治通鑑前編五卷　(元)陳桱編集　(明)吳勉學校正　明刻本　一冊

340000－1882－0005006　善 090
重訂唐詩別裁集二十卷　(清)沈德潛選　清乾隆二十八年(1763)教忠堂刻本　四冊

340000－1882－0005007　善 084
古文淵鑒六十四卷　(清)徐乾學等編注　清五色套印本　四十冊

340000－1882－0005008　善 097
王右丞詩集二卷　(唐)王維撰　(清)汪立名輯　清康熙三十四年(1695)天都汪氏刻唐四家詩本　一冊

340000－1882－0005009　XB1242
任兆麟述記三卷　(清)任兆麟輯　清刻本　一冊　存一卷(下)

340000－1882－0005010　善 102
唐大家柳柳州文選十二卷　(唐)柳宗元撰　(明)歸有光選輯　明刻本　二冊

340000－1882－0005011　善 004
大戴禮記十三卷　(北周)盧辯注　清乾隆二十一年(1756)德州盧氏刻雅雨堂藏書本　二冊

340000－1882－0005012　善 005
大戴禮記十三卷　(北周)盧辯注　清乾隆二十一年(1756)德州盧氏刻雅雨堂藏書本　二冊

340000－1882－0005013　善 056
新刻痰火點雪四卷　(明)龔居中著　明刻本　一冊　存二卷(一至二)

340000－1882－0005014　善 072
香祖筆記十二卷　(清)王士禛撰　清康熙刻

本　四册

340000－1882－0005015　XB1267

爾雅郭注義疏二十卷　(清)郝懿行撰　清光緒刻本　四册　存十五卷(中一至八、下一至七)

340000－1882－0005016　XB1256

慎鸞交傳奇二卷　(清)李漁編次　清刻本　二册

340000－1882－0005017　善007

参讀禮志疑二卷　(清)汪紱撰　清乾隆三十六年(1771)刻本　二册

340000－1882－0005018　善119

敬業堂詩集五十卷　(清)查慎行撰　清康熙刻本　十二册

340000－1882－0005019　善020

泗水余氏會通世譜圖五卷　(明)余璦重修　明正德木活字印本　一册

340000－1882－0005020　善002

檀弓二卷　(宋)謝枋得批點　(明)楊慎注　明萬曆四十四年(1616)閔齊伋刻朱墨套印本　一册

340000－1882－0005021　善086

初唐四傑集三十七卷　(唐)王勃等撰　清乾隆四十六年(1781)星渚項氏刻本　十册

340000－1882－0005022　4328

左田黄氏孟宗譜七卷　(明)黄應榜等纂修　明嘉靖刻本　一册

340000－1882－0005023　善008

文章練要十卷　(清)王源評訂　清刻本　五册

340000－1882－0005024　善013

資治通鑑二百九十四卷　(宋)司馬光編　(元)胡三省音註　明萬曆刻本　九十七册

340000－1882－0005025　善062

青在堂竹譜二卷蘭譜二卷　(清)諸昇撰　清康熙套印本　三册

340000－1882－0005026　善073

分甘餘話四卷　(清)王士禛撰　清刻本　一册

340000－1882－0005027　善082

增删韻府羣玉定本二十卷　(元)陰時夫輯　清康熙十九年(1680)刻本　十册

340000－1882－0005028　善094

嘉樂齋三蘇文範十八卷　(明)楊慎選　明天啓二年(1622)刻本　八册

340000－1882－0005029　0370

吉金樂石齋印存一卷　(□)□□撰　清刻本　一册

340000－1882－0005030　善120

穎川文集十三卷　(清)潘書馨著　清康熙刻本　二册

340000－1882－0005031　善091

明詩別裁集十二卷目録一卷　(清)沈德潛　(清)周準輯　清乾隆四年(1739)刻本　四册

340000－1882－0005032　XB1241

音註小倉山房尺牘八卷　(清)袁枚撰　(清)胡光斗箋釋　清光緒二十七年(1901)申昌書局石印本　一册　存四卷(一至四)

340000－1882－0005033　善111

宋大家曾文定公文抄十卷　(宋)曾鞏撰　(明)茅坤批評　(明)茅闇叔重訂　明末刻本　三册

340000－1882－0005034　善089

名人畫題録稿一卷　(清)□□撰　清抄本　一册

340000－1882－0005035　善009

春秋鈔十卷首一卷　(清)朱軾輯　清乾隆元年(1736)刻本　二册

340000－1882－0005036　善001

鄭氏易譜十二卷　(明)鄭旒編　清乾隆十五年(1750)刻本　四册

340000－1882－0005037　XB1255

雲林別墅繡像妥註第六才子書六卷首一卷

(元)王實甫撰　(清)鄒聖脈注　清刻本　五册

340000－1882－0005038　善 074
北夢瑣言二十卷　(宋)孫光憲纂集　清乾隆二十一年(1756)德州盧氏刻雅雨堂藏書本　四册

340000－1882－0005039　善 039
長安獲古編二卷補編一卷　(清)劉喜海輯　清光緒刻本　一册

340000－1882－0005040　善 081
祈神奏格六卷　(明)劉君信梓　明萬曆三十八年(1610)劉君信刻本　一册　存三卷(禮、樂、射)

340000－1882－0005041　XB1238
聖廟祀典圖攷三卷　(清)顧沅輯　清末石印本　一册　存一卷(二)

340000－1882－0005042　善 087
名世文宗三十卷　(明)胡時化輯　明崇禎元年(1628)刻本　十六册

340000－1882－0005043　善 112
宋大家王文公文抄十六卷　(宋)王安石撰　(明)茅坤批評　明刻本　四册

340000－1882－0005044　善 011
摭古遺文二卷　(元)李登輯　明萬曆二十二年(1594)刻本　二册

340000－1882－0005045　善 088
榕村詩選八卷首一卷　(清)李光地撰　清雍正八年(1730)石川方氏刻本　四册

340000－1882－0005046　善 075
摭言十五卷　(五代)王定保撰　清乾隆二十一年(1756)德州盧氏刻雅雨堂藏書本　四册

340000－1882－0005047　善 067
陳眉公訂正一庵雜問錄一卷　(明)唐樞著　(明)陳繼儒　(明)沈中英撰　明刻本　一册

340000－1882－0005048　善 077
歸田錄二卷　(宋)歐陽修撰　明刻本　一册

340000－1882－0005049　善 070
容齋隨筆七十四卷　(宋)洪邁撰　清康熙刻本　十四册

340000－1882－0005050　XB1237
精選歷代名儒四書五經義三卷　(清)顧炎武等　清末石印本　一册　存一卷(下)

340000－1882－0005051　善 079
地理正義鉛彈子砂水要訣六卷　(清)張鳳藻撰述　清康熙三十四年(1695)刻本　四册

340000－1882－0005052　善 071
居易錄三十四卷　(清)王士禎著　清康熙刻本　八册

340000－1882－0005053　善 113
宋孫仲益內簡尺牘十卷　(宋)孫覿撰　(宋)李祖堯編註　(宋)蔡焯　(宋)蔡龍孫增訂　清乾隆十二年(1747)刻本　四册

340000－1882－0005054　XB1236
明史擥要八卷　(清)姚培謙撰　(清)張景星錄　清刻本　一册　存三卷(一至三)

340000－1882－0005055　善 046
補註洗冤錄集證四卷　(宋)宋慈撰　清道光二十三年(1843)三色套印本　四册

340000－1882－0005056　善 014
通鑑釋文辯誤十二卷　(元)胡三省考訂　(明)吳勉學校正　明刻本　三册

340000－1882－0005057　善 076
陳眉公訂正碧里雜存一卷　(明)董穀輯　明刻本　一册

340000－1882－0005058　善 033
刑錢指南三卷　(清)萬維翰編訂　清乾隆三十九年(1774)刻本　三册

340000－1882－0005059　善 034
九域志十卷　(宋)王存等撰　清乾隆刻本　五册

340000－1882－0005060　XB1235
增註字類標韻六卷　(清)華納編　(清)范多玨重訂　清光緒十六年(1890)上海蜚英館石

印本　一册

340000－1882－0005061　善 083
新增説文韻府群玉二十卷　(元)陰時夫編輯　(元)陰中夫編註　(明)王元貞校正　明萬曆十八年(1590)刻本　十册

340000－1882－0005062　善 024
續修新安歙北許村許氏東支世譜九卷首一卷　(明)許可復續編　明隆慶木活字印本　三册

340000－1882－0005063　善 118
曝書亭集八十卷附錄一卷笛漁小稿十卷　(清)朱彝尊撰　清康熙刻本　十四册

340000－1882－0005064　XB1195
墨香書屋時文摘艷初集四卷　(清)蕭萬堂編　清刻本　一册

340000－1882－0005065　善 078
鐫地理參補評林圖訣全備平沙玉尺經二卷　(元)劉秉忠著　(明)劉基註　明萬曆建邑書林陳賢刻本　二册

340000－1882－0005066　善 006
新定三禮圖三十卷　(宋)聶崇義集註　清康熙刻本　二册

340000－1882－0005067　XB1234
經學輯要二十四卷　(清)吳頴炎輯　清光緒十三年(1887)點石齋石印本　三册　存四卷(二至四、十一)

340000－1882－0005068　XB1194
檉花館試帖輯註一卷　(清)路德著　(清)張熙宇輯註　清刻本　一册

340000－1882－0005069　善 040
淳化祕閣法帖考正十卷附錄二卷　(清)王澍詳定　(清)汪玉球參正　清雍正詩鼎齋刻本　四册

340000－1882－0005070　善 010
說文解字通釋四十卷　(南唐)徐鍇傳釋　清乾隆四十七年(1782)汪啟淑刻本　八册

340000－1882－0005071　善 029
漢書評林一百卷　(明)凌稚隆輯校　明萬曆九年(1581)凌稚隆刻本　二十八册

340000－1882－0005072　善 015
新刊全補通鑑標題摘要二十八卷　(明)歸有光輯　(明)吳騰奎補　明萬曆刻本　一册　存十一卷(一至十一)

340000－1882－0005073　善 069
新刻古今原始十五卷　(明)趙釴著　明嘉靖四十一年(1562)刻本　三册

340000－1882－0005074　善 018
史外三十二卷　(清)汪有典纂　清乾隆十三年(1748)刻本　八册

340000－1882－0005075　善 051
傷寒論條辨續註十二卷　(明)方有執條辨　(清)鄭重光續註　清康熙廣陵秩斯堂刻本　二册

340000－1882－0005076　善 037
三輔黃圖六卷　(漢)亡名氏撰　明刻本　一册

340000－1882－0005077　XB1239
黃帝內經素問合纂□□卷　(清)張志聰　(清)馬元臺注　清末石印本　一册　存一卷(一)

340000－1882－0005078　0515
新鐫京板工師雕斵正式魯班經匠家鏡三卷附一卷　(明)午榮撰　明刻本　一册

340000－1882－0005079　善 065
佩文齋廣群芳譜一百卷　(清)劉灝編　清康熙四十七年(1708)内府刻本　四十八册

340000－1882－0005080　3095
針灸問對三卷　(明)汪機編輯　(明)陳桷較正　明嘉靖十一年(1532)刻本　一册

340000－1882－0005081　2253
醫家法語二卷　題(清)養晦齋主人輯　清木活字印本　一册

340000－1882－0005082　善 026
新刻通鑑集要二十八卷　(明)吳守謨輯　明

萬曆三十五年(1607)刻本　十二册

340000－1882－0005083　善016
新刊古本四明先生續資治通鑑節要三十卷　(明)劉弘毅著　明嘉靖刻本　四册　存二十卷(十一至三十)

340000－1882－0005084　0200
[康熙]休寧縣志八卷　(清)廖騰奎修　清康熙三十二年(1693)刻本　五册

340000－1882－0005085　善068
栗菴宋先生纂古今藥石二卷　(明)宋纁纂　明萬曆刻本　二册

340000－1882－0005086　善044
新刊性理大全七十卷　(明)胡廣等纂修　明嘉靖三十年(1551)刻本　三册　存十七卷(十三至十九、五十六至六十、六十六至七十)

340000－1882－0005087　善036
[乾隆]黟縣志十二卷　(清)孫維龍修　(清)劉大櫆等輯　清乾隆三十一年(1766)刻本　四册

340000－1882－0005088　3094
痘治理辨一卷附方一卷　(明)汪機編輯　明刻本　二册

340000－1882－0005089　善025
明史摘記總不分卷　(□)□□撰　清抄本　三册

340000－1882－0005090　善047
刑名一得二卷　(清)白如珍著　清乾隆刻本　一册

340000－1882－0005091　善059
新刻一鴻簡捷便覽算法四卷　(明)余楷撰　明萬曆十三年(1585)刻本　一册

340000－1882－0005092　善028
宋書文鈔二十卷　(南朝梁)沈約撰　(明)戴義摘操　明刻本　六册

340000－1882－0005093　3096
推求師意二卷　(明)汪機編輯　明刻本　一册

340000－1882－0005094　0248
松亭遺稿三種不分卷　(清)楊松亭著　(清)胡肇烇選　清稿本　一册

340000－1882－0005095　善108
東坡全集一百十五卷年譜一卷　(宋)蘇軾撰　明刻本　四十八册

340000－1882－0005096　0113
程恒生等致聘卿信札五十通　(清)程恒生等撰　清稿本　一册

340000－1882－0005097　善048
新刻諸葛武侯心法六卷附一卷　(明)胡文煥校　明刻本　一册　存二卷(一至二)

340000－1882－0005098　善032
陽明先生別錄十四卷　(明)王守仁　明刻本　二册　存二卷(七、十)

340000－1882－0005099　善054
醫案五卷　(明)孫一奎輯　明萬曆刻本　八册

340000－1882－0005100　030
漢書考異三卷　(清)錢大昕撰　清乾隆四十六年(1781)刻廿二史考異本　二册

340000－1882－0005101　善041
歷代帝王法帖釋文考異十卷　(明)顧從義編　明萬曆刻本　一册

340000－1882－0005102　0578
名世文宗二十卷外集四卷　(明)胡時化編次　明萬曆五年(1577)刻本　七册　存十三卷(名世文宗一、九至十二、十五至十六、十九至二十,外集四卷)

340000－1882－0005103　善017
新刻論策標題通鑑綱目紀要□□卷　(□)□□撰　明刻本　二册　存十一卷(一至六、十九至二十三)

340000－1882－0005104　1778
醫案輯錄不分卷　(清)程文囿著　清抄本　一册

340000－1882－0005105　善085

列朝詩集八十一卷 （清）錢謙益撰　清順治刻本　九册　存十九卷（甲集一至三、八至十四，乙集一至六，丁集十至十二）

340000－1882－0005106　善 0215
五子近思録十四卷 （清）汪佑編　清康熙刻本　四册

340000－1882－0005107　善 105
唐陸宣公集二十二卷 （唐）陸贄撰　（清）年羹堯重訂　清雍正刻本　四册

340000－1882－0005108　0298
馮塘醫案一卷 （清）程思敏著　（清）葉熙錕編纂　（清）胡肇烇選　清抄本　一册

340000－1882－0005109　0728
古雪精舍書鈔二十卷 （明）吳會棣撰　清抄本　二十册

340000－1882－0005110　3240
遂生編一卷 （清）莊一夔著　清光緒三十年（1904）刻保赤全編本　一册

340000－1882－0005111　0704
味菜堂詩集一卷 （清）汪淵撰　清抄本　一册

340000－1882－0005112　善 052
脈學一卷 （清）□□撰　清抄本　一册

340000－1882－0005113　XB1197
培遠堂手札節存二卷 （清）陳宏謀著　清同治十二年（1873）江蘇書局刻本　一册

340000－1882－0005114　善 031
休寧縣賦役官解條議全書不分卷 （明）葉茂桂集刊　明天啓刻本　一册

340000－1882－0005115　XB1282
三教正鵠十一卷首一卷 （清）□□撰　清刻本　一册　存一卷（十）

340000－1882－0005116　XB1318
書經六卷首一卷末一卷 （宋）蔡沈集傳　清同治五年（1866）金陵書局刻本　四册

340000－1882－0005117　3235
喉痧癥治一卷 （清）汪承煦纂輯　清道光二十一年（1841）刻本　一册

340000－1882－0005118　善 027
宋史文鈔三十八卷 （元）脱脱等撰　（明）戴義摘録　明崇禎刻本　十三册

340000－1882－0005119　善 043
大學衍義四十三卷 （宋）真德秀彙輯　明崇禎刻本　十册

340000－1882－0005120　0037
爾雅翼三十二卷 （宋）羅願著　明天啓六年（1626）羅朗刻本　一册　存四卷（一至四）

340000－1882－0005121　0990
醫學提綱不分卷 （清）吳麟書撰　清光緒三十三年（1907）稿本　一册

340000－1882－0005122　善 1430
正俗編二十四卷 （清）吳墀撰　清咸豐元年（1851）稿本　一册

340000－1882－0005123　善 0550
刊發微大統歷正通書大全□□卷 （□）□□撰　明刻本　一册　存十五卷（二十六至四十）

340000－1882－0005124　XB1317
古文析義十四卷 （清）林雲銘評註　清乾隆四十四年（1779）南京三多齋刻本　六册

340000－1882－0005125　善 093
才調集十卷 （五代）韋縠集　清康熙刻本　四册

340000－1882－0005126　善 061
墨池編二十卷印典八卷 （宋）朱長文纂　清雍正刻本　八册

340000－1882－0005127　善 116
震川先生集三十卷 （明）歸有光著　清康熙歸莊刻本　十册

340000－1882－0005128　4017
生生録三卷 （清）鄭晟纂集　清康熙五十七年（1718）鄭晟刻本　二册

340000－1882－0005129　善 080
新編秘傳堪輿類纂人天共寶十二卷　(明)黄慎編次　(明)許捷參訂　明崇禎刻本　十二册

340000－1882－0005130　XB1284
鳴原堂論文二卷　(清)曾國藩編　清刻本　一册　存一卷(下)

340000－1882－0005131　4002
瀛奎律髓四十九卷　(元)方回編　清刻本　一册　存六卷(十七至二十二)

340000－1882－0005132　0437
退盦日記不分卷　(清)退盦撰　清稿本　一册

340000－1882－0005133　0057
史記評林一百三十卷　(明)凌稚隆輯校　明嘉靖刻本　十四册　存八十二卷(二十三至四十六、五十三至七十三、八十三至一百十、一百十七至一百二十一、一百二十七至一百三十)

340000－1882－0005134　善 063
師古堂印譜五卷　(清)李宜開篆　清乾隆四十六年(1781)鈐印本　四册　存四卷(一、三至五)

340000－1882－0005135　XB1293
國朝律賦偶箋四卷　(清)沈豐岐箋　清乾隆刻本　三册　存三卷(一至三)

340000－1882－0005136　XB1292
澄衷蒙學堂字課圖說四卷　(清)劉樹屏編　清末石印本　三册　缺一卷(一)

340000－1882－0005137　XB1296
儀禮十七卷　(漢)鄭玄注　(清)張爾岐句讀　清同治十三年(1874)湖南書局刻本　四册

340000－1882－0005138　0203
休寧碎事八卷　(清)徐卓輯　清嘉慶十六年(1811)刻本　三册

340000－1882－0005139　XB1285
曾文正公家書十卷　(清)曾國藩撰　清光緒二年(1876)傳忠書局刻本　五册　存五卷(一、三至四、八至九)

340000－1882－0005140　善 055
證治要言一卷　(清)汪文綺撰　清藍格抄本　一册

340000－1882－0005141　XB1281
賦鈔箋略十五卷　(清)雷琳　(清)張杏濱箋　清張士林刻本　一册　存二卷(十一至十二)

340000－1882－0005142　XB1309
儀禮韻言二卷　(清)檀萃纂　清刻本　一册　存一卷(下)

340000－1882－0005143　XB1295
重校七家詩評註七卷附隨月山房試帖一卷　(清)石暉甲箋註　(清)張熙宇評　清光緒二十二年(1896)刻本　二册　存四卷(一、三、五至六)

340000－1882－0005144　0434
劍芙日記一卷　(清)劍芙撰　清光緒三十一年(1905)抄本　一册

340000－1882－0005145　XB1286
繹史一百六十卷　(清)馬驌撰　清刻本　二册　存十卷(一百三至一百九、一百五十二至一百五十四)

340000－1882－0005146　XB1308
重訂唐詩別裁集二十卷　(清)沈德潛選　清刻本　一册　存二卷(十九至二十)

340000－1882－0005147　XB1299
古文筆法百篇二十卷首一卷　(清)李扶九輯　清光緒八年(1882)滇南書局刻本　一册　存三卷(一至三)

340000－1882－0005148　XB1287
史鑑節要便讀六卷末一卷　(清)鮑東里編輯　清李光明莊刻本　二册

340000－1882－0005149　善 0339
新安程雲來先生醫暇卮言二卷　(清)程林撰　(清)□□抄　清藍格抄本　二册

340000－1882－0005150　XB1288
曾文正公家書十卷　(清)曾國藩撰　清光緒五年(1879)刻本　七冊　存七卷(一、三、六至十)

340000－1882－0005151　善066
日北居獨坐談六卷　(明)洪化昭述　明崇禎刻本　三冊

340000－1882－0005152　XB1298
禮記十卷　(元)陳澔集說　清刻本　九冊　缺一卷(一)

340000－1882－0005153　XB1311
醫宗必讀十卷　(清)李中梓撰　明崇禎刻本　五冊

340000－1882－0005154　XB1280
七家詩選七卷　(清)張熙宇輯評　清朱墨套印本　一冊　存一卷(澹香齋試帖一)

340000－1882－0005155　XB1297
求闕齋讀書錄十卷　(清)曾國藩撰　(清)王啟原編輯　清光緒刻本　一冊　存三卷(八至十)

340000－1882－0005156　善0043
同文千字文二卷　(明)汪以成撰　清刻本　二冊

340000－1882－0005157　善021
溪南江氏族譜不分卷　(明)江珍著　明隆慶四年(1570)刻本　一冊

340000－1882－0005158　XB1305
字彙十二卷　(明)梅膺祚音釋　清刻本　六冊　存五卷(寅集、辰集至未集)

340000－1882－0005159　XB1294
隸辨八卷　(清)顧藹吉撰　清刻本　七冊　缺一卷(一)

340000－1882－0005160　XB1346
樊隖詩存別集二卷　(唐)李商隱撰　(清)王以慜編　清光緒二十九年(1903)江西官書局石印本　一冊

340000－1882－0005161　XB1290
史記菁華錄六卷　(清)姚苧田輯　清光緒二十二年(1896)新化三味堂刻本　四冊　缺二卷(三、六)

340000－1882－0005162　善050
奇方類編二卷　(清)吳世昌輯　清康熙五十八年(1719)鄂奇善刻本　二冊

340000－1882－0005163　XB1304
新纂氏族箋釋八卷　(清)熊峻運著　清刻本　一冊　存一卷(四)

340000－1882－0005164　XB1289
曾文正公年譜十二卷　(清)黎庶昌編輯　清光緒二年(1876)傳忠書局刻本　四冊

340000－1882－0005165　善045
新纂門目五臣音註揚子法言十卷　(漢)揚雄撰　(晉)李軌等注　明刻本　三冊

340000－1882－0005166　XB1332
隸辨八卷　(清)顧藹吉撰　清乾隆八年(1743)刻本　三冊　存三卷(一至二、六)

340000－1882－0005167　XB1342
寄傲山房塾課新增幼學故事瓊林四卷首一卷　(清)程允升撰　(清)鄒聖脈增補　清光緒六年(1880)刻本　三冊

340000－1882－0005168　XB1310
欽定四庫全書總目二百卷首四卷　(清)永瑢等總裁　(清)紀昀等總纂　清刻本　九冊　存十六卷(二十五至二十六、二十九至三十二、一百二十七至一百二十八、一百三十二至一百三十七、一百七十二、一百七十四)

340000－1882－0005169　XB1333
宋洪魏公進萬首唐人絕句八卷　(宋)洪邁輯　(明)黃習遠補　明末趙宧光刻本　五冊

340000－1882－0005170　XB1306
小搭藏珍三十卷　(□)□□編　清同治七年(1868)刻本　四冊　存五卷(二十一至二十五)

340000－1882－0005171　XB1341
古文觀止十二卷　(清)吳乘權　(清)吳大職

编　清光緒三十二年(1906)刻本　六册

340000－1882－0005172　XB1344
新增說文韻府羣玉二十卷　(元)陰時夫編輯　(元)陰中夫編注　明刻本　一册　存一卷(七)

340000－1882－0005173　XB1370
尺木堂明鑑易知錄十五卷　(清)吳乘權等輯　清光緒十七年(1891)上海廣百宋齋鉛印本　一册　存六卷(一至六)

340000－1882－0005174　XB1323
續古文辭類纂十卷　王先謙纂集　清光緒十六年(1890)上海文瑞樓鉛印本　四册

340000－1882－0005175　XB1303
古唐詩合解十六卷　(清)王堯衢注　清刻本　一册　存三卷(八至十)

340000－1882－0005176　XB1337
銀海精微二卷　(唐)孫思邈輯　明末清初刻本　一册　存一卷(二)

340000－1882－0005177　XB1315
宋院本夾竹梅花三卷　(宋)吳景鸞著　題(清)沼松老人抄　清抄本　一册

340000－1882－0005178　0890
方氏譜系□□卷　(明)□□修　明刻本　一册　存二卷(二至三)

340000－1882－0005179　XB1368
二十一史約編八卷首一卷　(清)鄭元慶述　清刻本　一册

340000－1882－0005180　XB1343
文字蒙求四卷　(清)王筠撰　清光緒十三年(1887)石印本　一册　存三卷(一至三)

340000－1882－0005181　XB1326
積古齋鐘鼎彝器款識十卷　(清)阮元編錄　清嘉慶九年(1804)刻本　二册

340000－1882－0005182　XB1328
黃帝内經素問節文註釋十卷　(明)黃俅輯　明瓊芝室刻本　二册　存三卷(一、八至九)

340000－1882－0005183　XB1314
素問病機氣宜保命集三卷　(金)劉完素述　(明)吳勉學校　明刻本　三册

340000－1882－0005184　XB1365
宏道堂校正醫方捷徑二卷　(清)羅必參訂　**診脈主捷歌不分卷**　(□)□□撰　清宏道堂刻本　一册　存一卷(上)

340000－1882－0005185　XB1340
述學内篇三卷外篇一卷補遺一卷別錄一卷　(清)汪中撰　清同治八年(1869)揚州書局刻本　一册

340000－1882－0005186　XB1302
戰國策十卷　(漢)劉向編　(宋)鮑彪校注　(元)吳師道重校　清刻本　一册　存二卷(一至二)

340000－1882－0005187　XB1345
古文析義十六卷　(明)林雲銘評注　清康熙刻本　十六册

340000－1882－0005188　XB1307
合璧精選不分卷　(□)□□撰　清抄本　一册

340000－1882－0005189　XB1300
古文翼八卷　(清)唐德宜編　清刻本　四册　存四卷(三至六)

340000－1882－0005190　XB1338
博物志十卷　(晉)張華撰　清光緒元年(1875)湖北崇文書局刻本　一册

340000－1882－0005191　XB1369
周書五十卷　(唐)令狐德棻等撰　清光緒二十八年(1902)竢實齋石印本　一册　存二十八卷(一至二十八)

340000－1882－0005192　善114
青邱高季迪先生詩集十八卷首一卷遺詩一卷扣舷集一卷附錄一卷鳧藻集五卷　(明)高啓撰　(清)金檀輯註　清乾隆刻本　十二册

340000－1882－0005193　XB1398
古文辭類纂三編三卷　(清)姚鼐纂　清光緒

二十六年(1900)山西書業昌石印本　七册

340000-1882-0005194　XB1354
歷代名臣言行錄二十四卷　(清)朱桓編輯　(清)季絜倉校訂　清光緒二十八年(1902)茹古山房石印本　八册

340000-1882-0005195　善0122
朱氏統宗世譜不分卷　(明)□□撰　明嘉靖刻本　二册

340000-1882-0005196　XB1396
十三經策案二十二卷　(清)王謨輯　(清)俞祥麟編　清刻本　一册　存三卷(二十至二十二)

340000-1882-0005197　XB1313
達生編二卷　題(清)亟齋居士纂　清光緒二十七年(1901)刻本　一册

340000-1882-0005198　XB1339
續博物志十卷　(唐)李石撰　清光緒元年(1875)湖北崇文書局刻本　一册

340000-1882-0005199　XB1301
玉尺樓賦選五卷　(清)趙古農編　清刻本　一册　存三卷(三至五)

340000-1882-0005200　善053
脈學註釋三卷　(清)汪文綺注　清抄本　三册

340000-1882-0005201　XB1395
瀛海探驪集八卷　(清)朱埏之輯　(清)馮泉等注　清嘉慶刻本　一册　存一卷(一)

340000-1882-0005202　XB1399
書六卷　(宋)蔡沈集傳　清慎怡堂刻本　一册　存一卷(四)

340000-1882-0005203　XB1320
前漢書一百二十卷　(漢)班固撰　(唐)顔師古注　清光緒十四年(1888)上海蜚英館石印本　四册　存二十九卷(一至七、十九至二十、三十一至五十)

340000-1882-0005204　XB1336
小兒諸熱辨四卷　(清)許豫和撰　清乾隆刻本　一册　存一卷(四)

340000-1882-0005205　XB1389
律賦新編不分卷　(清)趙楫等輯　(清)夏勤邦注　清刻本　四册

340000-1882-0005206　XB1331
南史八十卷　(唐)李延壽撰　明崇禎十三年(1640)刻清順治十一年(1654)補輯汲古閣刻十七史本　一册　存四卷(一至四)

340000-1882-0005207　XB1400
昌黎先生集四十卷　(唐)韓愈撰　(唐)李漢編　清同治九年(1870)廣東述古堂刻本　八册

340000-1882-0005208　善115
薛敬軒先生文集十卷　(明)薛瑄撰　(清)張伯行訂　清康熙正誼書院刻本　四册

340000-1882-0005209　XB1394
歷代名賢手札八卷　(清)蕭士珂輯　清光緒二十二年(1896)學古齋石印本　一册　存一卷(一)

340000-1882-0005210　XB1327
積古齋鐘鼎彝器款識十卷　(清)阮氏編錄　清刻本　四册

340000-1882-0005211　XB1353
增評加注全圖紅樓夢十五卷一百二十回　(清)曹雪芹撰　清末石印本　七册　存八卷(八至十五)

340000-1882-0005212　XB1319
七家詩輯註彙鈔七卷　(清)張熙宇輯評　(清)王植桂輯註　清同治九年(1870)刻本　八册

340000-1882-0005213　XB1388
太上寶筏圖說不分卷　(清)□□撰　清光緒二十九年(1903)鴻文書局石印本　八册

340000-1882-0005214　XB1347
文昌帝君陰騭文註證不分卷　(□)□□撰　清同治十一年(1872)刻本　一册

340000-1882-0005215　XB1377

自鳴鐘表圖説不分卷　(清)徐朝俊纂　清嘉慶十四年(1809)刻本　一冊

340000－1882－0005216　XB1393
闈墨文彀珠囊三卷　(清)謝溶編　清道光五年(1825)刻本　三冊

340000－1882－0005217　XB1390
禮記十卷　(元)陳澔集説　清同治五年(1866)金陵書局刻十三經讀本本　十冊

340000－1882－0005218　XB1330
隸辨八卷　(清)顧藹吉撰　清同治十二年(1873)刻本　八冊

340000－1882－0005219　XB1373
春秋左傳三十卷　(晉)杜預注　(宋)林堯叟附注　(唐)陸德明音釋　(清)馮李驊集解　清刻本　四冊　存九卷(二十二至三十)

340000－1882－0005220　XB1425
春秋左傳五十卷　(晉)杜預　(宋)林堯叟注釋　(唐)陸德明音義　清刻本　一冊　存六卷(二十七至三十二)

340000－1882－0005221　XB1376
宋元明詩約鈔三百首不分卷　(清)朱梓　(清)冷昌言編輯　清道光二十一年(1841)刻本　一冊

340000－1882－0005222　XB1348
張氏醫通十六卷　(清)張璐纂述　清光緒二十年(1894)上海圖書集成石印本　二十冊

340000－1882－0005223　XB1355
東周列國全志二十三卷首一卷　(明)馮夢龍撰　(清)蔡昇點評　清光緒十九年(1893)滄雅書局刻本　七冊　存七卷(七至十二、首一卷)

340000－1882－0005224　XB1382
增訂袁文箋正十六卷　(清)袁枚撰　(清)魏大縉注　清光緒十四年(1888)上海蜚英館石印本　四冊　存十五卷(一至四、六至十六)

340000－1882－0005225　XB1378
中國文學指南二卷　邵伯棠撰　清宣統二年(1910)上海會文堂石印本　二冊　存一卷(上)

340000－1882－0005226　XB1372
古文約編十卷附錄一卷　(清)倪承茂訂　清懷古堂刻本　一冊　存三卷(六至八)

340000－1882－0005227　XB1409
痘疹定論三卷　(清)朱純嘏編輯　清兩儀堂刻本　三冊

340000－1882－0005228　XB1325
説文解字五百四十部目一卷　(□)□□撰　清光緒十三年(1887)慈谿童氏大鄮山館刻本　一冊

340000－1882－0005229　XB1335
李義山文集十卷　(唐)李商隱撰　(清)徐樹穀箋　(清)徐炯註　清康熙四十七年(1708)刻本　四冊

340000－1882－0005230　XB1381
增訂本草備要六卷醫方集解三卷　(清)汪昂輯　清刻兩截版本　一冊

340000－1882－0005231　XB1413
昌黎先生集四十卷點勘四卷遺文一卷　(唐)韓愈撰　清末掃葉山房石印本　二冊　存九卷(昌黎先生集十一至十四、點勘四卷、遺文一卷)

340000－1882－0005232　XB1329
春秋四卷　(宋)胡安國傳　(清)金甌纂定
春秋體註大全四卷　(清)徐寅賓纂　清刻本　三冊　存三卷(春秋體註大全一至三)

340000－1882－0005233　XB1350
丹山堂古文觀止□□卷　(清)吳乘權　(清)吳大職輯　清道光元年(1821)經國堂刻本　二冊　存四卷(一至四)

340000－1882－0005234　XB1412
文字蒙求四卷　(清)王筠撰　清末石印本　一冊　存二卷(三至四)

340000－1882－0005235　XB1408
臨症指南醫案八卷　(清)葉桂著　清末石印

本　四冊

340000－1882－0005236　XB1421
灤陽消夏錄十二卷　(清)紀昀撰　清刻本　一冊　存一卷(三)

340000－1882－0005237　XB1424
文選六十卷　(南朝梁)蕭統編　(唐)李善注　清同治刻本　六冊　存十七卷(一至十七)

340000－1882－0005238　XB1324
皇朝文獻通考輯要二十六卷　湯壽潛輯　清末石印本　三十七冊

340000－1882－0005239　XB1407
中藏經三卷附內照法一卷　(漢)華佗撰　清宣統三年(1911)石印本　三冊

340000－1882－0005240　XB1312
金剛經不分卷　(後秦)釋鳩摩羅什譯　清同治十三年(1874)刻本　一冊

340000－1882－0005241　XB1401
四大奇書第一種十九卷首一卷一百二十回　(明)羅貫中撰　(清)毛宗崗評　清刻本　二十冊

340000－1882－0005242　XB1414
唐詩三百首註疏六卷　(清)蘅塘退士編　(清)章燮註　清道光刻本　六冊

340000－1882－0005243　XB1349
史記菁華錄六卷　(清)姚苧田輯　清刻本　一冊　存一卷(四)

340000－1882－0005244　XB1361
第一才子書一百二十回　(明)羅貫中撰　(清)毛宗崗評　清光緒三十二年(1906)同文晉記書局石印本　八冊

340000－1882－0005245　XB1417
禮記音訓不分卷　(清)楊國楨撰　清刻本　四冊

340000－1882－0005246　XB1351
舊五代史一百五十卷　(宋)薛居正等撰　清末石印本　一冊　存三十卷(一百二十一至一百五十)

340000－1882－0005247　XB1379
素問靈樞類纂約註三卷　(清)汪昂纂輯　(清)汪桓訂　清刻本　三冊

340000－1882－0005248　XB1418
唐陸宣公集二十二卷　(唐)陸贄撰　(清)年羹堯重訂　清刻本　一冊　存六卷(七至十二)

340000－1882－0005249　XB1387
策學備纂三十二卷　(清)陳同文　(清)吳潁炎輯　清光緒十三年(1887)石印本　十二冊　存十六卷(十七至三十二)

340000－1882－0005250　XB1411
徐氏醫學十六種三十一卷　(清)徐大椿著　清光緒三十三年(1907)上海章福記書局石印本　十四冊　存二十二卷(傷寒約編一至六、蘭臺軌範一至八、醫學源流論一至二、內經詮釋一、洄溪醫案一、脈訣啟悟注釋一、六經病解一、傷寒論類方一、神農本草經百種錄一)

340000－1882－0005251　XB1371
資治通鑑目錄三十卷　(宋)司馬光編　清刻本　七冊　存十九卷(十至二十八)

340000－1882－0005252　XB1352
文選補遺四十卷　(宋)陳仁子輯　(元)譚紹烈纂類　清刻本　七冊　存十八卷(一至二、八至十四、三十二至四十)

340000－1882－0005253　XB1427
禮記十卷　(元)陳澔集說　清同治五年(1866)金陵書局刻本　十冊

340000－1882－0005254　XB1406
書經集註六卷　(宋)蔡沈集註　清慎宜堂刻本　三冊　缺一卷(四)

340000－1882－0005255　XB1420
東周列國全志二十三卷　(明)馮夢龍撰　(清)蔡昇評點　清刻本　二冊　存四卷(三至六)

340000－1882－0005256　XB1434
御纂醫宗金鑑十五種九十卷　(清)吳謙等修

清末石印本　六冊　存三十卷（三十九至六十八）

340000－1882－0005257　XB1334

東周列國全志二十三卷　（明）馮夢龍撰　（清）蔡界評點　清刻本　六冊　存六卷（一至六）

340000－1882－0005258　XB1432

增廣大生要旨五卷　（清）唐千頃纂　（清）葉灝增訂　清光緒十年（1884）刻本　二冊

340000－1882－0005259　XB1416

監本附釋音春秋公羊注疏二十八卷　（漢）何休注　（唐）陸德明音義　（□）□□疏　**校勘記二十八卷**　（清）阮元撰　（清）盧宣旬摘錄　清嘉慶二十年（1815）南昌府學刻重刊宋本十三經注疏附校勘記本　八冊

340000－1882－0005260　XB1397

國朝先正事略六十卷　（清）李元度纂　清刻本　五冊　存二十卷（二十三至四十二）

340000－1882－0005261　XB1428

春秋左傳音訓不分卷　（清）楊國楨撰　清刻本　八冊

340000－1882－0005262　XB1426

梁昭明文選二十四卷　（南朝梁）蕭統編　（明）張鳳翼纂註　明萬曆二十九年（1601）刻本　五冊　存十卷（一至二、五至十二）

340000－1882－0005263　XB1384

名賢手札不分卷　（清）□□輯　清光緒十一年（1885）上海同文書局石印本　二冊

340000－1882－0005264　XB1360

齊家要略一卷　（明）劉溫著　（清）董大猷修輯　清刻本　四冊

340000－1882－0005265　XB1441

通志輯要二十二卷皇朝通志輯要三十二卷續通志輯要二十八卷　（清）蔣麟振輯　（清）趙祖悳重勘　清光緒二十八年（1902）上海編譯局石印本　十八冊　存七十二卷（通志輯要一至十、十九至二十二，皇朝通志輯要一至三十，續通志輯要二十八卷）

340000－1882－0005266　XB1385

名賢手札不分卷　（清）□□輯　清光緒十一年（1885）上海同文書局石印本　四冊

340000－1882－0005267　XB1440

新選十六名家畫寶二卷　（清）寒梅館彙刻　清宣統石印本　一冊

340000－1882－0005268　XB1405

紀元編三卷末一卷　（清）李兆洛撰　清道光十一年（1831）輩學齋刻本　三冊

340000－1882－0005269　XB1462

增補痘疹玉髓金鏡錄二卷　（明）翁仲仁輯著　（清）陸南暘補遺　（清）陸明暘參補　清宣統二年（1910）石印本　二冊

340000－1882－0005270　XB1419

春秋公羊傳穀梁傳音訓不分卷附孝經爾雅音訓不分卷　（清）楊國禎撰　清刻本　五冊

340000－1882－0005271　XB1410

御纂醫宗金鑑十五種九十卷　（清）吳謙等修　清宣統元年（1909）上海章福記石印本　一冊　存十六卷（外科一至十六）

340000－1882－0005272　XB1386

書經集註六卷　（宋）蔡沈集註　清刻本　四冊

340000－1882－0005273　XB1457

石湖先生詩鈔不分卷　（宋）范成大撰　（清）周之鱗　（清）周柴升編　清刻本　一冊

340000－1882－0005274　XB1359

周禮音訓不分卷　（清）楊國楨輯　清刻本　二冊

340000－1882－0005275　XB1451

白喉治法忌表掘微不分卷　（清）耐修子錄　清光緒十七年（1891）石印本　二冊

340000－1882－0005276　XB1437

五十名家書札不分卷　（清）陸心源撰　清光緒石印本　一冊

340000－1882－0005277　XB1403
聯珠合璧四卷　(□)□□撰　清刻本　一冊

340000－1882－0005278　XB1461
幼科鐵鏡二卷　(清)夏鼎著　清宣統上海文元書局石印本　二冊

340000－1882－0005279　XB1481
春秋左傳五十卷　(晉)杜預注　(唐)陸德明音義　清刻本　六冊　存十八卷(三十三至五十)

340000－1882－0005280　XB1430
幼幼集成六卷　(清)陳復正輯　清光緒刻本　三冊　存三卷(四至六)

340000－1882－0005281　XB1415
春秋左傳杜注三十卷首一卷　(清)姚培謙撰　清同治五年(1866)金陵書局刻本　十冊

340000－1882－0005282　XB1402
國朝先正事略續編四卷　朱孔彰撰　清光緒二十六年(1900)石印本　四冊

340000－1882－0005283　XB1444
御批歷代通鑑輯覽一百二十卷　(清)高宗弘曆敕撰　清末石印本　三冊　存十一卷(五至十五)

340000－1882－0005284　XB1455
畫梅雜詠一卷　題(清)雪江老人撰　清刻本　一冊

340000－1882－0005285　XB1470
奇經八脈攷四卷　(明)李時珍撰輯　**校正圖注八十一難經四卷**　(戰國)秦越人述　(明)張世賢註　清光緒石印本　二冊

340000－1882－0005286　XB1442
通典輯要二十四卷皇朝通典輯要二十六卷續通典輯要二十卷　蔣麟振輯　趙祖悳重勘　清光緒二十八年(1902)上海編譯局石印本　二十二冊　存六十六卷(通典輯要一至二十,皇朝通典輯要二十六卷,續通典輯要一至八、十五至二十六)

340000－1882－0005287　XB1494
戰國策十卷　(宋)鮑彪校註　(元)吳師道重校　清刻本　六冊

340000－1882－0005288　XB1479
王文成公全書三十八卷　(明)王守仁撰　清末石印本　一冊　存四卷(十至十三)

340000－1882－0005289　XB1463
校正圖注脈訣四卷　(晉)王叔和撰　(明)張世賢注　清光緒石印本　一冊　存二卷(三至四)

340000－1882－0005290　XB1454
痧癥全書二卷　(清)王凱編　清光緒元年(1875)許漱潤齋刻本　一冊

340000－1882－0005291　XB1429
御批歷代通鑑輯覽一百二十卷　(清)高宗弘曆敕撰　清同治十一年(1872)湖北崇文書局刻本　一冊　存一卷(一)

340000－1882－0005292　XB1469
神農本草經百種錄不分卷　(清)徐大椿著　清末石印本　一冊

340000－1882－0005293　XB1685
古文析義十六卷　(清)林雲銘評註　清刻本　一冊　存一卷(一)

340000－1882－0005294　XB1473
評點春秋綱目左傳句解彙鐫六卷　(清)韓菼訂　清光緒二十九年(1903)寶慶勸學書舍刻本　六冊

340000－1882－0005295　XB1374
通志二百卷考證三卷　(宋)鄭樵撰　清光緒二十七年(1901)上海圖書集成局刻本　三十五冊　缺七十七卷(五至九、十二至十五、二十一至二十四、三十一至三十七、六十三至六十七、七十三至七十七、八十五至九十三、九十八至一百一、一百十一至一百十三、一百三十一至一百三十四、一百三十九至一百四十一、一百四十九至一百五十二、一百六十五至一百七十一、一百八十四至一百九十六)

340000－1882－0005296　XB1476

試策便覽十六卷 （清）王統 （清）王誥纂 清乾隆三十三年（1768）刻本 一冊 存三卷（一至三）

340000－1882－0005297 XB1486
[雍正]西湖志四十八卷 （清）傅玉露等纂修 清刻本 七冊 存十五卷（一至二、五至六、九至十六、二十二至二十四）

340000－1882－0005298 XB1446
書傳音釋六卷首一卷末一卷 （宋）蔡沈集傳 （元）鄒季友音釋 清同治五年（1866）刻本 一冊 存二卷（一、首一卷）

340000－1882－0005299 XB1706
讀史論略二卷 （清）杜詔著 清光緒八年（1882）刻本 二冊

340000－1882－0005300 XB1475
遊華山詩一卷 （清）顧復初著 清同治三年（1864）錦城刻本 一冊

340000－1882－0005301 XB1484
養生經驗集四種不分卷 （清）毛世洪輯 清嘉慶十五年（1810）刻本 一冊

340000－1882－0005302 XB1472
曲江書屋新訂批註左傳快讀十八卷首一卷 （清）李駿嵒輯 清刻本 十冊

340000－1882－0005303 XB1439
醉墨軒畫稿四卷 （明）胡郯卿繪 清宣統石印本 三冊

340000－1882－0005304 XB1483
乘槎筆記二卷 （清）斌椿撰 清同治十三年（1874）刻本 一冊

340000－1882－0005305 XB1657
休寧葉硯得借貸案審法存稿一卷 （清）□□撰 清道光手抄本 一冊

340000－1882－0005306 XB1482
愚一錄十二卷 （清）鄭獻甫著 清光緒二年（1876）刻本 二冊 存四卷（一至二、六至七）

340000－1882－0005307 XB1447
增補本草備要不分卷 （清）汪昂撰 （清）汪昂輯 清末石印本 一冊

340000－1882－0005308 XB1467
尚論篇四卷首一卷 （清）喻昌撰 清光緒二十六年（1900）上海校經山房石印本 二冊

340000－1882－0005309 XB1474
春秋公羊經傳解詁十二卷 （漢）何休撰 清李光明莊刻本 四冊

340000－1882－0005310 XB1541
增訂本草備要四卷醫方集解三卷 （清）汪昂輯 清刻本 六冊

340000－1882－0005311 XB1501
文章遊戲初編八卷 （清）繆艮撰 清道光五年（1825）刻本 二十八冊

340000－1882－0005312 XB1539
春秋公羊傳十一卷 （漢）何休撰 清刻本 三冊

340000－1882－0005313 XB1489
歸震川先生稿不分卷 （明）歸有光撰 清刻本 一冊

340000－1882－0005314 XB1493
陳檢討四六二十卷 （清）陳維崧撰 （清）程師恭註 清康熙三十二年（1693）刻本 六冊

340000－1882－0005315 XB1516
論語正義二十四卷 （清）劉寶楠學 清末石印本 一冊

340000－1882－0005316 XB1497
書經增訂旁訓四卷 （宋）蔡沈撰 清刻本 三冊 存三卷（二至四）

340000－1882－0005317 XB1496
國朝先正事略六十卷 （清）李元度纂 清光緒二十五年（1899）石印本 八冊

340000－1882－0005318 XB1521
幼學求源三十三卷 （明）程登吉著 （清）鄒聖脈增 （清）董成註 清道光二十二年（1842）刻本 八冊

340000－1882－0005319　XB1565

南豐先生全集録二卷　(宋)曾鞏撰　(清)儲欣録　清光緒八年(1882)江蘇書局刻唐宋十大家全集録本　一册

340000－1882－0005320　XB1500

第一才子書六十卷　(明)羅貫中撰　(清)毛宗崗評　清末石印本　十一册

340000－1882－0005321　XB1540

重鐫官板地理天機會元正篇體用括要三十五卷　(宋)蔡牧堂著　(明)徐之鏌集　明刻本　一册　存七卷(一至七)

340000－1882－0005322　XB1507

經餘必讀八卷　(清)雷琳等輯　清嘉慶十二年(1807)刻本　十册

340000－1882－0005323　XB1538

瀛環志略續編五卷　(清)徐繼畬撰　清光緒石印本　三册

340000－1882－0005324　XB1291

曾文正公批牘六卷書札三十三卷　(清)曾國藩撰　清刻本　五册　存六卷(批牘二至五、書札二十八至二十九)

340000－1882－0005325　XB1487

懷新録不分卷　(清)盛夔等撰　清刻本　一册

340000－1882－0005326　XB1499

國朝先正事略續編三十卷　朱孔彰撰　清光緒二十六年(1900)石印本　二册　存四卷(一至四)

340000－1882－0005327　XB1571

北史一百卷　(唐)李延壽撰　清順治十六年(1659)刻本　十八册　存四十五卷(一至四十五)

340000－1882－0005328　XB1564

習之先生全集録二卷　(唐)李翱撰　(清)儲欣録　清光緒八年(1882)江蘇書局刻唐宋十大家全集録本　一册

340000－1882－0005329　XB1563

重刊人子須知資孝地理心學統宗三十九卷　(明)徐善繼　(明)徐善述撰　明刻本　一册　存一卷(八)

340000－1882－0005330　XB1491

蘇文忠公詩合註五十卷首一卷　(宋)蘇軾撰　清刻本　一册　存一卷(首一卷)

340000－1882－0005331　XB1502

春秋左傳分類賦四卷　(清)夏大觀編撰　(清)夏大鼎箋註　清乾隆三十七年(1772)寶華樓刻本　二册

340000－1882－0005332　XB1514

胡文忠公遺集八十六卷　(清)胡林翼撰　(清)鄭敦謹　(清)曾國荃纂輯　清末石印本　二册　存二十八卷(七至三十四)

340000－1882－0005333　XB1433

後漢書一百卷續漢書志三十卷　(南朝宋)范曄撰　(晉)司馬彪撰　清同治八年(1869)金陵書局刻二十四史本　十六册

340000－1882－0005334　XB1505

禮記備貞萃精十一卷　(清)鄒聖脈纂輯　(清)鄒廷猷編次　清刻本　六册

340000－1882－0005335　XB1554

昌黎先生全集録八卷　(唐)韓愈撰　明刻本　一册　存一卷(二)

340000－1882－0005336　XB1562

臨川先生全集録四卷　(宋)王安石撰　明刻本　一册　存一卷(二)

340000－1882－0005337　XB1531

唐陸宣公集二十二卷　(唐)陸贄撰　清光緒石印本　四册

340000－1882－0005338　XB1526

隨園八十壽言六卷　(清)袁枚輯　清刻本　二册

340000－1882－0005339　XB1490

爾雅註疏十一卷　(晉)郭璞註　(宋)邢昺疏　清刻本　二册

340000－1882－0005340　XB1544

春秋左傳五十卷綱目一卷圖說一卷 (晉)杜預 (宋)林堯叟註 (唐)陸德明音義 (明)鍾惺等評點 清會文堂刻本 一册 存三卷(春秋左傳一、綱目一卷、圖說一卷)

340000－1882－0005341 XB1561
河東先生全集錄六卷 (唐)柳宗元撰 清刻本 一册 存三卷(四至六)

340000－1882－0005342 XB1492
梅村詩集箋註十八卷 (清)吳翌鳳撰 清光緒十年(1884)湖北官書處刻本 十册 存十五卷(一至九、十二至十七)

340000－1882－0005343 XB1520
溫飛卿詩集七卷別集一卷集外詩一卷 (唐)溫庭筠撰 (清)曾益謙原注 (清)顧予咸補注 (清)顧嗣立重校 清宣統二年(1910)掃葉山房石印本 四册

340000－1882－0005344 XB1547
春秋左傳杜林合註五十卷 (晉)杜預 (唐)陸德明音義 (宋)林堯叟註釋 (明)鍾惺等評點 清務本堂刻本 五册 存三十二卷(一至三十二)

340000－1882－0005345 XB1553
資治通鑑目錄三十卷 (宋)司馬光編輯 清同治八年(1869)刻本 三册 存九卷(一至九)

340000－1882－0005346 XB1559
史記一百三十卷 (漢)司馬遷撰 明刻本 一册 存五卷(四十六至五十)

340000－1882－0005347 XB1570
易象正十六卷 (明)黃道周輯 (明)鄭開極重訂 明刻本 三册 存六卷(一至六)

340000－1882－0005348 XB1560
格言聯璧不分卷 (清)金纓撰 清光緒十六年(1890)刻本 二册

340000－1882－0005349 XB1530
國朝先正事略六十卷 (清)李元度輯 清刻本 六册 存二十三卷(二十一至二十二、三十一至三十八、四十三至四十八、五十四至六十)

340000－1882－0005350 XB1513
新刻啓蒙甲子一卷 (□)大撓撰 **續納音五行一卷** (戰國)王訥撰 清深渡水興春刻本 一册

340000－1882－0005351 XB1536
類聯集古四卷 (清)劉慶觀輯 清乾隆刻本 一册

340000－1882－0005352 XB1495
春秋經傳集解三十卷首一卷 (晉)杜預撰 清康熙刻本 十二册

340000－1882－0005353 XB1569
地理絫贊玄機仙婆集十三卷 (明)張鳴鳳編集 (明)呂元 (明)杜詩評選 明刻本 一册 存一卷(一)

340000－1882－0005354 XB1504
臨產須知一卷 題(清)惜分陰軒主人輯 清光緒三十二年(1906)石印本 一册

340000－1882－0005355 XB1498
地理捷法一卷 (清)鄭錦川撰 清康熙十三年(1674)抄本 一册

340000－1882－0005356 XB1584
格致書院課藝不分卷 (清)王韜輯 清光緒石印本 一册

340000－1882－0005357 XB1543
胎產全書不分卷 (清)單養賢撰 清刻本 一册

340000－1882－0005358 XB1576
唐書二百二十五卷 (宋)宋祁撰 明刻本 五册 存二十七卷(一百二十八至一百五十四)

340000－1882－0005359 XB1523
康熙字典十二集三十六卷等韻一卷檢字一卷辨似一卷備考一卷補遺一卷 (清)張玉書 (清)陳廷敬總閱 (清)淩紹雯等纂修 清光緒十九年(1893)上洋寶文書局石印本 十三

冊　缺三卷(子集三卷)

340000－1882－0005360　XB1555
廿二史約編八卷首一卷　(清)鄭元慶述　清刻本　四冊

340000－1882－0005361　XB1552
國朝先正事略六十卷　(清)李元度輯　清光緒二十五年(1899)石印本　十冊

340000－1882－0005362　XB1542
毛詩註疏二十卷　(漢)毛亨傳　(漢)鄭玄箋　(唐)陸德明音義　(唐)孔穎達疏　明崇禎三年(1630)序古虞毛氏汲古閣刻十三經注疏本　五冊　存五卷(一至五)

340000－1882－0005363　XB1545
魏書一百十四卷　(北齊)魏收撰　清同治十一年(1872)金陵書局刻二十四史本　十冊　存五十九卷(四十至四十五、五十三至一百五)

340000－1882－0005364　XB1583
時務通考三十一卷　題(清)杞廬主人撰　清光緒石印本　三冊　存二卷(九、二十三)

340000－1882－0005365　XB1609
春秋□□卷附錄一卷　(□)□□撰　清刻本　一冊　存二卷(春秋十六、附錄一卷)

340000－1882－0005366　XB1574
南齊書五十九卷　(南朝梁)蕭子顯撰　清康熙三十九年(1700)刻本　五冊　存二十四卷(三十六至五十九)

340000－1882－0005367　XB1567
曾文正公奏議十卷首一卷末一卷　(清)曾國藩撰　(清)薛福成編次　清同治十二年(1873)刻本　四冊

340000－1882－0005368　XB1503
外科正宗十二卷　(明)陳實功撰　(清)徐大椿評　清光緒三十一年(1905)上洋海左書局石印本　四冊

340000－1882－0005369　XB1580
欽定四庫全書總目二百卷　(清)紀昀等纂

四庫未收書目提要五卷　(清)阮元撰　清光緒二十年(1894)石印本　六冊　存五十九卷(十八至二十八、七十至八十二、九十六至一百六、一百五十一至一百六十二、一百七十二至一百七十七、一百九十五至二百)

340000－1882－0005370　XB1582
時務通考續編三十一卷　題(清)點石齋主人輯　清光緒石印本　二冊　存四卷(十一至十二、二十三至二十四)

340000－1882－0005371　XB1708
文獻通考詳節二十四卷　(元)馬端臨撰　(清)周鵬錄　清光緒二十四年(1898)刻本　六冊

340000－1882－0005372　XB1568
重修宣和博古圖錄三十卷　(宋)王黼編纂　明刻本　二冊　存六卷(九至十一、二十七至二十九)

340000－1882－0005373　XB1546
前漢書一百卷　(漢)班固撰　(唐)顏師古註　清末石印本　一冊　存七卷(八十七至九十三)

340000－1882－0005374　XB1551
字彙十三卷首一卷　(明)梅膺祚音釋　清刻本　七冊　存七卷(子至巳、首一卷)

340000－1882－0005375　XB1581
萬國分類時務大成四十卷　(清)錢豐選輯　清光緒石印本　三冊　存四卷(七至八、十四、三十二)

340000－1882－0005376　XB1558
老泉先生全集錄五卷　(宋)蘇洵撰　(清)儲欣錄　清光緒八年(1882)江蘇書局刻唐宋十大家全集錄本　二冊

340000－1882－0005377　XB1634
資治通鑑二百九十四卷　(宋)司馬光撰　(元)胡三省音注　清刻本　二冊　存四卷(八十六至八十九)

340000－1882－0005378　XB1639

增廣玉匣記通書六卷　朱說霖校　清刻本　一冊

340000－1882－0005379　XB1591
四書義十二卷　（清）陸隴其著　清光緒二十七年（1901）石印本　一冊　存一卷（一）

340000－1882－0005380　XB1573
禮記音訓不分卷　（清）楊國楨撰　清光緒三年（1877）湖北崇文書局刻十一經音訓本　三冊　缺一冊（一）

340000－1882－0005381　XB1608
晉書一百三十卷　（唐）房玄齡等撰　明崇禎元年（1628）琴川毛氏汲古閣刻清順治五年（1648）至康熙補刻十七史本　一冊　存二卷（一至二）

340000－1882－0005382　XB1619
廣治平略三十六卷　（清）蔡方炳定本　清同治九年（1870）刻本　八冊

340000－1882－0005383　XB1548
欽定續通志六百四十卷　（清）嵇璜　（清）曹仁虎等撰　清末石印本　一冊　存十卷（二百六十二至二百七十一）

340000－1882－0005384　XB1599
疑雨集四卷　（明）王彥泓撰　清宣統二年（1910）上海掃葉山房石印本　三冊

340000－1882－0005385　XB1577
毛詩二十卷　（漢）鄭玄箋　（漢）毛亨撰　清刻本　五冊　存十八卷（一至十八）

340000－1882－0005386　XB1579
史記一百三十卷札記五卷　（漢）司馬遷著　清同治五年（1866）金陵書局刻本　九冊　存五十四卷（十八至三十二、八十四至一百二十二）

340000－1882－0005387　XB1691
春秋左傳杜注補輯三十卷　（清）姚培謙學　清同治五年（1866）金陵書局刻本　九冊　缺三卷（二至四）

340000－1882－0005388　XB1590
策府統宗六十五卷　（清）劉昌齡輯　清光緒十五年（1889）珍藝書局石印本　一冊　存二卷（一至二）

340000－1882－0005389　XB1597
涑水紀聞十六卷補遺一卷　（宋）司馬光撰　清上海掃葉山房石印本　四冊

340000－1882－0005390　XB1607
本草綱目五十二卷　（明）李時珍撰　清康熙刻本　一冊　存二卷（四十至四十一）

340000－1882－0005391　XB1518
桐陰論畫二卷首一卷續一卷畫訣一卷二編二卷三編二卷　（清）秦祖永著　清宣統二年（1910）上海中國書畫會石印本　六冊

340000－1882－0005392　XB1622
秦淮見聞錄二卷　題（清）雪樵居士輯　清道光十八年（1838）一枝山房刻本　一冊

340000－1882－0005393　XB1631
東周列國全志二十三卷　（明）馮夢龍撰　（清）蔡元放評點　清乾隆刻本　一冊　存三卷（一至三）

340000－1882－0005394　XB1598
尺木堂綱鑑易知錄九十二卷　（清）吳乘權等輯　**御撰資治通鑑綱目三編五卷**　（清）張廷玉等撰　清光緒二十三年（1897）煥文書局石印本　十冊　存二十五卷（綱鑑易知錄一至二十、御撰資治通鑑綱目三編五卷）

340000－1882－0005395　XB1640
醫方雜鈔不分卷　（□）□□撰　清抄本　一冊

340000－1882－0005396　XB1510
千字文一卷　（南朝梁）周興嗣次韻　清永興春刻本　一冊

340000－1882－0005397　XB1532
欽定禮記義疏八十二卷首一卷　（清）允祿等撰　清光緒三十年（1904）上海育文書局石印本　六冊

340000－1882－0005398　XB1592

四書典制類聯音注三十三卷 (清)閻其淵編 清光緒石印本 一册 存一卷(四)

340000－1882－0005399 XB1637
律例館校正洗冤録四卷 (宋)宋慈撰 清刻本 三册 存三卷(一至三)

340000－1882－0005400 XB1636
晉書一百三十卷 (唐)太宗李世民撰 清刻本 一册 存五卷(四十四至四十八)

340000－1882－0005401 XB1630
試策便覽十六卷 (清)王統 (清)王誥纂 清刻本 一册 存三卷(十四至十六)

340000－1882－0005402 XB1578
文選六十卷 (南朝梁)蕭統撰 (唐)李善注 清金陵書局刻本 五册 存二十九卷(七至三十五)

340000－1882－0005403 XB1627
冷廬醫話五卷 (清)陸以湉著 清刻本 三册 存四卷(二至五)

340000－1882－0005404 XB1635
東萊博議四卷 (宋)呂祖謙撰 清光緒十八年(1892)崇明馮泰松刻本 四册

340000－1882－0005405 XB1638
寄嶽雲齋初稿十卷補遺一卷 (清)聶銑敏著 清刻本 一册 存一卷(十)

340000－1882－0005406 XB1572
御纂周易折中二十二卷首一卷 (清)李光地等撰 清刻本 八册 存十八卷(五至二十二)

340000－1882－0005407 XB1589
西學大成五十六種 (清)王西清輯 清光緒石印本 一册 存八卷(光學一至八)

340000－1882－0005408 XB1593
文選類雋十四卷 (清)何松新編 清光緒二十二年(1896)鴻寶齋書局石印本 一册

340000－1882－0005409 XB1557
欒城先生全集録六卷 (宋)蘇轍撰 (清)儲欣録 清光緒八年(1882)江蘇書局刻唐宋十大家全集録本 二册 存五卷(一至五)

340000－1882－0005410 XB1509
外科症治全生前集三卷後集三卷 (清)王維德纂輯 (清)王其龍參訂 清乾隆五年(1740)刻本 一册

340000－1882－0005411 XB1617
最新筆算教科書教授法不分卷 (清)徐寯編纂 **最新國文教科書教授法不分卷** (清)蔣維喬編纂 清光緒三十四年(1908)石印本 四册

340000－1882－0005412 XB1620
重訂勸孝編一卷 (□)□□撰 清刻本 一册

340000－1882－0005413 XB1588
小題文府□□卷 (□)□□輯 清光緒十二年(1886)上海同文書局石印本 一册 存二卷(孟子盡心上、下)

340000－1882－0005414 XB1616
禮記節本十卷 (清)汪基鈔撰 (清)江永校纂 清末石印本 一册 存一卷(十)

340000－1882－0005415 XB1605
國朝六家詩鈔八卷 (清)劉執玉輯 清乾隆刻本 一册 存一卷(一)

340000－1882－0005416 XB1594
禮記不分卷 (□)□□撰 清光緒石印本 一册

340000－1882－0005417 XB1556
東坡先生全集録九卷 (宋)蘇軾撰 (清)儲欣編 清光緒八年(1882)江蘇書局刻唐宋十大家全集録本 四册

340000－1882－0005418 XB1666
西湖志四十八卷 (清)李衛監修 (清)傅玉露總纂 清刻本 一册 存二卷(二十五至二十六)

340000－1882－0005419 XB1650
積古齋鐘鼎彝器款識十卷 (清)阮元編 清光緒十九年(1893)上海積山書局石印本 五册

340000－1882－0005420　XB1658
歷代畫史彙傳七十二卷　(清)彭蘊璨編　清刻本　五冊　存十五卷(十三至十八、三十五至三十七、五十二至五十七)

340000－1882－0005421　XB1645
寄園寄所寄十二卷　(清)趙吉士輯　清刻本　三冊　存三卷(六、十至十一)

340000－1882－0005422　XB1642
書經集註六卷　(宋)蔡沈撰　清漁古山房刻本　六冊

340000－1882－0005423　XB1595
江南闈墨不分卷　(清)曹清泉　(清)單鎮等撰　清光緒二十八年(1902)石印本　一冊

340000－1882－0005424　XB1649
本草綱目五十二卷圖三卷　(明)李時珍撰　清刻本　十九冊　存二十九卷(本草綱目三、五至七、十至十一、二十七至二十八、三十五至五十二,圖三卷)

340000－1882－0005425　XB1644
皇朝三通識要類編六十五卷　(清)黃雋輯　清光緒二十八年(1902)石印本　一冊　存三卷(一至三)

340000－1882－0005426　XB1587
精選歷代名儒五經義三卷　(清)顧炎武編　清光緒石印本　一冊　存一卷(中)

340000－1882－0005427　XB1508
試策便覽十六卷　(清)王統　(清)王誥纂　清刻本　一冊　存二卷(十二至十三)

340000－1882－0005428　XB1664
四大奇書第一種六十卷　(清)金聖嘆外書　(清)毛宗崗評　清刻本　一冊　存六卷(五十五至六十)

340000－1882－0005429　XB1667
新刻鍾伯敬先生批評封神演義二十卷一百回　(明)許仲琳撰　(明)鍾伯敬評　清刻本　二十冊

340000－1882－0005430　XB1628
名賢手札不分卷　(清)□□輯　清光緒十九年(1893)上海寶文書局石印本　二冊

340000－1882－0005431　XB1445
徐氏十三種醫書　(清)徐大椿注　清光緒十九年(1893)上海圖書集成書局鉛印本　八冊　存十六卷(外科正宗一至十二、難經經釋一至二、洄溪醫案一、徐氏集著四種一)

340000－1882－0005432　XB1596
萬國分類時務大成四十卷　(清)錢豐選輯　清光緒石印本　一冊　存一卷(三十六)

340000－1882－0005433　XB1665
說唐前傳十卷說唐後傳六卷　(清)□□著　清光緒十五年(1889)珍藝書局石印本　六冊　存十四卷(前傳十卷、後傳一至四)

340000－1882－0005434　XB1661
重訂文選集評十五卷首一卷末一卷　(清)于光華輯　清乾隆四十三年(1778)刻本　一冊　存一卷(首一卷)

340000－1882－0005435　XB1586
經籍纂詁一百六卷　(清)阮元撰集　清末石印本　一冊　存十二卷(三十一至四十二)

340000－1882－0005436　XB1647
增廣尚友錄統編二十二卷　(清)應祖錫編輯　清光緒二十八年(1902)石印本　十二冊

340000－1882－0005437　XB1524
重刊宋本十三經注疏　校勘記　(清)阮元撰　(清)盧宣旬摘錄　清刻本　十八冊　存四種九十六卷(監本附釋音春秋公羊注疏三至二十、校勘記三至二十,附釋音儀禮注疏四至二十七、校勘記四至二十七,附釋音春秋左傳注疏十六至十九、校勘記十六至十九,儀禮注疏二十至二十一,校勘記二十至二十一)

340000－1882－0005438　XB1679
寄傲山房塾課纂輯春秋備旨□□卷　(清)鄒聖脈輯　(清)鄒可庭編次　清刻本　三冊　存七卷(六至十二)

340000－1882－0005439　XB1575
重訂文選集評十六卷　(清)于光華編次　清

刻本　十一册　存十一卷(五至十五)

340000－1882－0005440　XB1696

詩韻合璧五卷　(清)湯文璐撰　清末石印本　一册　存一卷(二)

340000－1882－0005441　XB1660

玉芝堂文集一卷　(清)邵齊燾撰　清較經堂刻八家四六文鈔本　一册

340000－1882－0005442　XB1719

醫學從眾八卷　(清)陳念祖著　清道光刻本　三册

340000　1882－0005443　XB1662

新鐫異説五虎平西珍珠旗演義狄青前傳十四卷一百十二回　(□)□□撰　清文淵堂刻本　二十册

340000－1882－0005444　XB1704

東華録□□卷　王先謙編　清光緒石印本　一册　存二卷(四至五)

340000－1882－0005445　XB1659

小倉山房外集一卷　(清)袁枚撰　清刻本　一册

340000－1882－0005446　XB1703

讀西學書法　梁啟超撰　清光緒石印本　一册

340000－1882－0005447　XB1707

小倉山房文集三十五卷　(清)袁枚撰　清隨園刻本　十册　存二十八卷(一至十、十八至三十五)

340000－1882－0005448　XB1683

重訂文選集評十五卷　(清)于光華編次　清刻本　一册　存一卷(十三)

340000－1882－0005449　XB1687

資治通鑑二百九十四卷　(宋)司馬光編集　(元)胡三省音註　清末石印本　一册　存十卷(二十一至三十)

340000－1882－0005450　XB1585

通問便集二卷　題(清)南沙子盧氏輯註　清光緒十三年(1887)上洋畬經堂石印本　一册

340000－1882－0005451　XB1695

隋書八十五卷　(唐)魏徵撰　清同治十年(1871)淮南書局刻二十四史本　十二册

340000－1882－0005452　XB1611

禮記十卷　(元)陳澔集説　清光緒十二年(1886)湖北官書局刻本　十册

340000－1882－0005453　XB1663

龍圖公案十卷　(明)安遇時編　清嘉慶十三年(1808)刻本　五册

340000－1882－0005454　XB1682

宋史紀事本末一百九卷　(明)陳邦瞻編輯　(明)張溥論正　清光緒二十八年(1902)捷記書局石印本　二册　存四十二卷(一至四十二)

340000－1882－0005455　XB1693

儀禮鄭注句讀十七卷附儀禮監本正誤一卷儀禮石本誤字一卷　(漢)鄭玄注　(清)張爾岐句讀　清同治七年(1868)金陵書局刻本　四册

340000－1882－0005456　XB1676

皇朝經世文續編一百二十卷三編□□卷新編□□卷　(清)葛士濬等輯　清光緒二十二年(1896)寶善書局石印本　三十六册　存一百八十九卷(續編一至一百四、一百九至一百二十,三編六至十五、二十六至八十,新編十二至十三、十八至十九、二十七至三十)

340000－1882－0005457　XB1675

御批歷代通鑑輯覽一百二十卷　(清)高宗弘曆敕撰　清末石印本　十八册　存九十卷(十六至三十、三十六至五十五、六十一至一百十五)

340000－1882－0005458　XB1677

文獻通考輯要二十四卷皇朝文獻通考輯要二十六卷　湯壽潛輯　清末石印本　八册　存十七卷(文獻通考輯要五至九,皇朝文獻通考輯要五至八、十至十一、十九至二十四)

340000－1882－0005459　XB1681

曾文正公家訓二卷曾文正公家書十卷曾文正

公手札一卷 (清)曾國藩撰 清末石印本 四冊 存五卷(家訓二卷、家書七至八、手札一卷)

340000－1882－0005460 XB1723
普濟良方十一卷 (□)□□撰 清咸豐七年(1857)刻本 一冊

340000－1882－0005461 XB1712
校正醫宗必讀十卷 (清)李中梓著 清末石印本 一冊 存二卷(七至八)

340000－1882－0005462 XB1674
醫學從眾八卷 (清)陳念祖著 清道光二十五年(1845)刻本 一冊 存二卷(一至二)

340000－1882－0005463 XB1747
人物志三卷 (三國魏)劉邵著 清刻本 一冊

340000－1882－0005464 XB1722
彙音釋義千文不分卷 (明)曹邦瑾撰 清刻本 一冊

340000－1882－0005465 XB1633
漢書一百二十卷 (漢)班固撰 (唐)顏師古註 清光緒石印本 一冊 存十九卷(五十三至七十一)

340000－1882－0005466 XB1655
資治通鑑二百九十四卷 (宋)司馬光編集 (元)胡三省音註 清光緒二十五年(1899)上海蜚英館石印本 二十九冊 存一百九十一卷(一至一百九十一)

340000－1882－0005467 XB1718
傷寒補天石二卷 (明)戈維誠撰 清嘉慶刻本 一冊

340000－1882－0005468 XB1755
唐詩三百首續選一卷 (清)于慶元編 清刻本 一冊

340000－1882－0005469 XB1738
公羊穀梁春秋合編附註疏纂十二卷 (漢)何休撰 (晉)范甯集解 (唐)楊士勛疏 清英秀堂刻本 四冊

340000－1882－0005470 XB1731
胎產金針三卷續要一卷 (清)劉萊輯 清刻本 一冊 存二卷(胎產金針三、續要一卷)

340000－1882－0005471 XB1720
張仲景傷寒論原文淺註六卷 (清)陳念祖集註 清嘉慶二十五年(1820)刻本 三冊

340000－1882－0005472 XB1714
玉壺清話十卷 (宋)釋文瑩撰 清乾隆四十五年(1780)長塘鮑氏刻知不足齋叢書本 一冊 存五卷(一至五)

340000－1882－0005473 XB1717
傷寒論七卷 (漢)張仲景撰 (晉)王叔和撰次 (金)成無己注 清刻本 四冊

340000－1882－0005474 XB1690
春秋左傳五十卷 (晉)杜預 (宋)林堯叟註釋 清光緒二十七年(1901)寶慶務本書局刻本 十二冊

340000－1882－0005475 XB1730
白喉治法忌表抉微二卷 (清)耐修子撰 清光緒刻本 一冊

340000－1882－0005476 XB1893
遂生編一卷 (清)莊一夔撰 清道光六年(1826)合淝張應鵬刻本 一冊

340000－1882－0005477 XB1737
徐孝穆全集六卷 (南朝陳)徐陵撰 (清)吳兆宜箋注 清揚州藝古堂刻本 四冊

340000－1882－0005478 0705
麝塵蓮寸集四卷 (清)汪淵撰 (清)程淑校注 清稿本 一冊

340000－1882－0005479 XB1632
醫宗必讀五卷首一卷 (清)李中梓撰 清刻本 一冊 存二卷(一、首一卷)

340000－1882－0005480 XB1729
百末詞五卷詞餘一卷 (清)尤侗撰 **性理吟一卷** (宋)朱熹撰 清康熙刻西堂全集本 二冊

340000－1882－0005481 XB1746

儀禮韻言二卷　(清)檀萃纂　清光緒八年(1882)埽葉山房刻本　一册

340000－1882－0005482　XB1710
重訂王鳳洲先生綱鑑會纂四十六卷　(明)王世貞纂　(明)陳仁錫編　清末石印本　六册

340000－1882－0005483　XB1778
曾文正公奏稿三十六卷　(清)曾國藩撰　清刻本　四册　存五卷(十四、十六至十七、三十二至三十三)

340000－1882－0005484　XB1728
春秋公羊傳不分卷　(漢)何休撰　清道光十年(1830)刻本　一册

340000－1882－0005485　XB1751
註釋唐詩三百首二卷　(清)孫洙編　清同治、光緒李光明莊刻本　一册　存一卷(上)

340000－1882－0005486　XB1752
金史一百三十五卷目錄二卷　(元)脫脫等撰　明嘉靖八年(1529)南京國子監刻明清遞修本　八册

340000－1882－0005487　XB1688
春秋三十卷　(宋)胡安國傳　清文錦堂刻本　五册

340000－1882－0005488　XB1743
古唐詩合解十六卷　(清)王堯衢註　清刻本　一册　存二卷(八至九)

340000－1882－0005489　XB1721
圖註八十一難經辨真四卷　(戰國)秦越人撰　(明)張世賢註　清刻本　四册

340000－1882－0005490　XB1698
清河書畫舫十二卷　(明)張丑撰　清刻本　三册

340000－1882－0005491　XB1736
爾雅註疏十一卷　(晉)郭璞註　(宋)邢昺疏　清大文堂刻本　三册　存八卷(一至八)

340000－1882－0005492　XB1796
春秋左傳五十卷　(晉)杜預　(宋)林堯叟註釋　(唐)陸德明音義　(明)孫鑛　(明)鍾惺　(明)韓范評點　清朱氏煥文書局刻本　四册　存十八卷(九至十七、四十二至五十)

340000－1882－0005493　XB1759
戊笈談兵十卷首一卷　(清)汪紱撰　清刻本　二册　存二卷(七至八)

340000－1882－0005494　XB1702
說唐薛家府傳六卷　題(清)如蓮居士編　清刻本　一册　存二卷(三至四)

340000－1882－0005495　XB1610
困學紀聞二十卷　(宋)王應麟撰　清康熙桐華書塾刻本　一册　存五卷(一至五)

340000－1882－0005496　XB1787
春秋左傳杜注三十卷　(清)姚培謙撰　清同治十一年(1872)湖南省尊經閣刻本　五册　存八卷(一、十二至十八)

340000－1882－0005497　XB1777
典制文林一卷　(□)□□撰　清刻本　一册

340000－1882－0005498　XB1763
東萊博議四卷　(宋)呂祖謙撰　清刻本　一册　存一卷(四)

340000－1882－0005499　XB1727
李義山詩集三卷　(唐)李商隱撰　(清)紀昀點論　清乾隆刻本　一册　存一卷(上)

340000－1882－0005500　XB1762
明史二百三十二卷　(清)張廷玉等總裁　(清)孫嘉淦等纂修　清刻本　八册　存三十卷(九十四至九十六、一百四十八至一百七十四)

340000－1882－0005501　XB1786
資治通鑑綱目五十九卷　(宋)朱熹撰　(明)陳仁錫評閱　清刻本　一册　存一卷(三十七)

340000－1882－0005502　XB1700
新選小題鋭鋒二集□□卷　(清)張蘆香編　清同治九年(1870)刻本　一册　存一卷(上)

340000－1882－0005503　XB1735
醫經原旨六卷　(清)薛雪撰　清刻本　一册

存一卷(一)

340000－1882－0005504　XB1692
欽定本朝四書文不分卷　(清)方苞輯　清光緒二年(1876)崇文書局刻本　七冊

340000－1882－0005505　XB1758
宋書一百卷　(南朝梁)沈約撰　明萬曆刻本　二冊　存十卷(列傳第一之一至四、第五之五至十)

340000－1882－0005506　XB1711
御纂醫宗金鑑九十卷首一卷　(清)吳謙等輯　清乾隆四年(1739)刻本　二十二冊

340000－1882－0005507　XB1750
註釋唐詩三百首不分卷　(清)孫洙編　清狀元閣李光明莊刻本　一冊

340000－1882－0005508　XB1776
評點春秋左傳綱目句解彙雋六卷　(清)韓菼重訂　清刻本　一冊　存一卷(四)

340000－1882－0005509　XB1771
近科芹香文鈔一卷　(清)顧家瑞編　清道光元年(1821)刻本　一冊

340000－1882－0005510　XB1734
新刻傷寒圖歌活人指掌五卷　(元)吳恕撰　清刻本　一冊　存三卷(三至五)

340000－1882－0005511　XB1785
欽定續通志六百四十卷　(清)嵇璜　(清)曹仁虎等撰　清光緒二十七年(1901)石印本　一冊　存七卷(三百三十三至三百三十九)

340000－1882－0005512　XB1775
寄傲山房塾課纂輯春秋備旨十二卷　(清)鄒聖脈纂輯　(清)鄒可庭編　清刻本　一冊　存一卷(三)

340000－1882－0005513　XB1822
薛氏醫按二十四種一百七卷　(明)吳琯輯　明萬曆刻本　八冊　存七種十一卷(外傷金鏡錄一,原機啓微一至二、附錄一,錢氏小兒直訣一至二,陳氏小兒痘疹方論一,保嬰金鏡錄一,女科撮要二,外科心法一至二)

340000－1882－0005514　XB1794
諸儒唐書詳節六十卷　(宋)呂祖謙撰　明刻本　一冊　存十二卷(八至十九)

340000－1882－0005515　XB1724
史記一百三十卷　(漢)司馬遷撰　清刻本　三冊　存二十五卷(六十七至八十三、一百二十三至一百三十)

340000－1882－0005516　XB1797
小倉山房文集三十五卷　(清)袁枚撰　清光緒石印本　四冊　存十六卷(一至七、二十三至二十七、三十二至三十五)

340000－1882－0005517　XB1761
賦學正鵠集釋十卷　(清)李元度輯　清光緒十一年(1885)刻本　二冊　存四卷(一至四)

340000－1882－0005518　XB1801
書經六卷　(宋)蔡沈集傳　清光緒石印本　一冊　存一卷(六)

340000－1882－0005519　XB1726
產科心法二卷　(清)汪喆著　(清)莊一夔編　清光緒十七年(1891)刻本　一冊

340000－1882－0005520　XB1733
張仲景金匱要略論註二十四卷　(清)徐彬撰　清刻本　一冊　存五卷(二十至二十四)

340000－1882－0005521　XB1784
欽定續通典一百五十卷　(清)嵇璜等撰　清光緒二十七年(1901)上海圖書集成局石印本　二冊　存十二卷(一至十二)

340000－1882－0005522　XB1769
曾文正公家訓二卷　(清)曾國藩撰　清光緒二年(1876)傳忠書局刻本　一冊　存一卷(上)

340000－1882－0005523　XB1745
孝經注疏九卷　(唐)玄宗李隆基注　(宋)邢昺校　**校勘記九卷**　(清)阮元撰　(清)盧宣旬摘錄　清嘉慶二十年(1815)刻本　一冊

340000－1882－0005524　XB1757
近思錄集註十四卷　(清)江永注　清同治八

年(1869)刻本　四册　存九卷(一至四、十至十四)

340000－1882－0005525　XB1760

元史二百十卷　(明)宋濂等纂修　明萬曆三十七年(1609)刻本　六册

340000－1882－0005526　XB1800

詩經八卷　(宋)朱熹集傳　清光緒石印本　一册　存三卷(六至八)

340000－1882－0005527　XB1774

國朝文塾課四編一卷　(清)潘世恩評選　清刻本　一册

340000－1882－0005528　XB1732

回文類聚四卷回文類聚續編十卷織錦回文圖一卷　(宋)桑世昌纂次　(清)朱象賢集　清康熙朱氏麟玉堂刻本　一册　存四卷(回文類聚續編一至三、織錦回文圖一卷)

340000－1882－0005529　XB1862

春秋經傳集解三十卷　(晉)杜預撰　(唐)陸元朗(德明)音釋　(宋)林堯叟附註　(清)馮李驊增訂　清康熙五十九年(1720)經元堂刻本　十四册

340000－1882－0005530　XB1815

胡藤圃雜著一卷　(清)胡朝賀輯　清光緒十二年(1886)刻本　一册

340000－1882－0005531　XB1749

習之先生全集錄二卷　(唐)李翱撰　(清)儲欣編　清光緒八年(1882)江蘇書局刻唐宋十大家全集錄本　一册

340000－1882－0005532　XB1783

皇清經解續編一千四百三十卷　王先謙撰　清末南菁書院石印本　一册　存一卷(七十六)

340000－1882－0005533　XB1770

曾文正公家書十卷　(清)曾國藩撰　清光緒二年(1876)傳忠書局刻本　二册　存二卷(二、六)

340000－1882－0005534　XB1799

論語最豁集四卷　(清)劉珍輯　清光緒石印本　一册　存一卷(四)

340000－1882－0005535　XB1725

刪註脈訣規正二卷　(清)沈微垣刪註　清光緒二十三年(1897)湖南經綸元記刻本　一册

340000－1882－0005536　XB1742

宋若昭女論語三卷　(清)王晉升箋註　清光緒二年(1876)李光明莊刻本　一册　存一卷(下)

340000－1882－0005537　XB1795

欽定續文獻通考輯要二十六卷　湯壽潛輯　清光緒石印本　二册　存十七卷(一至十七)

340000－1882－0005538　XB1669

冷廬醫話五卷　(清)陸以湉撰　清咸豐烏程龐氏刻本　一册　存一卷(一)

340000－1882－0005539　XB1713

男女育兒新法不分卷　(日本)中井龍之助撰　(清)誘民子譯　清光緒鉛印本　一册

340000－1882－0005540　XB1744

鬻子注一卷補一卷　(唐)逢行珪注　**計倪子一卷**　(周)計然撰　**于華子二卷**　(□)□□撰　清光緒元年(1875)湖北崇文書局刻本　一册

340000－1882－0005541　XB1798

史記菁華錄六卷　(清)姚苧田輯　清光緒二十二年(1896)上海掃葉山房石印本　一册　存一卷(五)

340000－1882－0005542　XB1668

康熙字典十二集三十六卷　(清)張玉書　(清)陳廷敬總閱　(清)淩紹雯等纂修　清刻本　五册　存五卷(卯集中、辰集中、午集中、未集下、戌集上)

340000－1882－0005543　XB1814

尚史一百七卷　(清)李鍇撰　清嘉慶十九年(1814)刻本　一册　存一卷(世系圖一)

340000－1882－0005544　XB1791

愚一錄十二卷　(清)鄭獻甫撰　清光緒二年

(1876)刻本　一册　存二卷(九至十)

340000－1882－0005545　XB1716
曾文正公奏議十卷首一卷末一卷　(清)曾國藩撰　清末石印本　一册　存四卷(八至十、末一卷)

340000－1882－0005546　XB1843
御纂醫宗金鑑十六卷　(清)吳謙撰　清光緒石印本　一册　存十卷(七至十六)

340000－1882－0005547　XB1836
寄園寄所寄十二卷　(清)趙吉士輯　清刻本　一册　存一卷(十)

340000－1882－0005548　XB1748
可之先生全集錄二卷　(唐)孫樵撰　(清)儲欣錄　清光緒八年(1882)江蘇書局刻唐宋十大家全集錄本　一册

340000－1882－0005549　XB1835
三才畧一卷　(清)蔣德鈞輯　清光緒二十八年(1902)上海書局石印本　一册

340000－1882－0005550　XB1813
東萊博議四卷　(宋)呂祖謙著　(清)馮泰松重刊　清光緒十八年(1892)務本書局刻本　一册　存一卷(一)

340000－1882－0005551　XB754
遼史一百十六卷　(元)脱脱修　明嘉靖八年(1529)南京國子監刻明清遞修本　九册　存九十四卷(四至八十四、一百四至一百十六)

340000－1882－0005552　XB1792
恪靖侯左相手劄不分卷肅毅伯李傅相手劄不分卷威毅伯曾宫保手劄不分卷宫保彭尚書手劄不分卷　(清)左宗棠　(清)李鴻章等撰　清光緒石印本　一册

340000－1882－0005553　XB1834
女科要旨四卷　(清)陳念祖撰　清末石印本　一册

340000－1882－0005554　XB1827
經餘必讀續編八卷　(清)雷琳　(清)錢樹棠等輯　清光緒二十年(1894)尚德堂刻本　一册　存二卷(四至五)

340000－1882－0005555　XB1782
紅樓夢一百二十卷　(清)曹雪芹撰　(清)高鶚續撰　清刻本　一册　存五卷(七十六至八十)

340000－1882－0005556　XB1699
皇朝經世文編一百二十卷　(清)賀長齡輯　清光緒十三年(1887)上海廣百宋齋石印本　十七册　存七十五卷(一至九、二十四至八十九)

340000－1882－0005557　XB1826
埽紅仙館彙刻賦鈔一卷　(清)席振起　(清)胡金瑞編　清刻本　一册

340000－1882－0005558　XB1781
翰苑分楷十三經集字不分卷　(清)李鴻藻撰　清光緒二十一年(1895)寶善書局石印本　一册

340000－1882－0005559　XB1833
傷寒論註四卷　(漢)張仲景撰　(清)柯琴編　清末上海文瑞樓石印本　一册　存一卷(一)

340000－1882－0005560　XB1767
八銘塾鈔初集六卷　(清)吳懋政編　清刻本　一册　存一卷(上)

340000－1882－0005561　XB1812
本草備要八卷　(清)汪昂撰　清抄本　一册　存一卷(藥性總義一)

340000－1882－0005562　XB1780
聊齋志異新評十六卷　(清)蒲松齡撰　(清)王士禛　(清)但明倫評　清刻本　十一册　存十一卷(三、七至十六)

340000－1882－0005563　XB1842
蘇文忠詩合註五十卷首一卷目錄一卷　(宋)蘇軾撰　(清)馮應榴輯訂　清刻本　一册　存二卷(一至二)

340000－1882－0005564　XB1612
禮記十卷　(元)陳澔集說　清同治五年

(1866)金陵書局刻本　十冊

340000－1882－0005565　XB1823
子史精華一百六十卷　(清)允祿等撰　清雍正刻本　二十四冊

340000－1882－0005566　XB1824
禮記省度四卷　(清)彭頤纂　清乾隆七年(1742)盆智堂朱墨套印本　四冊

340000－1882－0005567　XB1684
小倉山房文集三十五卷　(清)袁枚撰　清光緒十八年(1892)勤裕堂鉛印隨園三十八種本　二冊　存十七卷(一至十七)

340000－1882－0005568　XB1831
祭幛不分卷　(清)朱□元撰　清宣統稿本　一冊

340000－1882－0005569　XB1779
康熙字典十二卷　(清)張玉書　(清)陳廷敬總閱　(清)淩紹雯等纂修　清末石印本　五冊　缺三卷(子至丑、辰)

340000－1882－0005570　XB1840
題襟館倡和集四卷　(清)方濬頤　(清)許奉恩撰　清同治十一年(1872)兩淮運署刻本　二冊

340000－1882－0005571　XB1739
小調戲書不分卷　題(清)遊道人撰　(清)夢梅居士抄　清抄本　一冊

340000－1882－0005572　XB1793
欽定續通志六百四十卷　(清)嵇璜　(清)曹仁虎等撰　清光緒二十七年(1901)上海圖書集成局石印本　四冊　存四十七卷(二十五至三十三、三百二十六至三百三十二、四百六十七至四百八十四、五百十四至五百二十六)

340000－1882－0005573　XB1811
舉業精華行集□□卷　(□)□□撰　明刻本　一冊　存一卷(一)

340000－1882－0005574　XB1766
唐詩近體五卷　(清)胡本淵評選　清李光明莊刻本　一冊　存二卷(一至二)

340000－1882－0005575　XB1806
六子評林□□卷　(□)□□撰　明刻本　一冊　存二卷(荀子一、揚子一)

340000－1882－0005576　XB1740
誠齋文節先生錦繡策二卷　(宋)楊萬里撰　清乾隆五十九年(1794)刻本　一冊

340000－1882－0005577　XB1756
魏書一百十四卷　(北齊)魏收撰　明刻清遞修本　十冊　存二十三卷(九十一至一百十三)

340000－1882－0005578　XB1841
書經六卷首一卷末一卷　(宋)蔡沈集傳　清刻本　一冊　存三卷(五至六、末一卷)

340000－1882－0005579　XB1830
揅經室四集詩十一卷　(清)阮元撰　清刻本　三冊

340000－1882－0005580　XB1805
韻學不分卷　(清)王植撰　清雍正八年(1730)刻本　一冊

340000－1882－0005581　XB1773
庚辰集五卷　(清)紀昀撰　清刻本　一冊　存一卷(二)

340000－1882－0005582　XB1828
揅經室一集十四卷　(清)阮元撰　清文選樓刻本　五冊

340000－1882－0005583　XB1790
文獻通考三百四十八卷　(元)馬端臨撰　清光緒二十七年(1901)上海圖書集成局石印本　十一冊　存七十九卷(一至十一、七十九至九十、一百六至一百四十八、一百八十四至一百九十六)

340000－1882－0005584　XB1804
醫學彙函十三卷首一卷　(明)聶尚恒撰　明刻本　一冊　存一卷(首一卷)

340000－1882－0005585　XB1838
歷代輿地圖一卷　(清)王漢恭編　清刻本　一冊

340000－1882－0005586　XB1857
碧溪詩話十卷　（宋）黃徹撰　清乾隆四十二年（1777）刻本　一冊

340000－1882－0005587　XB1741
羅鄂州小集六卷附郢州遺文一卷　（宋）羅願撰　清光緒十九年（1893）黟縣李氏刻本　二冊

340000－1882－0005588　XB1844
黃帝内經素問合纂二十卷　（清）張隱菴（志聰）（清）馬元臺合註　清末石印本　二冊　存三卷（六、九至十）

340000－1882－0005589　XB1869
毛詩注疏校勘記七十卷　（清）阮元撰　清同治十三年（1874）湖南書局刻本　二冊　存七卷（一至四、十八至二十）

340000－1882－0005590　XB1765
御撰資治通鑑綱目三編二十卷　（清）張廷玉編　清光緒八年（1882）掃葉山房刻本　一冊　存二卷（一至二）

340000－1882－0005591　XB1860
新增說文韻府群玉二十卷　（元）陰時夫編（元）陰中夫注　清乾隆二十四年（1759）敦化堂刻本　一冊　存二卷（一至二）

340000－1882－0005592　XB1829
揅經室二集八卷　（清）阮元撰　清刻本　四冊

340000－1882－0005593　XB1856
書集傳六卷　（宋）蔡沈撰　清光緒六年（1880）刻本　一冊　存一卷（一）

340000－1882－0005594　XB1772
國朝文塾課四編一卷　（清）潘世恩評選　清刻本　一冊

340000－1882－0005595　XB1803
月令輯要二十四卷首一卷　（清）李光地（清）王掞等總閱　清康熙五十五年（1716）刻本　一冊　存二卷（一、首一卷）

340000－1882－0005596　XB1809
書經旁訓原本二卷　（明）鍾惺訂　明舒濂溪刻本　一冊

340000－1882－0005597　XB1846
有正味齋駢體文二十四卷　（清）吳錫麒撰　清刻本　一冊　存五卷（一至五）

340000－1882－0005598　XB1849
梅村詩集箋註十八卷　（清）吳偉業（清）吳翌鳳撰　清刻本　一冊　存一卷（十八）

340000－1882－0005599　XB1851
御批歷代通鑑輯覽一百二十卷　（清）傅恒等修　清光緒石印本　一冊　存五卷（二十四至二十八）

340000－1882－0005600　XB1819
浮玉山房賦鈔不分卷　（清）丁紹周撰　清同治十年（1871）刻本　一冊

340000－1882－0005601　XB1866
朱子原訂近思錄十四卷　（宋）朱熹（宋）呂祖謙輯（清）江永集注　清嘉慶十九年（1814）刻本　四冊

340000－1882－0005602　XB1821
曝書亭集八十卷附錄一卷　（清）朱彝尊撰　清光緒刻本　一冊　存目錄

340000－1882－0005603　XB1845
山谷先生詩鈔不分卷　（宋）黃庭堅撰　清刻本　一冊

340000－1882－0005604　XB1855
焦氏易林四卷　（漢）焦贛撰（明）鍾惺評閱　清刻本　一冊　存一卷（四）

340000－1882－0005605　XB1808
禮記旁訓原本六卷　（明）鍾惺訂　明舒濂溪刻本　二冊

340000－1882－0005606　XB1850
舊五代史一百五十卷　（宋）薛居正等撰　清光緒二十八年（1902）竢實齋石印本　一冊　存二十四卷（一至二十四）

340000－1882－0005607　XB1868
論語注疏校勘記二十卷　（清）阮元撰　清同

治十三年(1874)湖南書局刻本　二冊

340000－1882－0005608　XB1867－1
周禮注疏校勘記四十二卷　(清)阮元撰　清刻本　三冊

340000－1882－0005609　XB1863
近思錄十四卷考訂朱子世家一卷　(清)江永集註　清同治八年(1869)江蘇書局刻本　五冊

340000－1882－0005610　XB1764
修竹齋試帖輯註一卷　(清)那清安撰　(清)張熙宇輯評　(清)王植桂輯註　清刻本　一冊

340000－1882－0005611　XB1858
喉科秘鑰二卷　(清)鄭西園輯　(清)許佐廷訂　清同治八年(1869)刻本　一冊　存一卷(上)

340000－1882－0005612　XB1807
綱鑑標題評林□□卷　(□)□□撰　明刻本　一冊　存三卷(十四至十六)

340000－1882－0005613　XB1789
禮記增訂旁訓八卷　(清)徐立綱撰　清人文堂刻本　三冊　存三卷(一至三)

340000－1882－0005614　XB1566
戰國策三十三卷　(漢)劉向撰　(宋)鮑彪校注　(元)吳師道重校　明萬曆九年(1581)刻本　五冊　存七卷(一至七)

340000－1882－0005615　XB1852
皇朝經世文編一百二十卷　(清)賀長齡輯　清光緒石印本　一冊　存六卷(一百五至一百十)

340000－1882－0005616　XB1859
十三經分類政要十卷　(清)周世樟編　清光緒石印本　一冊　存一卷(四)

340000－1882－0005617　XB1837
白眉故事十卷　(明)許以忠纂集　清乾隆十八年(1753)聚錦堂刻本　一冊　存四卷(一至四)

340000－1882－0005618　XB1848
謝疊山先生文章軌範七卷　(宋)謝枋得輯　(清)邱邦士評　清光緒八年(1882)青簡齋朱墨套印本　二冊　存三卷(一至三)

340000－1882－0005619　XB1867
西魏書二十四卷　(清)謝啟昆撰　清廣雅書局刻本　六冊

340000－1882－0005620　XB1820
劍南詩鈔六卷　(宋)陸游撰　(清)楊大鶴選　清刻本　一冊　存一卷(七言律一卷)

340000－1882－0005621　XB1788
二十一史文鈔五十八卷　(漢)班固等輯　(明)沈國元選　明大來堂刻本　四冊　存十三卷(九至十一、四十三至四十五、四十九至五十五)

340000－1882－0005622　XB1853
史記一百三十卷　(漢)司馬遷撰　清光緒石印本　一冊　存六卷(二十七至三十二)

340000－1882－0005623　XB1865
歷代名公畫譜四卷　(明)顧炳纂　清光緒十四年(1888)鴻文書局石印本　一冊　存一卷(一)

340000－1882－0005624　XB1847
有正味齋詩集十六卷　(清)吳錫麒撰　清嘉慶十三年(1808)刻本　一冊　存四卷(一至四)

340000－1882－0005625　XB1839
莊子因六卷　(清)林雲銘評述　清刻本　二冊　存三卷(四至六)

340000－1882－0005626　XB1854
溫熱經緯三卷　(清)王士雄纂　清光緒石印本　一冊

340000－1882－0005627　XB1768
曾文正公家訓二卷曾文正公家書十卷　(清)曾國藩撰　清光緒五年(1879)傳忠書局刻本　五冊　存五卷(家訓二卷,家書二、四至五)

340000－1882－0005628　XB1878

西泠八家尺牘一卷　（清）丁敬等書　清末石印本　一册

340000－1882－0005629　XB1873
曾文正公文鈔四卷　（清）曾國藩撰　（清）張瑛編校　清蘇郡刻本　四册

340000－1882－0005630　XB1864
尚書註疏二十卷　（漢）孔安國傳　（唐）陸德明音義　（唐）孔穎達疏　清同治十年（1871）長沙尊經閣刻本　六册

340000－1882－0005631　XB1875
增補注釋故事白眉十卷　（清）許以忠輯　清刻本　一册　存二卷（七至八）

340000－1882－0005632　XB1870
批點春秋左傳綱目句解彙鐫六卷　（清）□□撰　清李光明莊刻本　五册

340000－1882－0005633　XB1906
左傳選十四卷　（清）儲欣評述　清刻本　五册　存九卷（六至十四）

340000－1882－0005634　XB1922
宋元明詩三百首不分卷　（清）朱梓　（清）冷昌言編輯　清小石山房刻本　一册

340000－1882－0005635　XB1876
文抄一卷　（□）□□撰　清抄本　一册

340000－1882－0005636　XB1818
翁山詩外十八卷　（明）屈大均撰　（明）淩鳳祥訂　清刻本　一册　存一卷（一）

340000－1882－0005637　XB1955
長沙方歌括六卷　（清）陳念祖撰　清刻本　三册

340000－1882－0005638　XB1929
小題文府不分卷　（清）曹寅谷等撰　清末石印本　二册

340000－1882－0005639　XB1936
角山樓增補類腋六十七卷　（清）姚培謙　（清）張卿雲原本　（清）趙克宜增輯　清末石印本　一册　存八卷（人部八至十五）

340000－1882－0005640　XB1901
詩經八卷　（宋）朱熹集傳　清大成堂刻本　四册

340000－1882－0005641　XB1900
易經八卷　（宋）程頤傳　清光緒九年（1883）江南書局刻本　三册

340000－1882－0005642　XB1973
傷寒證治準繩一卷　（明）王肯堂撰　清刻本　一册

340000－1882－0005643　XB1915
東萊博議四卷　（宋）呂祖謙撰　清光緒金陵李光明莊刻本　二册　存三卷（二至四）

340000－1882－0005644　XB1871
爾雅註疏十一卷　（晉）郭璞注　（宋）邢昺疏　清刻本　一册　存三卷（三至五）

340000－1882－0005645　XB1954
言文對照評註東萊博議四卷　（宋）呂祖謙著　（清）袁韜壺譯解　清末石印本　三册　存三卷（二至四）

340000－1882－0005646　XB1983
曾文正公批牘六卷　（清）曾國藩著　清光緒二年（1876）傳忠書局刻本　六册

340000－1882－0005647　XB1905
春秋左傳杜注三十卷首一卷　（清）姚培謙撰　清同治五年（1866）金陵書局刻本　十册

340000－1882－0005648　XB1921
詩韻類錦十二卷　（清）郭化霖編　清刻本　三册　存五卷（五至六、九至十一）

340000－1882－0005649　XB1975
畹蘭齋文集四卷　（清）李楨佐撰　清光緒十八年（1892）刻本　一册

340000－1882－0005650　XB1899
書經六卷　（宋）蔡沈集傳　清光緒十二年（1886）湖北官書處刻本　四册

340000－1882－0005651　XB1966
西湖志四十八卷　（清）李衛等撰　清光緒四年（1878）淛江書局刻本　一册　存二卷（一

至二）

340000－1882－0005652　XB1891

御纂醫宗金鑑九十卷　（清）吳謙　（清）劉裕鐸修　清刻本　一冊　存四卷（七十一至七十四）

340000－1882－0005653　XB1972

痘疹世醫心法三卷　（明）萬全撰　清刻本　一冊

340000－1882－0005654　XB1914

春秋左傳三十卷　（晉）杜預集解　（明）葛鼒較訂　清永懷堂刻本　五冊　存十五卷（十六至三十）

340000－1882－0005655　XB1902

康熙字典十二卷　（清）張玉書　（清）陳廷敬總閱　（清）淩紹雯等纂修　清光緒十三年（1887）點石齋刻本　三冊　存七卷（子至午）

340000－1882－0005656　XB1904

袁王綱鑑合編三十九卷御纂明紀綱目二十卷　（明）袁黃輯　（明）王世貞編　清光緒三十年（1904）上海商務印書館鉛印本　十六冊

340000－1882－0005657　XB1965

試策便覽十六卷　（清）王統　（清）王誥纂　清刻本　一冊　存三卷（四至六）

340000－1882－0005658　XB1817

曾文正公雜著四卷　（清）曾國藩撰　（清）李瀚章編　清光緒四年（1878）上海醉六堂刻本　一冊　存二卷（一至二）

340000－1882－0005659　XB1872

公羊穀梁春秋合編附註疏纂十二卷　（漢）何休述纂　（晉）范寧集解　（唐）楊士勛疏　（明）朱泰禎纂述　清敬書堂刻本　十冊　缺一卷（四）

340000－1882－0005660　XB1920

廿一史約編不分卷　（清）鄭元慶撰　清刻本　三冊

340000－1882－0005661　XB1970

新刻世史類編四十五卷首一卷　（明）李純卿撰　明刻本　一冊　存三卷（四十四至四十五、首一卷）

340000－1882－0005662　XB1913

春秋公羊傳二十八卷　（漢）何休撰　（明）金蟠訂　清永懷堂刻本　二冊　存二十卷（九至二十八）

340000－1882－0005663　XB1944

胡文忠公遺集十卷首一卷　（清）胡林翼撰　（清）閻敬銘等編輯　清同治七年（1868）醉六堂刻本　十冊

340000－1882－0005664　XB1928

各國富強時務新策四卷　（清）□□撰　清光緒二十三年（1897）石印本　一冊　存一卷（三）

340000－1882－0005665　XB1898

古文辭類纂七十五卷　（清）姚鼐編　清同治八年（1869）問竹軒刻本　七冊　存三十六卷（四十至七十五）

340000－1882－0005666　XB1968

左傳文歸十卷　（明）鍾惺選　清刻本　一冊　存二卷（九至十）

340000－1882－0005667　XB1997

周官精義十二卷　（清）連斗山編　清乾隆刻本　六冊

340000－1882－0005668　XB1935

御案詩經備旨八卷　（清）鄒聖脈纂輯　（清）鄒廷猷編　清光緒十二年（1886）上海點石齋石印本　一冊　存四卷（一至四）

340000－1882－0005669　XB1910

周禮注疏校勘記四十二卷　（清）阮元撰　清同治十年（1871）湖南省城尊經閣刻本　三冊

340000－1882－0005670　XB1890

七家詩選七卷　（清）張熙宇評選　（清）張昶注釋　清道光十二年（1832）朱墨套印本　一冊　存二卷（一至二）

340000－1882－0005671　XB1919

御撰資治通鑑綱目三編二十卷　（清）張廷玉

撰　清刻本　一册　存四卷(九至十二)

340000－1882－0005672　XB1816
曾文正公文鈔四卷　(清)曾國藩撰　清刻本　二册　存二卷(二至三)

340000－1882－0005673　XB1943
重訂古文雅正十四卷　(清)蔡世遠撰　清刻本　一册　存二卷(十三至十四)

340000－1882－0005674　XB1984
曾相六十壽文二卷　(清)李鴻章等撰　清光緒二年(1876)上海醉六堂刻本　三册

340000－1882－0005675　XB1912
春秋經傳集解三十卷首一卷　(晉)杜預撰　(宋)林堯叟注　(唐)陸德明音釋　(清)馮李驊訂　清刻本　二册　存五卷(五至七、十二至十三)

340000－1882－0005676　XB1918
周禮精華六卷　(清)陳龍標輯　清刻本　一册　存一卷(六)

340000－1882－0005677　XB1942
御纂醫宗金鑑九十卷首一卷　(清)吴謙等總修　(清)李毓清等纂修　清光緒三十二年(1906)上海錦章書局石印本　八册　存三十六卷(一至三十五、首一卷)

340000－1882－0005678　XB1971
新鍥丹溪朱先生心法大全四卷　(元)朱震亨撰　清刻本　一册　存二卷(三至四)

340000－1882－0005679　XB1951
昌黎先生全集四十卷　(唐)韓愈撰　清宣統二年(1910)掃葉山房石印本　十册

340000－1882－0005680　XB1903
歷代史論十二卷　(明)張溥撰　**宋史論三卷**　(清)高士奇撰　清末石印本　三册　缺五卷(一至五)

340000－1882－0005681　XB1911
儀禮十七卷　(漢)鄭玄注　(明)金蟠訂　清同治八年(1869)永懷堂刻本　二册　存八卷(一至八)

340000－1882－0005682　XB1927
夢華廬賦海三十卷　(清)夢華廬主人選　清光緒十二年(1886)上海點石齋石印本　一册　存二卷(二至三)

340000－1882－0005683　XB1967
裘文達公詩集十二卷文集六卷　(清)裘曰修撰　清刻本　四册　存十六卷(詩集十二卷、文集三至六)

340000－1882－0005684　XB1917
書傳音釋六卷首一卷末一卷　(宋)蔡沈集傳　(元)鄒季友音釋　清同治五年(1866)望三益齋刻本　一册　存一卷(三)

340000－1882－0005685　XB1996
古文辭類纂七十四卷　(清)姚鼐纂集　**續古文辭類纂三十四卷**　王先謙纂集　清光緒三十三年(1907)上海商務印書館鉛印本　一册

340000－1882－0005686　XB1877
禮記十卷　(元)陳澔集說　清汲古閣刻本　八册　存八卷(一、四至十)

340000－1882－0005687　XB1982
御定七政四餘萬年書四集　(□)□□編　清光緒刻本　二册　存二集(貞、利)

340000－1882－0005688　XB1964
欽定大清會典一百卷　(清)允裪等纂　清刻本　十三册　存六十四卷(一至三、九至二十、五十二至一百)

340000－1882－0005689　XB1887
壽世新編不分卷　(清)萬潛齋撰　清光緒十八年(1892)道合山房刻本　三册

340000－1882－0005690　XB2021
地球韻言四卷　(清)張士瀛撰　清光緒李光明莊刻本　二册

340000－1882－0005691　XB1889
達生編二卷　題(清)亟齋居士著　清刻本　一册

340000－1882－0005692　xb1874
衛生鴻寶六卷　(明)祝補齋撰　清刻本　一

冊　存二卷(三至四)

340000－1882－0005693　XB1950
康熙字典十二集三十六卷檢字一卷辨似一卷等韻一卷備考一卷補疑一卷　(清)張玉書　(清)陳廷敬總閱　(清)淩紹雯等纂修　清宣統三年(1911)上海商務印書館石印本　七冊

340000－1882－0005694　XB1916
春秋增訂旁訓四卷　(清)徐立綱撰　清刻本　一冊　存二卷(一至二)

340000－1882－0005695　XB2017
文昌帝君焦窗十則一卷　(□)□□撰　清同治十一年(1872)味諫果齋刻本　一冊

340000－1882－0005696　XB2010
葉種德堂丹丸全錄一卷　題(清)葉種德堂主人編　清同治五年(1866)刻本　一冊

340000－1882－0005697　XB1986
唐宋八大家文讀本三十卷　(清)沈德潛評點　清光緒二十四年(1898)煥文書局石印本　六冊

340000－1882－0005698　XB1888
試策便覽十六卷　(清)王統　(清)王誥纂　清乾隆三十三年(1768)對山樓刻本　一冊　存三卷(七至九)

340000－1882－0005699　XB1923
春秋左傳五十卷　(晉)杜預　(宋)林堯叟註釋　(唐)陸元朗(德明)音義　(明)鍾惺等評點　清刻本　十六冊

340000－1882－0005700　XB2016
禹貢便讀二卷　(清)顧觀光輯注　清光緒元年(1875)刻本　一冊

340000－1882－0005701　XB1934
五經合纂大成五種四十四卷　(清)同文書局主人輯　清光緒十一年(1885)上海同文書局石印本　一冊　存一卷(周易合纂大成一)

340000－1882－0005702　XB1949
丹溪心法附餘二十四卷首一卷　(明)方廣撰　清大文堂刻本　一冊　存一卷(二十一)

340000－1882－0005703　XB2020
爾雅註疏十一卷　(晉)郭璞注　清大文堂刻本　四冊

340000－1882－0005704　XB1948
朱文公年譜事實二卷　(□)□□撰　清刻本　一冊

340000－1882－0005705　XB1941
皇朝通典一百卷　(清)嵇璜等纂　清末石印本　四冊　存二十九卷(十至十七、五十六至七十一、八十至八十四)

340000－1882－0005706　XB1926
精選連章新鵠不分卷　(清)張雅存等撰　清同治六年(1867)刻本　三冊

340000－1882－0005707　XB1979
鼎鍥趙田了凡袁先生編纂古本歷史大方綱鑑補三十九卷首一卷　(宋)劉恕外紀　(宋)金履祥前編　(明)袁黄編纂　明萬曆余象斗刻本　一冊　存二卷(一、首一卷)

340000－1882－0005708　XB2022
禮記十卷　(漢)鄭玄注　清同治五年(1866)金陵書局刻本　十冊

340000－1882－0005709　XB1947
唐詩三百首六卷　(清)衡塘退士編　清乾隆五十四年(1789)刻本　一冊

340000－1882－0005710　XB2023
雲起軒詞鈔一卷　(清)文廷式著　清光緒三十三年(1907)刻本　一冊

340000－1882－0005711　XB1987
學山園選九科程墨定本全集不分卷　(清)張為光　(清)唐孫賁評選　清刻本　一冊

340000－1882－0005712　XB2011
才調集十卷　(五代)韋縠輯　清康熙四十三年(1704)垂雲堂刻本　一冊　存三卷(八至十)

340000－1882－0005713　XB1940
淵鑑類函四十五卷　(清)張英等總裁　(清)徐秉義分纂　清光緒二十一年(1895)上海點

石齋石印本　七冊

340000－1882－0005714　XB1894

時病論八卷　(清)雷豐撰　清光緒三十年(1904)石印本　二冊

340000－1882－0005715　XB2000

初學行文語類三卷　(清)孫埏輯　清乾隆刻本　三冊

340000－1882－0005716　XB1963

蘭閨清翫不分卷　(□)□□撰　清光緒上海同文書局石印本　一冊

340000－1882－0005717　XB1946

成親王臨化度寺碑一卷　(清)□□撰　清影印本　一冊

340000－1882－0005718　XB1895

溫病條辨六卷首一卷　(清)吳塘撰　清刻本　三冊　存四卷(一、四至六)

340000－1882－0005719　XB1995

唐王燾先生外臺祕要方四十卷　(唐)王燾著　清末石印本　二冊　存二十四卷(十七至四十)

340000－1882－0005720　XB1933

增廣策學總纂大成四十五卷　(清)蔡壽祺撰　清光緒十九年(1893)上海寶善書局石印本　二冊　存二十卷(一至五、三十一至四十五)

340000－1882－0005721　XB1988

居易錄三十四卷　(清)王世禛著　清康熙刻本　一冊

340000－1882－0005722　XB1886

餘園叢稿三種　(清)汪述祖輯　清宣統二年(1910)刻本　一冊　存一卷(先集一卷)

340000－1882－0005723　XB2013

御批歷代通鑑輯覽一百二十卷　(清)傅恒等纂　清光緒石印本　一冊　存五卷(七十一至七十五)

340000－1882－0005724　XB2001

御纂詩義折中二十卷　(清)傅恒等纂　清乾隆二十年(1755)武英殿刻本　六冊

340000－1882－0005725　XB1925

新輯尺牘合璧四卷　(清)許思湄著　(清)婁世瑞注　清光緒三十年(1904)千頃堂石印本刻本　一冊　存一卷(一)

340000－1882－0005726　XB2025

東周列國志二十三卷一百八回　(明)馮夢龍撰　(清)蔡奡評點　清刻本　八冊　存十四卷(一、三至九、十八至二十三)

340000－1882－0005727　XB2038

春秋左傳音訓不分卷　(清)楊國楨撰　清道光十年(1830)大梁書院刻十一經音訓本　一冊

340000－1882－0005728　XB2032

皇清經解續編二百九種一千四百三十卷　王先謙輯　清光緒十五年(1889)上海蜚英館石印本　一冊　存四十卷(儀禮正義一至四十)

340000－1882－0005729　XB2015

醫學心悟六卷　(清)程國彭著　清宣統三年(1911)石印本　四冊

340000－1882－0005730　XB1989

齊家軌範不分卷　(清)王晫輯　清光緒二十年(1894)蕭然湯學堅刻本　一冊

340000－1882－0005731　XB1885

勸學篇二卷　(清)張之洞撰　清刻本　一冊

340000－1882－0005732　XB2039

春秋傳說薈要十二卷　(清)聖祖玄燁案　清嘉慶十六年(1811)刻本　二冊　存五卷(八至十二)

340000－1882－0005733　XB2009

尚論篇四卷　(清)喻昌著　清宣統元年(1909)掃葉山房石印本　二冊

340000－1882－0005734　XB1962

鴻雪因緣圖記三集六卷　(清)麟慶著　清光緒十年(1884)上海點石齋石印本　六冊

340000－1882－0005735　XB2012

蘭臺軌範八卷　(清)徐大椿撰　清末石印本

三冊

340000－1882－0005736　XB1980
周禮十二卷　(漢)鄭玄著　(唐)陸德明音義　清光緒二十三年(1897)刻本　六冊

340000－1882－0005737　XB1939
歷代畫史彙傳七十二卷　(清)彭蘊璨編　清光緒八年(1882)上海掃葉山房刻本　二冊　存八卷(一至四、六十二至六十五)

340000－1882－0005738　XB1977
曾文正公奏議十卷首一卷末一卷　(清)薛福成編次　(清)張瑛　(清)龐鴻湛同校　清同治十三年(1874)上海醉六堂刻本　十三冊

340000－1882－0005739　XB1924
朔方備乘六十八卷首十二卷　(清)何秋濤撰　清光緒七年(1881)石印本　二冊　存十九卷(二十六至四十四)

340000－1882－0005740　XB2024
續詞選二卷　(清)董毅錄　清同治六年(1867)刻本　一冊

340000－1882－0005741　XB1896
醫原二卷　(清)石壽棠學　清咸豐十一年(1861)刻本　二冊

340000－1882－0005742　XB1938
寄嶽雲齋初稿十卷補遺一卷　(清)聶銑敏著　(清)周光霽校　清嘉慶十二年(1807)文德堂刻本　二冊

340000－1882－0005743　XB1909
周易兼義九卷　(三國魏)王弼注　(唐)孔穎達正義　清汲古閣刻本　四冊

340000－1882－0005744　XB1990
歸震川先生尺牘二卷　(明)歸有光撰　**錢牧齋先生尺牘三卷**　(清)錢謙益撰　清宣統二年(1910)保定官書局石印本　六冊

340000－1882－0005745　XB1932
十三經策案二十二卷　(清)王謨彙輯　(清)喻祥麟編次　清光緒十一年(1885)上海同文書局石印本　二冊

340000－1882－0005746　XB2029
欽定續通典一百五十卷　(清)嵇璜等纂修　清光緒二十八年(1902)貫吾齋石印本　一冊　存十卷(四十五至五十四)

340000－1882－0005747　XB2004
楹聯叢話十二卷續話四卷　(清)梁章鉅輯　清道光二十年(1840)刻本　五冊

340000－1882－0005748　XB2037
易經音訓不分卷　(清)楊國楨撰　清道光十一年(1831)大梁書院刻十一經音訓本　一冊

340000－1882－0005749　XB2002
古文辭類纂七十五卷　(清)姚鼐輯　清同治八年(1869)問竹子軒刻本　九冊　存三十九卷(一至三十九)

340000－1882－0005750　XB2008
唐宋大家全集五十二卷首一卷　(宋)歐陽修撰　(清)儲欣錄　清康熙四十四年(1705)松鱗堂刻本　四冊　存四卷(六一居士全集錄一至四)

340000－1882－0005751　XB1978
曾文正公詩鈔二卷文鈔四卷雜著一卷　(清)曾國藩著　清光緒二年(1876)上海醉六堂刻本　七冊

340000－1882－0005752　XB2049
曾文正公奏議補編四卷　(清)曾國藩撰　清同治十三年(1874)刻本　一冊　存二卷(三至四)

340000－1882－0005753　XB2003
白香山詩長慶集二十卷後集十七卷別集一卷補遺二卷　(唐)白居易撰　清康熙四十二年(1703)古歙汪氏一隅草堂刻本　九冊

340000－1882－0005754　XB2028
重編留青新集二十四卷　(清)陳枚輯　清光緒十四年(1888)宏文閣石印本　一冊　存二卷(五至六)

340000－1882－0005755　XB1960
分類詳註飲香尺牘四卷首一卷　題(清)飲香

居士輯　(清)白下慵釋　清乾隆藻思堂刻本　二册

340000－1882－0005756　XB2036
書經音訓不分卷　(清)楊國楨撰　清光緒三年(1877)湖北崇文書局刻十一經音訓本　一册　存一種(書經音訓)

340000－1882－0005757　XB1937
經學輯要二十四卷　(清)吳潁炎輯　清光緒十四年(1888)點石齋石印本　六册　存七卷(五至十、十七)

340000－1882－0005758　XB1897
敬信錄不分卷　(清)周鼎臣輯　清乾隆四十三年(1778)刻本　一册

340000－1882－0005759　XB2047
書經六卷首一卷末一卷　(宋)蔡沈集傳　清末南京狀元閣李光明莊刻本　四册

340000－1882－0005760　XB2027
新輯纂圖元亨療馬集六卷　(明)喻本亨　(明)喻本元撰　清光緒刻本　一册　存三卷(一至三)

340000－1882－0005761　XB2031
詩韻題解合璧十卷　(清)甘蘭友輯　清聚珍堂刻本　二册

340000－1882－0005762　XB1883
五十名家書札十二卷　(清)陸心源輯　清光緒二十年(1894)上海復古齋石印本　一册　存一卷(忠字卷)

340000－1882－0005763　XB1908
儀禮音訓不分卷　(清)楊國楨輯　清道光十年(1830)大梁書院刻十一經音訓本　二册

340000－1882－0005764　XB2035
周禮音訓不分卷　(清)楊國楨輯　清道光十年(1830)大梁書院刻十一經音訓本　二册

340000－1882－0005765　XB2044
謝士純謝士泰謝際昌案□□卷　(清)□□撰　清刻本　一册　存二卷(二至三)

340000－1882－0005766　XB2053
南史八十卷　(唐)李延壽撰　明崇禎十三年(1640)汲古閣刻本　十六册

340000－1882－0005767　XB1931
五經文府不分卷　(清)同文書局選編　清光緒石印本　二册

340000－1882－0005768　XB2034
詩經音訓不分卷　(清)楊國楨輯　清道光十年(1830)大梁書院刻十一經音訓本　二册

340000－1882－0005769　XB2007
本草綱目五十二卷　(明)李時珍撰　明刻本　一册　存三卷(三十一至三十三)

340000－1882－0005770　XB2026
隨園三十八種四十二卷　(清)袁枚撰　清光緒十八年(1892)鉛印本　十册　存十卷(三十一至四十)

340000－1882－0005771　XB2019
船山詩草二十卷　(清)張問陶撰　清嘉慶二十年(1815)經文堂刻本　八册

340000－1882－0005772　XB2072
漁古軒詩韻五卷　(清)余照原本　(清)朱德蕃增訂　清咸豐九年(1859)宜雅山房刻本　五册

340000－1882－0005773　XB2043
先賢遺圖並說一卷　(清)芷香氏摹　清光緒二十六年(1900)摹本　一册

340000－1882－0005774　XB2006
夢溪筆談二十六卷補筆談一卷　(宋)沈括撰　清刻本　一册　存九卷(九至十七)

340000－1882－0005775　XB2040
鼎鍥趙田了凡袁先生編纂古本歷史大方綱鑑補三十九卷首一卷　(明)袁黃編纂　**御撰資治通鑑綱目三編二十卷**　(清)張廷玉撰　清刻本　二十九册　存二十九卷(鼎鍥趙田了凡袁先生編纂古本歷史大方綱鑑補十三至十八、二十至三十一、三十三至三十九,御撰資治通鑑綱目三編一、六、十一、十六)

340000－1882－0005776　XB2051

雲林別墅繡像妥註第六才子書六卷首一卷 （清）金聖歎外書 （清）鄒聖脈注 清刻本 一冊 存一卷（四）

340000－1882－0005777 XB2033

儀禮音訓不分卷 （清）楊國楨輯 清道光十年（1830）大梁書院刻十一經音訓本 二冊

340000－1882－0005778 XB2050

舊唐書二百卷 （五代）劉昫等撰 清同治十一年（1872）浙江書局刻本 十冊 存四十九卷（三十九至七十五、八十三至八十九、九十七至一百一）

340000－1882－0005779 XB1959

增訂寄嶽雲齋試體詩選四卷 （清）聶銑敏著 （清）朱兆鳳評 清刻本 四冊

340000－1882－0005780 XB2074

荀子二十卷附校勘補遺一卷 （唐）楊倞注 （清）謝墉校 清光緒二年（1876）浙江書局刻本 四冊 存十五卷（四至十八）

340000－1882－0005781 XB2055

南史八十卷 （唐）李延壽撰 明萬曆刻本 十五冊

340000－1882－0005782 XB1991

音註小倉山房尺牘八卷補遺一卷 （清）袁枚著 （清）胡光斗箋釋 清朱墨套印本 三冊 存六卷（三至八）

340000－1882－0005783 XB1930

大題五萬選□□卷 （□）□□撰 清末石印本 六冊 存五卷（論語憲問、季氏、陽貨、子張、堯曰）

340000－1882－0005784 XB2077

新刻增刪二度梅奇說六卷四十回 題（清）惜陰堂主人編 清同治八年（1869）常州文玉齋刻本 六冊

340000－1882－0005785 XB2056

宋史四百九十六卷 （元）脫脫等撰 明刻本 八冊 存十八卷（十至二十七）

340000－1882－0005786 XB2075

書啟合璧（增訂繡虎軒尺牘全集）十三卷 （清）汪孝鐘 （清）張宗燾校訂 清乾隆四十六年（1781）綠蔭堂刻本 六冊

340000－1882－0005787 XB2091

鼎鍥幼幼集成六卷 （清）陳復正輯訂 清光緒二十八年（1902）上海醉六堂石印本 六冊

340000－1882－0005788 XB2062

金臚策楷一卷 （清）陳冠生等撰 清光緒十六年（1890）上海蜚英館刻本 一冊

340000－1882－0005789 XB1958

春温三字訣一卷 （清）張子培撰 清光緒十八年（1892）上海錦章書局石印本 二冊

340000－1882－0005790 XB2115

試帖詩韻目五卷 （□）□□編 清末石印本 一冊

340000－1882－0005791 XB2041

欽定詩經傳說彙纂二十一卷首二卷詩序二卷 （清）王鴻緒等編 （清）張廷玉等校 清同治十年（1871）湖北崇文書局刻本 十八冊

340000－1882－0005792 XB2119

四書義十二卷 （清）陸隴其著 清光緒二十七年（1901）刻本 一冊 存二卷（二至三）

340000－1882－0005793 XB2073

補註平砂玉尺經不分卷 （清）汪昌照補註 清光緒二十七年（1901）刻本 一冊

340000－1882－0005794 XB2005

劍南詩鈔不分卷 （宋）陸游著 （清）楊大鶴選 清康熙敬業齋刻本 六冊

340000－1882－0005795 XB2120

爾雅三卷 （晉）郭璞註 清光緒二十二年（1896）文海書局石印本 一冊 存二卷（一至二）

340000－1882－0005796 XB1992

名賢手札墨蹟八種 （清）郭慶藩輯 清光緒十一年（1885）上海點石齋石印本 四冊

340000－1882－0005797 XB2071

蘭修館賦稿不分卷 （清）顧元熙撰 清刻本

一冊

340000－1882－0005798　XB1956

外科正宗十二卷　(明)陳實功著　(清)徐大椿評　清光緒二十二年(1896)珍藝書局石印本　三冊

340000－1882－0005799　XB2085

五車韻府(華文譯英文字典)不分卷　(英國)莫里森撰　清光緒五年(1879)上海點石齋石印本　一冊

340000－1882－0005800　XB2083

新刻玉釧緣全傳三十二卷　(清)西湖居士撰　清道光二十二年(1842)北京靜觀齋刻本　二冊　存一卷(二十一)

340000－1882－0005801　XB2082

有正味齋駢體文二十四卷　(清)吳錫麒撰　清嘉慶十三年(1808)刻本　三冊　存十八卷(一至十八)

340000－1882－0005802　XB1907

詩經八卷　(宋)朱熹集傳　清光緒六年(1880)南京李光明莊刻本　六冊

340000－1882－0005803　XB2081

有正味齋詩集十六卷　(清)吳錫麒撰　清嘉慶十三年(1808)刻本　四冊

340000－1882－0005804　XB2030

皇清經解一百九十卷　(清)阮元輯　清光緒十七年(1891)上海鴻寶齋石印本　十冊　存一百七十五卷(四書考異三十六卷,五經異義疏證三卷,左海經辨二卷,左海文集二卷,鑑止水齋集二卷,尚書集註音疏十三卷,尚書經師系表一卷,石經考異六卷,三家詩異文疏證二卷,春秋異文箋十二卷,經義叢鈔十六卷,問字堂集一卷,果堂集一卷,白田草堂集一卷,研六室雜著一卷,脊亭述古錄二卷,實甓齋劄記一卷,實甓齋文集一卷,秋槎雜記一卷,吾亦廬稿四卷,戴東原集二卷,甓齋遺稿一卷,說緯一卷,讀書雜誌二卷,讀書脞錄四卷、解春集二卷,仲氏易三十卷,湛園劄記一卷,經義雜記十卷,經義叢鈔十七至三十)

340000－1882－0005805　XB2106

五經味根錄四十三卷　(清)關蔚煌撰　清光緒十四年(1888)同文書局石印本　三冊　存六卷(一至六)

340000－1882－0005806　XB2114

經文五萬選□□卷　(清)王詒壽等撰　清末石印本　一冊　存一卷(詩經一卷)

340000－1882－0005807　XB1999

子史精華三十卷　(清)允祿撰　清光緒九年(1883)上海點石齋石印本　二冊

340000－1882－0005808　XB2070

小倉山房文集三十五卷　(清)袁枚撰　清刻本　六冊　存十九卷(十二至三十)

340000－1882－0005809　XB2099

左繡春秋經傳集解三十卷　(晉)杜預撰　(唐)陸德明音釋　(宋)林唐翁附註　清乾隆四十四年(1779)華川書屋刻本　十一冊　存十一卷(二至十二)

340000－1882－0005810　XB2094

詩八卷　(宋)朱熹集傳　清文奎堂刻本　四冊

340000－1882－0005811　XB2068

初學辨體增删定本不分卷　(清)徐與喬輯　清康熙刻本　五冊

340000－1882－0005812　XB2069

曾文正公雜著二卷　(清)曾國藩撰　清末石印本　一冊　存一卷(下)

340000－1882－0005813　XB1998

傷寒論十卷附明理論二卷　(漢)張仲景述　(晉)王叔和撰次　(金)成無己註解　清光緒六年(1880)刻本　五冊

340000－1882－0005814　XB2130

金石續編二十一卷　(清)陸耀遹纂　(清)陸增祥校訂　清末石印本　一冊　存四卷(十八至二十一)

340000－1882－0005815　XB2093

女科要旨四卷　(清)陳念祖著　清刻本

一冊

340000－1882－0005816　XB1993
關中書院課士詩第八集二卷　(清)劉超等撰　清刻本　二冊

340000－1882－0005817　XB2105
目錄不分卷　(□)□□撰　清末石印本　一冊

340000－1882－0005818　XB2258
感應篇詩一卷　(清)羅超崧撰　清光緒十一年(1885)羅貽清堂刻本　一冊

340000－1882－0005819　XB2097
古唐詩合解十二卷　(清)王堯衢註　清雍正十年(1732)刻本　六冊

340000－1882－0005820　XB2138
三考輯要二十六卷　湯壽潛輯　清光緒二十五年(1899)圖書集成局鉛印本　十五冊

340000－1882－0005821　XB2137
書經六卷　(宋)蔡沈集傳　清乾隆四十九年(1784)金閶書業堂刻本　一冊　存二卷(一至二)

340000－1882－0005822　XB2113
四書典制類聯音注三十三卷　(清)閻其淵輯　清光緒十八年(1892)上海鴻寶齋石印本　一冊　存一卷(三)

340000－1882－0005823　XB2240
史學驪珠四卷　(清)周贇纂輯　清光緒七年(1881)刻本　四冊

340000－1882－0005824　XB2222
内科新說二卷　(英國)合信著　(清)管茂材撰　清咸豐八年(1858)刻本　一冊

340000－1882－0005825　XB2104
策府統宗六十五卷　(清)劉昌齡輯　清末石印本　一冊　存四卷(三十至三十三)

340000－1882－0005826　XB2046
旌陽張氏宗譜十二卷　(□)□□撰　清永思堂木活字印本　一冊　存一卷(中卷之三)

340000－1882－0005827　XB1994
歷代畫史彙傳七十二卷　(清)彭蘊璨編　清刻本　四冊　存十三卷(二十六至三十一、四十二至四十四、四十八至五十一)

340000－1882－0005828　XB2066
四大奇書第一種六十卷首一卷　(清)金聖嘆　(清)毛宗崗評　清刻本　一冊　存七卷(一至六、首一卷)

340000－1882－0005829　XB2054
王氏家乘八卷首一卷　(清)王培源　(清)王補田輯　清乾隆二十年(1755)刻本　七冊

340000－1882－0005830　XB2136
朱子原訂近思錄十四卷校勘記一卷考訂朱子世家一卷　(清)江永集註　(清)王鼎校次　清光緒十八年(1892)江西兩儀堂刻本　三冊　存七卷(三至九)

340000－1882－0005831　XB2076
禮記注疏校勘記六十三卷　(清)阮元撰　清刻本　三冊　存二十七卷(九至三十五)

340000－1882－0005832　XB2125
遼史一百十六卷　(元)托克托等修　清乾隆四年(1739)刻本　八冊

340000－1882－0005833　XB2112
經籍籑詁一百六卷附補遺　(清)阮元撰集　清光緒十四年(1888)鴻文書局石印本　一冊　存四卷(五至八)

340000－1882－0005834　XB2042
重修煙谿汪族支譜四卷　(清)汪敬璐修　清光緒十六年(1890)抄本　四冊

340000－1882－0005835　XB2129
御製數理精蘊上編五卷下編四十卷表八卷　(清)梅瑴成撰　清末石印本　一冊　存一卷(表五)

340000－1882－0005836　XB2103
策學備纂三十二卷首一卷　(清)蔡啟盛　(清)顧炎亮輯　清末石印本　三冊　存二卷(四至五)

340000－1882－0005837　XB2124
增批直省闈墨十卷　（清）馮一梅　（清）劉鯤輯　清光緒石印本　一册　存一卷（七）

340000－1882－0005838　XB2061
唐陸宣公集二十二卷　（清）年羹堯撰　清刻本　二册　存十卷（十三至二十二）

340000－1882－0005839　XB2135
續吕氏家塾讀詩記三卷　（宋）戴溪撰　清刻本　二册

340000－1882－0005840　XB2067
仙拈集四卷　（清）李文炳輯　清嘉慶二十二年（1817）聚秀堂刻本　一册　存一卷（一）

340000－1882－0005841　XB2123
史記一百三十卷　（漢）司馬遷撰　明刻本　四册　存二十八卷（列傳十至二十三、世家七至二十）

340000－1882－0005842　XB2134
御批歷代通鑑輯覽一百二十卷　（清）傅恒等編纂　清末石印本　一册　存五卷（五十一至五十五）

340000－1882－0005843　XB2111
洋務新論六卷　（英國）李提摩太撰　清光緒二十二年（1896）石印本　一册　存一卷（五）

340000－1882－0005844　XB2080
禮記音訓不分卷　（清）楊國楨輯　清光緒三年（1877）湖北崇文書局刻本　八册

340000－1882－0005845　XB2045
汪氏世守譜十卷　（清）汪國徘　（清）汪度編　清乾隆三十七年（1772）木活字印本　三册　存六卷（一至二、七至十）

340000－1882－0005846　XB2060
永報堂集五種三十三卷　（清）李斗撰　清乾隆六十年（1795）自然盦刻本　一册　存四卷（一至四）

340000－1882－0005847　XB2122
試律大觀三十二卷　題（清）竹屏居士輯　清光緒石印本　一册　存二卷（五至六）

340000－1882－0005848　XB2161
御批歷代通鑑輯覽一百二十卷　（清）傅恒等編纂　清末石印本　十册　存五十卷（十一至十五、六十一至八十、九十一至一百十五）

340000－1882－0005849　XB2128
經藝類腋二十六卷目録一卷　（清）陳康祺撰　清光緒二十三年（1897）鴻寶齋書局石印本　一册　存二卷（十至十一）

340000－1882－0005850　XB1697
璜上程氏宗譜十五卷　程步雲編纂　程三元等繕録　清宣統三年（1911）木活字印本　三册　缺二卷（十至十一）

340000－1882－0005851　XB2160
皇朝經世文編一百二十卷新增續編一百二十卷新增時務續編四十卷　（清）葛士濬　（清）賀長齡輯　清光緒二十三年（1897）掃葉山房鉛印本　十一册　存五十八卷（皇朝經世文編五十二至五十五、六十七至七十三，新增續編八至三十九、六十九至七十二、九十至一百）

340000－1882－0005852　XB2150
國朝先正事略續編三十卷　朱孔彰撰　清光緒二十六年（1900）石印本　二册　存四卷（一至四）

340000－1882－0005853　XB2065
聚萃華集不分卷　（清）馬世俊等撰　清手抄本　一册

340000－1882－0005854　XB2059
楊徵君自攜後集一卷　（宋）楊傑撰　清同治刻本　一册

340000－1882－0005855　XB2169
本草綱目五十二卷首一卷圖三卷　（明）李時珍撰　清同治十一年（1872）芥子園刻本　一册　存一卷（八）

340000－1882－0005856　XB2102
精選策學四百卷金石續編二十一卷首一卷　（清）陸耀通纂　清光緒二十年（1894）文盛堂石印本　五册　存四十九卷（一至十、三十一

至四十、九十八至一百七、一百二十八至一百三十七、一百九十三至二百一）

340000－1882－0005857　XB2048

［歙縣］畢川鮑氏宗譜四卷首二卷　（□）□□修　清嘉慶十四年（1809）慈孝堂木活字印本　六冊

340000－1882－0005858　XB2121

庾子山集十六卷　（北周）庾信撰　（清）倪璠註釋　清刻本　四冊　存三卷（十三至十五）

340000－1882－0005859　XB2241

欽定周官義疏四十八卷首一卷　（清）允祿等纂修　清刻本　十五冊　存三十四卷（二至三十五）

340000－1882－0005860　XB2142

輶軒語不分卷　（清）張之洞撰　清光緒三年（1877）刻本　二冊

340000－1882－0005861　XB2127

四書味根錄三十七卷　（清）金澂撰　清光緒十五年（1889）上海蜚英館石印本　一冊　存四卷（十一至十四）

340000－1882－0005862　XB2132

圖畫四書白話解二十卷　（清）彪蒙書室（清）王有宗等校訂　清光緒三十四年（1908）上海彪蒙書室石印本　一冊

340000－1882－0005863　XB2159

增批歷代通鑑輯覽一百二十卷　（清）傅恒等編纂　清末石印本　四冊　存十卷（五十二至六十一）

340000－1882－0005864　XB2168

通鑑綱目輯要□□卷　（清）姚培謙　（清）張景星錄　清光緒二十八年（1902）石印本　一冊　存四卷（五至八）

340000－1882－0005865　XB2117

詩經八卷　（宋）朱熹集傳　清刻本　一冊　存一卷（三）

340000－1882－0005866　XB2110

萬國時務策學大全四十八卷首一卷　題（清）漱石山館主人輯　清漱石山館石印本　二冊　存五卷（二十至二十四）

340000－1882－0005867　XB2058

產後編二卷　（清）傅山著　清道光二十九年（1849）刻本　一冊

340000－1882－0005868　XB2180

新齊諧五卷　（清）袁枚編　清宣統元年（1909）上海萃英書局石印本　五冊

340000－1882－0005869　XB2101

增廣試律大觀三十二卷　題（清）竹屏居士輯　清刻本　三冊　存十卷（七至十六）

340000－1882－0005870　XB2116

後漢書一百卷　（南朝宋）范曄　（唐）李賢注　清刻本　六冊　存四十三卷（十八至六十）

340000－1882－0005871　XB2167

明史擥要八卷　（清）姚培謙　（清）張景星輯錄　清刻本　一冊　存二卷（七至八）

340000－1882－0005872　XB2139

小學集解六卷　（清）張伯行輯注　（清）李蘭汀校訂　清同治十年（1871）湖南聚奎閣刻本　一冊　存三卷（三至五）

340000－1882－0005873　XB2151

遼史一百十六卷　（元）脫脫等撰　清光緒二十八年（1902）竢實齋石印本　三冊

340000－1882－0005874　XB2170

御批歷代通鑑輯覽一百二十卷　（清）傅恒纂　清光緒十八年（1892）上海書局石印本　八冊　存四十卷（一至五、十六至二十、二十六至五十、五十六至六十）

340000－1882－0005875　XB2118

宋書一百卷　（南朝梁）沈約撰　清同治十一年（1872）刻本　十五冊　缺十六卷（十七至三十二）

340000－1882－0005876　XB2166

佩文韻府一百六卷　（清）張玉書等編　清末石印本　一冊　存八卷（十五至二十二）

340000－1882－0005877　XB2174

皇朝經世文編一百二十卷　(清)賀長齡輯　清刻本　二十一册　存三十五卷(三十一至四十七、五十七至七十四)

340000－1882－0005878　XB2057
女科二卷　(清)傅山撰　清道光二十七年(1847)海山仙館刻本　一册

340000－1882－0005879　XB2149
國朝先正事略六十卷　(清)李元度撰　清光緒二十五年(1899)石印本　五册　存五十二卷(九至六十)

340000－1882－0005880　XB2109
西湖佳話古今事蹟十六卷　題(清)古吳墨浪子輯　清末石印本　一册　存四卷(十三至十六)

340000－1882－0005881　XB2165
御撰資治通鑑綱目三編二十卷　(清)張廷玉等撰　清末石印本　一册　存二卷(三至四)

340000－1882－0005882　XB2177
欽定續通典一百五十卷　(清)嵇璜等纂　清末石印本　五册　存一百二十八卷(二十三至一百五十)

340000－1882－0005883　XB2133
增補萬全玉匣記二卷　(晉)許遜撰　(清)劉誠印增　清末石印本　一册　存一卷(下)

340000－1882－0005884　XB2152
明史三百三十二卷　(清)張廷玉等修　清刻本　二十册　存七十五卷(二十九至一百三)

340000－1882－0005885　XB2164
芸經樓綱鑑易知錄九十二卷　(清)吳乘權等輯　清刻本　一册　存三卷(七十五至七十七)

340000－1882－0005886　XB2216
大題文府不分卷　(□)□□撰　清末石印本　二册

340000－1882－0005887　XB2173
儀禮釋宫一卷　(宋)李如圭撰　(清)陶福恒校訂　清刻本　一册

340000－1882－0005888　XB2086
新鐫鬼谷子先生四字經前定數不分卷　(晉)王詡撰　清刻本　一册

340000－1882－0005889　XB2126
王洪緒先生外科證治全生集二卷　(清)王維德撰　清光緒上海錦章書局石印本　一册

340000－1882－0005890　XB2158
蒙學外國地理教科書不分卷　張相文撰　清光緒二十九年(1903)上海文明書局鉛印本　一册

340000－1882－0005891　XB2108
文科大成□□卷　(□)□□輯　清刻本　二册　存十卷(四至八、三十六至四十)

340000－1882－0005892　XB2163
重編留青新集二十四卷　(□)□□撰　清末石印本　三册　存十卷(十一至十二、十七至二十四)

340000－1882－0005893　XB2181
小倉山房文集三十五卷　(清)袁枚撰　清刻本　二册　存七卷(十一至十七)

340000－1882－0005894　XB2176
皇清經解續編二百九種一千四百三十卷　王先謙編　清光緒十四年(1888)南菁書院石印本　七册　存三十九卷(十二至十九、二十八至三十、四十二、八十至八十四、八十九、一百十五至一百十七、一百二十、一百二十六至一百三十、一百三十三、一百三十八、一百五十、一百五十二、一百五十七至一百五十八、一百六十四、一百七十二、一百八十五至一百八十六、二百、二百七)

340000－1882－0005895　XB2207
格致課藝彙編十三卷　(清)王韜編　清末石印本　一册　存一卷(九)

340000－1882－0005896　XB2210
痘疹正宗二卷　(清)宋麟祥撰　清同治十二年(1873)刻本　一册

340000－1882－0005897　XB2215

荀子二十卷 （唐）楊倞注 清光緒二年(1876)浙江書局刻本 一册 存三卷(一至三)

340000－1882－0005898 XB2185
魏書一百十四卷 （北齊）魏收撰 清光緒二十八年(1902)竢實齋石印本 八册

340000－1882－0005899 XB2107
經學輯要二十四卷 （清）吴潁炎輯 清末石印本 三册 存四卷(二至四、十九下)

340000－1882－0005900 XB2088
尚書大傳四卷 （漢）鄭玄注 清光緒三年(1877)湖北崇文書局刻本 一册

340000－1882－0005901 XB2162
皇朝三通識要類編六十五卷 （清）黄雋編 清末石印本 十一册 存六十二卷(四至六十五)

340000－1882－0005902 XB2211
痘症不分卷 （清）莊一夔撰 清光緒抄本 一册

340000－1882－0005903 XB2172
古吴童氏重校醫宗必讀十卷 （清）李中梓撰 （清）李廷芳等參訂 清光緒二十四年(1898)石印本 一册 存二卷(一至二)

340000－1882－0005904 XB2206
列國歲計政要十二卷 （英國）麥丁富得力編纂 （美國）林樂知口譯 鄭昌棪筆述 清末石印本 一册

340000－1882－0005905 XB2212
醫方一卷 （□）□□撰 清抄本 一册

340000－1882－0005906 XB2189
續整齊諧三卷 （清）袁枚編 清宣統石印本 三册

340000－1882－0005907 XB2213
江左書林書目不分卷 （清）江左書林編 清末石印本 一册

340000－1882－0005908 XB2186
御批歷代通鑑輯覽一百二十卷 （清）傅恒纂 清光緒石印本 十四册 存七十五卷(六至十五、二十六至四十五、六十一至一百五)

340000－1882－0005909 XB2182
資治通鑑綱目五十九卷 （宋）朱熹撰 **續資治通鑑綱目二十七卷** （明）商輅撰 清刻本 十二册 存十一卷(資治通鑑綱目三至四、二十一至二十二、三十六、四十三至四十四、五十至五十二,續資治通鑑綱目二十一)

340000－1882－0005910 XB2171
讀史鏡古編三十二卷 （清）潘世恩輯 清刻本 五册 缺六卷(十二至十七)

340000－1882－0005911 XB2155
震川大全集三十卷 （明）歸有光撰 清宣統二年(1910)國學扶輪社石印本 七册

340000－1882－0005912 XB2146
孔氏家語十卷 （三國魏）王肅注 清光緒上海同文書局石印本 五册

340000－1882－0005913 XB2100
大題三萬選□□卷 （□）□□撰 清末石印本 三册 存二卷(下論一、中孟一)

340000－1882－0005914 XB2201
東華錄□□卷 （清）蔣良騏撰 清刻本 一册 存二卷(十九至二十)

340000－1882－0005915 XB2087
鐵冠圖八卷五十回 （清）松排山人編 清光緒四年(1878)刻本 四册

340000－1882－0005916 XB2156
策學纂要十六卷 （清）戴朋 （清）黄卷輯 清刻本 五册 存十三卷(四至十六)

340000－1882－0005917 XB2235
策學備纂三十二卷 （清）蔡啟盛 （清）吴潁炎輯 清末石印本 二册 存三卷(一、十至十一)

340000－1882－0005918 XB2238
四書典制類聯音註三十三卷 （清）閻其淵編 清刻本 四册 存十卷(十三至十八、二十三至二十六)

340000－1882－0005919　XB2205
欽定儀禮義疏四十八卷首二卷　（清）鄂爾泰等編　清光緒三十年（1904）上海育文書局石印本　五册

340000－1882－0005920　XB2227
有正味齋駢體文二十四卷　（清）吳錫麒撰　清刻本　一册　存六卷（十九至二十四）

340000－1882－0005921　XB2236
經學輯要二十四卷　（清）吳潁炎輯　清光緒二十年（1894）同文書局石印本　二册　存二卷（一、十八）

340000－1882－0005922　XB2199
皇朝通典一百卷　（清）嵇璜等纂　清光緒二十八年（1902）上海鴻寶圖書局石印本　七册　存八十四卷（一至十五、三十二至一百）

340000－1882－0005923　XB2234
經籍籑詁一百六卷　（清）阮元撰　清末石印本　二册　存二十二卷（十六至二十二、四十五至五十九）

340000－1882－0005924　XB2226
七言詩歌行鈔十五卷　（清）王士禛選　清刻本　一册　存四卷（五至八）

340000－1882－0005925　XB2248
訓俗遺規補編二卷　（清）陳宏謀輯　清道光十年（1830）刻本　二册

340000－1882－0005926　XB2249
尚友錄補遺二十二卷　（清）潘遵祁撰　清光緒十四年（1888）上海點石齋石印本　一册　存十一卷（一至十一）

340000－1882－0005927　XB2198
皇朝文獻通考三百卷　（清）嵇璜等纂　清末石印本　三十一册　存二百八十二卷（十至二百九十一）

340000－1882－0005928　XB2254
歷代史論十二卷　（明）張溥撰　清末石印本　一册　存五卷（元史論一、明史論一至四）

340000－1882－0005929　XB2237
唐詩三百首注疏六卷　題（清）蘅塘退士編　（清）章燮注　清道光刻本　四册

340000－1882－0005930　XB2224
宋四名家詩不分卷　（清）周之鱗　（清）柴升選　清刻本　四册

340000－1882－0005931　XB2223
欽定禮記義疏八十二卷首一卷　（清）鄂爾泰等纂　清刻本　十八册　存四十七卷（一至三十三、三十七至四十九，首一卷）

340000－1882－0005932　XB2239
書經體註大全合參六卷　（清）錢希祥纂輯　（宋）蔡沈集傳　清嘉慶二十四年（1819）刻本　四册

340000－1882－0005933　XB2252
繡像東周列國志一百八卷繡像一卷　（明）馮夢龍撰　（清）蔡元放評點　清嘉慶元年（1796）刻本　一册　存一卷（繡像一卷）

340000－1882－0005934　XB2197
醉二白齋遺稿二卷　（清）方德肇校梓　清道光十七年（1837）不除草堂刻本　一册　存一卷（上）

340000－1882－0005935　XB2175
儀禮集釋三十卷　（宋）李如圭撰　（清）陶福恒校訂　清刻本　十一册

340000－1882－0005936　XB2187
曾文正公全集十五種一百五十六卷　（清）曾國藩撰　清光緒二十九年（1903）鴻寶書局石印本　二十四册　存九十三卷（家書一至十，批牘一至五，奏稿十二至二十七，書札七至二十五、三十至三十三，讀書錄一至十，日記上、下，雜鈔十八至二十二，年譜一至六，家訓上、下，大事記一至四，孟要首一卷、一至四，雜著一至二，詩集一至三）

340000－1882－0005937　XB2202
試律大成□□卷　（清）吟香室主人選輯　清末石印本　二册　存二卷（三至四）

340000－1882－0005938　XB2256

時務通考三十一卷 (清)杞廬主人輯 清末石印本 一冊 存一卷(二十五)

340000－1882－0005939 XB2190
重訂文選集評十五卷首一卷末一卷 (南朝梁)蕭統選 (清)于光華編 清同治七年(1868)刻本 十五冊 存十五卷(一至十四、首一卷)

340000－1882－0005940 XB2225
禮記十卷 (元)陳澔集說 清刻本 二冊 存二卷(九至十)

340000－1882－0005941 XB2251
太上感應篇補注一卷 (□)□□撰 清光緒九年(1883)致遠齋刻本 一冊

340000－1882－0005942 XB2242
萬國時務策學大全四十八卷首一卷 題(清)漱石山館主人輯 清漱石山館石印本 一冊 存地球正背面全圖

340000－1882－0005943 XB2179
湘鄉師相言兵事手函一卷 (清)曾國藩撰 清光緒二十六年(1900)石印本 一冊

340000－1882－0005944 XB2247
萬國分類時務大成四十卷首一卷 (清)錢豐輯 清末石印本 一冊 存一卷(二十五)

340000－1882－0005945 XB2246
達生編二卷 題(清)亟齋居士撰 清嘉慶八年(1803)刻本 一冊

340000－1882－0005946 XB2245
大題文府不分卷 (□)□□輯 清末石印本 一冊

340000－1882－0005947 XB2243
詩經瑯環體註大全不分卷 (清)沈世楷輯 清嘉慶十九年(1814)刻本 四冊

340000－1882－0005948 XB2204
康熙字典十二集 (清)張玉書 (清)陳廷敬總閱 (清)淩紹雯等纂修 清光緒十三年(1887)石印本 三冊 存五集(未至亥)

340000－1882－0005949 XB2284
舊五代史一百五十卷 (宋)薛居正撰 清同治十一年(1872)湖北崇文書局刻本 一冊 存七卷(一至七)

340000－1882－0005950 XB2309
醫方論四卷 (清)費伯雄撰 清末鉛印本 一冊

340000－1882－0005951 XB2266
周易兼義九卷附周易注疏校勘記九卷周易音義一卷 (三國魏)王弼 (晉)韓康伯注 (唐)孔穎達正義 (唐)陸德明音義 **經典釋文校勘記一卷** (清)阮元撰 (清)盧宣旬摘錄 清嘉慶二十年(1815)江西南昌府學刻道光六年(1826)重校重刊宋本十三經注疏附校勘記本 四冊

340000－1882－0005952 XB2350
唐陸宣公奏議讀本四卷 (清)汪銘謙編輯 (清)馬傳庚評點 清末石印本 二冊

340000－1882－0005953 XB2269
達生編二卷 題(清)亟齋居士撰 清嘉慶二十三年(1818)芸暉閣刻本 一冊

340000－1882－0005954 XB2313
黃帝素問宣明論方十五卷 (金)劉完素撰 (明)吳勉學校 清光緒石印本 一冊

340000－1882－0005955 XB2293
欽定續通典一百五十卷 (清)嵇璜等纂 清貫吾齋石印本 一冊 存二十二卷(一至二十二)

340000－1882－0005956 XB2320
史記一百三十卷 (漢)司馬遷撰 (南朝宋)裴駰 (唐)司馬貞 (唐)張守節注 明刻本 十二冊 存七十卷(一至七十)

340000－1882－0005957 XB2281
神相全編十二卷首一卷 (宋)陳摶撰 (明)袁忠徹訂 明刻本 一冊 存二卷(二至三)

340000－1882－0005958 XB2276
嘉樂齋三蘇文範十八卷 (明)楊慎選 (明)袁宏道參閱 明刻本 一冊 存二卷(十一至十二)

340000－1882－0005959　XB2078
唐陸宣公集二十四卷　（唐）陸贄撰　（清）年羹堯重訂　清光緒十三年（1887）上海積山書局石印本　四冊

340000－1882－0005960　XB2272
曾文正公文集四卷　（清）曾國藩撰　（清）李瀚章編次　清同治十三年（1874）傳忠書局刻本　四冊

340000－1882－0005961　XB2271
文選六十卷　（南朝梁）蕭統撰　（唐）李善注　清刻朱墨套印本　十二冊

340000－1882－0005962　XB2308
神農本草經百種錄□□卷　（清）徐大椿撰　清末石印本　一冊　存一卷（四）

340000－1882－0005963　XB2283
策學備纂三十二卷首一卷　（清）蔡啟盛　（清）吳潁炎輯　清光緒十四年（1888）點石齋石印本　十二冊　存二卷（四至五）

340000－1882－0005964　XB2292
繆篆分韻五卷　（清）桂馥輯　清蘇州振新書社影印本　一冊　存一卷（一）

340000－1882－0005965　XB2319
詞選二卷附錄一卷　（清）張惠言輯　清同治六年（1867）刻本　一冊

340000－1882－0005966　XB2312
素問病機氣宜保命集三卷　（金）劉完素撰　（明）吳勉學校　清光緒石印本　一冊

340000－1882－0005967　XB2268
皇朝經世文編一百二十卷　（清）賀長齡輯　清刻本　四冊　存四卷（四十八至五十一）

340000－1882－0005968　XB2228
西學考略二卷　（美國）丁韙良撰　（清）貴榮　（清）時雨化譯　清光緒九年（1883）同文館鉛印本　一冊　存一卷（下）

340000－1882－0005969　XB2307
長沙方歌括六卷　（清）陳念祖撰　清末石印本　一冊

340000－1882－0005970　XB2322
白鵠山房詩鈔三卷風鷗集一卷　（清）徐熊飛撰　清刻本　一冊

340000－1882－0005971　XB2302
古詩源十四卷　（清）沈德潛選　清刻本　二冊　存八卷（四至十一）

340000－1882－0005972　XB2079
天雨花三十回　（清）陶貞懷撰　清同治八年（1869）文富堂刻本　十六冊　存十六回（一、十六至三十）

340000－1882－0005973　XB235
樊川文集二十卷　（唐）杜牧撰　清光緒二十二年（1896）景蘇園刻本　一冊　存一卷（一）

340000－1882－0005974　XB2263
春秋左傳五十卷　（晉）杜預　（宋）林堯叟注　（唐）陸德明音義　（明）孫鑛等評　清刻本　十五冊　存四十九卷（二至五十）

340000－1882－0005975　XB2286
經史隨筆不分卷　（□）□□撰　清早期稿本　一冊

340000－1882－0005976　XB2311
素問玄機原病式三卷　（金）劉完素撰　（明）吳勉學校　清光緒石印本　一冊

340000－1882－0005977　XB2273
黃帝內經素問九卷　（清）張志聰集註　清刻本　十冊

340000－1882－0005978　XB2291
麝塵蓮寸集四卷補遺一卷　（清）汪淵輯　（清）程淑注　清刻本　一冊　存三卷（三至四、補遺一卷）

340000－1882－0005979　XB2229
玉谿生詩詳註三卷首一卷　（唐）李商隱撰　清乾隆四十五年（1780）刻本　一冊　存一卷（首一卷）

340000－1882－0005980　XB2306
靈素提要淺注十二卷　（清）陳念祖集注　清末上海錦章書局石印本　二冊

340000－1882－0005981　XB2275
困學紀聞注二十卷　(清)翁元圻輯　清道光五年(1825)餘姚守福堂刻本　一冊　存一卷(一)

340000－1882－0005982　XB2321
前漢書一百二十卷　(漢)班固撰　明刻本　二冊　存十卷(七十三至七十六、八十八至九十三)

340000－1882－0005983　XB2287
前漢書一百二十卷　(漢)班固撰　清刻本　一冊　存三卷(九十四至九十六)

340000－1882－0005984　XB2259
從政遺規四卷　(清)陳宏謀編　清培遠堂刻本　一冊　存二卷(三至四)

340000－1882－0005985　XB2301
古文快筆貫通解四卷　(清)杭永年評解　清大文堂刻本　四冊

340000－1882－0005986　XB2299
禮記十卷　(元)陳澔集說　清刻本　九冊

340000－1882－0005987　XB2340
飲冰室文選不分卷　梁啟超撰　清末石印本　十冊

340000－1882－0005988　XB2270
皇朝經世文編一百二十卷　(清)賀長齡輯　清刻本　三十一冊　存四十六卷(七十五至一百二十)

340000－1882－0005989　XB2298
詞林墨妙一卷　(□)□□撰　清末石印本　一冊

340000－1882－0005990　XB2310
新刊注釋素問玄機原病式二卷素問病機氣宜保命集三卷　(金)劉完素撰　(元)薛時平注　清光緒石印本　一冊

340000－1882－0005991　XB2290
書經六卷　(宋)蔡沈集傳　(元)鄒季友音釋　清刻本　一冊　存一卷(五)

340000－1882－0005992　XB2305
景岳全書發揮四卷　(清)葉桂撰　清道光石印本　二冊　存二卷(三至四)

340000－1882－0005993　XB2334
春秋三傳十六卷首一卷　(□)□□撰　清嘉慶十年(1805)刻本　十一冊

340000－1882－0005994　XB2297
王儀部先生箋釋三十卷首一卷末一卷　(明)王肯堂撰　(清)顧鼎重編　清刻本　一冊　存一卷(二十八)

340000－1882－0005995　XB2316
左傳事緯十二卷左傳字釋一卷　(清)馬驌編論　(清)潘霨校訂　清光緒四年(1878)刻本　七冊

340000－1882－0005996　XB2261
教女遺規三卷　(清)陳宏謀編　清刻本　一冊

340000－1882－0005997　XB2267
春秋左傳杜注三十卷首一卷　(清)姚培謙撰　清同治五年(1866)金陵書局刻本　十冊

340000－1882－0005998　XB2260
訓俗遺規三卷　(清)陳宏謀編　清培遠堂刻本　三冊

340000－1882－0005999　XB2329
皇清經解一百九十卷　(清)阮元輯　清光緒石印本　九冊　存十八卷(九至十二、十四至二十、八十五、九十一至九十五、一百七十八)

340000－1882－0006000　XB2330
徐騎省集三十卷附補遺一卷校勘記一卷　(宋)徐鉉撰　清光緒十六年至十九年(1890－1893)黟南李氏刻本　八冊

340000－1882－0006001　XB2315
子史精華一百六十卷　(清)允祿等撰　清刻本　七冊　存二十卷(三十七至四十四、六十九至八十)

340000－1882－0006002　XB2289
杏花樓詩稿四卷附補遺一卷　(清)朱浩垕撰　清道光十八年(1838)大興朱氏刻本　一冊

存一卷(一)

340000－1882－0006003　XB2333

春秋左傳杜注三十卷首一卷　(清)姚培謙撰　清同治五年(1866)金陵書局刻本　二册　存三卷(一至三)

340000－1882－0006004　XB2304

針灸大成十二卷　(明)楊繼洲撰　清末石印本　四册　存十卷(三至十二)

340000－1882－0006005　XB2323

書經六卷首一卷末一卷　(宋)蔡沈集傳　清同治五年(1866)金陵書局刻本　四册

340000－1882－0006006　XB2300

續古文辭類纂三十四卷　王先謙輯　清刻本　五册　存二十五卷(十至三十四)

340000－1882－0006007　XB2288

神農本草經四卷　(清)顧觀光輯　清刻本　一册

340000－1882－0006008　XB2274

續資治通鑑長編拾補六十卷　(清)黄以周等編　清光緒九年(1883)浙江書局刻本　一册　存三卷(一至三)

340000－1882－0006009　XB2345

四書集註□□卷　(宋)朱熹撰　清光緒八年(1882)金陵書局刻本　六册　存十九卷(大學一、中庸一、論語一至十、孟子一至七)

340000－1882－0006010　XB2337

唐陸宣公集二十二卷首一卷增輯一卷　(唐)陸贄撰　清光緒二年(1876)江蘇書局刻本　六册

340000－1882－0006011　XB2349

御批歷代通鑑輯覽一百二十卷　(清)傅恒纂　清末石印本　二册　存八卷(九十一至九十八)

340000－1882－0006012　XB2296

新刻續千家詩二卷　題(清)晦齋學人輯　清同治九年(1870)翼化堂刻本　一册

340000－1882－0006013　XB2332

春秋公羊傳不分卷　(漢)何休撰　(唐)陸德明音義　清刻本　一册　存一册(二)

340000－1882－0006014　XB2353

戒淫詩一卷　(清)戴蘭芬著　清光緒十四年(1888)狀元閣刻本　一册

340000－1882－0006015　XB2327

兩般秋雨盦隨筆八卷　(清)梁紹壬纂　清光緒二十二年(1896)上海古香閣刻本　六册　存六卷(一至四、六至七)

340000－1882－0006016　XB2496

廿二史劄記三十六卷　(清)趙翼撰　清刻本　二册　存四卷(二十五至二十八)

340000－1882－0006017　XB2348

崇正闢謬通書十四卷　(清)李奉來編　清刻本　一册　存一卷(八)

340000－1882－0006018　XB2262

春秋左傳五十卷　(晉)杜預　(宋)林堯叟注　(唐)陸德明音義　(明)孫鑛等評　清李光明莊刻本　十六册

340000－1882－0006019　XB2303

池北偶談二十六卷　(清)王士禛撰　清刻本　九册　存二十二卷(五至二十六)

340000－1882－0006020　XB2331

中西算學集要三種十二卷　(清)周毓英撰　清刻本　二册　存一卷(算學各法引蒙上)

340000－1882－0006021　XB2314

外科正宗十二卷　(明)陳實功撰　(清)許楣訂　清刻本　五册　存十卷(三至十二)

340000－1882－0006022　XB2326

御批歷代通鑑輯覽一百二十卷　(清)傅恒纂　清光緒十年(1884)上海同文書局石印本　四册　存五十一卷(一至四十、九十六至一百六)

340000－1882－0006023　XB2282

四大奇書第一種六十卷一百二十回　(明)羅貫中撰　(清)毛宗崗評　清刻本　十九册

340000－1882－0006024　XB2295

耕讀處隨筆一卷　(□)□□撰　清抄本　一冊

340000－1882－0006025　XB2373
時務通考三十一卷續編三十一卷　題(清)杞廬主人編　清光緒石印本　二冊　存四卷(時務通考二十九至三十、續編十七至十八)

340000－1882－0006026　XB2385
國朝先正事略六十卷　(清)李元度纂　清刻本　二冊　存二卷(二十三至二十四)

340000－1882－0006027　XB2347
五代史七十四卷　(宋)歐陽修撰　清光緒二十八年(1902)竢實齋石印本　二冊

340000－1882－0006028　XB2384
禮記十卷　(元)陳澔集說　清刻本　八冊　存八卷(三至十)

340000－1882－0006029　XB2364
金匱方歌括六卷　(清)陳念祖撰　清道光十六年(1836)刻本　三冊

340000－1882－0006030　XB2294
詩經集傳八卷　(宋)朱熹撰　清天寶書局石印本　一冊　存三卷(六至八)

340000－1882－0006031　XB2394
友聲集尺牘二卷　題(清)澹園居士彙編　清刻本　一冊　存一卷(下)

340000－1882－0006032　XB2328
東周列國志二十七卷一百八回　(清)蔡奡評　清刻本　十冊　存十九卷(三至五、八至二十三)

340000－1882－0006033　XB2393
格致鏡原一百卷　(清)陳元龍撰　清刻本　三冊　存二十七卷(十一至二十六、九十至一百)

340000－1882－0006034　XB2278
樊榭山房集十卷　(清)厲鶚撰　清乾隆四年(1739)刻本　一冊　存五卷(一至五)

340000－1882－0006035　XB2339
管子二十四卷　(唐)房玄齡注　清光緒二十三年(1897)圖書集成局石印本　一冊　存五卷(一至五)

340000－1882－0006036　XB2418
太史華句八卷　(明)凌迪知輯　(明)凌稚隆校　清光緒二十二年(1896)石印本　一冊

340000－1882－0006037　XB2374
萬國分類時務大成四十卷首一卷　(清)錢豐選　清末石印本　五冊　存七卷(六、十三、十五、二十七至二十九、三十一)

340000－1882－0006038　XB2396
西學考略二卷　(美國)丁韙良撰　(清)貴榮　(清)時雨化譯　清光緒九年(1883)同文館鉛印本　一冊　存一卷(上)

340000－1882－0006039　XB2368
重訂外科正宗十二卷　(明)陳實功撰　(清)張青萬重訂　清乾隆五十年(1785)刻本　二冊

340000－1882－0006040　XB2346
國朝駢體正宗十二卷　(清)曾燠輯　清光緒十三年(1887)上海蜚英館石印本　六冊

340000－1882－0006041　XB2372
策學備纂三十二卷首一卷　(清)蔡啟盛　(清)吳頴炎輯　清光緒石印本　五冊　存六卷(史部一之二、十七之二、八十之二,兵制六之十四,文苑十,禮學十一)

340000－1882－0006042　XB2325
國朝先正事略三十六卷　(清)李元度纂　清光緒十二年(1886)小春上浣石印本　八冊

340000－1882－0006043　XB2389
黃帝內經素問九卷　(清)張志聰集注　清刻本　八冊

340000－1882－0006044　XB2383
紀元編三卷末一卷　(清)李兆洛撰　清同治刻本　一冊　存一卷(中)

340000－1882－0006045　XB2392
御纂醫宗金鑑九十卷首一卷　(清)吳謙等撰　清刻本　一冊　存一卷(首一卷)

340000－1882－0006046　XB2367
曾文正公文鈔四卷　(清)曾國藩撰　清刻本　一册　存一卷(二)

340000－1882－0006047　XB2409
新刻玉釧緣全傳三十二卷　(清)西湖居士撰　清道光二十二年(1842)静觀齋刻本　十一册　存八卷(一至二、十八至二十、二十二至二十三、三十二)

340000－1882－0006048　XB2424
繪圖定國志八卷　(□)□□撰　清宣統二年(1910)上海章福記書局石印本　一册　存一卷(二)

340000－1882－0006049　XB2371
尺牘合解新編二卷　題(清)醉臥居士撰　清光緒二十年(1894)上海文淵山房鉛印本　二册

340000－1882－0006050　XB2391
胡文忠公遺集八十六卷首一卷　(清)胡林翼撰　(清)曾國荃輯　(清)胡鳳丹編　清光緒二十七年(1901)上海圖書集成印書局鉛印本　八册

340000－1882－0006051　XB2338
達生編一卷　題(清)亟齋居士著　**遂生編一卷**　(清)莊一夔著　清刻本　一册

340000－1882－0006052　XB2395
明秋館文集不分卷　(清)裘凌仙撰　清宣統三年(1911)鉛印本　一册

340000－1882－0006053　XB2354
御製數理精藴四十五卷　(清)允祉等編　清末石印本　二册　存六卷(五、三十六至四十)

340000－1882－0006054　XB2359
得捷公尺牘一卷　(□)□□撰　清稿本　一册

340000－1882－0006055　XB2324
春秋經傳集解三十卷年表一卷名號歸一圖二卷　(晋)杜預撰　清同治十三年(1874)江西書局刻本　十五册

340000－1882－0006056　XB2277
李二曲先生全集二十六卷　(明)李顒著　清道光八年(1828)刻本　一册　存三卷(一至三)

340000－1882－0006057　XB2411
後漢書一百二十卷　(南朝宋)范曄撰　(唐)李賢注　清掃葉山房鉛印本　九册　存三十九卷(八十二至一百二十)

340000－1882－0006058　XB2397
吕氏春秋二十六卷　(秦)吕不韋撰　清光緒元年(1875)崇文書局刻本　四册

340000－1882－0006059　XB2369
後漢書九十卷　(南朝宋)范曄撰　(唐)李賢注　清同治刻本　十一册　存八十三卷(八至九十)

340000－1882－0006060　XB2366
胡文忠公遺集十卷首一卷　(清)胡林翼撰　(清)閻敬銘　(清)厲雲官　(清)盛康編　清同治七年(1868)刻本　四册　存五卷(四至八)

340000－1882－0006061　XB2382
金文最定本一百二十卷首一卷　(清)張金吾輯　清光緒八年(1882)粤雅堂刻本　一册　存一卷(首一卷)

340000－1882－0006062　XB2419
欽定四庫全書總目二百卷首一卷　(清)永瑢等修　清光緒二十年(1894)石印本　二册　存十九卷(一至六、八十三至九十五)

340000－1882－0006063　XB2408
御纂醫宗金鑑九十卷　(清)吴謙　(清)劉裕鐸編　清刻本　一册　存三卷(三十五至三十七)

340000－1882－0006064　XB2399
禮記增訂旁訓六卷　(清)徐立綱撰　清墨潤堂刻本　六册

340000－1882－0006065　XB2460

考卷雋快初稿□□卷 （清）翁同福等撰　清末石印本　一冊　存一卷（二）

340000－1882－0006066　XB2388
國朝律賦偶箋四卷 （清）沈豐岐注　清刻本　一冊　存一卷（四）

340000－1882－0006067　XB2390
莊子因六卷 （清）林雲銘評述　清刻本　二冊　存二卷（三至四）

340000－1882－0006068　XB2398
文選六十卷 （南朝梁）蕭統撰　（唐）李善注　清乾隆二十五年（1760）刻本　八冊

340000－1882－0006069　XB2365
時方妙用四卷 （清）陳念祖著　清嘉慶八年（1803）刻本　一冊

340000－1882－0006070　XB2463
論語□□卷 （清）徐德輝等撰　清末石印本　一冊

340000－1882－0006071　XB2407
澹香齋試帖合注一卷 （清）王廷紹著　（清）張熙宇評　（清）杜炳南　（清）申珠　（清）王植桂補注　清同治十一年（1872）刻本　一冊

340000－1882－0006072　XB2280
禮記十卷 （元）陳澔集說　清李光明莊刻本　十冊

340000－1882－0006073　XB2336
春秋經傳集解三十卷 （晉）杜預注　清刻本　一冊　存一卷（五）

340000－1882－0006074　XB2423
新刊纂圖元亨療馬集六卷 （明）喻本元　（明）喻本亨著　清末石印本　四冊

340000－1882－0006075　XB2406
增廣詩句題解彙編四卷附詩家姓氏考一卷 （清）同文書局編　清光緒十八年（1892）刻本　一冊　存一卷（詩家姓氏考一卷）

340000－1882－0006076　XB2491
硃批七家詩選四卷 （清）張熙宇編　（清）張昶注　清道光十二年（1832）漁古山房朱墨套印本　一冊

340000－1882－0006077　XB2410
新刊醫林狀元壽世保元十卷 （明）龔廷賢編　清刻本　一冊　存二卷（一至二）

340000－1882－0006078　XB2387
詞律拾遺八卷補遺一卷 （清）徐本立纂　（清）杜文瀾補遺　清刻本　一冊　存一卷（四）

340000－1882－0006079　XB2405
文選錦字錄二十一卷 （明）淩迪知輯　清末石印本　一冊　存十二卷（十至二十一）

340000－1882－0006080　XB2441
御批資治通鑑綱目三編六卷 （清）張廷玉等撰　清光緒二十五年（1899）石印本　二冊

340000－1882－0006081　XB2421
時務通考續編三十一卷 （清）杞廬主人輯　清光緒二十七年（1901）石印本　二冊　存二卷（二十一至二十二）

340000－1882－0006082　XB2462
四書合講□□卷 （宋）朱熹集注　清末石印本　一冊　存二卷（孟子四至五）

340000－1882－0006083　XB2375
西學大成五十六種 （清）王西清輯　清末石印本　一冊　存六卷（辰編兵學一至六）

340000－1882－0006084　XB2458
第一才子書六十卷 （明）羅貫中撰　（清）毛宗崗評　清刻本　八冊　存二十五卷（三至二十七）

340000－1882－0006085　XB2342
欽定春秋傳說彙纂三十八卷 （清）王掞撰　清末石印本　二冊　存二十八卷（十一至三十八）

340000－1882－0006086　XB2453
［□□］歙縣志□□卷 （□）□□修　清刻本　一冊　存五卷（八之三至八之七）

340000－1882－0006087　XB2404

本草綱目禽部□□卷　(明)李時珍撰　清刻本　一冊　存四卷(四十九至五十二)

340000－1882－0006088　XB2386
廿一史約編八卷首一卷　(清)鄭元慶編　清刻本　五冊　存五卷(一至五)

340000－1882－0006089　XB2433
格致課藝彙編十三卷　(清)王韜編　清光緒二十三年(1897)上海書局石印本　一冊　存一卷(一)

340000－1882－0006090　XB2485
疑龍經正解辨謬□□卷　(唐)楊益著　(清)雲峰集注　清刻本　一冊　存一卷(三)

340000－1882－0006091　XB2440
策學備纂三十二卷　(清)吳廷翰　(清)吳頴炎輯　清末石印本　一冊　存一卷(五)

340000－1882－0006092　XB2403
文苑菁華不分卷　(□)□□編　清末石印本　一冊

340000－1882－0006093　XB2341
羣學肄言十六卷　(英國)斯賓塞爾撰　嚴復譯　清鉛印本　四冊

340000－1882－0006094　XB2352
梁書五十六卷　(唐)姚思廉撰　明汲古閣刻本　六冊

340000－1882－0006095　XB2402
初學行文語類四卷　(清)孫埏輯　清傳經堂刻本　一冊

340000－1882－0006096　XB2452
近思錄十四卷　(宋)朱熹　(宋)呂祖謙撰　(清)江永集注　清刻本　一冊　存五卷(九至十三)

340000－1882－0006097　XB2509
欽定四庫全書簡明目錄二十卷　(清)紀昀等撰　清光緒十五年(1889)上洋積山書局石印本　一冊　存五卷(一至五)

340000－1882－0006098　XB2376
續西學大成十八卷　(清)孫家鼐編　清末石印本　二冊　存二卷(重學、天學)

340000－1882－0006099　XB2422
增廣寫信不求人四卷　(清)□□撰　清末石印本　一冊　存一卷(四)

340000－1882－0006100　XB2381
菜根譚一卷　(明)洪應明著　**婆羅館清言二卷續一卷**　(明)屠隆著　清光緒二十五年(1899)刻本　一冊

340000－1882－0006101　XB2439
綱鑑合纂三十九卷首一卷　(明)王士貞纂　清末石印本　三冊　存二十一卷(七至二十七)

340000－1882－0006102　XB2370
後漢書一百卷　(南朝宋)范曄撰　(唐)李賢注　清同治八年(1869)金陵書局刻本　十一冊

340000－1882－0006103　XB2447
古唐詩合解十六卷　(清)王堯衢注　清刻本　五冊　缺二卷(一至二)

340000－1882－0006104　XB2467
禮記增訂旁訓六卷　(清)徐立綱撰　清李光明莊刻本　六冊

340000－1882－0006105　XB2459
經文五萬選□□卷　(清)孫廷翰編　清末石印本　二冊　存二卷(詩經一至二)

340000－1882－0006106　XB2483
憑山閣增輯留青新集三十卷　(清)陳枚編　(清)陳德裕增輯　清刻本　二冊　存四卷(七至十)

340000－1882－0006107　XB2401
四書人物類典串珠四十卷　(清)臧志仁編　清刻本　一冊　存十五卷(二十六至四十)

340000－1882－0006108　XB2360
春秋左傳五十卷　(晉)杜預　(宋)林堯叟注　(唐)陸德明音義　(明)鍾惺等評　清亦西齋刻本　十冊

340000－1882－0006109　XB2380

前七國孫龐演義四卷　(明)吳門嘯客撰　清乾隆刻本　四册

340000－1882－0006110　XB2457
宋元明詩三百首不分卷　(清)朱梓　(清)冷昌言編　清咸豐三年(1853)小石山房刻本　一册

340000－1882－0006111　XB2450
文選六十卷　(南朝梁)蕭統撰　(唐)李善注　清刻本　一册　存五卷(五十六至六十)

340000－1882－0006112　XB2400
四書古人典林三十卷　(清)江永編　清嘉慶二十一年(1816)一鶴軒刻本　三册　存十七卷(一至十一、二十四至二十九)

340000－1882－0006113　XB2490
詩集傳二十卷　(宋)朱熹撰　清刻本　一册　存一卷(三)

340000－1882－0006114　XB2377
欽定四庫全書總目二百卷首四卷　(清)紀昀等撰　清末石印本　一册　存十卷(四十八至五十七)

340000－1882－0006115　XB2432
尚友錄二十二卷　(明)廖用賢編　清末石印本　一册　存四卷(八至十一)

340000－1882－0006116　XB2484
分類詳註餘香尺牘□□卷　題(□)餘香居士編　(□)白下慵隱子釋　清刻本　一册　存一卷(四)

340000－1882－0006117　XB2449
陽宅捷徑不分卷　題(□)南丹山人編　清抄本　一册

340000－1882－0006118　XB2465
讀騷閣賦存二卷　(清)李恩綬撰　清李光明莊刻本　一册　存一卷(下)

340000－1882－0006119　XB2448－1
古唐詩合解十六卷　(清)王堯衢注　清聚錦堂刻本　三册　存九卷(一至九)

340000－1882－0006120　XB2279
羣書治要五十卷　(唐)魏徵等撰　清道光二十七年(1847)靈石楊氏刻本　一册　存三卷(一至三)

340000－1882－0006121　XB2489
八銘塾鈔二集不分卷　(清)吳蘭陔編　清刻本　一册

340000－1882－0006122　XB2455
史外三十二卷　(清)汪有典著　清刻本　一册　存一卷(八)

340000－1882－0006123　XB2358
周書五十卷　(唐)令狐德棻撰　清刻本　六册

340000－1882－0006124　XB2378
大題三萬選不分卷　(清)□□編　清光緒十七年(1891)上海書局石印本　二册

340000－1882－0006125　XB2482
同治庚午科直省鄉墨歸真□□卷　(清)□□編　清敬書堂刻本　三册　存一卷(一)

340000－1882－0006126　XB2464
狀元閣三才略不分卷　(清)蔣德鈞輯　清李光明莊刻本　一册

340000－1882－0006127　XB2357
增補事類統編□□卷　(清)黄葆真　增輯　清末石印本　一册　存九卷(九至十七)

340000－1882－0006128　XB2438
萬國公法四卷　(美國)惠頓撰　(美國)丁韙良譯　**星軺指掌四卷續一卷**　(德國)馬爾頓著　(歐洲)葛福根註　(清)聯芳　(清)慶常譯　清末石印本　一册

340000－1882－0006129　XB2488
禮記十卷　(元)陳澔集說　清刻本　一册　存一卷(三)

340000－1882－0006130　XB2515
箋註隨園補遺十卷　(清)袁枚著　清末石印本　一册　存四卷(七至十)

340000－1882－0006131　XB2454
禮記十卷　(漢)鄭玄注　明汲古閣刻本　一

冊　存一卷(四)

340000－1882－0006132　XB2431
經籍籑詁一百六卷　(清)阮元編纂　清末石印本　二冊　存十八卷(六十七至七十五、九十至九十八)

340000－1882－0006133　XB2492
豈有此理四卷　(□)□□撰　清刻本　一冊　存一卷(二)

340000－1882－0006134　XB2443
尺木堂綱鑑易知錄九十二卷　(清)吳乘權等輯　清末石印本　一冊　存十四卷(七十九至九十二)

340000－1882－0006135　XB2475
近科考卷約選□□卷　(清)李錫瓚撰　清道光五年(1825)刻本　一冊

340000－1882－0006136　XB2470
浙江試牘立誠編□□卷　(清)汪□□編　清嘉慶二十一年(1816)刻本　一冊

340000－1882－0006137　XB2430
四書典制類聯音注三十三卷　(清)閻其淵編輯　清刻本　三冊　存七卷(十七至十八、二十二至二十六)

340000－1882－0006138　XB2536
增評補像全圖金玉緣一百二十回　(清)曹雪芹著　清末石印本　一冊　存八回(二十八至三十五)

340000－1882－0006139　XB2521
典林博覽十二卷　(清)鍾運堯輯　清刻本　一冊　存一卷(三)

340000－1882－0006140　XB2516
禮記合纂大成十卷　(□)□□編　清光緒石印五經合纂大成本　一冊　存二卷(七至八)

340000－1882－0006141　XB2520
四書典制類聯音註三十三卷　(清)閻其淵輯　清末石印本　一冊　存一卷(二)

340000－1882－0006142　XB2481
桐雲閣試帖輯注□□卷　(清)楊庚著　(清)張熙宇　(清)王植桂輯注　清刻本　一冊　存一卷(下)

340000－1882－0006143　XB2486
國朝先正事略六十卷　(清)李元度纂　清刻本　一冊　存二卷(九至十)

340000－1882－0006144　XB2517
五經分類文鈔□□卷　(□)□□編　清末石印本　二冊　存四卷(二十至二十三)

340000－1882－0006145　XB2487
仁在堂時藝綜五十三篇　(清)路德編　清道光十七年(1837)刻本　一冊

340000－1882－0006146　XB2472
初學指掌不分卷　(清)郝正嵩評注　清刻本　一冊　存一冊(四)

340000－1882－0006147　XB2519
易漢學八卷附易例大全一卷　(清)惠棟撰　清末石印本　一冊

340000－1882－0006148　XB2429
御批歷代通鑑輯覽一百二十卷　(清)傅恆等編　清末石印本　一冊　存五卷(一百十六至一百二十)

340000－1882－0006149　XB2480
金光斗臨經一卷　(清)張慶瑗輯　清抄本　一冊

340000－1882－0006150　XB2479
西漚試帖輯註二卷　(清)李惺著　(清)張熙宇評　(清)王植桂注　清刻本　一冊　存一卷(上)

340000－1882－0006151　XB2518
增補事類統編九十三卷　(清)黄葆眞增輯　清末石印本　二冊　存十八卷(六十七至八十四)

340000－1882－0006152　XB2471
重刊讀史論畧不分卷　(清)杜詔撰　清刻本　一冊

340000－1882－0006153　XB2508
吳詩集覽二十卷　(清)吳偉業撰　(清)靳榮

藩輯　清刻本　二冊　存二卷(五至六)

340000－1882－0006154　XB2538
禮記全文備旨十一卷　(元)陳澔集說　(清)鄒聖脈纂輯　清末石印本　二冊

340000－1882－0006155　XB2356
北齊書五十卷　(唐)李百藥撰　清同治十三年(1874)金陵書局刻本　六冊

340000－1882－0006156　XB2513
文誠公函牘二卷　(清)袁保恒撰　清宣統三年(1911)清芬閣鉛印本　一冊　存一卷(一)

340000－1882－0006157　XB2505
四書人物類典串珠四十卷　(清)臧志仁編　清刻本　一冊　存三卷(二十六至二十八)

340000－1882－0006158　XB2448
康熙字典十二集　(清)張玉書　(清)陳廷敬總閱　(清)淩紹雯等纂修　清光緒十四年(1888)上海圖書集成印書局鉛印本　十一冊　存十一集(子至辰、午至亥)

340000－1882－0006159　XB2537
增廣律例大觀彙編□□卷　(□)□□編　清末石印本　一冊　存一卷(四)

340000－1882－0006160　XB2494
詩韻集成十卷　(清)余照輯　清光緒五年(1879)刻本　一冊　存二卷(一至二)

340000－1882－0006161　XB2478
二論詳解□□卷　(清)劉忠輯　清紫英山房刻本　一冊　存一卷(三)

340000－1882－0006162　XB2362
太平御覽一千卷　(宋)李昉撰　清刻本　三冊　存二十二卷(四十一至五十四、九百四十七至九百五十四)

340000－1882－0006163　XB2435
數學精詳十一卷首一卷末一卷　(清)屈曾發輯　清光緒二十二年(1896)格致書室石印本　一冊

340000－1882－0006164　XB2445
二十一史約編不分卷　(清)鄭元慶撰　清刻本　七冊

340000－1882－0006165　XB2504
策府統宗六十五卷目錄一卷　(清)劉昌齡輯　清末石印本　一冊　存五卷(四十七至五十一)

340000－1882－0006166　XB2428
策學備纂三十二卷首一卷　(清)孫廷翰　(清)吳潁炎輯　清末石印本　一冊　存一卷(二)

340000－1882－0006167　XB2469
禮記集說三十卷　(元)陳澔撰　清道光刻本　四冊　存二十六卷(一至二十六)

340000－1882－0006168　XB2550
繡像雲合奇蹤二十卷　(明)徐渭編　(明)玉茗堂評點　清刻本　一冊　存二卷(九至十)

340000－1882－0006169　XB2546
小題文府不分卷　(清)□□輯　清末石印本　一冊

340000－1882－0006170　XB2437
四書改錯十五卷　(清)毛奇齡撰　清末石印本　一冊　存八卷(八至十五)

340000－1882－0006171　XB2565
離騷箋二卷　(清)龔景瀚撰　清光緒三年(1877)湖北崇文書局刻本　一冊

340000－1882－0006172　XB2477
新刊引蒙易知妥本一卷　(清)唐永飛編　清乾隆五十年(1785)三餘堂刻本　一冊

340000－1882－0006173　XB2503
重校字學舉隅不分卷　(清)龍光甸　(清)黃本驥輯　(清)龍啟瑞增輯　清光緒十七年(1891)刻本　一冊

340000－1882－0006174　XB2493
法戒錄□□卷　(□)□□撰　清博文堂刻本　五冊　存五卷(三至六、八)

340000－1882－0006175　XB2541
五經合纂大成□□卷　(□)□□輯　清末石印本　二冊　存四卷(詩經三至四、書經書經

三至四)

340000－1882－0006176　XB2563
禮記十卷　(元)陳澔集説　清嘉慶七年(1802)刻本　六冊　存六卷(一至四、九至十)

340000－1882－0006177　XB2363
石墨鐫華八卷　(清)趙崡著　清刻本　一冊　存二卷(七至八)

340000－1882－0006178　XB2545
書經備旨七卷　(清)鄒聖脈輯　(清)鄒廷猷編　清末石印本　一冊　存三卷(五至七)

340000－1882－0006179　XB2566
本經逢原四卷　(清)張璐撰　清末石印本　一冊

340000－1882－0006180　XB2502
校正醫林狀元壽世保元□□卷　(清)龔廷賢編　清道光九年(1829)廣順堂刻本　九冊　存九卷(一至五、七至十)

340000－1882－0006181　XB2540
小題三萬選不分卷　題(清)求是齋主人編　清末石印本　一冊

340000－1882－0006182　XB2555
徐騎省集三十卷補遺一卷　(宋)徐鉉撰　清光緒十九年(1893)刻本　八冊

340000－1882－0006183　XB2561
[□□]皖志便覽六卷　(清)李應珏著　清刻本　二冊　存四卷(一至四)

340000－1882－0006184　XB2539
皇朝五經彙解經解入門一卷　(清)朱鏡清撰　清光緒十九年(1893)刻本　一冊

340000－1882－0006185　XB2476
善成堂明文小題傳薪一卷　(清)臧岳評　清刻本　一冊

340000－1882－0006186　XB2568
曾文正公奏議十卷補編四卷　(清)曾國藩撰　(清)薛福成編　清同治十三年(1874)蘇郡刻本　十二冊

340000－1882－0006187　XB2567
曾文正公奏議十卷首一卷末一卷　(清)曾國藩撰　清同治十三年(1874)上海醉六堂刻本　六冊

340000－1882－0006188　XB2436
御製數理精蘊二編四十五卷表八卷　(清)何國宗　(清)梅瑴成編　清末石印本　一冊　存五卷(八至十二)

340000－1882－0006189　XB2552
嚴陵張九儀增釋地理琢玉斧巒頭歌括不分卷　(清)張鳳藻撰　清道光八年(1828)刻本　一冊

340000－1882－0006190　XB2530
大題五萬選□□卷　(清)□□輯　清光緒十九年(1893)上海鴻文書局石印本　七十冊　存二十三卷(離妻、滕文、中庸、梁惠、公孫、盡心、學而、萬章、為政、八佾、里仁、告子、公治、雍也、述而、泰伯、子罕、鄉黨、先進、顔淵、子路、憲問、大學)

340000－1882－0006191　XB2361
梁書五十六卷　(唐)姚思廉撰　清同治十三年(1874)金陵書局刻本　八冊

340000－1882－0006192　XB2495
重訂文選集評十五卷首一卷末一卷　(清)于光華編　清同治七年(1868)刻本　二冊　存二卷(二、十二)

340000－1882－0006193　XB2564
廿一史約編八卷首一卷　(清)鄭元慶述　清刻本　二冊　存二卷(匏部一、土部一)

340000－1882－0006194　XB2569
三家詩拾遺十卷　(清)范家相輯　清嘉慶十五年(1810)刻本　二冊

340000－1882－0006195　XB2553
禮記注疏六十三卷附校勘記　(漢)鄭玄注　(唐)孔穎達疏　(唐)陸德明音義　**附校勘記**　(清)阮元撰　(清)盧宣旬摘錄　清同治十年(1871)尊經閣刻本　八冊　存二十九卷(一至十、十五至三十三)

340000－1882－0006196　XB2559
史通削繁四卷　(清)紀昀編　清道光十三年(1833)刻本　二册　存二卷(一至二)

340000－1882－0006197　XB2560
明詩別裁集十二卷　(清)沈德潛　(清)周凖輯　清刻本　五册　存五卷(一至五)

340000－1882－0006198　XB2529
字學舉隅不分卷　(清)龍光甸　(清)黄本驥輯　(清)龍啟瑞增輯　清刻本　一册

340000－1882－0006199　XB2585
續文選三十二卷　(明)湯紹祖撰　明萬曆三十年(1602)刻本　一册　存一卷(一)

340000－1882－0006200　XB2427
策府統宗六十五卷　(清)劉昌齡輯　清末石印本　二册　存十卷(三十四至三十七、六十至六十五)

340000－1882－0006201　XB2414
曾文正公家書□□卷　(清)曾國藩撰　清光緒十九年(1893)上海圖書集成印書局石印本　二册　存四卷(一至二、五至六)

340000－1882－0006202　XB2500
能與集一卷能與集增選一卷　(清)劉輝祖等撰　清刻本　一册

340000－1882－0006203　XB2434
大題文府二十卷　(清)同文書局輯　清末石印本　二册　存二卷(下孟一至二)

340000－1882－0006204　XB2576
劍南詩抄六卷　(宋)陸游著　(清)楊大鶴編　清刻本　六册

340000－1882－0006205　XB2413
白門新柳記不分卷　(清)許豫編　清鉛印本　一册

340000－1882－0006206　XB2474
學堂歌淺釋一卷　(清)張之洞撰　清光緒三十一年(1905)刻本　一册

340000－1882－0006207　XB2579
附釋音周禮註疏三十一卷校勘記二卷　(唐)賈公彦撰　(唐)陸德明釋文　清嘉慶二十年(1815)南昌府學刻同治十二年(1873)江西書局重修本　十五册

340000－1882－0006208　XB2557
御纂醫宗金鑑九十卷首一卷　(清)吴謙等編　清刻本　八册　存十八卷(六十三至八十)

340000－1882－0006209　XB2523
仁在堂賦一卷　(清)谷逢鈞等撰　清刻本　一册

340000－1882－0006210　XB2562
子史精華一百六十卷　(清)允祿等撰　清刻本　十六册　存七十三卷(五十至一百二十二)

340000－1882－0006211　XB2584
資治續編歷朝紀政綱目□□卷　(明)黄洪憲編纂　(明)許順義注補　明刻本　一册　存二卷(十至十一)

340000－1882－0006212　XB2426
續西學大成十八卷　(清)孫家鼐輯　清光緒石印本　三册　存五卷(電學、光學、史學、天學、地學)

340000－1882－0006213　XB2528
增補字學舉隅不分卷　(清)龍光甸　(清)黄本驥輯　(清)龍啟瑞增輯　清光緒十七年(1891)刻本　一册

340000－1882－0006214　XB2499
典制詳註分類崇雅一卷　(清)湯慶蓀編　清刻本　一册

340000－1882－0006215　XB2558
鐵彈子傳真不分卷　(五代)何令通著　(清)何靜注　清乾隆三十七年(1772)吴鎮抄本　一册

340000－1882－0006216　XB2522
時藝核續編一卷　(清)路德編　清刻本　一册

340000－1882－0006217　XB2442
經學輯要□□卷　(清)吴頲炎輯　清末石印

本　四册　存四卷(五至八)

340000－1882－0006218　XB2572
卜筮正宗十四卷　(清)王維德輯　清刻本　一册　存七卷(一至七)

340000－1882－0006219　XB2498
道生堂二集□□卷　(清)鍾聲撰　清刻本　一册　存一卷(下)

340000－1882－0006220　XB2571
漢書一百二十卷　(漢)班固撰　(唐)顏師古注　清光緒十三年(1887)金陵書局刻本　七册　存三十四卷(一至十五、二十六至二十七、五十六至六十三、九十二至一百)

340000－1882－0006221　XB2507
皇朝五經彙解二百七十卷　題(清)抉經心室主人輯　清光緒十九年(1893)石印本　三十二册

340000－1882－0006222　XB2524
增補字學舉隅不分卷　(清)龍光甸　(清)黄本驥輯　(清)龍啟瑞增輯　清光緒十七年(1891)刻本　一册

340000－1882－0006223　XB2527
增補字學舉隅不分卷　(清)龍光甸　(清)黄本驥輯　(清)龍啟瑞增輯　清光緒十七年(1891)刻本　一册

340000－1882－0006224　XB2444
時務通考三十一卷　題(清)杞廬主人等輯　清末石印本　一册　存一卷(二十四)

340000－1882－0006225　XB2526
增補字學舉隅不分卷　(清)龍光甸　(清)黄本驥輯　(清)龍啟瑞增輯　清光緒十七年(1891)刻本　一册

340000－1882－0006226　XB2525
增補字學舉隅不分卷　(清)龍光甸　(清)黄本驥輯　(清)龍啟瑞增輯　清光緒十七年(1891)刻本　一册

340000－1882－0006227　XB2587
隨隱漫錄五卷　(宋)陳世崇撰　明刻本　一册

340000－1882－0006228　XB2573
晉書一百三十卷　(唐)房玄齡等撰　明汲古閣刻本　八册　存三十一卷(八至二十四、五十九至七十二)

340000－1882－0006229　XB2577
古今翰苑瓊琚十二卷　(明)楊慎選　(明)孫鑛評　明刻本　三册　存六卷(五至六、九至十二)

340000－1882－0006230　XB2497
八銘塾鈔初集二卷　(清)□□集　清刻本　一册

340000－1882－0006231　XB2578
遣愁集十四卷　(清)張貴勝纂輯　清康熙刻本　一册　存一卷(一)

340000－1882－0006232　XB2570
分類尺牘大觀不分卷　(□)□□編　清上海文明書局石印本　十五册

340000－1882－0006233　XB2575
梁書五十六卷　(唐)姚思廉撰　明刻本　五册　存二十七卷(紀一至六,列傳一至十五、三十七至四十二)

340000－1882－0006234　XB2501
增補字學舉隅不分卷　(清)龍光甸　(清)黄本驥輯　(清)龍啟瑞增輯　清光緒十七年(1891)刻本　一册

340000－1882－0006235　XB2586
象山先生全集三十六卷　(宋)陸九淵著　(宋)傅子雲編　明萬曆刻本　一册　存一卷(一)

340000－1882－0006236　XB2574
資治通鑑二百九十四卷　(宋)司馬光編　(元)胡三省音注　清刻本　二十九册　存九十卷(十九至三十六、四十至一百十一)

340000－1882－0006237　XB1678
金聖歎全集八卷　(清)金人瑞(聖嘆)撰　清上海錦文堂石印本　八册

340000－1882－0006238　XB1177
律賦鳴盛箋注不分卷　(清)顧鵷評輯　清道光三年(1823)刻本　二冊

340000－1882－0006239　XB2544
各國富強時務新策四卷　章炳麟撰　清光緒二十三年(1897)石印本　二冊　存二卷(一至二)

340000－1882－0006240　XB2594
古文約編十卷附歷朝文錄一卷　(清)潘大炳　(清)倪承茂訂　清乾隆刻本　八冊

340000－1882－0006241　XB2595
尚書離句三卷　(清)錢在培輯解　清末狀元閣刻本　一冊

340000－1882－0006242　XB2596
監本詩經八卷　(宋)朱熹集傳　清經國堂刻本　四冊

340000－1882－0006243　XB2597
周禮十二卷　(漢)鄭玄注　清同治刻本　六冊

340000－1882－0006244　XB2598
儀禮汼疏五十卷　(漢)鄭玄注　(唐)賈公彥疏　(唐)明月奴整理　明汲古閣刻本　八冊　存十七卷(一至十七)

340000－1882－0006245　XB2599
陽明先生集　(明)王守仁撰　清刻本　十三冊　存十三卷(經濟集一至七、文章集一至二、禮學集一至四)

340000－1882－0006246　XB2600
[光緒]西湖志四十八卷　(清)傅王露等編　清光緒四年(1878)刻本　五冊　存十卷(三至四、十三至十四、二十七至三十、三十五至三十六)

340000－1882－0006247　XB2601
紅樓夢一百二十卷　(清)曹雪芹著　清刻本　十冊　存五十一卷(八至十九、四十八至七十五、九十一至九十五、一百一至一百六)

340000－1882－0006248　XB2602
資治新書二集二十卷　(清)李漁輯　清刻本　十二冊

340000－1882－0006249　XB2603
七經精義　(清)黃淦撰　清嘉慶十三年(1808)刻本　十四冊

340000－1882－0006250　XB2605
求闕齋讀書錄十卷　(清)曾國藩撰　清光緒二年(1876)傳忠書局刻本　三冊　存七卷(一至七)

340000－1882－0006251　XB2606
八家四六文注八卷　(清)許貞幹汼　清光緒十八年(1892)上海圖書集成印書局鉛印本　五冊　缺二卷(七下、八)

340000－1882－0006252　XB2607
經史百家雜抄二十六卷　(清)曾國藩輯　清光緒二年(1876)傳忠書局刻本　十二冊　存十六卷(一至十一、二十至二十一、二十四至二十五)

340000－1882－0006253　XB2608
桃源山房印稿一卷　(清)□□輯　清鈐印本　一冊

340000－1882－0006254　XB2609
經史百家簡編二卷　(清)曾國藩撰　清同治十三年(1874)傳忠書局刻本　二冊

340000－1882－0006255　XB2610
胡文忠公遺集□□卷　(清)胡林翼撰　清刻本　一冊　存二卷(九至十)

340000－1882－0006256　XB2611
教女遺規三卷　(清)陳宏謀輯　清刻本　一冊　存一卷(一)

340000－1882－0006257　XB2612
吳梅村詩集箋注十八卷　(清)吳翌鳳撰　清康熙滄浪吟榭刻本　三冊　存七卷(一至七)

340000－1882－0006258　XB2613
曾文正公奏議十卷首一卷末一卷　(清)曾國藩撰　清刻本　二冊　存二卷(六、八)

340000－1882－0006259　XB2614

十八家詩抄二十八卷 (清)曾國藩編選 清刻本 六册 存六卷(二十二至二十六、二十八)

340000－1882－0006260 XB2615
古文觀止十二卷 (清)吴乘權 (清)吴大職輯評 清光緒二十一年(1895)學庫山房刻本 六册 缺二卷(七至八)

340000－1882－0006261 XB2616
隨園隨筆二十八卷 (清)袁枚撰 清刻本 三册 缺七卷(一至七)

340000－1882－0006262 XB2617
經餘必讀八卷二編八卷三編四卷 (清)雷琳等輯 清光緒二十年(1894)尚德堂刻本 六册 存十二卷(經餘必讀一至二、五至八,二編一至三、六至七,三編一)

340000－1882－0006263 XB2618
香山詩選六卷 (唐)白居易撰 (清)曹文埴選訂 清光緒十七年(1891)黟縣李氏刻本 一册 存二卷(一至二)

340000－1882－0006264 XB2619
澹雅局增定課讀鑑略妥注五卷 (明)李廷機撰 (明)張瑞圖校正 (清)鄒聖脈原訂 清刻本 三册

340000－1882－0006265 XB2620
吴公教子書天玉經外傳不分卷 (宋)吴克誠集 清抄本 一册

340000－1882－0006266 XB2621
二十一史文抄五十八卷 (明)沈國元著 (明)沈映日 (明)沈瞻日訂 清刻本 一册 存三卷(六至八)

340000－1882－0006267 XB2622
合校水經注四十卷首一卷末一卷 (北魏)酈道元撰 清光緒二十年(1894)寶善書局石印本 二十册

340000－1882－0006268 XB2623
皇朝經世文編一百二十卷 (清)賀長齡輯 清光緒二十一年(1895)蜚英書局石印本 十二册

340000－1882－0006269 XB2624
學堂授課時刻表不分卷 (清)□□撰 清刻本 一册

340000－1882－0006270 XB2626
鼎鍥趙田了凡袁先生編纂古本歷史大方綱鑑補三十九卷首一卷御撰資治通鑑綱目三編二十卷鼎鍥趙田了凡袁先生編纂古本歷史大方綱鑑五十二卷 (宋)劉恕外紀 (明)袁黄編纂 清光緒元年(1875)益記書局石印本 十册 存十二卷(鼎鍥趙田了凡袁先生編纂古本歷史大方綱鑑補一至二、五至九、十三,首一卷;御撰資治通鑑綱目三編一至二;鼎鍥趙田了凡袁先生編纂古本歷史大方綱鑑三)

340000－1882－0006271 XB2627
俟命録十卷 (清)方宗誠撰 清光緒三年(1877)刻本 二册

340000－1882－0006272 XB2628
桐華舸明季詠史詩抄一卷 (清)鮑瑞駿撰 清同治三年(1864)刻本 一册

340000－1882－0006273 XB2629
味菜堂詩四卷 (清)汪淵撰 清光緒十九年(1893)刻本 一册

340000－1882－0006274 XB2630
味菜堂詩四卷 (清)汪淵撰 清光緒二十三年(1897)刻本 一册

340000－1882－0006275 XB2631
史記一百三十卷 (漢)司馬遷撰 明刻本 七册 存三十五卷(一至四、八至十四、四十四至四十七、七十一至七十八、一百十二至一百十七、一百二十五至一百三十)

340000－1882－0006276 XB2632
物詮八卷 (清)汪烜撰 清光緒九年(1883)刻本 二册

340000－1882－0006277 XB2633
點石齋叢畫十卷 (清)尊聞閣主人輯 清光緒十一年(1885)石印本 八册

340000－1882－0006278　XB2634
鄭氏通志二百卷　(宋)鄭樵撰　清光緒二十七年(1901)上海圖書集成局石印本　三十八冊　存一百三十五卷(一至七十七、八十至八十二、八十八至一百十、一百十四至一百四十五)

340000－1882－0006279　XB2635
曾文正公奏議十卷首一卷　(清)曾國藩撰　清同治十三年(1874)上海醉亦堂刻本　五冊

340000－1882－0006280　XB2636
曾文正公家書節錄二卷家訓一卷　(清)曾國藩撰　清光緒二十六年(1900)刻本　一冊

340000－1882－0006281　XB2637
曾相六十壽文二卷　(清)單懋謙　(清)鄭敦謹等撰　清刻本　一冊

340000－1882－0006282　XB2638
國朝先正事略六十卷　(清)李元度纂　清光緒二十五年(1899)石印本　一冊　存七卷(一至七)

340000－1882－0006283　XB2639
唐詩三百首注疏六卷　(清)孫洙編　清刻本　六冊

340000－1882－0006284　XB2640
醫經原旨六卷　(清)薛雪撰注　清刻本　四冊　存四卷(一、二上、三、四上)

340000－1882－0006285　XB2641
醫醇勝義四卷　(清)費伯雄撰　清刻本　二冊　存二卷(三至四)

340000－1882－0006286　XB2642
讀問學錄一卷　(清)汪紱撰　清光緒刻本　一冊

340000－1882－0006287　XB2643
讀困知錄三卷　(清)汪紱撰　清光緒二十一年(1895)刻本　一冊　存一卷(一)

340000－1882－0006288　XB2644
圖注八十一難經辨真四卷　(戰國)秦越人撰　(明)張世賢注　明刻本　一冊　存二卷(三至四)

340000－1882－0006289　XB2645
節錄新舊唐書杜氏先世列傳□□卷　(□)□□輯　清刻本　一冊　存一卷(一)

340000－1882－0006290　XB2646
崇祀鄉賢錄一卷　(清)吳元炳等撰　清刻本　一冊

340000－1882－0006291　XB2647
[光緒]重修安徽通志三百五十卷　(清)何紹基等纂　清刻本　四冊　存十四卷(一百三十至一百三十三、二百二十六至二百二十九、二百三十四至二百三十九)

340000－1882－0006292　XB2648
新唐書二百二十五卷　(宋)歐陽修　(宋)宋祁等撰　清刻本　三十四冊　存一百九十卷(三十六至二百二十五)

340000－1882－0006293　XB2649
三國志六十五卷　(晉)陳壽撰　(南朝宋)裴松之注　清末石印本　四冊

340000－1882－0006294　XB2650
音註小倉山房尺牘八卷　(清)袁枚撰　(清)胡光斗箋釋　清咸豐九年(1859)刻本　六冊

340000－1882－0006295　XB2651
詳註七家詩七卷　(清)王庭紹　(清)劉嗣信等撰　清光緒十八年(1892)上海廣百宋齋石印本　四冊

340000－1882－0006296　XB2652
王鳳洲袁了凡綱鑑合編三十九卷首一卷御撰明紀綱目二十卷　(明)王世貞編　清光緒三十年(1904)上海商務印書館鉛印本　十五冊　缺二卷(王鳳洲袁了凡綱鑑合編九至十)

340000－1882－0006297　XB2653
臨證指南醫案八卷　(清)葉桂撰　清光緒三十二年(1906)上海書局石印本　七冊　缺一卷(八)

340000－1882－0006298　XB2654
前漢書一百二十卷　(漢)班固撰　(唐)顏師

古注　清光緒十八年(1892)武林竹蔭齋石印本　七册　存五十六卷(一至五十六)

340000－1882－0006299　XB2655
漢書一百卷　(漢)班固撰　(唐)顔師古注
後漢書一百二十卷　(宋)范曄撰　清光緒石印本　五册　存一百四十一卷(漢書六十七至八十七、後漢書一百二十卷)

340000－1882－0006300　XB2656
狀元閣十三經集字不分卷　(清)李鴻藻撰　(清)李光明莊輯　清李光明莊朱墨套印本　一册

340000－1882－0006301　XB2657
晉書一百三十卷　(唐)太宗李世民撰　明汲古閣刻本　二册　存十卷(四十九至五十八)

340000－1882－0006302　XB2658
隨園隨筆二十八卷　(清)袁枚撰　清刻本　六册

340000－1882－0006303　XB2659
新鐫全部繡像紅樓夢一百二十卷　(清)高鶚撰　清乾隆五十六年(1791)刻本　二册　存七卷(一至七)

340000－1882－0006304　XB2660
增補注釋故事白眉十卷　(明)許以忠輯　清刻本　三册　存六卷(一至二、五至六、九至十)

340000－1882－0006305　XB2661
古唐詩合解十六卷　(清)王堯衢注　清刻本　一册　存三卷(十至十二)

340000－1882－0006306　XB2662
朱子原訂近思録十四卷　(宋)朱熹撰　(清)江永集注　清同治四年(1865)刻本　二册　存十一卷(四至十四)

340000－1882－0006307　XB2663
燕山外史注釋八卷　(清)陳球撰　(清)若駃子(傅聲穀)輯注　清光緒五年(1879)刻本　四册

340000－1882－0006308　XB2664
重刊宋本尚書注疏附校勘記二十卷　(漢)孔安國傳　(唐)孔穎達疏　(唐)陸德明音義
附校勘記　(清)阮元撰　(清)盧宣旬摘録　清同治十二年(1873)江西書局刻本　十册

340000－1882－0006309　XB2665
御定子史精華一百六十卷　(清)吴襄撰　(清)吴士玉撰　清刻本　四十七册　存一百五十卷(一至一百五十)

340000－1882－0006310　XB2666
舊五代史一百五十卷　(宋)薛居正等撰　清刻本　七册　存六十七卷(三十四至七十三、一百二十四至一百五十)

340000－1882－0006311　XB2667
宋史四百九十六卷　(元)脱脱等撰　明刻本　十册　存四十五卷(二百十一至二百五十五)

340000－1882－0006312　XB2668
唐書二百二十五卷　(宋)歐陽修　(宋)宋祁等撰　明刻本　十册　存四十七卷(列傳一至二十七、三十四至五十一,表十四至十五)

340000－1882－0006313　XB2669
明史三百三十二卷　(清)張廷玉等撰　清刻本　二册　存十卷(六十九至七十五、二百三至二百五)

340000－1882－0006314　XB2670
醫方論四卷　(清)費伯雄撰　清刻本　一册　存二卷(三至四)

340000－1882－0006315　XB2671
本草從新十八卷　(清)吴儀洛撰　清刻本　一册　存一卷(十二)

340000－1882－0006316　XB2672
文選六十卷　(南朝梁)蕭統撰　(唐)李善注　明汲古閣刻本　一册　存六卷(五十五至六十)

340000－1882－0006317　XB2673
地球韻言四卷　(清)張士瀛撰　清刻本　一册　存二卷(三至四)

340000－1882－0006318　XB2674
洗心輯要二卷　(清)徐盡山編　清刻本　一册

340000－1882－0006319　XB2675
孟子要略五卷　(宋)朱熹撰　清刻本　一册

340000－1882－0006320　XB2676
隸法匯纂十卷　(清)項述懷編錄　清刻本　四册

340000－1882－0006321　XB2677
有正味齋詞集四卷外集八卷　(清)吳錫麒撰　清刻本　三册

340000－1882－0006322　XB2679
御撰資治通鑑明紀綱目三編十六卷　(清)張廷玉等編纂　清乾隆十一年(1746)刻本　二册　存八卷(一至八)

340000－1882－0006323　XB2680
溫毒病論不分卷　(清)邵登瀛撰　清刻本　一册

340000－1882－0006324　XB2681
爾雅注疏旁訓四卷　(晉)郭璞注　清刻本　一册　存二卷(一至二)

340000－1882－0006325　XB2682
活法機要十二卷證治要訣類方存四卷丹溪先生心法五卷丹溪先生金匱鉤玄目錄三卷醫學發明方不分卷　(明)戴元禮輯　明刻本　六册　缺四卷(丹溪先生心法一至四)

340000－1882－0006326　XB2683
元史二百十卷　(明)宋濂　(明)王禕等撰　明刻本　十册　存五十卷(列傳一至五十)

340000－1882－0006327　XB2685
感應類鈔十一卷　(清)史潔珵輯　清刻本　二册

340000－1882－0006328　XB2686
唐詩三百首注疏六卷　題(清)蘅塘退士編　(清)章燮注疏　清道光十四年(1834)刻本　六册

340000－1882－0006329　XB2687
唐詩三百首注釋不分卷　題(清)蘅塘退士編著　清慎言堂刻本　二册　存五古、七古、五律、七律、五絕、七絕

340000－1882－0006330　XB2688
看破世界不分卷　(清)□□撰　清浙寧江東灰街崇壽經房刻本　一册

340000－1882－0006331　XB2689
欽定續通志六百四十卷　(清)嵇璜　(清)曹仁虎等撰　清石印本　四册　存三十三卷(三百七至三百三十九)

340000－1882－0006332　XB2690
韓非子二十五卷　(戰國)韓非撰　清光緒元年(1875)湖北崇文書局刻本　四册　缺五卷(二十一至二十五)

340000－1882－0006333　XB2691
臯鶴堂批評第一奇書金瓶梅一百回　(清)張竹坡評　清刻本　一册　存二回(一至二)

340000－1882－0006334　XB2692
曾文正公奏議十卷　(清)曾國藩撰　(清)薛福成編　清刻本　四册　存四卷(六至九)

340000－1882－0006335　XB2693
黃帝素問靈樞合纂三卷　(清)汪昂輯　清咸豐十年(1860)刻本　二册　缺一卷(中)

340000－1882－0006336　XB2695
史記一百三十卷　(漢)司馬遷撰　清光緒九年(1883)上海點石齋石印本　四册

340000－1882－0006337　XB2696
欽定續文獻通考輯要二十六卷文獻通考輯要二十四卷皇朝文獻通考輯要二十六卷　湯壽潛編輯　清石印本　三十册　缺一卷(欽定續文獻通考輯要十五)

340000－1882－0006338　XB2697
欽定續文獻通考詳節二十六卷文獻通考詳節二十四卷　(元)馬端臨撰　(清)嚴虞惇錄　清光緒二十七年(1901)鴻寶堂書局石印本　十二册

340000－1882－0006339　XB2706

王臨川文集一百卷　(宋)王安石撰　清宣統二年(1910)上海會文堂書局石印本　四册　存四卷(一至四)

340000－1882－0006340　XB2713
文奎堂書經六卷　(□)□□撰　清康熙十二年(1673)刻本　四册

340000－1882－0006341　XB2714
爾雅三卷　(宋)鄭樵注　清光緒三年(1877)永康胡氏退補齋刻本　三册

340000－1882－0006342　XB2715
文章指南不分卷　(明)歸有光編　(清)許筱蓮蒐輯　清光緒二年(1876)貴池唐村刻本　一册

340000－1882－0006343　XB2716
御案春秋□□卷　(□)□□撰　清嘉慶十六年(1811)刻本　一册　存三卷(一至三)

340000－1882－0006344　XB2717
昭明文選六十卷　(南朝梁)蕭統撰　(唐)李善注　清朱墨套印本　三册　存十五卷(二十六至三十五、五十一至五十五)

340000－1882－0006345　XB2718
南齊書六十卷　(南朝梁)蕭子顯撰　清金陵書局刻本　七册　存五十三卷(七至五十九)

340000－1882－0006346　XB2719
香蘇山館今體詩鈔十九卷　(清)吴嵩梁撰　清刻本　一册　存四卷(一至四)

340000－1882－0006347　XB2720
四書不二字音釋不分卷　(清)楊昕撰　清道光刻本　二册

340000－1882－0006348　XB2721
趙子言行錄二卷　(元)趙復撰　清同治九年(1870)楚北崇文書局刻本　一册　存一卷(上)

340000－1882－0006349　XB2722
江邨銷夏錄三卷　(清)高士奇撰　清宣統二年(1910)順德鄧氏鉛印本　三册

340000－1882－0006350　XB2723
西堂雜組三集八卷　(清)尤侗撰　清刻本　一册　存四卷(一至四)

340000－1882－0006351　XB2725
三國志六十五卷　(晉)陳壽著　清刻本　十二册　存五十七卷(魏志一至十、十四至十七、二十三至三十,蜀志十五卷,吴志二十卷)

340000－1882－0006352　XB2726
後漢書一百二十卷續漢書八志三十卷　(南朝宋)范曄編撰　(南朝梁)劉昭注補　清刻本　五册　存四十七卷(後漢書十一至十七、八十一至九十,續漢書八志三十卷)

340000－1882－0006353　XB2727
前漢書一百二十卷後漢書一百二十卷　(漢)班固撰　(唐)顔師古注　(南朝宋)范曄編撰　清石印本　四册　存五十卷(前漢書五十七上至八十七、後漢書一百一上至一百十九)

340000－1882－0006354　XB2728
積古齋鐘鼎彝器款識十卷　(清)阮元編注　清石印本　二册　存四卷(三至四、九至十)

340000－1882－0006355　XB2732
張氏醫通十六卷　(清)張路玉纂述　清刻本　十六册

340000－1882－0006356　XB2734
重訂唐詩别裁集二十卷　(清)沈德潛編選　清刻本　一册　存二卷(七至八)

340000－1882－0006357　XB2735
古文辭類纂七十五卷　(清)姚鼐輯　清光緒二十四年(1898)石印本　三册　存八卷(一至二、七至十、十四至十五)

340000－1882－0006358　XB2736
古文辭類纂七十五卷　(清)姚鼐輯　清光緒十六年(1890)上海文瑞樓石印本　四册　存十一卷(一至五、十至十五)

340000－1882－0006359　XB2737
讀通鑑論三十卷　(清)王夫之撰　清刻本　七册　存十四卷(六至九、十三至十八、二十一至二十二、二十九至三十)

340000－1882－0006360　XB2738

京師大學堂章程蒙學堂教科書定本論語話解十卷　(清)陳溶撰　清光緒三十四年(1908)上海六藝書局石印本　二册　存五卷(六至十)

340000－1882－0006361　XB2739

國朝先正事略六十卷　(清)李元慶纂　清刻本　四册　存八卷(三至六、十一至十四)

340000－1882－0006362　XB2740

腋裘篇六卷　(清)王次先纂輯　清光緒九年(1883)刻本　一册

340000－1882－0006363　XB2744

二十一史文抄五十八卷　(明)沈國元著　清刻本　三册　存十一卷(二十四至二十七、三十二至三十五、四十六至四十八)

340000－1882－0006364　XB2745

宋史二百五十五卷　(元)脱脱等撰　明刻清補修本　十册　存四十四卷(一至四十四)

340000－1882－0006365　XB2746

春秋左傳杜注三十卷首一卷　(清)姚培謙撰　清刻本　七册　存二十一卷(七至二十七)

340000－1882－0006366　XB2747

春秋左傳杜注三十卷首一卷　(清)姚培謙撰　清刻本　十册　存二十卷(二至九、十九至三十)

340000－1882－0006367　XB2748

河東先生全集六卷　(唐)柳宗元撰　(清)儲欣輯　清刻本　二册　存二卷(二至三)

340000－1882－0006368　XB2749

增補字學舉隅不分卷　(清)龍光甸　(清)黄本驥輯　(清)龍啟瑞增輯　清光緒十七年(1891)掃葉山房刻本　一册

340000－1882－0006369　XB2749－1

增補字學舉隅不分卷　(清)龍光甸　(清)黄本驥輯　(清)龍啟瑞增輯　清光緒十七年(1891)掃葉山房刻本　一册

340000－1882－0006370　XB2749－2

增補字學舉隅不分卷　(清)龍光甸　(清)黄本驥輯　(清)龍啟瑞增輯　清光緒十七年(1891)掃葉山房刻本　一册

340000－1882－0006371　XB2749－3

增補字學舉隅不分卷　(清)龍光甸　(清)黄本驥輯　(清)龍啟瑞增輯　清光緒十七年(1891)掃葉山房刻本　一册

340000－1882－0006372　XB2749－4

增補字學舉隅不分卷　(清)龍光甸　(清)黄本驥輯　(清)龍啟瑞增輯　清光緒十七年(1891)掃葉山房刻本　一册

340000－1882－0006373　XB2749－5

增補字學舉隅不分卷　(清)龍光甸　(清)黄本驥輯　(清)龍啟瑞增輯　清光緒十七年(1891)掃葉山房刻本　一册

340000－1882－0006374　XB2749－6

增補字學舉隅不分卷　(清)龍光甸　(清)黄本驥輯　(清)龍啟瑞增輯　清光緒十七年(1891)掃葉山房刻本　一册

340000－1882－0006375　XB2749－7

增補字學舉隅不分卷　(清)龍光甸　(清)黄本驥輯　(清)龍啟瑞增輯　清光緒十七年(1891)掃葉山房刻本　一册

340000－1882－0006376　XB2749－8

增補字學舉隅不分卷　(清)龍光甸　(清)黄本驥輯　(清)龍啟瑞增輯　清光緒十七年(1891)掃葉山房刻本　一册

340000－1882－0006377　XB2749－9

增補字學舉隅不分卷　(清)龍光甸　(清)黄本驥輯　(清)龍啟瑞增輯　清光緒十七年(1891)掃葉山房刻本　一册

340000－1882－0006378　XB2749－10

增補字學舉隅不分卷　(清)龍光甸　(清)黄本驥輯　(清)龍啟瑞增輯　清光緒十七年(1891)掃葉山房刻本　一册

340000－1882－0006379　XB2749－11

增補字學舉隅不分卷　(清)龍光甸　(清)黄

本驥輯　(清)龍啟瑞增輯　清光緒十七年(1891)掃葉山房刻本　一册

340000－1882－0006380　XB2749－12
增補字學舉隅不分卷　(清)龍光甸　(清)黄本驥輯　(清)龍啟瑞增輯　清光緒十七年(1891)掃葉山房刻本　一册

340000－1882－0006381　XB2749－13
增補字學舉隅不分卷　(清)龍光甸　(清)黄本驥輯　(清)龍啟瑞增輯　清光緒十七年(1891)掃葉山房刻本　一册

340000－1882－0006382　XB2749－14
增補字學舉隅不分卷　(清)龍光甸　(清)黄本驥輯　(清)龍啟瑞增輯　清光緒十七年(1891)掃葉山房刻本　一册

340000－1882－0006383　XB2749－15
增補字學舉隅不分卷　(清)龍光甸　(清)黄本驥輯　(清)龍啟瑞增輯　清光緒十七年(1891)掃葉山房刻本　一册

340000－1882－0006384　XB2749－16
增補字學舉隅不分卷　(清)龍光甸　(清)黄本驥輯　(清)龍啟瑞增輯　清光緒十七年(1891)掃葉山房刻本　一册

340000－1882－0006385　XB2749－17
增補字學舉隅不分卷　(清)龍光甸　(清)黄本驥輯　(清)龍啟瑞增輯　清光緒十七年(1891)掃葉山房刻本　一册

340000－1882－0006386　XB2749－18
增補字學舉隅不分卷　(清)龍光甸　(清)黄本驥輯　(清)龍啟瑞增輯　清光緒十七年(1891)掃葉山房刻本　一册

340000－1882－0006387　XB2749－19
增補字學舉隅不分卷　(清)龍光甸　(清)黄本驥輯　(清)龍啟瑞增輯　清光緒十七年(1891)掃葉山房刻本　一册

340000－1882－0006388　XB2749－20
增補字學舉隅不分卷　(清)龍光甸　(清)黄本驥輯　(清)龍啟瑞增輯　清光緒十七年(1891)掃葉山房刻本　一册

340000－1882－0006389　XB2749－21
增補字學舉隅不分卷　(清)龍光甸　(清)黄本驥輯　(清)龍啟瑞增輯　清光緒十七年(1891)掃葉山房刻本　一册

340000－1882－0006390　XB2749－22
增補字學舉隅不分卷　(清)龍光甸　(清)黄本驥輯　(清)龍啟瑞增輯　清光緒十七年(1891)掃葉山房刻本　一册

340000－1882－0006391　XB2749－23
增補字學舉隅不分卷　(清)龍光甸　(清)黄本驥輯　(清)龍啟瑞增輯　清光緒十七年(1891)掃葉山房刻本　一册

340000－1882－0006392　XB2749－24
增補字學舉隅不分卷　(清)龍光甸　(清)黄本驥輯　(清)龍啟瑞增輯　清光緒十七年(1891)掃葉山房刻本　一册

340000－1882－0006393　XB2749－25
增補字學舉隅不分卷　(清)龍光甸　(清)黄本驥輯　(清)龍啟瑞增輯　清光緒十七年(1891)掃葉山房刻本　一册

340000－1882－0006394　XB2749－26
增補字學舉隅不分卷　(清)龍光甸　(清)黄本驥輯　(清)龍啟瑞增輯　清光緒十七年(1891)掃葉山房刻本　一册

340000－1882－0006395　XB2749－27
增補字學舉隅不分卷　(清)龍光甸　(清)黄本驥輯　(清)龍啟瑞增輯　清光緒十七年(1891)掃葉山房刻本　一册

340000－1882－0006396　XB2749－28
增補字學舉隅不分卷　(清)龍光甸　(清)黄本驥輯　(清)龍啟瑞增輯　清光緒十七年(1891)掃葉山房刻本　一册

340000－1882－0006397　XB2749－29
增補字學舉隅不分卷　(清)龍光甸　(清)黄本驥輯　(清)龍啟瑞增輯　清光緒十七年(1891)掃葉山房刻本　一册

340000－1882－0006398　XB2749－30
增補字學舉隅不分卷　(清)龍光甸　(清)黄本驥輯　(清)龍啟瑞增輯　清光緒十七年(1891)掃葉山房刻本　一册

340000－1882－0006399　XB2749－31
增補字學舉隅不分卷　(清)龍光甸　(清)黄本驥輯　(清)龍啟瑞增輯　清光緒十七年(1891)掃葉山房刻本　一册

340000－1882－0006400　XB2749－32
增補字學舉隅不分卷　(清)龍光甸　(清)黄本驥輯　(清)龍啟瑞增輯　清光緒十七年(1891)掃葉山房刻本　一册

340000－1882－0006401　XB2749－33
增補字學舉隅不分卷　(清)龍光甸　(清)黄本驥輯　(清)龍啟瑞增輯　清光緒十七年(1891)掃葉山房刻本　一册

340000－1882－0006402　XB2749－34
增補字學舉隅不分卷　(清)龍光甸　(清)黄本驥輯　(清)龍啟瑞增輯　清光緒十七年(1891)掃葉山房刻本　一册

340000－1882－0006403　XB2749－35
增補字學舉隅不分卷　(清)龍光甸　(清)黄本驥輯　(清)龍啟瑞增輯　清光緒十七年(1891)掃葉山房刻本　一册

340000－1882－0006404　XB2749－36
增補字學舉隅不分卷　(清)龍光甸　(清)黄本驥輯　(清)龍啟瑞增輯　清光緒十七年(1891)掃葉山房刻本　一册

340000－1882－0006405　XB2750
子史精華一百六十卷　(清)允祿等撰　清光緒十三年(1887)上海積山書局石印本　十册

340000－1882－0006406　XB2751
子史精華一百六十卷　(清)允祿等撰　清光緒十三年(1887)上海積山書局石印本　十册

340000－1882－0006407　XB2752
小倉山房續餘文集三十五卷　(清)袁枚撰　清刻本　二册　存五卷(三十一至三十五)

340000－1882－0006408　XB2753
兩般秋雨庵隨筆八卷　(清)梁紹壬纂　清刻本　二册　存二卷(五、八)

340000－1882－0006409　XB2755
欽定舊五代史一百五十卷　(宋)薛居正撰　清末石印本　四册　存九十六卷(二十五至一百二十)

340000－1882－0006410　XB2756
遼史紀事本末四十卷　(清)李有棠編纂　清光緒十九年(1893)同文書局石印本　四册

340000－1882－0006411　XB2757
金史紀事本末五十二卷　(清)李有棠編纂　清末石印本　三册　存二十一卷(一至十三、四十五至五十二)

340000－1882－0006412　XB2758
御纂五經一百九十四卷　(清)李光地等纂輯　清光緒二十年(1894)海上萬選書局石印本　二十册

340000－1882－0006413　XB2759
芸經樓綱鑑易知錄九十二卷　(清)吳乘權等輯　清刻本　四册　存十二卷(周紀三至五,後周紀六十三至六十五,東漢紀二十一至二十三、二十七至二十九)

340000－1882－0006414　XB2760
康熙字典三十六卷　(清)張玉書　(清)陳廷敬總閱　(清)凌紹雯等纂修　清天香書屋刻本　八册　存八卷(丑集上、下,寅集上,卯集下,辰集下,申集上,亥集上、中)

340000－1882－0006415　XB2761
林蕙堂文集十二卷　(清)吳綺撰　清朱墨套印本　三册　存六卷(七至十二)

340000－1882－0006416　XB2762
曾相六十壽文敬體二卷　(清)李鴻章等撰　清光緒二年(1876)上海醉六堂刻本　一册　存一卷(一)

340000－1882－0006417　XB2763
前漢書一百卷　(漢)班固撰　(唐)顏師古注

後漢書一百二十卷 （南朝宋）范曄撰 清末石印本 七冊 存七十三卷（前漢書七十五至八十三，後漢書十七至四十五、六十五至七十三、八十五至九十三、一百四至一百二十）

340000－1882－0006418 XB2765
皇朝通典一百卷 （清）曹仁虎等撰 清末石印本 六冊

340000－1882－0006419 XB2767
史記一百三十卷 （漢）司馬遷撰 （南朝宋）裴駰集解 （唐）張守節正義 清末石印本 二冊 存二十七卷（四十二至六十八）

340000－1882－0006420 XB2769
御批歷代通鑑輯覽一百二十卷 （清）楊述曾輯 清末石印本 四冊 存二十一卷（六至十、八十至九十、一百十六至一百二十）

340000－1882－0006421 XB2770
東周列國全志二十三卷 （明）馮夢龍撰 （清）蔡界評點 清刻本 二冊 存二卷（十七至十八）

340000－1882－0006422 XB2771
地理平陽全書十五卷 （清）葉泰撰 清刻本 一冊 存三卷（一至三）

340000－1882－0006423 XB2772
慎怡堂禮記十卷 （元）陳澔集說 清聚秀堂刻本 一冊 存三卷（一、四、六）

340000－1882－0006424 XB2773
禮記旁訓六卷 （□）□□輯 清末李光明莊刻本 一冊 存一卷（一）

340000－1882－0006425 XB2774
春秋左傳五十卷 （晉）杜預撰 （唐）陸德明音義 （宋）林堯叟注 清末李光明莊刻本 一冊 存二卷（一至二）

340000－1882－0006426 XB2775
重刻勁節樓圖紀四卷 （清）徐德原輯 清刻本 一冊 存二卷（二至三）

340000－1882－0006427 XB2776
淮南鴻烈解二十八卷 （漢）劉安撰 清刻本 一冊 存五卷（四至八）

340000－1882－0006428 XB2777
小學六卷 （宋）朱熹編纂 清刻本 一冊 存一卷（六）

340000－1882－0006429 XB2778
駱賓王集十卷 （唐）駱賓王撰 清刻本 一冊 存二卷（三至四）

340000－1882－0006430 XB2779
莫愁湖楹聯便覽三卷 （清）釋壽安輯 清光緒五年（1879）癖石山房刻本 一冊

340000－1882－0006431 XB2780
第六才子書西廂記六卷 （元）王實甫撰 （清）金人瑞（聖嘆）評點 清抄本 一冊

340000－1882－0006432 XB2781
九通提要十二卷 （清）柴紹炳纂 清光緒二十八年（1902）鉛印本 六冊

340000－1882－0006433 XB2782
寄園寄所寄十二卷 （清）趙吉士撰 清刻本 五冊 存五卷（七至十一）

340000－1882－0006434 XB2783
孫批胡刻文選六卷 （南朝梁）蕭統撰 （明）孫月峰批註 清光緒二十一年（1895）寶文書局石印本 六冊 存五卷（一至五）

340000－1882－0006435 XB2785
三才略三卷 （清）蔣德鈞撰 清末石印本 二冊

340000－1882－0006436 XB2787
王船山讀通鑑論十卷 （清）王夫之撰 清光緒二十九年（1903）上海官書局石印本 八冊

340000－1882－0006437 XB2788
戰國策選十二卷 （漢）劉向撰 （清）儲欣評 清嘉慶十年（1805）刻本 二冊

340000－1882－0006438 XB2790
東華錄一百九十五卷東華續錄三百三十卷 王先謙編 清光緒十七年（1891）上海廣百宋齋石印本 五十六冊 存二百四卷（東華錄

天聰朝十一，崇德朝八卷，順治朝十八至三十六，康熙朝一至八、十五至十九、二十五至三十、三十八至一百十，雍正二十至二十六；東華續錄乾隆朝二十一至二十六、四十九至八十九、一百九至一百十一、一百十八至一百二十，嘉慶十一至二十，道光一至七、十九至二十五）

340000－1882－0006439　XB2791
春秋左傳三十卷　（戰國）左丘明著　（晉）杜預釋　清同治十三年（1874）江西書局刻本　十六冊

340000－1882－0006440　XB2792
宋書一百卷　（南朝梁）沈約撰　明刻本　二十冊

340000－1882－0006441　XB2793
春秋左傳三十卷　（清）馮李驊　（清）陸浩評輯　清刻本　十二冊　存二十六卷（一至二十六）

340000－1882－0006442　XB2794
元本注陸宣公奏議十五卷　（唐）陸贄撰　清刻本　四冊

340000－1882－0006443　XB2795
元本注陸宣公奏議十五卷　（唐）陸贄撰　清刻本　三冊

340000－1882－0006444　XB2796
禮記音訓不分卷　（清）楊國楨撰　清刻本　四冊

340000－1882－0006445　XB2797
新唐書二百二十五卷　（宋）歐陽修　（宋）宋祁著　清刻本　三冊　存十五卷（五至十、十七至十九、三十至三十五）

340000－1882－0006446　XB2798
欽定禮記義疏八十二卷　（清）鄂爾泰等纂修　清刻本　一冊　存三卷（八十至八十二）

340000－1882－0006447　XB2799
東塾讀書記十五卷　（清）陳澧撰　清刻本　二冊　存八卷（一至五、十至十二）

340000－1882－0006448　XB2800
管子二十四卷　（春秋）管仲撰　（唐）房玄齡注　清光緒三年（1877）浙江書局刻本　六冊

340000－1882－0006449　XB2801
香雪巢詩鈔又續二卷　（清）徐兆豐撰　清光緒三十四年（1908）江都徐氏刻本　二冊

340000－1882－0006450　XB2802
汪氏城北忠孝祠神主牌錄不分卷　（清）汪瀾撰　清光緒十五年（1889）木活字印本　一冊

340000－1882－0006451　XB2803
爾雅直音二卷　（清）孫偘輯　清光緒十三年（1887）長沙經濟書局刻本　二冊

340000－1882－0006452　XB2804
爾雅直音二卷　（清）孫偘輯　清嘉慶十五年（1810）刻本　二冊

340000－1882－0006453　XB2805
在官法戒錄四卷　（清）陳弘謀輯　清同治七年（1868）楚北崇文書局刻本　一冊　存二卷（一至二）

340000－1882－0006454　XB2805－1
在官法戒錄四卷　（清）陳弘謀輯　清同治七年（1868）楚北崇文書局刻本　二冊　存二卷（一至二）

340000－1882－0006455　XB2806
養正遺規摘抄不分卷　（清）陳弘謀輯　清同治七年（1868）楚北崇文書局刻本　一冊

340000－1882－0006456　XB2807
有正味齋駢體文十六卷　（清）吳錫麒撰　（清）葉聯芬箋注　清同治七年（1868）慈北葉氏刻本　八冊

340000－1882－0006457　XB2808
洪武正韻監本詩經八卷　（宋）朱熹集傳　清刻本　四冊

340000－1882－0006458　XB2815
秦漢文鈔十二卷　（明）馮有翼輯　明刻本　一冊　存二卷（九至十）

340000－1882－0006459　XB2816

象山先生文集二十八卷　(宋)陸九淵撰　明刻本　一冊　存一卷(一)

340000－1882－0006460　XB2817
類書纂三卷　(清)周魯輯　清刻本　一冊

340000－1882－0006461　XB2818
周禮精華六卷　(清)陳龍標輯　清刻本　六冊

340000－1882－0006462　XB2820
鴻文擷勝二卷　(清)陳覲彤選　清刻本　二冊

340000－1882－0006463　XB2821
繡像小説彙編　(□)□□輯　清刻本　八冊　存八種五十一卷(美人坊傳一至七、金蘭會傳一至七、二頂金傳一至七、忠孝緣傳一至七、滿堂榮傳一至七、桃花㫺傳一至四、白梅亭傳一至七、玉菱龍傳三至七)

340000－1882－0006464　XB2822
書經六卷　(宋)蔡沈集傳　明刻本　三冊　存二卷(三、五)

340000－1882－0006465　XB2823
欽定禮記義疏八十二卷首一卷　(清)鄂爾泰等撰　清刻本　九冊　存二十三卷(五十五至七十七)

340000－1882－0006466　XB2824
春秋穀梁傳二十卷　(晉)范甯集解　(唐)楊士勛疏　清刻本　三冊

340000－1882－0006467　XB2825
春秋公羊傳二十八卷　(漢)何休撰　(清)阮元校　清刻本　一冊　存十二卷(十七至二十八)

340000－1882－0006468　XB2826
有正味齋駢體文二十四卷　(清)吳錫麒撰　(清)王廣業箋　清刻本　二冊　存十二卷(十三至二十四)

340000－1882－0006469　XB2827
東萊博議四卷　(宋)呂祖謙撰　清刻本　三冊　存三卷(二至四)

340000－1882－0006470　XB2828
在官法戒錄四卷　(清)陳弘謀輯　清同治七年(1868)楚北崇文書局刻本　二冊

340000－1882－0006471　XB2829
洞天奧旨外科秘錄十六卷首一卷　(清)陳士鐸撰　清刻本　六冊

340000－1882－0006472　XB2830
宣講集要十五卷　(清)吳莘民輯　清刻本　五冊　存五卷(九至十三)

340000－1882－0006473　XB2831
曾文正公大事記四卷　(清)王定安編　清同治十三年(1874)刻本　二冊

340000－1882－0006474　XB2832
曾文正公文抄四卷詩抄四卷　(清)曾國藩撰　清光緒二年(1876)上海醉六堂刻本　六冊

340000－1882－0006475　XB2833
傷寒明理論四卷　(金)成無己撰　清刻本　二冊

340000－1882－0006476　XB2834
春秋繁露十七卷　(漢)董仲舒撰　清刻本　二冊　存十一卷(七至十七)

340000－1882－0006477　XB2835
陳復心陽明按索五卷首一卷　(明)陳復心編　清乾隆五十五年(1790)樂真堂朱墨套印本　一冊

340000－1882－0006478　XB2836
劉伯溫佐元直指九卷首一卷　(明)劉基撰　清乾隆五十五年(1790)樂真堂朱墨套印本　一冊

340000－1882－0006479　XB2837
郭氏陰陽元經十卷　(晉)郭璞撰　清乾隆五十五年(1790)樂真堂朱墨套印本　一冊

340000－1882－0006480　XB2838
趙載璿璣傳一卷　(晉)趙載撰　清乾隆五十五年(1790)樂真堂朱墨套印本　一冊

340000－1882－0006481　XB2839
四朝名臣言行錄二十六卷　(宋)李幼武纂集

清刻本　三冊　存十六卷(一至十六)

340000－1882－0006482　XB2840
有正味齋駢體文二十四卷　(清)吳錫麒著　清刻本　三冊　存十五卷(一至四、六至十一、二十至二十四)

340000－1882－0006483　XB2841
御批歷代通鑑輯覽一百二十卷　(清)楊述曾輯　清光緒三十年(1904)上海商務印書館石印本　九冊　存四十四卷(一至五、十六至二十五、四十六至五十九、一百六至一百二十)

340000－1882－0006484　XB2844
御製數理精蘊二編四十五種表八卷　(清)聖祖玄燁撰　(清)何國宗　(清)梅穀成彙編　清宣統三年(1911)海文瑞樓石印本　六冊　存三十五卷(上編一至五,下編一至七、十三至三十五)

340000－1882－0006485　XB2845
文選詩賦題摘豔□□卷　(□)□□撰　清道光五年(1825)刻本　一冊　存三卷(一至三)

340000－1882－0006486　XB2847
愚一錄十二卷　(清)鄭獻甫撰　清刻本　三冊　存六卷(三至六、十一至十二)

340000　1882　0006487　XB2848
胭脂牡丹六卷　(清)韓鄂撰　清刻本　四冊　存四卷(二至四、六)

340000－1882－0006488　XB2849
訂補明醫指掌十卷　(明)皇甫中撰　(清)邵從阜校訂　(清)邵達參補　清刻本　六冊

340000－1882－0006489　XB2850
趙人成行狀不分卷　(□)□□撰　清光緒二十一年(1895)刻本　一冊

340000－1882－0006490　XB2852
全唐詩目不分卷　(清)彭定求等編　清刻本　一冊

340000－1882－0006491　XB2853
重刊宋本十三經註疏四百十六卷　(漢)鄭玄注　**校勘記四百十六卷**　(清)阮元撰　(清)盧宣旬摘錄　清光緒十三年(1887)上海點石齋石印本　十一冊　存六十四卷(儀禮注疏一至八、校勘記一至八,周禮注疏一至六、校勘記一至六,毛詩注疏一至六、校勘記一至六,尚書注疏一至四、校勘記一至四,禮記注疏一至六、校勘記一至六,爾雅注疏一至二、校勘記一至二)

340000－1882－0006492　XB2856
有正味齋駢體文箋注合纂二十四卷首一卷　(清)吳錫麒撰　清光緒十五年(1889)上海蜚英館石印本　四冊

340000－1882－0006493　XB2857
御批歷代通鑑輯覽一百二十卷　(清)楊述曾輯　清光緒十八年(1892)上海書局石印本　二十四冊

340000－1882－0006494　XB2858
四書古注群義匯解十種　(清)焦循撰　(三國魏)何晏集解　(南朝梁)皇侃義疏　清末石印本　六冊　存十九卷(四書古注辟義匯解一至三,論語正義孟子正義十六至二十五,論語集解義疏六至十、十六)

340000－1882－0006495　XB2859
增廣詩韻全璧四卷初學檢韻不分卷　(清)姚文登輯　清光緒九年(1883)上海點石齋校石印本　五冊

340000－1882－0006496　XB2860
左繡春秋經傳集解三十卷　(晉)杜預注　(唐)陸德明音釋　(宋)林堯叟附注　(清)馮李驊　(清)陳浩評輯　清刻本　十七冊

340000－1882－0006497　XB2861
春秋左傳五十卷　(晉)杜預注　(宋)林堯叟注　(唐)陸德明音義　清刻本　七冊　存二十六卷(一至二十六)

340000－1882－0006498　XB2862
臨證指南醫案十卷　(清)葉桂撰　清刻本　一冊　存一卷(九)

340000－1882－0006499　XB2863
雙貞錄□□卷　(□)□□撰　清光緒七年(1881)刻本　一冊　存一卷(一)

340000－1882－0006500　XB2864
濼陽消夏錄六卷　(清)紀昀撰　清刻本　三冊　存三卷(三至五)

340000－1882－0006501　XB2865
文公家禮儀節八卷　(宋)朱熹編　(明)楊慎輯　明刻本　一冊　存二卷(七至八)

340000－1882－0006502　XB2866
穀梁傳選不分卷　(清)儲欣評　(清)儲芝粂述　清刻本　一冊

340000－1882－0006503　XB2867
古文辭類纂七十五卷　(清)姚鼐編纂　(清)沈毓桂署　清光緒二十七年(1901)滁州李氏刻本　十冊

340000－1882－0006504　XB2868
二如亭群芳譜二十八卷首一卷　(明)王象晉撰　清刻本　九冊　存十三卷(天譜一至二,木譜一,花譜一、三,果譜一至二,蔬譜一至二,卉譜二,鶴魚譜一,茶譜一卷,竹譜一卷)

340000－1882－0006505　XB2869
御批歷代通鑑輯覽一百二十卷　(清)楊述曾輯　清刻本　二十九冊　存六十一卷(一至六十一)

340000－1882－0006506　XB2870
節本斯密氏原富五種　(英國)亞當斯密撰　清光緒三十三年(1907)奉天學務公所圖書課印刷部鉛印本　二冊

340000－1882－0006507　XB2871
三國志六十五卷　(晉)陳壽撰　(南朝宋)裴松之注　清刻本　十二冊

340000－1882－0006508　XB2872
三國志六十五卷　(晉)陳壽撰　(南朝宋)裴松之注　清同治九年(1870)金陵書局刻本　八冊

340000－1882－0006509　XB2873
漁洋山人精華錄訓纂十卷目錄二卷　(清)王士禛撰　(清)惠棟訓纂　清刻本　四冊　存四卷(三、八至十)

340000－1882－0006510　XB2874
劍南詩鈔不分卷　(宋)陸游撰　(清)楊大鶴選　清刻本　七冊

340000－1882－0006511　XB2875
劍南詩鈔不分卷　(宋)陸游撰　(清)楊大鶴選　清刻本　七冊

340000－1882－0006512　XB2876
三禮約編十九卷　(清)汪基抄撰　(清)江永校纂　清刻本　四冊

340000－1882－0006513　XB2877
胡文忠公遺集十卷首一卷　(清)胡林翼撰　清同治七年(1868)醉六堂刻本　六冊

340000－1882－0006514　XB2878
六圃沈新周先生地學二卷　(清)沈鎬撰　清康熙五十二年(1713)刻本　二冊

340000－1882－0006515　XB2879
詩經集注八卷　(宋)朱熹輯撰　清刻本　四冊

340000－1882－0006516　XB2880
禮記體注大全合纂四卷　(清)范翔粂訂　(清)吳有文等校　清刻本　一冊　存三卷(一至三)

340000－1882－0006517　XB2881
有正味齋駢體文詞集八卷詩集十六卷　(清)吳錫麟撰　清刻本　五冊

340000－1882－0006518　XB2882
七經精義　(清)黃淦纂　清刻本　八冊　存四種二十一卷(禮記精義六卷、首一卷,儀禮精義不分卷、補編一卷,周禮精義六卷、首一卷,春秋精義四卷、首一卷)

340000－1882－0006519　XB2883
書經體注六卷　(清)錢希祥注　清刻本　四冊

340000－1882－0006520　XB2884
爾雅義疏二十卷　(清)郝懿行撰　清光緒二十八年(1902)榮縣蜀南閣刻本　四冊　存三卷(一至三)

340000－1882－0006521　XB2885
禮記十卷　(元)陳澔集說　清刻本　十冊

340000－1882－0006522　XB2886
從政遺規二卷　(清)陳宏謀編　清同治七年(1868)楚北崇文書局刻本　二冊

340000－1882－0006523　XB2887
文選六十卷　(南朝梁)蕭統撰　(唐)李善等注　清同治八年(1869)金陵書局刻本　十冊

340000－1882－0006524　XB2888
幼童舉業增注啟悟集二卷　(清)汪承忠評選　清刻本　二冊

340000－1882－0006525　XB2889
御批資治通鑑綱目全書一百九卷　(宋)朱熹撰　(明)陳仁錫評　**資治通鑑綱目前編二十五卷**　(宋)金履祥撰　(明)陳仁錫評　**續資治通鑑綱目二十七卷**　(明)商輅撰　(明)陳仁錫評　清刻本　十四冊　存二十卷(御批資治通鑑綱目全書十三至十四、二十三至二十五、四十九、五十六,資治通鑑綱目前編一至六、十一至十三,續資治通鑑綱目一至二、二十二至二十三)

340000－1882－0006526　XB2890
春秋左傳杜注三十卷首一卷　(清)姚培謙撰　(清)龐佑清補訂　清同治五年(1866)金陵書局刻本　十冊

340000－1882－0006527　XB2892
監本詩經八卷　(宋)朱熹集傳　清嘉慶七年(1802)錦盛堂刻本　四冊

340000－1882－0006528　XB2893
岳忠武王文集八卷首一卷末一卷　(宋)岳飛撰　(清)黃邦寧纂　清刻本　四冊

340000－1882－0006529　XB2894
古唐詩合解十二卷古詩四卷　(清)王堯衢注　清刻本　七冊　缺二卷(古唐詩合解十一至十二)

340000－1882－0006530　XB2895
南史八十卷　(唐)李延壽撰　明刻本　九冊　存二十八卷(一至二十八)

340000－1882－0006531　XB2896
東周列國志二十七卷　(明)馮夢龍撰　(清)蔡昇評點　清刻本　十一冊　存十一卷(十三至二十三)

340000－1882－0006532　XB2897
徐騎省集三十卷附補遺一卷　(宋)徐鉉撰　**劄記一卷**　朱孔彰撰　清光緒十七年(1891)刻本　六冊

340000－1882－0006533　XB2898
三國志六十五卷　(晉)陳壽撰　(南朝宋)裴松之注　清光緒十三年(1887)江南書局刻本　八冊

340000－1882－0006534　XB2900
溫病條辨六卷首一卷　(清)吳瑭撰　清光緒七年(1881)刻本　一冊　存一卷(首一卷)

340000－1882－0006535　XB2901
傷寒集注□□卷　(清)舒詔著　清刻本　三冊　存八卷(三至四、八至十三)

340000－1882－0006536　XB2902
新增象吉備要通書二十九卷內增上元甲子未來曆一卷　(清)魏明遠輯　清同治三年(1864)刻本　一冊　存七卷(新增象吉備要通書一至六、內增上元甲子未來曆一卷)

340000－1882－0006537　XB2903
附釋音禮記註疏六十三卷　(漢)鄭氏注　(唐)孔穎達疏　清刻本　十五冊　存五十一卷(十三至六十三)

340000－1882－0006538　XB2904
春秋公羊注疏二十八卷　(唐)徐彥疏　(唐)陸德明音義　清刻本　二冊　存六卷(一至六)

340000－1882－0006539　XB2905
湖北官書處書目不分卷　(清)湖北官書處編　清刻本　一冊

340000－1882－0006540　XB2907
歷代通史匯傳七十二卷附錄二卷首一卷

(清)彭蘊璨編　清光緒五年(1879)京都善成堂書鋪刻本　二十四册

340000－1882－0006541　XB2908
增補尚友錄二十二卷　(清)廖用賢編纂　清刻本　二十二册

340000－1882－0006542　XB2909
儒門法語不分卷　(清)彭定求編輯　清同治四年(1865)刻本　一册

340000－1882－0006543　XB2910
康熙字典三十六卷　(清)張玉書　(清)陳廷敬總閱　(清)凌紹雯等纂修　清末石印本　六册

340000－1882－0006544　XB2911
書經體注六卷　(清)范紫登訂　清咸豐八年(1858)刻本　一册　存一卷(一)

340000－1882－0006545　XB2912
三元堂增補詩經衍義體註大全合參八卷　(清)沈李龍輯　清刻本　三册　存六卷(三至八)

340000－1882－0006546　XB2913
儀禮十七卷　(漢)鄭玄注　(唐)陸德明音義　清光緒十二年(1886)刻本　四册

340000－1882－0006547　XB2914
天真閣集五十四卷　(清)孫原湘撰　清刻本　一册　存五卷(六至十)

340000－1882－0006548　XB2915
易經音訓二卷　(清)楊國楨撰　清李光明莊刻本　一册　存一卷(一)

340000－1882－0006549　XB2916
小倉山房文集三十卷外集七卷　(清)袁枚撰　清刻本　二册　存六卷(文集二十六至二十八、外集五至七)

340000－1882－0006550　XB2917
國朝先正事略六十卷　(清)李元度纂　清刻本　二册　存三卷(二十至二十二)

340000－1882－0006551　XB2918
唐宋八大家類選十四卷　(清)儲欣評選　清刻本　二册　存四卷(十一至十四)

340000－1882－0006552　XB2919
尚書離句六卷　(清)錢在培輯解　清刻本　一册　存三卷(四至六)

340000－1882－0006553　XB2920
史通削繁四卷　(清)紀昀撰　清朱墨套印本　一册　存一卷(四)

340000－1882－0006554　XB2921
篆文四書七卷　(清)汪仁壽撰　清末石印本　六册

340000－1882－0006555　XB2922
文心雕龍十卷　(南朝梁)劉勰著　清光緒三年(1877)湖北崇文書局刻本　二册

340000－1882－0006556　XB2923
世說新語六卷首一卷　(南朝宋)劉義慶撰　(南朝梁)劉孝標注　清光緒三年(1877)湖北崇文書局刻本　二册　缺三卷(四至六)

340000－1882－0006557　XB2924
涑水紀聞十六卷補遺一卷　(宋)司馬光撰　清光緒三年(1877)湖北崇文書局刻本　四册

340000－1882－0006558　XB2925
刊謬正俗八卷　(唐)顏師古撰　清光緒三年(1877)湖北崇文書局刻本　一册

340000－1882－0006559　XB2926
尚書大傳四卷考異一卷補遺一卷　(漢)鄭玄注　清光緒三年(1877)湖北崇文書局刻本　一册

340000－1882－0006560　XB2927
朱子原訂近思錄十四卷　(宋)朱熹撰　(清)江永集注　清刻本　二册　缺六卷(一至六)

340000－1882－0006561　XB2928
古文觀止十二卷　(清)吳承權編　清刻本　六册

340000－1882－0006562　XB2929
禮記集說十卷　(元)陳澔集說　清刻本　五册　存五卷(四至八)

340000－1882－0006563　XB2930
國朝六家詩鈔六種八卷　(清)劉執玉選　清刻本　五册　存五種七卷(愚山一卷、秋穀一卷、竹垞一卷、初白二卷、阮亭二卷)

340000－1882－0006564　XB2931
吴詩集覽二十卷　(清)吳梅村著　(清)靳榮藩輯　清刻本　十册　存十四卷(五至十六、十九至二十)

340000－1882－0006565　XB2932
古文約編十卷附錄一卷　(清)倪稼成訂　清刻本　七册　缺三卷(六至八)

340000－1882－0006566　XB2933
春秋穀梁傳十二卷春秋公羊傳十一卷　(晉)范甯集解　(唐)陸德明音義　清光緒十二年(1886)文昌書局刻本　八册

340000－1882－0006567　XB2935
汪氏世守譜十卷　(清)汪國徘等纂修　清刻本　一册　存三卷(三至五)

340000－1882－0006568　XB2936
祁門胡氏族譜不分卷　(清)胡廷琛纂修　清光緒十四年(1888)木活字印本　三册

340000－1882－0006569　XB2937
新評繡像紅樓夢全傳不分卷　(清)王希廉評　清光緒三年(1877)刻本　一册

340000－1882－0006570　XB2938
十國宫詞不分卷　(清)吳省蘭撰　清刻本　一册

340000－1882－0006571　XB2939
徽州府志辨證一卷　(清)黄崇惺纂　清木活字印本　一册

340000－1882－0006572　XB2941
春在堂文二卷續編五卷三編四卷四編八卷五編八卷六編十卷六編補遺六卷　(清)俞樾撰　清刻本　十册　存十六卷(四編三至八、五編一至四、六編三至八)

340000－1882－0006573　XB2942
孟子注疏十四卷　(漢)趙岐註　清刻本　四册　存九卷(六至十四)

340000－1882－0006574　XB2943
莫愁湖志六卷首一卷　(清)馬士圖撰　清光緒八年(1882)刻本　二册

340000－1882－0006575　XB2944
白虎通二卷　(漢)班固撰　明刻本　一册

340000－1882－0006576　XB2945
大乘止觀法門釋要六卷　(明)釋智旭述　清刻本　二册

340000－1882－0006577　XB2946
古唐詩合解十二卷　(清)王堯衢注　清刻本　六册

340000－1882－0006578　XB2947
詩鈔一卷　(清)□□撰　清抄本　一册

340000－1882－0006579　XB2948
周禮精義六卷首一卷末一卷　(清)黄淦纂　清嘉慶十二年(1807)刻本　二册

340000－1882－0006580　XB2949
廣博物志五十卷續博物志五十卷　(明)董斯張撰　明刻本　二册　存十二卷(廣博物志一至二、續博物志一至十)

340000－1882－0006581　XB2950
古詩歸十五卷　(明)鍾惺　(明)譚元春輯　明刻本　一册　存二卷(一至二)

340000－1882－0006582　XB2951
圖繪寶鑑五卷　(元)夏文彥撰　清刻本　一册　存二卷(一至二)

340000－1882－0006583　XB2952
水經注四十卷　(漢)桑欽撰　(北魏)酈道元注　明刻本　一册　存四卷(一至四)

340000－1882－0006584　XB2953
重訂路史九卷　(宋)羅泌著　(明)吳弘基訂　清初刻本　一册　存四卷(一至四)

340000－1882－0006585　XB2954
蔡中郎集十卷　(漢)蔡邕撰　清咸豐二年(1852)刻本　一册　存一卷(一)

340000－1882－0006586　XB2955
楊忠湣公集四卷　(明)楊繼盛著　清康熙刻本　一册　存一卷(一)

340000－1882－0006587　XB2956
詞綜三十六卷　(清)朱彝尊撰　清刻本　一册　存三卷(一至三)

340000－1882－0006588　XB2957
齊民要術十卷　(北魏)賈思勰著　清光緒二十二年(1896)刻本　一册　存三卷(一至三)

340000－1882－0006589　XB2958
大呼集八卷　(清)梁顯祖彙編　清刻本　一册　存二卷(一至二)

340000－1882－0006590　XB2959
杜工部全集六十六卷目錄六卷　(唐)杜甫撰　清刻本　一册　存二卷(詩集一至二)

340000－1882－0006591　XB2960
文選□□卷　(明)張鳳翼纂注　明嘉靖刻本　二册　存二卷(二、九)

340000－1882－0006592　XB2961
休寧汊口程氏本支重續譜□□卷　(□)□□纂修　明嘉靖刻本　一册　存一卷(一)

340000－1882－0006593　XB2962
左傳易讀六卷　(清)司徒則盧撰　清道光三十年(1850)刻本　六册

340000－1882－0006594　XB2963
義門讀書記五十八卷　(清)何焯撰　清刻本　五册　存十七卷(元豐類稿一至五、文選一至五、河東集一至三、歐陽文忠公文二卷、昌黎集四至五)

340000－1882－0006595　XB2964
原富□□卷　(英國)斯密亞丹撰　嚴復譯　清光緒二十八年(1902)上海南洋公學譯書院鉛印本　一册

340000－1882－0006596　XB2965
唐宋八大家選二十四卷　(明)鍾惺評選　清刻本　四册　存八卷(三至十)

340000－1882－0006597　XB2966
春秋穀梁傳十二卷　(晉)范甯集解　清刻本　二册

340000－1882－0006598　XB2967
曾文正公奏稿三十六卷　(清)曾國藩撰　清刻本　二十一册

340000－1882－0006599　XB2970
泰西名人傳六卷　徐心鏡增訂　清光緒二十九年(1903)鴻寶齋石印本　四册

340000－1882－0006600　XB2973
評注賦體雲蒸□□卷　(□)□□撰　清光緒二年(1876)刻本　三册

340000－1882－0006601　XB2974
左繡春秋經傳集解三十卷　(晉)杜預注　(唐)陸德明音釋　(宋)林堯叟附注　(清)馮李驊　(清)陸浩評輯　清刻本　七册　存二十二卷(三至九、十三至二十七)

340000－1882－0006602　XB2975
北史一百卷　(唐)李延壽撰　清同治十二年(1873)金陵書局刻本　十册　存四十五卷(一至四十五)

340000－1882－0006603　XB2976
周禮六卷　(□)□□撰　清刻本　六册

340000－1882－0006604　XB2977
金仙證論一卷　(清)柳華陽撰　清乾隆五十八年(1793)刻本　一册

340000－1882－0006605　XB2978
李懷洲集二卷　(明)張燮輯　清光緒十八年(1892)刻本　一册　存一卷(一)

340000－1882－0006606　XB2979
譯宮序次舉要□□卷　(□)□□撰　清光緒二十三年(1897)刻本　一册　存一卷(上)

340000－1882－0006607　XB2980
春秋左傳杜注補輯三十卷首一卷　(清)姚培謙撰　清同治五年(1866)金陵書局刻本　一册　存二卷(一至二)

340000－1882－0006608　XB2982
東萊博議四卷　(宋)吕祖謙撰　清光緒二十

九年(1903)石印本　一冊

340000－1882－0006609　XB2984

胡文忠公遺集八十六卷　(清)胡林翼撰　清刻本　七冊　存二十五卷(一至二十五)

340000－1882－0006610　XB2985

全椒人割臂奉翁旌德錄□□卷　(□)□□撰　清刻本　一冊　存一卷(一)

340000－1882－0006611　XB2986

槐柳遺稿□□卷　(清)沈衍慶　(清)沈廷璋訂　清抄本　一冊　存一卷(一)

340000－1882－0006612　XB2987

禮記集說十卷　(元)陳澔集說　清同治五年(1866)金陵書局刻本　十冊

340000－1882－0006613　XB2989

增訂二論詳解四卷　(清)劉忠輯　清光緒十九年(1893)愛蓮堂刻本　五冊

340000－1882－0006614　XB2990

律賦鳴盛箋注二集不分卷　(清)顧鵷評輯　清道光二年(1822)掃葉山房刻本　二冊

340000－1882－0006615　XB2991

[章源]考川明經胡氏宗譜八卷首二卷　(清)胡陸秀等纂修　清木活字印本　二十三冊　存七卷(一、四上、五至七、八上,首下)

340000－1882－0006616　XB2994

歙縣塔山蕭江家譜不分卷　(清)□□纂修　清末抄本　一冊

340000－1882－0006617　XB2998

績溪竹里周氏族譜正宗十三卷首一卷末一卷　(清)周啟海總修　清宣統敘倫堂木活字印本　十冊　缺一卷(十三)

340000－1882－0006618　XB2999

蘆川吳氏宗譜四卷首一卷末一卷　(清)吳烈纂修　清嘉陰堂木活字印本　二冊

340000－1882－0006619　XB3000

歙縣塔山俊德堂蕭江家譜不分卷　(清)□□纂修　清同治抄本　一冊

340000－1882－0006620　XB3001

清河張氏源流統宗族譜不分卷　(明)□□纂修　明抄本　一冊

340000－1882－0006621　XB3003

歙縣汝南周氏族譜不分卷　(清)□□纂修　清抄本　一冊

340000－1882－0006622　XB3004

章氏孝女思榮錄不分卷　(清)□□纂　清刻本　一冊

340000－1882－0006623　XB3007

律賦萃新箋注一卷　(清)顧鵷編　清刻本　一冊

340000－1882－0006624　XB3008

廣平郡新安程氏宗譜四卷　(清)程祥麟編輯　清光緒十一年(1885)木活字印本　四冊

340000－1882－0006625　XB3009

濟陽江氏宗譜七卷首三卷　(清)江峰青等纂修　清道光木活字印本　四冊

340000－1882－0006626　XB3010

許氏統宗世譜不分卷　(明)許漢纂修　明刻本　一冊　存休寧、績溪、歙縣部分

340000－1882－0006627　XB3011

赤山胡樹德堂族譜不分卷　(清)□□纂修　清抄本　一冊

340000－1882－0006628　XB3012

寓意草不分卷　(清)喻昌撰　清光緒石印本　一冊

340000－1882－0006629　XB3013

本草萬方針線八卷　(清)蔡烈先輯　清刻本　一冊　存三卷(一至三)

340000－1882－0006630　XB3014

富貴根苗不分卷　(清)□□纂　清康熙抄本　一冊

340000－1882－0006631　XB3015

看雲草堂集八卷　(清)尤侗撰　清康熙刻本　一冊

340000－1882－0006632　XB3016

於京集五卷附述祖詩一卷　(清)尤侗撰　清康熙刻本　一册

340000－1882－0006633　XB3017

江左校士録六卷　(清)黄體芳輯　清光緒十二年(1886)上洋書局石印本　二册　缺二卷(五至六)

340000－1882－0006634　XB3018

紫陽正誼課藝合選二卷　(清)雪岑氏編　清同治三年(1864)刻本　二册

340000－1882－0006635　XB3019

資治通鑑綱目前編二十卷正編三十九卷　(宋)朱熹撰　(明)陳仁錫評閲　清刻本　十三册　存十八卷(前編十四至二十,正編十一至十二、十五至十六、十八至二十、二十七、二十九至三十一)

340000－1882－0006636　XB3020

欽定續通志六百四十卷　(清)嵇璜　(清)曹仁虎等撰　清光緒二十七年(1901)上海圖書集成局石印本　十册　存一百卷(一至二十四、一百十一至一百十六、一百四十至一百五十一、一百六十四至一百六十八、一百七十二至一百八十、三百十八至三百二十五、三百八十九至三百九十七、四百十八至四百三十、六百二十七至六百四十)

340000－1882－0006637　XB3021

廣治平略三十六卷補編八卷　(清)蔡方炳撰　清刻本　五册　缺五卷(七至十一)

340000－1882－0006638　XB3022

洗冤録詳議四卷首一卷摭遺二卷摭遺補附一卷　(宋)宋慈撰　(清)許槤詳義　清光緒十六年(1890)湖北官書處刻本　六册

340000－1882－0006639　XB3023

洗冤録詳議四卷首一卷摭遺二卷摭遺補附一卷　(宋)宋慈撰　(清)許槤詳義　清光緒十年(1884)刻本　六册

340000－1882－0006640　XB3024

易象正十二卷初二卷終二卷　(明)黄道周輯　(清)鄭開極重訂　清刻本　五册　存八卷(七至十二、終二卷)

340000－1882－0006641　XB3025

古文觀止十二卷　(清)吴乘權　(清)吴大職輯評　清光緒十六年(1890)刻本　六册

340000－1882－0006642　XB3026

書經六卷　(宋)蔡沈集傳　清同治十三年(1874)江西書局刻本　四册

340000－1882－0006643　XB3027

莊子南華經解八卷　(清)宣穎撰　清文奎堂刻本　六册

340000－1882－0006644　XB3028

儀禮鄭注句讀十七卷附監本正誤一卷石本誤字一卷　(清)張爾岐撰　清同治十三年(1874)湖南省尊經閣刻本　六册

340000－1882－0006645　XB3029

近思録十四卷　(宋)朱熹　(宋)吕祖謙編訂　(清)江永集注　清刻本　三册　存七卷(二至八)

340000－1882－0006646　XB3031

前漢書一百卷　(漢)班固撰　明汲古閣刻本　二十四册

340000－1882－0006647　XB3032

後漢書一百二十卷　(南朝宋)范曄撰　(唐)李賢注　(南朝梁)劉昭補注　明汲古閣刻本　二十册

340000－1882－0006648　XB3034

園林雅課秘傳花鏡六卷　(清)陳淏子匯輯　清刻本　二册　存三卷(一至三)

340000－1882－0006649　XB3035

樂府詩集一百卷　(宋)郭茂倩編次　清同治十三年(1874)湖北崇文書局刻本　十册　缺三十五卷(一至三、十六至二十一、三十一至三十六、四十九至六十一、七十七至八十三)

340000－1882－0006650　XB3042

爾雅翼三十二卷　(宋)羅願撰　明刻本　三册　缺十五卷(一至十五)

340000－1882－0006651　XB3043
幼學求源三十三卷　(明)程允升撰　(清)鄒聖脈增注　(清)董成注　清大文堂刻本　五冊　缺六卷(十八至二十三)

340000－1882－0006652　XB3044
詩韻集成十卷　(清)余照撰　清刻本　四冊

340000－1882－0006653　XB3045
增訂草本備要六卷　(清)汪昂撰　清刻本　六冊

340000－1882－0006654　XB3046
書畫緣畫宗姓十二卷末一卷　(清)沈辰輯　清刻本　三冊　存六卷(三至四、七至八、十二,末一卷)

340000－1882－0006655　XB3048
白石道人詩集二卷首一卷集外詩一卷附詩說一卷歌曲四卷首一卷別集一卷續書譜一卷　(宋)姜夔撰　清宣統二年(1910)掃葉山房石印本　三冊

340000－1882－0006656　XB3049
詩經體注圖考大全八卷　(清)范紫登訂　清同治元年(1862)刻本　四冊

340000－1882－0006657　XB3050
曾文正公書劄三十三卷求闕齋日記類鈔二卷　(清)曾國藩撰　(清)李瀚章輯　清刻本　六冊　存十二卷(曾文正公書劄五至六、二十三至二十七、三十至三十三,求闕齋日記類鈔下)

340000－1882－0006658　XB3051
近思錄十四卷　(宋)朱熹撰　(宋)吕祖謙編訂　清刻本　一冊

340000－1882－0006659　XB3056
大學衍義四十三卷　(宋)真德秀撰　清同治十三年(1874)金陵書局刻本　三冊　存十四卷(一至十一、四十一至四十三)

340000－1882－0006660　XB3057
秘書廿一種　(清)汪士漢輯　清康熙七年(1668)新安汪氏刻本　七冊　缺六種十五卷(博異記一卷、高士傳三卷、劍俠傳四卷、中華古今注三卷、古今注三卷、續齊諧記一卷)

340000－1882－0006661　XB3058
黃輔辰行狀不分卷(特詔嘉獎循良錄)　(清)黃輔辰纂　清刻本　一冊

340000－1882－0006662　XB3059
營田輯要內外篇不分卷　(清)黃輔辰撰　清同治三年(1864)成都刻本　一冊

340000－1882－0006663　XB3060
賞奇軒四種合編不分卷　(清)金古良等撰　清刻本　二冊　存二種(官子譜、竹譜)

340000－1882－0006664　XB3061
欽定詩經傳說要纂二十一卷　(清)王鴻緒等撰　清同治十年(1871)湖北崇文書局刻本　十八冊

340000－1882－0006665　XB3062
歙淳方氏柳山真應廟會宗統譜二十卷　(清)方善祖等纂修　清抄本　二冊　存九卷(一至四、十三至十七)

340000－1882－0006666　XB3063
聊齋志異新評十六卷　(清)蒲松齡著　(清)王士正評　(清)但明倫新評　清道光二十二年(1842)廣順但氏朱墨套印本　十六冊

340000－1882－0006667　XB3064
小倉山房尺牘八卷　(清)袁枚撰　清刻本　八冊

340000－1882－0006668　XB3065
驗方新編二十四卷　(清)鮑相璈編　(清)張紹棠增輯　清光緒四年(1878)撫浙使者梅啟明刻本　十六冊

340000－1882－0006669　XB3067
清李瑛等強佔事訴卷抄本不分卷　(清)□□書　清抄本　一冊　存清嘉慶八年至九年

340000－1882－0006670　XB3068
婺源清華胡氏(仁德堂)續修世譜十三卷首一卷　(清)胡啟鬃等纂修　清乾隆十六年(1751)木活字印本　四冊　缺一卷(六)

340000－1882－0006671　XB3070

明祁門沙堤葉氏圖書不分卷　（明）□□撰　明成化三年（1467）抄本　一册

340000－1882－0006672　XB3071

般若波羅蜜多心經一卷　（唐）釋玄奘譯　清刻本　一册

340000－1882－0006673　XB3072

御製耕織全圖耕目二十三幅織目二十三幅　（清）焦秉貞畫　清刻本　二十九頁

340000－1882－0006674　XB3073

重編歙邑棠樾鮑氏三族宗譜二百卷首一卷　（清）鮑光純纂修　清乾隆二十五年（1760）木活字印本　四册　存四十二卷（一至七、三十四至三十九、八十至八十九、一百三十三至一百五十，首一卷）

340000－1882－0006675　XB3076

具稟婦趙氏殺姑案等訴狀不分卷　（清）□□書　清抄本　一册

書名筆畫字頭索引

一畫

二畫

三畫

四畫

五畫

六畫

七畫

八畫

九畫

十畫

十一畫

十二畫

十三畫

十四畫

十五畫

十六畫

十七畫

十八畫

十九畫

二十畫

二十一畫

二十二畫

二十三畫

二十四畫

二十六畫

二十九畫

其他

書名筆畫索引

一畫

二畫

三畫

四畫

五畫

六畫

七畫

八畫

九畫

十畫

十一畫

十二畫

十三畫

十四畫

十五畫

十六畫

十七畫

十八畫

十九畫

二十畫

二十一畫

二十二畫

二十三畫

二十四畫

二十六畫

二十九畫

其他